弗莱彻建筑史

SIR BANISTER FLETCHER'S
A HISTORY OF ARCHITECTURE

原书第20版

[英]丹·克鲁克香克/主编　郑时龄/译审

郑时龄　支文军　卢永毅　李德华
吴骥良　郭黛姮　吴光祖　邹德侬　/主译

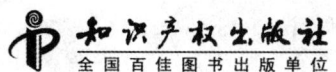
全国百佳图书出版单位

《弗莱彻建筑史》是目前世界上最具学术价值的建筑通史之一；其史料确切、内容广泛、插图精致，是建筑学术理论著作的世界范例，也是建筑学界首选的教材与参考书。

本书以大量典型实证资料为基础，勾画并概括出从史前时期到国际时尚每一个建筑文化时期建筑的最主要特征、讨论形式与发展机制。同时将建筑置于影响其发展变化的因素之中，运用比较法讨论了每种风格的建筑在平面、墙体、门窗、屋顶、柱式、线脚和装饰特点等方面与其他时期或其他风格的异同，以加深对风格特征及其源流的认识。

图书在版编目（CIP）数据

弗莱彻建筑史／[英]克鲁克香克主编；郑时龄译．—北京：知识产权出版社，2011.3
书名原文：Sir Banister Fletcher's: A History of Architecture
ISBN 978-7-5130-0330-8
Ⅰ.①弗… Ⅱ.①克…②郑… Ⅲ.①建筑史－世界 Ⅳ.①TU－091
中国版本图书馆 CIP 数据核字（2010）第 253153 号

Banister Fletcher's *A History of Architecture* Edited by Dan Cruickshank Butterworth–Heinemann, a division of Reed Educational & Professional Publishing Ltd.
Banister Fletcher's *A History of Architecture* Edited by Dan Cruickshank
ⓒ Reed Educational & Professional Publishing Ltd-1996.

弗莱彻建筑史
原书第 20 版

[英] 丹·克鲁克香克／主编
郑时龄／译审

郑时龄　支文军　卢永毅　李德华　吴骥良　郭黛姮　吴光祖　邹德侬／主译

中文版策划：欧　剑　阳　淼　张宝林
责任编辑：刘　爽　陆彩云　张　冰　罗　慧　文　茜　等
图像优化：贺　天

出版发行：知识产权出版社
社　　址：北京市海淀区马甸南村1号　　　　　邮　编：100088
网　　址：http://www.ipph.cn　　　　　　　邮　箱：bjb@cnipr.com
发行电话：010-82000860 转 8101/8102　　　传　真：010-82005070/82000893
责编电话：010-82000860 转 8125　　　　　责编邮箱：Liushuang@cnipr.com
印　　刷：北京市兴怀印刷厂　　　　　　　经　销：新华书店及相关销售网点
开　　本：787mm×1092mm　1/16　　　　印　张：126
版　　次：2011年5月第1版　　　　　　　印　次：2011年5月第1次印刷
字　　数：3815 千字　　　　　　　　　　定　价：680.00 元

ISBN 978-7-5130-0330-8/TU·010（3263）
京权图字：01-2001-5518

出版权专有　　侵权必究
如有印装质量问题，本社负责调换。

出版者的话

《弗莱彻建筑史》(*Sir Banister Fletcher's A History of Architecture*) 是目前世界上最权威的建筑通史之一，原书自1896年问世以来，屡次修订再版，1996年出版的第20版恰为庆祝其出版100周年。本书系《弗莱彻建筑史》第20版的中文版，也是该书第一次以中文形式全面地展现给中国读者。

在这100年的历史中，《弗莱彻建筑史》不断以最新研究成果充实与修订，篇幅从第一版的300页、115幅插图，扩充到1987年第19版的1621页、超过2000幅插图。书名也在第18版时由原来的《比较建筑史》(*History of Architecture on the Comparative Method*) 改为《弗莱彻建筑史》。

由弗莱彻主编的《比较建筑史》在第17版以前，是以大量的实证资料为基础，采用比较分析的方法，勾画出每一建筑文化时期的特点，并用典型的实例加以说明。全书每一章都按以下五个部分的体例编排：

1. 影响因素：包括地理因素、地质因素、气候因素、宗教因素、社会因素、历史因素等六个方面。
2. 建筑特点：概括每一建筑文化时期的最主要特征、讨论形式与发展的机制。
3. 典型实例：以大量的具体实例来说明该风格的特点、手法及对后来的影响。
4. 比较分析：从建筑构造角度出发，对建筑的各部分进行了深入、具体的比较分析。每种风格都讨论了建筑的平面、墙体、门窗、屋顶、柱式、线脚和装饰特点。同时，还将每种风格与其他时期或其他风格进行相应的比较。
5. 参考书目：提供有关线索，方便读者作进一步的研究。

原书第18版 (1975)，对全书体例作了较大的调整，除了增补内容外，更为重要的改变是取消了东、西方两大部分的布局，打破了原书以欧洲为中心的建筑史观，并请各国的有关专家撰写相应的章节，取消了原书各章中的有重复的"比较分析"部分，将有关内容综合到建筑特点中加以阐述，使全书更加紧凑。章节的编排上以时间先后为序，一改以风格划分的惯例。

原书第20版，是由英国皇家建筑师学会名誉资深会员、谢菲尔德大学建筑系特邀教授丹·克鲁克香克 (Dan Cruickshank)，在第19版的基础上，经过较大修改，增加了三分之一的篇幅，并重新编排的精典之作。新增加的部分包括：中东建筑 (含以色列建筑)、东南亚建筑、印度次大陆建筑、东欧建筑、拉丁美洲建筑等章节。全书共七编，58章，每部分均由该研究方向的知名学者担任编者。

本书由郑时龄院士主持翻译并审译，组织来自全国多所知名建筑院系的学者与专家共同翻译，历经七年最终成稿；在编校与制作的过程中，我们力求真实再现原书的内容和风格，并尽力为中文版的读者提供阅读与检索的便利。

总之，《弗莱彻建筑史》是目前世界上最具学术价值的建筑通史之一，其史料的确切性、内容的广泛性、插图的精致性均已成为建筑学术著作的世界典范，并被誉为建筑师的"圣经"。中文版的推出，为专业或非专业的读者系统地了解各种建筑风格及其发展与变化提供了方便；同时也启发建筑师的创作灵感，对于建筑史学者以更宽阔的视野、更全面的观念进行科学研究提供了可资借鉴的范例。

编辑说明

页码体系
1. 本书方括号内的页码为中文版顺序码。
2. 为便于读者阅读与检索,本书还附有英文原书页码,以斜体的"旁码"形式标注在相应的文字或图片的版心外侧。
3. 中文版索引页码中的斜黑体数字表示当页为图片。
4. 由于原书英文与相应的中文译文所占版面面积不同,所以本书旁码与顺序码并非一一对应,同一旁码之下的内容往往对应 2~4 页正文,当其中夹有图版页面时,会出现旁码未按顺序排列的情况。

名词的处理
1. 本书中人名、地名的翻译依据《不列颠百科全书》《世界人名大词典》以及有关地名、人名词典等。
2. 若人名、建筑名称或其他专有名词存在一词多译,则以建筑行业内普遍使用的名称为准。
   例如:"赖特(F. L. Wright)"。
3. 若本书中提到的建筑物其建造年代的原名与目前的名称不一致,以原名为主。
   例如:1934 年在上海建成的"毕卡第公寓"现称"衡山宾馆"。

图片的处理和阅读
1. 为保留原书的设计风格,中文版中的墨线图保留了原书中的部分英文图名,并将相应的中文翻译标注在本页下方。其中一级图名的原文和译均在脚注中对照列出;二级图名在脚注中只列出中文,用序号与图中的英文一一对应。
2. 书中使用的地图为示意图,当涉及古代地图时,结合当时的名称和划分进行标注。

数字的表示
1. 正文夹注中,年代的起止数字用"—"连接,省数字前的"公元"和数字后的"年"。
   例如:"秦代 (前 221—前 206)""汉代 (前 206—220)""唐代 (618—907)"。
2. 建筑名后夹注中的数字表示该建筑的建造时间,包括加建、改建、扩建时间,体例同年代的表达方式;夹注中的说明性文字的表述方式同正文。
   例如:"贾罗隐修院 (Jarrow, 684)""比萨大教堂 (Pisa Cathedral, 1063—1118, 1261—1272)""圣泽诺大教堂 (S. Zeno Maggiore, 约始建于 1123 年)"。
3. 人名后夹注中的生卒年份以"—"连接。至成书时健在的,则只标出出生时间;生年或卒年不详的,用"?"表示。
   例如:"大流士一世 (前 522—前 486)""尼诺斯拉夫·库钱 (Ninoslav Kucan, 1940—)""盖吉兹 (?—前 648)"
4. 脚注中年代的起止数字用"~"连接,并省去"公元"。

单位的表示
1. 正文中的数字单位均按原书同时给出公制单位和英制单位,以夹注的形式标出。
   例如:"直径接近 39.3m(129ft)""面积达 295km^2(114mile^2)"。
2. 墨线图中均保留原书中的英制单位,不另行换算。图上的尺寸标注中以"'"表示英尺、"""表示英寸。
   例如:"5'3""。
3. 图中柱式的模数,仍保留原书的标注。
4. 地图中的比例尺保留原书标注的英制单位。

目 录

出版者的话
编辑说明
中文版序[i]
译者序[v]
著译者介绍[vii]
前言[xi]
引言[xiii]

第一编　埃及、古代近东、亚洲、希腊及希腊化诸王国的建筑

第1章　背景
概述[3]
　　埃及和古代近东 /亚洲早期文明 /希腊和希腊世界
自然特征[5]
　　埃及和古代近东 /亚洲早期文明 /希腊和希腊世界
历史[9]
　　埃及和古代近东 /亚洲早期文明 /希腊和希腊世界
文化[17]
　　埃及和古代近东 /亚洲早期文明 /希腊和希腊世界
资源[21]
　　埃及和古代近东 /亚洲早期文明 /希腊和希腊世界
建筑技术及发展[24]
　　埃及和古代近东 /亚洲早期文明 /希腊和希腊世界

第2章　史前时期的建筑
建筑特征[31]
建筑实例[32]
　　中石器时代晚期和新石器时代早期

第3章　埃及建筑
建筑特征[41]
建筑实例[46]
　　陵墓建筑 /庙宇 /方尖碑 /住宅 /城堡

第4章　古代近东建筑
建筑特征[74]
建筑实例[74]
　　早期美索不达米亚建筑 /亚述建筑 /新巴比伦建筑 /早期安纳托利亚和赫梯建筑 /迦南、腓尼基和以色列建筑 /叙利亚-赫梯建筑 /乌拉尔图建筑 /弗里吉亚建筑 /米底与波斯建筑 /塞琉西、安息及萨珊王朝建筑

第5章　亚洲早期文明的建筑
建筑特征[104]
　　印度 /中国
建筑实例[105]
　　印度 /中国

第6章　希腊建筑
史前建筑[112]
"黑暗时期"[117]
古典时期[121]
　　多立克柱式 /爱奥尼柱式 /科林斯柱式 /柱式的演变
圣殿与庙宇[125]
早期城市建筑[152]

第7章　希腊化诸王国建筑
建筑特征[161]
建筑实例[161]
　　寺庙及相关纪念性建筑 /城市建筑 /希腊化晚期建筑

第二编　文艺复兴以前的欧洲和地中海建筑

第8章　背景
概述[177]
自然特征[177]
　　欧洲 /巴尔干半岛诸国与早期俄罗斯
历史[179]
　　史前时期 /埃特鲁里亚时期 /罗马共和国的兴起 /罗马帝国 /西罗马帝国的衰亡与君士坦丁堡的建立 /从狄奥多西到查士丁尼的东罗马帝国 /查士丁尼之后的拜占庭帝国 /巴尔干半岛诸国与早期俄罗斯 /中世纪早期 /哥特时期
文化[194]
　　史前时期 /埃特鲁里亚时期 /罗马共和国和罗马帝国早期 /罗马帝国晚期 /君士坦丁堡和拜占庭帝国 /巴尔干半岛诸国与早期俄罗斯 /中世纪早期 /哥特时期
资源[205]

史前时期/埃特鲁里亚时期和罗马共和国早期/罗马共和国晚期、罗马帝国早期及意大利/大罗马帝国/早期基督教时期和拜占庭帝国/巴尔干半岛诸国与早期俄罗斯/罗马风时期/哥特时期

建筑技术及进展[209]

史前时期/埃特鲁里亚时期和罗马共和国早期/罗马共和国晚期、罗马帝国早期及意大利/罗马帝国晚期的发展/大罗马帝国/早期基督教时期和拜占庭帝国/巴尔干半岛诸国与早期俄罗斯/中世纪早期和罗马风时期/哥特时期

第9章 史前时期的建筑

建筑特征[224]

建筑实例[226]

 旧石器时代/中石器时代/新石器时代/青铜时代/铁器时代

第10章 罗马和罗马帝国建筑（蛮族入侵前）

建筑特征[239]

 埃特鲁里亚时期和罗马早期/共和晚期和罗马帝国早期/罗马帝国晚期/行省建筑

建筑实例[245]

 埃特鲁里亚时期和罗马早期/共和晚期和罗马帝国早期/罗马帝国从提比略到哈德良的时期/罗马帝国从安东尼·庇护到君士坦丁的时期

第11章 拜占庭帝国建筑

建筑特征[297]

 早期基督教建筑/公元6世纪的变化/晚期拜占庭教堂/晚期西方教堂建筑/世俗建筑

建筑实例[302]

 早期基督教建筑/查士丁尼时期的拜占庭宗教建筑/查士丁尼之后的拜占庭宗教建筑/世俗建筑

第12章 早期俄罗斯建筑

建筑特征[336]

建筑实例[351]

第13章 中世纪早期建筑和罗马风建筑

概述[362]

 前罗马风时期/罗马风时期

意大利的建筑特征[364]

 意大利中部/意大利北部/意大利南部和西西里岛

意大利的建筑实例[370]

 意大利中部/意大利北部/意大利南部和西西里岛

法国的建筑特征[382]

法国的建筑实例[382]

 教会建筑/世俗建筑

中欧的建筑特征[391]

中欧的建筑实例[392]

西班牙的建筑特征[398]

西班牙的建筑实例[402]

 宗教建筑/军事建筑

圣地的建筑特征[408]

 军事建筑/宗教建筑

圣地的建筑实例[411]

 军事建筑/宗教建筑

不列颠群岛的建筑特征[414]

不列颠群岛的建筑实例[419]

 盎格鲁-撒克逊风格/诺曼风格/城堡/庄园住宅

斯堪的纳维亚的建筑特征[431]

斯堪的纳维亚的建筑实例[432]

 宗教建筑/世俗建筑

第14章 哥特式建筑

概述[445]

法国的建筑特征[447]

法国的建筑实例[448]

 诺曼底地区/勃艮第地区/法国西部/辐射式哥特风格/火焰式哥特风格/世俗建筑

不列颠群岛的建筑特征[476]

不列颠群岛的建筑实例[484]

 教堂/城堡/庄园/其他居住建筑

德国和中欧的建筑特征[513]

德国和中欧的建筑实例[517]

低地国家的建筑特征[532]

低地国家的建筑实例[534]

 世俗建筑

西班牙的建筑特征[544]

 早期哥特式/晚期哥特式/加泰罗尼亚哥特式

西班牙的建筑实例[547]

 早期哥特式/晚期哥特式/加泰罗尼亚哥特式/葡萄牙建筑/世俗建筑/城堡

意大利的建筑特征[563]

意大利的建筑实例[568]

第三编 伊斯兰建筑

第15章 背景

伊斯兰及其先行者[591]

美索不达米亚与波斯[594]

叙利亚与埃及[595]

伊斯兰的历史[595]

目 录

伊斯兰的哲学与生活方式[598]
伊斯兰建筑的特征[601]

第16章 塞琉西亚、安息和萨珊王朝建筑

第17章 伍麦叶王朝和阿拔斯王朝建筑

埃及、北非东部和中部[620]
西班牙与北非西部[627]

第18章 伊斯兰中部诸王朝建筑和莫卧儿王朝前的印度建筑

第19章 波斯萨非王朝、奥斯曼帝国、莫卧儿印度的建筑

奥斯曼时期[644]
印度的莫卧儿建筑[651]

第20章 地域建筑与天园

天园[664]

第四编 欧洲以外前殖民文化时期的建筑

第21章 背景

导言[667]
概述[667]
 非洲/美洲/中国/朝鲜/日本/南亚：阿富汗、孟加拉国、印度、尼泊尔、巴基斯坦、斯里兰卡/东南亚：缅甸、柬埔寨、印度尼西亚和泰国
自然特征[669]
 非洲/美洲/中国/朝鲜/日本/印度次大陆/东南亚
历史[671]
 非洲/美洲/中国/朝鲜/日本/印度次大陆/东南亚
文化[683]
 非洲/美洲/中国/朝鲜/日本/印度次大陆/东南亚
资源[687]
 非洲/美洲/中国/朝鲜/日本/印度次大陆/东南亚
建筑技术及发展[690]
 非洲/美洲/中国/朝鲜/日本/南亚和东南亚

第22章 非洲建筑

建筑特征[696]
建筑实例[696]
 居住建筑/纪念性建筑

第23章 美洲建筑

建筑特征[702]
 北美洲/中美洲/南美洲
建筑实例[707]
 北美洲/中美洲/南美洲

第24章 中国建筑

建筑特征[724]
建筑实例[725]
 宫殿与离宫/坛庙/陵墓/佛教寺院/寺院与殿堂/石窟寺/伊斯兰教寺院/道教宫观/民居与私家园林/桥

第25章 日本和朝鲜建筑

三国时期至朝鲜王朝末期的朝鲜建筑[747]
 三国时期/统一的新罗王朝时期/高丽时期/朝鲜王朝时期
从飞鸟时期到江户晚期的日本建筑[754]
 神道建筑
寺庙建筑[762]
住宅、城市和城堡[772]

第26章 印度次大陆建筑

佛教建筑[779]
 窣堵坡/佛教圣殿与岩凿造像/支提窟大厅/寺院/建筑语言/柱子
印度教寺庙建筑[788]
 石窟寺/寺庙布局/水池与阶梯形水井/那伽罗式寺庙/达罗毗荼寺庙/其他风格及混合式和地域式
世俗建筑[815]
 城市规划/宫殿与城堡/住宅建筑

第27章 东南亚建筑

建筑特点[823]
 缅甸/柬埔寨/泰国/印度尼西亚和马来群岛
建筑实例[826]
 缅甸/柬埔寨/泰国/印度尼西亚和马来群岛

第五编 文艺复兴时期和后文艺复兴时期的欧洲建筑及俄罗斯建筑

第28章 背景

概述[841]
历史[846]
 意大利/法国/西班牙和葡萄牙/奥地利、德国和中欧国家/低地国家/英国/俄罗斯/斯堪的纳维亚/后文艺复兴时期的欧洲
资源与建筑技术[867]
 意大利/法国/西班牙和葡萄牙/奥地利、德国和中欧国家/低地国家/英国/俄罗斯/斯堪的纳维亚/后文艺复兴时期的欧洲
建筑出版物[876]
 意大利/法国/低地国家/英国/斯堪的纳维亚

第 29 章　意大利建筑

建筑特征[881]

　　文艺复兴早期/文艺复兴盛期和手法主义时期/巴洛克和洛可可/新古典主义时期

建筑实例[886]

　　文艺复兴早期/文艺复兴盛期和手法主义时期/巴洛克和洛可可时期/洛可可时期/新古典主义时期

第 30 章　法国、西班牙和葡萄牙建筑

建筑特征[969]

　　法国

建筑实例[971]

　　1500～1600 年的法国/1600～1750 年的法国/1750～1830 年的法国

建筑特征[1009]

　　西班牙/葡萄牙

建筑实例[1011]

　　西班牙/葡萄牙

第 31 章　奥地利、德国和中欧建筑

建筑特征[1026]

建筑实例[1028]

　　文艺复兴时期/巴洛克和洛可可时期/新古典主义时期

第 32 章　低地国家和英国建筑

建筑特征[1053]

　　低地国家

建筑实例[1055]

　　低地国家

建筑特征[1064]

　　英国

建筑实例[1069]

　　英国

第 33 章　俄罗斯和斯堪的纳维亚建筑

建筑特征[1124]

　　俄罗斯

建筑实例[1124]

　　俄罗斯

建筑特征[1133]

　　斯堪的纳维亚

建筑实例[1134]

　　文艺复兴时期/巴洛克和洛可可时期/新古典主义时期

第 34 章　后文艺复兴时期的欧洲建筑

概述[1151]

建筑特征[1151]

　　1830～1850 年/1850～1870 年/1870～1900 年

建筑实例[1157]

　　1830～1850 年/1850～1870 年/1870～1900 年

第六编　欧洲以外地区殖民时期及后殖民时期的建筑

第 35 章　背景

概述[1225]

非洲[1225]

美洲[1227]

中国[1229]

朝鲜[1229]

日本[1230]

印度次大陆和东南亚[1230]

澳大利亚和新西兰[1232]

　　概述/自然特征/历史/文化/资源/建筑材料及技术

第 36 章　非洲建筑

海岸要塞[1235]

北非、西非和东非[1239]

南非[1245]

第 37 章　美洲建筑

建筑特征[1259]

建筑实例[1261]

　　殖民时期/后殖民时期

第 38 章　中国建筑

建筑特征[1297]

建筑实例[1298]

第 39 章　日本和朝鲜建筑

日本的建筑特征[1308]

　　外国建筑师在日本的作品/日本建筑师建造的西式风格建筑/早期日本建筑师的作品

日本的建筑实例[1310]

　　外国建筑师在日本的作品/日本建筑师建造的西式风格建筑/早期日本建筑师的作品

朝鲜的建筑特征[1315]

朝鲜的建筑实例[1315]

第 40 章　东南亚建筑

本土建筑[1316]

平房的演变[1318]

殖民建筑[1318]

目　录

第41章　印度次大陆建筑
建筑特征[1327]
　　葡萄牙殖民建筑/荷兰殖民建筑/英国殖民建筑/其他
　　欧洲国家殖民地
建筑实例[1328]
　　葡萄牙建筑/荷兰建筑/英国建筑/其他欧洲殖民地

第42章　澳大利亚建筑
建筑特征[1350]
　　1788～1830年的澳大利亚/1830～1850年的澳大利
　　亚/1860年以前的新西兰/1850～1900年的澳大利
　　亚/1860～1900年的新西兰
建筑实例[1362]
　　1850年以前的澳大利亚/1860年以前的新西兰/1850～
　　1900年的澳大利亚/1860～1900年的新西兰

第七编　20世纪建筑

第43章　背景
1900～1920年[1389]
1920～1945年[1390]
1945年以后[1391]

第44章　1900～1945年的西欧建筑
概述[1393]
奥地利[1396]
法国[1399]
德国[1404]
瑞士[1412]
意大利[1413]
英国和爱尔兰[1415]
荷兰与比利时[1432]
斯堪的纳维亚[1437]
西班牙和葡萄牙[1443]

第45章　1945年以后的西欧建筑
概述[1448]
奥地利[1448]
比利时[1451]
芬兰[1451]
法国[1453]
德国[1459]
英国[1464]
意大利[1476]
荷兰[1480]

斯堪的纳维亚[1482]
西班牙[1483]
瑞士[1485]

第46章　东欧建筑
概述[1487]
　　定义/影响/"现代主义运动"的传播/独立和新的
　　边界
捷克共和国和斯洛伐克共和国[1489]
匈牙利[1502]
波兰[1507]
保加利亚[1511]
罗马尼亚[1512]
前南斯拉夫[1513]
　　斯洛文尼亚/塞尔维亚/克罗地亚

第47章　俄罗斯和苏联建筑
概述[1517]
俄罗斯帝国的建筑[1517]
苏维埃现代主义的建筑[1521]
第二次世界大战以后的建筑[1531]

第48章　中东建筑
土耳其[1536]
阿拉伯半岛[1542]
伊朗[1548]
泛伊斯兰地区[1548]
以色列[1548]

第49章　非洲建筑
概述[1558]
非洲国家独立以前的建筑[1558]
非洲国家独立以后的建筑[1564]
寻找建筑的识别性[1571]

第50章　1900～1950年的北美建筑
建筑特征[1577]
建筑实例[1578]

第51章　1950年以后的北美建筑
概述[1606]
建筑实例[1606]

第52章　拉丁美洲建筑
概述[1628]
1900～1929年[1628]
1930～1969年[1630]
1970～1995年[1642]

第53章　中国建筑
建筑特征[1647]

1900～1950 年/1950 年至今
建筑实例[1649]
　　1900～1950 年/1950 年至今

第 54 章　日本和韩国建筑

日本建筑概述[1670]
1868～1945 年[1670]
1945～1975 年[1675]
1975～1985 年[1680]
1985～1996 年[1684]
日本建筑小结[1688]
第二次世界大战后期的韩国建筑[1692]

第 55 章　东南亚建筑

概述[1693]
地域性乡土建筑[1693]
新加坡[1693]
马来西亚[1699]
印度尼西亚[1703]
泰国[1706]
菲律宾[1707]

第 56 章　中国香港建筑

概述[1710]
建筑实例[1710]

第 57 章　印度次大陆建筑

概述[1719]
殖民地的影响[1719]
现代主义与印度[1725]
工业建筑[1732]
宗教象征主义[1733]
路易·康与学院建筑[1733]
民族性的表现[1740]
居住建筑[1740]
新地域主义[1741]

第 58 章　大洋洲建筑（澳大利亚、新西兰、巴布亚新几内亚和南太平洋岛国建筑）

建筑特征[1748]
　　澳大利亚/新西兰/巴布亚新几内亚和南太平洋岛国
建筑实例[1750]
　　澳大利亚/新西兰/巴布亚新几内亚和南太平洋岛国

参考文献[1774]
图版来源[1816]
术语[1828]
中文版索引[1847]
编后记[1976]

中文版序

罗小未

翘首以待数年，由郑时龄教授主持翻译的《弗莱彻建筑史》(原书第20版)中译本终于问世了，我感到十分高兴。《弗莱彻建筑史》是一本内容丰富、资料翔实、运用了史学的科学分析方法并附有精美照片与细致线图的史书，曾是英国首屈一指的权威著作和建筑学界首选的教材与参考书，并被翻译成多种文字。这本书在其他英语国家中也极具权威性，如在美国的"常春藤"大学建筑系中享有与在英国建筑院校中同等重要的位置。20世纪20年代，当我国第一代建筑师与学者从海外归来建立建筑学专业时，"西洋建筑史"是建筑学的必修课，此书则是教学的主要参考书。几十年来，多次有学者与出版社提出要将此书翻译成中文，终因其工作量太大而未能实现。其间有过一些以此书为依据的译作出版，如国内学者王瑞珠先生和沈理源教授等的著述，但并非全书。现在郑时龄教授与知识产权出版社不畏艰辛，知难而上，总算把这个巨大的工程啃下来了。这将大大有利于广大建筑学人的学习与参考，也是对我国第一辈建筑学者的致敬。

据记载，公认的第一本具有明确时空概念并自成体系的建筑史书是16世纪中叶意大利画家、建筑师与作家瓦萨里(Giorgio Vasari, 1511—1574)所著的《意大利杰出建筑师、画家和雕刻家传记》(*Le vite de' più eccellenti architettori, pittori e scultori italiani*)。这本书的出现并非偶然，它反映了瓦萨里与其同行在学术讨论时所表现出来的对历史的兴趣，瓦萨里本人用了五六年的时间搜集资料，又用了近十年才精心撰写完成。该书在1550年出版后引起了意大利国内外广大读者的兴趣，影响甚大。此后，在意大利、法国与德国相继出现了不少记载兼评论历史上某个城市、某个地区或某个时段的建筑、艺术作品及其作者的史书。这些书籍大大拓宽了人们的知识与想象空间，很受欢迎。1568年，瓦萨里在再版该传记时，把书名上的"建筑师"与"画家"在次序上对调了一下，这在当时不足为奇，因为意大利自文艺复兴时期便把绘画、雕刻与建筑视为艺术上不可分割的三姐妹，建筑师往往兼是画家与雕刻家，人们在谈论建筑时就如同谈论绘画与雕刻一样，建筑史也理所当然地从属于艺术史了。这种情况直到18世纪中期，随着建筑不同于其他艺术的个性越来越不容忽视，才逐渐被区分出来。

在艺术史200余年的发展中，有一个不能不提及的人物，这就是德国的考古学家、艺术史家温克尔曼(Johann Winckelmann, 1717—1768)。温克尔曼有许多著作，其中影响最大的是一篇论文《希腊绘画、雕塑沉思录》(*Gedanken über die Nachahmung der Griechischen Werke in der Malerie und Bildhauerkunst*, 1755)和一本书《古代艺术史》(*Geschichte der Kunst des Altertums*, 1764)。前者运用考古学据实地阐明了希腊才是古代艺术典范的发源地，而不是当时人们所认为的罗马；后者为艺术史的研究打下了不朽的科学基础——温克尔曼总结了他数十年来关于艺术的表现及其变化的讨论与研究后，在1764年正式出版的《古代艺术史》中指出：艺术的表现不是一成不变的，它就如植物等有机体一样，有它萌芽、成长、茂盛与衰亡的生物周期，在此过程中还要受到气候、水土等环境的影响。与温克尔曼同时代的法国伟大作家伏尔泰(Voltaire, 1694—1778)也提出过类似的观点，不过伏尔泰指的是社会历史，而温克尔曼指的是艺术史。温克尔曼指出，艺术史应把一种艺术传统的形成、成长、变化、衰落同它所从属的民族历史中各个阶段的社会经济、文化与历史背景并列起来研究，探求它在表现与变化中的特征及其之所以然，并且声称这些研究必须尽可能地取材于古代遗存下来的作品。温克尔曼不仅奠定了艺术史研究的科学基础，还排除了各种机械与想当然地把主观推断出来的片面知识称为艺术史的可能性,这样的研究方法使读者不至于沉湎于对过去的臆想,有利于揭示事物的本质及其发展规律。1805 年,温克尔曼去世 30 多年后,德国大文豪歌德(1749—1832)在一篇纪念温克尔曼的名为《温克尔曼与他的世纪》(Winckelmann und sein Jahrhundert)的文章中把温克尔曼与哥伦布并论,温克尔曼虽没有发现新世界,但他预示了新时代的来临,读他的文章时不感到新奇,但读后却成为具有新颖见识的人。这就点明了科学的艺术史研究方法的意义。

数百年来,涉及建筑的史书不胜其数。各书在内容范围、立意、结构体系、着眼点、脉络、取材、编排等方面各有特点。每个人在重新叙述一件往事时都会带有这样或那样的偏见,何况任何史书都是在一定的时代与历史背景下完成的,其观点必然会与当时的社会和文化观点并行,因而不仅会有个人局限性,还会有时代与社会的局限性。综观下来,凡是史料属实、能科学地反映事物本质与发展规律的史书就有它存在与受欢迎的理由。从这方面看,《弗莱彻建筑史》是比较好且成功的。

1896 年,英国人班尼斯特·弗莱彻教授和他后被封为爵士的儿子班尼斯特·弗赖特·弗莱彻(Banister Flight Fletcher, 1866—1953)联合署名出版了《比较建筑史》(A History of Architecture on the Comparative Method),后在 1961 年更名《弗莱彻建筑史》(Sir Banister Fletcher's A History of Architecture)继续编纂出版,至今已有 100 多年。该书的立意是要通过历史上有代表性的建筑实例清楚地说明各个国家在不同时期中建筑风格的特征,以及影响它们发展与变化的因素,诸如地理、地质、气候、宗教、社会与历史背景等,并运用比较的方法,即将每种风格在平面、墙体、门窗、屋顶、柱子、线脚与装饰方面的表现与其他风格进行比较,以明确它们的异同来加深对风格特征及其源流的认识。须知,当时的英国与西欧国家的建筑创作正陷于弗莱彻父子所谓的激烈的"风格之战"中。

自从 18 世纪末考古学与植物分类学的深入人心,以及近代城市对新型公共建筑如博物馆、图书馆、法院、医院、商场等的大量需求,人们不再满足于"已经系统化了的"古典主义,而是热衷于寻根问底地深入到各个历史时期和以地方风格细节为荣的各种复古主义与折中主义。《弗莱彻建筑史》以生动的文字和丰富的图片适应了这些要求,特别是一些按比例或附有尺寸的线图,不仅补充说明了文字的不足,还使人得以窥视和感悟到风格以外的历史与人文内容,专业或非专业的读者均有大开眼界、增长知识和受益匪浅之感。对于建筑师和建筑系的学生来说,《弗莱彻建筑史》俨然是一本建筑风格的百科全书,富于想象力的可以从中汲取灵感,缺乏想象力的可以照抄不误,以至风靡建筑界,人手一册。这种热烈程度直到 20 世纪三四十年代,随着现代建筑思潮逐渐取代复古主义和折中主义才逐渐降温。但《弗莱彻建筑史》内容的丰富与资料的翔实使它至今仍不愧是一本好的建筑历史参考书。

《弗莱彻建筑史》的成就是与作者在编纂和成书中始终坚持认真与负责的态度分不开的。1896 年《弗莱彻建筑史》已问世,但弗莱彻父子对建筑历史的研究始终没有停歇,他们马不停蹄地继续对内容进行调查、核实、修改与补充,当年便出了修订版(第 2 版),紧接着又在 1897 年出了第 3 版。1901 年,弗莱彻教授已经去世,由他的儿子弗莱彻爵士署名出版的第 4 版比第 3 版的内容扩充了约 15%,增加了东方印度、中国、日本与萨拉森地区的建筑简介,并开始加入线条插图。此后,弗莱彻爵士一直负责继续编纂与出版此书,直到他去世的前一年——1954 年的第 16 版为止。如果将第 1 版与第 16 版相比,内容不知增加了多少倍。第 1 版是 293 页、插图 159 帧,第 16 版超过了 1000 页、插图 4000 多帧;此外,还附有各种利于阅读的图表、参考书目,等等。弗莱彻父子很早便想把《弗莱彻建筑史》打造成一件"像国家传统一样可以流传给后世的遗产"。为此,弗莱彻爵士设立了一个基金会,在遗嘱中"指定不列颠皇家建筑师学会与伦敦大学同为基金的代管人;《弗莱彻建筑史》的版权是基金的主要资产之一;基金的收入由上述两个单位分配,专用于如遗嘱所述的能推动建筑教学和建筑欣赏有关的各种用途"。在基金会的主持下,《比较建筑史》更名为《弗莱彻建筑史》,由基金会特聘的专家继续编纂下去。1961 年第 17 版的主编是科丁利教授(R. A. Cordingley);1975 年第 18 版的主编是詹姆斯·帕姆斯教授(James

中文版序

Palmes);1987年第19版的主编是约翰·马斯格罗夫教授(John Musgrove);1996年第20版的主编是丹·克鲁克香克教授(Dan Cruickshank),此年刚好是该书问世的100周年。各位主编均沿袭了前人在编纂与成书上的认真与负责态度,但时代不同了,在内容、体系、分类与篇幅上均有所改变。因而在谈论《弗莱彻建筑史》时,不能一概而论,因为事实上它一直是在或多或少地变化着的,反映了建筑史书在不同时期中与时代要求的平行与并进。

《弗莱彻建筑史》有没有缺点或遗憾呢?应该说是有的。这就是我国建筑界曾多次批判它的"欧洲中心论"问题,具体地说就是存在于从第4版至第16版中的把欧洲历史风格称为"历史风格"(histoircal styles),而把东方历史上的风格称为"非历史风格"(non-histoircal styles),以及一幅形象地说明这个问题的称为"建筑之树"的图画。近年来,有人认为这些批判反映了我国对该书的误解和建筑文化观念的落后。这里并不想评论这些批判的是非,但既然要讨论这本书就不能回避这个问题。事情的经过是,本来《弗莱彻建筑史》从第1版至第3版的内容只涵盖欧洲建筑史;到第4版,作者认为"假如我们仅仅回顾那些与我们有关的、先进的,我们所称的历史风格,而不去领会那些独立于西方艺术之外和对之毫无影响的诸如印度、中国、日本、中美洲和萨拉森人的,我们所称的非历史风格的话,这本要成为世界历史的书就会是不完整的"。(转引自第16版第2部分的"介绍")

在第20版的前言中也出现过类似的话(文中有注说明来自第4版的前言)。于是弗莱彻爵士在第4版中增加了东方建筑,并在体系上将全书分为两大部分:第一部分是前面三版的内容,称为"历史风格";第二部分的内容是东方建筑,称为"非历史风格"。两部分篇幅悬殊,即使在第16版中,后者也仅约为前者的8%。弗莱彻能看到欧洲以外的世界,这是一个进步,虽然这个进步并非他的首创。数十年前,英国建筑史家弗格森(James Fergusson,1808—1886)受到当时流入英国的关于英属殖民地印度的报告启发,到印度和中国考察后,在他的《建筑历史》(History of Architecture,1865—1867)后面增加了关于东方建筑的第三册,并颇受欢迎。那么《弗莱彻建筑史》的问题究竟出现在哪里呢?问题主要在于它把"历史风格"这个没有说明时代和地方的通用名词等同于"欧洲历史风格",而对不属于欧洲的风格,不是直截了当地说明是什么时代与地方的风格,而是称之为"非历史风格",这种用词上的混乱显然使人不解。

此外,弗莱彻在"前言"中还表示了他对东方建筑的意见。他说:"东方艺术所呈现的特征,在欧洲人看来常常是不习惯、不愉快,甚至是很奇怪的……面对着这么多对我们来说近乎怪诞的形式时,我们应该理解到东西方的差异在东方建筑中由于宗教信仰与社会习惯而被强调了。"的确,看到世界与诠释世界之间是有历史过程的。而19世纪末20世纪初正是"日不落"的大英帝国的维多利亚时期,这一时期英国的政治、经济与文化在世界上均居于优势。他们认为自己的卓越地位源于文明的优越,乃至于种族的优越。于是有了诸如《白人的责任》❶之类的宣扬帝国主义掠夺与统治殖民地有理的作品。英国历史学家汤因比(Arnold J. Toynbee,1889—1975)在描述19世纪末他的同胞——英国中产阶级的世界观时就说:这些人沉醉在帝国的节节胜利中,以致幻想历史将从此凝结不前,"他们有一切理由为历史这种结束所赐予他们的永久幸福而庆贺……西欧其他国家的中产阶级也同样具有这种幻觉"。❷

从这方面看,当时的西欧人,特别是英国人,以自我为中心、以自我为标准看待世界的情况并非个别的。因而弗莱彻的"历史"与"非历史"的逻辑混乱以及对东方建筑的偏见,可能不是他个人的,而是时代与社会局限性所然。然而,弗莱彻居然把这个说法与态度坚持到20世纪50年代,这就是一个遗憾了。1917年,德国哲学家、历史学家施本格勒(Oswald Spengler,1880—1936)郑重地提出了应该看到除了

---

❶ The White Man's Burden,1899;英国著名小说家、诗人吉卜林(Rudyard Kipling,1865—1936)发表于1899年的诗歌。

❷ 转引自《全球通史》(A Global History)第19章,第4节;[美]斯塔夫里阿诺斯(L. S. Stavrianos)著,吴象婴、梁赤民翻译,1999年版。

西方文明之外,世界上还存在着许多其他的伟大文明,而文明就如任何有机体一样,均有其发生、成长、破坏、崩解、死亡或僵化等不能逾越的生命周期,接着提出了骇人听闻的西方文明正如历史上的古代文明一样走向灭亡的"西方没落论"(The Decline of the West, 1917)。这里姑且不论这个论点的是非,它至少说明了一个问题,即西欧人一直以为自己的文化独一无二和永世常青的幻想受到了挑战。在此之后数年,汤因比赞成并坚持了施本格勒关于世界上除了西方文明之外还同时存在着许多与之平行的其他伟大文明的观点,但反对施本格勒的宿命论,认为一种文明的灭亡是可以通过某种明智的及时措施来防止的。

历史学家的任务就是要以"自由主义"的态度,把自己从各种不合理的成规与传统偏见中解放出来,以历史事实为例来说明各种文明兴衰的原因。20 世纪 30 年代,美国人类学家鲁思·贝内迪克特(Ruth Benedict, 1887—1948)更进一步提出反对种族歧视,提倡平等对待各民族的文化。他认为各种文化都是人类行为可能性的不同选择,都有自己的价值取向与同其所属社会相适应的能力,它们之间不存在文明与野蛮、先进与落后和等级上的优劣之别。他提倡文化的"相对主义",并认为人们应根据各种文化发生的来龙去脉去评论文化现象;主张各种文化的交流、交融和相互理解。上述种种关于如何对待世界上各民族文化的比较客观的理论提出后,即引起各国文化界的热烈讨论。然而弗莱彻对此似乎无动于衷,以至他在 1954 年的第 16 版中仍原封不动地保留了半个世纪前的观点与态度。弗莱彻去世后,1961 年由科丁利主编的第 17 版虽是几个版本中改动得最少的,但在体系上却作了一个十分明显的改动,这就是把第一部分的名称改为"古代建筑及其在西方的继续",第二部分的名称改为"东方建筑",并删除了那些陈词滥调。当时能够做出这些改变是需要勇气的,因为在弗莱彻爵士以后的历任主编都有一个共同的顾虑,这就是"究竟可以允许从原来作者的意图走出多远"(引自第 20 版前言)。要"走出"的原因很清楚,史书的编纂必定是与当时社会的要求和文化观点并行的,编纂史书的人总是努力按着他们认为正确的去做。自从第 17 版做出这个重要的改动后,第 18 版改动了全书的结构,同时为了避免内容上的重复,取消了房屋各组成部件在风格上的比较;第 19 版与第 20 版再次改动了全书的结构并大量增加欧洲以外的各国和 20 世纪现代建筑的内容,以至《弗莱彻建筑史》至今仍不愧为一本良好的参考书。

当郑时龄教授邀请我为他的《弗莱彻建筑史》中译本作序时,我原想只要简单地说一下我对该书的感想便得。怎知提起笔来不禁思绪万千,毕竟我和该书打交道已有六十余年。冷静下来才整理出这篇言犹未尽的长篇大论。可以这样说,我不仅从该书中获得了许多建筑历史知识,还从它成书与改版的前前后后体会到不少编纂史书的道理。抱歉浪费了读者很多时间,不妥之处,敬请指教。

译 者 序

郑时龄

已故英国建筑史学家班尼斯特·弗莱彻爵士的《弗莱彻建筑史》是建筑史的经典著作。该书是一部比较建筑史，1896年初版时书名为《比较建筑史》，全书共300页、115幅（一说159幅）插图；到1931年第9版时，已扩充到1000页、400余幅插图；书中的线条图是从1901年第4版时开始采用的；第18版时改名为《弗莱彻建筑史》，1996年出版第20版。该书的主要观点是以欧洲建筑作为中心，中国和日本的建筑只不过是早期文明的一个分支，是西方建筑的陪衬。弗莱彻先生故世后，这本书由其他人继续以《弗莱彻建筑史》的名义一再修订出版。沈理源教授在1944年根据《比较建筑史》1939年第10版中的西方建筑部分编译而成《西洋建筑史》，于2008年3月由知识产权出版社再版，该书的重点在于欧洲建筑，此次的翻译校对过程中参考了其中的一些译名和图注。

1996年由丹·克鲁克香克先生编辑出版了《弗莱彻建筑史》的第20版，这一版在第19版的基础上有较大的修改，经过重新编排，35％的内容属于新增。其中新增了关于伊斯兰建筑、中东建筑（包括以色列建筑）、东南亚建筑、中国香港建筑、俄罗斯和苏联建筑、东欧建筑等的章节；此外，关于1900年以前的美洲建筑以及关于印度次大陆建筑和东南亚建筑等的章节也经过重写；同时，删除了有关欧洲中心论的一些图片。关于20世纪以前的建筑的内容也得到了扩充和加强。

自2003年起，我们根据1996年出版的《弗莱彻建筑史》第20版，协调和组织了以同济大学、天津大学、南京工业大学为主的一批教授和研究生开展翻译工作，历时七年，终于初步完成了这本巨著的翻译。

在翻译过程中，对原书提及的建筑师等人物的生卒年份已经尽可能根据最新资料予以注明，但其中仍然有许多信息目前尚未查明，留待日后修订。

一些城市和地点所属的国家在不同的历史时期有所不同，甚至有些至今仍然存在领土争议，同时在有关工具书中也无法查明，因而无法明确标明。凡在参考工具书中标明的已经在本书中注明。例如：纳哈拉勒，在2001年版的《世界地名录》中注明属巴勒斯坦和以色列，译文已经按此注释。

一些建筑师所属国家或地区由于政治和历史原因，无法确切注明。例如俄国的一些建筑师历经沙俄、苏联和独联体时期，只能注明国籍是俄国。如果有关文献确定为格鲁吉亚或乌克兰无误者，已经在译文中注明。

《弗莱彻建筑史》涉及许多国家的语言，原书中的一些建筑名称采用的是其他语言的英文音译，以往的中文译文也多采用音译，虽然翻译比较省事，但是原文的意义则含混不清。本书尽可能根据原文的意义翻译，凡能从词典查阅或能请教到懂该国文字的学者的，均已用意义和用途标明，例如波斯文的mahal是宫殿、皇宫、陵墓之意，而没有采用音译；荷兰文的kerk、德文的Kirche是教堂之意；荷兰文的huis、德文的Haus和意大利文的casa、palazzo是府邸、住宅之意。由于译者的水平和工具书有限，至今仍然有相当一部分建筑名称的意义没有确切标明，仍采用音译。

书中还涉及大量教堂，许多教堂是以圣人命名的，而同一位圣人的名字在不同的语言中有很大差异，例如：英语中的James、法语中的Jacques、德语中的Jacob、意大利语中的Giacomo等均为同一圣人雅各；又如：伯尔纳在英语和法语中为Bernard，在西班牙语和意大利语中为Bernardo，在德语中为

Bernhard，本书均译为伯尔纳；再如：法语的 Étienne，按法国人名应译为艾蒂安，按圣人译名则与英语的 Stephen、西班牙语的 Esteban、德语的 Stephan、意大利语的 Stefano 统一译为司提反。本书在教堂名称和圣人人名中，均已按照啸声先生编的 2004 年版《基督教神圣谱》予以统一。至于各国人名则不予统一，仍按有关人名译名辞典和手册翻译。例如：英国的 Stephen 译为斯蒂芬，西班牙的 Esteban 译为埃斯特万，德国的 Stephan 译为斯特凡，意大利的 Stefano 译为斯特凡诺。

书中涉及的大量地名、人名均按照《不列颠百科全书》及有关地名、人名辞典、手册等翻译，但是仍有大约 10％ 左右的地名、人名无法查到，只能采用音译，并附有原文。由于本书涉及大量的国家、地区和语言，所采用的英文名称也有不同的版本；此外，原书中也有一些印刷错误。例如：原书第 489 页圣十字教堂误为 Heiligenkrenzkirche，译者根据有关文献恢复为 Heiligenkreuzkirche。又如：原书中第 496 页关于维也纳圣司提反教堂的巨门误为 Riescutor，译者根据《维也纳建筑指南》(Architecture in Vienna) 一书改为 Riesentor。一些人名也不免有误，凡译者修改之处，均已经在文本中注明。

本书在翻译过程中，还参考了有关的工具书及文献，其目录列在书后参考文献中供读者参考。但是由于上面所说明的情况，也由于译者的知识和水平有限，且可供参考的工具书及文献也十分有限，有相当一部分的名词仍无法准确查到，甚至有相当一部分术语在网上查询的结果仍然回到本书。同时，我们缺乏翻译外国名词和人名所应具备的语言和语音学知识，许多名词和术语，尤其是涉及诸如梵语、印地语、阿拉伯语时，错误更是在所难免。全书涉及的学科、宗教、历史、地理、艺术、技术等专业术语极为广泛，一定还存在许多翻译方面的错误，祈请各位学长不吝赐教，予以纠正，以便今后再版时更正。

虽然这本巨著的中文版终于与广大读者见面，但这并非意味着我们的翻译工作已经完成，只说明翻译工作暂告一段落。本书中的许多信息仍然有待补充、修改和完善，也希望各位读者不吝赐教，使本书得以不断改进和修正。

罗小未教授悉心为本书的翻译进行指导，她是我国世界建筑史研究与教学的开拓者，许多译者都是她的学生。李德华先生在耄耋之年学习西班牙语，为本书的翻译提供了无与伦比的指导和帮助，并潜心研究伊斯兰建筑，翻译了整个第三编"伊斯兰建筑"，并最先完成译稿，为全书的所有译者树立了楷模。

衷心感谢多年来参加翻译工作的各位老师和研究生，翻译工作实际上是一项艰辛的研究工作，而目前的学术制度却不承认翻译的学术价值，无形中消解了翻译者的学术成就；同时，也妨碍了高水平地引进国外的建筑理论著作，影响了译著的质量。尽管如此，所有参加翻译的学者都意识到这本经典著作的历史意义和学术意义。为了学术的发展，为了建筑学和建筑理论的进步，各位译者都是在百忙中挤出时间，为本书的翻译呕心沥血。

本书在翻译过程中得到同济大学罗小未教授、路秉杰教授、常青教授、王骏阳教授，意大利罗马大学嘎佐拉教授 (Luigi Gazzola)、帕维亚大学布加蒂教授 (Angelo Bugatti)，东南大学陈薇教授，加拿大学者吴燕莛副教授，德国亚琛理工大学曹怡蔚女士，以及新加坡大学建筑系王才强教授 (Heng Chye Kiang) 的悉心指导和帮助。佛罗伦萨大学拉蒂纳教授 (Corrado Latina)、德国艺术史学家英格·普夫莱德雷尔博士 (Inge Pfleiderer) 生前也给予本书翻译工作以极大的帮助，他们如今已作古，不能看到这本经典著作中文版的出版。以上所有这些学者都曾为本书的翻译查阅有关文献，提供背景知识等，没有他们的辛劳，这本建筑史的中译本必然逊色很多。谨此致谢。

2010 年 7 月 12 日

著译者介绍

原书主编

丹·克鲁克香克(Dan Cruickshank)，英国皇家建筑师学会(Royal Institute of British Architects)名誉资深会员，谢菲尔德大学(Sheffield University)建筑系访问教授，著有《伦敦：乔治时期的建筑艺术》(*London: The Art of Georgian Building*)和《乔治时代的城市生活》(*Life in the Georgian City*)。

原书顾问

安德鲁·森特(Andrew Saint)，英国皇家建筑师学会名誉资深会员，剑桥大学(University of Cambridge)建筑系教授。著有传记《理查德·诺曼·肖》(*Richard Norman Shaw*)。

彼得·布伦德尔·琼斯(Peter Blundell Jones)，谢菲尔德大学建筑系教授。著有传记《汉斯·夏隆》(*Hans Scharoun*)和《胡戈·黑林》(*Hugo Häring*)。

肯尼思·弗兰普顿(Kenneth Frampton)，纽约哥伦比亚大学(Columbia University)威尔建筑讲座教授。著有《现代建筑 1851～1945》(*Modern Architecture 1851—1945*)和《现代建筑：一部批判的历史》(*Modern Architecture: A Critical History*)。

原书编者

克里斯·阿贝尔(Chris Abel)，诺丁汉大学(University of Nottingham)建筑系高级讲师。著有《建筑与身份：走向全球生态文化》(*Architecture and Identity: Towards a Global Eco-culture*)。编写本书第55章和第56章。

高塔姆·巴提亚(Gautam Bhatia)，印度建筑师。著有《旁遮普巴洛克》(*Punjabi Baroque*)和《寂静的空间》(*Silent Spaces*)。编写本书第57章。

查尔斯·伯尼博士(Dr. Charles A. Burney)，曼彻斯特大学(University of Manchester)考古系。编写本书第3章和第4章。

金正基博士(Dr. Kim Choung Ki)，韩国文化遗产研究所(Nantional Institute of Cultural Properties of Korea)主任。编写本书第25章和第39章。

卡特琳·库克博士(Dr. Catherine Cooke)，建筑师，开放大学(Open University)设计原理与实践课主持人。著有《俄罗斯先锋派：艺术、建筑与城市理论》(*Russian Avant-Garde: Theories of Art, Architecture and the City*)。编写本书第47章。

科林·戴维斯(Colin Davies)，建筑师，北伦敦大学(University of North London)建筑史高级讲师。编写本书第51章。

卡罗琳·伊拉姆博士(Dr. Caroline Elam)，伦敦大学(University of London)韦斯特菲尔德学院建筑系，《伯林顿》(*Burlington Magazine*)杂志编辑。编写本书第29～33章(由保罗·戴维斯(Paul Davies)、大卫·赫姆索尔(David Hemsoll)、帕特里克·斯威尼(Patrick Sweeney)和尼尔·麦格雷戈(Neil Macgregor)协助)。

胡贝特·法恩森教授、博士(Prof. Dr. sc. Phil Hubert Faensen)，柏林洪堡大学(Humboldt University)美学与艺术科学部。编写本书第12章。

吴光祖教授(Prof. WU Guangzu)，同济大学建筑系。编写本书第38章和第53章。

郭黛姮教授(Prof. GUO Daiheng)，清华大学建筑系。编写本书第24章。

朱利安娜·汉森博士(Dr. Julienne Hanson)，伦敦大学学院(University College London)巴特利特研究生院。编写本书第2章、第5章、第9章和第22章。

亚当·哈迪博士(Dr. Adam Hardy)，德蒙福特大学(De Montfort University)南亚设计与建筑实践、研究与促进所(PRASADA)。编写本书第26章。

斯蒂芬·海伍德(Stephen Heywood)，诺福克县议会(Norfolk County Council)历史学家。编写本书第13章。

稻垣英造(Eizo Inagaki)，东京大学(University of Tokyo)建筑系。编写本书第25章和第39章。

埃坦·卡洛尔(Eitan Karol)，以色列建筑师与历史学家。编写本书第48章。

彼得·基德森博士(Dr. Peter Kidson)，伦敦大学考陶尔德艺术研究所。编写本书第14章(由林迪·格兰特(Lindy M. Grant)、阿兰·布罗迪(Allan Brodie)和克里斯托弗·韦兰德(Christopher Welander)协助)。

乔恩·林博士(Dr. Jon Lim)，新加坡国立大学(National University of Singapore)建筑系。编写本书第40章(由布迪·苏卡达(Budi A. Sukada)协助)。

德里克·林斯特勒姆博士(Dr. Derek Linstrum)，约克大学(University of York)先进建筑研究所。编写本书第36章和第49章。

理查德·朗斯特雷恩教授(Prof. Richard Longstreth)，华盛顿特区乔治·华盛顿大学(George Washington University)美国研究计划。编写本书第50章。

斯坦利·洛滕教授(Prof. H. Stanley Loten)，渥太华卡尔顿大学(Carleton University)建筑系。编写本书第23章。

奥塔卡尔·马切尔博士(Dr. Otakar Macel)，德尔夫特理工大学(Technische Hogeschool)。编写本书第46章。

罗兰·梅因斯东博士(Dr. Rowland J. Mainstone)，伊斯坦布尔圣索非亚大教堂研究员。编写本书第10章和第11章。

安东尼·麦金太尔(Anthony McIntyre)，建筑批评家、教师，也是论述欧洲历史和当代建筑论著的作者。编写本书第45章。

路易丝·诺埃列·梅瑞勒斯(Louise Noelle Mereles)，墨西哥国立自主大学(Universidad Nacional Autonoma de Mexico)美学研究所。编写本书第37章。

斯特凡·穆特修斯博士(Dr. Stefan Muthesius)，东英吉利亚大学(University of East Anglia)世界艺术研究与博物馆学系。编写本书第34章。

玛丽·内伯·帕伦特博士(Dr. Mary Neighbour Parent)，东京大学建筑系。编写本书第25章和第39章。

苏哈·奥扎坎博士(Dr. Suha Ozakan)，建筑师，安卡拉中东理工大学(METU)原副校长，现任阿卡汗建筑奖秘书长。编写本书第48章。

安德鲁·森特教授，剑桥大学建筑系。编写本书第37章和第44章(对大卫·邓斯特(David Dunster)的文本进行修改和扩充)。

大卫·桑德斯教授(Prof. David Saunders)，阿德莱德大学(University of Adelaide)建筑系。编写本书第42章。

丹尼斯·夏普(Dennis Sharp)，建筑师，诺丁汉大学(Nniversity of Nottingham)。编写本书第46章。

罗兰·席尔瓦博士(Dr. Roland Silva)，科伦坡中央文化基金会(Central Cultural Fund)总干事。编写本书第41章。

珍尼弗·泰勒(Jennifer Taylor)，悉尼大学(University of Sydney)建筑系副教授。编写本书第58章。

埃伦·托马斯(Helen Thomas)，建筑师。编写本书第52章。

理查德·汤姆林森教授(Prof. Richard A. Tomlinson)，雅典英国学校(British School at Athens)校长。编写本书第6章和第7章。

克里斯托弗·韦克林博士(Dr. Christopher Wakeling)，基尔大学(University of Keele)成人与继续教育中心。编写本书第34章。

约翰·沃伦(John C. T. Warren)，建筑师，有关巴格达传统住宅论著的合作者。编写本书第15~20章。

托马斯·威维(Thomas Weaver)，普林斯顿大学(Princeton University)。编写本书第54章。

原书插图及参考文献编辑

马克·格勒尔特博士(Dr. Mark Gelernter)，巴特利特建筑与规划学院讲师；为本书提供了23幅插图。

肯·瓦斯(Ken Waas)和阿利克·纽曼(Alick Newman)，伦敦大学学院地理系。对本书地图进行了修订。

朱莉安·奥斯利(Julian Osley)，英国皇家建筑师学会图书馆。负责本书的参考文献。

著译者介绍

中文版译者

本书由郑时龄院士主持翻译并审译。各部分具体分工如下。

前言及引言由同济大学彭怒副教授翻译。

第一编"埃及、古代近东、亚洲、希腊及希腊化诸王国的建筑"由郑时龄教授主持翻译,其中各章的分工如下。

第1章由同济大学周进译,华霞虹博士校;第2章由同济大学余国璞译;第3章由同济大学沙永杰副教授译;第4章和第5章由同济大学李翔宁副教授译;第6章由同济大学王骏阳教授译;第7章由同济大学蔡青译。

第二编"文艺复兴以前的欧洲和地中海建筑"由同济大学支文军教授和卢永毅教授主持翻译,其中各章的分工如下。

第8章由同济大学秦蕾、王月玲译;第9章由同济大学胡招展、王月玲译;第10章由同济大学徐驰、王昕、王月玲译;第11章由同济大学蒋妙菲、王月玲译;第12章由同济大学鲁艳霞、王月玲译;第13章由同济大学赵玲、王颖、罗超君译;第14章由同济大学黄凯、罗超君、王颖、顾蓓蓓、周鸣浩译。

支文军教授校译了第8~12章;卢永毅教授校译了第13章和第14章。

第三编"伊斯兰建筑"由李德华教授翻译。

第四编"欧洲以外前殖民文化时期的建筑"由南京工业大学吴骥良教授主持翻译,其中各章的分工如下。

第21~23章由南京工业大学张蕾译;第24章由清华大学郭黛姮教授译❶;第25章由南京工业大学郭华瑜译;第26章由南京工业大学张海燕译;第27章由南京工业大学胡振宇译。

吴骥良教授、华霞虹博士共同校译了第21~23章;吴骥良教授还校译了第25~27章。

第五编"文艺复兴时期和后文艺复兴时期的欧洲建筑及俄罗斯建筑"由郑时龄教授主持翻译并校译,其中各章的分工如下。

第28~31章由陈卓博士译;第32章由同济大学邓刚、戚鑫、吴俏瑶和大连理工大学黄欣译;第33章由同济大学司徒娅、严洁译;第34章由同济大学苏炯、王凯、汪启颖、刘翔译。

第六编"欧洲以外地区殖民时期及后殖民时期的建筑"由吴骥良教授主持翻译并校译,其中各章的分工如下。

第35章和第36章由南京工业大学胡振宇译;第37章和第39~41章由吴骥良教授译;第38章由同济大学吴光祖教授译❷;第42章由胡振宇译。

第七编"20世纪建筑"由天津大学邹德侬教授主持翻译并校译,其中各章的分工如下。

第43章由天津大学王蔚、邹雪红译;第44~46章、第50~52章、第54章和第55章由天津大学邹雪红译;第47~49章、第56~58章由天津大学王蔚译;第53章由吴光祖教授译。

名词术语由同济大学杜鹏博士和王凯博士翻译,王凯还翻译并编辑了全书的索引。

参加本书部分翻译和校对工作的还有同济大学的华霞虹博士,厦门大学的杨哲博士也曾参与部分工作。

上述凡未注明校译者的章节均由郑时龄教授校译,郑时龄教授还对全书进行了复校和统稿。

---

❶ 英文原书的第24章即由郭黛姮教授编写。
❷ 英文原书的第38章和第53章即由吴光祖教授编写。

前　言

《弗莱彻建筑史》第20版的出版标志着这部著作已有100年的历史。显然，在这百年之中，这本书在写作目标和开本上都已经发生了显著的变化，其中第18版和第19版之间发生的改变最富戏剧性。第19版出版于1987年，实际上是对弗莱彻史书结构的重新思考。弗莱彻的史书结构曾以久享盛誉的"比较方法"来考察不同的建筑、时代和地理位置，但第19版以系统的"背景"章节取而代之。全书共包括七个这样的"背景"章节。这些有关背景的章节将建筑置于社会、经济和政治的语境中加以讨论，并尽量提供有价值的基本信息。第19版也在努力改善欧洲20世纪之前的建筑(这部分一直在《弗莱彻建筑史》中占有很大的篇幅)与欧洲以外地区的建筑和当代建筑之间在篇幅上的不平衡。

必须说明的是，第20版是一次扩订，是对第19版内容的扩展，而不是一次大修订或对结构的重新调整。不过，第20版新增了大约35%的文字，增加了近200页的篇幅，重写、扩充和新增了一系列重要的章节。在本版的37位编者中，有14位是新成员。

本版体现并延续了第19版的主要方向。书的范围拓宽了，覆盖了更多欧洲以外地区的建筑，也包括了更多关于乡土建筑的信息以及建筑师或工程师设计的工程结构和作品，例如桥梁、防御工事。在涉及20世纪建筑的编章，本版也更关注城市设计。

这些增订和重新组织的工作力图增强《弗莱彻建筑史》的主要优点：它是一本易于使用的参考书，客观并具有权威性，所有关于世界建筑的主要实例都有所描述和说明，许多作品附有丰富的图例，并且所有内容都包括在一册书中。如果想了解本版的改变和增订的特点，最简单易行的方式便是求助于目录。

第20版最重要的变化，在于对20世纪世界建筑的总体研究得到了极大的扩展和更新，收录了直到本书英文版出版这一年(1996年)才竣工的建筑。20世纪的建筑也第一次被看作一个整体，并以历史的观点对其加以评价。

本书扩展了20世纪建筑的范围，新增的内容包括关于中东建筑的新章节，并将有关以色列建筑的内容并入此章，由苏哈·奥扎坎和埃坦·卡洛尔撰写；关于东南亚建筑和中国香港地区建筑的新章节由克里斯·阿贝尔撰写；关于印度次大陆建筑的新章节由高塔姆·巴提亚撰写；关于俄罗斯和苏联建筑的新章节由卡特琳·库克博士撰写；关于东欧建筑的新章节由丹尼斯·夏普和奥塔卡尔·马切尔撰写。西欧建筑被分为两章介绍，安德鲁·森特新撰写了有关第二次世界大战前西欧建筑的内容，安东尼·麦金太尔撰写了有关第二次世界大战后西欧建筑的内容。美洲建筑部分分为三章，有关1950年后北美建筑的新增文字由科林·戴维斯撰写，有关拉丁美洲建筑的新增文字由埃伦·托马斯撰写。有关日本和朝鲜建筑的章节由托马斯·威维重写。

关于20世纪以前建筑的内容也得到了扩充和加强。这些内容包括新增的由六个新章节组成的第三编"伊斯兰建筑"，该部分由约翰·沃伦撰写。此外，关于1900年以前的美洲建筑的一章由安德鲁·森特和路易丝·诺埃列·梅瑞勒斯重写了大部分内容；关于印度次大陆传统建筑的这一章由亚当·哈迪博士重写，关于东南亚的新章节由乔恩林博士撰写。

这一版还收录了印度次大陆和中国传统建筑的一些新的特别授权使用的图片，并附有完整的参考书目，作为世界建筑各个时期的信息的主要来源。

第20版的完成是一项复杂的团队工作。这一团队的主要成员包括三位顾问，他们阅读并对新增文字部分提出了一些建议，我非常感谢他们的建议以及对新作者的推荐等。无论如何，编辑工作的最后一些事项由我负责，因此，本书中如果有何错误或对事实的误导，以及对建筑的含糊的解释或怪异的判断、冗长的叙述，都是我的责任。三位顾问是：剑桥大学建筑系教授安德鲁·森特、谢菲尔德大学建筑系教授彼得·布伦德尔·琼斯、纽约哥伦比亚大学威尔建筑讲座教授肯尼思·弗兰普顿。

与这三位主要顾问一样，还有许多人也对这一版的授权、编辑和制作提供了帮助。首先，我要感谢班尼斯特·弗莱彻的受托人——英国皇家建筑师学会的鲁特·卡门(Ruth Kamen)以及伦敦大学的彼得·霍尔威尔(Peter Holwell)和罗宾·托马斯(Robin Thomas)，他们对出版计划给予了很多有益的讨论以及不懈的支持；还要感谢我的助理编辑弗勒尔·理查兹(Fleur Richards)，正是她孜孜不倦的努力才使本书的最终文本得以按时完成。来自巴特沃斯–海恩曼(Butterworth-Heinemann)公司的出版人尼尔·瓦诺克·史密斯(Neil Warnock Smith)，在助理编辑佐薇·约德(Zoë A. Youd)的得力支持下，经常给复杂的工作进程指明积极的方向并营造平和的工作氛围。本书的副主编詹姆斯·谢泼德(James Shepherd)在本版的编辑工作中是一个重要人物，他耐心、热情、见多识广。我还要感谢亚历山德拉·卡瑟利(Alexandra Casserley)对修改校对稿所提供的帮助。阿德里安·佛特博士(Dr. Adrian Forty)和加文·斯丹坡博士(Dr. Gavin Stamp)提供了很多关于作者和文字部分的意见，维伦德拉·拉瓦特(Virendra Rawat)提供了关于印度传统建筑和中国建筑的很好的新图片。英国皇家建筑师学会的朱莉安·奥斯利通过辛勤的工作，成功地校正和扩展了参考书目；罗伯特·埃尔维尔(Robert Elwell)对图片的版式和选择提供了无价的帮助。英国皇家建筑师学会图书馆的职员们工作异常迅捷和专业。最后，我要感谢基思·马克奎恩(Keith Macqueen)对索引的汇编。

引　言

弗莱彻爵士的《弗莱彻建筑史》第20版，沿用了第19版所尝试探索的版式。正如前言所述，第20版增加了新作者所撰写的新章节，因而对版式也进行了相应的修订和扩展。以下文字将通过介绍本书早期版本扩展的历程来对第20版的情况加以说明。

内容与分类

自1896年第1版以班尼斯特·弗莱彻教授和他的儿子班尼斯特·弗赖特·弗莱彻（已故弗莱彻爵士）联合署名的方式出版以来，本书在内容上存在着广泛的概括性分类。这种概括性分类通过在讨论某种风格的一系列章节的开头插入一章"概述"来实现，例如，有一章题为"欧洲的文艺复兴建筑：概述"，而罗马风、哥特建筑等也都有一章"概述"。这些章节讨论各种风格、各个国家的建筑。这些"概述"试图把本书分成不同部分，除了古代世界和古典时期的建筑之外，本书主要包括了传统意义上我们所谓的西欧建筑风格。弗莱彻教授去世以后，他的儿子弗莱彻爵士修订和扩展了1901年出版的第4版。他把第4版全书分为两部分：第一部分包含早期版本的所有内容，称为"历史风格"；接着他新增了相对短得多的第二部分，称为"非历史风格"，包含"……印度、中国、日本和萨拉森❶地区的……建筑"，使后者"远离与它们没有什么联系的历史风格，因为它们没有成为西方建筑演化的一部分。然而，建筑历史作为一个整体，肯定要考虑这些东方风格，但对它们的相互关系和个体特征不感兴趣"（第4版序言，第6页）。新的部分大约占第4版15%的篇幅，这一比例在后来的版本中有所减少。自第二部分独立出来，一直保持到科丁利教授编辑的第17版(1961)。在第17版中，第一部分更名为"古代建筑和西方建筑的演替"，第二部分相应更名为"东方建筑"。

然而，在科丁利的第17版中，第一部分内部的划分不太明显。在第18版(1975)中，詹姆斯·帕姆斯回避了概括性的分类，而选择了40章的直接论述。他增加了有关东南亚和远东建筑的一些新章节，并修订了一些原有章节，但这些部分仍然相当短。这些章节包括了大多数的古代本土建筑，并安排在书的开始部分，紧接在埃及和古代近东建筑❷的章节后面。帕姆斯通过"文艺复兴以后的建筑"这一章，对全书重新分类，并新增了篇幅很长的最后一章"1914年以后的国际建筑"。

由约翰·马斯格罗夫教授主编的第19版，决定增加国际建筑的篇幅。并且进一步确认了弗莱彻爵士本人已经开始建立的全面划分，优先考虑了像第18版那样不加区别地进行章节的分类。

这种重新组织看起来有点激进，但是通过对信息重新加以组织和分类，使内容包含了更多欧洲以外地区的建筑，这一改变使本书呈现了与以往各版截然不同的形象。

至于改变的程度，只要没有根本性地破坏本书的传统就是合适的，弗莱彻爵士自己对建筑的定义就部分地回答了这一问题："从本质上讲，建筑作为人类艺术以及对材料的处理方式，会受到很多实际需求的支配和限制，而这些实际需求并没有加之于画家、雕刻家、音乐家的作品上。人们的行为习惯、思想和渴望都在建筑中有所体现；

---

❶ Saracenic；阿拉伯人的古称。——译者注
❷ 亦即我们所指的古代西亚建筑，它包括公元前3500～前539年两河流域的建筑，公元前550～公元637年的波斯建筑，以及公元前1100～前500年的叙利亚建筑。——译者注

如果忽略了对建筑艺术的了解,任何时期的人类历史都会失去必不可少的人情味儿。建筑研究以其对建筑用途、建筑含义和建筑美的欣赏展示了人们享用房屋的乐趣……"(第10版(1938)序言,第8页、第9页)。这个定义以概括性的词语相当准确地描述了第19版的内容,不仅讨论了扩充的篇幅,而且着重强调了对这本书的内容进行分类的必要性,以使代表每一种文化的重要建筑都包含在这本书的内容里。

因此,第19版首次采用了一种相当复杂的分类——将世界建筑划分为七个部分。这个分类基本上按照编年顺序展开,但也涵盖了其他在特定时间和特定地点影响建筑特性的因素。本书的篇幅受到了遗存材料的性质和篇幅的影响,当然,在很多情况下也要考虑那些未能留存下来的重要建筑。

第19版的每一部分都以一个有关"背景"的章节开始,这些"背景"章节容纳了早已单独包括在每个章节的次标题"影响"下的所有元素。该版也试图追溯史前建筑,这个部分正是第18版遗漏的主题领域。

最近的学术研究显示,人类文明具有多个相互独立的起源(J. M. Roberts, *The Pelican History of the World*, 1980),第19版的前四编与这些起源是有关系的,每一编都包括了相关地区的史前建筑。第20版建立的框架仍延续了把主题划分为七个部分的结构,但每个部分在总体上都得到了扩展并重新加以编排,已有的章节也得到了检查和更新,还补充了新的章节。

第一编包括埃及、古代近东、亚洲、希腊及希腊化诸王国的建筑。在此并没有诋毁希腊对罗马文化发展的重要影响,但更关注希腊成就达到早期西亚和东地中海文明的巅峰的事实。必须记住,就建筑的影响而论,亚历山大大帝的东方帝国延续了一个世纪,于伯罗奔尼撒战争(Peloponnesian wars)末期建立,一直从马其顿延伸到印度。迟至古迦太基战争(Punic wars),希腊化世界延伸至里海,以及从奥克苏斯河到今巴基斯坦的希腊-大夏王国(Graeco-Bactrian Kingdom)。当然,公元前4世纪到公元前2世纪的希腊化建筑形式影响了埃特鲁里亚和罗马建筑,后者更是在公元前3世纪末归入了希腊化世界。但是,从某种意义上说,罗马提供了明显的典范,并且枝繁叶茂,是后来1500年间欧洲建筑发展的源泉。此外,这一部分还包括关于早期亚洲文明的章节。

第二编叙述了早期欧洲定居点先于意大利中部重要的建筑发展的开端,也早于罗马人和罗马帝国在整个欧洲和地中海的扩张。在欧洲和地中海地区,有一条清晰的脉络,显示了从罗马建筑到早期基督教建筑和拜占庭建筑,再到罗马风建筑和哥特建筑的发展。所有这些,加上早期俄罗斯建筑,都包括在第二编内,一直到中世纪末期,欧洲人文主义的出现回归于早期的典范。罗马人的征服和殖民开拓形成了建筑直接的发展脉络,提供了许多重要的实例,在以后的数百年过程中,其根本性的演变激发了后世的建筑特征。最终,这些影响也决定了输向全世界各欧洲殖民地的建筑风格,一直延续到20世纪初期。

第三编集中探讨了伊斯兰建筑,这一部分也是弗莱彻爵士这一版本的新内容。伊斯兰建筑涵盖了广阔的地理、文化和时间跨度,将这些信息集中介绍,既强调了相互间的联系,也便于叙述。应当指出,这一部分并不包括本书中所有的有关伊斯兰建筑的篇章,第24章的中国建筑以及第七编的一些章节也涉及伊斯兰建筑。

第四编包括了所有在欧洲殖民活动之前的世界范围内重要文化,其中涉及非洲、美洲、中国和日本。第四编也包括了世界文明的其余部分,大约与第一编到第三编的欧洲、地中海、西亚和黎凡特(Levant)处于同一时期。

从第五编起,本书所包括的欧洲和随后的世界其他地方(第六编)的建筑的内容大量增加,并且文化传统受到了日益增加的多种多样的影响。第五编涵盖了欧洲文艺复兴时期的建筑,也包括文艺复兴之后的建筑、工业建筑和对新建筑技术的介绍,以及与建筑中的现代主义运动有关的世纪末的过渡风格。

第六编增加了欧洲在世界范围内殖民地时期的文艺复兴和后文艺复兴时期的建筑。当欧洲势力为了政治和军事利益或是掠夺资源而定居在世界各地时,他们也同时带去了欧洲建筑的模式。从新英格兰到新加坡,从布宜诺斯艾利斯到上海,殖民者们凭记忆复制欧洲建筑。在最后的一些年月里,他们成了日益增加的建筑趣味的主体。

引 言

在第七编中，20世纪的建筑安排在一些独立的章节中加以介绍，这些建筑根据不同的国家和地区来划分。当然，在这一章中，尽管涉及的建筑数量已经太多，以至于一些重要的建筑实例也必须被省略，但对建筑的发展阶段还是作了介绍；而且，在每位编者自己设定的可最佳叙述20世纪各地区建筑的发展框架下，在建筑实例的选择和资料的表述方面也给了作者更大的自由。因此，作者观点的多样性和资料表述的多样性，在第七编中比本书的其他部体现得更加明显。

在第20版中，20世纪建筑的篇幅大大地扩充了，这不仅因为有更多的建筑需要选出来得到人们的重视，而且还因为这一版新增了许多章节。它们都扩充了第19版，例如，现在有两个章节分别讲述西欧和北美的建筑，而第19版只有一章作了专门论述；而且还补充了以前疏漏的地区，例如中东。

在第17版以前(包括第17版)，本书的书名为《比较建筑史》。从第1版开始，编排方式就包括了图表，"样式的分类系统"采用"影响、建筑特征、实例、比较图表、参考书"的形式。在第18版，每个章节都去掉了"比较图表"，进而"比较方法"也从书名中删掉了。詹姆斯·帕姆斯坚定地认为，在"多数的章节"中"比较分析部分"重复了次标题"建筑特征"所涉及的内容，而且，他也希望扩大这本书所包括的地理范围，因此，为了保持单卷本的形式必须缩减已有文本的篇幅。

但是，仅仅删掉标准章节次标题中的"比较"一词并不能自动地消除比较方法，实际上，大量关于比较的材料仍保留在第18版中，包括除了前面所提及之外的所有标准章节的次标题。尽管比较图表对原来的体系来说非常重要，但章节次标题的重复对于比较方法来说是很有意义的，它们中的大多数仍然保留在第18版中。

在第19版的构架里，本书的每一个部分都搜集了文脉和技术信息，同时"建筑特征"的叙述和其他介绍性分析的形式与实例一起保留在每个独立的章节中。这个体系在第20版中也得到了延续。

每一部分的"背景"章节中都有一系列统一的次标题可以单独阅读：它们通过建筑将历史、社会文化背景与人、物质资源和技术过程联系在一起。以下列出的标题，在独立章节里得到了叙述和解释，形成了针对所有影响建筑发展和对建筑发展有所贡献的因素进行比较分析的新基础。

概述：更详细地描述了各个部分，并解释了本书结构划分的形成。

自然特征：介绍了地区的气候、地形和地质。

历史：包括社会的、政治的和经济的历史，重点在于对各个时期和地域的建筑发展做最明了的阐述。

文化：通常把建筑风格的形成都寓于社会的文化发展中。

资源：包括人和物质资源的可用性，它们对建筑的特征和形态产生显著的影响。人的能力与社会和技术的发展水平有关，这种水平也相应地决定了人对自然产生的材料如黏土、木材、砂和砂砾、金属矿石的鉴别和处理能力。

建筑技术及发展：也与资源的可用性有关，它与社会中反映人的需要和渴望的技能的发展相互联系，戈登·希尔德(Gorden Childe)提出的技术的定义对这些因素进行了恰当的分析："技术应当意味着对直接满足人的需要的行为的研究，这些行为改变了物质的世界……在这个意义上，任何技术，就像人类生活本身，融入了社会集团成员的规则和习惯性的相互配合中。在任何时候，相互配合的集团的特征深深地受到其规模、获得社会承认的需要以及成员间关系的影响"。(Early Forms of Society, in *Oxford History of Technology*, Vol. 1, 1956, 第38页)

应当强调，"背景"章节在一般情况下的设置仅仅是一种构架。在具体的情况下，只会选择相关的一些要素，例如在第28章里，讨论建筑教育的部分在资源与建筑的标题下得到了展开。而在其他的一些章节，由于有些要素已经在前面的章节里涉及了，或是出于其他编辑上的原因，标题可能全部或部分地弃而不用，除非将其作为内容的引导。

版式与特点

本版沿用了第19版的版式，在当时，这种版式给这本书的外观带来很大的改变。但是，与普遍观点相反的是，这本书的外观自最初问世以来就经常改变。第1版(1896)的版面尺寸较小，大约180mm×120mm；1901年第4版出版时，版面尺寸已增加到210mm×140mm。这一版面尺寸一直沿用至第5版，直到第一次世界大战结束后的1921年新版，才改为230mm×140mm的版面尺寸。当这本书长期发行的第10版于1938年出版时，版面尺寸再次增加到240mm×150mm，这一尺寸一直延用，直到第18版(1975)才减为约220mm×145mm。第19版的新页面尺寸(245mm×190mm)和双栏的格式在第20版里继续沿用。这种格式在保持单卷本形式的同时可以增加很多内容❶。

版式设计是影响图书品像的一个重要因素，而插图的风格和字体往往决定了书的视觉效果。1896年出版的第1版总共有293页，包括159幅插图。除了一些较小的线条图插在文字中，其他的插图都占了整页。照片插图都采用珂罗版印刷，印刷质量很高。文字和插图之间的比例从一开始就确定下来了，而这本书后来渐渐摆脱了初始时设想的晚期维多利亚书籍的风格，当初甚至把伦敦国王学院讲演厅照片印在书上，弗莱彻父子那时都是国王学院的教师(第1版第49页，图32)。

线条插图的"试样"的演变首先显示了本书在图片和特点上的变化。以第1版的厄瑞克忒翁神庙(the Erechtheion)入口有绘图者署名的线条图(见[xvii]页)为例，在第4版(1901)中，对原来的测绘图的一部分进行了重画并完全重新排版，与万神庙(the Pantheon)的入口线条图合并在同一页里，以便相互对照。第4版全书的线条图的图注和说明采用了独特风格的徒手字体(见[xviii]页)。在20年后的第6版(1921)里，厄瑞克忒翁神庙和其他所有插图的字体和内容都被修改了：独特风格的字体大多被删除了，更为常见的罗马字体的标题第一次出现(见[xix]页)并一直保留下来。以上提到的类似情况在第18版里被砍去一半，厄瑞克忒翁神庙入口的线条图也采用半色调图(half tone)，并安排在同一页面里。然而，弗莱彻爵士显然认为没有什么是不能改动的，无论是插图的字体还是版面的安排，即使是那些由他自己署名的图也不例外。

第19版的页面尺寸扩大了，所以插图的尺寸也比以往更大。这种宽松的比例也保留到第20版。第20版增加了大量新的线条图，特别是第26章，同时第七编也采用了很多建筑师的绘图。这是一个新变化，但是如前所述，这些年来，图的风格远非一致。此外，建筑师的建筑图能显示特别的趣味，比绘图员的渲染图揭示了更多的东西。新的半色调图像在新增和修订的章节里也得到运用。年表安排在本书"引言"的后面，包括简略的总的年代表以及少量的关于时段和朝代的专门表格。对于这些时段和朝代，读者可能并不熟悉。

第20版

第20版仍保持第19版的版式以及一些相同的作者和章节，这可能使第20版看起来仅仅像一次修订。但是，正如"前言"所述，如果这是一次修订，就是一次彻彻底底的修订。所有保留下来的章节都经过修改和更新，以反映新的学术发展，并且在相关部分对最新建成的建筑进行讨论。此外，第20版还增加或全面修订了24个章节，这意味着这一版大约有35%的全新素材。

最具重要意义的是整个第三编对20世纪之前的伊斯兰建筑的贡献，整个新章节关于印度次大陆前殖民时期的建筑的选编，以及第七编对关于20世纪建筑的内容所做的修订与扩充。

本书的修订和扩充，有赖于14位新作者和第19版的大多数作者的巨大贡献。三位顾问推荐了作者并在出版前审读稿件，协助了本书的出版。然而，他们的角色仅限于顾问，他们对新版本中好的地方有所贡献，但不应该对可能被认为损伤文本的错误和疏漏负责。

---

❶ 中文版由于注释的需要，版面尺寸改为185mm×260mm。

引 言

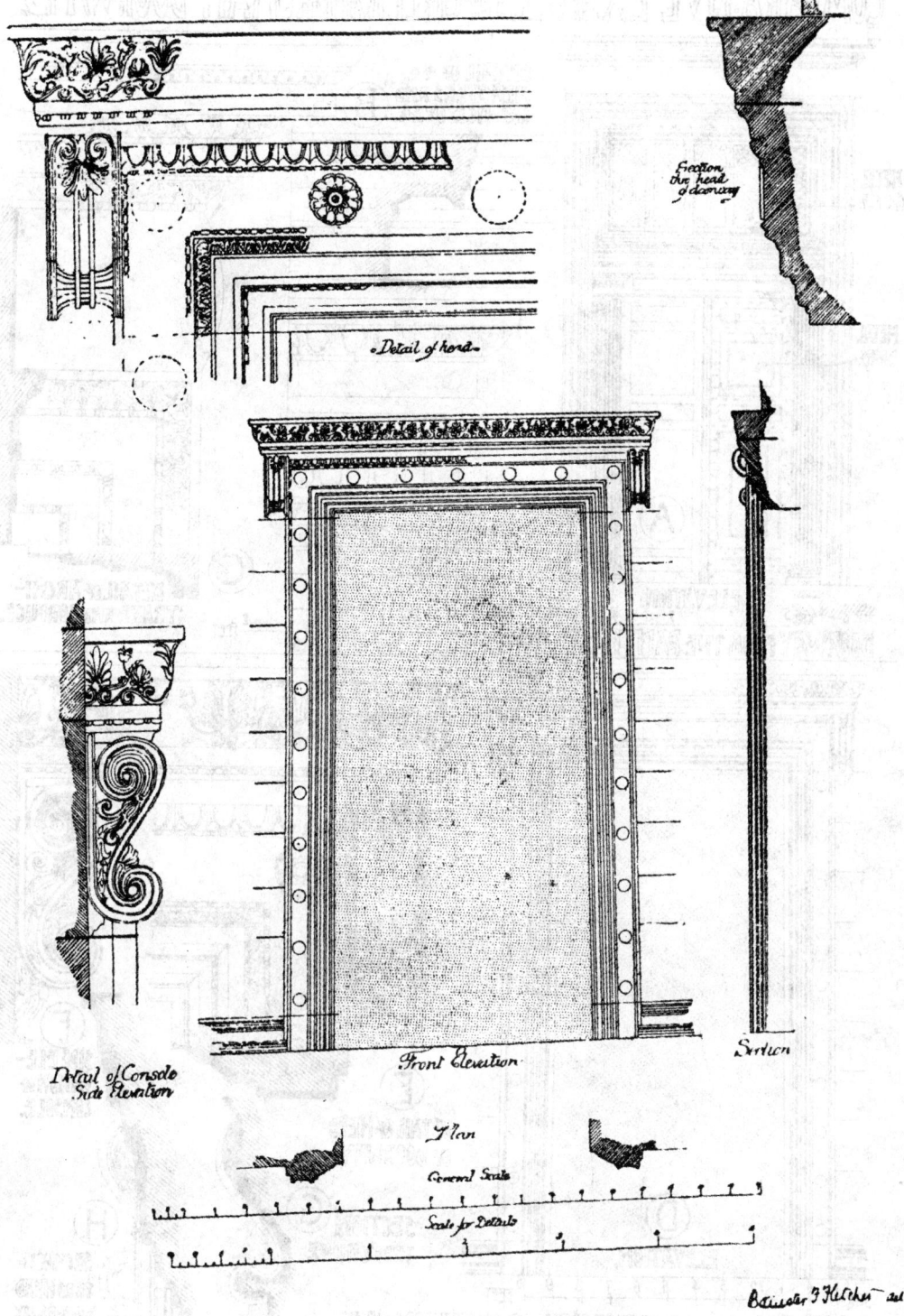

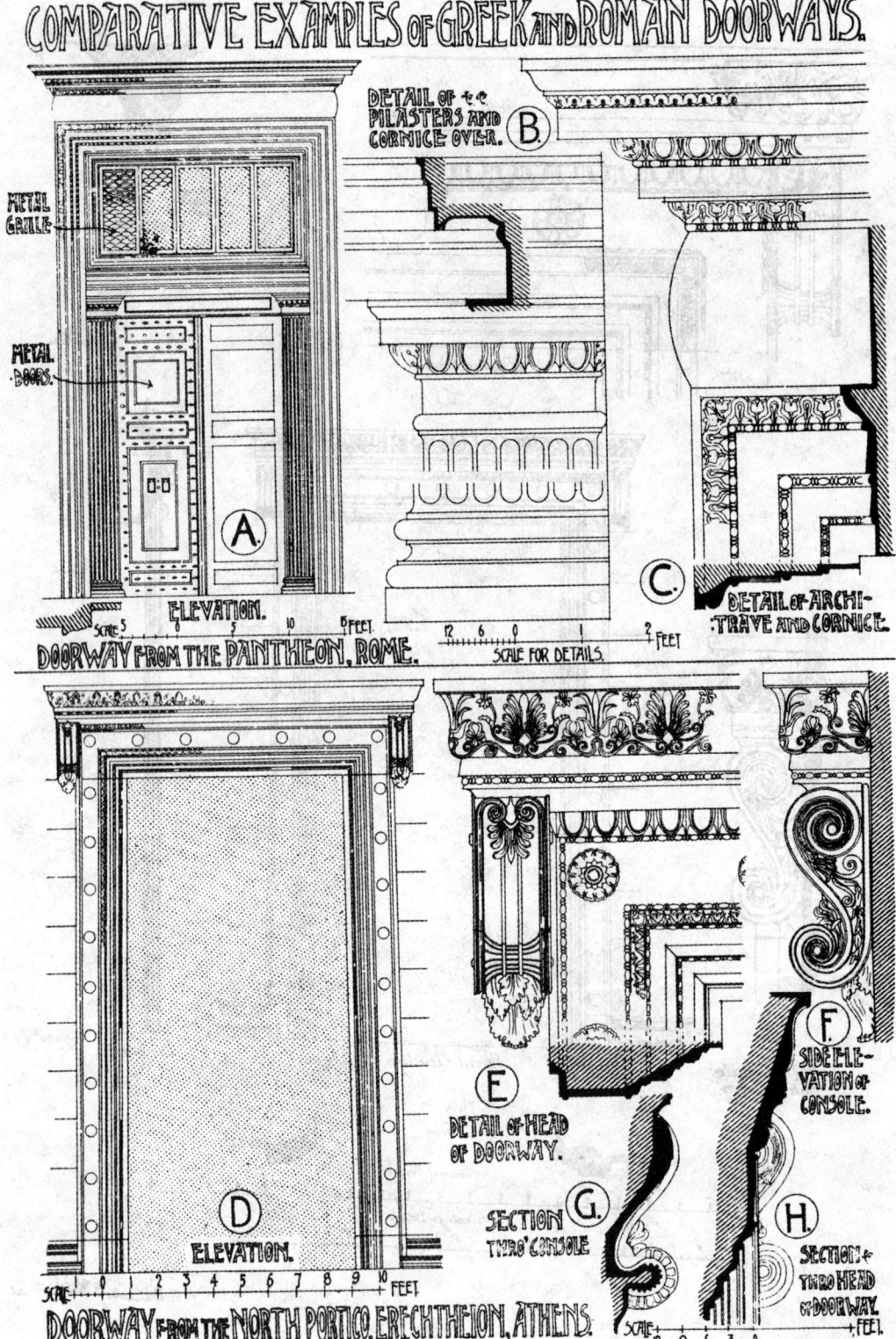

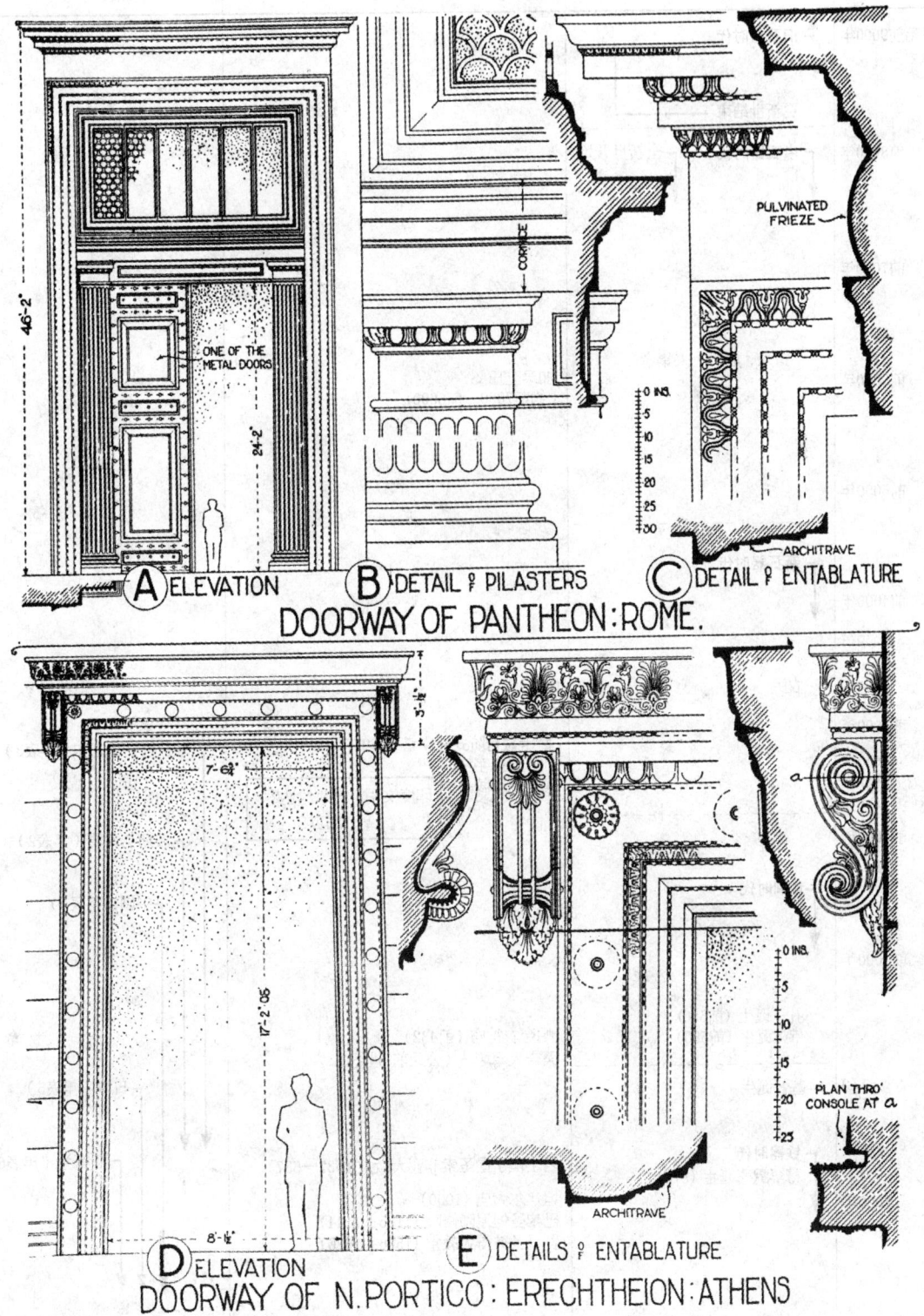

年表1　北欧与地中海

时间	考古/经济/地理	重要建筑	相关年表
公元前9000年	**旧石器时代** ↑ 更新世结束 - - - - -		
前8000年	**中石器时代** ↓　全新世开始 ↓		
前7000年			
前6000年	猎人、渔民、采集者	加泰土丘（约前7000—前6000）	
前5000年	- - - - -		
前4000年	**新石器时代** ↓		
	农民		
前3000年	- - - - -	萨卡拉台阶式金字塔（前2778） 开罗大金字塔 乌尔皇家陵墓	埃及与古代近东（年表3） ↓
		印度文明：摩亨约达罗 哈拉帕	
前2000年	**青铜时代** ↓		波斯与希腊（年表2） ↓
			中国（年表4） ↓
前1000年	- - - - -		
	孔子诞生（前550） 佛陀诞生（前560）	帕台农神庙（前432） 桑吉大窣堵波（公元前1世纪）	日本（年表5） ↓
0	基督诞生		
	- - - - - **铁器时代** 穆罕默德诞生（570）	君士坦丁堡圣索非亚大教堂（532—537）	伊斯兰（年表6） ↓
1000年		坦焦尔大庙（1000） 巴黎圣但尼隐修院（1135—1144） 罗马圣彼得大教堂（1506—1626）	

引 言

年表2 波斯与希腊

	波斯	希腊
	王朝/统治者	时期及事件等
公元前2000年		
前1800年		
前1600年		米诺斯文明
前1400年		克诺索斯宫（毁于约公元前1400年） 迈锡尼文明
前1200年		狮子门（约前1250）
前1000年		
前800年		"黑暗时期" 罗马建立（前753）
前600年	**米底王国** 居鲁士征服米底王国（前550）	波斯战争
前400年	**波斯帝国** 居鲁士（前550—前530） 大流士（前552—前486） 薛西斯（前485—前465）❶ 亚历山大大帝卒（前323）	伯罗奔尼撒战争（前431—前404） 希腊王国时期　帕台农神庙（前432） 希腊化时期　普里恩的雅典娜·波利亚斯神庙（前334）
前200年		科林斯的胜利：罗马控制希腊（前147）
0	**安息王国**（前247—226）	
公元200年		
400年	**萨珊王朝**（226—651）	
600年		
800年		
1000年		

❶ 原书为公元前450～前465年，疑有误，在此更正。——译者注

年表3　埃及与古代近东

	埃及		美索不达米亚南部
	时期	王朝/统治者	时期/王朝/统治者
公元前3200年	前王朝时期		
前3000年	早王朝时期	美尼斯国王（约前3200）	
前2800年		第一王朝、第二王朝	
前2600年		斯奈夫鲁 基奥普斯	**基什**（麦西里姆国王） **乌尔**（美撒尼波度国王）
前2400年	古王国时期	第三王朝～第六王朝	
前2200年			萨尔贡一世（前2371）
前2000年	第一中间期	第七王朝～第十一王朝	**拉格什**（古德亚国王，前2230—前2113） **乌尔**（第三王朝，前2113—前2006）
前1800年	中王国时期	第十二王朝	
前1600年	第二中间期	第十三王朝～第十七王朝	**巴比伦**（第一王朝，前1894—前1595） 汉谟拉比（前1792—前1750）
前1400年	新王国时期	图特摩斯一世（前1530）	**喀西特王朝统治** 库里加勒祖二世（前1345—前1324）
前1200年		第十八王朝～第二十王朝；拉美西斯二世（前1304—前1237）	
前1000年		第二十一王朝	尼布甲尼撒一世（前1124—前1103）
前800年			
前600年		第二十六王朝（塞提） 波斯征服（前525）	亚述王国统治结束（前626） 波斯征服（前539）
前400年			
前200年		亚历山大大帝（前336—前323）	
0		**托勒密王朝**	
公元200年		罗马行省	

引 言

续表

	亚述王国	赫梯/乌拉尔图王国	以色列联合王国	犹大王国
	统治者	统治者		
公元前3200年				
前3000年				
前2800年				
前2600年				
前2400年				
前2200年				
前2000年				
前1800年	沙玛什-阿达德一世（前1813—前1781）			
前1600年				
前1400年		苏庇路里乌玛一世 马图西里希三世 〉赫梯王国 图德哈里亚四世		
前1200年	撒缦以色一世（前1274—前1245） 提格拉-帕拉萨国王（前1115—前1077）			
前1000年			耶罗波安一世（前931—前910）	大卫王 所罗门王（前965—前931）
前800年	亚述纳西拨二世（前883—前859） 撒缦以色二世（前858—前824） 提格拉-帕拉萨三世（前745—前727） 萨尔贡二世（前721—前705） 辛那赫里布（前705—前681）	阿拉摩（前858—前844） 梅努亚（前810—前786） 萨尔杜里二世（前764—前735） 鲁萨斯二世（前680—前640） 〉乌拉尔图王国	亚哈（前874—前852）	约沙法（前876—前848） 约西亚（？—前609） 犹大王国灭亡（前586）
前600年	尼尼微沦陷（前612）		塞琉西王国（前312—前64） 公元前140年后仅存幼发拉底河西岸地区	
前400年				
前200年				
0			罗马人征服以色列	
公元200年				

年表4　中国

社会制度	主要时期
原始社会	
奴隶社会	夏朝（前2100—前1600）
	商朝（前1600—前1028）
	西周（前1027—前771）
	周朝　春秋时期（前770—前476）
	东周（前770—前256）
	战国时期（前475—前221）
封建社会	秦朝（前221—前206）
	西汉时期（前206—8）
	汉朝

公元前2000年 / 前1800年 / 前1600年 / 前1400年 / 前1200年 / 前1000年 / 前800年 / 前600年 / 前400年 / 前200年 / 0

引　言

续表

社会制度	主要时期			
			新朝（9—25）	
			东汉（25—220）	
	魏（220—265）	蜀（221—263）	吴（220—280）	
封建社会	西晋（265—316）			
	晋代　东晋（317—420）		十六国（304—439）	
		宋（420—479）	北魏（368—534）	
		齐（479—502）	北朝	
	南朝	梁（502—557）	1	2
		陈（557—589）	3	4
				5
	唐代（618—907）			
	五代（907—960）	十国（891—979）		
	北宋（960—1127）	辽（947—1125）		
	宋代　南宋（1127—1279）	金（1115—1234）	西夏（1032—1227）	
	元代（1271—1368）			
	明代（1368—1644）			
	清代（1644—1911）			
半殖民地半封建社会	中华民国（1911—1949）			
社会主义社会	中华人民共和国（1949年成立）			

注：1——东魏（534—550）；2——西魏（535—556）；3——北齐（550—557）；4——北周（557—581）；5——隋（581—618）。

年表5　日本

史前时期		
	绳纹时代	约前 10000—前 300
	弥生时代	前 300—300
	古坟时代	300—538 /552
古代		
	飞鸟时代	552—645
	早期奈良时代	645—710
	晚期奈良时代	710—785
	平安时代	785—1185
中世纪		
	镰仓时代	1185—1333
	南北朝时代	1333—1392
	室町时代	1392—1568
近代早期		
	桃山时代	1568—1615
	江户时代	1615—1867
近代		1868 年至今

年表6　伊斯兰（主要的王朝）

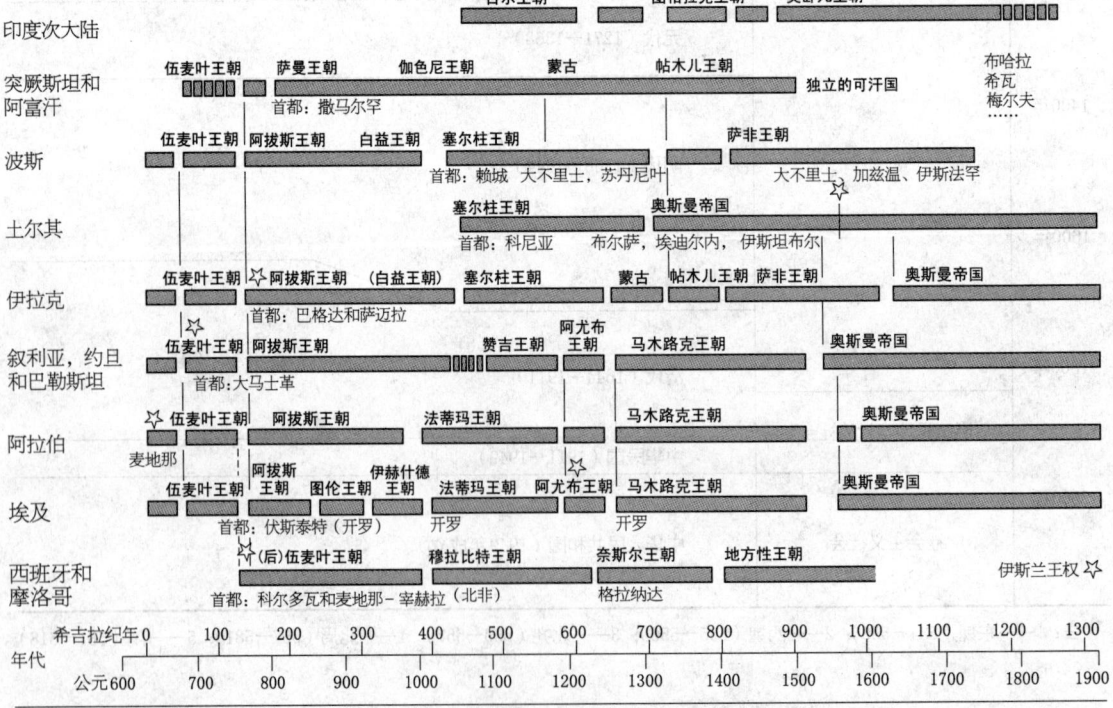

注：希吉拉纪年以穆罕默德迁居麦地那以避迫害的那一年阴历穆哈兰月初一（公元622年7月16日）为希吉拉元年元旦。

第一编
埃及、古代近东、亚洲、希腊及希腊化诸王国的建筑

第一编

埃及、古巴比伦、亚述、新巴比伦及波斯奴隶制王国的建筑

埃及、古代近东、亚洲、希腊及希腊化诸王国的建筑

第1章
背 景

概述

埃及和古代近东

更新世(Pleistocene)晚期(约前20 000—前16 000)的考古遗址显示,已有几个狩猎采集部落在这一地区居住。在大约公元前9000年,农业刚刚起步,在那些纳图夫文化(Natufian culture)较稳定的社区出现了第一批建筑物,但那时建筑的意义是微不足道的。这一区域从土耳其南部一直绵延至尼罗河三角洲。从公元前7500~前6000年,出现了由泥砖建筑建成的永久性农业村庄的变革,到了公元前6000年,西南亚地区散落着数以千计的这类村庄。新石器(Neolithic)时期,在安纳托利亚高原(Anatolia)和黎凡特地区❶产生了一些较大的城镇,它们在建筑上给人留下了最深刻的印象。公元前6000~前3500年是一个成长期,以文明的传承为特征:如哈苏纳文化(Hassuna,约前6000—前4500)、萨迈拉文化(Samarran,约前5500)、哈拉夫文化(Halafian,约前5000)、埃利都文化(Eridu,约前5400)和欧贝德文化(Ubaid,约前4500—前3500)。至这一时期末,在美索不达米亚开始出现独立的小城邦,这些小城邦由议事会(councils)和民众会(assemblies)所统治。

在更新世晚期,尼罗河河谷就有人居住,但早期的居住证据却被深埋在淤泥中。早在公元前12 000年,原始农业经济就在一些地区发展起来,但直到公元前6000年左右,对下埃及(Lower Egypt)的大部分地区来说,狩猎和采集仍是人类生存的基础,而在上埃及(Upper Egypt)地区,这种状况一直持续到公元前4000年。在公元前五千纪,出现了显著的定居文化群落,但当地新石器时代的开始则要晚得多,大约是在公元前3000年。下埃及地区产生了法尤姆文化(Faiyum,约前5000)和梅里姆德文化(Mermida,约前4000),上埃及地区则有拜达里文化(Badarian,约前4000)、阿姆拉特文化(Amratian,约前3800)和格尔津文化(Gerzean,亦称盖尔泽(Gerze),约前3600)。公元前3200年左右,神王❷完成了国家的统一,历史上的王朝时期就此开始。

从此以后,经过不断发展,世界上最早的村庄、城镇和城市具备了其自身的重要意义,在近东某些地区这一过程跨越了将近5000年,而在其他地区则要短得多。古代近东与埃及一起为西方文明提供了大部分背景资料。"近东"一词在这里用来指代阿拉伯国家、以色列、塞浦路斯、土耳其、伊朗和前苏联的外高加索各共和国(Trans-Caucasian republics of the former USSR,即格鲁吉亚、亚美尼亚和阿塞拜疆),本书在此将其与埃及一并介绍。书中的这部分还包括爱琴海地区,这里最初与黎凡特,其后又与腓尼基和遥远的波斯帝国紧密联系。

从有城墙的杰里科❸、加泰土丘(Catal Hüyük)带有彩绘的神庙和伊朗西部的扎格罗斯(Zagros)高地上首批定居者的季节性社区,到在美索不达米亚逐渐出现的城市生活、城市神庙和宫殿的建设以及最早一些帝国的崛起来看,对古代近东的介绍不应过分简化。

从某种意义上说,埃及在地理上相对独立地居于一隅,但它不像一些专家们曾暗示的那样孤立。它与近东其余地区的关系最初是模糊不清的,也无法详细了解公元前二千纪中叶前的情况。然而,埃及这个国家、社会及其文化的发展延续了3000多年,直至它融入以亚历山大大帝(Alexander the Great)短暂而辉煌的事业为起点的希腊-罗马世界(Graeco-Roman world)。

---

❶ Levant;即地中海东部诸国及岛屿,包括叙利亚、黎巴嫩在内的自希腊至埃及的地区。——译者注
❷ god-king;埃及法老被认为是同神一体的人物。——译者注
❸ Jericho;埃里哈的希伯来语名称。——译者注

亚洲早期文明

中国

迄今发现,中国最早的居民于60万年前居住在蓝田(陕西省)。但是,文明生活的最初形式却出现在新石器时代。这一时代有两大文化,即中国西部的仰韶文化和东部的龙山文化。龙山文化似乎延续得更久,实际上在一定程度上取代了仰韶文化。龙山文化也开创了建筑施工技术的新特点,这在随后的青铜时代(Bronze Age)得到了进一步的发展。他们用多层夯土(pisé,即夯实黏土)砌成的墙环绕其定居点——这种技术也被用于建造房屋。

中国首个可以确认的王朝是夏朝(前2100—前1600),迄今为止一直没有发现任何夏文化遗迹,它可能是以晚期龙山文化为基础的。后来的商朝时期(约前1850—前1027)被分为三个不同的阶段,每个阶段都以一个重要遗址为代表——商朝早期的遗址在二里头、商朝中期的遗址在郑州、商朝晚期的遗址则在安阳,所有这些地方都在河南省。商朝在中文里有时也被称为殷。

商朝的统治者们热衷于在他们的宫殿和市郊周围建造有围墙的作坊,以供诸如青铜器具和陶器制造等特殊行业使用。虽然使用了石柱,甚至有时石柱外还包裹青铜,但是建筑仍使用夯土墙。商朝统治者还建造了大量地下陵墓。中国正是从商代开始发展其卓越的先进技术。首先是发展成熟的青铜业,然后生产铸铁、瓷器和纸张。

约公元前1028年,来自陕西省的周朝最终推翻了商朝的统治。周朝时期(前1027—前256)的编年史相当复杂。公元前770年左右,周朝受到了来自好战的游牧民族的巨大压力,将都城从渭水流域东迁至洛阳。这次迁徙将这个朝代划分为两个不同的时期,即西周(前1060—前770)和东周(前770—前256)。东周可依次进一步细分,以反映这一时期的政治局面:公元前722~前481年的春秋时期和公元前403~前221年的战国时期。在后一个阶段,各个封地纷纷宣布独立,周朝的统治权力被打破。到公元前221年,秦朝征服了所有的其他国家,统一了中国。秦朝极其重视标准化,这一进程为中华文明的巨大进步奠定了基础:统一度量衡、发行标准铜币、强制推行秦国文字形式、广修驰道、开凿运河、兴建长城以加强北部边防,以及"统一"思想——除了那些医学、农业和占卜方面的书外,其他所有的书都被焚毁。这种独裁统治自然引起了人民的反抗,在公元前206年,秦军被击败,汉朝建立。汉朝一直统治到公元220年。在此期间,中国度过了一个"黄金时代",这段时间内,中国的文化和商业蓬勃发展,中央官僚政府以儒家思想为基础,该思想宣扬国家应由受过教育且有道德的男子进行家长式统治。

印度

公元前三千纪至公元前二千纪间,印度河文明(Indus civilisation)繁荣起来,产生了一些伟大的城市,特别是摩亨约达罗(Mohenjodaro)和哈拉帕(Harappa),它们有着精致的设计和施工,以及布局规整的街道、砖砌建筑和各种各样的市民福利设施。但在公元前二千纪中叶,当雅利安人通过西北部山坳通道进入印度后,该文明就进入一种崩溃状态。从这一时期开始,印度历史的特点是被西北部民族一次次反复入侵,这些民族穿过平原散布开去,并逐步融入到本土人群中。公元前326年亚历山大大帝从这一方向进入印度,公元1世纪的贵霜人、公元6世纪的匈奴人也是如此,最显著的是从12世纪末起一批批的穆斯林也由此进入印度。

印度文明中施行的宗教尚不清楚。现已发现祭祀雕像,尤其是"女神"雕像,是丰产的象征,但与其相关的文稿尚未破译。雅利安侵略者引入了一种独立的宗教,由一些被称为"吠陀"(Vedas)的著作来阐述。《犁俱吠陀》(*Rig Veda*)是雅利安人最古老的文稿,被视为晚期印度文学的源泉。佛陀(Buddha)生于公元前563年,生活在喜马拉雅山山麓下的平原上,他是改教运动的领袖,旨在反对雅利安人的社会制度。至公元前3世纪,当统治印度东部帕塔里卜塔拉(Pataliputra,即现在的巴特那(Patna))的阿育王(Emperor Ashoka)于公元前262年改信佛教时,佛教便成为孔雀王朝(Maurya dynasty)的国教。

希腊和希腊世界

在欧洲,首个重要文明是沿爱琴海发展起来的,它已被证明对其后所有欧洲文明都有着巨大

引 言

续表

	亚述王国	赫梯/乌拉尔图王国	以色列联合王国	犹大王国
	统治者	统治者		
公元前3200年				
前3000年				
前2800年				
前2600年				
前2400年				
前2200年				
前2000年				
前1800年	沙玛什-阿达德一世（前1813—前1781）			
前1600年				
前1400年		苏庇路里乌玛一世 马图西里希三世 图德哈里亚四世 }赫梯王国		
前1200年	撒缦以色一世（前1274—前1245） 提格拉-帕拉萨国王（前1115—前1077）			
前1000年			大卫王 耶罗波安一世 所罗门王（前965—前931） （前931—前910）	
前800年	亚述纳西拔二世（前883—前859） 撒缦以色二世（前858—前824） 提格拉-帕拉萨三世（前745—前727） 萨尔贡二世（前721—前705） 辛那赫里布（前705—前681）	阿拉摩（前858—前844） 梅努亚（前810—前786） 萨尔杜里二世（前764—前735） 鲁萨斯二世（前680—前640） }乌拉尔图王国	亚哈（前874—前852）	约沙法（前876—前848） 约西亚（？—前609） 犹大王国灭亡（前586）
前600年	尼尼微沦陷（前612）			
前400年		塞琉西王国（前312—前64） 公元前140年后仅存幼发拉底河西岸地区		
前200年				
0			罗马人征服以色列	
公元200年				

年表4　中国

时间	社会制度	主要时期	
公元前2000年	原始社会		
前1800年	奴隶社会	夏朝（前2100—前1600）	
前1600年			
前1400年		商朝（前1600—前1028）	
前1200年			
前1000年			
前800年		西周（前1027—前771）	
前600年		周朝	春秋时期（前770—前476）
		东周（前770—前256）	
前400年			战国时期（前475—前221）
前200年	封建社会	秦朝（前221—前206）	
0		西汉时期（前206—8）	
		汉朝	

引 言

续表

社会制度	主要时期
封建社会	新朝（9—25）
	东汉（25—220）
	魏（220—265）／蜀（221—263）／吴（220—280）
	晋代：西晋（265—316）；东晋（317—420）
	十六国（304—439）
	北魏（368—534）
	南朝：宋（420—479）；齐（479—502）；梁（502—557）；陈（557—589）
	北朝：1、2、3、4、5
	唐代（618—907）
	五代（907—960）；十国（891—979）
	宋代：北宋（960—1127）；南宋（1127—1279）
	辽（947—1125）；金（1115—1234）；西夏（1032—1227）
	元代（1271—1368）
	明代（1368—1644）
	清代（1644—1911）
半殖民地半封建社会	中华民国（1911—1949）
社会主义社会	中华人民共和国（1949年成立）

注：1——东魏（534—550）；2——西魏（535—556）；3——北齐（550—557）；4——北周（557—581）；5——隋（581—618）。

年表5 日本

史前时期		
	绳纹时代	约前10000—前300
	弥生时代	前300—300
	古坟时代	300—538/552
古代		
	飞鸟时代	552—645
	早期奈良时代	645—710
	晚期奈良时代	710—785
	平安时代	785—1185
中世纪		
	镰仓时代	1185—1333
	南北朝时代	1333—1392
	室町时代	1392—1568
近代早期		
	桃山时代	1568—1615
	江户时代	1615—1867
近代		1868年至今

年表6 伊斯兰（主要的王朝）

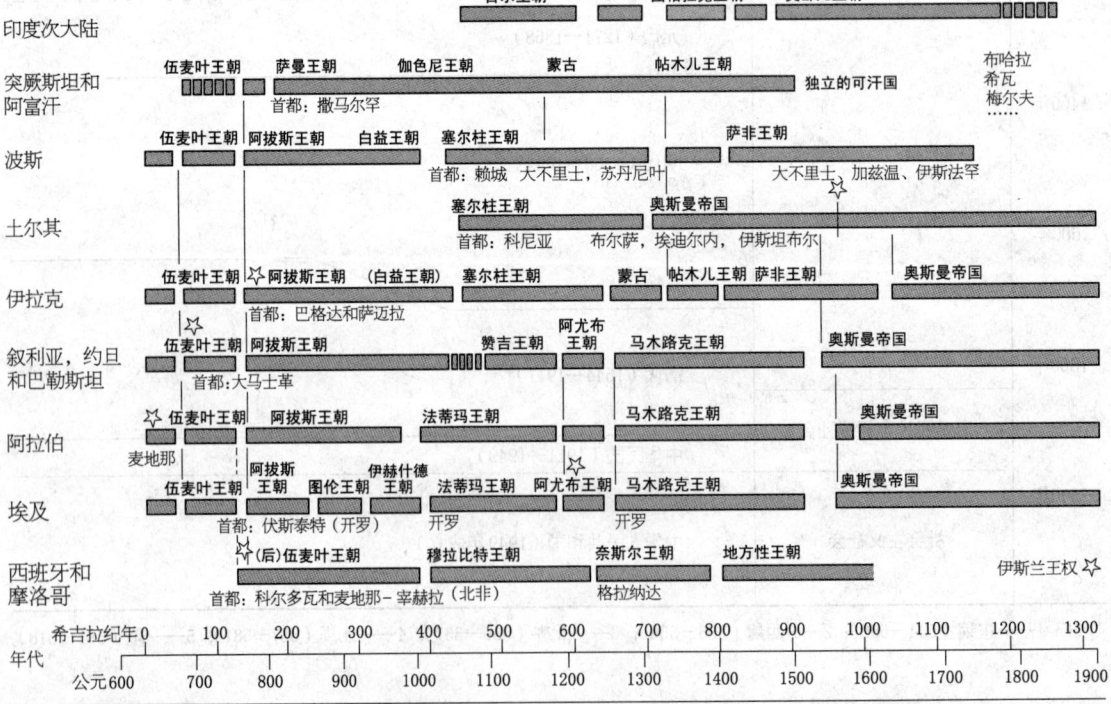

注：希吉拉纪年以穆罕默德迁居麦地那以避迫害的那一年阴历穆哈兰月初一（公元622年7月16日）为希吉拉元年元旦。

第一编
埃及、古代近东、亚洲、希腊及希腊化诸王国的建筑

第一编

埃及、古近东、亚洲、希腊及希腊化时期小王国的建立

埃及、古代近东、亚洲、希腊及希腊化诸王国的建筑

第1章
背 景

概述

埃及和古代近东

更新世(Pleistocene)晚期(约前20 000—前16 000)的考古遗址显示,已有几个狩猎采集部落在这一地区居住。在大约公元前9000年,农业刚刚起步,在那些纳图夫文化(Natufian culture)较稳定的社区出现了第一批建筑物,但那时建筑的意义是微不足道的。这一区域从土耳其南部一直绵延至尼罗河三角洲。从公元前7500~前6000年,出现了由泥砖建筑建成的永久性农业村庄的变革,到了公元前6000年,西南亚地区散落着数以千计的这类村庄。新石器(Neolithic)时期,在安纳托利亚高原(Anatolia)和黎凡特地区❶产生了一些较大的城镇,它们在建筑上给人留下了最深刻的印象。公元前6000~前3500年是一个成长期,以文明的传承为特征:如哈苏纳文化(Hassuna,约前6000—前4500)、萨迈拉文化(Samarran,约前5500)、哈拉夫文化(Halafian,约前5000)、埃利都文化(Eridu,约前5400)和欧贝德文化(Ubaid,约前4500—前3500)。至这一时期末,在美索不达米亚开始出现独立的小城邦,这些小城邦由议事会(councils)和民众会(assemblies)所统治。

在更新世晚期,尼罗河河谷就有人居住,但早期的居住证据却被深埋在淤泥中。早在公元前12 000年,原始农业经济就在一些地区发展起来,但直到公元前6000年左右,对下埃及(Lower Egypt)的大部分地区来说,狩猎和采集仍是人类生存的基础,而在上埃及(Upper Egypt)地区,这种状况一直持续到公元前4000年。在公元前五千纪,出现了显著的定居文化群落,但当地新石器时代的开始则要晚得多,大约是在公元前3000年。下埃及地区产生了法尤姆文化(Faiyum,约前5000)和梅里姆德文化(Mermida,约前4000),上埃及地区则有拜达里文化(Badarian,约前4000)、阿姆拉特文化(Amratian,约前3800)和格尔津文化(Gerzean,亦称盖尔泽(Gerze),约前3600)。公元前3200年左右,神王❷完成了国家的统一,历史上的王朝时期就此开始。

从此以后,经过不断发展,世界上最早的村庄、城镇和城市具备了其自身的重要意义,在近东某些地区这一过程跨越了将近5000年,而在其他地区则要短得多。古代近东与埃及一起为西方文明提供了大部分背景资料。"近东"一词在这里用来指代阿拉伯国家、以色列、塞浦路斯、土耳其、伊朗和前苏联的外高加索各共和国(Trans-Caucasian republics of the former USSR,即格鲁吉亚、亚美尼亚和阿塞拜疆),本书在此将其与埃及一并介绍。书中的这部分还包括爱琴海地区,这里最初与黎凡特,其后又与腓尼基和遥远的波斯帝国紧密联系。

从有城墙的杰里科❸、加泰土丘(Catal Hüyük)带有彩绘的神庙和伊朗西部的扎格罗斯(Zagros)高地上首批定居者的季节性社区,到在美索不达米亚逐渐出现的城市生活、城市神庙和宫殿的建设以及最早一些帝国的崛起来看,对古代近东的介绍不应过分简化。

从某种意义上说,埃及在地理上相对独立地居于一隅,但它不像一些专家们曾暗示的那样孤立。它与近东其余地区的关系最初是模糊不清的,也无法详细了解公元前二千纪中叶前的情况。然而,埃及这个国家、社会及其文化的发展延续了3000多年,直至它融入以亚历山大大帝(Alexander the Great)短暂而辉煌的事业为起点的希腊-罗马世界(Graeco-Roman world)。

---

❶ Levant:即地中海东部诸国及岛屿,包括叙利亚、黎巴嫩在内的自希腊至埃及的地区。——译者注
❷ god-king:埃及法老被认为是同神一体的人物。——译者注
❸ Jericho:埃里哈的希伯来语名称。——译者注

亚洲早期文明

中国

迄今发现，中国最早的居民于60万年前居住在蓝田（陕西省）。但是，文明生活的最初形式却出现在新石器时代。这一时代有两大文化，即中国西部的仰韶文化和东部的龙山文化。龙山文化似乎延续得更久，实际上在一定程度上取代了仰韶文化。龙山文化也开创了建筑施工技术的新特点，这在随后的青铜时代（Bronze Age）得到了进一步的发展。他们用多层夯土（pisé，即夯实黏土）砌成的墙环绕其定居点——这种技术也被用于建造房屋。

中国首个可以确认的王朝是夏朝（前2100—前1600），迄今为止一直没有发现任何夏文化遗迹，它可能是以晚期龙山文化为基础的。后来的商朝时期（约前1850—前1027）被分为三个不同的阶段，每个阶段都以一个重要遗址为代表——商朝早期的遗址在二里头、商朝中期的遗址在郑州、商朝晚期的遗址则在安阳，所有这些地方都在河南省。商朝在中文里有时也被称为殷。

商朝的统治者们热衷于在他们的宫殿和市郊周围建造有围墙的作坊，以供诸如青铜器具和陶器制造等特殊行业使用。虽然使用了石柱，甚至有时石柱外还包裹青铜，但是建筑仍使用夯土墙。商朝统治者还建造了大量地下陵墓。中国正是从商代开始发展其卓越的先进技术。首先是发展成熟的青铜业，然后生产铸铁、瓷器和纸张。

约公元前1028年，来自陕西省的周朝最终推翻了商朝的统治。周朝时期（前1027—前256）的编年史相当复杂。公元前770年左右，周朝受到了来自好战的游牧民族的巨大压力，将都城从渭水流域东迁至洛阳。这次迁徙将这个朝代划分为两个不同的时期，即西周（前1060—前770）和东周（前770—前256）。东周可依次进一步细分，以反映这一时期的政治局面：公元前722～前481年的春秋时期和公元前403～前221年的战国时期。在后一个阶段，各个封地纷纷宣布独立，周朝的统治权力被打破。到公元前221年，秦朝征服了所有的其他国家，统一了中国。秦朝极其重视标准化，这一进程为中华文明的巨大进步奠定了基础：统一度量衡、发行标准铜币、强制推行秦国文字形式、广修驰道、开凿运河、兴建长城以加强北部边防，以及"统一"思想——除了那些医学、农业和占卜方面的书外，其他所有的书都被焚毁。这种独裁统治自然引起了人民的反抗，在公元前206年，秦军被击败，汉朝建立。汉朝一直统治到公元220年。在此期间，中国度过了一个"黄金时代"，这段时间内，中国的文化和商业蓬勃发展，中央官僚政府以儒家思想为基础，该思想宣扬国家应由受过教育且有道德的男子进行家长式统治。

印度

公元前三千纪至公元前二千纪间，印度河文明（Indus civilisation）繁荣起来，产生了一些伟大的城市，特别是摩亨约达罗（Mohenjodaro）和哈拉帕（Harappa），它们有着精致的设计和施工，以及布局规整的街道、砖砌建筑和各种各样的市民福利设施。但在公元前二千纪中叶，当雅利安人通过西北部山坳通道进入印度后，该文明就进入一种崩溃状态。从这一时期开始，印度历史的特点是被西北部民族一次次反复入侵，这些民族穿过平原散布开去，并逐步融入到本土人群中。公元前326年亚历山大大帝从这一方向进入印度，公元1世纪的贵霜人、公元6世纪的匈奴人也是如此，最显著的是从12世纪末起一批批的穆斯林也由此进入印度。

印度文明中施行的宗教尚不清楚。现已发现祭祀雕像，尤其是"女神"雕像，是丰产的象征，但与其相关的文稿尚未破译。雅利安侵略者引入了一种独立的宗教，由一些被称为"吠陀"（Vedas）的著作来阐述。《梨俱吠陀》（Rig Veda）是雅利安人最古老的文稿，被视为晚期印度文学的源泉。佛陀（Buddha）生于公元前563年，生活在喜马拉雅山山麓下的平原上，他是改教运动的领袖，旨在反对雅利安人的社会制度。至公元前3世纪，当统治印度东部帕塔里卜塔拉（Pataliputra，即现在的巴特那（Patna））的阿育王（Emperor Ashoka）于公元前262年改信佛教时，佛教便成为孔雀王朝（Maurya dynasty）的国教。

希腊和希腊世界

在欧洲，首个重要文明是沿爱琴海发展起来的，它已被证明对其后所有欧洲文明都有着巨大的影响。古希腊建筑是欧洲建筑的基石,它影响了罗马帝国的建筑,继而间接地影响了欧洲中世纪的建筑。

希腊建筑本身并不是孤立发展的。在更遥远的史前时期,在爱琴海东部和北部以及在欧洲大陆和爱琴海群岛南部,特别是克里特岛(the island of Crete),独特的地域性本土风格清晰可辨。爱琴海地区的地理位置刺激了航海的发展。海上贸易从地中海东部出发,途经小亚细亚南部海岸,继而转向爱琴海地区,这便带来了关于近东和埃及建筑样式的知识。一个重要的文明在克里特岛上发展起来,它又反过来传播到欧洲大陆,并带动了爱琴海周边社会的发展。至公元前14世纪,权力和影响力的中心已经转移到说希腊语的大陆。直到公元前12世纪末,这个中心才崩溃,陷入了混乱和贫穷。在此期间,希腊人从欧洲大陆穿过爱琴海,移民到小亚细亚沿海地区和塞浦路斯;在随后的复苏期,一场更为广泛的海外移民运动,把希腊人带到了北非的昔兰尼加(Cyrenaica)和黑海沿岸地区,最重要的是把希腊人带到了意大利南部和西西里岛。这些定居点为古典希腊建筑的发展作出了贡献,往往形成了鲜明的地域差异,其在西西里岛和意大利的这种差异,又反过来影响了建筑样式在意大利诸如埃特鲁里亚(Etruscan)城市中的发展,并最终影响了罗马。随后,由菲力普二世(Philip II)领导的马其顿统治了爱琴海上的希腊,其子亚历山大征服了波斯帝国,这大大拓展了希腊政治的控制范围,因此也拓展了希腊知识分子和艺术家的影响范围。由埃及和近东建筑所激发的希腊建筑,本身又激发了罗马建筑和后来的欧洲建筑。对于所有的艺术、文学和科学,希腊人都赋予它们非凡的智慧和审美判断;古希腊的建筑充分体现了这些艺术成就所达到的水准。

自然特征

埃及和古代近东

近东的绝大部分地区由三个辽阔的区域组成。南部位于阿拉伯半岛,其沙漠向北延伸到叙利亚,但在其最南端的地区有着肥沃的高地——也门。另一个区域是一个大弧形地带,从地中海沿岸的平原和山地国家巴勒斯坦,穿过叙利亚北部和伊拉克,一直延伸到海湾口,这里有草地、大平原、山麓地区和河流冲积平原,被称为新月沃地(Fertile Crescent)。还有一个区域是自西向东绵延达2400km(1500mile)的一系列山脉和高原,从托罗斯山脉(Taurus)和安纳托利亚的中央高原开始,穿过土耳其东部和伊朗西北部的山脉和湖泊,直至扎格罗斯高原的相应区域,将广阔的伊朗高原从美索不达米亚平原中划分出来。爱琴海沿岸地区、土耳其南部和黎凡特是典型的地中海地区,这里曾经森林密布,而现在却树木稀疏。一条茂密的森林带沿着庞提克海岸、黑海南岸和里海南海岸延伸,这里布满了亚热带植被。无论是在环境上还是在文化上,北面的高加索山脉都构成了近东一个明确限定的边界。

埃及独特的环境非常有利于人们早期的定居和发展以及中央集权国家的延续,境内有狭窄绵延的尼罗河河谷,其肥沃的冲积土地始于缓坡或陡峭的悬崖,两侧则均以干旱的沙漠为界。无论从多么精确的当地地形上看,河谷的"黑土地"以及广阔的三角洲和沙漠的"红土地"之间的界限都是明确而清晰的,其原因是除了尼罗河以外没有其他供水。壮观的尼罗河年复一年极其稳定地缓缓流淌,但所携带的泥沙量,却只有底格里斯河在风调雨顺的年份所携带泥沙的1/5。埃及这种与众不同的定居区形式产生了一个结果:城镇和村庄都延伸出很长的距离,构成了松散连接的居住群。客观环境和政治安全共同形成的那种典型的美索不达米亚城市特征——高度集中且有城墙的城市——在这里是不适合的。尼罗河三角洲(下埃及地区)以外的地方从未大规模开发,而三角洲地区的早期定居迹象亦被埋在后来的沉积物之下。事实上,古埃及的记录绝大部分是关于长长的尼罗河谷(上埃及地区)的,上下埃及这两个地区作为各自独立的政治实体保留着它们各自史前存在的记忆。在古代,埃及的领土止于尼罗河第一大瀑布处,尼罗河在那里流过阿斯旺的一段花岗岩床;上游是下努比亚(Lower Nubia),直至第二大瀑布处——该瀑布既是一道更令人生畏的天然屏障,又是一个利于防御的边境,现为埃及和苏丹的边界。

就目前状况而言,近东、爱琴海地区和埃及的气候在很大程度上可以描述为:过去5000年左右的演变结果在大部分地区已经确定下来。在更新世末叶以及其后的冰河时代晚期,根据分析沉积物中的花粉痕迹所得到的证据表明,近东比今天更寒冷也更干燥,且树木线分布在一个较低的海拔高度上。在黎凡特地区,因为没有受到冰河作用的影响,茁壮生长的树林得以存活。

有迹象显示,在公元前四千纪中叶左右,伊朗西部和美索不达米亚的气候是宜人的,即使这些迹象没有遍及近东地区。这里的气候条件变得更加温暖湿润,促使定居点分布得更为广泛。波斯湾的海平面上升至比今天的海平面高 1m 左右,这也暗示了一般海平面的上升情况。覆盖在高地上的树木迅速扩张。这在某种程度上可以被视为影响美索不达米亚平原南部城镇及城市崛起的直接因素,但这还只是一种推测。更准确地说,这种气候的改善促进定居点分布得更为广泛,而不是集中于规模较大、数量较少的定居点;换句话说,增加的是村庄而非城镇。事实上,这种发展早在公元前五千纪就在美索不达米亚依稀可辨,先于所谓的城市革命。

大部分近东地区时而多雨,时而干旱;在高原地区,向南远至约旦南部的佩特拉以北的山区,还有降雪作为补充降水。

由于长期过度的放牧,森林的自然更新机能被削弱了。刀耕火种式的农业在位于热带的非洲非常普遍,但在近东从来都不那么重要。最严重的森林破坏当然与为建房或造船而砍伐树木有关,但在古典时期之前,这一过程几乎不可能大规模发展到足以产生重大影响的地步。

在这个"肥沃"的新月地区周围定居的生活方式得以壮大。最早的村庄出现在山麓地带,那里雨量充沛,牧草丰美。扎格罗斯山脉和托罗斯山脉的人类活动稀少,但那里的天然资源在早期农业经济中发挥着主要作用。在美索不达米亚平原北部,气候更加干旱,除了幼发拉底河和底格里斯河之间,其他地方如果不经灌溉,降雨量是无法维持农作物生长的。然而,正是在美索不达米亚冲积层的南部,西南亚最初的复杂社会逐渐形成。那里非常荒凉,但如果加以灌溉可使其变得肥沃。

在旧石器时代末期和中石器时代初期(前 20 000—前 10 000),人们的住所是山洞和临时的开敞野营地。其大部分结构具有易毁坏的特点。

中石器时期的纳图夫人随季节变化而迁徙,以开发利用更广泛的自然资源。某些地方成为人们多年周期性往返的永久基地,也正是在那里,人们建造了更多永久性建筑。公元前 5000 年以前,新石器时代的人类定居点是根据获取当地资源的可能性进行选址的。

更加稳定的气候和尼罗河的天然优势,造就了前王朝时期的埃及。尼罗河河谷,位于冲积平原上的一个狭窄地带,以沙漠为界,是世界上最富饶的生态区(ecological niches)之一。开罗以南这一地带的宽度从 3~22km(2~14mile) 不等,在沙漠和冲积层之间有很明显的分界线。开罗以北延伸着尼罗河三角洲,宽度在 165~250km(103~155mile) 之间变化,这里草木茂盛、水源充足、土地肥沃。气温很少超过 38℃,但降雨量稀少,农业生产依靠灌溉。这样的温度和湿度适合播种很多种庄稼。沙漠富含天然建筑石材和矿产,并庇护埃及免受外部的影响,而河流却成为一种高效的内部交流手段。因此,人类的定居点出现在尼罗河三角洲顶部以及上埃及那些环境不太恶劣的河流沿岸地区。

与埃及不同,美索不达米亚缺乏天然的防御边界:在西部,它逐渐融入阿拉伯沙漠起伏的草原中;而在东部,扎格罗斯山脉的山谷和山麓地区肥沃得足以哺育邻国的人民。因此,邻国的人民时刻妒忌着美索不达米亚平原所提供的丰裕生活。北方高地的雪融化后,底格里斯河会在春季泛滥,但不是每年都会;幼发拉底河则在数周之后,即五月份泛滥。流速和缓的幼发拉底河,提供了更为便捷的交流和贸易方式,也为城市定居点的早期兴起提供了一个更加有利的基础。这两条大河在平坦的平原上沉积泥沙,形成天然的河岸或大堤,并不断改变其水道,因此,一个河网分割着平原。从公元前六千纪中叶起,在最早的定居时期,正是这些次级水渠成了农业灌溉的水源,但当主要的河流渐渐由城市和城镇控制后,这些水渠就渐渐减少了。大约同时期,海湾停止了其相对快速的北扩,并开始慢慢退却,在海湾端部周围留下了一圈湿地。

在有着肥沃农田的早期城邦之间,延伸着贫瘠的草原,它们提供了天然的国界:那些在地图上标识为美索不达米亚平原上的低洼地的地方,并不都是肥沃的,也不是都曾经肥沃过。那些类似爱琴海的地区，例如，从安纳托利亚西部，到安纳托利亚东部荒凉的大陆尽端，再到干旱的伊朗内陆，地理条件千差万别，其山脉包围着两个沙漠。中心区的人口往往集中在某些更加肥沃的平原上，包括在阿拉斯河流域的埃里温平原，如今这条河流构成了土耳其和亚美尼亚的国界。

叙利亚受到了来自各方的影响，因为它与跨地中海的海上贸易有关联；叙利亚横跨幼发拉底河中游，处在从安纳托利亚高原到埃及的交通要道上，因而便于进出美索不达米亚城市。叙利亚的许多土地非常肥沃，例如，在海岸沿线和内陆地区，以及在黎巴嫩山脉东部、前黎巴嫩山脉和阿马努斯山脉之间。但再往东，所见的景观就逐渐变成沙漠，绿色只是季节性暴雨后的短暂景观。

直至我们当下的20世纪，尼罗河每年7~10月的洪水泛滥仍用新鲜沉积的淤泥滋养着黑土地(古埃及人如此称呼尼罗河河谷和尼罗河三角洲)，并保持着土壤的质量。近年来兴建的水坝无疑影响了当地的气候。正如数千年前广阔的内陆湖泊从安纳托利亚的科尼亚平原上消失，肯定削减了当地的年降水量，这些以水库的形式建立的人工湖，总的来说所发挥的作用是相反的。

从长远来看，农业活动通常有益于自然环境。从迦南和腓尼基时代开始，叙利亚和巴勒斯坦许多地区独具特色的梯田开垦即为例证。梯田防止了自然侵蚀，而自然侵蚀已大面积地将山坡剥离成基岩，使之无法种植粮食。

埃及是这一地区唯一免遭外族侵扰的国家，因为从红海过来只有一条通道，另一条通道则可深入尼罗河三角洲东部。世袭的法老组织探险以开采西奈半岛(Sinai Peninsula)和东部沙漠的矿产资源(铜和黄金)。

近东的地质情况千差万别，这对植被覆盖以及当地民众甚至是乡土建筑的特征都产生了深远影响，对建筑的影响主要源自是否拥有适合的建筑石材上。石灰岩主宰着埃及北部、黎凡特大部分地区以及高原部分地区的景观，其中凡城(Van)的城堡就建造在1.6km(1mile)长的硬质结晶石灰石山脊上。在上埃及地区，砂岩占据主导地位。玄武岩结构广泛运用于约旦和安纳托利亚东部的广大地区，这使大片土地变成石质荒漠或是荒芜的高地。最近的火山爆发穿过安纳托利亚高原，向东远达亚拉腊山。凡城地区证明：在安纳托利亚，地质构成千差万别，有安山岩、石灰岩、片岩、玄武岩和红色的火山凝灰岩。穿过安纳托利亚北部，从东到西延伸着一条大地震频发带。内陆地区的排水形成了盐池和高盐度的湖泊，最著名的是死海、伊朗西北部的乌尔米耶湖和安纳托利亚中部的盐湖，而卢特荒漠(Dasht-i-Lut，即盐漠)和卡维尔盐漠(Dasht-i-Kavir，即大沙漠)已在伊朗中部和东部的大部分内陆地区蔓延。也许当地的地质对人类在近东的居住点的最大影响是间接的，而居住点的选择与水源尤其是泉水的位置有关。

亚洲早期文明

中国

中国文明起源于新石器时代位于东北部冷温带上的省份。最初的发祥地在黄河流域，后来发展到长江流域。整个这一时期中国在地理上是孤立的，其文化是土生土长的。这一地区沼泽众多、湖泊密布，冲积平原上几乎没有天然森林植被。降雨稀少、冬季酷寒，但这种寒冷干旱的气候非常适合耕作、狩猎、捕鱼和放牧，这一地区的这些活动大约从公元前3500年开始。

在夏朝(前2100—前1600)，早期所采用的刀耕火种式的耕作技术为永久的农耕体制所取代，这一阶段也见证了从季节性野营地向分散在中国北方大部分地区的大型永久性村庄的转型。当农业推广到长江流域和中国南部沿海地区时，也逐渐适应了更高的气温和不同程度的降雨。商朝(前1600—前1028)局限于河南的北部平原及其紧邻的周边地区，而周朝(前1027—前256)的腹地则是沿魏河的流域。周朝的版图范围受北部游牧民族的压力而波动，但其居住点的密度增加了，城市化的步伐加快了。在秦朝(前221—前206)，帝国向西拓展到了四川，向南则拓展到了珠江三角洲。

印度

喜马拉雅山脉将印度与亚洲隔绝，流入印度的思想和人口主要从西北方来，不过，贸易路线将印度东北部与远东联系在一起，海上贸易沿印度广阔的海岸线展开。印度河与恒河伟大的河流文化处在很好的地理位置上，可以接纳这种多元文

第一编 埃及、古代近东、亚洲、希腊及希腊化诸王国的建筑

奥林匹亚的阿尔菲奥斯河谷,见[9]页

帕萨尔加德的西立面细部,见[28]页

化的涌入。肥沃的印度河平原，即便在炎热干燥的气候下，也能够支持一年内多种作物的生长。在它西面，巴基斯坦、阿富汗和伊朗的山麓地区是矿石、金属和动物制品的产地。喜马拉雅山提供了强大的屏障以阻隔外来影响，而印度大沙漠则限制了印度与次大陆其他地区的联系。印度河的大部分河道适于通航，但周边的平原易被水淹，这影响了哈拉帕城市的形式和外观。曾有人认为，哈拉帕文明结束于灾难性的洪水中，这种洪水是由印度河河口附近地壳的严重移位引发的。

希腊和希腊世界

大多数希腊城市享有地中海式气候。冬季短暂，且严寒时期有限，在希腊中部的山区、爱琴海北部、色雷斯(Thrace)和黑海地区，这种情况更为极端。这里通常降雨充沛，且多发于秋、冬、春三季，往往是暴风雨，而夏季炎热干燥，清新的空气和强烈的夏日阳光使人们可能欣赏到希腊建筑的精美细部，这些细部因雕刻和色彩而增色。建筑内部设计得能使人们免受强烈阳光和夏季炎热之苦；神庙只用门来采光，而其他建筑物的窗户普遍很小，一般不是朝向街道而是朝向内部庭院开窗，庭院常常为带顶的柱廊所包围。很多公共活动在露天举行，即使在冬季也是如此。夏季遮阴、冬季避雨的功能是有用的，但不是必需的，提供这种功能的结构是奢华的，随后又得到进一步发展。不过，如果说神庙是最初采用希腊建筑形式的建筑的话，那么到古典时期末，特别是希腊化时期结束时，那种带挑檐的柱廊或拱廊采用得最为普遍和众多。

希腊国土多山地、易地震。由于地球运动引发了爱琴海盆地下沉，进而形成了现在的地貌：爱琴海上的岛屿，常常是由海下山体的山顶构成的。长长的海湾使大陆呈锯齿状，尤其是阿尔戈斯(Argos)面朝东的坚固海湾和萨罗尼科斯湾，萨罗尼科斯湾仅通过狭窄的科林斯地峡与狭长的面朝西的科林斯湾分开，这里有一段距离很长的受庇护航道，当然这也刺激了西部的贸易发展，其结果是使科林斯城繁荣起来。这里有少数水量充沛的河流，也都不通航；其好处更多地体现于灌溉。在希腊南部，科林斯地峡的南部(即伯罗奔尼撒半岛)，重要的河流有埃夫罗塔斯河和阿尔菲奥斯河，它们在阿卡迪亚高原中部汇聚，分别向南穿越拉科尼亚地区流经斯巴达城，向西穿越伊利斯流经圣地奥林匹亚(见[8]页)。科林斯地峡以北的重要河流在西部，如莫尔诺斯河及阿谢洛奥斯河。在北部则有佩内乌斯河，它带走塞萨利平原的多余水分，然后流经壮观的峡谷——坦佩河谷。此外，北部还有马其顿地区和色雷斯地区的大河，以及哈利阿科门河、阿克西奥斯河和斯特里蒙河，阿克西奥斯河和斯特里蒙河的河谷通往巴尔干半岛。希腊东部的定居点在安纳托利亚海岸，大部分处在自安纳托利亚高原流向爱琴海的充沛的河流地方，凯科斯河、赫穆斯河和迈安德河(Maeander)河面变宽成为广阔富饶的冲积河谷。海湾和山脉屏障将希腊国土分割成各具特色的区域，每个区域都有自己可以耕作的平原，为其居民提供基本的生计。定居点的规模和重要性，首先取决于该地区可耕作的土地，其次在于安闲舒适，这样邻近的定居点就可以合并为更大的单元(古典时期重要的城邦都是这种类型的统一体)。在其海外定居点上，希腊人自然地选择了一个具有相似地理条件的地区，直到被亚历山大大帝征服前，希腊人从未脱离过海洋。

历史

埃及和古代近东

中石器时代的社会规模很小。纳图夫人生活在由三四个家庭组成的群体中，他们在财富或地位上没有明显差异。纳图夫人从事小规模的贸易，或以实物交换的形式用盐换取类似贝壳首饰或黑曜石之类的奢侈品。政治的统一未能反映文化的广泛分布。在新石器时代，有些村庄的人口达到数百人，但村庄的生活在很大程度上仍然依靠自给自足，并且在政治和经济上独立。没有公共建筑已被视为缺乏一个中央政体的证据。公元前8000~前6000年，人口密度有所增加。游牧人口的定居可能对人口密度的增加也起到了一定作用，但人口绝对数量的增加还要归因于农业生产率的提高。公元前6000~前3500年是成长阶段，在此期间人口密度再次增加；陶器和其他手工艺品开始出现，贸易繁荣。

第一编　埃及、古代近东、亚洲、希腊及希腊化诸王国的建筑

公元前5300年后，由于需要灌溉，在美索不达米亚南部冲积层的开拓可能导致这一地区的社会复杂性的增强，创造了大量剩余劳动力，且职业分工更加专业化。公元前4500年，代表更复杂文明特点的公共建筑和城市已经出现。在欧贝德时期，冲积层上的大多数地区都建有统一的建筑，其影响力扩展到了周边地区。定居点选址于稳固的河道边，几乎所有的定居点都至少有$10hm^2$(25 acre)的面积。欧贝德时期的神庙是文化复杂性增强的佐证，它表明资源已转移到公共建筑中，到史前时期末，一些城镇的地位逐步接近城邦。

在埃及，公元前12 500~前9500年的原始农业时期并未形成真正的农业。从意图和目的角度来说，埃及是两个独立王国，北方的首都在布陀(Buto)，南方的首都在希拉孔波利斯❶。两个王国在政治和行政上其实是分别自治的。然而，到了前王朝时期末，由于君主制的发展，埃及走向了政治统一。有证据表明，手工制品和手工艺技术是从埃及和近东地区传入的。

虽然尼罗河河谷在公元前3200年前后就出现了最古老的连续且高度集权的较大君主国，埃及法老在此统治了近3000年，但文字却是在公元前四千纪中叶在美索不达米亚的南部城市苏美尔(Sumer)最早发展起来，并能找到最久远的历史记录。考古证据表明：在最早的文字出现前2000年，从首次定居埃利都(Eridu)开始——根据历史传承认定的苏美尔最古老的城市——苏美尔人就一直占领着这片土地。随着阿卡德王萨尔贡(Sargon)夺取政权(前2340)，阿卡德王朝建立，并以同样的方式统治着当地的苏美尔人和外来的闪米特族阿卡德人。这时出现了三个新的动向：其一，通过对交战城邦施加武力，加强了政治统一；其二，统治者的地位被刻意提高，国王声称终生拥有神威，行省统领是指派的并自称为"神的奴仆"；其三，贸易超越了美索不达米亚疆界，首先发展于公元前四千纪晚期(即乌鲁克时期晚期)，以后通过国王的远征繁荣起来，其经济企图跟军事企图一样强烈。此外，阿卡德语言稳步扩大了对美索不达米亚的控制，并在适当的时候成为远至埃及的外交语言，直到亚述帝国的最后一个世纪，阿拉米语崛起后才结束。苏美尔人在语言和文学上留下了广泛的遗产，举例来说，与美索不达米亚培养书吏的学校的联系在叙利亚北部埃卜拉烧毁的宫殿档案室里就清晰可见。公元前三千纪末叶，在强大的乌尔第三王朝的统治下，苏美尔文明在其本土出现了最后一次复兴。

在很多城市都发现了与巴比伦的汉谟拉比时代(the age of Hammurabi，前1792—前1750)同期的档案，它们显示了当时国际力量平衡的短暂现象，并确认了当时的情况确实如此。著名的《汉谟拉比法典》(*The Code of Hammurabi*)揭示了关于贸易管理、土地保有权、徭役、税务、奴隶制度和劳工组织的法规，并强调了世俗统治者或皇室相对于圣殿的权力增长，而后者在贸易中的地位也在下降。修复旧建筑而非建造新建筑是古巴比伦这一时期的典型特征。在这个时候，巴比伦城本身并不出名：其政治霸权是相当短暂的，它控制了海湾口的湿地，从而掌握了利润丰厚的海上贸易通道，但汉谟拉比去世后不久，这种优势便失去了。与此同时，两批新移民，即胡里安人和喀西特人(Hurrians and Kassites)，分别成为美索不达米亚北部和中部地区的统治者，直至喀西特人最终夺取了美索不达米亚平原的政治控制权。喀西特人的统治持续了4个多世纪(前1595—前1155)。

大约在喀西特人统治美索不达米亚地区的同一时期，在新王国时期的统治下，无论是在亚洲还是在非洲的腹地努比亚地区，埃及都证明了其鼎盛繁荣、军事扩充和领土扩张。随着希克索斯(Hyksos)侵略者占领了埃及(前1674—前1567)，埃及人遭到了驱逐，其土地也回归国王名下。但随后为了逐步扭转这一过程，埃及帝国必须远征。在酷爱奢侈的阿蒙霍特普三世(Amenhotep III，前1417—前1379)执政时期，放弃了远征，埃及在亚洲的附属地只有听天由命了。接踵而来的宗教改革被阿肯那顿(Akhenaten)国王及其家族人格化，并以其阿吞神❷的太阳圆盘为象征，这场宗教改革其实是一场政治运动，旨在摧毁传统的阿蒙-瑞❸崇拜中

---

❶ Hierakonpolis；今考姆艾哈买尔。——译者注
❷ Aten；亦拼作Aton，古代埃及宗教所信奉的太阳神。——译者注
❸ Amun-Ra；Ra亦拼作Re或Phra，阿蒙-瑞被崇奉为埃及的诸神之王。——译者注

的祭司的权力。经过年轻的国王图坦卡蒙❶的短暂统治后——这位国王去世后远比他活着时有名——埃及宫廷恢复正统观念,新王国早期的军事传统也因此得以恢复。然而,埃及企图重新控制叙利亚和巴勒斯坦却不太成功:在那场胜负未决的卡叠什战役(battle of Kadesh,前 1299)之后,赫梯人控制了叙利亚的大部分地区,当时拉美西斯二世❷险些战死沙场。16 年后,埃及与哈提(Hatti,赫梯王国以安纳托利亚高原为中心)之间签署了条约以建立国际和平,这持续了整整一个世纪。公元前 14 世纪早期,在阿肯那顿统治下,阿马纳时期复杂混乱的政治局势最终导致政权一分为三,分别是埃及、哈提和日益强盛的亚述。亚述王国的源头可以追溯到公元前三千纪。当时权力排在第四位的是米坦尼王国,它位于叙利亚东北部的哈布尔河(Khabur)流域,由印度雅利安王朝的骑士阶层统治,但因其缺乏天然防线而不可避免地灭亡了。

从公元前二千纪中叶开始,伊朗高原被伊朗新移民所侵占,他们大多可能来自其伊朗东北部的故土,另一批新移民可能取道高加索地区而来。他们是该历史时期米底人和波斯人(Medes and Persians)的祖先,他们可能从一开始就已经引入了琐罗亚斯德教(Zoroastrian)的基本教义,现在认为这可能比琐罗亚斯德❸本人的出生还要早。

在公元前 12 世纪早期,随着"海上民族"的入侵——这主要是根据底比斯的神庙以及哈布城的拉美西斯三世❹陵庙上的浮雕和碑铭了解的——在安纳托利亚和黎凡特地区甚至远至埃及边境,青铜时代建立起来的既有秩序突然中断了。被埃及人称为"海上民族"的菲力普斯丁人(Philistines)占领了大陆上很多肥沃的沿海平原,从那以后,这里也一直保留着他们的名称——巴勒斯坦。而后,许多城市被摧毁,其中包括叙利亚海岸上伟大的乌加里特(Ugarit)商业中心,它们再也没有重建,赫梯王国也灭亡了。

由此产生的古代近东强权政治的真空状态持续了约三个世纪,直到后亚述王国的崛起。在叙利亚,几个伟大的城市繁荣起来,其中最著名的是卡赫美士(Carchemish)和哈马(Hamath),继承了赫梯的文化。它们也受到了阿拉米(Aramaean)部族的影响,阿拉米部族融入沙漠区边缘那些既有定居地已有些时日了,至少从公元前 12 世纪就开始了。在南方,在大卫(David)和所罗门(Solomon)的统治下,以色列联合王国兴盛起来。以色列联合王国分裂以后,以色列北部王国在亚哈❺的统治下(前 874—前 852)再次繁荣起来,他的父亲暗利❻在撒马利亚(Samaria)建造了新都(前 880)。耶户❼领导的一次宗教反抗运动导致了军事和文化的衰落。

从公元前 10 世纪晚期开始,亚述人在他们被阿拉米部落所统治的家园重新出现了,他们人口虽稀少却很顽强,其中只有一部分是闪米特族(Semitic,亦译为闪族)。在迦勒底(Chaldaean)部落的压力下,巴比伦也衰落了。直至亚述纳西拔二世(Ashurnasirpal II,前 883—前 859)统治后,政府解除了对底格里斯河从阿舒尔(Ashur)到尼姆鲁德(Nimrud)的封禁,主要的建筑活动才开始。亚述国王在对科学和文学的追求上表现出了极大的热情,这以在最后的都城尼尼微(Nineveh)建立的一个图书馆为顶峰。又经过一个衰落期以后,提格拉-帕拉萨三世❽夺取王权,他是一位杰出的军事家和政治改革家,是他改变了亚述的版图,使围绕底格里斯河流域上游亚述本土的一圈诸侯国统一为一个有效控制的帝国,地方统治者由国王任命,并用定期税收取代了进奉贡品。军队开始依赖正规的组织,由被征服者重新组成的雇佣军作为补充。辛

---

❶ Tutankhamun;公元前 14 世纪,埃及第十八王朝的一位法老。——译者注
❷ Rameses II;公元前 1304～前 1237 年,活动时期为公元前 13 世纪,埃及第十九王朝第三代国王,公元前 1279～前 1213 年在位。——译者注
❸ Zoroaster;约公元前 628～前 551 年,古代波斯琐罗亚斯德教创始人。——译者注
❹ Rameses III;? ～前 1156 年,埃及国王,公元前 1187～前 1156 年在位。——译者注
❺ Ahab;约公元前 874～约前 853 年在位,《圣经·旧约》所载以色列北部王国第七代国王。——译者注
❻ Omri;希伯来语作 Amri,以色列国王。——译者注
❼ Jehu;希伯来语作 Yehu,以色列国王,约公元前 842～前 815 年在位。——译者注
❽ Tiglath-Pileser III;后亚述帝国的开创者,公元前 745～前 727 年在位。——译者注

第一编 埃及、古代近东、亚洲、希腊及希腊化诸王国的建筑

那赫里布❶重建了尼尼微，通过围攻耶路撒冷和莱基(前700)来对抗犹大王国的希西家❷，遏制了埃及在亚洲的阴谋，并努力(尽管成果十分有限)解决复杂的、受到伊朗西南部古国埃兰(Elam)干涉的巴比伦政治问题。辛那赫里布最终对巴比伦城失去了耐心，并摧毁了这座闻名至今的城市(前689)。这一举动造成的影响导致他被人暗杀(前681)。亚述雄心过大，以撒哈顿(Esarhaddon)短暂吞并埃及(前681—前669)而导致失败。在亚述巴尼拔统治早期(Ashurbanipal, 前668—前627)，埃及重新宣布独立，当时正是埃及的二十六王朝(前663—前525)，即所谓的赛特时期(Saite Period)，其间统治者来自尼罗河三角洲的塞斯(Sais)。失去对东北部边境的控制以及与巴比伦之间损失惨重的内战，为新组建的强大的米底联盟敞开了大门，并削弱了亚述军队的兵力。巴比伦尼亚(Babylonia)一直人口众多，因而无法被彻底征服。亚述洗劫了苏萨(Susa, 前640)，虽然永久地消灭了埃兰，却也失去了一个缓冲国。在农村和占领地缴纳赋税的支持下，亚述的各大城市已人为地扩张了。一旦国家机器崩溃了，就会导致城市衰败、乡村荒废，就像多年后亚述突然崩溃导致尼尼微毁灭(前612)一样。因此，亚述几乎在转瞬间毫无痕迹地消失了，为一个时代画上了句号。

与亚述同时代的国家中，高地王国乌拉尔图(Urartu)建于公元前9世纪，以凡城为中心，但其根源却是早期的部落联盟。在公元前8世纪早期，乌拉尔图达到其全盛时期，后被亚述击败；公元前7世纪早期，在鲁萨斯二世(Rusa II)的统治下国势有所复兴(约前685—前645)；在亚述垮台后乌拉尔图又存在了数年，最终屈服于米底人。公元前8世纪，在米达斯(Midas)的统治下，弗里吉亚人(Phrygia)建都安纳托利亚西北部的戈尔迪乌姆(Gordion)，获得了广泛却相当短暂的统治权力。公元前696年，戈尔迪乌姆被来自俄罗斯南部平原的北方游牧民族辛梅里安人(Cimmerians)焚毁。在公元前652年，辛梅里安人又攻击了更偏西的吕底亚(Lydia)王国及其首都萨迪斯(Sardis)。

地中海东部沿岸的那些腓尼基城市，以贸易和工业为支柱，毫发无损地生存着，直至亚述帝国的继承者——新巴比伦王国(Neo-Babylonian, 约前626—前539)的到来。新巴比伦王国的短暂历史以一种精致的文化复古为标志，这体现在修复苏美尔城市乌尔(Ur)上：这种倾向与同期的埃及相一致，在那里，赛特的雕塑家追溯到古王国时期寻求灵感。在尼布甲尼撒二世(Nebuchadnezzar II, 前605—前563)统治期间，巴比伦以比先前更宏伟的规模得以重建，经济因素导致其向西扩张，致使较小的犹大王国(前587)和岛城提尔(Tyre, 前572)遭毁灭。新巴比伦王国最后一任国王那波尼德❸因为专注于崇拜月神辛❹而遭受已获社会承认的国神马尔杜克❺的祭司的仇恨，从而导致波斯人居鲁士(Cyrus)轻而易举地占领了巴比伦(前539)。

波斯的居鲁士国王击败了米底的国王阿斯提亚格斯❻，这标志着波斯帝国的建立，并根据其皇室祖先命名为阿契美尼德(Achaemenid, 前550)。波斯帝国击败吕底亚的国王克罗伊斯❼，并于公元前546年攻克萨迪斯，安全地向西扩张。此后，巴比伦也束手就擒，其在黎凡特的领土也被波斯帝国收入囊中。然而，东扩是艰苦的，居鲁士在跨越奥克苏斯河(Oxus)的战斗中阵亡。征服埃及的准备工作不得不由冈比西斯二世❽于公元前525年接管。孟菲斯和底比斯的建筑物所留下的印象，远胜于爱奥尼亚海岸希腊城市的景观，于是列柱式建筑(columnar architecture)在波斯人中流行起来。内战后，大流士一世(Darius I, 前522—前486)建成了主干道路网，并将帝国重组为总督辖地或省份，共计20个，均受总督或地方官的管辖。波斯帝国

---

❶ Sennacherib，公元前705~前681年；《圣经》译作西拿基立，亚述国王，公元前705年或公元前704~前681年在位，定都尼尼微。——译者注
❷ Hezekiah of Judah；公元前715~前686年，犹大国王。——译者注
❸ Nabonidus；巴比伦尼亚国王，公元前556~前539年在位。——译者注
❹ Sin；阿卡德语，美索不达米亚宗教所崇奉的月神，太阳神沙玛什之父。——译者注
❺ Marduk；美索不达米亚宗教所崇奉的神灵，是巴比伦城的主神和巴比伦尼亚的国神，亦称为贝勒。——译者注
❻ Astyages；居鲁士自己的祖父，米底帝国最后一代国王，公元前585~前550年在位。——译者注
❼ Croesus；?~公元前546年，吕底亚末代国王。——译者注
❽ Cambyses II；?~公元前522年，古波斯帝国国王，公元前529~前522年在位。——译者注

是古代世界最广阔的帝国,从多瑙河一直延伸到印度河。波斯法律并不严酷,被征服民族的习俗和膜拜仪式也受到尊重。波斯帝国努力征服希腊时,首次遭受了严重的反抗,进而最终导致在薛西斯❶统治下帝国在萨拉米斯海战和布拉底战役中海陆两方面均告失败(前480—前479)。后来波斯金币在操纵作为竞争对手的希腊城市时更加有效。

马其顿帝国在菲力普(Philip)的统治下崛起,并征服了希腊城市,这为其子亚历山大大帝(前336—前323)征战亚洲奠定了基础,他的名字至今仍为人所铭记。居鲁士大帝开创的波斯帝国因此落入亚历山大之手,希腊文明的影响开始蔓延,甚至到达了大夏(Bactria,即今阿富汗北部)和印度河流域。

亚历山大于公元前323年客死巴比伦后,帝国分裂,埃及由托勒密❷统辖,埃及的神像与神庙得到了大量资助,新的神庙按传统设计建造起来。希腊文化的中心是亚历山大新城。但亚历山大帝国的大部分归塞琉西(Seleucid)王朝统治,也包括伊朗(前312—前247),它后来又陆续被帕提亚(Parthian,安息王国,前247—公元226)和萨桑(Sassanian,226—561)王朝统治,最终为伊斯兰军队所征服。从公元前1世纪开始,近东的地中海陆地,以及远至幼发拉底河上游的安纳托利亚地区,都进入了罗马统治的阶段。

亚洲早期文明

中国

史前时期最早的农民都是自给自足的农夫,鲜有专业化的手工艺。村庄之间的交流贫乏,几乎没有角色分化或个人地位差异。没有围墙和防御工事,这曾被认为暗示了一种社会的和平本性;同时,缺乏特殊的建筑物,则反映出这是一个平等的社会。后来,夏朝的农民实施了更为集约的农业生产方式,并因此建造了更大、更永久的村庄。一些手工艺变得专业化了,但村庄在政治和经济上仍然相对自治。当商朝在这些基础上逐渐形成时,重大的转变是手工艺和社会的专业化形式补充了自给自足的农业,一个有组织的政体开始出现。

商朝领土在一个有限的版图内波动,其君主作为众多小领主中的一个,地位羸弱。那时,垂直分化的社会形成,制度化的再分配制度取代了本土交换经济,而商统治外的中国,仍主要处于新石器时期的发展水平。宏大都城的出现被视为这种转变的突出表现。商朝多次迁都,从二里头(前1850—前1600)到郑州(前1600—前1400),后来又到安阳(前1400—前1027)。在二里头时期,商掌握了青铜冶金的技术;在郑州时期,城市化开始了。商代的城市是生产、交换和政治中心。而农村生活继续以自给自足为基础,但村民们逐渐与商业系统相协调。在皇帝的领导下,通过依赖等级复杂的贵族们的帮助,晚商文化扩展到了广阔的领域,这些贵族在其本土有着相当大的权力,同时也对中央政府负有防御、征召、兴建公共工程和赋税的法律义务。

周朝的政治系统由皇帝和朝廷统治下的贵族、知识分子、勇士、工匠、农民和奴隶所组成的等级体系构成,但由于贵族的松散联盟时分时和,权力的基础并不稳固。此时,城市化的步伐加快,城市成为新兴的商人阶层的聚点。通过采用标准化的货币制度,贸易变得广泛而便利。铸铁业对经济变得至关重要。

在秦朝统治下,新的行政制度得以引入,并将郡县置于中央的控制之下。中央政府实施了修筑道路、开凿运河和加强北部边防的计划。政府开始征兵并为大型公共项目招募劳役。

印度

印度河盆地的定居点要比哈拉帕文明的定居点更早,例如在俾路支斯坦(Baluchistan,约前6000—前2600)的梅赫格尔(Mehrgarh),而现已发现的其他定居点则比哈拉帕文明晚,如在阿姆里、卡利班甘和果德迪吉(Amri, Kalibangan and Kot Diji)。这些定居点表明其形式和物质文化与哈拉帕文化具有延续性,但早期村庄在政治和经济上似乎已经自治了。相比之下,哈拉帕文化在纯粹的空间和物理范围上很值得关注。它使130万平方公里

---

❶ Xerxes;约公元前569~前469年,波斯国王。——译者注
❷ Ptolemy;约公元前367~前283年,古埃及国王,公元前305~前285年在位,托勒密王朝创始人。——译者注

(502 000mile²)区域内的文化得到统一,其在范围上比当时已有的任何一个文明时期都大得多。整个地区已建立了超过200个定居点,其中包括6个都市中心、20个城镇和大大小小200多个村庄。

哈拉帕的物质文化在各个方面高度统一,包括建筑和城市的形态。城市通常由一个防御据点、一些居住区和一个集体墓地组成。城市布置的规律性在于已经开始提供公共设施和服务,表明这是一种高度发展的社会协作形式,但没有发现可与王朝统治或中央集权相对应的纪念性建筑物。

哈拉帕城市经济的主要特征是一种广泛而且高度专业化的劳动分工,一些考古学家因此提出:这使得哈拉帕社会产生内聚力,并成为种姓制度形成的前兆。工匠们制作出高品质的、精巧的物品,他们依赖内地农村的粮食生活。他们获得原材料,制成的产品通过广泛的海上贸易出口,包括苏美尔人通过波斯湾的贸易中心出口产品。都市中心的大谷仓已被视为再分配经济的证据。

哈拉帕文明衰落的潜在原因是多方面的:约公元前1800年一段干旱期的袭击、整个地区的地下水位大幅上涨、滥伐森林、土壤受侵蚀以及敌人入侵。从建筑物本身可以发现质量下降的证据,从最近的考古发现看,当时的建筑质量在逐步下降。

希腊和希腊世界

希腊和爱琴海文明可以广义地划分为两个时期:一个时期是史前时期,即公元前二千纪及更早;另一个时期是历史时期或古典时期,这是在经过一段时期的贫穷和衰退后于公元前1000年左右出现的。无论在哪个时期,该地区都没有形成政治或历史的统一。最初阶段当然是前希腊时期,这一时期人们所说的语言在形式上不是希腊语。最重要的早期阶段以克里特岛为中心,这一发现,特别是克诺索斯(Knossos)的发掘,是现代考古学家的工作。阿瑟·埃文斯爵士(Sir Arthur Evans)赋予这一文明一个习惯性的称谓,即米诺斯文明❶。与陶器风格的发展相一致,米诺斯文明被划分为早期米诺斯文明(约前3000)、中期米诺斯文明(公元前二千纪初叶)和晚期米诺斯文明(公元前二千纪后半叶)。更为重要的可能是建筑分为前宫殿时期(pre-palatial)和宫殿时期。前者要追溯到公元前二千纪上半叶;后者在建筑上的特征是复杂的行政中心("宫殿"),这也成为克诺索斯建筑的代表(见[114]页)。虽然它受地中海东部政治观念的影响,但必须强调的是,从前宫殿时期到宫殿时期,建筑形式的发展是本土的、连续的。宫殿时期已有文字,采用线形分音节字母表(linear syllabic script),它至少可用于记录,该字母表有两个版本,早期版本(A类线形文字)是克里特人的语言(尚不可破译),后期版本(B类线形文字)是希腊语的早期形式。

在青铜时代,克里特岛的宫殿不只是统治者的居所,除了可辨识的家居用房外,还包括地面层上大量的储存空间以及工作间。后来希腊的传统继承了米诺斯国王的舰队对爱琴海的控制(很大程度上是以在历史上雅典舰队统治海洋的方式),但这可能是年代误植或曲解的产物;海外联系似乎更是个贸易问题,而不是帝国问题,目前并没有证据证明米诺斯对大陆实施了统治。除了毋庸置疑的等级制度和推测出的专制因素外,鲜有证据可以证明其社会及政治结构。每个宫殿(根据定居点大小的不同,其规模也大小不一)代表了一个独立的行政中心;其中较小的宫殿是否以某种方式附属于较大的,或者说至少在米诺斯文明晚期从属于克诺索斯最大的宫殿,这是相当不确定的。通常的印象是它们之间是和平共处的。没有任何关于防御工事的记录,且宫殿群的大小、建筑及其附属物的奢华证明了这里的繁华状况。通过城市社区中较小却依旧坚固的房屋或别墅,至少暗示出财富的蔓延。宫殿艺术中常常描绘妇女,她们正参与或观看着宗教仪式。女祭司的图像频繁出现,但据此还是很难对妇女的普遍地位做出一个可靠的解释;同时,隐藏在金碧辉煌的宫殿形式背后的,是对农村人口的剥削。

公元前1400年左右,来自大陆的民族战胜了克里特人。虽然大陆与克里特岛及众岛屿有联系,但大陆定居点的考古却与众不同;用于描述它的现代的习惯性术语是希腊青铜时代文化(Helladic)。早期的青铜时代可能是前希腊时期的。直到公元

---

❶ Minoan:根据希腊传说中克诺索斯的国王米诺斯(Minos)命名。——译者注

前三千纪末叶，希腊移民才到达此地(甚至在此历史时期，还有些地方仍说前希腊时期的语言，这些地方已在地名上留下其痕迹，其中有不少地名，例如雅典或科林斯，在希腊语中毫无意义)。青铜时代早期的定居点很小，然而已出土的定居点很少，而且重要的那些都处在后来被广泛占领的地方，这使早期定居点的修复计划变得困难重重。在青铜时代早期结束的时候，出现了明显的混乱和解体的迹象，这可能与说希腊语的民族的到来是吻合的。

在青铜时代晚期，大陆显著发展。拥有城堡已成为主要定居点的特征，防御工事越来越加强并将宫殿围起来，这一点显然受到了克里特岛宫殿的影响，但它们在规划和布局上却没有按照克里特的模式(见[110]页图A)。

大陆定居点的社会组织似乎也紧随克里特岛：有清晰的证据表明，统治阶级，即国王，被埋葬在特别豪华的墓室内，并一同埋有珍贵的陪葬品，比在克里特岛发现的埋葬形式奢华得多。他们是一个侵略成性的民族，更多的是依靠抢劫、掠夺并最终征服来扩大其在爱琴海的影响，而不是靠贸易来实现。青铜时代晚期，大陆的陶器制作得很精巧，并广泛分布于整个地中海地区，这表明大陆的希腊人接管了先前一直以米诺斯王宫为中心的贸易。可能是在被大陆占领的克诺索斯，A类线形音节表被改造(即B类线形文字)成为希腊文字；B类线形文字刻写板(但没有A类线形)则在大陆被发现。

公元前1200年左右，这个繁荣的文明进入了严重衰落时期。在这个黑暗时代，希腊遭遇了人口减少，全民迁徙、跨越甚至一起走出爱琴海，或是成为海盗，或是在某地定居下来。与此相反，其他山区和不太繁荣的北部地区的希腊人则利用南方的衰弱和人口减少，迁移到这些肥沃的地区。这些黑暗时代的迁移形成了希腊的主要方言区划的基础。伯罗奔尼撒半岛中部(阿卡迪亚)未受这些迁移的影响，延续青铜时代所说的希腊语形式，但在塞浦路斯发现了采用相同方言的另一分支，这表明在历史时期完全分离的民族有着共同的起源。北方移民带来了被称为多利安语(Dorian)的方言，它在麦西尼亚州、拉科尼亚、阿尔戈利斯、科林斯湾及其邻近地区以及克里特岛和罗得岛上使用。迁移入爱琴海东部的移民说爱奥尼亚希腊语，其作为雅典方言以一种多样的形式在大陆延续。北部希腊语的其他形式(埃奥利亚语(Aeolic))，在雅典北部大陆以及小亚细亚海岸的北部使用。这些方言术语，也与主要的地理分区一致，因而也从中演变出典型的建筑形式(爱奥尼式(Ionic)、多立克式(Doric)、埃奥利亚式(Aeolic))。非常值得一提的是，这些地理和建筑上的划分，与方言的分区并不完全一致，举例来说，多立克式是整个大陆甚至雅典必不可少的样式。

希腊世界的复兴是间歇性的，与地中海世界其他地区的实质性隔离使其贫困加剧。一些定居点，如雅典，比其他定居点更早繁荣起来，但真正的复苏直到公元前8世纪才开始，有证据表明那时的海外贸易联系已经复兴。并不是所有的希腊定居点都从事贸易活动，但那些进行贸易的就富裕起来，并通过武力或自愿的方式与其邻近社区合并，从而形成了更大的国家，在随后的古典时期，城邦成为自然且合适的政治实体。早期的城邦位于希腊大陆上的雅典、科林斯、阿尔戈斯和斯巴达，而在爱琴海东部的萨摩斯、希俄斯、士麦那、以弗所和米利都(Samos, Chios, Smyrna, Ephesus and Miletus)，城邦也有所发展❶。在此期间，即从公元前8世纪一直延续到公元前6世纪的"古代"(the 'Archaic')，希腊艺术家脱离了从青铜时代晚期继承下来的抽象、几何形式，并引入了东方主题、装饰纹样以及动物和人类的画像，这些都是黎凡特社会普遍采用的形式。被称为希腊艺术"东方化"的阶段与黎凡特之间的渊源在新的字母式书写系统的发展中得到强调，这种书写系统改编自腓尼基字母表。在黑暗时代，B类线形文字(字母表)已经消失，只在塞浦路斯以一种改良的形式延续下来。

每个城邦都警惕地保持其独立自主。即便如此，希腊人仍意识到语言的统一会孕育出一定程度的团结，这种语言超越不同的方言形式而被识别，尤其是通过共同的宗教观念以及信仰相同的神，因而这些神同时获得了局部(城市)和普遍(希腊)的意义。在政治上，这一古希腊时期的原始阶

---

❶ 士麦那、以弗所和米利都三个城邦位于小亚细亚大陆而非岛屿上，城邦未受限制，并且逐渐控制了更大的区域，那里主要居住着非希腊血统的民族。——译者注

段受到了每个城市中最主要的贵族家庭的统治,他们不是齐心协作就是自己内部在为牟取最高权力而争吵。有时,个别贵族趁全民不满的时机将自己推上未来领导人的位置,并设法获得独裁权力,这样的统治者被称为僭主(tyrant),这是一个从亚洲借来的词,意为国王。他们的统治在这一时期通常是仁慈的;只是到后来当其权力受到质疑时,他们才变得更加严酷,这个词的含义可以证明这种改变。依靠贵族或僭主的资助,艺术得到了极大的促进。为鼓励贸易往来、缓解人口压力,希腊人向海外殖民地(如意大利、西西里岛、北非、黑海)迁徙,引发这一迁徙的原因是根据统治家族的利益所做的经济调整以及人口的自然增长。

但这种发展受到东部地区主要国家崛起的挑战。小亚细亚由盖吉兹(Gyges,?～前648,吕底亚国王)及其继任者的王朝接管,他们以吕底亚的萨迪斯为基地。这种统治似乎已经不再是压迫性的,希腊人受益于吕底亚国王们的支持,特别是他们中的最后一位国王克罗伊斯,他的经济资助使以弗所那座宏伟的阿尔忒弥斯神庙(Temple of Artemis)得以建造。然而,在公元前546年,不断壮大的波斯力量推翻了吕底亚王国,并迅速扩张到包括整个近东和埃及以及伊朗高原的范围。一些希腊城市即刻受到波斯人的控制(那些在小亚细亚大陆上的城市),海上的岛屿随后也被征服。波斯人的权力扩展到巴尔干地区,爱奥尼亚的希腊人的一次反抗虽然得到了雅典的支持,但还是失败了。米利都遭到毁灭,在狄杜玛(Didyma)的阿波罗神庙(Temple of Apollo)也未能幸免;那些自由的希腊城市看到了威胁正在逼近并准备抵抗。在公元前490年,波斯人希望在雅典安置一位听话的僭主,便向那里发起了一次海上远征,却在马拉松被雅典人英勇地击败了,波斯国王大流士随即死亡,预期的报复又被埃及的叛乱拖延至公元前480年,这一次入侵则由新波斯国王薛西斯领导。到那时,希腊人已蓄势待发,他们消除分歧,组成了一个由斯巴达贵族领导的大联盟。在公元前6世纪末期,雅典已经制定了一部真正民主的宪法;建立了一支大型舰队,并于公元前479年全面击退波斯的入侵。然而,要使波斯帝国不再逐个击溃希

腊城市,联盟必须维持下去。斯巴达已经转向支持海军行动,这使政治权力移向较贫穷的阶层,爱琴海的希腊人转由雅典领导。虽然波斯人仍成功坚守着海湾,但是这个联盟渐渐转变为一个帝国,雅典人在伯里克利(Pericles,前495—前429)的领导下,认为将防卫收入用于建造神庙是理所应当的,并以此向神感恩献祭,欢庆胜利。雅典达到了其权力与繁荣的顶峰,但是这一切都丧失在一次与斯巴达的毫无意义的战争中,战争一拖再拖,直到雅典失去其舰队,弹尽粮绝而投降。战争基本上是在雅典与斯巴达之间展开,雅典有着民主与革命的精神,在和谐的艺术上成就卓越,却不适合控制一场大的战争,而贵族化的、反动的斯巴达,虽然在艺术和建筑上非常平庸,但在军事上却要成功得多。

希腊逐渐陷入政治混乱,以至于衰弱的波斯帝国也能对其强加条件,与之相伴的即便不算是灾难,也是明显的经济衰退。希腊的雕塑仍然蓬勃发展,特别是在雅典,但此时可用于建设的资金很少。那时几乎没有建造神庙(虽然最重要的圣地当时肯定已经完善到足以拥有神庙),但供更多普通人使用的房屋的建造却有所发展。公元前4世纪中叶前后,建筑在雅典有了一定程度的复兴,这可能暗示着存在波斯人的支持。如果是这样的话,其目的旨在对付北方新兴的马其顿力量。在公元前5世纪,马其顿曾是个落后的,几乎微不足道的边境国家;在公元前4世纪初期,它比希腊的其他地区更混乱。马其顿的转变主要归功于一位名叫菲力普的人的努力,公元前359年,其兄长去世后,他成为国王。依赖马其顿人的作战技术,加上菲力普自己作为士兵和外交家的卓越才能,他迅速扩张了马其顿的权力和财富,直至公元前338年的喀罗尼亚战役(battle of Chaeronea),他击败了希腊主要城市的联盟,也击败了雅典和底比斯,并创建了一个包含整个希腊的新联盟。这个联盟在理论上是自由的,但实际上为其指定的领袖菲力普所控制。为实现有目的的统一,他宣布东征波斯,这最初是由伊索克拉底❶在很多年前提出的。尽管菲力普刚出师未及进一步行动即遭暗杀,但他的儿子和继承人——亚历山大实施了东

---

❶ Isocrates;公元前436～前338年,雅典雄辩家、教育家。——译者注

征并取得圆满成功，自立为前波斯帝国的统治者。

亚历山大短暂的一生几乎完全是在战争中度过的，在公元前 323 年去世时，他尚未将其帝国构建为一个永久组织，也未指定合适的继承人。因为没有合法继承人，帝国被马其顿的将军们所瓜分，他们各自划分出独立的王国。其中埃及的托勒密和近东的塞琉古❶的王国更为重要和持久。马其顿走向一个新的王朝，即安提柯(Antigonus)王朝。希腊城市确立了自治权，形成了亚加亚同盟和埃托利亚同盟(Achaean and Aetolian Confederations)。小亚细亚又回复到由本地君王统治的传统模式，其中帕加马(Pergamum)的君主对这一时期的建筑作出了特殊贡献。

在此期间，即希腊化时期，虽然各地始终服从于执政国王的管制和政策，但是希腊的艺术形式和市民生活被移植到了新征服的地区。希腊人移居到建于新领土上的城市，其中最重要、最持久的是亚历山大所建的埃及亚历山大城，以及塞琉古所建的叙利亚的安条克(Antioch)。这些地区达到了此前——古希腊时期未曾达到的财富水平。短暂的炫耀(尤其是宗教游行)耗资巨大，但艺术和建筑也蓬勃发展起来。虽然希腊-马其顿的最高权威的理念(在公元前 3 世纪，王国间的争吵导致这一统治逐渐衰弱)确保了希腊建筑概念能够引入新的城市，避免希腊人直接批量复制当地的艺术和建筑，但这些王国的多数人口却不是希腊人，而是埃及人或叙利亚人，对他们而言，旧的风格、品味以及宗教信仰是延续的。群体之间的影响是明显的；就希腊人而言，这主要是品味和时尚的问题，而不是刻意要采用本地样式的问题，但毫无疑问，这确实在建筑中形成了一些变化效果。最终，东部地区——伊朗高原和美索不达米亚的大部分地区，都落入复兴的东方王国帕提亚手中。罗马人解放了埃及、叙利亚和希腊化的小亚细亚，并逐渐开始统治他们；在公元前 133 年，通过帕加马统治者阿塔罗斯三世❷的遗赠接手帕加马；并最终于公元前 30 年，克娄巴特拉七世(Cleopatra VII)去世时，征服埃及。

文化

埃及和古代近东

在近东的纳图夫遗址上，已发现大量的镰刀、手推石磨、石臼、捣锤、碾锤和其他打基础时使用的石制工具。此外，还发现了用石灰石和大理石制成的器皿，但并未发现陶器。很多遗址中都出土了关于动物和妇女的雕刻，并已发现这一时期的洞穴壁画。墓葬设在房屋地板下的简易墓穴里。陪葬品并不常见，并采用装饰物的形式。在某些遗址上，墓地表明聚居区持续了较长的一段时间。

在新石器时代，石制工具主要是燧石，由用骨头做成的手工制品加以补充。艺术以珠子项链上的装饰及在刀柄和石刻品上雕刻的动物头像的形式出现。小饰品用绿松石(turquoise)、大理石和雪花石膏(alabaster)制作。坟墓通常埋葬于地下，不过，埋藏的人类头骨裹覆着石膏以表示脸部的肌肤并用贝壳表示的眼睛，而重新塑造出一张人类的面孔。从大约公元前 6500 年开始，陶器就大量生产出来。陶器似乎已有多个原产地，且制陶技术在整个西南亚迅速传播。大约公元前 5500 年，成熟统一的陶器风格随着迈拉和哈拉夫时期的陶器首次出现。陶罐是手工制作的，在很高的温度下烧制而成，并饰以多彩的几何图案。在新石器时代的安纳托利亚，陶器以丰富的原材料为特点，并在艺术和宗教领域有所发展：圣器室装饰着绘画和浮雕，描绘了妇女以及公牛的头和角。这些房间的数量和规模暗示了当地的宗教仪式。欧贝德时期，手工和转轮制作的陶罐均有生产，铜制工具补充了古老的石制技术。宗教活动日益重要，这体现在神庙建造的成就上，神庙的部分外墙用雕带装饰。有的雕带上描绘的是制乳业的场景。

在王朝统治以前的埃及，新石器时代物质文化中最为惊人的产品，是撒哈拉沙漠塔西里高原(Tassili)的岩画和雕刻。法尤姆遗址已出产了燧石、

---

❶ Seleucus：约公元前 358～前 280 年，希腊塞琉西王国国王，公元前 312～前 280 年在位。——译者注
❷ Attalus III：约公元前 170～约前 133 年，帕加马国王，公元前 138～前 133 年在位。——译者注

骨制工具和粗陶器以及各种编织手工艺品，这些编织手工艺品包括纺织品、地垫和篮子。梅里姆德遗址的不同点仅在于死者是葬在住宅里的。拜达里文明在石制品工艺上有所突破，并制作出私人装饰物品，包括石制的珠子、项链、腰带和化妆品。铜以珠子的形式出现。拜达里人生产出磨光的薄壁陶器，阿姆拉特人制作出一种用白片做线形装饰的红色抛光器皿。石花瓶是古埃及特有的产物，也起源于这一时期。格尔津陶器由阿姆拉特陶器发展而来。更多类型的器皿出现了，装饰主题包括别具风格的动物、人物以及日常生活场景，此外还有几何图案。彩陶(faience，亦译为釉陶)已开始制作，铜开始广泛使用，象形文字也起源于这一时期。可能正是在此时，从国外引入了泥砖建筑。随着坟墓结构和内容的不断分化，墓地中的坟墓建造得更为精致，表明人们对死后的生活越来越重视。

已出土的宗教建筑与世俗建筑的数量不成比例，由此可以看出，古代近东建筑更清楚地反映了宗教而不是社会结构及其发展。在新石器时代，位于安纳托利亚高原上的加泰土丘的房屋和圣殿，其蜂窝状的布局可能反映了扩大的家族的增多，但尚未发掘出足够的遗址以得出权威的结论。

从公元前5000年左右起就出现了神庙，可辨别出的最早的神庙在埃利都，神庙是一种外在的、可见的标志，不仅体现了苏美尔城市的内聚力，也体现出一个统治精英的控制，更体现出对文化传统越来越深的眷恋。这种保守主义因文字的引入而得到加强，使参照先例成为可能。美索不达米亚神庙，起初易为平民所接近，但随着时间的流逝，它似乎已经变得更像一座为城市至高无上的统治者修建的宫殿，而不是守护神或女神的住所了。随着神庙对世俗影响力的下降(部分是商人阶层文化水平增长的结果)，进入神庙的人渐渐只剩下神职人员了。

在埃及，宗教与建筑之间的紧密联系随处可见；神职人员很有权力，并掌握着那个时代的所有知识。埃及的教权是神秘的，几乎一成不变，这种特征忠实地反映在陵墓和神庙建筑上。在不同的地方都有本地神，这种多样性使埃及神话实际上表现为多神崇拜且复杂难解。王室的膜拜仪式实际上是膜拜太阳，几个世纪后，对俄赛里斯(Osiris)这位掌管死亡和复活从而达到永生的神的崇拜变得越来越受欢迎。埃及人为保存死后的尸体做了精心的筹备。尘世的住宅被视为临时客舍，坟墓才是永久住所：因而古王国时期有不朽的金字塔墓，新王国时期在底比斯西部有尊贵的石窟王陵，对其可持续时间的描述是"数百万年"。埃及的国王既是神又是祭司，而神本身赋有超常的能力，因此也拥有造物能力，正如文字被视为托特(Thoth)神的发明一样。神往往由三位组合而成：于是太阳神阿蒙(Amun)、他的妻子万物之母穆特(Mut)神和他们的儿子月神柯恩斯(Khons)，构成底比斯伟大的三位一体神。而创造者和工匠卜塔(Ptah)、战争女神塞赫迈特(Sekhmet)以及他们的儿子奈费尔廷❶，则构成了孟菲斯的三位一体神。这些神和多达数百的其他神或单独、或组合出现。很多神都被加入埃及的宗教中，却从未删除一个。

从探究建筑物的总体布局的意义说，即研究一幢建筑与另一幢建筑之间的关系，进行空间分析对古代近东几乎是不可能的，究其原因，两者中必居其一：或是由于城市历经连续数代人的发展，或是由于考古发掘未能揭示其整体布局。大体上说，近东建筑的主要传统是：内向性的平面，房间开向一个或多个院落，但兼顾通风采光和私密安全；这对宫殿和城市住宅同样适用，尤其是在美索不达米亚地区。帕萨尔加德(Pasargadae)的传统则显然完全不同，这里是最早的阿契美尼德波斯王室的居住地，建筑遍布高地平原，就像一支大军中散布在各处的帐篷。

宗教反映了近东每个地区的特殊性，尽管古老的迦南的膜拜仪式得以幸存，并从其传统的创建日(前814)起就传播到了迦太基，但可能是在商业和制造业盛行的腓尼基本土及其殖民地，宗教的统治地位最弱。耶和华苦行的信仰有其沙漠背景，它与迦南人和腓尼基人所信奉的主神巴力❷的祭司之间的冲突在《旧约全书》(*Old Testament*)中随处可见。祭司和先知(prophet)是不稳定的伙伴：祭司扎多克(Zadok)和先知拿单(Nathan)就共同主持

---

❶ Nefertum：古埃及宗教所崇奉的少年英俊之神，与荷花有关。——译者注
❷ Ba'al：古代近东有许多民族，特别是迦南人所崇奉的司生养化育之神，是众神中最重要的神灵。——译者注

了所罗门的加冕礼。然而，祭司的遗赠与艺术和建筑历史之间的关系比预言更加重要。

作为大祭司，赫梯的国王们把大部分时间都花在游历一个又一个圣地或圣城。他们的地位源自其印欧血统；但在赫梯王国的最后两个世纪，通过与近东更古老文明的接触，其帝王的威望逐渐更接近于东方的神授超凡能力。赫梯国王成为"太阳"，源于埃及的有翅膀的太阳圆盘盘旋在他头顶上。

在其著名的比索通(Bisitun)岩石铭文中，大流士大帝强调他恪守简朴的道德准则，坚持真理，远离谎言，并是一位好骑手。无论大流士是否是一位信徒，拜火教❶以及与之相关的对火的崇拜仪式，其起源都可追溯到伊朗早期的历史中。

亚洲早期文明

中国

夏朝以前，中国的制陶术、装饰、书法和绘画艺术的传统似乎就已奠定了基础。陶器是一种用窑烧制的红色器皿，其表面刷成黑色或紫色，并绘有程式化的人和动物形象以及几何图案。磨光的石制和骨制工具已见生产，包括各种各样的斧头、锄头和刀。纺织工艺包括制作席子和篮子等，还有织布，可能也包括丝绸。墓葬埋在墓地里，并以食品和陶器作为陪葬。随后的夏朝时期，最著名的是用转轮生产的薄壁陶器，它有着光滑的黑色磨光表面。工艺变得更多样化，包括玉雕和武器制造。文字仅限于龟卜(scapulimancy)，这是一种镌刻和诠释甲骨文的艺术。

商代的陶器主要采用灰壁器皿的形式，但有些罐子是用白色高岭土制作的，这就是瓷器的前身。青铜祭祀器皿用多种黏土模具浇注，并以深浮雕精心装饰，浮雕被铸模于模具内表面。这两种工艺都使用了受控条件下的高温烧窑技术。雕刻品用玉、石灰石和大理石塑造出或跪或蹲的人、动物和怪兽。大量的武器被制造出来，包括带有精致的、装有辐条的车轮的轻质木制战车。青铜被用作战车、马具、武器和盔甲的饰件。龟卜的艺术继续被采用。甲骨上刻有表音、表意和象形的字符。龟壳也被用来占卜。实行祖先崇拜，宗教习俗将万物有灵论(animistic)的要素与旨在巩固君主制的祭祀仪式结合起来。商朝的标志是精心建造的墓葬建筑，至少是为社会地位高的成员建造的墓葬。

在周朝统治下，商代建立的陶器、青铜器、艺术、雕塑和武器的基本形式得到延续。陶器风格的类别减少，明确的人类和动物图案为几何图形所取代。青铜编钟用于演奏礼乐，漆器制品和铁制工具广泛应用。文化得到发展，像孔子、孟子这样的哲学家在地方学园的授课，奠定了正式的官僚政治教育的基础，这种政治体制通过强调宽容、顺从与和谐的教义来促进社会稳定。艺术和文学在秦朝统治下几乎没有发展，这是一个极其现实的政体，有证据表明知识分子在此期间遭受了迫害。

印度文明

标准化的度量衡系统促进了整个哈拉帕王国的文化统一。主要的长度单位是英尺(foot, 1ft=330～335mm)和肘尺(cubit, 1cubit=515～528mm)。哈拉帕的谷仓宽10肘尺，长30肘尺。这一系统似乎建立在16的倍数基础上。文字扩展到在皂石印章上使用象形刻印文字。这些刻印文字从未被破译，似乎具有某种商业用途以鉴别货物而并无文化意义。印章及图章的雕刻，虽然是为世俗目的制作的，却都精致而高雅。这些印章通常是方的，宽20～45mm不等，其后部有个穿孔的手柄用于悬挂和操作。印章上的装饰纹样包括描绘男子、动物及奇异图案的凹版纹，也包括象形文字。人们在珠宝生产上也花费了同样的心思，主要是手镯、鼻饰品，以及如赌博硬币之类的休闲用品。陶器是用转轮制作的略带粉红色的器皿，以红色泥浆为原料，用各式各样几何图案和风格化纹样装饰成黑色。石雕仅限于少数男性或神的形象，通常采用蹲姿；有些青铜器已被修复，主要涉及跳舞的少女和水牛。赤土陶器雕塑颇为流行，著名的多为男子和水牛陶雕，但也已出土了大量佩戴着很多珠宝的盛装直立女性雕塑，还有玩具马车以

---

❶ religion of Zoroaster；亦译作琐罗亚斯德教、祆教或波斯教。——译者注

及形状怪诞的人和动物。哈拉帕手工工艺制造业的标志是高效率的集体制作手工艺品。鲜有证据表明哈拉帕文化具有高度发展的宗教生活。尚未发现有大神庙或是类似圣地的建筑群，也没有任何家族宗教仪式的物证。埋葬采取在公墓土葬的形式。

希腊和希腊世界

希腊史前宗教的仪式，无法通过考古证据准确重现，现代的解释又难免会引起争议。在克里特岛，宫殿中的仪式，如游行和在庭院中跳牛(bull-leaping)，与农村神殿中、山顶上尤其是神圣洞穴中的仪式之间存在着差异。小雕像已被鉴定为女神，而公牛和跳牛的形象以及后来希腊传说中的弥诺陶洛斯❶，则都强调了动物在克里特岛的膜拜仪式中的地位。

在大陆，圣殿和至圣所已在迈锡尼、梯林斯(Tiryns)及其他地方确定下来。小圣殿在宫殿区以外，而且往往位于山门附近，暗示了一种保护角色。在宫殿的各主要房间中，正厅❷及其火炉是否用作宗教功能(尽管其平面和后来古典时期的神庙表面上相似)，还不能确定。

在希腊古典时期，城邦和城邦社区至关重要，个人要服从于它。社区的维持依赖于家族和家庭(oikoi)的维持。生活的各个方面都受到神的保护，神被视为万能的，但他们的情感、欲望和思想却与普通人差不多。很显然，希腊宗教的发展不可能是一条单线，但其起源已消逝在遥远的史前历史中了。尽管反对革新，但宗教信仰却不断地变化发展，这反映了人类境况的变化。只要新的膜拜仪式没有危及宗教信仰中多神崇拜和拟人化的本质，就不断被引入，而现有的膜拜仪式也在不断发展或改变其侧重点，以回应人类的需要。

宗教活动的基本概念是契约、义务和履行义务。人类——最主要的是作为一个社会——呼唤神的保护，并向神献祭以确保得到神的庇护。首要的是定期举行仪式——献祭、供奉食物，而且宗教习俗以该仪式为中心。整整一年中一直需要献祭，每个社区还要分别为各位神灵在为膜拜仪式专辟的圣殿中举行一个重要的年度仪式或节日。祭品包括动物，它们被带到圣殿并屠宰。献给神灵的那部分祭品一般不宜食用，要在祭坛上焚烧；其余的肉要煮熟而不焚烧，并分发给拜神者，在圣殿内吃掉(常常有一项禁令，禁止将祭肉从圣殿带走)。其他祭品包括耐用品，尤其是那些在日常生活中渴望得到的东西。可能还会设立雕像，以纪念祭司或女祭司侍奉神的时候的情况；他们不仅纪念之前对神的侍奉，而且延续这种侍奉，雕像会成为一个永久的仆人。圣殿是上帝的财产：他需要一座房子，可以居住其中并保守其财物的安全。

因此，希腊的圣殿在本质上是由一个开放空间组成的，该空间作为神的财产被划分出来，但并不需要有形的屏障将其与外部世界隔离。圣殿有一个入口，这样人们就知道他由这儿离开了尘世而进入了神的领地。当然，圣殿必须有足够的空间来容纳节日里的信徒。对有些神的膜拜吸引的人数有限，但城邦的主要保护神可能获得全民的膜拜，因而需要大的圣殿。膜拜仪式集中在露天的祭坛，因此就在那里献祭，这是唯一真正必不可少的。在圣殿里，神用一个偶像(在古典时期，通常是指一个写实的、具象的雕像)来代表，它可能是木质的(最早的神像似乎一直是木质的)、石质的或青铜的，而最昂贵的神像由黄金和象牙制成并装在木框架上。有些保护是必要的，尤其对木质的及黄金与象牙制成的神像而言。这是否能达到一种建筑意义的水平，取决于多方面的因素：膜拜的重要性，在崇拜团体中获取资金的可能性，等等。建筑物本身也是祭品，因此膜拜社区有压力要去建造，并尽可能将其建造得宏伟、装饰得华丽，以取悦神灵。这也使神庙的建造不具有作为会众集会建筑的任何功能上的目的。最早的圣殿一无所有，只是用来庆祝节日和献祭的地方，甚至祭坛所需要的也不过是以前的祭祀所留下的灰堆而已。在黑暗时代，圣殿或神庙建筑事实上是不存在的。公元前 1000 年左右，在埃维亚岛(the island of Euboea)上的莱夫康迪(Lefkandi)，有一个类似神庙的建筑，但仅是一个坟墓的装饰，而不是一个结构体，它似乎是要奉献给一位神的。除此之外，证

---

❶ Minotaur；希腊语作 Minotauros（弥诺斯公牛），希腊传说中的人身牛头怪物。——译者注
❷ megaron；古希腊及中东建筑的中央部分，包括敞廊、门厅和一个大厅，其中央有火炉和宝座。——译者注

据确凿的最早的神庙建筑出现于公元前8世纪，那时来自地中海东部的影响使他们对希腊社会及其艺术成就有所感悟。

其他类别的建筑对应于希腊社会的独特习俗。政治制度依赖于集会。这种思想在村落层面得以发展，因此村庄必须提供一个地方，使公民能聚集在一起，在必要的时候，公民需一同做出关于战争或和平的重要决定。集会的地方可能是一个室外场地，但随着有组织城镇的发展，中央集会场所或广场已成为城镇规划（必须大到足以容纳所有的成年男性公民，至少在理论上是如此）中的一个基本要素。广场实际上是一个空间，而不是一座建筑，但由于城邦功能的需要，建筑物可能安置在广场边缘。这些建筑物并不一定要像神庙那样宏伟，或建造得那么坚固。在较富裕的城市，石砌建筑得以兴建，但即使是在公元5世纪的雅典，仍在广场中用泥砖建造房屋。

公共生活是属于男性公民的。妇女过着与世隔绝的生活，主要活动是在私密的家中（尽管她们也参加宗教节日的活动）。如果有什么不同的话，在历史时期，对她们的生活约束似乎已经变得更加严格，这也反映在住宅建筑的形式上。房子背对外部世界，向内看到封闭的庭院。即使在屋内，男子的房间和妇女的住处也是分开的，男界（andron）是男宾客参加晚宴和喝酒的社交场所，女界则是在这种宴会场合下家庭中的女性成员被赶出后所待的地方。

在上述这些情况的影响下建立了主要的建筑原则，这在一个古希腊城市的布局中清晰可辨。首先是神庙的原则：简单的矩形、有顶建筑，本质上是一种美化和改良的棚屋，作为奉献给神的祭品，其外观要设计得为人所赞颂。因而其建筑价值集中体现于外部。其次是建筑围绕一个空间或庭院的原则，只有从庭院内部，才能欣赏到建筑的效果。围合结构不必连续，可能是一系列独立的建筑，但经常会在面向庭院的一侧建有门廊，趋势是沿庭院的每一边都不间断地设置门廊或柱廊，只是偶有缺口，最终缺口完全消失。这种有柱廊的封闭庭院是希腊化城市一个值得关注的特征。

资源

埃及和古代近东

在近东，当然也包括埃及，只有真正的当地材料才可用于建造，这种状况从史前时代一直持续到某一个历史阶段：必要的政治进步已经发生，因此长途贸易和采掘资源成为可能。对不同的地区，这一历史阶段的具体时间不同。文献记载的某些案例中引进了外国工匠实施工程，其他项目的施工劳力应该都是本地人。

在底格里斯河和幼发拉底河的冲积平原上，适合用于建造的石材和木材很稀少或是难以获得，除非依靠进口。然而，当地土壤的供应充足，它与水混合成泥浆，倒入模具，或是晒干或是窑烧，为各种建筑提供了砖。窑烧砖仅用于排水渠、人行道及某些重要建筑的饰面，如乌尔观象台（ziggurat at Ur，塔庙）。一直要到公元前6世纪的新巴比伦时期，窑烧砖才成为美索不达米亚的标准建材。亚述国王十分关注收成报告，部分原因在于它直接影响到王室来年的建设方案，由于没有足够的秸秆去与泥浆混合，便无法制造砖，正如《希伯来书》（the Hebrews）在其著名的对法老的抱怨中所指出的那样。亚述人善于指挥大量劳动力建造新宫殿、神庙和防御性城墙或修复旧建筑：据估计，每人每天能铺砌100块泥砖。泥砖是古代近东最重要的建筑材料，因为其原料无处不在。高原地区的许多遗址，看上去可能就像只用石材建造，但考古挖掘往往揭示出：在石材基础之上有泥砖砌筑的上层结构的残骸，如在乌尔的诸要塞。在某一特定时期，泥砖的精确尺寸在各地都趋于标准化，尺寸以一名男子容易操作的重量为限，这与今天的情况一样。

用黏土涂抹的芦苇、纸莎草❶和棕榈枝，在尼罗河谷是便于加工的现成材料，被用在埃及前王朝时期的建筑上。大体相似的传统也在美索不达米亚繁荣起来，特别是在苏美尔南部，在那里，这种传统被沼泽地带的阿拉伯人保存下来直到如

---

❶ papyrus；古代的书写材料，一种现在几乎已绝迹的植物。——译者注

今，他们用芦苇兴建大型会堂，并生活在非常贴近水面的低平台上，就如同尼尼微宫殿的浮雕中所描绘的那样，那些浮雕描述了辛那赫里布攻打海湾入海口附近沼泽的战役，但此战基本失败了。芦苇草席被用于泥土砖层之间以提高强度，这种做法在美索不达米亚和埃及是相似的。

在美索不达米亚和邻近的苏萨平原——苏萨后来成为埃兰王国❶的中心——沥青是一种可用的材料，可从天然的水泉中获取。它最初在新石器时期被用做一种胶泥，尤其是用于将燧石镰状刀片置入骨柄中。最终，人们发现了沥青的防水性，就用它涂满排水渠内壁，以减少水对泥砖墙的侵蚀。

在埃及，有大量的劳工可以将石块从采石场运到建设工地，而不必依靠奴隶，特别是在一年一度洪水泛滥的夏季，他们利用筏在尼罗河上运输石块，再从河岸沿斜坡艰难地向上搬。

埃及和美索不达米亚都缺乏木材来兴建重大工程，但枣椰树叶可用于建造住宅，主要用于屋顶的建造。虽然纸莎草是当地材料，但从最早的朝代开始，埃及国王就用船从贝鲁特北部的古老港口比布鲁斯❷进口雪松木，用于建造房屋、打棺材和造船。正因为如此，黎巴嫩山上的雪松森林被埃及市场开发利用，而从公元前三千纪中叶开始，美索不达米亚的统治者就从接近地中海东北角的亚玛奴山脉(Amanus)获取雪松。亚述国王自豪且相当详细地列出了他们用于宫殿与神庙的建造、装饰以及家具的材料：雪松和杉木普遍被用做屋顶横梁和门。大流士大帝及其继任者们则用雪松做波斯波利斯宫的百柱大厅❸的屋顶。

迫于皇权，外国人可能或多或少地被强行雇去建设重大公共建筑，特别是由于近东的国王总是急于在有生之年建成自己的神庙或陵墓。亚述国王辛那赫里布详细讲述了他从犹大王国调动超过20万劳力的情况：这些流放者的命运被生动地描绘在尼尼微的浮雕上：工人们在王室卫队的监视下，沿着新的"无与伦比的宫殿"的基础平台那陡峭的侧壁使劲往上爬，再倒空他们那装满泥土和碎石的篮子。在苏萨，在大流士的一个宫殿中发现的黏土刻写板提到了来自爱奥尼亚和萨迪斯的石匠，以及同样从萨迪斯来从事镶嵌工艺的木工。巴比伦人在制作泥砖方面仍然是技术最熟练的工人。据说冈比西斯从埃及驱逐了很多工匠。

亚洲早期文明

中国

整个史前时期，中国一直用当地的材料从事建造活动。在商代，夯土墙(compacted earth wall)取代了用木龙骨加强的泥墙。从商代起，梁柱结构的木框架建筑就支撑在夯土台(rammed-earth platform)上，屋顶覆以茅草或芦苇。石材仅用于柱脚、人行道及防御工事。周代以前尚未使用砖和瓦。从商代起，征兵为大型建设项目提供了所需的劳力资源；据估计，郑州的城墙征用了1万劳力，大约用了18年才建成。挖掘竖井式墓穴(shaft-tomb)也需要大量劳力资源：据推测，挖一个墓穴竖井最多要耗时7000天。

印度

印度河盆地盛产木材，可用做建筑材料和燃料，但当地却没有建筑石材，烧结砖或窑烧砖是标准的建材。烧结砖的发现在哈拉帕城市发展中扮演了重要的角色，特别是在对抗洪水的影响上。在考古学家的描述中，哈拉帕建筑色调灰暗而且实用，但需要大量的熟练砖匠。据推测，哈拉帕建筑的正立面可能是用木材精心建造的，但未能留存下来。

希腊和希腊世界

希腊世界通常都有大量高品质的建筑石材资源，尤其是石灰石和大理石，且便于开采。此外，还拥有优良的黏土资源。在希腊大陆的很多地方，木材相对稀缺，或是长得矮小。当地特有的树种是松树和柏树，缺乏坚固的硬木。因此，覆盖上大面积屋顶的困难使建筑受到了严重制约。中间没有支撑的最大跨度是10m(33ft)左右；只有最重

---

❶ kingdom of Elam；又译哈尔塔米或苏西耶纳。——译者注
❷ Byblos；朱拜勒的古称。——译者注
❸ columned halls of Parsa；Parsa是古波斯语中波斯波利斯的拉丁字母写法。——译者注

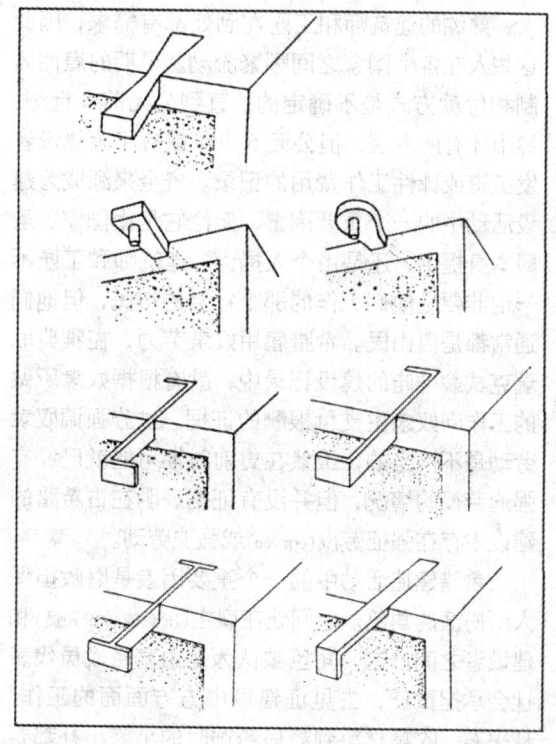
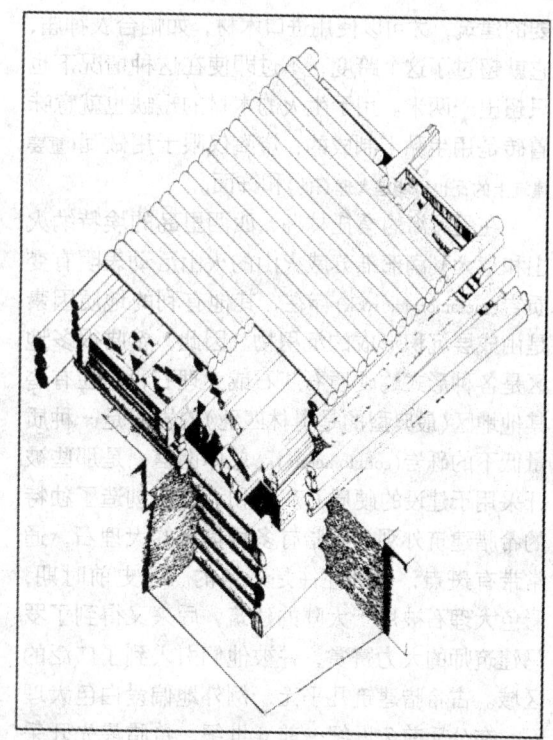

除左上图的销子通常是木制的外,其他各种形式的铁销子均用铅做灌缝处理。见[29]页

MM 大陵墓:墓室的等轴测图,从西北面看。见[29]页

在装木钉和销子前,将石块嵌入指定位置。见[29]页

要的建筑，才可以使用进口木材，如帕台农神庙，它就超过了这个跨度，不过即使在这种情况下也只超出一两米。用于生火的木材的短缺也就意味着砖是用生黏土制成的：烧陶仅限于用做瓦(重要建筑上的瓦也可能是大理石的)和饰面。

在爱琴海的桑托林岛、西西里岛的埃特纳火山和意大利南部维苏威火山的火山活动表明有变质岩(metamorphic rock)存在，其他有利的地质因素是由成层沉积形成的沉积物。因此，希腊很多地区是各种形式的硬质石灰石或大理石，但在有些其他地区(最典型的是奥林匹亚)的岩石是一种质量低下的砾岩(conglomerate)。总体而言，是那些被开采用于建设的硬质石灰石和大理石创造了独特的希腊建筑外观。希腊有多种类型的大理石，通常带有斑点，并且往往是彩色的。在史前时期，彩色大理石被用于大陆的建筑，后来又得到了罗马建筑师的大力赞赏，并被他们引入到了广泛的区域。古希腊建筑几乎无一例外地偏爱白色大理石，在公元前7世纪~前6世纪，希腊最先开采了帕罗斯岛(Paros)和纳克索斯岛(Naxos)的白色大理石用于建筑和雕塑。由于采石场靠近海洋，石材很容易运送到希腊其他地区。在公元前5世纪，雅典人开采了彭特利库斯山(Mount Pentelikos)采石场的彭特利库斯大理石(Pentelic marble)。白色大理石还有很多其他来源，尤其是在小亚细亚。

马尔马拉海(Sea of Marmara)的普罗邦梯斯岛(Propontis)出产的普罗科尼斯大理石(Proconnesian marble)出口到许多地方，而其他类型的大理石则更多地用于临近地区。在史前时期，克里特岛就开采使用石膏，以砌块(saw-cut block)的形式用于建造墙体。

在西西里岛和意大利的希腊西部定居点，以及昔兰尼加地区的那些定居点，都没有大理石，因此那里的建筑一直用石灰石建造。即使在希腊的爱琴海地区，石灰石也比大理石更常用，特别是在较为世俗的建筑上。希腊人也会煅烧石灰石以提供石膏，虽然在希腊的大部分地区，相对短缺的木材使煅烧成为一个昂贵的过程，因此，石膏的使用仅限于重要的石灰石建筑，以提供精美的饰面(与大理石粉尘混合)。这种石膏也被当作水硬性水泥(hydraulic cement)用于隐蔽工程(submerged work)和产业建筑。希腊还有优良的黏土资源，可开采用于制作泥砖、制瓦用陶和装饰面层。

熟练的建筑师和工匠在到处都有需求，因此这些人在各个国家之间频繁流动。早期的雇佣体制和付款方式是不确定的；直到公元前6世纪，铸币才有所发展，但公元5世纪就有了为建设者发工资或计件工作费用的记录。资金来源成为建设活动中的一个重要因素，无论它是由国家、圣殿本身提供，还是由个人提供。建筑师和工匠不一定非要是他们工作的那个社会的市民，但他们通常都是自由民。希腊雇用奴隶劳力，在雅典厄瑞克忒翁神庙的建设记录中，就有根据奴隶所做的工作向奴隶主支付报酬的证据。过分强调奴隶劳动是不恰当的，虽然在史前时期可能就已经有强迫劳役的情况，但并没有证据表明在古希腊的建设中存在强征劳役(corvée)或强迫劳动。

希腊建造活动中的一个重要因素是财政担保人所扮演的角色，他们处在雇主(国家或神职人员)和建设者之间。这一角色被认为是由富裕成员代表社会承担责任，去见证建设中方方面面的工作，从采石、收集材料到最后粉饰时的小修小补都要签有协议并能正确实施。财政担保人要为不合格的工作支付违约金，而这笔费用不由承包人或工匠支付。

建筑技术及发展

埃及和古代近东

纳图夫人在一定程度上使用简单的干砌石技术，但其建筑主要还是用泥砖建造。精心挑选准备好黏土后，主要的砖靠手工制作，偶尔也使用模具制作，然后晒干；另一种可供选择的方式是，黏土被当作一种塑性材料使用，逐层用湿泥砌筑，晾干后再砌上一层。像储物箱、平台、炉膛和座位这类形式固定的东西就在现场用模具制作。偶尔会将泥浆与稻草混合；而基础有时候则是石砌的，以确保建筑物不会建在潮湿的地基上。屋顶一般是平的，用木梁做成，覆以抹泥的草席。有时也采用茅草屋顶，而墙壁被支起以支撑屋顶木架。门道四周采用木头门侧(reveal)和门槛。涂抹了灰泥的地板和墙壁应用普遍。泥浆或石膏抹面粉饰的方式多种多样，包括喷涂、抛光或用水磨石砌筑。

在格尔津时代晚期，埃及建筑从采用脆弱的植物材料，如芦苇、纸莎草、棕榈叶和草席，转变为采用泥砖和石头的建构形式，这可能是受到了来自美索不达米亚地区的影响。木材和草席衬里用在墓葬建筑中。

在每个地区，技术和工艺通过融合当地资源而得到发展。对装饰和饰面常常过分关注，关注度远远超过了结构本身：这种状况在埃及特别典型，当地的冶金术远远落后于亚洲，直到中王国时期才出现青铜器。从某种意义上说，埃及在建筑技术上也是落后的。举例来说，在乌尔王室墓地大致已完成的石砌工程中，真正的拱门和拱顶已出现，但同一时期的埃及石匠似乎并不了解这些。然而，同时期的吉萨金字塔群那优质的石材饰面和纯粹的体量却是不可否认的。

在埃及的前王朝时期，有证据表明，人们将成捆的芦苇并排垂直摆放，并与靠近顶部的横向放置的成捆芦苇绑扎在一起，做成墙体或栅栏。或者，将一些棕榈叶茎以很小的间距插在地里，另一些则穿过它们编成斜向网格，并与接近顶部的一根水平向叶茎固定，最后整体涂以泥浆。芦苇抹泥的平屋顶对芦苇墙顶施加的压力形成了埃及特有的"凹圆线脚"檐口（'gorge' cornice），而在后期建筑中不常出现的"纸莎草"式脊饰（'kheker' cresting），可能起源于一片纸莎草秸秆墙顶端的丛草（terminal tufts，见[43]页图⑧）。横向扎捆和角部扎捆则在历史时期石头檐口的卷线脚（roll moulding）和墙角中被保存下来（见[43]页图①）。

由于图像资料和建筑遗迹等考古证据的缺乏，人们难以确切地描述出除埃及以外近东地区最早的建筑技术。前陶新石器时代早段（Pre-Pottery 'Neolithic A'）的杰里科的圆形房屋，比尼罗河河谷最早的村庄遗迹还要早3000年，但这类房屋无疑有着易损坏的圆屋顶。在加泰土丘，一种典型的近东保守主义已显然可见。在发掘出来的木框架房屋和神殿中，最初的纯木构造得以延用，直到建造能力达到一个最新水平时，该结构才被完全的泥土砖结构所替代。

美索不达米亚基本的弓形建筑，是受到砖砌拱顶的结构性要求限制的结果（见[26]页图⑥）。房间不得不根据其长度而变窄，并加以厚重的砖墙；亚述的宫殿中也有类似的限制，这是屋顶结构采用雪松木梁的结果。到公元前三千纪才掌握有楔形拱石（voussoir）的真正的拱。因为需要大小合适、质量可靠的石材，所以独立柱的应用并不广泛，虽然早在乌鲁克时代晚期（公元前四千纪中叶），在苏美尔本土的沃尔卡（Warka）主要的宗教和政府区内，伊娜四世柱厅（Pillar Hall of Eanna IV）中就出现了大量这样的独立柱，而在亚述晚期和新巴比伦的作品中也有一些采用独立柱的例子。甚至在史前时期，近东的一些神庙就用相当薄的泥砖墙建造，并用扶壁加固，有时设有精巧的凹入式设计，以利用阴影去打断太阳刺目的眩光。在王朝时代初期，这种使用泥砖的建筑传统，经由一条至今仍未知的路线以某种方式传播到了埃及，那时还有其他与乌鲁克时代晚期的美索不达米亚相似的泥砖建筑，这成为古王国时期（第一至第二王朝）陵墓的宫殿式（serekh）立面的原型，因此也成为尼罗河河谷公共建筑的原型，可惜未能长存。

在埃及，晒干的泥砖墙从未被弃用；只有在最精美的宗教性质建筑中，切割石块的使用才更趋普遍。宫殿甚至仍相对脆弱。为了增加稳固性，埃及建筑的墙壁向顶端层层内收，这主要是因为每年的洪水造成土地交替收扩。为了日常使用的方便，墙壁内表面不得不垂直，所以只有外表面才显示出这种内倾或"收分"（batter），无论是用砖砌还是用石砌，这都成为埃及建筑主要特点之一。有时，沿墙体向上，在砖层之间间隔放置纤维或草席以加固墙体，特别是在角部；其后发展为在一段长墙交替间隔的长度上先采用中间下垂的内凹层，再加上中间的宽度。这使墙体内部的砌块砖能够被晾干，例如那些大型神庙四周的围栏，其厚度达到9～24.5m（30～80ft）。虽然在埃及的纪念性石构建筑中从未使用过真正的拱，但其原理已被普遍了解，而且早在第三王朝初期就已经有了砖砌拱顶。拱券常常建于倾斜层上，因此无需临时支撑的起拱线；通常将两个或两个以上的拱券同心安排，将一个置于另一个之上。

埃及古王国时期的石匠们所采用的许多建筑技术与工艺，都体现在尊贵的金字塔的建设中。金字塔建于平整好的基岩上，并一丝不苟地用罗盘上的方位基点为金字塔各边定向。金字塔围绕着陡峭的塔心建在一系列有坡度的同心的片层上：这种方法确保了向下的、向心的推力，从而获得了对这些宏大结构来说至关重要的稳定性，不过显

第一编　埃及、古代近东、亚洲、希腊及希腊化诸王国的建筑

图A　摩亨约达罗住宅的砖墙，见[28]页

图B　摩亨约达罗大谷仓墙墩的上半部分，见[28]页

图C　摩亨约达罗大浴室的排水渠，突拱，见[28]页

图D　摩亨约达罗带排水渠的道路，见[28]页

图E　泰西封宫殿，见[25]页

第1章 背 景

然这种方法是在至少的一次严重事故之后才出现的。金字塔的整个体量首先以阶梯状关系建造起来，直至完成真正的金字塔形状。然后用一叠叠的石块填充梯级，饰以精心打磨的面层并放置在一定的倾斜角度上，从而形成其最终的形状。对饰面的最后的精雕细琢自然是自上而下进行的。在开罗附近的吉萨(Gizeh)，基奥普斯❶大金字塔的石块平均重量达2500kg，被深埋在石灰砂浆中，砂浆在固定石材的时候用做润滑剂，而不是黏合剂。牛腿和扁平石梁用于覆盖内部的房间，在每座金字塔中他们的形式都不同。

埃及人不知道滑轮：他们提升和转动石块的主要工具是杠杆。他们使用木制雪橇在陆路上运输石块，木棍可用可不用。建造金字塔的石料被拉上砂或土制的顶部宽阔的巨大斜坡，坡道用粗陋的砖墙加固。埃及泥瓦匠拥有灵活多用的装法兰刀片(flanged blades)的铜凿子和锯子，锯子经加工硬化，因此容易损坏。他们还没有青铜工具和铁制工具。

在新王国的神庙及其塔门(pylon)和柱厅中，特别是从拉美西斯二世时期起，留下很多匆忙建设的痕迹：与早期相比，此时较少关注基础和饰面。埃及建筑的最大成就，也许最生动地体现在方尖碑(obelisks)上——大量的整块花岗岩巨石，通过耐心地使用楔子、捣杵和火，艰难地从阿斯旺采掘出来。产自格贝尔锡勒西莱山(Gebel Silsileh)采石场的砂岩是上埃及神庙的标准建材。虽然它不如石灰石那般适于雕刻浮雕，但用于屋面时可实现更大的跨度。埃及建筑中，非耐久形式的影响同时清楚地体现在塔门中对转角和十字柱的模仿以及其檐口上，这源于十字柱上棕榈树叶的弯曲，而后演变成环状半圆凸线脚(toros moulding)。埃及圆柱同样起源于植物。其柱身暗示了成捆的植物茎并在基座处聚拢，而柱头似乎源于莲花花蕾(见[43]页图ⓒ)和纸莎草(见[43]页图ⓒ)或无处不在的棕榈。因为要节约材料和劳力，新王国时期神庙的厚重的屋顶板起先很可能是侧放的，以获得最大的承载力，后来便平放了。到拉美西斯二世统治时，典雅的柱子已从其基本形式转变成为刻有碑文的球茎状的怪异柱子了。

黎凡特的迦南人及其腓尼基后裔都是技术高明的石匠，他们那打磨细致、接缝精美的石材被放置在平整的水平层上，这种形式最早在公元前13世纪以大尺度出现在乌加里特的宫殿里，而乌加里特是叙利亚海岸繁荣的商业城市。同样的高质量石材出现在撒马利亚地区最早的两个阶段，即暗利❷时代和亚哈❸时代（约前880—前852）。

安纳托利亚的建筑传统与美索不达米亚和黎凡特的迥然不同，这很大程度上归因于这一地区有充足的木材，那种长度和直径的木材在经过几百年森林砍伐后的今天已经不可能取得了。石头被用做底座，木材用于结构框架的建造或加固，泥砖用于内墙。在弗里吉亚王国的首都戈尔迪乌姆的古坟中有大量墓室，可以看出其中有对已经消失的木结构的模仿。MM大陵墓(见[23]页)墓室中的双向坡屋顶由三道山墙支撑，中间设一道，两端各设一道，其木板仔细地加工平整并进行榫接。墓室的墙壁被封闭在由刺柏原木做成的外墙面中，原木截面有0.6m(2ft)见方，在原木外面有碎石层，由坚固的挡土墙支撑。一大堆石块和一个巨大的黏土坟堆层叠在一起，在戈尔迪乌姆有70多座坟墓，其中出土的最大的一座高约50m(166ft)。坟墓的建造工艺是弗里吉亚本地的或铁器时期(约前700)安纳托利亚西北部的，但安葬在坟墓里的传统却源自南俄罗斯。

在乌拉尔图，石砌装饰的标准相差很大，最精美的琢石几乎仅用于神庙，神庙最常用玄武岩建造，碑铭和浮雕也偏爱使用这种石材。至少有一座神庙保留了完整的石材基础，但上层泥砖建筑已不存在。在乌拉尔图盛传的一种独特技术是，在陡峭的岩石山坡上仿照阶梯来切割基础岩脊，以为砌体提供坚实的基础。建造大量台地是建设乌拉要塞和根据地的一个重要部分，这需要大量劳力。即使在质量最好的工程中，要塞的墙壁也都是用略微不规则的岩层建造的，每块石材被分别切割以便与相邻石材拼接。毫无疑问，铁制工具已被应用：在凡城的很多堡垒上都能看到凿刻的痕迹。此外，据说亚述人用铁凿开挖出穿过岩

---

❶ Cheops：胡夫(Khufu)的希腊名，公元前2613~前2494年，埃及第四王朝第二代国王。——译者注
❷ Omri：希伯来语作Amri，以色列国王，约公元前884~约前872年在位。——译者注
❸ Ahab：又拼作Achab，以色列北部王国第七代国王，暗利之子，约公元前874~约前853年在位。——译者注

石的通道。

现在认为，阿契美尼德时期的波斯柱状建筑起源于米底遗址上，甚至起源于更早的第二铁器时期(约前1100—前800)且更北部的哈桑卢(Hasanlu)。在帕萨尔加德，建筑视野变得更加广泛，在那里外国石匠无疑受雇于居鲁士大帝及其直接接班人。阿契美尼德建筑的一个特点是城堡(今塔克依素勒曼)的大平台由毛石砌体制成；另一个特点是利用铅和铁做的燕尾销子作为大块砌体在结构上的额外加固，这些砌块切割精准，打磨光滑，不施灰泥直接垒叠。帕萨尔加德的石雕工艺至少有两个技术特点的灵感是来自希腊的(见[8]页)。在帕萨尔加德的早期工程上，有使用平切边凿子的痕迹；但此后，从大流士大帝于公元前552年继位后，在帕萨尔加德的砌体上留下了多齿的凿子印记，在波斯波利斯也一样，这在约50年前首次出土于希腊。

亚洲早期文明

中国

史前时期中国建筑的特点是三段式划分，即夯土台、木柱支撑的上层建筑和带有山墙的坡屋顶。商代之后，所有重要建筑物都建造在夯土台上，夯土台以每层80~100mm(3~4 in)的厚度逐层堆至约600mm(2ft)的高度，上承简朴的单层梁柱结构建筑，中间填以轻质屏障。外廊的屋顶脱开，包围着像亭子一样拥有坡屋顶和山墙的建筑物。在周代，瓦屋顶取代了茅草顶，但中国建筑的屋顶尚未形成其特有的曲线形式。屋脊和檐口装饰着陶瓦，其上绘有鸟类和神话怪兽。据推测，高台建筑中阶梯状的泥土核心为一圈外廊所包围，这使建筑显得更加高大。

印度

在此时期的印度砖在制作或切割后，以交替叠置的方式砌筑起来(见[26]页图A、图B)。开始使用标准大小为280mm×140mm×70mm(11in×5.5in×3in)的砖，但这种生土砖仅用于建造砖平台，上承主体建筑。其中有些砖还用木材饰边。人们对真正的拱尚不了解，但有托梁的砖制拱门却频频出现(见[26]页图C)。灰浆被用做内饰面。

哈拉帕的浴室拥有精美的砖砌地面。平屋顶由正方形截面的木材建造，其跨度达4m(13ft)。摩亨约达罗(Mohenjodaro)的大型公共谷仓完全用木材建于厚重的砖砌平台上。在大城市中心建有错综复杂的给排水系统(见[26]页图C、图D)。焙烧砖砌的排水沟上有整齐的检查孔，这是印度河冲积盆地上定居点的特征，另一个特征是用精美砖工砌筑的公共水井。

希腊和希腊世界

切割石材已在史前时期的克里特岛(往往首选软石膏，因为它可锯割成型)和大陆使用，主要用于重要的建筑物、宫殿和坚固的房屋以及圆形墓葬建筑。木框架是常规做法。在黑暗时期，所有关于成熟建筑技术的知识似乎都已失传，少数被发现的建筑，有着未经加工的毛石基础、泥土砖砌的上层结构和简单的木柱支承屋顶，屋顶上可能覆有茅草。类似的技术也用在公元前8世纪最早的神庙中。但在公元前7世纪，建筑技术发展得相当快。开采并加工成型的石材被用于永久建筑(例如科林斯海峡的海神殿(Temple of Poseidon at Isthmia)，建于公元前7世纪中叶之前)上，并发展了陶瓦和饰面。7世纪的后半叶，希腊人维护着直接进入埃及的安全通道，从而学到了埃及石雕工艺技术的知识。开采大块的石材制作整体柱已成为可能，石材被放在车床上滚动以确保制作真正的圆截面。

到了古典时期，设计和建造的过程已形成惯例并固定下来。但还无法确定是否画有施工详图。纸莎草的尺寸有限且昂贵，而当时还未使用有刻度的测量仪器。可能已在打蜡的木板上绘制常规的图纸和平面，但由于建筑类型是传统的，因此绘图并非必需。更可能的是，设计是现场完成的，依照传统的比例，通过测量基础可推算出其他尺寸，当然这些都是逐步改进的。在等比例的模型上做出更多细部，以便在施工期间从中直接量出复制数据(借助圆规而不是直尺)。

一块块的石头在采石场被定购，加工成一定规格，有可能的话将其切割成型(石块的用途已被明确)以便运输。在公元前6世纪，柱子用整块巨石制成柱身；而到了公元前5世纪及其后的几个世纪，则是把分离的鼓石用销子销在一起(除了小尺度的产品以外)。从向苏尼翁角(Sounion)的海神殿提供

据确凿的最早的神庙建筑出现于公元前 8 世纪，那时来自地中海东部的影响使他们对希腊社会及其艺术成就有所感悟。

其他类别的建筑对应于希腊社会的独特习俗。政治制度依赖于集会。这种思想在村落层面得以发展，因此村庄必须提供一个地方，使公民能聚集在一起，在必要的时候，公民需一同做出关于战争或和平的重要决定。集会的地方可能是一个室外场地，但随着有组织城镇的发展，中央集会场所或广场已成为城镇规划(必须大到足以容纳所有的成年男性公民，至少在理论上是如此)中的一个基本要素。广场实际上是一个空间，而不是一座建筑，但由于城邦功能的需要，建筑物可能安置在广场边缘。这些建筑物并不一定要像神庙那样宏伟，或建造得那么坚固。在较富裕的城市，石砌建筑得以兴建，但即使是在公元 5 世纪的雅典，仍在广场中用泥砖建造房屋。

公共生活是属于男性公民的。妇女过着与世隔绝的生活，主要活动是在私密的家中(尽管她们也参加宗教节日的活动)。如果有什么不同的话，在历史时期，对她们的生活约束似乎已经变得更加严格，这也反映在住宅建筑的形式上。房子背对外部世界，向内看到封闭的庭院。即使在屋内，男子的房间和妇女的住处也是分开的，男界(andron)是男宾客参加晚宴和喝酒的社交场所，女界则是在这种宴会场合下家庭中的女性成员被赶出后所待的地方。

在上述这些情况的影响下建立了主要的建筑原则，这在一个古希腊城市的布局中清晰可辨。首先是神庙的原则：简单的矩形、有顶建筑，本质上是一种美化和改良的棚屋，作为奉献给神的祭品，其外观要设计得为人所赞颂。因而其建筑价值集中体现于外部。其次是建筑围绕一个空间或庭院的原则，只有从庭院内部，才能欣赏到建筑的效果。围合结构不必连续，可能是一系列独立的建筑，但经常会在面向庭院的一侧建有门廊，趋势是沿庭院的每一边都不间断地设置门廊或柱廊，只是偶有缺口，最终缺口完全消失。这种有柱廊的封闭庭院是希腊化城市一个值得关注的特征。

资源

埃及和古代近东

在近东，当然也包括埃及，只有真正的当地材料才可用于建造，这种状况从史前时代一直持续到某一个历史阶段：必要的政治进步已经发生，因此长途贸易和采掘资源成为可能。对不同的地区，这一历史阶段的具体时间不同。文献记载的某些案例中引进了外国工匠实施工程，其他项目的施工劳力应该都是本地人。

在底格里斯河和幼发拉底河的冲积平原上，适合用于建造的石材和木材很稀少或是难以获得，除非依靠进口。然而，当地土壤的供应充足，它与水混合成泥浆，倒入模具，或是晒干或是窑烧，为各种建筑提供了砖。窑烧砖仅用于排水渠、人行道及某些重要建筑的饰面，如乌尔观象台(ziggurat at Ur，塔庙)。一直要到公元前 6 世纪的新巴比伦时期，窑烧砖才成为美索不达米亚的标准建材。亚述国王十分关注收成报告，部分原因在于它直接影响到王室来年的建设方案，由于没有足够的秸秆去与泥浆混合，便无法制造砖，正如《希伯来书》(the Hebrews)在其著名的对法老的抱怨中所指出的那样。亚述人善于指挥大量劳动力建造新宫殿、神庙和防御性城墙或修复旧建筑：据估计，每人每天能辅砌 100 块泥砖。泥砖是古代近东最重要的建筑材料，因为其原料无处不在。高原地区的许多遗址，看上去可能就像只用石材建造，但考古挖掘往往揭示出：在石材基础之上有泥砖砌筑的上层结构的残骸，如在乌尔的诸要塞。在某一特定时期，泥砖的精确尺寸在各地都趋于标准化，尺寸以一名男子容易操作的重量为限，这与今天的情况一样。

用黏土涂抹的芦苇、纸莎草❶和棕榈枝，在尼罗河谷是便于加工的现成材料，被用在埃及前王朝时期的建筑上。大体相似的传统也在美索不达米亚繁荣起来，特别是在苏美尔南部，在那里，这种传统被沼泽地带的阿拉伯人保存下来直到如

---

❶ papyrus：古代的书写材料，一种现在几乎已绝迹的植物。——译者注

今，他们用芦苇兴建大型会堂，并生活在非常贴近水面的低平台上，就如同尼尼微宫殿的浮雕中所描绘的那样，那些浮雕描述了辛那赫里布攻打海湾入海口附近沼泽的战役，但此战基本失败了。芦苇草席被用于泥土砖层之间以提高强度，这种做法在美索不达米亚和埃及是相似的。

在美索不达米亚和邻近的苏萨平原——苏萨后来成为埃兰王国❶的中心——沥青是一种可用的材料，可从天然的水泉中获取。它最初在新石器时期被用做一种胶泥，尤其是用于将燧石镰状刀片置入骨柄中。最终，人们发现了沥青的防水性，就用它涂满排水渠内壁，以减少水对泥砖墙的侵蚀。

在埃及，有大量的劳工可以将石块从采石场运到建设工地，而不必依靠奴隶，特别是在一年一度洪水泛滥的夏季，他们利用筏在尼罗河上运输石块，再从河岸沿斜坡艰难地向上搬。

埃及和美索不达米亚都缺乏木材来兴建重大工程，但枣椰树叶可用于建造住宅，主要用于屋顶的建造。虽然纸莎草是当地材料，但从最早的朝代开始，埃及国王就用船从贝鲁特北部的古老港口比布鲁斯❷进口雪松木，用于建造房屋、打棺材和造船。正因为如此，黎巴嫩山上的雪松森林被埃及市场开发利用，而从公元前三千纪中叶开始，美索不达米亚的统治者就从接近地中海东北角的亚玛奴山脉(Amanus)获取雪松。亚述国王自豪且相当详细地列出了他们用于宫殿与神庙的建造、装饰以及家具的材料：雪松和杉木普遍被用做屋顶横梁和门。大流士大帝及其继任者们则用雪松做波斯波利斯宫的百柱大厅❸的屋顶。

迫于皇权，外国人可能或多或少地被强行雇去建设重大公共建筑，特别是由于近东的国王总是急于在有生之年建成自己的神庙或陵墓。亚述国王辛那赫里布详细讲述了他从犹大王国调动超过20万劳力的情况；这些流放者的命运被生动地描绘在尼尼微的浮雕上：工人们在王室卫队的监视下，沿着新的"无与伦比的宫殿"的基础平台那陡峭的侧壁使劲往上爬，再倒空他们那装满泥土和碎石的篮子。在苏萨，在大流士的一个宫殿中发现的黏土刻写板提到了来自爱奥尼亚和萨迪斯的石匠，以及同样从萨迪斯来从事镶嵌工艺的木工。巴比伦人在制作泥砖方面仍然是技术最熟练的工人。据说冈比西斯从埃及驱逐了很多工匠。

亚洲早期文明

中国

整个史前时期，中国一直用当地的材料从事建造活动。在商代，夯土墙(compacted earth wall)取代了用木龙骨加强的泥墙。从商代起，梁柱结构的木框架建筑就支撑在夯土台(rammed-earth platform)上，屋顶覆以茅草或芦苇。石材仅用于柱脚、人行道及防御工事。周代以前尚未使用砖和瓦。从商代起，征兵为大型建设项目提供了所需的劳力资源：据估计，郑州的城墙征用了1万劳力，大约用了18年才建成。挖掘竖井式墓穴(shaft-tomb)也需要大量劳力资源：据推测，挖一个墓穴竖井最多要耗时7000天。

印度

印度河盆地盛产木材，可用做建筑材料和燃料，但当地却没有建筑石材，烧结砖或窑烧砖是标准的建材。烧结砖的发现在哈拉帕城市发展中扮演了重要的角色，特别是在对抗洪水的影响上。在考古学家的描述中，哈拉帕建筑色调灰暗而且实用，但需要大量的熟练砖匠。据推测，哈拉帕建筑的正立面可能是用木材精心建造的，但未能留存下来。

希腊和希腊世界

希腊世界通常都有大量高品质的建筑石材资源，尤其是石灰石和大理石，且便于开采。此外，还拥有优良的黏土资源。在希腊大陆的很多地方，木材相对稀缺，或是长得矮小。当地特有的树种是松树和柏树，缺乏坚固的硬木。因此，覆盖上大面积屋顶的困难使建筑受到了严重制约。中间没有支撑的最大跨度是10m(33ft)左右；只有最重

---

❶ kingdom of Elam；又译哈尔塔米或苏西耶纳。——译者注
❷ Byblos；朱拜勒的古称。——译者注
❸ columned halls of Parsa；Parsa是古波斯语中波斯波利斯的拉丁字母写法。——译者注

第 1 章 背　景

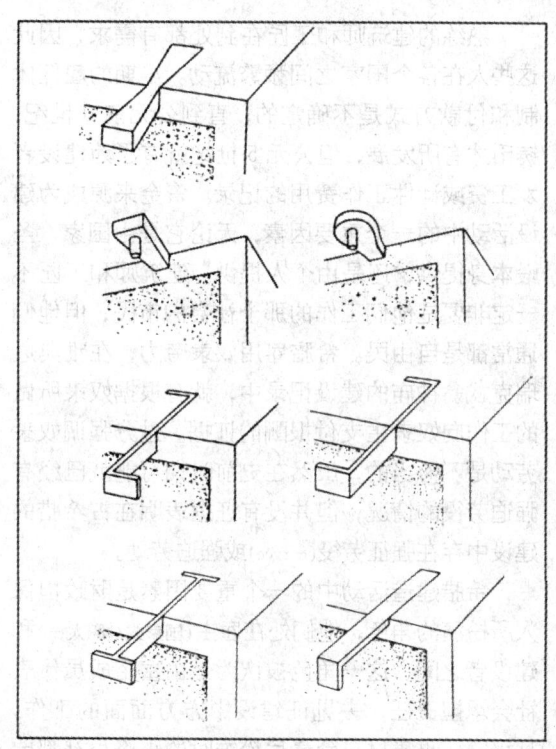

除左上图的销子通常是木制的外，其他各种形式的铁销子均用铅做灌缝处理。见[29]页

在装木钉和销子前，将石块嵌入指定位置。见[29]页

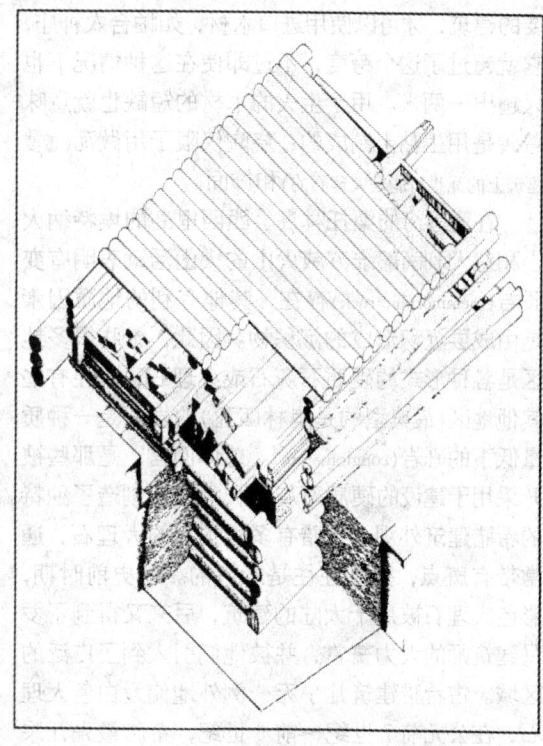

MM 大陵墓：墓室的等轴测图，从西北面看。见[29]页

要的建筑，才可以使用进口木材，如帕台农神庙，它就超过了这个跨度，不过即使在这种情况下也只超出一两米。用于生火的木材的短缺也就意味着砖是用生黏土制成的：烧陶仅限于用做瓦(重要建筑上的瓦也可能是大理石的)和饰面。

在爱琴海的桑托林岛、西西里岛的埃特纳火山和意大利南部维苏威火山的火山活动表明有变质岩(metamorphic rock)存在，其他有利的地质因素是由成层沉积形成的沉积物。因此，希腊很多地区是各种形式的硬质石灰石或大理石，但在有些其他地区(最典型的是奥林匹亚)的岩石是一种质量低下的砾岩(conglomerate)。总体而言，是那些被开采用于建设的硬质石灰石和大理石创造了独特的希腊建筑外观。希腊有多种类型的大理石，通常带有斑点，并且往往是彩色的。在史前时期，彩色大理石被用于大陆的建筑，后来又得到了罗马建筑师的大力赞赏，并被他们引入到了广泛的区域。古希腊建筑几乎无一例外地偏爱白色大理石，在公元前7世纪~前6世纪，希腊最先开采了帕罗斯岛(Paros)和纳克索斯岛(Naxos)的白色大理石用于建筑和雕塑。由于采石场靠近海洋，石材很容易运送到希腊其他地区。在公元前5世纪，雅典人开采了彭特利库斯山(Mount Pentelikos)采石场的彭特利库斯大理石(Pentelic marble)。白色大理石还有很多其他来源，尤其是在小亚细亚。

马尔马拉海(Sea of Marmara)的普罗邦梯斯岛(Propontis)出产的普罗科尼斯大理石(Proconnesian marble)出口到许多地方，而其他类型的大理石则更多地用于临近地区。在史前时期，克里特岛就开采使用石膏，以砌块(saw-cut block)的形式用于建造墙体。

在西西里岛和意大利的希腊西部定居点，以及昔兰尼加地区的那些定居点，都没有大理石，因此那里的建筑一直用石灰石建造。即使在希腊的爱琴海地区，石灰石也比大理石更常用，特别是在较为世俗的建筑上。希腊人也会煅烧石灰石以提供石膏，虽然在希腊的大部分地区，相对短缺的木材使煅烧成为一个昂贵的过程，因此，石膏的使用仅限于重要的石灰石建筑，以提供精美的饰面(与大理石粉尘混合)。这种石膏也被当作水硬性水泥(hydraulic cement)用于隐蔽工程(submerged work)和产业建筑。希腊还有优良的黏土资源，可开采用于制作泥砖、制瓦用陶和装饰面层。

熟练的建筑师和工匠在到处都有需求，因此这些人在各个国家之间频繁流动。早期的雇佣体制和付款方式是不确定的；直到公元前6世纪，铸币才有所发展，但公元5世纪就有了为建设者发工资或计件工作费用的记录。资金来源成为建设活动中的一个重要因素，无论它是由国家、圣殿本身提供，还是由个人提供。建筑师和工匠不一定非要是他们工作的那个社会的市民，但他们通常都是自由民。希腊雇用奴隶劳力，在雅典厄瑞克忒翁神庙的建设记录中，就有根据奴隶所做的工作向奴隶主支付报酬的证据。过分强调奴隶劳动是不恰当的，虽然在史前时期可能就已经有强迫劳役的情况，但并没有证据表明在古希腊的建设中存在强征劳役(corvée)或强迫劳动。

希腊建造活动中的一个重要因素是财政担保人所扮演的角色，他们处在雇主(国家或神职人员)和建设者之间。这一角色被认为是由富裕成员代表社会承担责任，去见证建设中方方面面的工作，从采石、收集材料到最后粉饰时的小修小补都要签有协议并能正确实施。财政担保人要为不合格的工作支付违约金，而这笔费用不由承包人或工匠支付。

建筑技术及发展

埃及和古代近东

纳图夫人在一定程度上使用简单的干砌石技术，但其建筑主要还是用泥砖建造。精心挑选准备好黏土后，主要的砖靠手工制作，偶尔也使用模具制作，然后晒干；另一种可供选择的方式是，黏土被当作一种塑性材料使用，逐层用湿泥砌筑，晾干后再砌上一层。像储物箱、平台、炉膛和座位这类形式固定的东西就在现场用模具制作。偶尔会将泥浆与稻草混合；而基础有时候则是石砌的，以确保建筑物不会建在潮湿的地基上。屋顶一般是平的，用木梁做成，覆以抹泥的草席。有时也采用茅草屋顶，而墙壁被支起以支撑屋顶木架。门道四周采用木头门侧(reveal)和门槛。涂抹了灰泥的地板和墙壁应用普遍。泥浆或石膏抹面粉饰的方式多种多样，包括喷涂、抛光或用水磨石砌筑。

第1章 背 景

在格尔津时代晚期，埃及建筑从采用脆弱的植物材料，如芦苇、纸莎草、棕榈叶和草席，转变为采用泥砖和石头的建构形式，这可能是受到了来自美索不达米亚地区的影响。木材和草席衬里用在墓葬建筑中。

在每个地区，技术和工艺通过融合当地资源而得到发展。对装饰和饰面常常过分关注，关注度远远超过了结构本身：这种状况在埃及特别典型，当地的冶金术远远落后于亚洲，直到中王国时期才出现青铜器。从某种意义上说，埃及在建筑技术上也是落后的。举例来说，在乌尔王室墓地大致已完成的石砌工程中，真正的拱门和拱顶已出现，但同一时期的埃及石匠似乎并不了解这些。然而，同时期的吉萨金字塔群那优质的石材饰面和纯粹的体量却是不可否认的。

在埃及的前王朝时期，有证据表明，人们将成捆的芦苇并排垂直摆放，并与靠近顶部的横向放置的成捆芦苇绑扎在一起，做成墙体或栅栏。或者，将一些棕榈叶茎以很小的间距插在地里，另一些则穿过它们编成斜向网格，并与接近顶部的一根水平向叶茎固定，最后整体涂以泥浆。芦苇抹泥的平屋顶对芦苇墙顶施加的压力形成了埃及特有的"凹圆线脚"檐口（'gorge' cornice），而在后期建筑中不常出现的"纸莎草"式脊饰（'kheker' cresting）可能起源于一片纸莎草秸秆墙顶端的丛草（terminal tufts，见[43]页图⑧）。横向扎捆和角部扎捆则在历史时期石头檐口的卷线脚（roll moulding）和墙角中被保存下来（见[43]页图①）。

由于图像资料和建筑遗迹等考古证据的缺乏，人们难以确切地描述出除埃及以外近东地区最早的建筑技术。前陶新石器时代早段（Pre-Pottery 'Neolithic A'）的杰里科的圆形房屋，比尼罗河河谷最早的村庄遗迹还要早3000年，但这类房屋无疑有着易损坏的圆屋顶。在加泰土丘，一种典型的近东保守主义已显然可见。在发掘出来的木框架房屋和神殿中，最初的纯木构造得以延用，直到建造能力达到一个最新水平时，该结构才被完全的泥土砖结构所替代。

美索不达米亚基本的弓形建筑，是受到砖砌拱顶的结构性要求限制的结果（见[26]页图⑥）。房间不得不根据其长度而变窄，并加以厚重的砖墙；亚述的宫殿中也有类似的限制，这是屋顶结构采用雪松木梁的结果。到公元前三千纪才掌握有楔形拱石（voussoir）的真正的拱。因为需要大小合适、质量可靠的石材，所以独立柱的应用并不广泛，虽然早在乌鲁克时代晚期（公元前四千纪中叶），在苏美尔本土的沃尔卡（Warka）主要的宗教和政府区内，伊娜四世柱厅（Pillar Hall of Eanna IV）中就出现了大量这样的独立柱，而在亚述晚期和新巴比伦的作品中也有一些采用独立柱的例子。甚至在史前时期，近东的一些神庙就用相当薄的泥砖墙建造，并用扶壁加固，有时设有精巧的凹入式设计，以利用阴影去打断太阳刺目的眩光。在王朝时代初期，这种使用泥砖的建筑传统，经由一条至今仍未知的路线以某种方式传播到了埃及，那时还有其他与乌鲁克时代晚期的美索不达米亚相似的泥砖建筑，这成为古王国时期（第一至第二王朝）陵墓的宫殿式（serekh）立面的原型，因此也成为尼罗河河谷公共建筑的原型，可惜未能长存。

在埃及，晒干的泥砖墙从未被弃用；只有在最精美的宗教性质建筑中，切割石块的使用才更趋普遍。宫殿甚至仍相对脆弱。为了增加稳固性，埃及建筑的墙壁向顶端层层内收，这主要是因为每年的洪水造成土地交替收扩。为了日常使用的方便，墙壁内表面不得不垂直，所以只有外表面才显示出这种内倾或"收分"（batter），无论是用砖砌还是用石砌，这都成为埃及建筑主要特点之一。有时，沿墙体向上，在砖层之间间隔放置纤维或草席以加固墙体，特别是在角部；其后发展为在一段长墙交替间隔的长度上先采用中间下垂的内凹层，再加上中间的宽度。这使墙体内部的砌块砖能够被晾干，例如那些大型神庙四周的围栏，其厚度达到9～24.5m（30～80ft）。虽然在埃及的纪念性石构建筑中从未使用过真正的拱，但其原理已被普遍了解，而且早在第三王朝初期就已经有了砖砌拱顶。拱券常常建于倾斜层上，因此无需临时支撑的起拱线；通常将两个或两个以上的拱券同心安排，将一个置于另一个之上。

埃及古王国时期的石匠们所采用的许多建筑技术与工艺，都体现在尊贵的金字塔的建设中。金字塔建于平整好的基岩上，并一丝不苟地用罗盘上的方位基点为金字塔各边定向。金字塔围绕着陡峭的塔心建在一系列有坡度的同心的片层上：这种方法确保了向下的、向心的推力，从而获得了对这些宏大结构来说至关重要的稳定性，不过显

第一编　埃及、古代近东、亚洲、希腊及希腊化诸王国的建筑

图A　摩亨约达罗住宅的砖墙，见[28]页

图B　摩亨约达罗大谷仓墙墩的上半部分，见[28]页

图C　摩亨约达罗大浴室的排水渠，突拱，见[28]页

图D　摩亨约达罗带排水渠的道路，见[28]页

图E　泰西封宫殿，见[25]页

然这种方法是在至少的一次严重事故之后才出现的。金字塔的整个体量首先以阶梯状关系建造起来，直至完成真正的金字塔形状。然后用一叠叠的石块填充梯级，饰以精心打磨的面层并放置在一定的倾斜角度上，从而形成其最终的形状。对饰面的最后的精雕细琢自然是自上而下进行的。在开罗附近的吉萨(Gizeh)，基奥普斯❶大金字塔的石块平均重量达 2500kg，被深埋在石灰砂浆中，砂浆在固定石材的时候用做润滑剂，而不是黏合剂。牛腿和扁平石梁用于覆盖内部的房间，在每座金字塔中他们的形式都不同。

埃及人不知道滑轮：他们提升和转动石块的主要工具是杠杆。他们使用木制雪橇在陆路上运输石块，木棍可用可不用。建造金字塔的石料被拉上砂或土制的顶部宽阔的巨大斜坡，坡道用粗陋的砖墙加固。埃及泥瓦匠拥有灵活多用的装法兰刀片(flanged blades)的铜凿子和锯子，锯子经加工硬化，因此容易损坏。他们还没有青铜工具和铁制工具。

在新王国的神庙及其塔门(pylon)和柱厅中，特别是从拉美西斯二世时期起，留下很多匆忙建设的痕迹：与早期相比，此时较少关注基础和饰面。埃及建筑的最大成就，也许最生动地体现在方尖碑(obelisks)上——大量的整块花岗岩巨石，通过耐心地使用楔子、捣杵和火，艰难地从阿斯旺采掘出来。产自格贝尔锡勒西莱山(Gebel Silsileh)采石场的砂岩是上埃及神庙的标准建材。虽然它不如石灰石那般适于雕刻浮雕，但用于屋面时可实现更大的跨度。埃及建筑中，非耐久形式的影响同时清楚地体现在塔门中对转角和十字柱的模仿以及其檐口上，这源于十字柱上棕榈树叶的弯曲，而后演变成环状半圆凸线脚(toros moulding)。埃及圆柱同样起源于植物。其柱身暗示了成捆的植物茎并在基座处聚拢，而柱头似乎源于莲花花蕾(见[43]页图ⓒ)和纸莎草(见[43]页图ⓒ)或无处不在的棕榈。因为要节约材料和劳力，新王国时期神庙的厚重的屋顶板起先很可能是侧放的，以获得最大的承载力，后来便平放了。到拉美西斯二世统治时，典雅的柱子已从其基本形式转变成为刻有碑文的球茎状的怪异柱子了。

黎凡特的迦南人及其腓尼基后裔都是技术高明的石匠，他们那打磨细致、接缝精美的石材被放置在平整的水平层上，这种形式最早在公元前13世纪以大尺度出现在乌加里特的宫殿里，而乌加里特是叙利亚海岸繁荣的商业城市。同样的高质量石材出现在撒马利亚地区最早的两个阶段，即暗利❷时代和亚哈❸时代(约前880—前852)。

安纳托利亚的建筑传统与美索不达米亚和黎凡特的迥然不同，这很大程度上归因于这一地区有充足的木材，那种长度和直径的木材在经过几百年森林砍伐后的今天已经不可能取得了。石头被用做底座，木材用于结构框架的建造或加固，泥砖用于内墙。在弗里吉亚王国的首都戈尔迪乌姆的古坟中有大量墓室，可以看出其中有对已经消失的木结构的模仿。MM 大陵墓(见[23]页)墓室中的双向坡屋顶由三道山墙支撑，中间设一道，两端各设一道，其木板仔细地加工平整并进行榫接。墓室的墙壁被封闭在由刺柏原木做成的外墙面中，原木截面有 0.6m(2ft)见方，在原木外面有碎石层，由坚固的挡土墙支撑。一大堆石块和一个巨大的黏土坟堆层叠在一起，在戈尔迪乌姆有70多座坟墓，其中出土的最大的一座高约 50m(166ft)。坟墓的建造工艺是弗里吉亚本地的或铁器时期(约前700)安纳托利亚西北部的，但安葬在坟墓里的传统却源自南俄罗斯。

在乌拉尔图，石砌装饰的标准相差很大，最精美的琢石几乎仅用于神庙，神庙最常用玄武岩建造，碑铭和浮雕也偏爱使用这种石材。至少有一座神庙保留了完整的石材基础，但上层泥砖建筑已不存在。在乌拉尔图盛传的一种独特技术是，在陡峭的岩石山坡上仿照阶梯来切割基础岩脊，以为砌体提供坚实的基础。建造大量台地是建设乌拉要塞和根据地的一个重要部分，这需要大量劳力。即使在质量最好的工程中，要塞的墙壁也都是用略微不规则的岩层建造的，每块石材被分别切割以便与相邻石材拼接。毫无疑问，铁制工具已被应用：在凡城的很多堡垒上都能看到凿刻的痕迹。此外，据说亚述人用铁凿开挖出穿过岩

---

❶ Cheops：胡夫(Khufu)的希腊名，公元前 2613～前 2494 年，埃及第四王朝第二代国王。——译者注
❷ Omri：希伯来语作 Amri，以色列国王，约公元前884～约前872年在位。——译者注
❸ Ahab：又拼作 Achab，以色列北部王国第七代国王，暗利之子，约公元前874～前853年在位。——译者注

石的通道。

现在认为，阿契美尼德时期的波斯柱状建筑起源于米底遗址上，甚至起源于更早的第二铁器时期(约前1100—前800)且更北部的哈桑卢(Hasanlu)。在帕萨尔加德，建筑视野变得更加广泛，在那里外国石匠无疑受雇于居鲁士大帝及其直接接班人。阿契美尼德建筑的一个特点是城堡(今塔克依素勒曼)的大平台由毛石砌体制成；另一个特点是利用铅和铁做的燕尾销子作为大块砌体在结构上的额外加固，这些砌块切割精准，打磨光滑，不施灰泥直接垒叠。帕萨尔加德的石雕工艺至少有两个技术特点的灵感是来自希腊的(见[8]页)。在帕萨尔加德的早期工程上，有使用平切边凿子的痕迹；但此后，从大流士大帝于公元前552年继位后，在帕萨尔加德的砌体上留下了多齿的凿子印记，在波斯波利斯也一样，这在约50年前首次出土于希腊。

亚洲早期文明

中国

史前时期中国建筑的特点是三段式划分，即夯土台、木柱支撑的上层建筑和带有山墙的坡屋顶。商代之后，所有重要建筑物都建造在夯土台上，夯土台以每层80~100mm(3~4 in)的厚度逐层堆至约600mm(2ft)的高度，上承简朴的单层梁柱结构建筑，中间填以轻质屏障。外廊的屋顶脱开，包围着像亭子一样拥有坡屋顶和山墙的建筑物。在周代，瓦屋顶取代了茅草顶，但中国建筑的屋顶尚未形成其特有的曲线形式。屋脊和檐口装饰着陶瓦，其上绘有鸟类和神话怪兽。据推测，高台建筑中阶梯状的泥土核心为一圈外廊所包围，这使建筑显得更加高大。

印度

在此时期的印度砖在制作或切割后，以交替叠置的方式砌筑起来(见[26]页图A、图B)。开始使用标准大小为280mm×140mm×70mm(11in×5.5in×3in)的砖，但这种生土砖仅用于建造砖平台，上承主体建筑。其中有些砖还用木材饰边。人们对真正的拱尚不了解，但有托梁的砖制拱门却频频出现(见[26]页图C)。灰浆被用做内饰面。

哈拉帕的浴室拥有精美的砖砌地面。平屋顶由正方形截面的木材建造，其跨度达4m(13ft)。摩亨约达罗(Mohenjodaro)的大型公共谷仓完全用木材建于厚重的砖砌平台上。在大城市中心建有错综复杂的给排水系统(见[26]页图C、图D)。焙烧砖砌的排水沟上有整齐的检查孔，这是印度河冲积盆地上定居点的特征，另一个特征是用精美砖工砌筑的公共水井。

希腊和希腊世界

切割石材已在史前时期的克里特岛(往往首选软石膏，因为它可锯割成型)和大陆使用，主要用于重要的建筑物、宫殿和坚固的房屋以及圆形墓葬建筑。木框架是常规做法。在黑暗时期，所有关于成熟建筑技术的知识似乎都已失传，少数被发现的建筑，有着未经加工的毛石基础、泥土砖砌的上层结构和简单的木柱支承屋顶，屋顶上可能覆有茅草。类似的技术也用在公元前8世纪最早的神庙中。但在公元前7世纪，建筑技术发展得相当快。开采并加工成型的石材被用于永久建筑(例如科林斯海峡的海神殿 (Temple of Poseidon at Isthmia)，建于公元前7世纪中叶之前)上，并发展了陶瓦和饰面。7世纪的后半叶，希腊人维护着直接进入埃及的安全通道，从而学到了埃及石雕工艺技术的知识。开采大块的石材制作整体柱已成为可能，石材被放在车床上滚动以确保制作真正的圆截面。

到了古典时期，设计和建造的过程已形成惯例并固定下来。但还无法确定是否画有施工详图。[27]纸莎草的尺寸有限且昂贵，而当时还未使用有刻度的测量仪器。可能已在打蜡的木板上绘制常规的图纸和平面，但由于建筑类型是传统的，因此绘图并非必需。更可能的是，设计是现场完成的，依照传统的比例，通过测量基础可推算出其他尺寸，当然这些都是逐步改进的。在等比例的模型上做出更多细部，以便在施工期间从中直接量出复制数据(借助圆规而不是直尺)。

一块块的石头在采石场被定购，加工成一定规格，有可能的话将其切割成型(石块的用途已被明确)以便运输。在公元前6世纪，柱子用整块巨石制成柱身；而到了公元前5世纪及其后的几个世纪，则是把分离的鼓石用销子销在一起(除了小尺度的产品以外)。从向苏尼翁角(Sounion)的海神殿提供石材的阿格里泽(Agrileza)采石场可以看出，柱子的圆鼓石是在开采时就切割成圆形截面的，而不是在机床上滚动切割出来的。为了避免运输途中的损坏，其粗糙的表面(锤击面)仍然保留。这些石块是在施工现场最终加工成型的，因而基地上常常发现石块碎片。在石块安放到位之前，接触面将得到最终的精确处理。建筑物的整体尺寸及其各元素被加工到非常精确的程度，但各组成部分的尺寸是有变化的。举例来说，墙上每层石材的长度都可能不同，但高度或宽度不变。非接触性表面仅进行初步修整，只有将用作下一步的重要参考依据时才会彻底修饰。隐蔽的垂直面(在同层的石块之间)在其中心部分微微凹陷，以降低制作准确平滑的接触面的成本。

石块相对较大，通过自身的体积和重量来保持其位置；无论用哪种方式把它们固定在一起都没有必要，而且一般来说，基础和有梯级的地基也是不固定的。在地基上面像神庙之类的重要建筑中，石块通常被互相固定以防地震的威胁，但这个系统并不能抵抗大的震动而确保安全。墙上的每层石块都用铁销子销在一起嵌入铅中(在销子周围灌入铅，见[23]页)。一般在每个端头处有一个销子，而较大的砖块可能要用上数对销子。每层间用矩形榫头相互接合，榫头钉在下层石块的中心和上层两块石料的接合点上。柱子的圆鼓石以及柱头用嵌入木头或灌铅的金属榫头固定。石块利用吊车和滑轮吊升，然后用铁橇抬起放在其最终的位置上(见[23]页)。有些檐部的尺度相当大，特别是较大的神庙的檐部，通常用双倍的石料来建造，一个在前一个在后，有时甚至使用三块石料，额外的一块放在前后两块之间，就如帕台农神庙那样。墙壁通常用满足厚度需要的单块石料建造，但在希腊化时期，帕加马的建筑师建造了有内表面和外表面的墙壁，中间留下的空间填满干碎石。在古典神庙中，单片墙壁通常用相同厚度但形式各异的琢石块砌筑，特别是每皮高度不同的块石墙砌筑法(pseudisodomic)已变得广为人知，例如苏尼翁角的海神殿。帕加马建筑师常常用粗糙的系石(throughstone，即露头石 (header))替换碎石填充墙两侧的垂直贴面石。

屋顶通常用正方截面的木梁和椽子支撑。有些建筑的屋顶跨度大，例如，在德尔斐的第四座雅典娜神庙(the fourth temple of Athena at Delphi)；在马其顿的韦尔吉纳宫殿的大餐厅，其横梁是由两根长木料互相紧贴固定而成的。脊梁和其他纵向梁由支柱支撑，也可能支撑在墙壁或柱廊上，且没有证据表明使用了固定的三角桁架。屋顶可能已满铺木板。瓦并没有被钉在指定位置上，而是靠其自重搁置；这意味着屋顶坡度都很小，通常约13°～17°。

神庙的天花板建在水平横梁之上。在主要神庙中，内殿天花板无一例外都是木制的，现已完全遗失，但墙壁和外面柱廊之间的天花板应该是石制的，其花格镶板搁置在石梁上，这显然源自木结构形式。通往雅典卫城的山门(Propylaea)是个例外，其大厅有石梁和石天花板。其跨度和重量是如此之大，使得横梁需用铁加固，再用大理石饰面，这是独一无二的。

只有在屋顶完工后，饰面工序才能开始。一些有雕刻的装饰（例如，多立克建筑中的山花或陇间壁(metope panel)）在地面上进行雕刻，完成后再组合到结构中去。其他元素，如装饰线脚，在施工期间才大致造出来，再在现场完成饰面。墙壁和基础上的那些非接触性表面，已在施工期间留下了一个保护性的未完成面，最后再根据设计要求进行雕刻并抛光为最终的表面和层面；这样，一个重要的希腊建筑，例如一座主要神庙，其最终形式就被雕刻出来。石材是根据建筑最终饰面的质量要求来选择的，出于这一目的，大理石是首选材料。劣等石材则以粉刷饰面来模仿抛光大理石，灰泥粉刷也用于粉饰生泥砖。

公元前5世纪的古希腊建筑师偏爱将精细的石材加工，石材之间的拼缝细得几乎看不出来：理想的效果是，墙壁看上去像是用坚固的单层石板建成的。与之形成对比的是，个别石块可能会通过在其边缘凿出琢边(draft)加以强调，但也许会留下一个表面处理得不太精美的内截面。后来的建筑通过使石块的主要区域保持相对粗糙而将这种形式的装饰发挥到极致。墙壁下部的墙裙(dado)、直立面及覆盖层，从墙体其他部分所形成的平面上略微突出，摹仿石头基座和泥砖之间的对比。

彩绘工程很少留存下来。帕台农神庙上的彩绘痕迹在19世纪时声名大噪，尽管其色调已经淡化且失真；在马其顿墓室中，保存完好的建筑彩绘相对较多地留存下来。颜色只是用简单的甚至是刺目的色调粉刷或是采用繁复的纹样,并未应用于整个立面,只是用来强调细部,如线脚、檐壁以及用来表现多立克建筑中的三陇板(triglyph)和陇间壁的交替节奏。涂灰泥的墙面通常刷成单色,常用赭石色。有人认为,帕台农神庙那样的建筑的大理石墙壁外面也刷了一遍赭石色,可能是为了淡化新磨光石料那炫目的亮度,但这也不能确定。在多立克建筑中,檐部通常着色。额枋(architrave)上的束带饰❶和三槽板下滴珠饰带(regulae)被涂成红色,三陇板一般是蓝色。线脚在爱奥尼建筑中赋有雕刻样式,而在多立克建筑里则粉饰出类似的图案。马其顿墓室檐壁上的镶边制成一个金黄色的涡卷,显得很突出。这种着色用于强调设计中不同的要素,使其更加清晰。不仅如此,陶瓦铺面,特别是檐沟(gutter,即波纹线脚,又作 cymas),与石雕工艺较浅的色调形成强烈对比。我们必须谨记,这种着色工作在古典设计中是一个至关重要的部分,尽管现在在大部分建筑中已遗失。着色偶尔也会涉及石构本身。雅典卫城的山门和厄瑞克忒翁神庙利用一种产自埃莱夫西斯(Eleusis)的深灰色石灰石,与产自彭代利山(Pentelic,旧称为彭特利库斯山)的白色大理石形成对比:在厄瑞克忒翁神庙中,它构成连续檐壁的背景,其上附有雕刻在白色大理石上的图像。

在希腊化时期,更加重视内墙的装饰。在一些古典建筑中,如埃皮达鲁斯(Epidaurus,即埃皮扎夫罗斯)的各种各样的神庙,内部柱廊靠墙壁设置,更多地是用作装饰而不是作为结构,而墙壁自身很朴素或是充当着所附镶板画的背景。更为复杂的装饰绘画方案是为墙壁而设计的,以为饰有线脚的粉刷工作增色。例如,在提洛岛(Delos)的住宅中就发现了这种绘画,它与在庞贝的彩绘墙壁上的装饰形式相似。在希腊化的亚历山大的墓室中,有一些墙壁绘着源自埃及建筑的图案。另一个希腊化的发展是,在用粗石砌筑的墙壁上附着用磨光石材制成的薄饰面板(veneer panel),常绘有图案,或用条纹大理石(alabaster)、彩色大理石制成。这项技术为罗马建筑师所继承。

发展于公元前 4 世纪的一项重要技术创新是券心石筒形拱。在埃及的拱顶建筑中,鲜有例子接近真正的券心石技术(参见有关章节),而该部位关键的上部截面仍然以梁托支撑。爱琴海的马其顿陵墓中运用了券心石拱和拱顶(正立面背后保留着传统的希腊建筑样式),其中包括几乎可以肯定是亚历山大大帝于公元前 336 年为他的父亲菲力普二世兴建的陵墓。这些早期的马其顿拱顶先于在埃特鲁里亚时期的意大利使用过的拱顶。拱顶随后用于防御工事,并被帕加马建筑师用来加固阶梯形的墙。

---

❶ taenia;多立克柱顶盘的雕带与柱顶过梁之间的带形花边。——译者注

埃及、古代近东、亚洲、希腊及希腊化诸王国的建筑

第 2 章
史前时期的建筑

建筑特征

前王朝时期的埃及和远古近东地区的永久性建筑分为两类，而这两类建筑可能都源自于更早时期的临时遮蔽物。它们有的是蜂窝状、圆形或卵形平面的单房间式建筑，有的是由若干矩形房间组合在一起的多房间式建筑。

纳图夫人早期(中石器时代中期)的房屋是圆形平面的，这种类型的房屋遍布西南亚，并于公元前9000～前7000年转变成矩形平面式的。在大多数地区，房屋由半地下的干砌石屋演变成用泥巴或岩石堆叠的拱形屋子，并最终进化成以土坯(tauf, 由泥巴和稻草做成的面包形砖头)或泥砖垒成的矩形房屋。模制泥砖的发展促进了建造的精确性和建筑特征的形成，例如设置室外飞扶壁以达到某种视觉效果等。而在埃及，这样的演变在很久以后(约前3400)才发生。

新石器时代，近东地区的建筑特色源自于相似体量的房屋相互叠加的形式。房屋由泥土建成，并代代重建，先前的房屋被用作后来聚居地的墓冢。

早期的土丘的组织方式是简单的，没有宫殿、豪宅或非居住功能的房屋。在远古的近东(约前8000-前6000)，小型社区由单间的住宅群组成。这些住宅都是平顶的，以泥土和石头为材料，墙和楼板都有扶壁支撑，内部为泥浆抹面，涂有各种各样泥土的色彩。

大部分村庄由相邻的住宅组成，住宅可以通过屋顶进入，有些村庄也有窄窄的小巷和小庭院。但加泰土丘(Catal Hüyük, 见[38]页图Ⓖ～图Ⓚ)是例外，在那里发现了大量精致的神社，建筑通常限定在防御墙内，其中建有聚居区，例如在杰里科(见[38]页图Ⓐ)；或者限定在铺石路面内，例如在蒙哈塔(Munhata)。

在新石器时代，这些原始村庄的特征通过四种方式发生着改变：①建造和平面布置上的进步，促进了多房间的、薄墙的泥砖制房屋的形成；②用于工作、储藏及举行宗教仪式的非居住建筑的出现，这一变化在欧贝德时期的美索不达米亚达到高潮；③形成了更为开放的村庄布局形式，包括街道；④大规模建造墙体以达到各种目的，例如防御。

在欧贝德末期(约前4000)，村庄的数量在很多区域大量地增加，居住建筑的布局、空间形式也形成了丰富的地区多样性。城镇扩张的趋势随处可见，很多城镇都筑有防御工事。

带有储藏功能的建筑常常包含若干矩形的房间，沿中央走道的两侧排布。相反，神社的房间常常是按序列排列的，偶尔会形成类似正厅的平面。这两种类型的建筑都趋向于矩形而对称的平面布局。起初，这些具有特殊用途的建筑还与居民定居点的房屋紧邻，但后来它们就独立布置了。有些情况下，寺庙或具有储藏功能的体块还会聚集成群，围着一个庭院的三边布置。

新石器时期近东地区最令人惊讶的纪念性建筑是欧贝德的寺庙。它们是矩形的泥砖制建筑物，建于黏土或石头堆成的平台上，也是苏美尔人的金字塔的前身。与普通的房屋内部一样，寺庙内的布局也是由一系列小房间沿着中央矩形房间两侧的长边排列，只不过寺庙更大，装饰也更为精美。伸向长边上一个门的楼梯通往一个约10m (33ft)长的房间，这个房间内的一端有个很宽的平台，另一端是个小桌或小祭坛。小房间内的爬梯有时会通向上层或屋顶。扶壁经过特别设计，以形成独特的光影效果。用赤陶(terracotta)制作的等比例模型似乎已应用于辅助设计。晚期寺庙的檐壁上饰有彩色的陶制圆锥和沥青。

在埃及，类似的向矩形泥砖制房屋的转变出现在晚期的格尔津文化时期，即中石器时代末期。这些建筑用篱笆抹泥墙(wattle and daub)建造，有时也建在毛石基础上。这些房屋都是双房间的，通过露天合院与街道相连接。这个时期的坟墓也建得越来越精美。

第一编 埃及、古代近东、亚洲、希腊及希腊化诸王国的建筑

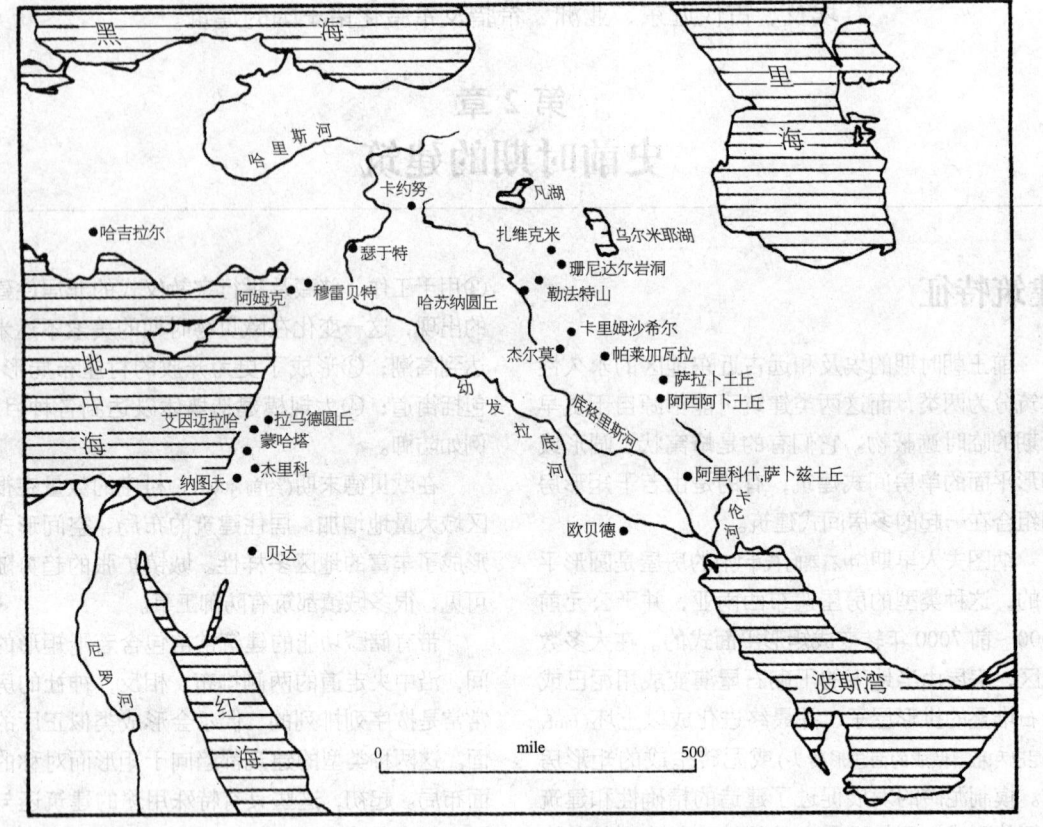

史前时期的近东地区

建筑实例

中石器时代晚期和新石器时代早期

纳图夫人的住所有两种类型：一种是建在洞穴前的铺石路面上的轻薄的灌木遮蔽物或防风墙；另一种类型更为普遍，即圆形或卵形的干砌石屋，建于石灰质高地上邻近水源的开放聚居区中。它们向矩形泥砖制房屋转变的趋势在这一时期也开始了，并一直延续到新石器时代。

在临近以色列胡泠湖(Lake Hulen)的艾因迈拉哈(Ain Mallaha，约前9000—前8000，见[34]页图①)，有大概50座干石砌成的小屋，聚集在大概2000m²(21 500ft²)的开阔地上；其中的大多数是圆形、半地下的，有着岩石的纹路，直径3～9m(10～30ft)不等。这种蜂窝状的建筑用芦苇或草席建造，而且很有可能有柱桩支撑。这些小屋在岸堤的上坡处挖进了大概1.3m(4ft)深，入口则设置在低处。有些小屋有石铺的地板，其中的一间还有一面石灰粉抹过的墙，墙上有红色赭石涂抹的图画。这一聚居地有大概200～300人。类似的小屋还出现在瓦迪法拉(Wadi Fallah)和纳哈奥伦(Nahal Oren)以及约旦南部的贝达(Beidha，见[34]页图Ⓐ)。

塞浦路斯无陶新石器时代(aceramic Neolithic period)的希罗基蒂亚文化(Khirokitia，约前5650)，建造了直径3～8m(10～26ft)的圆屋。**希罗基蒂亚的村庄**(见[34]页图©)包含了大概1000座房屋，都有石铺的道路连接。墙的下部由当地石灰石制成，穹顶的上层结构则由土坯砖和泥砖建造。有些房子有双层墙，外面的那道墙作为挡土墙。也有些建筑中出现了由石柱支撑的阁楼，以及一些附属建筑用于磨谷子、储藏物品、烹饪或作为工场。大多数的房子有着墙围合形成的庭院。

蜂窝形的圆形建筑物(tholoi)出现在哈雷夫时期(Halaf period，属新石器时代)的美索不达米亚低地。在**阿尔帕恰亚**(Arpachiyah，约前5000，见[34]页图Ⓔ)，住宅有锁孔状的平面以及厚达2m(7ft)的墙。矩形的前室长达19m(62ft)，覆有穹窿顶的卧室有10m(33ft)宽，涂过灰泥的土墙偶尔会涂成红色，屋顶均为茅屋顶。

外高加索伊米里斯戈拉(Imiris Gora)的舒拉韦利文化(Shulaveri)的房屋(约前4660—前3955,见[34]页图⑧),是圆形或椭圆形的,直径3～4.5m(10～15ft),由泥土砖制成,建在石质基础上。与纳图夫人的住宅一样,这些房屋大多是半地下的。它们中的一部分有着锁孔状的平面,室内的扶壁用以支撑相邻穹顶的推力;另一些建筑还带有附属建筑围合成的庭院。在这一时期的晚些时候,双房间的房屋出现了,有着带扶壁的墙和木柱支撑的平屋顶。这样的村庄估计有200～250人。

在下埃及的法尤姆(约前6000—前5000),只有存储用的坑洞留存了下来。但是在一个世纪或更久之后,约前4500年,在下埃及三角洲西部边缘的**梅里姆德**,有迹象表明这里存在过一个村庄,其中的小房子都是圆形或椭圆形平面的,宽5～6m(16～20ft),建在一个柱桩形成的框架上,覆盖着芦苇的屋顶。这些小屋排列成行,有些可能还有篱笆围成的庭院。

在上埃及的拜达里和阿姆拉特遗址也有用茅草和芦苇建成的蜂窝形小屋。哈马米亚(Hammamiya,约前4000)的拜达里遗址包含众多由棚屋围成的圆形区域,其中包括用于储藏和居住的房间,直径达2m(7ft),从地面下沉约1m(3ft)。在**奈加代**(Naqada,约前3600)的一个上埃及阿姆拉特遗址,也有一个类似的用泥和草建成的小屋群落。

在新石器时代早期(约前7500—前6000),引人注目的是,几乎各处都出现了由圆形房屋向矩形泥制建筑的转变。矩形的房屋有时建在先前的石质圆屋之上。建造的速度和模式在地区间各不相同,具有自身文化特征的地区在黎凡特、安纳托利亚高原、扎尔戈斯地区、外里海低地和外高加索地区以及美索不达米亚和埃及广泛出现。这些地区都将在后面的章节详细叙述。在这一变革时期早期出现的神社类建筑通常都布置得与住宅类似,但规模更大,装饰得更精美。在新石器时代末期,这些神社类建筑发展成美索不达米亚寺庙建筑的先驱。在埃及,坟墓的设计变得更精美,已具有后来的墓葬建筑的核心特征。

黎凡特

先陶新石器时代早期,黎凡特地区的建筑主要是家庭式的,但神社、工坊和用于储藏的建筑也已出现。然而,在公元前六千纪之初,大多数先陶器时期的村镇都废弃了。并且,在有陶新石器时代内,安纳托利亚高原和美索不达米亚的建筑变得更为重要。

居住建筑

在新石器时代最初期的杰里科(约前8350—前7350),发现了许多圆形和卵形的房屋,其分布面积超过4hm²(10acre)。每栋房屋的直径约5m(16ft),是由纳图夫人的干砌石传统演化而来,但是这些房屋由长面包形的泥砖建造,泥砖的凸面呈锯齿状,以挂住其上的黏土砂浆。这些砖支撑着上层的穹窿结构,穹窿结构的骨架上覆盖着黏土。

在先陶新石器时代,杰里科的圆形房屋群落(约前7350)由厚达3m(10ft)、高达4m(13ft)的石墙围成一个周长达700m(2300ft)的圆形聚落。这样的防御工事经历了复杂的重建过程,包括竖立水塔和带顶部入口的存储仓库,这种仓库贴着半圆形瞭望塔的基础建造。在这里,房屋是由雪茄状的泥砖建造的,泥砖的上表面有着指印状的锯齿。这些建筑有着坚实的墙体、宽阔的入口门廊以及圆形的门窗框;有些有石质的基础,有些还可能有木质的上层楼面。这些房子紧紧相依,看上去彼此之间还通过屏墙和庭院相连接。它们有着精细打磨过的灰泥层,并置于砾石上被染成红色、粉红色或橙色,还有带红色墙裙的石灰墙。有些墙还饰有几何图案。同一时期类似的建筑也在约旦谷之上很远的蒙哈塔被发现。

位于叙利亚北部的**穆雷贝特**(Mureybet),在前两个阶段(约前8640年和约前8142年)内由圆形或卵形的棚屋构成。棚屋有着红色黏土的墙体,支撑着轻质的木质上层结构。在第三个阶段(约前7954—前7542),这里同时出现了矩形的房子和圆形的小屋。两者都由长面包形的软质石灰石制成,建于黏土与卵石混合的砂浆上。在这一阶段的末期,多房间的房屋出现,并很有可能带有通向屋顶的出入口。在穆雷贝特的一座房屋内发现的一幅壁画显示,暗黄底色上有黑色锯齿形图案。

在叙利亚北部幼发拉底河南岸,**艾布胡赖拉圆丘**(Tell Abu Hureyra)附近曾发现了相似的房屋。纳图夫人的遗迹在无陶新石器时代(公元前8世纪晚期和公元前7世纪早期)被泥砖和土墙制成的矩形房屋群落所替代。楼板由夯实的泥土制成,抹有打磨

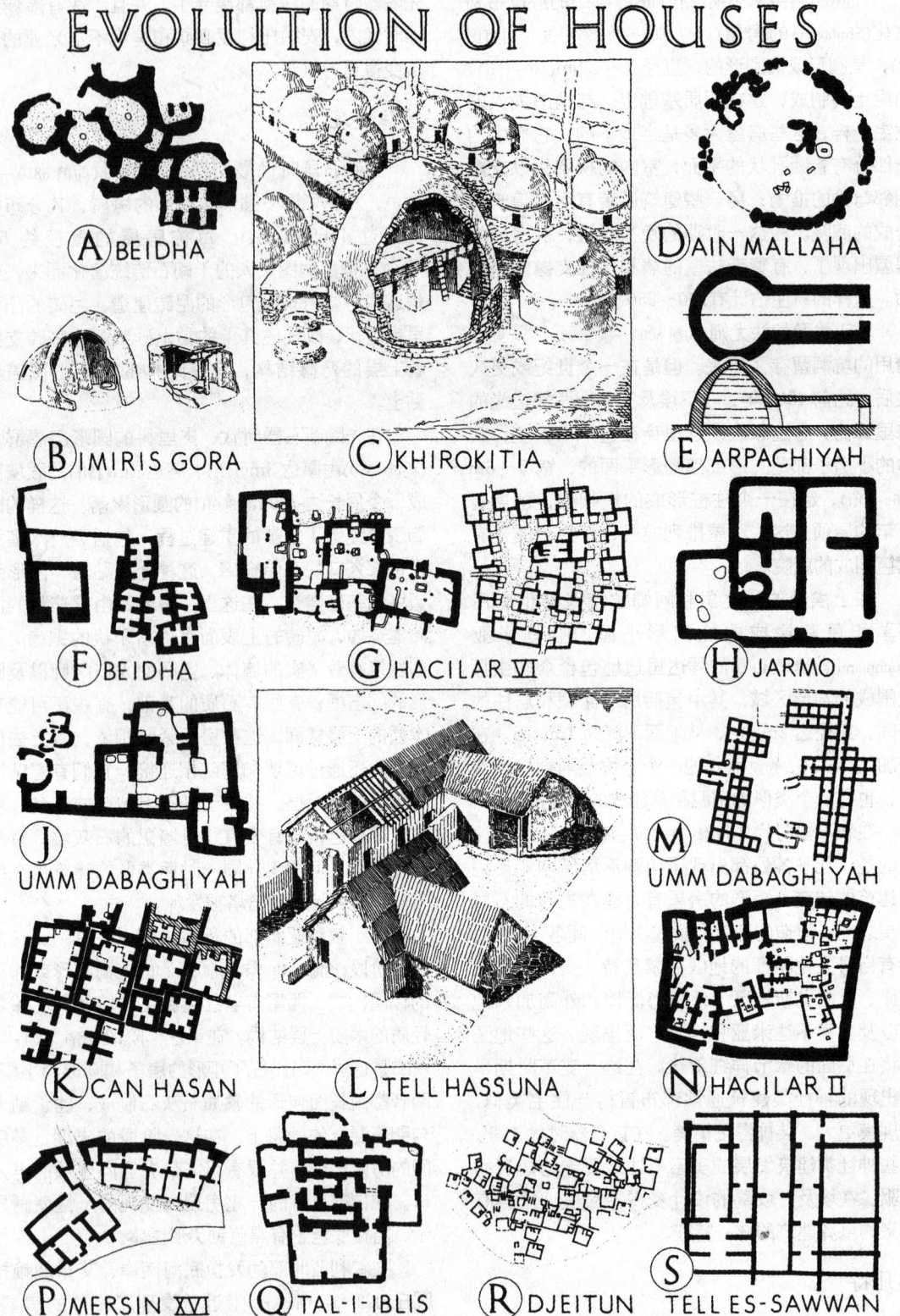

房屋的演变(EVOLUTION OF HOUSES)：Ⓐ 贝达；Ⓑ 伊米里斯戈拉；Ⓒ 希罗基蒂亚；Ⓓ 艾因迈拉哈；Ⓔ 阿尔帕恰亚；Ⓕ 贝达；Ⓖ 哈吉拉尔 6 号遗址；Ⓗ 杰尔莫；Ⓙ 乌姆达巴吉耶；Ⓚ 恰恩哈桑；Ⓛ 哈苏纳圆丘；Ⓜ 乌姆达巴吉耶；Ⓝ 哈吉拉尔 2 号遗址；Ⓟ 梅尔辛 16 号遗址；Ⓠ 塔尔-伊布利斯；Ⓡ 杰顿；Ⓢ 萨万土丘

过的红色或黑色石灰。墙也涂有白色的石灰饰面，装饰有红色的线条。

在约旦南部的贝达(约前7000—前6000)，最早的小屋是纳图夫人传统的曲线形的，它们都是半地下的，直径达4m(13ft)。这些住宅和储藏间集合成组团，聚在墙围合成的庭院里。整个村庄也被石墙包围。

后来，在无陶新石器时代，贝达的这种点式房屋与自由布置的带圆角多边形房屋同时共存。在它们之后是石质的矩形房屋，最终演变成石砌房屋和工坊组成的组团。每栋房屋都有一个7m×9m(23ft×30ft)的房间，地板和墙经过白色石灰打磨过，地板上还装饰有红色的带纹。房屋外部是一个L形墙围合成的院落，每一个院落都带有几个约8m(26ft)长的工坊并聚集在一起(见[34]页图Ⓕ)。

叙利亚北部的卡约努(约前7500—前6800)的遗址可能有不同时期的建筑在其上屡次重建过。遗址最低的几层含有一些坚实的矩形石屋，大小约为5m×10m(16ft×33ft)。其中有一栋多房间的建筑带有一个厅堂和一个正方形房间，两侧各有三个小单间组成一排，地面抹灰，基础是网格状的，可能支撑着浮筑的木格栅楼板。

卡约努遗址的顶部几层有一个5m×8m(16ft×26ft)的工作室，由6个或7个小房间组成，每个小房间内都设有一系列工具。最早的泥砖制建筑也在差不多同时期出现，基本都是简单的正方形或矩形单间房屋，尺寸约为5m×9m(16ft×30ft)。在卡约努的一个修复的建筑样板表明，房屋门廊的窄端有着弯曲的门窗框，房屋也都是平顶的。

拉马德圆丘(Tell Ramad, 约前6000)位于大马士革西南，圆形或椭圆形的半地下房屋在稍晚的无陶新石器时代被矩形的单间泥砖制房屋所替代。这些房屋坐落在石质的基础上，被窄窄的小巷所分隔。

神社

在杰里科(约前7000，见[38]页图Ⓐ)曾发现许多类神社建筑。其中有一间带有壁龛且内置一块立石的小房间，可能是祭祀的场所；另外一间小房子里有一个门廊，通向门厅和内部的寝室，寝室里有一对沿着入口的轴线对称布置的石柱。

贝达(约前7000)的村庄之外，有一组包含了三栋建筑的建筑群，经由一条铺装过的路径到达。

最早的一幢建筑呈圆形，大门朝东，地面铺了一层石板。一片白色砂岩制成的平板设置在屋外，贴着东面的墙。在这片平板之后是一栋6m×3.5m(20ft×11ft)的椭圆形建筑，铺有地板，中心是一块又大又平的砂岩石块，另一块带防护矮墙的石块则靠南墙放置。第三块石块放置在这栋建筑之外，朝向建筑墙体的西北角。在它的南面还放置着一个3.8m×2.65m×0.25m(12ft×9ft×10in)的盆。

蒙哈塔(约前7000)有一个面积超过300m²的内部中空的圆形构筑物，其作用不详。构筑物里包含一个平台，平台由大的玄武岩石块制成且中央刻有水渠，并被一些铺装过的水盆、露天区域、石灰地板和壁炉包围起来。

卡约努(约前7000)有一座平面尺寸为9m×10m(30ft×33ft)的类神社建筑，内有石墙作扶壁。精心打磨过的棋盘状地板铺有浅橙色的卵石，卵石的长度从100~300mm(4~12in)不等，嵌在红色的砂浆中。沿着房间里的各边是白色大理石质卵石的区域，宽500mm(29in)，长4m(13ft)。

安纳托利亚高原

在新石器时期的安纳托利亚高原遗址可以看到一些代表着高度复杂社会发展情况的最卓越的建筑成就。那些住宅，特别是在加泰土丘，表现出了非同寻常的标准化程度，而且表明居民们曾参与高度组织化的仪式。在这一时期的晚期，许多聚居地得到了严密防护，每处至少拥有一座堡垒。

居住建筑

在无陶新石器时代安纳托利亚高原的哈吉拉尔(Hacilar, 约前7500—前6000)，矩形的住宅由泥砖建造在石质基础上。虽然没有完整的建筑平面留存下来，但是它们看上去是多房间的，内部抹过灰，并涂以乳脂和红色的条纹。这些住宅紧紧相邻，并在屋顶上有入口。

在这一时代晚些时候的哈吉拉尔(约前5400)，建造了大量面积约为10m×4m(33ft×13ft)的坚实矩形泥砖制房屋，墙的厚度达1m(见[34]页图Ⓖ)。有些房子有门廊，门廊两侧是用灌木和灰泥建成的单坡厨房区。门道通常在建筑长边的中央，有木质的门槛和门框用以支撑双层木门。壁橱设置在墙里，轻质的枝条隔板和抹灰屏将存储空间隔开。粗大的木梁屋顶架在中央的一对柱子上，并在角部用剪刀撑加固。这些柱子可能支撑着一个轻质的上部楼层，上部楼层以木头和石灰作为材料，有一条走廊和一排小房间。

在这一时代的晚期(约前5400—前5000)，哈吉拉尔被一圈石墙围合，圈成一个70m×35m(230ft×115ft)的区域(见[34]页图Ⓝ)。在这一聚居地中包含了许多住宅、一个谷仓、一个保卫室、若干陶匠作坊以及若干神社。在哈吉拉尔于前4800年被遗弃之前，这里重重设防，其中心庭院被一圈两层楼高的房屋围合成圆环状，房屋顶部有入口，并通过带围栏的小庭院各自分离开来。

在无陶新石器时代，安纳托利亚高原的恰恩哈桑(Can Hasan，见[34]页图Ⓚ)、阿希克里和苏贝德(Asikli and Suberde，前7500—前6000)的房子是紧紧靠在一起的，平面呈正方形或矩形。此后建筑(约前4950)有着很厚的墙，由泥砖建成并由木板加固，也有些房子有轻质的上部楼层。

安纳托利亚高原托罗斯山脉脚下的加泰土丘(见[38]页图Ⓖ~图Ⓚ，约前6250—前5400)，面积超过13hm²(32acre)，养育了4000~6000人，在其发展过程中不断被占领。那里曾发掘出138栋建筑，主要是矩形的单间住宅，每栋住宅大概有25m²(270ft²)，有着粉刷过的墙和地板。住宅紧紧相邻聚在一起，有的地方有露天的庭院，但每栋住宅都有独立的墙。地板被芦苇垫覆盖，墙上装饰有简单的几何图形。房子是从顶上通过楼梯进入的。

奇里乞亚(Cilicia)平原的梅尔辛要塞(Mersin，约前4500—前4200，见[34]页图Ⓟ)，通过一个凸出的塔上的分层入口进入。驻军兵营是平屋顶的，围绕一个中心露天庭院，并包含有一排排像营房一样的房间。这些房间与防卫墙的背面紧紧相连，前面还有小的墙围成的庭院。房间之间最初是相互连接的，但后来就各自独立开来，有着狭缝式的窗，其内还有磨刀石、泥制的平台和壁炉。在城门的右面是一个更大且更精致的房屋，供驻军的指挥官居住。

神社

在加泰土丘(约前6250—前5400)出土了精心陈设和装饰的建筑，看上去像是神社(见[38]页图Ⓖ)。它们的分布方式与住宅相同，并与住宅混合在一起；但其不同之处在于，这些神社装饰有图画、浮雕和雕刻，其主题大多都是关于丰收和死亡的。

哈吉拉尔的诸多神社(约前5400)通常是简单的正方形房间，设有立着石头的神龛，在神龛前是举行祭神仪式的坑。但是有栋房子布置得像一个带有门廊和前室的正厅。这里的神社也装饰有几何图案的壁画。

扎格罗斯地区

扎格罗斯地区出现过早期人类居住地的证据，这些证据来自于珊尼达尔岩洞(Shanidar Cave)和其他相关的史前遗址，例如扎维克米(Zawi Chemi，约前9000)。这个地区曾发现了庞大的、多房间的住宅，但并没有出现神社。

居住建筑

在胡齐斯坦(Khuzistan)平原的阿里科什(Ali Kosh，约前8000—前6500)，小的单层薄墙房屋呈矩形平面，用250mm×150mm×100mm(10in×6in×4in)的红色黏土砖制成。后来又出现了大一点的多房间的建筑，房间面积达3m×3m(10ft×10ft)。墙由未经回火的黏土板建成，板的尺寸为400mm×250mm×100mm(16in×10in×4in)。房屋都有露天庭院，小径将房屋分隔开。

伊朗西部的甘达列赫(Ganjdareh，约前7289—前7000)，有一个坚实的、泥砖制村庄，村庄里的墙由土墙制成。这些房子由小的矩形房间组成，紧紧相邻并有顶部的入口。屋顶由梁支撑，梁上覆盖着涂抹了黏土的芦苇，内部的墙和板涂抹了灰泥。

伊朗洛雷斯坦(Luristan)的古兰土丘(Tepe Guran，约前6500—前5500)一开始是一个由木制的小屋组成的过冬用的小营区，每个小屋有两三个小房间。后来(约前6200)，又建了一些类似的房屋，以泥砖作为材料，内部有固定的泥凳和泥桌。地板和墙抹有白色或红色的泥灰，庭院采用白色长石碎片嵌入红色黏土中制成的水磨石。

在扎格罗斯山脉的杰尔莫(Jarmo，约前6000—前5000，见[34]页图Ⓗ)，人口约150人，由20~30个小的矩形泥房组成。较早的聚居区可以追溯到公元前6500~前6000年，建筑用土墙建成，在芦苇上铺设泥土做成地面。每一栋房子有一个露天的庭院，其大概尺寸为3m×4m(10ft×13ft)，并包含了几个小的矩形房间，这些小房间的内部空间大概 5m×6m(16ft×20ft)。

在扎格罗斯的**塔尔-伊布利斯**(Tal-i-Iblis，约前 4000，见[34]页图④)，房子的中央是一组有厚重墙和扶壁的存储间，周围是大一点的起居室，起居室内有红色的抹灰地面。其中一栋房屋有一个精致的拱券，还包含一个婴儿的墓葬。在**叶海亚土丘**(Tepe Yahya)也发现过与此相似的房屋。

在卡尚(Kashan)南部的**锡亚利克**(Siyalik，约前 5500)，由树枝、泥土和芦苇建造的轻质结构被土墙和泥质地面的房子代替，之后又被建于泥砖基础上的矩形土墙结构代替。

外里海和外高加索地区

这些地区出现了简单的标准化的单间房屋，以及稍微大些的装饰有壁画的类神社建筑。在这里比较特别的是村庄排布的多样性，有的是不规则的自由组团；有的是紧紧相靠的组团(每个组团有一个神社，组团间通过像街道一样的空间分隔开来)；还有的是被围墙包起来的聚居地，内有住宅和神社组成的街区。

居住建筑

在土库曼斯坦卡拉库姆沙漠(Kara-kan Desert)边缘的**杰顿**(Djeitun，约前 5600)，房屋是用泥浆和添芦苇加韧后晒干的泥砖建造的(见[34]页图⑱)。这个村庄约有 30 栋房屋，约有 150 人。房子的平面是矩形的，每栋房子有一个约 5m×6m(16ft×20ft)的房间。有些房屋的室内很朴素，有一面墙壁中央嵌有壁炉，而另一些房屋就装饰得更好一点。那些房子的墙覆有泥灰，有些墙的表面还涂成了红色或者黑色。每栋房子有一个庭院和一些附属房屋，其中有些房屋有时还与邻居共用。在村庄的空地上有木制的晒谷平台，架在平行的泥砖墙上。此外，在杰顿也有类似神社的建筑物。

今伊朗西北部阿塞拜疆省的**哈吉弗鲁兹村**(Hajji Fruz，约前 5319—前 4959)是一座开放的村庄，村内有一栋栋独立的单间房屋，由街道和庭院分开。这些庭院有着夯土建成的附属房屋。住宅的规模约为 6.5m×4m(21ft×13ft)，由泥砖和砂浆建成。内部的泥砖扶壁和木柱支撑着一个由梁、芦苇和黏土构成的屋顶，屋顶有可能是坡顶的。该省**扬基小丘**(Yanki Tepe)也有相似的房屋。

蒙居克里小丘(Monjukli Depe，约前 5000)的房屋有杰顿传统的内部，但是这些房子被一条街道分成两组。不同于杰顿的是，这里的房子是紧紧相邻的。差不多同时期的恰克马克里小丘的村庄也是被一条街道分成两部分。这里的房子由大的泥砖建成，这些泥砖大小约为 200mm×500mm×100mm(8in×29in×4in)。这些房子都有两间房间：小的厨房和大的起居室。每一组建筑群内还有一栋房子是有红墙和红地板的，可能是作为神社使用的。

格奥克斯亚绿洲(Geoksyur oasis)的达什里吉小丘(Dashliji Depe，约前 5000)，是一个设防的聚居地，大小有 45m×38m(148ft×124ft)，其内部矗立着与杰顿的房屋差不多的小泥砖房，还有一个稍大的类似神社的建筑。邻近的**雅朗加什小丘**(Yalangach Depe，约前 4500)由一堵厚实的护城墙以及一些圆塔围合。在这个城镇的西北角，一组房子围绕着一个中心的大空间建成，很有可能是神社。在同一个绿洲的**姆拉里小丘**(Mullali Depe)，同样有墙围合，也有圆形的塔群，并有一所神社位于村庄的中心。

神社

在杰顿(约前 5600，见[38]页图⑥)发现了一座类似神社的建筑，其平面布局与住宅相似，但是其面积扩大了 1 倍。在**佩塞吉克**(Pessejik)也发现了相似的房屋和神社，其地板和墙面装饰有彩色的动物图案以及几何主题的花纹。

在**亚萨小丘**(Yasa Depe，约前 5000，见[38]页图⑧)有一个装饰更为精美的神社，位于科佩特山脉(Kopet Dagh)的山脚下。这座神社更大，并包含两个房间。外面的房间装饰有壁画和一个举行仪式用的壁炉。内部房间的侧墙有一个木制的柱廊。

门道在圣坛的对面，装饰有褐色、红色和白色几何图案的壁画。在达什里吉小丘(约前 5000，见[38]页图⑩)的神社也涂成了黑色和红色。

美索不达米亚

在两河之间的区域，哈苏纳、萨迈拉、哈拉夫、埃利都和欧贝德的文化不断发展。在乌姆达巴吉耶(Umm Dabaghiya)发现了一个聚居地，它是在所有这些文化之前就已经出现的。哈苏纳和萨迈拉时期的泥砖制房屋都很大，而且是矩形的，有好几个房间。哈拉夫时期的房子又回到了圆屋顶

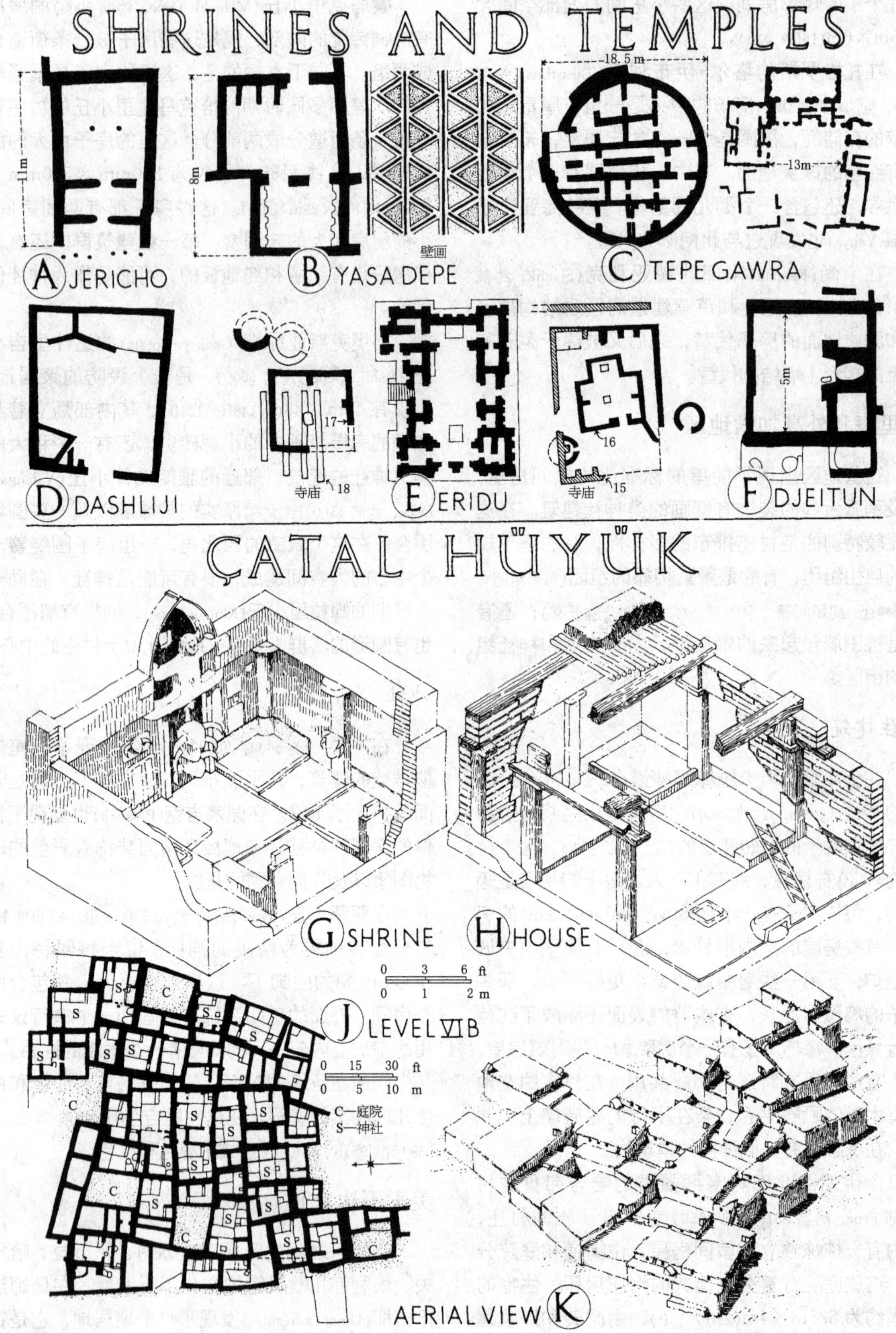

第一编 埃及、古代近东、亚洲、希腊及希腊化诸王国的建筑

SHRINES AND TEMPLES

Ⓐ JERICHO　Ⓑ YASA DEPE 壁画　Ⓒ TEPE GAWRA

Ⓓ DASHLIJI　寺庙 18 Ⓔ ERIDU　寺庙 15 Ⓕ DJEITUN

ÇATAL HÜYÜK

Ⓖ SHRINE　Ⓗ HOUSE

Ⓙ LEVEL ⅥB

C—庭院　S—神社

AERIAL VIEW Ⓚ

神社和寺庙(SHRINES AND TEMPLES)：Ⓐ 杰里科；Ⓑ 亚萨小丘；Ⓒ 高拉小丘；Ⓓ 达什里吉；Ⓔ 埃利都；Ⓕ 杰顿
加泰土丘(ÇATAL HÜYÜK)：Ⓖ 神社；Ⓗ 房屋；Ⓙ 第6层B；Ⓚ 俯瞰示意图

式的设计。在埃利都和欧贝德时期，美索不达米亚冲积平原南边的聚居地并没有发现遗存的住宅遗迹。但是，一些圆柱上镌刻的图像描绘出后来美索不达米亚南部遗迹所具有的芦苇制结构的特征。与之形成对比的是，这一时期举行仪式用的建筑建造成了简单但庄严的泥砖风格。而欧贝德时期的寺庙建筑与苏美尔王朝的纪念性寺庙建筑的发展是一脉相承的。

居住建筑

在乌姆达巴吉耶，即底格里斯河西部最早的文化遗迹(约前5500)被发现的地方，挖掘出一个前哈苏纳时期的土丘，尺寸为100m×85m(330ft×280ft)，高达4m(13ft)，位于伊拉克的北部平原。在这里，聚居地经历了这样一个演变过程：从小的、椭圆形的临时遮盖物和储藏坑洞，发展到围绕着中央庭院布置的土墙建成的房子与储藏用建筑；最后发展到不加抹灰的储藏小室，设有顶部入口，内部通过走廊连接。乌姆达巴吉耶的居住建筑(见[34]页图①)特别整洁。房屋都为南北向，并紧紧靠在一起，但每栋房屋都有自己独立的墙。每栋房屋包含有一个起居室、一个厨房以及一两个1.2～2m(4～7ft)宽的其他房间。这些房屋由土墙建成，没有石质的基础。墙在室内有扶壁，有些房子在顶部有入口。通常，一个房间是由一道拱券的宽度所限定的，这也是拱券这种建造形式最早的使用证明。房屋在内部装饰有抹灰和红色的绘画，黑色、红色和黄色的壁画描绘了狩猎的景象。在其后的历史时期里，用于储藏的建筑物围绕着U形的露天庭院而建(见[34]页图⑩)。这些房子是单层的，有树枝和芦苇制成的屋顶，顶上盖有灰泥并设置有活板门的通气口。由于当地木材稀缺，这种小规模的建造成为必然的形式。

摩苏尔(Mosul)西南的哈苏纳圆丘(Tell Hassuna, 约前5500—前5000)有一个200m×150m(660ft×490ft)的土丘，其内有各个历史时期的建筑。2.5～6m(8～20ft)跨度的圆形平面建筑，与10m×2.5m(33ft×8ft)的矩形平面住宅，在这个遗址最早时期的遗迹中被同时发现(见[34]页图①)。在更晚一些的时期内发现了更大更复杂的建筑，其中石膏灰泥饰面的过道和庭院将单层多房间的大型住宅隔开，这些住宅有着平屋顶和内庭院。

同样在哈苏纳时期的辛贾尔地区(Sinjar)的雅里姆小丘(Yarim Tepe)，有约60～70栋住宅，估计有大约400人。这些泥砖制的房屋在形制、尺寸和特征上相一致，平行排列。

底格里斯河东岸萨万土丘(Tell-es-Sawwan)的萨迈拉人聚居地覆盖了220m×110m(720ft×360ft)的区域。这个区域最早时期的遗迹大概从公元前5600～前5300年开始，该遗迹表明萨万土丘曾经是一个几百人的农耕村庄。这里的居住建筑特征与同时期的石质基础房屋不同。这里的房屋在尺寸大小上相似，由模制的泥砖所建(见[34]页图⑤)。墙和地板覆有泥灰，在外部有扶壁以支撑梁来承受芦苇和黏土的屋顶。村庄由一个大的沟渠或护城河包围，这条河穿过了整个村庄的地基。

乔加马米(Choga Mami, 约前5500)遗址由带扶壁的墙围合，房屋呈矩形并有多个单元：例如，其中的一个有12间房间聚在一个9m×7m(30ft×23ft)的区域内。这里的建造方式与萨万土丘相似。

欧贝德(Al'Ubaid, 约前4500—前4200)坐落在幼发拉底河谷之上的一个低矮山丘上，由平屋顶的住宅组成。它们的墙由挂在棕榈杆之间抹有泥灰的芦苇席制成。此外，部分房屋的屋顶用一捆捆弯曲的芦苇构成拱券。这些住宅令人回忆起现代的阿拉伯沼泽的客房。

寺庙

在萨万土丘(约前5300)，发现了一座有14间房间的大型T形建筑直接坐落在一个坟场之上。这个建筑内的几个房间有着雪花石膏制成的雕像。尽管这栋建筑与这一遗址上其他房屋有相似的建筑特征，但它并不包含任何家居用品，很可能是一座小寺庙。

埃利都(前5400，见[38]页图⑥)是美索不达米亚冲积平原南部所知最早的聚居地。17座寺庙留存了下来，它们一个建于另一个之上，结果将最后的那座寺庙抬到了一个相当高的高度上。这些寺庙中最早的一个是一个小房间，大概3m(10ft)见方，由晒干的砖建成；包含一个祭拜用的神龛和一个位于中央的供奉台。第15座寺庙通过一个坡道进入，是一个小的近乎正方形的房间，大概有3.5m×4.5m(11ft×15ft)大。后墙壁龛里的圣坛朝向入口，中央的一个基座作为供奉处使用。在从第11座寺庙发展到第9座寺庙的过程中，这样的布局演化为由三部分组成的平面，带有中央内殿和突出的侧翼。欧贝德时期余下的时期以发展更为复杂的建筑著称，这些建筑带有中殿，通过门厅进入，门厅周围簇拥着成排的小房间。

在欧贝德时期，高拉小丘(Tepe Gawra，约前3600，见[38]页图©)同样也以一个重要的寺庙建筑序列为骄傲，这些寺庙与埃利都的相似。这里也有一座圆形的建筑，直径达18m(59ft)，厚达1m的外墙内有17个房间。它的建造目的并不确切，但很可能用于当地传统的仪式，这些仪式与欧贝德的那些同时存在。这里，围绕一个大庭院建立起一组3座寺庙，其他附属建筑则朝向寺庙布置。东面的寺庙是这一组里最早的一座。这些寺庙与埃利都的第11座寺庙到第9座寺庙的平面很相似，但缺少举行仪式使用的物品。后来的寺庙有矩形的圣所，并通过开敞的柱廊进入，通常两侧各有一个侧殿。

埃及

埃及前王朝时期的居住遗址很少被发现，主要的建筑遗存是坟墓和墓地。容易损坏且不牢固的用芦苇和木材建造的住宅，在格尔津晚期由泥土建造的新房屋所替代。

居住建筑

在拜达里(El-Badari)和希拉孔波利斯❶的住宅有两个房间，面向围墙半围合的庭院，里面较大的起居室大约2m见方。格尔津晚期的一座城镇住宅的陶土模型向世人展示了一种矩形平面的、利用编条编织起来并经过涂饰的坚固房屋，这种房屋有内倾的墙体以及用茅草和泥土建造的屋顶。

拜达里的墓地留有几百种成组埋葬的坟墓，排列相当密集，但没有留下任何上部结构以表明这些坟墓的位置，不过今天人们认为那里最初曾经有过锥形石堆。

奈加代❷的早期坟墓与拜达里的相似，然而，奈加代二期文化晚期的坟墓更坚实。墓墙用木条和编席加固，或者用木板建造墓室。有些墓室还有上部隔间，用于承载殡葬物品。这两种结构类型的屋顶都采用泥墁的木条和编席或者是木板。这些都是在阿比多斯❸王室墓园和萨卡拉(Sakkaran)的石墓室(mastaba)中发现的。其中的一个坟墓有石造的上部结构，形式为四层的阶梯状金字塔，其基底的面积是20m×20m(66ft×66ft)。其石材未经加工，砌筑也很简陋，在金字塔下部掘有一个坑，以安放尸体和殡葬物品。

---

❶ Hierakonpolis；今称为考姆艾哈迈尔，史前时代上埃及国王驻地，埃及历史初期最重要的遗址。——译者注
❷ 上埃及城镇，位于尼罗河西岸，曾经是新石器时代的城镇和约公元前2925年以前的前王朝时期的墓地。——译者注
❸ Abydos；古埃及著名圣城，位于尼罗河西岸拜勒耶纳附近低凹的沙漠，是埃及最初两个王朝的王室陵墓地。——译者注

埃及、古代近东、亚洲、希腊及希腊化诸王国的建筑

第3章
埃及建筑

建筑特征

尼罗河河谷的原始建筑是由一些容易获取和处理的材料建造的，例如，以芦苇、纸莎草（现在几乎绝迹）和棕榈树枝为肋，然后在上面涂抹黏土。垂直排列的成束的茎杆捆扎在水平向的成束茎杆上形成墙壁和篱笆。还有一种做法，是用棕榈树叶做的束状肋以很小的间隔埋在地上，交错捆扎，形成斜线方格网，上部捆扎在一条水平向的束状肋上，然后整体涂抹泥巴。圆形平面的建筑物可能有穹顶状的覆盖物或类似结构，如果是矩形建筑平面，可能有类似坑洞的屋顶或者平顶。芦苇和泥浆做成的平顶对墙壁顶部的压力使垂直芦苇杆弯曲，这可能是形成埃及河谷地区檐口形式特征的原因（见[43]页图①），而且这种在后来建筑中很少出现的"纸莎草"式脊饰（'Kheker' cresting）可能来源于纸莎草茎束做成的墙壁顶端的形状（见[43]页图⑧）。横向固定肋和角部的束状肋在这一时期的石制檐口和墙角的圆柱状装饰条纹的做法中保留下来（见[43]页图①）。

这里需要提到一种纪念亭(kiosk)，它因为与法老的赫卜塞德节❶庆典即三周年庆典相关而具有特殊的宗教意义。这种亭子原本在尼罗河的船只上和陆地上都很常见，是一种很轻的矩形结构，正面开敞，带有一个由两根细长杆斜撑起的门廊，还有一个从后向前呈拱板状的屋顶。在一位国王的统治时期内按照固定间隔时间举行的赫卜塞德节庆典仪式上，国王的宝座被设置在一个高台上，宝座上方设有一个这种形式的棚子，高台正面有一段长阶梯通向高台。

木材在一段时期内是相当丰富的，用于建造比较重要的建筑，做法是用厚重的垂直向板材，一块叠加在另一块的前面产生一种组合扶壁的效果，这些垂直板在顶部连接到一起，垂直板之间形成狭窄的嵌板区域，其上部可以设置通风窗口。棕榈树原木的下部被修圆后，有时用于建造屋顶。

所有这些建造物的不同形式都对后来走向成熟的艺术和建筑产生了影响，但只有木材是例外，因为王朝时代以后木材就十分稀缺了。

石材在第三王朝之前还没有被大量地使用，只是使用碎石作为加固泥墙的材料或者作为泥墙的基础。利用晒干的泥砖砌成的墙体一直都在使用，因为切割的石材通常用于宗教性的重要建筑，甚至连宫殿也一直处在相对不重要的地位。尼罗河的淤泥混合着切碎的秸秆或砂土做成坯，经过太阳暴晒制成泥砖。这种泥砖非常耐久，体块大，大约356mm(14in)长、178mm(7in)宽、102mm(4in)厚。为了保持稳定，泥砖墙体由下向上逐层缩小，主要是为了应对每年洪水泛滥所造成的土地的收缩和扩张循环。墙壁内面需要保持垂直以保证日常使用便利，仅外墙面表现出这种向内倾斜收缩的特点，因此，无论对砖造建筑还是石造建筑，这一点始终是埃及建筑的最主要特点之一。有时会在墙壁内隔一定高度铺设一层纤维或芦苇编织的席子，以增加墙体的强度，尤其是在建筑物的角部；后来在墙体方面的一个发展是采用中部凹陷的砌筑做法，用来解决一段较长墙体的面层和内部之间长度差的问题，墙体面层每隔一段即设有伸缩段，以便于内部砖砌结构能干透，因为那些环绕在重要神庙周边的墙体非常厚，厚度达9~24.5m(30~80ft)。

虽然真正的拱券从未出现在纪念性的石造建筑物中，但其建造原理很早就被人们掌握了：早在第三王朝的初期就已经有了砖砌的拱顶。通常，拱环建造在倾斜的砌体面上，这样就不需要在形

---

❶ Heb-sed；又称为塞德节，埃及最古老的节日之一，自国王在位30周年纪念日开始，每三年庆祝一次。——译者注

第一编 埃及、古代近东、亚洲、希腊及希腊化诸王国的建筑

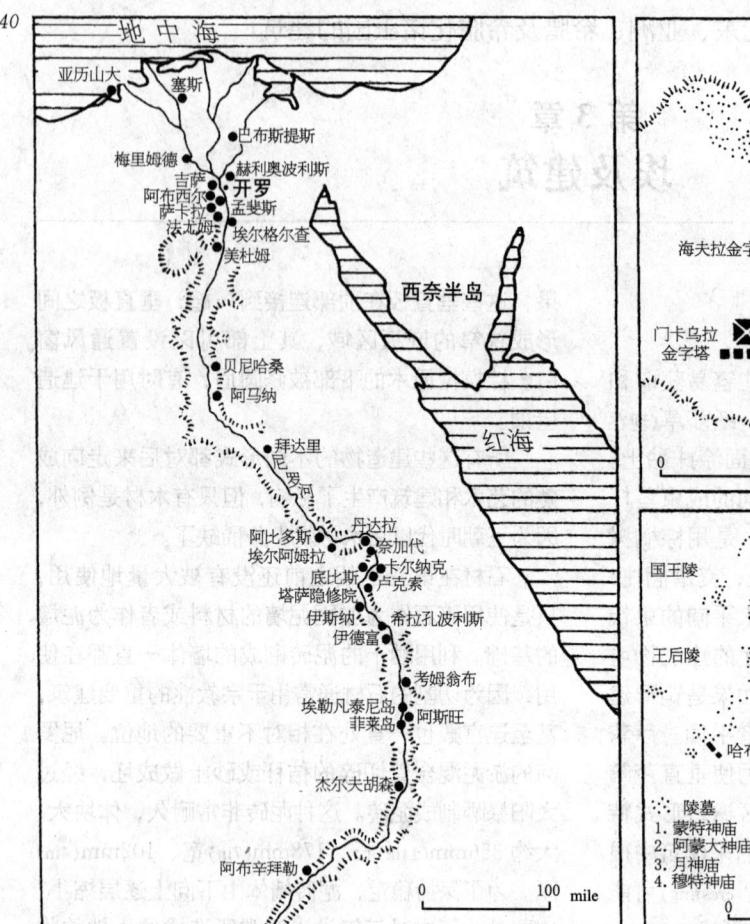
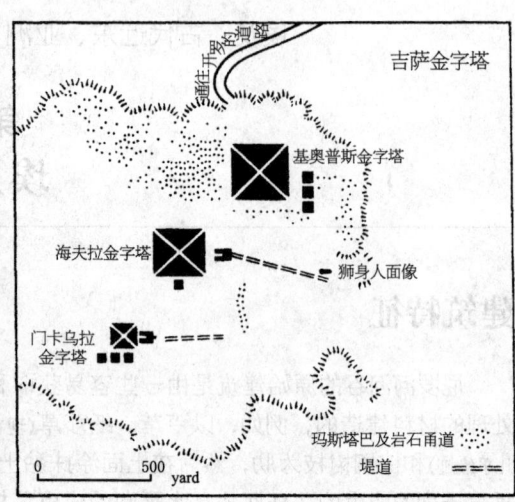
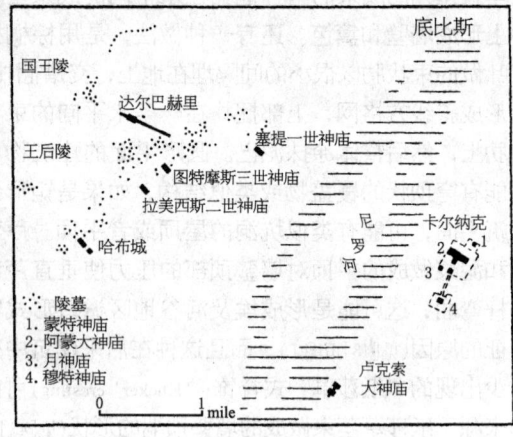

古代埃及、大金字塔及底比斯地图

式上进行"中心化"处理,也不需要建造过程中的支撑结构,并且通常会设置两个或多个同圆心布置的拱环,一个叠加在另一个的上面。罗马人采用了这种同圆心图形叠加的拱券建造方法,但没有使用斜面的方式,而通常采用"中心化"的形式。

一般认为,砖石砌筑墙体表面的装饰来源于早期的泥造墙壁上划刻图案的做法,泥造墙壁的建造本意显然不是为了用于装饰,但泥造墙壁平坦且没有窗户的表面特别适合于雕刻浮雕和刻写象形文字(见[44][45]页),这是一种教化大众的方式,中世纪教堂内的雕刻和彩绘玻璃窗也是类似的做法。

埃及的柱子(见[43]页)有一个鲜明的特点,柱子上占很大比例的一部分清楚地表明了其形式特征来自于植物,柱身暗示了束状的植物茎杆的形象,在柱底部稍微收拢,柱头外观形式来自于莲花花蕾(见[43]页图ⓖ)、纸莎草(见[43]页图ⓒ)或者是随处可见的棕榈树。

埃及的纪念性建筑以圆柱和横梁构图风格为基本特征,主要体现在金字塔以及其他形式的陵墓和神庙上,这与同埃及历史时期接近的近东地区的建筑形成了鲜明的对比。在近东地区,陵墓没这么重要,而宽敞的宫殿则与神庙具有同等的重要地位。埃及的神庙(见[57]页)由气势壮观的斯芬克斯大道进入,斯芬克斯是一种神话中的怪兽,它们都有狮子的身躯,而头颅则可能是男人、雄鹰、公羊或是女人。神庙拥有雄伟的塔门、巨大的庭院、多柱厅、内部的圣殿和昏暗的密室,这些构成了埃及神庙的显著特征。通常情况下,神庙的扩张和重修是出于某个具有很大影响力的祭司的要求,或者是为了满足强势的国王供奉神灵的要求。所有希腊神庙都被规划为统一的模式,神庙的各个组成部分都服从于整体设计;一些伟大的埃及神庙是一组系列建筑,在神庙壮观的塔门(pylon,一译牌楼门)之后形成高度连续降低的建筑序列(见[57]页图ⓔ)。

第 3 章 埃及建筑

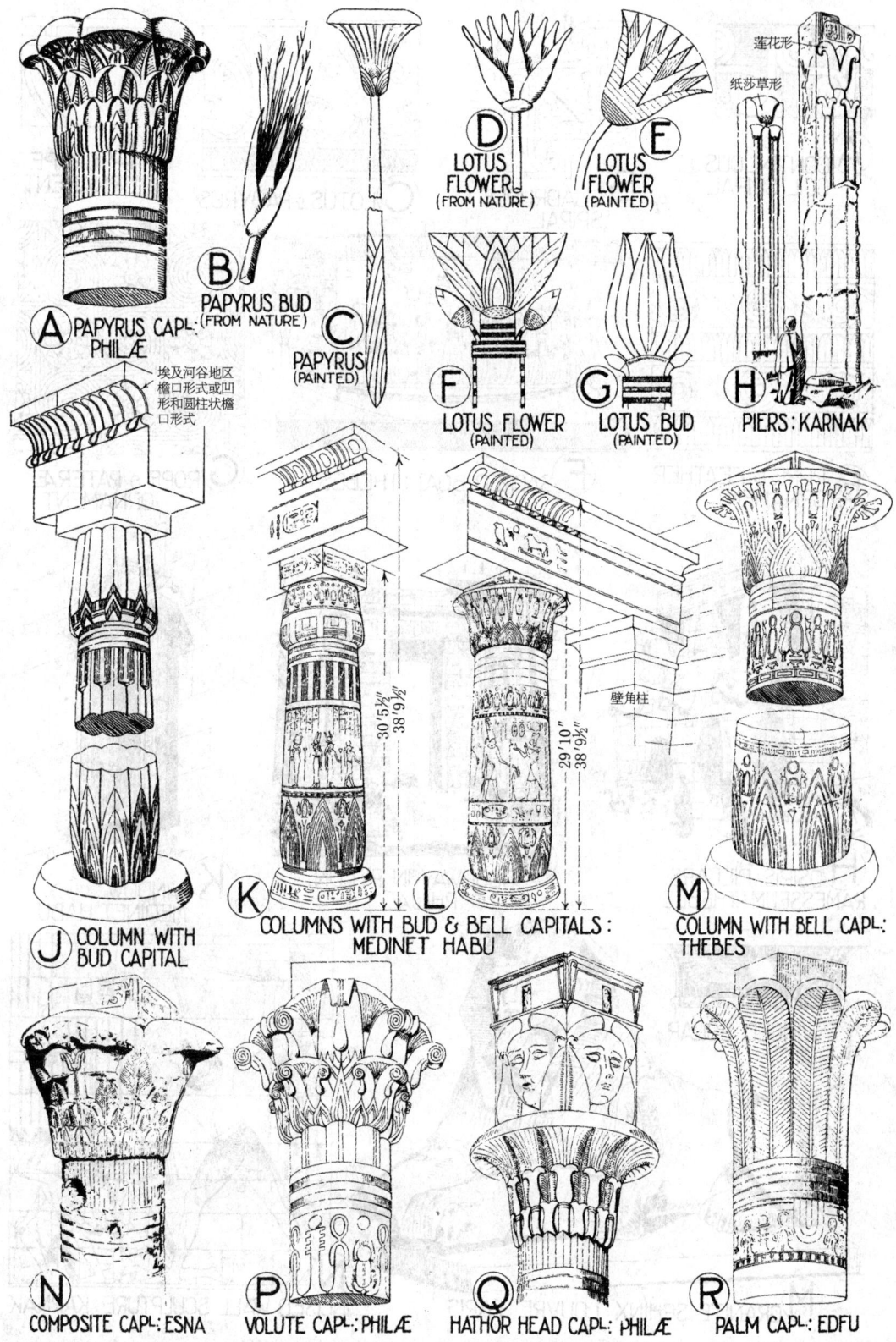

Ⓐ 菲莱岛的纸莎草形柱头；Ⓑ 纸莎草花蕾（自然状态）；Ⓒ 纸莎草（绘画）；Ⓓ 莲花（自然状态）；Ⓔ 莲花（绘画）；Ⓖ 莲花花蕾（绘画）；Ⓗ 卡尔纳克构柱；Ⓙ 柱子与花蕊形柱头；Ⓚ 哈布城的柱子与花蕊形柱头；Ⓛ 哈布城的柱子与钟形柱头；Ⓜ 底比斯的柱子与钟形柱头；Ⓝ 伊斯纳的复合式柱头；Ⓟ 菲莱岛的卷涡形柱头；Ⓠ 菲莱岛的哈托尔女神头像柱头；Ⓡ 伊德富的棕榈叶形柱头

第一编 埃及、古代近东、亚洲、希腊及希腊化诸王国的建筑

Ⓐ 连续盘绕的螺旋饰；Ⓑ 四角螺旋饰；Ⓒ 莲花和纸莎草饰；Ⓓ 葡萄饰；Ⓔ 绳羽饰；Ⓕ 底比斯圣舟；Ⓖ 绳和皿形饰；Ⓗ 底比斯拉美西斯祭庙的俄赛里斯柱；Ⓙ 菲莱岛的塔门入口；Ⓚ 哈布城的窗；Ⓛ 翼翅日盘饰；Ⓜ 巴黎卢浮宫收藏的花岗石斯芬克斯雕像；Ⓝ 卡尔纳克的墙面雕饰

第3章 埃及建筑

图A 达尔巴赫里的哈特谢普苏特女王祭殿的墙面雕刻(约前1520),见[61]页

图B 阿比多斯的塞提一世神庙的墙面雕刻(约前1312),见[65]页

埃及建筑始终坚持其传统，即使是在新的条件下，由于建造方法和材料的原因而必须有所改变时，因长期使用而受到尊崇的传统形式仍会被延用。埃及建筑给人印象深刻的特点是庄严、昏暗和沉重的体积感，这些暗示了人们希望建筑能够永恒的心愿。我们可以从建造金字塔的目的理解这种愿望的思想根源——建造金字塔的目的不仅是保存法老的木乃伊，以便于他在无限时空中的灵魂返回；更进一步的是，金字塔成为祭礼死亡的膜拜对象。正因为如此，这种巨大的纪念性建筑采用了极具控制力的形式。

建筑实例

陵墓建筑

陵墓建筑主要有三种形式，即玛斯塔巴(Mastabas)、王室金字塔(Royal Pyramids)和石窟墓(Rock-hewn Tombs)。

玛斯塔巴

由于古埃及人极其相信死后的永生，他们竭尽所能地建立永久的陵墓来保存遗体，并且陪葬最好的用品，这些陪葬品可能是食物也可能是死者死后享受所需的奢侈品。虽然直到新王国时期用香油或药物涂抹尸体进行防腐的技术才得以发展成熟，但早在第一王朝时期，遗体就用成捆的亚麻布包裹来进行保存。在早王朝时期(第一王朝和第二王朝时期)，国王和其他首领通常有两座陵墓，分别建在上、下埃及，美尼斯统一了上、下埃及，成为第一位法老。这两座陵墓之中当然只有一座是真正的陵墓，而另一座则是死者的纪念碑。这种王室的纪念碑设在可俯瞰首都孟菲斯的萨卡拉(Sakkâra)，陵墓设在南方远处的阿比多斯。成排的其他坟墓包围着国王的陵墓和纪念碑，这些坟墓埋葬的是陵墓主人的殉葬者，直到第一王朝末期这一独特的殉葬风俗才在埃及消失。

从第一王朝开始，陵墓变得更加精致，平面有数个小房间，中央的房间用于存放石棺，周围的房间用于存放丰富的陪葬品(见[48]页图Ⓐ)。整个陵墓建造在地坪以下的宽阔低洼地上，陵墓的木屋顶由木桩和粗糙的泥砖柱支撑。整个区域覆盖上用泥土堆成的矩形平顶土堆，这些泥土来自挖掘陵墓的土方。陵墓整体包上了很厚的砖墙作为保护层。陵墓外墙面的一种做法是"宫殿式立面"，它因设置有凹凸的扶壁而呈锯齿状；另一种做法是表面平坦但要向后倾斜75°。"宫殿式立面"的做法可能来源于木材嵌板，也可能来源于美索不达米亚的乌鲁克和杰姆代特奈斯尔(Jemdet Nasr)时期的泥砖建筑。我们很早便认识到，在埃及文化的形成阶段，美索不达米亚文明对其有着影响。陵墓的外墙面通常会涂上鲜亮的色彩，最有特色的是在基座处的涂漆，从后来木制棺椁的装饰上也可猜测出一些当时的情况。这种类型的陵墓现在被人们称为玛斯塔巴，因为它们很像现今埃及住宅户外常见的名为玛斯塔巴的矮座椅。玛斯塔巴的周围紧密地环绕着一圈围墙。后来，玛斯塔巴的布置发生了改变，出现了一些第一王朝时期的陵墓中没有的现象，例如陵墓开挖得深至岩石层以及舍弃了地表建筑精致的外装饰，产生这些现象的原因可能是想要更好地保存遗体和陪葬品。

第二王朝和第三王朝时期典型的陵墓形式是"楼梯通道"式玛斯塔巴('stairway' mastaba)，这种陵墓的主要墓室以及辅助仓库都被设置在更深的地下岩石层的凿洞中(见[48]页图Ⓑ)。陵墓的主轴线通常是正南北向的，楼梯和坡道从玛斯塔巴北端上部开始一直延伸到底部，在这里还连接了一个通向陵墓顶部的竖井。在葬礼结束后，厚重的石制升降闸门会沿着垂直通道落下来封闭通道，表面的洞也会被填满，所有痕迹都会被清除。在陵墓外观处理上，人们由于喜爱简单平坦的外立面而弃用了人造嵌板，仅在东西长向上保留有两个适当间隔凹槽。立面是面朝尼罗河的。靠南的凹槽是一扇假门(见[48]页图Ⓔ)，这扇供亡灵出入的门前摆有放置新鲜食物的供桌。

大概在第四王朝时期，埃及出现了供奉用的祭室，它与玛斯塔巴连在一起或者修建在玛斯塔巴内部(见[48]页图Ⓒ)。墓室设置在更深的地层，经由一小段水平通道与位于陵墓北侧通向顶部的竖井相连。在吉萨有很多这类的"竖井"式玛斯塔巴(见[48]页图Ⓓ)。在这个时期，玛斯塔巴开始广泛地使用石灰岩，在之前则很少使用，仅用在最好的砖体玛斯塔巴的地板和墙壁的内侧。第五王朝和第六王朝时期，地表供奉用的房间和祭室建筑开始出现较多的装饰元素(见[48]页图Ⓕ、图Ⓖ)。在当时最奢侈的玛斯塔巴的内部以及周围的房间和有柱的大厅中，都装饰着描述亡者日常生活的色彩艳丽的浮雕。这些房间中最重要的一个是称为狭室(serdab)的全封闭祭室，祭室中仅在对着死者雕像头部的地方留有一个孔洞，在一个玛斯塔巴中祭室往往不止一个。供奉用的房间里有一块垂直放置的石碑，石碑上面刻着死者姓名、碑文和浮雕图案，这是为了防止不能每日按时供奉而做的准备。石碑底部设有一个供桌。

拜特哈拉夫的K. 1号玛斯塔巴(The Mastaba K. 1 at Beit Khallaf，见[48]页图Ⓑ)，是一座巨大的砖造"楼梯通道"式陵墓，是第三王朝时期的代表作。楼梯和坡道一直通向嵌在岩石中的石砌墓室，这条通道上设有五扇石制升降闸门，墓室周围有一系列存储陪葬品的仓库。这个玛斯塔巴的地表建筑平坦且基本上是立方体的。

吉萨的玛斯塔巴，大部分是第四王朝或第五王朝时期修建的，大约有两三百个，按照一定的等级秩序排列，它们距当地著名的金字塔群很近(见[48]页图Ⓒ、图Ⓓ及[53]页图A)。第四王朝时期的玛斯塔巴有两方面的发展：一方面是供奉用的祭室的发展(见[48]页图Ⓒ)；另一方面是"竖井"式玛斯塔巴的发展(见[48]页图Ⓓ)，这种玛斯塔巴有很深的地下墓室，地表建筑体积巨大且四边向内倾斜，在东侧长边上有两个宽槽，靠南的一个是供奉用的假门(见[48]页图Ⓔ)。

萨卡拉的提氏玛斯塔巴(The Mastaba of Thi，见[48]页图Ⓒ)，是第五王朝最高成就的代表之一，包含了那个时代所有的陵墓布置方式。在墓的东侧北端设置了一个有柱的大庭院，由北侧附带一个小祭室的有柱门廊进入。庭院经由一条通道与玛斯塔巴内的一间小室和一个供奉用的房间相连。供奉用的房间里面有两根石柱，西侧墙上设有一个供桌。房间南侧是一间祭室，这间祭室与三条狭缝相通，祭室里正对狭缝放置了墓主人提氏的三尊相同的雕像。这个陵墓的浅浮雕是埃及最好且最有趣的雕刻之一(见[48]页图Ⓕ)。真正的墓室设在很深的地下，它在地表上的对应位置处于玛斯塔巴的南部且在供奉用房间的西墙后面。还有一条斜向通道通向墓室，其平面投影位置在庭院对角线上。

王室金字塔

在第三王朝至第六王朝时期，大金字塔设置在农田中的岩石基座上，分散坐落于尼罗河西岸距河口三角洲大约80km(50mile)的地方。早期的王陵采用玛斯塔巴的形式，这也是真正金字塔的起源。第三王朝的法老左塞❶在萨卡拉的台阶式金字塔(见[49][50]页)证实了金字塔发展中至关重要的几步。美杜姆的一座金字塔以及第四王朝第一位法老斯奈夫鲁(Seneferu)在代赫舒尔(Dahshūr)修建的两座金字塔代表了金字塔进一步的发展。代赫舒尔的两座金字塔中当然包括所谓的"折线形"金字塔。真正的金字塔中最著名的是位于吉萨的三座金字塔，它们是由第四王朝斯奈夫鲁的继任者修建的。

金字塔并非独立的建筑，而是一个建筑群的主要组成部分。它们外围有围墙，有时在金字塔的东侧北端有一个带石碑的供奉祭室。在左塞墓葬群的北侧有一座祭庙，用来祭拜已故且神化了的法老，但通常这座庙宇会设置在东侧围墙的前面；一条封闭的向上升起的堤道通向场地西侧的"河谷神庙"，这座神庙是用来进行遗体防腐处理以及举行下葬仪式的地方。浩荡的送葬队伍经由连接河谷神庙和尼罗河的运河到达。

建造金字塔的人力和物力支出都十分巨大，法老在有生之年一直都在关注着这件事，以确定可以保护好自己死后的躯体直到灵魂再一次返回躯体。根据埃及人的信仰，他们相信永生，并且认为人死后灵魂会再一次回到躯体中。因此，他们竭尽所能来隐藏墓室及进入的通道，以此来保护墓室和随葬品。但是，所有这些努力后来都被证明是白费的，在第六王朝后期的混乱年代，陵墓相继被抢掠，其后在波斯、罗马、阿拉伯时期陵墓再次被洗劫。金字塔建造在已经修建好并打磨平整的基座上，材料来自当地开采的石灰岩，表层使用的则是采自尼罗河东岸图拉(Tura)的品质更优的石灰岩。采自尼罗河上游阿斯旺的花岗岩仅用在墓室和通道的内壁。墓室及其入口通道，或者在金字塔的地下岩石中开凿，或者设置在金字塔的核心。金字塔的各个面都是按照基本方位精准地测算出来的，入口通常设在北侧。

在所有的已知案例中，金字塔是由一系列随着高度升高而向中心收缩的岩石片层围绕着一个

---

❶ Zoser；曾译昭赛尔，今《不列颠百科全书》译为左塞。——译者注

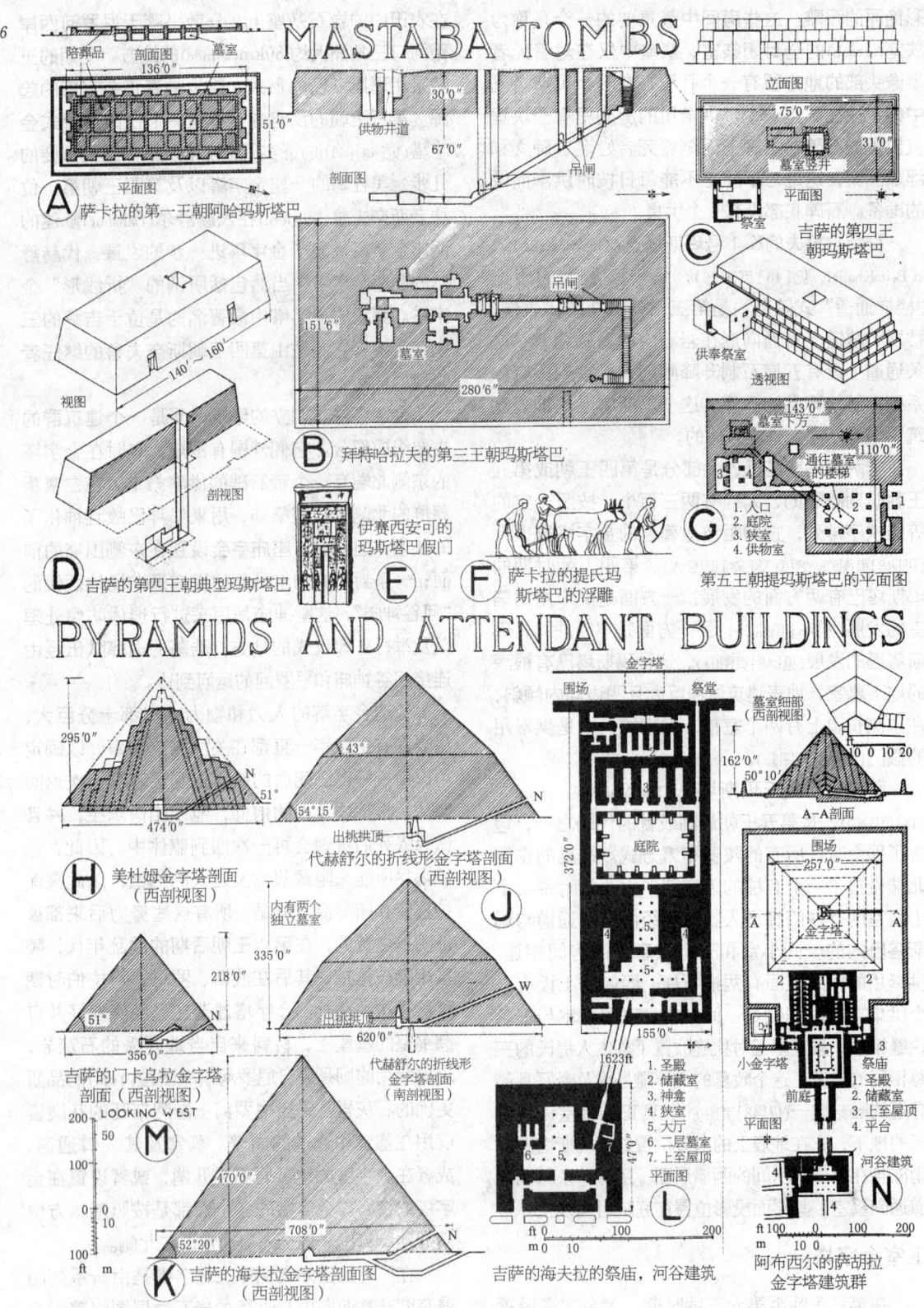

玛斯塔巴陵墓(MASTABA TOMBS)
金字塔及其附属建筑(PYRAMIDS AND ATTENDANT BUILDINGS)

第3章 埃及建筑

萨卡拉的左塞台阶式金字塔(前2778)，见[51]页

图A （上图）从洪水淹没的尼罗河河谷看金字塔及其围墙的复原图

图B （右图）空中俯瞰金字塔及其围墙

图C 列柱廊(复原图)

图D 大庭院的转角

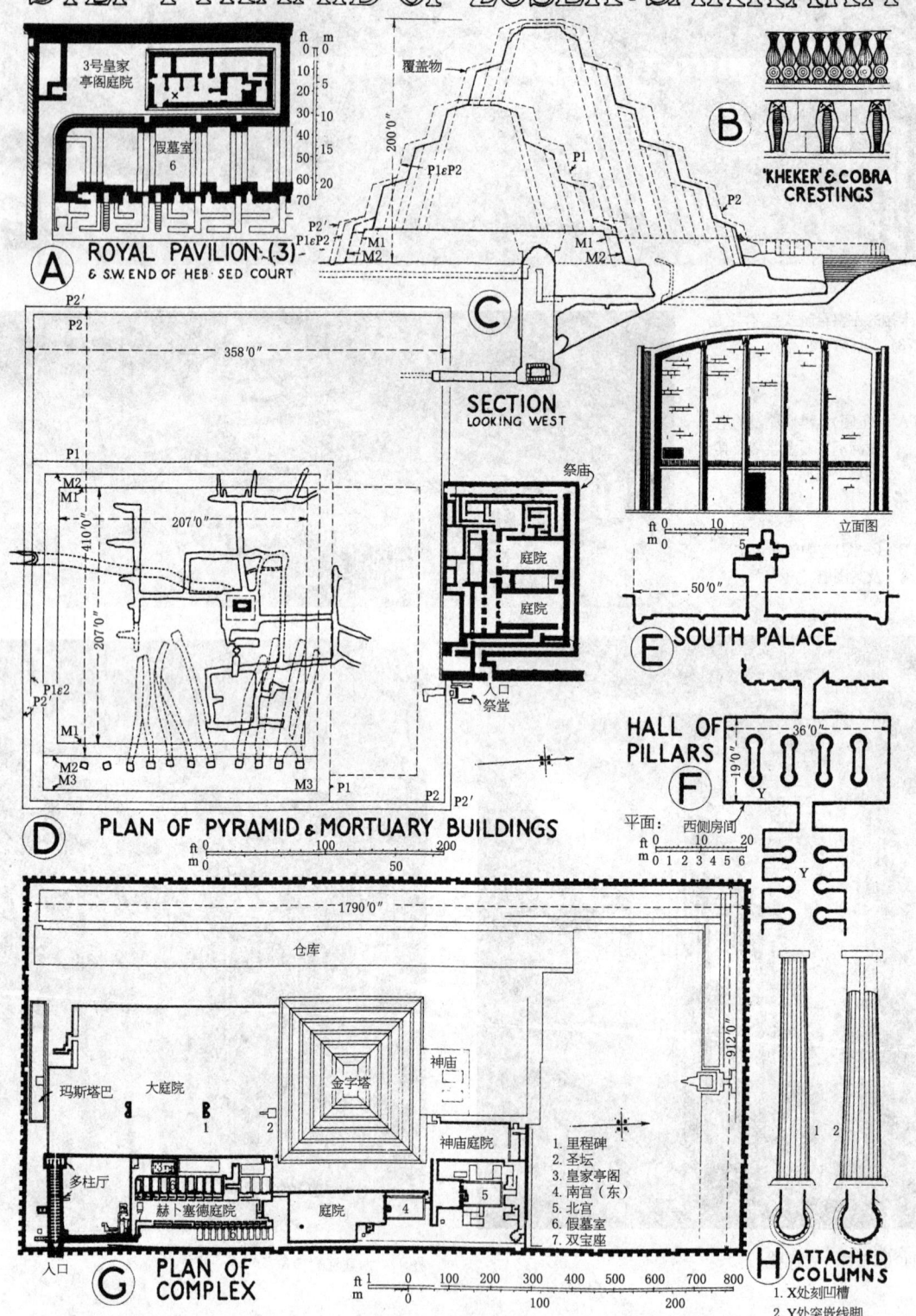

萨卡拉的左塞台阶形金字塔(STEP PYRAMID OF ZOSER: SAKKARA)：Ⓐ 位于赫卜塞德庭院西南角的皇家亭阁3号；Ⓑ 纸莎草和蛇形顶饰；Ⓒ 西剖视图；Ⓓ 金字塔和祭庙平面；Ⓔ 南宫（部分平面）；Ⓕ 柱厅；Ⓖ 建筑群平面；Ⓗ 壁柱

陡峭的塔形核心建成的。因此，最初是一排排像台阶一样的样式，后来发展成真正的金字塔。这些台阶被大块的石材填补，最终完成这种有一定倾斜角度的精心建造的外饰面。因为金字塔的内部各层是同步修建的，所以当工程进行到顶部时施工的作业面几乎仍是水平的。外立面的填补工作从上至下一丝不苟地进行，最顶端的石块还可能漆上金色。

埃及人当时还未掌握滑轮原理，他们主要使用杠杆抬升和搬动石块。为了在陆地上搬运石块，有时直接用木橇，有时用木橇加滚木。随着木橇的向前移动，后面的滚木再被轮流地放置在木橇的前方，如此循环操作。修建金字塔的石块是用宽阔倾斜的泥制或沙制坡道拖拽上来的，这些用生砖墙加固的坡道会设置好角度和位置以方便石块的搬运。

萨卡拉的**左塞台阶式金字塔**(前2778，建于第三王朝初期，见[49][50]页)，是世界上第一座大尺度的石构纪念物，因而十分引人注目。左塞王的建筑师伊姆霍特普❶在当时以及后世都享有极高的声望，并在第二十六王朝的时候被奉若神明。这座金字塔在建设过程中对平面设计至少进行了五次修改。最开始的设计是一个完整的玛斯塔巴，约7.9m(26ft)高。与一般的玛斯塔巴的区别是，它的平面为正方形，边长63m(207ft)。之后又扩大了两次，先是每条斜边各增加4.3m(14ft)，然后再向东扩大8.5m(28ft)。在后来又一次的扩建中，原本的玛斯塔巴被当成底座，其上修建了一个内核陡峭的四层金字塔，同时整体又进行扩大，平面扩成了一个83m×75m(272ft×244ft)的近乎矩形的平面。在整体各边相对较小的扩张之后，北侧和西侧做了进一步延长，形成了东西长125m(410ft)、南北长109m(358ft)、高60m(200ft)的最终尺寸，层数上也增加了两层，总共六层。但它仍保持了阶梯状的形式。通常，地下墓室在地表建筑开始建造之前就应该完成了，但是由于地表建筑的连续扩张使这座金字塔的墓室分了两步才完成。地下建筑是一个边长7.3m(24ft)、深8.5m(28ft)的墓坑，这与早期的玛斯塔巴很相像，地下建筑的入口是位于北侧开放斜坡上的一条水平隧道。随着金字塔的继续发展，这个墓坑被加深到28m(92ft)，底部

的墓室是由从阿斯旺运来的花岗岩建造的，在其上方是一个带花岗岩栓塞的内壁为石灰岩的房间，建这个房间是为了掩蔽在葬礼结束后墓室顶部留下的孔洞。入口隧道被设置在更深的位置，进入墓坑的斜坡也改为基础之上约21.5m(70ft)的位置。墓坑连接有伸向四个顶点的不规则的通道，这些通道还有很多支线通道，并且与金字塔四边大致平行的通道相连。最初的玛斯塔巴的东侧地下有由11个32m(106ft)深的墓室组成的独立地下体系，这些是王室成员的墓穴。这些墓穴的入口在这个玛斯塔巴的第三次扩建的时候被封住。

围绕着金字塔的是由图拉石灰岩砌成的宽阔矩形围墙，南北长547m(1790ft)、东西长278m(912ft)、高10.7m(35ft)，围墙采用的是像早期玛斯塔巴立面一样的锯齿形状。围墙周围设了14个棱堡，每一个都有石制的假门。唯一的真入口在东侧立面南端的一个较宽的棱堡上。事实上，围墙里还有一间供奉用的祭室(里面有石碑、供桌和左塞的雕像)和一座设计考究的祭庙，这座祭庙有两个庭院以及一系列迷宫似的走廊和房间。围墙里的这些建筑的布置与早期玛斯塔巴类似，但这两个建筑靠近金字塔的北侧，而不是像过去那样通常设置于东侧，而且这个建筑群中还有其他一些独特的建筑物。这些独特建筑是左塞的宫殿以及左塞生前举行周年庆典的建筑物的仿制品。它们大部分围绕着庭院布置，或是立方体的或是类似于立方体的形状，但大部分是实心的，里面填满泥土或图拉石灰岩的残片。

左塞金字塔的围墙入口通向一条由带凹槽柱子排列而成的长廊，这里的柱顶过梁和长条石顶棚的底部是仿木式样的，是目前已知的这一类型的唯一实例(见[49]页)。长廊的尽端是一个有成对带凹槽柱子的柱厅，柱厅后面是大庭院(见[49]页)。大庭院的南部有两个用于王室庆典的低矮的B形基座以及一个靠近金字塔南面的圣坛，这在玛斯塔巴中通常沿东西侧放置。在围墙的入口处有一条通向北侧举行赫卜塞德节仪式庭院的弯曲走廊。该庭院里复制了左塞王举行周年庆典的主要场景，并设有一系列带小前庭的实心的祭室，西侧的一

---

❶ Imhotep；公元前27世纪的古埃及圣贤、占星家、建筑师，埃及第三王朝第二代国王左塞的宰相。——译者注

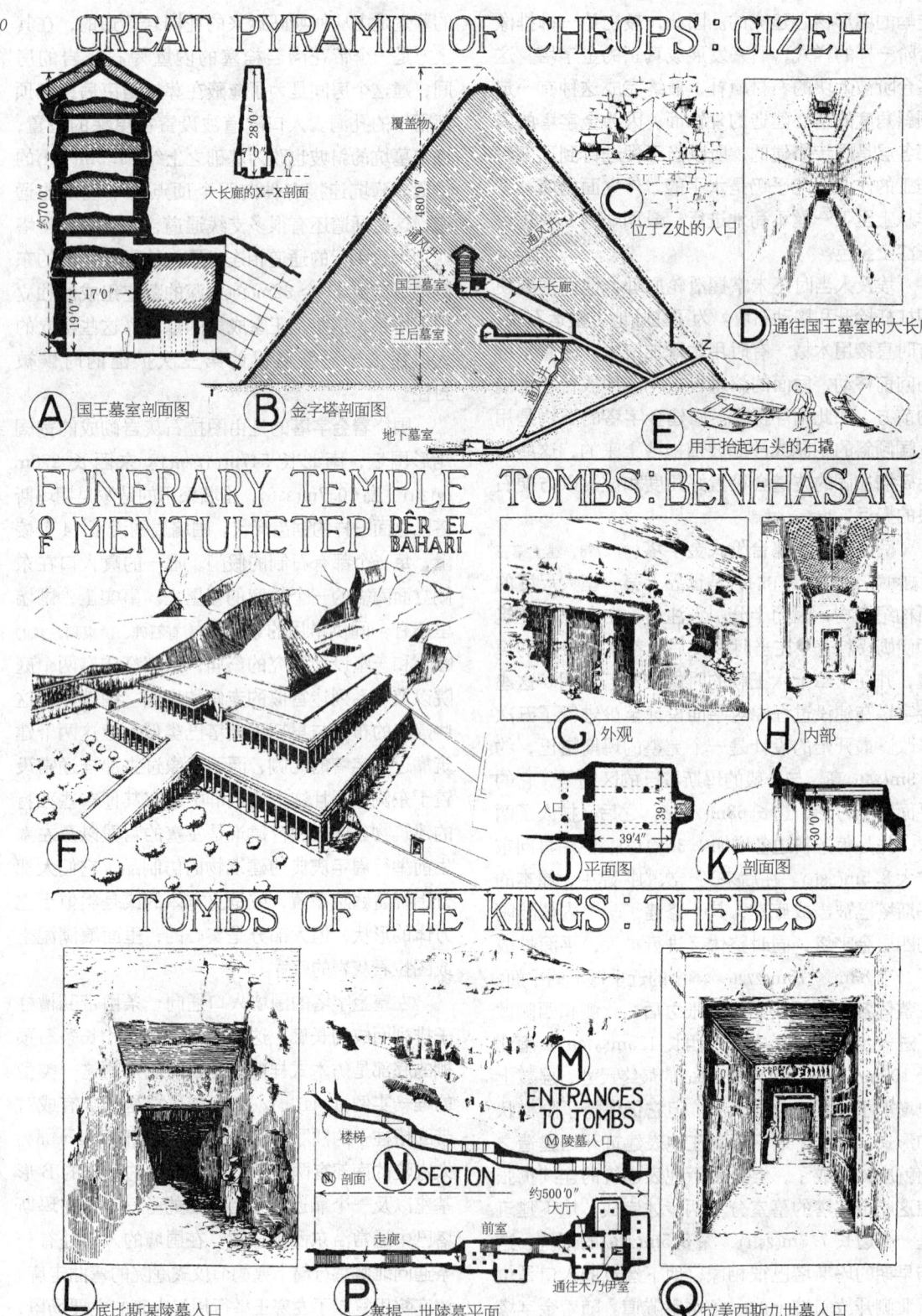

吉萨的基奥普斯大金字塔(GREAT PYRAMID OF CHEOPS: GIZEH)
达尔巴赫里的门图荷太普的贝尼哈桑石窟墓(FUNERARY TEMPLE TOMBS: BENI-HASAN OF MENTUHETEP DÊR EL BAHARI)
底比斯的国王石窟墓(TOMBS OF THE KINGS: THEBES)

第3章 埃及建筑

图A 吉萨金字塔东南侧俯瞰图,在金字塔前有海夫拉大斯芬克斯像以及河谷建筑(约前2723—前2563),见[54]页

图B 贝尼哈桑的石窟墓(前2130—前1785),见[56]页

排代表上埃及的省或州，东侧的则代表下埃及的。这些实心的建筑物外观局部有拱形屋顶，庭院北面有两座大小不同但形式相似的实心宫殿，每座宫殿的南侧都有自己的院落，这两座宫殿可能象征着两个埃及王国。所有祭室和宫殿的立面上都刻有三根带凹槽的细长壁柱。在举行赫卜塞德节仪式庭院的西侧附近有一座被称为"皇家亭阁"的建筑物，该建筑物内部有三根带凹槽的壁柱。左塞墓葬群总体上来看几乎没有独立柱子，屋顶的石制梁跨度也是很小的，所有这些以及当时的一些石工工程技术，都表明石材在当时是一种新的建筑材料。从建筑形式上可以清楚地发现它们来自于早期的芦苇、原木或是泥砖建筑。

美杜姆金字塔(见[48]页图⑪)的修建要归功于第三王朝最后一个国王胡尼(Huni)。虽然完工的美杜姆金字塔是一个真正意义上的金字塔，但在建造过程中的某个阶段它是一个分成七层的建筑。在基座上围绕着面斜度75°的核心体勉强附加了六个厚重的石砌层，每一层都由图拉石灰岩贴面；然后周边又增加了一层，将整个金字塔增到八层。这一层裸露在外的部分也由图拉石灰岩贴面。这个金字塔在达到七层和八层的时候人们都认为它已完工了。但后来在进一步发展中，这些阶梯状的层被填满抹平然后在表面上装饰图拉石灰岩。最终完成的金字塔的底边边长144.5m(474ft)、高90m(295ft)，各边倾斜51°。它的下部现今仍保留着，但上部却腐蚀成了像肩膀或是塔的奇怪形状。墓室位于金字塔的核心且在地坪的高度上，这个简单的墓室的屋顶下设置有托梁。金字塔的周围有一圈石围墙，南北长233m(764ft)、东西长209m(686ft)。在围墙内的南侧有一座小金字塔，北侧有一个玛斯塔巴。在靠近金字塔东侧中心的位置有一间供奉用的祭室，里面有一个两侧摆放了石碑的供桌以及一个小庭院。这里没有祭庙，但有一条从东墙通到河谷建筑的甬道，这条甬道现已被淹没。

代赫舒尔的斯奈夫鲁折线形金字塔(前2723，见[48]页图①)，又称为南金字塔，这是一座相当奇特的金字塔。首先，其各个面在中部发生弯折，下部的倾斜角是54°15′，而上部却是43°，看起来似乎是草草完工的。其次，它有两个完全独立的墓室，北侧和西侧各有一个。在修建的过程中墓室和通道的墙壁出现裂纹，金字塔因此而改变了倾斜角度，以此减轻地上石造建筑的重量。金字塔的平面是正方形的，边长187m(620ft)，高度大约是102m(335ft)。它的主要建造材料是当地普通的石材，外部是保存完好的图拉石灰岩贴面。墓室的屋顶下有托梁，四面墙壁高24m(80ft)，逐步向内收缩了305mm(12in)。这座金字塔使用的托梁在美杜姆金字塔中也曾经出现过，它最初是用于建造石制穹顶的实验性结构。这座金字塔周围有一圈矩形的双层围墙，还有一间供奉用的祭室和一座祭庙，祭庙东侧有连接河谷建筑的甬道。这座金字塔附属建筑物的布置方式给后来的金字塔建造提供了最早的范例。

代赫舒尔的斯奈夫鲁北金字塔，是在斯奈夫鲁折线形金字塔废弃之后建造的，应该是斯奈夫鲁真正的埋身之所，因为其旁边就是王室家族以及执事祭司的墓冢。北金字塔的设计是一座真正意义上的金字塔，也是目前已知的最早的金字塔。但它与常见的金字塔相比，各边的倾斜度比较小，只有43°36′，而不是通常的52°。这个倾斜度与斯奈夫鲁折线形金字塔的上部倾斜度很接近。除此之外，这座金字塔与其他的金字塔都比较类似。

开罗附近的**基奥普斯(胡夫)大金字塔**(The Great Pyramid of Cheops (Khufu)，见[52]页图Ⓐ~图Ⓔ及[53]页图A)。基奥普斯是斯奈夫鲁的儿子，是第四王朝的第二位国王。他的金字塔是这块基地上三座著名金字塔中最大的，原高146.4m(480ft)，平面边长为230.6m(756ft)，占地面积约为5hm²(13acre)，相当于罗马圣彼得大教堂的两倍多。除了四个面朝向主要方位外，这座金字塔与其他时期的金字塔一样，四个面几乎是等边三角形并且与地面成51°52′的夹角。金字塔平面布局在建造过程中发生过改变，因此金字塔内有三个独立的墓室。其中位于地面以下的墓室和所谓的"王后墓室"先后被弃用，而在"国王墓室"中放置了花岗岩石棺。墓室入口在金字塔的北侧面上，位于地坪之上垂直高度17m(55ft)且偏离北侧面中心7.3m(24ft)的地方。入口连接着成26°角下降的通道，这个通道通向最初的地下岩层中的墓室。在平面布局第一次更改中，这条本来呈下降趋势的通道改变了方向，在它的顶棚上开凿了开口通向一条约18.3m(60ft)长的向上的通道，延伸到地坪以上约21m(70ft)的地方，这里正是"王后墓室"所在的高度。但"王后墓室"尚未彻底完工，其入口

第3章 埃及建筑

就被封住，这条上升的通道就扩展成现在已知的大长廊(Grand Gallery，见[52]页图Ⓓ)。大长廊宽 2.1m(7ft)、高 2.3m(7ft6in)，上部覆盖着托梁式的穹顶，由七层石板逐步向内收分形成，由石板形成的穹顶最高处距地面的垂直距离为 8.5m(28ft)，穹顶最顶部 1.1m(3ft6in)的跨度由一块石板衔接。大长廊一直延伸到国王墓室，这个墓室南北长约 5.2m(17ft2in)、东西长 10.5m(34ft4in)、高 5.8m(19ft)，墓室还带有一个前厅，墓室和前厅的材料均为花岗岩。前厅之中原有三块花岗岩大石板，葬礼结束后它们会从侧壁的狭缝中被放下，封闭整个墓室。墓室以上覆盖结构的做法经过精心设计，设置了五层大石梁，每层并排放置九根石梁，总共406公吨(400t)。石梁一层叠一层，各层之间留有空隙。所有石梁之上是穹顶的雏形，是由成对的石板互相斜靠在一起形成的。在"王后墓室"和金字塔入口处也使用了这种穹顶结构做法，但不同的是仅采用两层石梁叠加在一起(见[52]页图Ⓒ)。从"国王墓室"向外伸出两根管道至金字塔外部，管道的尺寸是 203mm×152mm(8in×6in)，这可能是通风口，也可能是死去国王的灵魂自由进出金字塔的通道。"王后墓室"也有类似的管道，但与"王后墓室"一样没有完工。

这座金字塔主要使用当地石材建造而成，原本整个金字塔的外部是用图拉石灰岩装饰的，最顶端的石块还可能镀上了金色，但现在只有金字塔的底部还残存一些外层的图拉石灰岩。建造金字塔的石块平均重量是 2500kg(2.5t)，石块之间有一薄层石灰砂浆，但并不是作为黏结剂使用，而主要是作为砌筑时的润滑剂，石块之间砌筑得十分紧密。金字塔的围墙只残存了一小部分，通常应设置的辅助建筑物也没有留下多少。供奉用的祭室靠近金字塔东侧面的中心位置，祭庙在它的前方，与其成一条轴线，它们之间由一条斜向的堤道连接，这条堤道一直通向河谷神庙。河谷神庙的东西两侧各有一船形阴刻石碑，沿着堤道的北侧也设有一块这样的石碑。但人们仍不能十分肯定这些石刻描绘的是否是国王死后所乘坐的木船。1954年，在靠近金字塔南侧的地方又发现了另外两块有船形阴刻的石碑，它们有着石制横梁，其他的几座石碑最初也应该有这种石梁。这两块石碑上所刻画的长 35.5m(115ft)的木船形象保存得完好无缺。在金字塔东侧的东南方向不远处有三座次要的金字塔，是基奥普斯的王后的陵寝，每个陵墓东侧都有一间供奉用的祭室。

海夫拉金字塔(The Pyramid of Chephren (Khafra)，第四王朝，见[48]页图Ⓚ、图Ⓛ及[53]页图A)，也是吉萨的三座金字塔之一，仅比基奥普斯大金字塔小一点，边长 216m(708ft)、高 143m(470ft)，但坡度(52°20′)比较大。在这座金字塔的中央只有一个墓室，这个墓室位于地表建筑和地下岩石层之间，在金字塔北面有通向墓室的两条墓道，一条从石砌的地表建筑物中穿过，另一条在地坪以下，两者在中途合二为一，汇成了一条墓道。外包的石灰岩在靠近金字塔顶部的地方仍保存完好，残存的遗迹表明靠近基础的两层砌筑的外表装饰是花岗岩。这个建筑群现存建筑的质量也比其他的要好一些。供奉用的祭室和祭庙按惯例设置在东侧面轴线上。祭庙东西长 113.3m(372ft)、南北长 47.2m(155ft)，在祭庙室内的北墙上装饰有石灰岩，但外部呆板单调，没有什么特点。祭庙内有一个开敞的大庭院，被走廊和列柱环绕，在每根柱子前设置一尊雕像，共 12 尊。在大庭院西侧有五间放置法老雕像的进深很大的房间，中央一间的开间比其他间稍大。在这些房间背后是相应的储藏间、祭室以及穿过金字塔围墙的唯一入口。大庭院的东侧是一个前殿，其平面与河谷建筑十分相似，设有两个柱厅，并且在两个侧翼位置有狭长的祭室。在入口廊道两侧，位于建筑群东北角的四个以石膏材料砌筑的房间内，存放着盛放内脏的石膏储藏柜；位于建筑群东南角的是两个以花岗岩材料砌筑的房间，里面存放着两顶王冠。这个金字塔建筑群保存得十分完好，因此我们可以看到，尽管金字塔的总平面基本呈对称形式，但是入口并不显著而且偏离中心，它连接着一条通向河谷建筑的斜向堤道。

河谷建筑(见[48]页图Ⓛ)边长 44.8m(147ft)，外立面是向上内收的，但室内墙面是垂直的。在这个建筑物的室内各处，描画了各种葬礼的仪式活动，包括遗体净化、木乃伊制作、"开口仪式"(opening of the mouth)等。从码头到横向的前厅有两条入口通道，前厅后是一个T形的花岗岩柱厅，23尊国王的雕像围绕着这个柱厅，这里的墙角和天花板上开有狭长的缝隙，射进来的光线可将柱厅照亮(见[59]页图Ⓒ)。在柱厅的南侧翼有位于两个不同标高上的三间墓室；在另外一个侧翼上有一个石膏阶梯穿过墙顶通向屋顶,与通向堤道的通路相交。

河谷建筑的西北侧不远处是**海夫拉大斯芬克斯**(Great Sphinx of Chephren,见[53]页图A),这个谜一般的巨大怪兽是用基奥普斯时代留下来的一块岩石雕刻而成的。它有海夫拉的头颅,戴着王室的头饰,还有像山羊胡须般的假胡子以及眼镜蛇状的额头饰物,身体则是一只横卧的狮子。这座雕像长73.2m(240ft),最高处达20m(66ft),面部高4.1m(13ft6in)。其雕刻方式克服了岩石天然的缺陷。在雕像的两个前爪之间有一块花岗岩石碑,上面记载着第十八王朝图特摩斯四世(Thothmes Ⅳ,前1425)对其进行的一次修复。

米凯里诺斯(门卡乌拉)**金字塔**(Pyramid of Mykerinos(Menkaura),第四王朝,见[48]页图Ⓜ及[53]页图A),比前两座吉萨的金字塔要小得多,其边长109m(356ft)、高66.5m(218ft),各边倾斜51°。这座金字塔绝大部分外部装饰面都依然保留着,其中大多数为图拉石灰岩,但底部16层外部使用的是花岗岩。

第五王朝和第六王朝(前2563—前2263)的金字塔主要建造在阿布西尔(Abusir)和萨卡拉一带,但它们的规模缩小,并且在建造技术上也比之前几个王朝要低一等,墓室和廊道的安排更加简单和程式化。

阿布西尔的**萨胡拉金字塔**(Pyramid of Sahura,第五王朝,见[48]页图Ⓝ),其墓室由三组成系列的石制假拱所覆盖,每个假拱均由一对石头构成。这座金字塔具有的一些突出特点使其成为第五王朝和第六王朝时期的重要代表。它的建筑群中仍然包括之前的建筑类型,如河谷建筑、甬道、还有祭庙。但是,当时供奉用的祭室被合并到了祭庙之中。在围墙的东南角有一座辅助的小金字塔,这并不是某一位王后的墓冢,而是用于重要仪式。与第四王朝相比,这时的储藏间在数量上明显增加,这使得祭庙的平面扩大并复杂化。祭庙墙壁上的雕饰十分丰富——从同一时代的玛斯塔巴建筑中也可以观察到这一特点,例如提氏玛斯塔巴(见[48]页图Ⓕ)。此时建筑上的一个重要特征是自由设立的花岗岩柱的使用,这些柱子或是有凹槽的,或是光滑的,带有莲花、纸莎草或棕榈叶纹饰的柱头,这种新形式的柱子取代了第四王朝建筑中矩形外观的柱子。

石窟墓

在中王国时期之前,这种形制的陵墓很少。即使在中王国时期,石窟墓一般也是作为贵族的墓冢而不是王室的陵墓。尽管中王国时期建造金字塔的水平已变得平庸,但金字塔仍然是王室陵墓的基本形式。

贝尼哈桑的**石窟墓群**(The Tombs, Beni Hasan),由39个单独的坟墓组成,修建于第十一王朝和第十二王朝时期(前2130—前1785),是当地一个大家族的墓葬群,全部采用石窟墓的形式,且都有一个门廊式的外立面,而外立面后是一个房间。从这些石窟墓的外立面中可看出明显的对木构建筑模仿的特点,其柱子是八边形或者十六边形的,柱身上有轻微的凹槽,并且向上逐渐收分,在这些柱子之上是横梁以及椽子(见[52]页图Ⓖ~图Ⓚ及[53]页图B)。有一些石窟墓,例如赫努姆霍太普石窟墓(Khnemhetep),顶棚是轻微弯曲的石穹顶,由带有凹槽的柱子支撑;墙壁一般被轻微地粉刷过,上面绘有田园风光、家族活动以及其他的一些情景。

底比斯的**国王石窟墓**(The Tombs of the Kings,见[52]页图Ⓛ~图Ⓠ,修建在尼罗河西岸一处光秃贫瘠的山谷中。这证实了新王国时期王室金字塔墓葬形式被遗弃,转而热衷于一种通道模式的陵墓形式。这种陵墓形式包括楼梯、走廊和墓室等组成部分,各部分全部由通道串连起来,延伸至山体内210m(690ft)深,向下达到低于山谷谷底96m(315ft)处。石棺通常放置在通道末端的一个岩石柱厅里,大厅内部的墙面上描画着大量墓葬仪式场景和宗教文字。最重要的几个案例是塞提一世及拉美西斯三世、四世和九世的石窟墓。这些石窟墓仅用来放置石棺和随葬品;祭庙与石窟墓完全分离开来(例如哈布城的拉美西斯殿、达尔巴赫里的哈特谢普苏特女王祭殿),一般坐落于毗邻西部耕地的大墓地中,墓地上还有一些形制相似但是规模较小的贵族墓葬群。达尔巴赫里的门图荷太普二世的神庙(中王国时期)是一个过渡期的建筑,它既具有石窟墓的形式,同时也有一座小金字塔。

庙宇

埃及的庙宇主要有两种形式:一种是祭庙,

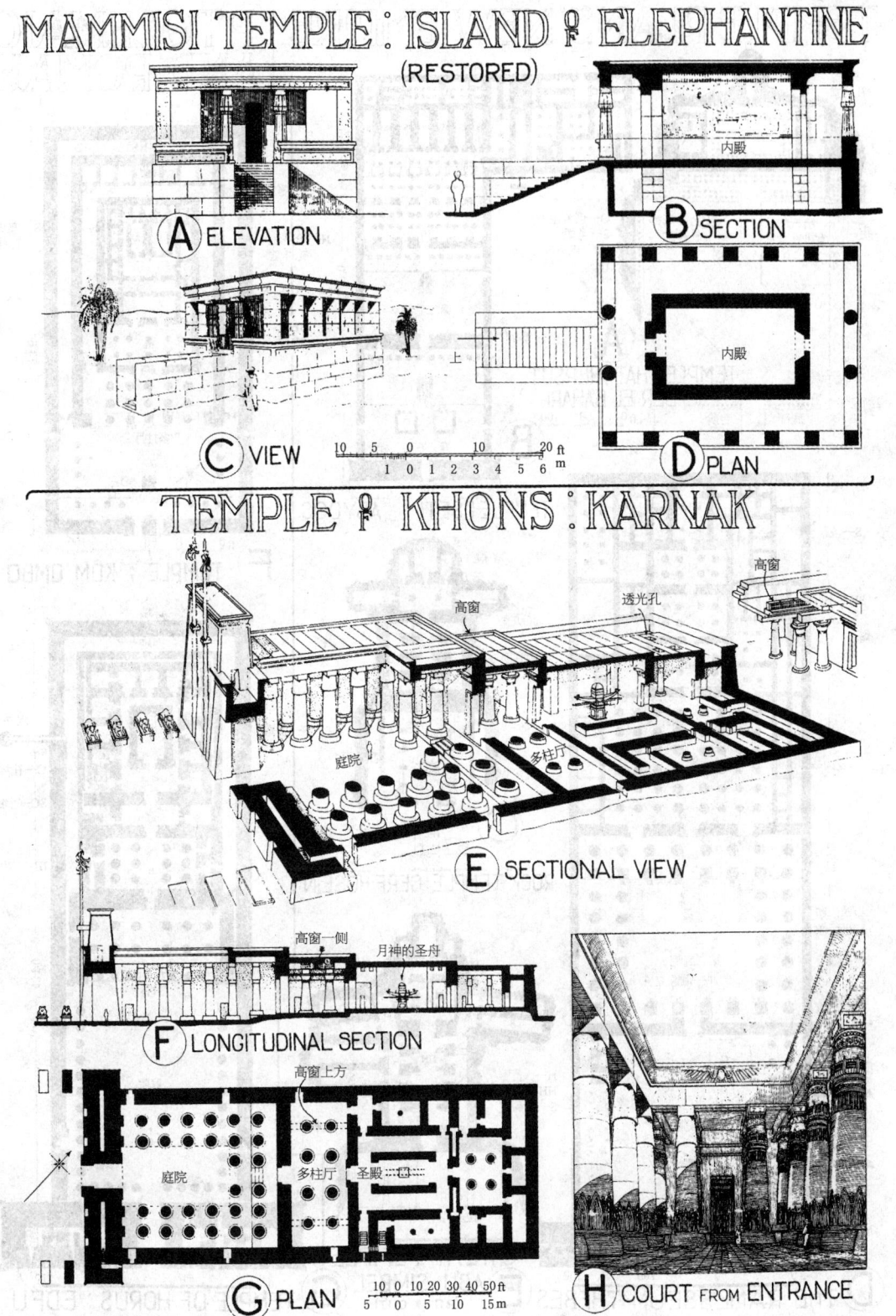

埃勒凡泰尼岛的法老降生圣殿神庙复原图(MAMMISI TEMPLE: ISLAND OF ELEPHANTINE (RESTORED))：Ⓐ 立面图；Ⓑ 剖面图；Ⓒ 透视图；Ⓓ 平面图
卡尔纳克的月神庙(TEMPLE OF KHONS: KARNAK)：Ⓔ 剖透视图；Ⓕ 纵剖面图；Ⓖ 平面图；Ⓗ 从入口看庭院

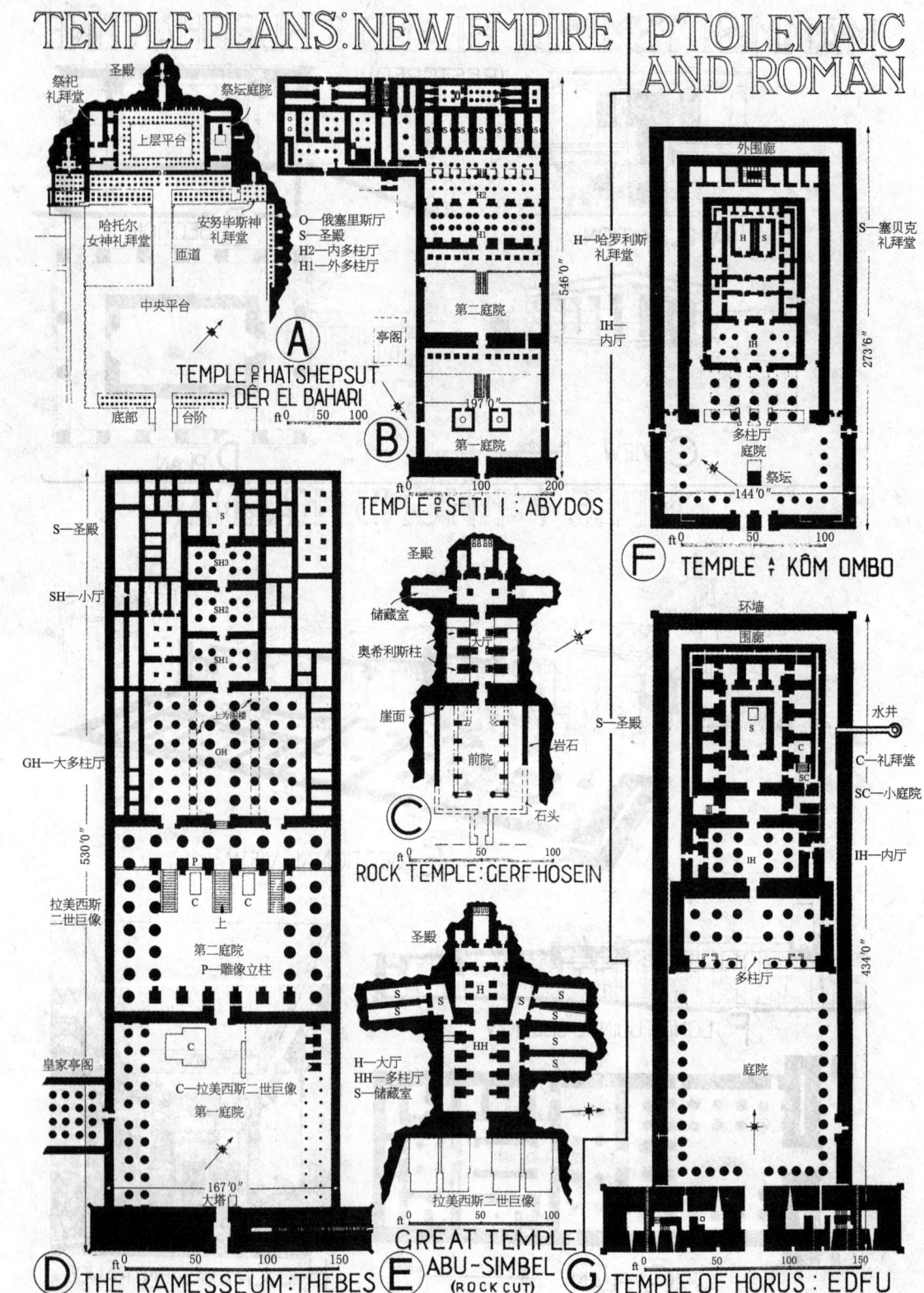

新王国时期的陵墓平面(TEMPLE PLANS: NEW EMPIRE)：Ⓐ 达尔巴赫里的哈特谢普苏特女王祭殿；Ⓑ 阿比多斯的塞提一世神庙；Ⓒ 杰尔夫胡森的岩凿神庙；Ⓓ 底比斯的拉美西斯祭庙；Ⓔ 阿布辛拜勒大神庙（岩凿庙）
托勒密王朝和罗马帝国时期(PTOLEMAIC AND ROMAN)：Ⓕ 考姆翁布的神庙；Ⓖ 伊德富的何露斯神庙

第3章 埃及建筑

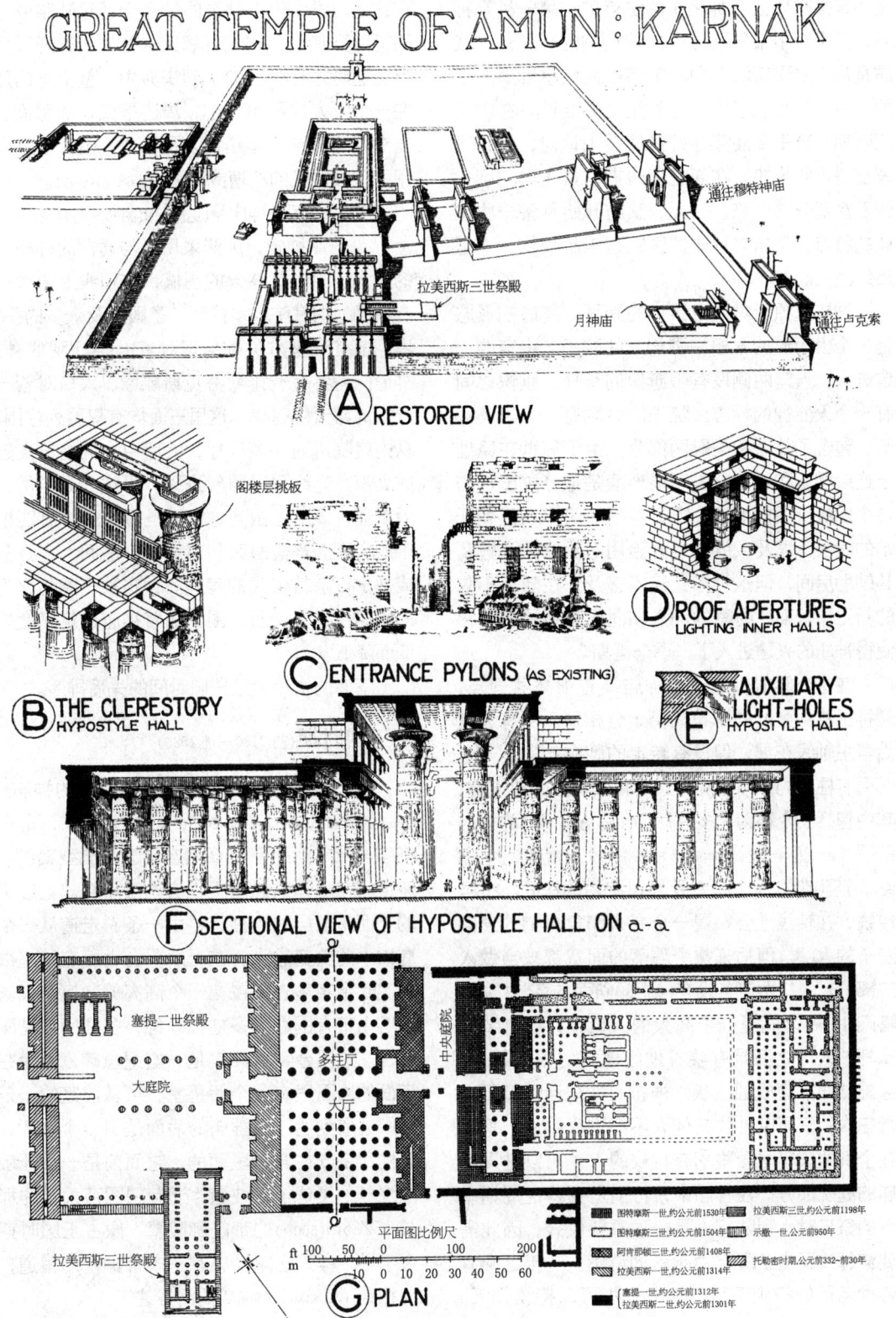

卡尔纳克阿蒙大神庙(GREAT TEMPLE OF AMUN: KARNAK)：Ⓐ 复原透视图；Ⓑ 多柱厅天窗；Ⓒ 门塔现状；Ⓓ 照亮内部大厅的屋顶采光带；Ⓔ 多柱厅的辅助采光缝隙；Ⓕ 多柱厅a-a剖视图；Ⓖ 平面图

是用来祭祀死去而神化了的法老的;另一种是神庙,是民众用来祭拜远古神秘莫测的神灵的。祭庙是从王室玛斯塔巴和金字塔中的祭室发展而来的,被认为代表了永恒性和无比重要性。在中王国时期,当王室陵墓开始修建在山地时,祭庙逐渐变得重要起来。在新王国时期,祭庙与门廊式的石窟墓分离开来。自此,祭庙开始具备一些神庙的特点,祭庙与神庙的区别越来越模糊,直至最终消失。

神庙起源于对地方诸神的崇拜。其最初形态是一个由矩形的木栅栏围起来的院子,由窄的一边进入,入口两侧设有带旗帜的长杆,旗帜之间有一个象征神的标志。院子的尽端有一个华美建筑,包含了前厅和圣殿两部分。由于后世在原址上连续翻新和重建,因而很难清楚地分辨出神庙各个发展阶段的痕迹。很显然,在第十八王朝开始的时候,埃及人就已经开始用石头修建圣殿及其辅助房间,但这种形式还不普及。在随后不久的新王国时期,财富的涌入和偶像崇拜的普遍化使得神庙的兴建进入了一个全盛期。

在这个时候,祭庙和神庙具有很多共同点,最神圣的神龛的安排布局仍十分相似。所有建筑沿着主轴线布局,但没有特定的朝向;先是一个四周有柱廊的开敞庭院,通向有顶覆盖的建筑物,其中包括一个称为"多柱厅"(hypostyle hall)的横向前厅和一座圣殿(当神庙供奉多个对象时需要有多座圣殿),还附带有一个祭室及祭司使用的房间。按照传统,在轴线上会布置一个令人印象深刻的通向院子的大门。但后来整个院落的面宽都被当做入口部分,入口两侧各设有一个倾斜面的塔状门楼。塔门(Pylon)之间是一个高大的入口,并设有装饰旗杆,入口立面具有峡谷地区建筑的檐口特点,且外墙角打磨成圆柱状。神庙的祭祀活动每天举行三次,祭司以外的其他人不能进入神庙,只有在个别的庆典中一些享有特权的人才可以进入神庙的庭院部分。在神庙中,特别是在特定周期举行的祭日时,列队行进是一项重要仪式,因此需要穿越或围绕圣殿自由布置的游廊。一年之中有各种名目的祭庆节日,其中一些可以持续几天。

在这些时候,供奉神灵的神龛会通过陆路或者水路运送到其他神庙或者邻近的圣地,普通民众只有在这时才有机会参与到庆典中。整个神庙建造在一个巨大的围墙之中,周边是祭司的房间、神庙专用的房屋、储藏室以及谷仓,还会设有一个用于宗教仪式的池塘或湖泊(见[68]页图A)。

卡尔纳克月神庙❶(见[57]页图Ⓕ~图Ⓗ及[59]页图Ⓐ),是一座神庙,可能采用了与通常的神庙一样的形式,四周有高耸的围墙,在轴线上依次布置有塔门、内庭院、多柱厅、圣殿以及众多的祭室。塔门前有一座方尖碑,正对着一条壮观的神道,神道两旁各有一排斯芬克斯雕像。入口对着一个开敞的露天内庭院,这里三面均有双层列柱围廊。从内庭院可通往多柱厅,大厅中央的柱子高起形成高窗,光线可以照射进来。再往后是圣殿,前后贯通,周围是围廊,穿过圣殿是一个有四根柱子的大厅。圣殿两旁和后部的小房间大多是祭室或是举行宗教仪式的房间。神庙被一圈与之等高的围墙包绕着,而且围墙随着神庙建筑高度的降低而降低。

下面的实例大致按照时间的先后排序。

中王国时期(前2130—前1580)

底比斯达尔巴赫里的门图荷太普的神庙(The Temple of Mentuhetep, 前2065, 见[52]页图Ⓕ),是一个祭庙与带门廊的石窟墓相连而建的典型案例。这座神庙在陡峭的悬崖上建有两层平台。上层平台的立面是双层的列柱,经由一条斜走道从一个植有树木的前庭进入。在上层平台之上有一座很小的实心金字塔,设置在一个高高的基座上面。金字塔由带有围墙的多柱厅环绕,多柱厅外是两层列柱。这座金字塔其实是一座纪念碑,因为在它下面的岩石里有一个假墓室,可从前庭的一条不规则通道到达。在神庙的后面是另一个柱厅,这个柱厅是嵌在岩石里面的,它面前是一个开敞的内院,中央是一条坡道,通向门图荷太普的那座长152.5m(500ft)的带门廊陵墓。像古王国时期的金字塔一样,这座神庙有一条带护壁的甬道,通向相距1.2km(0.75mile)的河谷建筑。

---

❶ The Temple of Khons,公元前1198年;Khons一译孔斯神或柯恩斯神,即古埃及宗教所崇奉的月神,其像多为青年男子。——译者注

新王国时期(前1580—前332)

底比斯达尔巴赫里的**哈特谢普苏特女王祭殿**(The Temple of Hatshepsut,前1520,见[45]页图Ⓐ、[58]页图Ⓐ及[63]页图A),由建筑师桑穆特❶主持修建,位于比它早建500年的门图荷太普神庙旁边。哈特谢普苏特女王祭殿也有类似的平台式建筑,但女王真正的墓穴远在山上另外一处带门廊的石窟墓中,这里仅是一个祭殿,供奉着阿蒙神❷和其他神灵。斯芬克斯大道连接着庙宇和峡谷。平台一共有三层,修建在一个从悬崖延伸出来的基础之上,这三层平台的立面是双层的列柱,从一条坡道可以抵达各层。上层的平台是一个有围墙的庭院,周围是双层石柱廊,左侧是女王的祭殿,右侧是一个较小的庭院,庭院内有一个供奉太阳神"瑞"❸的巨大圣坛。最主要的圣殿位于最上层庭院的后部,呈轴向布置,并深深地嵌在岩石之中。中央平台的左侧和右侧是供奉哈托尔女神❹和安努毕斯神❺的神坛。这座祭殿墙壁上的浮雕十分精美,其中既有反映女王和蓬特王国的贸易远征的作品(见[45]页图A),也有反映女王依照神旨顺天意降生的作品。这里许多柱子的断面是八边形或十六边形的,令人联想到了希腊的多立克柱式。

底比斯卡尔纳克的**阿蒙大神庙**(The Great Temple of Amun,前1530—前323,见[59]页及[62]页图A、图B),是全埃及最大的神庙,但它并不是按照一个完整平面一次性建成的,而是历经几个国王的修建才形成最终的规模、布局和华丽的装饰。最初神庙的神龛很普通,大概是公元前2000年中王国时期建造的,图特摩斯一世时期对神庙进行了第一次较大规模的扩建(前1530)。阿蒙大神庙的基地尺寸为366m×110m(1200ft×360ft),与其他神庙以及一个圣湖同处于一个带围墙广阔区域之中,周边的围墙厚6.1～9m(20～30ft)不等。阿蒙大神庙经由一条斯芬克斯大道与卢克索神庙相连接。阿蒙大神庙有六对门楼,历经几代统治者陆续修建而成。

这座神庙包括了通向圣殿的若干内院和大厅,在圣殿后面还有一个由图特摩斯三世(Thothmes III)修建的庆典大厅。与多柱厅入口相连的大庭院的尺寸是103m×84m(338ft×275ft),多柱厅是由塞提一世和拉美西斯二世修建的,室内空间尺寸大约103m×52m(338ft×170ft)。16列共134根柱子支撑着屋顶巨大的石板,中央通道高约24m(78ft),柱高21m(69ft)、直径3.6m(11ft9in),柱头为纸莎草形或钟形。中央通道两侧的屋顶高度降低,这样形成的高窗可以透射进光线。大厅两侧部分的柱高13m(42ft6in)、直径2.7m(8ft9in),带有纸莎草花蕾形柱头(见[59]页图Ⓑ～图Ⓕ及[62]页图A)。这种高窗采光的方式后来在欧洲哥特建筑时期得到了全面的发展。大厅的柱阵产生了一种极具震撼力的视觉效果,人的目光和注意力会被沿着中央通道的高大列柱完全吸引,而两侧部分较小的柱子则消失在黯淡的背景之中,从而产生了大厅空间无限延展的感觉。神庙的墙壁、柱身和横梁上布满了雕刻文字和彩色浮雕,记载了那些曾为这座壮观神庙作出过贡献的王室人物的名字和功绩,并且颂扬了神庙内供奉的神灵。在这些古老的雕刻之中,可以看出几个世纪之后的基督教堂建筑的一些萌芽。基督教堂的彩色马赛克、壁画和彩色玻璃窗以及记录圣经历史和圣人生活的浮雕都可以在这里找到雏形。

底比斯的**卢克索神庙**(The Temple at Luxor,前1408—前1300),是在一个旧有圣殿的基础上兴建的,而且像大多数神庙一样,也经历了后来的改建和重修。除了由拉美西斯二世增建的大前庭和门塔之外,这座神庙的主要建造工作是由阿梅诺菲斯三世(Amenophis III)完成的。这座神庙供奉的是底比斯三神,即阿蒙、穆特❻和柯恩斯(月神)。从图片中可以看出,残存的前庭中有纸莎草花蕾形的柱头和拉美西斯的巨大坐像。这个前庭与远处阿肯那顿时代的小内院通过双层柱廊连接起来。柱廊长53m(174ft),由高12.8m(42ft)的带钟形柱头

---

❶ Senmut;活动时期约公元前1473～约前1458年。——译者注
❷ Amun;阿蒙,埃及的诸神之王。——译者注
❸ sun god Ra;古埃及宗教所奉祀的太阳神,创造宇宙万物,是埃及最重要的诸神之一。——译者注
❹ Hathor;又称为阿锡尔,古埃及宗教中司掌苍天、女人、生育和爱情的女神。——译者注
❺ Anubis;又称为安普,古埃及宗教所崇奉的死者之神。——译者注
❻ Mut;古埃及宗教所信奉的天神和大圣母。——译者注

第一编　埃及、古代近东、亚洲、希腊及希腊化诸王国的建筑

图 A　卡尔纳克的阿蒙大神庙多柱厅的复原模型(约前 1312—前 1301)，见[61]页

图 B　卡尔纳克的阿蒙大神庙：沿多柱厅的透视

图 C　阿比多斯的塞提一世神庙：第二多柱厅(约前 1312)，见[65]页

第 3 章 埃及建筑

图 A　达尔巴赫里的哈特谢普苏特女王祭殿(约前 1520)，见[61]页

图 B　卢克索的阿蒙大神庙(约前 1408—前 1300)，见[61]页

第一编 埃及、古代近东、亚洲、希腊及希腊化诸王国的建筑

图A 阿布辛拜勒大神庙(约前1301)，见[65]页

图B 阿布辛拜勒大神庙

图C 阿布辛拜勒小神庙(约前1301)，见[65]页

的柱子组成,这是阿肯那顿修建的雄伟多柱厅的仅存部分,这个柱厅也可能是该王朝最后一个国王霍伦希布(Horemheb)修建的。阿梅诺菲斯三世还在底比斯西部修建了一座祭庙,但那里仅留存了一对他本人的坐像,原高20.8m(68ft),这对雕像从古代起就作为门农巨像❶而远近闻名。

埃勒凡泰尼岛上的神庙(The Temple, Island of Elephantine,前1408,见[57]页),毁于1922年,是被称为降生圣殿的小神庙之一。这类建筑通常建造在大神庙的外围,是大神庙的附属品,用来纪念法老的神圣降生。法老是何露斯神❷与一个凡人母亲所生。通常在举行纪念法老神圣降生的仪式之中,爱神哈托尔和新生命守护神贝斯❸都会出现。降生圣殿是一个周围有方柱或者圆柱围廊的小房间,设置在高台之上,通过一段楼梯进入。这个建筑的外立面并不是典型的埃及建筑样式,但这种样式在第十八王朝早期就已有过先例,并且后来在托勒密王朝和罗马时期得到了进一步的发展。

阿比多斯的塞提一世神庙(The Temple of Seti I, Abydos,前1312,见[45]页图B、[58]页图Ⓑ及[62]页图C),有两座塔门、两间前庭和两个多柱厅。其中一个与众不同的特点是有七个圣殿依次排布。圣殿均为石屋顶,由托梁支撑,托梁底部都处理成弧形。另一个与众不同的特点是这座神庙的侧翼建筑与主体建筑成直角,并延续了主体建筑的形式与高贵品质。神庙在密实石灰岩墙壁上的装饰浮雕是埃及最好的浮雕之一(见[45]页图B)。塞提一世在底比斯西部还修建了第二座祭庙,他的继任者拉美西斯二世最终将这两座庙宇的剩余部分完成。

底比斯的拉美西斯祭庙(The Ramesseum,前1301,见[44]页图Ⓗ和[58]页图Ⓓ)和是由拉美西斯二世修建的,与卡尔纳克月神庙一样,也是新王国时期的典型祭庙,这座祭庙类似神庙的形制,两者之间的区别并不很大。祭庙内供奉着法老,并摆放着贡品,但是法老的陵墓却建在远处的山谷中。第一道门塔宽67m(220ft),通向两个有柱的庭院,第

二个院子的前后墙上有俄赛里斯柱。然后通向一间大的多柱厅,紧接着是三个小柱厅,一直通向最深处的圣殿。在祭庙之中并没有设置围绕着圣殿的游廊。这座祭庙的多柱厅比卡尔纳克月神庙的要小很多,尺寸是30m×60m(98ft×196ft),只有48根柱子,其中12根带有钟形柱头。但是,这座祭庙像卡尔纳克神庙一样,将在三条轴向通道上的屋顶做了抬高处理,同样采用了成熟的高窗做法。在它的周围残存着围护圣地的墙体、砖砌的祭司房屋、谷仓和储藏室等。附近还有拉美西斯二世在阿比多斯修建的另一座祭庙的残迹,以及一座由拉美西斯三世(前1198)在哈布城(Medînet-Habu)修建的祭庙,这座祭庙与拉美西斯祭庙十分相像,它的圣地周边的围墙和砖砌的辅助建筑残存至今(见[68]页图A)。

阿布辛拜勒大神庙(约前1301,见[58]页图Ⓒ及[64]页图A、图B),是这一地区两座石窟墓神庙之一,由热衷建造的拉美西斯二世下令修建,在同类建筑中它特别令人称奇并且给人深刻印象。穿过一个入口前庭就来到了这个气势恢弘的建筑面前,其立面宽36m(119ft)、高32m(105ft),采用塔门建筑形式,并设置了四尊超过20m(65ft)高的巨大的拉美西斯石雕像。入口之后是一个高9m(30ft)的大厅,内有八根俄赛里斯柱,墙壁上绘有生动的彩色浮雕。再往后有八个较小的房间,布局和房间开口朝向均呈不规则布局,而在主轴线上是一个有四根柱子的规模较小的厅,穿过这里再经由一个前厅便可以到达另外三个并置的房间,中央的一间是圣殿,里面有四尊神像和一艘圣舟的底座。这座神庙曾经从尼罗河岸的河床原址搬迁到高地上。

阿布辛拜勒小神庙(The Small Temple,约前1301,见[64]页图C),也是由拉美西斯二世修建的,靠近阿布辛拜勒大神庙,这里供奉的是被神化的王后奈费尔提蒂❹和哈托尔女神。神庙的立面宽27.4m(90ft)、高12.2m(40ft),上面有六个神龛嵌在岩壁中,并嵌有六座高10m(33ft)的巨大雕像;

---

❶ Colossi of Memnon;门农是希腊神话中提托诺斯和黎明女神厄俄斯的儿子,埃塞俄比亚国王。——译者注
❷ Horus;埃及语又称为何尔或哈尔,古埃及宗教所奉之神,其形象似隼,太阳和月亮是他的双目。——译者注
❸ Bes;古埃及的一个次要的神,与婴儿和分娩有关,其形象为大头侏儒。——译者注
❹ Nefertari;亦拼作Nefertiti,埃及王后,阿肯那顿国王的妻子。——译者注

第一编 埃及、古代近东、亚洲、希腊及希腊化诸王国的建筑

图A 菲莱岛在未被淹没前的东侧俯瞰视图：前景的亭阁(约96)；塔门、伊希斯神庙和远处的降生圣殿(前283—前47)，见[71]页

图B 菲莱岛伊希斯神庙的柱子

图C 菲莱岛伊希斯神庙的第二道塔门

第 3 章　埃及建筑

图 A　菲莱岛上的伊希斯神庙(前 283—前 47),亭阁被部分淹没,见[71]页

图 B　菲莱岛伊希斯神庙的入口庭院,可以看到塔门

第一编　埃及、古代近东、亚洲、希腊及希腊化诸王国的建筑

图 A　哈布城的拉美西斯三世祭庙(前 1198)，可以看到围墙内周边的砖砌建筑，见[65]页

图 B　丹达拉的哈托尔女神庙(前 110—公元 68)，见[71]页

图 A　伊德富的何露斯神庙（前 237—前 57），见[71]页

图 B　伊德富的何露斯神庙：柱间有矮墙的门廊

第一编　埃及、古代近东、亚洲、希腊及希腊化诸王国的建筑

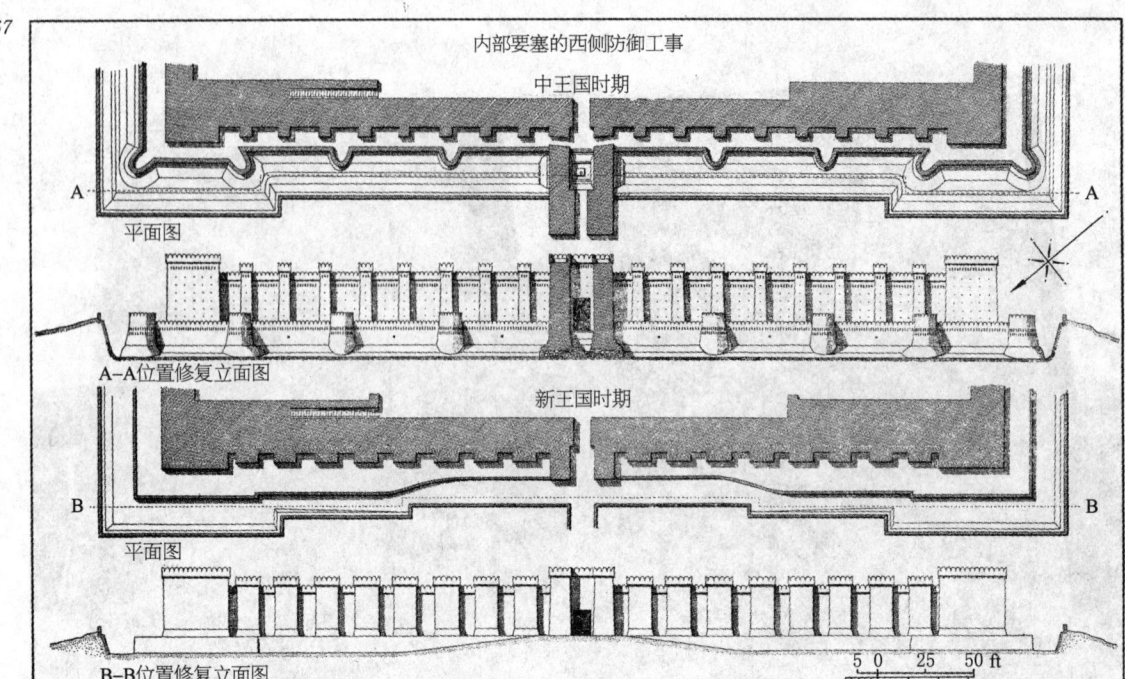

图 A　布亨城堡（前 2130—前 1580）：内部要塞的西侧防御工事，见[73]页

图 B　布亨城堡西大门复原图

图 C　布亨城堡西侧防御工事

图 D　布亨城堡防御壁垒较低处的狭孔

入口两侧各有两尊拉美西斯的雕像和一尊王后奈费尔提蒂的雕像，进入神庙会经过一间前厅和一个大厅，大厅的平面尺寸为 10.4m×8.2m(34ft×27ft)，里面有六根雕刻着何露斯头像的柱子。

杰尔夫胡森的岩凿神庙(The Rock-cut Temple at Gerf Hosein, 约前1301, 见[58]页图ⓒ)，是由拉美西斯二世修建的另一座神庙。比较特别的是，这座神庙仍有相当一部分还保留着，而且它的前厅的部分墙壁是从岩石中开凿出的。

托勒密王朝和罗马时期(前332—公元1世纪)

菲莱岛的**伊希斯神庙**(The Temple of Isis, on the Island of Philae, 见[44]页图①及[66]页和[67]页)，是古代的一处圣地。其现存的一小部分修建于第三十王朝(前378—前341)，神庙的大部分修建于托勒密王朝二世到十三世期间(前283—前47)。由于神庙并非同一时期修建的缘故，其平面呈不规则形状，但神庙的平面布局仍然与 1000 年前新王国鼎盛时期的格局基本一致。神庙的主轴线上布置着内外的院落、塔门，并且最终到达圣殿，气氛逐渐强化。神庙的变化主要体现在细节上，柱子花样繁多，柱头变得粗糙并且装饰繁复，还都有很厚的柱顶板。建筑的外立面开始较多地使用列柱，并且有高度是柱子一半的矮墙与柱子连在一起(见[66]页图B)，这个特点在内庭院西侧的降生圣殿以及被称为"亭"或"法老床"的殿阁中表现得很明显。这些建筑修建于罗马时期，位于岛的东侧(约96, 见[66]页图A、[67]页图A)。这个被称为"亭"的殿阁是没有屋顶的，后部有四根柱子，左右两侧翼各有五根柱子。两个入口布置在短边的轴线上，入口中央没有横楣，以方便祭祀队伍的旗帜和雕像通过。这座岛屿现在每年都会有一段时间被淹没，所以这座神庙也被重新安置到一个更高的地方。

伊德富的**何露斯神庙**(The Temple of Horus, Edfu, 前237—前57, 见[58]页图ⓒ及[69]页图A、图B)，是那个时期保存至今较为完好的实例。该神庙分三步修建完成，之间相隔的时间很长。第一次修建是由托勒密三世进行的，之后的一次修建是对外部的多柱厅的建造(前140—前124)，最后一次建造了周围的墙壁和塔门。显然这是一座可以容纳宗教游行的神庙，环绕着圣殿有一条走廊，串起了13个祭室的入口，同时也是外围围墙的一部分。所有内部房间都完全黑暗，没有任何窗户。大塔门宽 62.6m(205ft)、高 30.5m(100ft)。虽然古代的传统在神庙的主体部分中仍保存了下来，但神庙还是难免具有一些当时的显著特征，这主要体现在多柱厅中。柱子的柱头是叶状的或者棕榈形的，沿着轴线两侧成对使用不同的样式，柱头顶上都有厚厚的柱顶板，柱之间有矮墙连接，并且中央大门的横楣也是"断裂"的。

伊德富的**降生圣殿神庙**(The Mammisi Temple, 前116)，矗立在何露斯神庙的围墙之外，是外部有列柱的降生圣殿的代表，具有与菲莱岛埃勒凡泰尼的其他神庙(参见有关章节)以及丹达拉的神庙相似的形制。丹达拉一共有两座神庙，一座建于托勒密王朝，另一座建于罗马时期。

丹达拉的**哈托尔女神庙**(The Temple of Hathor, Dendera, 前110—公元68, 见[68]页图B)，十分宏伟壮观，它位于一个砖墙围绕的圣地之中，圣地面积 290m×280m(951ft×918ft)。这座神庙除了缺少塔门之外，与伊德富的神庙十分相似。并且与伊德富神庙一样，罗马时期在这座神庙的托勒密时代的核心建筑物中加上了多柱厅。沿着内圈的墙壁可以看出，曾围绕着它进行列队游行。多柱厅的柱头四面都刻有何露斯像，柱头顶上是厚厚的柱顶板，体现出了那个时期降生圣殿的一个普遍特点。在厚重的外墙里面隐藏着许多狭小的房间，并且有通向屋顶的楼梯，那里是举行仪式活动的地方。

考姆翁布的**塞贝克和哈罗利斯神庙**(The Temple of Sebek and Haroeris at Kôm Ombo, 前145—公元14, 见[58]页图ⓕ)比较独特，有两个入口分别通向两个圣殿，并且有两条围绕着圣殿的环廊供宗教游行使用。

方尖碑

方尖碑起初是赫利奥波利斯❶太阳神的神圣象征符号，通常设立在神庙入口两侧。碑体用整块巨石雕刻而成，平面为正方形，向上逐渐缩小，

---

❶ Heliopolis：此词为希腊语形式，古埃及语作尤努(Iunu)，或奥努(Onu)，意为柱城。《圣经》中称为安，是埃及最古老的城市之一，太阳神瑞的崇拜中心。——译者注

最顶部是天然金银合金的角锥帽，代表其神圣意义。方尖碑的高度通常是底部直径的 9 倍或 10 倍，四面雕刻有象形符号。建造方尖碑的花岗岩石料的开采过程十分耗费人力，是用极其坚硬的玄武岩工具在巨大的岩床上凿沟取料。而传统的采石料方法是在岩床的缝隙中插入木楔，木楔吸水后膨胀将岩石裂解开来。对于过长的方尖碑石料，传统采石方法的操作过程太危险而无法适用。碑体上的浮雕内容显示了方尖碑是通过石橇或者河上的驳船运输的，然后把它们拉上泥土堆成的土坡来使其竖立在基座上，最后再摆正位置。许多方尖碑被罗马皇帝搬出了埃及，仅罗马一地就至少有 12 座这样的方尖碑。

罗马拉泰拉诺的圣乔约翰广场的方尖碑是从底比斯卡尔纳克的阿蒙神庙搬运过来的(参见有关章节)，大多数人认为这座方尖碑由图特摩斯三世建造。这座方尖碑用阿斯旺产的巨大红色花岗岩雕刻而成，不计后来加建的基座，其高度为 32m (105ft)，底部边长 2.7m (9ft)，顶部边长 1.9m (6ft2in)，重达 230t。

被称为"女王克娄巴特拉之针"(Cleopatra's Needle)的方尖碑现在位于伦敦泰晤士河畔，原先它位于赫利奥波利斯，是 1878 年从埃及亚历山大港运到英国的。碑体上刻着图特摩斯三世和拉美西斯二世的铭文。其高达 20.9m (68ft6in)，底部尺寸为 2.4m×2.3m (8ft×7ft6in)，重达 180t。

住宅

陵墓内的陶土模型表明了当时的普通住宅是用生砖砌筑的，有一层或两层高，天花板是平的或者是拱形的，屋顶的一部分是有栏杆的平台。所有房间都朝向一个北侧的院子。在吉萨(第四王朝时期)的海夫拉金字塔，以及法尤姆东部的卡汗镇(Kahun，第十二王朝时期)的塞索斯特里斯二世金字塔的基地上，还保存着奴隶住的临时工棚。第十八王朝的阿肯那顿法老还在阿马纳修建了新城，但是这座新城存在的时间很短暂，仅存在了大约 15 年(约前 1366—前 1351)。奴隶的住房按照非常规整的秩序排布，组成了一个规模可观的村庄。达尔马迪纳(Dêr el-Medina)的村庄平面布置得更加自由一点，这些住宅是为修建底比斯石窟墓的奴隶而建造的，这片住宅存在了将近四个世纪。

由于用地范围有限，市镇上比较好的房屋往往会有三四层高，以便在基地节省出较多的地面空间。这些房屋的建筑形式是平面为矩形的生砖住宅，周边布置有树木、花园、水池及一些小型构筑物。住宅表面上贴有石材并开有门窗洞。柱子、梁及门窗的框架是用珍贵的木材建造的。典型的住宅平面布局会有一个中央大厅或者具有起居室功能的房间，因为一层以上只有局部是房间，所以允许这个房间层高较高，在房间中有一面或多面的天窗用于采光。通常情况下，住宅有三个基本组成部分，即待客部分(通常位于房子北侧较为凉爽处)、服务性房间和私人房间。

古时的宫殿表面装饰有重叠的竖直木材，被称为"宫殿式立面"，这种装饰样式后来还影响了石造陵墓建筑。在后来的记载之中，著名的孟菲斯"白墙"可能是用泥砖砌筑的，表面上涂抹灰泥并用石灰刷白。而孟菲斯地区悠久的石造建筑传统也暗示了它们可能是用石灰岩建造的，石灰岩在埃及强烈的阳光之下也会闪着耀眼的白色。

后期王朝宫殿的情况我们所知甚少。在这一时期最有代表性的应该是在玛尔卡塔(Malkata)的阿孟霍特普三世(Amenhotep Ⅲ)宫，它位于底比斯的西岸，哈布城神庙的南侧。这个建筑群由许多布局凌乱的大建筑组成，整体布局没有形成一个十分明晰的平面秩序，众多建筑都面向宽大的院子或者练兵场。石料使用得十分节俭，只用在柱的基石、门的基石以及浴室的地板上；生砖是建造墙体的主要材料，而木材被用于柱子和楼板梁上。坟墓里的绘画向我们展示了在这一时期的议政厅里设有华美的有顶宝座；并且地板、天花和墙壁上绘有当时在玛尔卡塔十分奢侈的宫殿彩绘，彩绘的内容是植物和围绕在矩形水池边上的水禽。阿玛纳的中央宫殿展示了阿肯那顿时期宫殿建筑的进一步发展，这与阿肯那顿的父亲在玛尔卡塔的宫殿相比有了许多变化，这时的建筑形体变大并且开始具有纪念性，石材的使用也开始变多。阿孟霍特普三世时期与第十八王朝的情况类似，国王的主要宫殿是用砖而不是用石材建造的，阿玛纳王宫和陵墓的绘画以及出土的遗迹为我们提供了相关的证据。新王国晚期的宫殿主要包括在孟菲斯的迈尔奈普塔宫(Merneptah)以及拉美西斯三世在哈布城祭殿建筑群之中朴素的宫殿。这一时期埃及的主要行政中心从底比斯迁到了下埃及。

城堡

在对始建于第四王朝时期的阿斯旺大坝的发掘完工之前，考古人员发掘了一处古王国时期的城镇遗址，它位于后来的**布亨城堡**(Fortress of Buhen，见[70]页图A～图D)附近，通过这次发掘我们了解到了埃及对努比亚的渗透和影响。中王国第十二王朝时期保存最为完好的建筑物并不是在埃及，而是在努比亚。相继的几任国王在第一大瀑布和第二大瀑布之间建设大城堡来保障国家安全，特别是塞诺斯瑞特三世(Senusret III)，在他的统治时期埃及控制着下努比亚。大部分的城堡建在尼罗河的西岸或者建在岛屿上，城堡之间有着紧密的联系，城堡的总部设在布亨，那里是最大的据点。

布亨及其他地方的城堡等军事建筑展现了惊人的复杂程度。布亨城堡的主要墙壁厚4.8m(15ft8in)、高11m(36ft)，并在城墙外围加设矩形的塔来加强防护。在主墙壁下方沿着夯实的堤墙每间隔一段距离就会设有一个半圆形的棱堡，棱堡在一个射击孔旁边还铺有三个窥视孔，以便弓箭手的火力能够覆盖下方的壕沟(见[70]页图D)。壕沟是干涸的，大约9m(30ft)宽、7m(23ft)深，有倾斜面的护墙。壕沟的外护墙形成了一道峭壁，上是一到砖体挡墙，挡墙外面是自然的缓坡地面。西大门(见[70]页图B)被着重地强调，它面向沙漠及通向矿场和采石场的大路。各种斜坡面的使用起初一定是为了阻止进攻部队的前进，同时也是为了防止敌人在主墙壁之下挖坑道。毫无疑问，这些城堡的设计是为了防御战车的进攻，因为直到公元前17世纪西克索人(Hyksos)攻占埃及的时候，马才从亚洲引入埃及。建造这种城堡需要花费很大的人力和物力，由此可以看出那时当地部落能力之强大。

第十二王朝之后，努比亚地区的埃及统治制度崩塌，在第十八王朝早期，埃及的统治制度在此又有所重建。布亨的军事建筑可能再一次成为了努比亚的军事和政府的总部所在，其重建的规模更大但是形状并不规则，城堡的西侧有一些十分明显的大型突出物。在这些建筑之间有一个大的防卫性组成部分，这是城堡面向沙漠的主入口，连接着穿过壕沟的岩石堤道。

乌诺那提岛(Uronarti Island)上的城堡在每边都有一扇大门，每一扇门里面都有带储藏室的行政管理建筑，并且有守卫者及其家属的住房。有限的空间在这里得到了有效的利用。新王国时期这里又被重新攻占，而这些建筑的变化很小。

埃及、古代近东、亚洲、希腊及希腊化诸王国的建筑

第 4 章
古代近东建筑

建筑特征

在底格里斯河和幼发拉底河冲积形成的平原上，建造所需要的石材和木材十分匮乏，只能依靠从其他地方引进。相对地，平原上有取之不尽的黏土。压模成形的黏土经过日晒或是窑火烘烤可以制成各种类型的土砖。两河流域最高的建筑成就是神庙或宫殿群，例如典型的巴比伦的神庙和亚述的宫殿，此外还有防卫坚固的碉楼要塞。在美索不达米亚历史上，这些建筑通常建造在泥砖高台之上，而主神庙总是矗立在庄严的塔庙❶上(见[76]页)，即 1~7 个递次抬高的矩形人造高台。除要塞和塔庙外，其他类型的建筑往往围绕或大或小的庭院而建。这些房舍空间狭窄，墙壁却十分厚重，可以支撑起砖拱甚至穹顶。屋顶外观通常都是平坦的，除非有突出的穹顶。人们有选择地使用材料，在早期建筑或是普通建筑上，以棕榈木加固捆扎的芦苇，再以黏土涂饰表面；对于高等级的建筑，则会使用来之不易的进口雪松或其他良木。烧结砖被有节制地使用在饰面以及被认为需要强调的部位。墙体通常被粉刷成白色；但是在高等级的塔庙上，多色彩纷杂。

最初，两河流域的基本建筑结构是券拱结构，最早的具有弧形拱石的发券出现在公元前三千纪。由于石材的短缺，人们很少采用梁柱结构，只在亚述晚期和新巴比伦时期出现了一些案例。塔楼或是扁平的墙垛竖向贴面，上部磨光贴砖，下部使用石板底座，主要入口处布置巨大的人首翼牛像。在宫殿中，典礼性庭院和房间的石膏基座和墙裙通常刻有浅浮雕，而在上部墙体进行绘画，并在薄石膏面上镶嵌连续的饰带。随着亚述人发明了琉璃砖，琉璃砖已成为另一种重要的装饰方式，特别是在比亚述更缺少石材的巴比伦，琉璃砖成为刻蚀石板的最佳替代品。

波斯人使用梁柱结构，因此波斯建筑与被波斯人征服的美索不达米亚的建筑非常不同。屋顶更多使用平直的木材而不是拱顶，这可使柱子变得细长而优雅。同时，方整的房间不同于美索不达米亚支撑砖拱所造成的狭窄室内，因而可以获得更大的空间。在天花上，由柱子支撑的木头托架和梁架承托起芦苇和黏土涂盖的圆木或铺板(见[98]页)。出于坚固安全的需要，波斯建筑使用双层砖墙。例如，在波斯波利斯，天花下可以直接开窗，但在外立面却不出现洞口。石材在丘陵地带非常丰富，但也很少用于建筑，仅仅用在如拜火庙(fire-temples)和宫殿平台、门窗周围以及华丽的柱子和优雅的大尺度的浮雕上。波斯人原先并不擅长石工工艺，因此他们聚集了波斯帝国各个地区的顶级工匠。通过考古研究发现，波斯建筑的很多做法和特征来源于埃及、美索不达米亚、叙利亚、爱奥尼亚、希腊及其他地区。

可以确信，经过美索不达米亚多个世纪和在伊朗阿契美尼斯王朝时期(Achaemenian period)建立和发展起来的建筑特征，见证了整个近东冲积平原和高地的两个主要传统，即黏土和木材的传统。

建筑实例

古代近东的建筑可以按如下阶段分类。
早期美索不达米亚时期(前五千纪—前二千纪)。
亚述和新巴比伦时期(约前1859—前539)。
早期安纳托利亚和赫梯时期(约前3250—约前1170)。
迦南、腓尼基和以色列(约前3250—前587)。
叙利亚-赫梯时期(Syro-Hittite, 约前1170—前745)。
乌拉尔图王国时期(Urartian, 约前850—约前600)。

---

❶ ziggurats, 亦称为"崎库拉特"、山岳台。——译者注。

第4章 古代近东建筑

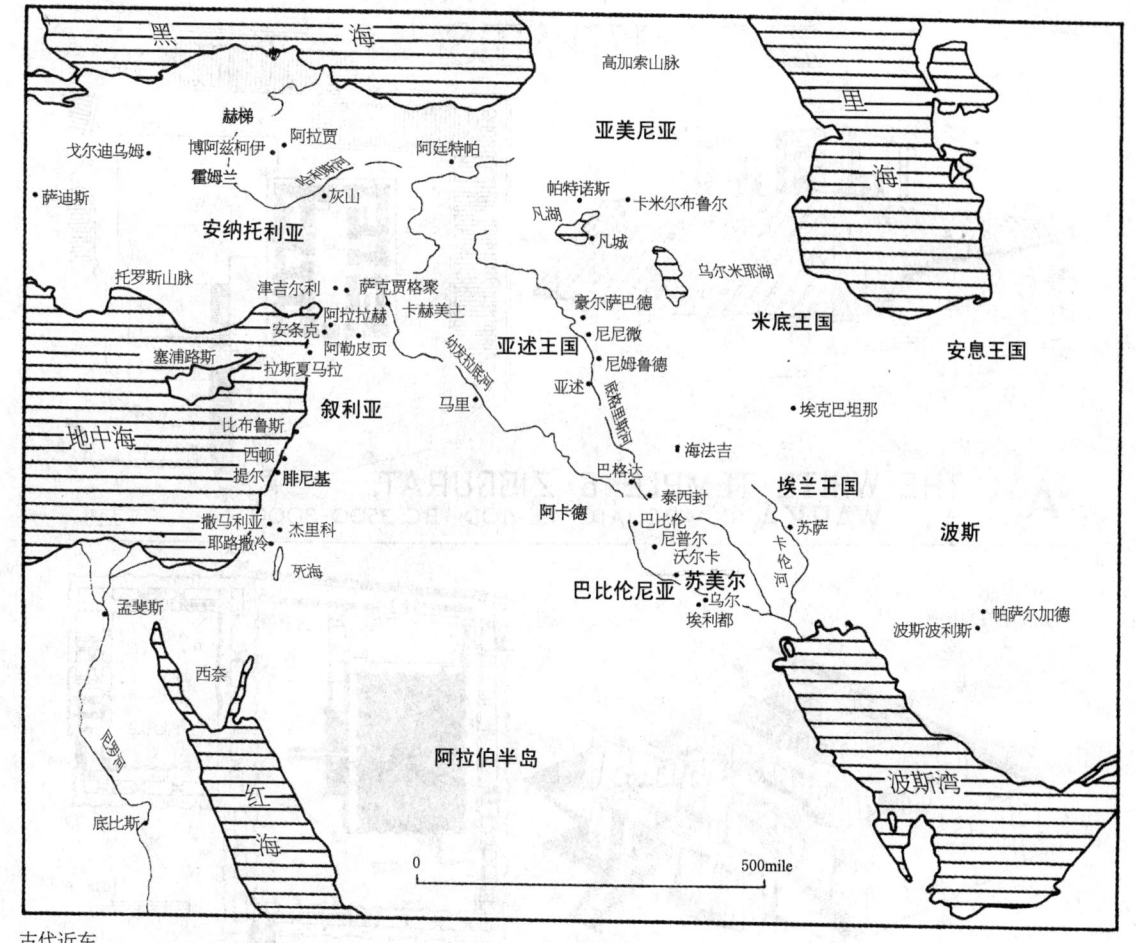

古代近东

弗里吉亚王朝时期(Phrygian，约前750—约前650)。

米底王国和波斯王国时期(约前750—约前350)。

塞琉西王国、安息王国时期(帕提亚王国)和萨珊王朝时期(前312—公元641)。

早期美索不达米亚建筑

埃利都是串联起苏美尔建筑和美索不达米亚建筑最早的重要实例。一系列神庙遗址的成功挖掘显示，它可以追溯到比其他已知的苏美尔地区更早的时期。16号神庙是挖掘出来最早的完整神庙，已经具有典型的美索不达米亚神庙的主要特征：在其"内殿"或圣殿(sanctuary)的壁龛内有圣坛，中央是留有燃烧痕迹的祭品桌。此后的埃利都神庙尺度较大，平面呈现出三部分，在内殿两侧有辅助房间：这种平面成为神庙的标准平面。

这里的建筑也第一次证实了壁龛和扶壁在室外的装饰性使用。从这个时期开始，美索不达米亚神庙的准确定位已具有重要的宗教意义。神庙成为城市的核心，人们对选址定位的偏好导致神庙的位址代表着不朽和永恒。

沃尔卡(Warka；乌鲁克(Uruk)，即圣经中的埃雷克(Erech))是目前发现的最大的苏美尔城市，其周长在苏美尔早王朝时期(约前2900—前2340)圣区超过9km(6mile)。大约1/3的城市区域被神庙和公共建筑占据。城市中重要建筑的区域是伊安娜(Eanna)圣区和安努❶圣区，分别祭祀母亲神和天神，其时间可以追溯到公元前五千纪后期。在乌鲁克后期(原始文字时期A段和B段 (Protoliterate A and B))，伊安娜圣区已经发展出令人叹为观止的神庙群，比之前建造的都要巨大。许多伊安娜圣区的神庙墙

---

❶ Anu：美索不达米亚地区所祀奉的天神，是众神之父，万王之神，也是群魔之祖。——译者注

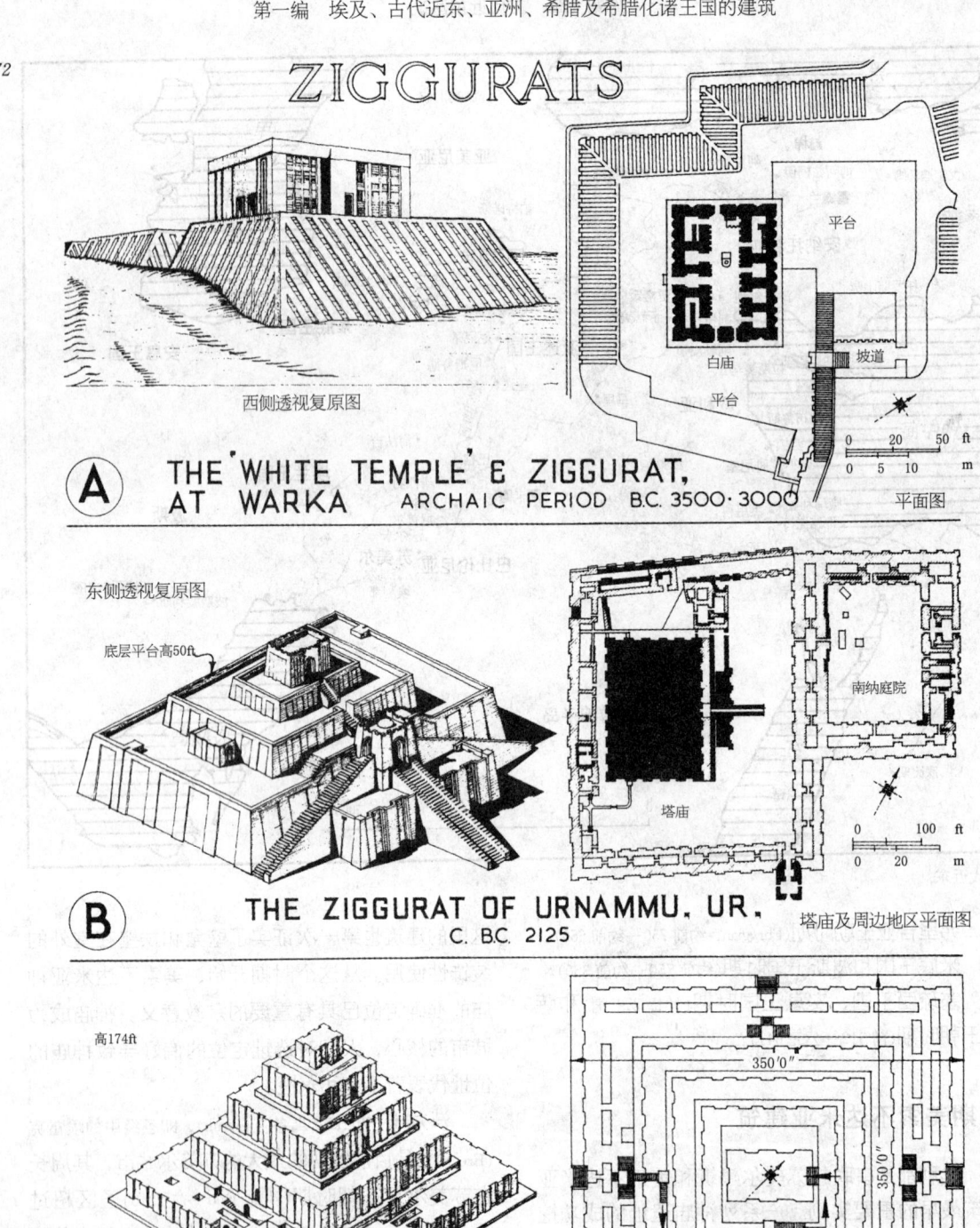

塔庙 (ZIGGURATS)：Ⓐ 沃尔卡"白庙"（前3500—前3000）；Ⓑ 乌尔的乌尔纳姆国王塔庙（约前2125）；Ⓒ 埃兰的查卡扎比塔庙（前13世纪）

第 4 章 古代近东建筑

面土坯中嵌有圆锥形陶钉,形成富有特色的马赛克式的装饰。其中最引人注目的实例是柱厅(Pillar Temple)。柱厅建造在梯台即高台上,有两排直径达 2.6m(8ft 6in)的粗大柱子,是已知最古老的自承重柱子。这些神庙巨大的周长和原始的建造方法,以及近似圆形的放射性铺砖,展示了一个思考和尝试进化的过程。然而,圆锥形马赛克仍明显有模仿棕榈树干的痕迹。安努塔庙的三重平面是更典型的美索不达米亚神庙制式,它事实上并不是真正的塔庙,而是一系列堆叠的神庙,每一个后建的神庙都建造在之前的神庙以及不断加高的平台之上。

白庙(White Temple,见[76]页图Ⓐ),是安努神庙群中保存最好的一个。它建造在史前美索不达米亚废墟上,可以说明山岳台(亦即塔庙)的由来。塔庙的观念大致结合了两种相对独立的功能:一种功能是宗教功能,即以在平坦的冲积平原上再建庄严的山丘的方式来实现;另一种功能是不断地给平民灌输神庙政治、社会和经济的卓越崇高性。白庙的高台侧面倾斜,三面有扁平的扶壁。在北侧有一个差不多同高的附属开阔正方形平台,配有一条低缓的踏步与一个中间过渡平台相连,另有一条迂回的坡道通向入口。白庙最初被粉刷成白色,有一个两边跨度达到 4.5m(15ft)的大厅,两侧有一系列的小房间,其中三间容纳了通向屋顶的楼梯。四个入口中,主入口非对称地布置在长立面上,由一条主轴通向圣殿,面向大厅北端 1.2m(4ft)高的祭坛。靠近中央处有一个供放祭品的砖桌,相邻的是一个低矮的炉膛。浅薄的扶壁形成了大厅和外墙的主体装饰。高台高 13m(42ft6in),还有让人惊叹的墩座墙。

乌尔的塔庙及专区(The Ziggurat and Precinct of Ur,见[76]页图Ⓑ,Ziggurat 又译为观象台)非常古老,而且不断地被乌尔纳姆(Urnammu,约前 2125)和他的继任者们改建。这组建筑包括塔庙及其主次庭院和三座神庙。这些建筑都建造在位于由椭圆形城墙包围的城市中心的巨大矩形平台上。城市本身比周边的平原高出 6.1m(20ft)。62m×43m(205ft×141ft)的塔庙坐落在 21m(70ft)高的基座上,神庙像普通神庙那样位于基座顶层东端。乌尔塔庙的内核为黏土砖,表面覆以 2.4m(8ft)厚的窑砖,在间隔中浇注沥青以增加黏结。它的侧面略微凸起,在扶壁上产生明显的阴影,给人以敦实的效果。排水管道穿插在窑砖中,方便排水和保持室内干燥,另一种解释说这是被后人挖掘的缘故,但是前者可能性更大。塔庙上的伍利树(Woolley)就如同种植在自然的山丘上,需要日常的浇灌。

距乌尔塔庙不远处有一座建筑,这座建筑的房间有用窑砖砌起的凸拱,经过一条漫长的步行通道可以通达。为了应付幼发拉底河的洪水,建筑地面曾经被仓促地抬高。这通常被认为是强大的乌尔第三王朝(Third Dynasty of Ur)的国王陵墓(mausoleum),但是并没有证据能够证明他们就埋葬在城市内。

伊夏里的神庙群(Temple Complex, Ischali,见[79]页图B),是公元前二千纪早期不设塔庙的梯台式建筑。它的平面呈矩形,有一座主要的梯台式庭院,在最上一级庭院中有一座与轴线成直角的神庙。在主庭院的一侧有两个小庭院,并有房间线性排列。

海法吉的**椭圆形神庙**(Temple Oval at Khafaje,见[79]页图 A),位于巴格达东北部,是一组非同寻常的神庙群,可以追溯到早王朝及之后的时期。在椭圆形的基地上,建筑呈线性布置,指向四个重要的方向。在三个拾阶而上的平台中,最下面的平台形成一个前院,通过碉楼拱门通向城镇,在前院一侧有一系列的管理用房或是重要祭司的住宅。第二级梯台整个被作坊和储藏间环绕。最上层的神庙平台大约 3.6m(12ft)高。在接近楼梯处,面对着神庙梯台的一边是一个供牺牲的祭台,而在庭院的剩余部分有一口水井和两个供举行典礼时清洗使用的水池。这座椭圆形神庙还被赋予了特殊的神圣感。基地的平整工程深入挖掘至原始土壤,穿过了先前建筑的地层,然后重新填充干净的沙土。基础深埋在沙土之中,其深度远超过结构所需要的,致密的黏土挤压着墙体。由此,实现了神庙土壤的纯净。后来建造的伊夏里神庙尽管没有选用椭圆形的周界,但在总体上也有与之相类似的处理。就在椭圆形神庙东北面的海法吉城内有一座祭祀月亮神辛❶的神庙,整整延续

---

❶ Sin;阿卡德语,美索不达米亚宗教所崇奉的月神,太阳神沙玛什之父,另说他是金星女神伊什塔尔之父。辛与沙玛什和伊什塔尔共为天空联立三神。——译者注

了十个阶段，前五个阶段可以追溯到史前晚期的杰姆代特奈斯尔时期(Jemdet Nasr)，后五个阶段可以追溯到早王朝的三个时期。因此，海法吉展示了从苏美尔开始以城市中的神庙为中心的都市生活向北扩展的过程。

早王朝时期苏美尔建筑的特征前无古人后无来者。苏美尔平凸的泥砖以鱼骨图案铺设，有时候呈对角线形排成三层，均斜向一个方向，二至三层是平坦的，凸的一侧朝上，像是没有完成的样子。

在美索不达米亚北方的**高拉土丘**，与沃尔卡最早地层的同一时期，出现了第一个雄伟的重要宗教建筑遗迹。它位于第十三地层(Level XIII)，有三座紧邻的神庙，即北部神庙、中心神庙和东部神殿，形成了早期的独特组群建筑。在这三座神庙上使用了一种特殊尺寸的砖块。

乌尔皇家陵墓(Royal Cemetery at Ur，早期王朝III时期)，展示了苏美尔建筑师高超的工程技术。砖材在这一时期开始逐步取代了石材。可是在这个皇家坟冢中仍然应用了石灰石。这些石灰石没有装饰，仅仅在采石时作简略的划分。当时人们已掌握了石材、泥砖和烧结砖拱门和筒拱的技术，这种石工技术使苏美尔建造者有更高超的技术利用拱或穹顶来建造墓室。陵墓本身设置在一个井筒底部，有多个房间，房间之间的门洞使用拱券。然而，乌尔皇家陵墓的年代顺序并不能利用基础构造的室顶叠涩拱(corbel-vaulting)来界定。叠涩拱是比筒拱更原始的方法，不仅用于一些皇家陵墓，而且在乌尔第三王朝时期中也被广泛使用。在早王朝III时期的乌尔皇家陵墓基层上发现了木框架，可能是用于中心定位。此外，还在后殿发现了两个使用拱券的案例。在某个完整陵墓中发现了穹顶的完美实例，说明苏美尔建筑师已经精通了拱券的原则以及帆拱的建造技术。

在迪亚拉河谷(Diyala valley)的**艾斯迈尔圆丘**(Tell Asmar，位于埃什南纳)，三座连续时期的神庙跨越了早王朝时期。早王朝II期的**方形神庙**(Square Temple)设计了一个内向庭院。一个神龛和两个加建的神龛围绕庭院排列。这里还发现了保存有苏美尔地域风格雕塑的储藏室。

早王朝结束之前的美索不达米亚神庙的常规平面选用"间接"的或迂回的路径，入口布置在较长的墙面上。但是后来普遍把入口设在端头，以获得一条长直的路径到达祭坛。

马里的宫殿❶建造于公元前三千纪后期，直到被巴比伦的汉谟拉比(Hammurabi)摧毁(前1757)。在这个巨大建筑的围墙内容纳了王宫、接见和接待中心、办公室、一所市民服务学校，以及佣人区和大量的储藏间。在一些房间中发现了数以千记的记录了皇家档案的楔形文字书写板，这是揭示古代近东重要的历史资料。古代近东的宫殿为防止战争时被投石机投射，选用迂回的路径布置宫殿建筑。王宫残垣上的墙饰绘画表明了与克里特岛的米诺斯文明的联系，至少达到了同等的艺术高度。紧邻的另一片残垣是公共服务区，包括两间房间和一些砖椅，弯曲的石板上描绘了新会员正在缓慢痛苦地学习阿卡德音节表。马里宫殿的整体规划展示了美索不达米亚典型的宫殿布局，房间围绕着连续性的庭院，提供了阳光、空气以及走道空间。房间必定内向阴暗，但是入口高大，只有部分区域设有雨篷。宫殿的绝大部分都是单层的。

喀西特人统治巴比伦达四个世纪(前1595—前1171)之久，然而在艺术和建筑总体上的贡献并不突出，仅仅在乌尔和其他地方有些重建。在距今天的巴格达32km(20mile)的新都**杜尔库里加勒祖**(Dur Kurigalzu，库里加勒祖要塞)，王宫显现出了一些新的特征，包括在庭院两侧有方柱的回廊。在其东边是埃兰王国和首都苏萨❷。附近有**查卡扎比塔庙**(Ziggurat of Tchoga-Zanbil，见[76]页图©)，由公元前13世纪由乌塔盖尔(Untash-Gal)建造。这座塔庙保存完整，相比之前的塔庙提供了更加全面和可靠的信息。查卡扎比塔庙一共有五层，最下面的一层比其他的浅薄些，每一层都安置在一级台基上。基础107m(350ft)见方，总高度大约53m(174ft)。楼梯段在梯台处缩进，通向第一层顶部的楼梯位于每一面的中间，但是只有西南侧的楼梯通向第二层。其余三面的高度根据最主要的东南立面进行调整。

---

❶ Palace at Mari；马里，即今哈里里丘，美索不达米亚古城。——译者注

❷ Susa；今舒什。——译者注

第4章 古代近东建筑

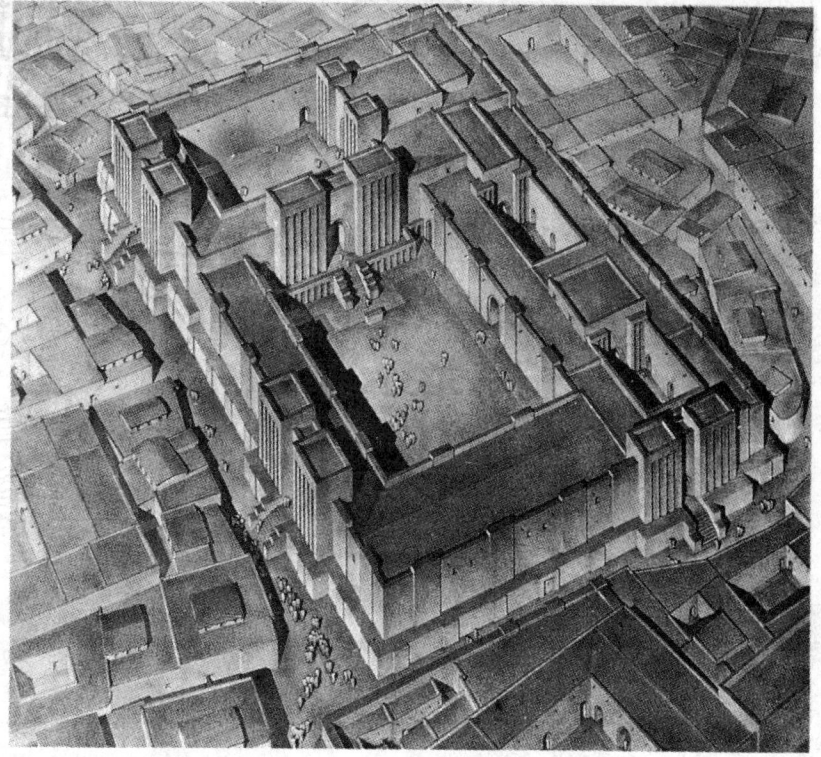

图 A　(上图)海法吉的椭圆形神庙（前三千纪），见[77]页

图 B　(右图)伊夏里的神庙群（前二千纪早期），见[77]页

第一编　埃及、古代近东、亚洲、希腊及希腊化诸王国的建筑

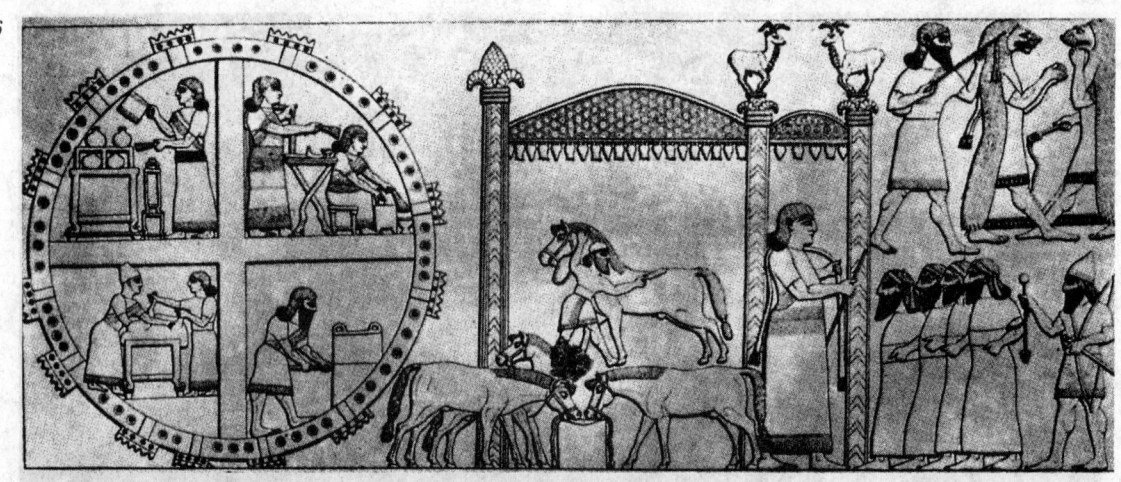

图 A　尼姆鲁德西北宫觐见厅的石膏浮雕（前879），见[82]页

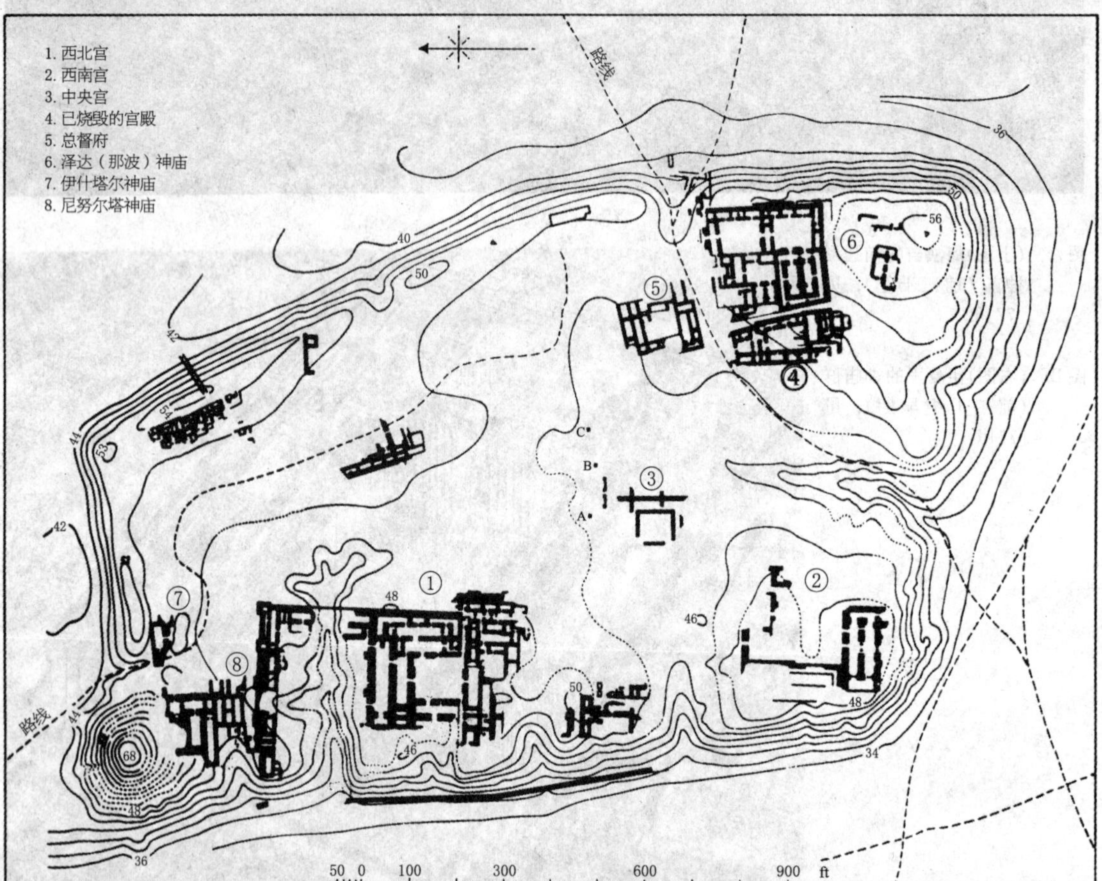

1. 西北宫
2. 西南宫
3. 中央宫
4. 已烧毁的宫殿
5. 总督府
6. 泽达（那波）神庙
7. 伊什塔尔神庙
8. 尼努尔塔神庙

图 B　尼姆鲁德的城堡平面，见[82]页

第 4 章 古代近东建筑

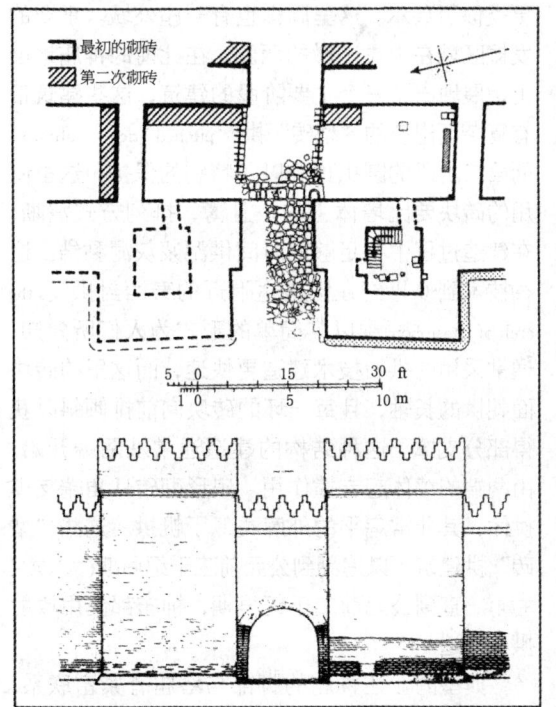

图 A 尼姆鲁德的撒缦以色宫：平面及西门立面（前 9 世纪中叶），见[86]页

图 C 里迈圆丘：砖砌螺旋柱饰，见[82]页

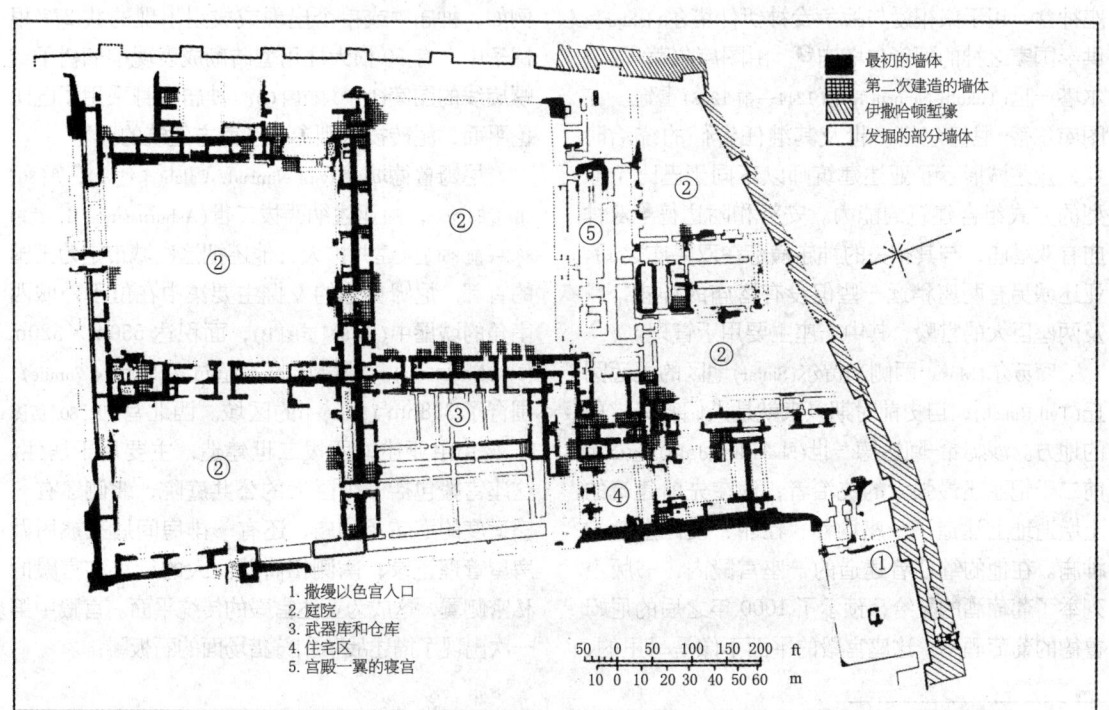

1. 撒缦以色宫入口
2. 庭院
3. 武器库和仓库
4. 住宅区
5. 宫殿一翼的寝宫

图 B 尼姆鲁德的撒缦以色宫：西要塞平面

亚述建筑

在公元前二千纪，包括古亚述时期和中亚述时期，亚述帝国苟延残喘。尽管它的艺术和建筑与南方接壤的地区相似，但还是表现出一些个性特点。第一项伟大的革新是上釉陶板由亚述在公元前二千纪早期的几个世纪发明。第二项革新是在基座边缘使用高护墙板，而且经常带有浅浮雕，这是在亚述纳西拔二世(Ashurnasirpal II，约前883—前859)的统治时才出现的。亚述同时出现了有塔庙和无塔庙的神庙，但是到后亚述时期(前911—前612)，宫殿数量增多且重要性增强，强调了君主的中心地位。里迈圆丘(Tell Rimah)的发掘显示了砖体筒拱已经达到了可观的尺度。

亚述城❶是亚述古代的宗教和国家中心。无论在哪个国家，行政首都总是显得异常重要。亚述城建造在底格里斯河一侧的一块隆起的岩石高地上，公元前二千纪时用一堵坚固的城墙围绕着。在公元前9世纪，新增加了一堵外围城墙用于保护郊区住宅区，并沿底格里斯河延展了3km(1.8mile)。早王朝时期，在神庙基地上建造了第一座神龛，用于祭祀爱与战争女神伊什塔尔(Ishtar)。供奉国家之神的阿舒尔塔庙❷，由图库尔蒂-尼努尔塔一世(Tukulti-Ninurta I，前1244—前1208)重建。在图库尔蒂-尼努尔塔一世及其继任者们的统治时期，亚述城展示了亚述建筑师以不同于巴比伦原型的方式组合建筑的能力。安努和阿达德❸双神庙有双塔庙，与其相关的神庙横跨在双塔庙之间。亚述城另有两座稍远一些但没有塔庙的神庙，以及两座巨大的宫殿，其中一座主要用于管理。

摩苏尔(Mosul)西侧辛贾尔(Sinjar)地区的里迈圆丘(Tell Rimah)，自史前时期以来就是人们密集定居的地方。沙姆希-阿达德一世(Shamshi-Adad I)是公元前二千纪亚述最强大的统治者，他在先前建筑的土墩遗址上建造了一座均称、壮丽、设计出色的神庙。在他的继任者建造的一座宫殿内，书版上列举了葡萄酒的配给，预示了1000年之后的尼姆鲁德的葡萄酒单。这座宫殿的平面不像是马里的，更类似于乌尔。这里同样也有一座外城。重要的发掘区域在中央土墩的西侧，在此前的神庙地层上，展现出了三个主要阶段的建筑，这些建筑带有复杂而出色的"型砖"拱('pitched-brick' vaulting)，而第二阶段的圆拱顶施以了特别的保护。这里使用的砖块要比墙体上的小且薄，排列方式清晰，在建造过程中有足够的时间供泥浆灰泥黏结。这种技术到6世纪在巴格达附近的泰西封拱门(the arch of Ctesiphon)中以其简单的形式为人们所熟知。通常采用的拱石技术建造更快速，而这里的砖块面朝拱的长轴，且每一环的砖块向前排倾斜以获得部分支撑。这种结构的建造通常从两端开始，由两端的墙体起支撑作用。扇形砌砖从角端支撑拱体，其非常扁平的外廓类似于帆拱。这些"型砖"拱建筑可以追溯到公元前三千纪后期(乌尔第三王朝)。直到公元前二千纪早期，神庙都使用放射拱券建造。

典型的亚述神庙的脚部与塔庙有紧密联系，尼姆鲁德和豪尔萨巴德(Khorsabad，即杜尔舍鲁金)的神庙是最著名的先例。但是，里迈的神庙立面的装饰在技术和设计的艺术鉴赏方面都称得上独特。例如，神庙中或单个出现或成组出现的共277根柱子中，有50根大柱用型砖砌成表现棕榈树干或螺旋线的图案(见[81]页图C)。神庙本身采用了巴比伦平面，泥砖技术则参考了南方建筑的原型。

尼姆鲁德城(City of Nimrud, Calah(卡拉城)，见[80][81][83]页)，由亚述纳西拔二世(Ashurnasirpal II，约前883—前859)重建并扩大，他还把这座城市定为王国的首都。尼姆鲁德的发掘主要集中在位于外城西南角的城堡中(见[80]页图B)，面积达550m×320m(1800ft×1050ft)。城墙周长不超过7.5km(4.75mile)，围合了358hm²(895acre)的区域。西北宫(见[80]页图A、图B)由亚述纳西拔二世建造，主要用于居住。这座宫殿包括一个巨大的公共庭院，北侧建有一座适度的塔庙及神庙，还有一排房间后来被用做房屋管理记录；南侧相倚着巨大的行宫和宫殿的私密侧翼，这成为亚述宫殿的传统平面。宫殿中第一次出现了描述战争和狩猎场面的石板雕饰。

---

❶ City of Ashur；今舍尔加特堡。——译者注
❷ The ziggurat temple of Ashur；阿舒尔是美索不达米亚宗教所崇奉的神灵，起初可能是亚述城的保护神，后来成为亚述的护国神。——译者注
❸ Adad；巴比伦和亚述掌管天气的大神。——译者注

第 4 章 古代近东建筑

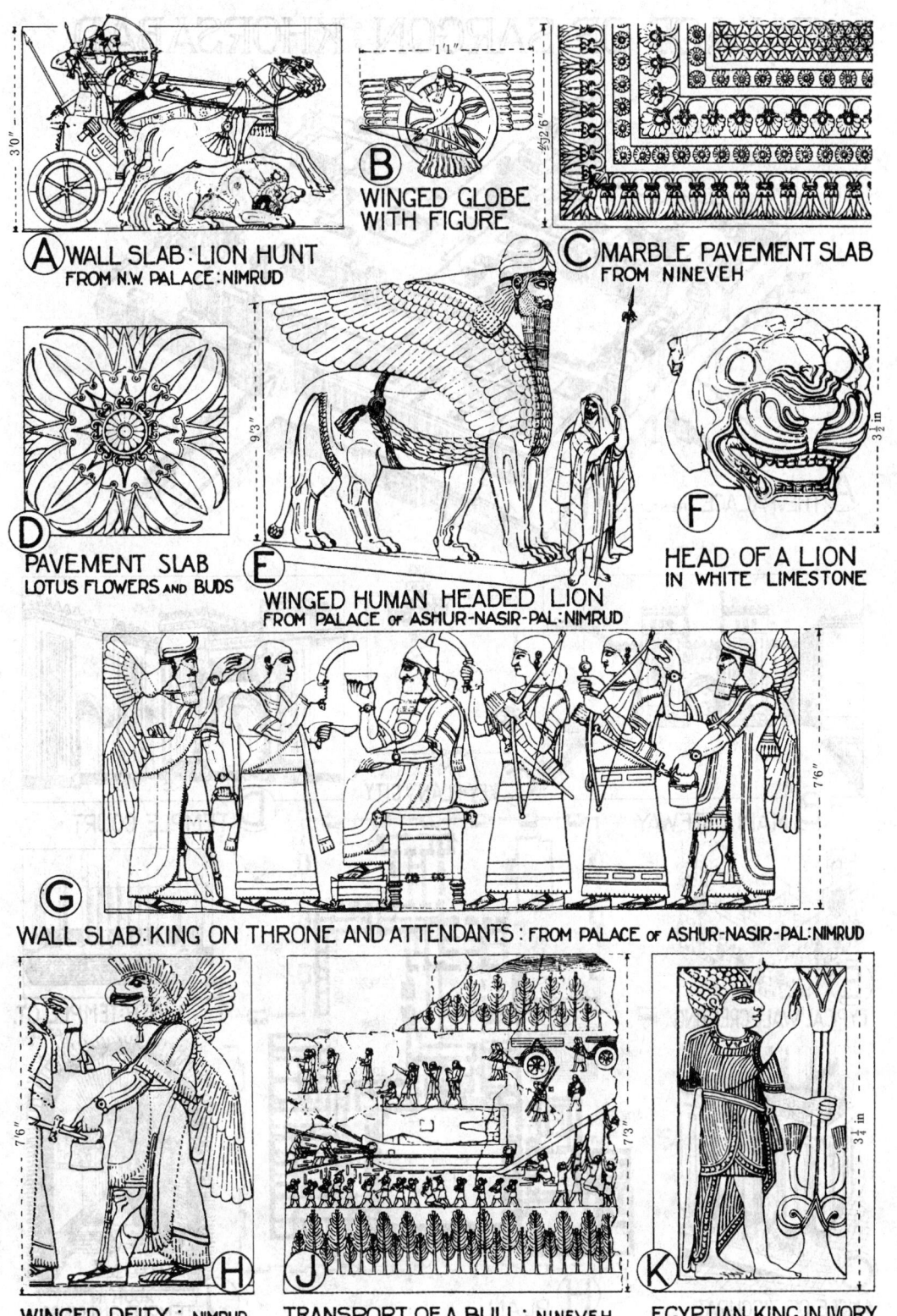

Ⓐ 尼姆鲁德西北宫殿的猎狮墙版；Ⓑ 带翅圆球饰与雕像；Ⓒ 尼尼微的大理石版；Ⓓ 平顶饰莲花与花蕊；Ⓔ 尼姆鲁德亚述纳西拔宫的人首翼狮像；Ⓕ 石灰石狮头；Ⓖ 尼姆鲁德亚述纳西拔宫的墙版：王座上的国王及廷臣；Ⓗ 尼姆鲁德的翼神浮雕；Ⓙ 尼尼微宫的浮雕：运送一头公牛；Ⓚ 象牙雕饰的埃及国王

第一编 埃及、古代近东、亚洲、希腊及希腊化诸王国的建筑

PALACE OF SARGON: KHORSABAD

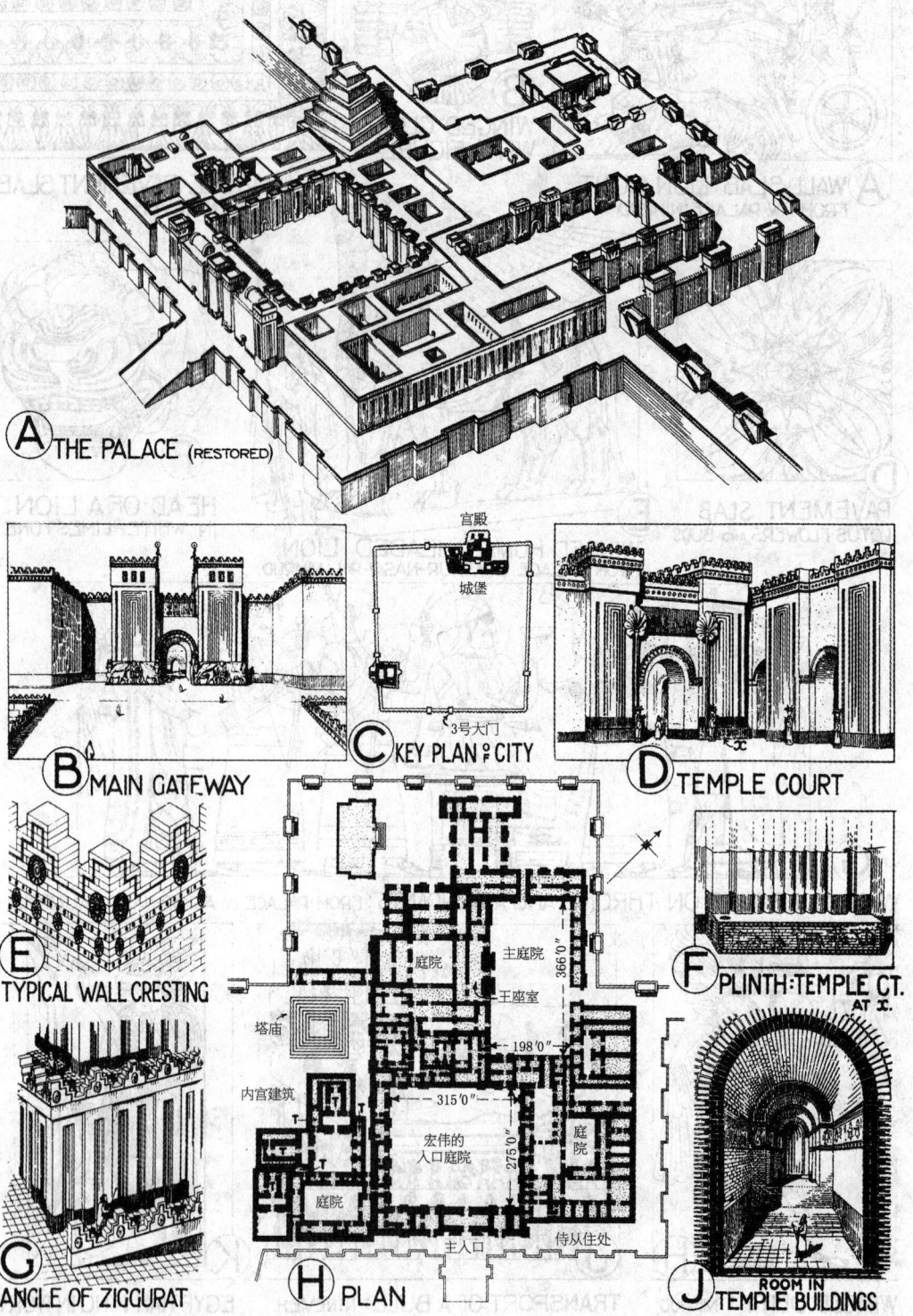

豪尔萨巴德的萨尔贡王宫(PALACE OF SARGON: KHORSABAD)：Ⓐ 王宫复原图；Ⓑ 主门道；Ⓒ 城市总平面；Ⓓ 内宫庭院；Ⓔ 典型墙体顶饰；Ⓕ 内宫庭院的勒脚；Ⓖ 塔庙转角；Ⓗ 平面图；Ⓙ 内宫中的房间

第4章 古代近东建筑

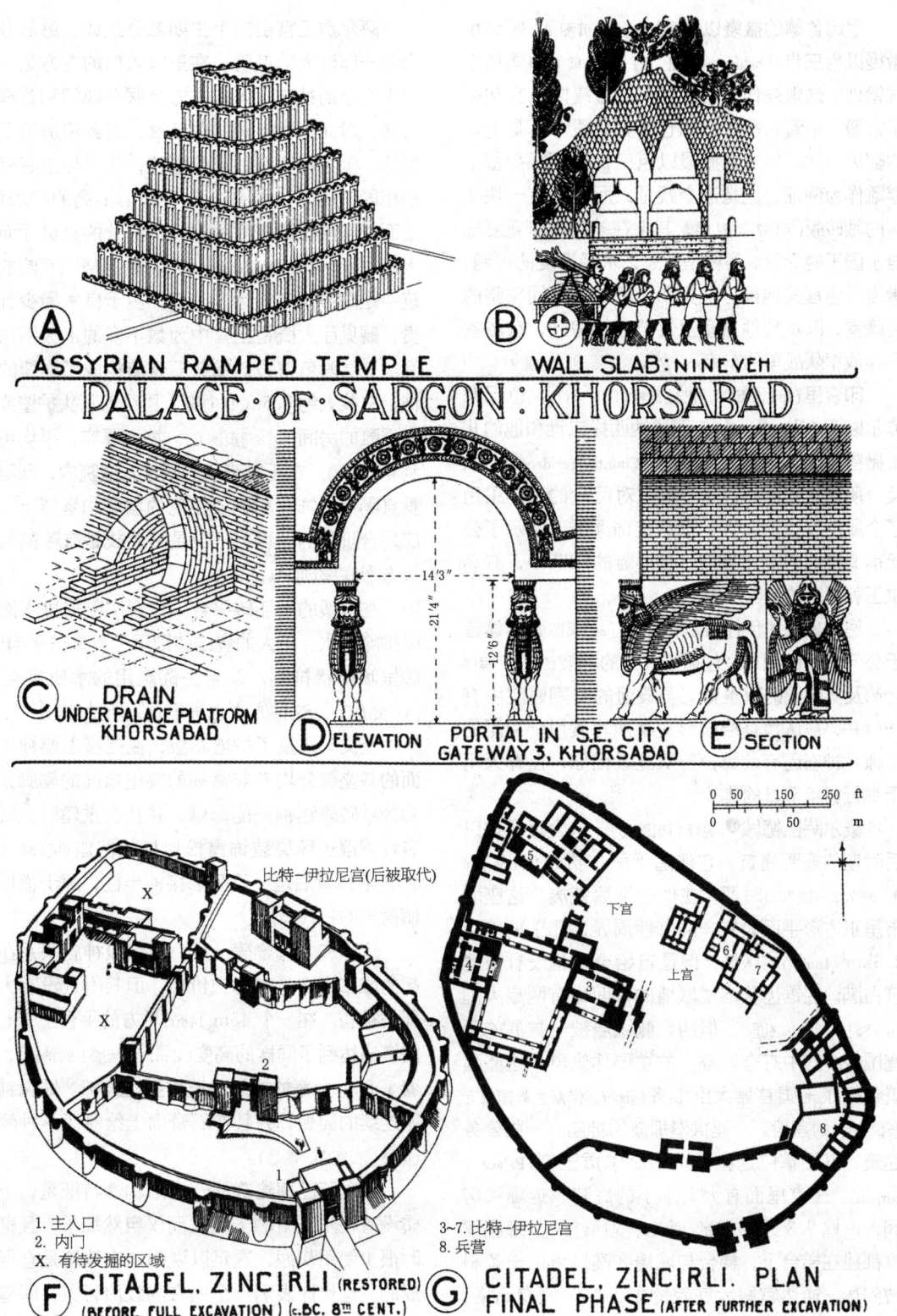

Ⓐ 亚述单坡塔庙；Ⓑ 尼尼微的墙面石版
豪尔萨巴德的萨尔贡王宫（PALACE OF SARGON: KHORSABAD）：Ⓒ 豪尔萨巴德宫殿平台下的沟渠；Ⓓ 豪尔萨巴德东南 3 号门正立面；Ⓔ 剖面图
Ⓕ 津吉尔利城堡复原图（约前 8 世纪）；Ⓖ 津吉尔利城堡发掘后的平面图

尼姆鲁德的**撒缦以色宫**(见[81]页图A、图B)由撒缦以色三世(Shalmaneser Ⅲ，前859—前824)建造于城堡外，这里被作为行政首都。撒缦以色宫包括了宫殿、军营、军械厂和仓库。宫殿一翼是宽敞的觐见大厅。尽管在撒缦以色三世时期很少留下浮雕作为例证，但是这个觐见大厅中留有一块华丽的釉砖版(见[87]页图B)，其上在圣树两侧重复描绘了国王的形象。圣树是亚述艺术最喜爱的母题。撒缦以色宫其他部分包括四座庭院、一间完整的储藏室，以及其他皇家卫兵把守的房间，有浴室和存放军队战车的车库。

印衮里(Imgur-Enlil，巴拉瓦特(Balawat))，位于摩苏尔以西40km(25mile)，亚述纳西拔二世和他的儿子撒缦以色三世建造了**离宫**(Country residence)，以及一所宫殿和神庙。这里的三对巨大的木门采用了金属凸纹技术以青铜镶边装饰浮雕，展示了公元前9世纪的亚述战役。在浮雕的细节中，有乌尔王朝要塞的最早形象。

尼姆鲁德的**伊什塔尔神庙**(见[80]页图B)，建造于公元前9世纪末，包括主翼中的那波(Nabu，写作之神)及其配偶的双圣殿。圣殿前的空阔庭院中有一口井，被认为是给楔形文字抄写员用于和泥的水源。神庙还有北翼，与双圣殿相似，在春天用于举行新年节日的典礼。

豪尔萨巴德城❶(见[84]页图ⓒ)，包含了亚述以后时期的重要建筑。它建造于萨尔贡二世(Sargon Ⅱ，前722—前705)时期，在他逝世后荒废。这座城市呈正方形平面，有一防御性周界，几乎覆盖了2.6km²(1mile²)的区域，但是自始至终也没有被建筑占满。在锯齿状塔楼城墙的每面均有两扇大门(见[85]页图ⓓ、图ⓔ)。但西北侧城墙被一扩展的要塞围合，其中有全城唯一的主要建筑群。这些建筑包括了王国首席大臣维齐(vizier，伊斯兰教国家元老，高官)的宫殿、一座供奉那波的神庙、一些公务建筑，以及掌控这些建筑的**萨尔贡王宫**(Palace of Sargon)。王宫里面有大大小小的庭院、走廊和房间，占地9.3万平方米(23acre，见[84]页)。每座建筑都建在梯台上，梯台与城墙齐高，可由一条斜坡到达。通达宫殿大庭院的主入口一侧有高塔，并由约3.8m(12ft 6in)高的人首翼牛像守卫着。入口的半圆拱有华丽的彩色釉砖装饰。

萨尔贡王宫由三个主要部分组成，每部分都毗邻一座巨大的庭院。在王宫入口的左方是一组三大三小的神庙。入口右方是服务部门和管理办公区，对面是私人和居住公寓，国务用房位于其后部。国务用房有独自的庭院，几乎与主庭院大小相同，环绕其周围的是2.1m(7ft)高的护墙板，上面刻有国王和王后的浮雕。高耸的觐见厅面积大约49m×10.7m(160ft×35ft)，是围绕内庭院的建筑中距国务用房最远的一套。由于良木稀少且昂贵，觐见厅大概是王宫中为数不多的木板平顶房间。三层彩色镶边的檐壁石膏墙构成了连续的装饰，总共大约5.5m(18ft)高，围绕着石头护壁或是有浮雕的房间(见[87]页图ⓒ)。墙壁厚实，平均可达到6m(20ft)。在王宫豪华的殿堂式庭院内，凹陷的垂直隔板装饰在粉刷成白色的墙壁和塔楼上，上部是台阶状的城垛，下部是朴素或是有雕刻的石头方形底座(见[84]页图ⓓ)。

在宫殿的土坯砖平台内设置了陶器排水沟渠以排除雨水，更大的烧结砖则用于覆盖排水沟渠。砖呈倾斜状排列，以省去砌筑用的木质拱架(见[85]页图ⓒ)。这种方式也被埃及人所熟知。

上文只述及了护墙石板，在三座主要神庙立面的基座部分均有非常高的突出墙面的勒脚，以彩饰釉砖表述神圣的母题，并且在重建时，成为有青铜镶边环绕装饰雪松桅杆的基座(见[84]页图ⓕ)。墙体背后是一系列邻接的半柱，源于模拟棕榈树干的古代母题。

这里和尼姆鲁德一样，与宫殿神庙联系在一起的城市塔庙具有历史价值，但其附近没有大的那波神庙。在一个45m(148ft)见方的平台上，七层的塔庙达到同样的高度(45m，包括顶上的神殿)，沿着1.8m(6ft)宽的旋绕斜坡可到达顶部。城垛铺设了连续的面板，并且在石膏面上绘制了各种颜色(见[84]页图ⓐ、图ⓒ)。

豪尔萨巴德建筑的一个结构性特征是，土坯砖没有在阳光下晒干变硬而仅自然风干，且砌筑时很少使用灰泥，这足以说明这座建筑是仓促建成的。这也许表明一个内在的政治背景，即皇家官僚制度的重新巩固与贵族旧势力的对抗，萨尔贡从此将尼姆鲁德(卡尔夫，Kalhu)废弃，另行选择

---

❶ 古城杜尔舍鲁金(Dur Sharrukin)，阿卡德语"萨尔贡的要塞"之意。——译者注

第 4 章 古代近东建筑

图 A 巴比伦的伊什塔尔门（前 605—前 563，由尼布甲尼撒二世重建），见[89]页

图 B 尼姆鲁德的撒缦以色宫觐见厅釉砖版，见[86]页

图 C 豪尔萨巴德的萨尔贡王宫壁画（前 722—前 705），见[86]页

[87]

第一编 埃及、古代近东、亚洲、希腊及希腊化诸王国的建筑

Ⓐ 博阿兹柯伊城国王门外侧（约前1360）；Ⓑ 博阿兹柯伊城的部分城墙和大门平面（约前1360）；Ⓒ 塔亚纳特圆丘出土的柱础（前8世纪）；Ⓓ 亚泽勒卡亚的露天圣殿和神庙（约前13世纪）；Ⓔ 博阿兹柯伊的I号神庙和弹药库（约前14—前13世纪）

了新的基址。窑砖被大方地使用在墙体表面和走道上。重量达 23t、长度达 2.7m(9ft)的石块用做宫殿的平台。在砖构建造之前，预先镶嵌了做工出色的浮雕石版。雪松、柏木、刺柏和枫木用于宫殿屋顶，有些木材经过了涂饰，这都说明当时的木材供应是丰富的。城市的城墙超过 20m(66ft)厚，城墙带有 1.1m(3ft 6in)的料石基座和土坯砖建造的上层建筑。

尼尼微城 由萨尔贡的儿子辛那赫里布(Sennacherib，前 705—前 681)定为国都，在他统治下的前两年建造了强大稳固的城墙，并在如今名为库云吉克(Kuyunjik)的卫城建造了他"无以匹敌的王宫"(西南宫殿 (the South-West Palace))。详细描述了这座宫殿的碑铭在 19 世纪出土，上面还记录了相当多的王宫建造实施过程中的工作，特别是在以前废墟的基础上重新建造起坚固的平台。保存在不列颠博物馆中的浮雕也描绘了王宫建造的场面(见[83]页图①，[85]页图⑱)。而其他的浮雕则展示了比以前更详细的战争和狩猎细节。在尼尼微还有更多辛那赫里布的继任者建造的宫殿，如以撒哈顿❶和亚述巴尼拔❷。在亚述巴尼拔的统治下，亚述浮雕作品达到了最高水平，描绘了勇猛狩猎的场面以及埃兰王国在苏萨(前 640 年)毁灭时的血腥战争场景。就在亚述毁前后不久，尼尼微城沿着受到战争影响的东侧外建造了额外的壁垒，但最终没有完成。这座城市最后在公元前 612 年被米底人和巴比伦人旷日持久的战争摧毁，再也没有重新振兴。

很长时间以来，水资源供给一直是亚述君王考虑的问题，亚述纳西拔二世挖掘了一条从扎卜河(Zab)引水的运河，以灌溉尼姆鲁德附近的土地。而辛那赫里布在介宛(Jerwan)建造了石拱沟渠，这也可能预示了古罗马成就的先驱。

新巴比伦建筑

新巴比伦建筑自然地延续着早前几个世纪美索不达米亚的建筑风格，但也从亚述建筑中汲取了许多优点。

巴比伦城的废墟遗存不同于先前的城市，这在很大程度上是因为它使用了烧砖。尼布甲尼撒二世❸重建了巴比伦城，因为它曾经在公元前 689 年被辛那赫里布彻底摧毁。巴比伦城包括内城和外城，而且全都严加防护。内城近似正方形，边长约 1300m(4350ft)，包含了主要的建筑，幼发拉底河构成了内城的西部边界。几条主要街道呈直角相交，终结于城墙塔楼的铜门入口处。在主要大街之间的地块中拥挤无序地排列着住宅、商业、神庙、礼拜堂和神殿。主基地沿河岸展开，后面是庄严的行军大道，街景直达北部的伊什塔尔门[Ishtar Gate，见[87]页图 A)处收尾。伊什塔尔门上的彩釉砖灿灿发光，在蓝色的背景上有黄色和白色的公牛以及龙的浮雕图案。在此附近有宫殿-城堡，而且连接着尼布甲尼撒的巨大水岸宫殿建筑群，被誉为古代世界的奇迹，它就是空中花园(Hanging Gardens)，平面尺寸为 275m×183m(900ft×600ft)。在迷宫般的房间之中有一座巨大的觐见厅，平面尺寸为 52m×17m(170ft×56ft)，它的长立面装饰着彩色上釉砖。河岸中部被城市保护神马尔杜克❹的主要神庙占据着。在神庙的北边，矗立着巴别塔(Tower of Babel)。这座著名的塔庙兼具早期美索不达米亚式的三层楼梯通道和厚重低矮的踏步，而上部平台的空间组织则依照亚述的做法。塔庙的平面为正方形，每边长 90m(295ft)，总共七层平台，最高的神庙有蓝色的釉砖贴面。

早期安纳托利亚和赫梯建筑

赫梯人尽管是安纳托利亚最有名的古代种族，但他们并不是那里最早的居民。当他们于公元前 2000 年到达这里时，便继承了当地悠久的建筑传统。相对于美索不达米亚石材与木材的稀缺，这里有最茂密的森林覆盖，木框架建筑肯定十分普遍。安纳托利亚早期原始的简单单元称为"正厅"(megaron，中央大厅)，是一个有中央壁炉且一端有门的矩形房间，布置在深深的走廊内，走廊由到达

---

❶ Esarhaddon；活动时期为公元前 7 世纪。——译者注
❷ Ashurbanipal；亚述的末代国王，活动时期为公元前 7 世纪。——译者注
❸ Nebuchadnezzar Ⅱ，公元前 605~前 563 年；古代迦勒底帝国最伟大的国王。——译者注
❹ Marduk；美索不达米亚宗教所崇奉的神灵，是巴比伦城的主神和巴比伦尼亚的国神。——译者注

"壁柱"的延伸出的边墙组成。尽管这种单元适合于安纳托利亚的气候,但是它过于简单,可能是每个地区独立演化而成的。最著名的例子已经在出现第一代聚落(约前3500—前3100)之前的特洛伊被发现,而在安纳托利亚西南部的贝伊杰斯坦(Beycesultan)也发现了著名的实例。村舍如同今天的土耳其民居,由土坯砖建成,并大量使用木材,特别在平屋顶上;在有些两层的房屋中,上层为生活房间,底层用于厨房和储藏间,而很多时候用于饲养动物。大规模相似的平面布置在来自亚述的商人建立的商贸殖民地卡内什(Kanesh;灰山(Kultepe))被发现,在他们的房舍中还发现了商业记录的存档,这些存档记录在烘箱烘烤过的泥板上。

大部分留存的赫梯遗迹建筑可以追溯到公元前14~前13世纪的"帝国"时期。赫梯建筑受美索不达米亚建筑的影响很大,但是还有许多独有的特征。例如,在重要的建筑上使用厚重的石材,包括城墙的上部,甚至高地卫城。赫梯建筑往往用土坯砖块填充于木材框架中,主要的遗迹是城墙和神庙。

贝伊杰斯坦宫位于第五地层(Level V,约前1900—前1750),是一个使用木材加固,底部为石灰石的土坯砖墙体的完美例子。这座宫殿与米诺斯文化的克利特(Minoan Crete)宫殿有明显的相似之处,但两者还是有区别的。就像陶器和其他人工制品那样,安纳托利亚西南部富饶地区的建筑与安纳托利亚中部赫梯故土的传统有区别。

在**博阿兹柯伊的大卡勒堡**(Büyükkale,土耳其语意为大城堡(Boǧazköy)),德国的挖掘者经过多年小心谨慎的发掘,使我们已经能基本把握赫梯王国首都哈图萨(Hattušas)的规划。由防卫性的双道入口可进入红色大理石石板铺设的入口庭院,然后穿过大厅进入下层的庭院。北端是有三重门道的入口建筑,允许进入中层和上层庭院及私密部分。一间巨大的厅堂约32m(104ft)见方,向中层庭院敞开,厅堂中五根木柱排成一排,似乎一共有五排,并由平行的墙体支撑。那里有三个档案馆,最小的一个藏有了书写板的原始编目。到公元前13世纪,整个要塞被政府和居住建筑占满,规模达到250m×150m(810ft×490ft),上部裸露成为光岩。

博阿兹柯伊外城墙(the outer Town Walls of Boǧazköy,前1360,见[88]页图Ⓑ),围合了大约121万平方米(300acre)的面积。城墙由炮塔构筑,如同美索不达米亚的塔楼,双层墙体在十字交叉墙处连接,腔体用包裹的碎石填充。正方形塔楼有规律间隔排布,大约每6m(20ft)有一堵较小的墙体和次塔楼。主墙的外廓异常坚固,由巨大的岩石建造,紧密连接的矩形或多边形石块垒起1.5m(5ft)高,墙体的上层部分是砖体。有些片断提供了最好的证据,证明墙体和塔楼形成的垛口类似于美索不达米亚的。五重门道只有部分遗存,门道侧面与塔楼相接,有特殊的凹口支撑上面巨大的石板旁柱(见[88]页图Ⓐ)。宽阔的拱门饰环绕着入口,粗犷外突的雕塑旁柱装饰着三座大门。"国王门"的形象是一个手持武器的人物,事实上这是一位神祇,而不是武士。在"狮子门",狮子的前部作为旁柱。在"斯芬克斯门",斯芬克斯不仅外突而且展示了完整的身体长度,预示了大约5个世纪后亚述时期的巨兽。

博阿兹柯伊的Ⅰ号神庙(Temple I,Boǧazköy,见[88]页图Ⓒ)是众多遗迹中最大和最古老的。它没有确定的朝向,但有一些其他的重要特征。一系列的房间围绕着一座中心庭院,有一条回廊或是走廊穿越两端或是更多的侧面。在Ⅰ号神庙中,建筑由一条道路围绕,远处有许多仓库。有些仓库中仍然保存有大量的陶质广口瓶,其中一个仓库中还保存了记载有关神庙的楔形文字书写板。不对称布局的房间是特殊单元,最大的房间成为圣殿,只有穿过邻接的小房间才能曲折到达。圣殿凸出于一端,这样窗户可以为供奉的圣像提供侧光,这不同于美索不达米亚神庙,那里大多数房间的光线来自于外墙的深窗。入口同样是不对称的,需要穿过侧面的隐藏式走廊或是圣殿单元对面的Ⅰ号神庙。在Ⅰ号神庙庭院的一端有一间花岗岩的房间,作为圣殿。其他的建筑都由石灰石建造。在阿拉贾土丘❶,也有一座类似的神庙。

亚泽勒卡亚露天圣殿(Open-air Sanctuary, Yazilikaya,见[88]页图Ⓓ),位于博阿兹柯伊东北约1.6km(1mile)处,入口深凹,外表几乎全部是石灰石面,有大约70尊神或女神的列队,高约1m(3ft),雕

---

❶ Alaca Hüyük;古安纳托利亚遗址。——译者注

刻与人视点高度持平,会聚于背面面板上。另有一个带有浮雕的较小圣殿毗连在东侧。掩蔽在树丛中的是一座神庙,包括由一组墙体连接的三座建筑。此外,还有一座大的圣殿,有单独的通道。在米诺斯文化的克利特岛和希腊迈锡尼的建筑中,也出现了类似的入口单元。

迦南、腓尼基和以色列建筑

公元前二千纪的黎凡特建筑,涵盖的疆域包括现在的土耳其东南部边缘、叙利亚、黎巴嫩、约旦和以色列,当然不像标题所描述的那样精确。事实上,胡里人(Hurrians)在人口上占主导地位,特别是在叙利亚。

阿恰纳圆丘的两座宫殿(Palaces at Tell Atchana;位于古城阿拉拉赫(Alalakh),位于安条克平原,绝大部分可能属于胡里人。宫殿的早期部分由耶里姆-利姆(Yarim-Lim)建造,他是亚穆哈德(Yamkhad)小王国的统治者,与汉谟拉比处于同一时代。宫殿基本上是一所私人住宅,北翼是公共房间,南翼是私人房间,住宅的墙面上留有从楼上延续下来的壁画痕迹。耶里姆-利姆宫最有趣的特点大概是在北翼使用了玄武岩石板,是上文提到的赫梯和亚述建筑传统中所使用的最早案例。在这个宫殿中广泛应用的以木材加固土坯砖结构的方式,更像是安纳托利亚建筑方式,而不是美索不达米亚的传统。更大的尼格梅帕(Niqmepa)宫殿,大概是3个世纪后建造的,表明了早期宫殿设计的精致化和建造更大、更多的公共建筑的倾向。

拉斯夏马拉的宫殿(The Palace at Ras Shamra;位于古城乌加里特(ancient Ugarit)),位于叙利亚北部海岸的繁荣城市,似乎是耶里姆-利姆宫和尼格梅帕宫殿之间的过渡。尽管乌加里特是一座远比阿拉拉赫重要的城市,但是其宫殿不如尼格梅帕宫殿先进。黎凡特城邦不可置疑的成就并不能完全从他们的建筑中反映出来,至少从到目前的发掘情况来看是这样的。值得一提的是,乌加里特有一组由14座墓穴组成的家族墓葬群,每座墓穴都有简短的地下通道,以及有叠涩拱顶的矩形丧葬房间。它们的建筑设计和施工相当出色,可以认定在城市中有爱琴海人,而且极可能是商人。乌加里特城的防御工事年代久远(约前15世纪),石工技术粗糙,城堡有受到围攻时从后门逃跑的地道。公元前13世纪的宫殿建筑,拥有堪与巴勒斯坦媲美的精良石工技术,首先出现在大卫和所罗门联合王国,之后从公元前10世纪开始主要表现在以色列建筑上。这两个时期之间缺失的历史应该是腓尼基,因为腓尼基人的建筑成就已大部分地记录在《旧约全书》(Old Testament)中;腓尼基城市大部分被掩盖在希腊-罗马城市和十字军城堡之下,因此还需要进一步的调查研究。

暗利❶于约公元前880年建立的撒马利亚(Samaria),后来在约公元前720年被亚述人摧毁。当时,以色列王国被吸纳入亚述帝国,通过考古挖掘发现了许多相关的以色列文明的资料,表明撒马利亚曾经是它们的首都。这个时期被分为六个建筑风格阶段加以区分,前两个阶段的标志是石工的精美连接和修琢,处理方式平滑稳重。

在**耶路撒冷**,所罗门神庙没能留下任何遗迹。当年的神庙由腓尼基工匠建造,从黎巴嫩进口雪松做梁。不管怎样,发掘工作已经展现了这座城市在耶布斯人(Jebusite)时期漫长和复杂的防卫系统中的很大部分。后来大卫把耶路撒冷作为王国的中心,但是在城墙内尚未发现任何建筑遗迹。城中的希西家暗渠❷和内盖夫(Negev)荒地中的蓄水池证实了犹大国王们对水资源的关注。水资源一直是撒马利亚的严重隐患。

美吉多❸和**哈措尔**(Hazor)位于王国北部,**莱基地区**(Lachish)和**拜特梅希姆圆丘**(Tell Beit Mersim)在王国南部,都是重要的城市。以旬迦别❹后来称为埃拉特(Elath),坐落在亚喀巴海湾(Gulf of Aqaba)端头,这里建造了用于熔炼来自阿拉伯干谷(Wadi Arabah)的铜的熔炉。环绕其外的是工人的住所和防卫墙,这些都是在所罗门时期建造的。《圣经》中称,所罗门建立了哈措尔、美吉多和基色

---

❶ Omri;以色列国王,约公元前876~前869年在位,北方王国最重要的统治者之一。——译者注
❷ Hezekiah's tunnel;希西家是耶路撒冷犹大国王,他在位时,耶路撒冷曾开挖了塞洛姆暗渠。——译者注
❸ Megiddo;今泰勒美吉多。——译者注
❹ Ezion-Geber;今塔勒哈利发赫。——译者注

(Gezer)。在这些地方已发现大门采用了类似多隔间的设计方式，这种方式在美吉多延续了几个时期：这些极少的遗存理所当然的被认为是所罗门统治时期所建。

叙利亚-赫梯建筑

门廊式房屋(porched house)即所谓的"拜特西拉尼"(bit-hilâni, beit-hilani)，是叙利亚的独特建筑类型，它的起源也许与阿拉拉赫的耶里姆-利姆宫同样悠久。尽管这种建筑类型直到公元前一千纪早期才出现，但仍然可以认为这种建筑是在叙利亚-赫梯文明的文脉中发展形成的。叙利亚的文化连续性在赫梯帝国覆灭前一直没有受到破坏；但不幸的是，在赫梯人占有很大比例的卡赫美士(Carchemish)，发掘显示仅仅发现了城镇防御系统的片段和几组浮雕石板。雕塑长墙(Long Wall)描述了卡赫美士的统治者卡图沃斯(Katuwas)在约公元前900年那场战争中胜利的过程。

经过对津吉尔利城堡(Citadel of Zincirli, 见[85]页图Ⓕ和图Ⓖ，古称撒马尔)的深入发掘，其布局清晰可见。城堡的平面呈椭圆形，建在有围墙的城市的中心土墩上，就像其他许多古代西亚的圆形城堡。城堡的城墙是当时典型的木框架填充泥砖结构，城堡建造在两层碎石铺垫的基础上。城堡内部由十字交叉墙体分割成各个防御区域，以保证通往"上宫"和"下宫"通道的安全。"上宫"和"下宫"大约建于公元前8世纪，均由"拜特西拉尼"组成。"下宫"的平面图中有两座"拜特西拉尼"是特别完整的(见[85]页图Ⓖ)。"上宫"和"下宫"位于一座巨大的隐修庭院的两端，每边有双柱的走廊，右侧有楼梯，通向横向的大厅和行宫，远处是并列的小房间，包括卧室和卫生间。行宫前面是一个圆形壁炉，而在"上宫"的大厅有带青铜轮子的可移动铁质壁炉。走廊的柱子是木制的，其石头基座刻有一对狮子或是怪兽，或者刻有与古典希腊爱奥尼柱式(参见有关章节)的早期形象有些相像的三层底座装饰。在安条克西部的塔亚纳特圆丘(Tell Tayanat, 见[88]页图Ⓒ)也有相类似的基座案例。城堡入口遵从着赫梯传统和同时代的亚述建筑风格，由石兽保卫，并用浮雕壁画装饰。

哈马特(Hamath)城中繁盛时期的遗留建筑非常出色，前900—前720)，包括两个入口、一座可能是神庙的建筑以及两座宫殿。只有其中一座宫殿(2号建筑)已被完全挖掘并呈现出来。1号建筑的主入口有一条漫长的梯段，在开端有一个平台，但是平面要比叙利亚北部的城市如卡赫美士的更为简单。尽管这里同样使用石板，但却是平面的，而哈马特的雕塑作品仅局限于守护狮。入口两边有侧塔，但是没有门卫室。宫殿有明显的扶壁立面，却没有柱廊。金叶的痕迹和红蓝白的石膏片断暗示了宫殿的每一处生活住所的奢华装饰，在中央庭院内发现了被丢弃的很可能来自楼上的玄武岩雕刻的王座和窗格。楼梯证明城堡有两层，但现在只有底层遗存下来。从遗迹中可以得知，宫殿的挖掘重建高度定位在大约14.4m(47ft)，上层高度7m(23ft)。遗迹中还有一块从楼上倒塌下来的完整砖墩，有48块砖块。哈马特是古代近东众多遗迹中的一个极好案例，匮乏的遗存使人很难获知建造者的整体成果。哈马特从过去到现在都是叙利亚内陆的重要城市。它曾经的繁盛，与叙利亚-赫梯整体一起，在公元前745年随着亚述国力的增长而迅速衰落了。

乌拉尔图建筑

位于凡城的王国，是由于作为亚述仇敌的乌拉尔图(Urartu, 阿勒山(Ararat))而为人所知的，它的建筑起源，就像王国本身一样模糊。

要塞

目前所知的乌拉尔图最典型的建筑是众多的要塞，其中很多城堡战略性地布置在凡湖沿岸；而其他的则位于更遥远的战场上，围绕着伊朗西北的乌尔米耶湖(Lake Urmia)，特别是在阿拉斯河谷(Araxes valley)周边。巨大厚重的石块垫于要塞城墙下部，扶壁和塔楼有规律的间隔布置(见[93]页图A)，土坯砖则使用在建筑上部。这里的木材虽然并不像安纳托利亚那样丰富，但是屋顶使用了木材。存放着盛有葡萄酒、油和谷物的广口瓶的仓库也是其一个基本特征。

凡堡(Citadel of Van)，是乌拉尔图的首都，固若金汤。它的南边是悬壁，现存的是约90m(300ft)的乌拉尔图石墙(约前800，见[93]页图A)与之后的许多建筑。在凡堡西端的脚部有一块厚重的石台，也许是神殿，但更有可能是保护城堡入口的碉堡之

第4章 古代近东建筑

图A 凡堡的乌拉尔图石墙(约前800)，见[92]页

图B 阿廷特帕神庙(前7世纪)，见[96]页

第一编 埃及、古代近东、亚洲、希腊及希腊化诸王国的建筑

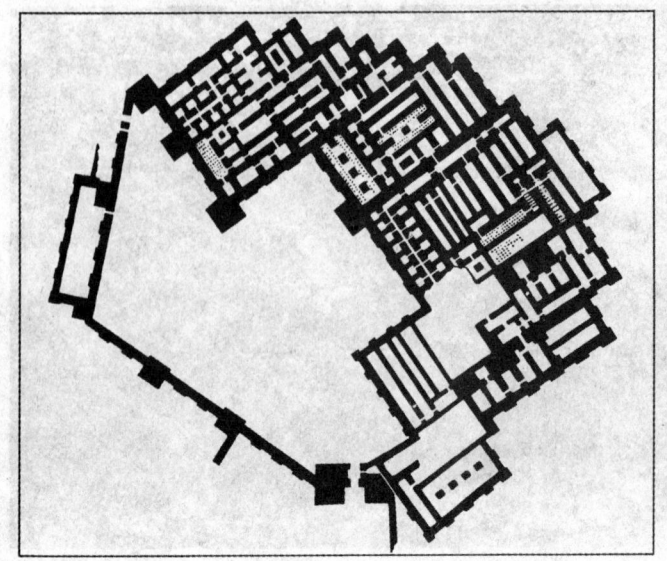

图 A　卡米尔-布鲁尔城堡平面(前685—前645)，见[96]页

图 B　居鲁士陵的西北和西南立面，见[101]页

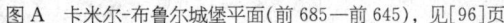

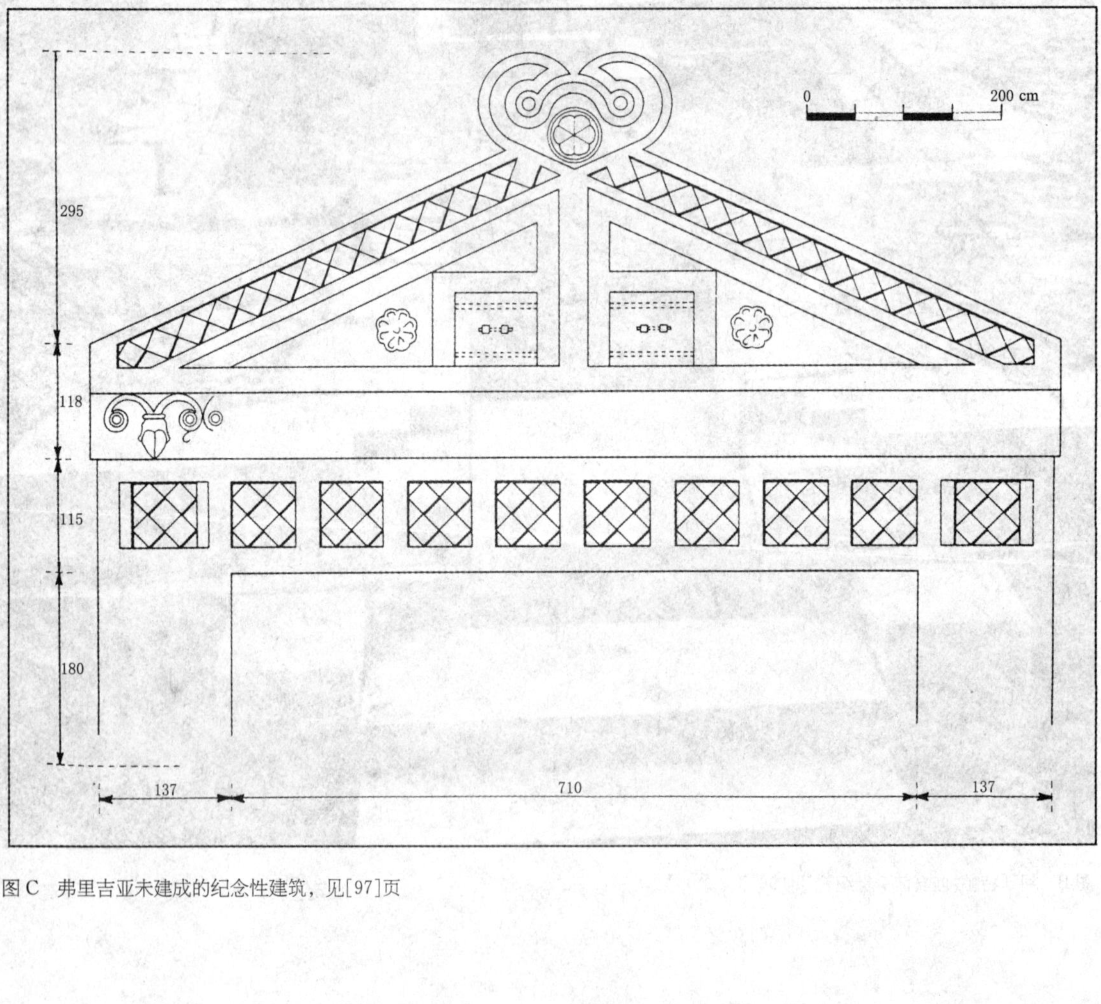

图 C　弗里吉亚未建成的纪念性建筑，见[97]页

第4章 古代近东建筑

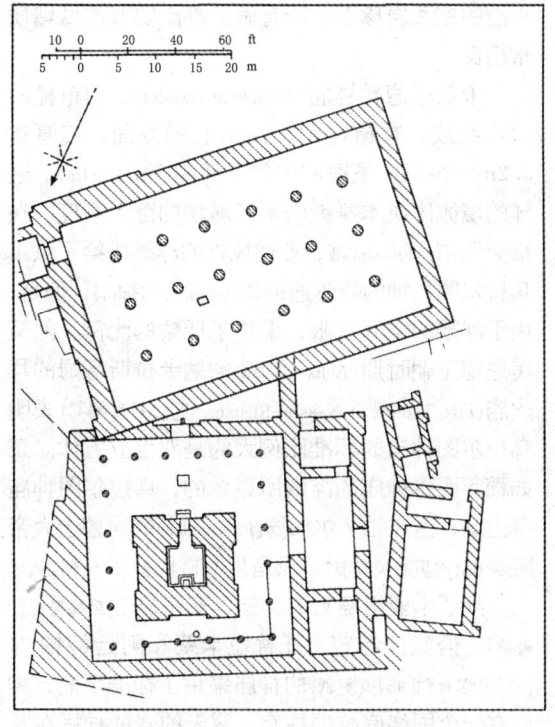

图 A　阿廷特帕：神庙及大厅的平面图（前7世纪），见[97]页

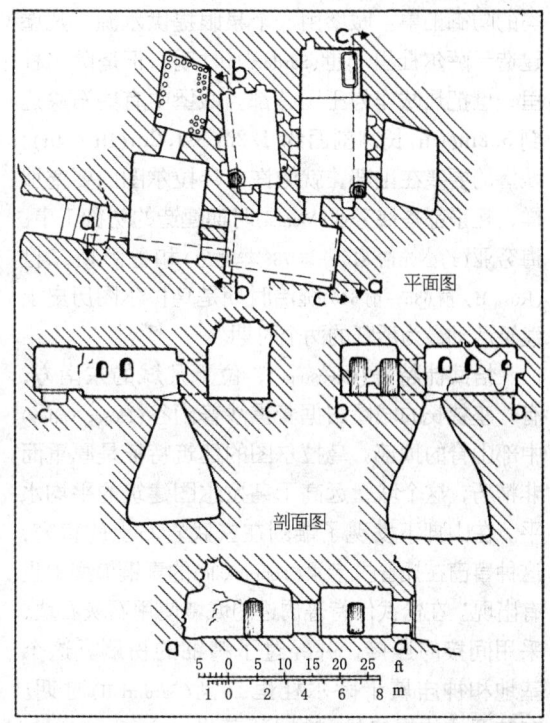

图 B　卡亚里德勒：陵墓的平面图及剖面图（约前700），见[96]页

图 C　凯夫卡勒斯：鲁萨斯二世的乌拉尔图浮雕及碑铭（约前685—前645），背景为城堡和雉堞，见[96]页

类的防御工事。城堡由一个泉眼提供水源。凡堡建造于萨尔杜里一世(Sarduri I)时期。正是萨尔杜里一世把凡城作为王国首都。城堡中有些石块达到5.2m(17ft)长,剖面约1.2m×1.2m(4ft×4ft)。城堡的要塞在上部,就像许多乌拉尔图的要塞那样,几乎都是梅努亚(Menua)时期建造的防御工事。梅努亚(约公元前810—前786年在位)和鲁萨斯二世(Rusa II,前685—前645)统治时期是乌拉尔图历史上建筑活动最为活跃的两个时期。

恰武什特普(Çavuştepe),位于凡城的东南方,有一座狭长的城堡占据着霍沙普山谷(Hoşap valley)中部山脊的顶部。乌拉尔图的建筑特征是厚重而非精巧,这个城堡远高于乌拉尔图建筑的平均水平。在山脚下发现了雕刻在玄武岩石上的盲窗,这种盲窗在托普拉卡莱(Toprakkale)的青铜模型中也有出现。在恰武什特普周边的城墙使用石灰石块,采用间接的连接,并经过了精细的粉刷。这个基地和神庙属于萨尔杜里二世(Sarduri II)时期。在被亚述的提格拉-帕拉萨三世(Tiglath-Pileser III)攻陷前,萨尔杜里二世曾一度带领乌拉尔图达到了国力的鼎盛期。

卡米尔-布鲁尔(Karmir-Blur;古城特什拜尼(Teishebaini),见[94]页图A),位于埃里温城(Erevan)外,是乌拉尔图城堡和行政中心的最典型实例之一。其中有塔楼和带扶壁的城墙、厚重的大门、城墙内的检阅场和底层的仓库。

凯夫卡勒斯堡(Citadel of Kefkalesi)建于同一时期(前7世纪),位于凡湖西北岸的阿迪尔杰瓦兹(Adilcevaz)山上。在邻近帕特诺斯(Patnos)的安扎维(Anzavur)山脚下围合成的巨大要塞显得并不典型,从地形看来更像是军事工事,它建造于梅努亚时期(约前810—前786)。

巴斯塔姆堡(Citadel of Bastam),靠近伊朗西北边界,由鲁萨斯二世建造(约前685—前645),用于保护通往凡城的大道。巨大的梯状建筑建造在陡峭的山脚岩石上,较长的一端沿着山谷陡峭的山崖。其中重要的构筑物包括南北端的入口、柱厅和在城外平原上的巨大岩石障碍物。

神庙

乌拉尔图最有代表性的建筑是神庙,它的原始形象是一座高耸的防御塔楼。其标准平面是正方形的,带有浅薄角部扶壁;脚部经常使用精巧平滑的玄武岩琢石,所有做工都比要塞的城墙质量精良。

卡亚里德勒神庙(Temple at Kayalidere)由粗糙的体块组成,有超过12m(40ft)长的立面,墙厚达3.2m(10ft6in),圣殿的内部平面约5m(16ft4in)。这样的墙体体块本身就暗示了城墙的巨大高度。在穆萨西尔(Musasir)城,亚述风格的浮雕描绘了供奉乌拉尔图主神的哈尔迪神庙(temple of Haldi),但是,由于浮雕的空间有限,采用了低矮的比例。阿契美尼德王朝时期(Achaemenian)的纳卡拉斯塔姆的拜火庙(Fire Temple at Naksh-i-Rustam,见[99]页图C)表明乌拉尔图神庙的标准比例大约是双倍立方体。正如穆萨西尔神庙的浮雕所显示的,乌拉尔图神庙有山墙,这与帕萨尔加德(Pasargadae)的居鲁士大帝陵类似(参见有关章节),只是用木材代替了石材。

除了卡亚里德勒的神庙,安扎维(记载梅努亚的碑铭)、恰武什特普、托普拉卡莱和阿廷特帕(见[93]页图B和[95]页图A)的神庙采用了标准平面,神庙有一个围绕庭院的柱廊。露天的岩凿神祠在凡城和其他地方都有发现。

托普拉卡莱神庙(Temple at Toprakkale)值得一提的是它粗犷的石工。石块中心粗糙,交接处凹进且平滑。尽管这种石工是在公元前二千纪的乌加里特出现的,但并没有足够的证据表明乌拉尔图人不是独自掌握工艺的。在托普拉卡莱的建筑中镶嵌了不同颜色的石材,如石灰石和玄武岩,以形成鲜明的对比。

乌拉尔图陵墓(Urartian tomb)的特点是从整个岩石切割出来的,墙上的壁龛用于点燃灯火或是放置祭品。这样的陵墓出现在凡城城堡的南部和卡亚里德勒。在阿廷特帕有相类似的陵墓制式,却是在城堡下的山坡上用石块建造的。在阿廷特帕的陵墓中出现了假拱顶,而卡亚里德勒的陵墓仅在房间顶部有一个开向地面的瓶状井筒通道(见[95]页图B)。

萨穆拉玛特运河(Shamiram Su, Semiramis Canal)是最著名的运河和水塔。修建运河和水塔成为一代代乌拉尔图王国们主要的工作。梅努亚修筑了萨穆拉玛特运河,把水流从凡城东南的霍沙普河(Hosap)的山谷中引入到首都周边的田野和花园。这条运河一直使用到今天。

雕塑在乌拉尔图及其以后的时期都很少出现。凯夫卡勒斯的一件浮雕(见[95]页图C)表现了雉堞、狭缝状的窗户和门道。来自托普拉卡莱的一块青铜模型提供了土坯砖传统的类似证据。只有石头基础可以遗存至今，除非是火灾保存了部分砖砌体，如在凯夫卡勒斯和卡米尔-布鲁尔。

宫殿

阿林博德的**阿尔吉什提一世宫殿**(Palace of Argishti I at Arin-Berd, 古称恩瑞布尼 (Erebuni)，约前786—前764)，由阿尔吉什提建立，邻近后来的卡米尔-布鲁尔，是最重要的乌拉尔图宫殿。这座宫殿有从亚述引进的宫廷风格壁画装饰，也有一些自由流派的装饰，而很少受到外部的影响。这座宫殿包括一间有两个入口的觐见大厅和一座有14根石头基座的木柱廊的庭院。

在帕特诺斯附近的**格卡山**(Giriktepe)发掘出一座较小的宫殿。长长的大厅有双壁龛装饰，与巨大的哈萨鲁城堡(citadel of Hasanlu, 约前1100—前800)有些许类似。哈萨鲁城堡是一个重要的遗迹，位于乌尔米耶湖南部。乌拉尔图王国疆域的一些建筑影响了格卡山的这座建筑，至少在土坯砖上有所表现。

在位于乌拉尔图西北部边境靠近埃尔津詹(Erzincan)的**阿廷特帕**(见[95]页图A)，挖掘出了一座宫殿，一间大厅的尺寸为 43.7m×24.7m(143ft×81ft)，有六排柱子，每排三根，上层建筑选用了土坯砖而不是木头。柱子石础的直径几乎达到1.5m(5ft)，跨度接近5.2m(17ft)。这间大厅似乎可以追溯到公元前7世纪，正值乌拉尔图王国衰落前的回光返照。

弗里吉亚建筑

戈尔迪乌姆(Gordion, Gordium)是弗里吉亚的首都，在那里发掘出来的建筑有建造在"正厅"平面上的房屋。其基本特征是在前廊主墙端头有壁端柱，通过前廊一直可达中间有壁炉的大房间。这种形式适应于安纳托利亚的极端气候。通过与现代土耳其乡村房屋的比较，曾经一度有学者怀疑这些正厅除了平顶是否还有其他形式。巨大的跨度和中柱的缺失，或许意味着其他可能性的存在。通过正厅墙上的雕刻，以及戈尔迪乌姆巨大的木制坟墓房间的屋顶，可以证明山墙屋顶的存在。戈尔迪乌姆的坟墓有三道山墙，一道在中间，另外两边各有一道。至少有10个弗里吉亚岩凿遗迹(见[94]页图C)中也有证据显示山墙的存在，包括所谓的米达斯城(Midas City)。虽然弗里吉亚人具有坟墓埋葬的传统，但是这组遗迹并不是坟墓而是神祠。戈尔迪乌姆的大门被认为是对立面的破坏，没有壁龛，没有规律的间隔扶壁，只使用了小块的石块。弗里吉亚要塞与乌拉尔图的在风格和建造上都十分不同。

在**米达斯城**的雕刻立面上可以看到，木材像在戈尔迪乌姆的雕刻中那样在山墙的顶部交叉，同时还展现了其他的建筑特征。例如，一间房间在雕刻中模仿了圆木的房屋；在所谓的米达斯王后墓的山墙上有两扇百叶窗；门被表现为朝内部打开的状态；所谓的裂纹墓(Broken Tomb)有一间大房间用石块雕凿，表示房间的室内，在室内的三边布置了长椅，在狮冢(Lion Grave)中有一张雕刻出来的床。

弗里吉亚建筑的一个突出特征是使用陶砖作为装饰，如安纳托利亚中部戈尔迪乌姆和帕扎尔利(Pazarli)的建筑就是这一特征的代表。这种风格在米达斯城中的两座神殿立面上的着色几何图案中得到再现。这些母题似乎用在山形墙中楣之下的三角墙中。在戈尔迪乌姆的弗里吉亚建筑中，垂直与水平的梁柱及其连接使用了木头框架。随着巨大的坟墓和装饰家居被发现，可以看出弗里吉亚木制品的广泛应用和高超技术。弗里吉亚建筑本质上属于安纳托利亚文明，但也受到亚述和乌拉尔图的影响，同时又具有自己的特征。

米底与波斯建筑

随着近年来对伊朗西部公元前8～前7世纪建筑的考古发掘，居鲁士大帝(Cyrus the Great)统治之前米底人和波斯人所获得的建筑成就已逐渐为人所知，这些建筑位于戈丁土丘、巴巴詹土丘和纳什詹土丘(Godin Tepe, Baba Jan and Nush-i Jan)。

在**戈丁土丘**的第二土层，上层的古城堡中原先有一座防卫性的庄园或是小型宫殿。以其为中心，两座大小各异的柱厅围绕布局，并附有小型房间和成排的武器库。整座建筑由护墙包围，配有棱堡、塔楼和箭孔设防。

在**巴巴詹土丘**的第一和第二土层，建筑的外形想必威严慑人。城堡周围设有八座矩形的塔楼

第一编　埃及、古代近东、亚洲、希腊及希腊化诸王国的建筑

图A　波斯波利斯百柱厅复原图（约前518—前460）。波斯波利斯宫的其他细部见下图，另见[93]页

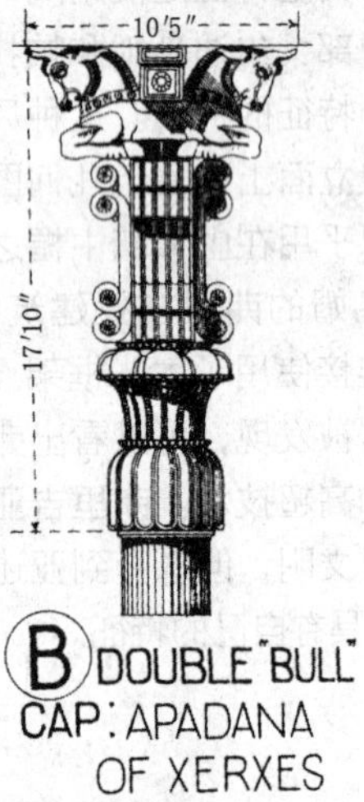

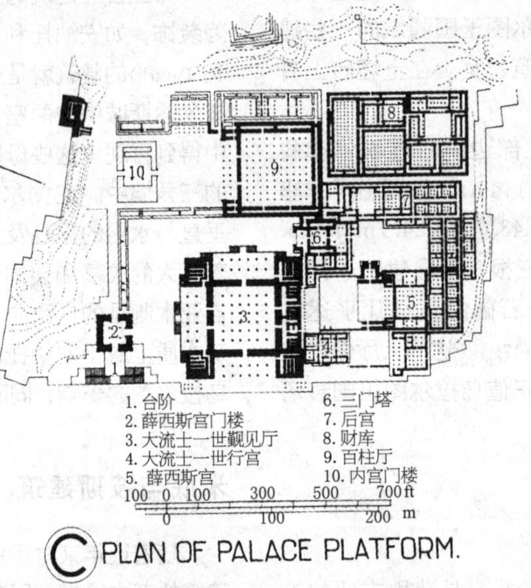

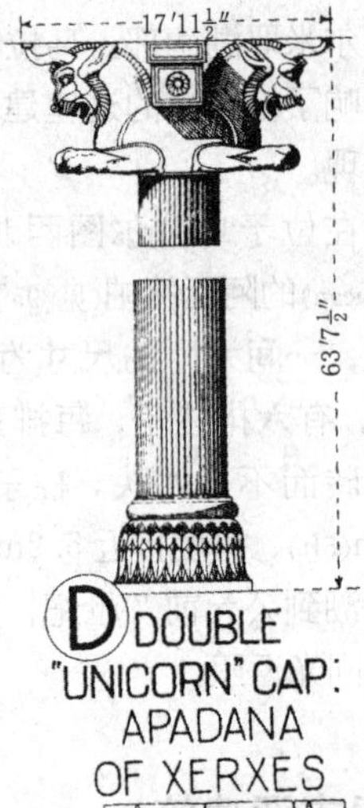

1. 台阶　　　　6. 三门塔
2. 薛西斯宫门楼　7. 后宫
3. 大流士一世觐见厅　8. 财库
4. 大流士一世行宫　9. 百柱厅
5. 薛西斯宫　　10. 内宫门楼

Ⓑ 薛西斯觐见厅的双牛柱柱头；Ⓒ 宫殿平台平面图；Ⓓ 薛西斯觐见厅的双独角兽柱柱头；Ⓔ 波斯波利斯宫殿的浮雕；Ⓕ 苏萨宫的狮子檐壁；Ⓖ 苏萨宫的弓箭手檐壁

第 4 章 古代近东建筑

图 A 波斯波利斯通向三门塔的台阶(前 518—前 486),见[101]页

图 B 纳卡拉斯塔姆的大流士陵(前 485),见[102]页

图 C 纳卡拉斯塔姆的拜火庙,见[96][102]页

图 D 纳什詹土丘页岩装饰的前室,见[101]页

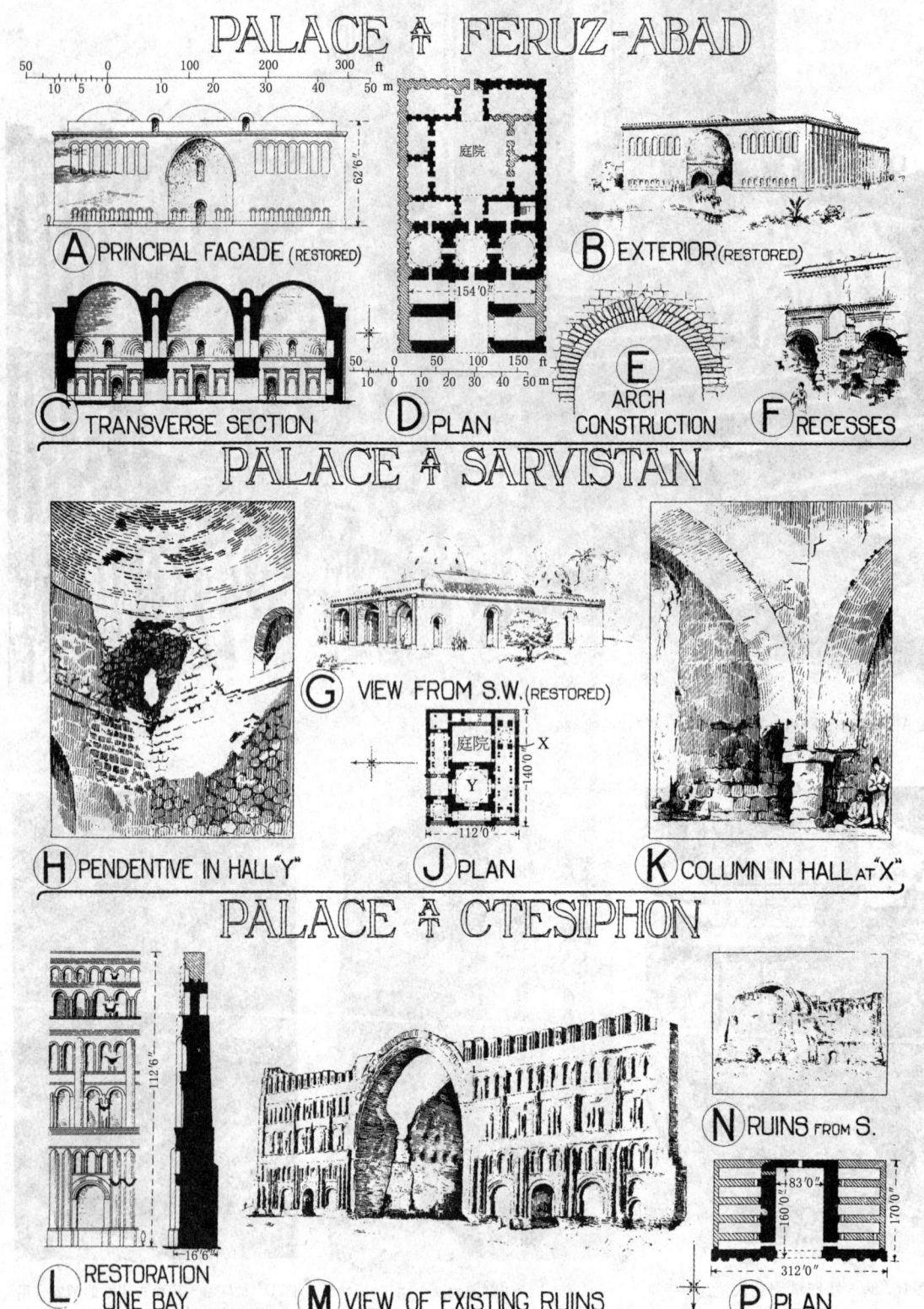

弗鲁兹阿巴德宫殿(PALACE AT FERUZ-ABAD)：Ⓐ主立面复原图；Ⓑ外部复原图；Ⓒ纵剖面；Ⓓ平面图；Ⓔ拱的构造；Ⓕ门槽
萨尔韦斯坦宫殿(PALACE AT SARVISTAN)：Ⓖ建筑西南面复原图；Ⓗ Y 厅的帆拱；Ⓙ平面；Ⓚ X 厅的柱子
泰西封宫殿(PALACE AT CTESIPHON)：Ⓛ跨间复原图；Ⓜ现存建筑遗迹；Ⓝ遗迹南立面；Ⓟ平面图

第4章　古代近东建筑

用以防卫，其中一座塔楼在第一土层被列柱门廊所替代，并作为主入口。塔楼内包括一座矩形的庭院，之后庭院覆了顶，庭院两侧各有一个长条形的房间。在同一遗址的另一处发现了一座同时期的建筑，该建筑内的一个房间采用鲜见的风格装饰——重彩墙面砖。在伊朗西北部乌尔米耶盆地(Urmia basin)的哈夫塔万土丘(Haftavan Tepe)，柱子也具有大型城堡建筑的形式，与巴巴詹土丘的城堡为同一时期的建筑。

在邻近哈马丹(Hamadan；古代的埃克巴坦那(Ecbatana))地区的纳什詹土丘，发掘出了米底时代第一土层(前700—前550)保存完好的泥砖建筑(见[99]页图D)。在其中的一座建筑内发现了迄今为止发现的最早的火坛遗址。建筑内罕见的壁饰暗示了当地长期使用泥砖的历史，包括层叠十字叉、盲窗和貌似支撑脚手架的凿洞。另一座建筑是堡垒。沿着坡道可到达堡垒内的楼梯，楼梯环绕着中央的有泥砖砌筑的叠涩拱顶的墙墩。从波斯地区的宫殿和坟墓来看，其令人称道的列柱建筑从古代文明中汲取了多种建筑特色：源于埃及的凹圆线脚(gorge)，源于美索不达米亚的兽相石雕、浅浮雕的护墙板和彩饰琉璃砖，而石工很可能来自乌拉尔图地区。

帕萨尔加德的遗址包括四组散布在平原上的建筑，以城堡为中心，周围分布着寝宫、居鲁士陵和祭祀区。城堡(苏莱曼宝座(Takhti-Suleiman))中有粗面石材建造的巨大平台，这是建筑的一大特色。据推测，居鲁士大帝于公元前530年驾崩后，城堡的建设放弃了先前更为宏伟的建造方案，而采用了泥砖砌筑这种更为朴素平实的建筑。居鲁士陵(the Tomb of Cyrus，见[94]页图B)是一个底座为3.2m×2.3m(10ft6in×7ft6in)的简洁的箱形石灰石墓，带有山墙，安放在有六级台阶的平台上。居鲁士陵对大体块的运用，精准的切割，光洁的修琢，以及用铅制、铁制燕尾夹具而非砂浆加固结构的方法，都是阿契美尼德王朝时期的做法。整个居鲁士陵的设计来源于早期带有山墙的房屋，与南部扎格罗斯高地发现的多赫塔尔山的墓葬(the tomb of Guri-Dokhtar)相似。这类墓葬的先例很可能是在洛雷斯坦地区(Luristan)以及位于伊朗中部邻近卡尚(Kashan)的锡亚勒克土丘(Tepe Sialk)发掘的同样带有山墙的地下坟墓。同样的建筑形制之后在大流士一世❶岩墓中的一系列精巧的房屋中得以延续。

苏萨是埃兰王国的古城，之后成为波斯的都城。由大流士一世(前522—前486)兴建的城堡宫殿综合建筑群因袭了巴比伦的建筑风格。一块彩饰的建筑铭文讲述了整个帝国用以建造宫殿的材料和技艺，有黎巴嫩的雪松、扎格罗斯山区和南波斯的柚木，而烧结砖则按巴比伦的古法烧制。最了不起的是，建造宫殿的手工匠人来自亚述、巴比伦、埃及和希腊爱奥尼亚的不同地域。正是这些迥异特色的糅合造就了波斯王国无与伦比、令人惊叹的建筑成就。这座宫殿及晚些时候由阿尔塔薛西斯二世❷修建的王宫开始大量使用琉璃砖，并以弓箭手、狮子、公牛和龙为母题作为饰面处理(见[98]页图Ⓕ和图Ⓖ)。

波斯波利斯宫殿(Palace of Persepolis，见[98]页图A～图Ⓔ及[99]页图A)由大流士一世于公元前518年开始建造，并由继位者薛西斯一世(Xerxes I，前486—前465)继续营造，最后由阿尔塔薛西斯一世在公元前460年完成。宫殿群高踞在细致铺设的铁箍石块覆面平台上，部分抬高部分下挖。平台面积约460m×275m(1500ft×900ft)，其前沿高抬起15m(50ft)，并以石短柱支撑整个平台。西北面的入口由一段6.7m(22ft)宽的开阔台阶引导，平缓的坡度可供马上下。薛西斯建造的门楼由泥砖砌成，饰面采用彩色琉璃砖，前后入口各有一对公牛石像看守。南面的第三个门道指向觐见厅(Apadana)，这是一座巨大的殿堂，76.2m(250ft)见方的殿内有36根石柱。大殿由6m(20ft)厚的土坯墙包围，由大流士始建并最终由其两位继位者完成。觐见厅建在高出地坪3m(10ft)的平台上，三个入口处各设双层柱廊。东侧和北侧均有楼梯；小房间集中在南侧，四角设有塔楼。相比之下，大流士的行宫要小一些。它紧邻觐见厅南侧，临近西边梯台墙，是大流士在世时完成的，同时期建成的还有三门塔(Tripylon)。三门塔位于建筑群的中央，作为内宫的接待厅和卫兵室使用。位于场地东南角的财库也在大流士时期完成，财库只有一个门道，由

---

❶ Darius Ⅰ；公元前522～前486年，古波斯帝国阿契美尼德王朝国王。——译者注
❷ Artaxerxes Ⅱ，公元前404～前358年在位；古波斯帝国阿契美尼德王朝国王。——译者注

一座双层墙的管理室、库房和一系列大小不一的柱厅所组成。大流士时期完成的建筑更多地展示了早期疏朗的风格。之后，薛西斯一世加建了自己的宫殿，他将自己的寝宫建在西南角，并与呈L形平面的妻妾后宫相连，这样的格局也在三门塔南侧围合出了一个庭院。此时他开始建造著名的"百柱厅"(由阿尔塔薛西斯一世完成)。"百柱厅"是一座觐见大厅，68.6m(225ft)见方，100根11.3m(37ft)高的石柱支撑起雪松木梁枋的屋顶(见[98]页图A和图ⓒ)。百柱厅的东、西、南三面都由双层墙体围合，北入口则是门廊，正对建筑的前院。前院配有门房，并通过一堵厚墙与觐见厅的前院分隔。百柱厅有两个入口，入口处的墙面上有七个窗洞，与此呼应的是另外三堵墙上的壁龛。所有壁龛的边框都由石材砌筑，镶嵌在3.4m(11ft)厚的砖墙内。

在波斯波利斯宫殿中同样发现了许多技艺高超的建筑雕饰。所有大台阶上都装饰有浅浮雕，觐见厅的平台也有浅浮雕，它们被分为井然有序的三层，层与层间用条带和花环作为分隔。阶梯的角部和门道的侧柱上装饰有传统的图案，也雕刻着从各部落来朝者的行列，诸如战马、朝觐者、土司、部族首领和卫兵(见[98]页图Ⓔ)。拾阶而上的城垛上有护墙。所有雕刻色泽鲜艳。少数房间采用木柱——木柱外抹一层石灰，再施以图案，但大殿中的柱子都是石材的。这些柱子各有特色，基座缀有线脚，柱身上刻有凹槽，支撑梁的柱头上还带有竖向涡形装饰或是带有背对背的双头公牛或龙(见[98]页图Ⓑ和图Ⓓ)。

纳卡拉斯塔姆的大流士陵(The Tomb of Darius, Naksh-i-Rustam，前485，见[99]页图B)距离波斯波利斯北部13km(8mile)，是阿契美尼德王朝四座国王岩墓之一。岩墓立面宽18.3m(60ft)，再现了波斯波利斯大流士宫南立面，中部有四根双牛头式的柱子，檐口为埃及式，上方是人像支撑的国王宝座，高2.7m(9ft)，国王的浮雕像站在火坛前。岩墓附近有一座**拜火庙**(Fire Temple，见[99]页图C)，石材塔楼中只有一间房间，通过台阶与室外连接。

塞琉西、安息及萨珊王朝建筑

公元前312年，亚历山大大帝驾崩后，塞琉西帝国(Seleucid Empire)逐渐成形，公元前247年分裂，公元前140年之后帝国就仅存于幼发拉底河西岸，最终于公元前64年被罗马人征服。在此期间，伴随着大量马其顿和希腊定居者的涌入，一批城镇开始兴建，其中包括靠近巴比伦的塞琉西亚(Seleucia)和靠近叙利亚的安条克。在大夏(Bactria)边境，马其顿人和希腊人将希腊文明向东传播到印度。总的来说，这种影响并不平衡，在艺术与建筑方面，新型的希腊风格与传统的波斯风格竞相占据主导地位。帕提亚人夺取了塞琉西王国的东部和美索不达米亚地区的部分领地。他们沿袭了希腊的文化和制度，在这样的统治下，新兴的希腊城市得以繁荣。尽管文化进一步交融，艺术却走向没落。在萨珊王朝(226—642)时期，临近巴比伦的泰西封是王国的都城。其间，文化开始复苏，而古美索不达米亚建筑和拜占庭建筑风格的交汇也在一批新建的建筑中得到体现。其中宫殿是最为重要的形式。

位于波斯波利斯南部的**弗鲁兹阿巴德宫殿**(the Palace, Feruz-abad，约250，见[100]页)由毛石建造，饰面附石灰层。穿过高大的拱形入口就来到一间有三个圆形拱顶的大厅。三个拱顶坐落在三个正方形大厅的上方，并由角部的内角拱支撑。拱顶下方的内墙上装饰有壁龛，这些壁龛有拱门饰，框架采用古典型制，檐部却由埃及的凹圆线脚组成(见[100]页图ⓒ和图Ⓕ)。

位于波斯波利斯以西毕沙普尔的**沙普尔一世王宫**(the Palace of Shapur I, Bishapur，约260)是一座恢宏的建筑。宫殿采用抹面毛石建造，十字形平面，统领平面的穹窿从地面升起，剖面呈椭圆形。而建筑中对彩色饰面的运用展现了古典建筑风貌的回归。

波斯波利斯附近的**萨尔韦斯坦宫殿**(the Palace Sarvistan，约350，见[100]页)的正面是典型的筒形拱门廊。门廊后方升起由内角拱支撑的蜂窝状穹窿(见[100]页图Ⓗ)，以表征其下方是宫殿内最主要的房间。穹窿上开孔作通风采光之用。宫殿两侧房间内的筒形屋顶落在大型支柱上，而支柱又落在成对的短柱上(见[100]页图Ⓚ)。这样的做法相当巧妙，既减少了有效跨度，同时也为拱顶提供了强有力的支座。

在弗鲁兹阿巴德和毕沙普尔地区存有塔楼拜火庙，作户外祭祀典礼之用，与在纳卡拉斯塔姆发现的塔楼很相似(参见上文)。

第4章 古代近东建筑

泰西封宫殿(见[100]页)的建造通常被认为是萨珊国王考罗斯一世(Chosroes I, 531—579)的功绩，但事实上它大约是在公元4世纪兴建的。宫殿地处美索不达米亚平原，由砖砌成。现存的主要是中央大拱厅的残迹。建筑前部的中央大拱厅完全敞开，就像是游牧部落酋长接受朝觐的帐篷。敞厅与建筑展开的两翼间以厚墙分隔，墙高34.4m(112ft 6in)。在当时罗马风格的影响演化下，墙面上出现了层叠壁柱和拱券的装饰构件。建筑立面的一翼在1909年底格里斯河一场罕见的洪水中被冲毁。殿上的椭圆筒形拱从地面升起，支座厚达7.3m(24ft)，拱高36.7m(120ft)，跨度为25.3m(83ft)，这个结构足以与古罗马伟大的建造技艺相媲美。拱顶下层部分以水平方向建造，这是萨珊时期拱顶通常的建造方式，但是拱顶充分利用拱圈架在端墙上，避免了使用木材定位，同样的砖拱建造方法也出现在古埃及与亚述的建筑中。

埃及、古代近东、亚洲、希腊及希腊化诸王国的建筑

第 5 章
亚洲早期文明的建筑

建筑特征

印度

旧石器和早期的中石器时代，这里的人们大都居住在洞穴、岩洞和露天营地之中。到中石器时代末期，这种传统发生了转变，一种带有抹灰篱笆墙的以石头铺面的圆形小屋开始出现在盖穆尔岭(Kaimur hills)的焦本河(Chopani-Mando)和安得拉邦(Andhra Pradesh)。到了新石器时代早期，人们开始使用压制土和泥砖修建矩形的住宅，最早用砖建造的建筑出现在位于伊朗高原边缘的印度河谷西侧。然而，巴基斯坦中部的俾路支斯坦地区(Baluchistan)梅赫加尔(Mehrgarh)的一些建筑，似乎可以看做印度文明中居住建筑的先驱。与此同时，印度河谷中的一些遗址也已在城镇规划方面呈现出一定进展，有些建筑组群中甚至还出现了小型纪念性建筑。

在像摩亨约达罗和哈拉帕这样有代表性的遗址，以及一些小的城市中心，例如昌胡达罗(Chanhu-Daro)、果德迪吉(Kot Diji)、卡利班甘(Kalibangan)和罗索尔(Lothal)，城市被划分为紧凑封闭的、棋盘状的工匠住所。用围墙包围并有正方形塔楼和棱堡设防的城堡要塞高地布置在城市西面，并被开放场地隔开。高地里容纳有数量众多但很简洁的公共建筑，以及坐落在用泥砖砌筑的呈南北朝向的指挥台上的军事设施。其中最为重要的是公共谷仓，而在有些遗址里，墓地与城镇和要塞相关联，但墓地在空间上是独立的。

在哈拉帕的城镇群中，居住区域通常呈南北和东西朝向，并被街道分割成独立的矩形街区。街区中设有公共给排水设施，这可能是当时世界上最先进的给排水系统，同时服务于个人住宅及公共水井和厕所。城市街区中还布置有商店以及带庭院的单层或双层的平屋顶住宅；狭窄曲折的小巷切入规则的矩形街区进入住宅。面对着主要街道的是无窗的墙面。

类似新石器时代早期的建筑类型，在印度其他地区的当代建筑实践中仍在延续，并适应了当地的气候和材料的条件。恒河平原上的铁器时代遗址的建筑不如印度河河谷遗址中的建筑先进，而且没有纪念性的公共建筑。

在铁器时代，波斯人和希腊人在印度北部建立了省或州的首府，有的是重新修建的，有的是在原有聚居地的基础上扩建的。当地不规则设计的城镇也被网格状平面的新城所取代。

在铁器时代(约前 1000—前 100)，印度次大陆上最广为人知、引人注目的是那些形态各异的巨石墓地，例如，骨灰瓮、切削岩石而形成的洞穴、圆形墓穴以及箱型石坟。与巨石墓地同时代的一些建筑遗址中还有呈正方形或斜线形排列的矗立的石阵。

中国

与其他同时期古老文明的建筑不同，中国的古建筑缺少纪念性建筑，尤其是在夏朝初期直至商朝早期的时候，可能有部分原因在于：城市在中国出现得相对较晚。在夏朝初始(前 2100—前 1600)，农民大都居住在由抹灰篱笆墙建造的洞穴式房屋组成的村落中。住宅单体一般为圆形或矩形，直径大约 5m(16ft)，四根坚固的中央立柱支撑起斜的茅草屋顶，斜屋檐几乎触及地面。轻质墙体的围合或凹入或凸出；门廊状入口和楼地板有的是压实的土壤，有的抹了泥灰。

夏朝的村落规模较大，并且被夯土墙围合。居所及布局围绕中心的一座长屋展开，与早期史前时期的形制基本保持一致。

商朝(约前 1850—前 1027)以城市建筑为标志。每一座城市都设有一个贵族的政治中心，由夯实土墙围合而成，里面建有宫殿和礼仪性建筑，而工业区和农庄则布置在外围没有围墙的区域中。坐

落在夯实的土台之上，平面为矩形且带有斜坡屋顶的梁柱体系建筑，逐渐取代了早期的洞穴式建筑。中轴对称式的宫殿建筑也可追溯到这一时期。这一时期标准的陵墓建筑大约 10m(33ft) 深，内有墓葬室，墓葬室约 4m(13ft) 深、20m(66ft) 见方，墓道延伸长达 15～20m(51～66ft)。墓葬室内填充正方形木料并放置木棺。规模较小的坟墓则只包含简单的竖井而没有墓道，埋葬完毕后，竖井用泥土重新填实。坟墓外没有上部建筑。

周朝(前1028—前256)修建了大批带有城墙的城市。其平面大都呈正方形或矩形，主要建筑坐落在夯土台基上。周朝末期，城墙围合的居住区的密度越来越大，郊区多为有茅草屋顶的黏土建筑，它们围绕着城市发展。通常情况下，礼仪性建筑群的核心部分又被围墙从城市中心分隔出来。

秦朝(前221—前206)实施完成了一些大型的公共项目，其中包括沿当时中国北部边境修建的长城，它取代了早期夯土的防御建筑。从形式上看，长城由石块筑成，长达 2250km(1397mile)，高约 6～10m(20～33ft)。长城呈锯齿形展开，其间密布着烽火台和守卫城堡。但是，中国现存的长城是明代(1368—1644)修建的。秦朝时期的城市仍保持着矩形或正方形平面，由捣实黏土的城墙围合，以基本方位点定向。公共建筑坐落在夯土台基上，并沿南北轴线排列。

建筑实例

印度

居住建筑

巴基斯坦俾路支斯坦地区的梅赫加尔由一些小型村落组成，这些村落被命名为梅赫加尔 I～VII 号(Mehrgarh I to VII)，每一个村落都是原先的基址被废弃后，在新的基地上建造的。梅赫加尔 I 号和 II 号是规模较大的永久性村落，内部有对称式、多房间的建筑，这类建筑看来似乎是谷仓。梅赫加尔 I 号(Mehrgarh I, 约前 5000)包括呈矩形平面的多房间泥砖砌筑房屋，这些房屋的面积约为 8m×4m(26ft×13ft)，中部走廊两边布置有 6～9 间房间。修筑房屋所使用的泥砖很有特色，砖的边缘为圆形，砖的上表面有指痕，标明曾在此涂抹过灰浆。梅赫加尔 II 号(约前 4500)的矩形泥砖建筑的布局与梅赫加尔 I 号的十分相似。处于最后阶段的梅赫加尔 VI 号(前 3000—前 2700)和 VII 号❶与早期印度文明属于同一时代，其住宅平面变得越来越复杂。有些房屋达到两层高，上面一层用于起居，楼板由托梁支撑，并且设有约 1m 高的用于储藏的圆顶地下室。

阿富汗东南部的蒙迪加克(Mundigak, 约前 2500)，拥有防御性围墙和用土坯砖建造的正方形堡垒。在奎达山谷(Quetta valley)的达姆萨达特(Damb Sadaat)也发现了类似的宏传建筑保留下来，包括带柱廊的宫殿和一座疑似寺庙的建筑。

在阿姆里(Amri, 约前 2500)位于印度盆地的三个相隔很远的哈拉帕建筑群基址中，发现了泥砖建造的住宅。在卡利班甘和果德迪吉，人们将泥砖与石头相结合使用在建筑上。聚居区被大量坚固的防御土墙所包围，这预示着哈拉帕模式的出现。在印度平原西部的拉赫曼德瑞(Rahman Dheri, 约前 2500)，可以看到初步尝试哈拉帕城镇规划的痕迹：围墙围合的城市，面积约 550m×400m (1700ft×1300ft)，被南北向、东西向的主要道路分割，并呈现为网格状布局。

靠近印度河的摩亨约达罗(Mohenjodaro, 约前 2500—前 1700，见[106]页图ⓒ～图Ⓕ)位于信德省，它处于一座人工修筑的堡垒的控制之下。堡垒高 15m(49ft)，位于这座城市西北方向约 150m(490ft) 处。城池与堡垒中间的土地可能被洪水淹没过。经过焙烧制成的砖砌墙体设有坚固的塔楼，加强了堡垒的防御性(见[106]页图ⓒ)，一座高达 13m (43ft) 的砖筑平台控制了堡垒的整个空间，这座平台据推断是洪水泛滥时的避难所。堡垒中有许多公共建筑的功能尚不明白，但从中可以明确识别的有大浴场和谷仓。这座城市大约占据了 2.5km² 的区域，居住区由若干个矩形地块组成，每一地块的面积约为 365m×182m(1197ft×597ft)，呈南北朝向，内部被小巷划分。主要街道宽约 14m(46ft)，

---

❶ 约前 2600～前 1700 年，原文为"约公元前 1700～前 2600 年"，疑有误。——译者注

第一编 埃及、古代近东、亚洲、希腊及希腊化诸王国的建筑

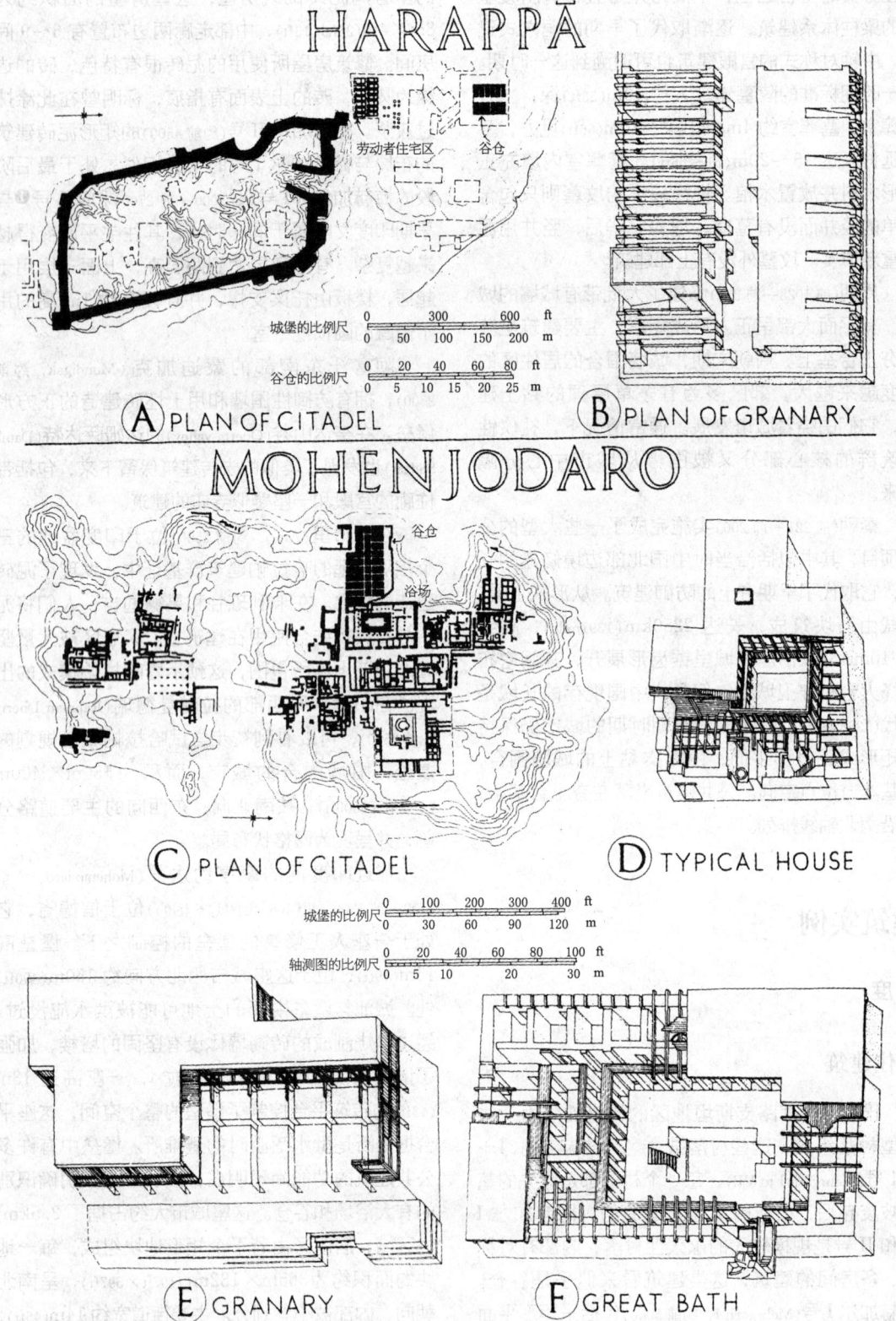

哈拉帕(HARAPPA)：Ⓐ 城市平面；Ⓑ 谷仓平面
摩亨约达罗(MOHENJODARO)：Ⓒ 城堡平面；Ⓓ 典型住宅；Ⓔ 大谷仓；Ⓕ 大浴场

南北向的中央道路两侧有开敞的排水沟渠。

摩亨约达罗当地的建筑(见[106]页图①)大多是用烧结砖建造的单层或两层的平屋顶住宅,十分坚固,与周边的开放式院落相结合,住宅面对周围道路的高墙并无明显特色。带有木门楣的入口简洁朴素并直接通往院落,家用房间则对院落开敞。住宅根据面积大小而呈现出显著差异,有单间住宅,也有多个房间围绕多个院落组成的住宅。几乎所有的住宅都有私人水井、壁炉和浴室。浴室铺地覆盖着锯过的碎砖,十分精美。浴室连接着修建在墙体内部的排水管道,管道直接通向主要街道的下水道。有些住宅还有通往一层或屋顶的砖楼梯。寺庙和类似神殿的建筑在此并不十分显著,它们只是这样的"建筑":内部是很大的U形平面,经过外部入口可以进入内部,可能具有一定的仪式功能;对面的一系列小房间被认为是僧侣学校或者是警察局。

哈拉帕位于拉维河(Ravi)故道左岸,是印度旁遮普地区(Punjab)的一个属国。哈拉帕的布局(见[106]页图④)看起来与摩亨约达罗的很相似。尽管这座城市的基址在19世纪时曾遭到铁路工程师掠夺砖材,但城堡的大致轮廓线以及部分居住建筑的片段仍保留至今。城堡的筑堤由泥砖墙体加固,墙体自12m(39ft)厚的基座起向上收细,外部由烘焙过的砖材覆面。在城堡与城镇之间是兵营状的工人居住区地块,中间还有圆形平面的砖建筑,这类建筑用于捣碎谷物。两列较小的正方形居住建筑被大约1m宽的巷道分隔开,这些建筑被墙体围合。

罗索尔城坐落在卡提阿瓦半岛(Kathiawar)的宽广平原上,位于摩亨约达罗东南部的坎贝湾(Gulf of Cambay)岬角地带,有着典型的哈拉帕式的平面布局:一座城堡以及其下方的城镇。城堡的筑堤是泥砖砌筑的平台,尺度为48.5m×42.5m(159ft×139ft),被细分为若干块,每一块约3.6m(12ft)见方,并有通风管从里面穿过。这被认为是一座公共谷仓的基础部分,与摩亨约达罗的谷仓建筑相似。

卡利班甘城位于哈拉帕南部的拉贾斯坦地区(Rajasthan),俯视着克格尔河(River Ghaggar)流域。这处遗址包含两座正方形的聚居高地,每一座大约120m(390ft)宽。在一系列泥砖砌筑的平台上面,坐落着一排共七个"火祭坛"(fire altars)以及保留下来的容纳牲畜的洞穴,满足某种仪典之用。平台内部由矩形或椭圆形的泥砖墙构成,经矩形棱堡加固,墙体被磨成倾斜表面并被抹上灰泥。烘焙砖砌筑的入口位于南面。东侧的高地未设有防御设施。

在摩亨约达罗南部的昌胡达罗以及果德迪吉,也坐落着类似的城镇。

在位于克什米尔(Kashmir)的布尔扎霍姆(Burzahom,约前2920)的印度平原北部的基址中,有一些穴居式住宅,深达4m(13ft)、底部宽4m(13ft),在边缘处缩窄至2.7m(9ft)宽,其内部有木柱支撑着圆锥形屋顶。这似乎是对当地寒冷气候条件的一种适应。

在哈拉帕城建造的同一时期,位于拉贾斯坦地区南部的更南方的阿哈尔(Ahar)和吉隆德(Gillund,约前2000—前1600)的聚居地中,以土墙砌筑的正方形住宅建筑坐落在石材基座上。印度南部同时期(约前2500—前2000)的住宅,是矩形或圆形的轻质木结构建筑,几乎没有遗迹保留下来。在特克拉科达(Tekkalakota),这类木结构建筑是支撑在墙面干砌的基座上面的,并且设有中心壁炉,楼板上铺有泥土或牛粪。在阿富汗的比勒克(Pirak,约前1500),出现了墙壁上有壁龛的单间或双间的砖砌住宅。

在铁器时代恒河盆地的珀格万布拉(Bhagawanpura)和杰克拉(Jakhera)基址,圆形木结构小屋镶有抹灰篱笆墙。恒河上游的哈斯提纳普拉(Hastinapura,约前800—前500)的早期住宅,也是木结构的土墙建筑,但在此后的一段时期(约前500—前200)烘焙过的砖开始成为基本的建筑材料。

在对白沙瓦(Peshawar)东北部的贾尔瑟达(Charsada)和拉瓦尔品第(Rawalpindi)西北部的塔克西拉(Taxila)进行的考古发掘中发现,聚居区高台的出现可追溯到波斯人和希腊人占领的时期。在贾尔瑟达曾有早期的聚居区,但在公元前2世纪就被迁移至东北部的一个新的基地上,并呈现出较规则的网格状。在塔克西拉,也发生着类似的转变。早期不规则设计的聚居区逐渐被放弃,取而代之的是沿南北轴线布局设计的聚居区,并一直保留至帕提亚时期(Parthian,约100,即安息王国)。沿主要道路排列的建筑多是商店,略高于道路平面,后面是密集布置的居住建筑。

纪念性建筑

摩亨约达罗的大浴场(The Great Bath,见[106]页图⑥)是一座开放式的水池,平面约12m×7m(39ft×23ft),深2.5m(8ft)。水池由石膏灰浆砌筑,用锯过的碎砖镶边并用沥青密封。在水池北端和南端,沥青封边上有覆盖了木踏板的砖踏步。浴场的排水经由一条突拱状排水沟从西南角的出口排出。浴场四周是有顶的柱廊,越过柱廊,在浴场三边均设有更衣室,更衣室交错排布以保证私密性。部分更衣室还设有卫生间和独立的浴室。浴场是举行仪典活动的重要场所。

摩亨约达罗的大谷仓(The Granary,见[106]页图⑥)是木结构建筑,建在用砖镶边的层叠墩座上。上面一层由27个砖体块组成,其间有通风管道交叉穿过。下面一层由泥砖砌筑而成,其间用125mm(5in)的正方形木梁加固。该建筑后来被扩建,局部改建为带有可直达上层建筑的砖台阶。大粮仓的外部斜墙使得建筑呈现出像堡垒一样严峻的外观。

摩亨约达罗基址中堡垒高地上的其他建筑,类型和形状各异,有谷仓、集会大厅、军事设施、僧侣住宅等。集会大厅平面呈矩形,四排五砖的柱基支撑着木柱。地板被锯过的碎砖精心铺饰。西部的房屋容纳有雕像和仪典用的石柱。这座建筑被认为是官员住宅,面积大约为70m×24m(230ft×79ft),并拥有一个10m见方(33ft)、三面环绕走廊的开放式院落。

哈拉帕的谷仓(The Granary,见[106]页图⑧)有些与众不同,它并未构成堡垒高地中公共设施的一部分。谷仓位于高地与河流之间,坐落在一个高约1m(3ft)的浅层基座上,可从北部进入。大谷仓里共有12个小谷仓,每个谷仓的面积大约为16m×6m(52ft×20ft),它们分别排列在中心较宽的走廊两侧。大谷仓的总使用面积达到约800m²(8608ft²),与扩建前的摩亨约达罗大谷仓面积相仿。

中国

史前时期的中国建筑主要是居住建筑,纪念性建筑仅限于宫殿和陵墓。

居住建筑

半坡村(约前4000)是典型的夏朝前期(仰韶文化)的聚落。村落占地约7hm²(17acre),设计成不规则的椭圆形平面,南北朝向,这里居住着大约200~300人。半坡村的住宅大都比较紧密地布置在村落中心大约3hm²(7acre)的区域,并被一道6m(20ft)深、6m(20ft)宽的壕沟划围起来。半坡村里有许多半地下的砌有篱笆抹灰墙的圆形住宅,这些住宅平面直径大约为5m(16ft)并下沉至地面以下600mm(24in,见[109]页图⑥)。每一座住宅都设有中心壁炉,并被四根中柱划定界限,这四根中柱同时还承托起圆锥形的抹灰篱笆屋顶。圆锥形屋顶的檐部几乎倾斜到地面,外墙设有一圈细柱支撑着屋檐。村落中心有一座规模较大且非常坚固的矩形建筑,其面积约为160m²(1720ft²),建造技术与其他住宅相似,但不同之处在于这座建筑是建造在夯土台基上面的。这座建筑有可能是一座会议厅,或者是村落头领的住宅。在同一时期陕西临潼姜寨(Jiangzhai)的一块基址中,也可以找到同类型的建筑,这一基址上的建筑全部朝向村落的中心开敞。甘肃大何庄❶,是新石器时代的遗址。

在商代早期的二里头(约前1800)遗址,纪念性建筑和精美的陵墓建筑还不多见。人们居住在用篱笆抹灰墙体的洞穴式建筑中,但比早期的规模更大,且更精美些。

河南北部的商代城市郑州(约前1600)遗址,平面为矩形,占地3.2hm²(8acre),并以土墙合围,墙体周长约7.2km(4.5mail)、高9m(30ft),墙基的厚度为3~6m(10~20ft)。城墙内部的核心区域采用棋盘式布局,呈南北朝向。这里被认为是皇家居住区和宫廷的仪典中心,其中的建筑大多为矩形平面,用木材建造在夯土台基上。房屋的屋顶为坡屋顶或双坡屋顶,由结实的立柱支撑,部分立柱置于石柱基础之上。最小的住宅大约为9m×5m(30ft×16ft),最大的则为52m×25m(170ft×82ft)。建筑的墙体和地面铺有石灰浆。同一时期在铭功路(Ming Kung Su)的住宅建筑规模更大,墙体和地面用石灰粉刷过。而在斟鄩❷的住宅,其墙体用夯土建造,厚达1m。但至今尚未发现商代时期存在院落式住宅的证据。郑州的城市遗址中,城的周围有大量的洞穴式房屋,单个的面积约为3m×1.5m(10ft×5ft),地面是捣实的泥土,并下沉

---

❶ Dahezhuang,约公元前2000年;在甘肃永靖县境内,原属临夏市。——译者注
❷ Tzu-Ching;一作斟寻,今河南偃师。——译者注

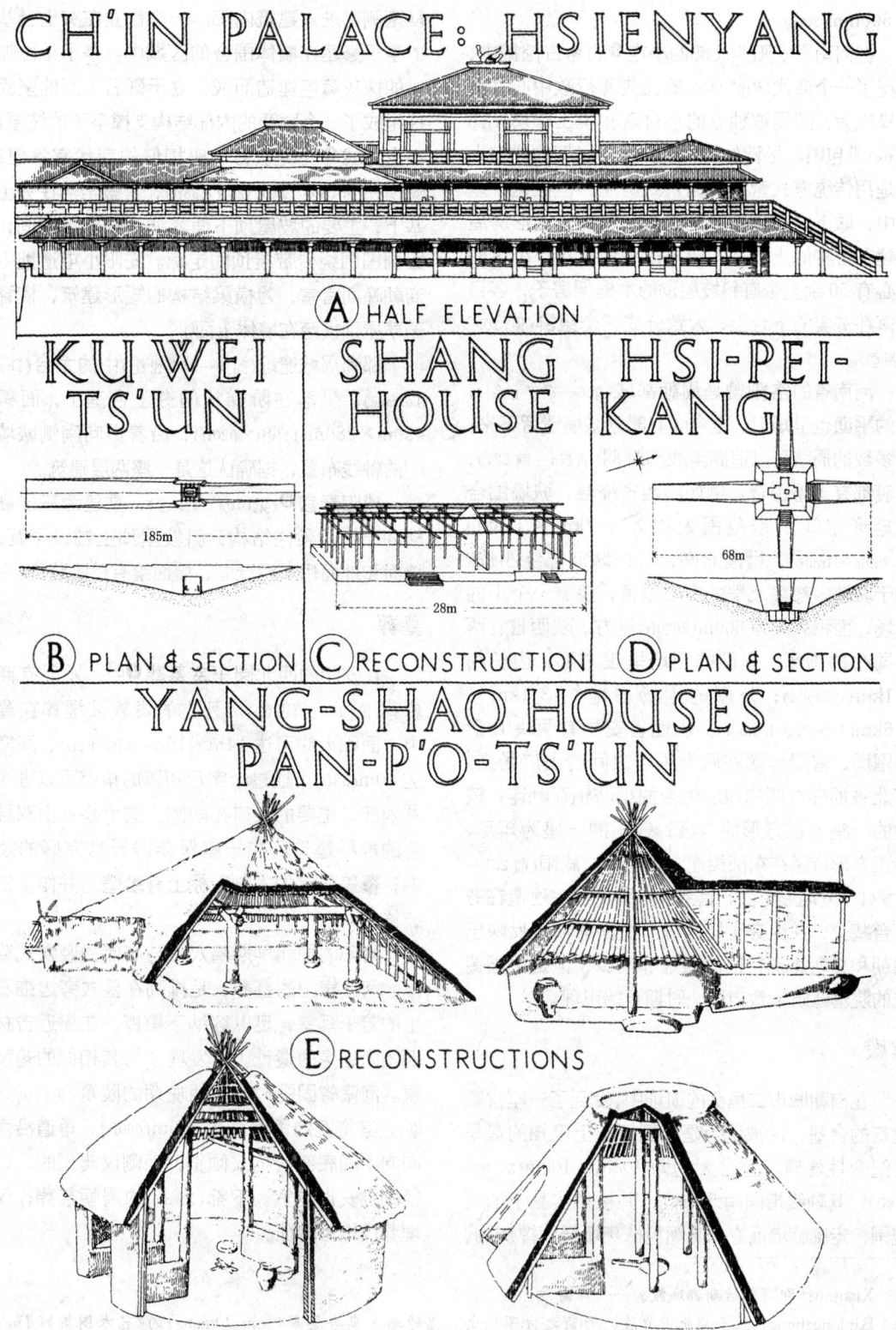

咸阳秦宫(CH'IN PALACE: HSIENYANG)：Ⓐ 立面半部
固围村(KU WEI TS'UN)：Ⓑ 平面图与剖面图；商朝住宅(SHANG HOUSE)：Ⓒ 复原图；西北岗(HSI-PEI-KANG)：Ⓓ 平面图与剖面图
半坡村仰韶文化时期的住宅(YANG-SHAO HOUSES PAN-P'O-TS'UN)：Ⓔ 复原图

约 500mm(20in)。

在河南省安阳西北部的小屯❶的考古挖掘中，发现了一个商代(约前1400)的仪典和行政中心，其规模庞大，四周被独立的小村落和手工作坊(craft centre)所包围。尽管如前所述，这一时期的住宅大多是用传统方式营建的洞穴式房屋，但在这一基址中，城市的部分地区呈棋盘状布局，矩形房屋修建在夯实的土台上，成排成列地排布。小屯的中心有50余座带有斜坡屋顶的木框架房子，各自坐落在夯实的土台上，大致分成三个组群(见[109]页图ⓒ)。

河南省的洛阳曾是周朝都城(前8—前7世纪)，它的平面也呈矩形。至今尚有部分城墙遗留下来。大多数的周城可以追溯至战国时期(前475—前221)，一般都有土墙围合。例如山西省绛县，城墙围合的矩形空间占地范围大约为 2.7km×1.6km(1.7mile×1mile)，呈南北向，有护城河环绕四周。位于城墙内部靠北端的中心位置，还有一个小的围场，面积大约为 800m(2620ft)见方。陕西省有两个同心的围场：里圈的围场呈正方形，边长约 1.1km(0.7mile)；外圈的围场占地约 3.1km×2.6km(1.9mile×1.6mile)。山西省安邑有两块 L 形的围场，宫殿坐落在两个围场之间的小广场上。河北省邯郸有两座城墙围合的小城相互毗连：较大的一座为正方形的市区；较小的一座为矩形，与正方形市区在东部相连。秦朝都城咸阳(前221—前206)，呈矩形平面，宫室和坚固的住宅建造在夯土台基上，并由夯土墙围绕。能够清晰地反映出周朝和秦朝建筑特征的遗址非常少，但是中国传统的院落建筑大致自这一时期开始出现。

宫殿

在商朝城市二里头的遗址中，发现了一座宫殿建筑的台基，这被认为是中国历史上已知的最早的纪念性建筑。土台大约为 108m×100m(354ft×328ft)，其轴线指向南北方向，并被捣实黏土墙所包围，走廊临墙而立，其篱笆抹灰墙经木撑加固，

从南侧可进入建筑内部。一座伫立在夯土台基上的亭子修建在墙体围合的区域中。亭子是由加固过的抹灰篱笆建造而成，立于砾石上面的坚固木柱组成了一个脱开的内部结构支撑亭子的坡屋顶。在盘龙城❷发现了另一座相似的商代宫室建筑，规模约 38m×11m(125ft×36ft)，宫殿坐落在夯土台基上，主要的坡屋顶下面容纳了四个小房间，宫殿周围围绕着带屋顶的走廊。安阳小屯遗址中的商朝晚期宫室，为横梁结构的矩形建筑，横脊的茅草屋顶横跨在墙体上面。

邯郸周城遗址(前4—前3世纪)中的龙台(Dragon Terrace)，坐落在阶梯状的夯土台基上，面积约 430m×280m(1410ft×920ft)，沿着指向南侧城墙大门的轴线布置，据确认这是一座两层建筑。

咸阳秦宫❸(见[109]页图Ⓐ)，重建为三层高的楼阁建筑，梁柱结构，斜坡屋顶上铺设了瓦片，墙面和地面用灰泥涂面，墙面绘有壁画装饰。

墓葬

在安阳的西北岗王室墓葬❹中，发现有商代墓葬(见[109]页图Ⓓ)。死亡的贵族被埋葬在墓井中，面积大约可达 14m×19m(46ft×62ft)、深度可达 10m(33ft)。通过十字形布置的甬道可以进入墓井内部，主要的入口在南侧。这个墓室由双层接合的木材建造。在一座保存得异常完好的陵墓内，覆盖墓室的木制天棚上有绘壁画并作了镶嵌装饰。

洛阳的周朝早期墓穴中与商代的竖穴式墓相似。河北唐山的墓葬，是排列在墓穴旁边细石板上的若干耳室，足以容纳下棺椁。在靠近吉林的西团山边缘的遗址上，发现了与其相似的箱型石冢。河南省固围村❺周朝晚期的陵墓(见[109]页图Ⓑ)，其宽宽的甬道长达 200m(660ft)，甬道沿南北向向中间底部的坑穴倾斜，南侧仪典用的入口路径则更长也更宽。下都(Xiadu)的周朝墓葬，仅以埋葬坟堆为特征。

---

❶ Xiaotun；即商朝后期都城殷。——译者注
❷ Banlongzheng；位于湖北省黄陂，为商之方国国都。据约翰·奥奈恩斯(John Onians)的《艺术图集》(The Art Atlas)，原英文名称应为 Panlongcheng，疑有误。——译者注
❸ 即冀阙宫。——译者注
❹ Xibeigang(Hsi-pei-kang)；即后冈，为晚商龙山文化的大型聚落遗址。——译者注
❺ Guweicun, Ku Wei Ts'un；位于今河南省辉县境内，为公元前4世纪战国时期的墓葬。——译者注

第5章 亚洲早期文明的建筑

骊山秦始皇陵寝位于陕西省西安市东部，陵寝覆盖在巨大壮丽的封冢下面，封冢与山体融为一体，方圆 1.4km(0.9mile)、高 46m(150ft)。封冢被两个同心的带城墙的南北向矩形围场所环绕。封冢上种满了树木植物，营造出了强烈的宗教仪式氛围，墓道上排列着 4m(13ft) 高的石像生。秦朝灭亡后陵墓遭到了劫掠。附近的地下墓室中排列着与真人尺寸相仿的兵马俑。

埃及、古代近东、亚洲、希腊及希腊化诸王国的建筑

第 6 章
希腊建筑

史前建筑

在史前的爱琴海地区,可以看到两种明显不同的青铜时代居住建筑的传统:一种是典型的只有一个房间的独立小屋,另一种是完全不对称且随意散布的房间的集合。两者的区别主要在于地理因素。前者发现于希腊本土及其东北地区,以青铜时代的特洛伊最为著名;后者发现于小亚细亚和克里特岛。这一时期没有什么纪念性建筑,只有**特洛伊城**的建筑是例外,它包括一个大的方厅**ⅡA 号建筑**(Building ⅡA),这个方厅由一个近于矩形的房间和一条由延长的边墙所形成的深长前廊组成,即所谓的正厅式,这种形式后来成为古希腊庙宇建筑的基础。

公元前二千纪,克里特岛的集合式建筑取得了重大发展。连接东地中海的海运创造了更多的财富,反映到建筑上就是"宫殿"的建造,即那些控制着所在城镇的强大统治者的住所。宫殿同时又是管理、制造与储藏之地。它源自近东与埃及的一个基本特征,就是在庭院周围布置房间(当时仍然是完全不对称地散布)以便于实现全封闭。最初的宫殿建于公元前 19 世纪,毁于公元前 1625 年发生的一系列灾难性地震,后来以更豪华的形式重建,但又在公元前 15 世纪中期连同乡村与城镇被完全毁灭,而唯一的例外,就是最著名的克诺索斯,它一直幸存到了公元前 1375 年。克诺索斯最后被希腊人所占领,我们不能肯定克诺索斯当时是否统治了整个克里特岛,因为在岛的西边或许还有未被挖掘出来的其他宫殿,但是可以确定的是,克诺索斯当时统治了克里特岛东半部。

克诺索斯宫(见[114]页)环绕一个开敞的庭院布置,庭院面积为 170×82.5 米诺斯尺(Minoan feet, 1 米诺斯尺约为 0.3036m)。整个建筑约 122m(400ft)见方(约 1.6hm² 或 4acre)。外边是另一个铺地的庭院(西庭院),突出路面的步道从中穿过,这是米诺斯建筑的典型特征。从高大的西立面可以俯视这个庭院位于南端的主入口。作为米诺斯建筑的特征,从主入口到西面王宫的路径是曲折迂回的。宫殿至少有两层,一层主要是储藏室,西侧有油罐,北侧大概是粮仓。这一层最重要的房间位于西侧,被称为王座室(throne room),人们从前厅进入,前厅比庭院低,通过四对折叠门与之相通。王座室本身阴暗神秘,石制王座背对北墙,两侧是长凳,墙上饰有壁画。这一切的用意都在于宗教而非王室。

西翼主要楼层(第一层)的房间似乎更加宽敞。复原后的主层❶说明了宫殿中是根据功能目的布置房间的,这里显然是出于礼仪而非对称意图。庭院北侧是与宫外"戏院"相通的单独入口,庭院东侧是工业用房。在二层东翼的中间还有一间国事大厅。中央庭院东南角附近的缓坡已经削除,以供三层王室住宅之用。王室住宅最上层平面与庭院持平,另两层则低于庭院平面,与东面的梯台花园相对。因此,这些房间之间虽然互通,但都与庭院相隔离。过道十分凉爽,有三个采光井用于采光。人们可以通过一排双开门进入各个房间,因此这些房门可以全开、半开或关闭。这一切设计都是为了保证凉风的循环以应付克里特岛夏天的炎热。这里的楼梯、采光井、下纺锤形杉木柱廊以及精致的卫生和排水设施都是典型的米诺斯风格。最为奇特的是,宫殿的平面图给人的第一印象是混乱无序的,但这种布局却是有机生成的结果;这一点的最佳表现是它的内部空间,特别是在亚瑟·埃文斯爵士(Sir Arthur Evans)为使人们正确意识到其特征而修复的居住部分中。克里特岛上的其他宫殿(如费斯托斯、马利亚和扎克罗)都比

---

❶ piano nobile;意大利语,即房屋的主要楼层(noble floor)。通常指地上一层或二层,包含主要房间和服务用房,当房屋带有地下室及上面附属楼层时对此作特别强调。——译者注

第6章 希腊建筑

较小，但它们的风格类似。

更为普通的米诺斯住宅则以克里特岛西南的**皮尔戈斯住宅**(House at Pyrgos)为代表，它以灰泥板建成，一层阳台(有三根米诺斯柱)直接设置在游廊上方，看上去是宫殿中家庭住宅的缩小版。锡拉岛上的**阿克罗蒂里住宅**(town houses at Akrotiri)保护得相当完好，它们在15世纪的火山爆发中被掩埋。这两者都是典型的不规则集合式建筑，并带有大开窗和阳台。

克里特岛的米诺斯墓地并不宏伟。它们中有一些是被细分成小间的矩形结构，其余的则是在岩石里开挖而成的简单墓穴。

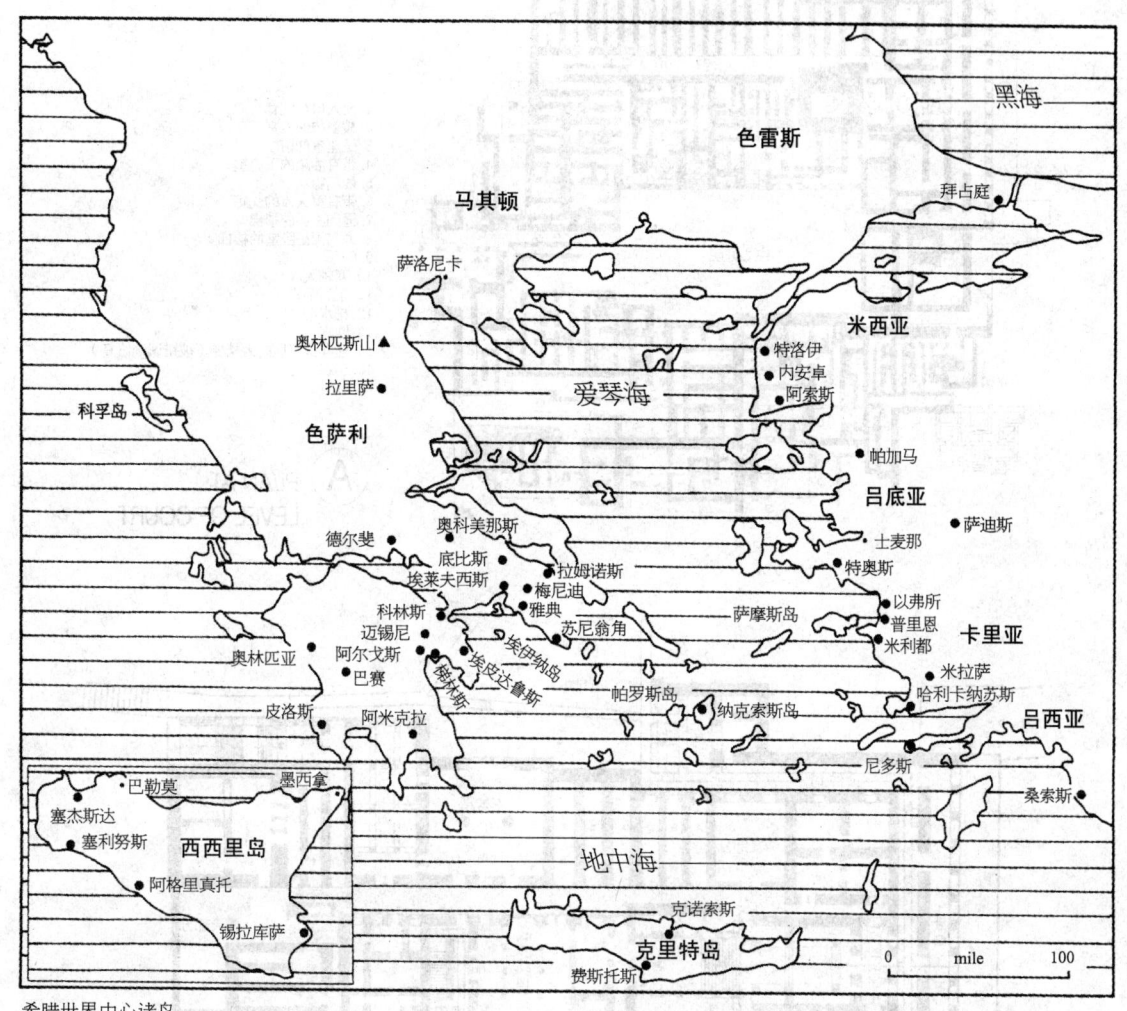

希腊世界中心诸岛

在希腊本土，公元前二千纪早期的建筑还都是独立的正厅式，在其后半期，由于受到克里特人的影响和政治上的发展，促进了宫殿的演变和院落的引入。然而，在这些宫殿中，尽管在中央大厅的两侧建造了其他房间，但大厅的基本特征仍未改变。

梯林斯宫(见[115]页图Ⓐ、图Ⓑ)位于一座低矮险要的岩石山上，史前这里毗邻大海。这里留有一些早期青铜时代的遗迹(包括由焙烧砖构成的神秘圆形结构)，但现在人们能够看见的遗迹都属于青铜时代晚期。城堡上半部的巨大工事建于公元前14世纪后半叶，其不规则的砖石风格被古希腊人称为**巨石墙**(cyclopean)。后来又增加的一些墙体围合起了一个北面略低一些的台地和一条位于东侧的狭长通道，通道上有两扇可以闩上的门。到公元前13世纪末，由于又圈入了北面另一块台地而使工事面积扩大了一倍。这样的防御性工事与弥诺斯宫的开放特征恰成鲜明对照。

[113]

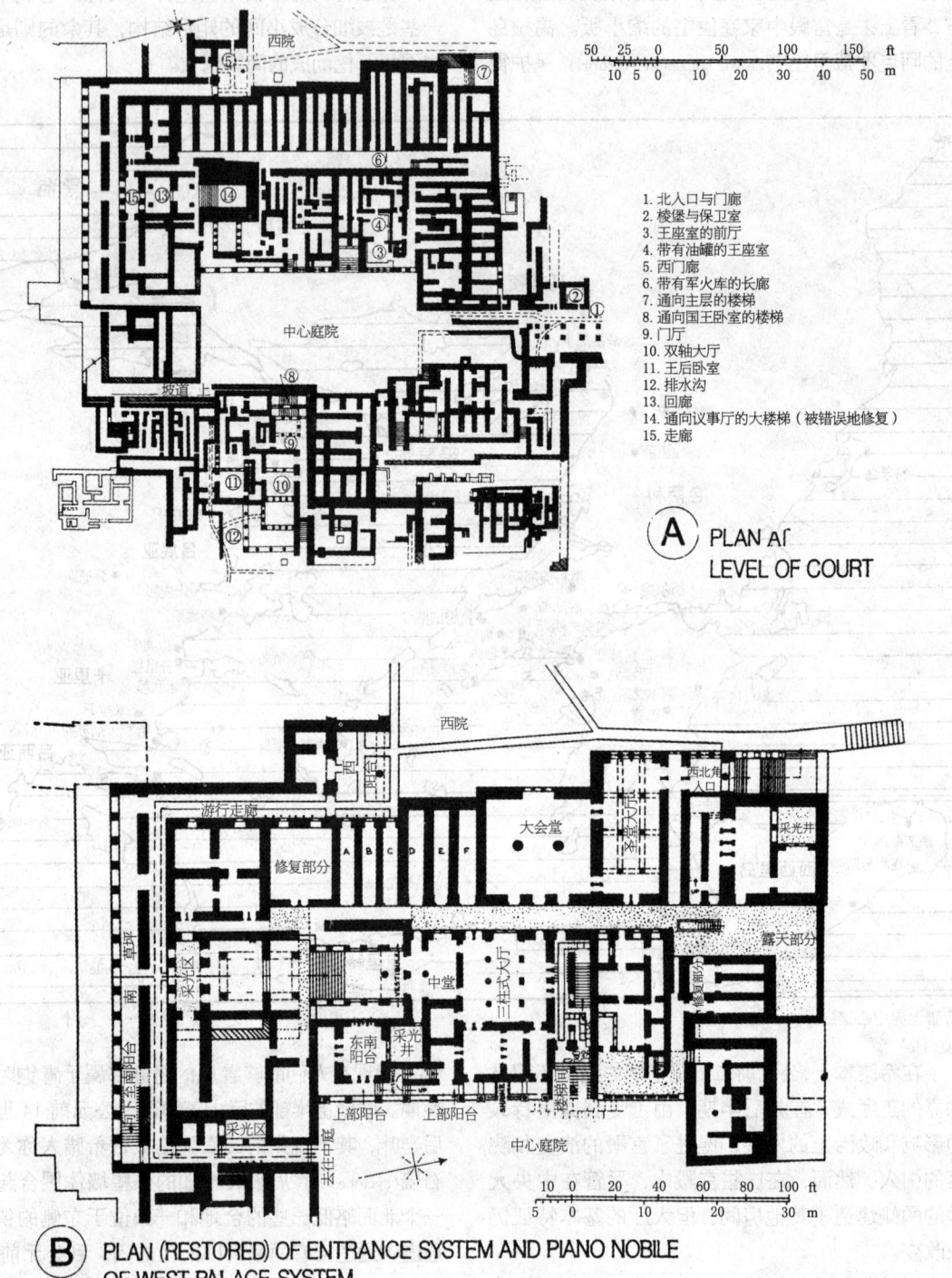

米诺斯国王宫殿之克里特岛的克诺索斯宫(PALACE OF KING MINOS: KNOSSOS. CRETE)：Ⓐ 庭院层平面图；Ⓑ 西殿主层与入口平面复原图

第6章 希腊建筑

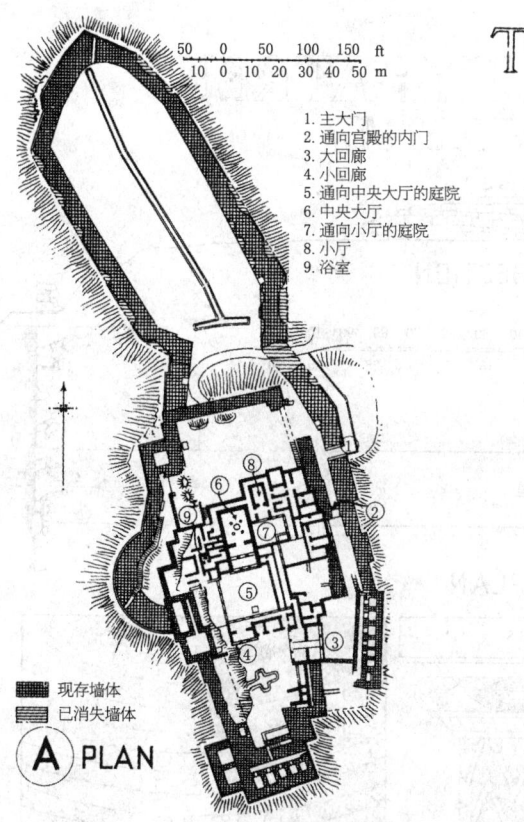

1. 主大门
2. 通向宫殿的内门
3. 大回廊
4. 小回廊
5. 通向中央大厅的庭院
6. 中央大厅
7. 通向小厅的庭院
8. 小厅
9. 浴室

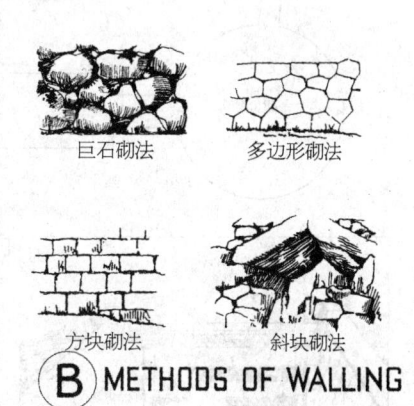

梯林斯城堡(THE CITADEL OF TIRYNS)：Ⓐ 平面图；Ⓑ 砌墙方式

图C （右图）迈锡尼的狮子门
（约前1250）见[117]页

第一编 埃及、古代近东、亚洲、希腊及希腊化诸王国的建筑

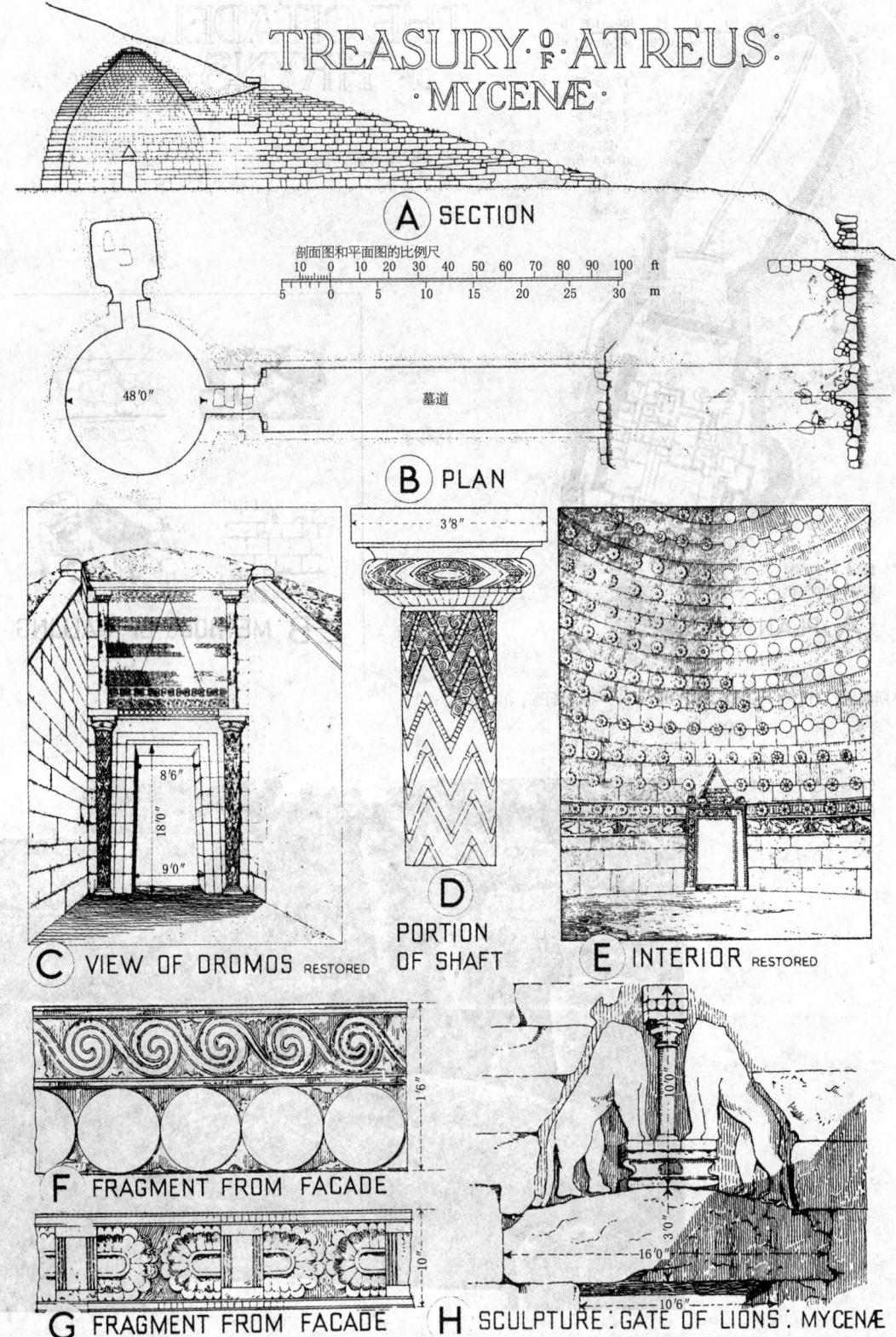

迈锡尼的阿特柔斯宝库(TREASURY OF ATREUS: MYCENAE)：Ⓐ 剖面图；Ⓑ 平面图；Ⓒ 墓道外观复原图；Ⓓ 柱身；Ⓔ 墓室内部复原图；ⒻⒼ 立面片断；Ⓗ 迈锡尼的狮子门雕塑

梯林斯宫处于城堡上半部。整固工事时,东边原有的大门被换成了装饰性大门,大门的平面为 H 形,横墙中设置了一扇门,边墙之间为立柱。门前是前院,沿外墙有一条柱廊,还有一排用巨石垒成的以叠涩拱为屋顶的仓库,庭院南端也有同样的一排仓库。大门通向一个外院,外院北侧有一扇通向内院的次门,其平面图与大门相似,东、南、西面上都为木制柱廊,内院的北侧中间是中央大厅的廊柱。人们从这里可以通过类似米诺斯宫的三开度门通向前厅,往后就是主内室,在四根廊柱之中有一个很大的圆形壁炉,廊柱支撑着灯笼式屋顶。室内地板以胶泥填塞并涂刷油漆,东侧可能是为御座留用的空间。前厅墙壁在墙基处以条纹大理石檐壁进行装饰,将两个背对背的半圆图案置于垂直的矩形板条之间,每块板条又分为三条垂直带。有人认为,这一设计是多立克柱式的三陇板与陇间壁图案的最初起源。

迈锡尼宫巨大的工事与相邻的梯林斯宫建于同一时期,形式也基本类似,它们可能是由同一群工匠所建,自然风格雷同。其主要特点体现在入口,入口由位于侧翼的棱堡所拱卫。大门在入口里端,高 3.1m(10ft)的巨大石头侧柱支撑着长 4.9m、高 1.06m、深 2.4m(16ft×3ft6in×8ft)的门楣,门楣下面是 3m(10ft)宽的开口。在它的上方是一个叠涩式的三角形开口,内填石板,石板上刻有浮雕,描绘的是两个跃立的狮子面对着一个下纺锤形中心立柱。这就是狮子门(见[115]页图 C 和[116]页图Ⓑ),它由该浮雕而得名。在工事内部,沿通道是由内外两排竖石和其上方的平板构成的圆形围护,围护着豪华的坟墓,即建造工事前统治这里的国王们的葬身之所(次一级的坟墓圈通常建在防御区外围)。城堡再往里是住宅,其中有一座圣殿,即"供奉神像之屋",它因有一幅描绘女神的壁画而得名,圣殿内还有一些信徒的陶土塑像。宫殿正好位于工事顶部,它比梯林斯宫更为简单:一个抹泥庭院通向大厅,还包括一条通廊和由一扇单门进入的前厅,主室面积 13m×12m(42ft6in×39ft3in)。

皮洛斯宫有一个通向大厅走廊的庭院,而带有中央壁炉和廊柱的内室则位于庭院一侧,这种布置方式更像米诺斯风格。从另一个更小的庭院的东面,可以通向正厅,正厅按照传统方式布置,大门位于前厅的中央。这座宫殿并未重重设防。

希腊青铜时代晚期(约前 1600)给人印象最深的坚固陵墓当属"巨冢"(tholoi),它是切断山坡而建的圆形墓穴,人们从开敞的通道或砌筑的地道(dromos)进入。这是一种叠涩拱结构,形如老式的蜂房,上部突出地面,覆盖土丘。在葬礼结束后地道即被填埋。

迈锡尼最豪华的巨冢是**阿特柔斯宝库**(Treasury of Atreus),即**阿伽门农墓**(Tomb of Agamemnon,后来两名称通用,见[116]页图Ⓐ~图Ⓖ),它建于公元前 1350~前 1250 年,全部采用高品质的石块砌筑。墓道约宽 6m(20ft)、长 36m(118ft),陵墓入口处边墙最高达 13.7m(45ft)、直径为 14.5m(47ft6in)、高 13.2m(43ft),由 34 层石砌圆环组成,圆环的最终弧度在建造时切割而成,并以一块巨石封顶。从一些明显的迹象看来,墓墙上很可能曾附有金属装饰。侧面切割岩石而成的墓穴 8.2m(27ft)见方、高 5.8m(19ft),内衬似曾砌筑,是真正的墓葬地。主墓正面高 10.3m(34ft),门道高 5.4m(17ft9in)。入口通道长 5.4m,顶部是两块巨大的石灰岩楣石,其中一块重逾 100t。门两侧是两根绿色石灰岩半身柱(其大部分保存在伦敦大英博物馆)。石柱呈常见的纺锤形,其上绘有宗教内容的波浪纹饰(chevron ornament)。门楣上的三角区里是深红色石板,刻有水平的螺旋饰带,石板被线脚分隔,中间是无花纹条饰。门楣是绿色石条,上面有一排螺旋形圆盘、三陇板和陇间壁等装饰形式。

其他重要的巨冢墓有在迈锡尼的**克吕泰墨斯特拉墓**(Tomb of Clytemnestra),它的墓门有着麻花形门轴;还有皮奥夏(Boeotia)奥科美那斯(Orchomenos)的**米尼亚斯宝库**(Treasury of Minyas)。

"黑暗时期"

在青铜时代晚期国家消亡以后的"黑暗时期"里,人们唯一知道的重要建筑就是公元前 10 世纪的勒夫甘迪祠(Heroon at Lefkandi)。它由砖坯构成,有着半圆形平面,占地范围不小于 10m×45m(33ft×148ft),以木制廊柱环绕。尽管勒夫甘迪祠与后来的庙宇很相似,但它是建于墓穴之上的殡葬建筑,存在的时间很短,不太可能影响到后来的建筑。

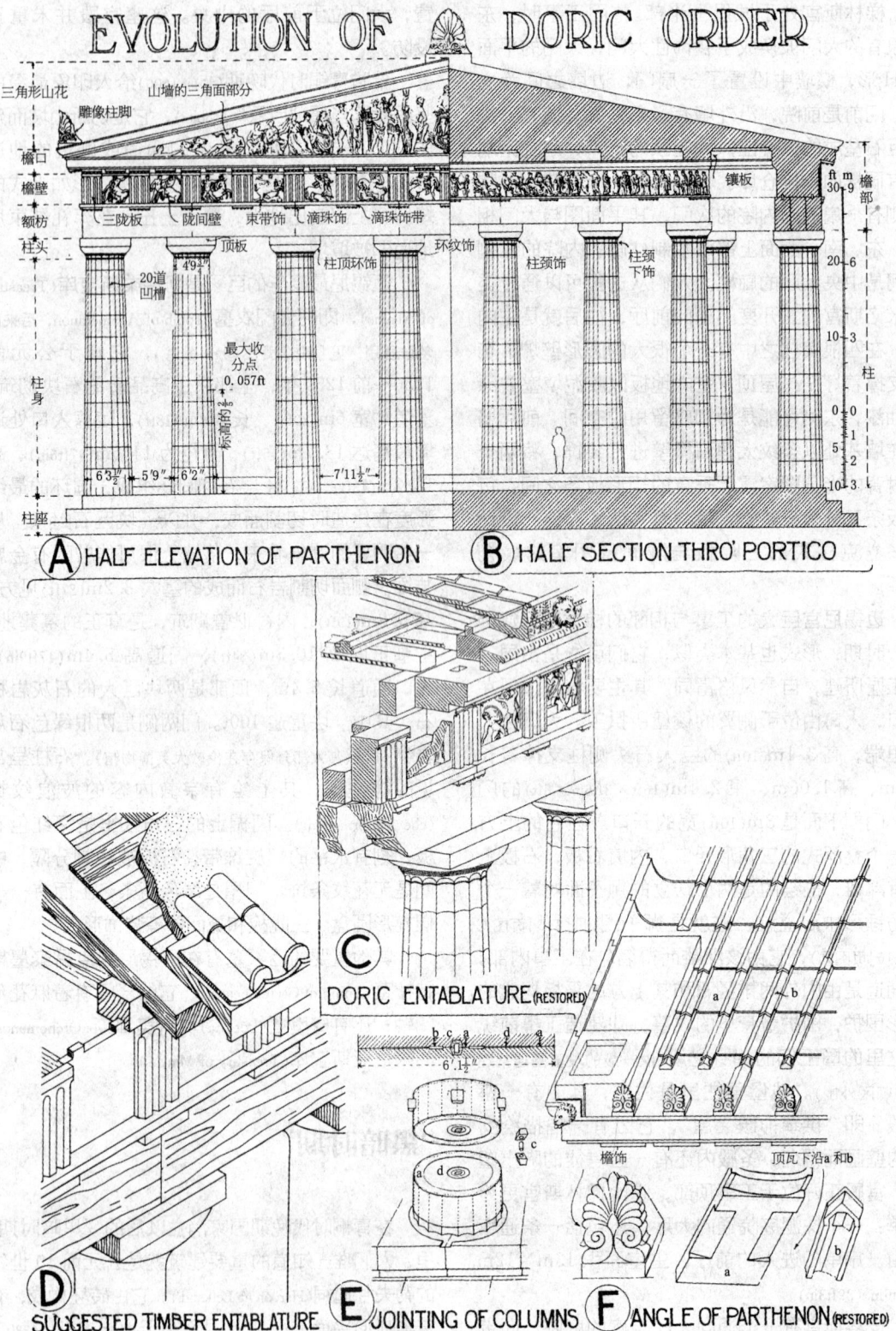

多立克柱式的演变(EVOLUTION OF DORIC ORDER)：Ⓐ 帕台农神庙半正立面图；Ⓑ 门廊半剖面图；Ⓒ 多立克檐部复原图；Ⓓ 木制檐部参考图；Ⓔ 柱的连接装配；Ⓕ 帕台农神庙的转角复原图

第 6 章 希腊建筑

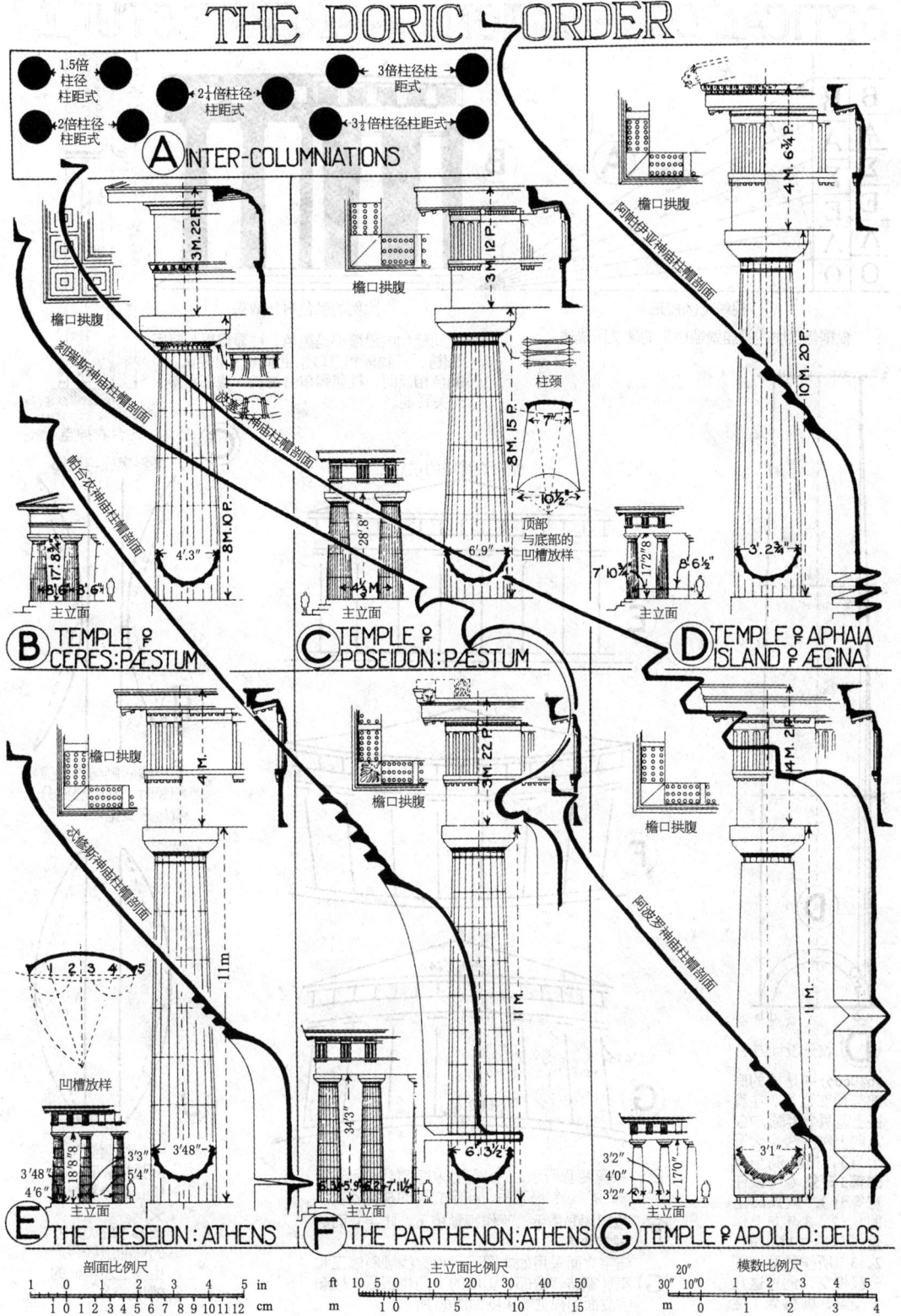

多立克柱式(THE DORIC ORDER)：Ⓐ 内廊柱；Ⓑ 帕埃斯图姆的刻瑞斯神庙；Ⓒ 帕埃斯图姆的波塞冬神庙（[140][148]页为帕埃斯图姆的"尼普顿"神庙，疑原书此处标注有误。——编辑注）；Ⓓ 埃伊纳岛的阿帕伊亚神庙；Ⓔ 雅典的忒修斯神庙；Ⓕ 雅典的帕台农神庙；Ⓖ 提洛岛的阿波罗神庙

第一编 埃及、古代近东、亚洲、希腊及希腊化诸王国的建筑

OPTICAL CORRECTIONS IN ARCHITECTURE

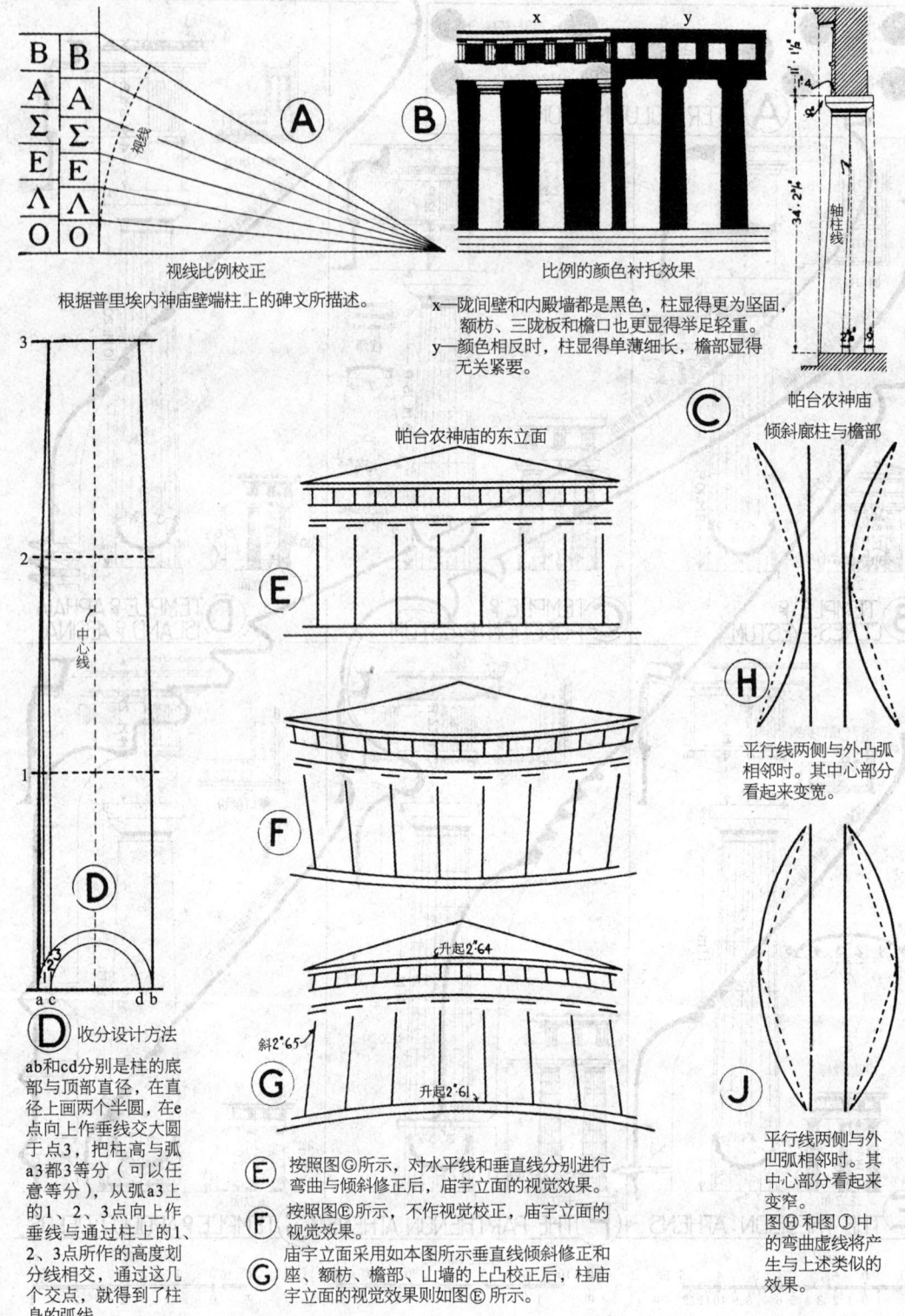

A 视线比例校正
根据普里埃内神庙壁端柱上的碑文所描述。

B 比例的颜色衬托效果
x—陇间壁和内殿墙都是黑色,柱显得更为坚固,额枋、三陇板和檐口也更显得举足轻重。
y—颜色相反时,柱显得单薄细长,檐部显得无关紧要。

C 帕台农神庙 倾斜廊柱与檐部

D 收分设计方法
ab和cd分别是柱的底部与顶部直径,在直径上画两个半圆,在e点向上作垂线交大圆于点3,把柱高与弧a3都3等分(可以任意等分),从弧a3上的1、2、3点向上作垂线与通过柱上的1、2、3点所作的高度划分线相交,通过这几个交点,就得到了柱身的弧线。

E 按照图C所示,对水平线和垂直线分别进行弯曲与倾斜修正后,庙宇立面的视觉效果。

F 按照图E所示,不作视觉校正,庙宇立面的视觉效果。

G 庙宇立面采用如本图所示垂直线倾斜修正和座、额枋、檐部、山墙的上凸校正后,柱庙宇立面的视觉效果则如图E所示。

H 平行线两侧与外凸弧相邻时。其中心部分看起来变宽。

J 平行线两侧与外凹弧相邻时。其中心部分看起来变窄。
图H和图J中的弯曲虚线将产生与上述类似的效果。

建筑的视觉校正(OPTICAL CORRECTIONS IN ARCHITECTURE)

否则，后来发现的庙宇建筑就不会是公元前8世纪的事情了。它们有着简单的马蹄形结构，末端是门廊，由砖坯建造在卵石(如科林斯附近的佩拉科拉的建筑)或木制框架上。木制框架下是枕木，中间以板条填塞(如埃雷特里亚的建筑)。这两种结构都采用茅草屋顶。

古典时期

多立克柱式和爱奥尼柱式是希腊古典时期的主要建筑形式，它们首先应用于庙宇建筑。

多立克柱式

多立克柱式(见[118]页)没有柱础，柱子直接立于台阶状基座(台基)之上。庙宇一般有三级梯座，其他建筑可能只有一级，例如拱廊。

最早的柱十分细长，后来有一些相当粗大，其高度不超过柱础直径的4倍，到公元前5世纪时这一比例放宽为5.5~5.75倍，而希腊化时期已知的柱高超过柱础直径的7倍。

圆柱顶部缩小为柱础直径的2/3~3/4。圆柱常常由"尖脊"(arrises, 棱边)分成20道狭长的凹槽(flute)，有时凹槽的数量也可能是12道、16道、18道等，而帕埃斯图姆(Paestum)的神殿(见[119]页图©)圆柱上则有多达24道凹槽。圆柱一般都有一个略为凸出的轮廓，称为收分(entasis)，以纠正边线为直线的柱身所产生出的收缩错觉(见[120]页)。柱身上端为柱颈下饰(hypotrachelion)，古代常常由三道凹槽组成，后来只有一道；在它上面、柱头下面的凹槽称为柱颈饰(trachelion)或柱颈(necking)；柱头以柱顶板(abacus)与柱顶环饰(echinus)为标志；柱帽座附近是柱环饰(annulet)或3~5条环形饰带，它也是柱身上垂直的尖脊与凹槽的终点。柱帽形式随建造年代不同而有所变化，在早期的帕埃斯图姆神殿(见[119]页图Ⓑ、图©)里柱帽相当外凸；而在古典盛期的帕台农神庙(见[119]页图Ⓕ)，外凸有所减少，截面则更为精细。古希腊建筑里，柱较为细长，柱头较为狭窄，柱帽弧度几乎趋直。柱头的上部是柱顶石，是一块正方形石板，原来没有线脚，到古希腊时期有时带有一点线脚。

多立克柱式的檐部(见[118]页)有三个主要部分。第一个部分是额枋或楣梁(architrave)。在大的神庙里常常由两块或三块石板沿纵深排列，最外侧显示为一个垂直面。其顶部是凸起的带条，称为束带饰，束带饰下是滴珠饰带，其间隔与三陇板相对应，每个滴珠饰带下有六个滴珠饰(guttae)或圆锥滴。第二个部分是檐壁，由三陇板和两个垂直的束腰竖沟(glyphs)组成，两边还各有半个束腰竖沟，所以称为"三个束腰竖沟"(三陇板)，间以陇间壁或有时刻有精美的浮雕装饰的空白方块，帕台农神庙就是如此(见[118][132]页)。每个柱与柱间隔的正上方都有一块三陇板，但在庙宇四角，两块三陇板的斜棱将会相碰，而多立克柱式的一般规则是檐壁必须以三陇板结束，因此，三陇板就要从端柱中心正上方的原有位置处向外移。为此，角部的立柱就变得更加靠近。第三个部分是上部或冠顶的檐口。在拱腹(soffit)或阴面，有一个坡度接近屋顶的倾斜面，并以平砖或檐底托板(mutule)表明斜椽的结束。每个三陇板和陇间壁上面都有檐底托板，通常在底面附有滴珠饰，共18个，分三排排列，每排六个。檐口立面或檐冠(corona)底部有一个外挑的滴水板(drip)。顶部偶有波纹线脚或檐沟(如奥林匹亚的宙斯神庙)，不过这一点常常被省略(如帕台农神庙)。后来在一般情况下，顶瓦一直铺到瓦檐饰(antefixae)。双曲线脚(sima)总是加在山墙的挑檐上，它没有檐底托板，其断面与爱奥尼柱式相同。事实上，爱奥尼一词第一次作为建筑术语被记载下来，是用于描述位于埃莱夫西斯的泰勒斯台里昂神庙(Telesterion at Eleusis)的多立克环廊的挑檐。这座神庙建于公元前4世纪中叶，在其碑文中记载有结构的详细说明。

爱奥尼柱式

爱奥尼柱式包括柱头与柱础，柱高一般是柱下部直径的9~10倍，有24道被棱边所分隔的凹槽。在早期的爱奥尼柱式实例中，有着多达40道、44道或48道比较浅的棱边分隔的凹槽。希腊南部伯罗奔尼撒半岛上的爱奥尼柱式往往只有20道棱边分隔的凹槽。柱础有不同的形式，主要用于希腊东部地区的一种形式是公元前5世纪在雅典发展起来的，这种形式最终胜过了东部的形式。柱头有两对卷涡或螺旋形线脚，直径是其高度的2/3。柱前后各有一对线脚,它们通过凹垫(concave cushion)棱边相连,凹垫有时扁平,但常常饰有许多凹槽、槽楞(fillet)与珠饰(bead)。卷涡位于柱顶环饰上方。柱顶环饰呈环形,刻有卵箭饰(egg-and-dart)线脚,位于珠饰线脚上方,还常常带有连续的棕叶饰,棕叶饰终止于卷涡下面(见[123]页图⑱、图⑲)。卷涡上方是比较薄的柱顶石,爱奥尼柱头在矩形建筑的拐角处有点儿难以处理,因此在这里采用了有角卷涡(canted angle volute,见[124]页)。与巴赛神庙柱式相同的伯罗奔尼撒的四面形爱奥尼柱头在古典希腊建筑里十分罕见,但它在希腊化时期逐渐普及。

爱奥尼柱式的檐部(见[123]页)经历了不同的发展阶段,它从希腊东部地区的建筑演变而来,只有两个主要部分,即额枋与檐口。檐口由大型齿状(dentil)滴珠饰支承。尽管在一些庙宇里,例如在以弗所的阿尔忒弥斯神庙,除了刻有滴珠饰以外,又在高高的女儿墙立面上增加了双曲线脚,但由于檐口只有柱高的1/6,因此与柱相比仍然显得很轻。檐口下带有滴珠饰和齿状饰的高大檐部大约在公元前340年首次应用于萨莫色雷斯岛(Samothrace)的圣区,直到公元前3世纪才普及。爱奥尼柱式也很快被应用于希腊本土,首先还只是用于希腊东部城市德尔斐(Delphi)的宝库(见[153]页图B),或是像斯巴达附近的阿米克拉(Amyclae)的"宝座"(实际上是装饰过的圣坛)那样的特殊纪念建筑。公元前5世纪,爱奥尼柱式被雅典人(他们声称雅典是爱奥尼亚的母城)采纳,用于厄瑞克忒翁神庙(见[134]页)和雅典的雅典娜胜利女神庙(Athena Nike,见[153]页图A),它们是这种风格的最杰出范例。一般说来,在希腊本土,采用滴珠饰嵌入檐部,而不采用齿状饰。爱奥尼式额枋一般有三条饰带(fasciae,封檐板),并冠以两条线脚,下面一条是半圆形饰(astragal),上面一条是凸圆形饰,这种风格持续到了赫莫杰尼斯(Hermogenes)时代。滴珠饰出现了,它经常装饰为一条连续的雕刻带。爱奥尼神庙侧面没有檐饰,取而代之的是在庙宇外端沿檐脊布置挑檐边沿上的双曲线脚或檐沟,并经常装饰有莨苕叶饰。位于间隔处的雕刻狮头用于排出屋顶雨水。

科林斯柱式

科林斯柱式在公元前5世纪作为一种不同于爱奥尼柱式的装饰形式出现在希腊建筑中,它们之间的区别几乎全部在于柱头。科林斯柱式起初只用于内部廊柱,如巴赛、埃皮达鲁斯(Epidaurus)和德尔斐的圆形建筑(tholos),或是用于特殊的纪念性建筑,如雅典的利西格拉泰纪念亭❶。在古希腊建筑中,这种柱式被发展应用到了外部廊柱。科林斯柱式的柱头明显比爱奥尼柱式的要深得多,它的高度起初是变化的,后来定为直径的1/3(见[126]页)。维特鲁威的《建筑十书》第4卷第1节(De Architectura, BK. IV, Chap. i)中说,这种柱头由雅典有名的青铜雕刻家卡利马科斯(Callimachus, 约前430—前400)发明,他因为注意到一个科林斯少女的墓上有一个覆盖着瓦片以保护祭品的篮子而突发奇思妙想。柱头上的"篮子"被放到了莨苕根部,莨苕的茎叶长大并卷成了与瓦片同样角度的卷涡。完美的科林斯柱头形式是很深的倒置铃状,下部由两层共八个莨苕叶饰环绕,从上层叶片之间伸出八个卷叶茎饰❷,每个都有插入卷涡的花萼以支撑柱顶石的棱角和中间的叶饰。模制柱顶石的各个面都在转角处向外翘曲,结束在末端交汇处或被切成斜面。

一直到古希腊晚期,科林斯柱式的檐部才与已经发展成熟的爱奥尼柱式的檐部有了明显区别。科林斯柱式最早的例子是巴赛的阿波罗·埃皮鸠里神庙(the Temple of Apollo Epicurius),在那里,柯林斯式与爱奥尼式的内柱有着同样的檐部。

柱式的演变

古希腊柱式在公元前7世纪的发展促进了它的演变。人们建造出了形式更加坚固、装饰更加

---

❶ the Choragic monument of Lysicrates;又称为列雪格拉德音乐会纪念亭。——译者注
❷ caulicoli;叶梗,科林斯柱头中支撑卷涡的八个叶梗。——译者注

第 6 章 希腊建筑

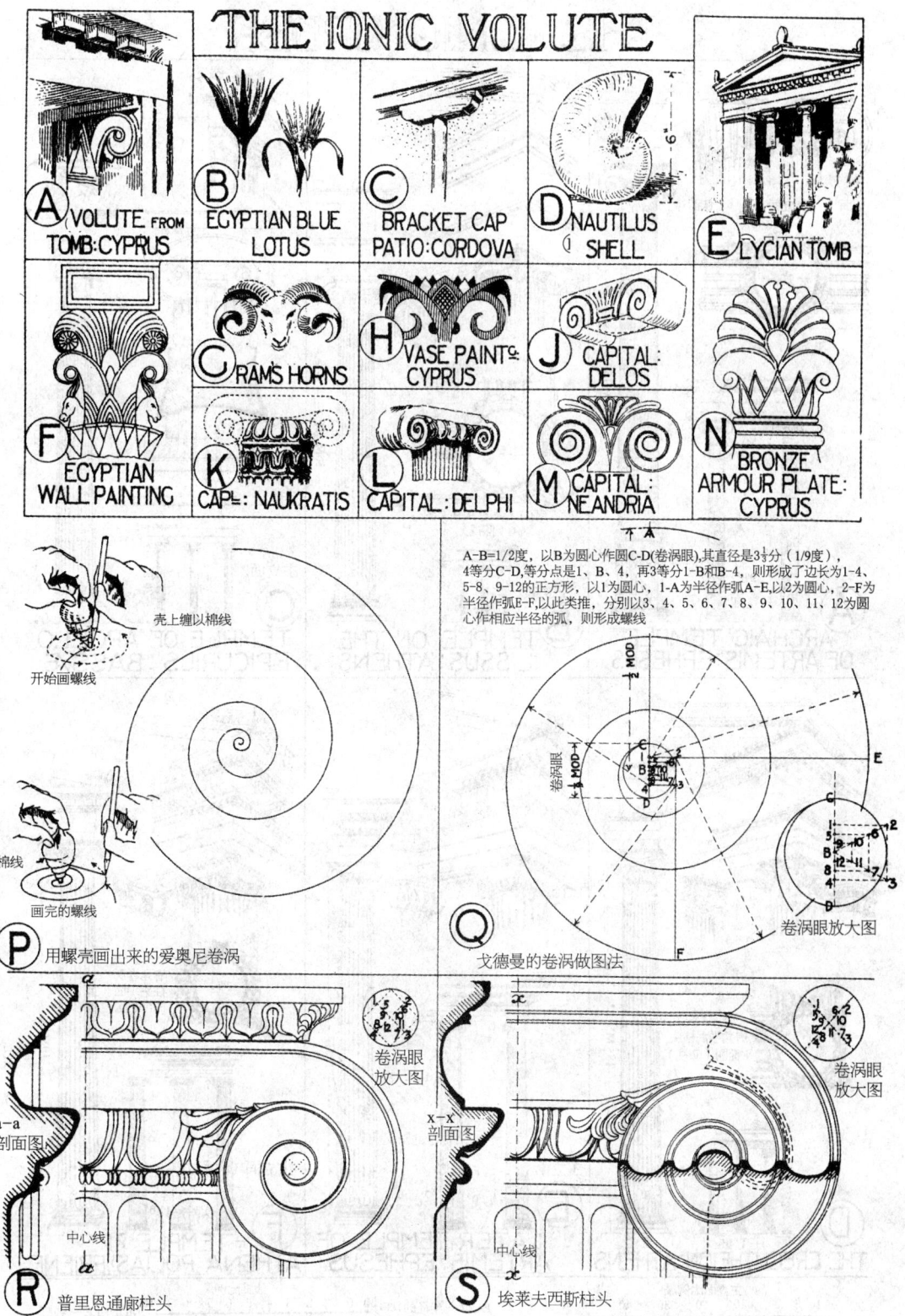

爱奥尼卷涡(THE IONIC VOLUTE)：Ⓐ 塞浦路斯陵墓上的卷涡；Ⓑ 埃及的蓝莲花；Ⓒ 科尔多瓦庭院顶梁的丁字架；Ⓓ 鹦鹉螺壳；Ⓔ 吕西亚墓；Ⓕ 埃及壁画；Ⓖ 公羊角；Ⓗ 塞浦路斯的瓶饰画；Ⓙ 提洛岛的柱头；Ⓚ 诺克拉提斯柱头；Ⓛ 德尔斐的柱头；Ⓜ 内安卓的柱头；Ⓝ 塞浦路斯的青铜盔甲

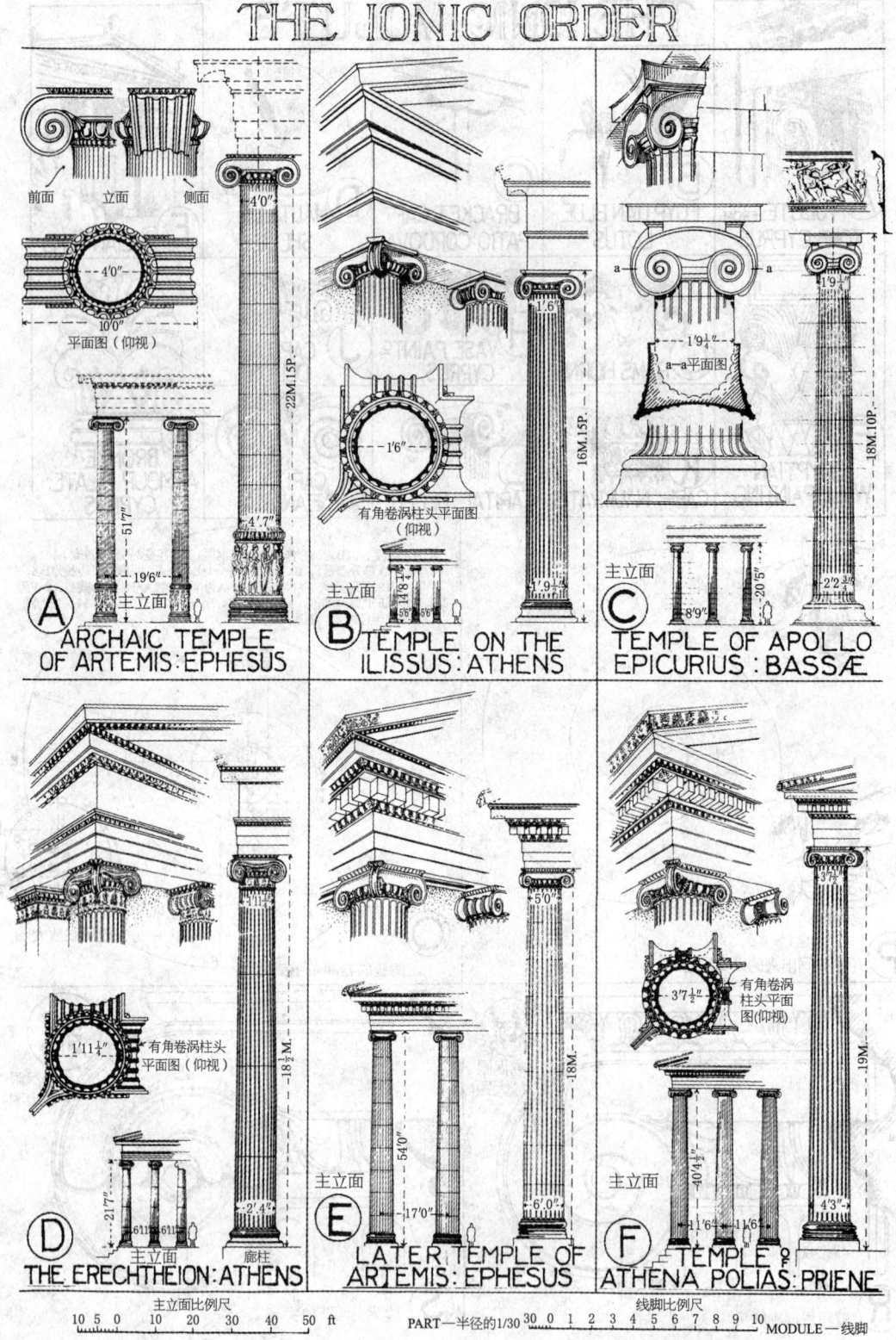

爱奥尼柱式(THE IONIC ORDER)：Ⓐ 以弗所的早期阿尔忒弥斯神庙；Ⓑ 雅典的伊利索斯神庙；Ⓒ 巴赛的阿波罗·埃皮鸠里神庙；Ⓓ 雅典的厄瑞克忒翁神庙；Ⓔ 以弗所的晚期阿尔忒弥斯神庙；Ⓕ 普里恩的雅典娜·波利亚斯神庙

新奇的巨大庙宇。在当时与希腊有贸易往来的黎凡特地区或许可以找到建造这种庙宇的灵感。柱式折射出了当时希腊世界的地理划分。多立克柱式在希腊本土发展，爱奥尼柱式则在希腊东部爱琴海群岛与小亚细亚沿岸发展。柱式在结构上的改进包括更多地使用经过修整的成型石板作为柱墙的基础，以及把陶土技术用于砖瓦和护墙等。但这导致了屋顶重量的增加，变重的屋顶要以石墙或是大型框架式木墙作为支撑。如此一来，木构件变得越来越重要，它被用在了从环廊到围绕建筑物的所有外部廊柱。希腊本土与其东部地区的庙宇的平面图很相似，但廊柱形式和檐部是它们的区别所在。希腊东部的柱式(见[123][124]页)显然与黎凡特的原型有关，特别是柱头采用了两个外旋卷涡，这种"百合花"式柱帽最先发现于犹太人和腓尼基人的建筑上，很久以前被引入希腊。石柱形式则一直到公元前6世纪才发现，早期实例都采用的是木柱。柱头形式分为两种：一种是北爱琴海及沿岸地区的形式，即埃奥利亚式(Aeolic)，较为接近东部的原型，卷涡从分离的叶片中上旋；另一种是南爱琴海的基克拉泽斯群岛(Cyclades)及邻近地区的形式，卷涡互挽连接(爱奥尼式)。埃奥利亚式柱头在公元前5世纪就消亡了。

多立克柱式的起源更为扑朔迷离，它可能是在多利安的科林斯地区发展起来的，并因此而得名。但在诸如雅典的非多利安地区，这种柱式同样是传统的建筑形式。多立克柱式的柱头反映了青铜时代的建筑类型，尽管并没有关于下纺锤形柱身来源的证据，而且除了拱形陵墓立面上的石头标本以外，青铜时代的廊柱是否留存到公元前8～前7世纪也让人怀疑，但是至少阿特柔斯宝库在当时已经被证实并广为人知。带有三陇板、陇间壁和滴珠饰的檐部反映出了包括阿特柔斯宝库在内的史前建筑结构的装饰形式。而类似的形式也用于装饰其他物件，例如在叙利亚发现的象牙制品中的绘画与瓶饰。所有这一切都可能成为多立克柱式的灵感来源。而要着重强调的是，这种灵感是装饰性的而非结构性的。早期的装饰方案无疑是用木材实现的。科林斯附近伊斯米亚的波塞冬神庙(Temple of Poseidon)，留有石墙(一种模仿木框架填砖的结构类型)和石柱座❶，但是没有廊柱或檐部留存下来，它们大概都是木制品。神庙的屋顶由陶瓦铺成四坡屋顶而不是山墙屋顶。这一时期属于公元前7世纪前半叶。而塞尔蒙的阿波罗神庙大约建于公元前620年，其陇间壁以彩陶装饰。在这些早期庙宇的设计中都有一个正厅形式的圣堂(cella)，呈矩形，由方柱环绕。在希腊本土及东部地区的庙宇中，例如萨摩斯岛(the island of Samos)早期的赫拉神庙，内殿都呈狭长状，没有像青铜时代正厅式的近似正方形的主要房间，这说明它们与正厅式可能没有直接的关联。但在希腊的黑暗时期，正厅式平面仍然构成了传统的住宅类型。

多立克柱式采用的材料从木材转向石材发生在公元前7世纪末。当时士麦那(Smyrna)的埃奥利亚式石构神庙，在公元前7世纪的最后10年尚未建成就被毁灭。最早的爱奥尼石柱发现于提洛岛("纳克索斯的欧伊可斯"(oikos of the Naxians)，可能是岛上的第一座阿波罗神庙)，在公元前6世纪早期进行了装饰与改进。多立克柱式中的细节清楚表明了其木制原型，尤其是在额枋顶部突出的束带饰下的一系列滴珠饰带，它下面的滴珠饰明显表现出了人们在固定三陇板与陇间壁时所用的钉子和木栓。人们为了保证屋顶的安全性，还在檐口下用木栓固定更宽的木板(檐底托板)。

最早的多立克石构神庙是公元前600～前590年修建的德尔斐的雅典娜神庙与科孚岛的阿尔忒弥斯神庙。当时在奥林匹亚的赫拉神庙中，人们仍然使用泥砖墙和木制廊柱，它们是逐渐被石材所取代的。

圣殿与庙宇

希腊人在他们的城镇、村庄和周边的农村，都会将一些单独的区域视作圣地。其中有些区域是在青铜时代晚期被占用过的地区，那里可能留有一些早期的墙垣，甚至某些崇拜活动也得以延

---

❶ stone stylobate；形成古典神庙基座的三步台阶中最顶上的一层，柱子直接安放在上面。上面放一行柱子的连续基础、柱基或者底座。——译者注

第一编 埃及、古代近东、亚洲、希腊及希腊化诸王国的建筑

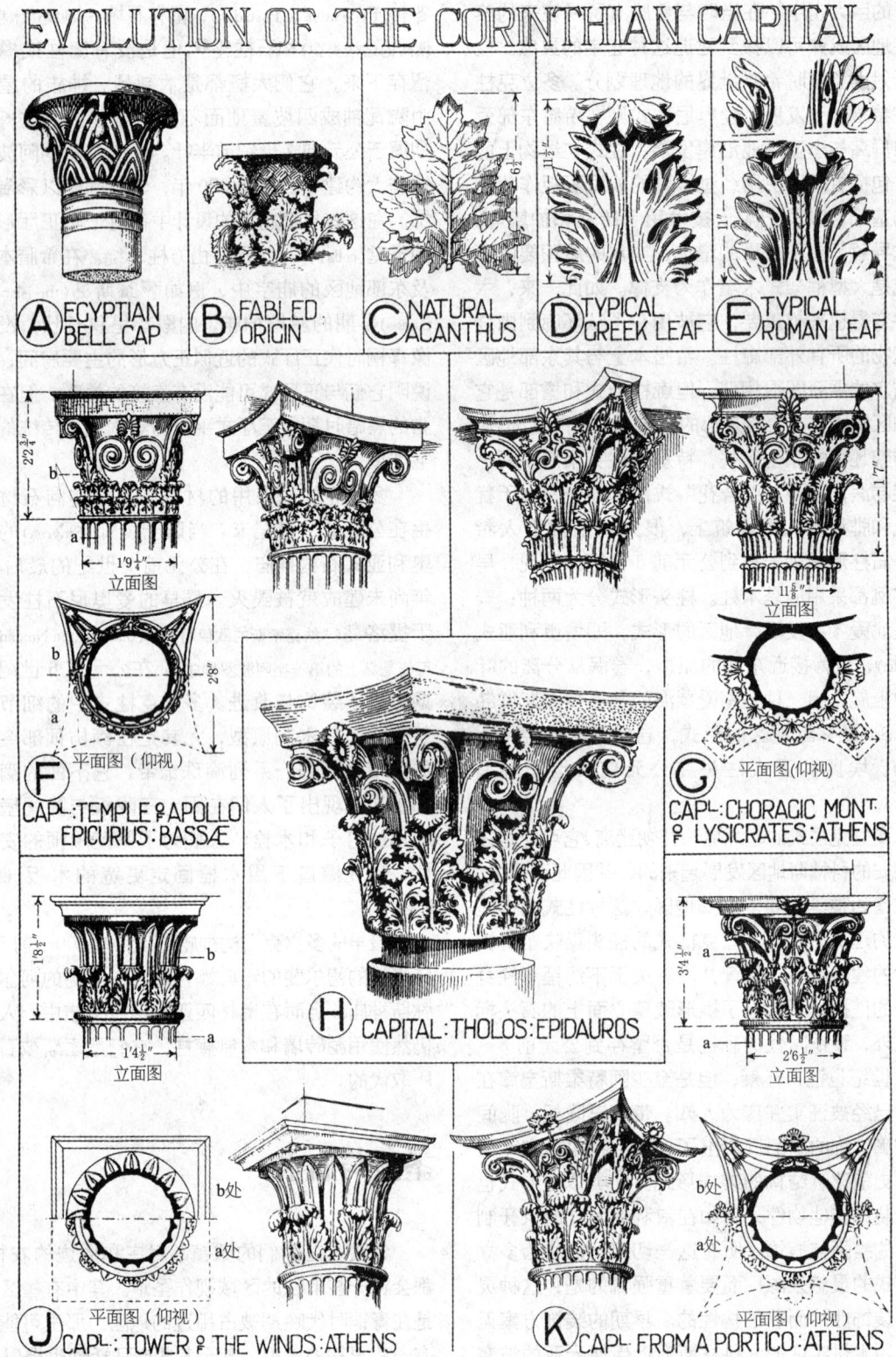

科林斯柱头的演变(EVOLUTION OF THE CORINTHIAN CAPITAL)：Ⓐ 埃及的钟形柱头；Ⓑ 科林斯柱头起源之传说；Ⓒ 自然生长的莨苕叶；Ⓓ 典型的希腊叶饰；Ⓔ 典型的罗马叶饰；Ⓕ 巴赛的阿波罗·埃皮鸠里神庙；Ⓖ 雅典利西格拉泰纪念亭建筑结构奖纪念碑柱头；Ⓗ 埃皮达鲁斯的圆形柱头；Ⓙ 雅典风塔的柱头；Ⓚ 雅典一个门廊的柱头

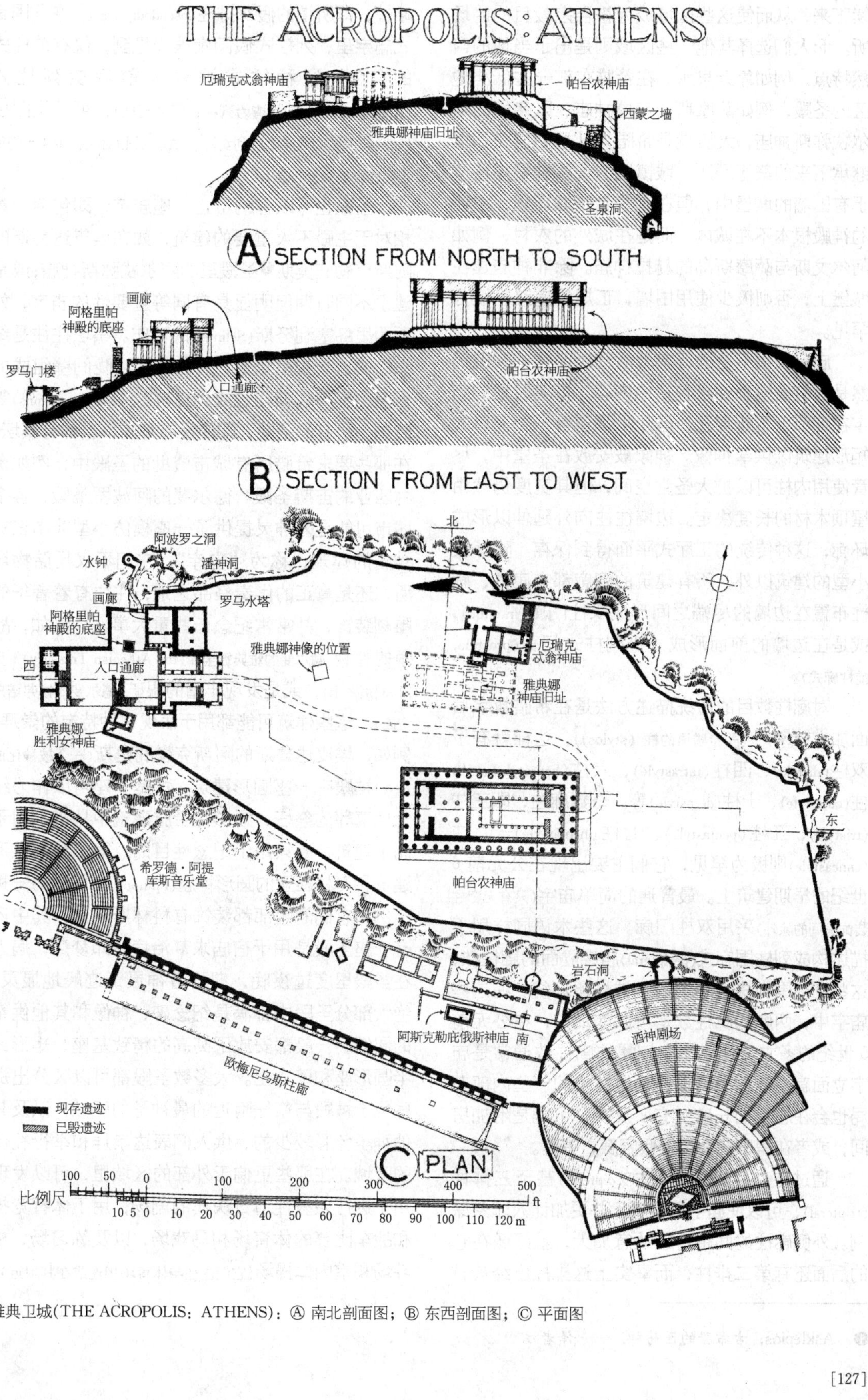

第6章 希腊建筑

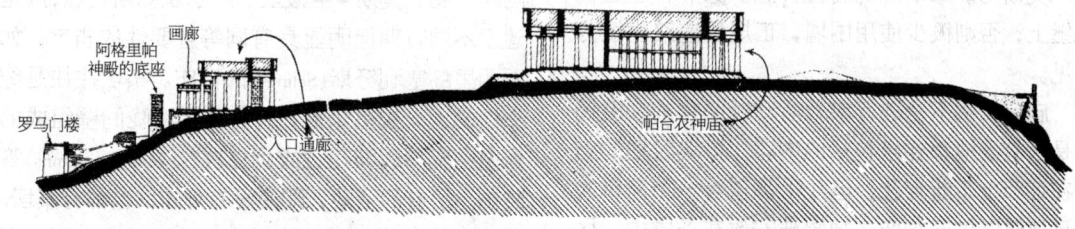

雅典卫城(THE ACROPOLIS: ATHENS)：Ⓐ 南北剖面图；Ⓑ 东西剖面图；Ⓒ 平面图

续下来，从而使这些区域成为符合宗教目的的场所。而人们选择其他一些区域则是出于当地的自然特点，例如靠近泉水。在希腊东部一些低洼地区的圣殿，例如萨摩斯的赫拉神庙、以弗所的阿尔忒弥斯神庙，大概就是希腊人从早期居民那里继承下来的祭祀场所。城镇里的一些神殿往往位于有围墙的城堡中，但在有些希腊城市里，主要的神殿根本不在城内，而是在城外的农村，例如阿尔戈斯与萨摩斯岛的赫拉神庙。除非神庙建在城堡上，否则极少使用围墙，正规的道路也极为罕见。

庙宇虽然不是进行宗教活动所必须的，但仍然是所有圣殿都要求包括的内容。古典时期的庙宇在细节上不断变化，但几乎都包含一个简单的矩形建筑以供奉神像。神像被安放在圣堂中，尽管使用内柱可以扩大圣堂空间，但其宽度仍然由屋顶木材的长度决定。边墙往往向外延伸以形成环廊，这种传统的正厅式平面得到保存。除了最小型的建筑以外，所有建筑的门廊都有廊柱，廊柱布置在边墙的尽端之间形成双柱门廊(in antis)，或是在边墙的前面形成一排列柱式门廊(prostyle，前柱廊式)。

对廊柱数目的传统描述方法是在希腊数字后面加上"style"(即希腊语的柱(stylos))，这样就有了双柱(distyle)、四柱(tetrastyle)、六柱(hexastyle)、八柱(octastyle)、十柱(decastyle)等。奇数廊柱，即三柱(tristyle)、五柱(pentastyle)、七柱(heptastyle)、九柱(enneastyle)则极为罕见，它们主要出现在公元前6世纪的早期建筑上。最普通的简单庙宇(只有无廊柱装饰房间的除外)采用双柱门廊。这些术语同样用于描述构成列柱围廊式(peripteral)庙宇立面的廊柱数，这些列柱围廊式庙宇的圣堂被柱所环绕。在这些庙宇中，两侧的廊柱数是可以变动的，在公元前5世纪的多立克庙宇里，侧翼的廊柱数通常是庙宇立面廊柱数的两倍加一，但庙宇的一些内部布局也会在庙宇的长度上有所反映，可能是附加房间，或者在房子背面布置假门廊，等等。

通过在外侧采用双排柱(dipteral)甚至三排柱(tripteral)，可以使庙宇显得更大并更加让人印象深刻。外侧廊柱的间距可以故意加大，就好像在它的后面还有第二排柱，而事实上这排柱已经被省略掉，即所谓的假双排柱(pseudodipteral)。在非围廊式庙宇里，列柱式假门廊很少见到，仅有前柱式的实例。这种柱式被称为前后廊列柱式(amphiprostyle；前后皆为列柱，两侧无柱)，可以是四柱(如雅典卫城的雅典娜胜利女神庙)或六柱(如公元前4世纪德尔斐的雅典娜女神庙)。

圣殿也可以容纳不止一座庙宇，即包括一些相对于主殿不太重要的建筑，如在埃皮达鲁斯的阿斯克勒庇奥斯❶圣殿里的阿尔忒弥斯神庙；或是建于不同时期但明显具有同等重要性的庙宇，如西西里岛塞利努斯(Selinus)的神庙。祭坛往往是纪念性的，一般呈矩形，有三陇板、陇间壁组成的檐壁图案与线脚花边或列柱屏(screens of columns)等装饰。所有的圣殿，即使没有神庙，也都有祭坛。在那些要求希腊所有城市资助的圣殿中，例如奥林匹亚的宙斯圣殿、德尔斐的阿波罗圣殿，各个城市可能是为神灵提供了一座模仿小型非围廊式神庙的建筑，称为"宝库"，它们不仅是储物场所，还是真正的供奉祭品之地，往往有着奢华的雕刻装饰，并常常纪念一些重大事件，例如，战争的胜利(德尔斐的雅典娜宝库(the Athenian Treasury)，见[153]页图B)，或是发现丰富的银矿(德尔斐的锡弗诺斯宝库)。这些建筑可能都用于表现某种特定的崇拜。例如，埃皮达鲁斯的阿斯克勒庇奥斯(一个被神化的凡人)神殿有一座圆形建筑，那是一座可以作为纪念性墓葬的祭坛；圆形在希腊建筑中从来不用于庙宇建筑，而只用于纪念性目的。德尔斐的拱形建筑和奥林匹亚的圆形神庙(Philippeion)则是另一种范例。它们的内部都装饰有科林斯柱式。其中还有一座圣殿是用于宿庙求梦治疗，即梦疗，病人在圣殿里度过夜晚，期盼着神灵奇迹般地显灵。绝大部分圣殿中都满是纪念碑、神像和其他供奉的偶像，一般都安放于高高的精致基座、矩形或半圆形座和壁龛上。大多数圣殿都可以区分出那些位于神殿与祭坛附近的最神圣的区域，以及其他神圣色彩较少的、供人们表达崇拜和举行礼仪的区域。在那些更偏于外部的区域里，可以发现用于进行宗教性节日庆典的剧场，用于体育竞技和战车比赛的体育场和马戏场，以及练习场、格斗场和室内体操场(它们往往与体育场相连或在其附近)。

---

❶ Asklepios；古希腊的医药神。——译者注

第6章 希腊建筑

圣殿中还可能设有专为宴会用的建筑，那些身份高贵的信徒，斜靠在希腊式长椅上，分享祭祀用肉。

雅典卫城(见[127]页)是希腊圣殿中最为杰出的范例。它原本是青铜时代晚期的一座城堡，具有与梯林斯和迈锡尼相似的巨大工事，它的西门侧翼有一个突出的棱堡，与迈锡尼的狮子门相似(参见有关章节)。这些工事一直使用到公元前6世纪。可以肯定的是，在工事最高处曾经有过一个宫殿，大概毁于黑暗时期早期。人们所知的公元前8世纪以前的雅典卫城的信息仅此而已。在公元前8世纪期间，人们在卫城的最高处修建了一个祭坛，可能还有一座简单的雅典娜庙宇，这座庙宇后来经过了几次重建和改进。庙宇的中心变成了双殿，一个朝东，另一个朝西的作为前厅，并有两个并排的内室。庙宇每边各有四根柱，以及一个大概修建于公元前7世纪之前的多立克式柱廊。这座庙宇(旧庙)大约在公元前525年终于按照同一平面得到了重建，但又在公元前480年被波斯人烧毁。西殿修整后成为一个储藏室，一部分檐部被置于修复后的卫城北墙内，作为战争的纪念。

公元前5世纪早期(也许是为了庆祝公元前490年的马拉松战役的胜利)，人们决定在卫城增加新的建筑。由于建于青铜时代的旧大门已经毁坏，人们设计了一个新的大门取而代之。新大门的平面呈H形，横墙(cross-wall)上可能有五个门，每个立面的双柱门廊设有四根柱，墙端柱在正面和背面的侧墙上都向后退缩。"旧庙"的南面是一座更大的多立克式庙宇，也是为雅典娜修建的，虽然已经开始动工，但未能完成，后来也被波斯人烧毁。

波斯人撤退后雅典人只是对废墟进行了整理，直到公元前449年波斯人被迫议和后才重建了神庙。原来的大门被更复杂的建筑组合所取代，称为山门(Propylaea；一个复数词语，表示不止一个入口建筑，见[130]页)，其建筑师是姆奈西克里❶。山门的中心部分还是H形大门，但被转向到卫城的东西轴线上。内厅平面较高，后面紧靠着具有五个门的横墙。内厅前面是一段七级台阶，只有中央大门(最大的那扇门)前是一段连续的坡道，供列队与祭祀用的动物通行。内外厅的立面都是多立克六柱式。内外厅的屋顶平面高度不同，外厅的屋顶由位于中间过道两侧的各三根柱支撑。大理石天花板(除了用古代希腊埃莱夫西斯石灰石做的对照元素以外，天花板是结构的一部分)为带有镀金星饰的正方形镶板。外厅立面的两翼是侧厅，紧靠在从主厅的侧墙南北向延伸出的墙体上。两翼的侧厅都是三柱式双门廊，门廊的多立克柱式比主门厅的要小。北翼侧厅后面是一个矩形房间，房间的前墙上有一扇偏心门，门上有侧窗。这表明房间内有环墙布置的长椅，是一个正式的餐厅。墙上有装饰画，因此名为画廊(Pinacotheca)。南翼侧厅被截去了屋顶，只剩下柱廊后面的一片墙垣。与它相呼应的是一个布局类似的区域，该区域位于大门的侧面，从这里可通向胜利女神庙。

姆奈西克里设计的山门具有一个有趣的特点，它是由独立的建筑体块构成的，各个部分都有独立的屋脊线，位于西侧前方的两翼和内外入口大厅都是如此，这种方法使早期布局中相互分离的元素(门厅、餐厅、内厅和L形区)现在聚集在一个更加紧密的整体中。山门在公元前436年开始修建，由于公元前431年伯罗奔尼撒战争的爆发而未能完成。

卫城的主要建筑是遗存下来的雅典娜神庙——**帕台农神庙**(Parthenon)，始建于公元前447年，完成于公元前436年(见[118]页图Ⓐ、图Ⓑ及[131]页和[132]页)。南面遗存的巨大基础被再次利用，神庙向卫城中心扩张从而被加宽了。神庙的正面现在为8根柱而非6根柱，侧翼为17根廊柱，这是在公元前5世纪定下来的比例。其建筑师是伊克蒂诺❷和卡利克拉特(Callicrates)，但人们并不知道他们之间如何分工。菲迪亚斯❸是主要雕刻师，他还可能负责从整体上监督卫城的工程。

神庙立于传统的三层台阶之上，台阶下面是基础平台，为了保证原有的基础在建筑物的西、南、东面上具有可见性而建造。最上层台阶面积

---

❶ Mnesicles；活动时期约为公元前5世纪，古希腊建筑师。——译者注
❷ Ictinus；活动时期约公元前5世纪。——译者注
❸ Phidias；活动时期约公元前490～前430年。——译者注

第一编 埃及、古代近东、亚洲、希腊及希腊化诸王国的建筑

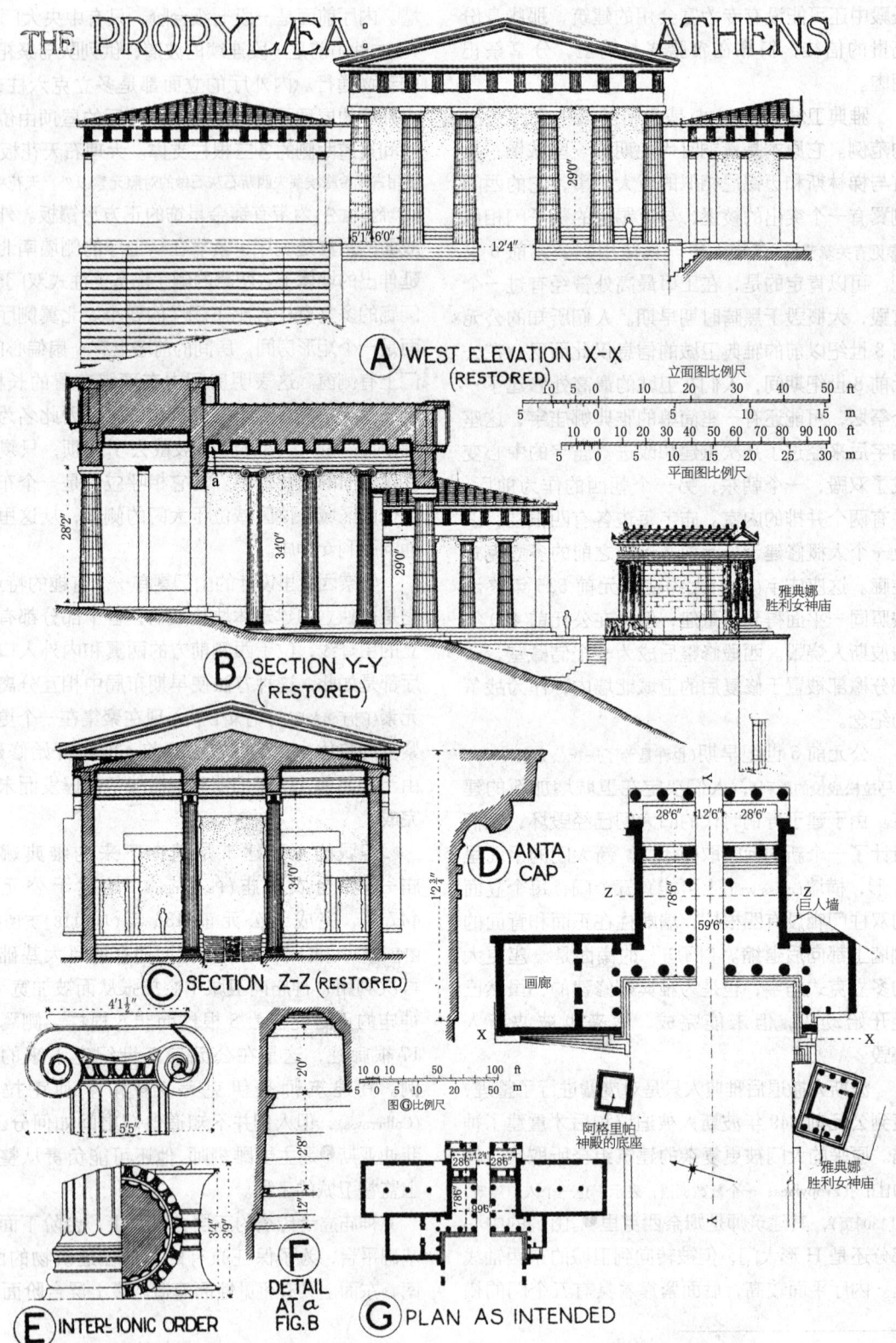

雅典卫城的山门(THE PROPYLAEA: ATHENS)：Ⓐ X-X 西立面(复原图)；Ⓑ Y-Y 剖面(复原图)；Ⓒ Z-Z 剖面(复原图)；Ⓓ 墙端柱柱头；Ⓔ 爱奥尼柱式内剖面图；Ⓕ 图Ⓑ中的a处详图；Ⓖ 扩展平面图

第6章 希腊建筑

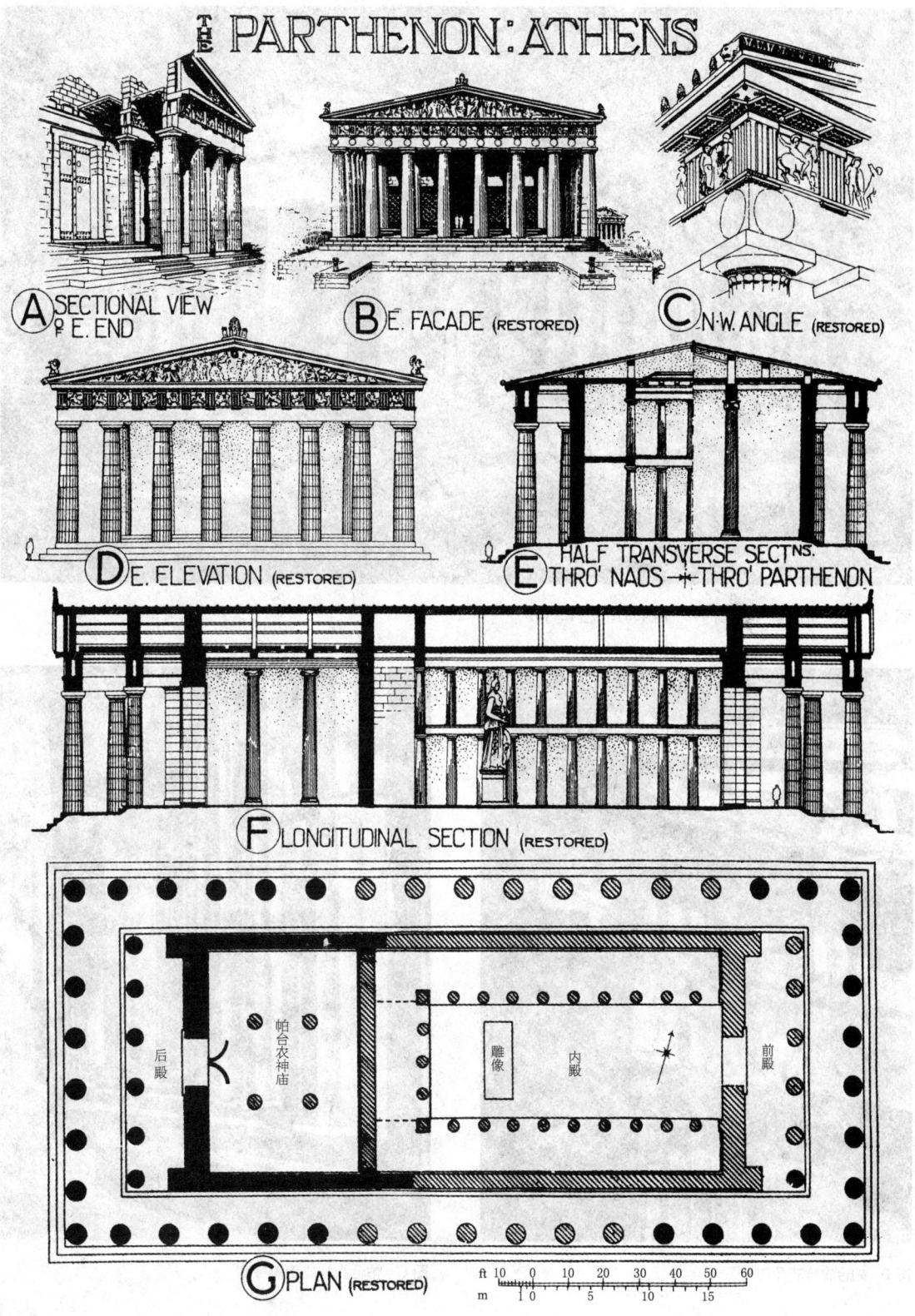

雅典帕台农神庙(THE PARTHENON：ATHENS)：Ⓐ 东端剖面图；Ⓑ 东立面外形复原图；Ⓒ 西南角复原图；Ⓓ 东立面复原图；Ⓔ 半剖面图（左：通向内殿；右：通向帕台农神庙）；Ⓕ 纵向剖面复原图；Ⓖ 平面复原图

第一编　埃及、古代近东、亚洲、希腊及希腊化诸王国的建筑

图A　雅典的帕台农神庙(前447—前436)，见[129]页

图B　帕台农神庙角部视图

图C　帕台农神庙南侧柱廊

为 30.9m×69.5m(101ft×228ft)。每步台阶高达 508mm(29in)，因太高而无法使用，所以在每条短边的中央设置了中间台阶。圣堂包括两个房间，用六柱前柱式通廊相连接。东边的房间长 29.8m(98ft)、宽 19.2m(63ft)，由结构上必须的两列多立克内柱支撑起木制屋顶。柱廊内尽头处立有一座用黄金与象牙制作的帕台农的雅典娜雕像。在菲迪亚斯的这一作品中雅典娜以矛、钢盔、神盾(aegis)和胸铠全副武装，并伴以长蛇，伸出的右臂握有胜利之神的雕像。天花板是木制的，以镀金画装饰。在大门打开时光线可以通过门廊进入，这种采光方式在希腊神庙中很普遍，现在人们也了解到在门两侧的墙上还设有高窗。往西是一间自带走廊的方屋，这就是帕台农室或神女室，用于储藏珍贵的祭品。这里的屋顶由一组四根爱奥尼柱式支撑。在尽头处，墙端柱与门廊柱之间的空隙以金属格网封闭。

从外部测量，多立克柱式的直径是 1.9m(6ft 2in)、高 10.4m(34ft 3in)，柱高大约是直径的 5.5 倍。拐角处立柱的直径稍大一些而柱间距减少，以保证檐壁中楣符合必须以三陇板来结束的规则。

帕台农神庙是希腊神宇建筑中对视觉效果进行精雕细刻的最佳范例。除了廊柱的凸肚，即"收分"，还要考虑到诸如柱列下的整条柱座、额枋和檐口具有的长水平线这种特点，如果把它们做成直线，在希腊人的眼中就会显得中央下沉，因此这些长水平构件都采用了略微凸起的轮廓。帕台农神庙的柱座中心相对东西两端有一个 60mm(2.375in) 的上凸曲率，对两边有 110mm(4.3125in) 的上凸曲率。神庙垂直的特征也是由柱向顶部的内倾来保证的，以修正顶部向外塌落的错觉。因此，角柱的轴线内倾 60mm(2.375in)，也就是说，如果将两个角柱轴线向上延长，将相交于柱座上方 2.4km(1.5mile) 处。檐口上类似大理石色彩的顶瓦接合处以雕刻檐饰为标志，它构成了建筑物侧面的屋脊顶饰(cresting)。除了在山墙上沿着屋面边缘在短短的转折处以虚设的(没有被穿透的)狮子头式水孔为装饰以外，没有其他沟槽。柱廊底面是大理石格子平顶，由大理石梁支撑。在山墙顶尖或较低的两角上有一个很大的山墙的雕像座(acroteria)。东山墙的雕刻装饰描绘了雅典娜的出生，西山墙的雕刻装饰则描绘了雅典娜与波塞冬争当雅典保护神而进行的竞争。所有的共 92 块陇间壁上都装饰有深深的浮雕，描绘了战斗的场面。东立面上有诸神和巨人，西立面上是希腊人与亚马逊人，南立面上是半人马怪(Centaurs)，北立面上是特洛伊战争。它们都比喻式地象征了希腊在与波斯战争中的胜利。门廊额枋带有滴珠饰带和滴珠饰，一般来说它们都出现在多立克柱式的檐壁中楣下，但事实上檐壁中楣一直保持着爱奥尼风格的浅浮雕形式。这些浮雕是人们设计并实施而成的伟大艺术品，它描绘的是在奥林匹亚山上诸神住所中就座的诸神列队。

6世纪晚期，帕台农神庙变成了基督教堂，供奉智慧主神(Divine Wisdom)，从而将雅典娜的特征永久长存。人们在它的东端建了一个半圆形后堂，使东端雕刻被毁。大约从 1204 年开始，在雅典的法兰克大公(Frankish Dukes)统治时期，它变成了拉丁教堂，到 1458 年又被来自土耳其的征服者变成了清真寺。1687 年，雅典被威尼斯人包围，由于储藏的火药爆炸而对教堂造成了巨大的损坏；幸运的是，由雕刻制作的绘画在爆炸中留存了下来。北廊柱在 1921~1929 年恢复，但是当时使用的钢构架现在已经生锈，再加上现代雅典普遍的大气污染状况，人们必须对其进行一个新的大规模保护计划。

卫城里其余的庙宇都是爱奥尼式建筑。**雅典娜胜利女神庙**(见[127][130]页及[153]页图A)位于通廊外边的工事上，是有四根柱的前后廊列柱式(amphiprostyle)，檐壁是连续的，无齿状饰，面积只有 8.2m×5.4m(27ft×17ft 9in)。这座神庙没有传统式门廊，圣堂前的墙端柱之间有两根方柱，方柱不在主入口的墙体上而是紧靠格子窗。通过省略后面的廊柱，可以为传统式门廊留下更多空间；朝西的这一端，可以在人们走向卫城的过程中映入眼帘。公元前 450 年后不久，卡利克拉特(Kallikrates)受雅典议会委托开展改进工程，以这座神庙取代了一个更为简单的矩形神殿。这座爱奥尼神庙在雅典与斯巴达战争的第一阶段结束时修建。随后在公元前约 421 年，神庙工程的北、西、南面被用栏杆围绕起来。

另一座神庙是取代"旧庙"的**厄瑞克忒翁神庙**(见[127][134][135]页及[136]页图A、图B)，它收藏了"旧庙"里神圣的木制雅典娜崇拜雕像。在波斯入侵时该雕像曾被撤离到萨拉米斯(Salamis)。新庙没有建在"旧庙"基础之上，而是移到紧靠其北侧的

第一编　埃及、古代近东、亚洲、希腊及希腊化诸王国的建筑

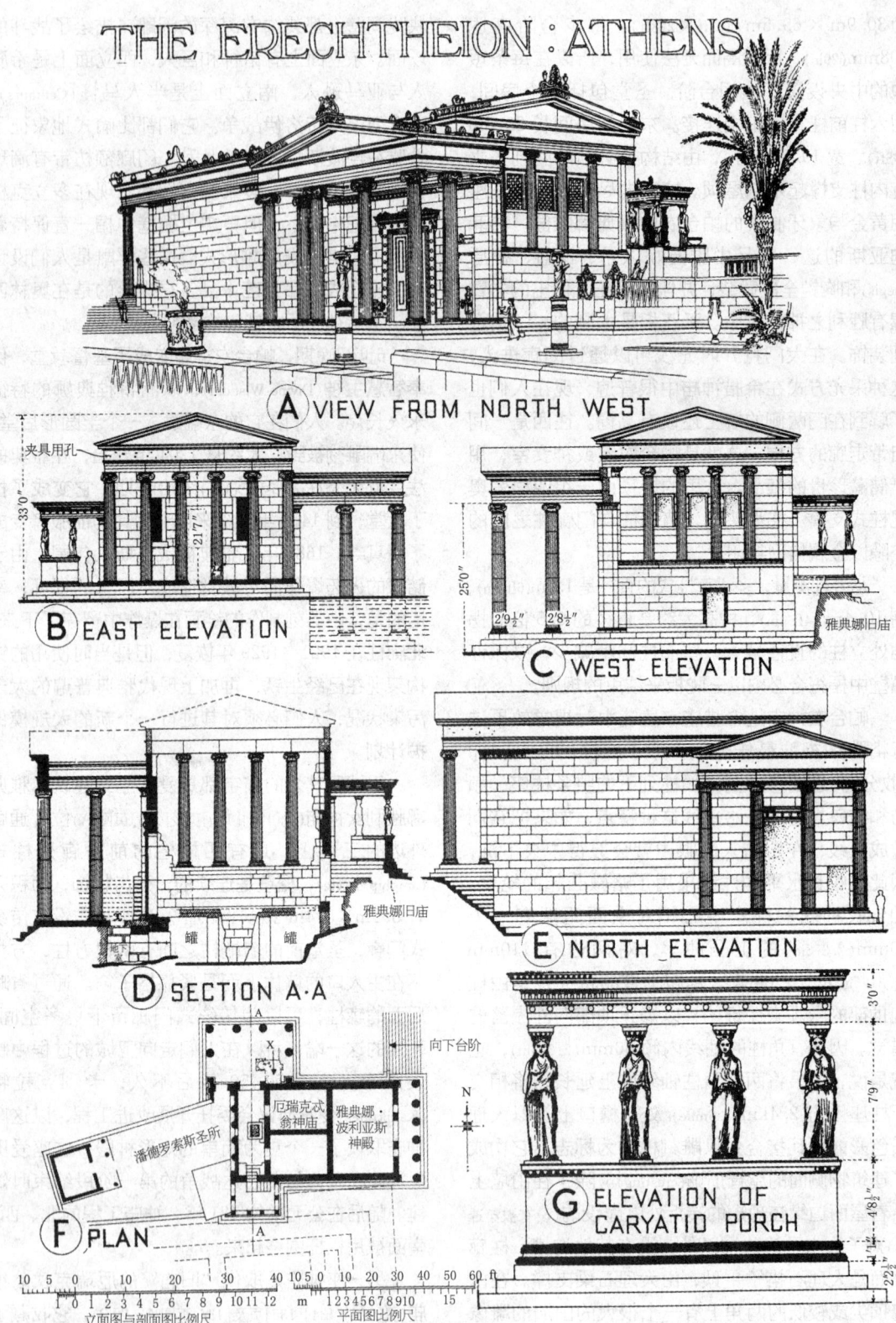

雅典的厄瑞克忒翁神庙(THE ERECHTHEION: ATHENS)：Ⓐ 西北视图；Ⓑ 东立面图；Ⓒ 西立面图；Ⓓ A-A剖面图；Ⓔ 北立面图；Ⓕ 平面图；Ⓖ 女像柱门廊立面图

第 6 章 希腊建筑

图 A 雅典厄瑞克忒翁神庙（约前 421—前 406），见[133]页

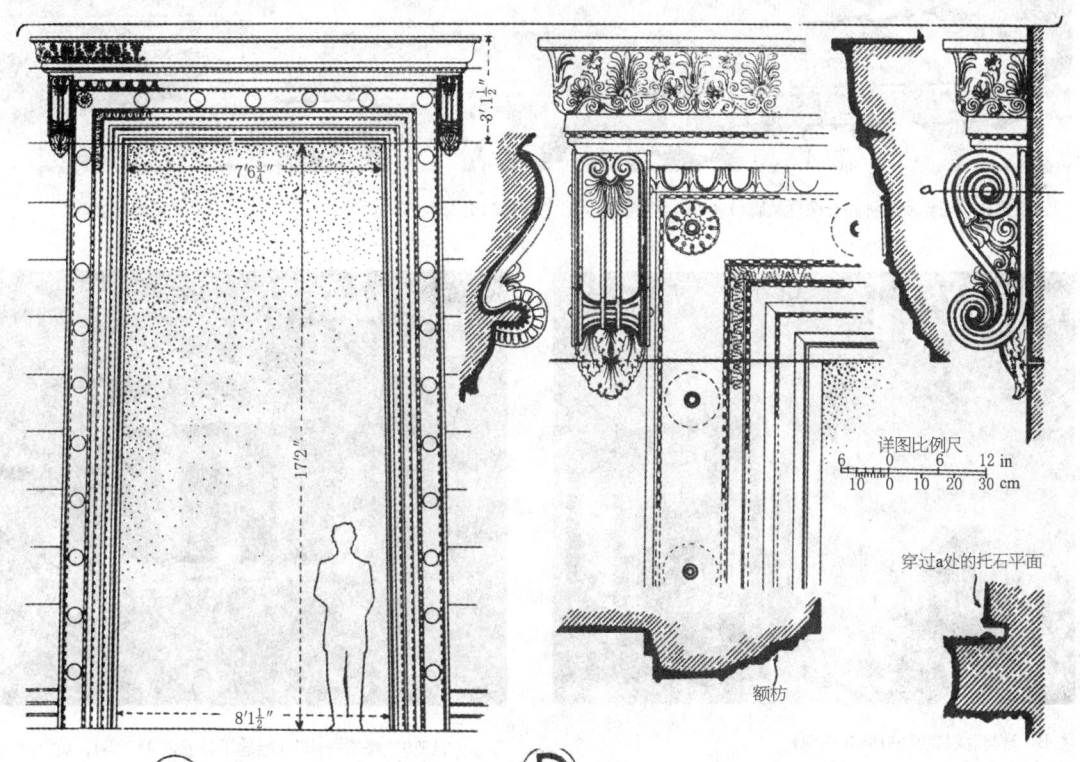

© 雅典厄瑞克忒翁神庙的北门廊立面图；Ⓓ 檐部详图

第一编　埃及、古代近东、亚洲、希腊及希腊化诸王国的建筑

图A　雅典厄瑞克忒翁神庙女像柱敞廊(1990年重建前照片)，见[133]页

图B　雅典厄瑞克忒翁神庙(东南)

图C　雅典"忒修斯神庙"(始建于公元前449年)，见[148]页

第6章 希腊建筑

位置上,可能是由于以下三个原因:第一,人们认为重建一个被野蛮民族所毁的用于献祭供奉的神庙并不合适;第二,相对于南面更大更宽的帕台农神庙,庙宇北移可以取得更好的平衡效果;第三,人们希望在新结构的保护之下,能将一系列神殿和圣地融为一体。这些神殿与圣地包括了盐池(salt pool,传说波塞冬曾在此用他的三叉戟刺入了雅典卫城)、厄瑞克透斯(Erechtheus)神龛。厄瑞克透斯这位传说中的雅典国王赋予了这座新神庙令人"熟知的"名称。最终的建筑在平面图上一反常规地呈现出不规则布置,但采用了与通廊式同样的布局原则,即将多个元素聚集在一起形成一个复杂而又统一的布局。这一平面更像是在通廊式启发下的深思熟虑之作,而不是像"旧庙"那样由一个原初的平面逐步改进而来。我们不知道这座神庙最初的建筑师是谁,当时的描述只记录了后来的建筑监理,但即使建筑师不是姆奈西克里本人,这位建筑师也一定从姆奈西克里那里学到了很多东西。这座神庙大约于公元前421年开始修建,于公元前406年落成。

这里的场地不平整,但由于是圣殿用地,所以不能用阶梯状方式来平整场地。神殿建在两个水平面上,东边部分位置较高,西边部分位置较低。与"旧庙"类似,西边部分有一个前厅和两间并排的内室。东廊位置较高,为六柱式,柱高6.586m(21ft 7in)。东廊檐部有一块连续的檐壁,是刻有大理石花纹的暗色石灰石板,它沿神庙的侧面延伸并横穿西端。这保证了西廊柱尺寸与东廊的保持一致,同时在一段墙体以上形成了屏壁,这段墙体一直伸到下面一层,但并不到达底层门廊。

人们可以通过一扇门进入东殿,门两侧是窗户,其位置低于帕台农神庙的其他窗户。西殿的分隔似乎并没有高过支撑屏壁的墙体,光线可从柱子之间进入,使西殿的各个部分都处在明亮之中。在神庙南面的西端,有一个凸出的低廊位于较高的地坪上,这是新庙中修建在旧庙基础之上的唯一部分。它以少女的雕像,即处女柱(Maidens)取代了廊柱,前排四根,每个角部雕像各布置一根。常用的女像柱(Caryatid)一词并不适合这些雕像。处女柱立于低墙之上,东侧后边的一座雕像与主殿的墙体之间留有空间,一段斜梯由此通向前厅。带有齿状装饰的爱奥尼式檐部不协调

地置于处女柱顶上,支撑起平板屋顶。与南面低廊相对的是位于低处的高大的北廊,两者平面图相似,但北廊为高7.6m(25ft)的爱奥尼式廊柱。北廊的西侧与南廊不同,它不与西墙处同一平面,而是坐落在更向西的位置上。因此,北廊可以设两个门,中央主门的门柱与门楣上有爱奥尼式的精美装饰,西边小门通向潘德罗索斯(Pandrosus)圣殿,这使得位于低处的厄瑞克忒翁神庙西端前方的空间得到扩展,并将那棵雅典娜在与波塞冬竞争时交给雅典人的神圣的橄榄树也包含进来。这棵橄榄树被波斯人毁掉,在他们离开时又神奇地复活。这一扩大的门廊空间极为笨拙地与主殿西北角端柱上的装饰柱头紧邻。北廊与主体建筑一样,有一块带有白色雕像的深色石灰石檐壁。北廊地板下有波塞冬以三叉戟刺穿岩石的标记,其上方的屋顶处有一个开口,万一波塞冬要故伎重演,这也许可以避免破坏建筑。另一个尴尬之处由雅典国王凯克洛普斯(Kekrops)墓所导致,因为它处于场地的西南角下面,那里不可能再修建基础或墙角部分。但厄瑞克忒翁神庙由悦目的装饰和精美的工艺所产生的绝伦之美并没有因为设计上的困难而被减弱。

在公元前1世纪,厄瑞克忒翁神庙遭受了一场严重的火灾,但是后来得到了修复。经过了正常的兴衰变迁以后,它的残骸在19世纪被清除并进行了重建。结果证明,这种重建物是不稳定的,而厄瑞克忒翁神庙已经被大面积地拆解和重组。处女柱(被埃尔金(Elgin)移走的一根除外)深受现代城市的污染与酸雨之害,已经被移走并以铸件取代。东立面上的北廊柱也被埃尔金移走,现也已被铸件取代。

卫城里的其他建筑也没有得到良好的保护。它们包括位于山门附近的独立的**阿尔忒弥斯神殿**,是阿尔忒弥斯神在布劳隆的乡村崇拜者的一个分支。位于阿尔忒弥斯神殿与帕台农神庙之间的是**军械库**(Chalkotheke),包括一个前院和一条多立克敞廊(stoa),敞廊后面有一间单独的巨大房间。这里储藏有青铜盔甲,都是雅典的同盟国(理论上是殖民地)献给雅典娜的节日礼物。还有一些建筑不太重要,包括卫城北边的房间,那是雅典娜的少女祭司阿瑞弗茹(Arrephoroi)任职时的居住之地。

除了前面论述过的**奥林匹亚**(见[138]页)、**德尔斐**(见[139]页)、**埃皮达鲁斯**以外,其他位于希腊本土

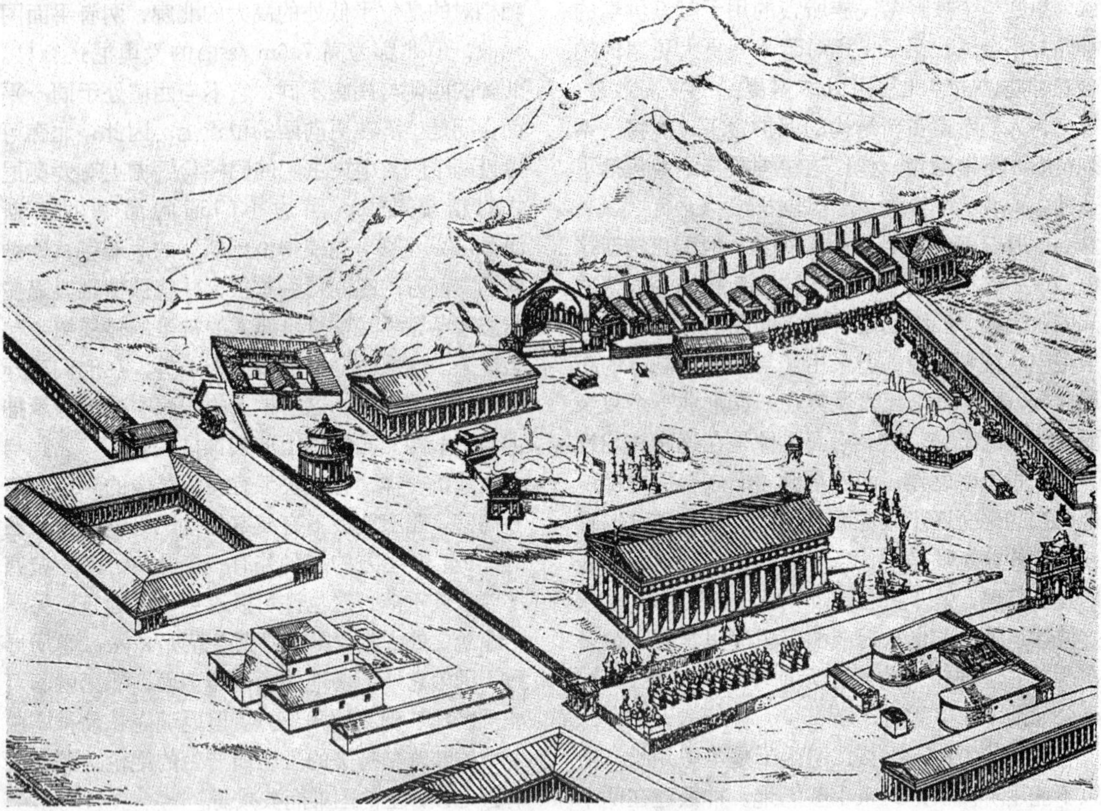

第一编 埃及、古代近东、亚洲、希腊及希腊化诸王国的建筑

图 A 奥林匹亚的阿尔提斯圣地复原图,见[137]页

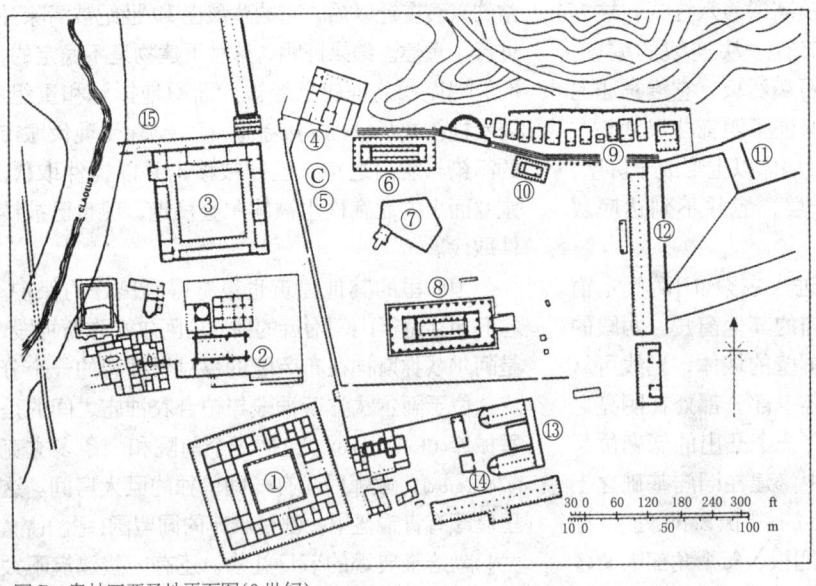

图 B 奥林匹亚圣地平面图(2 世纪)

1. 李奥尼达迎宾馆
2. 菲迪亚斯工场
3. 格斗场
4. 议事会执行委员议事厅
5. 腓力二世圆殿
6. 赫拉神庙
7. 珀洛普斯庙
8. 宙斯神庙
9. 宝库
10. 母神殿
11. 运动场
12. 厄科柱廊
13. 议事会厅
14. 南柱廊
15. 体育馆

第6章 希腊建筑

图 A 德尔斐：雅典娜柱廊，后面是多边形砌墙和阿波罗神庙(前510)，见[137]页

图 B 德尔斐：圣地平面复原图
(前150)

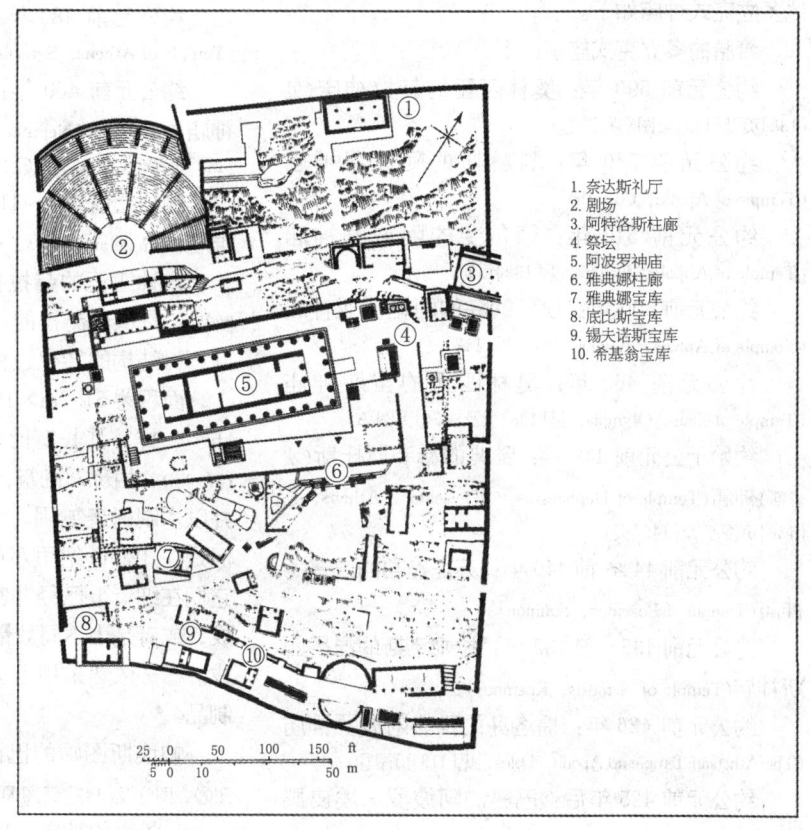

1. 奈达斯礼厅
2. 剧场
3. 阿特洛斯柱廊
4. 祭坛
5. 阿波罗神庙
6. 雅典娜柱廊
7. 雅典娜宝库
8. 底比斯宝库
9. 锡夫诺斯宝库
10. 希基翁宝库

的重要圣殿还包括阿尔戈斯的**赫拉神庙**(Hera at Argos),以及远在希腊西北多多纳(Dodona)的神秘的宙斯神庙。在希腊东部地区有萨摩斯岛的**赫拉神庙**、以弗所阿尔忒弥斯神庙和米利都地区狄杜玛(Didyma)的**阿波罗神庙**等伟大的爱奥尼式圣殿。

此外,还有两个颇为不同的圣殿,即分布在雅典附近埃莱夫西斯的**得墨忒尔和少女庙**(Demeter and Kore at Eleusis),以及北爱琴海萨莫色雷斯岛的**色雷斯神庙**(Kabeirol, Thracian deities)。在埃莱夫西斯有一个很大的带顶大厅,即泰勒斯台里安神庙(Telesterion),在那里可以不受世俗干扰地进行秘密的宗教仪式。在希腊圣殿中,只有这些建筑具有集会特征。

其他多立克式神庙

重要的多立克式神庙分布在希腊、西西里和意大利南部。除了已经叙述过的帕台农神庙,其他多立克式神庙如下。

希腊的多立克式庙宇如下。

约公元前590年:奥林匹亚的赫拉神庙(见[138]页及[143]页图ⓒ和图Ⓕ)

约公元前540年:科林斯的阿波罗神庙(Temple of Apollo, Corinth)

约公元前510年:德尔斐的阿波罗神庙(Temple of Appolo, Delphi, 见[139]页)

约公元前500年:埃伊纳岛的阿帕伊亚神庙(Temple of Aphaia, Aegina, 见[141][142]页)

约公元前460年:奥林匹亚的宙斯神庙(Temple of Zeus, Olympia, 见[138]及[154]页图A)

约始于公元前449年:雅典的赫菲斯托斯(忒修斯)神庙(Temple of Hephaestus, 'Theseion', Athens, 见[136]页图C及[145]页)

约公元前444~前440年:苏尼翁角的波塞冬神庙(Temple of Poseidon, Sounion)

约公元前435~前432年:拉姆诺斯的涅墨西斯神庙(Temple of Nemesis, Rhamnus)

约公元前426年:提洛岛的雅典阿波罗神庙(The Athenian Temple to Apollo, Delos, 见[119]页图ⓒ)

约公元前425年后:巴赛的阿波罗·埃皮鸠里神庙(Temple of Apollo Epicurius, Bassae, 见[146]页)

约公元前370年:埃皮达鲁斯的阿斯克勒庇俄斯神庙(Temple of Asklepios, Epidaurus)

约公元前350年后:泰耶阿的雅典娜·阿里亚神庙(Temple of Athena Alea, Tegea)

约公元前336年:涅墨亚的宙斯神庙(Temple of Zeus, Nemea)

西西里岛与意大利南部的多立克式神庙如下。

约公元前565年:锡拉库萨的阿波罗神庙(Temple of Apollo, Syracuse)

约公元前550~前530年:塞利努斯的神庙C(Temple 'C', Selinus)

约公元前530年:帕埃斯图姆的巴西利卡(The 'Basilica', Paestum, 见[143]页图Ⓔ、图Ⓗ及[147]页图Ⓚ)

约公元前520~前450年:塞利努斯的阿波罗大神庙(The Great Temple of Apollo, (G.T.), Selinus, 见[147]页图Ⓛ)

约公元前510年:帕埃斯图姆的刻瑞斯(丰收女神)神庙(Temple of 'Ceres', Paestum, 见[119]页图Ⓑ)

约公元前510~前409年:阿格里真托的宙斯神庙(Temple of Zeus Olympius, Agrigentum, 见[143]页图Ⓙ~图Ⓛ)

约公元前480年:锡拉库萨的雅典娜神庙(Temple of Athena, Syracuse)

约公元前460年:帕埃斯图姆的"尼普顿"神庙(Temple of 'Neptune', Paestum, 见[119]页图C以及[143]页图Ⓐ、图Ⓑ、图Ⓓ、图Ⓖ和[144]页)

约公元前424~416年:西西里岛的塞杰斯达神庙(Temple at Segesta, Sicily)

奥林匹亚的赫拉神庙(见[138]页及[143]页图ⓒ、图Ⓕ),是供奉赫拉的神庙,它表明了由木材结构向石材结构的转化过程。它建于两层台阶的平台上,面积为51.2m×19.6m(168ft×64ft 6in),与早期庙宇一样,其长宽比较大。内殿的厚墙高1.1m(3ft 6in),由琢石砌筑,而上部全部由土坯砖构成,并以木制框架加固。内外廊最初都是木制廊柱,但是在几个世纪里不断地被石柱所替换。因此,它们在细节上已经非常不同,柱子由整块石料构成,或者是由不同数量的石层或"鼓石"(drum)构成。檐部依然采用木料,壁端柱与门框也还是木制品。

帕埃斯图姆的巴西利卡(公元前530,见[143]页图Ⓔ、图Ⓗ及[147]页图Ⓚ),实际上是希腊天后赫拉(Argive Hera)的神庙。其外廊是极为罕见的九柱式,圣堂中八根柱子构成的中心线将神庙在宽度上分为四部分,并支撑起屋顶的木结构。因此,四周

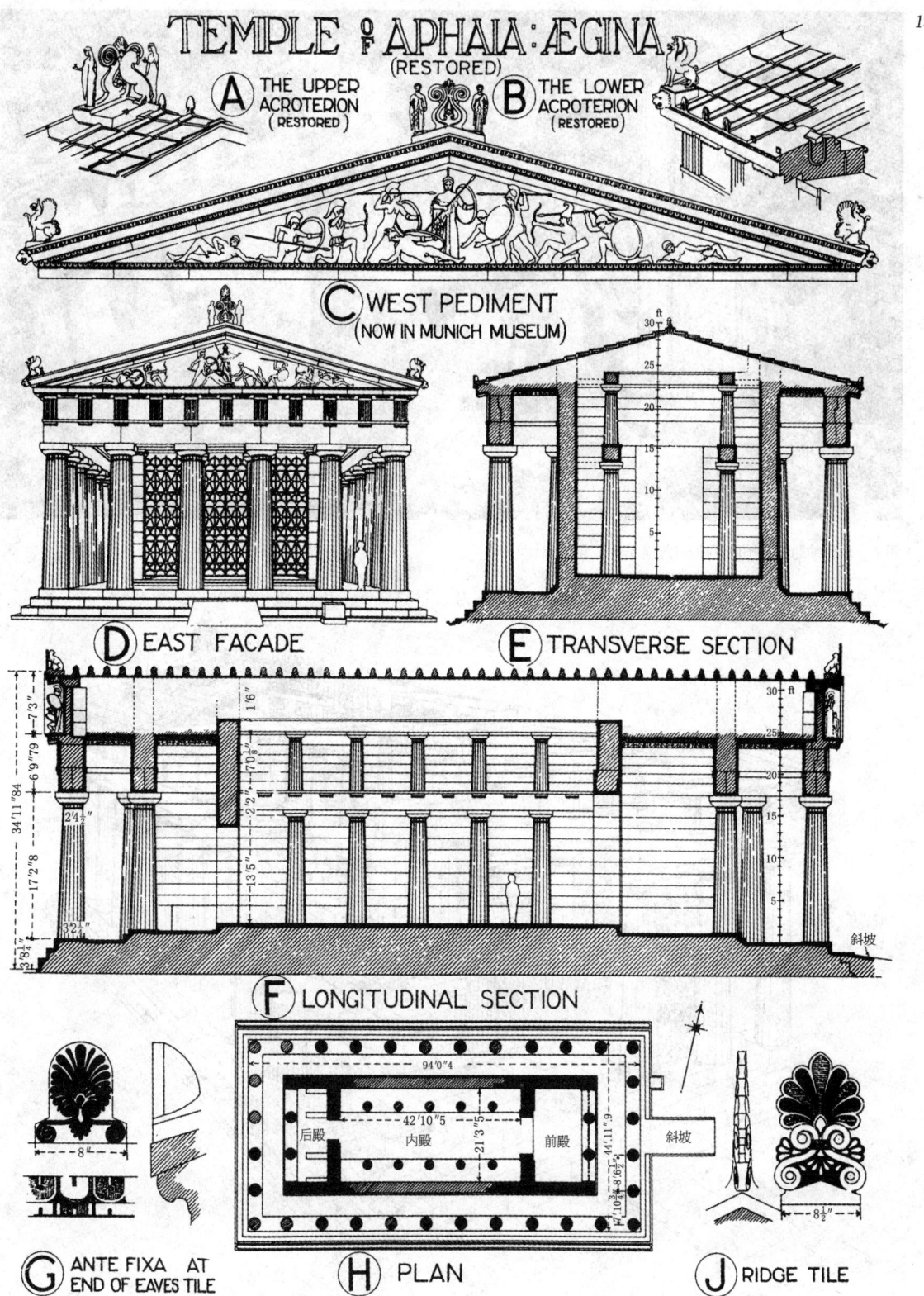

埃伊纳岛的阿帕伊亚神庙复原图(TEMPLE OF APHAIA：AEGINA(RESTORED))：Ⓐ 雕像柱脚上部复原图；Ⓑ 雕像柱脚下部复原图；Ⓒ 西山花(现存慕尼黑博物馆)；Ⓓ 东立面；Ⓔ 横向剖面；Ⓕ 纵向剖面；Ⓖ 瓦檐饰；Ⓗ 平面图；Ⓙ 檐瓦

第一编　埃及、古代近东、亚洲、希腊及希腊化诸王国的建筑

图 A　埃伊纳岛的阿帕伊亚神庙(约前 500)，见[148]页

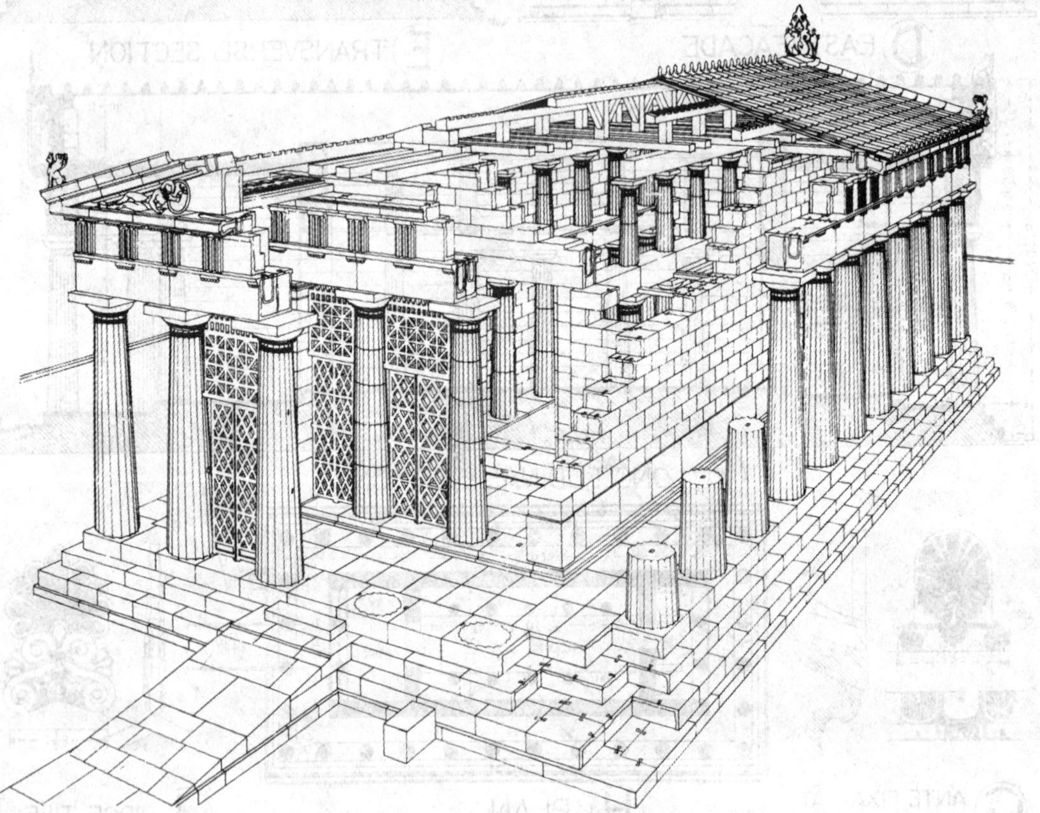

图 B　埃伊纳岛的阿帕伊亚神庙的剖视复原图

第6章 希腊建筑

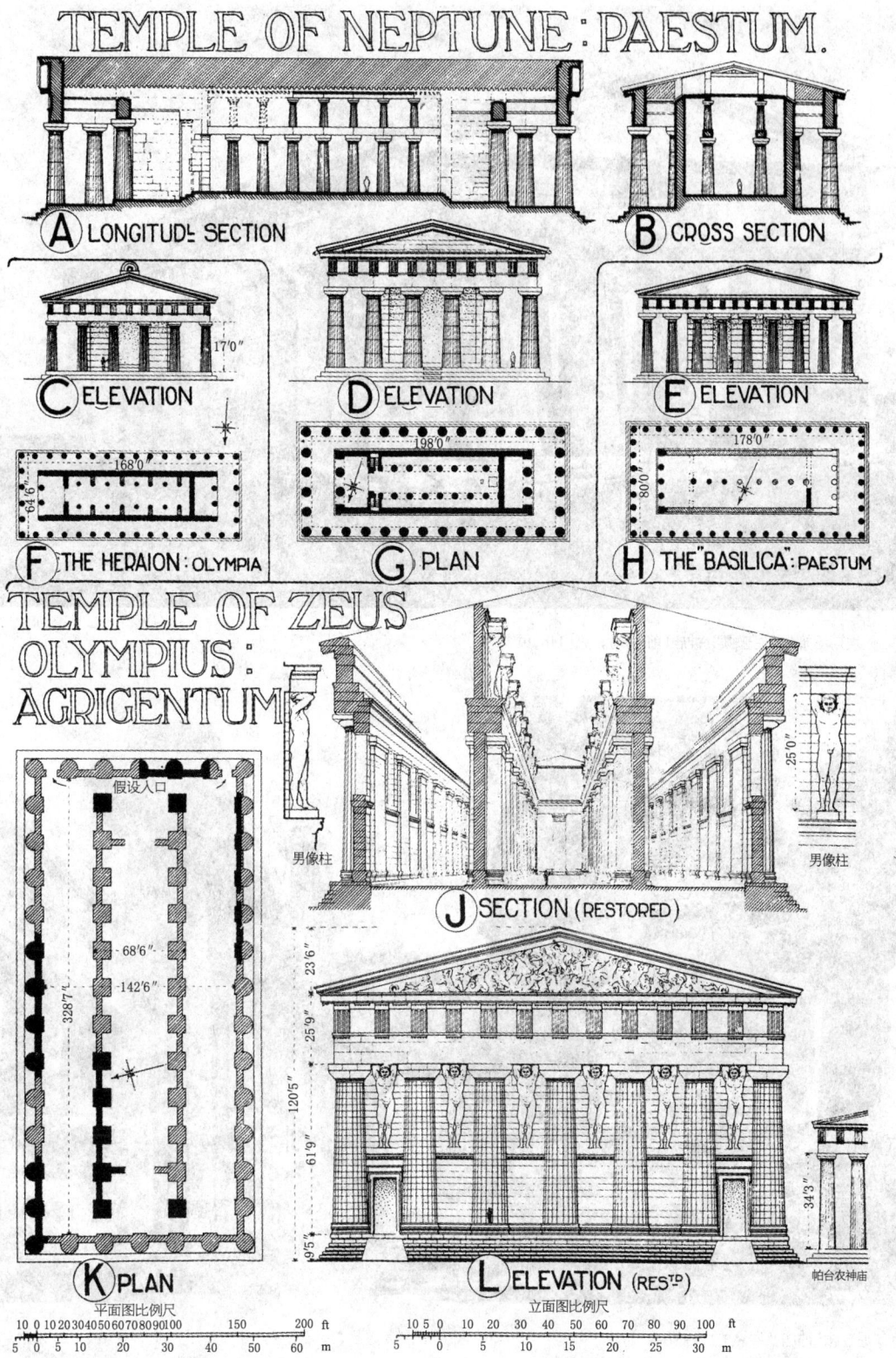

帕埃斯图姆的"尼普顿"神庙(TEMPLE OF NEPTUNE: PAESTUM): Ⓐ 纵剖面; Ⓑ 横剖面; Ⓓ 立面图; Ⓖ 平面图; Ⓒ 赫拉神庙立面图; Ⓕ 奥林匹亚的赫拉神庙; Ⓔ 帕埃斯图姆的巴西利卡立面图; Ⓗ 帕埃斯图姆的巴西利卡
阿格里真托的宙斯神庙(TEMPLE OF ZEUS OLYMPIUS: AGRIGENTUM): Ⓙ 剖面图(复原); Ⓚ 平面图; Ⓛ 立面复原图

第一编　埃及、古代近东、亚洲、希腊及希腊化诸王国的建筑

图A　帕埃斯图姆的"尼普顿"神庙（前460），见[148]页

图B　"尼普顿"神庙，层叠的廊柱列

第6章 希腊建筑

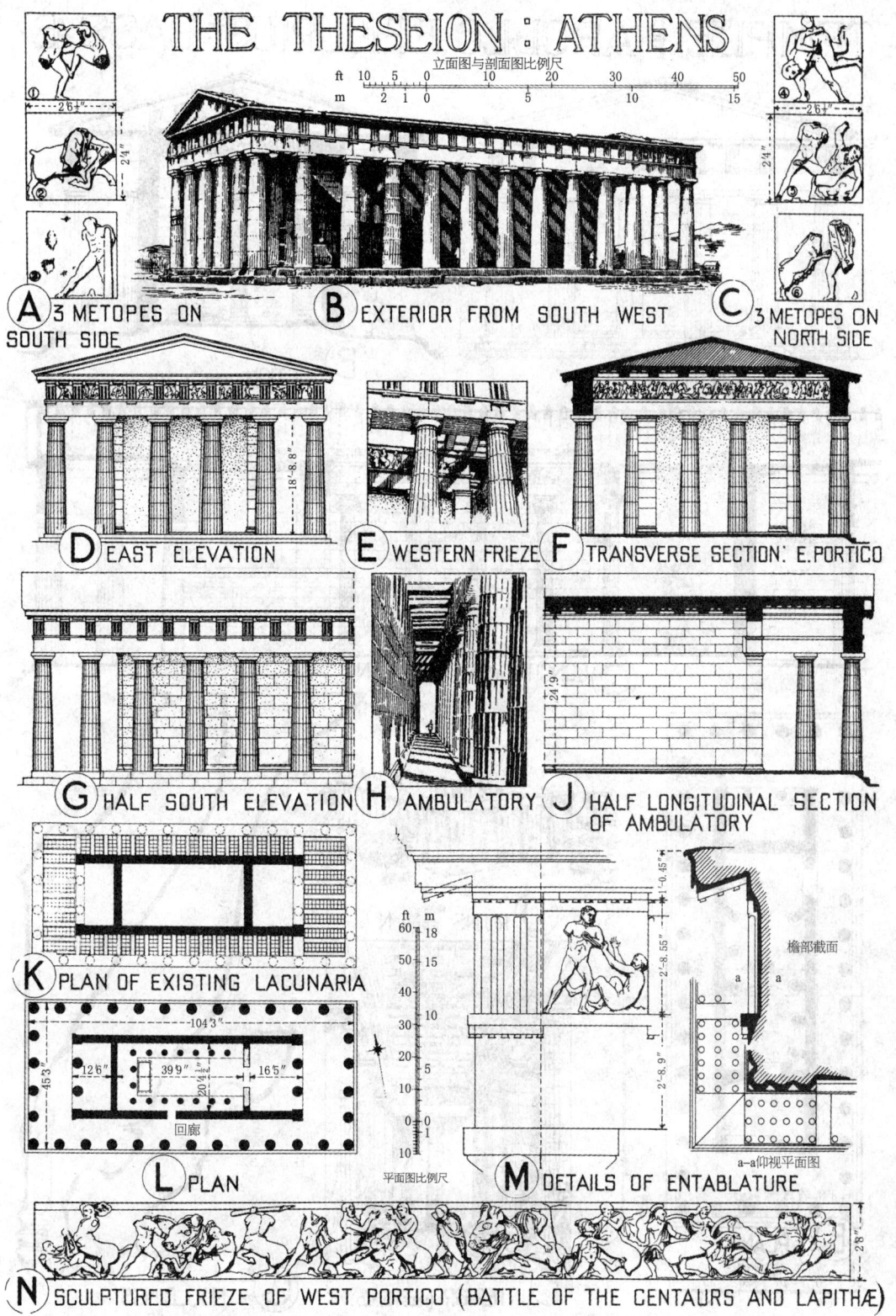

雅典忒修斯神庙（THE THESEION: ATHENS）：Ⓐ 南侧的三个柱间壁；Ⓑ 西南角外观；Ⓒ 北侧的三个柱间壁；Ⓓ 东立面；Ⓔ 西檐壁；Ⓕ 横向剖面：东柱廊；Ⓖ 南侧半立面；Ⓗ 回廊；Ⓙ 回廊纵向半剖面；Ⓚ 现存平顶镶板平面图；Ⓛ 平面图；Ⓜ 檐部详图；Ⓝ 西柱廊檐壁雕刻（半人半马怪与拉庇泰人之战）

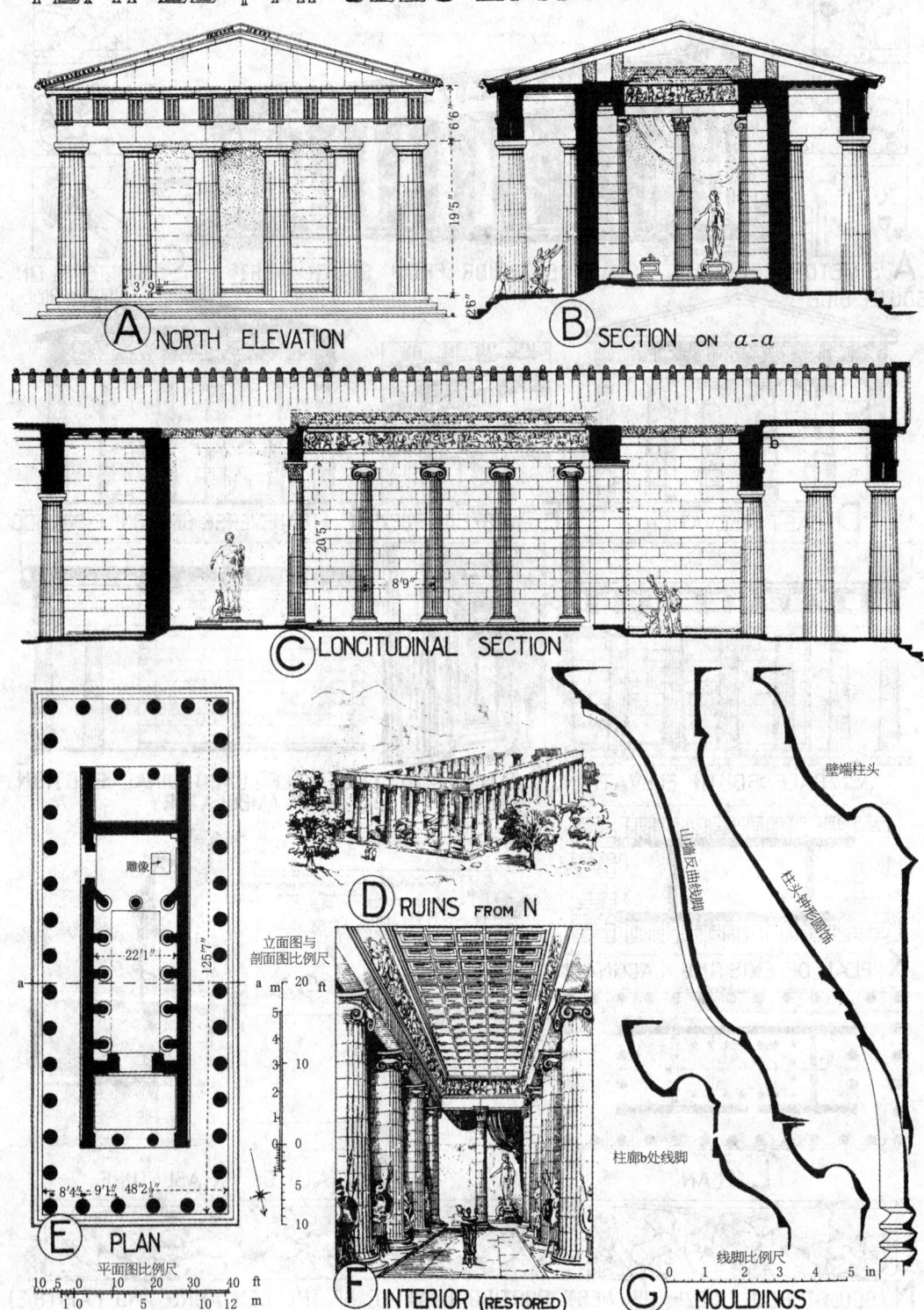

巴赛的阿波罗·埃皮鸠里神庙(TEMPLE OF APOLLO EPICURIUS: BASSAE)：Ⓐ 北立面图；Ⓑ a-a 剖面图；Ⓒ 纵剖面图；Ⓓ 北侧遗迹；Ⓔ 平面图；Ⓕ 内部复原图；Ⓖ 线脚

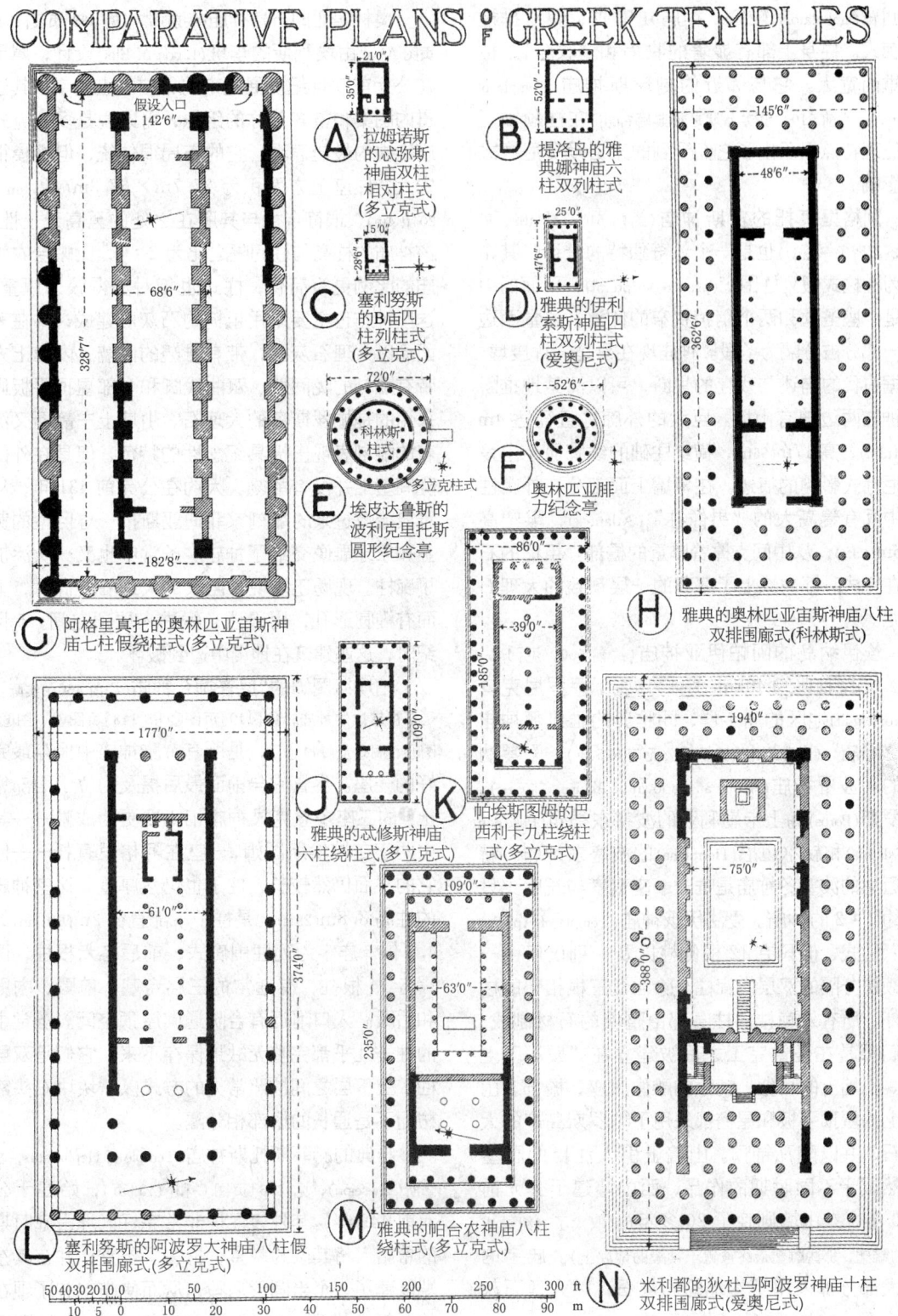

希腊庙宇的平面比较(COMPARATIVE PLANS OF GREEK TEMPLES)

的回廊(ambulatory)较宽，神庙几乎成了假双排柱围廊式。柱身上部有显著的收缩和"收分"，柱头重而宽大。它与邻近的**刻瑞斯神庙**(Temple of 'Ceres'，约前510，事实上就是雅典娜神庙)在柱颈饰上的处理特点显示出了它们受到的来自爱奥尼柱式的影响。

阿格里真托的**宙斯神庙**(约前510—前409，见[143]页图①~图⑪)也是一个新奇独特的设计，其布局为七柱式假列柱围廊(pseudo-peripteral)，平面的中央是一座圣堂和两个稍稍狭窄的侧翼。圣堂西边的一部分被分隔为圣殿。神庙现在只是一片废墟。根据古代的描述与残存的片断，可以清楚地推断出神庙两边曾有山墙。巨大的外廊柱直径达4m(13ft3in)、高17m(56ft)，横穿柱础的线脚显示出爱奥尼柱式影响的痕迹。在幕墙上面部分，外廊柱的中间有着高大的"男像柱"(Atlantes)，雕塑高7.6m(25ft)，从中间支撑着厚重的檐部。粗糙的石头在完成时都被涂上了薄薄的一层精致的大理石灰泥。

埃伊纳岛的**阿帕伊亚神庙**(约前500，见[141][142]页)距雅典约40km(25mile)，属于萨罗尼克湾(Saronic gulf)地区的庙宇群，即雅典的雅典娜神庙的"旧庙"(最终的建筑建于约公元前525年)、爱琴纳镇的阿波罗神庙(Apollo at the town of Aegina，前510)、波罗斯(Poros)岛上卡勒利亚的波塞东神庙(Poseidon at Calauria)和赫尔迈尼(Hermione)的波塞东神庙。赫尔迈尼的波塞冬神庙是唯一一座宽度与长度比只有约1:2的神庙。爱法伊娥神庙(Temple of Aphaia)是六柱式，但只有12根侧柱以及一列仅仅由一条额枋分隔的双层内廊柱。除北侧三根相邻的柱以外，所有外廊柱的柱身都由整块的石材制成，它们都是在圣堂完工之后被建立在"鼓石"上的。山墙上的雕塑、精致的雕像底座、檐饰、山墙上的屋顶平板和屋檐都采用了帕罗斯岛产的大理石，并以陶瓦铺顶。山墙上引人注目的雕塑显然属于不同时期的作品，西山墙建于公元前500年，东山墙则晚了20多年(它取代了一组更古老的雕塑，那些雕塑最终被置于神殿的地坪上)。庙宇的绝大部分都采用了本地的石灰石，以大理石灰泥涂面。

奥林匹亚的**宙斯神庙**(约前470，见[138]及[154]页图A)，由埃利斯的李班(Libon of Elis)设计，属于在公元前5世纪发展起来的希腊本土庙宇。其连贯的图案和整齐匀称的组织，可以说是多立克式庙宇中的最佳表现。它的布局很传统，但规模很宏大，柱座上方面积为27.7m×62.3m(90ft 9in×204ft 4in)，很符合神与其所在之处的至高无上性。该神庙的柱高与柱间隔之比为2:1，比帕台农神庙的比例更为简化，柱式也相对显得较为厚重。这座神庙也主要采用粗糙的石灰石建成，并在表面涂以大理石灰泥，带有雕塑的山墙、内廊上方带有雕刻的陇间壁、双曲线脚和全部屋顶平板则采用的是帕罗斯岛的大理石。山墙上宁静而又沉着的雕刻表现出极具纪念性的特色，但是在外部陇间壁上并没有雕刻。大约在公元前431年，从雅典流放过来的雕刻家菲迪亚斯把一尊巨型的黄金和象牙雕像交给了神庙。圣堂中也又一次添加了廊柱。现场还发现了巨大的大理石砖碎片，上面有椭圆形孔，用于让光线进入屋顶空间。5世纪时，这座建筑在地震中遭到破坏。

帕埃斯图姆的**"尼普顿"神庙**(约前460，实际上是祭祀赫拉的神庙，见[119]页图ⓒ和[143]页图Ⓐ、图Ⓑ、图Ⓒ、图Ⓖ及[144]页)，是所有希腊神庙中保存最完好的一座。尽管它与前面最后提及的位于西部领土❶的三座多立克式神庙相比要更为成熟——其中两座在帕埃斯图姆，一座在阿格里真托——但它的平面仍然较长，柱子也仍然厚重。这座神庙的柱高8.8m(29ft)，是柱子下部直径2m(6ft 9in)的4.3倍。庙宇为列柱围廊式，前后各六根柱，两翼各14根柱，有通常的三层台基、前殿、内殿和后殿。入口附近有台阶通向屋顶空间。圣堂中的柱子几乎都完整无缺地保存下来，它们是双层柱，上下层之间按照常见的方式以一块块石头额枋而不是通长的檐部相分隔。

雅典的**赫菲斯托斯神庙**(Temple of Hephaestus，忒修斯(Theseion)，见[136]页图C和[145]页)，始建于公元前449年，其外表保护非常完好。拜占庭时期的希腊人将其改为教堂，拆去了圣堂，并在其东端修建了一个半圆形后殿，从而使庙宇有了现在的混凝土拱顶。它在平面布置上有一个特别之

---

❶ 指希腊本土以外的西部领土，此处指古代意大利南部的希腊城市，在古希腊时代称为大希腊(Magna Graecia)。——译者注

处，即东面的门廊与侧廊第三根柱平齐。如同帕台农神庙一样，游廊上方的多立克式檐壁换成了连续的爱奥尼式檐壁，在额枋顶部也没有采用滴珠饰带和滴珠饰，而是采用了更合适的连续线脚。整个建筑，除了最下面三层台阶采用石灰石以外，几乎全部采用了彭特利库斯(Pentelic)的大理石。东立面的陇间壁与两侧的第一个陇间壁上都有描绘忒修斯功绩的雕刻(人们普遍使用的误称"忒塞翁神庙"不知从何而来)。神庙的平面在建造过程中有所改变：圣堂后墙被移去，增加了带有雕刻的内柱。神庙中有一个很大的基座用于放置赫菲斯托斯和雅典娜两座祭祀用的雕像。

苏尼翁角的**波塞冬神庙**和拉姆诺斯的**涅墨西斯神庙**(和阿瑞斯神庙一起，原来都在雅典北面阿卡奈的村庄，公元前1世纪搬到了雅典的广场)，与赫菲斯托斯神庙有着相似的设计特征。这四座神庙都与波斯之战有关联。即使它们不是由一位建筑师所作，也一定属于同一种传统模式，可能是相继建成或建于同一时期：都属于公元前449年到伯罗奔尼撒战争爆发之间建成的建筑。波塞冬神庙和阿瑞斯神庙与赫菲斯托斯神庙的规模相仿，都是6×13柱。涅墨西斯神庙略小，面积为21.4m×10m(70ft×33ft)，是6×12柱。这些神庙都没有内廊。神庙用大理石砌筑，但是波塞冬神庙与涅墨西斯神庙使用了本地大理石而非彭特利库斯大理石，结果都因质量低劣而出现了深色斑点，也许就是因为采用了低劣的大理石，波塞冬神庙的廊柱没有收分，只有16道凹槽。

提洛岛的**雅典阿波罗神庙**(见[119]页图ⓒ)，建于公元前426年。雅典人为了弥补伯罗奔尼撒战争初期那场席卷城市的瘟疫所造成的损害，移走旧的坟墓，"净化"了提洛岛后修建了这座神庙。这座神庙位于两座神庙之间，其中一座建于公元前6世纪；另一座建于波斯战争之后，但在公元前454年提洛人的指挥部迁往雅典后被弃置。阿波罗神庙完成于公元前3世纪早期，因为空间受限，它采用了六柱前后廊列柱式(amphiprostyle)而不是列柱围廊式。神庙中有一连串有趣的附墙半露柱，沿着后墙布置，与后廊柱相对应。神庙里还有一个供奉神像用的不同寻常的马蹄形基座，上面至少安放有七尊神像。为了让人们从外面的神殿中可以看到这些庄重的神像，门两侧都设置了窗户。神庙里的天花板都是倾斜的，人们在圣堂中可以看到脊状屋顶的下侧，这也许是为了在高度上给处于基座中心的巨大的阿波罗雕像提供更多的空间。

巴赛的阿波罗·埃皮鸠里神庙(Temple of Apollo Epicurius at Bassae，见[146]页)位于阿卡迪亚，始建于公元前5世纪，但是可能直到公元前4世纪也没有建完。伊克蒂诺曾经被保萨尼阿斯❶任命为建筑师，不过这一点还有待考证。这一庙宇的显著特点是使用了全部三种希腊柱式，外部是多立克柱式，内部是爱奥尼柱式和科林斯柱式。其平面图上是六柱围廊式，两翼各15根廊柱，廊柱都用鼓石建成。庙宇的绝大部分都采用了坚硬的漆成精细花纹的灰色石灰石，大理石则用于雕刻和最需装饰的地方，包括前殿上方的天花板、后殿及回廊的短边等。神庙还有一些其他的特点，例如它朝北而不是朝东(它的前身朝东)。阿波罗雕像立于"圣室"(adyton)中或隐密的神殿中，雕像的一部分用帷幕与圣堂适当分隔，并通过东墙上的一个大门得到光照。爱奥尼半壁柱附在圣堂两侧的凸墙上，从而在神殿的主要墙体上形成了带有石制格子平顶(coffered ceiling)的凹龛。在"圣室"与圣堂之间是一个单独的独立式柱子，带有科林斯式柱头(见[126]页)。柱子的檐部为爱奥尼式，与圣堂每侧的四根半壁柱上方的檐部相连续。这些半壁柱的柱头设计独特，有着对角卷涡(diagonal volute)，柱础高且宽大。位于半壁柱上方带有著名雕刻的大理石檐壁现在保存在大英博物馆里，它肯定缺乏光照，因为檐壁高611mm(24ft)、长30.5m(100ft)，上面的雕刻表达了半人半马兽与拉庇泰人以及希腊人与亚马逊人之间的战争。

埃皮达鲁斯的阿斯克勒庇俄斯神庙，是为了供奉医神阿斯克勒庇俄斯而在整个希腊范围内集资募捐修建的，这种崇拜活动在公元前5世纪才开始产生，随即得到迅猛发展。神庙完工于公元前370年，有趣的是在一块碑文上，仍然完好地记载着当时的建造契约。从外表看，这座建筑显得

---

❶ Pausanias；？～约前470或前465年，斯巴达将领。——译者注

传统甚至呆板，它是用石灰石建的 6×11 柱式，没有后廊。建筑物的上层结构都不复存在了。

泰耶阿的**雅典娜•阿里亚神庙**(约前 350)的设计来自公元前 4 世纪的雕刻家斯科帕斯❶。神庙采用大理石建成，其比例与前人的建筑十分相似，被毁于公元前 384 年。

涅墨亚的**宙斯神庙**建造时间大约比泰耶阿的雅典娜•阿里亚神庙晚十余年，它也取代了一座更早的建筑。神庙为 6×12 柱式，柱高是直径为 6.375，柱帽很小。建筑由劣等石灰石建成，内部有独立式科林斯柱。

其他爱奥尼式神庙

爱奥尼柱式的重要实例都位于小亚细亚和希腊本土，除了已经介绍过的以外，还有如下神庙。

小亚细亚的爱奥尼式神庙如下。

约公元前 575 年：萨摩斯岛的赫拉神庙(Temple of Hera, Samos)

约公元前 560 年：以弗所的早期阿尔忒弥斯神庙(Archaic Temple of Artemis, 见[124]页图Ⓐ和[151]页)

约公元前 356 年：以弗所的晚期阿尔忒弥斯神庙(Later Temple of Artemis, 见[151]页)

约公元前 334 年：普里恩的雅典娜•波利亚斯神庙(Temple of Athena Polias, Priene, 见[124]页图Ⓕ)

希腊的爱奥尼式神庙如下：

约公元前 449 年：雅典的伊利索斯神庙(Temple on the Ilissus, 见[153]页图Ⓐ~图Ⓕ)和阿尔忒弥斯•阿格罗忒拉神庙(Temple of Artemis Agrotera)

萨摩斯岛的**赫拉神庙**是一种早期围廊式神庙，大约于公元前 7 世纪时在萨摩斯岛开始修建，但在公元前 6 世纪时，被建筑师罗伊克斯(Rhoikos)重建的神庙所取代。神庙为八柱双排围廊式(dipteral octastyle)，但是后排有 10 根柱，门廊很深。它未及完成就毁于火灾，在公元前 525 年重建时，建筑体量被扩大成 54.6m×112.2m(179ft×368ft)。重建的神庙有八柱门廊，后立面上有九根柱，还有 24 根柱的双排围廊。在尽端的柱廊建有第三排柱，形成了三排柱式。这一巨大的建筑始终未能完工。

以弗所晚期的**阿尔忒弥斯神庙**(见[151]页)，是在这块著名土地上相继建成的第五座神庙。最早建成的一座相对较小，随后的一座就是在公元前 560 年建成的早期阿尔忒弥斯神庙，该神庙在公元前 356 年被烧毁，后在原来的基础上重建，重建的风格更加华丽，但与原来的平面完全相同。新旧两座神庙唯一的实质性区别就在细节处理上，事实上是后来重建的神庙采用了 2.7m(9ft)高的多级平台而不是先前神庙的两级梯状基座。然而由于留下的遗迹很少，一些平面布置无法确定，因而人们提出了几个有所不同的修复方案。神庙的前面是双排八柱围廊式，但它的后面也许与萨摩斯岛的赫拉神庙一样，采用九柱式。多用一根后柱的目的在于要避开中心柱间距过宽所带来的跨度上的重重困难。尽管中心柱间距加宽的方式在前立面上是首选方案并符合传统要求，但它在背立面上却并非必要。主殿前面的柱间距从中心向外到拐角处逐渐减小，中心的柱间距跨度在 8.5m(28ft)以上，需要一块深约 1.2m(4ft)的大理石檐部。尽管这不是爱奥尼亚地区最大的神庙，但它的规模也很宏伟，檐部相对比较狭窄，是通常的亚洲风格，有楣梁和齿饰檐口，但没有檐壁。同样富有特点的还有内部有着数对廊柱的深门廊，以及早期神庙中可能没有的浅后殿。认为新旧两座神庙的圣堂都没有屋顶的观点似乎很有道理。人们无法确定关于这座神庙的任何内部的布置情况。神庙的朝向不同寻常，按照传统，位于这个地方的庙宇应该朝西而不是朝东。神庙共有 117 根柱子(人们对于这一点有疑议)，其中 36 根柱的柱身下部都有雕刻，前一座神庙中也有类似的雕刻。通过这两个时期所共同遗留下的零星片段，以及相应的柱头、柱身的残余遗迹，人们才得以将位于以弗所的这一前一后两座庙宇(见[124]页图Ⓐ、图Ⓕ)相比较。后建的神庙建筑一直到希腊化时期都保存良好，与它的前身一同位居世界古代七大奇迹之列。它最初的设计者是德米特里❷和以弗所的帕奥尼乌斯❸，可能还有

---

❶ Scopas；活动时期为公元前 4 世纪，希腊古典时代末期的雕刻家、建筑师。——译者注
❷ Demetrius；活动时期为公元前 5 世纪末~前 4 世纪中期，希腊雕塑家。——译者注
❸ Paeonius；活动时期为公元前 450~前 400 年，希腊雕塑家。——译者注

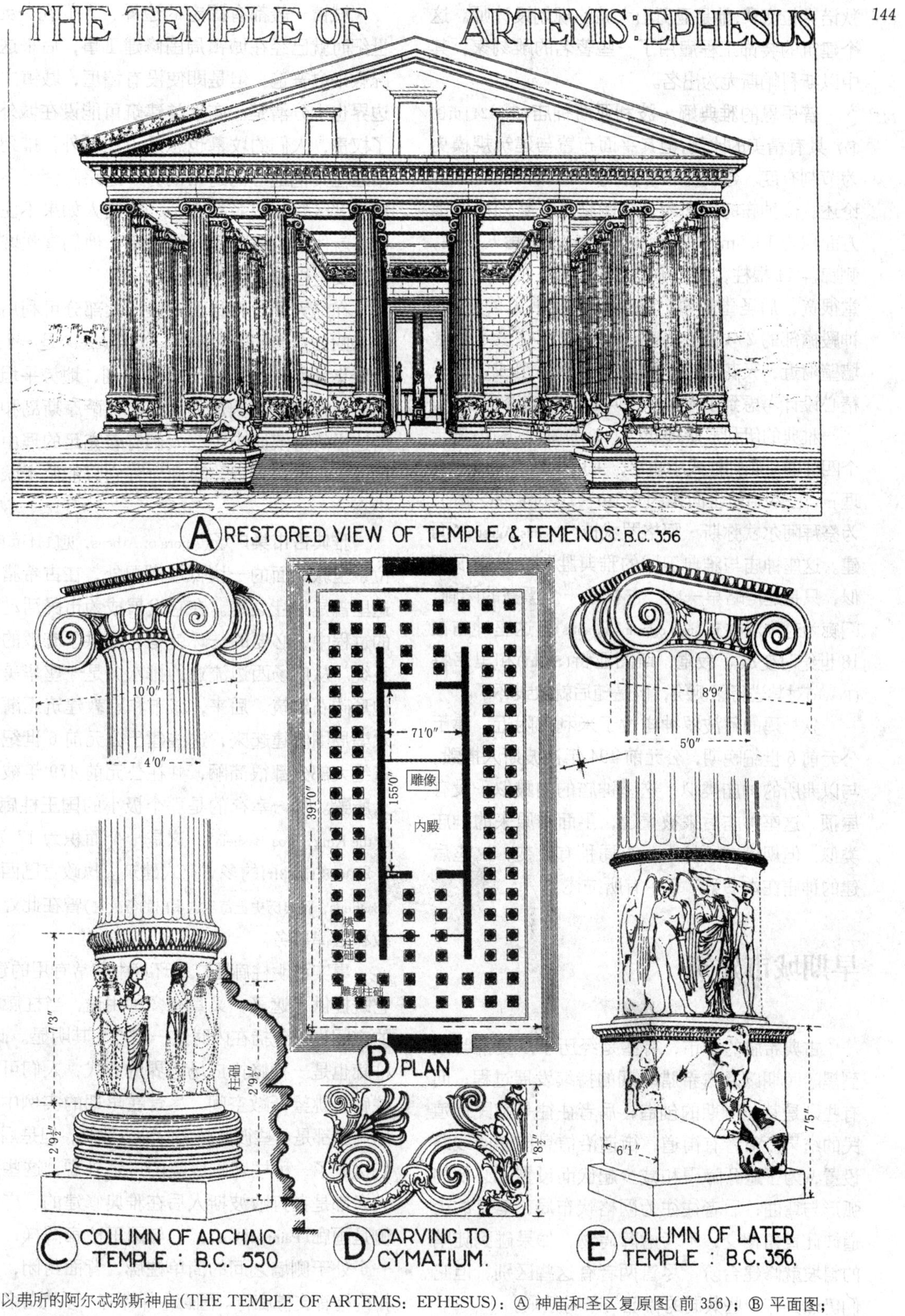

第6章 希腊建筑

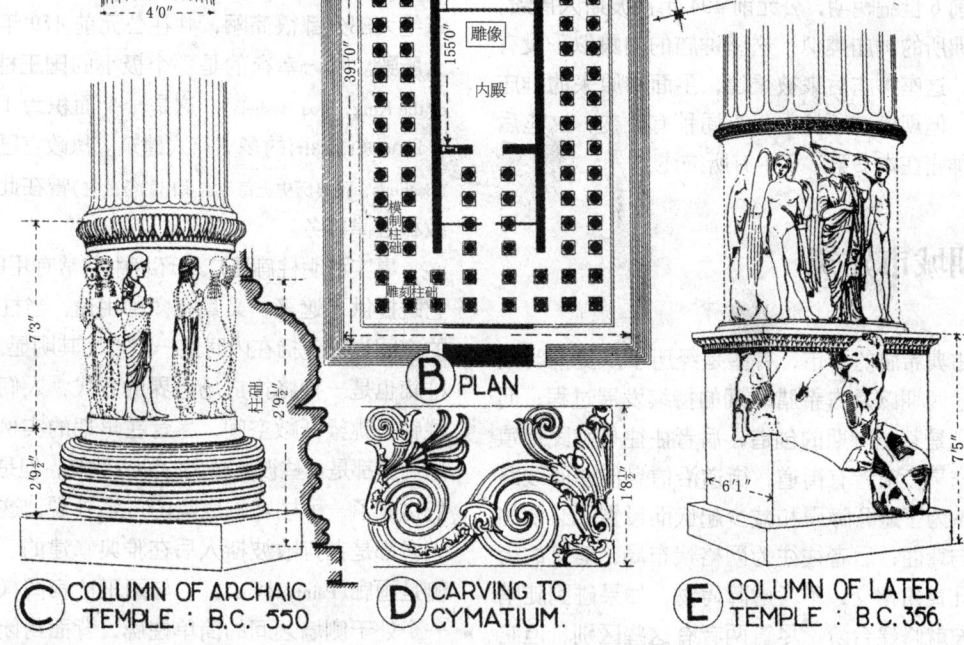

以弗所的阿尔忒弥斯神庙(THE TEMPLE OF ARTEMIS:EPHESUS)：Ⓐ 神庙和圣区复原图(前356)；Ⓑ 平面图；Ⓒ 早期阿尔忒弥斯神庙的廊柱(前550)；Ⓓ 反曲线脚上的雕刻；Ⓔ 晚期阿尔忒弥斯神庙的廊柱(前356)

狄诺克拉底❶，他是亚历山大城的规划设计师。这个建筑的装饰工程雇用了一些著名的雕刻家，其中以斯科帕斯尤为出名。

普里恩的**雅典娜·波利亚斯神庙**(见[124]页图Ⓕ)具有精美的比例，但其平面布置与建筑规模更为节制有度。建筑师菲蒂斯(Pythius)曾对此有专著论述。该神庙的平面为列柱围廊式，整列柱座上方面积为 19.5m×37m(64ft×122ft)，前廊 6 根柱，侧廊各 11 根柱，长几乎是宽的二倍。神殿的前圣堂很宽，后圣堂较窄，采用了现在常见的柱础。神殿檐部的 2/3 依然省略了檐壁，廊柱设于圣堂墙壁附近，天花板由一排很大的镶板组成，这一精心设计考虑到了人们从下向上看时的透视效果。

雅典的**伊利索斯神庙**(见[153]页图Ⓐ~图Ⓕ)是一个四柱前后廊列柱式小庙宇，采用了彭特利库斯大理石，三级台阶上面积约 6.1m×12.8m(20ft×42ft)，为祭拜阿尔忒弥斯·阿格罗忒拉(Artemis Agrotera)而建。这座神庙与雅典卫城的雅典胜利女神庙很相似，只是建得略早一些。它有着一个漂亮的门廊，门廊为对称双柱式(two columns in antis)。这座神庙在 18 世纪时变成了教堂，斯图亚特(Stuart)和里韦特(Revett)对其进行了测绘，但是随后就被毁坏了。

狄杜玛的**阿波罗神庙**位于米利都附近，建于公元前 6 世纪晚期，公元前 494 年被波斯人摧毁。与以弗所的神庙类似，这座神庙的内殿似乎没有屋顶。这座神庙后来被重建，平面与原来的神庙类似，但规模有所扩大，布局稍有改变，这座后建的神庙在本书第 7 章中有所描述。

早期城市建筑

古典希腊的城市，有些是经历了从史前时期到黑暗时期以及古希腊时期的持续发展过程；而有些则是某一时期的创造，后者往往是殖民地殖民的结果。前者有街道，街道沿信息传递的线路设置，为了避开障碍和减少起伏而设置了必要的弧形与弯曲；后者往往为网格状布局，笔直的街道彼此直角相交，不考虑障碍物，如果碰到陡峭的斜坡就修建台阶。尽管两者有这些区别，但它们仍然具有一些共同的特征与布局原则。

城镇一般都有固定的边界，人们在公元前 6 世纪时就已经在城镇周围修建工事，后来这种情况愈来愈普遍，但是即使没有墙垣，城镇内外的边界也十分清楚。庙宇类建筑可能设在城外。除了权贵，人们的坟墓也总是设在城外，排列在城市通往其他地方的道路两旁。道路两旁还不时会出现郊区住宅或乡村农舍，希腊人如果不住在城市，就住在乡村，但一般说来，他们喜欢城市居住的安全性和群体性。

在绝大多数希腊城镇里，大部分可利用的地区都归公众而非个人使用，广场(agora)是一个重要的聚集场所，一般位于交通便利、地势平坦、从四面八方都容易到达的地点。在萨摩斯岛和萨索斯这样的海滨城市中，人们有着充足的理由把广场设置在港口附近，除此之外它只能位于城市的中心。

雅典古市集广场(Agora of Athens，见[154]页图C)，位于卫城北面的一块低洼潮湿处，在古希腊早期这里曾是集社之地。在它发展成为市民活动中心的过程中，必要的一环就是它提供了有效的排水系统。从广场西边流过的排水渠是一座华美的多边形砖石建筑。后来，城市和宗教建筑逐渐在排水渠周围修建起来，这些建于公元前 6 世纪的建筑绝大部分都很简陋，并在公元前 479 年被波斯人所毁。唯一幸存的是那个极小的**国王柱廊**(Stoa of the King, stoa Basileia)，这是一个面积为 17.7m×7.2m(58ft×23ft)的多立克式建筑。执政官巴西柳斯(Basileus，雅典历史上每年选举出的行政官)曾在此处理宗教和法律事务。

事实证明柱廊是广场环境中非常有用的建筑。它既提供了遮蔽，又具有多种用途，当柱廊后边的空间也被包括在内时这一优点尤其明显。此外，柱廊也是一种修饰广场边界的方式，人们可以在柱廊里眺望开敞空间。尽管在早期的实例中，广场周围都是一些彼此分离的独立建筑，但是后来它们构成了一种柱廊式庭院的广场外观，这些建筑大多都是在打败波斯人后在雅典修建的。广场北侧是**画廊**(Painted Stoa)，它与国王柱廊同样，也是一个处于侧墙之间的简单柱廊，背面封闭，由一排内柱廊支撑廊脊。画廊中保存有一系列著名的镶

---

❶ Deinocrates；活动时期为公元前 4 世纪，亚历山大大帝时期的希腊著名建筑师。——译者注

第6章 希腊建筑

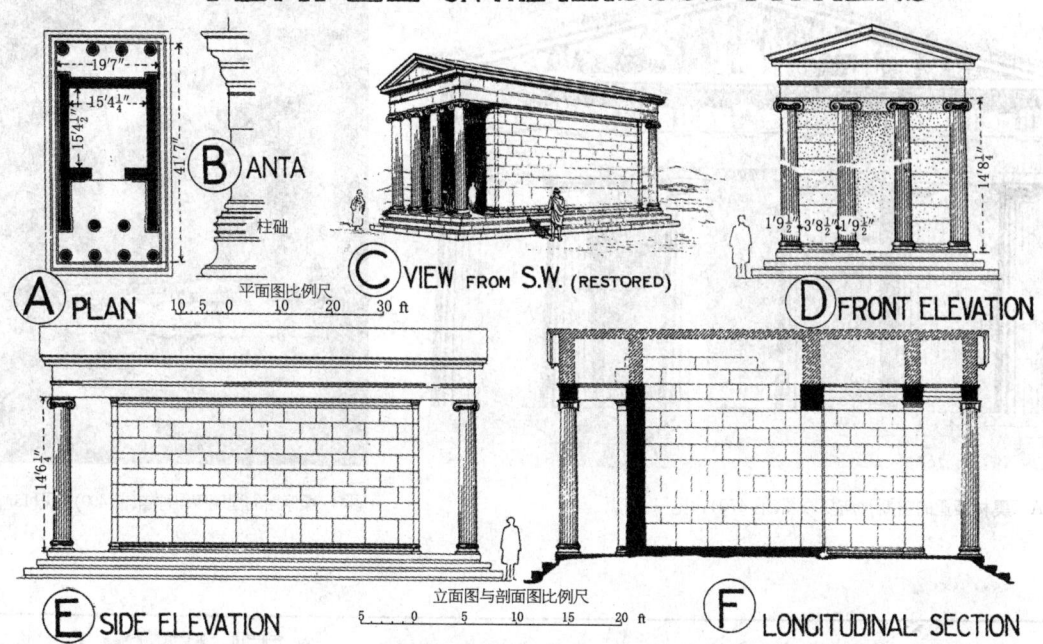

雅典的伊利索斯神庙(TEMPLE ON THE ILISSUS:ATHENS)：Ⓐ 平面图；Ⓑ 墙端柱；Ⓒ 西南视图(复原)；Ⓓ 前立面图；Ⓔ 侧立面图；Ⓕ 纵剖面图

图A 雅典娜胜利女神庙(前424)，见[133]页

图B 德尔斐的雅典娜宝库(前510)，见[128]页

第一编 埃及、古代近东、亚洲、希腊及希腊化诸王国的建筑

图 A 奥林匹亚的宙斯神庙复原图(前470),见[148]页

图 B 桑索斯的涅瑞伊得神庙(前400),见[157]页

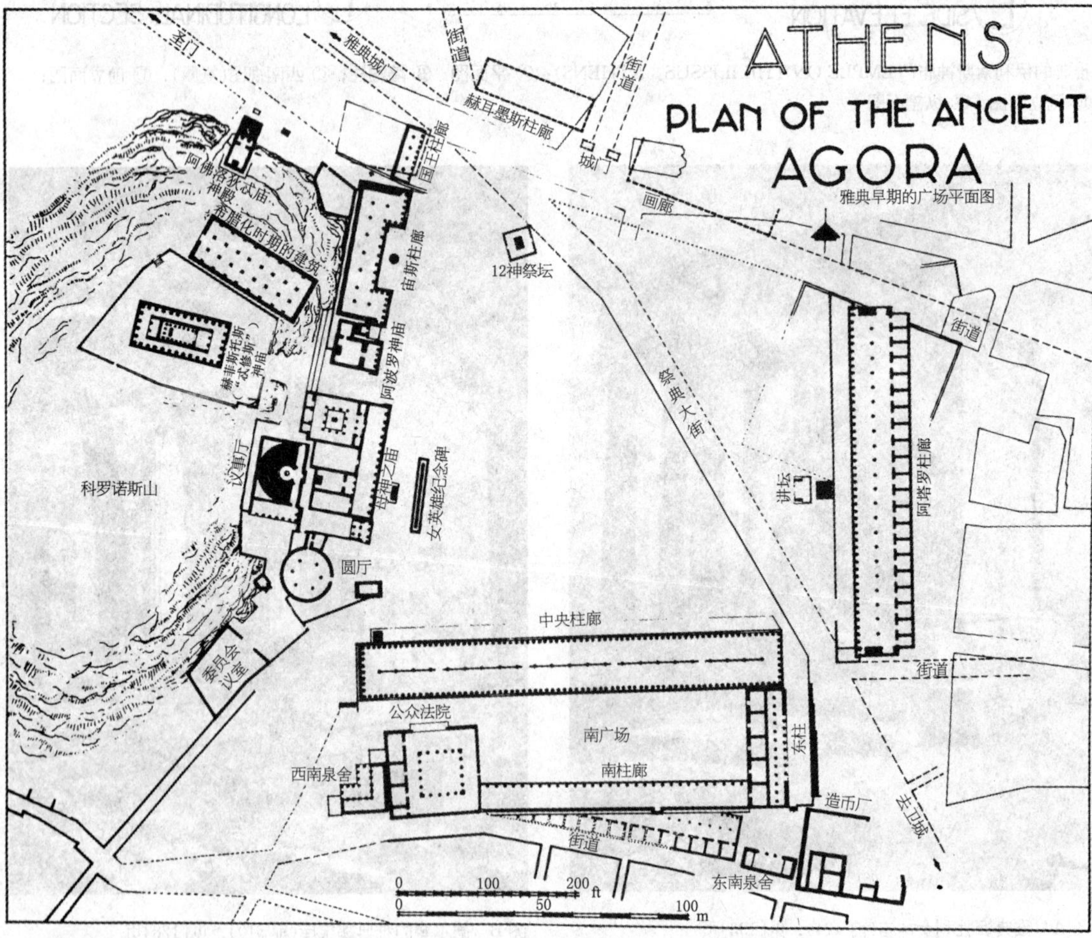

图 C 雅典古市集广场,见[152]页

板画，内容都是描述马拉松战争的胜利和赞扬米太亚得(Miltiades)在战争中所起的作用。米太亚得是政治人物西门(Cimon)的父亲，广场正是以西门的名义在公元前5世纪60年代修建。广场西侧是另一个多立克式柱廊，即**宙斯柱廊**(Stoa of Zeus)，建于公元前5世纪晚期，宙斯柱廊有两条带有凸出的耳房的侧廊，内部廊柱为爱奥尼式。建造这个柱廊的目的似乎是要仿效位于广场附近的科罗诺斯山坡上的赫菲斯托斯神庙的建筑与外观形式。爱奥尼柱式被普遍应用在柱廊的内廊柱中，这是因为爱奥尼柱式不仅更加高大，还可以支撑起木头脊梁而非石板额枋，从而获得更宽的柱距。单层柱廊一般没有天花板。

在这个雅典的古典广场中，第三个重要的柱廊位于广场南边，建于公元前5世纪晚期。柱廊的面积为80.5m×14.9m(264ft×49ft)，包括一条细节无存的多立克式柱廊，以及一条可能为双倍柱距的内柱廊，人们猜测这条内柱廊为爱奥尼式。柱廊后面是一排15间房间，每个房间4.9m(16ft)见方，有偏心门和可容纳七张长条餐椅的绕墙基座。上部结构为砖坯，房间的楼板和廊柱都是土制的。如此廉价的结构形式在柱廊中很常见，这也意味着它们很少受到良好的保护。

其他的行政建筑提供封闭性的房间。广场西边是**议事厅**(Bouleuterion)或会议室和**圆厅**(Tholos)，议事堂可容纳500位议员，会议期间是封闭的。最初的建筑为正方形，在无装饰的高墙上可能设有窗户。建筑的屋顶为锥形。建筑的内部空间被分成前厅和礼堂(auditorium)两部分，直排座位位于礼堂两侧并贯穿后部。波斯人被驱逐出雅典后，人们立刻修建了议事堂，并在该世纪末用一个带有屋脊的矩形建筑将其取代，在这栋矩形建筑中，礼堂座位的平面布置近似圆形。后来这些建筑只有基础得以留下来。

圆厅恰如其名，是一所圆形的房子。尽管有着官气十足的结构，但它的墙体却只是由无装饰的土墙砖砌成的。议事厅执行官和议长们办公时在此以公费用餐。执行委员会成员以古老的方式(荷马式Homeric)坐在环墙布置的椅子上，否则人们很难想象这一平面如何能够轻易地容纳下50条餐用长椅。木构屋顶的支撑并非如人们所想象那样呈圆形排列，而是呈椭圆形排列。屋顶本身呈圆锥形，覆盖以鳞状瓦片(scale-like tiles)。圆厅建于约公元前465年。

靠近广场有两个院落式结构，南面的是公众法院**赫利亚亚法院**(Heliaea)；东面的是**忒修斯神殿**(Shrine of Theseus)，由围墙围合，公元前472年西门在斯基罗斯岛挖掘出了传说中的雅典奠基人忒修斯的遗骨，并将其埋葬在此。因为有着著名的壁画需要遮蔽，庭院内的某些部分肯定建有屋顶，大概是一个绕柱式庭院。

广场南边其他带有廊柱的结构是**泉舍**(fountain houses)，柱廊庇护着提水的人们，并保持泉水的清凉。那里还有其他的神殿，例如阿波罗神殿(Apollo Patroos)和大地女神赫卡蒂神殿(Hekate)，以及一些造币厂之类的公共建筑。

一般而言，雅典广场的中心区域没有建筑，只有一座长长的英雄纪念碑位于巨大的排水沟附近，面对着古老的议事厅，它所纪念的英雄们用自己的名字来命名那些为克里斯提尼(Kleisthenes)引入新的民主体制打下基础的新部落。那里还有一个朝向北面以栅栏(而非墙体)围绕的献给12尊奥林匹亚神的祭坛。雅典广场是挖掘最为彻底、人们最为了解的古典时期建筑群，它很可能是无规划城市的典范。在阿尔戈斯，有一个带有三个侧翼的柱廊，分别朝向北、东和西面，大概都建于公元前4世纪早期。

古典希腊城市里其他的公共建筑包括室内体操场、露天运动场及用于看戏和相关表演的场所，通常是宗教仪式活动的一部分，并且如同我们所看到的那样，往往依附在圣殿建筑中。尽管这些建筑在公元前4世纪就开始发展，但在古典时期它们很少具有纪念意义。本书第7章有相关论述。

古典希腊时期的私人住宅变得越来越丰富多彩，一般都采用院落形式。据文字记载，有些富裕者的住宅使用了石头廊柱，但木材仍然是人们通常使用的材料。墙采用石砌或土坯。房间布局一般都不对称。在城镇住宅和罕为人知的乡村住宅中，两层建筑都最为常见。在雅典的典型实例就是在紧靠广场南面挖掘出来的几个住宅，它们在平面上的多变令人惊讶，并且这种变化明显是由于它们所处的场地常常是不规则的形状所致。建于约公元前420年的代默乡村住宅(Dema House)相对较为规则，这是因为它所处的场地完全没有限制。这座农场建筑的院落本质上就是一个有着一道高

第一编 埃及、古代近东、亚洲、希腊及希腊化诸王国的建筑

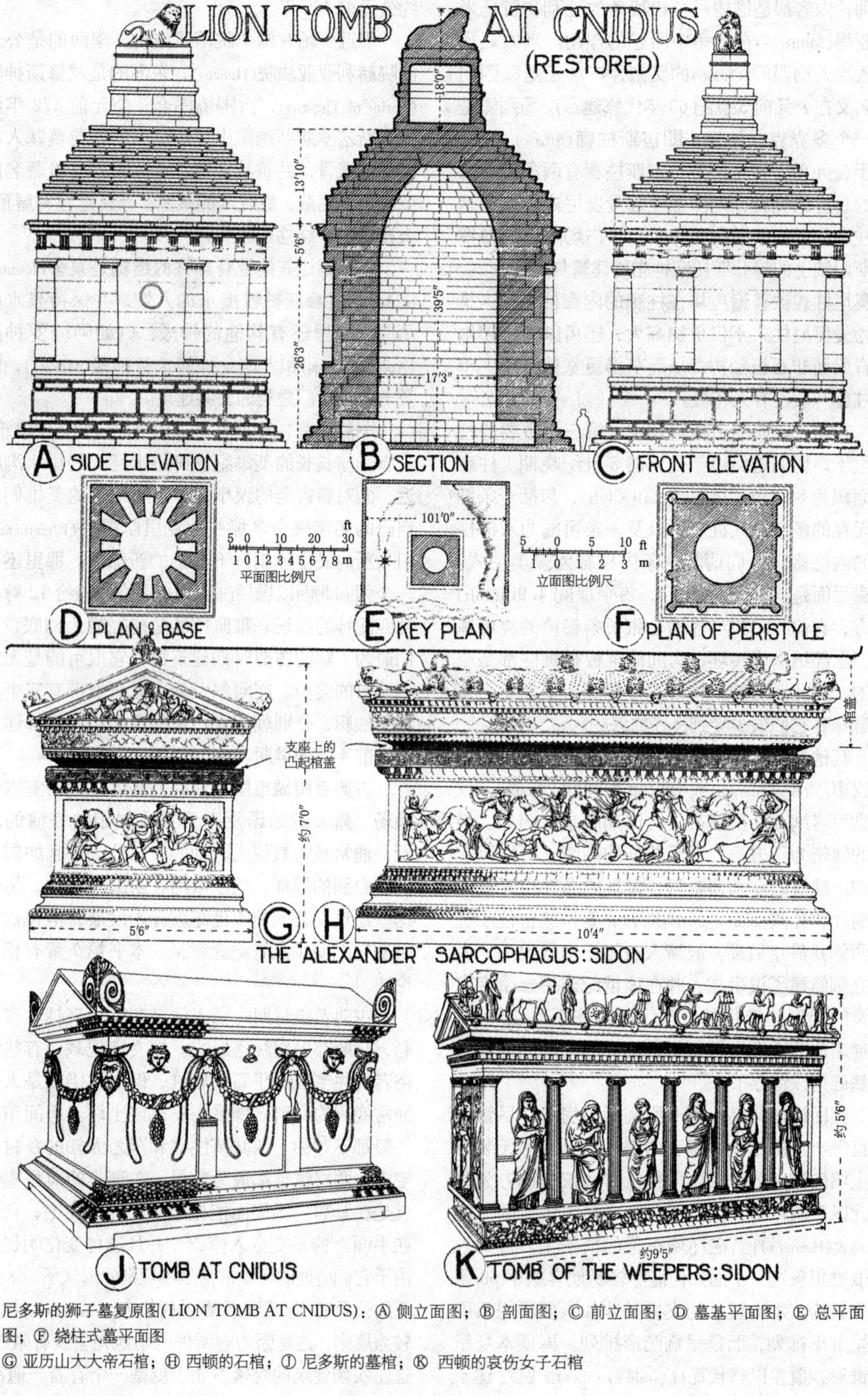

尼多斯的狮子墓复原图(LION TOMB AT CNIDUS)：Ⓐ 侧立面图；Ⓑ 剖面图；Ⓒ 前立面图；Ⓓ 墓基平面图；Ⓔ 总平面图；Ⓕ 绕柱式墓平面图
Ⓖ 亚历山大大帝石棺；Ⓗ 西顿的石棺；Ⓙ 尼多斯的墓棺；Ⓚ 西顿的哀伤女子石棺

第6章 希腊建筑

大外墙的前院,主要的房间被布置在高墙对面的两层建筑中。底层房间包括正式的餐厅(专用房间)。而通往这些房子的入口都尽可能布置得曲折,这样人们就无法从外边看到庭园内部。

爱琴海北部的奥林索斯镇,出土了古希腊时期面积最大的住宅群,这一住宅群在公元前5世纪晚期和公元前4世纪早期得到了明显的发展。新区的布局为规则的网格平面。这里的每个住宅都分有一块规则的正方形建筑用地,主人可以按照自己的意愿建造房屋,因此,尽管这些住宅都包括有院落,主屋都是坐北朝南,(为了阻挡冬天来自巴尔干半岛的寒流)但是没有任何两个住宅的平面布局是相同的。在其他方面,这里的住宅与雅典的住宅布局,以及与在西西里岛希梅拉等大希腊西部城市中发现的院落式住宅之间,并没有什么区别。

古典的墓地一般没有纪念性。雅典的古墓常常按照家系分组,它们可能都包括一个有墙壁围合的矩形土丘,土丘很少为圆形,内部用于埋葬死者。土丘上立有标记,在公元前5世纪时可能是立在台座之上的狭长竖石板,到公元前4世纪时石板变宽且上面有了雕刻装饰(继承了帕台农的工匠艺术传统),石板周围还有一个类似建筑结构的框架。

纪念性的陵墓属于希腊国土之外的君王,例如小亚细亚南部的吕西亚地区的统治者,或(其中最著名的)卡里亚的统治者摩索拉斯❶。卡里亚是米利都附近的非希腊地区。公元前4世纪时,相邻的非希腊国家由于与希腊的重要城镇过于接近而逐渐被希腊化。在公元前4世纪的第二个25年中摩索拉斯日益强大,并控制了邻近的希腊城市。他建都于哈利卡纳苏斯(Halicarnassus)并对其重新规划。在公元前353年摩索拉斯死后,他的遗孀阿尔特米西娅(Artemisia)在哈利卡纳苏斯修建了**摩索拉斯陵墓**(Mausoleum)。它矗立在位于城镇中心上方的坡地上的一块开放区域内,由白色大理石建造。摩索拉斯王陵有着高大的矩形墙墩,墙墩里面是墓穴,上面是柱廊,柱廊支撑着阶梯形的金字塔屋顶,屋顶上面是四马战车雕像。这种来源于亚洲传统的纪念性陵墓,早期以带有巨大墓穴的弗里吉亚和吕底亚国王的陵墓以及建在高高台座之上的吕西亚国王的陵墓为代表,例如稍早一点的桑索斯的**涅瑞伊得神庙**(Nereid Monument at Xanthos,见[154]页图B)。陵墓还可能受到波斯帝国创始人居鲁士墓的影响,而摩索拉斯名义上只是在波斯国王管辖下的总督。1402年,约翰爵士(St.John)的骑士为了给他们在哈利卡纳苏斯(Budrum,博德鲁姆的旧称)的城堡提供建筑材料而毁坏了摩索拉斯陵墓。近代研究已经发现陵墓墙墩所围合的面积为38.4m×32m(120ft×100ft),经过三级递减后的柱座,面积为32m×26m(105ft×85ft4in),每级都有浮雕,柱座下面有檐壁。柱子为爱奥尼式,檐部呈典型的希腊东部风格,采用了齿状饰而不是一块连续的檐壁。从屋顶到位于纪念物顶端的巨大战车群的基座,共经过了24级递减。这里可能还有代表着摩索拉斯和阿尔特米西娅或阿波罗的雕像。现在保存在大英博物馆里的,通常被人们描绘为摩索拉斯和阿尔特米西娅的雕像,就来自位于这些爱奥尼廊柱之间的,可能代表着许多王室继位者的雕像系列。这一设计源自涅瑞伊得神庙,后来又在西顿的王室墓地石棺中重现:"**哀伤女子石棺**"(Sarcophagus of the Mourning Women,见[156]页图ⓇⒽ)采用有屋顶的爱奥尼建筑形式为装饰,柱廊下面有一条檐壁式饰带。摩索拉斯陵墓的建筑师是菲蒂斯❷,其合作者是萨蒂罗斯(Satyros)。菲蒂斯后来成为普里恩的雅典娜·波利亚斯神庙的建筑师。而雕刻装饰工作则由几位公元前4世纪的雕刻家完成,他们是斯科帕斯、伯亚克西斯(Bryaxis)、提漠修斯(Timotheus)和莱奥卡雷斯(Leochares)。

摩索拉斯陵墓不仅成为纪念性陵墓的通用术语,还引发了后来的各种模仿与派生。在与哈利卡纳苏斯相邻的地区就有两个重要的古希腊建筑实例:约公元前2世纪的**尼多斯狮子墓**(Lion Tomb at Cnidus,见[156]页图Ⓐ~图Ⓕ)和公元前3世纪在以弗所境内贝**勒维的陵墓**(Mausoleum at Belevi)。还有一个早期罗马建筑的例子,位于卡里亚国原首都米拉萨,它虽然规模较小,但仍然具有纪念意义。

与前述例子相比,另一处受摩索拉斯陵墓的启发而建造的墓葬群系列则有着极其不同的外观。这些陵墓是为统治马其顿的阿吉德(Argead)王室成

---

❶ Mausolus;?~公元前353/352年,波斯总督。——译者注
❷ Pythius;活动期约公元前370~前330年,希腊化时代的建筑师。——译者注

第一编 埃及、古代近东、亚洲、希腊及希腊化诸王国的建筑

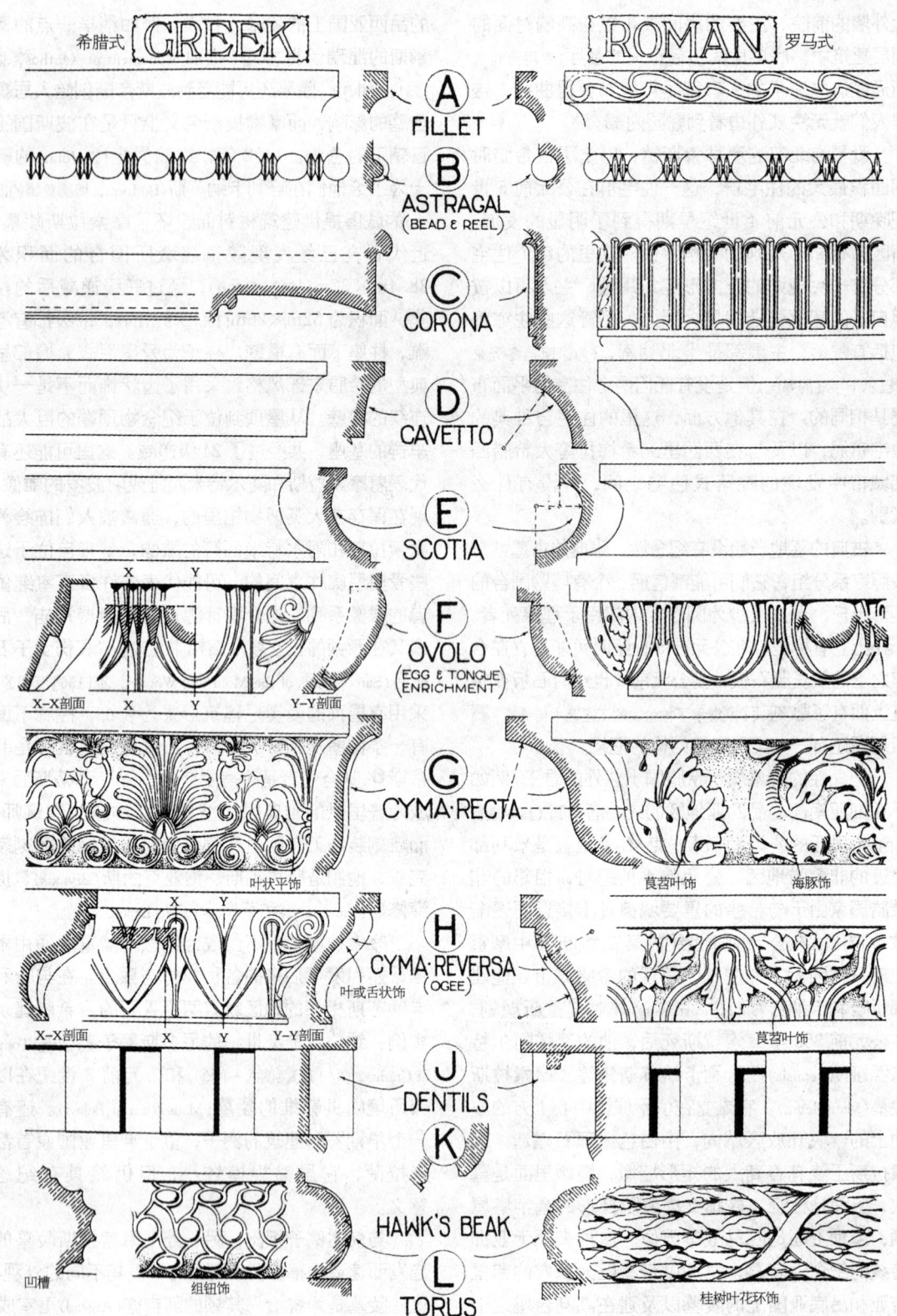

Ⓐ 槽楞;Ⓑ 半圆饰(珠或卷);Ⓒ 檐板;Ⓓ 凹弧饰;Ⓔ 凹弧线脚;Ⓕ 凸圆形线脚(卵形或舌形饰);Ⓖ 正波纹(上凹下凸)线脚;Ⓗ 反波纹(上凸下凹)线脚;Ⓙ 齿饰;Ⓚ 鹰嘴饰;Ⓛ 半圆线脚

第6章 希腊建筑

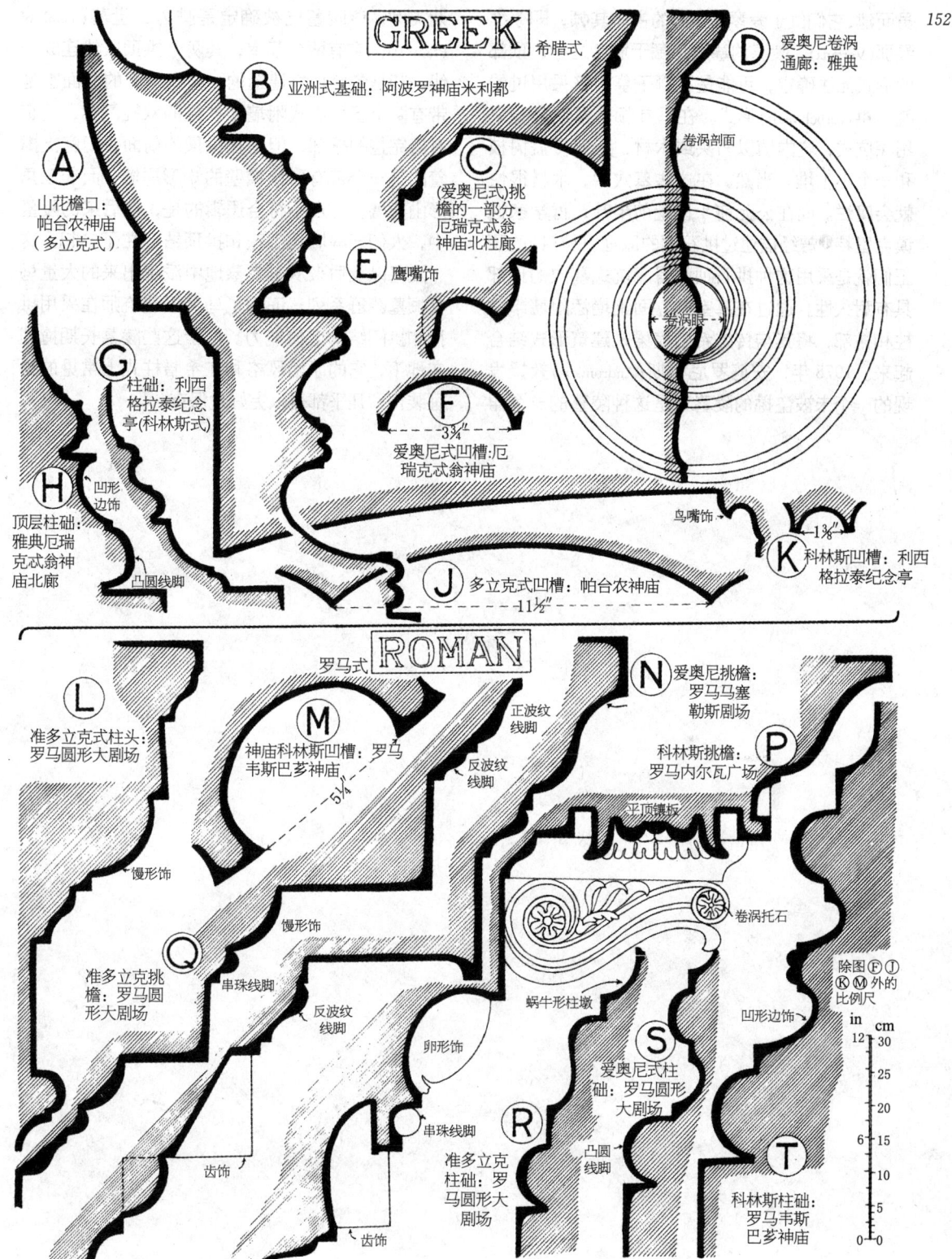

第一编 埃及、古代近东、亚洲、希腊及希腊化诸王国的建筑

员而建，它们位于爱琴海中心的古马其顿，即今维琴那(Vergina)。陵墓的墓穴深藏于墙墩之中，顶部的形式无法确定，可能是在狮子墓中曾采用过的**叠涩拱**(corbel vault)形式。在马其顿，早期墓葬采用深坑式，坑内填以石头或木材，上面覆盖树枝和一个小土堆。当然，在这些墓穴中，木材很快就会腐烂。而在公元前4世纪前半叶，哲学家德谟克里特❶曾经描述过拱石顶的原理，马其顿的国王们就是采用这种拱石顶使得深坑式墓穴的顶部具有耐久性。通过在墓室的立面上增添附墙半扶柱和檐部，将其与传统希腊横梁式建筑形式结合起来。1978年，安德罗尼科斯(Andronikos)教授发现的一个未被盗掘的陵墓正是这种陵墓的一个早期实例，该陵墓已被确定是**腓力二世墓**(Tomb of Philip II)。它有两个墓室，其两个拱顶虽然连成一线，却是各自独立建造的。墓室前面的立面上是带有两个多立克式附墙半扶柱的双柱门廊，门廊有着完整的檐部，但是在拱顶的前面，门廊支撑着的是一个带有彩绘檐壁的矩形屏墙，而非三角形山花墙。有点不符合逻辑的是，在后来的陵墓中，人们把屏墙式山花和拱顶结合在了一起。这一陵墓以及后来从王室墓地中派生出来的大量马其顿墓葬群系列，证明了马其顿建筑师在采用拱顶和拱门结构上的能力。由于这些陵墓长期掩埋在地下，它的原始风格和在希腊柱式上常见的绘画装饰，几乎都得以完好地保存。

---

❶ Democritus；约公元前460～约前370年，希腊哲学家。——译者注

埃及、古代近东、亚洲、希腊及希腊化诸王国的建筑

第7章
希腊化诸王国建筑

建筑特征

为了控制整个帝国，亚历山大大帝在从埃及到巴格达的战略和经济要塞城市中建立希腊城邦基础。这是一项源于其父菲利蒲在征服了巴尔干半岛后的政策，这项政策后来被马其顿将军所继承，这位将军在亚历山大死后瓜分了帝国。其中的重要实例包括叙利亚的安条克、底格里斯河畔的塞琉西亚和作为塞琉西王国基础的阿帕米亚(Apamea，因塞琉古一世的妻子而得名)。统治埃及的托勒密王朝在使用王朝头衔时更加有所保留，他们唯一的创造就是上埃及的托勒密城。昔兰尼加的托勒密(今托尔梅塔)是一座今天依然存在的城市，但名字已经更改。所有这些城市似乎都赋予了希腊市民组织机构，虽然它们仍在国王的集权控制下维持高效的运作。托勒密皇宫坐落在亚历山大，由来自安条克的塞琉西国王所统治。在建筑方面，这些城市沿袭了典型的希腊城邦原型，但由于它们与王室之间存在联系，并旨在提高王室的声望，因而将大量的金钱用在装饰上。这是一个由竞争驱使而不断向其他领土扩张的过程，扩张对象可能是更加古老的希腊城邦。这些城邦可以放任这些建筑的存在，或是可以向国王要求财政的支持。

就广义而言，希腊化时期代表了一种超越政治边界的文化统一，而与此同时，不同的城邦和地区之间也存在重要的差异。希腊人和马其顿人从来都是少数派，即使其中还包括了那些原本不是希腊人而后接纳了希腊的语言和生活方式的人。在这里，被征服的国家仍具有其民族特征意识。举例来说，在埃及或是塞琉西王朝中，一些当地的传统方式依然延续下来，其他的区域则更加彻底地希腊化了，特别是那些在亚历山大统治之前所建的希腊城市附近的区域，和已经受到希腊直接影响的区域。这种现象在腓尼基十分显见，在那里西顿国王已经被希腊化了，尤其是在沿袭了早期吕西亚及卡里亚王朝实例的小亚细亚。因此，在希腊化世界中，既存在着不同的希腊化程度及希腊式建筑，也存在着不同的当地传统形式及悬殊的富裕水平。当然，有一种偶然的差异制约了我们对这个时期的认识，这种差异就是，在希腊化建筑的保护和发现程度方面普遍存在差异。例如，在亚历山大及安条克这样重要的地方，希腊化建筑几近毁灭或大部分遗失；而在沿海地区，特别是小亚细亚，希腊化建筑则很好地保护下来，并进行了全面彻底的开发。因此，应该对这种差异导致的失真有所考虑，而那些普遍的观点也可能并没有足够的证据，甚至是误导性的。

建筑实例

寺庙及相关纪念性建筑

亚历山大作为希腊人的拥护者及希腊的同盟军，曾经攻打过波斯帝国，但这次征服更像是马其顿的成就。其继承国王是马其顿人，马其顿的传统也被保留在宫廷之中。这一点所带来的建筑影响，也主要是马其顿式的。马其顿在公元前5世纪末，在阿基劳斯国王❶的统治下，并在腓力的巩固下高度发达起来。由于它是希腊大陆传统的一部分，因此其建筑强调了多立克柱式。在萨莫色雷斯岛有一些爱奥尼建筑，如公元前340年建的所谓的"圣区"(Temenos)，即圣地围栏和周围的墓冢。一个重要的马其顿爱奥尼建筑是**奥林匹亚的腓力二世圆殿**(见[138]页图B)，它是亚历山大于公元前336年建成的。这座圆殿由18根爱奥尼列柱围廊组成，这些列柱支撑的檐部由有着重叠齿式线脚的连续檐壁构成。这是一种明显地用于

---

❶ King Archelaos；?~前399年，马其顿国王，公元前413~前399年在位。——译者注

萨莫色雷斯由菲利蒲授意修建的圣区的建筑形式。在奥林匹亚，这种连续的檐壁以叶状纹饰取代了上部的横饰带，位于一个低线脚上方。晚些时期的希腊化多立克式建筑普遍地将檐壁的两种形式结合起来，同时保持了完整的三重横饰带额枋。圆形神庙的列柱只有 20 道凹槽，而不是标准的 24 道，这是一种在希腊南部的伯罗奔尼撒建筑中发现的爱奥尼柱式。圆形神庙是为马其顿王国修建的纪念性建筑，并为他们安放雕像提供场所。这种特别的爱奥尼柱式在大约公元前 3 世纪的爱琴海地区的马其顿陵墓中也重复使用过。

然而，在较晚被征服地区的马其顿建筑中，多立克柱式似乎占据了主导地位。在亚历山大的陵墓中，在泽菲罗斯角的神庙中，以及位于塞琉西亚的奥龙特斯河(Orontes)的安条克港，都发现了多立克柱式。作为一座早期的希腊化多立克式神庙，特洛伊的**雅典娜神庙**是由继位国王力西马科斯❶建造的。该神庙为六柱式门廊，侧翼有 12 根柱子，柱头拥有曾经出现于公元前 4 世纪的低直边钟形圆饰(该柱高度及比例不详)，与公元前 300 年的力西马科斯时代的建筑风格非常吻合。小亚细亚帕加马的**雅典娜神庙**是另一座多立克式建筑，可能是为力西马科斯所建。它由 6×11 根柱组成，每根柱的高度都是直径的七倍，同时以较大的间距布置，从而柱间每跨都有三块三陇板及陇间壁。另一处在帕加马的多立克式神庙可能是奉献给阿斯克勒庇奥斯的，于公元前 2 世纪被毁，并以爱奥尼式重建。选用爱奥尼式重建神庙可能是遭到公元 2 世纪一位重要建筑师赫莫杰尼斯❷的反对，他认为多立克柱式并不适合神庙建筑。在爱奥尼亚的普里恩，有一座供奉得墨忒耳的**多立克神庙** (Doric temple, to Demeter)。在传统的多立克区域，依然在修建多立克神庙，如在希腊西南部斯特拉托斯的宙斯神庙。更多壮丽的神庙并不为人所知，皮奥夏的**勒巴狄亚**(Lebadeia)的巨大多立克神庙，保留了有趣的铭文。这座神庙是在约公元前 175 年塞琉西国王安条克四世(Antiochus IV)敬献给宙斯皇帝的礼物。铭文上显示，整个工程是一个周密地复兴早期建筑的实例。

虽然在希腊化时期的神庙建筑中，爱奥尼柱式显得比多立克柱式更为重要，但这一点可能来源于我们更加熟知的小亚细亚，即传统的爱奥尼地区的神庙建筑。

爱奥尼柱式的兴起于亚历山大以前的时期，与之相伴的是一直延续到希腊化时期的以弗所的阿尔忒弥斯神庙的重建，摩索拉斯及其继任者伊德利乌斯(Idrieus)在拉布兰达城(Labranda)兴建的卡里亚宙斯圣殿，以及由亚历山大大帝敬献的普里恩雅典娜神庙，而他获准在神庙上雕刻类似的铭文。这种实践也与萨莫色雷斯岛的早期马其顿建筑相关，并在希腊化时期更加普遍。一个重要的希腊化复兴的实例是米利都附近狄杜玛的**阿波罗神庙**(见[147]页图Ⓝ和[164]页图Ⓘ~图Ⓟ)❸。该神庙可能始建于亚历山大大帝时代之前，但主要由其继任者塞琉古主持，他修复了那座在大流士从古代神庙带到波斯时被毁坏的祭仪雕像。这是一座特殊的建筑，但其特殊之处看起来是效仿了公元前 6 世纪时先人所建的神庙，而其遗址根据推测依旧可辨。它的体量十分庞大，面积达 51.1m×109.3m(168ft×359ft)，并且是希腊唯一的一座十柱式神庙，沿两翼有 21 根柱，其放置方式为四周双排柱。这些柱高 28.8m(64ft 8in)，座落在有七级台阶的基座上。这个基座非常高，以至于超出了传统的制式。它们被成对放置在大殿之前，处于突起之间，以此模仿罗马神庙基座的两翼。在平面中，内殿显示了传统爱奥尼形式的特征，有着深深的门廊，但尽头没有假廊，此外还有一个穿堂设置在门廊和内殿之间。虽然巨大的前门开向穿堂，但它并不是入口，这像是一个误导，因为其下槛比地面铺装整整高出了 1.5m(5ft)。相反，是两处侧翼的小道，通向狭窄、倾斜的有拱顶的通道处，直达内殿。内殿的楼层处于原地面标高处，而并不是像一般那样，处于略高于柱基的平面上。内殿的墙面在柱础处以饰带层及其上的嵌墙墩装饰。内殿无顶覆盖，同样是从早期神庙继承而来，这种方式在以弗所的阿尔忒弥斯神庙中也使用过。祭祀雕像被搁置于神殿室内，这是一个小的四柱柱廊式的爱奥尼神庙

---

❶ Lysimachus；约公元前 360~前 281 年，马其顿将军、总督和国王，亚历山大大帝的继位者之一。——译者注
❷ Hermogenes；活动时期约公元前 220~前 190 年，希腊化时期的建筑师和理论家。——译者注
❸ 古神殿和阿波罗神谕所的遗址，位于今土耳其米利都以南。公元前 494 年左右被波斯人劫掠。——译者注

的庙中庙。在内殿东端有处大楼梯,这是唯一可能的进入通道,通过两侧有科林斯式附墙半柱的门口向上通向前室。这个特别的安排可能与神殿的神谕有关,同时一定是宗教上必须的,因为它看起来似乎重复了早期神庙的所有特点。穿堂的每一侧都有修建完好、装饰精美的楼梯。如今楼梯虽然已经被毁却仍能达到建筑残留下来的高度。修建它们的目的并不明确,可能是来自埃及的影响,因为是埃及的希腊化皇帝修建了这个建筑。公元前3世纪早期,神庙的建设工程断断续续,直到公元前3世纪晚期才重新开始。还有部分建设属于罗马时期,而且没有最终完成。

另一处较大的未完成的爱奥尼神庙,是吕底亚萨迪斯的**阿尔忒弥斯神庙**,其供奉偶像的传统可以上溯到吕底亚独立的时代,那时的祭祀活动在祭坛举行而不是在神庙里。这座神庙的平面首次发布时显得比较混乱,而现在可以确定它属于公元前3世纪,并不比原先认为的时间早多少。在约公元前281年,增加了一座西向的简单殿堂,由公元前223年增加的一堵横墙隔开,同时在原先空白的西端插入了一扇门。

马格内西亚的**阿尔忒弥斯·琉科弗瑞恩神庙**(Temple of Artemis Leukophryene at Magnesia)是赫莫杰尼斯的主要作品,他是希腊化时期爱奥尼复兴最重要的建筑师。他所撰写的建筑论文为维特鲁威所知,并很可能被引用到其书中的希腊卷部分。关于赫莫杰尼斯所处的时代,颇有争议:一些学者认为他处于公元前2世纪早期,但马格内西亚建筑的细节则显示是公元前150年。该神庙采用八角形拟双排柱式和中心扩大的柱距,从而暗示了一种复兴,因为这种方式在普里恩的神庙中未曾使用,却自然地出现在重建的以弗所的阿尔忒弥斯神庙中。维特鲁威认为是赫莫杰尼斯发明了这种布局,但是在这里它更像是一种早期概念上的复兴。侧面有15根柱子,整体尺寸为58m×32m (190ft6in×105ft),柱高不详。在这座神庙中,比细部更重要的还有环境。它处在一个完全被包围起来的院子中,神庙的轴线与城市平面网格不符。而入口则用来掩盖这样的不同:它被做成了一扇与寺庙不相连的大门,而这扇门包含在附近市场的柱廊中,市场坐落在神庙的西侧前方。神庙主导了场地(可能不全封闭),在整个区域中所占比例比在早期希腊圣所中要大得多。神庙没有被设置在中间,而是靠近院子的尽端,前面是一个纪念祭坛。赫莫杰尼斯建筑的典型细节是檐口顶部的双重线脚——半圆饰,其上为馒形饰和浪纹线脚。这种线脚形式存留于罗马建筑中,不仅有爱奥尼式,还有科林斯式,而这样的概念属于神庙中相对较小的柱廊庭院,这种庭院对后来的建筑影响最大。在罗马的帝国市场和罗马西部城市标准的神庙或市场中,这种细部以合理改良的形式得以再现。

对于晚期罗马建筑,同样重要的还有神庙的外部装饰对科林斯柱式的希腊化应用。科林斯柱式在公元前3世纪被用于**米利都柱廊**,这座建筑由塞琉西王国的王后莱奥迪西(Laodice),即安条克二世的妻子,献给那座城市。然而,目前证实的科林斯柱式首次应用于神庙的实例,却是在公元前2世纪安条克四世兴建的两座神庙:一座是奥尔瓦(Olba)的神庙,在西利西亚的乌尊查布尔(Uzunçaburç in Cilicia),是敬献给奥比乌斯(Olbius)的宙斯的;另一座是雅典那座未完成的奥林匹亚宙斯神庙,由罗马皇帝奥古斯都及哈德良(Augustus and Hadrian)兴建。**奥尔瓦神庙**是6×12柱的六柱式建筑,平面尺寸约为22m×40m (72ft×131ft),柱身下部有凸槽而非凹槽,因为凹槽仅在上部使用。雅典的**宙斯神庙**采用了早期神庙的基座,据称是公元前6世纪由僭主希庇亚斯❶所建,原本似乎想做成一个与小亚细亚巨大的古代爱奥尼神庙相当的多立克式神庙,但是这项工程随着暴君政权的没落而慢慢荒废。新建的神庙平面尺寸为41m×108m (134ft×354ft),四周双排柱式(端部三排列柱),共8×20根柱子。神庙内有大进深的门廊,内部柱廊紧附墙面,在西端有圣室❷。维特鲁威认为,这座建筑的建筑师是一个名为科苏修斯(Cossutius)的罗马市民,他的创作显然受到了希腊化

---

❶ Hippias; ? ~前490年。——译者注
❷ adyton; 希腊或罗马神庙中大殿中的禁区,意为不可进入或禁止进入,通常是处于大殿入口最远端的一处较小的区域,用来放置神像。——译者注

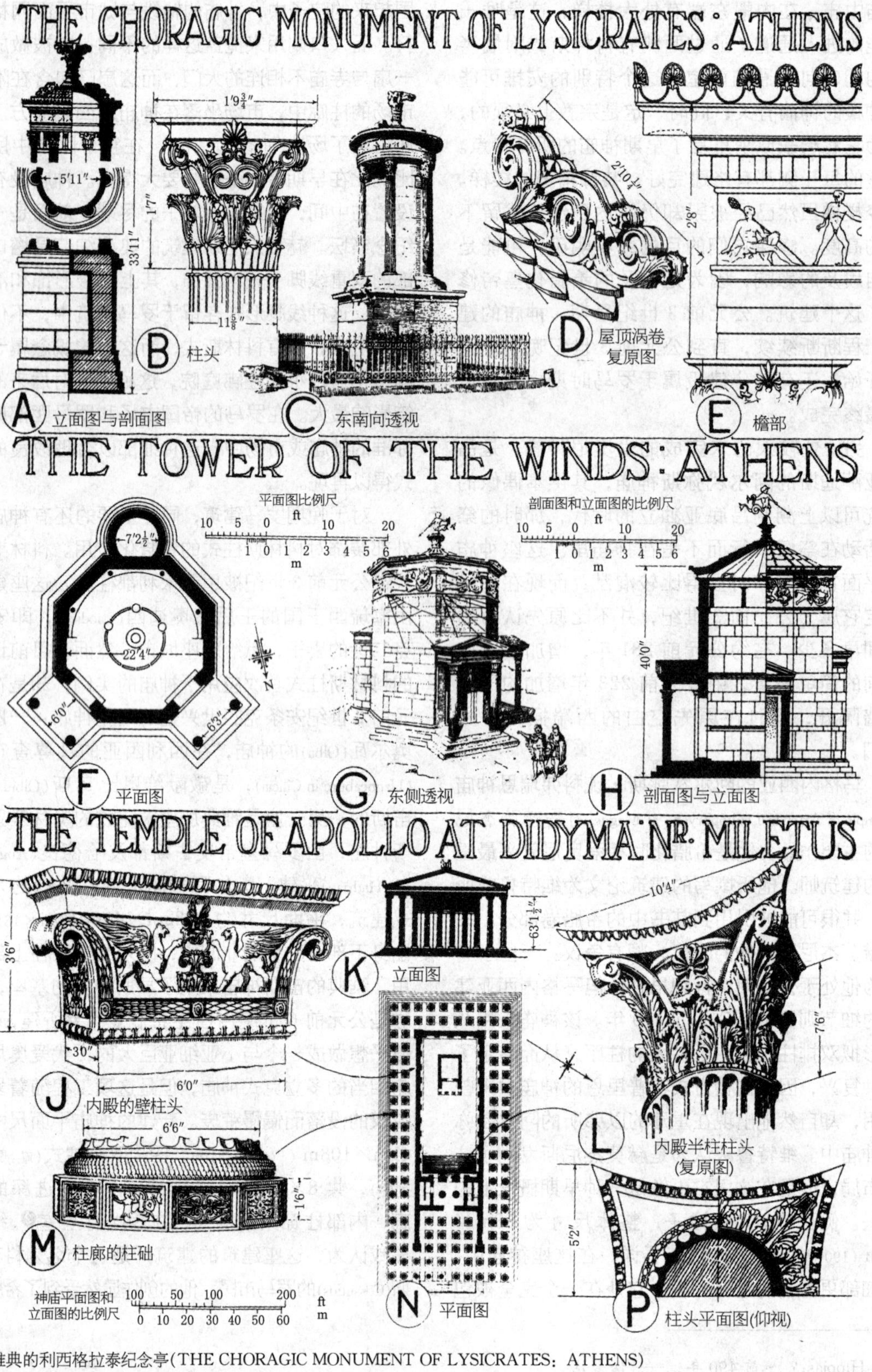

第一编 埃及、古代近东、亚洲、希腊及希腊化诸王国的建筑

THE CHORAGIC MONUMENT OF LYSICRATES: ATHENS

- A 立面图与剖面图
- B 柱头
- C 东南向透视
- D 屋顶涡卷复原图
- E 檐部

THE TOWER OF THE WINDS: ATHENS

- F 平面图
- G 东侧透视
- H 剖面图与立面图

THE TEMPLE OF APOLLO AT DIDYMA NR. MILETUS

- J 内殿的壁柱头
- K 立面图
- L 内殿半柱柱头（复原图）
- M 柱廊的柱础
- N 平面图
- P 柱头平面图（仰视）

雅典的利西格拉泰纪念亭（THE CHORAGIC MONUMENT OF LYSICRATES: ATHENS）
雅典风之塔（THE TOWER OF THE WINDS: ATHENS）
米利都的狄杜玛阿波罗神庙（THE TEMPLE OF APOLLO AT DIDYMA NR MILETUS）

第 7 章 希腊化诸王国建筑

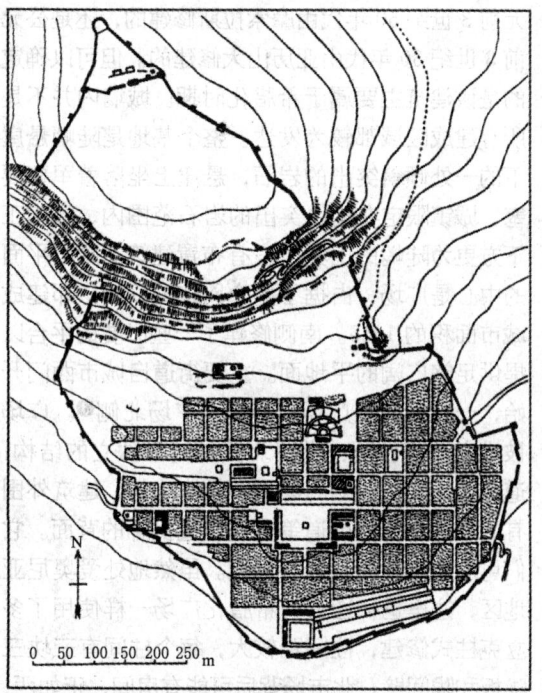

图 A 普里恩城的平面图,见[166]页

图 B 雅典的阿塔罗斯拱廊(前 2 世纪),见[168]页

图 C 米利都的议事堂(前 170),见[168]页

另一座非常重要的神庙是公元前3世纪下半期，由托勒密三世建造的亚历山大萨拉贝姆神庙❶，并于罗马时代彻底重建，中世纪时建筑材料剥落。亚历山大时期的罗马货币上描述了这种希腊化的神庙，并显示出那时已经改为科林斯柱式。因此，它应该比安条克四世的科林斯神庙更早，但这样的证据或许显得有些勉强。在中埃及的大赫尔莫波利斯❷神庙，建于托勒密三世时期，确定是科林斯式的。在亚历山大城也发现有大量科林斯柱头的不同形式实例。

将科林斯柱式使用于建筑的外部，无论是敞廊还是神庙，都反映了在塞琉西王国受到的本地化影响，也许这也影响了埃及。对于一个非希腊文化的国家来说，由马其顿人带来的多立克柱式显得过于朴素了，而爱奥尼柱式又比他们的东方标准来得过于正式。一个高昂的科林斯式柱头有着反映埃及早期形式的植物装饰。因此，虽然它在发展形式上是纯粹的希腊式的，但其希腊风格是可以接受的。在希腊属地中建立起来的宗教建筑的特征是：少一些纪念性，但显现出更强烈的埃及影响，而这种建筑原先并不是为埃及人所建的。在法尤姆地区曾经发现过这种建筑，例如在**索克诺派奥斯-奈索斯**（Soknopaiou Nesos）的实例。

城市建筑

希腊化时期的城市建筑变得非常丰富。建筑受控于城市的网格平面。这种城市是亚历山大及其继任者所建。此外，还有一些重建的网格平面城市遵循早期被毁的城市格局，或者逐步将原先分散的人口并入新的城市中心。这些提供了最完整的信息，安条克和亚历山大希腊化随之减弱。最著名的是小亚细亚的城市，从19世纪晚期就开始广泛发掘，如普里恩、米利都、马格内西亚和帕加马。

普里恩（见[165]页图A）是所有希腊城市中开发最完整的。但具有争议的是，其重建的基础是公元前3世纪50年代由摩索拉斯修建的，还是公元前3世纪30年代由亚历山大修建的。但可以确定的是该建筑主要属于希腊化时期。城墙内并不是所有建成区域都较为发达。整个基地是陡峭悬崖下的一处倾斜突出的岩石，悬崖上坐落着军事要塞，城镇限定在这块突出的岩石范围内，悬崖正下方更为陡峭的山坡上没有布置建筑。网格平面的中心是广场，占据了两个网格面积——即建成城市面积的1/15。南侧修建了一些必要的平台以提供足够广阔的平地面。主要街道自城市西门开始，一直延伸到广场，并穿过广场北侧❸。广场被拱廊全部包围：道路北侧是一个独立的结构；道路东、南和西侧的建筑则是连续的，建筑外围有两条南北向的街道笔直地穿过拱廊的背面。它们可能修建于公元前3世纪。虽然地处爱奥尼亚地区，这里也和通常的希腊化广场一样使用了多立克柱式修建，柱间距较大，每个柱间有三块三陇板和陇间壁。北市场背后可能有房间，正如西、南两侧一样。北市场曾经被毁，在公元2世纪被一个更大的市场所替代。这个市场也同样采用了多立克柱式，有两条廊。它沿着邻近的建筑体块宽度向东延伸，只沿着最初两个体块本来的长度设置房间，其尺寸为 116.5m×16.8m（382ft×55ft），其中包含房间，门廊仅有 11.8m（38ft9in）深。室外拱廊是多立克式，采用通常的间距，室内为较高的爱奥尼柱式。整个市场由精心加工的石灰石建成，但其细部趋于机械和重复，地面为夯土。米利都南广场是一个更大的实例，这是一个很长的广场，平面尺寸为 189.2m×22.7m（621ft×74ft6in），广场有两排房间，一排由广场进入，另一排从经过广场外向东的街道进入。南北两侧还有其他两座L形的拱廊，两者之间(以及它们与东拱廊之间)有空隙。就像在普里恩，这里的主要道路都通向并穿过广场。但在希腊化时代晚期，道路都在两端的大门处停止，这些入口大门建在广场东侧和临近的拱廊之间。

对于有着不规则形状的传统雅典广场(参见有关章节)，公元前2世纪，在帕加马皇帝的支持下，进行了重要的改进：将其变成更为规则的形

---

❶ Serapis；古埃及地下之神，其崇拜者曾遍及希腊、罗马。——译者注
❷ Hermopolis Magna；今艾什穆纳亚。——译者注
❸ 这是希腊广场的特点，就像传统的罗马城镇广场一样，街道从中穿过。这一点也可以在雅典看到。——译者注

第7章 希腊化诸王国建筑

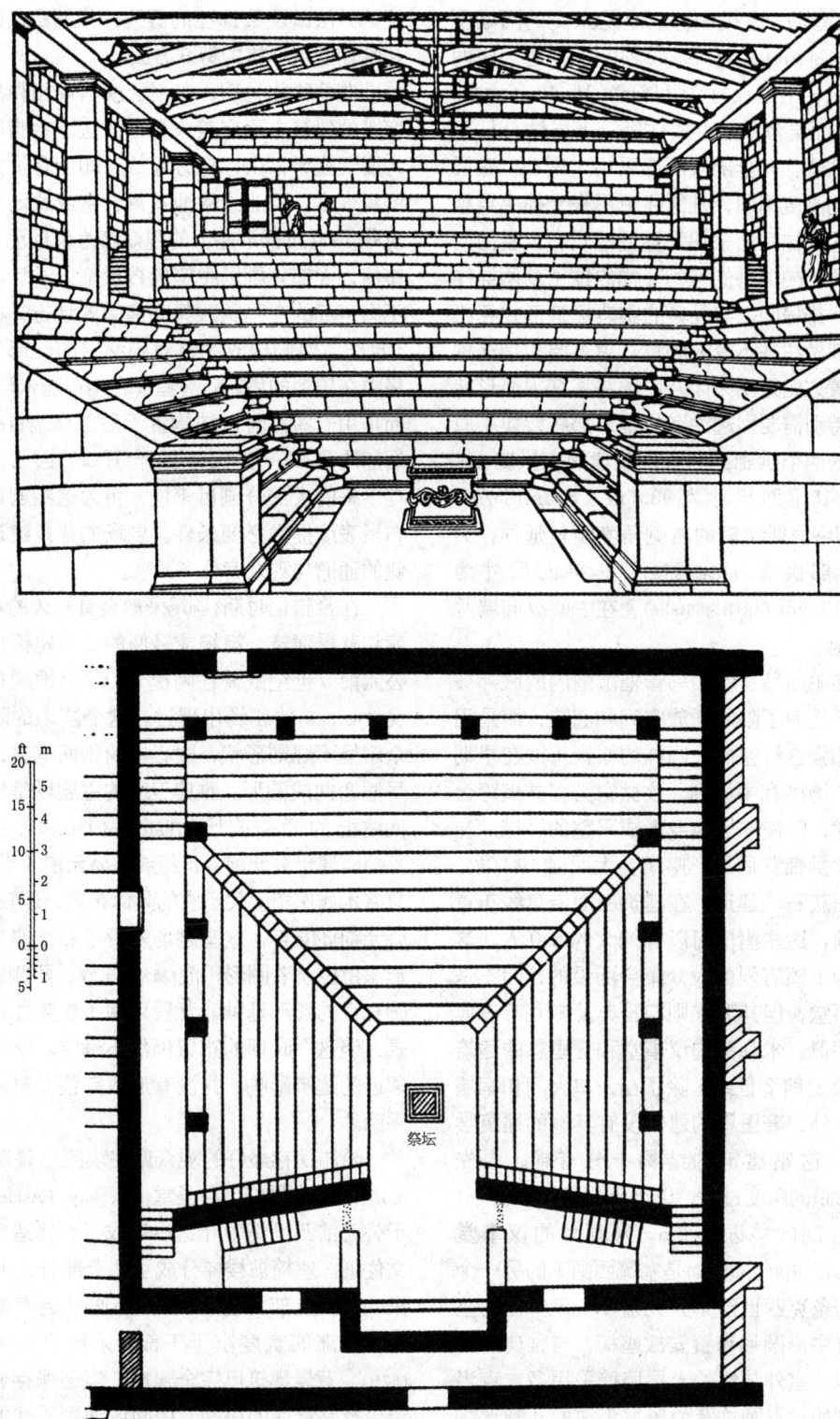

普里恩的集会大厅(前200)：室内和平面复原图，见[168]页

式。为此建造了三座拱廊。一座是东侧的**阿塔罗斯拱廊**(Stoa of Attalus,见[165]页图B),这是一座两层高的建筑,平面尺寸为116m×19.4m(381ft×63ft8in),地面层为多立克式柱廊,上层结合扶手为爱奥尼柱式。其全部立面都采用大理石。底层内外柱廊的高度相同,外部柱廊用来支撑上层楼板,但每两个柱距处采用爱奥尼柱式。上层的内柱廊采用源于帕加马的棕榈叶饰的柱子。两层柱廊后都有一排房间。与经典的雅典建筑形式相比较,其细部做法并不令人满意。更重要的是这种柱廊的布置方式是用来闭合广场并将其平面形状规则化。特别需要引起注意的是,那些替换了原来南拱廊的两个拱廊:一个是**新建的南拱廊**(new south stoa),其平面尺寸为93.6m×8.5m(307ft×28ft),向阿塔罗斯拱廊的右侧角度倾斜延伸;另一个是**中部拱廊**(middle stoa),其平面尺寸为146.6m×19.9m(481ft×65ft6in),在中间纵向墙两侧均有柱廊。

拱廊在帕加马及帕加马管辖范围内的城邦被采用,并不是为了限制开放空间和庭院,而是用来创造和加强这种空间。同样的原则可以在早期的普里恩广场拱廊中见到。该拱廊沿着并横跨台阶侧墙修建,以使广场自身形成平整的区域。在普里恩的北拱廊背后是一座**集会大厅**(见[167]页),主要采用石灰石墙建造,在建筑三面沿直线布置了石质座椅,这些座椅可以容纳大约640人。这座建筑是为小镇有限的大众集会而设的,而不是议会的议事堂,但其形式则与雅典及米利都古典的议事堂相似。米利都的议事堂和普里恩的建筑都同处于公元前2世纪。除了在入口大门和南墙的拱形开口外,普里恩的建筑没有其他的建筑学上的装饰。这座建筑的结构十分有趣,原先14.5m(47ft6in)的跨度过大,以至于屋顶塌了下来,于是将支柱向内移进了2m。米利都的**议事堂**(Council House,见[165]页图C)是塞琉西国王的另一个贡献,由安条克四世建于公元前170年。在这座矩形的建筑中沿圆形布置安放座椅,与雅典的新议会厅相似。室外装饰的上层墙壁采用多立克半壁柱,雕刻的钟形圆饰及爱奥尼手法的凸圆形线脚支撑着爱奥尼式柱头。这种略微变化了古典传统的做法以及装饰性的假列柱式围廊,成为希腊化晚期建筑风格的特殊方面。

在希腊化时期,在用于演出戏剧和举办田径赛事的建筑方面有着大量的改进。**希腊剧场**一般为露天剧场,由三部分组成,即设有阶梯形座位的观众席、乐池或舞池及舞台室或剧场的背景建筑❶。设有阶梯形座位的观众席为大量观众提供了座椅,大部分剧场中座椅数量都以千计。乐池是不同声部的合唱队跳舞和演唱的地方,在公元前5世纪,他们构成完整戏剧演出的一部分。演员集中在乐池的后方。有些舞台中可能未建造乐池,而是用一些临时性结构置于后部(如背景建筑),如后部的幕布,并且必须包含开口,因为这对于留存下来的大部分剧目来说,可为这些剧目的舞台布景表演提供必要条件。剧场的背景建筑通过两侧的通道与观众席分离开来。

在希腊化时期,剧场一般会有永久的石质观众席和背景建筑。粗糙或轻便的石质座椅形式早在公元前5世纪就曾在阿提卡(Attica)地区东部索里戈(Thorikos)的剧场出现过。这个剧场的阶梯形观众席呈不规则形状,中心座椅剖面笔直,在两侧尽端弯曲成圆形。**雅典卫城**的主剧场是处于卫城南坡上的酒神剧场(Theatre of Dionysos,见[127]页图©),建于公元前5世纪或是公元前4世纪早期,只有木质座椅。关于它的具体布置,还较有争议。公元前346年,这座剧场安置了石质座椅,阶梯形座位围绕着圆形乐池(舞池)摆放,两侧以超越半圆直径的弧形延伸。背景采用了永久性建筑的形式,但这个时期的布置仍然不确定。座椅由于受邻近的建筑影响,并没有形成完整而对称布置的平面。

希腊保存最好的观众席在埃皮达鲁斯(见[169]页)的**阿斯克勒庇俄斯圣堂**(Sanctuary of Asklepios)。它于公元前四世纪中叶之后建成,其建造年代有铭文佐证。座椅被楼梯分成了几个部分,下部有34排座椅,上部则有21排,都通过走道或隔断分开,上部的宽度小于下部。乐池直径为20.4m(67ft)。背景建筑已完全毁坏,但还保存着升起的舞台及其背后的房间,房间由通到乐池的坡道进入,以后又加建了入口屏幕。

---

❶ skene:古希腊剧场中的矩形建筑,意为"帐篷"或"棚屋"。剧场的背景建筑的功能相当于是古希腊剧场的后台,在这里演员可以换服装和道具。——译者注

第7章 希腊化诸王国建筑

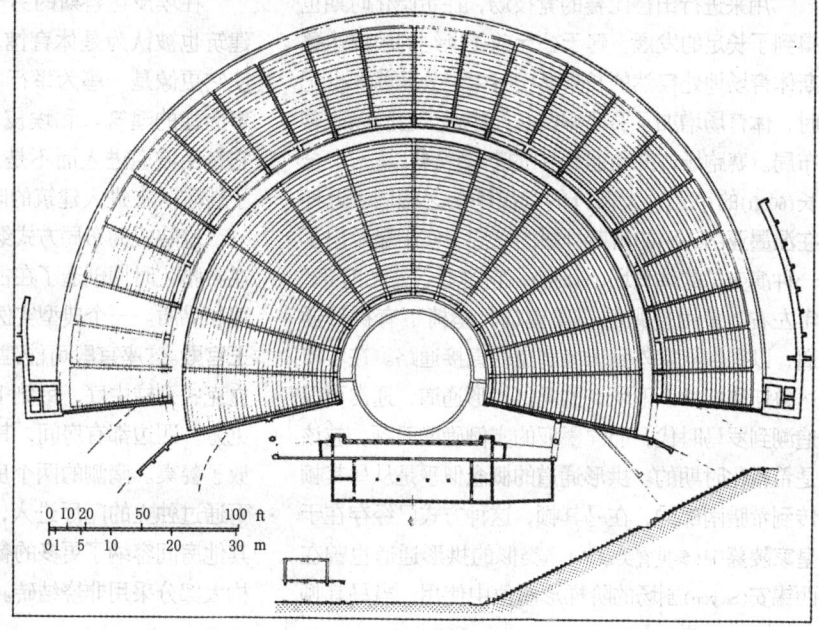

图 A （上图）埃皮达鲁斯剧场
（前 350），见[168]页

图 B （右图）埃皮达鲁斯剧场
的平面图和剖面图

在希腊化时期的剧场建筑中，圆形的乐池始终是剧场设计的重要元素；只有在罗马时期才缩小成了半圆形，并用来安排座椅。**普里恩的剧场**（见[165]页图 A）是希腊化剧场的典型实例，这个剧场坐落在城市北端的山坡上。其观众席保存得相对完好，最近的发掘揭示了更多关于上层座椅的实例，但该剧场特别重要的价值在于保存极为完善的背景建筑。背景建筑的舞台较高，有着多立克式半柱和檐部的立面，后部的背景建筑抬起较高，有痕迹证明其间有三个入口或开口。同时，也有铭文证实普里恩剧场早在亚历山大时代就已经存在，但现存的观众席及背景建筑很可能是在公元前 2 世纪修建的。该剧场也如同其他希腊城邦的剧场那样，经常用作政治集会的场所，以供大多数的公民在此聚集。

在希腊化晚期，舞台后部的建筑趋向于变得更高并使用柱廊立面加以更多的装饰，但普里恩剧场的舞台建筑只使用了简朴的砌筑。有些剧场的观众席几乎不延伸到半圆形直径以外（米利都剧场的观众席就是个例子）。在小亚细亚，有一些观众席被限定在半圆形以内的保存完好的剧院，在时间上属于希腊化晚期。因此，希腊世界的那些剧场，存在着明显的向罗马帝国时期采用的新剧场形式演变的趋势。

用来进行田径比赛的竞技场，在希腊化时期也得到了长足的发展。建于公元前 4 世纪的**埃皮达鲁斯体育场**地处自然的长条形山谷中。公元前 3 世纪时，体育场增加了石质座椅和一些人工台阶以改善布局。赛跑场，即希腊语中的斯泰特❶，是一个全长（600ft）的单元，大部分的竞技场与之相同。近期在**涅墨亚**（Nemea）的宙斯神殿的发掘工作中显示出了一种演变了的**体育场**（stadium），它建造于公元前 325 年左右，采用规则的石质座椅，座椅下有拱形通道，以提供从室外到田径赛道的直接通路。在埃皮达鲁斯和奥林匹亚所有的类似拱形通道，通常可以追溯到罗马时代，而涅墨亚的实例确凿无疑，应该是希腊化时期的。拱形通道的概念似乎是从马其顿传到希腊南部的，在马其顿，这种方式已经存在于皇家陵墓中（参见有关章节）。类似的拱形通道也曾在西锡安（Sicyon）剧场的阶梯形座位中使用，当马其顿皇帝于公元前 300 年重建这座城市时，一座建筑竖立起来。

其他的田径项目都在体育馆（gymnasium）中进行比赛，同样在希腊化时期其发展了自身的建筑特色。体育馆是另一种建筑类型，一个开放的柱廊庭院是体育馆的主要元素。有些体育馆十分巨大，如**奥林匹亚体育馆**（见[138]页），但由于它邻近克拉迪奥斯河（Cladeus）而部分被侵蚀，从而导致其完整长度无法测量。然而，体育馆北侧和东侧的矩形多立克柱廊遗存了下来，东柱廊有两个侧廊，还有一个独立入口。体育馆南侧是一座规模较小的建筑，一般称为健身房或摔跤场。这种布置方式与维特鲁威描述的建筑类型十分吻合；无论是规模还是形式，都与普里恩体育场的建筑相似（见[165]页图 A）。奥林匹亚体育馆与普里恩体育馆都有完全封闭的多立克柱廊庭院，这种形式在奥林匹亚体育馆是一个两侧各有 19 根柱的大小约 41.5m（136ft）见方的列柱中庭，而在普里恩体育馆则是两侧有 16 根柱的 35m（115ft）见方的庭院。两座体育馆在柱廊后都有房间。**普里恩体育馆**与奥林匹亚体育馆不同的是具有学校的使用功能。这间北侧开放的学校大厅在墙上刻下了就读于其中的学童的名字。学校内还有一个保存完好的洗手间，其中有靠墙的石质洗手池和通冷水的狮头喷水口。

在埃皮达鲁斯的另一座 33m（108ft）见方的类似建筑也被认为是体育馆。其主要房间的安排方式使它更像是一座为举行宴会而并非为举办田径赛事而建的建筑。和埃皮达鲁斯的其他建筑一样，它是由坡道进入而不是从台阶进入。这可能是为了让列队在进入建筑的时候显得更为庄重。

庭院式的布局方式继续在房屋中使用，这一点在希腊化时期创造了在古典先例中尚未出现过的辉煌和品质。一个典型实例是在维伊纳❷的**马其顿国王宫殿**。这座宫殿可能建于公元前 4 世纪，有着多立克式列柱中庭，每侧 16 根柱子，大约 42m（138ft）见方。四边都有房间，其中很多房间都看得出曾安放了餐桌。南侧的两个房间有不错的马赛克铺地，可通过独立的门厅进入，同时还有大理石的门槛。其他房间容纳了更多的餐桌，但装饰低劣。上层结构大部分采用非烧结砖。

---

❶ stade；古希腊赛跑的路程，长 180m。——译者注
❷ Vergina，即 Aegeae；此处指帕拉蒂斯塔宫。——译者注

第 7 章 希腊化诸王国建筑

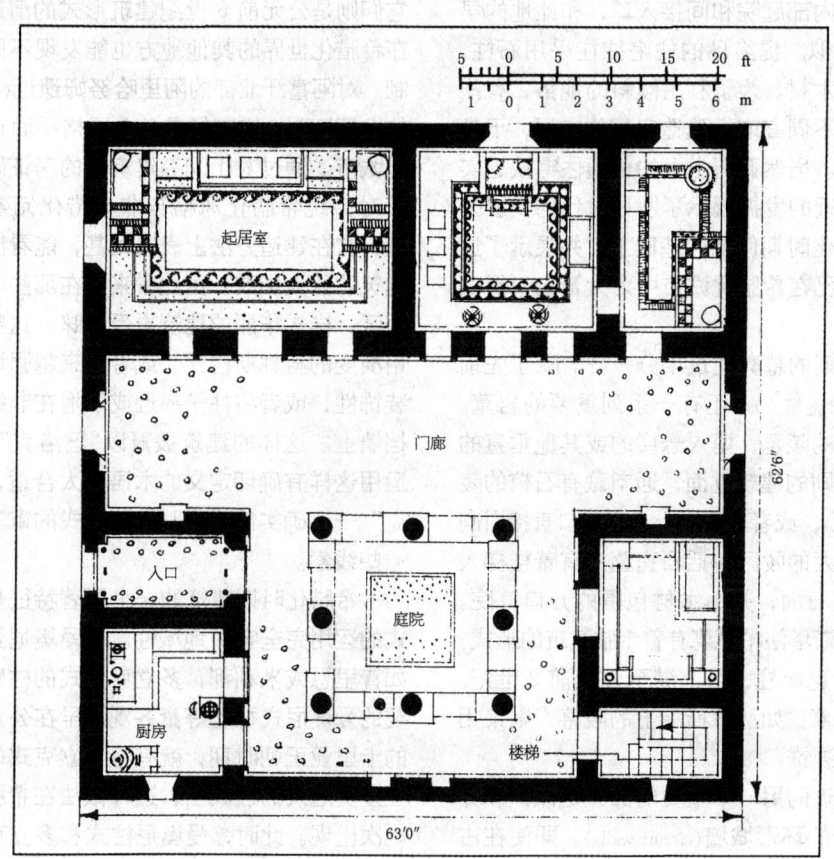

提洛岛上的科利纳府邸(前 2 世纪)的剖面图和平面复原图,见[172]页

其他的皇家建筑，如属于帕加马皇帝的建筑，就不那么壮观了。它们都是平实的房屋，装饰质量较好，坐落在城镇要塞的高台上。较为壮观的应该是亚历山大的王室用房，但现已完全消失，所以我们只能依赖书面记载获得相关信息。这些建筑通常被称为宫殿，而事实上它们只是在城市一片划定了界限的区域中的建筑群。这个区域占据城市中相当大的部分，可能达到1/3。除了王室用房，还包括了宗教、管理、接待和驻军用房，还有一些坐落在公园内的博物馆和图书馆。这里还有一个非常著名的建筑——餐亭。准确地说，餐亭更像一个帐篷而非房屋，能够容纳100张餐桌，装饰相当奢华。

希腊化时期还有许多普通的住宅。普里恩住宅(见[165]页图A)的布局通常有一间正厅作为主要房间使用，而这种方式在提洛岛(见[171]页)的住宅中并不普遍，而且也未曾发现过。这两个地区的住宅都使用了内部庭院和间接入口，和此地的早期古典建筑相似。提洛岛的住宅往往采用石柱，因为那里缺乏木材。为了利用倾斜的地势，有些住宅采用了在不同高度上建造房间的布局，于是多为两层住宅。虽然亚历山大的普通住宅缺乏实例佐证，但最近的发掘揭示了罗马时代的多层公寓修建在希腊化时期住宅的基础上，并展示了这种民居形式早已在希腊化城市中为大量人口提供了居所。

希腊化时期的**墓葬建筑**十分多样。除了先前讲过的陵墓(参见第6章)还有一系列重要的岩墓。特别是昔兰尼的陵墓，凿入悬崖的或其他垂直的表面提供了规则的建筑立面，通向藏有石棺的陵寝或墓龛(loculi)，或者是立面上多个开口直接引向墓龛。亚历山大的陵区包括石窟墓室有着楼梯入口和凿入平整石面，并由木材包围的开口庭院。城市东边的穆斯塔法帕夏墓有着希腊建筑的形式，如附壁的多立克半柱，可上溯至公元前2世纪。其他地区的陵墓，如法罗斯岛上的陵墓，则采用了埃及母题来装饰。

希腊化建筑的另一个重要的部分是保护和界定了整个城市的**环形城墙**(circuit walls)。即使在古典时期，石灰粉刷墙及其泥土砖墙的防御工事也被视为一种装饰。包围战术的发展及越来越强大的工事的建设，带来了结构墙的改进。在希腊化时期，这些结构墙一般面向石块墙面，保持与墙的高度一致，并以不同方式填充，这样的做法能防止墙面出现破口时引发整个结构的崩塌。石材大多选用粗面方石，给人以力量感。在晚期希腊化时期，曾出现过多边砌墙技术的复兴，技术也更为成熟。作为防御工事的塔楼建得更高，用以存放防御用的炮。城墙走道多被连续的女儿墙包围，不设墙垛。保存最完好的城墙通常在地理位置偏远或不太重要的城市，在临近米利都的伊拉克利亚(Herakleia)还能找到粗面方石的石材，并且保存良好。在吕西亚的基达纳(Cydna)古代遗址也有使用多边砌墙的痕迹。

希腊化晚期建筑

前文讲过的建筑主要出现在那些被亚历山大征服前就已经希腊化的城邦中，从古典时代以来的连续性元素十分明显。对于大部分的区域而言，它们则是公元前5世纪建筑形式的演进版本。而在希腊化世界的其他地方也能发现不同的发展形制。对阿富汗北部的**阿里哈努姆遗址**(Ali Khanoum)的发掘证明，它曾经是一个网格平面布局的**希腊化城市**。通过对山门等建筑物的考证研究，发现了对传统希腊化风格与非希腊化元素的结合运用，这在建造方法上表现尤甚，能看出波斯帝国建筑的巨大影响。由此看来，在那些非希腊传统地区，样式华丽的建筑更受青睐。这些建筑多运用演变的科林斯柱式，或者越来越强调柱式上的装饰性，或者将柱子靠近或依附在非结构性的屏挡墙上。这样的建筑被冠以"巴洛克"之名，尽管运用这样有确切定义的术语不太合适，但"巴洛克"一词确实能对当时建筑形式的审美取向给出一些线索。

希腊化时期建筑的一个显著特征是对古典柱式的运用完全突破地域性。在爱奥尼亚人的城市如普里恩或米利都，多立克柱式的柱廊庭院和主要的爱奥尼式神庙等量齐观。早在公元前4世纪的卡里亚王朝时期，就有将多立克式的檐部叠加在爱奥尼式的柱式上，这种做法在希腊化晚期又一次出现。此时，爱奥尼柱式和多立克柱式的比例变得很接近，爱奥尼柱式开始趋向粗壮，而多立克柱式则变得更为纤细。在希腊化晚期，科林斯柱式的檐部发展出了新的型制。精工细作的科林斯柱式上加上了希腊化爱奥尼柱式的檐部。檐

第7章 希腊化诸王国建筑

部被划分成三条横饰带，连续的檐壁上装饰有比例适当的齿形装饰线脚，线脚的数量有所增加，横饰带之间从头至尾增加了半凸圆线脚。还出现了用来装饰檐部的卷形托饰(螺形托座)。

希腊化晚期的型制多是在重要的王国中成型发展，例如埃及的托勒密王国和叙利亚的塞琉西王国。然而保存最完好的希腊化晚期城市无疑是**帕加马**。帕加马的发端于(没有文献记载)公元前3世纪，是一个权力与影响力持续扩张的王朝的首府。为了把自己提升到王室的地位，它必须不逊于其他古老的王室首府。这座城市地势开阔，位于一座可俯瞰凯科斯河谷的山头上，其建造从山脚开始蔓延至山顶。在这样的场地上，运用网格平面布局几乎不可能，也没有平坦的地面可供建造。

因此，城市必须建在巨大的梯台式挡土墙上。就视觉效果而言，这些挡土墙极为重要，并时常地被附加的装饰墙抬高，很可能是由拱券式扶壁或柱廊所支撑。在这样的条件下，对于古典建筑尤为重要的柱式细部就让位于整体效果了，不同柱式的细部综合起来并引入新的建筑元素，例如希腊化晚期典型的檐下卷涡纹牛腿或托饰，诸如此类的做法后来被罗马建筑效仿。

伴随着建筑型制的发展，希腊化世界的政治、经济逐渐分崩离析。随着罗马的入侵和占领，固有的传统连同建筑师与手工艺人一起，被取而代之。在奥古斯都时代的罗马建筑中，尤其是在诸如奥古斯都和平祭坛(Ara Pacis Augustae)之类的纪念建筑里，仍能清晰地看到希腊化时期的遗风。

第二编
文艺复兴以前的欧洲和地中海建筑

第二编

文艺复兴时期的欧洲和地中海世界

文艺复兴以前的欧洲和地中海建筑

第8章
背　景

概述

考古学家把欧洲的史前时期分为五个阶段：旧石器时代；中石器时代，即距今最近的冰川纪结束(约前1万年)至农业出现的时期；新石器时代(约前6800—前2500)，即从农业兴起到广泛使用金属工具的阶段；青铜时代(约前2500—前1250)和铁器时代(约前1250—前1世纪)。每个时代在建筑上都出现了重大发展，我们将根据上述时段以年代为序逐一介绍(参见第9章)。

青铜时代末期和铁器时代之初，大约从公元前1200～前1100年，南下的侵略者摧毁了迈锡尼的古希腊文明。到公元前1104年，希腊西部和伯罗奔尼撒已完全被多立安人征服，而在公元前最后一个千禧年的第一个世纪，爱奥尼亚人已经在东爱琴海和安纳托利亚地区定居下来。

从公元前9～前8世纪开始，流离失所的人们向西迁移，一部分人前往意大利，在新的定居点形成新的社会群体(埃特鲁里亚人即其中之一)。在如饥似渴地进行土地扩张和贸易往来的同时，希腊各城邦也在地中海北部沿岸、意大利南部和西西里岛(历史上的大希腊)兴建起定居点。在意大利，背井离乡者的文化在罗马建设时期达到顶峰，那里出现了一种新的建筑，最初是受希腊风格的影响。这种新建筑将逐渐演变为拜占庭式、罗马风和哥特风格。

第一保加利亚帝国形成于7世纪的最后25年，一场持续的建筑演变，尤其是教堂建筑的演变就此展开。其后帝国历经斯拉夫和塞尔维亚的统治、基辅罗斯、诺夫哥罗德联盟，直至进入17世纪时的莫斯科公国。

自然特征

欧洲

在旧石器时代——对应于地质年代的洪积世或更新世，欧洲的地貌与现况迥异。那时，整个斯堪的纳维亚半岛、不列颠群岛的大部分、德国北部、波兰以及俄罗斯西北部都覆盖在辽阔的冰层之下，海平面比现在低得多，英国仍与欧洲大陆相连，西西里岛尚未与意大利分开，黑海还只是一个湖泊。在冰河区以外，北欧被一层永久冻土所覆盖，而伊比利亚半岛和地中海沿岸则是较为温和的霜冻气候。

这是一个生态环境反复更迭的时代。冰层覆盖区域的扩大与缩小、海平面的上升与下降、气候变化引发的动植物分布变迁等各种因素结合在一起，周期性地改变着自然条件，早期的人类不得不向其妥协。这似乎刺激了技术和文化的发展。极度的严寒，尤其在没有天然遮蔽物的东欧，催生了以住宅为形式的人工庇护所，其中的一些堪与重要建筑物相提并论。

全新纪接替更新纪时代以后(约前12 000—前10 000)，更为温和的气候所创造的地理、地形和动植物生活就是欧洲人今天所熟悉的了。冰层面积日渐缩小乃至消失，开辟出可供居住的新区域，在北欧的大部分地区，北极苔原被森林所取代，这些都对人类的定居产生了影响。

中石器时代的大部分时间，气候比现在更为温暖湿润。食物来源变得更加丰富可靠，但季节性也更强。因此，对中石器时代的人们来说，季节性迁徙比永久的庇护所还要重要，特别是在夏季的月份。这一时期的聚居地建在湖畔及河边、冲积带和涝原，或是俯瞰河流的台地和高原上。

与之形成对比的是，考古学家历来强调，新石器时代、青铜和铁器时代，人类聚居的区域在气候、地理和生态方面具有非凡的多样性。新石器时代的农业实践应该是发源于希腊和巴尔干半岛这些条件较为有利的地区(参见第6、7章)，并由此扩展到地中海沿岸。随后，农业在欧洲中部大范围推广开来，同时，住宅形式和陶器所反映的文化实践也更为统一。环境条件的变迁带来房屋建造方式的改变,并决定着建筑的发展,这正是本章节要讨论的主题。

青铜时代的民众都是能身兼数职的农夫。尽管总体而言,建筑的复杂程度并未提高,其聚居地的规模和密度却不断增加。除非可以利用天然防御阵地来保障住处的安全,居住场所通常建在临近水域的低洼基地上。

在整个铁器时代,农耕效率进一步提高,广阔的农田系统覆盖着欧洲的大片地区。这一时期的聚居地与设置防卫的场地紧密联系。建有防御工事的村庄和小镇遍布整个大陆,而在不列颠群岛,独立的、围着栅栏的小型村庄和农场则更为典型。

因此,公元前最后一个千禧年中发生的部族迁徙,向南及向西直至小亚细亚、希腊、意大利和西西里的沿海地区,不仅受到气候和地形的影响,也有防御和经济方面的原因。在意大利,矿藏集中在埃特鲁里亚,因此埃特鲁里亚文明的兴起应归功于厄尔巴岛的铁矿及其邻近大陆的铜矿和锡矿,它们不仅提供了经济交换的工具,而且也是制造业、手工业和艺术品的主要原料。

在建成之初,罗马不过是一个隶属于埃特鲁里亚人统治的乡村聚居地。到公元前264年与迦太基发生第一次战争时,它已经统一了意大利的大部分地区。又过了五六十年以后,经过三次布匿战争,罗马成为一个势力范围触及非洲和西班牙等海外地区的帝国。罗马帝国将逐渐控制整个欧洲。到东罗马帝国于4世纪末最终形成时,从西北的达契亚到东南的埃及和巴勒斯坦,包括整个马其顿和小亚细亚直至黑海沿岸,统统被纳入帝国版图。兴盛期过后,罗马帝国衰落并逐渐瓦解,随后崛起的是日耳曼和法兰克政权。10世纪末,基督教世界包括半个西班牙、今天的法国全部、德国易北河以西部分、奥地利、意大利和英格兰。

罗马人已经征服地形而非为其所困,高架渠、桥梁、道路和防御工事见证了他们在建筑以及工程成就方面那令人叹服的一致性。对于一个如此广博、如此依赖自身的交通和防御的帝国而言,恐怕必须要采取一种忽略地域自然特征的态度。

尽管如此,东罗马帝国的拜占庭建筑和西欧出现的罗马风建筑还是反映了当地的气候影响:副热带的阳光和高温是东部的特点,而西部和北部则阴沉寒冷得多。典型的现象是:在南部,建筑屋面坡度很小甚至完全做平,厚厚的墙壁上开着一些小窗,以此来阻挡白天阳光的曝晒;而在北方,窗口开大了,屋面做得更加陡峭以抵御雨雪。哥特建筑就起源于为适应北欧的气候和地形而发展起来的罗马风建筑。

虽然罗马人有能力克服地形上的障碍,但地理条件在欧洲建筑发展过程中的重要性还是显而易见的。举例来说,在法国,建筑观念沿着罗讷河、索恩河、塞纳河和加龙河流域扩散开去,这些区域将地中海跟大西洋及英吉利海峡联系在一起。比如,罗马风时期,国家被分割成不同区域,在建筑特征上打下了深深的烙印,这应归功于地理位置上的差异。罗马文明沿着罗讷河流域传播,罗马建筑的影响随处可见。稍后一段时期,以地中海为起点,沿加龙河流域的贸易路线,带着威尼斯和东方的影响穿越法国西南部,到达阿基坦大区的佩里格。这是一个拥有大批教堂建筑的地区的中心,这些建筑明显具有地中海东部的灵感,尤其可以追溯到威尼斯和塞浦路斯的渊源。卢瓦尔河以北,来自海上的诺尔斯人(即古代斯堪的纳维亚人)的影响,与侵占法国莱茵河到布列塔尼的法兰克人的影响一样显著。

一个普遍的共识是:哥特风格最初流行于12世纪中后期的法国西部,随着法国建筑师的迁移和其他地方对法国建筑的模仿,这种风格从该区域最终扩散到中世纪的欧洲各地。在13~14世纪,它变成了一种建筑的通用语。15世纪时,哥特风格在意大利逐渐遭到冷落,但在其他地方,直到完全进入16世纪,其主导地位仍是毋庸置疑的。至于波希米亚和牛津地区,甚至在18世纪,这种风格也从未被完全遗忘。从那时起,它被有意复兴,英国对此可能最为热情;很多最出色的哥特建筑实际上是在19世纪竣工或新建的。

巴尔干半岛诸国与早期俄罗斯

基督教建筑在以下地区也得到了相应的发展:从今天的希腊北部、前南斯拉夫、保加利亚和罗马尼亚开始,遍及南起黑海和里海,北至波罗的海和芬兰湾之间的广袤地区。从气候方面看来，塞尔维亚、保加利亚和瓦拉几亚地区与意大利中部和南部大致处于同一纬度，基辅罗斯与英伦诸岛和北欧纬度相仿，而莫斯科公国则接近于俄罗斯西北部北极附近的状况。

俄罗斯所处的地理环境是影响该地区政治发展的重要因素之一，因而也影响了建筑发展模式。中部和北部广袤的森林与一望无际的无树的大草原形成鲜明的对比，一批又一批侵略者从东亚出发，踏过草原，涌入欧洲。举例来说，8世纪时，为躲避控制着南部平原的佩切涅格人❶，南方的斯拉夫人向北迁徙至今天的俄罗斯中西部，他们和来自北方的其他非法闯入者融合成为当地的合法居民。

在人迹罕至的广阔草原上，最省力的路线是借助这一地区丰富的河网系统。8世纪时，基辅看来好像已经成为哈扎尔人❷统治下的一个军事要塞和贸易中心。9世纪初，哈扎尔开始衰落，不得不将基辅的控制权让给东部斯拉夫人中最强盛的波利安人部落。因此，基辅作为水路贸易航线上的枢纽而兴起，被称为瓦朗吉亚人❸的瑞典维京人侵者夺取了其统治权(也发生在9世纪)，这一切表明该区域地理环境所扮演的重要角色。同样，巴尔干诸国和俄罗斯历史和文化的演变，也与这一区域的大小及自然环境直接相关。例如，蒙古人的入侵和可汗政权的建立，虽然干扰了建筑的正常发展，却也为常驻的当地人口注入了新的活力，并有助于促进莫斯科诸公国营建活动的广泛开展。

在巴尔干半岛，黑海西岸平原的地中海气候影响了西边的喀尔巴阡山脉、特兰西瓦尼亚地区和匈牙利西部，以及南边的拜占庭帝国(和后来的奥斯曼帝国)。与之相似的，在政治演变中，地理和种族因素纠结。例如在拜占庭建筑和艺术的影响下，罗马－达契亚文化与斯拉夫势力结合起来，这毫无疑问有助于催生一种独特而崭新的建筑。

至于伊斯兰建筑，地理位置的接近以及河海交通的便捷促进了能工巧匠的输入，尤其是君士坦丁堡和其他地方的石匠的引进，这有助于使纪念性建筑具备始终如一的品质。然而，随着权力中心的北移，它与高度发展的文明之间的距离日益扩大，从而导致彼此逐渐疏离。俄罗斯的文化在落后的中世纪徘徊了好几百年，而那时，文艺复兴早已变革了中欧和西欧的城市。在北方，材料易于获得，尤其是木材供应丰富，这深刻地影响着当地的建筑形式。

历史

史前时期

在旧石器时代，那些带有专门的贮藏地窖或场地的大型永久建筑的早期演变，反映出社会的精密性与复杂性。据载，狩猎队伍的规模大小迥异，在西欧最少的只有20~25人，而东欧某些地方则超过100人。聚居群体的构成就只能凭空猜测了。不同文化的群体之间，出现了原材料和手工制品的地区性交换。在一些遗址中发现了大量代表社会身份的物品和具有象征价值的物品，以及针对某些人的特殊化的埋葬方式。这些都表明，即便在这一社会发展的早期阶段，也已经有了角色与地位的分化。

在中石器时代，整个欧洲的人口都在增加，但各个地区的人口规模却在压缩。因为经济变得更为多样化，很多人采取了半游牧的生活方式，并利用生态条件的季节性变迁。住宅形式、聚居地的布局、丧葬仪式及其相关手工制品出现了明显的地区性差异，货物及材料的交换在相距甚远的两地之间发生。而在同一地区的群体内部，贫富差距变得愈发明显。

在新石器时代，经济的变迁往往包含从狩猎和采集向农耕或畜牧的转变，与之相伴的是人口的增长和随之而来的社会结构改变。考古学家认为，大型的纪念性建筑正是社会不平等的明证。

此时已经相当完善的长途贸易，其规模和地理范围在青铜时代都进一步扩大，这反映在供坐骑

---

❶ Pechenegs；突厥游牧民族。——译者注
❷ Khazars；6世纪下半叶建立商业大帝国的突厥语部族联盟的成员，地域在今俄罗斯欧洲部分的东南部。——译者注
❸ Varangian；中世纪东欧对来自斯堪的纳维亚居民的称呼。——译者注

和驾驭的马匹的利用、带轮交通工具的发展、造船精密度的增加以及纤道的使用等方面。同时，地域差别进一步加强，一种社会形态的流传或被取代的节奏在加快，贫富差距进一步扩大。青铜时代晚期的主要特征是：大约从公元前1000年开始，盛行在山丘顶上建造防御性的聚居地和围栏。这种防御工事的形式与不甚太平的社会氛围有关系，尽管许多工事的修建可能主要是出于战略或象征意义上的考虑。

在铁器时代，高度等级化的宗族社会出现在欧洲各地，其中有首领或王族的统治者、尚武的贵族阶层，礼仪和手工行业的专家。还出现了工业区，例如炼铁、金属加工和制盐区等，而另一些地方则建立了销售中心。通过上述的内部发展，加之与地中海世界的接触，在铁器时代，欧洲内陆社会的文化和技术持续发展，生活节奏也不断加快。在凯尔特世界，社会的技术发展与铁器时代晚期古希腊古罗马的水平旗鼓相当，尤其在农业和手工业方面。相比之下，其政治体制就显得不那么跟得上了。

埃特鲁里亚时期

早期居住在意大利中西部的埃特鲁里亚人(the Etruscans)的前身，现今已无从考证。根据希罗多德❶在公元前5世纪的记载，他们是来自小亚细亚的吕底亚的移民。但不管他们的祖先是谁，至公元前8世纪时，埃特鲁里亚人已经开始在沿海地区建立一种可以辨认的城市文明。接下来的一个世纪里，这种文明传播到内陆的其他中心，而埃特鲁里亚的海上力量(在很大程度上是通过海盗行为)，也强大到足以挑战地中海西岸的希腊。

在公元前6世纪，埃特鲁里亚的势力达到巅峰，它统治下松散的城市联盟从意大利北部的波河河谷一直延伸到南部的那不勒斯湾以外。意大利的其他地区为各种各样的异族所占据，其中包括北部的利古里亚人、东部的皮切尼人❷、中南部是萨谟奈人❸和拉丁人，而南部沿海地区和西西里则是希腊的殖民地。此时，罗马(相传约建立于公元前753年)只不过比埃特鲁里亚南部一个小镇稍大一点，受埃特鲁里亚国王们的统治，辅之以一种公证会(popular assembly)的形式。不过，没等这个世纪结束，埃特鲁里亚的霸权地位就开始衰落了。

公元前510年，罗马人起义，推翻了他们的国王，建立起一个独立的城市共和国。通过控制台伯河渡口，切断了埃特鲁里亚与其南部领土的联系。埃特鲁里亚对北部平原的控制被来自更远北方的高卢人所破坏，而其海上势力则被锡拉库萨人击垮，后者也是南部最古老的希腊殖民者库迈人的盟友。随着罗马影响力的提高和控制力的增强，埃特鲁里亚进一步衰落，其中标志性的事件是：公元前397年，其重要城市维爱(今韦约)沦陷。大约至公元前250年，埃特鲁里亚彻底衰亡。

罗马共和国的兴起

埃特鲁里亚国王被驱逐之后，罗马人逐渐夺得一个拉丁人聚居区联盟的领导权，这个联盟是为共同抵御内陆丘陵地带的部落而组建的。公元前348年，内部分歧导致该联盟解体，这为罗马人的统治铺平了道路。此后，这成了罗马精神的一部分，即与其他社区合并时，将其视为近乎平等的同伴，赋予其责任，也给予其权力。这种做法加上扩张主义者的眼光和农民士兵节俭而坚韧的品质，公元前273年左右，罗马人已经成为意大利整个中部和南部地区令人瞩目的统治者。

罗马影响力的扩大引发了与迦太基之间的摩擦，最终导致第一次布匿战争(前264—前241)，结果西西里被吞并，成为罗马第一个海外行省。第二次布匿战争(前218—前201)是一场惨痛的生死之战。伟大的迦太基统帅汉尼拔(Hannibal，前247—前183)，从北方经西班牙和阿尔卑斯山脉进入意大利，以避开已经取代埃特鲁里亚地位的罗马海上力量。他击溃了罗马军队，蹂躏意大利达数年之

---

❶ Herodotus；约公元前484～约前425年，古希腊历史学家，西方史学称其为"历史之父"。——译者注
❷ Picenes；铁器时代早期居住在意大利里米尼到桑格罗河之间的亚得里亚海滨的居民。——译者注
❸ Samnites；古代居住在意大利南部山区中心诸多好战的部落之一，可能属萨宾人之旁系。——译者注

久，直至被召回本土，以迎击罗马人在西庇阿❶将军指挥下发动的对迦太基的反击。西庇阿在扎马的胜利(前202)，使迦太基的力量骤减。但迦太基紧随其后的一次复兴，促使罗马下定决心将它彻底击溃。这一目标通过第三次布匿战争得以实现。就这样，迦太基和它的领土一起成为罗马的非洲行省。

对马其顿(前168)和希腊(前146)的征服给这个成长中的帝国又增添了两个行省，它们也充当了罗马同化小亚细亚和东地中海世界的其他部分的垫脚石。至公元前133年，这些地区大部分都被纳为罗马的亚洲行省，剩下的也在随后的一个半世纪中陆续被合并进来。在征服西班牙以及于公元前64年征服叙利亚之后，罗马人掌控着西起大西洋、东至幼发拉底河的广大领土。

这些连绵不断而又常常令人绝望的战争以及之后的征服，带来了消极的影响。劳动力大量消耗，这正是汉尼拔造成的伤害；从非洲进口的谷物，严重扰乱了欧洲早期的农耕经济；难民、奴隶和流亡者纷纷涌入首都，造成了社会动荡，这种动荡又因为那些投机者新近攫取的财富而进一步加剧。由于在远离家园的地方驻扎大量常备军，这些矛盾又进一步激化。为了解决问题，原来的民兵必须转变为正规军队，而对这支队伍的有力统治使原来的共和政府的困境不断加剧直至被摧毁。

连续的内战导致了一连串的军事独裁政权，其中最成功的独裁者当属尤利乌斯·凯撒❷。他在高卢战役(前58—前49)中取得的辉煌胜利，为罗马建立起沿莱茵河和英吉利海峡的北部新边界。但他重组行政体系的努力却因遇刺而夭折。接踵而至的又是一个内乱纷争的时期，由马克·安东尼❸、屋大维❹和雷必达❺组成的三雄执政粉碎了复兴共和政府的企图。经过内部对霸主地位的争夺，屋大维在公元前31年的亚克兴角战役中打败了马克·安东尼，从而将埃及纳入帝国版图。

罗马帝国

此后，屋大维再建了秩序并完成了重组，这对帝国的高效运行是必不可少的。他接受了皇帝和奥古斯都的尊号，正是后者使屋大维为今人所熟知。他漫长的统治生涯(前27—公元14)，奥古斯都时代堪与古希腊的伯里克利时代相媲美。这一时代的标志包括：大兴土木所表现出来的国民生活的复兴，与以"罗马帝国统治下的和平时期"闻名于世的内部稳定。

奥古斯都，尽管他本人实际上大权独揽，但从未正式建立王朝统治。而在其之后的半个世纪，继承者们却提出了由某些家族继承皇位的要求，例如提比略❻、卡利古拉❼、克劳狄❽和尼禄❾。不管他们执政时如何暴虐无道，奥古斯都打下的基础使行省的发展得以继续，而这些行省在国家中的地位也越来越重要。这一时期，帝国仅有的一次意义重大的扩张是将不列颠纳入版图，这次征服始于克劳狄统治时期。在尼禄执政时期，一个在建筑史上意义非凡的事件，是发生于公元64年的一场大火，烈火燃烧了九天以上，将大半个罗马城化为焦土。

尼禄自杀了，没有任何明确的继承人，这导致了一年内战，其间政权三度易主。一位军队指

---

❶ Publius Cornelius Scipio；约公元前237～前184/183年，即大西庇阿或非洲的征服者西庇阿，古罗马统帅。——译者注
❷ Julius Caesar；公元前100～前44年，罗马将军、独裁者、政治家，公元前49～前44年执政。——译者注
❸ Marcus Antonius；公元前82～前30年，古罗马统帅，凯撒部将。——译者注
❹ Caius Octavius；公元前63～公元14年，罗马第一位皇帝，公元前27～公元14年在位，凯撒之甥孙和养子，指定继承人，前27年被授予"奥古斯都"的称号。——译者注
❺ Marcus Aemilius Lepidus；?～约公元前13/12年，古罗马统帅，凯撒部将。——译者注
❻ Tiberius；公元前42～公元37年，古罗马第二代皇帝，公元14～37年在位。——译者注
❼ Caligula；公元12～41年，古罗马皇帝，公元37～41年在位。——译者注
❽ Claudius；公元前10～公元54年，古罗马皇帝，公元41～54年在位。——译者注
❾ Nero；公元37～68年，古罗马皇帝，公元54～68年在位。——译者注

挥官——韦斯巴芗❶最终重建秩序并建立了弗拉维亚王朝。在韦斯巴芗及其子提图斯❷和图密善❸统治时期,帝国疆域在不列颠和伊利里亚❹略有扩张。犹太人发起的一场叛乱最终也遭到粉碎。公元70年,耶路撒冷被罗马洗劫一空。九年后,庞贝城和赫库兰尼姆毁于维苏威火山的爆发。

图密善的遇害将王朝统治带到了终点。后来的统治者从那些被认为最适合的,甚至可能是没有罗马血统的人中选出,并需经元老院批准(虽然有时由在位皇帝的认可而选定)。涅尔瓦(Nerva, 96~98年在位)、图拉真❺、哈德良❻、安东尼·庇护(Antoninus Pius, 138~161年在位)和马可·奥勒利乌斯(Marcus Aurelius, 161~180年在位)的统治,被称为安东尼王朝(Antonine Age),为帝国注入了新的活力,行省的重要性进一步增加。图拉真是西班牙人,他是第一个非意大利裔的执政者。哈德良也是西班牙人,而安东尼·庇护的祖上则是来自普罗旺斯省尼姆的移民。图拉真和哈德良可能是奥古斯都之后最杰出的统治者。在图拉真的领导下,罗马征服了达契亚和帕提亚❼,帝国疆域达到最大。而在哈德良(见[186]页图A)时期,尽管东部边界略有后退,但在将众多行省融合起来以形成有效伙伴关系方面却卓有成效。随之而来的稳定局面给罗马带来了新一轮伟大的建设高潮。但在马可·奥勒利乌斯统治的末期,帝国却因瘟疫流行和多瑙河前沿遭到第一次蛮族的入侵而元气大伤;随着他不争气的儿子,也是他的接班人康茂德❽的上台和被杀,这一时代走向终结。

西罗马帝国的衰亡与君士坦丁堡的建立

3世纪是一个这样的时代:政局混乱、内战不断、蛮族频频侵袭边疆,维持庞大军队开支也是经济动荡的原因之一。又一段君主频易的时期过后,相对的稳定为北非的卢西乌斯·塞普蒂默斯·塞维鲁❾和他的儿子卡拉卡拉❿所恢复,不过,这一状况在卡拉卡拉遇刺后未能再度延续。大约自公元230年起,边疆的压力主宰着政府公务,以致接二连三地出现士兵皇帝——他们都是在战场上由其部下宣告拥立的。大多数这类"皇帝"只能执政几年,而经济却一直在衰退,社会生活也日益混乱。这种衰退被伊利里亚人戴克里先⓫用大刀阔斧的改革所遏制,代价是他夺取了独裁权力,并通过冷酷的、新的官僚政治加以实施。改革措施包括:大幅度的权力下放,通过在尼科梅迪亚、塞尔曼⓬、萨洛尼卡⓭、米兰和特里尔创建新首府,大大削弱了罗马的权力。戴克里先本人统治始于尼科梅迪亚帝国的东半部分,在米兰有一个西部地区的联合执政皇帝,在塞尔曼或萨洛尼卡和特里尔还有辅助执政者,他们被称为凯撒的预定继承人。

然而这种被称为四头统治(Tetrarchy)的制度并不比戴克里先更加长命。其继位者之间的对抗带来了更多内战,其中弗拉维乌斯·瓦列利乌斯·君士坦丁⓮最终胜出。公元312年,他战胜了西方的马

---

❶ Titus Flavius Vespasian;公元9~79年,古罗马皇帝,弗拉维王朝的创建者,公元69~79年在位。——译者注
❷ Titus;公元39~81年,古罗马皇帝,公元79~81年在位。——译者注
❸ Domitian;公元51~96年,古罗马皇帝,以恐怖统治出名,公元81~96年在位。——译者注
❹ Illyricum;历史地名,大致即今天的南斯拉夫。——译者注
❺ Trajan;公元53~117年,西班牙裔的古罗马皇帝,公元98~117年在位。——译者注
❻ Hadrian;公元53~138年,古罗马皇帝,117~138年在位,热衷科学、艺术与文学。——译者注
❼ Parthia;安息帝国。——译者注
❽ Commodus;161~192年,古罗马皇帝,180~192年在位。——译者注
❾ Lucius Septimius Severus;146~211年,古罗马皇帝,193~211年在位。——译者注
❿ Marcus Aurelius Antoninus Caracalla;188~217年,古罗马皇帝,211~217年在位。——译者注
⓫ Gaius Aurelius Valeius Diocletian;约243~约313年,古罗马皇帝,284~305年在位。——译者注
⓬ Sirmium;历史地名,今土耳其斯雷姆。——译者注
⓭ Salonika;塞萨洛尼基的旧称。——译者注
⓮ Flavius Valerius Constantine;约280~337年,君士坦丁大帝,君士坦丁一世,古罗马皇帝,306~337年在位。——译者注

第 8 章 背 景

克森提❶。公元 324 年，他又击败了东方的李锡尼❷。因此，从 324 年到 337 年他去世，帝国再次由一位君主独自统领。然而，现在这位将所有权力都揽入自己手中的人，采用更为东方而不是西方或传统罗马的方式来运用这些权力，建立起一个新的王朝。

君士坦丁的管理体系采纳了戴克里先率先提出的权力下放原则，将帝国划分为四个辖区(prefecture)。此外，他还做出了两个影响深远的重大决定。首先，在 313 年，他承认基督教与其他所有宗教具有同等地位，而他自己也开始信奉此教。其次，在 324 年，他选择以东方为立足点统治全国，没有将首都定在尼科梅迪亚，而是定在拜占庭附近。到 330 年，那里正式成为"新罗马"或"君士坦丁堡"(Constantinople)，即君士坦丁的城市。

如过去一样，制度在其创立者过世后未能完好长存，边疆屡遭侵袭，带来越来越多的问题，尤其在西部，单单靠一个皇帝的有效控制显然是行不通的。帝国的第一次正式瓜分发生在公元 364 年，瓦伦提尼安一世❸在西罗马称帝，他的弟弟瓦林斯❹则统治东罗马。狄奥多西大帝❺是最后一个企图独自统治整个帝国的人。不过，他过世后，西罗马与当时已非常富裕而拥挤的东罗马之间的隔绝越来越大。公元 407 年，莱茵河防线被攻破，蛮族占领了高卢，切断了帝国与不列颠之间的交通线路。次年，罗马军队从不列颠撤离。410 年，哥特族在阿拉里克王❻的率领下入侵意大利。尽管有坚固的新建防御墙保护，他们还是将罗马洗劫一空。公元 271 年，奥勒利安❼首次意识到入侵者的威胁，开始修建一道城墙。在接下来的数十年中，西部行省(包括北非)相继沦陷。公元 455 年，罗马再遭劫掠。公元 476 年，西罗马最后一位皇帝罗慕路斯·奥古斯图卢斯(Romulus Augustulus)被哥特·奥多亚塞❽废黜。

至此，西罗马帝国可以说正式灭亡，它作为一个独立国家也就不复存在了。不过，意大利本身的分裂并不如想象的那样引人注目和彻底，或者说并没有对正常生活造成重大影响。奥多亚塞和比他更伟大的继承者奥斯特罗戈特·狄奥多里克❾都将自己视作罗马帝国的继任者，以下事实进一步证实了这一观点，他们此前都皈依了基督教信仰，391 年，狄奥多西❿还把基督教奉为帝国唯一的宗教。事实上，在东罗马皇帝芝诺⓫的鼓动和支持下，狄奥多里克罢黜了奥多亚塞。他们选择拉韦纳作为行政中心也是历史的延续，因为当 404 年洪诺留皇帝⓬定都拉韦纳时，它就已经基本上代替了罗马和米兰，罗马充其量是个象征性的中心而已。

下面将更详细地论及最后那些举措。起初，查士丁尼⓭企图以他所在的君士坦丁堡作为东部基地开始重新统一帝国。然后，过了很久，经历了一次重大分裂(在此期间，意大利的大部分领土都被来自伦巴第(Lombard)的征服者所统治)以后，查理曼大帝⓮以"神圣罗马帝国"(Holy Roma Empire)

---

❶ Maxentius；? ~312 年，罗马皇帝，306~312 年在位，马克西米安皇帝之子。——译者注
❷ Licinius；? ~325 年，罗马皇帝，308~324 年在位。——译者注
❸ Valentian；321~375 年，罗马皇帝，364~375 年在位。——译者注
❹ Flavius Valens；约 328~378 年。——译者注
❺ Theodosius the Great；379~395 年在位，狄奥多西一世，约 346~395 年，先于 379~392 年为东罗马皇帝，后于 392~395 年为整个帝国皇帝。——译者注
❻ Alaric；约 370~410 年。——译者注
❼ Aurelian；约 215~275 年，罗马皇帝，270~275 年在位。——译者注
❽ Goth Odoacer；约 433~493 年，又称奥多瓦卡尔，日尔曼武士，意大利的第一个蛮族国王。——译者注
❾ Ostrogoth Theodoric；约 454~526 年，狄奥多里克大王，自 471 年起为东哥特王国国王，493~526 年自立为意大利国王。——译者注
❿ Theodosius；即狄奥多里克。——译者注
⓫ Zeno；约 425~491 年，东罗马帝国皇帝，474~491 年在位。——译者注
⓬ Flavius Honorius；384~423 年，西罗马帝国皇帝，393~493 年在位。——译者注
⓭ Justinian；483~565 年，东罗马帝国皇帝，527~565 年在位，即查士丁尼大帝、查士丁尼一世。——译者注
⓮ Charlemagne；742~814 年，先于 768~800 年为法兰克王国加洛林王朝国王，后于 800~814 年为查理曼帝国皇帝。——译者注

的名义发动了一场有名无实的复兴，这次复兴的标志是公元 800 年罗马教皇利奥三世❶在罗马为查理曼加冕。这次举动对不再作为帝国行政中心的罗马继续保留其重要性具有决定作用，它象征着圣彼得主教所管辖区域在西方基督教世界里威望的增加。财富和统治力量的加强使教会渗入其余统治力量崩溃所留下的真空地带，其威望得到进一步巩固。

从狄奥多西到查士丁尼的东罗马帝国

东方的新罗马，君士坦丁堡的重要性不断增加，最终几乎完全取代了罗马本身，君士坦丁对此几乎毫无预见。在 4 世纪的大部分时候，君士坦丁堡的最终地位始终不太确定，但到了公元 395 年帝国最后一次分裂时，其地位已较为明确，在接下来的一个世纪则得到了完全的巩固。它从一个微不足道的小城开始，至 6 世纪之初已能容纳近 50 万人口，远远超过罗马的人口，当时罗马人口已经从几个世纪前鼎盛时期的将近 100 万减少到只有 20 万。

现在通常把分裂后的东罗马帝国称为拜占庭帝国，这个称谓来源于该城早先的希腊语名字"拜占庭"。然而，这一称谓不应就此模糊了它跟东罗马帝国之间确凿的延续性。东罗马帝国早在数百年前就已形成，并且在许多方面已经被它所吞并的希腊王国同化了。

东罗马帝国比西罗马帝国幸运的地方在于，它较少受制于急欲获得土地的北方野蛮部落的压力。对东罗马帝国而言，此类压力部分可以在巴尔干地区感知到。帝国主要威胁是由东边的波斯帝国构成的，尽管在部分北方边疆还有一个半独立的基督教国家亚美尼亚作为缓冲。与波斯之间的战争时断时续，间以并不轻松的短暂停火。尽管如此，在 6 世纪初，最伟大的拜占庭皇帝查士丁尼(527—565 年在位)觉得自己已强盛，可以尝试通过再次征服西部来实现整个帝国的重新统一。他几乎成功了，收复了整个北非、西班牙南部和意大利，然而，代价是高昂的，特别是与意大利的持久战导致整个国家经济遭受重创。在他执政后期，大规模爆发的鼠疫吞噬了大量生命，造成了更严重的破坏。

查士丁尼之后的拜占庭帝国

查士丁尼的继承者们不得不集中精力加强东部和巴尔干前线的防御，因为意大利北部和中部(拉韦纳周边地区除外)、西班牙南部和北非大部分地区稍后就再度失守于伦巴第人❷、西哥特人❸和柏柏尔人❹。希拉克略❺废黜了暴君福卡斯(Phocas)后，实行改革以适应新的形势。其中包括：在当地人而不是雇佣兵基础上组建军队，消除从戴克里先时期延续下来的非军事与军事政权间的严重割据。他成功击败了波斯帝国的萨珊王朝(Sassanian empire)，但在阿拉伯人的进攻下被迫放弃巴尔干大部分地区的直接控制权。公元 632 年，穆罕默德(Mohammed)死后，阿拉伯人的进攻力量在短短几年内迅速增强，大马士革于 635 年沦陷。此后不久，整个叙利亚失守，接着又是耶路撒冷。北部的亚美尼亚和南部的埃及全境也均告失守。阿拉伯的骑兵甚至深入到小亚细亚(参见第 15 章)。就这样，希拉克略最后悉心维持的帝国，国土面积仅为查士丁尼统治时期的一半。

丧失了最繁荣富有的几个行省之后，帝国再也无力重振雄风。它的命运起伏不定。例如，阿拉伯人很快转向较为容易攻克的北非和西班牙。许多城市都衰败了，拉韦纳于 751 年沦陷，在色雷斯前线有着更多更危险的攻击。在巴西尔一世❻及其王朝统治下，帝国出现了一次复兴，这在新一轮的建筑活动中有所反映。但紧随其后的是从东部源源不断渗透进来的土耳其力量以及 13

---

❶ Pope Leo III；罗马教皇，795~816 年在位。——译者注
❷ Lombard；日尔曼民族的一支，568~774 年在意大利统治一个王国。——译者注
❸ Visigoth；哥特人的一个分支，为日尔曼最重要部落之一。——译者注
❹ Berbers；北非土著，主要散居于摩洛哥、阿尔及利亚、突尼斯、利比亚和埃及的部落里。——译者注
❺ Heraclius；575~641 年，610~641 年在位，东罗马帝国皇帝。——译者注
❻ Basil I；867~886 年在位，拜占庭帝国皇帝，马其顿王朝的创建者。——译者注

世纪十字军的掠夺。

君士坦丁堡已经成为拜占庭帝国的中心，就像长期以来罗马在罗马帝国中的地位一样。因此，它在1204年的沦陷对于拉丁十字军无疑是致命的，结果，帝国行政中心被迫迁至尼西亚。1261年，君士坦丁堡为迈克尔·帕里奥洛加斯❶所收复，最后出现了一次出人意料的重整旗鼓，但这并不能有效阻挡土耳其人的前进。13世纪大部分时间和14世纪前半叶，一个强大的奥斯曼苏丹(Ottoman sultanate)掌控着小亚细亚的大多数地区，并且通过色雷斯步步进逼君士坦丁堡。这座城市在公元1453年落入年轻的苏丹穆罕默德二世(Sultan Mohammed II)手中。

这就是拜占庭帝国作为一个政治实体的终结。但东正教堂并未因此而消亡，基督教堂的这一分支几乎成了拜占庭的同义词。在被土耳其占领的几个世纪中，东正教堂在巴尔干地区甚至小亚细亚的部分地区都得以幸存。在俄罗斯，这种教堂则作为一种更加强大的势力流传下来。

巴尔干半岛诸国与早期俄罗斯

公元4世纪末，匈奴人向南挺进今日的伊朗，去进攻哥特人，反过来又发动了一系列侵略。这可能是迫于来自远东其他地区人群的压力，其中也包括中国人，在那时，他们已经源源不断地穿过南亚游牧走廊达数个世纪之久。在所谓的"匈奴风暴"之后，这片地区发生了一次民族融合，取代斯拉夫人的诸民族被逼到西部。保加利亚人，他们中有一些曾定居在伏尔加河中游，也征服了东南的巴尔干斯拉夫人，还在拜占庭帝国之外建立了第一个东欧国家，称之为第一保加利亚帝国(681—1018)。在公元6～7世纪，君士坦丁堡被迫割让巴尔干半岛的大部分地区给入侵的斯拉夫部落。保加利亚人的先民，源于里海和亚速海附近的土耳其人中一个部落，他们来到此地，并夺得军事领导权之后，一个新国家成立了，原来的色雷斯人和部分希腊人为之所同化。

在拜占庭，和平和战争的时期交替出现。利用拜占庭与卡洛林帝国之间的紧张关系，保加利亚发展成为第三大势力，将自己的疆域扩张到亚得里亚海和喀尔巴阡山脉。公元685年左右，鲍里斯一世❷迫于君士坦丁堡的压力，将东正教引入国内，但为了削弱拜占庭的影响，祈祷文采用了斯拉夫文字。这标志着斯拉夫国家自身民族统一进程的终结。直到公元10世纪，斯拉夫才有机会建立一个独立的主权国家。这一期间，那些在公元6～7世纪斯拉夫民族皈依基督教之前遭到破坏的巴西利卡教堂都得到了修复或重建，其中很大部分得益于拜占庭石匠的帮助。

内部危机引发的衰退，加之来自匈牙利人、法国佩切涅格人和俄罗斯人的攻击，使这一阶段逐渐走向尽头。1018～1186年，保加利亚慢慢地又重新落入拜占庭的掌控之中。巴尔干地区的西部在沙皇萨缪伊尔❸率领下，组成了残留的斯拉夫国家，定都奥赫里德(Ohrid)。没过多久，这个国家在1014年被号称"保加利亚杀手"的巴西尔二世❹彻底击溃了。150多年以后，内部腐败加上塞尔柱人和十字军的劫掠使拜占庭帝国又衰败了。这一时期，无论是新建建筑还是老房子的修复都直接受到君士坦丁堡的控制和影响。及至12世纪末，在保加利亚北部城镇特尔诺沃爆发了一场叛乱，并在整个斯拉夫疆域中蔓延开来。这标志着第二保加利亚帝国的开始，它将延续两个多世纪(1186—1396)。尽管独立教区的成立带来了文化的复兴，但国内的真正统一却一再受到封建领主的争权夺利、农民的骚乱以及鞑靼骑兵的袭击等一系列原因的阻碍。凭借在罗马和君士坦丁堡之间的巧妙斡旋，沙皇卡洛扬(Czars Kaloyan, 1167～1207年在位)与伊凡·阿森二世(Ivan Asen II, 1218～1241年在位)在提升自己在教会中地位的同时，也得以在前人基础上大大扩展了帝国疆域。在这一时期，由于较低等级的贵族阶级也有更多机会参与赞助，不仅建筑的特征，就连其尺度也发生了

---

❶ Michael Paleologus；希腊皇帝迈克尔八世。——译者注
❷ Khan Boris；保加利亚汗，852～889年在位。——译者注
❸ Czar Samuel；西保加利亚沙皇，987～1186年在位。——译者注
❹ Emperor Basil II；约958～1025年，东罗马帝国皇帝，976～1025年在位。——译者注

第二编　文艺复兴以前的欧洲和地中海建筑

图 A （左图）哈德良墙，见[182]页

图 B （中图）圣吉米尼亚诺的塔楼景观(13—14 世纪)，见[194]页

图 C （下图）鲁昂法院(1493—1508)，见[194]页

第8章 背景

改变。

然而，从长远来看，保加利亚的皇帝们终究未能成功地将南部斯拉夫统一进来，而且他们的利益与拜占庭和法兰克皇帝也有冲突。13世纪末，第二保加利亚帝国已经逐渐分裂成许多各自为政的封建公国，至14世纪末，土耳其人开始了其长达500余年的统治。

在9世纪下半叶皈依东正教并沿用了古老的斯拉夫民族祈祷仪式的塞尔维亚人，反复利用上述矛盾来加强自身的独立性。然而，在11世纪初到12世纪中期，他们还是受制于拜占庭的统治。这个区域从基督教早期就开始经历来自东西两个罗马帝国的政治和文化转变的浪潮，因此，当斯蒂芬·内马尼奇(Stephen Nemanja，1159~1195年在位)上台执政，组建独立的塞尔维亚王国"拉斯"(Ras)或称之"拉斯亚"(Rascia)时，两方面的影响因素倾向于结合成为一种新的、充满活力的建筑学派。这个王国在君主的不断继任中得到扩展，在13世纪早期，由于俄罗斯和拜占庭正分别集中精力对付蒙古人和十字军的入侵，拉斯亚的建筑学派便具有重要的文化意义。

在多瑙河北部，即今日的罗马尼亚地区，从色雷斯族联盟中分离出来的达契亚民族，他们作为罗马帝国的一个行省，已经为罗马的语言和文化所同化。由于民族间的交融，形成了两个文化区域：西部的特兰夕法尼亚、东部的瓦拉几亚❶与摩尔达维亚。特兰西瓦尼亚受匈牙利的统治，但是大部分民众所信仰的天主教却纳入罗马天主教教皇的领导，倾向于以罗马风和哥特形式为方向。到了14世纪，罗马风的传统比哥特式的革新更为强大。瓦拉几亚与摩尔达维亚受东正教领主管辖，14世纪时，他们摆脱匈牙利的统治，在君士坦丁堡领导之下指派自己的都主教❷。虽然摩尔达维亚的斯特凡大公❸在位时力图独立，但在他去世后不久，两国的统治者(hospodars)就对奥斯曼帝国俯首称臣了。然而，继任的统治者享有相当的特权，可以发展自己的文化，还支持君士坦丁堡的教皇以及圣山(Mount Athos)和西奈半岛的隐修院(Sinai monasteries)，一直到17世纪。

基辅罗斯，随着弗拉基米尔一世❹的皈依，这个东斯拉夫人组成的早期封建公国，也接受了东正教。为了统一国家，他娶拜占庭皇帝巴西尔二世的妹妹为妻，并于988年，带领基辅臣民到第聂伯河去接受洗礼。自此，整个宫廷的文化风俗都转向君士坦丁堡，而保加利亚教皇的影响减弱。基辅城市直接受君士坦丁堡教皇管辖，到蒙古人入侵时，任命希腊人为基辅大主教也已成惯例。政治上居于下风的统治者不得不对这些异邦主教多陪小心，正如他们当初对那些沙俄贵族议会或人民议会所做的一样。因此，尽管在建筑上受拜占庭的影响是毋庸置疑的，但建筑项目经常是各种利益权衡的结果。弗拉基米尔的儿子雅罗斯拉夫(Yaroslav，1016~1054年在位)接替其父之王位，在诺夫哥罗德开始统治基辅公国，并将基辅的权势向东西两方拓展。他的子女与许多欧洲皇室联姻，其中包括英国和法国。雅罗斯拉夫的离世引起了一个纷争不断的时期，王储们在与敌国交战之际，还要为争夺权力而彼此争斗。直到1096年，留里克王室❺的全体王储签署了《柳别奇条约》(agreement of Lyubech)之后，各个副中心才开始发展，在这一时期，它们包括切尔尼戈夫、佩列亚斯拉夫、诺夫哥罗德、波罗茨克、沃利尼亚和加利西亚以及其他几个臣服于基辅的边远公国。俄罗斯南部总是遭受库曼人的攻击，因此几乎没有注意到在其东北部的苏兹达尔势力的悄然崛起。安德烈·博哥柳勃斯基公爵(Andrei Bogoljubski)在1169年推翻了基辅公国，将其地位降为附属领地，宣布自己为大公，但仍选择北方的弗拉基米尔为首都，因此，俄罗斯的行政中心就由原来的南部移向中部。

---

❶ Walachia；即奥尔泰尼亚，多瑙河下游的公国，1859年与摩尔达维亚联合形成罗马尼亚国家。——译者注
❷ metropolitan；都主教，天主教会、东正教会和英国圣公会中教省的首脑。——译者注
❸ Stephen the Great；1435~1504年，摩尔达维亚大公，1457~1504年在位。——译者注
❹ Grand Prince Vladimir；约956~1015年，基辅大公。——译者注
❺ house of Rurik；基辅罗斯和后来莫斯科大公国的王族。——译者注

不过苏兹达尔并未达到基辅曾享有的毋庸置疑的地位。尽管罗斯托夫地位显赫，但12～13世纪处于领导地位的国家是斯摩棱斯克、加利西亚和诺夫哥罗德。从那时起，诺夫哥罗德开始其扩张期，并在14世纪和15世纪早期达到鼎盛。无论对国力还是教会发展而言，这都是一个成果显赫的时期，尤其是在诺夫哥罗德这样的贸易中心。同在这一时期，蒙古人首次入侵，从13世纪30年代起开始了它长达两个世纪的霸主地位。除了得向金帐汗国(Golden Horde)缴纳人头税以外，诺夫哥罗德在蒙古人手下似乎比其他国家所受的困扰少。尽管受到这一时期势力和影响力逐渐上升的立陶宛人的侵扰，它在13世纪仍继续向前发展。蒙古人统治的一个重要结果是：由于侵略者们不干涉宗教事务的政策，即使在军事、政治和财政都面临巨大压力的情况下，教会势力依旧不断增强。

在弗拉基米尔大公统治时期，蒙古国向俄罗斯诸国收取赋税的权力得以巩固，这使该国拥有了整合俄罗斯诸公国的权力。亚历山大·涅夫斯基(Alexander Nevsky)是统治弗拉基米尔的最后一位伟大的国君，在他的儿子统治时期，这个权力最终落入莫斯科之手，而此前，莫斯科不过是苏兹达尔一个无足轻重的小镇而已。除了一个短暂的间隔之外，莫斯科王室一直独揽着赋税权即为金帐汗国收取赋税的使命。然而，与伊凡三世❶统治期间(1462—1505)取得的成就相比，莫斯科诸王公在14～15世纪的作为就显得微不足道了。从伊凡三世继位时一个仅横跨数百英里的小国，至其逝世时，莫斯科的领土扩展到北极地区和乌拉尔河、顿河与杰斯纳河上游，以及第聂伯河的中游地带。他征服了诺夫哥罗德、维亚济马、切尔尼戈夫和谢维尔斯克，努力建立起一套中央集权的行政司法体系，废除了向金帐汗国进贡的誓约，最终担任沙皇和整个俄罗斯唯一的君主。1448年和1459年召开的莫斯科主教会议宣布莫斯科为自治教区。加之拜占庭本身的没落，这些使伊凡三世在自己的教会中享有神权，同时在东正教世界中也拥有教皇地位。利用与拜占庭末代皇帝的侄女索菲娅·帕里奥洛加(Sophia Paleologue)的联姻，伊凡顺理成章地要求继承王位，并宣布莫斯科为第三罗马。这为莫斯科进行更多建造活动和发展新风格奠定了基础，而丝毫不用理会其公开的目标是遵循先前教堂的建筑样式。其后的沙皇们，例如瓦西里三世❷，"伊凡雷帝"伊凡四世❸，在继续扩张莫斯科帝国的同时，也在新旧贵族、商人和僧侣阶级的政治和社会利益间取得了平衡。

中世纪早期

为了理清西罗马基督教堂影响的迅速增长以及随之而来的罗马风风格发展的历史脉络，我们有必要将时间从拜占庭政治没落时期退回到西罗马帝国衰落的年代，正是西罗马的衰落导致欧洲独立国家的兴起。

公元800年，查理曼加冕成为神圣罗马帝国皇帝(参见下文)，这标志着一个新时代的开端。一个新的欧洲中心国家建立起来，它的政治秩序井然，在宗教和政治上都与西罗马紧密相联。查理曼王朝的复兴建立在与晚期罗马传统紧密相联的德意志文化基础上。皇室所资助的宏伟的修道院建筑迅速增加和扩展，它与经济复苏、拉丁民族同条顿民族的交融、罗马法律被吸纳进僧侣戒条等有着密切联系。宗教建筑常出现新的技术问题，隐修院常常引领着风格与技术的变化潮流。10世纪时，欧洲的许多国家已经争取到了独立。11世纪末，斯堪的纳维亚半岛与诺曼人统领下的英格兰都建立了稳定的基督教王国，而十字军则在基督教圣地(Holy Land)建立起前景尚不明朗的政权。

意大利

意大利中部。尽管罗马教皇的世俗权势有限，但他们已经开始对意大利的政治施加影响。法兰克人的国王——丕平三世❹协助教皇司提反二

---

❶ Ivan III；1440～1505年，别名伊凡大帝，莫斯科大公，1462～1505年在位。——译者注
❷ Vassily III；1479～1533年，莫斯科大公，伊凡三世之子，1505～1533年在位。——译者注
❸ Ivan IV；1530～1584年，莫斯科大公，1533～1584年在位，俄罗斯第一位沙皇。——译者注
❹ Pepin Le Bref；约714～768年，法兰克王国加洛林王朝的创建者，查理曼大帝之父，亦称为矮子丕平。——译者注

世❶反对伦巴第人，使其收复教皇所辖首要城市拉韦纳。755年，意大利中部在教皇的统治下独立，就此开始了教皇世俗领导地位。随后，应教皇阿德里安一世❷的邀请，查理曼大帝于884年进军意大利，赶走伦巴第人，收复了罗马。查理曼将斯波莱托的领地赐予教皇阿德里安，教会的财富迅速膨胀，并断绝了与君士坦丁堡间的教会联系。

同北方的热那亚与南方的阿马尔菲一样，比萨也向东罗马帝国的首都——君士坦丁堡派遣商业船队，由此，比萨人跟东方艺术相接融。在11世纪初，作为一股强大的商业和海军势力，比萨成为威尼斯和热那亚的竞争对手。在与异教的战争中，比萨同样一马当先，于1025年、1030年和1089年分别击败了穆斯林。公元1062年，比萨人占领了巴勒莫。在这里，他们和伊斯兰及拜占庭艺术有了进一步接触，这或许可以为比萨人使用条纹状大理石这一特征作出解释。1284年，比萨被热那亚击败，从此一蹶不振。佛罗伦萨的崛起可以追溯到1125年，当菲耶索莱遭受破城之灾时，那里的居民纷纷搬迁至此。在接下来的一个世纪里，佛罗伦萨在经济上始终是比萨的竞争对手。这一时期的另一个重要城市卢卡，则因支持教皇的归尔甫派❸和保皇党的吉伯林派(Ghibellines)的一贯不和而被割裂。

意大利北部。 虽然有阿尔卑斯山脉横亘其间，意大利北部与欧洲北部的联系却非常活跃。哥特人在5～6世纪时对意大利北部平原的蚕食使威尼斯逐渐兴起。威尼斯本地商人在潟湖群岛上开拓了新殖民地，在那里可以避开猛烈的进攻。他们建立了一种共和制政府，不过后来，它变成了总督❹的寡头政治，被赋予至高无上的权力。威尼斯人对商业和艺术特别感兴趣，与君士坦丁堡的紧密联系大大繁荣了它的商业。因此至11世纪末，威尼斯区域沿着达尔马提亚和伊斯特里亚海岸，扩展到了黑海和地中海西岸。

意大利南部及西西里。 公元827年，伊斯兰教徒在西西里登陆并逐渐占据了整个区域，那时，西西里还是拜占庭帝国的一部分。10世纪下半叶是伊斯兰教的鼎盛时期，此后血腥的宗教战争结束了穆斯林王朝。1061～1090年，诺曼底人在罗伯特和罗杰·圭斯卡德兄弟(Robert and Roger Guiscard)的领导下，为这个海岛浴血奋战。1130年，罗杰·圭斯卡德在巴勒莫加冕。之后，西西里再现繁荣，这个时期建筑的数量和美观便是佐证，它的舰队强大到足以击败阿拉伯人和希腊人。

法国

在查理曼大帝(768～814年在位)和"虔诚者路易"❺的统治下，法国是查理曼帝国的一部分。"虔诚者路易"将皇位留给三个儿子，《凡尔登条约》(Treaty of Verdun, 843)把法国分成三个王国，"秃头查理"❻则是法国国王。随后，《梅尔森条约》(Treaty of Mersen, 870)使中部的王国又为法国和德国所瓜分，后者保持了罗马帝国的称号。后来，被称为法国的那部分查理曼帝国依然由卡洛林王朝所统治，直到987年路易五世❼去世为止。于格·卡佩(Hugh Capet)被立为国王，从此割断与神圣罗马帝国的联系，开始了卡佩王朝的统治。但是皇室领土只限于北至巴黎、南至奥尔良❽之间的区域。而且直到11世纪中叶，法兰西国王的权духов也一直未能得到扩展。法国的大部分地区被七个独立的诸侯所瓜分统治，他们是阿基坦、奥弗涅、普罗旺斯、安茹、勃艮第、诺曼底和布列塔尼。

11世纪最显著的时代特征是普遍的遁世修道观念，建造了众多的宗教场所，由此推动了建筑学的发展，同时也孕育出新的艺术和学问。然而，

---

❶ Pope Stephen II；? ～757年，罗马教皇，752～757年在位。——译者注
❷ Pope Adrian I；? ～795年，罗马教皇，772～795年在位。——译者注
❸ Guelphs；即教皇派。——译者注
❹ Doge；执政官，威尼斯共和国的最高官吏，自8～18世纪，存在达1000年以上，是威尼斯国家主权的象征。——译者注
❺ Louis the Pious；778～840年，查理曼大帝的儿子，神圣罗马帝国皇帝，814～840年在位。——译者注
❻ Charles the Bald；823～877年，查理二世，法兰西国王，843～877年在位。——译者注
❼ Louis V；967～987年，绰号懒王路易，法兰西国王，加洛林王朝的末代君主。——译者注
❽ Orleans, Ile de France；即法兰西岛。——译者注

人们对宗教的狂热并不局限在修道院的高墙之内，而是与世俗野心相结合，于1096年揭开了十字军东征的序幕。接下来在1147年，路易七世❶又将这场征战继续下去。这位以圣战闻名的路易王(1137～1180年在位)，在圣但尼隐修院的叙热院长(Abbot Suger)支持下，将他的宗教热情通过营建教堂表达出来。然而，由于1152年与阿基坦王国的埃莱亚诺离异，路易王朝遭受了巨大损失。埃莱亚诺再嫁安茹伯爵亨利(Henry of Anjou)，即以后的英格兰国王亨利二世(Henry II)，这给英国王室带来了大半个法国的领土权。在腓力·奥古斯特❷统治下，法国重整旗鼓，这位国王实力强大，足以在降服各诸侯后又去攻打亨利二世。在他统治期间，第一批哥特大教堂开始兴建。

中欧

在罗马的影响下，基督教在德国南部和莱茵兰地区扎根下来，而其他地区仍属于"异教徒的世界"。早在6世纪时，特里尔和科隆的主教们就因兴建教堂而闻名。其后，查理曼统治了德国中部和法国北部地区，并把法国南部和意大利北部变成法兰克人的领地，建立了第一神圣罗马帝国。他让西欧文明得以极大振兴，同时，他还是一位建筑赞助人。

公元814年，查理曼去世。当他的儿子及继承人"虔诚者路易"也去世后，神圣罗马帝国于843年分裂，独立的德意志王国建立起来。德国诸侯们要求获得选举他们自己的君主的权利。公元911～919年，康拉德一世❸作为德国国王执政。919～936年，奥托王朝的第一位国王"捕鸟者亨利"❹开始掌权，他将马扎尔人赶出萨克森地区，征服了波希米亚及生活在易北河与奥得河之间的部落，建立了统一的德国。奥托大帝❺在亚琛加冕为国王，他所领导的战役，包括征服伦巴第之战(951)，使他成为欧洲最伟大的统治者。961年，他在罗马加冕，成为皇帝。

当康拉德二世(Conrad II)于1024年成为德国国王时，丹麦在克努特大帝(Cnut the Great)的领导下成为德国北部的威胁，东部还有波兰和匈牙利的侵扰。但是，他通过同时压制世俗和教会两方面的势力，揭开了一个伟大的帝国时代的序幕。经历了与王位争夺者的交战后，康拉德三世(Conrad III)在1138年成为霍亨斯陶芬王朝的第一代国王。红胡子腓特烈❻继任，他也在罗马加冕成为皇帝。他击败了丹麦和波兰，与匈牙利结成同盟，并同英法两国斡旋。但他对教会分裂的干涉却给国家带来了灾难，直到格列高利八世(Gregory VIII)出面调解，国王与主教间的矛盾才得以化解。在睿智的腓特烈二世❼统治时期(1218—1250)，帝国大业得到进一步巩固。他集神圣罗马帝国、德意志、西西里、伦巴第，勃艮第与耶路撒冷诸王冠于一身。这一时期(1138—1254)的后半叶，霍亨斯陶芬皇族与伦巴第之间建筑的相似性表明，两国之间存在政治联系。

西班牙和葡萄牙

公元5世纪，西哥特人越过比利牛斯山脉，入侵汪达尔人和苏维威人的北方部落，并取而代之。在接下来的三个世纪里，他们几乎占据了整个伊比利亚半岛。直到711～718年，穆斯林征服这片区域除奥地利以外的所有地方。然而，732年，穆斯林对欧洲西南部的进攻在普瓦捷遭到了查理·马特(Charles Martel)的抵抗。此后，西班牙中世纪的历史就由基督教影响不断扩大和收复失地主宰着，一直延续到15世纪末。

这个时期，西班牙历史另一个突出的特点是：西班牙不仅与其近邻法国，而且通过皇室联姻与英国联系在意大利通过教皇监督，解决与安茹帝国在那不勒斯和西西里的纷争，且和非洲的摩尔

---

❶ Louis VII；约1120～1180年，绰号小路易，法国卡佩王朝的国王。——译者注
❷ Philip Augustus；腓力二世，法国卡佩王朝第一位伟大的国王，1180～1223年在位。——译者注
❸ Conrad I；? ～918年，德意志国王，911～918年在位。——译者注
❹ Henry the Fowler；约876～936年，亨利一世，德意志国王，萨克森王朝的奠基人。——译者注
❺ Otto the Great；912～973年，德意志国王，神圣罗马帝国皇帝，936～973年在位。——译者注
❻ Frederick Barbarossa；腓特烈一世，绰号红胡子，士瓦本公爵、德意志国王和神圣罗马帝国皇帝，1152～1190年在位。——译者注
❼ Frederick II；1194～1250年。——译者注

第8章 背景

人都有联系。同时,基督教国家如卡斯蒂里亚、莱昂、纳瓦拉、阿拉贡和葡萄牙也发展起来,并逐渐将穆斯林赶到了安达卢西亚地区。经过断断续续的许多胜利,公元1212年的托洛萨之战是穆斯林影响走向衰落的最后转折点,这场战役同时也标志着哥特建筑风格被引入西班牙,并在不久后跨越法国边界,在加泰罗尼亚地区得到了高度的发展。阿拉贡的国王詹姆斯一世(James I, 1213~1276年在位)则在西班牙东部拓展自己的国力,最后,格拉纳达王国成为他们留给穆斯林唯一的部分。

至于西班牙的社会情况,只有一小部分国民,包括特许城镇的居民,才享有自由。在土地保有制度下,农民在整个中世纪都受压迫,这一状况导致了15~16世纪的农民起义。社会由大公和神职人员所统治:教堂和修道院是主要的建筑典范,除了贵族府邸外,居住建筑都是微不足道的。

不列颠群岛

基督教最早传入英国是在罗马占领时期,但在公元5世纪中叶以后,在盎格鲁-撒克逊人定居的岁月里,教堂建筑只在爱尔兰具有历史重要意义。英国第一位殉教者圣奥尔本(S. Alban)死于209年。据记载,314年,约克郡、伦敦和林肯郡的主教参加了阿尔勒会议(Council of Arles),但英国建筑受宗教的影响仍然微乎其微,直到圣奥古斯丁(S. Augustine)于597年登陆英格兰才发生改变。他使肯特国王埃塞尔伯特(Kentish King Ethelbert)及撒克逊七国联盟的其他国王都皈依了基督教,并将本笃会引入英国。七国联盟是在民族迁移基础上产生的,当时,朱特人迁入肯特郡,撒克逊人迁入萨塞克斯、韦塞克斯和埃塞克斯,盎格鲁人迁入麦西亚、东安格利亚地区和诺森布里亚地区。公元7~8世纪遗存下来的几座教堂里,钟楼和十字架等可以证明盎格鲁-撒克逊王族及其子民已改信基督教。

后"七国联盟"时代,9世纪丹麦人入侵后,各个王国在艾特尔斯坦国王❶领导下,联合起来征服了诺曼底(927)。这一时期最显著的特点是:本笃会改革和10世纪后期的寺院复兴(monastic revival)。这场运动的主要支持者是国王埃德加❷、960年成为格拉斯顿伯利隐修院院长的圣邓斯坦❸以及963年间温切斯特主教埃塞沃尔德(Ethelwold)。

1042年,英国国王艾特尔雷德之子爱德华❹继承王位。他接受诺曼文化教育并结交诺曼朋友,并统一了王国。他在宫廷和教会中大量任用诺曼亲信,从而使英国在被诺曼人征服前就深受其影响。公元1051年,爱德华任命瑞米耶日的本笃会大隐修院(Abbot of Jumièges)院长罗伯特❺为坎特伯雷大主教(Archbishop of Canterbury)。同时,在大约1050年,威斯敏斯特教堂(Westminster Abbey)开始兴建,这个建筑完全是按照当时流行的诺曼样式进行规划的。

1066年英国被诺曼人攻克,使英国跟欧洲联系起来,并引入了完善的封建体制。然而,所有的土地还是掌握在国王手中,他在欧洲建立了效率最高且高度集中的统治。

刚好一个世纪之后,来自法国桑斯的威廉❻重建坎特伯雷大教堂的歌坛,真正开始了从罗马风到哥特风格的转变。

13世纪上半叶,各种宗教派别从欧洲大陆蜂拥而至,建造了许多宽敞的新教堂。在13、14世纪交接时,内部争斗又促进了防御工事和城堡建筑的发展。

斯堪的纳维亚半岛

虽然斯堪的纳维亚地区在中世纪早期的社会

---

❶ King Athelstan;895~950年,原名格斯鲁姆,丹麦人大举入侵盎格鲁-撒克逊英格兰时的领袖,后接受洗礼,取名艾特尔斯坦。——译者注

❷ Edgar;943/944~975年,957年起为麦西亚和诺森伯里亚国王,959年起成为西撒克逊国王,并被当作整个英格兰的国王,959~975年在位。——译者注

❸ S. Dunstan;924~988年,英国隐修院院长,著名的坎特伯雷大主教,韦塞克斯王国诸国王的首席顾问。——译者注

❹ Edward;约1003~1066年,英格兰国王,绰号"忏悔者圣爱德华",1042~1066年在位。——译者注

❺ Robert;?~约1055年。——译者注

❻ William of Sens;?~1180年,法国石匠,在英格兰建造了第一座早期哥特风格建筑,是教堂建筑者中最早的留名者之一。——译者注

历史有点模糊不清，但有迹象表明，最早的王国出现在丹麦和挪威。在公元 1000 年左右，瑞典被统一并成为斯维亚王国的一部分。9 世纪，北欧海盗扩张，最早一批丹麦人在英格兰东部定居，对诺曼底的殖民化，以及他们在拉脱维亚建立瑞典殖民地，这些都在欧洲的发展史上印下了北欧的影响。

公元 826 年，法兰克传教士安加（Angar）开始在丹麦的海泽比布道，这场运动直到 12 世纪末才宣告完成。随着北欧民族纷纷皈依基督教，斯堪的纳维亚地区在建筑上取得了这一阶段最显著的发展。贸易往来促进了德国北方风格对该地区的影响，这是有迹可循的。不过，挪威教堂本身则直接来源于英国。到 10 世纪末，基督教已经在挪威、格陵兰和冰岛确立合法地位。980 年，丹麦国王哈拉尔一世❶使他的子民悉数成为基督教徒，并引进英国主教。在接下来的一个世纪，克努特及其继承者将帝国疆域扩张至英格兰。1030 年，挪威基督徒国王奥拉夫·哈拉尔德松❷战死，后被尊为圣徒，人们在特隆赫姆兴建大教堂作为存放其圣物之处。整个 11 世纪，基督教继续向瑞典北部推进，并先后在隆德、斯卡拉和锡格蒂纳建立新的中心。12 世纪初，位于旧乌普萨拉的异教寺庙被毁之后，该城于 1130 年建立起主教管辖教区。

斯堪的纳维亚半岛中世纪历史的发展模式，很大程度上取决于丹麦和瑞典之间持续不断的纷争。丹麦的团结一致曾因农民和封建地主间的冲突导致的起义而受损。13 世纪中叶时，德国北部城市组成的汉萨同盟已经能够侵入波罗的海沿岸，甚至到达挪威的大西洋海岸线。在波罗的海南岸，汉萨同盟的商业利益得到了极大的拓展。而这一阶段，特别是瑞典，国家对农业的封建制管理主要依靠国王与封建领主之间的盟约。丹麦人抵御邻国及汉萨同盟的战争，以他们向德国贵族割让大片土地而告终。这使丹麦贵族的财力遭到削弱，以致丹麦在居住或军事建筑方面的发展也逊色于北欧的其他国家。

圣地

1095 年，在教皇乌尔班二世❸号召下，基督教统领下的欧洲发起首次十字军东征，在圣地巴勒斯坦建立的拉丁王国便是这次东征的直接结果。在此之前，教会也曾做过类似尝试，结果那些不够成熟又组织无序的远征导致了巨大损失，可是乌尔班的呼吁还是得到了人们的热烈回应。1097 年，一支 150 000 人的军队在君士坦丁堡整装待发。当年晚些时候，他们中的一部分人越过了奇里乞亚门❹和托罗斯山脉。但当 1099 年耶路撒冷沦陷时，十字军剩下的兵力不过在君士坦丁堡出发时的十分之一。1115 年，在鲍德温一世（Baldwin I）的统治即将结束时，拉丁王国已经建设完毕。但是，即使有欧洲的不断增援，这个国家还是饱受军力不足之苦，各地不得不用筑城工事来代替守城的士兵。

当穆斯林军队在赞吉❺和努尔丁❻的联合指挥下聚集起来时，王国的威胁并非来自沙漠东部边缘那些城市，而是来自美索不达米亚。1144 年，埃德萨沦陷，后果非常严重，因为它不仅使王国失去了粮食供应，还切断了从亚美尼亚基督教地区遣派增援部队的来路。1148 年第二次十字军东征并未有效补偿上述损失。1187 年，萨拉丁❼在哈丁大捷，这对圣地耶路撒冷的十字军力量造成了极其沉重的打击，以致它再也没有能力东山再起。尽管英王理查一世❽于 1191 年和 1192 年夺取了雅法、阿科和阿什凯隆，而十字军的防

---

❶ Harald I：约 910～985 年，绰号蓝牙齿哈拉尔，丹麦国王，约 940～约 985 年在位。——译者注
❷ Olav Haraldsson；亦作 Olaf II Haraldsson；约 995～1030 年，即奥拉夫二世。——译者注
❸ Pope Urban II；约 1035～1099 年，教皇，1088～1099 年在位。——译者注
❹ Cilician Gates；奇里乞亚山口，在土耳其。——译者注
❺ Zengi；一作 Zangi；1084～1146 年，伊拉克赞吉王朝创立者。——译者注
❻ Nur-ed-Din；1118～1174 年，穆斯林统治者。——译者注
❼ Saladin；1137/1138～1193 年，又名马利克·纳西尔·萨拉丁·优素福一世，中世纪埃及、叙利亚、也门和巴勒斯坦的苏丹，阿尤布王朝的开国君主。——译者注
❽ Richard I；1157～1199 年，绰号"狮心王"，理查英格兰国王、诺曼底公爵和安茹伯爵，1189～1199 年在位。——译者注

御力量也得到进一步加强,他们的财产在随后一个世纪也大不相同了。但不可避免的最终结局仍是:1292年,巴勒斯坦最后一批拉丁人从佩勒兰堡(Chastel Pélérin)扬帆起航,撤回塞浦路斯。

哥特时期

对今天而言,哥特时期法国的政治和历史背景仍有着重要意义,因为哥特风格起源于法兰西岛大区。卡佩王朝对法国各领地的宗主权通过一次次的联姻得以巩固和发展,例如路易八世❶与阿基坦公国继承人埃莱亚诺的婚姻。然而,领地之间的联姻也会给国家带来凶险的威胁。布洛瓦(Blois)和香槟皇室的联姻就几乎毁了卡佩王朝。但对法国来说,最大的挑战出现在金雀花亨利❷即位时。他从父亲那里继承了安茹,从母亲那里继承了诺曼底,又迎娶了刚与路易八世解除婚约的阿基坦的埃莱亚诺。于是,在短短几年内,亨利一个人统领了从英吉利海峡到比利牛斯山脉整个法国西海岸。除此之外,他还是英国国王。所以,尽管卡佩王朝可以宣称对法国领土拥有宗主权,但实际上他们并未享有真正的等级优势。

所谓的安茹帝国实在太大了,大到无法真正控制,曾经独立的几块领地随时可能分崩离析。但它确实很富有。在安茹王朝统治最牢固的那些地区——英格兰和诺曼底,管理和行政在12世纪下半叶就已经达到非常高效的水平,远胜于卡佩王朝统治时期那些原始且经常无效的企图维持和平的政府管理。不过,金雀花王朝(Plantagenet,即安茹王朝)的威胁倒也确实激励了卡佩王朝,他们整顿了王室秩序,并利用自己相对集中的权力来统治法国各省。

连年出现的杰出人物掌握着卡佩王朝的命运,这一时期成为那个世纪中最精彩的部分。腓力·奥古斯特(1180—1223)谨慎,顽强,十分机敏,他是辉煌卡佩王朝的真正缔造者。他征服了诺曼底,并收复了除阿基坦外的英属法国领地,使法国西部摆脱了安茹家族的束缚。1214年,他在在布维涅击溃德、英、佛兰德军队,把物产富饶、秩序井然的佛兰德斯置于卡佩王朝的直接统治之下。他使自己的儿子——英年早逝的路易八世得以借口十字军讨伐阿尔比教派❸,此教派已经占据南方,最近刚被宣布为异教。他还将法国皇族的力量拓展到法国南部,即朗基多克地区,这个城市因为独立的语言、行吟诗人文化等而显得与众不同。同时,腓力还将其对手——盎格鲁-诺曼底的先进经验用在法国的行政管理中。腓力的孙子路易九世❹将这种追求更高效率和集中权力的趋势发扬光大,他同时享有仁慈、公正、虔诚明君的声誉,并于1297年被尊为圣徒。

12世纪,教会基本上已经做好准备,宣称自己是欧洲社会最杰出的机构,并打算开辟艺术和建筑的新纪元。实质上,这些方面的改变都是为了有益于教会的传道。教会建筑日益纯粹起来。教会的大部分资金都被用来建造新建筑,并且,俗家的布施和遗赠使这种资金不断得到补充。除了现有的大教堂和修道院需要不断修葺外,新建筑的建设大潮一直延续到13世纪中期,虽然后来有所减退,但直到中世纪末期,还是陆续不断地发展着。西多会修士、大教堂中任职的教士以及一队队的托钵僧扩散到欧洲大陆各个角落。每到一处,他们便建起大隐修院(abbey)、小隐修院(priory)和女隐修院(convent)。每个村庄都至少有一个教区教堂,在主要城镇甚至多达十余个。每个组织,不管是教会性质的或世俗性质的,都有自己的宗教活动,都需一个礼拜堂或教堂来进行集体礼拜。每个名门望族家庭都有私人礼拜堂。从王室到贵族到富商,都不约而同地在住地附近成立或资助一个宗教机构,以期庇佑其家族一代一代的灵魂在死后找到归宿。宗教彻底渗入了日常生活的方方面面,其结果是:资金源源不断地注入这样或那样的宗教建筑。

中世纪末期,欧洲可能比以往任何时候都更爱炫耀其虔诚,这一现象可通过建筑以及建筑装饰中大量表现的宗教题材而为人所熟知。然而,对宗教仪式的专注却越来越个人化和私密化。这

---

❶ Louis VIII;1187~1226年,绰号狮子路易、狮心路易,法国卡佩王朝国王。——译者注
❷ Henry Plantagenet;1133~1189年,亨利二世,英格兰国王。——译者注
❸ Albigensian religious sect;12~13世纪法兰西南部异端派别,特别是清洁派的通称。——译者注
❹ Louis IX;1214~1270年,法国国王,1226~1270年在位。——译者注

源自人们对自己来世命运的关注。虔诚的信奉者出现在社会的各个阶层，其中大多数是俗家信徒而非教士。

世俗社会最高政治统治者发现，为其子民树立恪守宗教信仰的榜样有利于统治。13世纪法国的圣路易(S. Louis)早已树立了榜样，他也在建筑形式上很好地展现了其虔敬。在西欧已建立的君主国中，皇室和上层贵族都在其宫殿和城堡中新建或加建了礼拜堂。当加尔都西会❶的信奉得到姗姗来迟的承认后，国王们修建卡尔特教会修道院(Charterhouse)成为一种时尚。而在东欧，雄心勃勃的统治者们正忙着建立新的势力范围和王朝统治，维也纳的哈布斯堡王室、布拉格的卢森堡王室和波兰的卡齐米日大帝(Casimir the Great)王族纷纷在自己的城市中营造了足以与西方大教堂媲美的宏伟教堂。

在西欧，百年英法战争(结束于1453年)和黑死病带来了长期冲突和社会变革。此后，西欧进入一个城市蓬勃发展的时期，相应地，它需要建设各种新建筑，包括宗教的和世俗的。社会下层的普通市民，对他们的精神归宿抱有极大的关注。尽管很少有人拥有足够的财富来建造自己的教堂，但人们大量集资建造教区教堂或托钵修会教堂。他们在这些教堂里做礼拜，并捐款做安魂弥撒以求可在炼狱里赎罪。这些教堂或许是现存哥特晚期作品中最显赫的代表作。

欧洲的每个城市都建有大量的这类教堂，从波罗的海到托斯卡纳地区，从英国和低地国家到俄罗斯境内。在结构上，这类建筑不像大教堂那么堂皇，但偶尔在一些地区，比如威尼斯、吕贝克和巴塞罗那，也有一些教堂的规模可与大教堂相媲美，甚至超过大教堂，例如巴塞罗那的海之圣母教堂(S. Maria del Mar)。这些教堂最有意义的一点在，它们反映了一种长盛的建造势头，使建筑行业终年忙碌。

然而，无论这些教堂有多显赫，它们只反映了中世纪图景的一个方面。在哥特晚期，尽管教堂仍是最主要的工程对象，但建筑活动侧重点已经分化，不再完全依赖教会资助了。在中世纪早期世俗工程仅限于宫殿和城堡，现在已扩展到更广泛的领域，包括乡村中的贵族府邸和普通民居，以及城镇中的居住、商业和工业建筑(见[186]页图C)。而且，热心公益的市民捐资营造了城市中心公共建筑和生活福利设施，例如大学、医院等。他们根据各自的方式对建筑设计提出了独特要求，并不逊于纯粹宗教建筑。然而，当时的世俗建筑几乎没有一个能完整地保存至今——威尼斯可能是最著名的特例，像这样完整的城镇，也许是晚期哥特工匠所取得的最辉煌的成就(见[186]页图B)。

世俗建筑的大规模建造，无疑为文艺复兴的到来铺平了道路，不过推动力更多地来自社会而非美学。尤其是在北方，世俗建筑发展了相当一段时间后，才开始风格上的根本变化。然而，为了应对城市建筑和民居的需要，哥特建筑师不得不淡化建筑风格中原有的宗教特征。事实上，威尼斯的大商场建筑和罗滕堡的城镇民宅是无所谓哥特风格的，这么称呼只不过是为了术语上的方便而已。

文化

史前时期

在整个欧洲，旧石器时期的艺术表现为三种主要形式：可随身携带的妇女或动物雕像，洞穴墙面及顶棚的壁画，以及器具上的几何纹样装饰。

中石器时代的工具用途很广，艺术也继续发展。写实艺术描述了日常生活中的事件，如食物采集、狩猎、建造活动及战争等场面。此时人们已创作了大量具有一定风格的抽象绘画，中石器时代的雕刻作品也有所发现。

最早的陶器以及石磨和石斧都是新石器时代的创新。不同地区的新石器人类发展出风格迥异的陶器及装饰模式。石制群葬墓穴、仪典建筑物和大型土建工程普遍采用了建筑和艺术上的装饰。

在青铜时代，尽管各种各样的材料，包括陶土、玻璃、宝石、骨骼、织物和有机物质等，都被用来制造器具，但冶金的发展是这一时期最显著的特征。由于新的殡葬方式——火葬的引入，

---

❶ Carthusian Order；天主教修会。——译者注

人们不再像新石器时代那样精心设计墓穴了。区别富人和穷人的坟墓，要视其坟场的设计程度而定。这一时期精致的仪典建筑物也不如过去造得多。在欧洲的大西洋沿岸，人们布置了石环和巨石。在欧洲大陆的其他地方，还能发现类似庙宇的小型建筑物。

铁器时代晚期，社会产生了多种手工业。用转轮制造陶器已经变得职业化。又如金属加工，埃特鲁里亚人所采用的工场方式，在欧洲大陆演变出标准化模式。木工、皮革制作、纺织和轮辐制造等工艺也大大发展了。尤其是在拉坦诺文化❶时期，程式化的自然图案、曲线形式和线条清晰的几何纹样，被用来修饰那些代表身份的物件与个人装饰。在欧洲的某些地区，人们还创造了木质和石质的雕塑品。墓葬和祭祀仪式仍具有重要的社会意义，但已不再是建筑关注的唯一焦点。在整个铁器时代，墓穴中的陪葬品继续用来显示死者的社会地位，诸如阵列、仪典柱、公墓、圣殿等祭祀场所，仍有建造。凯尔特民族(Celtic)和地中海周围诸民族之间最大的区别可能在于，前者此时仍保留口头传述文化的传统，而后者则迅速地发展出文字。

埃特鲁里亚时期

随着埃特鲁里亚的强盛，社会阶层不断分化，贵族阶层日益增加。他们的财富更多来自开采铜、铁、银矿，而非从事畜牧业和农业。此外，在希腊以及东方更远国家的影响下，他们使用这些财富，开始建造意大利以前所没有出现过的住宅和寺庙建筑，还有道路与其他公共工程。

从原始的万物有灵论开始，在希腊的影响下，埃特鲁里亚人的宗教发展成为非常类似泛神论的信仰。这种宗教观与泛神论的不同之处在于，它更为宿命地遵从神的意志，以致其重点在通过占卜获知神灵意志和通过献祭来抚慰神灵。正确地履行宗教仪式受到高度重视，与死者来世相关的规定也必须不折不扣地遵循。死者被安葬在远离城市的公墓中，身份显要的死者则葬于坟墓之中。这些坟墓是留存至今的主要纪念物，也是当时住宅特征的最好体现。

罗马共和国和罗马帝国早期

考古学证实了维吉尔❷和其他拉丁作者所描述的早期罗马人简朴生活的图景。他们实质上都是农民，拥有极少数与希腊接触而引进埃特鲁里亚社会的奢侈品。他们似乎没有根深蒂固的宗教信仰，在与外界的交往中吸收了其他民族的做法，包括从埃特鲁里亚人那里学来占卜和献祭仪式。因此，罗马人早期建造的圣殿和庙宇和埃特鲁里亚的非常相似。同时，每栋住房都建有供奉家神的祠堂。

早期罗马社会是严格的父权制社会，但也供奉维斯太❸，即具有强烈责任心，排斥一切奢侈享乐之事的女灶神作为平衡。直到公元前1世纪中叶，罗马城里才有了固定的娱乐场所，而这种场所在南部平原早已出现。城市的中心是广场，这是人们主要的聚集场所，不仅在此商议经济和政治问题，也参与规定的娱乐活动和展览会。

随着罗马日渐强大，这种生活方式发生了一系列变化。作为布匿战争的一个早期结果，罗马城外农村的居住方式发生了显著变化。独立小农户被那些拥有大片土地、雇佣劳动力和奴隶进行耕作的新兴富裕地主所取代。在罗马城内，外来者的大量涌入使人口急剧膨胀，他们中有战俘、奴隶和破产的小农户等。为了容纳这些人，人们不得不考虑高密度住宅和其他重要公共建筑的新形式。外来者的到来以及与众多不同文化间的密切接触也带来许多其他的变化，如新的宗教信仰和祭祀仪式的引入，对希腊生活方式和艺术各方面的吸收等。同时，由于奥古斯都的改革，政府的运作模式发生了变化，在仅占少数的完全公民和大量几乎没有社会地位的城市无产阶级之间产

---

❶ La Tène：拉坦诺为瑞士纳沙泰尔湖东端的考古遗址，其名称用来概括欧洲凯尔特人铁器时代晚期的文化。——译者注
❷ Virgil：公元前70～前19年，又作 Vergil，古代罗马最伟大的诗人。——译者注
❸ Vesta：古罗马宗教所祀奉的女灶神。——译者注

生了不可逾越的鸿沟。为了安抚这些贫民，政府采取了免费为他们提供食物和消遣(面包和竞技场)的政策。古罗马的典型娱乐方式，是在竞技场上进行马车比赛或者举行角斗，这种角斗最初起源于葬礼仪式中为死者来生安康而进行的活人献祭。虽然奥古斯都本人是个朴素的人，爱好简单，而他的继承者很多却有着放荡享乐的趣味，而且帝国的扩张也使得社会带上了一层招摇色彩，加之帝王的显赫尊严，彻底改变了罗马。与帝王尊严相联系的是，皇帝死后被奉为神祇，并为其修建新的神庙。

罗马帝国晚期

要概括晚期罗马帝国并不太容易，因为此时其疆域已非常辽阔。各行省的情况大相径庭，有的本土文化不如罗马发达，有的则比罗马发展水平更高。作为新的统治者，除了规定某些义务和设置总督监督外，罗马一般放手让各地自由发展。因此，如果没有对罗马构成明显威胁的话，地方的宗教风俗可以延续，甚至还可以新建大型庙宇来供奉当地神祇。同样，在宽松的政策下，罗马城本身随着军队、商人、俘虏和奴隶的来来往往而吸收了新的宗教形式。甚至，罗马帝国的皇权最终也由非罗马人来掌握。

由于官方一贯采取上述态度，宗教便带有了二元论的性质。埃特鲁里亚人的宿命论依然存在，它认为帝国的未来掌握在神灵手中，必须依靠祭师通过严格的宗教仪式来守卫，因此，一代代帝王不惜重金为自己敬奉的神祇兴建庙宇。而个人的幸福只要不危害国家利益，就只是个人私事。因此，许多其他宗教都得以传播和发展，尤其是那些源自东方的一神教。其中，太阳崇拜在公元3世纪的时候跃居到重要地位，还被数位帝王奉为国教，并为以后拜占庭帝国接受基督教铺平了道路。基督教一开始主要在那些犹太商队不时造访的商业中心城市的下层阶级中传播；但到了2世纪早期，它的信徒已经扩散到社会的大多数阶层中；到3世纪时，基督徒的数量已经庞大到数次被统治者视为严重威胁。这导致了德西乌斯(Decius, 249~251年在位)、瓦莱里安(Valerius, 257~261年在位)和戴克里先等皇帝对基督信徒的迫害，但结果均以统治者的失败告终。

君士坦丁信奉基督教的意义起源于他把基督教的上帝看做国家新的保护神。这在建筑上体现为，虽然异教崇拜直到391年才被正式宣布为合法，一大批新式的教堂却于此时兴建起来。

这里需要提到一个世俗场所——公共温泉浴场。它的起源可以追溯到罗马共和时期。罗马城内第一个这样的浴场是在奥古斯都时期由阿格里帕❶建造的，其原型可能是早先出现在外地，例如庞贝、赫库兰尼姆和巴亚的温泉浴室。不过，现存的大浴场皆建于罗马帝国晚期，它们通常被称为大型温泉浴场(thermae)，以与早期的浴室(balneae)相区别。这些建筑远比它们的名字所描绘的内容壮观。它们体现了希腊大体育场的概念，那里不仅仅能享受奢华的温泉浴，还以多种多样的方式，包括精神的和物质的，为社会交流和娱乐提供了场所。

君士坦丁堡和拜占庭帝国

拜占庭帝国跟早期罗马帝国之间的连续性早已得到重视，事实上，强调这种关系的正是拜占庭人自己。然而，随着国家本身的变化，这种连续性并没有阻挡生活方式的改变，甚至没有阻止居于国家中心的新官方宗教在本质上的变化。

至少到6世纪末，君士坦丁堡及其他拜占庭城市中的生活方式仍跟罗马非常相似，风俗习惯也相差无几，差别只在于程度上的不同。在东方，人们从不热衷于竞技场血腥的竞技角斗。广场不再是公众聚集的场所，因为普通大众不再参与政府事务。公共温泉浴场仍有重要地位。跑马场里举行的马车比赛成为主要的公共娱乐，其中主要车队均由半官方派别赞助。与古罗马时期一样，在君士坦丁堡，国王统治民众，从先前罗马沿袭下来的还有政府的粮食救济制度。

对宗教教义中细微要点的浓烈兴趣，一部分可能源于旨在阐释无法阐释之事的比较哲理化的东方思维方式；一部分则来自于认为寻求真理至关重要的坚定信念；还有一部分则源自以下事实：

---

❶ Agrippa；约公元前63~前12年，罗马帝国第一代皇帝奥古斯都的副手。——译者注

宗教为表达思想提供了途径，而在一个比较自由的社会中，这本可用更直白的政治语言表述出来。当知识阶层中的早期基督教徒开始寻求方法来阐释他们的信仰时，教义理解的分歧就开始产生了。

　　这些分歧主要集中在基督的本质及其与上帝的关系上。公元325年，来自亚历山大的，将基督视为纯粹凡人的阿里乌主义(Arianism)在尼西亚被君士坦丁大帝召集的会议判为异端。然而，两个世纪以后，在意大利，它仍是正统教义强有力的反对派，因为拉韦纳的哥特皇室仍采纳这种教义。此时，在东方，关于教义的分歧主要集中在基督是一性的还是二性的问题上。持第一种观点的人，即基督一性论者(monophysites)大多数集中在叙利亚和埃及，而持第二种观点的则是君士坦丁堡的官方正教。这些分歧导致前者遭到残酷的迫害，其惨烈不亚于早期异教帝王对基督教徒的残害。同时，分歧使这些地区的人们相互疏离，这也是造成该地区随后被阿拉伯人迅速征服的重要原因。

　　到8世纪，又一场白热化的争论开始了，这次的焦点在于教堂建筑上是否允许设立圣徒偶像。由于教皇利奥三世(Leo III，717～741年在位)的禁止，直到843年设立圣像才开始流行，但是对圣像的表现也仅限于平面彩绘或马赛克装饰。在东方，从来没有用西方通常所采取的方式雕刻圣像。

　　同时，实践中的变化也影响到教堂的细部设计。然而，对建筑本身而言，与在被阿拉伯人征服的地区教堂被彻底停建而造成的影响相比，这些影响是次要的，也不及7世纪早期开始的帝国国力实质性衰退而导致建筑尺度的明显缩小那么重要。古典时期就形成的君士坦丁堡同样面临急剧的衰退，直到11世纪时，这种颓势才得到极其有限的缓解。当时的世俗建筑几乎没有保存下来的，这表明后来的塞尔柱王朝和奥托曼帝国除对服饰外，还对建筑产生了影响。

巴尔干半岛诸国与早期俄罗斯

　　斯拉夫民族的君主从君士坦丁堡的皇宫学来有关国家、礼仪和治国的观念。和拜占庭的皇帝一样，他们将自己比作上帝的使徒，具有神赋的权利。不过，拜占庭衰落后的俄罗斯沙皇是个例外，他们并不向往步罗马后尘成为世界霸主。从批准斯拉夫王室提名的精神领袖到任命大主教管辖区的希腊大主教，君士坦丁堡的上层主教享有无人挑战的优越地位，在政治形势需要时行使着规范特权。修道院社区的中心是阿索斯山(即圣山)，这里一丝不苟地遵循着君士坦丁堡斯图迪奥斯隐修院(Studios Monastery)的严格教规。斯拉夫人采纳拜占庭的礼拜模式，而原始斯拉夫语文献则以希腊文献为基础。但是，圣西里尔❶和圣美多迪乌斯❷在翻译《东方教会法纲要》(The Nomocanon)时省略了帝国法典这部分内容，正像其后的斯拉夫翻译者总是从希腊文本中截取材料一样。

　　拜占庭传统不仅提供了确定的范本，更重要的是，它提供了一种方法。古典价值体系的复兴，刺激了对本国传统的重新发掘；另外，正统的宗教和政治都倡导一种思考和理解问题的特殊模式，也可以说是一种文化"法则"，其中类比方法居于核心位置。拜占庭帝国被看做是上帝的天堂之国的摹本，教堂的礼拜仪式则再现了天堂中基督跟天使与门徒一起举行的礼拜仪式。人物形象，即圣像，反映出圣灵的模样，教堂十字交叉处上方的穹顶被比作尘世上方的天堂，而穹顶教堂则象征着整个宇宙。类比的方法在新柏拉图学者看来是一种"不相似的相似性"。礼拜仪式核心内容的始终如一，圣灵图像的持久性以及建筑式样的稳固性，这一切都与文化"法则"相关。类比并不强求在范本和摹本之间达到完全一致，两者之间存在一定的自由度，但标准化却是根深蒂固地植根于这种文化中。标准化有助于稳定东正教封建国家的宗教信仰、意识形态和社会体系，教堂建筑也发挥了同样作用。

　　在9世纪下半叶，卡洛林王朝和拜占庭在斯拉夫东部领土的控制问题上产生了矛盾。圣西里尔和圣美多迪乌斯受君士坦丁堡最高主教派遣去摩拉维亚，以期结束法兰克帝国对这片地区的统治，但最终却被罗马教廷(Holy See)收编入伍。他

---

❶　S. Cyril；约827～869年。——译者注

❷　S. Methodius；约825～884年。西里尔和美多迪乌斯，系希腊人，两兄弟，学者、神学家和语言学家，向多瑙河领域的斯拉夫人宣传基督教，号称"斯拉夫人的使徒"。——译者注

们的真正意图到现在仍是个谜。然而，除了创造古斯拉夫语(Old Slavic)或者说格拉哥里字母以外，他们永垂青史的成就还包括翻译了《圣经》，创立了教堂的斯拉夫礼拜仪式，从而使南部和东部的斯拉夫人得以皈依东正教。而西部斯拉夫人则加入了奉行拉丁宗教仪式的罗马天主教。日渐加深的宗教分歧决定了不同地区教堂的发展风格。保加利亚、塞尔维亚、马其顿、瓦拉几亚和摩尔达维亚，主要属于东罗马帝国；而俄罗斯，从波罗的海到第聂伯河下游的地区，在宗教和建筑上都遵循拜占庭风格。波希米亚、大摩拉维亚、波兰、匈牙利、克罗地亚和特兰西瓦尼亚则追随罗马，选择了罗马风和后来的哥特建筑风格。

拜占庭帝国之外的中世纪国家大致沿着与拜占庭相近的模式发展。其中包括严格的集权式君主政体的改变与封建割据、教会和修道院土地拥有权的逐渐增加、城镇的社会流动性及其政治独立性的不足、东正教成为国教、政府管理策略，以及异端反对势力如鲍格米勒教派❶和剪发派❷对礼拜仪式和教堂膜拜的排斥。斯拉夫君主们努力保持国家在政治和宗教上的独立性，并孜孜不倦地仿效甚至试图超越拜占庭皇帝，但拜占庭的文化强势地位确实是他们不可企及的。保加利亚帝国的沙皇西美昂❸和塞尔维亚国王斯蒂芬·杜香❹，甚至宣布希腊归属于他们的名下；俄罗斯沙皇伊凡三世则在拜占庭帝国没落后宣称自己是帝国的继承人。对这三个君主而言，仿效拜占庭帝国，同时也意味着他们将采纳君士坦丁堡的宫廷礼仪，其中，皇宫和教堂建筑扮演着重要的角色。建筑必须象征其地位，这可以通过两种途径来实现：一是努力保持自己的艺术独立性，正如在政治和宗教中所做到的那样，二是承袭拜占庭的传统。这两种方法都能够在"未开化的"斯拉夫新贵与显赫的罗马帝国之间架起跨越鸿沟的桥梁。每一个斯拉夫统治者根据各自的情况进行选择，例如，联合其他政治力量的需要、本国传统的力量以及拥有的各种艺术与手工艺工场。

10世纪末，在东斯拉夫人统治下的基辅罗斯逐渐强大，同时，瓦朗基人频频入侵，这给斯拉夫地区带来了不少冲突。虽然基辅在一个世纪前已经有了一座基督教堂，但俄罗斯的文化转折点是以弗拉基米尔的胜利以及他早早皈依东正教为标志的。在新宗教引入初期，是保加利亚传教士将其传到俄罗斯的城镇。他们使用南部斯拉夫人的礼拜仪式和圣西里尔创造的斯拉夫字母，从此，俄语逐步形成了书面语言。在雅罗斯拉夫统治期间，斯拉夫与拜占庭文化融合的成果日益突出。新的教育和法律机构建立起来了，其文化中的斯拉夫渊源得到强调，而俄罗斯历史则从东正教信仰的角度得到诠释。由于佩切涅格人在南方占据优势，弗拉基米尔公国衰败下来，其势力逐渐北移，先是到诺夫哥罗德，然后是莫斯科。从基辅罗斯到莫斯科公国转变过程中，这是另一个具有重要文化意义的阶段，但此时主要的政治和文化转变仍未结束。其时，塞尔柱王朝已经将小亚细亚转变为伊斯兰教区，并于1071年在曼齐刻尔克大败拜占庭，将这片疆土归属于土耳其人。此后不久，斯拉夫统治的欧洲发展到鼎盛阶段。接着，不到一个世纪的时间里，政治和文化又发生了变化。1024年十字军攻克君士坦丁堡，稍后，基辅又遭到蒙古人的掠夺。随后两个半世纪中，在蒙古势力尚未最终衰落，土耳其人仍未征服君士坦丁堡的时候，深受当地技艺影响的装饰艺术仍然在新兴的俄罗斯城镇中蓬勃发展。至15世纪上半叶，这些艺术方才得到外来设计和手工艺的补充。但是，即使君士坦丁堡不再处于教会和权力的中心，拜占庭典范依然对艺术的发展产生着影响。

中世纪早期

在罗马帝国崩溃之后的几百年间，与东方的拜占庭帝国相比，易北河以西的欧洲大陆在政治和文化上一直处于无足轻重的地位。随着欧洲大陆政治的有效统一及其领土权力的确立，建筑却

---

❶ Bogomili；10~15世纪盛行于巴尔干地区的基督教派。——译者注
❷ Strigolniki；14世纪自东正教分离出来以抗议收圣餐费做法的俄罗斯教派。——译者注
❸ Czar Simeon；864/865~927年，西美昂一世，第一位保加利亚帝国的沙皇，尚武而又好文。——译者注
❹ Stephen Dušan；1308~1355年，又称斯蒂芬·乌罗什四世，塞尔维亚国王，中世纪塞尔维亚最伟大的君主。——译者注

第8章 背 景

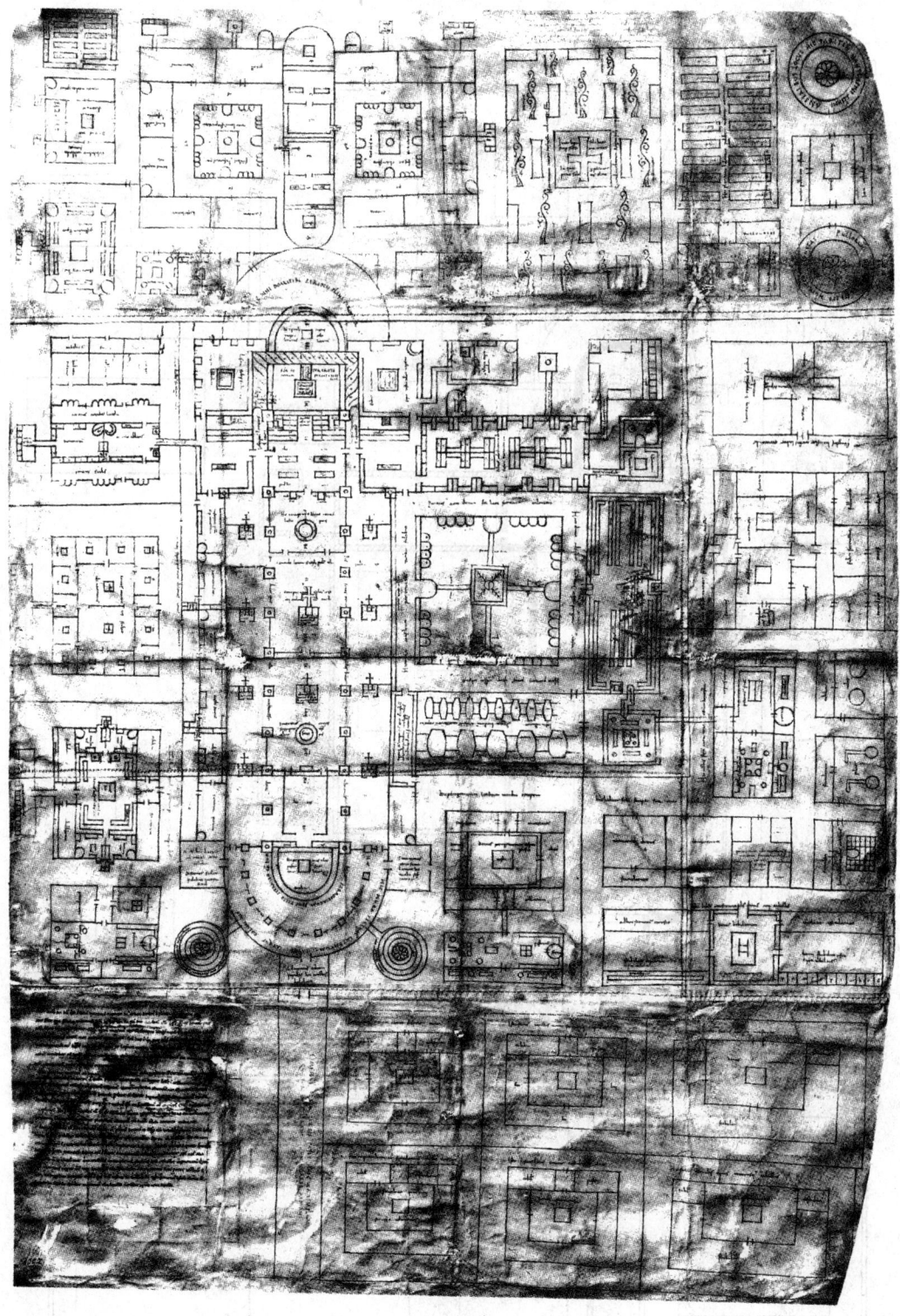

圣加仑隐修院(约820)：原始平面图，见[202]页及[200]页复原图

第二编 文艺复兴以前的欧洲和地中海建筑

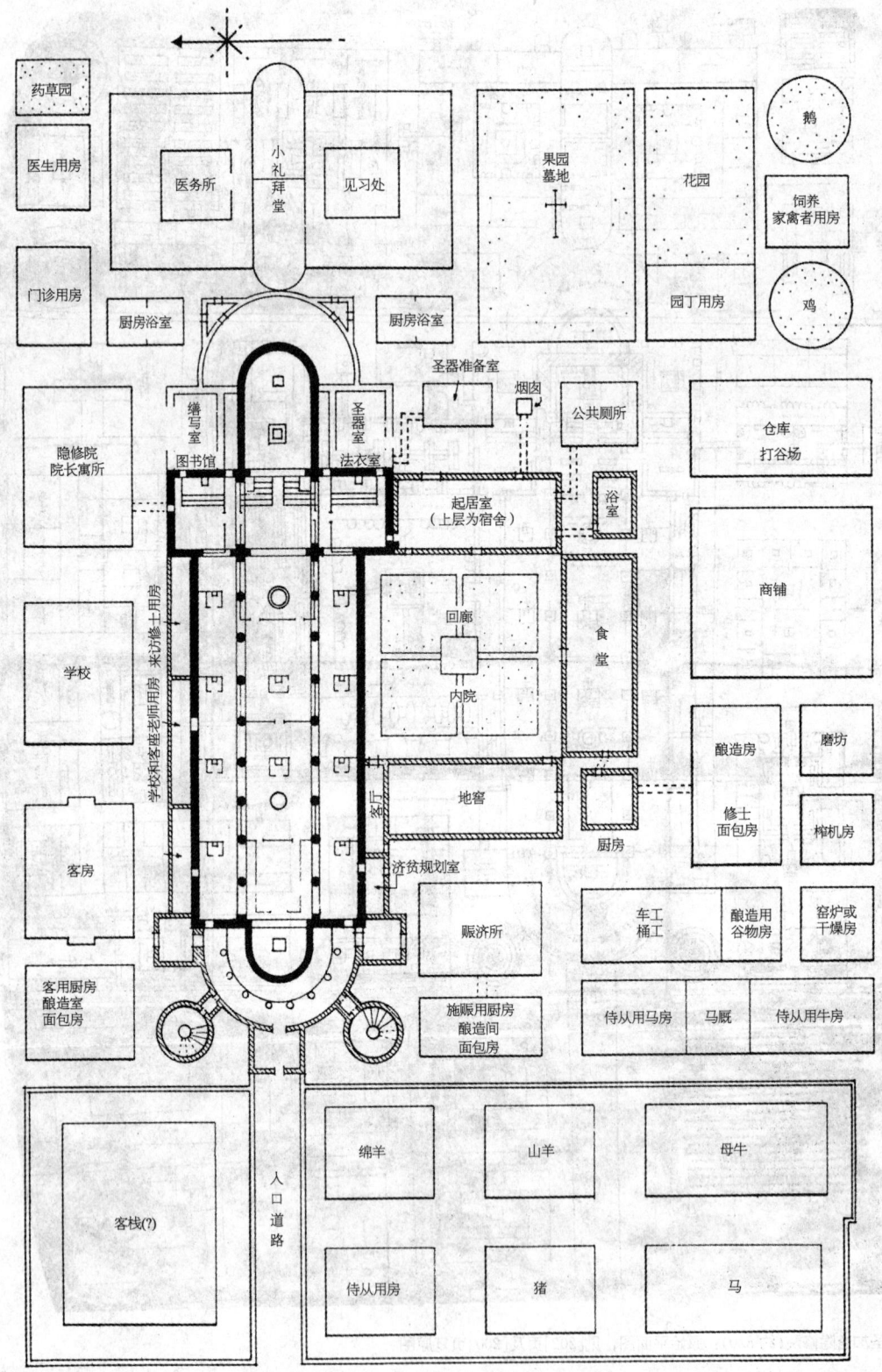

圣加仑隐修院平面图,据[199]页平面图复原

在走向衰退。东方受到保加利亚的侵扰，南方和西南方有来自伊斯兰的威胁，欧洲最终切断了与君士坦丁堡的联系。这种孤立意味着，其大陆文化不得不建立在一种冲突与混乱的背景之上。因此，当其文化重新发展时，如在意大利，拜占庭模式的进一步演变中明显带有伊斯兰文化的影响也就不足为奇了。拜占庭教堂的影响，在其他地方继续同步发展(参见第16章)，这种风格并延续到15～16世纪。源于巴西利卡平面的罗马风风格同时也在发展，很快演变成西欧和北欧的哥特风格。

基督教和宗教制度，及其教育和文化的影响力不断扩大，这对世俗和教会都有所影响，因为一座教堂或隐修院的落成往往是一个城镇开始建设的迹象，有时，它更是正在发展的教会势力足以与现有世俗政府相抗衡或者对其加以控制的明证。因为拥有封地的财产，主教和修道院长同时也是军事首领，有时他们会亲自参战。教堂的势力和声望在各地增长。宗教的热情和狂热在雄伟的大教堂和隐修院建筑中找到了具体的表达方式。这一时期，这些宗教建筑成为比封建首领的城堡更重要的建筑成果。

同样是这种宗教狂热，引发了为反对穆斯林占领巴勒斯坦和圣地而进行十字军东征。这一期间，西方基督教和东方穆斯林之间的时断时续的战争(1096—1291)对西方艺术并非全无影响。修道院组织自4世纪就已经存在了，到了公元800年，本笃会教派因为查理曼大帝和其他统治者的支持而得以扩展。这种修道体系的发展在11世纪尤为显著，它同时促进了农业技术和建筑的发展。实际上，直至中世纪末，科学、文学、艺术和文化大都为宗教界所垄断。那些附属于隐修院的学校训练青年人为宗教服务，而教士和学生们往往就是教堂的设计者。

主要的基督教派包括：

1. 本笃会(the Benedictine Order)，6世纪早期，由努尔西亚的圣本尼狄克❶创建于意大利南部的卡西诺山(Montecassino)。此教派财产共有，但是并无特别的贫穷誓约，这有助于开展慈善活动和农耕事业。本笃会隐修院往往坐落于城镇之中，教堂的部分设施也用于非宗教活动。

2. 克吕尼修会(the Cluniac Order)，也遵循圣本尼狄克的教条。910年由隐修院院长圣奥多❷创立于法国勃艮第的克吕尼。到12世纪，克吕尼隐修院成了全欧洲最有影响力的机构之一。

3. 加尔都西会❸，1086年，由圣布鲁诺(S. Bruno)创建于法国格勒诺布尔附近的沙特勒斯山谷。在道德普遍沦丧的情况下，此教派提倡回归遁世苦行的原则。这一教派直到1142年才得到承认。加尔都西会隐修院大都处于边远地区，修道士单独的小房间通常成组地布置在有回廊的内院周围。整个隐修院只有一个平面布局简单的教堂。加尔都西会隐修院的建筑以庄严朴素而著称。

4. 西多会❹，1098年创建于法国东部的一个称为西多的村庄，不久以后移至克莱尔沃。1143年后，所有西多会教堂都供奉圣母马利亚，不再有单独的圣母礼拜堂。此教派的苦行目的使其建筑具有最初的简单严谨特点。

5. 在俗信徒会(Secular Canons)，主要服务于大教堂和大圣堂(collegiate church)，奉行圣夏洛德冈(Chrodegang)于750年前后制定的教规。

6. 奥古斯丁修会❺，即黑色修会(Black Canons regular)，约创建于1050年。他们在城镇的修道院中承担修道和牧师的双重职责。其建筑形式与本笃会类似。

7. 普雷蒙特雷修会(Premonstratensian Canons)，俗称"白衣修士会"(White Canons regular)，由圣诺贝尔特(S. Norbert)于1120年在法国南部普雷蒙特雷创立。

8. 吉尔伯特会❻，这是一个纯粹的英国教派，由森普林哈姆(Sempringham)的圣吉尔伯特(S. Gilbert)创立于1131年。此教派通常把奥古斯丁修会的修士与西多会的修女联合在一起，在一个彼此共有的教堂的女隐修院中一起修行，教堂有一道轴向的墙将其分开。

---

❶ S. Benedict；约480～约547年。——译者注
❷ Odo；约879～942年。——译者注
❸ the Carthusian Order；天主教修会，曾译作卡尔特修会。——译者注
❹ the Cistercian Order；天主教修会，又名白衣修士会或伯尔纳会。——译者注
❺ Augustinian Canons；又称奥斯丁会，天主教修会，中世纪四大托钵修会之一。——译者注
❻ Gilbertine Canons；又称森普林哈姆会。——译者注

9. 圣殿骑士团❶,建立于 1119 年,用于保护巴勒斯坦的圣地和通往耶路撒冷的朝圣路线。圣殿骑士的教堂形式以耶路撒冷圣墓(Holy Sepulchre)教堂为原型。

10. 医院骑士团❷,1113 年于耶路撒冷按奥古斯丁教义组成的(圣约翰医院修士团)。此教派最终在欧洲拥有大量财产,但是没有发展出独具风格的建筑。

11. 托钵修会(the mendicant orders of friars),以方济各会(Franciscans)和多明我会(Dominicans)为首,创建于 13 世纪。托钵修会教堂的功能主要在布道,这功能带来了独特的平面设计,但它们还是在哥特建筑早已取代欧洲大部分地区罗马风建筑的时候发展起来的。其修道院一般坐落于城镇之中,行乞修士在此对普通大众进行布道及慈善活动,其中有些人还在欧洲各地逐渐兴起的大学中担当重任。

没有什么比隐修院的设计和建造更能体现出罗马风时期欧洲教会和文化发展的力量。典型成熟的中世纪隐修院平面,包含一个正方形或矩形的回廊,建在隐修院教堂南边,突出的十字形教堂耳堂限定其东部边界。庭院是露天的,四边均设遮蔽的走廊。走廊一边支撑在拱廊上,另一边则支撑在最重要的隐修院建筑的墙上。在庭院的东面和十字形教堂耳堂的南翼是牧师会礼堂(chapter house),决定隐修会运作问题的正式会议就在这里召开。再往南,在地下室(undercroft)上方的一层布置宿舍。回廊的南边则是"斋堂"(frater)或餐厅和厨房。斋堂设有一个布道坛(pulpit),进餐时间在此诵读。西侧包括隐修院院长的居室、客房和一个储藏食物的地下室。修道院的其他建筑,诸如医务所(infirmary)、酿酒房(brewhouse)、面包房、马厩及农活用房则根据场地大小酌情安排。院内有固定的储备水源以供洗涤。

隐修院教堂本身分为两部分,东侧部分供教士使用,中堂往往对外开放,隔断或屏风通常设置在十字交叉点以西 2 至 3 开间处。中堂包括一个布道坛,在它西侧紧挨着布置中堂圣坛(altar)。东面紧接着是教士们的长排座椅(stall),排列在十字交叉下方。高高的圣坛设置在教堂的半圆形主后殿(apse)中。教堂侧堂、耳堂和楼座(gallery)上设有各种辅助礼拜室。隐修院的所有建筑都布置在一个有围墙和门房的大院内。除了缺少牧师会礼堂(这在 11 世纪成为必不可少的要素),9 世纪初设计的瑞士圣加仑隐修院(S. Gallen)完美的平面可以作为上述布局的范例(见[199][200]页)。

然而,并非所有的隐修院都恪守这个平面布局,不同教派的特殊需求必然导致平面布局的变化,这一点在西多会隐修院中尤为重要。根据该修会直接管理的规范,他们需要大批俗家教友来经营隐修院的财产,必须为这些教友("皈依者")提供住所。他们被安置在隐修院的西侧,有单独的斋堂,并且在与教士唱诗区隔开的教堂中堂做礼拜。在英国,大教堂经常由本笃会和主教共同管理。其他的欧洲国家里,大教堂都是在主教和他自己的俗家修士团体的管辖之下。隐修院则不在主教的控制之下,实际上,隐修院经常对主教持批评态度。

朝圣教堂

朝圣是中世纪经常采用的一种宗教信仰形式。信奉基督教的狂热激励着数以千计的人前往欧洲及近东,朝不计其数的神殿和圣地跋涉。位于西班牙西北孔波斯特拉的圣地亚哥的圣雅各大教堂(the shrine of S. James)是一个主要的朝圣中心,那里吸引了远自英国、德国的朝圣者。沿途的教堂和隐修院向人们提供食宿和朝拜设施,获利颇丰。11~12 世纪,在朝圣沿途聚集的财富使宗教界得以建起庞大的新教堂,石匠和雕塑家供不应求。并且,可以想见,他们在朝圣道路上常来常往,就把新的罗马风风格从"法兰西岛地区"一路传播到了孔波斯特拉。

主要的朝圣教堂有法国图尔的圣马丁教堂(S. Martin, 997 年后始建,法国大革命期间大部分被毁),孔克的圣富瓦教堂(S. Foi, 约 1050—约 1130),图卢兹的圣塞尔南教堂(S. Sernin, 1078—1119)和孔波斯特拉的圣地亚哥大教堂(Santiago de Compostela, 1078—1122)。这些教堂都具有成熟的罗马风风格,包含回廊、复

---

❶ the Knights Templar;全称为基督及所罗门圣殿贫穷骑士团,成立于十字军行动时代的宗教军事修会。——译者注

❷ the Knights Hospitallers;又称马耳他骑士团,天主教医院修会。——译者注

合墩和在拱门上设置高拱廊的楼座(triforium gallery),所有这些都是罗马风风格的重要特征。随着朝圣教堂的设计与建造,一个跨越法国西南与西班牙北部的建筑雕塑流派发展起来。

意大利

意大利中部。工业人口的增长、商业的发展和统治家族势力的上升都促进了有防御设施的独立城市的形成,如比萨、卢卡和皮斯托亚,它们在建筑成就上都是竞争对手。这些城邦间相互残杀,存有世仇,这也从其建筑特征中显现出来,如城堡的城垛和堡垒。11世纪意大利托斯干纳地区的艺术活动主要表现在建筑上,这反过来又为绘画、雕塑等艺术提供了舞台。

意大利北部。威尼斯和君士坦丁堡建立联盟的结果是,昂贵的货物从东方运来美化威尼斯的建筑。就这样,通过对这座被称为亚得里亚海女王的城市的建筑施加影响,东方确实战胜了西方。意大利北部的自由城市,如米兰、帕维亚、维罗纳和热那亚,在各自公共建筑的美观上相互竞争。这种竞争精神促进了整个意大利在建筑上最显著的进步。

意大利南部和西西里岛。西西里岛在穆斯林的统治下,甚至连教堂的立面都装饰以几何形图案,因为伊斯兰教禁止表现人物形象。穆斯林和早期拜占庭的影响甚至持续到1061年诺曼底人征服该地区以后。诺曼底国王鼓励在装饰上使用传统的马赛克,他还在巴勒莫创建了一所马赛克学校。意大利南部一直和西西里岛有密切联系,但在很大程度上避免了伊斯兰的影响,而是跟东罗马帝国保持着紧密接触。

法国

许多主要的基督教教派,如克吕尼修会、加尔都西会、西多会都创建于法国(见[201]页)。在13世纪末帝国衰亡以前,法国人在十字军东征、构建和管理东部拉丁帝国之中都担当着领导角色。北欧文化深受法国地区的罗马风艺术和建筑的影响。由教会学校衍生而来的巴黎大学,因拥有至高的声望,在12世纪吸引了有影响的教师,从而得到广泛认可。尽管智识超群,中世纪的法国并未形成任何意义上统一的文化形式,如不同的艺术形式、雕塑、诗歌以及建筑,在卡佩王朝的统治下才逐渐凝聚成今天所见的法国传统。文学与建筑一样,占主导地位的主题是封建效忠与基督教信仰,这跟骑士为基督献身的神秘理想密切相关。

在韦兹莱、阿尔勒和昂古莱姆,罗马风风格在结构连接和建筑雕塑上发展到了一种近乎完美的境地。庄严的、深凹的、门楣中心(tympana)饰有雕塑的西入口门廊是哥特时期雄伟雕塑门廊的先驱。

西班牙和葡萄牙

西班牙与邻国,以及英国、意大利的多重联系,都在不同程度上对伊比利亚半岛的建筑产生了影响。伊斯兰文化影响充分表现在那些奇特的设计和丰富的建筑细部上,即使在基督教盛行的北部也随处可见,因为这些地方对技艺高超的穆斯林工匠同样需求。伊斯兰建筑特征在"莫扎拉布"❶——穆斯林统治下的西班牙基督教徒的教堂里表现得最为明显。

1212年,在托洛萨战胜穆斯林的胜利使基督徒欢欣鼓舞,加上从敌方虏获的战利品的帮助,大大刺激了基督教艺术的发展。

基督教在2世纪时传到伊比利亚半岛,并在接下去的近两个世纪中蓬勃发展。连续不断的战争,更多的是源于宗教而非种族,使得半岛上的基督教国家之间有了某种团结。在整个中世纪对穆斯林的斗争中,教会是最强大也是最持续的统一力量,它也因此获得了巨大的世俗权力和财富。这些事实,加上西班牙人对激动人心的庆典和仪式的热衷,决定了他们的教堂和主教堂的布局:雄伟的圣殿和为贵族家族而设的宽敞的礼拜堂。伊斯兰教禁止在雕塑和装饰上使用人像,倡导几何形的装饰。这甚至也可以在基督教教堂的丰富精美的表面装饰中显现出来,因为雇用的工匠通常受到伊斯兰传统文化的熏陶。

不列颠群岛

10世纪修道院改革的主要结果,是引进了欧

---

❶ Mozarabs;8～11世纪穆斯林统治时期的一些西班牙基督教徒,他们虽然没有改信伊斯兰教,但已采用阿拉伯的语言和文化。——译者注

洲大陆建筑的特征。这种特征于英国,只在约克郡的圣威尔夫里德教派(the school of S. Wilfrid)的北部建筑和7世纪的肯特郡短暂出现过。

诺曼底的威廉到来之后,建造城堡以巩固征服者的地位。城镇在修道院和城堡周围发展起来,成为交易中心,并通过商业行会建立起城镇政府。村舍仍然仅仅是基本住房的集合。稳定下来的政府靠12~13世纪的修道院学校和两所英国大学来促进教育。直到13世纪,法语都是宫廷里广为采用的语言。

首次十字军东征于1096年由教皇乌尔班二世和彼得隐修士❶鼓动起来。后来的东征引发了东西方的思想交流,并使英格兰介入了国际活动。理查一世(Richard I),阿基坦公国的埃莱亚诺和英王亨利二世之子,经历他的第三次东征后,在诺曼底地区莱桑德利的加亚尔城堡中建立了一种军事建筑模式。东征(1113—1119)刺激了学术的进步和军事体制的建立,这些对中世纪后期的教堂建筑产生了一定影响。1128年,西多会在萨里郡的韦弗利建造了他们的第一座英国隐修院。1175年,来自法国桑斯的威廉用全新的哥特式风格重建了坎特伯雷大教堂的歌坛。

斯堪的纳维亚半岛

隐修院在加强斯堪的纳维亚与欧洲之间的联系上起了重要作用。丹麦和挪威的本笃会教堂建筑严格遵循了该教派传统;丹麦和瑞典建造的几座西多会隐修院教堂则带有勃艮第的简朴与豪壮,其平面形式则来自丰特奈和彭蒂尼。在中世纪甚至直到14世纪,斯堪的纳维亚半岛上建造的规模较小的教堂,都采用了简单的罗马风风格。较为边远闭塞区域的建筑风格通常仍是更早期的。例如在芬兰,随着瑞典势力在东波罗的海的扩张,13世纪初开始运用石头建造教堂建筑,但持续的风格特征仍然主要是罗马风。

圣地

在圣地,法兰克族战士即使在自己的驻地也仍居少数,因此,那些宏伟的军事建筑的某些特征,既是出于防止内部叛乱,也是为了抵御外部威胁而形成的。整个12世纪持续不断的圣战中造成的建筑不仅具有直接的军事价值,也对日后欧洲的城堡建筑产生了广泛影响。

有必要强调的是,当初引发十字军东征的建筑,后来又具备了必要的宗教功能,而且在许多情况下这些功能是综合性的:巴勒斯坦圣殿骑士安养所通常包含一个筑有防御工事的教堂。现在没有留存下来的完整例子,但是在法国比利牛斯山的吕兹仍有一个相仿的后期实例(建于1260年)。巨大的内陆城堡几乎都有一个礼拜堂,而托尔托萨则有一座大教堂。在很多圣地建有教堂,更常见的是把原有建筑改建成教堂,其管理中心和通信网络则都以城堡为基础。当时的文献清楚地说明了城堡作为农业社区安全中心的重要地位。这些社区靠耕种周围的土地为生,并效忠于拥有大片封地的封建领主,城堡则在其中起保护作用。

哥特时期

13世纪,当十字军东征衰落,拉丁帝国的东部瓦解时,在欧洲北部法式建筑的蓬勃发展中产生了一种建筑形式,具有石砌尖拱,拱顶足以覆盖教堂的巨大中堂和十字形耳堂,其平面则由罗马风的原型演变而成。

有必要指出的是,哥特风格主要是一种基督教建筑风格。但这并不是说哥特建筑师不建造城堡和住宅,只是这种风格在世俗建筑中很少能得到最好最充分的体现。在每个城堡中,礼拜堂总是看上去比其他建筑更具哥特风格。它最适合建造庞大的拱顶大厅,根本不适合小房间,特别是布置在不同层面上的小房间,因为不可能在一个穹顶上再造一个穹窿。德国迈森的阿尔布雷希茨堡和布拉格的哈拉德坎尼区的建造却相当成功。哥特风格建筑造价昂贵,施工困难,灵活性差,一旦处理事务需要呈分散布置的房间,并需通过长长的走道和壮观的楼梯来连接这些房间时,哥特式风格就去日无多了。然而,在19世纪,当结构工程师被召来为火车站建造巨大顶棚时,这种风格又引起了极大的关注。

现存的文献并未证明教堂具有某种特定意义。另一方面,造像术广为流行,哥特式建筑与雕塑、

---

❶ Peter the Hermit;约1050~1115年,隐修士苦行者,修道院的缔造者。——译者注

彩绘玻璃窗及绘画同步发展，这些给教堂带来了众多永恒的精神居民。他们的存在自然地使大教堂成为天国的圣地或凯旋教堂❶的象征。从严格的功能意义上说，一个大教堂是祭坛的集合地，每个祭坛都供奉着各自的圣者以及代表其称号的圣物。为了代圣者祷告，礼拜仪式一轮一轮不断举行着。简单地延伸一下，教堂本身也可被看做是纪念碑式的圣物箱。宽泛地说，所有这些肖像主题，源于对那些可能会引起人们敬畏和热烈的神圣感的形体和空间的探索。

没有必要假设这些观念是不可缺少的，或者人们一丝不苟地恪守着这些观念。不管人们对此是否严格执行，它们都有助于纠正像维奥莱-勒-杜克(Viollet-Le-Duc)这样有影响的诠释者告诉人们的那种印象，即哥特建筑不过是结构工程而已。无论工程技术有多么重要和突出，它总是服务于宗教和审美方面的想法，结构本身绝对不是目的。甚至在那些最具轰动效应的工程中，如晚期哥特式的奇特城镇和尖塔(spire)，其目的也是要突出一种视觉效果，即让方圆几英里的城乡皆可感受的奇异而迷人的视觉效果。不过，有一点是毋庸置疑的，即是如果没有工匠们高水平的专业建造，哥特建筑不可能达到如此辉煌的效果。

资源

史前时期

在整个旧石器时代，冰川的前进和后退使得留存下来的证据极少，除了在山洞和石窟里的以外，几无余物。而且，旧石器时代可用的建筑材料十分有限。在西欧，诸如木材、灌木、石头以及动物的皮毛和骨头等地表材料，都被收集起来用于建造住房。整个旧石器冰川时代，在东欧严酷冰川周缘的干旷草原地区，发现了一种更为丰富和壮观的房屋，那是猎人有组织地收集哺乳动物的骨头建造起来的庇护所。

在中石器时代，自然资源似乎并未被有组织地开采过，而新石器时代却是以发展采矿业著称的。火成岩和燧石被广泛开采，原材料被交换到遥远的地方。木材也被砍伐加工。住房往往使用当地的原材料建造，但纪念性建筑的兴建则需要使用外地原料。新石器时代主要资源是人力。据估计，大型纪念性建筑花费了成千上万的劳动力。这种情形一直持续到青铜时代，不过那时，可以越来越多地使用从遥远外地运来的材料。

铁器时代，丰富的自然产品得到开发利用。人们通过浅表挖掘和深井开采获得矿石。不论是铁的冶炼还是大规模防御工事的建造，都需要砍伐大量上好原木。建筑材料往往需要经过相当远的距离运输过来。

埃特鲁里亚时期和罗马共和国早期

意大利中部缺少优质大理石，而这种石材在希腊唾手可得，且被希腊建筑师运用得十分恰当。当地石材被用在那些需要增加强度和耐久性的地方，例如在后期的防御墙、庙宇平台以及坟墓中——但岩石容易切割的地方，坟墓常常直接凿进岩石而成。这里还有优质的制砖黏土。直到这一时段的晚期，未经烧制的土胚泥砖或夯实的泥土通常用以代替篱笆抹泥墙(wattle and daub)。烧制的赤土陶瓦只被用作屋顶瓦片和其他需要增加耐久性，或想要精心装饰的细部。同样，意大利中部拥有优质木材，可用作柱、梁和其他屋顶构件。

罗马共和国晚期、罗马帝国早期及意大利

在罗马共和晚期、罗马帝国早期和意大利，建材方面最重要的变化是烧制砖的使用。同时因为在石灰和沙子中加入了天然火山灰(pozzolana)，灰浆的质量有了大幅度提高。人们还从国外进口大理石，此外，开始大规模开采卡拉拉大理石。

当地可用的石材得到了更广泛的应用。在罗马的周边地区，这些石材包括：凝灰岩(tufa)，一种有不同硬度的多孔火山石；石灰华(travertine)，一种产自蒂沃利的细腻而坚硬的石灰石；以及白榴凝灰岩(peperino)，一种产自阿尔巴诺丘陵(Alban Hills)的火山石。但是这些石材的质量和强度都不及希腊的大理石。砖一开始被做成面砖的形状，

---

❶ the Church Triumphant；天上圣徒们的基督教会。——译者注

称为"双面砖"(bipedales),这种砖厚 40mm(不到 2in),表面尺寸大约有 600mm²(2平方罗马尺)。砖的制作很快变得有组织和标准化,就像稍后的大理石柱以及其他大理石产品的生产一样。

同样重要的是从海外战争获得的战利品财富。获胜的将军赞助新的公共建筑和其他的公共工程,奥古斯都本人就为后世皇帝做出了榜样,他赞助了更大规模的建筑。富有的个人可同时承担公共建设和私家工程。罗马与希腊的古典世界及受希腊文化熏陶的东方之间的交往促进了建筑技术的引进,这在维特鲁威的著作中即有见证,虽然他持着保守的姿态并力争保持原有的本土传统。为了承担这样大规模建筑工程,显然需要大批有技术和无技术的工匠。在公元1世纪后期,他们已设有组织机构,并进行了种类繁多的专业分工,这些工种通常是世袭的,有关这方面的记录已被今天的我们所掌握。同样有必要指出,由于这一时期砖面混凝土的普遍应用,与非技术工匠相比,对技术工匠的需求大大减少了。

大罗马帝国

在帝国伊始,意大利各个行省之间都有很大差别。罗马从有悠久希腊文化传统的王国手中接管过来的那些省份,政权变更并没有带来可用材料上的太多变化。例如,在东非和北非的大部分地区,料石(dressed stone)依旧是重要建筑最常用的材料。然而,在那些缺乏好石材,一直使用泥土砖的地方则开始引进烧制砖来砌筑墙壁和拱顶。通过在配料中加上打碎的欠火烧制砖,灰浆就有了近似意大利火山灰灰浆的性能。另一方面,在阿尔卑斯山脉以北,那些没有相应早期建筑传统的省份,也开始使用新材料。只要有可能,人们就会使用当地材料以减少高昂的运费。从大约公元1世纪开始,最重要的材料是那些可以用来制作类似罗马砖面混凝土的东西。

在那些有悠久建筑传统并继续发展着的省份,早已拥有必要的设计人员和建造技术人员。要说罗马的统治在这方面有什么影响的话,那可以说,是它方便了建筑师和高技艺工匠在各地的流动,他们之中的佼佼者通常被挑来为宫廷服务,例如图拉真的主要建筑师——大马士革的阿波洛多鲁斯❶。在其他地方,首先也要引进必要的技术,技术人员中少数骨干被请来指导没有技术的本地劳力。

建筑的赞助模式和上面提到的共和晚期及罗马帝国早期相似,根据地方财力和建筑物重要性的不同呈现出不同规模。一些重要的建筑项目是由非意大利籍皇帝在自己祖国投资兴建的,如塞普蒂默斯·塞维鲁❷;而另一些,则于稍晚时期建造在已成为皇宫所在地的地区,如特里尔。晚期帝国已经走向衰落且正遭受着严重的经济问题,但此时建筑最令人震惊的特征之一,是其营建的某些项目的尺度,特别是在罗马。但是,人们愈来愈多地重复利用从旧建筑物上拆下的材料,如石柱、柱头和带装饰的中楣等,便显示了帝国的窘迫状态。

早期基督教时期和拜占庭帝国

4世纪时,随着帝国愈来愈基督教化,教会得到越来越多的布施,并很快获得了大量馈赠的土地和其他财物。

不过,窘迫的状况继续显现在建筑中,人们更广泛地使用回收的大理石柱,比如康斯坦丁把基督教国教化之后不久兴建的大量新教堂;334~337年发布的要求改变技术建筑师和工匠的短缺状况的敕令中也说明了这一窘状。这一时期的其他证据再次说明了这类人员的流动性,而且如果当地缺少合适的建筑师,新建筑计划可能会从一个地方转到另一个地方去。除了维特鲁威有关公元前1世纪理想且知识广博的建筑师的乐观描述外,我们也有来自亚历山大的帕普斯❸对4世纪初的建筑训练更为实际的描述。实践必然要求当时的建筑专家有机械科学的理论知识,这就意味着,最高层技术人才在专业知识方面有了长足进步。

正是具有这样背景的人,才在日后被查士丁尼

---

❶ Apollodorus;希腊建筑师和工程师,活动时期为2世纪早期,设计的最著名建筑是图拉真广场和图拉真圆柱。——译者注

❷ Septimius Severus;146~211年,古罗马皇帝,193~211年在位。——译者注

❸ Pappus;最后一位伟大的希腊几何学家,活动时期在320年前后。——译者注

选定来建造他的主要项目——君士坦丁堡的圣索非亚大教堂(the church of Hagia Sophia)。从这个工程宏大的规模,以及宫廷史学家普罗科匹厄乌斯(Procopius)所记载的查士丁尼其他建筑工程的规模来看,很显然,在 6 世纪早期,无论当时西方的情况有多糟糕,东方却不再存在原材料的短缺。一些早期罗马帝国供应原料的大理石采石场已不再活跃,但是还有许多仍在继续生产,而且马尔马拉海的普罗孔奈塞尼群岛上的采石场生产了大量的大理石成品。烧制砖的供应也很充足,其类型与几个世纪前罗马引进的形态相差无几。此外铁的使用比从前任何一个时期都更为广泛。

同样明显的是,这种状况并没有持续太久。从 6 世纪末开始,所有建筑工程的尺度都大大减小了。例如,当教堂必须重建时,尺寸无一例外都缩小了,这种变动并不仅仅是因为教堂不再需要容纳如此众多的人群。拜占庭帝国晚期可用的材料也没有明显增加,相反,选择的余地越来越小。甚至在这之前,就因为开采森林而使长直的原木极为短缺,许多大理石原料基地已无法开采,许多采石场也已经停产,因此,人们不得不更加依赖旧建筑材料的回收利用。

巴尔干半岛诸国与早期俄罗斯

这一区域的地理位置和物质特征,对其传统建筑的发展和外来文化的传播与吸收都产生了极为深远的影响。由俄罗斯构成的北部边界是一片辽阔的森林,边界西面大部分是松类和桦树,也有橡树、角树、枫树和酸橙树。在森林的南边是大草原,有伏尔加河等大河横贯而过。商品、材料和文化的影响从南方传入俄罗斯,从欧洲东南部沿着第聂伯河进入,从欧洲西北部则沿着维斯图拉河而来。

优质的建筑石材尽管在巴尔干地区供应充足,在俄罗斯境内却相当短缺。直到俄罗斯征服波罗的海和黑海地区,才开始有了方便加工且耐久的石材来源。沿袭拜占庭的影响,砖仍被制成扁平状并涂色。到 16 世纪,砖被普遍应用于重要的公共建筑、城堡、隐修院或宅邸。但是使用木材这种普遍可用而经济的建筑材料,才是俄罗斯传统建筑的特色。

早在公元前 1 世纪,维特鲁威就曾记载过黑海沿岸本都山脉的科尔基斯人用水平排列的原木建造房子,原木之间的缝隙用碎木片和黏土填实。这种方式于此后 2000 年间作为传统的木结构在黑海和俄罗斯一直保持不变。木匠使用斧子加工松树、枞树和橡树的笔直树干,而不用锯子和金属钉。原木水平排列,并在壁角处相互锁联。每根原木都在底端稍稍掏空,以便和下面的原木衔接紧密,缝隙填以地衣或麻絮。木头很少预先风干。然而,把原木一个挨一个地水平叠置,即意味着在原木干燥和收缩的过程中,其重量足以防止原木翘曲或开裂。原木室外部分的形状一般是本来的圆形,有时还在暴露部位涂抹黏土以增加建筑的抗风防水能力,室内部分通常是用斧子砍平,然后油漆。

在俄罗斯和巴尔干,本土的建筑原料、技术以及这一区域的气候,对外来的建筑思潮有着巨大的影响力。例如,形成于温暖的地中海气候中的拜占庭形式,以半圆形穹顶著称,而在多雪的俄罗斯就演化成球形穹窿(bulous cupola)。

罗马风时期

在罗马风时期,特别是在 11～12 世纪经济飞速发展时期,在大教堂和修道院建筑中采用巴西利卡的平面形式。就资源而言,特别强调了设计和石材施工技术,以及适合建筑用的石材是否便于获取。这不是说其他材料和技术就不重要。例如,在意大利西北部,制砖业也至关重要,米兰的圣安布罗斯教堂(S. Ambrogio)就是砖结构的。木材的供应也同样重要。在从石质拱顶向可同时覆盖中堂和走道的交叉拱系统(groined system)发展的过渡时期,木材一直被用于屋顶。在这个演变中,偶然事故和军事攻击引起的火灾隐患提供了根本动力,减少中心结构和石质房顶的自重和复杂性的技术发展也是一大动力,如勃艮第的教堂。

在一些地方,多种多样的技术与材料被同时运用在过渡时期那些有趣的建筑中。例如,始建于 11 世纪初的佛罗伦萨圣米尼阿托教堂,它那带大理石柱廊的中殿之上是木构架屋顶,但在这里,横向加劲拱(transverse stiffening arches)取代了在托切罗岛和其他地方采用的木头或金属拉杆(tie),将屋顶分为三部分。

马赛克及壁画依然盛行,尤其是在那些与古典或拜占庭传统有直接联系的地区。在这些地区,例如意大利南部和西西里,继续制作覆盖壁柱

(pilaster)或装饰墙面用的青铜饰板。

9世纪之前，建筑中很少使用玻璃，尽管早在一个多世纪以前，教堂对玻璃的需求就已经改变了塞纳河至莱茵河流域的玻璃产业生产重点，即由原先的家用玻璃器皿转为窗玻璃。在罗马帝国时期，吹制和丝制玻璃，即俗称的"王冠玻璃"(crown)或"圆形玻璃"(bullion glass)都是由叙利亚工匠生产的。威尼斯人从他们那里学到这种技术，从威尼斯传向欧洲其他地方，直至诺曼底和英国。有证据表明，彩色玻璃(stained glass)在君士坦丁堡的建筑中已经出现。然而它的发展却是在欧洲北部，最早的例子便是晚期罗马风教堂。

然而，罗马风最辉煌的成就却在于有形或无形的雕塑，它们跟结构与设计融合在一起。因此，石料的获得对风格而言至关重要，材料的可得性在这些国家与地区则不仅决定其结构形式，还决定其装饰风格。

意大利

意大利中部。托斯卡纳拥有丰富的矿藏和大量石材。各种不同的材料被运用到罗马的建筑中，包括砖、火山凝灰岩或白榴凝灰岩、采自蒂沃利的凝灰岩，以及从卡拉拉、帕罗斯岛和其他希腊岛屿运来的大理石。还有大量材料取自古典建筑的废墟。

意大利北部。伦巴第的低地平原为制砖提供了黏土，这些砖与采自山上的大理石共同形成了这一区域建筑的鲜明特征。威尼斯通过商船进口大理石。

意大利南部和西西里岛。意大利南部及西西里的山峦提供了钙质石灰石、贝壳石灰石以及多种多样的大理石。而那些硫磺矿，尤其是分布于西西里的矿场，也对建筑业的繁荣做出了很大贡献。

法国

法国拥有大量的上好石材，并且极易采掘，被广泛运用于各类建筑中。在北部诺曼底，纹理细腻的卡昂石(Caen stone)随处可见。在奥弗涅的火山区，彩色浮石(Pumice)与凝灰岩，不仅用于墙体及镶嵌装饰，同时还因为其轻质而被大块地用于这一地区特有的穹顶中。

中欧

这一地区的建材主要是来自莱茵河流域的山石。波罗的海沿岸以及德国中部和南部则有充足的木材。而北部平原由于既无石材又无木材，砖便成了易北河以东地区的专用建材，相应地，其建筑风格也迥异于其他地区。

西班牙和葡萄牙

伊比利亚半岛本身就是一个巨大的岩体断层，包括了北部的卡斯提尔山峦(Sierras of Castile)、中部的托莱多山脉(Mountains of Toledo)，以及南部的莫雷纳山(Sierra Morena)。建造用的天然石材包括北部的花岗石，南部以及埃布罗河盆地的石灰石，比利牛斯山脉与安达卢西亚地区的红砂岩(sandstone)，还有分布于各处的火成岩(eruptive rock)和"不完全大理石"(semi-marbles)。建筑普遍依赖于这些石材的运用。火成岩被用于砌筑毛石墙(rubble wall)，砖被用作结合层和墙角，这种受到穆斯林影响的做法相当成功，可在托莱多城的塔楼和城门见到。而在巴利亚多利德的古罗马式砖，被嵌入厚厚的灰泥中。由于西班牙罕有森林，并且适于建造的木材极为稀缺，这也更加强了石材在建筑中的绝对优势地位。

圣地

尽管这里的木材不像欧洲其他地方，即那些十字军建造者们的故乡那么充足，但却有大量适于建造宏伟城堡和小型教堂的优等石材。

英国

英国复杂的地质情况使得这里的建筑材料更为多样，而在早些时候，罗马占领期间的建筑废墟，更为人们提供了各种使用石头的方法。有时，古罗马建筑本身便提供了可重复利用的材料。英国的硬木森林，尤其在西北和东南的各郡，为较重要的建筑提供了屋顶结构的材料。而在那些相对次要的建筑则完全是木结构的，大部分当地产的石材被用于军事和宗教建筑。也许由于远距离运输的困难，砖石建筑地域特征的发展仍处于早期。因此，燧石墙主要局限于英格兰东部以及南部的白垩山区。诺曼底卡昂的石材经由海路或河道运来，建造一些皇室投资建设的项目。除去早期对古罗马砖的零星再利用，直到哥特风格取代罗马风以后，砖才被作为一种建筑材料重新发展起来。

第8章 背景

哥特时期

以尖券和尖拱覆盖一个长方形平面的方法传入欧洲，经过了一个相当长的时期。因此明确划分哥特式的起始时间非常困难，并且从某种意义上说也是毫无必要的。而哥特风格的兴盛，以及它那脱俗品质的日臻完美，则主要依赖于当时技艺高超的泥瓦工匠。

工匠们的基本技术是刻凿石头。同时，其中还有技艺高超的哥特木匠，尤其是在英格兰，大面积的落叶林提供了充足的硬木，使得这里的木匠完全可以与石匠一比高下。而整个欧洲北部，自比利时至立陶宛，通常用砖代替石材创造了杰出效果。然而，哥特风格的精华仍然是砌石工程，那些最好的哥特建筑则完全依赖于产量丰富而又易加工的优质毛石(free stone)。

最好的采石场大多分布于侏罗纪石灰石带(Jurassic limestone belt)。这石灰石带从约克郡至多塞特郡沿岸，斜贯英国，然后穿越英吉利海峡至法国卡昂附近。从这里，石灰石带变得更加宽厚，南经勒芒、昂热至普瓦捷，再向东穿过布尔日，向北则至香槟省。当然，其他石材也被采用。在英国西部，以及从荷兰到巴塞尔的整个莱茵地区，当地产的红砂岩质地优良。在白垩石地区，黏土估计足够用来筑墙。在肯特郡和诺福克郡，由于燧石产量颇丰，建筑碎石工艺成为一种地方特色。材料决定质量。我们只须将布列塔尼的花岗石或者奥弗涅山脉的火山石，与东部和北部的石灰石作一个对比，看看用这些不同石材可以构筑怎样的建筑，就会明白在多大程度上哥特风格是石刻的艺术。

利用当地材料是出于经济需要，运输石材无论远近都既费时间又费钱。当不得不由陆路运输时，费用便高得惊人。唯一可行的远距离运输石材的办法就是水运——甚至包括海运，这也正是在整个中世纪卡昂石材能在英国找到市场的原因。教堂和修道院是最早大规模使用石材的建筑。在石材的开采和加工方面，教会是既得利益者，而且在相当长的一段时间里，修建教堂的经费都由教会中的当权者自己操控，这使得建造的规模和速度都有所限制。我们可以通过亨利三世(Henry III)的建筑账目大致了解到这种勉强维持的方式是如何运作的，甚至在像多佛城堡(Dover Castle)这样的大型项目也是如此。在当时，石材的需求量显然达到成百乃至上千吨，然而，却只能一车一车按天订的。即使有对需求量的估算，也都是非常粗略的。渐渐地，随着建造产业的多样化，石匠们可以很方便地应付材料供应中的各种问题，他们成了事实上的承包商。也正是如此，英国石匠亨利·伊夫利❶才得以迅速发达以至在伦敦城名噪一时。

承包是石匠们赚钱的途径之一。随着石匠们逐渐获得了类似于现代建筑师的身份，这种职业的社会地位也改变了。建筑师作为建筑设计者出现在哥特历史中具有重要意义。如果说在此之前的时期里，建筑师并不设计建筑，或许显得有些夸大其辞，毫无疑问，罗马风时期的石匠在开始建造之前也知道自己要做什么；同样毋庸置疑的是，大多数哥特教堂都可看出在其建造过程中设计被修改过的痕迹。这只是程度和复杂性的问题。罗马风时期，对于一个建筑整体设计的控制意识是很粗浅的，甚至在像达勒姆大教堂这样相当精工细作的建筑中也是同样。而哥特时期，尽管需要好几代人才能建成一个建筑，负责人也不只一个，可是这种整体控制的意识在拉昂大教堂和布尔日大教堂中却十分明显。在砌第一块石头之前，所有的问题包括非常微小的细部，都已经考虑到了。相比之下，达勒姆大教堂几乎可以说是一个偶然的产物。

建筑技术及发展

史前时期

整个旧石器时代，房屋的基本形式是圆锥形帐篷或是用木或骨头构架支撑的椭圆形小屋。有些地方，房屋局部嵌入地下以便得到更多的保护。

建造于中石器时代的房屋，多为轻质木结构，几乎没有什么保留下来。这一阶段主要的进步，似乎在于建筑装修以及装饰形式方面，还有为了适应冬夏的居住而采取的不同技术措施。

---

❶ Henry Yevele；约 1320/1330～1400 年。——译者注

新石器时代的房屋是独立式的，双坡屋顶，木框架。欧洲大部分地区皆建有这种房子，但随着平面以及当地材料的不同，建筑技术和实践差别很大。泥土和枝条通常用于填充，而芦苇和茅草则为屋顶材料。其他地方也建造石头干砌的房屋。新石器时代的人们会熟练地运用石头，准确地知道原石的特性，开采和打磨石材的方法高度发展。巨石建筑的建造者运用一系列的石头干砌技术，包括梁托和分层砌筑石墙。在欧洲的一些地方已经开始了铜的冶炼。

冶金技术在青铜时代得到了发展，这包括深坑井挖掘、冶炼、浇铸和金属的冷加工。建筑的发展几乎完全与地域性防御工事和军事要塞的复杂系统息息相关。

到了铁器时代的末期，建筑技术更为发展。车床、双人锯和高质量的扁斧等新工具出现，使得复杂的木工工艺成为可能。由于需要更坚固的防御系统，木材加工技术得以改善，并且人们开始使用诸如砖等新材料。有人认为其中一些新进步和技术是由希腊和古代近东传入欧洲的。

埃特鲁里亚时期和罗马共和国早期

像所有原始建筑一样，最早的埃特鲁里亚和罗马的房屋是用当地材料简单搭建起来的。到公元前7世纪，在希腊以及其他地方已十分流行的技术被引进过来，木材被用作独立柱、开口处的横跨以及墙和屋顶的骨架。在比较重要的建筑中，若木头暴露在外，则在上面盖上瓷砖或赤陶瓦予以保护。砖坯和毛石，或用作木框架墙壁的填料，或作为砌筑的基本建筑材料。但无论是木材还是砖坯，即使有保护也不能耐久，所以有关这些技术的第一手资料大多来自于石材。

石材的运用随着其特性的不同而不同。软质火山石灰石，主要产于罗马周边地区，可以很容易地切割成立方块，适于加工成正方形石料进行建造，被称为"方石墙"（opus quadratum）。在其他地方更常见的硬质石灰石，用这种方式不太容易切割。因此，这种石头，最初被用作毛石，或者稍经打磨后用于建筑类似城墙的需要极大强度的地方。这时它们被简单地加工成多边形，以便石头之间外表面可以拼合致密。在方石或者拼合致密的多边形石头之间并不使用灰浆，而是在缝隙里填满土和小碎石。如果是高台或墩座的外墙，则完全采用这种方式填实。然而，如果石头比较碎小，就需要用黏结灰浆了。单纯由石灰和沙子构成的灰浆，大约是于公元前3世纪初从意大利南部的希腊殖民地引进的。

洞口通常都由木梁横跨，哪怕是在石墙上开口。早期厚重的防御墙极少有大门能以原有的高度保存下来。从留存下来的遗址可以看出，直到公元前3世纪，在开口处的两边通常建上梁托，以此缩小乃至闭合开口。人们认为埃特鲁里亚人早在这之前就使用了楔形石拱（Voussoir arches），例如，罗马的马克西玛下水道（the Cloaca Maxima）和公元前6世纪的沃尔泰拉的大拱门（the Porta all'Archo）便是如此建造的。但无论是前者的拱形出口，还是后者的拱券，都是很晚以后重造的。

在意大利中部，现存的最早的楔形石拱门是3世纪后期建造的——即埃特鲁里亚势力差不多完全屈从于罗马的时代。因此几乎可以肯定地说，楔形石拱是从南方的希腊殖民地或者希腊本土传入意大利的。这种形式可能是借鉴了埃及和亚述早已普遍且在希腊等地刚出现不久的砖拱技术。几乎与此同时，它开始以筒形拱的形式应用于陆桥中，或用作小型地下墓室的顶部以及输水道之类。

罗马共和国晚期、罗马帝国早期及意大利

楔形石拱的主要发展是在公元前2～前1世纪。当一个拱的周围没有砖石或泥土来抵抗柱脚的侧向推力时，便采用这种形式来稳定整个拱券。

罗马工匠对拱券以及筒形拱顶的早期发展作出的真正有意义的贡献，是用独立的石墩来支撑拱券。开始时肯定有过失败的记录。但是可以这样推测，当桥梁和输水道需要若干跨拱建在矮而阔的柱墩上时，这种想法便产生了。这里应当注意的是，拱的轮廓总是半圆形的（见[262]页），这样有益于楔形石的切割，以及砌筑石拱用的拱架的搭建。要记住的是，拱总是比跨距更重要，并且拱腋（haunch）总由置于其上的石材承载。这样的外形至少和其他的结构同样有效。事实上，任何拱券的稳定性大多依赖于其支撑的坚固程度，而非它的外形。只有当拱券较浅且拱腋脚上没有加强石材时，外形才更重要。

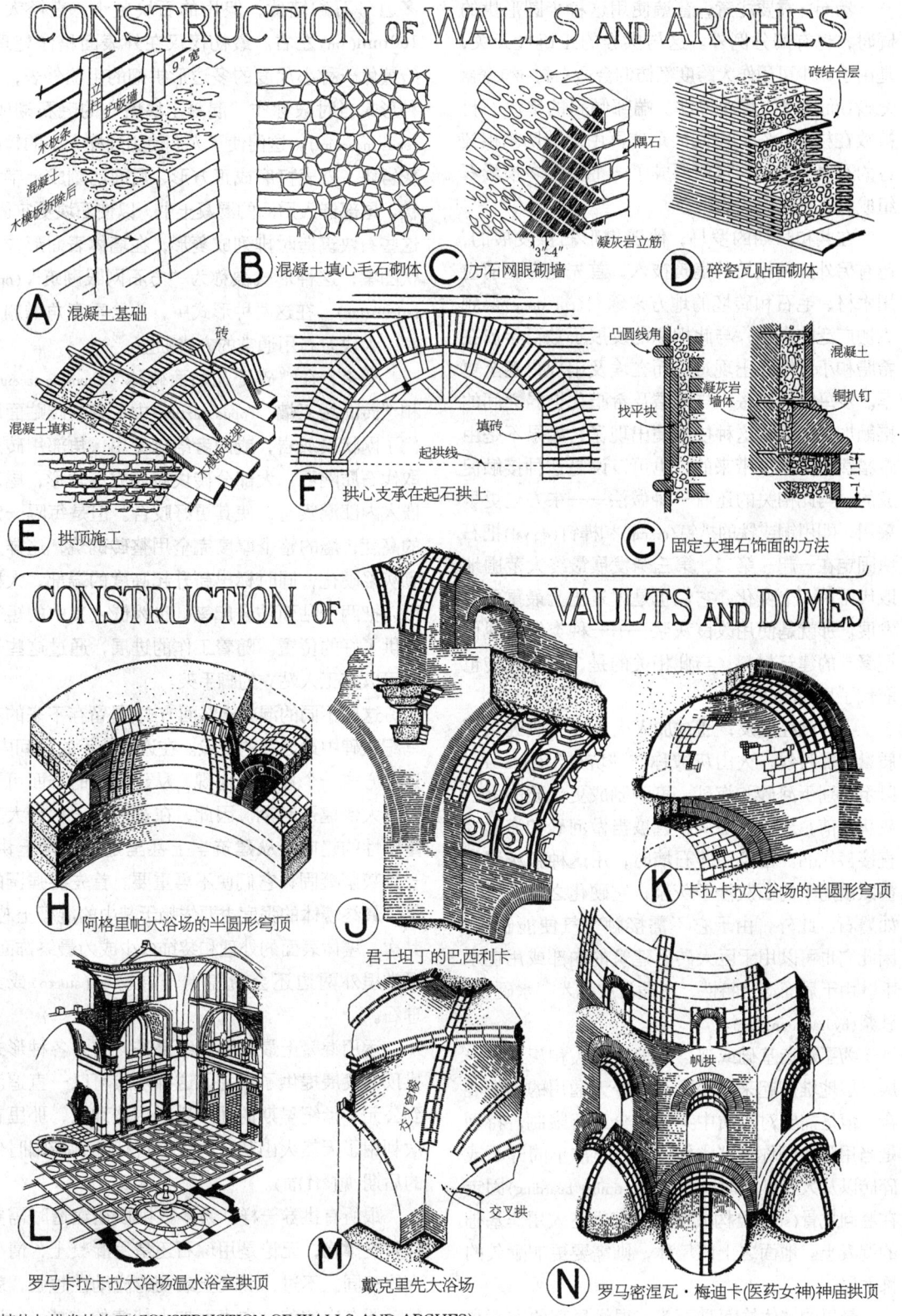

墙体与拱券的施工 (CONSTRUCTION OF WALLS AND ARCHES)
穹窿与拱顶的施工 (CONSTRUCTION OF VAULTS AND DOMES)

然而，需要注意，普遍使用这种半圆形拱的同时，也有部分例外。这与拱券的正确性无关，是由于缺少可用作大跨度额枋的合适石材(例如希腊大理石)而提出的解决办法。端部倾斜的单块石材被放在柱顶，它们中间的距离再由末端切割相契合的石块连接，这样便形成了一个由许多楔形石组成的水平横楣状的拱券。

在共和时期的罗马，伴随楔形石拱发展的，还有另外三种相关的建筑技术。首先是在先前应用木材、毛石和砖坯的地方，琢石(cut stone)得到更加广泛的应用，与此相似的发展于数百年前在希腊和小亚细亚出现过，而在埃及出现得甚至更早。罗马向外扩张，与希腊及希腊化世界之间的接触加强以后，这种技术便出现了，如果不是由希腊建筑师直接带来的，也可以说是这种接触促成的。与此相关的还有一种做法——东方也更早采用，即用铜或铁的扒钉(cramp)和榫钉(dowel)把石块固定在一起。第二、第三个发展最终大范围地取代了第一个变化，它们也是建筑史上最重要的发展。那就是使用改良灰浆——一种类似于现代混凝土的建筑材料；与此相关的是，烧制板砖也取代了早期的砖坯。

上面已经提及，通过加入火山灰来改进灰浆质量，那时候，火山灰被称作"坑砂"(pit sand)，以示区别于河砂和海砂。直到制成更优质的火山灰灰浆前，这种火山灰一直被当做河砂和海砂的直接替代品。在筑造碎石墙时，用这种新灰浆代替以前简单的石灰沙子灰浆，它硬化之后几乎坚如磐石。此外，由于它不需接触空气便能硬化，因此它也可以用于巨大砖石建筑的内部或用在水下。由于后面这一特性，它通常被称为"水硬性"砂浆(hydraulic mortar)。

为了建造基础或墙，成车的石头和灰浆被一层一层地堆砌起来。那时没有今天通用的预先混合，但是需要对流质中某些成分进行限制，特别是当用了他们称为"水泥"❶的非常小的碎石或碎砖以及大量砂浆时。木板条(timber boarding)固定在竖向龙骨(stud)上构成模板，其间注入用作基础的混凝土。地面之上的墙体，则需要更加耐久的饰面层。

最早的墙体饰面是石头，很像早期的方石和多边形石砌墙体，但用的石块更小，直径大约100mm(4in)左右。最初仅仅在外表面稍作处理，给墙体一种小尺度的多边形拼砌的粗糙外表，这种形式当时被称作"混凝土块填心的毛石砌体"(opus incertum)。这促使了人们使用同样大小的软凝灰岩块，外表打磨成正方形，后面切割成金字塔状，尾部嵌入后面的混凝土中，以使石块更牢固。这些石块筑造时排列成菱形，在墙体表面形成网状图案，这种形式被称为"方石网眼砌筑"(opus reticulatum)。在这两种形式中，为给垂直角增加力度，大块方石用通常的方式砌垒。

后来，在"碎瓷瓦贴面砌体"(opus testaceum)和"砖面圬工墙"(opus mixtum)中，烧制砖贴面取代了网状凝灰岩，或两者结合使用，角部用砖来取代石质隅石。大部分砖块被切成三角形，尾部嵌入内部混凝土，使其更好咬合。但是每隔一定的高度，墙的整个厚度完全用整砖砌筑，这样直到灰浆硬化，同时标出新升起高度的端部，大概可以把两个贴面结合起来，也为嵌入其中的短管提供了好的位置。随着工作的进展，通过这些管洞可以搭工人站立的脚手架。

这些不同的混凝土贴面方式，是留存下来的罗马纪念碑中最显著的特点。在近200年的时间内，这些方式一个接一个出现，从建筑物的饰面可看出其大致建造时期。因此，在过去有一种夸大其重要性的趋向。从建筑学上甚至是结构学上讲，一旦灰浆凝固，它们便不再重要。首先要强调的是，最终墙体的强度主要依赖于其中的混凝土芯。其次，墙体表面的处理和装饰很少成为最终饰面，通常里外两边还会覆盖上一层粉刷(stucco)或大理石。

运用混凝土最重要的结果是，它为各种形式拱顶的发展提供了动力。这种发展可以一直追溯到公元2世纪早期的那不勒斯周边地区，那里首次利用了天然火山灰，并且一直持续到帝国时代的后期(见[211]页)。

跟所有拱券一样，大多数拱顶在建造时需要临时支撑物，无论是用琢石还是用混凝土，情况大体相同。不过，混凝土最初的流动性越强，就越需要在它的整个内表面加上持续的支撑——通

---

❶ cementae；即cement。——译者注

常采用木制模板。一开始，人们并没有完全认识到，木制模板的使用以及混凝土凝固后几乎坚如磐石的特点，已不再需要把碎砖石浇筑成楔形拱石状。当意识到这一点后，碎砖石和灰浆就被简单地一层层水平倾倒到模子上，就像砌筑墙体一样。由于这样的操作，拱顶呈现阶梯状的外部轮廓，或者干脆是侧面垂直、顶部扁平，近乎圆锥形。每一层混凝土则由外面的垂直模板或竖直砌筑的永久性砖贴面所固定，直到内表面内向斜面变得平整，可以使剩余的混凝土无需密封(containment)便可在外部形成相似的斜面。连续的一层层混凝土面逐渐退后，直至拱顶在内部闭合，这样还可以节省材料和劳力。即使是希腊建筑中十分简单的交叉拱顶，也需要用复杂工艺打磨石块才能筑成交叉穹棱拱，而用混凝土建造拱顶的重要性在于，不需要这样复杂的石块打磨，并且可以更自由地选择拱顶的形式。因为在木制模板的限定下，混凝土可以浇筑成任何形式。并且，无论当时是否意识到这一点，因为拱的基部侧面垂直，其相对厚度可以很大，这样它的稳定性几乎不会受到内表面几何形状的影响。因此，当时拱顶形式的选择主要取决于木工的技术。

圆拱顶是建造起来最简单的一种拱顶，并且一直是能够实现大跨度空间的拱顶，至今还是如此。不过当其内部表面更接近于水平时，就像其他拱券形式一样，提供足够的临时支撑的难度也就增加了。正因为这样，一些早期的穹顶更接近于圆锥形而不是半球形。在后来的穹顶中，通常回避了屋顶收口处这个最难施工的部分，而让它们向天空开敞。

对于拱门已无需赘述。烧制砖的采用，必然导致建造出与早期埃及和美索布达米亚的砖坯拱门极为相似的拱门。但是在用砖饰面的"贴面砌体"中，拱大多被埋在墙体中；只有少数砖是贯穿墙体厚度的整砖。一旦灰浆硬化，混凝土就全部承重了。半圆形轮廓仍是最常见形式，甚至在小型门窗上，过去用石过梁或是平石拱的地方，现在也采用较扁平的弓形拱(segmental arch)，甚至使用下表面(soffit)平直的拱。然而，工匠们通常较为保守，并总是依赖实践经验，倾向于继续先前的"方石砌筑"中的琢石法，即在过梁状平拱上加了第二道半圆形拱，以便日后当平拱过梁自身太薄弱时，可以减轻其受荷。

最后，第四个不同发展的细节资料更少。它与木桁架有关，可以使屋顶的大跨度结构搭在不用太厚重的墙上，而如果采用混凝土拱顶，所需的墙体则要厚实得多。现在不能确切地知道最初的屋顶采用何种形式，因为没有实例留存下来，也没有足够的记载。在公元1世纪写成的维特鲁威的著作表明，在他的那个时代，人们至少已经懂得如何借助于横向木头将坡度排列的椽子从根部连接在一起。

罗马帝国晚期的发展

从公元1世纪后半叶留存下来的主要遗迹中，除了木制屋顶桁架，还可以看到上文所描述的大多数结构类型。到2世纪初期，砖面混凝土几乎被用来建造所有的墙体以及除荷载极重的墩柱外的所有墩柱。砖墙表面饰以灰泥或大理石，通常有钉子敲入面砖之间的灰浆中，以获得更牢靠的结合。拱顶均是由混凝土建造的，有时在木模板上先平铺一层瓦片以形成最初的下表面。陶质(terracotta)或铅质的烟道、排水管、供水管等在建造过程中被埋入混凝土当中。

后来，混凝土的成分逐步发生了变化，碎砖用得更多，而灰浆变少了。为了减轻拱顶重量，人们把空酒罐(amphorae)混入混凝土建在厚实的拱腋中，以便形成空腔。随着在中间混凝土中加入轻质水泥，一种类似内嵌式砖肋(embedded ribs of brick)的构造也越来越多地应用起来。它们不仅仅出现在最初可能想到使用它们的地方，如交叉拱的交叉处，并且也不时地出现在简单筒拱的横梁(transverse)中，在后来的一些穹顶中则呈放射状和环形。尽管有时它们被比做较晚时期哥特式的穹窿拱肋，并且有时当周围的混凝土已经坍塌时，它们还留存下来。其实这两种拱之间并没有真正的相似之处，因为内嵌式砖肋是与混凝土作为整体一起浇筑而不是提前完成的；并且，它们从不露在混凝土外面，也没人关心它们的确切形状。它们也应该与在拱顶和穹顶下表面铺设花格镶板(coffer)所形成的肋拱状表面图案区别开来，这种镶板是由合适的木模板形成，肋拱状突出的混凝土是跟其他混凝土整体浇筑的，既无配料上的任何差别，也没有加入水泥。

这一时期的建筑展示了几乎所有可以想象得

到的拱顶形式,特别是那些内表面交替地凹进凸出或者由许多相似的瓣形部件构成的圆穹状拱顶。在较低处,它们通常包含一些小的三角形过渡部件,可以使它们从平面上呈八边形或十边形的承重墙或拱上耸立起来。只有很小的穹顶置于正方形基础之上,宽大的正方形或长方形房间或开间通常用交叉拱覆盖。

无论拱顶的混凝土初始时如何坚如磐石,它也会像其他拱用材料一样,承受着巨大的压力。它会开裂,并且像石造拱顶那样向外推挤。罗马工匠经过不知多少次失败后,才掌握这些推力到底需要多少扶壁(buttress)来支撑。留存下来的建筑物显示了经验的成果:抵抗侧推力的坚固的支撑系统借助于纯粹的体积和重量,体积较小时就借助于其形式。把墙体向外弯曲并在其顶部加上半圆顶便是后一种类型。从承重线向外突出的扶垛(pier)则更为常见,有时扶垛在楼层处设有拱形开口,以减少它们构成的阻碍。

建造的过程至少有了一些现代的特征,就是在许多方面实现了高度标准化,以及高度组织化。有充分的证据表明,不仅仅是标准规格的砖和类似小构件,甚至连粗大的大理石柱都是大量生产的。大多数骨架(carcass)都用混凝土浇筑,这意味着对手艺高明的劳动力的需求大大减少了。最难做的工作就是在前期架设浇筑大型拱券和拱顶所需的木模板支架,以及一些扫尾工作。在大型结构建造中,为了使拱架可以重复使用,通常人们似乎很小心。这些拱架需要适当的措施以便在混凝土充分凝固之后细心地拆除。

大罗马帝国

除罗马及其邻近地区之外,通常有必要调整建筑技术以适应当地资源;在东部和北非行省,却有可能将早期传统方法稍加改变而继续沿用。

在西部的高卢和不列颠等行省里,罗马技术的变化,包括发展出一种类似多层蛋糕的石造样式。由灰浆粘合的毛石与由平板砖构成的几道贯通层交替出现。这些砖砌层可以在那些不能依靠灰浆碎石混凝土的地方确保墙体的整体强度。意大利早已不采用方石砌筑法,在此后很长时间,其他有合适石材的地方,还在继续沿用这种方式。还有一种不太普遍的做法,主要是在巴尔干和小亚细亚地区,整个墙体完全由一种罗马式扁砖砌筑而成。

这些地区,拱顶的建造似乎没有试图达到罗马那样大的规模。混凝土也极少使用,而更广泛使用的则是砖和琢石。用不同方法制作的砖砌拱顶,其根部并没有像混凝土拱顶那样被放大到超常的厚度:它们的厚度各地大致统一,只是在筑造后期,在拱脚处作一些调整。有时,会采用巧妙的砌砖方式,以减少甚至消除对拱架的需求。对此进一步的发展,是运用互锁的空管,这些空管螺旋状布置,并在顶端会聚闭合。这些构造方式的差异意味着,内部表面要摆脱简单的圆柱形或部分球面而获得自由的可能性不大。

早期基督教时期和拜占庭帝国

由于基督教早期资源情况有所改善,技术上并无显著的重大发展,其原因将在后面讨论。最常见的新建筑形式是很早以前的巴西利卡的一种变形,一个有侧廊的矩形大厅,上面通常是木造的屋顶。由于近期没有类似大结构的先例,这可能是木桁架屋顶的进一步发展。除了那些依旧沿用石造技术的地区以外,这个时期也越来越频繁地用砖来砌筑整个墙体的厚度。

君士坦丁统治时期,在工程上再次试图与罗马帝国的最高成就相提并论。在小亚细亚,像塞萨洛尼基这样的城市以及罗马本地建造罗马纪念碑上运用的一些技术,仍然相当活跃,或者可以理解为被重新应用。现在不再使用罗马混凝土,取而代之的是结实柱墩上的精细琢石,还有用于其他部位的灰浆砌筑的坚固的砖结构,灰浆中掺入碎砖以补偿缺少天然火山灰的问题。最后,与从前一样,这两种砖石结构表面饰以灰泥、大理石或马赛克。还采用了罗马式的柱墩、拱顶和扶垛。最后,拜占庭建筑师在结构形式的所有组成部分及其应用方面的主要贡献还包括:充分发展的穹隅和使用前所未有的规模的半圆屋顶来支撑上方的侧推力。

这些创新出现在君士坦丁堡的圣索非亚大教堂的建造中,在下面将会详尽叙述。然而,当规模较小时,穹隅成为晚期拜占庭建筑的重要特征,这里必须给予关注。或许可以把穹隅看做以下部位的发展:其一是多边形基础与架于其上的早期罗马穹顶之间一片小小的三角形填实区域；其二是直接置于正方形基础之上的穹顶的独立的三角区域，大到足以延伸至正方形四角。每组穹隅都从各自的角部升起，并逐渐朝邻近穹隅靠拢，直到四个穹隅相接而形成一个完整的圆环。拜占庭的穹隅通常用砖砌筑，再加些结实的内衬(backing)来抵抗由此带来的外推力。在最顶端的闭合圆环之上，通常是石制的檐口(cornice)。穹顶就这样建成了(见[324]页图⑧、图©)。

拜占庭的圆穹和其他拱顶也经常几乎全部用砖砌成，采用的砌筑方式可减少甚至消除对拱架的需要。拱券和穹顶的轮廓通常都是半圆形的，然而，在拱建成完整的半圆形高度有困难时，偶尔也会小规模地使用轮廓不明并稍尖的形式，或者在规模较大时采用扁平的弓形轮廓。广泛使用的构件还包括外露的铁箍，以及跨越起拱线的相应的木构件。后者的作用即使不逊于压杆(strut)，它最初可能是为了方便施工而使用。还有，大约是在9世纪或10世纪，首次运用了飞扶壁(flying buttress)，这一形式后来成为哥特建筑的重要特征。

巴尔干半岛诸国与早期俄罗斯

东欧的纪念性建筑，如同他们的绘画艺术一样，安德烈·格拉巴里(André Grabar)在他的《中世纪的东欧艺术》(Die Mittelalterliche Kunst Osteuropas)中写道："源自一种工作室网络，那里的活动，无论是否固定，都有着极不相称的持久性和影响力。"他们的劳动大军各有不同，例如，弗拉基米尔大公把拜占庭的石匠带到基辅，这些石匠与拥有木构建筑方面经验丰富的斯拉夫建筑工人合作。基辅的圣索非亚大教堂运用了"砖面圬工墙"技术，一种后来拜占庭中期所有建筑中都运用的技术，源自君士坦丁堡的"内凹砖"(recessed brick)技术和木桩基础。据编年史记载，博戈柳布斯基大公邀请"来自各地"以及"来自德国"的工匠到弗拉基米尔。西方和高加索的石工与当地工匠一同劳作，后来当地工匠完全取代了他们。尽管对于混合使用砖石和与之相关的连接方式，以及立面雕刻等技术的起源众口不一，但有一点是公认的，即这些技术都是外部引进的。12世纪末，塞尔维亚国王斯蒂芬·内马尼奇所委托的工程是由来自希腊和达尔马提亚的工匠完成的，他们从亚德里亚海沿岸带来了罗马风格的技术、形式和装饰。库桑里札附近的圣尼古拉教堂(S. Nicholas)早先由史蒂芬建造基础，仍然采用了"内凹砖"技术。在接下来的一些建筑案例中，如斯图德尼查的圣母教堂(the Church of the Virgin)，运用了方石砌筑，外墙面饰以大理石板和砖，教堂几个入口、后殿的窗和挑檐雕带(Corbel-table frieze)被认为源于纯粹罗马风格，只有砖构筑的穹顶显示这是拜占庭工匠的作品。许多主要的教堂同样如此，它们的平面和主要部分的空间设计都源于拜占庭的原型(参见第11章)。

斯拉夫君主和拜占庭公主的联姻，基辅的弗拉基米尔大公、保加利亚的彼得沙皇和塞尔维亚国王米卢廷(Milutin)的婚姻，打开了拜占庭风俗进入宫廷的大门，并且促进了拜占庭石工的流入。在军事行动中，从被占土地带回工匠和建筑技术已成为惯例。像许多其他的东欧的主题和形式一样，"摩尔达维亚穹顶"(the Moldavian dome)是一种本土创造。没有人知道它的发明者是谁，也不知他是从土耳其来的难民还是哥特式建筑的匠人，是外国人还是本国人。关于工场中的人员来自何方的历史证据已很难找到。一般来说，当地工匠逐渐取代了外来工匠，这些外来工匠不仅来自君士坦丁堡、希腊北部和西欧国家，还来自拜占庭东部行省、亚美尼亚和格鲁吉亚，这应归功于移民大潮和雇工体系。同样不得而知的是，这些工匠是否在工作中借助于样式手册，就如在画匠的工作室里那样，以及多大程度地借助手册。这些工匠对于所有东欧国家、君士坦丁堡，和更大意义上的拜占庭帝国来说，是源源不断的灵感源泉，而反过来，除了塞尔维亚对摩尔达维亚和俄罗斯有所影响外，其他则十分微弱。拜占庭持续的影响，可以在斯拉夫统治者对文化的追求中得到解释。如果没有这些统治者的委托，这些不朽的结构将无从建造。

中世纪早期和罗马风时期

大约公元800～1000年这一时期，结构技术如同设计一样，很大程度上(如果不是全部的话)归功于罗马的示范作用。很有可能，也是在这一时期，欧洲北部和中部，正如过去在意大利，巴西利卡式的平面成为一种方便教堂集会或其他礼拜的建筑形式。建筑技巧在罗马衰落后可能也衰退了，但结构技术在那些罗马人定居的地区得到了很好的理解。到10世纪末，这些技巧又重新被人们掌握并得以发展。例如，意大利科莫的优秀石匠，以及其他到处游历的工匠和雕刻师群体，他们的技艺在法国的朝圣教堂中得到了充分展示。在罗马和古希腊东部商人的直接影响下，或在西班牙的伊斯兰工匠的间接影响下，地域性工艺得到了发展。从西南部无过道的穹顶教堂到奥弗涅与勃艮第地区雄伟的罗马风教堂，结构很少创新，但在平面组合方式上却有显著发展，并直接导致了哥特式的几何形革新。

许多罗马和拜占庭的装饰技术也复兴了，包括碎石墙体的大理石贴面、马赛克和壁画的应用。由宗教催生的雕塑，无论是在层叠拱(recessed arches)或挑檐(corbel tables)周围的几何形扁带饰，还是在门楣中心或柱头之上浮雕都代表了一个令人兴奋的利用石头的新阶段，这时采用的石头虽不如大理石雅致，却将发展成为北欧哥特全盛时期雕刻的辉煌。

在北方，沿用罗马的方法，屋顶最初主要由木骨架构成。也许是在北方侵略者入侵之后，出于使屋顶更加防火的愿望，人们开始在薄墙上搭建石制屋顶，并发展出尖拱券，初步形成了哥特风格。罗马风时期对于拱顶发展的主要贡献是发明了扇形肋拱(rib vault)，尽管它只是过渡性的。这是一种由突出或加强拱棱支撑而成的交叉拱。因为正方形的对角线要长于它的一边，对角线位置上的拱或拱棱跨距更大但高度不变，所以，如果拱的顶部不比其边上的拱升起更高的话，就会呈现一个较扁平的扇形形状。

11世纪，伦巴族人尝试用穹窿式的交叉拱来改变这种扇形肋拱，如科莫的圣阿邦迪奥教堂(S. Abbondio)的歌坛，交叉拱是半圆形的，并且升起的高度远远超过拱边，因此类似于穹顶。有时利用矩形截面上厚重的肋拱来加强整个交叉拱，例如米兰的圣安布罗焦教堂。伦巴族的扇形肋拱最终虽未成功，但还是被采用，特别是在法国被用于覆盖塔楼中的单独开间而不是中殿的若干开间。

水平的扇形肋拱在达勒姆大教堂(Durham Cathedral)首次获得成功(1093—1133)。在东边的第一次尝试中，主拱坍塌了，侧廊的拱通过使用上心边拱(stilted side-arches)和扇形拱肋(segmental ribs)，才

达到目标。后来中殿部分找到了解决办法，具有讽刺意味的是，这一部分最初并未打算起拱。连续不断的扇形肋穹顶的成功建造得益于两项重要的革新：矩形跨(oblong bay)和尖拱。利用矩形开间，其短边嵌在中殿墙里，这样对角线与长边的跨距差就大大缩小了，因此对角线的半圆拱就仅比边界上的半圆拱稍微高出一点点。在达勒姆，这种细微的高差通过采用横向尖拱而完全消失了。这种尖拱不仅比与它相应的半圆形拱要高出一些，而且也减小了侧面的推力。尖拱在欧洲早已为人熟知；它在达勒姆的应用是一次应用范围的创新，而不是形式创新。扇形拱的进一步发展则属于哥特时期。

拜占庭人利用穹隅解决了把穹顶放在正方形平面之上的问题。架在穹隅之上的罗马风穹顶仅发现于法国西南部，或许表明了那里与东罗马帝国有密切的文化联系。而在罗马风时期，欧洲的其他地方，穹顶的建造则依赖技术含量较低的突角拱(squinch)，一种跨在正方形平面凹角之上的小型拱券或拱顶。四个突角拱把方形平面缩为小八边形，成为穹顶的有效的基础。因此，穹顶在平面上通常是八边形的而不是圆形。穹顶通常会用在十字交叉处之上，但是法国西南部的教堂却是一个重要的例外。

哥特时期

如上所述，在达勒姆大教堂那个案例中，问题的关键是拱的设计。拱是哥特式建筑中的技术性建造单元，这在罗马风时期之前并不构成问题。罗马风时期的解决方式多少有点"随机"。哥特式建筑的第一个大成就是，在拱的设计中引入系统和次序，它几乎可以称为一种理论了。

最初的基督教教堂，罗马的巴西利卡，尽管大，但建造起来并不十分困难。只要有足够的连拱廊支柱，唯一的技术问题就是怎样把墙建造得足够牢固、足够稳定。为了达到这一目的，所需要的知识包括：如何铺设基础，使其足以承受上方的重量；如何掌握灰浆合适的配比，以将砖和毛石砌筑成一个坚固的整体。仅有的拱是处于中殿尽头的凯旋门、主拱廊及门窗的框架。这些形式并不互相冲突，它们的尺寸仅需简单的计算，并且无一例外都是半圆形。设计中的唯一需要借

第 8 章 背 景

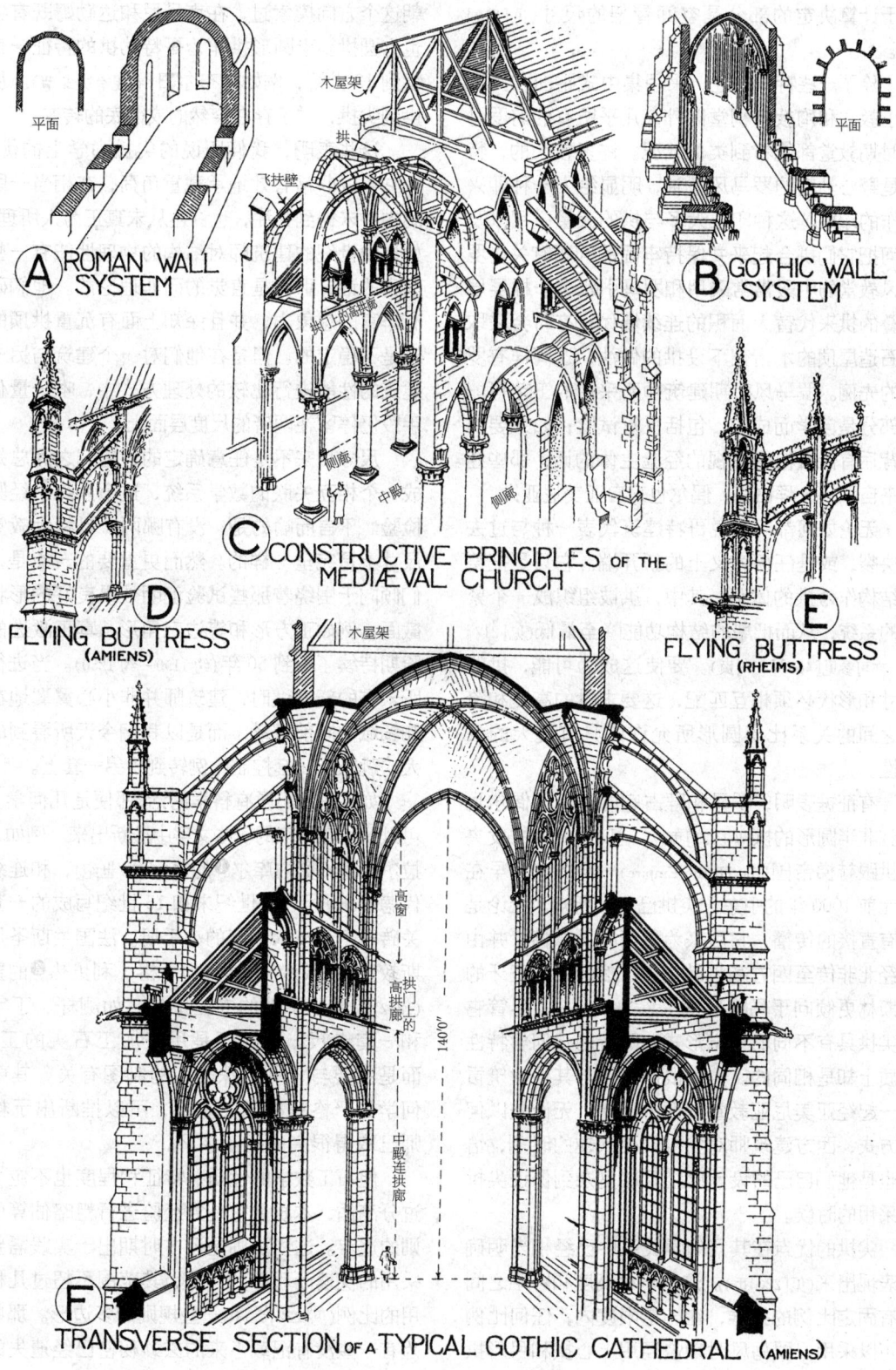

Ⓐ 罗马式墙体系统；Ⓑ 哥特式墙体系统；Ⓒ 中世纪教堂的建造原则；Ⓓ 飞扶壁（亚眠大教堂）；Ⓔ 飞扶壁（兰斯大教堂）；
Ⓕ 一座典型的哥特教堂的横断面（亚眠大教堂）

助于计算决定的部分是空间骨架的尺寸(见[219]页)。

除了一些特殊用途、采用集中式平面和拱顶的小教堂和殉教者祠堂以外，几乎所有的前罗马风时期教堂都能看到类似状况。许多较大的，特别是野心勃勃的罗马风教堂，明显给人一种即兴创作的印象。这种印象大多与拱的大量应用以及如何把它们拼合起来并保持牢固的问题有关。罗马风教堂的中殿常常采用和罗马引水渠一样层层**叠叠**的拱来代替大面积的连续墙体；有时会采取在石造屋顶的木桁架下设拱的做法，这同样有罗马的先例。罗马风时期建筑师所采用的工艺可能大部分是自学而成的，包括反复试验；如果要说到背后有什么值得重视的经验主体的话，那些经验来自罗马、拜占庭，偶尔也来自亚美尼亚人。

无论如何都不能说哥特建筑代表一种与过去的决裂，或是任何意义上的新开端。它只是把整个结构作为拱的体系，其中，拱被组织成一个紧凑的系统，从而把墙的结构功能降至最低(见[217]页，亦可参见[460][461]页)。要使这成为可能，拱的尺寸和形状必须相互匹配，这要求拱的高度和跨距之间的关系比半圆形所允许的具有更大的灵活性。

有证据表明，罗马和拜占庭的建筑师偶尔也用到非半圆形的拱(见[221]页)。门口处所用的发夹形拱跟赫梯帝国(the Hittite Empire)一样古老。早在公元前1000年的中东，尖拱已为人所知。无论是否有直接的传播，它后来为穆斯林所掌握，并由此经北非传至西方基督教世界。然而，西班牙的穆斯林更倾向于马蹄形拱(horse-shoe arch)。尽管它跟尖拱具有不同的视觉形式，两者的几何学特性本质上却是相同的。尖拱很自然地与其他建筑贡献一起经亚美尼亚教堂向西方传递。无论是以何种方式，西方建筑师对尖拱产生兴趣的时刻，恰恰也是他们自己的设计已经足够复杂到保证尖拱的采用的时候。

尖拱的优点在其几何学关系中已经相当明确地表现出来(见[220]页)。这是一种高度和跨距之间没有固定比例的拱券，在一定限度内，任何比例都可以采用。罗马风时期曾经用上心拱和弓形拱朝这个方向摸索过。在克吕尼和达勒姆既有尖拱也有圆拱。半圆形拱作为哥特肋拱的特征一直延续到13世纪，例如在布尔日(参见有关章节)。从圆拱到尖拱，并不存在突然的或彻底的转变。

这些表明，我们所说的尖拱力学上的优点，即它可以非常有效地承载重负荷，在相当一段时间内并未得到关注，也许还从未真正为人所理解。如果中世纪的建筑师对结构的物理性能有一些洞察力的话，那也是直觉的而非理论的。他们确实有丰富的想象力，并且深知上面有沉重拱顶的建筑是不稳定的。但是在他们对一个建筑与另一个建筑的性能进行比较的处理方式中，唯一量化的手段仍停留在两者的尺度层面上。

尺寸从来不是任意确定的，它们之间总是形成一个相互关联的数学系统，这个系统由经验来检验。不言而喻的是，没有哪两个哥特大教堂在尺寸上是完全一样的。然而更重要的一点是，它们倾向于围绕着那些试验证明效果良好的形状和截面，例如正方形和等边三角形。真正激进的试验期持续了不到50年(约1190—约1250)。当进行前所未有的新尝试时，建筑师并非小心翼翼地在未知领域中向前挪动，而是以我们今天所看到的巨大的跳跃从一套控制比例转到了另一套上。

如果哥特石匠有科学的话，那便是几何学。这可以从留存下来的一些文字中推断出来。例如，维拉尔·德·奥内库尔❶的笔记(13世纪)，和连续几代德国工匠于15世纪末和16世纪写成的一套有关砖石工艺技术细节的小手册。法国兰斯圣尼凯斯教堂(S. Nicaise)的建筑师于格·利贝热❷的墓碑(1262)，展示了他的专业工具，如测杆、丁字尺和一套卡尺。这些不是用来加工石头的工具，而是主要与一种特殊类型的制图有关。其中几何学的严格精准至关重要，可以推断出于格大师已取得很高的职业水平。

但石工数学的性质、特征和程度也不应当被过分高估，本质上它是凭经验进行粗略估算的法则的遗存。这些法则是远古时期出于实践需要所采用的快速而可靠的计算，其范围不超过几种常用的比例(见[222]页)和一些规则的多边形。那些以为有一些没有记载下来的玄妙秘密已经遗失的想

---

❶ Villard de Honnecourt；约1225~约1250年，13世纪法国建造大师。——译者注
❷ Hugues Libergier；?~1263年。——译者注

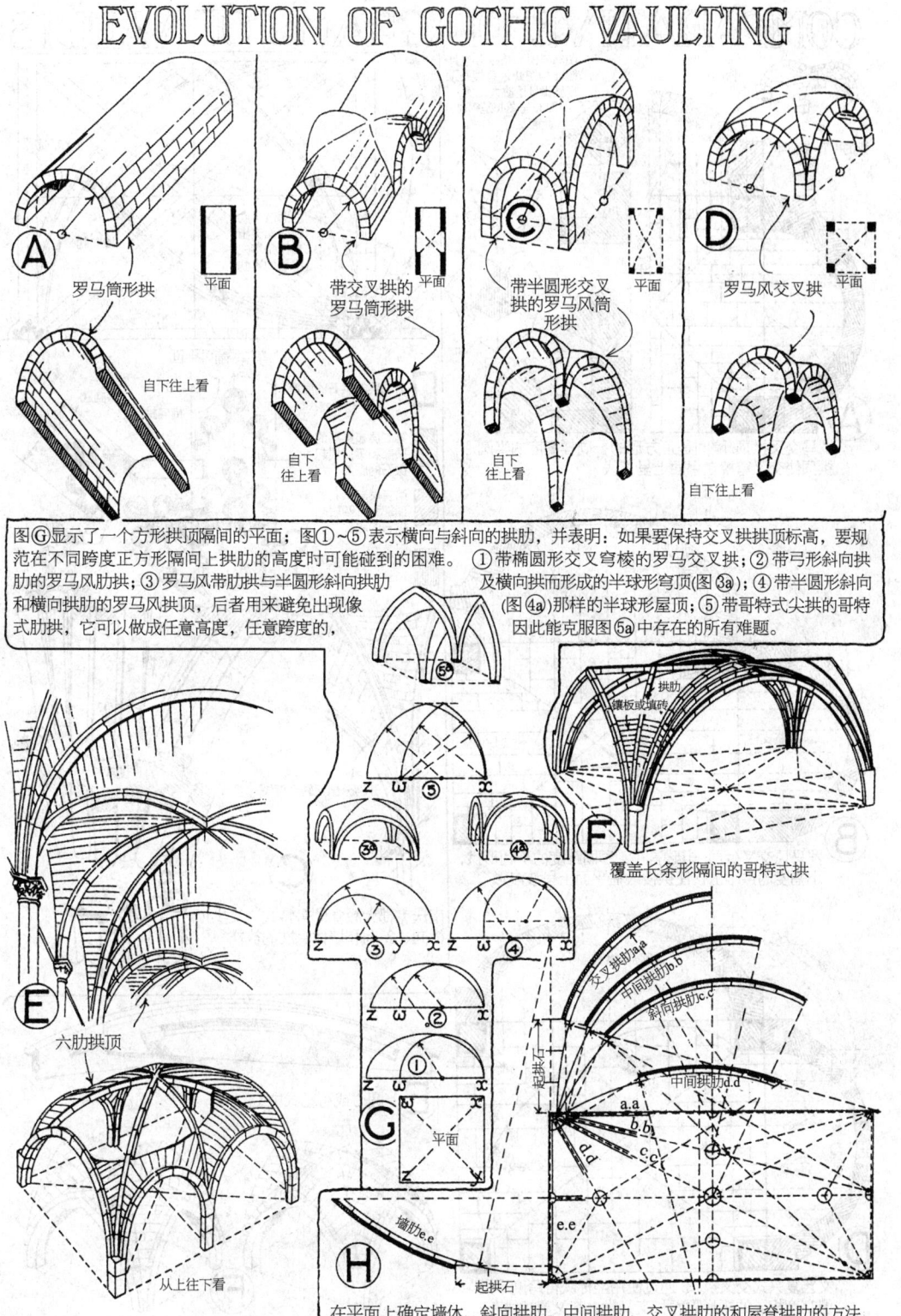

哥特式拱顶的演变(EVOLUTION OF GOTHIC VAULTING)

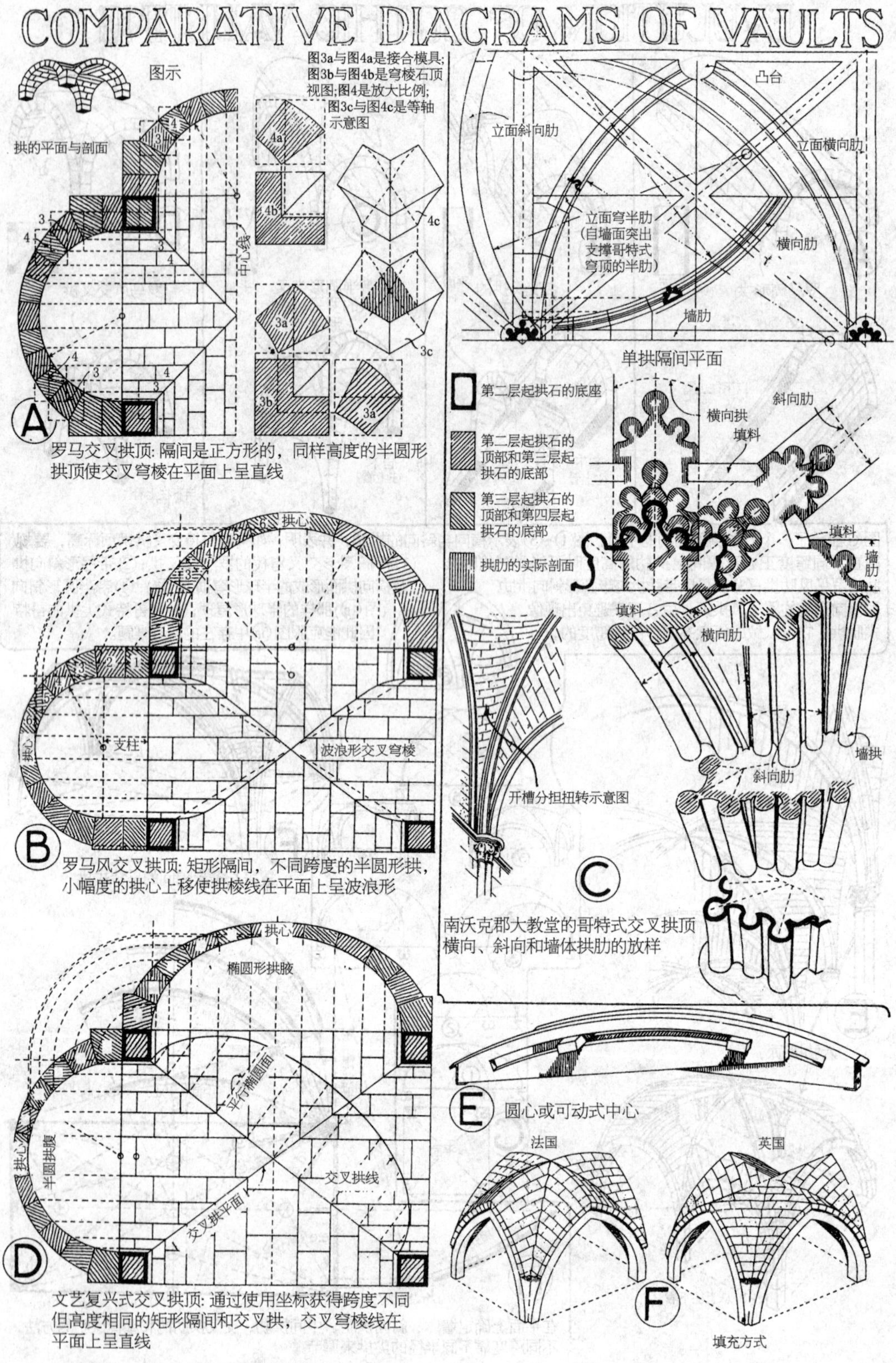

第8章 背景

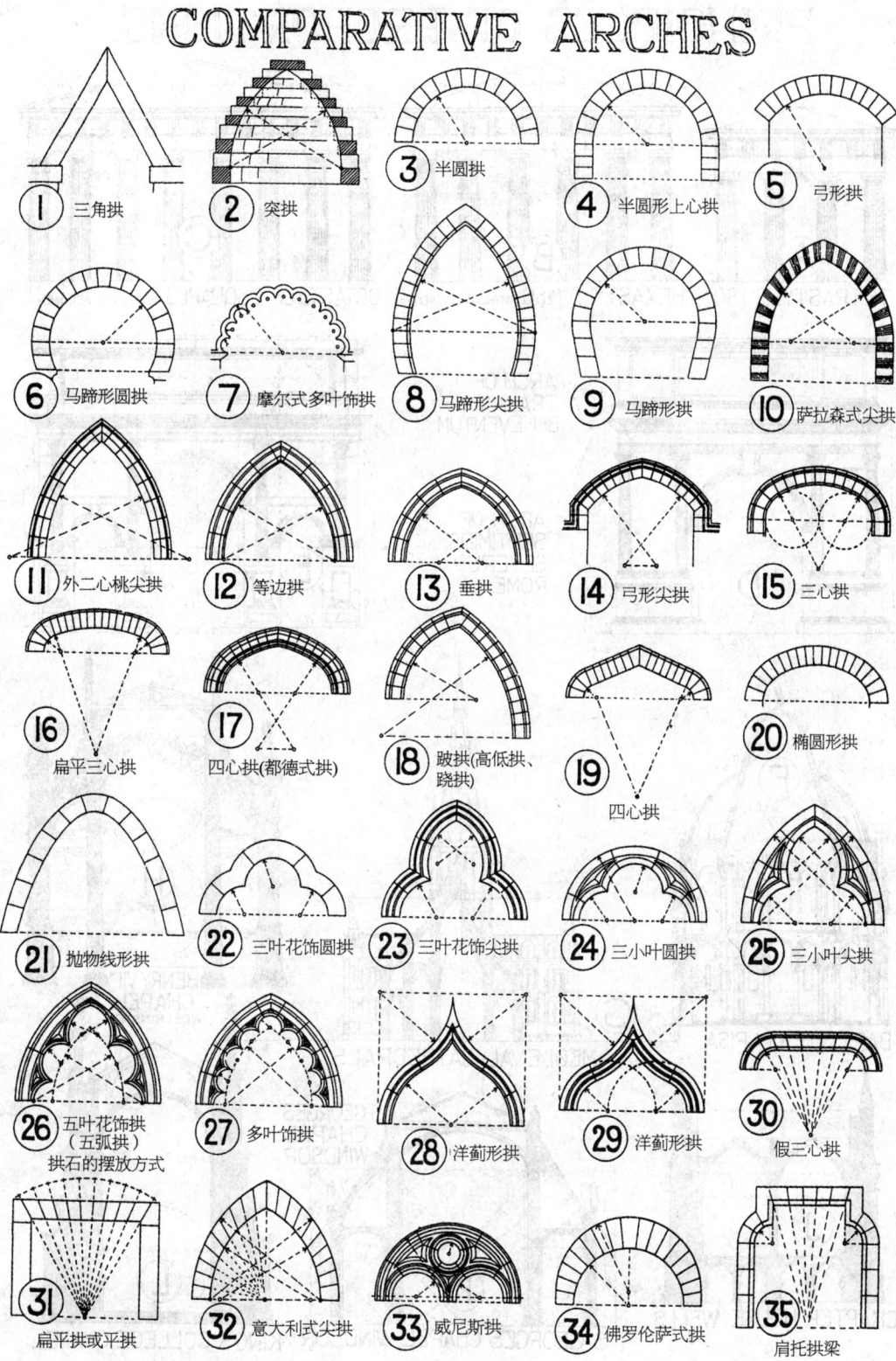

拱对比图(COMPARATIVE ARCHES)

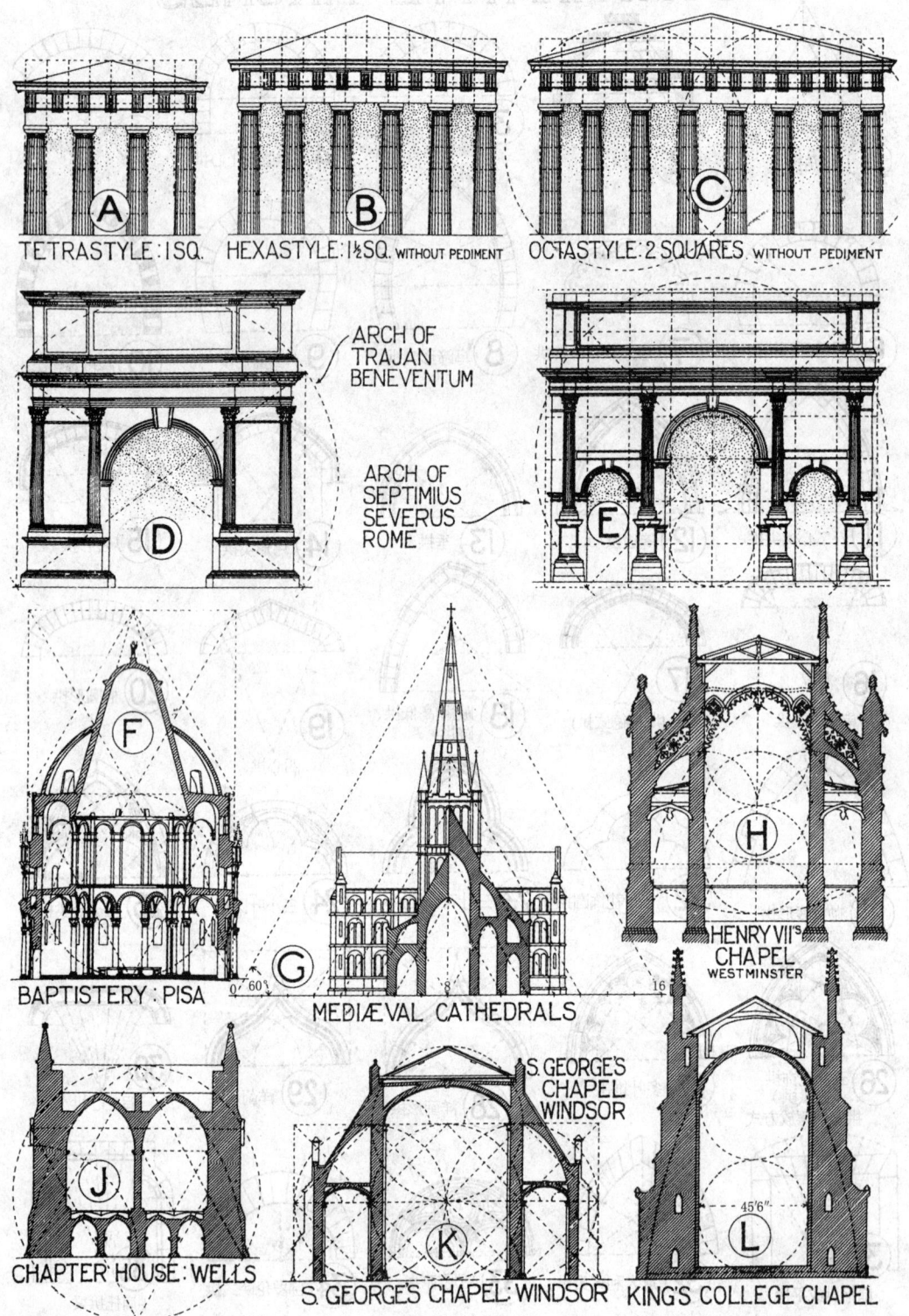

比例原则(PRINCIPLES OF PROPORTIONS)：Ⓐ 四列柱式：1∶1正方形；Ⓑ 六柱式：1.5∶1 矩形（不含三角形檐饰）；Ⓒ 八柱式：2∶1 矩形（不含三角形檐饰）；Ⓓ 贝内文托的图拉真拱门；Ⓔ 罗马的塞普蒂默斯·塞维鲁拱门；Ⓕ 比萨洗礼堂；Ⓖ 中世纪大教堂；Ⓗ 威斯敏斯特的亨利七世小礼拜堂；Ⓙ 韦尔斯的牧师会教堂；Ⓚ 温莎堡的圣乔治小礼拜堂；Ⓛ 国王学院小礼拜堂。

第8章 背 景

法,只是后世的主观愿望罢了。哥特建筑师与其他人共享着古代流传下来的知识,他们并没有丰富这些知识,仅仅以自己独特的方式加以运用。但是结构形式的定义,只是砖石几何学的部分功能,还不存在真正的结构理论。在整个中世纪,建筑师用极其有限的指导知识设法应付各种情况,以简单比例的形式表达构想意图。这些大多能够从16世纪西班牙建筑师胡安·希尔·德翁塔依❶的笔记中搜集到。他认为扶壁的面积(并非体块(mass),或体量(volumn))与拱顶的线性跨距有关,类似的错误在16世纪末米兰的辩论中也有记载。如果这代表中世纪末对力学原理的认识水平,那么早几代人也不太可能比他们更精通。

设计

哥特时期,图纸的真实目的是方便复杂项目如塔楼或塔尖、复杂样式如拱顶和窗花格(window tracery)的设计。这种图纸有两种。一些是足尺的,例如装饰线角(moulding profile)的模板(template)和勾画在描图地板上的窗的轮廓,后者在约克郡和韦尔斯被保存下来,这些都与实际的砖石建造直接相关。其他的则绘在纸上或羊皮纸上,比实际的尺寸要小得多。很值得怀疑的是,在这些画的设计与绘制中,比例的概念是否曾发挥过作用。除了极少数例外——它们全都是很晚的作品,留存下来的任何一张图里都没有标明比例,这样就很

难评价它们的确切意义了。几乎没有图纸可以和建成后的建筑完全对应,尽管大多数比较接近,足以辨认。最有可能的解释是,那些是初步的草图,或是给资助人的展示图。本质上,它们都是二维的,如果主体是拱顶,最多不过是投影图(projection)罢了。然而,很明显的是,到了15世纪,哥特建筑师花费大量时间来制图,这就是行业在朝着一定方向发展的良好征兆。

然而,需要强调的是,就我们所知,图纸上的设计并未达到完整建筑的程度。在铺设基础时,平面图几乎必定是当场设计出来。还有一套根据平面建造立面的确定法则,1459年于雷根斯堡起草的本行业条款上签名的德国石匠承诺,不把这套规则泄露给未入会的外人。这些实际上就是空间框架的概念,而且14世纪90年代米兰石匠们争论的也是这些事情,当时他们对究竟"按正方形建"还是"按三角形建"意见不一。这些法则都是标准的公式,还需要有一个富有学识的数学家把实施他们决议的方法展示给米兰人看。它们可能是早期基督教巴西利卡以来的教堂建筑的特征。就像所有其他正在使用的公式一样,这些都是关于什么是可以接受和可能实现的规范。它们在美学上是否称心如意,这个问题或许从未被讨论过。这还有待于阿尔贝蒂和意大利文艺复兴时期的建筑师,把中世纪的实用原理转变为美和比例的理论。

---

❶ Juan Gil de Hontañon;约1480~1526年。——译者注

文艺复兴以前的欧洲和地中海建筑

第 9 章
史前时期的建筑

建筑特征

建筑技术早在旧石器时代就开始发展了。早期的人类用木头和石头构造建筑，通常在建好的灶坑里使用火，并限定一定的区域睡觉和干活。没有清晰的案例表明这一时期存在特殊用途的建筑，似乎都是居住建筑。

那些留存最为完好的中石器时代的例子说明：人们已经系统地布置村庄了；房子成行排列，平面更为规则。住所里的人工制品也放得更有秩序。

新石器时代见证了农业扩张的第一阶段。在整个希腊和巴尔干半岛，大量小型独立式住宅组成的土墩(mound)或台形土墩(tell)定居区就表明了这一特点。那些住宅呈正方形或矩形，只有一个房间，采用木构架，填充篱笆抹泥墙(wattle and daub)。与此不同，在地中海区域，圆形或椭圆形围合的院子(compound)大量聚集，有时周边还围着深深的壕沟。农业扩展到欧洲中部那一时期，主要特征是，大量兴建由矩形或梯形的多隔间长屋(longhouse)组成的村落。其中房屋的篱笆骨架抹泥墙面以粗大的柱子为支撑。这些欧洲中部和东部的社区中，村里似乎没有什么可以明确区别为住宅或仓房的构筑物，也看不出哪些建筑可能被用作庙宇或社区祠堂。然而，在农业扩张到欧洲西北部的最后阶段，用石头或木头建造的住宅组成了独立小村庄(hamlet)，或形成了成群的聚集区。也就是在这里，集中墓葬区和神圣的纪念性建筑有了重大发展。

新石器时代的丧葬建筑演变成一种更大的公共建筑物。最重要的包括以下几种：巨石通道式墓穴(megalithic passage grave)，有一条清晰可辨的通道导向一个圆形或多边形的内室；巨石长厅式墓穴(megalithic gallery grave)，通过精美的入口可进入一个矩形大厅；矩形土冢(earthen longbarrow)是一个大型木框架的公共停尸房，上覆土墩；较小的较简朴的构筑物，如石桌坟(dysse)，或小型封闭石室；庭院石冢(court cairns)，梯形土堆覆盖着下面的半圆形前院，里面有呈长廊式排列的分隔式墓坑；楔形墓穴(wedge grave)，中间填充小石头的双重石板围成独立式墓室，上覆土墩；还有巨石墓❶，是由石板及覆在其上的压顶石(cap-stone)组成的简单墓室。

新石器时代，非丧葬类型的仪典构筑物可以分为庙宇和独立式纪念遗址。后者中最为显著的有以下几种：新石器时代的石碑道土方工程，或称仪典围场，由护堤和壕沟围合而成，宽达150m(490in)，长达10km(6mile)；带有堤道的围场群，由一个圆或一些同心圆形状的堤坝和壕沟组成，间隔位置穿插一些堤道，包围着中央一个圆形或椭圆形的围场；还有石栏(henges)，它的护堤和壕沟包括由石头或木头组成的环和直立的石头。欧洲西北部各地都发现了巨石时期的纪念物，但独立式的土方工程和石环只在英国发现。

总体而言，与新石器时代相比，青铜时代的居住建筑显得小而单薄。整个欧洲中部和东部，正厅类型的住宅似乎都是用木材和黏土建造的，但它们并没有发展成为像在希腊见到的那种纪念性和风格化的中央大厅。在法国东部、瑞士和意大利北部，发掘出铜器时代建造在湖边的、由矩形木构架住宅组成的聚居地。干砌石屋在地中海沿岸和不列颠群岛的部分地区开始建造。

青铜时代早期的丧葬建筑包括圆形的坟冢(barrow and tumuli)，冢下为单个的墓穴，有时坟冢也设置在木头或石头的停尸房内。到了青铜时代的晚期，人们开始焚化尸体，把骨灰瓮安置在墓葬区内。在英国，巨石阵一直沿用到青铜时代，下面还增加了石头基座，比如巨石阵(Stonehenge)，

---

❶ dolmen；亦译为石板墓。——译者注

第 9 章 史前时期的建筑

史前欧洲

但是在欧洲的大部分地方,非丧葬类型的仪典建筑仅局限于一种类似庙宇的小型建筑。

与之相比,防御工事发展开始于新石器时代末期和青铜时代早期,主要有两种类型:一种是在欧洲被广泛用来保卫定居点和农场的土方工程和防御土墙(rampart),另一种则是在科西嘉岛、撒丁岛和巴利阿里群岛上修建的防御塔。

在铁器时代,欧洲大陆的房屋,多呈正方形或椭圆形,用木头和石头集中建造在设防的场地内。其平面布局各不相同,既有小型的、不规则的住宅群,也有大型的聚落区,比如葡萄牙吉马朗伊什的锡塔尼亚(Citania,公元前 2—前 1 世纪),法国欧坦附近的比布拉克特(Bibracte,公元前 1 世纪)和巴伐利亚的曼兴(Manching,公元前 1 世纪)。后者的布局里,规整的街道宽约 10m(33ft),两侧排列木构架的房屋、谷仓和商店,还有专门的街道安置作坊和"集市"(bazaar)。相比之下,英国的建筑继续将传统发扬光大,分散的、建筑手段更为精细的构筑物被安置在用栅栏围起来的大院内,此外,还有常见的山中要塞内的密集定居点。

铁器时代的仪典和丧葬建筑,包括仪典纪念柱、庙宇和圣殿,被限定在祭拜的区域内,这在欧洲四处可见,尤其是在拉登文化时期的后期。铁器时代也有土冢,但是那些坟墓,特别是贵族的，常常采用四轮马车或战车的样式。这一时期，山间要塞和防护土墙也大规模地建造起来，但倾向于用多重土墙防护(multivallate)代替早期的单层墙(univallate)形式，而且通常都有精美的门道。同时军事防御塔在英国北部变得普遍起来。

建筑实例

旧石器时代

居住建筑

旧石器时代的居住建筑，可以分为四种建造类型：棚屋(hut)、单坡屋(lean-to)、帐篷(tent)和竖穴屋(pit house)。

棚屋

考古学记录上最早的已知建筑是法国南部城市尼斯的一处旧石器时代遗址**特拉阿马塔**(Terra Amata，距今30万年，见[227]页图Ⓐ)。考古挖掘发现了一些椭圆形棚屋的痕迹，长8～15m(26～49ft)不等，宽约4～6m(13～19ft)不等，建造在靠近原来海岸线的沙滩上。棚屋的墙由直径约75mm(3in)的木桩组成，这些木桩插入沙里围成栅栏，外面再围一圈石头作为加固。一行粗重的木柱沿着每座棚屋的长轴布置，每根木柱直径大约为300mm(12in)。但是跟屋顶形状有关的证据没有留存下来。每个棚屋的地面都有厚厚一层有机物质和灰烬。棚屋中央有一个灶坑，这些灶坑属于世界上迄今为止发现的最古老的灶坑。灶坑或者用卵石铺砌，或者在沙中刮出直径在300～600mm(1～2ft)之间的浅坑。这两种类型的灶坑都用小卵石砌起屏障防风。考古学家还辨认出棚屋中另一些区域被用做制作工具的作坊。他们认为，四处游走的猎人习惯在春天来到特拉阿马塔，在同一基地上每年重建一次这些棚屋。

摩洛多瓦1号遗址(Molodova I，距今4.4万年，见[227]页图Ⓑ)是一座晚得多也精细得多的棚屋，发现于乌克兰德涅斯特河畔的摩洛多瓦村附近。其室内面积约为8m(26ft)长，5m(16ft)宽。棚屋包括一个木头框架，外包皮革，皮革则用一圈近似椭圆形的猛犸象骨固定，猛犸象骨还围成了15个灶坑区。

在法国约纳河谷的屈尔河畔阿尔西，有一个称为**雷尼岩洞**(Grotte du Renne，距今3万年)的洞穴入口。柱子留下的洞围成一个大约2m×5m(7ft×16ft)，近似椭圆形的圈子，围合着灶坑和居住的残留物，柱子看起来应该是猛犸象的长牙。类似的棚屋在旧石器时代晚期的艺术作品中有所反映。

位于捷克共和国下维斯托尼斯的**摩拉维亚遗址**(Moravian site，距今2.7万年)中有许多棚屋，外围是一圈猛犸象骨和长牙，插在地里，做成篱笆，篱笆中间显然填有灌木枝和草泥。这些棚屋中，最重要的是一个近似椭圆形的大建构，约有16m×10m(52ft×33ft)大小，包含五个灶坑，大部分灶坑附近都放了大块的石灰石，建筑墙体用石灰石块砌筑。考古学家指出，这可能是一座露天的夏季建筑。另一棚屋是圆形的，直径约6m(19ft)，有一个中心灶坑，上面覆盖了一个土质的圆顶，用来制作陶制的小雕像。这座棚屋的主人可能是位萨满教巫医。据估计，这个遗址常年都有五六个住所，每个住所住20～25个人。这些住所似乎是特别供猛犸象狩猎者使用的。

在乌克兰第聂伯河畔的**梅日里奇**(Mezhirich，距今2.2万年)有一个保存得特别好的猛犸象骨棚屋实例。其地基墙是用猛犸象的颚骨和长骨建成的，墙头用猛犸象头盖骨盖顶，屋顶铺树枝，其上再用猛犸象的长牙压牢。同一时期的相似实例也在波兰克拉科夫附近发现过。

单坡屋

法国尼斯的**勒拉萨雷**(Le Lazaret，距今15万年)是单坡屋的一个早期实例。它占地约为12m×4m(39ft×13ft)，从洞穴的一面墙上架起，地面由一行行的石头限定，可能还有柱子支撑，这些支柱上也许覆盖了一道皮革的帘子和屋顶。这个单坡屋可能有两个独立的隔间，中间用内隔断分开。每个隔间在长向墙上设置入口，其中较大那间有两个灶坑。

帐篷

帐篷在冰河时代晚期的欧洲肯定非常普遍。在相隔甚远的地方都发现了圆锥形帐篷遗址，如捷克共和国的**帕夫洛夫**(距今2.3万年)，德国莱茵河畔的**费尔德基兴-根讷斯多夫**(距今1.3万年)和法国多尔多涅地区的**帕雷高原**(距今1.5万年，见[227]页图Ⓒ)。后者帐篷的地面面积大约为3m×3m(10ft×10ft)，帐篷的底边用卵石压下，里面是一个小型的铺砌过的场

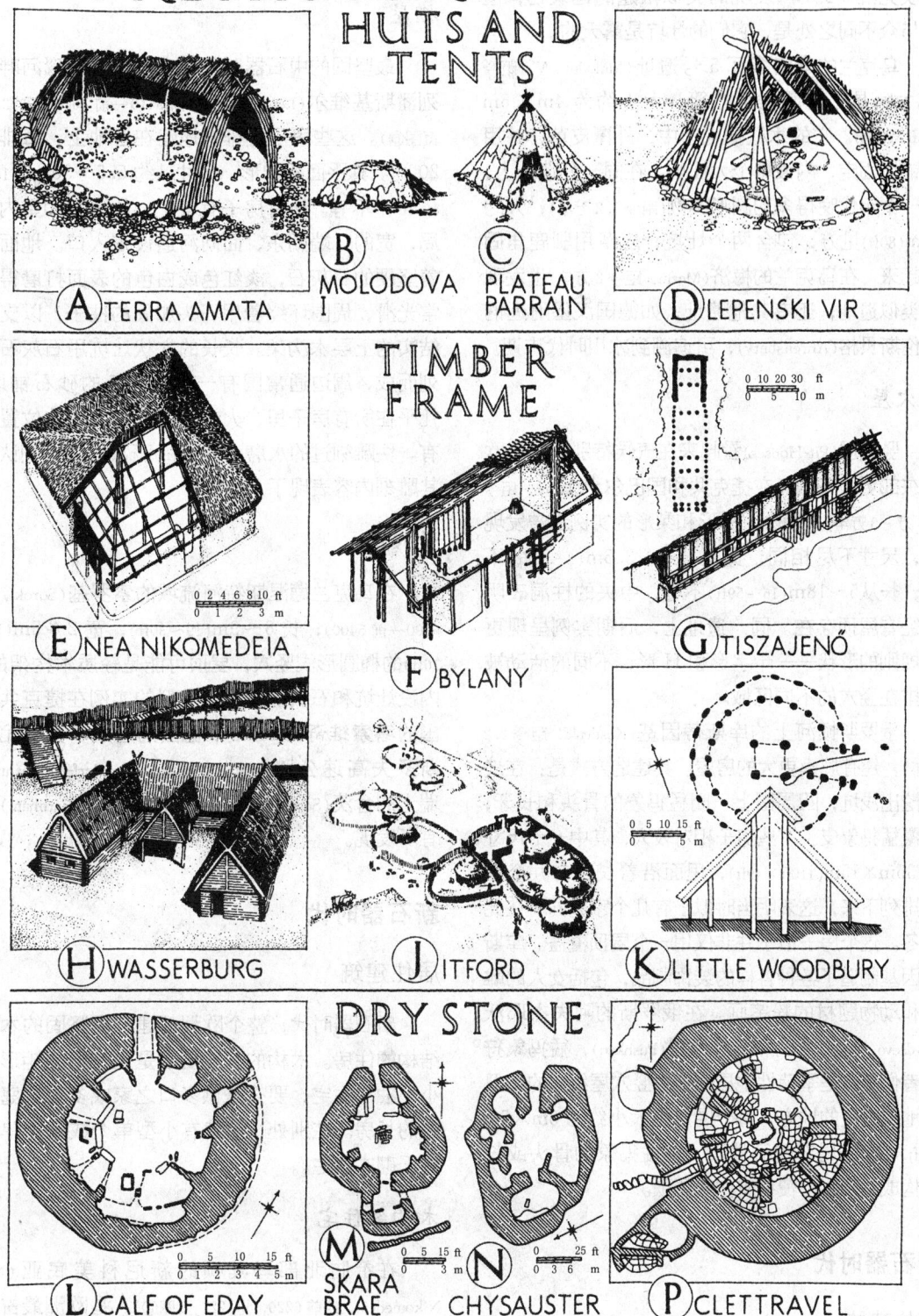

史前住宅:棚屋与帐篷(PREHISTORIC HOUSES HUTS AND TENTS): Ⓐ 特拉阿马塔; Ⓑ 摩洛多瓦1号遗址; Ⓒ 帕雷高原; Ⓓ 列潘斯基维尔
木构架(TIMBER FRAME): Ⓔ 新尼科美底亚; Ⓕ 比拉尼; Ⓖ 蒂萨耶讷; Ⓗ 瓦瑟堡; Ⓙ 依特福特; Ⓚ 小伍德伯里
干石砌筑(DRY STONE): Ⓛ 卡夫埃代岛; Ⓜ 斯卡拉布雷; Ⓝ 奇索斯特; Ⓟ 克莱特拉夫尔

地，外围有许多工具制作作坊。法国西南部的科比埃克(距今2万年)发现的类似帐篷的建筑物，但它与众不同之处是，它们的灶坑是露天的。

乌克兰的**摩洛多瓦 5 号遗址**(Molodova V, 距今1.3万年)是一座圆锥形帐篷，大小约为 4m×5m (13ft×16ft)。它的木柱插入土中，外覆皮革，并用木销钉固定，内设单个大灶坑。在同一处遗址上，有一个年代晚得多的圆形实例(距今1.2万年)，大约 25m(80ft)见方，包含两个灶坑，皮革用驯鹿角固定起来。在乌克兰的**梅济**(Mezin, 距今2万年)也发现有类似遗址，还有其他遗址，如德国汉堡附近的**阿伦斯贝格**(Ahrensbury)，可追溯到冰川时代末期。

竖穴屋

竖穴屋(Pit-Houses)看起来在气候特别严酷的欧洲东部更为普遍。在捷克共和国**巴尔卡**(Barca, 距今3.7万—3万年)，椭圆、梯形和梨形的实例都曾发现过，尺寸不尽相同，宽从 2.5～3.5m(8～11ft) 不等，长从5～18m(16～59ft)不等，中央的柱洞表明曾经有屋顶存在。同一遗址上，后期实例呈现更为规则的形状——十字形和 H 形，不同的活动被安排在竖穴的不同区域。

俄罗斯顿河上的**库斯蒂因基**(Kostienki, 距今2.2万年)，建有规模更大的房屋。其建造方式是：在地上挖出浅坑，四周围上一圈猛犸象的骨头和长牙，上覆猛犸象皮。有些房子相对较大，其中一个尺寸为 35m×15m(110ft×49ft)，里面沿着长轴有九个灶坑排列下来，这表明当时似乎有几个家庭同时在此过冬。这个房子似乎并非仅用一个屋顶覆盖。库斯蒂因基制造了各种各样的装饰制品，包括女人的雕像和动物题材的粉笔画。在俄罗斯的**阿夫杰耶沃**(Avdeevo, 距今2万年)和**普什卡里**(Pushkari)，猛犸象狩猎者们至少是季节性地居住在由竖穴屋组成的类似营地或村庄的地方。每个竖穴屋大小约为 3m×5m (10ft×16ft)，局部挖到地下，用猛犸象的骨头或长牙构成框架，上覆兽皮作为屋顶。

中石器时代

居住建筑

中石器时代的居住建筑遗迹表明，其建筑类型和旧石器时代的大致相似，其中极少数保存完好的建筑，通常是为过冬建造的较坚固的竖穴屋和棚屋。

棚屋

最坚固的中石器时代住宅发掘于多瑙河畔的**列潘斯基维尔**(Lepenski Vir, 前5410—前4610, 见[227]页图①)。这些房子一排排地建在台地上，每排约 20 间。其平面为梯形，尺寸从约 5.5～30 m²(18～100ft²) 不等。所有房子有着统一的比例和室内布局，宽的一端朝东，面向河道设置入口。地面铺着坚硬的石灰石，淡红色或白色的表面打磨得非常光滑，周围环绕着用石头加固的柱子，以支撑结实的上层木构架。长长的穴状灶坑用石灰石排列而成，周边通常围有一层淡红色的砂石铺地。几乎在所有房子里，火炉附近正对入口的位置总有一块雕刻过的水磨(river-worn)石灰石。人们认为其雕刻内容表现了人或鱼。

竖穴屋

在乌克兰德涅斯特河流域的**索罗基**(Soroki, 前5500—前5400)，长 6～9m(19～30ft)，宽 2～5m(7～16ft)的椭圆形浅竖穴，屋顶可能是轻质木构架的，内设灶坑和石头加工区。类似的实例在捷克共和国的**塔索维奇**(Tasovice)、德国的**唐斯多克和尤恩斯多夫高速公路**(Tannstock and Juhnsdorf-Autobahn)、瑞士的**舍茨**(Schotz)和英格兰的**法纳姆**(Farnham)都有所发现。

新石器时代

居住建筑

新石器时代，整个欧洲都建有更坚固的木石结构的住房。木构的房屋要么是正方形或矩形的小型独户住宅，要么是供多口之家或多个家庭共住的长房。在别处，还建有小型单个或多个单元的干砌式住宅。

木构架住宅

在希腊北部马其顿的**新尼科美底亚**(Nea Nikomedeia, 约前6220, 见[227]页图⑤)，是欧洲最古老的新石器时代定居点之一。它包含很多正方形房子，平面约 7.5m×7.5m(25ft×25ft)，土墙由插入 1m(3ft)深基脚中、相互间隔 1m(3ft)的橡树苗组成的框架支撑，中间以成捆竖立的芦苇填充。墙内壁涂了一种泥和谷糠的混合物，外壁则涂了白色泥土。这些住宅应该是坡顶的，上覆茅草，屋檐出挑。室内一端为抬高的灰泥平台，其上嵌入一个小灶坑和仓储坑。其他同时代的实例在希腊色萨利地区的**奥察基-马古拉**(Otzaki-Magula)和**昌黎**(Tsangli)也有发现。

类似的单间式住宅遗址，在保加利亚的**阿兹马克和卡拉诺沃**(Azmak and Karanovo, 前5600—前3800)也有出土，其平面尺寸平均为 8m×4m(26ft×13ft)。建造方法看起来像是先搭起一个由紧密排列的细木柱组成的框架，再在上面砌筑厚厚的泥土、谷糠混合墙体。在卡拉诺沃，房子是分开的，但紧密排列成行，当中由一条可能由原木覆盖的街道隔开。在别的地方，如匈牙利的**蒂萨耶讷**(Tiszajenö, 见[227]页图ⓒ)，大小相近的房子的建造方法是，搭建一个由较粗重的立柱构成的框架，表面覆盖编织的枝条或篱笆，并以灰泥抹面。在这两种类型的住宅中，墙都被涂成红白色，地面是夯实土，大多有一个正对入口的圆形灶坑。后来从阿兹马克和卡拉诺沃发掘出的住宅(前3800—前3000)结构上差不多，但是平面已经有所发展，拥有一个小门廊空间或在一端辟有前厅。陶制模型显示：这些房子的屋顶是木制的，灰泥抹面或者覆有茅草，有些还在入口上放一个动物的头。室内设有正方形黏土火炉，置于坚固的石头或板岩底座上。

长屋

从捷克共和国比拉尼(Bylany)聚居点发掘出来的新石器时代中期的房子(约前4200，见[227]页图ⓕ)，是长屋类型的，成组排列在一起，朝向西北至东南。这些房子平面是矩形的，宽度均约6m(20ft)，长度则从8~45m(26~150ft)不等。沉重的橡木柱子支撑篱笆抹灰墙。平面有三种类型：一种是三段式平面，入口部分朝向东南，中段是起居空间，里边是储藏区；第二种是两分式平面，由入口和起居部分组合而成；还有一种则只有单纯的居住空间。荷兰的**埃尔斯洛**(Elsloo, 约前4500—前4105)也发掘出了类似的房子。

乌克兰**弗拉基米罗夫卡和科洛米希切纳**(Vladimirovka and Kolomiishchina, 前3500—前3000)的特里波里文化(Tripolye)的长屋则比较小，室内中央几

排柱子支撑着双坡屋顶。辅助的结构支撑则来自坚固的篱笆抹灰内隔墙。复原遗址的模型显示，山花墙是制模板浇筑而成的，室内室外的墙面都有彩画，以圆木为基础，上覆一层黏土。

干砌石屋

关于新石器时代干砌石屋(Drystone Houses)的某些最引人注目的证据，来自位于苏格兰东北部沿海的奥克尼群岛的**斯卡拉布雷地下村社**(Skara Brae, 约前2500—前1700，见[227]页图ⓜ及[232]页图A)。在这里，主要的一组建筑有若干牢固的石砌住宅，墙是双层的，总厚度约3m(10ft)，内外两边都是1m多厚的干砌石墙，之间的空腔填满生活垃圾。房子平面是矩形的，角部则是圆形，直径最大可达7m(23ft)。入口是一个类似于隧道的通道，有若干门将其围合，这些门可以利用门上的横木闩起来。这些住宅似乎是草皮或茅草屋顶的。灶坑约有$1m^2$(3ft²)，周边是凹下的侧石，正对灶坑中心的位置有一个排烟孔。室内最引人注目的是那些石头家具。类似实例还曾在奥克尼群岛的**林约**(Rinyo)和设得兰群岛的**约克谢**(Yoxie)发掘出来。

集合坟墓

西欧新石器时代定居点一个引人注目的建筑特征是集合坟墓的广泛建造。在整个地中海西部地区、伊比利亚半岛、法国、荷兰、德国北部和斯堪的纳维亚，有四五万建造精良的大型巨石坟墓。它们属于两种类型：通道式墓穴和长厅式墓穴。不过在平面和建造方法上，还是能看到这些坟墓存在大量区域性的差异。这种坟墓的建造好像始于公元前4500~前1500年，证据是这些纪念物和处理死者的方式有关，但我们不能假设这是当时的基本目的，也不能确定它们都是以同样方式起作用的。地表景观中巨石的布局，可能由于人口差异、坟墓形状和布局同居住建筑的形式之间的关联而设计。采用矩形土丘下的木制停尸间的做法在巨石时代的英国更为常见。

巨石通道墓穴

在奥克尼群岛的**麦豪遗址**(Maes Howe, Orkney Islands)，一片开阔的空地上有一个38m×32m(126ft×107ft)的土墩(见[230]页图ⓐ)，空地周围有一条宽阔的壕沟。一条1m(3ft)宽、1.5m(5ft)高的入口通道，

PREHISTORIC MONUMENTS

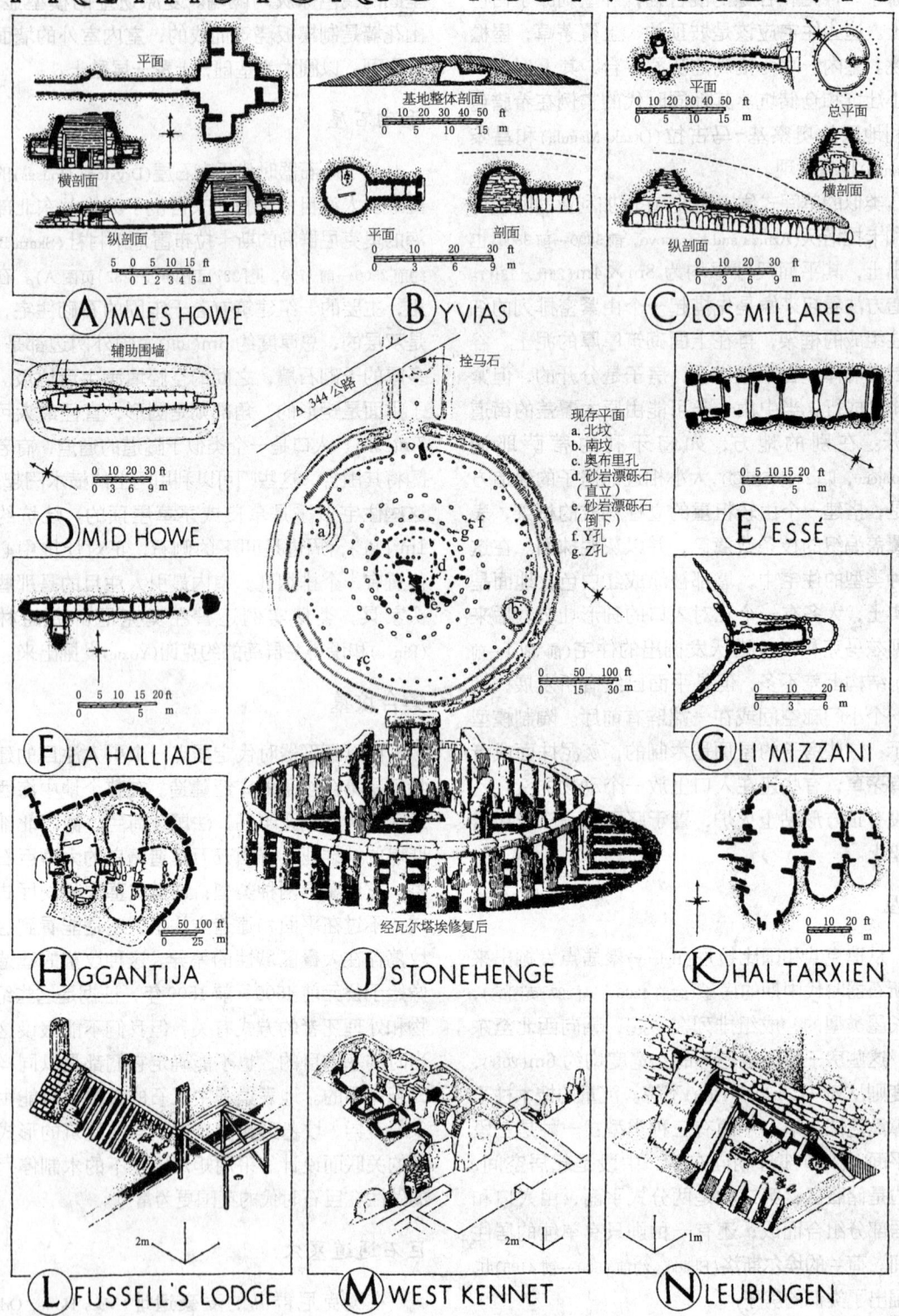

史前遗址(PREHISTORIC MONUMENTS)：Ⓐ 麦豪；Ⓑ 伊维亚；Ⓒ 洛斯米拉雷斯；Ⓓ 米德豪；Ⓔ 埃赛；Ⓕ 拉赫利阿德；Ⓖ 利米扎尼；Ⓗ 冈提亚；Ⓙ 石栏；Ⓚ 哈塔克西恩；Ⓛ 福塞尔斯洛奇；Ⓜ 西肯尼特；Ⓝ 洛宾根

前一段用石块层层砌筑(coursed masonry)，后一段用石板组成，通到深入土墩约15m(49ft)的墓室。墓室5m(16ft)见方，角部都有扶壁支撑。倾斜的墙支撑着一个原高大约5m(16ft)、用托臂支撑的石头拱顶(corbelled stone vault)。墙体用矩形块材砌筑，表面光滑，接缝精细。墓室的三侧开放以形成小间，小间的地面比主墓室高约1m(3ft)，有一个可以用石板封闭的类似窗户的门洞可进入其间。另一个与之相似的，有干砌石墙和托臂支撑的屋顶的案例在西班牙的**洛斯米拉雷斯**(Los Millares，见[230]页图©)的遗址中被发现。在布列塔尼的**伊维亚**(Yvias，见[230]页图®)的遗址中一则比较简单的圆形墓室实例，也有砌块墙(coursed masonry walls)和靠托臂支撑的屋顶。在爱尔兰的**纽格兰奇、多斯和诺斯**(New Grange, Dowth and Knowth，前2500—前1700)，还有别的做工精细的通道式坟墓。这些坟墓内部有壁画，即通过开凿、敲打、雕刻等方法在石头的表面创作出的各种几何形、曲线形、锯齿形的和菱形的图案。

史前巨石长墓道石墓

设得兰群岛**米德豪**(Mid Howe，见[230]页图①)有一座精美的长厅式墓穴。它包含一个有石箱的墓室，总长约23m(76ft)，分为12个部分，顶上覆盖着一个矩形土墩，平面尺寸约为33m×13m(110ft×43ft)。在法国发掘出有完整隔间的长墓道式石墓，例如在西南部的**拉赫利阿德**(La Halliade，见[230]页图®)，上面覆盖的土丘长约21m(69ft)，地下墓室的长度却只有12m(39ft)多。从长厅90度转弯进入墓室，墓室共分为八个独立的石箱。在布列塔尼的**埃赛**(Essé，见[230]页图©)发掘出的石墓则更为典型。6m(19ft)长的墓穴用三块横向的石板分隔成入口、长厅和集合墓室，这跟米德豪的一样。

在英格兰西南的**西肯尼特**(West Kennet，见[230]页图M)，有一座更为复杂的带翼部的长墓道式石墓，埋在长满青草、覆盖着由砾石组成核心的白垩土墩之下。12.2m(40ft)长的墓室设在坟墓东端，可以通过数块巨大直立砂砾岩石组成的平整立面进入，中央一块为封堵用石。立面后面是一个半圆形的前厅，由此直通墓室。中央的长厅通向两对带有翼部的墓室和顶端由巨石板围成的墓室。石板之间的缝隙用干砌石块填充，墓室顶部有粗

糙的托臂支撑，再以巨大的压顶石封住。据估计，这座坟墓原来可能埋葬着50个人。

位于撒丁岛的**利米扎尼**(Li Mizzani，前1900，见[230]页图©)遗址，是后期小型精致的长墓道式石墓的一个实例。它从一个中央立面进入，其后是一个半圆形的前厅。6.5m×1.5m(21ft×5ft)的墓室用巨石建造，上覆石板。覆盖其上的土墩延伸到入口一端，在立面的两翼后面形成两只尖角。

矩形土冢

英格兰威尔特郡**福塞尔斯洛奇**(Fussell's Lodge，前3230，见[230]页图①)的长冢，是一个梯形土墩，长约40m(130ft)，宽度窄的一端是6m(19ft)，宽的一端是12m(39ft)，也就是入口端。入口处看起来应该有一个入口门廊，由四根柱子支撑。土丘周围环绕着作为基础的壕沟，深1m(3ft)多，宽约0.5m(18in)，内嵌大约2m(7ft)高且坚固的木头挡土墙。入口后面就是停尸房，停尸房用三根劈开的直径约600mm(2ft)，彼此间隔7m(23ft)的树干上承脊柱构筑而成。栋木上斜搁的木头形成一个三角形的骨架，约有1.5m(5ft)高，地面上宽2.4～3m(8~10ft)，当时似乎为厚木板所覆盖，木板上还铺着一层燧石细块。整个建筑最后涂上一层泥炭。据估计，当时这里分四组共埋葬了50多个人。类似的长冢实例还在英格兰约克郡(Yorkshire)的**威勒比沃尔德**(Willerby Wold)、**东赫斯勒滕**(East Heslerton)和**巨人山**(Giant Hill)、**林肯郡**(Lincolnshire)等地发现过。

庙宇和仪典建筑

虽然数量比坟墓少，人们还是发现了一些可追溯到新石器时代的庙宇。它们代表着欧洲最早的某些特殊用途的建筑。

庙宇

在马耳他的**冈提亚**(Ggantija，前2700，见[230]页图⑪)和**哈塔克西恩**(Hal Tarxien，前2000，见[230]页图⑯)，[232]页图B)的三叶草形平面的庙宇，是用巨石部件构筑的，并用石头表面的泥墙作支撑。庙宇呈有规则的平面，有凹入的高大立面，巨石牌坊(trilithion)式的入口通道，以及一对对加工过的直立巨石构成建于一侧和尽端的内室。它们都设有

第二编　文艺复兴以前的欧洲和地中海建筑

图A （上图）斯卡拉布雷地下村庄的干砌石屋（约前2500—前1700），见[229]页

图B （左图）马耳他岛哈塔克西恩的新石器时代神庙（前2000），见[231]页

门，可以关闭。在庙宇用梁和茅草屋顶封闭前，先用梁托支撑，以缩小屋顶开口。这是目前已知最早采用这种建造方法的案例。人们还曾设想在房子建造之前就准备好足尺的赤陶模型和立面雕刻，以显示什么是必要的。有些石头装饰着螺旋形的浮雕，庙宇内部也可能先抹灰然后上色。

除庙宇之外，还发现两种欧洲新石器时代最常见的露天仪典建筑。一种是细长形的，一种近乎圆形。前一种规模大小不一，从新石器时代晚期和青铜时代的若干小排直立的石头开始，如英格兰西南部达特穆尔高地上的**梅里韦尔**(Merrivale)和**斯塔尔敦高地**(Stalldon Down)，到大型的石柱道(cursus)遗址，如**多西特石柱大道**(Dorset Cursus)，或在布列塔尼的**卡纳克**(Garnac)的多层次的巨石柱列(multiple stone alignment)。在英格兰，圆形布局的规模同样具有很大的变化，小型的如达特穆尔的**斯考希尔**，稍复杂一点的如索默塞特郡的**斯坦顿德鲁**(Stanton Drew)和位于坎布里亚郡的**长腿梅格及其女儿屋**(Long Meg and her Daughters)，还有带堤道的围场(前3300—前2500)以及具有向心特征的圆形石栏遗址(henge monuments, 前2500—前1500)。其特征表现为石头或木头的圆阵、锥形石堆、坟墓、深坑以及外围的石柱或木柱。所有这些，纯粹是英国特有的现象。

带堤道的围场

位于威尔特郡**温德米尔山**(Windmill Hill, 前2960—前2570)的一处带堤道的围场是同类型中最大的一个。它的三个环是间隔几乎相等的规则的椭圆形。最里面的椭圆，尺寸大约为84m×76m(275ft×248ft)，第二圈同它的距离约为46～96m(150～315ft)。最外面的一圈同第二圈的距离差不多也是这样，大小有400m×305m(1300ft×1000ft)。形成这些圆环的沟渠有2～3m(7～10ft)宽，底部平坦。但是，原来堤坝的高度已很难精确地估计出来。这种围场的其他实例，有单环的，如威尔特郡**怀特西特山**(Whitesheet Hill)；有双环的，如同在威尔特郡的**罗宾汉之球**(Robin Hood's Ball)；还有四环的，如萨塞克斯郡的**怀特豪克**(Whitehawk)。

石栏

威尔特郡**埃夫伯里**(Avebury)石栏(Henges)遗址包含一个约11.5hm²(28.5acre)的圆形区域，周围环绕着内径约348m(1140ft)、外围堤坝直径达427m(1400ft)的壕沟。四条堤道大概位于四个方位，通向中央区域。中央区域有两个内环，南面内环直径在50m(164ft)以上，由29块石头围绕而成，中心有一根约6m(19ft)高的石柱。北面的内环直径约49m(160ft)，原先大约有27块石头围绕而成，其中还有一个由12块石头组成的内环。在这个圆环中央，有一个由三块巨大的砂岩形成三边围合的场地。从南侧入口到石阵有一条近2.4km(1.5mile)的通道，由100对3m(10ft)高、成对排列、间隔约15m(49ft)的砂岩延伸下来。石头似乎是根据形状配对的，细高的和菱形低矮的交替排列。在英格兰德比郡的**下阿伯**(Arbor Low)有一个小型而引人注目的石阵。还有一个更简单的，明显没有用堤坝围起来，有直立的石头但没有形成中心的石栏，那就是奥克尼群岛的**布罗德加尔石栏**(Ring of Brodgar)。

目前还发现有柱洞排列成同心圆的木栏结构(timber henges)，可能是用来支撑屋顶的。在威尔特郡的**木栏**(Woodhenge)，其土方工程包含一条壕沟和其外围的堤岸，总的直径超过82m(269ft)，设有朝向东北方的单独入口。里边的遗留物是六个同心圆或者说用来矗立木柱的柱洞，最外圈直径大至44m(144ft)，最内圈直径小至12m(39ft)。最著名的复制品展示了一个圆形的，中心部分向天空敞开的覆顶建筑物，但也有人提出它应该是一个独立的同心圆木柱阵列。类似的布局还出现在威尔特郡的**德灵顿墙**(Durrington Walls)和**马登**(Marden)，以及多西特的**快乐山**(Mount Pleasant)。

青铜时代

居住建筑

欧洲青铜时代很多居住建筑跟用来烧饭和储藏的简陋茅屋相差无几，其村落的整体构成却更有意义，尤其是那些有木栅栏或环状土垒围绕的村落。在英国的一些地方，在独立的木构和干砌的农庄建筑周围也出现了较后期类型的围场。

木构架住宅

在德国南部费德湖湖畔的**瓦瑟堡**(Wasserburg, 约公元前10—前9世纪，见[227]页图⑭)，有一处罕见的聚居区遗址，由坚固的圆木构筑的住宅组成，每座房屋都有一个中心大厅和一些侧翼。其中最大的一座，其尺寸、比例和布局接近于一座小型的中世纪厅堂建筑，拥有六个房间，其中五个设有壁炉和一个 10m×5m(33ft×16ft)主厅。圆木的端头位置被切出槽口而相互嵌接。这种圆木建造的房屋还曾在波兰**比斯库平**(Biskupin，前1660—前500，见[236]页图©)发现。它们的尺寸和内部布局与上面描述的房屋极为相似。它们都是正方形的，9m×9m(30ft×30ft)，入口门廊占整个一面长度并朝向街道，还有一个起居空间，通过梯子可到达阁楼。入口左侧有一个石头壁炉，靠南面的墙放着一张家居床。地板是木头的，屋顶是茅草顶。这些房屋排列成行，大致东西向布置。靠近德国**霍伊讷堡**(Hevnebury)的一所首长住宅遗址(前600)，平面是矩形的，有四个房间，包含一个带有壁炉和火炉的厨房、一个带有两个壁炉的大厅以及两个没有加热设备的房间，估计是卧室。

在英格兰南部的**依特福特**山(Itford Hill，约前10世纪，见[227]页图①)，还发现了青铜时代的圆形住宅。它们是由土方围场和棚屋平台组成，彼此相互关联的组团，总体尺寸为 134m×55m(440ft×180ft)，主要的围场被一圈木头篱笆环绕，里面有四座圆形棚屋。其中最大的一座直径约为 7m(23ft)，由一圈直径为 250mm(19in)的直立木柱支撑着一个茅草顶构成，外面是一堵独立的轻质外墙。遗址显示入口前面可能曾有一个小门廊。其他三座棚屋直径尺寸在 4.8~6m(16~19ft)不等，结构相似，但没有门廊。据推定，后面三座加顶小屋是用来饲养家畜的。其余三个围场还包含四座棚屋，木栅外面还有五座小屋。其中四座棚屋看上去像是居住用房，而其他的则用作附属建筑。有着相似布局的较小规模的组团还在索尔兹伯里的**索尼高地**(Thorny Down)和**普兰顿平原**(Plumpton Plain)被发现，这两个地方都属于英格兰。

土冢

第一批覆盖在圆形土墩下的独立式坟墓或独穴坟墓标志着青铜时代的开始。这些坟墓在外部形式、内部排布和总体布局上有很大差别。最简单的坟冢仅由一个土墩或石墩组成；在稍复杂的例子里，除土墩外，还有一个木头停尸房或石棺放置遗体。

德国洛宾根(Leubingen，约前1500，见[230]页图Ⓝ)的坟冢直径 34m(112ft)，高 8.5m(28ft)。中央石冢由一个直径超过 20m(66ft)的环状壕沟圈定，下面是一个有茅草顶的橡木墓室，用排列成矩形 3.9m×2.1m(13ft×7ft)的 18 根柱子建成。墓室的剖面是三角形，倾斜的两侧木柱插入中间脊柱的凹槽中。两侧的木柱还开出凹槽以固定木质地板。停尸房本身由厚橡木板和茅草顶构成，里面只有一个墓穴。同时期的另一实例在德国**赫姆斯多夫**，墓穴安置在一个相近尺度的石冢下面，但没有中间的脊柱。石头护墙固定着墓室两侧的木柱，墓室北端地面铺着砂石，南端地面则铺着芦苇。石冢周围有石墙环绕。

庙宇和仪典建筑

与新石器时代的巨石建筑相比，青铜时代庙宇的遗址就显得单薄了。在丹麦的**图斯楚普**遗址(Tustrup，公元前3000年中期)和俄罗斯喀尔巴阡盆地的**瑟拉恰**(Salacea)，已经挖掘出类似庙宇的小型建筑。后者拥有三个房间，总体尺寸约为 8.8m×5.2m(29ft×17ft)，还有一个看起来像中央大厅的门廊，通向一个悬挂着祭坛的房间。从那儿又可进入一个近似正方形的大房间，房间里涂着灰泥带状装饰，靠侧墙有一个抬高的土平台，上面放置着两个固定的祭坛。地上六个柱洞可能是用来放置芦苇草顶的支撑物的。与之相似，荷兰**巴赫尔-奥斯特费尔德遗址**(Bargeroosterveld，约前1050)看起来像是一个露天庙宇或者一座类似神殿的建筑物。

在青铜时代，英国继续建造着环形结构和露天的仪典建筑。最著名的英国环形纪念物是威尔特郡的**石栏**(Stonehenge，见[230]页图①)，虽然最初的结构和后来的许多改进都表明其设计者们遵循着一套非常完善的建筑传统，但它仍然是独特的而不是典型的。石栏的第一阶段，即新石器时代晚期和青铜时代早期(约前2600)，只有一些土垒，一条位于石头之外 30.5m(100ft)的低矮堤岸，一条外围的壕沟，还有一些直立的石头和类型不明的木头构筑物。其第二阶段(青铜时代，约前2100)，建造了两个同心圆石环，直径为 22.5m(74ft)和 26m(85ft)，每个环里有 38 块来自南威尔士彭布鲁克郡的辉绿岩(dolerite)或蓝砂石岩块(bluestone blocks)，所有这些石头都呈放射状成对排列着。最后一个阶段是在青铜时代的中期和晚期,对中央区域进行了清理,竖立起82块全新的石头。平均每块重达26 000kg(57 300p)的砂岩岩块从北方32km(20mile)远的马尔巴勒省草丘陵地运过来,直立排成今天看到的圆形或马蹄形。楣石之间用鸠尾榫接合,楣石与石柱之间则用榫眼和接榫接合。石柱本身则有精细的收分来抵消透视效果。楣石的内侧和外侧表面都雕凿成弧形,使整个环成为一个几近完美的圆形。围成马蹄形的石头分成五组,各有三个直立石块组成的巨石牌坊。砂砾岩石的轴线指向夏至日出的方向。在中间的某个阶段,拆除的硫蓝砂岩石块被重新布置在砂岩马蹄形环的内外,呈椭圆形排列,但到了约公元前1800年,布局形式最终确定下来。其中60块蓝砂岩岩块在马蹄形砂岩阵列和外环之间排成一个圆圈,另有19块蓝砂石岩块放在巨石牌坊中间,排成马蹄形,并且朝向中心逐渐升高。

防御性构筑物

在青铜时代晚期的欧洲,最出色的建筑类型之一是堡垒(fort)或围场(stockade)。从低地的木栅堡垒到低矮山丘或土墩上的山地堡垒,还有陡峭山坡上的棱堡(spur forts),堡垒的形式多样。陡坡上的堡垒通常限于在最薄弱点上提供防御保护,在一些实例中,这种堡垒围有多层壁垒。缓坡上的防御构筑物通常是环形防御土墙,而低地的堡垒则是厚重的环形防御土墙围绕起一个接近圆形或椭圆形的区域。防御土墙构筑物可以分为四类。最常见的是,相隔2~3m(7~10ft)竖立起两堵厚木板墙,用系梁把它们连接起来,然后在木板之间填上泥土和碎石。第二种类型通常建在高地上,木头换成了石头。第三种类型出现的时间较早,由木头格栅构成,成排平行的木条放置在连续的层上相互成直角排列,缝隙用木屑、泥土和石头填充,所有这些都用厚木板加盖。第四种类型在年代上晚一些,防御墙是由装满碎石的箱子组成的。

青铜时代见证了防御建筑的进化,此时有了一些结构较复杂的构筑物,即分布于地中海岛屿上的被称为塔楼(torre)、圆锥塔(nuraghi)和望楼(tayalot)的几种塔。

防御工事

新石器时代晚期和青铜时代初期防御工事的早期例子发现于伊比利亚半岛上西班牙的**洛斯米拉雷斯**(Los Millares,约前2340),那里的定居点周围环绕着带半圆形棱堡(bastion)的城墙。在葡萄牙里斯本附近的**圣彼得新别墅**(Villa Nova de Sao Pedro)也发现了类似实例,一座酋长的小型城堡利用带有棱堡的城墙加以防护。葡萄牙的**赞布雅尔**(Zambujal)也有这样的状况。

波兰比斯库平(Biskupin,前1600—前500,见[236]页图ⓒ)的设防定居点是一个很好的木栅栏防御城堡。在这里,城堡外面抹上了泥巴以防火,里面有巨大的木质护墙(revetment)支撑。据推测那座围场原来可能有5~6m(16~19ft)高,带有雉堞(crenellation)和一条有防护的高架步道。通过一座门楼和入口引道可进入比斯库平。类似的定居点在德国的整个**劳西茨**(Lausitz in Germany)地区都有所发现(见[236]页图Ⓐ)。

石塔

在科西嘉岛发现的塔楼可以追溯到公元前2000年早期。这些圆形的塔,直径从10~15m(33~49ft)不等,是用干砌石墙建造的。部分有内部走廊,大约3m(10ft)高,其余的高达7m(23ft),包含一个用假梁托支撑屋顶的大房间。据推测,它们兼有防御和宗教目的。最著名的塔楼在菲利托萨(Filitosa),雕成武士样子的立石跟建筑融为一体。不过**福斯**(Foce,见[236]页图Ⓓ)和巴莱斯特拉(Balestra)的那些遗址更为典型。

在撒丁岛发现的圆锥塔,或者说圆形的石头防御塔,可以追溯到公元前1800年之时。它们形式多样,从一个塔单元,到带有幕墙和为相关技术活动服务的附属塔,复杂结构变化不定。早期的塔包含一个单间,后来的则有多至三层的起居空间,壁龛嵌入墙壁,可供夜宿。穆拉图和萨科菲利戈萨(Murartu and Sacoa Filigosa,见[236]页图Ⓓ)的圆锥塔是这一时期的典型。而圣**安蒂讷**(Sant Antine,见[236]页图Ⓓ)的塔则是较晚的作品,也是更为完善的实例。其中心主塔与三个防御性角塔之间用一道墙连接,整个建筑可以抵御围攻设备(siege equipment)和攻城槌(battering ram)。

在巴利阿里群岛上有正方形和圆形的望楼塔,约建于公元前1400年。这些石塔直径约10m(33ft)。其中一些完全是实心的,另外一些则在底层或上层设有房间,通过室外坡道或室内楼梯联系上下。典型的塔有梅诺卡岛的圣奥古斯丁维尔

PREHISTORIC DEFENCES

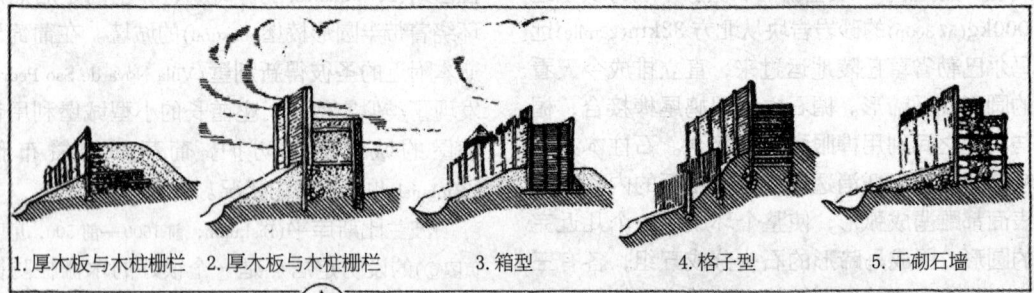

1. 厚木板与木桩栅栏　2. 厚木板与木桩栅栏　3. 箱型　4. 格子型　5. 干砌石墙

Ⓐ LAUSITZ FORTIFICATIONS

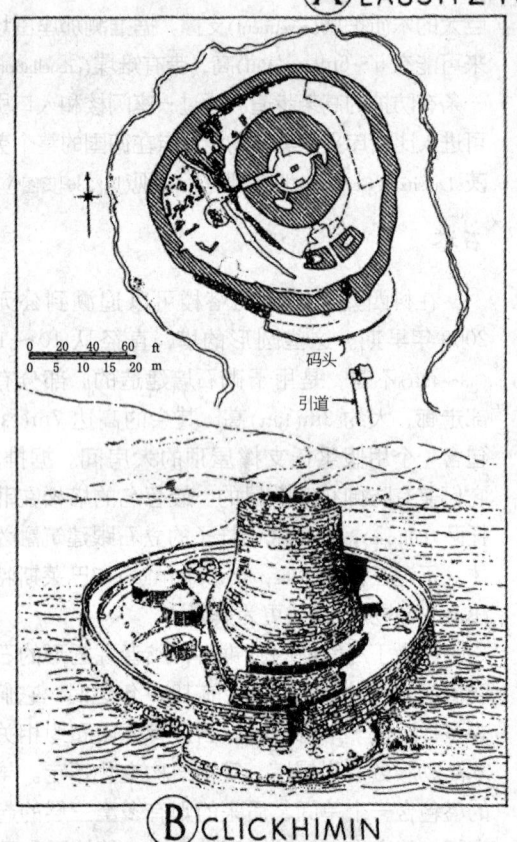

码头
引道

Ⓑ CLICKHIMIN

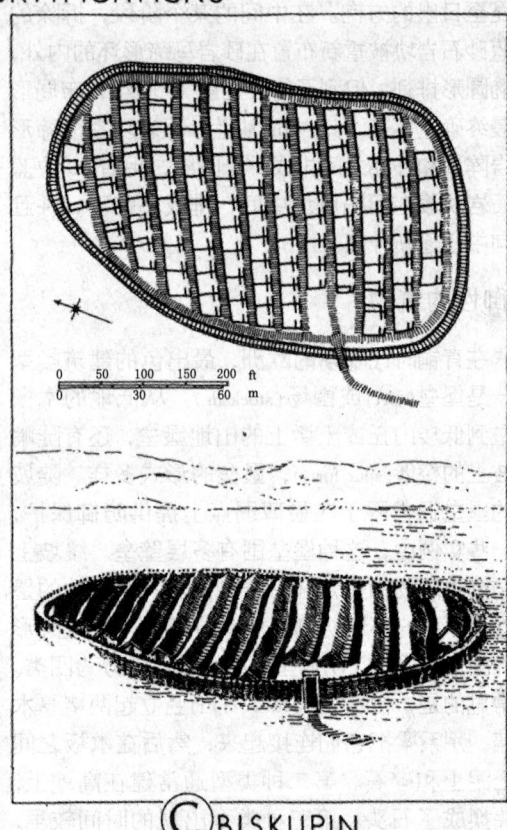

Ⓒ BISKUPIN

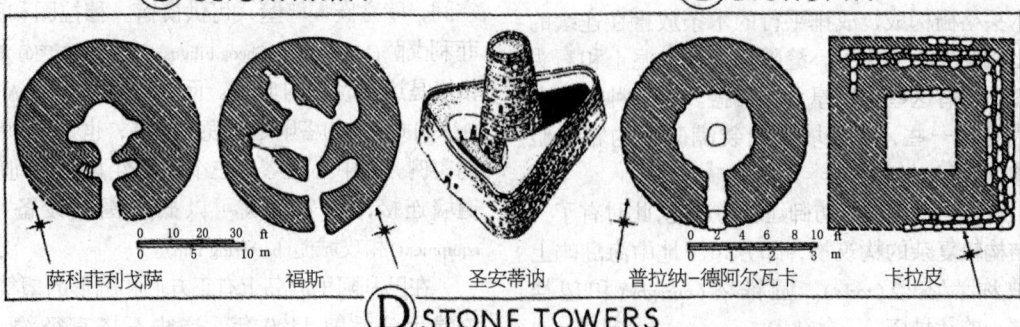

萨科菲利戈萨　　福斯　　圣安蒂讷　　普拉纳-德阿尔瓦卡　　卡拉皮

Ⓓ STONE TOWERS

史前防御工事(PREHISTORIC DEFENCES)：Ⓐ 劳西茨城堡；Ⓑ 克里克希敏；Ⓒ 比斯库平；Ⓓ 石塔

(San Agusti Vell)、柳奇马约尔的**卡拉皮**(Cala Pi,见[236]页图①)，马霍卡岛(Majorca,西班牙语称马略卡)的**索柳奇**(Son Lluch)和埃斯库拉的**普拉纳-德阿尔瓦卡**(Plana d'Albarca,见[236]页图①)。

铁器时代

居住建筑

铁器时代的房屋，依旧属于青铜时代的两种构造类型，即由木框架和干砌石构成。欧洲大陆很少有建筑工艺精湛的房屋，而在英国，居住建筑却继续发展，整个这一时期，英国独立式农庄的传统得以延续。

木构架住宅

史前阶段最著名的房屋，恐怕要数位于英格兰西南部靠近索尔兹伯里的**小伍德伯里**(Little Woodbury,约前300—前100,见[227]页图⑧)。主体建筑是一座圆形的木头房子，直径超过15m(49ft)，建在一个环绕着木栅栏的椭圆形围场内，总体尺寸达120m×90m(394ft×295ft)。栅栏由约2m(7ft)高的垂直木桩组成，这些木桩一根根并排插在大约300mm(1ft)深的壕沟中。主屋通过四组柱洞限定，外围一圈设有剖面尺寸为450mm×300mm(18in×12in)的椭圆柱子，它们支撑着外墙。承载屋顶的可能主要是第二圈柱子和中央的四根立柱，前者每根直径从300～375mm(12～15in)不等，后者每根直径为600mm(2ft)，估计两套柱子都有连续的过梁以放置倾斜的椽子(rafter)。椽子上再搁置较轻的水平构件以放置屋顶覆盖物，可能是茅草。据推测，顶端的屋顶结构可能采用了高架天篷的形式，以便烟能从建筑内排出。最后一组柱洞可能是一个精致门廊或入口通道的边界，长约5m(16ft)，宽2m(7ft)多。房子里可能还有个中央阁楼。在这个栅栏围合的场地内还挖掘出许多相关的辅助建筑和储藏坑。类似的居住建筑，还曾在英格兰西南部的**朗布里奇德弗里尔**(Longbridge Deverill)、**威尔特郡**(Wiltshire)和**平珀恩**(Pimperne)，**多西特**(Dorset)，英格兰北部达勒姆郡的**西布兰登**(West Brandon)以及苏格兰的**西普莱恩**(West Plean)发现过。

干砌石屋

英格兰西南尽端康沃尔郡的**奇索斯特**(Chysauster,见[227]页图⑪)构建于铁器时代的干砌石屋，保存得异常完好，工艺也极为精湛。它们与苏格兰发现的新石器时代遗址相似，但前者的庭院是露天的，而后者在庭院上加了顶。这些房子四幢一排，排成两行，间隔大约为15m(49ft)。其平面是椭圆形的，尺寸达27m×21m(89ft×69ft)。由东侧入口进入庭院，有三个甚至更多的房间向庭院敞开。在每个庭院的后部，与入口相对的位置是主起居室，通常有铺地，长轴达10m(33ft)。庭院左侧是一个有顶盖但前部开放的构筑物，右侧是一个狭长的房间，可能是用作储藏所。其中部分房子有附属房间，很多还设有排水沟和露台区域，后者可能是园艺用地。

在苏格兰，干砌的廊式石屋(aisled-roundhouse)和轮式石屋(wheelhouse)内部相当复杂。外赫布里底群岛的**克莱特拉夫尔**(Clettravel,见[227]页图⑫)的廊式石屋呈圆形，内径为8.5m(28ft)，外径为14m(46ft)。其墙体包括两圈干砌石墙，之间形成的空腔用泥炭和碎砖填实。8根独立式的石墩支撑着上层走廊，可能还有一个坚固的屋顶。围绕房子周边，由侧墙向外扩展至2m(7ft)多的地方还建有一条围廊，因此中心形成一个具有双重高度的空间。**雅尔斯霍夫**(Jarlshof)的轮式石屋平面为圆形，总的直径为10～12m(33～39ft)，墙厚约1m(3ft)。内部有放射状的墙，平面向中心空间逐渐变细，划分出许多隔间。这些隔间用厚石板做屋顶，中间区域的屋顶则由梁托支撑。类似的房屋还在设得兰群岛的**克里克希敏**(Clickhimin)、**卡夫埃代岛**、**奥克尼岛**(Calf of Eday, Orkney,见[227]页图①)被发现。

墓葬遗址

墓葬建筑和仪典构筑物在铁器时代已不再建造。祭祀遗址有以下三种类型。

1. 人工竖井，例如在巴伐利亚**霍尔茨豪森**(Holzhausen)发现的公元前1世纪的遗址。另外还有其他举行仪式的井道，深入地下12～40m(39～130ft)，填满了动物、人骨以及奉献的祭品组成的沉积物。

2. 小型的回字型(double-square)庙宇，例如在英格兰希思罗(Heathrow)和法国马恩河畔的**埃屈里-勒勒波和芬德埃屈里**(Ecury-le-Repos and Fin D'Ecury,约前300—前100)挖掘出来的那些遗址。其中有壕沟和土方工程围合场地，平面尺寸约为10m×10m

(33ft×33ft),四周围着用来放置木结构的柱洞。

3. 长平行直线形(long parallel-sided rectilinear)或细长椭圆形的圣殿遗址,外围环绕着壕沟和土墙,如法国马恩河畔的**欧奈-欧普朗谢**(Aulnay-aux-Planches,约前1100—前1000)和捷克共和国的**利本尼斯**(Libenice,约前300)。遗址包括立石、柱洞和火炉。这些发现都说明欧洲文明的快速进化和人类定居范围的广泛扩大。

防御性构筑物

与之相比,青铜时代在欧洲中部发展得已经相当完善的防御工事,后来大量扩展到欧洲的西北部,以致自公元前1000年以来,山中要塞成为凯尔特世界最常见的历史遗迹,在欧洲至少有10 000个。护墙构造各不相同:有的只是正面为简单斜面,剖面为三角形的带有壕沟的土墙,有时背面还会有石头覆盖,英格兰西南部的**梅登城堡**(Maiden Castle,约前100)就是如此;有的是木头或干砌石头遮护的建筑,使一个垂直面朝向进攻的敌方。在较复杂的堡垒中,还建有雉堞、女儿墙、步道和阶梯形剖面的城墙。铁器时代,欧洲普遍流行箱式堡垒和木头镶边的堡垒,后者石头防御墙是用木头来加固的,它们有时也会被点燃以使石头玻璃化(vitrify)或熔合(fuse)。在苏格兰的北部和西部,山中要塞较为罕见,但设防高地(dun,即小型的石头建造的圆形堡垒)和圆形石塔(broch,即石头建造的圆形塔)等防御建筑却很常见。

山中要塞

梅登城堡(Maiden Castle,参见上文)说明了铁器时代山中要塞发展过程中典型的修建进程。梅登城堡的建造分为四个阶段。第一个阶段,大约公元前350年,山丘为单个壁垒和壕沟所环绕,建筑物最先用木头贴面,后来则用外部壕沟挖出的白垩土来建造。这一阶段,围墙的东端和西端都已开了门。大约一个世纪后,东大门增加了爪形的附加建筑,将来往人流汇聚到入口通道上。同时,要塞在西面有了一些扩建。在第三阶段(约公元前150),堡垒又有了进一步的扩建,这次是用石头来加固,出入口也增加了附属的防护措施。所有这些在最后一个阶段(约前100—前75)得到了进一步完善。

防御工事

在苏格兰设得兰群岛的**克里克希敏**(Clickhimin,见[236]页图⑥)同时发现了一个设防高地和一个圆形石塔。克里克希敏的圆形石塔横向将近20m(66ft),墙体底部厚度超过5m(16ft),中间围合了一个直径约10m(33ft)的庭院,入口通道位于西侧。从中心庭院出发,狭窄的通道通向两个椭圆形、梁托架屋顶的内部房间。靠着墙的内侧建造了木廊居所,厚厚的墙壁里有一部盘旋而上的楼梯,一直到达塔顶的一个堡垒。据估计,塔当时高度在10~15m(33~49ft)之间。在设得兰群岛的**穆萨岛**(Mousa)和**格尼斯**(Gurness),奥克尼岛的**米德豪**(Mid Howe)也发现了类似保存完好的防御工事。设防高地的尺寸与上述差不多,靠着墙壁内侧建有带走廊的棋局空间,入口通道从上面一层引到城堡的城墙上。**基尔代劳耶格城堡**(Dun kildalloig),苏格兰金泰尔角的**博尔加代尔水域**(Borgadel Water)是两个类似的例子,但是都没有外廊。

文艺复兴以前的欧洲和地中海建筑

第10章
罗马和罗马帝国建筑
蛮族入侵前

建筑特征

埃特鲁里亚时期和罗马早期

直到公元前7世纪,意大利中部还没有具备建筑学意义上所谓的房屋。从考古学的研究结果和保存下来的有关稍晚时期建筑的文字资料来看,青铜时代晚期和铁器时代早期的住房还只是简单的茅舍(参见第9章),甚至连神庙也不过是些带有露天祭坛的宗教性围场。事实上,"神圣空间"(templum)这个词原本只是表示以占卜为目的,在地面或空中标记出的空间。大约在公元前7世纪早期,在切尔韦泰里(Cerveteri)建造的石窟坟墓(Rock-cut Tomb),即所谓的茅草顶之墓(Tomb of the Thatched Roof),代表了一种典型的茅舍——可能是篱笆抹灰建成的矮墙,泥土或碎石铺成的低矮台阶环绕四周,显然,还覆有它名字所提到的茅草屋顶。

公元前6世纪,在希腊人和来自地中海东部的商人的影响下,希腊正厅式的房屋似乎已经出现,接着又出现了更大的带有内院或中庭(atria)的住宅,周围的生活用房朝向中间庭院开放,是为社会中的富裕成员们所建。这些房屋大部分仍然用木材或土砖建造,寿命不长,不过其形式在埃特鲁里亚人建在城墙外大型墓地中的其他石窟坟冢中被保存下来。这些坟墓有平顶棚或斜顶棚,顶棚上饰有藻井或精美雕刻,还有带雕饰的门框,墙的四周为彩色的墙裙。在更大的坟墓中,由柱子居中支撑着屋顶或天花横梁。这些柱子形式多样,平面有正方形、多边形或圆形,有些还刻有凹槽;柱头形式也多种多样,包括粗凿的多立克和爱奥尼式柱头。后期的一些坟墓设有中庭,屋顶坡向中部的开口,可将雨水排入下面的蓄水池中。

神庙也开始显示出希腊的影响。围场内盖起建筑物来供奉神灵或膜拜的偶像,这种构筑物最初的名字只是简单的"大厦"❶或房屋。神庙建筑跟希腊神庙相似之处并不多。它和同时期的多立克式神庙的相似之处在于,平面为矩形,从墩座(podium)升起,舒展的屋顶部分靠外柱支撑。在平面布置和形式上,它与希腊神庙的差异在于以下几点。

1. 神庙建筑设在围场的后部,正对入口,背面为一堵实墙。在神庙建筑正面与围场入口之间的轴线上设有一座露天祭坛。

2. 通过把建筑设在比希腊神庙的柱座(stylobate)高得多的墩座上,并且只在朝向祭坛的正面设置入口踏步,以强调其轴线布局。

3. 通常,柱子只设在建筑正面来辅助支撑门廊上的屋顶,偶尔也会设在建筑两侧,但不会在四周全部围绕柱子。

4. 内殿是一个简单的矩形房间,为供奉三尊神像而并排布置三个内殿的情形也并不少见。如果只有一个内殿,在它边上可能会有开敞的侧翼,这和三个内殿并列的平面非常相似。在比例上比希腊神庙浅得多,整个建筑平面更接近正方形。

其他的特征差异,主要是因为除了基座以外全都采用木材、泥砖和赤陶建造。用这些材料来代替大理石或其他石材,造成建筑比例和细部的不同。为使泥墙免受雨水侵蚀,必须有宽宽的屋顶挑檐。即使覆有陶瓷保护层,柱子和额枋(architrave)还是比较细长的,柱距也比较大。与应用陶瓷相配的细部形式和希腊石匠精心雕刻的细部也不同。后来维特鲁威试图整理出他所认为的埃特鲁里亚时期的标准形式,还详细描述了一种塔司干柱式(Tuscan order),这种柱式和简化多立克

---

❶ aedes;亦译为神龛。——译者注

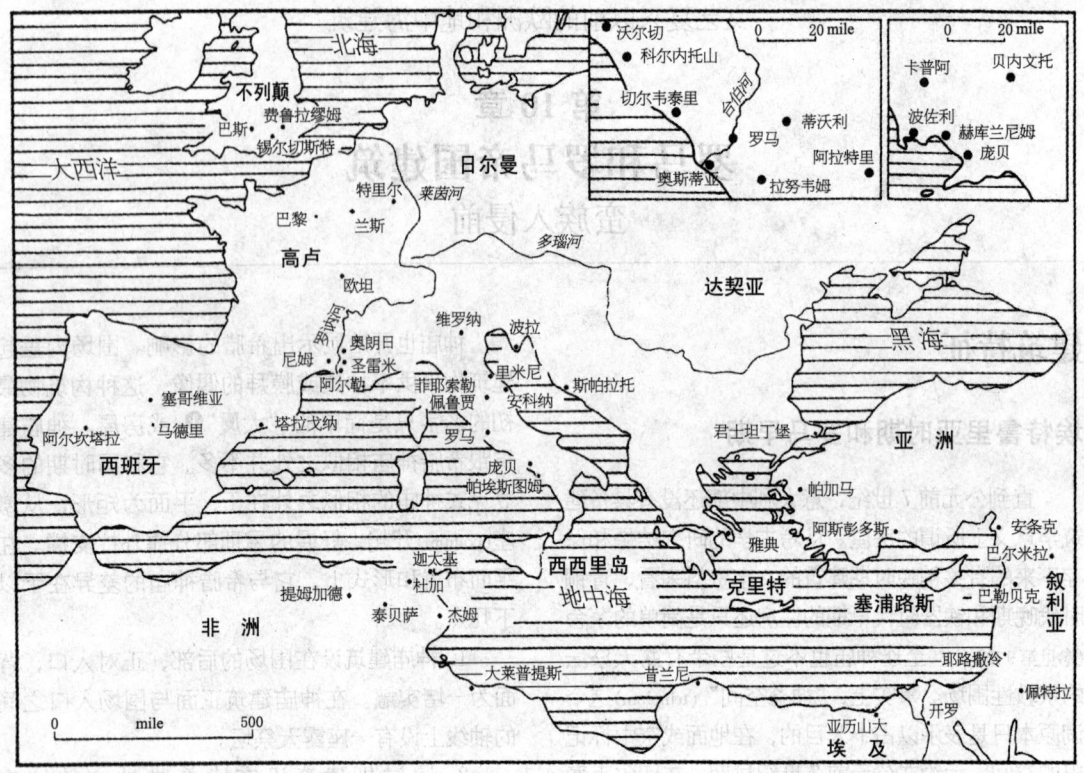

罗马帝国

柱式的结果有某些相似之处,但是他所描述的这种柱式直到相当晚的时期才被真正发现。

据目前所知,最早的埃特鲁里亚城镇可能不过是自然形成的结果。自觉规划的证据最早出现在神庙的布局中。然而,公元前500年前后,建于平坦地区的新城,出现了规则的网格状布局。人们更为关注墓地,它显示出同样的发展模式,只是有规律的布置出现得更晚些。其中一些坟墓在前面已经提及,它们大部分都保存了下来。最早的坟墓采用的形式是:石墓室隐藏在锥形坟冢之下。如果不能水平地劈开岩石面,大部分石墓只是简单地凿进岩石,通过向下的台阶连接;若能水平地劈开岩石面,石墓就会设置一个简单雕刻的门面。这些坟墓不仅形式上像当时的房屋,有些还用绘着葬礼仪式和其他类似场景的壁画来装饰。

在大一点的城镇中,人们相当关注像排水这样的问题,著名的罗马主排水道"马克西玛(Cloaca Maxima)下水道",在很长时间内其绝大部分都是露天的。用多角砌体或方石砌筑的,具有良好防卫性的城墙留存至今,是早期城市的主要遗存。在罗马逐渐取得统治地位而且良好的防御变得越来越有必要时,这些城墙才出现,它们大部分建于公元4世纪以后。这一时期的桥梁似乎仍然采用简单的木料横跨,有的桥墩已经开始使用石头。

共和晚期和罗马帝国早期

从公元前2世纪早期开始,建筑特征发生了显著的变化。这种变化主要是希腊化的东方和已经希腊化的平原地区的直接影响,当地石灰石和凝灰岩被开采利用,以及从国外进口大理石也产生了一定的影响作用。从其他方面来看,这些变化也由人们对新的混凝土技术的逐渐掌握所激发和促成。变化不仅明显地体现在过去已经存在的建筑形式——神庙和居住建筑中,而且也体现在许多新的建筑形式的引进,例如公共浴室、巴西利卡(basilica)和其他公共娱乐建筑。

从建筑意义上说,这些变化可以概括为:引进新的比例,这与使用不同材料有关;采用古典的希腊柱式,特别是科林斯柱式;这些柱式跟拱的构造形式相结合;还有拱顶和圆穹的广泛应用。

前两个变化在神庙建筑中表现得尤为明显,

第10章 罗马和罗马帝国建筑

但由于保守，建筑仍经常沿用早期的平面形式。共和时期和帝国早期的神庙仍然建在高高的墩座上，只能通过台阶从前面进入。这时台阶两侧设有厚重的矮墙，基座向前突出作为雕塑的底座。通常，神庙仍然有简单的矩形内殿，前设柱廊，有时两侧也设柱或半壁柱，后部很少有柱。屋顶仍然用木材做成，有时悬挂天花饰板。但是用石头砌筑柱和梁使得柱距变小，同时石砌的殿墙也使宽屋檐不再有必要。所有三种希腊柱式在公元前2世纪和公元前1世纪早期的神庙中均得到了应用，但是罗马多立克柱式的比例明显比它的希腊原型细长。唯一与意大利传统的矩形平面不同的是，这时偶尔会采用和原型相差无几的希腊圆形平面。

重要的神庙建筑往往被放在广场中显要的位置，要么就自设院墙，与世隔绝。前者祭坛直接设在入口台阶前面，甚至就嵌在台阶内，后者的布置则更强调罗马神庙建筑的轴线设计。杰出的实例，包括位于帕莱斯特里纳(Palestrina)的福尔图纳神庙(Temples of Fortuna)和蒂沃利(Tivoli)的英雄赫丘利斯神庙❶。这些神庙中，矩形的围院被一排排带柱廊的店铺所包围，通过半圆形的台阶可以进入神庙，这些台阶也充当着观看戏剧表演的座席。

相当于希腊集市的罗马广场，是一片不规则的开敞空地，起初用来作为市场、集会场所以及政治讨论与示威游行的地方。到共和晚期，它仍然是一个多用途空间，被杂乱无章的住宅群、店铺和作坊团团包围。广场通常趋向于呈矩形，一端为神庙所封闭，广场很适合用作神庙扩展的圣区❷，或围合的神圣场所；其他几边则大多为柱廊和公共建筑，通常被市场或巴西利卡所围合。

在上述建筑或其他公共建筑作品中，柱式与拱相结合这种典型的罗马建筑特征初现端倪，也有一些证据显示，此前不久已经进行了试验性的尝试(最值得一提的是丘西(Chiusi)的一个年代不明的骨灰盒上的描绘)。这种结合估计是因为：在石材取代木材成为主要结构材料之后，缺少合适的石材来做大跨度过梁而不得已为之。必要的开口变得窄小，并且用拱来跨越。半露壁柱设在有开口的墙前，通过把石块从墙面向前突出，在两柱之间和拱顶之上构成檐部的线脚。墙的拱券下的开口由柱子和柱上楣构组成，这样，柱子变得纯粹是外加的墙面装饰，至少主要是装饰。

拱券和拱顶在各种较为实用的建筑中早已有了更加广泛的应用，例如在库房和各种基础中。它们最常出现在连续的筒形拱顶开间之中，并排布置，就像很早以前在底比斯(Thebes)的拉美西姆陵庙❸中那些砖砌拱顶的贮藏室那样。类似的拱形开间，平面一端微微收窄，用来支撑早期剧场的座席。圆顶的使用范围相对有限，主要用于公共浴场的冷水浴室(frigidaria)。

巴西利卡是罗马最初的大型建筑类型之一，其室内比室外更具优先地位。在某种意义上，它是一个由本身的柱廊或拱廊围合而成的小型封闭广场。中央空间通常像广场一样呈矩形，上设木桁架屋顶，侧面开口朝向柱廊后面低矮的通廊。光线主要从柱廊上的高侧窗(clerestory window)进入，侧廊上面常设有夹层高侧廊。巴西利卡更专业的用途之一是做法庭，出于这种目的，常在某一边中部或中间矩形的端部设一半圆形后殿。保存最好的早期巴西利卡在庞贝，可以确定这种建筑形式是从罗马城四周的平原传入罗马的。

如此可以确定，像公共浴场和剧场这样的建筑首先出现在近那不勒斯的沿海地区。这里长期受到希腊的影响，并且在巴亚(Baia)也有天然温泉。

罗马剧场与希腊剧场的主要区别在于它通常建在平整的场地上，而不是将座席设在天然盆地中。座席呈半圆形，前面是高起的舞台，背靠一座高大建筑，从观众厅一边延伸到另一边。圆形剧场(the amphitheatre)也是这样建造的。但是正如其名字所示，它是圆形的剧场，座席完全包围中央表演区。不管是剧场还是圆形剧场，其结构形式决定了它们都明显突出于周围的环境。公共浴场没有直接的希腊对应物，它们最初是由一系列不同形式的房间组成，在洗浴过程中各有用途。从冷水池到温水室，然后到热水室，这些房间紧凑地挨在一起，起先似乎并未有意营造建筑学意义上的总体效果。

---

❶ Temples of Hercules Victor；赫丘利斯即希腊神话中的赫拉克勒斯，希腊罗马传说中最著名的英雄。——译者注
❷ temenos；亦译为圣界或圣域。——译者注
❸ the Ramesseum；亦译为拉美西斯神殿，埃及法老拉美西斯二世(Ramesses II)，公元前1314~前1237年的陵庙。——译者注

这些建筑中显示出的自我放纵最初也反映在南方地区的住宅建筑中。公元79年维苏威火山爆发意外地保存下许多实例，留下了富人在新的豪华住宅中奢侈生活的精彩画卷。通过沿街立面上的通道可以进入住宅中庭，除非街道两边的房间都让出来开店，否则沿街立面就只是白墙。有时会用两层的楼房取代了沿街的平房。由中庭向内，又有一个庭院，通常不设屋顶，作为花园使用。庭园四周是柱廊(这就是它被称为列柱围廊式(peristyle)的原因)和较私密的居住用房。在乡村或面海的地方，私密性要求较低，周围有很好的景观，则采用更加开敞的设计，即所谓的门廊式别墅(portico villa)的平面，这在当时许多壁画中都有描绘。这里，主要的房间排成一排以争取好的景观，前设一层或二层高的柱廊或门廊。

正是在这些住宅和别墅中，进口大理石似乎开始广泛用于柱子和其他暴露的结构构件，还有厚度略大于10cm(约1/2in)的薄石板用于墙面装饰和铺地。大理石柱身通常采用无槽整石，磨光以便充分地展示其纹理。另一种墙面处理则是在经过反复多道粉刷的墙面上再做壁画装饰。

在大约两个世纪里，不同形式的壁画相继出现。第一种仅仅是简单地模仿彩色大理石。从建筑学上说，最有意义的是第二种；它可以追溯到公元前1世纪早期到中叶稍后。壁画使室内空间得以延伸，还使生硬的墙面融合于回廊内院周围那样的开敞柱廊中。在柱头部分，拱券直接支承在回廊内院的立柱上，而不是在壁画中出现过的扶壁上。这种形式后来在建筑史上变得极其重要。现存最早的实例，是在此后约一个世纪出现在赫库兰尼姆的郊外浴场的一个门厅(vestibule)中。但这种结构布局，早期的试验性用途不太可能保存至今。在后期风格的壁画中，建筑形式变得越来越单薄，也更加怪异。在这些别墅中，还有许多从希腊进口的古典雕塑。

当然，普通大众的住房就迥然不同了。共和晚期的罗马，围绕广场的中心地区已经拥挤不堪。人们住在数层高、用木框架和泥砖墙建成的拥挤的公寓中。火灾和结构性倒塌似乎常有发生，直到公元64年的一场大火后，人们才以更牢固的方法来进行重建。

最后，正是在这一时期，另一类最广泛的公共建筑开始兴建，即道路、桥梁、输水管道、边疆地区新城镇的防御城墙，还有一个人口众多的庞大帝国所必需的其他设施。在这些作品中，桥梁、高架输水管道和城门极具建筑学意义，桥梁和输水道工程属于罗马工程师最主要的成就。他们熟知如何将水输送到山谷里，然后在远处再次提升，但是在如何制造铅管和保护铅管承受住谷底产生的压力方面遇到了困难。因此，他们宁愿将输水管做成开敞的管道，微微向下斜向储水库。这时建造的所有桥梁和输水道高架段都是用琢石做成的简单拱券建成的，气势宏伟。石块通常不作任何雕饰，但偶尔也会有一些表面修饰。

罗马帝国晚期

在接下来的一个世纪，差不多是从尼禄(Nero)到哈德良(Hadrian)统治时期(54—138)，由于完全掌握了用混凝土制造拱顶的技术，这一时期最主要的革新表现在空间的设计上。

说室内设计在这一时期开始出现，有点言过其实。前面提到的住宅建筑更加关注室内而不是外部，乡村别墅甚至寻求在室内和室外景观之间建立一种新的关系，实际上，正是在别墅的设计中，这种革新才初现端倪。在巴西利卡中，室内设计已经被放在最重要的位置上，正如希腊议事堂(the Greek bouleuterion)和阿契美尼德王宫(Achaemenid palace)中的集会大厅(the audience hall)或觐见室(the throne room)之类的建筑，这些都可以视为这一风格的先驱。不过，比较哈德良万神庙(Pantheon)和雅典帕台农神庙，可以概括出，室内设计此时在某种程度上变得非常重要。对于帕台农神庙的所有焦点几乎都集中在外观上，而万神庙的外表跟它巨大圆顶下的室内空间相比则是微不足道的。最重要的是，这是一种新型的室内空间，不再局限于四面墙和一个屋顶。

在这种变化中，圆顶充当了主角。它不仅消除了墙和屋顶的界限，而且提供了一种无需中间支承来覆盖大空间的做法。刚开始，它的应用确实对平面布局造成了严重制约，但通过利用各种方法来扩大屋顶下的空间，设计获得了更多自由，而更进一步的自由来自其他形式大跨度拱顶的并行发展。空间之间的关系，即根据计算结果从一种空间导向另一种空间的方式，得到了更深入的探究。

这些变化首创于皇家府邸和王宫设计中，大多数人主要是从历代皇帝在首都建造的大型公共浴场中体验到这种新建筑形式的。迄今保存得相当完好的最早浴场是卡拉卡拉❶建造的。但是图拉真浴场(the Bath of Trajan)的大片废墟和帕拉第奥(Palladio)绘制的提图斯❷浴场设计图表明,这一形式在公元1世纪末期已经得到了完善发展。这些建筑中十分标准的轴线对称关系(通过在中轴线上设置一系列相同的房间来加强效果)说明,轴线关系上的文化并不像在后来的宫殿中那样令人惊奇。不同形式的空间接连出现,有棱拱的,有圆顶的,有些几乎和万神庙一样独具特色,还有一些虽小却更明确地使人体会到一种强烈的尺度感,这样的序列空间肯定会给人留下深刻印象。

然而,今天已很难完全想象出这种空间感受会是什么样的。我们看到的大部分只是残存的空壳,即使在万神庙这样保存最完好的室内,许多地方也已经改变了。在戴克里先❸浴场,这种变化则更大,它的一部分已经改为诸天使之圣母教堂(S. Maria degli Angeli)。我们必须尽力想象它们具有帝国早期最豪华宫室常有的那种丰富立面,墙面覆盖着色彩斑斓的大理石,而拱顶或天花板涂得金碧辉煌,或者饰以壁画、马赛克。墙面远非平整,它们不是用饰有壁画的柱廊,而是用色彩斑斓的大理石壁柱和满饰古典雕塑的壁龛来打破平面。投入使用后,形形色色的人群,和可能从大理石雕刻或是从青铜铸造的狮吻中流进大理石浴池的永不停息的水流,使浴室大厅更加生气勃勃。

建筑外部更没有得到很好的保护。前面提到的柱式的装饰性用法在某些类型的建筑中继续沿用,但在以室内装饰为重的建筑中并不常见。外立面通常相对朴素,除了用粉刷或大理石饰面外别无装饰。例如万神庙,除了门廊之外,墙面完全平整。浴场也是这样,只有一些墙面被几排窗户打破,以创造另一种韵律。然而,当外观直接反映复杂的室内形式时,例如圆顶下圆形空间的凸出物,或者也如早期的门廊式别墅那样,室内与建筑景观背景之间有着直接联系,它们有时可能获得一种新的造型可能。

与17世纪一些非常相似的建筑形式相比,在这些建筑及其装饰细部中可以辨别出一种可称为巴洛克风格的趋势。它源于复杂的平面形式,由连续的流线形曲线和复杂的拱顶形式所构成。在立面装饰处理手法上,相应的发展趋势早在共和时期的墙面壁画中就已出现,在一小段时间之后的实际细部构造中也能看到,例如断裂的山花。

伴随着这些发展,城市规划和住宅设计也有了进一步的变化。奥古斯都开始在罗马兴建新广场所引起的变化逐渐加深,首先是尼禄,然后,更著名的是图拉真,他带来了相互关联而统一的一系列大型公共空间,几乎从大斗兽场(the Colosseum)一直延伸到卡匹托尔山(the Capitol)脚下。罗马拥有了最大的巴西利卡和最好的市场建筑群,这要归功于图拉真。除了其尺度之外,乌尔比安巴西利卡(the Basilica Ulpia)总体上是那个时期相当常规的形式。而它邻近的市场则不同,它被分成无数层,顺着坡道上升到广场的北部,拥有数个平台和商业街,以及两个巨大但形式迥异的拱顶大厅。整个建筑群是作为一个整体设计和建造的,除了一些承载很大的柱墩外,都用砖饰面的混凝土建造。

住宅群建筑的发展与在市场中所见到的发展紧密相关,这无疑是因为该市场的设计和建造是在公元64年大火后,房屋建设发生巨大变化的背景下进行的。最初,人们利用这一机会将大型地块重新规划成笔直而宽阔的街道,从而形成矩形的街区或群屋(insulae)。为了进一步防止将来发生类似的火灾,木材几乎被禁用,至少主要墙体和地面都是混凝土的,又增加了阳台和外门廊以方便救火。今天,这种形式可以在废弃的港口城市奥斯蒂亚(Ostia)看到,下面将介绍一个实例。必须提到的一个特征是,将拱券支撑在高而细长的柱墩上的拱廊在这些建筑中得到了更广泛的应用。在富人住宅的庭院,拱券置于独立柱上的拱廊也出现了,现存的实例可追溯到公元300年。

罗马建筑最后阶段的特征是早期形式的偶尔复兴,从海外行省引入的其他形式,以及在首都建造了最后一座大型巴西利卡——新巴西利卡❹。

---

❶ Caracalla;188~217年,罗马皇帝,211~217年在位。——译者注
❷ Titus;39~81年,罗马皇帝,79~81年在位。——译者注
❸ Diocletian;约245~约316年。——译者注
❹ the Basilica Nova;又名马克森提巴西利卡、君士坦丁巴西利卡,罗马最大的矩形大厅,兼作交易所、法庭和会议厅。——译者注

第二编　文艺复兴以前的欧洲和地中海建筑

图 A　拉努韦姆(今拉努维奥)的朱诺·索斯皮塔神庙模型(前 5 世纪)，见[245]页

图 B　罗马博阿留姆广场的福尔图纳·维里利斯神庙(前 2 世纪)和圆形神庙(前 1 世纪)，见[254]页

它始建于马克森提(Maxentius)时期,由君士坦丁最终完成。这座巴西利卡意义非凡,带棱拱顶的矩形大厅独立成为一个完全自足的结构体,该大厅以前被用作大型综合浴场的中央大厅——冷水浴室。它的规模史无前例。其外观几乎和柱式顶部的装饰无关,它几乎完全得益于比以前更能有效反映室内设计的门窗布局形式。尽管这一建筑的特征并未直接向外传播,但也不难看出,其中有东方建筑成就的早期尝试。

行省建筑

可以预料,行省的建筑特征与罗马和意大利将会有所不同。这些差异反映了当地的资源、传统,以及不同气候、文化和宗教信仰的要求。它们有时明显,有时不明显。

在西部,当地的传统或者文化很少能与罗马相媲美。罗马的建筑形式几乎被新工匠原封不动地引进,除了在一些特例之外,建筑的尺度都缩小了。类似于法国尼姆的卡雷尔神庙(the Maison Carré)和圆形剧场、奥朗日的剧场和加尔桥(the Pont du Gard, Nîmes)这样的建筑,也在当时的罗马及其邻近地区建成。一种新形式的出现,例如不同的神庙形式,都是不同需求的反映。直到四头统治时期,外省建筑最大的缺憾就是它们之中没有一个可以同伟大的罗马拱顶建筑相提并论。

在东方和北非的大部分地区,早先的希腊建筑传统仍然很强势,这里的建筑并未跟罗马时代以前的风格明确分离。尽管如此,差异仍然存在,其中之一是这儿更加强调神庙的高度。像巴勒贝克(Baalbek)的朱庇特神庙(the Temple of Jupiter)这样雄伟的庙宇,虽然在尺度上没有希腊和希腊化时期最大的神庙那样大,但在高度上却超过了它们。此外,如果当地宗教仪式要求不同,它们的形式便不完全与罗马的神庙相同。还有一些尺度稍小,但可与伟大的罗马拱顶建筑相提并论的建筑物,然而它们局限于巴尔干半岛和小亚细亚地区。在这里,气候的差异可能是最主要的原因。不朽的建筑物,除神庙之外,主要的可能就是剧场了。剧场里除了舞台上突出的屋顶和一个遮阳篷之外,通常全部是露天的。以后几个世纪里,

在小亚细亚的大部分地区,叙利亚全境和北非大部分地区的建筑和罗马建筑的不同之处是:长期坚持用切割的石块进行建造;还有,这里的人们对相关希腊建筑风格的坚持,并将这些形式独立地发展成为一种巴洛克式风格。

最后,在四头统治时期及其以后,有一种在整个帝国内实现更大统一化的倾向,至少在新的省会是这样,在那里可以看到许多新的建筑。今天仍然可以在君士坦丁时期首都特里尔的建筑中,明显地看到这种趋向。除了规模不同,它们几乎跟罗马建筑同出一辙。

建筑实例

埃特鲁里亚时期和罗马早期

圣殿和神庙建筑

维特鲁威的《建筑十书》(*The Ten Books on Architecture*,第4卷,第7章)描述的**埃特鲁里亚神庙**,前面已经提及。他并没有描述任何特定的建筑,估计只是根据他所见到的那些存在于公元前1世纪晚期的神庙,推测出那些他认为正确的比例关系,遗存的陶土细部与早期墓室结构的模型,对此作出了可能的解释(见[244]页图A)。维特鲁威认定,紧靠中央圣堂❶的空间,可能是副殿或开敞的侧翼,每个为总宽度的3/10,在模型中它们显示为副殿。山墙从门廊的柱子向外突出甚远。这个特征令人惊奇,但可以找到其他的独立证据来支持。

在现在已经发掘的大量神庙中,有一些布局和他的描述相吻合,另一些则明显不同。其实他所描述的圣堂宽度并不普遍适用,并且他给定的柱子数量,以及柱子高度是神庙宽度的1/3的原则也同样不适用。这是因为木柱、木梁的尺寸大小及其对跨度的限制,要求相应降低建筑的高度并缩小其宽度,在整个平面尺寸增大时也需增加柱子的数量。

塔尔奎尼亚的"**女王**"祭坛庙(the 'Ara della Regina' Temple)遗迹提供了另一种不同形式的实

---

❶ cella;亦译为内殿。——译者注

例。这座神庙有一个内殿和侧翼。它的长度是77.5m(254ft)，是宽度的两倍以上，而不只是只大出1/5。其他方面肯定也会有所不同。

维爱❶的**波尔托纳切奥神庙**(the Portonaccio Temple)和**奥尔维耶托的观景殿**(the Belvedere Temple，前5世纪)，很接近维特鲁威的比例。观景殿的每边有一堵墙从侧面延伸到门廊两侧，然后再向前，在建筑前面形成一个矩形的区域。**法莱里**(Falerii)的一座巨大的神庙(前4世纪或前3世纪)，有三座内殿。它紧靠着几乎一样形成围合的后墙而建，这堵墙同时作为内殿的后墙。

罗马的**坎皮托利尼神庙**(the Capitoline Temple，前6世纪末)，祀奉朱庇特(Jupiter)、朱诺(Juno)和密涅瓦(Minerva)，也叫**朱庇特神庙**(the Temple of Jupiter Optimus Maximus)，是迄今已知最大的埃特鲁里亚神庙。三座内殿分别供奉三尊神，内殿之外有一堵突出的实墙。侧翼外的柱廊与外殿平行，每排六根，每侧各三排柱子支撑着门廊的屋顶，门廊的深度和内殿相同。基座由切割石块建成(尚有部分遗存)，大约高4m(13ft)，长62m(245ft)，宽53m(175ft)，十分接近维特鲁威给定的比例，其宽度可与最大的希腊神庙匹敌。虽然这座神庙在公元前83年被烧毁，但很显然，神庙的重要性使它几乎得以按原样重建。然而根据普林尼(Pliny)的分析，重建时用的是雅典奥林匹亚宙斯神殿(Olympeion，即Temple of Olympian Zeus)的大理石柱而不是木柱。根据残存的柱基来看，这些柱子差不多有17m(56ft)高，似乎比原来可能的高度要高。这个高度同样接近于维特鲁威给定的比例，说明这座重建的神庙很可能是他参考的主要原型——但考虑到通常建造较小尺度的神庙，他减少了柱子的数目，省却了带柱廊的侧翼，还要求屋檐出挑到对这种尺度的神庙而言并不实用的宽度。

墓地和坟墓

如同许多其他早期石构建筑——从位于梯林斯❷的迈锡尼卫城的走廊到蒂卡尔(Tikal)的玛雅遗址(Mayan Sites)般的圆柱门廊和室内楼梯(参见有关章节)，最早的坟墓部分凿入岩石，然后用挑出的石板加顶。切尔韦泰里的**雷戈利尼·加拉西之墓**❸，有两个矩形墓室顶就是这样建成的。卡萨尔马里提默(Casal Marittimo)的一座坟墓(现已在佛罗伦萨考古博物馆重建)，以及**昆托菲奥伦蒂诺**(Quinto Fiorentino)的其他坟墓(均建于约公元前600年)的圆形墓室也有类似的顶盖。它们比迈锡尼的大型蜂窝形墓穴(tholos tombs)小得多，直径不超过5m(16ft)。即使这样，它们仍然用中心立柱帮助支撑拱顶。此外，石块的内侧也不像迈锡尼那样琢磨成光滑连续的表面。

室内陈设与当时较大住宅内部相仿的最大的石窟坟墓集中地在切尔韦泰里的**班迪塔齐亚墓地**(the Banditaccia Cemetery)出土。其中许多坟墓成群地被圆锥形土堆所覆盖，外围低矮的石墙使土堆固定(见[247]页图A)。墓地中包括**飞檐之墓**(the Tomb of the Cornice，前5世纪，见[248]页图A)和**浮雕之墓**(the Tomb of the Reliefs，前4世纪，见[248]页图B)。后者因其墙壁和柱子饰有描绘着家用器具、家具、武器以及其他与日常生活相关的私人物品的浮雕而得名。

塔尔奎尼亚(Tarquinia)广阔的大公墓(necropolis)主要因大量石窟坟墓的墙上绘有日常生活、葬礼仪式和宴会场景而著称。这些坟墓大多仅有简单的矩形墓室，建筑学意义有限。但是稍晚的一个坟墓，**梅尔卡利切亚墓**(the Mercareccia Tomb，约前3世纪)，有一个外墓室，其木屋顶向中央开口部位倾斜，再现了维特鲁威描述的当时房屋的中庭。墙体四周设有刻着浮雕的饰带，但现在保存得相对较差。

住宅

庞贝的**外科医生府邸**(the House of the Surgeon，前4—前3世纪)应该是当时南方地区较大的住宅之一，比埃特鲁里亚的住宅建造得更加坚固。几近正方形的中庭位于住宅中部，从街道经由一条相对较窄的通道进入，通道两侧后来全被店铺占满了。过中庭，正对入口的是主会客室，其他房间分布在各边。中庭中央，屋顶开口的下面有一个水池。

---

❶ Veii；韦约的旧称。——译者注
❷ Tiryns；即Tiryns。——译者注
❸ the Regolini Galassi Tomb；约公元前650年，切尔韦泰里旧称塞雷，埃特鲁里亚古城。——译者注

第10章 罗马和罗马帝国建筑

图A 切尔韦泰里的班迪塔齐亚墓地:坟冢式墓地(约前500),见[246]页

图B 沃尔泰拉的阿尔戈门(前1世纪),见[250]页

图C 科里的赫丘利斯神庙(公元前2世纪晚期),见[254]页

图 A 切尔韦泰里的班迪塔齐亚墓地:飞檐之墓(约前 5 世纪),见[246]页

图 B 切尔韦泰里的班迪塔齐亚墓地:浮雕之墓(约前 4 世纪),见[246]页

第 10 章 罗马和罗马帝国建筑

图 A 塞尼的萨拉切纳门(前 4 世纪),见[250]页

图 B 法莱里新城的焦韦门(前 3 世纪),见[250]页

桥梁

罗马的**萨布利休斯桥**(the Pons Sublicius)是台伯河上有记载的第一座桥梁，应归功于埃特鲁里亚国王安库斯·马基乌斯(Ancus Marcius)。就像它的名字描述的那样，这是一座木桩建筑，或许有点像后来凯撒描述的某次战役中建在莱茵河上的桥。此桥经过多次重建，现已无存。

城墙和城门

塞尼的**城墙**和所谓的**萨拉切纳门**(Porta Saracena，约前4世纪，见[249]页图A)是早期防御工事的很好实例，建于埃特鲁里亚政权受到罗马严重挑战的时期。塞尼位于盛产石灰石的罗马东南地区，所以城墙都用优质的大块多边形石灰石砌筑。城门门洞底部宽约3m(10ft)，门廊明显向内倾斜，以将顶部间距减少至仅需一根石梁便可跨越。类似的城墙也可在其他埃特鲁里亚遗址中看到，比如菲耶索莱(Fiesole)的**城墙**(前3世纪)。

现存最晚的埃特鲁里亚城墙的延伸段位于沃尔泰拉(Volterra，前4世纪)，用近似正方形的当地石材砌成。在一个主要入口处，原来的柱墩构成现在的**阿尔戈门**(the Porta All'Archo，见[247]页图B)的两侧。上面提到过的拱券，明显是后来重建的，大约建于公元前1世纪。它的楔形拱石用的是另一种石材，几乎和风化严重的雕刻过梁(carved head)融合在一起了。这些过梁似乎是埃特鲁里亚时期采用的形式，可能来自一个更早的拱门。佩鲁贾(Perugia)现存的**马尔齐亚门**(the Porta Marzia)和**奥古斯都凯旋门**(the Arch of Augustus)都是埃特鲁里亚时期之后出现的形式。

法莱里新城的**城墙**(the Defence Wall，公元前3世纪后半叶)，是法莱里的法利希城(Faliscan city)于公元前241年遭罗马人破坏之后建造的。旧城毁坏后，在距旧址一定距离的平地上修建了一座新城来取而代之。城墙用正方形的凝灰岩块建成，它主要因同时期精美的**焦韦门**(the Porta di Giove，见[249]页图B)而闻名。这可能是意大利现存最早的石砌楔形拱门，不同寻常的厚拱石是采取了与城墙用石不同产地的凝灰岩石块切割而成的。拱石放在拱座的凸线脚上，拱券外圈也有一条相似的凸线脚，一个朱庇特的小头像由此突出于拱顶石之上。

共和晚期和罗马帝国早期

圣殿、广场和神庙建筑

前面已经了解到，有些罗马神庙建筑位于自己的圣殿围地内，有些则建在广场的端头。这两种布置方式的差别并不明显，因为神庙内的围地和广场一样，并不仅仅是用来举行宗教仪式的，尽管两者的非宗教用途的确存在差别。因此，把这两种背景下的神庙建筑放在一起讨论会比较方便。

帕莱斯特里纳的**福尔图纳圣殿与神庙**❶，是共和时期这种形式神庙的最好案例。时间更早些位于加比(Gabii，在帕莱斯特里纳和罗马之间)的一座神庙建于一片地势相当平坦的很大的矩形区域内。围场两侧全是一排排的店铺，还有一个剧场舞台和台阶形的座席，正对着放在中央的神庙。晚些时候位于蒂沃利(Tivoli)的一个神庙(约前50)具有相似的布置方式，整个庙区建于山腰上一个用拱形基础支撑起来的大平台上。在**帕莱斯特里纳**(Palestrina)，圣殿高出巴西利卡和议会厅(curia)，建在从更加陡峭的山坡上升起来的数层台地上，尽管圣殿与台地之间并无直接联系。台地总共有七层，大部分用陡峭的台阶相连，只有第三、第四层之间用长长的坡道从侧边通向中间。第五、第六层前边排列柱廊，柱廊内曾作为店铺。第六层进深比下面狭窄的各层大得多，两侧和后部都有柱廊。在背面柱廊的中央，一段台阶通向一个小型的半圆形顶层露台，这里作为剧场的演奏区，周围是台阶形的座席，就像希腊剧场一样。最后，在座席的顶部，一个半圆形的双层柱廊包绕着一个圆形的神庙。至此，整个宏伟的设计达到了高潮。

---

❶ the Sanctuary and Temple of Fortuna Primigenia，约前2世纪晚期，也可能是公元前80年；帕莱斯特里纳的旧称为普勒尼斯特(Praeneste)，系拉丁姆古城。——译者注

第10章 罗马和罗马帝国建筑

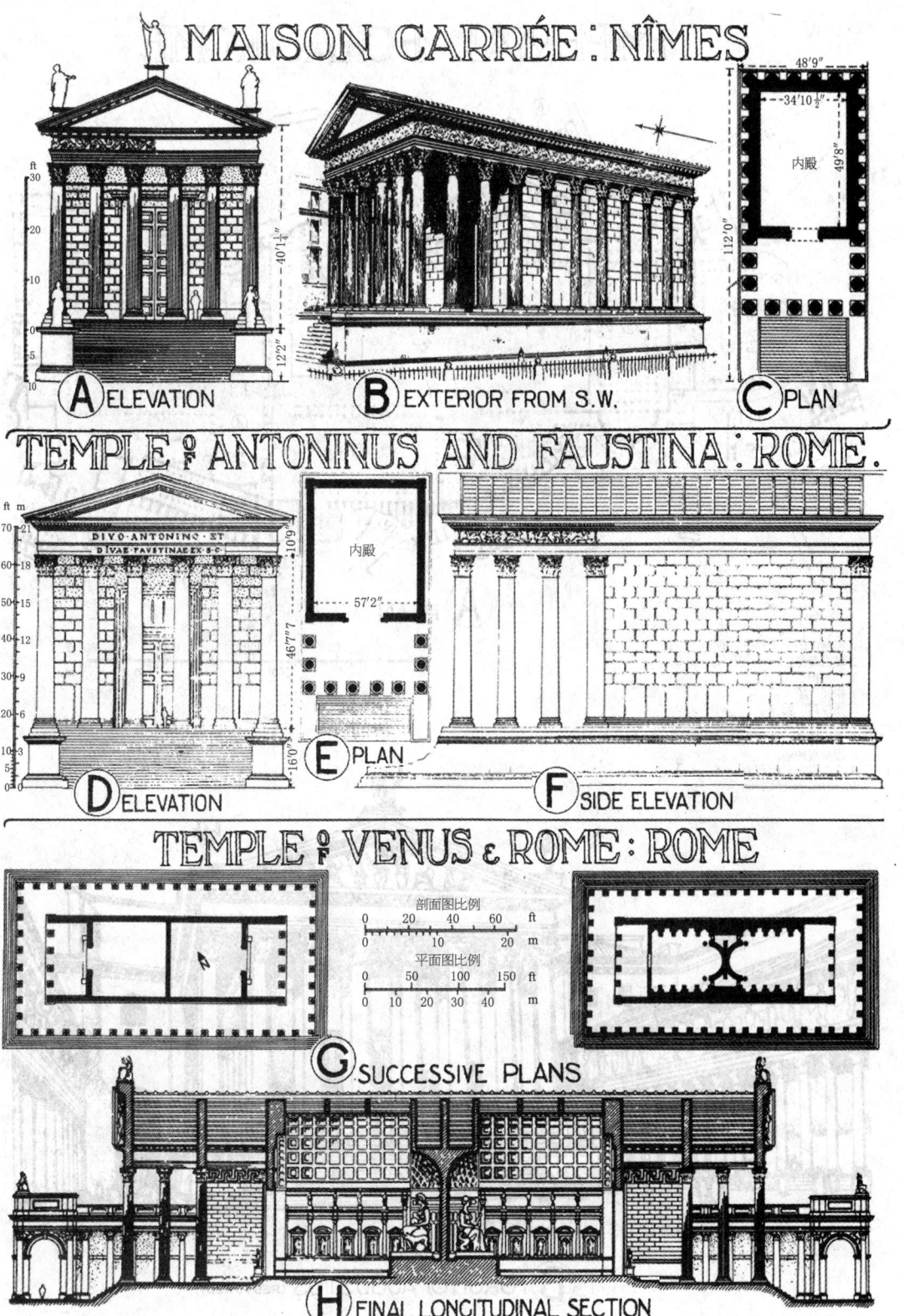

尼姆的卡雷尔神庙（MAISON CARRÉE：NÎMES）：Ⓐ 立面图；Ⓑ 西南向外观；Ⓒ 平面图
罗马的安东尼与福斯蒂纳神庙（TEMPLE OF ANTONINUS AND FAUSTINA：ROME）：Ⓓ 立面图；Ⓔ 平面图；Ⓕ 侧立面图
罗马的维纳斯和罗马神庙（TEMPLE OF VENUS AND ROME：ROME）：Ⓖ 不同时期的平面图；Ⓗ 最终的纵剖面图

IMPERIAL FORA: ROME

Ⓐ PLAN

1. 凯撒广场（尤利亚广场）
2. 奥古斯都广场
3. 和平神庙
4. 中间广场
5. 图拉真广场
6. 图拉真市场
7. 罗马努姆广场东北角
8. 图拉真神庙
9. 乌尔皮安巴西利卡
10. 埃米利安巴西利卡

Ⓑ FORUM OF AUGUSTUS (RESTORED)

罗马帝国广场群(IMPERIAL FORA: ROME)：Ⓐ 平面图；Ⓑ 奥古斯都广场复原图

第10章 罗马和罗马帝国建筑

图 A 罗马的复仇者战神庙(1世纪),见[254]页

图 B 罗马的马塞勒斯剧场(前23—前13),见[257]页

图 C 奥朗日的提比略凯旋门(公元前1世纪晚期),见[257]页

据称，科里的**赫丘利斯神庙**（the Temple of Hercules, Cori，公元前 2 世纪晚期，见[247]页图 C），同样建在一个居高临下的山坡基地上，是共和早期多立克柱式的实例。它只有一个内殿，内殿前面有一个很深的门廊。门廊前面有四根柱子，两侧则多加两根柱子。这是一个相当典型的埃特鲁里亚或早期罗马的神庙建筑，比维特鲁威所描述的尺度要小。虽然柱式已经希腊化，但它拉长的比例明显带有木结构的特征，不会使人误以为是希腊本土的多立克柱式。基座前的台阶已经不见。

据称，罗马的**福尔图纳·维里利斯神庙**（the Temple of Fortuna Virilis, Roma，公元前 2 世纪晚期，见[244]页图 B）可能是一个类似的、保存更完好的实例。它对此类的早期形式进行希腊化的重新诠释，并用爱奥尼柱式取代了多立克柱式，附在墙上的壁柱延续了内殿外围的柱子形式。

尼姆的**卡雷尔神庙**（the Masion Carrée，1—10，见[251]页图Ⓐ～图Ⓒ）可能是所有古罗马神庙中保存最好的，它是第三个使用科林斯柱式的实例，建造年代稍晚。从技术上说，这是一个仿单柱廊式、六柱式门廊建筑（pseudo-peripteral pro-style hexastyle）。这意味着，它就像所谓的福尔图纳·维里利斯神庙一样，在内殿周围附有半壁柱。但是，在门廊前面有六根柱子，而后面却只有四根。该神庙的细部，包括丰富的柱顶线脚和带有卷形托饰的檐口（属于早期实例），很像复仇者战神庙❶中的细部（参见下面的章节），这说明它部分是罗马来的工匠建造的。最初，神庙建在基座上，位于一个柱廊围绕的广场内。

另一方面，蒂沃利的**维斯太圆形神庙**（the Temple of Vesta, Tivoli，公元前 1 世纪早期），除了基座，和只在入口轴线上设踏步通向内殿的设计，及其建造方式以外，它可以说是一个纯粹的希腊舶来品。内殿的墙主要用混凝土心墙毛石砌体砌筑。在 18 根 7m(23ft)高的科林斯柱式上面，装饰着用垂花雕饰（festoon）连接的牛头纹雕带。非同一般的是，柱头四面各有一个巨大的六瓣花，叶子则是"莨苕叶饰"（acanthus mollis）的变形。

罗马的**博阿留姆广场上的圆形神庙**（the Round Temple on the Forum Boarium，前 1 世纪，见[244]页图 B）与上述神庙大体类似，在帝国晚期几经修缮，柱头部分已经没有了，但它规模稍大也更加完整。包括内殿的墙在内，都是用帕罗斯大理石（Parian marble）建造的。神庙共有 20 根 10.5m(34ft)高的科林斯式柱子，柱头的切割可能采用了希腊工艺。和蒂沃利的神庙一样，它已经没有了原先屋顶的痕迹，屋顶可能和同时期的矩形神庙一样用木材制作。

罗马的**凯撒广场和生育之母维纳斯神庙**（the Forum of Caesar and the Temple of Venus Genatrix，始建于公元前 51 年，公元前 46 年落成典礼，奥古斯都时期完工，见[252]页图Ⓐ）是初次尝试给罗马市中心一个更正式、更有价值的形象而作的一部分努力。长长的矩形广场侧边设有双层柱廊，后面是店铺，广场的尽端是神庙（献给凯撒神圣的女祖先）。

罗马的**奥古斯都演讲台**（the Rostra Augusti）是一个旧广场上的讲坛，公元前 44 年由凯撒重建，到奥古斯都时完工，它用于展示俘获船只的船首，并因此而得名。有些船首放置在讲台下的墙上，另一些则安置在纪功柱上，还有一些柱子用来安放雕像。

罗马的**奥古斯都广场和复仇者战神庙**（the Forum of Augustus and the Temple of Mars Ultor，公元前 1 世纪晚期到 1 世纪早期，2 世纪举行落成典礼但并未完工。见[252]页图Ⓑ和[253]页图 A），延续了由凯撒开始的对中心城区的改造。奥古斯都广场和凯撒广场成直角布置，端部也建有一座神庙，但规模更大。用地并不完全对称，显然是因为选址的限制，但是它的平面却很强调轴线关系，用地的不对称被巧妙地掩饰了，除非靠近侧面的柱廊去仔细观察，否则这种不对称并不明显。希腊建筑师更倾向于把这种不对称表现出来，而不是掩盖它。柱廊式门廊的檐部由女像柱支撑，每个门廊后面都有一个接近半圆形的大庭院，它们与通向神庙的宽大台阶一致。靠近台阶底部（不过复原图中并未显示）的中央设置祭坛。神庙（见[253]页图 A）有一个几近正方形的内殿，在其最远的尽端有一个有半圆形壁龛，这是此类建筑这一特征的早期实例，室内设柱和壁柱以减少屋顶跨度。内殿两侧是相对较窄的侧翼，后者通过延续内殿侧边走廊柱子的最外边线而形成。走廊本身是八柱式的。内殿外墙和广场外侧墙用白榴凝灰岩砌筑，月白色大理石（Luna marble）薄板饰面，垂直方向的缝隙采用坚实的大

---

❶ the Temple of Mars Ultor；亦译为战神神庙、复仇战神神庙。——译者注

第 10 章 罗马和罗马帝国建筑

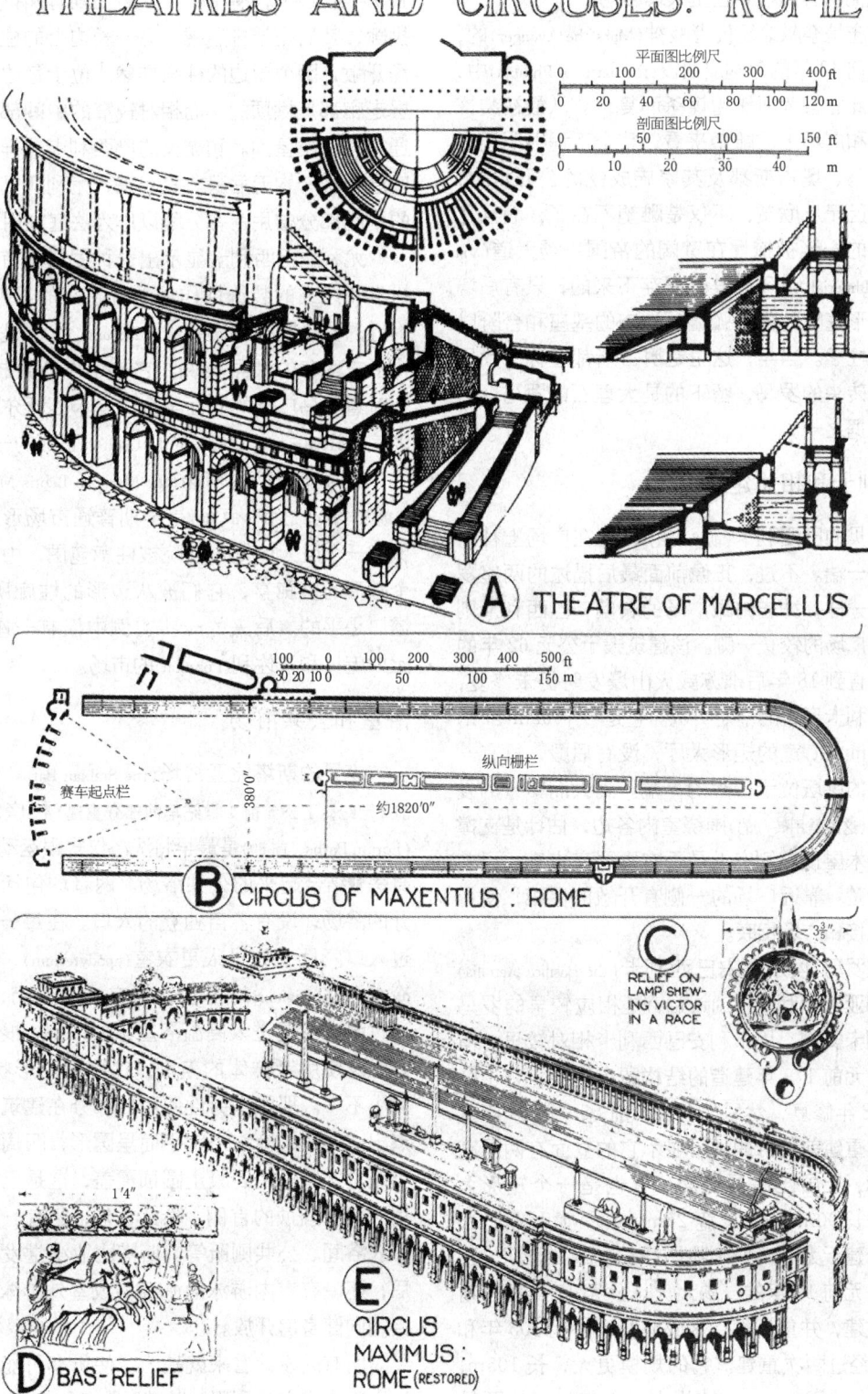

罗马的剧场与竞技场(THEATRES AND CIRCUSES：ROME)：Ⓐ 马塞勒斯剧场；Ⓑ 罗马的马克森提竞技场；Ⓒ 灯上的浮雕显示比赛中的获胜者；Ⓓ 浅浮雕；Ⓔ 罗马大竞技场复原图

理石连接层。基座用厚的大理石板饰面，17m (58ft)高的科林斯柱式也是大理石的。

神庙是祭献给复仇者战神(Mars the Avenger)的，在公元前42年的菲利皮战役(the battle of Philippi)中，人们在此立誓为凯撒遭谋杀而复仇。从最初装饰于神庙和广场上的雕塑来看，整个工程很明显也是对罗马、奥古斯都及其家族成就的公开肯定，今天却已无从欣赏，不仅是雕塑不在了，而且几乎广场的一半被掩埋在宽阔的帝国广场大道(Via dei Fori Imperiali)之下。其他保存下来的，只有后墙和半圆形庭院的部分弧墙、神庙的基座和台阶以及几根柱子。当年，这里是奥古斯都宣称"我见到的是砖头的罗马，留下的是大理石的罗马"的主要根据之一。

巴西利卡和相关建筑

庞贝的**巴西利卡**(前2世纪)，建在广场上神庙对面的一端。不过，正像前面最后描述的两座罗马神庙一样，神庙俯瞰广场的长向，巴西利卡则垂直于广场的较长一侧。该建筑毁于公元62年的地震，直到18年后维苏威火山爆发时仍未修复，是巴西利卡形式的早期实例。它是一个62m(205ft)长，25m(80ft)宽的矩形大厅，没有后殿，只有一个突出的讲坛位于最远的尽端。高大而单一的爱奥尼柱(这里是用砖砌的)围绕室内各边，估计是支撑着一个木屋顶。侧廊上是否有夹层高走廊，目前还不清楚。靠近广场的一侧有开敞的柱廊，使得室内直接和广场相联。

在罗马，**埃米利安巴西利卡**(the Basilica Aemilia)和**尤利亚巴西利卡**(Basilica Julia)是相应较早的罗马巴西利卡实例。埃米利安巴西利卡相对较早，但是约公元前179年建造的结构留存很少。它于公元前78年修复，然后又在公元前55~前34年重建。在重建前发行的硬币显示它的立面有两层高的柱廊，上层比底层低矮。它也是一个矩形大厅，约长90m(300ft)，宽27m(90ft)。尤利亚巴西利卡始建于尤利乌斯·凯撒(Julius Caesar)时期，毁于约公元前12年的一场大火。公元12年奥古斯都时重建，并重新举行落成典礼，公元305年和416年经过两次重建。它的规模更大，长105m，宽45m(345ft×150ft)。结构上，它包括三排两层高拱廊，支撑在矩形柱墩上，分别位于两个短边和一个长边上，剩下一个长边上则有两排这样的拱廊，其后是一排店铺。另一长边上的柱廊向广场开敞，两个短边的柱廊亦然。位于每边上的两层走廊都是拱顶的，而相对较窄的中间部分则用通常的木质屋顶。和庞贝的巴西利卡一样，这两座巴西利卡均无后殿。看起来，尤利亚巴西利卡的中间部分曾用帘幕分隔以作为法庭之用。

尤利亚巴西利卡显示出一种罗马特有的，将拱券和柱式的装饰性作用结合起来的早期例证。附近的罗马**国家档案室**(Tabularium，前78)是这种结合形式现存的最早实例。它被用作公共档案馆，它对着罗马广场的立面至今仍是卡匹托尔山上元老院(the Palazzo Senatorio on the Capitol)正面的一部分。

大莱普提斯的**市场**(the Market, Leptis Magna, 公元前8年和公元31~37年)是早期普通市场形式的实例。一个巨大的矩形庭院被柱廊包围，中间是两个圆形的拱廊亭，它们被八边形的柱廊所环绕，檐口是平的。后来的一些实例中仅有一座亭子，比如庞贝和波佐利(Pozzuoli)的市场。

浴室和公共浴场

庞贝的**斯塔比亚浴场**(the Stabian Baths, Pompeii, 前2世纪，于公元前1世纪早期部分重建)和**广场浴场**(Forum Baths, 前80)是最早将洗浴仪式跟运动场或健身房❶结合起来的公共浴场。两者均包括男女分开的浴场，设有各自独立的入口。在每一边，经过入口门厅首先进入更衣室(apodyterium)，接着是冷水浴室(frigidarium)和温水浴室(tepidarium)，最后，通过温水浴室进入高温浴室(caldarium)。根据其功能以及使用者群体的差别，这些房间形状各异、大小不一。那些供男性使用的部分在建筑上更加杰出。他们的冷水浴室平面呈圆形，四周围绕着小壁龛，屋顶用混凝土圆顶覆盖，这是已知的应用混凝土圆顶的首例。除此之外，还有一些小型私人浴间、公共厕所等。斯塔比亚澡堂发展到最后，还设有室内游泳池(natatio)或室外游泳池，直接朝向健身房开放。

所有的设计看来就是为了使所有可能利用的地方都得到充分利用，以满足服务和方便的要求。

---

❶ palaestra；亦译为角力学校、体育场。——译者注

例如,男子和女子热水浴室设在一个中央火炉(furnace)的两侧,尽管斯塔比亚浴场最初是用火盆(brazier)加热而不是采用地下暖气系统,后者要到公元前1世纪早期才引入。所有的主要房间都围绕体育场布置,外面被柱廊或店铺包围,除此之外,两座浴场在设计上很少有相同的地方。由于建筑沿街立面大部分为店铺所占据,在外面很难看出这些机构的内部功能。

这些浴场的房间尺度适中,宽度或直径不超过5m(17ft),长度不超过20m(68ft)。像英格兰的浴场一样,巴亚的浴场(the Baths at Baia)从天然温泉中取水,建有几座大得多的圆顶大厅。其中最早的一座被称为墨丘利神庙(the Temple of Mercury),保存得最完好。其内径为21.5m(71ft),几乎是万神庙的一半,可能建于公元前1世纪后半叶。

罗马的阿格里帕浴场(the Baths of Agrippa,公元前1世纪晚期)是首都的第一座浴场,毁于公元80年的一场大火。但很清楚的是,它规模相当大,和巴亚的浴场一样,比庞贝早期的浴场更加开敞,建在有柱廊和人工湖的花园之中。

剧场

庞贝大剧场(the Large Theater,建于公元前2世纪,后经扩建),是意大利古罗马建筑中最古老的剧场。它的形式介于希腊剧场和后来的罗马剧场之间,部分座席设于天然盆地中,围绕着马蹄形的乐池。

罗马的马塞勒斯剧场(the Theater of Marcellus,前23—前13,见[253]页图B及[255]页图Ⓐ)是首都最早的一座永久性剧场。它建在靠近台伯河的平地上,所有的座席都通过拱廊和拱顶结构抬高,巧妙地将沿直径方向布置的坡道和周围走廊结合起来以供出入。一排排座席现在是半圆形的,前面的舞台从一侧延伸到另一侧,背靠着一堵围合的高墙。在外立面上,现存的下面两层同样都是拱顶和叠柱的结合,和前面提到的档案室和尤利亚巴西利卡的方式相同。底层是多立克柱式,上层则采用爱奥尼柱式。

圆形剧场和竞技场

庞贝的圆形剧场(the Amphitheatre,约建于公元前80年,后经改建和扩建)比首都的同类建筑领先很长一段时间。它的平面呈椭圆形,长短轴为150m×105m(500ft×350ft)。同样它也代表与它最具可比性的希腊形式(如体育场的形式),向后来的罗马形式之间的过渡。座位(最初可能仅是木长凳)建在土坡上而不是建在拱顶结构上。开展比赛的铺沙区域称为竞技区,下面并没有什么基础。为了保护土坡,在它的外侧有一面巨大的混凝土墙,墙由间距很小、靠柱廊支撑的柱墩支撑。通过顶部平台的外部坡道,可以到达大部分座席。

罗马的大竞技场(the Circus Maximus,见[255]页图Ⓒ~图Ⓔ)是罗马城中最古老的竞技场,经历过一系列漫长的扩建、改建和装修。它坐落在帕拉蒂尼山和阿文蒂尼山之间的山谷内,最初可能只是一条有标记的跑道,中间有一堵矮墙,即纵向栅栏(spina),马车围绕着它竞赛,此外还有开赛栅门,即赛车起点栏(carceres)。后来,有了几排木座位,在纵向栅栏端部设置圆锥形柱子以标出转弯点。尽管后来的皇帝们添加了新的装饰,竞技场的形式在公元前1世纪晚期基本上和后来保留下来的一样,大约600m长,200m宽(2000ft×650ft)。复原图中显示的是它在4世纪时的大致模样。当时有三层座席,12个起赛门,其实最多只有四辆马车同时参赛。每次比赛要跑七圈,等于大约3.6km(2.2miles)的距离。有一块浅浮雕显示了竞赛用的四马双轮战车(quadriga),一盏灯上的浮雕则显示了比赛中的胜利者。

凯旋门

纪念性凯旋门(Monumental triumphal arches)大概是从这一时期开始建造的。可能属于大型的雕塑而不是建筑,但它们的基本形式是罗马建筑独特的单元:独立墩柱上的拱门,用叠柱装饰,当时更被饰以为纪念某场战役胜利而作的浅浮雕和雕塑。

据称,奥朗日提比略凯旋门(Arc of Tiberius, Orange,公元前1世纪晚期,见[253]页图C)最初是为了纪念第二军团在征服高卢中取得的成就,但后来碑记被改为向皇帝提比略(Tiberius)致敬。它有三个拱门,拱门间、两侧墙上和外角上是科林斯式四分之三柱。拱门上面的两层阁楼被填实,与下层墙壁的表面一样饰有大量军事主题图案和战利品装饰(trophy)。值得注意的是,在这个早期形式中,檐部在每个侧面的中部被打断,以使拱形凹龛能向上伸入拱门上的山花里,与中间拱门的样式相同。

第二编 文艺复兴以前的欧洲和地中海建筑

图 A 乌宗卡堡附近的坟墓,见[260]页

图 B 罗马奥勒利安壁垒中的切斯蒂奥金字塔与奥斯蒂亚门,见[260]页

图 C 罗马的塞西利亚·梅特拉之墓(约前20),见[260]页

第10章 罗马和罗马帝国建筑

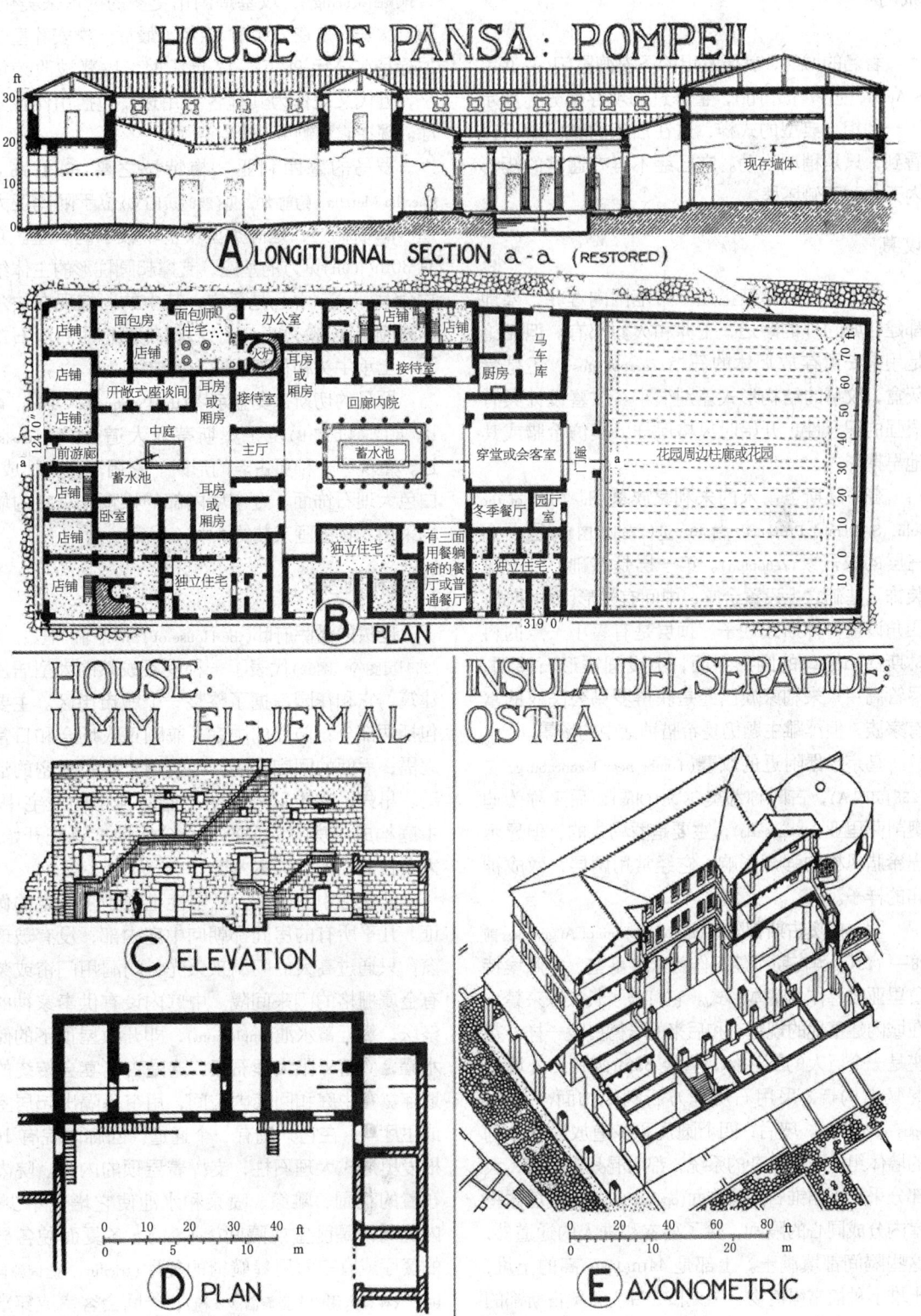

庞贝的潘萨府邸(HOUSE OF PANSA：POMPEII)：Ⓐ a-a 纵剖面图（修复后）；Ⓑ 平面图
乌姆吉马勒住宅(HOUSE：UMM EL-JEMAL)：Ⓒ 立面图；Ⓓ 平面图
奥斯蒂亚的塞拉皮德多层住宅(INSULA DEL SERAPIDE：OSTIA)：Ⓔ 轴测图

城门

著名的城门，就像欧坦的圣安德雷门(the Porte S. André，见[274]页图⑪)，整修过的现存部分，展示了一种相当典型的式样，这在后来的城门中可以看到，只是稍加改动。它已经不再有通常的矩形内天井和两侧塔楼。

坟墓

由于罗马法律禁止在城市范围内埋葬，墓地都建在城门外的路边，土葬和火葬都有。但无论是用来安置存放尸体的石棺(sacrophagus)，还是骨灰盒，坟墓的结构形式差别很小。坟墓设计具有很强的纪念性，开始时风格保守，模仿希腊或其他早期形式。

普罗旺斯圣雷米的**朱利家族墓**(the Tomb of the Julii, S. Rémy, Provence，前40，见[276]页图⑪)是一个三层的衣冠冢(cenotaph)。第一层是基础，以浮雕装饰。基础之上设置台座，中间有拱形门洞穿通，四角设置科林斯式柱子。顶层是有着小一点的科林斯柱和檐口的圆形平面，上设圆锥形石屋顶。尽管高卢人朱利家族已经是获得罗马公民权的富有家族，但浮雕主题仍是希腊神话中的场景。

乌宗卡堡附近的**坟墓**(Tombs near Uzuncaburg，见[258]页图A)，古时称为奥尔瓦(Olba)，后来称为迪奥凯萨里亚(Diocaesaria)，主要是罗马式的，但显示出希腊风格的强烈影响。它经常用两层，做成神庙的样子。

罗马的**奥古斯都陵墓**(the Mausoleum of Augustus，前28—前23)，奥古斯都建来作为家族墓室，参照埃特鲁里亚坟墓作为基本形式。它打破了长久以来禁止在城内建墓地的规定。和后来的哈德良陵一样，基座是一个巨大的圆柱体，直径88m(290ft)，外墙用混凝土构筑，采用石灰华方石砌体饰面(travertine opus quadratum)。墙后，四个圆周和多道放射状排列的墙体组成一个复杂的系统，都用混凝土砌筑，大部分采用小角锥石网状饰面(opus reticulatum)。墙体将室内分成同心的隔间，除了墓室和进入的通道外，这些隔间都填满土。上部是44m(145ft)高的土堆，土堆上种植常绿植物，中央核心耸立着奥古斯都的青铜雕像(effigy)。坟墓周围用更多的树木来美化。第一次安葬是在公元前23年，最后一次安葬皇帝尼禄是在公元98年。12世纪时，坟墓被改为堡垒，近代又被作为其他各种用途，包括用作音乐厅。现在它只剩下一个空壳了。

罗马的**塞西利亚·梅特拉之墓**(the Tomb of Caecilia Metella，约前20，见[258]页图C)位于阿比亚大道(Via Appia)边，是同类型坟墓中较小的一座。它有30m(100ft)见方的基座，支撑起圆柱形的主体结构(直径稍小)。中心是墓室，其中的石棺现在法尔内塞府邸(Palazzo Farnese)。石棺外部也用石灰石饰面，上承牛头和花彩的横饰带装饰。

罗马的**切斯蒂奥金字塔**(the Pyramid of Cestius，前12，见[258]页图B)位于奥斯蒂亚大道(Via Ostiensis)边，重现了一种更古老的形式。它用混凝土建成，白色大理石饰面。金字塔内部的拱顶和墓室的墙均采用人物壁画来装饰。

住宅和别墅

庞贝的**潘萨府邸**(the House of Pansa，前2世纪，见[259]页图Ⓐ、图Ⓑ)代表了一种发展成熟的大型居住建筑，它和花园占据了整整一个城市街区。主要包括两部分：前面的中庭，兼顾正式场合和日常之需；后面的回廊内院，主要用于比较私密的活动。早先，在类似外科医生府邸那样的住宅中，中庭构成了房屋的全部，从公元前2世纪开始，大多在后面加上画廊内院。

即使在中庭部分，私密性也得到了一定的保证。几乎所有的房间都朝向中庭内部，没有玻璃窗，只通过高大的门洞来采光，门洞用门帘或装有金属栅格的门来间隔。中庭内设有供奉家神的祭坛，靠近蓄水池(impluvium)，即开敞屋顶下的储水罐，立着一张大理石桌，这是古老宴会传统的遗存。在中庭和回廊内院间，用帘幕隔出起居室或主厅❶，在它一侧有一个通道。回廊内院有16根爱奥尼式大理石柱，支撑着屋顶的内缘。院内布置的花圃、雕像、喷泉和水池使它增色不少。内院周围是卧室或隔间(Cubicula)、冬夏面貌各异的餐厅或有三面用餐躺椅的餐厅(tricilina，此词源自供主人和客人用的三张靠墙沙发椅)，一间会客室或穿堂

---

❶ tablinium：位于中庭与回廊庭院之间的房间，最初为主卧室，后来成为户主使用的正式接待室、起居室、书房和办公室。——译者注

第10章 罗马和罗马帝国建筑

(oecus),以及非正式会谈用的厢房(ala or wing)。房间是马赛克地面,墙上用壁画覆盖。厨房和餐具室离入口稍远,但可从后街方便地出入。围绕着中庭和回廊内院的上层有稍小一点的房间。两条长边上的大部分单独住宅或店铺都是后来的一个房主改建的。

庞贝的**法翁府邸**❶是一座相同性质但更加富丽堂皇的府邸。这里有令人愉悦的舞动的农牧之神法翁(faun)的青铜雕像,府邸因此得名;还有精美的马赛克地面,描绘和波斯人作战的亚历山大战役,现在收藏于那不勒斯的国家博物馆。这个府邸还有当时的另一个创新,即在中庭内引进四根柱子,以支撑中部天井的屋顶边缘。

罗马的**利维亚屋**(the House of Livia,公元前1世纪中叶)位于罗马的帕拉蒂尼山上。奥古斯都称帝后可能居住于此,因此可以看做是最早的帝国皇宫。根据已发掘出的情况来看,与上述庞贝早期的两座府邸相比,它是一座朴素的建筑。它的会客室开向中庭,更像再早些的外科医生府邸。墙面用当时风格的壁画装饰。

输水道和桥梁

从公元前4世纪起,大量输水道(aqueducts)被建造起来以向罗马供水。但是经考察,无论此前还是之后,任何一个输水道的高架部分都未能取得尼姆附近的**加尔桥**(the pont du Gard,建于公元前1世纪晚期或1世纪早期)那样的辉煌。建设这座输水管道是为了将水从于则斯(Uzès)附近运到尼姆。它用了三层拱券,将水引到距加尔桥(Gard)最深的河谷将近50m(160ft)的高度。底下两层很相似,河中心的跨度最大有24m(80ft)。拱券宽6m(20ft),用预先裁切以精确装配的大块石头建成三个完全相同的平行拱券。柱墩上突出的石块用来支撑临时的木拱架。支撑输水道本身的顶上一层比较窄,由35个4m(14ft)多宽的拱券组成。整个建筑完全没有装饰。17世纪时,为给一条车道让路,第二层部分柱墩被砍去。1747年,沿着输水道建造了一座新桥。

罗马的**法夫里西奥桥**(Pons Fabricius,前62,公元19年重建,见[262]页图A)是首都现存最古老的桥梁。除增加了一条新车道、栏杆以及为保护柱墩免受侵蚀而扩大了分水墩(starling)之外,这座桥梁基本保持原样。拱券表面的碑铭记载了桥梁建造和重建的历史。尽管有时因只有一个中央桥墩而引起非议,但它仍然是一个极好的设计。柱墩之上设了一个较小的拱,以提高泄洪能力。皮拉内西❷有一幅版画显示桥的两端也有类似的小拱券,但现存的河堤岸构成了今天的拱座。版画中还显示,主拱券在水下延续以形成完整的石砌圆周,但这一点并没有公认的事实根据。这座桥仅跨越台伯河的一条支流。第二座桥——**切斯蒂奥桥**(the Pons Cestius)建于小岛的另一边,以完成整条河的跨越,此桥于19世纪晚期全部重建。

里米尼的**奥古斯都桥**(the Bridge of Augustus,1世纪早期,见[262]页图B)通过五个相似的主拱券轻松跨越马雷基亚河(Marecchia),中间拱跨为5.1m(17ft),两端拱跨为4.2m(14ft)。柱墩在跨度方向几乎和拱券一样宽。装饰精美的细部保存完好,这些都被帕拉第奥(Palladio)记载下来,这些记载成为后来许多桥梁设计的灵感源泉。

罗马帝国从提比略到哈德良的时期

庙宇

以下实例将说明这一时期庙宇及其相关建筑形式非凡的多样性,其中包括一些源于希腊化的东部建筑以及产生于高卢的建筑形式。

巴勒贝克的**朱庇特神庙**(the Temple of Jupiter,Baalbek,大部分可能建于1世纪中叶,见[267]页图ⓖ、图ⓗ)是罗马最大的神庙之一,尽管与那些巨大的希腊神庙相比,它的尺寸显得小得多,只有88m×48m(287ft×157ft)。它是罗马人将一座早期圣殿进行重建而成的。高基座、20m(66ft)高的柱子、从基座底到山花顶总高近40m(130ft),这些都是带有罗马特征的希腊周柱式平面建筑。基座用巨大的硬质石灰岩块砌成。上部结构的石工,包括无凹槽的柱身,尺度上跟巨石建筑(cyclopean)差不多。神庙每一面各有两排19根柱子,深深的门廊面宽10根柱子,进深3根柱子。

---

❶ the House of Faun;亦译为牧神之家,建于公元前2世纪。——译者注
❷ Piranesi;1720~1778年,意大利雕刻家和建筑师。他以蚀刻和雕刻现代罗马以及古代遗迹而成名。他作品的特点是强烈的光、影和空间对比,以及对细节的准确描绘。——编辑注

图 A 罗马的法夫里西奥桥(建于公元前62年,公元19年重建),见[261]页

图 B 里米尼的奥古斯都桥(1世纪早期),见[261]页

第10章 罗马和罗马帝国建筑

罗马的**图拉真神庙**(the Temple of Trajan, 由哈德良建成于118年前后)已不复存在,但事实上它看起来像复仇者战神庙的放大版本。该神庙矗立在下文描述的图拉真广场最远端。柱子差不多有18m(60ft)高,其中一根的残留部分显示了其尺度。

以弗所的**哈德良神庙**(the Temple of Hadrian, 约118年举行落成典礼,见[270]页图A)是一幢临街小建筑,因此它的设计并不强调从远处沿轴线进入。其门廊因为方角的柱墩、水平线角与中央拱门的结合而闻名。

罗马万神庙(the Pantheon, 118—约128, 见[264][265]页, [266]页图A),如果重要性可以用技术进步和影响力来衡量的话,它是迄今为止最重要的神庙。尽管在君士坦丁堡查士丁尼的圣索非亚大教堂在很多方面超过它,但它跨度达43.2m(142ft)的大穹顶是无与伦比的,直到1420~1436年,布鲁内莱斯基(Brunelleschi)用一个当时的最大直径、比万神庙更大的穹顶覆盖了佛罗伦萨大教堂。

罗马万神庙的形式在很多方面都是令人困惑的。一个巨大的门廊和一个更大的圆形大厅结合在一起。门廊通向圆形大厅,但它们之间几乎没有其他关系,显然不是早期神庙中门廊与内殿之间的那种关系。门廊中的一段铭文说明该建筑是阿格里帕(Agrippa)所建,事实上,在同一地点,阿格里帕确曾建造过一座神庙(公元80年被烧毁),由此人们相信门廊是早期神庙遗留下来的,只有圆厅是新建的。然而,最后的结论是,这一切都是哈德良重建的。估计那时依旧认为传统形式的门廊对联系神庙及其周围环境是必需的,与今天的考虑大不相同。起初,它位于柱廊广场的端部,当时广场的标高比现在的要低得多,并且它端部的墙体以及柱廊构成了万神庙的门廊,就像奥古斯都广场的周边柱廊和后墙构成复仇者战神庙的门廊一样。

更难以理解的是,为什么用如此巨大的有穹顶覆盖的圆形内殿来取代传统中通常与门廊大小相近的矩形内殿。我们已经看到过,以前也有圆形平面的先例,在罗马,最恰当的例子是靠近老广场的维斯太庙,它经过多次重建,我们会在后面提到,但它跟普通神庙的功能很不一样,可能万神庙也是如此。据说,它的背后有着和宗教意图同样重要的政治和个人意图,就如奥古斯都在复仇者战神庙中曾部分体现他的个人意识。我们对神庙的仪式一无所知,只知道建筑物内装饰着大量雕像,包括门廊中的奥古斯都和阿格里帕的雕像,还有神庙内的尤利乌斯·凯撒、马尔斯和维纳斯的雕像。虽然不久之后人们意识到其穹顶和苍穹之间的相似之处,但这并不一定意味着一开始神庙就是据此规划的。

门廊为8根柱子宽,3根柱子深。由整块埃及花岗石制成的无凹槽柱子高14m(46ft),柱身直径由底部的1.5m(5ft)减少到顶部的1.3m(4.3ft),柱头为用彭特利库斯白色大理石制成的科林斯柱头(见[265]页图A)。柱子支撑着柱上楣构,上带有前文提及的铭文,且最初附有一个青铜鹰浮雕的山花(正如遗存下来在固定洞口的图案所显示的)。在后墙和通往圆厅的入口两侧,是两个深凹的壁龛,内置奥古斯都和阿格里帕的雕像。屋顶已经不是最初的了,16世纪的图纸和描述显示,其桁架结构部分采用木材,部分采用铆接的青铜板。圆厅的墙贯穿三层,墙体以石檐口分隔的砖面混凝土砌成,现在,砖墙表面每一层都带一圈砖砌的暗拱❶。最初,所有砖砌工程可能都曾贴有花岗石或粉刷过,但并未像大多数剧场和圆形剧场那样装饰性地应用柱式。只有在较远处才能观看到穹顶的全貌,它拥有一个平缓的阶梯状轮廓,这在第8章中作为罗马建筑的特征已经提到过。

一旦进入内部,外部形象很快就被淡忘了(见[266]页图A)。从几何图形来说,它实质是一个下半部向外延伸为圆柱体的巨大球体。然而,外面的圆柱体被划分为三层,而内部相应部位却较低,只分为两层。如剖面所示,此种结构是因为内部只对应于外部下面的两层,外部最上面一层在穹顶起拱层以上。在内部,较高的底层周边有八个壁龛,正方形和圆形交替出现,一对对不同颜色的大理石巨柱将它们与穹顶下的空间分隔开。柱身下部有微凸嵌线脚,上部有凹槽。科林斯柱头承载着柱上楣构,标明两层之间分割。第二层上面即是穹顶,中央是一个没有玻璃的巨大孔眼,当铜制大门关闭时,它便是唯一的光源。它的表面有五排尺寸逐渐变小的正方形藻井(coffer),奇怪的是每一排有28个,这一数字与下面一圈分成八份不相符。

---

❶ relieving arch;亦译为减压拱。——译者注

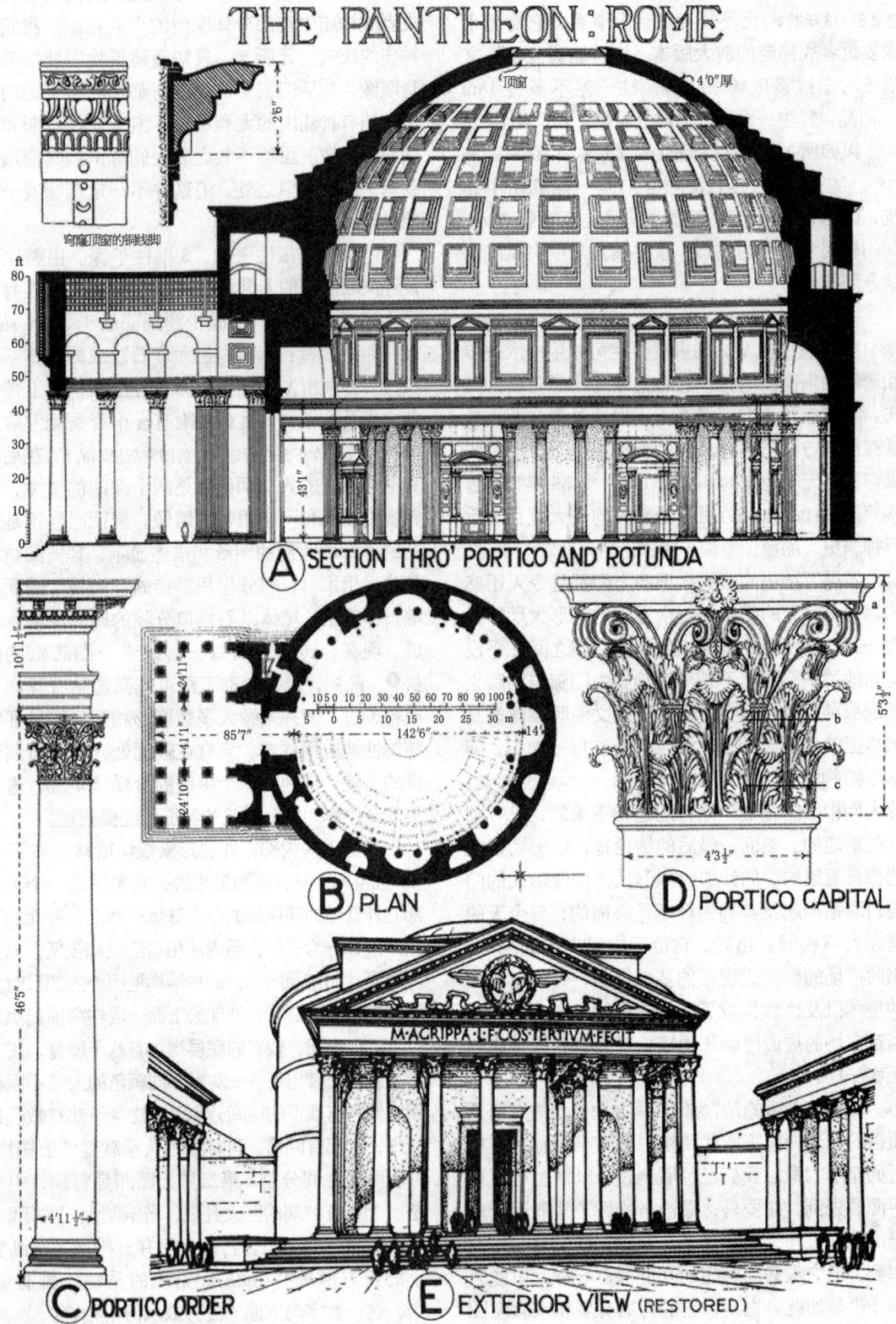

罗马万神庙(THE PANTHEON：ROME)：Ⓐ 门廊和圆形大厅的剖面图；Ⓑ 平面图；Ⓒ 门廊柱头；Ⓓ 门廊柱式；Ⓔ 外观复原图

图A 罗马万神庙(118—约128)，见[263]页

图B 从入口看万神庙室内

图C 万神庙：已修复的阁楼室内

图 A 皮拉内西绘制的万神庙室内场景,见[263]页

图 B 欧坦的雅努斯神庙,见[268]页

图 C 以弗所的塞尔苏斯图书馆,见[272]页

第 10 章 罗马和罗马帝国建筑

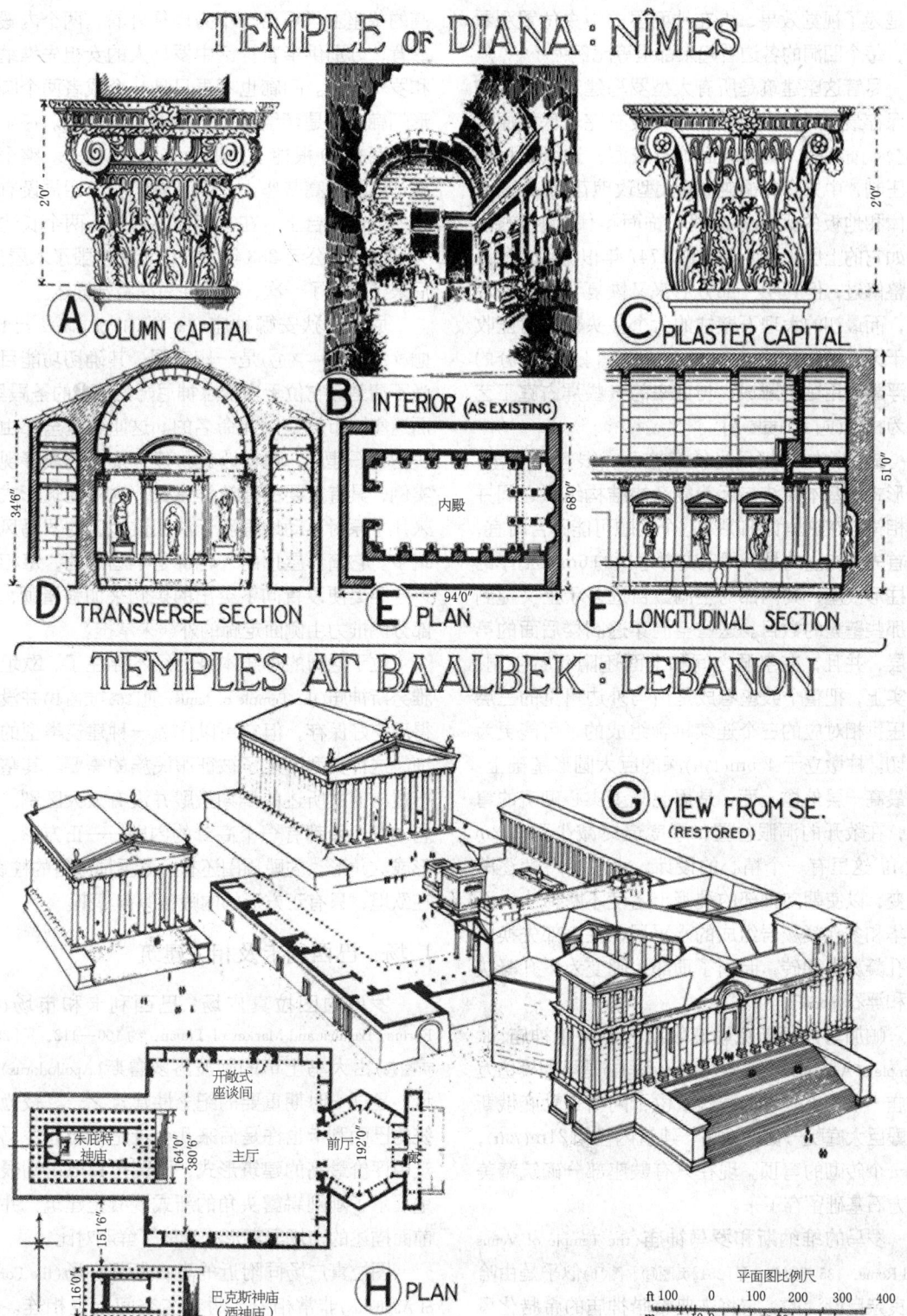

尼姆的狄安娜神庙(TEMPLE OF DIANA：NÎMES)：Ⓐ 柱头；Ⓑ 室内(现存)；Ⓒ 粉刷的柱头；Ⓓ 横剖面图；Ⓔ 平面图
黎巴嫩巴勒贝克的神庙(TEMPLES AT BAALBEK：LEBANON)：Ⓕ 纵剖面图；Ⓖ 东南向外观复原图；Ⓗ 平面图

这是为了视觉效果，人在地面层的中央位置观看时，每个凹洞的各边看起来都呈等比例缩小。

尽管这座建筑是所有大型罗马建筑中室内空间保存最完好的，但其内部并没有完全保持原状（见[265]页图B）。藻井表面饰有灰泥，边缘采用模板压制，中央有青铜镀金的大型玫瑰花饰(rosette)。墙体和地板的大部分大理石饰面年代相对较晚，例如它的上层(即夹层)就曾在1747年根据另一种设计整修过，但其中一部分后来又恢复了早先的设计，而最初的大理石壁柱的六个柱头现在可能收藏于大英博物馆(见[265]页图C)。它们上面部分的浅浮雕是用钻头雕成，与后来的一些拜占庭工艺极为相似(见[319]页图A)。

最后，如果把目光转向施工，很容易看出，其形式的基本简洁与远为复杂的结构组织之间并不相符。在这里详细探究这个问题可能不合时宜，但首先应指出的是，用来支撑穹顶的6m(20ft)厚的圆柱形鼓座，其内部的空洞数目远多于上文提到的那些壁龛的数目。这些空洞穿透阁楼后面的第二层，并且，在空洞之间和上面还隐藏着空洞。事实上，把整个鼓座看成是由外边可见的三层减压拱相对应的三个连续拱廊组成的，可能更为确切。柱墩立于4.5m(15ft)深的巨大圆形基础上。在最高一层外檐上面，是用混凝土实心砌筑的穹顶，在敞开的洞眼位置，厚度最终减少到1.2m(4ft)。这里有一个精心的设计，水泥的特性逐渐改变，以使朝向顶部的混凝土密度不断减小。石灰华和多孔凝灰岩组成的水平层，在底部先换成多孔凝灰岩和砖，而到了顶部，则变为多孔凝灰岩和浮石(pumice)。

帕加马的**阿斯克勒庇俄斯·索特尔神庙**(the Temple of Asklepios Soter, 约公元130年后)是早期模仿万神庙一个较小版本的建筑，位于阿斯克勒庇俄斯圣殿巨大庭院一侧的中央。建筑内径约21m(70ft)，有一个砖砌的穹顶。现在只有鼓座部分砌筑精美的方石基础留存下来。

罗马的**维纳斯和罗马神庙**(the Temple of Venus and Rome, 135年献祭，见[251]页图Ⓖ、图Ⓗ)似乎是由哈德良亲自设计的。它将古典希腊神庙的希腊化风格(Hellenistic version)带到了罗马。与传统的罗马式内殿不同，神庙正面为一个很深的门廊，从它高的基座上只可沿一个方向往外看，两个内殿背靠背，分别供奉着神话中罗马人的女祖先维纳斯和罗马本尊。门廊也不再只是一个或者两个圆柱形门廊，而是环绕两个内殿各边的柱廊。每个内殿前面有10根柱子，侧面有20根柱子。整个神庙不再建在高基座上，而是置于一个四周设有台阶的低矮平台上。在它旁边不远处，两个长边上又是柱廊。公元283年，一场大火烧毁了木屋顶，后来又重建了一次，这些在后面将会描述。

尼姆的**狄安娜神庙**(the Temple of Diana, 约130, 见[267]页图Ⓐ～图Ⓕ)是一座亭阁，其确切功能目前尚不清楚。它位于当地水神尼姆西斯❶的圣殿里，而这座城市就是以此命名的。这座建筑全部由精美的料石建成，可作为此种建筑形式的最好现存实例，具有重要的建筑学意义。这种建筑形式后来几乎原封不动地再现于法国该地区的罗马风建筑中。它筒形屋顶的外轮廓是半圆形的，每相隔一定距离便设置向下突出的拱肋来加强屋顶，一部分侧推力由侧面走廊的外墙来承担。

位于尼姆的神庙本身已经不存在了。欧坦的**雅努斯神庙**(the Temple of Janus, 见[266]页图B)并没有得到完好保存，但它可以作为一种建筑类型的例证，这种类型满足了被征服民族的需要。其整体布置与前文所述的早期圣殿并没有太大区别。神庙本身一般都有一个高耸的内殿——正方形、圆形或八角形，内殿周围还有一圈屋顶倾斜的柱廊。在欧坦，只有正方形的内殿被保存下来。

广场、巴西利卡及相关建筑

罗马的**图拉真广场、巴西利卡和市场**(the Forum, Basilica and Market of Trajan, 约100—112, 见[252]页图Ⓐ)由大马士革的阿波洛多鲁斯(Apollodorus)设计，是这一时期重要的纪念性建筑之一。较为传统的巴西利卡也许是后来几个世纪里所有罗马建筑中评价最高的建筑形式，而图拉真市场则很好地展示了刚刚崭露头角的新式混凝土建筑，并与前面描述的市场早期形式形成了鲜明对比。

图拉真广场同附近的**奥古斯都广场**(the Forum of Augustus)非常相似，两者在空间上也相连。前者两条同等重要的中轴线恰好与奥古斯都广场的成直角。和前面一样，广场的每一侧都有柱廊，

---

❶ Nemausus；泉神或泉水精灵。——译者注

罗马的图拉真巴西利卡(BASILICA OF TRAJAN: ROME)：Ⓐ 室内复原图
罗马的君士坦丁巴西利卡(BASILICA OF CONSTANTINE, ROME)：Ⓑ 纵剖面图；Ⓒ 横剖面图；Ⓓ 平面图；Ⓔ 室内(修复后)
特里尔的君士坦丁巴西利卡(BASILICA OF CONSTANTINE: TRIER)：Ⓕ 平面图；Ⓖ 外观

图 A 以弗所的哈德良神庙(约 118 年落成),见[263]页

图 B 罗马的图拉真广场,透过乌尔皮安巴西利卡的柱廊望图拉真纪功柱,见[272][275]页

图 C 图拉真市场:主厅,见[272]页

图 D 罗马的图拉真广场,透过北面半圆形庭院望市场的半圆形墙

图 E 图拉真市场:主厅西侧

图 F 通往哈德良陵墓的埃利乌斯桥(135—139),见[280][283]页

第10章 罗马和罗马帝国建筑

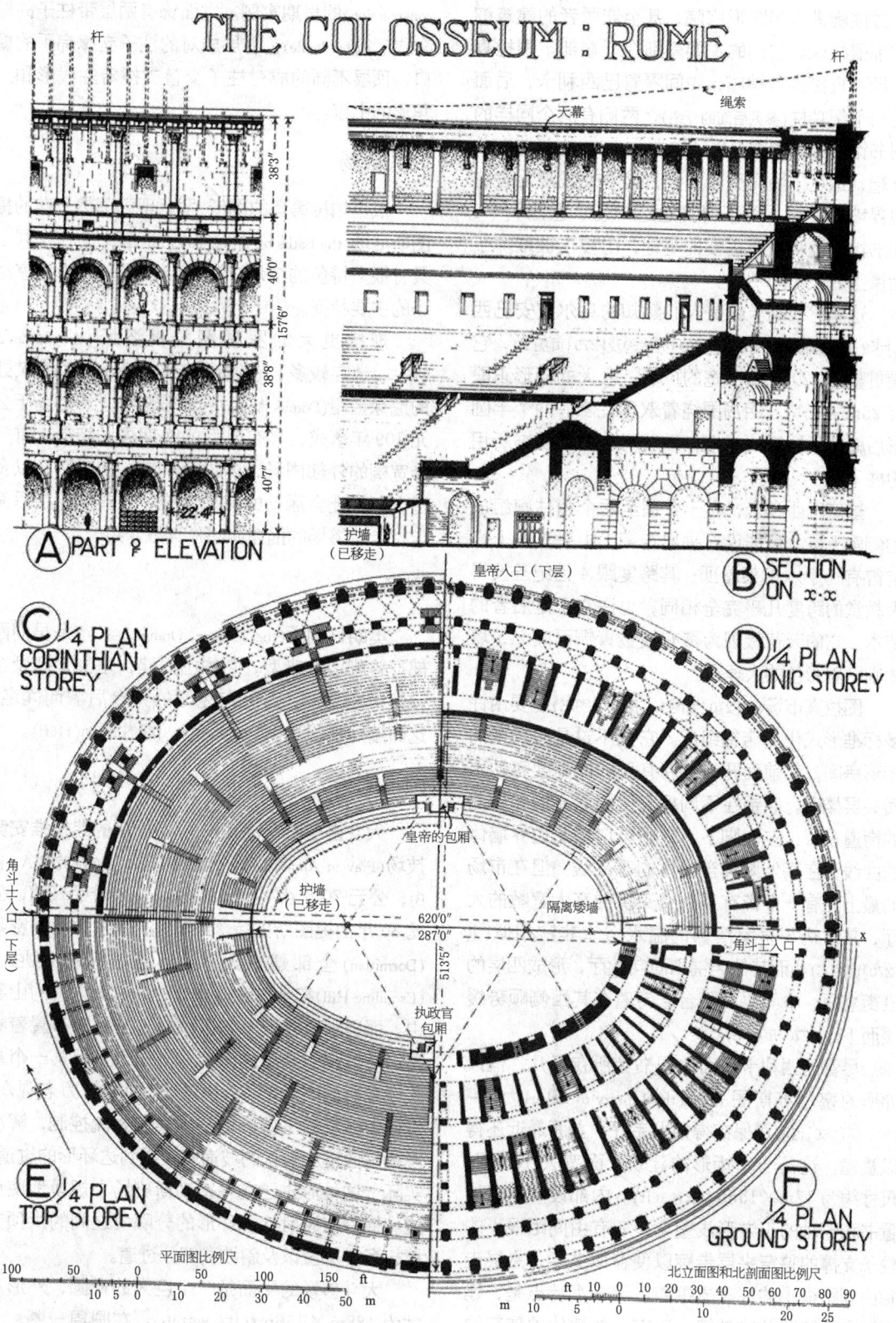

罗马大斗兽场(THE COLOSSEUM: ROME)：Ⓐ 局部立面图；Ⓑ x-x 剖面图；Ⓒ 科林斯柱式楼层平面图；Ⓓ 爱奥尼柱式楼层平面图；Ⓔ 顶楼平面图；Ⓕ 底楼平面图

穿过柱廊进入半圆形庭院，甚至连两者的建筑细部都很相似。它们的主要差别在于端部。图拉真广场不直接连着神庙，中间隔着巴西利卡，后面是一个纪功柱(参见后面的介绍)，两侧有两个同样的图书馆。市场顺着奎里纳尔山(Quirinal)的斜坡向北升起，这从广场几乎看不到，因为视线被北边的边界墙挡住了。为了得到建造广场、巴西利卡、图书馆以及神庙所需要的平地，山坡上被推掉了大量土方。

这座巴西利卡就是人们熟知的**乌尔皮安巴西利卡**(the Basilica Ulpia, 见[269]页图Ⓐ及[270]页图B)，它横贯整个120m(400ft)宽的广场。巨大的矩形正殿有25m(80ft)宽，四周围绕着双重柱廊。两个半圆形后殿位于柱廊的尽端，后殿附有内部装饰所用的柱子。

这座巴西利卡，在一个甚至两个由柱廊组成的侧廊上层，可能设有夹层走廊，中央正殿上肯定曾有一个木桁架屋顶；其跨度跟4世纪圣彼得大教堂的跨度几乎完全相同，也许它正是后者的范本。它的天花板因为覆有镀金青铜而闻名，墙体则贴着彩色的大理石。

图拉真市场(见[270]页图C、图D、图E)主要由许多标准形式化的店铺组成。它们不过是些拱顶的矩形房间，朝前面开放，并有足够的高度容纳木质夹层楼面。店铺在不同标高上沿着直的和弯曲的街道布置：在山脚下，它顺应广场北边界墙体的曲线；在高处则契合山体的等高线。但在市场的最上面有一个带有系列交叉拱的高大宽敞的大厅，其结构与皇家浴场的温水浴室非常相似(见[270]页图C)。而其他店铺则面向大厅，形成四层的沿街立面，中间层有阳台，街道在其西侧顺势缓缓而下(见[270]页图E)。

尽管巴西利卡后面的图书馆所存无几，但以弗所的**塞尔苏斯图书馆**(the Library of Celsus, 117—120, 见[266]页图C)保存得相当完好，立面最近还得以重建。这是一座矩形的建筑，面宽大于进深，尺寸约为17m×15m(55ft×36ft)。内部设有三层放置书和卷轴的正方形浅壁龛，还有由间距很小的柱子支撑的狭窄夹层走廊以便存取书卷，夹层走廊由间距很小的柱子支撑着。另一个特点是，建有壁龛的墙壁并非外墙。还有一些墙体被狭窄的回廊所分隔，用来布置通往夹层走廊的楼梯，并给以进一步的保护，可以算空心构造(cavity construction)的早期实例。立面饰有两层带柱子的壁龛式门窗(aedicule)：首层成对的柱子支撑扁平的檐口，顶层不同的成对柱子交替支撑着曲线形和三角形的山墙。

公共浴场

根据帕拉第奥的图纸,罗马现已荡然无存的**提图斯浴场**(the Baths of Titus, 80)，是第一个在布局上具有很多特色的浴场，这些特色后来成为皇家浴场的主要特征。

规模更大的罗马**图拉真浴场**(the Baths of Tranjan)遗存较多，它建造在于公元104年遭焚毁的尼禄金屋(Domus Aurea)的部分废墟上。浴场于公元109年落成，具有典型的晚期浴场特征，有一个宽阔的外部围场，内设会客室、演讲厅，以及适合各种社会活动的其他设施。这些特点在后面卡拉卡拉浴场的描述中将作详细介绍。

剧场

奥朗日剧场(the Theater, Orange, 约50)是早期西部行省剧场的典型。它依山而建，座位大都设在自然斜坡上。它因保存完好的舞台后墙而闻名，这面墙几乎长达100m(325ft)，高达35m(116ft)。

圆形剧场

大斗兽场(the Colosseum)，即罗马的**弗拉维安竞技场**(Flavian Amphitheater, 见[271]页，[273]页图A、图B)，公元70年由韦斯巴芗(Vespasian)着手兴建，公元80年由提图斯主持落成典礼，稍后才由图密善(Dormitian)全部建成。它坐落在埃斯奎利尼山(Esquiline Hill)和卡埃利安山(Caelian Hill)之间的山谷中，那里刚建成一个人工湖，它是尼禄布置着壮美自然景观的金屋的一部分。作为首都第一个永久性圆形剧场，大斗兽场设计容纳约五万名观众。设计中涉及的主要问题是通道和人流控制，解决方案是通过放射状的坡道和楼梯到达环形的过道，实际上这种形式已在马塞勒斯剧场小规模地使用过。横跨在放射状和环形的分隔墙之间的拱顶支撑起多排座位以及斜坡和部分过道。

大斗兽场的平面是一个巨大的椭圆，外形尺寸为188m×156m(615ft×510ft)。在圆周一圈，大约有80道放射状的墙，还有差不多同样数量的独立入口。对应这些墙的是三层外拱廊，下面两层

第10章 罗马和罗马帝国建筑

图A 罗马大斗兽场(70—82),见[272]页

图B 罗马大斗兽场的表演区与观众席

图C 贝内文托的图拉真拱门(约115),见[275]页

罗马的提图斯拱门(THE ARCH OF TITUS：ROME)：Ⓐ 拱顶石；Ⓑ 立面图；Ⓒ 剖面图
罗马的塞普蒂默斯·塞维鲁拱门(ARCH OF SEPTIMIUS SEVERUS：ROME)：Ⓓ 剖面图；Ⓔ 立面到柱头；Ⓕ 南立面图
特里尔与欧坦的城门(CITY GATES：TRIER AND AUTUN)：Ⓖ 特里尔的黑门；Ⓗ 欧坦的圣安德雷门

三个一组，共同承担着周边的拱顶，并在所有三层中形成双回廊。在这里，有直接的通道通往为骑士阶层(equestrian rank)和其他罗马公民而设的前两排座位。而顶层回廊的楼梯则可通往第三排座位，有一堵高大的围墙把这里的座位与其他座位隔开，围墙也取代了最里面的拱廊。表演区下面，另有一套复杂的走道系统，还有野兽的囚笼和其他为展示令人毛骨悚然的场面(剧场正是为此而建造)而建造的防御设施。

表演区的地板和最初的大理石及木质座位早已无存。尽管这座建筑被用作采石场已经长达几个世纪，但它的外观仍然较好地保存了下来。如前面已提及的早期纪念碑，三层叠加的拱廊表面饰有四分之三柱和檐口。底层为多立克柱式，二层为爱奥尼柱式，三层为科林斯柱式。再往上是深深的阁楼层，有浅的科林斯壁柱；每隔一个开间设有一个小方窗，用来照亮最顶层的座位，那些座位看上去像是设在一个连续的门廊中。其他开间则用巨大的青铜防护罩来代替窗户。顶层有安插杆子(mast)的托架和插孔，用来悬挂遮阳天篷。

完成如此工程所包含的筹划和组织成就，充分反映了罗马人的才能。这样的建筑成就，部分得益于不同类型构造方式的精心结合：大量的混凝土用于12m(40ft)深的基础，石灰岩方石砌体应用于支柱和拱廊，并用凝灰岩填充这些支柱，以便下面两层构筑放射状的墙体，上面几层和大多数拱顶则用砖面混凝土进行填充。

尼姆和阿尔勒的圆形剧场(the Amphitheater of Nîmes and Arles，约1世纪后期)是后期仿照斗兽场式平面的小规模剧场中的两个。与斗兽场的不同之处在于，它们几乎全部采用料石，外观的细部也有差异。在斗兽场中，用环绕一圈不间断的线脚来强调水平方向，而在这两个剧场中，柱子的垂直连续性通过将柱子向前突出，且每个柱子顶部的线脚转延侧面(returning the entablatures above each column)得到了同样的强调。

凯旋门和纪功柱

罗马的**提图斯拱门**(the Arch of Titus，公元81年后，见[274]页图Ⓐ～图Ⓒ)主要是在皇帝驾崩后，为纪念占领耶路撒冷而兴建的。它每个侧面都有一个开口，采用早期混合式柱头的柱子。在拱门的方格拱腹以及下面的墙面上，有皇帝的浮雕和来自耶路撒冷神庙的战利品。墙墩的外表面是19世纪典型的重建物。中世纪时，凯旋门和防御工事合而为一，1821年防御工事被拆毁后，墙墩的外表面才得以修复。曾经遭到破坏的部分都得到认真的复原。

贝内文托的**图拉真拱门**(the Arch of Trajan，约115，见[273]页图C)至今仍保存完好，它与罗马提图斯凯旋门类型差不多，但有着过于繁琐的浮雕装饰。

罗马图拉真纪功柱(Trajan's Column，约112，见[276]页图Ⓐ～图Ⓖ及[270]页图B)，其建造背景在前面图拉真广场的描述中已经提及。它和凯旋门有着同样的纪念功能，还成为后来一些纪功柱的范本，比如马库斯·奥勒利乌斯❶纪功柱(174)。在外形上，它酷似多立克柱式，但35m(115ft)的高度与连续的螺旋状装饰带是它最有力的特征。装饰带上的内容讲述着图拉真的达契亚之战，还有青铜鹰徽和皇帝的雕像(原来的位置现在换成了圣彼得的雕像)，即使从原本位于两侧的建筑去看，也无法轻易看到纪功柱所描绘的整个故事。今天，在伦敦维多利亚和阿伯特博物馆的足尺铸模中更容易看清楚。

城门

都灵的**帕拉蒂纳门**(the Porta Palatina)和维罗纳的**博尔萨里门**(Porta dei Borsari，二者均建于1世纪)是稍后一类城门的实例。这种城门既可用于仪式，又可用于防御，这在欧坦城门中早已见过。在这里，道路拱门顶上建有两道拱廊，拱廊上还有较小的拱洞，由贴附的柱式、柱上楣构甚至山墙构成。

陵墓

佩特拉的**卡兹尼宝库**(the Khasneh Treasury，见[276]页图Ⓘ)和与它相似但较大的代尔隐修院(Deir Monastery，二者可能均建于1世纪后期)究竟是陵墓还是神庙，至今尚无定论。从它们的规模以及代尔的位置来看，似乎是神庙。但卡兹尼在本书以前的

---

❶ Marcus Aurelius，121～180年；161～180年在位。——译者注

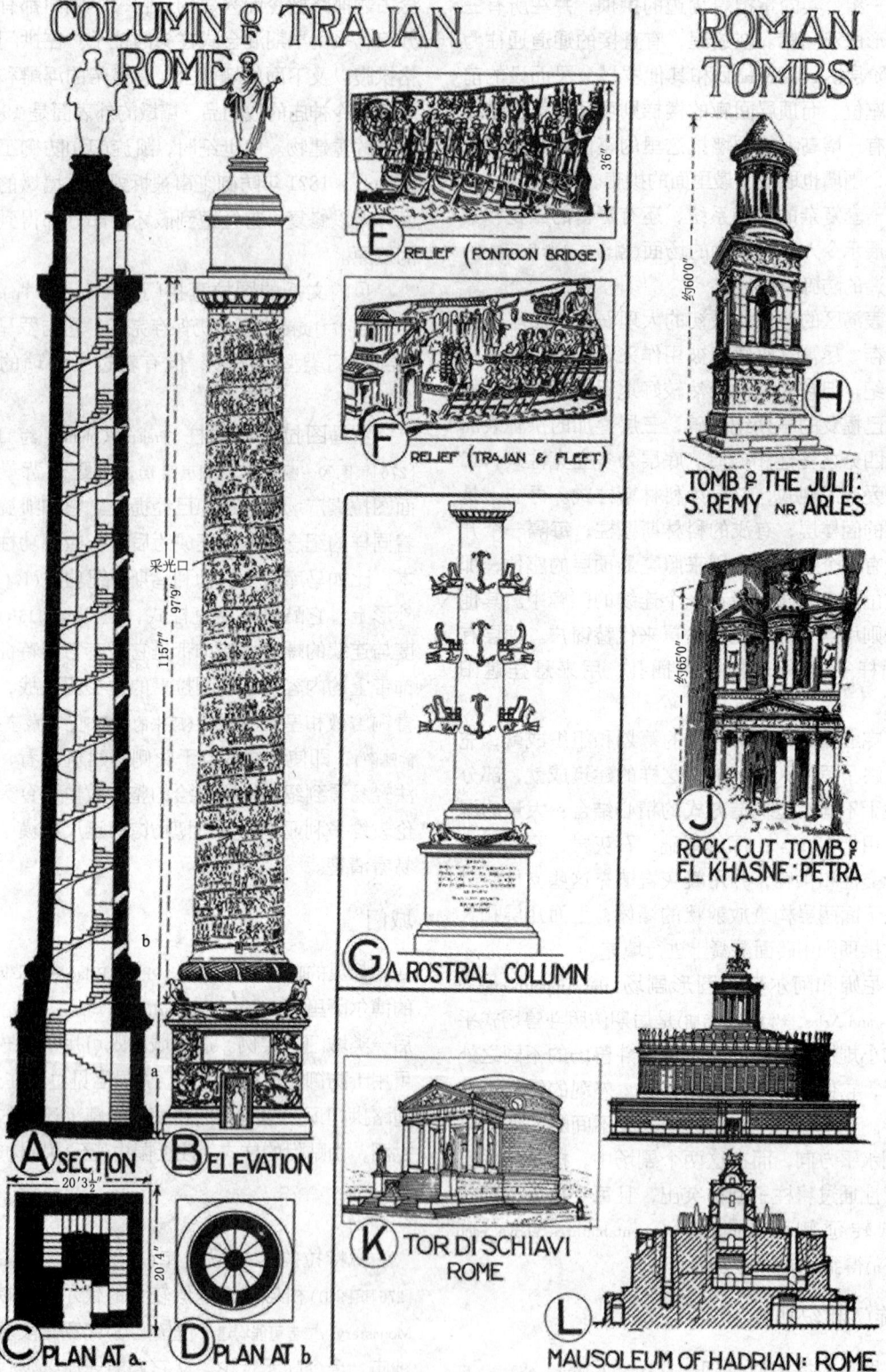

罗马图拉真纪功柱(COLUMN OF TRAJAN ROME)：Ⓐ 剖面；Ⓑ 立面；Ⓒ a 截面；Ⓓ b 截面；Ⓔ 浮雕(庞通布里奇)；Ⓕ 浮雕(图拉真与舰队)

罗马坟墓(ROMAN TOMBS)：Ⓖ 喙形舰首装饰柱；Ⓗ 阿尔勒附近圣雷米的朱利家族墓；Ⓙ 佩特拉的卡兹尼岩墓；Ⓚ 罗马的德斯基亚维塔；Ⓛ 罗马哈德良陵墓

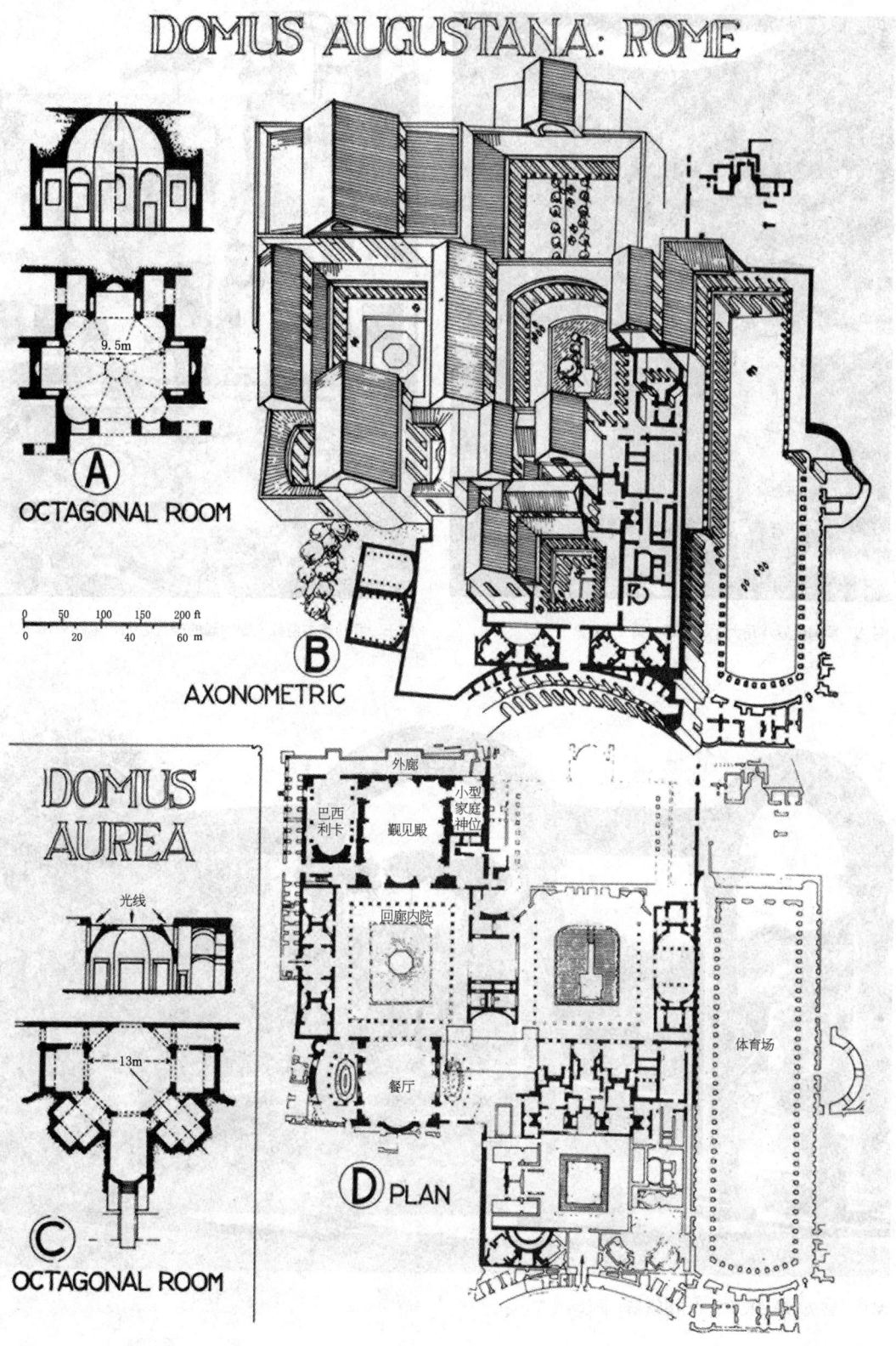

罗马的奥古斯都宅邸(DOMUS AUGUSTANA: ROME)：Ⓐ 八角形大厅；Ⓑ 轴测图
罗马金屋(DOMUS AUREA)：Ⓒ 八角形大厅；Ⓓ 平面图

图A 罗马金屋八角大厅,见[280]页

图B 罗马奥古斯都宅邸内廷的绿化庭园,见[280]页

图C 蒂沃利哈德良离宫的卡诺普斯,见[280]页

第10章 罗马和罗马帝国建筑

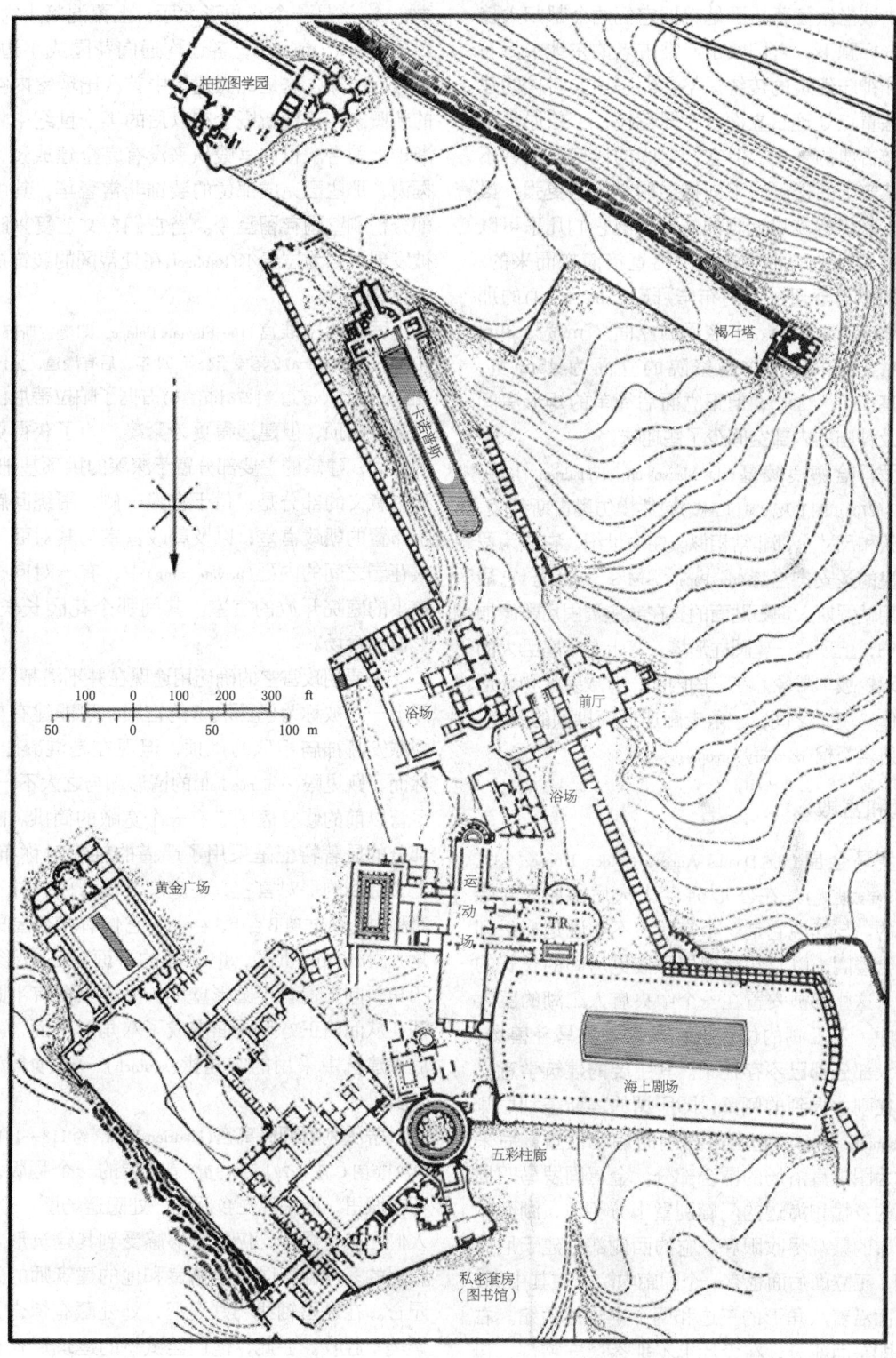

蒂沃利的哈德良离宫(约118-134),见[280]页

版本中被当做陵墓,于是就把它们两个都归入陵墓这一标题下。它们属于非常古老的东地中海石窟墓和神庙建筑的传统风格,即采用同时代的建筑手法重点处理正立面。在佩特拉,卡兹尼是两者中较古典的一个,但它们之间的风格差别并不大。建筑上面楼层比下面楼层的立体感更强。虽然使人联想起庞贝壁画的基调,但它们几乎可以肯定是从当地的希腊建筑风格直接演变而来的。陵墓规模甚至超过了阿布辛拜勒(Abu-Simbel)的那些神庙(参见第3章)。卡兹尼的立面27m宽、39m高(92ft×130ft),代尔隐修院的立面为45m宽、40m高(154ft×132ft),但正立面后简单的矩形房间比埃及神庙的内部空间少了些趣味。

罗马哈德良陵墓(the Mausoleum of Hadrian, 135—139,见[270]页图F及[276]页图Ⓛ)显然模仿奥古斯都陵,在形状和尺寸上都非常相似。在中世纪,它成为罗马教皇的圣安杰洛堡(the Papal Castel S. Angelo)。它最初是用帕罗斯大理石贴面的,在鼓座周围用雕像加以装饰,上顶着一座圆柱形塔,塔上有一座巨大的四马双轮战车雕像。在它的内部,有放射和环形的墙体。墙体之间,一条走廊连通筒拱顶的墓室,内有斑岩石棺(porphyry sarcophagus)。

别墅和宫殿

罗马金屋(the Domus Aurea, Golden House, 公元64~68年或更晚)是在公元64年大火后由尼禄开始建造的。与其说它是一个宫殿,不如说是一系列的亭台楼阁,以及包含起居和接见房间的长长的侧翼。这些都被安置在一个中央有人工湖的巨大园林中。人工湖的位置现在矗立着罗马斗兽场,金屋大部分都已不存在了。其主要的建筑学意义集中在刚才提到的侧翼,即所谓的埃斯奎利尼侧翼(Esquiline wing)。它坐落在湖的偏北位置,后来重建为图拉真浴场的围合部分。金屋同罗马四周平原的乡村和海边的门廊别墅十分相似,湖面和湖对岸的景观尽收眼底。它的西侧部分建于尼禄时期,正立面后面也有一个回廊内院。在其中间,正立面沿着八角形的三边和两个半边往后缩。右首,即东面部分,在设计上不那么墨守陈规,包含了最重要也是最新颖的特色(见[277]页图Ⓒ、[278]页图A)。这是一个八角形大厅,上覆混凝土穹顶,对角长14.7m(50ft),各边均通向花园或小边房。就目前所知,这是此类建筑中首次出现室内空间的新概念,这种新概念在以后的半个世纪中将逐渐走上前台。也许宫殿从来没有完全建成过,但据说,那些已完成部位的装饰非常奢华,其中一部分粉刷壁画存留至今。当它们在文艺复兴时期被发现后,为拉斐尔(Raphael)在梵蒂冈的装饰提供了灵感。

罗马弗拉维宫(the Flavian Palace,即奥古斯都宅邸(Domus Augustana),落成于公元92年,后有增建,见[277]页图Ⓐ、图Ⓑ、图Ⓓ及[278]页图B)占据了帕拉蒂尼山的大部分山顶,但建造得更为紧凑。为了获得更多的空间,建筑的主要部分置于深深的拱顶基础上。最有意义的部分是:位于宫殿一侧,围绕回廊内院布置的朝政宫室;以及朝政宫室与其对面下沉式花园之间的内廷(private wing)中,有一对向一个较小的庭院开放的宫室。其间那个花园长长的,形似体育场。

主要朝政宫室的确切用途现在并不清楚。平面图上一个被称为巴西利卡的宫殿,可能建有与尼姆戴安娜神庙相似的拱顶,但现在是混凝土的。然而,觐见殿(audience hall)的情形却与之大不一样,尽管以前的修复表明它有一个宽敞的筒拱。内廷部分的显著特征是采用了严谨的轴线对称布局。上文提到的那对宫室,在庭院北墙开门,并互相对称(见[278]页图B左中、右中)。它们有和金屋的八角大殿一样的拱顶,但下面的平面是正方形的,四角斜向布置着半圆形壁龛。壁龛上覆有半圆拱顶,从而使正方形平面变成了八角形平面,就像后来建筑中采用的突角拱(squinch)一样(见[277]页图Ⓐ)。

蒂沃利哈德良离宫(Hadrian Villa, 约118—134,见[278]页图C及[279][281]页)是金屋的一个翻版,它不在城里,而是建在乡间的一处隐避场所。今天,人们在其中漫步,仍然能够感受到其建筑形式和布局的多样性,以及哈德良和他的建筑师的独具匠心。在这里轴线巧妙交汇,处处藏有惊奇,远景美不胜收。在此,他们尝试新的建筑形式和新的空间构成方式,其成果可见于离宫中的岛宫❶、

---

❶ Island Villa;即海上剧场。——译者注

第10章 罗马和罗马帝国建筑

图 A　(上图)哈德良离宫：黄金广场的前厅，见[280]页

图 B　(右图)蒂沃利的哈德良离宫：海上剧场柱廊

图 A　罗马的克劳狄安输水道(38—52)，见[283]页

图 B　阿尔坎塔拉河的图拉真桥(105—106)，见[283]页

黄金广场(Piazza d'Oro)尽端的门厅、小浴室以及卡诺普斯❶。其最显著的特征是常常用曲线和反向曲线替代早期多数设计中采用的直线形。岛宫(见[281]页图B)位于一堵环形外墙之内,包含有柱廊和壕沟(moat),还有半圆形、外凸、内凹的宫室,它们集中于一个中央喷泉庭院布置,令人眼花缭乱。黄金广场北面的圆顶门厅,与上文提到的奥古斯都宫中的那对宫室形式很是相似。但这里,八角形的每一边几乎都开有半圆形小室,这些小室向外凸出,创造了内部空间的新的表现手法(见[281]页图A)。南部的中央宫室平面更为复杂,半圆形小室与内凸曲线形的圆柱体屏障交替而建。这间宫室很难用穹顶来覆盖(即使盖以穹顶,也不会支撑很久),但小浴室的门廊墙体有着相似的平面布置,上面则覆有一个内部呈波浪形的拱顶。在卡诺普斯城的顶端,有一个平面同样复杂的亭阁,它前面敞开,后面有流水像瀑布一样地泻入湖中(见[278]页图C)。

输水道和桥梁

罗马的克劳狄安输水道(the Aqua Claudia, 38—52, 后经多次修复和重建, 见[282]页图A)完工时, 成为当时为首都供水的主要水道之一。它最初取水于66km(41mile)之外的源头。在罗马城外的很长一段距离中, 水渠被高架拱托离地面近20m(68ft)。拱券部分采用方石砌体, 部分则用混凝土建造。

塞维林堡的**图拉真多瑙河大桥**(Trajan's Danube Bridge, 104—105)可能是由图拉真广场的建筑师——大马士革的阿波洛多鲁斯设计的。现在只能从残存的桥墩基础、文字描述以及图拉真纪功柱上的浮雕来了解这座大桥了。本书在此把它作为木构建筑后晚期的一个实例。木构桥拱建于20个砖石墩座之上, 全长1100m(近3/4mile), 桥拱单跨在35~38m(115~130ft)。

阿尔坎塔拉的**图拉真大桥**(Trajan's Bridge, 105—106, 见[282]页图B)是现存同类古罗马桥梁中让人印象最深的一座。它有着高耸的墩座、大跨度的桥拱高架于深谷之中。中间拱跨距达27.3m和28.5m, 承载着高出塔古斯河❷48m的道路。位于中间的墩座上有一个纪念性的拱, 其上铭文记载着建筑师的名字: 尤利乌斯·拉塞尔(C. Julius Lacer)。其中有些桥拱现已几经修复。

罗马的**埃利乌斯桥**(the Pons Aelius, 现为圣天使桥, 建成于134年, 见[270]页图F)是为通往哈德良陵墓而建的。中间的三个桥拱是哈德良时代建造, 虽然其装饰处理主要采用16~17世纪的手法, 包括贝尔尼尼(Bernini)的天使雕像。当19世纪筑造后来的台伯河大堤时, 为使道路通畅平坦, 大桥两端的小型双跨拱被改造成了单拱。

罗马帝国从安东尼·庇护到君士坦丁的时期

罗马的**安东尼和福斯蒂纳神庙**(the Temple of Antoninus and Faustina, 始建于141年, 见[251]页图Ⓓ~图Ⓕ)是安东尼为纪念他的亡妻而建的。它采用简洁的罗马传统形式, 建在基座上, 深深的门廊通向与之宽度相等的内殿。

巴勒贝克的**朱庇特·赫利奥波利塔努斯圣殿**(the Sanctuary Jupiter Heliopolitanus, 见[267]页图Ⓖ、图Ⓗ及[285]页图A)在前面描写神庙时已经提到过, 它一直存留至3世纪中叶。除上文提及之外, 它的另一个重要特征就是主庭院, 里面放着两个高大的圣坛; 它还有一个六角形的前院, 院前有一个壮观的入口(propylaeum)或门廊, 入口两侧皆有塔。在主庭院的两侧又各有柱式门廊, 门廊后面是正方形和半圆形交替出现的开敞式座谈间(exedrae), 它们掩映在红色和灰色的花岗石柱子之间(见[285]页图A)。前院和入口没有很好地被保存下来, 所以只能推测其细部。需要注意的是, 入口上方的拱又一次打破了平直的线角。

巴勒贝克的**巴克斯神庙**(the Temple of Bacchus, 酒神庙, 2世纪中叶, 见[267]页图Ⓖ、图Ⓗ及[284]页)位于圣殿的左侧, 规模跟朱庇特神庙差不多, 有一个巨大的内殿, 在内殿的尽端又是一座类似神庙的建筑: 密室(the adyton, adytum)或至圣所(holy of holies, 见[284]页图A)。这座神庙跟朱庇特神庙造得如此靠近,

---

❶ Canopus; 埃及古城, 因萨拉贝姆神庙而闻名于世。此处是这座古城的缩影, 水池代表古城与亚历山大城连通的运河。也有观点认为水池代表地中海, 各座神庙分别代表希腊、亚细亚和埃及, 象征罗马的统治。——译者注

❷ the River Tagus; 塔霍河的旧称。——译者注

图 A （上图）巴勒贝克的巴克斯神庙：内殿室内复原图，见[283]页

图 B （左图）巴勒贝克的巴克斯神庙：室内细部

第 10 章 罗马和罗马帝国建筑

图 A　巴勒贝克的朱庇特·赫利奥波利塔努斯斯圣殿：大庭院中的密室，见[283]页

图 B　巴勒贝克的维纳斯神庙(3 世纪)，见[288]页

图 C　罗马的维纳斯与罗马神庙：半圆形后殿(经马克森提修后，307—312)，见[288]页

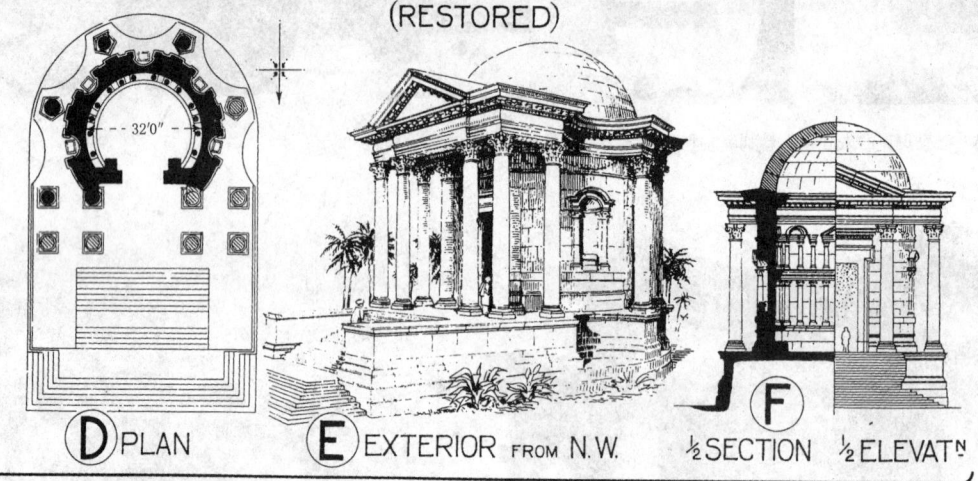
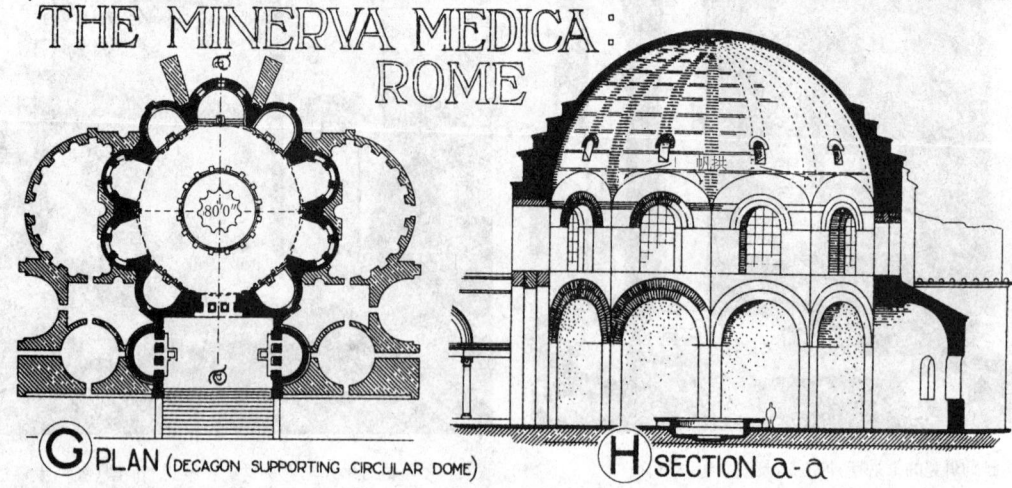

罗马维斯太神庙复原图(TEMPLE OF VESTA: ROME (RESTORED))：Ⓐ 平面图；Ⓑ 柱式；Ⓒ 立面图
巴勒贝克维纳斯神庙复原图(TEMPLE OF VENUS: BAALBEK(RESTORED))：Ⓓ 平面图；Ⓔ 西北面外观；Ⓕ 立面图和剖面图
罗马密涅瓦·梅迪卡神庙(医药女神庙)(THE MINERVA MEDICA: ROME)：Ⓖ 平面图(十边形支撑圆形穹顶)；Ⓗ a-a剖面图

第10章 罗马和罗马帝国建筑

图A 罗马的君士坦丁巴西利卡(307～312年及以后),室内复原图,见[288]页

图B 萨迪斯的浴场,从体育馆公共浴场正面看,见[289]页

说明它是为一个新的神秘宗教的信徒服务的。建筑物有着丰富的细部,在室内的柱子后面,一个两层高的神龛(aedicules)破墙而出。横跨在内殿墙体与外圈柱廊之间的天花板底面都有着丰富的细部。

巴勒贝克的**维纳斯神庙**(the Temple of Venus, 3世纪,见[285]页图B及[286]页图Ⓓ~图Ⓕ)也矗立在旁边,规模更小,对着主圣殿的入口。它包括一个圆形内殿及其正方形前廊,前廊十分宽大,足以使其外围柱子连续围绕内殿一周而不被打断。这里,柱础和柱头都是五边形的,并且在每对柱子之间,墩座和柱上楣构向内弯曲,属于巴洛克风格。

帕加马的**萨拉贝姆神庙**❶采用更为明显的东方化格局。它的主体建筑是一个巨大的矩形砖砌建筑,包含正殿、走道和上层夹廊,远端还有一个半圆形的后殿。其厚重的外墙和正殿柱廊基础至今大部分仍保存完好。神庙位于一片很大的矩形区域内,两侧是对称的带柱廊的庭院,每个庭院都有一个洗礼仪式用的水池,尽端还有一个高高的穹顶圆厅。

罗马广场上的**维斯太神庙**(the Temple of Vesta, 灶神庙, 3世纪初一座古老建筑的重建,见[286]页图Ⓐ~图Ⓒ)有着类似前面提到的几座神庙的简单圆形平面,在这里,它可能源自原始的圆形棚屋。这座神庙与大多数其他罗马神庙的功能不同,这里供奉着永不熄灭的圣火,由住在附近的维斯太少女(Vesta Virgins)看管。最近,人们根据考古结果以及浮雕和硬币上的描绘,对其进行了部分重建。

罗马的**太阳神庙**(the Temple of the Sun, 275—280),由奥勒利乌斯大帝建造,给罗马带来了一种基本上是东方化的建筑形式,就像帕尔迈拉(Palmyra)的贝尔圣殿(the Sanctuary of Bel),同时它又带有一些容易使人联想到巴勒贝克圣殿的特征。我们主要通过帕拉第奥的画来了解这个建筑。画面显示,圆形的中央神庙建筑建在一座宽敞的矩形庭院里,穿过一个略小的,两端半圆形的矩形庭院可以进入其间。

罗马的**维纳斯**与**罗马神庙**(the Temple of Venus and Rome,见[251]页图Ⓖ、图Ⓗ及[285]页图C)于公元307~312年由马克森提乌斯重新修复。新内殿建在哈德良的木顶内殿的残垣之内,大理石饰面,点缀着圆柱形神龛的厚重墙体支撑着有饰板的穹顶。另一革新则是用背对背的半圆形后殿替换了早期的正方形殿,后殿覆以半球形的混凝土穹顶,穹顶表面贴着菱形的镶板,镶板的尺寸朝着顶部逐渐缩小(见[285]页图C)。

巴西利卡

大莱普提斯巴西利卡(the Basilica, Leptis Magna, 216年落成)的平面与帕加马的萨拉贝姆神庙的主体建筑非常相似,不同之处在于它的两端各有一个相同的半圆形后殿。墙体全部由石块建成,两层的柱廊将侧廊、高侧廊与正殿分开,并以壁柱的形式延续至后殿,环绕墙体周围。

特里尔的君士坦丁巴西利卡(the Basilica, Trier, 4世纪初,见[269]页图Ⓕ、图Ⓖ)是一个无走廊的矩形大厅,只在一端有半圆形后殿。与这一地区其他建筑不同的是,其墙体全部用砖砌成。外墙上的双排圆顶窗被置于高高的盲券拱廊中,赋予整个建筑朴实的庄严,这预示着像罗马圣萨比纳教堂(S. Sabina Basilica)那样的后期基督教堂处理墙体的常用手法。窗户大小的微妙变化使后殿看上去比实际的更大更深,这在后来的基督教堂中倒不常见。

罗马的**君士坦丁巴西利卡**(the Basilica of Constantine, 307—312年及其后,见[269]页图Ⓑ~图Ⓔ及[287]页图A)也称为**新星巴西利卡**(the Basilica Nova),由马克森提开始建造,由君士坦丁建成,并对部分加以改造。它的设计构想来自后期皇家浴场的中央大厅,但它比任何一个大厅的规模都大,并且与环绕浴场大厅的其他房间分离。位于中央的正殿80m长,25m宽(260ft×80ft),屋顶是由三个距地35m(115ft)高的饰有藻井的混凝土交叉拱组成。为了稍微缩小一点跨距,这些交叉拱像浴场大厅的拱顶一样,支撑在短距离的柱上楣构上,楣构由普罗孔内苏斯大理石(Proconnesian marble)筑成的整石柱托起。正殿的每一边都有三个低矮的横向开间,为厚重的墙墩所分隔,上面跨着饰有藻井的筒拱顶。除了北面三个开间外,其他部分几乎都没有保留下来。尽管如此,即使无法了解其丰富的大理石装饰,人们还是可以通过残存部分对其内部空间的规模有所了解。建筑一端设有两个后殿和一个类

---

❶ the Serapeum;3世纪,萨拉贝姆神庙奉祀希腊—埃及大神萨拉匹。——译者注

似前廊(narthex)的门廊,都是原设计的一部分,南面是它的主门廊。君士坦丁负责的主要修改是,通过增加北面的后殿和南面的门廊而变动了主轴线。正殿高大拱顶的支撑方式与后来东罗马帝国的圣索非亚大教堂的横向支撑十分相似,原则上也与一些罗马式教堂和大多数哥特式教堂十分接近。

公共浴场

萨迪斯的浴场和体育馆(the Baths and Gymnasium, 2世纪和3世纪初,见[287]页图B),代表了东罗马皇家浴场和雅典体育馆的最终融合。浴场部分位于体育馆带有宽大圆柱门廊的广场的尽端,它的前面是一个具有典型东方风格的柱廊庭院,由此可以望见体育馆。

尽管部分建筑已成废墟,罗马的卡拉卡拉大浴场(the Baths (Thermae) of Caracalla, 212—216,见[290]页)典型地展示了成熟时期皇家浴场的布局,它没有被后来的建筑所破坏。从平面上可以清晰地看出,建筑沿主轴线完全对称,布局紧凑,浴场各部分合为一体,布置在一个巨大的景观园林中,周围是商店、服务设施以及作其他用途的亭阁。主体尺寸为225m×115m(750ft×380ft),不包括伸出去的大片高温浴室。主体建筑群在主轴线上依次是露天浴场或室内浴场、中央大厅或冷水浴室(二者均沿长轴横向布置)、较小的温水浴室,最后是穹顶圆形高温浴室。高温浴室是靠鼓室的大窗户来采光,而中央大厅主要是靠穹顶下的天窗采光。其他房间都十分相似,在每条边上开门。两个活动场地或体育场位于两端。从外面看,除南边外,其他三边均呈现为大片实墙,上面开着相对较小的窗洞。而南边高温浴室每一边的房间有大面积的窗户,朝向花园。

罗马的戴克里先浴场(the Baths of Diocletian,约298—306)的规模还要大,并且大部分保存完好。总的来说,它的布置同卡拉卡拉浴场相似,但主体部分更加紧凑。圆顶的热水浴室被一个类似中央大厅但稍小的房间所取代,四面中部各有一个半圆形小室。正如已经提到过的,这个中央大厅现在是圣马利亚教堂。最初的改造是根据米开朗基罗(Michelangelo)的设计实施的,并由万维泰利(Vanvitelli)加以修改。

特里尔的皇家浴场(the Imperial Baths, 4世纪初)在上述平面基础上进行了变化,尺度相应缩小,以适合四头统治时期的行省首府。这里,带柱廊的正方形体育场是其最大的部分。正像在萨迪斯的浴场一样,浴场主体部分有一面封闭。按最初的设计,主要房间不仅沿主轴线对称,沿横向轴线也几乎同样对称,圆形的温水浴室作为中心,没有室内浴场。

剧场、圆形剧场和竞技场

阿斯彭多斯剧场(the Theatre at Aspendos, 161—180,见[291]页图A)在总体设计上与帝国时期的剧场没有太大变化。除了面对剧院正厅的二层高神龛的柱子以及应该曾经存放于此的雕像外,舞台建筑基本保持原样。因此,这座建筑比其他大部分建筑更好地展示了罗马剧场的原貌。

维罗纳和杰姆圆形剧场(the Amphitheatre, Verona and El Djem, 3世纪初)与罗马斗兽场(见[255]页图Ⓔ及[292]页图A)相似,但规模较小,外部柱式并未着重装饰,因此拱廊成了它的显著特征。

罗马的马克森提竞技场(the Circus of Maxentius, 4世纪初,见[255]页图Ⓑ及[292]页图A)与罗马的大竞技场相似,但建在阿尔比古道马克森提宫(Maxentius' Palace)旁的平地上。它和大多数圆形剧场一样,一排排的大理石座位被倾斜的混凝土拱顶托起,外面围着一道墙。在每个起点栏的端部都有一座高塔。

拱门、纪功柱和柱廊

罗马的马库斯·奥勒利乌斯记功柱(the Column of Marcus Aurelius, 174)同图拉真纪功柱十分相似,同样也矗立在奉祀皇帝的神庙前。皇帝的雕像现在已经被圣保罗的雕像替代。

罗马的塞普蒂默斯·塞维鲁拱门(the Arch of Septimius Severus, 203,见[274]页图Ⓓ~图Ⓕ)纪念皇帝的帕提亚战役(Parthian Campaigns),用白色大理石以传统三跨拱的形式建造,但在其浮雕装饰风格中展示出一种新的自由。

罗马的君士坦丁拱门(the Arch of Constantine,约312—315,见[291]页图B)是罗马最后一座这种类型的拱门。它也采用了传统的形式。虽然它比例均衡,但仔细检查会发现,它很多浮雕图案来自以前的纪念碑,属于重新使用。

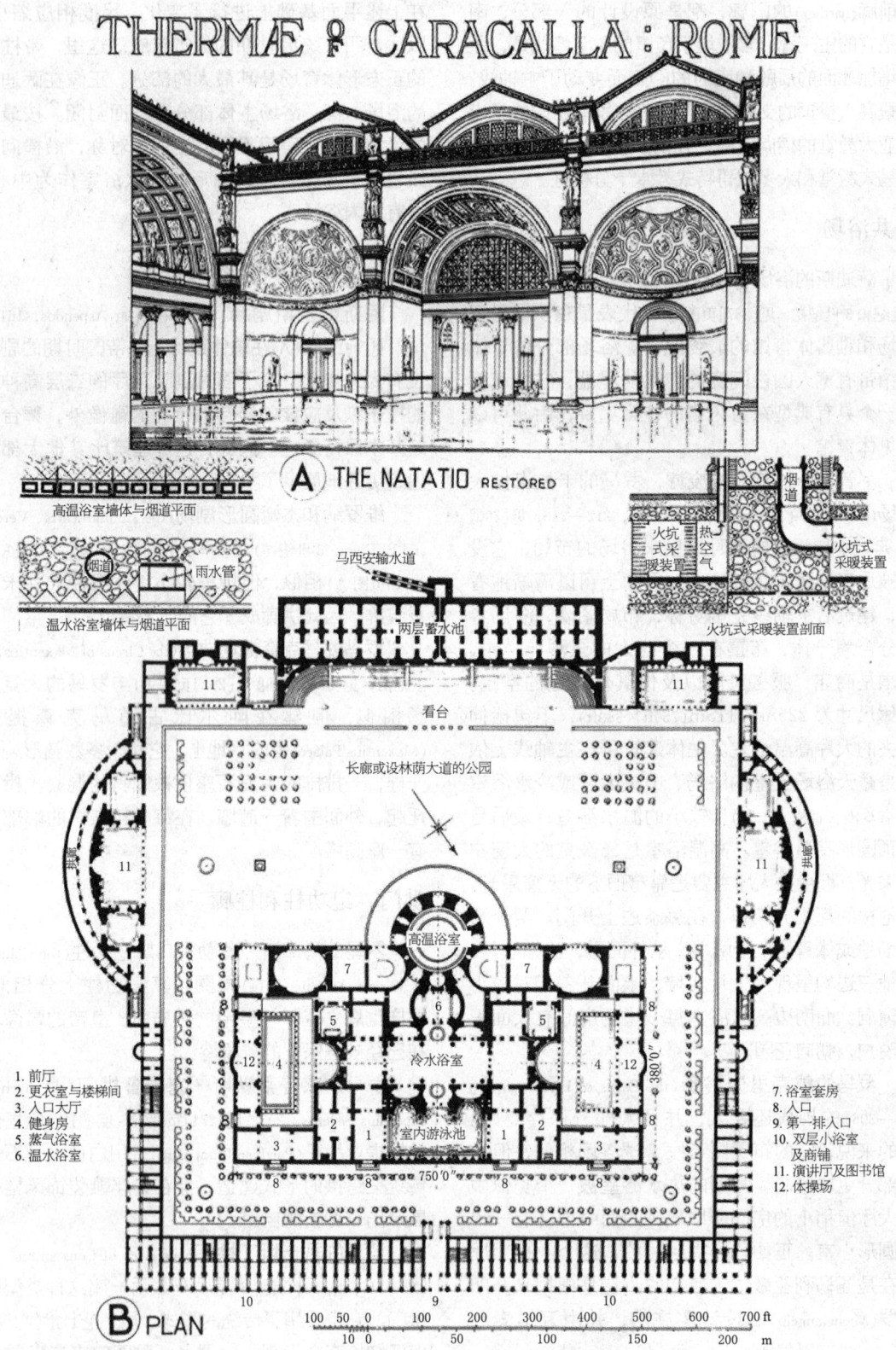

罗马的卡拉卡拉大浴场(THERMAE OF CARACALLA: ROME)：Ⓐ 室内浴场（修复后）；Ⓑ 平面图

第10章 罗马和罗马帝国建筑

图 A 阿斯彭多斯剧场(161—180),见[289]页

图 B 罗马的君士坦丁拱门(约 312—315),见[289]页

第二编 文艺复兴以前的欧洲和地中海建筑

图 A 罗马的马克森提竞技场：起点栏与端部的塔，见[289]页

图 B 罗马的密涅瓦·梅迪卡神庙(3世纪中叶)，1790年前后的外观，见[293]页

这一时期，行省也建有类似的拱门。但更值得注意的是，在东部地区，人们采用了一种更为普遍的纪念性拱门，尤其是在叙利亚和阿拉伯地区。这些拱门更像前面描述过的城门，矗立在城市主干道的焦点上。在类似杰拉什(Jerash, Jarash)和巴尔米拉(Palmyra)这样的城市，仍有很好的实例。与之相联系的是另一种东部特有的形式——柱廊街道(the colonnaded street)，它将很快演变成另外一种市场形式。

陵墓

罗马**梵蒂冈墓地**(the Vatican Cemetery)的家族陵墓(挖掘圣彼得大教堂现址之下的陵墓而发现，大部分建于2世纪)，奥斯蒂亚的**伊索拉圣墓地**(the Isola Sacra Cemetery, 2~4世纪)，以及沿着罗马**阿皮亚大道**(the Via Appia)和**拉丁大道**(the Via Latina)的陵墓，均是前面提到的埃特鲁里亚陵墓的翻版。同样，尽管形式更为简化并采用砖面混凝土修建，它们也再现了同时期的住宅建筑。梵蒂冈墓地的**卡埃塔尼家族墓**(the Tomb of Caetennii, 2世纪中叶)，是一个更为壮丽的实例。入口大门顶部和正面窗户是用灰浆粉刷来装饰的。内部是一个单独的正方形房间，有带柱子和山墙的壁龛，沿着墙还有其他神龛，下面就是盛放石棺的低矮壁龛。

罗马的**马克森提陵墓**(the Mausoleum of Maxentius, 约310)和保存完好的**德斯基亚维塔**(the Tor de'Schiavi, 约300，见[276]页图Ⓡ)，其实是万神庙的小型翻版。但比例和细节有所不同，门廊和圆形大厅之间联系更紧密，在圆厅的阁楼层出现了窗户，此阁楼层在内部也是穹顶的基座。它们的不同之处还在于，陵墓建在基座上并是独立式的。

同时期把这种**圆形大厅**(Rotundas)当作陵墓形式的实例，还可在斯帕拉托(Spalato)的**戴克里先宫**和萨洛尼卡的**加莱里乌斯宫**(the Palaces of Galerius at Salonika)中找到，尽管后者的形状更接近卡拉卡拉浴场的高温浴室。后来这两座建筑分别变成了圣乔治大教堂和圣乔治教堂(cathedral and church of S. George)。

宫殿、别墅和花园亭阁

罗马的**密涅瓦·梅迪卡神庙**(the Temple of Minerva Medica, 3世纪中叶，见[286]页图Ⓖ、图Ⓗ及[292]页图B)其实是皇帝加莱里乌斯❶离宫中的一座楼阁。这座建筑进一步拓展了由蒂沃利的哈德良离宫中的一些亭阁所首创的那些尝试，并形成了下一个世纪里一些早期集中式教堂的平面设计。除入口外，中间的十边形每一边都扩展出一个半圆形后殿。其中四个后殿最初是以柱廊而不是以墙体为边界的。在它们上面是十边形的鼓座，开有很大的窗户，再往上是穹顶，环形和放射形的肋状砖带埋置在混凝土中。然而，最初的设计似乎过于大胆，后来在外面又加上两个巨大的半圆形侧室和两个突出的扶壁。

斯帕拉托的**戴克里先宫**(the Palace of Diocletian, 约300—306，见[294]页图Ⓑ及[295]页图A、图D)是建在亚得里亚海东岸的一处休养所。它是按照自给自足的目的设计的，这种方式是建在城里的宫殿所不必要的。宫殿采用基本的方格平面，周界有防御墙，带有东部边境小镇的风格。它更广泛地使用了方石料和混凝土，那些带柱廊的街道以及许多建筑细部，都充分表明建筑师来自于叙利亚或阿拉伯。

这个后来在宫殿围墙内慢慢发展起来的小镇，今天大部分遗址仍归属其中。宫殿的平面相当清晰，皇帝的宫室集中在临海的一侧。柱廊后面，有一个带穹顶的圆形门厅，连接着那些位于整个平面中轴线上的宫室。回廊内院(见[295]页图A、图D)的每一侧都有庭院。庭院一边是带有筒拱顶内殿的小型神庙和两个更小的圆厅；另一边大概是陵墓式圆厅，现在已变成上面提到的大教堂。在综合体的其他几边，还有许多小房间，大概是士兵和皇帝内侍的住所。它有三个纪念性的入口大门，每一个入口都有一对八角塔守卫着。并且在八角塔之间，沿着周边，还有其他一些方塔。盲券拱廊与回廊内院的拱廊相互呼应，形成大门和围墙的主要装饰。

皮亚扎-阿尔梅里纳的**皇家离宫**(the Imperial Villa, 4世纪初至中叶，见[294]页图Ⓐ)与戴克里先宫形成鲜明对比。因建于偏远的西西里岛山谷中，故少有防御设施。成组的单层建筑和庭院设施较为随意地布置在园林中。它很像蒂沃利的哈德良离宫，最初被认为是戴克里先时期的分治皇帝

---

❶ Gallienus，?~311年，罗马皇帝，305~311年在位。——译者注

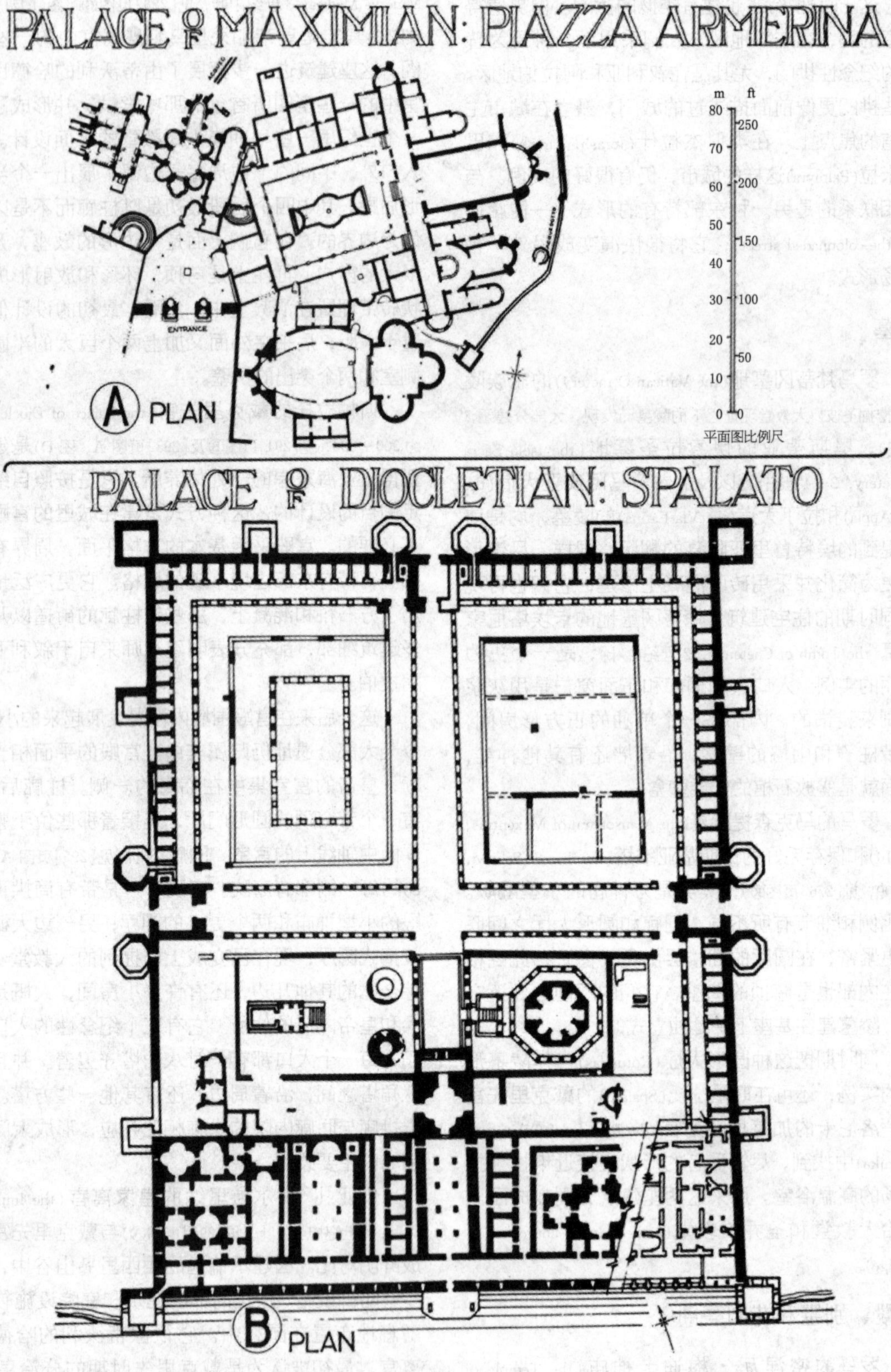

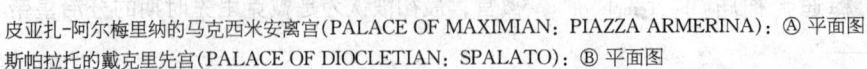

皮亚扎-阿尔梅里纳的马克西米安离宫(PALACE OF MAXIMIAN：PIAZZA ARMERINA)：Ⓐ 平面图
斯帕拉托的戴克里先宫(PALACE OF DIOCLETIAN：SPALATO)：Ⓑ 平面图

第10章 罗马和罗马帝国建筑

图A 斯帕拉托的戴克里先宫回廊内院(约300—306)，见[293]页

图D 斯帕拉托的戴克里先宫回廊式拱廊细部，往陵墓圆厅看

图B 奥斯蒂亚的狄安娜府邸(左侧)，见[296]页

图C 奥斯蒂亚的埃帕加西亚纳粮食交易市场正面(约145—150)，见[296]页

图E 奥斯蒂亚的丘比特和普绪喀府邸的拱廊(约300)，见[296]页

马克西米安(Maximian)的乡村行宫(别墅内部大面积的马赛克地面是判断依据之一)。然而,和哈德良离宫相比,它更加紧凑,明显地带有内省性质。和在蒂沃利的离宫一样,皮亚扎-阿尔梅里纳的建筑也是按不同功能而有明确的划分,并沿轴线布置公共房间、私人住房和浴室。但不同功能的建筑群之间空间很小,因此轴线的变化便显得更突兀。还有一些形式在哈德良离宫中没有出现过,只在这个时期或在前一个世纪才被引进,它们的出现对后来的建筑相当重要。其中之一是多叶瓣形圆厅(the multilobed rotunda),在上文的密涅瓦神庙中,我们早已见识过规模更大的。此外,还有带三个圆形壁龛的接待厅或三边为半圆的四方平面布置(triconch),以及通往这些宫室的曲线形柱廊或西格马斯(sigma)。西格马斯因其平面类似希腊字母Σ的大写形式而得名,当时也被写成大写的拉丁字母 C。

居住建筑

意大利居住建筑后期的发展,在罗马原先的港口**奥斯蒂亚**得到了最好的体现。这个城镇从公元 2 世纪开始逐步建成,城区建筑密度很大,最常见的建筑形式是围绕一个或几个内院的多户多层建筑。房屋通常为四层,墙体为砖贴面的混凝土,每隔一层采用混凝土拱顶楼面,它们中间的楼层则用木地板。

奥斯蒂亚的狄安娜府邸, (the House of Diana at Ostia, 2 世纪中叶,见[295]页图 B)建有典型的临街正面。朝向街道的房间用做店铺,室内的木楼梯可到达两层之间的木夹层,夹层通过阳台下的小窗采光。在两处均设有混凝土楼梯通往更高楼层。**埃帕加西亚纳粮食交易市场**(the Horea Epagathiana, 约 145—150,见[295]页图 C)是一座巨大的仓库和商场,上面还有供居住的房间。它位于市中心,有一个很精致的前门。**塞拉皮德府邸**(the House of the Serapide, 2 世纪末,见[259]页图Ⓔ)位于一座公共浴池旁边,有着当时典型的内部设计风格。

也许是因为混凝土构造具有耐久性,可以长久保存,类似这样的街区成了一种住房设计传统。这一传统在意大利以及周边一些国家,一直延续到本世纪初还未被真正打破。

然而,奥斯蒂亚的重要性逐渐减小,原因是后期建筑物的规模通常较小,例如**丘比特和普绪喀府邸**(the House of Cupid and Psyche,约 300,见[295]页图 E)。那里,在喷泉庭院四周围绕着圆柱拱廊,与规模较大的戴克里先宫拱廊相仿。

在那些建筑技术和气候条件与奥斯蒂亚没有太大差异的行省,其居住建筑形式大都沿用在奥斯蒂亚见到的式样。而在叙利亚和阿拉伯,不同的建筑技术和迥异的气候条件导致了建筑形式的不同。位于**乌姆吉马勒**(Umm el-Jemal, 3 世纪或 4 世纪,今属约旦,见[259]页图Ⓒ、图Ⓓ)的一个居住街区,是奥斯蒂亚住宅街区一个较小的阿拉伯版本。这座楼房窗户较小,整个建筑,包括地面,都是由琢石砌成的。当房间太宽以致于不能用单块石料跨越时,往往通过设置牛腿或在中间增加拱结构的方式来缩短跨度。平屋顶则提供了户外睡眠场所。

输水道和桥梁

在这一时期,输水道与桥梁的设计没有很大变化。但为了降低桥墩和桥拱的必要高度,**阿斯彭多斯输水道**(the Aqueduct, Aspendos, 3 世纪)采用大段高架的压力管道(pressure pipework)来跨越城镇附近的峡谷。管道两端各建一座水塔,使水面达到它自然水平高度,以此来控制管道的压力。

壁垒和城门

特里尔的黑门(the Porta Nigra,约 4 世纪初,见[274]页图Ⓖ)属于年代稍后的,类似于都灵的帕拉蒂纳门的版本。它有两个入口拱门,两层高的拱形长廊上设置层叠的装饰柱式,每边有一座前部为圆形的塔楼。尽管拱形长廊也围绕着塔楼,但似乎只有一个达到了它的设计高度。

罗马的**奥勒利安壁垒**(the Aurelianic Walls,约 270—280)是这一时期主要的防御工事。它全长约 19km(约 12mile),共有 380 个突出的方形塔楼,它们之间相隔 100 罗马尺(约两倍弓箭射程),有 14 个重要的城门。其中,**奥斯蒂亚门**(见[258]页图 B)❶几乎仍保留着原来的形式。在入口拱门的两侧各有一个前部为圆形的塔楼,城门上面还有控制吊门(portcullis)的长廊。一些城门有两个入口拱门,但没有像都灵和特里尔城门那样的装饰。

---

❶ the Porta Ostiensis;今圣保罗门。——译者注

文艺复兴以前的欧洲和地中海建筑

第 11 章
拜占庭帝国建筑

建筑特征

早期基督教建筑

早期基督教建筑是罗马帝国晚期建筑中不可缺少的组成部分。用做基督教堂的建筑并非始于君士坦丁大帝对基督教的正式承认，而大型世俗建筑也并非从那时起就停止建造。例如，在罗马，君士坦丁大帝不仅负责建造了第一批大型新教堂，还负责建成了马克森提始建的新巴西利卡(Basilica Nova)、最后一批大型皇家浴场以及其他几位前任皇帝未能完成的此类项目，例如两座纪念性凯旋门的建造。在君士坦丁堡，君士坦丁大帝和他的继承者建造了更多的世俗建筑。但是，仅有的新形式却是在那些用于礼拜、纪念和洗礼的新兴教堂建筑中创造的。正是这些新形式在以后的几个世纪中持续发展，在君士坦丁大帝以后的时代它们才具有重要意义。

最早的基督徒早已把犹太教堂作为他们的礼拜场所，他们坚信世界末日即将来到，觉得不必要求更多。随着那种信念的逐渐淡化，教徒数量增多并基本割断了与犹太教的联系。他们聚集在团队成员提供的任何可能的场所进行祈祷和礼拜，这种礼拜逐渐发展成为正规的圣餐仪式。与同时代的异教徒们一样，他们埋葬死者，并同样在墓地进行纪念性的丧宴。在罗马和其他几个地方，这些墓地多为地下墓穴。但这并没有什么特别的意义，其根本的原因是地价昂贵，同时易于挖掘的岩土又提供了有利的条件，使得墓穴层层叠叠直到深处。墓地旁边搭有简单的建筑用以容纳聚餐的教徒。

到了 3 世纪，基督徒开始委托建造专门的教堂或对现有建筑进行改造。但是这些建筑规模太小，很不起眼——此乃刻意为之，为的是避免对官方国教造成过于激烈的挑战，并将其做为君士坦丁建筑师们的模板。异教庙宇也不能作为范本，因为需要截然不同的各种形式来满足不同的使用要求。当众多异教徒来到庙宇参加仪式时，他们是在露天进行的，但圣餐仪式要求一种不同的参与方式。这是一种只允许已入会的信徒参与并在室内举行的仪式，所以需要足够的地方容纳所有与会者。浸洗礼(Baptism)同样有其特殊要求——当时受洗礼需要浸入水中。只有坟墓和墓地的其他设施没有新要求。

然而，全新的建筑形式不可能在一夜之间突然产生。何况那时比今天更加依赖于设计和建造过程中的实际经验，他们显然也不可能这样做。君士坦丁大帝希望他的新教堂能够立即产生巨大影响，这也是期望从基督教新的合法化中得到利益的牧师的愿望。因此，对于教堂建筑本身，选择的形式应该是基本无须重大修改就能适用的，以前的用途没有什么不良含义，并可以用相对较少的花费快速建成。这就是通常所称的巴西利卡，直到马克森提在新巴西利卡(Basilica Nova)中对其进行了全新阐释，它是一座木屋顶的长方形大厅，柱廊式中央空间两边为走廊，上面可能还有夹层高走廊。主体空间比两侧走廊高，靠高侧窗采光，设一个或多个半圆形后殿以便办理法定事务。巴西利卡在规模和具体形式上易于变化，已经出现很多不同的变体。真正的局限只有一个，中堂空间的宽度必须在已知木结构形式的跨度范围之内。半圆形后殿中可设置牧师的座席，就像以前为地方行政官及其助手提供座席一样，而在以前举行奠酒仪式(libation)的小圣坛前方则可设置基督教的圣坛。

因此，早期基督教堂最常见的形式(同时期的犹太教堂也一样，例如在萨迪斯所见到的)是：矩形厅堂，木构架屋顶，中央内殿两边各有一条或两条侧廊，侧廊尽头为一个半圆形后殿，另一端则是主入口。大致在相当于神庙前的神圣围场或典型的早期罗马住宅的中庭的位置，是一个也被称为中庭的庭院，中间常常有一个喷水池。后殿内沿墙布置一排或几排半圆形的座席供牧师使用，中央是抬高的主教神座。在其前方，一道开放的围屏划分出内殿，并将它跟中殿的其他部分隔开，圣坛便设于该区域内。为了突出其重要性和庄严感，这一空间通常会用四根甚至更多的柱子环绕起来，上方支起天篷，被称为天盖(Baldachino)或华盖(Ciborium)。

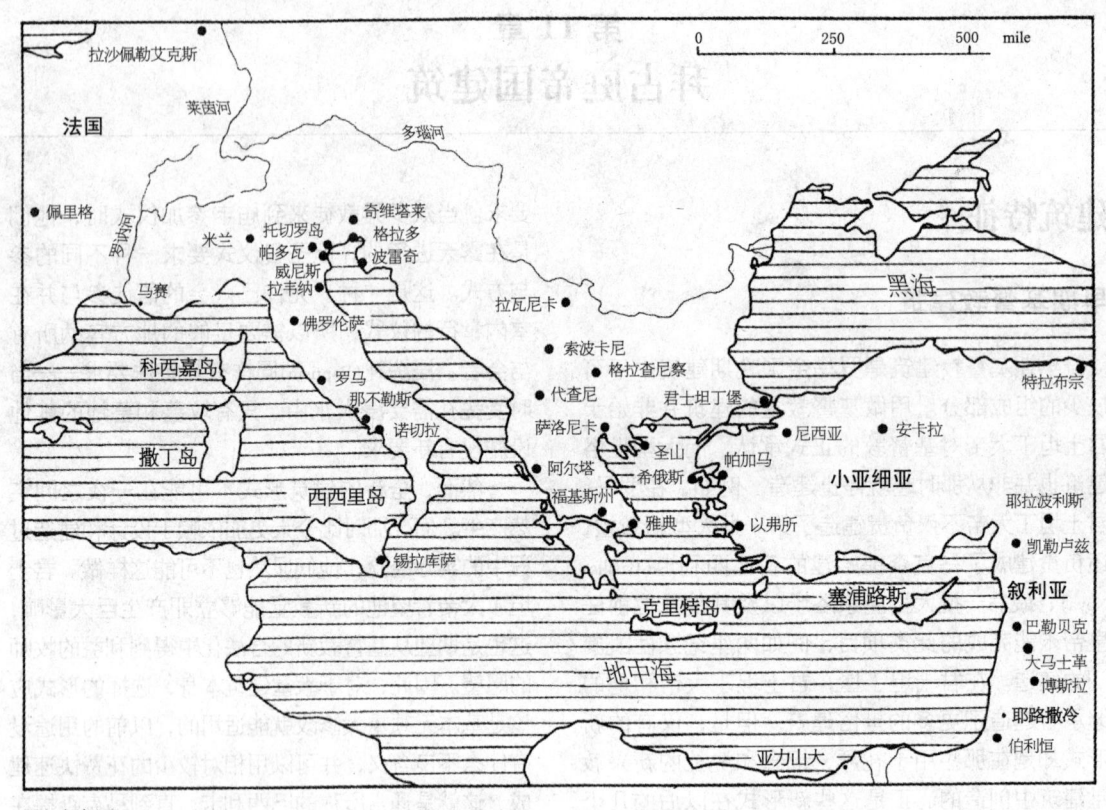

拜占庭帝国

今天，跟那些留存下来但并未得到很好保护的古罗马建筑相比，这类教堂的内部给人的印象是极端奢华的。朝教堂纵深方向望去，可以看到长排的大理石柱，有的上面覆有平直的柱上楣构，有的则是一排排的拱券。在它们上面，高侧窗之间的墙体可能是大理石贴面，有的也可能是用小块彩色玻璃制成的马赛克镶嵌而成。在中堂末端的凯旋门以及后殿的半圆形穹顶上，镶嵌着更加色彩斑斓的马赛克。这些马赛克，若是早期留存下来的，大都是关于圣经中所描述的场景或只是人物，后面衬以装饰性风景画或不带图案的金色背景。中堂的天花似乎曾饰有藻井并且被镀得金碧辉煌，地面则铺有灰白与黑相间的大理石，内嵌着几何图案的彩色大理石。

但是应该记住，今天所看到的大多是后来改造的结果。例如，天花很可能是巴洛克时期刷新过的，大理石铺地则属于 11 世纪或 12 世纪。大部分墙壁饰面的年代可能还要更晚。最初的室内陈设也很少留存下来。不过，如果这种富丽堂皇的印象是为了抵消巴洛克的厚重感的话，也不会完全引起误导。有证据表明，在君士坦丁时期，有些教堂的屋顶构架就已经被隐藏在镀金的天花饰板后面了。地面上可能曾经铺着马赛克而不是大理石，就像近来在阿奎莱亚(Aquileia, Aquilaia)和杰拉什(Jerash, Jarash)发现的那样。大理石、壁画和马赛克覆满着大面积的墙面。而室内陈设，诸如圣坛、天盖和圣堂周围的围屏，无疑也曾被镀得金碧辉煌，甚至镶嵌着宝石。

事实上，有一点是非常清楚的，即从一开始，君士坦丁大帝就想让他的新教堂同其他现有建筑一样富丽堂皇，否则它们将无法如他所期望的那样宣扬新的宗教信仰。这些新教堂与早先的罗马建筑相比，其不足之处主要在于柱子、柱头及类似的部件经常取自早期建筑并重新利用，而对其是否相配却极少考虑。然而奇怪的是，这种做法却赋予了内部空间更多活力。在新教堂中更加频繁地在柱廊的立柱之间使用拱券。尽管水平的檐部并未被刻意取消，并且似乎仍旧是较受欢迎的形式，但是缺乏合

284

第11章 拜占庭帝国建筑

适尺寸的框缘砌块确实促使了拱券的使用。

特征上的差异反映出不同的地方资源和建筑传统。例如，在依然保留着切割石头的精巧传统工艺的叙利亚地区，更多地强调建筑的雕刻装饰和外观——这在同时期的其他地方并不受重视。安纳托利亚(Anatolia)中部和亚美尼亚(Armenia)可能很早就用石砌拱顶代替了木构架的屋顶。在布局的细节方面往往也会产生变化，以满足在整个帝国发展形成的不同礼拜仪式各自的独特需求。这些细节涉及诸如增设入口、内部围屏以及附属空间等事宜。

然而，矩形的巴西利卡并非教堂采用的唯一形式。偶尔也会采用更集中的布局，它们强调中央的垂直轴线而不是横向的水平轴线。其原因至今仍有争议，理由可能不止一个。可能存在两种罗马原型：一种是圆形神庙(例如万神庙)，另一种是集中式觐见厅或花园楼阁(例如据称的密涅瓦神庙)，它们在后期罗马宫殿中成为典型。后一种似乎更有可能，因为其含义"君主之所"，与上帝之所或"教友之家"(Domus Ecclesia)并没有什么不相宜，并且至少存在一个早期的实例：在萨洛尼卡(Salonika)把一个这样的楼阁改建成了教堂。这种集中式的教堂平面变化不一，从完整的圆形到在整体的八角形或方形中放入更为复杂的突出耳室(通常是四瓣形或四个半圆形室)。

新建的完整圆形平面的教堂仅有一例存留下来，即罗马圣司提反圆厅教堂(S. Stephano Rotondo)。在细部设计上，这座教堂与同时期一般的巴西利卡很相似。但是在实际使用中一定出现了很多问题，因为之后没有再建这样的教堂，这说明它被认为是一次错误的尝试。像四瓣形平面及其变异形式则存在较多实例，最早的大概是安条克(Antioch)的金八角堂(Golden Octagon)，还包括稍晚的米兰圣洛伦索教堂(S. Lorenzo)。在这里，中央的主体空间进一步扩展，不只增加了连续的回廊，还增加了半圆形的有座前廊(exedrae)。一条纵向的次轴线自入口延伸至圣坛。这些矩形巴西利卡的变体还应该算上可追溯到5世纪末至6世纪初的一些实例。在那些教堂中，半圆形后殿前面那一个正方形中堂开间被拔高形成一个低塔，形成另一种中心垂直方向的强调。

洗礼堂的要求很简单，一个位于中央的洗礼盆，使受洗者得以进入其间，周围留出足够空间给主持仪式的牧师。所以，简单的圆形、八角形或其他集中式平面便成为显而易见而且几乎是普遍采用的选择。如果建筑足够大，还会给中央空间加上一圈回廊。通常有一个中央穹顶，用马赛克装饰着基督受洗礼的画面。

个人坟墓承袭罗马早期样式，主要通过坟墓上面的装饰主题来辨别，尽管有时候它们也十分模糊，无法确定这个建筑最初是基督徒的坟墓还是异教徒的，比如，君士坦丁的女儿康斯坦蒂亚(Constantia)的陵墓，现在是圣康斯坦萨教堂(S. Costanza)。有顶盖的公墓是另一种新形式，虽然它只是昙花一现，而且主要局限于罗马——如果存留下来的例子可以作为有效参考的话。在很多方面，其常见平面形式可能被认为是巴西利卡式教堂布局的简化形式。这是一个长长的末端带半圆形后殿的矩形(包含一个两旁设单层侧堂的中堂，只是它的侧堂继续将半圆形室也环绕起来，形成一个回廊)。对其惯用的装饰人们所知甚少。通常整个地面布满坟墓，对于较重要的埋葬者通常会在周围为其加建独立式陵墓。

与之相关的一类新兴建筑可统称为纪念性建筑。严格地说，许多，但并非全部，是建在殉道者坟墓之上的殉难教堂(Martyria)。其中最早也是最重要的一个实例是罗马的君士坦丁圣彼得巴西利卡教堂，它被建造在公认的圣徒坟墓之上。君士坦丁时期，另一些这一类型的重要纪念性建筑则建造在圣地耶路撒冷的主要遗址上，分别用来纪念基督的诞生、任职、死亡以及复活。晚期的一个重要实例是锡曼堡(Kalat Siman，即 Qal'at Samaan)以圣西门柱(S. Simeon Column)为中心建造的圣西门柱头修士殉难教堂❶。所有这类建筑在形式上多种多样，因为除了单纯的纪念性功能，它们通常还为大批朝圣者提供普通教区教堂的一些职能，同时也兼作覆顶公墓，用来埋葬为那些希望葬在自己纪念的圣徒旁边的人们。事实上，正是由于这样，在普通教堂的圣坛下面，也埋葬着圣徒的

---

❶ Church of S. Simeon Stylites；圣西门是来自北叙利亚的一位牧师，教堂以圣西门曾讲经的一根著名石柱为中心而建。四间矩形教堂形成一个十字，前面是一个八角形厅，厅上盖有圆顶，而这根石柱就在八角形厅的正中位置。——编辑注

遗体。除了已经提到的形式，带有四个长翼的十字形平面也被采用，这可能是因为它能以一个中央圣堂或纪念性建筑来承载大型集会或其他活动，同时也传达了基督教的象征意义。

公元6世纪的变化

6世纪的基督教建筑都受到一座建筑的影响，那就是查士丁尼时期建于君士坦丁堡的圣索非亚大教堂（Hagia Sophia），教堂之名意为"神授的智慧"（Divine Wisdom）。事实上，它带来的冲击力如此巨大，以至于后来所有的拜占庭教堂都深受其影响，在10世纪，它的影响力也延伸到了新成立的俄罗斯。

圣索非亚大教堂是最大的无中间支撑的穹顶空间，在整个拜占庭帝国历史上都保持这一地位。进入其中的人们无不为它那高悬在上的中央穹顶所震撼——借助来自霍默（Homer）的宫廷史学家普罗科匹厄斯（Procopius，约490—507，拜占庭历史学家）的描述，它仿佛"被悬挂在一条自天而下的金链上"——此后使用圆顶几乎成了拜占庭建筑的必尽义务。当然，随之而来的便是对垂直轴线的集中强调。圣索非亚大教堂还展示了如何把这种强调与同样重要的纵深轴线强调相结合。但是对于较小规模的建筑，这种融合巴西利卡平面和带有更早时期四瓣形平面的方法并不容易成功地仿效，于是，晚期拜占庭教堂的设计者们便情愿让中心轴线超越纵深轴线而占据主导地位，同时期的圣塞尔吉乌斯与巴克乌斯教堂（SS. Sergius and Bacchus）就是这样做的。

圣索非亚大教堂给15世纪的土耳其征服者留下了深刻印象，这使它免于遭受其他教堂一样的命运而得以保存至今，纵然面貌已有许多改变，却仍能把它在6世纪时给人的印象呈现出来。对于任何一个注重欣赏封闭空间效果的人来说，圣索非亚大教堂独特的空间特征是无与伦比的。

对两个方向上轴线的强调不仅得到了完美的融合，也使内部空间的界限变得难以捉摸。另外，折叠的表面使支撑中央穹窿和其他穹顶的巨大柱墩的厚重感得以减弱。柱墩和墙包裹在大理石里，这反映了早期基督教建筑对罗马技术的改造，它们为开敞的双层柱廊所打断，但跟古典主义做法不同的是，上层与下层的柱间跨距并不相等。所有的穹顶表面原本都用金色马赛克饰面，采用纯粹的没有人物形象的主题，最高层的窗间墙可能也是如此。巨大的窗户——比今天的要大得多——使整个室内充满光线，大理石和马赛克因此而熠熠生辉，光彩仿佛来自其内部。还有一些早已遗失的圣坛、华盖、围屏和其他室内陈设上也都覆有金银，更为室内增添了绚丽的光彩。最终形成了一种新的词汇——雕刻装饰。源于5世纪末期的古典主义形式仍被继续采用，不过其具体诠释和使用已有所改变。例如，柱头与券底石合为一体，其表面完全被深深浅浅镌刻的莨苕叶饰、花篮饰或其他题材的装饰所覆盖——不过与同时期的其他建筑相比，圣索非亚大教堂中的这些雕刻已经比较节制了。

然而，圣索非亚大教堂决不是查士丁尼大帝下旨建造的唯一一座教堂。仅在君士坦丁堡，普罗科匹厄斯就列举出至少三十座教堂是由查士丁尼下旨建造的，其中最重要的项目是他对神圣使徒教堂（church of Holy Apostles）的重建。在该教堂和以弗所（Ephesus）的圣约翰大巴西利卡的重建中，采用了十字形的平面结构，它包含一个中堂，左右突出的翼部，以及被分成两个正方形隔间并各自覆有圆顶的东翼。同圣索非亚大教堂一样，它们利用帆拱将穹顶支撑在跟隔间相连的四个拱券上。在其他城市，由其他赞助者建造的圆顶巴西利卡还尝试过另外一些变化，但并非都能够成功。另外也有一些四瓣形平面的例子，值得一提的是拉韦纳的圣维塔尔教堂（S. Vitale, Ravenna），与圣索非亚大教堂不同，室内的马赛克壁画描绘了人物的形象。

晚期拜占庭教堂

拜占庭建筑后来的历史不能不被看做是一种令人扫兴的结尾。创造虽然并未停止，但是后来的教堂都缺乏圣索非亚大教堂及其同时代相邻地区教堂的那种力量、威严与气势。新建筑在气势和规模上的衰退体现了拜占庭帝国权势的减弱、眼界的降低以及一种满足修道士们的基本需求，而非公开进行大规模宣讲的倾向。

上面已经谈及几乎普遍使用的圆顶和集中式平面。某些早期的平面形式也保留了一段时间，特别是圆形和四瓣形的平面，在帝国的东部边疆，尤其是亚美尼亚地区皆有发现。然而，总的趋势是将教堂局限在矩形平面内，中央有穹顶，通常还有十字形的四翼，末端或者是方形，或者是半圆形。

最初，平面之间的差异主要在于如何利用方形围合平面的角落剩余空间，以及如何处理这些空间与中央空间的关系。通常只有设圣坛的主要后殿可突出于方形平面之外，不过有时也容许在两侧的角落里有较小的凸出作为辅助区域，称为"侧殿"(pastophoria，即古教堂中圣殿两侧的房间)，供牧师使用。但是在偏远的东部地区，并不太强调围合的方形平面，这里在阿拉伯人侵后仍然保持基督教信仰。在亚美尼亚和格鲁吉亚，甚至还采用更明显的十字形平面。最终，在希腊和君士坦丁堡，支撑圆顶的庞大柱墩被缩减成单根的立柱，以前由柱墩来抵挡的侧推力全部被传递到外墙上。这样就把角落空间与中央空间以及十字形的四翼合为一体。然而几乎在同时期一种逐渐普及的做法是把东端的半圆形后殿跟两间侧殿都围在一道更加坚固的围屏后面，称为圣像屏(iconstasis)。这种变化，反映了圣餐仪式的变迁，也带来了一种新的空间划分。

作为对平面尺度收缩的部分补偿，教堂的高度在比例上增加了。做法之一是将中央穹顶抬到一个高高的鼓座上，从内部看，它创造出一种与圣索非亚大教堂那宽广的穹顶截然不同的空间感受。进一步的做法，就是外观上的强调，也许这并非完全为了突显高度，但确实与之相关。这也表现在簇拥在中央穹顶四周的许多小穹顶以及外墙上砖砌或石工的装饰图案上。

圣索非亚大教堂，单单凭借它的内部空间、大理石饰面以及华丽的无人物形象的金色马赛克，就俨然一座"人间天堂"，完全不必添加人物形象的装饰。晚期的教堂没有一个能够单凭建筑手法创造出类似的效果。但是，它们的墙壁，尤其是穹顶的曲面，的确为创作一个壁画或马赛克表现的理想天堂提供了适宜的条件。

公元843年，禁止使用一切人物形象表现的时代宣告结束，9世纪与10世纪的隐修院教堂如此完美地展示出这种装饰手法被利用的可能性。与十七八世纪那种夸张虚幻的装饰手法完全不同，这里运用写实主义的手法将基督和圣母描绘在中央穹顶或半圆形后殿的穹顶上，有时后面衬着诸如耶稣升天(Ascension)图案的背景画，有时则庄严地映衬于金色的背景中。在帆拱和其他高拱顶的曲面上，则描绘着基督一生的重要事件，例如圣母领报(Annunciation)、基督受洗(Baptism)和主显圣容(Transfiguration)等，仿佛这些场景正在这个曲面围合的空间里发生着。在稍低处的墙壁上，靠近天顶画底部的地方，则绘有已成为圣徒的修道士前辈们的画像。

在拜占庭帝国最后的几百年里，修建或装饰教堂时往往摈弃了这种严格的等级形式，普遍采用的是一种更具叙事性的整体装饰，这更像当时的西方教堂。新的雅致与人性化取代了对早期马赛克画的生动自由和对未来理想世界的关注，这跟同期的西方绘画是并行发展的。

晚期教堂建筑的最后一个特点就是新的教堂或礼拜堂往往是在现有教堂基础上加建的，这也许是为了减少侍奉教堂的神职人员的数量。这种趋势在君士坦丁堡尤为显著，两三座建于不同世纪的教堂合为一组，共同创造出独特的组合式外观，跟严谨组织体量的单一穹顶教堂有着极大的区别。

晚期西方教堂建筑

到目前为止，所谈论的基本上是君士坦丁以来整个帝国的建筑以及从查士丁尼开始的东罗马帝国或称拜占庭帝国的建筑。而在后期，西方出现了三种类型的基督教堂，它们或者与早期基督教建筑，或者与晚期的东部帝国建筑，有着紧密的联系。

第一类是一直延续到13世纪的罗马教堂建筑。也许是由于资源有限，建筑表现出一种几乎无可匹敌的保守性，故被简单地列为"早期基督教建筑"。鉴于这种保守风格，没有必要在这里进一步考究其间的差异，但是在下面的代表性实例中会再次提到。

第二类是拜占庭帝国西部边远地区以及与之保持着密切联系的地方，特别是像拉韦纳、威尼斯、意大利南部以及西西里的教堂建筑。在拉韦纳和威尼斯，像圣维塔尔教堂和圣马可(S. Mark's church)那样的教堂，几乎就是君士坦丁堡建筑的再现，甚至帮助重现了君士坦丁堡自身早已消失的特征。而在意大利南部和西西里，君士坦丁堡建筑的特征则更多地受到其他地方的影响，比如诺曼、伦巴底、甚至还有西方的伊斯兰国家，其建筑样式有时被修改得面目全非，除了马赛克镶嵌和些许装饰细部。

第三类是直接或间接地受到君士坦丁堡影响的西方教堂建筑。这一类在后面的章节中会提到。

世俗建筑

比起其他新建的教堂建筑，君士坦丁大帝在罗马和君士坦丁堡营建的世俗建筑无疑规模更大。同样，查士丁尼大帝也着手兴建了比教堂建筑更多的世俗建筑。其中大部分是防御工事。6世纪以后，随着城市生活的普遍萧条，非基督教会建筑物数量急剧减少，其速度甚至超过了新建教堂，但并未完全停止。例如，新的宫殿和许多新的隐修院还在兴建。

即便在查士丁尼时期，世俗建筑的发展成就与罗马帝国晚期相比也是微不足道的，因而没有必要在这里再做讨论。只需注意到，某些样式已经不再流行，同时教堂建筑与之所效仿的那几类世俗建筑在外观上极为相似，但室内陈设有明显的不同。

上面已经提到，拜占庭帝国很少使用剧场，圆形剧场则用得更少。公众娱乐的主要场所是竞技场（hippodrome），它与古罗马竞技场（circus）几乎完全相同。这里同时又是公众集会的主要场所，在首都，坐在特别包厢里的皇帝还在这里接见他的臣民。浴场的建造继续承袭着以前的模式，实际上，由土耳其征服者直到很晚建起的新浴场仍旧模仿古罗马的样式。诸如输水道和蓄水池之类的土木工程也反映了古罗马的惯例，尽管君士坦丁堡比以前的城市拥有更多的地下蓄水池，并独创了架在长长双排柱上的砖砌棱拱顶的蓄水池。

对拜占庭住宅建筑的研究远远不及对古罗马及其行省的住宅建筑的研究。但是如果它们与后者存在什么明显差异的话，那肯定是因为居住与建造的标准降低了。拜占庭没有留下可与罗马、奥斯蒂亚、赫库兰尼姆和庞培的群落式或独立式住宅相比较的实例，这并不能归咎于大范围的毁坏活动。一些古老的修道院表明生活住所必须要进行定期的重建或至少是大规模的翻修，这就使得早期建筑极少能够存留下来。后来建造的更加坚固的宫殿建筑尽管已被毁为废墟，仍然显示出西方的巨大影响力。

建筑实例

早期基督教建筑

尽管这个副标题下列举的主要是早先定义为早期基督教建筑的实例，但将查士丁尼时期甚至更晚仍在继续使用的几个相似形式的建筑包括进来也是合适的。因为教堂、纪念性建筑或殉道教堂以及覆顶公墓这样的分类有所重叠，于是把它们列在一起，只是把陵墓和洗礼堂划分出来单独考虑。

教堂、纪念性建筑和覆顶公墓

罗马的拉特兰巴西利卡（Lateran Basilica, Rome, 即圣约翰拉特兰教堂（S. Giovanni in Laterano），约313—320）是君士坦丁大帝在罗马下旨建造的第一座教堂。它是为罗马主教而建的大教堂，坐落在市郊东部，以前曾是军事兵营。后来经过数次改建，最著名的要数17世纪由博罗米尼（Borromini, 1599—1667）主持的一次，以及19世纪的改建。4世纪时的教堂留存下来的基础以及更早期的记录，足以使建筑得以按原貌精确地重建。这座巴西利卡有一个宽敞的中堂，末端是一个半圆形后殿，每边各带有两个侧堂，其内侧空间要高于外侧。稍稍突出的两翼缩短了外侧廊的长度，其用途可能类似于现在的圣器收藏室。高大的中堂柱廊承托着水平檐部，而较矮的侧堂则支撑着连拱廊。整个建筑不设廊台（gallery）。早期曾有记录描述镀金的屋顶或天花、银质圣坛、金银烛台还有彩色大理石的立柱和墙面——所有这些都与建筑的朴素外表形成强烈的对比。

几乎和拉特兰巴西利卡同一时期的，还有别处的许多新主教教堂，不过这些只能通过考古发掘或描述来了解了。其中就有**提尔大教堂**（Cathedral of Tyre, 316年或317年祝圣），它表明甚至在君士坦丁大帝管辖的帝国范围之外，教堂也采用了一种极其相似的巴西利卡形式。根据尤西比乌斯（Eusebius）的描述，教堂只有两个侧堂，同时他还提到，自街道穿过一个纪念性的入口门廊（propylaeum）便可进入一个中庭，其中央是一座喷水池。

如果将优西比乌斯对它的强调作为参照的话，耶路撒冷的**圣墓教堂**（Church of the Holy Sepulchre, Jerusalem，见[303]页图⑥）就是君士坦丁大帝在东方建造的最为重要的教堂。它现在的形式是几次重建和改建的结果，最引人注目的是12世纪十字军加建的哥特式歌坛以及一侧高大的入口立面。近来的发掘使其原貌逐渐清晰起来，原教堂在近4世纪末时才完全建成。它由几个相关联的建筑组成：一个建于坟墓之上的**阿纳斯塔修斯圆形大厅**（Anastasis

第11章 拜占庭帝国建筑

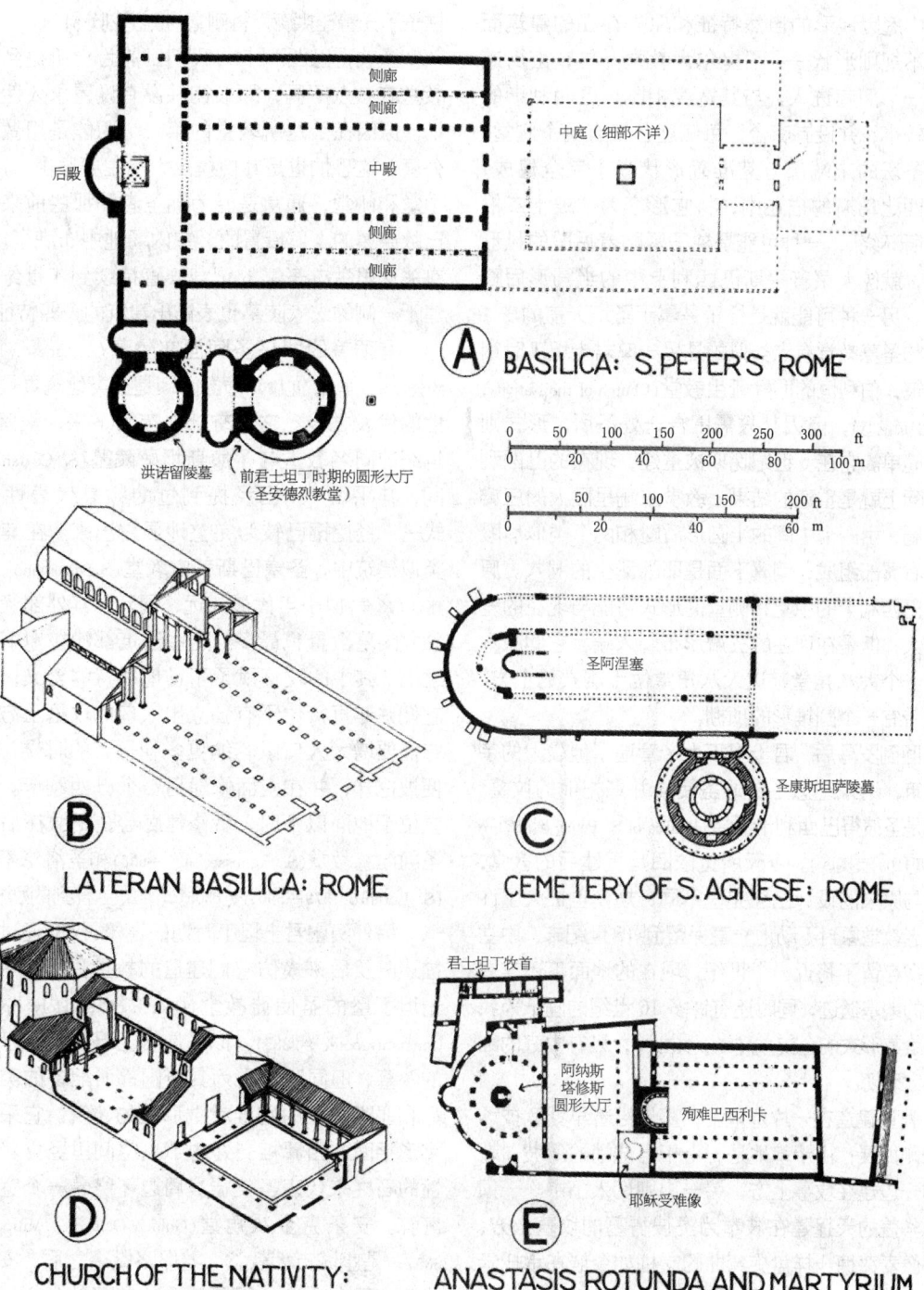

罗马与耶路撒冷的早期巴西利卡（EARLY BASILICAS: ROME AND THE HOLY LAND）：Ⓐ 罗马的圣彼得巴西利卡教堂；Ⓑ 罗马的拉特兰巴西利卡；Ⓒ 罗马的圣阿涅塞陵墓；Ⓓ 伯利恒的耶稣诞生教堂；Ⓔ 耶路撒冷的阿纳斯塔修斯圆形大厅与殉难巴西利卡

Rotunda); 一个带有回廊的庭院将其中一角的耶稣受难石(Rock of Calvary)和纪念堂(Memorial)或称之为殉难巴西利卡(Martyrium Basilica)纳入其中, 后者同时也用做主教堂; 以及一个外部的中庭。其中外部的中庭因地形的自然特征和原先存在的建筑而呈现不规则形状——跟提尔大教堂一样, 由街道穿过一个门廊进入。与其宽度相比, 巴西利卡的深度较小, 并设有廊台, 每侧还各带有两个侧堂。带有圣坛的末端部分其准确形状尚未完全建成, 在优西比乌斯的描述中, 将它形容为"被十二根柱子所环绕", 一种可能是柱子紧贴着后殿的弧形墙面, 就像大莱普提斯巴西利卡中的半圆形后殿那样。另一种可能就是柱子是属于圣坛天盖的。

与圣墓教堂有点类似的是另一座君士坦丁时期的建筑, 伯利恒的**耶稣诞生教堂**(Church of the Nativity, 见[303]页图①), 但因其只需围合一处圣所, 形式则更为简单。它在 6 世纪晚期被重建, 现在的巴西利卡实际上就是重建的结果。教堂末端呈巨大的三瓣形布局, 由一个中间的半圆形后殿和两个类似后殿的左右翼部组成, 侧翼下面是耶稣诞生的洞穴。原来的巴西利卡的中堂和侧堂的形式可能与现在的差别不大, 但是在现在的三瓣形布局末端, 它们原本通向一个大八角堂, 这大八角堂位于洞穴的上方, 可能带有一个圆锥形的顶棚。

回到罗马后, 君士坦丁大帝营造了他最大的宗教建筑, 用来纪念主要的圣使徒并祭祀他的坟墓。这就是**圣彼得巴西利卡教堂**(Basilica of S. Peter, 约320—330, 见[303]页图Ⓐ)。今天所见依旧是重建后的教堂, 这次与原来的设计已经完全不同, 规模也扩大了许多。老教堂原封不动地一直保留到 15 世纪末, 中堂则又多存留了将近一个世纪。现在的地面下还存有大量的地基遗迹, 同时还有许多 16 世纪的画纸为我们描绘其形式的全貌(见 [305] 页图 A), 只有中庭的细部不太确切。

教堂建造在一片墓地上, 墓地沿着早期竞技场的一侧扩展; 由于基地是一个相当陡峭的斜坡, 教堂的一边建在坟墓上方, 另一边则切入山中。一顶形似华盖的天篷建在被奉为圣彼得墓的坟墓上方, 它那像麦芽糖一样盘旋弯曲的支柱如今嵌在承托米开朗基罗的大穹顶的巨大柱墩之中。一个抬高的宽阔平台, 即讲坛(bema), 在坟墓四面伸展开来, 其后是突出的半圆形后殿(由于地形原因而向西突出)。前方伸展出来的是巴西利卡, 其宽度连同每边的双侧堂约为 64m(210ft), 长度约为 90m(295ft), 不包括讲坛和后殿。22 根古老的巨柱, 尺寸、颜色及柱头各不相同, 支撑着水平檐部上方的中堂墙壁, 就像在拉特兰巴西利卡中那样, 同时还有相等数量的略短的柱子承托着连拱廊, 将侧堂与侧堂划分开来。

圣彼得巴西利卡与我们目前为止所提到过的教堂有一点不同, 即最初并没有设置永久性的圣坛。原因在于这所教堂的第二个职能是用做覆顶公墓, 这恐怕也是其规模巨大的主要原因。讲坛、中堂和侧堂, 通常是专为朝圣者和那些前来悼念已故亲属的人们设置的。室内场地中布满了坟墓, 有关这里举办丧宴的记载一直持续到 4 世纪。附建于一侧的宏大陵墓也表露出建筑的丧葬特征。

有顶盖的罗马**圣阿涅塞陵墓**(S. Agnese, Rome, 约公元 340 年后, 见[303]页图ⓒ), 是此类建筑更具普遍性的代表之一。它只有部分存留下来, 坐落于 6 世纪的同名教堂与圣康斯坦萨陵墓(S. Costanza)之间, 其平面——已经提到过的颇具代表性的形式——经挖掘已较为完整地显露出来。在其余的类似建筑中, **圣塞巴斯蒂安教堂**(S. Sebastiano, 约始建于 313 年)似乎年代最久远, 同时, 其外部簇拥的独立陵墓数量也最多。这些建筑都建在地下墓窖之上, 其中的坟墓赋予了场地独特的含义, 但是它们并非直接位于有独立出入口的坟墓上方。当它需要增大入口以容纳更多朝圣者的时候, 坟墓便被挖开, 并在上面修建另一个巴西利卡。当中堂位于地面以下时, 就修建廊台, 正像在后期的圣阿涅塞教堂(S. Agnesse, 625—638)和圣洛伦索教堂(S. Lorenzo, 579—590, 见[305]页图 B)中看到的那样。

另外两座君士坦丁时期的建筑, 仅能通过有关描述以及后来模仿它们建造的教堂去了解了。君士坦丁堡的**圣使徒教堂**(Church of the Holy Apostles, Constantinpole, 约335), 似乎是君士坦丁为自己修建的陵墓, 但同时也是为其新国都所配备的类似罗马和耶路撒冷的殉难教堂那样的建筑。它采用十字形平面, 四翼相交处的中央空间里竖立着象征性的石柱来代表圣使徒。周边环绕着一个宽敞的庭院。安条克**金八角堂**(Golden Octagon, Antioch, 约330), 是座城市大教堂。继耶路撒冷之后, 安条克成为帝国在这一地区最重要的基督教中心。除了八角形的平面, 我们还知道它有一个两层的连续回廊, 并带有半圆形壁龛, 只是不能确定这些壁龛是否直接开向中心的八角形大堂。大堂可能有

第11章 拜占庭帝国建筑

图 A 罗马圣彼得巴西利卡教堂(16 世纪),见[304]页

图 B 罗马圣洛伦索教堂,站在 13 世纪的中堂看到 6 世纪建于圣徒墓地之上的教堂,见[304][313] 页

第二编　文艺复兴以前的欧洲和地中海建筑

图 A　罗马圣萨比那巴西利卡式教堂(422—432)，见[309]页

图 B　罗马圣萨比那教堂内部

第11章 拜占庭帝国建筑

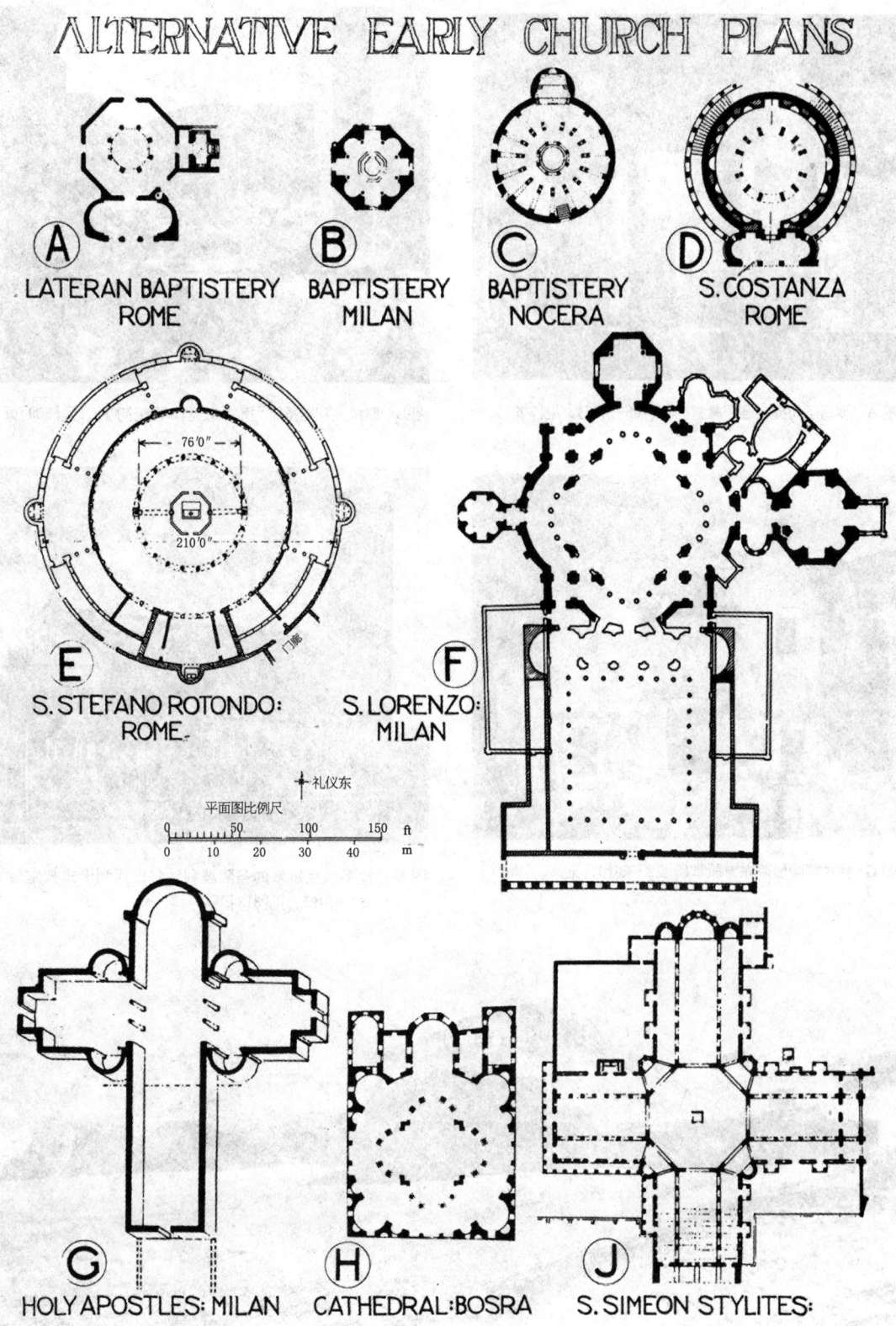

早期教堂的平面变体(ALTERNATIVE EARLY CHURCH PLANS)：Ⓐ 罗马拉特兰洗礼堂；Ⓑ 米兰洗礼堂；Ⓒ 诺切拉洗礼堂；Ⓓ 罗马圣康斯坦萨陵墓；Ⓔ 罗马圣司提反圆厅教堂；Ⓕ 米兰圣洛伦索教堂；Ⓖ 米兰圣使徒教堂；Ⓗ 博斯拉大教堂；Ⓙ 圣西门柱头修士殉难教堂

第二编　文艺复兴以前的欧洲和地中海建筑

图 A　罗马圣司提反圆厅教堂内部(468—483)，见[309]页

图 B　耶拉波利斯圣腓力殉难教堂(5世纪初叶)，见[309]页

图 C　阿拉罕隐修院东方教堂(5世纪末叶)，见[313]页

图 D　拉韦纳克拉塞的圣阿波利纳尔巴西利卡式教堂(约534—549)，见[313]页

图 E　阿斯旺圣西门隐修院(4世纪以后)，见[313]页

一个尖塔形的木顶，内壁镀金，并且正如其名称所示，外面可能也是镀了金的。

罗马圣司提反圆厅教堂(S. Stefano Rotondo, Rome, 468—483, 见 [307] 页图 E 及 [308] 页图 A)是老国都后来唯一脱离长方形巴西利卡形式的重要教堂。前面曾经简要描述过。中央空间上方可能有一个轻巧的圆锥顶；下方的柱子不可能承托起沉重的穹顶，当后来增加了横向连拱廊时，不得不采取了必要的加固措施。尽管现在室内墙壁已经大量剥落，但仍有痕迹显示出当年华丽的大理石贴面。

5世纪罗马的其他教堂，在承袭长方形巴西利卡平面结构的同时，设计中又引入了一种新的更为古典主义的改进，这在今天可以在坐落于阿文蒂尼山上的圣萨比那教堂(S. Sabina, 422—432, 见 [306] 页)，特别是圣马利亚大教堂(S. Maria Maggiore, 约 432—440, 见 [310] 页图 A)中见到，尽管历经数次重造后，大量原始的墙壁装饰已不复存在了。柱子和柱头现在更加相配。圣萨比那教堂是科林斯柱式，而圣马利亚大教堂是爱奥尼柱式，后者还承托着笔直的檐部。檐部上保留着原来精美的马赛克，镶拼出《旧约》中的场景，跟后殿拱券上关于基督童年的马赛克画相得益彰。它们的叙事性手法使人回想起早期凯旋门和记功柱上的带状雕刻。而后殿本身，还有圣坛上的天盖、中堂的天花和整个外观，都属于相当晚的年代了。但是圣萨比那教堂的外观在很大程度上依旧保持着原有的特色，令人回想起君士坦丁建造的特里尔巴西利卡那朴素的砖砌，富有韵律感的窗洞。

米兰圣洛伦索教堂(S. Lorenzo, Milan, 约378, 见 [307] 页图⑤)可能会被视为第一座在西方与君士坦丁在安条克的金八角堂旗鼓相当的建筑，当时米兰事实上就是西方的首府。平面基本为正方形，四周开有壁龛并环绕着两层高的回廊。在12世纪与16世纪重建的教堂下面保存着大量的原始结构，足以表明在方形外围四角一直建有塔楼，这意味着中央广场上原来可能有一个棱拱拱顶。原来在前厅(narthex)外面是一个庭院，其入口门廊至今还在。教堂周围还聚集着几个八角形的附属建筑，只有它们还保持着最初的大理石与马赛克装饰。

米兰圣拉撒路教堂(S. Nazaro, Milan)最初是圣使徒教堂(Church of the Holy Apostles, 约382, 见 [307] 页图ⓒ)，特意仿照君士坦丁大帝在君士坦丁堡的同名教堂而建。其不同之处在于，这里的十字形平面有一个长长的无侧堂的中堂，由此伸展的两翼被列柱所截断。圣坛位于十字交叉处，从而十字形的四翼都向它集中。

拉韦纳原圣十字教堂(S. Croce, Ravenna, 约425)，以弗所的第一座教堂圣约翰教堂(S. John, Ephesus, 约450)，以及锡曼堡圣西门柱头修士殉难教堂(Martyrium of S. Simeon Stylites, Kalat Siman, 约480—490, 见 [307] 页图①)，十字形平面以同样的原因再次出现，并且加入了地方特色。不过，萨曼堡的教堂有一个八角形的而不是正方形的中心，其对角线方向却像米兰的圣洛伦索教堂一样延伸出壁龛。正中心树立着圣人之柱，正如以前一样，它很可能是露天的。十字形的四翼因带有侧堂而建得更宽，东翼末端为三个半圆形后殿。殉难堂周围簇拥着很多建筑物，用来接待朝圣者或用作洗礼堂。其建造采用的是东部地中海地区典型的精美石料砌筑方式，雕刻精美的装饰强调出拱券、入口、立柱和壁柱的线条，这在外部跟内部同样明显。

这一地区的确还有许多其他形式简单的巴西利卡，卡洛布-卢宰教堂(Qalb Lozeh, 5世纪晚期)便是其中的杰出代表。在帝国的其他地方带有侧廊的巴西利卡总是利用柱廊来划分侧堂与中堂，而在这里，空间的分隔是由架在大跨度柱墩上更为坚实的连拱廊来实现的，每边各有三个侧廊。

耶拉波利斯圣腓力殉难教堂(Martyrium of S. Philip, 今帕穆克卡莱 (Pamukkale), 5世纪初叶, 见 [308] 页图 B)是早期的一个实例，具有同样大的规模，有一个八角形的中心，不过在这每一边上都以同样方式向外伸出放射状的侧翼。由此形成的星形又被围合在一个更大的方形平面内，内设接待朝圣者的房间，在放射状翼之间的角落里是带有壁龛的三角形附属空间，可能是用作小礼拜堂。

博斯拉大教堂(Cathedral, Bosra, 512, 见 [307] 页图Ⓗ), 6世纪初叶，在阿拉伯半岛、叙利亚以及美索不达米亚地区有很多完全集中式的大教堂和殉难教堂，博斯拉大教堂就是其中之一。像米兰的圣洛伦索教堂一样，中央有正方形广场，外围有半圆形门廊作为延伸，回廊环绕四周。博斯拉大教堂的与众不同之处在于，回廊也有类似半圆形门廊的突出部分，建筑整个被方形外墙围合着，只有东端突出三个半圆形后殿。教堂好像不曾建有廊台，中央空间的屋顶原来的建造方式也不得而知。

第二编 文艺复兴以前的欧洲和地中海建筑

图 A 罗马圣马利亚巴西利卡式大教堂(432，后有改动)，见[309]页

图 B 拉韦纳在克拉塞的圣阿波利纳尔教堂：由中堂向东望，见[310]页

第11章 拜占庭帝国建筑

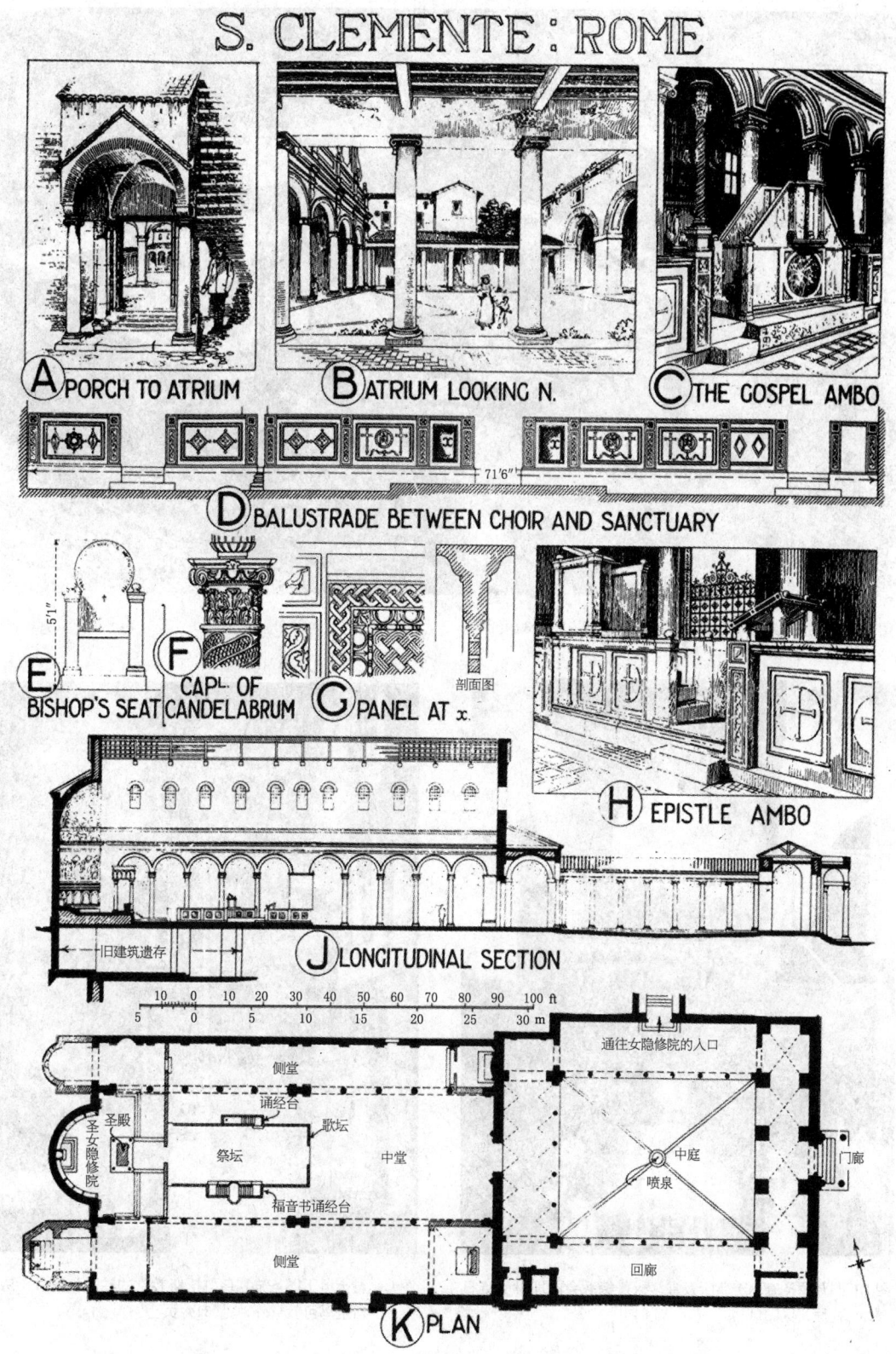

罗马圣克雷芒教堂(S. CLEMENTE: ROME)：Ⓐ 通向中庭的门廊；Ⓑ 中庭北望；Ⓒ 福音书诵经台；Ⓓ 歌坛与圣殿间的栏杆；Ⓔ 主教座席；Ⓕ 华柱柱头；Ⓖ x位置的镶板；Ⓗ 诵经台；Ⓙ 纵向剖面；Ⓚ 平面图

第二编 文艺复兴以前的欧洲和地中海建筑

图 A 西奈山圣凯瑟琳隐修院(6 世纪中叶),见[313]页

图 B 旧开罗圣塞尔吉乌斯教堂,科普特教会的耶酥受难日礼拜,见[314]页

图 C 君士坦丁堡圣波利乌科托斯教堂的柱子,现位于威尼斯圣马可教堂外,见[314]页

第11章 拜占庭帝国建筑

阿拉罕隐修院东方教堂(East church, Alahan Manastir, 5世纪末叶,见[308]页图C),是在西里西亚(Cilician)的许多巴西利卡教堂中保存最完好的。它特别强调了位于中堂东部、半圆形后殿之前的正方形开间。这一空间高出主体屋面,形成一座低塔。其顶层角落的突角拱表明那里曾经有一个八角锥形的木屋顶。然而比精致外形更重要的是,这里将纵向的平面与位于礼拜仪式主要程序上方的接近中心的塔楼相结合,由此创造出一条明显的垂直向次轴线。

萨洛尼卡圣德米特里教堂(S. Demetrius, Salonika,原建于5世纪下半叶)、**拉韦纳圣阿波利纳尔新教堂**(S. Apollinare Nuovo, Ravenna, 5世纪下半叶)、**拉韦纳克拉塞的圣阿波利纳尔教堂**(S. Apollinare in Classe, Ravenaa,约公元534—549,见[308]页图D及[310]页图B),它们处于同一时期,都是简单巴西利卡形式中较为晚期的例子。第一座是殉难教堂,它建在一座古罗马浴场上面,并与之结合在十字形平面东端下面形成地窖。除此之外,这所教堂与耶路撒冷那些带有双侧廊及廊台的殉难教堂并没有太大差别,最多只是建筑规模和细部有所不同。在中堂柱廊的一部分柱头上(它们经历了数次火灾,并在两次重建中存留下来,最近一次火灾是在1917年)有早期风格的风扬莨苕叶饰(wind-blown acanthus type)。还有少量的马赛克也保留下来,但它们的年代比最初的教堂要晚。拉韦纳的两座教堂则属于在意大利较为常见的类型,有单侧堂但没有廊台,特别令人称道的是其早期的马赛克壁画。在圣阿波利纳尔新教堂的中堂里,拱廊上方的墙壁描绘着男女圣徒和殉道者的行列,他们面向靠近后殿的耶稣即位和圣母圣子画像,突出强烈的纵向轴线感。在这些画像上方的窗间墙上,有描绘基督生活故事的彩画镶板。在克拉塞的圣阿波利纳尔教堂特别高大宽敞,比例和谐,尽管其半圆形后殿的地板被抬高以形成地窖,原状或多或少有所改变。后殿内壁及其前面的拱券上也有精美的马赛克镶嵌画。教堂外面有一座精美的钟塔(campanile),顺着楼层依次开有渐变的窗洞。

在整个帝国到处可见更多的实例。在边远地区,地方传统特色自然更明显,即使是由皇帝出资修建的教堂,例如位于西奈山的**圣凯瑟琳隐修院圣母教堂**(Church of the Virgin, S. Catherine's Monastery, Mount Sinai(埃及穆萨山的旧称),约540,见[312]页图A)。这所教堂实际上建在一座堡垒内,是一个极其简单的石砌建筑,虽然它尚保存有最古老的木构架屋顶,这也一定是在别处制造的。它有当时最精美的后殿马赛克,至今保存完好,马赛克描绘出基督变容的故事,明显是出自从君士坦丁堡特派来的工匠之手。在更加边远的南部,**阿斯旺圣西门隐修院**(Monastery of S. Simeon, Aswan, 4世纪以后,见[308]页图E)事实上也是一座带围墙的要塞,大量泥土砖砌筑的拱顶与几千年前的埃及建筑极为相似。

在把讨论从这些真正的早期基督教建筑转向后来的巴西利卡实例之前,有必要指出的是,5世纪初开始,越来越多的早期其他用途的建筑转变或被改建成教堂。最初,这些建筑中不包括神庙,在异教徒的礼拜被禁止后,庙宇也的确被列入其中了。例如罗马的万神庙就在公元610年改成圣母殉难教堂(S. Maria ad Martyres),像这样的建筑在结构上并不需作任何改动。我们现在所知的圣乔治教堂,也是5世纪初由萨洛尼卡的加莱里乌斯宫(Palace of Galerius, Salonika)的圆厅改造而成的,其东端的后殿被打通,绕以回廊并增加了一个前厅,在穹顶的建筑框架之间装饰了殉道者的马赛克壁画。常见的长方形平面的寺庙内殿也能像万神庙一样容易改建。有时会在内殿中新建一个较小的结构,或将外面的列柱围廊填实变成新的外墙,再将原来的内殿外墙打通,从而获得一个扩大了的带有侧堂的内部空间。锡拉库萨的**雅典娜神庙**(Temple of Athena, Syracuse)就在公元610年采用上述办法改造成了现在的大教堂。

罗马的圣克雷芒教堂(S. Clemente, Rome, 12世纪初,见[311]页)是罗马沿用早期巴西利卡形式直至罗马风时期的很多实例中最有趣的一个。现在的样子是在约1110~1130年重建形成的。它很大程度上承袭了早期教堂(约380)的平面,原教堂的大部分还留存于新教堂的地下,尽管重建时跨度缩小了。很多细部,包括华丽的大理石地面和马赛克,自然不能被称作早期基督教风格,但是早先教堂中的室内陈设保存得相当完好,仍在使用。使我们今天能很好地看到这些陈设的最初特色。

罗马圣洛伦索教堂(S. Lorenzo, Rome, 见[305]页图B),6世纪晚期建于圣徒坟墓之上,在13世纪初进行了扩建而非重建。半圆形后殿被拆除,在其位置上增加了一座新的巴西利卡式中堂。原来的教堂则变成圣坛(chancel),在以前的中堂上面新加了一层抬高的地板,以消除地面高度差,并在其下形成地下室。廊台得以保留,不过它们已经失去了本来的用途。

托切罗岛大教堂(Cathedral, Torcello, 大部分约建于 1008 年, 1259 年全部建成, 见[331]页图 B), 显示出一个巴西利卡平面几经扩建后保留下来的样子。内部用非常简单的手法创造出壮丽的空间, 高坛周围环绕着精美的大理石围屏, 巨大横梁横穿过中堂与侧堂。充足的光线从侧廊的窗户和天窗进入室内, 绚丽的色彩与光影的变化使内部更加精彩。后殿中有高高的主教神座, 还有马赛克勾勒出的站立于成排圣使徒上方的圣母圣子像, 巨大的马赛克镶嵌画最后的审判覆盖整面西墙。

旧开罗圣塞尔吉乌斯教堂(S. Sergius, 地下室约建于 5 世纪或 6 世纪, 现在的教堂大部分是在早期平面的基础上于 11 世纪重建而成, 见[312]页图 B)显示出巴西利卡平面在一个长期受穆斯林统治的国家里的沿用。这一教堂是常见的单侧堂巴西利卡, 带有前厅, 上有廊台。然而它的重要性更表现在深受伊斯兰影响的装饰风格, 以及晚期样式中的高大厚实围屏, 即圣像屏横穿中堂和侧堂, 把会众区跟圣殿及其侧殿完全隔离开。越过围屏可以看到圣坛天盖上方的穹顶。在被穆斯林征服后, 上埃及的教堂经常像当时的清真寺那样有多个穹顶。

陵墓

罗马圣康斯坦萨陵墓(S. Costanza, Rome, 约 350, 见[307]页图 D 及[316]页图 A)是君士坦丁大帝的女儿康斯坦蒂亚的陵墓, 后来变成了教堂。其形式是普通的早期圆形平面, 只是中央穹顶下的圆形空间外围着一圈筒拱顶的环廊。穹顶由双柱拱廊支撑, 柱顶的两个科林斯柱头采用加厚的通用柱头拱墩(deep common impost blocks)相连接。整个侧堂的拱顶都还保留着原来的马赛克装饰, 大部分是几何图案或缠绕的藤蔓。石棺旁壁龛里和穹顶上有更明确的基督教题材的装饰画。其他地方则是彩色大理石贴面。

拉韦纳的加拉普拉西狄亚陵墓(Tomb of Galla Placidia, 约 425), 规模较小, 建在前面提到的圣十字教堂的门廊的一端。与教堂一样, 它也是十字形的平面结构。在十字交叉处耸起一座低矮的方形塔楼, 上有穹顶被承托在帆拱上。穹顶表面镶满马赛克, 下面的墙壁是大理石贴面。雕刻精美的石棺仍然保留在十字形的三个短翼中。

拉韦纳的狄奥多里克陵墓(Tomb of Theodoric, 约 526)是一座两层高的建筑, 底下一层(外观为十边形)实际上是地下室, 覆盖着方石砌就的十字形拱顶。主层内部为圆形, 上覆一块独特的厚石板, 其下表面被凿成浅浅的圆穹顶, 马赛克镶拼的十字架依稀可见。

洗礼堂

现存的**罗马拉特兰洗礼堂**(Lateran Baptistery, 约 432—440, 见[307]页图Ⓐ), 是对君士坦丁巴西利卡旁边原有洗礼堂的重建, 在 16~17 世纪又经过改建。最早的八角形平面得以保留, 圣水盆占据由立柱围合的整个中央空间, 柱子可能承托着一个木屋顶。**米兰大教堂洗礼堂**(Cathedral Baptistery, Milan, 约 350 或 380, 见[307]页图Ⓑ), 最早也是八角形平面, 只是八边上都相应带有壁龛, 整个内部朝中央洗礼盆开放。

位于拉韦纳的**东正教洗礼堂**(Orthodox Baptistery, 约 400—450)的规模比较小, 穹顶(由空心陶管砌筑)直接承托在八角形的外墙上, 因此圣水盆周围的空间没有丝毫阻挡。特别值得称道的是, 其内部装饰包括大理石、彩绘粉刷和马赛克几乎全部保存了下来。

诺切拉的圣马利亚大教堂洗礼堂(Baptistery of S. Maria Maggiore, 约建于 6 世纪, 见[307]页图Ⓒ)中央同样有一个圣水盆, 但其形式更接近圣女康斯坦萨陵墓, 并且也有一圈双柱支撑着中央穹顶。

查士丁尼时期的拜占庭宗教建筑

这些实例证实了在拜占庭建筑形成早期已经开始使用圆顶, 起初多用在正八边形平面上, 之后越来越多地用在正方形平面上。

君士坦丁堡圣波利乌科托斯教堂(S. Polyeuktos, 524—527), 可能是第一座规模宏大的圆顶中堂教堂, 与阿拉罕隐修院的东方教堂大体相似, 都强调了东端的一个正方形空间。遗憾的是, 最近对教堂所在地的考古发掘尚不足以为复原上层建筑提供充分依据。发掘结果仅表明这是一座带有侧堂的巴西利卡, 平面为 52m(170ft)见方, 顺着一段宽阔的台阶可以到达教堂的前厅, 台阶另一端指向教堂的创建者阿尼西亚·朱丽安娜(Anicia Juliana)的宫殿。遗存的大理石柱子、柱顶檐口等处都有题材丰富多样的装饰(见[312]页图 C), 这些题材在前面已经提及。

位于君士坦丁堡的**圣塞尔吉乌斯与巴克乌斯教堂**(SS. Sergius and Bacchus, Constantinople,约始建于527年,536年前竣工,见[323]页图E)规模不太大,但大部分都完整地保留下来,不过其圆顶已经不再是原物了。平面由四瓣式发展而来,环绕着回廊,这种形式在相距遥远的米兰和博斯拉都见到过,也可能是以君士坦丁堡的金八角堂为模板。内层为八角形,在四个对边上各扩展成一个有座前廊,东西两端则分别朝向高坛和一个前廊开放。回廊上方设有廊台。教堂是查士丁尼大帝下旨建造的,紧邻着他即位前所住的宫殿。它很有可能是设计圣索非亚大教堂的原型之一。教堂的平面布局严重缺乏几何准确性,部分原因可能是受到地形条件与邻近先存建筑的制约。教堂内部,在土耳其的白色涂料下面,柱头和檐带上精美的装饰细部依然可见。现在的建筑已经改为清真寺,室内陈设也做了相应调整。

君士坦丁堡的**圣索非亚大教堂**(Hagia Sophia Constantinople, 532—537,连同后来的局部重建及加建,见[316]页图B及[320]页图),这是查士丁尼修建的最为重要的建筑。对圣索非亚(意为神授的智慧)的供奉实际上就是对基督的供奉,圣索非亚大教堂还曾以"大教堂"(Megale Ecclesia)之名而著称。它建在老城一端两座早期教堂的旧址上,靠着距离皇宫不远的最重要的城市广场奥古斯都广场(Augusteion)。之前这里曾建过两座教堂。最早的一座是由君士坦提乌斯(Constantius)修建的,在公元360年祝圣,公元404年被烧毁。第二座教堂由狄奥多西二世(Theodosius II)重建,在415年重新祝圣,却在532年1月的尼卡暴动(Nika riot)中再次毁于大火。两座教堂当然都采用了带有双侧堂及廊台的巴西利卡形式,这很像耶路撒冷的殉难教堂和萨洛尼卡的圣德米特里教堂,只是规模比它们要大。其中至少第二座教堂还建有一个中庭,其入口是纪念性的门廊。随着君士坦丁堡重要性的增加,它的主教也成为东正教会的总主教之一,圣索非亚大教堂不仅是主教大教堂,还是总主教大教堂。

查士丁尼大帝的教堂由来自特拉勒斯的安提米乌斯(Anthemius of Tralles)和来自米利都的伊西多勒斯(Isidorous of Miletus)共同设计,他们精通当时的机械科学(mechanical science),在当时被称为机械师(mechanicoi or machanopoioi)而非建筑师。然而,通过对建筑设计的仔细研究便可看出这种科学与其说像现代工程学,倒不如说更像今天的几何学,它主要是对空间及其上方的穹顶进行几何排序(geometric ordering)。从结构上来看,教堂的设计并不十分成功,因为圆顶建成后仅30年就局部倒塌了,不得不修改设计重新建造。但是,这次倒塌至少在一定程度上应归咎于建造速度太快,远远超过了以后建造的同等规模的建筑,以及其间几年发生了一连串不寻常的地震。然而有一点必须明确,圣索非亚大教堂的设计水平已大大超越了以前的建筑。

教堂主体是一个宽70m(230ft)、长75m(245ft)的长方形,东端有一个突出的半圆形后殿,西端有两个前厅,前面还有一个中庭。主体正中为一正方形,边长恰好是100拜占庭尺(31.2m)。上方的大穹顶通过架在巨大半圆拱上的帆拱支撑在正方形四角外的大柱墩上。其余的柱子朝向这四个柱墩排列着横穿侧堂,帮助抵消穹顶在南北方向上的外推力。东西方向上则是另一种结构,比帆拱的使用更加新奇的是,正方形在这里被转变成了圆形。两个直径相等的半穹顶与承托穹顶的横向半圆拱扣合,半穹顶的一部分侧推力又分别被靠在东西外墙上的柱墩抵挡。这些壁柱最终承托着东西向的侧推力,但并非全部,因为传递过程中会有少量的损耗。半穹顶下是两个半圆形的大空间,它们使中堂东西向的广度又扩大了一倍。在主柱墩和刚才提到的次柱墩之间,这些半圆形大空间又开有较小的半圆形壁龛,很像早期的四瓣形教堂。每一边都有单侧堂贯穿始终(见[320]页),在厚重的柱墩处变得狭窄,由于柱墩上成对的内凸变得更加狭窄,这些内凸并非最初的设计意图,而是在施工的后期增加的,那时上部的水平推力已经使柱墩产生了令人担忧的歪斜。由于东西两个半圆空间及其壁龛的存在,与众不同的柱间墙围合出的空间界限也变得与众不同。它们在西边与内前厅连接,上方是同样形状的廊台。

在中堂四周的墩柱间以及侧堂与廊台内的立柱间都建有连拱廊,承载侧堂和廊台的拱顶。柱身都是整块巨石,顶部与底部环绕着青铜饰圈,在古典柱式中,该部位应该是与柱身一体的凸起的柱颈。侧堂与廊台内是白色的普罗康涅(Proconnesian)大理石制成的立柱。中堂四周则是绿

第二编　文艺复兴以前的欧洲和地中海建筑

图A　皮拉内西镌刻画中的罗马圣康斯坦萨陵墓(约350)，见[314]页

图B　君士坦丁堡圣索非亚大教堂，从西南角望(532—537)，清真寺尖塔为土耳其时期加建，见[315][321]页

第 11 章 拜占庭帝国建筑

君士坦丁堡圣索非亚大教堂,从室内朝后殿方向望,见[315] [321]页

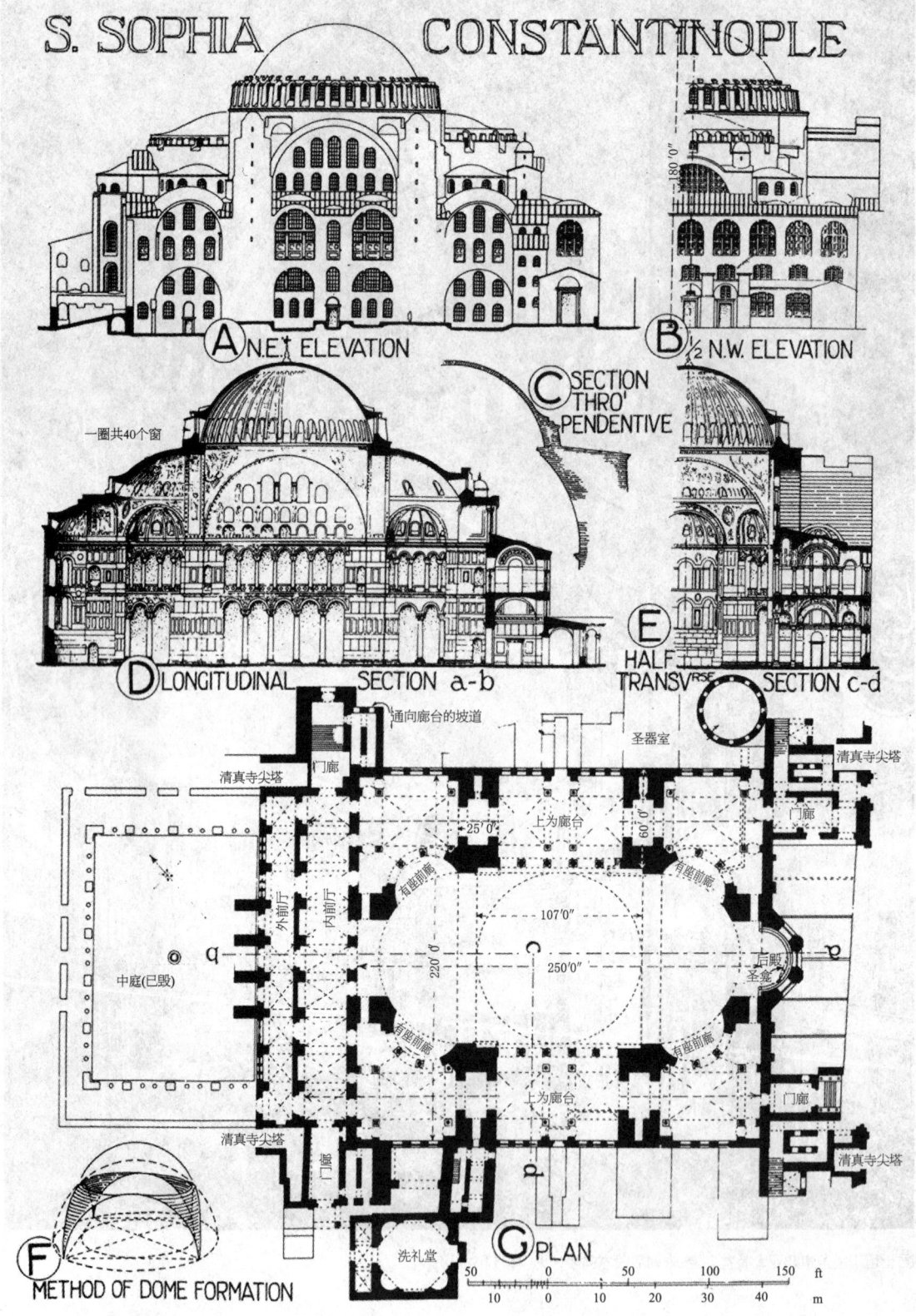

君士坦丁堡圣索非亚大教堂(S. SOPHIA CONSTANTINOPLE)：Ⓐ 东北立面图；Ⓑ 西北立面图；Ⓒ 剖面图（通过帆拱）；Ⓓ a-b 纵剖面；Ⓔ 建筑半部的 c-d 横剖面；Ⓕ 穹顶构成方式；Ⓖ 平面图

第 11 章 拜占庭帝国建筑

图 A 君士坦丁堡圣索非亚大教堂的柱头、壁柱头及拱券内壁装饰,见[315] [321]页

图 B 圣索非亚大教堂的中堂北侧

第二编 文艺复兴以前的欧洲和地中海建筑

君士坦丁堡圣索非亚大教堂北侧堂的东向内景,见[315][321]页

色色萨利(Thessalian)大理石或红色斑岩(porphyry)立柱,后者只用在有座前廊的底层。立柱的顶部承托着几种不同样式的华丽柱头,所有柱头都与整体的柱头墩相结合。这些柱头,连同雕刻的檐带以及类似元素,显然都是精心雕琢的。多数柱身也是如此,但尺寸各异,有传言说柱子是从早期神庙搬来的,特别是斑岩石柱的尺寸不均尤为明显,确实像是被重复使用的。上下两层的设计是相同的,除了廊台层围绕中堂的柱廊——无论是直线排列的中央列柱还是半圆壁龛内的曲线列柱——不仅不出所料比下层的矮,而且数量更多,间距更小。

上层檐带不间断地环绕整个教堂一周,其上是主要的半穹顶、有座前廊上方较小的半穹顶的起拱石以及承托大圆穹的拱券。半穹顶最初都是四分之一球面,但是现在西面主穹顶之上增加了一个扁平冠,从而变得更为陡峭。每一个半穹顶原来都开有五个窗洞,现在一部分已被封堵。在南北主拱券下面是开满窗的墙壁,也叫门楣中心❶。这些都是重建的,原来窗户的面积还要更大,上部是单独一扇巨大的窗户。大圆顶上曾经开有40个窗洞,如今有四扇已被堵上。

主体建筑部分采用巨大而尺寸精确的石灰石块和一种当地花岗石砌筑,部分使用砖块,比例与普通罗马平板瓦大致相当。柱墩下部用石料砌成,在上部则换用砖块,而所有的拱顶即使是底部的都用砖块砌成。砖砌工程中最显著的特点是灰泥接缝几乎与砖块一样厚。这肯定在很大程度上导致了早期的严重变形以及后来大圆顶的局部坍塌。

平面中最引人注目的是将巴西利卡对纵向的强调与大圆顶对中心的强调相结合。对布局的深入研究表明两种方式是如何结合的。但是,并非一切在设计时都经过了深思熟虑。比如前面早已提到过的对柱墩的临时加固。在侧廊与廊台的拱顶上,即兴创作的痕迹也非常明显,特别是中堂两侧的不规则空间。最发人深省的是,围绕中堂的柱廊在底层与楼层之间缺乏呼应极可能也不是原本意图。

进入今天的教堂(作为拜占庭帝国最重要的教堂达九个多世纪,之后又被用做清真寺近五个世纪,现为博物馆),必须对看到的很多内容进行鉴别,也必须牢记还有许多内容已无迹可寻。在中堂里可以看到的柱墩表面仍保留着大量彩色大理石贴面,侧堂与前厅的拱顶上还有很多最初的金色马赛克。但在较高处,人们看到的主要是严重褪色的19世纪粉彩画。以前能照射入室内的充足自然光,如今被窗洞填塞物以及外墙上沉重的大扶壁所遮挡。所有在日暮后照亮圣索非亚的原始灯具早就不见了,最初配金饰银、镶缀宝石的室内陈设亦已不复存在。

中堂内部,整体的印象来自于包裹着墙壁、柱廊与穹顶的单一层面——这个表面被柱廊和檐带分割成水平的带状,它有时会从视线中消失,然而这并不费解,只是暗示了那些承托圆顶的柱墩的庞大体量(见[319]页)。在侧堂中,有各种不同的隔间形状,并列的柱子样式、色彩与高度各不相同,在中堂里走动时可以看见不断出现的变化以及明暗对比的光线,所有这些都令人感受到一种更为生动的复杂性。更令人难以想象的是,从圣坛围屏后升起且为华盖所遮蔽的祭坛形成中心,祭坛向前伸展直到东端两个有座前廊之间,宽大的诵经台则更加突出,直伸到大圆顶的正下方,通过一条有大理石板护拦的通道与高坛相连接,伴随着神圣的圣餐仪式的色彩、旋律、歌唱和香火,皇帝亲自参加隆重的祭礼。现在,在内前厅的南侧门扇,通往中堂的正中门扇,后殿的半穹顶,还有廊台及其上方的墙壁上各个位置,在9世纪反偶像运动平定之后,都增加了精美的马赛克人像。

在外部,更需要对所见现状进行鉴别才能还原其原貌,当时有大片筒瓦,还至少有部分为大理石贴面的墙面(见[316]页图B)。最初,大圆顶比现在的矮,它正下方的广场也没有现在升得那么高。两个主要的半穹顶是在以后的不同时期重建的(西边的建于10世纪,东边的建于14世纪),西穹顶改建方式前面已经提到过了。

尤其值得注意的是,教堂外部已有很多加建,起初是为了对大圆顶和其他高穹顶提供补充支撑,而到了16世纪以后,则是为给清真寺提供更完善的设施。早期的加建包括以下建筑:坐落于教堂的西南角、沿其南边建造的大主教官殿;还有倚

---

❶ tympana; 亦译为山花四面,即拱圈与过梁间的弧形部分。——译者注

靠外前厅墙壁而建、贴着西廊台的墙壁跨越前厅屋顶的飞扶壁。它们的确切建造年代尚不确定，但很可能是在9世纪或10世纪，远远早于西方哥特式建筑对类似形式的采用。当教堂第一次建成的时候，就像廊台屋顶上方的巨大扶壁一样，大圆顶南北两侧向上延伸的柱墩一定比今天显眼得多。

除了这些加建，还有很多重要的损失。例如，中庭大部分已不复存在，取而代之的是现在的博物馆花园。但是，当人们由外前厅进入里面高敞得多的内前厅，然后又穿过其中一扇雄伟的大门进入中堂，仍然能够体验到同以前一样强烈的震撼，值得注意的是门与门之间无论过去还是现在从未连成一线。

最后，还值得注意的一点就是教堂里没有侧堂。以前曾把半圆形后殿隔壁的区域认为是圣餐准备区(prothesis)和助祭区(diaconicon)，或圣器室和法衣储藏室(vestry)，而这些已证明是错误的。虽然此类设施在同时期的其他一些教堂中的确存在，可在这里并不需要。在牧师引领着集会队伍从庭院经过前厅进入教堂之前，他们已经穿戴好了法衣。仪式中所需祭祀物品也已经在另一个独立的建筑——圣器室(skeuophylakion)中准备妥当，它位于教堂北面不远处，也是狄奥多西二世所建教堂的主要遗迹。

拉韦纳圣维塔尔教堂(S. Vitale, Ravenna, 约建于540—548，见[323]页图D)在公元521~532年开始建造，这段时期意大利正处于东哥特人的统治之下，然而直到10年后该城被查士丁尼大帝占领时，工程都没有太大的进展。在此之前，意大利与君士坦丁堡就一直有着密切往来，因而建筑呈现出浓郁的拜占庭风格并不另人感到意外。这座教堂与圣塞尔吉乌斯与巴克乌斯教堂有着明显的相似，不过两者内部的空间感受是不同的，主要原因在于高度和宽度之间的比例差异。圣维塔尔教堂与其后由查理曼大帝在亚琛建造的教堂，即今天的亚琛大教堂(参见有关章节)相比，也有类似的情况，亚琛大教堂在比例上要更高一些。

圣维塔尔教堂同圣塞尔吉乌斯与巴克乌斯教堂一样，有一个圆顶的八角形中心，地面层周边绕以回廊，其上为廊台。其核心处的直径比后者更大，但多出不足1m，可是穹顶的顶冠却足足高出大约6m(20ft)，对柱墩垂直向的强调增加了空间的高度感，这跟圣塞尔吉乌斯和巴克乌斯教堂形成鲜明对比，后者廊台一层立柱表面环绕着厚厚的檐带以强调水平方向的连续感。后者有座前廊朝向中心大堂开放，但在圣维塔尔教堂里，每一对立柱之间都有一个壁龛，只有东端开口加深扩大成为突出的半圆形后殿。回廊的外墙也是八角形的，也许是因为这样的设计更合理，而且它不再像圣塞尔吉乌斯和巴克乌斯教堂那样受到邻近已有建筑的制约。

两栋建筑之间其他的不同之处在于构造和装饰。构造上的主要差别是，圣维塔尔教堂的圆顶用中空的陶管砌成，就像前面早已讲过的东正教洗礼堂。上覆瓦面木屋顶，而在君士坦丁堡，通常的做法是将铅皮直接覆盖在砖砌的穹顶表面，建筑形式清晰地表达在外观上；圆顶抬高到鼓座上，以获得高耸的外观。在内部，圣维塔尔教堂因为始终被用作教堂，较高处的墙壁和高坛穹顶上的马赛克大多得以保留。它们是与真人一样大小的镶嵌画，描绘的是查士丁尼皇帝及同样非凡的狄奥多拉皇后(Theordora, 约500—548)——皇帝率领着主教、牧师还有他的随从仿佛正在进入教堂参加供奉圣礼，而皇后与她的侍从站立在庭院里似乎正要走进教堂。

君士坦丁堡的圣伊林娜教堂(Hagia Irene, 532年或稍晚些开始建造，公元740年后大规模重建)取代了在第一座圣索非亚大教堂建造以前的那座大教堂，该教堂于公元532年因火灾而遭严重破坏。它与圣索非亚大教堂相距不远，并由同一牧师主持。如今，只有下半部分的墙壁重建于查士丁尼时期，廊台和穹顶都是受地震毁坏后于740年重建的，甚至还有更晚时期的改建。在查士丁尼时期，在后殿前面的正方形开间中很可能只有一个穹顶，再往西是跨向另一边的筒拱。这种拱顶的形式与阿拉罕隐修院的相同，只不过圣伊林娜教堂的规模较大且设有廊台。教堂对于今天的价值还在于后殿的半穹顶上反偶像时期的马赛克，以及下方保存完好的教堂长凳(synthronon)——阶梯形的牧师席位。由于它在很长一段时间里被用作军械库，大部分内部装饰都已经脱落了。

FULLY CENTRALISED STRUCTURES COMPARED

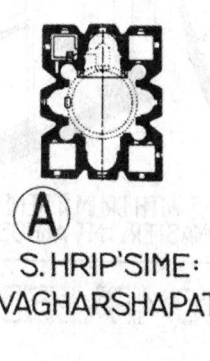

308

A
S. HRIP'SIME: VAGHARSHAPAT
B
S. GREGORY: ZVART'NOTS
C
S. ANDREW: PERISTERAI
圆穹中的陶罐
在b位置
在c位置
5'1/2"
2'0"
b
c
54'9"
中庭已毁
D
S. VITALE: RAVENNA
69'9"
平面图比例尺
0 50 100 ft
0 10 20 30 m
剖面图比例尺
0 10 20 30 40 50 ft
0 5 10 15 m
52'0"
清真寺塔尖
E
SS. SERGIUS AND BACCHUS: CONSTANTINOPLE

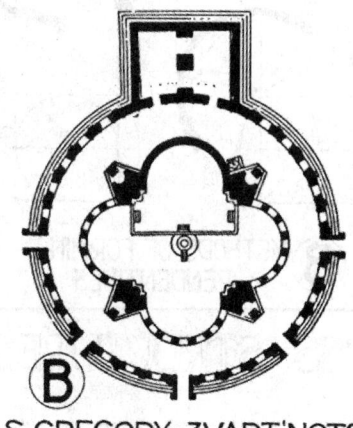

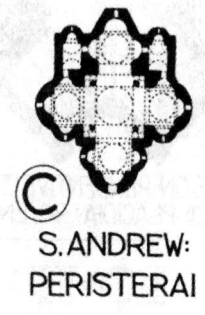

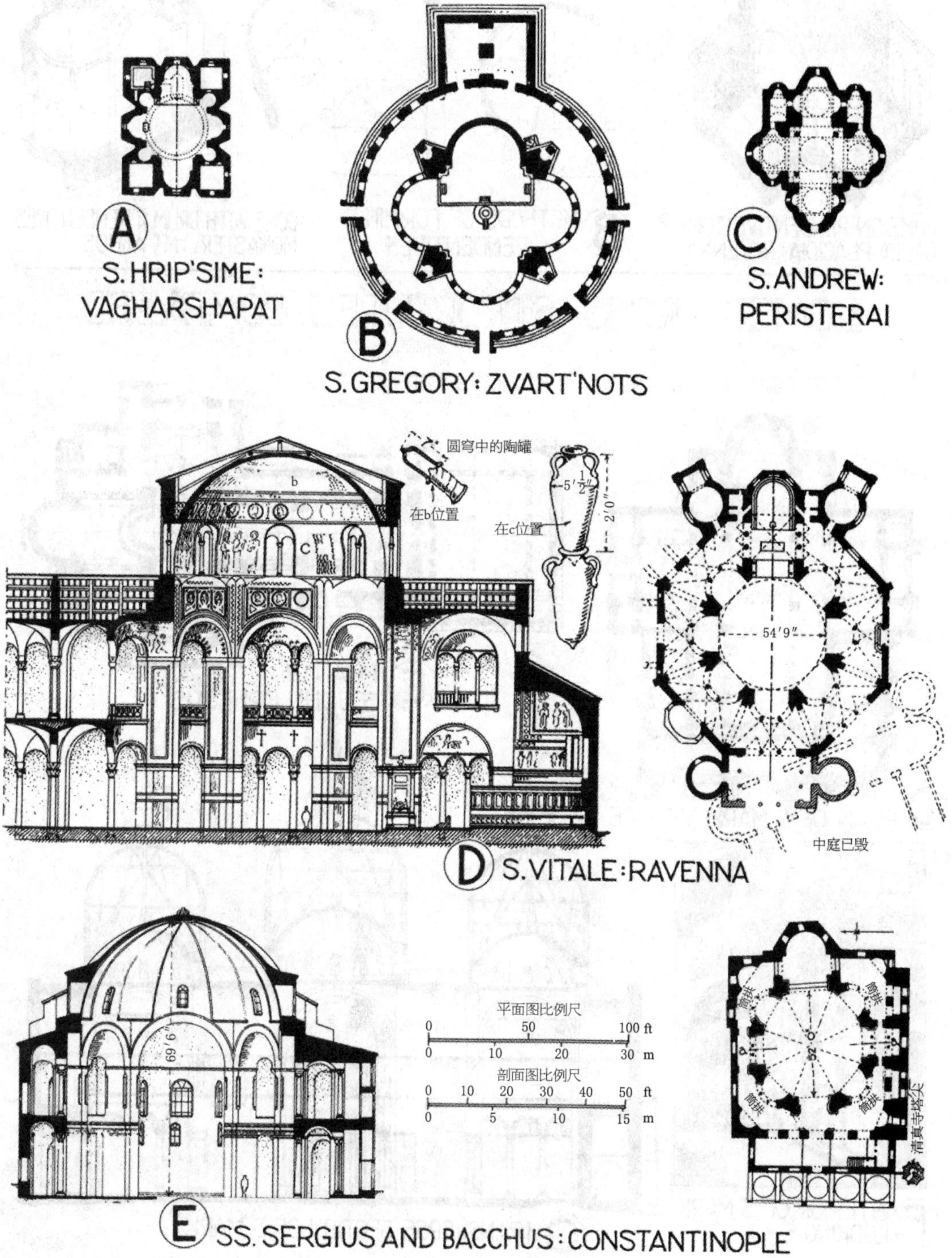

完全集中式建筑平面比较(FULLY CENTRALISED STRUCTURES COMPARED)：Ⓐ 瓦加尔沙帕特的圣里普西默教堂；Ⓑ 兹瓦尔特诺茨的圣格列高利教堂；Ⓒ 派里斯泰拉岛的圣安德烈教堂；Ⓓ 拉韦纳的圣维塔尔教堂；Ⓔ 君士坦丁堡的圣塞尔吉乌斯与巴克乌斯教堂

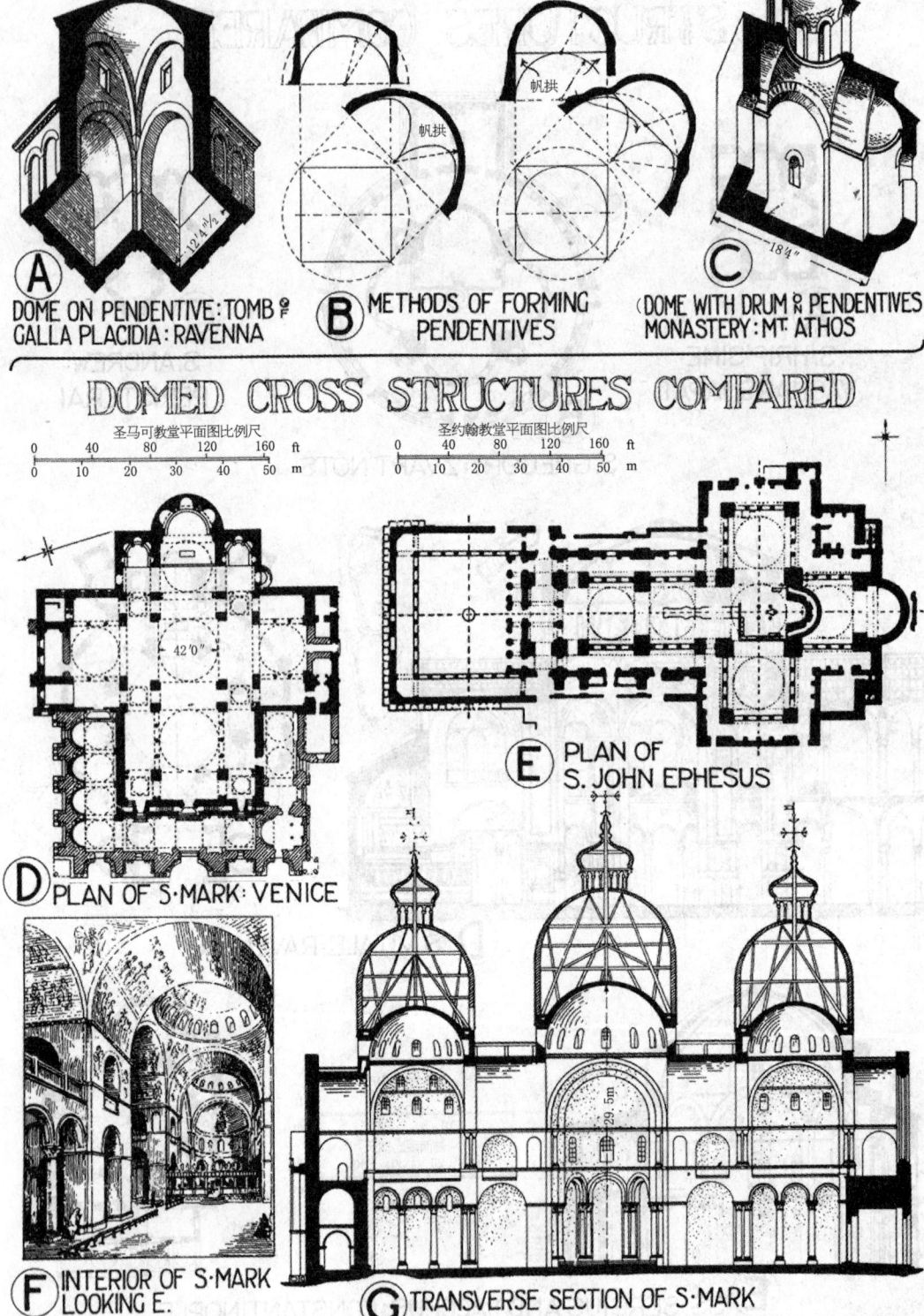

拜占庭式圆穹(THE BYZANTINE DOME)：Ⓐ 拉韦纳的加拉·普拉西狄亚陵墓帆拱上的圆穹；Ⓑ 构成帆拱的方式；Ⓒ 圣山隐修院帆拱上带鼓座的圆穹

圆穹十字平面结构比较(DOMED CROSS STRUCTURES COMPARED)：Ⓓ 威尼斯圣马可教堂平面；Ⓔ 以弗所圣约翰教堂平面；Ⓕ 圣马可教堂室东向内景；Ⓖ 圣马可教堂横剖面

君士坦丁堡**圣徒教堂**(Holy Apostles, 约 536—565)是查士丁尼对君士坦丁时期教堂的重建。后来又经过几次局部重建和改建，最终被土耳其征服者夷为平地，在遗址上建造了第一座征服者清真寺(Fatih Mosque)。除了从配有图案的手稿和其后的摹本中可以找到些许描述外，我们对它几乎一无所知。据推测，这座教堂与其君士坦丁时期的原型一样拥有一个十字形的平面，但在伸出的每个侧翼上都覆有一个圆顶，相交处则有一个更高的圆穹。威尼斯的圣马可教堂可能是最相像的摹本。

以弗所**圣约翰教堂**(S. John, Ephesus, 548—565 年以前, 见[324]页图ⓒ)是查士丁尼另一个重要的重建教堂。跟圣使徒教堂一样，早先的教堂被扩大并增加了一系列的圆顶主要的特点是，教堂的西翼比其余的都长，从而需要两个圆顶。发掘出的遗迹(局部已经重建)表明其建造方法与圣索非亚大教堂极为相似，都有石砌柱墩和砖砌的拱券与穹顶。

菲利皮**第二巴西利卡**(Basilica B, 约 540, 见[326]页图B)是和前面提及的三座教堂一致的实例，都试图在更为复杂的平面上创造穹顶，并同穿过中堂东端的一个宽阔的类似耳堂的侧翼相结合。同样地，在东边，中堂与两翼相交处的方形平面上覆有穹顶。其余部分则覆以筒拱和交叉筒拱(groin vault)。尽管像圣索非亚大教堂和圣约翰教堂一样经过精心的建造，其东边的柱墩却不足以抵挡圆穹的侧推力。穹顶坍塌后，可能因为缺乏资源，教堂似乎遭到废弃。西边的两个柱墩却依然完整挺立。

查士丁尼之后的拜占庭宗教建筑

以下案例选自查士丁尼大帝统治形成阶段以后很长一个时期。它们都是经过精心选择的，并按照地区来分类，以便反映在分裂日益加剧的帝国内部及其边疆地区不同的发展脉络。俄罗斯的建筑将另作介绍。

君士坦丁堡和希腊

戈提那**圣提多教堂**(Hagia Titos, 可能建于 6 世纪晚期或更晚, 见[326]页图A 及 [327] 页图A)与刚才提到的那些使用圆顶的教堂有一定的联系。尤其与菲利皮第二巴西利卡有很多相似之处。更深的高坛使耳堂不像交叉伸出的翼部，而是结束于两个半圆形后殿，再加上东端的后殿，使人们回想起罗马的三瓣形平面，从而将注意力集中于中央穹顶。如今的残留部分都是由方石砌成的。现存的萨洛尼卡的**圣索非亚教堂**(Hagia Sopia, 约 7 世纪初, 见[326]页图ⓒ)取代早先一个较大的巴西利卡，显示了同一方向上的进一步发展。厚重的方形柱墩，在两个轴线方向都凿有通道，承托着中央穹顶，同时限定了十字形的短翼。侧堂和前厅环绕十字中心的三边，另一边则是高坛及其两边的侧殿。后殿和圆穹上精美的马赛克已遗失不少，但仍有留存。

派里斯泰拉岛的**圣安德烈教堂**(S. Andrew, Peristerai, 约 870, 见[323]页图ⓒ)是座规模比较小的建筑，西翼有一部分是后来加建的。它采用带有圆顶的十字式，除了东翼有两个侧堂外没有其他角室。

君士坦丁堡的**君士坦丁利普斯隐修院**(Monastery of Constantine Lips)的北教堂，即**费纳里伊萨清真寺**(Fenari Isa Cami, 908 年祝圣, 见[326]页图ⓔ)，它是内切十字方形平面(cross-in-square)的早期实例，当支撑中央穹顶的柱墩被缩减成单柱，方场四角的隔间被纳入主空间之后，就产生了这种形式。南教堂、稍后建造的前厅以及南侧的小教堂(Parekklesion)都是在 14 世纪早期增加的。

圣路加隐修院圣母教堂(Theotokos, Hosios Lukas, 10 世纪, 见[326]页图ⓓ)，是希腊保存完好的内切十字方形平面实例。其邻近的**大教堂**(Katholikon, 11 世纪早期)规模更大，平面也更为复杂，穹顶由八个柱墩承托，架在柱墩之间的突角拱将中堂的对角线连接起来。前厅和中央方形大厅周边开间上方均有廊台。尤其引人注目的是教堂保存完好的华丽装饰：墙壁与柱墩的大理石贴面，大理石雕刻的窗格，以及穹顶上完整的马赛克(部分经修复)。这些都充分地反映了反偶像时期之后最初几个世纪里教堂的内部特征。

圣山大劳拉隐修院主教堂(Katholikon, Great Lavra, Mount Athos, 10 世纪末或 11 世纪初, 见[327]页图B)是现存最早的圣山教堂(Athonite church)，也是其他教堂的范本，其平面也是内切十字式，但是像圣提多教堂一样，在十字形的两个侧翼增加了突出的半圆形后殿，又在西前厅的两侧增加了礼拜堂。达夫尼的**考伊米西斯教堂**(church of the

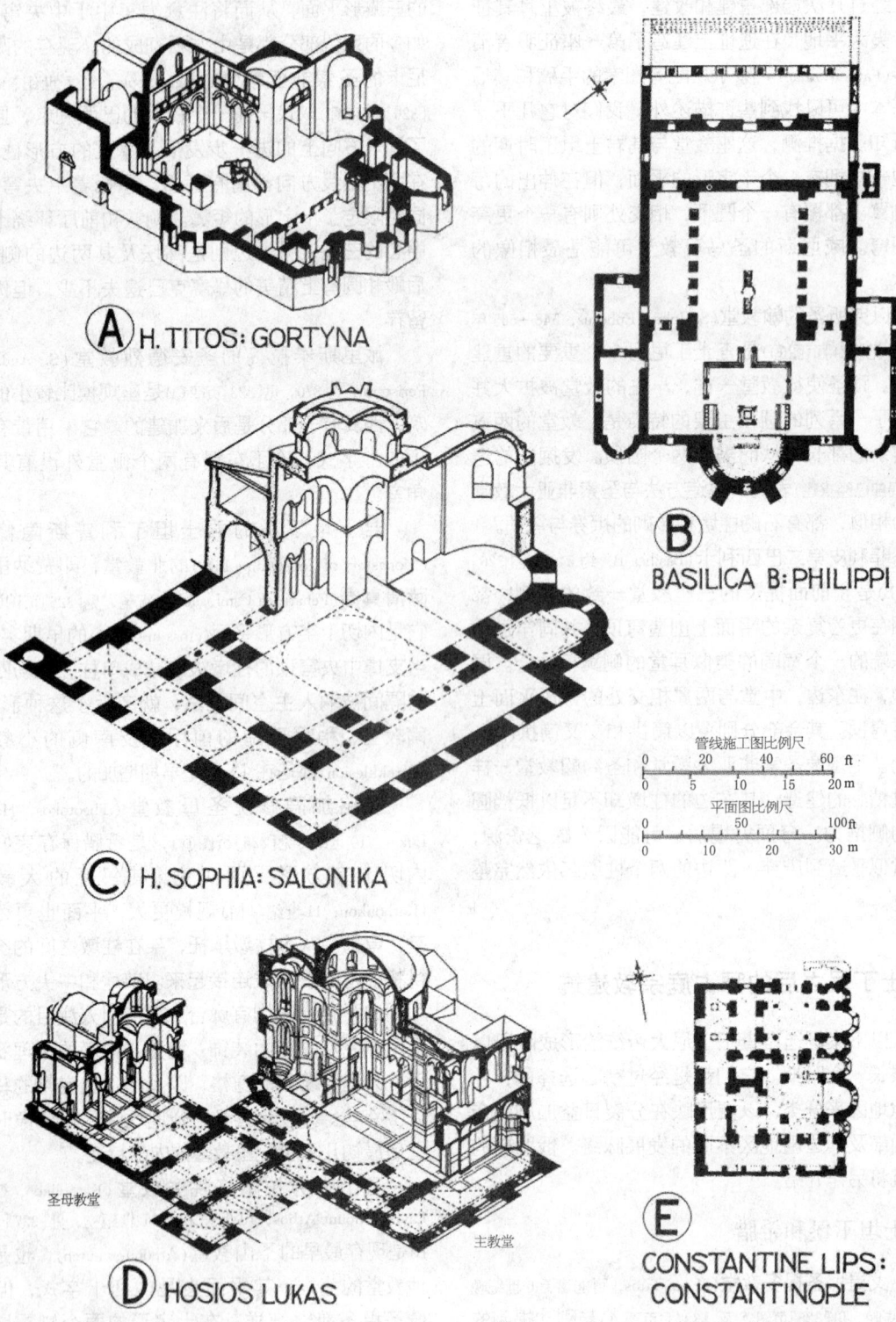

晚期拜占庭教堂(LATER BYZANTINE CHURCHES)：Ⓐ 戈提那圣提多教堂；Ⓑ 菲利皮第二巴西利卡；Ⓒ 萨洛尼卡的圣索菲亚教堂；Ⓓ 圣路加隐修院；Ⓔ 君士坦丁堡的君士坦丁利普斯隐修院

第11章 拜占庭帝国建筑

图 A　戈提那圣提多教堂(约 6 世纪晚期)，见[325]页

图 B　圣山大劳拉隐修院主教堂,东北角外观(10 世纪末或 11 世纪初)，见[325]页

第二编　文艺复兴以前的欧洲和地中海建筑

图 A　达夫尼的考伊米西斯教堂圆穹上的万能救世主马赛克像(约1080)，见[329]页

图 B　卡帕多西亚的戈雷梅苹果教堂(约建于11世纪)，见[329]页

图 C　格拉查尼察教堂东南外观(14世纪初)，见[329]页

Koimisis, Daphni, 约 1080, 见 [328] 页图 A), 与圣路加隐修院的主教堂相似, 只是没有廊台。尽管它没有后者保存得那么完好, 但也存留下了许多马赛克装饰, 包括穹顶上壮观的耶稣万能救世主 (Christ Pantocrator) 的半身像。

卡帕多西亚的戈雷梅苹果教堂 (Elmali Kilise, 约建于 11 世纪, 见 [328] 页图 B) 是安纳托利亚中部地区众多的岩窟教堂之一, 当地松软的火山岩很适合挖建形似洞穴的教堂和住所。其内切十字形平面充分显示出这种平面形式的强大影响力。

萨洛尼卡的圣徒教堂 (Holy Apostles, 1310—1314) 是内切十字平面形式的晚期实例, 它反映出晚期热衷于在四角隔间上建造小穹顶, 并且将所有的穹顶架在高高的鼓座上, 以获得更加高耸的外观形象。它还表明当时的教堂喜欢用砖砌图案来装饰外部。其内部也有马赛克装饰。

君士坦丁堡的乔拉隐修院❶, 现称为卡里清真寺 (Kariye Cami) 的小教堂和外前厅 (约 1303—1320), 它们是早期一个圆顶十字形教堂的增建部分, 跟君士坦丁利普斯修道院教堂的增建部分相比, 并没有什么建筑上的重大意义。然而, 它们保存完好的装饰却引人注目, 包括内前厅与外前厅的马赛克铺装以及小教堂里的壁画。马赛克的铺设与威尼斯圣马可教堂的前厅很相像; 壁画铺满了墙壁与穹顶的表面, 手法与乔托 (Giotto, 约 1266—1337) 在帕多瓦 (Padova) 的竞技场礼拜堂 (Arena Chaple) 所做的壁画相同, 成为现存晚期拜占庭绘画中最优秀的实例。

塞尔维亚和马其顿

这个区域的很多建筑与希腊晚期教堂有相似之处, **格拉查尼察教堂** (The church at Gračanica, 14 世纪初, 见 [328] 页图 C) 就是其中之一。平面基本上属于内切十字式, 但其中心空间相对较小, 四角用成组的墩柱而不是单柱来支撑。像萨洛尼卡的圣使徒教堂一样, 除中央穹顶外, 四角的小隔间上也有穹顶, 并且所有的穹顶都建在高高的鼓座上。在覆盖圆穹周围空间的筒拱上建有层层叠叠的拱形檐口, 这在一定程度上形成了强有力的积聚效果, 并逐渐增强在中央穹顶处达到高潮。

亚美尼亚和格鲁吉亚

亚美尼亚早在罗马帝国之前就正式信奉基督教了, 过去有一种主张, 认为亚美尼亚是圆顶集中式教堂和某些穹顶样式的发源地。但是并没有早期的实例来证明这一说法, 已经引出的旁证反而让人更容易接受其他解释。这里列举出的建筑更适合被看作地方特色发展的结果, 其灵感来自于早期或同时期别处已有的成就, 那些成就我们曾在前面描述过。

兹瓦尔特诺茨王宫教堂 (The Palace church, Zvart'nots, 641—约 652, 见 [323] 页图Ⓑ) 并非年代最早的实例, 这里提到它, 是因为它表明四瓣形平面在亚美尼亚延续了很久。这是一种与圆形平面的全新结合。前廊突出在四瓣形的表面成为环绕在外的回廊。如今残存地面的只有立柱的柱基、几米高的残断柱墩与外墙, 因此很难确定其立面的样子。根据这个地区以后的圆形教堂推测, 它根据比例要高于圣塞尔吉乌斯与巴克乌斯教堂以及圣维塔尔教堂。

瓦加尔沙帕特的圣里普西默教堂 (S. Hrip'sime, 约 618, 见 [323] 页图Ⓐ和 [331] 页图 A) 是保存完好的最早实例, 有着更为常见的形式: 完全集中式的结构, 中堂伸出四个末端为半圆后殿的翼部, 四翼之间开有较小的壁龛, 长方形围合的四角分别有独立的房间。外部比内部更加明显地显示出内切十字的形式。这是由于半圆形后殿两旁凹角上的拱架在屋顶高度形成了人字形的平面山墙。在内部, 人们主要感受到中央穹顶空间及跟它连通的主要的四个侧翼。翼与翼之间狭窄的壁龛小得只够将墩柱分开, 而角室只与内部的主空间保持连通。同亚美尼亚的其他教堂一样, 它也是用方石砌筑而成。西门廊是后来添加的。

阿特阿马尔圣十字教堂 (church of the Holy Cross, 915—921, 见 [330] 页图 A) 的年代比较晚, 但形式基本相同, 只是为了更清晰地表现其十字形状而省去了几乎独立的角室, 其相对高度增加, 正如后几个世纪普遍的做法一样。同样地, 通过在中楣和墙体上的带状浮雕, 对外部的强调也更为明显; 雕刻有时纯朴可爱。内部有壁画, 可惜现在保存得并不好。

---

❶ Chora Monastery; 即乔拉圣救世主教堂。——译者注

第二编　文艺复兴以前的欧洲和地中海建筑

图 A　阿特阿马尔圣十字教堂(915—921)，见[329]页

图 B　蒙雷阿莱大教堂(约 1174—1182)，见[332]页

图 C　萨姆塔维奇教堂(约 1030)，见[332]页

图 D　盖拉蒂隐修院主教堂(12 世纪初)，见[332]页

第11章 拜占庭帝国建筑

图A 瓦加尔沙帕特的圣里普西默教堂(约618),见[329]页

图B 托切罗岛圣福斯卡教堂(约1100),巴西利卡式教堂与左侧的钟楼,见[313][332]页

萨姆塔维奇教堂(church at Samtavisi, 约1030, 见[330]页图C)显示出格鲁吉亚人对内切十字形式的诠释。虽然它明显是仿照圣里普西默教堂建造的，但十字形被拔高，整个外墙都覆以盲券拱廊使得外面的壁龛被压低，这使建筑外观事实上更接近西方的罗马建筑。粗线条的十字架和其他装饰题材使墙面充满活力，这种手法，连同中央穹顶的高大鼓座以及上面的圆锥顶，都是无可匹敌的。内部也装饰着壁画，其风格就不像西方的罗马风了。

盖拉蒂隐修院主教堂(Gelati Monastery, 12世纪初, 见[330]页图D)是另一个格鲁吉亚的例子，它的不同之处在于南北各有一个侧翼礼拜堂，西面还有一个前厅。北边的礼拜堂年代略晚，但是南侧堂和前厅在修建时的本意似乎是想建一个连续的回廊，将建筑除东侧外都环绕起来。在后殿的半穹顶上有精美马赛克镶嵌的圣母圣子像，与君士坦丁堡的圣索非亚大教堂很相像，还有很多保存完好的壁画。

意大利和西西里

威尼斯圣马可教堂(S. Mark's, 约1063—1073或更晚, 见[324]页图Ⓓ、图Ⓕ和图Ⓖ)是在至少一个原有教堂的基础上扩建而成的，以前的教堂很可能也是十字形平面，约建于830年，当时是为了收藏来自亚历山大的圣使徒马可的圣骸。我们完全有理由假设，其仿照的原型是查士丁尼在君士坦丁堡建造的圣使徒教堂。1063年，查士丁尼时期的教堂进行了部分改建，这也成为在威尼斯教堂重建的依据。

教堂有五个圆顶，每一个都承托在四根一组的墩柱上。从南翼廊台里一幅马赛克壁画中可以看出，最初，圆顶上简单地蒙了一层铅皮，以防侵蚀，这种做法在君士坦丁堡很常见。但是，根据另一幅西大门上马赛克壁画的显示，到了13世纪中叶，为使外观更加震撼人心，在原结构外面又加建了一层木结构穹窿。不知在什么时候，又将前厅扩展并环绕在中堂两侧，又在南侧增加了一个洗礼堂。可能因为这样会使侧堂太暗，于是把上面原有的廊台缩减成只剩下柱廊上方的走道。

教堂内部现在给人留下最深刻印象的是，其规模比圣路加隐修院的小教堂更大，华美的表面及陈设充分体现了以前拜占庭重要教堂的典型风格。但是其装饰手法很不统一。覆盖拱券、穹窿和圆顶的马赛克属于12~16世纪的不同时期。早期的马赛克的确使建筑更加完美，但后期的风格，无论对建筑内部还是对环境而言，却一点都不适宜。与其他的拜占庭教堂不同的是，其外部装饰也同样华美，这应当归功于从13世纪早期开始的不断增建，最初使用的是1204年大掠劫时从君士坦丁堡抢来的战利品。其中包括立在西廊台中央巨窗前的四匹古代的青铜马，这在最北端门廊里的马赛克画中也有所描绘。还有很多不同颜色的大理石柱，聚集在门廊两侧，或是靠立在别处的墙壁上，往往并非结构所需，只是随意摆放罢了。圣马可教堂充分体现了威尼斯的地位，它既是西部的一部分又是东方拜占庭帝国的西部前哨，到处都是哥特晚期带华盖的壁龛、葱形拱、刻有卷叶花饰的尖塔，以及圣徒和天使的雕像。

托切罗岛圣福斯卡教堂(S. Fosca, 约1100, 见[331]页图B)是单穹顶十字式教堂的变体。它的特别之处在于，十字形的翼部除东翼外都非常短，以至于大圆顶自己就将其内外全部笼罩起来——或者应该说，如果它依旧存在而未被木构屋顶取代的话应该是可以全部笼罩的。它只有下半部分存留下来，包含两段抹角拱，架设在由八根支柱构成的不规则八边形转角上。除东边外，教堂其余三边均环绕着八边形廊柱。

在西西里岛，有好几座教堂表现了拜占庭风格与其他风格的复杂混合——从西方罗马风到伊斯兰风格，蒙雷阿莱大教堂(Cathedral, Monreale, 约1174—1182, 见[330]页图B)就是其中之一。其简单的巴西利卡形式更多地属于西方而非拜占庭式，但很多细部又是拜占庭式的，而且很可能是出自拜占庭工匠之手，尤其是中堂墙壁与圣殿的马赛克装饰，其中包括一个拜占庭式的耶稣万能救世主半身像，在圣殿的半穹顶上向下俯视教堂，与达夫尼的考伊米西斯教堂穹顶上的肖像具有同样的神威。

埃塞俄比亚

位于提格雷的岩窟教堂(rock-cut churches of Tigre Province, 极可能建于11~15世纪)同样显示出君士坦丁堡建筑对这个帝国之外区域的广泛影响，该区域从7世纪阿拉伯征服北非后，一直处于政治隔离

第 11 章 拜占庭帝国建筑

图 A 君士坦丁堡波菲罗格尼图斯宫(泰克芙尔宫,约 13 世纪晚期),见[334]页

图 B 君士坦丁堡巴西利卡水塘(地下宫,约 532),见[335]页

状态。比如在卡帕多西亚地区（Cappadosia, Cappadocia），一部分教堂采用早期巴西利卡的平面，还有一些是十字形平面，但是最多的还是内切十字正方形平面的变体。它们与卡帕多西亚建筑的不同之处在于其屋顶常常采用具有地方传统特色的木构形式，而不是砖石砌就的圆顶；另外，它通常对所有的隔间同等重视，这也许暗示着清真寺多重分隔式空间的影响。

世俗建筑

众所周知的君士坦丁堡的拜占庭世俗建筑突出显示了它们与晚期罗马帝国之间的延续性与相似性。

竞技场（Hippodrome，约始建于200，约在326～330年及379～395年先后两次扩建，后又有加建）坐落于现今奥斯曼苏丹艾哈迈德清真寺（Mosque of Sultan Ahmet）前面的狭长广场内，平面轮廓大部分得以保留。现在可看到的遗迹只有高达20m(65ft)砖砌筒拱的基础，用来支撑突出在天然山脊上的曲线形西南端，以及纵向栅栏上的部分装饰要素；包括一座埃及方尖碑（obelisk）和一座来自德尔斐的多蛇缠绕的青铜三脚鼎。其设计在很多地方与罗马大斗兽场相似。入口大门处有四匹青铜马，但是现在无法确定的是，传说中套在太阳神战车上的究竟是这四匹马还是其他后来被转移到威尼斯圣马可教堂的马。在外墙的顶部还有一圈拱廊环绕在看台上方。

根据方尖碑基座上浮雕的描绘，皇室包厢设在东南边的中央位置，可以从宫殿直接进入，宫殿就坐落在竞技场后方。

大宫殿（Great Palace，4—10世纪）本身今天已所剩无几，其用地的绝大部分为奥斯曼苏丹艾哈迈德清真寺及其属地所占据。人们对它的了解，大部分来自于现存的对宫廷礼仪的描述，从中可以推测它并非一座单体建筑，而是一群不同建筑的组合，这很像早先罗马和蒂沃利的宫殿，皮亚扎-阿尔梅里纳（Piazza Armerina），或者晚一些的如格拉纳达的艾勒汉卜拉宫（Alhambra at Granada）以及奥斯曼帝国的托普卡珀宫（Ottoman Topkapu Saray）。皇家厅堂及私人住宅、教堂、礼拜堂、列柱围廊等都围聚在庭院周围，围墙大院内设有池塘和喷泉。主要的餐厅，即所谓的十九席大厅（Hall of Nineteen Couches），可以把它想象成一座长方形的厅堂，末端有一个半圆形室是皇帝所在的位置，两侧各有九个壁龛，里面有为客人准备的长椅。另一个庆典大厅——金厅（Golden Hall），是一个带圆顶的八角堂。据记载，其大理石与马赛克装饰跟大教堂的同样奢华。金厅（现已并入马赛克博物馆）南面一个大庭院柱廊的部分马赛克铺地被发掘，它们使人回想起皮亚扎-阿尔梅里纳的地面，造型更为精美。

由于近来的发掘，人们对**劳索斯宫和安条克宫**（Palaces of Lausos and Antiochus，5世纪早期）有了更多了解。两者都有半圆形的列柱门廊或西格马通向接待室。在劳索斯宫中，主厅是圆形的，在两个相对的大门之间有八个壁龛。这一定是效仿了所谓的密涅瓦神庙，只是尺度略小。再往里去的门通向一个类似大宫殿中十九席大厅的长长的厅堂，但是它的每一长边只有三个壁龛。安条克宫的主大厅呈六角形，每边带有较大的半圆形壁龛。大厅后来被改成圣尤菲米娅教堂（S. Euphemia）。两旁还伴有小圆厅。

只有在拜占庭统治的最后几个世纪里，才出现了风格迥异的建筑形式。所谓的**波菲罗格尼图斯宫**（Palace of Porphyrogenitus），即**泰克芙尔宫**（Tekfur Saray，贵胄之宫，约建于13世纪晚期，见[333]页图A）是一座三层高的简单长方形建筑，相当狭窄，以至底层的拱顶和二层木梁都不需要中间支撑。除了主要用精细石块构筑的立面彩饰外，它几乎是西方特色的，这与大致同时期的米斯特拉宫（Palace of Mistra）很相似。令人惊讶的是，它就建在狄奥多西城墙的沿线上，附近是早些时候修建的布拉切尔纳宫（Blachernai Palace），被拉丁人占据后成为最重要的皇室住所。

狄奥多西城墙（Theodosian Walls，408—413，447）在447年加建了外墙之后，成为了罗马在奥勒利安壁垒上的巨大进步的标志。城墙由三部分组成：一道主墙，沿其全长建有96个两层高的塔楼；一道外墙，建有同样数量的塔楼；最前面还有一条护城河，在被围攻时可以灌满水。墙体用砖和石板面混凝土带交替砌筑而成。

金牛广场（Forum Tauri）又名**狄奥多西广场**（Forum of Theodosian，393年重建），是最大的广场，它的第一个名字来自广场上的一座铜牛雕塑。除了一根记功柱，广场上还矗立着狄奥多西拱门（Arch

第11章 拜占庭帝国建筑

of Theodosius，393)，这座拱门与以前提到过的有些不同。它有三扇拱门，中间一扇比两旁的更宽大。拱门由四组立柱支撑，每组四根，柱头都是科林斯样式，但是柱身很特别：表面雕刻的纹理，像一串串流下的泪珠，又像是丝柏树的树干。一条建有列柱的宽阔的商业大街，即**梅谢大街**(Mese)，把广场同城市的其他区域联系起来。

巴西利卡水塘(Basilica Cistern)，即**地下宫**(Yerebatan Saray，建于532年或更早，见[333]页图B)这样命名是因为它建于"柱廊巴西利卡"(Stoa Basilica)——一个建有柱廊的公共广场下面，是有盖蓄水池中规模最大的一个。这些蓄水池都是通过输水管道由城市北面森林中的开放水库供水的。一个长方形的区域上覆盖着400多个薄薄的砖砌拱顶，拱顶由12排廊柱支撑，每排28根。一部分柱头上有五世纪的爵床叶装饰，这大概是大理石工场中的剩余库存，其余都做成朴素的垫块状柱头，似乎是专为蓄水池而造的。尽管并非刻意设计用于观赏，在幽暗的光线中其界线也模糊不清，但它的内部空间所带来的震撼力丝毫不逊于早期在开罗、科尔多瓦、伊斯法罕等地一些大清真寺的多隔间覆顶祈祷厅，或者是19世纪早期伦敦烟草码头的"扁薄屋"(Skin Floor of London's Tobacco Dock)的室内。

文艺复兴以前的欧洲和地中海建筑

第 12 章
早期俄罗斯建筑

建筑特征

鲍里斯汗于9世纪中叶将东正教引入第一保加利亚帝国(681—1018)，他下令在普利斯卡(Pliska)建造一座新宫殿和七座主教大教堂，其中包括大主教巴西利卡(870—880)。保加利亚学者们认为要大规模复兴早期基督教，应将三面侧廊的巴西利卡诠释为对君士坦丁堡的独立宣言，但是这种形式在10世纪就已在拜占庭帝国的一些地区建立起来，例如卡斯托里亚(Kastoria)和斯巴达。沙皇西美昂一世❶将首都迁至普雷斯拉夫(Preslav)，在他统治期间圣西里尔和美多迪乌斯(Cyril and Methodius)的教义赋予信徒较大的自由度。在这个古斯拉夫文学的"黄金时代"('Golden Age' of Old Slavic literature)，他们不但新译了许多希腊作品，而且创造了自己的作品。

在10世纪初，所谓的"保加利亚文艺复兴"(Bulgarian Renaissance)波及教堂建筑。普雷斯拉夫的"黄金"教堂，即圆形教堂('Golden' or Round Church)复兴了早期基督教包裹着壁龛和回廊的穹顶圆厅，它的装饰物——波纹线脚、棕叶饰和莨苕叶饰主要取自希腊样式。这个时期各式各样的建筑，有的精致，有的形式简单，皆具典型的巴尔干地区特征：融合了本地传统和中期拜占庭影响。所以，这里有木桁架屋顶或筒拱的三面侧廊式巴西利卡，例如位于奥赫里德(Ohrid)和内塞巴尔(Nessebâr)的普雷斯帕湖(Lake Prespa)中的阿希莱奥斯岛(Achilleos Island)上的圣阿希莱奥斯教堂(Hagia Achilleos)，以及各种大厅式教堂(hall church)；也有十字形平面的教堂，主要是在普雷斯拉夫和普利斯卡周围；还有复杂的穹顶集中式平面的建筑，就像在维尼察(Viniza)和奥赫里德的那样。沙皇西美昂一世在君士坦丁堡接受教育，他的继承人沙皇彼得和

一位拜占庭公主结为连理，这些可能都促进了对中期拜占庭文化的吸收，阿夫拉达克隐修院(Avradak Monastery)即是例证。在两个首都——普雷斯拉夫和普利斯卡，双重防御工事、宫殿和重要教堂都有一个显著特征：方石工艺，这种工艺的源头不是出自当地或希腊，就是出自保加利亚的原始(proto-Bulgarian)建筑技术。我们也发现了中期拜占庭的砖面圬工墙，在简朴的教区教堂中还有采用毛石砌体和黏土灰浆的做法。第一保加利亚帝国的建筑仅残存于废墟之中。

对早期基督教及早期拜占庭的传统是如何被吸收借鉴的问题，存在不同的观点。有人提出，因为南斯拉夫人和原始保加利亚人是"未开化的游牧民族"，所以他们没有建造雄伟建筑的传统；有人解释，经过200年的沉寂，基于实际的需要，人们从君士坦丁堡和拜占庭东部行省引入石工技术以再现本土建筑样式；也有人断言，生活在伏尔加河流域低地的保加利亚人是从亚美尼亚、波斯帝国萨桑王朝(Sassanid Persia)以及希腊化东方的建筑中自学来的；还有理论认为，早期的拜占庭传统在滨海地区的罗马化和希腊化城镇中保存下来，再流传到新定居的斯拉夫人和原始保加利亚人手中。

随着保加利亚势力的衰弱，政权重归拜占庭，从11世纪初以后，一位希腊大主教取代了保加利亚主教，位于沙皇塞缪尔(Czar Samuel)的首都奥赫里德的圣索非亚教堂，把巴西利卡改建成十字平面的穹顶教堂。大多数的主教和隐修院院长是希腊人，希腊语成为官方和礼拜仪式语言，大庄园也转归圣山修道院所有。新的主教团(hierarchy)和定居该国的拜占庭官员指定要把房屋修建成拜占庭中期的式样。此时两种类型的建筑最受欢迎。一种是十字方场平面式，有五个穹顶，两根或四

---

❶ Czar Simeon；864/865~927年，第一位保加利亚帝国的沙皇。——译者注

根十字形柱墩，例如内雷茨的考洛乔教堂(Kaloša, Nerezi, 1164)。另一种是无侧廊的穹顶教堂，它的十字翼部或是嵌入墙体中，例如在博亚纳河❶上的教堂；或是突出形成四瓣形神龛，例如韦廖乌萨的教堂(Veljusa, 1080)，后者的穹顶置于转角壁柱之上。格鲁吉亚或亚美尼亚裔的格雷戈里奥斯·派克奥瑞诺斯(Gregorios Pakourianos)于1083年在罗多彼山脉(Rhodope Mountains)中建立了巴奇科沃隐修院(Backovo Monastery)，它那无侧堂的葬礼小礼拜堂屹立至今。

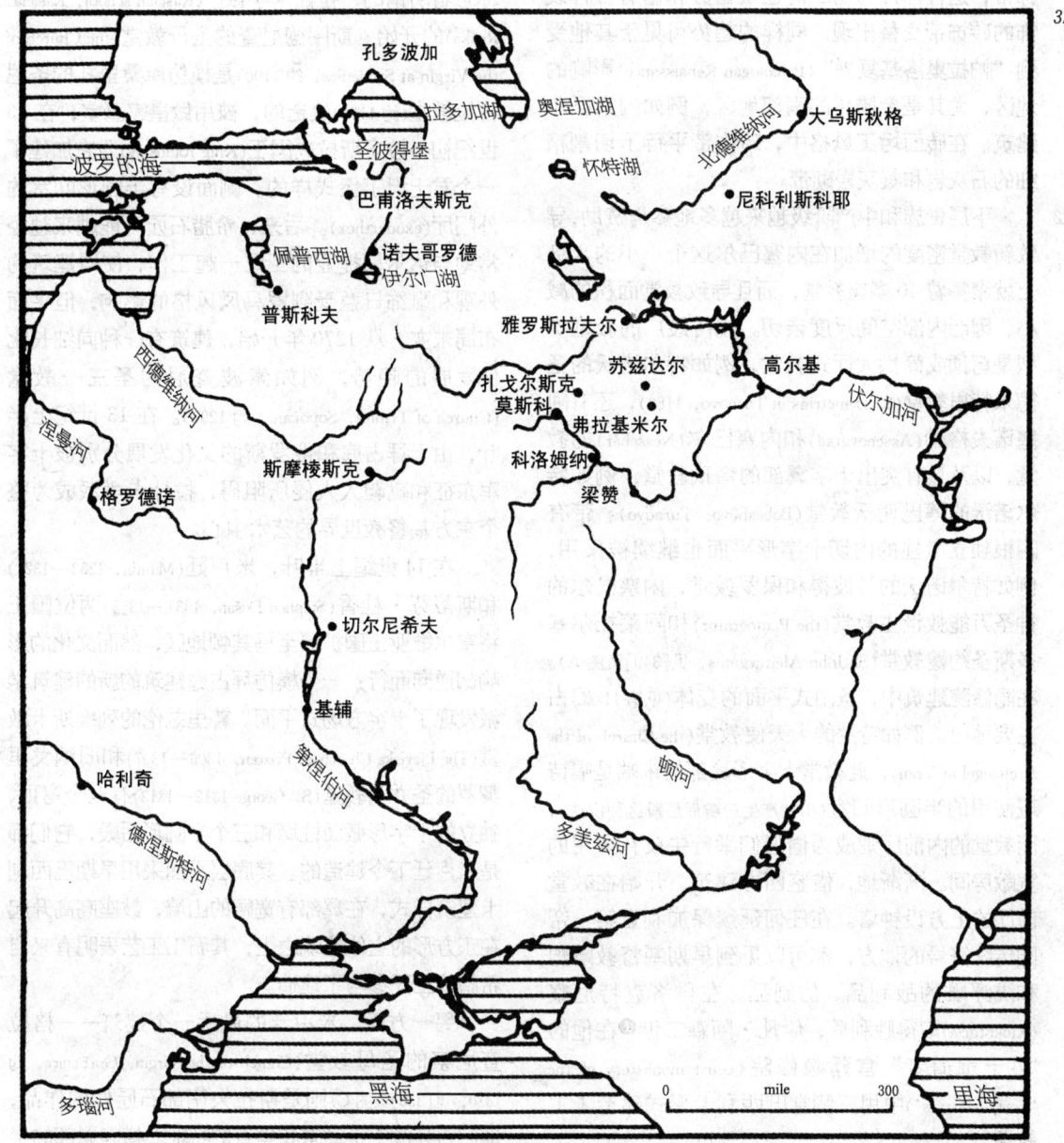

早期俄罗斯

君士坦丁堡势力衰减后，第二保加利亚帝国兴起(the second Bulgar Empire, 1186—1396)，在特尔诺沃(Turnovo)建立新的国都，并为当地大主教谋得自治牧首职位(autocephalous patriarchate)。随之而来的是

---

❶ Bojana，Buenë；今布埃纳河。——译者注

一场文化复兴,但主要局限于新都。所谓的"大特尔诺沃学派"(Greater Turnovo School)早在12世纪就创造出嵌有陶土雕刻装饰物(例如盘、碟、花)的多彩立面。壁画的类型从线条变为生动的图画,在13世纪陶雕装饰物变得更加精致并被用于立面横饰带,这种饰带与内凹的连续盲券和富有各种装饰的砖饰带交替出现。同样的趋势可见于其他受到"帕拉奥洛基复兴"(Paleologan Renaissance)影响的地区,尤其是希腊化的南部地区,例如内塞巴尔建筑。在砖面垍工风格中,砖饰带平行于切割精细的石灰岩和凝灰岩砌带。

下层贵族和中产阶级越来越多地参与赞助,导致新教堂密度的增加在内塞巴尔这个小小的半岛上就聚集着40多座教堂;而且导致教堂面积的减小,因而内部空间尺度亲切。流传最广的教堂类型是穹顶或筒拱大厅式教堂,例如特尔诺沃的圣德米特里教堂(S. Demetrius in Turnovo, 1180),还有阿塞诺夫格勒(Assenovgrad)和内塞巴尔(Nessebâr)的教堂,以及具有突出十字翼部的穹顶教堂,例如特尔诺沃的博巴谢沃教堂(Bobashevo, Turnovo)。带有四根独立墩柱的内切十字形平面也继续被采用,例如特尔诺沃的圣彼得和保罗教堂,内塞巴尔的神圣万能救世主教堂(the Pantocrator)和阿莱托尔基多斯圣约翰教堂(S. John Aleiturgetos, 见[340]页图A)。在隐修院建筑中,圣山式平面的变体(见第11章)占主要地位。例如特兰的大天使教堂(the Church of the Archangel at Tran),此教堂十字形翼部的末端是唱诗班使用的半圆形凹室(由此产生三瓣形后殿这种说法),而教堂的内前厅则成为僧侣们举行午夜礼拜用的宽敞房间。渐渐地,借鉴西方建筑,开始在教堂前厅的上方设钟塔。在任何延续保加利亚第一帝国传统符号的地方,都可以见到早期基督教雕塑和浅浮雕的战利品、仿制品。在科洛克特尼察(Klokotniza)取得胜利后,伊凡·阿森二世❶在他的"四十殉道者"宫廷隐修院(court monastery of the 'Forty Martyrs')中用三侧堂巴西利卡形式建造了主教堂。

独立的塞尔维亚王国建立于12世纪下半叶,继承了综合拜占庭和罗马风时期的建筑风格。这种风格可以追溯到康尼努斯王朝时代(Comnene times)的建筑类型:单独的正方形房间,用转角壁柱支撑一个鼓座和穹顶、帆拱、横向拱和分隔拱(dividing arches),与采用筒拱的罗马风大厅式教堂平面相结合。西侧布置着前厅,常伴有一个钟塔,中堂的南北两侧是带讲坛(tribune)的正方形附属房间。斯蒂芬·内马尼亚(Stephen Nemanja)时代的建筑标志着所谓的"拉什卡学派"(Rascian school, Rasicia, Raška)的开始。斯图德尼查的圣母教堂(the Church of the Virgin at Studenica, 约1190)是模仿库桑里扎的圣尼古拉教堂(约1168)建造的,被用做皇家墓室,在13世纪初,拉多斯拉夫国王(King Radoslav)为它加建了一个君士坦丁堡式样的、侧面设有半圆形凹室的外门厅(exonarthex)。后来,希腊石匠可能越来越经常地与达尔马提亚的工匠一起工作,使得建筑的外观和雕饰日益受到罗马风风格的影响,但平面布局未变。从1270年开始,建筑有一种向细长比例发展的趋势,例如索波查尼的圣三一教堂(Church of Trinity, Sopočani, 约1290)。在13世纪上半叶,由于拜占庭和俄罗斯的文化发展分别被十字军东征和鞑靼人入侵所阻碍,拉什卡学派成为整个东方基督教世界的艺术中心。

在14世纪上半叶,米卢廷(Milutin, 1282—1321)和斯蒂芬·杜香(Stephen Dušan, 1331—1355)两位国王将塞尔维亚王国扩展至马其顿地区,然而文化的影响却逆向而行:一个模仿拜占庭建筑的新的建筑学派发现了十字方块式平面。普里兹伦的列维斯卡教堂(The Ljeviska Church at Prizren, 1306—1307)和旧纳戈里契罗的圣乔治教堂(S. George 1312—1313)有五个穹顶、独立的十字形截面柱墩和三个半圆形后殿,它们都是米卢廷下令建造的。其底层平面采用早期巴西利卡建筑样式,在翼部有宽阔的山墙,鼓座高高升起在正方形的主体建筑之上,其石工工艺表明有来自希腊的工匠参与了建造。

另一方面,米卢廷的最后一个建筑——格拉查尼察的圣母教堂(Church of the Virgin, Gračanica, 约1320, 见[328]页图C)则是斯拉夫南部石匠们的作品,他们为其赋予了动态和垂直的特征。横向翼部的半圆形山墙、高坛、中堂和转角开间,相互之间层层叠涩,向高高的鼓座和中堂穹顶的方向升起。两对细长的双柱与室内和谐统一。中央开间覆盖四个副穹顶。由砂岩块组成,以砖和镶嵌工艺镶边的装饰

---

❶ Ivan Asen II;1218~1241年。——译者注

第 12 章　早期俄罗斯建筑

石工,是本地的特色(见第 11 章)。代查尼(Dečani)的隐修院教堂(1327—1335)是作为斯蒂芬·杜香和他父亲乌罗什三世(Uros)的陵寝而兴建的,体现了一种独特的处理方式。建筑师是一位来自达尔马提亚的方济各会教徒,他通过增加一个三侧堂的前厅将之扩大为一个五侧堂的十字穹顶教堂,立面上覆盖两种不同颜色的大理石,加上华丽的塔司干风格的晚期罗马风雕刻(包括饰有圆柱的入口、横饰带和窗户),另外他还选用了早期哥特式带肋拱顶。圣山的基兰达尔隐修院(Chilandar Monastery)中的大教堂(1303)具有圣山地区的三瓣式平面,这也是米卢廷时期建造的。

在 14 世纪下半叶,塞尔维亚王国分裂为几个公国,并臣服于获胜的土耳其人。只有摩拉瓦(Morava)流域地区一直到 15 世纪中叶还保持独立。摩拉瓦学派(Morava school)继承了两个早期塞尔维亚学派的传统。一方面,它采用了圣山地区的三瓣式平面,围绕一个带有四根独立式柱墩的梅花形核心展开,上覆五个穹顶。这种布局的实例包括拉瓦尼卡(Ravanica, 1377)、柳博斯蒂纳(Ljubostina, 1387)和马纳西亚(Manasija, 约 1410)等地的教堂。另一方面,三个半圆形凹室也转变成上覆拉什卡穹顶的大厅式教堂(Rascian-domed hall-church),例如在克鲁舍瓦茨(Kruševac, 1377—1378)和卡莱尼奇(Kalenić, 约 1415)等地的教堂。宽敞的圣山式教堂的内前厅(esonarthex)常常缩小规模,并以一座钟塔收顶。外观变得更为优雅:除了"砖面圬工"、盲拱、砖砌装饰带和陶制镶嵌饰(incrustation)之外,还添加玫瑰窗、门廊上的浅浮雕、拱门饰(archivolts)和窗户四周的雕饰物。装饰主题包括扭索纹饰(guilloche)、簇叶饰(foliage)和神话中的生物。绘画则强化装饰效果。尽管瓦拉几亚和摩尔达维亚地区❶从 14 世纪中叶起就开始发展自己独特的"设计"学派;然而这两个地区受摩拉瓦学派的影响尤其显著,而且它们还继承了一个共同的传统,即受"帕拉奥洛基复兴"的影响。当时,塞尔维亚—拜占庭的摩拉瓦学派的声望超过君士坦丁堡,但是来自拜占庭和南斯拉夫的流亡者则带来他们自己的经验。

举例来说,人们认为:是来自圣山的塞尔维亚僧侣尼科迪默斯(Nicodemus),在他众多的隐修院建筑中引入了三瓣式平面。从土耳其人那里逃亡来的石匠们引入了"砖面圬工"和装饰性立面,艺术家们则引入了外立面彩画和晚期拜占庭的圣像画。此外,来自特兰西瓦尼亚、匈牙利、波希米亚和波兰的军事建筑师被引进来建造防御工事,其罗马风和哥特式风格以及建筑技术对教堂建筑产生了影响。

出现在瓦拉几亚的第一种教堂类型是有四根独立柱墩的十字形平面教堂,例如位于阿尔杰什河畔库尔泰亚的圣尼古拉教堂(S. Nicholas at Curtea de Arges, 约 1340)。然而,这种教堂类型很快就让位于在圣山地区三瓣式平面教堂基础上发展而成的大厅式穹顶教堂,它们仿效的是摩拉瓦学派的实例克罗奇亚隐修院(Clozia Monastery, 1386),一个单独的正方形房间构成教堂的前廊,在 15 世纪末,其增建部分具有向竖向发展的趋势,外部的装饰也成为强调的重点。位于高高的鼓座上的两个穹顶和方形基座由前廊的四角支撑。突出的檐口将立面划分为盲券和装饰性窗套两个部分。装饰主题中还显露出受到来自高加索地区和伊斯兰建筑的影响,例如德亚卢隐修院(Dealu Monastery, 1502),在阿尔杰什河畔库尔泰亚的主教隐修院教堂(1517)以及蒂尔戈维奇隐修院(Tirgovischte Monastery, 1517)。

穹顶三瓣形大厅式教堂在摩尔达瓦学派(Moldavian School)建筑师的作品中得到进一步改造,该学派跟当地木构建筑的传统及西欧文化的联系同样密切。由厚厚的隔墙和狭窄的过道形成的封闭开间一个叠一个,就垒圆木一样。内墙和开间之间的横向拱常常由东西向的飞扶壁(flying buttresses)来支撑。由于在半圆形后殿前面插进了一个开间,又在前厅和内殿之间增加了一个葬礼室,底层平面常常被拉长。内殿上覆盖的圆拱顶要么隐藏在陡峭的、带有突出檐口的哥特式鞍形屋顶之下,像在锡雷特(Siret, 约 1380)和阿尔博雷(Arbore, 1502)的教堂那样;要么有时将屋顶中断,升起一个纤细的鼓座并冠以小圆屋顶,如在普特纳(Putna, 约 1467)、尼亚姆茨(Neamt, 1497)和沃罗涅茨(Voronet, 1488, 见[341]页图 A)等处的教堂。屋顶最初的形态比后来修复的作品表达得更为清晰。

---

❶ Moldavia;摩尔多瓦的旧称。——译者注

第二编　文艺复兴以前的欧洲和地中海建筑

图 A　保加利亚内塞巴尔的阿莱托尔基多斯圣约翰教堂(14 世纪)，见[338]页

图 B　罗马尼亚苏恰瓦圣乔治教堂的摩尔达瓦式穹顶(1514—1522)，见[342]页

第 12 章　早期俄罗斯建筑

图 A　罗马尼亚沃罗涅茨隐修院教堂(1488；外墙涂饰，约 1547)，见[339]页

图 B　博戈柳博沃的代祷教堂(1165)，见[347]页

图 C　诺夫哥罗德涅列迪沙山的救世主教堂(1198)，见[347]页

图 D　诺夫哥罗德利普纳的圣尼古拉教堂(1292)，见[347]页

内殿和其他开间都覆盖着所谓的摩尔达瓦拱顶——一种拜占庭和哥特风格构造原理的综合体,其中惯用的转角壁柱被省略。横向拱和中堂与侧堂之间的拱横跨于墙体之间,帆拱则为穹顶提供了基线。第二圈拱券和帆拱沿对角线方向发展,越过较低拱券的顶点,形成金字塔形结构,从而进一步缩小了圆形的基线。在基座上可以直接放置封闭的帽形结构(blind calotte),或是在该结构与基座之间再插入一个鼓座(见[340]页图 B)。这种独特的拱顶形式是 15 世纪在罗马尼亚首创并发展起来的一种解决方案。研究表明它与高加索地区和伊斯兰建筑之间没有任何相似之处。

摩尔达瓦学派形成于斯特凡大公统治时期(Stephen the Great, 1466—1481)。除了在数目众多的要塞,如普特纳、摩尔多维察(Moldovita)等处建造教堂以外;他还建造了 24 座教堂和隐修院。到 16 世纪建造活动又增加了,外墙面上带有象征性的湿壁画变得富有特色:例如在苏恰瓦(Suceava, 约 1530)、修默(Humor, 1530)、摩尔多维察(1537)、阿尔博雷(1541)和沃罗涅茨(Voronet, 约 1547, 见[341]页图 A)等处的教堂。几乎所有教堂中的圣像画都是类似的,主题涉及两大轮回:东方的神迹显现(theophany)与西方的最后审判(Last Judgement)。尽管带有象征性的外墙湿壁画在拜占庭艺术中并不鲜见;但是别的地区没有如此丰富和华美的圣像画,教堂里里外外都变成表达东正教信仰的圣像屏。

在弗拉基米尔一世(Vladimir I)于 989 年皈依基督教之前,基辅罗斯公国以木构建筑为主,甚至一直到中世纪晚期,木构教堂的数量还是大大超过用石头建造的。木构建造方式中所蕴涵的社会和技术审美意义,使得这种从简单到更复杂的分类形式获得了持续的发展。真正的风格转变始于纪念性建筑。弗拉基米尔一开始用木教堂取代了破损的异教神殿,但是不久就派遣了一个使团到拜占庭去征召石匠。为了维持其封建君王的尊严,他不得不建造了一座纪念碑式的宫廷教堂和一座石砌宫殿。

石匠们带来了拜占庭中期采用的"砖砌圬工"和"叠涩砖砌"工艺(recessed brickwork)的十字平面结构。新的石艺在基辅圣索非亚大教堂(见下文)中保存得最好。而弗拉基米尔宫廷的圣母升天教堂(church of the Assumption),又称为杰夏蒂纳教堂(Desyatinna Church, 989—996),就只剩下建筑基座了。

效仿拜占庭皇帝查士丁尼,基辅大公雅罗斯拉夫一世❶,下令建造了一座重要的教堂:基辅的圣索非亚大教堂(见[343]页图 B、[344]页及[350]页图Ⓕ)。它沿袭了圣索非亚大教堂的风格——具有重大政治意义的献礼堂和壮观的比例,通常仅用于小型教区教堂的十字方场式平面,现在扩展至包含五个中堂,四周围有宽阔的廊台和一座宏伟的三面式讲坛。不过雅罗斯拉夫偏爱简单的变体:东部的十字形柱墩与半圆形后殿的隔墙结合起来,中央的交叉拱顶形成一个单一的、高耸又明亮的空间,而底层平面的外围则布置着低矮、昏暗、上覆圆拱的侧室。教徒们就坐在这里,统治者及其随从则占据讲坛,讲坛也用于行使君权。该教堂外观出众:在端部为曲线形山墙的狭长鼓座上,有 13 个以金字塔形组合而成的穹顶,西入口还有两座带穹顶的楼梯塔。金字塔形的外轮廓线归因于教堂作为大规模聚会场所的功能需求,还与希望能有更多的光线射到王室讲坛的意图有关,或更简单地说是受到原木建筑这种本土形式的影响。现在已无从知道雅罗斯拉夫是否使用了由他父亲弗拉基米尔征召来的拜占庭石匠,也不知道他在多大程度上使用了俄罗斯石匠。这种风格是新的,但也不是"非拜占庭式"(un-Byzantine)的。在一座侧堂中的希腊文铭刻表明拜占庭石匠和艺术家们可能参与了建造。石匠所采用的"内凹砖"工艺技术、装饰性壁龛和一些图案主题显然与君士坦丁堡有关;另一些特征使人联想到受拜占庭东部行省、高加索地区和西欧罗马风建筑的影响。圣像画具有拜占庭中期的特征,由湿壁画和马赛克镶嵌组成;它应归功于一个混合的工场,但是在如此大型的建筑活动中如果缺少俄罗斯石匠是不太可能的。雅罗斯拉夫把他的首都基辅扩张到最初时的六倍,并且下令建造了"金门"(Golden Gate),还有更多模仿君士坦丁堡样式的教堂。

---

❶ Grand Prince Yaroslav the Wise;1019~1054 年在位,绰号"智者"。——译者注

第 12 章 早期俄罗斯建筑

图 A 莫斯科克里姆林宫的多面宫(格拉诺维塔娅宫,1487—1491),见[349]页

图 B 基辅的圣索非亚大教堂(1037—1061):东立面仍保存了原先的石工工艺,见[342][351]页

图 C 诺夫哥罗德卫城的圣索非亚大教堂(1045—1052),见[352]页

图 A 基辅的圣索非亚大教堂北侧耳堂,两层高的三分拱廊,见[342][352]页

第 12 章　早期俄罗斯建筑

一方面，诺夫哥罗德和波拉茨克(Polotsk)的圣索非亚大教堂(均建于约1050)以基辅的同名大教堂为模板，底层平面同样布有五个中堂，但是结构有所简化，穹顶的数量也减少了。另一方面，切尔尼戈夫(Chernigov)的基督变容大教堂(Transfiguration Cathedral, 1036)则设计了三个中堂和四根十字形截面的柱墩。一道幕墙(curtain wall)在十字形的两侧将中堂分隔，拱廊则在十字平面两侧穿过隔墙。四个副穹顶使得光线可以射入转角开间。跟基辅地区三个圣索非亚教堂不同的是，其前廊与内殿隔绝，形成一个单独的横向隔间。采用同样手法分隔教堂西前廊的还有基辅洞窟隐修院中的圣母安息大教堂 (Dormition Cathedral, Monastery of the Caves, Kiev, 1037—1078)，建造者是特地从君士坦丁堡请来的。该教堂由基辅大公斯维亚托斯拉夫一世(Prince Svjatoslav)和隐修院院长费奥多西(Feodosi)授权建造，有单个穹顶，两根独立式十字形截面的柱墩在三个中堂的十字方场式平面上。扁平的连梁清晰地把立面分为四块面，通过"拱形女儿墙"❶的壁柱连接，这种女儿墙构成了曲线形的屋顶线。

洞窟隐修院及其大教堂，确立了一种新的建筑标准。在雅罗斯拉夫死后，随着封建制度的瓦解，修道院也衰败了，建造像11世纪上半叶那样大规模的建筑已不再可能。一些地方参考基辅地区的隐修院大教堂式样的同时，也发生了一些变化，包括楼梯塔、侧室、穹顶数目和装饰风格等。然而，对于前廊的分割则成为一个保留的单独插曲。横向隔间有时变成中堂的一个巴西利卡式延伸部分，并且常常包含两个柱墩支撑的廊台，例如圣安东尼奥教堂(S. Anthony)，诺夫哥罗德的尤里耶夫隐修院(Yur'yev Monasteries)，切尔尼戈夫的圣鲍里斯和格列布大教堂 (Cathedral of SS. Boris and Gleb)，弗拉基米尔的第一座圣母安息大教堂和弗拉基米尔-沃伦斯克(Vladimir-Volynsk)的圣母安息大教堂(均建于12世纪)，常常用回廊来取代教堂前廊的功能。

随着罗斯托夫-弗拉基米尔-苏兹达尔(Rostov-Vladimir-Suzdal)、弗拉基米尔-沃伦斯克(Volhynia, 沃里尼亚)、斯摩棱斯克(Smolensk)和加利奇(Galič)地区独立公国的形成，独立主教区和不同的建筑师派别得以创立。跟本地形式不同的另一种屋顶天际线(跟"拱形女儿墙"一样)变得流行起来，即由二等分筒拱组成的三叶花式(trefoil)屋顶和由1/4圆拱覆盖转角开间形成的山墙端，例如斯摩棱斯克的天使长米迦勒大教堂(Archangel Michael, 1191—1194)。在12世纪中叶，当教堂的巴西利卡式西端因进一步简化而消失以后，这两种变体越来越常见。十字方场式平面简化为八个开间围绕着中央穹顶，西侧的一对柱墩有时独立，有时支撑着廊台。壁柱将立面清晰地划分为三个圆顶的开间；拱形山墙和柱间暗拱突现出支撑骨架，同时保持了墙体的厚重感。

在早期俄罗斯建筑中，常用坚固的大体积结构来抵消水平推力。因为封建领土制的分崩离析减少了人们对空间的需求，所以在基辅地区的隐修院建筑中首先出现了简化的单穹顶形式，并很快被城镇和高级住宅区采用。带有拱形女儿墙(波形线)屋顶的直线形变体建筑在弗拉基米尔-苏兹达尔宏伟的宫廷建筑和诺夫哥罗德朴实的平民风格中都可以见到。带有三叶花式的曲线形屋顶的锥形变体则出现于13世纪初的俄罗斯南部，例如：切尔尼戈夫的皮亚特尼卡教堂(Pjatnica Church)，以及诺夫哥罗德、科瓦廖沃(Kovaljevo)、沃洛托沃(Volotovo)等地的教堂，更为著名的是后来的莫斯科。这种形式也会随着地区和时代的不同而变化。俄罗斯风格的特征是：将东部十字形截面的柱墩融入半圆形后殿的墙体中，对西面开间以及拱顶的构造进行重新组合。

12世纪中叶，安德烈·博戈柳布斯基大公❷于1169年攻克基辅后，弗拉基米尔-苏兹达尔地区东北部的公国开始兴盛。弗拉基米尔-苏兹达尔的建筑风格与俄罗斯其他地区的不同之处在于：采用石饰面的毛石砌体。小块的灰白色石灰石块逐层垒叠，间以细小的灰浆缝。两层墙皮之间的空间则以灰浆和毛石填充。这种技术产生了一套新的联接系统，并且促进了雕饰的使用。

---

❶ Zakomari；由半圆形拱券构成外墙或立面顶部，轮廓线跟屋顶相结合。——译者注
❷ Andrei Bogoljubski；安德列一世（约1111—1174），亦称罗斯托夫-苏兹达尔公爵、弗拉基米尔大公1157～1174年在位。——译者注

第二编　文艺复兴以前的欧洲和地中海建筑

图A　诺夫哥罗德的尤里耶夫隐修院圣乔治大教堂(1119—1190)，见[352]页

图B　弗拉基米尔的"金门"：东侧立面(1164)；大门上方是奇迹面纱教堂(15—19世纪)，见[355]页

图C　诺夫哥罗德的圣狄奥多尔·斯特拉特莱茨教堂(1360—1361)西南外观及钟塔与扩建部分(17世纪)，见[355]页

第12章　早期俄罗斯建筑

安德烈·博戈柳布斯基大公留在北方，并按基辅的样子建造他的新首都——弗拉基米尔。他利用象征性的雕刻来强调"金门"(1164,见[346]页图B)的特殊重要性，但他试图建造俄罗斯第二大城市主教教区(see)的努力却未成功。为大部分主教兴建的圣母安息大教堂是按照洞窟隐修院教堂风格建造的，并饰有基辅宫廷中失窃的弗拉基米尔圣母神像。西侧的两个楼梯塔跟安德列大公于1158～1164年建于首都城外博戈柳博沃(Bogoljubovo)官邸中的式样相差无几。宫廷教堂则是按照简单的十字方格式平面作线性变化建造的，有两根独立墩柱，西端没有巴西利卡，然而它的装饰却十分华美，这种结合主要受到罗马风的影响，日后将成为弗拉基米尔-苏兹达尔统治地位的建筑标志。装饰性小型柱上面一圈圈盲券带清晰地划分出楼层：带有壁柱的深凹的门廊、凸出半个柱身的壁柱、科林斯叶饰柱头、线饰的窗套以及立面和梁托上的人像雕塑。高加索和罗马风建筑在外部装饰上完全不及弗拉基米尔-苏兹达尔建筑。在涅尔利河(River Neri)上，离博戈柳博沃不远的地方矗立着代祷教堂(Church of the Intercession,约1165,见[341]页图B)，安德烈大公在这里所建造的献礼堂与拜占庭的风格相反，与宫廷教堂的处理手法相似，并有一个皇家廊台。

弗拉基米尔圣德米特里大教堂(S. Demetrius, Vladimir,见[350]页图E及[353]页)是弗谢沃洛德大公(Prince Vsevolod,1176—1212)下令建造的。此处，代祷教堂细长优雅的比例让位于纪念碑式的庄重。在1185年苏兹达尔大火之后，弗谢沃洛德大公对圣母安息教堂进行了重建，并扩大了规模，以四个次一级的穹顶覆盖转角开间。13世纪初，弗拉基米尔-苏兹达尔罗斯公国衰落后，有两座建筑得以幸存：苏兹达尔本地带有六个墩柱、五个穹顶的罗日杰斯特文斯基大教堂(Rozhdestvensky Cathedral, Suzdal)和带有四个墩柱、单穹顶的尤里耶夫波利斯基的圣乔治大教堂(Cathedral of S. George, Yur'yev-Pol'sky,见[346]页图A)。三个正方形外门廊有着鲜明的特色，这种风格受南部斯拉夫人和格鲁吉亚人的影响，在基辅、斯摩棱斯克和诺夫哥罗德等地刚刚出现。

1136年的城市起义废黜了公国君主，建立了"人民议会制"共和国(Republic of the 'Veche')，在此之后形成了诺夫哥罗德的地方风格。土地所有权、商业资本和政治特权都集中在贵族阶级手中。尽管他们偶尔会跟人民议会(people's assembly)达成妥协，但他们还是委派代表加入特权贵族委员会(boyar council)，在作为政府首脑的大主教的任命上享有最终决定权。通过在俄罗斯北部地区和诸如普斯科夫(Pskov)、旧拉多加湖(Old-Ladoga)和伊斯博斯克(Isborsk)等城镇建立殖民行政区，地方自治体系得以完善。社会的变迁彰显于末代皇家建筑——诺夫哥罗德涅列迪沙山(Nereditsa Hill)的救世主教堂(Church of the Saviour, 1198,见[341]页图C)的朴素风格中。这是一座简朴的单穹顶十字形平面教堂，带有两根独立墩柱和曲线形屋顶。其规模很小，省去了装饰性壁龛和雕饰物。然而它具有诺夫哥罗德建筑所特有的特征：纵长立面的东部开间比西部开间狭窄，三个半圆形后殿向外隆起。西面部分含有一个带着封闭侧室的讲坛。其他的贵族和商人赞助者也喜爱同样类型的建筑，例如，普斯科夫的米罗日隐修院(Mirozhsky Monastery, 1156)和阿尔卡基的教堂(Arkazh, 1179)。当地的作坊则采用由砖、方石和毛石等各种材料混和而成的"砖面圬工墙"。

建筑尺度、屋顶构造和立面处理不断修正着。在13世纪初，三叶花式的曲线形屋顶轮廓线取代了拱形"女儿墙"屋顶，例如在皮亚特尼卡(Pjatnica)和罗日杰斯特文斯基的教堂。1238年蒙古人的入侵引起建筑活动的衰落，但是在14世纪，波罗的海的贸易繁荣带来了经济的兴盛，也开启了诺夫哥罗德建筑和绘画艺术的"黄金时代"。中层阶级热衷于制作自己的肖像画，所谓帕拉奥洛基复兴和南部斯拉夫对拜占庭设计风格的崇尚所产生影响，这些都成为更加富有活力、更加多姿多彩的装饰的主要来源。起初，大多数带有三重曲线屋顶的平民-贵族教堂(bourgeois-patrician church)还保持着一种简朴和坚固的外观，例如利普纳的圣尼古拉教堂(S. Nicholas, Lipna, 1292,见[341]页图D)；但是随后，在比例上强调高度，墙体内倾，鼓座升高，孔径缩小，几何图形的装饰更加奢华。当地的"斜砌法"(begunet,将砖块沿对角线斜铺，以形成三角形孔)使立面看起来很生动，同时在立面上还嵌入了拱形犬齿状雕饰带和石制十字形。这里仅有一个半圆形后殿，其侧堂却仿效东方的形式。讲坛旁封闭的侧室被用作私人小礼拜间或甚至当做交易室，例如在圣狄奥多尔·斯特拉特莱茨教堂(S. Theodore Stratelates,约1360,见[346]页图C)和基督变容教堂(约1375)中便是如此。

人们继续兴建这种平民-贵族教堂,采用更加奢华的样式,就像在科热夫尼基圣彼得和圣保尔教堂(SS. Peter and Paul, Kozhevniky, 1406)那样;另一种是像弗拉西教堂(Vlassi Church, 1407)那样比较朴素的风格,或者采用一种所谓的"仓库教堂"(warehouse church)形式,圣德米特里教堂(1381)即是一例。在仓库教堂里,地窖被当做储藏间使用,根据建筑外面的小窗洞可以辨别其位置。一种包含四面三角形山墙的屋顶取代了三叶形式。在15世纪中叶,迫于莫斯科的压力,贵族们不得不对许多诺夫哥罗德的教堂进行重建或改建,这些教堂是在12世纪贵族们逐渐掌权时兴建的,像岩石上的圣约翰教堂(S. John on the Rock)就是如此。人们也按传统的形式和风格建造了大量的小型私人礼拜堂,如山谷中的使徒教堂(the Church of the Apostles in the Ravine)。

普斯科夫继承了诺夫哥罗德的传统。1348年这个镇从诺夫哥罗德联盟中独立出来,政治权力掌握在手工匠和商人手中。建筑的墙壁更厚了,比例更为紧凑,装饰也更加朴素。教堂为十字形平面,带有两根独立墩柱,根据不对称原则,深深的西门廊、附属小礼拜堂(side-chapels)、回廊和储藏室将教堂遮蔽起来。地窖也被用做储藏室。像普斯科夫的主显教堂(Church of the Epiphany, Pskov)一样,在西入口上方通常是吊钟山墙(bell-gable)或是钟形墙(bell-wall,见[358]页图A)。资助人不设讲坛,却重新采用了在诺夫哥罗德教堂中被省略的半圆形后殿。起先,横臂上方覆以鞍形屋顶,而转角开间上面是单坡屋顶,但后来就以拱形女儿墙来覆盖整个建筑物。在"砖面坊工墙"中,当地的工场开始使用在当地开采的二叠纪石板,甚至用石头来雕刻出"斜砌法"的效果。

他们所采用的拱顶体系是由阶梯状拱券组成的金字塔体系,就像在梅廖托沃(Meljotovo)的圣母安息教堂一样(1462)。最初用于帕雷克莱逊(Parreklesion)的山上的圣巴西尔教堂(S. Basil, 1413),后来用在圣尼古拉教堂(约15世纪)那样的用石墙建造的小教堂中,所有的墩柱都被省略了:一连串的拱券直接跨越在纵横两个轴线方向的墙体上,并呈阶梯状升至中心,形成一个正方形基座,其上通过帆拱支撑一个小型的鼓座和穹顶。普斯科夫的能工巧匠因为这项创造性的建筑技术而享誉全俄罗斯,并且在15~16世纪经常被沙皇召去莫斯科。

大约在半个世纪后,蒙古人第一次入侵(1237—1240),黄金部落(the Golden Horde)开始陷入困境,由东正教教会支持的莫斯科公国势力开始强大。大都会主教批准了莫斯科继承王朝的声明,并在1325年将他的主教教区移至莫斯科的克里姆林宫(Moscow Kremlin)。在14世纪,这座由城堡、王侯官邸(princely residence)和行政总部组成的综合体用石灰石砌筑的城墙和塔楼进行防御,并建有很多弗拉基米尔-苏兹达尔风格的教堂。其他地区也很快仿效这种防御工事。这样,当德米特里·顿斯科伊(Dmitri Donskoi, 1362—1389)号召各公国诸侯们参加对抗蒙古人的战斗时,军队就能够安全地集结。1380年在库利科沃波莱(Kulikovopole)战役中,俄罗斯赢得了首次胜利但损失惨重,仍未获得彻底解放。然而,威胁已不复存在,建筑活动也复苏了。

随之而来的是"俄罗斯风格荟萃时期"(gathering of the Russias)。正如其名,它产生了一种崭新的、重要的俄罗斯风格。莫斯科成了大熔炉,融合了来自各地的不同风格,并且还成功地揉入了自己的复合形式及图案主题。新旧因素交织在一起,其中包括:蒙古人入侵前文化传统的发展,特别是弗拉基米尔-苏兹达尔传统的发展;帕拉奥洛基时期塞尔维亚和保加利亚的建筑风格跟拜占庭建筑风格之间的碰撞;统一的俄罗斯语言和文学的出现;与北部殖民相联的隐居运动(anchoritic movement);教会和政府重新合作;大修道士团体的形成以及其中部分团体的壮大。由此带来的发展预示着:地域性学派消亡和未来沙皇帝国的复古主义的产生。

这一过渡风格在建筑中也有所体现,其中之一就是在兹韦尼哥罗德(Zvenigorod)要塞上的圣母安息大教堂(1399)、谢尔盖耶夫斯基的圣塞尔吉乌斯隐修院圣三一教堂(the Trinity Cathedral of S. Sergius Monastery, Sergejevsk, 1422, 见[350]页图⑪及[354]页图A),以及莫斯科的安德罗尼科夫隐修院救世主教堂(Cathedral of the Saviour in the Andronikov Monastery, Moscow, 15世纪初,见[354]页图B)。把代祷教堂与弗拉基米尔的圣德米特里教堂(见[353]页)、切尔尼戈夫的皮亚特尔卡教堂(the Pjatnica Church)以及塞尔维亚的格拉查尼察圣母教堂相比,就会一目了然。来自弗拉基米尔的典雅的单穹顶形式，出现了一种带有石头饰面毛石砌体的简化版本。同时，金字塔形建筑开始出现，表现为采用高高的墩座、多层拱顶和山墙。随着圆拱被尖券所取代，洋蓟(artichoke)状的屋顶渐渐形成。和这一转型期建筑风格相关的是俄罗斯形式的圣像屏的出现。

伊万三世❶征服了诺夫哥罗德公国，将俄罗斯最终统一于莫斯科公国之下，建立起中央集权的政府行政体系，并停止向黄金部落上缴贡税。他利用与先帝侄女索菲娅·帕里奥洛加斯(Sophia Paleologus)的联姻，合法地继承了皇位，最终成就了"莫斯科，第三个罗马帝国"。虽然其宫廷礼仪接近晚期拜占庭的模式，但是在建筑理念方面，伊万三世转向意大利文艺复兴风格。从15世纪70年代开始，他就从意大利北部及欧洲东南部地区引进建筑师。像称呼其他所有外国人一样，俄罗斯人称这些建筑师为"弗里西人"(Frjasi)或"弗兰康尼人"(Franconians)。俄罗斯当地的能工巧匠(Jermolin)与"弗里西人"一起，以一种新的风格，着手在莫斯科克里姆林宫内构筑造价较低廉且更为坚固的砖石建筑。

宫廷建筑的特色在于单体设计的多样性，虽然从历史主义角度来看，它们之间存在风格上的联系。例如莫斯科克里姆林宫的圣母升天大教堂(Cathedral of Assumption, Moscow Kremlin, 1475—1479, 见[350]页图①和[354]页图D)，该教堂出自博洛尼亚建筑师阿里斯托泰莱·菲奥拉万蒂(Aristotele Fioravanti)之手，用于沙皇行加冕礼和大部分主教的就职典礼及葬礼，是在主教堂中采用五个穹顶结构的典型实例，该建筑精致简洁，室内的比例优美轻盈，甚至连当时的史学家都对此大加赞扬。由另一位意大利建筑师阿洛维西奥·诺沃(Alovisio Novo)设计的天使长米迦勒大教堂(The Cathedral of Archangel Michael, 1505—1508, 见[357]页图C)则具有文艺复兴时期皇宫的古典风格。由于是用做统治王朝的陵墓，该教堂的内部空间与传统的十字形平面形式完全一致。意大利建筑师马尔科·博诺(Marco Bono)和彼得罗克·马雷(Petrok Maly)分别设计了八边形的"伊万大帝"钟塔(1505—1508)和钟架(bell-cage)北侧雄伟的钟形墙(bell-wall, 1532)，这种钟架在14世纪下半叶已在诺夫哥罗德和普斯科夫地区开始使用。马尔科·鲁福(Marco Ruffo)与彼得罗·安东尼奥·索拉罗(Pietro Antonio Solaro)共同建造了"多面宫"(Faceted Palace)，即格拉诺维塔娅宫(Granovitaya Palata, 1487—1491, 见[343]页图A)，在文艺复兴风格中运用了菱形的石灰石块。他们仿照木构建筑中常见的接待室来建造底层觐见厅"圣堂"(Holy Hall)。皇宫内的圣母领报大教堂是由来自普斯科夫的能工巧匠仿效早期莫斯科大公国的隐修院教堂用砖砌筑而成的，最初有三个穹顶，但后来经历了大规模改造。其后，伊万三世下令按原样风格修复尤里耶夫波利斯基的圣乔治大教堂(1471, 见[346]页图A)和弗拉基米尔的"金门"(1469, 见[346]页图B)，克里姆林宫风格的雏形得到了进一步的发展。

莫斯科主要的大教堂，即专门献给圣母升天节的教堂，成为许多由政府下令兴建的重要城镇教堂和隐修院教堂的范本：例如莫斯科的新圣母女隐修院(Novodevichy Convent, Moscow)和圣塞尔吉乌斯圣三一隐修院。在一些教堂中，五穹顶的外形结构渐渐演变为一种更简单的十字形式，取消了巴西利卡式的西面部分，例如在诺夫哥罗德和莫扎伊斯克(Mozhaisk)的一些教堂。在苏兹达尔、沃洛凯姆斯克(Volokamsk)和雅罗斯拉夫(Jaroslav)等地的隐修院建筑中，也开始采用一种三穹顶的样式，副穹顶置于侧殿之上。

然而，在15～16世纪建造的绝大多数是简单的教区教堂和隐修院教堂，特别是那些建在新郊区和俄罗斯北部的俄罗斯主要大隐修院的分支教堂，皆是单穹顶的简单类型的变体。尽管人们更爱采用石灰石做装饰，但砖砌工程还是占了主要部分。在一些教堂的室内，阶梯状拱券朝着鼓座和穹顶升起，角部开间则为筒拱及交叉拱所覆盖。这样的例子包括莫斯科的塞拉彭托斯隐修院(Therapontos Monastery)、基里尔—贝洛舍夫斯基隐修院(Kyrill-Beloserk Monastery)和罗日杰斯特文斯基教堂(Rozhdestvensky)。"克莱斯卡蒂"(Kreshcaty)拱券省去了内柱，十字侧臂上覆有扁平的筒拱或阶梯状拱，在角部开间上方则是弧形窗(lunette)，莫斯科的以下三座教堂便是如此：圣安娜教堂(Church of S. Anne)、圣蒂芬教堂(Church of S. Triphon)和顿斯科伊隐修院(Donskoy Monastery)中的旧教堂(Old Cathedral)。

---

❶ Ivan III；1462～1505年在位，别名伊凡大帝，莫斯科大公。——译者注

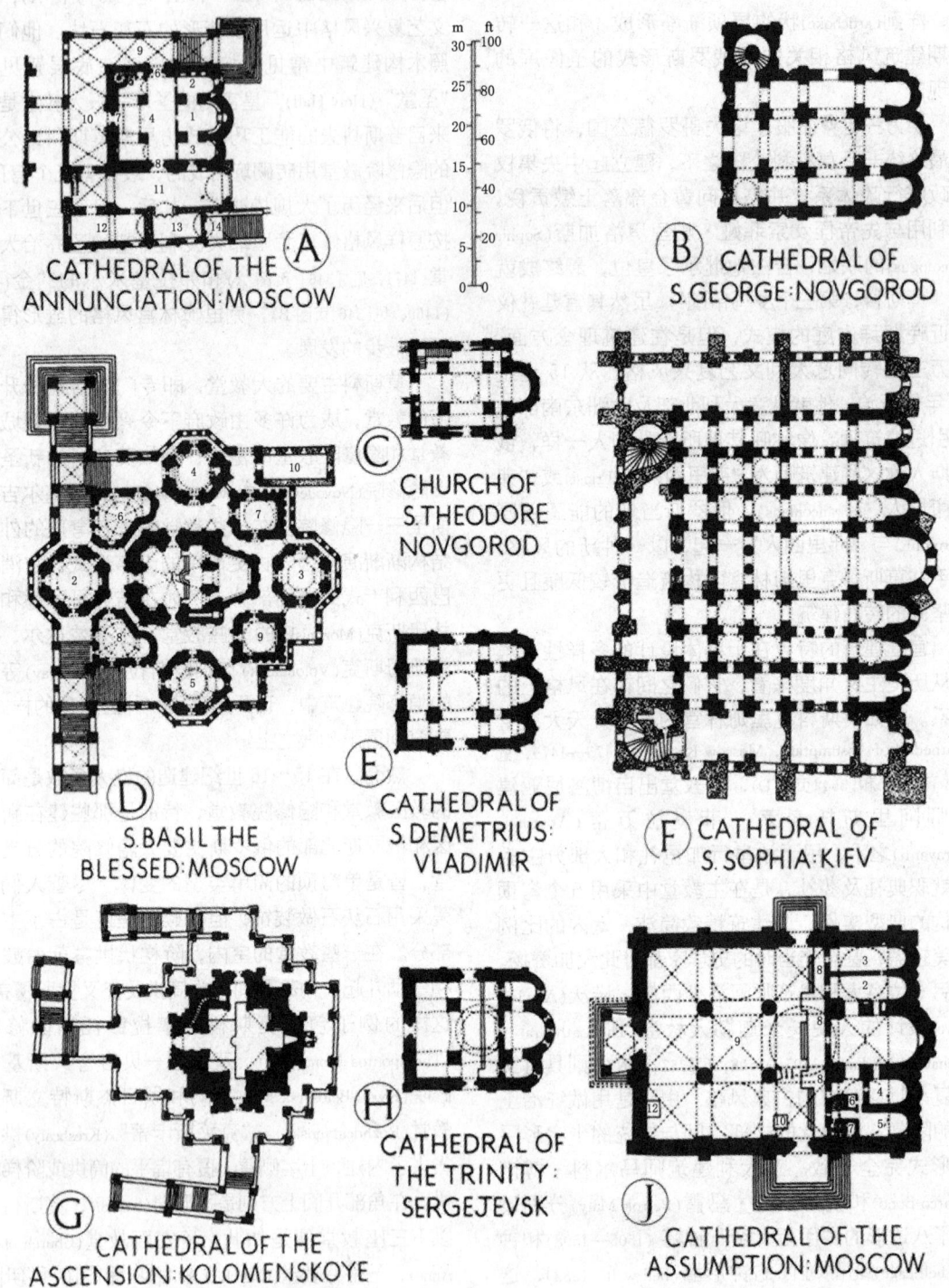

教堂平面比较(COMPARATIVE CHURCH PLANS)：Ⓐ 莫斯科的圣母领报大教堂；Ⓑ 诺夫哥罗德的圣乔治大教堂；Ⓒ 诺夫哥罗德的圣狄奥多尔教堂；Ⓓ 莫斯科的瓦西里·布拉仁教堂；Ⓔ 弗拉基米尔的圣德米特里大教堂；Ⓕ 基辅的圣索非亚大教堂；Ⓖ 科洛姆纳的基督升天教堂；Ⓗ 谢尔盖耶夫斯基的圣三一教堂；Ⓙ 莫斯科的圣母升天大教堂

屋顶的形式或是呈三叶曲线形(一种金字塔形的装饰山墙)，或是拱形女儿墙屋顶。立面通过壁柱或柱条❶、外墙腰线(string course)和屋顶檐口连成一体，并与内部的柱子和拱顶相呼应。装饰风格融合了诺夫哥罗德-普斯科夫的装饰物和文艺复兴的图案主题。这些建筑物的基础层、台阶、回廊和附属小礼拜堂为它们增添了一种亲切简朴的氛围。这些教堂多半是由地方教区资助的，所以渐渐开始使用一个术语："城郊(possad)建筑"。地域性风格几乎难以辨别。例如，在16世纪上半叶，由莫斯科富商在诺夫哥德罗兴建的"仓库式教堂"就采用了非典型地域风格的建筑语汇，实例有：妇女运送涂油仪式用油教堂(Church of the Women carrying Anointing Oil)和普罗科皮乌什教堂(Prokopius Church，见[358]页图B)。

一种来自官方的帝国风格开始在全国上下的建筑中占据主导地位。建筑工场在此发展过程中起了一部分作用，并且从1583年起，政府工程合同开始由"石砌建筑督察团"来监督管理。

莫斯科的尖顶和帐篷顶教堂经常被认为是早期俄罗斯建筑所取得的最具独创性、给人印象最深刻的成就。如果没有国家政权的重建和中央集权，没有军事建筑的影响，没有木构建筑的语汇；很难想象它们会成为一种全国性现象。在这些建筑中，为了追求空间的向上凝聚性❷和向心性，十字形平面被淹没了。然而，在建筑的发展过程中，它们却成为一段历史的插曲。随着科洛姆纳的沃兹涅先斯基教堂(Vozhnesensky Church, Kolomenskoye, 1530—1532)、季亚科沃的施洗者圣约翰教堂(Church of S. John the Baptist, D'yakovo, 1547)，红场上的代祷教堂(1555—1560，见[359]页图C、图D)，以及其后在奥斯特罗夫(Ostrov)、亚历山德罗夫(Alexandrov)、佩列斯拉夫-扎列斯基(Pereslavl-Zalesskiy)和克拉斯诺耶(Krasnoje)的少量建筑的建造，这种新风格事实上已经发展到了尽头，于是重新回到了最初的功能：钟塔和大型隐修院的餐厅教堂(refectory church)。

这类教堂具有某些共同特征：其建造目的是纪念重要的国家大事，八边形基座上有八个斜面构成的帐篷顶，面积小且统一采取无柱的做法，垂直的内部空间，讲坛缩小，带有回廊的高墩座，传统俄罗斯装饰与源自意大利文艺复兴建筑的新的装饰主题相结合。代祷教堂❸堪与菲拉雷特(Filarete)和莱奥纳多(Leonardo)的设计相媲美。但是这场建筑上的革命没有带来持久的结果。直到17世纪，作为主流文化元素之一的古老的俄罗斯历史主义还是将建筑风格的发展束缚于早期中世纪的传统之下，在绘画、文学和神学领域中也能感受到这种历史主义的影响。不能说它导致了艺术品质发展的停滞或衰败，但的确走进了死胡同。

拜占庭帝国以外的东欧各国以其各自的方式发展着艺术和文化，与政治和社会的发展一样。中世纪一直持续到了17~18世纪。在巴尔干地区，土耳其统治者将原先各民族的教堂置于康斯坦丁堡牧首的管辖范围内，从而促进了后拜占庭风格的发展。在俄罗斯，沙皇们宣称皇位是继承制的，并得到教会的扶持，因为他们担当着整个东正教世界的政治领袖的角色(君斯坦丁堡的罗马教皇仍然保有宗教上的最高权力)。这就造成了与拜占庭传统的彻底分裂。在上述两个地区内，它们的建筑风格在与西欧哥特式建筑、文艺复兴和巴洛克建筑风格的碰撞中产生了重要转变。但是，东正教是一种将形象作为思考和感知方法的神学，它对教堂建筑产生的影响就体现为：要求所有信奉基督教的东正教国家中人们忠实于传统标准。

建筑实例

基辅圣索非亚大教堂(1037—1061，见[343]页图B和[344]页及[350]页图Ⓕ)，建造于雅罗斯拉夫时期，被称为"俄罗斯教堂之母"。其核心部分是十字方场式平面，带有5个中殿、12个十字形柱墩、5个半圆形后殿和13个穹顶。教堂的主殿宽7.5m(25ft)，是两侧内殿的两倍宽。圆穹顶点处高达25m(80ft)。中心部分的三面被回廊环绕(最初是开敞的)。在11世纪末，为了将拱顶的水平推力更好地传至地面，回廊增设了夹层。后来，先是在西南侧，后又在西北侧建造了更宽敞的第二道柱廊，

---

❶ pilaster-strip；无柱础柱帽的壁柱。——译者注
❷ 金字塔型。——译者注
❸ 即瓦西里·布拉仁教堂。——译者注

还有两座塔状楼梯间。廊台从三面包围中心部分,其横臂截止于两层高的三连拱廊(见[344]页)。侧廊和内侧廊台上面主要覆盖圆拱顶,回廊则由回廊穹顶(cloister vault)所覆盖。教堂的外观由回廊及中堂阶梯状的屋顶轮廓线所决定,两者都朝向十字交汇处上方鼓座上的主穹顶逐渐升高。四个由束柱支撑的鼓座上的穹顶,分别覆盖着两道廊台的西半部分和东面的侧堂。现在,这座建筑物已被乌克兰巴洛克式(Baroque)的扩建物深深掩盖。外立面最初时是以灰泥粉刷并用石灰水刷白,或是因其砖砌圬工、内凹砖工艺、一层层暗壁龛和拜占庭风格的雕饰带而呈现图画效果(见[343]页图B)。其内部房间中的马赛克镶嵌画(约250m²)和湿壁画(约2000m²)均是圣像画,并且是那个时期中世纪拜占庭式装饰风格的典型实例。

诺夫哥罗德圣索非亚大教堂(1045—1052,见[343]页图C),是由雅罗斯拉夫之子——弗拉基米尔根据基辅的圣索非亚大教堂建造的。它是用多边形石块砌筑而成的,只有墩柱、拱顶、雕刻装饰以及砖砌的门窗套。教堂有三座半圆形后殿、五个矗立在鼓座上的穹顶(在每个拐角开间的上方都覆有一个副穹顶)和西南角一座楼梯塔。与基辅的圣索非亚大教堂一样,十字臂的三面都被廊台所围绕。侧堂上面立于鼓座上的穹顶,其方形底座升至与东墙齐平。教堂侧堂的东端开间省去了半圆形后殿,并采用二等分的筒拱,因此其山墙呈1/4圆周的扇形。外立面上的壁柱与室内的壁柱一一对应,半圆形山墙与三角形山墙交替出现。南北两侧的回廊被不对称地移置中心部分的偏西侧。鼓座檐口上装饰着带有犬牙饰的罗马风连拱券,这个细部成为当地流派的特征。

诺夫哥罗德尤里耶夫隐修院圣乔治大教堂(Cathedral of S. George in the Yur'yev Monastery, 1119—1190,见[346]页图A及[350]页图ⓑ),是彼得大师(Master Peter)根据基辅的洞窟隐修院的圣母安息大教堂的平面建造而成的。这个教堂采用三个中堂的巴西利卡式十字形平面,有三个圆穹、三个半圆形后殿和六根十字形墩柱,采用"砖面圬工"砌筑而成。东面交叉点处的墩柱跟半圆形后殿的墙体融为一体,西面独立的墩柱支撑着主穹顶。第三对墩柱支撑着廊台,该廊台只沿着横向的西面部分延伸,其南部尽端上方覆有一个副穹顶。这个副穹顶与不对称地矗立在西北角的楼梯塔上

方的穹顶是成对的。壁柱将纵向的立面划分为四部分,将西立面划分为三部分,壁柱在最初时是与曲线形山墙端部的扁带饰相连的。装饰仅限于窗户和双层壁龛处,狭窄的拱券强调了构图的垂直性。穹顶基座出挑的雕饰带同样是层层上升的。

切尔尼戈夫市场帕拉斯科娃-皮亚特尼卡教堂(Paraskeva-Pjatnica Church in the Market, 12世纪),由巴拉诺夫斯基(P. D. Baranovski)重建,它原本是一座砖砌结构的女隐修院教堂。教堂为十字形平面,有一个穹顶,三个半圆形后殿和四根十字形墩柱,东面的一对墩柱与后殿墙体融为一体。因为十字交汇处的四个拱券建得比十字形横壁上方的筒拱高,而后者又比立面上的半圆形山墙要高,所以屋顶朝着高高的中央鼓座和穹顶逐步升高。这种结构对14~15世纪的莫斯科和普斯科夫产生了影响。三重曲线的屋顶轮廓线与转角开间上方的穹顶弓形部分(vault segments)相呼应。突出墙面的拱廊壁柱(projecting responds)将立面划分为三个板块。别致的装饰物包括:拱缘装饰、内凹的镶板、圆顶和尖顶的壁龛、半圆饰(astragal)、栅格状的砖砌装饰以及多种多样的雕饰带(拱形的、犬牙式的、"斜砌法"和回纹波形饰)。

弗拉基米尔圣德米特里大教堂(1194—1197,见[350]页图ⓒ和[353]页)是由弗谢沃洛德在克里姆林宫建造的,作为宫廷教堂使用。该教堂采用毛石砌体、石材饰面,为单穹顶十字形平面,西侧设有讲坛,高耸的转角开间、三个半圆形后殿和四根十字形墩柱、东面的一对墩柱与后殿半墙体融为一体。底层平面在纵轴方向拉长:不包括后殿在内的平面尺寸为14.9m×16.2m(49ft×53ft)。通过三道罗马风风格不设门楣中心的内凹式有柱门廊可以进入室内。墙柱以及重叠其上的半柱、一条犬牙饰的雕饰带、假拱廊(blind arcade)和装饰性小柱(colonette)将立面连成统一的整体。一排半圆形的山墙端部,其中中间比两旁的稍高,上部立面和连拱廊完全为沿着石灰石块接缝雕刻的浅浮雕所覆盖。上面的图画由拟人化的动植物雕刻组成,其中占主导地位的是皇室、宇宙及天堂的主题。大卫王(King David)以带着羊皮纸卷轴的传教士形象出现在所有三块山墙中间的山花中。外立面上的科林斯柱头和室内的狮首柱头同样都是皇家威望的象征。立面较低的部分并没有装饰,可能是因为原本有一条回廊环绕其外。

第 12 章 早期俄罗斯建筑

图 A　弗拉基米尔的圣德米特里大教堂(1194—1197)，见[348]页

第二编 文艺复兴以前的欧洲和地中海建筑

图A 谢尔盖耶夫斯基的圣塞尔吉乌斯隐修院圣三一教堂(1422),见[348]页

图B 莫斯科的安德罗尼科夫隐修院救世主大教堂(1410—1427),见[348]页

图C 莫斯科的圣三一隐修院圣灵教堂(1476),见[355]页

图D 莫斯科克里姆林宫的圣母升天大教堂(圣母安息大教堂,1475—1479):大教堂广场的南立面,见[349]页

第 12 章　早期俄罗斯建筑

弗拉基米尔金门(1164,见[346]页图 B),是同期建造的城市大门中唯一留存下来的,但也历经了大量的改造,此门采用毛石砌体、外贴石材的工艺。门中的小礼拜堂的屋顶最初是镀金的,在 15 世纪和 18 世纪两次被修复。金门的净高是 14m (46ft),支柱拱继续升高越过主筒拱,形成了入口。在横向拱和筒拱下方有一处木制应急平台(siege platform),第二层平台在小礼拜堂周围设有一圈栏杆。

诺夫哥罗德圣狄奥多尔·斯特拉特莱茨教堂(Church of S. Theodore Stratelates, 1360—1361,见[346]页图 C 和[350]页图 ⓒ),为市长谢苗·安德烈耶维奇(Semjon Andrejevitch)所建,是当地平民风格的典型实例。这是个单穹顶十字形平面的教堂,带有一个半圆形后殿和四根墩柱,东面一对墩柱形成小侧殿的内墙。东部开间跨度是设有讲坛的西部开间跨度的一半,讲坛分成三部分并与内殿完全隔开。三叶曲线形屋顶与转角开间上方拱顶的弓形部分相对应。壁柱将立面划分为三块镶板的形式,中间一块较两侧宽,东侧镶板比西侧镶板狭窄。

装饰主要集中于半圆形后殿和鼓座。在外部,有装饰性的拱形、犬牙状的雕饰带、拱门饰、"斜砌法"、铸造的壁联、实心连拱廊以及石制十字架。朴素的内凹大门采用洋葱形拱(ogee arch)。

谢尔盖耶夫斯基的**圣塞尔吉乌斯隐修院圣三一教堂**(Trinity Cathedral at the S. Sergius Monastery, 1422,见[354]页图 A 和[350]页图 ⑪),受隐修院院长尼康(Nikon)的委托并由王室投资兴建,用做被封为圣徒的前任修道院院长的墓地,尼康也是拉多尼采(Radonezh)的圣塞尔吉乌斯隐修院的创始人。15~16 世纪,莫斯科的大公们都在此接受洗礼。这是一个十字形平面的单穹顶教堂,带有三个半圆形后殿和四根独立的墩柱,整个教堂都矗立在墩座上,要通过一段台阶才能到达。东部的开间缩小,所以穹顶也很明显地被移向东面。横臂上方覆有阶梯状拱顶。南侧为立有圆柱的内凹式门廊,内有洋葱形拱门饰和柱环饰。无帽壁柱和洋葱形拱券将立面分为三个部分,但是与室内的支撑结构和拱顶却不相互对应。在穹顶的方形基座的四个角部,顺着对角线竖立着"无窗山墙"(Kokoshniki,一种装饰性的洋葱形山墙)。教堂是外贴石材的毛石建筑,一条宽宽的装饰带将立面做水平划分,这条饰带由三条雕刻在石灰石上的浅浮雕横饰带组成,刻画的是交织于叶饰中的十字架。在屋顶檐口处也有类似的装饰带。1411~1422 年,圣塞尔吉乌斯隐修院的一位名叫安德烈·鲁勃廖夫❶的修道士创造了著名的"三位一体"圣像,并于 1425~1427 年,又创作了壁画和圣像屏。

莫斯科安德罗尼科夫隐修院救世主大教堂(Cathedral of the Saviour at the Andronikov Monastery, 1410—1427,见[354]页图 B),是由商人叶尔莫林(Yermolin)家族提供资金兴建的,在平面设计中仿效了早期莫斯科公国的隐修院教堂的过渡式风格。传统的立方体形的中心部分被转角开间上方的阶梯状结构、十字形的横臂以及交汇处完全分解了。鼓座和穹顶建造在高高的基座上面,洋葱形拱的形式传达出一种充满动感的效果。这座教堂建于 14 世纪后半叶,曾作为圣塞尔吉乌斯隐修院圣三一教堂的分院,如今是展示古代俄罗斯艺术的鲁勃廖夫博物馆(Rublyov Museum),集画家和修道士于一身的鲁勃廖夫绘饰了这座大教堂并埋葬于此。

莫斯科圣三一与圣塞尔吉乌斯隐修院圣灵教堂(Church of the Holy Spirit at the Trinity Sergius Monastery, 1476,见[354]页图 C),由普斯科夫的建筑师采用带钟楼(belfry)的教堂形式建造而成。教堂主体由砖砌造,鼓座和内凹大门则采用石灰石。十字形平面上矗立着一座高挑修长的建筑物,它有四根墩柱和三个半圆形后殿,带有连拱饰的钟楼从十字交汇处升起,覆立于高高的鼓座上的穹顶上面。这座教堂在外部装饰中运用了精美的瓷砖,这在俄罗斯还是首次。

伊万三世委托来自博洛尼亚的建筑师鲁道夫(Rudolfo,即阿里斯托泰莱·菲奥拉万蒂)设计了**莫斯科克里姆林宫圣母升天大教堂**(Cathedral of the Assumption (Dormition) in the Mosow Kremlin, 1475—1479,也称圣母安息大教堂,见[350]页图 ⓘ 和[354]页图 D),此座教堂是参照弗拉基米尔的同名大教堂设计建造的,用来举行最重要的国家典礼。它是按照五个穹顶的十字形平面设计的,底层平面被六根墩柱分成三个内殿和 12 个相同的正方形开间。教堂内部空间高耸巍峨、高度统一,有五个扁平的后殿但没有廊台。这座教堂最初由莫斯科工匠在 1472 年开始修建,

---

❶ Andrei Rublyov;约 1360/1370~约 1430 年,俄国中世纪最伟大的画家之一,修士。——译者注

但在1474年的地震中倒塌了。伊万三世通过他派驻威尼斯的大使，聘请了一位经验丰富的建筑师。建筑师下令拆毁整个废墟，将基础挖深至4m(13ft，"按照他认为合适的深度，而非遵循莫斯科工匠的惯例")，并建造了一个砖厂来生产坚固的烧成砖；他用特别厚的灰浆作为砌砖的黏合剂，并在砖砌墩柱和壁柱间嵌入拉杆(tie-rod)。室内设计是全新的：四根细长的独立柱矗立在中殿内，在横臂和中厅西部上方覆有同样高度的平坦的交叉筒拱，在东面，一对墩柱跟主后殿的墙体以及石砌圣坛的腰栏(breast)融为一体。两侧的中殿在高坛区域形成两个狭窄的小礼拜堂。内部开间都是相等的正方形，所以五个穹顶的直径本应相等。然而，按照传统中央穹顶的鼓座应该要大一些。因此，菲奥拉万蒂将中央穹顶置于一个圆形基座上，这样就可以加大其直径。尽管外观的划分比例是以黄金分割为基础的，但其形式主要借鉴弗拉基米尔-苏兹达尔。克里姆林宫圣母升天大教堂以石灰石块为外墙饰面，通过"拱形女儿墙"的壁柱和装饰性小柱上的封闭拱廊将立面连成整体，还设有内凹的有柱门廊。教堂矗立在一个高出地平面3.2m(11ft)的墩座上，人们需要通过一段长长的台阶才能到达它在西、南、北三面的入口。临大教堂广场(Cathedral Square)的南立面被装饰成一个精美的展品。后来的加建和改建几乎都没有损毁大教堂的原貌。在17世纪初期，穹顶上开始有裂缝出现时，教堂的薄弱部位通过增设铁扣的方法得以加固，在加固过程中，科林斯柱头被敲掉了。这座教堂中，在石砌圣坛的腰栏和小礼拜堂侧壁上的湿壁画可以追溯到15世纪末。人们认为这些湿壁画是出自迪奥尼西(Dionissi)和他的工场以及鲁勃廖夫的弟子们之手。在17世纪中叶，这些绘画被更新了，但主题并没有改变。

伊万三世的宫廷教堂，即莫斯科克里姆林宫的**圣母领报大教堂**(1484—1489，见[350]页图Ⓐ及[357]页图A、图B)，由普斯科夫的工匠在两座14~15世纪的早期建筑底座上用砖砌筑而成。最初，教堂为三穹顶十字形平面，三个半圆形后殿，其墙体与东端的一对墩柱连为一体。西面的墩柱支撑廊台，通过一条过道把廊台与宫殿联系起来。侧堂上方覆有副穹顶，在十字形翼部上方则是阶梯状拱。立面原本用柱条和封闭拱廊联结而成。一排"无窗山墙"(kokoshniki)遮住了拱顶，在中央鼓座的八角形基座上另外还有一排。大概早在16世纪时，周围的平台就已改为回廊。1562~1566年，在伊万四世，即"恐怖伊万"(Ivan IV, 'the Terrible')的命令下，教堂实行了一些改造：在西侧添建了两个封闭穹顶，以与东侧一对穹顶保持均衡，然而因为西面的转角开间较大，所以这两个穹顶的直径也相应大些。在回廊的拱顶上方加建了平屋顶(terrace roof)，以便将在廊台层四个转角上对称设置的四个单穹顶小礼拜堂联系起来。增加更多假山墙并将立面划分成类似藻井的板块(coffer-like panels)——这与大天使大教堂中的做法如出一辙，从而丰富了装饰。洋蓟形装饰成为占主导地位的装饰主题，就连传统的头盔状穹顶(helmet dome)也被洋葱形穹顶(onion dome)所取代。在由早期建筑物中移来的圣像屏中含有希腊人狄奥凡❶和安德烈·鲁勃廖夫的作品。伊万四世下令在北面和西面回廊处各修建了一个精致的文艺复兴风格的入口，地板上铺着碧玉花纹石板(jasper slab)。

莫斯科克里姆林宫天使长米迦勒大教堂(Cathedral of the Archangel Michael in the Moscow Kremlin, 1505—1508，见[357]页图C)，由伊万三世委托阿洛维西奥·诺沃兴建。它取代了老的墓地教堂(sepulchre church, 1333)，成为统治王朝的陵墓。大教堂是十字形平面，有五个穹顶，六个墩柱，其中东面一对墩柱与半圆形后殿的墙壁连在一起。室内高度统一，但横臂宽敞，用传统方式覆以筒拱。墩柱、壁柱以及拱券由高高的底座连成一体，以减少侧堂的宽度。为王室的贵妇们着想，阿洛维西奥在隔开的教堂前厅(antechurch)中添建了一条高架廊台。结果，大教堂的核心部分东移，高坛面积缩小；副穹顶的直径由较小的东部侧堂和较大的西部开间所决定。如果没有各个立面与穹顶间的连接来平衡的话，这个改变可能会破坏建筑的对称性。传统的连接体系被摒弃。文艺复兴的精神在以下各方面展露无遗，包括采用古典柱式，运用带有莨苕叶饰、涡形饰和花饰的科林斯柱头(运用手法各有不同)，使用挑檐将立面作水平划分，挑檐下有封闭拱廊，上面则是内凹的矩形镶板，还用

---

❶ Theophanes the Greek；1330~1405年，希腊画家。——译者注

第12章 早期俄罗斯建筑

图 A 莫斯科克里姆林宫的圣母领报大教堂(1484—1489)：主穹顶室内和主后殿的突角拱，见[356]页

图 B 莫斯科克里姆林宫的圣母领报大教堂东北立面

图 C 莫斯科克里姆林宫的天使长米迦勒大教堂(1505—1508)，见[356]页

图 D 莫斯科克里姆林宫的"伊万大帝"钟塔(1505—1624)，见[360]页

第二编 文艺复兴以前的欧洲和地中海建筑

图 A 普斯科夫的扎普斯科夫耶主显教堂(1496)，见[360]页

图 B 诺夫哥罗德的雅罗斯拉夫宫殿：从东面看显示圣普罗科皮乌什教堂(左，1529)和妇女运送涂油仪式用油教堂(右，1510)，见[351]页

第 12 章 早期俄罗斯建筑

图 A 莫斯科"城角"的圣安娜受孕教堂(1478—1483),见[360]页

图 B 莫斯科科洛姆纳基督升天教堂(1530—1533),见[360]页

图 C 莫斯科"护城河畔"的圣母代祷大教堂(瓦西里·布拉仁教堂,1555—1561),见[361]页

图 D "护城河畔"的圣母代祷大教堂:中心塔式教堂的帐篷顶及穹顶内部

粗壮的檐部来支撑"半圆形山花"——该建筑由半圆形山花构成,每块山墙上包含一个雕刻的朝圣扇贝壳(scallop-shell)。筒拱上的屋顶顺着曲线山墙的线条呈波浪形起伏,山墙上最初饰有爱奥尼亚式山花(Ionic acroteria)。与此同时,这座大教堂三侧有回廊环绕,在大教堂广场举行正式典礼期间,贵宾们就会在北回廊内济济一堂。人们认为,这座砖石建筑的立面没用灰泥粉刷,而是由特别的红色(所谓的"阿洛维西奥")砖砌筑而成,红砖与石灰石的墩座及石雕装饰形成对照。大教堂西入口的特征是在开放的门廊中设有一个文艺复兴风格的入口,并且在中间山墙上有圆形的窗户。这种装饰在俄罗斯被广泛模仿。这座建筑后来历经多次改建。其室内的绘画始于17世纪中期;而其中圣器室(diaconicon)中少量湿壁画的残片则年代更早。

莫斯科克里姆林宫的"伊万大帝"钟塔('Ivan the Great' Bell Tower in the Moscow Kremlin, 1505—1508, 见[357]页图D),是伊万大帝三世下令兴建的,由马尔科·博诺(博恩·弗里亚济, Bon Fryazin)按照它所要取代的早期建筑,即圣约翰·克里马科斯教堂(Church of S. John Klimakos, 1329)建造的。其中,圣约翰·克里马科斯教堂鼓座底部被改造成带开敞拱廊的吊钟构架(bellcote)。"伊万大帝"钟塔是一座两层的八角形塔楼,上层比下层狭窄,底层有一间小礼拜堂。1600年,在沙皇鲍里斯·戈东诺夫(Czar Boris Godunov)执政期间,又加建了一层塔身、鼓座和穹顶,钟塔总高度达81m(265ft)。10m深的基础、墩座和外表面装饰都用石灰石砌筑而成,墙身和拱顶则用砖砌筑而成。底层的墙身厚达5m(16ft),第二层的墙身有2.5m(8ft)厚,第三层的墙身厚0.9m(3ft)。在底层,楼梯嵌在墙身内,二层为中心螺旋楼梯(central spiral),三层的螺旋楼梯围绕在墙身内侧。关于钟楼北面的纪念碑式钟形墙究竟是彼得罗·马雷(1532—1543)所建,还是在17世纪按照普斯科夫设计的最后的那座耶稣复活教堂的基础上修建的这一问题,专家们众说纷纭。1624年,东正教牧首菲拉雷特在钟楼北侧上加建了一道钟形墙,"伊万大帝"钟塔上有21口钟,最大的一口钟重达66t。

莫斯科"城角"的**圣安娜受孕教堂**(Church of the Conception of S. Anne 'in the Corner', 1478—1483, 见[359]页图A),由城郊教区的全体教民委托兴建,是这个时期许多同类委托项目中的典型。圣安娜

教堂地处基塔城(Kitaigorod)城墙的"转角处",墙身由石灰石砌成,有一个无柱砖砌的"克莱斯卡蒂"拱顶,横臂上覆筒拱或阶梯状拱,在转开间上方是穹顶的弓形部分。在低矮的半圆形后殿前方设有一圈围绕祭坛的石制栏杆,正方形内殿上方的屋顶呈三重曲线的形状,以呼应拱顶的形状。教堂立面被柱带纵向地分为三部分,水平方向被设于墙身中部和屋顶下方处的挑檐所划分。此教堂还有一个地窖。

普斯科夫主显教堂(Church of the Epiphany, 1496, 见[358]页图A),也是由一个"城头"(一个区域或一个地方)的教区居民建造的,它十字形平面,单穹顶,有三个半圆形后殿和四个墩柱,以及高低起伏的屋顶。该教堂的很多部分是后来扩建的,包括在西北角的四拱券的钟形墙。柱子的厚度和拱间距是由钟的尺寸和重量决定的。

诺夫哥罗德妇女运送涂油仪式用油教堂(Church of the Women carrying Anointing Oil, 1510, 见[358]页图B),由莫斯科商人谢尔科夫(J. Syrkov)兴建,是一座单穹顶的建筑物,十字形平面,有三个砖砌的半圆形后殿。这是一座"仓库教堂",扩建后有三层:在地平面以下的地窖和底层都是储藏间,上面一层则是一个私人的或教区的教堂。转角开间与覆有筒拱的横臂等高,而十字交叉拱要比它们高出一级。与在诺夫哥罗德地区的通常做法一样,高坛区域以及与之对应的纵墙的东面部分都没有缩短。教堂前厅与教堂分离,并且分为两层。装饰上结合了来自地方的传统形式(壁龛)和来自莫斯科的形式(洋蓟形拱)。在西立面上,双重拱的吊钟山墙高耸在中央开间上方。

不久之后,一种塔楼和帐篷式屋顶结合的教堂取代了十字形平面,这种新的建筑类型最早的实例是科洛姆纳**基督升天教堂**(Church of the Ascension at Kolomenskoye, 1530—1533, 见[350]页图C和[359]页图B),这是沙皇瓦西里三世(Czar Vassily III)为庆祝嗣子——将来的伊万四世(Ivan IV)的诞生而下令建造的。这座教堂建在莫斯科河畔高高的堤坝上,科洛姆纳的木造夏宫旁边。教堂是砖砌的,带有白石装饰和细部。柱头上用阿拉伯数字刻着1533年的日期,并且采用了在当时俄罗斯并未应用的年代学,这些表明有来自西欧的石匠参与了建造。据俄国的编年史记载,这座教堂是"以木构方式"建造的。室内没有柱子,面积大约有64m²

(690ft²),全部区域中 1/3 有着厚达 3m(10ft) 的墙。核心部分呈正方形,以突出小型矩形横臂,最东端的横臂取代了半圆形后殿。底座上的壁柱承载着檐口,檐口所支撑的拱券通向一个用一圈铁扣连接起来的八边形。在帐篷屋顶的建造过程中,在相邻每一皮砖的下方都设有支架将砖托住;拱肋是结构上的。金字塔形的光线透过一直延伸到帐篷屋顶的窗户射进来。八块弓形板块组成的拱顶在 2/3 的位置汇聚成塔尖,高出地面达 41m(135ft)。在外观上,该教堂分为四层:被宽阔的平台所包围的基座,后来被覆上屋顶形成回廊;一个巨大的带有凸出开间的底层,在各个方向上扩展出分支;一个紧凑的八边形,其上是一个高 28m(92ft) 的帐篷顶,顶部冠有一个小型鼓座和穹顶,早些时候里面还设有一个瞭望台。设在转角处的 20 个壁柱都有三层柱头,在狭窄的窗户上面有 "飞镖"(darts)的装饰,三重巨大的洋蓟形顶山墙承载着水平推力并遮住底部的八边形,在帐篷屋顶上由拱肋组成长菱形的网格——所有这些都强调着这个与河畔景色有机结合的锥形体。以当地风格和意大利文艺复兴风格为主题,参照天使长大教堂进行装饰。平台上,背向教堂东侧,在一个洋蓟形的筒拱屋顶之下,竖立着以石灰石雕刻而成的"沙皇御座"(Czar's Throne),统治者坐在上面可以俯瞰周围的乡村。

"护城河畔"的**圣母代祷大教堂**(Cathedral of the Intercession 'by the Moat',1555—1561),即瓦西里·布拉仁教堂(Basil the Blessed)位于莫斯科红场(见[350]页图①及[359]页图 C、图 D),是伊万四世(即"恐怖的伊万")下令兴建的,由来自普斯科夫的建筑师巴尔马(Barma)和波斯尼克(Posnik)建造,作为首都的主教区教堂。这是一座带塔带帐篷顶的教堂,环绕着八个覆有圆穹的塔式小礼拜堂。小礼拜堂用砖砌成,以石构件为装饰。这座建筑物在举行了纪念重要的喀山战役(Kazan)的庆典后被神圣化,喀山是蒙古人最后的要塞之一。1588 年,瓦西里·布拉仁被葬于这座教堂东北侧一个附属小礼拜堂内,教堂后来以瓦西里·布拉仁(Basil the Blessed)的名字命名。底层平面呈八角星形,中央是一个矩形的房间和一个梯形的后殿;主轴上的开间是八角形的,四个角上的开间则是心形的。它们之间以内圈和外圈(最初是开敞的)小走廊和"空隙"(spaces)相连接。该建筑物矗立在一个高高的墩座上,通过西面两部对称的楼梯可到达。尽管八边形在平面、侧面轮廓以及总体形式中都是主导形状,但在装饰中却运用了大量来自本国和文艺复兴建筑的主题。然而,这种奇异的童话般的繁复装饰,如带拱肋的和多棱面的洋蓟式穹窿、回廊和楼梯间上"风景如画"风格的屋顶、立面上多彩的油漆等,都是 17 世纪添加的。书面资料显示,八边形代表与新耶路撒冷、俄罗斯帝国以及礼拜仪式之间的联系。

文艺复兴以前的欧洲和地中海建筑

第 13 章
中世纪早期建筑和罗马风建筑

概述

公元 1000 年之前的两个世纪(这里称之为前罗马风时期)与紧随其后的两个世纪有着明显差别,我们将把这段时期分离出来单独论述以达到引言的目的。

前罗马风时期

前罗马风时期,欧洲进行建造活动的地区除了灵感来源以外很少有相同之处。最重要的地区有加洛林王朝属地(法国北部和莱茵兰地区)、西班牙北部的阿斯图里亚斯公国(Asturias)、意大利北部和英格兰盎格-鲁撒克逊地区。其中加洛林王朝最具野心,并且对即将产生的罗马风建筑风格的影响也最大。查理曼大帝意在重建罗马帝国,所以其建筑都以罗马建筑为原型。他在亚琛(Aachen)的宫廷礼拜堂(见[381]页图Ⓑ和[394]页图 A)很大程度上效仿了位于拉韦纳(Ravenna)在东罗马帝国时期建造的圣维塔尔教堂(见[323]页图Ⓓ)。富尔达隐修院(Fulda Abbey)则试图忠实地再现君士坦丁大帝在罗马的圣彼得教堂(S. Peter,见[303]页图Ⓐ)。如同在富尔达中所体现的那样。人们发现,对于隐修院教堂和主教堂来说,巴西利卡平面是最实用的。加洛林人在教堂中堂的西端加建出一个多层体块使其更符合礼拜仪式和纪念活动的要求,但从功能和美学角度来看,它又是独立于中堂的,其实例可见于威悉河畔的科魏堡隐修院(Corvey-on-the-Weser)教堂。通过圣里基耶教堂(S. Riquier)的东塔,我们可以看出人们在教堂平面的十字交叉点建造塔楼之前,首先引入了在东侧建造塔楼的方式,同时也出现了一种地下室形式,如布里克思沃思教堂(Brixworth,见[418]页图Ⓒ和[420]页图 A)那样,东端祭坛附近设置一个单坡道形式的地下室,从而便于将教堂重要的圣物置于主圣坛之下以方便仪式的进行。这种地下室形式源于 7 世纪格列高利教皇(Pope Gregory)在圣彼得教堂内部加建的环状地下室。

在其余地区,巴西利卡教堂追随早期的基督教教堂的风格。如同在施泰因巴赫教堂(Steinbach)中所见到的那样,侧堂为架设在圆柱或矩形截面墩柱上的连拱廊形式,有木构屋顶以及位于连拱廊之上的大面积光滑的无接缝墙面,墙面上也只有简单的圆拱窗和彩色绘画装饰。现存最好的实例是位于拉韦纳的一所早期基督教教堂,克拉塞的圣阿波利纳尔教堂(见[308]页图 D 和[310]页图 B)。第一次采用耳堂的是圣彼得教堂,之后这种形式重复出现在一些加洛林建筑中,如富尔达大隐修院和圣但尼隐修院。

罗马风时期

罗马风建筑以追求交接关系、突出或强调每个结构部分从而创造统一整体为特点。为了以多种方式明确各个部分,人们抛弃了早期基督教和加洛林建筑内部的光滑表面和无差别柱廊。加洛林教堂内每个独立的部分——西端加建部分、耳堂和外部的地下室——逐渐结合起来形成一个和谐整体,具体手法有:西端加建部分变为高耸的立面,在十字形平面的创造过程中将袖廊融入设计,以及把地下室的上部直接作为侧廊的延伸,环绕在圣坛周围从而形成回廊。

建筑中这种新倾向的最初迹象大致出现在同一时间,即公元 1000 年前后,在欧洲的不同地区,这些建筑以各自不同的方式体现着连接结构部分的愿望。最重要的创新有:墩柱形式的发展、教堂侧堂上楼廊的引入、规则的十字平面、墙体通道、带有放射形礼拜堂的回廊、外部集中的新观念的演变以及建筑雕刻能力的增强。

更为复杂的墩柱的确是强调开间分隔以及组合室内立面的有效方式。最初只是简单地将墩柱突出于墙面并向上贯穿整个内立面。在卡尼古的圣马丁隐修院(S. Martin du Canigou,见[404]页图 A)体现了这种手法的最为简单的形式:一对十字形墩柱支撑着为增加筒形拱顶强度而转变为横向拱券的壁柱。不久每个墩柱都以这种方式处理，而且墩柱要素或种类的数量成倍增加，就像卡尔多纳的教堂(见[404]页图B)那样。此后最重要的发展是半圆柱的引入，如孔波斯特拉的圣地亚哥教堂(Santiago de Compostela，见[401]页图Ⓐ及见[405]页图A、图B)，以及其后出现的支撑外部主要圆拱柱列的凹角内柱体或小圆柱，如卡昂的圣司提反教堂(S. Etienne，见[388]页图Ⓐ、图Ⓔ)。在德国，早期基督教柱廊仍普遍流行。但圆柱和墩柱的交替运用体现了对于交换关系这一新追求的让步。希尔德斯海姆的圣米迦勒教堂(S. Michael)通过简单正方形截面的墩柱来强调每个开间的分隔，这些墩柱与圆柱形成强烈对比并将教堂中堂分隔成三个空间。

教堂楼廊(侧堂上面一层)的第一次运用是在欧洲西部盖恩罗德的圣西里亚库斯教堂(church of S. Cyriakus at Gernrode，见[393]页图Ⓗ和[394]页图B)。它没有在德国流行起来，却在法国得到了发展。楼廊对于中堂的立面变得越来越重要，贝尔奈隐修院(Bernay Abbey)从小双拱发展成建筑内的连拱廊，在尺度上模仿卡昂的圣司提反教堂(见[388]页和[389]页图D)下方的主要连拱廊。这种连拱廊常常被再次划分，如彼得伯勒大教堂(Peterborough Cathedral，见[385]页)。对于预示罗马风的形成，楼廊扮演着不可或缺的角色，它打破了光滑的墙面并将其转变成相互联系的建筑单元。

早期基督教和加洛林时期教堂的耳堂有的是位于教士席位南面和北面的房间，如斯泰因巴赫教堂，有的是横穿教堂中堂东端而实际独立的建筑物(连续的耳堂)，如罗马的圣彼得教堂(见[303]页图Ⓐ)，富尔达隐修院和巴黎的圣但尼隐修院(见[389]页图E)。罗马风时期通过创造规则十字形平面将袖廊和一种统一的设计相结合：一个正方形或近似正方形的隔间，每边与一个同样大小的圆拱相接从而与教堂的四翼相对应，例如在希尔德斯海姆的圣米迦勒教堂。在建筑的十字交叉点处的顶端通常覆盖有一个塔楼。

墙体通道包含在墙厚之内的形式在德国、意大利、英国和诺曼底很普遍。采用这种形式的主要目的仍然是为了表现墙面的交接关系，这种关系通过通道一侧的柱和拱的小建体系形式来体现。通道的位置通常限于墙体的最高部分，因为在那里去掉一些墙体不会影响其稳定性。在德国和意大利它们

向外部开敞并对外墙面起着装饰作用，如施派尔大教堂(Speyer Cathedral，见[394]页图E)，但在英国和诺曼底地区，它们向内开敞，位于侧天窗前方，如彼得伯勒大教堂(Peterborough Abbey，见[425]页和[486]页图Ⓓ)。

在教堂半圆形后殿的圣坛周围环绕着一圈回廊，它是侧堂的延伸，与侧堂相连接，形成一种曲线形通道。通常回廊边连接着一些祈祷室，如孔波斯特拉的圣地亚哥教堂(见[296]页图A和[405]页图A、图B)和孔克斯隐修院(Conques Abbey)。这是罗马风的一种创新，令人赞叹地将种种相互独立的形式结合成一个和谐整体。

罗马风时期，从外部特征来说最有特点的是人们通过对建筑构成要素的强调使其变得更为清晰。正因为如此，教堂的中堂、侧堂、耳堂、十字平面、附属祈祷室，甚至楼梯角塔都能直接通过对建筑外部的观察粗略地分辨出来。例如，从位于科隆的使徒教堂(church of the Apostles，见[395]页)中我们可以看到建筑东端的三叶形体块、带侧堂的中堂、一个西侧耳堂和西侧的塔楼。两个塔楼标注出西端的横穿体量，楼梯角塔则在侧面与圣坛和建筑西端相接。

建筑雕刻在罗马风时期得到了惊人的发展。雕刻风格在不同地区有着极大差别，但有一种风格不断出现，这就是雕刻在建筑上所扮演的首要角色。运用雕塑性装饰和雕刻线脚来强调特定的建筑特征并且通过它们的连接方式集中体现即将形成罗马风。因此雕刻通常限于柱头、入口、窗和连拱廊。11世纪70年代在卡昂的圣司提反教堂最早应用了构柱(angle roll，见[388]页图Ⓐ、图Ⓔ)，一般见于圆拱结构使窗间壁和圆拱之间具有连续性。入口往往被赋予大量的装饰，有时是通过对门楣中心的雕刻(见[380][381][385][393]页及[405]页图B)。柱头绝大部分源自古典的科林斯柱头(见[382][381]页)，人们在不同程度的细节上以不同的方式诠释着科林斯柱头。倒方锥形柱头(cushion capital)起源于德国，是一种纯几何形式，由一个正方体和椭圆体组合而成，其后在诺曼底战争时期流传至英国和诺曼底地区。

然而如果我们看到基督教建筑所处的时代是一个由教堂来控制社会精神的时代，那么描述罗马风时期对建筑发展的贡献就相对简单了，当然这并不表示这一时期没有其他建筑的建造活动。现存的庄园宅第、小镇房屋和农舍数量很少，而以城堡和城堡高楼形式存在的军事建筑，因其建

意大利的建筑特征

意大利中部

346　　这一时期的巴西利卡式教堂悄无声息地不断发展着。意大利人接受新的建造体系比较慢，而且他们更乐于关注华美精致的细部装饰，所以同时期他们一直保留着以古典传统为主的建筑特点。建筑立面最显著的特征是带有装饰的墙体通道，它们在垂直方向一个叠着一个，有时甚至叠加到三角形山墙（见[368]页图Ⓐ和[371]页图A）。采用大理石作为墙体饰面的特点将意大利的罗马风建筑特征与西欧其他地区明显地区别开来。在绝大部分地区的教堂里，简单、露明的木构屋顶被饰以明亮的色彩。古代圆柱将极为常见的教堂中堂与侧堂分隔开（见[368]页图Ⓒ）。教堂的歌坛有时会被设在地下室上方，并通过台阶与中堂相连。

造得更为坚固所以比较常见。对于它们的形式在本章节相关的建筑特征部分有简短介绍，同时在实例中会出现相当数量的此类建筑。

中世纪的意大利地图

第13章 中世纪早期建筑和罗马风建筑

Ⓐ 古典线脚的处理手法比较；Ⓑ 卢卡的圣克里斯托福罗教堂入口细部；Ⓒ 卢卡的圣克里斯托福罗教堂入口；Ⓓ 蒙扎的布罗列托府邸的凉台栏杆；Ⓔ 贝加莫的圣马利亚大教堂的半圆形后殿；Ⓕ 科莫的圣阿邦迪奥教堂的东立面；Ⓖ 科莫的圣费代莱大教堂的半圆形后殿；Ⓗ 罗马的圣保罗大教堂回廊；Ⓙ 维罗纳的圣泽诺大教堂的门廊；Ⓚ 比萨洗礼堂入口

第二编 文艺复兴以前的欧洲和地中海建筑

Ⓐ蒙特圣安杰罗的圣米迦勒教堂的主教宝座；Ⓑ米兰的圣安布罗斯教堂的布道坛；Ⓒ图斯卡尼亚的圣马利亚大教堂内的高祭坛；Ⓓ特兰尼大教堂入口的铜壁柱；Ⓔ蒙雷阿莱大教堂回廊的双柱头；Ⓖ拉韦洛大教堂入口的铜壁柱；Ⓗ米兰的圣安布罗斯教堂的挑檐；Ⓙ卢卡的圣朱斯托教堂的门楣；Ⓚ图斯卡尼亚的圣彼得教堂的马赛克铺地；Ⓛ帕尔马洗礼堂的圣水盆

受到奢华风气的影响，连拱廊变得普遍，并且随着在直角凹槽内设置侧柱或是由细小柱身的柱式填补，其上冠以半圆拱，与古典的楣梁形成反差，使得门窗面积变小并且重要性降低(见[393]页图⑧、图⑥)。花格窗没有再向更大范围发展，即使是圆窗在式样上也是原初状态。中堂上方的木屋架，带有显眼的彩绘装饰的椽子和系梁，是简单、露明的巴西利卡形式(见[372]页图A)。侧廊有时会有小跨度的棱拱并通过横向拱券划分成各个小单元。

大量的来自于古罗马神庙的柱子被用于新教堂，这也延缓了远离罗马的地区对柱子类型的创新发展(见[368]页图⑥和[372]页图A)。拉泰拉诺的圣约翰隐修院回廊(S. Giovanni in Laterano)和罗马城外的圣保罗大教堂(S. Paolo fuori le Mura)中出现的雕刻精细、柔和扭曲的圆柱是对古典形式的变化(见[365]页图⑪)。虽然人们以往对古典形式的模仿相当粗糙，但入口和窗户逐层内凹的平面(见[365]页图⑧~图⑥)明显是罗马风形式的精巧变体。

装饰方面的古典先例被延续下来以使老建筑的片段与新建筑相融合，所以罗马叶板的粗糙变体十分常见(见[366]页图⑪、图①)。如在皮斯托亚可看到入口门楣处一排排的使徒形象与拜占庭象牙制品在风格上十分相像。在意大利的所有地区，基督教象征主义开始运用于装饰雕刻和镶嵌画。代表基督的花押字、福音传教士和圣徒徽章以及通过树木、鸟、鱼和其他动物来表现的整个象征主义体系全部被用做装饰主题。圣马利亚大教堂(S. Maria Maggiore)高高的祭坛和圣彼得教堂(S. Pietro, 见[366]页图⑥、图⑪)的马赛克镶嵌路面是这个时期图斯卡尼亚的特征。拉韦纳和比萨受拜占庭影响，发展形成了各自的风格。似乎在6世纪就已出现的独立的钟楼或附属于主体的钟楼从此以后成为基督教会建筑一个独有的特征(见[368]页图⑧和[369]页图⑧~图⑪)。

意大利北部

最重要的进步发生在伦巴第地区。主要革新体现为对肋骨拱的发展、外立面的墙体通道和拱状挑檐。伦巴第的肋骨拱延续时间很短，但外立面的墙体通道(最初仅仅是一些壁龛)和拱状挑檐在10世纪被引入并迅速传播至西班牙北部、意大利中部、勃艮第和日耳曼帝国。拱形挑檐是将梁托和圆拱联系起来考虑的一种屋檐装饰(见[366]页图⑪)。

意大利北部的教堂在类型上属于巴西利卡式，但是中堂和侧堂由拱顶覆盖，最外层是木构屋顶。侧堂通常有两层高，侧边小祈祷室之间厚厚的墙体起着扶壁的作用，用来承受拱顶的侧压力。简洁朴素的入口外立面伸展贯穿着整个教堂，这样在外部体现了中堂和侧堂的分隔。在中央常常会有外凸的门廊，门廊的圆柱立于呈蹲伏状的怪兽脊背上。门廊上方的圆窗起到为教堂中堂采光的作用。拱形挑檐突出了三角形山墙，同时在屋檐下还有连拱廊环绕着教堂的后殿。由于砖石替代了大理石，整体特征上的精细程度降低了，并且装饰开始脱离于古典先例。科莫匠师行会(The Comacene masters)起源于科莫，是被赋予特权的建筑师和雕刻匠的行会。在11世纪他们运用富有特征的装饰建造教堂，其活动范围不仅限于意大利北部，也涉及意大利的其他地区。

许多洗礼堂的平面为八边形或圆形，如诺瓦拉的洗礼堂，它通过一个中庭与大教堂相连，类似情形中更著名的是米兰圣安布罗斯教堂(S. Ambrogio)的洗礼堂。圆形和八角形后殿上方的天窗采用墙体通道形式，这使得建筑外立面更为吸引人(见[365]页图⑥、图⑥)。塔楼的塔身是笔直的，而且通常是独立的，没有扶壁或塔尖(见[365]页图⑥、[371]页图C和[372]页图C)，就像在维罗纳的教堂那样。通常依靠简洁的壁柱带装饰使立面具有整体感，这些壁柱带从地面一直向上延伸至拱形挑檐下方，如科莫的圣阿邦迪奥教堂(S. Abbondio, 见[365]页图⑥)。在内部，贴在浑厚的墩柱上的不再是古典圆柱而是半圆柱，以此来支撑沉重的石拱(见[373]页图⑧、图⑪)。面向中堂位于一侧的半圆柱也被用做圆拱的柱身，这是一种体系的开端，这种体系注定了在哥特时期墩柱形式的转变。

在装饰方面，出现了粗糙的雕刻，主题有奇异风格的人物和野兽、强有力的狩猎场景和日常生活中发生的事件。蹲伏状野兽支撑着外凸门廊的圆柱，主教宝座(见[366]页图⑧)、圣水盆(见[366]页图⑥)以及挑檐(见[366]页图⑪)等室内陈设都十分典型。

意大利南部和西西里岛

建筑特征变化的过程，可通过拜占庭、穆斯

比萨大教堂(PISA CATHEDRAL)：Ⓐ 比萨建筑群，西南视角；Ⓑ 平面图；Ⓒ 室内东端立面；Ⓓ 自钟楼之鸟瞰；Ⓔ x-x 横剖面；Ⓕ 纵剖面

第13章 中世纪早期建筑和罗马风建筑

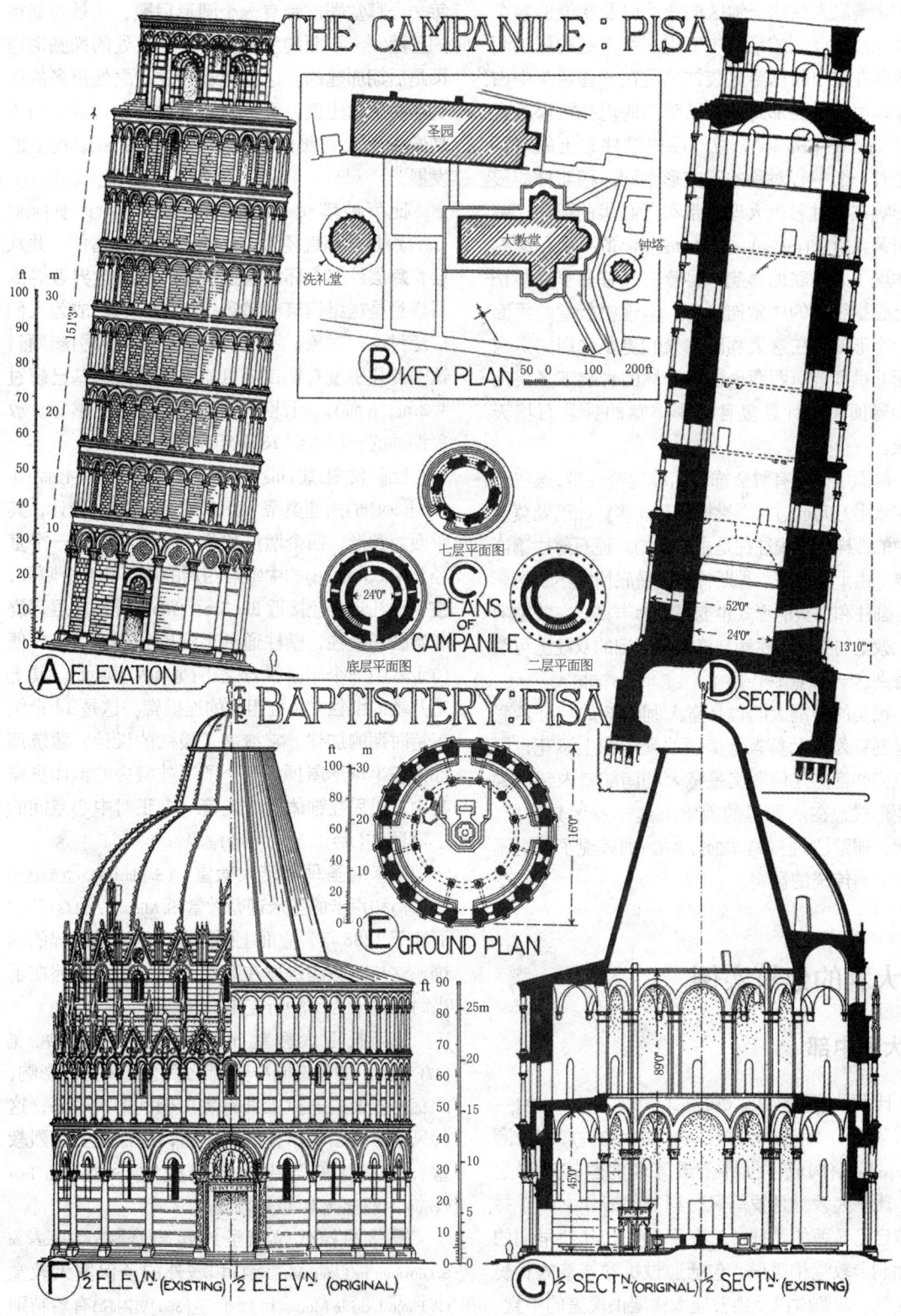

比萨钟塔 (THE CAMPANILE: PISA)：Ⓐ 立面图；Ⓑ 总平面图；Ⓒ 钟塔平面图；Ⓓ 剖面图
比萨洗礼堂 (BAPTISTERY: PISA)：Ⓔ 底层平面图；Ⓕ 现存立面和原立面；Ⓖ 现存剖面和原剖面

林和诺曼底人在这一地区的统治以及相继的各个时期从过去汲取的经验中发现。拜占庭的影响明显体现在室内的马赛克装饰以及在一些建筑中占主导地位的平面形式。如巴勒莫的玛托拉那教堂(the church of Martorana),立在四根圆柱之上的穹顶覆盖着一个中心对称的正方形空间。穆斯林的显著影响在于对彩色大理石带和上心拱的运用。蒙雷阿莱大教堂(the cathedral of Monreale)的平面和结构则体现了诺曼底的影响:尽管它具有马赛克装饰和上心拱组成的中堂连拱廊,但这座教堂的平面是十字形的。在意大利南部人们更多采用的是穹顶而非拱顶,但西西里在穆斯林的影响下多采用木构屋顶和设计繁复且色彩丰富的钟乳石状天花板。

侧面墙体上有时会饰有简单的壁柱带,这些壁柱在水平方向通过拱形挑檐相互连接。如巴勒莫教堂中的那样,圆窗往往是由精致的大理石薄片镶嵌而成。由于拜占庭、穆斯林和诺曼底持续不断的影响,圆柱和柱头的形式也变得极为丰富。在蒙雷阿莱大教堂的中堂连拱廊与修道院回廊的双柱上可明显看到这一点(见[366]页图Ⓔ、图Ⓕ和[376]页图A)。

精美的铸铜大门也是意大利南部的特征。彩色马赛克为巴勒莫教堂美丽的室内锦上添花,同时色彩鲜艳的几何图案是意大利南部室内装饰的主要形式,在西西里的教堂中这一点尤其突出。然而,铜壁柱(见[366]页图Ⓓ、图Ⓖ)则表现了挥之不去的古典传统的影响。

意大利的建筑实例

意大利中部

比萨大教堂(Pisa Cathedral, 1063—1118, 1261—1272,见[368][369]页)与洗礼堂、独立的钟楼和圣园(Campo Santo)构成了世界上最著名的建筑组群之一。比萨大教堂是罗马风时期的代表作之一,并有着自己显著的特征。它在平面上与其他早期的巴西利卡教堂相类似,包括通过拱券连接的长长的柱列、双侧堂以及由普通木构屋顶覆盖的中堂。建筑外部有红白相间的大理石饰带,地面层以实心连拱廊作为饰面,一排排墙体通道使入口立面变得轻盈,这些通道层层相叠直至三角形山墙。

每一个耳堂端部都有一个圆形后殿,这是对简单的巴西利卡平面的发展。十字交叉处的椭圆形穹顶是后期加建的。这座建筑的成功之处更多体现在对总体比例以及自身装饰的精心设计,而不是像在意大利北部所看到的那种在新结构上的发展。

比萨钟塔(Campanile, Pisa, 1174—1271,见[368][369]页)是一座直径为16m(52ft)的圆形塔楼,共八层,每层外部都环绕着连拱廊。这座世界著名的斜塔也是这组建筑中最吸引人的,它已成为人们广泛讨论的对象。不过,对于地基沉降引起倾斜这一点几乎没有疑义。目前塔顶偏离塔基已超过4.2m(13ft 9in),因此给人以很不稳定的感觉。放置铜钟的一层直到1350年才加建。

比萨洗礼堂(the Baptistery, Pisa, 1153—1265,见[368][369]页)由迪奥蒂·萨尔维(Dioti Salvi)设计,其平面为圆形,四个墩柱和八个圆柱将中心一个直径为18.3m(60ft)的中堂与四周的双层侧廊分隔开,整个洗礼堂直径接近39.3m(129ft)。外部底层环绕着半圆形壁柱,壁柱通过半圆拱券相连,入口便位于其中一个半圆拱券之下(见[365]页图Ⓚ)。其上是开敞的由独立小柱组成的连拱廊。这是14世纪哥特时期的加建,它掩盖了最初的设计。建筑顶部覆盖半球形屋顶,一个顶端被截去的锥体贯穿其中,最后在锥体上方连接一个正对中心空间的小穹顶(见[369]页图Ⓕ、图Ⓖ)。

卢卡的圣马蒂诺大教堂,(S. Martino,立面建于1204年)和卢卡的圣米迦勒教堂(S. Michele, 1143)其立面建于1288年,立面上的三角形山墙是纯粹的屏饰,这与比萨建筑群在风格上很相似,原因在于当时的卢卡为比萨所控制。

皮斯托亚大教堂(Pistoia Cathedral, 13世纪,见[371]页图A)的建造同样受到比萨建筑风格的影响,门廊与立面的连拱廊饰有黑白相间的大理石,这种风格沿袭了城市教堂的风格,包括圣安德烈教堂(S. Andrea)和圣约翰市民教堂(S. Giovanni fuor Civitas, 12世纪晚期)也是如此。

罗马的拉代拉诺圣约翰隐修院(Cloisters of S. Giovanni in Laterano, 1234)和城外的圣保罗大教堂(S. Paolo fuori le Mura,约1200,见[365]页图Ⓗ)有着特别的重要性,原因在于在这里古典传统的地位非常稳固,而它们是罗马为数不多的在特征上有所进步的罗马风艺术实例中的两个。古罗马建筑片段

第 13 章 中世纪早期建筑和罗马风建筑

图 A 皮斯托亚大教堂(13 世纪),见[370]页

图 B 阿里亚特的圣彼得教堂(11 世纪早期),见[374]页

图 C 米兰的圣安布罗斯教堂,中庭清晰可见(约 1080—1128),见[374]页

图A 佛罗伦萨山上的圣米尼阿托教堂(1018—1062)的中堂东立面,见[374]页

图B 克雷莫纳洗礼堂(1167),见[379]页

图C 博洛尼亚的阿西西利斜塔(1100,图中右塔)和加里森达斜塔(1100),见[379]页

第 13 章 中世纪早期建筑和罗马风建筑

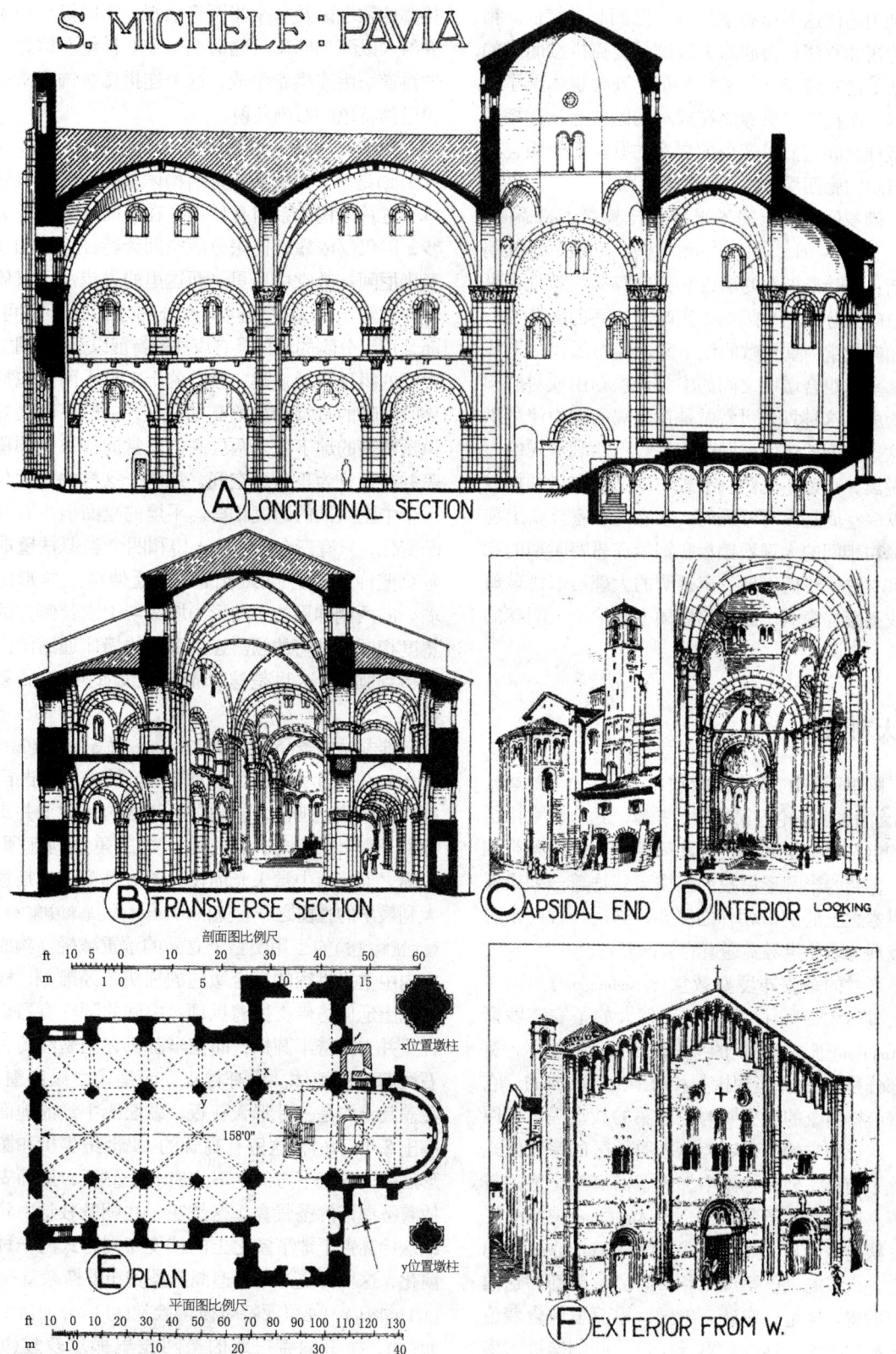

帕维亚的圣米迦勒教堂(S. MICHELE：PAVIA)：Ⓐ 纵剖面图；Ⓑ 横剖视图；Ⓒ 半圆形后殿的端头；Ⓓ 室内东视图；Ⓔ 平面图；Ⓕ 西侧外立面图

的利用还使这两座教堂具备了巴西利卡特征。精致的扭曲双柱和镶嵌的由玻璃马赛克拼接而成的图案是这些隐修院的独特特征，同时也体现了高超的工匠技艺。拱券立在成对的圆柱上，在相同的墩柱之间它们以五个或更多的孔洞为一组，在隐修院回廊四周形成了一个连拱廊。

佛罗伦萨山上的**圣米尼阿托教堂**(S. Miniato al Monte, 1018—1062, 见[372]页图A)向我们展示了某些创新：四叶形剖面的墩柱和横向隔拱将教堂在纵深方向上分为三个隔间，东端被抬高的部分有一个面向教堂中堂开敞的地下室，其内部包括圣徒的墓室。组合墩柱之间的中堂连拱廊由成对的圆柱构成。这种划分可看做是在分隔空间中使用拱券这一理念的序曲，同时也是对巴西利卡式的一种脱离，因为在巴西利卡式中由圆柱和拱券构成的纵深空间是没有分隔的。在室内和室外新出现的黑白相间的大理石镶板和饰带在哥特时期的意大利有进一步的发展。半透明的大理石取代玻璃构成圣殿的窗洞。露明的屋顶也被涂妆上明亮的色彩。

意大利北部

阿里亚特的**圣彼得教堂**(S. Pietro, 11 世纪早期, 见[371]页图B)是伦巴第早期的教堂。这座教堂由层叠的粗石块砌筑而成，外部简单地由壁柱条带相连。主要的半圆形后殿的屋檐下装饰着一列设置在拱券之上的洞口朝外的壁龛，这是一种将来可能发展为墙体拱券式通道的装饰形式。

米兰的**圣安布罗斯教堂**(S. Ambrogio, 约 1080—1128, 见[371]页图C)，由 4 世纪伟大的圣安布罗斯(S. Ambrose)创立，目前的平面建于公元 850 年，有些部分是 12 世纪运用拱券和穹顶重建而成的。它有着值得自豪的历史并为伦巴第的教堂提供了原型，这正如它的创建者为伦巴第地区的宗教仪式提供了模板，他在弥撒中加入了富有韵律感的赞美诗。在这里，圣奥古斯丁(S. Augustine)曾接受洗礼，狄奥多西斯皇帝(Emperor Theodosius)曾被逐出教会，众多的伦巴第国王和日耳曼皇帝都在这里完成加冕。这是一座砖砌教堂，平面里包含着伦巴第教堂中唯一现存的露天中庭，两侧连接着塔楼的西门廊，拱顶覆盖并在十字交叉点上覆盖八角形顶的中堂和侧堂，教堂楼廊、地下室之上被抬高的歌坛以及一个半圆形后殿。室内极为朴素并给人以深刻印象。建造在一个 6 世纪石棺之上的讲道坛由连拱廊组成，这个连拱廊装饰着富有伦巴第特色的石刻鸟兽。

帕维亚的**圣米迦勒教堂**(S. Michele, 12 世纪, 见[373]页)是圣安布罗斯教堂结构体系的石料建筑版本，这种结构体系自身体现了在空间分隔上的进步，以仅仅依靠墩柱来分隔空间为特征，正如在圣米尼阿托教堂中所见。而这里的进步性不仅体现在教堂中堂通过横向拱券分隔为正方形空间，而且用于分隔的墩柱具有束柱的特征以承接拱肋。中堂的拱顶曾被重建。教堂的十字形平面里包括界限清晰的耳堂和被抬高的歌坛，歌坛下面是被拱顶覆盖的地下室。两层高的侧堂同样被拱顶覆盖并被划分为正方形空间，每两个这样的拱顶与一个中堂拱顶的跨度相等。平坦的立面很少有凹凸变化，只有三个内凹的入口和四个类似扶壁的垂直壁柱带，它们从地面一直延伸至三角形山墙。向两侧伸展的三角形山墙面与中堂及侧堂的宽度相同，独特的倾斜连拱廊式的墙体通道使山墙得到强调，这也是这个简单设计的唯一显著特征。

维罗纳的**圣泽诺大教堂**(S. Zeno Maggiore, 约始建于 1123 年, 见[375]页图A)立面简洁。精美的外凸门廊有两根独立圆柱，它们立于蹲伏的兽背上并支撑着一个半圆拱券，其上是一个三角形门廊顶。门廊之上是为中堂采光而设计的大圆窗，它是意大利最早的圆窗之一。壁柱带(由中部山墙和侧屋顶斜坡的挑檐连接)的运用使整个立面的承重减轻。构成室内中堂连拱廊的复合墩柱的柱头未经雕刻，柱身向上延伸仿佛支撑着拱顶。中间的圆柱有石刻柱头并支撑着半圆拱，而在半圆拱之上是红砖和石块砌筑的墙体。没有楼廊，而是代之以高窗，覆盖其上的是三叶形天花板。歌坛比中堂的地面高出 2.1m(7ft)，这里有高耸的 14 世纪尖拱和圆形后殿，歌坛下方的地下室有七个侧堂，里面安放着圣泽诺的圣骨盒。这是在一些朝圣教堂中将歌坛抬高置于地下室之上的传统布局方式的一种演化，这种传统方式可追溯至圣安布罗斯教堂(见[371]页图C)、阿里亚特圣彼得教堂(约 1000, 见[371]页图B)、拉韦纳克拉塞的圣阿波里那尔教堂(见[308]页图D和[310]页图B)以及罗马圣彼得教堂在 7 世纪对教堂东端的调整。钟塔是独立的，这是意

第13章 中世纪早期建筑和罗马风建筑

图 A 维罗纳的圣泽诺大教堂(始建于1123年或以后),见[374]页

图 B 威尼斯的土耳其货栈(12世纪,大部分经过重建),见[379]页

第二编　文艺复兴以前的欧洲和地中海建筑

图A　蒙雷阿莱大教堂的回廊(1172—1189)，见[379]页

图B　巴勒莫的帕拉丁礼拜堂内视图(1129—1143)，见[382]页

图C　巴勒莫的齐萨府邸(1154—1166)，见[382]页

第13章 中世纪早期建筑和罗马风建筑

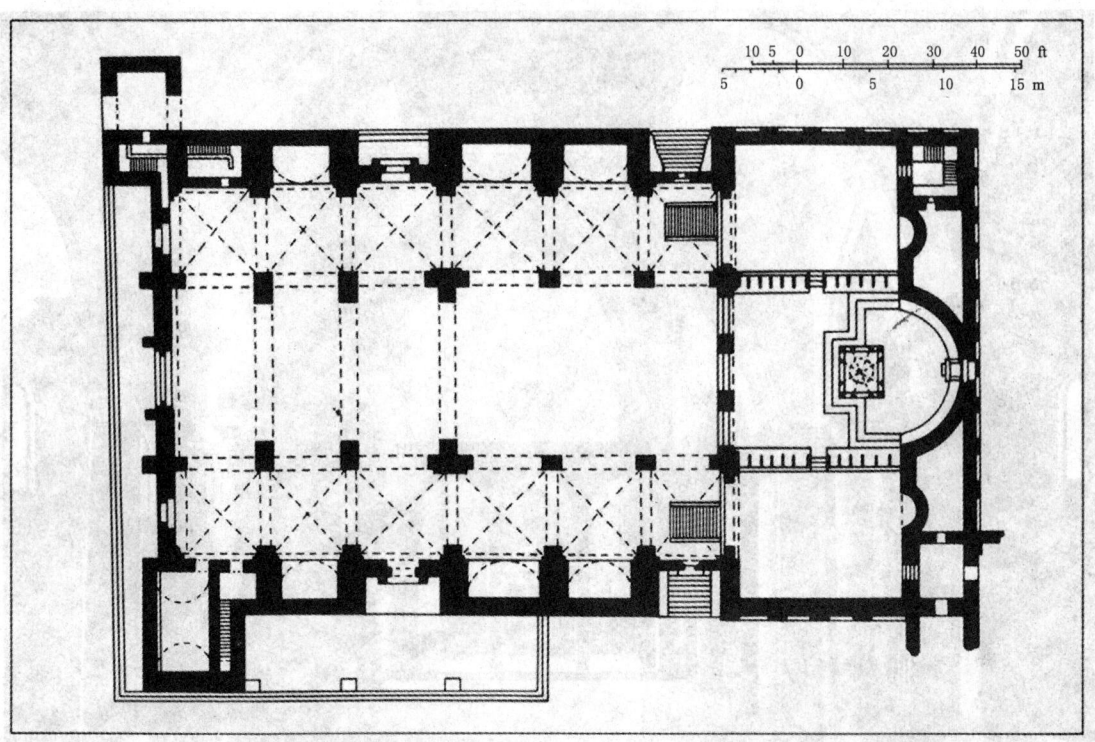

图A 巴里的圣尼古拉教堂平面图(约1085—1132),见[379]页

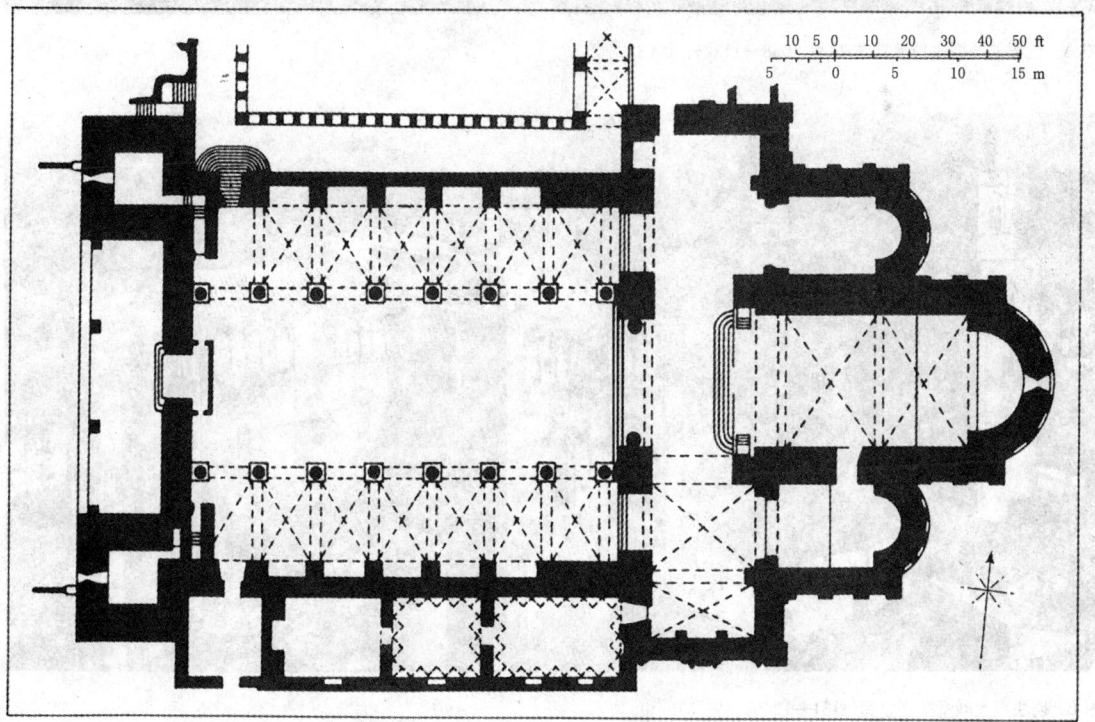

图B 切法卢大教堂平面图(1131—1240),见[379]页

第二编　文艺复兴以前的欧洲和地中海建筑

图A　巴里的圣尼古拉教堂内部(约 1058—1132)，见[379]页

图B　切法卢大教堂东南立面(1131—1240)，见[379]页

大利常见的形式,墙面由大理石块与砖相间砌筑,但没有扶壁。塔顶由钟室开敞的连拱廊、多角小塔尖和一个陡坡顶构成。这座坚固的塔楼原来是中世纪日耳曼皇帝的住所,最终被皇帝党羽作为防卫墙。

洗礼堂是意大利建筑的独特之处,并反映出基督教时期的特征,这一时期洗礼对于仪式有着特殊重要性,因此需要一个大规模的独立建筑。**克雷莫纳洗礼堂**(the Baptistery, Cremona, 1167,见[372]页图B)的平面为八边形,有一个外凸门廊及常见的壁柱带、挑檐和连拱廊。**阿斯蒂洗礼堂**(the Baptistery, Asti, 1060)和**帕尔马洗礼堂**(the Baptistery, Parma)的平面也都是八边形,并以罗马的君士坦丁洗礼堂(见[307]页)为原型。

钟塔是这个时期的产物,它与英格兰、法国和日耳曼的教堂塔楼不同,尽管有时通过回廊与教堂相连但通常是独立的。在意大利北部的小镇,钟塔往往是城市的纪念物而非仅仅是构成教堂整体的一部分,例如,比利时的市民钟楼(见[541]页)是权力的象征并可作为瞭望塔。平面是正方形,而且没有在阿尔卑斯山北部常见的外凸扶壁。它们的设计一般很简单,仅仅开出一些窗洞来照亮室内楼梯间或坡道。窗洞数量随着塔楼高度逐渐增加并往往在塔顶形成一个开敞的凉廊,透过凉廊人们可看到摆动的钟。最高处是一个棱锥形屋顶,就像建于公元888年其后又经过重建的**威尼斯圣马可钟楼**(the campanile of S. Mark)的屋顶,以及历史上有记载的建于1172年的**维罗纳圣泽诺大教堂**(S. Zeno Maggiore,见[375]页图A)钟楼的屋顶。

博洛尼亚的**阿西西利斜塔**(Torre Asinelli, 1109,见[372]页图C)高69m(225ft)、**加里森达斜塔**(Torre Garisenda, 1100)高40m(130ft),当这个城镇在这一时期的战争中变得地位显著时,人们开始建造这两个塔楼,在但丁(Dante)的作品中曾经提及这些斜塔。

威尼斯的**土耳其货栈**(the Fondaco dei Turchi,见[375]页图B)于12世纪重建之后成为一座商用建筑,位于大运河畔。它作为与东方繁荣贸易往来的成果之一,体现了威尼斯在建筑方面获得的高度成就。同时期的**法尔塞蒂府邸**(the Palazzo Farsetti)和**洛雷当府邸**(the Palazzo Loredan)有着同样的风格,立方体柱头支撑着半圆拱(semicircular arches),有些则是上心拱。

意大利南部和西西里岛

巴里的**圣尼古拉教堂**(S. Nicola,约1085—1132,见[377]页图A和[378]页图A)是一座本笃会教堂,它是11世纪晚期和12世纪在阿普利亚地区(Apulia)的罗马风建筑典型。它由一个带有侧廊的西翼、耳堂、三个位于东端的半圆形后殿以及两座西塔构成。这座教堂最显著和最有影响的特征是中堂的结构,它具有支撑在墩柱和成组圆柱上的主要连拱廊以及大体比例相称的楼廊和高侧窗。教堂的中堂加了一个分隔拱券和一个简单的木质天花板,侧堂的棱拱支撑着楼廊。这座教堂还有着精美的细部,包括外凸的门廊、圆窗和传统希腊雕刻方式的装饰,它成为了其他阿普利亚地区教堂(大多数是主教堂)的效仿对象。这些教堂包括**巴里教堂**(Bari,约始建于1160年)、**特兰尼教堂**(Trani,约始建于1139年)——这座朝圣教堂有一座巴西利卡式的中堂、一个大地下室和一些具有伦巴第特点的细部,**比泰托教堂**(Bitetto,12世纪早期)、**鲁沃教堂**(Ruvo,12世纪)和比通托教堂(Bitonto,1175—1200)。

切法卢大教堂(Cefalù Cathedral,1131—1240,见[377]页图B和[378]页图B)由罗杰大伯爵(Count Roger,西西里国王罗杰二世)兴建,作为王室的祠堂,遵守的是奥古斯丁教义(Augustinian canons)。在西西里地区这座教堂的外部最具罗马风特征,它有一个巴西利卡式中堂、棱拱构成的侧堂、筒形连拱廊、高高的耳堂和东端三个半圆形后殿,覆盖司祭席(presbytery)和南侧耳堂有肋骨拱。西边两个以尖塔比例建造的塔楼围合由圆柱支撑的门廊。

蒙雷阿莱大教堂(Monreale Cathedral,1174—1182,见[330]页图B和[376]页图A)位于巴勒莫的西南高地上,是西西里地区在日耳曼统治时期建造的最辉煌的建筑。平面西侧为巴西利卡式,而东侧更多表现出拜占庭式风格,有一个高于中堂的歌坛和东端的一个半圆形后殿。中堂以拜占庭式柱头的圆柱支持着尖拱,柱头的"柱顶石"(dosseret-blocks)外层装饰着马赛克,而不是北部罗马风建筑那样的内凹平面,而且侧堂有尖窗。(这座建筑在第11章也有讨论,在那里强调的是其拜占庭特征)。露明的木屋顶设计复杂并以色彩鲜明的伊斯兰风格涂饰。室内经过精心设计显得庄重而华丽,并通过彩色

第二编　文艺复兴以前的欧洲和地中海建筑

Ⓐ 圣埃斯特菲教堂；Ⓑ 圣吉尔的塞南卡隐修院壁炉和烟囱；Ⓒ 埃希莱某建筑的西立面；Ⓓ 丰特夫罗隐修院的修士餐厅；Ⓕ 阿尔勒的圣特罗菲姆教堂的回廊；Ⓖ 欧奈圣彼得教堂的半圆形后殿；Ⓗ 莱赛教堂的中堂墩柱；Ⓙ 塞尔基尼教堂的入口；Ⓚ 阿尔勒的圣特罗菲姆教堂的门廊；Ⓛ 丰特库博教堂的入口

第13章　中世纪早期建筑和罗马风建筑

Ⓐ 弗里克教堂的柱头；Ⓑ 卢瓦尔河畔拉沙里泰救济院的门楣中心；Ⓒ 榭尔河畔圣艾尼昂教堂的柱头；Ⓓ 图卢兹圣塞尔南教堂的双柱头；Ⓔ 榭尔河畔塞勒教堂的半圆形后殿端部；Ⓕ 旺斯教堂的石刻；Ⓖ 阿尔勒圣特罗菲姆教堂回廊的双柱头；Ⓗ 艾克斯大教堂的柱基；Ⓙ 昂古莱姆大教堂檐壁的雕饰；Ⓚ 艾克斯大教堂回廊的墩柱和圆柱；Ⓛ 圣吉尔教堂的入口；Ⓜ 巴约大教堂拱肩的雕饰

装饰加强表现效果。低矮的矩形中部天窗和古代铸铜大门为这座教堂锦上添花，使这座著名教堂更为引人注目。隐修院回廊(1172—1189，见[376]页图A)，是本笃会隐修院仅存的部分，有着最精美的式样。回廊由支撑起尖券的双柱构成，柱身的某些地方嵌有玻璃马赛克，双柱柱头为美丽的科林斯式样(见[366]页图Ⓔ、图Ⓕ)，其中的一个柱头表现的是西西里的威廉一世(William I of Sicily)把这座教堂奉献给圣母玛利亚的情景。

巴勒莫的帕拉丁礼拜堂(Capella Palatina，1129—1143，见[376]页图B)，这个王室宫殿的礼拜堂饰有镀金和彩色马赛克，它有一个源于拜占庭的直径达5.5m(18ft)的穹顶，而钟乳状天花、讲道坛、枝状大烛台和管风琴楼座都是穆斯林工匠的作品。

巴勒莫的**埃雷米蒂圣约翰教堂**(S. Giovanni degli Eremiti，1148)、**马托拉纳教堂**(La Martorana，1143—1151，即阿米拉里奥的圣母教堂(S. Maria del Ammiraglio))和**圣卡塔尔多教堂**(S. Cataldo，1161)，这几座教堂在穹顶设计和装饰特征上融合了拜占庭和伊斯兰风格。

巴勒莫的**齐萨府邸**(La Zisa，阿拉伯语作 El Aziza，意为无忧宫，1154—1166，见[376]页图C)是一座三层的诺曼式城堡，其外围建有雉堞式护墙(battlemented parapet)，这在很大程度上是受伊斯兰艺术的影响。前厅内有大量的大理石圆柱和彩色瓷砖，凹室顶上的钟乳状隅拱令人联想起格拉纳达的阿尔罕布拉宫(参见有关章节)的壮观。

法国的建筑特征

在法国南部，教堂通常是十字形平面，而且覆盖在中堂上的往往是筒形拱。就像在阿尔勒的圣特罗菲姆教堂(S. Trophîme，见[380]页图Ⓕ)看到的那样，回廊处理得极为精妙，并成为这个时期许多教堂在平面上的独有特征。圆形教堂很少见，但是教堂的半圆形东端发展为回廊形式并伴有多个放射状排列的小礼拜堂，这在法国的北部和南部很普遍。

法国南部以装饰丰富的教堂立面、优美的回廊以及对古老的罗马建筑特征的运用为主要特点。这些特征看来获得了新的重要意义。在阿尔勒、尼姆、奥朗日以及莱茵河流域其他地方的罗马建筑慢慢地在普罗旺斯地区产生了相当大的影响。支撑在厚重的墙体(内部设有礼拜堂)上的拱顶令人想起古罗马浴场那宏伟的大厅。拱顶逐步发展(参见第6章[201]~[220]页)。通常中堂被筒形拱覆盖，它的推力由两层高的侧廊顶上的半筒形拱支撑，这样形成了高侧窗，如克莱蒙费朗港的圣母教堂(Notre Dame du Port)。没有侧堂的教堂在中堂边上通常采用实心连拱廊方式(见[387]页图Ⓐ、图Ⓑ、图Ⓕ)，而回廊的连拱廊则因为在墙体深度方向设置双柱而变得十分精致，石刻柱头支撑着半圆拱券形成狭窄开间，并且如同在意大利那样没有上釉(见[380]页图Ⓕ)。阿尔勒的圣特罗菲姆教堂(见[380]页图Ⓚ)和圣吉尔教堂(S. Gill，见[385]页图A)的西入口让人想起了罗马的圆柱和水平向的檐部，但在其他一些实例中我们可以发现，在入口处设置内凹式旁柱是这个时期常见的形式(见[380]页图Ⓙ、图Ⓛ)。窄窗的顶部为半圆形，窗洞呈八字形以使室内获得充足的光线，尤其是在南部(见[380]页图Ⓖ)。

在法国北部，古罗马遗迹没有那么丰富，这样似乎有更大的自由度来发展出一种新风格，教堂的西立面由于引入了两个侧塔楼而变得引人注目，这一点在诺曼底尤其突出。简单扶壁为平整厚重的侧墙增加了立面的丰富性。在12世纪早期引入肋骨拱之前，中堂通常采用木质天花板。中堂的复合墩柱由四个半圆柱围绕一个正方形核心组成(见[380]页图Ⓟ)，这种墩柱在法国北部同样得到发展。在1023年的一场大火之后它被运用在欧塞尔大教堂(Auxerre Cathedral)。11世纪末，这种墩柱的各种变体在整个法兰西变得十分普遍。

法国的建筑实例

教会建筑

法兰西南部包括阿基坦、奥弗涅、普罗旺斯、安茹和勃艮第，每个地区都有自己独特的建筑特征。

图尔尼的**圣腓力教堂**(S. Philibert，约950—约1120，见[384]页图A)是早期罗马风大隐修院教堂，之后增加了拱顶、耳堂和塔楼。教堂东端的回廊首次

第13章 中世纪早期建筑和罗马风建筑

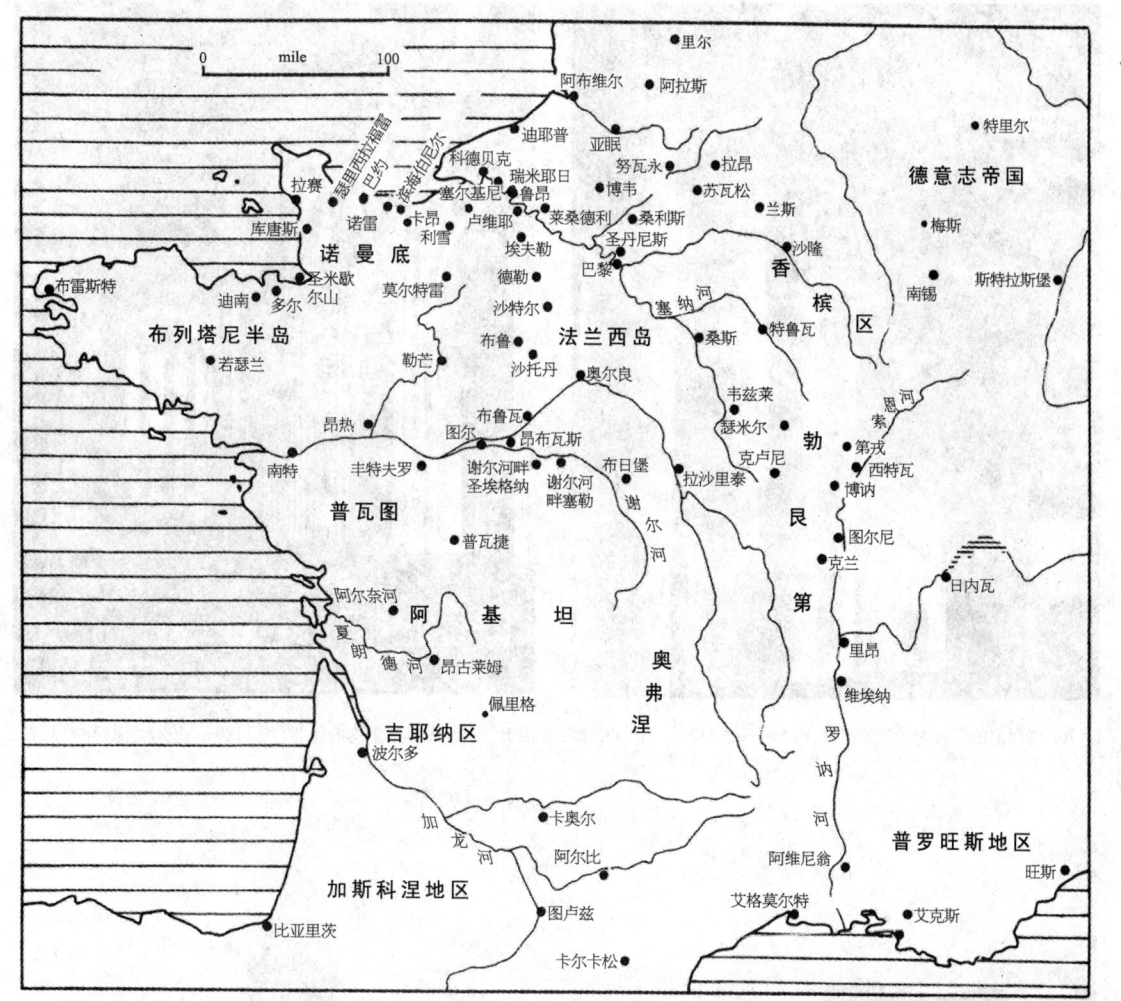

中世纪的法国

出现放射状排列的小礼拜堂,地下室于979年建成。还有一个三开间两层高的西门廊,其外部的顶端是拱形挑檐。教堂中堂的拱顶十分特别,它由支撑在横隔拱上的横向筒形拱构成。

图卢兹的**圣塞尔南教堂**(S. Sernin, 1077—1119,见[384]页图C)位于阿基坦,教堂的中堂、双侧堂和耳堂组成了十字形平面。中堂有一个半圆筒形拱顶及一些简单的与之垂直的横向分隔拱券,同时高处的楼廊开有外窗,在没有高侧窗的情况下为中堂提供采光。教堂中心的八角形塔楼(1250)建于哥特时期(参见有关章节),高66m(215ft),其上建有尖顶(1478)。西班牙孔波斯特拉的圣地亚哥教堂与它在一些方面很相似,两者都是重要的朝圣教堂。

昂古莱姆大教堂(Angoulême Cathedral,约1105~ 1128年之后,见[387]页)位于阿基坦,有一个长长的宽达15.2m(50ft)的无侧堂的中堂,侧边是带有小礼拜堂的耳堂,半圆形歌坛连接四个祈祷室,以上这些构成了一个拉丁十字形平面。教堂中堂上覆盖着三个建于穹隅之上的石穹顶,交叉点上是一个双层穹顶,支撑于带有16扇窗户的鼓座之上并冠有叶尖饰。两侧耳堂最初都带有塔楼,但南侧塔楼在1568年被毁坏。西立面(见[387]页图D)装饰着层叠的连拱廊,并被高耸的柱身分成五个开间。入口之上的高窗外框由雕塑构成,两侧是两座西塔楼。

克莱蒙费朗的**港口圣母教堂**(Notre Dame du Port, Clermont-Ferrand)、伊苏瓦尔的**圣奥斯特莱姆昂教堂**(S. Austremoine, Issoire)和**勒皮大教堂**(Le Puy Cathedral)都位于奥弗涅,建于12世纪,建筑中加入的轻质拱顶

图 A　图尔尼的圣腓力教堂的中堂(约 950—约 1120),见[382]页

图 B　欧坦大教堂室内的圣堂(约 1120—1132),见[390]页

图 C　图卢兹的圣塞尔南教堂西南外观(1077~1119 年及以后),见[383]页

第13章 中世纪早期建筑和罗马风建筑

图 A 阿尔勒附近加尔的圣吉尔教堂西立面(约 1135—1195),见[390]页

图 B 韦兹莱的圣抹大拉教堂门廊(约 1104—1132),见[390]页

图 C 普瓦捷的圣母大教堂(约 1130—1145),见[390]页

第二编　文艺复兴以前的欧洲和地中海建筑

韦兹莱的圣抹大拉教堂立面，见[390]页

第13章 中世纪早期建筑和罗马风建筑

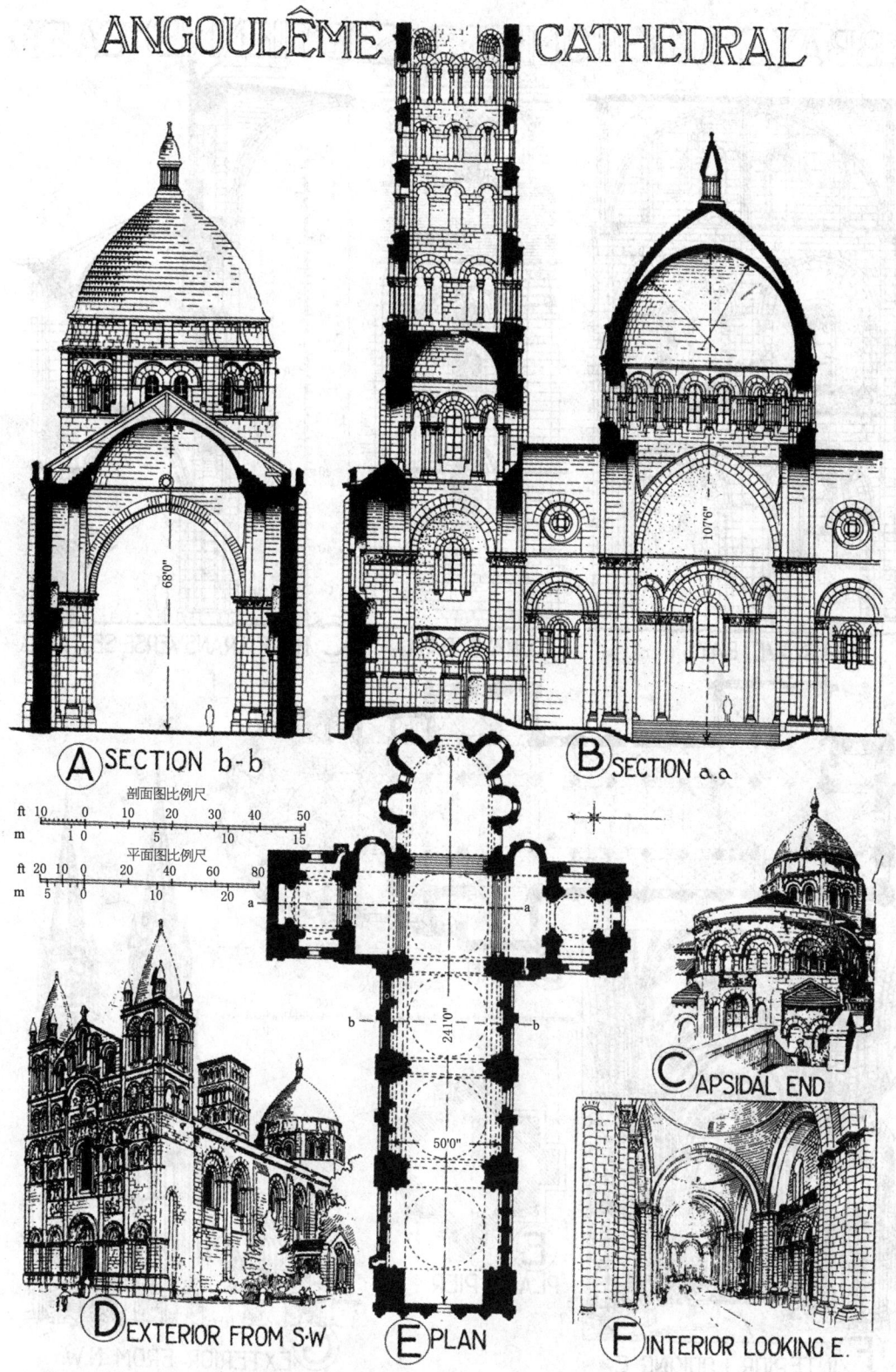

昂古莱姆大教堂(ANGOULÊME CATHEDRAL)：Ⓐ b-b 剖面图；Ⓑ a-a 剖面图；Ⓒ 半圆形后殿端部；Ⓓ 西南侧外观；Ⓔ 平面图；Ⓕ 室内西向东视图

卡昂的圣司提反隐修院(ABBAYE-AUX-HOMMES (S. ETIENNE)：CAEN)：Ⓐ 中堂跨间内立面图；Ⓑ 中堂跨间外立面图；Ⓒ a-a 半横剖面；Ⓓ 平面图；Ⓔ x 处墩柱平面图；Ⓕ 室内东向视图；Ⓖ 建筑西北角外观

第 13 章 中世纪早期建筑和罗马风建筑

图 A 丰特夫罗隐修院东北角外观(约 1100~1119 年及以后),见[390]页

图 B 瑞米耶日隐修院中堂(约 1040—1067),墩柱与圆柱交替排列,见[390]页

图 C 卡昂的圣三一女隐修院(1026—约 1130),见[391]页

图 D 卡昂隐修院西立面(约 1060—1181),见[390]页

图 E 巴黎附近的圣但尼隐修院门廊的西南跨间(约 1135—1144),见[391]页

和五彩镶嵌装饰使其具有地方特征。这些都是由多姆地区(Dôme district)的火山岩制作而成。

阿维尼翁的圣母教堂(Notre Dame,约1100)是11世纪和12世纪众多普罗旺斯教堂中的一个,其中运用了尖顶筒拱。它体现了古典风格的影响。

阿尔勒的圣特罗菲姆教堂(S. Trophîme, 1150)有成对的石刻柱头构成的优美回廊(见[380]页图F)以及基于罗马凯旋门形式的精美门廊(见[380]页图G),不过做了稍许改动,如深深内凹的旁柱和立在狮子上的圆柱,在它们之后是圣徒雕像。檐部是一排人像,而门楣中心则是表现作为世界审判者耶稣的雕塑。

加尔的圣吉尔教堂(Church of S. Gilles-du-Gard,约1135—1195)位于阿尔勒附近,它的雕刻立面可能是法国南部最精美的(见[381]页图①和[385]页图A)。通过柱廊连接起来的三个门廊也许受到了威尼斯圣马可教堂立面的启发。

普瓦捷的圣母大教堂(Notre Dame la Grande,约1130—1145,见[385]页图C)位于安茹,西侧以精美的雕塑装饰,十字交叉处有一个宏伟的圆锥形穹顶,在室内既没有楼廊也没有高侧窗,覆盖有筒形拱和显眼的非浇铸横拱。

丰特夫罗隐修院(Fontevraud Abbey,约1100～1119年之后,见[389]页图A)同样位于安茹,教堂中堂和整体布局上与昂古莱姆大教堂相似,但它的东端是典型的带有放射状排列小礼拜堂的回廊。

克吕尼隐修院(Cluny Abbey,1088—1130)是欧洲最重要的隐修院建筑之一,教堂现存的只有一侧的耳堂,它是欧洲最长的教堂。它具有双侧堂、双耳堂、带有放射状排列小礼拜堂的回廊和筒形拱覆盖的中堂。尖券用于中堂的连拱廊,或许还用于拱顶,之后在勃艮第和普罗旺斯地区这种方式变得十分普遍。

欧坦大教堂(Autun Cathedral,约1120～1132年之后,见[384]页图B),是另一个勃艮第教堂。一个架设在横向拱券上的尖顶筒形拱覆盖在这座教堂的中堂之上。中堂的立面可能源自克吕尼教堂,三层高的中堂包括高侧窗和带有盲拱的楼廊。建筑中的雕刻质量很高。

韦兹莱的圣抹大拉教堂(S. Madeleine,约1104—1132,见[385]页图B和[386]页)位于勃艮第地区,教堂

西门廊(约1132),令人印象深刻,本身带有中堂和侧堂,由此进入的教堂同样有着中堂和侧堂。耳堂、歌坛和伸出的礼拜堂完成于1170年。中堂没有楼廊,而是具有小窗的高侧窗。教堂的中堂由棱拱支撑,与通常情况不同的是没有主要空间,而是用彩色横拱分隔成多个空间。正中的主入口(见[386]页)被一根科林斯柱分隔为两个正方形入口,一个大的半圆券横跨整个主入口,而在半圆券内是主题为"最后的审判"的浅浮雕。主入口的两边是侧门,位于其上的是一个由五个轻盈的长窗组成的大窗,窗户上布满了雕刻,塔楼即位于窗户两侧,而左侧塔楼仅与中堂同高。

法兰西北部包括诺曼底、法兰西岛、布列塔尼半岛和香槟区。其中圣里基耶大隐修院(S. Riquier Abbey)参见中欧部分。卡尼古的圣马丁教堂(S. Martin du Canigou)参见西班牙部分。

贝尔奈隐修院(the Abbey of Bernay,11世纪上半叶)或许是最重要的日耳曼教堂。它有一个七跨间的中堂,其中五个开间至今保存完好,每个跨间从下到上分别是连拱廊、楼廊和高侧窗。歌坛和侧堂的端部是重建的半圆形后殿,同时还有耳堂和一个规则的十字形空间。

瑞米耶日隐修院(Jumièges Abbey,约1040—1067,见[389]页图B)位于诺曼底,平整的圆柱和附有半圆柱的简单复合墩柱交替支撑着中堂连拱廊,诺曼底之战以后这种体系在英格兰得到发展。耳堂内还有墙体通道。

卡昂隐修院(Abbaye-aux-Hommes, Caen,约1060—1081,见[388]页图B和[389]页图D)又名圣司提反教堂,这个时期诺曼底有众多杰出的教堂。它们是诺曼底公爵们财富与权力的产物,卡昂隐修院便是其中之一。它由征服者威廉❶兴建,其创新性特点影响着之后建筑的发展。西立面两侧的塔楼平面为正方形,顶部为13世纪加建的八角形尖顶和一些小尖塔。这种形式成为后来哥特式立面的原型。中堂的拱顶是后来加建的,用以取代最初的木天花板。位于高侧窗前方的墙体通道是原初的,也是这一特征的早期实例。这里有发展成熟的有着半筒形拱顶的楼廊,转角柱头首次被运用于主要拱券。

---

❶ William,约1028～1087年;诺曼底公爵和英格兰国王,中世纪最伟大的军事统帅和君主之一。——译者注

第13章 中世纪早期建筑和罗马风建筑

卡昂的圣三一女隐修院(the Abbaye-aux-Dames('La Trinité'),1062—约1130,见[389]页图C)由征服者威廉的妻子玛蒂尔达(Mathilda)兴建。西立面十分精美,两侧的塔楼平面为正方形,由层叠的连拱廊叠加而成,在转角处有扁平的扶壁作为加强,最初塔楼还冠有尖顶。厚实的中堂墙壁和侧堂有轻巧的外凸扶壁,相同的设计手法还被用于交叉点上的正方形塔楼。被大量重建的室内明显交叉的仿六分肋骨拱,其中每个拱券部分有两开间,它由半圆的对角线和横肋以及支撑横向隔墙的中间肋构成。

圣但尼隐修院(the Abbey of S. Denis,约1135—1144,见[389]页图E)位于巴黎附近,属于法兰西岛,由絮热苏格院长(Abbé Suger,1081—1151)建造。这座隐修院教堂因作为法兰西国王的埋葬地而显得极为重要。尽管建筑的东端仍保留了一些罗马风特征,但它很有可能是真正意义上的最早的哥特式结构(参见第14章)。

世俗建筑

世俗建筑一直没有得到很好的保护,它们通常是为军事目的而建,因此无法免受攻击,也容易遭到大火的毁坏或为了需求的变化而要做出调整。兴建之初为罗马风风格的建筑中,有大部分在哥特时期(参见有关章节)发生了改变或扩展。比如始建于罗马时期的卡尔卡松(Carcassonne)这类的设防城镇,阿维尼翁桥(Pont d'Avignon,1177—1185)这类的由大祭司兄弟会(the frères-pontifes)或宗教性质的桥梁建造者行会建造的桥梁,沙托丹堡(Château de Châteaudun)这类的城堡和设防的圣米迦勒山隐修院(Abbey of Mont S. Michel,见[469]页图C),以及仍能在克吕尼和其他一些地方找到的建于12世纪的石头住宅,丰特夫罗隐修院的修士餐厅(the Monastic Kitchen,约1115,见[380]页图①)极其精美的屋顶以及圣吉尔隐修院(S. Gilles,见[380]页图B)的壁炉和烟囱都说明了这个时期世俗建筑的特点。

中欧的建筑特征

中欧的罗马风建筑展现了加洛林传统与伦巴第影响持续不断的结合。在后期更大规模的建筑实例中,这种结合在外部特征和结构布局上获得了罗马风在欧洲其他地区所获得的同样显著的成就。虽然勃艮第、诺曼底和伦巴第地区在盛期罗马风(the High Romanesque)时被迫追随日耳曼有了重要的结构发展,然而尖券连拱廊和肋骨拱仅仅是晚期才出现的。

加洛林平面的主要特征被完整地保留下来,特别是在隐修院教堂中。这些特征包括教堂西端的歌坛,通常被置于半圆形后殿中(见[394]页图D和[396]页图Ⓐ、图Ⓙ),偶尔也被置于带有耳堂或讲坛的方形端部内(见[395]页图Ⓓ)。这种歌坛通常以伦巴第的方式被抬高,其下建有地下室。在法国这种布局方式很少见。在日耳曼的实例中有时会看到在教堂的西端增加了传统的前厅(见[394]页图D),而且两侧耳堂往往附有十字形塔楼(最初是木构逐级变小的形式)和圆柱形楼梯塔(见[396]页图Ⓕ)。在11世纪晚期至12世纪,莱茵河下游以及摩泽尔和美茵河流域建筑的一个显著特征是以三个半圆形后殿构成三叶形平面(见[395]页图Ⓓ)。其中,它的连拱廊通常没有形成模式,而且半圆拱券直接发自于墩柱(见[396]页图Ⓑ)或圆柱,有时会交替运用墩柱。隐修院回廊往往是通过三个一组的小柱来支撑拱券(见[393]页图Ⓟ)。延伸至半圆形后殿的室外墙体上的连拱廊通道、塔楼和侧堂十分普遍并且显然源自伦巴第地区(见[365]页图Ⓔ)。有时这种连拱廊会环绕整个教堂,如施派尔大教堂(Speyer Cathedral,见[394]页图E)。

中堂的屋顶通常采用木构架,例如在盖恩罗德(见[394]页图B)。方形塔楼由线脚划分为若干楼层,楼顶往往为四面三角形山墙,然后从这些山墙顶点升起一个由椽子构成的四坡屋顶,这些屋顶平面通过椽子连接在一起并形成了一个带有四个钻石形侧边的金字塔或"盔"形屋顶(见[393]页图K)。多边形塔楼有着类似的屋顶,但在每两个三角形山墙之间有天沟(见[395]页)。

壁柱带克服了平坦墙面的单调性,这些壁柱带通过水平方向一排排架于梁托上的拱券在不同高度上相互连接,这些拱券由于尺度小看上去像是浇铸带层(见[393]页图K、[396]页图Ⓒ和[396]页图Ⓕ)。主入口通常位于一边的侧堂而不是西端主立面和耳堂处,同时主入口内凹并设有凹角柱(见[393]页图Ⓡ~图Ⓣ)。窗户往往是单个的,偶尔会成组出

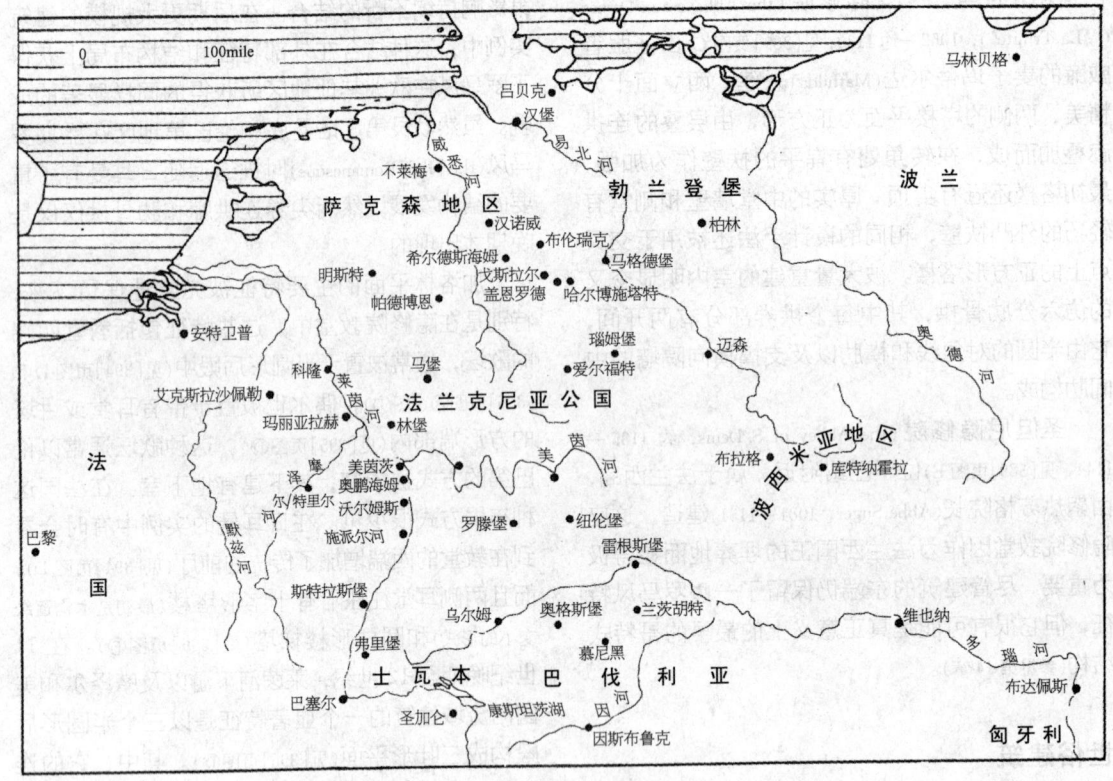

中世纪的中欧

现(见[393]页图Ⓜ),有时也会有中间墙柱(见[393]页图Ⓗ、图Ⓠ)。带枕柱头是最普遍的形式而在后期经常会有精美的雕刻。

最初室内平整的墙面是有彩绘的,但今天我们所能看到的通常只是裸露的墙面了。人们开始运用富有特点的雕饰带(见[393]页图Ⓖ)。在北方,彩砖被用于外立面。雕塑往往处理得十分恰当(见[393]页图Ⓝ)。我们可从希尔德斯海姆大教堂❶的铸铜大门看到这一时期的工艺水平,这扇金属锻造的大门通过令人惊叹的细部来表现创世纪、堕落与赎罪。

中欧的建筑实例

亚琛大教堂埃克斯礼拜堂(Aix-la-Chapelle, Aachen Cathedral, 792—805,见[394]页图A),由查理曼大帝建造,用来作为自己的墓室,类似拉韦纳的圣维塔尔教堂(见[323]页图D)。两侧有楼梯塔楼的入口通向一个直径 32m(105ft)的 16 边形空间。这个多边形的每两个角交汇于一个墩柱,这样形成一个室内八边形,同时这八个墩柱支撑起直径为 14.5m(47ft 6in)的穹顶,穹顶之下环绕着两层高的侧堂。在查理曼大帝执政时期这座教堂有很大改动。后加建了哥特式歌坛(1353—1413),13 世纪建造了三角形山墙面,17 世纪建造了高耸的八边形屋面。环绕的小礼拜堂建于 14~15 世纪,而西端的尖塔则是近期加建的。由于这座建筑是其他类似日耳曼教堂的原型,所以具有一定的历史价值,但更为特殊之处在于它是神圣罗马帝国皇帝的加冕场所。

威悉河上的科魏堡隐修院(Corvey-on-the-Weser Abbey, 873—885)的西端是卡洛林时代的教堂唯一残留的部分,其平面近似正方形,地面层带有拱顶支撑于带有石刻柱头的圆柱和墩柱上。第一和第二楼层是连续的,环绕着带连拱廊的侧堂。塔楼和横向走廊加建于 12 世纪。

---

❶ Hildesheim Cathedral, 1050;该教堂享有"早期罗马式建筑瑰宝"之美称。——编辑注

第13章　中世纪早期建筑和罗马风建筑

ⒶⒷ康拉德斯堡隐修院教堂的柱头；Ⓒ伊尔森堡教堂的柱头；Ⓓ康拉德斯堡教堂的柱头；Ⓔ林堡大教堂的柱头；ⒻⒼ林堡大教堂的装饰；
Ⓗ盖恩罗德教堂的窗户；Ⓙ黑克林根教堂的柱子；Ⓚ林堡大教堂的西塔；Ⓛ伊尔森堡教堂的柱子；Ⓜ拉赫教堂的窗户；Ⓝ巴勒教堂入口；
Ⓟ阿沙芬堡隐修院回廊；Ⓠ科隆圣科伦巴教堂塔楼；Ⓡ沃尔姆斯圣马丁教堂入口；Ⓢ斯特拉斯堡大教堂入口；Ⓣ班贝格教堂东北入口

第二编　文艺复兴以前的欧洲和地中海建筑

图A　亚琛大教堂(792—805)，见[392]页

图C　希尔德斯海姆的圣米迦勒教堂(1010—1033)，见[398]页

图D　马利亚拉赫隐修院教堂西北外观(1093—1156)，见[398]页

图B　盖恩罗德隐修院(959～963年始建)，见[398]页

图E　施派尔大教堂的西北外观(1030～1061年或之后)，见[398]页

第13章 中世纪早期建筑和罗马风建筑

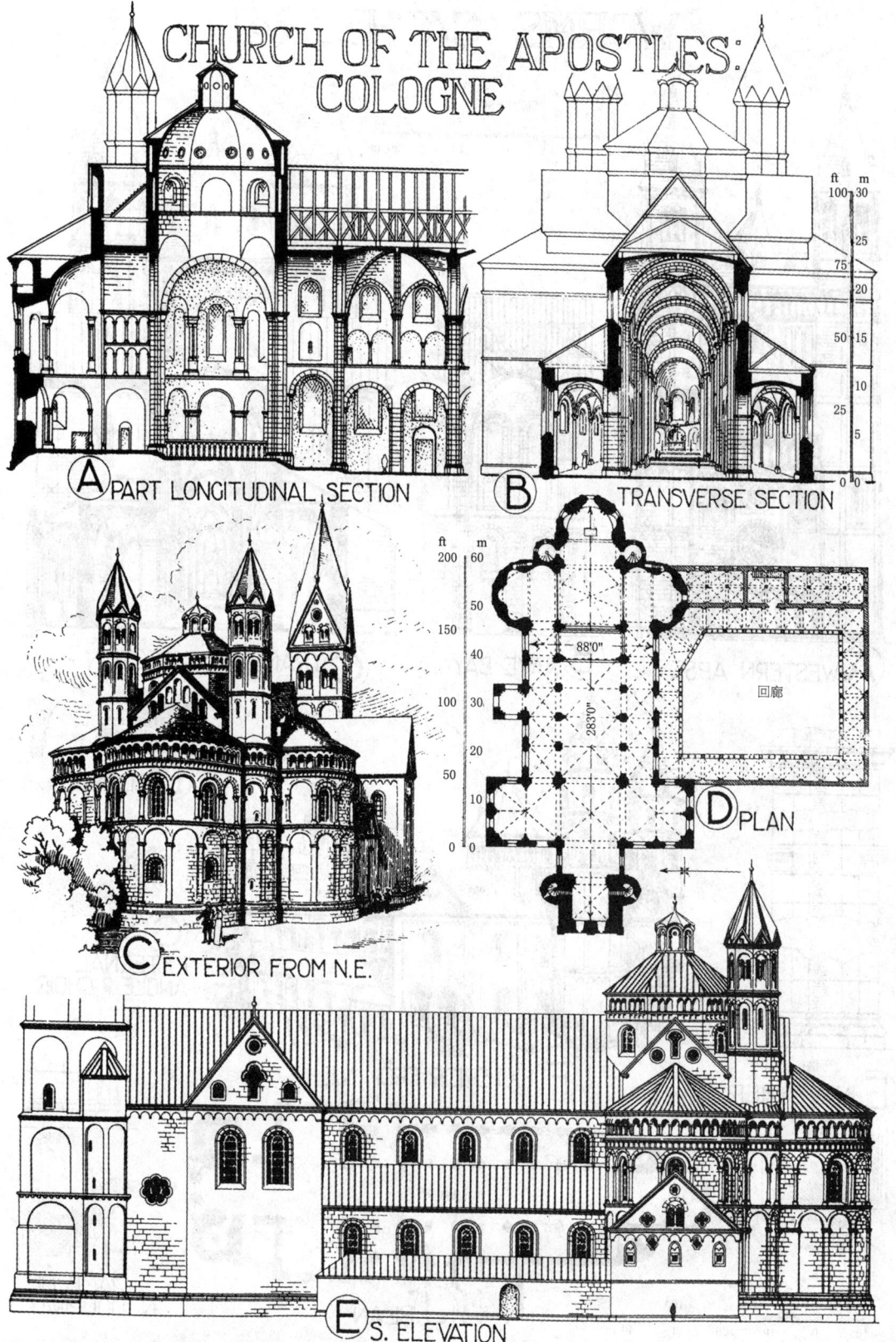

科隆的使徒教堂(CHURCH OF THE APOSTLES: COLOGNE)：Ⓐ 局部纵剖面图；Ⓑ 横剖面图；Ⓒ 东北外观；Ⓓ 平面图；Ⓔ 南立面图

第二编 文艺复兴以前的欧洲和地中海建筑

WORMS CATHEDRAL

沃尔姆斯大教堂(WORMS CATHEDRAL)：Ⓐ 西端半圆形后殿；Ⓑ 中殿跨间内视图；Ⓒ x-x 横剖面；Ⓓ 檐口(外部)；Ⓔ 中堂墩柱；Ⓕ 东北方向外观；Ⓖ 歌坛的外部转角；Ⓙ 平面图；Ⓗ 北入口的侧柱

第13章 中世纪早期建筑和罗马风建筑

图A 科隆圣马丁教堂的中堂(1185年始建),见[398]页

图B 美茵茨大教堂西南外观(1009年、1181年及以后),见[398]页

图C 特里尔大教堂(1016—1047)和圣母玛利亚教堂的西立面(1242—1253),见[398]页

圣里基耶隐修院(S. Riquier Abbey,约790—799)由查理曼王室中的重要成员昂吉贝尔特院长❶重建,这座重要的教堂仅留存在一块17世纪的雕版图中。从综合文献记载中,我们可以发现教堂西端曾有建筑物及一座高耸的木塔楼,一个带侧堂的中堂和东端的一座木塔,塔楼两侧是两层或三层的斜顶建筑物(类似西侧伸出的建筑物)。主要的圣堂位于半圆形后殿中,环绕在后殿外的是一个可能于10世纪加建的地下室。

圣加仑隐修院的理想平面(the Ideal Plan of S. Gallen,约820,见[199][200]页)是因登议会(the Council of Inden)在816年准备的一个平面复制品,而且还与查理曼王室顾问艾因哈德(Einhard)有关。它体现了理想的隐修院规划,即以一种直线的组织方式来提供各种活动空间,其中包括农业活动和宗教活动。主要的建筑是在南侧带有隐修院回廊的教堂,回廊四周女隐修院建筑的布局方式随后成为整个欧洲的原型。

盖恩罗德隐修院(Gernrode Abbey,始建于959~963年,见[394]页图B)是西欧第一座设置楼廊的建筑,同时它也是现存最早的采用交互支撑方式的建筑实例。

希尔德斯海姆的圣米迦勒教堂(S. Michael, 1010—1033,见[394]页图C)是真正的罗马风建筑的早期实例。它有着规则的十字形平面及位于其上的塔楼。中堂有交替排列的成对圆柱和墩柱,它们将中堂分隔为三个正方形空间。

施派尔大教堂(Speyer Cathedral,约1030—1061,见[394]页图E)是主要的王室教堂(Imperial church)。主要连拱廊的墩柱的内立面附有半圆柱,这些半圆柱向上升起并支撑着位于高侧窗上的拱券,这是复合墩柱的一个早期实例。11世纪晚期棱拱替代了木屋顶,而且每隔一个墩柱变宽以支撑横向拱券。建筑外部塔楼的布局别具一格,同时墙体通道环绕整个建筑。

科隆的使徒教堂(the Church of Apostles,约始建于1190年,见[395]页),是这座城市的一系列三叶式教堂之一。它有着开阔的中堂、宽度为中堂一半的侧堂、西端的耳堂和三个半圆形壁龛组成的歌坛,且在十字交叉处有低矮的八角形塔楼,使外部的建筑群看上去更为高贵。北边门廊即是教堂入口,这里没有如法国教堂那样宏伟的西入口,教堂西侧是一个两侧有楼梯塔的塔楼并冠有一个典型的莱茵式屋顶。屋顶由每侧的陡峭山墙组成,并从这些山墙上升起盔式屋顶的屋脊。教堂三叶式的端头有两层高的实心连拱廊,而且在其顶端有特征显著的墙体通道,它的南侧便是隐修院回廊。

卡比托尔的圣母教堂(S. Maria im Capitol,约1040—1065)和圣马丁教堂(S. Martin, 1185年或更换时开如建造,见[397]页图A)也是位于科隆的三叶形平面教堂,相同的例子还可在诺伊斯(Neuss)、鲁尔蒙德(Roermond)和波恩见到。

沃尔姆斯大教堂(Worms Cathedral,主要为11世纪后期到12世纪,见[396]页)和美茵茨大教堂(Mainz Cathedral,1009年始建,1181年及以后,见[397]页图B)是这一时期大教堂的典型代表。沃尔姆斯大教堂东西两端都有八边形后殿,中堂的一个肋骨拱开间对应着侧堂的两个跨间(见[396]页图Ⓑ、图①)。两个外形上相同的圆形楼梯塔位于教堂东西两端后殿的两侧,而在中堂和耳堂交叉处覆盖着一个低矮的带有尖屋顶的八角形塔楼。教堂入口位于侧堂,这种入口设置方式同样常见于日耳曼和英格兰。侧立面平整的壁柱之间是一个个半圆拱的窗户。

马利亚拉赫隐修院(Maria Laach Abbey, 1093—1156,见[394]页图D)位于科隆南部,是一座本笃会教堂。它的平面与其他大多数教堂不同,因为西端半圆形后殿两侧通常作为墓室,在这里则有一个目前仍留存的通过带有回廊的中庭进入的入口。教堂东端同样有三个半圆形壁龛。中堂的拱顶跨间与侧堂相同,这表明向哥特体系又迈进了一步。这座教堂建筑主要采用当地火山岩,包括有六个精美的塔楼、双耳堂和东西两个半圆形后殿。

特里尔大教堂(Trier Cathedral, 1016—1047,见[397]页图C)会令人怀念这座重要的古代城市,4世纪这里曾是罗马皇帝的居住地。这座大教堂所处的位置上曾有一座被法兰克人和日耳曼人毁坏的巴西利卡式教堂。

西班牙的建筑特征

随着西罗马帝国日渐衰落,日耳曼部落不断

---

❶ Abbot Angilbert,约740~814年;法兰克诗人和查里曼宫廷的高级教士。——译者注

第13章 中世纪早期建筑和罗马风建筑

移居,其结果导致西哥特人在西班牙建立了统治时间长达三个世纪的西哥特王国,直至8世纪早期被穆斯林入侵。虽然实际留存的建筑物很少,但是足已充分表明在摩尔人的影响被引入之前,西哥特艺术早已为地中海东西两岸的文化建立起了联系。这段时期教堂设计的一些特征已初显成熟时期西班牙罗马风建筑的主要特点,其中最重要的就是马蹄拱。目前所知的这一时期建造的建筑实例很少,从我们可以看到,教堂平面多种多样,其中包括一些同时兼有巴西利卡和希腊十字特征的平面实例。其装饰手法包括螺旋式线脚和其他一些图案(如玫瑰形饰物、外切星形)的粗略的浅浮雕。某些细部表明古罗马时期的素材偶尔也会被再利用。

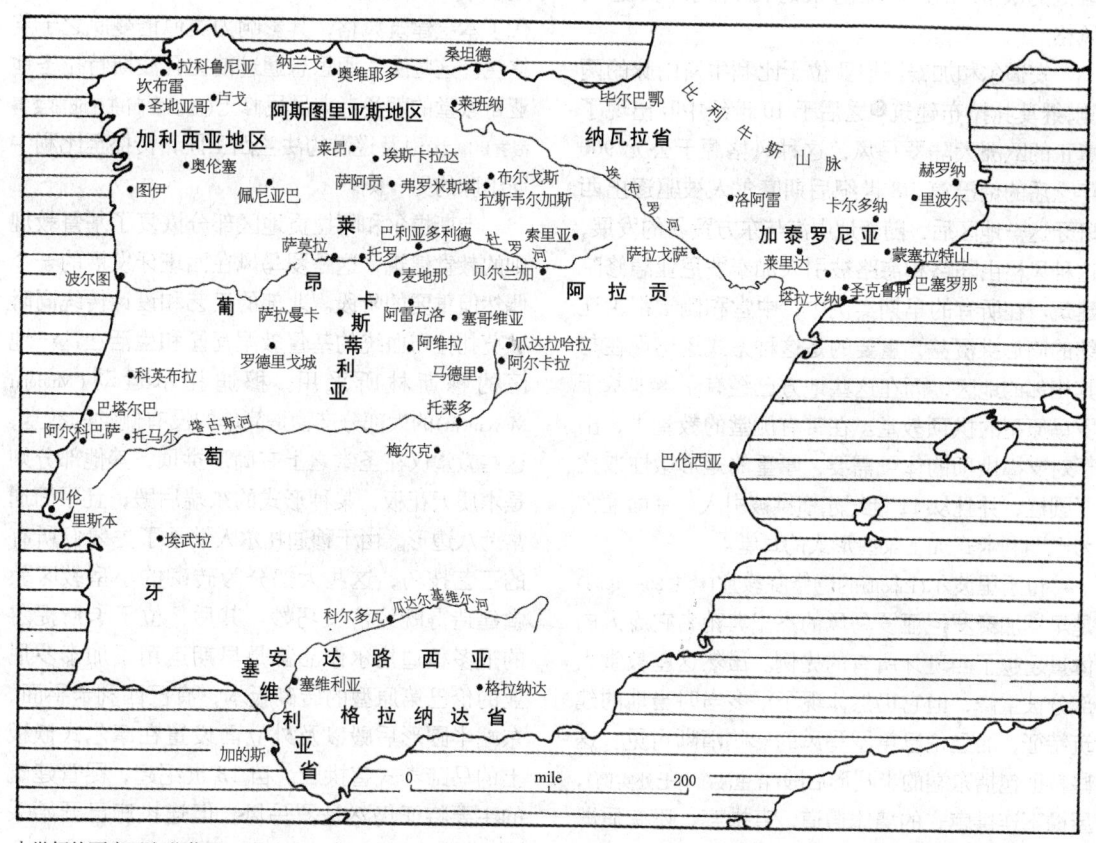

中世纪的西班牙和葡萄牙

随着711年穆斯林的入侵,信奉基督教的西班牙于718年被阿斯图里亚斯的西哥特王国征服,加利西亚省也被阿方索一世❶并入自己的王国。780年左右出现了一所关于教堂建筑、绘画和雕塑的国立学校;在9世纪和10世纪,它所取得的成就绝不逊于同时期的伦巴第和撒克逊英格兰,而这地位在很大程度上是独立获得的。这些阿斯图里亚斯教堂最典型的平面形式是巴西利卡,侧边突出的礼拜堂形成一种袖廊形式。教堂东端附有圣堂和正方形的侧礼拜堂;但半圆形后殿的形式无从考证。早期实例中,开始出现砖砌的半圆拱,这些半圆拱自墩柱上发券而不是西哥特式的圆柱上,同时建筑中的装饰雕塑仅仅局限于圣堂部分。晚期实例中,我们可以看到石刻装饰更为精细,但它的完成质量与同时期的伊斯兰作品相比要稍逊一筹。

在宽容的摩尔人统治下为基督教团体建造的教堂主要以清真寺建筑传统为基础。包括9

---

❶ Alfonso the Catholic,约693~757年;别名阿方索(意为"天主教徒"),阿斯图里亚斯国王,739~757年在位。——译者注

世纪中叶阿卜杜勒·拉赫曼二世❶和穆罕默德一世(Mohammed I)为受到迫害的流亡者建造的教堂在内,这些莫扎拉布式教堂(Mozarabic churches)不同于阿斯图里亚斯教堂和加利西亚教堂所表现的罗马风。尽管形式多样,但仍具有很多相同之处,例如对西哥特式马蹄拱的再现,对古代素材的再次利用,以及品质虽不精良但经过细致雕刻的装饰和所表现出来的古典或拜占庭式风格。

安道尔和加泰罗尼亚位于比利牛斯山脉的两侧,继莫扎拉布建筑❷之后于10世纪中叶出现了真正的欧洲大陆罗马风,这种风格源于公元900年之后的伦巴第。8世纪后期摩尔人被驱逐出西班牙这一地区后,随着地中海与东方贸易的发展,这种风格由陆路和海路被引入加泰罗尼亚隐修院建筑。在所有的早期实例中,中堂和侧堂都由连续的筒形拱覆盖,重要的是这种方式还出现在与其相邻的地区,而在这些地方已经有了当地基于罗马原型的拱顶教堂。在带有侧堂的教堂中,出于对支撑拱顶的体量需要,厚重的矩形墩柱取代了圆柱,并且从11世纪起横拱被引入。平面通常为巴西利卡式加上某些形式的耳堂。

位于里波尔(Ripoll)的隐修院教堂(约1020—1032)是早期加泰罗尼亚罗马风的杰出典范,它庞大的体量超越了西班牙所有的先例。虽然这座教堂大部分被重修,但它仍然体现了很多当时当地的建筑特征,而且伦巴第罗马风的影响清晰可见。这些特征包括东端的半圆形后殿(在里波尔有七处实例)、屋檐下连拱廊式的墙体通道、盲拱廊、还有后殿和侧堂的墙面壁柱。隐修院的大部分实例都有厚实的正方形平面的钟塔,它们复制了伦巴第和皮埃蒙特地区塔楼的特征,甚至包括最精美的细部。

早期加泰罗尼亚教堂通常是将石屋顶直接置于拱券之上。在一些11世纪的十字形平面的实例中,中心穹顶由突角拱支撑,带有横拱的侧堂交叉拱支撑在十字形墩柱上。在最早的加泰罗尼亚罗马风建筑中极少用雕塑和石刻装饰,但到12世纪末就已发展到了很高的高度。连拱廊开始采用

圆柱,类似科林斯式的柱头常常模仿莫扎拉布建筑先例所制定的标准。石刻建筑细部和回廊中的自由雕塑尤其精美,而且许多母题明显受到伊斯兰的启发。

早期罗马风传统在加泰罗尼亚得以保留直至被哥特风所取代,但大约在1050年之后,法兰西思想被引入西班牙中部和西北部地区,并发展形成了一种成熟的法国-西班牙罗马风,这种风格取代了本土建筑风格,其影响力类似诺曼底之于英格兰。这些法兰西思想通过前往孔波斯特拉圣地亚哥教堂的朝圣者克吕尼修士(随后在西班牙北部变得很有影响力)以及巡游的法兰西工匠,传播至比利牛斯山脉的另一侧。

卡斯提尔和阿拉贡地区部分恢复了基督教规则的教堂建筑,这是罗马风在西班牙发展的一个偶然但重要的阶段。北部的工艺和设计传统同时被莫扎拉布血统的基督教泥瓦匠和生活在这一地区的穆斯林所采用。穆迪扎尔运动(Mudéjar Movement)的大部分产物是简单的没有侧堂的教堂,这些教堂仅在圣堂之上有筒形拱顶,其他部分则是木质天花板,某种形式的东端后殿,且平面通常为八边形。由于穆迪扎尔人继承了先辈们所有的工艺技巧,这些大部分为砖砌的小型教区教堂建造得既经济又巧妙。其后,位于卡斯提尔的很多穆迪扎尔作品都是早期运用于加泰罗尼亚的伦巴第原型的砖砌版本,有巴西利卡平面、东端半圆形后殿以及外立面设置在摩尔式嵌板上的马蹄券式盲拱廊。自13世纪起,尽管建筑的主要特征仍然是罗马风,但连拱廊已开始采用尖拱顶形式。在阿拉贡,穆迪扎尔风格在中世纪一直持续发展,到了14世纪,甚至回归其罗马风传统。

11世纪中叶后不久,成熟的有拱顶的西班牙罗马风教堂建筑第一次出现在莱昂,这种风格在一些教堂中得到发展,这些教堂成了去往孔波斯特拉圣地亚哥教堂朝圣路线上的驿站标志。来自法国的影响可以沿着法国境内的各条朝圣路线回溯,从安茹、勃艮第以及郎格多克开始,到都兰(Touraine)和普瓦图(Poitou)境内的卢瓦尔河(Loire)、

---

❶ Abd ar-Rahman II,穆斯林西班牙伍麦叶王朝的第四代统治者;822~852年在位。——译者注
❷ Mozarabic architecture;公元711年阿拉伯人入侵伊比利亚半岛后,岛上的天主教的建筑明显受伊斯兰文化和建筑形式的影响,因而带有两种传统的综合性。——译者注

第13章 中世纪早期建筑和罗马风建筑

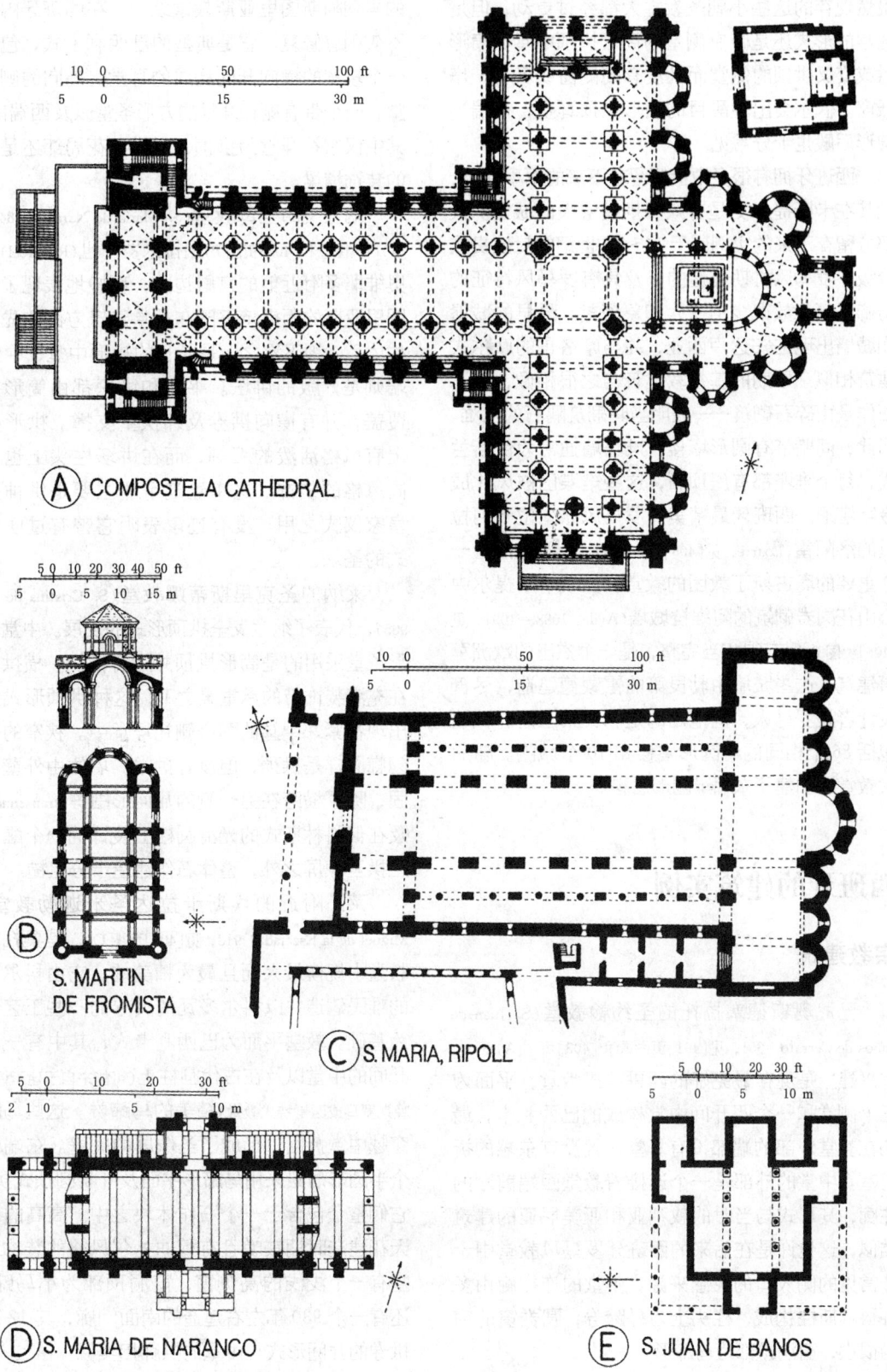

Ⓐ 孔波斯特拉的大教堂；Ⓑ 弗罗米斯塔的圣马丁教堂；Ⓒ 里波尔的圣母教堂；Ⓓ 纳兰戈的圣母教堂；Ⓔ 巴尼奥斯德塞拉托的圣约翰教堂

虽然现存的这些小朝圣教堂大都经过更动,但是通常的形式还是带有侧堂的筒形拱顶中堂、筒形拱或交叉拱顶的侧堂而且没有高侧窗或仅有一扇低窗。偶尔会出现醒目的筒形拱顶耳堂,东端半圆形后殿也十分常见。

西班牙拥有很多中世纪留存下来的军事建筑,尤其在卡斯提尔更是有众多规模宏大的城堡。大部分留存下来的实例属于14～15世纪的封建贵族阶级;罗马风时期建造的以及具有罗马风特征的防御工事为数很少但令人印象深刻。最早的城堡和城墙出现在安达卢西亚,并与摩洛哥的摩尔式建筑相似。早期的基督教建筑与之很相像,除了石作是由碎石砌筑——表明当时砌筑隅石的困难。因此,间壁带有圆形塔楼,雉堞墙通常为伊斯兰式,每个雉堞都有压顶石,这些雉堞已被风化成金字塔形。西班牙最精美的罗马风城堡位于阿拉贡的洛阿雷(Loarre,见[406]页图A),它还连接着一个重要的奥古斯丁教团的教堂。位于卡斯提尔中心由花岗岩砌筑的阿维拉城墙(Avila,1088—1091,见[406]页图B)保存得相当完整,是一个杰出的欧洲军事建筑。这些城墙由勃艮第的雷蒙德建造,尽管设计者是罗马人,但他用的是勃艮第工匠。城墙包括86个相同的半圆形塔楼和10个城门。随后大教堂还加建了东端半圆形后殿。

西班牙的建筑实例

宗教建筑

巴尼奥斯德塞拉托的**圣约翰教堂**(S. Juan de Baños de Cerrato, 661, 见[401]页图Ⓔ和[403]页图A)由王室兴建,是现存最好的西哥特式教堂,平面为三个侧堂和一个四开间中堂构成的巴西利卡,最初在教堂外部的端部设有耳堂,且没有东端的祈祷室。中堂的外部是一个连接着教堂西端前厅的柱廊,其形式与当时的叙利亚和亚美尼亚的建筑类似,这也许是在后来的西班牙罗马风教堂中十分常见的侧入口的灵感来源。中堂的连拱廊由多种科林斯柱构成,柱头上为马蹄券,圆券窗的窗洞很小,窗洞顶部为马蹄形。

奥维耶多(Oviedo)附近位于图拉诺的**普拉多圣朱利安教堂**(S. Julián de los Prados, 830),是保存最好的早期阿斯图里亚斯教堂之一,在西班牙内战前不久稍有修复。它是典型的巴西利卡式,包括由一个较宽的横向开间构成的耳堂、外向的侧礼拜堂、一个带有侧礼拜堂的方形圣堂以及西端前厅。其中仅东礼拜堂为拱顶,木构天花局部还是原初的装饰横梁。

纳兰戈的**圣母教堂**(S. Maria de Naranco, 848, 见[401]页图Ⓓ和[403]页图B)由拉米罗一世(Ramiro I)建于奥维耶多附近他的宫殿边上,巧妙地表现了阿斯图里亚斯的西哥特王国在教堂建筑方面的先进结构体系。地下室之上是长长的矩形中堂,中堂两端则是开敞的讲坛。平台和讲坛都由筒形拱顶覆盖,并有横向拱券及外扶壁支撑。拱形枕梁上有风格活泼的石刻,而在讲坛柱头上也有相同风格的装饰。这座建筑可能主要是供神圣的皇家仪式之用。没有迹象表明它曾有过任何形式的圣坛。

莱纳的**圣克里斯蒂娜教堂**(S. Cristina de Lena, 905),代表了纳兰戈全拱顶形式的发展。中堂和方形圣堂采用的是筒形拱顶并附有横拱,横拱设置在充满装饰带的承重梁之下,这种拱顶形式重复出现在紧邻中堂的两个侧礼拜堂中。狭窄的西端门廊同样是拱顶,但没有拱券。墙体由外壁柱加固,除了横跨在另一侧的几何形围屏(transennae)以及在似科林斯式的光滑圆柱上装饰的一个醒目的三拱圣像屏之外,整体石作建造十分粗糙。

莱昂附近的**埃斯卡拉达圣米迦勒教堂**(S. Miguel de la Escalada, 913, 见[403]页图C),是莫扎拉布教堂中规模最大而且最为精美的。它由科尔多瓦的难民建造并以科尔多瓦清真寺的一些工艺传统为基础。教堂平面为巴西利卡式,其中有一个五开间的中堂以及在古代圆柱上(可能来自于建于该地的晚期罗马或西哥特式教堂)精美的马蹄券。这些马蹄券穿越中堂折回,形成了圣像屏的间壁。东端的三个半圆形后殿采用马蹄形平面及叶状圆顶式拱顶,它们整个包含于一个石作体块之中。高高的木构天花建造时期较晚且有穆迪扎尔风格的装饰。教堂有一个浅浅的高侧窗,窗洞顶部为小马蹄形,还有一个930年左右建造的南面门廊,其12个带拱券的开间形式与中堂的拱廊相类似。

其他一些重要的位于莱昂的莫扎拉布教堂包括佩尼亚尔瓦圣地亚哥教堂(Santiago de Peñalba,

第13章 中世纪早期建筑和罗马风建筑

图A 巴尼奥斯德塞拉托的圣约翰教堂的圣堂(661)，见[402]页

图B 纳兰戈的圣母教堂 (848)，见[402]页

图C 莱昂附近的埃斯卡拉达圣米迦勒教堂(913)的十字交叉处和圣堂，见[402]页

第二编 文艺复兴以前的欧洲和地中海建筑

图 A 卡尼古的圣马丁隐修院(1007—1026)，见[407]页

图 B 卡尔多纳的圣味增爵教堂(1019—1040)，见[407]页

图 C 里波尔的圣母教堂(约 1020—1032)，见[407]页

图 D 弗罗米斯塔的圣马丁教堂(约 1066)，见[407]页

图 E 托罗的牧师会教堂(1162—1240)，见[408]页

第13章 中世纪早期建筑和罗马风建筑

图A 孔波斯特拉的圣地亚哥大教堂中堂(1078年到1122年或1124年，以后又几经加建)，见[407]页

图B 孔波斯特拉的圣地亚哥大教堂的荣耀之门(1168—1188)

图C 阿雷瓦洛的拉卢加雷赫教堂(13世纪)，见[407]页

图D 阿维拉的圣味增爵教堂主入口(13世纪)，见[408]页

第二编　文艺复兴以前的欧洲和地中海建筑

图 A　洛阿雷堡外观(约 1070，约 1095)，见[408]页

图 B　卡斯蒂利亚地区的阿维拉城墙(1088—1091)，见[408]页

919),它有一个两开间中堂,其中东侧开间上有一个叶状穹顶,而覆盖在东西两端的半圆形后殿上的是叶形拱顶,耳堂则采用筒形拱顶的形式。**莱维尼亚圣母教堂**(S. Maria de Lebeña, 924),位于桑坦德(Santander)附近,具有阿斯图里亚斯当地的特征,但拱廊为马蹄形且细部源于科尔多瓦传统。**梅尔克圣母教堂**(S. Maria de Melque),位于托莱多(Toledo)附近,是一座小十字形教堂,其拱券、窗洞顶部以及后殿的平面都是马蹄形,但它没有任何明显的装饰主题。这座教堂可能建于公元900年左右,即基督教难民逃离科尔多瓦前。

卡尼古的圣马丁隐修院(Monastery of S. Martin du Canigou, 1007—1026, 见[404]页图A)位于法属加泰罗尼亚(鲁西永 Roussillon),其教堂形式类似于"礼堂",两边的侧堂和中堂都有筒形拱顶覆盖,其下还有带拱顶的地下室。由简单圆柱构成的拱廊空间开阔,其中心有一些复合墩柱。没有高侧窗,自然光仅从教堂末端射入。

里波尔的圣母教堂(S. Maria, Ripoll, 1020—1032, 见[401]页图C和[404]页图C)尽管经过了大量重建,但它仍是11世纪最精美的早期罗马风教堂。教堂带有双重侧堂的巴西利卡式中堂有七开间,且侧堂采用伦巴第方式,外侧拱廊在外侧廊交替制造出双重开间。醒目的耳堂有七个半圆形后殿。建筑外部表现出以意大利建筑为原型的形式特点同时结合了很多伦巴第特征。这些特征包括拱廊式的墙体通道、实心盲拱廊和壁柱带,以及西侧主立面三角形山墙上的墙体通道。

卡尔多纳的圣味增爵教堂(S. Vincente de Cardona, 1019—1040, 见[404]页图B)运用了很多伦巴第图案,中堂有很高的高侧窗,侧堂为交叉拱顶,壁柱与拱廊的墩柱结合并承受着横拱带来的压力。十字交叉点上是一个支撑于突角拱上的圆屋顶。耳堂稍稍突出,有三个半圆形后殿,中部拱墩用支柱撑高以形成更深的筒形拱顶开间。

萨阿贡的圣蒂尔索教堂(S. Tirso, 约1145)是最早的砖砌穆迪扎尔教堂之一,尽管暗含着摩尔式,但仍具有相当多的11世纪加泰罗尼亚的罗马风特征,如建在矩形嵌板内的半圆形后殿拱廊,采用的是马蹄形盲券的形式。

阿雷瓦洛的拉卢加雷赫教堂(La Lugareja, 13世纪,见[405]页图C)是穆迪扎尔砖砌建筑中最精美的代表作。这是个西多会教堂,其中有很多伦巴第图案,以及一个醒目的中心塔楼,这个塔楼围绕着一个架设在穹隅上的带有塔式天窗的圆屋顶。

弗罗米斯塔的圣马丁教堂(S. Martín de Frómista, 1066, 见[401]页图B和[404]页图D)是唯一完整的西班牙"朝圣"式建筑实例,其中包括一个四开间的中堂、浅浅的耳堂以及三个平行的半圆形后殿。筒形拱架设在紧密结合的十字形墩柱上,贯穿整个教堂,但如同在卡尼古(Canigou)出现的那样,在形式上接近"厅堂式教堂"。侧堂拱顶与中堂高拱顶几乎在同一高度发券,因此教堂没有高侧窗。在十字交叉处有一个高高的八角形塔式天窗。这座教堂的大部分已经过重建。

莱昂的圣伊西多尔教堂(S. Isidoro, 1054—1067, 1101)由卡斯提尔的费迪南一世(Ferdinand I)以及他的妻子桑莎(Sancha)兴建,目前仅存有最初建造的西端门厅,雷耶斯的万神庙(the 'Panteón de los Reyes')两侧与门廊相邻接。墓葬门廊(burial porch)由六根圆柱构成的隔间组成,并覆盖着半球形的交叉拱顶。这座建筑属于法兰西风格,大约创作于1175年的柱头石刻和彩色湿壁画装饰,是早期西班牙罗马风作品。教堂主体曾被法兰西建筑师逐步重建,目前有一个筒形拱顶的中堂和耳堂、交叉拱顶的侧堂以及已被拆除的由三个半圆室组成的教堂东端。十字交叉体中耳堂的拱顶为尖拱形,拱顶向上升起且超越了宽大的高侧窗。

孔波斯特拉的圣地亚哥大教堂(the Cathedral of Santiago de Compostela, 1078—1122 或 1124, 见[401]页图A和[405]页图A)位于朝圣路线的终点,其华丽和成熟在当时的西班牙是无与伦比的。这座大教堂建于813年,被作为西庇太(Zebedee)的儿子圣雅各(S. James)的墓地。9世纪中叶,孔波斯特拉修建了一座本笃会修道院,在它完工之前世界性的朝圣已经开始。平面为带有侧堂的十字形,且有楼廊环绕着整个建筑物。它是西班牙教堂中唯一具有回廊及放射状排列的半圆形后殿的一个。筒形拱顶的中堂带有横拱,侧堂的拱顶则采用交叉拱形式。教堂楼廊上覆盖着半筒形拱顶,而不是高拱顶,通过横向分隔拱券划分出位于这个高度上的每个跨间。结构技术进一步发展和明确,并配以高品质的装饰,其中以浅浮雕最为突出。除了拆除中堂东端建于12世纪的"歌坛"(coro)并在其中引入巴洛克式家具和装置以外，教堂室内留存下来的雕饰大都未经改动。教堂外部，东端大部分被掩盖了起来，建于1103年的南侧耳堂立面是仅存的原始外立面——"金匠之门"（Puerta de las Platerias），也在1116年的一场大火之后被改建。西端主立面前厅的"荣耀之门"（Portico de la Gloria，见[405]页图B）为后期加建（1168—1188）。它模仿了位于韦泽莱的圣抹大拉教堂门廊的内部入口（见[385]页图B），是中世纪基督教地区最精美的建筑之一。

13世纪的**奥伦塞大教堂**（Orense Cathedral）的门廊（"天堂之门"）模仿了孔波斯特拉的圣地亚哥大教堂的荣耀之门，直到15世纪还有其他一些教堂在细节方面也受到其影响，如孔波斯特拉的**圣哲罗姆教堂**（S. Jerónimo）、**卡波里奥莫莱姆圣朱利安教堂**（S. Julián de Moraime）、葡萄牙的**埃武拉教堂**（Evora）和**诺亚圣马丁教堂**（S. Martin de Noya）。孔波斯特拉的圣地亚哥大教堂在平面和结构上的主要特征同样为这一地区其他一些大教堂所引用：**奥伦塞大教堂**（Orense Cathedral, 1132—1194）带有三拱式楼廊，并具备大量勃艮第特征。位于蓬特韦德拉（Pontevedra）的**图伊大教堂**（Tuy Cathedral, 1150—1180）的耳堂包含有楼廊，但三拱式拱廊为盲拱廊。**卢戈大教堂**（Lugo Cathedral, 1129）的楼廊采用筒形拱顶，而非有横向拱券的半筒形拱顶；葡萄牙的**科英布拉老教堂**（the Old Cathedral of Coimbra, Sé Velha, 1162）是另一种无高侧窗的变体，东端有三个平行排列的半圆形后殿，但是在卡波里奥的圣朱利安教堂和拉科鲁尼亚省**坎布雷圣母教堂**（S. Maria de Cambre）再次采用了克吕尼式向外伸出的礼拜堂。

萨拉曼卡（Salamanca）的12世纪教堂建筑群包括：**萨莫拉大教堂**（Zamora Cathedral, 1152—1174）、**托罗的牧师会教堂**（Collegiate Church at Toro, 1162—1140, 见[404]页图E）、**萨拉曼卡老教堂**（the Old Cathedral, Salamanca, 1160, 见[554]页图B）、**罗德里戈城大教堂**（Ciudad Rodrigo Cathedral, 1165—1230），以及**卡斯塔内达圣马丁隐修院教堂**（S. Martín de Castaneda）。除了圣马丁教堂外，所有的教堂都有带塔式天窗并架在穹隅上的中心穹顶（在塞拉曼卡老主教堂和图罗学院教堂，穹顶上开有圆洞以获得双重采光），安茹风格的圆顶式肋骨拱顶、尖顶连拱廊和高高的尖顶筒形拱（可参见托罗牧师会教堂的实例和萨莫拉大教堂的耳堂），还有传统的带有三个半圆室的罗马风巴西利卡的布局以及厚重的料石结构与独特的伊斯兰风格装饰的结合。阿维拉的**圣味增爵教堂**（S. Vicente, 1109年及其后，见[405]页图D）有着同样特征的平面，交叉拱顶的侧堂和高高的肋骨十字拱，同时还有正方形中心塔楼以及与众不同的西门廊（见[405]页图D），这个门廊同时表现出勃艮第和普瓦图地区的特征。

军事建筑

西班牙最精美的罗马风城堡位于**洛阿雷**（Loarre, 1070, 1095, 见[406]页图A），是由圆形塔楼和外围建有护墙的奥古斯丁教义教堂构成的建筑群，城堡坐落在一个尖坡上，可以俯瞰加列戈河谷（Gállego valley）。卡斯蒂利亚地区的**阿维拉城墙**（Avila, 1088—1091, 见[406]页图B），由长达2.5km（1⅛ mile）的城墙和86个相同的圆形塔楼构成，由来自勃艮第的雷蒙德（Raymond）建造，其中大量运用了法兰西石砌技术。它有十扇大门，都采用了两侧邻接塔楼间拱形门洞的形式。这些城墙几乎没有受到伊斯兰的影响，而且保存十分完好，是中世纪军事建筑中规模最大、给人印象最为深刻的实例之一。在索里亚省的杜罗河畔贝尔兰加城（Berlanga de Duero）大量留存着带有圆形塔楼的城墙，在卡斯蒂利亚地区的阿尔莫纳西（Almonacid），那里的城堡有双层城墙及类似的塔楼，但没有枪孔，建造也比较粗糙。

圣地的建筑特征

军事建筑

十字军东征时期建造的城堡有三种类型，每种都有独特的功能，而其功能取决于所处的地理位置。

朝圣堡垒。堡垒的选址与设计都是以保护朝圣路线为出发点，从沿海港口到耶路撒冷，主要经过雅法（Joppa，今特拉维夫）和阿什凯隆，其设计大多为一种起源于古罗马"兵营"或军团城堡的拜占庭式。这种军事基地包括窄窄的城墙、城墙上稍有突起的矩形角楼、一条宽大的护城河或壕沟，以及外部的土城墙。有的实例中还建有中央城堡。

第13章 中世纪早期建筑和罗马风建筑

这些堡垒没有很强的火力，仅依靠相对充足的人力。1128年之后，基督教圣殿骑士接管并发展了这些建在朝圣路上的堡垒。

海岸防御工事。地中海东部沿岸港口通过筑防御工事来保证东西两岸的联系。它们包括阿什凯隆、雅法、提尔、西顿、贝鲁特和托尔托萨。这些防御工事的形式有两种，一种是"堡垒城镇"(bastide town)，即在城堡保护之下的市民居住地，有的与乡村有着直接联系，如吉伯列(Giblet，又名吉百尔)，有的四面环海，如西顿(Sidon，赛达(Saida))，只要切断海上堤坝就可以独立出来。另一种是没有依附城镇的沿海城堡，如佩勒兰堡，只有数量非常有限的通道穿过狭窄的半岛海峡。

具有战略意义的内陆城堡。这些宏伟的城堡主要功能包括：保护通往海岸的道路，如位于叙利亚巴尼亚斯(Baniyas)上方的马尔加特堡(Margat)；守卫通往山上的关口，如萨菲塔堡(Safita)和骑士堡(Krak des Chevaliers)，掌握着霍姆斯隘口(Homs Gap)；保障河谷路线的安全，如博福特城堡(Beaufort)，可俯瞰整个利塔尼河谷(the gorge of Litani)；监控一些穿越东部边境的通路，如在赫蒙山(Mount Hermon)的斜坡上可看到从大马士革到提尔和加利利(Galilee)的路线，另外，在以土买(Idumaea)、鲍德温(Baldwin)的蒙特利尔(Montreal)同时控制了来往于大马士革与埃及之间的商队路线以及从阿拉伯半岛出发途经阿拉伯洼地(Wadi Araba)的香料之路，后者也是属于去往麦地那(Medina)和麦加这条引人注目的伊斯兰教麦加朝圣(Haj)路线的一部分。

这种十字军东征城堡的战略优势大部分在于它们之间精巧的通信系统，采用信鸽和视觉信号传输的方式。这两种技术也许源自于东方并借鉴了阿拉伯与拜占庭的实践经验。

从大型城堡的总体形式看可将其分为两大类。第一种为12世纪的那些城堡，时间上可追溯至海廷战役❶，当时将扩张作为战争的主旋律，所以防御工事的主要目的是进攻。新建筑物在形式上相对简单，它们中的大部分构成军事要塞来影响已夺取但仍在穆斯林控制下的港口，而且城堡位于遥远的东方，远离约旦，需要为进攻内陆商路提供支持。同时期的其他建筑物结合了现存的城堡和筑有防御工事的城镇，这些城镇是由法兰克人和亚美尼亚人通过武力从拜占庭和阿拉伯的控制之下夺取而来的。

这种新建筑中的大多数都具有塔式要塞的共同特征。它们的作用不仅在于提供易于防守的基地以及为装甲骑士提供庇护，而且从诺曼底被引入当时建筑尚未发展到较高水平的圣地。第一次圣战时期，这种类型的诺曼底城堡还很少见，其实例可见于伦敦(见[429]页)和科尔切斯特❷。因此12世纪早期的圣战建筑物源自于相对简单的原型并加以改造来适应叙利亚的环境，建筑在地面层通常只有一个简单的入口，而不是在二层连接原有建筑，而且通常只有两层。建筑上层通过拱顶支撑而不是像当时欧洲西部的城堡要塞那样用木梁来支撑更高的楼层，原因在于通常情况下当地很难获得厚重的木头。

要塞往往位于城堡最薄弱的部分，其体量在所处的位置上是最醒目的，但有些城堡位于沿海平原的平地上，为了能够保护城壁的每个部分并做到全方位防御而采取环绕中心建造的方式。这些城堡包括一个通过梁托挑出的间壁，同时间壁形成一个墙体通道或"走廊"并通过有限突出的塔楼得以强调，随着时间的推移，塔楼数目逐渐增加且体量愈加突出。尽管在实际建造中平面形式多变，但早期间壁塔楼的平面更趋向于正方形而非圆形。有些城堡会在只有一个明显的进攻路径的地形中挖有壕沟，并且这种方式在防御工事中逐渐变为必不可少的要素之一，所以大量人力被投入到开挖工程中，有时甚至会在岩石中开凿出一个尺度惊人的壕沟。

第二类城堡大部分建造于海廷战役之后的近一百年间，表现了对增强防御能力的需求，而非一味地耗尽人力。此阶段仅建有四个新的重要的城堡：佩勒林堡(Chastel Pélerin)、蒙特福特堡(Montfort)、马尔加特堡(margat)和萨菲特堡(Saphet)，其中两座城堡建于旧址之上。这四个实例的建造

---

❶ the time of Hattin, 1187；在巴勒斯坦北部进行的一次战役，耶路撒冷王吕西尼昂的欧洲基督徒军队被撒拉丁的穆斯林军队击败和消灭。——译者注

❷ Colchester；英国英格兰东南部城市。——译者注

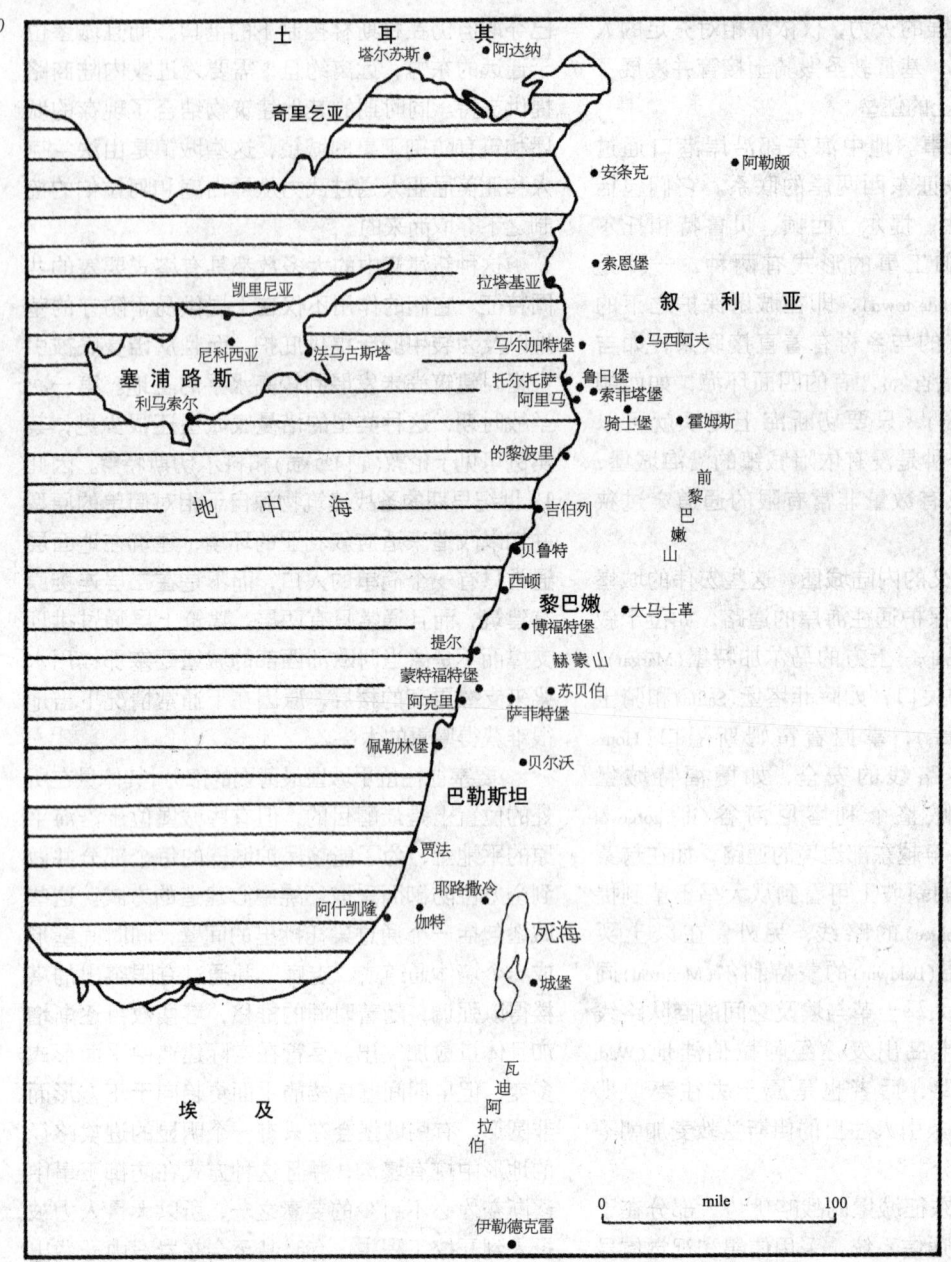

十字军圣地

以及其他一些城堡的结构说明了十字军东征时期的军事建筑中最重要和最有影响的特征。可能是受到拜占庭和阿拉伯的双重防卫系统的启发,有些城堡被精心设计成带有双壁垒体系的同心形式。这种形式结合运用了突出醒目的圆形塔楼,它们成组地出现在城门周围或被当做免受叛军侵犯的内部庇护所或城堡主楼。

城墙的塔楼和壁垒往往以古典缓斜坡形式出现的"斜面",醒目的倾斜加建物用以增加墙脚和塔基厚度,从而防止敌人对墙基的破坏并使飞弹转向。还有一种设计相当具有独创性,即"弯形入口",它可以迫使进攻者沿着迂回而狭窄的路线前行并暴露在左右两边、门楼拱顶和间壁通道的枪孔的火力进攻中;有些情况下,这样的弯形入口设计限制了撞墙锤的使用。几乎可以肯定,这种设计想法效仿了萨拉森人(Saracen)的城镇防御工事,如阿勒颇的大城门(the Great Gate of Aleppo),或位于耶路撒冷苏莱曼城墙(the Wall of Suleyman)中的大马士革城门(Damascus Gate)。

12世纪以后，弓箭作为一种被动防御方式所起的作用变得越来越重要，尤其可以通过塔楼更大的突出物来增强侧边火力，同时间壁顶端的开垛口使双方对抗变得更少。日耳曼要塞中用于射箭的狭长切口相对较少，但后期的城堡则精心设计了长形射击孔和内宽外窄的射击孔，这样可以扩大火力范围。

由于普遍的木材短缺，欧洲防御工事中常见的在城墙和塔楼顶部加建外突风幛和木栅的形式在这里变得困难了。后期十字军建筑中取而代之的包括石砌堞口，这是从萨拉森人城墙中发现的箱形堞口发展来的。围攻手段中最有效的是造成水荒和饥荒，因此一些大城堡的地下储藏库以及蓄水池的存储能力是极大的。马尔加堡在被围攻的情况下其存储量通常可供1000人生活五年。在索恩堡(Saone)一个地下蓄水池的储水量超过1300万升(300万加仑)，而骑士堡备有一架风车、巨大的谷仓空间、榨油机、一条输水道和一口井。

宗教建筑

耶路撒冷的圣墓教堂(Church of the Holy Sepulchre, 见[303]页)从起源和功能角度来说是基督教界最神圣的，而且它的圣地是十字军最后的目标。❶ 正如大家所期望的，这座教堂成了最精美和最具野心的十字军教堂建筑，它的出处可以追溯至普罗旺斯、普瓦图、勃艮第、郎格多克以及圣地亚哥朝圣路线中的艺术，所有这一切都融入了黎凡特(Levantine)当地的特征。

拉丁王国次教堂中的一些实例很好地保存了下来，主要是因为精良石作的合理结构。尽管侧廊中的交叉拱顶并不罕见，高高的拱顶通常采用筒形拱形式并带有横向起稳定作用的拱券。贝鲁特大教堂(Beirut Cathedral)东端有三个半圆形后殿，而托尔托萨教堂则带有拜占庭式的侧堂(pastophoria)。将半圆形后殿内含在矩形体块中的方式十分常见。十字军改造了许多建筑以使其适应教堂的目的，并在这些建筑中留下了自身的文化迹象，并且造成了一定的影响，如圣岩寺(Dome of the Rock, 参见有关章节)穹顶中的装饰铁栏杆。圣岩寺与耶路撒冷哈拉姆教堂(Haram)中的阿克萨清真寺(Al-Aqsa)一样，是圣殿骑士控制下的基督教教堂。这些城堡在军事规则管理下，其礼拜堂常常有丰富的装饰，并包括马赛克技艺、饰有图案的石瓦和石刻作品的精美实例。

圣地的建筑实例

军事建筑

西顿的梅尔堡(the Château de Mer, 1228, 见[412]页图A)，位于黎巴嫩，是现存最完好的十字军沿海城堡实例，它通过海堤从依附的镇区独立出来，且仅有一条稍后建造的堤道可以穿过海堤。当城镇被包围后，尤其当城堡可以从海上继续得到供给时，它能够具备独立的防御能力。它仍然拥有坚固的两层高的要塞、一个雄伟的带有装饰性盒状石刻堞口的登陆大门、大大的储藏库和内部的居住建筑，并明显运用了古代圆柱作为石砌间壁的结合体。几乎到十字军对圣地完成领土控制的最后阶段，西顿一直被作为法兰克人的大本营。

吉伯列堡(Giblet)建于比布鲁斯(Byblos)的腓尼基港口，在12世纪被大规模地加固。这个古代防御工事新建了一个带有方形塔楼的城墙以及一个坚固的两层高的要塞。

阿特利特的佩勒林堡(Chastel Pélérin，朝圣堡(Pilgrims' Castle))是圣殿骑士于1218年修建的，并得到条顿人(Teutonic)和许多朝圣者的帮助，这也是其名字的来源。这座城堡的大部分现在已成为废墟，但平面仍清晰可辨。它坐落在一个半岛上，控制着沟通沿海地区与巴勒斯坦内陆之间的主要通道之一。主要的防御工事位于近陆一侧，其中包括一道石造的斜堤，一条通向大海的护城河和一个跨越整个海岬宽度的双层壁垒，它们都装备有正方形塔楼以掩护交替的战场。海防线上由巨大的城墙构成的防御工事已所剩无几。这些建筑中包括一座教堂，它可能是以常规的圣殿骑士模式来规划的。在远离托尔托萨的城堡中，这是唯一没有被攻陷的。

---

❶ 圣墓教堂是耶稣坟墓所在地，基督教圣地。位于以色列东耶路撒冷旧城。——编者注

图 A 西顿的梅尔堡(1288)的东城墙和大门，见[411]页

图 B 索恩堡的东城墙，见[413]页

图 C 耶路撒冷的圣安娜教堂室内(1142)，见[414]页

图 D 骑士堡鸟瞰图(主要部分约建于 1200 年)，见[413]页

第13章 中世纪早期建筑和罗马风建筑

马尔加特堡(Margat Castle)控制着拉塔基亚(Latakia)南部巴尼亚斯海岸平原一个狭窄的地峡,该地峡位于阿拉维山靠海的一侧以及黎巴嫩山脉向北延伸的区域。它为阿萨辛派❶在卡德姆斯(Kadmus)和马西阿夫(Masiaf)的据点提供支持。这座城堡在马佐瓦(Mazoir)的米迪(Midi)家族的资助下,于1186年由医院骑士团❷建成,同时在他们的控制之下马尔加特堡成为最大的十字军城堡。双层的同心状防御工事围合了一个巨大的区域,西侧连接有一个狭窄的城堡外庭,而大的圆形塔楼要塞立于较低间壁中一个醒目的外部塔楼之上,同时间壁设有有高高的双斜面和盒状堞口。1288年卡拉温苏丹❸对这座城堡发起攻击并成功破坏了它的外部防御工事。要塞一直抵御着攻击,直到它遭到严重破坏,这些十字军宗教团成员才撤离至阿克里(Acre)。

博福特堡(Beaufort)守卫着一个穿过黎巴嫩山脉的关口。它位于利塔尼河谷的端口,其所在位置只有通过邻接的高原才能比较容易地进入,同时一条由岩石凿成的浅浅的城壕将其与高原分隔开。正方形的要塞建于间壁之中,天然斜堤通过在西侧建造的陡斜坡得以加固。

摩押地区城堡(Kerak, in Moab)是东线防御据点的一部分,位于死海(Dead Sea)东岸高原上两个河床交汇处的山脉的尖坡上。这个城堡位于北侧高地,保护着它所依附的村庄免遭侵袭,并通过两侧岩石凿成的壕沟隔离出来,这种方式沿袭了拜占庭传统且可在博福特城堡看到类似情形,同时它也采用了在城墙中设置要塞的方式来控制最有可能进入的路线。

索恩堡(Saone,见[412]页图B)位于阿拉维山的北侧,这里曾有希腊人以拜占庭方式建造的防御工事,有一条狭窄的外部间壁,每间隔一段距离设有稍稍突出的矩形塔楼,同时通过一个要塞掌握着间壁最容易受攻击的部分。它在十字军第一次南征时被占领并成为安条克君主的属地。十字军时期的建筑主要完成于1120年之后不久,并成为天主教王国(the Latin Kingdom)早期城堡建筑最优秀的实例之一。它位于一个两侧斜坡陡峭的三角形山嘴上。在第三边,有一条巨大的岩石深谷将城堡与绵延近半英里的外垒分隔开,这个邻接后门房塔楼的深谷宽达20m(65ft),且开挖的岩石床有173 300公吨(170 000t)。因为不可能通过单个吊桥横跨整个壕沟,所以在深谷中留有一个尖顶作为中心支撑点。位于壕沟之上有一个仅有一狭窄入口的两层的正方形要塞以及三个圆形塔楼,且其中两个可能是十字军时期这种类型的塔楼中最早的。正对着巨大深谷的后门房由两个圆形塔楼构成。城墙其他部位的塔楼则为正方形并带有小凸角,无射击孔,但顶部有廊道,这是12世纪早期塔楼的常见形式。南面主门房的侧边有一个入口,并有一条直接通路连接内表面和守卫,这也许是天主教在地中海东岸第一次对"弯形入口"的运用。

骑士堡(the Krak des Chevaliers,主要部分建于1200年,见[412]页图D)被托马斯·爱德华·劳伦斯❹描述为"世界上保存最完好最迷人的城堡",它是五个城堡中最东端的一个,用来保证霍姆斯隘口的安全,骑士堡可通过视觉信号与坐落在利塔尼河谷(位于拉博克(La Bocquée))北端的阿克拉(Akkra)、萨菲塔、鲁日(Rouge)以及更靠近海岸的阿里马(Arima)相互联系。这座城堡位于阿拉维山南面的尖坡上,这里曾是早些时候的伊斯兰"库尔德人城堡"。1142年由的黎波里(Tripoli)的雷蒙德伯爵捐赠给十字军宗教团骑士以帮助那些在朝圣途中生病的朝圣者,他们在随后的50年里将其改建并发展成为那个时代最杰出的军事建筑。

骑士堡有两条同心圆状的防线,内壁垒靠近

---

❶ Assassin;伊斯玛仪派尼查尔支派的成员,该派是11~13世纪伊斯兰教的一个宗教政治派别,在其早期,因以暗杀敌人为宗教义务而出名。——译者注
❷ Hospitaller;又称马耳他骑士团,天主教医院修会,当时称耶路撒冷的圣约翰医院骑士团;前身是建于11世纪为患病的朝圣者服务的医院。——译者注
❸ Sultan Qala'un;?~1290年,埃及马木路克苏丹。——译者注
❹ Thomas Edward Lawrence,1888~1935年;别名阿拉伯的劳伦斯,英国军事战略家、考古学家。——译者注

且高于外壁垒。城堡最初在 12 世纪的时候采用单一防卫方式,所覆盖的范围与其后建造的内壁垒的范围相同,尖坡顶部留存的一些早期构筑物与现存建筑相结合。外城墙的北面和西面设有八个圆形塔楼,其中的一个建造于被十字军占领之后,且构成北面碉楼的两个塔楼也是之后扩建的。城墙塔楼上有大量精心设置的射击孔,而在盒形堞口上的整个外墙走道也有射击孔与城齿,其中一些为近期重建。主入口位于东侧,连接一个长坡道及拱顶"弯形入口",并以城壕与吊桥进行防御。外墙、四个入口以及至少一个吊闸上方都设有堞口;坡道的拱顶上设有枪眼,且有三处暴露在外,以便从侧翼夹击来自外壁垒的袭击。尽管内门房、西北方的内部后门塔楼以及礼拜堂(礼拜堂的半圆形后殿在外壁垒上方构成一个塔楼)建于这座城堡被用做医院之前,也就是天主教占领的那段时期,但是更大一部分的内部防御工事建于 12 世纪晚期和 13 世纪早期。内部城堡最显著的一个特征是位于西侧和南侧的巨大斜堤,这道被阿拉伯人称为"高山"(the Mountain)的斜堤令人生畏地高筑在蓄水池和外壁垒之上,其基础厚度超过 25m(80ft)。内部结构的南端是由三个大圆形塔楼构成的一个要塞,塔楼之间通过架设在两排拱顶上的岗哨走道相连接,内部结构还包含一些非常精美的套间,它们被作为躲避唯利是图的叛军以及入侵者伤害的庇护所。上部加建的庭院的拱顶凉廊是早期哥特式的,显得精巧而成熟。

骑士堡曾先后受到 12 次侵袭,所幸都未成功,直到最后苏丹拜巴尔斯一世❶于 1271 年 3 月围攻这座城堡,并在 4 月通过伪造的指令使骑士们投降。除了在第一次世界大战中很短的一段时期外,这座城堡一直由阿拉伯人掌管。

宗教建筑

尽管建筑设计的惯例仍是传统的罗马风,但十字军教堂建筑通常沿用西多会和勃艮第的风格,许多实例还具有过渡期的早期哥特(half-Gothic)风格。

托尔托萨大教堂(Tortosa Cathedral)位于筑有防御工事的区域内,这一区域后来成为圣殿骑士总部。主教堂的筒形拱顶中堂、侧堂的交叉拱顶以及有叶形装饰柱头的复合墩柱都极具勃艮第特色,但其平面为拜占庭风格,带有侧翼礼拜堂。**贝鲁特大教堂**(Beirut Cathedral)现在为清真寺,尽管有一个高侧窗和东端的三个半圆形后殿,但它的结构布局与前者类似。在提尔的塞巴斯蒂(Sebastieh)和凯撒里亚(Caesarea),那里的十字军教堂为十字形平面,而在拿撒勒(Nazareth)和拉姆雷(Ramleh)则出现了正方形后殿。耶路撒冷的**圣安娜教堂**(S. Anne, 1142,见[412]页图 C)是十字军时期保存最完好的小教堂之一,它被用来纪念圣母玛利亚的双亲居住地以及随后的圣母出生地。这座教堂由鲍德温一世王后(the Queen of Baldwin I)建造,用来作为本笃会的女隐修院,后来它的所有者白衣神父❷在 1878 年后曾将这座隐修院修复得十分优美。它有一个典型的本笃会平面:带有侧堂的交叉拱顶中堂、浅浅的耳堂、三个半圆形后殿,其中最特别的是位于教堂中心的架设在穹隅上的佩里戈尔❸式穹顶。教堂中的拱券通常都有尖顶,而且西侧中心的大门有着接近哥特风格的精巧比例(见[412]页图 C),结合 13 世纪四叶花饰的修饰性线脚为更其增添了光彩。耶路撒冷的**圣墓教堂**(the Church of the Holy Sepulchre)中的十字军建筑已在第 11 章中有所描述。

不列颠群岛的建筑特征

罗马时期。不列颠的罗马建筑与欧洲其他地方有着相同的特征,且大部分建筑留存了下来,其中包括哈德良城墙以及位于西尔切斯特(Silchester)、巴斯(Bath)、切斯特(Chester)、科斯托庇顿(Corstopitum,即科布里奇(Corbridge))、维罗克尼

---

❶ Sultan Baybars;绰号"黑豹"(the 'Panther'),约 1223~1277 年;埃及和叙利亚的马木路克王朝最杰出的苏丹,1267~1277 年在位。——译者注

❷ White Fathers;天主教非洲传信会的会士。——译者注

❸ Périgord;法国历史和文化大区,包括法国南部多尔多涅省和洛特-加龙省的一部分。——译者注

第13章 中世纪早期建筑和罗马风建筑

姆(Viroconium，即罗克西特(Wroxeter))和韦鲁拉缅(Verulamium，即圣奥尔本斯(S. Albans)附近)的城市建筑。另有一些如古罗马广场、巴西利卡、浴场、韦鲁拉缅的剧场，巴斯的苏利丝浴场(Aquae Sulis)和伦敦市(Londinium)的圣堂、韦鲁拉缅的别墅以及菲施博恩(Fishbourne)的一处尚未发掘的宫殿。建筑实例中的马赛克铺地、陶器与雕刻显示了古罗马人在居住建筑及公共建筑上倾注的心血。罗马建筑强有力的特征不可避免地影响到随后在不列颠出现的盎格鲁-撒克逊建筑和罗马风建筑。

我们可在西尔切斯特看到罗马人结束侵占不列颠之前基督教教堂形式的实例。这座巴西利卡式平面的小教堂可能建于14世纪早期。因为当时的宗教仪式需要司仪神父站在圣坛前，面向东方，所以它的半圆形后殿位于教堂西端。向外凸出的耳堂是拜占庭侧翼礼拜堂形式，圣堂连接着一间圣器室，用于储藏圣器，走入中堂可以看到一张圣餐桌，这在圣餐礼拜仪式中可以经常看到，同时还有一个直接源于罗马原型的凯旋门用来作为圣堂的帷幕。

盎格鲁-撒克逊时期。七王国时期❶两个主要的教堂建筑学校出自于肯特郡(Kent)和诺森伯兰郡(Northumbria)。南方的实例来自于拉韦纳那些5~6世纪的教堂。其中的代表作是位于肯特郡的里卡尔弗(Reculver)的教堂(见[418]页图®)，它建于669年，有一个宽阔的矩形平面，东端有半圆形后殿，侧翼有两座礼拜堂，南北两端有作为葬礼祈祷室的柱廊，另外还有西侧门廊和门厅以及一个三拱圣像间壁。诺森伯兰郡学校体现了古罗马技术和日耳曼设计方法的影响，其代表作是7世纪晚期建于埃斯科姆(Escomb)的教堂(见[418]页图Ⓐ)。位于芒克威尔茅斯(Monkwearmouth，673)和贾罗(Jarrow，684或685年)的诺森伯兰隐修院具有重要的意义，仅有部分被保存了下来，其余部分目前也已发掘。贾罗是受人尊敬的圣徒比德❷的家乡。位于布里克思沃斯(Brixworth)的麦西亚隐修院教堂(the Mercian monastic church)同样属于前丹麦时期(约9世纪早期)。它的巴西利卡式平面中有一系列门廊而非侧堂、独立的歌坛以及外部地下室，这种平面形式与卡洛林王朝的建筑相似。

盎格鲁-撒克逊晚期的建筑(10—11世纪)特征是在建筑西端和中心设置塔楼，拥有独特的装饰以及一些结构技法，如长短相间的外角隅石(见[417]页图Ⓒ、图Ⓟ)、带状物、狭窄的壁柱，有时会像在厄尔斯巴顿(Earls Barton)中出现的那样成为一种装饰(见[417]页图Ⓒ)，支撑于墙间柱的成对窗洞，其顶部有时为三角形(见[417]页图Ⓒ、图Ⓗ、图Ⓘ、图Ⓟ)，醒目的装饰线脚，其断面为简单矩形(见[417]页图Ⓗ)或球根状甚至更复杂的形式(见[417]页图Ⓕ)。平面为双八字的窗户(见[417]页图Ⓖ)和巨石构筑物同样很有特点。在诺曼底人对英格兰发动军事征服之前，已经开始运用某些罗马风要素，如带有塔楼的规则十字平面(实例见林肯郡的斯托教堂，约1034—1055)。这段时期最成熟的建筑是爱德华忏悔神父的威斯敏斯特大隐修院(Edward the Confessor's Westminster Abbey)，其十字平面带有侧堂，交互的支撑方式与瑞米耶日隐修院类似。在剑桥郡有一座同样复杂精致但规模较小的大帕克斯顿教堂(the church of Great Paxton，见[418]页图Ⓒ和[420]页图B)，这是现存唯一的建于那一时期并带有成熟罗马风的建筑。这是一个带有侧廊的十字形平面教堂，交叉中心不设塔楼，且复合墩柱交替支撑着两种拱券。

诺曼底时期。诺曼底人引入了一种建筑类型，兼有基督教会建筑与军事建筑的特征，以象征新的秩序。第一个主要项目位于坎特伯雷(Canterbury)这个在英格兰最受人崇敬的地方，由圣·奥古斯丁(S. Augustine)亲自创建，原有的两座建筑物被夷为平地，直接在原址上建造了一座巨大的新教堂。空前的体量是一个重要特色。温切斯特大教堂(Winchester Cathedral)整个室内长度惊人，与欧洲最长的建筑之一——克吕尼修道院等长，达到了157m(515ft)。然而新建筑的发源地很明显在诺曼底，它迅速发展并很快使王室领地中最宏大的建筑黯然失色。建筑最主要的创新有对复合墩柱的发展，

---

❶ 指公元5~9世纪，这七个国家是：肯特、埃塞克斯、苏塞克斯、威塞克斯、东盎格利亚、麦西亚和诺森伯兰。——编辑注
❷ Venerable Bede，672/673~735年；盎格鲁-撒克逊神学家、历史学家。——译者注

第二编 文艺复兴以前的欧洲和地中海建筑

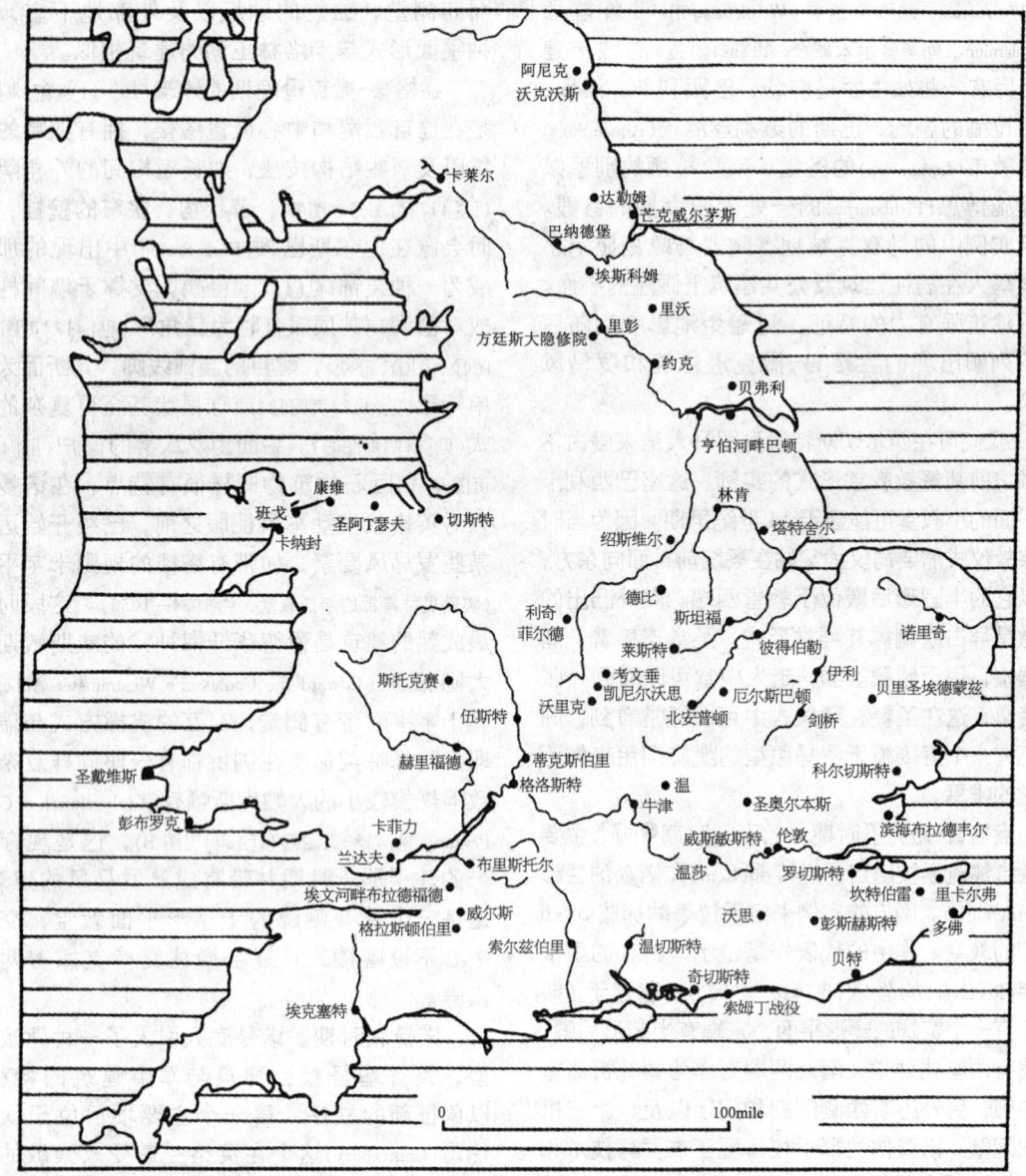

中世纪的英格兰和威尔士

一些半圆柱和转角立柱相互结合并向上升起构成整个立面(见[380]页图Ⓡ和[421]页及[425]页图Ⓗ);第一次于温切斯特出现的由三部分组成高侧窗开间的方式,同时这些高侧窗的内立面位于墙体上通道前,其形式变换为支撑于圆柱上的三拱券组合体(见[425]页图Ⓔ、图Ⓕ);罗马式柱头的引入,这种柱头在诺曼底人对英格兰开始军事征服之前还不为人知;建筑雕刻的引入约在1100年之后,高品质的石刻开始运用于柱头和正门入口,这些作品通常被认为是由盎格鲁-撒克逊工匠创造的,同时新的装饰图案开始出现(见[420]页图 C 及[421]页),如波浪形和喙头等;肋骨拱顶开始被引入(参见第8章)。

第13章 中世纪早期建筑和罗马风建筑

ANGLO-SAXON STYLE

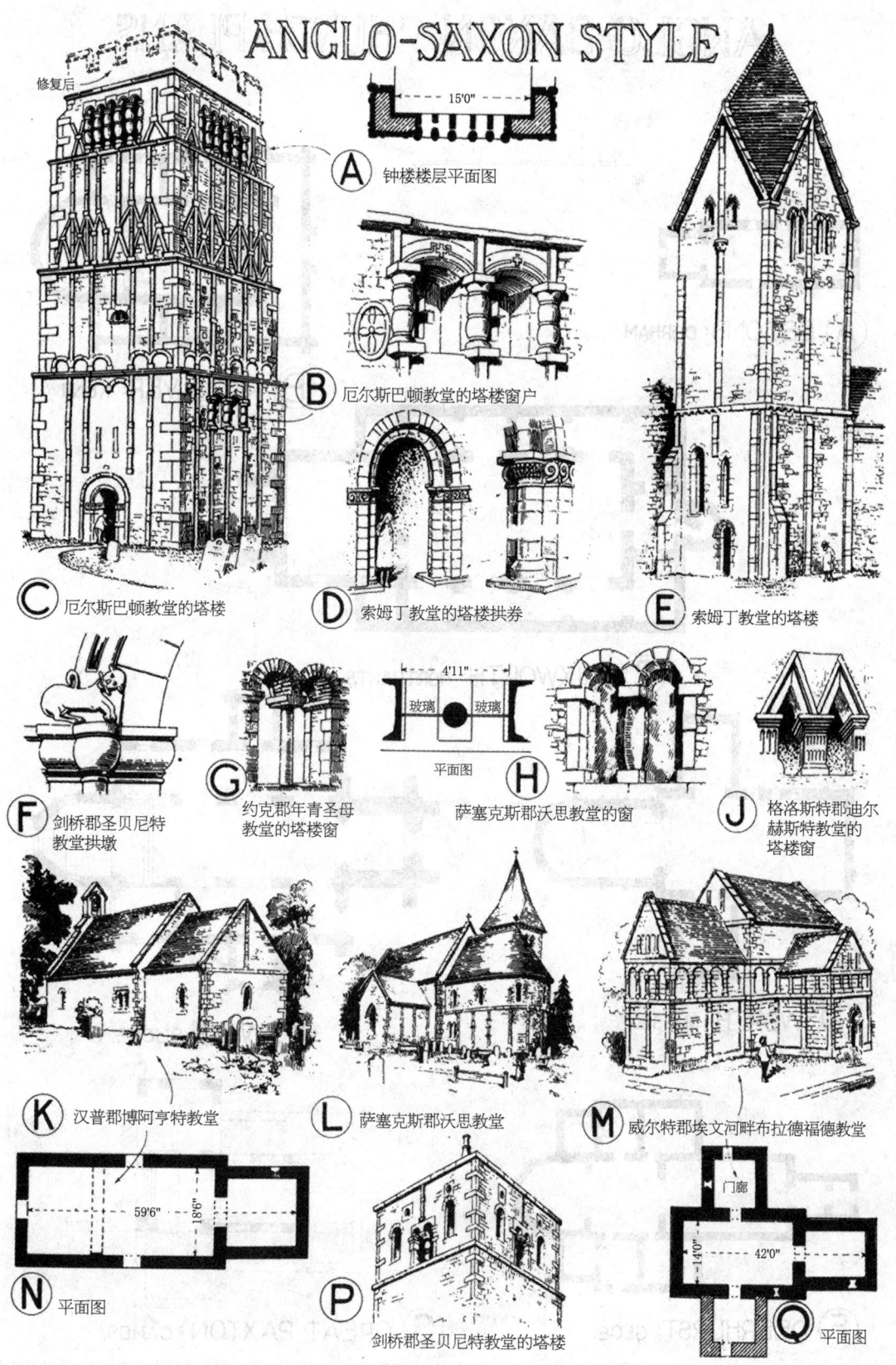

盎格鲁-撒克逊风格（ANGLO-SAXON STYLE）

ANGLO-SAXON CHURCH PLANS

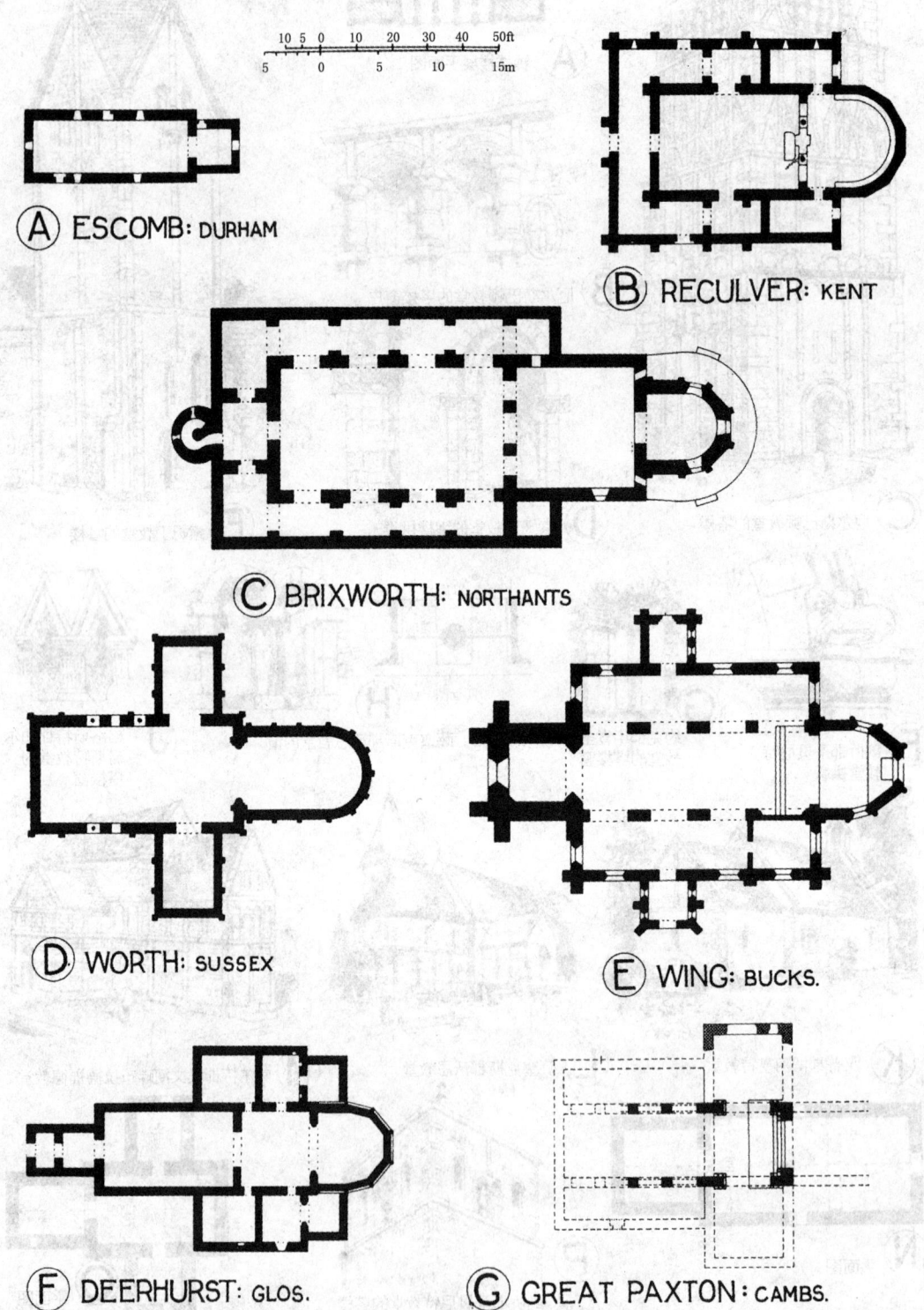

盎格鲁-撒克逊教堂的平面(ANGLO-SAXON CHURCH PLANS)：Ⓐ 达勒姆郡的埃斯科姆教堂；Ⓑ 肯特郡的里卡尔弗教堂；Ⓒ 北安普敦郡的布里克思沃思教堂；Ⓓ 萨塞克斯郡的沃思教堂；Ⓔ 白金汉郡的温教堂；Ⓕ 格洛斯特郡的迪尔赫斯特教堂；Ⓖ 剑桥郡的大帕克斯顿教堂

不列颠群岛的建筑实例

盎格鲁-撒克逊风格

埃塞克斯郡的**滨海布拉德韦尔教堂**(Bradwell-next-the-Sea, 669年之后)是肯特学派教堂中保存最完好的。留存的中堂内有通高的简单扶壁以及平面为八字形的窗户。最初建筑东端还有一个半圆形后殿,它通过三个一组的连拱廊独立于中堂之外,并有一对门廊位于其两侧。

肯特郡的**里卡尔弗教堂**(Reculver, 669,见[418]页图⑧)仅留存有墙体最低的那一段,建筑的绝大部分毁于20世纪。三拱屏壁中再次被利用的罗马圆柱目前在坎特伯雷主教堂的地下墓室中。

达勒姆郡的**埃斯科姆教堂**(Escomb, 7世纪晚期,见[418]页图Ⓐ)保存了一个狭长而高敞的中堂以及一个矩形圣坛。这座教堂是通过重新使用罗马砖石建筑构筑而成,同时圣坛的拱门旁柱采用了一种长短相间的构成方式。拱门自身可能是罗马时期的构筑物。在圣坛的西侧和北侧已分别挖掘出门廊。

达勒姆郡的**芒克威尔茅斯隐修院教堂**(Monkwearmouth, 674)留存有一座带有一个西塔楼的简单的矩形教堂,其中塔楼较低的楼层可能也是建于7世纪,并形成了一个门廊。在发掘的隐修院建筑中最有价值是一条由教堂向南延伸的长长的走道。

达勒姆郡的**贾罗隐修院**(Jarrow, 684),贾罗是受人尊敬的圣徒比德的家乡,且和芒克威尔茅斯隐修院是姐妹隐修院。隐修院最初有两座教堂,目前尚存其一,它构成了后建教堂祭坛边的圣坛。在教堂南侧发掘出了大型女隐修院建筑。

北安普敦郡的**布里克思沃思教堂**(Brixworth, 9世纪早期,见[418]页图Ⓒ和[420]页图A)是一座大规模的巴西利卡教堂,中堂为四开间,其中的拱券转而运用原来的罗马砖并支撑于粗大的矩形墩柱上。目前已被毁坏的一系列柱廊替代了常见的连拱廊。西侧塔楼是原初的,仅有两层高并设有一主教席。歌坛为矩形空间,同时通过一个屏壁、重建的半圆形后殿以及外部地下室与中堂相隔。

白金汉郡的**温教堂**(Wing, 9世纪早期,见[418]页图Ⓔ)与布里克思沃斯教堂相似,同样有一个巴西利卡平面。最初的八角形后殿仅留存有地下室一层,其他部分已在11世纪运用条状板重建。教堂地下墓室覆盖有不规则支撑的拱顶。教堂西侧塔楼和重建的侧堂属于中世纪后期。

格洛斯特郡的**迪尔赫斯特教堂**(Deerhurst, 8—11世纪,见[418]页图Ⓕ)是一座复杂的建筑,其中包括建于11世纪的多边形后殿的片段以及一个通过侧柱廊依附在一个早期建筑物上的圣坛拱券。塔楼第一层的东墙有个入口,它暗示了内部曾有一个讲坛。在同一面墙的高处有精美的成对窗洞,窗洞上三个一组的拱券支撑于一个刻有凹槽的矩形柱上,类似刻有凹槽的拱廊壁柱(见[417]页图Ⓘ)。

威尔特郡的埃文河畔的**布拉德福德教堂**(Bradford-on-Avon, 11世纪早期,见[417]页图Ⓜ、图Ⓠ),这座小教堂由精确接合在一起的琢石砌筑而成。高敞矩形中堂的东端有一圣坛,以及以前一对侧门廊中仅存的一个。外立面装饰有壁柱带和一个罗马风的盲连拱廊。教堂入口环绕着壁柱带并带有简单的方形断面的拱墩。这是一个早期的罗马风建筑,它通过表面装饰与完美的比例来体现各个部分的交接关系。

北安普敦郡的**厄尔斯巴顿教堂**(Earls Barton, 11世纪早期,见[417]页图Ⓐ~图Ⓒ)最初只有一个塔楼,其东侧连接有一个圣坛,这是一种罕见的教堂平面。塔楼装饰有夸张的带状物,成为这个国家在装饰技术方面最极端的例子。拱券形的吊钟洞口支撑于典型球根状的小柱上。教堂入口环绕着带状物,有正方形断面的拱墩和微微内凹的装饰性连拱廊。

汉普郡的**博阿亨特教堂**(Boarhunt, 11世纪,见[417]页图Ⓚ、图Ⓝ)建筑外立面中唯一体现盎格鲁-撒克逊技艺的标志是圣坛处三角形山墙上的带状物。在圣坛的北墙上也有一个已被封的双八字平面的窗户。室内有一个精美的圣坛拱券,其四周环绕着带状物拱墩上有多个卷涡装饰带。最初有一面墙将中堂西部与东部空间分隔开。

萨塞克斯郡的**沃思教堂**(Worth, Sussex, 11世纪中期,见[418]页图Ⓓ)为十字形平面,有多个柱廊和一个建于1871年的被抬高的半圆形后殿。外立面装饰有竖向壁柱带以及三个与众不同的拱形双窗洞,

第二编 文艺复兴以前的欧洲和地中海建筑

图A 北安普敦郡布里克思沃思教堂室内(9世纪早期),见[419]页

图B 剑桥郡大帕克斯顿教堂(11世纪中期)室内,见[423]页

图C 坎特伯雷大教堂的诺曼风格塔楼,东南部的耳堂(约1096—1125),见[423]页

第13章 中世纪早期建筑和罗马风建筑

达勒姆大教堂中堂(1110—1133),西向东视图,见[423]页

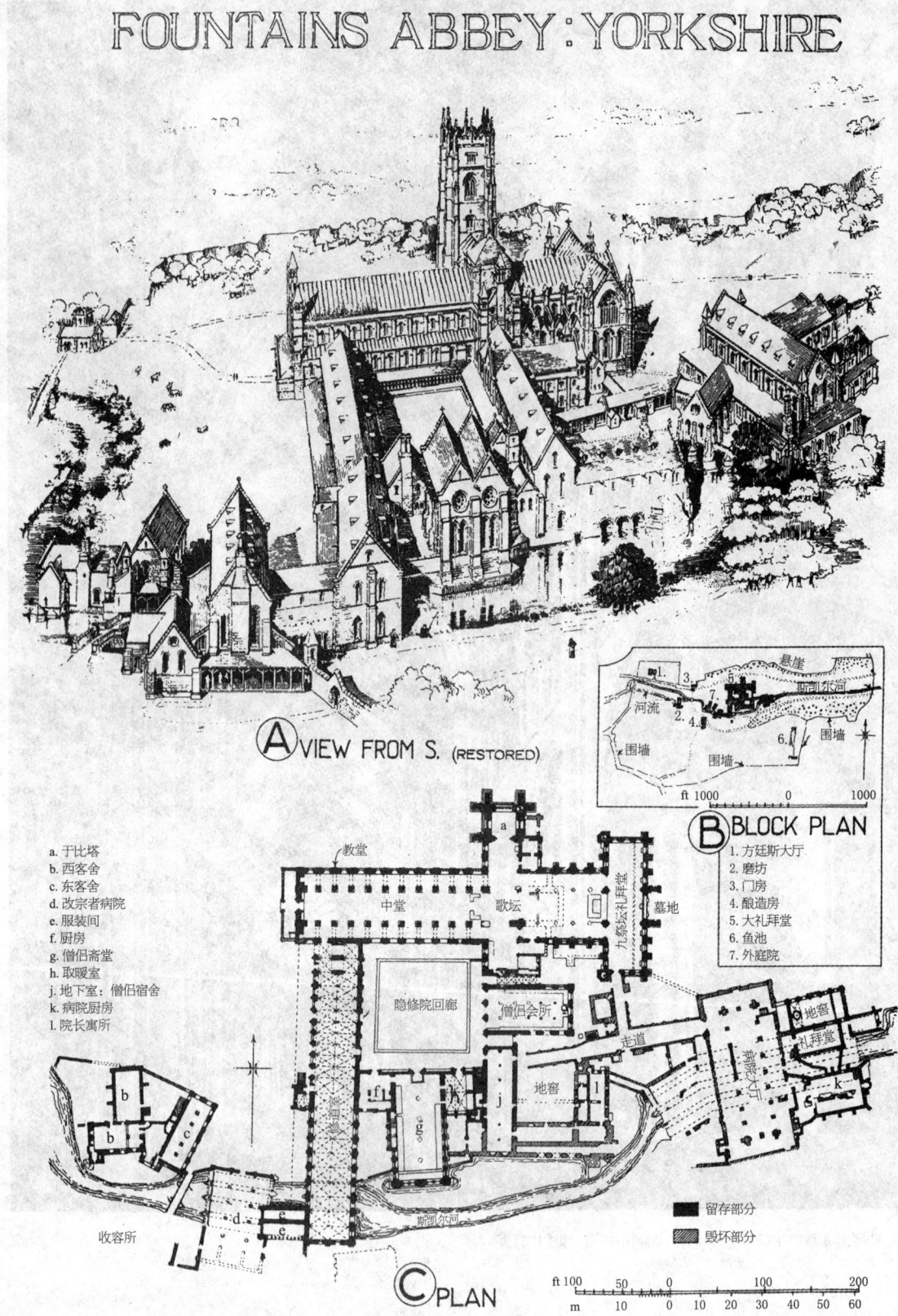

约克郡方廷斯隐修院(FOUNTAINS ABBEY：YORKSHIRE)：Ⓐ 南向视图（修复后）；Ⓑ 总平面图；Ⓒ 平面图

这些最初就有的窗洞支撑于墙间球根状的小柱上。教堂内三个主要拱券四周环绕着带状物，柱廊拱券粗壮的带状拱墩为正方形断面。支撑于厚重半圆柱上的圣坛拱券尤其给人以深刻印象，圆柱上有着外形粗糙的柱头。

萨塞克斯郡的**索姆丁教堂**(Sompting，11世纪晚期，见[417]页图Ⓔ)这座建筑因为留存有盔甲顶而具有特别重要的意义。它还有一个精美的塔楼拱券，拱券的半圆柱带有石刻柱头并支撑着卷涡拱腹。

剑桥郡的**大帕克斯顿教堂**(Great Paxton，11世纪中期，见[418]页图Ⓒ和[420]页图B)这座教堂的中堂带有四开间的侧堂，现仅存其中的两开间。对角放置的半圆柱环绕在方形核心周围形成墩柱。在教堂最东端，通过将一对墩柱的正方形核心凸角转变为圆角来标志空间的转换。最东端的交叉立柱为L形，而西端立柱为原始的十字形，它们南北两侧的要素则被削减了。墩柱表面装饰有波纹状的半圆柱，并采用长短相间的砌筑方式。建筑中还留存有一些最初的双八字平面的高侧窗。

诺曼风格

坎特伯雷大教堂(Canterbury，见[420]页图C、[487]页图Ⓑ和[492]页图A)是本笃会主教堂的小隐修院。这座兰佛朗克大主教教堂(Archbishop Lanfranc's church，1070—1077)模仿了卡昂(参见有关章节)的圣司提反教堂。它恢复了歌坛，对空间进行扩大并连接了一个宽敞的地下墓室(1096—1126)。歌坛在火灾之后重建，并且在1174~1185年由桑斯的威廉及其来自英格兰的匠师继续向东扩展，平面宽度有所减小以保护放射状的礼拜堂。

卡莱尔隐修院教堂(Carlisle，创立于1102年，见[489]页图Ⓑ)遵循奥古斯丁教义建造的隐修院。它留存有两个诺曼式的跨间。

奇切斯特大教堂(Chichester，1091—1184，见[488]页图Ⓒ)有诺曼式的中堂，过渡时的歌坛。

达勒姆大教堂(Durham，1110—1133，见[421]页)是本笃会主教堂的小隐修院。建筑中体现了诺曼特征，内设歌坛的耳堂以及英格兰最精美的西侧塔楼。东翼拱顶可能是在意大利之外对扇形拱顶(ribbed vaulting)最早的尝试，而且中堂拱顶也是最早一个结合了横向尖券的实例。复合墩柱与圆形支柱相互交替排列，圆形支柱上有令人印象深刻的凹槽装饰。

伊利大教堂(Ely，1083—1179，见[486]页图Ⓐ)本笃会主教堂的小隐修院。覆盖有木屋顶的诺曼式中堂和耳堂使西侧外立面的某些部分(西端入口门廊之外)看起来较低，南侧则未受其影响。

埃克塞特大教堂(Exeter，1090，见[488]页图Ⓔ)无论其两个耳堂塔楼的设计，还是作为仅存的诺曼式建筑物，它在英格兰都是独一无二的。

约克郡方廷斯隐修院(Fountains Abbey，1137—1200，见[422]页)是成熟的大型罗马风隐修院建筑的代表性实例。这个团体创立于1132年，那时里沃(Rievaulx)作为这个国家的第一个西多会隐修院于1131年刚刚兴建，而柯克斯托尔隐修院(Kirkstall，1152)还未出现，人们认为它的名字来自斯凯尔(Skell)河谷的泉水。因为隐修院遗迹已被发掘，所以很容易在大脑中勾勒出这个伟大石砌建筑的图景。穿过门房就来到了外部庭院；其南面是客房和"改宗者"的救济院，或用来安置教友，东面是一些总宽度不小于90m(300ft)的小房间，它包含有低层的仓库和改宗者餐厅，上层则是他们的宿舍。门房对面是女隐修院教堂，它的中厅和袖廊建造于这座建筑的最初阶段，但是歌坛在1203年和1247年间曾有过扩建，"九祭坛礼拜堂"(Chaple of the Nine Altars)也建于这一时期。由隐修院院长于比(Abbot Huby，1495—1526)主持修建的塔楼依然是这个美丽河谷的主要特征。通过中堂东南角的门可进入隐修院回廊的庭院，回廊四周排列有牧师会礼堂、修士宿舍及地下室、隐修院暖室或暖房、修士餐厅以及带有大壁炉的厨房，靠厨房边有个盥洗室，目前仍留存有一部分。再往东是违规修士的单人房间和隐修院院长的住所，其北面的走廊可通往救济院大厅，大厅连接着祈祷室、单人房间和厨房。牧师会礼堂为矩形，其拱顶目前已被毁坏，且靠墙排列供修士们就座的石长凳一个高于一个。整个隐修院建筑在威廉·瑟斯克(Abbot William Thirsk)任院长期间(1526—1536)还保存完好，但之后其所有权被卖与理查德·格雷沙姆爵士(Sir Richard Gresham，1540)，他的继承者摧毁了救济院和那堵石墙，并于1611年在基地上修建了方廷斯楼(Fountains Hall，见[422]页图Ⓑ)。

格洛斯特大教堂(Gloucester，1089—1130)，本笃

会大教堂。14世纪早期嵌入了诺曼式歌坛。

赫里福德教堂(Hereford, 1090)通过中堂、歌坛和南侧耳堂的内部可看到大量的诺曼遗迹。

诺里奇大教堂(Norwich, 1096—1145,见[487]页图①)是本笃会主教堂的小隐修院。长长的诺曼底式中堂,无侧廊的耳堂,歌坛四周有回廊及放射状排列的礼拜堂。

牛津教堂(Oxford, 1158—1180),遵循奥古斯丁教义建造的小隐修院。教堂的中堂和歌坛均为诺曼式,并附有一个柱式巨大的主要连拱廊以及拱门上方悬于空中的三拱式楼廊。

彼得伯勒大教堂(Peterborough, 1118—1144,见[425]页、[486]页图①和[495]页图 C)是本笃会大教堂。室内为精美的诺曼式。中堂最初为木天花,带歌坛的半圆形后殿四周围绕着15世纪晚期的建筑物。具有过渡时期风格的西耳堂并非出自最初的设计。

罗切斯特大教堂(Rochester, 1080—1124,见[488]页图⑪)为本笃会隐修院。这个诺曼式教堂留存有地下墓室、中堂和西侧大门。

圣奥尔本斯隐修院(S. Albans, 1077—1088,见[488]页图⑪)为本笃会大教堂。诺曼式的中堂、耳堂、歌坛以及中心塔楼都是重新利用罗马砖和一些琢石砌筑的,这种方式使室内变得十分简单。

索斯韦尔大教堂(Southwell, 1108—1150,见[488]页图⑪)有诺曼式的中堂、耳堂和塔楼。西侧主立面是这个国家罗马风双塔立面的最好例证。

温彻斯特大教堂(Winchester, 1079—1093,见[486]页图⑪)是本笃会主教堂的小隐修院。有诺曼式的耳堂和宽大的地下墓室。尽管在中世纪后期中堂的墩柱遭到过削减,但目前仍留存有一些原初的墩柱。

伍斯特教堂(Worcester, 1084—1095,见[487]页图⑪),本笃会主教堂的小隐修院。这座诺曼式教堂现存一个宽大的地下墓室和耳堂翼部。牧师会礼堂有一个与众不同的圆形平面。

爱尔兰

卡舍尔的科马克礼拜堂(Cormac's Chapel, 1127—1134,见[426]页图⑪~图⑪、图⑪)例证了结合了传统爱尔兰技术的盎格鲁-诺曼风格(Anglo-Norman style)的影响。盲连拱廊,装饰物和扇形拱顶的圣坛都无疑属于盎格鲁-诺曼风格。更高一层由枕梁支撑的尖顶拱券的形式可追溯至隐修院的单人房间,如凯里郡丁格尔的**加莱鲁斯小礼拜堂**(Oratory of Gallerus, 约建于8世纪,见[427]页图 A)。

德文尼什(Devonish)和**基尔里**(Kilree)的圆形塔楼(10—12世纪,见[425]页图⑥、图①)是爱尔兰现存一百多座同类塔楼中的典型代表。它们由精心切割的琢石砌筑而成并同时兼有庇护所和钟楼的功能。出于防卫的需要,主入口高出地面很多,且在塔楼的最高层设有吊钟洞口。

城堡

在英格兰约有1500座城堡,其中建于11~12世纪的城堡超过了1200个。最重要的城堡中只有极少部分从一开始就有石砌的城堡主垒(keeps)。多数是"树林和城墙"的土方工程。树林或城堡的护堤通常是部分为自然天成,部分为人工砌筑,同时沿地基挖有壕沟使其侧面变得陡峭。平直的顶部有时会很宽敞甚至可以容纳一个小木屋。还有一些实例可能是单独的一个城堡,并包含有在转角处升起的木制防御性塔楼。居住房屋以及一些附属建筑被设置在城堡墙内的庭院中,由此形成一个环绕在树林底部并通过壕沟和土壁垒来限定的地带,这一地带有足够宽敞的空间来为受救济者和农民提供庇护所并满足将来存储的需要。紧密排列的木梁构成了围护栅栏,偶尔也采用毛石墙,勾勒出树林冠部边缘和土壁垒的顶部。

诺福克郡**特索德城堡**(Thetford)为我们提供了一个精美的实例,它高达24.4m(80ft),并留存了数以百计的树木。

北爱尔兰**德罗莫尔城堡**(Dromore Castle, 1180, 见[427]页图 B)的树林和堡壁几乎处于原始状态。城堡是1171年之后爱尔兰诺曼封建领主遗留下来的。

石砌"堡壁"很快开始取代易腐烂的木栅栏,在12世纪,尤其是12世纪下半叶,树林采用了所谓的"壳式要塞"(shell-keep)的形式,之所以这么称呼是因为在它的四周加筑了高墙使其内部看上去是空的。城堡外庭的石墙将护堤升高以连接壳形防御高墙。**温莎堡**(Windsor Castle,见[428]页图 A)有一个约建于1170年的壳形防御墙,

第13章 中世纪早期建筑和罗马风建筑

PETERBOROUGH CATHEDRAL

- Ⓐ ROSE WINDOW: CENTRE GABLE: W. FRONT
- Ⓑ EXTERIOR FROM N.E.
- Ⓒ ROSE WINDOW: SIDE GABLES: W. FRONT
- Ⓓ EXTERNAL BAY
- Ⓔ TRANSVERSE SECTION THRO' CHOIR
- Ⓕ INTERNAL BAY
- Ⓖ W. FRONT
- Ⓗ INTERIOR LOOKING E.
- Ⓙ S. TRANSEPT LOOKg. S.E.

彼得伯勒大教堂(PETERBOROUGH CATHEDRAL)：Ⓐ 西立面中间山墙玫瑰花窗；Ⓑ 建筑的东北角外观；Ⓒ 西立面边山墙玫瑰花窗；Ⓓ 跨间外立面图；Ⓔ 歌坛处的横剖面图；Ⓕ 跨间内立面图；Ⓖ 西立面图；Ⓗ 室内（自西向东看）；Ⓙ 南侧耳堂的东南视角

第二编 文艺复兴以前的欧洲和地中海建筑

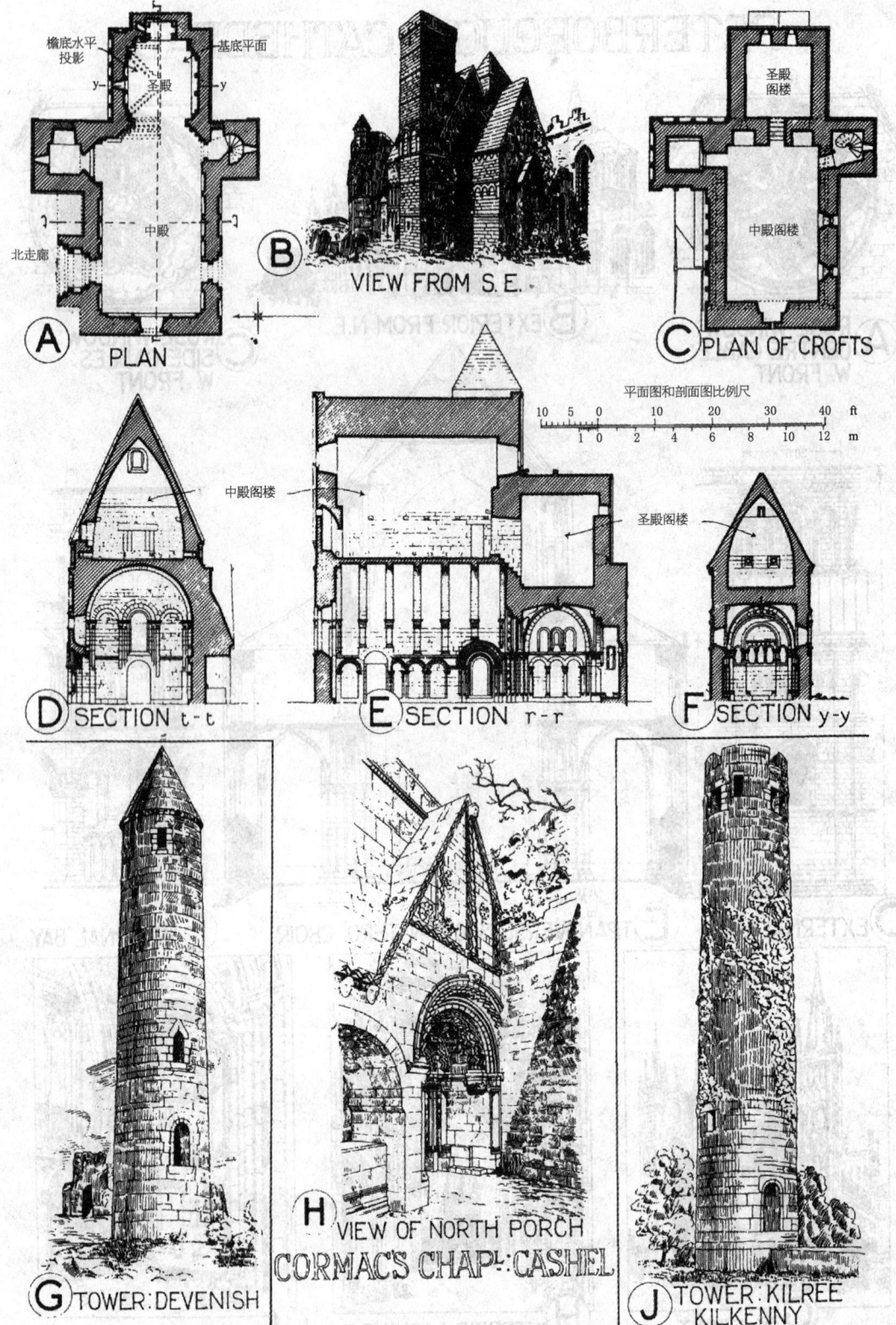

卡舍尔的科马克礼拜堂(CORMACS CHAI：CASHEPL)：Ⓐ 平面图；Ⓑ 东南视图；Ⓒ 阁楼平图；Ⓓ t-t 剖面图；Ⓔ r-r 剖面图；Ⓕ y-y 剖面图；Ⓗ 北侧门廊外观
Ⓖ 德文尼什塔楼；Ⓙ 基尔肯尼郡的基尔里塔楼

第 13 章 中世纪早期建筑和罗马风建筑

图 A 凯里郡丁格尔的加莱鲁斯小礼拜堂(可能建于 8 世纪)，见[424]页

图 B 北爱尔兰德罗莫尔城堡(约 1180)，见[424]页

图 C 康沃尔的里斯托默尔堡(12 世纪及之后)，见[431]页

图 D 埃塞克斯郡赫丁汉姆堡主垒(约 1140)，见[431]页

图 E 萨福克郡奥福德堡的城堡主垒(1166—1172)，见[431]页

第二编　文艺复兴以前的欧洲和地中海建筑

图A　温莎堡的西侧鸟瞰图，见[424]页

图B　约克郡科尼斯伯勒堡(1185—1190)，城堡主垒，见[431]页

图C　怀特岛卡里斯布鲁克堡鸟瞰图(约1140—1150)，见[431]页

第13章 中世纪早期建筑和罗马风建筑

THE TOWER OF LONDON

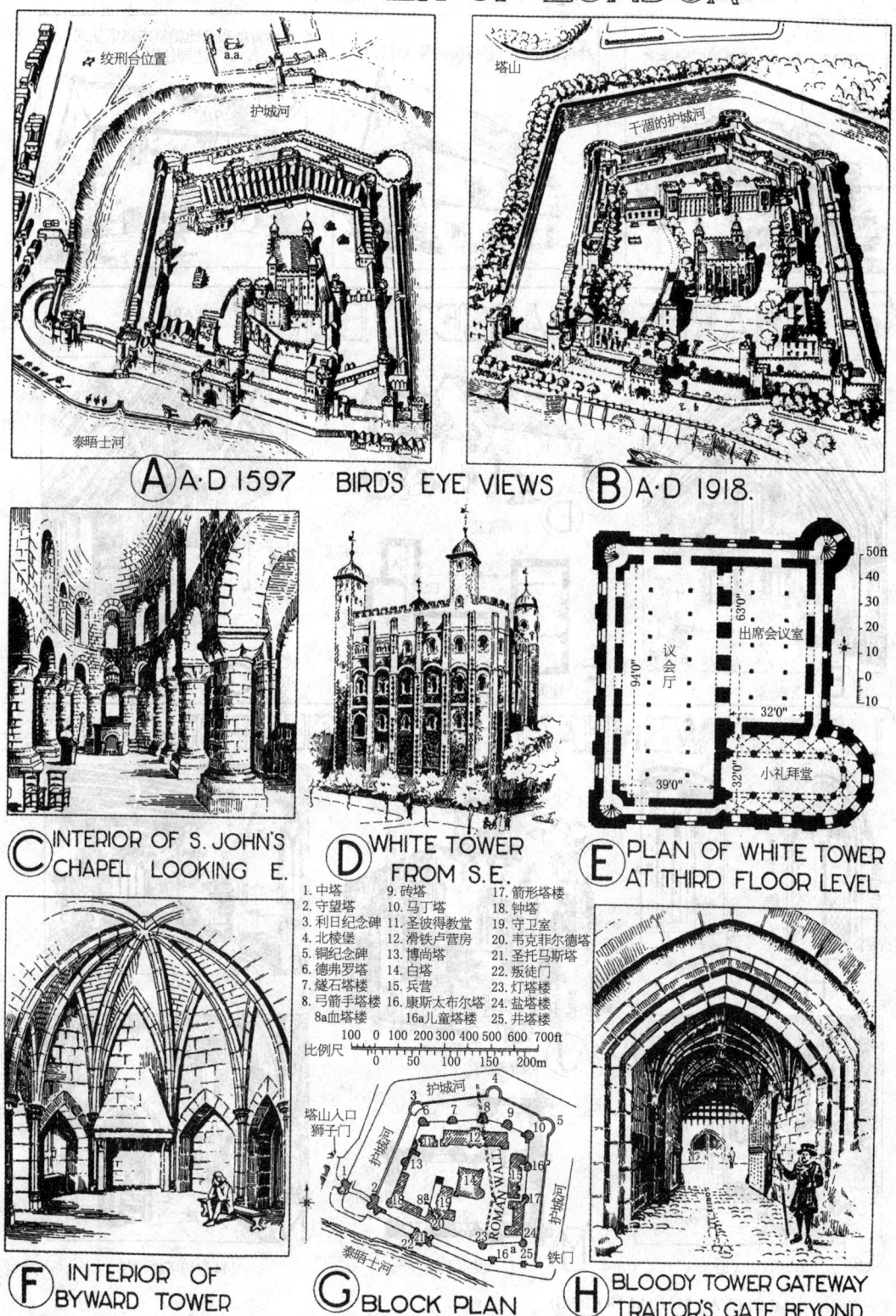

伦敦塔(THE TOWER OF LONDON)：Ⓐ 1597 年的鸟瞰图；Ⓑ 1918 年的鸟瞰图；Ⓒ 圣约翰礼拜堂东向内景；Ⓓ 白塔的东南外观；Ⓔ 白塔的四层平面图；Ⓕ 守望塔室内；Ⓖ 地块平面图；Ⓗ 血塔楼入口，其外为叛徒门

MEDIÆVAL MANOR HOUSES

Ⓐ 克赖斯特彻奇的诺曼式庄园住宅

Ⓑ 林肯郡圣马利亚行会诺曼式庄园住宅

Ⓒ 林肯郡布斯比帕格内尔诺曼式庄园住宅

CHARNEY-BASSET : BERKS (EARLY ENGLISH)

Ⓔ 阳光室

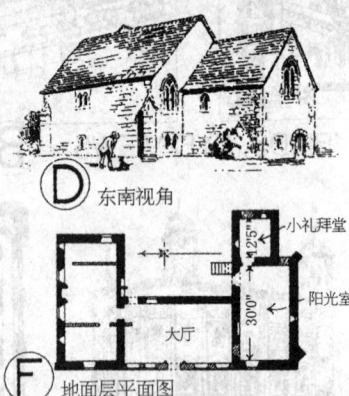
Ⓓ 东南视角
Ⓕ 地面层平面图 （小礼拜堂／阳光室／大厅）

Ⓖ 礼拜堂

LITTLE WENHAM HALL : SUFFOLK (EARLY ENGLISH)

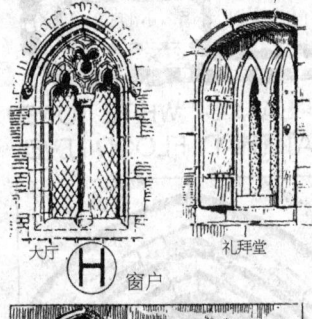
Ⓗ 大厅 窗户 礼拜堂

Ⓙ 西北视角

Ⓚ 大厅

Ⓛ 礼拜堂的入口

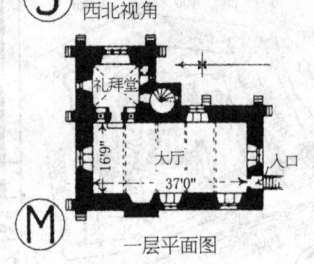
Ⓜ 一层平面图

Ⓝ 礼拜堂与塔楼楼梯

中世纪庄园住宅（MEDLEVAL MANOR HOUSES）
早期英格兰的伯克郡沙尔尼·巴西特住宅（CHARNEY-BASSET：BERKS）
早期英格兰的萨福克郡小温翰姆楼（LITTLE WENHAM HALL：SUFFOLK）

其上半部分和窗户属于19世纪的加建，每边都有一个拉长的城堡内院。其他一些12世纪的实例还包括**怀特岛卡里斯布鲁克堡**(Carisbrooke, Isle of Wight, 1140—1150, 见[428]页图C)、**朗斯顿堡**(Launceston, 其内部有一个约建于1240年的城堡主垒)。以及**里斯托默尔堡**(Restormel, 见[427]页图C)和**特莱梅逊堡**(Tremation)。最后的三个实例都位于康沃尔(Cornwall)。

这段时期最伟大的城堡都有石砌城堡主垒。**伦敦塔**(the Tower of London, 1086—1097, 见[429]页)仅在几个统治时期之后就采用了一种"同心式"的城堡形式，并有连续的带状防御工事。在这里，三层的矩形城堡主垒(不久后最高层被一分为二)高达28m(92ft)，它位于内部庭院的中心，四周环绕着带有13个塔楼的墙面(1250)，墙面的转角包含在城堡外庭之内，外庭墙面附有八个塔楼和一个环城的城壕(1280)。另有约50个实例，其中包括**科尔切斯特堡**(Colchester, 1090)、**多塞特郡科夫堡**(Corfe, Dorset, 1125)、**诺福克郡赖辛堡**(Castle Rising, Norfolk, 1140)、**罗切斯特堡**(Rochester, 1126—1139)和**埃塞克斯郡赫丁汉姆堡**(Hedingham, Essex, 1140, 见[427]页图D)、**肯特郡奇勒姆堡**(Chilham, Kent, 1160)、**萨福克郡奥福德堡**(Orford, Suffolk, 1166—1172, 见[427]页图E)和**约克郡科尼斯伯勒堡**(Conisborough, Yorkshire, 1185—1190, 见[428]页图B)。科尼斯伯勒堡为八角形或圆形平面，是城堡城堡主垒在后期的发展。城堡主垒的重要性逐渐变小，与此同时外部防御工事得到不断增强。

庄园住宅

庄园住宅留存的实例很少，其中大多数位于不列颠的东南部。它们经历了急剧的改变。其中大半是石砌建筑，家庭用房被抬升至二楼，它的下方是圆顶地下室或储藏"地窖"，这种建筑类型可能反映了同时代城堡高楼的布局方式。其实例包括：林肯郡的**布斯比帕格内尔庄园**(Boothby Pagnell, 见[430]页图C)、林肯郡的**圣马利亚行会庄园**(S. Mary's Guild, 见[430]页图B)和多塞特郡的**克赖斯特彻奇诺曼庄园**(the Norman House, Christchurch, 见[430]页图A)。二层可能是一个比房间稍大的大厅，有时在入口的另一端附加一个更小的私人房间或"阳光室"。人们也许在室外烹调食物，在圈地的其他地方提供了不太坚实的遮蔽物，可以用来作为临时的住所。第二种类型的住宅常常整幢建筑都由木头构筑而成，它是一种"中堂和侧堂"的单层结构，就像一座非常简单的教堂，和前者一样，分别地满足所有辅助性需要。屋顶一般采用"覆橡桁架"且不设屋脊栋梁的形式，这在不列颠西北部非常典型；而在东北部，主要空间通常沿建筑长度方向设置，并带有檩条和厚重的屋脊。

斯堪的纳维亚的建筑特征

临近11世纪中期，石砌的教堂建筑上开始体现不列颠和欧洲大陆的影响，这标志着罗马风真正出现在斯堪的纳维亚建筑中。在挪威，早期的木构技术以独特的方式延续了下来，而直到12世纪早期重要的石砌建筑还很少。10世纪前的木构建筑的传统有助于一种独特的本土建筑的发展，这种建筑有足够的例证，而且大量的现存实例表现了它最精美和成熟的建筑形式。狭板构筑的教堂在其形式发展到最高峰时，内部的木柱廊，一扇高侧窗(盲窗)以及一个陡峭的剪刀桁架屋顶共同构成了巴西利卡式的剖面。

教堂建筑中的石砌技术暗示了早期对英格兰和诺曼式建筑原型有明显依赖。在许萨比(Husaby, 见[433]页图B)和锡格纳蒂纳(Sigtuna, 见[435]页图B)的教堂有轴向塔楼和东端半圆形后殿以及连续的或交叉的拱顶。博恩霍尔姆(Bornholm)的一系列圆形教堂表现了丹麦在朝着成熟罗马风建筑发展的过程中的一个事件。它们也许反映了人们从西居尔一世❶在1107~1111年去往耶路撒冷朝圣的事件中所产生的想法。博恩霍尔姆的实例都建于12世纪，并有中央拱顶支柱、外凸的半圆形后殿以及简单醒目的扶壁。

---

❶ King Sigurd, 约1090~1130年；挪威国王，1103~1130年在位，参加十字军的第一位斯堪的纳维亚国王。——译者注

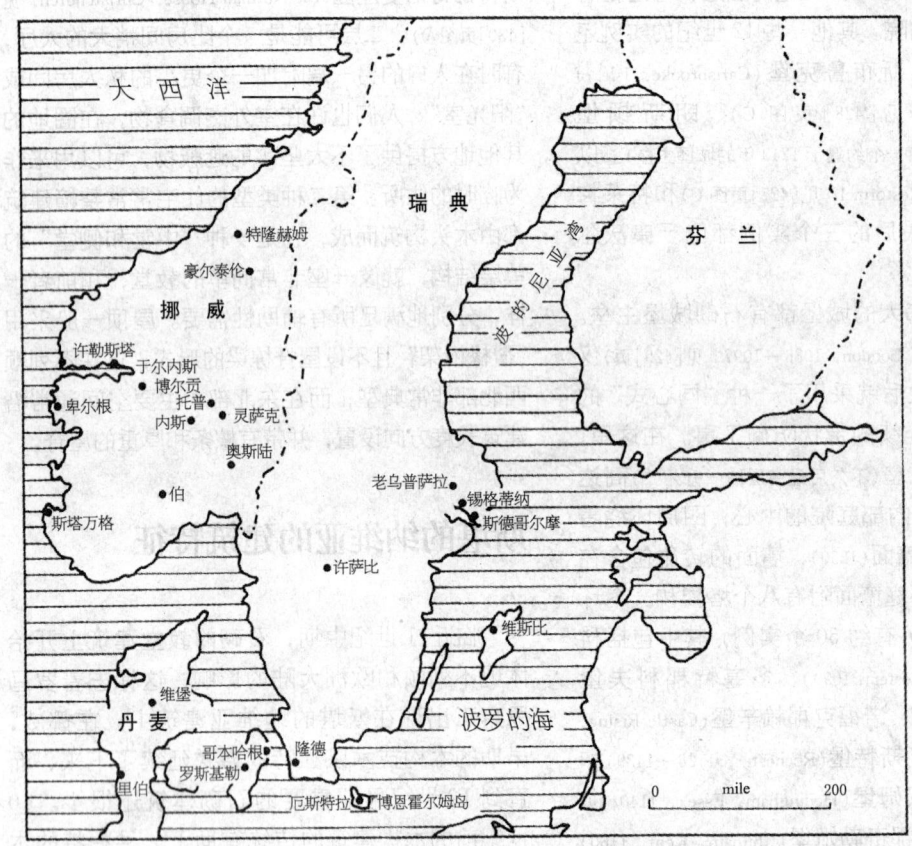

中世纪的斯堪的纳维亚

12世纪在斯堪的纳维亚的大教堂越来越多地展现了成熟的罗马风特征，同时它们结合了诺曼式和日耳曼在筑石技术以及结构设计上的发展，这种设计意在创造全拱顶的结构体系。丹麦罗斯基勒(Roskilde)的早期先例的基本组成是一个简单带有侧堂的中堂、无侧堂的歌坛以及西端位于两塔楼之间的一个正方形突出体块。隆德大教堂(Lund Cathedral, 1103)体现了显著的莱茵河-伦巴第的(Rhine-Lombardic)特征，并通过后来的西端加建得以强调。位于斯塔万格(Stavanger)的挪威教堂(1130)和奥克尼斯(Orkneys)柯克沃尔(Kirkwall)的教堂是对盎格鲁-诺曼式规则的恰当诠释。克吕尼风格在德国和丹麦产生的影响可明显见于挪威南部和东部，而在奥斯陆(Oslo)和哈马尔(Hamar)体现得最为突出，可是目前都已被毁。它们在灵萨克(Ringsaker)仍然很明显，建筑大多建于1113～1130年这一时期，其包括筒形拱顶的中堂、半筒形拱的侧堂拱顶、狭长的耳堂和一个醒目的中心塔楼。在日德兰半岛(Jutland)、里伯(Ribe)和维堡(Viborg)的主教堂

例证了在斯堪的纳维亚成熟的罗马风教堂中延缓下来的日耳曼影响。隆德主教堂中所展现的相当富丽的石刻装饰在成熟的斯堪的纳维亚大教堂中并非罕见。

斯堪的纳维亚的建筑实例

宗教建筑

木构教堂(stave church)代表了中世纪早期斯堪的纳维亚一个最显著的本土建筑现象。它们在挪威可能最为普遍，但是最重要的实例则是在瑞典和丹麦。

隆德的圣马利亚小教堂(Sancta Maria Minor, 1020)位于瑞典，这座经挖掘被发现的教堂可能是最早的木构教堂实例。其形式最为简单，由一个近似巴西利卡的平面、两间密室和带壁柱的外墙面二等分的原木板材构成，这种方式与

第13章 中世纪早期建筑和罗马风建筑

图 A 挪威松恩峡湾的博尔贡教堂(约 1150)，见[436]页

图 B 瑞典斯卡拉堡的许萨比教堂(12 世纪)，见[436]页

图 C 挪威松恩峡湾的于尔内斯教堂(12 世纪早期)，见[436]页

图 D 挪威塞特河谷的许勒斯塔教堂：入口细部 (约 1200)，见[436]页

图A 丹麦博恩霍尔姆岛厄斯特拉教堂(12世纪),见[436]页

图B 瑞典隆德大教堂西立面(约始建于1103年),见[436]页

图C 瑞典隆德大教堂入口细部,见[436]页

第13章 中世纪早期建筑和罗马风建筑

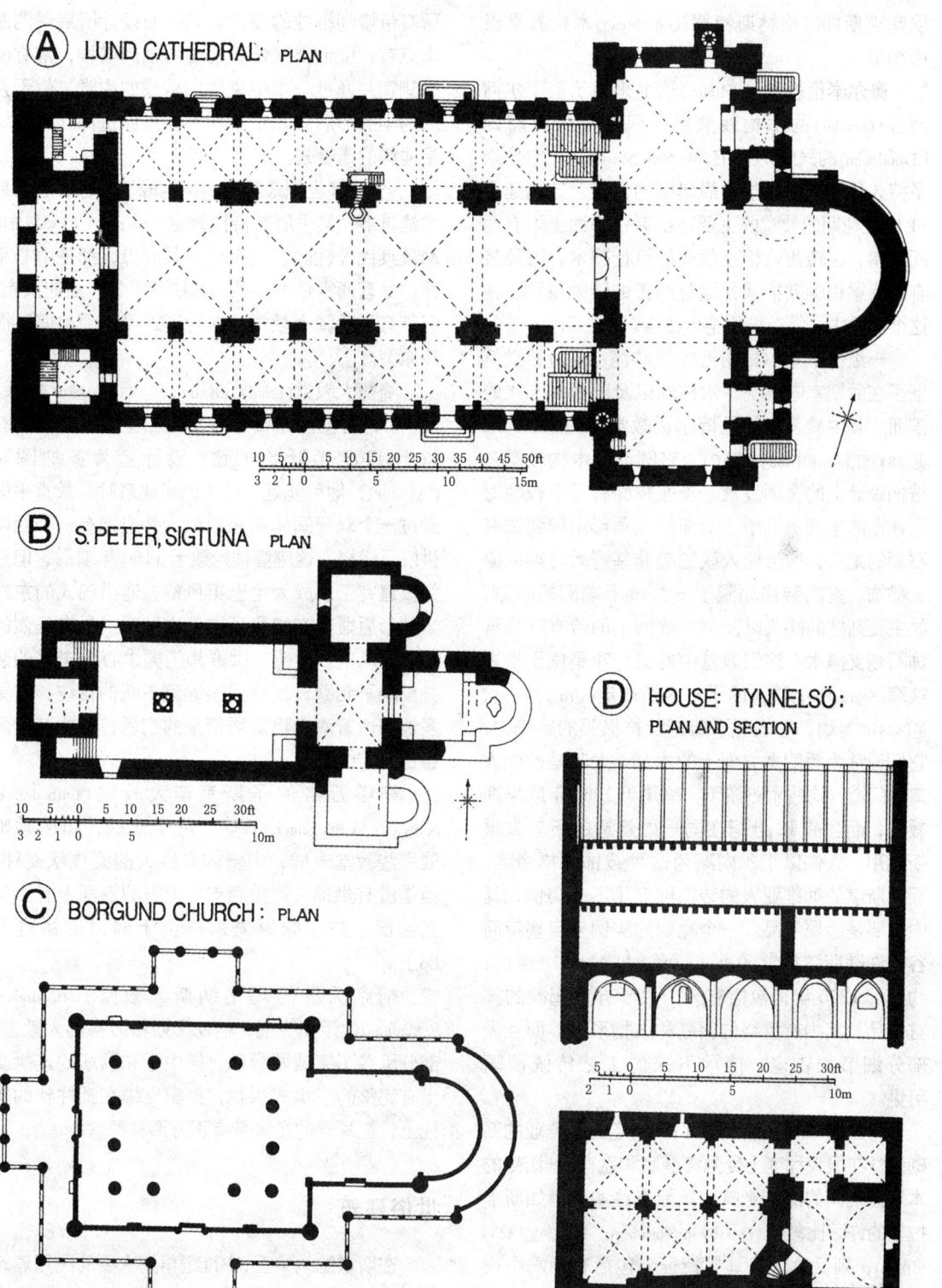

Ⓐ 隆德大教堂平面图;Ⓑ 锡格蒂纳的圣彼得教堂平面图;Ⓒ 博尔贡教堂平面图;Ⓓ 廷讷尔瑟住宅的平面图与剖面图

埃塞克斯郡的格林斯特德(Greenstead)木构教堂极为相似。

豪尔泰伦教堂(Hoaltålen)这个来自于盖于尔河河谷(Gauldal)的木构教堂目前保存在特隆赫姆(Trondheim)的民间博物馆(the Folk Museum)，它是众多持久稳固型小教堂中最典型的代表。这座建于11世纪晚期的教堂的主要特征有：平面上附有两间密室，在转角处相互截换的粗壮圆木，以及带有封头梁和侧向桁架并涂有沥青的陡峭屋顶。在这个实例中，篱笆墙用企口接合。

一组位于卑尔根附近松恩峡湾(Sogne)教堂例证了在后期室内出现了木柱廊以及巴西利卡式的剖面。其中最著名的是**博尔贡教堂**(Borgund, 1150, 见[433]页图A和[435]页图C)，它例证了木构教堂在结构设计上的全面发展。圣坛东面有一个较晚时期建造的半圆形后殿，上部的三角形山墙装饰有石刻的龙头，这会使人联想起非基督教时期的船头雕饰。室内装饰局限于一些位于端部的石刻，如主要圆柱的柱头以及侧堂墙面上的带有叶形装饰石刻支撑木。这组教堂中的另一座是位于松恩峡湾(Sogne Fjord)端头的**于尔内斯教堂**(Urnes Church, 见[433]页图C)，它表现了雕刻装饰极强的感染力，它们通常为西侧主立面上的木刻，尤其是西侧入口的门道。这些木刻属于一座建于1060年的早期教堂，而且被12世纪在同一处建造的新教堂重新利用。人们以于尔内斯为这种装饰风格命名，而且斯堪的纳维亚人的装饰现存了不少实例，其中主要是金属制品。一个晚期的实例来自塞特河谷的**许勒斯塔教堂**(Hyllestad Church, 见[433]页图D)，约建于1200年，包括有一个关于异教起源的寓言作品，其中有盘绕的藤蔓和人物形象，而且大部分细节很古老，传承下来的工艺传统清晰可见。

尤其在12世纪中期之后，斯堪的纳维亚的石砌教堂在很大程度上受到诺曼底和盎格鲁-诺曼的本笃会式样的深刻影响。然而有些实例，如斯卡拉堡的**许萨比教堂**(Husaby in Skaraborg, 1150, 见[433]页图B)，则反映了日耳曼特征，包括有西端中央的轴向塔楼，其两侧附有楼梯塔，在窗洞中设有墙间小柱。

锡格蒂纳圣彼得教堂(S. Peter at Sigtuna, 见[435]页图B)，位于麦拉湖(Lake Mälar)边，可能从11世纪末开始建造，尽管其中的大部分已毁，但仍保留有带墙间小柱的窗户。其平面设计所展现的基本点有：位于交叉处和西端的轴向塔楼，带有两个侧廊并通过一个中央柱廊构成的中堂，位于东端的半圆形后殿和十字形翼部虽经过简化，但仍是纯粹的诺曼式。

一些12世纪最早的实例构成了博恩霍尔姆岛的建筑群，其中**厄斯特拉教堂**(Österlar，见[434]页图A)最具代表性。它们有很多共同点，都是中心平面，尽管通常是中心拱顶圆柱而不是一圈连拱廊，但带有圣殿骑士教堂，这种形式可能源自耶路撒冷原型。

隆德大教堂(Lund Cathedral, 见[434]页图B和[435]页图A)，这座曾经属于丹麦现在位于瑞典的主教堂于1103年开始扩建，设计者为多纳图斯(Donatus)，他可能是一位伦巴第建筑师。教堂平面通过一个双开间体系来组织，并连接有一个西端讲坛及塔楼，这座塔楼始建于1150年前后，但后经改建完工后成为伦巴第风格。连拱廊式的东端半圆形后殿带有墙体通道，这种形式具有强烈的伦巴第风格。柱头、拱券和门楣中心上丰富的装饰反映了北欧日耳曼民族绵延不断的传统，它更多地表达着南方建筑所带来的启示，有些甚至源自古典传统。

斯塔万格的**圣斯韦辛大教堂**(Cathedral of S. Swithin at Stavanger, 1130)，位于挪威，如达勒姆的那些教堂一样，中堂内有巨大的圆柱状支柱，但是没有拱顶，连拱廊支柱上方的墙面上有小型高侧窗，并非像原先那样位于醒目的拱券冠部上。

柯克沃尔的**玛格纳斯大教堂**(Cathedral of S. Magnus)位于奥克尼，稍晚于斯塔万格的大教堂，部分承袭了挪威罗马风，但中堂和歌坛的连拱廊上有完整的三拱式拱廊，拱廊支撑在圆柱状的支柱上，在耳堂的东侧带有正方形礼拜堂。

世俗建筑

在斯堪的纳维亚，中世纪早期次要的民用建筑大多严格遵循着木结构传统，但留存下来的建筑实例很少。我们能相当容易地辨认出传统建筑自身的各种特征，而且其建筑技术在很多方面有着明显的相似性。石砌住宅延续欧洲大陆的习俗，因此必定与英格兰的诺曼式庄园住宅有很

第13章 中世纪早期建筑和罗马风建筑

THE COMPARATIVE TREATMENT OF NORMAN TRANSITIONAL EARLY ENGLISH (LANCET)

A 跨间外观

C 跨间外观

E 跨间外观

B 彼得伯勒教堂歌坛的跨间内观

D 里彭教堂歌坛的跨间内观

F 伊利教堂司祭席的跨间内观

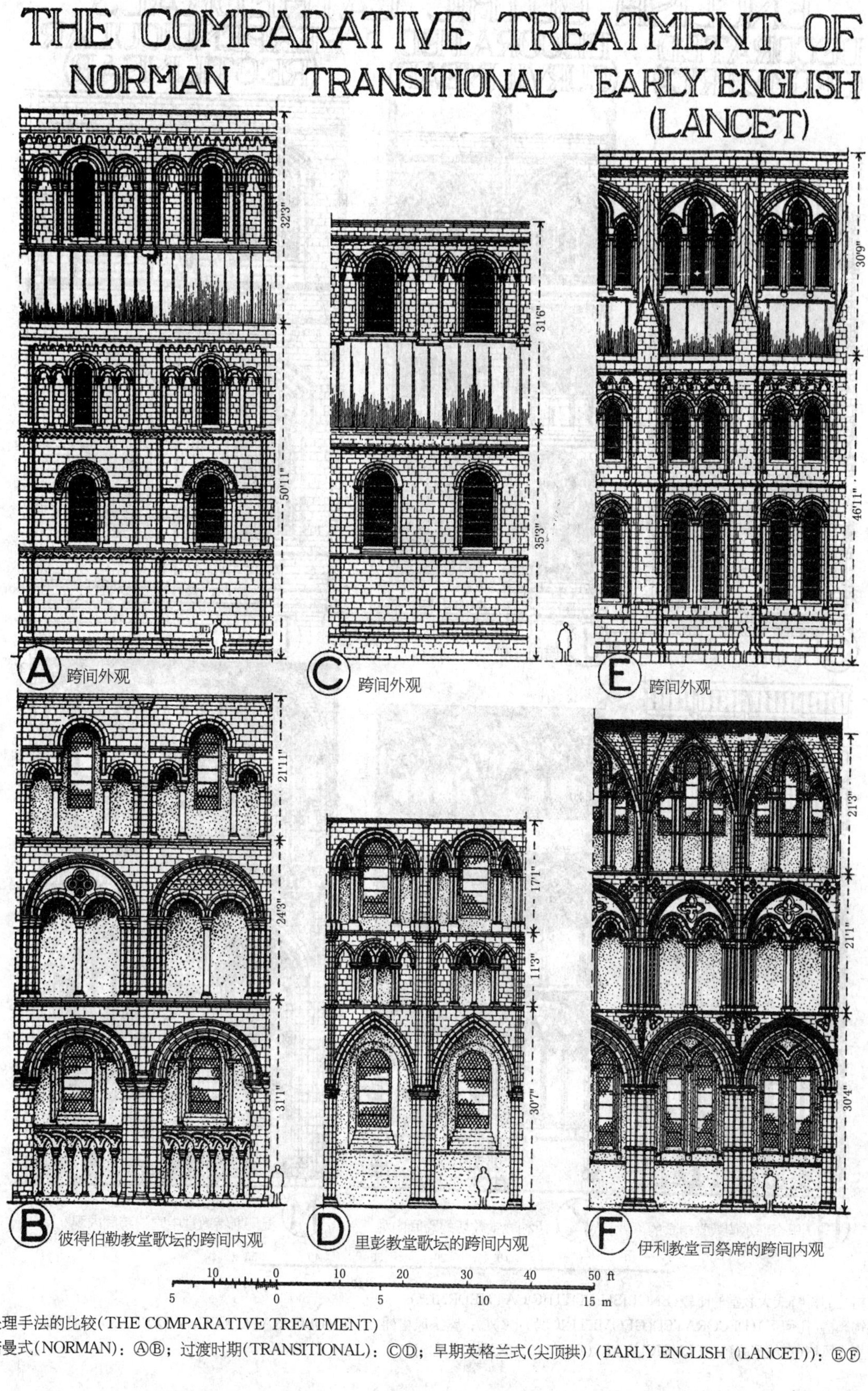

处理手法的比较(THE COMPARATIVE TREATMENT)
诺曼式(NORMAN)：ⒶⒷ；过渡时期(TRANSITIONAL)：ⒸⒹ；早期英格兰式(尖顶拱) (EARLY ENGLISH (LANCET))：ⒺⒻ

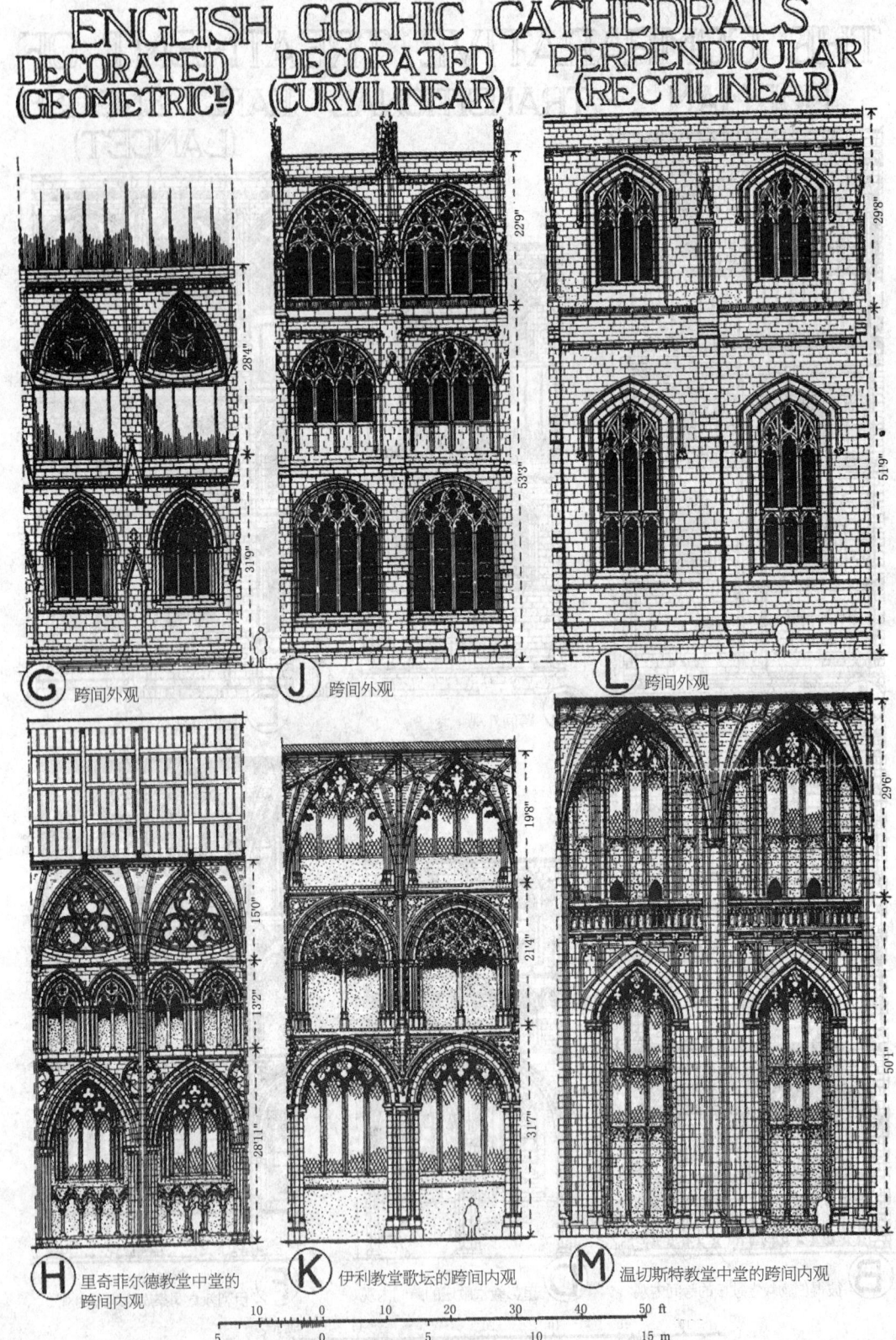

英格兰的哥特式大教堂的比较(ENGLISH GOTHIC CATHEDRALS)
盛饰风格(几何形)(DECORATED(GEOMETRICL))：ⒼⒽ；盛饰风格(曲线形)(DECORATED(CURVILINEAR))：ⒿⓀ
垂直式风格(直线形)(PERPENDICULAR (RECTILINEAR))：ⓁⓂ

第13章 中世纪早期建筑和罗马风建筑

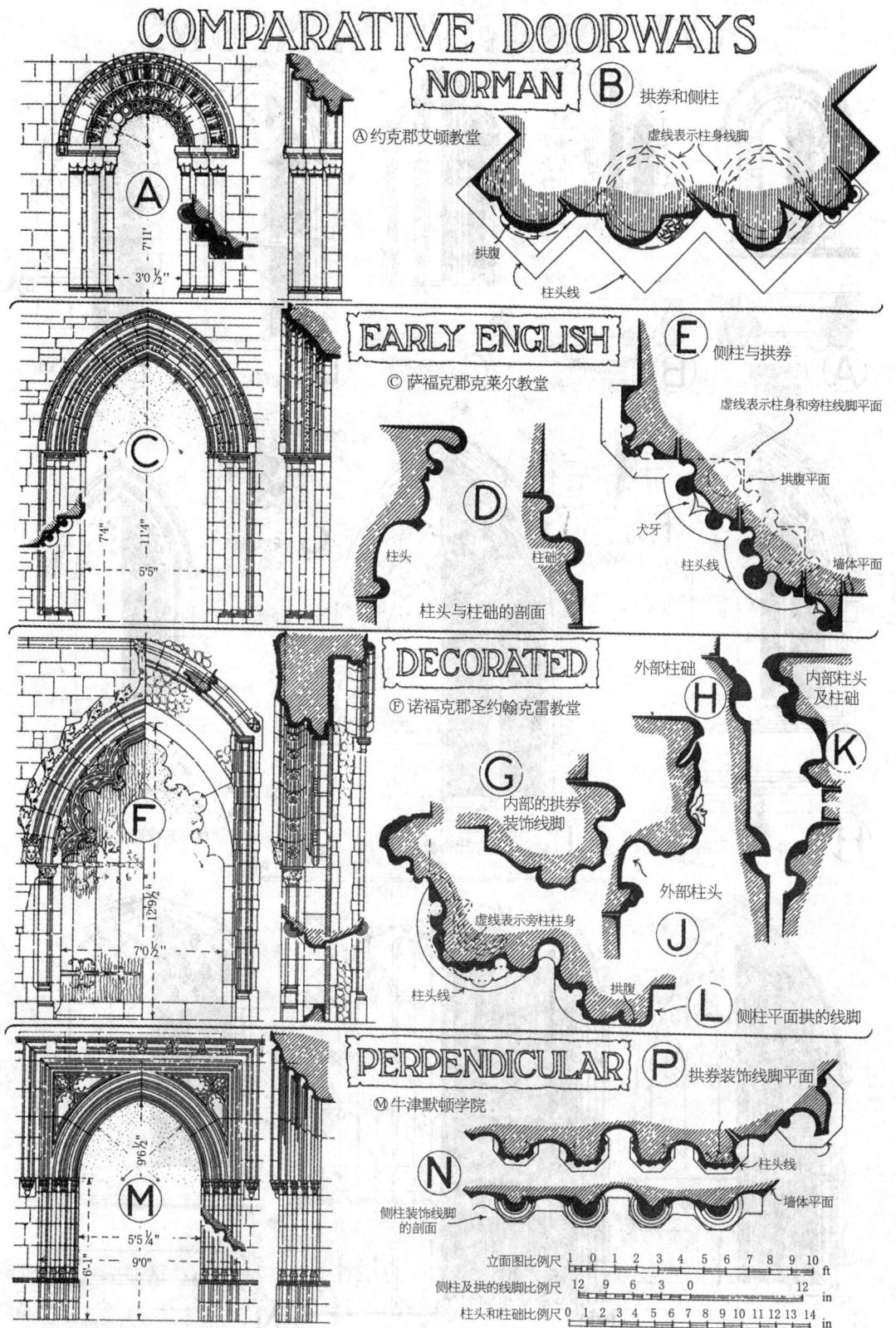

入口之比较(COMPARATIVE DOORWAYS)
诺曼式(NORMAN)：ⒶⒷ；早期英格兰式(EARLY ENGLISH)：ⒸⒹⒺ；盛饰风格(DECORATED)：ⒻⒼⒽⒿⓀⓁ垂直式时期(PERPENDICULAR)：ⓂⓃⓄⓅ

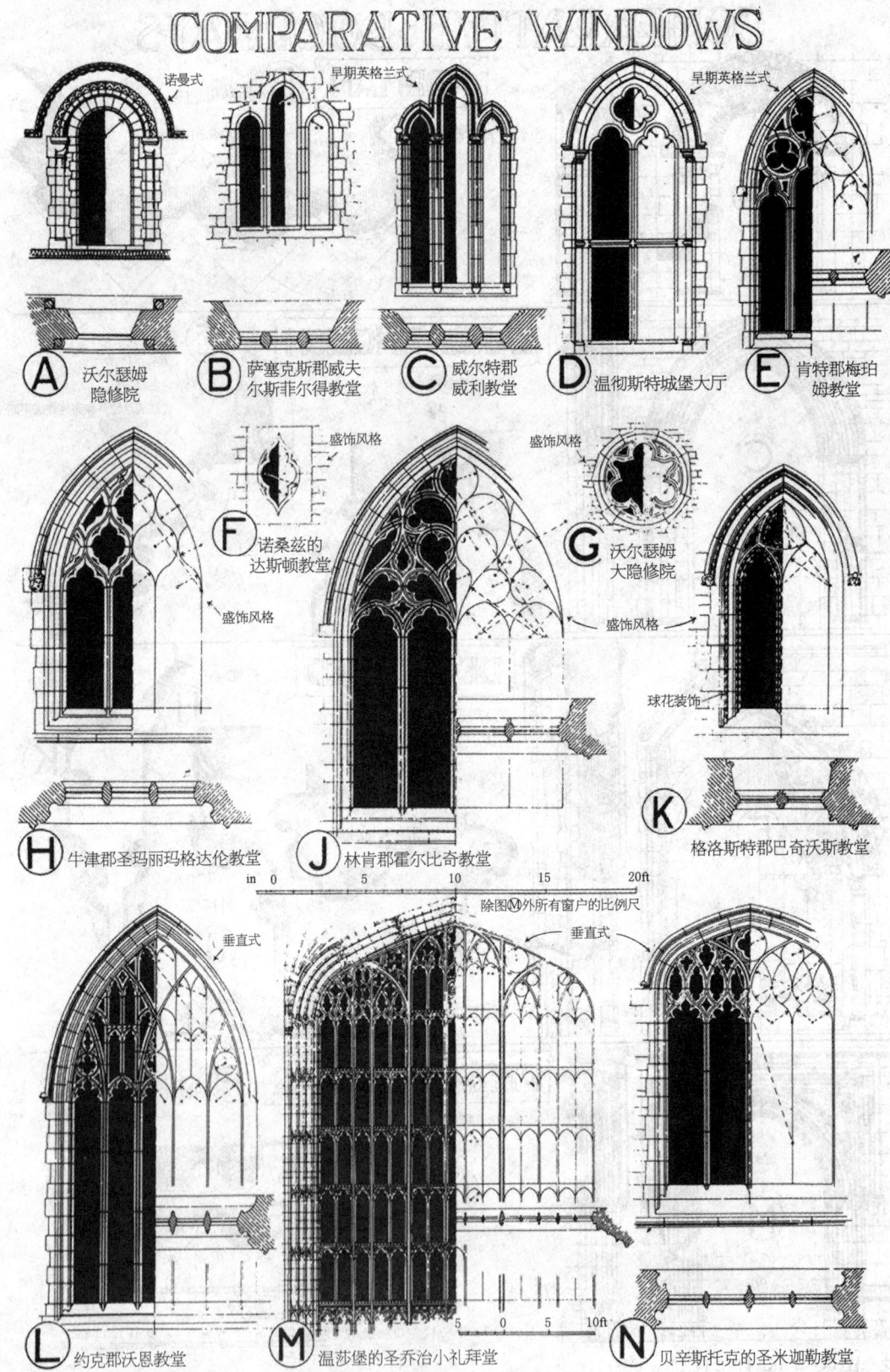

窗的比较(COMPARATIVE WINDOWS)

COMPARATIVE CARVED CAPITALS

NORMAN

A 伦敦塔的圣约翰礼拜堂
B 北安普敦郡圣彼得教堂
C 加利利地区的达勒姆大教堂

EARLY ENGLISH

D 伊利教堂的加利利门廊　—4¾″—
E 约克郡伯利德林顿小隐修院
F 索尔兹伯里大教堂的牧师会礼堂　—4⅜″—

DECORATED

G 约克郡贝弗利大教拜堂
H 索斯韦尔大教堂的牧师会礼堂
J 伊利教堂的圣母礼拜堂

PERPENDICULAR

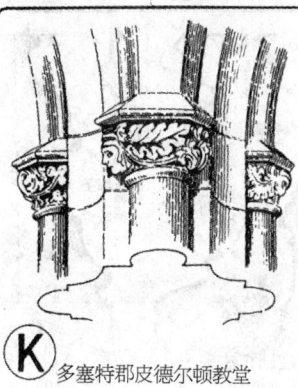  

K 多塞特郡皮德尔顿教堂
L 德文郡沃尔博罗教堂
M 德文郡肯顿教堂

雕花柱头的比较(COMPARATIVE CARVED CAPITALS)
诺曼式(NORMAN)：ⒶⒷⒸ；早期英格兰式(EARLY ENGLISH)：ⒹⒺⒻ；盛饰风格(DECORATED)：ⒼⒽⒿ；垂直式(PERPENDICULAR)：ⓀⓁⓂ

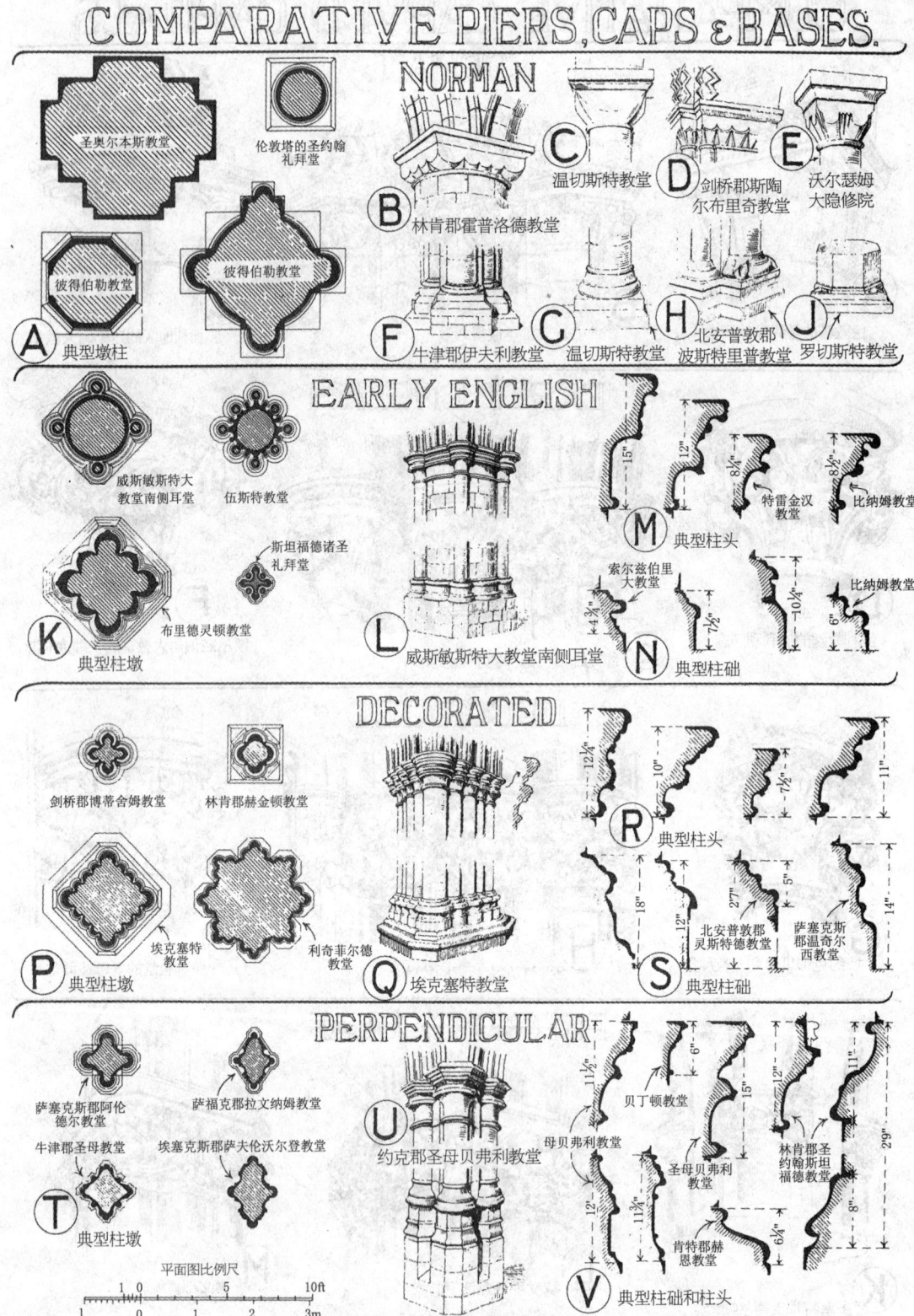

墩柱、柱头和柱础之比较(COMPARATIVE PIERS, CAPS & BASES)
诺曼式(NORMAN)：ⒶⒷⒸⒹⒺⒻⒼⒽⒿ；早期英格兰式(EARLY ENGLISH)：ⓀⓁⓂⓃ；盛饰风格(DECORATED)：ⓅⓆⓇⓈ；垂直式(PERPENDICULAR)：ⓉⓊⓋ

第13章 中世纪早期建筑和罗马风建筑

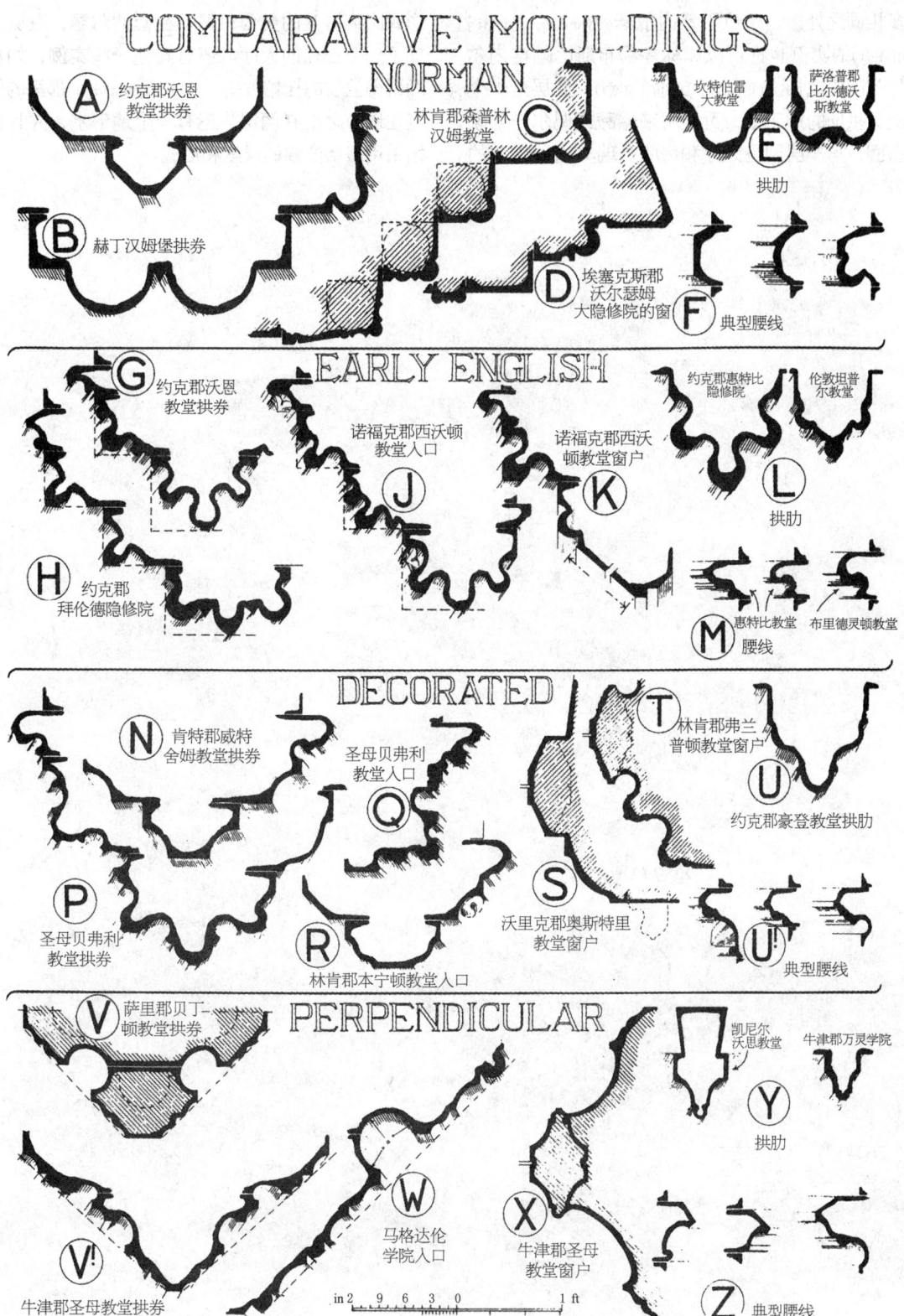

线脚的比较(COMPARATIVE MOULDINGS)
诺曼式(NORMAN)：ⒶⒷⒸⒹⒺⒻ；早期英格兰式(EARLY ENGLISH)：ⒼⒽⒿⓀⓁⓂ；盛饰风格(DECORATED)：ⓃⓅⓆⓇⓈⓉⓊⓊ；垂直式(PERPENDICULAR)：ⓋⓌⓍⓎⓏ

多相同之处。一个位于**廷讷尔瑟**(Tynnelsö, 见[435]页图⑪)的实例也许可以和林肯郡布斯比帕格内尔的庄园住宅相比(见[430]页图⑧、图ⓒ)。底层是一个交叉拱顶的地下室，可能用来储藏或偶尔作为家畜圈，第一层则是大厅和房间。瑞典这种住宅的形式比英格兰的更为气派。在廷讷尔瑟，三层添加了一个正式的大厅。还有其他一些实例，如在西哥得兰省的**托帕**(Torpa in Västergötland)，那里的住宅在地面之上有两层，还有一个地下室，并且开始采用城堡要塞的尺度和形式。

文艺复兴以前的欧洲和地中海建筑

第 14 章
哥特式建筑

概述

哥特式建筑包括多种形式，因而没有一种单一定义足以概括它的全部形式。但是，它们在建筑类型和建造方法上的共同根源构成了松散却又易于识别的传统。至今可以明确的是，哥特式建筑从未被清晰地表述为一种完整的建筑理论。尽管如此，哥特式建筑的原则无论在美学上还是在技术上都是如此的细致入微，这些原则主宰了当时人们的建造活动，对他们来讲，哥特式建筑就是当时建筑领域的全部。哥特式建筑是由专业工匠经过几代人的经验积累形成的风格，经验由师傅传给徒弟，而且这种传承常常在家族内进行。

哥特式建筑之所以引人注目，是因为它看起来与古希腊和古罗马的建筑传统完全不同。19 世纪，当哥特式建筑被人们自觉地复兴时，它被认为是古典传统所代表的一切事物的对立面。它加入了当今流行的、在古典建筑的所有表现形式之外另辟蹊径的风格行列，不论是巴洛克、洛可可、帕拉第奥建筑形式的复兴，还是严谨的希腊建筑形式的复兴。然而在历史上，在哥特式建筑风格缔造者们的心目中，是否真有对过去的建筑风格如此全面的摒弃，这一点是很值得怀疑的。他们认为自己是为了一个更严格的当代目标，把自己从过去接受的经验中解放出来，这就像 12 世纪圣马利亚学校的音乐创新者一样，他们也认为自己只是改变了古典音乐的调式。

哥特式建筑的首创者不是建筑人员，而是他们的赞助人，即高级神职人员。什么样的形式才适合这样伟大的教堂？围绕这一问题展开的极其深刻而又永无止境的思考推动了哥特式建筑的产生。通过技术的进步或情趣的转变吸引并教化基督教虔诚教徒们的需求，促成了新的结构和装饰形式实验的连续。在哥特式建筑的演进过程中，捐献维持着其基本供给。捐献的重心正在某种程度上由教会向日益笃信宗教的世俗信徒转移。

在 400 多年的历程中，哥特式建筑石匠们的技术和才能在持续进步。这一风格的第一个权威性的代表作是巴黎市郊的圣但尼隐修院(S. Denis, 见有关章节)。它的一部分是由该隐修院的院长絮热(Suger)于 1144 年之前的 10 年中重建的，虽然隐修院的建造离不开絮热本人的贡献，但是很显然，也受到来自教会赞助人的强硬干涉。无论如何，可以明确地指出：圣但尼隐修院的新歌坛在视觉上不再像法国附近其他地区罗马风教堂中的那样沉重而巨大。它显得非常轻盈，结构开敞，使用古代大理石之类的优质材料。在侧廊祈祷室和高侧窗处分布着两排显著的连续不断的彩色玻璃窗，它们为华丽的圣坛组成了一道光亮的背景，使之成为整个礼拜仪式的核心部分。建筑的石砌构件减少到如同骨骼一样，它仅为窗子提供了一个框架并限定它们，却没有打断它们必要的统一性。

圣但尼隐修院不是一座规模很大的教堂。但是，大多数组成盛期哥特式教堂的要素它都已具备了。沙特尔大教堂就是圣但尼隐修院的放大版。尽管如此，就像桑斯大教堂、桑利大教堂、努瓦永大教堂、拉昂大教堂和巴黎圣母院这些留存至今的古老教堂一样，在建造沙特尔大教堂之前还需经过多次实验。基本的问题在于：如何把圣但尼隐修院的风格应用于更加完美的比例中，以及实现隐修院所肩负的某些特殊的宗教使命。在这里，高度似乎不如光照和色彩那么重要，而且因高度增加过大而产生了拱顶的支撑问题。从本质上来说，最初的解决办法来自罗马风建筑的处理手法，即将侧堂上方的楼廊作为支撑拱顶的基础。其结果是形成了一个四层的立面。这样的立面在 12 世纪下半叶的法国北部非常流行。

尽管如此，楼廊也产生了它自身的问题。如果不安装玻璃，在两排窗子之间就会留下很宽的暗带，如果装上玻璃，玻璃又不能被看见。哥特式建筑演进过程中的伟大发明出现在 12 世纪末，人们决定取消楼廊，同时从整体上大大增加教堂的尺度。飞扶壁的使用使这种意图成为可能。这种新结构能提供与楼廊相同的支撑作用，减去了实墙和屋顶。这一做法形成了两项对未来产生深远影响的进步：一方面楼廊的消失使内部空间的组织结构大为简化，而且使进一步探索空间的统一性成为可能；另一方面飞扶壁使高侧窗的尺度大大增加。

两座全新的丰碑是沙特尔大教堂和布尔日大教堂(Bourges,见有关章节)。布尔日大教堂的空间整体性已达到很高的水平。它为未来的大厅式教堂铺平了道路。在沙特尔大教堂首次出现了真正的高侧窗，它为亚眠大教堂、博韦大教堂和科隆大教堂的高耸空间做好了准备。它们都想将自己高大宽敞的大厅装点得像玻璃镶嵌的珠宝盒一样。虽然法国的大多数地区都在完成这些惊人成就后，就只满足于研究如何装饰那些杆状窗花格。但是这两种形式还被广泛地重复并精益求精，特别是在法国范围内。这样，盛期哥特式被不知不觉地演变成了辐射式哥特风格(见下述有关法国哥特式建筑的章节)。

即使这些伟大的法国哥特式建筑原型曾被超越，但这种建筑风格在其他国家也极为罕见，并且只在极其特殊的条件下才出现，例如德国的科隆大教堂、意大利的米兰大教堂(Milan)、西班牙的巴塞罗那大教堂(Barcelona)和塞维利亚大教堂(Seville)。

哥特式教堂仅作为建筑物就堪称壮丽的丰碑。负责建造它们的建筑师因而享有很高的社会声望。这样的人不可能被看做是卑微的工匠，哪怕他从未受过良好的教育。或许这并非巧合，自13世纪以后，建筑师的权利越来越受到保护。虽说他们中最杰出的两位：沙特尔大教堂和布尔日大教堂的建筑师均未留下姓名，但是与他们的默默无闻相对照的是，那些曾修建15世纪垂直哥特式教区教堂的所有石匠们，他们的名字都得以留存，真令人感叹历史之无常。

虽然哥特式建筑是从法国北部的发源地向欧洲各地传播的，但它并不仅仅遵从于其法国原型，而是不断地适应和创新。再没有比英国更能说明这一点的了。哥特式建筑直到其形成时期才传到坎特伯雷，当其寻找到当地的特质时，已经是13世纪下半叶了。与世隔绝的发展历程告诉我们：当时只有少数的法国人到过英格兰，而离开过本土的英国人就更少了。然而对于大教堂应当建成什么样子，这些足不出户的人们并不缺乏自己的思考。英国的教士们认为追求过分的高度没有什么意义，而且也不打算维持空间的统一性。这种对空间统一性的追求在法国使得修士们不得不与世俗人群紧靠在一起，挤在同一个拱顶下。他们显然更喜欢在教堂东端的专门席位，这可以使他们与大厅里那些社会地位较低的信徒保持着安全距离。虽然他们并不讨厌展示那些彩色玻璃，但却不鼓励以沙特尔大教堂那样的尺度去使用它们，因为这样会使其他东西都黯然失色。基于当地教会的嗜好，教堂产生了非常独特的哥特风格：长而低矮的内景展现了使用贵重材料进行繁复镶嵌的装饰工艺，丰富的装饰图案很少受到结构上约束的限制。在这种风格中，宗教题材的式样以欢乐的方式组合而成，而这些式样是从英国本土宗教中发展而来的。英国教堂并不着力于设计环绕圣坛的半圆形回廊，而是试图将高大的圣坛与歌坛的席位分开，以在那里容纳地方性的礼拜仪式。他们还特别强调圣坛应朝向东方。

1170年，这些倾向在圣托马斯(S. Thomas)在坎特伯雷(Canterbury)殉教的余波中得以统一，这对于决定颇具个性的英国早期哥特式建筑风格具有重大意义。紧随威斯敏斯特大教堂和约克大教堂正厅的建成(见有关章节)，盛期哥特式和辐射式哥特风格引进英国的设想再一次被提出。英国建筑师们对接受法国的杆状窗花饰作出了决定性的努力。他们试图向大陆的流行式样看齐，其结果是产生了一系列可操作的手法，包括：窗花饰、拱顶、多边形，它们被称为盛饰风格。

英国的装饰风格，一方面可以被看做是法国哥特风格成功向欧洲其他地区传播的前兆；另一方面也标志着英国人已从法国人手中夺去了独创这一风格的首创权。直到16世纪，法国仍在建造辉煌、美丽的哥特式建筑；但是，从建筑学的角度来看，进一步研究哥特式建筑的可能性活动已转到其发源地之外了。有时是在英国、加泰罗尼亚，有时是在意大利的一些地区，但是大多数连续的、富有成果的研究活动，是在位于欧洲中心的德国统治的地区进行的。

对各种变换风格的追求，使得晚期哥特式建筑有别于其早期的表现形式，这部分体现在建筑风格上。晚期哥特式建筑其实是对多种风格的一个总称：英国的垂直式哥特风格(Perpendicular)、德

第14章 哥特式建筑

国的高耸式哥特风格❶、法国的火焰式哥特风格(Flamboyant)。它们之间的区别甚大，其中民族特性也绝非是不重要的因素。但晚期哥特式建筑的变化也可说是资助行为造成的；或是建筑师从职业角度出发，为迎合新的、不断增长的需求作出的努力造成的。

法国的建筑特征

第一批具有试验性的哥特式建筑是在法国完成的。1140年左右的法国是一个地理学概念，而不是一个政治实体。卡佩王朝(Capetian)的统治以巴黎为中心，直到这一时期才形成对地方贵族们的统治，但这一统治地位并不稳固，之后他们又花了近一个世纪的时间建立权力和树立威信，直至1297年路易九世(Louis IX)统治时其权威性达到顶峰(见第8章、第13章)。

这一事实具有现实的政治意义，它将法兰西凝聚成一个国家，腓力·奥古斯特❷和路易八世(Louis Ⅷ)的征服都未能做到。它还使得路易连同整个法国成为欧洲的仲裁者，在各帝国与教皇发生争执时有权作出裁决。处于西欧中心的地理位置是法国的一个优势，而非不利条件。巴黎在法国所起的行政和文化中心作用超过以往任何时候。在巴黎的大学接受教育，是对每个想在教会或政府中谋得高位的人的严峻考验。事实上，巴黎已成为当时整个西欧的文化中心。

法国政权的这次早期统一正值整个中世纪经济增长速度最快的时期。特别是1180年以来，人口快速增长，并呈螺旋式膨胀，城镇和商业得到发展。不过到1230年左右，发展速度趋于平稳。

进行哥特式建筑实验的伟大时代也正是法国政治、经济全面扩张的时期。在12世纪30年代的法兰西岛，建筑师们尝试在这个区域传统的单薄墙体上建造拱顶，并取得了最初的进步。这一技术在絮热院长主持修建的圣但尼隐修院中达到顶峰。圣但尼隐修院在光线和空间方面取得了进步。在卡佩王朝时期的法兰西岛(Capetian Ile de France)，建筑艺术与政治同样落后。这里没有经历过曾经活跃于法国其他地区的罗马风的成熟期。因而早期哥特式建筑在某种程度上来说相当于法兰西岛的罗马风建筑。当然，它也深深得益于法国其他行省罗马风建筑的丰富经验，例如：诺曼底和勃艮第的技术进步，以及西南部地区装饰的丰富性。

圣但尼隐修院和桑斯大教堂看起来无疑是哥特式建筑类型最早期的大规模尝试。圣但尼隐修院小巧而雅致。后来的大多数建筑也是这样，例如桑利大教堂、努瓦永大教堂，以及效仿桑斯大教堂的普雷斯圣日尔曼教堂(S. Germain-en-laye)。然而，桑斯大教堂却具有相当大的宽度和高度，并将尺度确立为设计哥特式大教堂的至关重要的因素，这为下一时期的哥特式建筑开辟了道路。这个时期的哥特式教堂因其雄伟而被称为盛期哥特式。最著名的当属位于恩河河谷的拉昂大教堂和位于巴黎的圣母院。早期哥特风格共分为三个时期，最后一个时期的建造开始于1160年左右。其中阿拉斯大教堂已毁，仅见于绘画中。1180～1200年，整个法国东北部佛兰德地区(Flanders)、香槟地区(Champagne)，以及它们之间的埃纳河河谷地带，产生了丰富的建筑思想。尤其是发展了墙体上通道的多种布局方式。

12世纪最后数年，建筑在尺度上取得了显著进步。布尔日大教堂充分体现了巴黎地区的传统，而沙特尔大教堂则代表了埃纳河河谷的风格，布尔日大教堂或许是整个中世纪最雄伟的一座教堂，沙特尔大教堂被证明是采用了更具有普遍意义的设计方法，为今后的大教堂提供了典范。兰斯大教堂和亚眠大教堂以一种更大的尺度盲目地效仿沙特尔大教堂。然而布尔日大教堂的传统影响了它们那一类雄心勃勃的建筑，其中突出的有勒芒大教堂和库唐斯大教堂。博韦大教堂则是这两种传统的混合体。

博韦大教堂也是最后一座巨大的盛期哥特式教堂。人们的品位开始发生微妙的变化，但可以肯定的是，都转向了所谓的辐射式哥特风格。圣但尼隐修院、特鲁瓦的圣乌尔班教堂(S. Urbain at Troyes)、圣沙佩尔教堂(S. Chapelle)这类建筑不再追

---

❶ Sondergotik；亦译为晚期德国哥特风格。——译者注
❷ Philip Augustus，1165～1223年；即腓力二世，法国中世纪卡佩王朝第一位伟大的国王，1179～1223年在位。——译者注

求尺度的宏大，而是关心细微的设计。建筑中布满彩色玻璃窗和丰富的细部，可以让人们从更近的距离欣赏。辐射式哥特风格在巴黎发展起来，并迅速向周围传播。其威望一方面来自作为首都建筑的一种风格，另一方面在某种程度上借助了圣路易和宫廷的力量。它消灭了在勃艮第和诺曼底地区正欣欣向荣的地方哥特风格，再没人建造那些只适合巨大尺度建筑的盛期哥特风格的建筑了。在讨伐阿比尔教派改革运动的十字军❶余波中，新的辐射式哥特风格甚至在南方也确立了它的地位。

人们品位的改变无疑与当时所出现的两个历史趋势是相互关联的。1230年左右，自12世纪开始的经济高涨的势头开始回落。虽然直到14世纪初，局势还未到危险的境地，但建造巨大的盛期哥特式教堂已显得过于昂贵，如博韦大教堂建造周期几乎长达60年。同时，从赞助人的变更上也可看出这一情况。罗马风时期的大多数大型建筑都由隐修院出资兴建。而那些伟大的早期哥特式教堂都是典型的由市民自己建造的大教堂。那些市镇从未如此繁荣过，他们建立起受国王宪章保护的行使权力的自治体，并把其组织成专业行会。例如在沙特尔大教堂，各个行会捐资修建属于自己的窗户，以代表本行会的守护神。

虽然无论是来自世俗权贵还是教会，王室和显贵们的捐赠依然保持着重要地位，但是哥特式大教堂已经以新的方式，代表着地方的自豪感和资助者们的集体成就。随着13世纪的慢慢过去，资助方式的一种新的转变变得越来越明显。一部分是由于经济萧条，一部分是因为大多数富足的城镇都已拥有自己辉煌的新教堂，辐射式哥特式建筑的典型资助者是个人。辐射式哥特式建筑的原型是一些宫廷礼拜堂，就像圣夏贝尔教堂(S. Chapelle)和拉伊河畔圣日尔曼教堂(S. Germain-en-Laye)一样，或者是由个人的学院基金会出资，就像教皇乌尔班四世(Pope Urban Ⅳ)在特鲁瓦兴建的圣乌尔班教堂(S. Urbain)一样。而其中规模最小的是自12世纪晚期开始出现的在大教堂和隐修院教堂的两侧修建的私人礼拜堂。

卡佩王朝(Capetian)的血缘于1328年中断。瓦卢瓦王朝(Valois)的继承权被英王爱德华三世(Edward Ⅲ)取得，他发动了著名的始于1337年的百年战争，尽管文治武功的查理五世(Charles V)创造了1380～1415年的一段和平时期，但是这场战争直到1453年才完全结束。这段时期是法国历史上一次巨大的社会动乱时期，粮食歉收，经济衰退，还有1348年爆发的黑死病。因此，在1380～1415年以及1337年爆发的百年战争之后的和平年代里，人们需要兴建大量建筑以替代那些被摧毁或破坏的教堂，特别是法国的北部及东部地区。16世纪的下半叶并不比百年战争期间更太平，新教运动的影响导致了一场实际上的内战，而破坏就意味着更大规模的重建。

有点具有讽刺意味的是，新出现的火焰式风格中的窗花饰图案丰富的装饰受益于英国的装饰风格和垂直式哥特风格。在许多方面，火焰式哥特风格带有一种地方特质，使人联想到罗马风和早期哥特式风格。在这里，它似乎反映了政治的局势：法国在经历了13世纪以巴黎为中心的政权统治之后，再一次分裂成许多大公国。因而，在火焰式哥特风格产生的过程中，巴黎并未扮演它在辐射式哥特风格产生时期所起的主导作用。

尽管经历了所有这些动荡和浩劫，法国从根本上仍是所有欧洲国家中最有实力的国家，到15世纪末，已经有可能再次建造让人想起盛期哥特式的大尺度教堂。注重宽敞宏大的设计和巨大的柱石，在修建巴黎的圣尤斯塔修斯教堂(S. Eustache)时达到了顶峰。然而，在整个16世纪中，古典的细部从文艺复兴的意大利越过阿尔卑斯山传来，宣告了哥特式时代的结束。事实上，圣尤斯塔修斯教堂表明了文艺复兴还处于渗透阶段，尚未形成新的风格。从建筑学的角度出发，圣尤斯塔修斯教堂是哥特式传统中最伟大的教堂之一，但是它的每一个细部都是古典的。

法国的建筑实例

大约在1135年，精力旺盛的隐修院院长絮热开始用哥特风格重建一座虽然庄严却已破旧的教堂：巴黎近郊的圣但尼隐修院(Abbey of S. Denis，见

---

❶ Albigensian Crusade；阿尔比派是12～13世纪法兰西南部异端派别（特别是清洁派）的通称，该派形成了与罗马教会对立的集团，1209年遭西多会十字军讨伐。——译者注

第14章 哥特式建筑

[389]页图E及[450]页图A),这是一座建于卡洛林王朝时期的巴西利卡式教堂(Carolingian basilica)。絮热院长先从教堂的西端开始,增加了一个带有楼廊的前厅,以及一个带有双塔的西立面。这个西立面可能是第一个由柱子将三座大门合并在一起的立面。1144年歌坛完工并交付使用。虽然歌坛的上部和主要立面在13世纪重建(见下文的辐射式哥特风格),但那些早期的回廊和礼拜堂均为原物。它拥有双层的回廊,周围环绕着低矮的礼拜堂。外侧回廊的支柱非常细长,不可能承受上面楼廊的重量。辐射状排列的礼拜堂由巨大的彩色玻璃窗照亮。因为絮热院长对意大利早期的巴西里卡教堂印象深刻并试图模仿,所以圣但尼隐修院是一座折中式建筑。然而其造成的结果却是产生了某种全新的东西。事实上,圣但尼隐修院是哥特风格的原型,它的西立面和歌坛都对后世产生了深远的影响。

桑斯大教堂(Cathedral of Sens,见[450]页图B)实际上与圣但尼隐修院建于同一时期。它的歌坛始建于约1140年,其结构向西推进。西立面及西侧入口建于约1200年。其整体设计包括单层侧堂和回廊,以及三间间隔的礼拜堂,但是最初没有建造耳堂。

桑斯大教堂中堂的跨度异常巨大。支柱以复合墩柱和双柱交替排列,与两个开间上高大的六分肋骨拱相对应。其内立面分为三段:下面是交替变化的连拱廊,中间是开向侧堂屋顶空间的装饰拱廊,最上层则是高侧窗。飞扶壁是在原设计中就存在的,尽管现在能看到的建筑是在13世纪时建造的,那时高侧窗已被加大很多。桑斯大教堂也许是第一座采用诺曼式罗马风的六分肋骨拱的哥特式建筑,因为实现巨大拱顶跨度的需要,在下一代的哥特式建筑中,六分肋骨拱、交替变化的墩柱、双柱支撑的方式都变得很普遍。

巴黎圣母院(Cathedral of Notre Dame in Paris,见[457]页图Ⓒ、图Ⓔ、图Ⓕ及[450]页图C和[451]页)由莫里斯·德萨利主教(Maurice de Sully)大约于1163年开始主持兴建,整个建筑的最后部分西立面塔楼于1250年竣工。最初的设计包括双层的侧堂和回廊,中轴线有些偏转。与巴黎地区的许多教堂一样,它的耳堂没有超出侧堂的墙面。原来的四层内立面是由墩柱支撑的连拱廊。最初覆盖着横向筒拱的楼廊采用圆形的采光窗;装饰拱廊开向楼廊的屋顶空间,以及小高侧窗。拱顶采用覆盖两个开间的六分肋骨拱。拱顶很高,超过30m(100ft)。支撑拱顶的墙体很薄,由细长的束柱连接。双重飞扶壁支撑着中堂。人们经常认为这是最早的飞扶壁,虽然现在我们已知道,更早的一些建筑,例如桑斯大教堂就已经使用了飞扶壁。13世纪时,人们试图向下扩大高侧窗,以使室内获得更好的采光,这样,就缩小了处于第三层的装饰拱廊:楼廊也被重建,采用了大窗和常见的四分肋骨拱。

拉昂大教堂(Laon Cathedral,见[452]页及[457]页图Ⓖ)始建于约1160年。最初的歌坛和耳堂约于1180年建成,中堂约于1200年完工。歌坛于1205年重建,并向东延伸了整整八个跨间。西端和两翼的塔楼在1230年建成。原建于1160年的歌坛呈半圆形,而巨大的扩建部分却呈矩形。作为一座大型的非西多会建筑,这样的形式在法国极为罕见。巨大而凸出的两翼有三个跨间,每边都有侧堂。内立面分为四段,采用了高大的六分肋骨拱。大多数柱身都是束柱并环绕着厚重的线脚。上部结构由楼廊外面的扶壁和飞扶壁共同支撑。这座教堂拥有三扇辉煌的玫瑰窗。北翼的那扇窗约建于1190年,属于厚重的盘状窗花饰。窗格图案是从墙壁上凿出来的。西立面和南翼的玫瑰窗约建于1210年。石质的轮辐形和拱形窗棂支撑着大面积的玻璃。外观上看,这座教堂的塔楼不少于七座。南北两翼各有两座,西立面和中心塔楼各有一座。西立面和两翼的塔楼都惊人的开敞,呈八角形,并饰有公牛雕像。西立面上三个并排的入口明显凸出于主体,门廊也很开敞,上面饰有山墙和小尖塔。

拉昂大教堂具有重大意义。它培养了后来建造沙特尔大教堂的建筑师,为其提供了基本构思,并且对法国东部的兰斯地区,德国的班贝格(Bamberg)、林堡(Limburg)和兰河地区(Lahn)产生了深远影响。

兰斯的圣雷米大隐修院教堂(Abbey Church of S. Rémi at Reims,见[454]页图A)的歌坛约建于1170~1190年。内立面相当标准,分为四层,包括双柱支撑的连拱廊、覆盖着拱顶的楼廊和一段连拱廊。拱顶为四分肋骨拱,由巨大的双重飞扶壁支撑。这座教堂突出的特色是:回廊内的礼拜堂出奇的深,在礼拜堂的窗前,有一条墙体上通道,这是被称为雷米式(Rémois)或香槟式(Champenois)通道的首次出现。礼拜堂的入口由两根附加的细长支柱从回廊里隔出来。无论是雷米式通道还是隔出礼

图 A　巴黎近郊的圣但尼隐修院(约 1135—1144)，见[448]页

图 B　桑斯大教堂 (约 1140)，见[449]页

图 C　巴黎圣母院(约 1163—1250)，见[449]页

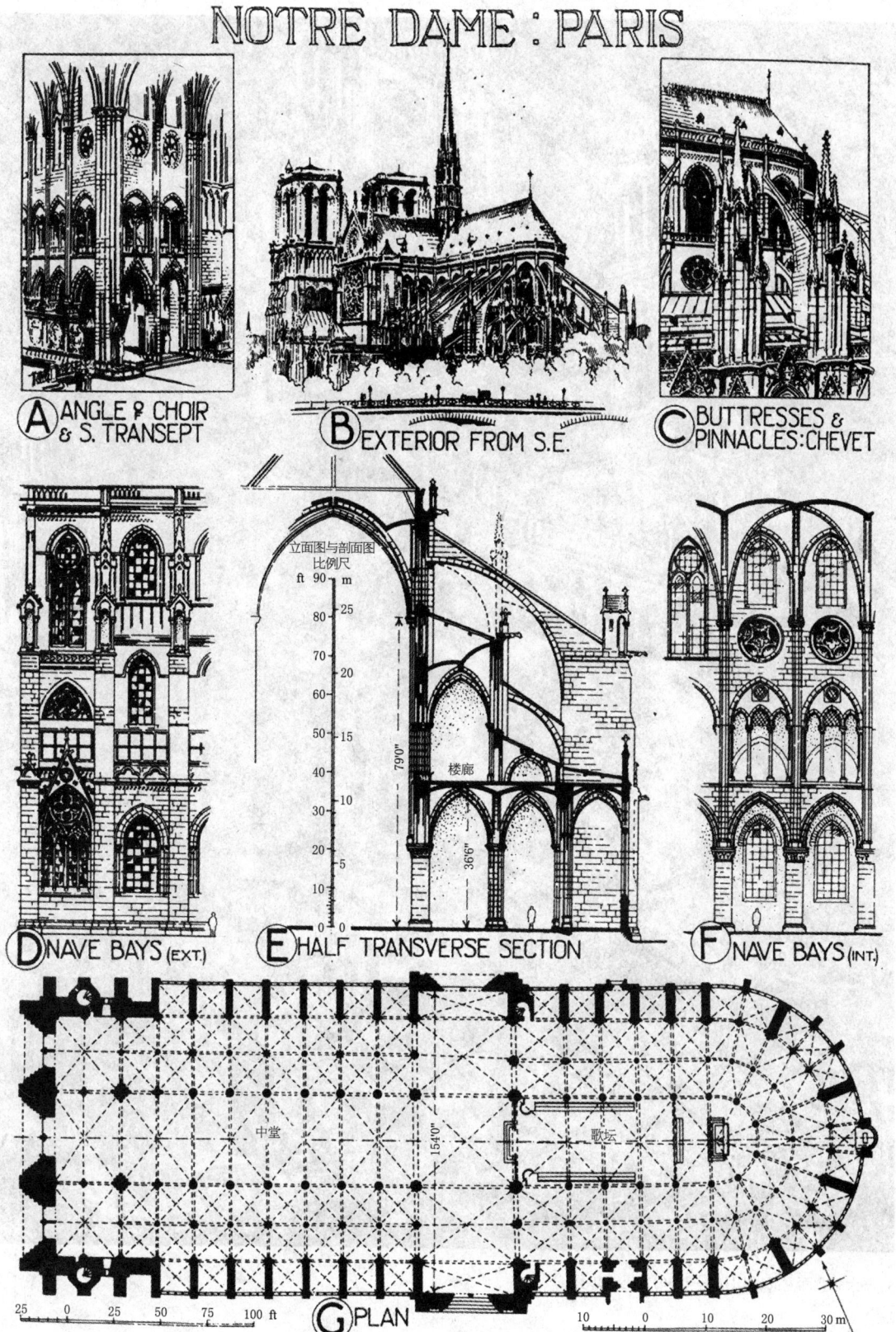

巴黎圣母院(NOTRE DAME: PARIS)：Ⓐ 歌坛与南侧耳堂转角；Ⓑ 东南向外观；Ⓒ 多角室外面的扶壁和小尖塔；Ⓓ 中堂跨间外观；Ⓔ 半横剖面；Ⓕ 中堂跨间内景；Ⓖ 平面图

第二编 文艺复兴以前的欧洲和地中海建筑

拉昂大教堂西立面(约 1160—1230),见[449]页

拜堂入口的附加支柱都颇具影响力,前者在香槟、勃艮第和诺曼底等地区深受欢迎。礼拜堂入口的附加支柱一再出现于欧塞尔地区的实例中,例如圣日尔曼大教堂(S. Germain)和美因兹的圣昆廷教堂(S. Quentin, Mainz)。

苏瓦松大教堂(Soissons Cathedral, 见[454]页图B)最早完工的部分是于1190年落成的南翼耳堂。其余部分完工于1300年,其设计风格与之前完工的部分完全不同。两种风格差别之大使人震惊,体现出12世纪末建筑艺术发展之迅速。南翼耳堂呈半圆形,和法国东北部其他一些教堂一样,例如:努瓦永大教堂、图尔奈大教堂和康布雷大教堂,南翼还设有侧堂、楼廊和两层东边的礼拜堂。立面有四层,楼廊上方是一条带状拱廊,设计相当复杂,大多数拱券和窗子都三个形成一组。东向礼拜堂的入口前有束柱组成的复合墩柱。歌坛、中堂和北翼的立面都只有三层。连拱廊上方即带状拱廊,再上面是巨大的高侧窗,一直伸到拱顶下。窗子上部的圆眼窗中有碟状窗花格。圆眼窗下方是两个相连的尖顶窗。整个教堂的风格非常接近同一时期的沙特尔大教堂。

沙特尔大教堂(Chartres Cathedral, 见[454]页图C、[455]页图Ⓔ和[456]页图A)在1194年遭遇一场大火,新教堂是结合以前教堂的遗迹重建的,约于1220年完工。宽敞的地下墓室(9—12世纪)基本上是原物,仅仅是稍加扩建以支撑上面新建的歌坛。属于早期哥特时期(约1135—1160)的西面中堂的跨间、西立面的两个塔楼和许多其他部分也未被毁坏,并一直保存在现有建筑中。建造的费用来自四面八方聚集来朝拜"圣母的衣袍"的朝圣者们,这是沙特尔大教堂最珍贵的财产。

沙特尔大教堂被设计成一座朝圣教堂,它拥有宽阔的侧堂,而且在歌坛处变为两倍宽,以使人流畅通。巨大且带有侧堂的两翼各有三个并列入口和门廊,可以与主立面媲美。侧堂高度相同,而不是像布尔日大教堂那样呈阶梯状。所有拱顶都是四分拱。中堂的拱顶高37m(120ft)。圆形和以八角形为核心的束柱相互交替,墩柱外附有四根小壁柱,拱廊上面支撑着一条带状拱廊。高侧窗一直升到拱顶的起拱点的高度,与连拱廊等高。窗上有碟状窗花格。在两个并联的尖顶窗上顶着一个圆眼窗。实际上,沙特尔大教堂几乎是围绕它的窗子设计的。大量的玫瑰窗装饰着它的西立面和两翼的立面。那些窗上镶嵌的彩色玻璃跻身于中世纪最好的作品之列。按原设计,外观上应有七座塔楼,其中包括中心塔楼(见[457]页图Ⓑ)。为了支撑大面积的窗子,沙特尔大教堂建得异常坚固,并拥有结实的飞扶壁,飞扶壁上有轮辐状的就像玫瑰窗断面一样的装饰(见[458]页图Ⓑ)。来自埃纳河河谷,特别是拉昂大教堂的影响在这座教堂里随处可见。沙特尔大教堂本身也具有巨大的影响力,它为那些庞大、给人印象深刻的大教堂,例如兰斯大教堂和亚眠大教堂提供了一种简单而非常有效的设计参照。

由原有罗马风教堂重建的**布尔日大教堂**(Cathedral of Bourges, 见[454]页图D、[455]页图Ⓐ和[456]页图C)于1190年开始由亨利·德萨利主教(Henri de Sully)主持重建,工程自东向西推进。两个罗马风的入口是从原教堂保存下来的,一个在北面,另一个在中堂的南侧。因为地基在教堂的东部突然下沉,所以由巨大的带有双侧堂的地下室支撑着教堂的后殿。上层的教堂也建有双侧堂,五个小祈祷室呈辐射状排列,开向外侧的回廊。主空间是连续的,不设耳堂。主要立面有三层,其中连拱廊这层非常高,上面是一条由横拱顶覆盖的拱廊,最上面是长长的装有碟状窗花饰的高侧窗。中堂拱顶是六分肋骨拱,高38m(125ft)。侧堂的高度不同,内侧堂的高度使它与呼应中堂高度的三层立面高度相当。两个内立面都由直通拱顶的巨大的凸出墙面的分段所连接。上层由两排角度很陡的双重飞扶壁所支撑。布尔日大教堂在平面、比例、细部等许多方面均受巴黎圣母院的影响,它本身又对后来的许多大教堂产生了不同程度的影响,例如:法国图尔的圣马丁教堂(S. Martin at Tours)、勒芒大教堂(见有关章节)和库唐斯大教堂(Coutances, 见有关章节),西班牙的布尔戈斯大教堂(Burgos)、托莱多大教堂(Toledo)、帕尔马大教堂(Palma)和意大利的米兰大教堂。

兰斯大教堂(Reims Cathedral, 见[461][462]页)始建于1211年,它的修建和装饰差不多持续了整个13世纪。建造历史相当复杂,至今仍是争论的话题。但可以明确的是,建造由东向西推进,约1260年到达西立面。其构思完全源于沙特尔大教堂,但是1241年建成的东端较其西端放宽了,包括一个中堂和双侧堂,并将两翼包括在内,以提供加冕典礼所需的空间。然而,辐射状排列的深礼拜堂,

图A 兰斯的圣雷米隐修院教堂(约1170—1190),见[449]页

图B 苏瓦松大教堂(约1300),见[453]页

图C 沙特尔大教堂西向内景,见[453]页

图D 布尔日大教堂(约1190—1275)东向内景,见[453]页

第14章 哥特式建筑

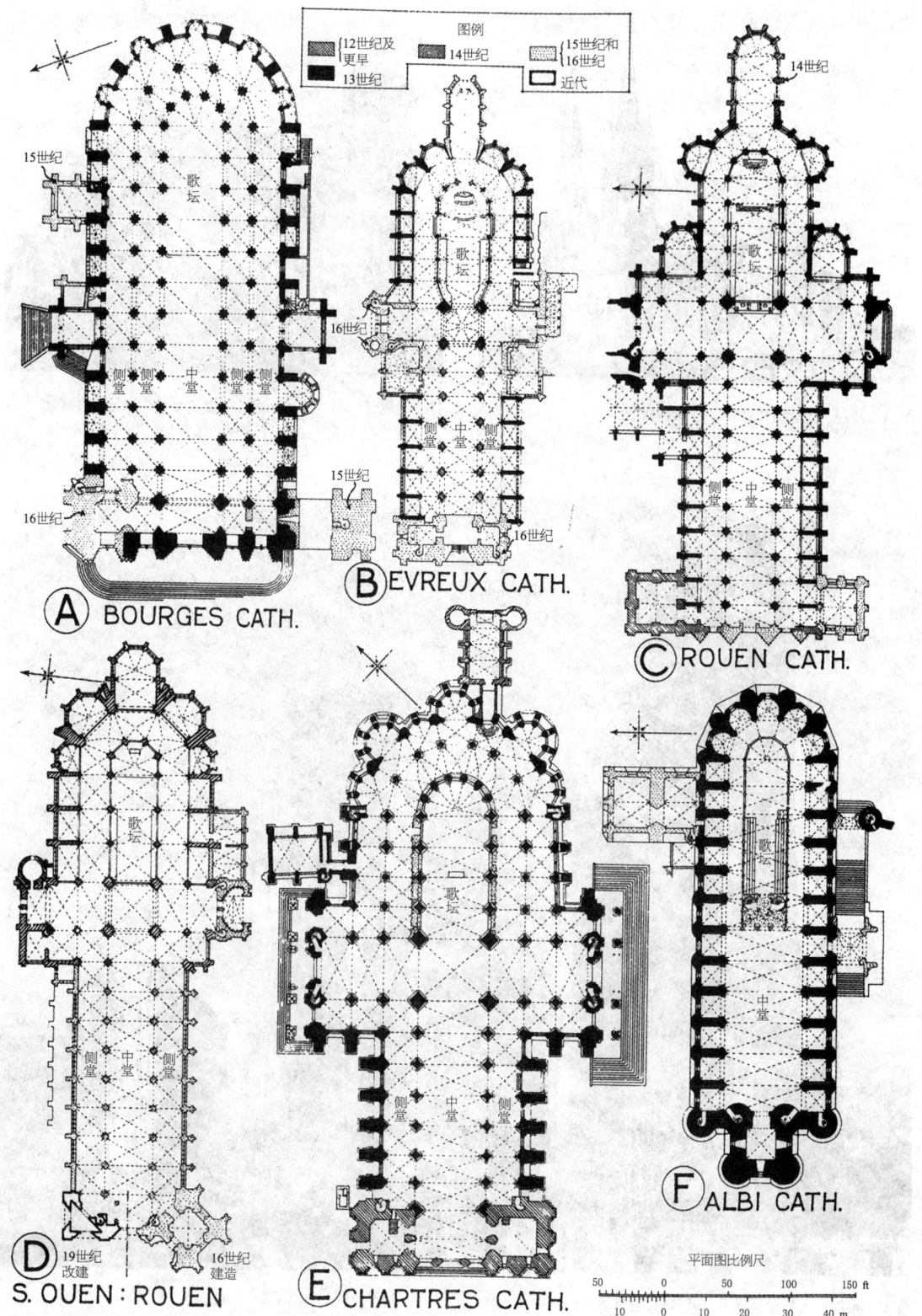

Ⓐ 布尔日大教堂；Ⓑ 埃夫勒大教堂；Ⓒ 鲁昂大教堂；Ⓓ 鲁昂圣乌昂教堂；Ⓔ 沙特尔大教堂；Ⓕ 阿尔比大教堂

第二编 文艺复兴以前的欧洲和地中海建筑

图 A 沙特尔大教堂（1194—约 1220）西北外观，见[453]页

图 B 勒芒大教堂东南外观（中堂建于 12 世纪，南翼建于 14 世纪，歌坛建于 1217～1254 年），见[459]页

图 C 布尔日大教堂西立面，见[453]页

第14章 哥特式建筑

Ⓐ 亚眼大教堂西南塔楼；Ⓑ 沙特尔大教堂西南塔楼尖顶；Ⓒ 巴黎圣母院西北塔楼；Ⓓ 迪南圣母教堂的窗户；Ⓔ 巴黎圣母院的玫瑰窗；Ⓕ 巴黎圣母院的布道坛石梯；Ⓖ 拉昂大教堂的小礼拜堂；Ⓗ 鲁昂圣乌昂教堂的玫瑰窗；Ⓘ 诺雷教堂的歌坛小礼拜堂

第二编 文艺复兴以前的欧洲和地中海建筑

Ⓐ 卢维耶圣母教堂的飞扶壁；Ⓑ 沙特尔大教堂的飞扶壁；Ⓒ 亚眠大教堂西南外观，图示为塔尖的位置；Ⓓ 科德贝克教堂的圣母礼拜堂平面图；Ⓔ 特鲁瓦圣乌尔班教堂的门廊；Ⓕ 鲁昂圣味增爵教堂的门廊；Ⓖ 法国北部地区的墩柱；Ⓗ 亚眠大教堂的塔尖；Ⓙ 法国南部地区的墩柱

却又模仿兰斯地区的圣雷米大隐修院教堂的雷米式通道。每一层的窗都很大。兰斯大教堂的祈祷室里堪称首创的是其窗花饰，而不是墙体的剖面。用来划分玻璃的窗花饰由石质的轮辐状杆件、支柱、圆弧状杆件组成，它们被应用于整个教堂。西立面和两翼的正立面都被巨大的玫瑰窗所支配，它还占据着西端入口的门楣中心。教堂内外的雕刻都异常丰富，以适合其皇家地位。拱廊的柱头上有着华丽而常常是自然主义的雕饰。人物雕像布满了西立面。东西立面都有丰富的雕饰的入口，西立面的入口则布满了人物雕塑。

亚眠大教堂（Amiens Cathedral；见[457]页图Ⓐ，[458]页图Ⓒ、图Ⓗ，[463]页图Ⓑ、[464]页图A、图B）有点与众不同的是：它在1220年从西端开始兴建。教堂建成于1236年，歌坛和两翼于1270年竣工。所有参与的建筑师都留下了姓名：中堂由罗伯特·德吕扎什❶负责，歌坛起初由托马斯·德科尔蒙❷负责，最终由他的儿子勒尼奥（Regnault）完成。西立面的上半部分，包括两个塔楼和火焰玫瑰窗，在主体竣工后至少一个世纪才完成。同时，在南面的侧堂外添加了一系列装饰丰富的祈祷室。亚眠大教堂非常高，它的中堂高达42m(140ft)，相当豪华，拥有双侧堂的歌坛，两侧都带侧堂的耳堂，一圈有呈辐射状排列的七个礼拜堂。内立面都是三层的：带有"角上带装饰的墩柱"的高耸的连拱廊、一条带状拱廊、巨大的装有杆状窗花饰的高侧窗。一排辉煌的飞扶壁支撑着四分肋骨拱顶。歌坛和中堂在结构上完全相同，建筑师显然仅仅在细部上有所发展，特别是窗花饰的造型上。在建筑和雕刻艺术方面，亚眠大教堂就像兰斯大教堂一样，继承了沙特尔大教堂所确立的传统。但在窗花饰的造形上，它取得了长足的进步。亚眠大教堂在向辐射式哥特风格转型的过程中扮演了重要的角色。其歌坛的下半部分很接近巴黎的圣沙佩尔教堂，暗示着这两座教堂是由同一位建筑师负责建造的。而它那尖锐瘦长的上部结构又与德国的科隆大教堂关系密切。

博韦大教堂（Beauvais Cathedral，见[460]页）的歌坛始建于1220年。它的高度与宽度都非常巨大，拱顶高达48m(157ft)。教堂的建造进展缓慢，到1240年，只建成了回廊和礼拜堂。1284年，一部分新造的歌坛拱顶倒塌了，它在重建时，使用了附加的支柱加以巩固。两翼建于16世纪，但是在1573年，150m(500ft)高的中心塔楼倒塌了。教堂从没建造过中堂，巨大的东端至今仍连接着被称为"基础工程"（Basse Oeuvre）的10世纪的中堂。歌坛有双层侧堂，并设计成阶梯状，里层的侧堂有完整的立面以及七个呈辐射状排成一圈的礼拜堂（见[460]页图Ⓖ）。主要的内立面分为三层：一层有巨大"角上带装饰的墩柱"的连拱廊；一条装有玻璃的拱廊的最上方是巨大的有窗花饰的高侧窗（见[460]页图Ⓔ、图Ⓕ）。这座大教堂的设计在许多方面综合了沙特尔大教堂和布尔日大教堂所代表的伟大传统。与此同时，装上玻璃的拱廊及其上方的高侧窗为辐射式哥特风格引入了新的要素。博韦大教堂试图成为最宏伟的大教堂，最终它也成为最后一座伟大的法国盛期哥特式大教堂。

勒芒大教堂（Le Mans Cathedral，见[456]页图B，[458]页图Ⓖ）的歌坛于1217～1254年重建。其构思来自布尔日大教堂：双回廊和13个异常凸出的礼拜堂、阶梯状立面，以及复杂的飞扶壁系统。这座建筑不同寻常之处在于：它留下了三位完全不同的建筑师的烙印。外层侧堂和礼拜堂是一位在埃纳河河谷受到训练的匠师的作品。负责内层侧堂和主连拱廊的诺曼匠师喜欢滥用丰富的线脚和代表公国的叶形装饰。高侧窗及其杆状窗花饰则都由在巴黎受过训练的辐射式哥特风格的匠师建造。

诺曼底地区

诺曼底地区的早期哥特式建筑相当保守，粗大的束柱支撑着厚厚的墙壁和高侧窗，三段式的立面仍保留着楼廊，并都覆盖着四分肋骨拱。**费康隐修院教堂**（Abbey Church of Fécamp，1168—1218，见[464]页图C）是这一风格的典范。只有少数的教堂能够体现出人们对同时代巴黎大区教堂（例如拉昂大教堂和巴黎圣母院）的风格的关注，其中较突出的是**利雪大教堂**（Lisieux Cathedral，约1166—1180）的中堂。**鲁昂大教堂**（Rouen Cathedral，约1200—1230，见[455]页图Ⓒ）的中堂和它的三座美丽的塔楼，采用的是四段式立面和不同寻常的没有楼面的楼廊，这些都是因为受到巴黎大区的盛期哥特风格的影响，从而

---

❶ Robert de Luzarches；？～约1236年。——译者注
❷ Thomas de Cormont；？～1228年。——译者注

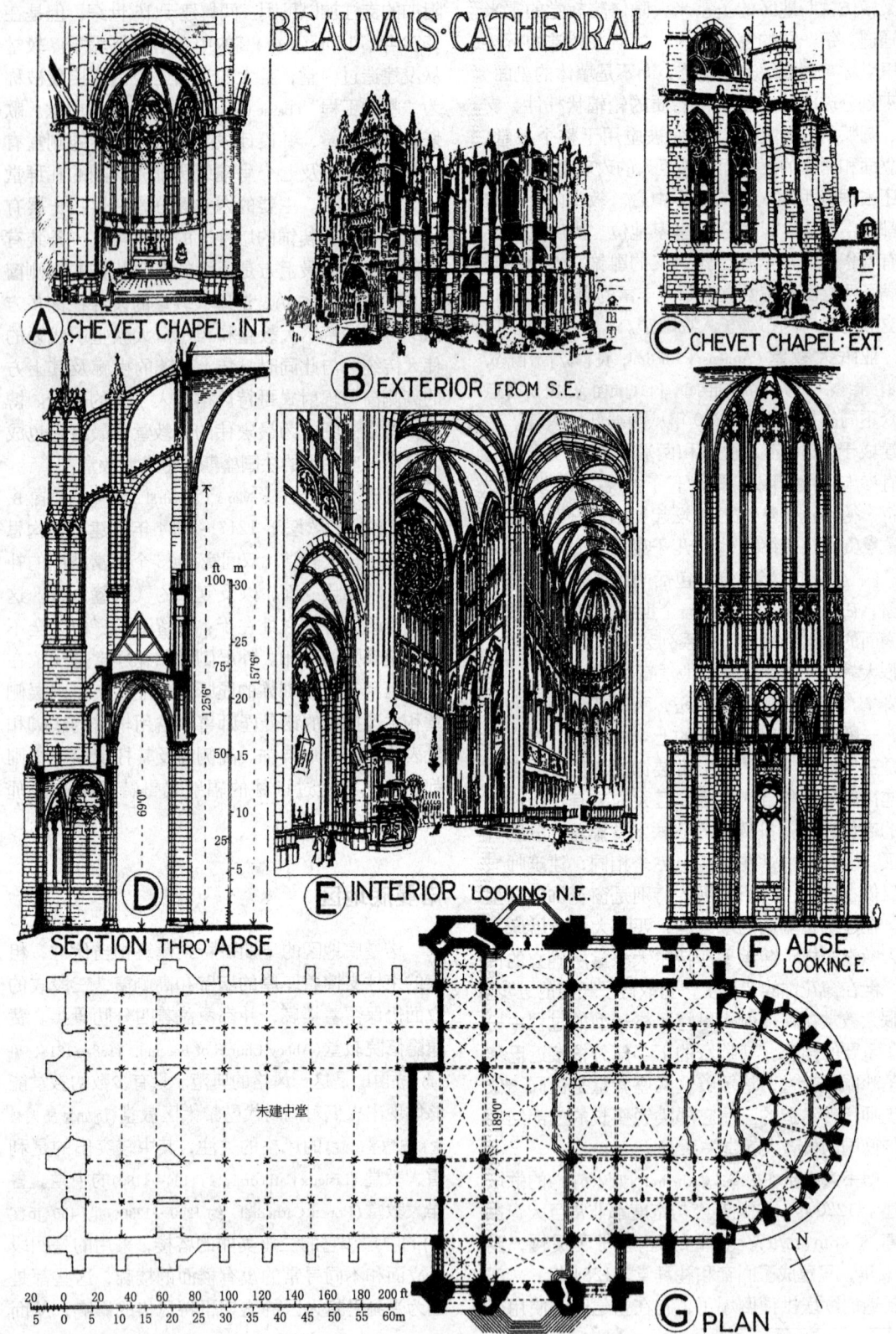

博韦大教堂(BEAUVAIS CATHEDRAL)：Ⓐ 半圆形后殿礼拜堂内景；Ⓑ 东南外观；Ⓒ 后殿礼拜堂外观；Ⓓ 后殿剖面图；Ⓔ 东北向内景；Ⓕ 东向半圆形后殿；Ⓖ 平面图

第14章 哥特式建筑

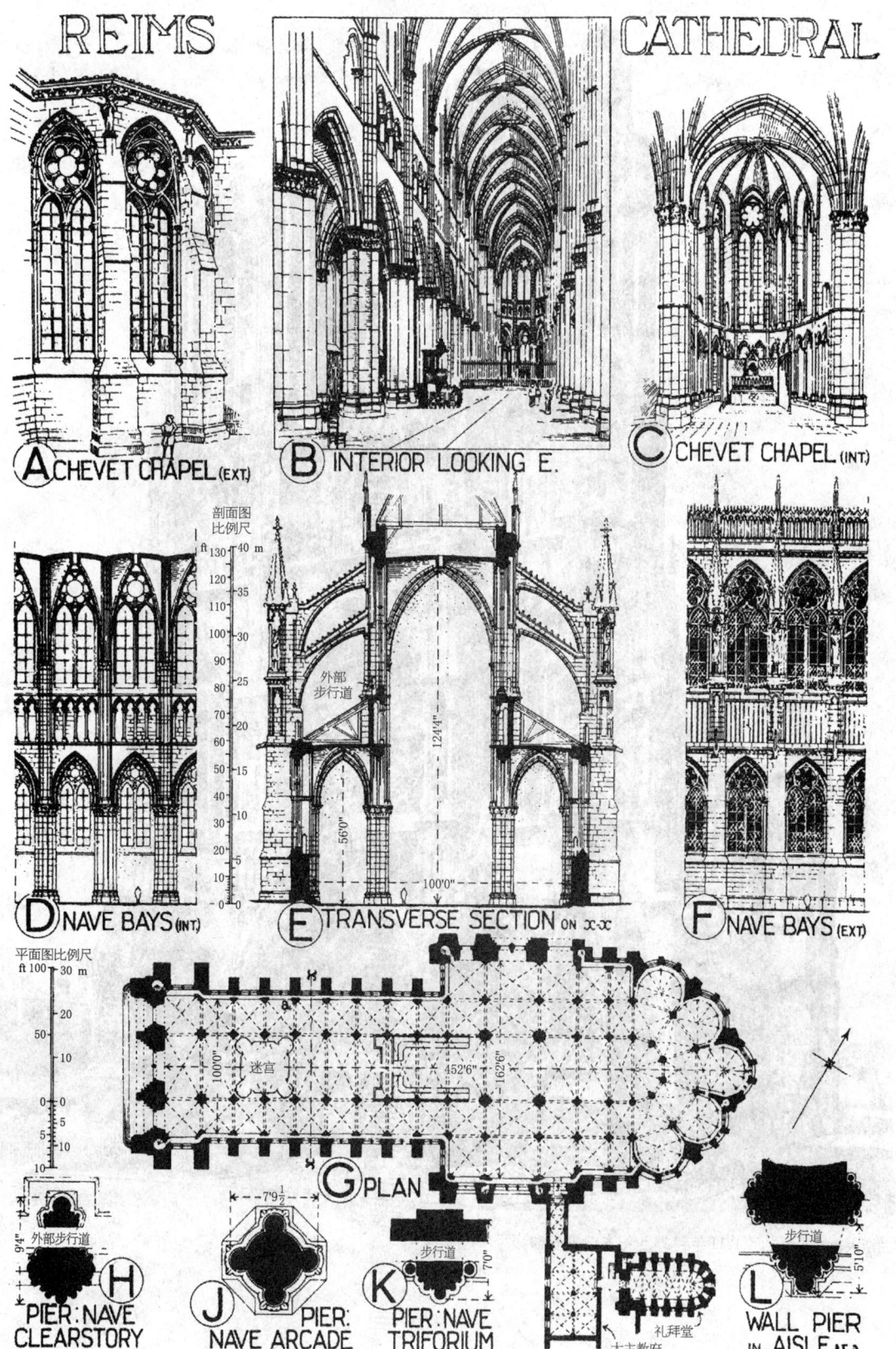

兰斯大教堂(REIMS CATHEDRAL)：Ⓐ 半圆形后殿礼拜堂外观；Ⓑ 东向内景；Ⓒ 半圆形后殿礼拜堂内景；Ⓓ 中堂跨间内景；Ⓔ x—x横剖面图；Ⓕ 中堂跨间外观；Ⓖ 平面图；Ⓗ 中堂楼座墩柱；Ⓙ 中堂连拱廊墩柱；Ⓚ 中堂楼廊墩柱；Ⓛ 侧堂墙垛。

第二编 文艺复兴以前的欧洲和地中海建筑

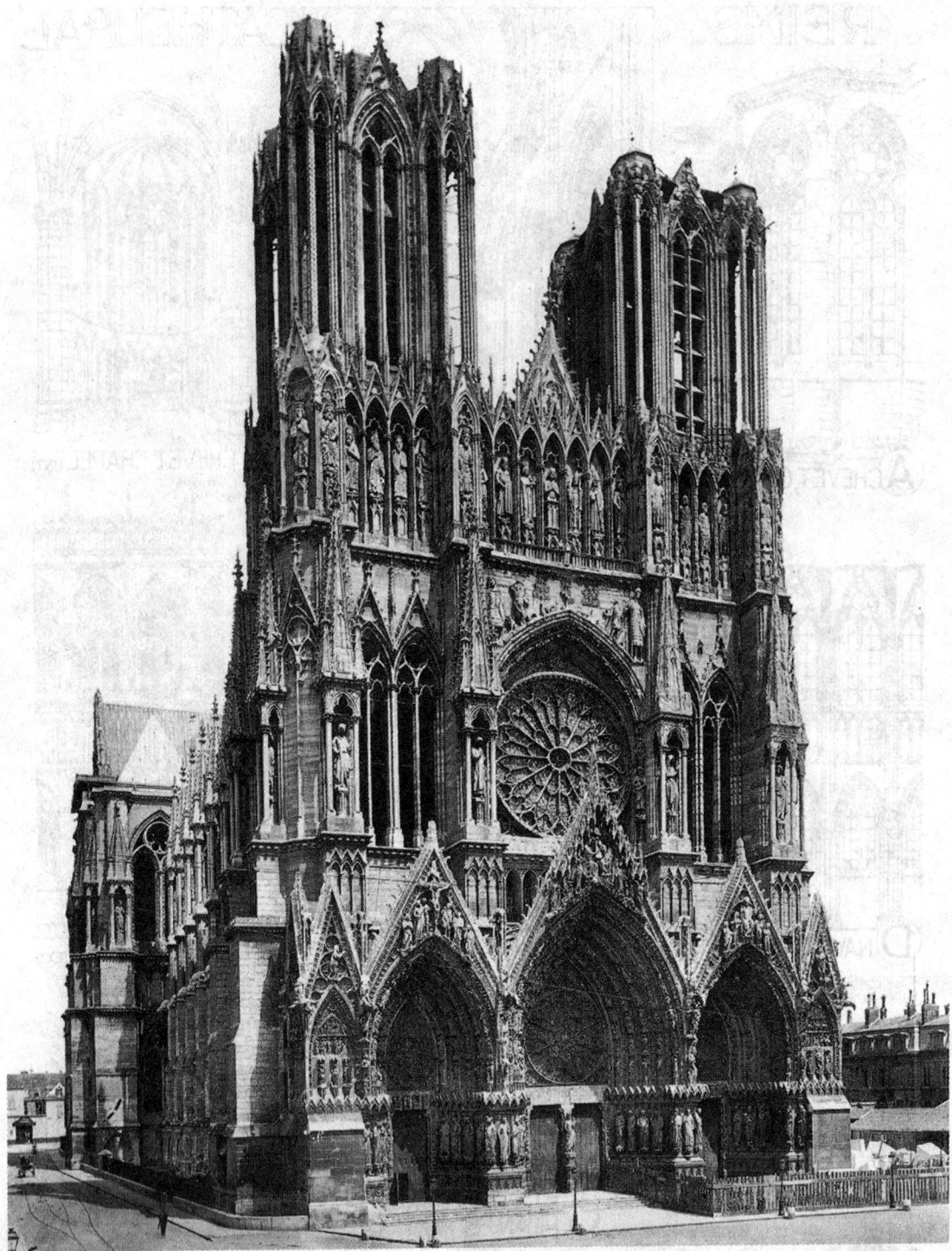

兰斯大教堂的西立面(1211年到13世纪末),见[453]页

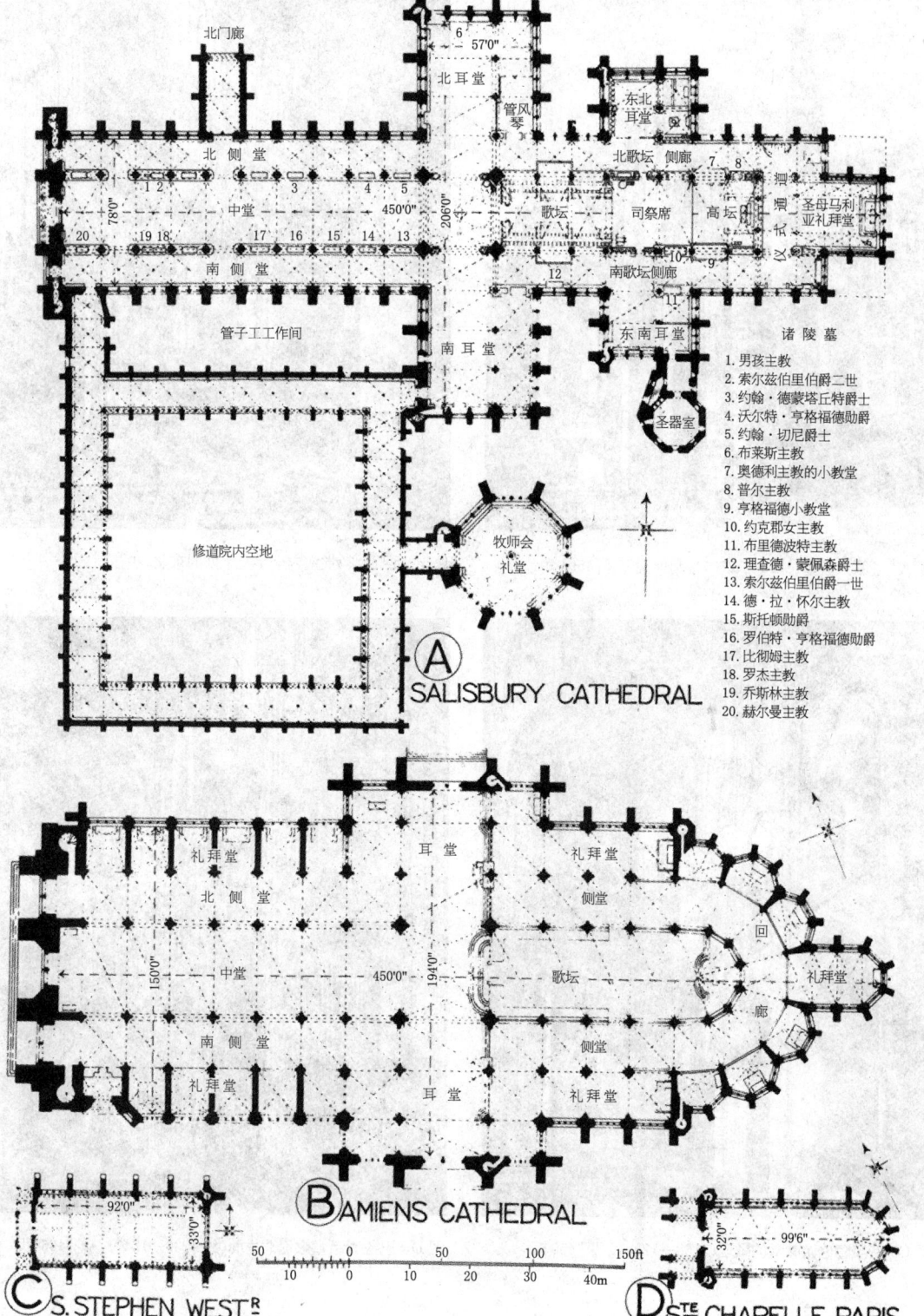

典型的英国和法国哥特式教堂平面(TYPICAL ENGLISH AND FRENCH GOTHIC PLANS)：Ⓐ 索尔兹伯里大教堂；Ⓑ 亚眠大教堂；Ⓒ 圣司提反教堂；Ⓓ 巴黎圣沙佩尔教堂

第二编　文艺复兴以前的欧洲和地中海建筑

图A　亚眠大教堂(1220—1270)东南外观，见[459]页

图B　亚眠大教室室内十字交叉处的东北向内景

图C　费康隐修院教堂的歌坛(1168—1218)，见[459]页

图D　巴约大教堂歌坛北立面(约1230—1240)，见[466]页

第14章 哥特式建筑

图 A　库唐斯大教堂西立面(约 1220—1291)，见[466]页

图 B　特鲁瓦大教堂西立面(约 1208—1429)，见[466]页

图 C　瑟米尔-昂诺克西奥的圣母教堂(约 1230)，见[466]页

图 D　昂热大教堂中堂东向内景(约 1160—1220)，见[466]页

丰富了费康风格。

卡昂的圣司提反隐修院教堂(S. Etienne (Abbaye aux Hommes) at Caen, 约1190—1200, 见[388]页及见[389]页图D)的歌坛, 引入了新的更有想象力的手法: 截面呈涟漪状的束柱和肋线脚。厚重的隔墙中开凿有更加雅致的通道, 以及宽敞相互畅通的辐射状排列的祈祷室。所有可以利用的墙面都被饰以几何或叶状的半圆拱廊和圆盘饰。这些手法在巴约大教堂(Bayeux Cathedral, 约1230—1240, 见[464]页图D)的歌坛以及**库唐斯大教堂**(Coutances Cathedral)的歌坛(约1220—1240, 见[465]页图A)中得到了应用和推广。库唐斯主教堂同时也继承了布尔日大教堂和勒芒大教堂的传统, 具有双侧堂和阶梯状的外立面。值得称道的是: 它有一个高大的堪称全法国最华丽塔楼之一的八角形中心塔楼。

诺曼底正是以其中世纪的教堂闻名于世的。除了上述教堂外, 还有**努瓦永大教堂**(Noyon Cathedral, 1145—1228)和**特鲁瓦大教堂**(Troyes Cathedral, 1208—1429, 见[465]页图B)、**多勒大教堂**(Dôle Cathedral, 自1204年兴建一直持续到16世纪), 多勒大教堂是最后一座拥有正方形东端的巨型教堂。特鲁瓦的**圣乌尔班教堂**(S. urbain, Troyes, 1262年, 见[458]页图Ⓔ)以其三个并列的入口闻名。还有卡昂的**圣彼得教堂**(S. Pierre, Caen, 1308—1521)、利雪的**圣彼得教堂**(S. Pierre, Lisieux, 1170—1235)。

勃艮第地区

在整个12世纪勃艮第的建筑艺术保持着其连续性, 这是因为这一地区有着大量重要的西多会隐修院。它们格调优雅, 但是结构上都很保守, 而且体量较小, 立面只有两层, 例如**蓬蒂涅隐修院**(Pontigny Abbey)中的那些建筑, 中堂约建于1160年, 歌坛建于1180～1200年。**朗格勒大教堂**(Cathedral of Langres, 约1160年)虽然有丰富的雕刻细部, 其结构也是同样的保守。韦兹莱的**圣抹大拉教堂**(S. Madeleine at Vézelay, 约1180—1200)的歌坛(见[385]页图B和[386]页及[458]页图Ⓙ)更接近于法国法兰西岛的哥特风格的发展进程, 其宽敞而相互贯通的礼拜堂与三段式立面一样, 都源于圣但尼隐修院。

欧塞尔大教堂(Auxerre Cathedral, 约1215—1233)延续了法国的发展风格。它从兰斯大教堂学来了雷米式通道, 又从沙特尔大教堂继承了三段式立面, 还包括带状拱廊和壮丽的彩色高侧窗以及双重飞扶壁。这种新的开放态度给勃艮第地区带来了优美的作品和新的手法。例如里昂大教堂(Lyon Cathedral, 约1230)的中堂, 还有勃艮第其他地区的教堂, 例如, **第戎的圣母教堂**(Notre Dame at Dijon, 约1220)和**瑟米尔-昂诺克西奥的圣母教堂**(Notre Dame at Semur-en-Auxois, 约1230年, 见[465]页图C), 后者再次将两层的立面作为一种时髦带了回来。

法国西部

法国西部的哥特式建筑继承了这一地区罗马风传统中对宽度而非高度的重视, 以及对大厅教堂的偏爱, 例如**普瓦捷大教堂**(Poitiers Cathedral, 约1160—1200), 或是只有中堂的教堂, 例如**昂热大教堂**(Angers Cathedral, 约1160—1220, 见[465]页图D)。西南部地区的**图卢兹大教堂**(Toulouse Cathedral)和**波尔多大教堂**(Bordeaux Cathedral)都采用了仅有中堂的形式。这两种风格都倾向于将窗子开得很高, 在外墙内开有通道。在南方, 人们发展了一种新的传统, 即沿着教堂的长向建造矩形的小礼拜堂, 礼拜堂的门都开向主要空间, 例如图卢兹的**雅各布教会教堂**(Les Jacobins at Toulouse及[468]页图A)那样的修道士教堂。罗马风的传统, 例如正方形开间、正方形四分肋骨拱都得到了继承, 特别是在安茹和普瓦图地区。这一传统后来发展成被称为安茹拱的穹窿顶, 它有着优美而多样的肋, 通常支撑在非常细长的柱子上, 例如昂热的**圣塞尔日大教堂**(S. Serge Cathedral at Angers, 约1215—1220)。

阿尔比大教堂(Albi Cathedral, 1282—1390, 见[455]页图Ⓕ及[468]页图C)是一座用砖砌成的像古堡一样的令人印象深刻的大厅式教堂。它拥有法国最宽的18m(60ft)拱顶。其东端呈半圆形, 两侧排列着由室内的扶壁分隔开的一系列礼拜堂。

辐射式哥特风格

大约自1230年开始, 出现了对盛期哥特式教堂那种巨大尺度的反思。新风格的结构并没有多大改变, 而且, 作为辐射式哥特风格最显著特色的那些复杂的窗花饰也来自盛期哥特式, 例如: 兰斯大教堂、亚眠大教堂。但小尺度也带来了新的亲密性和日益复杂的细部。

辐射式哥特风格首次似乎出现在始于1231年

的圣但尼隐修院的重建中。带有拱廊的三段式剖面来自盛期哥特式建筑，但是高侧窗填满了组合的杆状窗花饰。三拱式拱廊后的墙被照亮，形成像上面高侧窗一样的大面积玻璃的效果。共用的直棂将高侧窗和拱廊连接得更加紧密。束柱和连续的拱顶把整个室内立面连接成一体。**特鲁瓦大教堂**(Troyes Cathedral, 约1240, 见[465]页图B)、**斯特拉斯堡大教堂**(Strasbourg Cathedral, 约1245—1275, 见[468]页图B、图D)和**亚眠大教堂**(约1236—1269, 见有关章节)的歌坛都采用了类似的设计。斯特拉斯堡大教堂有一个华丽的西立面，像是被直棂所形成的垂幕包裹着。它用两个不同平面的窗花饰使入口凹进。特鲁瓦的**圣乌尔班教堂**(S. Urbain at Troyes, 约1262—1270)是从这种两段式剖面发展而来的。这一风格的装饰特征非常适合小型的建筑物，特别是皇家教堂。巴黎的**圣沙佩尔教堂**(S. Chapelle in Paris, 见[469]页图A)是其中最华贵的。它由圣路易(S. Louis)于1242~1248年修建，用以存放基督的荆冠残存。这些小教堂被精工雕琢的小尖塔和山墙装饰着，就像金属制成的圣物箱。

13世纪下半叶，这种从法兰西岛和香槟省发展起来的风格很快传播开来。在诺曼底有**埃夫勒大教堂**(Evreux Cathedral, 约1250—1350, 见[455]页图ⓑ)和**塞城大教堂**(Sées Cathedral, 约1270, 见[470]页图A)的歌坛，在南方有**克莱蒙费朗大教堂**(Clermont-Ferrand Cathedral, 约1250—1286)，1272年兴建的**纳博讷大教堂**(Narbonne Cathedral)，以及卡尔卡松的**圣拿撒勒教堂**(S. Nazaire at Carcassonne, 约1270—1325)。辐射式哥特风格在法国传播的速度，远远超过了盛期哥特式。它取代了曾在13世纪上半叶盛行一时的地方性哥特风格。

火焰式哥特风格

经历了百年战争之后，特别是在北方地区，法国有大量的建筑需要重修。这一需求对建筑艺术的发展是一次新的刺激。虽然火焰式哥特风格在整个14世纪一直存在，例如，兴建于1318年的**鲁昂圣乌昂教堂**(S. Ouen at Rouen, 见[455]页图ⓓ和[457]页图ⓗ及[470]页图B)。网状的窗花饰在一切可以利用的表面蔓延，拱顶也不例外，附加的中肋和支肋形成复杂的星形图案，例如港口圣尼古拉教堂(S. Nicholas du Port, 约1495—1574)。柱头的弱化以及连续线脚的应用见于布雷斯堡的**布鲁教堂**(Brou at Bourg-en-Bresse, 1506—1532)和始建于1446年的圣米迦勒山隐修院(Mont Saint-Michel, 见[469]页图C)的歌坛，增强了这种风格的效果。

窗花饰图案似乎沿着两条相反的道路发展：一方面，受到英国装饰风格建筑的影响，发展出丰富的、火焰般的形式，例如旺多姆的**圣三一教堂**(La Trinité, Vendôme, 约1450—1500)、阿布维尔的**圣沃尔夫勒姆教堂**(S. Wulfram at Abbeville, 1488年, 见[469]页图B)；另一方面，受到同样来自英国的垂直式哥特风格的影响，发展出**奥尔良大教堂**(Cathedral of Orléans, 15世纪末, 见[470]页图C)那样严格的镶板。辐射式哥特风格中尖锐如穗的形式通过对棱形线脚和棱形基座的强调而加强了。例如桑斯大教堂(约1494年)和博韦大教堂(约1499, 见有关章节)的两翼正立面，以及特鲁瓦大教堂(约1506年, 见有关章节)的西立面。这些都是马丁·尚比热❶建造的作品。

事实上，外部的设计已变得前所未有的富丽堂皇。**卢维耶的圣母教堂**(Notre Dame at Louviers, 15世纪下半叶, 见[470]页图D)的整个南侧因南门廊外部的精美装饰达到了极致，充满了智慧。自12世纪末以来一直保持稳定的后殿和门廊的平面，在这时却表现出对三角形的新兴趣。例如**科德贝克-昂考克斯教堂**(Caudebec-en-Caux, 约1426, 见[458]页图ⓓ)的后殿，鲁昂的**圣马克卢教堂**(S. Maclou at Rouen, 约1436—1520)的西门廊或许是所有火焰式哥特建筑中最华贵的。这时还恢复了对巨柱式的兴趣，例如港口的圣尼古拉教堂，巴黎山上的**圣司提反教堂**(S. Etienne du Mont, 1452—1540)。最后，华丽的**巴黎的圣尤斯特修斯教堂**(S. Eustache, 1532—1640)，尽管有着彻底的文艺复兴的细部，却恢复了建造布尔日大教堂的建筑师曾经迷恋的双层侧堂和阶梯状立面。

西多会丰特奈隐修院(Fontenay, 见[471]页图A)的回廊有着优雅"细节"的壁柱和幌菊柱头，是12世纪中叶隐修院建筑中杰出而完美的典范。而本笃会**圣米迦勒山隐修院**(Abbey of Le Mont Saint-Michel, 约1215—1228)坐落在引人注目的位置，有两座拱顶覆盖的可以与当时的官殿比美的辉煌的大厅，以及一座雕饰丰富的回廊。

---

❶ Martin Chambigs；约1465~1532年。——译者注

图 A 雅各布教会教堂东向内景,见[466]页

图 B 斯特拉斯堡大教堂中堂东向内景(约 1245—1275),见[467]页

图 C 阿尔比大教堂东立面(约 1282—1390),见[466]页

图 D 斯特拉斯堡大教堂西立面

第14章 哥特式建筑

图A 巴黎圣沙佩尔教堂（约1242—1248）东北立面，见[467]页

图B 阿布维尔的圣沃尔夫勒姆教堂西立面（1488），见[467]页

图C 圣米迦勒山隐修院的南面外观（教堂及诺曼式中堂建于1122～1135年；哥特式歌坛始建于1446年），见[467]页

图 A　塞城大教堂歌坛(约 1270)，见[467]页

图 B　鲁昂圣乌昂教堂东南外观(约 1318 年始建)，见[467]页

图 C　奥尔良大教堂室内(15 世纪末)，见[467]页

图 D　从卢维耶圣母教堂南入口(15 世纪晚期)，见[467]页

第14章 哥特式建筑

图A 西多会丰特奈隐修院(12世纪中叶),见[467]页

图B 万塞讷堡内塔(约1365—1373),见[475]页

图C 布尔日雅克·克尔府邸庭院(约1442—1453),见[475]页

图D 从阿维尼翁南面鸟瞰图中可见教皇宫(1316—1364),见[475]页

第二编　文艺复兴以前的欧洲和地中海建筑

图 A　卡尔卡松城堡,城堡入口设有跨越护城河的桥梁 (1240—1285), 见[475]页

图 B　布列塔尼的若斯兰府邸(16 世纪重建), 见[475]页

第14章 哥特式建筑

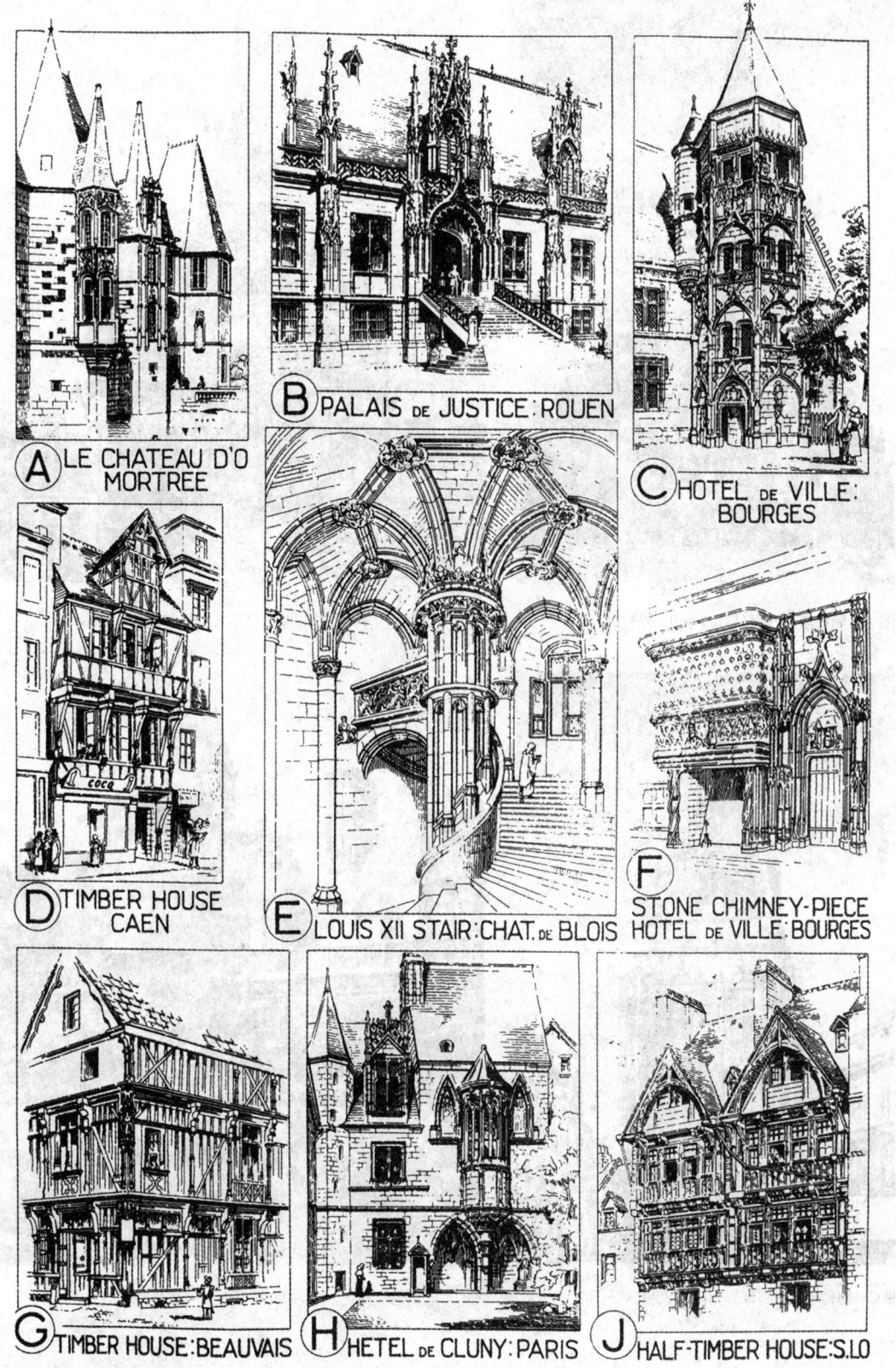

Ⓐ 奥莫尔特雷府邸；Ⓑ 鲁昂法院；Ⓒ 布尔日市政厅；Ⓓ 卡昂的木屋；Ⓔ 布卢瓦府邸的路易十二楼梯；Ⓕ 布尔日市政厅石质壁炉；Ⓖ 博韦的木屋；Ⓗ 巴黎的克吕尼府邸；Ⓙ 圣·洛的半木结构住宅

第二编　文艺复兴以前的欧洲和地中海建筑

图A　阿拉斯市政厅(1510)，见[475]页

图B　贡比埃涅市政厅(15世纪早期)，见[475]页

图C　德勒市政厅(1502—1537)，见[475]页

图D　巴黎的克吕尼府邸(1485—1498)，见[475]页

世俗建筑

盖亚尔堡(Château Gaillard, 已毁), 建于1196～1198年, 由英王理查德一世(Richard I)修建, 用以保卫诺曼底免受卡佩王朝的进攻。它也许是法国最好的城堡, 设计者非常谨慎地避开了一座宏伟要塞周围的废弃用地。在接下来的一个世纪中, 法国大部分被用做军事要塞的主要城堡, 都筑有正方形的围墙和角楼。建造者越来越关心如何使大门在有效防御进攻时不易被破坏, 且又便于活动, 例如卡尔卡松城堡(Castle at Carcassonne, 1240—1285, 见[472]页图A)的建造。昂布瓦斯堡(Château d'Amboise, 1434年始建)是另一个例子, 不过它具有文艺复兴的风格。同样的原则被推广到整个城镇的防卫, 例如卡尔卡松城堡和艾格莫尔特城堡(Aigues-Mortes, 1271—1300)。在百年战争的恐怖时期, 城堡常被建成像阿维尼翁教皇宫(Palais des Papes at Avignon, 1316—1364, 见[471]页图D)那样, 实际上是坚固的防御性宫殿。这一时期恢复了对要塞的重视。要塞通常是四角设有塔楼的正方形平面, 如万塞讷堡(Vincennes, 1364—1373, 见[471]页图B)。

在封建制度下没有什么市政活动, 因而建造的市政厅很少。阿拉斯市政厅(Hôtel de Ville, Arras, 1510, 见[474]页图A)在沿街的高度有一条优雅的拱廊, 还有一座76m(250ft)高的钟楼。它和贡比埃涅市政厅(Hôtel de Ville at Compiègne, 15世纪早期, 见[474]页图B)一样, 在1914～1918年的战争中被毁坏, 后来得以重建。布尔日市政厅(Hôtel de Ville, Bourges, 15世纪, 见[473]页图Ⓒ、图Ⓕ)有一座火焰式的塔楼。德勒市政厅(Hôtel de Ville, Dreux, 1502—1537, 见[474]页图C)拥有小尖塔式的角楼和金字塔形的屋顶。

乡村府邸

随着火药的传入, 以及15世纪新社会秩序的形成, 乡村住宅取代防御性城堡而兴起, 虽然它们仍被称为"城堡"(Châteaux), 却和原来大不一样。奥莫尔特雷府邸(Château d'o Mortrée, 见[473]页图Ⓐ)和沙托丹府邸(Châteaux de Châteaudun, 1441年重建)都是豪华的府邸而非城堡。布卢瓦府邸(Château de Blois, 1498—1504, 见[473]页图Ⓔ)的东翼有一座13世纪的国务大厅(Salle des Etats)。大厅的门开向庭院, 后来增加的建筑也都围绕在庭院周围。其中的路易十二(Louis XII)哥特式螺旋楼梯, 或许是弗兰西斯一世(Francis I)时期文艺复兴早期壮丽的楼梯的原型。布列塔尼的若斯兰府邸(Château de Josselin, Brittany, 见[472]页图B)虽然始建于12世纪, 但现在所见的都是16世纪上半叶重建的。它有圆形的塔楼, 葱形拱的门头, 有竖棂的窗子。它是散布于法国各地的中世纪乡村住宅的代表。

城镇住宅

15世纪时, "贵族府邸"(Maisons nobles)开始兴起。这时, 法国的贵族们已经不再是那些居住在城堡中的封建君主, 他们开始修建现在称为"公馆"的住宅。这种住宅像乡村住宅一样, 以庭院为核心, 并且有一个朝向街道的精致的正立面。布尔日雅克·克尔府邸(Hôtel de Jacques Coeur, Bourges, 1442—1453, 见[471]页图C)无疑是中世纪法国最好的城镇住宅之一。它由一位富商建造, 部分修建于城墙之上, 建筑围绕着中心庭院, 并有7座楼梯塔楼。鲁昂的布特鲁尔德府邸(Hôtel de Bourgtheroulde, 约1475)是这类府邸的一个很好的例子。环绕着封闭庭院的立面在某种程度上很像当地的法院。庭院中还有一座建于1501～1537年的早期文艺复兴建筑。建筑立面上的浅浮雕描述了弗兰西斯一世与英王亨利八世(Henry VIII)于1520年在"黄金铺筑的场地"会面的情形。这些立面在1944年被严重损坏。第戎张伯伦府邸(Hôtel Chambellan, Dijon, 15世纪)是这个时期的城镇住宅之一。中心庭院有一座作为楼梯间的角楼, 楼梯栏杆的顶端是雕刻繁复的柱头, 而面向街道的立面上有精致的木质雕像。现在作为一座博物馆的巴黎克吕尼府邸(Hôtel de Cluny, Paris, 1485—1498, 见[474]页图D), 还保留着中世纪的特色, 可以说是晚期哥特式建筑的完好标本。一个小礼拜堂用拱券支撑, 拱券的中心柱墩上有一个比例优美的凸窗, 窗上装饰有火焰式窗花格以及卷叶花饰和叶尖饰。在巴黎桑斯府邸(Hôtel de Sens, Paris, 1485)中, 破墙而出的对称布置的大窗标志着建筑风格的重要变化, 或许还预示着更加稳定的都市社会的到来。

小型的住宅依然存在, 例如在克吕尼地区, 门和窗的形式仍是晚期罗马风的。而在圣·洛(S. Lô, 见[473]页图Ⓘ)、利雪、卡昂(见[473]页图Ⓓ)、沙特尔、博韦(见[473]页图Ⓖ)和鲁昂地区, 住宅都采用木结构, 并有雕刻过的山墙封檐板和悬挑的

不列颠群岛的建筑特征

除法国以外，比起欧洲其他地区，哥特式建筑在英国有着更悠久的历史和可能更为特殊的发展历程。由于各种原因，英国人对这套法国的模式采取随意、暧昧甚至批判的态度。在任何时候，他们都没有像德国人一样在法国人面前充当俯首帖耳的乖学生。英国建筑师的这种独立意识和对权威的轻视与意大利同行而非德国同行更为接近。只是他们创造了自己的哥特式建筑，这是意大利人没有做到的。约翰·哈维(John Harvey)把"垂直式"称作英格兰风格，多少有些赞誉过度，但是，对这项殊荣确实也没有其他有力的竞争者。

哥特式建筑在法国还处于尝试阶段时，就已传入了英国。早在12世纪60年代，英国北部的建筑师就对法国人的教堂设计表示出浓厚的兴趣。就像在欧洲其他地区一样，西多会的僧侣们带头推广了这一形式。事实上，约克大教堂(York Minster)的歌坛(后被替换)作为杰出典范，成为整个北部哥特式学派的鼻祖。英国西部地区在稍晚些时候也进行了类似的、初级肤浅的尝试。其中较为杰出的成果是韦尔斯大教堂(Wells)和格拉斯顿伯里大教堂(Glastonbury)。这些北部和西部早期的尝试，与其说是结构方面的，不如说是装饰方面的。也就是说，在哥特风格的外表下，墙体的每一个重要部分仍然保留了盎格鲁-诺曼底时代的老样子。对外观的专注热情，也始终是英国哥特式的一大特征。英国人试图把哥特式的细部和装饰，融入法国人认为非哥特式的空间骨架，这正是对其他可能性带有批判性反思的结果，从而真实地表达了自己的偏爱与喜好。

当然，英国人对待法国哥特式的态度，并非一律如此，也有几个重要的例外。如坎特伯雷大教堂的新歌坛(choir at canterbury, 1174)，尽管教堂的平面也是在原有建筑的基础上改建的，但新歌坛无论在结构上还是在视觉感受上，都是地道的哥特式，可能由于主持设计该教堂的建筑师是一个法国人。相同的例子还有林肯大教堂(true of Lincoln, 1192)，即使从一开始它就显出不因袭任何传统而标新立异的倾向。这些英国建筑，与早期的法国哥特式几乎同时期建成。大约100年以后，索尔兹伯里大教堂(Salisbury, 1220)和威斯敏斯特大教堂(Westminster Abbey, 1245)又显现出了与法国哥特盛期某种相似的联系。

如果为了论证方便而将林肯大教堂归于东南部地区的话，那这一地区就可视为哥特式建筑在英格兰的第三块根据地。与其他地区相比，这儿的建筑风格在任何方面都更接近于法国，也更容易全面地接受欧洲大陆传来的设计理念和式样。即便如此，这儿仍然发展形成了有别于法国的独特的美学倾向。相对而言，英国人更喜欢华丽的线脚以及抛光柱身上丰富的镶嵌饰物，比如珀贝克(Purbeck)大理石，而不是什么升腾的空间和高大的彩色玻璃窗。在最显要的建筑物里，英国人也会用到拱顶，但它绝不是他们迷恋的对象，他们对拱顶的兴趣仅仅限于其构成图案方面。也是出于同样的原因，木结构屋架在英国比欧洲其他地方更受关注。

相对来说，东部和南部的哥特式建筑比全国其他地区更为成熟一些。而当伦敦成为全国的首府之后，这一地区的建筑更是扮演了重要的角色。伦敦的哥特式建筑初期，即在建造萨瑟克大教堂(Southwark)和坦普尔教堂(Temple)的时代，还是十分普通的，直到13世纪后半叶，才成为国内声名卓著的建筑艺术中心。初期著名的范例就是威斯敏斯特大教堂和圣保罗大教堂(S. Paul's)。

威斯敏斯特大教堂受到了与其价值不一般的极大关注。而它那些碰巧保存完好的文献资料，也可能起到了夸大其历史重要性的效果。威斯敏斯特大教堂并不是第一座由王室赞助兴建的大教堂，然而，它无意识地将哥特盛期的建筑风格糅入了英国本土风格，从而被后人推崇为英国建筑史上的一个转折点。与王室的密切联系，更使其成为所谓"宫廷风格"的开山鼻祖。很多人倾向于认为英国或是其他地方的王室总是积极投入创造新的样式与风格，事实上这只是一种误解，风格绝非雇主所创造，而是建筑师创造出来以讨好雇主的。

为了了解所谓的"宫廷"，我们必须先看看"伦敦"。13世纪见证了伦敦建筑艺术的蓬勃发展，不仅体现在建筑项目的数量上，还体现在其规模和多样性上。就我们所了解的而言，在13世纪，一个技艺娴熟的石匠在某段时间内只从事一项工程，其大部分的职业生涯，往往仅受命于一个教会雇主。到了 14 世纪，建筑师们发现自己可以同时接手几个活了，他们可以提供细部设计并充当顾问。到 15 世纪，一些建筑师甚至直接参与了承包合同的订立。英国国内很少有大到可以不断提供这样规模的职业的地方。布里斯托尔 (Bristol)、约克 (York)、诺里奇 (Norwich) 都差强人意，而伦敦则比它们强多了。最好的雇主，包括王室，似乎都喜欢在这儿落脚，寻找他们迫切需要的建筑天才。于是，每一个在家乡的采石场里小有名气的乡下石匠，例如迪克·威廷顿 (Dick Whittington)，都野心勃勃地涌向伦敦碰碰运气。威廉·拉姆西 (William Ramsey) 来自东安格利亚地区 (East Anglia)，亨利·伊夫利 (Henry Yevele) 可能来自德比郡 (Derbyshire)。

事实上，直到 1250 年左右，英国的匠师还是完全自由的，他们可以按照自己的意愿建造哥特式，没有外在压力要求他们按照法国的样式亦步亦趋。他们中的很多人，可能根本就没有意识到在法国都发生了些什么。然而，在其后的 100 年间，情况有所转变，那些消息灵通的雇主对法国都相当熟悉，模仿法国人的品位成为一种时尚。这种效法的结果倒是并没有把英国哥特式变成法国的孪生兄弟，而是把英国由乡巴佬的落后状态推向了创新的前沿。如果说晚期哥特式是在法国辐射式的主题上变异衍生而来，那么这在英国却是一度领先的。这种转变的发生一方面是因为直接借鉴了国外的经验，而更重要的是他们熟练掌握了哥特式基本的设计方法，并认识到这些方法可以沿用到法国人尚未发现的建筑的其他方面。在英国所取得的众多成就中，最突出的是对表面图案的三维化处理。例如，窗饰图案的构图考虑了人们从哪些地方可以看到窗子，多边形布局的使用可以突出窗子的表现效果。同样的，骨架肋的形式也不必根据拱顶的形状而定，这种骨架与壳壁概念化的分离对各方面都产生了深远的影响(见德国哥特式)。

以各不相同的方式处理建筑，如：布里斯托尔大教堂 (Bristol) 的侧堂、韦尔斯大教堂的后堂区以及伊利大教堂 (Ely) 的八角堂，无论什么时候看，

都拥有最成熟精到的建筑构思，其异乎寻常的特色也使它们在史书上占据了重要的一页。但是，我们必须清醒地认识到，这一富有创造力的时代并没有延续多久，真正出类拔萃的优秀设计也不多。当创作的激情开始衰退，风格又回复到之前诸如统一、一致之类的要求，所有的一切都随之改变了。

在接下来的 200 年间，英国哥特式几乎又回到初期那种狭隘偏执的局面。只是这次所有的心思都花在了炮制纤细的线脚和层层镶饰的花饰窗格上，连拱顶都快要变成花饰了，例如这一时期出现的扇形拱顶。当时的人们明显想使教堂内部遍布统一的花饰纹案，虽说只要做一些调整就可以适应特殊需求，但这样的理想似乎更适合单间的小礼拜堂而非带有侧廊的大教堂。在这方面最成功最宏伟的实例是剑桥国王学院礼拜堂 (Chapel of King's College, Cambridge)。还有就是有钱人为了自己的利益捐款建造的无数小礼拜堂，以供做弥撒使用，不过，这些礼拜堂的规模形制或多或少都有所缩减。

以上三段文字，对哥特式建筑的粗略分类大体上沿用了传统的划分方法，即分为早期英国式哥特式建筑、盛饰式哥特式建筑和垂直式哥特式建筑。这些实例的图示在介绍英国罗马风时期(诺曼式)的建筑时已一并给出，以之比较这两种风格在内外立面、门廊、窗户、柱头柱础及线脚等各方面的差异(见[437]～[443]页附图)。如果人们认为里克曼的书中或其他 19 世纪的著作(见目录索引)里所描述的特征足以定义、区分这些风格，那就大错特错了。这些东西或许在缺乏文献记载的情况下可以用来大致确定建筑物的年代，或是把同一伙人设计的建筑归在一起，但它忽视了个体的研究，而对良莠不齐的作品一视同仁了。事实上，这样的归类对教区的小教堂比较管用，却不适合大教堂和隐修院。因为教区小教堂的建筑显然要比大教堂来得简单。然而到了中世纪后期，一些教区小教堂也形成了自己独特的艺术风格，把它们仅仅看做细节的堆砌是不公正的(见[478] [479]页)。

托马斯·里克曼❶，正是他为英国哥特式不同风格进行了命名和分期。他根据自己所能掌握的

---

❶ Thomas Rickman, 1776～1881 年，英国哥特式复兴建筑师，他是第一位将哥特风格细分为诺曼式、早期英国式、盛饰英国式以及垂直式的建筑师。——译者注

第二编　文艺复兴以前的欧洲和地中海建筑

图 A　艾塞克斯郡蒂尔提教堂 (13 和 14 世纪),见 [477] 页

图 B　威尔特郡索尔兹伯里的坎特伯雷圣托马斯教堂 (16 世纪早期):画在圣坛拱券上的世界末日,见 [477] 页

第14章 哥特式建筑

图A 萨塞克斯郡绍斯伊斯教堂(15世纪)，见[477]页

图B 赫金顿的圣安德烈教堂西南外观(14世纪)，见[477]页

图C 萨福克郡布莱堡圣三一教堂中堂东向内景，见[477]页

图D 萨福克郡丹宁顿教堂圣坛屏，见[477]页

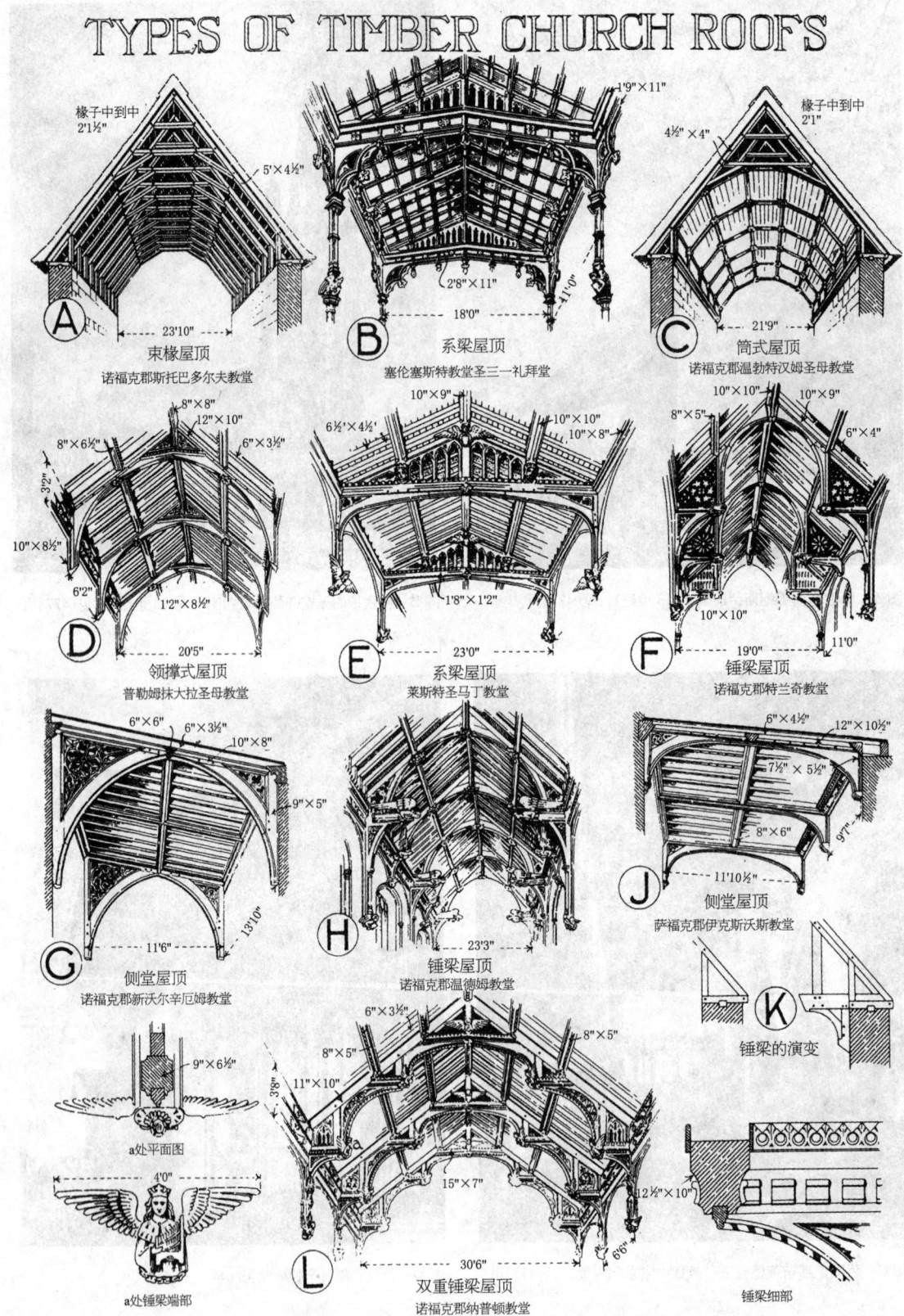

木结构教堂屋顶式样(TYPES OF TIMBER CHURCH ROOFS)

第14章 哥特式建筑

实例,即当时仍在每天使用的教会建筑,对英国哥特式进行了划分。其中大多数直到今天还在发挥作用。这些留存至今的教堂,虽然代表了那个时代建筑行业的最高水准,但在曾经实际存在的所有建筑物中也只是沧海一粟。其他的哥特式建筑,不是从人们视野中消失了,就是化作了废墟,要不就是改作他用,面目全非了。而幸存的那部分往往都是教会建筑,这无疑加深了人们对哥特式是专为建造教堂而产生这一史实的认识。然而,这也使人们误认为,中世纪的非教会建筑,从各方面说,都不是哥特式的。除了教堂以外,中世纪许多其他类型的建筑都有能力形成自己独特而丰富的艺术形式,城堡就是重要的一例。如今保存完好的城堡实例非常稀少。然而即使是废墟和复原物,也能清晰地表明:城堡的建造者们极少有机会像他们造教堂的同行一样沉缅于粉饰雕凿的把戏,即便有这种机会,也主要集中在一些小礼拜堂里,比如像博马里斯堡(Beaumaris)。城堡的功能主要是军事方面的作用,其次才是为居住在里面的人们提供居家乐趣。因此,哥特式在这儿就只能表现为几个尖拱了。

重要的城堡建筑实际上是被王室独占的。正是这些城堡而非教堂,使王室频繁地介入建筑事务中。在少数需要采取紧急措施的情况中,国王甚至有权征召所有可能征到的工匠来修建城堡。爱德华一世(Edward I)在威尔士(Wales)的城堡就是一例。

建造城堡的思路与建造教堂不同,在这里,理性远比创意重要得多。从这一点来说,威尔士北部地区的城堡也许比圣地外的任何建筑都更动人心弦。博马里斯堡是控制安格尔西(Anglesey)的设防桥头堡,哈勒赫堡(Harlech)设有警察局,康韦堡(Conway)和卡那封堡(Caernarvon)不仅是碉堡也是王室的驻地,这些城堡将位于其间的斯诺登地区(Snowdonia)置于全面控制之中。这正是整个威尔士地区最重要的军事据点。然而这些建筑不仅在实战中发挥作用,更有精神方面的威慑力量。它们在城市中集结成群,形成一道有力的防线。作为力量与极权的象征,城堡与大教堂同样震撼人心。

在城堡建筑中,生活需求总是不可避免地受到防御功能的限制。鉴于法律制度日益深入人心,且不用说那些战事促使城堡荒废,人们也总是倾向于放弃城堡去建造真正的家园,过一种平静、安详的生活。

然而,与教堂和大部分城堡的完好保存恰恰相反,绝大多数中世纪的豪宅由于难以适应新的生活方式而退出了历史舞台。但还是有一部分躲过了重建的灾难而得以修复,有些还相当完整地保留了当时的历史面貌,至少也是部分地保留了历史原貌。这些建筑之所以得以幸免于难,一方面可能是因为其主人穷困潦倒得盖不起新房子,另一方面,在后中世纪时代拥有一幢中世纪的豪宅对当时某一社会阶层来说正是身份的象征。

从诺曼人征服英伦三岛到宗族改革运动兴起的几百年间,英国的社会状况发生了巨大的变化,这直接影响了英国国内建筑的发展。早先,只有相当富裕的阶层才能住上比较像样的房子,这所房子即成为整个庄园的中心。庄园主被一群追随者前呼后拥,几乎整天生活在公众的目光中,因此,在这样的房子里,一个像样的大厅是必不可少的,而一个简单装饰的小房间则已是私人生活的全部了。后来情况有所改变,房间开始朝两个方向延伸:向上和向外。像那些主教的宫殿,用地宽敞,礼拜堂、厨房、贮藏室等有特定功能的房间都可围绕着大厅兴建;如果地皮紧张,这些房间也可以叠起来塞在塔楼里了。从建筑的角度来讲,后一种更富挑战性,而且也许可以在长期的实践中取得更丰硕的成果。塔楼里必须有楼梯通向每一个房间,为特定的房间安排特定的楼梯往往是门大学问,需要建筑师有过人的才智。

房间的规划布局也同样遵循明确的准则。所有的功能单元组成行列,然后通过庭院结合成一个整体,沿街立面以一座富丽堂皇的门楼为中心。所有这些手法在中世纪时就已形成定制,并非文艺复兴时期才发明的。在当今的英格兰,古老的大学学院建筑是这一类中世纪建筑的典型代表,牛津和剑桥保存着其中最优秀的部分。然而,这些学院建筑的形制绝非仅限于学术研究机构,更是对团体生活意识的建筑表达,它由隐修院的基本模式衍生出来,直至形成大规模的社会组织。这些学院大都借助善款兴办,受益人必须在一起吃饭,依照一定的仪式定期做礼拜。于是,这一类建筑中最关键最堂皇的部分就是大厅和礼拜室(见[482]页图A及[483]页图A)。即便如此,私人豪宅与学院建筑之间,几乎没有明显的差别,这可以汉普顿宫和剑桥的圣约翰学院(S. John's College, Cambridge)为例予以说明。

第二编 文艺复兴以前的欧洲和地中海建筑

图 A 伊顿学院鸟瞰（1440），见[484]页
1. 入口；2. 礼拜堂；3. 学院大厅；4. 上区学校；5. 威斯顿花园；6. 院长寓所；7. 校长宅邸

图 B 汉普顿宫西门楼（约1520），见[484]页

第14章 哥特式建筑

图A 剑桥大学南侧鸟瞰(1440),见[485]页
1. 校董会办公楼;2. 圣母教堂;3. 国王学院;4. 克莱学院;5. 圣三一楼;6. 圣三一学院;7. 冈维尔和卡尤斯学院;8. 圣约翰学院;9. 抹大拉学院

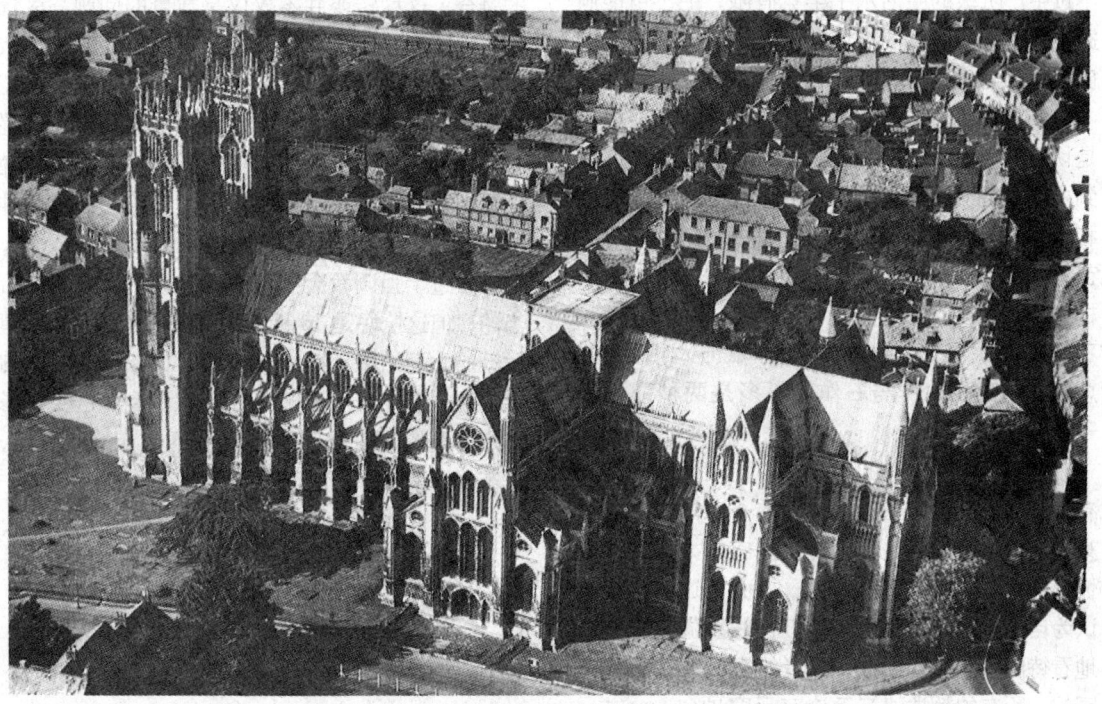

图B 贝弗利大教堂鸟瞰(13~15世纪早期),见[485]页

汉普顿宫（Hampton Court，1520年始建，见[482]页图B及[511]页）无论以何种标准衡量，都是一件出类拔萃的优秀作品。当时，砖已替代石材成为广泛使用的建筑材料，虽然在建造教堂时还不常用，但用于建造住宅还是很普遍的。然而，英国国内绝大部分房子还是使用木架结构。这一状况一直以来都存在，直到中世纪结束后还持续了很长一段时间。

最早的木结构形式模糊难辨，只能在考古所发现的成排柱坑里再现。矗立至今且年代可考的最古老的木架也是13世纪的遗迹了。从那时起，木构架房子渐渐发展，最终形成了一系列当地的建造法则。虽然各个地区的做法不尽相同，进展也不同步，但所有的设计目的是一致的，就是为了迎合新兴集团不断变换的需求。由于暴发户总是渴望显示自己的品位高雅，所以他们的房舍总是模仿当时上流社会的样式：其核心部分在某些字面记载中，是一座大厅，周边附以服务用房和其他小间。只在细微之处有所改变，例如在楼上添几个房间，以及把明火设在壁炉内并安上烟囱。不过中产阶级的生活水平毕竟有限，绝不可能照搬中世纪大户人家的排场，只是学了一点零星的皮毛而已。

乡土建筑发展出一套自己的规律，其宗旨是切合日常生活的实际需求。当然，它们也受到木结构特性的限制。木构架的强度由其节点和承载构建所决定。木工是一门独立的特殊手艺，几乎与哥特式的石作工艺毫无关联。木结构的形象表现力同样很有限，装饰只是外在的，不能长久保存，与宗教建筑的雕饰大相径庭。总之，当时的木作与石作差不多是两种毫不相干的手艺。

这倒不是说当时的木匠和石匠之间就完全没有交流，只是这种交流到底产生了多大的影响，很难确定。这一方面是由于现存的实例太少，让人怀疑这只是极端的例子；另一方面两边的学徒都认为自己是本行的专家，他们视线狭隘难以全面地看待问题。尽管如此，两者的交融还是不容怀疑的。所有的教堂建筑无论有无穹顶（见[480]页），其屋架都是木制的。有些教堂的穹顶是由木材仿石作的，如约克大教堂。民居中的弧形屋架是由于受到木穹窿中弧形肋的启发而产生，这也并非无稽之谈。恰恰相反，威斯敏斯特大教堂大厅（1399，见[504]页图A）的锤式屋顶只不过是略微借鉴了一点石刻装饰的形式，就由纯粹的木构架上升为艺术品了。像这种精美绝伦的木屋架的存在，明确地解释了石穹顶在英国晚期哥特式中大受冷落的原因。当时活跃着一批技艺精湛的木匠，可以用木材制成样式繁复的华盖，几乎可以与墓室中的石刻、金属浇铸的神龛和圣体匣相媲美，例如切斯特大教堂的歌坛（Choir Stalls at Chester Cathedral）。想必他们应该接触过相关书籍，至少是熟谙哥特艺术其他工种的工艺和流程。当然，在这点上也不必要求众口一词。问题的关键在于：设计木构住宅（见有关章节）的工匠与他们设计教堂的同行究竟是否采用相同的几何度量方法。如果是的话，究竟是一贯如此，还是从某一时期开始的？如果不是，他们采用的又是什么方法？至今还没有人能给出确切的答案。

即使没有答案，有一件事情还是可以肯定的，那就是在哥特时代的初期，建造业的重中之重是大教堂，由石匠总揽全局，而到了后期则以世俗建筑为主了。这在某种程度上反映了木作和石作的融合。这种转变并不仅仅是数量的问题，尽管世俗建筑的总量大得惊人。更具决定性的是，宗教建筑的设计局限性太大，专业性也太强，已经无法适应这个社会不断向更高层次的复杂性和混合性发展而提出的对建筑业不断增长的需求。晚期哥特式为了满足这些需求，离真正的哥特精神越来越远了。

太过于强调教会与世俗的对立，恐怕是不恰当的，但这恰好是15世纪的社会现实。宗教改革运动的大潮结束了教会特权的时代，也给教堂的建设画上了句号。建筑界开始意识到，这400多年来形成的建筑传统到了不得不舍弃的时候了，改革与探索一套新的形式成为当务之急。

不列颠群岛的建筑实例

教堂

我们首先以规模较大、数量较少的教堂为例，来展现哥特风格在不列颠的发展历程。鉴于所处地理位置的原因，此处将重点介绍英格兰本土的历史遗迹。本书中提供了部分教堂的平面图（见

第14章 哥特式建筑

[486]~[489]页)及立面和细部(见[437]~[443]页),将按照字母表顺序依次介绍,以方便查阅,C、A、P和CC分别表示教堂原来的类型:大教堂(Cathedral)、大隐修院教堂(Abbey)、小隐修院教堂(Priory)或大圣堂(Collegiate Church)。

贝弗利大教堂(Beverley, CC,见[483]页图B),始建于13世纪初叶,歌坛及耳堂完成于13世纪中叶。教堂的总体构想源于林肯大教堂,而大部分的细部设计则与同时代的方廷斯隐修院(Fountains Abbey,见相关章节)的歌坛极为相似。14世纪修建的中堂延续了教堂东面部分的设计风格,只是添上了时髦的细部装饰。建于1380~1430年的西立面则仿照约克大教堂早先的西立面做法。

布里斯托尔大教堂(Bristol, A,见[489]页图Ⓚ),属圣奥古斯丁牧修会礼堂(约1150)。厚墙支撑着形制复杂的交叉拱,带有明显的伍斯特地区早期牧修会礼堂的风格。圣母教堂(约1218—1234),可能是由一位来自威尔士的石工匠师亚当·洛克(Adam Locke)主持设计的。中堂(19世纪)与歌坛(1298—1332,见[494]页图A)在风格上完全一致。像这样的大厅式教堂在英格兰(见坦普尔教堂,伦敦)极为罕见。很多细部的处理已可看出欧洲大陆的影响力。

剑桥国王学院礼拜堂(Cambridge, King's College Chapel, CC,见[483]页图A及[490]页),建造分为三个阶段(1446—1461,1477—1485,1508—1515)。最后阶段在约翰·瓦斯特尔(John Wastell)的主持下建造了扇形穹窿(见彼得伯勒大教堂),独立高大的礼拜堂长24.4m、宽12.2m(80ft×40ft),由两边巨大的垂直侧窗采光,没有侧堂,但南北两侧各有一排连续的低矮的礼拜堂。所有的内表面、甚至穹顶上都缀满了镶嵌饰物。这是格洛斯特第一栋典型的垂直式风格的宗教建筑。

坎特伯雷大教堂(Canterbury, AC,见[487]页图Ⓑ及[492]页图A),第一位诺曼大主教兰弗朗克(Archbishop Lanfranc)于1070年开始重建该教堂,并且保留了一部分早期的地下墓窟。从其中的科林斯柱头便可看出,这些精雕细琢的柱头自歌坛1096年修缮扩建以后一直保存至今。教堂于1130年举行了祝圣礼。余下的部分则是1175~1184年修建的。教堂的东端在1174年的一场大火之后重建,并于1184年完工,主持设计的建筑师是桑斯的威廉(William of Sens,?—1180)和英国人威廉(William the Englishman)。这座教堂是一座敬献给贝克特的托马斯(Thomas à Becket)的圣殿。东端的形制是英国最早的哥特式做法,而三段式的内立面是仿照12世纪70年代法国北部的式样。坎特伯雷大教堂与其所处的环境相映成趣。歌坛原先的下半部分被保留下来并以此决定了窗间壁的形式。它是英国第一座双耳堂教堂,以此容纳了更多的信徒。中堂于1379~1405年由亨利·伊夫利(Henry Yevele)主持重建,他是当时的皇家建筑总监,卒于1400年。坎特伯雷大教堂还是用垂直支柱式作为装饰的早期实例,上面的各层由此形成了统一的整体。而高处窄小的玻璃窗使拱顶显得异常阴暗,与明亮的主连拱廊对比强烈,营造了神秘的宗教气氛。

卡莱尔隐修院教堂(Carlisle, AC,见[489]页图Ⓑ),歌坛于1292年大火之后重建,直到1322年重建工作仍在进行。窗花格代表了哥特式盛饰时期后期的典型风貌。

切斯特大教堂(Chester, A,见[489]页图Ⓕ),歌坛始建于1283年,最终可能在理查德·伦吉诺尔(Richard Lenginour)的主持下于1315年完工。这座教堂的立面受法国的影响非常明显。可能是由于两位法国建筑师萨瓦亚(Savoyards)和加斯孔(Gascons)的参与设计,他们原是国王聘请来设计城堡的。

奇切斯特大教堂(Chichester, C,见[488]页图Ⓖ),歌坛约于1091年始建,可能于1108年举行祝圣礼时竣工。而中堂直到约1140年才完工。诺曼式半圆形后殿在1187年的一场大火之后被重建成正方形,并且照着当时新近落成的坎特伯雷大教堂的式样新添了礼拜堂。这座教堂是后堂区最早的例子,这一形式其后在温切斯特、索尔兹伯里、埃克塞特和韦尔斯的大教堂中(见相关章节)得到了进一步的发展。

达勒姆大教堂(Durham, AC,见[421]页及[487]页图Ⓖ),歌坛修建于1093~1104年,耳堂约建于1100~1110年,中堂约建于1110~1128年,拱顶则是1128~1133年建成,而棱形穹窿的建设则贯穿始终。最初,只有歌坛上才盖有穹顶。它是欧洲教堂中最早在支柱上架拱的实例。现存歌坛上方的穹顶是13世纪修建的。这一伟大的发展对诺曼底和法国北部地区建筑产生了深远的影响,并且成为当时新产生的哥特风格的主要特征。穹窿

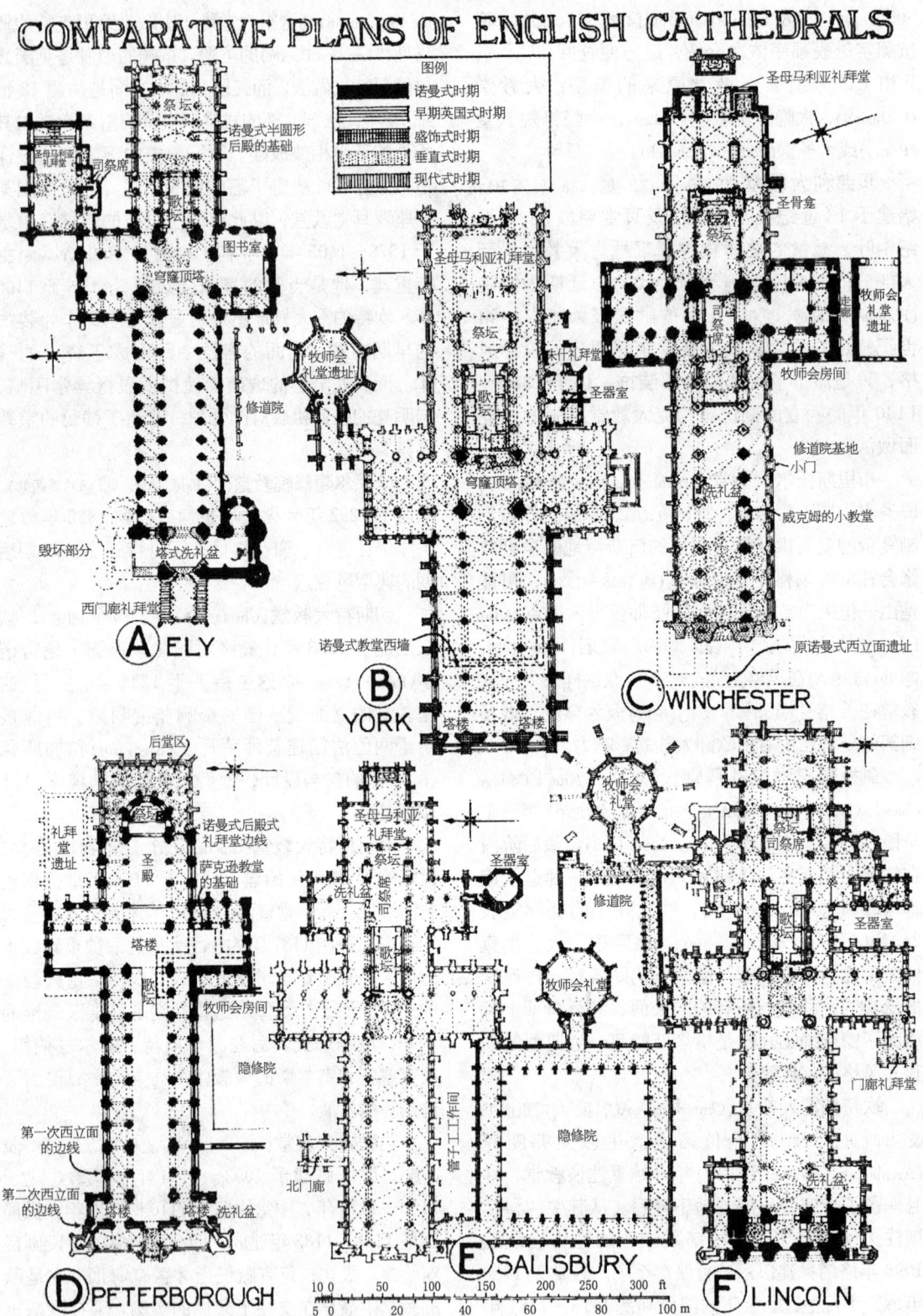

英国教堂平面的比较(COMPARATIVE PLANS OF ENGLISH CATHEDRALS)：Ⓐ 伊利大教堂；Ⓑ 约克大教堂；Ⓒ 温彻斯特大教堂；Ⓓ 彼得伯勒大教堂；Ⓔ 索尔兹伯里大教堂；Ⓕ 林肯大教堂

第14章 哥特式建筑

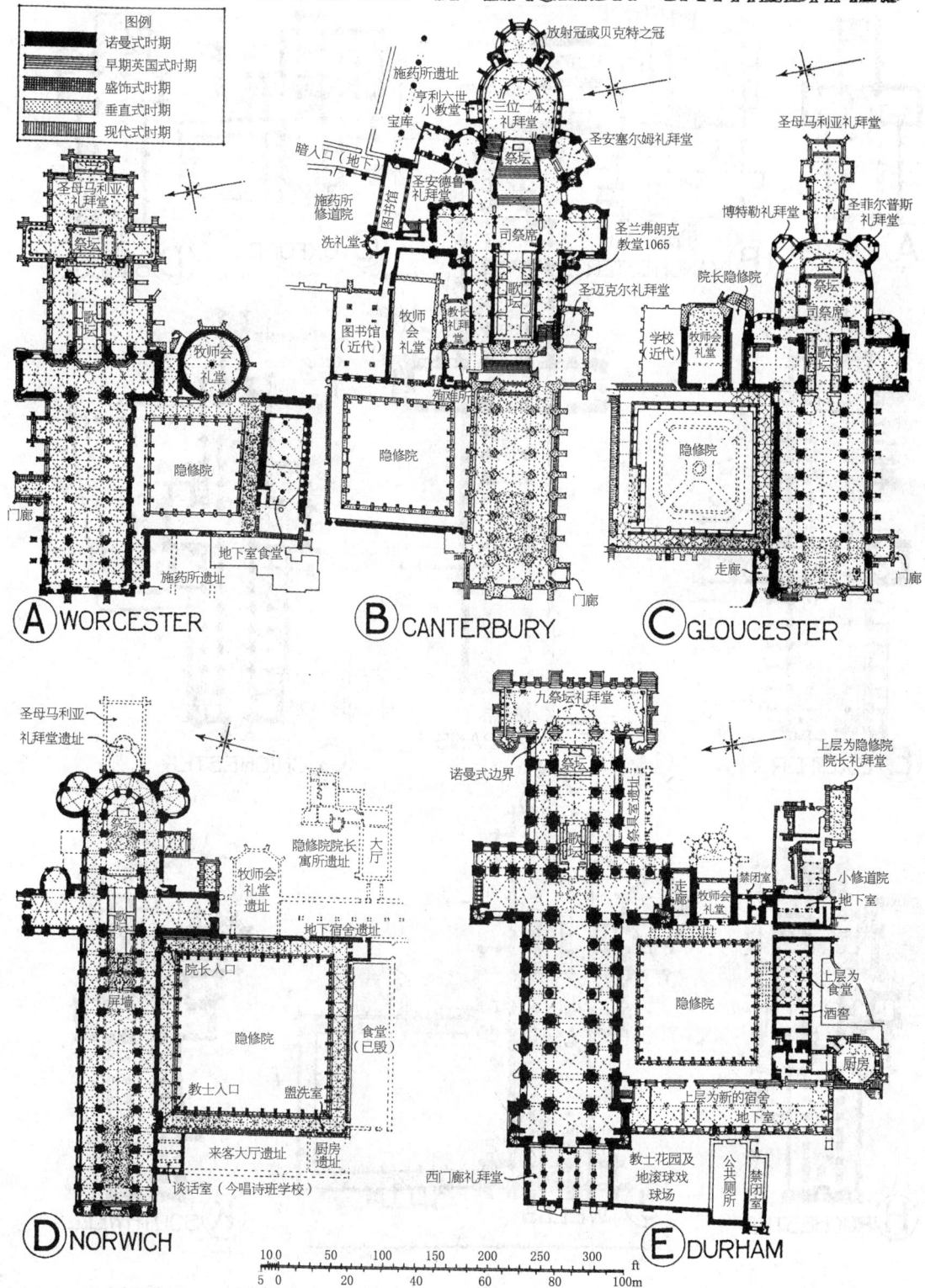

英国教堂平面的比较（COMPARATIVE PLANS OF ENGLISH CATHEDRALS）：Ⓐ 伍斯特教堂；Ⓑ 坎特伯雷大教堂；Ⓒ 格洛斯特大教堂；Ⓓ 诺里奇大教堂；Ⓔ 达勒姆大教堂

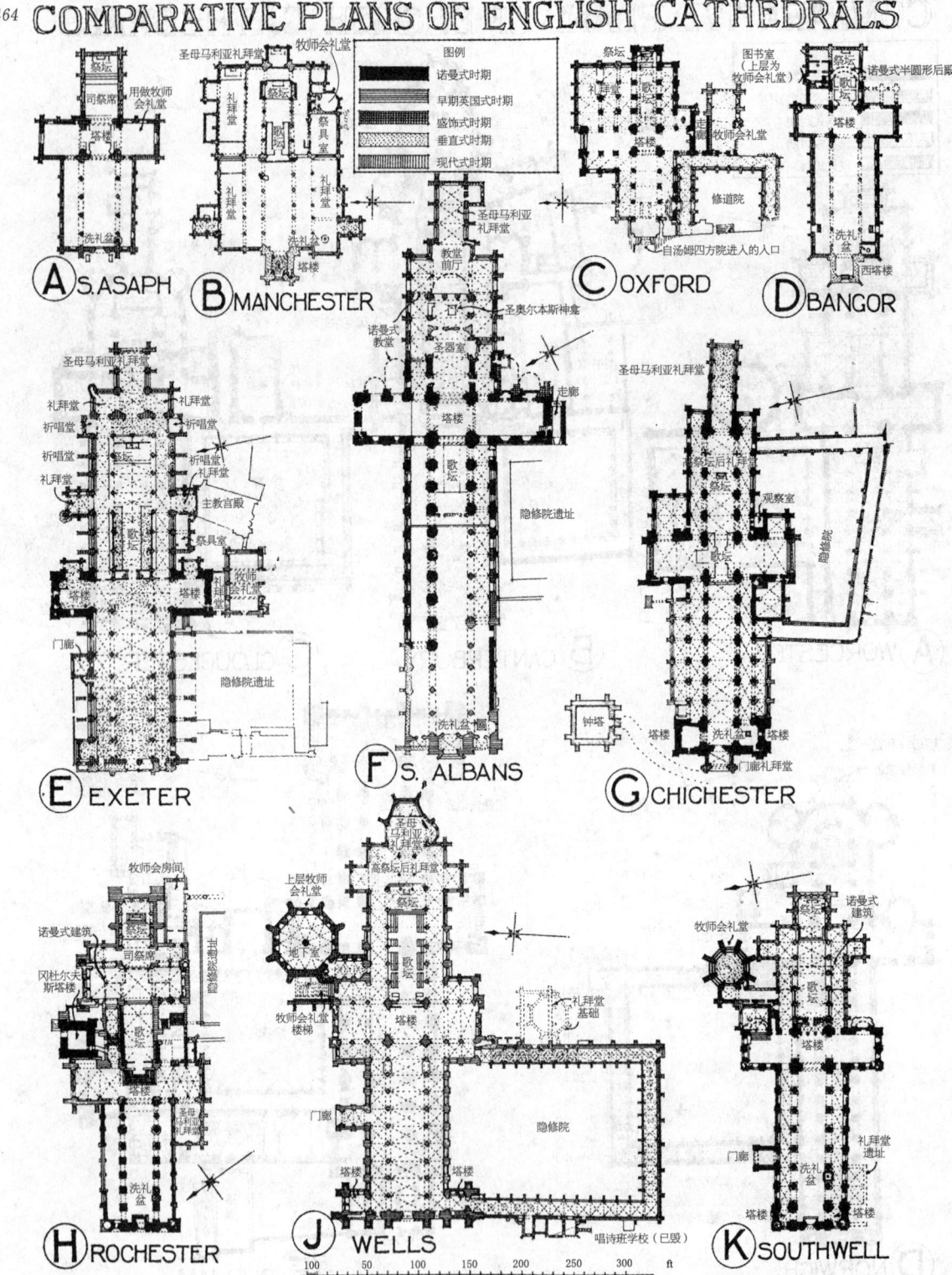

英国教堂平面的比较(COMPARATIVE PLANS OF ENGLISH CATHEDRALS)：Ⓐ 圣阿萨夫教堂；Ⓑ 曼彻斯特教堂；Ⓒ 牛津教堂；Ⓓ 班哥教堂；Ⓔ 埃克塞特大教堂；Ⓕ 圣奥尔本斯隐修院；Ⓖ 奇切斯特大教堂；Ⓗ 罗切斯特大教堂；Ⓙ 威尔斯大教堂；Ⓚ 索斯韦尔大教堂

第 14 章 哥特式建筑

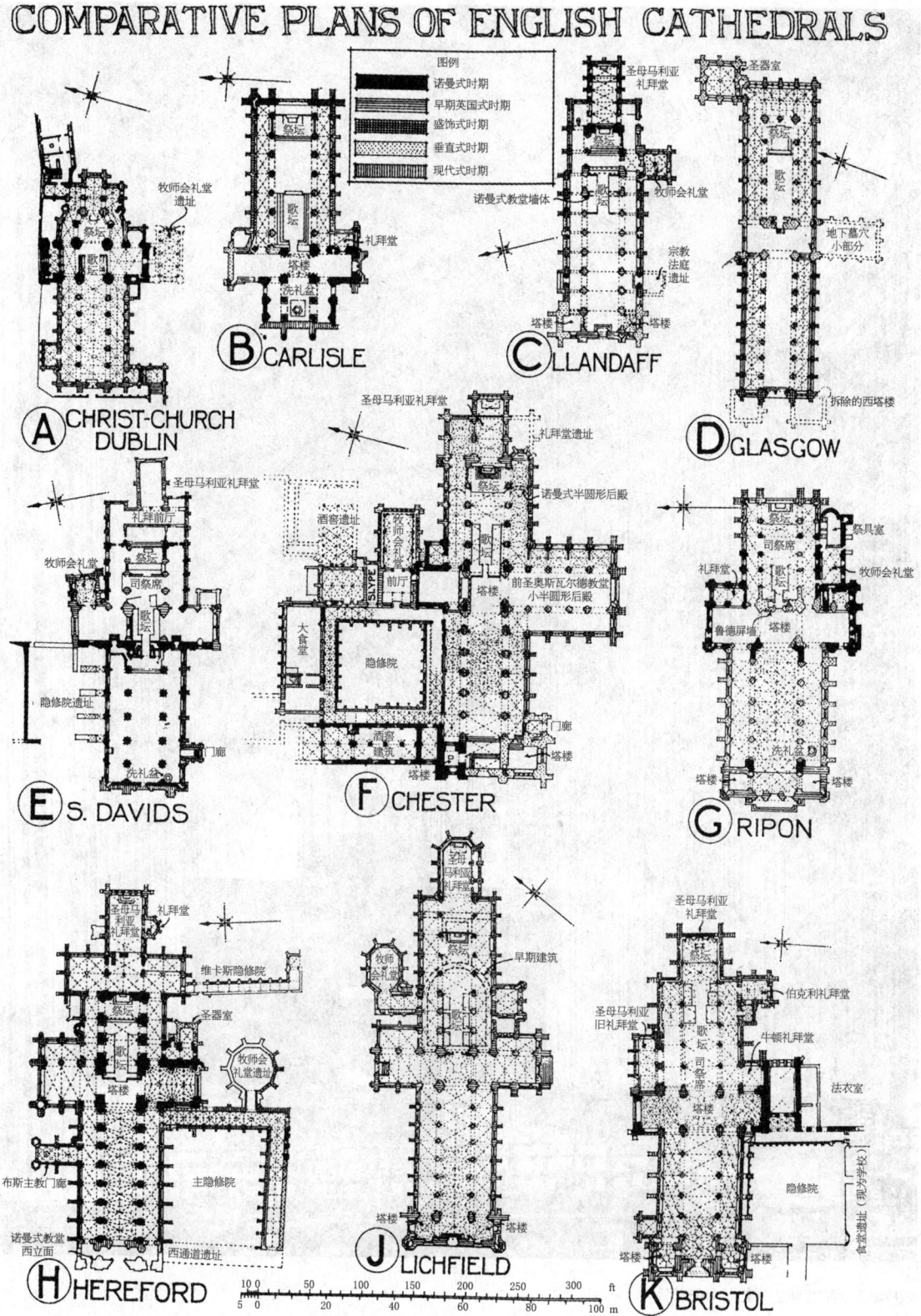

英国教堂平面的比较（COMPARATIVE PLANS OF ENGLISH CATHEDRALS）：Ⓐ 都柏林基督教堂；Ⓑ 卡莱尔隐修院教堂；Ⓒ 兰达夫大教堂；Ⓓ 格拉斯哥大教堂；Ⓔ 圣大卫大教堂；Ⓕ 切斯特大教堂；Ⓖ 里彭大教堂；Ⓗ 赫里福德教堂；Ⓙ 利奇菲尔德大教堂；Ⓚ 布里斯托尔大教堂

剑桥国王学院礼拜堂中堂（1446—1515），见[485]页

顶没有在英国迅速获得成功,但当地的石匠却把这一结构作为装饰元素首先运用于达勒姆大教堂,例如回纹雕饰的窗间壁、带线脚的拱券。位于教堂西端的门廊礼拜堂(约1175)是典型的过渡时期装饰风格。九圣坛礼拜堂位于耳堂的东端(约1242—1290),平面形式源于方廷斯大隐修院(Fountains Abbey)。

伊利大教堂(Ely, A;见[437]页图E、图K,[486]页图A,[492]页图 B,见[494]页图 B),是一座诺曼式教堂,于 1080 年由西米恩(Simeon)主持建造。他是温彻斯特大教堂主教韦克林(Wakelin)的兄弟。耳堂约建于 1080~1110 年,中堂约建于 1110~1150 年。三段等高的内立面源于稍前完成的温切斯特大教堂的形式。伊利大教堂的建筑风格影响了诺里奇大教堂和彼得伯勒大教堂,并且成为典型的东安格利亚地区(East Anglian)罗马风的代表作。西部的耳堂约建于 1170~1230 年,歌坛约于 1235~1252 年在东端添建了一个内堂。它模仿了林肯大教堂中堂的装饰样式,还照搬了其拱顶。圣母礼拜堂于 1321 年始建,直到 1349 年尚未完成,穹顶则可能是 15 世纪才盖上去的。整个教堂的内部装饰,则极有可能是盛饰风格时期那些突发奇想的建筑师的得意手笔。中心塔楼于 1322 年倒塌,后来人们在此补建了一个八角形的木质天窗。

埃克塞特大教堂(Exeter, C, 见[488]页图E,[494]页图 C),这座教堂中唯一保存完好的诺曼式建筑就是耳堂上方的塔楼。其从 12 世纪上半叶起,一直保存至今。重建工程约于 1270 年由东端开始,完全是盛饰哥特式时期的风格。歌坛和两翼于 1311 年完工。歌坛东部的跨间开始采用两段式立面。上层包括一条廊道,颇似廷特恩教堂(Tintern)和内特利教堂(Netly)的做法。之后,当时的人们又在此插入了一条假的拱廊,以与内立面的其他部分协调一致。精雕细琢的歌坛陈设品约制作于 1311~1325 年,其后大约在 1328~1348 年修建了中堂。西立面则约在 1340~1370 年建成。

格拉斯顿伯利大教堂(Glastonbury, A),1184 年 5 月 25 日的一场大火,使原先的教堂化为灰烬。重建的圣母礼拜堂于 1186 年完工,虽然它无论在结构还是装饰水准上都不及韦尔斯大教堂,但其细部处理仍然堪称当地西部风格的重要典范。教堂于大火后重建,保存至今的南部耳堂东墙是 12 世纪末叶或 13 世纪早期的产物,耳堂系西部地区特有的建筑语汇,是珍贵的实例。此外,内立面的巨大尺度在历史上也极为罕见。

格洛斯特大教堂(Gloucester, A;见[487]页图C,[493]页图 A,[494]页图 D),原先的歌坛建于 1089~1100 年,其内立面可能是四段式的,并有一个石穹顶。14 世纪重建时保留了底下两层。中堂约重建于 1100~1150 年,拆除了楼廊,形成一条宏伟的主连拱廊。穹顶约建于 1245 年,约 1331~1337 年重建耳堂南翼时,人们用精雕细刻的网状窗花格替代了原先诺曼式构架。约 1337~1377 年重建歌坛时也采用了同样的替代方式。该教堂是英国后期垂直式哥特风格的最早例子。1368~1374 年修建了耳堂的北翼。建于 1351~1412 年的回廊内的四条走道继续探索了垂直式哥特的做法,并且最早尝试采用了扇形穹窿。

赫里福德教堂(Hereford, C;见[489]页图H),歌坛是 11 世纪末叶的建筑,一直保存至今。耳堂的南翼在 1186~1199 年建造时,糅进了当时最盛行的西部风格。经由威斯敏斯特大教堂而传入该地区的法国新式样则在耳堂的北翼首度有所体现(约 1250—1270)。已经惨遭破坏的牧师会礼堂(约 1350—1370)则可能是第一个大型扇形穹窿的诞生地。

利奇菲尔德大教堂(Lichfield, C;见[489]页图J),约于 1195 年开始修建,从东部开始动工,向西部推进。建于 13 世纪下半叶的中堂在很大程度上借鉴了赫里福德教堂的耳堂北翼的形式。司祭席于约 1337~1349 年重建,可能是由早期垂直式的先锋建筑师威廉·拉姆西(William Ramsey)主持设计的。

林肯大教堂(Lincoln, C;见[486]页图F,[493]页图 B),该教堂约在 1073 年开工兴建。当时是一座诺曼式教堂,现在只剩下西立面的下段还保留着那时的样子。12 世纪 40 年代修建的三座大门和门上饰有塑像的雕刻带都与巴黎的圣但尼隐修院相仿。林肯大教堂在 1185 年地震后重建。圣于格歌坛、东耳堂和多边形后殿完成于 1200 年前后,西耳堂约建于 1200~1220 年,中堂约建于 1120~1240 年。许多装饰母题都借鉴了坎特伯雷大教堂的样式,并有所发展与丰富,例如窗间壁、珀贝克大理石饰面、立面形式、拱顶及双耳堂。在拱顶上的大胆尝试则产生了中堂完美的居间肋拱顶(tierceron vault)。林肯大教堂作为第一座真正的英国哥特式教堂,对其后的伍斯特大教堂、伊利大教堂、约克大教堂、贝弗利大教堂等的建造产生了深远的

第二编 文艺复兴以前的欧洲和地中海建筑

图 A 坎特伯雷大教堂西南外观(1440)，见[485]页

图 B 伊利大教堂西南鸟瞰，见[491]页

第14章 哥特式建筑

图 A　格洛斯特大教堂东南外观，见[491]页

图 B　林肯大教堂(11—13世纪)，见[491]页

第二编　文艺复兴以前的欧洲和地中海建筑

图A　布里斯托尔大教堂歌坛东向内景(1298—1332)，见[485]页

图B　伊利大教堂西面附加的主教礼拜堂(1533)，见[491]页

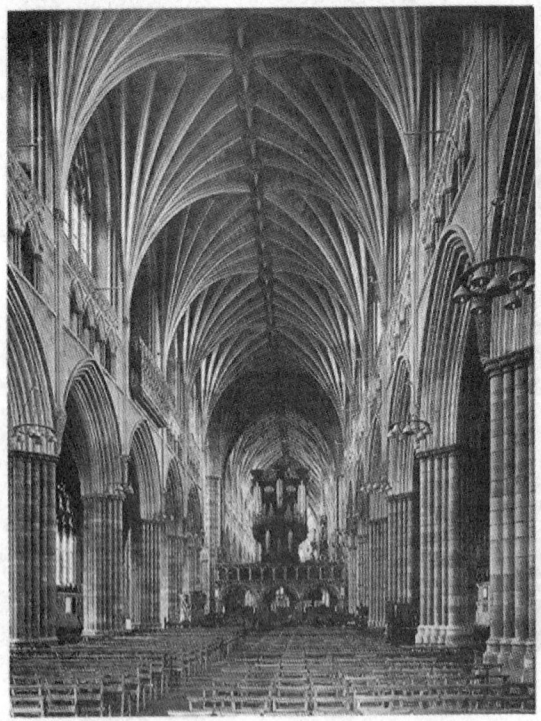

图C　埃克塞特大教堂中堂东向内景(1328—1348)，见[491]页

图D　格洛斯特教堂圣母礼拜堂西向内景(1485—1498)，见[491]页

第14章 哥特式建筑

图A 诺里奇大教堂司祭席和半圆形后殿(11—14世纪),见[496]页

图B 牛津大教堂基督礼拜堂东向内景,见[496]页

图C 彼得伯勒大教堂西立面(12世纪末至13世纪初),见[496]页

影响。约 1256~1280 年建造的天使歌坛是敬献给林肯郡圣于格的圣地。教堂的立面得到了极大的丰富,尤其是使用了窗花格,并从威斯敏斯特大教堂借鉴了最新颖的法国式样。

兰达夫大教堂(Llandaff, C; 见[489]页图ⓒ), 1120 年始建, 现在的歌坛和圣母礼拜堂之间保留着诺曼式歌坛精致的拱门。约 1190 年重建时的风格与韦尔斯大教堂相近。

诺里奇大教堂(Norwich, AC; 见[487]页图ⓓ及[495]页图 A), 最初的诺曼式教堂建于 1096 年。歌坛、耳堂及中堂东面的间架约建于 1119 年, 西面的跨间约建于 1120~1150 年。内立面参照伊利大教堂, 做成三段等高, 并借鉴其细部的做法。拉姆西家族(Ramsey family)主持设计了回廊的东、南走道(1299—1325)及耶稣受难礼拜堂(1310—1325)。威廉·拉姆西(William Ramsey)后来参与了旧圣保罗大教堂(Old S. Paul's)的建筑, 或许还效力于利奇菲尔德大教堂和格洛斯特大教堂。

牛津大教堂(Oxford, P; 见[488]页图ⓒ及[495]页图 B), 歌坛约于 1150~1160 年建造, 1180 年举行祝圣礼。中堂的建造一直持续到 13 世纪, 主连拱廊和高度逐渐降低的拱廊被统一在一个大拱之下, 其上是高侧窗。类似的处理还可见于格拉斯顿伯里大教堂、邓斯特布尔大教堂(Dunstable)、拉姆西大教堂(Romsey)和杰德堡大教堂(Jedburgh)。

彼得伯勒大教堂(Peterborough, A; 见[437]页图ⓐ、图ⓑ, [486]页图ⓓ, [495]页图 C), 1117 年动工兴建, 歌坛、耳堂和中堂东面的 6 个跨间完成于 1175 年。1195 年完成内部装修。12 世纪末完成的内立面是对 11 世纪 80 年代竣工的伊利大教堂的借鉴与发展。西立面修建于 12 世纪末至 13 世纪初。巨拱的造型来源于林肯大教堂的诺曼式正立面, 东部的礼拜堂于 15 世纪中叶动工, 16 世纪初在约翰·瓦斯特尔(John Wastell)的主持下完成。

里彭大教堂(Ripon, CC; 见[437]页图ⓒ、图ⓓ, [489]页图ⓖ, [498]页图 A), 现存的中堂遗迹修建于蓬特勒韦克的罗杰(Roger of Pont L'Evêque)担任约克郡大主教的时期, 因此受到了约克大教堂歌坛建筑风格的影响。西立面建于 13 世纪下半叶。歌坛约在 1286~1288 年始建, 约 1330 年竣工, 但窗花格的式样却与约克大教堂大相径庭。

罗切斯特大教堂(Rochester, AC; 见[488]页图ⓗ), 中堂修建于 12 世纪中叶, 没有楼板的楼廊使它显得颇为与众不同。西立面约建于 1165~1175 年, 雕像与同时代的肯特州和法国北部的风格接近。其歌坛和北翼约重建于 1179~1200 年。东部的耳堂和歌坛约建于 1217~1227 年。它是较早采用坎特伯雷大教堂的双耳堂式平面的实例, 北翼约在 1240~1250 年重新做了装修。

圣奥尔本斯隐修院(S. Albans, A; 见[488]页图ⓕ), 1077 年始建, 可能在 1115 年落成。教堂的内部看起来粗糙而混乱, 大概是因为大量利用了从附近的罗马城市费鲁拉米姆(Verulamium)运来的石料。西立面与中堂西端的跨间约于 1195 年始建, 约 1235 年完成。歌坛约在 1260~1326 年向东扩建, 参考了当时威斯敏斯特大教堂和旧圣保罗大教堂的做法。

圣大卫大教堂(S. David's, C; 见[489]页图ⓔ), 约 1180 年由中堂的西端开始破土动工。整个教堂在 13 世纪中叶完工。中堂的设计无论是大体还是细部, 都与沃尔斯大教堂(Wells)和伍斯特大教堂类似。精工细作的大吊顶建于 1472~1479 年。

索尔兹伯里大教堂(Salisbury, C; 见[463]页图ⓐ, [486]页图ⓔ, [497]页), 1220 年始建, 1266 年落成, 是英国哥特式教堂中极少数以一套设计准则贯彻始终的例子之一。内立面的各段被强烈的水平线条所分割。多处使用的黑色珀贝克大理石在室内形成了鲜明的色彩对比。牧师会礼拜堂和回廊建于 1263~1284 年, 其中前者参照了稍早落成的威斯敏斯特大教堂的教士礼拜堂的形式。

塞尔比大教堂(Selby, A; 见[501]页图 A), 歌坛建于 1280~1350 年, 其中保存着最早的弧形窗花格。东面窗户制作精细, 更是同类作品中登峰造极的典范, 该教堂是盛饰哥特风格建筑的重要代表。

萨瑟克大教堂(救世主教堂, 即奥维利圣母教堂)(Southwark (S. Saviour or S. Mary Overie) A; 见[220]页图ⓒ), 歌坛建于 1213~1238 年, 立面上的比例分割让人想起诺曼式教堂, 而细部处理显然受到当时法国风尚的影响。耳堂建于 13 世纪后期, 中堂则于 19 世纪重建。

索斯韦尔大教堂(Southwell, CC; 见[488]页图ⓚ), 中堂、耳堂和三座塔楼建于 12 世纪。中堂内立面互相独立、毫无联系的三段拱廊让人想起罗马的高架式水道。歌坛约建于 1230~1240 年。不设中柱的多边形礼拜堂建于 13 世纪 90 年代, 后来可能成为约克大教堂模仿的样板。教堂内至今保留

第14章 哥特式建筑

图 A　索尔兹伯里大教堂东南向鸟瞰(1220—1266)，见[496]页

图 B　索尔兹伯里大教堂中堂东向内景

图 C　索尔兹伯里大教堂牧师会礼拜堂(1263—1284)

第二编　文艺复兴以前的欧洲和地中海建筑

图 A　里彭大教堂西立面（约 1233），见[496]页

图 B　威斯敏斯特大教堂中堂东向内景

图 C　威斯敏斯特大教堂东向外观，亨利七世礼拜堂位于右面(1503—1519)，见[502]页

第14章 哥特式建筑

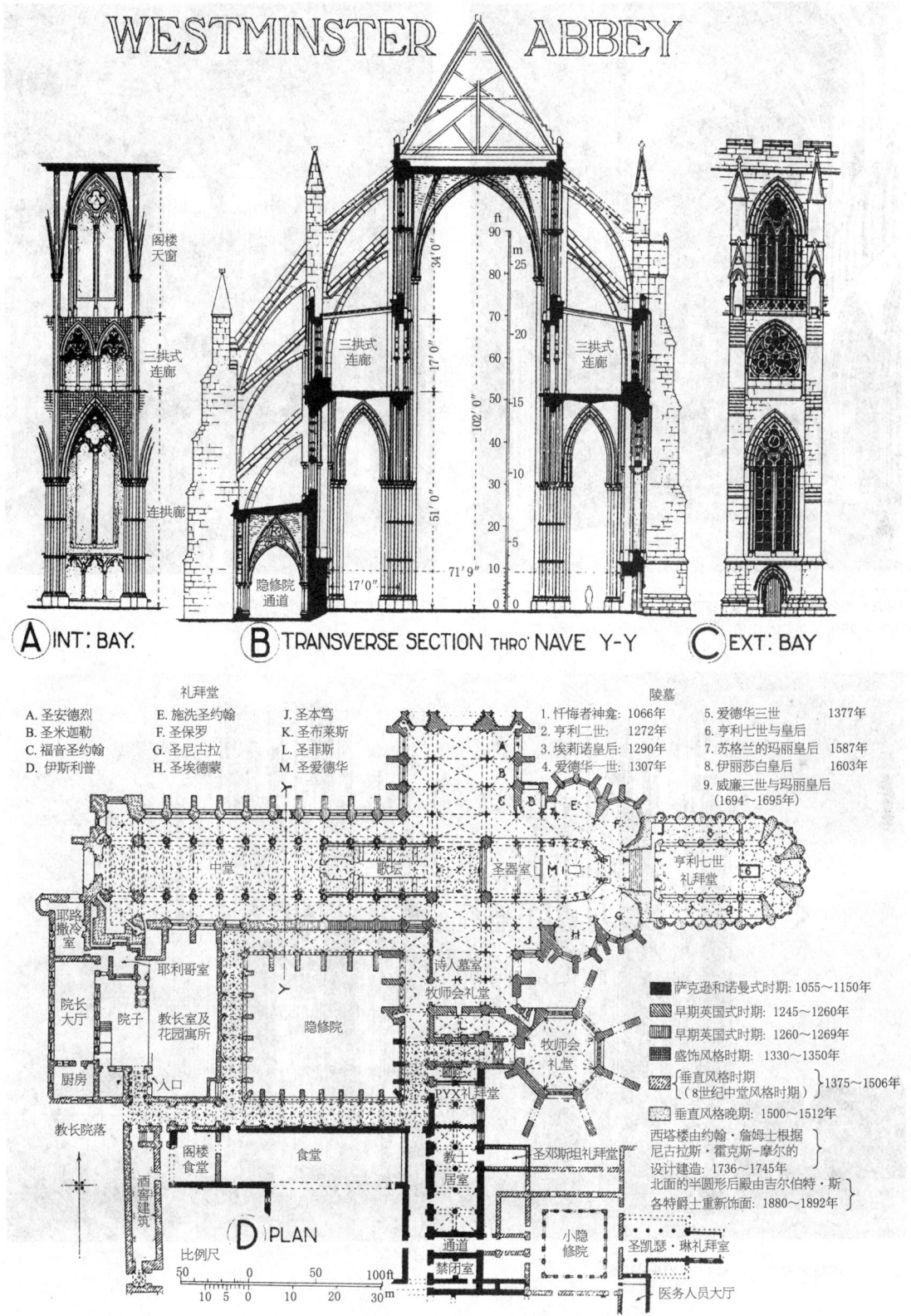

威斯特敏斯特大教堂(WESTMINSTER ABBEY)：Ⓐ 跨间内景；Ⓑ 中堂 Y-Y 横剖面；Ⓒ 跨间外观；Ⓓ 平面图

第二编　文艺复兴以前的欧洲和地中海建筑

图A　韦尔斯大教堂中堂东向内景，14世纪中心塔楼下紧绷的拱券，见[502]页

图B　温彻斯特大教堂，见[502]页

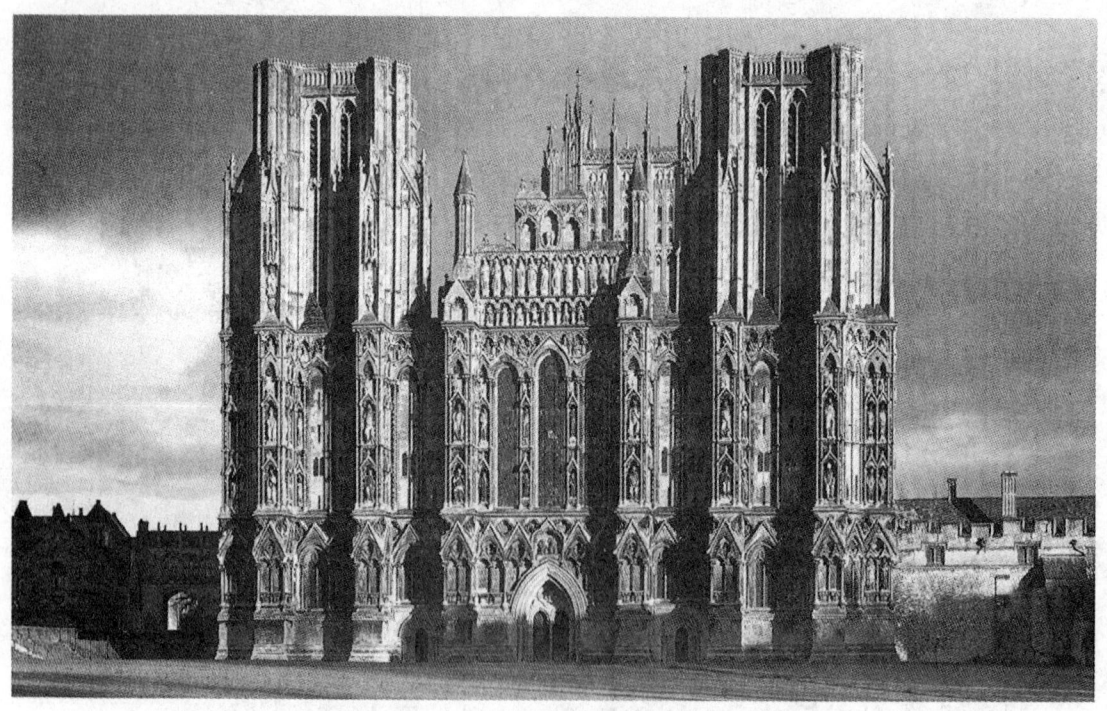

图C　韦尔斯大教堂西立面（约1215—1239）

第14章 哥特式建筑

图A 塞尔比大教堂,歌坛东北外观(1280—1350),见[496]页

图B 约克大教堂南面外观(12—15世纪),见[503]页

着丰富多彩的自然主义的雕饰。

韦尔斯大教堂(Wells, C; 见[488]页图①及[500]页图A、图C)，约于1175~1180年动工。1190年歌坛和东面的耳堂落成，耳堂剩下的部分及中堂东端约建于1190~1206年，中堂西端的跨间及西立面约建于1215~1239年。虽然与坎特伯雷大教堂的建造年代相仿，但韦尔斯大教堂的工匠们显然对传入肯特郡的法国新思潮置若罔闻，而主要吸收了当地早期的做法，形成了丰富多彩而又和谐交融的内部效果。教堂的西立面类似于屏风的形式，比中堂略宽，饰满了工艺考究的雕像，后来成为屏风式立面的原型。但后世的模仿之作无论是规模还是复杂程度都不能与之媲美。牧师会礼拜堂约建于1300~1320年，其花饰和细部都使人们认为主持设计的石匠来自埃克塞特。歌坛的扩建工程约在1310年开始。早期哥特风格三个跨间的歌坛向东打通，并且重新做了细部以与扩建部分协调一致。细长的八角形圣母礼拜堂约建于1310~1319年，覆盖着精致考究的网状穹窿。工程的总建筑师似乎对同时代的埃克塞特大教堂了如指掌，让人们认为正是威特尼的托马斯(Thomas of Witney)本人参与了韦尔斯大教堂的建造。内堂建于1330~1340年。交叉点上的剪刀拱建于1338年。飞扶壁的支撑技术参考了索尔兹伯里大教堂，而原型则可能来自格拉斯顿伯里大教堂。

威斯敏斯特大教堂(Westminster, A; 见[498]页图B、图C及[499]页)，威斯敏斯特大教堂约建于1045~1065年，起先是一座诺曼式隐修院教堂。它可能是英国受诺曼式风格影响而建造的第一批教堂之一。甚至在忏悔者圣爱德华❶邀请的诺曼式风格顾问于1066年抵达之前即已完工。从出土的文物分析，当时的设计主要参照了茹米埃日教堂(Jumièges)。亨利三世(Henry Ⅲ)于1220年为新建的圣母礼拜堂奠基，以为1245年开始建造的教堂筹措资金。歌坛、耳堂、牧师会礼拜堂及中堂东部的跨间于1269年完工，先后由三位匠师主持，他们分别是亨利·德雷恩斯(Henry de Reyns, 1245—1253)、格洛斯特的约翰(John of Gloucester, 1253—1261)、贝弗利的罗伯特(Robert of Beverley, 1261—1284)。亨利三世要把圣殿建成后献给皇室圣人忏悔者圣爱德华。受命于此的总建筑师亨利·德雷恩斯(Henry de Reyns)并非来自兰斯，而是一个英国人，但他对最近30年来法国那边的行情了如指掌。教堂中的诸多细部，包括平面以及窄而高的室内布局，除了源自巴黎地区的传统，如巴黎圣母院、圣沙佩尔教堂、圣但尼隐修院以外，还受到亚眠大教堂、兰斯大教堂和苏瓦松大教堂的影响。部分的细节处理还可看出设计者的英国渊源，例如双层表面的三拱式连廊以及对珀贝克大理石的大量使用。亨利七世礼拜堂(Henry VII's Chapel)建于1503~1519年，内部满是垂直风格的装饰处理。这座专供国王陛下私人使用的小礼拜堂，从里到外每一寸地方都缀满了精致细密的装饰。

与之相毗邻的是威斯敏斯特王宫(Palace of Westminster)，其中两栋主要的中世纪建筑物在19世纪时得以修复保留。威斯敏斯大厅建于1394~1400年(见[504]页图A)，其中还保存着精美绝伦的锤梁屋顶，令人叹为观止，这是国王的御用木匠休·赫尔兰德(Hugh Hurland)设计的。另一处幸存至今的遗迹是圣司提反礼拜堂(S. Stephen's)的地下室(1292—1297)。其上方的礼拜堂(1292—1348)已毁坏，当时的设计者似乎把法国流行的一些手法引入了英国，并由此导致了垂直式风格的形成。

温彻斯特大教堂(Winchester, AC; 见[438]页图①、图M，[486]页图ⓒ，[500]页图B)，1079年动工，1093年举行祝圣礼。其时，教堂的地下室和歌坛可能已经竣工。1107年，中心塔楼坍塌时两翼已经将近建成。中堂建于12世纪，如今只在东端保存着一点当时的遗迹。在英国幸存至今的建筑物中，这座教堂的设计手法最接近于诺曼遗风，甚至有盎格鲁－诺曼建筑，如伊利大教堂和旧圣保罗大教堂的影子。后堂区是为了安放圣斯威辛(S. Swithin)的圣物而建的圣殿，巧妙地借鉴了坎特伯雷大教堂东面扩建部分的功能和平面布局。它是现存最早的成熟的英国哥特式建筑物之一。现存中堂的大部约建于1394~1410年，诺曼式结构得到保留和回溯，并蒙上了一层垂直式的镶嵌装饰，形成了丰富多彩的室内效果。

温莎堡的圣乔治小礼拜堂(Windsor, S. George's Chapel, CC; 见[222]页)，该教堂于1474年始建，从东部开始向西建造，于16世纪中叶竣工。它是为

---

❶ Edward the Confessor，约1003~1066年，英格兰国王，1042~1066年在位。——译者注

了纪念圣乔治(S. George)和约克王朝(Yorkist dynasty)而兴建的。其中纯粹彻底的垂直式内部处理来源于格洛斯特大教堂的歌坛,每片镶嵌饰板的比例与整个立面形式相呼应,整体效果逻辑清晰。建筑师在这儿采用了一种特殊的拱顶,既不是完全的枝肋式,又不是纯粹的扇形穹窿。

伍斯特大教堂(Worcester, AC;见[487]页图Ⓐ),1084年始建,地下室和歌坛可能于1092年落成。半圆形后殿的东端借鉴了温彻斯特大教堂的做法。连接歌坛的侧堂和西面耳堂的拱券幸存至今。圆形的小礼拜堂约建于1130～1150年,是中心平面礼拜堂的最早实例,这一做法后来成了英国的习惯做法。中堂西边的跨间约建于1165～1175年,作为诺曼式中堂的最终完成,抑或是原有部分的补充。中心塔楼于1175年坍塌,使耳堂的西翼不得不重建并装饰。伍斯特大教堂是英国西部最早的哥特式建筑,不仅体现了早期礼拜堂的纪念性特征,还引入了法国北部建筑风格。其歌坛于1202年的大火后重建,并于约1218～1240年举行祝圣礼。就建筑风格而言,该教堂明显受到了林肯大教堂的影响。

约克大教堂(York, C;见[486]页图Ⓑ,[501]页图B),教堂的地下室建于1154～1181年,是蓬特勒韦克的罗杰(Roger of Pont L'Evêque)主持建造的歌坛中唯一留存至今的部分。这座教堂可能是12世纪后期英国北部最重要的工程。主耳堂约建于1220～1250年,低矮的侧窗和高大的三拱式拱廊反映了12世纪歌坛的布置方式。其拱顶一直不曾建成。牧师会礼拜堂约建于1280～1307年。1291年开始动工兴建的中堂明显反映了来自巴黎和伦敦最新潮流的影响。约克大教堂的彩色玻璃窗极富特色,西面的窗子制作于1338年,东端自1361年开始扩建,内堂约于1375年落成,歌坛约建于1380～1400年,东面的彩色玻璃窗制作于1405～1408年。向东的扩建最终形成这座英国的大教堂,中堂的立面是当时普遍采用的形式并添上了时新的细部装饰。

其他重要的教堂包括如下建筑:

赫里福德郡的多尔隐修院(Abbey Dore, Herefordshire, A),为西多会隐修院。该隐修院创立于1147年4月26日。约建于1175年的耳堂显然参照了当时法国北部的西多会建筑。约1200年建造的歌坛在好几处都类似于摩里蒙隐修院(Morimond),多尔隐修院正是在这所法式宅邸内成立的。

萨塞克斯郡的博克斯格罗夫隐修院(Boxgrove, Sussex, P),歌坛约建于1220～1230年。每个跨间内有双重主连拱廊的做法极为罕见,部分细部处理借鉴了当时的诺曼式手法。

埃文郡布里斯托尔的雷德克利夫圣母教堂(Bristol, S. Mary Redcliffe, Avon, PC;见[504]页图 B),中堂约建于1325年,六边形门廊位于中堂西北角。工艺精美的叶饰、葱形拱入口及装饰华丽的门廊内部都显示出盛饰哥特式时期建筑作品中典型的手法。教堂的大部分从15世纪起一直保存至今。细长的垂直式内部处理覆盖着网状拱顶,这是一种当地特有的式样。

约克郡的拜伦德隐修院(Byland, Yorkshire, A;见[443]页图Ⓗ),为西多会隐修院。该修会创建于1134年,1177年僧侣们搬迁至此时部分教堂建筑已经完工。室内三段式立面比罗奇大教堂(Roche)更为完善,建造风格接近于当地流行的式样。主体空间上没有架穹顶,因而减轻了结构的重量。

伍斯特郡的大莫尔文小隐修院(Great Malvern, Worcestershire, P),是一座始建于1084年的诺曼式教堂。中堂内后来重修的高侧窗保存至今。部分约重建于1450～1480年,借鉴了格洛斯特大教堂的风格。

诺森伯兰郡的赫克瑟姆大教堂(Hexham, Northumberland, A),为奥斯丁会隐修院。歌坛约建于1180～1210年,耳堂约建于1215～1230年。该建筑是当时英格兰北部和苏格兰教堂群的重要作品,是整个地区第一批成熟的哥特式建筑之一,其他几座位于杰德堡(Jedburgh)、阿布罗斯(Arbroath)和布林克本(Brinkburn)。

约克郡的豪登教堂(Howden, Yorkshire, CC),中堂建于13世纪后期,显然受到了欧洲大陆托钵修会教堂(Mendicant Church)对英国的巨大影响,采用了高大、开阔的主拱廊及矮小的楼层。带廊道的双拱侧窗也是英国教堂的一大特色。牧师会礼拜堂约建于1380～1400年,装饰得极为精致,是当地垂直式哥特风格的典范。

伦敦圣艾斯雷德的霍尔本教堂(London, S. Etheldreda's Holborn),大致建于13世纪80年代。室内设计的风格使人联想到巴黎圣母院歌坛的立面。480窗花格采用了法国最时尚的花样,并沿着英式特色的路线发展,例如Y字形窗花格和奇数的玻璃窗格。

第二编　文艺复兴以前的欧洲和地中海建筑

图 A　威斯敏斯特大教堂大厅(1399)，见[502]页

图 B　雷德克利夫圣母教堂，布里斯托尔中堂东向内景，见[503]页

图 C　康韦堡，卡那封郡(1283—1289)，见[508]页

伦敦的**坦普尔教堂**(Temple Church, London；见[443]页图ⓒ)，圆形中堂约于1175年始建，1185年举行祝圣礼，19世纪初及1945年以后都经过重建。教堂的立面和细部都借鉴了当时法国北部的建筑。大厅的歌坛约建于1240年，这种空间形式在英国是极为罕见的，与布里斯托尔大教堂相比，只有少数几个大教堂的后堂区有过类似的尝试，例如索尔兹伯里大教堂。

德文郡的**奥特里圣母教堂**(Ottery S. Mary, Devon, CC)，中堂和歌坛约建于1337～1360年，显示了与韦尔斯大教堂和布里斯托尔大教堂的密切联系，特别是采用了网状拱顶。

约克郡的**里沃隐修院教堂**(Rievaulx, Yorkshire, A)，为西多会隐修院，创建于1132年，中堂和耳堂的断壁残垣是英国留存至今最古老的西多会建筑物。歌坛约于1225～1249年按照当地的风格重建，参考了惠特比教堂(Whitby)和约克大教堂的耳堂，12世纪时西多会建筑的特殊布局则几乎没什么遗存。

约克郡的**罗奇大教堂**(Roche, Yorkshire, A)，为西多会隐修院，创建于1147年，教堂的设计可能在12世纪60年代就开始了。这是英国第一座采用三拱式拱廊和通长拱顶的西多会教堂，也是在坎特伯雷大教堂之前把法国哥特式传入英国的重要建筑。

多塞特郡的**舍伯恩隐修院教堂**(Sherborne, Dorset, A)，中堂的扇形拱顶建于15世纪的最后25年，在教堂的主体空间上架上这么个纤弱的、结构不合理的拱顶在英国可能是最早的例子。

格洛斯特郡的**蒂克斯伯里隐修院教堂**(Tewkesbury, Gloucestershire, A)，为圣本笃会隐修院。诺曼式歌坛建成于1102年，12世纪中叶时重新做了修茸，并且添建了精雕细刻的肋骨拱，有迹象表明耳堂南翼的四段式内立面的建造年代早于图尔奈大教堂的中堂及与之相关的法国北部哥特式建筑群。巨型圆柱建于12世纪上半叶，取代了中堂内低矮的主连拱廊和东部的半圆形后殿，并以此风格影响了格洛斯特大教堂的中堂。

蒙茅斯郡的**廷特恩隐修院教堂**(Tintern, Monmouthshire, A)，这座西多会隐修院教堂创立于1131年，整个教堂的重建工程始于1269年，内堂、耳堂南翼及中堂的两个跨间完成于1288年。中堂余下的部分及耳堂的北翼完成于14世纪中叶，是带高侧窗的两段式内立面较早的实例，与内特里隐修院(Netley)和埃克塞特教堂歌坛的东部跨间相比较，对大教堂三段式立面正统的处理手法作出了重要的改变。

汉普郡的**温切斯特圣十字教堂**(Winchester, S. Cross, Hampshire)，约始建于1160年，歌坛约完成于1175～1185年，耳堂约建于1185～1200年。除了沉重的罗马风结构以外，诸多的细部都借鉴了法国北部建筑的先进做法。

约克郡的**圣母教堂**(York, S. Mary's, A)，为圣本笃会隐修院，立面的比例和大体形式都源于大教堂的耳堂，并与伦敦和法国最新式样的窗花格相结合。

城堡

有着高墙护堤的诺曼式城堡的防御能力来自壳式要塞，以及《唐璜》中所说来自城堡的护壁。自13世纪早期开始，环绕城堡的围墙得到加固。它们被加固加高，以使整个城堡成为一个防卫整体。偶尔会有一个早期的要塞被保留下来，被嵌入新建的城墙，就像在赫里福德郡的**古德里奇堡**(Goodrich, Herefordshire)所看到的。也有的像约克郡的**赫尔姆斯利堡**(Helmsley, Yorkshire)那样，成为一系列城墙塔楼中的一座。在萨福克郡的**弗拉姆灵厄姆堡**(Framlingham, Suffolk)，城墙塔楼呈矩形，而在萨福克郡的**奥福德堡**(Orford, Suffolk)和约克郡的**科尼斯伯勒堡**(Conisborough, Yorkshire)，它们通常做成多边形或圆形，以更有效地抵御破坏。

爱德华一世(Edward I)于1277年开始筹划在威尔士修建城堡，主要负责人是皇家匠师圣乔治的詹姆斯(James of S. George)，正是他把欧洲大陆修筑防御工事的技术引入了英格兰。由于城堡墙垣体系的主要防御能力来自外墙本身，因此，门楼和入口的处理至关重要，它需要一对相距很近的塔楼，还有若干大门、吊桥、壕沟、瞭望塔。在**登比堡**(Denbigh)、**切普斯托堡**(Chepstow)和**彭布罗克堡**(Pembroke)，都有非常精巧的门楼，它们体量之大，与早期的要塞不相上下。如果可能的话，塔楼里可以容纳一些主要的房间。但城堡中的庭院周围通常都安排较大的居室、大厅和马厩，它们倚着城墙而建，以至于沿着整片城墙上方形成一条通道。

第二编　文艺复兴以前的欧洲和地中海建筑

图 A　哈勒赫堡（1283—1290），见[508]页

图 B　安格尔西郡的博马里斯堡（1283—1323），见[508]页

图 C　拉格伦堡（约 1430—1460），见[508]页

第 14 章 哥特式建筑

图 A 什罗浦郡的斯托克赛堡(1285—1305),见[509]页

图 B 柴郡布拉莫尔府邸(15 世纪及其后):庭院的形象来自 19 世纪约瑟夫·纳什的一幅版画,见[509]页

有三条防御原则影响着城墙的设计。首先，在有可能设置壕沟和护城河的地方，利用斜面墙(battered wall)和翼坝(spur)阻止进攻者靠近城墙底部。其次，险峭的塔楼上丰富的凸起以及伸出的开垛口保证了对城墙的控制，这些雉堞最早可能是廊道的木质护篱，后来才有了石质堞眼。最后，令人称奇的是，每座塔楼以及城墙上的每个防御单元都可以单独进行防卫。塔楼要通过楼梯才能到达。每一层都设门，这样就可以将堡垒中的一层、几层或一个防御区域隔离出来。偶尔，还会有小角楼置于塔楼之上，本身已高于城墙，以对屋顶层提供特别的防卫。这种有限的内部防御原则常被扩大，城墙和防护单元被分成几个区域，每个区域在一定程度上都具有独立防御能力，区域之间有着坚固的城门。

康韦堡(Conway, 1283—1289, 见[504]页图 C)和**卡那封堡**(Caernarvon, 1283—1323)是这一类城堡中最成熟的典范。康韦堡周围共有八座塔楼远远凸出于城墙，环绕在城堡所坐落的峭壁之上。靠近河边的那四座塔楼相互靠得近一些，每座塔楼上面都有一座小角楼，在靠水一侧还紧邻着一座门楼式的外堡。外部的辅助塔楼和城墙都没有后盾，即平面呈半圆形，以防止它们被进攻城堡的敌人所利用。卡那封堡由于在多边形的塔楼之间筑有几道叠置的廊道，从而增加了防御能力。这些廊道可以将敌人的集中进攻引向围墙的南面。这两处城堡的院子原来都被分隔成两个相互独立的部分，而它们又同时具备非凡的防卫能力和壮丽的外观，但大量的其他城堡都在它们的老城墙周围增加了附属的防御设施。

由此，这种"围绕同一中心进行防御"的原则得到发展，**卡菲利堡**(Caerphilly, 1267—1277)、**哈勒赫堡**(Harlech, 1283—1290, 见[506]页图 A)和**博马里斯堡**(Beaumaris, 1283—1323, 见[506]页图 B)都有着更成体系又更加对称的形式。博马里斯堡有一对巨大的门楼，分别由两大两小的四座塔楼组成，居于围墙两端的中心位置，围墙还连接着另外六座主要的塔楼，这些门楼的塔楼就占了围墙周长的3/4。城墙与更外围的一层较矮的城墙之间夹着一道环通的狭窄院落。再外面是一道宽阔的城壕，城壕原先通过一条运河与大海连通。一座精巧的门楼架在城壕上，并连接着坚固的城墙。

在紧靠城堡的规划过的镇区里定居通常受到鼓励并能得到一些特许和额外的权利。这种"专为防御而建的城镇"中最完美的实例有：**弗林特堡**(Flint)、**康韦堡**、**卡那封堡**、**博马里斯堡**、**拉德洛堡**(Ludlow)和**切普斯托堡**。这些地方尽管经历了后来的入侵，其街道的网格纹理仍旧清晰。中世纪晚期，其他一些城镇，特别是像约克、切斯特、诺里其和南安普顿这样富裕的商业城镇，都扩建城墙以形成自己的防御体系。在**切斯特城**(Chester)，环绕城镇的 3.7m(12ft)高的城墙保存完好，但过去的城门都已毁弃。在**约克城**(York)，仍有 2.5m 长的城墙横亘在乌斯河两岸，这段城墙主要建于 14 世纪中叶，城墙上有为数众多的塔楼，其中有三座仍保留着入口，它们分别是**布斯汉姆城口**(Bootham bar)、**米克尔门城口**(Micklegate Bar)和**沃尔姆门**(Walmgate)，后者还保存着一部分精巧的碉堡。

14 世纪末，由于战争的性质发生了变化，城堡的军事作用衰落了。一个更加文明的社会需要更高标准的舒适度，于是具有防御能力的庄园代替了城堡流行开来。一些大型要塞被重建或作重大改建。沃里克郡的**凯尼尔沃思堡**(Kenilworth Castle, Warwickshire)便是反映多个时期建造过程的一个实例。它是在一个诺曼式要塞(1160—1180)的外面增加了一道高大的城墙(1200—1260)，城墙外环绕着宽阔的护城河。1571 年，莱斯特伯爵(Earl of Leicester)为它增建了一座新的门楼和一排现代居室。在内战当中它以其残破的状态抵抗着战争的侵蚀，就像比它更加雄伟的蒙茅斯郡的**拉格伦堡**(Raglan Castele, Monmouthshire, 1430—1460, 见[506]页图 C)一样，后者原有的防御体系由一个被护城河围绕的塔楼和与之相连的外墙组成。到 16 世纪，增建了一些新房间，窗子被加大，还新建了一座装饰风格的门楼，一座两层高的桥架在城壕上。当人们再次对封建骑士精神发生兴趣的时候，最奇特的表现莫过于模仿中世纪要塞的德比郡的**博尔索弗堡**(Bolsover castle, Derbyshire, 1612—1621)，重建了拉格兰堡(Raglan)，拉格兰堡重建后的状况惟妙惟肖地展现了中世纪晚期的景象。

1400 年以后，荒弃的城堡迅速成为废墟。但到了 16 世纪，又有了一些新的城堡建造起来。特别是在南部海岸边的一系列城堡，都加筑了炮台。**迪尔堡**(Deal)和**沃尔默堡**(Walmer)是其中的典范。两个城堡都在肯特郡(Kent)，都兴建于 1540 年。它们配备了宽阔的炮台和军火库，炮口代替了原来的箭眼。有时人们靠拆去或新建一些塔楼作为军火库来对城堡进行重新利用。在怀特岛的**卡里斯布鲁克堡**(Carisbrooke, Isle of Wight),或是其他地方,可以看到一些城堡的城墙沿着岸边修筑,端部形状很像更加矫饰的大陆式城堡形式。它们围绕着更早些时候的旧城墙,旧城墙也是这个同中心体系的一部分,还环绕着古老的护城河和壳式要塞。长达五个世纪的历史就这样展现出来。

有一些建筑物称不上是完全意义上的城堡,但又具有一般的家庭庄园所不具备的防御能力。这类建筑或许只是围绕一个庭院修建,加上一座坚固的门楼而已。什罗浦郡的**斯托克赛堡**(Stokesay Castle, Shropshire, 1285—1305, 见[507]页图A)就是这类建筑的一个实例。其平面基本上是为家居而设计的,拥有一个当时迅速得到普及的大厅,一座设有雉堞的多边形塔楼、带有城壕的城墙以及一座门楼,后者重建于1620~1625年,为庄园提供了适当的保护。北面塔楼建于13世纪,凸出的半木结构楼层建于1285~1305年。沃里克郡的**马克斯托克堡**(Maxstoke, Warwickshire, 1346)和德比郡的**温菲尔德堡**(Wingfield, Derbyshire, 1441—1455)都是这方面的典型实例。林肯郡的**塔特舍尔堡**(Tattershall Castle, Lincolnshire, 1436—1446)是一座高34m(112ft)的五层塔楼,砖工精良,平面呈矩形,带有角楼,所有房间都紧密排列在同一体块中,令人想起古代的要塞,矗立在13世纪城堡的带有城壕的内部城墙边缘。

直到16世纪才出现一种横跨在道路上作为建筑入口的形象庄严的塔楼,它具有半军事特征,通常用于某宅邸或学院建筑。例如:艾塞克斯郡的**莱耶尔·马尔尼塔**(Layer Marney Towers, Essex, 1520)、剑桥的**圣约翰学院**(S. John's College, Cambridge, 1511)和**伦敦圣詹姆斯宫**(S. James's palace, London)。

庄园

13世纪初,防御性的特征仍有必要保留,亨利三世批准对许多庄园住宅增建防御工事或"雉堞",它们当中有:萨福克郡的**小温汗姆楼**(Little Wenham Hall, Suffolk, 1270—1280, 见[430]页)是那个时代的庄园中保存最完好的,伯克郡的**沙尔尼·巴西特住宅**(Charney Basset Manor House, Berkshire, 1280,

见[430]页),以及肯特郡的**彭斯赫斯特宫**(Penshurst Place, Kent, 1341—1348, 见[510]页)。

到了15世纪,社会状况有了重大改善,经济相当繁荣,庄园住宅开始变得更加舒适,开窗面积增大了,室内设计开始注重私密性和舒适度。其中包括德比郡的**哈登府邸**(Haddon Hall, Derbyshire, 见[510]页)、柴郡的**布拉莫尔府邸**(Bramall Hall, Cheshire, 见[507]页图B)、肯特郡的**赫弗堡**(Hever Castle, Kent, 1462年重建)——仍有城壕和吊桥,沃里克郡的**康普顿·温耶特斯堡**(Compton Wynyates, Warwickshire, 1520)——是所有都铎式宅邸中最美的,而亨利·雷德曼(Henry Redman)为红衣主教沃尔西(Wolsey, 1472—1530, 见[482]页图B及[511]页)设计建造的**汉普顿宫**(Hampton Court Palace)是那个时代最伟大的宅邸。

其他居住建筑

一个庄园厅堂大概可以作为一份主要地产列入英国土地志,这类厅堂在英国数以千计。它们是什么样的?为什么在不同地方会有不同式样?它们如何随着经济的发展和社会结构日趋复杂而发生改变?这些问题都只能依靠推测。如果对象是农民住宅,那么从建筑学的研究角度提出这些问题就显得过于简单。但换成是城镇住宅,情况就有所不同,在城镇中,商人和手工艺者逐步形成了独立于乡村特权阶级以外的一个新的阶级,他们有钱却没有社会地位(见[512]页图C)。就像自耕农出现时一样,这些人需要建造自己的住宅以显示其财富和政治野心。这种趋势已经抬头。当他们这样做时,这些地位仍不高的新贵们即使不能以贵族的尺度也要在材料上按照贵族的方式,使用石材来建造住宅。如果石头过于昂贵,他们会以优质木材来代替。后来他们选择了砖作为材料。继他们之后是商人和手工业者的出现,他们在适应的同时开始为自己的特殊需求作出改变。一方面,他们非常保守,这表现在仍然将大厅作为基本的居室保留下来。另一方面,由于居家生活变得更加私密,特殊的活动需要分别加以安排,越来越需要一些小房间。在这样的情况下,我们可以说:在大厅的最后一点痕迹尚未消失之前,中世纪并没有结束。在一些地区,它一直持续到17世纪。

第二编　文艺复兴以前的欧洲和地中海建筑

PENSHURST PLACE, KENT.

(A) NORTH FRONT
(B) INTERIOR OF GREAT HALL
(C) GROUND PLAN
(D) DETAIL OF CHIMNEYS
(E) BLOCK PLAN

HADDON HALL, DERBYSHIRE.

(F) EXTERIOR FROM S.W.
(G) INTERIOR OF CHAPEL
(H) PLAN
(J) BANQUETING HALL

肯特郡彭斯赫斯特宫(PENSHURST PLACE, KENT)：Ⓐ北立面图；Ⓑ大厅室内；Ⓒ底层平面图；Ⓓ烟囱细部；Ⓔ街区平面图
德比郡的哈登府邸(HADDON HALL, DERBYSHIRE)：Ⓕ西南透视图；Ⓖ礼拜堂室内；Ⓗ平面图；Ⓙ宴会厅

第 14 章 哥特式建筑

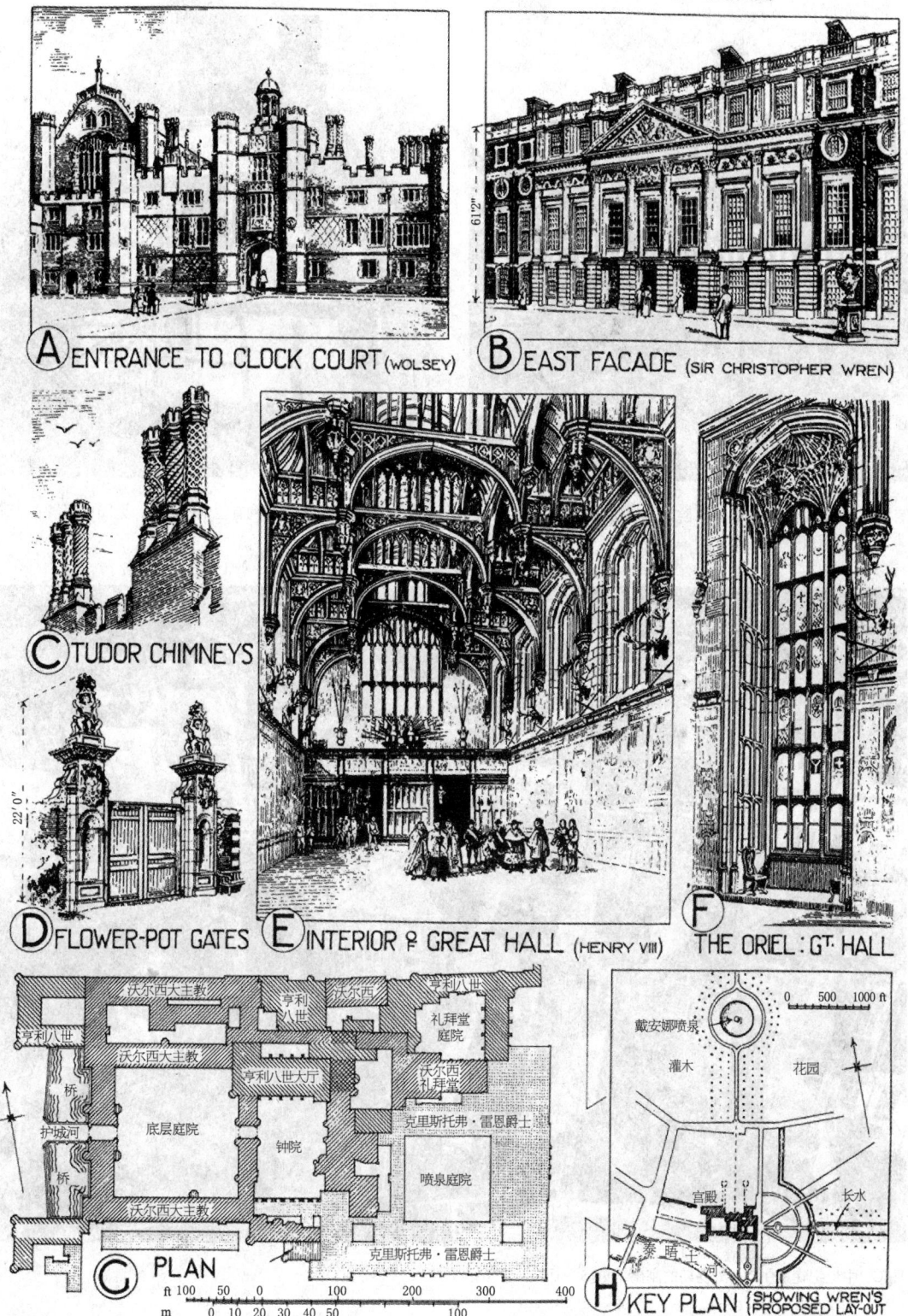

汉普顿宫(HAMPTON COURT PALACE)：Ⓐ 钟庭入口（沃尔西府邸）；Ⓑ 克里斯托弗·雷恩设计的东立面；Ⓒ 都铎式烟囱；Ⓓ 花瓶式大门；Ⓔ 大厅室内（亨利八世）；Ⓕ 大厅的凸窗；Ⓖ 平面图；Ⓗ 总平面图（雷恩所建议的方案）

第二编　文艺复兴以前的欧洲和地中海建筑

图A　赫里福德郡多尔隐修院农庄（15世纪及其后），见[513]页

图B　赫里福德郡帕特利有曲木的农舍，见[513]页

图C　中世纪晚期住宅：刘易斯的高街，见[509]页

这时已经明确,除了那些提供教堂和宫殿的建筑师之外,还有一个为满足世俗社会的日常需求提供服务的建筑业。虽然他们各有各的技术,彼此不能介入对方的领域,但他们的工作并非完全孤立。例如,屋顶的盖法就是两者需要共同面对的问题,当住房的设计一旦超越最基本的经济性需要,艺术的要素便开始渗入细部的处理之中。美学标准并不局限在专业的某一个分支。

尽管如此,它们之间的分歧仍然大于相似之处,从基本材料开始,比如说有一座用做教堂的带有侧堂的大厅,而另一座是同样拥有侧堂而用于居住的大厅,它们之间首要的区别并不仅仅在于尺度的大小,而在于前者常常是用石材建成,其中许多还用了琢石,后者却采用木材。琢石很少被用于居住建筑。大型城堡和农民的简陋住房之间的区别在于,所有介于其间的中等规模房屋都是以形式各异的木构架为特征的,而那些木构架的梁都是用随手得来的材料填充而成的。木结构的传统可以追溯许多个世纪而从未中断过,例如,在诺曼人征服英格兰之前的考古地点的柱坑就能证明。在石造建筑出现前,木结构就以这样或那样的形式出现过。

材料的性质决定了木结构必定采用梁-柱结构类型。正是这点造成了木工与石匠的分工(见[512]页图A)。但中世纪的木作也有与石作拱券相似的对应物,它们被称为曲木,即用一对曲线形的木料支撑房屋或谷仓的墙体和屋顶(见[512]页图B)。它们的起源无可考证,于是引发了许多思索和各种奇思妙想。那时,没有13世纪前的这种实物遗存下来,在英格兰建造大教堂的建筑师们曾用木肋冒充石拱顶,这种木肋一定很像曲木,但它们之间有无联系,假如有联系的话又是谁影响了谁,这些都没法回答。曲木是英国所特有的,虽然海峡的另一边并非对它一无所知,但数量之少可以肯定曲木并不起源于那里。能够制造曲木的树,它的枝干要粗细适当,并且要从主干的适当高度处以适当的角度长出。这样的树只能在西欧的落叶林中找到,而在英国的数量特别充足,但只有英国西部的丘陵地区有着使用曲木的地理原因和历史原因。

留存下来的中世纪木构架住宅要比以前任何一个时期兴建的多得多。其中许多从未被拆毁过,但仅仅是保留到今天而已,木结构被中世纪以后建造的表皮所包裹。一层的大厅出于私利被插入一层楼板变为两层的住宅。但屋顶根据原则没有成为被改造的对象,它们不是被完全替换就是完整地留在那儿,所以屋顶是目前判断建筑物年代和历史的最有用的线索。如果一座房子的屋顶里有中世纪的木作部分,那座房子最早可能建于中世纪。幸而,要辨认出较好的中世纪屋顶并不困难,那些留存下来的都属于此类。木材的布局及其节点的连接显示了精湛的技艺。教堂的屋顶可作为示范,但它们只是冰山一角。大多数木结构存在于谷仓和所有建筑的屋顶,现存的仍有很多。它们当之无愧地被公认为中世纪英国建筑技术的最高成就。

德国和中欧的建筑特征

1213年的布汶(Bouvines)战役中,法国国王腓力二世(Philip August of France)击败了英国的约翰国王(King John of England)及其德国盟友,拥护教廷的皇帝奥托四世(the Guelf Emperor Otto Ⅳ)。这场战争对德国产生了深远的影响,最直接的结果是霍亨斯陶芬(Hohenstaufen)王室的腓特烈二世(Hohenstaufen Frederick Ⅱ)取代奥托成为德国的统治者。但是腓特烈政权被接受的条件是,允许实际掌控德国的各地领主拥有自治权,这种国家的分裂局面直到19世纪才结束。德国政治力量的衰退和法国的崛起共同导致了盛期哥特(High Gothic)在沙爹尔和布尔日的出现。在这些背景下,德国建筑师对哥特风格的谨慎吸取更容易被理解为文化殖民。

然而,尽管该过程进展缓慢,但这并非由于德国对其抵制造成的。德国人自身掌握着主动权,他们通过两种形式进行回应,一方面,在科隆和斯特拉斯堡,有意模仿法国建筑建造过程中的每一过程和每个细节,其实是要在德国土地上建造法国式的大教堂。就是在这些工棚里,这一代的德国匠人度过了他们的学徒期。此后,他们散布到帝国各处,并把新的建筑形式带到当地。另一方面,他们又总是满足于对哥特式建筑外表面肤浅的模仿。他们设计出一种简单的建筑样式与西多会修士和普雷蒙特雷修会(Premonstratensians)无装饰的喜好相匹配。不久以后,又被托钵修会的型制(Mendicant orders)所取代。同时,作为在德国北部平原随处可见的建筑材料,砖材被证明极为适合这一型制。最重要的是,他们创造出属于他们自己的形式——大厅式教堂(hall-church)。

在德国，赞助人发展出了与众不同的模式。类似皇家建筑的类型不复存在。统治者推动了大型建设项目的进程，例如布拉格的卢森堡查理大公(Luxemburger Charles)和维也纳的哈布斯堡皇室(Habsburgs)，他们这么做是为了增加自身的王权利益。由此，真正的力量和事实上的资助来自于选帝侯(electors)和自由的城市(free city)。选帝侯分化成了两个阵营。西部是三个长期在教会统治下的行省，即大主教管辖区的科隆(Cologne)、美因茨(Mainz)和特里尔(Trier)。在这些行省，法国的影响力自然是很强大的。相应的，在东部有三个世俗的选帝侯，即勃兰登堡(Brandenburg)、波希米亚(Bohemia)和奥地利(Austria)。它们位于国土边疆，力量正在不断增强，冒险家得以自由出入，同时品位也不如在莱茵河沿岸流行的那样挑剔。那时古代公爵领地中仅有巴伐利亚还留存。较弱的统治者，像迈森的韦廷选侯(Wettiner margraves of Meissen)，试图仿照他们的强大邻邦的榜样。所有领主间的秩序形成了一个紧密结合的社会群体。

帝国内的自由城市所享有的特权使他们几乎完全自治。尽管领地不大，政治力量薄弱，但以当时的标准衡量，他们极为富有。

如同以吕贝克为中心的汉萨同盟，一些商贸城市组成松散的联盟，其货仓遍布整个波罗的海，横跨斯堪的纳维亚，最西端远抵伦敦。对于商业贸易行为在多大程度上直接影响了哥特风格的传播还存有质疑。哥特风格仅仅是那个时期的一种风格，中世纪汉萨城镇的财富、语言和文化在很大程度上刺激了其传播。在14世纪其权力的鼎盛时期，十字军条顿骑士团❶推动了一些建筑的创新，这些创新包含了相邻地域的异国情调。在经历了13世纪初期的试行阶段后，德国的哥特式沿着两条不同的方向发展并最终由对立走向统一。

辐射式哥特风格,即德国人所谓的"法国式工艺"(opus francigenum)，在莱茵河畔的科隆和斯特拉斯堡牢固地建立起其地位。虽然歌坛和中堂相继满足于对法国样式的模仿，但其各个外立面却与之相去甚远。自歌德(Goethe，1749—1832)之后，传统上总是将斯特拉斯堡大教堂的西立面视为德国具有天赋的匠人们把自己从法国人的束缚中解放出来的转折点。所有晚期哥特式教堂的塔楼和尖顶的高度，例如弗赖堡大教堂(Freiburg)和乌尔姆大教堂(Ucm)，都比斯特拉斯堡大教堂和科隆大教堂的有所下降。

在斯特拉斯堡和科隆两大中心受训的工匠们改变了原先13世纪流行于莱茵河东岸的简洁的哥特风格。德国南部盛产优良的建筑石材，从14世纪中叶起，历代工匠们就开始在各种形状和类型的教堂上粘贴精细的装饰板条和出色的花窗格图案。

另一条发展线索来自于东部，并且在很大程度上与拱顶建筑有关。法国辐射式哥特风格对没必要却精心制作的拱顶不曾特别关注。然而，在法国部分地区，例如安茹(Anjou)，情况却不是这样。在英国，几乎从一开始，拱肋异乎寻常的排布就被认为是有秩序的，例如林肯大教堂。不同拱肋的主要区别在于：那些被当做拱券的拱肋，那些受到限制并优先于拱顶中作为构件的屋壳或腹板的拱肋，以及那些事实上属于屋子表面的装饰图案，相对独立的主要是表现拱肋的图案。法国的主流哥特风格从来都仅限于这些情况中的第一种。到1300年，第二种情况在英国已经成为拱顶建筑的特征。无论德国人是不是从英国盛饰哥特风格得到的启示，在德语世界的东部边缘的不同中心地区，如波美拉尼亚❷、东普鲁士(East Prussia)、波兰(Poland)、西里西亚(Silesia)、波希米亚(Bohemia)和奥地利(Austria)，不久便热情洋溢地接纳了英国人的观点。

在随后的200年间，拱顶成为德国的某种特定标志，它以一种不为西欧所知的或者即便知晓了也不会被接受的方式发展：由相交的一束束类似的拱肋组成网状拱顶，一个网状拱顶的拱肋间的天花板上的方格槽内凹形成角锥状；参差不齐或者相间的拱肋；波状起伏，双曲线的拱肋构成了巨大的花形图案；拱肋相互叠加，或者彼此分开却又紧密排列。这种令人神往的风格最终传播到德国各地；不过据统计有证据表明在德国本土上充满想象力的拱顶在东部比西部更为流行。

---

❶ Teutonic Knights；正式名称是"耶路撒冷条顿圣母马利亚医院骑士团"，自1189年或1190年创办以后，曾经历经沧桑，中世纪以来在东欧发挥了重要的政治、经济和军事作用。——译者注

❷ Pomerania；中北欧波罗地海沿岸地区，现分属波兰和德国。——译者注

第14章 哥特式建筑

Ⓐ 不伦瑞克老房屋；Ⓑ 罗滕堡城门钟楼；Ⓒ 戈斯拉尔王府；Ⓓ 纽伦堡老房屋；Ⓔ 纽伦堡海关；Ⓕ 因斯布鲁克贵族府邸之窗；Ⓖ 雷根斯堡市政厅；Ⓗ 布拉格旧市政厅小教堂

这两种发展趋势在 14 世纪 50 年代布拉格的彼得·帕拉尔(Peter Parler)的作品中都有所体现。早慧的帕拉尔出生于一个石瓦匠人家庭，他父亲来自科隆，后来迁居到施瓦本格明德(Schwäbisch-Gmünd)，并在那里主持了圣十字教堂❶歌坛的修建。这一背景显示了他对辐射式哥特传统的继承。不确定彼得帕拉尔是否曾游历英国，也不确定他是否熟悉英国的像约克大教堂或韦尔斯大教堂那样的设计，但毫无疑问他为布拉格大教堂(Prague cathedral)的歌坛设计了第一个真正意义上的网状拱顶，因而在某种程度上他被之后的德国石匠上称为行业之父。他的个人声望足以保证其家族的其余成员获得一些当时最好的委托项目。14 世纪下半叶，在德国南部、瑞士甚至米兰，随处可见帕拉尔家族的设计。

帕拉尔家族被随后的其他大师竞相模仿，但他们在设计石头建筑的艺术感上都略欠天赋。作为建筑师，他们伟大的成就是遍及全国的璀璨夺目的城镇教堂，从波罗的海沿岸的罗斯托克(Rostock)、施塔加德(Stargard)、但泽(Danzig)到西里西亚的布雷斯劳(Breslau (Wroclaw))和波希米亚的库特纳霍拉(Kutna Hora)以及南部的纽伦堡(Nüremberg)、英戈尔施塔特(Ingolstadt)、兰茨胡特(Landshut)和萨尔兹堡(Salzburg)。在他们手中大厅式教堂成为一种专有的艺术形式：高耸的墩柱和圆柱笔直地插入由来自各个方向的拱肋会聚而成的穹顶中；开布窗洞的墙面延伸到建筑的顶部，墙体周边围绕有家族礼拜室(family chapels)，其中各家族捐赠的圣坛背屏雕饰(carved altar-pieces)大都未能保存下来。经过精心慎重设计的分区或者为了对抗光秃秃的表面和空间的空旷感而形成的视觉强化的焦点赋予了这些建筑与众不同的特点，这些明显区别于法国盛期哥特式教堂的特点却依旧令人印象深刻。对德国人而言，晚期哥特式是德国特有的"高耸式哥特风格"❷，它所流露出的民族喜好就像英国垂直式和法国火焰式那样具有原真性。

德国晚期哥特风格更进一步吸引了建筑历史学者的注意力。巧的是，几乎所有关于中世纪石匠们工作方式的证据都来源于德国。毫无疑问，由于大量始料未及的变化因素，在一个国家能够存在的事物在其他国家却被摧毁。但是德国的石匠们要比他们法国和英国的同行具有更高的组织性。他们隶属于四个或多或少有点永久性质的地方分会，并且在中世纪结束后还在相当长的一段时期内保持了其稳定性。甚至当他们最终解散时，大量的工作图纸被保留下来，其中许多由维也纳宫廷所收藏。这些展示图纸中除了一部分表达的是塔楼的完整立面以外，其余大部分几乎都是细部设计图，例如拱顶的图案、窗户的花窗格。没有迹象表明这些设计图是按比例绘制的，这一点大大限制了它们的实际应用价值。有一点可以肯定的是这些图纸的绘制方法与石匠匠师们描绘所有其他事物的方法是相同的，也就是说，这些图纸提供了了解设计建筑物基本过程的深入信息。

将近中世纪末期，一些德国石匠也将图纸印刷出版，他们的手稿在一定程度上清楚地说明了图纸，同时对手稿的解读也必须结合图纸。它们向我们清晰反映了在中世纪晚期建筑职业是如何运作的。一群联系紧密的人，有些类似于瓦格纳歌剧中的名歌手协会会员(Wagner's Mastersingers)，掌控着这一职业。他们为自己拥有的技能以及这些技能所依赖的理论知识而感到骄傲，甚至对此有所保密。其中一些人承诺不向任何无权获知行业秘密的人透露如何根据底层平面设计立面。我们对他们的工艺知之甚少。

一些实际的计算和几何构筑法则很明显是基于长期积累的大量未被书面记录但烂熟于胸的经验。它们以两种基本能力为基础，即根据对既复杂又抽象的几何形状的想象把石头建筑简化成为各种构件的能力；以及依照所要求的精度标准，一块一块分别制作这些石头构件的技术能力。其余的就是组装的问题了。通过这些方式，他们实现了一些综合了人类最伟大的想象力和工程技术的非凡杰作。

以上这些之所以需要说明是因为在有关终结中世纪建筑的文艺复兴时期的相关讨论中，有关哥特风格的观点阐述是极其不清晰的，其中若干理论要素也近乎是不足取的。事实上，德国晚期哥特风格的石工几何特征可以追溯到其他国家以及哥特式的早期发展阶段。本质上，它来自于中世纪对古典遗迹的继承。因此，也可以说它对中

---

❶ Heiligenkreuzkirche；原文为 Heiligenkrenzkirche，有误。——译者注
❷ Deutsche Sondergotik；晚期哥特风格。——译者注

第14章 哥特式建筑

欧的巴洛克风格也有一定的影响。

德国和中欧的建筑实例

罗滕堡(Rothenburg)镇是中世纪德国城镇发展模式近乎完美的实例。其起源是霍恩洛厄的**罗滕堡伯爵城堡**(Castle of the Counts of Rothenburg, Hohenlohe)。城堡占据了一个狭窄的悬岩,三面环陶伯河(Tauber),并且,在城门外面向陆地的一边,在城堡的庇护下形成了一个居住区。最早的教堂实际是在城堡内部,但是市镇居民很快出于自己的需要修建了**圣雅各教区教堂**(Parish Chruch of S. James),并在霍亨斯陶芬国王的帮助下,把自己从令人厌恶的城堡封建管辖中解放出来。这一过程在1274年达到高潮,这时罗滕堡已成为一个帝国自由城市(imperial free city)。1204年,一道带塔楼的防御性城墙修建完毕(见[515]页图Ⓑ)。市中心有一个市集广场,在广场一侧是**市政厅**(1240,见[519]页图A)。教区教堂亦在附近。1373~1471年,圣雅各教区教堂被改建为一座有宽敞中堂的教堂,其中保留着这个城镇最杰出的纪念碑。到14世纪前,罗滕堡已经扩延到了原有城墙之外,第二道城墙修筑时向外延伸得更远。更多属于不同种类宗教仪式的教堂被建造起来,其中一些教堂甚至修建到了第二道城墙之外。其中的一所**养老院教堂**(the Spitalkirche)及其附属设施以及周围的居住区一起形成了一个真正的市郊区域——**卡彭角**(Kappenzipfel),它与主要城镇之间由一段独立的墙连接(1380)。1348年黑死病(Black Death)暴发的时候,罗滕堡镇的人口数量一定达到了顶峰。这座城镇尽管根据乡土风格重建过多次,却始终没有丧失其中世纪的特点。

雷根斯堡大教堂(Cathedral of Regensburg,见[519]页图C、图D)是巴伐利亚地区最大的哥特式教堂,但是它被更多较远的竞争对手和其他种类的教堂抢了风头。雷根斯堡大教堂始建于1273年,它差不多是由设计科隆大教堂和斯特拉斯堡大教堂中堂的建筑师之后的一代建造的,尽管模仿法国模式的痕迹很明显。这个设计中最有趣的部分是教堂的半圆形后殿。为了最大限度地展现彩色玻璃和花窗格,这里省去了回廊和礼拜堂。当代编年史家布尔夏德·冯·哈尔(Burchard von Hall)把这种建筑称为"法国式风格"(opus francigenum)。其中堂与法国先例,例如同时代的约克大教堂相似,而三拱式拱廊(triforium)与高侧窗有明显区别。教堂的西立面始建于1340年,由罗利策家族❶连续三代的建筑师负责建造。经过15世纪,它呈现出正统的双塔楼立面,衬托着一个小巧有趣的三角形门廊。塔的上部在1859~1869年单独建成,并受到科隆大教堂深远的影响。

接着说到大教堂的东面,**圣乌尔里希教区教堂**(Parish Church of S. Ulrich,见[519]页图B)是整个建筑群中不可或缺的一部分。它的中堂西端没有拱顶覆盖,但有一个拱顶覆盖的走廊。另一个在雷根斯堡具有早期哥特风格的重要建筑是**多明我会大教堂**(Church of the Dominicans),它始建于1246年。

爱尔福特圣塞维鲁教堂(Cathedral of S. Severus, Erfurt,见[518]页图Ⓒ、图Ⓓ)是位于一个海拔低于彼得斯贝格台地上的一组波澜壮阔的建筑群,彼得斯贝格是一个要塞的所在地,这里是城市的起源和核心。这座大教堂有着复杂的建造历史。先是一个罗马风的歌坛(1154),随后是建于13世纪中叶的哥特式中堂。14世纪时,东端的旧建筑被现存的优雅的礼拜室和歌坛所取代——基地的自身条件排除了任何向外扩展的可能性。在1452年的一次坍塌后,中堂被改造为一个大厅。

圣塞维鲁教堂的重建始于1278年。它是一座五侧堂大厅式教堂——一种不常见但却可以令大厅在形式表现上取得最好效果的教堂类型。另外一个例子是离爱尔福特不远的米尔豪森**圣母教堂**(Marienkirche at Muhlhausen,1318)。爱尔福特也保留着当地两座13世纪的修道士教堂:**巴福瑟教堂**(Barfusser,即圣方济各会教堂)和**普雷迪格教堂**(Prediger,即多明我会教堂),这也是德国许多重要的中世纪城镇的共同特征。

因戈尔施塔特圣母教堂(The Frauenkirche at Ingolstadt,见[520]页图A)是哥特风格晚期的一座砖构教堂。它采用了通常的设计手法,并无特别之处,值得一提的可能就是其西边的倾斜塔楼群。这种塔楼形式代表了中世纪最后一代建筑师的偏好,即采取经过扭曲的形式以与其正常情况产生差异。

---

❶ Roriczer family;德国及波希米亚匠师家族,活动期为15世纪。——译者注

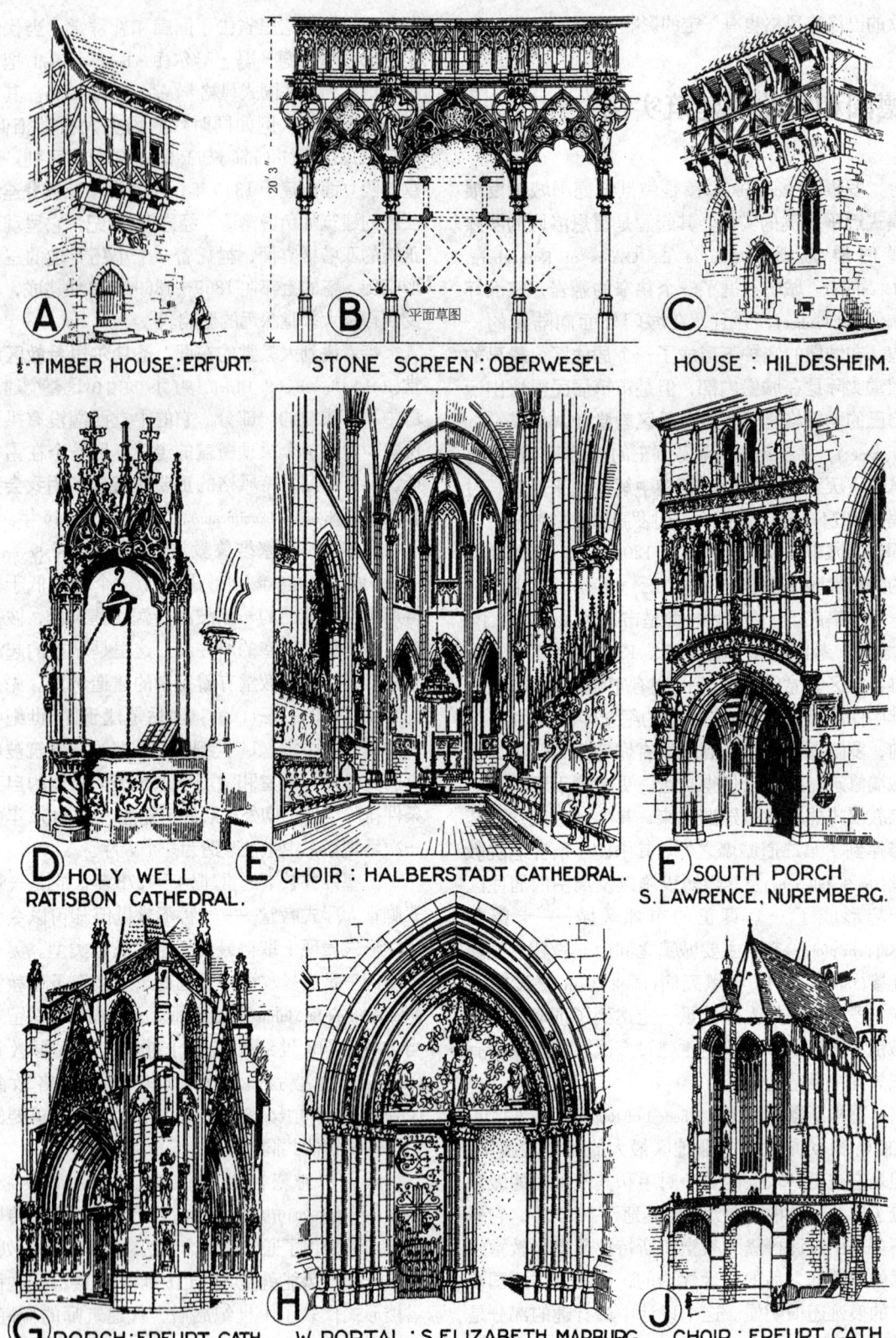

第二编 文艺复兴以前的欧洲和地中海建筑

Ⓐ 爱尔福特木结构住宅；Ⓑ 上韦瑟尔石质屏风；Ⓒ 希尔德斯海姆住宅；Ⓓ 拉蒂斯伯恩大教堂的圣井；Ⓔ 哈尔伯施塔特大教堂歌坛；Ⓕ 纽伦堡圣洛伦索教堂南入口；Ⓖ 爱尔福特大教堂门廊；Ⓗ 马尔堡圣伊丽莎白教堂西门；Ⓙ 爱尔福特大教堂歌坛

第 14 章 哥特式建筑

图 A　罗滕堡市政厅(1240)，见[517]页

图 B　雷根斯堡圣乌尔里希教区教堂，见[517]页

图 C　雷根斯堡大教堂(1273 年—15 世纪)的中堂，见[517]页

图 D　雷根斯堡大教堂

图A 因戈尔施塔特圣母教堂:礼拜堂拱顶(16世纪20年代),见[517]页

图B 兰茨胡特圣马丁教堂(15世纪),见[521]页

图C 新奥廷教堂,见[521]页

图D 波兰马林堡(14世纪),见[521]页

与鲁昂圣乌昂教堂的西立面相比较，教堂的中堂在侧面与一系列礼拜室相接，但这些礼拜室拥有迄今为止建造出的最不可思议的穹顶。它们不再是结构构件，而是以它们自己的方式表达艺术的表现主义作品，并令人联想到带有荆棘的王冠、巨大的昆虫或者是有毒植物的图像。穹顶建造的时间可以追溯到16世纪20年代，即有着宗教改革运动和农民战争的激情岁月。建筑师据信是乌尔里希·海登赖希(Ulrich Heidenreich，活动时期为16世纪20年代)。

1408年，汉斯·冯·布格豪森(Hans von Burghausen, ?—1432)开始着手建造萨尔兹堡**圣方济各会大教堂**(Franciscan Church in Salzburg)的新歌坛，并于1425年建成。就目前的形式，教堂两个组成部分的对比，既极为明显又很偶然。其中堂是普通的晚期罗马风作品，低矮、阴暗、沉重；而歌坛则骤然升腾，其宽敞的空间充满光线。从某些方面来说，其歌坛在所有德国大厅式教堂中是最具特色的部分。而教堂半圆形后殿的外墙则庄严朴素，两者之间的转折部分为内部柱廊——如果可以这样称呼的话。在柱子与柱子之间，柱子与壁联之间都没有拱肋或拱券直接联系。所有关于开间的定义都不复存在了。取而代之的是，五根柱子之中的任何一根都位于像华盖般向外伸展的拱肋的中央，它们连接在一起形成了一幅整体性的图案。在对空间整体感的追求上，教堂除了移去所有的室内支撑外，几乎没有进一步的发展。如果要继续追求空间的统一性，只有将内部支撑物全部移除。

安娜贝格镇(Annaberg)的出现是因为1492年在附近发现了储量丰富的银矿，它是1496年由萨克森选帝侯(the Elector of Saxony)建立的。**安娜贝格教堂**(Church of Annaberg，1499年始建)是沿选帝侯萨克森南部边境一组壮丽的晚期哥特式大厅式教堂中的一座，其他教堂分布在**兹维考❶**、**皮尔纳**以及**萨克森的弗赖贝格**。安娜贝格教堂的穹顶具有童话般美丽的花形图案，这与厄尔士山脉一侧的波希米亚文化相关。它们确实是由当地的工匠们建造的，但是设计顾问是**波希米亚的莫斯特❷教堂**(Church at Most in Bohemia)主持相似穹顶设计的来自施韦恩福特的雅各布·海勒曼(Jacob Heilmann of Schweinfurt)，他是贝内迪克特·里德(Benedict Ried，约1454—1534)的一位亲密同伴及追随者。

一篇在德国兰茨胡特**圣马丁教堂**(S. Martin's Church at Landshut, Germany，见[520]页图B)墙上的墓志铭把汉斯·冯·布格豪森归为这座教堂的建筑师。另外，文中指出，**兰茨胡特养老院教堂**(Spitalkirche in Landshut)、萨尔兹堡**新奥廷教堂**(Salzburg, Neuötting，见[520]页图C)、**施特劳宾**(Straubing)和**瓦瑟堡**(Wassenburg)的教堂都由他负责建造。这些教堂都保存了下来，其中的一些变动较大，但是除了它们都是大厅式教堂这一事实，没有哪两座教堂是相似的。如果没有明确的碑铭证明的话，它们似乎不可能会出自同一位建筑师。1432年，在圣马丁教堂完工之前，布格豪森就在兰茨胡特去世。他的设计整合起极其高而简朴的墩柱，顺势而上导向一个简洁的网状拱顶，这一方式回应了花窗格中的元素。其效果是惊人的，并在很大程度上依靠于高度和凹陷共同的作用。这座高达133m (436ft)的塔直到1498年才完工。

位于兰茨胡特的养老院教堂与圣马丁教堂几乎同时建造。两座教堂虽采用不同的平面、墩柱形式、拱顶图案和比例，但同样引人注目。施特劳宾教堂和新奥廷教堂略有差别。瓦瑟堡教堂的拱顶则属于后期的作品。

1309年条顿骑士团的大团长将其宅邸从维也纳迁到了波兰的**马林堡**(Marienburg Castle, Marienburg (Malbork)，见[520]页图D)。这座建筑一部分为城堡，另一部分是隐修院。骑士们建立了一个排外的贵族圈子；主要的房间是为集体活动而设计的，包括一座礼拜室、一座牧师会礼堂和供一年中不同季节使用的各类餐厅。这些都是在14世纪期间相继修建的，但它们通过共同的特征得以统一，特别是它们的拱顶过分夸张了由拱肋和朝三个方向的放射状拱顶共同形成的圆锥体。这种锥体令人回忆起英国的牧师会礼堂和韦尔斯大教堂的后堂区(retro-choir)。

德国的**施瓦本格明德圣十字教堂** (Heiligenkrenzkirche, Schwäbisch-Gmund，见[524]页图A)是镇里主要的教区教堂。这座城镇在13世纪期间成为王国中独立的城市。中堂先落成，然后是歌坛，

---

❶ Zwickau；原文为"Zwickan"，有误。——译者注
❷ 旧称"布吕克斯"，即Brux。——译者注

两者都是大厅式的。它们的拱顶都不是 14 世纪建造的。这座教堂始建于 1351 年,之所以享有声望是因为其总建筑师是海因里希·帕拉尔(Heinrich Parler,约 1300—1371)。他是帕拉尔家族时代的开创者。公元 1330 年,帕拉尔在科隆教堂的工程停建后从科隆迁居到南部,并负责了这座教堂歌坛部分的建造。为了证明圣十字教堂是德国晚期哥特式的开始,学者们做了许多努力,但是如果没有帕拉尔的名字就很难看出是其中缘由。海因里希的成就让彼得·帕拉尔(Peter Parler)名声大振,使他随后便获得了在布拉格的委托,那时他还不到 20 岁。但令人兴奋的是,彼得在布拉格的作品比在施瓦本格明德的海因里希的作品有着更多的创新之处。

纽伦堡(见[515]页图①、图⑥)从一开始就像许多中世纪城镇一样,是在城堡庇护下的集市。**城堡仍然统治着城市**,如同一个被精心保存的纪念物,纽伦堡大部分的历史可以追溯到红胡子腓特烈一世❶那个时期。在 1219 年,纽伦堡成为自由城市,主要的教堂在随后的 3 个世纪中完成。城市被佩格尼茨河划分为两半,分别以两座最大的**教堂命名:圣塞尔巴德**(S. Sebald)和**圣洛伦索**(S. Lawrence,见[518]页图⑥)。两座教堂中堂的历史都可以追溯到 13 世纪。圣塞尔巴德教堂拥有一个三层的立面,圣洛伦索教堂则为两层。两者的歌坛都被替换过。圣塞尔巴德教堂的歌坛据建造记录为 1361~1379 年,其内部为大厅式教堂,采用了位于索斯特的维森教堂❷的风格,但是少了些优雅,多了些雄壮。其外部看起来似乎是巴黎的圣沙佩尔教堂的放大版本,给人的印象似乎是有意为之。歌坛部分被设计成为供奉圣塞尔巴德圣骨匣的神龛,尽管 16 世纪之前都没有这一功能。圣洛伦索大教堂(The choir of S. Lawrence,1439—1477)的歌坛也是大厅式的,然而,它采用的是另外一种模式。窗户排成两列,类似于帕拉尔建造的施瓦本格明德教堂。拱顶的设计则表现出晚期哥特式随心所欲的复杂性,这一点是圣塞尔巴德教堂所完全不具备的。

下一个重要的教堂是圣母教堂(Frauenkirche,见[524]页图 B、图 C),它位于商业中心地,是由查理四世国王修建的宫廷小教堂,但在某些方面模仿了城堡中的霍亨斯陶芬王室小教堂。这个教堂在 1352 年前开始动工,到 1358 年才真正完工。这是这一地区第一座哥特式大厅式教堂,也是帕拉尔家族匠师的早期作品。

维也纳因 1276 年哈布斯堡皇室的到来以及 1278 年"马希费尔德大捷"(the victory of the Marchfeld)而变得重要,后者将他们置于奥地利大公国的控制之下。**圣司提反教堂**(S. Stephen's Church,见[523]页)那时刚刚根据晚期罗马风的风格进行了重建。与有着丰富雕塑的大门——"巨门"❸一起,教堂的西立面被保留下来并融合到当时的建筑中去,据推测大概是因为替换它的费用太高的缘故。通常应该位于西立面的塔楼在维也纳却处于耳堂的位置。1304 年开始建造哥特式建筑。1340 年举行过一次供奉典礼,这说明从那时起歌坛便准备投入使用了。1359 年,鲁道夫四世(Rudolf Ⅳ)为教堂中堂的扩建工程奠基,同时还可能包括对南部塔楼的修建。南部塔楼有一个礼拜室采用了类似彼得·帕拉尔在布拉格修建圣器室时设计的悬垂式拱顶。

就像乌尔姆大教堂一样,维也纳大教堂由于其塔楼而显得与众不同。它们不仅是因为其方位而不同寻常。南部塔楼在斯特拉斯堡大教堂之前于 1433 年建成,虽然它没有教堂那么高。北面相应的塔楼于 1450 年动工,但是在 16 世纪仅修建了一半就放弃了。教堂的设计者是汉斯·普赫斯鲍姆(Hanns Puchspaum)。他在 1446 年建造覆以拱顶的中堂。将塔楼置于中堂侧翼而非西立面的决定使维也纳大教堂避免了那些导致乌尔姆大教堂中堂升高的问题。中堂仍保持相对较低的高度——仅比侧堂高出一些,但是没有开高侧窗。这样,中堂与原有的西立面高度保持一致,但也需要一个大尺度的木屋顶,以便在不影响室内大厅式效果的同时使外部体量的轮廓足以与塔楼相匹配。遥遥相望,圣司提反教堂几乎全被屋顶覆盖,自从建成以来它就使这个城市的天际线保持了独一无二的特征。这种新奇的方法使得一个体量过于庞大的教区教堂看起来比其实际的还要大。尽管

---

❶ Frederick Barbarossa;德意志国王和神圣罗马帝国皇帝,1155~1190 年在位。——译者注
❷ Wiesenkirche;又名"草地上的教堂"。——译者注
❸ the Riescutor;原书有误,应为"Riesentor"。——译者注

第14章 哥特式建筑

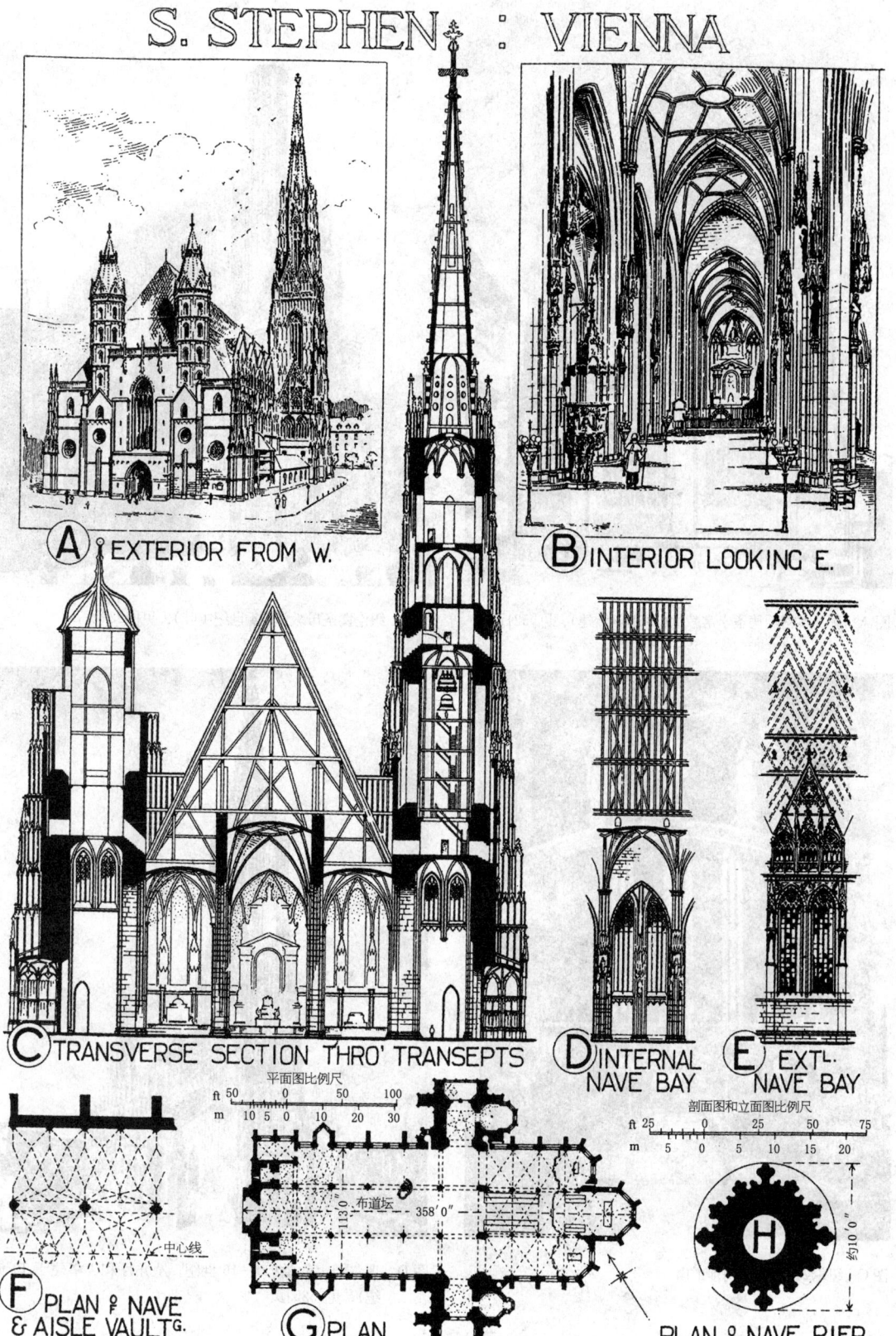

维也纳圣司提反教堂(S. STEPHEN : VIENNA)：Ⓐ 西立面外观；Ⓑ 室内东向内景；Ⓒ 耳堂横剖面图；Ⓓ 中堂跨间内观；Ⓔ 中堂跨间外观；Ⓕ 中堂平面和侧堂拱顶投影；Ⓖ 平面图；Ⓗ 中堂墩柱截面

第二编　文艺复兴以前的欧洲和地中海建筑

图A　施瓦本格明德圣十字教堂(1351年始建)，见[521]页

图B　纽伦堡圣母教堂(14世纪中叶)，见[522]页

图C　纽伦堡圣母教堂东向内景

图D　乌尔姆大教堂(14—16世纪，八角厅和尖塔建于19世纪)，见[525]页

皇帝居住在维也纳,但这个城市并未享有特权,尤其是缺乏其他帝国自由城市所具备的财富。这一点反映在其伟大的中世纪教堂上。

直到1377年之前,德国乌尔姆教区教堂还位于城墙之外。事实上,某些部分的老建筑已经被纳入城市,并整合进了新的**乌尔姆大教堂**(Ulm Cathedral,见[524]页图D)。新教堂的前三位建筑师都属于帕拉尔家族。他们规划了和维也纳大教堂相类似的侧堂与中堂等宽的大厅式教堂,不过增加了附有礼拜堂的歌坛,其中仅有歌坛最终按照设计实施。到1391年,乌尔里希·冯·恩辛格(Ulrich von Ensinger,约1350—1419)承继了设计任务。其特长是设计巨型塔楼,并且以弗赖堡大教堂西立面独塔为模型,他为乌尔姆大教堂设计了一个相似的塔楼,这个塔楼甚至比科隆大教堂的还要高。这样一个塔楼让帕拉尔的大厅式教堂显得极其可笑,因此乌尔里希重新设计了中堂,将其改为41m(136ft)高的巴西利卡式。在15世纪的大部分时间里,建造工作都在恩辛格家族连续三代建筑师的监控下遵从这一程序。此后,马托伊斯·博布林格(Matthäus Böblinger,?—1505)重新勾画了塔楼的顶部几层,而布克哈德·恩格伯格(Burkhard Eugelberg)则把教堂变为一个五道侧堂的巴西利卡式。到了1543年,就仅剩那个巨大的塔楼还未完工了,而从那时到1844年期间,工程停顿了。1844年以后,科隆大教堂即将竣工的消息促使乌尔姆大教堂加快施工进程。到1890年,根据保留下来的博布林格的图纸来看,八角形塔楼和塔尖已经建成,其160m(530ft)的高度使竣工时间一再延后的乌尔姆大教堂成为欧洲最高的中世纪建筑物。

在1681年成为法属城市之前,**斯特拉斯堡**一直是德意志帝国的一座自由城市,这是它于1262年获得的特权。在那之前,统治权的施用一直是主教与市民行会争夺的事宜。**斯特拉斯堡大教堂**(Strasbourg Cathedral,见[468]页图B、图D)的建造花了250年的时间,并截然分为四个阶段。第一阶段,东端部分以晚期罗马风风格重建,并于1176~1190年动工。第二阶段,耳堂于1225~1250年加建。北面的耳堂比南面(1290)更早建成,其风格逐步变得更倾向法国式和哥特式。第三阶段,中堂是当时最新式的纯粹法国式辐射式。它建于1250~1275年的,由于是在原先建筑的基础上建造,其比例受到了影响。第四阶段,斯特拉斯堡成为一座自由城市后,西立面于1277年开始动工,它成为了一座令市民骄傲的纪念碑。

在1383~1388年,这两座塔楼由一个钟塔连接,形成一个与教堂其余部分的比例迥异的坚固的体块。此后,曾经为乌尔姆大教堂设计过巨大西部塔楼的建筑师乌尔里希·冯·恩辛格,于1399年开始了北部独塔八角厅的扩建工程。在1439年,科隆的约翰内斯·许尔茨(Johannes Hültz of Cologne,约1390—1449)完成了尖塔的建造。尖塔高140m(465ft)。而为南部塔楼准备的方案却始终未能实现。

斯特拉斯堡大教堂为研究在法国之外接受和吸收哥特风格提供了一个很好的案例。从起初开始试验性地建造耳堂到随后中堂的完全实施,在这一过程中,学徒们成长为技艺精湛的工匠,最终,德国人在教堂西立面上按照哥特风格完成了法国人从未想到过的作品。但是,西立面的命运也显示出赞助人的喜好是如何扭曲建筑格调的。由于急切地想要超过科隆大教堂,立面高度不断增加,并且一旦开始,竞争便相继出现在所有方面。斯特拉斯堡大教堂并不是中世纪里唯一的摩天楼,但它却是最高的,而且在此后很长的一段时期内,它都被认为是世界奇迹之一。

德国兰河畔林堡的圣乔治牧师会教堂(S. George, Limburg an der Lahn,见[393]页图Ⓔ~图Ⓖ、图Ⓚ),与城堡相连接,在河上形成了一组如画般优美的建筑群,这一点弥补了它缺乏建筑个性的不足。现存建筑物可以追溯到1220年。它并非全然是对早期哥特式的巧妙尝试,其建筑师仍然深受罗马风(Romanesque)风格的影响。教堂正视图有四层高,令人隐约联想到努瓦永教堂,但在法式原型中早已变得轻盈纤细的部件在这里依然沉重笨拙。西立面同样如此,另一个带有玫瑰窗的双塔立面仿照了拉昂大教堂,但是缺乏一切与哥特风格相关的感受。从任何角度来看,它都是一个过渡时期的建筑,就像和它类似的许多莱茵河沿岸的教堂一样,例如**波恩教堂**、**诺伊斯教堂**、**科隆的圣乔治教堂**。

迈森阿尔布雷希茨堡(The Albrechtsburg, Meissen)是一座在易北河上与大教堂同样著名的城堡,它于1471~1485年重建,设计者是威斯特伐利亚的阿莫尔德(Arnold of Westphalia),但其本人其他情况不得而知。这是一个非常大胆的尝试——把防御性工事与晚期中世纪关于优雅生活方式的观念相结合。寓所有四层楼，通过一个外伸在庭院中壮观的螺旋楼梯可以进入上部的楼层，它是14世纪巴黎卢浮宫中的雷蒙神庙（Raymond de Temple）原型的升级版本。尽管高度相对低矮，位于主要楼层的重要房间却完全由拱顶覆盖。拱肋从离地面不高处起拱，而拱肋与拱肋之间的嵌板向内凹陷。这是充分使用网状拱顶的第一个例子。此后，从波希米亚到波罗的海的整个东欧，网状拱顶变得极为流行。其影响甚至向南至奥地利，在多瑙河上的**格赖恩堡**（Castle of Greinberg, 1488—1493）就是一例。与迈森相比，这座建筑更具有惊人的现代效果。

德国的**索斯特维森教堂**（Wiesenkirche, Soest）的歌坛有一段铭文，上面记载了建筑师约翰内斯·申德勒（Johannes Scheudeler）的名字和教堂落成的日期，推断应该是1314年或1331年，后者的可能性更大。申德勒的其他情况不得而知。在大厅式教堂的设计史上，维森教堂是标志着教堂形式向优雅的辐射式转变的转折点。设计中存在着13世纪时还不太明显的对垂直风格的兴趣。通高的窗和墩柱强调了室内的整体性，柱子上部没有柱头，拱顶上的拱券只是简单地汇入墩柱的轮廓中。尽管形成维森教堂跨间的拱券仍然比对角线的拱肋重要，但这一概念进一步将支撑物看做是形成锥状的拱肋的中心点，而不是正方形开间的角点。

捷克共和国的**库特纳霍拉圣芭芭拉教堂**（The Church of S. Barbara, at Kutna Hora, 见[531]页图A）由彼得·帕拉尔于1388年开始建造。它被想象为一个带有回廊并被礼拜室所环绕的大教堂。1401年，教堂还没怎么开始建造就停工了，直到15世纪末工程都没有任何进展，这时一些当地的波希米亚工匠开始活跃起来。到了1499年，歌坛上空建起了拱顶。在1512年，贝内迪克特·里德被任命为顾问建筑师，在随后的20年间，工程进度非常迅速。在里德1534年去世之前，他将中堂改为大厅，还设计了高大的拱顶。并且，由彼得·帕拉尔设计的巴西利卡回廊与里德设计的室内侧堂上的楼廊组合在一起，这在中世纪教堂建筑中是独一无二的。拱顶位于两行锥形结构的中间，锥形结构中的拱肋盘旋而下形成花瓣的图案，这是里德式风格的标签，而在拱底基石（springers）部位，它们以故意的不整齐超出拱顶基层❶。

捷克共和国的**布拉格城堡**（Prague Castle (Hradčany)）内的居住部分，即**弗瓦迪斯瓦夫大厅**（Wladislav Hall, 1493—1502），位于与之相连接的教堂歌坛处以及城堡南部城墙之间的坡地上。大厅构成了三层和顶层的空间，它是贝内迪克特·里德的作品，也正是他使防御工事现代化。恢弘的尺度使大厅成为一个充满想象力的建筑。它被用于马术比赛，经由一个逐级下降的坡道可进入其中，而且坡道容许马匹通过。其宽度超过16m(52ft)，是现存中世纪世俗建筑中拱顶跨度最大的。这个拱顶是锥形和浅穹窿的混合体，其上分布着一束波浪形弯曲的拱肋。在设计图中，拱肋是一系列简单的有相同半径的弧并形成里德最喜欢的母题——花形图案。但是足尺施工时，它们却呈现双曲线形。贝内迪克特·里德是北欧最早使用意大利文艺复兴建筑细部的建筑师之一。他在处理这些细部时延续了哥特式的骑士精神。壁柱、盘蜗形托座和檐部代替了纯粹的哥特式扶壁形式。有时壁柱与它所在平面夹角达到45°，大厅中有一扇门，门的两侧设置了自下而上扭曲达90°的壁柱，这比在意大利创造的手法主义要早200多年。

直到14世纪，美因茨的大主教管辖区才在波希米亚地区初步成形。1344年，波希米亚国王，即后来的查理四世，劝说教皇将管辖区从波希米亚中分离出来，布拉格由此升格成为了一个独立的大主教管辖区。这是导致胡斯运动（Hussite Movement）的第一步，捷克政治独立运动的猛烈爆发也随之而来。与此同时，**布拉格大教堂**（Prague Cathedral, 见[531]页图B）开工，尺度与其尊贵的身份相称。教堂的后殿和礼拜堂由法国建筑师阿拉斯的马蒂亚斯（Matthias of Arras, ?—1352）设计，他的经验来自法国南部的教堂，特别是纳博纳大教堂。但是在工程有明显进展之前，马蒂亚斯就于1352年去世了。其继任者是一个比较年轻，相对缺少经验的德国建筑师，即来自施瓦本格明德的彼得·帕拉尔。帕拉尔在1397年去世前完成了1385年被用做神龛的歌坛和南侧大部分耳堂的修建。

---

❶ tas-de-change；原书有误，应为 tas-de-charge。——译者注

第14章　哥特式建筑

在15世纪"胡斯异端案"期间,工程被迫停止。整个中堂和西立面是19世纪完成的。帕拉尔的歌坛是一个划时代的作品。它给中欧的教堂建筑带来许多创新,例如垂直式拱顶、有平行肋骨的网状拱顶和三个方向的放射状拱顶。创新的来源还不很肯定,但是在14世纪最后十年间的德国南部,帕拉尔式建筑无处不在。帕拉尔家族的影响是巨大的,因为他们为在世界上这一地区哥特式晚期建筑风格的建立作出了巨大的贡献。

布拉格大教堂更具异国情调的方面,诸如文策斯劳斯(Wenceslas)礼拜堂和南立面的马赛克装饰,很可能反映了国王的个人品位,并试图胜过其竞争者——维也纳哈布斯堡皇室的教堂。

德国的吕贝克(Lübeck)于1143年在一个新的基地上重建。这一事件标志着德国在波罗的海沿岸殖民化新阶段的开始。奥尔登堡主教管区于1163年由狮子亨利公爵(Duke Henry the Lion)迁至吕贝克,他给这座城市颁发了特许状。吕贝克成为随后在东部更远地区建立殖民地的范例并最终成为汉萨同盟的总部。在第二次世界大战中被真正破坏之前,它一直保存着许多中世纪的建筑,著名的有市政厅、医院、两座城门、许多房屋和五座主要的教堂。其中**大教堂**具有过渡期大厅式平面的威斯特伐利亚式的中堂,之后于1266年开始兴建的歌坛仿效了**圣母教堂**的歌坛。虽然圣母教堂只是教区教堂,却也成为一座城市中优秀的教堂——与帝国中自由城市关于主次优劣的普遍等级秩序相违背,这在波罗的海诸国中尤其特别。圣母教堂是砖砌建筑,它逐步形成尺度和规模并最终形成一座大教堂,建成后高达36m(120ft)。在13世纪早期建造之初,看上去还是一个有巨大的西塔楼却不起眼的巴西利卡,其中堂于1251年改造成大厅式教堂。接着,1260～1280年,增建了教堂的歌坛。14世纪晚期,与歌坛相应的中堂和双塔式的立面取代了大厅式的中堂和旧有的西立面。

另一个有趣的教堂是**圣彼得教堂**(S. Peter's),它是不多见的五侧堂大厅式教堂的实例。吕贝克的教堂,尤其是圣母教堂,在什未林、维斯马、罗斯托克和施特拉尔松德地区都得到不同程度的模仿;在所有德国殖民化地区都可以感受到吕贝克"褐砖哥特式"❶的普遍影响。

图林根州一个领主的遗孀——匈牙利的伊丽莎白(Elizabeth of Hungary)于1231年在马尔堡去世。她在1235年被封为圣徒。那时这种狂热的崇拜既普遍又时尚。德国马尔堡的**圣伊丽莎白教堂**(Church of S. Elizabeth, Marburg,见[528]页)于这一年奠基,次年,腓特烈二世亲自参加了伊丽莎白遗物的布道仪式。这座教堂在1283年已经可以为祭祀仪式服务了。它分为两部分:中心式规划的东部端头和一座大厅式的中堂,前者作为殉道者的神龛而设计,后者成为埋葬图林根和黑森领主的礼拜室。东部端头的设计与特里尔的圣母教堂有所关联,同样为两层高的立面。德国13世纪下半叶的大部分大厅式教堂都是以马尔堡教堂为原型的变体。

德国的**明登大教堂**(Minden Cathedral)尽管不是最早的一批威斯特伐利亚大厅式教堂,但却是令人印象最深刻的一座教堂。其中堂建于1267～1290年。其最终的法国式源头看上去似乎是普瓦捷教堂,还伴随着一些德国式的中间产物,最明显的是帕德博恩教堂(Paderborn,1225—1260)——尽管这座教堂几乎不能算是哥特式的。这组教堂第一次十分明显地表现出德国人对大厅式教堂的兴趣,在哥特式晚期,尤其是在等级低于大教堂的教堂中,大厅式类型逐渐变得极为流行。

德国的布赖斯高地区**弗赖堡教区教堂**(The Parish Church of Freiburg im Breisgau)于1200年动工,用于安葬查林根公爵(Dukes of Zahringen)。它采用了莱茵河上游的罗马风风格。当1218年最后一个公爵去世以后,完成教堂修建的任务由城镇接管。尽管它只是一座教区教堂,建筑师们却逐渐开始野心勃勃。中堂是斯特拉斯堡大教堂的简化版本,但是八角厅和西端覆盖在一个单塔,门廊的塔尖却较之有所发展,而不只是从斯特拉斯堡原型衍生出的东西。自1300年开工伊始,它们就是这种类型教堂在德国竣工的首例,其完美性无人可比。它们被用来作为科隆大教堂的原型,并且间接地在哥特式晚期其影响遍及全德国,甚至远及意大利。

---

❶ backsteingotik;backstein是德国北部地区广泛应用的一种深褐色砖。——译者注

第二编　文艺复兴以前的欧洲和地中海建筑

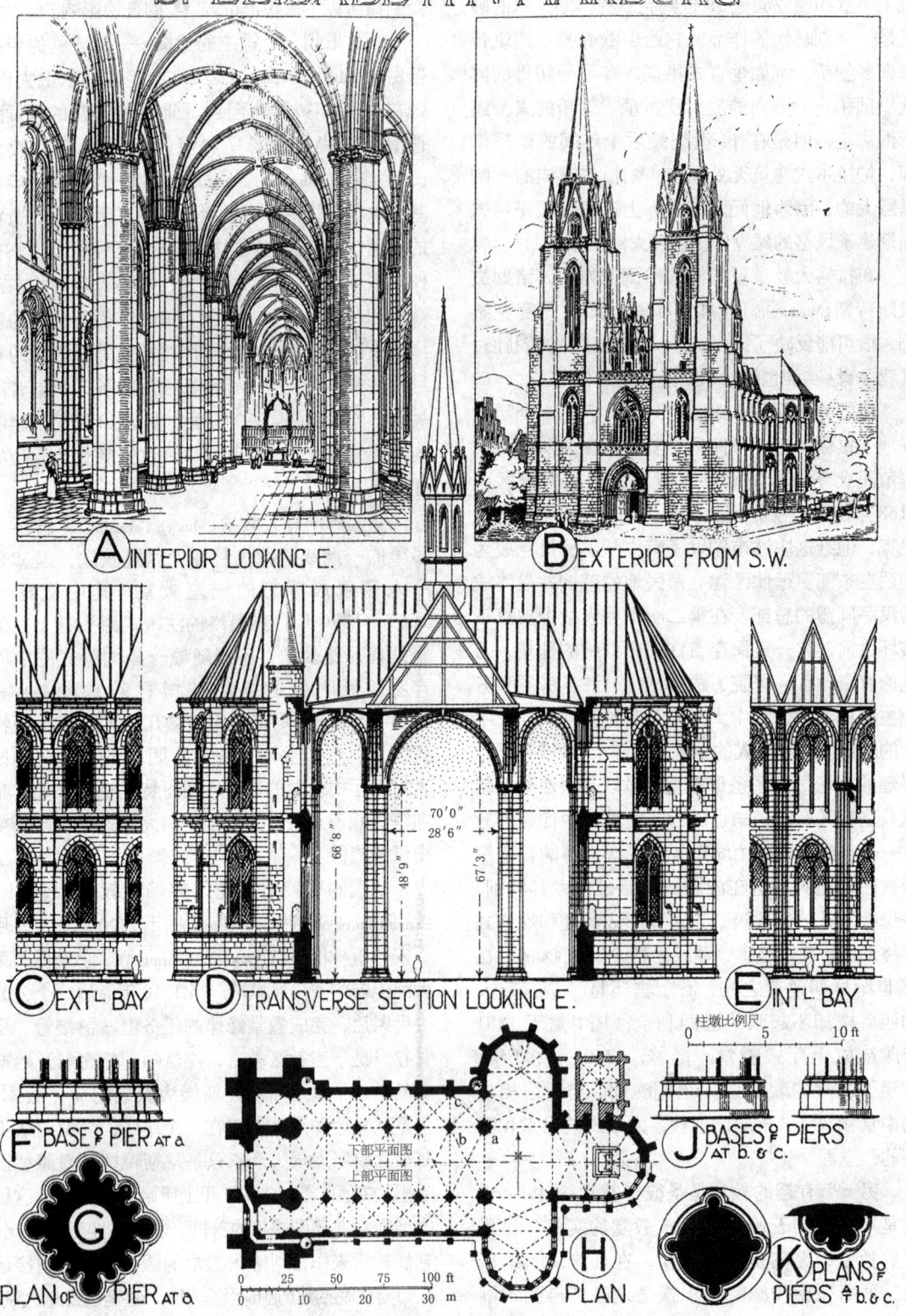

马尔堡圣伊丽莎白教堂(S. ELIZABETH：MARBURG)：Ⓐ 东向内景；Ⓑ 西南外观；Ⓒ 跨间外观；Ⓓ 东向横剖面图；Ⓔ 跨间内观；Ⓕ a 处柱础；Ⓖ a 处柱截面；Ⓗ 平面图；Ⓙ b、c 处柱础；Ⓚ b、c 处柱截面

第14章 哥特式建筑

科隆大教堂(1284年始建,1842~1880年竣工),见[532]页

科隆大教堂中堂,见[532]页

第14章 哥特式建筑

图A 库特纳霍拉圣芭芭拉大教堂(1388—1534),见[526]页

图B 布拉格大教堂(中堂建于14—15世纪,19世纪),见[526]页

图C 特里尔圣母教堂(1235—1260),见[532]页

图D 特里尔圣母教堂室内

814年去世的查理曼大帝于1165年被册封为圣徒。他的陵墓，德国的**亚琛大教堂**（Aachen Cathedral，见[394]页图A）在1215年腓特烈二世加冕时完工，然而，直到查理四世时，才为忠诚的圣徒提供了一个适合存放圣骨匣的礼拜堂。它是在1355~1414年建造的，如今则是大教堂的歌坛。很明显，它是以巴黎的圣沙佩尔教堂为原型的，但却更高大，而东端大厅更显然是中心式的规划。

尽管此时在莱茵河下游，当地盛行处于过渡时期的哥特式，但是科隆大主教想要某些与始建于1284年❶新的**科隆大教堂**（Cathedral of Cologne，见[529][530]页）完全不同的东西。该建筑的设计师是格哈得大师（Master Gerhard）。尽管他毫无疑问是德国人，但却通晓当时的法国哥特式建筑，尤其是亚眠的托马斯·德·高蒙教堂（Tomas de Cormont at Amiens）和圣沙佩尔教堂。1322年科隆大教堂举行祝圣礼时，西立面的设计已经完成，但工程在1330年暂停下来，此后进展缓慢，时断时续，直到1560年在半成品的状态下被最终放弃了。拿破仑时期它遭到了严重的损毁，但最终在1842~1880年，顺应高涨的民族主义情绪，设计采用中世纪风格完成了其余部分。

设计分成两个不同的部分。歌坛，连同中堂，是十分繁复的法国盛期哥特风格和辐射式风格。它为两代以上的德国匠师掌握这门艺术的奥秘提供了经验。

14世纪，来自科隆的匠师把这一风格传到德意志世界更偏远的地区，紧接着开始在与法国人迥异的方向上发展哥特风格。科隆大教堂西立面即为一例。他们接受了建造与室内高度相匹配的塔楼和塔尖的挑战，而不是仿造亚眠大教堂的立面，这使塔尖高度超过了164m(500ft)。弗赖堡大教堂便是一个典型，斯特拉斯堡大教堂勉强也算。虽然在中世纪期间，科隆大教堂始终未能建成，但在整个德国和低地国家，它造就了一种全新的奇观式的塔楼和塔尖类别。

德国的**特里尔君士坦丁大教堂**（the Constantinian cathedral of Trier, Germany）包括了两座并排的教堂。北面部分作了很大的改动和扩建，成为目前的主教堂。南部的**圣母教堂**（the Liebfrauenkirche，见[531]页图C、图D），为与圣母崇拜（the cult of the Virgin）建立特殊的联系，不得不在13世纪改变功能，成为供上层妇女使用的礼拜堂。新教堂于1235年动工，于1260年竣工。为殉道者设计的平面——除了没有中堂以外——类似于马尔堡的伊丽莎白教堂。它最富盛名的特征是一对与主轴夹角为45°的小礼拜堂，与交叉点处的四根墩柱相对应。与此最接近的设计灵感来自布雷斯讷圣伊夫教堂（S. Yved at Braisne），不过，在特里尔教堂中属于勃艮第的特征表明第戎的圣沙佩尔教堂是其更直接的灵感来源。除了过于严格的逻辑性，圣母教堂是德国最早真正洞察到哥特风格发展可能性的教堂之一。

低地国家的建筑特征

低地国家的地理位置，从哥特式发轫的法国北部地区直达哥特式后期奢华繁荣的德国西部地区，导致了对其中世纪时期建筑历史的曲解。看上去它们先后从两个伟大的邻邦中汲取了特点，虽然这个解释不是完全不对，但是稍微有些误导。历史的图景由于若干著名历史建筑的损毁而受到了严重的歪曲，例如布鲁日的圣多那提努斯教堂（S. Donatianus at Bruges）、根特的圣彼得教堂（S. Pierre at Ghent）、列日的圣兰勃特大教堂（the cathedral of S. Lambert at Liège）以及卢万大教堂的西立面。如果它们都被保存下来，就可以很明显地看出，在哥特式的成形期，佛兰德斯参与的程度与法国北部一样深，并且在随后的岁月中，在创造力和新奇性方面，它没有向德国吸取任何经验。

建筑发展的模式并不是任由财富的摆布，但是慷慨和喜欢夸耀的资助人总是"实验先锋"（a *sine qua non* for experiment）。并且，仅就中世纪低地国家是欧洲唯一接近工业经济的地区这一事实可以提醒我们，至少建造庞大建筑的资金不成问题。另一个诱因则是高涨的爱国热情和城市间的竞争。在卢万，它确实决定了城镇的主教堂应当拥有方圆数里内最高的尖顶，并且大量的资金都被投入这个与宗教并无特别关系的工程之中。

---

❶ 新的科隆大教堂是于1248年8月15日在科隆大主教的主持下开土动工的，原书标注时间为1284年，疑有误。——编辑注

第14章 哥特式建筑

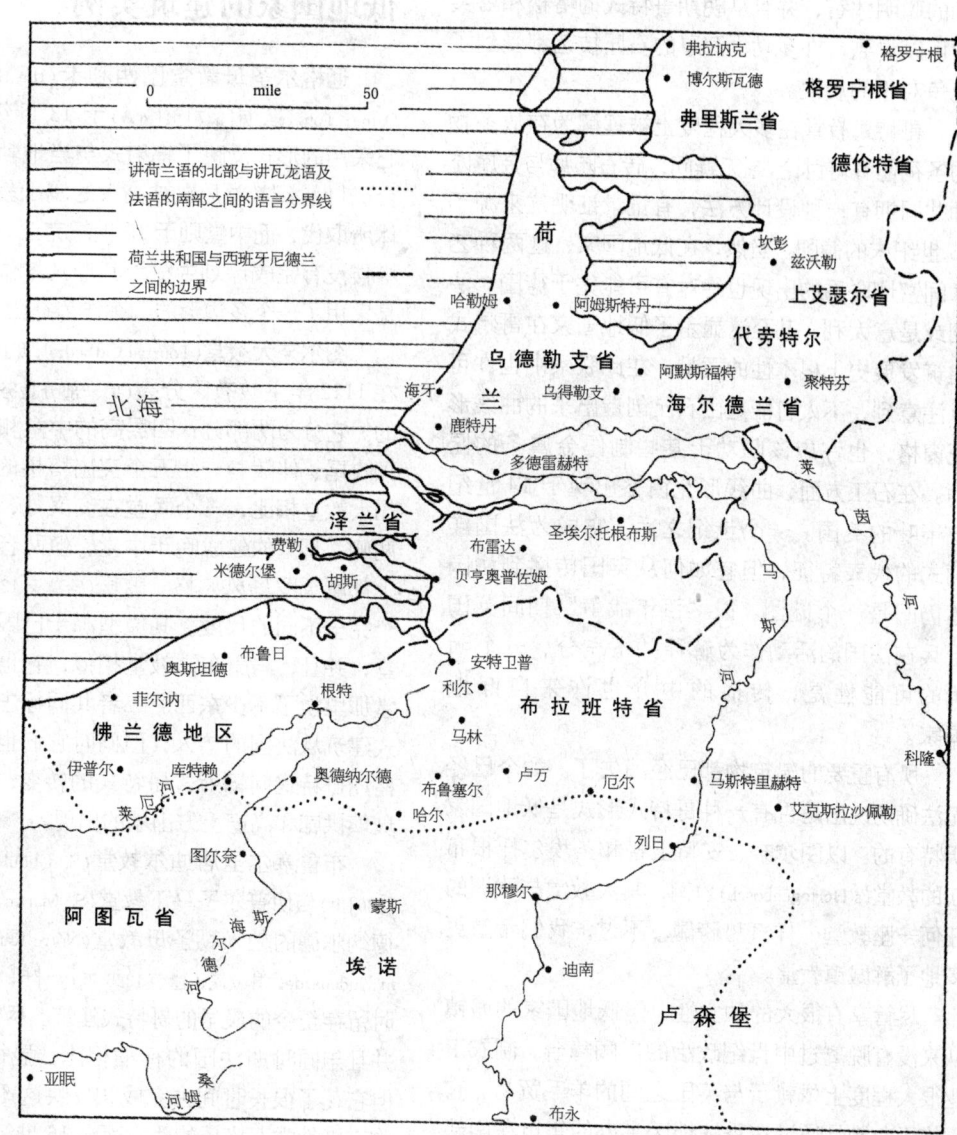

16世纪的低地国家地图

　　塔楼奇观是低地国家的一个特征,然而,历史对它们并不厚爱,其中最雄伟的不是遭遇不幸就是从来没有建成。有一幅17世纪的图画描绘了位于荷兰的泽兰省济里克泽的圣利文斯教堂(S. Lievans, Zierikzee in Zeeland, Holland)内的独立塔楼,具有隆伯特·克尔德曼(Rombout Keldermans,约1460—1531)风格的八角形。据估计,其高度超过200m(660ft)。它可能被认为是一种灯塔,但是没有证据表明这个构想曾经得到实现。

　　在建筑中进一步体现出市民自豪感的是一系列优秀的公共建筑,诸如在伊普尔的制衣行业会所和在布鲁塞尔以及卢万的市政厅。低地国家与意大利北部在这方面没有任何相似之处。

　　在罗马风时期,低地国家的艺术主要以金属制品著称。该项赖以成名的技能此后并未消失。默兹河谷哥特式圣堂的制造者擅长于建造所谓的"玩具"(toy)建筑——把真实教堂的形式和特征以小尺度不断复制的金属构件。位于尼韦勒的圣格特鲁德教堂的圣祠(the Shrine of S. Gertrude at Nivelles, 1272)事实上是一个小型的辐射式教堂,有玫瑰窗和精雕细琢的大门,教堂于1940年被毁。因为不存在结构问题,这些设计能够实现一种超出普通砖石工艺范畴的精细度,以及一定程度上的想象力。无论如何,金属艺术品的范例激发了建筑师

[533]

们的聪明才智，并且从晚期哥特式的塔楼和塔尖中可以看到，许多功力深厚的石匠技艺都受到了竞争对手的启发。

哥特式教堂在多大程度上被理解为存放圣物的圣祠还有待讨论，毫无疑问，砖石匠师与金属匠师共同拥有一种设计方法，有记录证明这来源于15世纪末的德国。当然，在低地国家，这两种艺术间密切联系的出现也绝对有可能先于德国、法国或是意大利，甚至这显示了低地国家在哥特式建筑发展史上根本性的贡献。在此联系中也许可以注意到，不太可能是由石匠创造出来的曲线形花窗格，也许应该归功于某些制作金属条的匠师。在石工方面，曲线形花窗格出现于14世纪上半叶的英国。一个世纪之后，它成为法国洋蓟式的代表特征，但它如何从英国传播到法国还仍旧是一个谜团。以"百年战争"期间英国士兵在法国的活动作为解释并不充分，一个明确的可能性是，传播的中介也许来自低地国家。

所有重要的建筑物都已经消失了。如今已经无法确切说出是否有一种哥特式形式是低地国家所特有的。以图尔奈、安特卫普和圣埃尔托根布斯的教堂(s'Hertogenbosch)为例，其大教堂与欧洲的任何一座教堂一样气势磅礴。不过，我们希望更多地了解城镇教堂。

尽管享有很大的独立性，但低地国家的城镇从来没有脱离过中世纪政治的广阔舞台。制衣工业很大程度上依赖于与英国之间的羊毛贸易。它们的工业制品通过在香槟地区举办的集市在南部打开销路，并且一直向东到达莱茵河流域。与周边势力庞大的邻邦建立王室之间的血缘关系主导了它们的历史。14世纪一场著名的联姻将佛兰德纳入法国的勃艮第；15世纪晚期的另一桩联姻则又将它们变成了哈布斯堡皇室的领地。这一次的结合所产生的一个意想不到的结果是大量佛兰德石匠和手工艺人在西班牙找到工作；而在这一时期的西班牙，大量金钱被投资到艺术和建筑上，那里可以发现许多16世纪早期佛兰德人最出色的作品，例如阿斯托加教堂。另外，在低地国家，晚期哥特式教堂的最后阶段明显大量存在西班牙式，如列日的圣雅各教堂(S. Jacques at Liège)。

低地国家的建筑实例

通格尔圣母教堂巴西利卡(the Basilica of Notre Dame, Tongres, 见[537]页图A)于13世纪开始动工，它采用的形式反映了辐射式与当地勃艮第式的混合。14世纪教堂后殿被高大的属于教堂歌坛的窗体所取代，而中堂则于15世纪完工。唯一的西部塔楼没有完成计划中赋予其非凡地位的尖塔，而是采用了一个多边形的门廊作为补偿。

图尔奈大教堂(Tournai Cathedral, 见[535]页图Ⓑ)是在1112年主教教区分裂(另一部分是努瓦永)后重建的。它分为两部分：四层高的中堂和以半圆形拱顶收尾、伴随着一组五个突出塔楼的耳堂，与拉昂大教堂相比，一个耳堂在交叉处，另外两个在两侧。耳堂的建成晚于中堂，但两者的形式基本上都属于罗马风风格。歌坛(始建于1247年)基于一个完全不同的尺度。其原型源于已毁的康布雷教堂，并且，与康布雷教堂相似，它也从亚眠大教堂那里学了不少东西。二者共同标志着盛期哥特式建筑从法国的传入，但同时它们也表现出了从盛期哥特式向辐射式哥特式的转变，例如三拱式玻璃拱廊和高窗上方山墙的出现。

布鲁塞尔圣居迪尔教堂(S. Gudule, Brussels, 见[536]页)与伊普尔圣马丁教堂(S. Martin at Ypres)和奥德纳尔德的帕米勒圣母教堂(Notre Kame de la Pamele at Oudenarde, 其歌坛始建于1226年)一样，代表了比利时留存至今的最早的哥特式建筑。尽管土里土气，并且与同时期法国的标准相比，显得老套过时，但它花了很长时间去完成和反映这一形式的许多改变。教堂双塔楼的西立面在16世纪才完工。

马林圣罗姆布尔教堂(Cathedral of S. Rombout, Malines, 见[537]页图C)是一座建于14世纪，西部塔楼带有晚期哥特风格的教堂，塔身高达90m(300ft)。

卢万圣彼得联合教堂(the Collegiate Church of S. Peter, Louvain, 见[537]页图B)始建于1425年，它拥有所有已建成的非凡的立面中最好的一个。设计中包括了三座塔楼，其中处于中心位置的那座高达150m(500ft)。1606年的一场风暴已将其摧毁。

蒙斯圣沃德卢联合教堂(Collegiate Church of S. Waudru, Mons, 见[537]页图D)，这个晚期哥特风格的教堂始建于1450年，并于1621年被放弃。以大教堂的尺度建造，它本被寄望成为所有壮美

第 14 章 哥特式建筑

Ⓐ 卢万市政厅的窗格；Ⓑ 图尔奈大教堂的半圆形后殿；Ⓒ 列日圣雅各教堂拱门；Ⓓ 库特赖市政厅壁炉架；Ⓔ 奥德纳尔德市政厅壁炉架；Ⓕ 安特卫普证券交易所的拱廊和拱顶；Ⓖ 艾勒斯科德风格的屏壁

第二编 文艺复兴以前的欧洲和地中海建筑

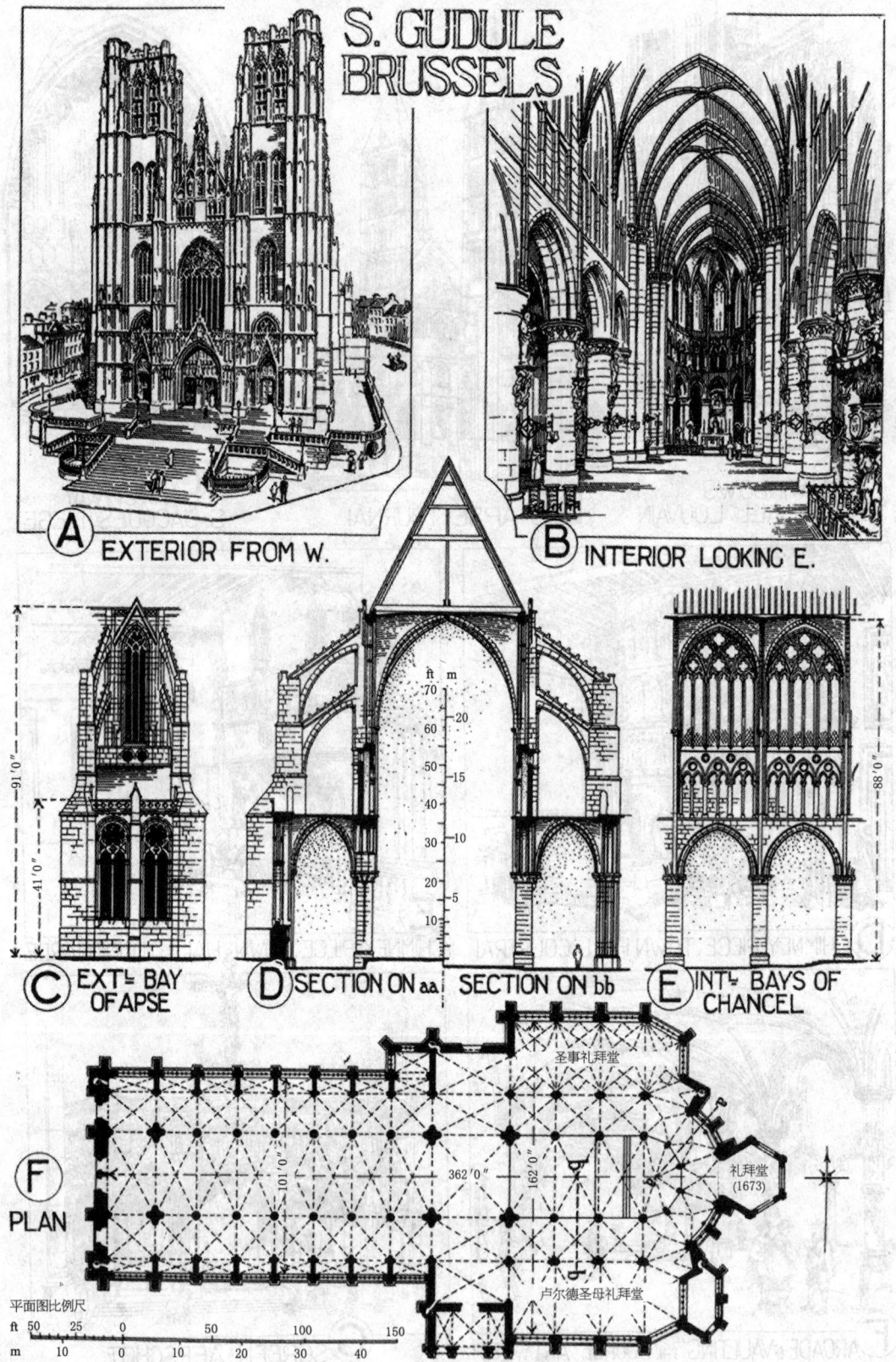

布鲁塞尔圣居迪尔教堂(S. GUDULE BRUSSELS)：Ⓐ 西立面图；Ⓑ 东向内景；Ⓒ 半圆形后殿跨间外观；Ⓓ a-a 剖面图与 b-b 剖面图；Ⓔ 高坛部分的跨间内观；Ⓕ 平面图

第14章 哥特式建筑

图 A 通格尔圣母教堂(13—14 世纪)，见[534]页

图 B 卢万圣彼得联合教堂(1425 年始建，立面毁于 1606 年)，见[534]页

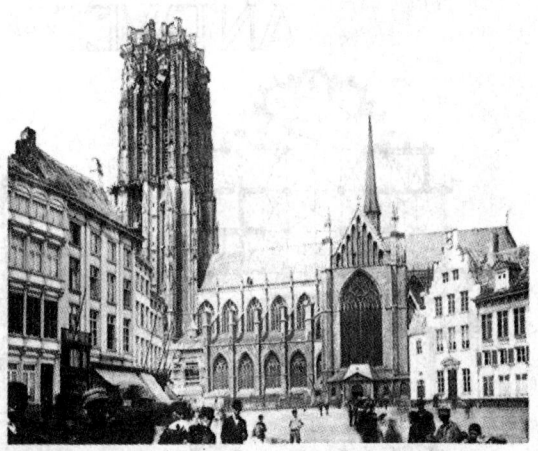

图 C 马林圣罗姆布尔教堂(14 世纪)，见[534]页

图 D 蒙斯圣沃德卢教堂(1450—1621)，见[534]页

图 E 多德雷赫特大教堂(1339 年～16 世纪)，见[543]页

安特卫普大教堂(ANTWERP CATHEDRAL)：Ⓐ 平面图；Ⓑ 东向内景；Ⓒ a-a 剖面图；Ⓓ 西北向外观

第14章 哥特式建筑

图 A 于伊圣母联合教堂(14 世纪),见[543]页

图 B 乌德勒支大教堂歌坛(1245—1267),见[543]页

图 C 乌德勒支大教堂:西塔楼

图 D 圣埃尔托根布斯的圣约翰教堂:歌坛(1370—1415),见[543]页

第二编　文艺复兴以前的欧洲和地中海建筑

图 A　胡斯的教堂和市政厅，见[543]页

图 B　根特的拉伯特城堡（1488），见[544]页

图 C　根特市政厅(1515—1528及其后)，见[544]页

第14章 哥特式建筑

Ⓐ 奥德纳尔德市政厅；Ⓑ 根特的船长之家；Ⓒ 布鲁日的制衣行业会所和钟塔；Ⓓ 马林的老住宅；Ⓔ 布鲁塞尔市政厅；Ⓕ 布鲁日市政厅；Ⓖ 卢万市政厅

第二编 文艺复兴以前的欧洲和地中海建筑

图 A　阿姆斯特丹附近的默伊登城堡(13 世纪)，见[544]页

图 B　伊普尔制衣行业会所(第一次世界大战后重建)，见[544]页

的塔楼中最壮观的那个，设想高达180m(600ft)，但仅仅完成了基础部分。

于伊圣母联合教堂(Collegiate Church of Notre Dame, Huy,见[539]页图A)是一座14世纪的教堂，礼拜堂环绕着歌坛，没有回廊，高窗直达建筑顶端。歌坛侧翼与一对塔楼相连，这是罗马风建筑的特征，尽管所有的细部都是哥特式的。供修士使用的隐修院入口处有一个现存罕见的大门雕塑作品的实例，即所谓的伯利恒式(Bethlehem, 14世纪后期)。

安特卫普圣母大教堂(the Cathedral of Notre Dame, Antwerp,见[538]页)始建于1352年，是比利时最大的哥特式教堂。它非常特别，中堂每一边的侧堂数量不多于三个，最外侧的一排事实上是礼拜堂。它最突出的特点是西立面，尤其是西北处的塔楼，高达120m(400ft)。它有意识地在效仿斯特拉斯堡大教堂，但在细部的处理上它与斯特拉斯堡有很大的不同——要华丽得多。在比利时，它是当时一系列壮美非凡的塔楼和尖塔中的第一座，也是留存至今唯一的一座。

罗马风风格的**乌德勒支圣马丁大教堂**(Cathedral of S. Martin, Utrecht,见[539]页图B、图C)于1253年焚毁，现存的教堂是从次年开始重建的。中堂于1674年坍塌，使唯一的西部塔楼与歌坛与耳堂分离。歌坛是科隆大教堂歌坛的简化版本。可见，乌德勒支的建设同时大大影响了莱茵河的下游地区的建筑风格。14世纪建成的塔楼拥有最早出现于布赖斯高地区弗赖堡教堂(Freiburg in Breisgau, 1300)的敞开式八角厅，它自身也是科隆大教堂西立面塔楼的原型。115m(384ft)高的乌德勒支塔楼在整个低地国家都享有盛誉，它可以在根特的扬·范爱克(Van Eyck,1395前—1441)的画《羊羔受崇敬》(the Holy Lamb)中可以辨识出来。

圣埃尔托根布斯(布瓦勒杜克)**圣约翰教堂**(S. Janskerk, s'Hertogenbosch (Bois-le-Duc),见[539]页图D)是布拉班特省北部最重要的教堂。它起初是一所教区教堂，1366年成为联合教堂，并于1559年成为一座大教堂。圣约翰教堂从14世纪晚期开始重建，工程持续了一个世纪。尽管在尺度上并不算最大，但其装饰性达到极致，尤其是歌坛精美非凡的装饰。

坎彭圣尼古拉教堂(S. Nicholas, Kampen)是一座重要的14世纪教堂，表现出了这座港口城市的繁荣，尽管港口在15世纪期间曾被淤泥堵塞。其主要的特点是歌坛上方的网状拱顶，它显然是来自于德国的原型。建筑师是14世纪70年代曾于帕勒手下在布拉格工作的坎彭的吕扎(Rutza of Kampen)，他的女儿嫁给了彼得·帕拉尔的侄子。

列日圣雅各教堂(S. Jacques, Liège,见[535]页图©)，建于1513～1538年。它可能是所有比利时教堂中最后也是最华丽的一座。它拥有目前为止最复杂的拱顶——一种与许多西班牙晚期哥特式的拱顶类似的，由支肋(liernes)所构成的图案。尽管它的设计在本质上是哥特式的，但其大量装饰却已经有了文艺复兴的特征，尤其是玻璃。

用蓝黑色的图尔奈石灰石建造的**奥德纳尔德帕米勒圣母教堂**(Notre Dame de la Pamele, Oudenarde, 1234年始建)由阿诺尔德·德宾谢(Arnould de Binche)设计，部分采用了斯凯尔特河当地的哥特风格。之后，这种风格很快就在泽兰省(Zeeland)盛行。

布鲁日圣母教堂(Notre Dame, Bruges, 1239—1297)有高大而简洁的塔楼，而建于1274～1300年的**根特圣巴封教堂**(S. Bavon, Ghent)，歌坛具有早期佛兰德斯的哥特风格，因为砖结构适用于该风格。

多德雷赫特大教堂(Dordrecht, 1339—16世纪,见[537]页图E)和**哈勒姆教堂**(Haarlem, 1400—1490)是更为典型的荷兰式。它们采用砖石建造，宽敞而简洁。两者都为简化的布拉班特式(Brabantine)。哈勒姆教堂属于当地的艾勒斯科德(Aerschot)风格，被称为"代默尔哥特式"(Demer Gothic)。多德雷赫特教堂有砖砌拱顶，但哈勒姆教堂中堂的拱顶却是木结构。在泽兰省的米德尔堡(Middleburg)、**胡斯**(Goes,见[540]页图A)、**许尔斯特**、**费勒**以及其他教堂遵循着斯凯尔特和沿海的佛兰德斯-布拉班特(Flemish-Brabantine)的传统。**兹沃勒圣米迦勒教堂**(S. Michael, Zwolle, 1350—1450)则是一座衍生自德国的大厅式教堂；这些情况在荷兰东部和中部十分普遍，但却很少出现在比利时——佛兰德斯西部的**达默教堂**(Damme)就是一个例外。

被损毁的比利时卢森堡公国**维莱隐修院教堂**(Abbey Church of Villers, Belgian Luxembourg, 1216—1267)和**马斯特里赫特多明我会教堂**(the Dominican Church, Maastricht, 1260年始建)，代表了早期默兹哥特式(Maas(Meuse) Gothic)，它带有封闭的三拱式楼廊及典型的叶状柱础。在其后的**梅尔森**(Meersen, 14世纪)那里，这些特征更多。这种默兹风格包括仅比地面高出几米、高而狭长的后堂窗户。

荷兰东北部的**博尔斯瓦德**(Bolsward)、**弗拉讷克**(Franeker)和**格罗宁根**(Groningen)有许多由主流风格变异而成的乡土教堂。在这里，乡村的教区教堂是砖制的，非常简陋，并且带有穹窿的拱顶和大量实心连拱廊，与其他地区的教堂差别很大，例如**斯泰德姆**、**泽伊德布鲁克**。

世俗建筑

坎彭有三座15世纪的白色城门，覆盖着陡峭的圆锥形的顶，使人想起荷兰中世纪的城墙。在根特的**拉伯特堡**(Rabot Fort, 1488, 见[540]页图B)留存着与**伯爵堡**(Château des Comtes, 12世纪)相结合的防御工事。而位于布永的城堡则更具典型的乡村特征。荷兰阿姆斯特丹附近的**默伊登城堡**(Castle of Muiden, 13世纪, 见[542]页图A)在很大程度上依凭水体作为天险，而**内廷**(Binnenhof)——位于海牙的荷兰法院所在地的一座1250年建造的骑士厅，有着典型的由拱架支撑的大屋顶。

根特医院、**比罗克隐修院**(the Hospital, the Byloke, Ghent, 13世纪始建)以及**贝居安会女隐修院**(Béguinage)，是分区规划和分组的实例。这种隐修院(荷兰语为Begijnhof)是为妇女而设的公开教会, 13世纪创建于布拉班特省，为荷兰所特有。修女服务于穷人，她们住在围绕着一个庭院组织的房屋中，庭院里有一个小教堂。**布鲁日**(Bruges)、**库特赖**(Courtrai)和**布雷达**(Breda)的设施至今仍在使用，但在**阿姆斯特丹**就不同了，那里几乎没有留存至今的中世纪建筑。

比利时有大量象征城市财富的中世纪市政厅，荷兰次之。**布鲁日市政厅**(1376年始建, 见[541]页图F)、由马蒂厄·德拉恩斯(Mathieu de Layens)设计的**卢万市政厅**(1448—1463, 见[541]页图G)、由多米尼克斯·范瓦戈马凯莱(D. Van Waghemakere, 约1460—1542)设计的**根特市政厅**(1515~1528年始建, 见[540]页图C)、由扬·范佩德(Jan van Pede)设计的**奥德纳尔德市政厅**(1525—1530, 见[541]页图A)、由雅克布·范蒂嫩(Jakob van Thienen)设计的**布鲁塞尔市政厅**(1402始建, 见[541]页图E)，以及建于1448~1463年、由扬·范勒伊斯布鲁克(Jan van Ruysbroeck)设计的塔楼，全都无比壮观和精美华丽；较为朴素的只有靠近布鲁日的**达默市政厅**(Damme, 16世纪)。佛兰德斯-布拉班特风格在荷兰的实例有由马林的克尔德曼(Keldermans of Malines)设计的**米德尔堡市政厅**(1412—1599, 1945年后重建)和**费勒市政厅**(1474—1599)。货物重量检验所也是典型的荷兰风格。在代芬特尔(Deventer)，一座砖石混合结构则是晚期哥特风格。

最大的制衣行业会所位于**伊普尔**(Ypres, 1202—1304, 见[542]页图B)，不仅因其134m(440ft)进深的规模，而且因其庄严和简洁而闻名于世。它于1915年被毁，如今的建筑是复制品。在**布鲁日**(见[541]页图C)有一座高达80m(260ft)的塔楼，后来在1282年加建了采光塔，属于典型的佛兰德斯式砖石市政建筑。位于**安特卫普**大皇宫里的同业会所(Guild Houses in the Grand' Place, Antwerp, 见[1057]页图C)，尽管是16世纪的建筑，古典装饰却很少。布鲁塞尔会所的装饰属于早期文艺复兴风格。根特的**法兰克航运之家**，又名"船长之家"(Maison des Francs Bateliers (Skipper's House), Ghent, 1531, 见[541]页图B)和**安特卫普屠夫养老院**(Vieille Boucherie, Antwerp, 1501)是同业会所的又一实例。

列日哈瓦特宅(Maison Havart, Liège, 1594)和**米德尔堡圣彼得大厦**(S. Peter's House, Middelburg, 16世纪)是少数现存木框架结构住宅中的两所。位于马林的一些住宅(见[541]页图D)，诸如贵族和商人的住宅是石质的，除此之外，砖构建筑占绝大部分。**乌德勒支左登巴赫宅**(Zoudenbalch House, Utrecht, 1467)与**费勒"羊羔宅"**(Het Lammetje, Veere, House of Scottish Merchants, 苏格兰商人宅, 16世纪中期)是类型迥异的石构房屋。在佛兰德斯风格盛行的弗内斯和胡斯以及荷兰东部的**聚特芬**(Zutfen)可以找到典型的砖构住宅。

西班牙的建筑特征

早期哥特式

西多会(the Cistercian Order)将哥特风格的最早分支之一带入伊比利亚半岛，其特点为标准化的平面、严谨的装饰、用肋骨拱取代筒形拱以及罗马风风格的封闭外墙。莫雷鲁埃拉(萨莫拉, Moreruela (Zamora))——伊比利亚半岛的第一座隐修院——始建于1131年，现今只留下了美丽如画的废墟，但却是当年西多会最大的基地之一，葡萄牙的阿尔科巴萨隐修院则留存至今。

第 14 章 哥特式建筑

完全发展成熟的哥特风格在 12 世纪晚期和 13 世纪从法国北部传入西班牙。其特点是复杂而精确的平面、簇叶饰柱头以及裸露的肋骨拱。这些特点导致建筑体量变大,室内具备更好的采光条件。起初仅仅感受到这种风格的影响,但是不久一座完整的哥特风格大教堂便在西班牙建造完成,这就是阿维拉(Avila)大教堂。它与第一座哥特式结构的建筑——巴黎的圣但尼隐修院几乎在同一时间建成。

早期哥特式建筑并没有出现在罗马风和伊斯兰风格盛行的西班牙。事实上,它是被诸如卡斯蒂利亚国王阿方索八世(Alfonso Ⅷ of Castile, 1158—1214)那样的君主和托莱多的罗德里戈大主教(Archbishop Rodrigo of Toledo, ?—1247)那样的高级教士引入以对抗罗马风和伊斯兰风格的。托莱多大教堂内部回廊上的三叶形楼廊——来源于托莱多的穆迪扎尔式犹太教堂,即托莱多的白色圣母教堂(S. Maria La Blanca, Toledo)——便是一种变体。和潘普洛纳教堂一样,莱昂大教堂则是明显的法国式样。当一种综合风格产生之时,如同位于阿吉拉尔-德坎波奥的圣米迦勒学院(the College of San Miguel, Aguilar de Campós, 1346)那样,被引入的早期哥特风格在布尔戈斯与传统大教堂的简洁平面和巨大的尺度结合在了一起。

晚期哥特式

像早期哥特式建筑一样,晚期哥特式开始是由北方建筑师引入的。1442 年,布尔戈斯的主教阿隆索·德·卡塔杰纳(Alonso de Cartegena)把科隆的莱茵兰圣约翰教堂(Rhinelander, Hans of Cologne (Juan de Colonia))的建筑风格引入西班牙,重新装修他的大教堂。然而,尽管早期哥特式的辉煌成就大部分来源于法国,晚期哥特风格则在本质上属于西班牙。

西班牙的晚期哥特式包括两种风格。伊莎贝拉式建筑(Isabelline architecture)盛行于天主教君主费迪南德和伊莎贝拉当政期间(Ferdinand and Isabella, 1474—1516),以采用石材而广为人知。其平面遵循传统,但对于展示的内在渴望却是新的。它在葡萄牙的对应物是曼奴埃尔式建筑(Manueline architecture)。而仿银器装饰风格建筑(Platersque architecture),如同该词所显示的,是像银匠制作的银器般的建筑。1539 年,克里斯托瓦尔·德维拉隆(Cristobal de Villalon)在描述莱昂大教堂时首先运用了这一类比。不过同时代的人却把它定义为 "a la romano",即古罗马风格。以金属制品的特点描述萨拉曼卡大学的立面较为贴切,但是同时代人的说法则更适用于格拉纳达大教堂(Granada Cathedral)。这两种风格差别很大——伊莎贝拉式建筑带有哥特式的细部,仿银器装饰建筑则带有文艺复兴的细部——但并不对立。例如,伊莎贝拉式的建筑师为了满足炫耀的需求而创造出最不同凡响的发明,而如同祭坛装饰一般的建筑立面也被仿银器装饰风格的建筑师所运用。这表明晚期哥特式的建筑可以被当做一个整体来看待。

这一角度展现了晚期哥特式建筑中的西班牙特征,例如伊斯兰艺术的复兴。如同在托莱多一样,这同样发生在布尔戈斯。它赋予像布尔戈斯的长官礼拜堂(La Capilla del Condestable)这样完美的哥特式结构一种奇怪的感觉。显然,北方的建筑师发现并接受了穆斯林所喜欢的图案化悬挂装饰,并且赞助人似乎也已经接受了一种对基督教建筑的新定义。此外,宏大的中世纪晚期教堂依赖于伊比利亚的先例,特别是直至 1429 年才完工的托莱多大教堂。无论哥特式建筑还是仿银器装饰建筑,均采用了本土化的结构方式。为了强调西班牙复兴战争时期而引进的建筑类型如今仍被使用,这要感谢在格拉纳达的来自新大陆的财富,是它使得西班牙的哥特式经验具有一种独特的统一性。

加泰罗尼亚哥特式

这是一种晚期哥特式的民族形式:其形成真实地反映了阿拉贡-加泰罗尼亚地区(Aragon-Catalonia)的历史。贾伊美一世(Jaime I, 1213—1276)及其继任者促成了阿拉贡-加泰罗尼亚王国在 1137 年的统一,并将它变成一支与卡佩王朝相竞争的地中海势力。因此,加泰罗尼亚哥特式是在与法国哥特式建筑的相互竞争和效仿之中被创造出来的。进一步而言,在加泰罗尼亚势力扩张的同时,其建筑也开始传播。例如,上卢瓦尔省的拉谢斯迪约隐修院教堂(the Abbey Church of La Chaise-Dieu (Haute-Loire))与曼雷萨大教堂有关。

这种风格的特点是采用了室内扶壁,一种与众不同的品味和对模糊性(ambiguity)坚定的追求。源于法国南部哥特式建筑的室内扶壁最早发现于巴塞罗那大教堂的半圆形后堂。然而在此之前,它曾在加泰罗尼亚地区被大量使用,以同时支撑

第二编　文艺复兴以前的欧洲和地中海建筑

图 A　（左图）塔拉戈纳大教堂(1117—1331)，见[547]页

图 B　（右图）阿维拉大教堂（约 1180 年始建），见[547]页

图 C　托莱多大教堂西南向外观(1227—1493)，见[549]页

图 D　莱昂大教堂内景(1255—1303)，见[549]页

木屋顶(Liria)和肋骨拱(Catarina)。大尺度的加泰罗尼亚建筑风格的成功和发展只有从本土传统的影响出发才可以获得解释。例如，位于巴塞罗那的多明我会女隐修院(1245—1275)内侧神龛间的走道造就了巴塞罗那大教堂中堂主教席间的走道。而同样的传统也形成了对宏大尺度的偏好，例如巴塞罗那的海之圣母教堂(S. Maria del Mar)。当如同哈蒂瓦圣菲利克斯教堂(S. Felix, Jativa)那样的简单室内扶壁结构吸引住观众的视线，并凭借其简洁的砖石构造主宰空间之时，类似海之圣母教堂那样由三部分合成的教堂扶壁还并不太著名。显然，墙体成功地战胜了法国哥特式建筑的框架结构。在加泰罗尼亚的教堂中，空间被围合并与外界阻隔，室内光线暗淡，并且教堂因此不断受到腐蚀。

加泰罗尼亚教堂中含混不清的概念，可以与他们对尺度的迷恋——这种法国的遗产相联系在一起。毕竟，作为赫罗纳大教堂与巴塞罗那大教堂半圆形后堂之摹本的纳博讷大教堂拥有介于巴西利卡和大厅式教堂之间的阶梯式立面。然而，在抛弃法国范例中平衡的姿态后，加泰罗尼亚的建筑师利用了这一构思。此外，正当法国建筑师偏爱巴西利卡的时候，模糊性的概念已受到追捧。差不多就好像是加泰罗尼亚建筑师为自己选择了一条介于排斥法国方式从而逐渐异化与接受它，进而逐渐法国化之间的道路。因此，可以发现，像巴塞罗那的海之圣母教堂那样的结构以及巴塞罗那大教堂的中堂，或一个像曼雷萨那样试图再次采用巴西利卡的建筑，会迫使巴西利卡形式的终结。正如赫罗纳大教堂放弃协调的努力而选择建造最庞大的大厅，而马略卡岛的帕尔玛大教堂(the Cathedral of Palma de Majorca)则寻求两种风格之间的最佳契合点。

西班牙的建筑实例

早期哥特式

塔拉戈纳大教堂(Tarragona Cathedral, 见[546]页图A)在哥特式建筑引入之前是西班牙大教堂的典范。作为塔拉戈纳城市的主教堂(1171—1331)，其建造分为两个阶段。起初，它被设计为厚重且相对封闭的结构——主体结构有14m(46ft)宽，并采用了筒形拱。采用这一结构的目的是重现古罗马城市的历史及其古代遗迹：基地位于朱庇特神庙的遗址之上。为此，法国的罗马风灵感被引入。双柱和侧面的细长柱设计用于支撑横拱。这些拱廊壁柱一定来源于诸如佩里格圣司提反城市教堂(S. Etienne de la Cité, Perigueux)那样的建筑，然而它们也有着像罗马建筑一样的大体量。类似的，本笃会的平面经过修改后获得采纳——在耳堂上添建小教堂——以实现古代的尺度。

另一个设想在1180年左右得以实现：肋骨拱及其联系构件，支承构件，高侧窗。最终，在东端的拱廊壁柱被抬高以便为窗户留出空间，侧面的细长柱则转变为肋骨的支承构件。如此，形成了一个重量较轻却依旧具有体量感的结构。事实上，如今的中堂已抬升至26m(85ft)高，教堂的尺度也相应增大。于是，这座空间如洞穴般坚固有力的大教堂在整个西班牙东北部被广泛模仿，只是图德拉教堂(1204年举行祝圣礼)有着更充足的光线，而抹大拉教堂(Matallana, 1228年始建)拥有更复杂的墩柱。

阿维拉大教堂(Avila Cathedral, 见[546]页图B)的歌坛由弗吕歇尔(Fruchel)始建于公元1180年，它是西班牙第一批哥特式建筑之一。看上去仅仅只有它所在的基地带有西班牙的特点，这似乎使其像是罗德里格大主教位于布里韦加(Briheuga, 即瓜达拉哈拉, Guadalajara)的城堡中的一座小教堂。其外墙部分为阿维拉的城墙(建于约1091—1135年)。不过，在教堂防御性城墙外部隐藏着一个透光、宽敞的半圆室，这在伊比利亚半岛上从未有过先例。

该设计来源于圣但尼隐修院，有同样的双回廊和一圈进深不大的礼拜堂。立面，包括歌坛奇异的肋结构排列方式，却以韦兹莱教堂(1185—1190年始建)为原型，但细部却表现出勃艮第的罗马风雕塑传统的影响。这一传统在12世纪晚期的西班牙西北部极为强大，尤以西多会的影响更为明显。对末端尖锐的肋骨拱与室内回廊上模具制柱头的使用证实了这一点。这种技术方式既是法国式的，又是折中风格的。平面来源与建筑中所使用特征的脱离，以及这些特征中折中主义的本质，是其他所有西班牙主教堂的共同特点。幸亏在阿维拉这个混合作品中，尽管符合法国的设计，歌坛高达28m(92ft)，但回廊的尺度宜人，并且建筑整体上显得热情而恰如其分。

布尔戈斯于884年被设为基督教力量的前哨，到12世纪晚期已经成为卡斯蒂利亚王国的非正式

第二编 文艺复兴以前的欧洲和地中海建筑

布尔戈斯大教堂(BURGOS CATHL)：Ⓐ 长官礼拜堂；Ⓑ 耳堂和塔式天窗；Ⓒ 东南向透视图；Ⓓ 平面图；Ⓔ 西向透视图

首都,并拥有一座罗马风风格的大教堂。对于那些1219年参加在此举行的费迪南德三世婚礼的客人们来说,这座教堂似乎过于肮脏昏暗了。不管怎样,在1221~1260年,布尔戈斯大教堂(Burgos Cathedral,见[548]页图⑧~图⑥)是按照法国样式来建造的。它包括三种独立类型的哥特式建筑。在其内部,布尔日教堂的作用非常明显,尽管楼座和拱顶受诺曼哥特式建筑的影响。在其外部,主基调为兰斯大教堂,与半圆形后堂一同在13年后建成的耳堂和中堂采用了相同的立面。即使在建筑重新动工后,仍由一位曾在兰斯大教堂——一座拥有更复杂立面的建筑——受过训练的建筑师亨利(Henri,卒于1277年)负责。

布尔戈斯大教堂平面源于西多会蓬蒂尼隐修院(Cistercian Pontigny),整体适合13世纪早期法兰西岛上带有类似讲坛的教堂拱门拱廊的三段式立面。然而,如今很难再重温最初结构所产生的效果了。塔式天窗(cimborio,1539—1568)导致了室内的巨大转变。

在"纳瓦斯-德托洛萨战争"(Las Navas de Tolosa,1212)中被击败之后,伊斯兰教在伊比利亚半岛的统治也被终结,伊斯兰艺术失去了威望。基督教艺术宣告西班牙光复(Reconquista)。因此,当1227年费迪南德三世和罗德里格大主教授权建造**托莱多大教堂**(Toledo Cathedral,见[546]页图C及[550]页图⑪和[551]页图⑧)时,他们授意以法国模式为基础的项目象征着侵占大清真寺的基址。1227~1234年曾提到过一位名叫马丁(Martin)的建筑师,他手下的工人们都在布尔日教堂(1195年始建)的建造中受到过训练。

托莱多大教堂很特别,其阶梯式立面的比例与布尔日教堂不同,并且抛弃了布尔日大教堂室内回廊高耸的空间高度。取而代之的是,回廊被拉长了,因此托莱多大教堂的半圆形后堂长达55m(180ft),超越了布尔日教堂的40m(130ft)。简而言之,空间在水平方向上的扩展取代了竖直方向。看上去,似乎建筑师想要将半圆形后堂设计为中心化的平面,歌坛在室内回廊后退之后被展现出来,那是一项具有独特品质的先进成就。

莱昂大教堂(León Cathedral,见[546]页图D)于1255年在马丁·费尔南德斯主教(Bishop Martin Fernandez)的主持下动工,这是西班牙第一座也是最令人难忘的辐射式建筑。由于政治原因,阿方索十世(Alfonso X,1252—1284)按照亨利三世(Henry Ⅲ)对威斯敏斯特教堂所采取的同一方式,抬高了教堂的高度。在此过程中,西班牙国王的直辖市(即莱昂)大教堂重建工程,采用的风格与著名的卡佩王朝息息相关,目的是宣扬阿方索成为王位继承人的合理性。

莱昂大教堂结构显示出对现代性的追求,因而其平面是兰斯大教堂的三分之一缩减版。建造布尔戈斯教堂的亨利同样也负责莱昂大教堂的设计并不令人感到惊奇。其委托要求他从圣路易教堂的柱头中获得最新的元素。由此,中堂和侧堂的室内廊道以巴黎的拉昂圣日尔曼教堂(S. Germain en Laye,1238)为模型,半圆形隔间的花格窗饰则以12世纪40年代巴黎的设计为基础,如巴黎圣沙佩尔教堂。

大教堂以其彩色玻璃与正门上大量的13世纪雕塑而闻名,其彩色玻璃是13世纪末到14世纪西班牙玻璃窗的精华。与建筑不同,彩色玻璃属于该风格的末期而非初期。例如,西立面上的三座大门的布局是由沙特尔大教堂(1205—1215)的耳堂发展而来。中央大门门楣中心的直梃(trumeau)上的雕塑则源于亚眠大教堂(1220年始建)。不过,大教堂保持着一种整体性,其雕塑装饰是法国大教堂的关键部分,也是阿方索十世和亨利希望建造出来的。

潘普洛纳大教堂(Pamplona Cathedral)位于纳瓦拉王国的首都潘普洛纳。潘普洛纳是穿越龙塞斯瓦列斯山口之后旅行者所经过的第一站,而龙塞斯瓦列斯山口自1234年起就由香槟伯爵管辖。这个城市以拥有大量当时最新的法式建筑而骄傲,其中最著名的例子就是潘普洛纳大教堂。它由查里三世(1387—1425)于1397年动工,并于1525年左右完工。来自图尔奈的让·德洛姆(Jean de Lomme)于1439年成为大教堂的建筑师,他采用洋蓟式结构,是一大进步。歌坛与15世纪诺曼式建筑如科德贝克那样的教堂有联系,而将回廊和小礼拜堂相结合置于一组拱顶下的做法则来源于苏瓦松大教堂。潘普洛纳大教堂是一个很好的例子,只有与其亲法资助者相联系才能解释清楚为什么它是一座精美的法式中世纪晚期教堂。

其他表现出法国影响的大教堂有**巴伦西亚大教堂**(Valencia,1262—1356)和**莱里达大教堂**(Lerida,1203—1278,见[550]页图⑥)。后者是一座令人难忘的早期建筑,有一个八角形的塔式天窗,其屋面板直接落在拱顶上。还有若干较小的有趣的**教堂**,例如巴利亚多利德圣保罗教堂(S. Pablo, Valladolid,

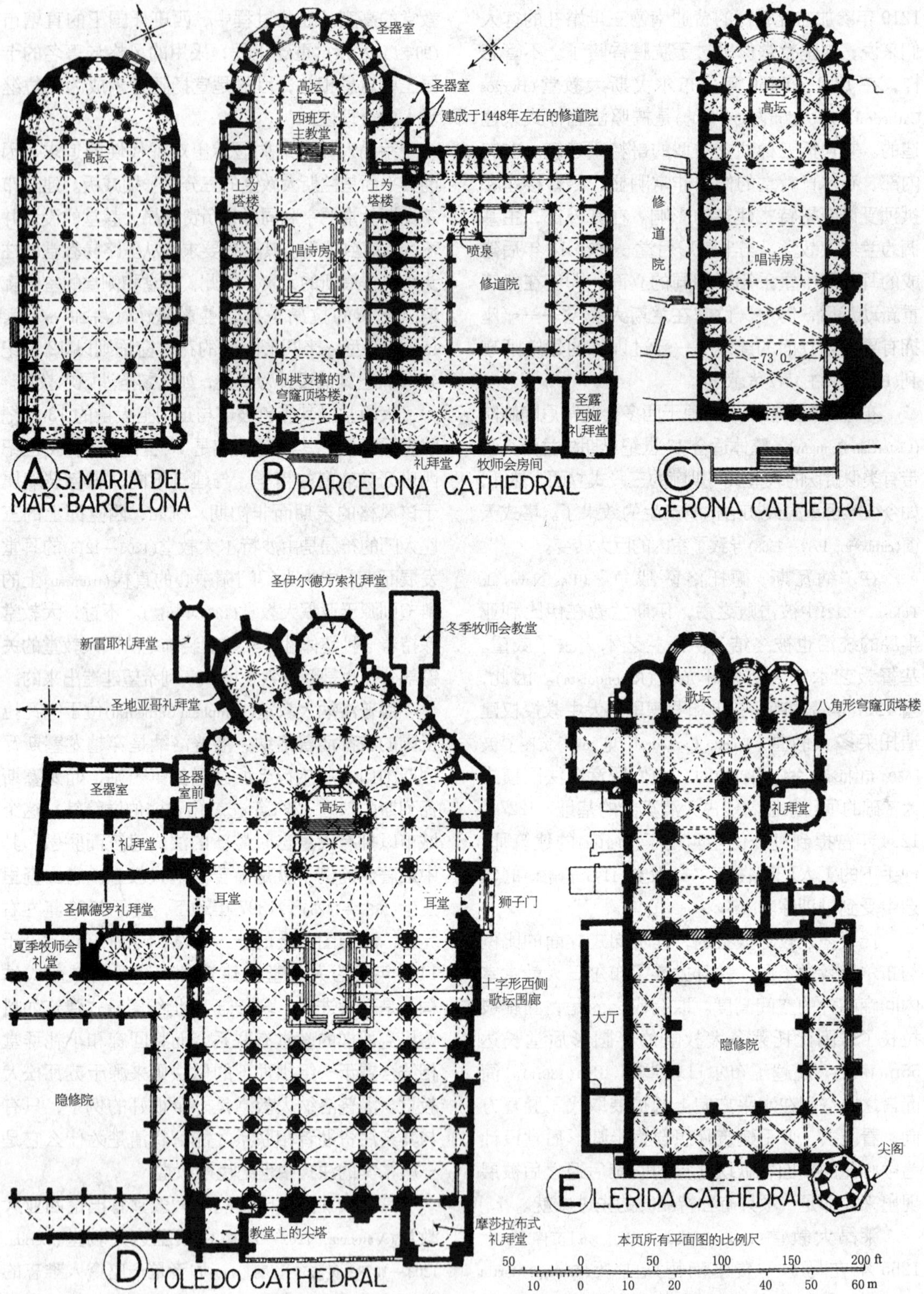

第二编 文艺复兴以前的欧洲和地中海建筑

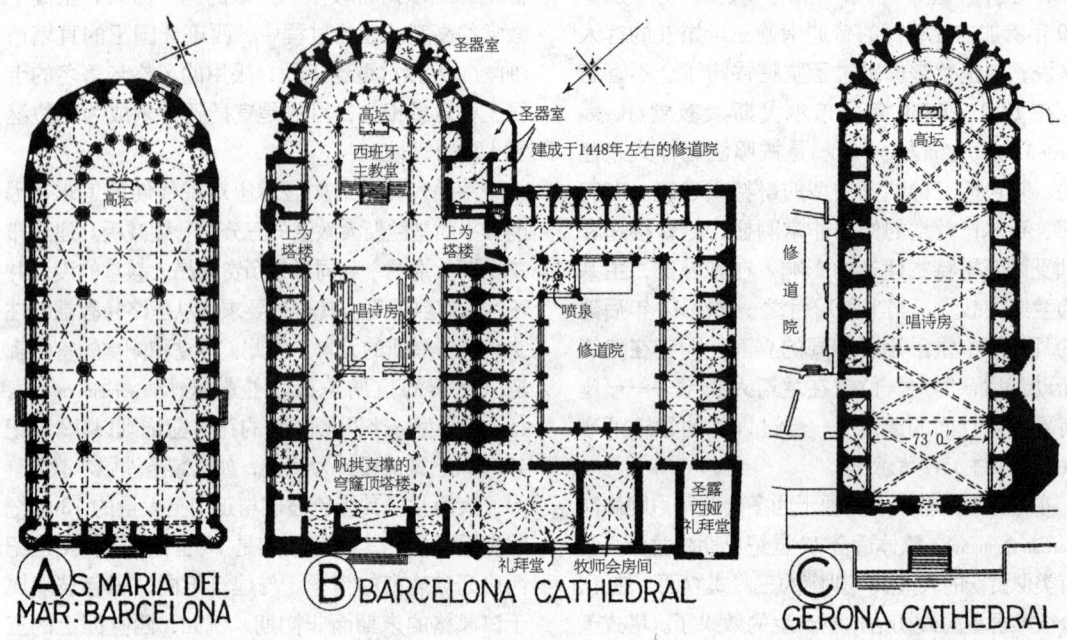

Ⓐ 巴塞罗那海之圣母教堂；Ⓑ 巴塞罗那大教堂；Ⓒ 赫罗纳大教堂；Ⓓ 托莱多大教堂；Ⓔ 莱里达大教堂

第14章 哥特式建筑

Ⓐ HIGH ALTAR: SARAGOSSA CATHEDRAL

Ⓑ CHAPEL OF SANTIAGO: TOLEDO.

Ⓒ CLOISTER: S. JUAN DE LOS REYES: TOLEDO

Ⓓ DOORWAY TO CAPILLA DE LOS REYES: GRANADA CATHEDRAL

Ⓐ 萨拉戈撒大教堂高祭坛；Ⓑ 托莱多大教堂圣地亚哥礼拜堂；Ⓒ 托莱多皇家圣约翰教堂的回廊；Ⓓ 格拉纳达大教堂通向洛斯雷耶斯礼拜堂的大门

1276—1492,见[553]页图C),**巴塞罗那圣朱斯特-帕斯特教堂**(SS. Justo y Pastor, Barcelona, 1345)和**圣马利亚·德尔皮诺教堂**(S. Maria del Pino, 1453)。

晚期哥特式

布尔戈斯大教堂的**长官礼拜堂**(La Capilla del Condestable, Burgos Cathedral,见[548]页图Ⓐ及[553]页图D),是一座八角形的丧葬小礼拜堂,由建筑师西蒙·德科洛尼亚(Simón de Colonia,?—约1511)于1482~1494年为卡斯蒂利亚的地方长官佩得罗·费尔南德斯·德韦拉斯科(Pedro Fernandez de Velasco,卒于1492年)而建造,明确属于中世纪晚期的西班牙建筑类型。这座小礼拜堂以其晚期哥特式的大门而闻名,铭文记载说,地方长官的带有纹章的盾曾经被野蛮人手持于主教席的栏杆前并沿对角线悬挂在下方的墙上,但拱顶是关键。其拱肋组成了一个类似卡塔利娜小礼拜堂(La Capilla de Catalina, 1316—1354)那样的八角星图案,不过这是为了在中央留出一个同样形状的空心区域。开敞的穹窿来自伊斯兰思想,但西蒙·德科洛尼亚以自己的手法进行了处理:窗花格中的填充物令人回想起由其父胡安·德科洛尼亚(Juan de Colonia)于1442~1457年建造的布尔戈斯大教堂的西塔楼。

托莱多皇家圣约翰教堂(San Juan de los Reyes, Toledo,见[551]页图Ⓒ及[553]页图A)是一座圣方济各会的女隐修院,于1477年由信奉天主教的国王为了感谢1476年在"公牛战役"(Toro)中战胜葡萄牙的阿方索五世(Alfonso V of Portugal)而出资修建。它是伊莎贝拉风格最优秀的实例,同时也是最富激情的中世纪晚期西班牙建筑师胡安·瓜斯(Juan Guas,约1433—1496)的杰作。

教堂包含了一个带有室内扶壁独立的体量,在侧面接有神龛。歌坛呈多边形,尽管耳堂没有设计走道部分,但采光塔毫无疑问强调了交叉部位。这种组成方式在西班牙中部地区有着悠久的传统,**维拉穆瑞尔·德塞若特教堂**(Vilamuriel de Cerrato,即帕伦西亚,Palencia)就是13世纪的一个实例。由此,这个朴实无华的建筑物证实了伊莎贝拉式艺术在西班牙有着多么广泛的根基。在其他领域,该风格的政治实质获得了更全面的发展。耳堂的外墙悬挂着天主教君主于1478年再次收复马拉加时那些获得解放的基督徒们的镣铐,墙上还有一段纹章图案,是圣徒们对君主的祝词。任何能够歌颂费迪南德和伊莎贝拉的方式都没有被忽略。

采光塔拱顶拱肋的布局遵从一种伊斯兰式的设计,而这种形式最早发现于科尔多瓦大清真寺(the Great Mosque, Córdoba, 961—965)里统治者的围场中。现存的教堂拥有一个类似艾因的布雷斯河畔布尔格的**布鲁教堂**(Brou, Bourg en Bresse, Ain)那样的中堂立面。它建于1506~1532年,有一个带有高窗和扶手的室内通道。如同对伊斯兰风格的实践一样,瓜斯研究了哥特式建筑的特点,以创造一种丰富的杂糅风格——在一座建筑中融汇了天主教君主国的普遍教义。

巴利亚多利德的**圣格列高利学院立面**(the Facade of the College of San Gregorio, Valladolid,见[553]页图B)。在15世纪末16世纪初的西班牙,立面被看做是祭坛屏饰(retables)。其特点是在复杂的建筑结构中置放纹章和布景。石质立面,就像木质祭坛屏饰一样,部分有涂饰。该建筑的立面于1480年由卡斯蒂利亚的伊莎贝拉基督徒阿隆索·德布尔戈斯修士(Fray Alonso de Burgos)建造,也是最好的伊莎贝拉风格的实例。

树状的结构形式引人注目。例如,大门外侧的拱被设想为一棵树,有小天使们在枝干上玩耍。同样的形式也被吉尔·德西洛(Gil de Siloe)用于他为米拉弗洛雷斯的**拉卡杜哈教堂**(La Cartuja de Miraflores, 1496—1499)设计的祭坛屏饰中,这表明他也曾参与这个立面的设计。

该立面的含义被广为争论。也许树上被圣约翰的雄鹰抓擒,并由两头雄狮卫护的象征了格拉纳达的盾状徽章,意味着这座城市的回归,即天主教君主的最伟大成就。

塞维利亚大教堂(Seville Cathedral, 1402—1519,见[554]页图A)有着巨大的尺度。其中堂高达40m(130ft)、宽达13.9m(46ft),也许这不是最高大的教堂,然而加上四个侧堂和环绕的小教堂,整个矩形平面的面积达到11 020m²,这使其成为中世纪最大的教堂。

该建筑同时带有西班牙和异国的特征,覆盖整个穆瓦希德清真寺❶基址的象征性需要决定了其平面和尺度。带有室内扶壁侧翼的小教堂是加

---

❶ Almohad mosque;Almohad为穆瓦希德人,意为信仰真主独一教义者,是一个柏柏尔人的联合体,曾在北非建立伊斯兰帝国。——译者注

第14章 哥特式建筑

图A 托莱多皇家圣约翰教堂回廊,见[552]页

图B 巴利亚多利德的圣格列高利学院立面(1480),见[552]页

图C 巴利亚多利德圣保罗教堂主入口(1486—1492),见[552]页

图D 布尔戈斯大教堂长官礼拜堂(1482—1494),见[552]页

第二编　文艺复兴以前的欧洲和地中海建筑

图A　塞维利亚大教堂西南向外观(1402—1519)，见[552]页

图B　萨拉曼卡老教堂(1120—1178)，背后为1513年始建的新教堂，见[555]页

泰罗尼亚的特点,而最初的歌坛则模仿了位于塞维利亚的圣方济各教堂(San Francisco, Seville)。其五部分体量采用了托莱多大教堂的方法。不过,更多的现代哥特风格的特点在塞维利亚大教堂获得呈现,其细部和尺度改变了西班牙中部的建筑景观。

萨拉曼卡新教堂(Salamanca New Cathedral, 见[554]页图 B)。到了 16 世纪,人口的增加和大学的声望使萨拉曼卡的教堂显得过于局促。因此,1510 年,托莱多的安东·伊格斯(Anton Egas of Toledo)和塞维利亚的阿方索·罗德里格斯(Alfonso Rodriguez of Seville)受命设计一座新的教堂。然而,教会于 1512 年重新任命胡安·吉尔·德翁塔农(Juan Gil de Hontañon, 约 1480—1526)为建筑师。教堂于 1513 年 5 月 12 日奠基,它仿造了托莱多大教堂阶梯式的立面和缩进的耳堂,塞维利亚大教堂侧翼的小教堂,以及带有扶手和高窗的室内走道。其最重要的发展是更多地采用古典形式。起初,只是意大利化的栏杆和拱肩处的圆形装饰物比较明显,其后是交叉处由华金·德丘里格拉(Joaquín de Churriguera, 1714—1725)设计的巴洛克塔式天窗。由此创造出的华美、轻盈以及动态的气氛令这座教堂显得与众不同。

迭戈·德西洛(Diego de Siloe, 约 1495—1563)的建筑杰作是**格拉纳达大教堂**(Granada Cathedral, 1523 年始建, 见[551]页图①及[1015]页图 A~图 B),不过在它身上仍留有第一位设计师——托莱多大教堂的建筑师恩里克·埃加斯(Enrique Egas, ? —1534)的印记。事实上,最好将其理解为托莱多大教堂的哥特式结构的一种演变。两座建筑都有被划分成交替的直线形和三角形开间的回廊,且两者都拥有中堂和四道侧堂。此外,与拥有同样特征的其他建筑物不一样,两者都有不外凸的袖廊。但是,1528 年被委任为建筑师的迭戈·德西洛大幅度地变更了歌坛设计。托莱多大教堂的五边形变成了格拉纳达大教堂的十边形,室内回廊被缩减成一个通道,并由巨大的放射状墩柱在其上架起了一个穹窿结构。简言之,扩展的哥特式教堂的半圆形后堂变成了一个圆形大厅,而且在格拉纳达大教堂,中堂外部的侧堂被修建得与中堂等高。迭戈·德西洛在侧翼加建了高度较低的小教堂以维持阶梯式的立面。

迭戈·德西洛想按照"古罗马"的方式建造,因此歌坛受到 15 世纪后期和 16 世纪伦巴第地区带有穹窿覆盖的高耸圆形大厅教堂的影响,诸如位于米兰的由布拉曼特设计的圣萨提洛教堂的圣马利亚洗礼堂(baptistery for S. Maria Presso S. Satiro)等,而这些建筑又以像罗马圣康斯坦查教堂那样的建筑为基础。不过,无论其动机如何,迭戈·德西洛建造了最庞大、最典型的仿银器装饰式大教堂。在这里,潜伏着哥特式建筑的幽灵,因而,即便是确切无疑地以文艺复兴时期罗马建筑插图画为基础的中堂墩柱,也呈现出哥特式墩柱那种高耸轻盈、由构件组合而成的本质。

加泰罗尼亚哥特式

在所有加泰罗尼亚地区主要的哥特式结构建筑物之中,只有**赫罗纳大教堂**(Gerona Cathedral, 见[550]页图ⓒ)的半圆形后堂(1312—1347)最接近法国盛期哥特式的模式。其平面就是纳博讷大教堂(1272 年始建)的复制品。其立面可以与昂比的诺曼式西多会教堂相媲美。两者都是阶梯式的,回廊与歌坛的高窗都被赋予同样重要的地位。两座教堂的歌坛中间层均包含没有通道相连的连续黑洞,而且两者都具有法国特征:例如,没有占据所有可用空间的窗取自法国南部的教堂,诸如让·德尚(Jean Deschamps)负责建造的克莱蒙费郎大教堂(Clermont-Ferrand, 1248 年始建)。恩里克(Enrique)和自 1321 年后他的继任者——参与过纳博讷大教堂工程的雅克·法夫兰(Jacques Favran)设计了一座小型、光线充足的教堂。建于 1417~1598 年的中堂拥有欧洲跨度最大的哥特式拱顶,跨度达 22m(74ft)。6m(20ft)深的室内扶壁,与结构等高以对抗侧推力。

巴塞罗那大教堂(Barcelona Cathedral, 见[550]页图Ⓑ及[556]页图 A)。其建于 1298~1329 年的精彩绝伦的半圆形后堂和中堂(1420 年落成)源于法国南部的哥特式建筑。半圆形后堂的平面也与纳博讷大教堂相似,楼廊位于墩柱之后而不是像在利摩日教堂那样穿越墩柱。其中堂侧翼的礼拜堂如同克莱蒙费郎大教堂一样划分成矩形和五边形的开间。它在整体上使人回想起阿尔比大教堂,但是巴塞罗那大教堂的特点与其来源非常不同——产生于多义模糊的概念。它似乎徘徊于巴西利卡和大厅式教堂之间。用于赫罗纳大教堂半圆形后堂的均衡的阶梯式立面并未被采纳,而是选择了更接近于大厅式的立面。歌坛通过回廊采光,并且因此看上去与其融为一体,因为在主立面上,穹顶

第二编　文艺复兴以前的欧洲和地中海建筑

图 A　巴塞罗那大教堂(1298—约 1448)，见[555]页

图 B　曼雷萨大教堂(1328—1596)，见[559]页

图 C　马略卡岛的帕尔马大教堂(1314 年始建)，见[559]页

第14章 哥特式建筑

图A 里斯本的贝伦圣母教堂(1502年始建)，见[559]页

图B 托马尔的基督圣殿骑士团教堂(1510～1514年重建)，见[560]页

图C 因佩费克塔斯小教堂(1434年始建)，见[560]页

图D 马略卡岛帕尔马的海洋交易所(1426—约1451)，见[562]页

第二编　文艺复兴以前的欧洲和地中海建筑

图 A　萨拉曼卡"贝壳之家"(1475—1483)，见[560]页

图 B　坎波城的拉蒙塔城堡(1440—1479)，见[563]页

图 C　塞哥维亚的阿尔卡扎城堡(建于15世纪，1882年重建)，见[563]页

部位的弧形窗(lunette)是唯一有小圆窗(oculi)的地方。如同在托莱多大教堂的室内回廊里一样，这些小圆窗被设置在一个高大、幽暗的楼廊上方，这只能令人想起巴西利卡。拱顶覆盖了几近正方形的中堂和矩形的侧堂开间。这意味着与兰斯大教堂中的 8m(26ft)相比，这里每隔 14m(46ft)才会出现一根墩柱。隐修院回廊约于 1448 年建成，包含了 22 个礼拜堂。

巴塞罗那海之圣母教堂(S. Maria del Mar, Barcelona, 见[550]页图Ⓐ)，其平面和立面基于巴塞罗那大教堂的半圆形后堂，是一个有着大量影响深远的、创新的教区教堂(1329—1383)。礼拜堂的外墙被向外移至室内扶壁的尽端，由此形成一堵连续的墙体，而不外凸的耳堂和楼廊被舍弃了。换句话说，其基本结构被暴露出来，墩柱的数量减少了，但创造了在侧翼有矩形侧堂开间的巨大正方形中堂；同时，礼拜堂的数量增加了，甚至连西立面(墙体)内部都有四间礼拜堂。这便成就了完美的城市教堂，为人们的聚集提供了畅通无阻的高大空间，也为祷告者提供了私密的礼拜堂。由此，它比大教堂更大更朴素——支承物是简洁的八角形柱身，而非组合柱——使海之圣母教堂看上去壮观宏伟，配得上那些富商们骄傲的个人信仰，而这座教堂正是为了他们而建造的。

曼雷萨大教堂(Manresa Cathedral, 见[556]页图 B)的设计者贝伦格·德蒙塔古特(Berenger de Montaigut)，以巴塞罗那的圣卡塔利娜教堂那样的单体量教堂为基础设计了此大教堂。他放大了所模仿的范例——中堂宽达 23m(76ft)——并扩大了歌坛周围的正方形礼拜堂，以使之适当宽敞。不过随后他又根据法国的思想和关注点进行了改进。首先，礼拜堂之间的室内扶壁被打穿，以形成侧堂，其拱顶维持了礼拜堂的形式。其次，在中堂形成了与纳博讷大教堂歌坛侧翼礼拜堂是相类似的结构，上部贴了釉面砖的结构也在此重复，并以同样的方式采用了层叠式飞扶壁。

不过，曼雷萨大教堂看起来并不像一座法国教堂，大量实墙体——室内扶壁和八角形墩柱——和概念的多义性强化了这一点。

马略卡岛的帕尔马大教堂(the Cathedral of Palma de Majorca, 见[556]页图 C)实际上是三座建筑物，东部(1306 年始建)是马略卡岛的贾伊美一世(Jaime I)的丧葬小礼拜堂，还有建于 1314～1327 年的歌坛，以及 1325～1350 年始建的中堂。通过同时在歌坛和侧翼礼拜堂中使用假帆拱——这一想法来自于佩皮尼昂教堂完成于 1309 年的宫廷小教堂，以及如同在赫罗纳大教堂中那样将玫瑰窗设置在通向半圆形后堂的入口之上，来实现连续性。

这是加泰罗尼亚哥特式建筑中最大的中堂，其平面尺寸是 121m×15m(394ft×49ft)。中堂高达 44m(144ft)，侧堂则高达 30m(100ft)。对于一座重要的加泰罗尼亚教堂而言，其中堂的采光异乎寻常地好，因为礼拜堂、侧堂以及中堂上方都布有高窗。由于中堂的高窗，除了室内的扶壁，教堂还采用了飞扶壁。由此，从下面海港观看的人能够看到立于巨大的室内扶壁之上的飞扶壁将礼拜堂墙上的壁柱压于身下的壮观景象。

葡萄牙建筑

伊比利亚半岛拥有大量令人难忘的中世纪**西多会隐修院**(Cistercian monasteries)遗迹中的一部分。例如，葡萄牙的**阿尔科巴萨隐修院**(Alcobça, Portugal, 1153 年建立)，包括一座教堂(1178—1252)、回廊、牧师会礼堂、宿舍、餐厅、厨房和盥洗室。

这座教堂非常有趣。它按照克莱尔沃二世教堂(Clairvaux Ⅱ, 1135 年始建)的平面开始建造。1195 年，隐修院遭到穆瓦希德人的洗劫，而此后现存的教堂利用了原先的部分基础，但依照的却是克莱尔沃三世教堂(Clairvaux Ⅲ, 1153 年始建)建造风格。这意味着，单调的半圆形后堂被带有回廊和放射形礼拜堂的半圆形后堂所取代，而耳堂和中堂都有所放大。

它是一座大厅式教堂，仅有侧堂上方的窗户提供直射光线。中堂和侧堂的拱顶分别高 20.1m(66ft)和 18.7m(62ft)，起始于同一高度。狭窄的侧堂和厚重的壁柱强化了其高大宏伟的气势，这令人联想到普瓦捷大教堂(1162—1350)。

贝伦圣母教堂(S. Maria, Belém, 见[557]页图 A)是一座隐修院教堂，于 1502 年开始由唐·曼奴埃尔一世(Dom Manuel I, 1495—1521)主持修建，为了纪念瓦斯科·达·伽马(Vasco da Gama)于 1497 年抵达印度的旅行，这次旅行为葡萄牙带来了财富，并以此为基础形成了曼奴埃尔风格。迪奥戈·布瓦达克(Diogo Boytac, 活动期为 1490～1525 年)将它建到了檐口高度，若昂·德卡斯蒂略(João de Castilho, 活动期为 1515～1552 年)接着建起了中堂的墩柱，以及中堂和耳堂的拱顶(1519年以后)。

其平面与塞卢瓦尔教堂(Selubal, 1494—1498)相似,同样由布瓦达克设计,并令人想起托莱多的皇家圣约翰教堂。拱顶则与15世纪大厅式晚期教堂建筑——萨拉戈萨的塞奥大教堂和城市建筑——马略卡岛帕尔马的海洋交易所有联系。中堂的拱顶均比三道侧堂高,高度为75m(250ft),而在它与耳堂交叉的部分,则高达80m(260ft)。该建筑不仅有布瓦达克设计的装饰,而且整座建筑物似乎都与葡萄牙的航海发现有关。

托玛尔的**基督圣殿骑士团教堂**(the Church of the Military Order of Christ, Tomar,见[557]页图B)在1510～1514年由迪奥戈·德阿鲁达(Diogo de Arruda,活动期为1508～1531年)为曼奴埃尔一世主持重建,包括为原有的八角形圣殿骑士教堂增建一个包括中堂的独立空间、牧师会礼堂和高位歌坛(coroalto)。而原有部分重新整修后变为半圆形后殿。教堂是圣殿骑士团的总部,为解散之后的圣殿骑士提供安身之处,由唐·迪尼兹(Dom Diniz, 1279—1325)建于1320年。作为征服者和统治者,骑士团在葡萄牙王国中占有重要地位,建筑细部以空前的灵巧和想象力对骑士团及其统治者(即曼奴埃尔一世)进行颂扬。该建筑以石头作为建筑材料,清晰地阐释了曼奴埃尔式的自负。

巴塔利亚**因佩费克塔斯小教堂**(the Capillas Imperfectas, Batalha,见[557]页图C)即巴塔利亚的圣母胜利教堂(S. Maria da Vitoria)——多明我会隐修院中未完成的小教堂,达到了曼奴埃尔风格的顶峰。它是1434年由奥古特(Ouguete)为唐·杜朗特(Dom Durate, 1433—1438)设计的。这个八角形丧葬小礼拜堂在教堂歌坛区域之外有七个呈放射状排列的礼拜堂。由于建造者去世,它曾一度被搁置,之后仅有曼奴埃尔一世继续修建。遗憾的是,其拱顶部分再也没能完成。

它被认为是欧洲除了布拉格的卡斯豪夫教堂(Karlshofkirche, Prague, 1371—1377)以外最壮观的中心化平面建筑,同时其入口大门被视为曼奴埃尔风格艺术的一大奇迹。拱缘饰连续不断地延伸到侧柱,这种方式和大量带有洋蓟形拱的柱式与布里斯托尔的雷德克利夫圣母教堂北部门廊入口大门相类似——这两个国家很可能在王室方面有交往,在贸易上有联系。不过其装饰风格是纯粹葡萄牙式的,并由马特乌斯·费尔南德斯(Mateus Fernandes, 1490~1515年活跃于巴塔利亚)雕刻制作而成。

世俗建筑

瓜达拉哈拉亲王府邸(El Palacio del Infantado, Guadalajara)由胡安·瓜斯为第二任亲王公爵(Duque del Infantado)而建造。它于1809年遭到洗劫,并于1936年经历了一场火灾。不过幸运的是,建筑的立面(1480)和院落(1483)得以幸存,这证明了其设计非凡的原创性。

立面包括一面由一行行错缝排列的多面体凸石所组成的高墙,墙的一侧插入了一扇大门,上面镌刻着两个野蛮人举起饰有门多萨纹章的盾。一条沿着顶部建造的敞廊插入了七个半圆形阳台。起初,纹章盾的位置较低,直到第五任亲王公爵插入一排窗后,它的位置才被抬高了。如同皇家圣约翰教堂一样,胡安·瓜斯在这个设计中也混入了伊斯兰艺术。其唯一显示出哥特风格的特征的是入口山墙三角凹面上的装饰线条。

院落的设计与其他伊莎贝拉式建筑的关系更为直接。上层的拱外沿由尖顶作为装饰的母题在皇家圣约翰教堂的隐修院回廊上层同样存在(见[553]页图A)。如同在巴利亚多利德的圣格列高利学院那样,院落首先是被看做纹章展示的场地,不过其丰富的不断改变着深度和肌理的雕刻品呈现出令人欣快的特征。

萨拉曼卡**"贝壳之家"**('La Casa de las Conchas', Salamanca,见[558]页图A)。萨拉曼卡大学教授、圣地亚哥圣殿骑士团的长官以及驻法国和葡萄牙的大使——塔拉维拉·马尔多纳多(Talavera Maldonado)于1475~1483年重建了他的府邸。该建筑既是一座保存最好的中世纪晚期卡斯蒂利亚城镇府邸,又是一件伊莎贝拉风格的建筑珍品。

府邸的名称与圣地亚哥骑士团总部外墙上覆盖着的交错排列的贝壳有关,且与主人身份有关联,其纹章便是贝壳。图案取自一种穆迪扎尔式的结构。这些贝壳使墙体充满生气,令光线跳跃,吸引了人们的眼睛,人们视线的余光则被光滑的石墙面上耀眼的光亮抓住。

伊莎贝拉式建筑对展示的热衷影响着整座府邸。以四扇双扇窗为主要特征的立面有一个雕着纹章盾的大门,上面刻着两头雄狮擎着一个鸢尾花形的纹章。二层与楼梯相连的院落,是宫廷生活的中心,房间布置在其周围,这符合传统习惯。夹层是一个为厨房而设置的食品储藏室、酒窖和

第14章 哥特式建筑

Ⓐ 瓜达拉哈拉公爵府庭院；Ⓑ 巴塞罗那法院的庭院；Ⓒ 科尔多瓦育婴医院入口；Ⓓ 巴伦西亚丝织品交易所；Ⓔ 坎波城的城壁；Ⓕ 巴伦西亚塞拉努斯大门；Ⓖ 阿尔卡拉主教堂的窗；Ⓗ 托莱多太阳门

佣人的住处，而主要楼层则包括套间以及起居室。

卡斯蒂利亚国王恩里克三世(Enrique Ⅲ(1390—1406))的王后，兰卡斯特王朝的凯瑟琳(Catherine of Lancaster)于1413年建立了**萨拉曼卡大学**(University, Salamanca, 见[1013]页图A)。它于1415～1433年落成。其布局很有代表性。一个中心院落提供了通向西区演讲室、东区小教堂的通道，并且经由一座楼梯可以到达南面的图书馆。大学通过两座大门与街道相连，一堵带有城垛的城墙包围着这组建筑物。

校园广场(Plaza de las Escuelas)中的楼梯和大门具有显著的特征。16世纪建造的楼梯栏杆装饰着打猎和斗牛场景的图案。1516年前动工、1529年落成的人口是一件仿银器装饰式的杰作——有着与巴利亚多利德的圣格列高利学院相同的屏式外观。雕刻的技艺如此出色，以至于立面看上去仿佛是金属浇铸而成的。

马略卡岛贝尔韦尔要塞(El Castillo del Bellver, Majorca)出于战略意义，建在山上，可以俯视从帕尔马通向伯塔培(Porto-Pi)港口的道路并且欣赏着平原中心地带无与伦比的景色。贝尔韦尔要塞由马略卡岛的贾伊美一世于1300年创立，并由其子桑丘一世(Sancho I, 1311—1324)全部建成，他于1314年在此定居。

该要塞规划如同选址一样，反映了这样一个事实，它既是一个要塞又是一个撤退点。除去主要建筑物之外，还屹立着一座五层的圆形塔楼，它有一个圆形的被房间环绕的院落，房屋的圆形外墙面被三座塔楼和四个瞭望炮塔隔断。一条壕沟围绕在其余建筑物周围，塔楼和外墙上起初是有雉堞的。因此，尽管综合体的防御性加强了，但是在独立塔楼里的守备部队却与位于院落的皇室生活区相分隔。这是一种来自法国南部诸如艾格莫尔特的康斯坦斯塔(La Tour de Constance, Aigues-Mortes, 1241年始建)等防御工事的规划风格。该规划的精密性显示了贝尔韦尔要塞尽管由当地匠人负责建造，却是由一位经验丰富的建筑师设计的。

由彼得罗·贝拉古尔(Pedro Belaguer)设计的巴伦西亚**塞拉努斯大门**(La Puerta de Serranos, Valencia, 见[561]页图F)始建于1392年4月6日。这座城门是中世纪晚期加泰罗尼亚城镇防御工事中一个优美雄壮的实例。起初它位于壕沟之后并与城墙相连，包括两个横跨在城门上的多边形塔楼，并在城门上方伸出了像托莱多的太阳门那样的盲连拱。其最突出的特点是塔楼和入口均有通过大跨度的拱出挑的敞廊，这些拱都在面向城镇的那一边。这些特点也可以在约1300年萨莫拉的高塔之歌(Madrigal de las Altas Torres (Zamora))中找到，即意味着降低大门的防御性，以防大门一旦被占领，会不利于城市。

马略卡岛帕尔马**海洋交易所**(the Lonja del Mar, Palma de Majorca, 见[557]页图D)也许是西班牙最漂亮的公共建筑。它是一个交易所，由圭尔姆·萨格雷拉(Guillem Sagrera)于1426年修建，并在1451年由阿尔诺·皮里(Arnau Piris)完成。

它属于中世纪会所的标准形式，例如与**巴伦西亚丝织品交易所**(Lonja de la Seda, Valencia, 见[561]页图E)相比较，包括一个有三条回廊的24m×30m(78ft×100ft)的矩形盒子，而拱顶从六个没有柱头的螺旋形柱子顶端释放出来。类似地，拱肋也融入墙体。于是，盒体获得变化：它看上去仿佛茂密的树林。利用螺旋柱做装饰已有很长的历史，但是像萨格雷拉这样将其用于大规模的拱顶部分，并且如同对待角楼和壁柱一样将它们与八角形扶壁相结合，尚属首例。

城堡

西班牙的光复战争创造了西班牙哥特式建筑，但是除了像戈尔马斯**穆斯林城堡**(Muslim castle of Gormaz, 即索里亚(Soria))和**阿维拉城墙**(walls of Avila)这样的杰作外，最令人难忘且最有特色的西班牙城堡是在15世纪卡斯蒂利亚王朝家族内部动乱时期修建的。不过，该城堡所应用的技术仍然保守，在西班牙并未发生任何从守卫点及院落到加强的防御性城堡这样的转变。

在15世纪城堡-建筑方面的主要发展是城堡式宫殿的出现。投资者开始要求奢华的套房，并喜好外观壮丽而非固若金汤的防御工事。被聘来从事建造工作的艺术家通常是穆迪扎尔工匠而非工程师。由此，巴利亚多利德的佩尼亚菲耶尔要塞(Penafiel, 即 Valladolid)由唐·彼得罗·希龙(Don Pedro Giron)，一位卡拉特拉瓦骑士团[1]的能工巧匠

---

[1] Order of Calatrava；西班牙最古老的军事和宗教集团，1158年由西多会修士创立。——译者注

在15世纪中叶重建。随后，唐·罗德里戈·德比瓦尔-门多萨（Don Rodrigo de Vivar y Mendoza）又在1509～1512年建起了格拉纳达的卡拉霍拉要塞(La Calahorra (Granada))。其巨大的、使人震撼的城墙遮住了热那亚的米凯莱·卡洛内(Michele Carlone)设计的意大利式宫殿的精美装饰。

塞哥维亚阿尔卡扎城堡（见[558]页图C）❶属于那类"建在岩石上的城堡"（Castillos Roqueros）——城堡建在一处无法轻易到达的山丘上，自然环境使它不易被攻破。城镇坐落于山脊之上，它则位于最西端，俯瞰着埃雷斯马河和克拉蒙瑞斯河的汇流处。为了创造一个令人深刻的印象，城堡结合了由腓力二世添加的童话般的带有板岩尖顶的角楼。胡安二世(Juan Ⅱ，1406—1454)最终赋予城堡今天的面貌，他建造了以其名字命名的塔楼。塔楼的特征包括装饰性的石雕墙面、有遮盖的窗户、瞭望塔以及城垛。在1862年毁于大火之后，其复原工作于1882年开始。

15世纪的记录表明，该城堡起初有两个铺有条纹大理石的院子，同时国王大厅(La Sala de los Reyes)由阿方索十世(Alfonso X)始建，大厅中曾存放有34尊卡斯蒂利亚国王的黄金雕像。

巴利亚多利德坎波城的**拉蒙塔城堡**(the Castillo de La Mota, Medina del Campo, Valladolid，见[558]页图B)的位置高于城镇，以便保卫这重要商业中心的东面入口。拉蒙塔防御工事可以追溯到两个时期。南边、东边和西边的内侧城墙大约建于13世纪。城墙部分是"毛石建筑"（mamposteria，卵石和混凝土），正方形的角楼有狭长的射箭口。北边的城墙及纪念塔楼（堡垒）由费尔南多·德卡雷尼奥(Fernando de Carreno)在1440年为胡安二世重建城堡时开始建造。阿隆索·涅托(Alonso Nieto)于1479年为信奉天主教的国王完成了城堡的修建，拉蒙塔城堡是国王1475年加冕时得到的礼物。砖材的使用表明当时雇佣了穆迪扎尔工匠，但是没有任何一项军事工程技术表现出伊斯兰的影响。

最好的穆迪扎尔式城堡的建筑实例，以及15世纪最出众的城堡式宫殿实例当推**塞哥维亚科卡城堡**(Coca，即Segovia)。它由塞维利亚的大主教，富可敌国的唐·阿罗索德·丰塞卡(Don Alonso de Fonseca, Seville)建造。这一举动既是为了增强实力，又是为了自我炫耀。科卡城堡是用砖头建造起来的，其中原因部分是为了装饰性——穆迪扎尔工匠被告知在筑墙的同时也要注意装饰。带有雉堞的胸墙由于采用了一种暗红色的砖，且砌筑图案类似编织篮子的肌理而非常显眼。墙面由不同明暗度的红砖按层交替砌筑。总体而言，科卡城堡的设计显然给予美观和安全以同等重要的地位。

另外在巴塞罗那和其他地区还有一些著名的西班牙世俗建筑。**巴塞罗那法院大厦**(the Palacio de la Audiencia, Barcelona，见[561]页图Ⓑ)围绕着一个不同凡响的内院建造，并有如画一般优美的室外楼梯。这与同城的另一座建筑**市政厅**（the Casa del Ayuntamiento, 1373年始建）极为相似。而托莱多**太阳门**(the Puerta del Sol, 见[561]页图Ⓗ)和优秀的**引水桥**(Puente de Alcantara, 1258)，**萨拉曼卡丁香塔**(the Torre del Clavero, Salamanca, 1480)，以及**布尔戈斯圣马利亚门**(the Gateway of S. Maria at Burgos)都值得一提。

意大利的建筑特征

哥特风格很晚才传到意大利。尽管这种风格已经流传了200多年，它从来没有像在欧洲北部其他地区那样在意大利生根。这不仅是由于哥特风格必须与盛行的罗马风和根深蒂固的对早期基督教历史的记忆相对抗，而且是因为它在根本上是某种外来的事物，或者说某种程度上不太具有意大利风格。在意大利，尊重文艺复兴的一种方式即是努力达到名副其实的意大利建筑风格。受过教育的意大利人都清楚地意识到，古典遗迹就是意大利的古迹。为了净化他们感觉野蛮的北方哥特式，他们编造出一种建筑史的视角，以及一套随之而来的建筑价值观。即便如今鲜有历史学家会怀着当时那种坚定的信念去支持它，这套价值观仍然不断地指引着其忠实的追随者。

文艺复兴试图掩盖这样的事实，即哥特风格于1200～1400年在意大利被毫无争议地接受，只是因为它是获得教廷普遍认可的建筑风格。西多会修士在12世纪末期将该风格的某一样式传入意大利，他们在一段时间里似乎被视为决定哪种人

---

❶ The Alcázar, Segovia；阿拉伯语中"Alcázar"的意思是指一座防御性宫殿。——译者注

才具有哥特风格。人们经常能够在朴素、通常巨大而简单的、为圣方济各会和多明我会修士们所建造的哥特式教堂中，很容易地辨别出西多会的影响。一旦这些修士们掌权就会马上投入大量的财力，这一直持续到12世纪中叶。

托钵(Mendicant)修会的大教堂已悄悄地大量出现在意大利城市生活中，并且对于大部分意大利人来说，它们可以传达哥特风格的一切含义。意大利大教堂的大量重建发生在罗马风而非哥特式时期，尽管在意大利可以看到若干巨大而壮观的哥特式教堂，但它们只是一些普遍情况中的例外。虽然它们构成了一种特定的哥特式类别，但是肯定并强化了普遍的印象，即意大利的哥特式建筑与城市的活力密切相关，并对此有所反映。

从赞助人这方面来看，中世纪的意大利被划分为两部分，即北部和南部。更简单的是以教皇国(the Papal states)划分界线，即从罗马到拉韦纳横跨半岛的一条对角线。在北部，国家被分为自治区 (communes)和城市国家 (city states)或由自治市统辖的公国。这些自治市动荡不安，野心勃勃，好斗逞强。其中有些极为富有，而特别重要的四座城市是威尼斯、佛罗伦萨、锡耶纳和米兰。每一座城市都创造了当地版本的哥特风格。

罗马自身的情况就极其矛盾。作为西方基督教世界的宗教首都和1307年之前罗马教廷的中心，它本应理所当然地参与宗教性的重要建筑运动，然而，它仅有一座不起眼的哥特式教堂。对此的解释是罗马不需要教堂，早期基督教城市中的教堂早已供大于求了，况且中世纪的罗马无论如何也只不过是过去罗马的一小块碎片而已。如果说教皇统治下罗马城曾经认可过某种建筑风格的话，那也是早期基督教的巴西利卡式。更有甚者，当教皇搬到阿维尼翁以后，罗马城便丧失了主要的资助来源。

南部地区就非常不同。自从诺曼第人征服这里之后，它成为独立的西西里岛王国。这使其与北欧的一些地区建立了文化上的关联，并反映在阿普利亚地区的罗马风建筑中。另外，它继承了地中海地区的建筑风格，建造方式则受到拜占庭和阿拉伯的影响。1195年，德国霍亨斯陶芬王朝取代了本土的诺曼王朝，并且引起了对品味的微弱影响。腓特烈二世(1196—1250)在法国军队的帮助下取得德国的王位，并由此欣赏当时在法国流行的一切时尚。其阿普利亚城堡在明显带有古典细部的同时，还具有大量的哥特式特征。但是只有当法国人安茹的查尔斯(Charles of Anjou)于1264年被教皇召入以消除霍亨斯陶芬王室的残迹时，真正的法国辐射式才可以说进入了那不勒斯。即便这样，它也从来未曾被传入西西里岛。在"西西里晚祷"事件❶后，西西里从大陆王国中分离出来，逐渐被纳入阿拉贡的势力范围。随后，西西里岛很晚才接受了一种分布很广的西班牙哥特式建筑风格。

尽管不是那个时代统治者中最突出的一个，但按照可信的说法，腓特烈二世却是那种典型地拥有许多城堡却没有教堂的统治者。这种明显的偏好令他成为文艺复兴世俗贵族们的先驱。然而，从另一种角度说，这种对实际起了警察局作用的建筑喜好反映了建筑服务于政府的功能。另一个方面，为了使市政建筑引人注目，所有意大利的自治城市都穷奢极欲。作为哥特风格在意大利的一个特征，市政厅与大教堂同样重要。大型的住宅群也许能够同样清楚地说明中世纪的城市大致是怎样的，尽管仅在威尼斯留存了足以表明这一点的住宅群数量。

虽然意大利的工匠们必定都具备职业上的理论常识和专门的实践技巧，可他们似乎与北部的同行们在某些方面不一样。根据保存下来的记录显示，在14世纪90年代的米兰有这样的争论——当伦巴第的工匠遇到法国人或德国人时，他们之间通常意见不合，甚至有可能完全不愿意去理解对方的意思。一些由意大利人提出的根深蒂固的观念看起来一直被顽固地保留下来。米兰的大部分地区成为一个特例；但是除了米兰，意大利人在石工方面先天的品味使其独立于主流的北部哥特风格之外。他们热衷于大量绚丽的装饰性雕塑，并喜爱光滑的表面和由大理石所创造出的色彩丰富的效果。但是他们并不喜欢过于琐碎的镶嵌方式，而这种方式却令法国、德国或者英国的那些造价更高的哥特式教堂充满了生气。意大利大部分的石工效果简洁到了朴素的地步，并且经常在粉刷的时候故意表现出这一点。

---

❶ Sicilian Vespers；1282年复活节翌日在西西里岛帕勒莫以"晚祷"作信号屠杀法国人的事件。——译者注

第 14 章　哥特式建筑

米兰大教堂(MILAN CATHEDRAL)：Ⓐ 西南向外观；Ⓑ 东向内景

537

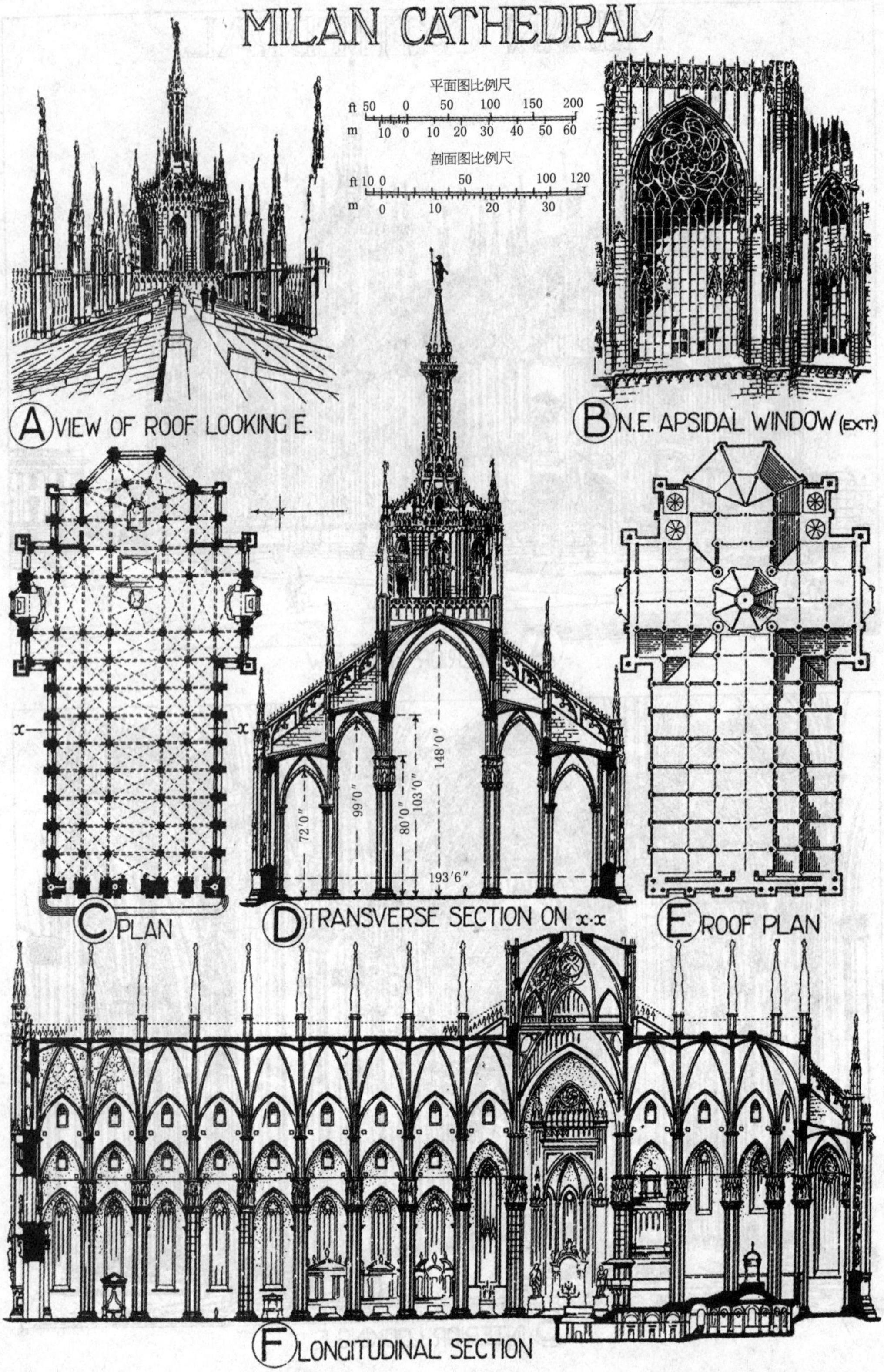
MILAN CATHEDRAL
平面图比例尺
ft 50 0 50 100 150 200
m 10 0 10 20 30 40 50 60
剖面图比例尺
ft 10 0 50 100 120
m 0 10 20 30
A VIEW OF ROOF LOOKING E.
B N.E. APSIDAL WINDOW (EXT.)
C PLAN
D TRANSVERSE SECTION ON x·x
E ROOF PLAN
F LONGITUDINAL SECTION
72'0"
99'0"
80'0"
103'0"
148'0"
193'6"

米兰大教堂(MILAN CATHEDRAL)：Ⓐ 屋顶东向景观；Ⓑ 东北部拱形窗外观；Ⓒ 平面图；Ⓓ x—x 横剖面图；Ⓔ 屋顶平面图；Ⓕ 纵剖面图

第14章 哥特式建筑

图A 米兰大教堂西北向外观(1385—1485)，见[568]页

图B 阿雷佐大教堂(1277年始建)，见[571]页

图C 阿西西圣方济各上层教堂，见[571]页

在极其严格的名望秩序下,工匠的地位也许要比画家低,但肯定是在雕塑家之下。当诸如乔托(Giotto,1267—1337)和阿诺尔福·迪坎比奥(Arnolfo di Cambio,约1245—约1302)这样的画家或雕塑家负责重大的工程时,便会出现这样的情况。乔托几乎肯定参与了帕多瓦的阿雷那小教堂(the Arena Chapel at Padua)的设计,教堂只不过是其壁画的画框。当在阿尔卑斯山的另一面,金属工匠作为卓越不凡的"设计师"(par excellenle),仍然与石匠共用仓库,并采用相同工序的时候,在意大利,强调的却是其他方面。依照艺术才能来判断设计能力,其结果便是,在某种程度上是外行在设计建筑物。当布鲁内莱斯基负责建造佛罗伦萨大教堂的穹顶时,雕塑家吉贝尔蒂(Ghiberti,约1378—1455)有一份监督委任状——设置一个外行来监督另一个。但就总体而言,这种状况使得像布鲁内莱斯基和阿尔贝蒂这样非中世纪意义上职业工匠的人士,可以去质疑甚至拒绝他们那个时代职业建筑师的固有观念。

不过,需要强调的是,如同大部分的革新者一样,布鲁内莱斯基和阿尔贝蒂代表了他们那个时代少数人的观念。哥特风格并没有在意大利即刻消失得无影无踪。像米兰大教堂和博洛尼亚的圣彼得罗尼奥教堂(San Petronio at Bologna)这样的伟大作品使哥特风格在意大利一直延续至16世纪和17世纪;而且也许可以认为,稍后仍然可以发现对哥特式的留恋被变形为巴洛克的形式。毕竟,博罗米尼(Borromini)是在米兰的工场里开始其职业生涯的。

意大利的建筑实例

米兰大教堂(Milan Cathedral,见[565][566]页及[567]页图A)用一个大尺度的单体建筑来取代古代一对主教堂的计划,在1386年之前的一段时间就已经确定下来,而当时米兰大公的势力正如日中天。从一开始,其建造任务就超越了当地建筑师和工匠们的经验。这导致了一系列困境,并使得最初的设计不得不被多次修改,在建造过程中各个营建团体之间发生的争论被及时记录下来。这些被保存的记录,使我们能够片断而模糊地了解到中世纪工匠行会的工作方法。

最早的设计证明是博洛尼亚圣彼得罗尼奥教堂的建筑师安东尼奥·迪维琴佐(Antonio di Vicenzo,约1350—1401/1402)所绘制的一张图纸。他约在1390年绘制了米兰大教堂的平面和剖面。虽然只是一张草图,并且非常不精确,但它标明了当时主穹窿的高度大约是116米兰呼(Milanese braccie,相当于67m),在这之前从没有人真正地构想过如此的高度,更不用说成功地将其建造出来了。到1393年,明显出现了对该项目可行性的疑虑。于是,请来了外国的专家,他们提出了更现实的建议。1392年,人们开始争论是应该建造"成为正方形"还是"成为三角形",即是高度与宽度相等(96呼,约55.4m)还是将剖面限定为一个等边三角形。这样使高度降至84呼,约48m(160ft),后来又再次降至76呼,约43m(145ft)。

尽管高度有所缩减,但该教堂的基本构想却被保留下来。五道侧堂呈阶梯状排列,这种早期基督教的布局方式很可能曾在圣泰克拉(S. Tecla)教堂中展示过。在早期哥特式教堂中,法国的布尔日教堂提供了最恰当的形制,尤其是其把剖面定为等边三角形。但是米兰大教堂的尺度过于大,以至于无法获得布尔日教堂复杂的空间效果。出于各种各样的目的和意图,该教堂拥有一个不确定高度且高低不平的立柱大厅,并且晦暗的光线增强并夸大了这种不确定性。在这样的一个教堂里,普通的柱头被舍弃了,通过将柱头转化为围绕每根柱子的壁龛檐壁,里面放置足尺雕像的方式营造了很好的效果,从而重新获得了柱头所应有的早期基督教的印象。此外,主要的装饰效果一直延伸至建筑外部,其上覆盖着只有在意大利才能见到的哥特式建筑装饰。其中大部分属于中世纪晚期,不过它却给了米兰一种世界主义或者至少是北方的建筑特性,考虑到设计初期对那些国际经验的借鉴,这种特质还是有其出处的。

建筑外部是由大量光线闪烁不定的白色大理石组成的集合体,并带有高耸的窗花格、带镶嵌分格的扶壁,以及飞扶壁和顶端立有雕像的小尖塔(见[567]页图A)。该大教堂整体采用了一种花边般复杂迷离的轻盈设计。半圆形后殿上的三扇华美的花格窗,规格为20.7m×8.5m(68ft×28ft),是意大利国内同类型中最优美的(见[566]页图B)。平坦的斜屋顶是由大块的大理石厚板覆盖在拱顶上而构成的(见[566]页图A),在十字交叉处是穹窿拱顶,其距地面65.5m(215ft)。在随后于19世纪初才建成的立面(见[565]页图A)上到处分布了在罗马

第 14 章 哥特式建筑

图 A　维罗纳圣阿纳斯塔西亚教堂(1261 年始建)，见[571]页

图 B　福萨诺瓦教堂(约 1170)，见[571]页

图 C　阿西西圣方济各教堂(1226—1253)，见[571]页

第二编 文艺复兴以前的欧洲和地中海建筑

图 A （左图）博洛尼亚圣彼得罗尼奥教堂（1390—1659），见[572]页

图 B （下图）帕多瓦圣安东尼奥教堂西北外观(1232—1307，穹顶于 1424 年加高)，见[571]页

风教堂上出现的山墙线。

阿雷佐大教堂(Arezzo Cathedral, 1277 年始建, 见[567]页图 B)受到佛罗伦萨的新圣母教堂中堂的影响, 尽管并不优美也不雄伟, 但却是当时与众不同的一部作品。在欧洲北部, 这类设计并不被认为适合用于教堂。这说明托钵修会的教堂在意大利很受欢迎, 但也可能是阿雷佐的地方教会教堂比较低调的缘故。它最与众不同的特点是在多边形后殿处的三扇通高的高窗, 其强调了仿大厅式建筑的室内整体性。

帕维亚隐修院(the Certosa, Pavia, 1396—1497, 见[579]页图Ⅾ~图Ⅎ)是一座著名的加尔都西会教派(Carthusian)的隐修院, 也是米兰王朝辉煌的纪念碑, 由乔瓦尼·加莱阿佐大公(Giovanni Galeazzo Visconti)着手建造。其平面呈拉丁十字形, 与许多德国教堂相似, 都有三个方向的放射状穹窿终止于圣堂和耳堂, 但其中堂的开间为正方形, 侧堂为矩形, 属于典型的意大利风格。在南端有两条回廊, 完全用赤陶装饰。外部形式是伦巴第式哥特式-文艺复兴转变风格的迷人实例, 具有连拱和赤陶装饰, 而纪念性的立面(1473—约 1540)则完全呈现出文艺复兴特征(见[898]页图 C)。

帕多瓦圣安东尼奥教堂(S. Antonio, Padua, 1232—1307, 见[570]页图 B)是一座七穹顶的朝圣教堂, 其在大的构思上仿效了威尼斯的圣马可大教堂。中堂由正方形的开间组成, 开间上方覆盖着由帆拱支承的穹顶。穹顶也覆盖了十字相交处、耳堂以及歌坛。再外面就是后殿和有着九个放射形的半圆室, 这与同时代的法国教堂相类似。室外有一条带有尖拱的拱廊, 以及一个位于上方的楼廊, 这与伦巴第地区的罗马风教堂相似。

阿西西圣方济各教堂(S. Francesco, Assisi, 见[531]页图 C 及[569]页图 C)。圣方济各(S. Francis)于 1226 年去世, 但在 1228 年被封为圣徒。尽管在其埋葬地点兴建教堂有困难, 但是一座朝圣教堂还是立刻动工兴建。在 1239 年以前, 教堂的大部分已经建成, 其余部分则在 1253 年之前落成。教堂不属于任何一种普通类型, 也没有被其他圣方济各会的主要教堂模仿。它基本上是由两个上下叠加的没有侧堂的教堂所组成的, 其间的对比得到精心考虑。下层教堂暗如洞穴, 具有厚重的肋骨拱顶; 上层教堂高大、宽敞, 有充足的光照。其许多建筑细部来自于法国最新的设计。无论教堂的设计是否具有这样的目的, 但其上下两层恰如其分地适合大尺度的绘画装饰。这些绘画主要是在 13 世纪末期或之后绘制的; 即便如此, 圣方济各教堂仍位于意大利著名壁画教堂所构成的冗长名单之首。

拉齐奥地区南部的**福萨诺瓦西多会教堂**(the Cistercian Church at Fossanova (South Lazio), 1170 年始建, 见[569]页图 B)是一系列西多会教堂中第一座也是保存最好的一座, 这些西多会教堂将勃艮第教会喜好的哥特式建筑原型引入到意大利。它很少有哥特风格的细部, 也并未采用先进的哥特式结构理念。但其尖拱和棱拱(groined vaults)完全塑造了室内空间, 这足以将其与其他任何意大利罗马风建筑相区别。该类型的其他教堂还有锡耶纳附近的**圣加尔加诺教堂**(San Galgano near Siena, 1224 年始建), 现在已成为废墟; 拉齐奥地区南部卡萨马瑞**圣加尔加诺教堂**(Casamari (South Lazio), 1203 年始建)也遭受了同样的命运。

威尼斯圣约翰与保罗教堂(SS. Giovanni e Paolo, Venice, 1260—1385, 见[573]页图 A)是一座比例迷人且具有历史重要性的多明我会教堂, 包括了共和国总督们的墓地。通过在东面有礼拜堂中出众的耳堂以及与歌坛连接的多边形后殿, 拉丁十字的平面获得了细致的表达。其室内在本质上是意大利式的, 柱距很大, 中堂拱顶为正方形开间, 侧堂为矩形开间, 内部的木质联系构件连接取代了室外飞扶壁; 室外则为精美的砖砌结构, 带有尖券窗和模制的檐口, 高侧窗比意大利常见的更轻盈, 后期加建的穹顶覆盖于十字交叉处上方。

威尼斯弗拉瑞圣母荣耀教堂(S. Maria Gloriosa dei Frari, Venice, 1250—1338, 见[574]页图ⅇ~图Ⓖ)是一座圣方济各会教堂。它由尼科洛·皮萨诺(Niccolo Pisano, 约 1220/1225—约 1280)设计, 教堂内有六个位于东端的耳堂小礼拜堂。在室内, 高大的石质圆柱形墩柱通过木梁联系在一起, 支撑着连续尖拱廊和正方形开间的砖砌拱顶; 支承拱顶的粗大拱肋落于柱身, 并从柱头部位起拱。室外是精美的彩色砖工。正方形的钟楼有垂直的嵌板和一座带有开敞拱廊的钟塔, 其上坐落着八边形的采光塔。该教堂带有双排尖券花格窗的后殿, 在侧面与东端的袖廊祈祷室相连, 是这座教堂中最辉煌的部分。

维罗纳圣阿纳斯塔西亚教堂(S. Anastasia, Verona, 1261 年始建, 见[569]页图 A)有一个赏心悦目的入口和砖砌钟塔，优美地呈现了意大利哥特风格。韦尔切利圣安德烈教堂(S. Andrea, Vercelli)于1219年由一位持世界主义态度的红衣主教为来自巴黎的维多利亚修会(Victorine canons)的一个教士团体创建。教堂的大量特征来自于法国哥特式的源头，例如，教堂东端模仿了拉昂大教堂。然而，在整体的设计中却表现出对这类哥特风格的不理解和不赞同。没有楼廊和三拱式拱廊；窗仍旧很小，给人的主导印象是大面积未隔断的连续墙面。在封闭的塔楼外，在屋顶层高度的室外楼廊和发展不成熟的飞扶壁都更接近于罗马风而非哥特式。

博洛尼亚圣彼得罗尼奥教堂(S. Petronio, Bologna, 见[570]页图A)始建于1390年，但在1659年仅有一个中堂建成时就被放弃了建造。如果继续建造的话，圣彼特罗尼奥教堂的长度将超过180m(600ft)，耳堂将宽达135m(450ft)。建筑师是安东尼奥·迪维琴佐，其信念是超越或在某种程度上胜过同时代的米兰大教堂和佛罗伦萨大教堂。他为了准备设计而绘制了平面和剖面，曾经到过米兰。从圣彼特罗尼奥教堂可以看出他对佛罗伦萨的教堂非常熟悉。其横剖面几乎就是米兰大教堂，立面是新圣母教堂的放大版本，而许多细部则都来自佛罗伦萨大教堂。然而，圣彼特罗尼奥教堂的比例使它具有自己的个性，由此使其在中世纪伟大的教堂，尤其是在意大利的砖砌教堂中获得一席之地。

威尼斯总督府(the Doge's Palace, Venice, 见[576]页)的立面可以追溯到1309～1424年，由乔瓦尼(Giovanni)和巴尔托洛梅奥·博恩(Bartolomeo Buon, 约1405—约1467)设计。宫殿始建于9世纪，并经过多次重建，最终在文艺复兴时期完成，是连续好几个世纪的伟大的城市规划的一部分。立面长约152m(500ft)，下两层为敞廊，在16世纪的一场火灾之后重建了第三层，延伸到敞廊上方。顶层是仿照砖砌图案的白色与玫瑰色大理石贴面，墙面上嵌入了大而华丽的窗户，并在顶端以像花边一样的东方顶饰风格的胸墙收头。拱廊的柱子原本立于有三个踏步高度的柱座之上，如今却从没有柱础的地面升起，第二层拱廊上连续坚实的窗花格使敞开的拱券显得更有力量。总督府因其精美的浅浮雕而闻名，罗斯金在《威尼斯之石》(The Stones of Venice)一书中大力赞颂的柱头，尤其是角部的柱头，可能是用纹理细密的大理石制作出来

的。这种由尖拱和柱列构成并与带有雕饰的柱头以及水平长线条的镂空窗花格相结合的拱廊是一种独一无二的设计，被冠以"威尼斯哥特式"(Venetian Gothic)之名。

克雷莫纳市政厅(the Palazzo Pubblico, Cremona, 1206—1245)、皮亚琴察市政厅(the Palazzo Pubblico, Piacenza, 1281年始建)以及博洛尼亚商场(the Mercanzia, Bologna, 1382—1384, 见[575]页图ⓒ)都有相似的尖拱廊和上部楼层，也都带有出挑的"扶手栏杆"(ringhiera)或讲坛(tribune)，以及常见的叉状雉堞。

威尼斯黄金府邸(Ca d'Oro, 1424—1436, 见[585]页图ⓒ)是负责设计总督府的建筑师的另一件优秀作品。其窗户以常见的威尼斯风格组织在一起，共同形成立面的中心，不过在这里看上去似乎还缺少一部分。五拱拱廊构成的入口为幽深的中央大厅提供了光照。在其上方有一个六开间的拱廊，并填有威尼斯特色的窗花格。

福斯卡里府邸(the Palazzi Foscari, 15世纪)、孔达瑞尼-法桑府邸(Contarini-Fasan, 14世纪)、卡瓦里府邸(Cavalli, 15世纪)和皮萨尼府邸(Pisani, 15世纪, 见[585]页图B)都坐落在大运河两岸。它们都在中央位置布置窗花格开口以照亮大厅和两翼不开窗的部分。

维罗纳古堡桥，或称斯卡利杰罗桥(Ponte di Castel Vecchio or Scaligero, Verona, 1335, 见[573]页图B)是那些作为极为重要的交通联系，以至于被神化的桥梁中的一座，但在两次世界大战中几乎完全毁坏。它是横跨阿迪杰河的防御性桥梁，在两岸各有一塔楼，而且有弓形拱，每座桥墩处有低矮的八边形塔楼，并且沿着整座桥设置了叉状的吉伯林雉堞(Ghibelline battlements)。

维罗纳市政厅钟楼(the Torre Del Comune, Verona, 1172, 见[574]页图ⓓ)是市镇塔楼中的一座，主要功能是作为钟楼召集市民，以及作为守望塔来监测火灾及御敌。其正方形的塔身由条纹肌理的石头和砖头所构成。在1404年该城市被威尼斯征服之后，又在原先的塔身上加建了一座八边形的顶部小塔，其高度达83m(272ft)。

这一时期另外两座著名的塔楼是：克雷莫纳托拉佐塔(the Torrazzo, Cremona, 1261—1284)，其高122m(近400ft)，为意大利最高的塔；著名的威尼斯圣马可钟楼(Campanile of S. Mark, Venice)于1902年坍塌后重建。

第 14 章 哥特式建筑

图 A　威尼斯圣约翰与保罗教堂(1260—1385)，见[571]页

图 B　维罗纳古堡桥(1335)，见[572]页

第二编　文艺复兴以前的欧洲和地中海建筑

威尼斯弗拉瑞圣母荣耀教堂(S. M. GLORIOSA DEI: VENICE)：Ⓐ 卡拉拉大教堂玫瑰窗；Ⓑ 威尼斯总督府的窗；Ⓒ 奥尔维耶托大教堂东向内景；Ⓓ 维罗纳市政厅钟楼；Ⓔ 威尼斯弗拉瑞圣母荣耀教堂的半圆形后殿；Ⓕ 威尼斯弗拉瑞圣母荣耀教堂东向内景；Ⓖ 威尼斯弗拉瑞圣母荣耀教堂西向外观

第14章 哥特式建筑

Ⓐ 维泰博的加泰斯基喷泉；Ⓑ 维罗纳斯卡利杰家族墓地；Ⓒ 威尼斯某角窗；Ⓓ 基亚拉瓦莱隐修院；Ⓔ 贝加莫圣母大教堂入口门廊；Ⓕ 费拉拉大教堂入口；Ⓖ 博洛尼亚商场；Ⓗ 贝加莫圣奥古斯丁教堂的立面

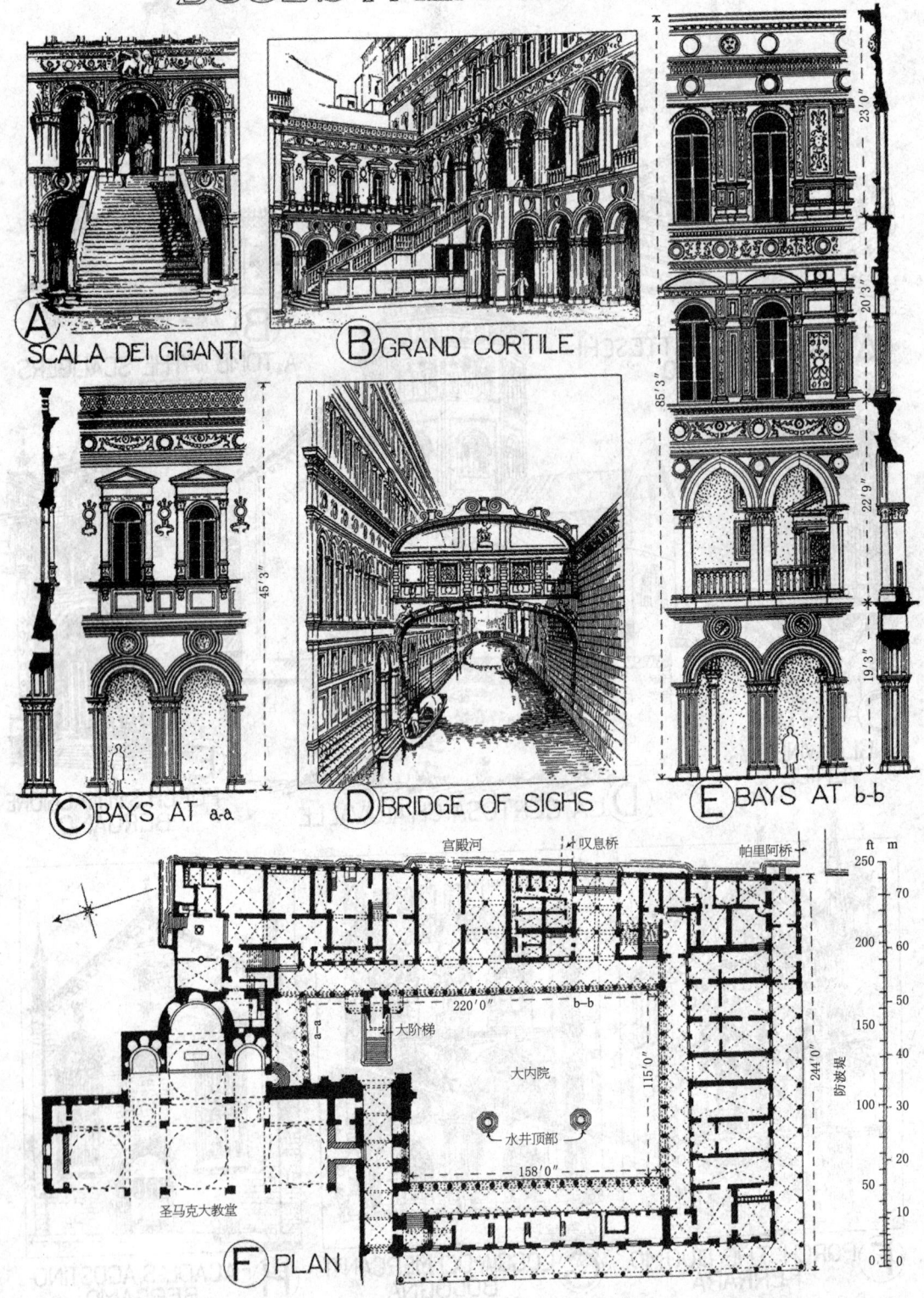

威尼斯总督府(DOGE'S PALACE: VENICE)：Ⓐ 大台阶；Ⓑ 内院；Ⓒ a-a 跨间；Ⓓ 叹息桥；Ⓔ b-b 跨间；Ⓕ 平面图

第 14 章 哥特式建筑

佛罗伦萨大教堂(Florence Cathedral,即圣母圣花大教堂(S. Maria del Fiore),见[578]页及[580]页图 A、图 B)。感谢布鲁内莱斯基设计的穹顶,这座教堂被认为是文艺复兴初期最杰出的丰碑。值得一提的是,穹顶的特别之处在 1360 年之前就已经被确定下来了,即使当时还没有人知道该如何建造。但该类型的某些方面是一座新型教堂的首次设计必然会有的特征;要了解就要追溯到公元 1294 年,这与一位名叫阿诺尔福·迪坎比奥(Arnolfo di Cambio)的建筑师有关。在 13 世纪末,一座巨大的集中式教堂东端部分,在建筑方面指的是早期基督教忠烈祠(martyrium)。无法肯定的是,在 1294 年的大教堂设计中是否已经构想过以拱顶覆盖中堂。另外一件阿诺尔福在佛罗伦萨的作品是圣十字教堂(参见有关章节)。教堂有宽大的拱廊、轻薄的墙体和一个木质的屋顶。这些都可以在同时代另两座能够与之相匹敌的教堂设计中找到对应,即奥尔维耶托大教堂和未完成的锡耶纳大教堂(参见有关章节)。据推测,阿诺尔福负责设计的教堂很可能是两种早期基督教建筑类型:巴西利卡和忠烈祠的一种混合类型。奇怪的是,最初对真正的哥特风格感兴趣的毫无疑问的标志是计划为乔托的钟楼顶部设计的八角形厅。不过,有关它的设计图,却从未被建造。我们现在看到的形式,有坚实柱子和厚重肋骨拱的哥特式中堂,看起来像是新圣母教堂和圣十字教堂的混合,这是弗朗切斯科·塔伦蒂(Francesco Talenti,约 1300—1369)的概念,他于 1350～1366 年负责该工程。一张有几分如他意向中的大教堂形象的绘画保存在新圣母教堂(1365)中的西班牙礼拜堂中。

佛罗伦萨钟楼(the Campanile, Florence, 1334—1359,见[578]页图Ⓐ,[580]页图 A)位于一座早期塔楼(888)的基址上,14m(45ft)见方,高 84m(275ft),由乔托设计。乔托在他生前完成了最底层的建造,之后,设计经两度修改,首先是安德烈亚·皮萨诺(Andrea Pisano,约 1295—1348/1349),其后是弗朗切斯科·塔伦蒂。该钟楼从街道上拔地而起,没有扶壁的支承,四个立面均为彩色大理石嵌板,以带有雕刻的檐壁和大理石的镶嵌设计作为装饰。该钟楼分为四个基本层,其中顶层成为钟塔,从而取代了乔托意向中的八角形厅。

佛罗伦萨洗礼堂(the Baptistery, Florence)在 5 世纪时曾设想建成一座教堂,在 11 世纪中叶改为洗礼堂,在 13 世纪期间又加入了各种小型的装饰。其平面呈八边形,直径 27m(90ft),室内穹顶高达 31m(103ft),有可能以万神庙为原型。深绿色和白色大理石形成的立面分为三层,顶部则为斜屋顶和采光塔。洗礼堂以其青铜门的工艺而闻名,它们在 14 世纪(1330—1336)和 15 世纪(1403—1224,1425—1452)由安德烈亚·皮萨诺和洛伦佐·吉贝尔蒂(Lorenzo Ghiberti,约 1378—1455)添加。1514 年,因为有坍塌的危险,在米开朗基罗的建议下,穹顶的基座周围加了一道铁链。

锡耶纳大教堂(Siena Cathedral,见[579]页图Ⓐ～图Ⓒ及[580]页图 C)这座 13 世纪教堂由来自于圣加尔加诺的西多会教士主动参与建造,这一事实或许已经显示出它是早期哥特式的设计。但是其他证据又表明它似乎更像带有筒形拱顶且没有真正高侧窗的罗马风大厅式教堂。其中堂于 1260 年前落成,随后则是覆盖在十字交叉部分之上的穹顶。其立面始建于 1280 年代,乔瓦尼·皮萨诺(Giovanni Pisano,约 1248—约 1314)在上面雕刻了许多雕像。

这座建筑的有趣之处在于 14 世纪它经历的变故。1316 年,为回应在奥尔维耶托和佛罗伦萨新兴的极为高耸的大教堂,在既有教堂的南边,以南北向轴线为基础,又开始修建一个新的中堂。该建筑物的立面和拱廊至今仍然可见:巨大,单薄,宽敞。与奥维多教堂不同,即便高大拱券的稳定性存在问题,拱顶仍然覆盖了整个建筑。如果它得以完成,那么早期建筑将成为一座大得多的新教堂耳堂的底层部分。然而,到了 1322 年,工程遇到了困难。由洛伦佐·马伊塔尼(Lorenzo Maitani,约 1270—1330)领导的调查团被指定对工程进行调查,当时的报告被保存了下来。这是少量保存至今能够说明中世纪建筑思考的文件之一。它建议工程应当停止。但是建造者不顾警告,建造活动一直持续到 14 世纪中叶,并在黑死病暴发后最终被放弃。在此期间,13 世纪的教堂建造了高侧窗,并且为了与此保持一致,现存立面的中心得以抬高,最终在 1360 年落成。

锡耶纳大教堂的最终形式以其奢华的装饰而闻名于世,包括色彩和雕刻。不过,未完成的部分作为修建庞大尺度建筑的尝试也值得纪念——它比奥尔维耶托和米兰的先例以及博洛尼亚的圣彼得罗尼奥教堂更为大胆。建筑内、外墙面均为斑马纹的大理石,柱状的钟楼也是如此。钟楼共有六层开

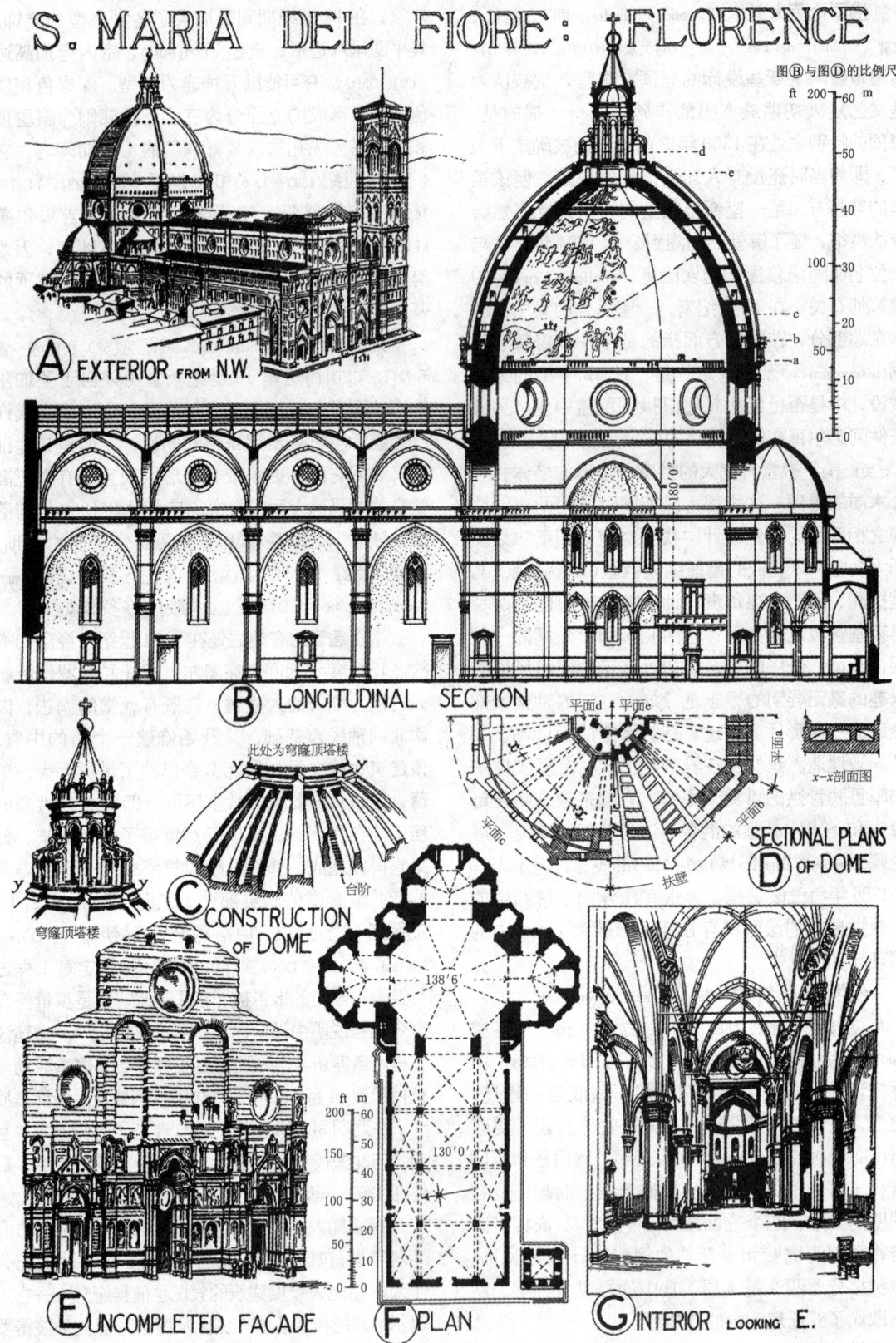

佛罗伦萨大教堂(圣母圣花大教堂) (S. MARIA DEL FIORE: FLORENCE)：Ⓐ 西北向外观；Ⓑ 纵剖面图；Ⓒ 穹顶构造；Ⓓ 穹顶平剖面；Ⓔ 未建成的立面；Ⓕ 平面图；Ⓖ 东向内景

第14章 哥特式建筑

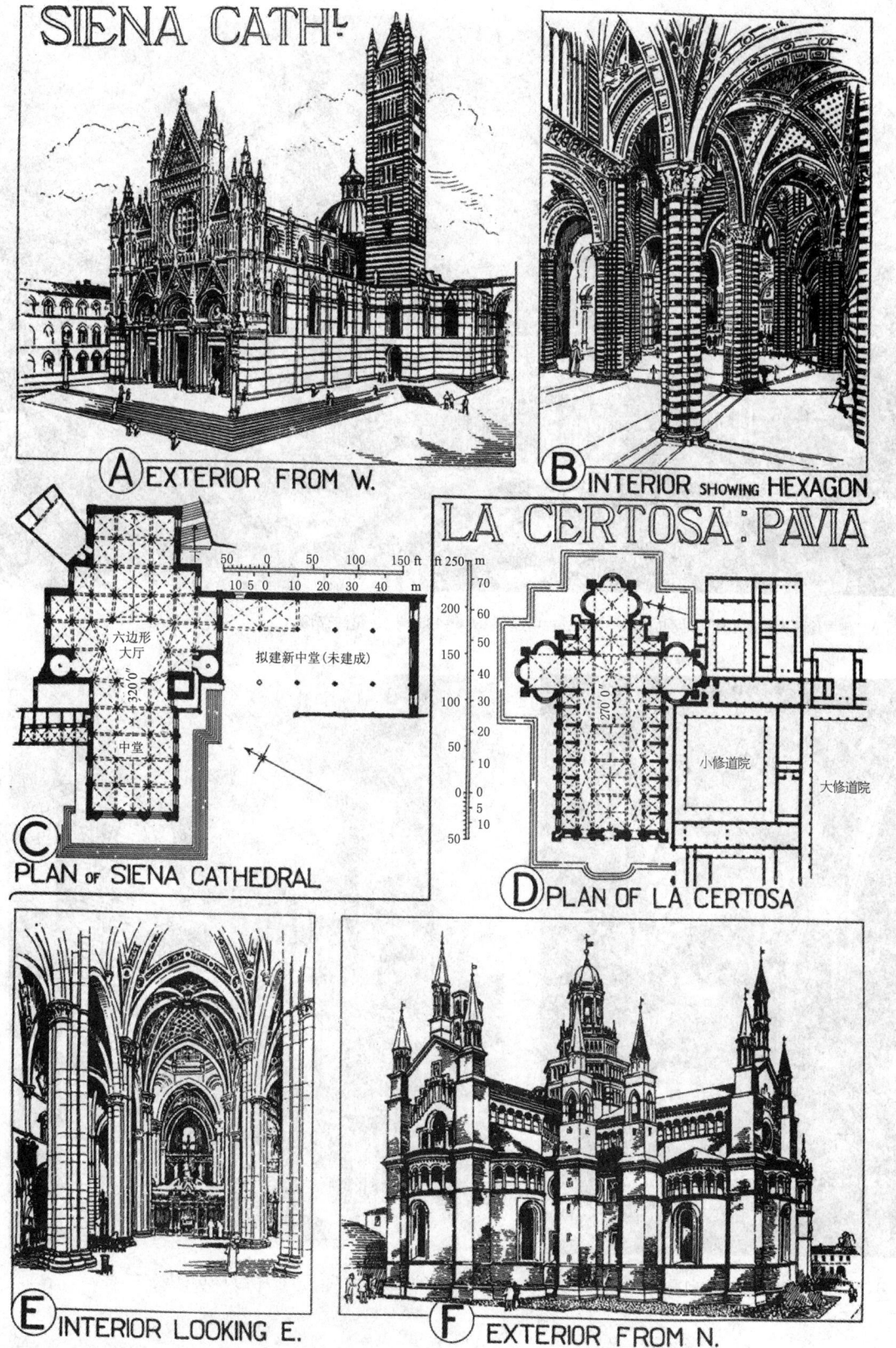

锡耶纳大教堂(SIENA CATHL)：Ⓐ 西向外观；Ⓑ 室内六边形空间；Ⓒ 锡耶纳大教堂平面图
帕维亚隐修院（LA CERTOSA：PAVIA）：Ⓓ 隐修院平面图；Ⓔ 东向内景；Ⓕ 北向外观

第二编　文艺复兴以前的欧洲和地中海建筑

图 A　佛罗伦萨大教堂东南向外观(1296—1462，钟塔建于 1334～1359 年)，见[577]页

图 B　佛罗伦萨大教堂中堂东向看景

图 C　锡耶纳大教堂外观(约 1260—约 1360)，见[577]页

第14章 哥特式建筑

图 A 罗马密涅瓦上的圣母教堂(约1280，1847年重建)，见[583]页

图 B 巴勒莫大教堂南立面(1170—1185，穹顶建于1781~1801年)，见[583]页

第二编　文艺复兴以前的欧洲和地中海建筑

图 A　塔尔米那圣司提反府邸(1330)，见[583]页

图 B　巴勒莫大主教府邸中的窗(15世纪)，见[583]页

图 C　佛罗伦萨圣十字教堂中堂(1294—1442)，见[583]页

窗,随着高度的递增,窗的数量和高度也不断增加。

奥尔维耶托大教堂(Orvieto Cathedral, 1290 年始建,见[574]页图ⓒ)是由于博尔塞纳的神迹,并且在 1264 年创立圣体节的结果。与同时代的其他意大利教堂相比,它更多地传达了意大利建筑师和教会资助者们对哥特式传统的抵制,具体体现在对其立面的限制上。其带有半圆形的连廊拱券和露明的木构架屋顶,从室内看上去与早期的基督教巴西利卡非常接近。它似乎是以罗马的圣马利亚大教堂为基础。主要的装饰特征是交替出现的水平带,通过两种石材得以实现。另一个奇特之处是侧翼的礼拜堂,它与主要的拱廊并不在同一中心点上。另一方面,只能用哥特风格来形容其立面(1310—1330)。其设计草图被保存在大教堂的作品集中。这是一个壮观的布景,被设计用来主导城市的主要广场,但几乎与室内毫无关系。不过,尽管设计概念不可否认是哥特风格的,它却大量采用了彩色大理石和马赛克贴面;并且,在锡耶纳的洛伦佐·马伊塔尼监督下所完成的著名浮雕,与其说是建筑性的,不如说是绘画性的。他本人也参与了其中的部分工作。

罗马密涅瓦上的圣母教堂(S. Maria sopra Minerva, Roma, 见[581]页图 A)在 1280 年建成。与阿雷佐大教堂相似,它也遵循了佛罗伦萨的新圣母教堂的总体设计原则,并由相同的多明我会建筑师主持。它是罗马唯一的哥特式教堂,如同许多意大利南部中世纪的纪念碑一样,在 17 世纪和 18 世纪时,它被隐藏在巴洛克的装饰性外表之下,1847 年才回复到原初的样子。

教皇与霍亨斯陶芬王室长期进行争斗,这场争斗随着法国安茹的查理一世王朝在 1266 年消灭霍亨斯陶芬王室而结束。其结果之一是,那不勒斯成为西西里王国永久的首都。有文件显示,法国的工匠们到过那不勒斯,而且在**圣洛伦索教堂**(San Lorenzo, 1270—1284)的歌坛中可以发现法式细部。考虑到与法国的联系,那不勒斯本来很有希望成为辐射式哥特风格在意大利传播的中心。但是,只有一座教堂,即**圣母女王教堂**(S. Maria Donna Regina, 1307)看起来完全是法国式的。一代人的时间都还不到,建筑职业又回到了那些对外来形式毫无热情的本土匠师们的手中。早在**圣基亚拉教堂**(S. Chiara, 1310)时,其风格就已经完全变成意大利式的了。**新城堡**(the Castello Nuovo)由查理一世在 13 世纪的最后 25 年间建成,它有着带堞眼的塔楼和帷幕式外墙,随后墙上又开了文艺复兴式的窗户。

巴勒莫大教堂(Palermo Cathedral, 1170—1185, 见[581]页图 B)建造在早期的伊斯兰清真寺的基址上,但一次又一次地被改造。其平面为巴西利卡式,并由威廉国王(King William, the Good of Sicily)开始修建。1480 年建的开敞的入口处有细长的柱子支撑上心尖拱(stilted pointed arch),这令人想起格拉纳达的阿尔罕布拉宫;其屋顶的城垛与威尼斯总督府的相似。在西端,大教堂通过两个尖拱与主教宫的塔楼相连接。分别耸立在两侧的两座尖塔与东端类似,整组建筑的天际轮廓线显示出北部地区的哥特风格。穹顶是 1781~1801 年添加的。

塔尔米那圣司提反府邸(the Palazzo S. Stefano, Taormina, 1330, 见[582]页图 A)是该古老悬崖城市内的许多宫殿建筑中的一座,具有两个尖券的带有三叶草楣头的采光窗和顶部带堞眼的檐口。该建筑与**巴勒莫大主教府邸**(the Palazzo Arcivescovile, Palermo, 见[582]页图 B)都设计有洋蓟式花饰窗(15 世纪),是典型的中世纪时期的世俗建筑。

佛罗伦萨圣十字教堂(S. Croce, Florence, 见[582]页图 C)是圣方济会 1225 年之前在佛罗伦萨拥有的一座教堂。现存的建筑记载其始建于 1294 年,如同佛罗伦萨主教堂一样,也被认为是阿诺尔福·迪坎比奥的作品。设计任务要求将教会希望的简洁、朴素与佛罗伦萨期望它所具备的威望和影响相结合,更不用说佛罗伦萨人希望所有的艺术和建筑都必须配得上这座城市,因此这个任务不容易完成。到了 13 世纪末,圣十字教堂已经成为私人祈祷的重点场所之一,而且沿着耳堂建起不少于十座小礼拜堂,都来自于有影响力的世俗赞助人的捐赠。这些礼拜堂与同在这根轴线上的祭坛小教堂都覆以拱顶,最终整个拱顶全都被当时主要佛罗伦萨画家的系列壁画所覆盖。而教堂的其余部分则没有拱顶。由于没有任何重大的结构难题,因此工匠的数量可以减至到最少。其室内空间高耸,明亮,宽敞。它在形式上是巴西利卡式,细部却是哥特式。由此,它努力显示出自身是一个完全现代的建筑,尽管同时却又忠于主流的佛罗伦萨传统。与圣米尼阿托教堂的比较,而且其实对早期基督教纯粹性的再现是肯定早已过时了的,这种纯粹性可以满足任何标准,可就是不能满足最严格苛刻的圣方济会精神。

第二编 文艺复兴以前的欧洲和地中海建筑

图A 佛罗伦萨新圣母教堂(1278—1350，立面 1456—1470)，见[587]页

图B 佛罗伦萨老宫(1298—1314)和市政广场，以及兰齐敞廊(图上右部，1376—1382)，见[587]页

第14章 哥特式建筑

Ⓐ 佛罗伦萨比加罗敞廊；Ⓑ 威尼斯皮萨尼府邸；Ⓒ 威尼斯黄金府邸；Ⓓ 锡耶纳市政厅；Ⓔ 锡耶纳某阳台；Ⓕ 沃尔泰拉隐修院院长宅邸；Ⓖ 维泰博的中世纪住宅；Ⓗ 蒙特普尔恰诺市政厅

第二编　文艺复兴以前的欧洲和地中海建筑

图 A　沃尔泰拉城堡(1343)，见[587]页

图 B　佛罗伦萨老桥(1345)，见[587]页

图 C　阿普利亚蒙特城堡(1240)，见[587]页

第 14 章　哥特式建筑

佛罗伦萨**新圣母教堂**(S. Maria Novella, Florence, 见[584]页图 A)是佛罗伦萨的多明我会教堂。其男隐修院在1221年之前就已经建成了,并且一座教堂在1246年就已投入使用。但是现存的建筑在1279年前还仅处于施工阶段。在设计中,东端是纯粹的"西多会平面"(plan Bernardin),这表明在教堂设计中多明我会在多大程度上吸收了西多会的思想,即便耳堂的礼拜堂在用途上并不相同。其中堂则有更多的创意,也更具影响力。它既不是一个真正的巴西利卡,也不是一个纯粹意义上的大厅式教堂,而是两者的结合。拱廊既高又宽,毫无疑问是为了方便布道。高侧窗被简约为光墙面上的一系列牛眼窗。这一点在若干场合中都有公式化的重复,包括佛罗伦萨和其他地区,但却从来没有表现出如此恰如其分的感觉。这一效果还归功于建筑材料的品质和对视觉图案所形成规则的制约。很明显,它给布鲁内莱斯基留下了深刻的印象。不过,最终中堂的美学价值取决于其比例的完美性,而不仅仅是一个数学比值的问题,这点是其他试图与其竞争的教堂所不及的。阿尔贝蒂所设计的文艺复兴立面与立面背后的哥特式建筑从组织和风格上都毫无关系。但由于它只不过是一个纯粹的建筑正面,这并无大碍。在这方面,新圣母教堂在奥尔维耶托大教堂之下。

佛罗伦萨**行政长官官邸**或称**警察长官官邸**(Palazzo del Podesta or Bargello, Florence, 1255年始建)、**佛罗伦萨老宫**(Palazzo Vecchio, Florence, 1298—1314, 见[584]页图 B)、**锡耶纳市政厅**(Palazzo Pubblico, Siena, 1289—1309, 见[585]页图 Ⓓ)、**佩鲁贾市政厅**(Palazzo del Municipio, Perugia, 1281年始建)和**蒙特普尔恰诺市政厅**(Palazzo Pubblico, Montepulciano, 14世纪晚期, 见[585]页图 Ⓗ),均代表了中世纪这些城市的地方生活和公共事业。它们高大而轻盈的塔楼和防御性的立面屹立不倒,显得稳重而严肃。

沃尔泰拉隐修院院长宅邸(Palazzo dei Priori, Volterra, 1208—1257, 见[585]页图 Ⓕ)共有四层,带有双格窗,如今被以不规则的方式排列。其顶部有厚重的城垛,并且从正立面的墙上升起的正方形塔楼顶部建有一个钟塔。

佛罗伦萨比加罗敞廊(the Bigallo, Florence, 1352—1358, 见[585]页图 Ⓐ)是一个精巧的凉廊,被设计用来为弃婴遮风避雨。

佛罗伦萨兰齐敞廊(the Loggia dei Lanzi, Florence, 1376—1382, 见[584]页图 B)有着大胆的半圆形拱和复合柱,成为一个包括由市政广场(Piazza della Signoria)的计划的一部分,但是从来没能完全实现。

维泰博的中世纪住宅(the Mediaeval House, Viterbo, 见[585]页图 Ⓖ)底层是一个拱廊,并开有带窗花格的窗户,为这一时期城市小住宅的典型例子。

沃尔泰拉城堡(the Castle, Volterra, 1343, 见[586]页图 A)高高地坐落在岩石基地上,是典型的中世纪要塞。其高大厚重的城墙有着雄伟的轮廓线,并带有小窗洞、中心化的圆形守望点以及圆形塔楼和堞眼。

圣吉米尼亚诺(San Gimignano, 见[186]页图 B)在其山顶上仍然保留了13座由当地相互斗争的家族——吉伯林派❶和归尔甫派❷的拥护者主要在10世纪和11世纪建造的塔楼。它们至今仍赋予这座如画的山城以奇特的中世纪面貌。

佛罗伦萨老桥(the Ponte Vecchio, Florence, 1345, 见[586]页图 B)由塔代奥·加迪(Taddeo Gaddi, 约1297—约1366年之后)建造,是佛罗伦萨最古老的桥。其三段拱从巨大的桥墩上骤然升起,抵挡住亚平宁山脉冰雪融化后形成的阿尔诺河水。沿着桥面街道的两侧有若干金匠铺开设的小店。

阿普利亚蒙特城堡(Castel del Monte, Apulia, 见[586]页图 C)。腓特烈二世的大部分城堡都是防御工事,其上选择性地附加了居住设施。蒙特城堡与其他城堡不同,它被构想为国王空闲时期的私人住所,在阿普利亚的穆尔杰的一处狩猎小屋,远离繁忙的沿海平原。这样的与世隔绝是有意而为之的。城堡的记载始于公元1240年。一些使其闻名于世的古典特征反映出了腓特烈王朝的偏好,以及国王身上的文艺复兴主流精神。但事实上,蒙特城堡更倾向于哥特式而非古典,并且重要的是,至少在意大利,这种很明显的混合不同起源且差异巨大的风格并不会引起不和谐的事情。

城堡具有极为单调的对称性:八边形轮廓线

---

❶ Ghibellines:中世纪拥护德国皇帝控制意大利的贵族政党成员。——译者注
❷ Guelphs:中世纪意大利一个强而有势的政治派别,此派支持教皇势力及城邦共和国,反对德国皇帝及吉拜尔派。——译者注

包围着八边形的内院。角部设有八边形的塔楼，每两层楼中的一层就有八个实际上一模一样的梯形房间。所有房间都很狭小，阴暗，并由肋骨拱支撑。尽管如此，针对如何使用这座建筑仍然存在着大量的考虑。只有特定的房间有火炉或衣帽间；极少有房间两者皆有。一些房间有直接通向楼梯的通道；其余的则形成扩大了的套间。一些门可以向里开，另一些则向外开，并根据这个结构有的能锁有的不能锁。该城堡还有一个经过慎重考虑后设置的逃生楼梯。

第三编
伊斯兰建筑

第三篇
桂祖兰家族

伊斯兰建筑

第 15 章
背　景

伊斯兰及其先行者

这一部分讲述的是公元前 2 世纪以来与西方建筑史并行发展的建筑发展史。向东发展的希腊建筑风格以及之后的罗马古典建筑风格与各地的风格相融合，例如阿契美尼斯(Achaemenid)、安息(Parthian)、萨珊(Sassanian)以及希腊东部周围的各地，这种建筑风格的融合为其后千年的建筑创造性奠定了基础，而且还延伸至亚洲、非洲甚至欧洲。

通常建筑风格无须与宗教和谐一致，但伊斯兰建筑是个例外。这有其特殊的原因：伊斯兰教的生活方式与所处的广袤的地理环境相融洽。这都归于宗教的需要，由宗教形成的行为的需要，以及整个伊斯兰世界至今通用的阿拉伯语。其结果是产生了一种集中性，它是由一年一度的麦加朝圣形成的，当然也另有其他因素。然而，在伊斯兰世界中，风格的不同也是明显的：风格变化之多，使得共同典范模糊不清，以致许多穆斯林学者都不承认有伊斯兰建筑这一回事。这些不同的风格都围绕着部族或朝代的演化，人们也就以部族或朝代名称来命名这些风格。

伊斯兰建筑是两大发展巨流汇合的产物：一股巨流在地中海地区，另一股巨流在中南亚。它们的汇合历经约从公元前 300~公元 800 年的漫长时期，其共同的影响延续了更长的时间。起先，那是两种十分不同的传统。在地中海沿岸，希腊建筑在伯里克利时代的雅典达到了非常完美的程度，在西方承袭久远。在东方，阿契美尼斯传统在波斯波利斯(Persepolis)宏伟的王宫中达到顶峰，表现为一种强大并独立演化的梁柱式建造模式。公元前 332 年，马其顿国王亚历山大征服了这一辽阔地域，在他经过的地方，都以希腊的行政模式建立城市，于是随着亚历山大的征战，希腊文化注入了东方，但他的帝国组织松散，最后都落到他的将军们手中，其中最主要的是塞琉西亚(Seleucid)和托勒密(Ptolemy)两位将军。他们控制的地区大约就是现在称为中东的地区。希腊文化的融合是必然的，同时也是人为的，但是这一地区的居民凭着自身众多的力量使塞琉西亚和托勒密所统治的城市最终的融合统一，并为后来帝国的迅速发展奠定了基础。

受希腊建筑风格影响最大的城市有尼罗河三角洲西岸的亚历山大和底格里斯河上靠近现在巴格达的塞琉西亚；在这两座城市以及其他许多城市中，原来的建筑风格已荡然无存。希腊的建筑风格引入东方的古典建筑中，给人印象最深的是阿特拉(Hatra，在今伊拉克)，它是这座沙漠城市宫殿的核心(见第 16 章)。与此同时，希腊文化极度向东渗透的历程和影响还可以在碑文和艺术作品中看到，例如印度北部犍陀罗地区(Gandhara)的一些佛教王国中古典式的雕像。

塞琉西亚人的入侵使得地方风格的演化停滞了数百年之久，直到公元开始时，浓厚的地方传统才又重现于伊朗高原。安息王朝专注于民族主义，为使东方能在军事上重新与西方抗衡，他们在小亚细亚来回突击。随后罗马人入侵美索不达米亚和波斯，罗马战俘建造了一些持久的建筑，用他们带来的技艺造石桥，也许还为胜利者安息人垒最早的石穹窿。长期的战乱在这个地区留下了各方的瓦砾踪迹。被俘的罗马人被押到波斯从事劳役，在埃及也匆匆建起波斯城堡。拜占庭的建筑师在幼发拉底河畔建设城镇，在奥龙特斯(Orontes)河上架设桥梁。商队的路线穿越了这些地区，身怀技艺的工匠往来于各敌对帝国和主要航道之间，在一个新兴而遍及各方的宗教——基督教中产生了重要的影响。开始时，传教士们很顺利地向南和向东传播基督教；直到四世纪他们向罗马心脏地带传教时才遭到抵御，被视为对既有权力的威胁。随着基督教向东传播，巴勒斯坦的古典风格也完全地传播开去，所达到的程度之深

第三编 伊斯兰建筑

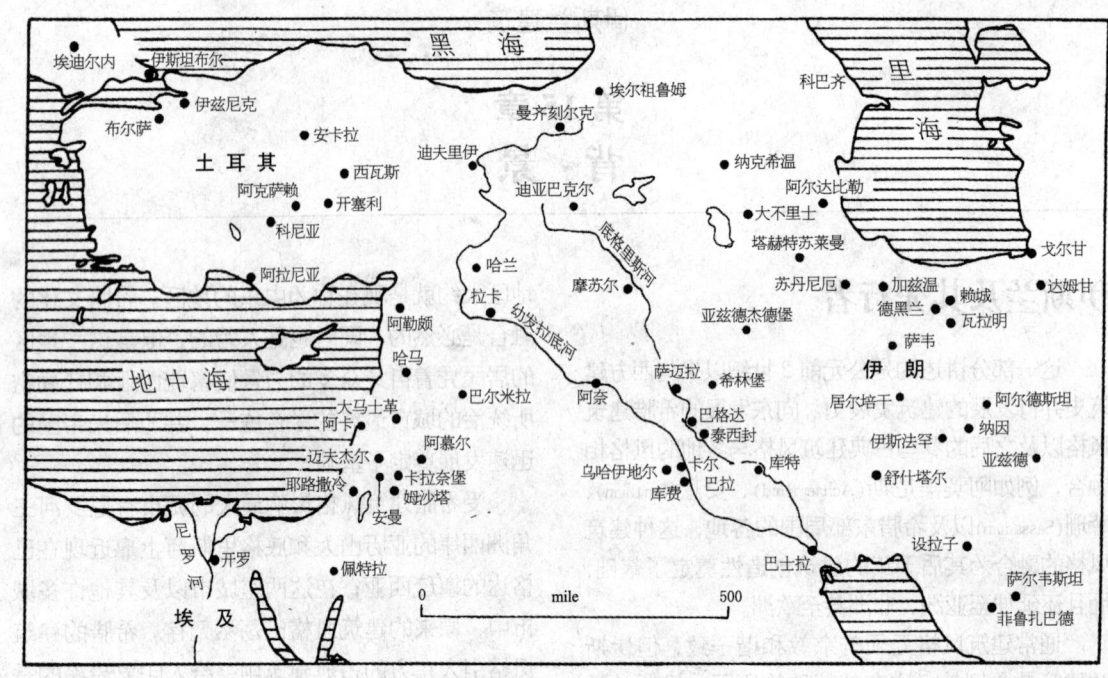

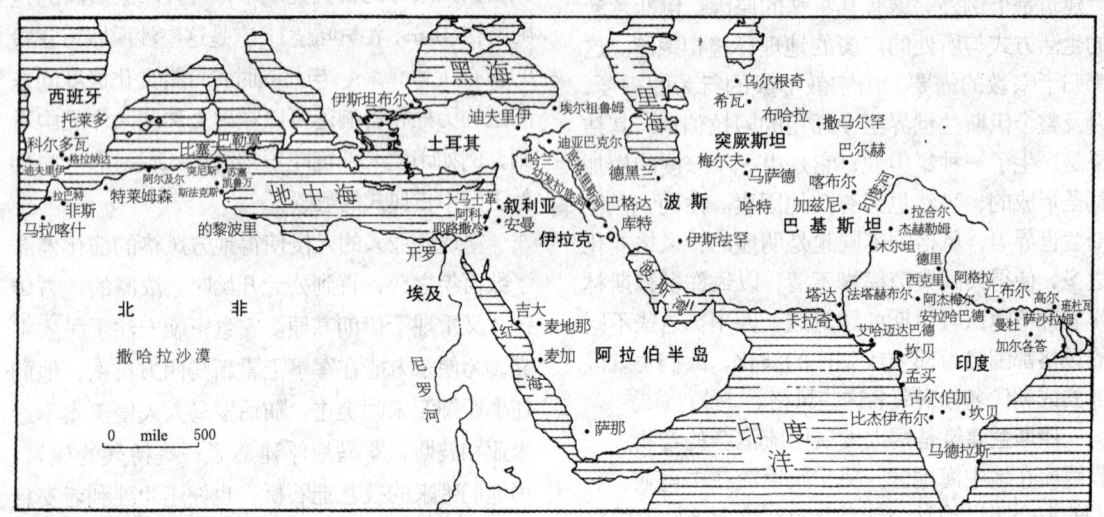

伊斯兰世界版图

还有待全面评价。但在教堂建筑的设计方面,很清晰地显现在宗教的向南传播中以及尼罗河流域一神教信仰的早期教堂中。在尼罗河流域,法老宗教的继承者科普特人(Copts)毫无困难地接受了来世观念和一神教信仰。早期的教堂采取了希腊和罗马神殿的形式,或是巴西利卡的形式。随着宗教皈依者的增加,一股影响力的缓潮也同时向东奔流。

安息王朝的建筑至今犹存,尚能修缮再现。萨尔韦斯坦(Sarvistan)和菲鲁扎巴德(Firuzabad)宏伟的王宫显示出一种建筑的演化,成为后来许多伊斯兰建筑所遵循的模板,尤其是穹窿和伊宛❶。显然,在公元3世纪就已经出现采用突角拱在正方形的下部结构上构筑环形结构的方法,而伊宛在

---

❶ Iwan:又称为 Ivan 或 Eivan,亦译为伊旺,是一种犹如华盖般的拱顶门廊,通常用在公共建筑及重要建筑上,由开敞式的半椭圆形的筒拱顶覆盖,进深较小,一般装饰有钟乳拱;也可能是天国的象征,是伊斯兰建筑的重要特征,最早出现于公元4~6世纪泰西封的萨珊王宫。——译者注

当时的应用范围已经相当广。它们对于房屋平面形状有决定性的作用。

显赫的东部王朝兴盛于4～7世纪,直到兴起于波斯南部法尔斯(Fars)的伊斯兰教的来临,东部王朝软弱的统治者伊嗣埃二世(Yazdegerd II)在穆斯林入侵者到来之前出逃,后为随从所害。

萨珊王朝建造了冬都泰西封,距底格里斯河上的繁荣城市塞琉西亚不足1英里,位于河的东岸。萨珊王朝的建筑鲜有存留,但有一些宫室群尚为完整,可以加以重建。在泰西封尚留有伊宛和最大王宫的一翼,称为塔克切斯拉(Tak-i-Chisra),相传为霍斯罗夫二世(Chosroes II)所建。在他的统治下,波斯帝国最终扩张了版图,并把疆域扩展到史上最大的范围。来自西方的压力抑制了拜占庭皇帝,如查士丁尼一世(Justinian I)向东部扩张边界,这使得居鲁士大帝及其继任者们能够占据西至叙利亚、巴勒斯坦和下埃及的领土并保持其统治。这些地区在历史上长期以来属于罗马的省份,建筑充满了典型的古典风格。此外,基督教组织遍布于这一地区,虽然萨珊王朝时代的王室宗教是拜火教,但是东方基督教以正教和聂斯脱利派(Nestorian)的名目广为传布,颇有影响。

在拜占庭帝国的东部和南部省份,产生了当地的建筑形式,来自美特罗波利斯(Metropolis)的建筑师的作品中,偶而有些较为突出。拜占庭帝国东部的这些土地不断遭到蹂躏,因此在早期基督教时代,其建筑的意义都被掩盖了。战争、掠夺,以及由治理不当和剥削带来的农业上的变化,使土地荒芜、房屋遭劫掠。叙利亚北部"死城"的广大废墟证明了这里曾经是人口众多、建筑高度发展的地区。在地中海沿海乃至西奈和埃及都有同样的情况。在开罗的一些沙漠遗址和尼罗河流域的一些已毁的科普特城镇中,可以了解到丰富而全面的文化。也有大城市沿袭下来,亚历山大城就是个极端的例子,但是城市中的巴西利卡、浴场、图书馆、港口已经湮没殆尽,只能从文献资料和推想中略知一二。罗马帝国的这些边境地区有其建筑传统,本质上是古典建筑的基础,在表现形式上带有明显的地方性。由于这些作品很少与王朝的兴旺有关联,因此不受历史关注。然而,在穆斯林之前的几个世纪里,教堂具有重要影响,按罗马神殿和议事堂的形式模仿、再模仿,使结构形式符合形形色色新的宗教仪式的需要,诸如火神殿和伊希斯女神❶的礼仪等。

公元后的几个世纪,对东部边疆地区来说是建筑上的创新时期。在波斯和罗马的宗主权的羽翼之下,容纳着许多地方集团、附庸国家和行省,地方建筑的演化各具特色。小亚细亚东北部的格鲁吉亚和亚美尼亚出现了集中式的教堂建筑,在幼发拉底河上最早的国家之一埃泽萨王国(Edessa),即今土其其的乌尔法(Urfa)也有所模仿。早期教堂同样兴盛于美索不达米亚地区的北部。在阿拉伯沙漠两边的草原上,信奉基督教的阿拉伯人、莱赫米人(Lakhimids)和加萨尼人(Ghassanids)延续了罗马的传统,在这些地区内分散地建造了城堡和城镇。叙利亚北部的废城累萨法(Resafa)就是著名的遗迹之一。再往海岸的方向就是叙利亚北部,这里有丰富的建筑遗产,集中在安条克和大马士革(Damascus)这两个城市中,今天那里还留下许多荒城残迹。在海岸和阿勒颇(Aleppo)之间的地域以及叙利亚南部豪兰(Hauran)的博斯拉(Bosra)附近出现了一种具有创新性的、宏伟的石建筑,表现出高度的社会组织性。这种石建筑中有雄伟的穹窿顶教堂,例如使徒西蒙殉难教堂(Kalat Semaan),巨大的巴西利卡以及精美的住宅,墙上有束腰环饰,还有华丽雕刻,这种建筑方式史无前例。后人把这一城市群称为德卡波利斯❷,遗存下来的以杰拉什(Jerash)最为著名,它们保持着宏伟的古典传统,但形态上却已大为不同,有其独特之处。在南方的纳巴泰地区(Nabatean)的一些国家中也能找到这种形式。在红色、黄色的砂岩悬崖上雕刻的古典艺术作品中依然传递给人们以古城佩特拉(Petra)巴洛克式风貌的惊人形象。在萨那(Sana)这样的城市中也能看到在坍塌已久的教堂中留存着叙利亚式镶嵌马赛克的穹窿。

基督一性论派的教义在这整个地区颇具力量,在有的地方甚至比在尼罗河流域更具影响,那里的科普特人在使徒马可(Apostle Mark)来到之后,便

---

❶ Isis:埃及语称"阿塞特"或"埃塞特",古埃及主要女神之一。——译者注
❷ Decapolis:公元前63年罗马征服巴勒斯坦后在东巴勒斯坦组成的10个古希腊城市的联盟。——译者注

自然地接受了基督教。这里的古老教堂都是巴西利卡式的,在东端三凹室前有一个横向空间。埃及有些非常老的教堂也许是所有遗存的基督教建筑中最古老的。隐修院这一传统也是4~5世纪在埃及开始的,随后由罗马帝国在正式接受基督教之后向西传播。虽然罗马皇帝戴克里先的政权残忍地迫害当地教会,但科普特人依旧将这位皇帝的统治作为这一时代的开端。6世纪时查士丁尼皇帝主张引进了拜占庭教会,而狄奥多拉皇后(Theodora)则支持基督一性论派和科普特教会。在这些教派继续存在的地方,如古代开罗的巴布伦隐修院(Deir Bablun),建筑则显现另一种类型。这种本土的教堂至今仍然可以在当地以及上尼罗河一带废弃的隐修院内看到,在红海和奈特伦洼地(Wadi Natrun)尚存的隐修院中也有遗留。从这个地区的南部到美索不达米亚北部,甚至到中亚细亚,现在还能找到这种有三个独立圣坛面对横向中堂的东方教堂形式,有时也有巴西利卡形式。

7世纪初,波斯控制了从高加索到尼罗河三角洲的地区。后来,东罗马帝国皇帝希拉克略(Heraclius)在泰西封的心脏地带英勇地击败了萨珊王国的军队,于628年收复了耶路撒冷,于是,这片土地又重归拜占庭。在希拉克略的军事和政治极盛时期,先知穆罕默德(Prophet Mohammed)出现在这一地区,他的影响更为久远。他沿着从麦加到巴勒斯坦的商路,一路上与基督教僧侣探讨教义。他在中年受到启示,成为这个新的一神教的首位领袖。在君士坦丁堡加冕的希拉克略并没有认识到这些事件的意义,疏于审查这一宗教,更无任何举措。

伊斯兰一词,阿拉伯语意为"顺从",而穆斯林一词即指顺从真主意志的信徒。温和主义(Emnities)的阴影笼罩着基督教及其前身犹太教与伊斯兰教。伊斯兰教从基督教的神学中分离出来,犹如基督教之于犹太教。就伊斯兰教而言,对信奉前教的人表示赞同,称其为"经书之人"(peoples of the book)并加以保护,这是伊斯兰教所固有的。伊斯兰哲学的主旨,在建筑上表现为很自然地接受能适应新宗教的房屋。虽然从20世纪的观点来看,伊斯兰教的兴起带有革命性,但实际上却是神学、哲学和建筑的历史演化。

穆罕默德在他中年时受到了启示,即真主的旨意。阿拉伯西部的麦加当时盛行偶像崇拜,城市还依赖于香客的往来,在这样的环境下,穆罕默德的宗教主张显得具有革命性。因此,穆罕默德退至耶斯里卜❶,从此开始了伊斯兰时代。

美索不达米亚与波斯

砖与毛石是东塞琉西亚、安息和萨珊帝国的主要建筑材料,一般不用于建造屋顶。屋顶多用木材,可能用灌木枝为檩,覆以棕榈枝叶,外涂泥浆。有重大意义的房屋则用拱顶和拱券,穹窿在东方显然尚属初始阶段。窑制砖用于筒拱、突角拱、券和穹窿上,随之,建筑技术也有所发展,充分利用石膏灰浆(半水石膏罩面层)快凝的作用,薄型的窑制砖放射状地垒成楔形拱,砖的长轴按发券线放置,这可以使拱券有较大的附着面,在砌筑后数分钟就可支模而牢固就位。这种拱顶在施工时,开始几皮砖会每皮向外挑出至不超出高度的1/5,然后用"环拱"起拱,在券的施工中偶尔也用这种方式。在门窗洞口的起拱线位置放一根扁平的木过梁,过梁上面临时用土砖砌券模,其宽度大约与过梁相等。砌筑的砖券宽大于洞口的宽度。在券模拆除后形成明显的安息式和萨珊式的锁孔券❷。这个时代的券主要是半圆券,也有垂直半椭圆券,还有用圆弧段组成的尖券。筒形拱在这个地区成为主要的结构形式,在上埃及也是同样的状况。为避免使用木模架,将券造得斜靠在端墙上,前导拱(advancing vault)的下部的拱砖比后面已建的上部超前几圈。

这个时期,开始出现突角拱(跨在角隅上的拱或拱顶)。在安息和萨珊伊朗王宫的大殿上建起了大穹窿。这里也有了塔勒尔❸和伊宛,其正面开敞空

---

❶ Yathrib;这个事件称为"希吉拉"(the Hegira),是阿拉伯文Hijrah的音译,又译为"希吉来""希吉勒",意为:迁徙,出走;指穆罕默德从麦加到麦地那的迁徙。——译者注

❷ keyhole arch;又称为圆弧券。——译者注

❸ talar;前伊斯兰时期波斯原有的一种有柱门廊。——译者注

间作起居和庆典之用。这种空间可追溯到以往家庭和礼仪厅面向屋外有顶盖的缩进空间。开敞空间成为中东建筑词汇的重要元素,呈现为合理的洞穴般的开口,用拱券或柱支撑。有时是一个高大的中间单元,两旁辅以类似的较小开口;有时也有两个或四个开口,相对而立。

这个时期有着丰富的装饰词汇。有的用规则的假拱廊来活跃立面,双柱的较常见,有的甚至用三连柱。在墙裙、檐壁、洞孔的垫板和边框,窗间墙上的圆壁龛,檐壁和顶饰等处都施以粉刷装饰。除了在受希腊影响的地方和塞琉西亚王国时期以后的一些地方,古典柱式建筑全然阙如。那时已出现雉堞,每一垛建成三或四踏步式,呈锯齿状。这种雉堞还被用做檐壁。在粉刷上有规则地加以雕刻,并髹以华彩。石雕之外还有大型的泥塑装饰。浓重的色彩丰富了图案和雕塑。

在城市规划方面,由希腊引入的规划概念和当地的城市形态之间有着明显的对比:前者呈直线方格状,后者则完全呈有机形态,倾向于接近圆形,例如塔赫特苏莱曼(Takht-i-Suleiman,苏莱曼宝座)。

叙利亚与埃及

古典的影响遍及地中海沿岸,向内陆延伸至西部小亚细亚、加萨尼阿拉伯人居住的草原、纳巴泰地区的一些阿拉伯王国,并越过三角洲进入尼罗河流域。纪念性建筑以精细的梁柱砖石结构为主,以科林斯式尤著,此外还有各种变型,例如迎风飘扬的卷叶饰和篮形柱头。这一地域在建筑上富有创造性,超越帕莱(Pale)而发展其自身古典柱式的独特风格和处理手法。从耶路撒冷到迪亚巴克尔(Diyarbakir),在德卡波利斯、安条克等地区周围尚存有一些雄伟的建筑残迹,砖石工艺十分精美,其富有力量而又流畅的设计、复杂而又精致的装饰,他处无有及者。做工精巧的檐壁,像绳索般环绕着窗户,厚重的环状半圆线脚装饰刻有深深的回纹图案。大部分房屋为石构,门扇与窗扇也用石材,地坪与屋顶亦铺以长条石板。木材亦大量应用,存留下来的砖石建筑清楚地表明有木穹窿的支座。与更为东部的地区不同的是:拱券几乎都是圆形,偶尔有在中心点上略微带尖的。石制的花格窗经常出现。拱顶两边多有扶垛支撑,有时扶垛与墙分离,形成原始的飞扶壁。一般很少用窑制砖,凡采用的可能是大城市的生活。

再往南去,纳巴泰地区的建筑华丽丰富,堪比巴洛克,断裂山花和尖顶上风格化的瓮饰颇为显眼。埃及沿海一带,这时期的建筑已荡然无存,但是在上尼罗河和三角洲源头地区却有许多科普特教堂尚存。教堂多为巴西利卡式,尽端是宽敞横亘的唱诗班,面朝着三间小礼拜堂。侧堂和中堂之间以科林斯式列柱分隔,柱上承载着巨大的木梁,屋顶是木结构。

发掘并经证实的遗址往往都位于往昔城市的旧址上。如果后来依然是城市的话,这一时期的物证不是深深埋藏在地下,就是在以后的建设中受到破坏,例如埃及的亚历山大。

从塞琉西亚王国的统治过渡到安息帝国,当地人的人口增长远远超过入侵的希腊人,以及后来的罗马人,再后来的拜占庭人;这一点都是他们天生的敌人。

伊斯兰的历史

6世纪末,先知穆罕默德尚在青年时代(他的生年不详),萨珊王朝的波斯从地中海伸展到印度河,从咸海(the Aral Sea)直至印度洋。7世纪的前20年内,萨珊王朝最后一位伟大的君主霍斯罗夫二世为他以前的盟友拜占庭皇帝莫里斯(Maurice)被篡位者所弑而复仇,于是侵犯叙利亚,615年占领耶路撒冷,数年后又侵入埃及,他的军队甚至接近了君士坦丁堡。波斯对拜占庭帝国心脏的威胁,与罗马人被西哥特人最终逐出西班牙在时间上几乎完全相符(616年)。希拉克略拯救了拜占庭,这位军人出身的皇帝深入萨珊帝国,于628年劫掠了泰西封,夺回了真十字架(True Cross),胜利返回耶路撒冷。

除了上述所论述的,另有两个因素使伊斯兰教的背景从一开始就十分复杂,一个是宗教的因素,另一个是世俗的因素。在信奉琐罗亚斯德教(Zoroastrian)的波斯,正教为官方所认可,然而在这一时期内却大多不受欢迎,而结合犹太教和基督教信仰并带有波斯神秘主义的摩尼教(Manichaeism)以及聂斯脱利派基督教却都被接纳,后者是因为在罗马遭禁而被接受。千百年来不断有东亚和中亚的部族在西迁途中被替代,他们频繁地侵犯其他地区,攻陷了一些绿洲城市,如撒马尔罕、布哈拉、梅尔夫和希瓦,然后继续西行,并与强国结盟。7世纪的前25年中,先是匈奴人,继而是阿瓦尔人(Avars),再后有土耳其部落的哈扎尔人(Khazars)和其他民族等,他们的行省跨越了自帕米尔高原(Pamirs)到奥克苏斯河(Oxus)这片广袤的地域。

罗马的行省延伸至阿拉伯地区,其东部边界并不明确。在巴勒斯坦艰难生存的犹太人被镇压、驱逐,他们所生存的地区范围并不能反映帝国的疆域,纳巴泰人和其他部落的居住地都是号称凯撒的罗马皇帝们所宣称的外围地区。在罗马化的商路沿线,文化和建筑风格超越了罗马和拜占庭法律所规定的范围,而其中文化的影响扩展得更远。

伊斯兰教的创始人先知穆罕默德于6世纪后期生于阿拉伯西部山城麦加的望族之家。作为一名商人,他曾经在罗马帝国的阿拉伯各行省间往来跋涉,对基督教颇有共鸣,传闻他曾与哲学家和教士们热烈辩论,将悠久的宗教传统和这个地区内的多种信仰进行对比,在基督教的领导下宣扬一神论。

穆罕默德在他的中年时受到启示,穆斯林认为那是真主的旨意。这使得麦加原来的宗教信仰受到威胁,以致穆罕默德及其不多的几个追随者于622年被逐出麦加。他暂避在北方的小镇耶斯里卜,这座小镇在后来被称为先知城,或干脆叫作麦地那(al-Medina)。从麦加迁徙,标志着伊斯兰时代的开端。忠实的信徒团结一致,礼拜时面向耶路撒冷,后来与麦加和解后,俯地礼拜时就朝向麦加。先知穆罕默德居住在麦地那直到632年逝世。他建立了宗教的组织框架,并为传布信仰开始建立军事组织。

伊斯兰教急剧扩张,将宗教信仰向东北推进到美索不达米亚,西跨埃及以远,并达到地中海沿岸的肥沃地带,即今以色列、黎巴嫩、约旦和叙利亚等地。伊斯兰教的一个主要目的是击败拜占庭并使其君主改变信仰。在君士坦丁堡的希拉克略皇帝,低估了即将来临的威胁,显得无所作为。信仰伊斯兰教的阿拉伯人的军队目标首先是攻占耶路撒冷,随后是大马士革,最终的目标是君士坦丁堡,但未能获得成功。之后,他们继续向北挺进,到达小亚细亚山区南麓,折而向东,势头逐渐减弱。

另一路伊斯兰军队同时向东北进发,进入底格里斯河和幼发拉底河流域的萨珊王朝心脏地带。萨珊人在卡迪西亚(Qadisiyeh)征战的第一回合即失利,最终于公元641年在尼哈万(Nihavand)被击溃,但在西耶路撒冷经过长时间抵抗后才撤退。尽管信仰伊斯兰教的阿拉伯人企图在君士坦丁堡打开一条直通海上的门户,但被挫败。

既然西北地区受阻于拜占庭,深入东北又相当危险,于是阿拉伯人开始开辟新的征战场地,转而沿非洲的地中海海岸西进。公元640年,他们征服了埃及,并在30年间控制了北非沿地中海的全部地区。在711年立足于西班牙南部,50年后几乎占领了整个伊比利亚半岛,深入袭击法国南部。但在732年在普瓦捷被查理·马特(Charles Martell)击败。马特因此被称为"欧洲之救星",普瓦捷亦被作为阿拉伯向西欧扩张的界限。

伍麦叶王朝的哈里发(the Umayyad Caliphate)在巴勒斯坦定居,但是与侵入伊朗高原、直达中亚、远至中国的伊斯兰军队中明显的波斯影响相比,其在相当程度上却是希腊化的。在阿拔斯王朝(the Abbasids)的旗帜下,产生敌意而失和。

伊斯兰教的头100年间充满着拜占庭的色彩,而其建筑则具有强烈的叙利亚、巴勒斯坦和下埃及的希腊风格。到公元750年,阿拔斯人把这些影响都扫向一边。伍麦叶部族几乎全部被消灭,巴勒斯坦在之后的200年间简直成为文化真空。叙利亚的统治者和朝臣移师西往,到达伍麦叶王朝的新都科尔多瓦(Cordoba)。在西班牙,由于没有阿拔斯人的威胁,从叙利亚带过来的价值观和社会特点得以延续。

哈里发帝国起先迁到人口稀少的美索不达米亚北部,762年迁都和平城,即今巴格达附近的卡济迈因(Kadhimain),832年再迁至萨迈拉(Samarra)。阿拔斯人的专制统治在此延续了60年。他们权大势盛,物质上的成就以数量计已经大大超过以前的伍麦叶人。9世纪末,他们返回巴格达,此时帝国力量已盛极而衰。虽然还保持着伊斯兰众信徒领袖的显赫地位,但是阿拔斯王朝哈里发的统治却不可能再恢复往昔的盛况。哈里发帝国管辖从阿富汗到叙利亚的这片地域,它与塞

第15章 背 景

尔柱王朝(Seljuk)和赞吉王朝(Zengid)平起平坐。无论是塞尔柱王朝,还是阿拔斯王朝,在建筑上都具创造性和多样性。阿拔斯王朝哈里发衰退后,其在中亚、阿富汗、小亚细亚、叙利亚以及埃及等地的权力被篡夺,以图伦王朝(Tulunid)和法蒂玛王朝(Fatimid)最为显著。

12世纪,巴勒斯坦的大部分地区成为西方侵略的焦点。十字军到达小亚细亚、巴勒斯坦,13世纪中期进军埃及,他们远比拜占庭的军队恐怖。十字军在叙利亚、巴勒斯坦和幼发拉底河上游建立了一些拉丁国家,但是拜占庭在亚洲的行省零星地陷入土耳其入侵者的手中,土耳其人直抵地中海的爱奥尼亚海岸。再往东去,源自土耳其的伊斯兰古尔王朝(Ghorids)于11世纪在印度北部建立伊斯兰教。与此同时,在西班牙的伊斯兰国家受到来自北方基督教国家越来越强的军事压力,使得十字军在圣地的据点日益不稳。然而在埃泽萨、乌特瑞默(Outremer)和耶路撒冷的一些基督教王国都存续至13世纪。1291年,艾加(Akka)陷落,法兰克骑士的权力粉碎(见第13章)。

在埃及,图伦王朝最终于11世纪为法蒂玛王朝所替代,而法蒂玛王朝的马木路克人❶是从小亚细亚和俄罗斯掳来的奴隶,又转而将主子取而代之。马木路克人把十字军逐出耶路撒冷。后来,蒙古人来犯,他们又在叙利亚成功地挡住了蒙古人的进犯,巩固了政权,并延续多年。最后,在1517年为奥斯曼帝国(Ottomans)所击败。从此,埃及归于土耳其的统治之下。

直至公元前141年,西徐亚人(Scythian)还占领着塞琉西亚之后的大夏王国(Bactrian)的领土,他们经历了匈奴和阿瓦尔人(Avars)的侵略。公元前1000年中叶,西徐亚人入侵这块土地,以后又有来自蒙古的土耳其部落的行动,这块横亘中亚的走廊仍然引起东方各野蛮部族的垂涎。他们来到中亚的绿洲城镇定居,还穿越波斯北部进入小亚细亚。13世纪初,这一洪流在成吉思汗(Genghis Khan)和他的后继者的麾下激荡成狂飙怒涛。成吉思汗之孙旭烈兀(Hulagu)自中亚横扫波斯、叙利亚和小亚细亚,这股洪水向西直扑欧洲。1258年巴格达为蒙古军掠夺,蒙古人宣称对抵抗者将彻底摧毁其生命、财产。一个世纪后,有着土耳其和蒙古血统的帖木儿可汗(Timur)又带来了一场浩劫。1370年帖木儿定都撒马尔罕,10年后侵占波斯,盘踞小亚细亚达10年之久。1393年,他夺取苏丹尼厄(Sultaniyeh)和巴格达,若干年后又攻陷大马士革。帖木儿从未在战争中失利过,在世纪之交,他统治的疆域从中亚到尼罗河,从印度北部到博斯普鲁斯海峡(Bosphorus),1399年降服了德里(Delhi)。帖木儿接受伊斯兰教并宣布其为国教。在他的统治下,撒马尔罕成为建筑发展的中心,其影响遍及全部领土。1400年他被急速兴起的奥斯曼帝国战败,使拜占庭帝王在衰亡之前有半个世纪得以喘息。

帖木儿诏命在黎凡特❷以及从咸海到德里各地大兴土木。不幸的是,在这一地区的赫拉特、梅尔夫、塔什干(Tashkent)、布哈拉,尤其是撒马尔罕等地,残存的帖木儿王朝的建筑都遭到严重损毁,但是在莫卧儿王朝(Moghul)的印度和萨非王朝(Safavid)的波斯其影响犹存。

帖木儿王朝热衷于建筑,集中了具有创造才华的塞尔柱族建筑师。他们所建的建筑有一些仍然保存着,但在阿富汗和突厥斯坦(Turkestan)的城市里已经片瓦无存。帖木儿王朝在这一时期创造和完善了形式规整的天园(paradise garden),后来成为波斯和印度建筑的一项基本特征。他们还发展了饰面砖的艺术和技巧以及三维平面装饰。

波斯和印度北部的蒙古诸王朝也在他们曾经破坏过的地方进行建设。帖木儿王朝的创造活力一直延续到14~15世纪,在首都撒马尔罕创造出充满才智并具有影响力的建筑。帖木儿王朝在中亚衰弱后,在一些城市的周围,例如梅尔夫、希瓦、浩罕(Kokand)和布哈拉等,建起了若干小王朝。也有一些独立的公国出现在阿富汗和印度北部,其都城分别有:焦特普尔(Jodhpur)、艾哈迈达巴德(Ahmadabad)、高尔(Gaur)、古尔伯加(Gulbarga)、戈尔孔达(Golkonda)以及比贾布尔(Bijapur)。

1453年,奥斯曼帝国占领了君士坦丁堡,

---

❶ Mamluks;又译为马穆鲁克人。——译者注
❷ Levant;第一次世界大战前地中海东部诸国的通称,主要指小亚细亚和叙利亚沿海地带,有时也包括希腊和埃及之间的沿海地带。——译者注

掌控了整个伊斯兰世界的西南部长达100年之久。他们的权力从维也纳的大门口一直扩张到柏柏里湾(Barbary)，从埃及和汉志地区(Hejaz)到克里米亚半岛(Crimea)，还到达东方的美索不达米亚，并于16世纪初延伸至巴格达。埃及、叙利亚、巴尔干以及土耳其随处可以见到有尖顶的宣礼塔、包铅穹窿和鲜明条石墙的特有风格。色雷斯(Thrace)、伊斯坦布尔(Istanbul)以及小亚细亚西部都是这种风格的发源地，奥斯曼苏丹及其上层的高官们以极高的要求来建造房屋，其质量无懈可击。

16~17世纪是取得成就的伟大时期。奥斯曼帝国之外，另有两朝兴起，统治较小的邻邦。在波斯，萨非王朝统一了国家，将疆域扩张至高原，并断续地将势力伸进俄罗斯南部。16世纪末，莫卧儿帝国的疆域覆盖了印度北部和西北的大部分。在德里、阿格拉(Agra)、法塔赫布尔-西格里(Fatehpur Sikri)和拉合尔(Lahore)等地都建有宫殿。在这里的红色砂岩上伊斯兰的建筑形式得到发展，并以大理石雕刻作为装饰。随着财富的增长，信心的增加，砂岩即被大理石替代。大理石材质细洁，加以雕琢则更为精巧，例如镂空穿透的石屏和轻盈的构架等。镶嵌技术也用在建筑上，此技术是对佛罗伦萨马赛克饰面技术的发展，它将半宝石即价值稍次的宝石镶在大理石上。

奥斯曼帝国、萨非王朝和莫卧儿帝国这三大伊斯兰强权在同一时期兴起和繁荣，然后又各自渐渐黯淡式微。位于马格里布(Mahgreb)，伊斯兰世界最西端的历代苏丹所经历的道路也差不多，只是戏剧性略逊一筹。突尼斯、阿尔及利亚、摩洛哥面对欧洲的扩张和殖民主义所取得的建筑成就反映了各个王国相对的稳定性。从微观上来说，非斯(Fez)这座城市一贯表现出的在建筑上的创造性令世人惊叹，这里的建筑物代表着成熟的伊斯兰风格，一直持续到现代。

虽然伊斯兰建筑具有利用地方性资源的趋势，但也形成了一系列共同的特点，伊斯兰建筑要求有相似的工艺技术，这与地方性无关。然而，地方性和地域性的因素使建筑产生很大差异，例如气候对于建筑的形式和构造起着重要作用。有些地区的风格为当地所特有，例如也门的山区、沙特阿拉伯北部的绿洲城镇内志(Nejd)，以及喜马拉雅山地(Himalayas)一些偏僻的伊斯兰聚居地、印度尼西亚、中国中西部、东非下至桑给巴尔(Zanzibar)以及西非南下沙漠地区直至廷巴克图(Timbuctoo)等。

以现代大致的名称来说，下列地方曾为穆斯林统治，实际上也居住过穆斯林。

- 欧洲的土耳其、保加利亚、希腊、前南斯拉夫南部：15~16世纪。
- 西西里岛：8~11世纪。
- 西班牙中部、南部：8~16世纪。
- 塞浦路斯：16~20世纪。
- 北非：自15世纪以来。
- 土耳其亚洲部分：自11~12世纪以来。
- 叙利亚，巴勒斯坦，伊拉克、伊朗等海湾国家，阿富汗以及俄罗斯中南部：自8世纪以来。
- 印度北部：自12世纪以来。
- 东非：自14世纪以来。
- 印度尼西亚：自17世纪以来。

穆斯林所在的其他主要地方为：桑给巴尔、马达加斯加(Madagascar)、中国西部。到20世纪，伊斯兰教已传播到世界各僻远地区，分布甚广，甚至在远及悉尼、南希尔兹(South Shields)等地都有伊斯兰建筑的踪迹可寻。

各种类型的伊斯兰建筑原本都为适应中东地区的干热气候而设计。由于阳光辐射强烈，白天需要有遮阴的庭院、阴凉的处所，并要有厚实的墙来蓄热，到夜晚又能散热。伊斯兰教遍布世界各地，气候条件各不相同，但从中东和西亚地区演变而成的建筑形式却依然保持。在有些地区，例如印度的季风区，亦有一些调整，改进了建筑的设计，使空气更为流通，解除潮湿气候的闷热。然而，在温带地区，对宗教仪式的考虑多于对建筑功能的考虑，以伊斯兰建筑的传统形式居多。将伊斯兰特征与当地乡土特性结合是必然的。因此，在诸如印度尼西亚的海岛上或中非的丛林中，自然会发展出许多变化的样式，与一般的样式截然相反。

伊斯兰的哲学与生活方式

伊斯兰教是闪米特族(Semitic)中产生的第三个一神教。从信徒来说，自然是犹太教和基督教的后继者，与这二教相同，它遵奉先知和教长。本

第15章 背 景

质上强调净化信仰，反对异教徒的习俗行为，建立一神崇拜的基础，不拜偶像。

"伊斯兰"，意即"顺从"，这一名称解释了宗教本身。"穆斯林"是信奉伊斯兰教的信徒。信仰具有崇高威信，来自先知穆罕默德在公元610～622年受赐的启示。在此期间，其教规经过编纂整理，确立了基本特点。规范穆斯林生活的诫条意味着信奉者对房屋的特殊要求。一年一度的朝觐把无数信徒从世界各个角落召唤到麦加。伊斯兰建筑具有一定程度的统一性，因而成为建筑中独立的一支，其中包含同类略异的各种式样。伊斯兰建筑广泛分布于亚、非许多不同气候条件的国度内，时间跨越上千年。以往称为萨拉森建筑(Saracenic)、摩尔建筑(Moorish)、穆罕默德建筑(Mohammedan)的都属此类。

伊斯兰教思想编纂于以下三类文本中。首先是古兰经(the Koran)，那是通过先知穆罕默德告知世人的真主启示；其次是哈底斯圣训(Hadith)，传述穆罕默德的言行以及为人的行为要求，重要性稍次；最后是律法，摘自先知的谕示、传统和范例。这三者构成了伊斯兰世界的全部哲学思想，指导着世世代代信徒的生活方式和态度，从而对他们的建筑产生巨大的影响。可以把伊斯兰教思想归纳为：承认伊斯兰教的至高无上，神示的不容更改以及对偶像崇拜的摒弃。这一信仰形成伊斯兰建筑的以下几个特点：在宗教建筑和其他建筑之间，技术上没有实质的差别；重大的建筑活动通常都是直接为社会、群体所用的房屋，包括宗教用途；装饰倾向于抽象，以几何形、书法和植物为母题，爱好有规律的成片装饰而不崇尚集中式图像；饰面有框有界，固有的保守性阻碍了创造，钟情于已有的形式。

阿拉伯语是伊斯兰教的共同语言，也是古兰经的唯一语言，这构成了伊斯兰思想体系的一部分。文化上的同一中心对于统一伊斯兰教人的思想、控制其生活方式以及统一建筑形式起着很大的作用。在伊斯兰教开始形成的四个世纪中，来自不同环境的众多民族被征服，其文化经过一个宗教、一种哲学思想的锤炼，形成了统一的宗教信仰，其中的一个方面就体现在集中于一座建筑中进行礼拜。这种建筑的核心是封闭的清真寺，主要用于默祷与礼拜。礼拜空间远离世俗事务的直接干预，然而其设计并不激发人们的情绪，同时丝毫不会让人们产生喜悦的心情。清真寺内没有明确的崇拜对象，完全只是一个信徒聚礼和共同活动的场所。虽然对清真寺并不作区分，但是它确实也成为模板，表现出诸多的建筑风格和式样，即使在别处也会演化，这些都在清真寺和相关的纪念性建筑中加以汇集、巩固。

特别值得一提的是，清真寺是民主的。在清真寺内，每个人都有平等的权利。而清真寺本身除了礼拜外，还兼做各种用途，通常用做学校，商务活动也在这里进行，亦做储藏珍宝之用。通告、宣言在这里发布，会议也在此举行。然而，在现代社会复杂的重荷下，有一些以往重要的功能已移至他处。虽然清真寺还保持有图书室，但这一功能已被替代。旅客到达一座城镇已不再像以前那样投宿清真寺，而以往寺内都接待过往旅人和穷苦的百姓。

尽管清真寺已越来越少为社区提供沐浴、膳宿、辩论和教育的场所，却依然是穆斯林生活的核心，兼有集会和礼拜的功能。在历史上清真寺对社区生活一直具有无比重要的作用，成为高于一切的建筑。它的形式亦为其他类型的建筑借用。清真寺的主轴总是朝着麦加。除最早的寺以外，这条轴线在清真寺内的一端多止于米哈拉布❶。它通常是一个壁龛，带领信众礼拜者在这里宣讲。礼拜殿内的活动，包括俯身礼拜，都要能从殿内各处看到，因此纵向的视线极为重要。信众按纵轴方向排列成行，面对米哈拉布。有柱的殿堂通常设有横向的侧堂，理想的清真寺内无柱，因而穹窿备受欢迎。由于米哈拉布神圣非凡，往往在殿堂内另外设有米哈拉布，以方便较少信众和个人使用。礼拜殿内的唯一装置是敏拜尔❷，正式公告都在此宣布。有的殿内还用矮栏围出一个小空间，或设一台座作特殊使用，例如显贵人物或统治者，或由宣礼员及妇女使用。有时也会有一个讲桌或传教凳。

---

❶ mihrab；又译为米海拉卜；其作用是指示麦加的方向。——译者注
❷ mimber 或 mimbar；又译为敏巴；为伊斯兰教寺院的讲经台，穆斯林布道坛。——译者注

图 A　伊斯兰穹窿构造：突角拱和帆拱，见[601]页

图 B　伊斯兰钟乳拱饰构造，见[601]页

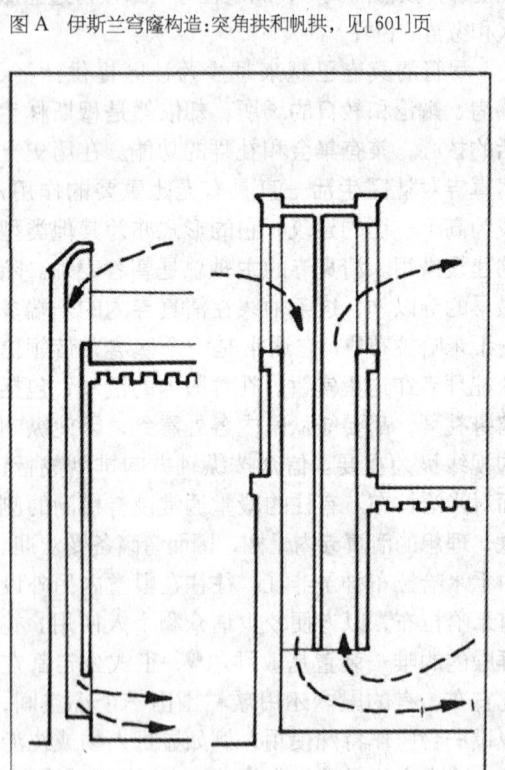

图 C　风斗，见[601]页

图 D　风斗外观

除伊斯兰建筑以外，伊斯兰文化还产生了许多实用品，都有精美的形式和多种多样的装饰，如地毯、陶瓷。然而，最为重要的文化媒介是口头的和书面的语言，这是世所公认的。虽然早期伊斯兰文献留下不多，但还是有不少留传至今。其中大多为科学文献，极少为西方学者所知，而且确实有一部分原稿至今尚未经人阅读。

阿拉伯语，作为一种混合语言，是伊斯兰文化最基本的综合性的成就；通过它吸收了希腊的哲学和科学，希腊的、基督教的、犹太的、琐罗亚斯德的和印度的思想都赋予阿拉伯文化以知识的力量，中世纪时就已经在科学、数学、历史和地理等方面取得了巨大的成就。

阿拉伯算术就是一个具有创造性的突出例子，算术最早从印度引入，然后加以系统化并注入实际应用的方法。除此之外，医药、天文、商业，还有其他各方面都有穆斯林学者的贡献。

伊斯兰建筑的特征

伊斯兰早先扩张侵入的一些国家都有着丰富的建筑传统，开发利用自然资源的技术早已为建造所用，并且形成了以自然资源为建筑材料的行业。在冲积平原，制砖、用土坯砖砌墙、版筑十分普遍。在产石地区，选石、采石的技术已十分成熟。对不产大理石的地方，可以把大理石作为商品输入。用于灰浆和粉刷的石灰、石膏一般都能随时获得。从小亚细亚至埃及，乃至印度北部，有着品种繁多的石材。在伊斯兰时代来临之前，石材加工和砌筑已有很高的水平。巨石建筑从远古就流传下来。罗马的采石场，例如巴勒贝克今天还出产巨石。这些地区内通常有用石板架起的地板和屋面、石质窗遮阳板以及石质门窗，甚至用于束住穹窿鼓座的互套石环。装饰大理石板和花格栅、马赛克随处可见。重大的建筑物大多采用拱券、拱顶或穹窿(见[600]页图 A)，延续着罗马和拜占庭的传统。为了抗御地震，拱石做成真正的弧形，还用互扣的拱石。玻璃的制造已相当先进，能提供窗玻璃。陶瓷制品亦历史悠久。浮雕用水泥、石膏和灰泥为材料。在穹窿、拱顶、拱券上有时还施以钟乳拱饰的技术来增强装饰效果(见[600]页图 B)。色彩斑斓的外墙面主要是铺石片马赛克，中世纪时制陶技术发展，能生产颜色鲜艳的陶片，于是就用陶片拼贴小面积的马赛克。开始时，制造或切割成各种形状的单色陶片，拼镶出各式复杂的图案。

帖木儿时代建筑师采用的瓷砖，是在不同温度下烧制而成的，形成独特的颜色。15 世纪，一种烧窑的方法能够制造出规格统一并带有彩色图案的瓷砖。于是，瓷砖可以覆盖较大面积，而繁复的绘制图案成为陶工的一种行当，不再由切割、镶嵌的工匠独专。

铅工、铸铜、铁作等技术亦已成熟。穹窿、屋顶、尖顶往往包铅以防风雨，铁作广泛用于拉杆、格栅、连扣等。

大、小木作从最早时期起就应用于屋顶，包括早期的穹窿。门、窗、装置和家具等木制品多以珍贵木材、螺钿、金属、象牙以及各种石料构成交错的几何组合图案。在简朴、低微的层次上，木结构平屋顶最为普遍，墙壁和地板也大量采用木结构。在印度尼西亚和马来西亚等森林地区，采用木结构是必然的，而从巴尔干、小亚细亚、高加索、伊朗山区到喜马拉雅、印度北部地区，木结构也是重要的结构形式。

没有一部伊斯兰建筑史会忽略土坯砖和其他生土的应用。有时在土中掺和石灰或石膏以增加其稳定性。窑制砖往往与泥土结合使用在带肋的和交叉的穹窿和拱顶中。在伊斯兰世界的大地上建有无数的土墙民房。

总的来说，伊斯兰建筑是以砖石拱结构为主的一类建筑，其工艺表现出高度的表面处理和创造水平。伊斯兰世界的中心地带，有许多地方常常会发生地震，因而砖石工技艺多有创新，结构上多有特殊技术。

最后要提及的是，伊斯兰建筑的构造技术，其一贯符合气候条件，而往往都很简单，又赋予建筑上的特色。在厚重的墙上开设小窗户，设计巧妙的风斗将空气引入室内(见[600]页图 C)，这些在技术上调控中东干热气候的方法，都显示出构造上的突出成就。

任何风格的本质都是对形体、空间和体量组成的特定运用，建筑物特征的聚合，以及装饰和建筑词汇中个别元素的变化。伊斯兰建筑不但借

第三编 伊斯兰建筑

阿尔罕布拉宫窗上的钟乳拱饰,见[603]页

鉴其他风格,而且对其他风格的发展有所贡献,他们之间有着很多共同的特点,只有综合地加以描述才能获得令人满意的认可。

伊斯兰建筑在外观上的显著特点之一是尖顶拱券和马蹄拱券,后者在一般的起拱线以下还有一部分券身。这两种券的来源可以追溯到伊斯兰时期之前的拜占庭东部以及萨珊帝国,尖拱券先出现在早期重要的伊斯兰建筑上,二者都是在8世纪由穆斯林传至地中海西部的。尖拱券从此既是哥特式建筑又是伊斯兰建筑的典型特征。在西方,马蹄券是圆头的,而在9世纪的东方实际上却不再有圆券,倒是发展了四心券。

重要性稍次的是瓣尖饰、护柱即凹角柱身的应用。早在6世纪伊斯兰时代之前瓣尖饰在叙利亚的教堂建筑中就已见采用,但直到8世纪晚期,伊拉克才开始把它普遍用于拱券的装饰中。护柱见于5~6世纪的科普特和希腊的基督教建筑中,在各个时期也都可以断断续续地见到。但是护柱在伊斯兰建筑中被经常采用,确切地说,广泛用于重要建筑的入口处,则是9世纪后的事了。

到11世纪,又有重要的装饰性特色出现,其中有伊斯兰建筑特有的钟乳拱饰,亦即钟乳形叠涩。钟乳拱饰是一种层层叠叠成角度的叠涩,下层叠涩的隅石位置与上层两个叠涩的穹棱对齐。钟乳拱饰从10世纪发展到15世纪已有许多组合,它们精巧、富有想象、晶莹夺目且样式多得惊人,成为伊斯兰建筑中最突出的特色之一(见[602]页)。对钟乳拱饰开始时采用镶嵌石片来添加色彩,有时也用切割的大理石片,后来都改用彩釉陶砖。

伊斯兰的图像没有人物图案,这一点引起不少误解,亦缺乏相关的讨论。这一禁忌并非出自先知,而是认为竖立人像无疑是僭越真主创造生命、生物。早期的伊斯兰教与已建立的基督教会对立。当时,圣像破坏活动正是盛期,而教堂的布道影响了早期伊斯兰教信徒的态度,其结果是书法、图案取代了人物。

伊斯兰建筑特点纵然繁多,却不能构成统一的建筑。其原因只能来自伊斯兰建筑对形体和空间的处理手法。在典型的伊斯兰建筑中,并不企图将许多空间和体量聚集在一个外壳之下,以使其外表呈现出一个整体。每一部分都各有各自的位置,同时又是一系列关联着的房屋之一。个别部分之间的协调和关联,共同构成主要的规律。穹窿、伊宛、回廊或者大门可以根据需要在各自适当的位置加以增强或削弱。每一项都含有足以表达主要结构形体的要素。

房屋的用途和居住者的生活方式确定了它的基本外观。清真寺实际的形体取决于其独一无二的信仰,清真寺的经学院❶、学校和教义学院也是如此。重视私密性和公共场所的性别隔离导致住房、入口、有掩蔽的窗户以及沿街立面等都有特定的处理方法。由于外室有私密要求,因而好多聚居地内的高度相当统一。复杂的道路结构也保持入口的私密性。城市的脉络完全包围了城内的大清真寺,因此,在城内很难看到大寺。外立面很不一般,但缺乏真正的城市空间。

---

❶ madrassa,medres;又译为马德拉沙,神学院。——译者注

伊斯兰建筑

第16章
塞琉西亚、安息和萨珊王朝建筑

在亚历山大及其塞琉西亚继任者所建立的所有殖民地和居留地中，虽然考古者已提供证据证明许多城市的真实布局和它们的地理位置，即希腊殖民地一带，但这些地方没有一处保存下来。在更远的地方有更令人印象深刻的发现。在中亚的乌浒河(Oxus)上，今称为瑷卡嫩(Ai Khanum)，一座名为亚历山德里亚-奥克西尼亚(Alexandria Oxiana)的城市可能就是由亚历山大大帝本人建立的。在那里，治理国事的宫廷环绕着一座137m×108m的柱廊庭院，门廊在次轴两端相对而立。如果此说确凿，那该是约公元前328年的事。主要街道相交，将整个城市划分成四块。公共建筑有神庙、竞技场、浴堂、宫室以及带灵堂的公墓。宏伟的建筑多属科林斯柱式的多柱大厅，内部为粉刷墙面。

在同一纬度更西面的塞琉西亚城市是梅尔夫(Merv)，现今的马里遗址(Mari)，同样是方格形的平面，道路笔直，有矩形的城墙围绕。它是由亚历山大的继任者安条克一世(Antiochus I)所建。城内有剧院、广场、神庙和政府建筑。

另一座塞琉西亚大都城位于底格里斯河上，在今巴格达稍往下的地方，也是一方格网状城市。与其他希腊城市一样有砦堡保卫，有同样的公共建筑模式，显示出希腊人的生活方式。在幼发拉底河上离巴比伦(Babylon)西南不远处，考古者发掘出希腊城市的剧院和竞技场，而在伊斯法罕(Ispahan)附近的库尔哈(Khurha)，一座希腊神庙遗留下的爱奥尼亚柱仍然矗立着，它是一座有相当规模的城市的孤立片段。

幼发拉底河上游有一处称为杜拉幼罗波斯❶的发掘遗址。此城有防御工事，道路呈方格状。城内的生活景象可以从一座早期的犹太教堂和几座基督教堂中略知一二。在这些古典与东方传统相结合的遗存建筑中，最显著的是伊拉克的阿特拉城(见[606]页图A)❷。

塞琉西亚王朝最后为安息王朝所取代，安息王朝转而注意地方传统。已知最早的安息居留地是在阿什哈巴德(Askabad)附近的尼萨(Nysa，前2世纪)。尼萨似乎曾是都城，为米特拉达梯一世(Mithridates I)所建。城中心有一宫室群，宫中有三间宫室最为重要。一间是正方形的，采用阿开民王朝的传统由四叶状柱支撑屋顶。还有一间是直径17m的圆室，外周是正方形平面的石墙，表明当时的工匠尚未掌握用突角拱的技术将穹窿建在正方形墙身之上。最后一间则是一端开敞的穹顶门廊，用四根柱子支撑屋顶。在与萨克桑那基尔(Saksanakhyr)同时代的地方，有着同样的穹顶门廊，也有着后期塔拉形式的柱子。这些就是开敞式的伊宛的开端，并且都成为伊斯兰建筑的重要特征。在尼萨，房屋内墙面是涂色粉刷，檐壁用陶饰。这个时期内，多柱式似乎已成为典型，穹窿结构尚在探索过程，而穹顶门廊正处在原始状态。

公元前3世纪后期，安息人定都和椟城(Hecatompylos)，和椟城位于今伊朗达姆甘的沙希库米斯(Shahir-i-Qumis, Damghan)。城市十分宽广，有一部分房屋至今还遗留了两层。在这里首次发现广泛使用尖券，但并非只有尖券。

在安息王朝第一时期末年，安息与罗马的战争频繁。战争从公元前92年起，以公元前54年克拉苏之败为高峰，当时有上万罗马战俘被押往中亚的梅尔夫。公元前40年，安息人控制了巴勒斯坦和小亚细亚。安息建筑进入一个新阶段，这也许可以归功于技术经验丰富的罗马士兵。莱布奈-阿舒尔(Labbaneh-Assur)位于尼尼微(Nineveh)以南的底格里斯河上，公元1~2世纪时已很繁盛。虽然遭受罗马人的掠夺，但这座城市毕竟还是一直保全着，直至被萨珊人征服。在这里首次发现有

---

❶ Dura Europos；今叙利亚的萨利希耶。——译者注
❷ Hatra Iraq；今为哈德尔。——译者注

第16章 塞琉西亚、安息和萨珊王朝建筑

硕大的砖砌伊宛，立面丰富，有假券廊，两层之间有装饰檐壁。与众不同的是在安息垂直砖皮中加水平砖，两皮水平断续砌合，两皮重叠竖砌丁砖。拱顶技术已发展到可以在正方形房间内用四根柱子支撑筒拱而不用木屋顶的程度。安息王朝早期明显受希腊影响，到安息王朝第二时期又增添了罗马的结构和细部，尽管平面仍是当地习惯的形式。这类将外来影响与当地习惯相结合的建筑可以在底格里斯河西岸疏落草原上的阿特拉看到。那里是阿拉伯一个附庸国的首都，城市的平面几近圆形，用正方形望楼来护卫，使这座城市在116年图拉真之围和198年塞维鲁之围中逃过劫难。城墙之内有精致的庭院住宅。中心有细琢方石的三重伊宛，面对着一座正方形大广场，后面是宫室。伊宛上有一圈檐壁，檐口有蛋形与簇形线脚。四根科林斯式附柱主宰着立面，柱上可能曾经有山花。装饰中有人物胸像，使人联想起沙漠以西与之相似的贸易城市巴尔米拉。

安息王朝晚期利用了突角拱，首次将穹窿建在正方形结构之上，并适应了这种圆形外观。米亚内的佐哈克堡(Qala-i-Zohak, Mianeh)是利用突角拱特别明显的例证，采用了与众不同的安息式竖砌方法砌筑。在美索不达米亚平原延伸至波斯高原的山区上，有一座2世纪早期的山顶堡垒城市亚兹德杰德堡(Qala-i-Yazdegird)，这座城市拥有这一时代强烈东方特色的雕刻技术。有一种粗犷的原创精神存在于这些最后的安息建筑装饰——如翼犬、卍字饰和玫瑰花边中。公元224年取得权力的萨珊王朝兴起后，遂推翻了安息。萨珊国王阿尔达希尔(Ardeshir)来自波斯南部的城市法尔斯，热衷于建筑，创建了都城阿尔达希尔古拉(Ardeshir Ghurra)，后来简称为古尔(Gur)，就是今天的菲鲁扎巴德(见[606]页图C)。城中宫殿的平面尺寸为104m×55m，按安息传统分三个层次，即公众区、接待区和寝宫，共同构成一座巨大的宫殿。面对着一个圆形湖塘有一个高大的筒拱穹顶门廊，立面是假券廊。伊宛两旁列有覆盖着筒拱的房间，房间后面有三个大穹窿跨在轴线上。整座建筑依山坡逐层向上，周围花园茂盛。在有穹窿顶的接待厅后面有一个宽阔的庭院，有两座伊宛面对庭院，由此可通向内庭。外墙简朴，设附柱和实券廊，墙上的浮雕与内墙的雕刻粉刷相匹配。附近平原上另建有一座圆形的陪城。

这一时期的土木工程还有道路、蓄水池和休养场所等。绰号为阿拉伯人腓力(Philip the Arab)的罗马皇帝战败后，有技术专长的战俘都被掳到萨珊国土。在流入阿拉伯河❶的卡伦河(Karun)上有两座大桥由他们所造。一座大桥在舒什塔尔(Shushtar)，另一座在吉尔(Ghir)，每座桥都有40多个高大的桥墩和桥拱。还有一座横跨小扎卜河(Little Zab)的拱桥，跨度为20m，高度也有大约20m，位于通往北方主要道路的略远处，可能也是在这一时期，或稍晚些时候建造的。萨珊王朝的房屋大多建在南部。设拉子(Shiraz)以西的比沙普尔(Bishapur)为沙普尔一世(Shapur I)在大约公元260年建造。比沙普尔在10世纪中尚有人烟，比其他同类城市历史更长。城墙平面呈矩形，位于中央的宫殿有一个7m见方的庭院，四座伊宛面向着院子。考古学者们推测上面原有抛物面的穹窿。铺地是以罗马式样图案拼贴的马赛克，墙上有巴尔米拉式墙头，清楚地表明了装饰工艺的源泉。城内有两条大街直角相交，公元266年，地方长官为君主建造了一座带科林斯柱的纪念性三重门塔。公元350年，基督徒起义，沙普尔二世劫掠了苏塞城的克尔卡伊宛(Iwan-i-Kherkha, Susa)，以后又加以重建。重建的城市范围宽1.2km，长5km。建筑的用途不明，正间上方是一个穹窿，建在突角拱上。两翼的屋顶为筒拱，内部采光靠敞开的端头引入。这一建筑是在萨尔韦斯坦宫中发现的第一座建筑，是萨珊王朝中期保存得最好的建筑之一(见[607]页图A)。建造的年代为4世纪，但不能完全肯定，有人推测为更晚些时候所建，甚至是在阿拔斯王朝时代，这座建筑一直完好地使用到伊斯兰时期。内部原来是雕刻粉刷。结构上的特点是支撑中央穹窿的突角拱，以及不附墙独立的对柱支撑两旁房间的交叉拱顶。横向的拱顶由拱券支撑，犹如苏萨城附近的克尔卡伊宛纵翼的方式。

类似纵列在拱顶下的对柱还可以在基尔库克的马·塔马兹格德殉道堂(Martyrium of Mar Tamazgerd, Kirkuk)见到。在1916年被炸毁之前它是该地区内留存下来的最重要的基督教建筑之一，被认为是5世纪早期所建。一位转奉基督教的博士(Magi)在446年殉道，之后不久即建造这座殉道堂。同一时代在基尔库克也有一座阿德拉教堂(Al Adra, 又称为圣母教堂(The Virgin))，呈萨珊王朝时代东部教派所采用的巴西利卡形式。

---

❶ Shatt-al-Arab；在伊朗，又称为阿尔万德河。——译者注

第三编 伊斯兰建筑

图A （左上）阿特拉神庙群，见[604]页

图B （右上）约旦安曼的城堡（7世纪初），见[608]页

图C （下）菲鲁扎巴德的阿尔达希尔宫，见[605]页

第16章 塞琉西亚、安息和萨珊王朝建筑

图A 萨尔韦斯坦的萨珊王朝宫殿,见[605]页

图B 约旦的海拉奈堡(7世纪初),见[608]页

图C 约旦的佩特拉隐修院,见[609]页

第三编 伊斯兰建筑

波斯西北部的**希兹城**(the City of Shiz)，又称为塔赫特苏莱曼(Takht-i-Sulaiman)，建在一圆形火山口周围，外周有圆形城墙环绕，城墙建有半圆形料敌塔。墙按安息方式由方石一长一短交替砌筑。神庙群体依轴线布置，末端是一个伊宛，面对着湖泊。通道引向一座正方形的火神殿，殿后另有一庭院。从塞琉西亚时期起，该地一直为人所占领，在6世纪或7世纪中由霍斯罗夫二世❶重新修缮了这个建筑群。这位权力强大的君主在北方扎格罗斯山脉(Zagros)西侧建了一座宏伟的**希林堡**(Qasr-i-Shirin)。宫殿位于高约9m的平台上，纵横近300m×100m。从一部双跑阶梯可以下至一个宽广的操演场。由一座三重伊宛为主的建筑引至一间附以穹窿顶的接待厅，厅有纵向两翼。在其背后，按原有模式，轴向布置了一系列庭院。庭院两侧都是寝宫，各有东向的伊宛对着。这位君王还在不远处建造了最大的火神殿之一，上有穹窿顶，下为拱券构成的立方体，由突角拱转承穹窿。

究竟是霍斯罗夫二世(591～628年在位)还是较早的统治者霍斯罗夫一世(531～578年在位)在泰西封建造了这座伟大的王宫，至今没有答案。这一高大的抛物线形砖拱顶就坐落在巴格达以南。它的规模显示出是萨珊王朝末年的建筑。那时候王朝的疆域已延伸至巴勒斯坦和埃及(619年侵占)，正处于顶峰时期。这一建筑一直保持完好无损，到20世纪初才遭受洪灾，冲毁了北翼。于是造了个大砖墩在南立面上以防止坍塌，并用剩余的砖重建了北立面。大拱顶跨度25m，高度足有34m，为抛物线形，从前到后共有50m长。一条巨大的叶尖饰檐壁抱住拱券，两侧翼部有五跨假拱廊。墙壁可能随其后较小的券廊延伸。这是人们所知的最大无肋砖砌拱顶。

沿着泰西封到耶路撒冷，在穿过沙漠的商路上耸立着两栋建筑，看来是在7世纪第一个25年中由拜占庭皇帝希拉克略于628年收复巴勒斯坦各省之前所建造的。在**安曼**(Amman)的砦堡，波斯人发现一座罗马宫殿，在其前端建了一座伊宛，现称为宫堡(见[606]页图B)。中央是一个高庭院，虽然曾有建议在上面建穹窿，但是可能从来未曾加过屋顶，在两个轴线方向都有伊宛对着院子。假拱券、犬齿饰檐壁、双柱以及刻在穹隅上的垂直抛物线条，种种细部强烈地透露出这些建筑物源自伊朗。其中没有发现清真寺，在平面布局中接待厅面向着阅兵场，背后有一轴线大道通往内府各院，都是根据波斯礼仪设计的。

从安曼向东，通往艾兹赖格(Azraq)井的沙漠路首段的末端有一座内院式城堡**海拉奈堡**(Qasr Karaneh，见[607]页图B)。堡内无清真寺，带有对柱和抛物线拱券的强烈的波斯式细部证明了萨珊王朝统治地中海沿海一带时权力短暂的上升。从这两处可明显地看出波斯统治者使用了当地的劳动力。

在叙利亚和巴勒斯坦的其他地方，同时期的建筑仅受罗马的影响。巴勒斯坦和叙利亚在罗马晚期和希腊化早期是繁荣富足的省份，以希腊化设计为主，在地方风格高度发展的地方亦颇有创造性。巴尔米拉和杰拉什等城市保持着强烈的古典特征，例如柱廊街道、古典细部，同时也发展个性化的设计，例如巴尔米拉的墓塔和杰拉什的椭圆形大广场。墓塔有三四层楼高，每层载有一列列石棺，棺上刻有主人像。在沙漠边缘的一些城市中也有这类墓塔，特别是玄武岩地区的豪兰。那里的城镇如**卡那瓦**(Kanawat)、**沙拜**(Shabha)、**伊兹拉**(Ezra'a)等都有全石建筑，用玄武岩石板作地坪和屋顶，还有实心的玄武岩枢轴门和窗扇，窗上封有石栅。采用企口石拱，突出的辅助过梁，还有互锁的石环用以抵抗穹窿的外推力，如伊兹拉的**圣乔治教堂**(Church of S. George)在中央大穹窿下有一组垂直扣锁的石环，坐落于圆筒墙上，用来固定圆的形状。外周还有一圈八角形回廊，廊顶是由上窄下宽的玄武岩石板构成的斜屋面。除了穹窿之外，其余大部保存至今，显示出拜占庭帝国边缘地区在16世纪时富有旺盛的创造力的结构形式，也是为穆斯林所吸收的最早的结构类型之一。**博斯拉大教堂**(Cathedral, Bosra)采取的是圆形平面，其结构仿效伊兹拉的圣乔治教堂，规模较大，可惜已毁坏。阿拉伯沙漠地带的这些行省，即使在罗马统治之下，也都处在从纳巴泰王朝统治期流传下来的半独立状态。

纳巴泰的贸易城市**佩特拉**(Petra)建造在约旦南部山区一片碗状地区里。四周峭壁环绕，中间隔着穆萨洼地(Wadi Musa)。许多纪念性的重要建筑

---

❶ Khusrau II；古文献中又称为科斯罗埃斯二世。——译者注

第16章 塞琉西亚、安息和萨珊王朝建筑

不是建造起来的,而是在整体的岩石中雕凿出来的,使这个地区的独特风格永存亘古。建筑都以古典形式为范式。现今可看到的大多是市政和殡葬建筑,原来的城市连同柱廊街道、露天剧场大部分已荡然无存。这里的建筑在处理上刻意地装饰繁缛。带柱门廊、额枋山花,上面再设大尺度的断裂山花,横跨在附壁柱上,在圆形窗套中线上设圆锥形屋顶,顶上饰以石瓮饰,这种手法在各处重复采用。这一类建筑最令人难忘的有两处:一是拥有梦幻般的名字**卡兹奈法老**(Khazneh Fara'un,法老宝库),它高34m多。二是**矗**立在佩特拉山上游谷地巨大的**约旦佩特拉隐修院**(El-Deir),那是在岩石中凿出的觐见大厅,它高45m,宽50m,可能建于3世纪后期(见[607]页图C和第10章)。入口大门高8m。这些以及其他存留至今的精美建筑可追溯到3世纪或4世纪的贸易城市全盛时期。

其他比较有特点的人要数尼罗河畔的科普特人。他们是法老时代埃及民族的后裔,在公元1世纪中就自然而然地信奉了基督教。尽管罗马人尤其是戴克里先皇帝试图禁止科普特人信奉基督教,但是他们的一神教教会很快就形成一股强大的力量。经研究,科普特人最古老的教堂是罗马式和当地形式的结合,可能还受东方教堂的影响。在隐修院教堂中,以**圣安东尼隐修院**(S. Anthony)、位于奈特伦洼地(Wadi Natrum)的第一座教堂**阿布马加隐修院**(Deir Abu Makar,又称为S. Makarios,即圣马卡里奥斯教堂)、**巴拉莫斯隐修院**(Deir Baramus)以及**安布比绍堂**(Anb Bishoi)为最早。开罗最值得注意的古老教堂有**阿布斯芬堂**(Abu S'fein)、**赫拉特祖威拉的阿德拉堂**(Al Adra in the Harat Zuweila)、**圣芭芭拉堂**(Sitt Barbara)、**阿布萨加堂**(Abu Sarga)以及在原先有城墙的巴布伦隐修院(Deir Bablun)内建造的**穆阿拉加教堂**(Al Muallaka)等。这些教堂中,圣坛都位于东端,建得十分厚重,中间是尽端大开间,两旁分别有一个面朝横向会众空间的礼拜堂(haikkal)。这横向大堂横跨整个教堂,在西边连接到带侧堂的供会众用的中堂,这种建筑风格来自罗马的巴西利卡。中堂由科林斯柱分隔出侧堂。柱上承扁平木梁,梁上有联券。后期的教堂或者重建的老教堂,其粗短的砖墩替换了科林斯柱,屋顶为木构。

这本"字典"中没有穹窿顶拜占庭教堂的条目。从科普特的装饰艺术看,很明显这个地方的建筑是另一泉源的发展。公元642年,当阿拉伯军队在伊本·阿斯(Ibn al As)的统率下进入埃及时,他们所看到的当地建筑,除了沿海的希腊化风格之外,就是充满活力的本土罗马化版本。

伊斯兰建筑

第 17 章
伍麦叶王朝和阿拔斯王朝建筑

克尔白天房(Kaaba)位于麦加(Mecca)，是一座立方体的小殿堂，里面放着一块对信奉者来说极为神圣的黑石。克尔白天房是由布幔遮盖着的建筑，它矗立在朝觐者的聚礼场中，并经常加以维修。因为从来没有被别的建筑仿效，它那神秘不可思议的重要性与作为建筑原型的意义不相匹配。

先知和他的追随者们当时并不寻求在室内礼拜，他们每天五次的礼拜是走到哪里就在哪里进行。这一范例到今天还遵循着，所以伊斯兰世界有许多户外礼拜场所。先知在麦地那时先是面向着耶路撒冷礼拜，但当他在麦地那郊外的一座小清真寺礼拜时，自然地面向了麦加，此后就形成规矩。这座小清真寺尽管经过翻建，但至今仍被称为奎布拉坦(Quiblatain)，意为双向寺(The Mosque of the Two Directions)。

先知堂(The House of the Prophet)是最早的会众清真寺。它只是一处庭院，将供礼拜用的券廊设在最靠近耶路撒冷的一端。后来在改建时，将供礼拜用的券廊改为设在靠近麦加的一端，生活辅屋设在另外两侧。宣召礼拜从先知堂的墙上呼唤。此建筑简约，这一点在随后的清真寺中也都有反映。这座建筑既没有遵循模板，也没有效仿其他建筑，是当之无愧的楷模。

一些偶然的因素决定了清真寺成为一种房屋类型的特征。例如，美索不达米亚最早建造的清真寺的式样就以库费(Kufa)的第一座清真寺为样板。那是在穆斯林占领此地后不久建造的，它的宽度和进深由四个方向的弓箭射程所决定。在叙利亚，基督教堂改为清真寺，穆斯林须面向麦加礼拜(麦加位于其南面)，就不得不横对着中堂和侧堂。这就为横向的拱廊开了先例，在阿拉伯沙漠以西的许多清真寺都如此布置。

早期曾习惯将地方长官的府邸和金库靠着礼拜朝向墙❶建造，这是在某件盗窃案之后的做法。随后，哈里发下令将两处合建，让清真寺礼众能"昼夜监守"。

根据文字记载，波斯采用了伊斯兰以前的建筑式样，于是早期的一些清真寺采用了列柱式，如在波斯波利斯的伊萨哈尔(Isakhr)和卡斯温❷等地的清真寺。

没有任何事物可以证明麦加和麦地那的阿拉伯人在7世纪已经掌握了当地建筑以外的建筑知识和传统。唯一可得到的文献提及的是麦加的十分简朴的克尔白天房。为满足他们征服的土地上宗教和行政管理的需要，也为了建立其统治的政治地位，阿拉伯人利用了当地的工匠。他们并不强制规定某种式样，也并没有什么式样可以规定，其结果是地方的传统和技术得以流传。即便如此，他们也确实建立了一些新的居住地。

库费这一新城是在穆罕默德身后数年建立的，位于底格里斯和幼发拉底两河沙漠边缘的耕地上。那里的清真寺和宫室存在的时间很短，但重要的是确立了一种类型，并表现出接受了当地的影响。库费的大清真寺(Great Mosque, Kufa, 638)起先只是一栋原始的房屋，它的庭院由一条沟渠作为界限。在清真寺南面，就是所谓的礼拜朝向面，有一横亘全宽的柱廊。寺内尚无米哈拉布。附在寺旁的官邸称为伊马拉隐修院(Dayr al-Imara)，是一座带庭院的房屋，有半圆塔作扶壁，反映出罗马帝国边疆营寨的正方形布局。中央庭院的一端是一个有过道的侧堂，通向有穹窿顶的内室。即使在这么早的时期，穹窿已用来作为视觉的焦点。库特的瓦利德清真寺与瓦利德宫(The Mosque and Palace of al-Walid, Kut, 703)都与之相似。

耶路撒冷神殿山(Temple Mount in Jerusalem)上的阿克萨清真寺(al-Aqsa Mosque)约于公元711年由瓦

---

❶ kibla wall：面向麦加克尔白天房所在方向的墙面。——译者注
❷ Qasvin；加兹温。——译者注

利德哈里发重建，首次在庭院平面上作了调整。寺内有一座大礼拜殿，其中主要特点是沿着朝向轴布置的高的列柱中堂。其显著的特点是部分采用了巴勒斯坦和科普特的构造。现今的(包括十字军时期的)房屋主要是后来建造的，一些原来的拱廊直到不久以前还保存着。遭受地震损毁之后，阿拔斯王朝的马赫迪哈里发(Mahdi)、法蒂玛王朝的查希尔哈里发(Zahir)多次作过重大修缮，又在萨拉丁(Saladin)领导下由马木路克重行修建。到了1988年才不遗余力地彻底大修。伍麦叶时代的建筑只剩下一些片段，其重要性在于早期的平面形式和拱廊。作为当时首都的首席清真寺，其影响波及甚远。

就整部伊斯兰建筑史而言，其核心和关键的建筑竖立在神殿山的中心。始建于688年的耶路撒冷的圣岩寺❶(见[612]页图)，与先知寺和克尔白天房并列为伊斯兰最为重要的三座殿堂。与之同一时代而又相似的姐妹殿堂圣链寺(the Dome of the Chain)，位于"至远圣地"摩里亚山(Mount Moriah)的山巅。相传先知当年从这里出发，登霄夜行去接奉真主的启示。寺的下部是石砌尖券柱廊，由科林斯柱和大理石饰面的柱墩相隔排列，上承高大木穹窿。周围的柱廊布置成八角形平面。内部从一开始就用玻璃马赛克和大理石板饰面，光彩夺目。窗上装透孔花饰的大理石和陶瓷月形饰片，一度还装有铁花栅。整个外表覆有闪烁灿烂的马赛克，从内部仍然保存着的马赛克来推测，其外墙面是华丽的希腊式的构图，上有流畅的植物图案，绿色主调的背景与金色镶嵌构成自由的组合。16世纪，在奥斯曼帝国统治下，外墙马赛克改为来自伊兹尼克(Iznik)或大马士革的花纹面砖，近年来还曾翻修一新。

屋上的穹窿是双层木壳结构，显然与叙利亚北部的圣西门柱头修士教堂(church of S. Simeon Stylites)十分相似，或许有意仿效。这个穹窿顶在历史上各个朝代都曾修葺，一直保存到1967年才改为轻型结构，外包电化铝板，后来又重新回归到传统材料。这座建筑是朝圣的中心，中央是一岩穴，内有米哈拉布，设在带柱与尖券浮雕的扁平大理石上。从细部可以看出受希腊和萨珊时期的共同影响，可能是现存最早的米哈拉布。

若干年之后，当麦地那的先知清真寺❷在哈里发瓦利德一世的谕旨下于公元707年进行大规模的改扩建时，就出现了壁龛型米哈拉布。据文献记载，当时有来自科普特的工匠，也就可以解释为什么在主轴线端头有壁龛，这正是科普特教堂的普遍特征。按瓦利德一世的旨意翻修并扩建开罗的阿慕尔清真寺❸时建了座宣礼塔，先知清真寺也可能有宣礼塔。人们所知最早的宣礼塔恐怕应数现存的大马士革的大清真寺(Great Mosque of Damascus, 706—715, 见[613]页图A)。

在伊斯兰的早期，凡是抵抗过穆斯林的城市，城内的主要教堂都被改为会众清真寺，这在当时已成传统并具有象征意义。大马士革部分被占领，部分提供给穆斯林；然而大马士革的主要教堂仍留给了基督徒。其场地的一部分归穆斯林礼拜用。705年基督徒被遣走，为使殿堂的场地能适应穆斯林的需要，瓦利德的建筑师们作出了一些擘画，后来都成为伍麦叶王朝伊斯兰建筑的基础。场地的南部全都改为清真寺的礼拜厅，外墙都有拱廊。南部的入口都被堵塞，在其中的一处建造一个米哈拉布，另一宣礼塔建在北边中央。高大的中堂旁是带有双层拱廊的纵向侧堂。大马士革大清真寺在此开了个先例，中央中堂与横向侧堂相交成为大马士革的标志，因此也是伍麦叶王朝对其他城市清真寺产生影响的印记。外墙面上大面积地贴有精美的马赛克。在这里可以清楚地看到这个时期的伊斯兰建筑已经摒弃了人物图像。

伍麦叶王朝宫廷是由长期在沙漠传统中养育出来的人所建造的。作为令人厌烦的城市生活的补充，或许也是一种释放，他们在被征服土地的沙漠边缘建起了一系列"休养地"。这些沙漠离宫采取保卫阿拉伯沙漠东疆的罗马城堡的形式。虽然有一些伍麦叶宫室确实建在这些城堡的废墟上，但它们之间仅是在外墙上有相似之处。内部通常分为三部分，主要是以一座庭院或一系列庭院为主导的平面形式。

---

❶ the Dome of the Rock, Jerusalem；又译为岩石清真寺，圆顶清真寺，萨赫莱清真寺。——译者注

❷ Mosque of the Prophet, Medina；伊斯兰教第二圣寺。——译者注

❸ Mosque of 'Amr；全名为阿慕尔·伊本·阿斯清真寺，是埃及最古老的伊斯兰建筑。——译者注

耶路撒冷的圣岩寺穹窿(688年始建)，见[611]页

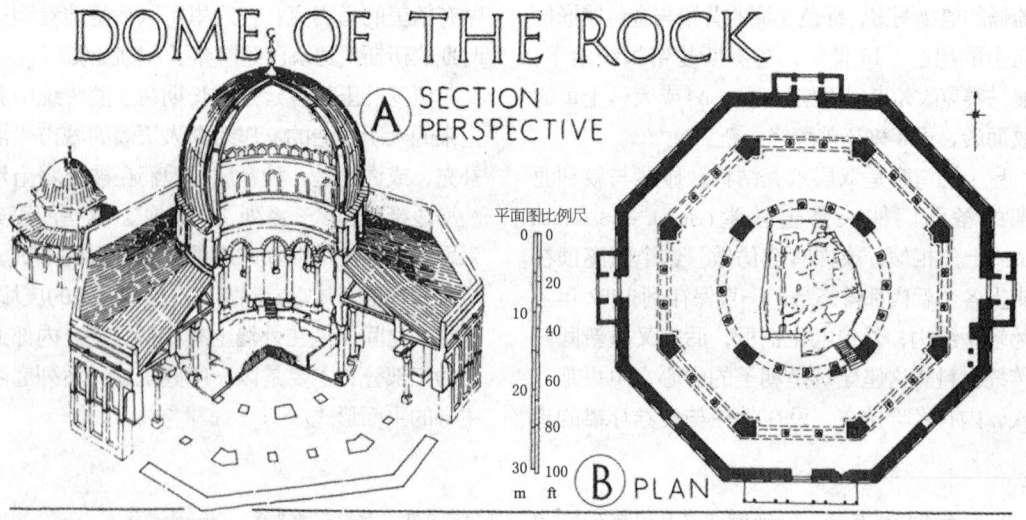

耶路撒冷的圣岩寺穹 (DOME OF THE ROCK): Ⓐ 剖面透视图；Ⓑ 平面图

第17章 伍麦叶王朝和阿拔斯王朝建筑

图A 大马士革大清真寺礼拜殿东向内景(706—715)，见[611]页

图B 格拉纳达的阿尔罕布拉宫，见[629]页

萨拉赫浴室(Hammam as-Sarakh, 约720—730)，可以说是伍麦叶时代流传至今最优美的浴室。它是用巴勒斯坦沿海地区最精良的砖石工艺建造的，热水浴池上方原来的穹窿由肋构成，坐落在球面三角形的帆拱上，形体优雅。这穹窿由两个精巧的半穹窿扶持，是君士坦丁堡圣索非亚教堂屋顶的雏形。作为聚礼用的门厅，其顶盖是三个平行的筒拱，在拱顶连接处有长跨的尖券作为支撑。整栋建筑的墙面饰以彩色粉刷，图像的题材种类繁多。

萨拉赫浴室上方的山间有一处以罗马边堡遗址改建的伍麦叶贵族的居留地，即**赫拉巴特堡**(Qasr al-Hallabat, 据推测约建于725年)。考古学者在废墟中发现一座清真寺，其礼拜厅的屋顶是三个平行的圆筒拱顶，由两个中间的尖券支撑，与浴室十分相似。在它西南的浅谷中又有一栋极为相似的房屋。**阿慕尔堡浴室**(the Baths of Qasr 'Amr)有着相同的平面，但却用粗毛石建造，并不精美。然而，这里的绘画却保存下来，从其中一幅可以推断建造的年份大约为712～715年。这些画帮助我们了解当年伍麦叶王公们的生活，他们如何利用草原，尤其是春天放牧的情景。此建筑结构厚重，地处偏远，因而得以保存，穹窿和拱顶几乎完好无损。绘画是希腊工匠所作，全是希腊式传统，是现存最多的伍麦叶绘画。这些画大多为人物画，勾画出日常生活、野生动物、狩猎、舞蹈女郎以及星象，此外，还有被哈里发战败的敌人。

明亚宫(Palace, al-Minya, 8世纪)占地约0.5hm^2，围绕一中央庭院而建，与海拉奈堡相同，宫殿为两层建筑，进口是一座半圆塔楼，顶上为穹窿。清真寺设在传统位置，靠近进口，只是为了方便来做礼拜的人。进口隔着庭院面对大厅，从侧面进入。外墙上设有萨珊式的雉堞。

在叙利亚有两处存留下来的宫堡能反映伍麦叶时代的生活方式，**哈伊尔沙基堡**(Qasr al-Hair al-Sharki, 728—729)和**哈伊尔伽比堡**(Qasr al-Hair al-Garbi, 8世纪初)。伽比堡以其宏伟的大门著称，墙面粉饰灰墁，上面雕刻几何图案，装饰丰富。后来改建时采用萨珊和希腊式的母题，沙基堡的商队客店坐落在巴尔米拉东北方向的辽阔而稀疏的草甸上，所以那里圆塔群立。堡门上方的雉堞以及平券中的企口券石，都承袭了叙利亚悠久的传统。这些可能是伊斯兰建筑中后来成为主要装饰特点的最早实例。

这时期最精致的宫室是位于巴勒斯坦境内的**迈夫杰尔宫遗址**(Khirbat al-Mafjar, 约743—748, 见[615]页图Ⓐ、图Ⓑ)。平面图显示了扩建的历史，开始时是矩形的场地，后来院墙扩大为一个外部庭院，随后再扩大到宫廷的浴场。建造者可能是哈里发瓦利德二世，他是伍麦叶王朝中最放荡不羁的哈里发之一，他穿着萨珊大袍的雕像竖立在浴场入口上方的壁龛内。迈夫杰尔宫的结构形式和细部是萨珊和叙利亚技艺不寻常的结合。

叙利亚和巴勒斯坦的清真寺多仿效大马士革的哈里发大清真寺建造，有正方形宣礼高塔、轴向中堂和三个横向侧堂。阿莱颇(Aleppo)、安曼、哈马(Hama)、马拉阿特努曼(Maraat en-Numan)、德拉(Dera'a)、迪亚尔巴克尔(Diyarbakir)以及博斯拉(Bosra)等地的清真寺都属这一类，这种类型对往西至突尼斯的凯鲁万(Qairouan)和西班牙的科尔多瓦都产生了影响，对安纳托利亚(Anatolia)和波斯北部也产生影响。这些早期的实例，变化最少的是德拉和博斯拉的清真寺。德拉的清真寺(约720)与大马士革的清真寺极为相似，很有可能是同一批工匠所为。

在叙利亚的博斯拉，有两幢虽然不大却很重要的伍麦叶时期的单间建筑：**希德尔清真寺**和**费特迈清真寺**(al-Khidr and al-Fatma Mosque, 8世纪)。这两座小清真寺都有正方形、向上收小的高塔，顶端有双窗头的窗户，是6世纪该地区教堂和修道院的样式。博斯拉的**欧迈尔清真寺**(Umar Mosque, Bosra)也是这时期所建，仿效的是大马士革的大清真寺。

伍麦叶王朝最后时期的建筑更多地追随美索不达米亚的样式。约旦的**姆沙塔堡**和**图巴堡**(Qasr M'Shatta and Qasr al-Tuba, Jordan, 8世纪)就是两座很明显的例子。这两座要塞标志着迈出了开创真正伊斯兰建筑的步伐。前者的外院墙上饰有精细雕刻的厚重石檐壁，表现出希腊和萨珊的母题。其中大部分在奥斯曼时代搬到了柏林。在当地只能看到一些次要部分。外院墙硕大无比，有若干半圆形塔起着支撑墩的作用，有一条礼仪性的轴线将基地划分开。清真寺设在东侧接近主入口处。哈里发的觐见厅采用三边为半圆的四方平面布置形式，进入的轴线穿过一座凯旋门，视线集中在哈里发身上，效果非凡。但是这一建筑并未最终建成。

第17章 伍麦叶王朝和阿拔斯王朝建筑

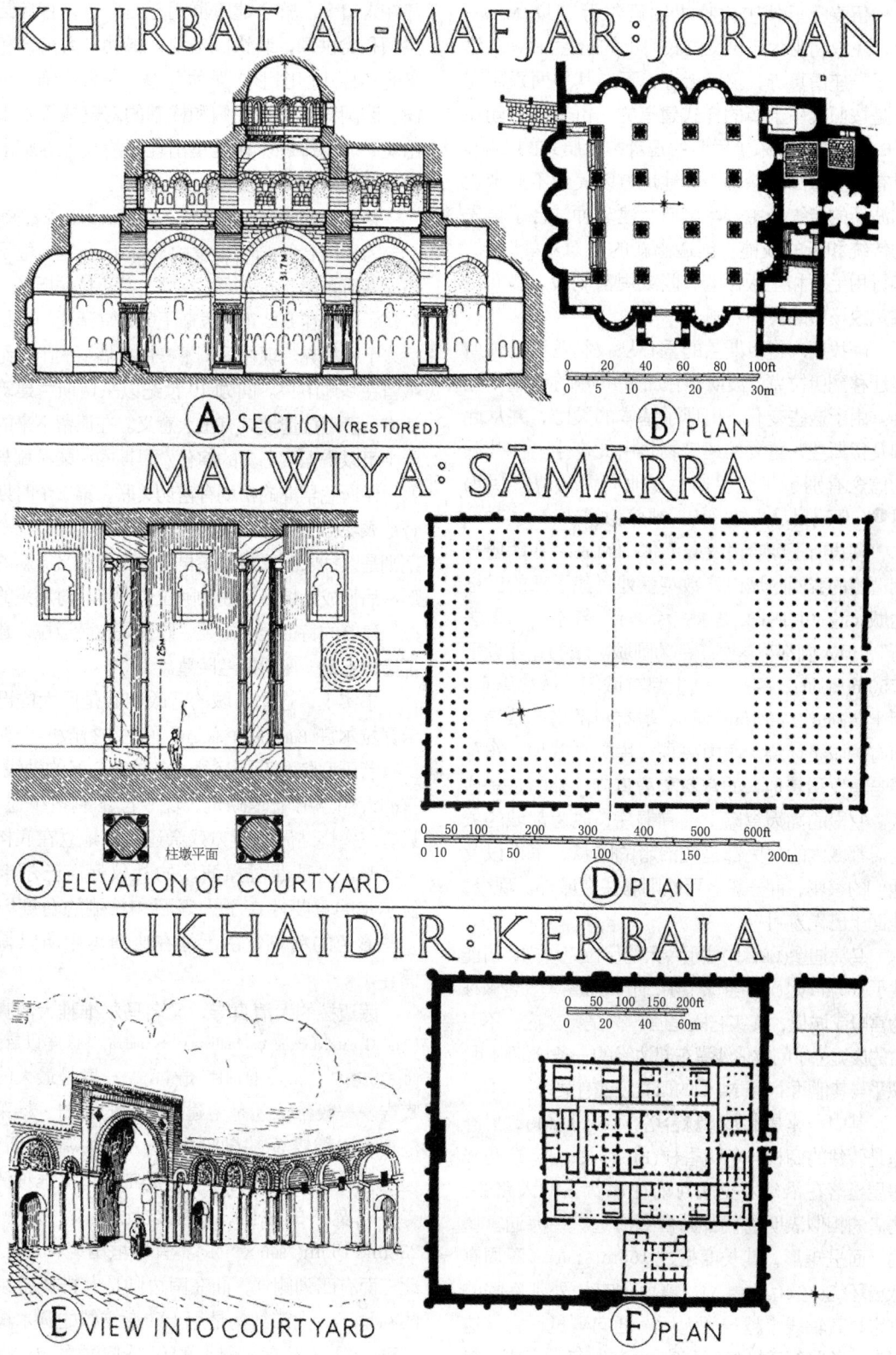

约旦的迈夫杰尔宫遗址（KHIRBAT AL-MAFJAR：JORDAN）：Ⓐ 剖面图（复原图）；Ⓑ 平面图
萨迈拉的马尔维雅（MALWIYA：SAMARRA）：Ⓒ 庭院立面图；Ⓓ 平面图
卡尔巴拉的乌海迪堡（UKHAIDIR：KERBALA）：Ⓔ 庭院内景图；Ⓕ 平面图

第三编　伊斯兰建筑

伍麦叶王朝末代哈里发迈尔万二世(Marwan II),在叙利亚北部幼发拉底河上的哈兰(Harran)建造了一座清真寺,现已无存,不过其平面表明完全是按照大马士革的样式建造的。伍麦叶王朝在750年灭亡,结束了伊斯兰建筑中希腊式的影响,只有地中海西部除外。其他地方以美索不达米亚和波斯的传统为主导。伊斯兰建筑师结合了早先的传统和新的技能,创造出新的建筑。那时候,盛行用毛石和土版砌墙,间或用窑制砖,墙面用雕刻或模塑的装饰粉刷。

阿拔斯人将伊斯兰的重心从叙利亚和巴勒斯坦迁移到伊拉克,波斯-阿拉伯的影响弥漫整个社会。由于这些变化,出现了基本的裂隙,并从此遍及伊斯兰,重要的建筑物也由此产生。什叶派的信念有别于正统伊斯兰,他们尤为尊崇伊玛目❶。伊玛目从先知嫡传,被尊为领袖。

阿拔斯王朝哈里发曼苏尔(al-Mansur)在萨珊王朝凋零的泰西封城以北数英里处兴建了新的巴格达城(City of Baghdad, 始建于767年),名为"和平居所",但人们都称这座新都为圆城。城的直径近乎2750m(9000ft),四条主轴上都有城门。城墙厚重,用土砖砌成,高18m(59ft),附有料敌塔,城墙外面有护城濠环绕。城中央是一片圆形基地,布置了哈里发和其他人的宫室和清真寺,外围是居住区。宫殿的高大穹窿上铺有铜片,成为都城的象征。都城内的居民都是统治者的随从、军人以及他们的家属,而一般老百姓则居住在城外。现今,地面上已无迹可寻。

乌海迪堡(Ukhaidir)位于今天的伊拉克境内,可能建于780年(见[615]页图Ⓔ、图Ⓕ,见[617]页图A),曾被称为宫殿或城堡,其实它既是宫,又是堡。这一不寻常的废墟位于阿拉伯沙漠东部边缘的一条小河附近,似乎与其他两个性质类似的孤立废墟有关联。

其中一座是米那穆赫台塔(Minar Mujdeh),另一座是砖建的商栈,名叫香栈(Khan at'Shan)。这两栋房屋坐落在沿幼发拉底河前往库费去的大路旁。两者的相似表明它们都源自乌海迪。乌海迪宫堡的平面呈矩形,其长度超过165m(540ft),四周有低墙环绕(见[617]页图A)。墙垣内有一处带庭院的宫室,其轴线穿越一间大厅,通向觐见厅,从这里有一条路线连接各组寝宫(bayt)。有一座清真寺建在入口旁。整个建筑群用毛石砌筑,有椭圆形拱顶和尖拱顶,装饰以条块、斜肋、犬齿饰和交叉的各种几何图形,强劲有力。在犬齿饰、小圆窗、凹圆饰以及无柱帽和柱础的双壁柱等处重复出现萨珊的母题。在这里出现了清真寺券廊上的瓣尖饰这一伊斯兰房屋的最早特征。

伊拉克的萨迈拉城(The City of Samarra, Iraq, 836年以后)为穆阿台绥姆哈里发(al'Mu'tasim)所建,位于底格里斯河东岸,庞大而不规整。萨迈拉城历经三次扩建,最后在892年阿拔斯王朝的宫廷迁回巴格达后终于被放弃。现在只剩下一片有墙垣的中世纪小镇留在基地中央。回顾10世纪以来伊斯兰建筑的演变,萨迈拉遗址具有重大意义。在遗留下来的房屋中可以辨识四心券的演化。早期的深雕粉刷与泰西封伊斯兰早期的粉刷有密切关联,第二个时期显著地表现出流畅的线条和轻盈的轮廓,而第三个时期则是以抽象图形替代了早先的自然主义。新的图形最后形成为蜿蜒弯曲的阿拉伯图案,对后来的阿拉伯建筑的特征至关重要。同样是在萨迈拉,建造了历史上第一座伊斯兰陵墓。

事实上,这座新城的行政中心是巨大的巴尔卡瓦拉尔宫(Bulkwara Palace)。居住和行政两个部分都有若干庭院和花园环绕,各处在交叉的轴线上。宫的大部分用土砖砌筑,现今已不剩多少遗迹,只有三座烧结砖的伊宛残余还荒凉地立在底格里斯河畔。这是面对操演场的礼仪厅。巴尔卡瓦拉尔宫的重要性在于大理石和粉刷的台度以及一些彩色的粉刷,由于埋在废渣堆中所以得以保存。

萨迈拉的大清真寺,又名马尔维雅大清真寺(The Great Mosque or Malwiya, Samarra, 848年以后,见[615]页图Ⓒ、图Ⓓ,见[617]页图B),一度是最大的清真寺。一般都认为是由建造附近的阿布·杜莱福清真寺的穆塔瓦基勒哈里发(Al-Mutawakkil)所建,但也有可能是他的前任早已动工。马尔维雅清真寺有一宽广的庭院,长宽之比为3∶2,占地238m×155m(780ft×510ft)。有墙垣围绕,东、西、北三面有四列侧堂,而在南边则是九排侧堂组成的礼拜厅。内部结构是用土砖墩支撑的圆木檩条屋顶,现已无存。剩下的仅是厚重的砖外墙,

---

❶ Imam;阿拉伯文原意为"师表",是伊斯兰教社会的首脑。——译者注

第17章 伍麦叶王朝和阿拔斯王朝建筑

图A 伊拉克的乌海迪城堡(780),见[616]页

图B 伊拉克萨迈拉的大清真寺(848年始建),见[616]页

图C 伊拉克萨迈拉的阿布·杜莱福清真寺(860—861),见[618]页

每隔16m(52ft)有一半圆塔墩。令人印象深刻的是清真寺北端庞大的螺旋状宣礼塔，位于主轴线上，与清真寺不相连接。虽然那个时代仍有好些美索不达米亚的螺旋状塔庙(ziggurat)留下，这种有坡道环绕粗大塔芯盘旋而上的宣礼塔形式就其本身而言可以称得上是首创，尽管在巴格达也许已有先例。院子的外墙顶部有大的碟形饰板组成的檐壁，外圈还有一道外墙。一个矩形的大米哈拉布由大理石柱防护，现已重建。

萨迈拉的**阿布·杜莱福清真寺**(Mosque of Abu Dulaf, Samarra, 860—861, 见[617]页图C)采用与马尔维雅宣礼塔同样的形式。只有一小部分窑制砖砌的内券廊依旧屹立着。虽然很多拱券已经坍毁，它们的形体可以非常精确地加以重建，从拱券的形体可以说明从萨迈拉来的建筑师在建造开罗的**艾哈迈德·伊本·图伦清真寺**(Mosque of Ahmed ibn Tulun)时重复了这些拱券的形式(见下文)。图伦清真寺经复原后保存着，以图伦清真寺为证，可以推测萨迈拉两座大清真寺的整个外墙上有连绵的雉堞。

萨迈拉的**苏莱比雅墓**(Kubat as-Sulaibiya, 863)是伊斯兰历史上最早的陵墓。平面呈正方形，上有穹窿，四周是八角形回廊。虽然原来的穹窿和回廊已荡然无存，但是最近对其进行了修复。这座陵墓之所以重要在于它是一个先例，它的观念传到了埃及、波斯和中亚西部，乃至印度，这一小小的房屋开创了伊斯兰穹窿顶陵墓的漫长历史。这座陵墓位于底格里斯河西岸贫瘠的一座小丘顶上。它的北面有一处城堡状的**阿希克宫**(Qasr al-Ashik)，它的矩形台基高踞于山冈上，四周有带扶墩的厚重砖墙环绕。在北端入口处设有复合的有顶坡道，下部结构相对完好地保存着。但是整个上部结构，除了西北角一部分幕墙外全都被毁。跨于扶墩间的外拱券，可与乌海迪堡的相比，已演绎为叶尖饰的四心拱券。就在阿希克宫建成后不久，萨迈拉被遗弃。萨迈拉遗址给我们提供了早期穆斯林所居住建筑的重要实例。住房都有天井，平面的长宽比多为3：2；沿街面墙上都不开窗，主要的房间在远离入口的一端有塔勒尔式的敞廊；住房都用土砖砌筑，圆木檩条平屋顶，上铺棕榈叶加泥压实。较重要的住房也见有装饰的墙面粉刷，地面有模仿马赛克或地毯的彩色图案。

巴格达的第二座城建在底格里斯河东岸的下游处。阿拔斯人的防御设施中有一座重要的**瓦西塔尼门**(Bab al-Wasitani, 12世纪)，就是现存的护城濠上的桥楼和濠外的警卫室。桥楼用窑制砖砌筑的四心拱券，饰以凹版和刻有文字的檐壁。

河畔有两处院落尚存，显示出当时的技术。两座建筑都有繁复的钟乳状拱饰，还有细巧几何图案的精美雕砖。**阿拔斯宫**(Abbasid Palace, 约1180—1230)的入口门廊和庭院两侧都完好地保存着。房屋为两层，每层都有拱廊，连同相向的伊宛对着庭院。**穆斯坦绥尔经学院**(Mustansiriyeh Madrassa, 1233, 见[619]页图A)并无拱廊，但有伊宛设在两交叉轴线上，大门正对着朝向轴上的礼拜厅。这两处建筑皆以精美工细的砖雕著称，都是"现场"(in-situ)雕刻在巴格达软质黄砖上的，反映出蒙古入侵时期阿拔斯王朝的成熟风格。

在叙利亚拉卡(Raqqa)的幼发拉底河上尚有一座门：**巴格达门**(Baghdad Gate, 10世纪或11世纪)，只剩下外面的一部分。那是主墙靠外的墙体一部分，位于一座圆形大堡下面，立在往首都去的大路旁，供接待和守卫用。沿着顶边有尖叶四心拱组成的实体檐壁。那里还遗留下一座同时代宫殿的片段，其中有华丽的室内装饰。

阿拔斯王朝后期，叙利亚北部半自治的塞尔柱王公和他们的属下赞吉人发展着一种他们自己的风格。主要是一种砖石建筑，一种最早的钟乳状拱的出挑，经过演变阶段，到11世纪普遍采用，达到纯熟程度。有一个重要的房屋似乎把塞尔柱人的成果与阿拔斯人联系在一起，那就是萨迈拉的**伊玛目杜尔清真寺和陵墓**(Mosque and Tomb of the Imam Dur, Samarra, 穆斯林伊本·库莱希, 1085)。一座更早些时期的清真寺(已毁)成为这座陵墓的前院。陵墓有正方形高大的砖屋，墙面倾斜，上面竖立一尖顶，尖顶由一系列往上逐渐收小的部分组成，各段之间有突角拱或钟乳拱饰作为过渡。房屋的外观以线条加以表现，内部也以线条起调节作用。稍后的一些这类建造形式采用圆锥形的尖顶，例如摩苏尔的**伊玛目叶海亚墓**(Tomb of Imam Yahya, Mosul, 1229)。

其他许多塞尔柱陵墓可以在波斯、土耳其和伊拉克找到(见有关章节)。就在巴格达，伊玛目杜尔陵墓有一直接的后继者，即**西特·祖贝达墓**(Tomb of Sitt Zubeida, 约1180)。然而，以钟乳拱饰作外观只维持了短暂的时期，塞尔柱和赞吉的建筑贵在表现房屋形体的合理性和明确性以及细部的精密性等方面。这时期新的建筑类型开始出现，特别是经学院将成为伊斯兰建筑常见的一类。

第17章 伍麦叶王朝和阿拔斯王朝建筑

图 A 巴格达的穆斯坦绥尔经学院(1233),见[618]页

图 B 凯鲁万的大清真寺内景

图 C 突尼斯凯鲁万的大清真寺(836年始建)庭院东北隅,见[620]页

大马士革的**努里亚·库布拉经学院**(Madrassa al-Nuriya al-Kubra, Damascus)是早期的重要实例,学院赞助人**努尔定**(Nur al-Din)的墓亦附建其旁。经学院建筑后来发展到阿勒颇(Aleppo)的**费尔道斯经学院**(al-Firdaus, 1235—1236)那样完美的形式。叙利亚北部赞吉王朝建筑中的**阿勒颇清真寺正方形大宣礼塔**(约1090),其形式的优美无与伦比。在塔身各段上有一系列尖叶饰的实拱券,塔顶穹窿下是钟乳拱饰的阳台。清真寺的本身是大马士革式,现已改建为拱顶结构,平面仍是原来的型制。

埃及、北非东部和中部

穆斯林征服了尼罗河下游和北非沿海地区之后又慢慢向南推进,因此几乎所有重要的建筑都建造在地中海沿岸。开罗成为最活跃的建筑中心,大量中世纪的建筑遗产使开罗位居具有突出历史意义的城市之前列。开罗位于尼罗河三角洲的最前端,有着石构建筑的悠久传统。然而在穆斯林入侵时,开罗所有的也不过是巴比伦的拜占庭式的厚重城堡,这些要塞从穆卡塔姆(Mukattam)山麓背风处越过河流可以遥望那庞大的吉萨金字塔群(见有关章节)。7世纪中叶,阿拉伯统帅阿慕尔·伊本·阿斯(Amr Bin al-As)在城堡的北面和东面不远处建立了营寨,后来就成为在埃及的第一座伊斯兰城市。

虽然有这样一个传统:一座城市如果抵抗了穆斯林的进攻,那么一旦被攻破,其主要的基督教大教堂就会被改成大清真寺。然而在开罗,却是将围城部队的营寨清真寺作为会众清真寺,而不是将基督教堂改用,也许是因为那些教堂都太小。因此,开罗弗斯塔特(Fustat)的**阿慕尔清真寺**(Mosque of 'Amr, 643年始建)完全没有受基督教建筑的影响,有着仿效麦地那早期先知清真寺的条件。这座清真寺已没有多少东西遗存下来,但可以肯定的是原来建筑中的拱廊与朝向墙平行,这是叙利亚的样式,而现在的拱廊则与朝向墙成直角。阿慕尔清真寺的第一次重建是按瓦利德的旨意在8世纪初进行的,添建了宣礼塔。这是最早有计划建造的宣礼塔之一。现存的宣礼塔大多是13~14世纪和18世纪所建,不久前又经过全面的改建。

弗斯塔特(旧开罗)被法蒂玛王朝的军队焚毁,法蒂玛人在其北面建造新城。因此,利用弗斯塔特的遗址可以了解早期穆斯林的城市生活。那里的住房都带有庭院,伊宛的布局并不规则。没有迹象表明经过系统的城市设计,街道狭窄曲折,街旁的住房多为一二层楼的土砖房。

当阿拉伯人移师西征时,他们在地中海的非洲沿海地带留下了征服的痕迹,在突尼斯的比塞塔(Biserta)、斯法克斯(Sfax)、的黎波里(Tripoli)、莫纳斯提尔(Monastir)和苏萨(Susa)等地留下了一连串的小城堡。苏萨的**里巴特堡**(Ribat of Susa, 约810—821)经过复原,保存至今。那是一座正方形的城堡,有半圆形塔墩扶壁,东南角的正方形突堡上矗立了一座望楼。

突尼斯凯鲁万的**大清真寺**(the Great Mosque, Qairouan, Tunisia, 836年始建),由总督耶齐德·本·哈基姆(Yazid bin Hakim)重建(见[619]页图B、图C),是艾格莱卜王朝(Aghlabids)主要的建筑,与伍麦叶和阿拔斯首都的清真寺有密切的关系。它的宣礼塔平面呈正方形,位于房屋中轴线上。8世纪早期的房屋在9世纪改建时被新的部分所吞没。礼拜殿面向着庭院的面增添了几个跨间,上面盖了一个穹窿。这个时期也增建了米哈拉布,并用光彩夺目的面砖镶贴。这是伊斯兰建筑中最早的一类做法,可能是从伊拉克和叙利亚传入的。柱帽是从科林斯式柱衍生出的,柱上有带尖的马蹄券。顶上的穹窿面分成瓣状,由尖叶形突角拱支撑。礼拜室的平面为丁字形,中央正堂与靠着朝向墙的横向侧堂相交,这是一个重要的先例。巨大的宣礼塔平面为正方形,向上分多层后收小,南向的朝向不正确,这些都源自8世纪的叙利亚。它成为许多清真寺的范例,突尼斯的**榨橄清真大寺**(Zaytuna Mosque, 约860)就是其中之一。同样是丁字形平面,在穹窿居中间的侧堂上,独立的正方形平面的宣礼塔亦在房屋中轴线上。

斯法克斯的**大清真寺**(the Great Mosque, 849)形式与之相似,但规模较小。原来的正方形宣礼塔亦居中设置,礼拜殿有六跨深。宣礼塔台上有一些

第17章 伍麦叶王朝和阿拔斯王朝建筑

装饰尚存,例如穿孔雉堞、斜角叠涩、库法字铭刻❶和带圆饰的檐壁等。凯鲁万的三门清真寺(the Mosque of Three Doors, 866)是一座重要的小型城市清真寺,相当于叙利亚的单室型清真寺。这座清真寺内保留下来的重要部分是三拱券门廊,拱券系略带尖的马蹄券,在拱券的上方有四幅库法字铭刻,其上是牛腿承托的檐口。

在开罗,阿拔斯哈里发的政权保持了颇久,但这段时期留下的纪念建筑只有尼罗河上鲁达(Rhoda)岛南端独特的尼罗尺❷(见[622]页图A)。是为哈里发穆塔瓦基勒而建,内中有一丈量杆,设在一正方形石砌深井中,并有旋梯可下。连通河滨的多条隧道,他们的尽端内向面上有尖二心拱券列柱和出檐线脚。尽管外观上明显是哥特式,这些尖券比所有欧洲的尖券几乎要早3个世纪。

艾哈迈德·伊本·图伦在新城中建立**伊本·图伦清真寺**(Mosque of Ibn Tulun, 876—879,见[622]页图C,见[625]页图Ⓐ、图Ⓑ)是以他原任地萨迈马拉城内的先例为范本建造的。现存的清真寺仍保留着原有特点,只有一些复原。寺用砖砌,墙面粉刷,然而再刻出檐下线脚。装饰细部融合了萨迈拉的各种形式,表明了这一清真寺不仅是一座伊拉克建筑,而且是由不久前才从阿拔斯首都来到埃及的工匠所建造的。

巴萨廷的**输水道**(the Aqueduct, Basatin, 约880)是艾哈迈德·伊本·图伦所建的唯一按原样尚存的世俗工程。它从开罗上游的一个水源把水输送到新都。采用窑制砖砌的二心拱券,这是米索不达米亚的工艺,而不是埃及的工艺。

10世纪中叶,法蒂玛王朝从突尼斯侵入埃及,将都城改名为卡希拉(Al-Kahira),意为"胜利",后来加以拉丁化而变成开罗。随后,工匠继而往北,在开阔的原野上建造了阿尤布王朝(Ayyubid)和马木路克王朝后任者的驰名中世纪的大都市。然而仅存的法蒂玛王朝第一座会众清真寺的内核,被后来添建和重建的部分所包围。这座寺名为**爱资哈尔清真寺**(al-Azhar Mosque, 970—1131年以后),长久以来一直是现存最古老神学院的处所,也是伊斯兰学的一个中心。礼拜殿为列柱式,横向的券廊为中间的中堂穿越,穹窿设在米哈拉布前。另有两座穹窿分别设在沿朝向墙的横向券廊的两端。主庭院两侧设加宽的廊殿❸,作为附加的教学空间。屋顶由科林斯柱和二心拱券支撑。

开罗的**哈基姆清真寺**(the Mosque of al-Hakim, 1013)的总平面与爱资哈尔清真寺相同。平屋顶的礼拜殿布满仿效伊本·图伦清真寺的柱群。庭院四周也有拱廊围绕。宣礼塔位于最显著的突堡上,现已不用。

建得稍晚的开罗的**古余希清真寺**(al-Guyushi Mosque, 1085)并不是为大众建造的,殿甚小,上有穹窿顶。穹窿下钟乳状拱挑起帆拱和带穹窿顶,塔身分为多层台阶的正方形宣礼塔,这是城市中这一类建筑现存最早的采用法蒂玛手法的建筑,对后来的建筑具有先例作用。

11世纪后期,法蒂玛王朝时期的**开罗防御城堡**(Fortifications of Fatimid Cairo)以及土耳其迪亚巴克尔的城墙都是这一时期最重要的军事建筑,二者有密切关联。开罗城垣是由来自小亚细亚的亚美尼亚人或叙利亚人建造的。第一期工程由大臣贾马利(al-Jamali)在1087~1092年建成。**富突哈门**(Bab Futuh)、**纳斯尔门**(Bab an Nasr)、**祖瓦亚拉门**(Bab Zuwelya,见[622]页图D)以及堡垒门的砌法和拱券做法都成为后世的范式。法蒂玛王朝诸哈里发,尤其是穆斯坦绥尔,都重建了多段土城墙和石城墙,石块雕琢精良。

法蒂玛王朝后期还留下了两座重要的清真寺:**阿克马清真寺**(al-Aqmar, 1225)和**萨利赫·塔莱清真寺**(as-Salih Talai, 1160)。这两座清真寺均属成熟期法蒂玛风格,有龙骨券、钟乳状隅拱、槽纹穹窿和锥形圆窗饰等。阿克马清真寺的街道立面为求清真寺的礼拜朝向,采取在平面上斜楔似的扭转方向,这是许多这一类做法的首例。全装饰的街道立面亦是首例,原来的立面对称,大门部位的两侧都是连续的假拱券。两寺的礼拜殿都布满列柱,沿着朝向墙有宽广延续的侧厅。萨利赫·塔莱清真寺位于祖瓦亚拉门外,主立面有一座大进深的门廊,门廊用科林斯柱支撑法蒂玛式券。

---

❶ Kufic inscription;库法字体是现存最早的伊斯兰字母书写体,源自库法城。这种手写字体有棱有角,12世纪后已不再作一般书写之用,多作为装饰性字体。——译者注
❷ Nilometer,861年;尼罗河水位测量标尺。——译者注
❸ riwaq;又译为瓦克,伊斯兰建筑中的柱廊、门廊、侧堂,其一侧通常有院子,清真寺中的则带有拱券或柱廊的大厅。——译者注

第三编 伊斯兰建筑

图 A　尼罗尺(861)，见[621]页

图 B　开罗的卡拉温苏丹经学院(1283—1285)，见[623]页

图 C　开罗的伊本·图伦清真寺(876—879)，见[621]页

图 D　开罗的祖瓦亚拉门，见[621]页

第17章 伍麦叶王朝和阿拔斯王朝建筑

1171年，法蒂玛王朝让位于阿尤布王朝的第一位君主萨拉丁。由于有十字军的威胁，阿尤布王朝将势力延伸到巴勒斯坦和叙利亚，使埃及的影响扩展到达耶路撒冷、大马士革和**阿勒颇❶**。在阿勒颇，查希尔·加齐苏丹(al-Zahir Ghazi)建造的**城堡碉楼**(Barbican to the Citadel, 1209—1210)采用了最新的防御技术，复杂而又十分雄伟。苏丹的宫室建在城堡内，除了基础以及用异色砖交叉砌筑的大门以外，其余的宫室建筑已荡然无存。

1250年，马木路克王朝取代了阿尤布王朝。拜巴尔斯苏丹(Sultan Baybars)为奠定王朝的地位，再度把开罗的边界向北拓展，并又建了一座有硕大庭院的清真寺，其规模之大可与阿慕尔清真寺、伊本·图伦清真寺和哈基姆清真寺等相比。**拜巴尔斯清真寺**(the Mosque of Baybars, 约1260年始建)是一座矩形的列柱式清真寺，礼拜殿和周围柱廊用墩和科林斯柱支撑，轴线上的大门向外突出，一如哈基姆清真寺。米哈拉布前的穹窿加大后，成为视觉上的主宰。

权力无边的卡拉温苏丹(Sultan Qalun)用极短的时间建造了一组建筑群，包括一座大到足以容纳一座公众清真寺的经学院，一座医院，一座巨大的穹窿顶陵墓以及一座宏伟的宣礼塔。整个建筑群称为开罗的**卡拉温苏丹墓和经学院**(Tomb and Madrassa of Sultan Qalun, 1283—1285, 见[622]页图B)。医院几乎已经全毁，而其余的建筑尚存。礼拜用的伊宛增添了中间的中堂和两边侧堂，实际上已成为一座完整的清真寺。庭院的另一端还有一座伊宛，与前面的伊宛相互面对着。墓屋呈正方形，内部为八边形，上承穹窿。穹窿原先为木构。整个室内装饰有几何形镶嵌、华美的粉刷以及雕刻和镀金的腰线，上方的穹窿顶内亦有镶嵌，装潢光彩奢华，令人心醉神迷。

紧邻卡拉温经学院的是**纳绥尔·穆罕默德经学院**(Madrassa of an-Nasir Mohammed)，由凯特布加苏丹(Sultan Ketbuga)于1295年动工兴建，1303年落成。大门是从巴勒斯坦阿卡(Acre)的一座十字军教堂搬来的，风格上显得和谐。在宣礼塔和朝向礼拜的伊宛上至今仍留有精致的粉刷。塔身下部为正方形，往上呈八角形，顶部是穹窿，这一传统处理得更为丰富。城堡内还有庄严的**纳绥尔·穆罕默德清真寺**(Mosque of an-Nasir Mohammed, 1318—1334)，其穹窿与多柱殿堂的结合与拜巴尔斯清真寺相似。宣礼塔身铺设了马赛克面砖，显然受外国的影响。

此后不久，在1303~1304年建造了一座重要陵墓，标志着宣礼塔已经有了完美的演变。**埃米尔萨拉尔与桑贾尔·贾瓦里墓**(the tomb of Emirs Salar and Sanjar al-Jawali)是一座双穹窿的陵墓，其高耸的宣礼塔为正方形，塔芯收小为优美的八角形，阳台以上有窗洞。上部还有一宫殿，然后是一穹窿顶。穹窿上有齿形肋，建在鼓座上，成为城市中殡葬建筑的范式。

在成熟期的高峰阶段，开罗的大型清真寺有新的平面形式出现。一种是列柱式礼拜殿，在米哈拉布前面上方有穹窿，面对券廊环绕的矩形庭院，庭院有门直接通向街道。另一种是经学院清真寺，临街立面精致，斜向通往庭院，伊宛和礼拜厅面对庭院。礼拜厅一般都是纵向扩大的伊宛，有时还设有拱廊。

哈桑苏丹清真寺和经学院(the Mosque and Madrassa of Sultan Hassan, 见[625]页图ⓒ、图ⓓ)是后一种形式的清真寺中最大的之一，建于1356~1363年。至今大部分仍完好无损地保留着，只有上覆穹窿的净礼池和宣礼塔曾经重建，大门已被移至他处。巨大的大门上有精美的钟乳状拱饰的门楣。门内是覆有宏伟穹窿的门厅，一条蜿蜒曲折的道路斜通到中央庭院。在30多米(100ft)高的墙后是雄壮的伊宛，深沉有力，尺度相宜。苏丹的陵墓位于轴线上，米哈拉布之后。庭院中央净礼池上方的穹窿出檐较深，可证明出自叙利亚工匠和当时被带到此地的其他北方工匠之手。庭院周围的天际线是一周镂空穿透的铃兰花饰状，从此开始，这种饰状在开罗取代了萨珊风格的踏步式母题。

在布尔吉系马木路克王朝诸苏丹的统治下，作为商业大都市的开罗到达了繁荣的高峰。巴尔库克苏丹(Barkuk)在城内建了一所经学院和清真寺(1386)，装饰以几何形大理石镶嵌。在北部墓园内，巴尔库克之子法赖吉苏丹(Faraj)为父亲建了一座规模很大

---

❶ Aleppo；叙利亚北部城市，从历史上看，阿勒颇是人类最古老的定居点之一。——编辑注

的双层穹窿陵墓，称为巴尔库克修道院与陵墓❶。平面呈巨大正方形，两角隅上的穹窿与另两角上的细长、优美的宣礼塔相互对照。在礼拜殿中，波斯方式被引进开罗——用众多穹窿覆盖大面积空间。

由穆艾叶德舍赫苏丹❷所建的**穆阿迪叶清真寺**(Muaddiye Mosque, 1415—1421)是开罗又一大型会众清真寺。穆艾叶德舍赫苏丹曾被囚禁在祖瓦亚拉门旁，他誓言要在禁锢之地造一座清真寺。他在两座突堡上各建一个宣礼塔，并将哈桑苏丹清真寺的大门移装过来。陵墓上高大带肋的穹窿，由优美的钟乳饰拱撑托，位居在清真寺宽广的礼拜殿邻旁。清真寺的广庭现在已变成花园。上无穹窿的列柱礼拜殿汇聚早期聚礼堂、经学院和陵墓的特点于一体，标志着中世纪都城内一系列大型会众清真寺的终结。

马木路克王朝后期热衷于建设，在有丰富工艺传统的城市中维持着高标准。规整的大墓园在城北扩展。在众多墓中有一座陵墓和隐修院以及**经学院**是由1453年即位的**伊纳尔苏丹**(Sultan Inal)所建，并附有一个加宽的礼拜厅。壮丽的宣礼塔上有波形肋纹，所有的阳台和每一段有假券廊图案饰版的过渡层都用钟乳状拱挑托。穹窿属拱背类型，上有波浪形图纹，这种图纹源自巴尔库克陵墓，随后即在1506年建的陵墓和托钵僧隐修院中承袭下来。在这些建筑和这时期的其他建筑上，采用反差色彩砖皮越来越普遍。砖石工程的标准明显提高。以装饰为目标对墙面、穹窿的外表面进行处理。

卡伊特·巴伊苏丹(Sultan Qaitbay)是在位最久的马木路克君主，对开罗不少优秀建筑贡献良多。以他的名字命名的商栈至今犹存。一座在**艾赫萨**(al-Ahzar, 1477)，另一座在**纳斯尔门附近**(1481)。他的会众清真寺建于1475年，以精致繁复著称，这也是卡伊特·巴伊苏丹陵的特点。这两座建筑均附有经学院，两者之中以**卡伊特·巴伊经学院**(Madrassa of Qaitbay, 1472—1474, 见[626]页和[628]页图A)最为著称，是开罗历来的主要建筑，现今全都

保存着，并已修复。其宣礼塔形态修长，以正方形转成八角形再成为圆形。顶上的高肩穹窿落在一座四周透空的柱廊上，与陵墓上的穹窿互作呼应。建筑外观不对称，风姿如画，点缀着沟条纹面饰，其色彩由拱券、檐壁和墙头等处精美条状镶嵌装饰中的颜色博采集成。穹窿的表面深刻着缠绕的花草饰阿拉伯图案。

墓室内部幽静，处理简约，方石墙面从下延伸到钟乳状拱饰直至穹窿。而清真寺内部，连同面对着庭院的四座伊宛，都像外立面那样镶嵌、雕琢得十分繁复。在这个时期中，开罗与大部分伊斯兰城市不同，街道立面已发展成为主要道路的重要特色。

马木路克王朝后期最为突出的城市建筑之一是**基赫马·伊沙基清真寺**(the Mosque of Quijmas al-Ishaqi, 1480—1481)。基赫马·伊沙基是卡伊特·巴伊苏丹的御马师。该清真寺位于一座岛上，由桥与街对面的学校连通。清真寺的内墙和地面用大理石铺设，灰泥窗格上镶嵌的是彩绘玻璃。

在这座中世纪城市中心的主要交叉路口，有一座**坎苏·古里苏丹清真寺与墓**(the Mosque and Tomb of Sultan Qansuh al-Ghuari, 1505—1515)。墓主是马木路克最后一位掌有实权的苏丹。商栈是这一类型中最重要和最不寻常的房屋之一。房屋有六层，围绕着一座庭院建造。下面两层有拱廊，三楼以上有漂亮的凸窗，窗上装有伊斯兰世界普遍流行的精细遮阳花格栅。邻旁的经学院，平面由四座伊宛组成，表明了从礼拜厅最终向会众清真寺的演变。这里的礼拜殿拓宽到庭院宽度的三倍。这是一座细部华丽、动人的城市建筑。巨大的墓室位于街的对面，上面的穹窿命途多舛，曾经倒塌过三次，现今没有顶盖。邻旁另建有一座经学院礼拜殿，是一座面对着礼拜朝向墙较深的伊宛。有一眼泉水，四周有墙围护，墙上开窗，顶檐挑出，饶具魅力。

---

❶ Khanaqah and Tomb of Barkuk, 1399~1411年；Khanaqah, 波斯语拉丁字的写法，又称为 Khanqah, 土耳其语作 tekke, 原文为扎维亚(zawiyah), 是阿拉伯文的音译, 亦译为扎维叶, 伊斯兰教用语, 原意为"角落", 最初指为在清真寺内静修的人所特辟的住所, 附属于清真寺, 以后发展为独立的小型建筑, 一般指伊斯兰世界的综合隐修院, 通常是苏非派教团的活动中心, 又称为"麦阿海德"或"里巴特"。——译者注

❷ Sultan Mu'ayyad Sheikh, 舍赫又拼为 shaikh 或 shaykh, 亦译为教长；古代阿拉伯人的尊称，指年高德劭的长者，特别是宗教首领、大学校长等。——译者注

第17章 伍麦叶王朝和阿拔斯王朝建筑

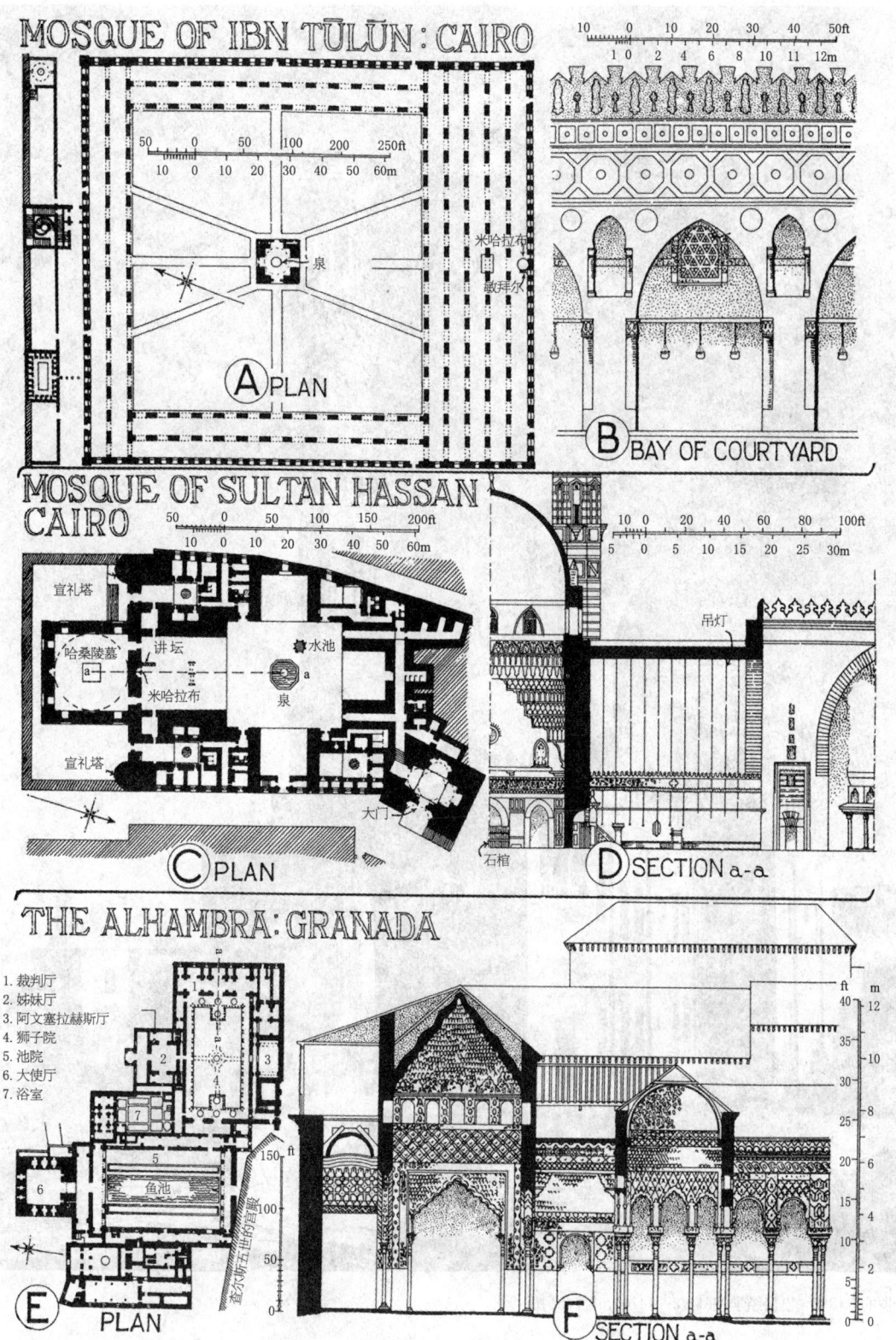

开罗的伊本·图伦清真寺 (MOSQUE OF IBN TŪLŪN: CAIRO)：Ⓐ 平面图；Ⓑ 庭院一跨
开罗的哈桑苏丹清真寺 (MOSQUE OF SULTAN HASSAN CAIRO)：Ⓒ 平面图；Ⓓ a-a 剖面图
格拉纳达的阿尔罕布拉宫 (THE ALHAMBRA: GRANADA)：Ⓔ 平面图；Ⓕ a-a 剖面图

第三编 伊斯兰建筑

开罗的卡伊特·巴伊经学院(1472—1474),见[624]页

第 17 章 伍麦叶王朝和阿拔斯王朝建筑

最后一代马木路克苏丹于 1517 年死于奥斯曼行刑人之手,但马木路克建筑并没有就此消亡。此后这一繁荣的商贸城市须向伊斯坦布尔纳贡。当欧洲人找到了通往东方的新路径之后,它的贸易就此衰落。有才能的埃及人都纷纷被他处吸引而去,当地不再有大的顾主。

西班牙与北非西部

8 世纪中叶,阿卜杜勒·拉赫曼(Abd ar-Rahman)是伍麦叶王朝唯一逃过阿拔斯王朝毒手的王子,他从叙利亚逃至突尼斯,从那里又到了西班牙,朝廷官员随从颇众。他们的到来把偏远而原本不重要的省份变成了富有知识和创造力的中心,而后宣告成立一个国家。然而,突尼斯却在 8 世纪末落到了阿拔斯人的权力之下。阿拔斯的殖民地超越了突尼斯和比塞塔,而北非西部(马格里布)和西班牙仍在伍麦叶人手中。

在伍麦叶统治的西班牙,最早的重要建筑是科尔多瓦清真寺(Mosque of Cordoba, 785,见[628]页图 B、图 C)。这座清真寺的首期部分表现出一种强有力的建筑风格,为后来的三次主要扩建——阿卜杜勒·拉赫曼二世(Abd ar-Rahman II)在 848 年、哈基姆(al-Hakim)在 961 和 968 年以及大臣曼苏尔(al-Mansur)在 987 年的扩建——立了框架。最早的部分仍然被包在后继工程之内。经多次扩建之后,在规模上可与萨迈拉的马尔维亚清真寺和阿布·杜莱福清真寺媲美,而礼拜的场所则更大。第一座清真寺的风格简单而具有特色。有壁墩扶持的厚重石墙围成一个院落,南边的礼拜朝向处有一半为礼拜殿所占,殿的两旁与主轴并行有拱廊。偏西南方向,跟凯鲁万清真寺一样,说明建筑师是叙利亚人。拱廊下部的拱券属马蹄型,拱石深浅色交替,勾勒出上部拱券下半段虚的轮廓。使用砖皮与石皮交替砌法以及马蹄券的做法可以从伍麦叶时期和这之前的叙利亚北部与西班牙找到先例。三个穹窿覆盖着花格围屏内的祈祷空间,在米哈拉布之上另有一穹窿。这是首次在清真寺内创造出祈祷场所这种神圣的形式。一部分西墙和内拱廊完好无损。除了在里面插建了一座礼拜堂之外,科尔多瓦清真寺可以说仍保持着 10 世纪时的原状。

麦地那-宰赫拉清真寺❶是秉承阿卜杜勒·拉赫曼三世(Abd ar-Rahman III)的谕旨,按科尔多瓦清真寺原样缩小建造在宰赫拉王宫中的。麦地那-宰赫拉清真寺的外墙有墩扶持,拱廊与主轴平行,正方形宣礼塔建在轴线主入口附近。目前,宫殿已复原,圆头马蹄形拱廊跨在科林斯柱帽宽阔的顶石上。它的华美程度反映出西部伊斯兰在伍麦叶败于叙利亚两个世纪之后的富有和强盛。一片矩形大场地的地形倾斜,上有水渠流经,亭台、庭院不规整地布置在层叠的平台上。城市被劫掠之后,朝廷迁回科尔多瓦,工程遂停顿。

在马格里布西部,穆斯林的活动集中在诸山围绕的城市非斯(Fez)。**卡拉维因大清真寺**(Qarawiyn Mosque,859 年、956 年、1136 年及以后)是该城的会众清真寺,与开罗的爱资哈尔清真寺一样,是神学院校的中心。经过不断增建、扩建,得到相当的扩展,多列柱的礼拜殿为一中堂分割,正中的屋顶高出两旁的顶。

西班牙中部城市托莱多(Toledo)的光辉之神圣基督教堂(S. Cristo de la Luz),确切地说是马顿门清真寺(the Mosque of Bab Mardun,约 960),是一座正方形的建筑,四根独立柱子支撑着一系列拱券和九座穹顶,上面则是瓦盖坡顶。建筑一侧突出的坚实小室,为米哈拉布所在,与科尔多瓦清真寺相似。这是一座砖砌建筑,外周有尖叶拱券、交错马蹄券拱廊,并有尖角拱窗和几何形檐壁。就风格而言,这座建筑似乎有点不可思议,它的比例和装饰都来源于东方。

1031 年,伍麦叶王朝在西班牙的势力衰微,半岛最终为穆拉比特人❷建立的帝国所统治。在穆拉比特人统治下,一个地方王朝——胡德王朝(Hudids)在托莱多的萨拉戈萨建造宫室,称为贾弗里亚宫(al-Jaferiya, Zaragoza, 1050)。基地为矩形,86m×73m(280ft×240ft)。宫墙有半圆塔墩扶持,按叙利亚倭马亚房屋的模式共分为三个部分。科林斯式对柱支撑叶形拱券,有的如科尔多瓦清真寺那样交错和互套。这一地方形式一直沿续到 1118 年科尔多瓦归于基督教人之手为止。

---

❶ Medinat al-Zahra, 936~945 年;麦地那在阿拉伯语中是"城"的意思,因此此寺又译为宰赫拉城清真寺。——译者注

❷ Almoravids;阿拉伯语为 al-Murabitun,意为边防战士或僧侣战士,又译为阿尔摩拉维德人。——译者注

第三编 伊斯兰建筑

图 A　开罗的卡伊特·巴伊经学院内景,见[624]页

图 B　科尔多瓦清真寺(785)的比利亚维西奥萨礼拜堂,见[627]页

图 C　科尔多瓦的清真寺拱廊

图 D　格拉纳达的阿尔罕布拉宫雄狮院(1338—1390),见[629]页

第17章 伍麦叶王朝和阿拔斯王朝建筑

穆拉比特帝国在11世纪北上，1060年后不久定都马拉喀什(Marrakesh)，20年后迁都至**特莱姆森**(Tlemcen)，不多久后又建都于阿尔及尔(Algiers)。每经一处都建有大型会众清真寺。在特莱姆森的清真寺，宣礼塔呈正方形，在居中轴线上一系列拱廊仍是原样保存至今。此清真寺按凯鲁万的原型布置，仅是在礼拜朝向墙旁不设横向侧堂。圆形马蹄拱数量最多。中央主要部分用尖顶拱券。这些较大的北非清真寺都采用木构平屋顶。特莱姆森清真寺也不例外。米哈拉布前的穹窿，其内壳在交错拱肋之间有金碧辉煌的阿拉伯图案。突角拱带有尖叶状，悬挂着金翠图案，纹样来源众多，是希腊、叙利亚和萨珊王朝的伊拉克风格的结合。在阿尔及尔的清真寺于11世纪末建成，其结构与特莱姆森的大致相同。

在穆拉比特时代，安达卢西亚地区(Andalusia)和北非盛开着一种原创建筑的花朵。每个建筑组成部分都拥有复杂的图案、装饰和高超的工艺水准。例如：廷马尔(Tinmal)的会众清真寺(1153)，同时代在非斯的盖拉维因清真寺和马拉喀什的**库图比亚清真寺**(Quttubiyya Mosque, 1147)。库图比亚清真寺以石构宣礼塔为自豪。那是一座巨大的方塔，上有带头框的窗户，还有马蹄形、圆形的窗、交错的拱券，顶上有踏步式雉堞和一个小穹窿。由优素福一世(Yusef I)所建的**塞维利亚大清真寺**(the Great Mosque, Seville, 1172—1182)的砖构大宣礼塔是以此寺塔为先例的。这座清真寺现在只有庭院和风信塔(Giralda Tower)尚存。那座大礼拜厅在基督徒工匠建造最宏大的哥特大教堂时被夷为平地。宣礼塔也为文艺复兴时代所增添的外墙所掩蔽，但壁板上工艺精良的复杂几何图案至今保存完好。

拉巴特的**哈桑苏丹清真寺**(Mosque of Sultan Hassan, Rabat)，始建于1191年，至1199年未竣工而停建，其雄伟的塔楼只造到原计划的2/3高度就被放弃。塔楼位于大门与137m(450ft)见方的礼拜殿之间，庭院之后围有宽阔的柱廊。这是在北非拟建的最大的清真寺，具有两个新特点：一是礼拜殿内有几处庭院，二是对着礼拜朝向墙有三重纵向侧堂。

非斯的**穆瓦希德大清真寺**(Great Mosque of the Almohads, Fez)以及非斯贾迪德的**大清真寺❶**，再度重现了特莱姆森较早时期(11世纪后期)金光灿烂的穹窿顶，甚至比特莱姆森的**曼苏拉清真寺**(Mosque of Mansura, 1303—1306, 1336)更为复杂而精致。这里的大门和宣礼塔作为一个整体位于轴线上。如果这座建筑得以落成的话，就会是这一时期最为杰出的成就。房屋的比例处理稳健老练，拥有马格里布各朝代所具有的特征。

在马格里布，只有圣人才能建墓屋，凡人即便是权贵也不许建，因此这类房屋在开罗几乎看不到。虽然在14世纪建了相当数量的经学院，然而作为一种建筑类型也并不常见。在非斯，有一座**博恩·伊纳尼亚经学院**(Bou Inaniya, 1350—1355)，它无疑是最精美、装饰最漂亮的经学院。柱身修长，到处布满精巧的图案，檐下、窗间、实心券和框架无处不在，一直延伸到钟乳饰帆拱和多瓣拱券。

塞维利亚的**阿尔卡萨**(the Alcazar, 1364)是一所朴素的两层宫室，围着一座中央庭院建造，为基督教徒君主佩德鲁一世(Pedro I)重建。所有细部都是伊斯兰式，甚至还有阿拉伯铭文的檐壁。墙面下部铺有陶制的马赛克，上部则是华美的粉刷饰板。虽然塞维利亚那时已属基督教徒，但在西班牙仍然有一个穆斯林小朝廷维持到1492年。有了奈斯尔王朝(Nasrid)，才有格拉纳达的**阿尔罕布拉宫**(the Alhambra, 1338—1390, 见[625]页图Ⓔ、图Ⓕ和[628]页图D)。它是伊斯兰世界中最精致、最华丽的一座宫殿。阿尔罕布拉宫位于两侧坡度陡峭的支岭上，高耸在肥沃的谷地上。清澈的山泉淙淙流经葱郁的层层台地，亭阁有如宝石般点缀其间，将这11世纪的宫堡转化为"天堂"。宫中最主要的部分建于14世纪后半期，很多座亭台楼阁错落布置在山岭北侧的绝壁上，而其所处的地形直泻入崖下的溪流，引人注目。布局中最显著的是两座成直角排列的著名庭院雄狮院(the Court of the Lions, 见[628]页图D)，其四周有拱廊环绕，柱子细长，支撑的拱券雕琢透漏，交缠袅蔓，技艺精巧，达到了金碧辉煌的效果。垂直面上满铺雕塑粉刷无穷尽的交织阿拉伯纹样，再加上小型的柱、拱，阿拉伯式的交织套缠，书法铭文的檐壁，浓重有加。

---

❶ Great Mosque of Fez, as-Jedid, 1276~1307年；新非斯大清真寺。——译者注

静静涓流，潺潺轻泉，如闪烁的点点星光流向次层，在浅池泛冒珠花，在低塘翻腾。桃金娘院(the Court of the Myrtles)内有一种更文雅的气质，水池较宽，水面反映出高高的拱廊和带雉堞的科马勒斯塔(Tower of Komares)。此院内有大使厅，呈正方形，上覆多边形穹窿，从装饰丰富的墙上三门可通至一观景平台，俯瞰全城。

伊斯兰建筑

第18章
伊斯兰中部诸王朝建筑和莫卧儿王朝前的印度建筑

波斯境内遗存的最古老的伊斯兰建筑是波斯北部近里海东南端达姆甘(Damghan)的**塔里克商栈清真寺**(Tarik-Han Mosque, 8世纪初),这座清真寺的庭院式平面主要属于阿拉伯式。礼拜殿上原来有拱顶覆盖,坐落在与主轴平行的拱廊上,拱顶现在已为浅穹窿所替代。粗重的圆柱用楔形砖砌筑,这是萨珊王朝宫殿所采用的技术。礼拜殿原来有平行于礼拜朝向轴的宽阔的侧堂,两旁有拱廊,平面布局受到阿克萨清真寺的影响。当年这座清真寺建造时似乎并没有米哈拉布,说明其年代很早。

布哈拉在710年为伍麦叶人所占领,后来到9~10世纪在萨曼(Samanid)王朝统治下繁荣起来,越过了乌浒河。布哈拉的**伊斯梅尔·萨曼陵墓**(Tomb of Ismael the Samanid, 约905—910,见[632]页图A),是一座小小的穹窿顶陵墓,里里外外都是精美砖工装饰,有用异形砖、有用切割砖,凹凸深浅砌成复杂图案。这墓屋几乎是一个正立方体,外墙面向内倾侧,顶上是一半球体穹窿。这类建筑由于土坯砖不耐久,加上蒙古人的劫掠,所以大多数已经消失。而这座墓屋因为掩埋在土中才得以幸免。伊兹梅尔墓建于窑制砖刚开始使用的时期,是西南亚陵墓建筑的先驱。

波斯北部在11世纪早期连续建造了多座墓塔。其中给人印象最深刻的是由卡布斯·伊本·巴什米吉(Qabus Ibn Bashmigir)所建的戈尔甘的**卡布斯墓塔**(Gunbad i Qabus, 1006—1007,见[632]页图B),位于里海海边,达姆甘之北。塔身砖砌,呈圆筒状,向上微微收小,高50多米,平面呈星形,塔顶呈圆锥体。除了几行库法字铭文外,别无装饰。类似的墓塔有毕尔·**阿兰德墓**(Pir-i-Alander, 1021)和**希希普克塔兰墓**(Chihilpuktaran, 1058),都在达姆甘附近。其他诸如瓦拉明的**阿拉丁·穆罕默德墓**(Tomb of Allah a-Din, 1287)、比斯塔姆的**贝亚泽特墓**(Beyazit, 1313)、达马万德的**阿卜杜拉墓塔**(Gunbad Abdullah, 12世纪)以及赖伊的**杜格鲁尔墓**(Tomb of Doghrul, Rayy, 1139)都稍晚一些建于里海南岸的同一地区内,但都不及卡布斯墓塔那么高而光洁。

这些极具影响力的建筑形式在西亚的塞尔柱建筑中得到反映。安纳托利亚地区开塞利的**德内尔陵墓**(Doner Kumbet, 约1276)是小亚细亚这些虽欠雄伟却相当优雅的陵墓中最为著名的一座。塔身为十二边体,每边有假连券,圆锥体塔顶上重复着塔身的母题。上、下部分之间的檐口是较浅的钟乳状拱挑出,正方形台基与多边形塔身之间有斜切面的土耳其式三角块作为过渡,十分得体。一系列丰富的檐壁、浮雕、板块的图案、带钟乳拱饰的门以及亚美尼亚风格的浅浮雕等使这座规模并不大的建筑在同一类建筑中显得十分突出,其中包括开塞利的**马赫贝里·哈腾墓**(Mahperi Khatun Tomb, Kayseri, 1237),以及与其相似但较早建造的迪夫里伊的**西特·梅里克墓塔**(Sitte Melik Gunbad, 1196)。

从西边阿奈的**马沙德清真寺**(Mashad Mosque Anah)到东边的巴尔赫(Balkh)都建了一些波斯式多穹窿顶的清真寺。在巴尔赫,**诺墓塔清真寺**(No Gunbad Mosque, 9世纪后期)到近来才得到确证。这个时期一般采用土坯砖和毛石,用黏土灰浆砌筑。大多数清真寺在塞尔柱王朝和蒙古人统治时期都经过改造,尽管它们一度还是很普通的,却很少保留原来的式样和材料。亚兹德(Yazd)附近有一座法赖吉的**聚礼日清真寺**(Friday Mosque, 9世纪或10世纪),礼拜殿只有两跨,圆柱形的宣礼塔是个很古老的类型,庭院周围有土坯砖的拱廊环绕。这座清真寺今天仍存留在法赖吉沙漠的南部边缘,可与位于城市环境中的纳因的贾米麦斯吉德清真寺❶相比。贾米清真寺内有一座早期的宣礼塔,是从正方形粗重的叙利亚式向修长的波斯式演化

---

❶ Masjid-i-Jami 大约不晚于960年;又译为麦斯吉德。——译者注

第三编　伊斯兰建筑

图A　布哈拉的伊斯梅尔·萨曼陵墓(约905—910)，见[631]页

图B　戈尔甘的卡布斯墓塔(1006—1007)，见[631]页

图C　加兹尼的巴赫拉姆沙清真寺星形宣礼塔(12世纪中期)，见[633]页

图D　锡瓦斯的希夫特·米纳雷经学院(1271—1272)，见[636]页

第18章 伊斯兰中部诸王朝建筑和莫卧儿王朝前的印度建筑

的过渡形式,因而显得重要。清真寺内米哈拉布这一部分有一系列华美动人的阿拉伯装饰,粗犷无序而又华丽,显示出萨迈拉演变的一些形式。

塞尔柱时期现存的重要清真寺在波斯的有**扎瓦雷清真寺**(Zavareh,1135—1136)、**阿尔德斯坦清真寺**(Ardestan,11—12世纪),尤其是伊斯法罕的**大清真寺**(the Great Mosque,11世纪)。这些都是伊斯兰时代以前的圣坛,7世纪后成为清真寺。这一时期的会众清真寺是在波斯传统的四伊宛平面上发展起来的,在礼拜伊宛后的礼拜厅上有穹窿顶。在礼拜殿后再设一穹窿顶的礼拜厅是11世纪伊朗高原的样式。在冬季礼拜时能够关闭,其优点毋庸赘言。这一方式在伊斯法罕得到充分的完善。今天的伊斯法罕大清真寺是若干不同时期建筑风格的综合,不过最突出的还是塞尔柱工匠的手艺,在**哈尔卡墓塔**(Gunbad-i-Kharka)更是达到了高峰。那是一座穹窿顶的殿堂,显然是为君主所建的觐见大殿。殿内并无米哈拉布,可以确认建于1088~1089年。内墙面用砖砌成各种图案,点缀有雕刻的粉刷。正方形的殿上部就转换为圆筒形,转换处用尖叶突角拱先组成八边形,再由带棱突角拱组成圆形。穹窿内有复杂的直线肋构成的图案,汇聚成穹窿内的五点星形式。满是钟乳拱饰的伊宛面对庭院,由两层拱廊相连。礼拜殿的伊宛开向米哈拉布前带穹窿的礼拜厅。伊宛和矩形外院院墙之间全是布满列柱的厅堂,这是塞尔柱的形式。后来,这寺又向北扩建,在西侧增添了一个重要厅堂,内设完者都(Oljeitu)苏丹的米哈拉布,饰有精细的阿拉伯浮雕。整栋建筑,包括拱顶、交叉拱顶和带穹窿的房间,占地面积120m×90m(400ft×300ft),其主要建造时间在11~12世纪。建筑全部用砖砌,表现出塞尔柱人对二心拱和四心拱的构造,钟乳拱、穹窿、突角拱和肋拱顶等技术的稔熟。古勒帕雅甘的**聚礼日清真寺**(Friday Mosque;1105—1118),其庄重的礼拜厅有类似的特点,可以说是这一类型中的典型。

沙拉夫堡商栈❶是亚洲现存许多孤立的塞尔柱商栈之一,位于从波斯北部到中亚的路途上。主庭院有四座伊宛,砖雕精美。大门的门框厚重,以丰富的几何图案铺地,门框围以强劲有力的库法文字装饰。

在阿富汗南部拉什卡里巴扎(Lashkari Bazar)的伽色尼(Ghaznavid)王朝宫殿中(12~13世纪),可以看到相同的文脉。原先有厚实壁垒的宫墙,中央的庭院以轴线一分为二,端头有内、外伊宛。庭院四周是两层的假拱廊,觐见厅在伊宛之后有穹窿顶,反映出塞尔柱大清真寺的形式。

塞尔柱人在亚洲许多地方建了不少高塔。加兹尼的**巴赫拉姆沙清真寺**(Mosque of Bahramshah)宣礼塔(见[632]页图C)仍是12世纪中叶的原物。平面呈星形,上部已毁,下部波形的墙面依然显示着光彩耀人的繁复几何装饰。贾姆的**古尔宣礼塔**(Ghurid Minaret,1191—1198,见[634]页图A)孤立地立在阿富汗中部的岩石谷地,保存完好。塔身为圆筒形,高近60m(200ft),向上微微收小。八角形的塔基有一部分仍埋在地下。宣礼塔塔身上布满砖刻的文字浮雕与几何图案的装饰交替出现。在稍晚时期布哈拉的**卡里安清真寺**(Kalyan Mosque,1514),仍保留着卡里安宣礼塔的名字(1127,见[634]页图B)。塔高近46m(150ft),保存得相当完好,是唯一逃过蒙古厄运的建筑。萨韦的**聚礼日清真寺塔**(the tower of the Friday Mosque,1110),仅存短短一截,可以与卡里安宣礼塔相比,而砖刻或许更为精美。巴格达的**哈利法耶宣礼塔**(Khalifiye minaret,1289)也可与之对照。这些宣礼塔所在的清真寺全都不复存在。另外有一座重要的宣礼塔(1170—1172),今属摩苏尔的**努尔丁清真寺**(Nur-ed-Din Mosque)。塔身为砖砌,呈圆形,分段作图案装饰,已经倾斜,近年来进行了加固。

东塞尔柱王朝,在桑贾尔苏丹(Sanjar,1118~1157年在位)的统治下,权力集中在梅尔夫(今马里)。桑贾尔苏丹在梅尔夫为自己建了**桑贾尔苏丹墓**(Tomb of Sultan Sanjar,1157)。墓仅部分尚存,穹窿的上部已毁。巨大的砖砌台基上立着尖券拱廊。穹窿原来高37m(120ft),外表面贴孔雀蓝色面砖。内墙面有部分砖雕,也有雕刻粉刷,其间有的模仿砖镶嵌。

少数尚存的早期波斯经学院之一是加兹温的**海达里耶经学院**(Haydariya at Qazvin,12世纪)。经学院内的小礼拜堂引人注目地矗立在周围的小堂之前,成为庭院的主体。庭院轴线上设有对应的伊宛和纵向的几个入口。

---

❶ Ribat-i-Sharaf,建于1114年、1155年;里巴特在阿拉伯语中是指寺院城堡或修道院城堡,多位于伊斯兰世界的边境地区。——译者注

第三编 伊斯兰建筑

图A 贾姆的古尔宣礼塔(1191—1198),见[633]页

图B 布哈拉的卡里安宣礼塔(1127),见[633]页

第18章 伊斯兰中部诸王朝建筑和莫卧儿王朝前的印度建筑

图A 科尼亚的因杰·米纳雷经学院(约1260—1265),见[636]页

图B 德里的卡瓦·伊斯兰清真寺(1197—1225),见[636]页

图C 德里的伊尔杜德米什墓的阿拉门(1305),见[636]页

图D 木尔坦的鲁克·阿兰陵(1320—1324),见[637]页

在小亚细亚,塞尔柱王期有着丰富的建筑遗产,例如经学院、商栈、清真寺、陵墓以及其他工程。在里海南海岸的阿拉尼亚(Alanya),堡垒墙下保留着一座有拱顶的船坞(1226),是由阿勒颇的建筑师建造的。而在商队所经的路旁都可见到主要的商栈,例如**苏丹商栈**(Sultanhan,1232—1236)和**阿及加拉商栈**(Agzigharahan)。后者有钟乳石状拱饰的大门,礼拜厅像亭阁般设在中央庭院内,周围是岩洞似的拱顶房间,供商人和牲口使用。沿商路较小的驿舍亦多有优雅装饰的礼拜室,入口都是高大、华美的大门。源于萨珊的拱券伊宛到这个时期已发展为高门面的房屋,作为入口大门,其尺度和装饰都显示出居住在其中的人的身份和地位。在塞尔柱时代的小亚细亚,大门与双塔结合布置,后来被认为是波斯的形式。锡瓦斯的**格克经学院**(Gök Madrassa, 1271)有两座这类的宣礼塔跨越在门头有钟乳拱饰的大门之上。整个大门由层层檐线和线脚框住,交错缠绕的图案使形式十分突出。建在同一年,也是在锡瓦斯的**希夫特·米纳雷经学院**(Chifte Minare Madrassa, 1271—1276,见[632]页图 D)与格克经学院相似。这一类传统的房屋也重复出现在埃尔祖鲁姆的**希夫特·米纳雷经学院**(Chifte Minare Madrassa, 1273)内。科尼亚的**因杰·米纳雷经学院**(Inje Minare Madrassa,约 1260—1265,见[635]页图 A)。塔身高大,图案精美,但现在已严重损坏,其宣礼塔成为邻旁清真寺的宣礼塔。这座经学院的布局更为简约,庭院不大,可以用一个穹窿就覆盖住。这一房屋以其大门上的非凡装饰著称:缠结的线条、涡旋的形态都是塞尔柱小亚细亚建筑原创性的特点,令人难忘。他们的作品保存下来的很少,在迪夫里伊的清真寺与医院(1229年始建)恰是其一。清真寺与医院并排在一个院墙之内。大门上浮雕的丰富程度即使在这个奢华的地区也没有任何地方可与之相比。它并不属于普通伊斯兰建筑的典型。这座清真寺全部有屋顶覆盖。礼拜殿上有16根柱子,支撑着25个穹窿或拱顶。米哈拉布墙后有一个小庭院,对面有平面相同的伊宛。在两者之间的空间布置有住院病人的房间。巴特曼河(Batman Su)上的拱桥建于1147年,尺度宏伟,拱高18m(60ft),跨度近30m(100ft),原先还附建有哨所和商队驿舍。

在塞尔柱人的全盛时期,印度北方不断遭到侵犯。虽然早在8世纪前半期阿拉伯人曾多次侵略信德地区(Sind)西北部(现巴基斯坦南部),伽色尼王朝(虽在阿拔斯王朝的统治下)从10世纪末开始统治了东至巴基斯坦的拉合尔达200年之久。所有穆斯林对印度的侵犯都是从波斯经阿富汗而来。伽色尼人蹂躏了印度西北诸邦,在他们建立的诸国内无所建树。马哈茂德·古里(Mahmood al Ghori)起义反抗伽色尼人,在12世纪末赶走了拉杰普特(Rajput)的王公政权,1206年在德里自立为苏丹。距蒙古人入侵中亚和西南亚不过10来年(成吉思汗在1219年征服撒马尔罕和布哈拉)。这时候,穆斯林已在北部、西部站稳脚跟,并继续发展了两个世纪,随后这个地区就感受到蒙古人的压力。帖木儿入侵,接着在印度大肆屠杀,虽然带有毁灭性,但为时不长。一个世纪之后,巴伯尔(Babur)才从阿富汗向东南挺进,建立莫卧儿王朝。王朝皈依伊斯兰教,从16世纪中叶起影响了印度次大陆的大部分土地的建筑史。

德里的**马哈茂德墓**(Mahmood's Tomb,约1231)是莫卧儿王朝以前留下的少数建筑之一,这座陵墓像一座小堡垒屹立在德里平原上,位于角隅的料敌塔标示出正方形的平面。围墙内侧是拱廊。马哈茂德在征战中的主要人物是他的将军库图布丁(Kutub ad-Din),他把德里附近的一座印度庙宇改建为**卡瓦·伊斯兰清真寺**(Qawat al-Islam Mosque, 1197—1225,见[635]页图 B)。虽然宣礼塔的上部重建于1396年,塔的星形平面显示出其源于伽色尼时期。四段塔身各段间的钟乳拱挑出的阳台(muqarnas balconies)很清楚地显示出这是外来的工艺,在阿拉伯书法文字上有几何图案和花草交替成行成段地作为装饰。宣礼塔位于矩形平面的清真寺院落之外,清真寺的礼拜殿相对简朴,顶为低穹窿。在随后的25年内,按照原来建筑的组成部分所建造的带拱廊的庭院把整座清真寺团团围住。第二阶段建造了**伊尔杜德米什墓**(Tomb of Iltutmish,约1235)。它的主人沙姆斯·乌德·丁·伊尔杜德米什在这座大大扩建了的清真寺内增添了一座陵墓。墓屋平面呈正方形,内部有附壁拱券,上承穹窿顶。其重要性在于内部的精美装饰,结合了印度的母题和穆斯林的设计。这座清真寺直到卡尔吉王朝(Khalji)时代还在继续扩建。比第一座更大的宣礼塔也开始兴建,但是最终完成的重要工程只有大门入口,称之为**阿拉门**(Ala i-Darwaza, 1305,见

第18章 伊斯兰中部诸王朝建筑和莫卧儿王朝前的印度建筑

[635]页图C),可以看出从波斯到阿富汗再到印度北部受伊斯兰影响越来越强烈。

图格卢克一世(Tughluq I)是土耳其与蒙古混血的后裔。他擢升至下旁遮普(lower Punjab)的总督。在那里他建了一座陵墓,现在位于木尔坦**鲁克·阿兰陵**(Rukn-i-Alam,1320—1324,见[635]页图D)。当他离开木尔坦赴德里就任时,他将此陵赠与他的宗教导师鲁克·阿兰。墓屋有两层,平面呈八角形,顶上有一高大的半球形穹窿。下层墙身略微往上内收,角上设圆形壁垒。上层强调垂直,以蓝色面砖为主调的檐壁和顶饰,与平坦的和雕刻的黄色砖墙面形成对比。这个时期,在这座陵墓以及木尔坦和印度河流域其他地方的陵墓中都可以看到波斯的影响。

1321年,吉亚斯丁·图格卢克(Ghias ad-Din Tughluq)在德里建立新都。城墙在现在的城市之外,现已大部分成为废墟。该城的房屋都很简朴,采用源自中亚的拱券式结构,几百年以来成为取石的场所。仅存完好的主要建筑,其位于城外曾一度是湖泊的岩石高地上。有一条穿越湿地的道路通至一座多边形的堡垒,其中有**吉亚斯丁·图格卢克墓**(the tomb of Ghias ad-Din Tughluq,1325)。此墓底座平面呈正方形,四墙上部内倾,上承一较低的八角体,上面覆盖尖顶穹窿。门洞上方有一横向条块,由红色砂岩镶白色大理石组成,这种以不同材料相配的方式在此后几个世纪内的印度中部纪念性建筑中一直被沿用。

德里的**卑甘普里清真寺**(Beganpuri Mosque,约1370)建在一块巨大的基座上,通过三条轴线的大门进入。庭院内每面都以一座大型伊宛作为入口,最大一面有引人穹窿顶的礼拜殿。穹窿为中央伊宛所遮蔽,在主伊宛和三重拱券的礼拜殿之间产生冲撞。

德里的**赫基清真寺**(Khirki Mosque,约1374),与卑甘普里清真寺形成对比,此寺是在基座上高高筑起正方形的大院落。两寺的相同之处在于都是从三个轴线方向进入。四角有望楼,内部对称地划分,除了四个庭院,全是屋顶。在米哈拉布前有一组穹窿,特别强调了礼拜室的中心部分。

1398年,帖木儿劫掠了德里,随后就挥师西进并向北迎战奥斯曼帝国。他在这个地区的统治地位加强了他的首都和波斯建筑对印度的影响力。

同时伊斯兰教已渗入喜马拉雅山脉。那里的**锡里纳格大清真寺**(the Great Mosque of Sirinager,1398—1400)结合了当地的木结构和伊斯兰传统的庭院式布局。原来的房屋包括外墙,可能全部由木材所建。庭院四周的拱廊,实际上具有相同的深度。主礼拜室上方覆盖着当地形式的穹窿,还有一塔状的坡屋顶。

古尔伯加的**大清真寺**(the Great Mosque,Gulbarga,1367)可容5000人同时做礼拜,其屋顶有多座小穹窿,跨在尖顶的石拱券上。外侧堂上面是尖圆筒拱顶,米哈拉布前的主穹窿占了九个小开间,角上有较小的穹窿。这一设计在印度显得独特,可认为是受波斯的影响。

在古吉拉特邦(Gujerat)坎贝的**大清真寺**(the Great Mosque,Cambay,1325)位于印度西海岸。其礼拜室是升起的三大券的大亭阁,突出于周围的拱廊,形成了主要的印度传统。与伊斯兰世界其他地方有着直接的海路联系,是古吉拉特的建筑风格受到阿拉伯影响的原因,尤其是在1411年建立的都城艾哈迈达巴德。艾哈迈达巴德的**赛义德·阿兰清真寺**(Mosque of Sayd Alam,1412)重现了坎贝的设计。10年之后,**艾哈迈德沙聚礼日清真寺**(Friday Mosque of Ahmad Shah,1423)有三开间的门廊,其作用是引人进入一间有三个侧堂的大殿,中间的一个侧堂较高,整栋建筑让人感到似乎是一座凯旋门。这是具有影响力的古吉拉特礼拜殿的形式。

江布尔的**阿塔拉清真寺**(Atala Mosque,1408)更强调了在古吉拉特和高尔发展起来的礼拜殿中的中央拱券。阿塔拉寺的拱券大门高23m,有两座从下往上逐渐收小的塔。双塔之间有一个巨大的伊宛遮住了去往穹窿顶的主礼拜殿的入口。强调中央礼拜殿的用意可能是将西部对德里的图格卢克影响与东部在高尔发展的风格结合起来。艾勒卜汗(Alp Khan)于1398年在山区的曼杜(Mandu)建都,在曼杜的**聚礼日清真寺**(1440—1454)中可以看到皈依正宗的伊斯兰新形式。庭院四周的拱廊上覆有小穹窿,入口门廊上则是高而悬空的穹窿。门廊突出于礼拜殿之上,在米哈拉布之前。不寻常的**曼杜要塞**(Fortifications of Mandu)也反映出帖木儿的式样并受其影响。15世纪末,洛提(Lodi)王朝替代了帖木儿王朝,在德里留下了一座重要却很简朴的清真寺,名叫**穆特基清真寺**(Mothki Masjid,

1505)。其礼拜殿上有三座穹窿,后来就成为印度清真寺常见的型制。每一穹窿下有它的米哈拉布,中间一档简约地将穹窿放大以资强调。阿拉伯文字装饰的檐壁、钟乳拱托起的帆拱、釉色面砖、雕刻粉刷无不展现出伊斯兰中部的风格。14世纪早期精美建筑中广泛使用的把白大理石镶在红砂岩中的做法也恢复采用。

如果说具有创造性的伊斯兰的心脏地带8世纪时在叙利亚,9~12世纪时在美索不达米亚,那么随着塞尔柱人转到了小亚细亚和波斯后又随帖木儿到了中亚南部。埃及对于叙利亚的影响和摩洛哥对于西班牙的影响都只是局部的,而伊斯兰风格的演变,在蒙古时期之后却集中于波斯和帖木儿帝国。撒马尔罕取代了阿拔斯巴格达的地位,就像磁铁一样成为发展的中心地带。

尽管在蒙古人手下遭到惨重的破坏,但是美索不达米亚最终还是复苏了。当年巴格达的**米尔詹商栈**(Khan Mirjan, 1357—1360)至今犹存。这家商栈在经济上支持着一座经学院,经学院的宣礼塔和大门至今仍保留着。商栈的庭院上有巨大的砖拱和横向的拱顶。这是一座独特的结构,横向的拱顶高低不一,因而光线可以透射到大殿的深处。入口的部分和走道都用雕刻几何线条图案装饰。内部有序地排列着强劲的钟乳状拱饰,托起上方的挑台。

12世纪,用釉色面砖装饰房屋的内外墙面开始普遍。在西亚(突厥斯坦),位于撒马尔罕西南的**梅尔夫桑贾尔苏丹陵**(Sanjar's Mausoleum, 1157—1160),穹窿顶的表面完全用面砖铺装。

一种在中亚细亚采用的非凡的"旧纸抹了新描"的建筑样式存在于撒马尔罕的墓地**沙阿·津德公墓**(Shah-i-Zindeh, 13—15世纪,见[639]页图A)。先知穆罕默德的堂表兄弟也曾埋葬在该处一浅阜上,其墓坛逃过了1220年成吉思汗破坏的厄运,13世纪后期和14世纪中叶都曾有过改建。这块地方在那时候已经成为一片大墓地,而从14世纪后期至15世纪中叶不断有帖木儿朝的贵族被拘禁在这里。兀鲁伯苏丹(Ulughbeg)在此造了一条通道有效地封住了它。这片墓地上布满了坟墓,有20多座主要的墓尚存,其轮廓和做法各异。有在高鼓座上建带肋高穹窿的,有陶瓷马赛克贴面的,有大胆运用砖砌图案的,这些都能在这片建筑场地找到实例。立方体陵墓上建有典型的穹

窿,大门是一略浅的伊宛。孔雀绿、钴蓝和绿色的面砖是色彩的主调,在后来的房屋上再增加黄色和黑色。

在波斯西部苏丹尼厄的**完者都墓**(Tomb of Oljeitu, Sultaniyeh,约1300—1307,见[640]页)是一座蒙古人拟作为首都的新城中唯一残留下来的纪念性建筑。尖顶穹窿为双层结构,面覆蓝绿色面砖,高逾50m(165ft),建造在周围是拱廊的八角形砖砌台基之上。台基的每一角都建有宣礼塔,今天这八座塔都只剩短短一截。塔和墓室内都有雕刻和彩色粉刷,富有生气。这一座塞尔柱极为重要的建筑由于采取了保存手段而不再被毁败。

14世纪末,帖木儿开始大兴土木,为装点首都撒马尔罕在伊斯兰北部土地上大肆掠夺。他下谕建造庞大的**撒马尔罕比比·哈努清真寺**(Bibi-Kanum Mosque, 1399—1404),内庭约87m×63m(285ft×205ft),主入口大门高近40m(130ft)。庭院周围有许多穹窿组成的屋顶,由480根立柱支撑。还打算建八座宣礼塔。一幅幅精致的图案都用琉璃砖来构成,大多数现在还保存着,使今天的复原得以参考。帖木儿逝世时,这座清真寺尚未竣工,他死后葬入殡葬建筑群中的主墓,撒马尔罕的**古尔·阿米尔墓**(Gur-i-Amir, 1404,见[639]页图B)。这一建筑群包含一座墓、一座经学院和一家商栈。该墓有一座出奇高的鼓座,上面顶着一个拔高的球茎似的穹窿,相传是为了满足这位皇帝对于无限高度的热衷。墙面铺饰陶片和大理石,拱顶内有金色和蓝色的镶嵌图案,奇妙美满。如果去掉上部结构,其外貌就比较怪异,显得贫瘠。原来的穹窿是从一组高而复杂的较低结构中升出,四周房屋的女墙由雉堞组成。

帖木儿的后继者都没有继承他那种狂妄无忌大兴土木的冲动,但毕竟也造了一些不同的动人的建筑。15世纪前期,在撒马尔罕建了**兀鲁伯天文台**(Observatory of Ulughbeg)。在那圆形的拱廊结构之内,装置了一具庞大的石构六分仪,还有其他辅助仪器,可以精细地演示天体的运动。**兀鲁伯经学院**(Madrassa of Ulughbeg, 1417—1420)位于城市中央的雷吉斯坦广场(Registan)内的显著地位,每一座伊宛都框在令人印象深刻的高拱券内。修长的宣礼塔犹如附堡似的从每一隅角升起。

第18章 伊斯兰中部诸王朝建筑和莫卧儿王朝前的印度建筑

图A　沙阿·津德公墓(13—15世纪)，见[638]页

图B　撒马尔罕的古尔·阿米尔墓(1404)，见[638]页

第三编 伊斯兰建筑

苏丹尼厄的完者都墓(约1300—1307),墓的穹窿是双壳,见[638]页

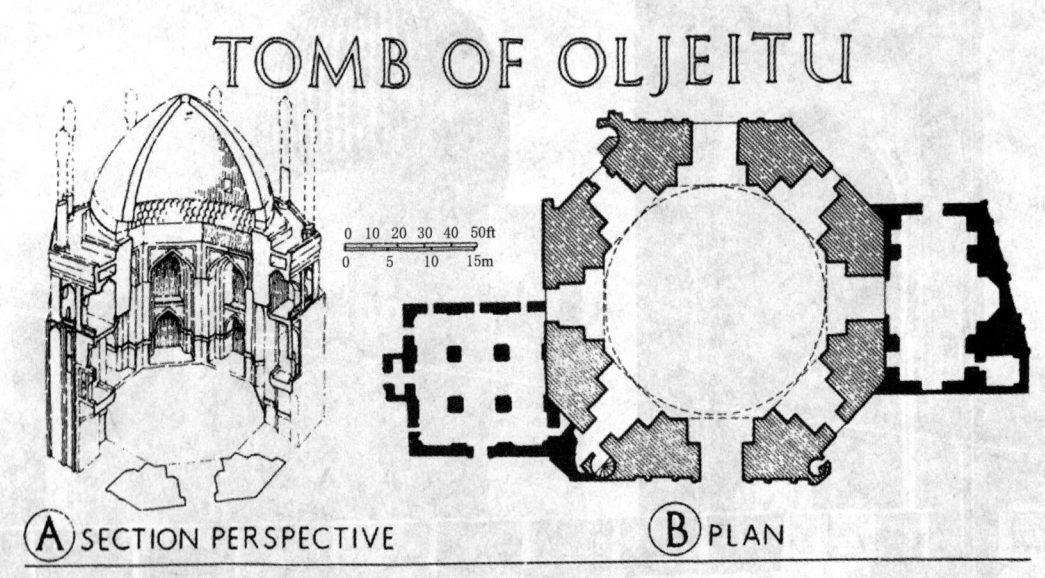

完者都墓 (TOMB OF OLJEITU):Ⓐ 剖面透视图;Ⓑ 平面图

第18章 伊斯兰中部诸王朝建筑和莫卧儿王朝前的印度建筑

在此前不久,同一位苏丹在**布哈拉**也建造了一座较小的经学院,在这两所经学院中,传统的庭院式平面都被十字形角上的房间简化。在时间上几乎孤立的一个实例是阿尤布学院和墓,由于其内部有一重要水源,所以又称为**契希梅·阿尤布**(Cheshme Ayub, 1380)。带有高尖顶的陵墓位于一连串轴向布置的穹窿顶的顶端,由一盏灯悬于中央照明。这是这一地区塞尔柱时期仅存的一栋建筑。布哈拉是中亚细亚的蒙古时代受惠最为丰富的城市之一,有着伟大的卡里安清真寺和米里·阿拉伯神学院,毗邻更早的卡里安宣礼塔(见有关章节),现在留下的宣礼塔建于16世纪早期。布哈拉的其他公共建筑也很丰富,包括浴室和市场,例如16世纪的**扎尔加兰市场**(Taqi-Zargaran),其高耸的中央穹窿跨在道路交叉口之上,还有带多边拱顶的**蒂尔帕克·弗尔珊市场**(Taqi-Tilpak Furnshan)。在城外的**查尔-巴克**(Char Bakr)是一个完整的建筑群体,建于1560~1566年,有学院、陵墓、清真寺、图书馆、浴室、修道院组群和居住建筑群,规模宏大,入口雄伟,创建者是阿卜杜拉汗(Abd Allah Khan)。

希瓦城内有伊琴堡(Ichen Kala,意为内堡),是在16世纪后期按布哈拉和撒马尔罕模式建造的,内有**伊斯兰赫瓦贾经学院**(Madrassas of Islam Khawaja)和**谢尔-加沙汗经学院**(Madrassas of Sher Gaza Khan),以及一座附有浴室和市场的高穹窿顶的**巴列凡·马哈茂德陵墓**(Mausoleum of Pahlavan Mahmud),是一座大清真寺,其宣礼塔按卡里安宣礼塔建造。

14世纪乌尔根奇的**图塔贝克·哈努姆墓**(Tugtabeg Khanum,约1330,也可能更早些),是为苏非王朝而建,主体为六角形,但外表上处理成十二边形,每边的窗户都有深挑的钟乳状拱饰的兜罩框住。高耸的锥形穹窿,其外表的蓝色面砖大部已经剥落,但其内部仍保留着一些那个时期最出色的几何图案的马赛克面砖。

伊朗沙漠以南亚兹德的**聚礼日清真寺**(Friday Mosque),始建于1375年,之后断断续续地一直造到15世纪。最早的部分是米哈拉布和穹窿顶的礼拜室,位于一伊宛之后,面向一长形的拱廊庭院。庭院的纵向入口靠近礼拜伊宛。礼拜室别无其他开口,室高而少有装饰,仅在砖墙面上有一些雕砖块插入。入口大门甚高,另有两座非常细长的宣礼塔。整座清真寺用陶瓷马赛克贴面,间或有塑陶块镶插。

当撒马尔罕的政治力量衰落时,他的地位由**赫拉特**(Herat,在今阿富汗)取而代之。在以后的毁掠中,已没有多少建筑尚存,**高哈尔·沙德经学院**(Madrassa Gawhar Shad, 1417—1432)是其中之一。下部是鼓座,上承高高拱起的尖穹窿,现在比当初的设计要突出得更多。仅有一座宣礼塔尚存。装饰尚有大面积存留着,在深蓝、紫色的面砖铺设的地面上饰有白大理石片块,对比鲜明。内部的钟乳状拱饰更为精致,与辐射状斜角版块相互成肋状交错,墙面上闪跃着陶瓷马赛克的网格。穹窿的外壳上有浑圆的铺陶片的肋,到钟乳状拱饰的挑口处收头,犹如帖木儿墓一样。近来的战争使该建筑遭到进一步的破坏。

在帖木儿晚期的重要建筑中,巴尔赫的**阿布·纳斯尔·帕尔萨圣坛**(Abu Nasr Parsa Shrine,约1461)是一个成熟、有影响力的设计,上有穹窿,但用途不明确。大门口有一对宣礼塔,大门旁有巨大的螺旋状柱廊。穹窿上强有力的浑圆肋直落到钟乳状拱饰的出挑上,下面是鼓座上沿铭文雕刻的檐壁。

伊斯兰建筑

第 19 章
波斯萨非王朝、奥斯曼帝国、莫卧儿印度的建筑

16 世纪后期，波斯的文化和艺术活动的全部重心都集中在萨非王朝的都城伊斯法罕，在中世纪城市的南边兴建了一座新城。位于城中央的是著名的梅丹❶，那是少数完整地保存下来的伊斯兰君主的正式室外公共空间之一。这座梅丹原先是作为马球场而建造的，并不是为市民集聚之用。长轴的一端止于主要的集市（suq）大街，而另一端是王家清真寺的大门。整座新城规整地按轴线布置，结合了一系列集中式的花园。

在伊斯法罕有一座楼阁阿里-考普（Ali Kapu, 1598）俯视着梅丹，这座楼附建在原先已建的一栋建筑上。它那有柱支撑的高大阳台遮掩了带有中央觐见大厅的八层楼房。那些严谨修复的雕刻和糅色的粉刷天花以及钟乳状拱饰的壳体拱顶部，达到这一类特殊波斯建筑细部的成就的高峰。楼阁的对面是一座规模不大的卢特富拉舍赫清真寺（Mosque of Sheikh Lutfullah, 1601—1617）。顶上的穹窿较扁，用陶片铺成阿拉伯纹样，位于面砖铺饰的后退主立面之后。主立面是梅丹双层拱廊的一部分，由大门的精美陶瓷钟乳拱饰分隔。内部的面砖马赛克保存至今。

新王宫布置整齐的花园内有好多独立的亭子，其中之一的谢赫尔-西敦阁❷高而通畅，有多柱的长厅贯穿，夏季凉风习习。有一宽高凉台，由 20 根细柱支撑，跨于水池之上，四周起坐之处在夏日都借以凉爽。

伊斯法罕的梅丹广场的尽端是沙阿清真寺（Masjid-i-Shah, 1612—1638, 见[643]页图 A），即王家清真寺，处于轴线的变换配合巧妙。大门两旁的宣礼塔有 33m(110ft) 高，形成纵深的入口通道，客人从这里经过，进入岩洞般的低穹窿厅堂，随即沿礼拜朝向轴前进。面砖装饰以蓝色为主调，点缀以孔雀绿色的螺旋形花纹。高大的尖穹窿有位于伊宛两旁的宣礼塔作为衬托。

这些王室建筑奠定的基础，其辉煌以及丰富多彩在伊朗和伊拉克的建筑中都有所反映；但是在最为重要的圣地上的那些东西，即使在政治平和的时代，要通达也是非常困难的。麦什德的伊玛目雷沙神庙❸建筑群包括商队客店、礼拜室、图书馆、招待所、经学院、清真寺以及其他各种附属用房。富有创新和活力的建筑充满着神秘和缤纷的色彩。竞相建造的圣坛促进了各地的多样化，例如在西部的库姆（Qum）、纳杰夫（Najaf）、卡尔巴拉、卡济迈因和萨迈拉等地。尽管各地有各自的创造，重要的却是仍有着统一的特性，成为什叶派的信念和波斯的风格。巴格达的卡济迈因神庙（Shrine of Kadhimain, 9 世纪、16 世纪及以后）有一座双穹窿的陵墓，配以一座有低穹窿的礼拜厅，一对宣礼塔，使人想起萨非王朝的波斯。

萨非人将桥梁发展成为具有综合用途的结构。例如伊斯法罕的普勒哈吉桥（Pul-i-Khaj, 约 1650），上有拱廊，下有层层平台。既是渡河的桥梁，又作为一条廊道、一条河坝，还用做水边散步道。桥中央有一座八角亭，两端桥头各有一座半八角亭，相互呼应。整个工程是一双层的拱顶、拱廊、分水墩、坝垛等复杂而又精巧的结合，饰有装饰栏板、拱腹等。更早的阿拉·韦尔迪汗桥（Bridge of Allah Verdi Khan, 约 1600），也建在伊斯法罕，形式与之相似。

---

❶ meydan；梅丹指伊斯兰的礼仪、节庆广场。——译者注
❷ Chehel Situn, 约 1645 年；又译为四十柱厅，波斯语 Chehel 即 40 的意思，20 根柱子加上水中倒影为 40 根柱子。——译者注
❸ Shrine of Imam Resa, 9 世纪以后；麦什德即今马什哈德。——译者注

第19章 波斯萨非王朝、奥斯曼帝国、莫卧儿印度的建筑

图A 伊斯法罕的沙阿清真寺(1612—1638),见[642]页

图B 伊斯法罕的穆达尔-沙阿经学院(1706—1714),见[644]页

图C 伊兹尼克的叶希尔清真寺(1378—1392),见[644]页

图D 埃迪尔内的于奇·谢雷夫利清真寺(1438—1447),见[644]页

伊斯法罕的**穆达尔-沙阿经学院**（Madrassa Madar-i-Shah, 1706—1714, 见[643]页图B），是四伊宛经学院传统的晚期实例，它将沙阿·阿拔斯时期的高尖穹窿与二层的深拱廊相结合。拱廊环绕着一个十字形水道穿越的宽阔花园——古典的天园。

奥斯曼时期

13世纪时，土耳其人不顾拜占庭的抵抗，而向西进逼，越过小亚细亚，他们发展了一种定居到哪里就充分利用当地资源的建筑。200年间他们创造了一种有特色的风格，稳定下来并持续至今。这种新兴的风格，之后不久就可以从伊兹尼克的**叶希尔清真寺**（见[643]页图C）❶中领略。这座清真寺由奥斯曼人建在安纳托利亚边境，是典型简朴的清真寺。礼拜殿平面呈正方形，上覆穹窿。门厅和殿身高度相等。宣礼塔用绿色釉面砖铺饰，墙面呈现出一种简约的节奏感图案。每一结构体上建一穹窿。叶希尔清真寺比例壮实，纯属原型，丝毫没有受拜占庭的影响。这是第一座奥斯曼建筑，建筑师是哈吉·本·穆萨（Haji-bin-Musa）。多穹窿的礼拜殿在奥斯曼建筑中十分罕见，布尔萨的**乌卢清真寺**（Ulu Mosque, 1395—1399），在宽广的礼拜空间之上有20个穹窿，分为四列，每列五个。布尔萨的**叶希尔清真寺**（Yeshil Mosque, 1421）也是多穹窿的建筑，这座清真寺是由带相向伊宛的经学院改建的，不过其庭院上空已经加建了一个大穹窿。大穹窿下有一水泉，显示了它原来的功能形式。一道有大理石花饰的栏杆将西南区的伊宛划分开来作为独立的礼拜空间。在布尔萨，建造年代略早，建筑特点相类似的清真寺有：**穆拉德清真寺**（Murad, 1366）、**耶尔德勒姆·贝亚泽特清真寺**（Yilderim Beyazit, 1391）、**阿马西亚的贝亚泽特帕夏清真寺**（Mosque of Beyazit Pasha, 1414—1420）。

然而，典型的奥斯曼建筑风格却兴起于欧洲。奥斯曼的苏丹在与拜占庭帝国的斗争中，转移到了欧洲的土耳其这片土地上。在君士坦丁堡陷落前，建都于色雷斯的阿德里安堡（Adrianopolis, 今埃迪尔内）。埃迪尔内的**于奇·谢雷夫利清真寺**（Uch Sherefeli Mosque, 1438—1447, 见[643]页图D）是奥斯曼风格在土耳其的第一座伟大建筑，虽然也保持着原先贝里克时期❷的某些特点。这里有色彩相间的互扣拱楔石，有连续的二心拱券，钟乳状柱帽和门头，还有微隆的包铅穹窿，所有这些工艺制作精密，形式成熟。四座宣礼塔中有一座为主塔，平地拔起67m(220ft)，远远高于近邻的建筑，三层阳台使塔身更显优美。这也是寺名的由来。中央空间整个为一座高20m(66ft)的六边形穹窿所覆盖。礼拜殿纵向延伸部分的上方各有两个穹窿。

就在伊斯坦布尔陷落前，奥斯曼苏丹在博斯普鲁斯海峡岸边建造了伊斯坦布尔的**鲁梅里堡**❸。鲁梅里堡与大多数奥斯曼要塞相似，仅设有一堵巨大的带雉堞的外墙，有许多圆形料敌塔扶持，其中有一些扩大成为棱堡。鲁梅里堡有三座塔由一堵蜿蜒在水滨的护墙相连，也将上塔下塔连在一起。原来这些塔上都有像在君士坦丁堡北部加拉太（Galata）的热那亚塔那样更早的圆锥形屋顶。

伊斯坦布尔的**法提赫清真寺**（Fatih Mosque, 1463—1471）是奥斯曼征服者所建的第一座清真寺，以替代使徒堂，它在穆罕默德·法提赫（Mehmed Fatih）占领君士坦丁堡以后的10年内就开始兴建。18世纪遭到地震破坏之后，它又为另一座不同形式的房屋所替代。这座清真寺由一系列的学院和慈善机构所围绕，成为早期奥斯曼建筑中最大的公共建筑群。礼拜殿的穹窿为米哈拉布上的半穹窿扶持着，这是早期奥斯曼的穹窿加半穹窿结构构成的实例，以后为土耳其建筑师广泛应用，而这起源于圣索非亚大教堂，这座大教堂在君士坦丁堡陷落后就立即改为清真寺。

尤为著称的是伊斯坦布尔的**钦利阁**（Chinli Kiosk, 1472, 见[645]页图A），它的平面颇受波斯楼阁的影响。中央部分呈十字形，顶上是一浅穹窿，十字臂上的房间端部是外贴面砖带柱廊的阳台。十字臂之间是完整的套房，合在一起形成正方形的平面。这种集中式的布局在以后的王家亭阁中一再采用，例如博斯普鲁斯海峡、马尔马拉海（Marmara）和黑海边的海滨住宅及水榭等。

---

❶ Yeshil Mosque, 1378~1392年；又称为绿色清真寺，因其穹窿一度曾覆有绿色的瓦而得名。——译者注
❷ Beylik；贝里克时期，指伊斯坦布尔作为奥斯曼帝国所属土耳其省的时期。——译者注
❸ Rumeli Hisar, 1451~1452年；土耳其语中的hisar意为城堡。——译者注

第19章 波斯萨非王朝、奥斯曼帝国、莫卧儿印度的建筑

图A 伊斯坦布尔的钦利阁(1472),见[644]页

图B 伊斯坦布尔的贝亚泽特清真寺(1501—1508),见[647]页

图C 埃迪尔内的谢里姆清真寺(1569—1574),见[648]页

第三编 伊斯兰建筑

图A 伊斯坦布尔的苏莱曼清真大寺(1551—1558),见[647]页

图B 索库尔卢·穆罕默德帕夏清真寺(1560—1565),见[647]页

图C 索库尔卢·穆罕默德帕夏清真寺内景

第19章 波斯萨非王朝、奥斯曼帝国、莫卧儿印度的建筑

埃迪尔内的贝亚泽特二世的精美的库利耶建筑群(Kulliye, 1486—1488)濒临登萨河(Tunca)畔而建,由一连串的庭院组成,用做公共和慈善事业。灰色浅穹窿覆盖着一座学院、一家医院和一间济贫用的厨房,还有一个餐厅,整个建筑以清真寺的穹窿和一对宣礼塔为主。学院基本上是一所医学院,环绕庭院有供18位学生使用的房间,而医院则是一圈回廊的房间,并有一个穹窿顶的八边形建筑,做生活居住用。在这栋建在从拜占庭帝国取得的欧洲土地上的房屋中,可以看到奥斯曼建筑早期的成熟及其古典形式。

伊斯坦布尔的**贝亚泽特清真寺**(the Mosque of Beyazit, 1501—1508,见[645]页图B)是帝国首都存留下来最早的皇家清真寺。四根硕大的墩柱支撑着主穹窿,在长轴方向有相向的两座半穹窿作扶持。两边通道与主礼拜空间紧紧地结合在一起,顶上设次穹窿。净礼庭院每边都有一般的带穹窿的拱廊,在清真寺前的是为后到者设置的等候空间,其伸展到两个特殊的纵翼部处,并一直延伸宽广的塔下空间,上面是高耸的宣礼塔。翼部或许是为接待和借宿者而建的。

建筑师锡南(Sinan)为苏莱曼一世(Sultan Suleyman the Magnificent)建造的伊斯坦布尔的**谢扎德清真寺**(Shezade Mosque, 1544—1548)完美地表现出奥斯曼时期清真寺各组成部分之间的经典关系。净礼庭院为矩形,周围有一圈带穹窿顶的拱廊环绕。礼拜厅上置穹窿,厅的西边两个角竖立着两座比例修长的带独特肋形装饰的宣礼塔。过了礼拜厅,几乎在花园的中央,是苏莱曼苏丹继承者的陵墓:**谢扎德亲王墓**(tomb of Prince Shezade)。这座呈八角形塔状的陵墓,异乎寻常地用装饰石板铺饰,顶上是带肋的穹窿,反映出中亚的传统。谢扎德清真寺值得注意的是其礼拜厅的对称性。中央穹窿四面有半穹窿扶持,再加上四个穹窿辅佐,组成一个完整的内部正方形平面。

与其他皇家机构一样,伊斯坦布尔的**苏莱曼清真大寺**(Suleymaniye Mosque, 1551—1558,见[646]页图A,见[649]页图①、图⑥)也是一组公共建筑群的中心,周围有浴室、学校、学院、一所医院、商店、图书馆、饭店、公墓以及为官员、世俗及神职人员建的宿舍。整个建筑群由建筑师锡南设计,用了不到10年的时间全部落成,包括在这片坡地为清真寺而建的平坦的平台。锡南在结构上以邻近的贝亚泽特清真寺和圣索非亚大教堂作为先例。礼拜厅西面的两座宣礼塔与净礼庭院最西端的两座较低的宣礼塔互为呼应。苏莱曼清真大寺的规模巨大,穹窿的直径达 26m(85ft),高 52m(170ft)。外表包铅的穹窿,轮廓柔和而形体雄健,覆在一周高低起伏的檐墙上,与优雅、纤细的宣礼塔形成强烈的对比。在清真寺内部,陶瓷版饰疏密有致并且十分完美。白色书法刻在蓝色底上,并以精美的图案作为边饰。彩色玻璃窗镶嵌在典型的奥斯曼式的雕刻粉刷的花格中,光彩熠熠。

苏莱曼苏丹与其妻子罗克赛拉娜(Roxelana)合葬在一座简朴的穹窿顶八角形陵墓内,墓屋内墙面的装饰是华贵绚丽的伊兹尼克做法的面砖,为苏丹妻子设计的是以蓝色为底色的茂盛的白色繁花,为苏丹设计的是华丽而又严肃的成片图案。这一群体中的所有建筑都有统一的构造和装饰体系,在某些地方会渐趋高潮,如主要学院庭园内的大理石水池和喷泉。

吕莱布尔加兹的**索库尔卢·穆罕默德帕夏清真寺**(Sokullu Mehmet Pasha Mosque,可能建于1560~1565年,见[646]页图B、图C)是一组典型的外省建筑群。在轴线布局的东南端是一穹窿顶的图书馆,西北是一交叉拱顶覆盖的集市。这一清真寺本身具有路边大型建筑群的特点,其穹窿的直径大于12m(39ft)。学院与净礼庭院融为一体,神学院学生的斗室环绕着清真寺前的庭院。

在苏莱曼苏丹谕旨建造的位于大马士革的**特克清真寺❶**中有一种特殊的宜人的平衡。该清真寺设在通往麦加的商队道路上,是北方朝觐商队聚集的地方。曾为德尔维希❷所用,称之为特克清真寺。这座清真寺位于离城墙外面有一段距离的拜拉达(Barada)河滨的绿茵上。斗室和辅屋围绕着一座中央庭院布置,院中有水池,而不是一般设有水箱的净礼泉,这座清真寺有皇家的背景,建有两座宣礼塔,清真寺的墙体用两种不同颜色

---

❶ Tekke Mosque, 约1560年;即修道院清真寺。Tekke是土耳其语特克的意思, tekkiye 即 khanqah, 是伊斯兰修道院的阿拉伯名称,修士通常是托钵僧,也可能是士兵。——译者注

❷ Dervish;苏非派教团成员。——译者注

的砌块逐皮交替砌筑，这种砌筑方法源自埃及，在土耳其很少采用。盖布泽(Gebze)的商队清真寺(始于1528年)也用类似做法。

16世纪处于萌芽期的奥斯曼帝国建了不少水库、仓库、水坝、码头、输水道和桥梁。其中，埃迪尔内的阿尔普卢桥(Bridge of Alpulu)依旧存在，不过已离开了原先跨越的河道。中跨有20m(66ft)多，拱高10m(33ft)。长长的引桥下是较小的拱券。分水墩上有圆头拱券穿过，在中央主拱顶上有用牛腿挑出的阳台。在埃迪尔内和伊斯坦布尔之间的大切克梅杰湖(Buyuk Chekmeje)上，通往西部的主干公路上有一连串多拱桥，跨过河口穿过几个岛屿，工程在1567年完成。

距伊斯坦布尔不远处有一条近300m(1000ft)长，横跨山谷的马格洛瓦输水道(Maglova Aqueduct,1564)。结构为双重拱券，高达20m(66ft)，具有罗马输水桥的规模和力度，足以与之媲美。从艾瓦德高坝水库(Ayvad, 1565)输水到首都有多条输水道，马格洛瓦输水道是其中之一，有的输水道的长度更长。

在改建伊斯坦布尔的苏丹宫殿，即伊斯坦布尔的托普考普宫❶的工程中，建筑师锡南重建了很多相同的厨房。每一个宽敞而呈正方形的房间上面均覆盖着外包铅皮的圆锥形石材屋顶，顶上中央有出风口，口上方设罩。锡南在宫中的另一件豪华之作是苏丹穆拉德三世(Murad III)的寝宫，完成于1578年。苏丹的妻子在圣索非亚大教堂附近捐赠建造了伊斯坦布尔的哈赛基·许雷姆浴室❷。那是城内许多公共浴室中最精致的一所，在一条轴线上纵列着四个穹窿。这座浴室和下面要介绍的四座清真寺都是由锡南设计的。

在帝国首都的许多大臣们的清真寺中，伊斯坦布尔的吕斯泰姆帕夏清真寺(Mosque of Rustem Pasha, 1560)以其丰富的饰面砖而著称。它独立位于城市中最繁忙的一个集市区中，巧妙地建在商店和仓库的二楼上，其穹窿高高地坐落在商业建筑的顶上。穹窿的位置在礼拜殿的上方，内墙面披着一层华丽的面砖铺饰的图案，尽管房屋提升在二楼，内部空间比例丝毫不受影响。

伊斯坦布尔托普卡珀的米赫里马清真寺(Mosque of Mihrimar, 约1562)是一座二级皇家清真寺，只有一个穹窿，由礼拜殿的四堵外墙支托。每堵墙嵌在巨大的拱券中，墙上开有许多窗户使内部特别的明亮，可与伊斯坦布尔埃尤普的扎尔·马哈茂德帕夏清真寺(Mosque of the vizier Zal Mahmut Pasha, 约1580)内的光线相比。

在跑马场附近一处陡坡基地上，锡南成功地解决了地形的限制条件，为苏莱曼的首相索库尔卢·穆罕默德帕夏建了一座清真寺和经学院(mosque and medrese for Suleyman's Grand Vizier, 1570—1574, 见[646]页图B、图C)。建筑的入口设在经学院礼拜室的楼下，有一座阶梯轴向下引入庭院。中央设净礼泉，泉的上方有穹窿顶，清真寺的穹窿，配合修长的宣礼塔，成为垂直向上的背景。整座建筑繁简相宜，只有米哈拉布墙上有面砖铺饰，其中有充满诗意的阿拉伯图案，而周围墙面的处理却十分简洁。这座清真寺装有除了苏莱曼清真寺以外，这个时期中最为漂亮的彩色玻璃窗。

奥斯曼建筑的，也可以说是锡南的最光辉的成就是埃迪尔内的谢里姆清真寺(Selimiye Mosque, 1569—1574, 见[645]页图C, 见[649]页图Ⓕ、图Ⓖ)。清真寺位于一座山丘的顶部，以一种至高无上的地位耸立在平台之上。地面上另有两所较矮的经学院，在一侧的下方建有一个拱顶覆盖的大集市。清真寺的穹窿直径为31m(100ft)，高达42m(138ft)，由八个巨大的柱墩承载，属奥斯曼帝国建筑最大的穹窿。围绕穹窿的墙体平面呈矩形，每角有一座修长的宣礼塔，高度超过82.9m(275ft)，塔身往上收小至不足4m的直径，醒目地分为数段。三层阳台都有复杂而优美的钟乳状拱挑出，每层阳台各有独立的螺旋梯登达。米哈拉布设在一间独立的厅堂内，上方覆有半穹窿。

伊斯坦布尔的艾哈迈德苏丹清真寺(Mosque of Sultan Ahmed, 1610—1616, 见[650]页图A)有六座多阳台的宣礼塔。结构体系与谢扎德清真寺相仿，中央穹窿有四个半穹窿扶持，正方形礼拜殿四角还各有一穹窿。四堵过于粗重的墩子上也安有次穹窿。支撑系统从每边墩子往外下泻，形成一系列包铅的屋顶和穹窿。整个清真寺的外轮廓可以说是所有大型奥斯曼清真寺中最为成功的金字塔般的组合形式。

---

❶ Topkapu Serai，约1550年；土耳其语 Serai (Saray)音译为萨拉伊，即宫殿。——译者注
❷ Hasseki Hurrem Baths，1556年；哈赛基·许雷姆即苏丹妻子罗克赛拉娜。——译者注

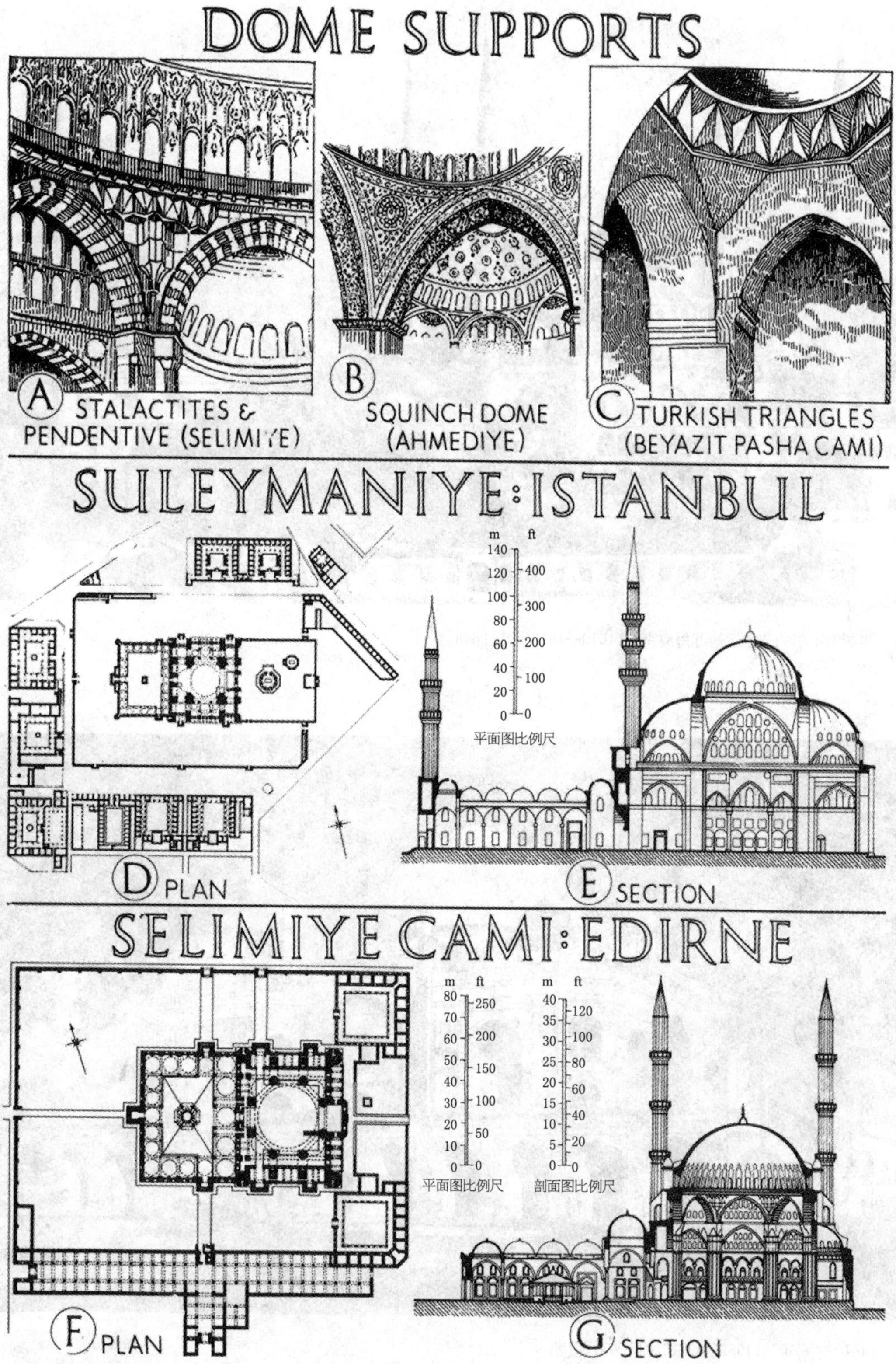

第19章 波斯萨非王朝、奥斯曼帝国、莫卧儿印度的建筑

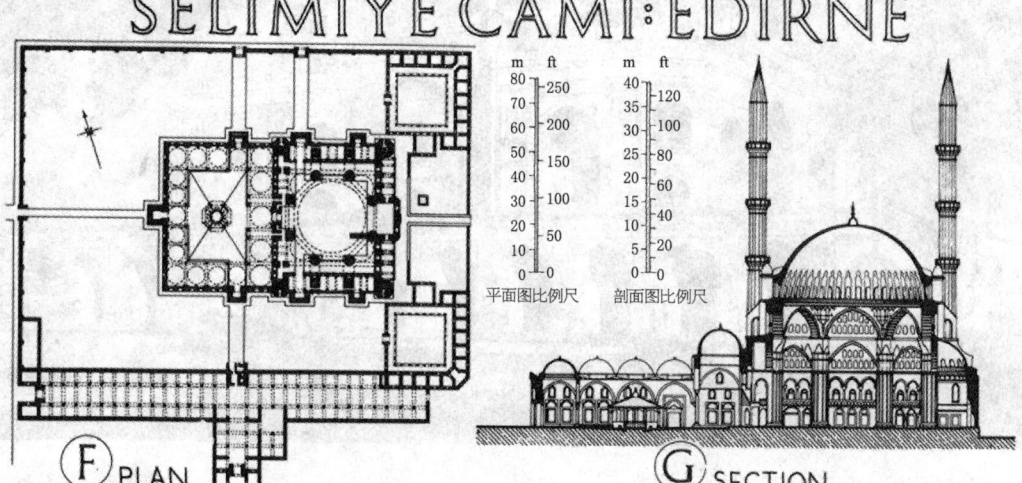

DOME SUPPORTS

- A STALACTITES & PENDENTIVE (SELIMIYE)
- B SQUINCH DOME (AHMEDIYE)
- C TURKISH TRIANGLES (BEYAZIT PASHA CAMI)

SULEYMANIYE : ISTANBUL

- D PLAN
- E SECTION

SELIMIYE CAMI : EDIRNE

- F PLAN
- G SECTION

穹窿的支撑(DOME SUPPORTS)：Ⓐ 钟乳状拱和帆拱（谢里姆清真寺）；Ⓑ 突角拱（艾哈迈德苏丹清真寺）；Ⓒ 土耳其三角托（贝亚泽特帕夏清真寺）
伊斯坦布尔的苏莱曼清真大寺（SULEYMANIYE：ISTANBUL）：Ⓓ 平面图；Ⓔ 剖面图
埃迪尔内的谢里姆清真寺（SELIMIYE CAMI：EDIRNE）：Ⓕ 平面图；Ⓖ 剖面图

第三编 伊斯兰建筑

图 A　伊斯坦布尔的艾哈迈德苏丹清真寺(1610—1616)，见[648]页

图 B　德里的胡马雍陵(1556—1566)，见[651]页

第19章 波斯萨非王朝、奥斯曼帝国、莫卧儿印度的建筑

四伊宛的经学院方案不为采用，典型的奥斯曼经学院其中心是单独的礼拜室，位于对称的回廊庭院中，四周是穹窿顶的房间。其他类型亦有采用这种方式，例如医院和贝亚泽特一世的工程，还有苏莱曼一世所建的遍及帝国全境的工程。

18世纪中叶，奥斯曼帝国深受欧洲风格的影响，其程度远远超过其他伊斯兰朝廷。在与奥匈帝国、意大利和巴黎多次接触之后，传入了巴洛克的古典主义思想，并与传统形式融合而成一种真正的合璧式样的建筑。伊斯坦布尔的**努鲁奥斯曼清真寺**(Nuru-osmaniye Mosque, 1748—1755)位于一浑圆的净礼庭院之后，圆形平面一直伸到米哈拉布的开间。细部趋近于洛可可式的纤巧繁复，但礼拜殿的巨大拱券仍保持着锡南的米赫里马清真寺(见有关章节)的那种雄劲的形式。

伊斯坦布尔的其他皇家清真寺延续着这一风格。紧接着又建造了**拉莱里清真寺**(the Laleli Mosque, 1759—1764)，在这里，传统平面形式的变化并不太明显。富有活力的直线条形体基本上是奥斯曼式的，巴洛克的成分仅局限于曲线条的古典式细部。宣礼塔上的纤细塔尖为洋葱似的顶所替代，这是奥斯曼巴洛克的明显标志。1825年建造的**屈奇克长官清真寺❶**的平面呈横向椭圆形，也表现出这种风格。同样的还有1826年建的**努斯拉蒂耶建筑群**(Nusretiye Complex)，下部圆形平面的形体上有起伏的檐口和波状的砖皮，上部则是强劲有力的直线体形。

印度的莫卧儿建筑

1526年，帖木儿的后裔巴伯尔(Babur Shah)进入了旁遮普，打败了德里的易卜拉欣苏丹(Ibrahim)，为莫卧儿王朝统治印度大部分土地开拓了道路。他的儿子胡马雍(Humayun)是大肆建设的第一位皇帝，但其大部分建筑都已消失。这个时期留下的东西大都是篡夺皇位的舍尔沙苏丹(Shershah)所为。苏尔(Sur)王朝的舍尔沙攫取了德里的王位，将巴伯尔家族流放在外15年，胡马雍逃亡波斯。舍尔沙在1540年掌握政权后所做的第一件事，就是将老城堡普兰那吉拉(Puranakila)重新加强防御，作为新都的核心。一部分城墙，两座城门，还有一座清真寺都仍保留至今。德里的**大城门**，称为巴拉达瓦扎❷，是一粗壮的红色砂岩建筑，其间有白色大理石镶嵌，**库赫那堡清真寺❸**是莫卧儿风格起源的重要标志。那是一座私家清真寺，故而相对较小，也不设宣礼塔。简朴的入口庭院之后是礼拜室，占有五间，顶为多穹窿，中央之一为简单的浅穹窿。每一间有一浅伊宛。

为巩固疆域，舍尔沙谕令在国土周围建设堡垒。在旁遮普邦的杰赫勒姆(Jhelum)附近建有**罗塔斯堡**(Fort of Rohtas，约1545)，堡墙高逾10m(33ft)，有12座堡门。犹如首都一样，堡门及其周边都经过建筑上的处理，设计和施工十分精美，规模也很大。最完整的是索哈尔门(Sohal gate)，高达22m(73ft)。

苏丹最著名的工程是由舍尔沙的儿子完成的**瑟瑟拉姆舍尔沙墓**(Tomb of Shershah, 1540—1545)。陵墓建在瑟瑟拉姆一个人工湖中的岛上。原来的色彩丰富且鲜明，而现在虽然还保持着许多面砖饰版，但所髹的彩色已不再可见。主墓屋及其周围的拱廊有一系列小亭作点缀。以小亭与主体相互烘托的做法，这是个首例，也是后期莫卧儿建筑的一个特点。

莫卧儿建筑杰出的时期出现在胡马雍的儿子阿克巴(Akbar)即位之后。德里的**胡马雍陵**(Tomb of Humayun, 1556—1566，见[650]页图B)位于一座规整的花园内，花园由一个人工水道网分割，从各条轴线上均有门进入。墓屋屹立在一块壮大的红色砂岩平台上，雄伟的拱廊由深凹的实心伊宛构成。排列有序的拱券、墩柱、窗间墙以及洞孔都以白色大理石镶嵌作为边框，高檐壁的装饰采用旋涡纹样。墓屋有四座八角形塔楼，中间的大空间上方是白色大理石双层壳的穹窿顶。其外形比先人的更拔长一些。穹窿坐落在一圆筒鼓座上，使人联想起中亚的穹窿。这座陵墓以其不平凡的高度、明确的体形和立面的表现为早期莫卧儿风格的奠

---

❶ Kuchuk Effendi Mosque；土耳其语中的 effendi 是一种尊称，意为先生、老爷、长官。——译者注
❷ Bara Dawaza，约1542年；巴拉(Bara)在印地语中是"大"的意思，达瓦扎(dawaza, darwaza)即"门"。——译者注
❸ Kila-i-Kuhna Masjid，1544年；基拉(Kila)在印地语中是堡、要塞之意。——译者注

第三编 伊斯兰建筑

定作了颇多贡献。陵墓位于园中,其轴线上的房屋部分延伸入景色之中,将波斯天园的理想表达得淋漓尽致。

阿克巴大帝把首都从他父亲失而复得的德里向南迁移。他登基不久就开始重建朱木拿(Jumna)河畔的红堡(Red Fort, 1564—1580)。用红砂岩建造的城墙高20m(66ft),全长超过1 mile(1.6093km),城外濠宽达10m(33ft)。出入要通过两座多重门,内部虽是富丽堂皇的宫殿,但它毕竟是一座要塞。宫殿的主要殿堂靠在东岸,从那里可以俯瞰朱木拿河。多边形的塔楼以镶嵌版块、腰线为饰,上方有穹窿顶的亭子,还建有经过仔细安排的粗壮的雉堞。

拉合尔阿克巴城堡(Akbar's Fort at Lahore)外墙上饰有陶瓷马赛克的饰版。在德里的红堡(Red Fort)砂岩墙面上镶有白色大理石。在阿格拉的红堡内,皇帝为他儿子建造的贾汗季宫❶保存良好。宫殿的中央是一个大庭院和主寝宫,还有一所装饰精致的图书馆。整座宫殿犹如悬崖般高居于江滨。

阿克巴的建筑活动以建造新城法塔赫布尔西格里(Fatehpur Sikri, 1569—约1580)为颠峰。由于城市建在山顶,所以众多人口的供水便成问题,因而最终被遗弃。现在保存的情况犹如当年建造时的一样。城址山石嶙峋,半岛似的伸入周围的平原之中,当年这片平原尚是沼泽或是湖泊。山脚下有一个繁华的小镇。山顶上的城市布局并不规则,这座城市与其先例一样,既是宫城,又是兵营,还是一所会众清真寺。它是莫卧儿建筑的一件非凡的纪念品,毫不走样地保留着,其构造技术堪称为"石榫构造"。新城的石料有砂岩和大理石,可以锯解加工成板、片、梁和柱,不用或用极少的黏合料来连接物件。熟练工人能把石料加工成任何形状,能雕制带精细花饰石格栅的窗和屏。他们的技术能制作出无比轻盈的结构。宫室的底层是宽大出檐的亭阁,而上层楼面是一个平台,由细长的柱子支撑,再往上还是平台,然后是带穹窿的屋顶,出檐也相当深远。

班杰宫(Panch Mahal, 见[654]页图A),楼高五层,层层空气通畅,往上逐层收小面积。枢密殿❷是一座独特的、立方体的觐见殿,殿内楼层中央有一孤立的平台,由一根石柱支撑。按对角线建的四座桥将平台与四周的回廊相连。殿的角楼内有旋梯可通向上面的楼层,这是建筑上的独创。观赏水池、庭院呈不规整的布局,连接着客房、浴室、卫兵营、马厩、宝库、闺房、内外接待厅以及清真寺。

法塔赫布尔西格里的大清真寺(the Great Mosque, Fatehpur Sikri, 1571—1596)按通常的莫卧儿式平面布置,中央有一亭阁,上负三个穹窿。拱廊围成矩形,有入口、教室插在其中,西面是列柱的礼拜殿。

中央的高伊宛遮掩了主穹窿,每一个次穹窿都由插在拱廊中的砖石结构所支撑。清真寺的庭院长宽约110m×130m(360ft×430ft),由拱券回廊环绕,廊上檐边有一连串伞形顶的小亭。清真寺的大伊宛用白色大理石贴面,留出狭条的砂岩墙身。主轴上的南门由阿克巴改建为一座凯旋门,名叫布兰德门(Buland Darwaza, 1596, 见[654]页图C)。它比清真寺内的其他任何部分,也比邻旁任何建筑都高出许多。宏大的伊宛之前是雄伟的金字塔形台阶,下面的道路陡峭地通向城市。从入口伊宛穿过打开一半的八边形建筑,进入一间高大的矩形厅,该厅面对着清真寺的庭院。外墙面上镶嵌大理石形成红白相间的设计,内部则以红色砂岩为主。

然而,整个组合的中心是陵墓,它不按一般的做法,而位于庭院中。这一特殊的位置是给阿克巴的精神导师安排的,而今天见到的这座不平凡的建筑是由阿克巴之孙沙·贾汗(Shah Jehan)所重建的。从现存的形式看,这座萨里姆·奇斯蒂教长墓(Tomb of Sheikh Salim Chisti, 约1580和约1610, 见[655]页图A, 见[656]页图Ⓔ、图Ⓕ)的平面呈正方形,穹窿顶十分简朴,细部优雅。外墙是由极为细巧的镂花大理石板组成,镶在大理石柱之间。墓室有一圈回廊,整个包围在大理石栏栅之中。大理石檐板由独特的蛇形支架承托。

法塔赫布尔西格里城建筑的装饰大多源自伊斯兰,但是已非常风格化了。宽深的檐部、雕刻的栏杆、分片的墙面都是其主要特点。有些建筑,例如觐见殿❸极为简单,而其他例如布泊尔罗阁

---

❶ Jehangir Mahal;马哈尔(Mahal)是指莫卧儿印度的住宅或宫殿。——译者注
❷ Diwan-i-Khas;译为勤政殿,觐见殿,或音译为迪万·卡斯,迪万·哈斯。——译者注
❸ Diwan-i-Am;对公众的觐见殿,或音译为迪万·阿姆殿,迪万·艾姆殿。——译者注

第19章 波斯萨非王朝、奥斯曼帝国、莫卧儿印度的建筑

宫(House of Rajah Burpal)、土耳其嫔妃宫(House of the Turkish Consort)以及内觐见殿(Hall of Private Audience)等,石墙面上覆盖着十分繁琐、精巧的浮雕。在清真寺的米哈拉布室内,墙上雕刻的大理石图案已表现出独具匠心,并在若干年后皇帝自己的陵墓中发扬光大。

阿格拉锡根德拉的阿克巴大帝陵(Tomb of Akbar the Great, Sikandra, Agra, 1604—1612,见[655]页图B、图C)位于有河道穿越的一座花园内。入口雄伟,有四座宣礼塔高高耸立,上面华美地装饰有大理石和半宝石的花卉和几何图样。这是以法塔赫布尔西格里的层层平台亭阁为先例的,细致而又传统的房屋。四层重叠的平台,层层收小,形成一平顶的方锥体,上层全是大理石装饰,下部几层由砂岩制作。整体位居在一拱廊高台上。由细长石柱支撑的石亭,一层又一层地垒起,整个顶上有很多精美制作的伞顶小亭。装饰技艺种类繁多:有陶瓷马赛克、大理石和石料镶嵌。墓内则有石雕和粉刷雕刻,有髹以彩色的和镶嵌的,其设计明显地是波斯式样。最高一层白色大理石的露天平台有一圈柱廊步道环绕,外周的每一幅墙版都用大理石制作,精美绝伦、富丽堂皇。

阿克巴之子贾汗季建造得不多,但在他父皇的陵墓完工之后,就为他的国丈建了一座陵墓,位于阿格拉称为伊蒂马德·乌德·道拉墓(Itimad ud-Daula, Agra, 1628)。这座陵墓建在阿格拉城朱木拿河畔的一个花园内。平面为正方形,中有十字形布局,四角各有一座宣礼塔,像是贾汗季自己陵墓的预演。墓屋从房屋中央升起,上覆宽檐的低穹窿。

从17世纪早期起开始从红砂岩墙面向白色大理石贴面转变,这种建筑手法在壮丽的纪念性建筑和宫廷建筑中有所体现,并且在那个时候已经常采用镶嵌花岗岩(半宝石)的做法,技术亦趋高超。这种技术也许受到欧洲的启发,已被认为是莫卧儿的原创。比贾布尔的会众清真寺(Bijapur the congregational mosque, 1626—1660,见[656]页图Ⓒ、图Ⓗ)是实际上独立的阿迪尔·沙赫王朝(Adil Shahi)大规模兴建活动中起首的雄伟建筑。它将穹窿的传统和多柱建筑的传统结合起来,风格上既有力又具节制。建造者阿里·沙一世(Ali Shah I)的后裔雄心更大,穆罕默德·阿迪尔·沙赫苏丹墓(Tomb of Sultan Muhammed Adil Shah),称为戈尔·贡巴兹❶是所有单穹窿墓中最大的一座,也是一个大规模城市建筑群的中心。

在旁遮普邦的拉维(Ravi)河畔,拉合尔的贾汗季墓(Tomb of Jehangir, 1627—1630)带来了天园的理念。四周有墙垣环绕,中心是一座墓亭。在这里仅是一栋宽而低的单层房屋,就被认为对于陵墓已很相称。宣礼塔则设在角隅。实际上,宣礼塔在印度建筑上仅有很小的作用,与开罗、伊斯坦布尔和伊斯法罕相比并没有什么发展。宣礼塔在印度次大陆开始之后,显得并不协调,有时还格格不入,只有在阿克巴和贾汗季的陵墓中尚称和谐。贾汗季墓上的塔楼相对较细、塔身分成数段,顶上有八角柱支撑的小穹窿,尽管外观简单,却具有较大的意义。陵墓设在有水道和轴向小径的花园中,每一对景线都以一个大门作为结束。

据说胡马雍在波斯喜欢上了规整式园林的建筑模式,并将其引入印度,而这种建筑模式似乎也为善于接受新事物的印度人所接纳。在拉合尔的夏利马尔花园(Shalimar Garden, 1633—1645)中,三个相互分隔的平台被水渠分成四片。中间平台的长轴横向地与整个花园的主轴相交,几何形态十分突出,表现在花园的每一部位的设计上。每个焦点上都设亭阁,亭阁也都是轴线的对景点。池中多喷泉,跨池有大理石步道联系池中各石头建造的小岛。精镂细雕的大理石和水中的倒影,使景色倍增(见第20章)。

拉合尔城堡(Fort at Lahore, 16、17世纪)是莫卧儿帝国一所有防御工事的群体建筑,建造在原先有房屋的墓地上。在上层台地上,沙·贾汗苏丹继续着他父亲的工程,在对外的部位建造了一系列接待厅和一座觐见殿,并在内部建造了许多精美的亭阁和庭院。在一个庭院内兴建了白色大理石的三穹窿小型宫廷清真寺,庭院于是增色不少。在另一处,孟加拉式屋顶深远的屋檐,似乎是搁在大理石的装饰屏上,这个做法成为时尚,并往西流传。大理石雕屏既能围合空间,又可透光通气。城堡的外墙有一部分在砖墙框内镶有面砖马赛克。白、黄、橙、绿、孔雀蓝、深蓝和深紫是主色。这一类做法可以在一些质朴的建筑上见到,例如沙·贾汗乳娘墓(Tomb of the nurse to Shah Jehan, 约1640)以及拉合尔城内同时代的一些清真寺。

624

---

❶ Gol Gumbaz, 1627~1657年;戈尔·贡巴兹即陵墓之意。——译者注

[653]

第三编 伊斯兰建筑

图A 法塔赫布尔西格里的班杰宫,见[652]页

图B 法塔赫布尔西格里的枢密殿,见[652]页

图C 法塔赫布尔西格里的布兰德门(1596),见[652]页

第19章 波斯萨非王朝、奥斯曼帝国、莫卧儿印度的建筑

图A 法塔赫布尔西格里的萨里姆·奇斯蒂墓(约1580,约1610),见[652]页

图B 锡根德拉的阿克巴大帝陵

图C 锡根德拉阿克巴墓的大门(1604—1612),见[653]页

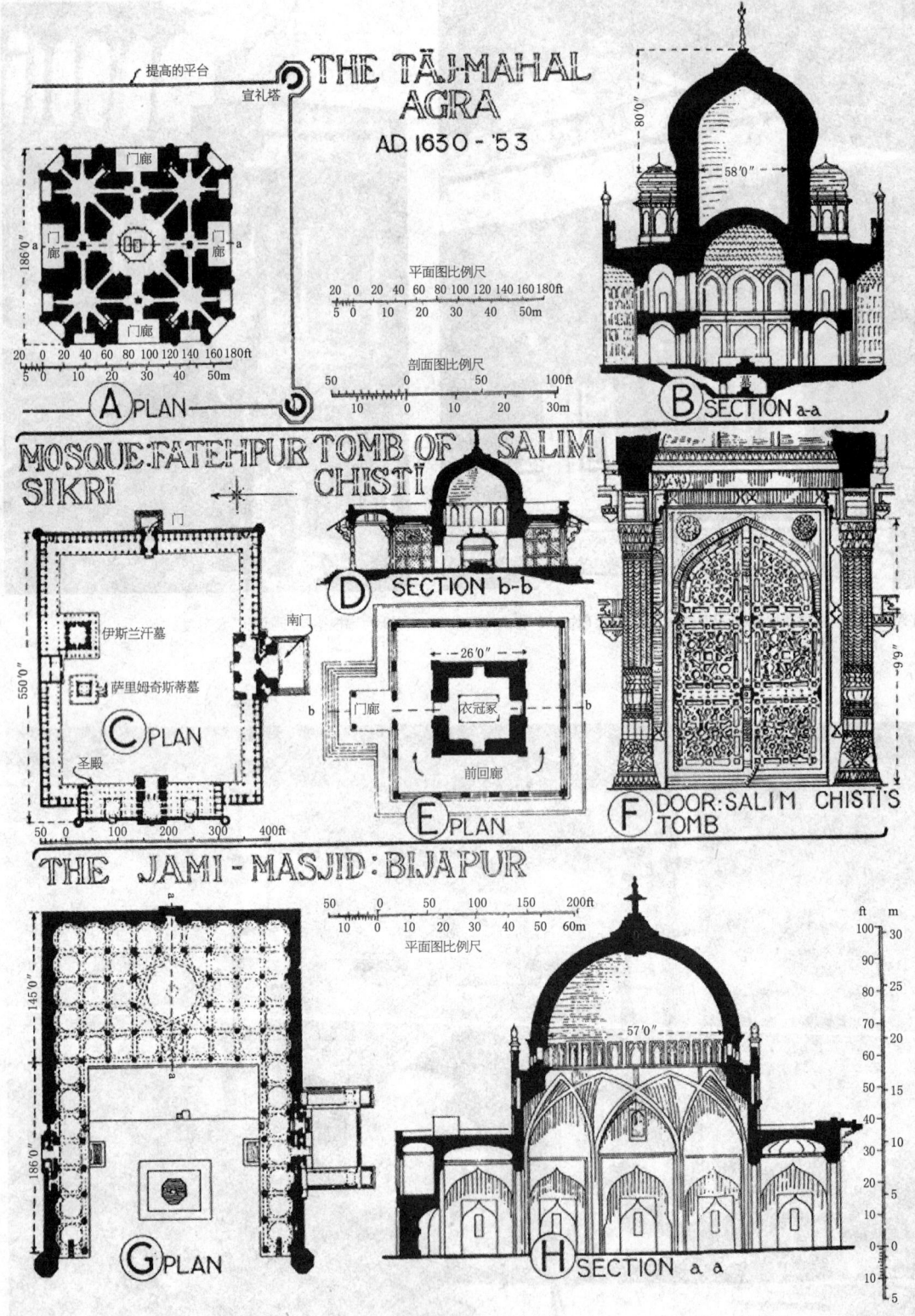

阿格拉泰姬陵(THE TĀJ-MAHAL AGRA, 1630～1653)：Ⓐ 平面图；Ⓑ a-a 剖面图
法塔赫布尔西格里的清真寺 (MOSQUE: FATEHPUR SIKRI)：Ⓒ 平面图；Ⓓ b-b 剖面图；Ⓔ 平面图；Ⓕ 萨里姆·奇斯蒂墓的门
萨里姆·奇斯蒂墓 (TOMB OF SALIM CHISTĪ)
比贾布尔贾米清真寺 (THE JAMI-MASJID: BIJAPUR)：Ⓖ 平面图；Ⓗ a-a 剖面图

第19章 波斯萨非王朝、奥斯曼帝国、莫卧儿印度的建筑

图A 阿格拉堡觐见殿(1628—1658)，见[659]页

图B 阿格拉泰姬陵大门，见[659]页

第三编 伊斯兰建筑

图 A　阿格拉的泰姬陵(1630—1653)，见[659]页

图 B　阿格拉泰姬陵的大理石屏，见[659]页

第19章 波斯萨非王朝、奥斯曼帝国、莫卧儿印度的建筑

拉合尔的**瓦济尔汗清真寺**(Wazir Khan Mosque, Lahore, 1634年落成)用面砖马赛克装饰几何图案，阿拉伯花草饰和书法华丽非凡，并且与结构形式精心协调。四座粗壮的宣礼塔分布在庭院的四角。入口通过一穹隆顶门厅，它的前面是一座大伊宛，大门设在其内。门厅的两旁是有顶盖的集市，集市的收入用以养寺，或许对清真寺的留存至今作出了重大贡献。礼拜殿上有五个大小适中的穹隆，殿前有一列五拱的拱廊，穿过拱廊进入庭院。这里有许多东西似乎接近帖木儿的亚洲多过接近沙·贾汗的莫卧儿印度。有人说，沙·贾汗统治的时代是"大理石的王朝"。

德里的**红堡和宫殿**(Red Fort and Palace, 1639—1648年及以后)，表现出沙·贾汗统治的帝国那令人眼花缭乱的技艺和大兴土木的活力。红堡的宫殿占地约490m×980m(1600ft×3200ft)，比沿着阿克巴的运河的围廊长度实际上还要长。两座大门各处在巨大的红砂岩堡墙的突出部分中，门楼高大，由上下大的八角形望楼形成突堡。堡内的底层通过拱顶的集市就是觐见广场，从广场可达公共觐见部分的平台。**觐见殿**位于轴线上，多重拱廊的下面有一个装饰华丽的阳台，供皇帝接见公众之用。较高的整齐的平台一直延伸到河畔的堡墙，沿着那里有大理石的水渠将水引到各所亭阁。到了**朗宫**(Rang Mahal)，这种精美优雅而又纤巧的成就达到了顶峰。在朗宫，水从喷泉喷出后，流进大理石铺设的莲花池。尖叶状拱券与挑纱花边似的镂透石屏相互辉映，拱、屏出檐深远，池水倒影凌波，而纤细的柱子承托着华盖般的穹隆。再加上洋葱形顶、莲花叶饰、镶嵌铺地以及用次宝石镶嵌(有时甚至用宝石)布满天花板。

德里的**大清真寺**(the Great Mosque，贾米清真寺(Jami Masjid), 1644—1658)也是由沙·贾汗所建，位于集市区的边缘，为一般大众礼拜用。清真寺建在一座高台上，可以从三面金字塔般的阶梯拾级而至。由于高度的原因，庭院层的外墙做成了敞开的拱廊，从这里可以往外俯视整座城市。两座细高、多边形的宣礼塔布置在礼拜殿的前方两角。

殿的主入口的伊宛强烈地烘托出这一重点，伊宛遮掩了中央的洋葱状穹隆。大理石建造的**阿格拉穆提清真寺**❶位于红堡的宫中。那是一栋雅致的三穹隆建筑，面对着一个45m(150ft)见方的庭院。礼拜殿前有拱廊，其尖叶拱券与德里的红堡拱券相似。顶上三个穹隆呈洋葱形，一系列的伞状亭子使庭院立面相当富有生气。建筑处理细致，但不像皇宫的其他许多建筑那样装饰过度。**觐见殿**(见[657]页图A)是一座多柱的大殿，长度和宽度为63m×23m(210ft×77ft)，风格上与之相仿，但上面并无穹隆。沙·贾汗在后宫内添了一座清真寺，还建了一座内部的大殿，名叫枢密殿(1637)。

阿格拉的泰姬陵(见[656]页图Ⓐ、图Ⓑ，[657]页图B，[658]页图A)❷坐落在布局整齐有墙围合的庭园中，通过主轴线上一楼阁进入。墓屋设在一座升高的平台上，进入后先在中央池水上目睹其英姿。全身裹着大理石，而在横向轴线两端的清真寺都是用红砂岩建造。对称地布置的四座宣礼塔尺寸不大，旨在突现主宰的略带洋葱形顶的崇高效果。两旁的清真寺只是为了平衡构图而建，相间的距离以能够框住并衬托陵墓为准。沿河整个平台是清真寺的庭院，中央有一陵墓。入口大门的门厅上方也有穹隆顶(见[657]页图B)，布置在长形水池的一端，不论安放在何处，它本身都显得雄伟非凡。

陵墓的平面为57m(190ft)见方。墓屋反映出受胡马雍陵的影响，但比例和形体组合更为完美。四座形体复杂但基本上是八边形的塔楼相连在一起，承托着跨在中央空间上方的大穹隆。每一塔楼上有较小的穹隆顶亭阁。平台四角竖立起四座向上逐渐收小的圆形宣礼塔。中央穹隆的内径为17.7m(58ft)，高达24.5m(81ft)，外层壳体的高度近61m(200ft)。穹隆下方的中央位置是衣冠石棺❸安置的地方，围着一圈大理石屏，其精巧与雅致令人难以置信，上面还镶嵌着宝石，华奢得体。光线从透漏的大理石花栅射入，室内暗淡朦胧，能工巧匠们把镂刻的大理石都呈现在内部。外部的大理石墙面给人以缥缈超凡的感觉，在天气和光线的变化之下能透出不寻常的细微的

---

❶ Moti Masjid, 1646~1654年；又名珍珠清真寺 (Pearl Mosque)。——译者注
❷ Taj Mahal, 1630~1653年；亦译为泰吉·马哈尔。——译者注
❸ 大厅的中央是沙·贾汗和他的皇后比格姆（泰吉·马哈尔）的衣冠冢。——译者注

反应。

拉合尔的**帕德沙清真寺**(Badshai Mosque，1674年建成)是一座十分大的会众清真寺，理念单纯，细部严谨。与德里聚礼日清真寺一样，清真寺建在一个平台上。三穹窿顶的礼拜殿突出在庭院中。入口的大门粗壮，门洞组成礼拜殿的框景。殿上的三个穹窿略呈洋葱形，外表铺以白色大理石。上细下粗、多面塔身的高宣礼塔，只有两座设在庭院西边的两角，而不再是四角各立一座。这一房屋是军械署长为皇帝奥朗则布(Aurangzeb)所建，有一种强烈的尊严感和成熟的活力，与皇帝谕建在德里红堡中宫做礼拜用的个别小清真寺的纤柔形成鲜明的对比。这一雅致的三穹窿的**穆提清真寺**(Moti Masjid, 1659)呈现出夸张的曲线形的细部，这一类细部处理要经历很长一段时间才衰退。

伊斯兰建筑

第20章
地域建筑与天园

典型的伊斯兰地域建筑的综合城市建筑群，都反映出与社会和所在地区的气候条件的紧密结合。这些聚居地一般都有狭窄和不规则的街道，两旁都是高墙，墙后是密集的有庭院的住房。主要的商业街都有屋顶覆盖，构成购物连拱廊(集市或露天市场)。市区的中心是清真寺、学校和浴室，周围有较大的庭院，工场作坊和市场都设在这些地方。

中世纪时，欧洲的城市与伊斯兰世界的城市之间没有很大的差异，但是在欧洲兴起了文艺复兴的规划原则，注重城市公共空间的构成和外来立面的表现。伊斯兰世界其实也不乏夸示和炫耀，然而，平等与谦卑的思想使之在普通百姓中居于次要位置，统治者的宫室和大人物的陵墓则例外，只为权贵们所专有，社会上的普通百姓是做梦也不敢想的。随着伊斯兰社会的稳定，产生了一种保守思想，对既有的形式持保持的态度。

在许多独立的小城镇，例如摩洛哥南部德拉(Draa)河谷中的**阿姆兹鲁赫**(Amzruh)，那种住房密集的聚居形态在一些较大的城市结构中也都能看到，例如突尼斯、阿勒颇、非斯、卡济迈因、**设拉子**、**伊斯法罕**、布哈拉以及拉合尔等。这种由密集的庭院住宅所促成的紧密的聚居区有许多优点，一是缩短步行距离，特别是为了供应清水，因为往往须人工提送；二是在一个能防御的范围内容纳最多的人口；三是密集的屋顶遮挡了阳光，而使小范围内的气候有所改善。由于这些优点，人们宁愿选择高密度。因此，必须制定一些章法和规矩以保障个人的私密性。这些可以是复杂的，其效应可从充分发达的城市聚居的形态中看到。在普遍习惯于睡在屋顶上的地区，没有一栋住房可高于邻居。因此，屋顶的轮廓线非常统一。家庭内，私密性十分重要。住房的内、外部划分严格，妇女的活动在家中和在社区中都有一定的限制。住房的入口多设在次要的尽端巷内，门与门都不相对。在这么一条街巷内，若干住房可形成一节点状的社区。大概10来个这样的社区会集中于一所清真寺。清真寺一般设有学校和浴室，往往还承担当地的供水。大一些的清真寺可能为好几个小社区服务，甚至为整个城镇服务，设置有招待所、图书馆、医院、学院和施膳所。贸易集中在热闹的街道上，有的还有顶盖，形成集市。集市可能与清真寺成组团布置。在历史较老的社区，商业收入会通过一个称为瓦克富(wakf)的信托机构返回清真寺及其有关设施。住房相互连接，也会与城墙、清真寺比邻，整个城市结构犹如一个连绵的整体。任何一个单元如果修理或重置就会引起连锁反应。任何更新改建都是独立的行动。因此，城市结构在平面上一直保持不变。庭院住房尤其成为人们精心创造装饰的天地，花园、水泉、面砖、镜子、髹漆、粉刷、木格栅屏风以及精致的木器，相映成趣。在许多保留下来的实例中，值得一提的有伊斯法罕**商人哈吉吉住宅**(merchant's house of Haqiqi, 18世纪)。那是一座上流社会的府第，庭院中有一座宽敞的花园。有一主伊宛面向花园，两栋次伊宛在花园的另一头。在波斯湾地区，商人家庭建造海滨聚会用的建筑采取的形式符合商务聚会的特殊功能。有一栋这类结合了居住和商务双重功能的建筑在科威特保留着，例如科威特的**加尼姆府邸**(Bayt al-Ghanim, 19世纪)。这幢住宅有一个规整的两层楼屋的庭院，面向海滩，后面另有一个辅助院落。在伊斯兰世界还存在富有特色的建筑形式，如阿尔及利亚和摩洛哥的堡垒般的**卡斯巴老城区**(Kasbah，见[662]页图A)，**阿拉伯南部希巴姆**(Shibam)那样的塔楼城市(见[662]页图B)，巴尔干和克什米尔的悬挑结构以及叙利亚北部的圆顶村落(见[663]页图A)。

在许多其他类型的建筑中，也门的塔楼，从它们的高度，显示出诸如在吉达(Jeddha)、马加(Makka)和红海(the Red Sea)海滨城市中的压力和内部交通问题。在**萨瓦金**(Suakin)，一个重要的19世纪海港被废弃，那里的一所**谢里法·米里亚姆住宅**(Sherrifa Miriam's house)是一处三层楼紧凑居所的典型。规模较大，更具典型阿拉伯风格的建筑有

[661]

第三编 伊斯兰建筑

图A 摩洛哥阿伊特本哈杜的卡斯巴,见[661]页

图B 阿拉伯南部的希巴姆,见[661]页

第20章 地域建筑与天园

图 A　叙利亚阿勒颇附近的"蜂窝"状村庄，见[661]页

图 B　拉合尔的夏利马尔花园(1633—1645)，见[664]页

萨瓦金的巴夏住宅(Bayt al-Basha),此住宅内室和阳台都面向庭院,而对外的正式场合的部分则开了一个带庭院的小入口。

即使有可能从室内往外眺望,伊斯兰世界的典型住宅也多包含着宅第花园,而不是将住宅安放在花园之中,反映出作为人为空间的花园的观念。

天园(The Paradise Garden)

与外界隔离的围合式花园,有洁净的水,有花草树木,又有节制,这种园林的理想长久以来充溢于伊斯兰世界的文学艺术中。这种尘世间天堂被编织在地毯中,描绘在面砖上,犹如田园牧歌为诗人所吟咏赞美。合乎法则的几何形态围合带来的宁静,使花园与外部世界严峻的现实相隔绝。

在西班牙科尔多瓦附近的巴拉丁领地城市(Palatine city)麦地那·宰赫拉城(Medinat al-Zahra)的碎砾残迹中有些古老的花园在复原。这座由阿卜杜勒·拉赫曼三世在公元936年始建的城市,选择在一片开阔地上,那里山泉漫过平台和广场,流至平原。园中的亭台楼阁和水道为绿化烘托,整个构图都在围墙之内,创造出一片天堂景象。城市在1010年为一支柏柏尔军队所劫掠。

另一座伟大的伊比利亚花园却经历了更悠久的历史。格拉纳达城堡(castle of Granada)建在一块突出于山岩的台地上。在奈斯尔王朝创建他们的异国辉煌之前,城堡的居民就在附近的台地上嬉戏游乐。这里土地肥沃,流水充沛。宫中自有几座花园,琴纳腊里夫花园❶与王宫之间隔着一条溪流,后来架了一座桥跨越。花园类似于一处乡间居所。整齐的布局,其重点在主要平台上的一条长长水池,端部是一座亭阁,从那里可俯瞰脚下宫室宽广的景色。虽然奈斯尔人的占领历时漫长,但是在欧洲建筑风格的影响之下,奈斯尔的花园已经有了重大的改变。

文献和莫卧儿游人的描述确切地表明,在萨非王朝时期的波斯规整的花园已有长足的发展,有些花园还留存至今。毫无疑问,萨非的直线条布局的花园构成了中世纪伊斯法罕和河流之间的新城。所有这些花园的共同点是交叉轴线的布局形态,轴线以石头驳岸的人工河道界定,以亭阁为收头。

在伊斯兰花园的成熟时期,采取三个层次的布局:上平台、中平台和下平台,构成一座单独的长型花园,在尽端或中央设置亭阁或主要建筑。这种设计还被引入莫卧儿印度,在拉合尔的夏利马尔花园(见[663]页图B)可以见到。贾汗季时代,在克什米尔的韦里纳格(Verinag)、阿恰巴(Achabal)、尼沙特(Nishat),以及夏利马尔(Shalimar)等地都有花园。那里的水量丰富横溢,景色青葱郁润,花园置身其间,宛如在另一个世界之中。但形态保持依旧,有花坛、平台、石渠和大理石水盆;流水穿越亭阁,泻入水池的水泉;层层密密,树木扶疏,繁英缤纷,处处皆是精华。阿格拉、德里和拉合尔等地城堡内的觐见大殿中,以及大型的陵墓中,都建有类似的天园,以增美色,在大型建筑的宅第内更显庄重和节制。泰姬陵的花园呈正方形,以交叉的人工河道依着轴线将花园一分为四,然后再划分为四。由于陵墓本身和大门的主宰性,显得没有必要强调主要轴线。

近年来,波斯人不断地设计建造规整的围合式天园。在克尔曼(Kerman)附近的马汉(Mahan),19世纪的加哈尔夏兹台(Qajar Shazdeh)诸园,充满着流水的淙淙声,水波沿中轴线翻腾、跌落,注入纵长的花园中。平台上栽满树木。从入口门廊,目光沿着充盈着泉水的人工河渠,移向尽端的亭阁,抬头远眺可望见远处的山峰,山顶白雪皑皑。从那里,通过山中的地下输水道这种波斯式的设施,向山下源源不断涌去。

---

❶ Generalife;天堂花园之意。——译者注

第四编
欧洲以外前殖民文化时期的建筑

第四编

现代以来的民间文学研究的历程

欧洲以外前殖民文化时期的建筑

第 21 章
背 景

导言

第一编和第二编已经叙述了地中海地区(包括埃及、尼罗河流域)、古代近东和欧洲(包括崛起的俄罗斯)的建筑发展,第三编则叙述了伊斯兰建筑。由于对军事管辖的觉醒,或者是由于基督教或伊斯兰教信仰者宗教热情的结果,这些地区的建筑似乎呈现自觉发展的趋势。在本编中,早期欧洲以外文化地区的建筑发展方式形成了一种与欧洲类似的模式。欧洲建筑师开始求助于模仿罗马和希腊模式的复兴(文艺复兴),与此相关的科学和工程技术的革新也鼓励他们将此模式带往国外并以新的通常是创新的方式建立。这种模式最初传播到港口城市,然后随着持续扩张的欧洲定居者传向全世界。

从很多不可预知的建筑事件中,可以清楚地看出跨文化的影响,比较明显的如印度、斯里兰卡、马来西亚半岛国家、中国和日本,以及西亚、非洲和欧洲。除了婆罗门教、印度教、耆那教、佛教和神道教以及在埃及、近东和欧洲的其他宗教的建筑之外,建筑的发展在上述地区都较为相似。佛教传遍远东、南亚和东南亚,但在印度半岛却最后让位于印度教。相对而言,伊斯兰教则传播得较晚。也许只有中美洲和南美洲的文明不受当时外来文化的影响,直至16世纪初叶西班牙人的到来。

概述

非洲

300万年前,正是在非洲首次出现了制造工具的原始人类。事实上,这一时期的所有遗迹,诸如工具和住所,都集中在东非,例如坦桑尼亚北部的奥杜威峡谷等地。在非洲南部的一些石灰石洞穴中也发现了早期人类的遗迹。在整个旧石器时代和新石器时代,非洲原始人类靠狩猎和采集食物维持生存。南非北开普省的奥兰治发现了距今5万年年的人工住所,有6个直径2~3m(7~10ft)的石质半圆形小屋,全部朝向西方。公元前4000年,沿西非至好望角一带,便是开始向农业社会转变,但是大部分人仍是居住在洞穴中或岩石搭建的住所里。大约3000年后,随着腓尼基人以及随后的罗马人的到来,北非被带入了地中海世界。从这点看,北非的历史有别于撒哈拉以南的非洲。

青铜或铜器时代并无区别:在撒哈拉以南的大部分非洲,公元前200年围绕尼日利亚诺克文化(Nigerian Nok)中心出现了土地耕种者和铁器制造者。同时,古老的努比亚(Nubia,约前750—300)独立王国麦罗埃(Meroe)和埃塞俄比亚的阿克苏姆(Axum,约200—600)正在建造纪念性建筑和陵墓。在公元7世纪,北非加入了伊斯兰世界(见第三编)。商人们开辟了穿越撒哈拉沙漠至西非的路线,由此出现了小型的城市化王国。

前殖民非洲的最后千年随着长途贸易的发展而形成。西非的历史还伴随着王国和城邦的扩张,较为重要的有古加纳(约1200—1300)、马里(约1300—1400)和桑海帝国(约1400—1600)。到16世纪,泛撒哈拉的贸易中心东移至豪萨国和博尔努,在此过程中留下剩余的小型的独立王国。大约从10世纪开始,阿拉伯商人来到东非,并建立了一系列沿海商贸城镇。南部非洲从13世纪开始,由绍纳王国(Shona kingdom)和大津巴布韦统治,并在其中心建造了纪念性的干石建筑。信仰基督教的埃塞俄比亚(900—1400)被孤立,但从雕刻石柱遗迹可以明显看出,它在阿克苏姆人的传统的鼓励下建造了一些教堂。西非的权力真空直到18世纪才由约鲁巴王国和阿散蒂王国填补。

美洲

北美和南美早期的土著人创建了多种类型的建筑,从偶尔建造的临时庇护所、独创的可移动住所,到可容纳整个家族的经久性巨型建筑物。这些建筑多数都令人难忘,只在少数地区出现了由本土的手工传统风格向有意识的象征性建筑的转变。在北美,一种气派的纪念性建筑逐渐出现在诸如东部的森林地区,这个区域伴随着著名的起源于佛罗里达流入五大湖的密西西比河和密苏里河并一直延伸至加拿大的南安大略。众所周知,美洲前殖民时期建筑最多和城市化程度最高的区域是中美洲;这片大陆由以下区域组成:从南墨西哥到现在的墨西哥城北部、尤卡坦半岛、危地马拉、萨尔瓦多,第二个区域是洪都拉斯北部、尼加拉瓜和哥斯达黎加,第三个主要区域在南美洲的秘鲁、玻利维亚和厄瓜多尔的部分地区。

中国

中国的营造活动从公元前2000年的夏朝就开始了。这种基于木构造而逐渐成形的建筑风格,被用来根据社会需求创造大量建筑形式。这种风格适应了多样化的地质条件、气候状况和建筑功能。这种建造技术在历史上曾被广泛运用于宫殿、坛庙和其他宗教建筑以及住宅和园林的建造。独特的中国风格的早期发展影响了南亚和东南亚国家的建筑,当与欧洲建立良好接触时,这种建筑风格已经定型。

早在公元1~2世纪,中国建立了完备的建筑体系。3~5世纪,在外来文化影响下中国的建筑持续发展。6世纪晚期,中国建筑走向成熟并达到很高的艺术水平。第24章将讲述这段历史,直至14世纪,中国仍然运用传统的木结构创造了大量的建筑类型并用于住宅和园林。这一时期在19世纪中国建筑发展的停滞和西方建筑与建造技术的引进中结束。

朝鲜

作为早期日本建筑发展的补充,朝鲜建筑应当被给予足够的重视。因而以后各章将朝鲜单独列出标题,并置于日本之前。

日本

第25章概括了日本建筑从史前到早期,以及由朝鲜传入的中国建筑开始产生影响的时期,从9世纪开始的衰落直至13世纪佛教禅宗的传入又重新振兴,然后是贯穿中世纪的幕府时期和现代之前大名的争斗。第一位幕府将军德川(Tokugawa)在17世纪早期重新定都江户(Edo,今东京)。日本的封建社会直至1867年废帝才结束,这也包括在第4编的内容中。

南亚:阿富汗、孟加拉国、印度、尼泊尔、巴基斯坦、斯里兰卡

印度河文明(哈拉帕(Harappa)和摩亨约达罗(Mohenjodaro))已经在第5章内作了阐述。沿着史前时期的中国文化,第26章提供了范围广大而数量众多的宗教建筑实例,以此说明从吠陀(Vedic)文化的衰落和乔答摩❶诞生后,婆罗门教、佛教和印度教在南方的传播。这里再次提及,尽管建筑发展的延续性被打断和改变,但也因为伊斯兰的加入和伊斯兰风格在宗教与世俗建筑的运用而更加丰富。

在如此广袤的南亚地区,欧洲影响的介入仅限于西北部。公元前4世纪早期亚历山大大帝的入侵向东南方带来了希腊-大夏(Graeco-Bactrian)艺术品,并穿过印度河,使希腊的建筑和技术知识运用于早期佛教建筑中。13~14世纪,帖木儿军队的进入也影响了北部和西北部,然而直至开始于15世纪晚期和16世纪早期的欧洲殖民时期,从印度河到尼泊尔,从恒河到喀拉拉、阿努拉德普勒和波隆纳鲁沃,本土的工匠仍在建造其独特的建筑,这种现象一直持续到18~19世纪,甚至在葡萄牙人、荷兰人和英国人相继殖民统治之时。

东南亚:缅甸、柬埔寨、印度尼西亚和泰国

这一地区的早期建筑历史和佛教与印度教的传播有密切关系。在印度次大陆,从前非宗教缅甸的最后一个世纪至19世纪下半叶的很长时间内,以及稍早的法国统治柬埔寨(印度支那)的时期,

---

❶ Gautama:即佛陀Buddha,简称佛,姓乔答摩,名悉达多,号释迦牟尼。——译者注

非服务于宗教的世俗建筑几乎没有存留下来。在早期欧洲殖民入侵前，印度尼西亚，特别是爪哇岛的建筑由于伊斯兰的影响和15世纪最后的政权统治而具有了一定的综合性。

自然特征

非洲

在非洲的大部分历史中，特别是公元前3000年沙漠干燥后不久，撒哈拉以南的非洲由于撒哈拉沙漠的阻隔而与北非即靠近东方和地中海世界的非洲几乎没有联系。东非由一系列山脉组成，从北方的埃塞俄比亚高地，穿过肯尼亚高地直至南面好望角的德拉肯斯山脉。小型山脉从撒哈拉南部边缘穿入撒哈尔走廊，这是一片热带草原和大草地，曾在历史上促进了东西部人类的迁移。南部环扎伊尔盆地有热带雨林，然而进一步向南则是同样荒凉的喀拉哈里沙漠。雨量范围从雨林地区的每年超过4000mm(13ft)至干旱的半沙漠地区的每年低于100mm(4in)。森林地区温度高但较稳定，半沙漠和高地的温度在日常的和年度的基础范围内变化较大。宽阔的河流只有很短的流域。在更潮湿的撒哈拉以南地区，密集的植物和贫瘠的土地以及无法预测的大雨使住宅很难形成村庄的规模。极度的潮湿和降雨，包括某些地区持续的雨季和季风气候的变化，以及由于温差大而使得白天需遮阴夜晚需保暖，再加上许多建筑材料的易腐蚀性，这些都使得非洲建筑存在一些技术上的束缚。

美洲

美国东部有分布广泛的河流系统和大面积的落叶林(现已剧减)，以及绵延起伏的小山和植被葱郁的溪谷。气候范围从潮湿的亚热带或大陆性气候到与此相反的占据北方1/3国土的亚北极气候。

中美洲有两个明显的气候带：现在墨西哥城的高原地区、瓦哈卡山谷和危地马拉高原属于雨量稳定、四季如春的气候，而尤卡坦和危地马拉北部则属于湿热低地。这里是玛雅文明的中心，四五月份短暂的干旱季节是影响农业收成的关键。作为在丛林地面上提高生活平面的一种设计，高高升起的金字塔似乎也清楚地表明了对高度潮湿和健壮植物生长这种低地区域条件的回应。宽大的铺地平台不仅是礼仪活动的场所，同时也是收集雨水的经流表面。铺地平台制造了一种小气候效果，由此减少了建筑内部及其周围的潮湿。

安第斯沿海地区则是与此相反的剧烈气候，从极端的沙漠环境突然改变至葱郁多水的山谷。由于雨水较少，整个沿海地带适合采用土坯建筑。另一边的秘鲁高地由各种山脉地形组成，由此抬高的草原对人们的聚居地提出挑战。从古至今只有高地间的山谷地带由于有肥沃和富饶(即使贫瘠)的土壤而适合居住。

中国

中国的国土面积达960万平方公里(370万平方英里)。33%的国土由山脉组成，这些山脉主要在西部，包括平均海拔4000m(13 000ft)以上的青藏高原。西北部的黄土高原在中南部的大部分地区让位于丘陵，东部沿海则是平原。东南部沿海大约有5000个岛屿，其中最大的两个是台湾岛和海南岛。

中国境内河流众多，其中1500条以上集水区域超过1000km²(386mile²)。长江(扬子江)和黄河流域最大，它们同时也是中国古代文明的发源地。7世纪建造的长达1794km(1114mile)的大运河联系着包括长江和黄河在内的五大水系，在古代中国经济的发展中扮演重要角色，并影响了古代都城的选址。

中国大部分地区是季风气候，每年的九十月份至次年三四月份来自西伯利亚和蒙古高原的冬季季风穿过中国，并在向南移动的过程中逐渐变弱，因而冬季寒冷而干燥。中国的平均温度是5℃~18℃(9°F~32°F)，低于同纬度的其他国家。4~9月份，东南风从大洋彼岸带来潮湿的空气，中部、东部、东南部和西南部因而炎热多雨。最北部的黑龙江省却正好相反，由于靠近北极，因而黑龙江的夏季短暂。青藏高原终年积雪，云贵高原四季如春，而海南岛几乎全年炎热如夏，西北内陆地区则是典型的温带气候，这些都影响着中国建筑的特征。例如在北方，建筑物为了阳光而方位朝南；在南方，正如在热带季风气候地区所常见的一样，建筑物的设计追求阴凉并强调自然通风。

朝鲜

朝鲜位于亚洲沿海的东北半岛，北纬33°～43°、东经132°。北部沿鸭绿江和图们江与中国东北和苏联接壤，越过黄海西边就是中国，越过中国东海和朝鲜海峡就是位于东南部的日本。

朝鲜由于地理位置的原因而有重要的战略性，它通过陆路和海路与中国有大量的文化交流。当这些路从朝鲜通向日本的对马海峡和九州地区时，它们就成为中国和日本之间的文化交流通道，日本就是通过朝鲜来接受中国文化的。

朝鲜2/3的国土是丘陵和岩石。南部冲积区有着富饶的农业用地。山脉崎岖而河流清澈。朝鲜气候温和、四季分明，趋向于大陆性气候特征。其中夏季和冬季最长，形成季风性雨季，不同季节的温度有明显差异。

朝鲜半岛从旧石器时代早期开始就有人类居住。公元前3000～前2000年，人们开始建造地下穴居，然后开始用其他材料建造地面建筑。"温突"(Ondol)供热法是朝鲜人发明的通过地下通气的供热方式。

朝鲜在公元前1世纪形成三部落制度，到公元4世纪末有三个王朝即高句丽(Koguryo)、百济(Paekche)和新罗(Shilla)存在于朝鲜半岛。高句丽开始建造受到中国影响的宫殿建筑，并在中国的介绍下接受了佛教。一种由木材、花岗岩和黏土结合的建筑开始出现。花岗岩用以建造宝塔、佛塔、佛像、岩洞和石碑，以及一种独特风格的砖石陵墓。

日本

日本是由一系列岛屿组成，这些岛屿离亚洲东岸有着相当远的距离，甚至比英国离欧洲大陆还要远。最远端从北纬45°、东经153°绵延至北纬20°、东经123°。按照从东北至西南的顺序，4个主要岛屿分别是：北海道、本州、四国和九州，沿岸还有无数小岛，最南端更小的是包括冲绳岛在内的琉球群岛。鄂霍次克海位于东北部，然后按逆时针方向分别是日本海、中国东海和太平洋。日本海和中国东海之间的对马海峡与朝鲜海峡形成一条相对狭窄且有着分散岛屿的海峡，像踏脚石一样联系着九州和朝鲜南部。日本面积为378 000km²(146 000mile²)，约为美国主要陆地的1/25。

日本群岛位于亚洲大陆架东部边缘和太平洋边缘之间。地质上，日本被丝鱼川-静冈断层分成东北和西南两部分。另一个巨大的断层即中央构造带，纵向穿过日本西南部的伊那山至大分县地区。火山喷发以及温和或剧烈的地震在日本普遍存在，这与连续不稳定的地壳有关。超过2/3国土的崎岖山脉地区包含了被倾泻而下的河流截断的许多峡谷。沿着河岸的狭窄平原提供了丰富的谷物，阶梯状的山坡种植了种类繁多的庄稼。在关东和新潟也有类似这样的平原。

日本的气候条件由北部的亚北极带向南部的亚热带过渡，大部分地区属于温带。整个岛屿受亚洲大陆冬季冷风和南太平洋夏季热风的影响而有明显的季节转换。在冬季，由北至南的高山使日本的沿太平洋一侧避开了西部沿海(日本海)的寒冷与大雪。暗流给太平洋沿岸带来温暖。充沛的降水伴随炎热潮湿的夏季而带来葱郁的植物，包括大量的优质木材。传统建筑形式显示出为免受狂风暴雨袭击而自觉采取保护措施的努力。

印度次大陆

印度、巴基斯坦、阿富汗、尼泊尔、孟加拉国、斯里兰卡和马尔代夫这些地区组成了在本书中所称的印度次大陆。在北部，印度次大陆的边界是从西部兴都库什山脉通过帕米尔高原及喀喇昆仑山和中国境内的喜马拉雅山脉至东北部。东部、南部和西部则是大量的海洋(西部为阿拉伯海、东部是孟加拉湾)。大陆间最早时期的联系通过西北部和东北部，经过阿富汗，主要是波斯和西亚(希腊-罗马)。海上交通发展迅速，但直到公元1世纪才与罗马帝国进行兴旺的航海贸易。印度河和恒河是北方两条著名的河流，它们及其支流提供了水上运输，其沿岸有许多重要的城市。

该地区的气候和自然条件多种多样，从赤道附近的珊瑚礁到喜马拉雅地区终年积雪的山脉。北回归线从印度河和恒河三角洲之间穿过印度次大陆，次大陆的大部分地区位于北回归线南面。

孟加拉湾沿海一带夏季与冬季气温几乎没有差异，有明显的季风季节(5～8月)和全年温和的降水。气候温暖潮湿但并不很热。半岛大部分地区全年气温恒定，但旱季和雨季差异明显。北方平原夏季(5～7月)气温较高而冬季较低。雨季通常较迟，时间也短，总体气候干燥但冬季寒冷。西北部冬季和夏季时间相当，夏季气温约50℃(120°F)，冬季夜晚常有霜冻和雨夹雪。大多数地区太阳角度高，加上季风地区密集而持续的雨水等，都影响到了建筑形式。

从历史的角度来看，南亚部分地区的主要气候曾发生过变化。摩罕吉达罗的考古发掘显示，现在已大部分半沙漠化的低印度峡谷，曾经有大量的农业定居点和多种热带雨林。这也许可以部分解释后期以石质建材代替木材的原因。

东南亚

缅甸位于印度-巴基斯坦次大陆的西北部，老挝、泰国和中国的东南和东面，北纬15°～28°之间，是一个由南偏北10°的狭长舌状地带。其早期历史(约前1世纪—1世纪)局限于缅甸中部江河流域：通航长度超过1450km(900mile)的伊洛瓦底江、共同分享上缅甸150～2000m(550～6000ft)高山的萨尔温江、锡当河和钦敦江在南部形成三角洲后流向孟加拉湾和印度洋，印度文化和佛教由此进入缅甸国内。这通常也是移民经上缅甸从印度至中国的通道。这里属于热带气候，夏天有西南雨季降水。

柬埔寨包括湄公河三角洲和中国海至南部，中西部湄公河区域位于北纬10°～15°，与西部暹罗湾接头，摩伊高地向东与早期越南以及老挝中部山脉分开。其早期历史(扶南时期 (Funanese period)，3～7世纪)以三角洲为中心，随后焦点转移至内陆的湄公河中部，远至巴沙克和黎逸高地(Roi-Et highlands，高棉时期，7～14世纪)。这段时期的建筑成就主要是高棉王国(Khmer empire)最后时期的复杂水力学构造物。西南季风带来的冰冷的雨水是热带潮湿气候的唯一调剂。

泰国位于缅甸的西北部、老挝和柬埔寨的东部和东北部，范围从北纬20°到距赤道1600m(1000mile)的北纬5°的马来西亚半岛。向北中间有山脉和由6～10月的雨季洪水形成的巨大平原。东北部是盆地状的沙石平原，南部是和缅甸西部与马来西亚南部共享的半岛。这里的气候属热带季风类型，比缅甸更靠南方，因而温差较小。

马来西亚半岛的北部是泰国南部，西南侧面是被苏门答腊岛分隔开的马六甲海峡，而苏门答腊岛的东南面则被巽他海峡与爪哇岛分开。爪哇是一系列岛屿的开端，向东依次为巴厘岛、龙目岛、松巴哇岛、弗洛勒斯岛、松巴岛和帝汶岛，它们以前是一群几乎延伸至新几内亚的小岛。另一串岛屿越过爪哇海位于苏门答腊岛的东边和爪哇岛的北边，其中最大的是被西里伯斯岛东边的望加锡海峡隔开的婆罗洲。婆罗洲和西里伯斯岛的北部即菲律宾。这个巨大的复杂区域山脉较多，并有一系列活火山穿过苏门答腊、爪哇和巴厘岛。

印度尼西亚跨过赤道线，这里的气候属气温没有明显季节变化的热带气候，不仅潮湿，而且也受到季风的影响。

历史

非洲

前殖民非洲社会形成的主要因素是使用铁器以及与更先进的社会联系。非洲使用铁器主要从腓尼基人(约前814)开始。虽然古埃及已有制铁技术的萌芽，但直至公元前662年古埃及被亚述帝国征服，制铁技术才传入苏丹，继而得到广泛的运用。制铁技术很快成为麦罗埃人经济的重要组成部分并给整个帝国带来优于邻国的经济和军事力量，因而能够支撑一个庞大的王室，并发展城镇，建造纪念碑式的神庙和陵墓建筑。大约在公元200年以后，麦罗埃的权力受到了位于阿克苏姆王国的礼仪中心的挑战，这个贸易王国主要从控制红海和尼罗河流域的贸易获得权力。冶铁术穿过热带草原传播至诺克文化，并在随后的7个世纪里随班图人的移动向东部和南部传播。其结果是将还处于石器时代的俾格米人和布须曼人赶到更边缘的热带雨林和南部非洲。这些地区的外围定居着铁器时代的农民，他们对石质工具技术的运用一直持续到近代。公元500年以后，冶铁术又补充了对贵重金属的使用，其中最重要的是对黄金的使用。早期铁器社会以20～30个家庭为单位簇居在开放的村落里，开展游耕的耕作方式，定期重新回到同一个地点。

大约在公元600年以后，长途的、以黄金为主的金属贸易加强了西非和北非沿海的联系。从贸易中获得的财富使撒哈拉南部边缘地带出现了类似于国家的社会，并且也使塞内加尔和冈比亚的文化得到发展。750年，那里就有巨石建造者在活动，从当时坟冢的尺寸和体量就可推断出他们有相当的专业技艺，并且财富与权力比较集中。位于尼日尔河和塞内加尔河上游的加纳王国于500年建都昆比，其王国持续了上千年。昆比这个古代都城分为两个区域：一个是环绕皇室住宅的以黏土建造的传统非洲风格的住宅；另一个是按穆斯林商人和北方移民习惯以石质材料建造的房屋，包括清真寺。这种划分反映出不同文化群落之间深层次的经济、宗教和社会冲突。

在接下来几个世纪里，西非迅速城市化，许多原始阶级开始向伊斯兰转变，清真寺在许多西非城市中得到普及。马里王国从13世纪开始便从控制黄金贸易中获得权力，至15世纪被桑海王国替代。马里王国的权势最终遍及撒哈拉以南的西非，权力和财富集中于像廷巴克图和詹内这样的大城市。建立于尼日尔河上加奥的桑海王国在1340年左右开始扩张。王国的军事力量十分强大，扩张至以前马里王国的控制地域，直到1591年柏柏尔人入侵才告崩溃。16世纪，长距离贸易的中心向东转移至豪萨王国和博尔努王国。随后的三个世纪，沿撒哈尔走廊建立了一系列小王国，它们与富拉尼人和舒瓦·约鲁巴传教士相互影响。约1700年，在尼日利亚海岸，中央集权的约鲁巴王国接管了象征性联合的小邻邦，成为与欧洲进行货品和奴隶贸易的主要中间人。最终，建都库马西的阿散蒂王国控制了欧洲和非洲的贸易往来，王室通过一种最高首领的系统维持着对当地的控制。

11~15世纪，阿拉伯商人在东非沿海一带建立了贸易区。津巴布韦开采的黄金在坦桑尼亚基卢瓦岛上的阿拉伯小镇进行交易。这种与绍纳王国之间的贸易使非洲的铁器时代出现了许多令人印象深刻的建筑，例如在大津巴布韦发现的大量来自波斯、中国和近东的人工建造物。在这种贸易中出现了一种牲畜圈养经济，并逐渐成为南非部落经济的主要方式，出现了多种"栅栏村庄"(kraal)的形式。

美洲

第一批移民迁往美洲的时间仍然是研究和争论的议题，但早在公元前11 500年，两个大陆上就有小股游牧的大猎物狩猎族。北美的社会发展大量地基于狩猎、渔业和采集等多种经济活动，大约从公元前8000年开始，对建筑而言出现了基本的社会结构和专业技能。大约公元前5000年以后，社会过渡到农业社会，建立起了稳定的生活方式，从而可以建造经久性的建筑。约公元前2000年，出现纪念性和礼仪性建筑。中美洲建筑文化的历史可以分成三个阶段：公元前2000~前200年的前古典时期；前200~900年的古典时期；900~1500年的后古典时期。在古典时期，纪念碑式的建筑传统和城市化逐渐成熟。古典时期细分为200~600年的古典早期和600~900年的古典晚期，后者是伟大的玛雅文明发展时期。前古典时期特征的建筑物广泛分布于中美洲各地，但不清楚这究竟代表了政治统一还是文化分散。在古典早期，墨西哥山谷里的特奥帝瓦坎(Teotihuacan)出现了重要的权力中心，其影响遍及整个中美洲。随着古典玛雅城市的衰退，米斯特克人(Mixtec)和托尔特克人(Toltec)出现在墨西哥高原。在欧洲人到此结束前殖民历史前，阿兹台克人(Aztec)统治了一个世纪。

早在公元前8000年南美洲就出现了农业。公元前3000年出现了纪念性建筑，但是定居点仍然小而分散。公元前200年的早中期，城市获得了发展，这些中心出现了迅速扩张的蒂亚瓦纳科文明(Tiahuanaco)和瓦里王国(Huari，约600—900)。除了这些当地王国外，还有一直活跃至1476年印加帝国掌权的奇穆王国(Chimu)，直至1532年西班牙人才将其推翻。

中国

由中国人半传奇的祖先——黄帝和炎帝的部落统治得知，在中国历史的史前时期，人们就定居于黄河流域。从公元前21世纪开始，中国的奴隶社会经历了夏朝、商朝、周朝和春秋时期。文字记录始于商朝(前1600—前1028)晚期，并在建筑发展中扮演了重要角色。

封建社会始于公元前457年，并一直持续到清朝灭亡的 1911 年(见引言中的年表)。

第一个阶段(前457—220)：公元前 221 年，秦始皇统一全国并建立了中国历史上第一个中央集权的封建王朝。汉朝时期，(前206—220)中国已经成为一个前所未有的强大民族，派遣使节至中亚，并在中国和欧洲之间，沿旧丝绸之路开辟了贸易路线。

第二个阶段(220—581)：不同的当地政权交替统治中国。中部地区因为受到战争的破坏，经济发展缓慢。公元 581 年，隋朝的建立结束了南北地区的冲突。

第三个阶段(581—907)：随着公元 618 年唐朝的建立，中国封建社会达到顶峰。政权统治稳固，经济文化空前繁荣。作为强大而有影响力的国家，中国与波斯、东罗马帝国、日本和朝鲜建立了外交关系，进行贸易往来和文化交流。但到唐朝晚期，由于政治竞争中国重新开始内战。

第四个阶段(907—1368)：大约相当于欧洲的中世纪。建于 960 年的宋朝统一了中原和长江流域以南地区，同时北方辽、金、西夏、元朝进行政权交替。1279 年，中国由元朝(1279—1368)的蒙古人统一。宋朝统治时期，制造技术改进，经济发展迅速，特别是城市经济得到了极大繁荣。新建了航海贸易路线和许多港口，手工艺货物贸易繁荣，科学技术达到了更高的水平。中国的三大发明——指南针、火药和印刷术通过中亚传往欧洲，并在航海、战争和其他文化传播方面发挥了重要作用。元朝在公元 1368 年灭亡。

第五个阶段(1368—1911)：明朝(1368—1644)的建立标志着中国封建社会的第五个也是最后一个阶段的开始。在这一时期，千年的封建体系开始衰退，资本主义开始萌芽。1840 年后，随着帝国主义的入侵，中国逐渐成为半殖民半封建的社会。1911 年，清朝灭亡。

一方面，小规模的农民经济在封建社会中占据了重要地位并发展了木质结构体系。小型房屋在材料上容易自给自足，人工需求也比石质建筑少。因此这种建造方式成为传统的建造方式并持续了较长时间。另一方面，中央集权的封建统治使统治阶级有足够的权力、人力和材料在全国范围内从事大规模的建筑活动，例如修建长城。新政权成立后也有许多都城中的宫殿和重要建筑在废墟上重建，如秦朝都城西安、隋大兴和元大都。

封建都城中的所谓"里坊制"是基于中央集权的统治需求而使用的。较典型的如隋朝都城大兴(唐朝更名为长安)：每个街坊沿道路一侧都建起高墙，宵禁之后人们必须位于街坊内部，不然就有遇到士兵而被捕的危险。在这一时期，由政府指定的专门部门负责建筑的设计和施工。建筑构造工艺工场的建立保证了建筑质量，为加强管理，有关部门制定了模数和建筑材料使用等级，使这种体系更易控制。较典型的著作有宋朝监工李诫著的《营造法式》和清朝工部颁布的《工部则例》。建筑贸易专门化的发展促进了中国建筑形式标准的确立。

朝鲜

传统上认为朝鲜是在公元前 12 世纪末由中国难民的首领箕子(Kija)建立的。他称该地为朝鲜(Choson)，相传他的后代在随后的千年里权势显赫。这段时期结束后，朝鲜受中国影响建立起自己的传统。这个国家后来被汉帝国所吞并，成为其殖民国，名为乐浪郡(Nangnang)。在最初的 3 个世纪或公元元年，乐浪郡就达到了很复杂精致的文化程度，汉帝国其他地区甚至连最辉煌的成就也无法与之匹敌。4 世纪，朝鲜又屈服于北方的入侵者——当时统一了该地区的高句丽王国。

早期朝鲜半岛的东南部是新罗王国，西部是百济王国。三个王国的统治持续到 668 年唐朝的兴起。大同江的南部地区由新罗统一并成为不太明确的中国宗主国。这时唐文化活跃，但 10 世纪早期颓废的新罗王国被反叛者灭亡，建立了新王国——高丽(Koryo)。

佛教在 384 年由印度僧侣带入朝鲜。10 世纪，中国的政治和文化影响日益衰退，佛教占据优势，僧侣们更有权势和影响力。佛教、儒教和军队贵族之间的内部冲突是大规模奴役的开始，导致高丽王国没有能力抵抗 13 世纪上半叶的异族入侵，于 1260 年被迫成为蒙古人的一个省。伴随着日本人持续的沿海袭击，忽必烈汗(Kublai Khan)在 13 世纪晚期强迫其同盟支持远征队对抗日本，终于结束了不稳定的高丽王国，同时李成桂(Yi Song-gye)打败了蒙古人和日本人并在 1392 年宣布建立新王国：朝鲜，定都汉阳(Hanyany, 今汉

伴随着这一系列事件而来的15～16世纪被认为是朝鲜的黄金时期。中国本土王朝的引进与仁厚的封建君主相结合，促进了文化和艺术的发展。1592年，他们终结了日本丰臣秀吉的侵略和北方满族部落的连年袭击。之后的朝鲜与外界完全隔离长达200年。

日本

虽然近来的考古发掘确定日本岛在公元前30 000～前20 000年就有人居住，但直到公元前10 000～前300年(Jomon period，绳纹时代)，岛内大部分地区才有狩猎群居的人类。公社中心发掘出大量地窖建筑，包括许多贝丘，但没有证据显示那里是农业社会。

公元前400～前300年，蒙古祖先迁入，带来了水稻文化、铁器和青铜器，并以穴居和架空地板的仓房的方式形成社区。最著名的遗址位于塘路的静冈县(Toro, Shizuoko prefecture)。其中，有浅浮雕的四个建筑的上部结构已被修复，青铜镜成为反面有雕刻的青铜钟的装饰，陶瓷碎片上有雕刻的绘画。蒙古人的出现开始了新的弥生时代(Yayoi period，前300—300)。

300～538/552年是日本的史前时期。日本与亚洲大陆的联系增加，社会结构更加稳固。《古事记》(Kojiki, 712)和《日本书纪》(Nihonshoki, 720)记录了当时的事件。但由于其内容强烈地受到效仿中国朝代历史的影响，因而大部分内容只能看做是传奇而非史实。传说皇帝从天照大神❶处下凡，具有神性，这成为他从未被废黜过的基础；在围绕着日本的三个主要地区出云、九州北部和大和(奈良地区)中，大和成为日本早期历史的发展中心。其社会是神权统治，建立在对天照大神和无数更小的神祇崇拜的基础上，皇帝也是主要信徒。

皇帝死后会被崇拜，因此需精心建造陵墓来安放其遗体。正是由于这些坟墓，这段历史也被称为古坟时代❷。这些黏土建造的风格多样的坟墓告诉了我们有关当时建筑的情况。其中最大的一组在茶臼山(Chausuyama)出土，群马县的赤堀町甚至允许关于建筑技术和使用的某些投机行为。

从朝鲜引入佛教的历史开始于6世纪中叶，随之传来的还有中国的语言、政府官僚形式和建筑新形式与风格。虽然新的宗教最初遭到保守的、支持本土神道教人的强烈反对，但很快就巩固了地位。建筑物需要用来安放神像、歌颂箴言并安置数量空前的和尚和尼姑，总之必须要有新的建造技术来解决人们的需求。

圣德太子(Shotoku, 574—622)对佛教给予了热情支持，他对日本文明的发展有着巨大影响力。但在622年他去世后，城市冲突蔓延，日本也不再稳固统一。645年，大化(Taika)重新建立了中国体系式的政权，包括确立一个永久的都城。虽然此前有许多"都城"，但按照神道教的教义，皇帝的死亡玷污了都城，因而需要在不同的地点建立新的首都。由此皇宫和政府机构无须建造得很耐久。

710年，朝廷移至平城京(Heijo)，按照唐朝都城长安的方式建立了新都城，包括庄严的宫殿和七个大型庙宇。虽然中国的影响到8世纪达到顶峰，但日本人在文化的各个方面和建筑的成就上还是取得了令人吃惊的进步，因而这个世纪通常被认为是日本建筑的古典时期。然而经济的压力、阿伊努人(Ainu)的起义、一次不成功的朝鲜远征以及佛教徒过度的权力使平城京遭到废弃，并在784年迁都至京都附近的长冈。794年再次迁都至平安京(Heian)。

平安时代(Heian period, 794—1185)开始后，日本与中国的联系逐渐减少，直至相互隔绝，日本民族的新时代开始了。随后的两个半世纪，在集中吸收了知识和需要的技能后，日本特色开始形成。日本人开始有选择地整合那些他们认为有用且对胃口的中国文化要素。早期的政府官僚形式被为天皇提供配偶的藤原氏(Fujiwara)家族代替。皇帝过早退位使特定的寺庙变得普通，更确定了天皇背后藤原氏家族政治力量的持久。平安时代，至少在京都是一个贵族时代。那时，稍纵即逝的美和美学灵感比其他任何方面都更为重要。新田(Shinden)风格的贵族宫殿虽然存在较短，但从现存

---

❶ Sun Goddess；天皇的祖神，诸神之王，日本神话中的最高神。——译者注
❷ Tumulus；又称为Kofun，日本墓葬文化前期，约公元300～600年。——译者注

的绘画和当时令人吃惊的文学描写中仍能在某种程度上得以重现。从 12 世纪末至 13 世纪的具有戏剧化风格的画稿中可以了解到，占人口大多数的普通百姓的世界与贵族生活相隔离，这些画稿描绘了由朴实住宅组成的街景。

9 世纪，日本僧侣从中国带来佛教的两个新宗派：真言宗 (Shingon) 和天台宗 (Tendai)。这些佛教的深奥类型需要有可以进行专门仪式的附加建筑。遥远山脉的崎岖地形受到教派的喜爱，寺庙综合体内的建筑布局需要根本改变。这一时期佛教和神道教有了一定融合，不难发现附属于寺庙的小型圣殿或者与佛教相关且风格相似的神道教建筑。

正当京都的贵族醉心于美学和艺术时，他们名义上的土地却落入地方部属手中，许多情况下是落入处于遥远地区、生活条件严酷的远房亲戚手中，他们或是与阿伊努人产生冲突，或是与敌对家族发生战争。同时，佛教僧侣得到了足够的权力来迫使京都的贵族满足其愿望。

12 世纪末，从京都平清盛❶夺取权力的地方封建主源赖朝❷在镰仓 (Kamakura, 1185—1333) 建立军事政权，远离京都日益衰弱的影响力，迫使天皇封其为幕府大将军，由此开创了武士封建时期，其核心是武士道 (Bushido)，即"武士阶级的行动准则"。中国影响的第二个高峰起始于佛教禅宗，因而出现了新风格的建筑和茶道，其中茶道是茶道仪式的中心内容，并因此发展出独特的数寄屋 (Sukiya) 风格的日本建筑。

至 1868 年结束的漫长的日本封建社会可分为封建中世纪 (1185—1568) 和前现代时期 (1568—1868)。作为内战胜利的结果，获胜的有权势家族获得幕府称号。随着源氏家族 (Minamoto) 和北条家族 (Hojo) 的镰仓时代 (Kamakura period) 和足利家族 (Ashikaga) 的室町时代 (Muromachi period) 的统治，外省的大名❸超过自身的领域获得了更大的控制权。

1392 年，足利幕府回到政治中心京都，并由于对建筑、艺术和整个禅宗的支持而获得很高威望。日本和中国的交往扩大，中国的影响清楚地出现在足利文化复兴的各个方面。然而，全神贯注于艺术就转移了对政治先决条件的注意力，而后者对于维持一个强大的中央政权是必不可少的。京都最终被两败俱伤的战争所蹂躏，封建主大名实质上已经独立。

足利幕府的中央集权逐渐衰落，并在京都伴随着应仁之乱❹而走向终结。这种内战的起因是与足利家族有着密切联系的贵族家庭发生了争斗。衰弱的幕府无法控制冲突或平息战争，给京都带来了大量的人口死亡并导致无数历史悠久的纪念性建筑被毁。在 1477 年应仁之乱结束之后，日本进入"百年战争"时期，其中有地方大名内部的争斗。这是一个没有任何中央政权的封建百年，甚至对遥远外省还能保持一些行政管辖的老天皇体系也开始灭亡。

权力完全掌握在每个大名手中，并超出其领域范围。人们可能认为这种混乱状态会阻碍经济增长，然而恰恰相反，每个封建主大名都鼓励农业的发展和村民改进日用品，特别是当产品超过当地的需求时，创造出新的市场，交换或出售剩余货物。新的中心出现在像大阪的堺市 (Sakai) 和伯方 (Hakata) 这样的港口城市，并出现了通过商品交换而不是通过夺取土地获得财富的商人阶级。16 世纪中叶，日本货物开始通过船只出口，当葡萄牙船只到达九州南部时，日本第一次与欧洲有了接触。已经在亚洲大陆确立地位的基督教传教士随着贸易者的航迹来到日本。日本人显出了对新鲜事物敏感的特征，他们迅速认识到自身的优势并在贸易中获利。

应仁之乱结束之后，伴随着持续的竞争与经济快速增长之间的矛盾，日本最终在 1568～1576 年结束了封建中世纪。

即使是有关日本历史最简洁的叙述也不能省略三位杰出的统治者的名字：织田信长 (Oda Nobunaga, 1534—1582)，他通过幕府将军建立了大名统治的基础；丰臣秀吉 (Toyotomi Hideyoshi, 1536—1598)，他从农民出身获得权力，结束内战并资助

---

❶ Taira-no-Kiyomori；1118～1181 年，平安末期武将，曾建立平氏政权。——译者注

❷ Minamoto-no-Yoritomo；1147～1199 年，镰仓幕府第一代将军，日本历史上第一个武士政权的创建者。——译者注

❸ daimyo；领主，拥有大量子弟及部属的武士。——译者注

❹ Onin civil war；1467～1477 年以京都为中心，波及全国的领主集团的大混战，亦称应仁文明之乱。——译者注

建筑与艺术；德川家康(Tokugawa Ieyasu, 1542—1616)虽然丰臣秀吉在世时支持他，但1598年丰臣秀吉去世后，德川家康迅速发起决定性战争，反对大名对其继续忠诚。1616年随着丰臣秀吉的儿子和继承人被废，大阪城也被毁坏。德川家康成为德川幕府的第一位将军，并确立江户(东京)作为政治首都。

作为杰出的领袖，德川家康制订规划全盘控制其下属的大名。他建立了社会世袭的等级结构，由贵族及其家属、农民、手工业者和商人四个等级组成，通过个人习惯、穿着和居住形式的严格准则来管理，颁布严格的法律禁止建造新城堡，并提供资金维修稀有的古老建筑。每个地方的大名在东京必须要有一处住所，其家属在此实际上成为人质，而大名本人可带领一个精心挑选的随从返回农村监督其领土。这一系列政策保证了德川家族的霸权延续至1868年的明治维新。

1638年，日本对外来人员闭关，并由于害怕欧洲人侵略者危及政权而禁止了基督教。只有荷兰人和中国人，被有限制地允许进入长崎港的出岛进行有限制的贸易。除了政策隔离外，日本并未因此而停滞。超过200年的和平使日本可以不受外部环境的阻碍而解决好自己的社会和政治体系，发展有特色的经济和文化模式。但19世纪早期开始，国内外压力破坏了中央政府的权力，1867年重设最后一位德川幕府将军。在一次简单的内战后，天皇重新掌权，封建社会宣告结束。

印度次大陆

印度河文明(见第5章)最终在几个世纪内被出现于公元前1500年的西亚与中亚游牧民族雅利安人(Aryans)的文明所取代。这些雅利安移民出现于所谓的吠陀时期，这个名称起源于古代印度教创立的神秘经文《吠陀经》(Vedas，见本章"文化"部分)。他们向东迁移至恒河流域，一路上吸收本土达塞人(dasyus)的生活习惯并进行内部通婚，之后开始在等级的基础上建立社会体系。达塞人也许已经与达罗毗荼人(Dravidians)有过接触。达罗毗荼人比雅利安人更早地从印度西北部进入，却被驱逐向南。通过这种结合，印度人最终出现了，而

正在萌芽的文明也向东迁移，恒河成为他们的母亲河。公元前6世纪，印度教成为一种仅有婆罗门(Brahmans，最高等级的阶层)通晓的神圣仪式，因而突然爆发了佛教和耆那教的"新教徒"运动。佛祖大约生于公元前563年，在其45年的生命中足迹遍布印度北部，在他于公元前483年涅槃前，佛教成为亚洲第二大宗教。

大流士大帝使旁遮普在公元前516年成为波斯帝国的第20块辖地。在持续了近200年的管辖后，亚历山大大帝于公元前327年征服波斯，使其成为帝国的附属物。他在公元前326年2月间穿过印度河，来到塔克西拉，在印度河河口建立海军基地，并于公元前324年3月取道莫克兰返回苏萨。

孔雀帝国

亚历山大大帝在巴比伦去世1年多后，希腊人就被华氏城(Pataliputra，亚历山大希腊史称之为桑德罗科图斯(Sandrocottus))的旃陀罗笈多·孔雀❶驱逐出了旁遮普。他废黜了地方总督，代之以自己的统治。至公元前4世纪末，环绕印度的海岸线建立起了孔雀帝国(The Mauryan Empire)。他的孙子阿育王(Ashoka，约前274—前232)信仰佛教，随着帝国的扩张，佛教在整个帝国范围内达到暂时的兴盛，并于公元前3世纪中叶，覆盖了除南端地区(喀拉拉(Kerala)和卡纳蒂克(Carnatic))以外的整个半岛。他还输送佛教徒至其他邻邦。阿育王信仰佛教是很重要的事实，他使佛教从一个隐藏的宗教派别变成大帝国的官方宗教，让使节带往国外(包括埃及和叙利亚)，并在许多东方和东南亚国家建立佛教信仰。他晚年通过神圣的说教扩大了其帝国版图。斯里兰卡就是著名一例，其国王天爱王帝沙(Devanampiyatissa)通过阿育王儿子的说教信仰了佛教，在阿努拉德普勒规划建造了可供3000僧侣居住的寺院，并委托阿育王的尼姑女儿菩提伽耶(Bodh Gaya)带来了圣树菩提树(Bo-Tree)。阿育王于公元前232年去世后，孔雀帝国开始衰落，其最后一代皇帝于公元前185年被大将普士亚密多罗(Pushiyamitra Sunga)谋害。这给了西北部更远处的入侵者进一步的机会，中部和南部印度也出现了一系列夺取政权而建立

---

❶ Chandragupta Mauryan；约公元前321～前297年在位。——译者注

的短暂王朝。

西北部大夏王国

公元前3世纪中叶，离开塞琉西帝国的大夏希腊人和安息人(Parthians)，被沙卡人(Sakas，即西徐亚人)从奥克苏斯河后方向南驱逐，穿过兴都库什山脉。领导入侵萨加拉的一位希腊王子米南德(Menander)在旁遮普建立了一个新王国犍陀罗(Gandhara，位于克什米尔东北部山麓脚下)。米南德信仰佛教，但他在计划攻占孔雀帝国首都之前，于公元前160年在与西徐亚人的战争中丧生。《弥兰陀王问经》(Milindapantra，米南德是该教义的主题人物)这本现代教义指出并描述了当时的城市，有护城河和壁垒、市场和广场、商店、公园和湖泊。安息国王米特拉达梯一世(Mithridates I)于公元前138年在塔克西拉建立王国，西徐亚人也在古吉拉特和远离南部的纳西克建立管辖地。斯里兰卡的国王槃陀迦阿巴耶(Pandukabhaya)早在公元前4世纪就为耶槃那人❶——他们是来自西北方的商人，也称为约纳人(Yonas)，也许正是希腊历史中的爱奥尼亚人——在阿努拉德普勒的西大门建立了居住区域。正是在这段时期，西北部形成了迷人的希腊和印度文化的混合体，其最有代表性的就是已经发掘出来的公元前2世纪的塔克西拉遗址(参见有关章节)。

贵霜王朝

西北部各地被下一波来自中亚的贵霜人入侵。其伟大的统治者，国王迦腻色迦(Kanishka，120—162)建都白沙瓦。贵霜王朝(The Kushan Empire)的领土包括犍陀罗、克什米尔、印度河和恒河流域，各省由总督领导。正如阿育王一样，迦腻色迦也信仰佛教。贵霜王朝与西方的罗马、巴尔米拉、亚历山大、波斯的萨珊王朝和中亚以北、中国以东各地区都保持着联系，发展贸易与文化往来。由于贵霜人的影响，佛教首次传入中国。像马图拉(Mathura，德里附近)的一些重要的艺术中心，最早创造出了佛祖画像和岩凿的圣屋。在锡尔开普(Sirkap，塔克西拉)发掘出了圣屋，这种圣屋还出现在巴米扬和其他一些希腊遗迹中，例如奥克苏斯河的瑷卡嫩(Ai Khanoum，见第7章)，以及阿富汗北部。来自中国的朝圣者法显和尚❷描述了迦腻色迦在白沙瓦建造的圣骸塔。它由三个部分组成：45m(150ft)高的基座层，13层高的上部坟冢，25层高的镀金顶部华盖，总计约120m(400ft)高。

笈多帝国

320年，旃陀罗·笈多(勿与更早建立帝国的旃陀罗笈多·孔雀混淆)在完整的婆罗门教传统仪式下加冕成为新的领土首领，随后征服了恒河-朱木拿河平原。在其儿子沙摩陀罗·笈多(Samundragupta)的帮助下，笈多帝国(The Gupta Empire)迅速扩张至印度北部的大部分地区，包括贵霜王朝溃灭时建立的小国和西部沙卡人(西徐亚人)的管辖地。虽然笈多人信奉印度教，但也保护帝国内的其他教派如佛教和耆那教。他们通过联盟，如同征服者一样扩大影响力。斯里兰卡自从公元前4世纪阿努拉德普勒时期接受了其他的印度统治者后，在笈多帝国时期形成了宗教和文化，并分享了当时的文化和艺术复兴。

正是在这个时期，印度教寺庙开始定型。当阿旃陀还坚持使用精心安排的老式岩石凿出的圣屋时，独立的建筑开始出现在5世纪的桑吉和切尔扎拉：这些是有柱廊的简单方形寺庙，有的会稍加装饰，如位于艾霍莱的布尔伽神庙第二层。窣堵坡建筑持续出现在大陆上，如信德省的米尔布尔哈斯(Mirpur Khas，4世纪)、鹿野苑(Sarnath)的达麦克窣堵坡(Dhamekha stupa，6世纪)，以及位于斯里兰卡阿努拉德普勒的邸树园窣堵坡(Jetavana stupa)。

笈多帝国在5世纪的最后25年被白匈奴推翻。除塔内瑟尔的戒日王❸在德里北部的恒河流域建立了短期的政权(其首都最后迁至勒克瑙附近的卡瑙季)以外，匈奴入侵后有一段混乱时期，至9世纪国家显露后才得以迅速改观。佛教在除孟加拉以外的地区迅速消失，让位于传统的印度教和耆那教。拉其普特部落立足于旁遮普，并以为他们自己是"兴都斯坦之剑"。尽管婆罗门教势力扩大并创立了许多传统印度习俗，但他们

---

❶ Yavanas；古印度文献中，对希腊人或其他外国人的称呼。——译者注
❷ Fa-hsien；约337～约422年，东晋僧人、旅行家、翻译家，中国僧人赴印度留学的先行者。——译者注
❸ Harsha of Thanesar；约590～约647年，又称曷利沙伐弹那。——译者注

相互间仍持续争斗并不断支持和资助不同教派。这就是11世纪穆斯林入侵时的状态。他们建造了许多精美的建筑,其中包括克久拉霍的湿婆庙和阿布山耆那教的迪尔瓦拉神庙(Dilwarra temples)等(见有关章节)。

萨塔瓦哈纳王朝

公元前185年,巽伽王朝(Sungas)消灭了孔雀帝国,并统治中西部印度超过一个世纪。公元前70年,安得拉人取而代之。安得拉人早在公元前230年就在德干高原建立了政权,并统治该地区至3世纪。安得拉国王归顺了首都位于纳西克的萨塔瓦哈纳王朝(The Satavahana Dynasty,又称安陀罗王朝),其领土扩大至吉斯德纳河与戈达瓦里河之间的海面。阿育王曾派遣使节出访,虽然巽伽人和安得拉人都信奉传统的印度教,但其态度也较宽容,这可从持续至4世纪的佛教与耆那教纪念建筑的发展中看出。这段历史能考证日期的还有位于巴拉巴尔、纳西克和阿旃陀、浦那附近加尔利的支提窟,位于桑吉、巴尔胡特和菩提伽耶的精美栏栅和礼门,以及位于阿默拉沃蒂的3世纪的精美窣堵坡。梭帕罗、塔纳和格利扬的西部沿海港口也是安得拉人的领土。随着对季风规律的掌握,安得拉人与西部特别是亚历山大之间的贸易日益活跃。

南部的印度教王国

在萨塔瓦哈纳王朝灭亡后的德干众多王国中,遮娄其王朝(Chalukyas)尤其值得注意,其首都位于巴达米(Badami,今迈索尔的比杰伊布尔地区 (Bijapur region of Mysore))。遮娄其王朝后来被拉喜特拉库塔王朝(Rashtrakutas)取代,其中克里希纳一世王朝(Krishna I)修建完成了位于埃洛拉的凯拉萨神庙(Kailasa Temple);同时,其他君主在此兴建了耆那教和婆罗门教寺庙。同一时期的迈索尔邦的曷萨拉王朝(Hoysalas)在哈勒比德建造了雕刻精美的寺庙,奥里萨邦的羯陵伽(Somavi)和恒伽国王(Ganga)建造了有希诃罗❶屋顶的庄丽神庙,如布瓦内斯瓦尔的神庙(Bhuwaneshwar)。6~9世纪掌权的、定都甘吉的帕拉瓦王朝(Pallavas of Kanchi)成为遮娄其王朝的世敌。7世纪末,超日王一世(Narsimhavarman)建造了位于马德拉斯附近马摩拉布勒姆(Mamallapuram,默哈伯利布勒姆(Mahabalipuram))的战车神庙、七塔神庙(ratha temples, seven 'pagodas'),他的继任者在甘吉布勒姆(Kanchipuram,又称康吉弗兰)建造了大凯拉萨纳特神庙(Kailasantha shrine)。虽然同样受到耆那教和婆罗门教僧侣的影响,但南部的达罗毗荼人(广义的泰米尔人)与北方的雅利安人在语言、文学和艺术等方面有显著差异。他们的繁荣主要源于很早就从马拉巴尔海岸(Malabar,印度半岛西海岸的总称)大量出口辣椒和宝石至红海和波斯湾沿海一带。这些商品在1世纪以后的罗马等地区需求量很大。该地区分成三个王国并由东部的蕉赖人(Cheras)掌管。穆吉里斯(Muziris),即现代的昌伽诺尔(Changanore),是其重要港口,并吸引了夸耀奥古斯都神庙的罗马殖民地。斯特拉博❷告诉我们,曾有一位印度潘地亚王朝(Pandyan Kingdom)的统治者于公元前25年派遣使者朝见奥古斯都,意结同盟。

早期的潘地亚王朝似乎建都于卡亚尔港附近的科尔卡伊(Kolkai,马可波罗13世纪末曾去过该处,并有记载),但同期的政治中心从12世纪伊始至18世纪移至马杜赖,并最终被当时的国家收编。其间,在相当长的时间内,潘地亚人被定都特里奇诺波利的强大的朱罗王朝(Chola)邻国侵略及统治。

10~13世纪,朱罗王朝统治着马德拉斯省的大部分地区、斯里兰卡北部和马尔代夫岛的一部分。潘地亚人和斯里兰卡人在10世纪结为同盟,并打败了占领马杜赖的朱罗人。朱罗人是狂热的印度教徒并迫害耆那教,在拉梅斯沃勒姆的坦焦尔——13世纪在吉登伯勒姆(Chidambaram)东部的瞿布罗——建造了大型寺庙并用巨大的瞿布罗❸围合。此外,还建有其他许多寺庙。罗阇罗阇一世❹在斯里兰卡建造了湿婆和毗湿奴圣寺,例如位于波隆纳鲁沃的2号湿婆庙(Shiva Derale 2,约988,见[679]页图A)。

---

❶ Sikhara:梵语,意为山峰,北印度寺庙建筑中的顶层结构,耸立在神庙和有夜叉的柱廊、门廊顶上。——译者注
❷ Strabo:公元前64年或公元前63年到公元前23年以后,希腊地理学家和历史史家,著有《地理学》。——译者注
❸ gopurams:门塔,印度教寺庙围墙的山门,建筑装饰的华丽往往超过主殿。——译者注
❹ Rajaraja Ⅰ:985~1014在位,是湿婆神的狂热崇拜者。——编辑注

第21章 背 景

图A 波隆纳鲁沃2号湿婆庙(约988),见[678]页

图B 五台山佛教寺院,见[684]页

潘地亚王朝最伟大的统治者是阇多跋摩一世(Jatavarman Sundara Pandya)，该王朝领土在13世纪从特拉凡哥尔扩张至甘吉布勒姆(今马德拉斯的南部)。阇多跋摩一世建造了位于吉登伯勒姆和斯里兰格姆的部分大型寺庙。马都拉随后(17—18世纪)成为潘地亚纳亚克王朝(Pandyan Nayak dynasty)的中心，其臣民建造了一系列的建筑。其中，有一座位于马都拉的宫殿，其总体布局和细节都受到伊斯兰建筑的影响。

1336年，在迈索尔中部的栋格珀德拉河创建了维查耶那加尔(Vijayanagar，胜利城)，据说是由曷萨拉王国受到穆斯林攻击时逃走的5个兄弟建造的。14世纪晚期，哈里哈拉一世(Harihara I)把王国向南扩张到特里奇诺波利，向北扩张至戈达瓦里。在克利希那德瓦·拉亚❶的领导下，王国的辉煌和影响达到顶峰。他还鼓励所有的旅行者，无论跑步还是朝圣，都应当到首都看一看。16世纪早期的葡萄牙旅行家多米戈·帕埃斯(Domigo Paes)描绘了城市令人震撼的画面：城市周长97km(60mile)，中央大道长达13km(8mile)。受到一些伊斯兰影响的宫殿据说装饰精美，墙上排列着雕刻的象牙饰品。胜利城的统治者认为自己是伊斯兰巴曼苏丹(Bahmani sultans)的宿敌，其继任者在比贾布尔，尽管他们努力与之结为同盟，但苏丹联合体还是于1564年在克里希纳的达利戈达的拼死战斗中打败了他们。三天之后穆斯林进入城市内部进行了有组织的掠夺，仅仅留下了一堆石块。如果没有当时的记录，这简直让人难以置信。

斯里兰卡的阿努拉德普勒王国时期从公元前4世纪持续至10世纪，这段时期内政治、社会和艺术传统完整地持续了数百年。期间几位僧伽罗(Sinhalese)国王因为大型建筑工程而著称，其中最杰出的是迦叶王一世(Kassapa I，6世纪)，他离开阿努拉德普勒创造了位于锡吉里耶巨石山上的独一无二的城市。接下来的第一个千禧年的后半时期，锡兰的发展和影响就是不仅能够抵御许多入侵者，而且还入侵到印度南部。

波隆纳鲁沃时期(Polonnaruwa period，11—13世纪)，经受了多年的外敌入侵和南印度朱罗王朝的占领。由于阿努拉德普勒被掠夺，首都迁至波隆纳鲁沃。毫无疑问，它控制了主要道路和贸易路线。当波罗迦罗摩仆呼一世国王(Parakrama Bahu 'The Great'，12世纪)在全国范围内重新确立主权后，该城市的建筑物基本上是按照他的建筑原则而建。波隆纳鲁沃拥有壮丽的宫殿、寺院、庙宇、公园、湖泊和灌溉工程，但由于持续与外敌战争，建筑物被迫停建并遭到毁坏，只维持到13世纪。政府重新转移到一些暂时的居留处，如耶波诃伐、丹巴德尼耶和科特(Kotte，13—15世纪)。

康提王国时期(Kandyan，15—19世纪)，国家分裂成几个王国。最值得注意的是位于康提(Kandy，山城Kandenuwara的一个误传)的首都，这里是最初不受外来入侵干扰的地区。但相邻的沿海各省于16世纪被葡萄牙人占领，17世纪被荷兰人占领，英国人最终于1815年成功地吞并了康提王国。

印度的伊斯兰

关于伊斯兰入侵印度、帖木儿远征和德里大屠杀，参见第3编。值得注意的是，尽管伊斯兰占领了印度较北部的地区，但一直到13世纪末，德里苏丹国的统治者阿拉·乌德·丁(Ala-ud-Din，1296—1316年在位)仍然决定向南转移。曾经是印度教奴隶的马利克·卡富尔将军(Malik Kafur)在1310年发动了袭击。他通过泰米尔并向右移至南部，占领了印度教统治印度的最后要塞。

印度的莫卧儿王朝

莫卧儿时期及阿克巴统治下的鼎盛期也已在第三编涉及。1605年，贾汗季皇帝继位时，莫卧儿王朝(The Moghuls)已经开始衰退。1510年，在阿尔布克尔克总督(Albuquerque)的治理下，葡萄牙人建立了殖民地果阿。1585年，最早来到这里的英国人拉尔夫·菲奇(Ralph Fitch)和托马斯·纽伯里(Thomas Newberry)带来了伊丽莎白一世的信。第一艘东印度公司的船只"赫克托耳"号载着威廉·霍金斯(William Hawkins)，带着詹姆士一世向贾汗季要求贸易权利的信于1608年到达印度。欧洲殖民时期的开始和持续过程中始终伴随着莫卧儿王朝的逐渐衰退。莫卧儿王朝的最后一位伟大的皇帝奥朗则布(Aurungzeb，1658～1707年在位)在与马拉塔人的冲突中由于士气低落而战败，标志着18世纪

---

❶ Krishnadeva Raya；1509～1525年，维查耶那加尔帝国在印度历史上最伟大的统治者。——译者注

马拉塔人的统治时期的结束。1761 年，马拉塔人最终在巴尼伯德被穆斯林阿哈马德沙(Ahmad shah, 1722?—1772)歼灭，标志着英国统治时代的开始。

阿富汗

公元前 4 世纪，阿富汗是大流士阿开民帝国(Achaemenid)的一部分。随着巴克特里亚希腊殖民者在巴尔赫(Balkh, 阿富汗北部)建立殖民的希腊城邦，阿富汗被亚历山大大帝的军队(前 356—前 323)占领。该地区通过亚洲希腊人的定居点与希腊和波斯在公元前 1 世纪与印度一直保持着文化联系。随后，西徐亚人(贵霜王朝，参见上文)的入侵带来了持久的影响。贵霜王朝的首都卡皮萨(Kapisa, 今贝格拉姆 (Begram))是著名的大乘佛教徒(Mahayana Buddhist)的居住地，也是通往远东重要贸易路线的世界性汇合中心。4～5 世纪，贵霜帝国让位于萨珊王朝，后者对东方有很深的文化影响，甚至波及中国。中国的朝圣者法显 (Fa-hsien, 5 世纪)和玄奘和尚(Hsuan Tsang, 7 世纪)描述了当时拥有壮丽宫殿和寺庙的阿富汗。

之后，伊斯兰入侵者于 650 年进入阿富汗，最著名的是伽色尼王朝(Ghazni)的马哈茂德苏丹(Mahmood, 993—1030)。整个 13～14 世纪蒙古时期的国家都由蒙古人、阿拉伯人、土耳其人或印度王子统治。巴伯尔(Babur, 1483—1530)在 1525 年向南迁移，在建立印度莫卧儿帝国之前定都喀布尔。在 1741 年，当阿富汗再度被波斯的纳迪尔·沙阿(Nadir Shah, 1688—1747)统治时，仍然是帝国的一部分。1747 年，纳迪尔的部下刺杀了他，并在坎大哈定都称王。

尼泊尔

尼泊尔的人口由尼瓦尔人(Newars)和廓尔喀人(Gurkhas, 藏裔蒙古族 (Tibetan-Mongol) 的祖先)构成。他们很早就在尼泊尔定居，并建立了从迁移和入侵的印度人那里继承的、从未遭到大改的本土艺术和建筑风格。艺术特别活跃于马拉王朝(Mulla Rajas, 13—18 世纪)统治时期，特别是 14 世纪、15 世纪和 18 世纪早期。1768 年，廓尔喀人称王并建立了廓尔喀王朝。经过调整和内部通婚的印度教自称拉其普特人，从此统治着国家，但实际的权力在超过一个世纪的时期内仍由世袭的首相掌握。

东南亚

缅甸

缅甸的历史可以划分为四个主要时期：第一个时期是前异教时期(前 1 世纪—8 世纪)。最早出现的定居者是骠族(Pyu)，他们是藏裔缅甸人的祖先，主要居住在上缅甸。源于高棉的孟族❶，有较高的文化水平，居住在下缅甸围绕直通(Thaton)和堕罗钵底(Dvaravati)以南地区(后来成为泰国的一部分)。8 世纪，他们征服了骠人，在伊洛瓦底中缅甸的蒲甘建立都城，同时，印度人定居点也建立了起来。

第二个时期是蒲甘王朝时期(9—13 世纪)。直至国王阿奴律陀(Anawrahta, 1044—1077)之前，没能建立起统一的国家，但其继承者统一了缅甸，也宣告了艺术和建筑古典时期的到来。13 世纪，所有这些都因忽必烈率领的中国蒙古人的入侵而结束。

第三个时期是后蒲甘时期(14—17 世纪)，是内部冲突、权力争斗的混乱时期，涉及掸人、孟人、泰人、老挝人、华人和高棉人。这一时期出现了几个新首都，包括位于阿瓦的掸-缅甸人城(Shan-Burmese)和位于勃固的辉煌城市(16 世纪)，后者在国王莽应龙(Dayinnaung)威望的恢复期间建造。随后缅甸继续瓦解，瓦解止步于雍笈牙王国(Alaungpaya)的统治，他在 1755 年建造了仰光的港口(1773 年被中国人毁坏)。同时，英国的殖民进程也在继续，他们对缅甸的吞并达到顶峰，最终使其在 1886 年成为印度帝国的一个省份。最后的缅甸国王之一曼桐(Mindon, 1852—1878)建都曼德勒，构成了第四个时期仰光——曼德勒时期(18—19 世纪)最后的政治威望。

柬埔寨

扶南王国时期(Funanese, 3—6 世纪)：早期的印度支那由许多最终成形于柬埔寨、老挝、越南的小王国组成。其中历史最悠久的是柬埔寨，与扶南国相似，在 2 世纪由国王旃檀(Chandan)或混填

---

❶ Mon Talaing；Mons 又拼为 Mun，缅甸语为 Talaings，塔兰人，或译得楞人。——译者注

(Kaudinya)按照中国传统建立。他们也许是有印度——西徐亚人血统的贵霜人(皇室首领为旃檀)，这可能就是其受到西徐亚——波斯显著影响的原因。其鼎盛时期在6世纪末。扶南帝国包括真腊、印度支那和马来亚的一部分。中国的历史记载显示扶南国与印度、中国存在密切关系，并有高度的文化水准、经济实力和令人印象深刻的国家社会组织。

扶南晚期和高棉早期(7—8世纪)：这个时期的特点是混乱的政治和战争。邻邦真腊超过扶南成为宗主国，并第一次由高棉国王和人民行使主权。真腊-扶南的都城位于松博和的磅同(Kampong Thom)附近，掩藏在引人注目的前吴哥时期(pre-Angkor)的废墟中。但是东南亚的统治权是由爪哇和马来亚的室利佛逝王朝(Srivijava)和夏连特拉王朝(Sailendra)掌握。

早期古典高棉时期(9世纪)：建筑对高棉社会的基本作用在这段时期逐渐显现。阇耶跋摩二世(Jayavarman II)把柬埔寨从爪哇人的奴役中解放出来，建立了统一的吴哥王国，并在荔枝山建造了第一座吴哥城市。其继任者之一的固陀罗跋摩一世(Indravarman I, 877—899)建造了第一座豪华风格的石质的巴贡寺(Bakong)，采用了精心组织的灌溉系统。随后这个系统不仅成为建筑设计中不可分割的部分，同时也成为国家经济和社会生活的关键元素。16世纪，这个系统的弃用也最终导致了吴哥城的废弃。固陀罗跋摩的儿子耶输跋摩一世(Yasovarman I)找到了第二座吴哥城市并开创了一段辉煌，高棉文明在被神化的国王、艺术工匠组成的中产阶级和卑下的工人阶级中采用了贵族统治和理智的寡头政治的形式。

高棉古典过渡时期(10—11世纪)：这个时期可以看到王权争斗和其他都城的创造。但罗贞陀罗跋摩(Rajendravarman, 944—968)是一个受过教育且不知疲倦的建造者，他返回了吴哥，在整个地区巩固和发展了高棉权势。在他的儿子和继承者阇耶跋摩五世统治时期，婆罗门皇家教师耶若婆罗诃(Yajnavaraha)建造了高棉最美丽的寺庙之一——班底斯雷庙(Banteay Srei, "女人城")，这是引人注目的早期折中主义作品。随后吴利耶跋摩一世(Suryavarman I, 1002—1050)完成了第一座由沙石建造的茶胶寺(Ta Keo)。在下一个十年中，除了不宜居住的环境外，其继承者优陀耶底特耶跋摩二世(Udayadityavarman II)统治时期又建造了豪华的镀金的巴芳寺庙山(Baphuon Temple-Mountain)。

高棉古典时期(12—13世纪)：这是逐渐衰退前壮丽辉煌的一百年。柬埔寨国王中最有权势的耶跋摩二世(Suryavarman II, 1112—1152)极富外交技巧，并且取得了战争成功，但他在建筑史上被记住则是因为伟大的寺庙城吴哥窟，这是高棉天才工匠的最高成就，是被神化的国王意志在建筑上的表现。耶跋摩二世还建造了吴哥城(Angkor Thom)，但该城在1117年被抢劫者占婆人(Chams)毁坏。阇耶跋摩七世(1180—1218)利用军队遗留的石料、雕刻家、装饰家和劳动者，以不同寻常的规模、奢侈程度和建造速度对吴哥城进行了重建。尽管国王是一个神秘主义者和大乘佛教徒，但其活动并未限制在寺庙和宫殿建筑内。通过英勇的民兵，他把帝国扩张到了安南、万象、缅甸和马来亚南部。事实上，在他统治的最后时期，国家几乎被战争和夸大的建筑活动拖垮，并做好了迎接上座部❶的准备，后者无须辉煌的建筑和复杂的仪式，讲究简朴的美德并否定对国王的神化处理。这种宗教和哲学态度上的转变使高棉古典时期走向尽头，这是帝国衰落的前兆，并最终被柬埔寨的泰国人征服。吴哥1437年被泰国人夺取。16世纪末，对珍贵遗产和水利工程的破坏使吴哥不宜居住，同时国家的大部分地区已落入暹罗人(Siamese、泰国人)之手。有一个柬埔寨的飞地在南部幸存，而湄公河上的首都金边则保持了柬埔寨城市的原则。当时，印度支那的大部分地区已经成为法国保护地。

泰国

6世纪，孟人(佛教徒)从下缅甸给现在的泰国中部施加权威并在堕罗钵底建立王国。尽管堕罗钵底作为佛教威信中心的威望保持了长时间不受损害，但11世纪早期的高棉人仍然使其成为附属，他们在泰国中部有至高影响。在北方，当从中国西南迁移来的讲泰语的人(Thai-Syam)在清盛

---

❶ Theravada：佛教的主要部派之一，流行于斯里兰卡、缅甸、泰国、柬埔寨和老挝。此外，还有大众部和分别说部等。——译者注

(Chiengsen,现清迈)建立半独立的城邦时,孟人和泰国人逐渐融合并向南渗透,并在13世纪时驱逐了高棉人,巩固了素可泰府(Sukhothai)王国。但是国家的重心继续向南移。14世纪的阿瑜陀(Ayudhya)因为能直接通向海洋并且有与柬埔寨贸易的通道而成为国家的首都,这座因为财富和奢华而在印度-中国世界中享有盛誉的城市,于1767年被缅甸人毁坏。到今天,只有残留的遗迹。这不是缅甸人入侵暹罗的第一次。1555年,阿瑜陀就曾经落入缅甸人之手,但除去第二次世界大战期间日本人的占领外,异族统治都只是短期存在。考虑到整个民族历史,泰国独立的时间在东南亚国家中首屈一指。除了葡萄牙、荷兰、法国和英国的贸易入侵,16世纪以来,泰国一直是欧洲人意图染指的对象,但它却逃过了殖民统治。泰国现在的首都曼谷,位置略偏北,它在1782年取代阿瑜陀成为都城。

印度尼西亚

苏门达腊岛和爪哇岛的文明发展受到印度文化和宗教的影响,例如,以农民和贵族划分级。文学、雕塑和建筑属于"王室"(Kraton)或者说是宫廷的特权。农民则形成了农业社会,其仪式、习惯和形成时间可追溯至新石器时代时期,他们的生活与宫廷文化毫无关联。第一个重要的、似乎表现出这种文明形式的印尼王国是室利佛逝帝国(7—13世纪)。室利佛逝帝国称霸马来亚半岛、婆罗洲和爪哇西部,其贸易活动远至波斯。然而,它在那个时期的建筑没有遗存下来。在室利佛逝统治苏门答腊岛的早期,爪哇有两个主要的统治者,即中部地区信仰印度教的桑贾亚王朝(Sanjaya,7世纪中叶—10世纪)和稍许偏东的信仰佛教的赛兰陀王朝(Sailendra)。两个王朝都有令人印象深刻的建筑遗存。据推测,赛兰陀这一支大约在840年因和桑贾亚国王拉克利安·毕卡坦(Rakryan Pikatan)的女儿通婚而结束统治。此后苏门答腊岛的室利佛逝王国的历史与其想要称霸爪哇的战争和桑贾亚王国的衰落有关,这个王国最终在东爪哇的新柯沙里国(Singasari)和满者伯夷帝国(Majapahit)的手中灭亡(约1220年)。爪哇艺术和建筑早期的主要形式在14世纪形成了最后的复兴。同时伊斯兰的影响已遍及印度尼西亚,到15世纪末,信仰伊斯兰教的统治者——爪哇人巴伦帕达(Balen Pata)统治了整个爪哇,包括满者伯夷帝国。随后印尼的进程在欧洲殖民统治之间摇摆:葡萄牙人、英国人和统治了三个半世纪的荷兰人。1945年,独立的印度尼西亚共和国成立。1954年,在尼德兰-印度尼西亚联盟之间最后一点脆弱的联系也断绝了。

文化

非洲

非洲是以手工艺为基础的社会,其传统主要依靠口口相传。城市中心有劳动的专门分工,而在农村除了年龄和性别之外,鲜有区分。这种分工被作用于建筑。因为频繁的重建,大多数人都掌握了其中的经验。

最早的非洲艺术是巨石绘画和雕刻,后来变成三维的。以当地硬木雕刻的面具和图案或赤陶模型等艺术形式可以不受限制地给事物以宗教意味,这也是从诸如篮子和碗这些每天都使用的物品中发现的。许多大型艺术作品和建筑物被结合在一起进行设计,从真人大小的雕塑、麦罗埃人和阿克苏姆人的浮雕到约鲁巴人的房屋立柱,特别是在门口、大门、内墙壁和屋顶的建筑装饰十分丰富。家族祖屋、谷仓和妇女房间常有特定装饰,以便于区分诸如住宅这样的建筑类型和宗教建筑。650年开始,伊斯兰教派立足于东北部非洲,并迅速向东南方向传播,至大约1400年已经在撒哈尔走廊以北、除了拥有大量巨石凿出的基督教堂的埃塞俄比亚以外的所有居民中立足。伊斯兰同样也在非洲东海岸扎根,但和西非不同的是,这里的清真寺没有光塔。和伊斯兰教仪式同样活跃的是神灵仪式。更南部的非洲沿用了本土宗教,除了某些区域建造的圣地、圣寺和庙宇外没有大尺寸的建筑。前殖民统治时期非洲的陵墓建筑比麦罗埃和阿克苏姆人时期更少见,但在北非、西非的一些地方和东部沿海也发现了巨石坟冢、古墓和柱状坟墓。

美洲

中美洲和南美洲的高度文明是由受到世袭精

英统治的农场主组成的,他们权力的基础是被创造出来献给和接近神灵的宗教信仰,只有精英才能代表农民的利益向神请愿,只有忠诚地完成责任才能实现愿望。他们相信神控制着自然现象就像人类的冒险活动一样。他们之间的结合基本上是所有一切的保证。因此宗教仪式可以看做是一种交易,任何事情想要取得预期的结果都可以通过付出相应的价值——供品、牺牲和举行仪式——而得以实现。在这种体系下,世俗和宗教建立了十分密切的内在联系。神庙既有政治用途也有宗教目的,肖像学研究既是王朝的也是神学的。北美社会没有严格的阶级观念,但他们坚持对人类超自然力量和现世事件祈祷的简单信仰,而正是这种信仰使殖民统治前的美洲社会花费大量投资来建造礼仪建筑。

文化对建筑有较大影响的方面是相信超自然力量确实存在于某些地方——因而决定了礼仪建筑的确切位置。神被认为是居住在建筑物的构造中,因此前殖民时期神庙的周围空间并不重要。神居住在砖石建筑的内部而并非房屋的空间中,这既可以解释为什么人们愿意承建如此巨大的建筑工程,也可以说明他们为什么愿意在部分被毁坏的早期神庙遗址上再建一座甚至覆盖在原址上的神庙。新的神庙为神的居住提供了新的结构,但必须建造在同一位置以使神知道。

中国

中国文化有长期发展的历史和显著的个性特征。先贤和哲学家孔子(前551—前479)强调"仁"(仁慈)和"理"(精神概念)。儒家学说在中国占据了主导位置,其内容包括人类关系的一系列伦理概念和精神准则,提倡老幼之间、上下阶层之间相互尊敬。例如,中国住宅中有关庭院的建筑布局,就体现了这种封建礼仪。令人尊敬的祖先和家庭部落的惯例逐渐形成,因此,举行祭奠仪式并献给祖先的寺庙在城市布局中占据着很重要的位置,例如周朝(前1027—前770)的都城和明朝(1368—1644)的都城北京。

早期的道教思想分别在老子和庄子著的两本书中有所阐述,一本论"道",另一本论"德",这两位传奇人物的名字经常与其同名的书相混淆。道教在基督纪元前的4~5世纪时迅速发展,但在支持儒教的汉朝被政府压制,后来在魏(220—265)、晋朝(265—420)又重新兴起。道教是静态主义者,他们相信所有的表象世界都受其深层整体影响:自然和谐统一的原则是道教学说的第一步。这也造成了中国文化中很重要的转变。风景诗歌和绘画赞美自然,带来了中国园林建筑的发展。其造园的思想是在人工构筑物中追求自然的效果——模仿自然中的山林、河流、小溪与湖泊,甚至如太湖中用石块砌筑的假山也要被设计成模仿自然的样式。在理论著作的指导下开始演变出一种独特的造园体系,17世纪早期出版的《园冶》(*On the Construction of Gardens*)将这种体系发展至顶峰。

佛教由印度传入中国,并在68年的东汉时期最早被接受,但由于一度受到政府的反对而未能稳固,直至晋朝颁布法令才允许寺院合法化。几年后,佛教就传播到了朝鲜。佛教的引入给中国建筑带来了新的建筑类型,但其形式仍然是从传统木构建筑基础上发展而来,即在建筑革新中吸收新文化,但仍保持中国文化的独立性。佛教、道教和儒教三者同时存在和交叉发展也影响着建筑的发展。越来越多的住宅中出现了崇拜佛教的厅堂,除了保持其独特特征的装饰母题外,道教和佛教建筑的不同之处也越来越少。道教模仿自然的手法也影响了佛教寺庙。二者都选择风景名胜地建造神圣的建筑。五台山(见[679]页图B)、峨嵋山、九华山和普陀山是佛教的胜地,而道教寺庙则选择建造在泰山、华山、衡山、武当山和青城山。

阴阳学说(始于公元前305年)认为王朝的统治凭借五种元素中的一种,即金、木、水、火、土。其著作《周易》(*Book of Changes*)宣扬阴与阳(最初是黑暗和光明)的象征意义,由此指出宇宙万物都有对应而统一的另一面,如天与地、日与月、冷与暖、男与女以及奇数和偶数,天、日、暖、男人和奇数分属于阳的范畴,其对立面属于阴。例如宫殿建筑群中,举行接见仪式的开敞院落属于阳——大殿开间用奇数;作为内部空间使用的大殿自身属于阴。在"五行学说"(five elements)理论中,许多自然现象和事物可以用五种元素代替。下面列出建筑中的相关主题:

五行——木、火、土、金、水
方位——东、南、中、西、北
气候——风、热、湿、干、冷
色彩——绿、红、黄、白、黑
生命的进化——出生、生长、变化、虚弱、

象征性——地位、财富、忠诚、权力、衰退、死亡

显然,建筑设计要符合象征意义有些困难。在唐朝(618—907)和明清时期(1368—1911),太子的东宫位于东方象征着新生,皇太后的宫殿位于西边象征着老年的虚弱景象。皇帝的宫殿用黄色琉璃象征着权力,太子宫殿的屋顶用绿色象征着新生和地位。

朝鲜

朝鲜人是一些蒙古部落的后裔,史前时期由中国东北地区迁移而来,并且很早就融合为一个独立的种族。从人类学角度来看,朝鲜人属于蒙古人种,其语言属于阿尔泰语系。该国的宗教起源并不清楚,可能与西伯利亚无处不在的泛神论信仰有关。历史上朝鲜的建筑受到中国儒教、道教、阴阳学说、五行论、地理学和天文学的影响。

佛教在4世纪晚期传入朝鲜并在7世纪的新罗王国时期达到顶峰,该王国于668年统一了朝鲜半岛。在这个过程中,朝鲜创造了许多佛教建筑和雕塑杰作。直到10世纪取代新罗王国的高丽(918—1392)时期,佛教的影响才逐渐减弱。朝鲜王朝(1392—1910)崇尚儒教,压制佛教,整个高丽在1392年由该王国代替并由李氏王朝(Yi Dynasty)统治。

朝鲜因为处于北亚和外部世界之间的重要战略位置而被许多外来入侵政权统治过。13世纪是蒙古人,16世纪是日本人,他们几乎是劫掠,使第三王朝至朝鲜时期早期的几乎所有的木结构建筑都被破坏了。因而那段历史的建筑很难归入朝鲜建筑。

在16世纪日本人入侵之前,传统的朝鲜建筑没有恢复其美学和艺术特征。17和18世纪,朝鲜首次引入西方文化,并出现了工艺学校(Shirhak),并有一些学者致力于实用学并促进全民福利的发展。

日本

日本的政治、社会历史和文化的密切关系在本章"历史"部分已经显示出来。在最初的历史时期从中国经由朝鲜引入佛教之前(6世纪中叶),日本的神权社会是建立在一个主神即太阳神和许多小神的多神论基础之上的,由于没有限定明确的道德准则,神道教大量强调原始和自然崇拜,而对其教义而言,无须装饰精美的图像或神庙。日本的宗教实践在其他一些佛教派别的"自然精神"信仰中逐渐融合。这种宗教上的融合始于9～10世纪从中国传入的真言宗和天台宗佛教时期,并且在京都的平安时代反映到美学上。

更有影响的事件是12世纪佛教禅宗(Zen Buddhism)的传入,这一过程伴随着镰仓幕府的建立。12世纪,从中国传入的禅宗因为强调佛教的沉思而明显地影响了日本文化,因为它决定了所谓的封建战士关系,即武士。它提供了一种方式,即通过世俗事物,诸如射箭、茶道和插花艺术来获得启示。它的吸引力还在于它的反智主义和能从日常事件中自发传播启迪的信仰。神道教和日莲宗(Nicheren)教派也植根于日本。在佛教和神道教信仰结合基础上的本土宗教仪式,虽然没能创造出一种正式或复杂的宗教信仰学,但它集中关注非正式的、通常是本土的的宗教实践,并将对朝圣的崇拜信念灌输给人们。

佛教的神秘象征性鼓励了具有艺术气质的日本人,他们高度热情地创造了无数个各种尺寸的、富有想象力形式的佛像。僧侣关系对国家的发展甚至道路和桥梁的建设贡献很大,通过增进独立的宗教间的联系加速了国家的统一。

基督教在1549年由沙勿略(S. Francis Xavier)传入日本,但该教会的影响带来许多冲突。1582年日本大使出访欧洲,1592年日本人入侵朝鲜。在这些与外部世界联系的尝试之后,日本转向封闭并在1614年驱逐了所有的外国传教士,1624年西班牙人被驱逐,1638年葡萄牙人被驱逐。基督教随着葡萄牙人的离开最终被禁止,之后日本与世隔绝长达200年。

印度次大陆

印度次大陆的宗教在本章"历史"部分和第26章都占有重要地位,也许与其他地区一样,该地区建筑的发展与宗教建筑物的联系也非常紧密——通常只有永恒的建筑才得以保存。婆罗门教和印度教起源于雅利安人入侵者强行统治本土的达罗毗荼人时期,即吠陀时期(Vedic Age,约前

1500—前500)。吠陀时期的命名来自于四本伟大的梵语(Sanskrit)书：首先是《吠陀经》，在它之上又加了《梵书》(Brahmanas,即《吠陀经》的注解)，稍后(约前600)则是《奥义书》(Upanishads)，这部书包含了印度教基本教义的哲学性阐述。达罗毗荼人对"奉爱"(bhakti,忠诚于一个化身)的崇拜与雅利安人的奉献精神相结合，提取出原则从而成为建立婆罗门教之外的印度教基础。宗教仪式和程序更高度的综合是在公元前6世纪中叶，基于婆罗门教和《奥义书》的基础而发生的。基督元年，吠陀时期早期的泛神论被印度教理论代替，有时解释为婆罗门三位一体的关系，即梵天(Brahma)是宇宙的创造者，湿婆是破坏者，毗湿奴(Vishnu,黑天Krisha和罗摩Rama是其化身)是宇宙的保护者。湿婆和毗湿奴都是主流印度教崇拜的中心，许多神庙都献给了相关的崇拜。对于印度教而言，自然规律即梵天决定着生命的个人地位，这可以认为是前世化身行为的结果；重要的是延续现世生命的教规并通过献身和一种持续的再生达到"解脱"(moksha)——失去个体意识，从而达到宇宙开放的真实存在。宗教信仰由此加强了等级制度，它曾经也一直是社会的基础。

许多的观念、动物和人物都与湿婆和毗湿奴崇拜有关，有些是文字记载的结果，例如6世纪时期的梵语诗人迦利陀娑(Kalidasa)通过教徒的说教和新世俗观念的持续普及来宣扬湿婆主义(Shivaism)。

佛教通过乔达摩·悉达多(约前563—483)的传授传播开来，他出生于王室的刹帝利(Kshatriya)阶层，明确反对影响力日益增强的婆罗门(教士的)社会等级制度，同时简化和明显日益复杂和冗长的婆罗门教义，使其成为一场改良运动。经过沉思，乔达摩预言了6年以后的景象，后来被称为"顿悟"，即佛祖。在45年的时间里，他的足迹遍及北印度直至其死亡。佛教接受再生思想但拒绝社会等级制度，也没有西方意识中的神；佛教僧侣通过对生命的沉思来证明世界。佛教分为两个主要派别：大乘佛教(大的行程)和小乘佛教(Hinayana,小的行程)，前者的影响力较大。

早期的上座部佛教教义非常抽象，俗人极少被允许实践。在公元前3世纪阿育王"第三次佛教结集大会"(Third Council)之后，上座部佛教教义(Mahaparinibbanasutta)开始被广泛传播。他们鼓励在圣骸存放处之上建造窣堵坡作为俗人崇拜、礼仪和供奉的地点；建议探访四个圣地朝拜：佛祖的出生地、顿悟地、首次布道处以及涅槃处，认为这些朝拜将在今后的生活中传播其优点并使圣徒受益。所有的世俗成员都可以达到佛性(Buddhahood)，而且也必须向这个最终的目标努力。

为了满足世俗的崇拜，在1世纪时，大乘佛教首先被允许使用佛教的符号，并被允许使用佛祖本身的画像，这在佛教世界中开启了更宽广的圣室建造计划。另一种结合了佛教建筑的崇拜形式包括那些建造在或围绕窣堵坡的构筑物和菩提树圣室。它适应了每个圣室提供供奉并在沉思状态下围绕窣堵坡行走这样的形式要求。建造讲经厅堂主要是为了公众的参与，僧侣在厅堂中会见世俗人员并与公众交流修行的精神经验。

7世纪以后佛教在印度衰落，但在斯里兰卡、东南亚和远东一直持续传播。

耆那教根据传统说法是由摩诃吠罗(Mahavira,与佛祖同时代)创立，他本人是婆罗门种族。24个祖师("河水穿越存在的溪流")向公众宣扬耆那教义。从它的启始阶段开始，这种宗教就保持了与印度教在偶像上的联系，并与摩诃吠罗一起提供了装饰耆那教的众神的形象。印度次大陆的一些早期人物雕像就来源于耆那教。从孔雀王朝和巽加王朝开始，耆那教从其北部印度的早期发源地传播到了德干，遮娄其王朝的宫廷便是它的中心和壁垒。和印度教一样，耆那教的宗教目的是通过连续的重生拯救众生，其思想工具就是艰苦的禁欲生活，认为对每个生命的持有和自然陶冶都是人为的事物与价值的对立面。其中有些建筑物很独特，非常富丽堂皇并充满雕刻装饰。

阿富汗经过了许多宗教阶段——阿契美尼德、安息、萨珊(Zoroastrian)、印度佛教、希腊化(亚历山大帝时期)和西徐亚人。大乘佛教的影响代替了早期的佛教信仰而且更有影响力。18世纪伊斯兰教渗入国内，在土耳其-加兹尼(Turkish Ghazni)王朝的统治下，阿富汗成为了伊斯兰王国。

5世纪，阿育王把佛教带到了尼泊尔的山谷并建造了许多窣堵坡来纪念他的传教，7世纪又重新形成了佛教和印度教的居住地，并有所改变，发现了寺庙。从此，印度教和佛教伴随着西藏密教(Tibetan Tantric)的影响并行存在。西藏人的影响同样表现在通过高山和独立庄严的国家表达神秘主义和象征主义精神上。

东南亚

缅甸

缅甸的艺术和建筑是佛教改革的反映。按照达摩的启示(Mawavamsa)，阿育王帝国(约前3世纪)从印度派遣两名僧侣宣扬教义。5世纪佛教被广泛建立，随后移民带来了精灵(Nat)崇拜(这是一种掌管水和树的精神的泛神论)，以及"蛇神"崇拜(nagas)。虽然精灵迷信得到广泛传播，但最终都转向了佛教。

柬埔寨

前高棉时期，神圣大山中的人民的本土泛神信仰是那伽公主(Naga，水神)和祖先崇拜，并交织着国王、宫廷和学者信仰的印度宗教。印度教占统治地位，大乘佛教成为从属宗教。诃里诃罗(Harihara，湿婆与毗湿奴同体，四个面孔，有时有八只手)崇拜有一个典型特征。从9世纪的高棉时期开始发展的神王(Deva-Raja)崇拜——神-王一体，是湿婆形式的崇拜，影响了吴哥地区大金字塔寺庙城的风格。13世纪出现了重大改变，在向上座部佛教转变的过程中采用了普遍运动的方式。这种特殊的教义包括没有精心组织的仪式，并宣扬自我否定和简朴的生活方式。

泰国

佛教很早就进入这个地区以及斯里兰卡和缅甸。佛教加上本土的泛神论，在1500年内持续影响着当地的艺术和建筑。

印度尼西亚和马来群岛

两个相互影响的运动塑造了印度尼西亚的艺术和建筑特征。远古本土泛神论神话的农民文化、祖先崇拜，以及印度-佛教信仰被带到该地区，尤其是爪哇。公元4世纪迁移来的印度移民，到7世纪已使苏门答腊和爪哇成为宗教学习和朝圣的中心。多年以后同样来自印度的伊斯兰来到苏门答腊北部和马来亚，至15世纪已传遍爪哇，驱逐了在巴里仍有传播的印度-佛教和原始精神信仰。

伊斯兰对于印度和其他南部与东南部亚洲文化的影响见第3编。在本章"历史"部分已经暗示，伊斯兰要为印度半岛的佛教与印度教的南移以及社会和政治结构的改变负责。

资源

非洲

原始文明中可以用来建造房屋的建筑材料在尼罗河流域、沿北部非洲海岸的希腊、罗马人定居点，以及7～8世纪以后的伊斯兰建筑已经在背景的第1、2、3部分(见第1、8、15章)进行过叙述。

下撒哈拉的基本建筑材料是黏土、植物性材料和石材。苏丹和豪萨兰使用日晒砖，而沿撒哈尔走廊则使用烧结砖。在沙漠地带不常使用黏土砖，而泥土是一种可塑材料。芦苇、青草、竹子和棕榈等蕨类植物被广泛使用，用以制造种类繁多而有特色的优美屋顶，通常是坡度较大的帐蓬顶式。石质建筑分布广泛，特别是在山区，大多数建筑使用当地材料并采用人工自愿合作这种临时的自然方式。泥土和木质建筑经过定期的维护可供几代人使用。

美洲

在北美东部的林木地区，泥土和木材是最合适的天然建材。在中美洲，虽然木材得到了广泛运用，精心雕刻的木材也适用于装饰重要建筑，但石材和黏土却更重要。灰泥和由黏土、石灰石及泥土制成的石膏(灰泥)经久耐用，得到发展。低地的玛雅建筑使用石灰砂浆加固并对建筑的外表面进行抹面，以此防御热带必须对抗的雨水、真菌、植物生长、动物与昆虫的袭击。中美洲广泛使用含有矿物质的颜料涂刷建筑——通常是红色(有金属光泽的赤铁矿)，偶尔是深兰灰或是彩绘雕塑和室内壁画。石灰石之所以被用于整个玛雅低地地区还因为它通常用电石、黑硅石和硬玉切割工具就可以加工。大多数石灰石刚开采出来的时候是柔软的，而暴露在空气中后会变得很坚硬。尤卡坦的白色柔软的泥灰岩,化学成分十分纯净,可以制成优质的灰泥。安第斯地区更多依靠纯净的黏土制作灰泥或使用精密的石材切割技术以及紧密的结合来达到坚固密实的效果。铜器适宜加工硬质石材,高压统治的社会系统提供了建造建筑物需要的巨大人力资源。

在玛雅的实例中,杰出的人力组织,特别是新的工具或技术发明的使用,使古典晚期比早期完成了更大体量的建筑物,而早期只有很少的大型建筑最终能被完成。

中国

古代中国植被丰富,大多数地区的木材比石材更易获取。东北部的大兴安岭、小兴安岭和长白山,西北部的天山和阿尔泰山脉,西南部多山的区域和东南部都是重要的林区。松树和中国水杉是主要的建材,一些稀有的品种如楠木、紫檀木、青木檀被用于高级的宫殿建筑中。

黄河中游地区的早期(前2000年晚期)建筑建在黄土夯实的平台上,以圆石基础支撑木柱。穴居和半穴居住所同样发展成了木质的梁柱结构。在长江下游的沼泽地带,用芦苇建造的巢居发展成为位于地面升起平台上的茅草屋形式。长江以南某些地区的屋顶和墙体使用编织的竹子,有的房屋甚至全部以此建造。

瓦出现在周朝早期(前770—前265)。战国时期(前475—前221)出现了花砖和大尺寸的空心黏土砖。汉代(前206—220)的一些墓室就使用砖来建造。元朝(1271—1368)以前砖都没在地面建筑上使用过,直到明朝(1368—1644)砖才得到大量运用。

琉璃瓦和砖被认为是高等级的建筑材料。琉璃瓦最早用于宫殿建筑是在北魏时期(386—534)。宋朝(960—1279)进一步出现了彩色琉璃瓦技术,因而有些塔完全使用琉璃砖覆面。明清时期(1368—1911)制造出了更多种类的琉璃制品,有些彩色设计的琉璃制品被排在一起形成镶嵌图案。

大多数实例中的石材是木构建筑物的基础。只有少数类型的建筑,如桥梁、陵墓和塔才完全使用石材建造,石质住宅有时出现在山区。

宋朝(960—1279)以后,木结构的门窗手工艺日益成熟。除了纸,丝绸或棉制品、薄的云母石片和壳常被用做半透明的材料。

金属被广泛地当做装饰材料使用,如门钉、门敲和塔尖。铸铁合成物也常被用来加固石质或木质建筑物。

朝鲜

朝鲜有落叶和针叶混合的温带树林。朝鲜的农业采用一种"火耕"(Hwaijon)方式,即通过燃烧现有野生的植物破坏其物质组成来准备新的耕作地。然而,朝鲜建筑历史的发展和中国一样,都是大量的木构架建筑。

日本

考虑到火山活动,日本应该有大量石材适合建造。但由于持续的地震活动,丰富的变形石块经常被折断。除了有花岗岩、片麻岩和斑岩沉积外,他们缺少除土墙和薄板以外足够品质的建材。虽然沙石和凝灰岩很丰富,但太软不适合任何尺度的建筑。并且由于频繁的地震在有高质量石材可用的情况下也阻碍了石质结构的发展。

如前所述,日本有丰富的降雨,并制造了优质的木材,这促进了精致木构建筑的发展,如第25章描述的实例;这可以在"建筑技术和进展"部分找到简明的解释。地震的危险同样限制了重型材料的使用;只有柱子的基础和柱础用丰富的花岗岩、凝灰岩和火山石制成。金属铸品和烧黏土瓦片同样也得到应用。

劳工逐渐专业化,有专门技艺的工匠自己组成行会,行会的成员资格有严格规定,通常为世袭。这些与建筑有关的行业,包括石匠、锯工、木匠、瓦匠、泥水匠和金工,他们从贵族家庭、圣寺和寺庙处获得资助,虽然等级低下,但受到高度尊重,特别是在热情而有创造力的江户时代早期。能够用浮雕、漆工和金属铸品创造装饰效果的著名画家和工匠在日光(Nikko)合作完成了豪华的作品。

第21章 背 景

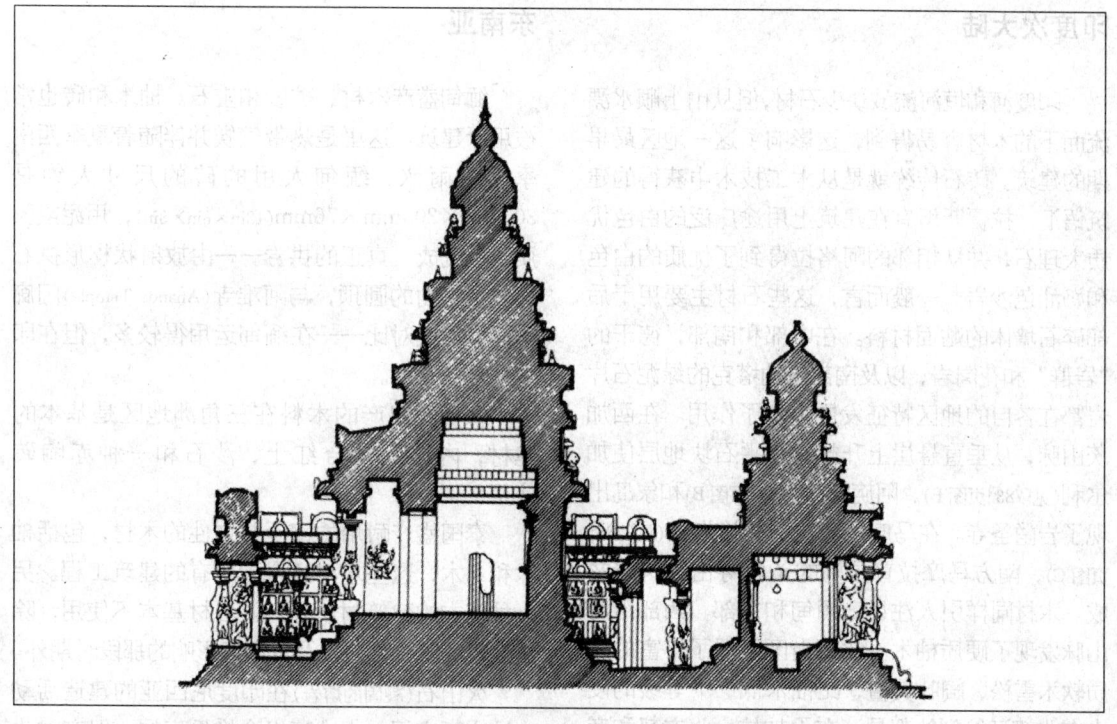

图A 马摩拉普拉姆的海岸神庙剖面，见[693]页

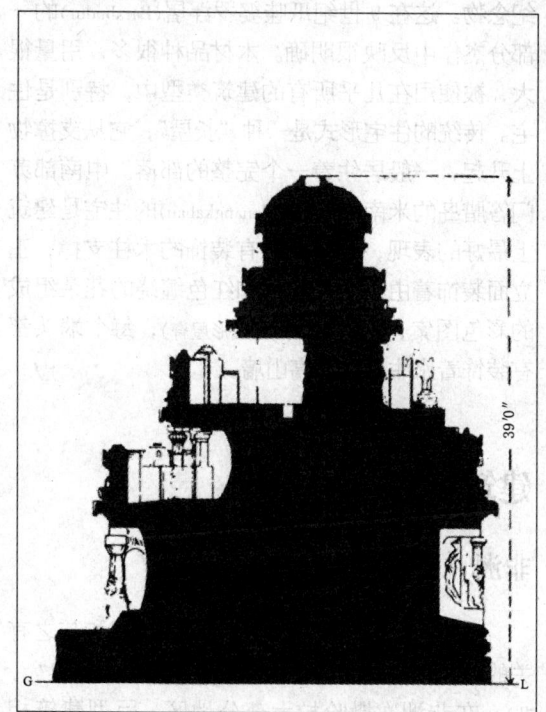

图B 马摩拉普拉姆的达摩罗阇战车神庙(600—900)剖面，见[693]页

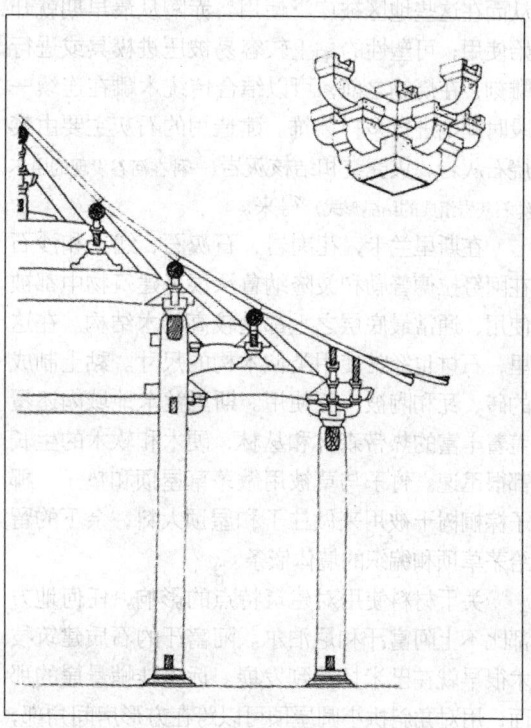

图C 中国木构建筑的典型剖面和斗栱细部，见[691]页

印度次大陆

印度河和恒河流域缺少石材,但从山上顺水漂流而下的木材容易得到,这影响了这一地区最早期的建筑。砖石传统就是从木工技术中获得的建筑语汇。拉贾斯坦有在建筑上用途广泛的白色优质大理石,并从相邻的阿格拉得到了优质的白色和奶油色沙岩。一般而言,这些石材主要用于后部碎石墙体的贴面材料。在中部和南部,德干的"岩群"和花岗岩,以及南部卡纳塔克的绿泥石片岩都在各自的地区特征发展中起了作用。在西加茨山脉,从垂直悬崖上升起的水平石块地层使加尔利(见[783]页图B)、阿旃陀(见[785]页图B)和象岛出现了岩凿圣寺。在马摩拉普拉姆和埃洛拉(见[785]页图C),南方马摩拉普拉姆的圣岩寺由花岗岩凿成。木材同样引人注目。缅甸和东部、西部沿海山脉发现了硬质柚木。北部山区发现了丰富的优质软木雪松、阔叶黄檀,比柚木低一个等级的硬木在北部河谷到处都是。在孟加拉、北方邦和旁遮普的河流平原,淤积的泥土可以制成优质砖块,从而在这些地区被广泛使用。赤陶从最早期就开始使用;可塑性的黏土较容易被压进模具或进行雕刻,在烧制之前,可以结合传统木雕在连续一段时间内进行多样装饰。建造用的石灰主要由焚烧石灰岩、贝壳类和结核灰岩(一种在河谷发现的由不纯石灰岩组成的结晶形式)得来。

在斯里兰卡,花岗岩、石灰石、红土和沙石在阿努拉德普勒和波隆纳鲁沃很多建筑物中都被使用,通常最底层之上都是较高的木结构。在这里,石材也经常使用类似木构的尺寸。黏土制成的砖、瓦和陶被广泛使用。斯里兰卡地域内还覆盖着丰富的热带森林和丛林,硬木和软木的生长都很迅速。竹子与草被用做茅草屋顶和垫子,椰子棕榈树干被用来做柱子和屋顶大料,余下的留给茅草顶和编织的墙体嵌条。

关于材料使用对建筑特点的影响,任何地方都比不上阿富汗和尼泊尔。阿富汗的石质建筑技术很早就在巴米扬得到发展。远离陡峭悬崖的那面,用对角斜拱小圆屋顶可以跨在方形房间角部,即灯笼顶和井格穹顶。此外,尼泊尔还发展出了一种砖木建筑——砖贴面的窣堵坡坟冢,用排列整齐的升起的栏杆限定。木材作为基本的框架材料被用于大多数本土建筑。

东南亚

缅甸盛产木材、矿砂和宝石。柚木和砖也常被用于建筑。这里是热带气候并伴随着夏季西南季节性雨水。缅甸人用的砖的尺寸大约是305mm×203mm×76mm(12in×8in×3in),用泥或胶质灰泥制成。真正的拱券——由放射状楔形拱石构成半夹角的圆顶,与阿难寺(Ananda Temple)门廊的巨拱形成对比——在缅甸运用得较多,但在印度从未被开发。

柬埔寨出产的木料在三角洲地区是基本的建材,内地则结合红土、沙石和一种赤陶砖使用。

泰国盛产耐用的富于装饰性的木材,包括柚木和乌木,这些木材适合于所有的建筑工程。另一种基本的建筑材料是砖。石材基本不使用,除了建筑的基础部分以及受高绵影响的那段时期外。

火山石(凝固的熔岩)在印度尼西亚的建造活动中被广泛应用。火山喷发会推倒房屋,但有时也能带来未遭破坏的石材用以重新建造主要的建筑纪念物。这在9世纪爪哇婆罗浮屠(Barabudur)的一部分杰作中反映很明确。木材品种很多,用量很大,被使用在几乎所有的建筑类型中,特别是住宅。传统的住宅形式是一种"长屋",它从支撑物上升起,一般居住着一个完整的部落。中南部苏门答腊岛的米南加保人(Menangkabau)的住宅是建筑上最好的表现,由雕刻和有装饰的木柱支撑,正立面装饰着由白色、黑色和红色缠绕的花朵组成的彩色图案,内斜屋脊(马鞍形屋脊),每个端头都有装饰着水牛角的高高山墙。

建筑技术及发展

非洲

建筑技术伴随着对当地材料的使用和与之有关的技术的发展而种类繁多(参见"建筑材料"一节)。在非洲次撒哈拉大部分地区,巨型建筑相对较脆弱,一般以石质材料为地基来抵御昆虫的袭击。木框架的墙体较粗糙,在劈开的木板、草和其他植物性材料中填充有编织物。别处的墙体由泥土或石块构成,排列成丰富的图案。用泥土、砖或石质的那层也粗糙粉刷，缝中嵌入灰泥或细致粉刷并干燥灰泥。有些石墙是碎石核心或者用木料加固。屋顶较轻，类似蜂巢或由柱子支撑的帐篷顶。周边围着灌木、竹子或草堆，地上的芦苇或者支撑在木柱上，或者落在承重墙上。更多的实体屋顶由泥土构成或跨在木框架和支撑上，一些地区还有用泥和石材建造的拱顶和穹顶。屋顶的最外面的材料种类较多，有芦苇、茅草皮和席子。

美洲

整个北美地区的多数建筑技术体现在：加拿大西北部交织板条的公共组屋；弯曲小树建造的易洛魁人的长屋；部分有洞和木屋顶的泥土小屋；西南美洲带木楼板和屋顶碎石的多层砖石建筑中。但北美最感人的建筑——东部林地的土台神庙，由装着泥土的篮子简单堆砌，有着最原始的意义。

中美洲，玛雅拱形展示了所有美洲前殖民建筑方法的高度进步，但也是最为广泛被误解的。尽管一般指挑檐拱顶，但古典早期的拱顶几乎是没有挑檐的(见五层金字塔，埃德兹纳，见[713]页图A)。最著名的古典晚期拱顶稳固地依靠在灰泥附着物上，扮演着独立巨石的角色。北尤卡坦的靴状拱顶石(见乌斯马尔女隐修院，见[718]页图A)更清楚地表明了结构意图。石块的尾部被切开，拱顶核心的灰泥可以更接近内部表面，是压力最集中的地方。表面的石块提供了可供粉饰和定形的表面，结构是永久的支撑但不是拱顶最终结构强度的决定性因素。蒂卡尔古典晚期的拱顶(如马勒宫，见[717]页图A)由独立半拱券建造，相互无须倾斜支撑，拱顶石只覆盖两个自支撑半拱券之间的狭孔。玛雅采用了一种与楔形拱和穹顶十分不同的结构概念。

玛雅建筑巨大的结构构件独立而稳固；金字塔结构的核心或心脏被修建得可以使外立面如皮肤般抵御雨水并成为一种有意义的形式，这种外立面并非固定墙体。缺少连接方式的石工表明，玛雅人认识到石工的表面并不能很好地保持内部的材料。

安第斯结构中也有部分这种思想，但程度有限。大多数印加和前印加结构与玛雅结构相比并不区分主体砖石结构。在南美洲，同种类的砖石和灰泥被同时用在内外两个部分。南美洲更接受在檩条和横梁上架沥青屋顶的做法，而在北方这种做法则很难存在。真正的托肩被广泛运用于安第斯的工程以支撑楼板和屋顶木梁。虽然切割每块石头的形状以适应其特定位置的技术十分普遍，但著名的印加多边形干砌石构建筑(参见萨克赛瓦曼，见[721]页图D)没有采用唯一的前殖民结构方法，即不用灰泥也能连接紧密。除了在普克(Puuc, 科兹-普珀(Codz-poop)的卡巴Kabah，见[715]页图B)、北尤卡坦的托尔特克-玛雅工程和位于瓦哈卡山谷米特拉宫的复杂砖石表面采用了表面元素的石头切割外，玛雅古典晚期的砖石建筑几乎都是这种类型。

中国

古代中国结构的建筑风格的历史演变与木框架结构关系密切。典型的建筑由三个部分组成，即基座、柱子和屋顶。基座通常较浅，是一种夯实的泥土；柱子立在砖、雕刻过的石块或石质基础上；屋顶由夯土和瓦片铺成。木柱(通常断面为圆形)开槽支撑等距穿过建筑立面的主梁。每根柱子的上部都有一种托架系统，称之为斗栱(见[689]页图C)。这些斗栱，正如有时它们的称谓一样，由四个附加的弯曲形状或每个角部的弯臂组成，即"栱"。每个升起的长度更高的系统由下部开槽的方式或"斗"支撑。最主要的斗栱支撑着屋檐檩条，正好穿过一组挑口饰，为屋面横梁提供托架支持，同时减少长度并为这种屋顶需要放置在凹槽形中的檩条提供基本的支撑点。斗栱也用于中跨或支撑上部更短的梁，或支持正上方屋顶檩条的任何横梁和过梁，这样可以通过斜切角和开槽的阶梯状木块支持最下方的托架。檩条支撑着铺着和覆盖着瓦片与泥土混合物的椽子。在两个屋脊相交的地方加上脊瓦，通过钉子边饰瓦与那里的木结构牢牢地拴在一起，为用于这种目的的钉子装饰多种尺寸的动物母题雕刻，是很多中国建筑物的屋顶特征。

不同形式和规模的建筑物，其屋顶形式也不同，主要有庑殿顶(hipped roof，见第24章)、歇山顶(hipped and gabled roof，见[694]页图A)、悬山顶(overhanging gable roof，见[694]页图B)、硬山顶(parapet-gable roof)和重

檐庑殿顶(double-hipped roof, 见[694]页图D)。不同种类的屋顶被组合运用于各式各样的建筑, 这些可以从实例中看到。

朝鲜

从中国传入朝鲜的两种木结构形式, 每种都演化成处理柱子和楼板与屋顶的次梁之间关系的方法。第一种形式是柱头托架。柱子顶部的柱头和横梁被一种挑檐固定, 托架横臂下部切割成波纹状, 支柱之间的短支撑沿着梁排列, 托架不延伸到屋顶的构架; 第二种形式是群集的托架。在水平系梁上必须有柱顶过梁为柱间托架群提供空间, 通过重复基本的横向系统和2~4次的纵臂获得高度, 加固墙体两边的下一组承重体量, 直至加入屋顶的构架。托架臂通常用圆弧结束。

除了这两种从中国传入的系统应用于朝鲜建筑外, 还有一种简化的柱头托架系统。这种系统后来发展成翼状托架风格, 通常使用在公共和纪念性建筑中。

这三种形式都经历了逐渐完善的过程。柱头托架的装饰元素在檐口消失后被重点强调, 也更强调托架臂下部的起伏曲线, 垂直的臂端也变为倾斜。作为群集托架, 从墙体一个向下倾斜的短胖体量中伸出的横梁开始变长并向上弯曲, 这些建筑中的出挑物通过云状雕刻装饰形成协调的群体。

柱头托架在早期朝鲜时代的寺庙中被普遍用于主要厅堂, 但在朝鲜中期逐渐消失。朝鲜人偏好的托架群形式从朝鲜中期以后的主要宫殿建筑群、公共纪念物和一些早期寺庙的主要厅堂中可以看出。简化的翼状托架被用于一些次要的宫殿建筑、政府办公楼和诸如"孔子学院"(Confucian academies)这样的教育建筑中, 适应了当时简朴的孔子思想。

受工艺学校(Shirhak, 见"文化"部分)的影响, 朝鲜建筑师开始对西方技术产生兴趣。诸如起重机和滑轮这样的现代设备在19世纪早期的水原城(Suwon Fortress)城墙建造中开始被使用, 同时建造过程中的细致记录也被保存下来。确立了建筑材料和工艺标准, 砖也被首次使用。

日本

下面要解释的日本历史上的寺庙建筑所使用的技术, 可以参照第25章提供的建筑图。

传统的日本建筑使用木结构系统并只使用连梁柱系统。基本平面由一个身舍(moya, 主屋)和一面、二面、三面或四面都有的一个单开间耳房似的披屋(hisashi)组成, 有时穿过建筑的前端还有第二个简单的耳房式附属空间(magobisashi)。为进一步增加室内空间, 还可将一个有独立披檐屋顶的裳阶(mokoshi, 裙房)加在披屋旁, 或者直接省略掉披屋, 将其安置在主屋周围。木结构安置在压实泥土外包磨石板的台基(podia)之上, 或在自然石块或在灰泥覆盖的土丘之上的木地板之上。成排的支柱立于基石之上, 以使室外框架与主屋、披屋或裙房分开, 并限定出纵向、横向开间的数目(见[761]页图ⓒ)。

范围从一个单独的船状托架臂至六级复合体的托架复合体(tokyo), 通常位于柱子之上以及横梁和椽子结束之处(odaruki)承托托架束梁和屋檐檩条。最常见的复合体由一个大的斗(daito), 承托上部有三个小斗(masu)的托架臂(hijiki, 见[761]页图Ⓑ)组成。蛙腿支撑(kaerumata)、承重体覆盖支撑(kentozuka)或附加的托架组合体安置在柱子之上的这些复合体之间。

屋顶框架有两种方式: 第一种是被托起的有蛙腿支撑的虹梁(koryo, 支撑安置在上层虹梁中央, 托住一个有支撑过桥承重体的托架臂); 第二种是支撑中央梁的独横梁(sasu, 安置在顶端的单独的承重块, 用来支撑过桥, 见[761]页图Ⓐ), 由对角支柱加强。

隐藏的屋顶(noyane), 是一种使用两套椽子的独创系统, 从平安早期开始广泛使用。暴露的基础椽子隐藏第二个悬臂梁框架, 后者支撑着一组隐藏的上部椽子(nodaruki, 见[766]页图B)。这使隐藏的椽子能够安排在恰当的高度以促进雨水和雪水的排放, 同时暴露的椽子(keshodaruki)能得到更大的倾斜角度, 从而使阳光最大限度地渗透进室内。随着隐藏屋顶的发展, 主屋的天花变得很普通。天花的形式范围从板条铺板、板条模式发展到藻井的复杂形式。位于披屋之上露明的椽子, 不需要附加的屋顶(见[764]页图B)。

屋檐分为单层(单列基础椽子上放置长向水平支撑构件, 用以支撑屋顶和茅负(kayaoi)), 或者重檐(在基础椽子附加飞椽(一种短椽), 由木负(kioi, 支撑构件)连接, 见

[761]页图Ⓐ）。由于飞椽从室内延伸至室外，增加了屋檐的挑檐部分长度，屋檐的支撑被定位，因此，穿过飞椽结束处以支持屋檐，并且在角部有轻微的抬高阻止了向下的推力。

椽子(taruki)通常被安排成平行的一排并越来越缩短，直至与歇山屋顶的角部角椽相遇。中世纪起椽子就被如此安排，使之可以沿着角部旋转。这种形式被称为扇垂木(ogidaruki)。

屋檐下方有浅格子天花和曲线形肋(shirin)。条形的曲线形肋平行排列形成菱形图案。室内的肋呈穹形。

四种屋顶形式为：山墙式(kirizuma-yane)、庑殿顶(yosemune-yane，见[764]页图 A)、攒尖顶(hogyo-yane)和歇山顶(irimoya-yane，见[771]页图 A)。其中，最后一种较普遍。屋顶材料包括瓦(kawarabuki)、柏木屋面(hiwadabuki，见[770]页图 B)、多层薄切的木板条(kokerabuki)以及近代使用在木基础上的铜片(dobanbuki)。除了用铁钉保证檩条的结合外，所有其他部件都用各种各样的连接技术装配，包括木榫。

南亚和东南亚

由于本章前部叙述的历史文化原因，这段时期内，该区域的建筑遗存主要与宗教信仰的原则结合。与同时代的其他地区相比而言，其建筑的象征性和形式比建筑技术革新更引人注目。同时，该地区的建筑也不缺乏精湛技巧，从伊斯兰宫殿和陵墓的精美花边大理石到斯里兰卡、缅甸、泰国和柬埔寨的大型佛教窣堵坡，再到印度南部的飞翔雕刻的庙宇山门，这些精湛技术常常体现在最值得关注的建筑类型中。

虽然佛教议会厅堂和窣堵坡的建造意图是参与大型集会，相比较而言建筑和结构都较简朴，但在各方面都尽可能力求规模巨大。在一些早期石凿大厅（支提窟）中，木结构的形式特征被保留下来。尽管没有木质建筑遗存，但阿旃陀的绘画和早期中国旅行者留下的描述表明曾有覆盖着茅草的陡峭的沥青屋顶。形式简洁的金字塔状石质屋顶位于方形建筑之上，并在克什米尔有遗存。但同样也是石质建筑模仿木质原型——一些在阿富汗的石凿实例，似乎较少受到早期模型的影响，而是发展出了当地的石凿形式——倾斜的门窗侧壁与墙体承托着粗壮的半圆拱券和穹顶。

斯里兰卡的阿努拉德普勒和波隆纳鲁沃巨大的一层厅堂遗址上有很小的石柱间距。它们显示出复杂结构框架的水平很高(上部的楼板和屋顶采用木质以减少附加荷载)，这通过在建造石凿厅堂中精湛工艺的石质雕刻可以看出。

窣堵坡是佛教世界的巨型象征。从效果上说，包装在或多或少的石质或砖的永久饰板下的纪念性坟冢通常是用灰泥粉刷或刷白。基座为土丘，形成了必要的保留墙体，土丘位于后部，在更高层次上为仪式使用提供通道。虽然可以采用的窣堵坡有很多种形式，但泥土核心的圆环结构一直使用至今，因为在进行大尺寸建造时，这种结构比其他形式的技术难度小。砖或石质的饰面板通常在中部层次作为托架，整个结构顶部以"华盖"或其他末端形式覆盖，常以传统方法使用当地材料并带有宗教特征。

地中海文明的早期影响出现在印度次大陆的西北部。石墙的老练做法(见[694]页图 C、图 E)显示出希腊技术及其复古性使用的影响，退化的古典形式常常在建筑中重新被使用，但结构并无问题，如锡尔开普(Sirkap)的那些建筑(塔克西拉(Taxila))。

某些早期的耆那教寺庙，例如佛教支提窟，是在石凿洞窟中，用石质模仿木构和茅屋顶结构，其墙体磨光至镜子处。晚期的耆那教寺庙(约1000年以后)例如当时的印度建筑结构，以扁穹顶为屋顶用连续的石块层递减砌筑，石工雕刻装饰华美，完全隐藏了结构技术。为形成扁穹顶，石块层被梁托住(石块在每个对角线或更常见的同心圆环上)，最终开口被单独的拱顶石覆盖，有时发展形成重悬饰。

印度教神庙与西方建筑相比，其雕刻的特点更胜建筑体系(参见第 2 章"结构"一节对希腊神庙雕刻的描述)。甚至是位于基座之上的室内和室外长廊，不论是实心还是层砌的砖石建筑，都充满石雕。位于马摩拉普拉姆的达摩罗阁战车神庙(约 650，见[689]页图 B)，显示了实心石块的雕刻技术；海岸神庙是类似规模的层砌实例(见[689]页图 A)。同样的特征也是 17 世纪门塔的典型特点，不重要的狭小封闭的内部空间与室外充满雕刻的象征形式形成鲜明对比。

第四编　欧洲以外前殖民文化时期的建筑

图 A　歇山顶，见[691]页

图 B　悬山顶，见[691]页

图 C　锡尔开普卫城的希腊-大夏砖石建筑，见[693]页

图 D　重檐庑殿顶，见[692]页

图 E　锡尔开普卫城的希腊-大夏砖石建筑细部，见[693]页

第 21 章 背 景

此外,还有其他不太常见的结构形式,例如在阿富汗巴米扬地区发现的小圆屋顶。突角拱用于穿过房间的角部,这种构件早在萨珊火神庙就曾使用过。那里还有一种特有的灯笼式天窗屋顶:藻井穹顶和六边形与三角形到中部八角形的装饰系统。

木结构组合方式多样,有简单的框架和支梁技术和本土建筑中砖、篱笆或木格子嵌板的综合使用,还有本章前述的中国方法的结合。后者可以在尼泊尔和泰国的寺庙与宫殿屋顶中看到。在湄公河三角洲、柬埔寨等地的简易木构建筑与位于吴哥和古皇宫(Phimeanakas)的巨大石砌建筑相比就很奇特。

该地区的伊斯兰建筑的建造技术已经在第 15 章述及。

欧洲以外前殖民文化时期的建筑

第 22 章
非洲建筑

建筑特征

现在的非洲居住着一千多个不同的部族，每个部族都有独特的物质文化。对于许多传统的社会，建筑是获取文化身份的一种主要方式，不仅仅是建筑布局、构造和装饰的方式，同时也是族人聚集的方式。在许多社区中，会建造不只一种形式的房屋来表明在性别或地位上的差异。此外，还发现了三种特殊用途的建筑：宫殿或酋长们的住宅；宗教建筑，比如神社、寺庙、清真寺和教堂；陵墓和其他纪念性建筑。

麦罗埃人的建筑借鉴了埃及的建筑形式。重要建筑普遍采用轴线布局，房间则连续布置，或在大房间中再安排小房间。多数建筑装饰着描述麦罗埃人战胜邻人的铭文或浮雕。阿克苏姆的建筑平面较方整，成组的房屋围绕着院落，有很多用朴素的互相连接的石墙造成的多层建筑。东非沿海的建筑表现出伊斯兰的影响，这里的布局也是基于空间按照顺序排列：从客人的会客场所引导至远离街道的私密卧室。门窗的打开部分也装饰着伊斯兰母题。西非的宫殿采用跟普通房屋类似的方式进行布局和构造，当需要一座大型建筑时，则重复使用包含单独房间的基本建筑体块，通常情况下，开敞庭院围绕着宫殿。西非君主皈依伊斯兰教也影响了该地区的建筑风格，但由于缺乏石材和大型木材，当地的泥砖和木构形式使人联想到变化的白蚁窠。虽然很难概括非洲前殖民建筑的特点，但有一点十分清楚，即非洲建筑从不直接复制其他的文化形式，其布局、构造方法和装饰形式都是非洲特有的。

建筑实例

居住建筑

由于大多数传统住宅使用不耐久的天然材料，现存的前殖民时期的住宅实例很少。

砖质的麦罗埃人住宅（Meroitic houses）在古代努比亚的加米纳尔迪岛（Gaminarti）被发现。麦罗埃人的住宅有两个房间，其中较大的起居兼卧室平面尺寸大约为 3m×5m (10ft×16ft)，包括做饭的锅和炉灶，引向内部用做贮藏间的小方室。两个屋子的单元组织成大一些的复合体，成为小型社区住宅或是一个扩张的大家庭。

埃塞俄比亚的阿克苏姆人住宅（Axumite houses in Ethiopia）由一个石质的矩形或圆形房屋组成。阿克苏姆附近发现的黏土模型展示了大约公元 400 年时的住宅。两层的圆形房间也采用沙石建造并有玄武岩基础。这两种类型都用木材加固，现在提格雷也发现了类似的房屋。

古加纳王国的住宅在埃尔盖拜（El Ghaba）被发现，那里属于国王和贵族居住地。城市由一座堡垒和刺槐木的穹顶小屋组成，并用墙体围合。向北 6km 坐落着昆比萨累（Kumbi Saleh）小镇，自 11 世纪以来，伊斯兰贸易者便在那里居住，他们的房屋是坚固的石质结构。毗邻街道的房屋有楼梯通向上层，由此引导出与整个住宅宽度相等的连续的狭窄房间。每个房间进深 1.5m (5ft)，宽度超过 10m (33ft)。邻街的墙体在厚墙的内侧有壁龛，许多房间内也有刷灰泥或油漆的小壁龛。

从街道开始的空间进程可以参见肯尼亚盖迪镇的斯瓦希里住宅（Swahili houses, Gedi, 约 1300）。它们由小组团形成群体。大门通向私人的庭院，然后是连续的狭窄房屋，它们与昆比萨累的那些建筑有类似的比例。前院通常有可以三面围坐的下沉中庭，大些的住宅用珊瑚色大理石建造，用熟珊瑚色大理石粉刷和抹面。通常在入口处有一个宽大的尖拱安放在内凹的墙面上，另一边有小壁龛安置油灯。这种建筑最初为一层，不过许多在 15~16 世纪加了上层。底层没有窗户，但二层朝向院落开窗。通过木质楼梯可以到达上层。考利斯宅 (the House of the Cowries) 有一个小入口通向狭长

第22章 非洲建筑

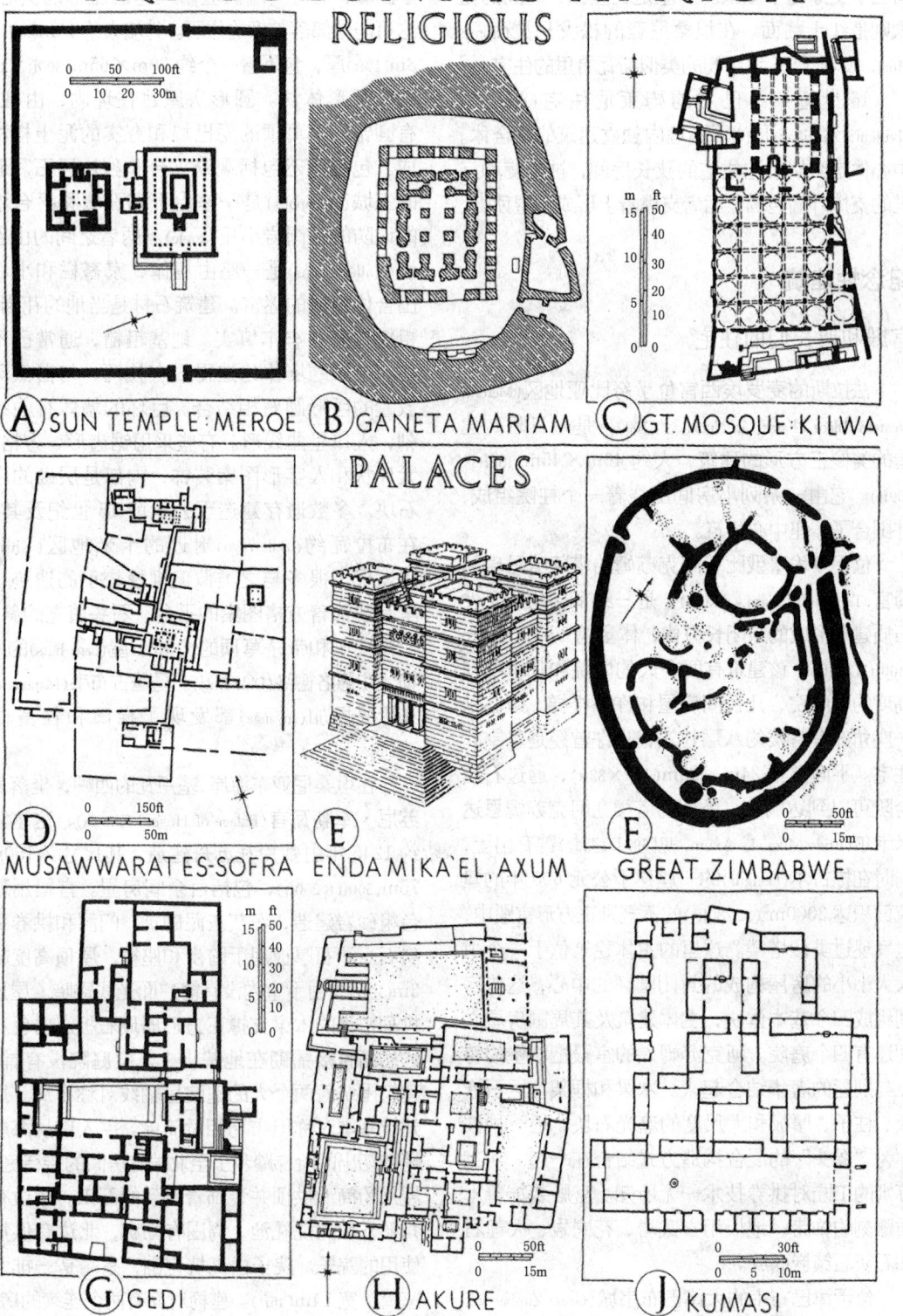

前殖民时期的非洲宗教建筑（PRE-COLONIAL AFRICA RELIGIOUS）：Ⓐ 麦罗埃太阳神庙；Ⓑ 加尼塔马瑞阿姆教堂；Ⓒ 基卢瓦大清真寺

宫殿建筑（PALACES）：Ⓓ 埃斯索夫拉的穆萨瓦宫；Ⓔ 阿克苏姆的恩达米卡尔宫堡；Ⓕ 大津巴布韦城；Ⓖ 盖迪（斯瓦希里宫）；Ⓗ 阿库雷宫；Ⓙ 库马西（阿散蒂宫）

的院子,由此可进入接待访客的房间。房屋有红树柱子支撑的平屋顶。外屋是瓦屋顶,内间的屋顶则是红土贴面。在坦桑尼亚的松戈马拉(Songo Mnara)发现了15世纪初的类似斯瓦希里的住宅。

16世纪桑给巴尔的姆莱尼住宅(houses at Mvuleni, Zanzibar)是位于围墙内独立建筑的复合体。中心体是类似盖迪住宅的狭长房间,被走廊和沉重的支撑外墙包围,后者支撑着上层或平屋顶。

纪念性建筑

宫殿和酋长们的住宅

法拉斯的麦罗埃西宫位于努比亚地区(Meroitic Western Palace, Faras, in Nubia, 约100),是由日晒砖建造的类似正方形的建筑,大约40m×45m(130ft×150ft)。它由一系列小房间围绕着一个柱院组成,并围合了一座中心建筑。

位于今埃塞俄比亚阿克苏姆的**塔阿哈马瑞阿姆宫**(Ta'akha Mariam, Axum),是一组多层的纪念性石质建筑形成的封闭长方体,体量为120m×80m(400ft×260ft)。该建筑有两个大的内院和几个不同高度的小内院、几百间房屋和许多楼梯。中心是一座角部有塔楼的八层建筑,也许曾经是皇室的住宅。平面方正24m×25m(78ft×82ft),通过石质台阶可以到达门廊。类似的塔楼在阿克苏姆**恩达米卡尔**(Enda Mika'el, Axum, 见[697]页图ⓒ)曾有出土,同时在**栋古尔**(Dongur)的一座建于公元600年的建筑面积达3000m²(32 280ft²)的不规则正方形宫殿中,也发现过类似塔楼。这里的主体建筑位于一个由大大小小的房屋构成的封闭圆环的中心,这些房间组成四个基本体块,主体建筑及其周围房屋之间还有四个庭院。阿克苏姆人的宫殿把城堡的特点与别墅的奢华结合起来。木梁和框架与巨石嵌板、柱子、厚板和大尺度的磨光石块,用一种被称为"猴头"的混合构造方式结合在一起。阿克苏姆的工匠对拱券技术一无所知。宫殿装饰着木质雕刻的饰带,地板用玄武岩、花岗岩、大理石和石灰石镶嵌而成。

位于津巴布韦的**大津巴布韦城**(Great Zimbabwe, 约前1500—前1000)的铁器时代遗迹(见[697]页图ⓕ),是非洲最有代表意义的建筑遗迹之一。它们形成三个主要组团。巨环(The Great Enclosure)包含一道厚重的独立式外围墙,环绕着第二道不完整的较小围墙,后者南端矗立着一座圆锥形的实心塔。这可能是部落首领的住所。外墙大约10m(33ft)高、3m(10ft)厚,包围着一个约90m×65m(300ft×210ft)的椭圆形体块。圆形房屋建在环内,由柱子、有圆锥形茅草顶的泥巴墙和夯实的泥土楼板组成。包围体还包括观众平台和独块巨石。北部的**卫城**(Acropolis)是一座由干砌石墙和平台组成的设防的花岗岩小丘(kopje)。两者之间的**山谷遗址**(Valley Ruins)是一座由墙体、家畜栏和小石块围合体组成的迷宫。建筑石材是当地的花岗岩,粗粗打磨并牢牢填实。地基粗糙,通常已不存在。卫城的墙体建造得很有技巧,与自然环绕放置的巨形圆石相结合。巨环的墙体有曲线雕刻,入口呈曲线形。有些采用锯齿形、方格形、犬牙状和人字形图案装饰,内部是层砌的白云石块。多数遗存建造于公元前15世纪及其后。在布拉瓦约(Bulawayo)附近的卡米地区(Khami),还发现了很多与之类似但规模较小的遗迹,那里有装饰着方格图案的平台、石头填充的斜墙、七根柱子和带茅草顶的山间小屋(daga huts)的残存物。在**德洛德洛**(Dhlo-Dhlo)、**马蓬古布韦**(Mapungubwe)和**伊尼扬加**(Inyanga)都发现了梯田和牲畜栏的遗迹。

在坦桑尼亚东海岸,基卢瓦的西岬,坐落着**胡苏尼·库勃瓦宫**(Palace of Husuni Kubwa),这座宫殿约1245年由基卢瓦苏丹建造。其尺寸为150m×75m(500ft×250ft),包括百余间房屋。宫殿用珊瑚色粗砂岩建造,石灰灰泥砌筑,门洞和拱券采用料石。沙石厚板用于踏步和座椅。屋顶高度超过3m(10ft),由于室内没有窗户而光线昏暗。屋顶上排列密集的木梁支撑正方形珊瑚石板。白色灰泥的楼面直接铺砌在地基土上,但庭院没有铺地。建筑围绕着两个大的庭院呈轴线对称布局。周围建筑基本对称但布局相对简单。主入口从海岸由峭壁切出的阶梯踏步引至北端有房间的接待庭院。屋顶为筒形拱顶并装饰着精致的石工。西边有八角形开敞的洗礼池,周围有勋廊,北边有供集会使用的院子。院子由高墙包围,东端是一排九张座椅,宽14m(46ft)。座椅对面有两个连续的房间,每个都有三个入口。胡苏尼·库勃瓦宫东边不远处,有一个堡垒状的环形建筑,称为**胡苏尼·恩诺戈**(Husuni Nnogo)。

建于15世纪肯尼亚盖迪的**斯瓦希里宫**(Swahili palace at Gedi,见[697]页图ⓒ),占地面积为 18 hm² (44acre),经由市镇广场可以到达。主入口通过一个尖拱门洞,后面是下沉的接待庭院,沿长边布置凳子,由此再通往观众庭院。面对观众院落的统治者区域由外屋和里间分成两套的私人房间组成。由墙上的活板门可以进入最里面的保险库。与宫殿之间用一条窄巷隔开的附属建筑包括四个小套间,分别带有外屋、里屋、盥洗室和院落。两个建筑物之间的小巷中有数座陵墓,包括一个六边形支柱的坟墓。接待室装饰着壁龛,还有放置油灯的壁龛和悬挂壁挂和地毯的木栓。

基卢瓦的**斯瓦希里宫**(Swahili palace at Kilwa),位于坦桑尼亚,是一座两层楼高的建筑,围绕着一个大型矩形庭院的三个边,庭院的尺寸大约是20m×30m(66ft×100ft)。一系列双屋从北至南连续与院落相连接。从主院落通过通道可以直接到达西南角的矩形塔,塔的墙面呈倾斜状。宫殿以围墙围合,占地约2hm²(5acre),并包括一座清真寺。这些建筑群都建于18世纪以后,但不是同一个时期建成的。

约鲁巴、阿散蒂和贝宁的埃多等地的西非宫殿无法准确确定其建造时间。19世纪的旅行者的大量记录显示,这些宫殿始建于前殖民时期。在约鲁巴地区,宫殿用胶泥混合棕榈油建造,屋顶是棕榈叶编织的茅草顶。高大的土墙环绕在建筑物周围,外围又有大片森林。**约鲁巴宫**(Yoruba palaces)由独立的庭院建筑组成,四个有走廊的正方形房间围绕着中间的开敞庭院。走廊的顶由硬木柱子支撑。每个建筑都有天井,用来收集和储蓄雨水,排水沟提供排水。有些宫殿有上百个院子,有些小而昏暗,有些则足够容纳人们的聚会:每个都有不同的功能。屋顶柱和门由实木雕刻装饰,宫殿建筑的屋顶有高耸的、凸起的山墙。有些院落铺设有石英小卵石和陶片(Potsherds),**阿库雷宫**(palace at Akure,见[697]页图ⓗ)是保存较好的实例之一。

贝宁城(Benin city)被英国人占领后,在1879年毁于战火。16世纪之后的旅行者把宫殿描述为由层砌泥土建成的普通贝宁房屋组成的大型综合体,不像约鲁巴的房屋。这些建筑是矩形的,按一定顺序建造,包括一个有祭坛的入口庭院、有蓄水池的接待院落,以及私人房间和后面带天井的其他院落。房间狭窄,并占据房屋的全部宽度,但独立的单元如何安置并不清楚。建筑的四坡屋顶覆盖着圆卵石或棕榈叶,有的还在塔上覆盖着圆卵石或用青铜鸟进行装饰。宫殿的建筑高度比普通房屋高出许多。

库马西的**阿散蒂宫**(The Ashanti palace at Kumasi,见[697]页图ⓘ)同样在19世纪晚期被英国人毁坏,但随后又按传统平面重建。几个院落围绕着宫殿,墙上装饰着曲线形浮雕,浮雕采用土灰泥制模具,并用多种土色上彩。

宗教建筑

本土的宗教并未产生这一类纪念性建筑。大多数仪式在神圣的露天场所举行,虽然有些人建造了寺庙,但其重大意义往往来源于建造行为而非建筑的经常使用。永久的圣殿和神庙似乎只在出现过仪式专职人员的地方才得以兴建。神庙在麦罗埃和阿克苏姆王国的宗教生活中起到重要作用。清真寺伴随着伊斯兰商人而出现,巴西利卡或十字方场平面上出现的木制、石制和凿石的教堂则由埃塞俄比亚的科普特基督教会建造。

神社

加纳巴韦雅西的**阿散蒂神社**(Ashanti shrine at Bawjwiasi)大约在19世纪晚期或20世纪初建造,但平面形式更早。包括四个在木框架上用篱笆抹泥墙建造的独特的矩形房间,每个房间的尺寸约为5m×3m(16ft×10ft),围绕一个开敞的院落。这些房间通过墙连接成一个封闭的正方形建筑。外墙装饰着动物主题,屋顶覆盖棕榈叶草顶,被切割成层层叠叠的形状。内部的三个房间开向院落,第四个房间是神社,用一扇富于装饰的透雕屏风挡住视线。

寺庙

麦罗埃的寺庙在一些遗迹中得以幸存,包括位于苏丹现代城市栋古拉附近的**卡瓦**(Kawa)。大多数遗存都建于新王国时代,但**东宫**(Eastern Palace)则完全是麦罗埃式的,并献给阿贝德梅克(Apedemek)的狮神。这是建于公元前1世纪的矩形砖体建筑,石质入口两侧排列着用红色砂石雕刻的狮子卧像。

麦罗埃阿蒙神庙(Temple of Amun at Meroe)位于古

代的努比亚地区，约 150m(500ft)长，通过一个小凉亭或祠堂到达。从凉亭通向寺庙的道路两侧排列着四个石质公羊雕像。寺庙由火烧砖建造，面层、门廊、门楼和柱子采用修琢过的砂石。寺庙的平面包括室外柱廊大厅，大厅中间有石质祠堂，而在西侧则是石质王座和有台阶的讲经台。主厅后面坐落着一系列小厅，最后以至圣所作为终点，那里竖立着一座装饰着宗教故事场景的祭坛。西面是柱厅，白色粉刷背景上的主色调为蓝色。这个房间的功能尚不清楚。

麦罗埃太阳神庙(The Sun Temple at Meroe, 见[697]页图Ⓐ)由红砖围墙环绕，入口为石材贴面，内部是斜坡通向柱廊，围合着带有两个套房的至圣所。外部墙面装饰着描绘麦罗埃人征战胜利的浮雕，内部楼板和墙体覆盖蓝色的釉面砖。这座神庙被认为建于公元前 600 年左右，公元 1 世纪重新修复。在麦罗埃，其他重要的寺庙包括：**狮神庙**(Lion Temple)、**伊希斯神庙❶**和**阿庇斯庙**(Shrine of Apsis)。杰贝勒博尔戈尔地区(Jebel Barkal)的遗迹包括重要的神庙和金字塔，开始建造于新王国时期，由麦罗埃统治者修复。纳加(Naqa)也有较多的神庙，其中包括一座献给阿贝德梅克的狮神庙。

埃斯索夫拉的**穆萨瓦宫**(The Great Enclosure at Musawwarat es-Sofra, 约100, 见[697]页图Ⓓ)，也位于古代的努比亚地区，由建筑物和占地 40 000m²(430 400ft²)的围墙组成，围绕着设计与麦罗埃太阳神庙类似的神庙。神庙中有一条柱廊通往一系列的步道和斜坡，并最终跟建筑群的不同部分连接起来，其功能不详，可能用来训练战象。这些动物的形象被做成凸浮雕装饰着墙面。

叶哈的**前阿克苏姆王国神庙**，埃塞俄比亚(The pre-Axumite temple at Yeha)是一座外墙没有任何装饰方形多层塔楼，在规模和比例上与阿克苏姆宫相似。入口通过一段楼梯通至门廊。

清真寺

坦桑尼亚的**基卢瓦大清真寺**(The Great Mosque at Kilwa, 见[697]页图Ⓒ)始建于 12 世纪，分成几个正方形的开间，每个跨间的屋顶均覆盖穹窿，由珊瑚饰面的八角形柱子上的正方形柱头支撑。圣龛也以珊瑚饰面，墙体以珊瑚碎石和石灰水泥构成。最初的清真寺在 15 世纪经过扩建，加入四排柱子后，成为东非最大的清真寺之一。

古代马里的廷巴克图的**桑科雷清真寺**(Sanskore Mosque at Timbuktu)由泥土建造在永久的木质脚手架上，因而可以定期维修。它是现存这种类型建筑中最早的一个，始建于 14 世纪早期。类似的夯土建筑和木构**清真寺**建造在杰内(Jenne)，有扶壁柱和尖塔。位于泥砖平台上，有一系列台阶通向入口。最初的清真寺毁于1830 年，但又按类似风格重新建造。

肯尼亚盖迪的**斯瓦希里清真寺**(Swahili mosque at Gedi, Kenya)建于 15 世纪中叶。这是一个方整的集会使用的清真寺，北墙上有圣龛，右边有三个台阶的讲坛。平屋顶由三排六根方形柱子支撑。三个后部开间被一堵墙遮住，可能是区分女士的区域。围绕着墙体的是壁柱，上面有放油灯的正方形壁龛。圣龛有位于正方形框架上的尖形上心拱，装饰着瓷碗。每道长墙都有三个门。西边有一个前室，随后转换至开敞院落，东边是走廊和包括一口井、水渠、蓄水池和盥洗室的院落，同时北端有储藏室和一排通向屋顶的台阶，从此可以召唤信徒祈祷。清真寺的屋顶用珊瑚铺瓦和石灰涂抹。

教堂

埃塞俄比亚古扎格王朝的首都拉利贝拉(Lalibela)，有由 11 个教堂形成的三组教堂群，这三组教堂群分别由六个、四个和一个教堂组成。所有的教堂都是在 12~13 世纪之间由巨石凿成，许多特征都与阿克苏姆人的建筑类似。巨石教堂中最优美的是单独的**圣乔治教堂**(Biet Giorgis)。可以通过切入岩石的狭窄、曲折的沟槽到达。教堂是一个 12m 的立方体，凿成十字形，平屋顶刻成三个十字。它立在平台之上，通过一小段台阶可以到达。主入口有一个雄伟的三重门框(triple frame)，底层有 9 扇盲窗。上层有 12 扇尖顶窗，装饰着浅浮雕的叶状花纹。支撑上部窗户的石梁模仿木材雕刻，装饰着叶板，教堂内部有四根三向壁柱，圣坛上部的屋顶切

---

❶ Temple of Isis；伊希斯是古埃及的主要女神之一，是众王之母，司众生之事，也是丧仪的主神。——译者注

成穹顶的形状。

加尼塔马瑞阿姆教堂(Ganeta Mariam, 见[697]页图⑧)距拉利贝拉几公里，同样也是由实心石块凿成。它可能比上述教堂组群晚一个世纪建造。教堂的独立入口通至劈出的院落，然后是由方整、独立的石块砌出的教堂。该教堂有沥青屋顶，立于室外柱廊环绕的高台之上。它有两条走道和由实心岩石凿出被柱子分开的中堂。中堂有穹顶，室内装饰着描绘《圣经》场景的雕带。在提格雷也有与此类似，但较少装饰的岩石开凿的教堂。

陵墓和其他纪念建筑

努比亚的麦罗埃的国王墓地(The Royal Cemetery at Meroe in Nubia)包括埋葬了许多古代麦罗埃王朝统治者的金字塔。麦罗埃地区的金字塔规模小，顶端尖锐，采用修琢过的砂石块建造，核心为碎石。入口处一个带有门楼的小教堂背向东方建造。教堂的墙面上镌刻着浮雕和铭文。墓室在教堂下方由石块凿出，从教堂东面的楼梯通往。麦罗埃地区的金字塔还在**努里**(Nuri)、杰贝勒博尔戈尔地区和**埃尔库鲁**(El Kurru)发现过。

阿克苏姆人墓地在埃塞俄比亚的阿克苏姆的**内法斯莫乌恰**(Nefas Mawcha, Axum)被发现，巨大的花岗岩厚板由小厚板的下部结构支撑，后者形成了中部墓室和一系列周围的房间。**假门墓**(Tomb of the False Door)是一座阿克苏姆人的地下墓葬，巨大的厚板饰面结合模仿神庙或宫殿建筑的表面建筑。墓室由石质石灰石构成。在**阿克苏姆**，巨大的柱子或称**石柱**(stellae)高达33m(110ft)，由单个岩石凿出立在墓室区域位于城镇的边上。有些石柱还雕刻成表现多层建筑的式样。

在尼日利亚的**伊博乌库**(Igbo-Ukwu)，曾发现公元900~1100年的一座坟墓。它是地下建筑，由木质板条和铁钳与铁钉联接。地板铺席子。尸体被放在支撑的角落的凳子上焚烧，其手臂由铜托架支撑。墓室为木屋顶，上部放置奴隶的尸体。两个附近的贮物坑放置陪葬品。

东非在15世纪建造了一批高耸而又分等级的支柱陵墓(tapering pillar tombs)，大部分位于沿着海岸的一些地区。最好的一些位于坦桑尼亚的**卡奥莱**(Kaole)，以及肯尼亚海岸的**马林迪**(Malindi)和**姆纳拉尼**(Mnarani)。早期的支柱由珊瑚碎石建成，后来改为石质，巨柱通常从低矮的嵌石坟墓的一端升起，嵌在石墓中。肯尼亚的**曼布鲁伊**(Mambrui)支柱的建造时间稍晚(16世纪初)，形状更为矮胖。

西非的**克罗斯河独石柱**(Cross River Monoliths)，石柱高1~1.5m(3~5ft)，装饰着人形和几何图案，建造于16世纪，有些表现出男性生殖器特征。这种石柱还在马里的**通迪达洛**(Tondidaro)被发现，并广泛流传于塞内加尔和埃塞俄比亚。有时石柱也和坟墓结合；有些石柱装饰着特别的非洲图案，主要是匕首、带形和圆圈，还有人形。

欧洲以外前殖民文化时期的建筑

第 23 章
美洲建筑

建筑特征

美洲前殖民时期的建筑历史延续了数千年，包括无以计数的建筑物(参见第21章)。本章的重点是神庙和宫殿，由于高度发达的文明，这些建筑类型在该地区占有优势，是建筑发展的主要方向。

神庙是垂直的金字塔形式，平面近似正方形，内部空间有限，通常由一些狭窄黑暗的房间组成。相当数量的大型神庙没有内部空间，例如卡霍基亚(Cahokia)、拉本塔(La Venta)、休达德拉(the Cuidadela，又名"特奥蒂瓦坎"Teotihuacan))和莫切(Moche)的太阳神庙。另外，宫殿围合了与底座规模相当的大片区域，其通常由互相毗邻的狭窄房间群构成，例如蒂卡尔(Tikal)的马勒宫(Maler's Palace)。

北美洲

在美国东部可以找到前殖民时期的纪念性建筑，形式为缩短的泥土金字塔形，通常成组地环绕在举行仪式的广场或成群地布置在地界内。金字塔没有贴面材料，采用大而简洁的形式，台阶或表面连接方式较少。其以矩形和正方形平面居多，但也有些神庙为圆形，其他也有像蛇形或其他图腾象征。体积从几百至近百万立方米(3500万立方英尺)，例如在卡霍基亚的神庙。只有少数是以拥有带柱子和茅草顶的房屋作为神庙的一部分。现在这些神庙遗迹几乎都看不出是人工建造的，绝大多数在近几十年间被毁坏。

在美国西南部，阿纳萨齐文化❶和普韦布洛文化(Pueblo culture)时期创造的引人注目的纪念性建筑分布在普韦布洛-博尼托(Pueblo Bonito)、梅索-贝尔德(Mesa Verde)、查科峡谷和其他地方。这些建筑的房间采用了矩形体系，融入了神庙和宫殿的功能，这些房间具有多种用途，圆形的地下礼堂(kiva)❷是特别用来作为仪式的场所。在这些建筑物中，仪式建筑的几何形状被隐藏，只有开端部分可见，这和高度文明的中美洲完全相反，那里的仪式特征尽可能地明显。

中美洲

与北美洲相互独立的建筑形式相反，在中美洲(Mesoamerica)高度文明时期，奥尔梅克、玛雅、萨波特克、托尔特克、阿兹台克的雄伟的仪式建筑通常遵循单一的模式，因地域和时代的不同，仅在细部上有所变化。这是基于上部结构和下部结构的明显区分(见[704]页)。这也是现在玛雅农村仍然使用的构筑方式。如今玛雅当地典型的房屋是由粗糙的石料砌筑抬高的地坪基座，用以支撑墙体和由篱笆、支杆和茅草构成的屋顶。

玛雅低地的人们建造有拱顶的神庙(见[704]页)，并通过一种被称为上层区域的水平带在室外露出拱顶，其上的浮雕表现出明显的象征意义。拱顶在早期坟墓建筑中的运用也许已经有象征意义。

底座平台也有象征性。在墨西哥南部和危地马拉的那些发展成熟的玛雅神庙中，精致的下部结构成为独特的、可以被立体感知的"躯干"的附属部分，这在某种程度上说是标准化的。例如，位于今危地马拉的蒂卡尔1号金字塔庙(Temple I at Tikal, 见[715]页图 A)由六部分组成，即底座平台、金字塔、附加平台、建筑物平台、建筑物和屋脊饰，类似的建筑在 800 多年间共建造了百余座。礼仪建筑在其他地区可能没有那么规范，尽管它们可

---

❶ Anazasi culture；北美文化，约始于公元100年，以迄于今，主要集中于亚利桑那、新墨西哥、科罗拉多及犹他等州的交界地区。——译者注
❷ 美国西南部普韦布洛印第安人村庄中供作宗教仪式和社会活动用的地下礼堂，以壁画著称。——译者注

第23章 美洲建筑

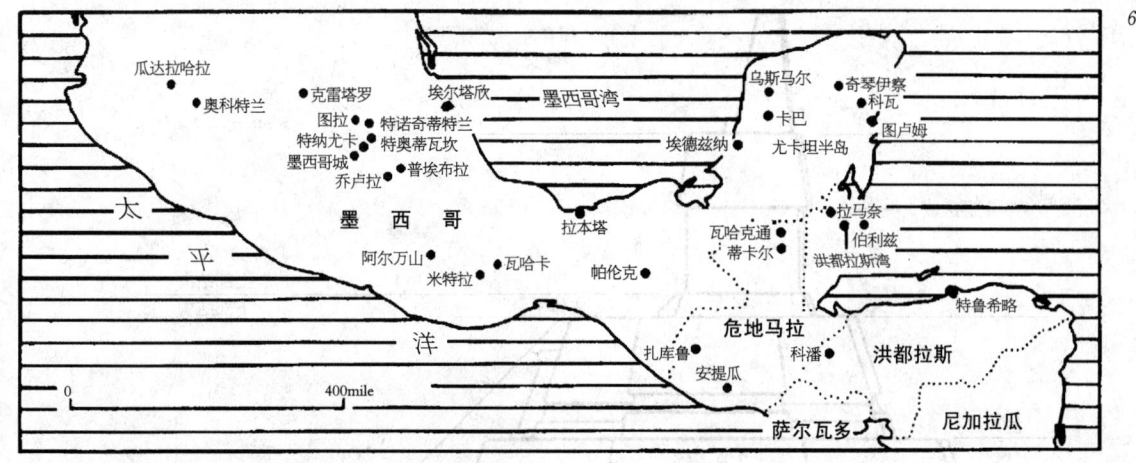

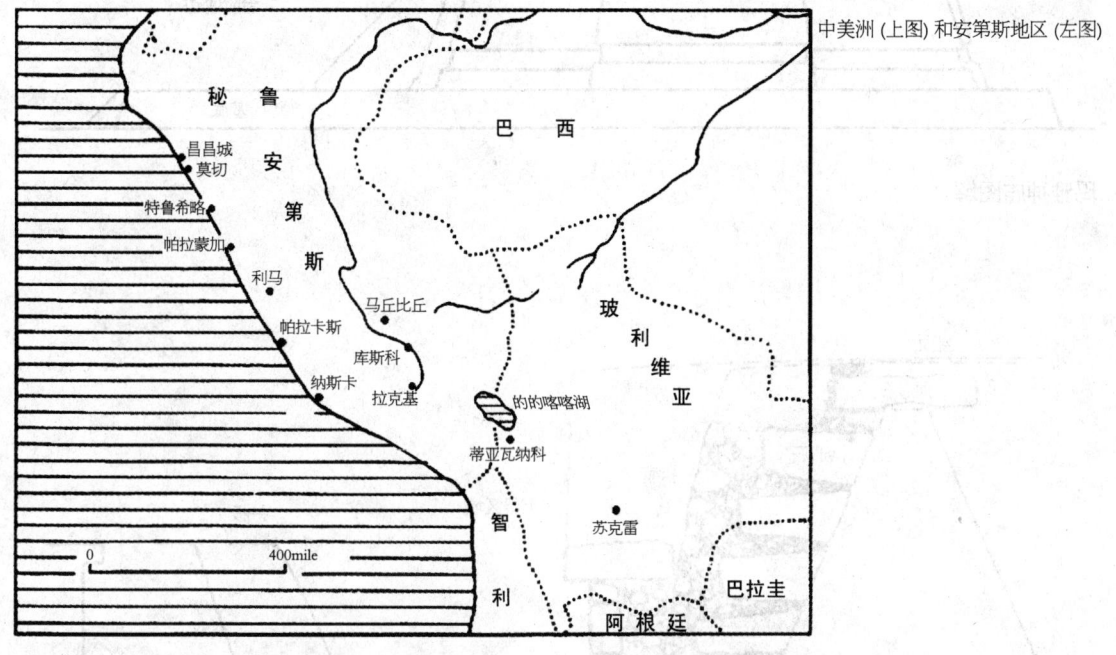

中美洲 (上图) 和安第斯地区 (左图)

能往往跟在蒂卡尔看到的不是同一种类型,但类似元素的组群可以清楚地被辨认出来。

　　台阶、楼梯、镶边、收边和雕刻带组成了神庙的表面元素。在危地马拉北部、伯利兹和尤卡坦南部的玛雅低地区域,护板的线脚(见[704]页)作为设计的重点用以突出台阶表面。一种称为"斜坡壁"(tablero-talude)的十分特殊的形状在高地常用,而在低地则十分罕见。镶边和收边作为下部结构的表面则位于楼梯两边以及角部和后部的中央。有些实例中收边形状与台阶形状相同,如在蒂卡尔的1号金字塔庙5D-22单体(见[706]页),其他楼梯则有自己独特的形状,如阿尔通哈的A2号金字塔庙B-4单体(见[713]页图B)的楼梯侧面收边。

　　底座构成了一种"地形"语言,即自然地形的建筑化延伸,也使神庙同时在文字和图形方式上与大地相联系。在中美洲和安第斯地区,作为早期建造,砖石建筑被抹灰并涂成红色,或者更为常见的是,保留未经粉饰的抛光的白色。类似的灰泥面层还被用来铺砌神庙前的开敞空间,这样一来就为整个区域提供了连续的表面处理。这种连续的灰泥饰面在现代的修复中并未被采用,否则一定会大大改变我们现在所知的建筑特征。我们将公园似的布局中的神庙看做是控制性元素,但如果广场表面像最初那样抹灰,整个区域看上去将是景观中不可分割的一部分,其中个体

第四编 欧洲以外前殖民文化时期的建筑

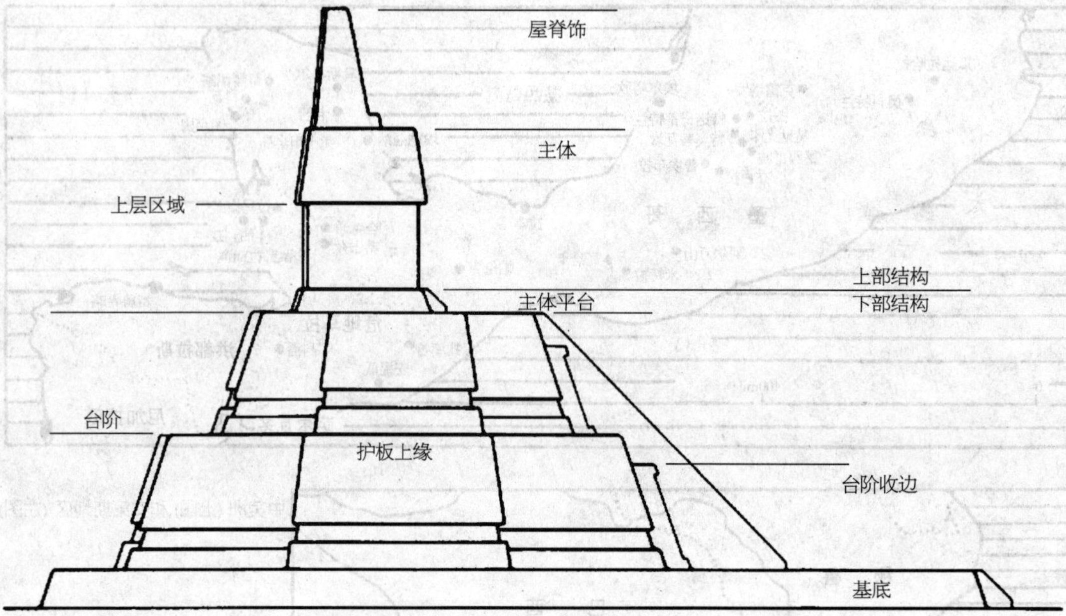

玛雅神庙图解

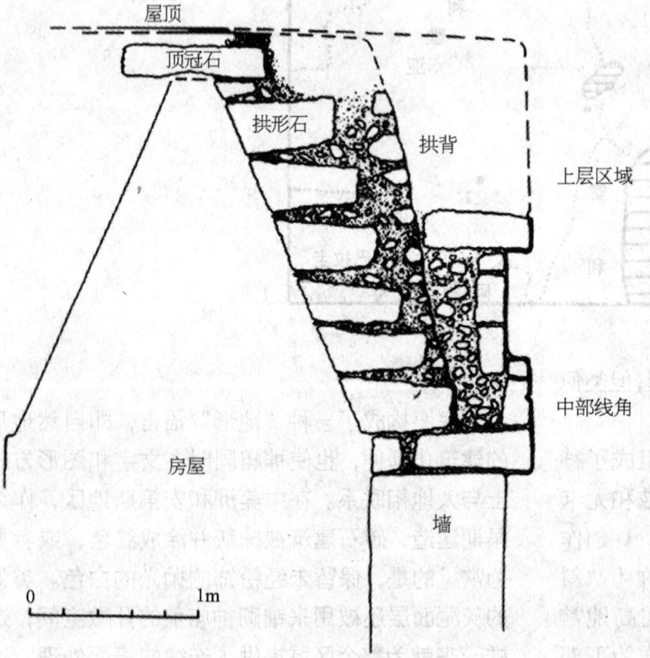

玛雅拱顶

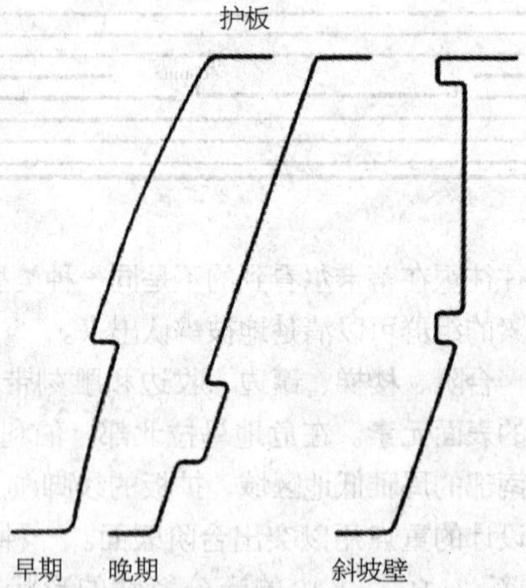

玛雅台阶轮廓

形状突出于整体地形中。抛光表面强烈的阳光反射效果，混合着熏香和带血牺牲的臭味，使神庙区域具有一种不可言说的仪式威严感和震撼力。

数字在前殖民时期的神庙和宫殿设计中有神秘的象征性。在玛雅人的宇宙观中，9是地下世界主要统治者的数字，13象征着天神和白昼。数字4与太阳神有关，象征着宇宙的4个面。数字5与"伊米克司"(Imix)即地神有关，数字3与灶石有关。从1～13的每个数字和20的倍数都有一些神秘的象征意义，组合的数字常常很复杂。数字在礼仪建筑中的表达有很深刻的象征意义，例如台阶数、房间数、正立面的门和神庙形式的主要元素。

中美洲礼仪建筑的基本元素是在前古典时期(前200—200)的神庙中确立的。奎奎尔科(Cuicuilco)和特奥蒂瓦坎(Teotihuacan)巨大的底座(见[709]页图C)与它们支撑的不牢固的建筑物相比，后者显然相形见绌。甚至在拉马奈(Lamanai)的N10-43金字塔庙(见[708]页图A)中，底座也是主导性元素，其上有四座独立的建筑物。其巨大的表面表现出所有的细节，如挡水板、收边、角部镶边、楼梯、楼梯收边和雕刻的图形。这些元素贯穿整个古典时期(200—900)的后续发展，仅仅只是拉马奈的金字塔庙，很早就可以看出这些明显的成熟型制特征。

这种神庙的新形式更注重上层建筑，现在的形式通常是拱顶(无需挑檐的拱顶)，还有更小但更精致的底座，这种形式出现在古典早期(200—600)。古典早期玛雅神庙最著名的实例是位于蒂卡尔北卫城的1号金字塔庙5D-22单体(见[706]页)，以及危地马拉北部瓦哈克通(Uaxactun)附近的神庙。这些神庙的综合形式由早期曾更独立的元素组成。上部建筑和底座同样都区分了前后部分：后部更高，并支撑着镶有象征性和神圣符号的屋脊饰。在南部低地，如蒂卡尔，上部区域的雕刻仅限于建筑的前部。底座的表面也仅出现在前部，精确的双边对称和同样突出的前后不对称相结合。

古典早期建筑的下部结构设有台阶，其上有凸出的挡水板和双倍高度的挡板收边，它们跨越两级或更多级的台阶，例如蒂卡尔1号金字塔庙5D-22单体(见[712]页图B)。古典早期建筑中底座的石工工程，通常切割精细、石块完整、收边光滑，与上部拱顶建筑的细小、切割粗糙的石块形成鲜明的对比。与其支撑的上部建筑相比，这种石工工程的不同特点也许反映出可归于下部结构的本质上的不同意义。

从玛雅实例来看古典晚期(600—900)有三个神庙型制的主要发展时期。蒂卡尔的1号金字塔庙(见[715]页图A)是这种变化的最佳例证，这种变化与涉及大量群众和公共展示的专门仪式的大型礼仪广场和通道有关。底座更高，而拱顶建筑尺寸则更小。

古典晚期的一些建筑特征发生了改变。石工工程更加精确，石头在制成直线形以后加以饰面。抹灰的厚度急剧地减小，室内表面(甚至不可触及的屋脊的小洞穴)和室外粉饰标准相同，然而上部建筑和底座的区别仍然存在。挡水板变得更窄，水平雕带在台阶表面凸凹更深，所有凸出处和线角的厚度减小，楼梯也全部镶边。虽然拱券技术在古典晚期有所进步，但令人吃惊的是其对神庙房间的尺寸几乎没有影响。与早期相比，古典晚期的神庙仍然有厚墙、高拱顶和窄房间。

虽然古典晚期对于位于低地的玛雅地区在建筑上更为重要，但在中美洲其他地区的一些建筑物，如墨西哥湾沿海的埃尔塔欣(El Tajin)以及墨西哥中部高原的西面斜坡地上的霍奇卡尔科(Xochicalco)，在古典晚期也产生了不同的建筑特征。神庙同时出现了高地形式和低地形式，底座和上部建筑的区分也较模糊。

玛雅潘(Mayapan)、奇琴伊察(Chichen Itza,见[721]页图A)、图卢姆(Tulum)、科瓦(Coba)和尤卡坦北部等地区的后古典主义神庙具有诸如砖石拱顶和三元素线脚这些古典时期的特征。例如乌斯马尔的长老宫(见[718]页图B)也具有这些特征，虽然形式有了一些改变，工艺也逊色了，但是这些特征得以保留。其他特征例如护板、上层雕带和屋脊饰等已基本不用。整个高地和低地地区内，古典后期建筑底座的台阶凸出较少，线脚和坡度较少，近乎垂直。楼梯变宽，也不再陡峭，其侧面被宽大的西班牙语称为"边框"(alfardas)的楼梯边斜坡包围。独立支柱和梁-灰泥屋顶使用得更加广泛，并出现在一定数量的神庙中，如图拉(Tula)的神庙(见[720]页图B)。

第四编 欧洲以外前殖民文化时期的建筑

蒂卡尔的北卫城透视图,见[705]页

阿兹台克人在后古典晚期建造了诸如在特纳尤卡(Tenayuca)和特诺奇蒂特兰(Tenochtitlan)的双神庙。供奉不同神的双口层结构被放置在普通底座口，每个结构有两部楼梯。征服者时期的文献中有关阿兹台克人神庙的绘画和描述表明后古典时期的趋势在持续。从这些资料中可以看出，建筑中使用底座这种形式仍然保留，但建筑物不再是拱顶了。建筑上部元素和屋顶的延伸部分突出了等级象征的功能，并且多采用木结构。

虽然中美洲的宫殿建筑存在较早，但到古典晚期和后古典时期几乎被排除到建筑活动以外。蒂卡尔的马勒宫(见[717]页图A)通常被认为是玛雅宫殿建筑的典型型制。宫殿通常成组地围绕院落布置或呈四方形布局，例如乌斯马尔女隐修院(Nunnery, Uxmal, 见[718]页图A)。这个实例中，许多独立的地块被组织形成围绕广场的多房间的建筑群。每个宫殿的独立性就如整个礼建筑群中每座神庙的独特身份一样严格维持。这几乎适用于所有有拱顶的玛雅宫殿。帕伦克(Palenque)的宫殿是个例外，即便它有一些单体建筑保持着独立的身份，但大量房屋围绕成四边形集中布置。在墨西哥的特奥第瓦坎和亚古尔(Yagul)，围绕内院布局的连续的多房间建筑物用平梁和灰泥屋顶覆盖。米特拉的柱殿(见[720]页图A)似乎具有以上描述的两种特征。

南美洲

在大约公元前900年以前，南美洲的建筑思想仅停留在原始定居地，但随后一系列地方风格广泛地在整个安第斯地区传播。碎石和散石与切割的石块共同使用在查文(Chavin)的神庙中。雕刻的石块和塑形拉毛粉刷同样用于装饰。在查文人扩张之后的时期(约前200—600)因建造大型砖坯平台式神庙而著称，例如莫切和许多南部与中部沿海定居点的太阳和月亮金字塔庙，但并不总是与定居点有关联。公元600~1000年，蒂亚瓦纳科(Tiahuanaco)和瓦里(Huari)成为新王国的都城，这一时期的特征是网格状平面上刚强有力、正式的建筑。在高地上，特鲁希略(Trujillo)附近的昌昌城(Chan Chan)、瓦马丘科(Huamachuco)附近的比拉科查草原(Viracochapampa)都是这种结合了城市和宗教用途的前印加纪念性建筑的实例。

印加帝国等级森严的官僚主义，决定了其比古老政权更强调建筑制度化。印加人使用多种结构技术，范围从黏土抹灰的碎石到规模巨大的、精确收边的多边形干砌石构，例如萨克赛瓦曼(Saqsaywaman, 见[690]页图D)的实例。

建筑实例

北美洲

卡霍基亚僧侣士丘(Monks Mound at Cahokia, 900—1200)底座尺寸为270m×210m (886ft×689ft)，高30m (98ft)，是前殖民时期北美最大的单一礼制建筑。该建筑呈缩短的金字塔形式，但底座平台巨大，有四个实心泥土的不对称水平面，统领着一个有栅栏的礼仪区域。僧侣士丘所在地是密西西比河流域特别肥沃的部分，13km² 的范围内有大大小小的金字塔山120座。

中美洲

前古典时期

拉本塔(La Venta, 约前800)是一个奥尔梅克人礼仪中心，位于墨西哥湾边缘的托纳拉河(Tonala)三角洲地带一小岛上，是该地区最早的礼仪中心之一。圣地范围之内的地面完全用黏土铺就，点缀着一些象征性的石质人头和埋入地下的镶嵌物。这些地面和缩短的金字塔平台类似。全部布置成南北轴线对称形式。主要神庙建在一座130m (426ft)见方、高30m (98ft)的台基上，上面没有其他建筑。据称是模仿山岳形状的这种解释从未被考古发掘所证实。由于这个地区的降雨多则必须考虑雨水侵蚀的影响，现在的形式和它在前古典时期的形式一点也不相像。

奎奎尔科的金字塔庙(the Temple Pyramid of Cuicuilco, 约前400)的直径为150m (492ft)、高度约20m (66ft)，现在位于墨西哥城郊区的一座公园内。公元前200年由于火山喷发而被埋没。其最初是一个圆形截锥金字塔，神庙有两座面西的平台，其中靠上的一个平台上有大量的露天祭坛。后来的扩建改变了方位并使平台数量达到四个，其支撑着顶部不经久的建筑物。神庙的建造采用土坯砖，并用圆石包围以便确定每一次需要用砖的数量。外部台阶的表面已经消失，但一些以土坯砖为核心的内部单元的浮石外壳还能看见。

第四编　欧洲以外前殖民文化时期的建筑

图A　拉马奈的N10-43金字塔庙(约前200)，见[710]页

图B　瓦哈克通的E-Ⅶ金字塔庙底座(约前200)，见[710]页

第 23 章　美洲建筑

图 A　蒂卡尔的玛雅神庙建筑总平面，5D-95、5D-96、5D-22 号单体

图 B　齐比查尔通的"七偶像"金字塔庙(约500)，见[710]页

图 C　特奥蒂瓦坎的太阳神金字塔庙(约50)，见[710]页

图 D　特奥蒂瓦坎的城堡金字塔庙(约200)，见[710]页

瓦哈克通的E-VII金字塔庙底座(Structure E-VII sub, Uaxactun, 约前200, 见[708]页图B)在尺寸为25m(82ft)见方、高7m(23ft)的台基上, 不属于茅草顶的建筑, 是直至最近唯一的著名前古典晚期玛雅神庙。该底座有三个由轴线控制的低矮元素, 形式为拉毛粉刷的遮板之间有四个方向的楼梯。最初支撑木结构建筑的未加装饰的上部平台有三层, 预示着后来古典时期神庙建筑的"三屋"的形式特征。较厚的拉毛粉饰和环绕台阶的角部的做法也是前古典时期和古典早期作品的特点。

拉马奈的N10-43金字塔庙(Structure N10-43, Lamanai, 约前200, 见[708]页图A)的底座尺寸为50m×55m(164ft×180ft)、高度为30m(98ft)。这是目前已知前古典晚期玛雅作品中最有建筑成就的, 也是已知拉马奈金字塔神庙最早的实例, 如阿尔通哈的2号A金字塔庙B-4单体(Structure B-4, 2nd A, Altun Ha, 见[713]页图B)和拉马奈的N10-9金字塔庙(见[712]页图A)。其底座由三个主要部分组成, 前部有三道台阶通向顶部。顶部上有两座建筑物面向中央轴线, 后来又增建了两座。大面积但很少留存下来的饰面包围着楼梯。底座上层单元的台阶有挡水板线脚, 双倍高度的挡水板收边用白色软质的大理石大方块石砌筑, 这些大理石在神庙使用期间就遭到严重的侵蚀。其表面覆有厚厚的灰泥, 被漆成单一的红色。建成7个世纪后, 神庙完全被围在象征不同对象的新建筑内。

特奥蒂瓦坎的太阳神金字塔庙(the Pyramid of the Sun, Teotihuacan, 约50, 见[709]页图C)是城市化第一阶段的标志。其位置正好在死亡之路的东边, 即主轴线和控制整个城市所有后续建设活动的礼仪方位即北向偏东15°30′。我们现在看到的金字塔是一个有着五个单元的巨大底座, 曾经支撑着现已大部毁坏的第六层平台上的建筑物。金字塔底座的尺寸为217m(712ft)见方、高57m(187ft)。台阶不等高, 并且没有线角。细微的楼梯凸出是前古典时期的典型特征。西边(前面)与底座相邻的是一座小平台, 即"下层平台"(plataforma abosado), 有斜坡壁台阶。其由土坯砖或胶土构成, 筐形承重支撑, 石材(浮石)饰面, 依次粉刷着厚厚的、混凝土状的拉毛粉饰。该金字塔庙建造在一座以前的建筑之上, 后者的基础则是另一座更早的建筑。

古典早期

特奥蒂瓦坎的城堡金字塔庙(the Ciudadela, Teotihuacan, 约200, 见[709]页图D)的底边尺寸为375m(1230ft)见方, 平均高度为6m(20ft), 是北美和南美最大的前殖民时期神庙。它包括一座195m×265m(640ft×869ft)的纪念性下沉式庭院, 可容纳大量的民众。建筑群位于特奥蒂瓦坎城的正中心, 南北和东西两条主轴线在此交叉。院落内是其主要建筑羽蛇神庙(the temple of Quetzalcoatl), 其有六级带斜坡壁的台阶, 壁龛包含羽蛇神雕像和各种海洋生物。该神庙后来被围合在有着平实的斜坡壁的更大型金字塔庙内。

齐比查尔通的"七偶像"金字塔庙(the Temple of the Seven Dolls, Dzibilchaltun, 约500, 见[709]页图B)是北尤卡坦古典早期或中期的玛雅神庙, 底边尺寸为29m(95ft)见方, 基座高15m(49ft), 和主要的古典前期神庙相比其尺寸减小了。粗石建筑和厚粉刷是古典早期的明显特点, 但双轴线对称平面、下部结构台阶的安排和宽大的窗户与中央屋顶结构都很不寻常。

拉马奈的N10-9金字塔庙(Structure N10-9, Lamanai, 约500, 见[712]页图A)高20m(66ft), 其底座为54m(177ft)见方, 已成为拉马奈神庙的典型, 其中一个拱顶建筑代替了金字塔顶部的庙宇, 被安放在底座前部(北立面)的部分地段。这种做法在拉马奈持续了整个古典时期, 并且在阿尔通哈的后古典时期也曾使用, 如2号A金字塔庙B-4单体(见[713]页图B)。这座被截去顶部的金字塔不能认为仅是一个底座, 而应该理解为该建筑自身的图形象征。其台阶没有镶边但角部有镶嵌, 上部和下部线条装饰在楼梯的两侧收边。奥尔梅克风格的美洲虎神图形出现在底座平台, 整个金字塔庙被漆成单一的红色。N10-9金字塔庙的手工艺较差: 台阶表面不平坦, 砖石建筑的内部由成分为酥性土和黑土的巨大圆石构成。该神庙建造在一座早期被毁坏的建筑之上, 其北立面在古典晚期和后古典时期有很大改动。

第 23 章 美洲建筑

蒂卡尔(Tikal)北卫城的巨大庙宇是1号金字塔庙 5D-22 单体(Structure 5D-22, 1st, 约 550，见[712]页图 B)❶，其底座尺寸为 23m×25m (75ft×82ft)，高 23m (74ft)，楼梯出挑 7m(23ft)。它是危地马拉北部佩滕(Peten)低地的最重要的礼仪建筑之一，也被认为是玛雅神庙在古典早期的典型型制。该建筑有三个狭窄而粗糙的拱顶房屋，每个房间的尺寸都不相同，分别从建筑南部三个入口进入房间。底座台阶的挡水板有凸出的曲线收边，每边中部和背后巨大的镶边挡板都从顶部延伸至底部，神像面具夹拥着前部楼梯，屋脊饰升至上部结构，现在这些几乎全部被毁。外表全部漆成单一红色，庙宇的布局采用"双屋"，每个屋都有独立底座并前后放置。这种组合在蒂卡尔的主要庙宇中持续使用，并贯穿整个古典晚期，例如1号金字塔庙(见[715]页图 A)也是"蒂卡尔神庙"的特征。宽阔的前部楼梯最近重新修整。底座西立面保持挖掘时的样子，显露出几个早期顶部庙宇的一部分，东部仍然未被发掘。

古典晚期

埃德兹纳的五层金字塔庙(Five-Storey Temple, Edzna, 约 600, 见[713]页图 A)的底座为 53m (175ft)见方，高为 32m (104ft)，是当地的"主神庙"(templo major)，统领着墨西哥坎佩切(Campeche)地区古典时期一个大规模玛雅定居点的礼仪中心。其金字塔型制由四层底座上的每层拱顶建筑组成。这个不寻常的五间形的前移建筑有一个高而透空的屋脊饰环绕整体。这里，组成大多数玛雅宗教仪式中心的庙宇和宫殿这两种建筑类型被结合在一起。不过该庙宇可能不是一项独立的工程，有些部分在随后一个时期曾被增建或改动过。上部建筑的拱顶是古典早期典型的悬挑式，低台基上的建筑则是更为先进的古典晚期的无悬挑形式(参见第 21 章)。有些墙面粉刷也是在其后一段时间内进行。作为正立面的西立面已经过清理和复原，但其他三个面依然被瓦砾覆盖，如同废墟。

阿尔通哈的2号 A 金字塔庙 B-4 单体(Structure B-4, 2nd A, Altun Ha, 约 600, 见[713]页图 B)高17m(56ft)，平面尺寸为 44m (144ft)见方，包括前部的平台。它反映出拉马奈神庙诸如 N10-9 金字塔庙(见[712]页图 A)和 N10-43 金字塔庙(见[708]页图 A)的建筑形式特点，所不同的是拱顶房屋位于金字塔前独立的平台上。这里的拱顶较特别，因为拱顶横跨了两个狭长的房间在结束处结合，而一般情况下应该是每间房屋各有独立的拱顶。该建筑有九个入口，其平面布局更像典型的宫殿而非庙宇。这表明两种建筑类型在功能上是相容的而不是相互排斥的。尽管台阶挡水板和石雕特征显示了古典晚期的风格，但上部雕刻所采用的一种厚抹灰技术却是典型的古典早期做法。镶边的角部从该金字塔庙消失了，这一做法曾是典型的伯利兹玛雅建筑手法，而支撑建筑的平台上的镶角在这个实例中显然有特殊的象征意义。

苏菲尔的1号神庙(Structure 1, Xuphil, 约 600, 见[714]页图 A)的平面尺寸为 43m×16m (141ft×52ft)，低矮的底座支撑着三个垂直塔楼之间的 12 座房屋，塔楼的形状类似金字塔庙的形式，有特别浅的楼梯和作为入口的壁龛，"房屋"没有内部空间和屋脊饰。这种把仿庙宇形式融入一座建筑的形式表明，也许这种有着更广泛用途的建筑形式在此具有象征意义，然而在其他地方极少有如此明确的表现。

蒂卡尔的1号金字塔庙(大美洲虎神金字塔庙, the Temple of Giant Jaguar, Tikal, 730, 见[715]页图 A)是玛雅古典晚期最杰出的大金字塔庙。其高为 44m (145ft)，底座尺寸为 36m×32m (118ft×105ft)，揭示了从诸如1号金字塔庙 5D-22 单体(参见有关章节)的古典早期蒂卡尔神庙以来发生的变化。早期的设计在古典晚期系统性地转变为1号金字塔庙为这样的大尺度和高度。其底座的平台轮廓呈直线，挡水板线条变为窄而水平的阴影线条。在所有的九层底座的角部台阶，都有系统且完全相同的收边图案。其雕刻处理仅限于前上部和屋脊饰，通过蛇神图案装饰描绘了一种宝座形式。这座庄严的建筑立在一座早期神庙的遗址上，后者曾是一位统治者精心制作的拱顶陵墓。南北两侧的第二部楼梯升至第六层底座，表明室外的底座层像拱顶房屋一样经常被使用。该金字塔庙的砖石结构在 20 世纪 60 年代早期经过全面的修复，但建筑本身和屋脊饰大部分呈现最初状态。

---

❶ 原书有误，此处应为图 A。——译者注

第四编 欧洲以外前殖民文化时期的建筑

图 A 拉马奈的 N10-9 金字塔庙(约 500)，见[710]页

图 B 蒂卡尔 1 号金字塔庙的 5D-22 单体(约 550，位于图中后部)及 5D-21 单体(位于图中前部)，见[711]页

第23章 美洲建筑

图A 埃德兹纳的五层金字塔庙(约600),见[711]页

图B 阿尔通哈的2号A金字塔庙B-4单体(约600),见[711]页

第四编 欧洲以外前殖民文化时期的建筑

图A 苏菲尔的1号神庙(约600),见[711]页

图B 帕伦克的碑铭神庙(700—800),见[716]页

第23章 美洲建筑

图A 蒂卡尔1号金字塔庙(730)，见[711]页

图B 卡巴的科兹-普珀金字塔庙(约850)，见[716]页

图C 扎库鲁的1号金字塔庙(约900—1200)，见[716]页

帕伦克的碑铭神庙(the Temple of the Inscriptions, Palenque, 700—800, 见[714]页图 B)的底座尺寸为 56m×40m (183ft×131ft), 高为 35m (115ft), 包括一个古典晚期整体式风格的拱顶墓室, 由类似楼梯的地道从建筑的后部房间向下引导进入墓室。其金字塔像早期的建筑一样呈简单的矩形, 后来加上的平台收边创造出典型的古典晚期玛雅神庙的不同镶边角部。在这座以及帕伦克地区的其他建筑中, 由于使用产自当地的优质建筑石材而使拱券技术达到了不同寻常的复杂程度。其第一间房屋墙壁上的大型石板上雕刻着年代和王朝的历史。其金字塔的台阶大部分已经被修复。

蒂卡尔中卫城古典晚期最感人的作品之一是马勒宫(Maler's Palace, 约 750, 见[717]页图 A)。该建筑平面尺寸约为 35m×10m (115ft×33ft), 最初的建筑是一层朝北的 9 个开间的房屋。朝南的第二层是后来加建的。其底层保存完好, 雕刻的木拱梁和未雕刻的过梁仍然完整。精心雕刻的上部线条环绕底层, 但与此相同的上层线条和上层拱顶已经毁坏。

科潘球场(the Ball Court, Copan, 约 775, 见[717]页图 B)坐落在体育场上, 平面尺寸为 30m×7m (98ft×23ft), 也可能是座神庙。球场经常出现在礼仪中心的内部, 通过游戏来达到敬神的礼仪目的。科潘球场保存了下方后建的结构, 其占据卫城山脚和大广场一端的重要位置。在体育场开敞的两端有两座拱顶建筑。

卡巴的科兹-普珀金字塔庙(Codz-Poop, Kabah, 约 850, 见[715]页图 B)的底座平台尺寸为 80m (262ft)见方, 是一座位于四方形平面之上的古典晚期的宫殿。西立面完全为代表雨神的人面雕像所覆盖, 从而使建筑呈现出特殊而又惊人的效果。石质元素重复的雕像从墙体表面向外凸起近半米。进入建筑首先要经过墙上厚重的神像浮雕。虽然这座建筑明显属于宫殿建筑类型, 但对神的力量的召唤表明其功能不仅仅是世俗的。

乌斯马尔的女隐修院(the Nunnery, Uxmal, 约 900, 见[718]页图 A)展示出美洲前殖民时期的建筑师水平可以达到的复杂程度。这个建筑群是世界上大型城市空间之一, 并确实反映出某些的本土建筑师的天才。这个建筑从空间处理到石材加工技术水平的每个方面都达到精确的程度, 是任何现存的美洲前殖民建筑所无法企及的。这座以历史时期推想命名的女隐修院有四个立面, 其上饰有雕刻着复杂肖像图案的石块镶嵌物, 这些石块镶嵌物从东面的建筑开始, 在更高更多装饰的北部建筑上达到高潮。

乌斯马尔的长老宫(the Governor's Palace, Uxmal, 约 900, 见[718]页图 B)是另一个令人注目的古典晚期宫殿。其竖立在一个宽阔的底座(图中没有表出)之上, 后者支撑着环绕边界的小型建筑物, 中央是礼仪平台。底座平台的边长为 180m×150m (590ft×492ft), 建筑平台的平面尺寸为 96m×11m (315ft×36ft)。上部用三种元素的线脚限定, 在雕刻的石头镶嵌物上布满了精雕细琢的浮雕。其中一系列的装饰图案从建筑的一端至另一端起伏交织。东立面被高耸的拱顶分成三个部分, 这个拱顶是基于入口布局而精心组织的综合体。拱券为古典晚期的复杂形式或无悬挑式(参见第 21 章)。立面大部分已经修复, 但细部采用的都是那种完整保存至 20 世纪初的风格。

后古典时期

扎库鲁的 1 号金字塔庙(Temple I, Zaculeu, 约 900—1200, 见[715]页图 C)的底座的平面尺寸为 40m×32m (131ft×105ft), 高为 15m (49ft), 是尤卡坦高地一组防御性建筑的主体, 这里曾是玛雅的宗教中心、王朝的中心以及古典时期到征服者时期的避难所。其地基下至少曾经有过七座建筑, 其中的 1 号金字塔庙是古典后期的早期建筑。现在所见的包括无拱顶的房屋和垂直的平台大部分都是在 20 世纪 40 年代修复的。扎库鲁是唯一一处在修复工作中作抹灰处理的, 因而其表面的连续性效果能在某些范围重新显现。

米特拉的柱殿(the Palace of the Columns, Mitla, 约 1000, 见[720]页图 A)的底座尺寸为 55m×45m (180ft×148ft), 高 8m (26ft), 是从征服者时期起就居住在瓦哈卡(Oaxaca)山谷中的米斯特克-萨波特克人的政权和宗教中心。它是围绕开敞空间的几个成组建筑中的主体建筑, 由建在 2.5m (8ft)高平台上的单层无拱顶房屋围绕院落组成。所有平台和室内室外的墙体表面都覆盖着精心制作的几何图案, 这些图案由软石灰石块单元重复构成, 这些石块切割尺寸之精确令人惊叹。米特拉柱殿的过梁也是前殖民时期的建筑中使用石头单块最大的。

第23章 美洲建筑

图A 蒂卡尔的马勒宫(约750)，见[716]页

图B 科潘球场(约775)，见[716]页

第四编　欧洲以外前殖民文化时期的建筑

图 A　乌斯马尔的女隐修院(约900)，见[716]页

图 B　乌斯马尔的长老宫(约900)，见[716]页

第23章 美洲建筑

奇琴伊察的**武士神庙**(the Temple of the Warriors, Chichen Itza, 约1000—1100, 见[721]页图A)的底座为42m (138ft)见方, 高为11m (36ft)。包括现已缺失的拱顶, 估计总高度达23m (75ft)。该神庙位于中心广场的东侧, 正好在牺牲庆典井的南边。在西入口因有羽蛇神柱子而著名的方形建筑有两个大的房间, 其石制拱顶建在木梁之上, 由石柱支撑。木材的损坏加快了包括上层区域在内的整个建筑的坍塌。底座的台阶是尤卡坦高地和墨西哥常用的斜坡壁(见[704]页)。虽然玛雅低地的古典后期一般被认为是表现出社会和技术的衰落, 但这座建筑仍然保持了古典时期的质量。其底座建造在早期一座类似的建筑之上。

图拉的**晨星金字塔庙**(the Temple of Tlahuizcalpantecuhtli, Tula, 1000—1100, 见[720]页图B)❶是典型的托尔特克神庙。其底座为43m (141ft)见方, 底座高9m (30ft)。其五层台基上描绘着美洲虎、狼和兀鹰啄食人类心脏的场景, 金星位于斜坡壁式的嵌条上。该建筑包括一个大房间, 其屋顶由表现托尔特克武士形状的石柱支撑着的木梁架起。这座建筑在12世纪时曾遭到由北方来的侵略者奇奇梅克人的剧烈破坏。

特纳尤卡的**火蛇神庙**(the Temple of Xiuhcoatl, Tenayuca, 1200—1500)的底座尺寸为67m×75m (220ft×246ft), 是一座阿兹台克神庙。双楼梯的底座支撑着两座供奉两个主要神灵的建筑。从1200~1500年的三个世纪中, 该神庙原址上共建造了八座类似的神庙, 每座都建在以前那座神庙之上。据说每座神庙都按照神秘的日历52年轮回一次, 但这不能完全确定。

城堡神庙(the Castillo, 约1400, 见[722]页图A)是图卢姆的主要神庙。图卢姆是北尤卡坦东海岸玛雅古典后期的主要定居点。该神庙底座尺寸为28m×16m (92ft×52ft), 楼梯凸出5m (16ft)。两个有拱顶的房屋建造在早期有梁和灰泥屋顶的建筑之上。城堡包括了一系列古典后期与古典时期不同的建筑元素: 整个建筑相对较小、上部结构已不存在、石工技术较粗糙。直至征服者时期, 图卢姆的建筑仍在使用, 仅作了几次较小的修复。

南美洲

莫切的**太阳神庙**(the Temple of the Sun, Moche, 约200—600)的底座尺寸为136m×228m (446ft×748ft), 高为41m (135ft), 由一个正方形的有五个台阶的低矮平台支撑着一个倾斜的金字塔平台, 该金字塔平台有七个台阶。整座建筑由土坯制成, 立面已不复存在。由于长期的侵蚀, 最初的面貌已很难辨认, 不过这仍然是南美洲宗教建筑中最大的单体建筑之一。

昌昌城(the city of Chan Chan, 约1200—1470)占地约21km² (4942miles), 包括一个面积为6km²的宗教中心。在印加人征服此地之前, 昌昌城一直是奇穆王国(the Kingdom of Chimor)的首都。这座城市由九个大型的矩形围场构成, 其中有些围场包括几百个独特的小房间。有些房屋空置, 有些有金字塔平台。它的结构是土坯砖构成, 其许多外表面以高浮雕装饰。整座城市在印加人的掠夺中被大量毁坏。

帕拉蒙加的**堡垒**(the Fortress, Paramonga, 约1200—1400, 见[721]页图B)是一个用土坯砖建造的令人印象深刻的实例, 可以证明当地人对筑造防御工事的原则已明显掌握。上层台阶和墙体保护着下部台阶, 突出的角部堡垒覆盖了主要墙体。作为奇穆王朝的主要前哨, 该建筑群既是神庙也是堡垒。

蒂亚瓦纳科的**太阳门**(the Gate of the Sun, Tiahuanaco, 约600—1000, 见[721]页图C)高3m (10ft)、宽3.8m (12ft 6in), 是在蒂亚瓦纳科城宗教中心发现的一系列石质门洞中最精美的一座。这种土坯墙体的门洞通向曾经一度存在但现已消失的主要建筑, 只留下门洞成为孤独的纪念物。

萨克赛瓦曼(Saqsaywaman, 约1520年建成, 见[721]页图D)❷通常被认为是一座堡垒, 与库斯科(Cuzco)的印加首都关系密切, 其占地面积为400m×250m (1312ft×820ft), 横跨一个天然山脊, 远看像形状不规则的宽阔水平开敞空间。现在这座建筑被认为是王宫并还具有宗教用途。低矮壁垒的巨大石块切割得相当精确, 这些石块都采自附近。

---

❶ 又称为"石柱庙"。——译者注
❷ Saqsaywaman的意思是"感到满意的猎鹰"。——译者注

第四编 欧洲以外前殖民文化时期的建筑

图 A 米特拉的柱殿(约1000),见[716]页

图 B 图拉的晨星金字塔庙(1000—1100),见[719]页

第23章 美洲建筑

图 A 奇琴伊察的武士神庙（约 1000—1100），见[719]页

图 B 帕拉蒙加的堡垒（约 1200—1400），见[719]页

图 C 蒂亚瓦纳科的太阳门（约 600—1000），见[719]页

图 D 萨克赛瓦曼堡垒（约 1520 年建成），见[719]页

第四编　欧洲以外前殖民文化时期的建筑

图A　图卢姆的城堡神庙(约1400)，见[719]页

图B　马丘比丘(约1500)，见[723]页

第23章 美洲建筑

马丘比丘(Machu Picchu,约1500,见[722]页图B)是一座晚期印加城镇,位于两座山丘之间悬崖边,俯瞰着延绵900m(3000ft)的乌鲁班巴河。全部由当地石材建造的该建筑物有多种墙体类型,从层砌的条石到粗糙装饰表面的碎石,组成了有特点的梯形入口。有些墙体在室内有矩形壁龛。砖石的山墙仍然竖立,有些建筑物有梯形的窗洞。该地陡峭的山坡形成台阶状,留下的砖石墙体保持着花园的水土,丰富的各城镇层次由石质台阶联系起来。

拉克基的维拉科查神庙❶是一个遥远的小型定居点的主要印加神庙。占地面积为92m×25m(302ft×82ft),有顶盖的面积为2323m^2(24 996ft^2),其型制是印加式(Inca Kallanka)或为多用途的大厅。在内部,与建筑同宽的脊柱式墙体正好位于屋脊之下,将建筑分成两个狭长的房间,每个房间又被一排11根柱子再次划分。其中碎石质柱子高2m(7ft),土坯柱高12m(39ft)。屋顶为浸过沥青的双层茅草顶。

---

❶ the Temple of Wiraqocha, Raqchi,约1400～1500年;Wiraqocha又拼作Viracocha或Huiracocha,秘鲁地区居民在被印加帝国征服前所信奉的造物神,是印加神话中的至高之神,据说他在的的喀喀湖创造了太阳和月亮。——译者注

欧洲以外前殖民文化时期的建筑

第 24 章
中国建筑

建筑特征

斗栱是中国建筑中最具特色的部分,在木构架中位于柱顶和横梁相交处,每一朵斗栱由具有弓型如手臂一样的"栱"和支撑它的小木块"斗"组合而成。它出现在西周时期(前1027—前770),被广泛应用于横梁成列的木构架建筑的建造中。但是,中国木构建筑所特有的凹曲面的屋顶,早期却很少能看到,那时的建筑风格是粗犷、单纯而朴实的。

中国建筑本身所具有的独特风格,在东汉时期(25—220)的建筑物中有了明显的表现。那时,一般建筑中使用的结构是由成列的梁、柱排列所形成的木构架,有抬梁式(beam-in-tiers method)、穿斗式(column-and-tie-beam method)、井干式、干阑式(log-cabin method)等类型。

经过三国、两晋、南北朝(220—589),中国建筑有了显著的发展,随着佛教的传入,建造了众多的佛寺、佛塔和石窟,同时印度、波斯、希腊建筑的一些特色也出现在佛教建筑中。

唐宋时期(618—1279),中国建筑的发展达到了一个新的高峰,建筑的技巧日趋成熟,例如,具有188根柱子的唐代(618—907)大明宫主建筑麟德殿和1056年建造的67.3m(220ft)高的辽代应县木制佛宫寺释迦塔(Sakyamuni pagoda in the Fogongsi Temple)是最具代表性的建筑。自宋代开始,建筑风格向柔和绚丽的方向发展。随后的明清时期(1368—1911),在个体建筑技巧更加娴熟的同时,建筑群规划方面也取得了辉煌的成就。

中国建筑的主要特征表现在以下五个方面。

建筑艺术和结构技术达到了高度的统一。利用结构本身所具有的优美造型代替了附加装饰。例如,梭形的柱、眉月形的梁与具有凹曲面的屋顶的完美结合。

中国木构建筑具有优异的抗震性能。由于木构建筑使用榫卯结构,通过节点榫卯的错动,可以吸收地震能量。中国建筑采用浅基,木构架直接立在地面上,在受到地震袭击时,会出现构架的水平位移,以克服地震力,从而避免了房屋的倒塌。

建筑高度标准化。中国建筑是以"开间"为单位扩展而成的,每一个"开间"中由梁、柱、檩、椽、屋顶构成一个标准的单元,它可组合成直线形、曲尺形、工字形、口字形、田字形等各种不同平面的建筑。在结构构件中采用了模数制,以"材"为模数,所谓"材"是建筑中"栱"、"方"的断面,其高宽比为3∶2。在宋代的《营造法式》(The Method of Architecture)中详细记述了使用"材"的意义,"材"有八个等级,根据建筑所需的不同尺度来选用。清代建筑中使用"斗口"(doukou)为模数,它相当于"栱"的宽度,同时以"柱径"作为辅助模数。"斗口"有11个等级,足以控制建筑群中不同建筑的尺度,以取得主次分明的艺术效果。

中国建筑具有鲜明的色彩。早在春秋时期(前722—前418),人们通过实践发现,把颜料涂在建筑物上,既可装饰建筑,又具有防虫的效果。逐渐地人们便使用不同的色彩来装饰不同的建筑和构件。例如,宫殿、坛庙类建筑,在木构梁柱上涂以红色,屋檐下面涂以青绿色,屋顶又使用黄色的琉璃瓦,色彩冷暖相间,异常绚丽。

建筑具有多样化的群体组合。在中国古代,一幢幢建筑多以群组的方式存在,它们首先组合成庭院,再由一组组庭院组合成庞大的建筑群。常见于宫殿、坛庙、陵墓和佛寺当中的大型建筑群,在纵向形成主要轴线,同时两侧有附属轴线与其并列,共同构成具有几十个庭院的复杂建筑群。在园林建筑中则采取将建筑自由组合布局,较少使用严肃对称的群体组合方式。

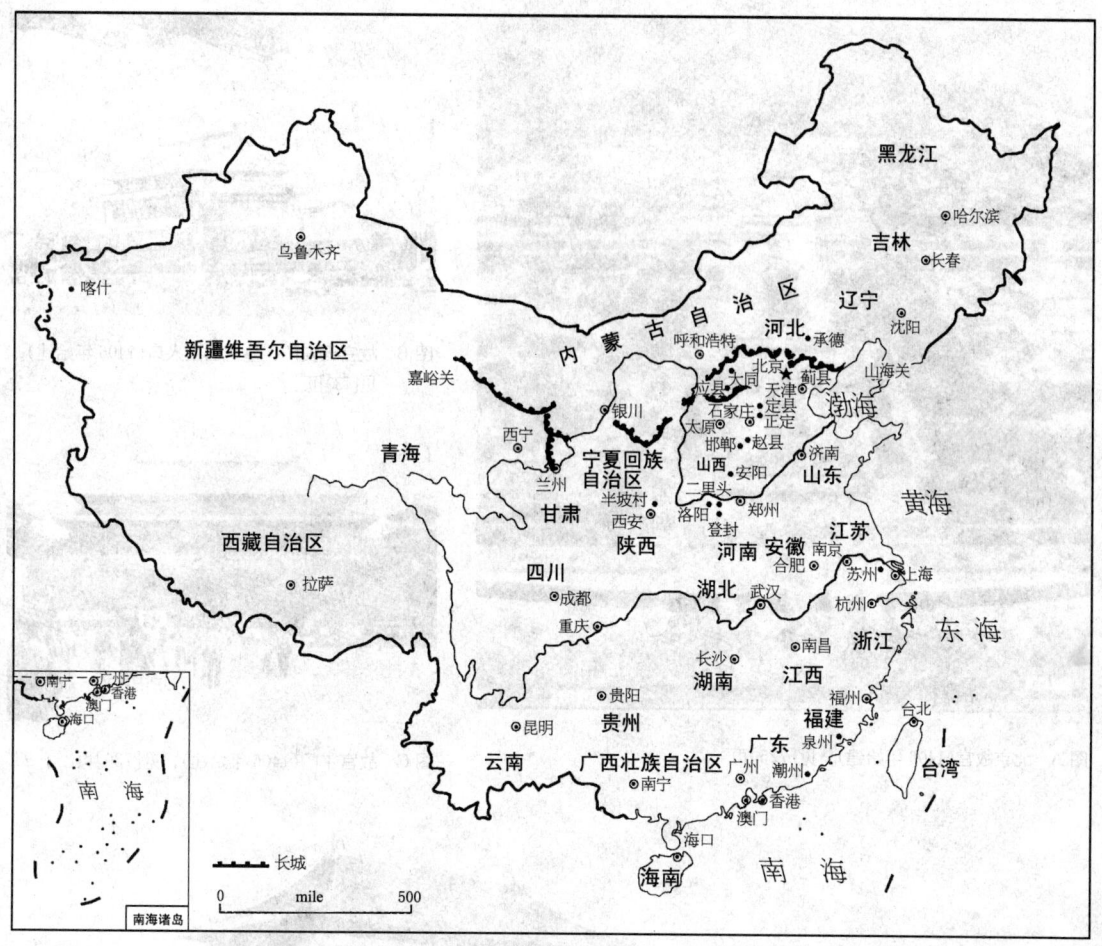

中国地图

建筑实例

宫殿与离宫

中国古代大部分帝王的豪华宫殿随着其王朝的覆灭而被毁，或逐渐破败。现仅有明清时期的北京故宫(Forbidden City in Beijing，见[726]页，[732]页图A)完整地保存下来。这座宫殿始建于明永乐四年(1406)，占地 73hm²(180acres)，东西长 760m(2500ft)，南北长 960m(3150ft)，被高高的城墙和环城的筒子河所包围。

这座皇宫由外朝和内廷组成，外朝的主要建筑有太和殿(the Hall of Supreme Harmony)、中和殿(the Hall of Central Harmony)、保和殿(the Hall of Preserved Harmony)及其两侧的文华殿(the Hall of Literary Glory)、武英殿(the Hall of Martial Valour)群组。前三殿的主要功能是举行节日庆典，皇帝登基、庆寿，接待外国使臣，举行国家级的考试等。文华殿是皇帝举行经筵讲学之处，武英殿在清代作为编修书籍之处。内廷是帝后生活居住的场所，其中的乾清宫(the Palace of Celestial Purity)是皇帝处理日常政务之处，坤宁宫(the Palace of Terrestrial Union)是帝后居住的寝宫。后来清代皇帝改居养心殿，便在此处举行祭祀活动。东西六宫为后妃们的寝宫，东西五所原为皇子的住所，清代有所改建、变更。内廷的最后为御花园。此外在内廷的两侧还有太后居住的慈宁宫及花园，以及太上皇居住的宁寿宫及花园。

第四编 欧洲以外前殖民文化时期的建筑

图A 北京故宫(1406年始建),见[725]页

图B 故宫天安门,皇宫的主入口(1406年始建),见[730]页

图C 故宫午门(1406年始建),见[730]页

图D 故宫太和殿(1406—1420),见[730]页

第24章 中国建筑

图 A (右图)故宫太和殿的藻井(1406—1420),见[730]页

图 B (下图)北京颐和园(1750、1888、1903),见[730]页

第四编　欧洲以外前殖民文化时期的建筑

图A　颐和园的典型建筑,见[730]页

图B　颐和园的佛香阁和排云殿

图C　颐和园的长廊

图D　颐和园的昆明湖和西堤

第 24 章　中国建筑

图 A　天坛圜丘坛(明朝和清朝)，见[730]页

图 B　天坛祈年殿(明朝和清朝)

故宫位于 8km (5mile) 长的南北走向的中轴线上，这条中轴线将北京城分为东西两部分。这条轴线从南到北，相继穿过城市的外城、内城、皇城的城门、宫殿的大门、殿宇、景山山脊之亭，最后到达钟、鼓楼，前后共计 13 幢建筑。这条轴线成为全城规划的核心。在到达故宫之前，这条轴线上出现了 T 形、方形、竖长形广场，一直延伸到天安门 (Tiananmen, 见[726]页图 B)，天安门是围合故宫的皇城的正门。天安门内有一个正方形的庭院，其北首是端门，端门之后有一个矩形的广场。午门 (Wumen or Meridian Gate, 见[726]页图 C) 是进入故宫的正门，位于这个广场的北首。

进入故宫后，在中轴线上相继出现了八个大小不同的庭院或过渡性空间，其中第二个庭院最为宽广，面积近 4hm²，布置着故宫中最大的殿宇太和殿。

太和殿 (the Hall of the Taihedian, 见[726]页图 D) 是故宫的主殿，高 27m (90ft)，面宽 11 个开间，通面宽 64m (210ft)，进深 4 个开间，通进深 37m (120ft)，总面积 2368m²。其顶部是双屋檐并配以蟠龙雕刻装饰 (见[727]页图 A)。太和殿坐落在 8.13m (26ft) 高的三层叠落式汉白玉石台基上，显得体量宏伟壮观。

太和殿采用黄琉璃瓦的重檐庑殿顶，红色墙柱，檐下梁枋、斗栱绘有青绿金龙和玺彩画。故宫中的其他建筑也都采用琉璃瓦顶，并用红色和青绿彩画作装饰，整组宫殿在全城一片灰色背景的衬托下显得格外华丽、壮观。故宫始建于明朝的永乐四年 (1406)，于永乐十八年 (1420) 建成；到了清代又曾对其局部进行改建。先后有 24 位帝王使用过这座宫殿，他们统治中国长达 500 年之久。

除此之外，帝王们还营造了一些离宫别苑，现存的主要是清代所建的位于北京西北郊和承德的皇家园林。其中最著名的是建于 1750 年的**颐和园** (the Summer Palace, 见[727]页图 B 和[728]页及[732]页图 D)。此园曾经由于英法联军和八国联军的焚毁，于 1888 年和 1903 年两次重新复建。全园占地 2900hm² (7166 acre)，其中水面占了 3/4。颐和园主要景观为万寿山 (Longevity Hill) 和昆明湖 (Kunming Lake)。

全园分成四大部分，第一部分为东宫门景区，这里包括皇帝和皇后举行朝仪、处理政务的殿堂和居住的寝宫。这些建筑群皆成对称布局，虽未使用琉璃瓦，但仍不失帝王宫苑的气势 (见[728]页图 A)。

第二部分是前山景区，即万寿山的南侧，这里的主要建筑**佛香阁** (the Tower of Buddhist Incense)，为一座建在平台上的八角形楼阁，高 37m (120ft)，为颐和园的标志性建筑。阁前有**排云殿** (the Cloud Dispelling Hall, 见[728]页图 B) 建筑群，形成从山顶至山脚、自上而下的一条中轴线，统帅着前山两侧的十多处大大小小的建筑群。同时在排云殿前建有一条长达 760m (2500ft) 的长廊 (见[728]页图 C)，好像一条漂亮的边饰将前山分散的建筑连接起来，使这部分成为颐和园最美的景区。

第三部分是后山及山下的溪流。除了一组佛教建筑群居于中央外，其他建筑在树、石之间时隐时现，有如风景如画的江南园林景色。

第四部分是前湖景区，包括碧波万顷的昆明湖、南湖、西湖及湖中三岛。这部分水面东西宽 1700m (5575ft)，南北长 2000m (6560ft)。其所采用的"一池三山(岛)"的布局是传统造园手法中的神仙境界。西堤 (the West Embankment) 及堤上设六桥仿杭州苏堤"六桥烟雨"景色，在此，造园匠师以西堤为中景，将园外的远山、塔影借入园内 (见[728]页图 D)，展现出一幅景色如画的山水长卷。

坛庙

坛庙是古代中国供奉先祖、自然之神以及著名历史人物的场所，其中最著名的是位于北京城南部的天坛，它占地 280 亩 (18.6 万平方米 690 acre)，建于明代，清代重修。其主要建筑有两组，即举行祭祀天神活动的**圜丘坛** (见[729]页图 A) 和用于祈求五谷丰收的**祈年殿**，此外还有一组**斋宫** (the Fasting Palace)，斋宫是皇帝斋戒之处。

圜丘坛建筑群由圜丘坛和存放祭天牌位的建筑**皇穹宇** (Imperial Vault of Heaven) 组成，圜丘坛为三层叠落在一起的用汉白玉砌筑的圆坛，最高一层坛面直径 26m (86ft)，最下面一层基底直径 55m (188ft)。每层高 5m (16ft)，各层边缘皆用汉白玉石栏杆环绕。传说九重天之上是天神居住的地方，因此坛表面的铺地石和栏杆都按照九的倍数来排列。圜丘坛的四周有内圆、外方的两重低矮的围墙环绕，墙的四面正中皆设有棂星门一座。

在圜丘坛的北面的一个圆形庭院,即为皇穹宇所在地,该殿用于存放祭天牌位,是一座呈圆形的攒尖顶的建筑,平面直径为 16m (52ft),高度近 20m (66ft)。

皇穹宇以北穿过一条长 400m (1300ft)、宽 30m (100ft)高出地面的甬道(丹陛桥)。北面就是圜丘坛(见[729]页图 A)。该甬道引导人们到达另一组建筑群——祈年殿(见[729]页图 B),该殿主体结构为圆形,三重檐的攒尖顶,直径 24m (78ft),高 32m (106ft)。其上覆盖着 3 层深蓝色琉璃瓦屋顶,屋檐下为绘有青绿色彩画的斗拱及额枋,下部为暗红色的木构梁柱、门窗装修。圜丘坛坐落在 7m (23ft)高、直径 90m (300ft)的三层圆形台子上,台子周围以汉白玉栏杆环绕。

依据古代的"天圆地方"之说,圜丘坛、祈年殿等祭祀神灵的场所,皆置于方形的庭院中。而且利用祭祀庭院的建筑地坪高出周围环境,给人造成与天神接近的印象。特别是在丹陛桥两侧的地面,从南向北逐渐向下倾斜,人们走在丹陛桥上,地上所植松树、柏树逐渐从人们的视线中降低,似乎感觉逐渐在接近苍天,从而到达祭神的场所。

天坛在明代建成,后来多次重建。今天所见到的圜丘坛和祈年殿是在 1749 年和 1890 年重建的。

陵墓

中国古代的统治者无不耗费巨资为自己准备奢华的葬礼,修建气势恢宏的陵墓。帝王陵墓包括地上和地下两个部分,在地下部分通常只是存放帝王棺椁的厅堂,最初全部用木材建造,自东汉以后,改用砖石砌筑。后来,除地下的厅堂之外,在地上还设有祭祀殿堂,两者结合起来使用。

北京北部的昌平区天寿山脚下的明十三陵(the Shisanling Tombs in Changping)是现存最大的一组帝王陵,其中埋葬着明代的 13 位皇帝和他们的后妃。位于天寿山主峰 11 公里以外的一座巨大的石牌楼作为这组帝王陵的入口(见[734]页图 A),在参拜的神道上相继布置了大红门、碑亭,两旁排列着巨大的石象生,包括官员、武士、石马、骆驼等,其后便是树枝状的道路通往各陵。13 座陵墓本身的规划设计大同小异,各陵背后皆踞一座山峰,总体布局呈向心式。其中最初建造的长陵保存最为完整,其为明成祖永乐皇帝之陵,建于 1424 年。地面上的建筑物主要由举行祭奠活动的棱恩殿、方城明楼及埋葬帝后的宝顶等建筑组成。棱恩殿(the Lingen Memorial Hall, 见[734]页图 B 和[735]页图 A)是中国现存最大的古代木构建筑,面宽 9 个开间,长 66.75m (220ft),进深 5 个开间,长 29.31m (96ft)。殿内使用了 32 根楠木柱,其中最大的 4 根柱子直径达 1.17 米 (3ft 19in),高 23m (76ft)。棱恩殿后的宝顶为圆形城墙环绕的大土丘,其下的墓室用块石砌筑,内有前殿、后殿和两侧的配殿,象征皇帝生前的宫殿模式,故称之为地下宫殿。方城明楼是一座楼阁式建筑,其中放置皇帝的圣绩碑。

明神宗的定陵地下宫殿是唯一一座已经被发掘的陵墓(见[732]页图 C),它由前殿、配殿和寝殿组成,前殿中陈放着供品,寝殿中陈放着帝、后的棺椁。这座地下宫殿于 16 世纪末建成,整体上采用石砌的穹窿顶。

在中国保存的古代建筑中,可以说大部分与宗教有关,包括有佛教的寺院、石窟、道教的宫观、伊斯兰教的清真寺。

佛教寺院

中国的佛教在东汉时期(公元 1 世纪)由印度传入。佛教寺院有两种类型,第一种是石窟寺,另一种是由一进进庭院组成的佛寺。佛教信徒为了表示对佛祖的崇拜,建造了埋藏佛骨的佛塔,在早期将具有象征性的佛塔置于寺院的中心,作为寺院标志。到了北魏时期(386—534),佛教信徒希望进一步了解佛经的具体内容,讲经说法成为佛寺的重要活动,佛殿、法堂一类的建筑逐渐成为佛寺的主体。殿堂与佛塔相结合这种形式的寺院在 4~6 世纪盛行,后经朝鲜半岛(新罗时期)传入日本。

在南朝的东晋时期(317—420),出现一种双塔对称置于寺院庭院之中布局,到了唐代,佛塔已经独立置于寺院的殿庭之外了。从宋代(960—1279)开始,佛塔多置于寺院的前、后或两侧,到了明清时期已经少有在寺院中建造佛塔的了。

第四编 欧洲以外前殖民文化时期的建筑

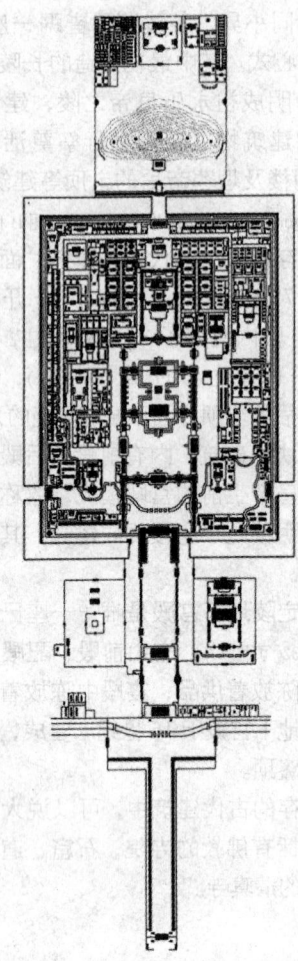

图 A 故宫总平面图,见[725]页

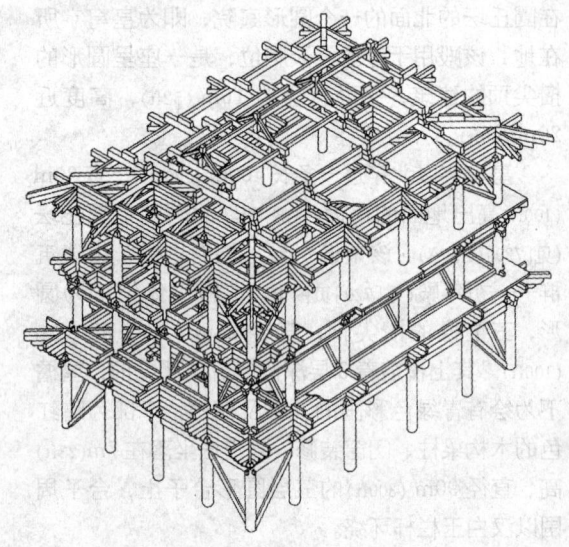

图 B 独乐寺观音阁构造示意图,见[739]页

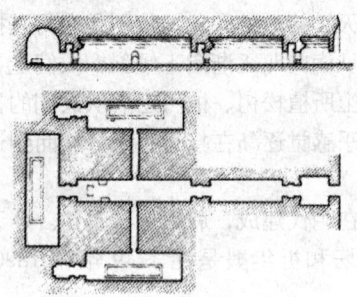

图 C 定陵地宫的平面图和剖面图,见[731]页

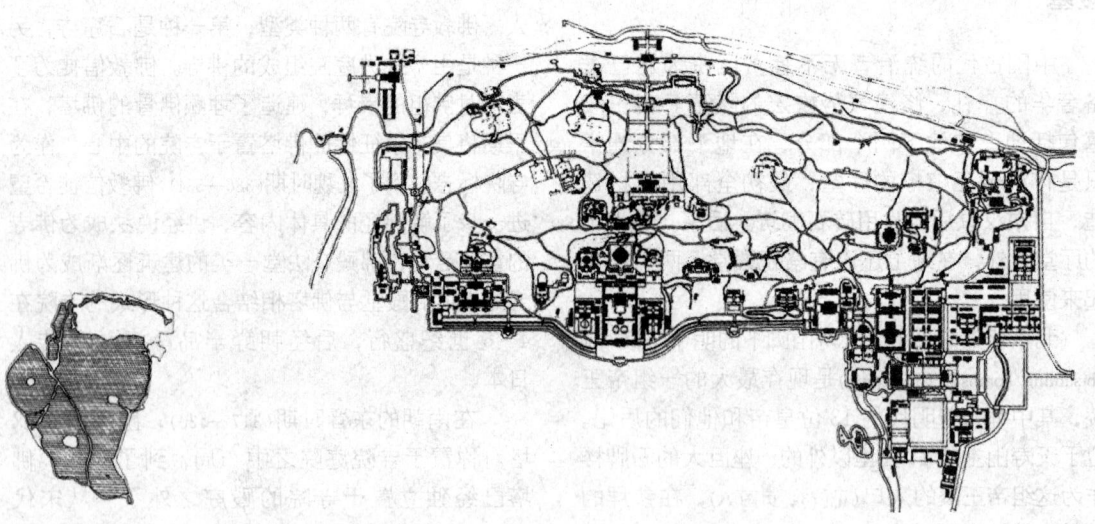

图 D 颐和园总平面示意图和万寿山建筑群平面图,见[730]页

第 24 章 中国建筑

图 A　佛宫寺大殿构造示意图，见[738]页

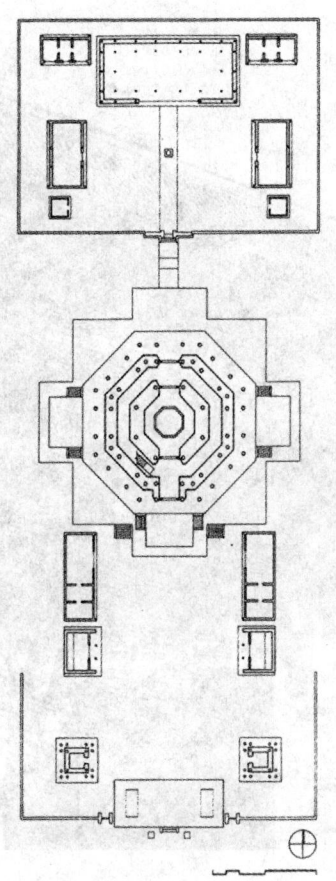

图 B　佛宫寺总平面图，见[738]页

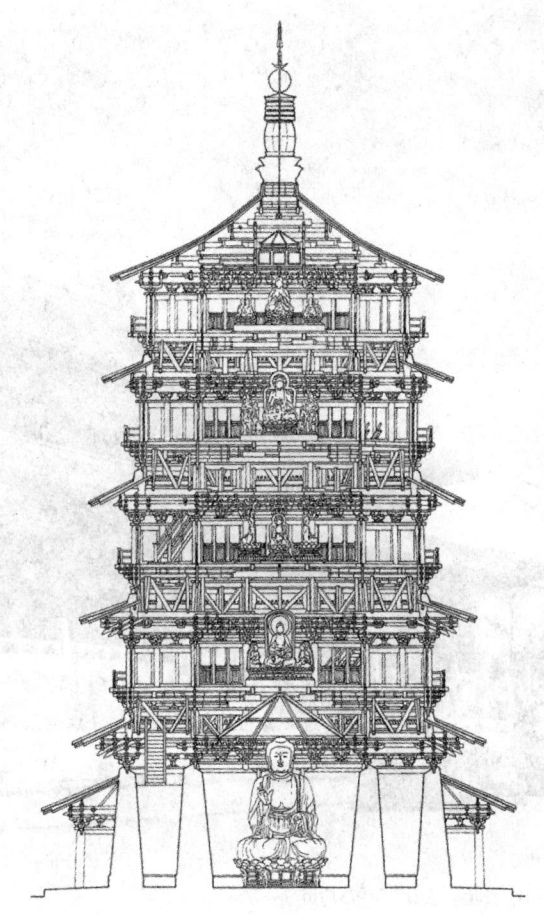

图 C　佛宫寺释迦塔剖面图，见[739]页

第四编　欧洲以外前殖民文化时期的建筑

图 A　北京郊区昌平明十三陵石牌楼，见[731]页

图 B　长陵棱恩殿，见[731]页

第24章 中国建筑

图 A　长陵棱恩殿室内，见[731]页

图 B　陕西省西安市小雁塔（唐代），见[738]页

图 C　河南省嵩岳寺塔(520)，见[738]页

图 D　北京天宁寺塔（辽代），见[738]页

第四编　欧洲以外前殖民文化时期的建筑

图 A　泉州开元寺塔(1241—1252)，见[738]页

图 B　河北省正定开元寺料敌塔(13 世纪)，见[738]页

图 C　苏州报恩寺塔(1131—1162)，见[738]页

图 D　北京妙应寺白塔(1271)，见[738]页

第 24 章 中国建筑

图 A 北京正觉寺金刚宝座塔,见[738]页

图 B 山西省释迦塔(1056),见[738]页

图 C 河北蓟县❶独乐寺观音阁(984),见[739]页

图 D 山西省佛光寺大殿(857),见[739]页

---

❶ 蓟县于1973年划归天津市管辖。——编者注

第四编　欧洲以外前殖民文化时期的建筑

另一种类型的佛寺源于一些贵族官僚乃至皇帝的住宅，即所谓舍宅为寺或舍宫为寺，在这种庭院式的佛寺中没有佛塔。这种佛寺在公元1～6世纪也有很大的发展。在唐代出现了具有多进院落的大型佛寺，到元代(1271—1368)以后，寺院沿着主轴对称布置。在核心的位置上布置了山门、大雄宝殿、法堂、藏经楼，在每座寺院中都有钟鼓楼。

佛塔是佛寺中具有代表性的建筑，目前中国尚存两千座以上的佛塔，它们绝大多数是用砖石砌筑而成的，仅存有一座木塔。佛塔被分为六种类型。

密檐塔(pagodas with closely layered eaves)。现存最早的一座密檐塔是建于527年的河南嵩山**嵩岳寺塔**(the pagoda of the Songyue Temple，见[735]页图C)，外观为十二边形，但其内部为八边形。塔高41m(131ft)，底部直径约14m(46ft)，塔身的下部墙厚2.5m(8ft)，在八面设有假窗，四面设有修长的门洞。塔身上部有15层密檐，外轮廓呈抛物线形，顶部有砖砌的宝顶。在其内部，推测原应有木塔梯，但现已无存。

在唐代流行的是平面为方形的密檐塔，如陕西省西安市**小雁塔**(the Lesser Wild Goose Pagoda in Xi'an，见[735]页图B)是方形密檐塔的典型代表，密檐部分仍然带有抛物线轮廓。到了辽代的北京**天宁寺塔**(Pagoda of Tianning，见[735]页图D)，发展成八边形的密檐塔，塔身下部增加了须弥座、柱梁、门窗、斗栱等，具有更加明显的模仿木构建筑的风格，但密檐部分已无抛物线轮廓。

多层塔(the storeyed pagoda)是中国传统的木楼阁与印度的窣堵坡相结合而成的，最早出现在唐代，平面为方形，例如西安**大雁塔**(the Greater Wild Goose Pagoda in Xi'an)。但从10～13世纪，平面为八边形的塔更为流行。例如泉州**开元寺的塔**(the Temple of Kaiyuan in Quanzhou)是建于1241年和1252年的两座石塔(见[736]页图A)，表面做成仿木构楼阁的梁柱。又如河北定县**开元寺料敌塔**(Kaiyuan Temple Pagoda，见[736]页图B)建于1001～1055年，高达82m(269ft)，是现存最高的砖塔，该塔表面少有装饰。另一类多层塔带有木构的外檐廊，如苏州**报恩寺塔**(the Bao'en Temple Pagoda in Suzhou)，建于1131～1162年(见[736]页图C)。这种塔采用了砖、木相结合的结构形式，发挥了各自的优势。一般砖塔采用砖砌的单层筒体、双套筒或单筒带塔心柱式结构，有的将楼梯梯段沿外壁成螺旋形布局，有的将楼梯布置在塔心柱中。这种密檐塔在中国流行了一千多年。

瓶形塔(vase-shaped pagodas)是直接从窣堵坡演变而来的，它最早出现在晚唐时期，只是在元代以后的喇嘛教佛寺中流行。北京妙应寺**白塔**(the White Pagoda in the Temple of Miaoying (Divine Retribution) in Beijing，见[736]页图D)是在尼泊尔工匠指导下于1271年建造的，塔高56m(184ft)。这样的塔有的成组地以五个或更多个布置在大型佛殿周围。瓶形塔为砖砌实体，表面涂以石灰或贴彩色琉璃面砖。

金刚宝座塔(groups of pagodas honouring Buddha's warrior attendants)流行于明清时期，是模仿印度的菩提伽耶❶(见第26章)胜迹的形式，将五座塔组合在一起置于方形基坛上，塔的表面有丰富的雕刻装饰，塔的外形采用近似于金字塔的密檐式。例如北京正觉寺的**金刚宝座塔**(the Zin Gang Bao Zuo Pagoda in the Zheng-jue Temple, Beijing，见[737]页图A)。

单层塔(single-storey pagodas)是一种作为僧尼的坟墓而建造的塔，有方形、圆形、八边形、六边形等多种形式，它们经常成群或成排地出现在寺院的近旁，如河南省登封**少林寺**(Shaolin Temple, Henan)、山东省长清**灵岩寺**(the Lingyan Temple, Shandong)。

在中国，木塔的建造始于公元3世纪，但这种类型的塔现存的只有建于公元1056年的山西应县**佛宫寺释迦塔**(Shijia Pagoda, Shanxi，见[737]页图B)。塔高67.31m(222ft)，基部直径25.6m(85ft)。该塔平面为八边形，外观为五层，内部尚有四个结构暗层，采用筒体结构。自下而上塔的各层平面逐层内收，层高逐层缩减，使塔更显高耸。该塔自建造以来，在900多年当中曾受到多次大地震的袭击，甚至还受到过炮击，但这座木塔仍能存留

---

❶ Buddh Gaya relic-house complex；亦译为佛陀伽耶。菩提伽耶是释迦牟尼悟道成佛处，为佛教四大圣地之一，位于印度比哈尔(Bihar)南部伽耶市近郊七公里处之布达葛雅(Bodhgayā)。据载，佛陀经历六年苦行之后，行至此地，于毕钵罗树下之金刚座上结跏趺坐，证悟十二因缘、四谛法等，而得正觉，故毕钵罗树又称"菩提树"，即"觉树"之意。——译者注

寺院与殿堂

佛光寺大殿(the Main Hall of Foguang Monastery, Wutai Mountain)位于山西五台山，建于公元857年，是中国现存最早的木构建筑(见[737]页图D)，面宽7个开间，通面宽34m(112ft)，通进深17.3m(57ft)，高18.25m(60ft)。大殿正面当中五间做版门，两梢间和山面皆有一槛直棱窗，背面为实墙。大殿室内采用两列内柱支撑着上部的梁架。高度为5m(16ft)的檐柱及阑额之上布置着斗栱，支托着巨大的挑檐。屋檐挑出的长度几乎达到柱高的一半。此外，大殿的内部还保留有唐代的塑像和少量唐代彩画。

河北蓟县独乐寺观音阁(the Guan-yin Pavilion of Du-le Monastery in Jixian, 984)是中国现存最古老的木楼阁。该建筑面宽5个开间，通面宽20m(66ft)，通进深14m(47ft)，高两层22m(73ft)。采用单檐歇山顶，层间有腰檐和平座。阁内供奉着一尊16m(52ft)高的辽代观音塑像。该建筑在历史上曾经受到28次地震侵害，仍安然无恙，从而证实了观音阁的结构也具有优异的抗震性能。

河北正定隆兴寺(Longxing Monastery in Zhengding)是一座建于北宋(960—1127)时期的重要的佛教寺院，寺院内山门、摩尼殿、大悲阁以及慈氏阁、转轮藏等主要建筑沿着一条明显的轴线布置，每座殿、阁体量各不相同，形式也有变化，高低错落、主次分明。在这组建筑群的东侧为僧人的住所和马厩。寺内最古老的建筑摩尼殿(Mo-ni Hall, 见[740]页图A)建于1052年，外观为十字形，屋顶采用重檐歇山顶，下檐四面正中皆出抱厦，结构异常复杂，表现出古代匠师的聪明才智。转轮藏和慈氏阁以及大悲阁内的24m高的铜制观音像也是宋代建筑和塑像的珍贵遗物。

西藏拉萨布达拉宫(the Potala Palace in Lhasa, Tibet, 见[740]页图B)建于1645～1695年，是一座政教合一的建筑，既是喇嘛寺院又是地方统治者的宫殿。它位于200m(660ft)高的小山坡上，包括红宫和白宫，主体建筑高九层，采用木梁柱、块石墙体结构。红宫部分为三层木构建筑，上覆金瓦屋顶，内有五个存放喇嘛肉身的瓶形塔。白宫部分有经堂、寝室、餐厅、库房等。该宫利用红白两色石块砌筑外墙，与上部的金瓦大殿组合在一起，显得格外壮丽辉煌。

河北承德普宁寺(Puning Monastery, Chengde)是一组汉藏混合式建筑，它分成前后两区，前部为汉地庭院式建筑，后部为根据喇嘛教义而居于9m(29ft)高台上的藏式建筑，这组建筑中心为大乘阁(Dacheng Pavilion, 见[741]页图A)，其为五层，平面成凸字形，面宽24m(80ft)，进深20m(66ft)，总高37.4m(122ft)。在室内24m(80ft)高的空间中供奉着一尊23m(75ft)高的观音塑像。大乘阁的顶部由五个攒尖式黄琉璃瓦屋顶覆盖。阁的周围布置着一些以红、白台为基座的小殿和瓶形塔，色彩华美艳丽。

石窟寺

佛教石窟是从印度传入中国的。这些作为佛教圣地的石窟或是开凿于悬崖绝壁，或是开凿于山洞中。最早的是开凿于353年的敦煌鸣沙山石窟(the Mingshashan Grottoes in Dunhuang)和开凿于公元4世纪的新疆赫色尔石窟(the Heseer Grottoes in Xinjiang)在5世纪中期到10世纪初期之间的南北朝和隋唐时期是石窟开凿的高峰时期，其中最著名的是甘肃敦煌莫高窟(the Mogao Grottoes in Dunhuang)、山西大同云冈石窟(the Yungang Grottoes in Datong, 见[741]页图B、图C)和河南洛阳龙门石窟(the Longmen Grottoes in Luoyang)。开凿于6世纪的石窟，其入口为巨大的石柱，内部天花采用模仿木构建筑的雕刻，窟室中雕凿或塑出佛像。

在中国，石窟寺的发展过程是中华文化不断与外族文化相融合的一个实例，在北魏(386—534)时期开凿的云冈石窟中便可看到这种现象。初期，巨大的佛像雕凿在崖壁上，不带任何装饰，佛像的相貌和衣着显示出印度和中亚文化的影响。第二阶段是以带有中心柱的方形洞窟为代表，佛像被雕在中心柱的壁龛中。有些中心柱做成佛塔的形式。这时的洞窟雕刻中有许多带有印度、波斯和希腊的装饰纹样，如华丽的狮子、孪生的背靠背小兽、爱奥尼式的柱头。隋唐以后，石窟中雕刻的风格则完全中国化了。

伊斯兰教寺院

在中国，大部分现存的伊斯兰教寺院是建于14世纪末期以后。它们有两种类型，一种是具有

第四编　欧洲以外前殖民文化时期的建筑

图A　河北省正定隆兴寺摩尼殿(1052)，见[739]页

图B　西藏拉萨布达拉宫(1645—1695)，见[739]页

第24章 中国建筑

图A 河北承德普宁寺大乘阁,见[739]页

图B 云冈石窟石塔,见[739]页

图C 山西大同云冈石窟(6—10世纪),见[739]页

第四编 欧洲以外前殖民文化时期的建筑

图A 北京牛街清真寺室内（1442年重修），见[745]页

图B 四川省灌县天石洞道观，见[745]页

图C 北京四合院（清代），见[745]页

第 24 章 中国建筑

图 A 长江以南的安徽民居,见[745]页

图 B 四川山区民居,见[745]页

图 C 福建的土楼,见[745]页

第四编 欧洲以外前殖民文化时期的建筑

图 A 河北赵县安济桥(605—617)，见[745]页

图 B 苏州网师园(明代和清代)，见[745]页

图 C 北京颐和园拱桥，见[745]页

图 D 长城(前7—前5世纪)，见[746]页

中亚伊斯兰风格的建筑，如新疆喀什的**阿巴伙加玛扎**(Arbahejama in Kashi, Xinjiang)，它包括有清真寺、教经堂和阿巴伙加家族的主墓室。另一种是以北京**牛街清真寺**(Niu-jie Mosque, Beijing)为代表的，结合并发展了中国传统风格和伊斯兰教思想的建筑，它包括有礼拜殿、阿訇室、沐浴室等。其始建于944年，1442年重修。这组建筑沿东西向轴线布局，礼拜殿坐西朝东，信徒礼拜时朝西、朝向伊斯兰教的圣地。虽然这组建筑外形是中国传统的木构建筑，但在礼拜殿室内的装饰纹样采用中亚建筑中特有的火焰券和阿拉伯文的图案(见[742]页图A)。

道教宫观

只有少量的道教宫观还留存于世。现存最早的道教宫观是建于1262年的山西永济县的**永乐宫**(Yongle Palace)，它的主要建筑为山门及三清殿、纯阳殿、重阳殿三座大殿，相继排列在一条轴线上。每栋建筑具有与传统佛教殿堂相似的风格。在1950年由于修建水库，将其搬迁到芮城县。

现存的大多数道教宫观为明清时代的建筑，它们大多建在风景优美的山林之中，建筑布局较为自由、建筑造型因地制宜，例如具有地方风格的**四川灌县青城山的道观**(the Daoist Temple, Guanxian, 见[742]页图B)。

民居与私家园林

中国幅员辽阔，不同的气候、地理、经济条件，乃至不同的生活习惯，形成了多种不同风格的民居，而且每种风格的民居都有悠久的历史。但是现存的只有很少的明代民居，绝大多数是清代以后的，从外形上看，有下列几种：北京的四合院(见[742]页图C)、江南水乡民居(见[743]页图A)、长江以南的山区民居(见[743]页图B)、云贵的干栏式民居、西北的窑洞、西藏的碉楼、福建的土楼(见[743]页图C)、新疆的平顶房、内蒙古的蒙古包等。

北京和江浙一带的官僚和富商使用最好的材料所建造的住宅折射出中国古代社会伦理文化的影响。四合院沿着一条南北走向轴线布置，两厢房屋严格对称排列。正房居轴线上朝南，主人居正房，子女居两厢，仆人居倒座。有些四合院在其旁边附有一座私家园林，用来游赏和招待宾客。

在明清时期，一些官僚和富商在江南建造了极其华贵的大型豪宅。有些豪宅有两三条轴线，串联着十多个院落，并建造了两层以上的楼房。在这些豪宅中庭院尺度减小，目的是抵御南方的炎热气候，获得更多的遮阴和通风。

私家园林主要分布在江南，在北方不多，而且主要在北京。南北方园林风格小有不同。典型的南方私家园林如苏州的园林，明代所建的**拙政园**(the Humble Administrator's Garden)，具有辽阔的水面，建筑散落其间，风格疏朗；始建于明代的**留园**(Liuyuan, Garden to Linger In)空间紧凑而富于变化；始建于元代的**狮子林**(Lion Grove)叠石奇巧；建于清代的**网师园**(Fishermen's Garden, 见[744]页图B)，空间旷奥兼而有之；始建于宋代的**沧浪亭**(Pavilion of the Surging Waves)风格古朴。

桥

建造桥梁在中国有着悠久的历史，至今留下的古桥数以万计。它们呈现出多种形式和不同的结构体系，如木梁桥、石梁桥、石拱桥、石柱木梁桥、竹索桥、铁索桥等。大部分现存的古桥由石块砌成，显示了高超的桥梁建造水平和技巧(见[744]页图C)。

河北赵县**安济桥**(Anji Bridge in Zhaoxian, 见[744]页图A)建于隋代(581—618)，是世界上最古老的敞肩券式石拱桥，在欧洲出现第一座这样的桥梁的时间比它晚了700年。其跨度为37m(121ft)，拱的矢高7m(23ft)，桥的总长50.82m(167ft)。桥的两端宽、中间窄，两端宽度为9.6m(31ft 6in)，中间最窄处宽9m(29ft 6in)，由28道石拱券并联而成。

福建泉州**万安桥**(Wanan Bridge in Quanzhou)于11世纪建成，是一座四十八孔的石梁桥，长达540m(1770ft)，它所跨越的洛阳江水深流急，采用了蛎房固基❶的办法建造桥的地基，同时在其上以石块砌筑一种类似于现代桥梁设计中所采用的筏形基础，其实践要比这种筏形基础理论的建立早

---

❶ 亦称"种蛎固基"，即在基石上养殖牡蛎，使之胶结成牢固的中流砥柱。——译者注

800年。

广东潮州广济桥(Guangji Bridge in Chaozhou)建于宋代(960—1279),长518m(1700ft),是一座开合式桥梁。该桥分成三段,中间93m(307ft)长的一段为浮桥,以木船上铺板构成桥面。用绳索与两端石桥相连。遇到过往船只,解开绳索,即可通行。

长城(the Great Wall)始建于公元前7～前5世纪,全长6000km(3726mile)。公元前4世纪,燕、赵、秦等国为了抵抗北方游牧民族的入侵,分别在本国建造了一段城墙,公元前3世纪后期,秦统一中国,将分散在各国的城墙连接起来并继续修筑,扩展成现在的长城(见[744]页图D)。以后有些朝代又进行过增修。

对长城进行彻底加固、扩展的是明代,将东半部分表面包砌了石块和砖块,一般墙高7～8m(23～26ft),在战略要塞则达14m(46ft),墙的下部厚度6～7m(20～23ft),墙顶厚5m(16ft)。在城墙上建有卫所,为了传递信息在城墙两侧建有烽火台。还有屯兵的关隘,如山海关、居庸关、平型关、嘉峪关,关城中建有储存粮食和弹药的库房。长城的建设规模之大,在建筑历史上是无与伦比的。

欧洲以外前殖民文化时期的建筑

第 25 章
日本和朝鲜建筑

日本早期建筑的特征和其他人造物一样,都与朝鲜的相似。大部分来自中国最早的影响是经由朝鲜传到日本的。许多形式上的特征是与结构和对传统模式的严格遵守相联系的。

然而日本建筑与朝鲜建筑的发展是平行的,并且二者均大大受惠于中国和蒙古建筑,朝鲜建筑将在本章先行论述。这两个国家在发展方面一致的特征是显而易见的。朝鲜建筑主要根据房屋类型分类,在每种类型里面,建筑的特征都依时代划分。

三国时期至朝鲜王朝末期的朝鲜建筑

朝鲜建筑的发展脉落对于我们理解日本建筑的发展是必不可少的,它是介于中国建筑形式的古典传统及其在日本独特的转变之间的联系。

三国时期(公元前 57—公元 668)

朝鲜的三国时期❶至今已没有什么木结构建筑遗存下来,只有一些石构建筑,其中包括两座百济时期的佛塔和一个新罗时期的建筑物以及同样属于新罗王国的一个古代天文台——瞻星台(Ch'omsongdae)留存下来。

木构建筑

高句丽王国时期(前57—668)的建筑可以从一些描绘城堡形象的壁画中想象出来。这些壁画画在三室塚(Samshilch'ong)、辽东城塚(Yodongsongch'ong)以及药水里陵(Yaksuri)和双楹塚(Ssang-yongch'ong,见[749]页图A)的房屋中,在安岳1号墓(Anak No.1)和通沟12号墓(T'onggu No.12)也有。在舞踊塚(Muyongch'ong)、龟甲塚(Kwigapch'ong)以及安岳1号墓中的墓室壁角处的壁画中所描绘的柱子与梁为我们提供了洞悉当时建筑技术的机会。从这些素材中可以推断出高句丽时期的建筑结构经常有凸肚状的圆形柱子,支撑着简单有效的斗栱。支斗的短柱或倒置的V形桁架被设置在梁与檩上,来支承四坡顶或有三角山墙的歇山顶的构架。壁画中所描绘的绝大多数房屋均为瓦顶。高句丽时期建筑十之八九是受到中国东汉(25—220)和北魏时期(386—534)建筑的影响。

百济国(前18—660)的创立者与高句丽的统治者之间有着血缘联系,它们的建筑也大体相似。百济国向朝鲜半岛的西南部扩张,然而,毫无疑问它的建筑受到中国南部地区的影响。由于缺乏那一时期的建筑实例,我们只能猜测它与日本的法隆寺(Horyuji Temple)类似(参见有关章节),后者的结构形式受到了百济建筑的强烈影响。

对于新罗王朝(前57—935)的木构建筑我们知道得很少,但从位于新罗国首都庆州(Kyongju)的皇龙寺(the Hwangnyongsa Temple)出土的文物显示其受到了高句丽的影响。

石构建筑

百济时期遗留下两座佛塔,其一是全罗南道益山郡(Iksan, Chollanam-do Province)的弥勒寺(Miruksa)遗址。这座寺庙据信是建于武王(King Mu-wang)统治时期(600—641)。另一座佛塔位于忠清南道扶余的宗林寺(Chongnimsa Temple in Puyo,见[749]页图B),其为五层结构。弥勒寺的佛塔是现今所知最早的石构建筑,虽然现在仅有六层遗留下来。但它被认为有七层或九层高,其各个组成部分都被砍劈成一块单独的石头,并且像木结构一样组合起来。宗林寺佛塔出现在弥勒寺佛塔不断改进其结构技术的进程之中,后者被证实是不够令人满意的。它以其简单的两层基

---

❶ the Three Kingdoms Period,公元前57~668年;三国,即高句丽(Koguryo)、百济(Paekche)和新罗(Shilla)。——译者注

第四编 欧洲以外前殖民文化时期的建筑

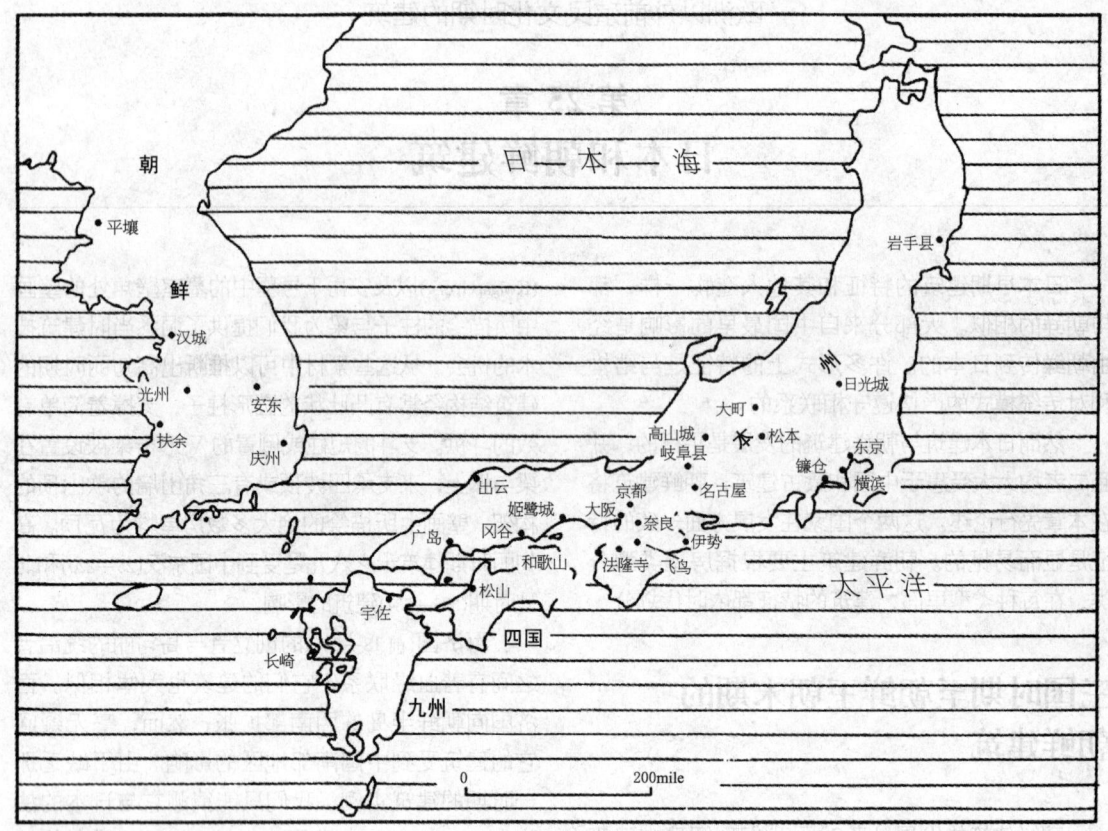

日本与朝鲜地图

座和优雅的五层主体结构组成的理想组合体的构思,成为后来百济时期佛塔建造的原型。

在庆州有两座主要由石头建成的建筑,它们是在新罗国打败百济国和高句丽、统一半岛之前建成的。其中的庆尚道**瞻星台**(Ch'omsongdae Observatory,见[749]页图C)保护得近乎完好。这个外轮廓稍微凸起的圆筒形纪念建筑一层层细致地向上砌筑,在高处开有正方形的窗户。

建于同一时期的另一座佛塔位于**芬皇寺**(Punhwangsa Temple)。它由切割成如砖一样大小的石头建成,类似一座砖构佛塔。现在遗存的仅是原先九层佛塔中的三层,在塔的底层四角处安置着石制的四足兽,设置在塔身各边的壁龛中的金刚石雕像,是寺庙的守护神。

统一的新罗王朝时期

木构建筑

这一时期(668~935)已没有任何木构建筑遗留下来,只是在庆州的雁鸭池(Anapchi Pond)出土的文物中有一些被认为是建筑材料的木构件片断。然而这一时期的许多石构筑物模仿木构筑物,从而让人们得以去了解与其同时代的木结构建筑。另一个信息来源则是著于12世纪的一部书《三国史记》(Samguk Sagi,即《三国史》),这使得我们有可能对当时建筑的某些方面进行推测。可以推断的是上流阶层的房屋都有瓦顶,屋顶的檐口都饰以瓦当,在每条屋脊的端部都有形状如鸢尾的装饰性瓦饰。而庑殿顶屋脊端部则以风格奇异的**鬼瓦**(grotesque masks)收头,山墙上则以悬鱼装饰物来点缀。檐口有两层,由置于柱子顶端的斗栱来支撑。结构中的木构部分则以浓厚的金银饰物覆盖上色。这些建筑被认为受到了中国唐代风格的影响,因为新罗王国与唐朝在外交与文化上均有密切联系。

石构建筑

新罗时期主要的大型石构建筑物**石窟庵**

[748]

第25章 日本和朝鲜建筑

图 A　高句丽时期双楹塚的壁画,描绘的是一座5～6世纪的房屋,见[747]页

图 B　百济宗林寺石塔(6—7世纪),见[747]页

图 C　新罗庆尚道瞻星台(7世纪),见[748]页

第四编 欧洲以外前殖民文化时期的建筑

图 A 新罗佛国寺释迦塔(8 世纪),见[752]页

图 B 新罗佛国寺多宝塔(8 世纪),见[752]页

图 C 高丽时期浮石寺无量寿殿(13 世纪),见[752]页

第25章 日本和朝鲜建筑

图A 新罗双峰寺澈鉴禅师塔(9世纪),见[752]页

图B 高丽时期月精寺石塔(11世纪),见[752]页

图C 高丽时期净土寺弘法国师宝相塔(11世纪),见[754]页

图D 朝鲜时期凤停寺大雄宝殿檐口节点(13—14世纪),见[754]页

(Sokkuram),是一个建于 8 世纪中叶的人工洞室。它包含一个规则的矩形前室和一个起拱券的圆形大厅。在大厅的中央安置着一座佛像。墙上有菩萨以及佛教护法的浮雕。

新罗佛塔的发展是在前面提到的弥勒寺佛塔基础上通过实践得来的。大多数佛塔都有三层,最早的是位于庆尚北道的月城郡**感恩寺**(Kamunsa Temple in Wolsong, Kyongsangbuk-do Province)双塔。但是最好的一座也许是三层的庆州**佛国寺释迦塔**(Sokkat'ap at Pulguksa Temple in Kyogju,见[750]页图 A)。它由众多在正方形基座上经切割好的石柱支撑着,每一楼层和每层屋顶均由一整块石料切割而成。

三层塔的原型也有一些有趣的变体,例如**佛国寺多宝塔**(Tabot'ap Pagoda in Pulguksa,见[750]页图 B)以及月城郡**净惠寺**(Chonghyesa Temple in Wolsong)中的 13 层佛塔。位于全罗南道的求礼**华严寺**(Hwaomsa Temple in Kurye)佛塔的基座也值得在此特别提一下,它由四个雕刻成蹲伏状的石狮子支托。在庆尚北道安东郡地区有几个属于统一的新罗时期的五层砖砌佛塔。

放置舍利(Sarira)的浮屠和高级僧侣遗物的浮屠是佛教建筑的重要部分。它们在第 26 章中将根据形状分类。

大多数新罗时期的浮屠是八边形的。最古老的浮屠是大约 844 年为高僧廉居和尚(Yomgohwasang)所建。浮屠的塔身饰以狮子、天女和四尊佛教中的护法天王的浮雕。其墓顶石(roof-stone)模仿雕刻成有瓦的木构建筑的瓦顶,椽子和其他的细节都忠实地反映出这一特点。其装饰的丰富性仅逊于建于 868 年左右的全罗南道和顺双峰寺(the Ssangbongsa Temple of Hwasun)中主持方丈澈鉴禅师(Ch'olgam)的浮屠(见[751]页图 A)。

高丽时期

木构建筑

高丽时期(918—1392)留存下来的木构建筑包括安东郡**凤停寺极乐殿**(涅槃堂,Kungnakchon (Nirvana Hall) of Pongjongsa Temple in Andong)以及荣州郡**浮石寺**的**无量寿殿**(阿弥托佛堂,Muryangsujon (Amita Hall) of Pusoksa Temple in Yongju,见[750]页图 C)。二者均始建于 13 世纪。而礼山郡**修德寺太恩殿**(释迦牟尼堂,Taeungjon (Sakyamuni Hall) of Sudoksa Temple in Yesan)建于 14 世纪末期。除了极乐殿以外,较之作为新罗建筑的延续者,这些建筑更多地表明了在高丽王国的中晚期,一种新的风格正从中国建筑影响的浪潮中出现。通过与中国南宋王朝(1127—1279)的频繁接触,一种中国南方建筑中使用的设于柱列顶部的斗栱并在斗栱臂上进行雕刻的建造风格被介绍到朝鲜。在朝鲜,一种新的柱顶拱列形式正逐步形成并迥异于其中国原型。这一新风格在浮石寺建成无量寿殿时已逐步定型,虽然在修德寺太恩殿和朝鲜北部的**成佛寺应真殿**(罗汉堂,Ungjinjon (Arhans Hall) of Songbulsa Temple)中经历了细微的变动,但是它在高丽王国的后期以及朝鲜王朝时期都持续繁荣发展。

14 世纪,中国元代(蒙古)的北方风格也找到了它在朝鲜的发展之路。它采用多组斗栱置于柱顶之间的横梁上,这一风格较之先前从中国传来的风格更为厚重。多组斗栱的形式不久就被广泛采纳了。其最好的实例为**心源寺普光殿**(毗卢遮那堂 Vairocana Hall, Pogwangjon of Shimwonsa)和**释王寺应真殿**(Ungjinjon of Sogwangsa)。二者均在朝鲜北部,这一风格在朝鲜王朝时期甚至变得更加流行了。

石构建筑

在统一的新罗时期发展起来的佛塔风格一直延续到了高丽时期。位于全罗南道的求礼**燕谷寺**(Yon-goksa Temple in Kurye)三层佛塔是受新罗传统影响下的典型的高丽佛塔。将菩萨(Bodhisattvas)用作装饰浮雕这一始于新罗时期的做法也在持续着,例如在全罗南道光阳**中兴山城**(Chunghung Sansong Fortress in Kwang-yang)的三层佛塔上也有体现。

一些百济风格也在曾是百济国统治的地区幸存下来。扶余的**长蝦里**(Changha-ri, Puyo)三层佛塔虽然建于高丽时期,但是在风格与构筑方式上却与具有百济风格的宗林寺佛塔完全相同。

中国宋代和辽代(960—1279)的影响在多边形佛塔中是明显的,位于全罗北道的金堤**金山寺**(Kumsansa Temple in Kimche)佛塔即是一例,它呈六边形。另一个则是呈八边形的江原道平昌的**月精寺**(Wolchongsa Temple in P'yongch'ang,见[751]页图 B)的九层佛塔。今汉城**敬天寺**(Kyongch'onsa)的十层佛塔是一座雕刻细致的仿木结构做法的石构建筑,它反映出受元代(1271—1368)建筑的深刻影响的痕迹。

第 25 章 日本和朝鲜建筑

图 A　朝鲜王朝时期水钟寺佛塔(15世纪)，见[754]页

图 B　朝鲜王朝时期昌庆宫明政殿(15世纪)，见[754]页

图 C　朝鲜王朝时期南大门(15世纪)，见[754]页

随着在高丽时期佛教的繁荣,大量精心制作的浮屠也建立起来。占统治地位的类型是八边形的,但呈钟形的浮屠在这一时期末也开始出现。丰富的雕刻装饰出现在八边形浮屠的塔身上,墓顶石的尺寸减小了。位于庆尚北道闻庆的凤岩寺(Pongamsa Temple, Mun-gyong)中祀奉高僧智证大师(Chongjin)舍利的浮屠即是这一类型。在京畿道的骊州高达寺(Kodalsa Temple in Yoju)遗址上的浮屠则以其基座上醒目地刻有一条龙和乌龟图案而闻名。

有两座独特的浮屠:一座是净土寺(Pulguksa Temple)弘法国师(Royal Preceptor Hongbop)的灯形宝相塔(见[751]页图C);另一座是法泉寺(Popch'onsa Temple)纪念智光国师(Chigwang)的四人抬轿式玄妙塔。前者的塔身顶部冠以一个莲叶状的墓顶石,后者施以精致的雕刻。

朝鲜王朝时期(1392—1910)

木构建筑

全罗南道康津郡无为寺极乐殿(the Kungnakchon of Muwisa Temple in Kangjin)、京畿道的江华净水寺(Chongsusa Temple in Kanghwa)的大雄宝殿(Taeungbojon),以及在全罗南道升州松广寺国师殿(Kuksajon in Songgwangsa Temple in Sungju)是一些15世纪有柱顶斗栱的结构体实例。安东郡凤停寺(Pongjongsa Temple in Andong)中供奉释迦牟尼的大雄宝殿(见[751]页图D)、昌宁的观龙寺(Kwallyongsa Temple in Ch'angnyong)和瑞山的开心寺(Kaeshimsa Temple in Sosan)都是具有多踩式斗栱(multi-cluster bracket)的朝鲜王朝早期风格的建筑。而那些如扶安的来苏寺(Naesosa Temple in Puan)以及全罗南道高敞的禅云寺(Sonunsa in Koch'ang),则具有朝鲜王朝中期风格,建于朝鲜王朝晚期的多攒式斗栱风格的寺庙建筑遍布朝鲜各地。

南大门(the Namdaemum, South Gate, 见[753]页图C)和东大门(the Tongdaemen, East Gate)是汉城的古城门。它们都是具有相似规模的两层重檐建筑,为具有多组斗栱的多攒式风格。南大门顶部的城楼建筑建于1448年,为朝鲜王朝早期,东大门则重建于1869年。

汉城有四座古代的宫殿,即景福宫(Kyongbokkung)、昌庆宫(Ch'anggyonggung)、昌德宫(Ch'angdokkung)和庆熙宫(Toksugung),且均保存完好。

昌庆宫明政殿(Myongjongjon)是其主要大殿(见[753]页图B),它与其前部的大门明政门均是现存最古老的宫殿建筑,建于公元15世纪。景福宫的建筑,包括它的朝觐殿堂勤政殿(Kunjongjon)都建于19世纪。

石构建筑

朝鲜王朝时期抑佛崇儒,因此石构佛塔和浮屠的数量与质量均大幅度下降。较之于发展自己的风格,大多数朝鲜王朝时期的手工艺人更倾向于继续建造具有古代传统的佛塔。因而虽然在位于江原道襄阳郡洛山寺(Naksansa Temple in Yang-yang)的七层石构佛塔中已有了许多变化,但它仍然是一座典型的新罗式设计风格的佛塔。在京畿道杨州郡水钟寺(Sujonsa Temple in Yangju)中呈八边形的五层佛塔中可以发现有源自传统风格的变体(见[753]页图A)。而汉城的圆觉寺(Won-gaksa Temple in Seoul)的十层佛塔则忠实地模仿了高丽时期的敬天寺佛塔,也许最有特点的朝鲜王朝时期的实例就是京畿道骊州神勒寺(Shilluksa Temple in Yoju)的多层佛塔。

钟形浮屠在朝鲜王朝时期继续盛行,除了位于汉城附近的桧岩寺(Hoeamsa Temple)浮屠外,大多数朝鲜王朝时期的浮屠都缺乏显著的雕刻装饰。桧岩寺浮屠在基部有一圈石构栏杆,基座上刻有莲花、阿拉伯式图案和植物图样的装饰,其主体钟形塔身上则刻有龙云图案。

除了佛塔与浮屠之外,这一时期的地下冰窖是最经常采用石头构筑的,然现在仅有庆尚道地区的庆州、安东、清道、昌宁和龙山有一些地下冰窖遗址幸存。矩形石块用来建造一些拱券,其间填以承重的石块,用来支撑圆柱形仓储房间的框架。冬天从河里采集来的冰块就储存在这里以备夏天之用。

从飞鸟时期到江户晚期的日本建筑(552—1868)

神道建筑

神道教神社与其他建筑相比,更是日本忠于传统的具体表现。相对于通常人们所感知的建筑,它们对景观的作用是反映了对环境精神的尊重,人们相信其奇异形式决定了收成的数量与质量。

大约公元前3世纪,农业传入日本,刺激了

第 25 章　日本和朝鲜建筑

SHRINES

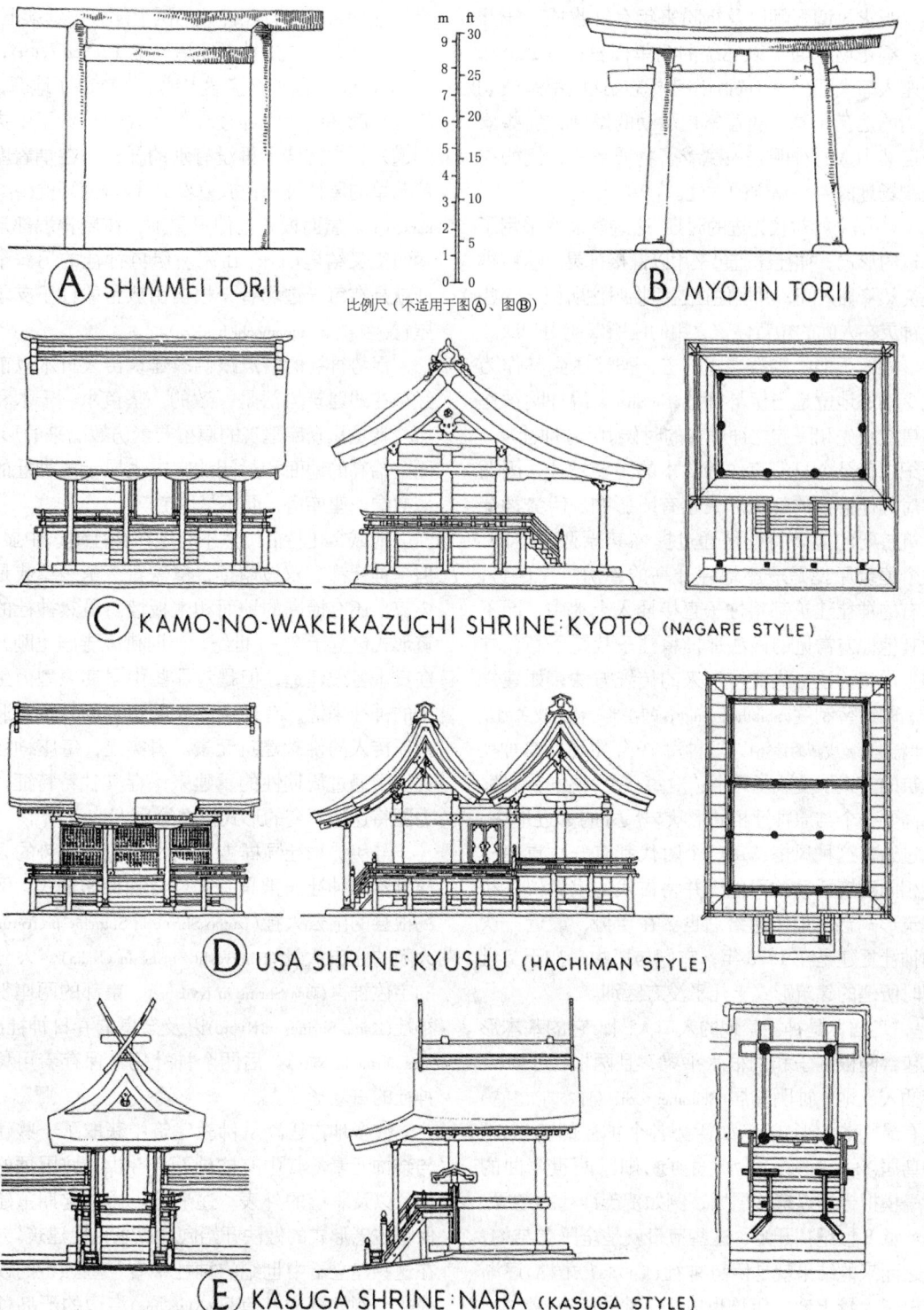

Ⓐ SHIMMEI TORII
比例尺（不适用于图Ⓐ、图Ⓑ）
Ⓑ MYOJIN TORII
Ⓒ KAMO-NO-WAKEIKAZUCHI SHRINE:KYOTO (NAGARE STYLE)
Ⓓ USA SHRINE:KYUSHU (HACHIMAN STYLE)
Ⓔ KASUGA SHRINE:NARA (KASUGA STYLE)

神社(SHRINES)：Ⓐ 神明鸟居；Ⓑ 明神鸟居；Ⓒ 京都贺茂神社（流造风格）；Ⓓ 大分县宇佐神宫（八幡造风格）；Ⓔ 奈良春日神社（春日造风格）

稳固村庄的建立。在这些村庄里，一年中的某些特定时期会举行收获仪式，以表达对好收成的感激、祈求风调雨顺以及祈盼来年有好收成。一开始，祭祀场所通常以环绕的简单栅栏(tamagaki)和一座入口大门(鸟居 (torii))作为标志，这些都是最初使用的建筑元素。随着祭祀活动的发展，那些象征自然力量的神明也被赋予了物质形式，例如在祭祀场地的中央矗立的木柱。

在一个相对较先进的时期，这些象征物采用了建筑的形式。神社建造起来用以迎接神灵。这些神灵突然降临人间，并居住在这些临时住所里。这些供神灵在人间的短暂停留之用的住所仅使用一次。

相比于那些佛教寺庙而言，神社达到其作为纪念物的地位是当伊势神社(Ise Shrine)的神明被作为皇室祖先和民族之神供奉的时候。伊势神社从7世纪起直至今日一直作为日本的主要神社，因而其对其他神社的建筑形式也有所影响。伊势神社建筑首要的显著特征是通过提炼其原型获得的。这个建筑原型是一座地坪升高的库房。在伊势，所有的神社建筑都将柱子直接插入土地中，而不像其他地方常见的做法那样将柱子置于石质柱础上。将神社形式流传下来的传统方法，如建立著名的造替制度(Shikinen-sengu，即在举行特定仪式的年份里将其转换成新的神社)，这种每20年重建所有神社建筑的方式演变成了习俗：对每一个神社的造替，都需要一个与原神社相同形状与尺寸的邻近地块。通过造替这种风俗，每一个时代都有一次重建一座相同建筑活动的可能，并将古代的宗教仪式和建筑形式忠实地传递给后世。在伊势，最近一次的神社重建是在1973年，它们与那些最初于7世纪时所建的建筑形式上几乎没有区别。

"鸟居"是神社禁地的入口大门，它的基本形式包含两根柱子和两根水平梁，且两根柱子都直接插入土地。神明鸟居(Shimmei torii，见[755]页图Ⓐ)具有最简洁的形式，例如伊势各个神社的鸟居。明神鸟居(Myojin torii，见[755]页图Ⓑ)则以两重弯曲的枋子模拟寺庙建筑的屋檐，例如贺茂神社的鸟居。

从8世纪初开始，这些节日就是全民参与的，随之而来的结果就是伊势神社(见[758]页图A)逐渐获得了大量土地，伊势也成为一个拥有大量神社的地区的通称。这些神社分为两部分：内宫(naiku，皇大神宫)，它祭祀的是皇室的祖先；外宫(geku，丰受大神宫)是供奉土地神的。另外，还有不下于120座小型的神社遍布城市内外，供奉主要神社群的某一个神社。这种每20年重建神社的传统始于7世纪晚期，并一直在神社的两个部分中延续下来。

内宫以日本的柏木建造，宽10.9m (36ft)，深5.5m (18ft)。柱子直接插入地下，抬高了地面，建筑以走廊环绕。一部楼梯引向入口，除了中央的门道外，木板墙上再没有别的开口。在铺着厚厚芦苇草的屋顶脊部，放置着10根脊部短棍(坚鱼木，katsuogi)。屋面板向上伸出屋顶，在屋脊端部形成两组交叉结尾(千木，chigi)。伊势神社的另一个特征就是在每一边均有一根自由放置的柱子支承着屋脊(栋持柱，munamochi-bashira)。

伊势神社的特点跟佛教建筑传入日本以前已经存在的建筑方法是一致的。坚鱼木、千木和栋持柱就是从仓库建筑的原型要素仿效而来的形式，而且抬高的地面和封闭的室内也显示出神社的原型更像一座库房，而不是住宅。

地域文化特征仍然不时地在神社建筑中显现。但是神社都有双坡屋顶，覆盖着芦苇茅草或是柏树皮，还有抬高的地面和木板墙。虽然神社的建筑形式创立于7~9世纪，当时佛教寺庙也刚开始在日本各地建造，但是对那些由早期原型衍生而来的神社来说，有理由令人设想它们并不欢迎这些新传入的佛教建筑元素。事实上，每座神社都关注于通过周期性的重建来保存其独特特征，并力图将这种不变的形式传递给后人。

与伊势神社同样古老而由当地有权势的大家族供奉的神社通常具有其自身独特的形式，例如岛根县的出云大社(Izumo Shrine in Shimane prefecture)、大阪的住吉大社(Sumiyoshi Shrine in Osaka)、大分县的宇佐神宫(Usa Shrine in Kyushu)、京都的两座贺茂神社(Kamo Shrines in Kyoto)以及奈良的春日神社(Kasuga shrine in Nara)。后两个神社仍然保存着可移动神社的古老形式。

许多地方逐渐从佛教建筑中获取了一些建造与装饰元素。其中有柱础石、斗栱、坡屋顶的采用，以及彩绘的外表。逐渐地，通过定期重建以保留古老形式的做法开始向建立永久性建筑转变。在这些建立于中世纪的神社中有一些独特的设计模式，例如矗立在宫岛(Miyajima)海边的严岛神社(Itsukushima Shrine)和位于冈山的吉备津神社(Kibitsu Shrine, Okayama prefecfure)，其宏伟的主殿具有与佛教建筑一样的纪念性。

第25章 日本和朝鲜建筑

许多陵墓也被视作神社。其中首先是位于京都的权现造(Gongen)风格的北野天满宫神社(Kitano Shrine)。它建于10世纪,用以纪念一位杰出的政治家管原道真(Sugawara Michizane, 845—903)。16世纪末日本内战结束后,丰臣秀吉(Toyotomi Hideyoshi, 1536—1598)为自己建造了一座风格简朴的神社——丰国神社(Hokoku-byo,后来被拆毁)。德川幕府(Tokugawa Shogunate)仿效了相同的传统,为德川家族建造了许多陵墓神社(mausolea-shrines),包括位于日光城供奉幕府时代将军统治的奠基人德川家康著名的东照宫。

出云神社(Izumo Shrine,见[758]页图B)。出云家族十分有权势,出云神社自古就以其宏伟壮丽而闻名。据称出云神社在11~12世纪时经常坍塌,大约是因为结构不能承受其自身巨大的高度。最早的时候神社曾高达48m(160ft),现在的出云神社则是一座重建于1744年的小型神社。整个神社从地面到叉状收尾的顶部有24m(80ft)高。其平面为10.9m(36ft)见方,每边有2个开间。有山墙的屋顶被柏树枝条所覆盖,屋面有些微的弯曲,屋顶两端有两根独立的叉状收尾,脊上横置三根屋脊短条。

住吉大社主神社群(the Main Shrines at Sumiyoshi,见[759]页图A)共有四座面向西方的神社,历史上这里曾经有过一片面向大阪南部的美丽海滩。这四座独立的具有相同形状和尺度的建筑是为供奉四位神明而。其中有三座排成一行,一座紧接着一座,第四座排在侧面,布局呈L形。每座神社均面阔2个开间,宽4.8m(16ft),进深4个开间,8m长(26ft),同时室内被分为两间。虽然室外部分有明亮的彩饰,但是室内则饰以天然的木头。更有甚者,其屋顶并无弯曲。现存建筑都是1810年最后一次重建的,但在8~15世纪它们都有一段相当长的周期性重建历史。

春日神社(Kasuga Shrine,见[755]页图⑥)位于奈良市东郊的三笠山脚下,有四座主体建筑。每一座建筑的平面尺寸均为1.83m×2.64m(6ft×9ft),一座紧邻着一座。其角柱搁置于地面上的棋盘状框架之上,屋顶覆盖柏树枝,有两根屋脊短棍。现今建筑物最后重建于1863年,但是其风格早在平安时期(Heian Period, 794—1192)就已确立,此风格可以通过交叉端部的形状和覆盖于前部台阶的单坡屋顶与主体屋顶连接起来的微妙曲线加以判断。这些建筑由于尺度小巧、建造在规整框架中而成为原型。

贺茂神社(Kamo-no-Wakeikazuchi)的主殿(见[755]页图ⓒ)最后重建于1864年。它位于京都的贺茂河谷,这里使人联想到一些神秘的传说和秘密的仪式,最里面的区域包含一对相邻的南向建筑:东边一座是主神社,西边一座是在主殿重建或维修时使用的临时性神社,与其相关的仪式此时具有重要意义。其建筑物与春日大神社一样,建于一个方格构架上,平面尺寸为5.9m×7.2m(19ft×23ft),因此比春日神社更大一些。

大分县的**宇佐神宫**(Usa Shrine, Kyushu,见[755]页图ⓓ)重建于1855~1861年,形式上颇不寻常。三座主体建筑中任意一座均包括两个有山墙的屋顶结构。两个屋顶前后相连,中间相接处有一条大檐槽。室内为连续空间,但是却被分为两个房间,每个房间里都设有神位,然而却并不能就此推断前部空间与佛教寺院一样是作享堂之用。尽管离奈良和京都遥远,但是早在8世纪,该神社就由皇家宫廷供奉,并且有可能是在佛教影响之下建立的。

严岛(Itsukushima)的神社建于内海(Insand Sea)的一座岛屿岸边。涨潮时,神社以岛屿为背景,仿佛漂浮在海面上;事实上,这座宏伟的鸟居远远地离开其他建筑矗立于海中。这组建筑包括两座互成直角的中心神社、一系列相关建筑以及其他的小神社,还有将它们联系起来的开放的走廊。这些建筑最初建于1168年,经过两次火灾之后,这组建筑于1241年完全重建,与我们今天所见的形式大致相同。

吉备津神社(Kibitsu Shrine, 1425)的主体结构(见[759]页图B)是所有日本神社建筑中规模最宏大的:面阔14.5m(48ft),进深17.9m(59ft)。它具有一些不同寻常的元素,例如一座大屋顶两面都有一对山墙面,还有悬挑深远的屋檐和一圈高高的平座。房屋独特的布局需要有前所未有的尺度。房屋的中央是圣堂,环以走廊,值得注意的是,地平面与天花板的高度在从外部进入内部空间时变得更高了。

日光城的**东照宫**(Toshogu at Nikko, 1636年重建)是德川幕府的开创人德川家康的陵墓。这是一组由许多建筑汇集成的复杂建筑群。每座建筑都很华丽。主体建筑包括主殿和一座权现造风格的拜殿,通过唐门(the karamon,中国式的大门)和著名的阳明门(Yomei Gate,见[760]页图A),将前院和圣域区分隔开来。雕塑、漆艺、彩绘和金属工艺都在装饰中占有一席之地:木构架和墙体都是雕刻的,黑色的漆、浓郁的红色和绿色涂层都被金属配件的金色所衬托。

第四编　欧洲以外前殖民文化时期的建筑

图 A　三重县伊势神社正殿(1973 年重建)，见[756]页

图 B　岛根县出云神社主殿(1744 年重建)，见[757]页

第25章 日本和朝鲜建筑

图 A 大阪住吉大社主神社群(1810年重建),第二主神社与第四主神社(左)陡峻的山墙面,见[757]页

图 B 冈山县的吉备津神社(1425)主神社与圣堂(右),见[757]页

第四编　欧洲以外前殖民文化时期的建筑

图 A　日光城的东照宫阳明门(1636)，见[757]页

图 B　药师寺三层塔(8世纪早期)，见[762]页

图 C　法隆寺金堂(17世纪晚期)，见[762]页

第25章 日本和朝鲜建筑

TEMPLES

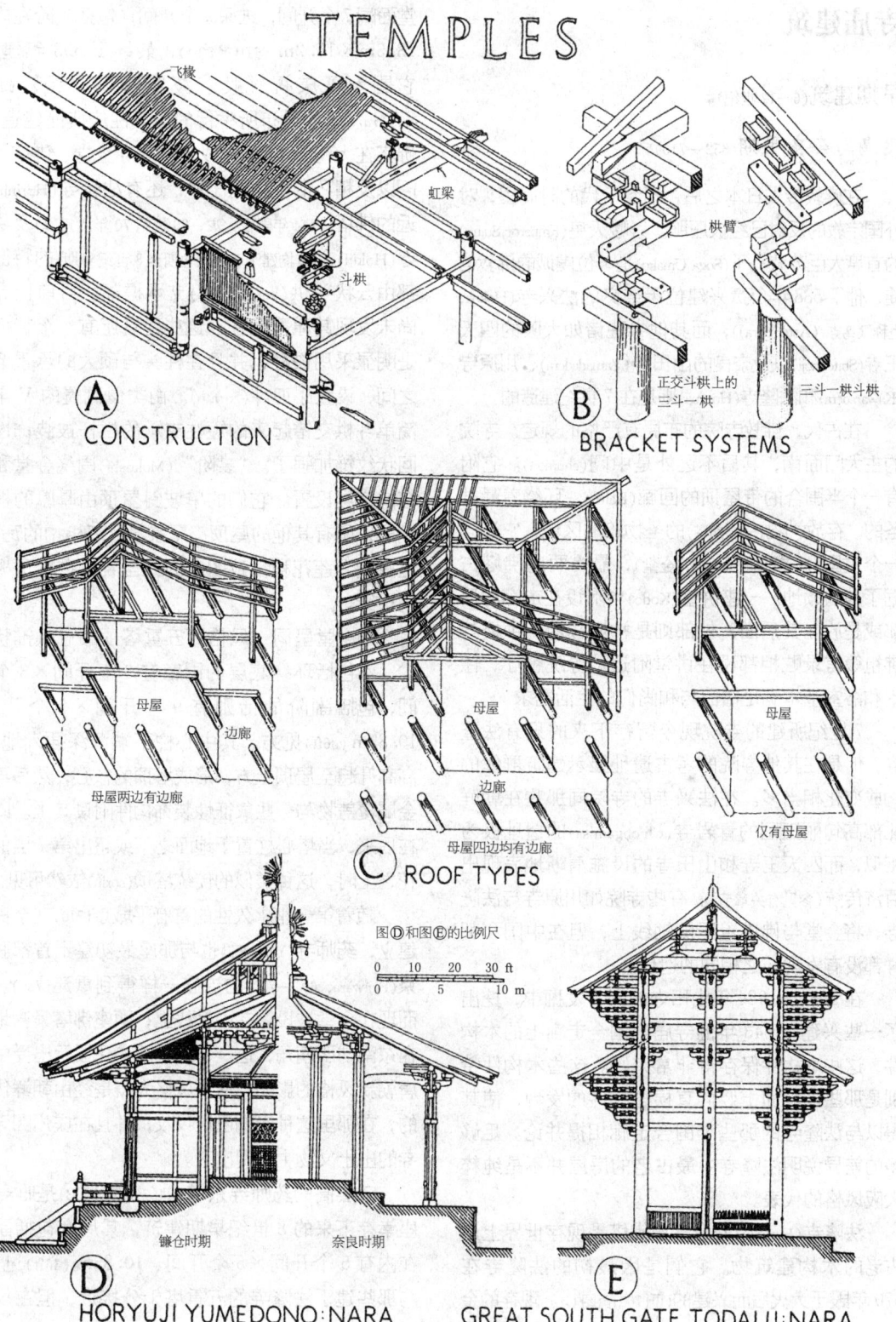

寺庙(TEMPLES)：Ⓐ 结构；Ⓑ 斗栱层；Ⓒ 屋顶类型；Ⓓ 奈良法隆寺梦殿；Ⓔ 奈良东大寺南大门

寺庙建筑

早期建筑(6—12世纪)

飞鸟与奈良早期(552—710)

在佛教传入日本之后,不到一代的时间里,对外国宗教的反对已经被压服。崇峻天皇(Emperor Sujun)的首席大臣苏我马子(Soga Umako)是一位虔诚的佛教信徒,他于588年负责兴建位于奈良的法兴寺(Hokoji, 也称飞鸟寺(Asukadera)),而其他寺院诸如大阪的四天王寺(Shitennoji)以及奈良的山田寺(Yamadadera)、川原寺(Kawaradera)和法隆寺(Horyuji)则是在7世纪建造的。

在古代,佛教寺院的布局有严格的规定。寺院的主大门面南,其后不远处是中门(chumon)。它附有一个半围合的带屋顶的回廊(Kairo),环绕着最神圣的、存放神物(一座佛塔)的圣物箱的区域,它通向一个主殿(image hall, kando, 金堂),最终两座佛塔占据了神的领地。一座讲堂(Kodo)也附设在走廊的后部或是放在其后面,外部则是神域领地。钟楼与佛祖箴言录贮柜都设在讲堂附近。寺院餐厅、住室和浴室基本满足了僧侣与和尚们的生活需求。

7世纪所建的寺院现今留存下来的只有法隆寺,但是在其他寺院的考古遗址显示建筑群体的构成变化相当多。在法兴寺的寺院同那些在朝鲜北部高句丽王国的青岩寺(Ch'ongam'sa)的遗址极为相似,而四天王寺和山田寺的设施清晰地表现出百济传统(参见有关章节)。有些寺院如川原寺与法隆寺,将金堂与佛塔置于侧轴线上,但在中国和朝鲜都没有发现与之相同的遗址。

在1983~1984年山田寺的考古发掘中,挖出了一些兴建于643年的寺庙半围合走廊上的木构件,这些木构件保存得非常完好。这些木构件特别是那些外墙面上竖向直棂窗构件的发现,使其得以与法隆寺的那些半围合走廊相提并论。足够多的差异说明法隆寺中最古老的房屋并不是纯粹大阪风格的代表。

法隆寺(Horyuji)的金堂与佛塔是现存世界上最古老的木构建筑物。它们是因最初的法隆寺在670年毁于大火后而兴建的(见[760]页图C)。现存的金堂面阔7个开间,进深9个开间,包括副阶在内有18.5m×15.2m(61ft×50ft),最终于693年建成。它是为了庆祝《般若波罗密多心经》(Prajnaparamita)的颁布所举行的全国性庆典而建造的,佛塔在大约10年后建成。法隆寺金堂、佛塔、中门以及精巧的玉虫厨子❶,还有法轮寺(Horinji)附近的佛塔(1944年毁于火灾,20世纪70年代重建)及法起寺(Hokiji)(二者均建于7世纪晚期至8世纪早期)的特征是都由云状斗栱(kumo-tokyo)支承檐部。目前世界上尚未发现其原型何在。这些建筑还有一个特征就是明显采用梭柱,并且在柱头与硕大的承重节点之间,设置了皿斗(Sarato)。由类似倒置的V字与简单斗栱交错起来的短柱支承的栏杆被装饰性的回状纹饰加强了。"裳阶"(Mokoshi)围绕金堂和佛塔的底层设置。它们的单坡斜屋顶由厚厚的板条制成,所有其他的屋顶都覆盖着上下相扣的瓦当,这些刻有莲花和精致图案的瓦当装饰在屋顶檐口的边缘。

与金堂呈同一风格的五重塔顶部冠以锥状塔尖,不包括环绕底层的围廊有3个开间×3个开间,包括副阶的话则有9个开间×9个开间,10.85m(36ft)见方。其中心柱下端深深插入地下,高高升起至屋顶上方,形成塔顶的核心,然后再将金属覆盖物与一些象征性装饰构件附设其上。即使在后来,当塔心柱置于地面之下或超出第一层的天花之上时,这种类似的传统塔顶(sorin)依然可见。

随着第一座永久性的首府平城京(710)在奈良的建立,**药师寺**(Yakushiji)也与那座最初建于首都藤原京(Fujiwara, 694—710)的寺庙一样得到重建(730)。然而现在金堂被设置在中轴线上,两座佛塔紧密地设在东南与西南角,这一布局上的变化显示出受中国唐朝新风格的影响。这一风格大概是经由朝鲜传入的,在那里这种影响已被吸收,并且在庆州四天王寺的出土文物中表现出来。

三层高的药师寺东塔(见[760]页图B)是唯一一座幸存下来的8世纪早期建筑,其尺度包括副阶在内有5个开间×5个开间、10.85m(36ft)见方,与那些建于法隆寺的五重塔十分接近,但在风格

---

❶ 日本国宝,本来安置于金堂的佛像形橱柜,为飞鸟时代建筑、工艺和绘画的重要遗作。空透镂刻的装饰金属饰件布满日语称为"玉虫"的真的金龟甲虫的背甲装饰,并由此得名。现在甲虫的背甲仅残存一部分,很难想象当初的华丽。——译者注

与结构方法上二者又十分不同。在每层主屋顶下面加设了裳阶,外面还环绕着带有朴素栏杆的浅浅游廊。檐下安装着小方格的天花,两朵三层支承橑尾的斗栱则是8世纪中期向更为成熟风格转变的象征。然而古老风格中的圆底椽子和方形飞椽被保留了下来。

奈良晚期(710—785)

在一些古老寺院中,单层八角建筑作为纪念堂首先建造起来。最著名的是**法隆寺**东部区域中央的**梦殿**(Yumedono,见[761]页图①)。其每一个开间均有4.17m(14ft)宽。镰仓时期,当这个尖锥形屋顶重建时,每层结构上的特殊斗栱使其得以将屋檐悬挑得更深远,其附加的昂(hanegi)和隐蔽的椽子赋予其木构架更陡峭的坡度。

唐招提寺(Toshodaiji)的金堂(见[764]页图A)仍与其最初的形式十分接近。它是从8世纪中期遗留下来的唯一实物,也是日本建筑在古典时期的极好例子,它由中国僧人鉴真(Chien-chen,日语作Ganjin)创立,是在贵族家族支持下建造的一座非官方的小型寺庙。

这座单层建筑有7个开间×4个开间、27.9m×14.6m(92ft×48ft)的平面,在建筑的面阔方向上有一排通透的前柱廊。三层斗栱层中柱间部分是短柱上端冠以承重斗形式。间斗束(kentozuka)圆形的底椽、方形的飞檐椽以及尾椽的使用与药师寺三层佛塔上一样,但也有一些区别:如斗栱在结构上更进一步,栱臂上皮并无凹曲面,但是椽子则向上有轻微弯曲。在墙上檩条与第二层斗栱之间仍保留着浅浅的方格形天花,然而与药师寺不同的是,弯曲的肋梁形成了向檐檩的转换。

"母屋"(moya,内部核心,相当于殿身部分)由细小的藻井天花所覆盖。藻井天花内凹的肋梁由天花梁延伸到檩条,并由柱头上的斗栱支承。江户时期进行的维修对其作了结构性的改变,将屋顶抬升了大约2.5m(8ft),屋顶铺瓦,并在屋脊两端饰以鸱尾(acroterion)。

宝库房是一种重要的早期建筑类型,它没有任何先前所描述的风格特征。最著名的例子就是奈良**东大寺的正仓院**(Shoso'in at Todaiji)。它收藏了圣武天皇(Emperor Shomu, 724—749)留下的宝物珍藏,该建筑平面为108.4m×30.5m(356ft×100ft)。地板高出室外地面,并由结实牢靠的短柱支撑。平面被分为三个部分,两端部分是用原木以"校仓造"(azekura)风格建造的。其端部互相交错,以槽口互相卯合的方式组合在一起,并伸出转角之外。中心部分则以厚重板条围合,并且三部分都在正中设纸板门。屋顶最初的结构为三重梁叠架而成,其间以短柱支承,但现在已被一种西方风格的桁架所代替。整座建筑顶部覆以铺瓦庑殿顶。

平安时代(785—1185)

当**法隆寺**大讲堂(daikodo,见[764]页图B))于990年重建时,其带顶的半围合的走廊延伸出来,并和圣物堂及钟亭一起被纳入神域范围。大讲堂是一座面阔9个开间,进深4个开间,平面为33.8m×16.5m(111ft×54ft)的建筑物,从外表看延续了8世纪的古典风格。而其内部在屋顶构架方式上则包含有革命性的变化,这是一座现存最古老的有着隐蔽屋顶层的建筑。该建筑由于受外廊"庇"(hisashi,单坡屋顶)的限制,其檐椽暴露在外,一个相对低矮的藻井天花设在其母屋上面,以遮挡通常的屋顶构架。从这个铺瓦的歇山形式屋顶的山墙端部可看见其结构构件。

从10世纪晚期开始,一些原属于天台宗(Tendai)的僧侣宣扬一种极大简化了的救世教义,通过对统治西方天国净土的阿弥陀佛(Amida Buddha)的崇拜,让所有人都容易皈依佛教。12世纪末期,这个教派已稳固确立起来。贵族们兴建寺院,目的在于重新创造一个以阿弥陀佛为中心的西方极乐世界。著名的净土宗阿弥陀佛殿就是这种重新创造的结果。

这类寺院中最值得称道的是位于京都附近宇治(Uji)的**平等院凤凰堂**(Phoenix Hall at Byodo'in,见[766]页图A)。它最初是一座别墅,后来被改建成一座寺院,只有凤凰堂(1053)留存下来。寺院面对一片大池塘,具有平安时代花园的特征,并有想象中天国的迹象。

中央大殿(Chudo)供奉着一尊宏伟的阿弥陀佛镀金雕像,佛像坐在莲花宝座之上,其上是一个木制的金叶形的华丽龛室,雕刻极为精细。同时,大殿的墙面上部饰满雕刻,每个木构件的表面都有丰富的装饰。

这座5个开间×4个开间的中心大殿平面尺寸为14.2m×11.8m(46ft×39ft)。它包括母屋及沿前部和各边均有的开敞裳阶,高高的、细致的藻井天花被穹形肋拱联结成两层。

第四编 欧洲以外前殖民文化时期的建筑

图A 唐招提寺金堂(8世纪中期),见[763]页

图B 法隆寺大讲堂(990),见[763]页

其结构方式属于 8 世纪中期风格,但其联结转角斗栱的方式则在随后的建筑中大为改进,并在凤凰堂中臻于完美。隐藏的屋顶构架支托着中心大殿的歇山式屋顶,从中心大殿各边延伸出去的 L 形两翼则纯属装饰。

一种供奉九座阿弥陀佛(也称为"九体阿弥陀佛",Kutaiji)塑像的寺院大殿类型在平安晚期变得非常普遍。现存的唯一例子是位于京都地区的**净琉璃寺**(Joruriji, 1107)的有铺瓦庑殿式屋顶的本堂(hondo, 主殿)。它有 11 个开间长、4 个开间宽,平面为 33.8m×16.5m(111ft×54ft)。殿身有 2 个开间进深,9 个开间长的母屋,并由 1 个开间进深的外廊围绕。9 个开间的母屋拥有一个多级高台,每个开间里都有一尊阿弥陀佛塑像。为了放置一尊更大的中央佛像,中间的开间被加宽并被一个高高的有着裸露檐椽的山墙形天花覆盖。

建筑立面低矮,简单的船形斗栱被限制在角部,主檐椽与飞椽的断面均为方形。正立面的两个梢间(角部开间)都有古老的竖向直棂窗形式,而留存下来的 9 个开间都有背后钉木板格栅的大门(shitomido)。

对阿弥陀佛的崇拜从平安晚期就兴盛起来,直至今日仍然普遍。但是神秘的派别仍有自己的牢固地位,继续发挥其影响力,并建立寺院。

一座平安时期的神秘派别的建筑实例是奈良神域内**当麻寺本堂**(Taimadera hondo)的曼陀罗堂(Mandara-do),它有 7 个开间长、6 个开间深,21m×18m(69ft×59ft)的平面,现存形式为 1161 年第三次重建。在"内阵"(naijin, 祭坛)之内,有一个非常宏伟的曼陀罗(mandala),代表了祭献给神秘佛祖的广袤疆土。这座建筑是现存最古老的单座屋顶之下的大进深殿堂。彼此分开的山墙屋顶置于内阵和"外阵"(gejin, 室外圣所)之上。屋脊从一端延伸到另一端,并且最终在整个建筑之上建造了一个隐蔽的屋顶。

中世纪(12—16 世纪)

镰仓时代(1185—1333)

和式风格(the Wayo Style)。中世纪开始,一种上溯至平安晚期的寺院建筑的标准风格与方式逐步被称为"和式"(Wayo),即"日本式"风格,以区别于镰仓时期传入的新风格。"和式"这一概念在镰仓时期之前从未被用于建筑兴造中。当然,和式建筑原本来自大陆,但是在平安晚期逐步日本化。在传统建筑历史中它一直被使用,特别是在神秘的佛寺中,偶尔它们也会从一些更新的风格中吸取一些元素。这些寺院通常依山而建或是立于山谷附近的山丘顶部,优美的景观与自然的围合非常重要。寺院内的岩石与瀑布常常被赋予神性。

本堂是神秘寺院的重点部位,它有三层或五层的佛塔或多宝塔,一个容纳有一尊大日如来(Dainichi)佛像或莲花自身的独特结构设置在一边。主入口处建了一座门,用以象征世间与神境的分隔。大门独自矗立,不依附于任何围护结构。

在中世纪寺院中,本堂的室内部分变得比其外观更为重要,因为本堂不仅仅只是一座受膜拜的冥想堂了,信徒们现在都进入本堂进行祈祷。

本堂的面阔有 5 个、7 个或 9 个开间,进深的开间数几乎与之相同。室内部分也分为给膜拜者使用的外部区域(外阵)和内部祭坛(内阵)。内部祭坛光线幽暗,神秘而幽远,设置在自由划分的小间后面。专供僧侣们使用的祭坛则放置有许多尊塑像和举行仪式所需的设备。在这些可调节大小的小房间上面是菱形格扇的顶窗。在最古老的殿堂中,内阵是泥土地面,但后来铺以木板。

虽然这些殿堂保留了以外廊环绕的和式基本平面,但是一系列复杂的空间布置可以通过使用置于整个建筑之上的隐蔽屋顶来完成,减去一些柱子或移离传统轴线,以开放那些需要使用的空间。

在外廊庇中,裸露的椽子用作天花,而各种各样的天花类型则用于外阵或内阵之上。通常前部区域的天花低矮,而后部区域的天花则高耸一些,以容纳那些超大尺度的佛像。

位于滋贺县(Shiga prefecture)的石山寺(Ishiyamadera)"多宝塔"(tahoto, 1194)是现存最古老的和式风格的寺院建筑。它大约有 6m(20ft)见方,每个方向上都有 3 个开间,建在一个高于地面的木制平台上。平台以浅浅的游廊环绕着副阶的墙体,一座高起的佛座覆盖在正方形的由四根角柱形成的祭坛之上。天花是拱形的,有平顶镶板和很好的格扇。裳阶单坡屋顶上方的白色灰泥粉刷的鼓座由一个四层斗栱支承的锥形屋顶所保护。

第四编 欧洲以外前殖民文化时期的建筑

图 A 平等院凤凰堂(1053)，见[763]页

图 B 金刚轮寺本堂横剖面模型，见[768]页

第 25 章 日本和朝鲜建筑

图 A　东大寺南大门细部(1199)，见[768]页

图 B　鹤林寺本堂正立面(1397)，见[769]页

图 C　圆觉寺舍利殿室内细部(15 世纪)，见[769]页

同样位于滋贺县的西明寺(Saimyoji)三层塔建于镰仓中期，表现出纯粹的和式风格。其平面为4.2m(14ft)见方，3个开间×3个开间，建在一座高起的平台上。其首层的平面与室内和石山寺多宝塔非常类似，但是在西明寺中，枋子、板墙、柱和天花上均饰以图案和佛教主题的彩绘。

斗栱有三层，在第一层和第二层之间都设有顶部承斗的短柱，并在每层中有弯曲的杠杆。檐椽与飞椽上覆以柏树皮。所有的屋顶都含有隐藏的椽子，并且主屋顶比其他屋顶更陡峭。

滋贺县的金刚轮寺本堂(Kongorinji hondo, 见[766]页图 B)的规模十分宏大，每边均有 7 个开间，平面为 21m×20.7m(69ft×68ft)，建于 1288 年。外阵与环绕着的单开间外廊庑之间被一排大柱子清晰地区分开来，这是 13 世纪晚期的一个新趋势。可调节的方格状隔板将外阵从内阵中分离开来，并且将侧面的外廊在同一横向轴线上加以划分。天花具有多样类型，包括裸露的椽子、板与棍以及山花形状的露明梁栿。从这时候开始，隐蔽的屋顶结构变得普遍而悬臂梁则伸进露明椽子与隐蔽椽子之间。

屋顶为歇山形式，覆以柏树皮，前面 7 个开间设有板门，面上饰以方格扇，并作横向分隔(shitomido)。上部可向上、向外开放，并在檐下用钩连接。必要时，下部能被提出。

爱媛县的太山寺本堂(Taisanji hondo, Ehime prefecture, 1305)是最大的一座神秘派的佛教殿堂，7 个开间×9 个开间，16.4m×21m(54ft×69ft)。装饰性开放构架的蛙腿支柱填充于正立面上简朴的斗栱之间的空隙中，而在两侧和背立面上则代之以顶部置大斗的短柱。铺瓦的屋顶为歇山式样。当它在 19 世纪重修时，其巨大的三角形山墙被填以双重彩虹状梁栿、蛙腿形支柱(nijukoryo-kaerumata)和大瓶束柱(taiheizuka)，后者源自一种引进的新风格。

大佛样风格(Daibutsu Style)。1185 年，源氏家族(the Minamoto)战胜平家(the Taira)，从而结束了平安时代。在争夺权力的斗争中，许多寺院被毁。建于 8 世纪的最负盛名的奈良东大寺就是其中一座。曾三次造访中国南部的僧侣重源(Chogen, 1121—1206)被委任指导重建东大寺。他所选择的风格是基于中国宋朝(960—1279)时流行于中国南方的风格，与保守的和式风格相左。只有两座最初的新大佛样(天竺样，Tenjikuyo)建筑留存至今，其中较早的一座是兵库县(Hyogo)净土寺(Jodoji)的净土堂(Jododo, 也称阿弥陀佛堂 (Amida Hall), 1192)，然后是东大寺南大门(the Great South Gate at Todaiji, 1199)。这些建筑显示出与大佛样相近的特征。

净土寺净土堂(Jododo (Amida Hall) at Jodoji)是一座正方形建筑，每边均 3 个开间，18m(59ft)宽，为攒尖屋顶。简朴的镶板门固定在柱杆之上，柱杆上下两端插入相连梁栿承窝之中。

最突出的是巨大的构架，包括端部弯曲的虹梁(月梁)，其由束柱而不是蛙腿柱分隔开来。短柱的室内一端直接插入母屋的柱中，室外一端则凸出于墙面，形成屋顶坡度。

由于其没有吊顶，结构元素清晰可见。托架臂也伸入柱中，其中有些支托檩条。贯穿的联系梁(nuki)比和式风格通常采用的非贯穿的联系梁——长押(nageshi)提供了更多的稳定性，单层屋檐以覆盖在椽尾上的扁平木板结束，它通常相互平行放置，但在角部呈扇形。

从外部看，建筑物相对较小，墙体低矮，屋顶无弯曲，但在室内因其高度和结构构件的尺度而看起来异常宏伟。

东大寺南大门(Nandaimon at Todaiji, 见[761]页图 E, [767]页图 A)有两层，平面为 5 个开间×2 个开间，具有宏大的比例。29m×11m(95ft×36ft)的尺度，柱列升至 20m 高支承虹梁。主屋顶和单坡屋顶的檐口由六铺作(six-stepped)斗栱支托。然而与净土堂中窗门两侧的斗栱相比，其在布局与细小悬臂栱件(bearing blocks)排布上近乎完美的规律性令人联想到和式风格。

禅宗式(Zen Style)。禅宗僧侣所喜爱的禅宗样(唐式)是另一种于 13 世纪初期就引入的重要的新风格。在审视过东大寺钟亭(the belfry at Todaiji)、永保寺开山堂(the kaisando at Eihoji)和圆觉寺舍利殿(the Shariden at Enkakuji)之后能够最好地理解禅宗样的特征。

东大寺钟亭(the Todaiji Belfry, 见[771]页图 A)是一座尺度宏大，7.6m(25ft)见方的单开间开放结构的建筑，它可以被视为是由大佛式风格向禅宗式风格转变的过渡。这座建于 1207～1211 年的寺院具有典型的大佛式的构架，但其四铺作斗栱直接置于柱列之上，其长长屋檐的明显弯曲和充分下垂的屋顶线条都表明其趋向于禅宗风格。

自从东大寺重源禅师的继任者荣西(Eisai, 1141—1215)率先在日本树立禅宗教派以来，在钟亭中发现某些禅宗风格的元素就不足为奇了。后继的日本僧侣们在中国学习禅宗,回来后以一种新的风格来建造禅宗寺院。不幸的是,建于13世纪的建筑均已不存,但是现存最久远的镰仓时期的**建长寺**(Kenchoji in Kamakura),其底层平面(1331)显示出各建筑物都沿着为佛教新派别而设的一条中央轴线设置。但是一个直接而显著的遗漏就是:即使在后来的禅宗寺院中,也都缺少一座佛塔;即便寺中有佛塔,它们也总是被放置在院子的偏远部位。

南北朝时期(1333—1392)

位于岐阜(Gifu)的永保寺开山堂(Eihoji Kaisando, 1352)包含有一座外阵、一个宽阔的过厅(ai-no-ma)和一个三边都设有裳阶的内阵。然而这并不是禅宗建筑的典型布局。其典型布局通常是正方形的,自身结构以禅宗式风格为特征。

镰仓的**圆觉寺舍利殿**(Shariden at Enkakuji)或许是禅宗式风格最具代表性的殿宇。虽然其于1563年焚毁,但现在的建筑是100多年前的禅宗式风格。有文献显示,其舍利殿是从另一座寺院搬至圆觉寺的说法可能是真的。

禅宗式风格的建筑拥有陶制的地面,由顶至底围绕起来的纤细的柱子置于石质或木制的柱础上,柱础则搁在基石上。卧梁(wall-plates)的木鼻(kibana, 突缘饰)和顶部贯穿的头贯(kashira-nuki,柱顶支撑)延伸至角柱之上,并以雕刻成形的式样结尾。

虽然舍利殿的斗栱有三跳,但是它们呈现出集束状。因为斗栱栱臂在最上面的部分可悬挑五个小斗,并且一个或两个补间铺作被置于柱与柱之间的卧梁上,可以看见外端弯曲的双重尾椽处于由梁栿、斗栱和椽子组成的杂乱之中:虹梁(koryo)由束柱支撑。在母屋顶上是平滑宽阔的天花(见[767]页图C)。

裳阶与禅宗式的建筑相似,同时,裳阶之中的大鳌虾状的联系梁(ebikoryo)夸张地弯曲着,裳阶之上的椽子通常平行放置,与主屋顶上将椽子扇形排列的做法形成对比。单坡屋顶微微弯曲着,与通常覆盖着多层薄薄的木片瓦的主屋顶屋面上的显著弯曲形成了对比。门是平行的,短柱铰链设在装饰性的突出的门窝之中,窗户是尖形的。

室町时代(1392—1568)

兵库县的**鹤林寺本堂**(Kakurinji hondo, 1397)是折中式(Conglomerate Style, Setchuyo)风格的极好例子。折中式风格主要为和式特征,但具有容易识别的禅宗式及大佛式风格元素。鹤林寺本堂是一座有7个开间×6个开间,17m×15.2m(56ft×50ft)的具有简朴和式风格的五铺作斗栱建筑。两层斗栱之间放置着禅宗风格的一组构件,即以小蛙腿短柱承斗,斗上承托更深远的、依次承托一组(两个)大斗的栱臂。铺瓦的屋顶为歇山式样。有和式风格的虹梁和在山墙面上可以看到的短束柱,这是禅宗样与大佛样风格的后期特征。前部的7个开间和两侧的5个开间以及后部4个开间里均设有禅宗式风格的板门(见[767]页图B)。横向钉板的墙体将背面两端的开间封闭起来。

檐椽(tail rafter)的弯曲端头、顶部用装饰性木鼻贯穿的束梁(tie-beam)和置于由室内延伸出室外的构件端头的模制构件均显示出受到禅宗式风格的强烈影响,就像用于走廊前面的粗大梁栿一样。大佛式风格中,巨大的、近似圆形的虹梁(鳌状梁)横跨在外阵与内阵之上,栱臂则直接插进柱子。然而,划分室内空间的方格状移动屏风装置则具有神秘派佛教的和式风格。

前现代(16—19世纪)

桃山与江户时期(1568—1867)

寺院建筑在中世纪末期达到了它的最高峰,结构方式臻于完美,建筑类型已经固定。使用模数系统(kiwari)的趋势已经开始显现,但是真正使用模数系统直至前现代时期才变得普遍起来。虽然建造的效率与速度得以改善,但是模数系统却是起效不大,仅在附属的精美雕刻细部,偶尔使用的如波浪起伏的山墙(唐破风,karahafu)以及宏伟尺度才将早期前现代佛教建筑从常规模数的单调之中解救出来。

这一时期,许多新的木工工具出现了,其中有好些类型的刨子。这使得在创造多种多样新的、高度精美的细木工制品类型方面取得了相当大的进步。不幸的是,这些细木工制品很少能够见到复杂的节点,除非当一座建筑经历大修时才会有发现。

桃山时代(Momoyama)最完美的建筑实例就是滋贺县的宝严寺观音堂(Kannondo at Hogonji,见[770]页图A)的一座大门,这座大门也许是1630年从丰臣秀吉的陵墓(mausoleum)中迁移过来的,用以提供一处

第四编 欧洲以外前殖民文化时期的建筑

图 A　宝严寺观音堂入口(16世纪晚期)，见[769]页

图 B　清水寺本堂(1633)，见[772]页

第25章 日本和朝鲜建筑

图 A 东大寺钟亭(1207—1211),见[768]页

图 B 京都皇宫紫宸殿(1855 年重建),见[773]页

通向观音堂的精致的入口。这是一座浅进深的单开间大门,3.3m×6.1m(11ft×20ft),有一个波浪形的山墙屋顶,精雕细刻的透孔(openwork)装饰填充于枋与虹梁之间的空隙中。两侧的嵌板和门板都镶嵌着精美的牡丹花和阿拉伯图案的装饰。蛙腿短柱不仅将雕刻的植物浮雕框构于内,而且完全被雕刻的鸟与花围绕着,金属装饰也很丰富。

清水寺本堂(Kiyomizudera hondo, 1633,见[770]页图B)表现的是江户时期的宏伟风格。其建造在京都东部的大山旁,有11个开间×8个开间,33.5m×32.2m(110ft×106ft),体现了神秘派佛教建筑设计的最高水平。这个供奉观音菩萨的建筑通常让人联想起陡峭的山崖。和式风格在使用简单斗栱时很明显。这些短柱顶部置大斗的简单斗栱支承于两排平行椽子和柏树枝覆盖的庑殿顶之间。一个裳阶围绕在东面、西面和北面的部分边缘上,歇山式的屋顶从巨大的主屋顶中向前伸出,覆盖两翼的露天平台。侧翼与平台悬挂在一个陡峭斜坡上,并由柱子与束梁组成的庞大结构所支撑。

东大寺金堂(大佛殿,Daibutsuden, the kondo at Todaiji)是世界上最大的木构建筑物之一。它始建于8世纪中叶,但在平安时代末期被毁。由重源于12世纪末重建的建筑在1565年被火焚毁,直至1709年才再次重建。如今的建筑为7个开间×7个开间,57m×50m(187ft×164ft),比原来两个建筑都小,但保持了相同的高度,都是47.5m(156ft)。虽然有些大佛式风格的元素,但是有相当多的改变。例如将波浪形的屋顶用于正面入口处的裳阶屋顶断裂处之上,主屋顶下排列的斗栱恢复为禅宗式风格。镶嵌精美的藻井天花让人联想起和式风格。

住宅、城市和城堡

早期历史(6—12世纪)

飞鸟与奈良时代(552—785)

中国的建造技术与城市规划方法对日本人的生活方式和日本的住宅设计具有重要的影响。从7世纪中叶到8世纪末期,一种规划系统发展起来,即以皇宫为中心,街道按网格状规划。这种方法模仿自中国唐朝的都城长安,并应用于日本古代都城之中,如建于652年的难波京(Naniwa)、建于694年的藤原京、建于710年的平城京(Heijo,奈良)、建于794年的平安京(Heian, 京都)。其尺度都大为减小,没有城廓围绕。

古代奈良的首都平城京的出土文物显示出其建筑物不同于佛教寺院,其使用的中国方法仅仅被限制在宫殿的1/4区域之中,包括大极殿(Daigokuden)、朝堂院(Chodoin)和主要的大门,所有这些建筑都有基石和铺瓦屋顶。其他的建筑,包括皇帝的起居用房和政府办公楼都采用柱子直接搁置于地面的结构,屋顶铺以柏树枝、木片瓦或是茅草屋顶。

中国将建筑沿南北中轴线对称布局的方法对日本影响很大;当需要大量建筑时,贵族住宅、皇宫建筑和政府办公用房都是以这一方式规划的。

平安时代(Heien Period, 785—1185)

京都的**平安京**创建于794年,是日本古代以中国唐朝长安为蓝本建造的最后一座城市。规模为南北向5.3km (3.3mile)、东西向4.5km (2.8mile)。皇宫坐落在北部的中央。城市被一条异常宽广的朱雀大道(Suzaku-Oji)分为左右或东西两部分。朱雀大道有84m(275ft)宽,形成了城市的南北轴线,它的南端终于南部城墙的罗城门(Rajo)。平安京只在南部有城墙,暗示其在于强调皇帝的威仪更甚于提供防御。

城市被宽为24m(78ft)或12m(39ft)的南北向和东西向交织成网格状的街道划分为许多120m(390ft)见方的里坊(lot)。两座寺院即东寺和西寺和两个市场对称地布置在朱雀大道的东、西两侧。

寝殿造(Shinden Style)。寝殿造风格的贵族府邸在十一二世纪间的平安京中臻于成熟。寝殿处于正中,以走道连接东西附属建筑物,并有一座"中门廊"(chumonro)从一个或两个附属建筑物中向南伸展。这一建筑群形成了一座南花园,包括一个池塘和一条由北向南的溪流。寝殿及其附属建筑没有固定的内部隔间,而代之以可移动的家具诸如各种类型的屏风、窗帘、床垫、草席以及装搁板的橱柜,以满足限定室内空间的需要和日常生活中惯例或仪式的需要。从外表看,可移动有铰链的悬挂着的格栅屏风设置在柱与柱之间的开间里,使得空间由外部向内部不停地流动,并且在室内与庭院之间产生了统一性。

东三条殿(the Tosanjo Palace)是属于藤原家族的最著名的住所之一,它是许多重要仪式的中心。这座存在于1043~1166年的建筑规模为:从东到西120m(400ft),从南到北240m(800ft)。在宫殿的心脏部位是两座宏伟的建筑物即中央寝殿和东对附属建筑。它们由两个开间6m(20ft)宽的走廊(watadono)和单个开间宽度的更窄的走廊环绕。宽敞的走廊可作为居住的空间,而狭窄的走廊则仅仅是限定如南花园毗邻外部空间的通道。单体建筑物的位置表现出较少坚持对称性布局。

在1227年京都的皇宫被火焚毁之后,天皇的私人居所即大内,就移到了贵族住宅或皇家别墅之中。1331年建造了一处永久住所。当然,建筑的风格也从一个时期转变到另一个时期,如18世纪末期曾试图重建属于平安时期风格的紫宸殿和清凉殿,现存的建筑建于1855年。

紫宸殿(the Shishinden,见[771]页图B)如今包含一个内部核心或母屋,有9个开间长,3个开间宽,在所有四边都环以外部走道或庇。皇帝的御座置于母屋中心一处高起的平台上。由于朝堂院这座行政与仪典的中心并没有在1227年火灾之后重建,紫宸殿由此作为举行包括加冕典礼在内等仪式的地方。**清凉殿**(the Seiryoden)是一个起居之所,它包含各个种类的可灵活移动的隔间,允许根据需要对空间进行细分。

朝堂院(the Chodo'in)的范围为230m×160m(750ft×520ft),包含主要政府办公楼,坐落于面向朱雀大道的皇宫的中心。朝堂院在1227年火灾之后再没有重建过。其建筑的风格在很早时期就已确立。该建筑建于石质基础上,木构架被漆成朱红色,屋顶铺瓦。它由三部分组成:环绕所有建筑的合围走道;处于内部的天皇的大极殿(the Daigokuden);在中心则是12座建筑并置,有两座附属结构环绕于南端。

中世纪(12—16世纪)

当一些与贵族日常生活紧密相连的仪式与典礼由于战争与政治骚乱而逐渐减少的时候,在居住建筑的构成上开始出现了一些变化。对称的布局和环绕南部庭院的空间组合失去了它的意义,在建筑的位置上,更多强调便利性逐步成为首要因素。在13~14世纪,独座宏大开放的寝殿空间被"襖"(fusuma,移门)划分成一个个小房间,地板则被"叠"(tatami,榻榻米)覆盖。滑动的木制或半透明纸制屏门(Shoji)代替了先前用于建筑外部四周柱与柱之间的开间中且有铰链的悬挂式格栅屏门(Shitomi)。柱间的距离变得符合榻榻米的长度,榻榻米尺度逐渐成为长度和面积(area)的标准单位(unit)。1个开间的长度固定设为1.97m(6ft 6in),以匹配一块榻榻米的长度。到15世纪末,不论居住者的社会地位如何,住宅房间的地板已经被榻榻米覆盖。镰仓时期(1185—1333)或南北朝(1333—1392)时期均没有任何住宅建筑留存下来。

室町时代(1392—1568)

15世纪时的住宅中,出于装饰的目的将来自中国的书画卷轴、陶瓷放在精心选定的位置的做法变得时髦起来。

15世纪晚期,足利义政❶下令建造离宫东山殿(Higashiyamadono)。它包括常御所(tsune-no-gosho)、会所(kaisho)、银阁(Ginkaku pavilion)、东求堂(Togudo,一座私人佛堂)和许多附属建筑物。会所用作私人会客和社会交往之用,它于1487年竣工。所有的房间都在地板上设榻榻米。图片文献显示这个会所装有一个嵌入的浅浅的铺板壁龛(oshi-ita),这个壁龛内有交错设置的装饰性搁板(chigaidana)和一个附属的用于修习的凹室(tsuke-shoin,付书院)。这些元素为那些根据特定美学原则而整理排列的装饰品的展示提供了一个框架。现在东山殿已成为一座寺院即慈照寺(Jisshoji),但全寺仅存银阁、东求堂和一座花园。

大仙院方丈堂(Daisen'in Hojo, 1513,见[775]页图A)是大寺院住持私人居所的典型代表,同时也是隶属于禅宗派大德寺(Daitokuji)的一座附属寺院。这些私人住所(hojo,方丈)的布局与武士住宅中的会客建筑相似。两个中心房间设龛立像或立碑祀奉创建人或资助人,而两间设榻榻米的面东的房间则用作寺院住持的私人空间,两间面西的房间是留给资助人的。在室町时代,这一阶层的住宅的共同特点就是用草席铺地板,用木板铺天花,

---

❶ Ashikaga Yoshimasa, 1436~1490年;室町幕府第八代将军。——译者注

有可移动的上面绘制图案的格扇襖移门，以及涂灰泥的墙面上窄窄的带形窗或者在枋子与天花之间穿透的顶窗。从住宅东北角落的画室中可以看见一个小的经过精心设计的且紧邻东北边的花园。

一种用于茶道的建筑在 16 世纪逐渐变得成熟起来，对后来日本住宅设计的影响很大。这类建筑依尺度由 2～4 个再外加半个榻榻米进行排列。在这一私密空间里，主人与客人坐在一起愉悦交谈，品尝清茶及享受茶道器皿的精妙。这类建筑形式背后蕴含着与禅宗相关的特殊哲学与美学态度，其自身就体现出茶道(cha-no-yu)特征对武士、贵族和富有商人的特别吸引力的。茶室美学品质的建立更好地源于对自然材料感性的使用、避免对任何特殊要素过度倚重以及一种全面和谐的创造。**妙喜庵茶室**(Myokian tea ceremony room，见[775]页图 B)，约建于 1582 年，据信是由著名的茶道大师千利休(Sen-Rikyu, 1522—1591)设计的。它包含一间 2m×2m (7ft×7ft)的两席地面的空间和一个"床间"(toko-no-ma)。客人们由一个高 788mm(2ft7in)、宽 715mm(2ft5in)的名为"躙口"(nijiriguchi)的通道进入，其对面就是床间。有三种高度或风格各异的天花❶，不同尺度的窗户设置在不同高度上，营造出一种独特的空间幻觉。

现存极少的中世纪农舍的一个实例就是位于兵库县的**町屋**(Furui house, 大约 16 世纪)。其特征为低矮的屋檐、鲜有出入通道的外墙以及纤细的柱与梁。轻质隔墙依木板和竹地板限定为三个房间，整个区域中的一半为陶制地面。这座房屋显示出的空间划分是根据一个农夫日常所需功能需求来进行的。支撑屋顶的柱子是独立的，它脱离于外部墙体设置。房间通过可移动的实心木板屏门和仅仅延伸到过梁高度的木板隔墙来划分，而没有封闭过梁与天花之间的空间。

前现代时期(16—19 世纪)

桃山与江户时代(1568—1867)

织田信长和丰臣秀吉(Nobunaga and Hideyoshi)重新统一日本以后，城堡城镇(城下町，jokamachi)兴起，贵族的侍从、手工艺匠人和商人们在城堡的脚下为自己建造家园。一个很好的例子就是冈山天守阁(the castle-town of Okayama)。城市街道呈方格网状，每个阶层的人都建有自己的地带，等级较高贵族的侍从住得离城堡更近。城堡周围有护城河和防御土墙。许多城堡都建于 16 世纪末至 17 世纪初，这段时间建造技术发展很快。城堡内部划分为三个部分，在主要部分的中央是城堡最坚固的主塔，第二个部分则包含领主及其家族的住所，而在第三个部分中则是高级侍从的住宅和仓库。城堡主塔通常是一座五层建筑，在其木制构件上满涂着厚厚的白色灰泥，它是城市的一个标志物。城堡上的窥孔是用来射箭和开枪的，而堞眼则是用来投掷石块的。

姬路城天守阁(Himeji Castle，见[775]页图 C)建于 1601～1614 年，代表了日本城堡建筑的最高水平。这是唯一一个除了瞭望塔(donjon)之外，其他几乎所有建筑至今都还幸存的实例。该建筑除了有通常的部分外，橹(yagura，塔楼)、橹门(yagura-mon，塔楼大门)和土筑墙都建在城堡整体之内。然而，主塔比通常的更高，高为六层，并带有一系列的单坡屋顶、破风山墙(undulating gables)和装饰性的屋顶窗。三座小型主塔楼 (ko-tenshu，小天守)有走道连接。出于防御的目的，大门设计得很复杂，像迷宫一样，用来迷惑敌人。

京都的**二条城**(Nijo Castle, Kyoto，见[776]页图 A)建于 1603 年，是德川家康为向天皇表达忠心而建造的。第二个院落(ni-no-maru)的住宅群于 1624 年部分重建，规模有所扩大。住宅群面向一个池塘，实际上由六个交错布局的部分组成，包括为幕府时代的武士和客人准备的房间。其中最重要的是位于建筑群中央的豪华大广间(ohiroma，大厅)、非礼仪性大厅黑书院(Kuroshoin，黑色木构会客室)和幕府时代将领的私人住所白书院(Shiroshoin)。每个大厅中都包含一个上段间(jodan-no-ma)，是留给幕府将军的一处地板高起的区域，其上面有一处壁龛(to-konama)、交错的搁板(chigaidana)和一处付书院。墙体、襖屏门和天花板都覆满了金色的叶子，并以绘画、图形和金属饰物作装饰。

---

❶ 蒲天井(gama-tenjo)、平天井 (hira-tenjo)、挂入式天井 (takekomi-tenjo)。——译者注

第 25 章 日本和朝鲜建筑

图 A　大仙院方丈堂室内(1513)，见[773]页

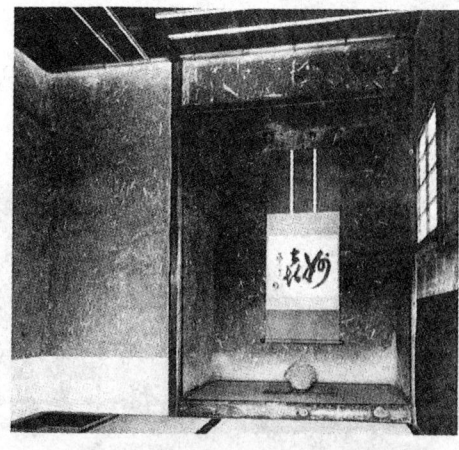

图 B　京都妙喜庵茶室室内(约1582)，见[774]页

图 C　姬路城天守阁(1608—1609)，见[774]页

第四编　欧洲以外前殖民文化时期的建筑

图A　京都二条城第二院落住宅(1603)，见[774]页

图B　京都桂离宫书院(17世纪早中期)，见[778]页

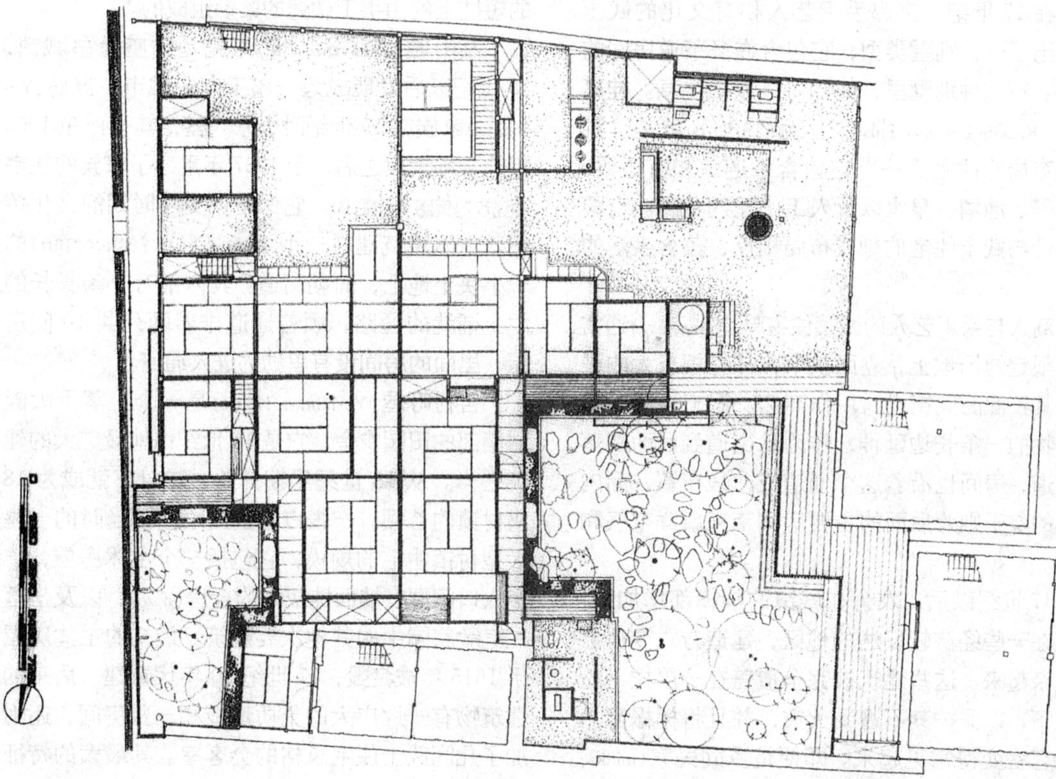

第 25 章　日本和朝鲜建筑

图 A　高山城：吉岛家族的住宅 (1907)，见[778]页

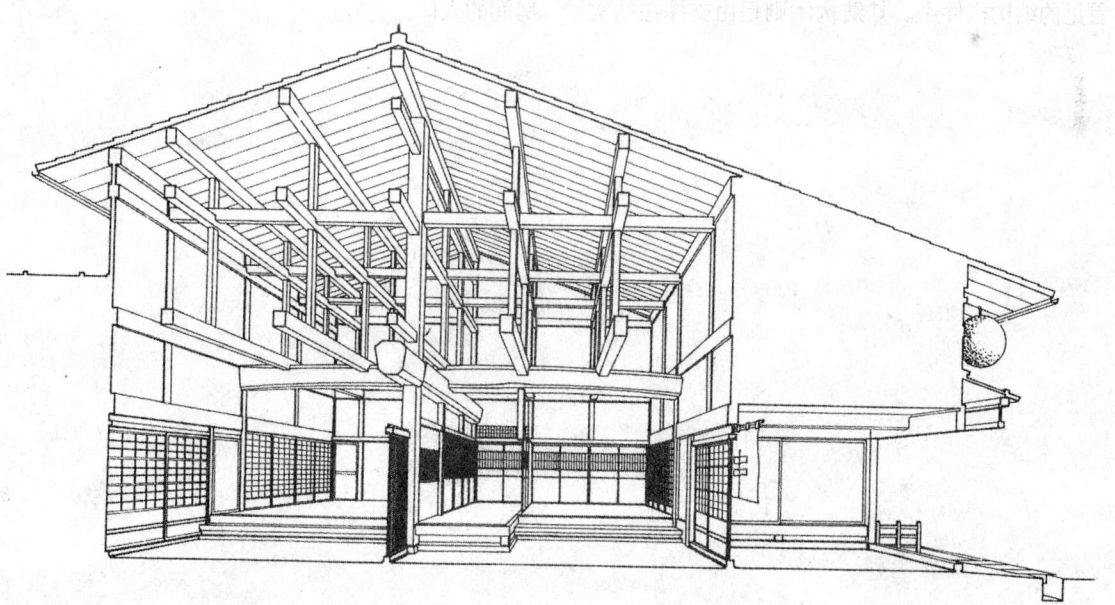

图 B　吉岛家族住宅的横剖面

在17世纪,京都手工艺人和有文化的武士发展出了一种别墅类型,它包含许多茶道房间的元素。在这种别墅里,他们可以放松休息。**桂离宫**(the Katsura Detached Palace,见[776]页图B)就是这种复杂布局的住宅例子。它包含茶道室和有桥梁、石灯笼、池塘、泉水以及人工山丘的花园。宫殿的设计与武士住宅的刻板布局相反,蕴含生活的情趣。

商人与手工艺人的城镇住宅町屋(machiya)通常建于限定的场地上,立面狭窄,却有相当大的进深。其正面面向街道,用作商店。泥土地面顺着建筑物的一条长边延伸,作为从街道到后面院落的通道,房间也沿着这个通道成一线布置,而内部小的院子则为后面的主要房间带来新鲜空气和光线。

17世纪以后,农舍和城镇的规模都增加了,并且在一些经济较发达的地区,建造方式变得愈加复杂起来。这些建筑被完全覆盖在一层拉毛粉刷之下,以保护其不遭受火灾,并且将榻榻米用在会客室变得常见起来。即便是乡间民家(minka,民宅),其建造方式也有独特的形式兴起并得到发展,尤其表现在那些从建于泥地上的空间内可以看见的结构构件中。其结构体则是由支撑在结实的短柱上的由手工砍劈的梁栿组成的。

高山城(Takayama City)原先是一座堡垒城镇,18世纪以后发展成为一座工商业城市。吉岛(Yoshijima)家族在19世纪时十分兴盛,其子孙在1905年的一场大火之后,于1907年重建了家族的住宅(见[777]页图A、图B)。它保留了更早时期的文化传统。主体建筑建在一个27m×66m (89ft×216ft)的一小块土地上,面朝街道。其内部有一条长长的泥土铺就的通路,顺着通道排着两列共10间房屋,里面的房间设有单独的进入通道。

吉村町屋(Yoshimura House)是一个坐落于大阪城南部的田园农舍。它是16世纪占地最广大的建筑之一。从18世纪早期开始,吉村家就成为18座村镇的首领。一张古画上描绘出了当时的一座大型村镇住宅的规模,它包括一个主体房屋,一个入口门屋、墙面抹灰泥的仓房(dozo),以及坐落在宽敞庭园中的其他次要建筑。最初的主体房屋于1615年被焚毁,17世纪20年代重建。后来的建筑物有一片广大的土质地板和一些房间,还附加了几间武士住宅风格的会客室。其最大的特征就是土质地板及其上方巨大的横梁。与土质地板相邻的是一个小的用木板铺就的区域,它被用作房间的入口。

欧洲以外前殖民文化时期的建筑

第26章
印度次大陆建筑

佛教建筑

当释迦摩尼于公元前563年出生时，婆罗门教(其名称来自于印度教的早期形式)已经发展了大约1000年。然而在印度次大陆上现存最早的建筑，除了印度河流域文明的古代遗迹外，就是佛教建筑。对于吠陀的祭典仪式，并没有建造耐久的纪念建筑，而对于优波尼沙土贤士的神秘主义则更是如此。孔雀帝国的统治者阿育王，将佛教奉为他庞大的按印度标准来说是中央集权帝国的官方宗教。他给予了佛教纪念性建筑巨大的原动力。然而，请勿忘记，在南亚，石材建筑物在数量上远远比不上那些用易腐朽的材料建造的建筑，比如木材、竹、茅草和砖。

在释迦摩尼涅槃后，人们修建了许多朝拜的场所，它们最初建在与释迦摩尼有关联的物件以及他本人和弟子们的圣骨周围。参拜的地点经常沿商贸路线布置，商人是很重要的朝拜者和施主。这些地方变成了佛教修道的中心。一些寺院中心演变成大学，其中最著名的一所是比哈尔的那烂陀(Nalanda)，它吸引了全亚洲的学者。

在印度本土，作为东部的最后一个佛教中心，那烂陀一直到13世纪还存在。而在别的地方，佛教在7世纪就已经大部分被吸收进印度教。到这时，佛教已经在远东地区完全确立。在印度次大陆上，佛教只在斯里兰卡和喜马拉雅山谷地继续着它的繁荣。

窣堵坡

窣堵坡(Stupas)是佛教最高等级的宗教纪念建筑。它的基本形式是一个实心的、穹顶式的覆钵体，顶上覆着一个伞盖。它的起源至少有两个。首先，它和埋葬的坟墓有关，而且早期的窣堵坡里安放着释迦摩尼本人、其弟子或圣人的遗骨。

据说，阿育王将释迦摩尼的遗骨分配到许多地方，并建造砖制窣堵坡来安放，这些遗骨中的一些还幸存于后来的窣堵坡的核心中。其次，以垂直轴表现"世界轴线"(axis mundi)的窣堵波形式，隐喻着宇宙。有证据表明许多早期的窣堵坡实际上包含贯穿其全高度的木制柱子，这些柱子从顶部的伞盖(parasol)贯出。

至尊伞盖经常出现在绘画或叙事的浮雕中，被描述成释迦摩尼或是与他有关联的圣物，是一种与释迦摩尼相关的王权象征，因为他早年是一个王子。窣堵坡的一个象征含义涉及转轮圣王(dharmachakravartin)，即掌管宇宙法规的皇帝。

然而，无论有助于冥想，还是成为智慧的象征，作为存放真实的遗骨的容器，窣堵坡都成为佛教的主要崇拜物。在圣地到处是无数个可供还愿的小型窣堵坡。

纪念意义较大的窣堵坡以栏楯(vedika)卫护。这令人想起那些周围有栏楯并在重要部位设"陀兰那"(toranas, 大门)的吠陀祭坛。现存于加尔各答的印度博物馆的石栏楯和门道是从中央邦的巴尔胡特(Bharhut, Madhya Pradesh)幸存下来的文物，可追溯到公元前2世纪。现存最早的经典形式是那种有着丰富装饰、高度略超过2m(7ft)的栏楯；尽管体型巨大，材质是石头；但其形式复制了木结构，并且两面凸起部分的水平横杆以榫接方式与竖杆连接。

另一个印度中部的实例是**桑吉大窣堵坡**(1号窣堵坡, The Great Stupa, Stupa 1, Sanchi)。尽管它是被英国人因考古发掘而拆除后又加以重建的，却仍然展示了这些早期纪念性窣堵坡最完整的形象(见[781]页图A)。桑吉大窣堵坡的建造年代大致可以确定在萨塔瓦哈纳王朝时期(Satavahana period, 1世纪)，其核心是阿育王于公元前3世纪建造的砖制窣堵坡中的一座。其半球形的覆钵体"安荼"(anda)建造在一个直径约40m(130ft)的圆形台基(medhi)上，通过两座楼梯(sopanas)可以到达这

748 个台基。围绕着台基的栏楯和地面上的栏楯为巡行仪式(pradakshina)界分出上下两条绕道。在顶部，栏楯围合出一个正方形平台，被称为宝匣(harmika)。台基上的伞竿(yashti)上有三重伞盖(相轮)。在重要位置上布置宏伟的大门，高8.5m(27.5ft)，其上排列着精美的浮雕(见[781]页图B)。这些和无雕饰的栏楯及窣堵坡本身的质朴风格形成对比。

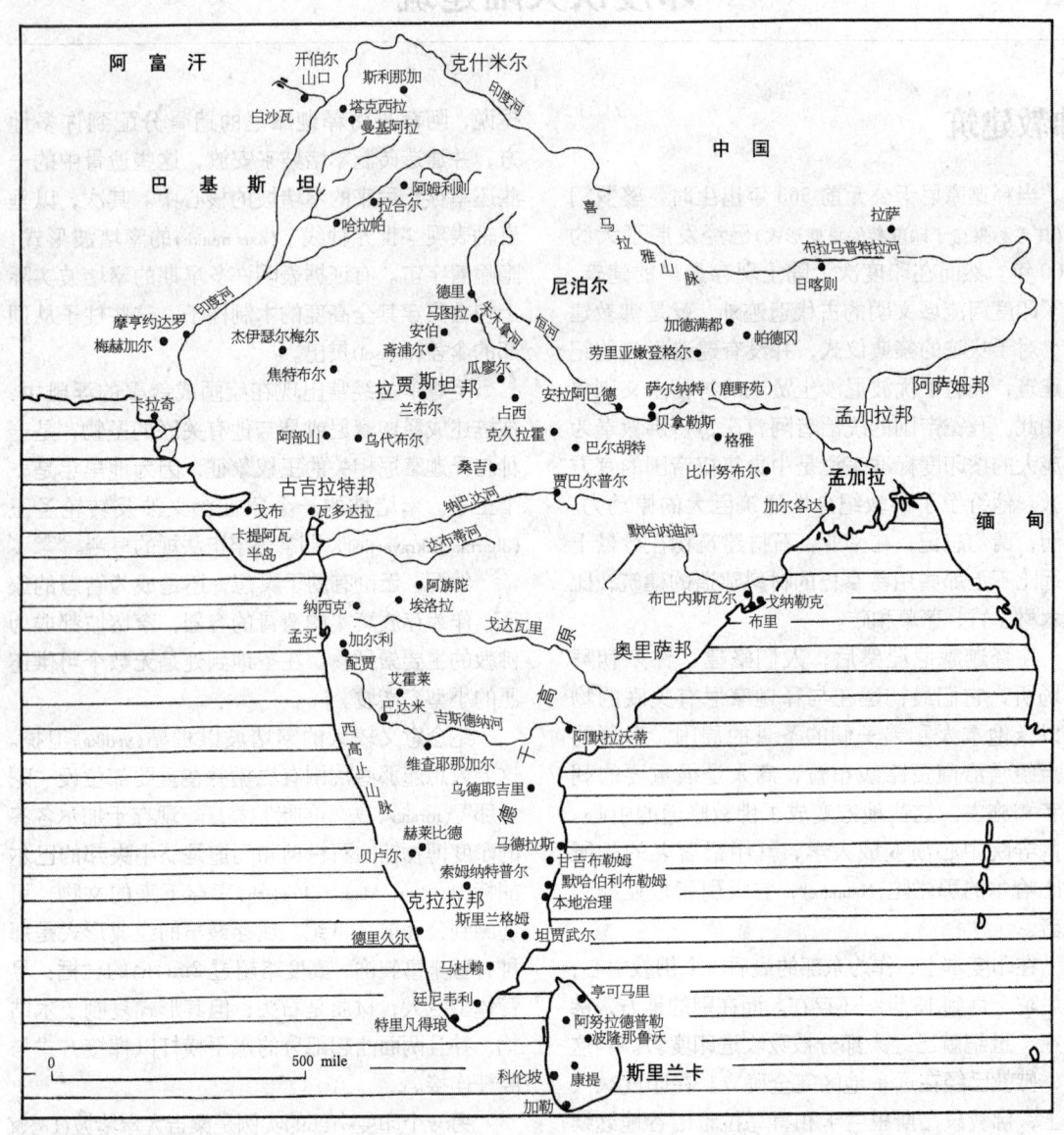

印度次大陆地图

阿育王以向南远至安得拉建造窣堵坡而闻名，而且直到4世纪，在萨塔瓦哈纳王朝和伊克什瓦库王朝(Ikshvakus)时期，那里还在建造纪念性的窣堵坡。那个地区最重要的窣堵坡在**阿默拉沃蒂**(Amaravati,约2世纪)。尽管窣堵坡本身已经不存在了，但许多雕刻，包括一些关于古代印度最伟大最生动的叙事浮雕，保存在马德拉斯政府博物馆和伦敦的大英博物馆中。

就像在古尔达拉(Guldara, 2—4世纪)一样，**犍** 750 **陀罗地区**(Gandhara)的大窣堵坡遗迹有多层基础，常常有科林斯柱式衍生出的半壁柱。亚历山大大帝曾于公元前326年入侵这个地区，而且该地区一直保持着与古希腊罗马世界的接触。这一地区较小的窣堵坡反映出穹顶窣堵坡的"土墩"从半球形到球形的转变。随着这种发展，这里和南亚其他地区的窣堵坡的高度逐渐增加，这种趋

第 26 章 印度次大陆建筑

图 A 桑吉大窣堵坡(1 号窣堵坡,约公元前 1 世纪),见[779]页

图 B 桑吉大窣堵坡大门浮雕,见[780][787]页

图 C 加德满都的斯瓦扬布窣堵坡,见[782]页

势随承载窣堵坡的基座平台(后来被基部线脚代替)以及伞盖遮罩的增加而得到加强。

尼泊尔遗存有一个佛教的中心,其中那些最古老的窣堵坡是砖砌的,仿效低矮的"阿育王式"的穹窿,支撑着一个实心的画着眼睛的巨大宝匣。这些窣堵坡经多次修复而没有记录确切的日期。最重要的一座是加德满都的**斯瓦扬布窣堵坡**(见[781]页图C)❶。作为加德满都河谷的典型,此座窣堵坡顶上的相轮用金属加工制成。

斯里兰卡阿努拉德普勒的**鲁梵伐利窣堵坡**(Ruwanveliseya stupa, Anuradhapura)是一个遗存下来的巨大的砖制窣堵坡,最初建于公元前2世纪,后经多次重修,其高达90m(292ft)。而**祇园窣堵坡**(Jetavana stupa,约4世纪)则高达120m(390ft)。圆形圣殿内所容纳的一个窣堵坡的形式在斯里兰卡是绝无仅有的。最好的例子是12世纪的波隆那鲁沃的**瓦塔达格窣堵坡神殿**(Watadage,见[783]页图A)。当这一建筑完成时,一个居中的圆锥形屋顶和较低的次要屋顶由排成环形的石柱支撑,屋顶之间有天窗采光。通过半圆形"月亮石"门口可到达四个楼梯。它们的怪物形状扶手和守护神的侧面形象与印度南部同时期的印度教寺庙有相近的特征。

佛教圣殿与岩凿造像

除窣堵坡以外,还有各种其他形式的宗教建筑或圣殿通过大窣堵坡的浮雕加以描绘,其中包括祭坛和露天(hypaethral)圣殿,以及一些木材和茅草建筑。现收藏在巴黎吉梅博物馆(Musée Guimet)的一块来自**坎塔萨拉**(Ghantasala)的浮雕(约200)上刻着一座环形的三层圣殿,预示着印度南部的印度教寺庙的阶梯状金字塔的形式。巴尔胡特窣堵坡(Bharhut stupa,公元前1世纪早期)留下的一块浮雕上刻着供奉**菩提伽耶**(Bodh Gaya)菩提树的多重围墙,释迦牟尼就是在这棵树下悟道的。这大约代表了由阿育王在圣地修建的寺庙,以及现代的大菩提寺的前身,后者是一座巨大的砖制建筑,和印度北部的印度教建筑关系不大,而它目前的样子主要是19世纪修复的结果,之间也曾经历了多次修复。

在尼泊尔有由逐层变小的两层或多层构成的木制圣殿,被称为"浮屠寺"(pagoda temple)。大多数现存的例子建于18~19世纪。其每层有一个坡檐,以雕饰的角材立柱支撑。

巨大的佛像和一些寺庙群有关。在阿富汗的**巴米扬**(Bamiyan,5世纪)的寺庙群明显受到波斯和中亚的影响,其有两座巨大的雕像。这些为中国和日本的巨大雕像提供了原型。这些雕像先粗略地用斧开凿,面貌和披衣由混合草木的灰浆做模,最后以石膏粉刷并镀金。其中一尊佛像高达54m(175ft)。在斯里兰卡**波隆那鲁沃**(Plonnaruwa)附近的加莱毗诃罗(Gal Vihara)佛像群中有一尊高达14m(45ft)的卧佛,这可能是表现即将涅槃的佛陀的最有名的雕像。

支提窟大厅

早在孔雀王朝时期,就已在峭壁和山腹的天然岩石中开凿各种简单形式的石窟寺。这些主要是佛教的,但在比哈尔的**讷格尔久尼山地**(Nagarjuni Hills, Bihar)的石窟是为生活派❷的苦行僧在雨季遮风蔽雨而开凿的。在比哈尔巴拉巴尔丘陵的**圣人洛摩斯支提窟**(Lomas Rishi cave in the Barabar Hills)由一个矩形房间和一个连接连在端头的圆形小室组成,可能打算容纳一个小窣堵坡或别的什么雕刻建筑。两个房间都有粗凿出的圆形天花。不寻常的是,按后来的标准,石窟与峭壁平行,而后从侧面进入。其小小的入口立面表现为一个筒形屋顶的末端,并伸出桁条的端头(见[784]页图Ⓐ)。这些支撑着一面几乎是半圆形的山形墙,由于其顶端有一个带尖顶饰的顶点,所以其实际上呈尖形。这样一个木作形式向石材的转变是印度石刻建筑的典型。

---

❶ Swayambhu stupa;俗称猴庙佛塔,Swayambhu是该窣堵坡附近的小山名,意为"自己升起"。——译者注
❷ Ajivka;亦译为阿耆毗伽教,佛教称其为邪。——译者注

第 26 章 印度次大陆建筑

图 A 波隆那鲁沃的瓦塔达格窣堵坡神殿(12 世纪),见[782]页

图 B 加尔利的支提窟大厅及室内的窣堵坡(公元前 1 世纪),见[786][788]页

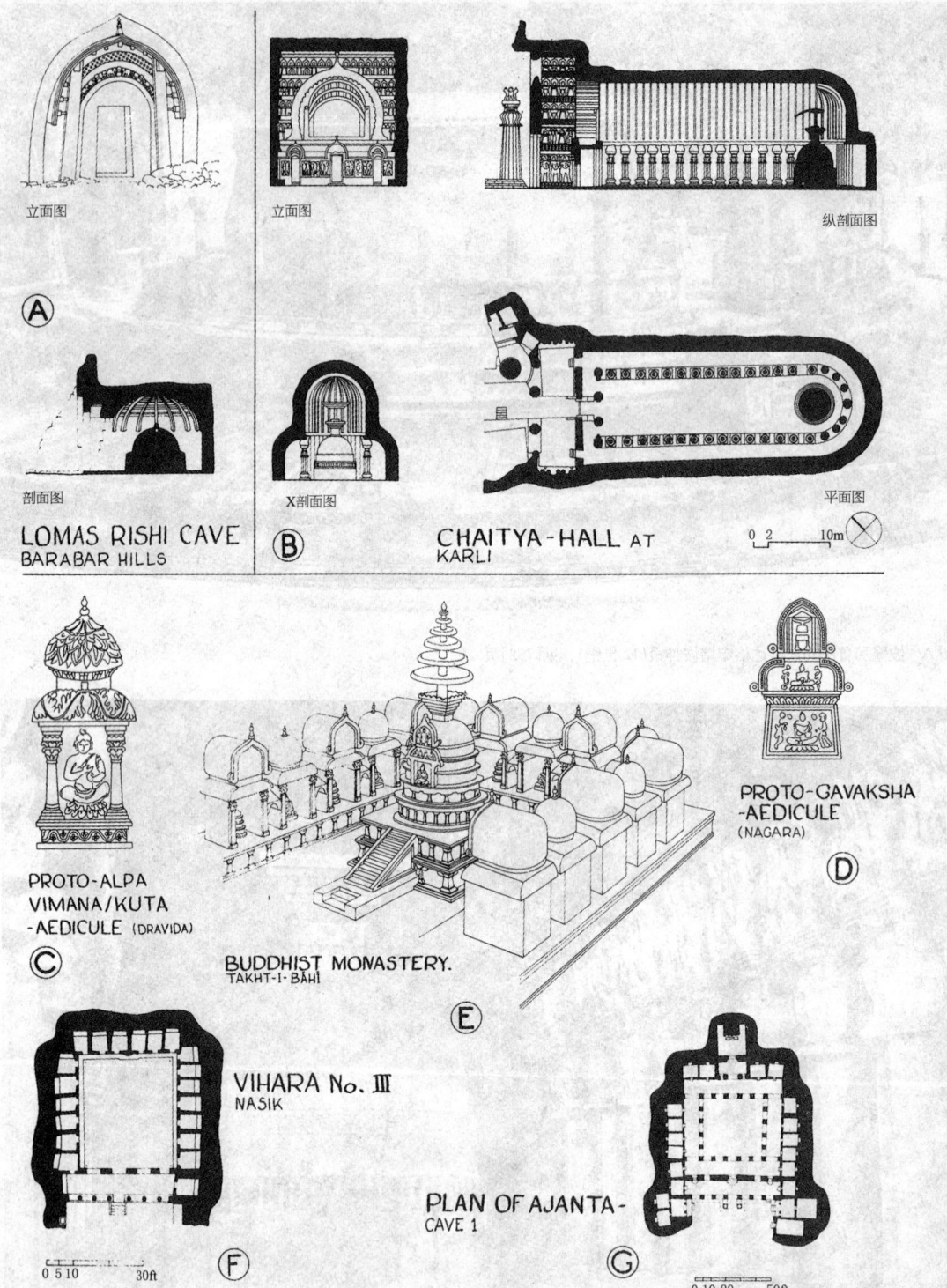

Ⓐ巴拉巴尔丘陵的圣人洛摩斯支提窟;Ⓑ加尔利的支提窟大厅;Ⓒ金字塔状尖塔庙塔/顶部的佛龛(达罗毗荼风格)的神殿原型;Ⓓ佛龛(那伽罗式)的山墙原型;Ⓔ塔赫特巴希的佛教寺庙;Ⓕ纳西克3号毗诃罗(精舍);Ⓖ阿旃陀1号窟平面图

第26章 印度次大陆建筑

图A "般度莱亚"僧伽蓝，18号支提窟(前1世纪)和纳西克毗诃罗，20号窟(2世纪)，见[786][788]页

图B 阿旃陀19号支提窟正立面(5世纪晚期)，见[786]页

图C 埃洛拉10号支提窟"木匠窟"立面(7世纪)，见[786]页

圣人洛摩斯支提窟可以看做是"支提窟大厅"❶的一个早期实例。"支提"❷意指一个神圣的空间或物体，而"支提窟大厅"是指容纳了窣堵坡的岩凿圣殿，人们在这里做集体礼拜。这些空间可能是矩形平顶，偶尔也有圆形屋顶和穹顶，如**安得拉邦贡塔巴里**(Guntapalli)的支提窟大厅。但典型形式的支提窟大厅后部为半圆形，并以柱子限定出一个筒状拱顶的中堂和狭窄的半筒形拱顶的侧走廊，窣堵坡位于中堂的半圆室中，侧走廊如同回廊一样在其后环绕着。

这种半圆室形式来自一度广为传播的茅草顶木结构，具有各种功能，有宗教性的也有世俗性的。许多这种建筑(走廊或有或无)的样子出现在早期的叙事浮雕和对圣地的描述里。砖制支提大厅的基础仍然存在，正如桑吉和3世纪末4世纪初在**安得拉邦龙树城**(Nagarjunakonda, Andhra)内的一对这样结构的寺庙，它们没有走廊，相互面对，一座庙内有一个窣堵坡，另一座庙内则有释迦摩尼像。

在今天的马哈拉斯特拉找到了数量巨大的岩凿支提窟，尤其有很多是从公元前2世纪到公元2世纪(属于"小乘佛教"时期)遗留下来的。支提窟多与寺庙群有关，常位于商贸路线上。早期较好的实例位于皮塔尔科拉的**巴贾**(Bahaja，3号窟)和**贡旦**(Kondane)。从支撑的孔洞可以看出，这些支提窟的前端曾有木制幕墙，而非后来成为定式的岩凿立面。在一个典型的支提窟大厅的天花上是巨大的环状弯曲的石刻横梁，石刻檩条纵向延伸，并从开启在立面上——直接在峭壁表面或走廊后面——的巨大马蹄山墙形向阳窗中贯出(见[785]页图A、图B)。圣人洛摩斯支提窟预示的马蹄拱形墙形式后来成为印度宗教建筑中几乎无处不在的主题。筒形屋顶天花的弯曲横梁有时是木制的，正如在马哈拉施特拉邦的**加尔利**(Karli，约50—70，见[783]页图B)宏大的支提窟大厅所能看到的那样，其向阳窗中露天的木制格栅留存至今。

马哈拉施特拉邦埃洛拉的**10号"木匠窟"**(the Vishvakarma, Cave 10，见[785]页图C)是最晚近的一座印度岩凿支提窟，大约建于7世纪中期。其有柱廊的前院的上层与大厅前的乐师回廊相连。

寺院

现存最多的早期佛教寺院遗址位于犍陀罗，例如巴基斯坦塔克西拉的**达摩拉吉卡寺**(Dharmarajika monastery)和在喀拉宛(Kalawan)的寺院。这些砖石建筑群包括主要的和次要的窣堵坡，以及精舍(由庭院及围绕庭院排列的僧人小室组成的住宅区)。

在**塔赫特巴希**(Takht-i-Bahi，约2~4世纪，见[784]页图Ⓔ)，精舍庭院在形式上是与"窣堵坡院落"密切相联的。围绕着中央窣堵坡平台的庭院，由内部相连的圣殿组成，并间隔插入更小的小室。圣殿内可能曾经交替安放着释迦摩尼像和小窣堵坡。由于有大量的圣殿遗存下来，所以可以从中推断出其形式。每一座圣殿都包含对着庭院的一个正方形小室，小室在天花板的水平高度上有一个伸出的砖制弯曲天蓬或是卷起的飞檐，以支撑上部的帐篷型结构。其上部的帐篷型结构有两种：一种是有穹顶的圆形"小屋"，另一种是后部为半圆的带筒形屋顶的亭子。后一种类型中的砖制天蓬没有延伸到殿堂的前部。从正立面看，两个半山墙顶端的样式得以强调，并伴有一个筒形屋顶的拱形山墙，这样就创造出和一座支提窟大厅的交叉部分相似的空间。这些殿堂类型是印度寺庙建筑中两种永久形式的原型，它是将原来蕴涵于木制和茅草建筑中的理念运用到砖石建筑的结果。

从构造上看，精舍仿佛是开凿出来的"石窟"。在公元1世纪早期的中央邦的**乌德耶吉里**(The rock-cut monasteries of Udayagiri)与奥里萨邦的**肯达吉里和乌德耶吉里**(Khandagiri and Udayagiri)中的岩凿寺院，可能是耆那教而不是佛教的建筑。这些地方保存最完好的当数乌德耶吉里的**皇后窟**(Rani Gumpha)，其在两层之上有一个开敞的大院子。公元2世纪的马哈拉施特拉邦纳西克的乔达弥普德

---
❶ chaitya halls；又译为佛堂。——译者注
❷ Chaitya；又译为石窟寺。——译者注

拉 3 号窟(Gautamiputra Cave 3)，呈现出岩凿"毗诃罗"(viharas，精舍，见[784]页图⑥)的典型布置：在一个正方形大厅(相当于一些构造实例中的中央庭院)的两侧和后边开有小室，而且通常其前面有一条走廊穿过。在乔达弥普德拉窟的后墙上，以浮雕方式刻着一个窣堵坡。直到此时，精舍才更像一座寺庙而不是一个日常起居的住所，用于僧人和一般信徒的礼拜。

在公元 2 世纪以后，岩凿建筑几乎没有得到发展。直到公元 5 世纪后期，代喀达卡王朝统治者才在马哈拉施特拉邦的阿旃陀(Ajanta)开凿了一系列举世无双的兼有毗诃罗和支提窟大厅的佛教石窟寺。这个给人留下深刻印象的马蹄形沟壑侧边上有早先几个世纪开凿的五座石窟。在阿旃陀典型的毗诃罗平面中，正方形的柱厅被引入大厅中央，后部中心还有一个通常带有前堂的释迦摩尼殿(见[784]页图⑥)，在入口和大殿之间的纵向轴线从强烈的阳光下延伸到在黑暗深处隐隐发亮的释迦摩尼像，并由台阶、门槛、入口和柱列划分出层次。在平天花的中心位置画着以莲花为中心的曼荼罗图案，预示许多印度教寺庙中雕刻的、通常带梁托的莲花顶的出现。

阿旃陀最著名的是其美丽的叙事壁画，但绘画的作用却不仅限于此，在一些有雕刻的和无雕刻的表面都有绘画装饰。建筑、雕刻和绘画创造了一种圆满的，近乎是催眠的体验，一度曾伴随着仪式和反复吟唱的圣歌。

距阿旃陀西南100km 处的马哈拉施特拉邦的**奥兰加巴德**(Aurangabad)，有一系列奢华的佛教石窟寺，在那里一些阿旃陀的理念得到发展。在 6 世纪的石窟 6 号和 7 号，释迦摩尼殿被安置在大厅中央用做转经(circumambulation)，这一理念得到这个地区同时代的印度教石窟寺的响应。在**埃洛拉**附近，毗诃罗在 6 世纪晚期到 8 世纪早期之间变得多样化，包括两层和三层的形式，如 11 号两层窟(Caves 11, the 'Don Thal')和 12 号三层窟(Caves 12, the 'Tin Thal')。

建筑语言

对于印度宗教建筑(纪念性石造结构)而言，极为重要的一个因素便是其写实的特征。砖制或石制建筑中正式的和象征的语言由从木材和茅草建筑中得来的形象构成。当早期的窣堵坡围栏和早期支提窟大厅的室内严格仿制其木制的原型时，一种正式而不是表面复制的语言在较早的年代已开始产生。

在窣堵坡门道和栏楯上的浮雕说明那些几个世纪以来与石制建筑相关的木建筑的种类。桑吉大窣堵坡的西侧入口的浮雕十分典型，它描述了释迦摩尼的母亲摩诃摩耶(Maya)的梦，并刻着多层宫殿(harmyas)繁忙的城市景观(见[781]页图 B)。尽管这些多层宫殿可能有些理想化，唤起人们对印度史诗中所描述的摩天宫殿充满诗意的想象，但其构造却是相当清晰的。就像支提窟大厅一样，它们排列着尖顶饰的茅草屋顶，采用了典型的"筒形拱顶"，在端头位置上和突出的屋顶采光窗上有马蹄形山墙。木阳台围绕着上面楼层，有着相似的很重的栏楯和顶上有托架的柱子。它们通常支撑着环绕的茅草天蓬，后者是石制的卷曲檐线(kapota)和其他屋檐式线脚的起源。

与印度建筑的写实特性密切相关的是佛龛(小型建筑的缩版)。这在印度教寺庙建筑中是很特殊的，这种特点的起源可以从佛教遗迹中找到。这两种圣殿的类型在**塔赫特巴希**(Takht-i-Bahi，见[784]页图⑥)的寺庙中已经出现，成为后来的圣殿和佛龛类型的基础，下文将会论述。两者都在犍陀罗浮雕中有所表现。其中一类，例如祀奉释迦摩尼的圣殿，就在现存伦敦大英博物馆的一块公元 2 世纪的浮雕中有所体现(见[784]页图ⓒ)。科林斯式柱子支撑着天蓬和上面的帐篷结构，两者顶上都盖着叶子。在后面的几个世纪，这种形式变成达罗毗荼寺庙金字塔状神殿和顶部的佛龛(见[789]页图 B、[800]页图Ⓐ及[801]页图ⓒ)，而顶上有一个支提窟大厅的交叉部分的类型(见[784]页图Ⓓ)则成为伐腊毗式(Valabhi)寺庙的模式及其相应的壁龛(见[796]页图Ⓔ、[801]页图Ⓑ及[819]页图 C)。

犍陀罗窣堵坡的基座有时包含后一种壁龛。这种窣堵坡的基座称为巴基斯坦塔克西拉的**锡尔卡普"双头鹰神殿"**(the 'Shrine of the Double-headed Eagle'，Sirkap，约前 1 世纪—1 世纪)，反映了这个地区的折中主义。它有三种类型的佛龛：有多尖的"支提拱"、类似桑吉大塔的陀兰那(大门)的形式和三角形欧式山花。

从较早的和较晚的支提窟立面(见[785]页图 A、

图B)的比较中可以看出马蹄拱形式的转变,即更加强调曲线外形,而偏离结构原型。较小型的图案和栏楯图案的条纹以及层叠的相轮图案一起装饰着早期支提窟大厅的正面和走廊的墙壁。有时再现多层的宫殿,但即使是纳西克的"般度莱亚"僧伽蓝(Pandulenya,见[785]页图A),也已经不能很好地诠释了。那里开凿了一个假柱廊,围栏的细长条缺乏功能上的逻辑,而且被山墙和窣堵坡切断。

虽然对佛教中是否存在一个无像时代还有争议,但是很显然,在大乘佛教兴盛的笈多帝国(Gupda era)时期,过去与来世的释迦摩尼像与那些菩萨(圣人)像一起迅速增加。这样,在5世纪阿旃陀(Ajanta)的支提窟大厅中(19号和26号窟),大型的释迦摩尼像位于精工细作的窣堵坡前,而较小雕像则沿着处于中部柱廊和拱形天花之间的大雕像周围的长廊排列,就像在岩石的立面上一样。建筑也相应地得到发展。这些立面由表现多层宫殿的浮雕组成,有规律地重复形成了一个祀奉许多佛像的框架。一排供奉佛像的小型的筒形拱厅"萨拉"(shalas)预示着寺庙建筑语言不久就会在印度南部发展。这种行列一个出现在19号窟立面的顶上,而另一个出现在1号精舍窟的游廊式柱廊(verandah colonnade)上。就像佛教建筑一样,在印度教中,关于连续的坡顶的理念传播广泛,遍布石窟立面(见[789]页图C)、门口,而且形成一种封闭的天窗。

柱子

大量石柱(立柱的残骸)遗留下来,最早的可以追溯到阿育王时代(前3世纪),一些柱上还刻有他的布告。通常认为这些柱子来自波斯,但无论它起源在哪里,这样的柱子都与佛教遗址有关。柱子有朴素的独块巨石凿成的柱身,高达14m(45ft),在顶上有站在光滑的柱头上的动物像,如狮子、公牛、大象等。柱头由一个置于垂花式倒钟形上的柱冠组成。最著名的是作为印度共和国象征的北方邦的萨尔纳特狮子柱(Lion Capital from Sarnath)。比哈尔劳里亚嫩登格尔的狮子柱(Lion Column)至今仍然屹立(见[820]页图B)。

一个相关的柱子类型用于小乘佛教时期的岩凿支提窟大厅和精舍(见[783]页图B、[785]页图A)。这种类型在马哈拉施特拉邦加尔利(Karli,Maharashtra,见[783]页图B)的支提窟可以见到,其前部竖着独块巨石凿就的这种柱子。倒瓮状垂花饰成为一种充满象征的形式,开始体现在罐子(花瓶饰)上,后来应用到柱子的组成部分和各种建筑线脚。更加明确的罐状形式往往放置在柱子底部。在"阿育王"柱的柱冠位置,出现有肋的垫状柱头形式,称为诃黎勒果(amalaka,帽盖)。诃黎勒果通常放置在一个周边开敞的盒子里,顶上有一个反转的阶形金字塔,就像窣堵坡宝匣的上层部分。

在笈多帝国时期,柱子和壁柱的设计出现前所未有的丰富性和多样性,这在马哈拉施特拉邦阿旃陀(Ajanta,Maharashtra)的5世纪石窟中可以看到。其中一种有着对称的圆壁龛,和早期窣堵坡以莲花的圆雕做栏楯的形式相关。有些类型带有漫边儿宝瓶状柱头(purnaghata),通常顶上是一个无装饰的柱冠和托架,被无数北方印度寺庙建筑所效仿;而有些类型带有垫状柱头(a ghata,即'pot',通常被处理得像一块有肋的帽盖),顶上往往装饰着波纹或莲花纹线脚,成为在达罗毗荼或南部的寺庙标准形式的基础。实际上,这些壁柱的设计样式在达罗毗荼寺庙外部那些纤细的壁柱上普遍存在,其完整形式可见于阿旃陀19号窟的立面。

印度教寺庙建筑

公元前1千纪,人们所知的"婆罗门教"或"印度教"的宗教形式广为传播,其中当然包括对神的雕像的崇拜。早期为这些雕像建造的遮蔽所一定是用易腐朽的材料建造的,就像今天遍及印度乡村仍在建造的那些简陋的圣殿。当对神像的崇拜在有组织的宗教中占据支配地位时,纪念性的僧院寺庙就开始建设了,其一些砖结构的遗迹从公元后前几世纪留存至今。最早的坚固的遗迹出现于5世纪左右,是笈多帝国文化环境的产物,而第一个岩凿印度教石窟圣所也出现在这一时期。在7~13世纪,寺庙建筑得到了很大程度的发展和兴盛。从这一时期起,穆斯林的到来瓦解了许多地方性的传统,但14~16世纪的维杰耶纳加尔帝国以及接下来两个世纪的纳耶克统治者,在印度南部保护了大量的寺庙建筑群。在其他地区的不同时期,遗存与复兴还时有发生,而且直到今天寺庙仍以传统的方式建造。

第 26 章 印度次大陆建筑

图 A　埃洛拉的罗波那伽凯 14 号窟(7 世纪早期)，见[791]页

图 B　默哈伯利布勒姆的浮雕阿周那苦修图(7 世纪中叶)，见[787][808]页

图 C　默哈伯利布勒姆石窟(7 世纪晚期)，见[788][791]页

在一个特定的时期和地区，耆那教(就广义而言，它们认为自己是印度教)的寺庙建筑，和印度教寺庙建筑并没有本质上的区别，它们常常是相同的建筑师和工匠的作品，甚至由同一个统治者赞助。它们的区别在于象征意义而不是形式或类型。印度教的不同派别在教义上是相同的，其主要分别在于是崇奉湿婆❶，还是崇奉毗湿奴❷。这里还要提到锡克教寺庙(gurudwaras)。它是随着17世纪锡克教的建立应运而生的，主要建在旁遮普邦。

精通规范"经论"(shastras)的建筑匠师(sthapati)带领着各等级的所有工匠。寺庙的赞助带来了宗教价值。许多更重要的寺庙由国王和王后建造，但是其他重要的或富有的人也会赞助建造，有时商会或者行会也会如此。一旦建造了寺庙就会吸引虔诚的礼品和补助金，包括土地的补偿，而且会在社会和经济生活中得到一个有权势的地位。这使得寺庙可以履行教育和慈善功能，并提供成百个职位，从神职人员和管理人到泥水匠、舞者、厨师和陶工。

建筑意义上、象征意义上和仪式上最重要的是圣殿本身，即拥有外墙和上部结构的神殿。神殿是一个黑暗的立方体的小室，称为"发源室"❸，供奉主要的神像(murti)。作为一个神的住宅，圣殿的功能并不只是提供一个遮蔽所，而且还具有一定的明示含义，就是成为一个通向神的世界的具体途径。从象征意义上看，圣殿是神的身体，如同住宅一样，许多对建筑元素的梵语约章都反映在这一点上。一统之神从内部发出的威力在外部显露出来，其从建筑上看首先表现为是居住的场所，同时在神殿的轴线组织中的宇宙象征很明显，即强调主要轴线，强调从中心交叉点升起的在上部结构的终点与神殿的中心连成的一条垂直轴(世界轴线)。为了增强这一宇宙象征，在即将建造新寺庙之地要通过仪式描画出宇宙图形(vastupurushamandala)，即曼荼罗。

按照宇宙图形分格的正方形广场产生了一个神学上的等级，但这和祀奉在寺庙墙上的雕刻的神的等级不同。主神的重要塑像出现在圣殿的主轴上。在一些中世纪寺庙中神像的增长导致了大量神话形象、神祇、半神、凡人和动物的产生。在一些传统中，妖娆的天女雕像比较显著，有时甚至是天上相爱的夫妻。对人的描画尽管不在最重要的位置，但国王和哲人还是很常见的。柱基这样的元素可能含有叙述性的腰线，通常与史诗或黑天❹的生活有关。

完全抛开这些雕像，在其主要变化形式中，印度寺庙建筑的全部特点是雕刻。这一特征起源于早期从天然岩石中开凿圣殿的实践，跟用于整石寺庙的建筑技术相适应，这些寺庙建立在横梁、撑架和水平层的垒叠基础上。如果材料是砖的，则也会运用同样的原则。砖上刻着现场制作的字样，而且一旦打上底子并画上彩绘就和那些通常以同样方式完成的整石建筑作品相差无几。建筑的意义不在于以任何方式"表达"，过于关注用砖石创造的木材与茅草建筑意象中的支撑和荷载逻辑同样毫无意义。比喻与表现很重要：砖或石的结构由木材建筑的式样建成，并被转为整石建筑的语言。这种描写是正式的、象征性的，而不是文学化或"构造学"的，并且增加了对木构原型的吸纳。

这种建筑的显著特征是佛龛，因为其整体由佛龛即神祠的形象所构成，它们的相互关系是形式(而不是实际)结构的基础。然而，除了在最简单的工程中，圣堂及其塔楼唤起了多层天宫的理念，这个神的居所有许多宅邸。神的大宅由许多不同种类及规模的小房子集群组成，反映了以多种形式或言行来信仰同一位神。这

---

❶ Shiva：又写为 Siva，Siwa，大自在天，印度教崇奉的主神之一。湿婆是属性最复杂的诸神之一，集水火不相容的特性于一身。寺庙所供奉的湿婆的主要象征是林伽，即男性生殖器像。——译者注

❷ Vishnu：遍入天，印度教的主神之一，据说他守护并保存世界，他有许多化身，主要是罗摩和黑天。——译者注

❸ garbhagriha：圣所，梵文原意是"子宫"，意指宇宙的胚胎，是印度教神庙最神圣的地方。——译者注

❹ Krishna：梵语作 Krsna，在印度崇奉最多的诸神之一。印度教认为，他是毗湿奴的第八个化身，是诸神之首，是千千万万印度教徒对之守贞专奉的本尊。——译者注

就像在寺庙墙上，每一尊雕刻的神像表现出一个统一的一面，该统一体的最高形象被祀奉在中央，因此每一个神祠的形象反映了其局部所代表的神的居所的整体。

构成整体的佛龛并非"表面装饰"，理解这一点十分重要。它们不只在外表上和象征意义上很重要，而且被设计成三维的，嵌入其背景或另一个佛龛，又从中显露出来。多种传统的发展都是这样的：整个神殿充满了对成长和物力论（dynamism）的表现，相互贯通的形式则用来表现离心式的显露和扩张。这样，寺庙就可以在一个连续的过程中被理解成神之言行的生动象征。通过这个过程单体呈现出多样性，如同"绝对"（the Absolute）倾注到这个世界一样。

7世纪初，印度的寺庙建筑分化成不同的两个主要分支，本书中称为那伽罗式❶和达罗毗荼式❷。尽管它们都不能完全划分出各自的地域，但前者和印度北部相联系，而后者则与南部相关。通过弯曲的尖塔，即希诃罗❸，可以最直接地辨认出一座那伽罗式神殿，而达罗毗荼式则可以通过排成行列的金字塔形加以辨认。尽管建筑"语言"可能是更合适的字眼，但那伽罗式和达罗毗荼式常被分别归纳为北方和南方的"风格"。每一种形式都提供了一个词汇表、一系列元素以及将这些组合在一起的特定规则。这种语言的首要特征是其神龛类型以及它们的组织方式，建筑规则的本质元素可视为壁龛而非柱子：特殊的柱式如果不是与那伽罗式有关，就是与达罗毗荼式有关，但无一例外的是，它们都不是整个建筑构成的关键。

石窟寺

就中央邦乌德耶吉里（Udayagiri）的5世纪笈多王朝石窟而言，其所雕凿的神话场景比它们的建筑本身更重要。在印度西北的德干高原（Deccan）和贡根（Konkan）接近海岸的地区，印度教石刻建筑的兴盛始于6世纪，它继承了在阿旃陀和奥兰加巴德的佛教石窟中发展起来的传统。

这种建筑经验的本质是雕刻的存在压倒一切。这些雕塑不仅出现在圣所本身，而且还出现于满布在柱间墙的复杂神话嵌板上，如同埃洛拉的**罗波那伽凯石窟**（Ravana-ki-khai cave, Ellora，见[789]页图A）那样。在孟买象岛的**大湿婆石窟**（the great Shaiva cave at Elephanta, Bombay，6世纪上半叶）中发现了动人的石雕嵌板。在巨大的多柱大厅中横梁强调东西方向，且其纵轴延伸至独立的四面圣坛，横轴则是朝向南墙上的众王之王雕像（Maheshvara）。

6世纪后半叶的埃洛拉21号"拉梅湿婆"窟（'Rameshvara' Cave21，见[792]页图⑧）的设计，属于该地印度教石窟的第一个阶段。早期遮卢迦王朝（Chalukyas）首府卡纳塔克高原上的**巴达米**（Badami, Karnataka，见[792]页图ⓒ）和附近的艾霍莱的美丽的印度教和耆那教石窟寺出现在相近的时期，而且在形式上与其相关。艾霍莱的**拉瓦拉法蒂石窟**（Ravalaphadi, Aihole）设置在一个裸露的岩层下，以便像一座结构性寺庙中覆盖在其石窟般的圣所上的塔那样，激发对圣山的想象。

6世纪末期前后，在安得拉邦和泰米尔纳德邦确立起开凿石窟寺（Rock-cut Temple）的传统。这些紧密相关的传统被记录在佛教建筑的遗迹和安德拉邦的叙事雕刻上，两者都表现了预示那些地区的寺庙结构上的建筑风格的细节。例如，相连的"赫拉"（haras，神龛）位于卷式檐线（kapotas）上，更为常见的做法可以在阿旃陀发现，它们出现在**安得拉邦瓮达瓦利**（Undavalli, Andhra Pradesh）的三层岩凿寺庙群的立面上，以及7~8世纪的**泰米尔纳德邦的默哈伯利布勒姆**（Mahabalipuram or Mamallapuram, Tamil Nadu）的帕拉瓦王朝的石窟（见[789]页图 C）中。对于沿海地区的整石"战车神庙"将在有关达罗毗荼寺庙建筑的章节加以讨论。默哈伯利布勒姆的瓦茹阿哈窟（Varaha cave）上的花岗岩台墩是另一个"自然的塔"。在安得拉邦维杰亚瓦达的**阿卡纳马达纳窟**（Akkanna-Madanna caves），部分石刻的前达罗毗荼式（前南方风格）的上部结构遗存至今。

---

❶ Nagara；梵语中意为都市，其形态为四边形，属印度北部样式。——译者注
❷ Dravida；其形态为八角形或六角形，属印度南部样式。——译者注
❸ shikhara；山顶，玉米形顶部。——译者注

第四编 欧洲以外前殖民文化时期的建筑

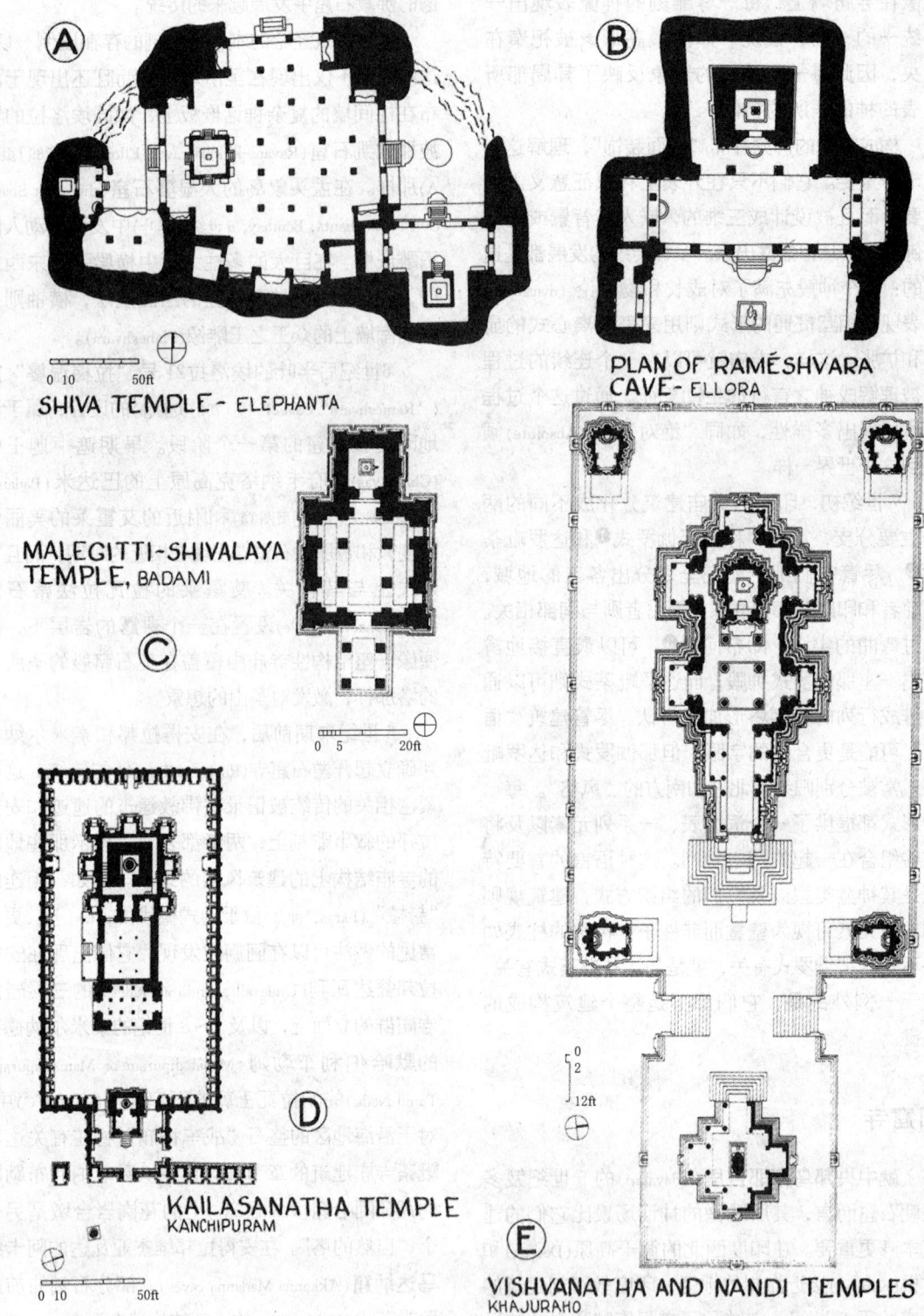

象岛大湿婆神庙（SHIVA TEMPLE-ELEPHANTA）；埃洛拉的拉梅湿婆石窟平面图（PLAN OF RAMESHVARA CAVE-ELLORA）；巴达米的上湿婆神庙（MALEGITTI-SHIVALAYA TEMPLE, BADAMI）；甘吉布勒姆的大凯拉萨纳特神庙（KAILASANATHA TEMPLE KANCHIPURAM）；克久拉霍的宇主庙与神牛难底祠堂（VISHVANATHA AND NANDI TEMPLES KHAJURAHO）

第26章 印度次大陆建筑

阿部山迪勒瓦拉的阿底那陀神庙(维马拉瓦萨希神庙)及柱厅室内(12世纪),见[794]页

在8世纪(那时石窟寺的规划往往紧跟着结构形式的规划)的拉什特拉库塔王朝(Rashtrakutas)，**埃洛拉(Ellora)**见证了岩凿建筑的第二阶段。通过和南方寺庙建筑传统的接触，许多达罗毗荼式的特征出现了。两层的耆那教石窟32号"**因陀罗大厅**"❶就是这样，它的前院包含一个大胆尝试的达罗毗荼形式的独立的石雕多层金字塔，就像一个独立的独块巨石柱子和一座独块巨石雕成的大象一样。

立在因陀罗大厅石窟前的整石柱成为一个象征，在早几十年建成的埃洛拉的最著名的建筑群中也可以找到。这个中心围绕着最大的印度整石开凿的凯拉萨神庙(Kailasa)，其名称来自于湿婆居住的山(见[807]页图C)❷。这个寺庙开凿于一个巨大的挖掘坑内，大约40m(130ft)宽，有些部位扩展到80m(260ft)，直抵山腹，在边上围绕个柱廊和石窟圣殿。寺庙建在一个8m(26ft)高的平台上，该平台包括真实大小的象柱。寺庙的塔在庭院上面升起，高达33m(107ft)。该寺庙是在**卡纳塔克邦的帕塔达卡尔**(Pattadakal, Karnataka)的达罗毗荼的伟大作品(见[806]页图B)的一个发展。

寺庙布局

组成圣殿的圣所和上部结构，在达罗毗荼建筑中被统称为"毗玛那"(vimana，庙塔，根据梵语的词根ma，表示度量)，而在那伽罗式神庙中被称为主殿(mulaprasada，主要殿堂，或主要寺庙，prasada的含义是一个座位或宫殿)。有时有室内环廊(pradakshinapatha)围绕圣所。

单个的信徒访问圣殿进行祈祷，"参谒"神祇，并在神职人员的帮助下在圣所的神像前做祭祀。既然印度教的礼拜就根本而言并不具有公众性，寺庙唯一重要的部分就是圣殿本身，它有布满符号的入口和门道，通常面向东方。然而，除了最简单的寺庙外，所有寺庙中其他要素都出现了，即至少有一座门廊，还常常有一间"安达勒"(antarala，前厅)和一间"曼达波"❸。

曼荼罗坛场可能是平屋顶的，或者带有金字塔形的上部结构，尤其是在北方传统中，有时还拥有像主殿一样复杂的结构。曼荼罗天花开始是横梁和石板的结构，这种结构后来发展成为一个基本的方法。三角形石板用于衔接转角，连续地创造出一个套叠正方形的渐渐变小的图形。许多天花设计可能被看成曼荼罗或几何形平面(yantras)冥想宇宙的图例。给人印象最深刻的是中世纪出现的莲花穹窿，在其中巨石砌筑的同心圆环以花蕊般垂饰的形式升到顶上的石头。12世纪的**拉贾斯坦邦阿部山迪勒瓦拉的耆那教神庙**(Dilwara, Mount Abu, Rajasthan)的白色大理石耆那教寺庙将这种理念用于花边状的错综的末端(见[793]页图)。

在中世纪时期，对用于表演祭祀音乐和舞蹈、布道和讲述神话故事的附属建筑的需求产生了。可能布置一间以柱支撑的开敞大厅，取代一个闭合的曼达波或者按轴线方向设在其前方。曼达波还往往带有围绕其四周的靠着围栏的座位(kaksasana，见[810]页图A)。在印度中部，值得注意的是，**中央邦克久拉霍**(Khajuraho, Madhya Pradesh，见[792]页图Ⓔ)的主厅曼达波前有两个连续的门廊，有逐步抬高的向内行进的台阶，创造出从明到暗，从世俗到神圣的环境。门廊的上部结构有曼荼罗坛场的部分，从圣殿本身的尖顶逐渐缩小的序列中得来(见[802]页图B)。附属的塔庙或宫殿可以以多种方式结合起来成为寺庙设计。许多寺庙，特别是那伽罗式寺庙，连同整座寺庙都建于其上的带有线脚装饰的柱底座或柱础一起，建在一个巡行的平台上(jagati)，有时在拐角处有小型的附属神殿。金刚宝座塔的五座神殿(panchayatana)的排列方式的制式，在6世纪笈多时期的中央邦代奥克尔的达什**瓦塔拉神庙**(Dashavatara)中已经出现。奉献给湿婆的寺庙前面原先可能有一座独立的亭子，里面供奉的是湿婆的坐骑——神牛难底的像。

一座重要的寺庙可以被安置在一个由"普勒

---

❶ Indrasabha：因陀罗是印度教吠陀经籍所载众神之首，又译为"帝释天"。——译者注
❷ 凯拉萨山位于印度北部，被视为人间地上的须弥山。——译者注
❸ mandapa：柱厅，印度寺庙的前厅，又称舞厅，有百柱厅、千柱厅之称。——译者注

卡拉"(prakara,墙垣)围合的空间中,周围分散排列着一些附属的神龛。在8世纪头25年由帕拉瓦国王拉贾西姆哈(Rajasimha)建造的泰米尔纳德邦甘吉布勒姆❶的**大凯拉萨纳特神庙**(见[792]页图①)就是这样,此庙也称拉贾西姆哈神庙。在北部地区,最重要的寺庙围墙属于那些印度西部耆那教寺庙、始于11~12世纪的古吉拉特邦**贡珀哈里亚神庙**(Kumbharia)和拉贾斯坦邦**迪勒瓦拉寺庙**(Dilwara),并在拉贾斯坦邦拉纳克普的**阿底那陀神庙**(Adinatha Temple)达到顶点。较早的建筑群呈矩形,稍后变成正方形,边上有84座塔形小型圣殿,而要进入四面的任何圣殿都要通过在中央圣殿的主要轴线上的三层入口大厅。西入口大厅相对更为重要,标志着占主导地位的东西轴线。在围合空间内的四个附属圣殿赋予寺庙一种金刚宝座塔(pancyatana)的模式。多柱的白色大理石曼达波由开敞的上层顶照亮,其有16个主穹顶。

一座寺庙前面可以是一个大门(陀兰那),如同奥里萨布巴内斯瓦尔的**解脱主神庙**(Mukteshvara Temple)一样。陀兰那通常是独立的,而没有圈入围合的墙内。在印度南部进入寺庙范围往往要经过一座"瞿布罗"(gopura,门塔)。与达罗毗荼寺庙相关的门塔设计将在下面论述。

南部晚期的"寺庙城"是最广大的寺庙群。它们陆续建造的集中的寺庙墙垣(prakara)围合了池塘、大量的圣殿、"千柱厅"、教育设施,居住街区、餐厅、谷仓和储藏室。由于有各自另外的寺庙墙垣,门塔或者门塔群不得不造得比原来的更为高大。离心式的向外扩展表现了神的力量也同样在放射,这在独立的圣殿中可以感觉到。泰米尔纳德邦吉登伯勒姆的**那吒罗阇神庙**(Nataraja Temple, Chidamabaram, Tamil Nadu)是这些主要建于12~13世纪的宏大寺庙群中最早的一座。晚些的例子包括主要建于16世纪的泰米尔纳德邦甘吉布勒姆的**埃甘巴勒湿婆神庙**(Ekambareshvara Temple, 见[813]页图A)和主要建于17~18世纪的泰米尔纳德邦马杜赖大寺(the Great Temple or Minakshi Temple, 见[816]页图A)。在马杜赖建筑群中的普度曼达波(Pudu mandapa)是在泰米尔纳德邦17世纪华丽的多柱大厅中的一个实例,还有就是泰米尔纳德邦拉**梅斯沃勒姆**的大焦卡坦回廊(the great Chokkattam corridor)和17世纪的泰米尔纳德邦斯里兰格姆的**兰格纳塔神庙**(Ranganatha Temple)"马柱曼达波"('Horse Mandapa'),后者有大型的后腿直立的群马列柱作为装饰。蒂鲁吉拉伯利(Tiruchirapalli)附近的斯里兰格姆建筑群,占地63hm²(156acre),而且还有规范的全套七座寺庙墙垣。南边对着最远的寺庙墙垣的门塔是世界上最高的门塔,直到近年才建成。

水池与阶梯形水井

对寺庙来说,与水的结合一直非常重要,而且在所有附属建筑中给人印象最深刻的或许是水池或蓄水池。它们的边缘通常呈阶梯状,有时还排列着一些小型的圣殿,就像11世纪的古吉特拉邦莫德赫拉的**苏利耶神庙**❷前的大水池。

在古吉特拉邦建造的华丽的中世纪阶梯型水井虽然与寺庙分离,但仍然保留着其神圣性和实用意义,而在印度教和伊斯兰教共同统治下建立的拉贾斯坦邦,其神圣性和实用意义则要弱一些。通过柱和梁的开敞结构,向下走几级阶梯就可以到达井边。在这些井中最值得纪念的是最近发掘的11世纪晚期的古吉拉特邦帕坦的**皇后井**(Rani Vav or Queen's Well),其雕刻和装饰与任何寺庙一样丰富。

如同外向寺庙一样,11世纪初在卡纳塔克邦苏迪(Sudi, Karnataka)的水池非常清楚地表现出水源的概念。

那伽罗式寺庙

印度中部的笈多文化产生了那伽罗(Nagara)式纪念性丰碑的原型,例如15世纪在北方邦皮德尔冈(Bhitargaon, Uttar Pradesh)的砖砌寺庙。一旦划定那伽罗式"语言"的诸形式要素,除了带有简洁的希诃罗(尖塔)的早期拉提那式以外,在这些形式布局方面,出现了种种方式,同时也有各种不同的模式。值得注意的有伐腊毗式(the Valabhi)、色诃里式(the Shekhari)和布米迦式(the Bhumija),下文将会分别加以论述。

---

❶ Kailasanatha or Rajasimheshvara Temple;甘吉布勒姆,旧译建志补罗。——译者注
❷ Surya Temple;苏利耶是印度教神话中的太阳或太阳神。——译者注

第四编 欧洲以外前殖民文化时期的建筑

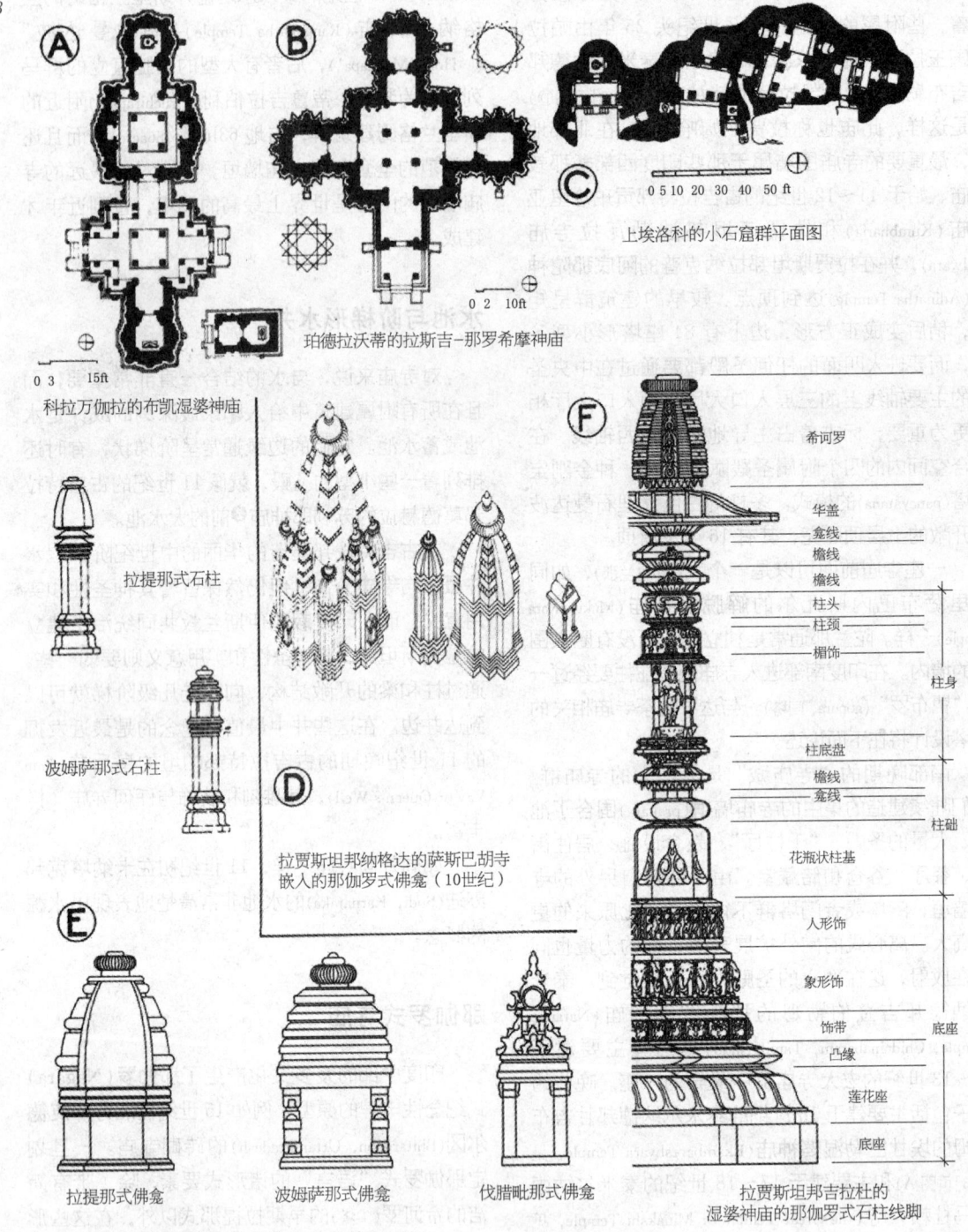

上埃洛科的小石窟群平面图

珀德拉沃蒂的拉斯吉-那罗希摩神庙

科拉万伽拉的布凯湿婆神庙

拉提那式石柱

波姆萨那式石柱

拉贾斯坦邦纳格达的萨斯巴胡寺嵌入的那伽罗式佛龛（10世纪）

拉提那式佛龛　波姆萨那式佛龛　伐腊毗那式佛龛　拉贾斯坦邦吉拉杜的湿婆神庙的那伽罗式石柱线脚

那伽罗式佛龛的元素

第 26 章 印度次大陆建筑

图 A 锡尔布尔的毗湿奴庙(约 7 世纪早期),见[798]页

图 B 帕塔达卡尔的伽拉甘那塔庙的希诃罗(8 世纪中叶),见[799]页

图 C 巴多里的伽泰湿婆庙(10 世纪),见[798]页

每当拥有某种共同的建筑语言之后，就会出现大量的风格特征变体。当代的寺庙就是这种状况，例如，古吉拉特邦和奥里萨邦的寺庙在构图上有可能相仿，然而由于比例、线脚形状、表面装饰，以及雕刻手法方面的差异，会产生千差万别的感觉。就广义而言，那伽罗式建筑大致的特色区域在公元 7 世纪左右开始出现，分别如下：最重要的是印度西部，与其密切关联的是印度中部，印度东部（主要指奥里萨邦），以及德干高原（马哈拉施特拉邦、卡纳塔克邦和安得拉邦地区）。

出现那伽罗式寺庙建筑的各种模式和风格的地区，在类型和水平线脚的连续分层方面具有共同的特点。一般说来，每道线脚对应于一层砌体，同时又具有某种象征意义和建筑上的功能。拉贾斯坦邦吉拉杜的**湿婆神庙**（Shiva Temple）规模不大，从地面一直到塔基都布满了线脚（见[796]页图Ⓕ）。这座 11 世纪的神庙上充分表现了几乎所有在那个时代出现的各种线脚。相对不那么精致的寺庙就不会有带线脚的底座（pitha），但是自早期起，基座本身作为柱础（vedibandha）的元素就已经普遍出现（见[797]页图 C，和[802]页图 A 及[805]页图 B）。檐线（kapotali）代表某种悬挑的屋顶，往往带有分割的龛线（antarapatra，即凹槽）；水瓶状塔顶饰（kalasha），即瓶饰，是一种衬垫构件；花瓶状柱基（kumbha），即坛状底座，坡脚（khura，即花瓶状柱基的坡脚（tortoise）），往往与花瓶状柱基组成一个构件。在这个实例中，墙体（jangha, thigh）用凹凸线条装饰来代表柱子的横饰带。

至于柱子的设计方面，尚未形成独立的那伽罗"柱式"，相当多类型的寺庙的柱头为饱满的宝瓶状（purnaghata, 'brimming vase'）。

拉提那式

拉提那式❶（见[801]页图Ⓐ）是单独的式样，而不是组合式：它的样式和其他风格不同，本质上说不是佛龛的集聚。希诃罗（尖塔）的侧面由水平线脚组成,显示一个多层的神祇的宫殿，以及那层层伸出的茅屋顶屋檐，而且在更早的实例中有时会遮蔽着昏暗的柱廊。在顶端的平台上（skandha, 肩），标记着竖向轴线的一个圆柱形柱身（griva, 颈），支撑着"有齿的轮子"或诃黎勒果（myrobolan fruit, 榄仁树果）。在这上面，花瓶顶饰（kalasha）标志着竖向轴线的顶端。

在希诃罗的转角部分，层叠的屋檐每隔几行就以诃黎勒果的形式加以强调。这种冠状元素从更早的时期，即在融合过程发生前就早已存在。"前拉提那式"时期的形式如中央邦锡尔布尔的**吉祥天女神庙**❷（见[797]页图 A）是多佛龛神庙。

卡纳塔克邦的艾霍莱（Aihole）和德干高原其他地方于 7~8 世纪遮卢迦王朝早期建造的拉提那式寺庙，以及达罗毗荼和其他各种寺庙，就是这种风格的完全成熟的最早先例。在印度西部，拉提那风格在 8~10 世纪进入全盛期，其中心在古吉拉特邦的**罗达**（Roda）和拉贾斯坦邦的**奥西扬**（Osian）。拉贾斯坦邦的**巴多里**（巴洛里，Badoli or Baroli, Rajasthan）于 10 世纪建造的盖特湿婆神庙（Ghateshvara temple）是一个生动的例子（见[797]页图 C）。这之后不久，拉提那式在这个地区仅次于色诃里式（Shekhari），后者可以用于任何类型的寺庙。

奥里萨地区的石匠仍保留着对拉提那式的忠实表达。从雄浑的**"持斧罗摩"** 神庙（Parasurameshvara temple, 约 600）到优雅的**解脱主神庙**（Mukteshvara, 9 世纪或 10 世纪），都可以看出其发展过程，这两座神庙都位于布巴内斯瓦尔。在奥里萨地区后来的作品中，包括三个最著名的拉提那式建筑实例：位于布巴内斯瓦尔的**林伽罗阇神庙**（Lingaraja temple, 11 世纪晚期）、位于布里的**扎格纳特神庙**❸和雕刻华丽的

---

❶ The Latina mode；拉提那式的尖塔为曲线形，波姆萨那式的尖塔为直线形。——译者注
❷ Lakshmana temple；又译室女庙。——译者注
❸ Jagannatha temple, Puri, 12 世纪；扎格纳特是印度教大神黑天在布里受崇拜的化身。——译者注

戈纳勒克太阳神庙❶。戈纳勒克的希诃罗已不复存在，林伽罗阁神庙和扎格纳特神庙分别约高达37m(120ft)和57m(185ft)。

拉提那式神殿更加进化的形式为：在每一边上有三个、五个甚至七个墙体突出物(wall-projections，在两个突出体之间或有或无凹陷)，一直进入希诃罗部分，并沿着中央的轴线(见[797]页图C)愈加突出。尽管神殿作为整体是不可分割的，在墙壁的凸棱上可能出现附属神龛——最重要的是中间那些神龛，他们祀奉着外部尖塔的凹穴内那些主要的膜拜雕像。

在这类神庙形式上的变动中，马蹄拱的母题是不可或缺的。在这里，这种图案称为"牛眼"❷，并作为点缀出现在希诃罗的多层茅蓬屋顶上，出现在小型佛龛的山花上(见[796]页图Ⓔ)，也出现在位于佛塔前的前殿(antarala)上的"鹦鹉嘴"(sukhanasa)突出上。窗户、日光和莲花饰相结合，这个母题成为内部世界与外部世界之间转换的一个强有力的象征，这种转变通过其创造的模式得以强化。一种广泛使用的构造是包含靠在两个半牛眼上的一个完整的牛眼，这在更早时就曾有记载。关于埃洛拉10号窟，可以看到牛眼从一个连续呈现的序列过程中逐渐分离出来。这种理念在遮卢迦王朝早期的**安得拉邦阿伦布尔**(Alampur)和卡纳塔克邦帕塔达卡尔(Pattadakal)的拉提那建筑中，以一种特殊的雕刻方式发展。

伐腊毗式

在那伽罗语言里，伐腊毗式(The Valabhi mode，见[801]页图Ⓑ)是向拉提那式转变的最早的风格，唯一的例外是没有将拉提那式的希诃罗作为基本组成元素，取而代之的是顶上装饰着牛眼图案的佛龛。

作为对前述的一种整牛眼与两个半牛眼图形的发展，以同样的布置方式排列着更小的图形，其中可能会有少量的重复。这样一个概念是伐腊毗式神庙的基础，其平面呈矩形，在和圣殿入口方向成直角的地方有筒状屋顶的上层结构。矩形的两端，将该空间引入一个基于不断减小的牛眼图案的立面处理，一个叠在另一个之上，突出地前伸，在使各个分裂的元素在水平方向偏离的同时，形成一种外向的遥不可及的印象。

这种寺庙的实例主要产生于8世纪，包括最著名的中央邦瓜廖尔的**泰里卡神庙**(Telika Mandir)和**奥里萨邦布巴内斯瓦尔的瓦伊塔尔塔庙**(Vaital Deul)。在喜马拉雅山脚下的**贾格湿婆神庙**(Jageshvara，见[819]页图C)可以找到简单的例子。这种形式在拉提那式寺庙的"鹦鹉嘴"中也可以看到，而且如同在拉提那式的希诃罗的三个开敞立面上显现出的圣殿的形象那样，大胆的手法显得十分突出。

色诃里式

那伽罗式的色诃里风格出现在10世纪的印度西部和中部，成为那里几个世纪以来主导的寺庙类型。在奥里萨邦，拉提那式仍是神庙的首要类型，但色诃里式(The Shekhari mode)也颇具盛名，例如11世纪的布巴内斯瓦尔的**罗阇拉尼神庙**(Rajarani temple)。

色诃里式神殿(Shekhari prasada，见[796]页图Ⓓ)最简单的形式，基于一个有三个突出的错列式正方形平面，其位于中央的拉提那式神殿，由另外三边不面对曼达波的外壁上的扶壁支撑着建筑的一半部位。从概念上说，这些半神殿是完整的，半嵌入式的，沿着圣殿的主要轴线出现。在拐角处埋置了1/4的是石雕纪念柱，柱式顶上有拉提那式希诃罗。

优雅小巧的拉贾斯坦邦杰格特的**安巴姆马特神庙**(Ambamatha Temple，见[802]页图A)于960年落成，其基本上是简单的色诃里式，在每个中心凸棱前附有三个附属神龛。两根纤细的石雕纪念柱中，侧面一根柱的顶上有微型的曼达波(柱厅)。

---

❶ Sun Temple, or Surya Temple, Konarak，13世纪；即苏利耶神庙，原称黑塔，此庙从未完工，今已成废墟，原设计为太阳神苏利耶战车形。——译者注

❷ gavaksha；亦译为太阳的弧形，一种顶楼的装饰窗。——译者注

第四编 欧洲以外前殖民文化时期的建筑

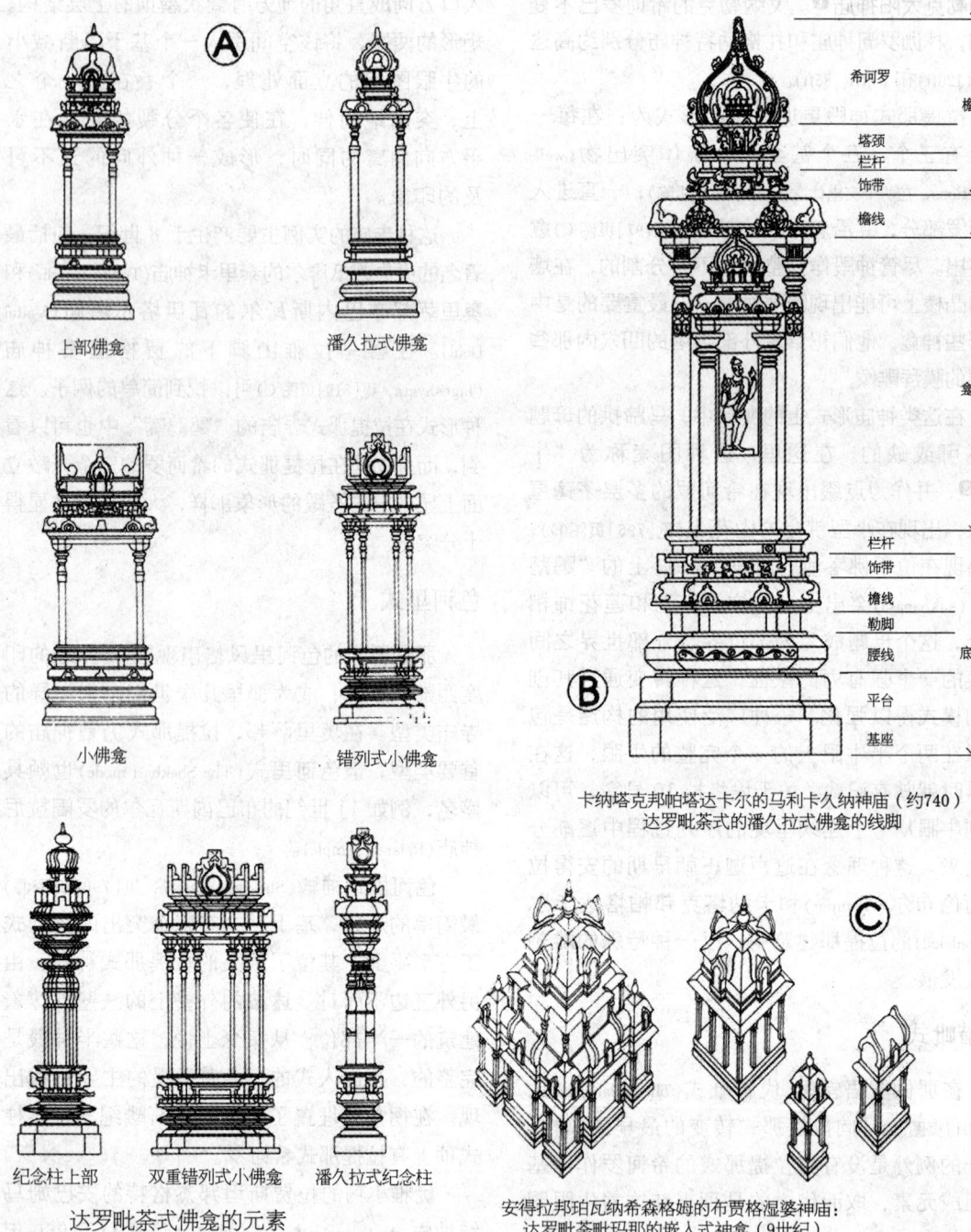

上部佛龛　　　潘久拉式佛龛

小佛龛　　　错列式小佛龛

纪念柱上部　双重错列式小佛龛　潘久拉纪念柱

达罗毗荼式佛龛的元素

卡纳塔克邦帕塔达卡尔的马利卡久纳神庙（约740）
达罗毗荼式的潘久拉式佛龛的线脚

安得拉邦珀瓦纳希森格姆的布贾格湿婆神庙：
达罗毗荼毗玛那的嵌入式神龛（9世纪）

第 26 章 印度次大陆建筑

那伽罗式塔庙 | 达罗毗荼式塔庙

A 拉提那式：中央邦那雷萨的克拉柯塔湿婆神庙（8世纪）

B 伐腊毗式：奥里萨邦布瓦内斯瓦尔的瓦伊塔尔神庙（8世纪）

G 阿尔帕毗玛那式：泰米尔纳德邦埃纳蒂的湿婆神庙（10世纪）

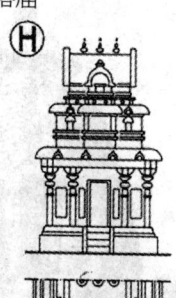
H 阿尔帕毗那式：带小屋顶的萨德瓦尔伽式马哈拉斯特拉邦埃洛拉的凯拉萨神庙中的附属神殿（8世纪）

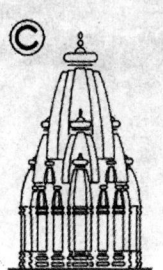
C 色诃里式（扩展的方形平面）：中央邦伯德纳沃尔的拜伊贾那特摩诃提婆神庙（约1100）

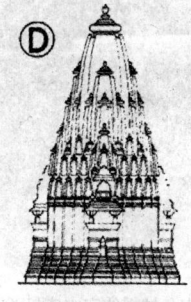
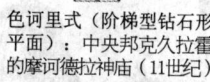
D 色诃里式（阶梯型钻石形平面）：中央邦克久拉霍的摩诃德拉神庙（11世纪）

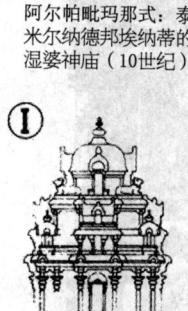

I 达罗毗荼两层式：泰米尔纳德邦基拉宇尔的阿伽斯蒂湿婆神庙（9世纪）

J 达罗毗荼三层式：卡纳塔克邦楠迪的博甘迪湿婆神庙（9世纪）

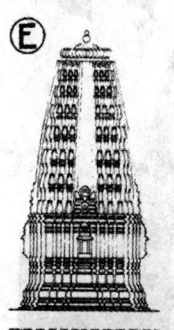

E 布米迦式（扩展的方形平面）：马哈拉施特拉邦辛纳尔的贡德什亚纳神庙（12世纪）

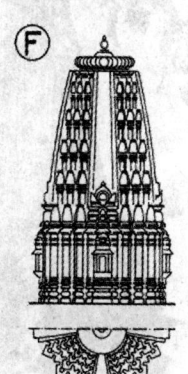
F 布米迦式（星形平面）：中央邦大卡勒湿婆2号神庙（11世纪）

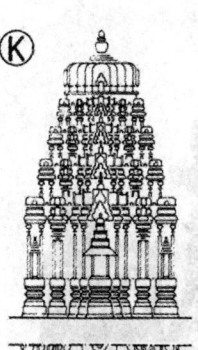

K 晚期卡纳塔达罗毗荼（扩展的方形平面）：卡纳塔克邦伊塔吉的摩诃提婆神庙（12世纪）

L 晚期卡纳塔达罗毗荼（星形平面）：卡纳塔克邦索姆纳特镇的克沙瓦神庙（13世纪）

第四编 欧洲以外前殖民文化时期的建筑

图 A 杰格特的安巴姆马特神庙(960)，见[799]页

图 B 克久拉霍的宇主庙(1002)，见[803]页

图 C 阿索达的杰斯马尔纳特摩诃提婆神庙(12世纪)，见[803]页

图 D 克久拉霍的摩诃提婆神庙（11世纪中叶），见[803]页

最具特点的是，这种风格的发展采用了离心展开的形式。这种形式中，构图的最简单的类型成为上层构造的顶部，其整体就这样向下增加。这在中央邦克久拉霍的吉祥天女神庙的主殿和宇主庙(Laksmana and Vishvanatha temples，分别建于公元954年和1002年，见[802]页图B)中有所体现。在这两个例子中，简单的色诃里式都坐落在有五个凸棱的基座之上，拐角和居中的凸棱均为纪念柱，而中央的凸棱则推向后边，石雕纪念柱则相互搭接，形成带阳台的门廊，设有带牛眼的三角楣饰，以让光线进入内殿四周的回廊。

在古吉拉特邦阿索达的杰斯马尔纳特摩诃提婆神庙(见[802]图C)❶的附属圣殿中可以看到相同的构图，而规模则较小。主殿仍以简单的色诃里式作为其上部结构，然而却更为复杂。每一个面上连续出现附加的嵌入的希诃罗，还有建在半希诃罗旁的1/4希诃罗。从概念上说，这些属于3/4嵌入的神殿形式，反映出整体风格是一种形式沿着其主要的轴线复制自身的形式，并在局部中重复。

11世纪克久拉霍的摩诃提婆神庙❷(见[801]页图Ⓕ、[802]页图D)在每条轴线上均有一个由四个凸棱的希诃罗组成的中心系列(故包括中央希诃罗在内，共有五种希诃罗形式)，除此之外还有1/4希诃罗和顶上有石雕纪念柱的希诃罗，后者建造于搭接的正方形上。由于平面发展到中心被向前推向更远的程度，转角退缩到另外的凸棱的排列中，因此平面呈一种阶梯状的菱形。

布米迦式

布米迦式(The Bhumija mode)起源于11世纪的印度中部，没有色诃里式传播得那么广。像色诃里式一样，布米迦式可以被视为拉提那式的一种发展(见[801]页图Ⓔ、图Ⓕ，[805]页图A、图B)。当中央和角上部分和对应的外壁上的凸棱在一起通过石雕纪念柱的纵向联系重新安置时，希诃罗却被完整地保留下来。尽管中央的凸棱太宽了，以致不像柱子，但它还是延续着其他凸棱的石雕纪念柱线条，并且在脊的基部通过一个巨大的牛眼完成。

一个交错的正方形平面，有时是层叠的钻石形平面，可以有五道或七道凸棱，并相应地在两个相邻的侧边上的中央突出物之间有三道或五道石雕纪念柱的垂直线条。这种风格完美地导出一个位于旋转的正方形中心上的星形平面，有石雕纪念柱(见[796]页图Ⓑ)，但保留了和希诃罗对应的垂直的中心凸棱。

位于中央邦东部的古代马尔瓦高原和马哈拉斯拉特西部的瑟纳德萨(Seunadesha)是布米迦式的真正发源地，最早最华丽的实例是中央邦乌代布尔的乌代湿婆神庙(Udayeshvara temple)。该寺建立于1059～1080年，基于一个32角星的平面上(见[805]页图A)。12世纪，在马哈拉斯特拉的垂直实例是辛纳尔的贡德湿婆神庙(Gondeshvara temple)和佐德伽的摩诃提婆神庙(Mahadeva temple，见[805]页图B)。在拉贾斯坦可以发现一些重要的布米迦式建筑的杰作，例如梅纳尔的摩诃纳尔湿婆神庙(Mahanaleshvara temple，11世纪晚期)，向南直到卡纳塔克和安得拉邦可以看到一些变体。卡纳塔克邦贝卢尔的昌纳克湿婆神庙(Chennakeshava temple，1117)的上部结构没有遗存下来，因而不再那么直接明了，但仍是一个布米迦式的结构。

达罗毗荼寺庙

自早期的泛印度传统而来的南部印度或达罗毗荼寺庙建筑的出现，可以从阿旃陀及安得拉邦的佛教传说，追溯到南部6世纪的岩凿建筑。经过7世纪和8世纪早期，在卡纳塔克邦北部的巴达米地区，也就是早期遮娄其王朝的首府，可以发现寺庙结构上的达罗毗荼"语言"的全面发展(紧接着安得拉也有相关发展)。与此同时，由于有许多的相互影响，达罗毗荼在泰米尔的版本在帕拉瓦王朝之下硕果累累。

达罗毗荼寺庙建筑也传到了喀拉拉地区，并且9～13世纪泰米尔纳德强大的朱罗王朝又将其传播到斯里兰卡。当寺庙群规划中出现了空前的

---

❶ Jasmalnath Mahadeva Temple；Mahadeva是摩诃提婆，又名大天，是湿婆（即大自在天）的异名。——译者注
❷ Kandariya Mahadeva；Kandariya在梵文中为洞府、神庙之意。——译者注

第四编　欧洲以外前殖民文化时期的建筑

规模与丰富的组合的时候，泰米尔的达罗毗荼传统在建筑形式和细节上仍是保守的。

然而和北部传统一样，在卡纳塔克地区出现了同样的发展。到11世纪初，达罗毗荼形式已经变化得让人不再能立刻辨认出是达罗毗荼式。因此，有关学者已经提出晚期卡纳塔克地区的达罗毗荼式可看做是韦萨拉式(Vesara)，这是难以界定的第三种主要类型，与那伽罗式和达罗毗荼式一道出现在经典的教科书中。晚期卡纳塔克-达罗毗荼传统传播到了安得拉邦，并在马哈拉斯特拉地区盛行。到14世纪初，随着穆斯林的到来，这种风格消失了。从1336年起维杰耶纳加尔帝国(Vijayanagara empire)在印度南部重建印度教的统治达200年。维杰耶纳加尔帝国更多地转向在花岗岩中大量采用泰米尔传统，而不是地方性的卡纳塔克方言复兴，因为后来错综的卡纳塔克方言在具有美丽纹理的片岩中找到了完美的介质。

达罗毗荼寺庙中最简单的形式是"阿尔帕毗玛那"❶，它的基础可以追踪到佛教犍陀罗神殿的原型(见[801]页图ⓒ、[784]页图ⓒ)中的一种。这种类型是从木和茅蓬建筑的原型中得来的。当表现为石构建筑时，这种类型有一个有线脚的基础，由通常壁柱的墙围合的正方形圣所，一个挑出的华盖(即"卡波塔"(kapota，卷形的檐口))，以及通常呈正方形的"库塔"(kuta，穹窿顶)。后来的阿尔帕毗玛那式均为矩形，用一个"萨拉"(shala，筒拱状屋顶)覆盖，而半圆形的塔脊(gajapristha，"象背")则以一个半圆的亭子为顶盖。

作为早期实例的是一座建于7世纪初左右的覆盖穹顶的阿尔帕毗玛那(见[806]页图A)，这是一座小型的砂岩雕凿的神殿，其前面有一座门廊。这座神殿在卡纳塔克邦艾霍莱的罗波那法蒂石窟寺(Ravana Phadi cave temple)以南，借助建立一种层层叠涩的线脚序列的整石建筑的基本语言，展示了关于木材、茅蓬建筑的形式。在石窟寺中任一侧面上的鲜明的神龛浮雕都表明同样的样式。如[810]页图B所示，阿尔帕毗玛那顶部有一个正方形的穹顶。阿尔帕毗玛那半圆室的实例可能比艾霍莱的神殿更为古老，但在上部结构中有着同样的线脚序列，这种实例可以在马哈拉施特拉邦的泰尔(Ter)和安得拉邦的切尔扎拉(Cherzala)中发现，这两座神庙均为砖砌建筑，而且最初可能是佛教建筑。

阿尔帕毗玛那的角锥形顶的基本样式变成了更精巧的神殿的上部结构："上层寺庙"。简洁的阿尔帕毗玛那被压缩得很短，直接坐落在底层的卷形檐口上，就概念而言，保留了整体的佛龛。这种以筒状结构作为塔顶的毗玛那在8世纪早期有甘吉布勒姆凯拉萨纳特神庙的摩哂陀跋摩湿婆神龛(Mahendravarmeshvara shrine at the Kailasanatha temple)，在8世纪中晚期则有埃洛拉的凯拉萨神庙(Kailasa)的轴线上的附属神殿(见[801]页图⑬和[807]页图C)。在更加复杂的概念中，阿尔帕毗玛那保留了最上层的通常形式。因而，泰米尔纳德邦默哈伯利布勒姆的海岸神庙(Shore Temple，8世纪早期，见[807]页图A)或泰米尔纳德邦戈杜穆鲁的穆瓦克韦尔神庙(Muvarkovil, Kodumbalur，9世纪)均为穹顶覆盖的阿尔帕毗玛那，分别有八边形和正方形的穹龛。9世纪纳尔塔马赖的维阇耶科里湿婆神庙(Vijaya Cholishvara temple，见[810]页图B)顶上的层台则采用了第三种——完全圆形的阿尔帕毗玛那。

神牛和侏儒的雕像位于前面提及的三座神庙的"格利瓦"(griva，塔颈)上。通常这个部位有一串"哈拉"❷式的护栏，这是一系列穹顶和筒拱顶。默哈伯利布勒姆的"五战车神庙"(The 'Five Rathas' at Mahabalipuram)是7世纪中期左右从花岗岩中开凿而出的，就像一部汇集了各种神殿形式的目录。在半圆形的无种-偕天战车神庙(Nakula-Sahadeva ratha)中，"上层寺庙"是一种有着一圈哈拉的半圆阿尔帕毗玛那。阿周那战车神庙❸是一个正方形的两阶毗玛那，上层部分是一座正方形小神殿，有哈拉和一个八边形的穹龛。西边与门廊脱开的下层部分在和栏杆的穹龛顶或筒拱状屋顶对应的外壁上有凸棱，就像达摩罗阇战车神庙❹的上两层那样，该神庙的平面呈正方形，

---

❶　alpa vimana；倒锥形塔，金字塔形塔，印度南方的塔庙。——译者注
❷　hara；印度庙宇建筑中一连串的神龛。——译者注
❸　Arjuna's ratha；阿周那是印度史诗《摩诃婆罗多》中的主人公般度族五兄弟之一。——译者注
❹　Dharmaraja ratha；又称为法王战车神庙。——译者注

第 26 章 印度次大陆建筑

图 A 乌代布尔的乌代湿婆神庙(1059—1080),见[803]页

图 B 佐德伽的摩诃提婆神庙(12 世纪),见[803]页

图 C 拉纳克普的太阳神庙(15 世纪),见[809]页

第四编　欧洲以外前殖民文化时期的建筑

图A　艾霍莱的罗波那法蒂石窟寺(6世纪晚期)，前景为一座小型的达罗毗荼神殿（7世纪早期），见[804]页

图B　帕塔达卡尔的维卢帕克萨神庙(740)，见[794][808]页

第26章 印度次大陆建筑

图A 默哈伯利布勒姆海岸神庙(8世纪),见[804][808]页

图B 达拉苏勒姆的埃伊拉瓦特湿婆神庙(12世纪),见[808]页

图C 埃洛拉的凯拉萨神庙(8世纪中期及晚期),见[794][804]页

是一座三阶毗玛那。

这种墙面突起与有女儿墙的神龛相一致的处理手法实际上是达罗毗荼寺庙的范式,认识这点才能理解其多神龛的概念与构成。纤细的阿尔帕毗玛那的典型是在转角有壁柱,顶上有一个穹窿顶或筒拱状屋顶的突起。这些阿尔帕毗玛那的组成部分由犍陀罗神殿(见[784]页图ⓒ)继承而来,阿尔帕毗玛那常常以叙事性的浮雕来展现,被表现为木构的神殿,每一个转角都有一个装饰柱,以支撑茅蓬顶天蓬和一个上部的亭阁。雕刻在默哈伯利布勒姆的一块巨石上的浮雕阿周那苦修图❶可以看到安放着毗湿奴雕像(770)的这种形式的神殿(见[789]页图B)。在这里,木质的细部已经概括成线脚,遵循在石凿寺庙中建立的习俗,木制的角柱展现为狭长的壁柱。普遍的达罗毗荼壁柱在形状和线脚的序列上反映了在达罗毗荼寺庙中使用最广泛的柱式(见[789]页图C)。最早的神殿或佛龛用做表示穹顶和筒拱顶的阿尔帕毗玛那的一个构成单元,它们可以被分别认定为"穹顶佛龛"和"筒拱状佛龛"(见[800]页图Ⓐ)。稍后出现的是"盔帽形佛龛"(panjara-aedicules)。在方锥形达罗毗荼神殿的各层"塔拉"(talas)周围互联为"回廊"(cloisters)的这些构成单元,被表现为立体的,似乎嵌入墙内(见[800]页图ⓒ)。借助[800]页和[801]页图理解寺庙的壁龛构成并不会困难。如果不考虑到下面的墙,那么这个有女儿墙的亭子是完全的神龛形式(见[807]页图A、图B),这种女儿墙被称为"萨德瓦尔伽"(sadvarga,分成七段的女儿墙)。

在达罗毗荼寺庙的主神龛区内,墙上显露出的附属壁龛往往祀奉着雕刻的神龛。一个庞大的8世纪的卡纳塔克邦帕塔达卡尔**维卢帕克萨神庙**(Virupaksha temple,见[806]页图B)的遗迹,包含着不同规模的各类壁龛形式的全部类型。[800]页图Ⓑ显示出线脚的序列已经确立:在女儿墙中,以希

诃罗线脚象征茅蓬顶,"格利瓦"(griva,塔颈)代表可居停的游廊,"维蒂"(vedi)表现为栏杆,卷檐上方托梁的末端有"芙耶拉马卡拉"图案❷表示蓬草覆盖的屋檐。带线脚的柱础的序列成为卡纳塔克地区神庙的范式(见[806]页图B和[810]页图A及[812]页图B)。而在泰米尔纳德地区,这种元素却有各种不同的类型。

朱罗王朝曾经建造了最大的毗玛那,包括泰米尔纳德邦坦焦尔的**布里哈德湿婆神庙**(Brihadeshvara temples of Tanjore or Thanjavur,约1010,见[811]页B)、**泰米尔纳德邦根加伊贡德焦勒布勒姆**(Gangaicondacholapuram,11世纪中期)的布里哈德湿婆神庙和达拉苏勒姆的**埃伊拉瓦特湿婆神庙**(Airavateshvara temple,12世纪中叶,见[807]页图B)。坦焦尔的毗玛那有大约66m高,它是这个寺庙区域的入口,在东向轴线上树立着最早的两座纪念性瞿布罗(泰米尔的瞿布罗门塔 (gopuram in Tamil),见[813]页图A和[816]页图B)。瞿布罗门塔的形式起源于早期印度的筒状屋顶的门头,这些都曾在诸如桑吉和南印度的浮雕中有所描述,基本上是在长边中央有一条过道的筒拱状屋顶神殿。简洁的瞿布罗门塔如位于**拉蒂甘**的那座10世纪晚期门塔(Laddigam,见[813]页图E),与多层结构的最上层带筒拱状屋顶的阿尔帕毗玛那相对应。

在卡纳塔克的达罗毗荼传统和那些受安得拉邦影响的寺庙中,已经显示在帕塔达卡尔遮卢迦王朝早期工程中的趋势在接下来的三个世纪内有所延续,达罗毗荼神殿的形式转变为"韦萨拉"(Vesara)式。"韦萨拉"的意思是"杂交"(mule),而晚期卡纳塔克达罗毗荼寺庙呈现出某些那伽罗式的特点,这正是因为它们以杂交的方式发展,轴向伸延越来越长,它们的组成部分在增加和破碎。基础层的金字塔和佛龛,以及线脚的样式仍保留着达罗毗荼风格,但已经有所转型。

---

❶ Arjuna's Penance relief;7世纪中期,该浮雕又名《恒河降凡》。——译者注
❷ the vyalamala;神话中的芙耶拉图案 vyalas 和 makaras。vyala 又称为沙尔杜拉,印度艺术中广泛应用的图案,狮身兽首,是太阳的象征,代表茫茫上苍战胜浑浊的人世;makara 是海洋中的动物,是天界的统治者伐楼拿的战车,为一种鳄鱼的动物形象。——译者注

呈台阶状向前突出的墙体也同时伴随着各种元素的增加。特别是在9世纪前后发展的叠涩状的筒拱式佛龛更进一步转变为一个双重叠涩的形式(见[810]页图 A 和[812]页图 B)。由于位于中央，这种元素对晚期卡纳塔克达罗毗荼毗玛那的复杂而有生气的特征来说是不可缺少的。就概念而言，它在外形上，中心部位有五座佛龛——一种盔帽形佛龛(这是一个筒拱式佛龛的端头)，以及两座相互出现在对方任一面上的筒拱式佛龛。这种"双重叠涩的筒拱式佛龛"到11世纪初已经在使用，在许多精巧的混合式的互相融合的形式中是第一种，同时也是传播最广泛的一种。

有必要述及另一种佛龛的构成要素——达罗毗荼穹顶式石柱(见[800]页图ⓒ，左图)。它由一个顶上有穹顶式石柱或柱式组成，主要用于居中的突出，就像在贝尔伽夫的**克达勒湿婆神庙**(Kedareshvara temple，见[810]页图 A，图左部)和卡纳塔克邦伊塔吉的**摩诃提婆神庙**(Mahadeva temple，见[801]页图ⓔ)中那样。四个相同的楼层中，穹顶石柱介于转角穹顶式佛龛和中央的双重叠涩筒拱式佛龛之间。在伊塔吉的神庙上，围成圈的陀兰那(archway，拱门)从每一个"纳希"中心(horseshoe dormer，马蹄形天窗)延伸出来，呈瀑布状从上部结构的表面落下。

12世纪早期，在南部卡纳塔克的曷萨拉王朝(Hoysala dynasty)统治时期，卡纳塔达罗毗荼神庙的复杂性就以雕刻在硬绿泥片岩(chloritic schist)，即"皂石"(soapstone，滑石)上的装饰作为补充。曷萨拉人在正方形平面旋转的原则上发展出星形毗玛那的变体(见[796]页图ⓑ及[812]页图 A、图 B)。在13世纪卡纳塔克索姆纳特普尔的**湿婆神庙**(Keshava temple)的三个毗玛那角锥形中可以看到这种最普通的样式，每座毗玛那都在一个十六角星的基础上，共四阶，整座神庙布满穹顶式佛龛(见[812]页图 A)。赫莱比德的**曷萨拉湿婆神庙**(Hoysaleshvara Temple，1121年始建)的双毗玛那神庙的平面也呈星形，但在主要轴线上有垂直的凸棱，上部结构已不复存在。

在德干高原南部这一地区，那伽罗式也很普遍，而且有时建成足尺规模。前面(见[803]页)述及的贝卢尔的**湿婆神庙**(Keshava Temple)实际上是布米迦式神庙，而且在导向其曼达波的踏步上(见[811]页图 A)，可以看到这种样式的袖珍版神庙。在小型神殿中表露出的其他的那伽罗式尝试，与达罗毗荼和其他模式一道，出现在格外复杂的神殿"模型"中，该"模型"用做壁龛的天蓬或(在卡纳塔克达罗毗荼寺的墙垣内)附属神龛(见[810]页图 A 及[812]页图 B)。

其他风格及混合式和地域式

7世纪初，早期遮卢迦王朝与其继任者们在卡纳塔克的艾霍莱(Aihole)，建造了许多巨大的"大厅式神庙"(hall temples)，就像那伽罗式和达罗毗荼神殿一样。其圣堂安放在一个矩形的柱厅里。[779] 其中最著名的是**拉德汗寺**❶。值得注意的是艾霍莱的**难近母神庙**❷，其周围还建有半圆形的祠堂，除室内的围廊(pradakshinapatha)之外，还有外部的游廊。

谨慎的混合风格的早期例子有那伽罗式塔，以及那伽罗与达罗毗荼元素的混合。接下来的各个世纪里，德干高原出现了混合与综合的多种尝试，12世纪的勒格梅什沃拉的**索摩湿婆神庙**(Someshvara temple)可能是其中最巧妙的。它没有使用一处那伽罗式的细部，但却以那伽罗式的希诃罗(Shekhari)方式排列卡纳塔-达罗毗荼元素。在北方的传统中，那伽罗的不同形式有可能混合在一起，就像在拉贾斯坦的恰尔勒巴登(11世纪晚期)和**拉纳克普**(15世纪)的太阳神庙(the Surya temples of Jhalrapatan and Ranakpur)中发现的希诃罗-布米迦混合式一样。两者都表现出布米迦式的穹顶式石柱谱系，在主要的凸棱处理上，有着希诃罗式的"半希诃罗"。就概念而言，拉纳克普的神庙在对角线上和主要轴线上出现八道凸棱，而不是普通的四道凸棱(见[805]页图 C)。

---

❶ Lad Khan temple; 拉德汗为一穆斯林的名字，他在此安家。——译者注
❷ Durga temple; 约700年，难近母是印度教神话所传湿婆的配偶女神萨克蒂的多种形象之一。——译者注

第四编 欧洲以外前殖民文化时期的建筑

图A 贝尔伽夫的克达勒湿婆神庙(12世纪早期),见[808]页

图B 纳尔塔马赖的维阇耶科里湿婆神庙(9世纪),见[804]页

第26章 印度次大陆建筑

图A 贝卢尔的湿婆神庙,通向曼达波门廊的台阶(12世纪),见[809]页

图B (左图)坦焦尔的布里哈德湿婆神庙(11世纪),见[808]页

第四编 欧洲以外前殖民文化时期的建筑

图A 索姆纳特普尔的湿婆神庙(13世纪),见[809]页

图B 戈拉凡伽拉的布克湿婆神庙(1173),见[808]页

第26章 印度次大陆建筑

图 A　甘吉布勒姆的埃甘巴勒湿婆神庙：南侧门塔（1509），见[795][808]页

图 B　昌巴的切尔伽昂神庙，见[814]页

图 C　维瑟沃德尔的古老神庙（7世纪），见[814]页

图 D　阿姆利则的金庙（1766），见[815]页

图 E　拉蒂甘的尼拉坎特湿婆神庙，东侧瞿布罗门塔（10世纪），见[808]页

另外一种替代的模式是波姆萨那式(Phamsana)，它的金字塔形的上部结构由密檐线脚组成，其岩凿的方式证明了它的早期起源。从德干高原向北到喜马拉雅山(见[813]页图C)，从古吉拉特到奥里萨，波姆萨那式的神庙依不同的地区和时期分别具有那伽罗式或是达罗毗荼特色。在6～8世纪古吉拉特的萨乌拉施特拉(Saurashtra)地区，这种风格占统治地位。典型的例子是在戈布(Gop)和维瑟沃德尔(Visavada)的神庙(见[813]页图C)。位于勒格梅什沃拉的耆那教的阿难达那陀神庙(Anantanatha temple，约1200)说明在德干高原，对达罗毗荼来说"波姆萨那式"(Phamsana，金字塔顶)是一个谨慎的选择：它的穹顶、居中的屋脊、壁柱和柱础是卡纳塔-达罗毗荼式的，但要注意还有那伽罗式壁龛。除了作为圣殿之外，不管是单个的，还是作为波姆萨那式佛龛或穹顶式石柱群(见[797]页图C及[802]页图B)，波姆萨式的金字塔形状还通过采用像曼达波(大厅)的普通形式一样的北方传统为人们所熟悉。

7～10世纪波姆萨那式在克什米尔的发展受到圣殿形式的影响，通过与西方古典建筑传统的接触而更加繁荣。马尔坦德的查谟和克什米尔太阳神庙(The Surya temple, Jammu and Kashmir，约725—750)是一座早期的丰碑。两个世纪后建造的本德勒坦的湿婆神庙(Shiva temple，见[819]页图A)位于小池塘中央，保护得很好，有一个尖尖的三叶形陡峭山墙的佛龛，赋予这些克什米尔的纪念碑一种怪异的哥特式感觉。这种类型是古代的"犍陀罗十字形支提"(见[784]页图①)。

在奥里萨出现了一种可以归为达罗毗荼地域性蓝本的神庙，平面呈矩形，以南方的方式安排楼层(talas)，有自身独特的穹顶式石柱(kutastambha)、笼状石柱(panjarastambha)和筒拱状石柱(shalastambha)，并有一个类似筒拱的穹顶。10世纪晚期奥里萨邦焦拉希的筏罗诃神庙(Varahi temple，见[819]页图B)是一个很好的例子。在布巴内什瓦尔的解脱主神庙(Mukteshvara temple)主殿中心的凸棱代表了焦拉希风格神庙的结束。

有着陡峭的瓦屋顶的寺庙在降雨量很大而且木材丰富的地区得到发展。在喀拉拉邦和卡纳塔克沿海，与达罗毗荼相关的石结构上盖着的木屋面通常有几层。在喀拉拉的例子包括带圆锥形屋顶的圆形寺庙，例如内姆的尼拉曼卡拉神庙(Niramankara temple，约1050—1100)以及在喀拉拉邦德里久尔的伐达库纳塔神庙(Vadakkunnatha temple，12世纪及更晚)内的两个神龛。有着密檐式屋顶的木构寺庙，也具有喜马拉雅地区的特点。就像喜马偕尔邦昌巴的切尔伽昂神庙(Chergaon temple，见[813]页图B)和喜马偕尔邦贝纳的摩柯提婆神庙(Mahadeva temple，16—17世纪)一样，内殿上的最高屋顶经常是圆锥形的。这些寺庙在大体形式上与前面已经述及的尼泊尔"浮屠寺"(pagoda temple)有关，印度教和佛教的神殿通常采用这种形式。

16世纪，在穆斯林统治了两个世纪以后，孟加拉的印度教复兴引领了一种全新的多样化的寺庙类型，用砖建造并用陶瓦装饰。典型的例子有西孟加拉邦比什努布尔的室亚马拉伊神庙(Shyama Rama temple，1643，又名为Shyamarai temple)和西孟加拉邦本斯贝里亚的婆苏提婆神庙❶。这些建筑结合了伊斯兰教结构技术，如拱、拱顶、穹窿，其样式的原型是当地传统的茅顶蓬，其中最突出的一种形式是顺着拱形曲线的屋脊和屋檐。

当地的工匠们当时在印度-伊斯兰建筑上留下标记时，绝非只有孟加拉地区的印度教寺庙建筑才受到伊斯兰的影响，尤其是在莫卧儿统治时期。无论放射形的楔形拱石"纯粹"与否，挑板或是在那些贯穿连续石板的拱中，穹顶和尖拱都是最明显的模仿。到18世纪，在所有不同种类的纪念建筑上，尖角拱这种形式不断被重复。这种形式在印度有悠久的历史，它从"十字形支提"形象中衍生出来，经过有叶形饰的陀兰那(拱门)母题，很容易与"伊斯兰"式的多角尖拱同化。在戈温达提婆神庙(Govindadeva temple)和北方邦的布林答般(Vrindavan)其他16世纪晚期红色砂石岩建造的寺庙里都可以看到多角尖拱。

通过和伊斯兰传统的接触，新的佛龛形式进入了印度建筑。有着细长石柱和悬挑的平板形顶

---

❶ Vasudeva，1679年；婆苏提婆是印度神话中黑天的别名。——译者注

篷（chajjas）的穹顶式凉亭，已经在德里苏丹国（the Delhi Sultanate，13—14世纪）陵墓的圆顶周围成群出现。莫卧儿王朝和拉杰普特人（Rajputs）在他们的宫殿建筑中开始在柱子之间增加贯穿石板中的拱形样式。通过与波斯的接触，穹顶变成球状。另一种佛龛类型是从曲面的孟加拉顶（Bengali roof，即'bangaldar' roof）得来。一旦通晓佛龛建筑，印度教寺庙的建造者很容易就将这些新的形式融入自己的作品中。

一个与莫卧儿王朝和拉杰普特晚期建筑关系密切的遗址是旁遮普邦阿姆利则的**金庙**（Golden Temple，18世纪晚期及以后，见[813]页图D），金庙是锡克教的主要神殿。

世俗建筑

城市规划

在传统的印度城市规划理论中，在世俗和宗教的用途与形式之间没有明确的划分。古代理论著作《经论》（shastras）规定多种多样的曼荼罗，或者格状的、集中的图形，作为城市及寺庙规划的基础。以位于指定领域的种姓或职业划分的社会等级，与宇宙神学上的等级相叠合。与寺庙一样，这种模式看上去比文字更为隐喻，而由道路标示的主轴线是很有特点的，它沿着寺庙和皇家宫殿占有的中心部位，而且以不同的职业分区。

然而，实际情形与理论有所差别，比大城市**维查耶那加尔**（Vijayanagara，胜利城）的废墟更早的小遗迹位于今天的卡纳塔克邦的亨比村（village of Hampi）周围，散布在山川和花岗岩建筑物的壮观景色中。维查耶那加尔帝国（胜利之城）建于14世纪末。在现存的遗址中，印度教与伊斯兰教形式的结合反映出这个首都的世界主义特点。这些遗址包括令人震惊的排列整齐的象舍。16世纪20年代，一位葡萄牙的来访者断定这个首都是"世界上条件最好的城市"。但是在1565年，随着一场反对穆斯林武装联盟的灾难性的战争，城市被掠劫一空，帝国也迅速衰落。

近年来的发掘显示维查耶那加尔的城市规划表现为一个曼荼罗，没有遵循严格的几何形式。除排列一定数量的堡垒外，城市中心是一个分散的宗教中心、由墙垣围合的城市核心。这个宗教中心有几座重要的寺庙和墙垣护卫的皇家中心。在南北轴路线上的皇家中心中间，也是整个图形的中心，有一座罗摩旃陀罗寺（Ramachandra temple）。它是为罗摩衍那史诗中的英雄罗摩而建造的。作为宇宙律法的拥护者和国家繁荣的保证人，国王们最常用罗摩比拟自己。一种神话式的地理学扩展了这个城市和它的景观，其场所和自然特征与罗摩衍那故事和其他神话有关。

拉贾斯坦邦的**斋浦尔**（Jaipur，Rajastan）往往被视为印度城市的原型。事实上，作为一座经过规划和一次性建成的城市，它是独一无二的。事实上，唯一可比较的经过规划的居住区遗址是为了婆罗门在分格的曼荼罗平面上建造的一些村庄。拉杰普特国王，安伯的贾伊·辛格（Jai Singh of Amber，1699—1743）于1727年将首都从安伯附近迁出。在对"经论"训喻的有意识的重新解释下，方格网状的主要街道分隔为九个正方形的曼荼罗，每个正方形地区构成一个区，并且由更窄小的街道方格网再次加以划分，皇宫占据了中心的正方形区域。由于地形和防御的原因，在建设工程开始以前，先在绘画中展示完美的曼荼罗，再进行调整。西北角的一块被略去，取而代之的是在东南角添加的一块。斋浦尔的丰富多彩而近于戏剧化的建筑在形式上很一致，这部分是规划法令的作用。政府控制商店，保证了它们的相似性，遮荫的柱廊上的屋顶成为可以看到皇家仪仗的公共眺望平台。整体性的感觉通过同样的材料加强：尽管原来的颜色可能曾是奶黄色，就像安伯附近的宫殿一样，然而其在毛石面层涂饰粉红色以模仿砂石。按照传统的方式，方块用地居住着单独的"阇提"（jatis，种姓）。因此，直至今天，在上述地区的商店卖的依然是同样的商品。

斋浦尔的规划十分成功，因为其规划形式与文化模式相匹配的状况建立已久。一个多层次的

第四编　欧洲以外前殖民文化时期的建筑

图A　马杜赖大寺(约17世纪中期)，见[795]页

图B　坦焦尔的布里哈德湿婆神庙(11世纪，上部建筑之后经过涂饰)：瞿布罗内塔门，见[808]页

空间等级，形成了具体的社会等级制度。在印度北部和巴基斯坦，这种社会等级制度非常明显，与斋浦尔所不同的是，它的形成是渐进的有机式样。古吉拉特邦的**艾哈迈达巴德**(Ahmadabad)就是一个很好的例子，几个世纪以来，它一直是一个繁华的纺织品贸易中心。尽管这个州首府是一个现代的首都，但其由城墙包围的老城(里面有一个印度教、耆那教和伊斯兰教社会的混合建筑群)，仍然是一个活生生的现实社会，而不仅是一个消失了的文化的躯壳。当15世纪穆斯林统治者建造包括聚礼日清真寺和堡垒在内的这座城市的主要纪念物时，古代印度教徒的规划也随之诞生了。规划中有四条基本的主要街道，并按照种姓和职业严格分区。一个分等级的街道图形是由这样几个部分继承而来的：从四条主要的集市街道到较小的集市街道、居住街道，最后是被称为"波尔"(pols，社区，即mohallas)的迷宫般的聚居地。

每个艾哈迈达巴德的社区在传统上居住着同一阇提和种姓的人。进入社区要通过一个单独的设防的大门。大门后是一种树状的等级制度，支路通向小巷和通衢大道。所有这些全部被高大的木屋所蔽荫，木屋上有伸出的上层楼面。规模更大的社区还包括分社区(subpol)，分社区有时还有自己的辅助大门。社区中的小广场(chowks，庭院)建有当地的社区建筑，包括神殿和鸽房在内。居住活动分布在抬起的基座游廊(otlas，plinth verandahs)上，并进一步向各个家庭住宅的私密性转变。人们走过雕刻的大门时，房子中央的院落一览无遗。

宫殿与城堡

在古印度文学中，宫殿建筑有着突出的地位。在佛教的叙事性雕刻和阿旃陀的壁饰中可以看到想象中的宫殿的式样。就像希腊使节麦加斯梯尼❶于公元前3世纪在华氏城(Pataliputra)看见的阿育王宫殿一样，印度宫殿被外国参观者用称赞的口吻加以描述。宫殿的形像与寺庙建筑结合，表现为神的居所。然而现在只有极少数的早期宫殿保存下来，一方面由于它们以易腐朽的材料为主建造，另一方面也由于它们和寺庙不同，宫殿被认为是短暂礼仪的固有部分，所以不值得保护。

在斯里兰卡还存有一些最早的宫殿。**锡吉里耶**(Sigiriya)的15世纪宫堡以其优雅的壁画而闻名，在风格上与阿旃陀的壁画有关联。用砖建造在一个120m(390ft)高的裸露的花岗石岩层上。入口是在由砖和灰泥制成的巨大狮爪中间的一道台阶，从那里通过一座阶梯可以上到峭壁的面前。在岩石上的防御住所(eyrie)下面，布置着台地状的令人愉悦的花园、池塘、瀑布，所有这些都是在一个城堡的墙垣中。稍后的一座斯里兰卡山地堡垒是13~14世纪的**耶波诃伐要塞**(Yapahuwa，见[820]页图A)。由于得到妥善的保护，壮观的楼梯和大门成为达罗毗荼建筑语言用在"世俗"建筑上的珍贵遗迹。在甘迪(Kandy)的宫殿(16—19世纪)中最有趣的遗迹是接见大厅。这是一个有着丰富雕刻的木制结构，其平面呈中堂与耳堂十字交叉的形式。

在印度南部的宫殿建筑包括**马杜赖**(Madurai)和**坦焦尔**(Tanjore)的纳雅卡宫(Nayaka palaces)，它们都位于**泰米尔纳德地区**(Tamile Nadu，17—19世纪)。在喀拉拉邦的**伯德默纳珀布勒姆**(Padmanabhapuram，主体建于18世纪)的皇宫(见[820]页图C)，是宏大的木构建筑群，有着陡峭的斜屋顶。

最著名的印度宫殿建筑是那些在15~18世纪为莫卧儿皇帝(参见第19章)和拉杰普特国王建造的宫殿。莫卧儿王朝与拉杰普特王朝的建筑传统一直相互影响，有时同一个工匠会同时为两者工作。但两者的宫殿风格有很大的差异。莫卧儿宫殿，例如北方邦德里和阿格拉的**红堡**(Red Forts)，是由一些由防御工事围合的，建在水平地面上的相互分隔的建筑所组成。这样看来，拉杰普特的宫堡(garh palaces)倾向于将大量连续的防御工事与宫殿的组合体建在山上。它们最典型的是不对称和夸张的不规则，这部分是由于它们是渐次形成的，更进一步说是由于对综合、不确定和一种神秘感觉的渴求。

和莫卧儿宫殿一样，拉杰普特宫殿也划分成男界(mardana)和女眷的闺房(zenana)，而且包括为公开和私密谒见而设的厅堂，即公众大厅(diwan-i-am)与私人大厅(diwan-i-khas)。然而大多数房间没有特殊的功能，而是提供多种不同大小和等级的多功能围合空间，从室内空间一直延伸到开敞的多柱式

---

❶ Megasthenes，约公元前350~约前290年，古代希腊历史学家和外交家，著有《印度志》四卷。——译者注

(hypostyle)大厅、柱廊和凉亭,再到露天的院落。

如同印度教的寺庙建筑一样,拉杰普特宫殿中的建筑语言也起了重要的作用。那些重复变化的佛龛图案,排列得简洁优美。穹顶和弯曲的孟加拉屋顶是很典型的,常位于倾斜的滴水檐(chajjas)上。在女儿墙和顶部塔楼突破天际线的,不是寺庙的实心的佛龛,而是开敞的凉亭。有的规模很小,其余的却很大,呈可以居住的楼阁形式,位于屋顶层或灵活地建在地面上。墙面上相间着多种多样的挑台(jarookhas),伸出的佛龛挑台。这些阳台有时放在上面以形成贯穿几层的外凸的窗,一直到屋顶层的小楼上才停止。尤其是在闺房(zenana,妇女活动区),挑台和柱廊到处都是"迦里"(jalis, pierced screens,格栅屏障)。源于寺庙传统的梁、托架和悬臂的风格,逐渐被拱形构件和想象代替,到了18世纪普遍都有多角尖拱。伊斯兰的矩形拱母题流传得很广泛,窗户上、门上、壁龛和墙面衔接处都有采用。

最早的拉杰普特宫堡是1526年莫卧儿统治以前建造的,包括安得拉邦奇图尔的拉纳·昆巴宫(the palace of Rana Kumbha, 1433—1468)、中央邦瓜廖尔的**拉贾·基尔提·辛格宫**(the palace of Raja Kirtti Singh, 1454—1479)和瓜廖尔的四座宫殿中最大的一座,曼·辛格·托马尔的宫殿(palace of Man Singh Tomar),通常称为**曼宫**(Man Mandir, 1486—1516,见[821]页图 A)。曼宫有着独一无二的彩陶装饰,那峭壁般的南墙圆形塔楼的顶部饰有凉亭,给人留下深刻印象。晚期的宫殿建于16世纪后期~18世纪,全都在拉贾斯坦,包括那些在拉贾斯坦邦的**乌代布尔**(Udaipur,见[821]页图 B)、**安伯**(Amber,见[821]页图 C)、**杰伊瑟尔梅尔**(Jaisalmer)、**比卡内尔**(Bikaner)、**焦特普尔**(Jodhpur)、**本迪**(Bundi)、**科塔**(Kota)和**斋浦尔**(Jaipur)的宫殿。斋浦尔王宫有一部分被称为风之宫(Hawa Mahal, 1799 始建),其东侧前部起到作为后面闺房帷幔(purdah screen)的作用,楼层的平面后退,大量的贯通的挑台使它虽然有拉杰普特/莫卧儿佛龛的形式,却仍然像一个被展开,并拉平成一座印度教寺庙的正立面。

在**奥尔恰**(Orchha)和**德蒂亚**(Datia)靠近中央邦**占西**(Jhansi, Madhya Pradesh)的地区,本德拉统治者于大约1530~1605年建造了一系列宫殿。与其他拉杰普特建筑不同,这些宫殿建成一种位于中心的对称的构图。在斋浦尔的城市平面中,这些建筑的创造者看上去已经重新阐释了古代关于曼荼罗的经典观念。

除了它们的主要宫堡,拉杰普特的统治者还修建了一些小型的令人愉悦的宫殿,例如**莫汉宫**(Mohan Mandir, 1628—1632)和**贾格宫**(Jag Niwas, 1734—1751,现为旅馆),都在拉贾斯坦邦的乌代布尔湖(the lake at Udaipur)中的岛上。北方邦贝拿勒斯的**曼·辛格宫**(Man Singh)的小宫殿有着精美的阳台,或许主要用做一个宗教的退隐场所。

住宅建筑

院落建筑曾存在于巴基斯坦(Pakistan)的**摩亨约达罗**(Mohenjodaro)和**哈拉帕**(Harappa),如今在次大陆气候干燥炎热的地区可以看到它们建成的建筑一幢挨着另一幢,或者被一条狭窄的小路所分隔。印度北部和巴基斯坦的院落住宅,尤其是比较大的市镇住宅,被称为院落式建筑(havelis)。传统上一个院落式建筑居住着一个同堂家庭(joint family),尽管这种类型的适应性延续至今已经允许再细分成几个核心家庭(nuclear family)。在拉杰普特宫殿里并不是单一活动的空间,而是多功能的。中心院落(chowk)是住宅的核心,可能用于起居、睡觉、洗涤和晾晒,甚至养牛。印度教的院落式建筑中包含礼拜室(puja)。临街部分可能是一家商店或作坊。在常见平屋顶的地区,院落式建筑的屋顶通常和那些等级更低的房屋形式在一起,变成了附加的居住空间,常用做卧室。

一般来说,印度教的院落式建筑比穆斯林的更高,有一个像井一样的院落,而且位于较低层而不是后部,有一处供妇女活动的区域。18世纪和19世纪早期,由富有的马拉塔人(Marathas)在**马哈拉施特拉邦**(Maharashtra)建造的院落式住宅,被称为"瓦塔"(wadas),并且在其纵深平面上,包含有两座,甚至多达14座相连的院落。

由于现存的院落式建筑可追溯到大约17世纪,它们在建筑风格上偏向于莫卧儿和拉杰普特建筑。它们通常有多个尖角拱、有格栅屏障的挑台(佛龛阳台)。其中,因为地区不同而有许多变化。或许最多的纪念物是在拉贾斯坦邦的**杰伊瑟尔梅尔**(Jaisalmer)这座沙漠城市中由富有的商人建造的石宅。值得注意的是19世纪早期在巴

第 26 章 印度次大陆建筑

图 A 克什米尔邦本德勒坦的湿婆神庙(10 世纪),见[814]页

图 B 焦拉希的筏罗诃神庙(10 世纪晚期),见[814]页

图 C 贾格湿婆神庙寺庙群(8 世纪),见[787][799]页

第四编　欧洲以外前殖民文化时期的建筑

图 A　耶波诃伐岩石要塞：台阶和入口(14世纪)，见[817]页

图 B　比劳里亚嫩登格尔的石柱(狮子柱，前243)，见[788]页

图 C　喀拉拉邦伯德默纳珀布勒姆的皇宫闺房(主体建于8世纪)，见[817]页

第 26 章 印度次大陆建筑

图 A　曼宫的南侧(1486—1516)，见[818]页

图 B　乌代布尔的城市广场(1567—1572 及以后)，见[818]页

图 C　安伯镜宫的接见大厅和大门，见[818]页

杜瓦(Patua)的院落式建筑群。古杰拉特(Gujarat)有木构的院落式建筑的传统，我们发现在**艾哈迈达巴德、巴罗达**(Baroda，即 Vadodara，瓦多达拉)、**珀鲁杰**(Broach，Bharuch)等城市有这类建筑，其用带有丰富雕刻的柚木(teak)进行装修，这些柚木是从遥远的马拉巴尔海岸甚至缅甸进口的。

在次大陆范围内，只有尼泊尔的**加德满都河谷**(Kathmandu valley, Nepal)的雕刻可以和古杰拉特木雕工艺相比。虽然主要在18世纪和更晚时期，古杰拉特木刻却显示了几世纪以来的图案和形象。寺庙(前面表述为"浮屠寺")、僧院、宫殿和住宅都是统一的形式。这些建筑由砖制成，装饰华美的大门和窗户有着木质的格栅屏障。门窗过梁和窗台在水平方向突出，远远超出了侧柱和翼状的侧面嵌板(通常带有人物雕刻)，卷曲上去一直到过梁。

到目前为止，所讨论的住宅建筑可以描述成乡土建筑，它们主要位于都市之中，由专业工匠建造。印度次大陆有着格外丰富多样的乡土传统——人们自给自足的建筑和装饰的传统，无论是种族的还是非种族的、游牧的还是定居的，这里只能作最简单的描述。虽然屡经危险，但许多建筑传统及其使用和装饰的工艺至今仍然留存。

欧洲以外前殖民文化时期的建筑

第27章
东南亚建筑

建筑特点

缅甸

缅甸建筑的发展经历了4个历史时期(参见第21章,[681]页)。重要的建筑物很少能从较早的年代幸存到现在。缅甸大多数重要的建筑遗迹都属于蒲甘时期(Pagan period, 9—13世纪),几乎所有具有特色的建筑物都是宗教建筑。例如印度和斯里兰卡的窣堵坡,在缅甸也称为"泽蒂"(zedi),这是一种巨型的外观有圆顶的砖砌构筑物,建造在一个有3～5级渐窄台阶的底座上。庙宇通常是四周砖墙围绕着狭窄的拱顶走廊,走廊内部有一个坚固的砖石核心,这个核心建筑的每一面中央都设有壁龛,以供奉佛像。墙上装饰有壁画或雕刻的浅浮雕。中央的核心建筑建在一系列的退层之上,并被冠以一个逐渐变细的希诃罗形状的尖顶。这两种宗教建筑也称为佛塔(paya)。

僧院(kyaung)和为僧侣建的举行法事的佛堂(thein)起源于木结构建筑原型和存放神圣的佛教经文的藏经阁(pitakat-taik),类似于较简单的寺院设计。

据说在蒲甘时期,首都的疆域内有5000座窣堵坡和寺庙。在蒲甘时代以后,缅甸在政治和建筑上都衰败了。中国的影响促成了"佛塔"样式的出现,其代表了17～19世纪的建筑特征。无论其有何特殊用途,所有的建筑物都以类似的方式作了建筑上和艺术上的处理,代表着缅甸人对复杂华丽的艺术偏爱,这种开创了木材、漆器及镀金构筑的建筑,本质上是一种民间工艺,表达了人民的想象力、活力和手工技艺。

柬埔寨

柬埔寨最早有记载的首都是大约5世纪的威阿达普拉(Vyadhapura,猎户城,今吴哥保苓(Angkor Borei)),位于湄公河下游,距海和俄厄港(the port of Oc Eo)200km(120mile)。这里是大批干阑房屋的集合地,房屋连接着一些与能通行出海船只的较大航道相连的小运河。7～8世纪扶南晚期和高棉早期建筑的发展集中在松博(Sambor)和坡雷吉(Prei Kuk),在靠近磅同(Kampong Thom)的森林地带,从西贡(Saigon)到吴哥(Angkor)的路上,都离后来的首都吴哥不远。木构建筑被更加牢固的砖石仿木建筑所取代,这种建筑表现为一种把印度风格融入本土元素,以及源于木雕的华丽装饰雕刻的混合物,是丰富的吴哥装饰艺术的先驱。在湄公河(Mekong)和巴戎山(Phnom Bayang)的松博,一块废弃的土地上,仍然存在寺庙和圣堂的实例。

在早期古典高棉时期开始时,发生了三个重要的建筑事件,象征了由前吴哥时期向早期吴哥风格的过渡。第一个建筑事件,是公元800年,在荔枝山(Phnom Kulen),靠近吴哥和洞里萨湖(Tonle-Sap)处,创建了一座城市和寺庙山(temple mountain)。第二个事件(按时间顺序应当是第三个),是在靠近荔枝山的巴肯山(Phnom Bakeng)周围的寺庙山上,建造了另一座首府(893),寺庙山便成为一个五层台地的金字塔形状,在其最高层上有着独立的塔,而较低的层面上则竖立着较小的塔。以上这两个城市预示了典型的高棉城市的平面:一个短形围墙,塔位于主要通道的中央交叉点上,这些通道成放射状通向有壕沟的围墙的四边大门,主大门朝东。第三个事件(按时间顺序则是第二个),是在吴哥的罗洛(Roluos, Angkor)建造了高棉城市灌溉系统的原型——一座极大的人工湖,3km(2mile)长、800m(0.5mile)宽的"巴赖"湖('Baray' Lolei),其是由泥筑的堤沟从流向壕沟和运河的水网的罗洛河(Stung Roluos)中,积蓄河水而形成的。这个湖可满足整个社区对水的需求,而它最终的目的是灌溉稻田。这样的系统只有在高度中央集权的模式下才能实现,在此处即指天帝(god-king)和宇宙法则。

第四编 欧洲以外前殖民文化时期的建筑

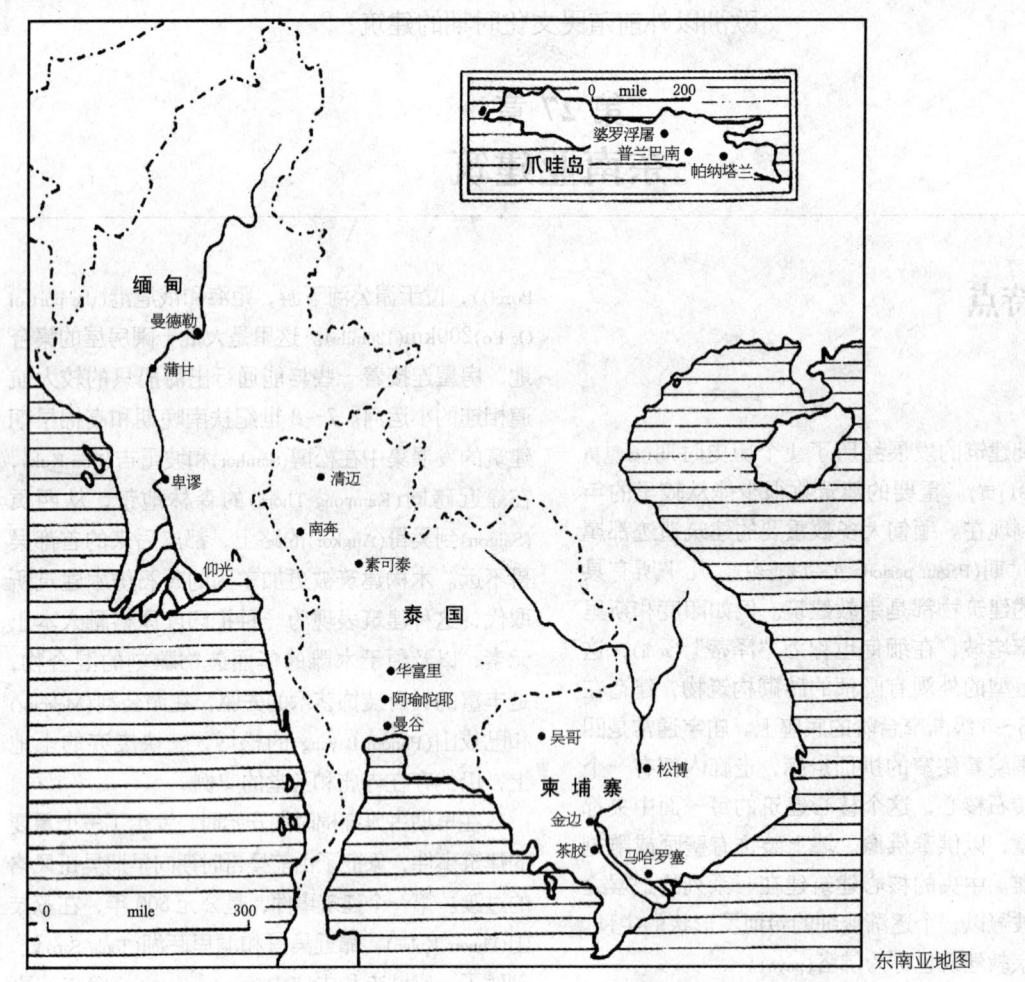

东南亚地图

在这个过渡的古典高棉时期(10—11世纪),寺庙山继续发展演变着,这在吴哥的巴云寺(Baksei Chamkrong,约911)和贡开(Koh Ker,921)上有所体现。巴云寺是第一座用石头(laterite,红土)在平地而起的金字塔形台基上建造的寺庙。贡开位于吴哥东北64km(40mile)处,建在一座由拦河而成的人工湖边上,城市的东西轴线与河水在同一条线上,这或许是灌溉系统的实际用途已被认为比宗教上的象征意义更为重要的表现,然而当时仍然十分重视轴线的象征意义。在演变过程中,更进一步的发展时期转移到了茶胶寺(Ta Keo,约1010年建成),在这一时期,古典的五锥体及五巨塔被引进,而此外在巴芳寺(Baphuon,约1050),寺庙山的风格和规模固定成一种形式。至此高棉建筑艺术达到了高潮。

古典高棉时期(12世纪及13世纪早期)拥有两项宏伟的建筑成就:苏耶跋摩二世(Suryavarman II, 1113—1150)的寺庙城市吴哥窟(Angkor Wat)的创建,以及阇耶跋摩七世(Jayavarman VII, 1180—1218)重建的首府吴哥王城(Angkor Thom),吴哥王城是一种衰退中的文明的奇妙而又华丽风格的体现。高棉建筑,正如以上这些作品所表达的,被描述为具有以下特征:有着雄伟的构思、显赫的美景、形式严谨而又无比卓越的城市规划,以及规模宏大且作了精妙安排的丰富的雕刻装饰。建筑的手法依然简洁。石块像木材一样使用,石墙的中心挖空部分经常被挖空并插入的隐蔽木梁来加固。木梁一旦腐烂,石墙也就倒塌了。支撑的筒拱一成不变且只能跨越很小的空间;因此每个"房间"狭窄的特征、很多这样单元的集合成群以及它们之间通过长廊的联结,创造出一种特定的尺度感。为表达这种寺庙山主题的一成不变的垂直性,带走廊的组群被安置在中央锥体的周围和上部。例如在茶胶(Ta Keo, 889)的一个早期实例中，没有使用灰泥，石工建筑的稳定性完全依靠体量的堆砌，而屋顶的连接处非常完美，任其自然经过几百年而仍然不会透水；到处都有雕刻装饰突破建筑的线条，常常会覆盖整个墙面。在吴哥王城，这种由雕刻作建筑的装饰比吴哥窟更为显著。

泰国

泰国的建筑受到了这个佛教国家及2000年来不同的群体相互混合的影响。这一结果形成的复杂画面可以分为四个时期。

"他叻瓦滴时期"❶，在泰国的中部，以缅甸佛教建筑的形式为特色，该形式仅在某些建筑中得以留存，如南奔(Lampun)和哈瑞布贾亚(Haripunjaya)，而严格说来这些建筑比他叻瓦滴时期要晚。没有其他的建筑物留存下来，除了所知道的最早的首都佛统(Nakhon Pathom)的建筑，但也只能从其基座的一些残片看出平面的构思，而没有实际的建筑形式保留下来。这些由砖石构筑而成的底座，有着与在第一个千禧年从斯里兰卡到北印度的佛教建筑相似的线脚，有花岗岩的基座，基座上有为支撑木构上层建筑物的柱梁开凿的榫眼。

"高棉-华富里"（或"孟-高棉"）时期(The Khmer-Lopburi or Mon-Khmer period)，位于泰国的中部和东部(10—13世纪)，表现出高棉-吴哥建筑样式的地方特征，而它也反映带来异教徒建筑摹仿物的、缅甸南部的孟人(Mons)的早期建筑传统。许多建筑都处于一种荒废的状态下，但是在华富里和素可泰仍能看到被较好保存下来的幸存物。高棉人使用了石块，从而取代了用植物胶连接的传统的砖和碎石。

"泰国时期"(The Thai period, 13—17世纪)，有时可被细分为素可泰式(Sukhothai style)、阿瑜陀耶式(Ayudhya style)和北方的清迈式(Northern Chiengmai style)，这样细分并不全是基于清晰的差别，更多的是为了便利。素可泰艺术和建筑缺乏创造力，却和谐地折中了印度、孟-达罗毗荼(Mon-Dravidian)、孟-蒲甘(Mon-Pagan)、僧伽罗(Sinhalese)和高棉的母题。除了这种多样性，泰国独有的特色都体现在典型的佛教寺庙建筑群(wat)上，这种建筑群一般都建造在一个坛上。僧院有一个中央神殿，用来供奉由一面高墙遮蔽的巨大佛像。高墙上有一个狭窄的拱门，通过拱门就可以看见佛像并进行参拜。经过一间柱厅会到达一座神殿，神殿的对面有一座锥形塔，它不像是清真寺的宣礼塔。通常这种矩形平面的窣堵坡都有相同的延伸上去的顶盖，但在阿瑜陀耶❷，窣堵坡的平面几乎都呈圆形，有着环状基座和钟的形状，正如斯里兰卡一样。受北方世界影响的清迈样式则很少能引人注目，其过多从国外抄袭受崇拜的纪念性建筑来作为宗教仪式所需的"纪念物"，即使这里是一些最好的建筑的发源地，例如，界遥寺(Wat Jet Yot)。在泰国建筑发展的所有阶段中，雕刻起着十分重要的作用，在室内，壁画相当重要。

"曼谷风格"(The Bangkok style)创立于8世纪晚期和9世纪。这个新的首都能与阿瑜陀耶王朝已被摧毁的城市相匹敌。许多宗教建筑和宫殿建成，在传统的样式上覆盖由难民引进的中国特色的装饰，外表常常铺上瓷瓦。有时，白色的砖墙面涂上灰泥，与多层重叠的木屋顶上有着明亮色彩上过釉的瓦形成对照。山墙和山墙封檐板装饰成吴哥-印度的图像：那伽❸、乘着迦卢荼(garuda, 神话中的一种金翅鸟)的毗湿奴、骑在公牛上的湿婆等。木门和木百叶窗都经过雕饰，漆成黑色和金色，或是画上或用贝母(mother-of-pearl)镶嵌出描述保护神、有魔法的森林、羊齿植物、花和静物等一类母题。

印度尼西亚和马来群岛

本书已经提及(参见第21章)，在苏门答腊岛、马来西亚半岛或是婆罗洲，没有值得一提的从室利佛逝帝国(Srivijaya empire)幸存下来的建筑遗址。

---

❶ The Dvaravati period；又译为堕罗钵底时期，6～10世纪，东南亚的古王国，在今泰国建立的第一个孟人王国。——译者注
❷ Ayudhya；全名帕那空·希·阿瑜陀耶，也译为犹地亚，华人通称"大城"，为泰国故都。——译者注
❸ Nagas；印度教神话中力量强大的半神巨蛇族，守护着世界上的宝藏。——译者注

但是同时期在爪哇中部的桑贾亚王朝❶和赛兰陀王朝❷，一些有着显著特征的建筑仍然存在于高高的台地——迪延高原❸和开度平原(Kedu plain)——之上，其主要年代是8~9世纪，是印尼印度教特色和印尼佛教特色结合的较好体现。也就是说这种有着牢固的石墙、承重拱门，在婆罗浮屠(Barabudur, Borobudur)的塔和普兰巴南(Prambanam)复杂精致的寺庙中达到极致的非承重柱建筑，通常与分散的宗教社团结合，而从来不与大型人口聚居的中心发生关系。这种来自印度笈多5~6世纪的样式，以及桑吉和巴尔胡特的窣堵坡的明显影响，表明在这一时期从印度到中国沿海，佛教艺术的活动范围相当广泛。

随着11世纪政权向东爪哇的转移，一种新的发展开始出现，其表现为印度的影响逐渐褪去，而印尼本土的传统逐渐显现。这在一些雕刻上有所体现，这些雕刻预示了爪哇的哇扬皮影玩偶戏('Wayang' puppet drama)这一民间艺术的兴起。这一趋势更多地表现在满者伯夷时期(Majapahit period, 参见帕纳塔兰的寺庙群)。伊斯兰文化的入侵结束了印尼的印度-佛教建筑传统，只有巴厘除外，那里仍然将其作为民间艺术继续延续，同时，荷兰人引进了欧洲元素。

建筑实例

缅甸

有一些窣堵坡，其年代可以追溯到前蒲甘时期，可能早在3世纪时就存在于靠近蒲甘的**比尔窣堵坡**(Bir-Paya)，以及在7~8世纪存在于**卑谬**(Prome)、**班邦伊**(Banbangyi)、**勃亚基**(Payagyi)和**勃亚马的**(Payama)佛塔(pagodas)。所有这些窣堵坡都有凸出的圆顶外形，然而在11世纪开始的大缅甸建筑时期，这种形式为今天被视为该地区之典型的凹面钟形窣堵坡所取代。

蒲甘的**明噶拉窣堵坡**(Mingalazedi Stupa, 1274)，包含一个有三层退台的高大的正方形底座，由每边中间的楼梯引导到台上，在台上升起一个环状钟形的主要构筑物。在正方形底座的每一个角上都立着一个小小的塔的复制品。这个设计有爪哇的窣堵坡作为先例(参见在婆罗浮屠的窣堵坡)。

仰光的**瑞光大金塔**(窣堵坡, Shwe Dagon Pagoda (stupa), 16~17世纪, 见[827]页图B)，建在原有的基础上并加建了许多次，反映出缅甸文化与印度和中国的联系，而且也表现出缅甸艺术后期的丰富特性。在形式上，窣堵坡上传统的圆形呈现在已经革新成了一个高而薄的结构，其在这种情况下通过一些重复的附加物在仪式行列台上升至113m (370ft)的高度。支撑的底座是一个多面体，它的许多角上都有缩小的宝塔，仪式行列台上挤着雕刻的、镀金的和涂漆的圣堂和小尖塔。

另一种有特色的宗教建筑是方形的寺庙，在这个国家的许多不同地方都有实例。砖砌的楔块拱和拱形圆顶被用在建筑中，遍及缅甸，并在建筑的形象特征上有着重要的影响(参见第21章, [690]页)。寺庙的平面组成是一个巨大坚固的石造核心(每一个建筑顶上的窣堵坡的基础)被狭窄、拱顶的走廊及相对小的房间或门厅包围着，走廊这些通常都是对称地安排设置的，以便为佛像提供好的观赏视野。这些设计在寺庙中央的方块体代表了缅甸建筑的古典时期。在蒲甘南部的阿伯哈亚达纳(Abhayadana)有一座较小而又简单的正方形寺庙，可能建于11世纪(见[827]页图C)。门厅的入口要通过一个带有单环拱楔石的拱门。这栋砖砌建筑被涂上了灰泥，并用扶壁柱加固其角部；其窗户的特征是：有扶壁的窗框、装饰的檐部和填充洞口的整齐穿孔的石板或砖板。薄的尖顶屋顶是方形寺庙的特征。同样在蒲甘南部的**南芭雅寺**(Nan-Paya Temple)的窗户，其檐饰和壁柱的雕刻形式运用稍稍有些不同(见[829]页图A)，显示了受到中国或柬埔寨的影响。

---

❶ Sanjaya; 又译为珊阇耶王朝。——译者注
❷ Sailendra; 又译为夏连特拉王朝。——译者注
❸ Dieng Plateau; 神仙居所之意。——译者注

第27章 东南亚建筑

图A 缅甸蒲甘的窣堵坡和坛庙遗迹,见[826]页

图B 缅甸仰光瑞光大金塔(16—17世纪),见[826]页

图C 缅甸蒲甘南部的阿伯哈亚达纳寺(约11世纪),见[826]页

第四编 欧洲以外前殖民文化时期的建筑

图A 缅甸蒲甘的阿难陀寺(12世纪),见[830]页

图B 蒲甘的阿难陀寺

第27章 东南亚建筑

图 A 缅甸蒲甘南部的南芭雅寺的窗,见[826]页

图 B 缅甸蒲甘的苏拉玛尼寺上层门廊(12世纪),见[830]页

图 C 缅甸蒲甘的克雅乌库寺(11世纪),见[830]页

南芭雅寺被认为是为蒲甘的**阿难陀寺**(Ananda Temple, 12世纪, 见[828]页图A、图B)提供原型的建筑之一, 而阿难陀寺是缅甸传统建筑的最高成就。它是一个巨大的白色砖建筑, 有着精细分层的屋顶和规划在每一边的精心装饰过的有柱门廊, 使寺院呈现出希腊十字形的平面结构。一个逐渐变细的镀金尖顶竖立在窣堵坡中央, 窣堵坡还带有一些更小的镀金尖顶。该寺内部有两个同心回廊, 靠内的回廊在四个高9m(30ft)的佛像前通过, 这些佛像嵌在泥石核心体的每一面墙上。

达宾纽寺(Thatpyinnyu Temple)和**苏拉玛尼寺**(Tsulamani Temple), 同在**蒲甘**(见[829]页图B), 属同一时代的寺庙, 都有上部楼层, 其中心为放置佛龛像的密室并设有回廊。

楔块拱对于缅甸建筑的影响, 也许最明显的是蒲甘北部的**克雅乌库寺**(Kyaukku Temple, 11世纪, 见[829]页图C)。底层的拱门有着宽壁柱, 升向一道连续的檐壁, 为上一层造就了一个不寻常的基座, 接着, 上部通向窣堵坡的中央。蒲甘附近的**提萨瓦达寺**(Thitsawada Temple, 11世纪, 见[831]页图A), 可能是早期的寺庙, 体量比较小。除了它的主拱门入口以外, 它在底层有一面不能进入的扶壁柱墙, 这使人联想起印度南部同一时期的达罗毗荼寺庙。而较小的尺寸和较陡峭的上层屋顶也使人联想到在以后出现的欧洲集中式教堂的外形。

除了有高高的带窗户的基座和上面有五层的**蒲甘藏经阁**(sacred library at Pagan, 11世纪)之外, 包括僧院在内的其余所有建筑均为木构, 该藏经阁还有退台状的洋葱形顶(ogee roofs)。它们中的大多数有着宝塔顶的形式, 有着不同的层数, 遍布雕饰和尖顶。

曼桐王(King Mindon)时期的首都**曼德勒**(Mandalay), 始建于1857年, 但是它的平面却体现了13世纪忽必烈时期北京城的特色。其城市布局由同心的正方形围合组成, 每个围合都有其界墙。宫殿占据了中央的正方形, 在1.8m(6ft)高的砖砌平台上建造了大量的单层木构建筑, 由巨大的木柱支撑, 其长边一直延伸达300m(1000ft)左右。所有的建筑都尽可能地镀金、雕饰和抹漆, 提供了一个由屋顶、山墙、女儿墙和尖细的宝塔顶组成的奇异的景象。曼德勒在第二次世界大战时期遭到了无法估量的破坏。

柬埔寨

众多寺庙和神殿历经扶南晚期, 保存至今, 其中包括一座6世纪或7世纪的佛教建筑——**塔帕依**(Sambor), 其用陶砖建造, 呈现出显著的印度特征。另外的一座砖砌建筑, 巴戎山的**湿婆寺**(Temple of Shiva, 7世纪早期), 平面呈矩形, 高三层, 逐层后退, 屋顶呈龙骨状。**波雷古迹**(Prei Kuk)的一座小型砂岩砌筑的神殿, 亦受印度建筑影响。

神牛寺(Preah Ko Temple, 894, 见[831]页图B)是因陀罗跋摩一世(Indravarman I)建造的两所重要寺庙之一。它坐落于城市和水域交接的地带(国王对此亦有责任), 是一座单层建筑(尚未成为寺庙山), 其六座佛塔和大量的雕刻明显受爪哇风格的影响。

另外一所重要的寺庙是罗洛(吴哥)的**巴空寺**(Bakong Temple, 881, 见[831]页图C), 代表了高棉寺庙山概念的出现。其呈简单的石构金字塔形, 包括五层叠置的平台, 尺寸由底部70m(230ft)边长逐层递减, 顶层的边长为21m(69ft), 离地面14m(47ft)。其酷似爪哇的婆罗浮屠(参见有关章节)。

其他可以用来作为早期古典高棉时期金字塔式建筑例证的寺庙有吴哥附近罗洛湖的**洛雷寺**(Lolei, 893)和同一时期吴哥的**巴肯寺**(Bakheng), 后者大部分仿照了巴空寺的样式。

大约70年后又出现了**比粒寺**(Pre-Rup), 一座红色和浅粉色的三层金字塔, 顶层建有五座塔。比粒寺与距吴哥20km(12mile)远的**女王宫**(Banteay Srei, 967)一样, 都属于过渡时期的建筑。后者的规模相对小一些, 但更为精致优雅, 精细地按比例修建。在比粒寺和女王宫之后几年, 即公元978年左右, **吴哥窟天宫**(Phimeanakas, 见[832]页图A)竣工。它位于吴哥的中心, 由阇耶跋摩五世(Jayavarman V)修建。它与以前的都不同, 其第三层上的石室变成连续的有顶的穿廊。

荼胶寺(Ta Keo Temple, 970—1010)被认为是高棉寺庙山200年来发展历程的缩影, 因此具有更加重要的意义。它的规模非常之大, 底层103m×122m(329ft×402ft), 顶层边长48m(156ft), 共五层, 最高一层离地面40m(129ft), 与比粒寺相似, 建有五座巨大的石塔。

第27章 东南亚建筑

图A 蒲甘的提萨瓦达寺(11世纪),见[830]页

图B 柬埔寨神牛寺(894),见[830]页

图C 柬埔寨吴哥罗洛的巴空寺(881),见[830]页

第四编　欧洲以外前殖民文化时期的建筑

图 A　柬埔寨吴哥窟天宫(约 978)，见[830]页

图 B　柬埔寨吴哥涅盘宫(12 世纪)，见[835]页

第27章 东南亚建筑

图A 柬埔寨吴哥窟(12世纪),见[835]页

图B 吴哥窟中心塔

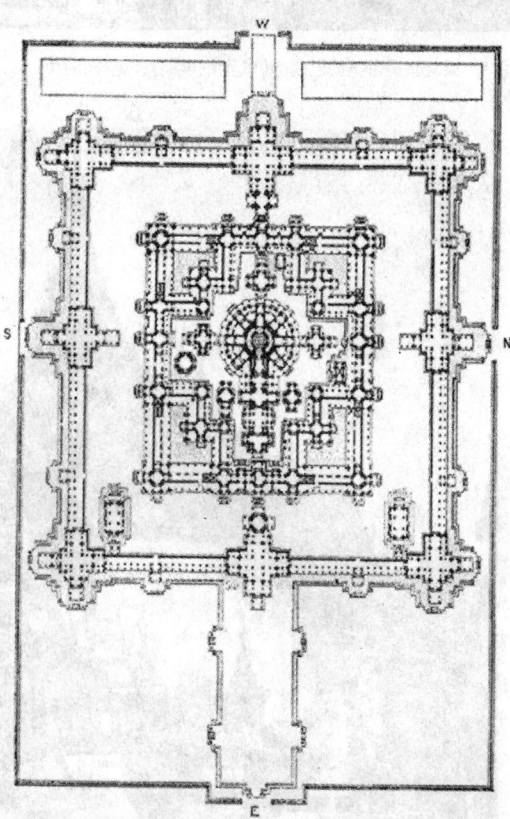

图C 吴哥王城巴戎寺平面,见[835]页

第四编　欧洲以外前殖民文化时期的建筑

图 A　柬埔寨吴哥王城巴戎寺(13世纪早期),见[835]页

图 B　泰国曼谷皇宫的觐见厅,见[838]页

巴芳寺(Baphuon Temple-mountain，约1050)与吴哥窟规模相仿，在很多方面可以说是吴哥窟的前奏。其第一层、第二层和第三层都被带拱顶的石廊围绕。

涅盘宫(Neak Pean shrine，又译为龙蟠水池，12世纪，见[832]页图B)象征了在原始海面上漂流的天堂，很难将其归入哪一类建筑。其正方形底座上矗立着圆形的柱础，水流贯穿刻着狮子、马、象和人头等怪形雕像排水口的喷水池，流到四个对称的水池里，然后流过沟渠直到河里。多么新颖的构思！这些水池现已干涸。

吴哥窟(The City of Angkor Wat，12世纪，见[833]页图A、图B)和吴哥王城，是高棉文明古典时期最后阶段的非凡纪念碑之一。其由苏耶跋摩二世(Suryavarman II，1112—1152)修建，用做纪念天帝的庙宇以及他自己的纪念碑和陵墓。平面呈矩形，被长达4km(2.5mile)的护城河围绕，形式上是常见的层叠式金字塔，第三层的最顶层支撑着内殿，顶上建有巨大的圆锥形中央塔，带有穿廊的巨大平台的四角都设计有一座小一些的佛塔。要进入吴哥寺院群落，就必须走过一条铺筑好的堤道，穿过纪念碑式的巨大门廊，才能到达围绕首层平台的柱廊和有列拱的门廊。门廊长达800m(2500ft)，在其墙上饰有描述寓言故事及两部印度史诗《摩诃婆罗多》(Mahabharata)和《罗摩衍那》(Ramayana)传奇故事的浅浮雕。

吴哥王城(Angkor Thom)是柬埔寨重建的首都，它由阇耶跋摩七世(1180—1218)设计布局，位于吴哥北向不远处。它的平面近似于正方形，每边超过3km(2mile)长，四周环绕着一条90m(300ft)宽的护城河和6.7m(22ft)高的砖土石墙，城里有两个早期的寺庙山——巴芳寺和古皇宫。有五条石铺的道路通向护城河上的桥，然后到达五个塔状的出入口，每条路的两边都筑有栏杆，就是一排排手持那伽(nagas，神话中的蛇神)的巨大石像。国王在城的中心修建了他自己的寺庙山巴戎寺(参见有关章节)。他的位于吴哥古皇宫附近的宫殿，已经完全消失了。

吴哥王城的巴戎寺(Bayon，13世纪早期，见[833]页图C、[834]页图A)是天帝膜拜的象征，最初是由一系列有穹顶的穿廊和排列成十字形的小凉亭组成的。后来又在边角加建了类似的穿廊来形成矩形，随后用外围的长廊将矩形封闭。这些外廊通过16座小礼拜堂与内部综合体相联系，那些小礼拜堂后来相继被毁。寺中央的一个基座上放着神龛，神龛上有一座上方有那伽罩的以阇耶跋摩即提伐罗阇❶为原型的佛像。这个原型同样被用在其余54座佛塔上，每座佛塔的四面各饰有四个佛头，作为小礼拜堂和凉亭的顶部收头。

泰国

南奔的库库特寺(Wat Kukut，12世纪早期，震后于1218年重建)代表了当时及以后他叻瓦滴式风格的最后阶段。在边长23m(75ft)的高高的正方形平台上，矗立着高达28m(92ft)细长的逐层退台的五层砖砌金字塔，每层的各个面上都饰有三个陶制佛像，总计多达60个。

15世纪修复的华富里的大舍利寺(Wat Mahadhatu Temple，又译为摩诃达图寺，约12世纪)，是一座高棉-吴哥式建筑。它坐落在一个有围墙的院落中，包括一座佛塔(悉诃罗)和立在高大的底座上的附属柱廊(曼陀波)。尤其值得注意的是带拱顶的门楣中心，让人想起吴哥。

清迈附近的界遥寺(Wat Jet Yot，约1455)，显然是为了纪念佛祖升天2000年而建的。它是缩小了的印度菩提伽耶的遗迹摩诃菩提神庙(Maha Bodi Temple，参见第26章)，但是增加了向神佛们表示尊敬的灰泥浮雕。其他"仿造"的例子还有清迈的四方寺(Cetiya Si Liem or the 'Four-square Reminder'，Chiengmai，约1300)和素可泰的大舍利寺(Wat Mahathat，14世纪)。

从那些阿瑜陀耶(Ayudhya)的遗迹中，可以找到一些关于泰式钟形窣堵坡，即神祠(prachedi)发展演化的痕迹，通常是一些微缩的窣堵坡或神殿，以及类似的东西。就佛教传统而言，这些是用来放置圣人遗骸的，但在阿瑜陀耶中它们无疑是国王们的葬礼纪念物。在窣堵坡的内部建有秘密的墓室，墓室墙上还绘有壁画，墓穴中满是陪葬物。例如兰寺(Wat Phra Ram，约1369)、玛哈泰寺

---

❶ Deva-Raja：古代柬埔寨吴哥高棉帝国的缔造者阇耶跋摩二世创立的对"神王"的崇拜，这种信仰成为高棉诸王王权的宗教基础。——译者注

第四编 欧洲以外前殖民文化时期的建筑

图A 泰国阿瑜陀耶的菩斯理善佩寺(约1500)，见[838]页

图B 爪哇迪延的比玛墓塔(约700)，见[838]页

图C 爪哇卡拉桑的佛祠,通往旁边小庙的门廊(约770)，见[838]页

图D 阿周那墓塔(8世纪晚期)，见[838]页

第27章 东南亚建筑

图 A　爪哇默德胡特墓塔(9世纪)，见[838]页

图 B　爪哇的婆罗浮屠窣堵坡鸟瞰(8—9世纪)，见[838]页

图 C　婆罗浮屠窣堵坡：画廊收藏的浅浮雕，见[838]页

图 D　婆罗浮屠窣堵坡

图 E　爪哇普兰巴南的罗罗章格朗湿婆庙(约900)，见[838]页

(Wat Phra Mahathat，约 1374)、**拉布拉纳寺**(Wat Rat Burana，约 1424)，和最完整最令人惊叹的**菩斯理善佩寺**(Wat Phra Sri Sarapet，约 1500，见[836]页图 A)。

晚些时候出现了曼谷的"塔"(pagoda)，为一种既可以作为宫殿又可以作为宗教场所的建筑形式，最典型的范例就是**曼谷皇宫的觐见厅**(the Throne Room of Royal Palace，见[834]页图 B)。其平面为十字形，它的两个主屋顶成直角相交，交点处耸立着高高的塔尖。这种样式被广为应用，甚至包括相对较新的宗教建筑，例如**玉佛寺**(Wat Phra Keo)，就建有细长的柱子和环绕的神祠。

印度尼西亚和马来群岛

很多小型印度教庙宇和"墓塔"(Tjandi)从桑贾亚-赛兰陀王朝的早期一直保留到爪哇中期，其中之一就是迪延的**比玛墓塔**(Tjandi Bhima，约 700，见[836]页图 B)。它由一个单内殿的正方形神殿和一个金字塔形佛塔组成。神殿在佛塔下面，经由一个突出的走廊进入。塔的每层都有壁龛，内置佛像。内殿和走廊的勒脚处于同一标高，但是走廊的低矮飞檐却尴尬地和内殿相交在飞檐标高下，勒脚也被入口门廊所打断。

另一个稍晚的例子是**阿周那墓塔**(Tjandi Arjuna，见[836]页图 D)，与古典风格更为类似。入口的门径被一小段踏步提高到与基座同样的高度。走廊的顶位于主飞檐的拱道下，更为舒适。

在更往南部的**卡拉桑**(Kalasan)，人们建了一座佛教的神庙来供奉一位赛兰陀王妃的骨灰。其平面呈希腊十字形，引人注目的侧翼就是侧边的小礼拜堂。进入礼拜堂要通过建有精致山墙的门廊，山墙上装饰有爪哇雕刻艺术晚期典型的怪诞图像"**基尔帝姆哈**"(Kirtimukha，见[836]页图 C)。它很明显是比玛墓塔的变体，但同时又显现了造型方面的成熟，预示了印度尼西亚风格的形成。飞檐离地面有 10m (33ft)高，与门廊和中央矩形建筑达到了同样高度，上面还有三层退台，使总高度达到了 21m。

同一地区的**赛瓦墓塔**(Tjandi Sewa，9 世纪)也是一座佛教神龛，却破败得多。在构思时，这座神龛与卡拉桑的相近，另有四排较小的神龛围绕(总共有 249 座)，它必然有着婆罗浮屠和吴哥那样的宏大辉煌。同一时期的**默德胡特墓塔**(Tjandi Medhut，见[837]页图 A)与婆罗浮屠和吴哥有着大致相仿的平面和结构，其更为引人注目的是保存完好的雕塑，包括一尊著名的佛陀三位一体塑像，使得庙宇内光彩照人。

婆罗浮屠窣堵坡(Stupa of Barabudur，8—9 世纪，见[837]页图 B、图 D)戏剧性地坐落在爪哇平原上，远景是冒烟的火山。它是印尼艺术最辉煌的成就和赛兰陀王朝建筑艺术的杰作。这座惊人的建筑外形就像是石料镶面的小山，它象征了印度宇宙论中的世界之巅弥楼山[1]和大乘佛教(Mahayana Buddhist)宇宙系统中极乐世界的九重天，共有九层平台。其平面为正方形，每边长 150m(500ft)，有五个稍作退台的立面，到了更高层减少为三个平台。婆罗浮屠由五个封闭的矩形穿廊和三个开敞的圆形平台，聚集成中心窣堵坡，圆形的平台上有 72 个钟形窣堵坡。穿廊上展示了约 1300 尊描绘佛祖生活和佛经中的传奇的雕塑(见[837]页图 C)。婆罗浮屠的概念和设计中的每个细节都被宗教习俗而不是建筑原理所控制，但结果却造就了建筑奇观。

普兰巴南有一处由 155 座神殿组成的惊人神龛群。它坐落在一个巨大的双层基座上，反映了 9～10 世纪大乘佛教的衰退和印度教神明的再度兴起。大多数的神殿已成为残垣断壁，但作为普兰巴南主要象征的**罗罗章格朗湿婆庙**(Shiva Temple of Loro Djongrang，约 900，见[837]页图 E)如今存有相当好的复原体。其平面呈十字形，坐落在矩形基座上，建有四个宽敞的正式楼梯间和一个中央内殿。庙内有很多精美的雕像，包括一个有 42 组展示史诗《罗摩衍那》的浮雕穿廊。

帕纳塔兰的**寺庙群**(The Temple group at Panataram，约 1370)是持续的印度文化(Majapahi dynasty，麻喏巴歇王朝)在东爪哇地区的最后一个明证。湿婆"墓塔"(The Siva Tjandi)尤其有趣，完好地保存下来。立方体式内殿的传统形式和顶端的金字塔形也保留了下来，但它们的处理现在已完全被爪哇化了。最富有特征的是遮盖在门径上的大型基尔帝姆哈(Kirtimukha)，预先使用了几个世纪后哇扬皮影玩偶戏中的技术。

---

[1] Mount Meru：印度教神话所传屹立在宇宙中心的金山，是世界之轴。天神居于此山，此山余脉即喜马拉雅山。——译者注

第五编
文艺复兴时期和后文艺复兴时期的欧洲建筑及俄罗斯建筑

文艺复兴时期和后文艺复兴时期的欧洲建筑及俄罗斯建筑

第 28 章
背　景

概述

本编的标题使用了广义的"文艺复兴"概念，其内容涵盖了约 1420~1830 年源于意大利的欧洲建筑和俄罗斯建筑。尽管现在通用的术语"文艺复兴"指的是大约在 1630 年巴洛克（Baroque）风格以前，甚至是大约 1520 年手法主义（Mannerism）风格以前的时期，但我们在这里仍然使用"文艺复兴"这个词。这个相对广义的划分(意味着有意识地复兴古希腊-罗马风格)使人们能够对古典建筑风格上的准则和典范有一个连贯的确切认知。虽然偶尔被一些受哥特（Gothic）风格影响的巴洛克建筑师作了改变，但是人们对古典建筑的膜拜并没有因此受到严重影响，这种情况一直持续到 18 世纪晚期折中主义（eclecticism）上台，非欧洲和中世纪的建筑风格得以复兴。在奥古斯塔斯·韦尔比·诺思莫·普金（A. W. N. Pugin, 1812—1852）以前，我们很少发现有人对古罗马式样持积极的异议。因而，可以用这种执著来解释长期以来遍布在所有欧洲国家的建筑多样化风格的原因(对欧洲以外的文艺复兴建筑的介绍参见第六编)。在俄罗斯，文艺复兴建筑形式传入的时期与漫长的拜占庭风格（Byzantine）时期重叠在一起(参见第二编第 12 章)。

在文艺复兴初期，古罗马风格的建筑占据优势，但是到了 18 世纪，在认真研究了古希腊建筑之后，以古希腊建筑风格为主体的新古典主义信仰产生了。19 世纪初，"古典主义"一词增加了现代的含义，其表达了和谐、比例、理性和均衡这些古希腊建筑的特质。不幸的是，这个词被应用到所有显示出受到古希腊-罗马影响的地方，而这种应用是非理性的或者是怪异的。因此，在本编中，"古典"（Classical）一词不是用来标明一个历史时期，而是用一个更中性的词"古风"（antique）来表示古希腊、希腊化时期和古罗马建筑范型。无论如何模糊，使用"古典主义"一词都意味着与特定的建筑价值标准相关联。这些价值标准最早出现在维特鲁威（Viruvius）的著作中，并且在后来的希腊建筑复兴中被重新加以研究。从这个意义上来说，很多古罗马建筑都不属于古典建筑，但是它对文艺复兴时期的建筑师有着同样的影响。

总的来说，在这个时期，尽管各种不同建筑风格产生的时间和地域都不相同，并且相互之间的过渡也是连贯的，但是仍然可以划分为各个独立的阶段。

在此，我们使用的术语有：文艺复兴早期、文艺复兴盛期、手法主义、巴洛克、洛可可和新古典主义。

这些风格上的术语大多出现在每一章的"建筑特征"（Architectual Character）部分。只有文艺复兴早期和新古典主义被认为是有意识地与以往的风格进行对抗的运动；其他风格则是对以往风格的演变与发展，它们被不同时期的持古典主义观点的批评家贴上带有贬义的标签，如"手法主义""巴洛克"和"洛可可"。

艺术界的文艺复兴源自意大利，它是古希腊-罗马文化全面复兴的组成部分。15 世纪中叶，文艺复兴早期建筑风格从佛罗伦萨传播到意大利其他各主要城市(约始于 1420 年)，并且很快在亚平宁半岛流行起来。在意大利之外，只有俄罗斯和匈牙利有着值得注意的 15 世纪文艺复兴建筑。

16 世纪初，文艺复兴形式已经传遍了欧洲的所有国家。在意大利，文艺复兴盛期的标志是人们开始对古代建筑原理和遗迹有着更为深入的理解。而在其他地方，文艺复兴通常意味着意大利式母题的运用(见[842]~[844]页)，但在模仿和传播的过程中，这些母题变得更加怪异。16 世纪 20 年代，意大利建筑师们，如拉斐尔（Raphael）、朱里奥·罗马诺（Giulio Romano）和佩鲁齐（Peruzzi）扩大了他们建筑风格的源泉和建筑词汇。更重要的是，较少以古罗马建筑为蓝本的米开朗基罗（Michelangelo）的创造，也可以看做出自西班牙、法国或者佛兰德斯大师们之手(见[845]页)，似乎与古代的形式相

第五编 文艺复兴时期和后文艺复兴时期的欧洲建筑及俄罗斯建筑

Ⓐ 佛罗伦萨圣十字教堂的神龛；Ⓐ' 佛罗伦萨老宫檐壁；Ⓑ 佛罗伦萨圣母圣花大教堂博物馆中的歌坛；Ⓒ 锡耶纳大教堂圣水钵；Ⓓ 佛罗伦萨新圣母教堂洗手槽圣水盆；Ⓔ 佛罗伦萨圣十字教堂祭坛；Ⓕ 佛罗伦萨新圣母教堂布道坛；Ⓖ 佛罗伦萨圣十字教堂布道坛托座；Ⓗ 佛罗伦萨万圣教堂的圣萨尔瓦多圣骨盒；Ⓙ 锡耶纳大教堂布道坛栏杆

第28章 背 景

Ⓐ 威尼斯圣马可广场的铜台；Ⓑ 威尼斯圣母神迹教堂柱头；Ⓒ 帕多瓦圣安东尼奥教堂华柱；Ⓓ 威尼斯弗拉瑞教堂贝尔纳尔多纪念碑；Ⓔ 威尼斯圣母神迹教堂装饰板；Ⓕ 威尼斯圣马可教堂圣贾科莫祭坛；Ⓖ 威尼斯耶稣会孤儿院入口细部；Ⓗ 威尼斯圣母神迹教堂栏板；Ⓙ 威尼斯圣约翰与圣保罗教堂文德拉明纪念碑细部

第五编 文艺复兴时期和后文艺复兴时期的欧洲建筑及俄罗斯建筑

Ⓐ a部位的檐角；Ⓑ y-y部位的平面图；Ⓒ b部位的檐角；Ⓓ 热那亚冈巴罗宫入口；Ⓔ 热那亚卡勒加宫入口；Ⓕ 热那亚老隐修院圣水盆；Ⓖ 阿尔巴洛的坎比阿索别墅花格镶板平顶；Ⓗ 典型柱头；Ⓙ 热那亚某入口；Ⓚ 坎比阿索别墅壁柱；Ⓛ 维罗纳某入口

第28章 背 景

ⒶⒷ 多德雷赫特某长椅端板；Ⓒ 带连接铁件的山墙；Ⓓ 门：安特卫普普朗坦博物馆；Ⓔ 入口：安特卫普；Ⓕ 壁炉镶板：布鲁塞尔博物馆；Ⓖ 昂吉安嘉布遣会教堂的纪尧姆·德克洛伊纪念碑柱头；Ⓗ 楼梯：安特卫普普朗坦博物馆；Ⓙ 昂吉安嘉布遣会教堂柱饰；Ⓚ 荷兰扎尔特博默尔法院壁炉面饰上的人物雕塑

去甚远。在这种"奇异风格"(grotesques)的传播过程中,枫丹白露学派(the School of Fontainebleau)的雕版画起了特殊的作用。16世纪晚期,汉斯·弗雷德曼·德夫里斯(Hans Vredeman de Vries)和文德尔·迪特林(Wendel Dietterlin)编撰的建筑式样图集(the patternbooks)创造的一种国际式的"手法主义"风格也促进了它的传播。

17世纪和18世纪初,欧洲各国建筑的风格流派并没有明显的阶段划分,像"巴洛克时期"(Age of the Baroque)这样的界定会产生误导。罗马和皮埃蒙特的巴洛克风格的特征是采用错觉艺术手法、动态曲线、空间体验和怪异的细部,这些只是在奥地利、波希米亚和德国南部被接纳。经历了"帕拉第奥式"(Palladian)复兴以后,在信奉新教的英格兰和荷兰产生了更为朴素、简洁的形式,甚至在17世纪末巴洛克风格的影响下仍然如此。法国在理性的几何形式、柱式立面和对于石头的清晰处理的基础上发展出一种有特色的民族形式,这就是法国古典主义风格。

同样地,18世纪初出现的洛可可风格也是巴洛克的延续,运用了更多的动态曲线和堆砌的、不对称的装饰,但在不同国家有着很大的差异。在法国,它完全是一种本土的室内装饰风格,并没有对建筑外部和教会建筑产生影响。在奥地利和德国南部,巴洛克风格流传甚广,并且更为偏激。与此同时,在英格兰,源于18世纪20年代的反巴洛克的帕拉第奥式复兴将洛可可风格扼杀于萌芽状态,虽然室内装饰和家具设计则不同于建筑。18世纪中叶,流行于法国、意大利和德国的新古典主义是有计划的反洛可可运动。

新古典主义不仅仅是古希腊和其他外来古典风格的复兴,就建筑学而言,它是与理性结构原则的回归及其在建筑中的表现联系在一起的。在这方面,新古典主义赞同超越古罗马建筑的哥特式(Gothic)。卡尔·弗里德里希·申克尔(Karl Friedrich Schinkel)和雅克·苏夫洛(Jacques Soufflot)赞赏哥特式建筑的原因,就并非是因为其花格窗或是装饰,而是因为其在结构上的成就。

与新古典主义形式原则分道扬镳的主要原因是法国大革命时期社会的激烈动荡以及一段时期内由拿破仑强加给他所统治的各个国家的压力。这被称为"后文艺复兴"(Post-Renaissance)时期。本编中介绍的"后文艺复兴"时期,指的是在欧洲殖民主义建筑之前至19世纪末欧洲建筑的演变时期。在这个阶段的晚期,19世纪的折中主义如同这个时期的技术发展一样,发挥了重要作用。人口的持续快速增长、高速发展的工业化和城市化都促使人们放弃了那些作为权力象征的古典形式和母题,无论它们是从古希腊还是古罗马移植来的。

本章的重点放在欧洲国家和俄罗斯在文艺复兴和"后文艺复兴"时期的政治、社会和文化史上。然而,需要强调的是,按国家来划分仅仅是因为方便。在受文艺复兴风格影响的几个世纪中,尤其是欧洲中部和南部的各个国家都先后分裂为许多独立的或近乎独立的城邦国家、公国等,同时,政治联盟的变化也很频繁。政治和经济状况影响了建筑类型的创造和演化,为文艺复兴建筑师提供了承接更广阔范围和更大数量的设计委托的机会,也使得文艺复兴建筑形式在合适的条件下传播到了当时世界的各个角落(参见第六编)。欧洲在"后文艺复兴"时期的突出变化将在第34章中论述。总的来说,在"背景"这一章中,每一节关于历史、起源和建筑技术的介绍中都编排了一小节有关欧洲"后文艺复兴"时期的内容。

欧洲的地理和气候条件有助于文艺复兴的风格和范式在世界范围内的传播,各国会在相同或相似地理和气候条件下试图应用这种风格。欧洲的自然因素对建筑的形式和外观的影响很显著。从意大利和法国地中海沿岸不耀眼的坡度平缓的红瓦屋顶和色彩柔和的广场,到法国北部、英国和斯堪的纳维亚形态优美、又高又尖的蓝灰色屋顶以及简朴的线条设计,文艺复兴时期的建筑师将建筑形式与当地的材料和气候有机地结合在一起。19世纪关于建筑风格的论战以及工业建筑、交通建筑、公共卫生建筑和住房的发展,使得这种风格的传播贯穿于整个"后文艺复兴"时期,事实上一直持续到20世纪。

历史

在这个时期,建筑风格和类型的改变与历史的转变紧密相联。由于与有权势的赞助人之间的联系、战争与征服、绘画的创新、建筑师寻求工作时的流动,并且更为普遍的是统治者专用的建筑形式以及统治阶级借助建筑语言来加强其政治与社会及

第28章 背景

Ⓐ STAIRCASE: ASHBURNHAM HOUSE: LOND.

Ⓑ CHIMNEY PIECE: STOKE HALL: DERBYSHIRE

Ⓒ DINING ROOM: BELTON HOUSE: GRANTHAM: LINCS.

Ⓐ 伦敦阿什伯纳姆府邸楼梯间；Ⓑ 德比郡股票大厅壁炉面饰；Ⓒ 林肯郡格兰瑟姆贝尔顿府邸餐厅

地位,所有这一切都使得各种新的风格得以传播。"柱式"(Orders)这个古典建筑语言作为内在的规范为社会的各个权力等级提供了一个强有力的、看得见的隐喻,这可能就是古典建筑语言得以广泛流传的原因。

15世纪意大利新的建筑语言得以广泛传播的重要原因是各国之间的相互联姻。例如,匈牙利国王马提亚·科尔维努斯(Matthias Corvinus)宫廷的意大利化倾向,就是由于他与那不勒斯的贝雅特里齐·达·阿拉贡娜(Beatrice d' Aragona)结婚而得以强化,这为布达佩斯带来了文艺复兴的早期形态。可见,在建筑思想的传播方面,各个王国之间不断增加的特殊联姻所起的作用与更大范围的历史力量一样重要。

1494~1530年的"意大利战争",使意大利建筑得到法国国王和哈布斯堡皇帝的青睐。如同古希腊一样,意大利各城邦在失去独立的同时却获得了文化上的霸权。直到17世纪下半叶,路易十四的法国建筑才取代意大利成为建筑的主要源泉——比起那些小号的意大利宫廷,这种建筑形式更适合于绝对君权时期。17世纪和18世纪的欧洲战争形成了地方风格的建筑(详见后面与每个国家历史相关的章节),但是,拿破仑在这个时期发动的欧洲战争为欧洲的政治和文化制度留下了持久的印迹。

由但丁(Dante, 1265—1321)和彼特拉克(Petrarch, 1314—1374)发起的对古典文化的研究,很自然地使人们对历史遗迹产生兴趣,而15世纪的意大利人类学家和考古学家又推动了这一发展。中世纪的人们就已经知道维特鲁威论述建筑的文章,但是只能读懂一部分。阿尔贝蒂(Alberti)将维特鲁威的文章与古罗马建筑进行了对比研究,并组织学者型考古学家对维特鲁威的书加以编纂。15世纪发明的木刻、铜板雕刻以及活字印刷术对建筑理论和建筑模型在欧洲的传播起了重要作用。阿尔贝蒂和维特鲁威的建筑学著作分别在1485年和1486年相继出版,尤其是塞里奥(Serlio)、维尼奥拉(Vignola)和帕拉第奥附有建筑图的论著分别在1537年、1562年和1570年出版,使得人们即便不到意大利参观,也有可能建造新风格的建筑。后面章节将分别对每个国家的建筑出版物进行介绍。

马丁·路德(Martin Luther, 1483—1546)领导的宗教改革运动导致了西方基督教世界的宗教改革,这场宗教改革对于教堂建筑有着重要的意义:教堂的建筑形式变得更为朴素,去除了附属神坛的内部空间也变得更为完整。众所周知,被看做是反宗教改革运动的天主教内部改革为新的宗教仪式所带动,尤其是耶稣会进行的旨在改变信仰的传教工作使16世纪罗马教堂的建筑形式传遍了整个欧洲。天主教改革派的教堂不是采用单一空间,而是由无侧堂的单一中堂式教堂和附属的小礼拜堂组成,而寺院教堂和牧师会教堂尤其喜欢采用将歌坛置于祭坛后面的形式。从15世纪70年代开始,用来祈祷和纪念的教堂则倾向于采用圆形或者希腊十字形的集中式平面,并且天主教国家在整个时期一直都采用这种平面形式。这种形式也适用于新教教堂,因为新教教堂不需要有主祭坛。

意大利式的城市府邸和乡村别墅(见[849]页图A、图B)也与欧洲其他地方的政治、社会和经济状况相适应。但是,那些君主和贵族们仍然用了一个多世纪的时间才放弃塔和雉碟等象征权力的外观标志,而开始采用更细腻的古典柱式作为主导语言。法国人和奥地利人设计了凡尔赛宫(Versailles)和美泉宫(Schönbrunn)那样的建筑环境来显示至高无上的权力,而市政厅、行会大厦、医院、慈善基金会大楼等世俗性的公共建筑则表现了独立的城邦国家的特征。17世纪和18世纪,皇族的进取心常常与军事训练或者以参加军队作为褒奖等联系在一起,这体现在建筑上,如巴黎的国家残废军人院、英国的格林尼治海军医院和切尔西医院。18世纪的欧洲社会改革再度将重点放在公共建筑上,18世纪晚期和19世纪初期的一些建筑很值得注意,如医院、监狱以及博物馆等公共教育设施和剧院、歌剧院等娱乐设施。

黑色火药大炮和铁质加农炮弹的应用,使得中世纪末期依靠高墙和塔楼的防御工事失去了作用。15世纪末,在意大利出现了先进的新型防御系统,这是一些带有箭垛的矮墙,既具备攻击能力,又能抵御侧翼火器。16世纪时,这些思想通过意大利的军事工程师和那些有关防御系统的论文传遍整个欧洲,甚至直到18世纪仍然影响着城市防御系统的设计。

第28章 背 景

图 A 佛罗伦萨波波里花园(16世纪),见[848]页

图 B 塞蒂涅阿诺的甘伯拉亚别墅 (约1550),见[848]页

为了满足军事上的需要,文艺复兴时期的城市规划理念以放射形的道路系统和集中式平面为基础。在建造新的要塞城堡,如威尼斯附近的帕尔马诺瓦城(Palmanova, 1593),或如卡尔斯鲁厄(Karlsruhe, 1751)那样的新都城时,这些理念就得以充分实现:在已经建成的城市里,街道要么加以拓宽、取直,要么就依据几何学的原理重新规划,并且以重要的纪念碑、喷水池或方尖碑为中心。在文艺复兴和巴洛克时期,教皇们在对罗马进行扩建并使之理性化方面为欧洲巴洛克时期的各国君主们提供了一个范式。出于军事控制的需要,同时也由于四轮马车和公共马车的广泛应用,有必要拓宽街道。城市规划为建筑的统一建造提供了机会,比如带平台的住宅。并且,随之而来,开始了投机性的建造。

意大利

14世纪,当帕多瓦的马西利奥(Marsiglio, 卒于1342年)、约翰·威克里夫(John Wycliffe, 卒于1348年)和扬·胡斯(John Huss, 卒于1415年)都在抨击世俗的权力和教会的财富时,基督教世界的宗教和思想联盟已经开始瓦解。自1309年起,在法国国王的庇护下,教皇驻扎在阿维尼翁,直到1377年才重返罗马。那一时期,长达半个多世纪之久,同时有两个,有时甚至有三个主教宣称自己是教皇,而每一个教皇背后都有一些国家支持。1449年,旨在改革教会,并通过一系列最高级别的大议会来控制教皇的"公会议运动"(the Conciliar Movement)失败了,这让罗马教皇重获独立权力。尤里乌斯二世(Jiulius II, 1503~1513年在位)的强权使教皇国控制了这个横贯意大利中部的强大国度。另一方面,在腐败的亚历山大六世(Alexander VI)、尚武的尤里乌斯二世和持唯美主义的利奥十世(Leo X, 卒于1521年)的统治下,罗马教皇在欧洲的道德威望下降到了极点。

15世纪意大利政治史最突出的特点是不断地变换同盟,并且在这个四分五裂的国家中,各个城邦之间的小规模战争接连不断。由于意大利坚持对那不勒斯的控制而导致法国在1494年入侵,接下来又发生了"意大利战争"。在这个时期,亚平宁半岛已经成为法国皇帝与哈布斯堡皇帝们争斗的战场。战争中,北方的统治者嗅到了意大利的艺术气息。1527年,查理五世(Charles V)及其路德派军队对罗马进行了疯狂掠夺,这就使一些文艺复兴盛期建筑师们不得不流落到其他的中心。

16世纪30年代,一个强大的国家机构得以建立,并且一直维持到拿破仑战争时期。西班牙-哈布斯堡帝国直接统治了米兰、那不勒斯、西西里岛以及热那亚,并控制了托斯卡纳的梅迪契大公国和都灵的萨伏依公国。尽管威尼斯的海上霸主地位衰落了,但它仍然是一个独立的共和国,并且依然占据着西起贝加莫,东抵的里雅斯特,包括帕多瓦、维琴察、维罗纳在内的许多陆地城邦。罗马加强了对从福萨诺瓦到里米尼、博洛尼亚和摩德纳的教皇国的控制。那些地位显赫的家族在其府邸中过着王室般的生活,并在典雅和奢靡方面相互攀比。教皇们在城外贪婪地聚敛财富,但在城里面挥霍,很快就积欠了数额巨大的债务。从尤里乌斯二世时期,或者稍更晚一些时候开始,教皇的权势才得到有效的控制。而在此之前,很多北方的教会城邦都有他们自己的虽小但是却很华丽的宫廷。这些宫廷属于处于统治地位的家族领袖,如里米尼的马拉泰斯塔(Malatesta)家族,乌尔比诺的蒙太费尔特罗(Montefeltri)家族,或是费拉拉的埃斯特(Este)家族。一时间,这些地区中心的建筑倾向于采用地方风格而不是罗马风格。到了17世纪,托斯卡纳大公们的衰落改变了命运,并且,威尼斯人不时地与土耳其人交战。

建筑在很大程度上为天主教改革派的卓有成效的传教政策发挥了作用。波旁王室宣称对西班牙帝国的统治权,因涉及西班牙是否归属意大利的问题,结果遭到了奥地利、英国和荷兰的反对。1713年的《乌得勒支条约》(Treaty of Utrecht)将米兰和那不勒斯划入奥地利版图,同时,萨伏伊公国成为一个独立的王国。威尼斯在1718年失去了亚得里亚海的控制权。随后,1737年,梅迪契王朝被废除,公国的主权归属于奥地利。

1796~1797年和1800年,拿破仑的入侵导致威尼斯共和国解体,但是却使它从奥地利人的统治下获得了局部的解放,并且其北部地区从皮埃蒙特到亚得里亚海实现了前所未有的统一。1814~1815年的维也纳会议将亚平宁半岛重新划分为八个国家,归奥地利统治。这种局面一直持续到1848年大革命。

第28章 背 景

意大利中世纪晚期的经济繁荣得益于早期的城市化、银行业和纺织业的早期发展(尤其是在伦巴第和托斯卡纳)、海上贸易(热那亚和威尼斯)以及教会的税收(罗马)。罗马以南地区的经济发展有所倒退,因为这些地区广袤的农田仍然为贵族地主统治服务。但是,还在15世纪晚期和16世纪的时候,中部和北部的意大利各个城邦就已经开始失去了其在欧洲经济中的显赫地位,城市统治阶级将经济发展的重心逐渐回归到土地上。由于这个原因,以及对外国宫廷的依附,意大利成为建立在商人基础上的贵族统治国家。

14世纪,彼特拉克发起了人文主义复兴。这个复兴是由古代文献引发的,它引发了人们对古代文物的兴趣。1420年,这种兴趣也影响到建筑学。人文主义复兴发端于佛罗伦萨,同时出现的是托斯卡纳方言转化为文学语言。虽然教廷和威尼斯推崇希腊文化,但是佛罗伦萨同样也是新文化思想的中心。一些小城邦的开明君主也在其宫廷里聘用艺术家和学者。15世纪中叶,由于德国印刷术的传入,许多论著得以出版。而再借助蚀刻和木制雕板,建筑师成为传达信息的先驱者。

面临北方新教徒的反对,"特兰托公会议"(the Council of Trent, 1545年首次召开,并且在16世纪中叶又陆续召开了几次)之后,天主教改革也在酝酿之中。人文主义文化至高无上的地位渐渐受到侵蚀,西克斯图斯五世(Sixtus V, 1585~1590年在位)企图将古罗马斗兽场改作毛纺工厂一事预示着这场变化的来临。但是这一切并不意味着意大利反对古典建筑语言,巴洛克建筑师们继续从古罗马建筑中汲取灵感。对于来自阿尔卑斯山北麓的艺术家和作家们来说,意大利依然是一个迷人的地方。例如,歌德(Goethe)的游历和温克尔曼(Winckelmann)的长期居留对于新古典主义运动是至关重要的。

象征意义、礼拜仪式的变化、改良运动、新的宗教会社以及建筑师和赞助人的审美倾向都对教堂设计产生了影响。"礼仪"(Decorum)是文艺复兴文化的一个基本准则,一座教堂的功能对其平面设计起着决定性的作用。尽管圆形、正方形和希腊十字形的集中式平面因为其完美的象征性而备受褒扬,但是却不适用于大教堂和隐修院教堂。为神迹、灾难救赎或是为殉教者而建的纪念性建筑非常适合于采用有穹顶的集中式平面。事实上,耶路撒冷安放基督墓的圣墓教堂开创了一种组合式平面的先河。这种组合式平面将纵长的中堂与带穹顶的集中式平面十字交叉,成为一种为人们认可的折中手法。在中堂内,仪式行列的功能和传统拉丁十字的象征意义都很重要。后来,椭圆形平面的出现又为集中式平面提供了带有方向性的轴线。

中世纪意大利的寺院教堂内,坚固的圣坛屏横穿中堂,将普通人与僧侣组成的歌坛和司祭席分隔开来。15世纪新建的教堂不再采用这种做法,而是将歌坛放在高高祭坛后的小礼拜堂中。特兰托公会议之后,由于重点转移到了布道和公众参与上,教堂于是就将圣坛屏拆除了。16世纪下半叶,由于出现了各种新的宗教会社,耶稣会会士、巴尔纳巴会会士和奥拉托利会会士倾向于采用单一中堂的平面形式,这种形式的中堂常常与侧面的小礼拜堂相连,将侧翼缩短,而且各部分的分区也更为明确。

16世纪30年代的城市贵族阶级倾向于在其规模宏大的城市府邸(palazzi)中采用相同的装饰语言,但是各自的平面形式表现出很大的地域差异。其共同特征是占有整个街区的三层楼房,并且中间有带柱廊的内院。主要房间设在二层(即贵族层),主立面面向街道;带拱顶的底层可能设店铺或是夏日用的套房,而在16世纪则可能布置马厩;儿童房和佣人房设在三层,酒窖、油料和燃料库安排在地下室。整幢府邸由一系列逐渐减小的套间组成,从最大的"客厅"到最小的"房间"逐间套叠。府邸走廊很少,房间的功能很灵活,主要依据房间的大小,而不是按照装修来定。15世纪商人的宅邸房间数量相对较少,只有神职人员和君主才拥有很多的家庭成员。到17世纪,家庭仆人数量的增加加大了服务用房的面积,而马车的使用则使马厩的入口加宽。从15世纪初开始,对称的平面布置形式就已经普及了。但是在巴洛克时期,设计的重点则在于多重轴线、宏大华美的楼梯和连通的庭院。

在佛罗伦萨,14世纪曾经流行的底层用做店铺的府邸立面形式已经逐渐消失,但是仍然用粗面石饰来表现其防御的气氛。佛罗伦萨府邸建筑的特征就是在建筑四周的基座上,为公众设置了一些连续的石头长凳。16世纪的粗面石工仅用在隅石和楔石上,底层的立面有着由卷涡纹饰支承

第五编　文艺复兴时期和后文艺复兴时期的欧洲建筑及俄罗斯建筑

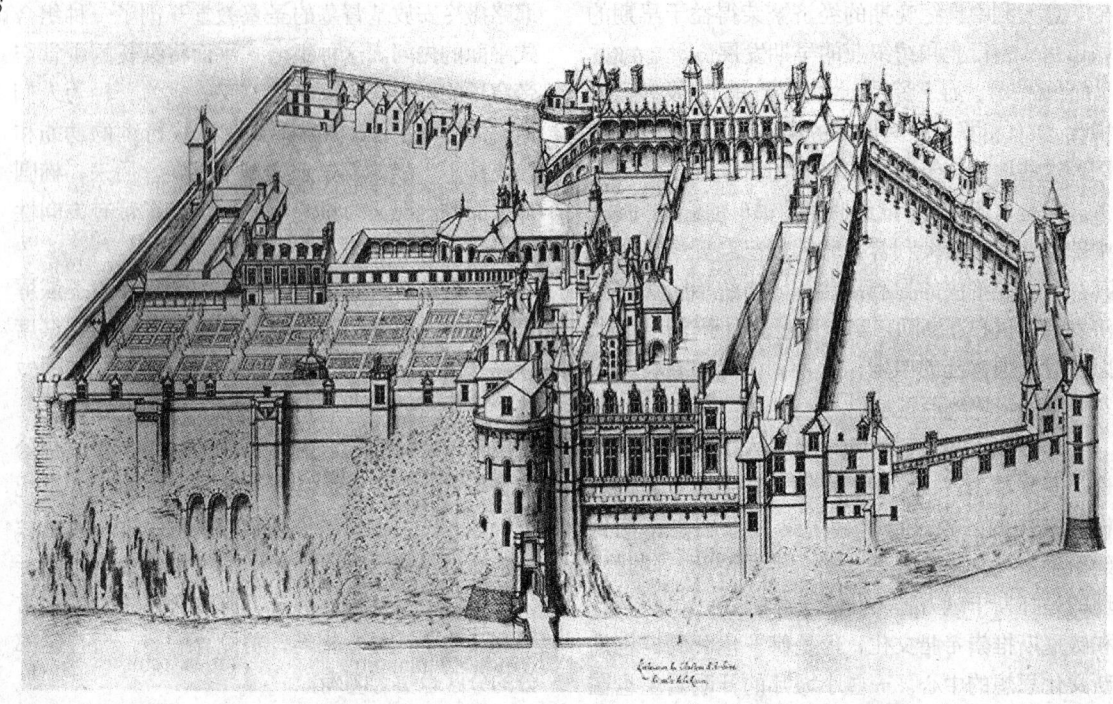

图 A　从北面看昂布瓦斯城堡(1434年及以后)，迪塞尔索绘于16世纪，见[854]页

图 B　马德里附近的埃斯科里亚尔隐修院（1562—1582）南立面，见[855]页

窗台板的带山花的挑台窗(kneeling windows)。蒙田(Montaigne)在 1581 年发现窗户上用的不是玻璃,而是用油浸过的亚麻布或是纸张时,感到很吃惊,而直到 17 世纪,佛罗伦萨的府邸建筑才开始大量使用玻璃。

罗马红衣主教府的规模更大,最初的设计比较松散,并且为了争取尽量多的阴影和通风,在上面几层设有敞廊。在此以前,在角部设塔楼和十字形中挺窗(cross-mullioned window,归尔甫式窗(Guelph))的做法很普遍。16 世纪末,枢密院大厦(Palazzo della Cancelleria)的设计和装饰使人们联想起乌尔比诺公爵府(Ducal Palace)。法尔尼塞府邸(Palazzo Farnese)是 16 世纪大型府邸的代表作,其带有柱廊的门厅,巨大的庭院和与花园的轴线关系都使它成为一个设计典范。教廷机构中官僚队伍的扩大促进了小型府邸的发展,对这类府邸来说,雄伟的立面、楼梯和庭院比规模大小更为重要。然而,这些府邸到了 17 世纪看起来已经小得不合时宜了。

威尼斯府邸独特的设计与它们建在水边,并且是为传统的商户所用有关。府邸的入口集中布置在纵三段的立面中部。立面划分为纵三段与长长的横向入口大厅有关。大厅的设计是为了卸货,然后再运至楼上的客厅。与意大利中部地区相比,威尼斯府邸的基地比较狭长,庭院也更小。宅邸有时候在垂直方向上按照不同家族成员的需要而划分开来。在威尼托大区的陆上城镇维琴察和维罗纳等地,也发现了相同的三段式设计,但是往往用花园取代庭院。帕拉第奥有意识地将一些维特鲁威风格元素,比如四柱式的中庭引入维琴察的府邸设计之中。

作为一种独特的建筑类型,别墅在古典时代晚期消失以后,又在文艺复兴时期重新出现。由于使用功能(农庄、猎人的山林小屋、郊外的休息场所)的差异,地域、投资人和建筑师的不同,别墅之间的差别也相当大——只能辨认出像外立面的敞廊这类很少的共同之处。土地开垦、农业和地产的发展一起推动了托斯卡纳和威尼托大区的别墅建筑。帕拉第奥吸收了威尼托地区传统建筑的特点,为农业地区的领主们设计了一系列功能独特、灵活的别墅。这些别墅的正立面突出了山花的主导地位,将谷仓、储物敞廊和粮仓合并到等级分明

然而又统一的建筑群中。罗马则模仿了文学作品中所描述的古代离宫的样式建造郊外别墅,这在沉溺享乐的教廷中十分流行。受布拉曼特(Bramante)的观景楼庭院(Cortile del Belvedere, 1503—1513)和拉斐尔的玛达玛别墅(Villa Madama, 1516 年始建)的影响,有着深远透视的景观、弧线形的大楼梯、带壁龛的有座前廊和装饰性洞室,成为 16 世纪园林设计的特点,而且水的作用越来越重要,需要为喷泉供水、为餐桌降温和为精巧的机械装置提供动力。

法国

在"百年战争"(the Hundred Years War)结束,并于 1453 年将英国人逐出欧洲大陆之后,法国已不再是一个封建王国,而已然是一个中央集权的独裁的现代君主国。1515 年,瓦卢瓦王室的国王们开始执掌政权,这种情况一直持续到 1589 年亨利三世(Henry III)遇刺。这以后,纳瓦拉的亨利获得认可,成为波旁王朝的国王。从这时起,直到两个世纪以后的大革命时期,波旁王朝一直统治着法国。在这个时期,王国的疆域扩大到了布列塔尼,并且延伸到了莱茵河东部,与法兰德地区接壤的边界也往前推进。

16 世纪 70 年代和 80 年代的宗教战争严重动摇了弗朗西斯一世(François I, 1515～1547 年在位)和亨利二世(Henri II, 1547～1559 年在位)的中央集权统治。1593 年,纳瓦拉的亨利四世(Henri IV, 1589～1610 年在位)来到巴黎,着手进行一场复兴国家和政治集权的运动。这场运动后来由路易十三(Louis XIII, 1610～1643 年在位)和路易十四(Louis XIV)继续进行下去。路易十四在独揽朝政的首相马萨林(Mazarin, 1602—1661)于 1661 年死后接管政权,当时的法国已经成为欧洲人口最为稠密和最富庶,或许也是治理得最好的国家。路易十四的独裁统治持续了半个多世纪。其军队确保了法国的霸权地位,这支军队仅在争夺西班牙王位继承权的灾难性战争中(1704—1713)被欧洲反法同盟挫败过。路易十四极具才干的国务大臣让·巴蒂斯特·柯尔贝尔(Jean Baptiste Colbert, 1619—1683)一直在整顿法国的工商业,但他在政治上的作用不大,对波旁王朝的继承人路易十五(Louis XV, 1715～1774 年在位)和路易十六(Louis XVI, 1774～1793 年在位)的影响也很小。

他很快就发现在欧洲、北美洲和印度的战争耗费巨大,此外,18世纪的通货膨胀也需要增加额外的财源。到1789年时,法国的国家财政已濒临崩溃,人们的不满情绪也空前高涨,这些都导致了"三级会议"(the Estates General)的召开和革命,并促使政府简化程序并合理化。"三级会议"将政府的控制权分散到83个部门,并通过资产国有化和变卖教会财产解决政府财政困难。成为法国新统治者的拿破仑一世(法国皇帝,1804~1814年在位),通过武力统治了欧洲大陆长达15年之久。他的统治一直持续到滑铁卢战役失败。

在普罗旺斯地区,有很多古罗马建筑依然完好地被保存下来,但当法国在1492年和1508年入侵意大利时,情况有所改变。法国建筑师的设计思想受意大利的建筑范例束缚,他们完全顺从古典的教条。查理八世(Charles VIII)从意大利回到卢瓦尔河畔的昂布瓦斯城堡(Château d'Amboise,见[852]页图A)。昂布瓦斯城堡是法国的第一座皇家府邸,其建造历程差不多贯穿了整个15世纪。查理八世带回了意大利的艺术家和工匠,他们在卢瓦尔河畔开始了早期的府邸建造。这些实例可以追溯到16世纪的最初25年间。通过建造这些府邸,法国式意大利(Franco-Italian)风格开始盛行。为了晋升官职,狩猎是一种吸引皇室造访的重要方式,这些府邸大多建造在狩猎场附近以接待国王,这使得府邸保留了初始的建筑风格。这种情形一直持续到17世纪60年代,法国最终决定将皇宫集中建造在凡尔赛。

从16世纪末开始,国王的大部分时间都留在巴黎处理宫廷和国家事务,他也越来越依赖那些由他任命的政府文职官员去处理政务,而不再依靠于那些世袭的贵族。因此,在1600~1660年,巴黎出现了很多富人住宅,即"公馆"(Hôtel),并成为一种特殊的建筑类型,影响了整个欧洲的住宅设计。这些府邸和公馆都采用了意大利式的设计手法。这种手法的流行,要归功于德龙布尔侯爵夫人(the Marquise de Rambouillet,1588—1665)。她使住宅平面布局变得相当精巧,将人们从那种每天都生活在大厅中的单一的封建家庭生活中解脱出来。从此以后,法国的上流社会开始尝试设置一些小房间来进行私人社交活动。这些房间通常为三个或四个为一组:有一间"候见室";一间"寝室",在那里主人通常会斜倚在床上正式接见客人;另有一间更私密的"密室",通常用来会见特殊的朋友,房间内往往陈列一些贵重物品。如果空间上允许的话,还会有一个"藏衣室"。

随着社会生活越来越高雅,人们产生了将家庭中比较粗劣的部分隐藏起来的愿望。如果可能的话,马厩会放到单独的服务庭院内;佣人房与主楼之间以隐蔽的走道和楼梯相连。例如,巴黎附近的迈松府邸(the Château de Maisons,1542—1546)有一条地道,在运送食物、木柴和其他生活必需品时不至于被别人看见。

由于顾主的需求变得更加复杂,在巴黎可以用来建造府邸的地皮变得越来越少,也越来越受到限制。因此,建筑师不得不显示出在有限的不规则空间中布置必须的房间的才华。在17世纪,最具影响力的例子是安托万·勒波特(Antoine Le Pautre,1621—1691)设计的位于巴黎弗朗索瓦·米龙大街的博韦公馆(Hôtel de Beauvais,1656)。虽然在宫廷迁到凡尔赛以后,府邸和公馆的建造数量逐渐减少,但是在1715年摄政王返回巴黎以后,这种布置方式一直被沿用于巴黎18世纪的私人住宅之中。

宗教改革对教堂建筑的设计影响很小。从1598年颁布"南特敕令"(the Edict of Nantes)到1685年路易十四将其废除的这段时间里,虽然胡格诺教派的宗教信仰得到了正式承认,但是除了萨洛蒙·德布罗斯(Salomon de Brosse,约1571—1626)设计的寺庙以外,胡格诺教派几乎没有建造任何重要的建筑。而在17世纪上半叶,新的天主教改革派却对罗马天主教堂的设计产生了重要影响。如同在欧洲其他地方一样,在初期,那种不带侧堂的中堂、二层或三层立面的16世纪晚期风格的罗马教堂形式占据优势。但是到了17世纪晚期和18世纪,巴西利卡式平面得以回归,那种由中堂柱廊围绕半圆形后堂而形成一个半圆形屏风的形式受到人们喜爱。在拿破仑时代,还出现了短暂的对古典庙宇形式的偏爱,如巴黎的马德莱娜教堂(Église de la Madeleine,始建于1806年)。

在前所未有的中央集权统治下,法国王室建造了凡尔赛宫,它在法国至今仍然是独一无二的,但是其样式很快在整个欧洲被仿效。无穷的空间序列、装饰华丽的国宾觐见大厅,使国库在这一类工程上耗费不赀。超长的立面创造了全新的建筑尺度,更确切地说,由于此种立面全盘抛弃了原有的比例概念而产生了视觉冲击力。在王室对浮华的生活感到厌倦,将宫廷搬到特里阿农以后,私密、舒适的风尚受到推崇,并且很快传遍整个欧洲大陆。凡尔赛宫内的那种沿轴线展开,并无限延伸到周围乡村的广袤土地之中的花园也成为最重要的模式。这座花园由安德烈·勒诺特(André Le Nôtre)设计,它是整个凡尔赛建筑群规划的一个组成部分。

从16世纪中叶巴黎的王室规划到200年后勒杜(Ledoux)的革命性设计,法国建筑师一直密切关注着巴黎城市空间的规划。亨利四世(Henry IV)的宏伟规划创导了建造大型公共广场的传统,当时的多菲内广场(Place Dauphine)和孚日广场(Place des Vosges)都被伦敦的科文特加登广场(Covent Garden)和其他城市竞相模仿。这股热潮远及第戎(Dijon)、波尔多(Bordeaux)、南锡(Nancy)以及其他很多城镇。

18世纪下半叶,出现了一些新的公共建筑类型,例如:市场,它为新颖的结构技术提供了展示机会;剧院,带有门廊的U形观众厅于18世纪70年代最早出现在一些省城中。拿破仑发起了一项建造公共建筑的计划,如巴黎证券交易所(the Paris Bourse)、邮政总局(General Post Office)和外交部(Ministry of Foreign Affairs)。这项计划一直延续到复辟时代和第二帝国时期。

西班牙和葡萄牙

15世纪的伊比利亚半岛被划分为几个语言和宗教信仰都不同的小国家。格拉纳达王国是西欧土地上最后一个伊斯兰教的立脚点。它位于半岛的南部,并被葡萄牙、卡斯蒂利亚以及纳瓦拉的一个与法国接壤的小王国阿拉贡等基督教国家所包围。15世纪下半叶,由于卡斯蒂利亚的伊莎贝尔一世(Isabel I,卒于1504年)与阿拉贡的费尔南多五世(Fernando V,卒于1516年)结婚,西班牙才开始统一。他们二人共同领导了征服格拉纳达的宗教战争,1492年,西班牙攻陷格拉纳达,并于1512年兼并纳瓦拉,从此划定了西班牙和葡萄牙的边界,直至现在。

土耳其对地中海东部贸易航线的控制,激发了西班牙人和葡萄牙人的海上冒险精神,托马尔基督隐修院建筑群(参见第14章)的象征意义强烈地体现了这种精神。西班牙人不断开辟海上航线,

1487年迪亚士(Diaz)发现好望角,1492年哥伦布发现美洲。同时,葡萄牙也在扩大自身的影响力,当巴西成为最大的海外殖民地时,瓦斯科·达·伽马(Vasco da Gama,约1460—1524)在1497年将贸易拓展到了东印度群岛。疆域的扩大预示着西班牙和葡萄牙的建筑风格将在新世界中传播。

1520年,阿拉贡和卡斯蒂利亚的哈布斯堡国王查理一世(Charles I)被加冕为神圣罗马帝国的查理五世(Charles V)。这个事件首次将西班牙推到了欧洲政治舞台的最前沿,并将它所统治的领土扩大到尼德兰、萨丁岛、西西里、那不勒斯、米兰和德国。西班牙成为自查理曼大帝(Charlemagne)以来欧洲最强盛的帝国。到1556年查理一世退位时,西班牙已征服了墨西哥、秘鲁、智利和一些中美洲国家。

腓力二世(Philip II,1556~1598年在位)统治期间,建造了埃斯科里亚尔隐修院(the Escorial,见[852]页图B),它是欧洲最雄伟的宫殿之一。同时,腓力二世也遇到了这个庞大帝国存在的问题。首先遇到的问题是与法国的抗衡,法国是在欧洲政治中迅速崛起的一股势力;第二个问题是与尼德兰的不和,这个矛盾又由英格兰加以激化,最终导致误解,从而使西班牙无敌舰队走向毁灭。这些事件让西班牙的国库逐渐空虚,而得到的报偿仅仅是腓力二世在1580年成功地获取了葡萄牙的王位,此后,西班牙在葡萄牙的统治一直保持到1640年。君主国以天主教作为国教的政策引起了宗教的偏执。1487年,西班牙宗教法庭设立,并且,到1502年,西班牙领土上的穆斯林和犹太教教徒或者皈依了天主教,或者遭到放逐,甚至那些已经皈依天主教的穆斯林和摩尔人,也在1609年被驱逐出境,从而导致许多建筑业能工巧匠的流失。

由于卷入"三十年战争"(the Thirty Years War,1610—1648),西班牙的资源枯竭和对意大利的控制被削弱。贸易和工业持续衰退,到1700年,西班牙已成为路易十四的附庸。路易十四在哈布斯堡王朝的最后一位国王死后,将自己的孙子腓力五世(Philip V)推上西班牙皇帝的宝座。这个事件引起了1701~1713年的西班牙王位继承战争,并且,那不勒斯、萨丁岛和米兰被割让给了奥地利。18世纪晚期,相对和平的环境和经济繁荣使这个时期的建筑和艺术得以发展。然而,19世纪初拿破仑的入侵粉碎了和平的美梦。1813年,威灵顿公爵

指挥下的强盛的英国军队最终将法国人赶出了西班牙。伊比利亚半岛战争时期,美洲殖民地发生反叛,并最终获得了独立,这使得西班牙和葡萄牙进一步衰落。

奥地利、德国和中欧国家

这里所说的奥地利、德国和中欧国家,包括今天的德国、奥地利、瑞士、捷克共和国以及波兰和匈牙利的部分地区。在1450～1830年的这段时期,由于政治的不断变化,它被分割成很多独立或非独立的国家和城市。

文艺复兴文化第一次在意大利以外的地区开花是匈牙利的马提亚·科尔维努斯宫廷(1458—1490),马提亚一世的宫廷受到人文主义思想的启蒙。从14世纪开始,匈牙利文化的一个重要特征是与意大利的频繁交流。马提亚的政治改革将匈牙利提升到中欧最强大国家的地位,这也促使意大利艺术家涌入匈牙利。此后,波希米亚的亚盖沃王朝的国王掌握了政权。虽然这个阶段很短暂,但是这个王朝控制了一个包括匈牙利和波兰在内的帝国,并且将文艺复兴的影响传播到布拉格和克拉科夫。由于1526年土耳其的入侵和随之而来的国家分裂,匈牙利的文艺复兴结束了。1572年,亚盖沃王朝统治波兰的时代也宣告结束。

1520年,西班牙、勃艮第和尼德兰的领土被划入查理五世(即西班牙的查理一世)统治下的神圣罗马帝国版图之内。《奥格斯堡和平条约》(Peace of Augsburg)的签署结束了由宗教改革引发的第一次宗教战争,该和平条约允许每个国家的统治者决定自己国家的宗教信仰。总体来说,德国南部地区、奥地利和莱茵河流域仍然信奉天主教,而德国北部地区则信奉路德教。哈布斯堡王朝的领土被分为两半,一半归属于西班牙,另一半归属于以奥地利和波希米亚地区为中心的原来的帝国。16世纪政治和宗教的分裂使得文艺复兴形式的传播相互孤立,并显示了地方化的倾向,但是,由于像纽伦堡和奥格斯堡那样的自由城市以及那些奥地利与德国南部的耶稣会新成员的带动,文艺复兴仍然是主导。此外,与土耳其的战争一直是各国的一块心病。

在信奉天主教和新教的各诸侯之间展开的"三十年战争",使得建筑活动停滞、经济复苏减缓,这种情况甚至持续到《威斯特发里亚和约》(Peace of West-phalia)缔结之后。17世纪下半叶,奥地利帝国在德国的影响力降低,各个公国相继建立起自己的主权国家。普鲁士开始控制北部地区;1701年,腓特烈一世(Frederick I)自立为普鲁士国王。

1740～1748年的西班牙王位继承战争和1756～1763年的"七年战争"(the Seven Years War)使奥地利和普鲁士的敌对达到了顶峰。腓特烈大帝(Frederick II,1740～1786年在位)使普鲁士成为德意志联邦中最显赫的国家,他修建了大量的宫殿和公共建筑来装点帝国的首都柏林。奥地利的约瑟夫一世(Joseph I,1705～1711年在位)王朝,以最富创造力的建筑赞助而著称于世,并且建筑繁荣的状况一直延续到玛丽亚·特蕾西亚(Maria Theresa,1722～1780年在位)改革时期。而后,马利亚的儿子约瑟夫二世(Joseph II,1780～1790年在位)则试图引入启蒙运动的思想。

拿破仑发动的历次战争使神圣罗马帝国走向灭亡,并且毁灭了数十个自由城邦和基督教领地。在欧洲的其他地方,拿破仑战争在激发人们对自由前程的希望的同时,又引发了民族对抗情绪这个新问题。在1815年的维也纳会议上,中欧的版图被重新划分:在哈布斯堡王朝、霍亨索伦王朝、维特尔斯巴赫家族和韦廷王朝统治下的大约300多个侯爵领地、巴拉丁领地、选帝侯领地、公国、基督教国家以及德国文艺复兴时期的帝国城邦最终被削减到39个国家,并且,它们都隶属于奥地利。

路德的宗教改革传入了新教的礼拜仪式,这种礼拜取消了对圣像和圣徒的膜拜,教堂的设计偏爱极为简洁的形式。仅有的一些新教教堂中只有简朴的大厅般的室内空间和长廊,以便容纳更多的会众。有时,圣餐台和布道坛也布置在中轴线上。16世纪下半叶,耶稣会教徒开始向新教教徒发起挑战,他们喜欢那种刻意模仿古罗马建筑式样的教堂(如慕尼黑的圣米迦勒教堂(Michaelskirche),1583)。德国和奥地利流行巴洛克和洛可可风格的教堂,1680～1780年,由富裕的修士和有权势的主教修建的数百座天主教堂和位于乡间的隐修院都采用了这种风格。这些建筑都建造在醒目的山顶上,大多为朝圣地。

在这个时期,封建制度已走向衰落,雇佣兵取代了封建军队。此外,内部因素也在起作用,例如"汉萨同盟"在商业大城镇中的势力、行会在市民政府中的作用以及农民为确保自身自由所作出的努力。其中一个主要因素就是大学的影响力日益增长,著名的海德堡大学在人文主义的运动中占据了主导地位。印刷术的发明以及书籍的出版激发了人们对古希腊美术和建筑的兴趣,这也进一步推动了人文主义运动的发展。

市民政府地位的日益提高使得公共建筑数量不断增加。较早的例子是在纽伦堡和奥格斯堡这样的自由城市中,商人领导的政府建造了市政厅和市民建筑。在17世纪末和18世纪,德国无数的小领主为了维持其统治地位,纷纷仿效法国和奥地利的宫廷,建造耗资巨大的宫殿。同时,他们也赞助音乐事业和剧院建设。柏林建造的一系列公共建筑表现了普鲁士人的雄心。新古典主义思想很早就在柏林出现,其影响遍及19世纪初的城门、监狱、剧院、美术学院、博物馆和其他建筑。

低地国家

15世纪,在勃艮第公爵将领土由最初的于1384年建立的弗兰德斯,扩展到大部分低地国家,最终由于奥地利的马克西米连一世(Maximilian)与勃艮第的玛丽(Mary)联姻而归入哈布斯堡皇帝手中。由于查理五世于1556年退位,低地国家受到西班牙国王腓力二世的残暴统治。由奥兰治亲王威廉(William the Silent)领导的长期艰苦的斗争,受到格朗维尔(Cardinal Granvelle)红衣主教和阿尔瓦大公(Duke of Alva)的坚决抵抗。1590年,西班牙已经重新征服了南部十省,版图大致相当于现在的比利时。1581年,北部七省独立,并建立了尼德兰联合省共和国。加尔文教派的教义成为荷兰归正会(the Dutch Reformed Church)的基础,而比利时各省仍然信奉天主教。

1648年,《威斯特发里亚和约》的缔结结束了"三十年战争",北部地区的独立获得承认,安特卫普港(the Port of Antwerp)也被关闭,停止了贸易往来,这对比利时的贸易来说是一个灾难性的打击,而与法国的战争更加剧了比利时的财政困难。

17世纪晚期,这个状况导致了建筑业的萧条。

相反,尽管荷兰也同样被卷入战争,但是在其"黄金时代"的17世纪,荷兰拥有一支强大的海军,是海上的贸易强国,并且获得了许多海外殖民地。虽然奥兰治贵族们维持了设在海牙的朝廷,但是经济权却掌握在荷兰省和泽兰省的大商业城市市民手中。市民们建造了装饰烦琐的房屋,这催生了前所未有的对"现成画"❶ 的需求。

1688年,奥兰治亲王威廉和他的妻子玛丽成为英格兰的国王和王后,进一步加深了英格兰原本已经受到的荷兰建筑风格的强烈影响。联合省共和国的繁荣则是因为它躲过了18世纪欧洲的几场重要战争以及18世纪90年代中产阶级的起义。

1700~1706年,比利时曾经有过一个短暂的受法国统治时期。在1713年《乌德勒支条约》签署后,比利时又被奥地利接管。1789年,比利时国内起义,随即又被法国大革命军队占领,由此拉开了拿破仑帝国侵吞比利时与荷兰的序幕。1815年的维也纳会议将这两个国家划归尼德兰王国,但这个状况仅维持到1830年卢森堡和比利时的独立。

低地国家很早就接受了路德教和加尔文教的信仰,但却遭到了西班牙统治者的残酷迫害。最终,南部的比利时信仰天主教,北部的尼德兰联合省共和国信仰新教。这导致了17世纪低地国家教会建筑传统的极大不同。荷兰境内的荷兰归正会和路德教派的教堂遵循早期德国路德教派的建筑样式,其特征是简朴,内部空间以布道坛为中心。只是荷兰的教堂很少使用廊台,而圣水盆占有重要的地位。荷兰的教堂没有明显的轴线,并且试验性地采用集中式平面。宗教的宽容精神表现在建筑中的例子就是阿姆斯特丹的葡萄牙-以色列犹太教堂(Portuguese-Israeli Synagogue, 1671),教堂外立面上有有趣的带壁柱的构件,而在内部则是三组带筒形拱的空间。

在比利时,17世纪新修的教堂大多都是由宗教会社和团体,尤其是耶稣会修建的。但也有几个集中式平面的朝圣教堂和典型的比利时贝居安会女隐修院(Belgian béguinages)是由一些妇女慈善社团所修建。

---

❶ paintings off the peg:指成批绘就的绘画,而不是按照主顾的订货绘制的作品。——译者注

低地国家的市政厅、行会会所和商人住所是繁荣而又具有竞争力的城市文化的最好明证。从1613年起，阿姆斯特丹城围绕原来的中心向外扩展为一个巨大的半圆形，并且形成了由放射形和沿圆周方向的河道交织而成的水网，而商人们沿水道两岸建造了住宅。雅各布·范坎彭(Jacob Van Campen, 1595—1657)的帕拉第奥风格后来成为荷兰建筑风格的象征，非常适合建造在海牙或是阿姆斯特丹。这不仅因为建造中出现的结构问题与威尼斯很相似，还因为威尼斯为荷兰的商人共和政体提供了一个范本。总的来说，奥兰治亲王的宫廷属于半君主政体，与荷兰的现实格格不入。于是，奥兰治亲王转向法国寻求启示。

比利时的世俗建筑并非以雄伟的宫殿和城堡著称，但是在18世纪初以前，法国和奥地利的建筑风格影响仍然占主导地位。由于占比利时东南部的一半靠近法国，其外交政策和语言都与法国有千丝万缕的联系。1775年，根据法国建筑师的设计，重建后的布鲁塞尔皇宫几乎就是兰斯皇宫的一件复制品(参见有关章节)。

英国

在都铎王朝、斯图亚特王朝和汉诺威王朝时期，君主政体对建筑发展产生的直接和间接影响极为不同。英王亨利八世(Henry VIII)稳固的政权促成了他与欧洲其他君主的早期交流，其中最著名的一个事件是1520年在金镂地(the Cloth of Gold)与法王弗兰西斯一世的会晤。亨利专程聘请了意大利、法国和佛兰德斯的工匠来建造皇家宫殿，并大规模地引进了文艺复兴风格。摒弃罗马建筑的传统以及1534年的皈依新教，对于教堂建筑而言并不重要(参见下文)，而主要影响到那些从隐修院转到私人手中的地产，并促进了乡村建筑的发展。爱德华六世(Edward VI, 1547～1553年在位)统治时期，用《公祷书》(Book of Common Prayer)取代了《拉丁弥撒》(Latin mass)。到了嫁给西班牙国王腓力二世的玛丽一世(Mary I, 1553～1558年在位)统治期间，英国有一个短暂的重新信奉天主教的时期。玛丽的妹妹伊丽莎白一世(Elizabeth I, 1558～1603年在位)登基以后，于1559年颁布了《至尊法案》(Act of Supremacy)，恢复圣公会，并宣布女王为教会的最高主管。西班牙无敌舰队的覆亡巩固了英格兰的独立地位，繁荣了英格兰的贸易和海外扩张，由此提高了英格兰人的自信心。伊丽莎白一世过于节俭，因而也就未能成为伟大的建造者。为彰显君主的威严，她吩咐廷臣们在乡村建造府邸。在1707年的《合并法案》(Act of Union)颁布以前，苏格兰仍然是一个独立的国家。"往昔的结盟"(the auld alliance)使城堡建筑带有很强的法国特征，但由于不稳定的政治环境，城堡依然具有功能意义。

在欧洲大陆，斯图亚特国王以推行专制统治而著称，这个时期的建筑就是专制政体的表现。受詹姆斯一世(James I, 1603～1625年在位)的委托，让伊尼戈·琼斯(Inigo Jones)有机会将帕拉第奥建筑风格引入英格兰，并且策划了一些很受早期斯图亚特王室喜爱的精巧的化妆舞会。在詹姆斯一世和他的儿子统治时期，英格兰的殖民政策促进了国家贸易的扩展，随之而来的是富有阶层的人数增加。这些人纷纷仿效国王，修建乡村住宅。查理一世施行的国际和国内政策很糟糕，而他的艺术品味却相当精致。他收藏了数量惊人的绘画作品，并且依然重用伊尼戈·琼斯。伊尼戈·琼斯和约翰·韦布(John Webb)在怀特霍尔设计了一座雄伟的宫殿，但最终没有建成。1642～1649年的英国内战(Civil War)和克伦威尔统治的联邦时期(Commonwealth)，建筑活动近乎停滞。

查理二世(Charles II)曾经在路易十四的宫廷中生活过，因此，他在1660年复位后，重新推行法国风格的建筑，以体现王室的中央集权。1666年的伦敦大火为克里斯托弗·雷恩爵士(Sir Christopher Wren)提供了极好的设计教堂建筑的机会。因为自中世纪晚期以来，教堂的设计建造基本上处于停顿状态，可惜的是，他提出的以理性思想重建伦敦的方案没有被采纳。由于詹姆斯二世不受欢迎的宗教政策，他的统治很快就被推翻了。奥兰治的威廉和他的妻子玛丽——詹姆斯二世的女儿发动的"光荣革命"(Glorious Revolution)进一步加深了荷兰风格对英国建筑的影响。安妮女王(Queen Anne, 1702～1714年在位)统治时期，于1711年颁布了《50座新教堂法案》(Fifty New Churches Act)，结果建造了一批相当优秀的英国巴洛克建筑。复辟时期在城市和乡村地区也建造过一批颇具特色的小型建筑(见[859]～[861]页)。

第28章 背景

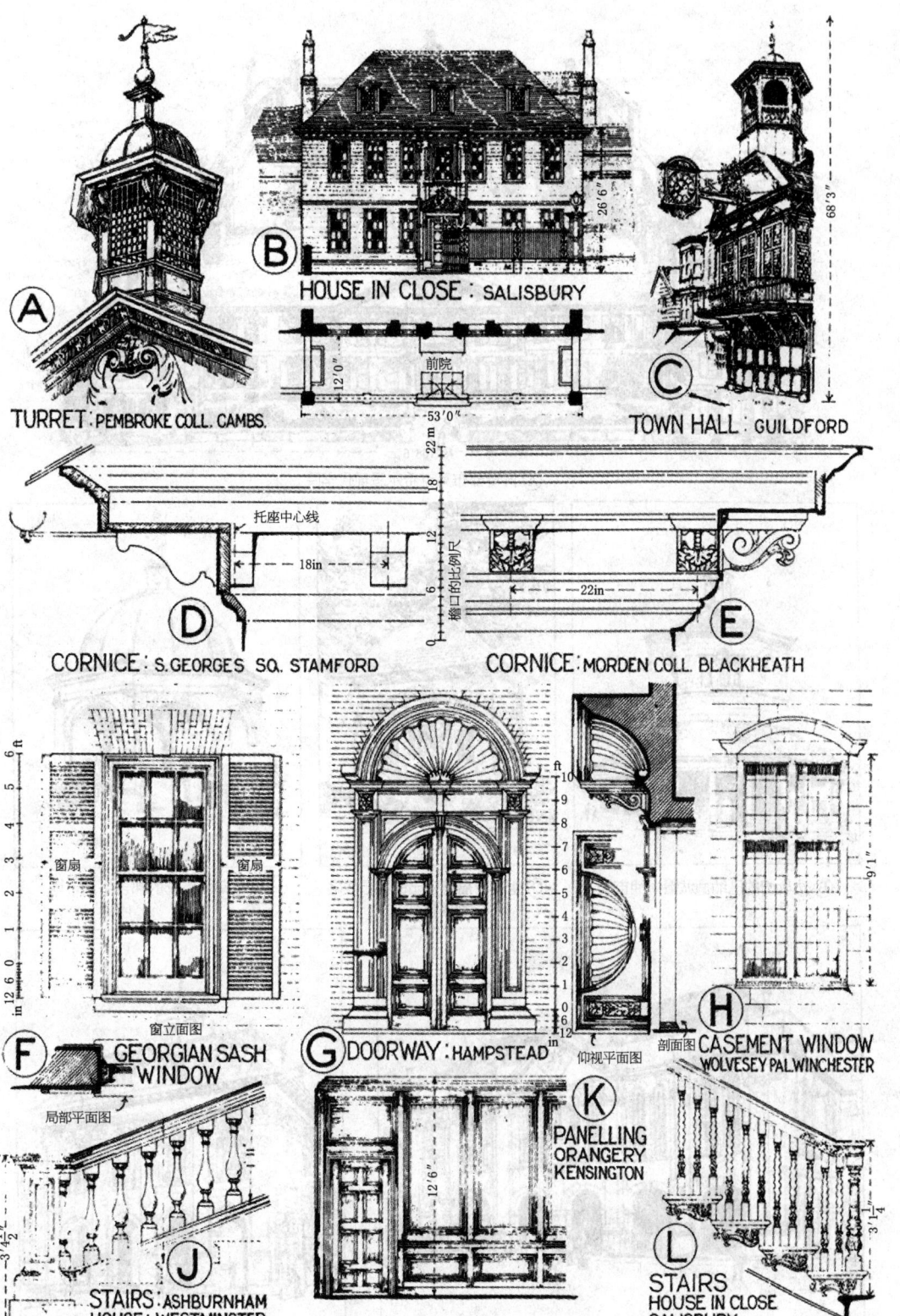

Ⓐ 剑桥彭布罗克学院塔楼；Ⓑ 索尔兹伯里的克洛斯某府邸；Ⓒ 吉尔福德市政厅；Ⓓ 斯坦福德的圣乔治广场建筑檐口；Ⓔ 布莱克希尔思的默顿学院大楼檐口；Ⓕ 乔治式推拉窗；Ⓖ 汉普斯特德某建筑入口；Ⓗ 温切斯特沃尔维瑟广场某建筑窗扇；Ⓙ 威斯敏斯特的阿什伯纳姆府邸；Ⓚ 镶板：奥兰杰瑞肯辛顿；Ⓛ 索尔兹伯里的克洛斯某府邸楼梯

第五编 文艺复兴时期和后文艺复兴时期的欧洲建筑及俄罗斯建筑

Ⓐ 肯特郡布莱克希尔思现代学院

Ⓑ 达勒姆的巴纳德城堡牛油市场

Ⓒ 蓬迪斯福德公园的花园住宅
萨默塞特郡

Ⓓ 萨福克郡的邦吉牛油市场

Ⓔ 蒙茅斯市政厅

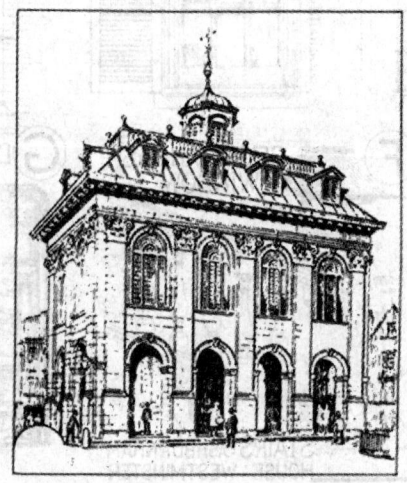

Ⓕ 伯克郡阿宾顿市政厅

Ⓐ 肯特郡布莱克希尔的默顿学院；Ⓑ 达勒姆的巴纳德城堡牛油市场；Ⓒ 萨默塞特郡蓬迪斯福德公园的花园住宅；Ⓓ 萨福克郡邦吉牛油市场；Ⓔ 蒙茅斯市政厅；Ⓕ 伯克郡阿宾顿市政厅

第28章 背 景

Ⓐ 奇切斯特的天鹅府邸;Ⓑ 贝德福德郡雷斯特公园石雕瓶饰;Ⓒ 贝德福德郡雷斯特公园日晷;Ⓓ 伦敦劳伦斯·庞特尼山住宅入口;Ⓔ 诺福克郡雷纳姆纪念堂入口

乔治一世(George I, 1714~1727年在位)即位以后, 建筑发展有所停滞。但乔治四世(George IV, 1820~1830年在位)积极赞助建筑活动, 尤其是他在1811年开始的英国摄政时期。很多当地的贵族都是业余建筑师, 他们推动了帕拉第奥风格和新古典主义风格在乡村府邸中的影响, 并且通过房屋租赁的方式发展了伦敦的房地产业。建立在海上霸权、殖民扩张、海内外贸易和农业改革基础上的社会繁荣, 大大增加了对住房的需求, 并且为房屋投机提供了市场。为国内市场服务的日用品制造业对英国经济的繁荣起着愈益重要的作用。1750~1800年, 英伦三岛的人口总量从大约600万增长到1600万。而在1750年以前的250年间, 人口的平均增长大致是每50年增长约100万。人口的快速增长、工业革命所带来的新材料和新技术的传播以及交流的增加, 都加快了城市化的进程, 并且带来了规模空前的建筑活动。18世纪末, 伦敦有将近100万人口, 其规模和政治影响远远超过了其他城市。诺里奇因其纺织业和银行业, 布里斯托尔因其与西印度的贸易而仅次于首都伦敦。

乡村住宅在设计方面的变化反映了1500~1830年家庭结构和家庭组织的变迁, 也反映了外国模式的影响。而英格兰在这一时期大都沿袭法国和意大利的设计形式, 直到18世纪中叶, 英国的乡村住宅才开始不拘泥于形式, 显示出一种全新的鉴赏力。

16世纪的建筑设计结合了老建筑的一些特点, 而这些老建筑都是在以贵族府邸作为封建特权的中心并居住着庞大家族的时代建造的。经过几个世纪的嬗变, 欧洲大陆那种通过宏伟的大厅中礼仪性的大楼梯进入宽敞的会客室的做法已不复存在, 而是演化为通过一个门厅进入会客室的设计。此种设计更加重视私密性, 并且大厅不再兼有用餐功能。伊丽莎白时代的府邸通常用对称的立面来掩饰内部空间的不对称, 大厅被置于府邸的一侧。覆有顶盖并且有大面积玻璃窗的游廊是伊丽莎白时代府邸的重要特征。就像在法国和意大利那样, 游廊开始用于展示绘画和雕塑作品。一些楼梯也开始使用木料, 而不再用石材建造。

由于帕拉第奥集中式府邸的影响以及在欧洲的广泛传播, 在17世纪和18世纪初, 英国出现了一种更为正式的府邸形式, 即大厅和接待室被置于底层平面的中部, 一层的客厅取代了大会客室, 而尺度较小的成组对称布置的房间, 如起居室、会客室、议事室等, 则围绕位于中间的各个房间进行布置。

18世纪, 帕拉第奥复兴取代了上述的布局方式, 将服务用房移到有着"粗犷"外观的地下室内, 主入口的标高提高, 与大厅通过外部的大楼梯连接。各组房间可以沿主体建筑两翼排列。18世纪下半叶, 传统的房间组合方式第一次得到改变。建筑师开始围绕中间的楼梯布置接待用的房间, 私密的房间被移到房子的一侧或是上层的楼面, 并且更多地关注住宅的公用房间, 私密部分的面积也有所减小。到了18世纪晚期, 由于不拘形式, 以及对住宅与乡村之间更融洽关系的追求, 建筑平面布局更为松散。佣人房被移到两翼, 而将主要房间不对称地布置在底层, 以获得更好的景观和充足的阳光。帕拉第奥的形式主义最终被人们对画境般景观的感情需要所抛弃。

这个时期, 教会建筑在英格兰是个例外。这是由于受到一系列的国家干预: 1666年, 伦敦大火后的城市教堂重建, 以及1711年的《50座新教堂法案》和1818年的《教堂建造法案》。前述两个法案的每一条都反映了政府害怕人口增长地区的公众对非国教教堂的信奉会愈演愈烈。

宗教改革之后, 英国新教有节制的特点使圣公会教堂的设计变化不大。尤其是在克伦威尔执政时期, 虽然有时有宗教人物形象雕像, 但是祭坛围屏并未拆除, 只是用木质的桌子代替了石质的神坛。由于《祈祷书》强调集体的礼拜、布道和阅读福音书, 教堂将读经台和布道坛放置在中堂内。因此, 良好的音响效果成为首要需求。路德教流行高教会派超验主义为17世纪30年代及40年代的教会建筑带来了短暂的对中世纪风格的爱好, 并且用祭坛围栏将祭坛隔开。在廊台内放置额外的座椅是由路德派始创的, 这种做法最初出现在17世纪的荷兰。尽管建筑师们不喜欢这种做法, 但是在哥特复兴以前, 它一直是教堂建筑的一个特点。雷恩(Wren)对城市教堂采用集中式平面的试验是因为受到了基地的限制以及欧洲大陆建筑风格的影响, 而不是出于礼拜仪式的需要。1711年颁布的《50座新教堂法案》的目标是将宏大的规模、光彩夺目的材料与有着良好的视觉和音响效果的宽敞的室内空间结合在一起。霍克斯穆尔(Hawksmoor)与许多同时代的神学家一样, 热衷于复兴早期基督教堂的布置形式。18世纪的教堂内部有着高高的分成小隔间的长椅、多层布道坛和古典风格的祭坛围屏，但大部分都在哥特复兴时期被拆除。继1818年《教堂建造法案》后成立的英国国教教会财产管理委员会管辖下的教堂并没有带来设计的创新（见第34章）。

俄罗斯

14世纪和15世纪，在伊凡大帝（Ivan the Great, 1462～1505年在位）统治下的俄罗斯获得统一并达顶峰时期。伊凡的帝王野心使他采取了放眼国外的文化政策，并聘用了意大利建筑师为他服务。伊凡四世（Ivan IV, 1533—1584）将莫斯科大公国的边境延伸到了西伯利亚，并且在莫斯科建立了残暴的独裁政府。于是，俄罗斯开始了一个追求传统的拜占庭文化以及更加闭关自守的建筑发展时期。1613年，在结束了长期的国内冲突以后，罗曼诺夫王朝的创立者米哈伊尔·罗曼诺夫（Mikhail Romanov）由缙绅会议推选为俄国沙皇，而其孙子彼得大帝（Peter the Great, 1682～1725年在位）为俄罗斯社会带来了全盘的变革。在结束了1700～1721年与瑞典的"大北方战争"（Great Northern War）之后，彼得大帝为了结束俄罗斯的孤立状况，就在圣彼得堡建立一个新的、交通更方便的首都。为了搬迁帝国宫廷，彼得大帝招聘了意大利建筑师来设计皇宫建筑。在彼得的女儿叶利扎维塔女皇（Elizabeth, 1741～1761年在位）和叶卡捷琳娜二世（Catherine II, 1762～1796年在位）的统治下，圣彼得堡成为欧洲最伟大的文化中心之一。俄罗斯军队在1805年奥斯特利茨战役和1807年弗里德兰战役中战败。1812年，在亚历山大一世（Alexander I, 1801～1825年在位）统治期间，因拿破仑入侵俄罗斯，莫斯科被法国军队占领，但是，俄罗斯很快就恢复了它在欧洲的重要地位。

由于俄罗斯正教会起源于希腊正教的一个分支，俄罗斯的教堂设计也沿袭了拜占庭模式（见第8章和第12章）。俄罗斯正教会牧首尼康长老（Patriarch Nikon, 1652年起任）坚定地支持恢复早期的正教，他甚至谴责诸如帐篷顶之类的俄罗斯本土的建筑元素。这种思想既反映在简朴的莫斯科十二使徒教堂（the Church of the Twelve Apostles）上，也反映在把圣墓教堂（the Holy Sepulchre Church）作为原型的位于伊斯特拉的新耶路撒冷修道院（the Monastery of the New Jerusalem）。因此，16世纪以后，俄罗斯出现了带有覆盖着帐篷顶的八角形塔楼的还愿教堂（Votive churches）。

彼得大帝统治时期，世俗建筑开始向西方看齐。圣彼得堡是第一座按预先规划设计建造的新式首都，它不仅借鉴了巴黎和罗马的模式，还借鉴了俄罗斯的近邻斯德哥尔摩模式，而彼得大帝女儿叶利扎维塔女皇的皇宫都以凡尔赛宫为楷模。

斯堪的纳维亚

文艺复兴时期，斯堪的纳维亚被丹麦和瑞典王国所统治。在1397年的卡尔马联合（the Union of Kalmar）中，丹麦、瑞典和挪威这三个北欧王国在丹麦至高无上的权力下获得统一。1416年，哥本哈根成为丹麦首都。1448年，克里斯蒂安一世（Christian I）的登基标志着奥尔登堡王朝的建立，这个王朝的后人至今依然在位。在16世纪和17世纪，与瑞典进行的多次战争不时地将丹麦的历史进程打断（1513—1523，1563—1570，1613—1615，1643—1645，1675—1720）。在这个动荡的时期内，发生了宗教改革运动以及一场与德国的战争（1625—1629）。但在克里斯蒂安四世（Christian IV, 1588～1648年在位）统治时期，这并没有妨碍大型公共工程计划的实施，而且在1720～1801年这段较为和平的岁月中，丹麦重建了这些工程。1801～1804年，丹麦卷入了拿破仑对抗英国的战争之中。此后，挪威被割让给瑞典。

在古斯塔夫一世·瓦萨（Gustavus Vasa, 1523～1560年在位）统治下，瑞典摆脱了丹麦的控制，建立了世袭的君王政体，并将新教传入瑞典。17世纪君权的统治地位有所上升，斯德哥尔摩建造了一些壮丽的建筑。整个这个时期，尤其是在克里斯蒂娜女王（1632～1654年在位）统治时期，瑞典成为欧洲举足轻重的国家。但是，17世纪末对丹麦和俄罗斯的战争最终将瑞典王国的威望和影响力限制在本国之内。1814年维也纳会议以后，瑞典获得了挪威的统治权，但却失去了芬兰，从14世纪开始芬兰就一直是瑞典一个行省。在18世纪瑞典与俄罗斯的战争时期，芬兰不断遭到战争的破坏。

作为一个半自治的大公国，芬兰在1809年被俄罗斯帝国吞并。挪威和芬兰的财富来自原材料的供应，尤其是铁和木材。

乡间府邸渐渐取代了城堡似的寓所，丹麦和瑞典的王公贵族特别喜欢这种城堡，因为其象征着财富和权势。大量的府邸是在17世纪和18世纪建造的，通常位于森林之中，并采用木结构。

哥本哈根和斯德哥尔摩在17世纪的城市风貌不仅反映出越来越集中的宫廷权力，同时也反映出这两个首都之间的互相竞争。在克里斯蒂安四世(Christian IV)统治时期，哥本哈根实现了现代化，而斯德哥尔摩今天的面貌已经在17世纪末初露端倪。

路德教在斯堪的纳维亚半岛的改革对丹麦、瑞典和挪威的教堂设计有很大影响。像大多数本土建筑一样，斯堪的纳维亚半岛的大多数本土建筑也从信奉新教的荷兰汲取灵感。斯堪的纳维亚的宗教建筑和世俗建筑仍然保留了标志性的尖顶这种典型特征，但教堂通常采用集中式平面。

新兴的圣彼得堡在18世纪渐渐超越了这两个首都。1721年的一场大火几乎毁了哥本哈根，但在其城市更新过程中，建筑师从法国的新古典主义早期风格中得到启示。1800年后，芬兰的首都赫尔辛基的建筑师也向圣彼得堡和拿破仑时期的巴黎寻求灵感，而奥斯陆❶则转向申克尔时期的柏林寻求灵感。

斯堪的纳维亚有着丰富的城市规划历史。早期新城镇的一个实例是丹麦的克里斯蒂安斯塔德(Kristainstaad)，在克里斯蒂安四世时期，这座城市的布局呈网格状；1624年的奥斯陆和1625年前后的斯德哥尔摩也有大面积的网格状街道。

1794年和1795年在哥本哈根发生的严重火灾迫使城市的大部分地区重建，其结果是，重建令人惊讶地结合了新古典主义的特征。很多新建的公共建筑都反映出丹麦人对待变革的开明态度。

1812年，芬兰首都从讲瑞典语的知识分子聚居的一座城市图尔库迁到赫尔辛基这个渔村。卡尔·路德维希·恩格尔(Carl Ludvig Engel, 1778—1840)如同他在克里斯蒂安城(后改名"奥斯陆")的同事克里斯蒂安·亨利克·格罗施(Christian Henrik Grosch, 1801—1865)一样，在赫尔辛基设计了类型极为广泛的建筑，这些类型的建筑都是为政府行政中心所服务的。

后文艺复兴时期的欧洲

1789年的法国大革命和拿破仑帝国对欧洲产生了不可磨灭的影响。1810年是拿破仑帝国的全盛时期，其版图包括整个法国、比利时、英格兰，以及德国、意大利和达尔马提亚海岸的部分地区。然而，拿破仑的影响还不仅于此，其势力遍及欧洲大陆的大部分地区，包括葡萄牙、不列颠、瑞典、俄罗斯、奥斯曼帝国、萨丁岛和西西里岛，仅存一些既不受他控制又不与他结盟的处于周边的地区。因此，法国对欧洲生活的影响必然十分重要，尤其是他制定的《拿破仑法典》❷(Code Napoléon)奠定了许多欧洲国家现代法律的基础。

在拿破仑帝国衰亡以后，1814～1815年的维也纳会议试图将原先的政治结构强加给欧洲，并不顾新的民族主义情绪而恢复皇室统治(不可思议的是，至少从局部来看，拿破仑强化了国际性的社会体制)。而人们记忆中对1789年法国大革命令人陶醉的"自由、博爱与平等"的理想是不可删除的。领导维也纳会议的是奥地利外交大臣克莱门斯·梅特涅亲王(Prince Klemens Metternich, 1733—1859)，他在寻求镇压欧洲政治变革的办法，但在1830年，从葡萄牙到波兰都爆发了革命。在法国，复辟的君主政权也开始动摇，但在更为自由的路易-菲力普(Louis-Philippe)执政时期，君主政权得到短暂的苟延残喘。比利时摆脱了荷兰的统治，获得了国家的统一和独立。几个世纪以来，希腊都是奥斯曼帝国的一部分，终于在1829年获得了自由。1832年，不列颠的动乱促进了第一部议会改革法案的通过。其后，欧洲各国都进行了大量的公共建筑活动，因为欧洲各国政府无论是复辟政权还是变革后的政府，都需要维护他们的统治。

1830年以后，大部分地区表面上看起来都很平静，这在很大程度上要归功于梅特涅灵活的政治手腕。但是在1848年，欧洲又一次陷入革命引

---

❶ Oslo；当时称为克里斯蒂安城(Christiania)，并归属于瑞典。——译者注
❷ 广义指拿破仑统治时期制定的五个法典，包括民法、商法、民事诉讼法、刑法、刑事诉讼法；狭义仅指其中的民法典。法学著作中经常使用狭义概念。——译者注

起的剧烈动荡之中。结果,在丹麦、比利时、荷兰和瑞士,法令规定的自由权得到了加强;在奥地利帝国和德意志各王国,农民也获得了解放。在法国,第二共和国正式成立,男性公民获得了普选权。同一年,卡尔·马克思(Karl Marx,1818—1883)和弗里德里希·恩格斯(Friedrich Engels,1820—1895)发表了《共产党宣言》(the Communist Manifesto)。法国第二共和国的统治仅仅维持到1852年,这一年,它被最初受其镇压的拿破仑三世(Napoleon III)的第二帝国取代。1848年,奥地利的弗兰茨·约瑟夫一世(Franz Josef)登基,他在漫长的统治期间因其极端的保守主义而著称,其统治一直持续到1916年。

1848年以后,拿破仑时期(在某种情况下可能更早)播种的民族主义思想的种子在几个国家发展成熟。浪漫的爱国主义者朱塞佩·加里波第(Giuseppe Garibaldi,1807—1882)拥护意大利统一,并且在1859~1870年逐渐取得了成功;在普鲁士首相奥托·冯·俾斯麦(Otto von Bismarck,1815—1898)高超的机会主义手腕领导下,德意志各王国形成为一个有凝聚力的整体;同时,由较大的政治集团中的各民族主义团体发起的独立运动得到广泛的传播,奥地利帝国在1867年转变为二元制王朝时,匈牙利取得了部分自治权;1878年,塞尔维亚和保加利亚从土耳其的统治下获得了完全独立;1905年,挪威摆脱了瑞典的控制。但是,并非所有的民族主义运动都得到这样的成果。例如,1863年的波兰起义遭到俄国的镇压;又如,连续几届不列颠政府均未能让爱尔兰实现地方自治。

可以说,1830~1870年,自由和民族主义运动深深影响着欧洲,而1872年以后,强权政治则越来越占据统治的地位。在很大程度上,这种状况建立在法国和德国经济竞争的基础之上。1870年发生的短暂而不幸的法国和普鲁士战争宣告了法国第二帝国的解体和第三共和国的成立,并且第三共和国一直维持到第二次世界大战之前。1871年,德意志第二帝国成立,它受普鲁士控制,并且这种情况一直延续到1918年德意志帝国的解体。但是,法国和普鲁士的敌对,其因素是十分复杂的,欧洲不断激化的互不信任仅仅是一部分原因。最终,由奥地利吞并塞尔维亚而引发了第一次世界大战。在第一次世界大战的东部战线上,奥地利与德国结盟以对付俄国;在西线战场上,奥地利则与法国、比利时、不列颠和意大利结盟。

欧洲主要强国的扩张以及少数国家争取获得自治的愿望之间的冲突反映在19世纪晚期的公共建筑上。罗马、柏林、巴黎和伦敦被看做是体现帝国雄心的城市;维也纳的建设计划依然没有缩减;由于波希米亚在奥地利帝国中获得部分自治权,因此布拉格在公共建筑上投入的经费大为增加。在斯堪的纳维亚较小的独立国家的主要城市中,促进公共建筑发展被认为是民族活力的象征。

19世纪的工业革命增加了欧洲在国际竞争中的优势。18世纪下半叶的重要发明是冶金术、棉纺织业和蒸汽机,它们为19世纪的飞速发展奠定了基础。作为"世界工厂",英国引导了这场变化。早在1826年,德国建筑师申克尔在访问英国的时候,就曾经对仓库和工厂的数量之多感到惊讶这些工厂有的甚至像柏林的皇宫一样庞大,成千上万根工厂的烟囱排放出滚滚浓烟。19世纪40年代初,英国每年生产4000万吨煤和130万吨钢铁,出口7.34亿码棉布(约合6.71亿米)。19世纪中叶,比利时、法国和德国都在飞速发展。接下来的几年中,波兰、奥地利、斯堪的纳维亚、西班牙和意大利的部分地区也都建立了一些工业。

生产的增长在19世纪下半叶十分迅速。随着欧洲大陆产业的繁荣发展,工业高度发达的英国转而成为产品出口和资本投资的帝国。借助这两种手段,英国巩固了其霸主地位。到了20世纪初,英国每年出口的棉布超过50亿码(约合45.72亿米),年产煤2亿吨。亨利·贝塞麦(Henry Bessemer,1813—1898)在1856年发明的新方法使钢材的生产第一次变得比较便宜,并且,因为钢材良好的耐久性而在大多数机械制造业、铁路和造船业中逐渐取代铸铁而成为非常受欢迎的材料。英国在钢铁制造业的主导地位一直保持到19世纪90年代。而后,美国和德国超过了英国。

19世纪工业的变化反映在交通的增长方面。欧洲的河流作为传统的贸易大动脉仍然起着重要的作用。由于货运量的逐渐增多,从19世纪30年代开始,蒸汽动力船只使得不论是逆流还是顺流运输大量货物都变得很便利。随着工业革命发展速度的加快,更多的运河加入通航河流的行列之中。18世纪末的英国已经建立起一个运河网络

第五编　文艺复兴时期和后文艺复兴时期的欧洲建筑及俄罗斯建筑

系统，它将内陆与工业化的北方以及伦敦联系起来。在19世纪，开始将欧洲大陆主要的河流系统相互连通，如1838～1853年建造的莱茵河-马恩河运河。

然而，铁路的增长抑制了运河的发展。在铁路建设上，又是英国占据了主导地位。到1850年，英国已经建造了11 000km(6635mile)的铁路线。最初，铁路线只是将邻近的城市连接起来，如1830年的曼彻斯特-利物浦铁路，或是1836年的布鲁塞尔-安特卫普铁路。但是，国内和国际铁路线也很快建设完成。19世纪下半叶，人们征服了阿尔卑斯山，1864～1867年建造的布伦纳关口连接了意大利和奥地利，1857～1871年的塞尼山隧道将意大利和法国连接起来，1872～1882年的圣哥达隧道也将意大利与德国❶连接起来。从支线上的小型建筑到大城市的终点站，火车站成为19世纪交通革命中最重要的标志。

19世纪，由于出生率上升以及婴儿死亡率下降，人口数量持续增长。就总体而言，欧洲的人口由1800年的大约1.8亿增长到1850年的2.74亿，并在1900年达到4亿。而大部分发达工业国家的人口增长比例则更大：英格兰和威尔士的人口由1801年的900万增长到了1851年的大约1800万，到1901年是3300万；1835～1901年，德国的人口由3400万增长到了5600万。在英国，城市人口的增长明显占优势：1851年时，全国有一半的人口在乡村，而到了1901年，乡村人口只占人口总数的四分之一。然而，在其他地区，乡村与城市人口比例的变化相当缓慢。到1900年，除了英国之外，只有德国的大部分人口集中在城市。不过，在欧洲的大部分地区，城市的人口增长都非常惊人。伦敦和巴黎是两个主要的人口聚居地，在19世纪，伦敦的人口从不到100万增长到了大约500万，而巴黎从50万增长到了大约300万。其他许多城市的人口增长速度也相当惊人：1800～1900年，柏林、华沙和格拉斯哥的人口增长了10倍。

欧洲城市没有理想的配套设施用来满足快速增长的人口需要。例如，在柏林城外，人们居住在临时搭建的棚屋和谷仓之中，并且，差不多每座城市都有一些地区建造了密集的廉租公寓；而在英国，更常见的是台阶式住宅，这些公寓十分拥挤。人们建造这些公寓完全是出于投机，它们通常建造在工厂区附近，通风、采光和卫生条件都很差。19世纪30年代和40年代霍乱的流行，使人们意识到必须进行改革。于是，公共管理机构建立了房屋检查制度，并坚持将卫生要求作为首要标准。英国在1848年制定了《公共卫生法》(*Public Health Act*)，规定地方政府必须对排水系统、垃圾收集和供水负有责任。古代的街道系统也得以改善，有时候要保证社会的控制能力，例如，奥斯曼(Haussmann, 1809—1891)改建巴黎的计划或是维也纳的环城大道。1909年前后，公共汽车、有轨电车和地铁的出现促进了城市交通的发展，并使交通发展几乎形成高潮。同时，城市规划理论中涌现了许多激进的思想，其中最著名的是埃比尼泽·霍华德(Ebenezer Howard, 1850—1928)在1898年提出的"花园城市"构想，以及托尼·加尼埃(Tony Garnier, 1869—1948)在1904年展示的"工业城市"规划。

如果说城市工人阶级的增长是19世纪最显著的特征，那么城市资产阶级的增长也具有同样的重要性。资产阶级是靠贸易、银行业、法律和政府(既包括地方政府，也包括国家)来支撑的，就如同工业对资产阶级的支撑一样。随着时代的进步，商店、办公楼和公共建筑的设计变得越来越复杂，并随之产生了富人居住区，这些都是社会繁荣的显著标志。在最富有的中产阶级和世袭的贵族之间已经没有明显的区别。尽管有一些贵族地主从他们地产中所蕴藏的煤炭或者其他资源中获利，但是相对减少的农业资源仍然逐渐消弱了旧势力的基础。对于很多刚刚发迹的人来说，拥有房产或是在农村占有一席之地依然是成功的标志。

19世纪的宗教事务以宽容著称于世，尤其是在西欧，国家对宗教少数派的限制逐渐减少。这不仅影响到法国的胡格诺教派教徒、英国的天主教徒和不信奉国教的新教徒这类基督教教派，也影响到犹太教徒。这种宽容削弱了公共机构对教堂建设的控制权力。哥特复兴风格在教会建筑中获得成功的部分原因在于，它被用来作为对教会建筑语言的一种探索，以区别于在其他公共建筑中占统治地位的古典主义风格。不同宗教团体间的差别对教堂设计的影响也变得很重要。一般来说，犹太教堂采用罗马式风格，而天主教堂采用

---

❶ 原书有误，此处应为瑞士。——译者注

的是普金(Pugin)设计的中世纪礼拜仪式教堂形式的复兴风格,这反映了人们在19世纪的宗教多元化的状态中,仍然希望教派之间保持界限的愿望。

19世纪上半叶,因改变宗教信仰而分裂出来的教派数量激增,尤其是在英国和西欧的其他地方新成立的城市社区中,这种情况尤为突出。但是,大约到1850年以后,这种现象就很少见到了。大卫·施特劳斯(David Strauss)在1835~1836年撰写的《耶稣传》(Life of Christ)引起了争议,查尔斯·达尔文(Charles Darwin,1809—1882)在1859年发表的《物种起源》(Origin of Species)也向很多宗教假设提出了质疑。新教教徒们很快分裂为两派:一派是基要主义者,他们认为《圣经》是确确实实的真理,而不接受现代学术界的观点;另一派则试图使基督教信仰与当代科学相适应。由于天主教会的权力在罗马越来越集中,并且在1870年召开的梵蒂冈会议上,颁布了"教皇永无谬误论"(papal infallibility);同一年,意大利的最终统一标志着教皇世俗权力的终结。大教堂的建造,如1895~1903年建造的威斯敏斯特教堂,可以看做是人们面对快速上升的现世主义时对宗教地位的认可。

从某种意义上讲,19世纪的宗教发展基本处于停滞状态,但是人们对知识的追求是没有止境的。大型的国家图书馆,如1859~1867年建造的巴黎国家图书馆,就像是储存人类知识的银行。图书馆的内部设有宽敞的阅览室、借阅厅和书库。科学和艺术博物馆成为19世纪的另一个显著特征。比起从前那些普通的私人藏馆,博物馆里面的藏品更为丰富,并且更容易让人们去参观。科学与技术知识的扩展掀起了建立新的教学机构的热潮。以法国的理工大学作为开端,激励了布拉格、维也纳、斯德哥尔摩、苏黎世和许多德国城市建立起与其类似的理工学校。由于被视为欧洲生活基础的工业和商业变得越来越复杂,因此人们对为社会各个阶级提供广泛的教育的愿望变得更为强烈。1800年前后,大部分西欧和中欧国家都开展了普通基础教育,并且设有不同的辅助机构,例如公共图书馆和成人教育中心。

19世纪,人们不仅对"实用知识"(useful knowledge)感兴趣,对艺术的态度也是这样,差不多每一座重要的欧洲城市都有自己的文化中心。这些大型音乐厅、歌剧院、剧院和画廊迎合了人数快速增长的中产阶级顾客的口味。这些建筑有时也建造得很壮观,而在此之前,只有大教堂和宫殿才有可能如此壮观。

资源与建筑技术

在这个时期,建筑师的教育、角色和社会地位发生了变化,这部分内容将在后面有关各国的介绍中详细论述。早在15世纪,阿尔贝蒂的建筑论著在意大利发挥了先驱作用,意大利的建筑设计师已经形成规范,并提供了建筑师制度最早的模式。16世纪下半叶以后,美术学院的建立促使知识分子加入建筑师的行列。但是在进行系统的建筑教育时,1671年成立的法国建筑学院与众不同的教育体系保持了很多年代。随着建筑师专业化程度的提高,建筑师的经济地位也有所改善。在17世纪和18世纪,许多建筑师都从投机性的承包合同中获取了财富。尽管在这个时期建筑师已走向职业化,但是那些爱好艺术的高雅建筑师仍然具有影响力。

在文艺复兴时期,建筑在结构设计方面并没有取得显著的进步。这个时期结构上最辉煌的成就可能就是巨大的穹窿,例如佛罗伦萨大教堂、罗马圣彼得大教堂和伦敦圣保罗大教堂的穹窿,它们都是一种多层的壳体结构。布鲁内莱斯基(Brunelleschi)著名的建筑成就是佛罗伦萨圣母圣花大教堂(S. Miria del Fiore)的穹窿(见[578]页)。这个穹窿没有用拱脚手架,它基本的建造技术类似伊斯兰的穹窿,是一种盘旋上升的砖工,而没有采用古罗马模式。圣彼得大教堂穹窿的半球形壳体结构也采用了这种技术。而雷恩设计的圣保罗大教堂(见[1088]页)的穹窿则是一个复杂的混合结构,其穹窿内层用石材砌筑,中间层是砖砌筑的圆锥体,外层是木质屋面。这种形式受到了法国建筑的影响,例如巴黎荣军院(Les Invalides,见[997]页)。

文艺复兴时期的意大利建筑师为复兴古罗马砖石技术进行了试验,但是却很少仿效罗马的混凝土结构。古罗马的灰墁技术也再度被运用,并且传遍整个欧洲。灰墁技术不仅被用于室内装修,还被用在建筑外部以模仿石材的效果。

相对而言,房屋的建造和建筑业的经济结构在这个时期并没有发生变化。由于建筑图纸的精练和系统化(参见有关章节),建筑师在很大程度上可以脱离建筑工地。

意大利

在阿尔卑斯山南部的波河河谷形成了辽阔的北部平原,从都灵一直向东延伸到帕多瓦,并且包括了伦巴第和威尼托大区的许多城市。米兰成为砖石建筑的中心,人们用砖和灰墁,或者陶土材料做外装修,以表现文艺复兴形式。建造在泻湖上面的威尼斯从欧洲大陆的森林进口木材,从附近的维罗纳进口红色大理石,从威尼斯帝国所属的伊斯特里亚进口石材。从伊斯特里亚的进口石材质量极好,即使长期暴露在空气中也依然坚固,并且非常适合于细部雕刻(见[885]页)。

佛罗伦萨南面的采石场蕴藏着丰富的硬质石灰石(pietra forte)资源,但是只有菲埃索莱和塞蒂涅阿诺出产的无杂质沙岩(pietra serena)才能被用作新建筑所需要的整根石柱和精细的细部雕刻。梅迪契家族在卡拉拉和塞拉维查开采出白色大理石,而且搜寻到彩色大理石。16世纪晚期,这些彩色大理石备受人们推崇。位于佛罗伦萨南面的锡耶纳,其建筑多由砖石建造。但是像其他托斯卡纳山城一样,锡耶纳也盛产凝灰岩和石灰华。

中世纪时,罗马城已经从七座山丘上迁移到了靠近台伯河那地势较低的地方。由于需要,接连几任教廷都采取了在山丘上重新安居的政策,并修复了古代的输水道。文艺复兴时期,罗马建筑采用的独特材料是高质量的砖,以及从蒂沃利附近采石场开采的石灰华。但是同时也选用火山爆发后生成的白榴凝灰岩和凝灰岩。凝灰岩被用来建造轻质的拱顶结构,而所需的白色和彩色大理石则仍然从古代的废墟中掠取。

与亚平宁半岛北部和中部地区相比,意大利南部地区和西西里岛不那么发达,但是,那不勒斯却是一个重要的中心。那不勒斯所产的石材不论是砌墙用的黄色凝灰岩,还是用来做细部石雕用的深灰色白榴凝灰岩都属于火山岩。在巴洛克时期,西西里岛的建筑蓬勃发展,他们喜欢用含石灰质的凝灰岩和软质的石灰岩。

意大利各地区不同的气候也对建筑的类型产生了影响。北部城镇的气候凉爽湿润,拱廊因此常常沿街设置。波河流域的条件使得人们纷纷在威尼托大区建造别墅。在威尼斯,由于基地的限制,府邸都缺少花园和庭院,而代之以一些观景台、阳台和组合窗。罗马的天气炎热干燥,因此府邸宽敞的庭院内布置了敞廊,并且水景在别墅设计中扮演着重要的角色。整个意大利建筑的窗户都比北欧地区小,并且都设有开敞式的用来遮荫的拱廊。由于降水量不大,建筑屋面坡度低平,从而突出了檐口与檐口栏杆。

15世纪和16世纪的意大利建筑师有着各种各样相关的职业背景:绘画、雕塑、金饰匠,以及木工和石匠。小安东尼奥·达·桑迦洛(Antonio da Sangallo the Younger, 1484—1546)、米凯莱·桑米凯利(Michele Sanmicheli, 1484—1559)和帕拉第奥(1508—1580)是极少数几位在建筑行业中成才的文艺复兴盛期建筑师。在15世纪,那些有学识并接触过建筑论著的艺术赞助人在设计中与建筑师有着同样的决定性作用。由于传统行会重要性的减弱,建筑师与艺术家有着同等的社会地位。建筑师与画家、雕塑家所从事的行业并列为"三种美术"(the three arts of design),在此基础上,1563年建立了佛罗伦萨艺术学院。罗马也建立了圣路加学院。但是,其正规的教育体系还没有奠定。像罗马圣彼得大教堂这样的建筑世家和画坊制使得建筑设计和建筑知识得以流传。

巴洛克时期的罗马,通向建筑之路的行业包括文学、法律以及教会,传统上,还包括伦巴第地区的石匠。木材作成为创造细部和多样化的一个途径,装饰抹灰新技艺也造就了一批参与实际工程的建筑师。几何学的研究为创造巴洛克建筑复杂的空间形式发挥了尤为重要的作用。18世纪,建筑教育走向标准化,例如,法国在1671年成立了建筑学院;罗马圣路加学院在1702年设立了建筑学奖学金,并且还在帕多瓦设立了民用建筑协会主席的职位。

15世纪的建筑师没有谁能仅靠设计维持生计,建筑师还需要从事其他行当。譬如在工程委员会或宫廷中谋个一官半职,或是在建筑工地上负责监督,这些对于每个建筑师维持生计都是必要的。佛罗伦萨到1530年才建立了宫廷,而且设立了少量的带薪职位。这样,佛罗伦萨的建筑师就流失到其他地区。在各个城市共和国以及王公贵族的宫廷中,建筑师被委派接手土木工程项目,设计并建造防御工事。

第28章 背 景

建筑师的酬金在16世纪和17世纪有所增加，这一点从建筑师的画像和他们的私宅可以得到反映。建筑师在效力外国王公贵族中所表现的竞争能力提高了他们在本国的价值，贝尔尼尼(Bernini)的事业就是一个证明。教廷的首席建筑师们可以封爵，除薪金之外还能额外得到丰厚的馈赠。防御工事的设计越来越专业化，往往被委托给军事工程师进行设计。

建筑画的技法在文艺复兴时期有了很大的提高。布鲁内莱斯基的线性透视法发明，使得建筑师们能够为自己的设计以及他们所研究的古代建筑绘制出逼真的透视图。弗朗切斯科·迪乔治(Francesco di Giorgio, 1439—1501/1502)和莱奥纳多·达·芬奇改进了鸟瞰图和透视截面图。但是，如同阿尔贝蒂在《论建筑》(De Re Aedificatoria, 1452)一书中提到的一样，透视图对建筑的建造过程几乎没有帮助，阿尔贝蒂强调的是平面图、立面图和剖面图。大约在1519年，拉斐尔在写给利奥十世的信中重申了阿尔贝蒂的这一观点。在拉斐尔的圣彼得大教堂的画坊中，我们首次发现了以相同比例绘制的三维正交图的实例。建筑图纸的标准化将建筑师们从工地解脱出来，虽然他们中的很多人仍然日复一日地坚持在工地现场对工程进行监督。

佩鲁齐继续对透视的发展潜能进行了研究，并创造出出色的剖面图和轴测透视图。米开朗琪罗的大量反复修改过的粉笔画与帕拉第奥的精美铅笔画和钢笔画都属于同一个时期的作品。布翁塔兰蒂(Buontalenti)、贝尔尼尼和博罗米尼(Borromini)继承了米开朗琪罗的画法，只是他们采用石墨作为一种新的绘画手段，博罗米尼的绘画更是展现了复杂的建筑几何学。

有文献证明，中世纪的欧洲已经开始使用木制模型。在文艺复兴时期，木制模型用来向那些不熟悉图纸的设计委托人解释建筑师的设计意图。模型比图纸更耐久，它也常常使设计委托人着迷于建筑师的设计。小桑迦洛为圣彼得大教堂制作的模型遭到了米开朗琪罗的强烈批评。由于整体模型往往缺少细部，通常会制作一些足尺的柱头部位的模型。米开朗琪罗为法尔内塞府邸的檐口做了一个木制足尺模型，而对于像劳仑齐阿纳图书馆的楼梯间这样复杂的形式则采用了黏土模型。用来绘制轮廓线的金属模板已在实用上达到标准化。

整个文艺复兴时期，虽然有一些承包规模扩大的趋势，但是建筑行业的体制基本没有变化，也没有什么巨大的技术进步。在15世纪，通常的标准是用计件和计时的方法来计算报酬。很少有人能够签订一份完整工程的合同。虽然与每一个工匠分别签订合约，但是由承包商或设计委托人记账。威尼斯各行会之间的界限划分依然相当严格，并且法律只允许签订一份合同。在一个大型的工地，石匠、筑墙工、粉刷工和木匠都有各自的匠师(capomaetri)。要成为一名石工匠师的话，往往要具有设计、雕刻石材细部的技能，但其地位往往相当于建筑师。而筑墙工虽然收入最高，但是却很少涉及设计技术，因此这类工匠很少能够成为建筑师。

大公们的专政使16世纪各个行会之间的界限进一步瓦解，管理权力进一步集中，大公们甚至强行征用劳动力来为其建造房屋。在教皇统治的罗马，建筑师也经常扮演承包商的角色。随着城市的扩展，也建造了一大批投机性的建筑。

法国

由于气候特点的要求，法国建筑一般都有大面积的开窗，屋顶的坡度陡峭，烟囱高耸，这就为吸收意大利建筑语汇带来了一些问题。法国建筑的窗墙比要高于意大利。大约到了1650年，法国建筑的各个平面组成部分总是由各自独立的屋顶构成互不相干的单元，屋面通常使用石板瓦；烟囱与古典主义风格的设计很难相称，而且烟囱上往往有一些怪异的装饰。

法国盛产建筑用的石材和板岩，这些石料可以由水路运输。石料是建造纪念性建筑或宏伟的城市建筑的传统材料。但是直到17世纪30年代，砖的使用仍然很普遍，甚至王公贵族府邸也都用砖来建造。乡土建筑普遍用木材和灰泥建造，但是这样的建筑基本上都没有能够保存到现在。

在17世纪和18世纪，得益于长期的经济繁荣，整个法国从雷恩到贝桑松和波尔多，以及普罗旺斯地区艾克斯都建造了一批重要建筑。虽然这些地方的建筑没有巴黎地区的建筑那么有影响力，但是它们往往相当有特色。

虽然朱利亚诺·达·桑迦洛(Giuliano da Sangallo)、

焦孔多修士(Fra Giocondo)、莱奥纳多·达·芬奇、普利马蒂乔(Primaticcio)、维尼奥拉、塞里奥与贝尔尼尼都曾访问过法国，但是法国建筑师还是经过了很长时间才开始欣赏他们的意大利同行。16世纪初期，大部分建筑师可能都既是工匠又是承包商。显然，出版论著是社会进步的一个途径，如菲利贝尔·德洛尔姆(Philibert de l'Orme)或是让·比朗(Jean Bullant)的论著，他们两个人曾经去意大利访问的经历十分有助于得到社会的认可。

尽管弗朗索瓦·芒萨尔(François Mansart)和路易·勒沃(Louis Le Vau)都没有写过专著，据我们所知，他们也没有到过意大利。但是，很显然，这个时期的建筑师获得了与16世纪截然不同的社会地位。举例来说，还在孚-勒-维贡府邸(Vaux-le-Vicomte)施工期间，主人就在府邸的主楼中给了勒伏一些房间。1671年，法国皇家建筑学院(Royal Academy of Architecture)的设立进一步巩固了建筑师的社会地位。建筑师与工匠截然分开，并且赋予建筑师以艺术家和知识分子的地位。但是，建筑师依然靠承包来赚钱。朱尔·阿杜安·芒萨尔(Jules Hardouin Mansart)、加布里埃尔-热尔曼·博夫朗(Gabriel-Germain Boffrand)和安热-雅克·加布里埃尔(Ange-Jacques Gabriel)的成就全都得益于巴黎18世纪的投机性开发。法国大革命以后，酬金数额才从法律上加以确定。在路易十五统治时期，酬金按5%的统一标准收取。1794年，拿破仑建立了巴黎综合理工大学(Ecole Polytechnique)。在这所大学中，让-尼古拉-路易·迪朗(Jean-Nicolas-Louis Durand, 1760—1834)讲授建筑学，其课程包括科学与技术。这标志着人们对建筑教育的观念已经发生了根本性的改变。

在这个时期，建筑的发展并没有完全停止。大约在1700年前后，哥特式作为一种充满生气的形式而继续存在，而且不久后被有意识地复兴。还在很早的时候，人们在石料切割时，就注意到了哥特式复杂的几何形，并且出版了几本关于立体几何学的手册，其中最有价值的是迪朗(Derand)在1634年写的《拱穹建筑学》(Architecture des voûtes)。虽然在1600年左右，用木材和灰泥建造的房子看起来已经过时，但是在皮埃尔·勒·米埃(Pierre Le Muet)于1623年写的《为各类人成功建造的方法》(Manière de bien bastir pour toutes sortes de personnes)一书中仍然包括了有关木构建筑的论述。

西班牙和葡萄牙

伊比利亚半岛上的气候变化相当大，其北部气候潮湿而温和，中部地区夏季酷热、冬季十分寒冷，而南部地区则属于亚热带。但是，一般来说，其建筑似乎更适合于炎热的气候。岛上的房屋大多数有平缓的屋顶、小面积的窗户以及有利于通风的开敞的楼梯间和内院(即天井(patios))。

与早期建筑类似，花岗岩仍然是半岛的主要的建筑材料，尤其是在北部地区。西班牙的黑色花岗岩和灰色花岗岩，葡萄牙的灰绿色花岗岩常常会使建筑外观显得过于庄重，但加入白色灰泥装饰以后，就会创造出明快的效果。在塔古斯河和蒙德古河下游更往南的地区，大多出产石灰岩和砂岩。这些地区对建筑材料的运用一直受到穆迪扎尔伊斯兰(Islamic Mudéjar)建筑传统的影响。砖是伊斯兰建筑的主要材料，通常与复杂精细的灰泥装饰结合在一起使用。但是在葡萄牙就有些特殊，比较喜欢使用釉面砖(azulejos，即蓝色彩瓷砖)。西班牙全境都蕴藏着储量丰富的铁矿石，它们被开采出来作为受欢迎的"铁格栅"，就是一种装饰性的铁花格栅。西班牙的木材资源相对比较稀少，但是，尽管如此，17世纪和18世纪的小教堂装饰流行用木制的烦琐的建筑雕塑。

罗马天主教的宗教激情和经济实力导致了16世纪和17世纪的发现并征服"新世界"。这为"三十年战争"和法国统治以前的宗教和世俗建筑的发展提供了极其重要的背景。

奥地利、德国和中欧国家

德国北部是一马平川的冲积平原，在那里仍然使用各种各样的砖雕。巴伐利亚高原、其他山区以及莱茵地区(Rhineland)的低畦平原都出产建筑石材。奥地利原来的领土是欧洲版图中最为多山的地区，多瑙河横穿奥地利，将阿尔卑斯山地区与波希米亚、摩拉维亚到德国低地地区分割开来。这些地区的气候差异极大，但总体上雨量充沛。因此，这里的建筑就像法国和英国一样，都有大窗户、陡峭的屋面和显眼的烟囱。

虽然行会衰落了，但建筑业的传统却得以保

存。早期的建筑师大多从建造行业和**雕塑业**中产生,画家型的建筑师还不为人所知。巴洛克时期,建筑师以灰泥工匠为主。巴洛克晚期的特点是采用家族式经营,一座教堂的建筑与装修往往由兄弟们共同完成。例如,阿萨姆兄弟(Asam brothers),他们是弟弟科斯马斯·达米安·阿萨姆(Cosmas Damian Asam, 1686—1739)和兄长埃吉德·奎林·阿萨姆(Egid Quirin Asam, 1692—1750)。也有一些有才华的湿壁画画家成为建筑师,如齐默尔曼兄弟(Zimmermanns),他们是多米尼库斯·齐默尔曼(Dominikus Zimmermann)和约翰·巴普蒂斯特·齐默尔曼(Johann Baptist Zimmermann, 1680—1758),以及他们的儿子弗朗茨·多米尼库斯·齐默尔曼(Franz Dominikus Zimmermann)和约瑟夫·齐默尔曼(Joseph Zimmermann)。菲舍尔·冯·埃尔拉赫(Fischer von Erlach)被奥地利皇帝约瑟夫一世封爵,这标志着建筑师的地位有了显著提高。中欧国家有个特点,即几个主要的建筑师都是军人出身,包括约翰·卢卡斯·冯·希尔德布兰特(J. L. von Hildebrandt)、格奥尔格·文策斯劳斯·冯·克诺贝尔斯多夫男爵(Georg Wenzeslaus von Knobelsdorff)以及巴尔塔扎·诺伊曼(Balthasar Neumann)。

贵族赞助人对建筑风格的演化起了相当重要的作用,他们的人文教育背景中也包括对建筑的研究,此外,他们的游历经历在引进新的理念方面也同建筑师一样起着重要的作用。17世纪晚期,建筑科学院得以建立,并且,到意大利和法国游历成为青年建筑师受建筑教育的组成部分。获得宫廷建筑师的职位成为仕途升迁的必由之路。在新古典主义时期,建筑师的职业范围十分宽泛,如申克尔的职业是柏林公共建筑部门的总监。

低地国家

荷兰是莱茵河、马斯河和斯海尔德河河口低洼地区中地势最低的国家。下沉的陆地和上升的海面意味着这个国家的大部分地区都处于海平面以下。荷兰在16世纪引进了用风车作为动力驱动水泵的技术,有助于大大加快17世纪的排水系统和填海造地工程的建设,以及在堤坝和河道组成的网络中围海造田(圩田)。由于基础不稳定,其建筑采用轻质开敞结构是一种明智的做法。比起威尼斯,阿姆斯特丹解决水网城市建筑问题的方法可以说是一项发明。因为缺少建筑用的石头,所以荷兰早期有关建筑的经验都只是砌砖工程。砌砖工程中采用的"荷兰式砌合法"(Flemish bond)闻名于世。木结构在乡土建筑、教堂塔楼、穹窿和风车中依然扮演着重要角色。

在比利时,佛兰德地区平坦的土地与森林密布的东部阿登高原各占一半。那里盛产毛石、石灰岩和板岩,此外还出产木材。整个低地国家的气候与北欧的其他国家一样,都寒冷多雨。因此,其建筑的典型特征就是陡峭的屋顶和大面积的窗户。

16世纪在尼德兰的意大利建筑师出身各不相同。如托马索·文岑茨(Tommaso Vincidor)是画家,而亚历山德罗·帕斯夸列尼(Alessandro Pasqualini)是金匠。在延续地方传统方面,画家和非专业人士起到了和石匠同等重要的作用。虽然科内利·弗洛里(Cornelis Floris)、利芬·德凯(Lieven de Key)与亨德里克·德凯泽(Hendrir de Keyser)都是石匠,雅各布·范坎彭(Jacob van Campen)、文策斯拉斯·科贝赫(Wenceslas Coberher, 1557/1561—1634)和雅各布·弗兰卡尔(Jacob Francart, 1583—1651)是画家,弗兰卡尔还曾经在意大利住过多年。17世纪的比利时有许多业余建筑师,尤其是像彼得·于桑(Pieter Huyssens, 1577—1637)和威廉·赫西乌斯(Wilhelm Hesius)这样的耶稣会知识分子。1666年,阿尔德贡德·德穆兰(Aldegonde Desmoulins)修女设计了列日的本笃会教堂(the Benedictine in Liège)。大画家鲁本斯(Rubens)对建筑的兴趣也是一个重要的例子。而在荷兰,推动帕拉第奥复兴运动的一个关键人物是睿智的政治家和鉴赏家康斯坦丁·惠更斯(Constantijn Huygens),他将范坎彭赞颂为"战胜了哥特式笨拙建筑的人"。

英国

就地理位置而言,大不列颠群岛与欧洲大陆分离,使得英格兰很晚才受到文艺复兴格兰运动的影响,并且其文艺复兴是通过法国和尼德兰才传入的。但是,从17世纪初开始,英格兰建筑师和贵族们对到国外旅游的兴趣渐渐浓厚起来。不过,在拿破仑战争时期,这种潮流出现过一个短暂的中断。英格兰国内的交通在18世纪和19世纪初有很大的改善,随着良好的道路及河道的建设,建筑材料的运输也变得更为方便。结果,到这个时期结束的时候,由于物质原因造成的地区差异减小了,但也并没有完全消失。

随着时间的推移,木材不再是主要的建筑材料。用石材和砖砌筑的房屋更坚固,不受气候侵蚀,结构性能也更好,并且,在人口密集的城镇中也更有利于防火。16世纪时,暴露的木构架仍然十分常见。而在那些缺少石料的地区,乡土建筑一直用抹灰或挂瓦作房屋的表层材料。17世纪时,在名门望族的府邸和宗教建筑中使用石材的现象越来越普遍。波特兰石是一种白色带闪光、质地紧密并呈粒状的石灰石,最先由伊尼戈·琼斯用在伦敦的建筑上,随后就用在重要的教堂和公共建筑上。此外,被使用的还有很多其他种类的石头,诸如红色和灰色的花岗岩、毛石、板岩以及各种各样的石灰岩。在住宅中流行将红砖裸露的做法。17世纪中叶以后,"荷兰式砌合法"取代了"英国式砌合法"(English bond)。作为石材的极为经济的替代品,砖墙开始使用抹灰的做法,如奇斯韦克庄园(Chiswick House,见[1103]页图B)。18世纪下半叶,这种做法在城市住宅建造中也十分流行。柯德石料是1769~1840年由柯德家族(Coade family)制造的专利陶砖,它可以代替石材用在装饰细部上。18世纪中期以后,普遍用薄的板岩作为屋面材料,而在1800年以前,作为工业革命早期产品的铸铁,就开始因其良好的结构性能而被广泛采用。

就像在法国和尼德兰一样,由于天气阴冷,英国在吸收意大利文艺复兴风格时不得不作一些调整,这些调整表现在窗户和坡屋面上——尽管就严格意义而言,帕拉第奥式的开窗面积应当比较小。查理一世统治时期,煤已经广泛用做燃料,使得室内环境变得更为舒适。并且,每个房间都设有壁炉,使得烟囱与建筑设计密切相关。

作为一个行业,建筑尽管已经与建造业完全分离,但直到这个时期的最后阶段,建筑还不能说是有了自己的专业团体、建筑教育体系和收费组织。在本章涉及的三个世纪中,建筑师的地位逐渐由中世纪的匠师上升为专业设计者。16世纪时,一个建筑项目,例如宏大的伊丽莎白时代的宫殿,通常分散委托给几个不同的设计师。但建筑画还相当粗糙,都是模仿外国的"舶来品"。甚至像罗伯特·斯迈森(Robert Smythson)这样著名的建筑师都没有获得国际声望。琼斯可能是英国第一位获得认可的设计建筑师,他是一名画家,并因掌握了意大利建筑的第一手知识而成为英国建筑界新的学术权威,并被委任为"皇家工程署(King's Works)的测量师"这一艺术家的荣誉称号。

由于17世纪上流社会对琼斯和意大利建筑的尊崇,以及对建筑的激情,人们对建筑设计的需求流传到了宫廷以外的圈子,尽管这一流传受到内战的影响。虽然从匠师到建筑师仍然是一条从事建筑业的常规之路,但是从其他行业走上建筑设计之路的人更为普遍和多样化,例如威廉·温德(William Winde)原先是军事工程师,而克里斯托弗·雷恩(Christopher Wren)和罗伯特·胡克(Robert Hooke)是从自然科学转行的。业余爱好者也涉足建筑领域,包括从积极的参与者罗杰·普拉特爵士(Sir Roger Pratt)到用著作来表达对建筑理论兴趣的罗杰·诺思(Roger North)、约翰·伊夫林(John Evelyn)和亨利·沃顿(Henry Wotton)。但在这些主要人物中,只有琼斯的侄子约翰·韦布(John Webb)可看做是训练有素的建筑师。

18世纪下半叶,当一名艺徒已是成为有成就的建筑师的必要条件。罗伯特·泰勒(Robert Taylor)和詹姆斯·佩因(James Paine)都当过艺徒,他们的艺徒期是5~6年。这种体制一直到20世纪仍然发挥着良好的作用。1768年皇家艺术学院(the Royal Academy)建立后,极少数杰出的人士进入艺术学院。艺术学院附设的学校在伦敦举办的建筑讲座对于青年建筑师而言,只是一种受教育的形式,而到意大利游历仍然是建筑教育的一个重要阶段。18世纪下半叶,建筑师们游历的范围更广,以探访希腊遗迹。18世纪90年代以后,尽管多方努力试图成立建筑师的联合组织,但是直到1835年英国才成立建筑师学会,并且在1837年根据皇家特许状(Royal Charter)冠名为"皇家建筑师学会"(RIBA)。

直到19世纪,还几乎没有哪一个建筑师能够仅仅靠设计和工程监理来谋生,职业建筑师不得不通过各式各样的方式来增加收入。建筑师从设计的房屋合约,以及房屋测量(由此产生了"测量师"

一词)得到报酬,而房屋合约这种方式在约翰·纳什(John Nash)的年代尚未为人们认同。除此之外,建筑师通常靠投机性的房地产开发赚钱,就像主导巴斯城市规划的约翰·伍德(John Wood)那样。建筑师们从公共机构委托的工作中获得固定的薪水,并谋求从皇家工程署的测量师和职员到慈善团体或者市政委员会的职位。到1792年,建筑师俱乐部才同意在正常的5%的设计费和监理费之外,再加付2.5%的测量费。

建筑工种仍然延用中世纪的方式划分为石匠、泥瓦匠、木匠、细木工和抹灰工。通常在委托人或测量师与各个工种之间独立的合同划分一直延续到大型承包商的出现。在这种情况下,建造者负责提供必需的所有各工种。19世纪初,这种方式已经运作得井井有条,例如丘比特家族(Cubitt family)在伦敦的运作。中间商承包可以看做是房屋投机的必然趋势,在伦敦,这是从17世纪末的尼古拉斯·巴本时代(Nicholas Barbon)创始的建造城镇住宅的一种惯用方式。

由于建筑图没有保存下来,因此很难说清楚建筑师和工匠之间的确切关系。留传下来的16世纪的约翰·索普(John Thorpe)和罗伯特·史密森的草图集与其说是工程图纸,不如说是图样书。史密森的草图展示出设计的原创性,但图中并没有古典主义绘图技术的精密性。这种绘图技术是通过琼斯收藏的帕拉第奥图集而引入英国建筑的,这些图集现已成为英国皇家建筑师学会收藏图集的精华。收集图集的传统由琼斯的侄子韦布所继承,他保存下来的雷恩和霍克斯穆尔时代的大量图纸说明了当时的建筑师不仅要把握总体形式,而且要负责细部设计。普遍认为,由于帕拉第奥风格更注重细节的准确性,与之相比,"英国式巴洛克"(English Baroque)允许工匠有更大的创作自由。从琼斯到霍克斯穆尔和詹姆斯·吉布斯(Gibbs)的年代,木制模型被用作一种表现并保存设计的方式,并确保设计有足够的耐久性。雷恩的圣保罗教堂大模型的命运表明制作一个过于精美的模型是很危险的事情。这个时期的英格兰像欧洲的其他地方一样,在结构方法上并没有什么显著的创造:雷恩设计的圣保罗大教堂的穹顶可能是这个时期在结构方面取得的最伟大的成就,而雷恩主要是从法国寻求灵感。在本章论述的时期接近尾声时,工业革命对结构工程提出了新的需求。由于铁路的出现,这种需求更为强烈。1793年,土木工程师学会(the Society of Civil Engineers)宣告成立。

俄罗斯

俄罗斯境内几乎没有山,因而缺少文艺复兴风格建筑所需要的建筑石材。并且,陆路联系异常困难,适于通航的内陆水道也很少,水道一年中有大半时间都在封冻。俄罗斯北部地区有丰富的森林资源,因此其中世纪的建筑几乎全部用木材建造,甚至直到18世纪,仍用木材建造纪念性建筑。俄罗斯建筑一贯的特点是采用帐篷顶,以至于在建造砖石建筑时,也会流露出其木结构的根源。在俄罗斯南部,虽然石材的使用越来越多,砖却是主要的建筑材料,甚至在18世纪和19世纪的圣彼得堡,建筑也经常采用砖墙外抹灰的做法。

俄罗斯本土的建筑职业化进程很慢,因为偏爱建筑的沙皇常常将任务委托给外国的设计者,尤其是意大利和法国设计师。俄罗斯建筑师通常被要求通晓西方的建筑,圣彼得堡美术学院就是在这个思想的引导下于1757年建立的。亚历山大一世(Alexander I)登基以前,从某种程度上说,无论是俄罗斯本国的或是外来的建筑师都没有形成他们自己的建筑理论或者是论著,唯一可以找到的就是俄文版的《维尼奥拉》(Vignola)和托马·德·托蒙(Thomas de Thomon)的两卷本版画图集。

木构建筑,或者是已经替换成石材的俄罗斯传统形式需要在技艺或技术知识方面有非凡的创造。相比之下,俄罗斯对从国外传入的建筑风格的结构体系缺乏兴趣,而代之以一种更为形式化的态度来对待设计。如果不考虑建筑的竖向尺度的话,俄罗斯建筑在结构上的成就相当令人失望。19世纪早期的设计和规划领域出现新的创造力之后,这种状况才有所改观。

斯堪的纳维亚

挪威和瑞典分别位于纵贯斯堪的纳维亚半岛山脉的西部和东部,无数的河流和峡湾形成了曲折的海岸线。瑞典的南部、芬兰和丹麦地处平原和低地，有着大量的河道和湖泊。瑞典蕴藏着丰富的铁和铜等重要的矿产资源，对经济的意义远比建筑业重大得多。瑞典盛产花岗岩和大理石，南部又有适合烧砖的黏土。像瑞典斯科讷(Skåne)地区和德国北部地区一样，丹麦的地表层主要含冰碛土，在这些地区，砖必然成为主要的建筑材料。挪威、瑞典和芬兰有广袤的森林，在这三个国家中，木材是当地建筑的基本要素。1666年，挪威为伦敦大火后的重建提供了木材。

由于整个斯堪的纳维亚半岛都毗邻海洋，并且受到湾流和常年主导风向西风和西南风的影响，尽管这里的冬天十分漫长，气候酷寒，然而整个地区的气候都比那些处于同样纬度但是更偏东的国家更温和。这个地区的木材资源相当丰富，同时由于木材高效的保温和抵御天气影响的性能，并且有历史悠久而又精良的木构技术，这在某种程度上缓解了漫长冬季中家庭生活的艰辛。

斜脊屋顶(säteri)完全是瑞典特有的形式，往往用在庄园主宅第或意大利式建筑上，并流传到斯堪的纳维亚国家的其他地区。斜脊屋顶由两部分组成，两部分之间稍有转折，中间部分有时候设气楼，下层部分的剖面通常呈曲线形。它最初出现在斯德哥尔摩的主要建筑利达尔宫(Riddarhus)上。

后文艺复兴时期的欧洲

只有到了19世纪，才可以说建筑业成为一种行业。虽然学生在见习期间仍以基础训练为主，但是一种更为正规的课程教学被越来越普遍地采用。就技术教育和土木工程传统而言，法国可以说是最强的国度。这方面的基础是法国18世纪时建立的世界上第一所综合性工程专科学校——巴黎桥路大学(école des Ponts et Chaussées)，以及此后建立的巴黎理工大学(Ecole Polytechnique)。在综合性大学设置的课程还相当有限的时期中，专科大学(Ecole)可以说是整个中欧地区综合工科大学的一种培养模式。1819年，巴黎国立高等美术学校(Ecole des Beaux-Arts)开始进行学院式的建筑教育，此后，哥本哈根美术学院和维也纳美术学院以及柏林和其他地方的建筑学院，也开始设置类似的教育机构。英国的教学方法更注重实效，尽管从1841年开始，伦敦的大学已经开设了建筑课程。作为职业地位监督者的英国土木工程师学会直到1882年才获得了英国皇家建筑师协会的承认，成为其所属机构(后依照法律被英国注册建筑师委员会(the Architects Registration Council of the United Kingdom)所取代)。

从18世纪末到第一次世界大战期间，建筑材料和技术有着速度空前的发展。1779年，在什罗普郡建成的科尔布鲁克代尔铁桥(the Iron Bridge at Coalbrookdale)是表现铁结构潜在价值最突出的例子。这座桥是由铸铁工业的奠基者亚伯拉罕·达比三世(Abraham Darby III, 1750—1791)建造的，并以建筑师托马斯·法诺尔斯·普里查德(Thomas Farnolls Pritchard, 1723—1777)的设计作为蓝本。此后，铸铁很快就在工程结构上得到大规模的应用。18世纪90年代，威廉·斯特拉特(William Strutt, 1756—1830)在贝尔珀和德比郡建造的几座棉纺厂内就使用了一部分铸铁柱子。世人所知的第一批在室内使用铸铁的梁、柱体系的建筑用在什鲁斯伯里1796~1797年建造的贝尼昂、贝奇和马歇尔亚麻厂(1796—1797，此前工厂的楼面都以笨重的木梁作为支撑)，这种结构体系有很大的优越性，由于结构占据的面积很小，在设计跨度上就获得了较大的灵活性。这与单纯的砖石建筑相比，可以建造更多的楼层，并且，由于楼板搁在横跨楼面梁的砖砌平拱上，使其具有更好的防火性能。到19世纪30年代时，这种高8~9层，外墙采用传统的砖石砌筑的厂房在英国的纺织业城镇还不怎么普遍。一项重大的现代化实例是1799~1801年建造在兰开夏郡索尔福德的菲利普斯、伍德和李工厂(the Phillips, Wood and Lee mill)，这家工厂以博尔顿(Boulton)和瓦特(Watt)的蒸汽机作为动力，并用通过空心的铸铁柱传输的蒸汽采暖。1805年，该工厂还使用了煤气灯。

虽然在19世纪初，铁已经广泛应用在柱子、屋面支撑和楼梯上，偶尔也有像伦敦卡尔顿府邸的温室(1811—1812)这种全部用铸铁建造的房屋。法国建筑师方丹(Fontaine)设计的巴黎旧王宫内的奥尔良拱廊(Galerie d'Orléans, 1829—1831)成功地将玻璃与铁结合使用。拱廊需要充足的天然采光，而玻璃的运用则满足了这个要求，成为一座引人注目的建筑。当时大部分著名的新建筑都选择了这种组合，如商场的拱廊、温室、市场、展览大厅和火车站。选用大片窗玻璃(比平板玻璃薄，而且价格便宜)于1836～1840年首先在德比郡查茨沃思的温室中得以使用。大片玻璃的使用是一项重要的进步。大约在1820年以后,建筑开始使用价格相对低廉的熟铁,这件事情的意义也很重大。具有良好延展性能的熟铁是制作连系梁、螺栓和桁架的理想材料,而铸铁制作的这类构件则很容易损坏。新材料与传统砖石建筑的巧妙结合产生了更具有历史意义的影响作用,如巴黎的圣热内维埃夫图书馆(the Library of S. Geneviève, 1839—1850),或是牛津大学博物馆(the University Museum, Oxford, 1854—1860)。但是新结构的潜在价值只在一些建筑中得以体现,诸如伦敦的水晶宫(Crystal Palace, 1850—1851),或是巴黎的中央市场(Halles Centrales, 1853)。由于现代的交通系统可以将零部件运送到工地,因此玻璃和铁建筑的施工进度很快。这种方法体现了先进的建筑技术,很适合建造火车站,或是用于1851年水晶宫之后建造的许多国际展览会的建筑中。预制的铸铁建筑也被批量生产,并出口到世界各地。

19世纪80年代标志着铁结构的发展进入了新的阶段。为举办1889年巴黎世界博览会,古斯塔夫·埃菲尔(Gustave Eiffel, 1832—1923)建造了著名的高达300m(985ft)的铁塔。这座铁塔以建造工程师的名字命名,成为当时世界上最高的建筑。而机械馆(the Galerie des Machines)的跨度达到了114m(375ft),创造了一项奇迹。当时,已经能够批量生产轧制钢梁,从而在大跨度建筑中取代了熟铁,最终导致全钢框架结构的出现。砖石围护砌体只是起到防火的作用,例如1910～1911年建造的伦敦柯达大楼(Kodak House, London, 1910—1911)。同时,新艺术运动的作品探索了铁和玻璃完美的流畅性,例如1896～1898年建造的布鲁塞尔人民宫(the Maison du Peuple, Brussels, 1896—1898)以及1900年建的巴黎地铁车站。

1909年前后,出现了钢筋混凝土,它像钢一样具有很好的抗压和拉伸强度。但是,更重要的优点是其耐火性。混凝土是一种由水泥、碎石或砾石加水后形成的混合物。在19世纪掺入耐久性极佳的波特兰水泥加以改性之后,混凝土成为一种可靠性极高的材料,被广泛地应用在抗压强度要求很高的地基和楼面结构。在将混凝土安全地应用于更复杂的结构之前,有必要采用配筋来弥补其抗拉性差的弱点。为此,人们已经尝试过多种方法。弗朗索瓦·夸涅(Fançois Coignet, 1814—1888年)在1856年申请了一项铁拉杆系统的专利;约瑟夫·莫尼埃(Joseph Monier, 1823—1906)在1877年获得一项水泥和铁制作的梁的专利,随后,德国的魏斯公司对这种梁进行了改进。并且,魏斯公司在1887年出版了重要理论著作《莫尼埃的方法》(Das System Monier)。比利时人弗朗索瓦·埃纳比克(François Hennebique, 1842—1921)在1892年迈出了至关重要的一步,他用钢取代铁,并且为钢筋设计了带弯头的连接法,并且,这种方法最早应用在巴黎小宫(the Petit Palais, 1897—1900)的楼梯间。

维也纳邮政储蓄银行(the Post Office Savings Bank, 1904—1906)集中展示了19世纪在建筑材料和技术领域根本性的进展。该建筑采用了钢柱、玻璃吊顶、钢筋混凝土、玻璃楼板、集中采暖和铝质的细部,切实地表达了一种现代性。甚至从19世纪数量众多的普通建筑中所使用的材料也能看到相当多的变迁。手工制砖逐渐被丝切砖和机压砖所取代。丝切砖和机压砖通常是在连续作业窑中高效地烧制,就像弗里德里希·霍夫曼(Friedrich Hoffmann)在1858年设计的砖窑。19世纪中叶,出现了廉价的平板玻璃,这意味着大面积的玻璃窗可以用在规模相对较小的建筑之中。在需要装饰的部位,可以应用各种各样的护壁板、过梁和雕塑,以及批量生产砖和陶土制品。铸铁普遍用做阳台、栏杆和屋顶装饰物。交通设施的进步使欧洲的大部分地区都可以获得相同的材料,无论它是天然的还是人工材料,这使地域传统日益受到冲击。

虽然结构进步为建筑技术带来了戏剧性的变化,而公共设施的发展也对19世纪的建筑发展起到了重要作用。19世纪40年代,相当精致的煤气灯也已在住宅应用,而且还在继续不断地改善,直到20世纪之交,电灯才取代了煤气灯。英国电灯的创始人约瑟夫·斯旺(Joseph Swan)于1880年在诺森伯兰郡的克雷格希德安装了电灯。到了1900年,大多数的重要城市都实现了电力网供电。都市生活的巨大进步也体现在排水系统和卫生设备方面的进展,厕所的出现(尤其是1870年前后出现的抽水马桶)高效的排水系统和净水的供应不仅体现了文明的家用设计,同时也是大型商业建筑发展的前提。在大型建筑中,实验的目标是解决采暖和通风问题,通常包括热水散热器和暖气管道。"空调"系统是一个可供选择的方案,它以微压向房屋输送热风或冷风。建造格拉斯哥艺术学校(Glasgow School of Art, 1897—1909)就采用了这种方式。19世纪80年代,电话的出现是大型商业建筑得以发展的一个更深层因素。

建筑出版物

意大利

论著最初出现在文艺复兴时期。一开始的时候用手稿,以后则是借助印刷书籍。阿尔贝蒂1452年著的《论建筑》(De Re Aedificatoria)于1485年或1486年出版,成为古典时代以来出版的第一本建筑学书籍。尽管没有插图,但是它却为文艺复兴建筑奠定了一个坚实的理论基础。安东尼奥·菲拉雷特(Antonio Filarete)带有乌托邦色彩的《建筑论说》(Libro, 1465)和弗朗切斯科·迪·乔尔吉奥的两卷本《建筑论文》(Trattati, 15世纪70年代和90年代)是以手稿形式发行的。尤其是迪乔治的《建筑论文》,因为介绍了防御工事的设计以及附图而颇具影响。

这一时期,人们对维特鲁威的著作进行了认真研究。其著作于1486年发行了第1版,随后在1511年,由焦孔多修士出版了一个附有插图而且颇具学术价值的版本,而切萨瑞阿诺(Cesarino)则于1523年出版了带有评论的意大利文本。其中最好的是达尼埃莱·巴尔巴罗(Daniele Barbaro)的版本,该书附有帕拉第奥的图解。

塞巴斯蒂亚诺·塞里奥1537年的《建筑全书》第四卷和贾科莫·巴罗齐·达·维尼奥拉在1562年的著作是最早出版的有关古典柱式法则的图册。帕拉第奥在他极具影响力的《建筑四书》(Quattro Libri)中,首次发表了一些系统化的法则、古迹及其本人的建筑作品实例。温琴佐·斯卡莫齐(Vincenzo Scamozzi)在1615年撰写的百科全书式的《建筑思想的共性》(Idea)一书在荷兰和英格兰获得了成功,尤其是其中论述柱式的第六卷。在巴洛克时期,博罗米尼的《建筑作品集》(Opus architectonicum)在他去世后才于1725年出版,书中介绍了他为罗马奥拉托利会设计的一些作品。而1737年在瓜里诺·瓜里尼(Guarino Guarini)身后出版的论文集《民用建筑》(Architettura civile)和贝尔纳多·维托内(Bernardo Vittone)在1760~1766年出版的著作中都将他们本人的作品与普遍的理论结合在一起。对新古典主义而言,卡洛·洛迪(又名"洛多里"(Carlo Loddi))的功能主义思想非常重要。弗朗切斯科·阿尔加罗蒂(Francesco Algarotti)于1756年撰写的《建筑评论》(Saggio sopra l'Architettura)和安德烈亚·梅莫(Andrea Memmo)于1786年撰写的《洛多里建筑的基本原理》(Elementi d'architettura Lodoliana)都传播了卡洛·洛迪的理论。弗朗切斯科·米里齐亚(Francesco Milizia)撰写的《建筑原理》(Principi)一书支持以经验为依据的新古典主义,他的建筑传记继承了乔尔吉奥·瓦萨里(Giorgio Vasari, 1550; 1568年第2版)和弗朗切斯科·巴尔迪努奇(Francesco Baldiniucci)的重要传统。

阿尔贝蒂的古典遗迹速写集对文艺复兴风格的传播起着十分重要的作用。最先出版的建筑图册(repertorio)是1540年出版的塞里奥《建筑全书》第四卷和1552年出版的安东尼奥·拉巴科(Antonio Labacco)的《古罗马建筑遗迹之书》(Libro appartenente al'architettura nel qual si figurano alcune notabili antiquità di Roma)。乔瓦尼·巴蒂斯塔·蒙塔诺(Giovanni Battista Montano)想象中的古代建筑的复原受到罗马巴洛克建筑的影响。而乔瓦尼·巴蒂斯塔·皮拉内西(Giovanni Battista Piranesi)的铜版画以及1761年和1765年所发表的引起争议的论著甚至有助于新古典主义关于古典时代观念的形成。

法国

在建筑理论传统方面,法国也许是最丰富,当然也是最优秀的国家,在篇幅有限的论述中很难对此作出充分的评价。

法国建筑师纪尧姆·菲兰德里尔(Guillaume Philandrier,又名"菲兰德")在1544年和1550年将维特鲁威的书译成法文并加以注解出版;1547年,让·马丁(Jean Martin)再度将其译成法文出版。此外,菲兰德里尔还计划出版阿尔贝蒂和塞里奥的著作。在他回法国后,塞利奥著作的第一卷、第二卷和第三卷分别于1545年和1547年在巴黎出版,他撰写的《非凡之书》(Libro Straordinario)也于1551年在里昂出版。然而,他《建筑全书》论述国内建筑的第四卷在此后才得以出版,但是这本书对1559～1572年出版的雅克·安德鲁埃·迪塞尔索(J.-A. du Cerceau，老迪塞尔索)的三卷本《建筑之书》(*Livres d'Architecture*)有很大的影响。塞里奥在1576～1579年撰写的《法国优秀建筑》(*Plus excellents bâtiments*)为伟大的16世纪府邸建筑提供了宝贵的记录，并且开创了长期以来出版有关法国建筑论著的传统。

法国的建筑理论著作始于让·比朗(Jean Bullant)以他在罗马的古迹研究为基础所出版的《建筑的普遍法则》(*Reigle générale d'architecture*)一书(1568)。菲利贝尔·德洛尔姆的《建筑学基础》(*Premier tome de l'Architecture*,1567)一书对于立体几何具有重要的贡献，书中表现了热情洋溢的民族主义，并介绍了"法国"柱式(French orders)。1561年出版的《优秀建筑的新创意》(*Nouvelles Inventions de bien bastir*)表明他精通实用几何学。于格·桑班(Hugues Sambin)撰写的《术语类型词典》(*Oeuvre de la diversité des Termes*,1572)一书中，列举了16世纪晚期法国奇异的建筑风格。勒米埃则在《为各类人成功建造的方法》(*Manière de bien bastlr*,1623)中介绍了较为质朴的城镇住宅设计。

在17世纪，法国人对柱式的着迷达到极致。而弗雷亚尔·德尚布雷(Fréart de Chambray)在其撰写的《古典建筑与现代建筑的相似性》(*Parallèle de l'architecture antique et de la moderne*,1650)中坚持三种最初的古典柱式具有至高无上的地位。但他对柱式比例的绝对法则的信仰受到了克洛德·佩罗(Claude Perrault)的责难，佩罗断言：建筑的美以习惯为基础，而不是以理性为基础。佩罗的维特鲁威译本(1673)成为标准版，而他撰写的《五种柱式的法则》(*Ordonnance des cinq espèces de colnnes*,1683)也同样具有深远的影响。

皇家建筑学院在教学过程中出现了一种新的出版物:《建筑学教程》(*Cours d'architecture*)。然而，就像弗朗索瓦·布隆代尔(François Blondel)的《建筑学教程》(*Cours*,1678, 1683)那样，该书依然坚定不移地将基本的重点放在柱式上。奥古斯丁-夏尔·达维莱(Daviler)编撰的《教程》(*Cours*,1691)在内容上更为丰富多样，其中包括对维尼奥拉和米开朗琪罗的评论和一本专业术语词典。在萨罗(L. Sarot)撰写的《法国建筑》(*Architecture françoise*, 1642)和皮埃尔·比莱(P. Bullet)撰写的《建筑实践》(*L'Architecture pratique*,1691)中涉及更多的日常实用的关于建筑的看法。而安托万·勒波特(Antoine Le Pautre)的《若干府邸的计划》(*Desseins de plusieurs palais*,1657—1653)则延续了迪塞尔索那种传统的个人出版模式。让·马罗(Jean Marot)的文集以《大马罗》(*Le Grand Marot*, 约1665)和《小马罗》(*Le Petit Marot*,约1665—1660)著称于世，使得当时的建筑设计得到广泛流传。

理性主义倾向所带来的新古典主义和哥特复兴最早出现在让-路易·德科尔德穆瓦神父(Abbé de Cordemoy) 1706年撰写的《建筑新论》(*Nouveau Traité*)之中，该书赞同建筑在基于结构真实性的基础上采用直角。洛吉耶神父(Abbé Laugier)在《论建筑》(*Essai sur l'architecture*,1755)中重申了这些观点，并赞赏原始草屋所展示的建筑本质。18世纪流传最广泛的书是雅克·弗朗索瓦·布隆代尔的《建筑学教程》(*Cours d'architecture*, 1771～1777版)，这是一本思想开放并且内容全面的著作。热尔曼·博夫朗(Germain Boffrand)的《建筑之书》(*Livre d'architecture*, 1754)是一系列配有他自己作品图版的论文，体现了趣味高雅的(*bon goût*)的审美观。像布隆代尔一样，布弗朗也认为每一种建筑类型都应该有相适合的"品性"(caractère)，但这并不源于柱式而是源于整体构图。勒加缪·德梅齐埃(Le Camus de Mezières)的《建筑学：借助我们感觉的艺术类比》(*Le génie de l'architecture*,1780)进一步阐述了这些观点。在克洛德-尼古拉斯·勒杜(Claude Nicolas Ledoux)编写的《从艺术、风尚和法律思考建筑》(*L'architecture*,1804)中，"品性"担当了使建筑外观呈现出强烈的象征意义的使命，书中描绘了理想城市皇家盐场(Chaux)的建筑。

在为数众多的介绍本国建筑并详尽阐述了宽敞的内部空间设计的手册中，其中尤以法国最为突出。例如，雅克-弗朗索瓦·布隆代尔编写的《别墅布局及建筑装饰概论》(*La distribution de maisons de plaisance*,1737)和夏尔-艾蒂安·布里索(C. E. Briseux)撰写的《乡间别墅的建筑艺术》(*L'art de bâtir des maisons de campagne*,1743)。

直到20世纪，艾蒂安-路易·部雷(Etienne-Louis Boullée)撰写的关于理想几何形体建筑的《建筑艺术论》(*Essai sur l'art*)才得以出版。新古典主义运动中最重要的建筑论著《巴黎理工大学建筑学课程大纲》(*Précis des leçons d'architecture*,1802—1805)是其学生让-尼古拉-路易·迪朗(Jean-Nicolas-Louis Durand)

第五编　文艺复兴时期和后文艺复兴时期的欧洲建筑及俄罗斯建筑

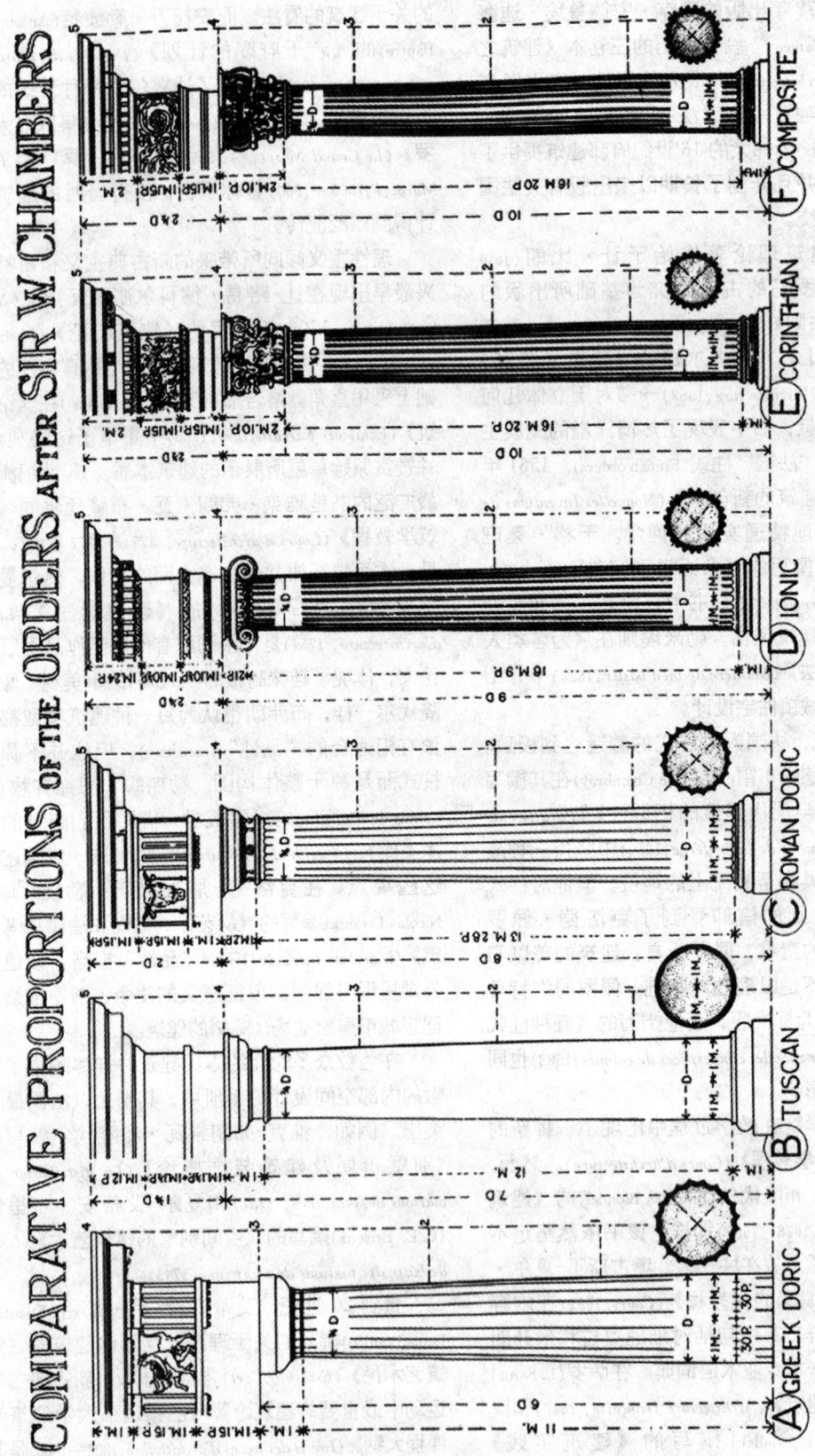

威廉·钱伯斯爵士的各种柱式比例(COMPARATIVE PROPORTIONS OF THE ORDERS AFTER SIR W.CHAMBERS)

Ⓐ 希腊多立克柱式; Ⓑ 托斯卡纳柱式; Ⓒ 罗马多立克柱式; Ⓓ 爱奥尼克柱式; Ⓔ 科林斯柱式; Ⓕ 复合柱式

注: 1.母度(module, M): 柱子下端半径。
2.分度(part, P): 母度的三十分之一。

的论著,书中按照纵向关系从结构要素以及功能类型对建筑进行了论述,并且提供了大量的建筑,尤其是公共建筑的范例,为整个欧洲的后辈建筑师们提供了范本。

低地国家

塞里奥《建筑全书》的第四卷译文最早在 16 世纪建筑书籍的主要出版中心——安特卫普出版。彼得·库克(Pieter Coeck)关于凯旋门的图集(1549)和科尔德曼·德夫里斯(Cordeman de Vries)编辑的装饰图集(1556—1557),尤其是汉斯·弗雷德曼·德夫里斯(Hans Vredeman de Vries)的著作在欧洲广为流传,对荷兰建筑也颇有影响。弗雷德曼撰写的《建筑》(Architectura,1577—1581)使得带箍线条饰和北部文艺复兴的奇异风格得以推广。他的《建筑形式》(Variae Architecturae Formae,1601)是一本有关奇异的城市景观图集。鲁本斯的《热那亚的府邸建筑》(Palazzi di Genova,1662)是一部热那亚府邸所收藏的雕版画全集,目的是鼓励城市贵族去模仿。

帕拉第奥著作的荷兰文译本直到17世纪还没有出版,这就使"荷兰式帕拉第奥主义"(Dutch Palladianism)的真实性难以展现。而1640～1715年,斯卡莫齐的著作有22种版本之多,其中包括一些关于柱式的手册简编,如西蒙·博斯博姆(Simon Bosboom)编写的手册。德凯泽(de Keyser)在阿姆斯特丹的作品通过萨洛蒙·德布雷(Salomon de Bray)的《现代建筑》(Architectura Moderna,1631)和1648年出版的菲利普·温布恩斯(Philip Vingboons)作品的版画得以传播。

英国

早在16世纪初,那些从意大利、法国和低地国家传入的建筑论著和样式图集就已经成为英国文艺复兴建筑的源泉。英国国内的第一份建筑刊物是约翰·舒特(John Shute)主编的《建筑学的首要与主要领域》(First and Chief Groundes of Architecture,1563),此刊物以塞里奥关于柱式的记述为基础。亨利·沃顿爵士编写的不带附图的《建筑学原理》(Elements of Architecture,1624)是一部涉猎广泛的论著,该著作吸收了阿尔贝蒂、菲利贝尔·德洛尔姆和维特鲁威的观点,并且结合了他在威尼托地区的建筑实践中的观察和体会。业余建筑师约翰·伊夫林(John Evelyn)将弗雷亚尔·德尚布雷的《古典建筑与现代建筑的相似性》(1665)译成英文出版。

17世纪晚期和18世纪是形形色色以古典主义为主导的建筑出版物的高峰时期,在英国,已经可以见到国外建筑论著的译本、古代和现代建筑测绘以及英国建筑师作品集。英国人不大相信纯理性的建筑理论,同时由于缺少学术性的建筑院校,这使得英国缺乏像佩罗、布隆代尔和迪朗那样系统的理性化著作。

塞里奥的《建筑全书》英译本于1611年出版,由莱奥尼(Giacomo Leoni)翻译的阿尔贝蒂著作的英译本于1723年出版,莱奥尼和韦尔的帕拉第奥英译本相继于1716年和1738年出版,约瑟夫·莫克森(Joseph Moxon)的维尼奥拉著作的英译本在1659年和1702年出版。虽然直到1771年,一部令人满意的维特鲁威译本才问世,但是他和其他作者,例如斯卡莫齐等人对柱式所作的贡献已被人们认同。《不列颠的维特鲁威》(Vitruvius Britannicus)一书在1715~1725年出版,这本书中收录了科伦·坎贝尔(Colen Campbell)和伊尼戈·琼斯(Inigo Jones)设计的对帕拉第奥复兴有巨大影响的作品。伯林顿伯爵(Lord Burlington)出版了帕拉第奥的罗马大浴场写生画(drawings of the Roman baths,1730),以后又陆续出版了一些关于古建筑的书,例如伍德(Wood)的《巴尔米拉》(Palmyra,1753)和《巴尔贝克》(Balbec,1757),以及斯图尔特(Stuart)和雷维特(Revett)的《雅典的古迹》(Antiquities of Athens,1762)和罗伯特·亚当(Robert Adam)的《斯普利特》(Spalato,1764)等。这些著作对新古典主义建筑起了重要的推动作用。

詹姆斯·吉布斯(James Gibbs)编撰的《建筑图集》(Book of Architecture,1728)主要是他的设计作品汇编,该图集作为范本而被广泛应用。威廉·钱伯斯爵士(Sir William Chambers)撰写的《论民用建筑》(Treatise on Civil Architecture,1759,1768,1791)也许是最为博学而又综合的英国论著(见[878]页)。使古典主义风格最为广泛地传播给一般营造商的出版物是巴蒂·兰利(Batty Langley)编写的《营造大全》(Builder's Compleat Assistant,1738)、《营造商宝典》(The Builder's Jewel,1757)和艾萨克·韦尔(Isaac Ware)的《建筑学全集》(Complete Body of Architecture,1756)。上述图册使得最简单的联排屋的建造也已达到一个很高的设计水平。

那些介绍农舍、村舍和别墅的专业用的范本

书表明了人们对风景如画风格的趣味不断上升。并且人们通过书籍对异国风尚也有所了解，例如兰利编著的《哥特建筑复兴：规范和比例》(*Gothic Archietecture Restored and Improved*, 1741)和钱伯斯撰写的《中国建筑》(*Chinese Buildings*, 1757)。1800年以后，人们在考古论著中对哥特建筑的研究更为热切，其中最负盛名的是托马斯·里克曼(Thomas Rickman)的《试论从征服时代到大革命时期英国建筑的风格》(*Attempt to Discriminate the Styles of English Architecture from the Conquest to the Reformation*, 1817)。里克曼创立了英国建筑经久不衰的风格用语，诸如华饰风格和垂直式风格。

斯堪的纳维亚

《古代与当代瑞典》(*Suecia Antiqua et Hodierna*, 1693—1714)，是一系列仿照建筑师埃里克·达尔贝里(Eric Dahlberg, 1625—1703)画作的蚀刻画，它为17世纪瑞典的乡间宅邸留下了大量的图片。劳里茨·德图拉(Lauritz de Thurah)在1746~1749年出版了豪华两卷本的丹麦版维特鲁威著作，尽管书中包含了一些他自己作品的图片，但是这本书确实可以看做是对奥尔登堡（Old enburgs）的财富和想象中的高雅审美情趣的赞颂。世人所知的第一本斯堪的那维亚建筑师出版的作品是克里斯蒂安·弗雷德里克·汉森(C. F. Hansen)编写的《公共与私人建筑作品集》(*Samling af forskjellige offentlige og private Bygninger*, 1847)，这是按照英国的亚当兄弟（Adam Brothers）开创的方式来撰写的。但是，汉森可能受到卡尔·弗里德里希·申克尔的《建筑设计作品集》(*Sammlung Architektonischer Entwürfe*, 1825)的影响。

文艺复兴时期和后文艺复兴时期的欧洲建筑及俄罗斯建筑

第 29 章
意大利建筑

建筑特征

1400~1830 年的意大利建筑风格的发展在总体上可划分为四个主要时期：

文艺复兴早期：15 世纪。

文艺复兴盛期和手法主义时期，16 世纪。

巴洛克和洛可可时期：17 世纪和 18 世纪初。

新古典主义时期：自 18 世纪中期至 19 世纪初期。

文艺复兴早期

古代建筑原理在文艺复兴时期的复兴始于菲利波·布鲁内莱斯基 (Filippo Brunelleschi, 1377—1446) 在佛罗伦萨的作品，他树立了文艺复兴早期风格不朽的标志。其建筑以简单的模数比例为基础，设计明晰，巨大的灰色石柱和壁柱组成的标准化语汇与白色的灰泥墙面形成对比。在细部上，其形式与其说是源于古代罗马建筑，不如说是源于托斯卡纳的罗马风格建筑，尤其是他的佛罗伦萨洗礼堂 (the Florentine baptistery) 曾被认为是古典建筑。他在柱子上架拱的做法是罗马风教堂的标准做法，如圣使徒教堂 (SS. Apostoli)，而他所钟爱的帆拱并非源于古罗马建筑。相反，莱昂·巴蒂斯塔·阿尔贝蒂 (Leon Battista Alberti, 1404—1472) 考证古代作品的方式不限于考古学，他将古罗马建筑与维特鲁威的书加以对照比较，并将古代建筑的特征诸如凯旋门和神庙的正立面用于教堂的设计上。他通晓但却不拘泥于维特鲁威关于柱式的论述，并注意将拱和拱座，柱子和平直的檐部按照罗马人的方式组合在一起。阿尔贝蒂的毕生事业就是云游四方，并热衷于将新的建筑形式介绍给罗马、费拉拉、曼托瓦、里米尼和乌尔比诺的艺术赞助人。15 世纪末，像朱利亚诺·达·桑迦洛 (Giuliano da Sangallo) 和弗朗切斯科·迪乔治 (Francesco di Giorgio) 这些建筑师编辑了大量古代建筑草图集，并且常常以典型的文艺复兴早期手法重建这些历史遗迹。

文艺复兴盛期和手法主义时期

布拉曼特 (Brammate) 在罗马的作品 (约1500—1514) 标志着文艺复兴盛期风格的开始。尽管建筑规模不大，但目标却是创造纪念性和模仿罗马帝国建筑宏大的空间效果，并且更多地应用了维特鲁威的柱式语言。拉斐尔 (Raphael, 1483—1520) 批评布拉曼特的建筑缺乏装饰，他的思想与所有文艺复兴时期的建筑师非常接近，都认识到古代建筑装饰的丰富多样。佩鲁齐 (Peruzzi, 1481—1536) 和朱里奥·罗马诺 (Giulio Romano, 约1499—1546) 追随了拉斐尔对待古典主义语汇所采用的富有想象力和非教条的态度。相反，小安东尼奥·达·桑迦洛 (Antonio da Sangallo the Younger) 倾向于在古代遗迹混乱的多样性中寻找维特鲁威式的要素。因此，这个时期在 16 世纪的建筑风格中出现了两个主题：以小桑迦洛、维尼奥拉为代表的一方倾向于"正确性" (correctness) 和制定规则；以米开朗琪罗 (Michelangelo, 1475—1564)、利戈里奥 (Ligorio)、阿莱西 (Alessi) 为代表的另一方则倾向于怪诞的创造才能。后者通常被称为"手法主义者" (Mannerist)，重要的是要意识到，虽然他们常常会打破古典主义的"规则" (rules)，可是并不排斥古代实例。

赞助人和建筑师们从罗马迁居到其他的中心，建筑书籍和版画的出版使得文艺复兴盛期的形式传遍意大利和整个欧洲。桑索维诺 (Sansovino, 1486—1570) 和桑米凯利 (Sanmicheli, 1484—1559) 将新的建筑语汇带到威尼托地区，而朱里奥·罗马诺则在曼托瓦追寻更为怪诞的形式。米开朗琪罗和帕拉第奥 (Palladio, 1508—1580) 是 16 世纪中期最具影响力的两位建筑师，

第五编 文艺复兴时期和后文艺复兴时期的欧洲建筑及俄罗斯建筑

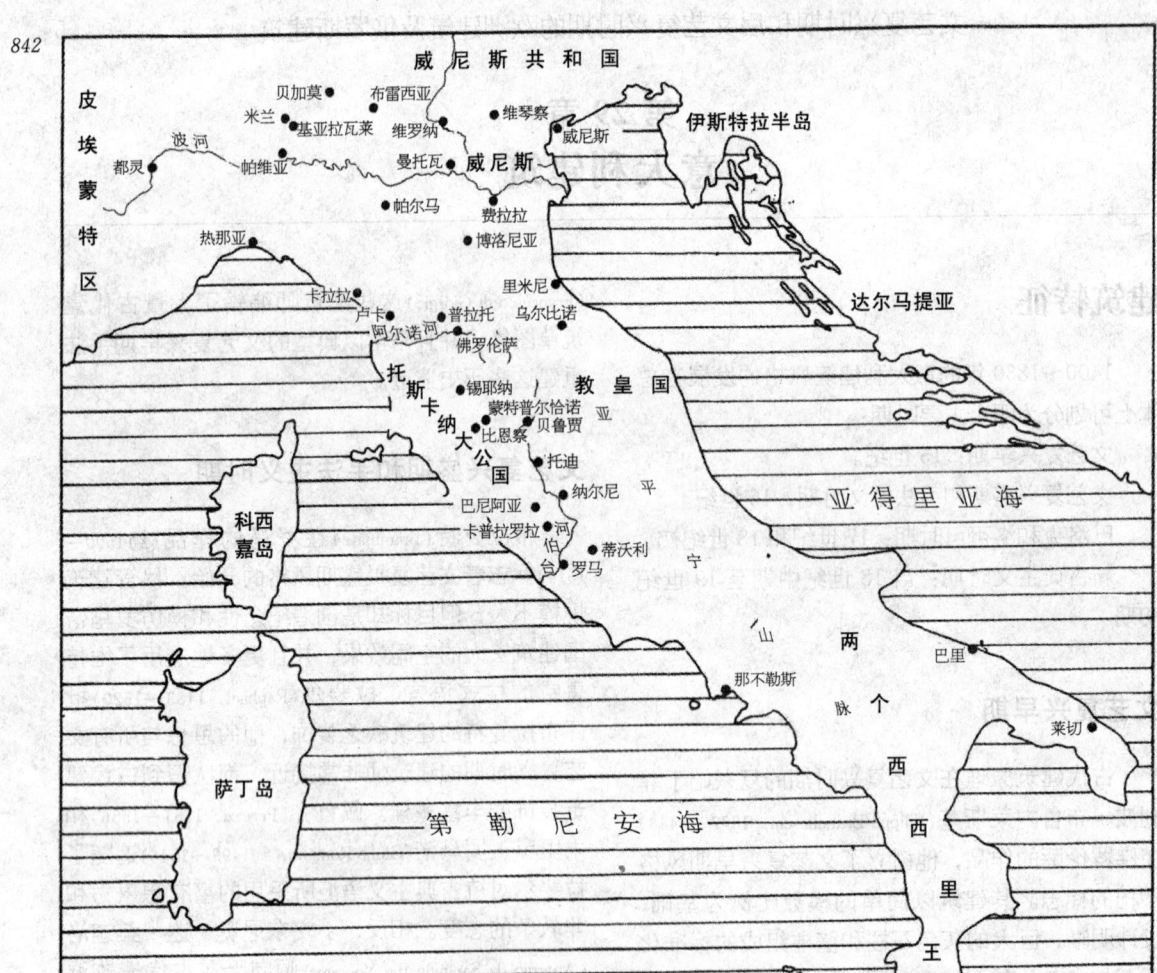

16世纪的意大利

他们的风格看起来似乎与16世纪迥异。米开朗琪罗设计的富有雕塑感的墙面,及其富于创造力的空间和非凡的雕塑细部为巴洛克风格的产生铺平了道路;帕拉第奥清晰、和谐的比例关系,主要利用选择,几乎是典范的古典形式,并且将规则进行系统化的阐述,使得他设计的建筑成为整个欧洲崇尚古典风格的建筑师的范式。米开朗琪罗则坚持明晰的结构框架和对称的原则,而帕拉第奥,特别是在他后期的作品中,破例采用了奇特的并置和怪诞的细部。

巴洛克和洛可可

与巴洛克相关的动感、空间创造、戏剧性和自由的细部在某些方面是对米开朗琪罗贡献的一种滞后的回应。贝尔尼尼(Bernini,1598—1680)是罗马巴洛克风格的倡导者,他主张戏剧性的效果,并将绘画、雕塑和建筑融合而形成壮丽而又统一

Ⓐ 佛罗伦萨贡迪府邸内院中的柱头；Ⓑ 佛罗伦萨北部菲埃索莱大教堂的柱头；Ⓒ 佛罗伦萨圣灵教堂壁柱柱头；Ⓓ 佛罗伦萨夸拉泰西府邸内院中的窗户；Ⓔ 佛罗伦萨国家博物馆壁龛；Ⓕ 佛罗伦萨皮蒂宫的窗户和水泉；Ⓖ 佛罗伦萨圣十字教堂入口；Ⓗ 佛罗伦萨国家博物馆的壁炉面饰；Ⓙ 卢卡圣亚历山德罗教堂门廊

第五编　文艺复兴时期和后文艺复兴时期的欧洲建筑及俄罗斯建筑

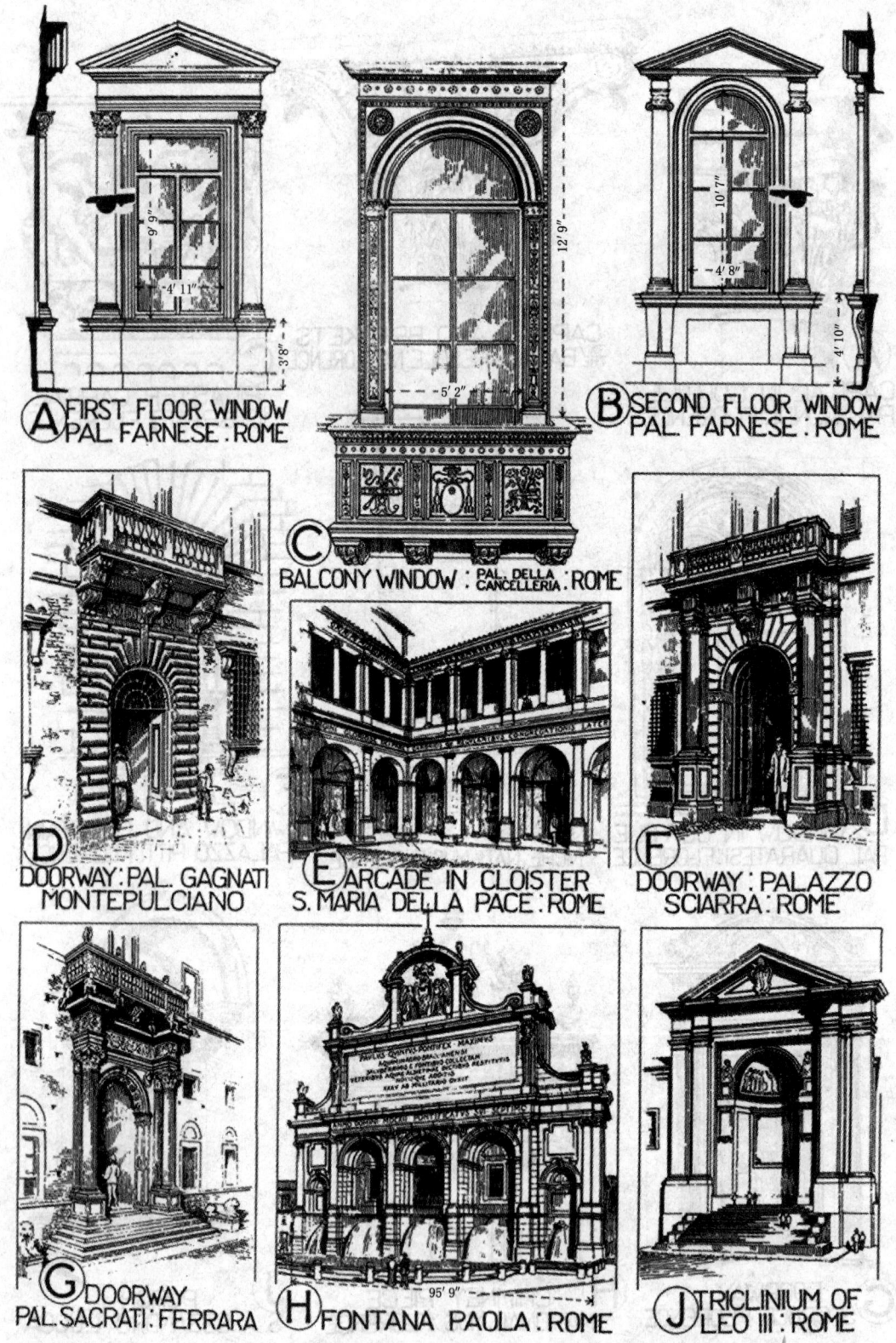

Ⓐ 罗马法尔内塞府邸二层的窗户；Ⓑ 罗马法尔内塞府邸三层的窗户；Ⓒ 罗马枢密院大厦的阳台窗户；Ⓓ 蒙特普尔恰诺加涅蒂府邸入口；Ⓔ 罗马和平圣母教堂回廊中的拱廊；Ⓕ 罗马夏拉府邸入口；Ⓖ 费拉拉萨克拉蒂府邸入口；Ⓗ 罗马保拉泉；Ⓙ 罗马利奥三世的餐室

第29章 意大利建筑

Ⓐ 威尼斯圣撒迦利亚教堂入口；Ⓑ 维罗纳弗兰基尼府邸阳台；Ⓒ 威尼斯圣罗克学校入口；Ⓓ 威尼斯皇宫窗户；Ⓔ 威尼斯里亚尔托桥；Ⓕ 威尼斯科尔纳罗府邸带雕像的壁龛；Ⓖ 威尼斯科莱奥尼将军纪念像；Ⓗ 威尼斯钟楼平台；Ⓙ 威尼斯总督府壁炉面饰

的效果。彼得罗·达·科尔托纳(Pietro da Cortona, 1596—1669)是一位非常有影响力的建筑师,他大力推进了列柱式建筑(columer architecture)的发展,并以发明颇具戏剧性的明暗对照法而著称于世。

弗朗切斯科·博罗米尼(Francesco Borromini, 1599—1667)是罗马的三位大师中最具革新的一位。但是,他在空间的复杂性和大胆应用建筑曲面上所达到的成就,只有皮埃蒙特地区的瓜里诺·瓜里尼(Guarino Guarini, 1624—1683)和菲利波·尤瓦拉(Filippo Juvarra, 1678—1736)可以与之媲美。在皮埃蒙特地区,后期巴洛克风格获得了在意大利的繁荣。18世纪初,罗马的一些建筑和城市设计,如西班牙大台阶(见[963]页图A),因使用了典雅而充满生机的曲线,被称作"洛可可风格"(Rococo)。但是在费迪南多·富加(Ferdinando Fuga, 1699—1782)和亚历山德罗·加利莱伊(Alessandro Galilei, 1691—1737)等建筑师的作品中表现出的严肃的纪念性也为新古典主义倾向开辟了道路。

新古典主义时期

帕拉第奥-斯卡莫齐(Palladian-Scamozzian)式的古典主义从未在威尼托地区彻底消失,安德烈亚·蒂拉里(Andrea Tirali, 1657—1737)、乔瓦尼·安东尼奥·斯卡尔法罗托(Giovanni Antonio Scalfarotto, 1690—1764)和乔其奥·马萨里(Giorgio Massari, 1687—1766)在18世纪初创作的作品清楚地表现了其复兴。威尼斯方济各会(the Venetian Franciscan)的理论家卡洛·洛多里(Carlo Lodoli, 1690—1761)的论著于1786年出版,他是新古典主义思想中讲求功能理性的先锋人物。意大利几乎没有出现希腊复兴,其中显而易见的原因是,在当时关于古典主义本质的论战中,皮拉内西(Piranesi)是罗马复兴激进的拥护者。在皮拉内西编撰的古代建筑雕刻和他的"监狱"(carceri)组画中表达了罗马建筑的妄自尊大,这与轻浮的洛可可风格形成颇具影响力的抗衡。到18世纪80年代时,一种更为严谨的古典主义风格已在意大利稳固确立,并且在拿破仑时期产生了一系列受法国新古典主义风格影响的公共建筑,米兰和其他一些城市也进行了雄伟壮观的城市规划项目。但是,意大利的新古典主义风格缺乏力度,并有模仿的倾向,这也是意大利第一次从外面引进审美情趣,而不是用自己产生的风格去影响欧洲的其他地方。

建筑实例

文艺复兴早期

佛罗伦萨

菲利波·布鲁内莱斯基(Filippo Brunelleschi, 1377—1446)认为,在他那个时代应该重新采用"古代建筑的样式"(ancient manner of building)。虽然布鲁内莱斯基的很多作品在他去世时还未完工,他改变了佛罗伦萨和整个意大利建筑的外观。

佛罗伦萨大教堂穹窿(the Dome of Florence Cathedral, 1420—1434,见[578]页,[580]页图A)是布鲁内莱斯基最伟大的成就,他在建造这个穹顶时没有使用脚手架来支撑。还在布鲁内莱斯基赢得竞赛之前,就已经确定采用八边形的鼓座、有尖拱式穹窿的外观和双层壳体。他设计了层层盘旋而上的人字形斜向砖砌法、倾斜的砖砌底座和确保工程得以实现的机械提升装置。虽然每层壳体都是八边形,但是整个结构的几何形状却是圆形,并且通过转角和中间的拱肋将各层壳体联结在一起,而不是像在哥特式建筑中那样起主要的支撑作用。石料和木质的防滑链在其中也被采用。布鲁内莱斯基在鼓座底部添加了半圆形的侧廊,侧廊饰有成对的壁柱和半圆形壁龛。而成对的卷涡形牛腿支承的典雅的大理石采光亭由米开罗佐(Michelozzo)和贝尔纳多·罗塞利诺(Bernardo Rossellino, 1436—1467)完成。人字形砌合法被继续用在佛罗伦萨其他穹窿的建造之中,而双层壳体结构对罗马圣彼得大教堂和欧洲许多后来建造的穹窿产生了影响。

佛罗伦萨育婴院(the Foundling Hospital, Florence, 1419年始建,见[893]页图A)是布鲁内莱斯基设计的第一幢建筑,已经体现出他理性而系统化的设计原则。育婴院敞廊的设计以重复出现的模数化的元素为基础,巨大的灰色石柱支承着帆拱和半圆形的拱券。而建筑语汇可能是想体现"古风"(antique)的影响,这非常接近托斯卡纳的罗马式建筑,如圣米尼亚托教堂(S. Miniato,见[372]页图A)和

第29章 意大利建筑

PAZZI CHAPEL: FLORENCE

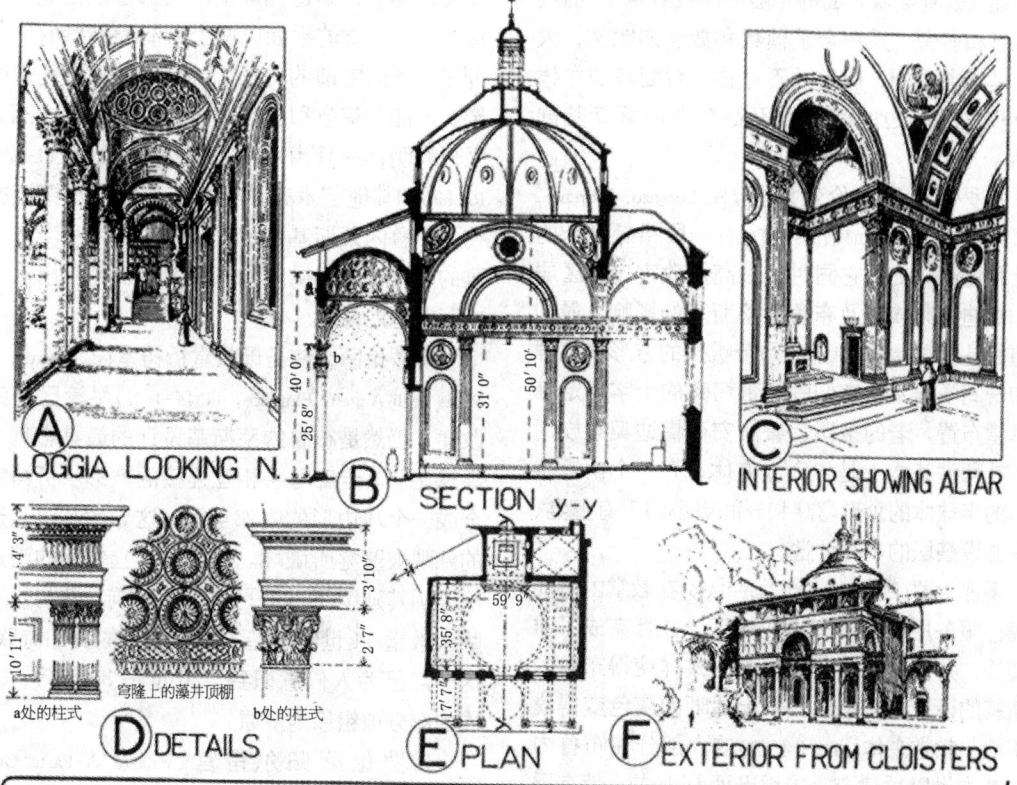

S. LORENZO: FLORENCE

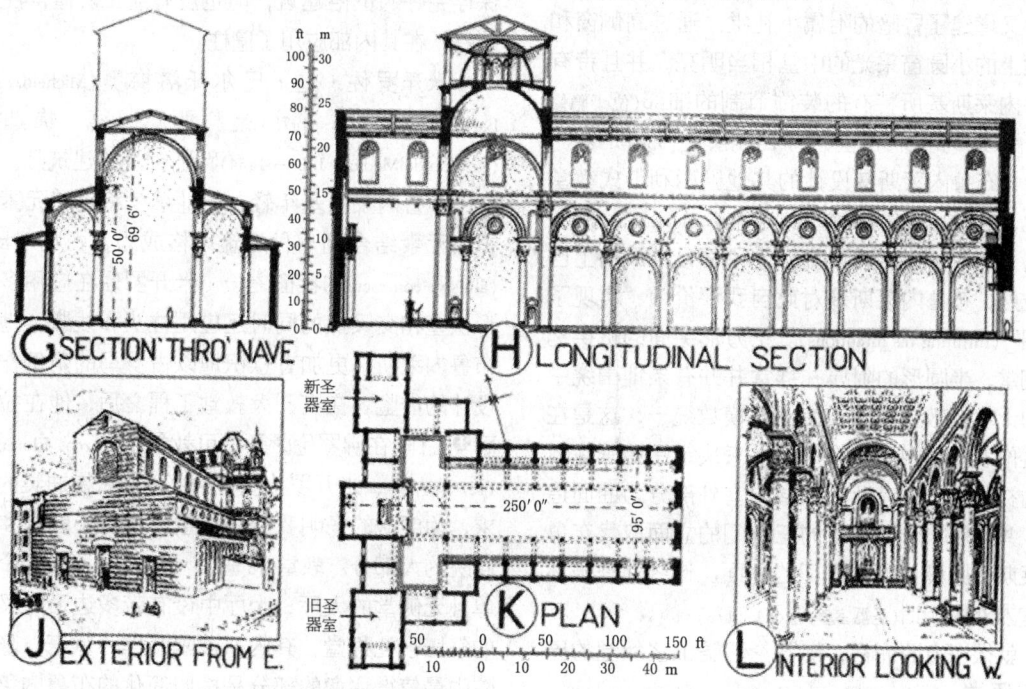

佛罗伦萨巴齐礼拜堂（PAZZI CHAPEL: FLORENCE）：Ⓐ 从敞廊向北看；Ⓑ y-y 剖面图；Ⓒ 祭坛；Ⓓ 细部；Ⓔ 平面图；Ⓕ 从隐修院看礼拜堂

佛罗伦萨圣洛伦索教堂（S. LORENZO: FLORENCE）：Ⓖ 中堂横剖面；Ⓗ 纵剖面；Ⓙ 东向外观；Ⓚ 平面图；Ⓛ 室内西向视图

圣众使徒教堂，尤其是洗礼堂，曾被认为是一座罗马建筑。育婴院背面的一层平面设有两个回廊、小教堂和宿舍，采用合乎模数和数学的比例，大体上是集中式的，但是并不对称。育婴院的主体部分和立面侧边的跨间都不是布鲁内莱斯基的作品。

佛罗伦萨圣洛伦索教堂（S. Lorenzo, Florence, 1421年始建，见[887]页图⑥~图①）有一段错综复杂的设计和建造历史，它同时受最高执政官、教区居民和梅迪契家族以及布鲁内莱斯基的影响。最初建造的是西端（礼拜仪式的东向）带帆拱的方形小礼拜堂和一间圣器室，它们围绕带穹窿的十字形走廊和耳堂布置。老的圣器室兼作安葬梅迪契家族用的小礼拜堂基本上是一个立方体，有一个由帆拱支承的半球体的伞形穹窿和一间更小的带有壁龛、穹窿并设祭坛的小礼拜堂。

多那太罗（Donatello, 约1386—1466）在教堂内添加了通往服务用房的带有山花的门，并且完成了雕刻装饰，其塑形以及色彩斑斓的式样使得布鲁内莱斯基的设计——白色底子上清晰的灰色变得模糊不清。教堂主体（1442年始建）的大部分在布鲁内莱斯基去世以后建造，采用巴西利卡式，带有平天花的中央连拱廊的侧面是有帆拱的侧堂，1463年后又增建了昏暗的附属小礼拜堂。通过高侧窗和侧堂上的小圆窗采光的中堂相当明亮，并且带有布鲁内莱斯基所特有的装饰节制的细部（位于隐修院中米开朗琪罗设计的新圣器室和图书馆，见[932]页）。

与布鲁内莱斯基设计的其他巴西利卡式教堂相比，**佛罗伦萨圣灵教堂**（S. Spirito, Florence, 1436年始建，见[890]页图ⓐ~图ⓔ）显示出平面设计风格上已经成熟。布鲁内莱斯基对此自我评价为"实现了意图"（fulfilling his intentions）。正方形平面的帆拱构成侧堂，半圆形的附属礼拜堂井井有条地围绕中心的十字形教堂布置，使平面模数统一，这是在圣洛伦索教堂中所没有的。后来决定用墙围住附属的礼拜室，原设计礼拜堂的室外部分为曲面造型，并且用一个更传统的三扇门的立面取代布鲁内莱斯基原设计的四扇门的立面。这些处理破坏了室内外的和谐（圣器室参见[894]页）。

就很多方面而言，佛罗伦萨圣十字教堂的**巴齐礼拜堂**（the Pazzi Chapel, S. Croce, Florence, 1429—1461, 见[887]页图ⓐ~图ⓕ）是布鲁内莱斯基设计的最完美的建筑，不过礼拜堂的大部分是在他死后建造的。礼拜堂的平面以两个带有筒形拱的开间延伸了旧圣器室前的广场，以满足牧师会礼堂的需要。内部用灰色和白色划分，每一个组成部分都区分鲜明，并且由卢卡·德拉·罗比亚（Luca della Robbia）和其他艺术家雕塑的赤陶釉圆形镶板亦保持了布鲁内莱斯基的审美趣味。尚无法考证那优雅的、带有中央拱门和壁板的门廊是否出自布鲁内莱斯基的设计。

佛罗伦萨天使圣母教堂祈祷室（the Oratory of S. Maria degli Angeli, Florence, 1434—1437）尽管已经经过改建，仍然是布鲁内莱斯基设计的最具影响力的建筑之一。走廊尽头相互连接的方形小祈祷室围合成一个八边形的内部空间，这导致其十六边形的外观被壁龛所破坏。墙面更具立体感的塑造方法表明其延续了古罗马建筑的影响，并与佛罗伦萨大教堂14世纪建造的十字交叉的翼部有联系。这一点已为人们意识到。20世纪30年代，未完成的部分被粗暴地复原。

佛罗伦萨归尔甫宫（Palazzo di Parte Guelfa, Florence, 约1430年始建）是布鲁内莱斯基设计的唯一保存完好的世俗建筑，但也没有完工。值得注意的是，在其内部应用了壁柱。

米开罗佐·迪·巴尔托洛梅奥（Michelozzo di Bartolommeo, 1396—1472）是科西莫·德·梅迪契（Cosimo de'Medici, 1389—1464）特别钟爱的建筑师。虽然比布鲁内莱斯基年轻，但他继续将哥特元素和古典元素结合到一种建筑风格成为"引喻对比"（allusive contract）的特征之一。米开罗佐在应用多边形扶壁和交叉拱的同时还应用柱头和线脚，他比布鲁内莱斯基更加有意识地以古罗马的范例作为设计的借鉴。在离开大教堂工程之后，他在拉古萨❶工作。在**佛罗伦萨圣马可教堂**（S. Marco, Florence, 1437年始建），米开罗佐应科西莫·德·梅迪契的要求，为虔诚的多明我会修士重新设计了教堂和隐修院的大部分。教堂（18世纪曾经过改造）只是一个简单且无侧堂的大厅，大厅中设有带多边形交叉拱的祭坛小礼拜堂，其内部被隔开作为歌坛。隐修院中最值得注意的部分是按照简化的布鲁内莱斯

---

❶ Ragusa；即今天的杜布罗夫尼克（Dubrovnik）。——译者注

基风格建造的图书馆,图书馆中设有活泼的爱奥尼柱式拱廊,狭窄的、带筒形拱的中央空间,以及用来放书桌的带交叉拱的侧堂。

佛罗伦萨的**梅迪契宫**(the Medici Palace, Florence, 1444 年始建)又称为"**里卡尔迪府邸**"(Palazzo Riccardi),由米开罗佐设计(见[892]页),这是按照 15 世纪托斯卡纳的府邸样式设计的。平面不完全对称,围绕一个变异的布鲁内莱斯基风格带拱廊的中央庭院布置,花园设在后面。内部楼梯引导人们从庭院上到位于二层的由尺度逐渐缩小的相连套间所组成的主要起居空间。三层和顶楼用做儿童室、服务用房等。外表面用石头作为装饰,从一层厚重的粗面石逐渐过渡到三层光滑的石板,并且是第一座有着"古风"(all'antica)檐口的住宅建筑。用柱子划分的双窗格的窗子是市政厅大楼(Palazzo della Signoria)窗子的文艺复兴风格的变体(参见有关章节)。后来将底层敞廊大门改建的挑台窗❶是米开朗琪罗在1516～1517 年的设计,它对后来托斯卡纳的窗户式样产生了很大的影响。1680 年,里卡尔迪家族(Riccardi family)扩建了这座府邸,在原有 11 扇窗户开间的基础上增加了六扇窗户的开间。

在**特勒比奥**(Trebbio)、**卡勒吉**(Careggi)和**卡法吉奥洛**(Caffagiolo),米开罗佐还为梅迪契将乡村建筑改建成**别墅**。这些别墅都保留了一些中世纪的元素,例如塔楼、雉堞和八边形的扶壁,不过卡勒吉别墅的后部通向乡间,有着文艺复兴风格带拱廊的敞廊。菲埃索莱的**梅迪契别墅**(Villa Medici at Fiesole, 1458—1461, 其大部分已经过改造)因其利用山坡建造了前后敞廊和平台而在别墅建筑史上具有特殊意义。

佛罗伦萨的**圣母领报教堂**(S. Annuziata, Florence, 1444 年始建)的圆形讲坛(一个被小礼拜堂环绕的唱诗班歌坛)是米开罗佐受古典风格影响最多的一项设计,可与罗马的"医药之神密涅瓦神庙"❷ 相媲美。它在阿尔贝蒂的指导下完工,其形式有一些变化。

莱昂·巴蒂斯塔·阿尔贝蒂(1404—1472)由博学者和学者转行为建筑师。他继维特鲁威的著作(1485～1486 年出版)之后,首次在 1452 年撰写建筑论著。阿尔贝蒂把建筑师的活动牢牢地建立在社会和政治环境的基础上,并提供了丰富的实践知识。并且,更重要的是他创导了以柱式和比例为基础的建筑美学,将毕达哥拉斯学派推崇的自然数音乐比例关系扩展到视觉艺术领域。阿尔贝蒂是第一个通晓维特鲁威的柱式理论的学者,并增加了他自己从古代建筑观察中发现的意大利复合柱式。

里米尼的圣方济各教堂(S. Francesco, Rimini, 约 1450 年始建,见[897]页图 A)通常被称之为马拉泰斯塔家庙(Tempio Malatestiano),这是阿尔贝蒂设计的第一件作品,但他设计的只是这座建筑的外立面。其现场建筑师马泰奥·德·帕斯蒂(Matteo de'Pasti)同时也将室内的哥特式外观进行了改造。未建造完成的立面受到了里米尼的奥古斯都拱门(Arch of Augustus)的启示,由柱墩支承的侧面拱廊在形式上带有强烈的古罗马风格。阿尔贝蒂打算在建筑顶部建造一个万神庙式的穹窿,但是赞助人西吉斯蒙多·马拉泰斯塔(Sigismondo Malatesta)在去世以前就废弃了这个方案,并将希腊新柏拉图学派的哲学家杰米斯图斯·普莱桑(Gemistos Plethon)的遗体与王室的其他成员一起葬在教堂侧面的凹室之中。

阿尔贝蒂在他自己的家乡佛罗伦萨设计了**卢彻莱府邸**(Palazzo Rucellai, 约 1453 年始建,见[891]页图ⓒ)的立面,这是第一幢采用古典柱式的住宅建筑。府邸的底层采用多立克柱式,上面两层采用两种不同的科林斯柱式。最初的设计为 5 个开间,但由于赞助人获得了更多的资金,因此又进行了扩建,可是并没有建完。粗琢方石表面上装饰有壁柱构成的精致的网格,并将赞助人的纹章镶在中楣上,这与砖石建筑实际的体量很不协调,从而使得柱式纯粹是起装饰作用。具体负责的建筑师可能是贝尔纳多·罗塞利诺(Bernardo Rossellino),阿尔贝蒂并没有参与平面和室内设计。

佛罗伦萨新圣母教堂(facade of S. Maria Novella, Florence, 1456—1470, 见[584]页图 A)的彩饰大理石立面也是阿尔贝蒂的作品,赞助人同样是乔瓦尼·卢彻莱(Giovanni Rucellai)。阿尔贝蒂的设计融合了原有的中世纪元素。这个建筑采用了里米尼圣弗切斯科教堂中的卷涡饰,它第一次被用来覆盖侧堂的屋面——这是一个极具影响力的处理手法(例如

853

---

❶ kneeling windows;这座府邸在梅迪契家族当政后,原有的公共性不复存在,于是将原来的大门封成窗户。——译者注

❷ Temple of Minerva Medica in Rome;又名"李锡尼花园"(Orti Liciniani)。——译者注

第五编 文艺复兴时期和后文艺复兴时期的欧洲建筑及俄罗斯建筑

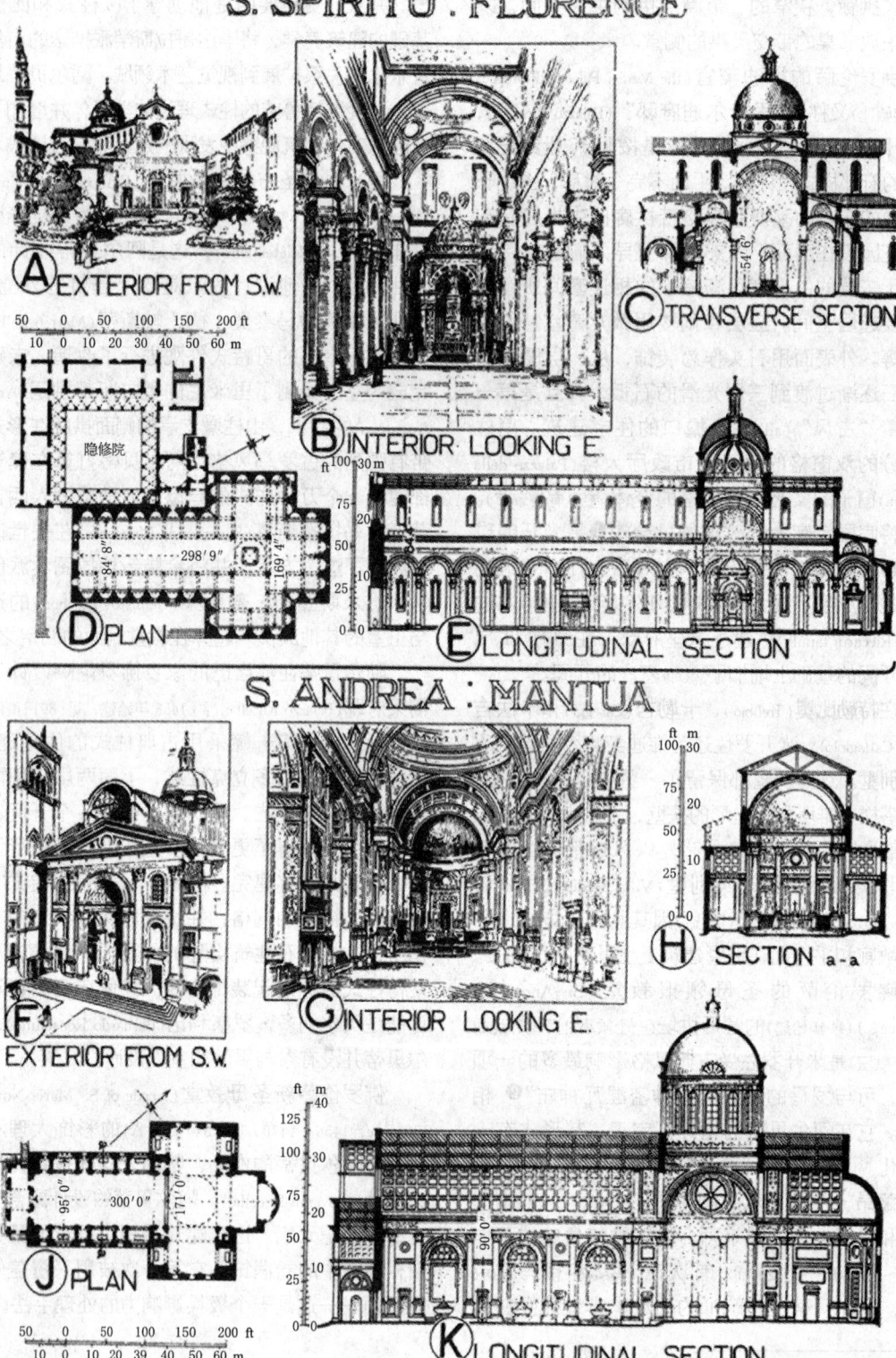

佛罗伦萨圣灵教堂（S. SPIRITO: FLORENCE）：Ⓐ 西南向外观；Ⓑ 室内东向视图；Ⓒ 横剖面视图；Ⓓ 平面图；Ⓔ 纵剖面图
曼托瓦圣安德烈教堂（S. ANDREA: MANTUA）：Ⓕ 西南向外观；Ⓖ 室内东向视图；Ⓗ a-a 剖面图；Ⓙ 平面图；Ⓚ 纵剖面图

第29章 意大利建筑

PALAZZO PITTI : FLORENCE

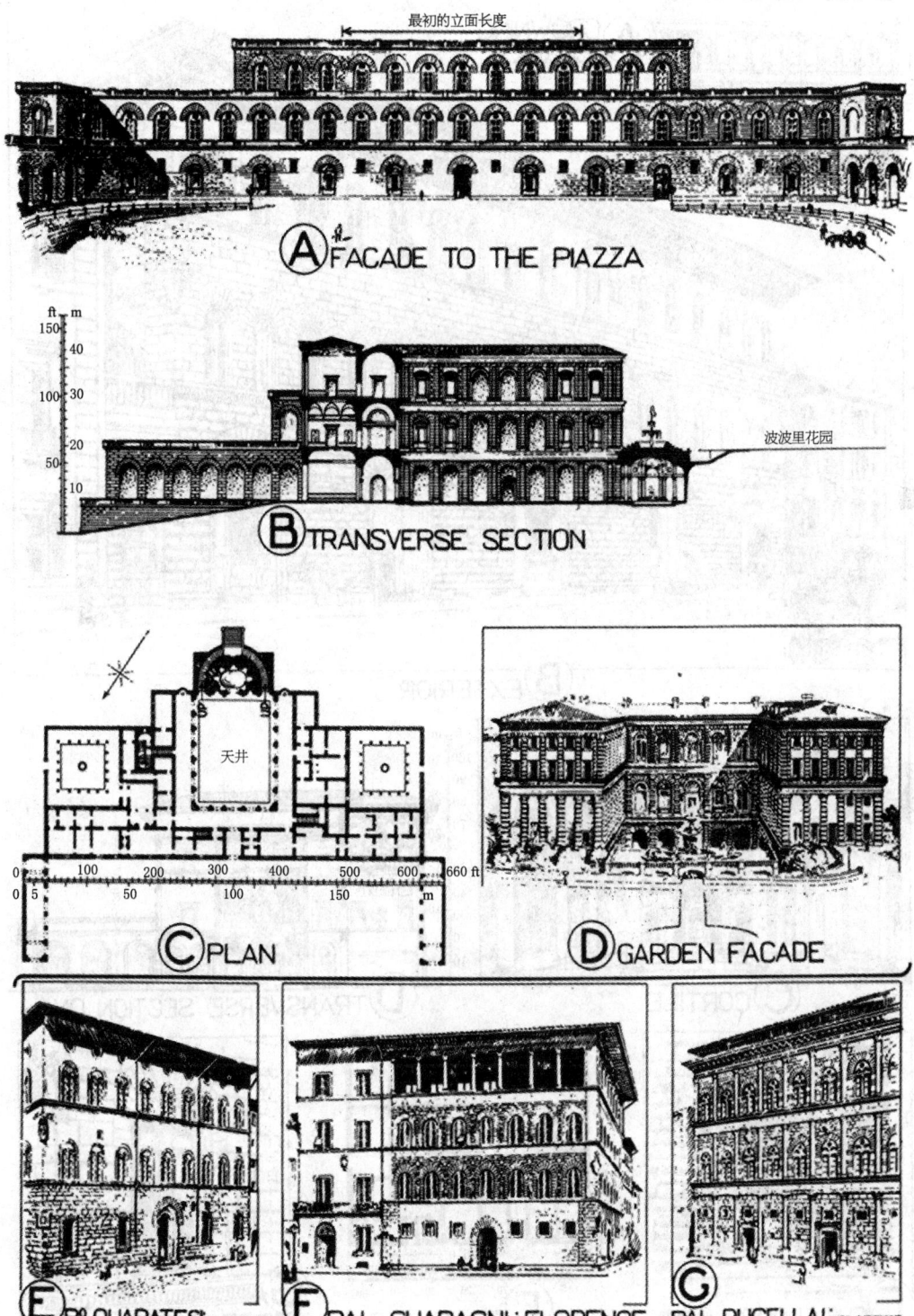

佛罗伦萨皮蒂宫 (PALAZZO PITTI：FLORENCE)：Ⓐ 面向广场的立面图；Ⓑ 横剖面图；Ⓒ 平面图；Ⓓ 花园立面图；Ⓔ 佛罗伦萨巴齐-夸拉泰西府邸；Ⓕ 佛罗伦萨瓜达尼府邸；Ⓖ 佛罗伦萨卢彻莱府邸

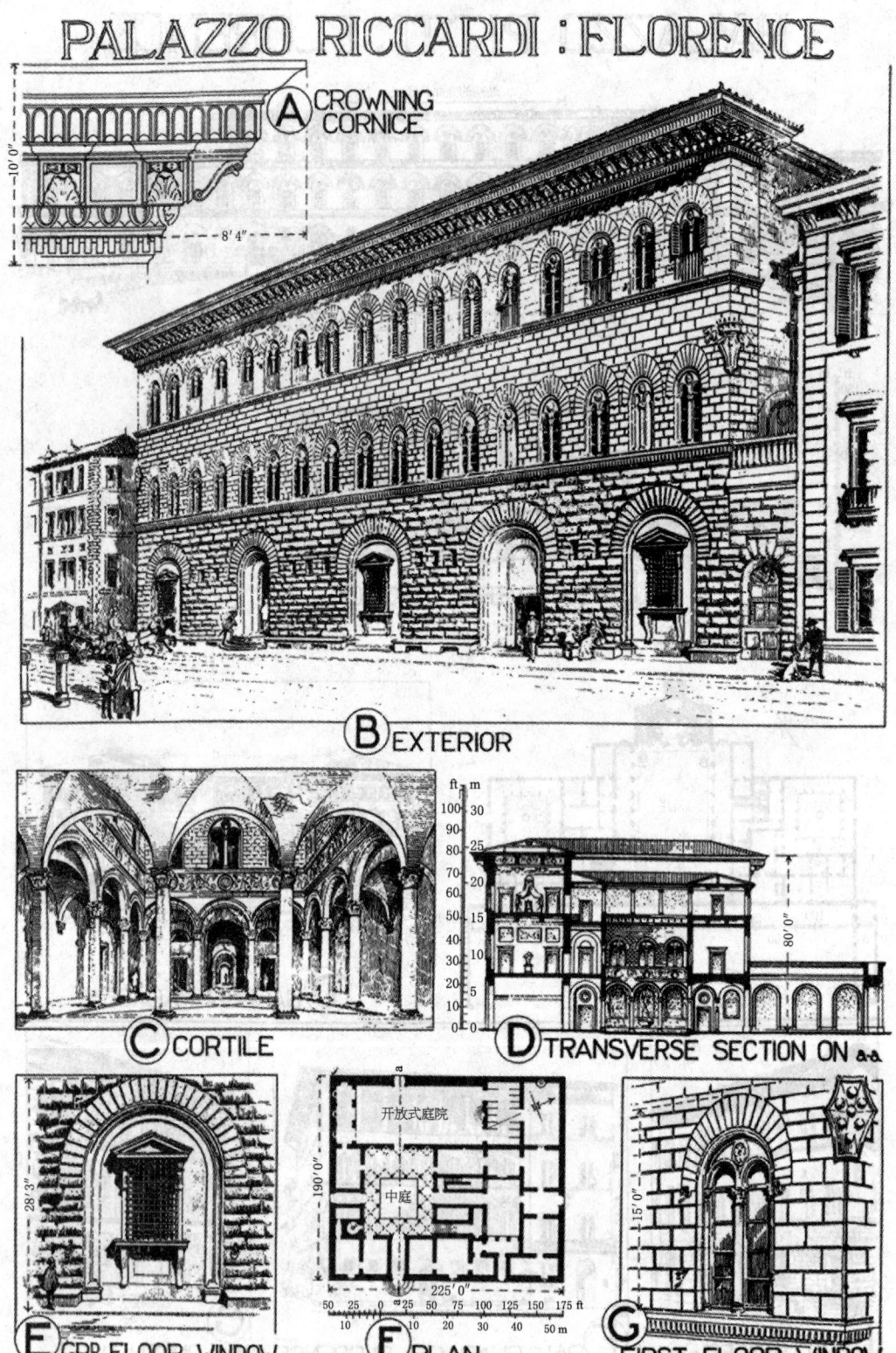

佛罗伦萨里卡尔迪府邸（PALAZZO RICCARDI: FLORENCE）：Ⓐ 檐口；Ⓑ 外观；Ⓒ 庭院；Ⓓ a-a横剖面；Ⓔ 一层窗户；Ⓕ 平面图；Ⓖ 二层窗户

第 29 章　意大利建筑

图 A　佛罗伦萨育婴院敞廊(1419 年始建)，见[886]页

图 B　乌尔比诺公爵府庭院（1450 年始建，1465 年起改建），见[895]页

图 C　科尔托纳卡尔奇纳伊奥圣母教堂（1484 年始建），见[900]页

图 D　普拉托卡尔切利圣母教堂（1485 年始建）立面，见[894]页

第五编　文艺复兴时期和后文艺复兴时期的欧洲建筑及俄罗斯建筑

阿尔贝蒂设计的曼托瓦圣安德烈教堂，见[895]页）。

佛罗伦萨皮蒂宫(the Palazzo Pitti, Florence, 1458—1466，见[891]页图Ⓐ～图Ⓓ)的业主是卢卡·皮蒂 (Luca Pitti)，他是科西莫·德·梅迪契的竞争对手。这座建筑由好几位建筑师设计，其中包括卢卡·法内利(Luca Fanelli)，也可能有布鲁内莱斯基，尽管建筑是在布鲁内莱斯基去世后才开始建造的。最初的7个开间建筑因为其厚重的粗石饰面和规则布置的门窗而引起人们的注意，每层都退在连续的栏杆之后，府邸前面有一大片私家广场。梅迪契于1549年将其买下，由阿曼纳蒂(Ammannati)在1558～1570年进行扩建，并加建了庭院，继续采用由朱里奥·罗马诺和塞里奥创导流行的粗石柱式。阿曼纳蒂的室内设计反映出大公家庭更为复杂的用途需求。所需扩建的部分由朱利奥·帕里吉和阿方索·帕里吉(Giulio and Alfonso Parigi)在1620～1640年进一步扩建，东西两翼由费迪南多·鲁杰里(Ferdinando Ruggieri)在1764～1783年添建。梅迪契继续对皮蒂宫南面的波波里花园进行了精心设计，建造了喷泉、雕像和带草坪的圆形露天剧场，以及由布翁塔兰蒂(Bernardo Buontalenti delle Girandole)设计的洞室（grotto）。

菲埃索莱大教堂(Badia Fiesolana)建在佛罗伦萨城外，是世纪中叶最迷人的建筑之一。传说由布鲁内莱斯基设计，教堂(1461年始建)的平面更接近于阿尔贝蒂设计的曼托瓦圣安德烈教堂。筒形拱顶的中堂不设侧堂，也没有采光，附属小礼拜堂很是昏暗，光线集中在十字交叉处和教堂的东端。但是，除了布鲁内莱斯基风格的装饰以外，极少有装饰。大教堂本身是在赞助人科西莫·德梅迪契的严密监督下完成的，建筑师也不为人所知。

朱利亚诺·达·马亚诺(Giuliano da Maiano, 1432—1490)是文艺复兴时期佛罗伦萨仅有的几位木匠出身的建筑师之一。**巴齐-夸拉泰西府邸**(Palazzo Pazzi-Quaratesi, 约1460—1469，见[891]页图Ⓔ)那使人联想起乌尔比诺公爵府的精美的装饰细部融合了布鲁内莱斯基的顶层小圆窗(attic oculi)和皮蒂宫的影响。其极富想象力的内院中设置了封闭的后墙和空中花园。

朱利亚诺·达·马亚诺还设计了**锡耶纳斯帕诺基府邸**(the Palazzo Spannocchi, 1473年始建)，将梅迪契府邸中采用的双叶窗和"古典式"(all'antica)檐口，以及卢彻莱府邸中带凹缝的光面石砌体建造

在其敌手管辖的托斯卡纳地区的中心。他设计的**法恩扎主教堂**(Cathedral at Faenza, 1474年始建)是一幢横向展开，且极为厚重的建筑，两侧有宽敞的侧廊以及附属小礼拜堂，其中堂由一系列带有巨大正方形帆拱的开间组成（马亚诺在那不勒斯的作品见[908]页）。

朱利亚诺·达·桑迦洛(1443—1516)是15世纪下半叶最具天赋的佛罗伦萨建筑师。他也曾经做过木匠，他和弟弟安东尼奥（即小桑迦洛）专攻建筑模型（参见有关章节），他们还一起修筑防御工事。罗伦佐·德·梅迪契(Lorenzo de'Medici, 1449—1492，绰号"高贵者"罗伦佐)要求桑迦洛为"高贵者"(Magnifico's)的特殊建筑趣味提供建筑形式。由于罗伦佐的举荐，他获得了**普拉托卡尔切利圣母教堂**(S. Maria delle Carceri, Prato, 1485年始建，见[893]页图D)的建造合同，这座新教堂的建造具有非凡的想象力。同文艺复兴时期其他的此类教堂一样，它采用了穹窿和集中式布局：希腊十字式平面源自阿尔贝蒂的圣赛巴斯蒂亚诺(S. Sebastiano)教堂。室内的壁柱柱头以怪诞和装饰华丽著称。以桑迦洛在罗马绘制的古代装饰为蓝本的相似的柱头用于**佛罗伦萨圣灵教堂圣器室**(the Sacristy of S. Spirito, Florence, 1489年始建)，他公开承认是以佛罗伦萨洗礼堂作为设计的原型，但是平面更接近"维泰博浴场"(Baths of Viterbo)——朱利亚诺本人最喜爱的一幢古建筑。横置的、带有筒形拱顶的石头列柱式前厅使人联想到早期基督教建筑的前廊，但更具纪念性。

在**佛罗伦萨巴齐的玛德莱娜圣母教堂**(S. Maria Maddalena dei Pazzi, Florence, 1488年始建，见[897]页图D)的设计中，桑迦洛在设计修道院(1491年始建)时，采用圆柱和横梁系统支承转角和入口拱券的拱座，这反映出他娴熟地掌握了阿尔贝蒂的建筑原理。低矮的爱奥尼亚式柱头以菲埃索莱尚存的罗马实例为原型。

罗伦佐私人委托桑迦洛设计波吉奥·阿·卡亚诺的**梅迪契别墅**(the Medici Villa at Poggio a Caiano, 1485年始建)，这是桑迦洛第一次尝试将维特鲁威和阿尔贝蒂的原理用于别墅设计。平面为正方形，且完全对称，角部有四组房间，前后翼通过一个带筒形拱顶的两层客厅连接（这种布局对后来伊尼戈·琼斯设计的格林尼治女王宫产生了影响，参见有关章节）。整个建筑建造在带拱廊的拱座之上，最初的外立面上有一座直的双跑楼梯（现存的曲线形楼梯建于19世纪

到达入口门厅，上面带有神庙般正立面的嵌入式三角形山花，这是在住宅建筑中第一次出现这个母题。同他自己在佛罗伦萨的府邸(**潘恰蒂基-希梅内斯府邸**，Palazzo Panciatichi-Ximenes，1490 年始建)和**斯卡拉公馆**(the Palazzetto Scala，1472—1480)一样，桑迦洛应了用浇铸成形的罗马式灰泥拱顶。

佛罗伦萨贡迪府邸(Palazzo Gondi，Florence，1490—1501，见[883]页图Ⓐ)的立面采用平整的粗面石，其形尤为精致，楔形拱石精巧地镶嵌在周边的石块之中。装修品质极高，如此建在内院的拱廊内的楼梯在佛罗伦萨很少见。19 世纪时，乔瓦尼·波吉(Giovanni Poggi)扩建了这座府邸。

桑迦洛为**佛罗伦萨斯特罗奇府邸**(Palazzo Strozzi，Florence，1489 年始建，见[896]页)制作了木制模型，至今仍然保存在这座建筑中。它是 15 世纪佛罗伦萨最辉煌的府邸建筑，平面完全对称，两部分分别是为兄弟两家人设计的。府邸的实际高度比模型所显示的要高一些，上层房间采用拱顶。建筑在石匠建筑师克罗纳卡(Cronaca（Simone del Pollaiuolo），1457—1508)的监督指导下完成，他以图拉真广场(Trajan's Forum)的罗马实例为基础，设计了壮丽的内院和顶部檐口，但立面稍微有点单调。据说是卡帕拉(Caparra)制作的精美的铁饰弥补了这一缺憾。

克罗纳卡设计的**瓜达尼府邸**(Palazzo Guadagni，1504—1506，见[891]页图Ⓕ)为 16 世纪佛罗伦萨更为简洁的府邸建筑树立了范型，其石工技术只局限于粗琢的楔形石和隅石。顶部用于遮阴和空气流通的敞廊也很特别。

曼托瓦

阿尔贝蒂为卢多维科·贡扎加侯爵(Marquis Ludovico Gonzaga)在曼托瓦设计的一些教堂对依据古典方法进行设计的教会建筑加以重新诠释。**圣塞巴斯蒂安教堂**(S. Sebastiano，1460 年始建)是一座希腊十字式还愿教堂，坐落在由拱座支承的高高的地下墓室之上。正立面(台阶是现代的作品)为一个扁平而有四根壁柱的神庙，中间的窗户形成断裂山花。这是一座令人困惑的建筑，从未建完，并且，原有的风格在 20 世纪的修复中受到损害。

曼托瓦圣安德烈教堂(S. Andrea，Mantua，1470 年始建，见[890]页图Ⓕ~图Ⓚ)被阿尔贝蒂称之为其"埃特鲁里亚神庙"(Etruscan temple)，他在其中实现了很多关于宗教建筑的构想，不过教堂的大部分在他去世之后才建成。与圣塞巴斯蒂亚诺教堂一样，执行建筑师是佛罗伦萨的卢卡·凡切利(Luca Fancelli)，他是卢多维科·贡扎加的御用建筑师。深幽的入口门廊反映出中堂的划分，门廊并没有遮蔽整个立面，教堂的正立面结合了凯旋门和神庙的形式，并带有壁柱。辉煌的筒形拱顶覆盖了中堂，并且用非常厚重的侧墙支承，带有巨大的筒形拱顶的附属小礼拜堂和各个房间的墙墩交替穿过侧墙。与现存任何一幢文艺复兴风格的建筑相比，圣安德烈教堂更多地受到古罗马建筑的影响。尚不清楚 18 世纪建造的耳堂和歌坛是否在某些方面反映了阿尔贝蒂的构想。穹窿顶由尤瓦拉(Juvarra)设计(1763 年完工)。

贝尔纳多·罗塞利诺(Bernardo Rossellino，1407/1409—1463)最初是佛罗伦萨的一位雕塑家，他设计了佛罗伦萨圣十字教堂中雄健的**布鲁尼墓**(Bruni Tomb in S. Croce，Florence，1445)，罗塞利诺显然是阿尔贝蒂设计的佛罗伦萨卢彻莱府邸的执行建筑师(参见有关章节)。他为教皇尼古拉五世(Pope Nicholas V)——阿尔贝蒂撰写的建筑专著正是奉献给这位教皇的——设计了罗马圣彼得大教堂新的十字形部分(1450 年始建)。

在比恩察(Pienza)，教皇庇护二世(Pope Pius Ⅱ)将他故乡的一个村庄转变为文艺复兴的城市缩影。在这里，罗塞利诺重建了**比恩察大教堂**(Cathedral，1459 年始建)，这是庇护二世在他的旅行中极为赞赏的德国哥特式教堂的一个意大利式变体。与常规不同，立面巧妙地将柱子放置在宽大的像扶壁一样的墙墩上。**皮科罗米尼府邸**(Palazzo Piccolomini，见[897]页图B)是对卢彻莱府邸的粗劣模仿，它将粗面石置于较浅的壁柱之上。但是府邸的内部设计较为有趣——建筑面向花园的立面上添加了可以俯看山谷和阿米亚塔山(Monte Amiata)的敞廊。它与罗塞利诺重新设计的**市政厅**(Palazzo Communale)和**主教府邸**(Palazzo Vescovile)一样，所有建筑的正立面都面向一个和谐的城市广场。

乌尔比诺公爵府(Palazzo Ducale at Urbino，第一期工程始建于 1450 年，第二期始建于 1465 年，见[893]页图 B，[897]页图 E)在工程的第二阶段受到皮科罗米尼府邸的强烈影响，是 15 世纪下半叶最优秀的建筑。

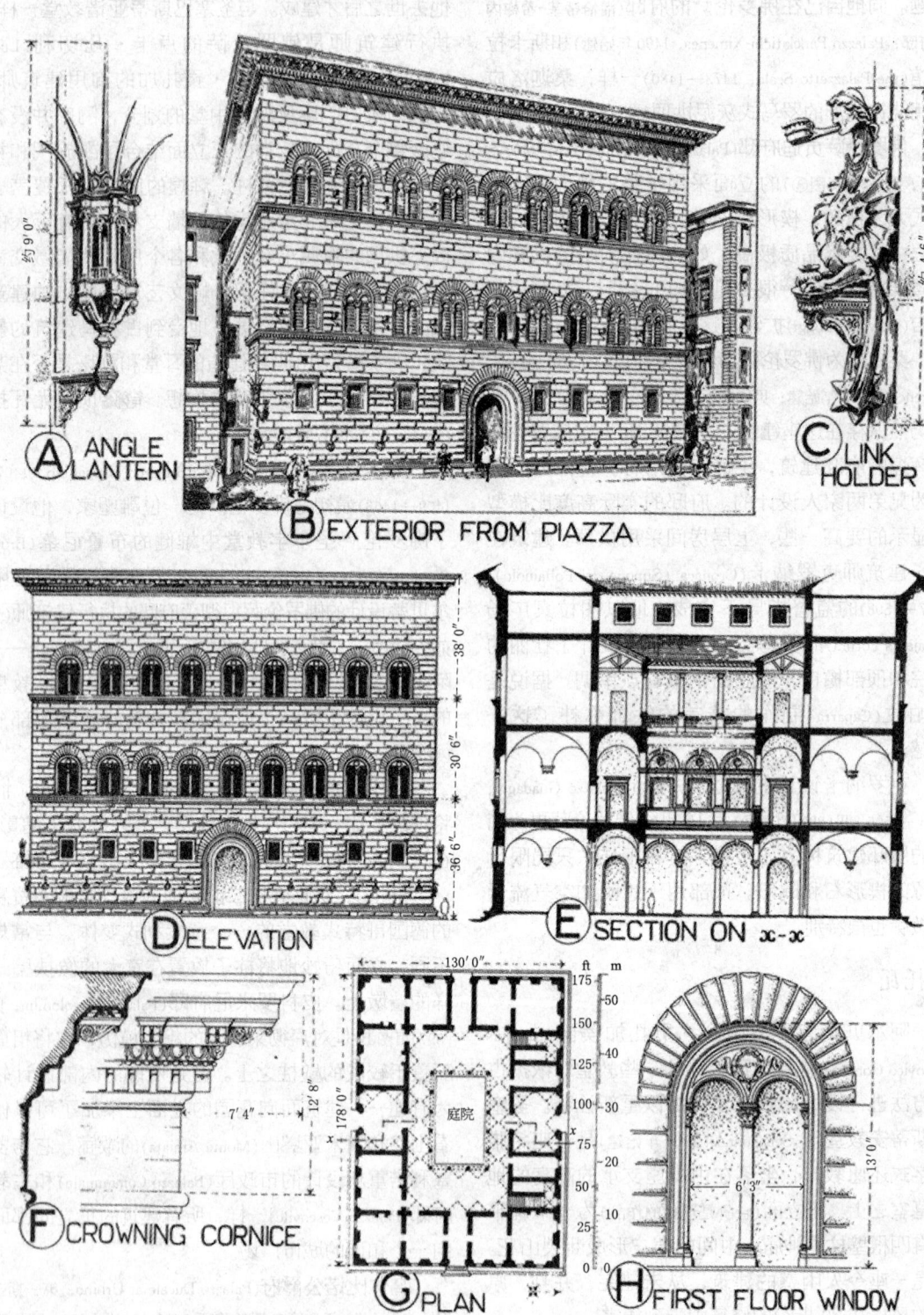

佛罗伦萨斯特罗奇府邸（PALAZZO STROZZI: FLORENCE）：Ⓐ 角部采光塔；Ⓑ 广场一侧的外观；Ⓒ 联系托架；Ⓓ 立面图；Ⓔ x-x 剖面图；Ⓕ 顶部檐口；Ⓖ 平面图；Ⓗ 二层窗户

第29章 意大利建筑

图A 里米尼圣方济各教堂(约1450),见[889]页

图B 比恩察皮科罗米尼府邸(约1460),见[895]页

图C 罗马威尼斯宫(1455年始建),见[902]页

图D 佛罗伦萨巴齐的玛德莱娜圣母教堂:修道院(1488年始建),见[894]页

图E 乌尔比诺公爵府珍藏的油画(可能是皮耶罗·德拉·弗兰西斯卡的作品),见[895]页

第五编　文艺复兴时期和后文艺复兴时期的欧洲建筑及俄罗斯建筑

图 A　圣莱奥城堡(15世纪末)，见[900]页

图 B　和平圣母教堂：隐修院（1478—1483），见[902]页

图 C　帕维亚的卡尔特隐修院，西北向外观（1396年始建；西立面1491年始建），见[901]页

第29章 意大利建筑

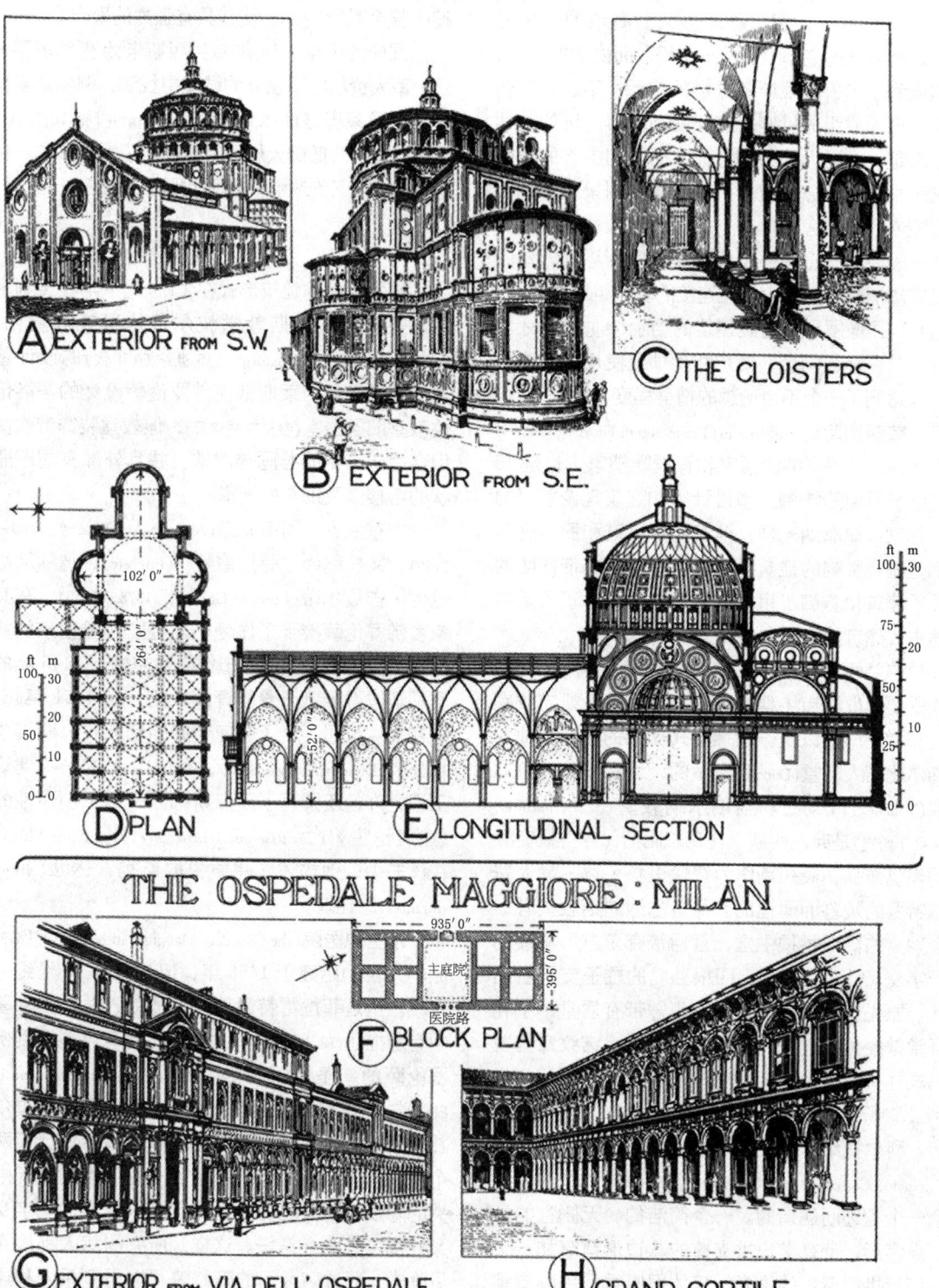

米兰的圣母恩泽教堂（S. MARIA DELLE GRAZIE: MILAN）：Ⓐ 西南向外观；Ⓑ 东南向外观；Ⓒ 隐修院；Ⓓ 平面图；Ⓔ 纵剖面图
米兰总医院（THE OSPEDALE MAGGIORE: MILAN）：Ⓕ 大楼平面图；Ⓖ 临医院路立面；Ⓗ 主庭院

费代里科·达·蒙太费尔特罗(Federico da Montefeltro)与他的建筑师卢恰诺·劳拉纳(Luciano Laurana, 1420/1425—1479)一起,通过协调而高雅的中央庭院,将分散的宅邸组织成一个松散而协调的组团,这受到了布鲁内莱斯基作品的启示,不过是将转角处理为成组的拱座。府邸面向城市广场的公共立面是一个巨大的石砌立面,而面向山谷的一侧则是私密的部分,包括可以欣赏周围景致、细木工镶嵌的大书房(studiolo)。增建的雅致的敞廊侧面是充满浪漫气息的中世纪风格的圆形塔楼。室内设有华丽的楼梯和由相互连接的套房组成的房间,这受到了像罗马枢密院建筑的启示(参见有关章节)。但是其窗套与门套、壁炉和拱顶上使用的石头装饰却达到了一个不可逾越的精美程度。

弗朗切斯科·迪乔治(Francesco di Giorgio, 1439—1501/1502)是锡耶纳的画家和青铜雕塑家,也是15世纪最重要的防御工事设计师和建筑理论家。同在其家乡锡耶纳一样,他在乌尔比诺和那不勒斯都是颇有影响的建筑师。他撰写了两部带插图的关于建筑和防御工事的专著,并且留下了大量描绘古代建筑的绘画作品。

弗兰西斯卡❶一直在乌尔比诺公爵府工作,他既要负责城市中建筑的立面设计,又要完成庭院和增建马厩以及一段螺旋式楼梯的建造。他为乌尔比诺大教堂(Duomo)所做的设计后来被瓦拉迪耶(Valadier)改动过。圣伯尔纳教堂(S. Bernardino, 1482年始建)是弗兰西斯卡在乌尔比诺保存得最完好的建筑作品。最初是作为费代里科·达·蒙太费尔特罗的陵墓而建造的。圣贝尔纳迪诺教堂有一个独立的筒形拱顶中堂,直通带有正方形穹窿的十字交叉处,在那里,四根独立的柱子支承着山花。原先交叉处的三个翼部都曾带有后堂,小礼拜堂曾经扩建过。刻有独特的乌尔比诺纹章的罗马式柱头遍布在室内的檐壁上,成为15世纪意大利最流畅的室内空间之一。

科尔托纳卡尔奇纳伊奥圣母教堂(S. Maria di Calcinaio, Cortona, 1484年始建, 见[893]页图C)是为了纪念一个圣迹而建造的。一个简洁的、无侧堂的拉丁十字形,带有交角拱支撑的八边形穹窿和一个由筒形拱顶覆盖的中堂。墙体很厚重,用以支承拱顶,侧墙上还有一些半圆形的小礼拜堂,是由挖空的墙体形成的。连续线脚使用得很有节制,遍布整个教堂内部,使其具有强烈的聚合力。

同样的风格可以在弗兰西斯卡为费代里科·达·蒙太费尔特罗设计的城堡中找到,例如萨索科尔瓦罗圣莱奥城堡(S. Leo, Sassocorvaro, 见[898]页图A)。这座城堡将为抵御火炮而采用的开拓性手法和一种有预见性但又雅致粗犷的设计风格结合在一起。

米兰

佛罗伦萨的建筑形式在15世纪下半叶传到米兰。**圣尤斯塔修斯教堂波尔蒂纳里礼拜堂**(the Portinari Chapel, S. Eustorgio, 15世纪60年代)的设计基本仿照了布鲁内莱斯基在佛罗伦萨设计的圣洛伦佐教堂旧圣器室(参见有关章节),但教堂装饰着欢快但会引起错觉的绘画与浮雕,并且外部有胡椒瓶状的塔楼以及细长的天窗。

安东尼奥·阿韦利诺(Antonio Averlino, 约1400—1469), 又被称为"菲拉雷特"(Filarete), 曾师从洛伦佐·吉贝尔蒂(Lorenzo Ghiberti, 1378—1455), 在其家乡佛罗伦萨接受了作为一名金匠和雕塑家的初期训练。他最重要的雕塑作品是完成于1445年的罗马圣彼得老教堂❷的青铜大门。自1451年起,他在米兰定居,除了受雇于弗朗切斯科·斯福尔扎公爵(Duke Francesco Sforza, 1401—1466)的一些建筑工程之外,还撰写了观点新颖而又富于创造性的《建筑论说》(Treatise on Architecture, 约1460—1464)。在该书中,他描述了想象中的斯福青达城(city of sforzinda)的建筑。

米兰总医院(the Ospedale Maggiore in Milan, 见[899]页图Ⓕ~图Ⓗ)始建于1456年, 但是直到18世纪才完成。这是菲拉雷特最伟大的成就, 并在其专著中有所描述(Bk XI, fol. 79r ff.)。此建筑可能受到佛罗伦萨的新圣母医院(Spedale di Santa Maria Nuova in Florence)的影响, 因为赞助人弗朗切斯科·斯福尔扎曾安排他参观过那所医院。菲拉雷特设计了两个庞大的十字形病区, 二者被一座巨大的位于中央的隐修院所分隔。每一病区覆以穹窿的十字交叉处都设有一个祭坛。这样, 所有的病人都能看见弥撒, 通过病区间的隐修院可以得到采光和通

---

❶ Francesco;原文拼写有误,应为 Francesca。——译者注
❷ 这是第一件具有罗马文艺复兴风格的作品, 1619年移至新的圣彼得大教堂。——译者注

风,同时使建筑有一种各个部分完全融合在一起的效果。

多纳托·布拉曼特(1444—1514)作为一名建筑师为米兰的斯福尔扎历代公爵效劳20多年(约1477—1499),后来成为罗马文艺复兴盛期建筑风格的奠基人。他出生在乌尔比诺附近,是一名画家,其早期形成的在错觉透视学方面的特长贯穿于他的整个建筑生涯。

米兰圣萨蒂罗教堂的**圣母礼拜堂**(S. Maria presso S. Satiro, Milan, 1476年始建)是为了纪念毗邻的、建于9世纪的一座希腊十字式小礼拜堂中的神奇迹象而建造。由于圣萨蒂罗教堂的基地有限,因此布拉曼特刻意追求透视效果。该教堂带有短筒拱并有侧堂的中堂,因其尺度而使其呈现出虚假的宏大外观,它与一个带穹窿的长形耳堂相接,就像是拉长的布鲁内莱斯基的巴齐小礼拜堂。耳堂直通按照15世纪的风格重建的圣萨蒂罗教堂。显而易见,这个带有筒形拱顶的祭坛小礼拜堂完全是错觉的结果。整个装饰都使用了赤陶,这是米兰的传统做法。圣器室(1488)的平面与佛罗伦萨圣灵教堂圣器室的平面相仿(参见有关章节),有上部廊道和由阿戈斯蒂诺·迪丰杜蒂(Agostino di Fonduti)加以装饰丰富的无釉赤陶。

在米兰**圣母恩泽教堂**(S. Maria delle Grazie, Milan, 见[899]页图Ⓐ~图Ⓔ)的设计中,布拉曼特在圭尼富尔代·索拉里(Guiniforte Solari)建造的中堂内添加了一个"讲坛"(tribune,即带穹窿的十字交叉处以及歌坛),中堂大体上是哥特风格,打算用作斯福尔扎历代公爵的陵墓;内部的正方形十字走廊就像是布鲁内莱斯基设计的旧圣器室小礼拜堂的扩大版,而侧墙向半穹顶覆盖的半圆形翼部开敞。鼓座使人联想起万神庙的顶楼,但是产生错觉的平面型装饰与15世纪的风格很相似。歌坛这一翼上面覆有伞形拱顶,它通过有半穹顶的后堂上的圆窗采光,这座教堂的空间效果达到了布鲁内莱斯基的极致境界。建筑的外部,据称是阿马代奥(Amadeo)的作品),鼓座是一个十六边形的柱廊结构,并且穹窿顶隐藏在圆锥形屋顶之后。这是伦巴第地区的时尚,整个建筑都镶嵌着伦巴第的无釉赤陶。

布拉曼特为**帕维亚大教堂**(Pavia Cathedral, 1488年始建)做了一个更宏伟的设计(大部分未实现),同样是布鲁内莱斯基设计的佛罗伦萨圣灵教堂(参见有关章节)的扩大版,以便容纳大量民众。15世纪90年代,布拉曼特为米兰的**圣安布罗斯教堂**(S. Ambrogio)增建了多立克和爱奥尼亚式的隐修院,表现出他对维特鲁威思想新的理解,而他在教堂左侧的神父住房(Canonica)中使用有趣的树状柱子暗示了柱式的起源。在圣安布罗焦教堂使用的凯旋门主题同样出现在阿比亚太格拉索的**圣马利亚教堂**(S. Maria at Abbiategrasso, 1497)中,并且在维杰瓦诺的**公爵广场**(Piazza Ducale at Vigevano, 15世纪90年代中期)中,布拉曼特也设计了一个带有连续拱廊的巨大城市广场,拱廊上绘有充满错觉的绘画。

克雷马附近的**圣母十字教堂**(S. Maria della Croce, near Crema, 1493年始建)由巴塔基奥(G. Battagio)设计,是伦巴第地区为数不多的几座有代表性的集中式教堂之一。这是一座简洁却庞大的带有圆形穹窿的教堂,有希腊十字形那样布置的四个翼部。附加的敞廊穿过外部鼓座,敞廊上饰有富于想象力的赤陶装饰。

帕维亚的卡尔特隐修院❶(见[898]页图C)最初是哥特风格,采用伦巴第地区罗马风格的平面,并按更严密完整的几何比例加以重新组织。隐修院重建了十字交叉处带廊台的小穹顶,并采用了米兰大教堂的哥特式采光亭这一文艺复兴早期的建筑语汇。西立面由阿马代奥(1447—1502)设计,是15世纪最精美的大理石立面,其精致的雕刻细部比其整体设计更为卓越。

贝加莫的**科莱奥尼礼拜堂**(the Colleoni Chapel, Bergamo, 1470—1473, 见[903]页)是阿马代奥的早期作品,是著名的雇佣兵将军巴尔托洛梅奥·科莱奥尼(Bartolommeo Colleoni)的陵寝礼拜堂。这种融合了米兰和威尼斯的装饰工艺,以及建筑外观上充满节日气氛但模棱两可的精巧装饰并没有清晰地表达建筑形式,但是礼拜堂在墙面上的装饰语言却很出色。

罗马

文艺复兴早期风格建筑是由教皇尼古拉五世❷在罗马发起的。其城市规划包括修复古代的教堂,重建圣彼得大教堂的歌坛,重建输水道以及在奥勒利安壁垒(the Aurelian walls)内扩大居住区。

---

❶ the Certosa di Pavia, 1396年始建;也有按照发音译为"切尔多萨隐修院"。——译者注
❷ Nicholas V, 1446~1455年在位;原文有误,应为1447~1455年在位。——译者注

第五编　文艺复兴时期和后文艺复兴时期的欧洲建筑及俄罗斯建筑

这一城市发展的粗略蓝图被继任的教皇相继变成现实,最终由西克斯图斯五世(Sixtus V)完成了这项工作。

罗马威尼斯宫(the Palazzo Venezia, Rome, 1455年始建,见[897]页图C)和附属于威尼斯宫的**圣马可教堂**(S. Marco, 约1460—1450),以及圣彼得大教堂的**祈福敞廊**(Benediction Loggia at S. Peter's)构成了罗马文艺复兴建筑最早的典型范例。转角塔楼、L形平面以及威尼斯宫采用的十字框直棂窗是15世纪红衣主教府邸的典型特征,但看上去似乎很保守。然而,没有完成的圣马可教堂庭院和立面是古罗马的墩座拱(arches on piers)和楣式壁柱结构(trabeated half-columns)的结合(同大斗兽场(the Colosseum)或马尔塞鲁斯剧场(the Theatre of Marcellus)一样,参见第10章)。明快的、有围墙的花园原本与建筑的转角连接,在20世纪30年代被移到了城市广场一边。威尼斯宫和祈福敞廊的建筑师都是弗朗切斯科·德尔·博尔戈(Francesco del Borgo)。

与布鲁内莱斯基在佛罗伦萨设计的巴西利卡有所区别的是,罗马15世纪的教堂的中堂一般都用正交拱覆盖。其中最具表现力的是为西克斯图斯五世(Sixtus V,教皇,1471~1489年在位)建造的**民众圣母教堂**(S. Maria del Popolo, 1472年始建),这座教堂在哥特式巴西利卡中添加了罗马的建筑语汇。附有低矮壁柱的厚重拱座支承着中堂的拱顶,并由贝尔尼尼在17世纪为其增加了明快的装饰。布拉曼特在祭坛后面添加了正方形的小礼拜堂和半圆形后堂歌坛(1507年始建),成为他以后设计圣彼得大教堂的半圆形歌坛的先导(参见有关章节)。

罗马圣灵医院(the Ospedale di S. Spirito, Rome, 1474—1482)是由西克斯图斯四世(Sixtus Ⅳ)委托的一位不为人所知的建筑师所做的一个考虑周详的设计。病房区从位于中央的小礼拜堂两侧延伸出来。尽管向后部延伸的病房区直到以后才建成,但这部分可能属于最初的方案,并且指明了伦巴第和托斯卡纳地区十字形平面医院的起源,如佛罗伦萨的新圣母医院(S. Maria Nuova in Florence)。医院外部的正面是一片长长的敞廊,处理得简洁适度,这是文艺复兴形式和哥特形式,如八角形拱座和尖拱窗格的混合体。

罗马圣奥古斯丁教堂(S. Agostino, Rome, 1479—1483)的建筑师是雅各波·达·彼得拉桑塔(Jacopo da Pietrasanta),这座教堂的中堂极高,带有大面积的阁楼天窗。拱座每隔一个相互连接,上面带有支承着正交拱顶的壁柱和上层小柱。半圆形的附属小礼拜堂原先建在外部,颇具独创性。建筑立面上巨大而极为华丽的卷涡饰将中堂和附属侧堂连接起来。

罗马和平圣母教堂(S. Maria della Pace, Rome, 1478—1483,见[898]页图B)是西克斯图斯四世赞助建造的一座朝圣教堂。带有附属礼拜堂的极短的两开间无侧堂的中堂通向一个有八边形穹窿的"讲坛"(tribune),"讲坛"被一些小礼拜堂环绕。与中堂相同,它也有厚重的外墙。半圆形的门廊、立面及入口通道是彼得罗·达·科尔托纳(Pietro da Cortona)的作品(参见有关章节)。而爱奥尼亚和科林斯式方形隐修院是布鲁内莱斯基在罗马的早期作品之一(1501—1504)。

15世纪后期罗马最有影响的府邸是**枢密院大厦**(the Cancelleria,约1485年始建,见[904]页)。它的建筑设计师不为人所知,可能是巴乔·蓬泰利(Baccio Pontelli, 1450—1492/1494),他是在乌尔比诺工作的佛罗伦萨人,并在罗马期间设计了一些防御工事(主要作品是奥斯蒂亚要塞 (fortress at Ostia))。其开阔的楔形基地上包括达马索圣洛伦索教堂(S. Lorenzo in Damaso),它也由赞助人拉法埃莱·里亚里奥(Raffaelle Riario)加以重建。商店沿次要立面排列,传统的罗马式转角塔楼略向外突出。表面覆有精美的凿槽石灰华,上层由科林斯壁柱构成凯旋门式的韵律,镌刻有长长的拉丁文铭文。入口是后建的,左侧的入口由多梅尼科·丰塔纳(Domenico Fontana, 1589)设计。大厦巨大的矩形庭院中有两条装饰着多立克柱式的通风拱廊,角部设墙墩,庭院封闭,有类似乌尔比诺公爵府的顶层,而在贵族层设套间以及与教堂相连接的做法使人联想起乌尔比诺,其细部的品质尤其精炼。

威尼斯

哥特建筑风格在15世纪中叶的威尼斯得以保存下来。第一个模仿古迹的建筑是**造船厂拱门**(the Porta dell' Arsenale, 1460),是以保拉的罗马拱门为基础建造的(参见有关章节)。

未建完的**公爵府邸**(Ca' del Duca, 1445—1461)可能是由巴尔托洛梅奥·博恩(Bartolomeo Buon)设计(参见有关章节)的,最初是为米兰公爵建造的。它采用的钻石形琢面的粗面石和角柱,明确表达了把"现代"(modern)形式介绍到威尼斯的意图。

第29章　意大利建筑

贝加莫的科莱奥尼礼拜堂(1470—1473)，见[901]页

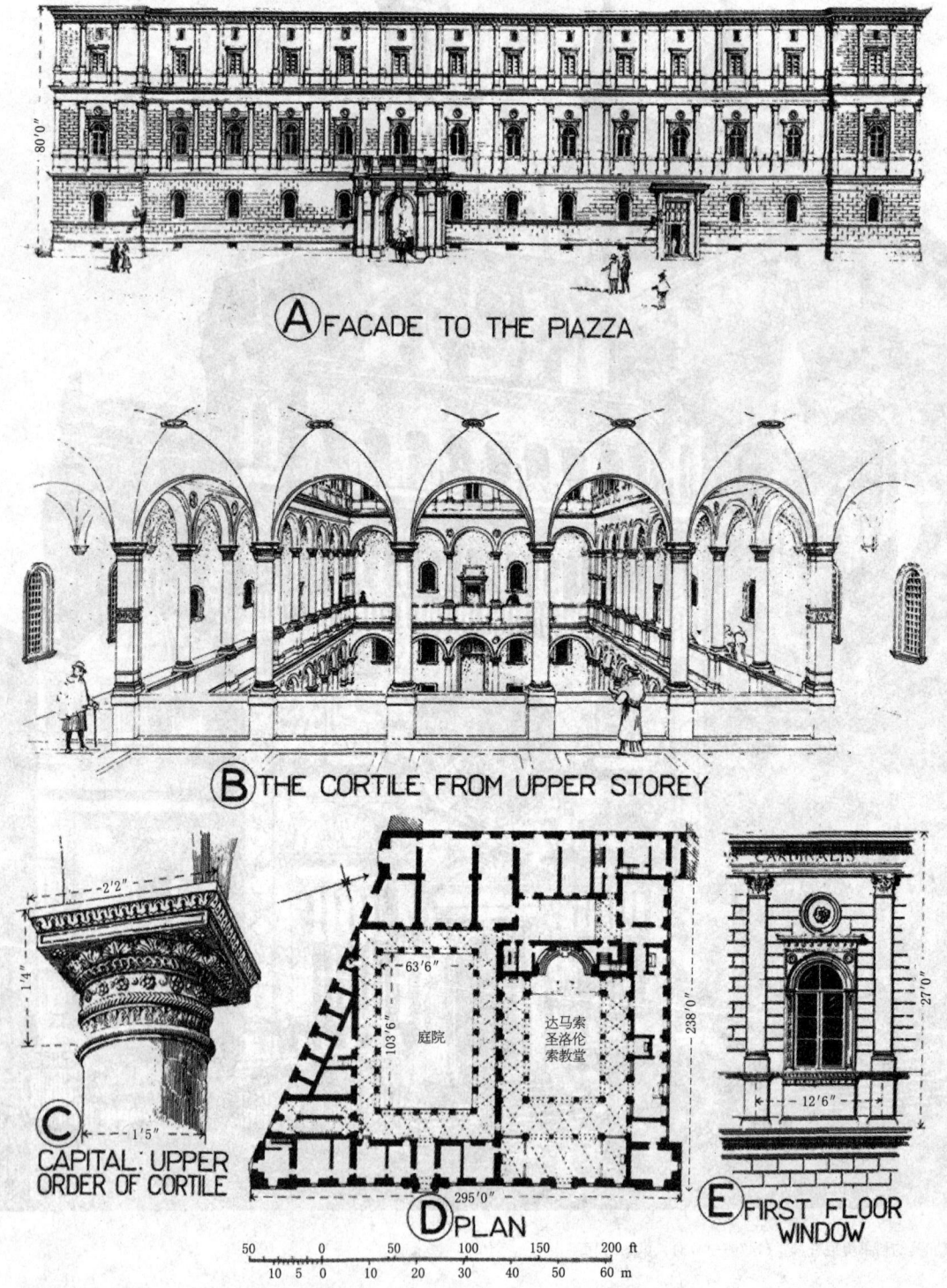

罗马枢密院大厦（PAL. DELIA CANCELLERIA: ROME）：Ⓐ 临广场立面；Ⓑ 从上层看庭院；Ⓒ 庭院的上层柱式柱头；Ⓓ 平面图；Ⓔ 二层窗户

第 29 章　意大利建筑

图 A　威尼斯圣撒迦利亚教堂(1444—1483)，见[907]页

图 B　布雷西亚共济会大厦（1492 年始建），见[908]页

图 C　威尼斯圣马可学校南向外观（1488—1495），见[907]页

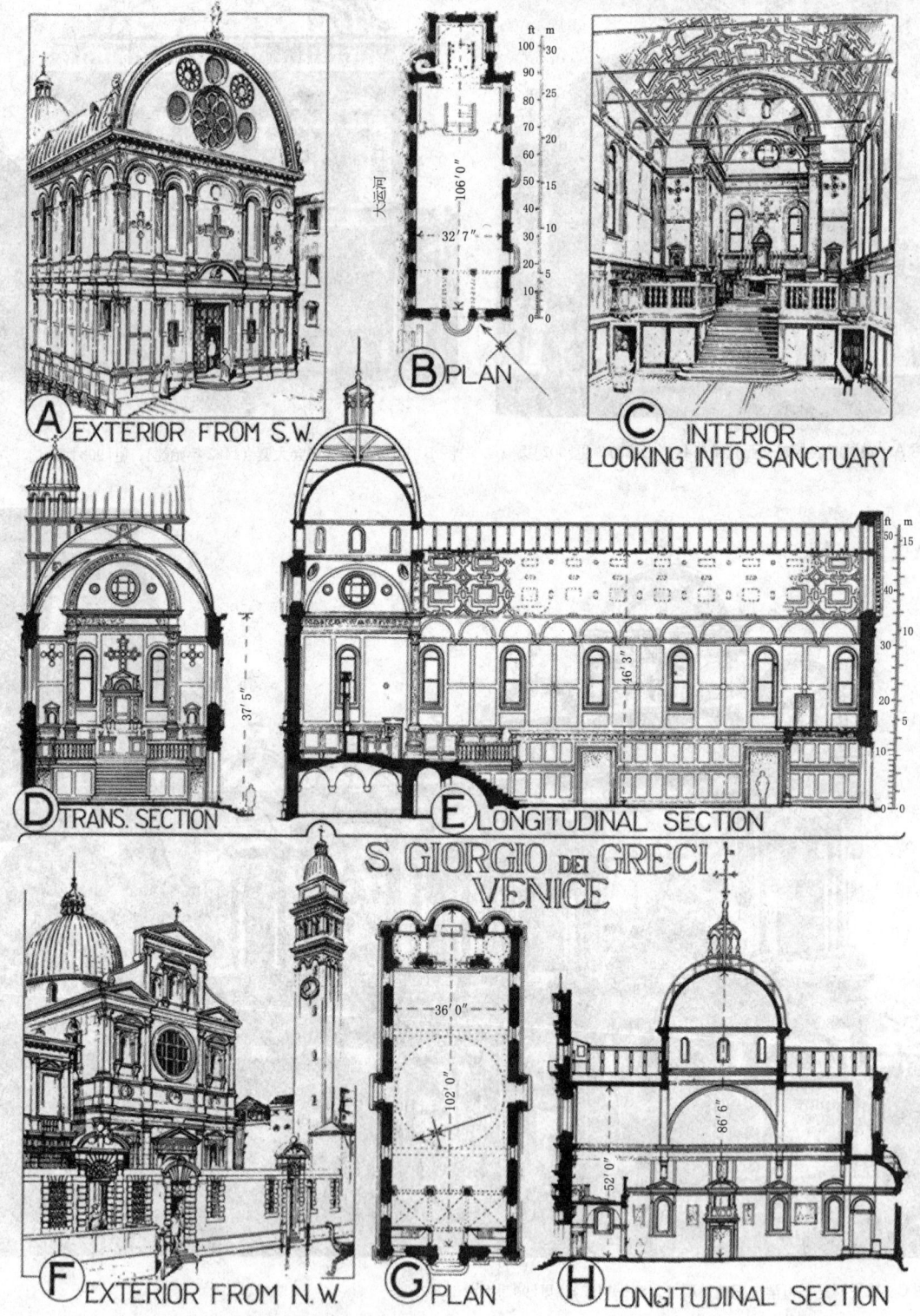

威尼斯圣母神迹教堂 (S. MARIA DEI MIRACOLI: VENICE): Ⓐ 西南向外观；Ⓑ 平面图；Ⓒ 从室内看歌坛；Ⓓ 横剖面；Ⓔ 纵剖面图

威尼斯格雷奇圣乔治教堂 (S. GIORGIO DEI GRECI: VENICE): Ⓕ 西北向外观；Ⓖ 平面图；Ⓗ 纵剖面图

圣乔贝尔教堂高坛礼拜堂(the Chancel Chapel of S. Giobbe)是在15世纪60年代增建到这座新的圣方济教堂(1450年始建)中的，并借鉴了布鲁内莱斯基的空间效果。

15世纪威尼斯最伟大的建筑师是毛罗·科杜奇(Mauro Coducci, 1440—1504)，他将技术的精湛，对阿尔贝蒂作品的理解，以及对威尼托地区的拜占庭形式的尊重加以融合。

圣撒迦利亚教堂(S. Zaccaria, 见[905]页图A)，自1483年起，科杜奇在那里完成了一座始建于1444年的教堂(主要是安东尼奥·甘贝罗(A. Gambello)的作品)的建造工作。教堂奇特的中堂柱廊建在高高的多边形基座之上，回廊环绕哥特式唱诗班歌坛布置。建筑立面的上半部分以更加大胆和对柱式的结构处理为标志，外部由科杜奇设计。立面中央的那组窗户借鉴了威尼斯府邸的立面，明显地凸出光与影的强烈效果，并继续呈现16世纪威尼斯建筑的典型特征。

岛上的圣米迦勒教堂(S. Michele in Isola, 1478年建成)是一座在西端有歌坛班廊台的修道院教堂。它有一个平坦而耀眼的白色伊斯特里亚石头的立面，立面上的巨型壁柱与带有凹槽的石砌体连续交叉，遮蔽了侧堂屋顶的弓形山墙与带有卷涡饰的顶部半圆形山花相呼应(与圣撒迦利亚教堂一样)。左边迷人的六边形礼拜堂建于1527～1543年，由朱利埃莫·代·格里吉(Guglielmo dei Grigi)建造。

在圣马可大教堂发现的科杜奇设计的其他教堂是对拜占庭式梅花形平面(带四个角部穹顶的中央穹窿)的改造，穹窿空间具有威尼斯文艺复兴风格的特征。科杜奇重建了**威尼斯圣美圣母教堂**(S. Maria Formosa, Venice, 1492—1504)，部分遵循了11世纪时教堂的平面设计，但将其转变为较短的拉丁十字，并且设有带穹窿的十字交叉和分为三瓣的后堂。教堂的室内是一系列联系松散的带拱顶的独立空间，现在通过后来加建的小圆窗采光。

威尼斯克里索斯托圣约翰教堂❶是一座建在狭窄基地上的小型教区教堂，它是一个梅花形平面的缩微，有三个附属的东向礼拜堂。拱座被奇怪地在竖向加以划分，而次要穹窿则发端于上部的拱墩。

乔其奥·斯帕文托(Giorgio Spavento)设计的**威尼斯圣萨尔瓦托雷教堂**(S. Salvatore, Venice, 1506年始建)优美而轻盈，由三个有相同穹窿的梅花形单元组成，它们合并形成一个带有中堂和附属侧堂的纵长的教堂。教堂精巧的平面设计与内部划分的控制逻辑相互匹配。

威尼斯圣母神迹教堂(S. Maria dei Miracoli, Venice, 1481—1489, 见[906]页图Ⓐ～图Ⓔ)由彼得罗·隆巴尔多(Pietro Lombardo)设计，并将女隐修院教堂和赞美神迹的功能相结合。木结构筒形拱顶的中堂，不设附属侧堂以及带有帆拱穹窿的升起的歌坛。建筑的内部和外部都覆盖着多彩的大理石面板。可以在**卡·达里奥府邸**(Ca Dario, 约1488)中见到同样的大理石装饰，教堂的铭文表明它是献给城市守护神(genio urbis)的。用螺旋形柱子和从古老的斑岩上切下的圆形标志装饰建筑立面，立面上成组的窗户不对称地置于一侧，从而照亮了大厅。

威尼斯圣马可学校(Scuola di S. Marco, Venice, 1488—1495, 是为宗教团体建造的会所，现在是一家医院, 见[905]页图C)的立面由乔瓦尼·安东尼奥·博拉(Giovanni Antonio Buora)、彼得罗·隆巴尔多和科杜奇(由科杜奇加建了生气勃勃的顶层)相继设计建造。其外观是由彩色大理石构成的一个构图，这种效果通过置于侧面的两个入口的透视图景而得到加强。1498年，科杜奇在**传福音者圣约翰学校**(the Scuola di S. Giovanni Evangelista)建造了现存的15世纪最壮观的楼梯，它有流畅的带筒形拱顶的楼梯梯段和由独立的角柱支承的带穹窿的楼梯平台。

威尼斯科纳·斯皮内利府邸(Palazzo Corner Spinelli, 约1485—1490)由科杜奇设计，它是15世纪威尼斯最卓越、设计上最为统一的一座府邸建筑。对位工整的窄窗强调了底层的粗琢方石饰面，楼层中间采用成组的双叶窗，而在两侧采用单独的双叶窗，为客厅和卧室采光。叠加的转角壁柱使建筑在竖向上连成一个整体，犹如宽宽的饰带一般连续的栏杆和阳台在水平向上将建筑连为一体。贵族层两侧阳台上的三叶形曲线十分优雅动人。

文德拉明·卡莱尔吉府邸(Palazzo Vendramin-Calergi, 约1500—1508)也是科杜奇的作品，并且是他职业生涯中的巅峰之作。他用15世纪建筑语汇所做的设计达到了文艺复兴盛期风格的明晰效果。

---

❶ S. Giovanni Crisostomo, Venice, 1497～1504年；S. Giovanni Crisostomo 即 Saint John Chrysostom，汉译为"圣约翰·克里索斯托"，约347～407年；早期教父、解经家、君士坦丁堡大主教，绰号"金口约翰"，Crisostomo 在意大利文中即"金口"。——译者注

庞大并且极富雕塑感的立面由竖三段和横三段式的网格组成，中央部分是成组的窗户，成对的科林斯式壁柱将两侧的开间联系起来。贵族层上与华饰连接的柱头强调了凯旋门式的外观，而柱子基座饰带下的浮雕强调了厚重的柱顶盘。

巴尔托洛梅奥·博恩设计的旧行政长官官邸(Procuratie Vecchie, 1514年始建)集15世纪威尼斯大型建筑的精华，并统一了圣马可广场的左侧立面，而钟楼(Torre dell'Orologio, 1496—1499, 可能是科杜奇的作品)以一种图画般的方式成为圣马可小广场景观的中心。

维罗纳议会大厦(Palazzo del Consiglio, Verona, 1476—1492, 见[923]页图⑪)是维罗纳15世纪最著名的建筑，其建筑师不为人所知。有柱廊的八个开间敞廊对称地围绕置于中心位置的壁柱布置，在角部设有更多的壁柱(左侧的拱门用阿尔贝蒂式的手法呈现出凯旋门式入口的外观)。楼层的实墙面上有四扇宽大的置于壁柱之间的双叶窗，中间两扇窗由一层拱廊拱肩上的牛腿柱头支撑。这种高度统一而又非正统的设计风格使人想起科杜奇在威尼斯的作品。

布雷西亚共济会大厦(Palazzo della Loggia, Brescia, 1492年始建, 见[905]页图B)是意大利文艺复兴时期最杰出的公共建筑之一，只有16世纪帕拉第奥在维琴察设计的巴西利卡可以与之媲美。其球形的木屋顶(重建)模仿了帕多瓦14世纪的法院大厦(Palazzo della Ragione)。规模巨大的底层将处理罗马斗兽场式拱廊的自信与对细部的敏锐关注结合起来。二层在经过火灾之后进行了改建(1550—1560)，庄重的檐梁式窗户(帕拉第奥的作品)以及用华柱装饰的壁柱和檐部雕饰延续了这种雅致的风格。

博洛尼亚饮泉宫(Palazzo Bevilacqua, Bologna, 约1480年始建)，主要以其钻石形琢面的粗面石和庭院中有凹槽的柱子而著称。博洛尼亚行政官官邸(Palazzo del Podesta, Bologna, 1485—1500)，其拱廊的拱座之上的玫瑰花瓣状的粗面石和被上层壁柱划分的粗琢石的窗子更不同寻常。

费拉拉(Ferrara)在15世纪曾经两次扩建，博尔索·德斯特公爵(Duke Borso d'Este, 1413—1471)在城西进行了扩建，而埃尔科莱公爵(Duke Ercole, 1471—1505在位)在1492年扩建了城市的整个北部地区。

比亚焦·罗塞蒂(Biagio Rossetti, 1447—1516)是受雇于公爵的建筑师，他设计了一系列建筑，从隐修院、教区教堂到台阶式住宅。他设计的教堂，如**圣方济各教堂**(S. Francesco, Ferrara, 见[910]页图A)、**圣本尼狄克教堂**(S. Benedetto)和**圣克里斯托福罗教堂**(S. Cristoforo)，其设计都十分明晰，并且适度地兼收并蓄，大量使用了穹窿和穹窿状拱顶。在新建的地区❶中，最有意思的府邸是费拉拉迪亚曼蒂府邸(the Palazzo dei Diamanti, 1493年始建)。它建在拐角处的一块陡坡上，阳台装饰着大量的壁柱，两个主要立面都覆以钻石形琢面的粗面石(16世纪晚期的仿造建筑见维罗纳迪亚曼蒂府邸——Palazzo dei Diamanti, 1580, 见[923]页图ⓖ)。罗塞蒂自己的居所——费拉拉的**罗塞蒂宅**(Casa Rossetti)纯粹是用赤陶装饰的艾米利亚地区行列式住宅的放大版。

那不勒斯

15世纪，在阿拉贡人统治下的那不勒斯是一个重要的人文主义文化中心。

新堡阿拉贡拱门(the Aragonese Arch at the Castel Nuovo, 1452)是为了庆祝阿方索一世国王❷入城而建，这是那不勒斯第一座文艺复兴风格的丰碑。其叠置的凯旋门与表现凯旋的阿方索国王以及颂扬其统治的雕刻带沿垂直方向交错布置。较晚的一座大门，**卡普阿纳门**(Porta Capuana, 1485, 朱利亚诺·达·马亚诺建造)也是受古迹启发的作品。

那不勒斯15世纪的建筑大多数已经不复存在。其中，包括颇具影响力的**皇家波焦离宫**(Villa of Poggio Reale, 1487年始建)，它由朱利亚诺·达·马亚诺设计，其中有罗伦佐·德·梅迪契的设想。这幢建筑有一个带有四座塔楼的主楼和有柱廊的下沉式庭院，庭院被肖似剧院状的台阶所环绕。人们可以在这个台地花园中俯瞰鱼池以及古代风格的浴场。塞里奥在其书中发表了这座建筑的样式，并且，它的台阶和花园的布局影响了罗马玛达玛别墅的设计(参见有关章节)。

文艺复兴盛期和手法主义时期

1500～1540年的罗马

文艺复兴盛期始于布拉曼特在罗马的作品。

---

❶ Addizione Erculea；即位于城区北面的埃尔库莱新区。——译者注
❷ Alfonso I；西班牙国王阿方索五世（Alfonso V），阿拉贡国王（1416～1458年在位）及那不勒斯国王，又称为"阿方索一世"（1442～1458年在位）。——译者注

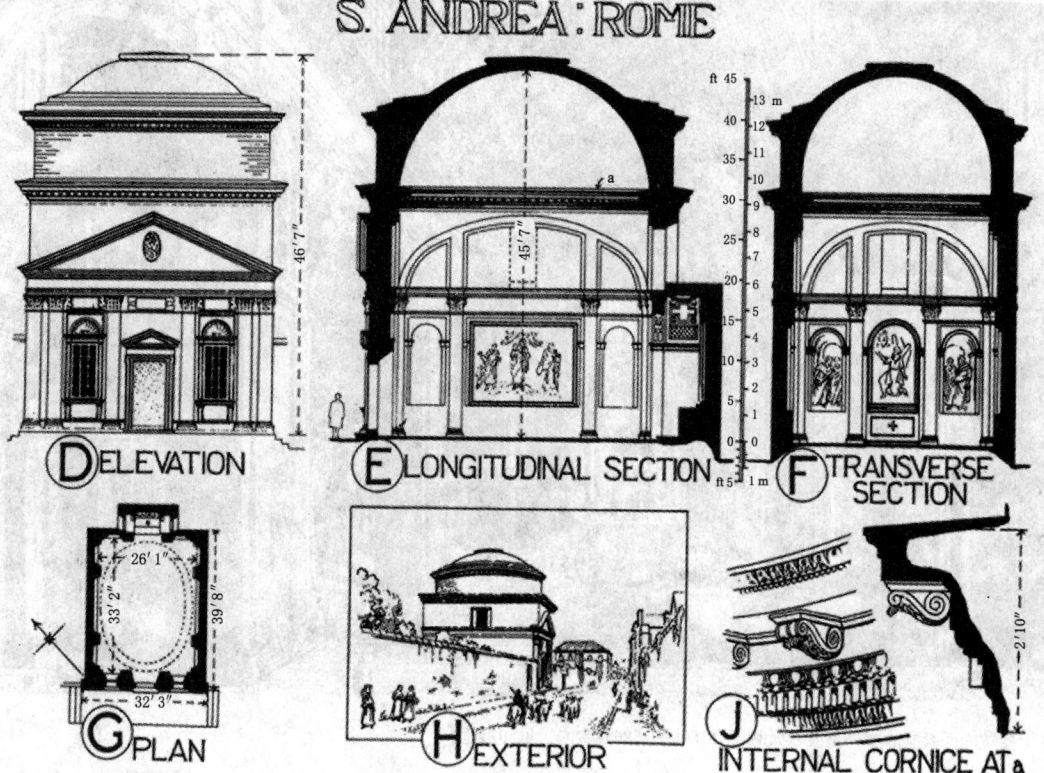

罗马蒙托里奥的圣彼得大教堂隐修院小神殿 (TEMPIETTO IN CLOISTER: S. PIETRO IN MONTORIO ROME): Ⓐ 平面图; Ⓑ 从隐修院看小神殿; Ⓒ y-y 剖面图

罗马圣安德烈教堂 (S. ANDREA: ROME): Ⓓ 立面图; Ⓔ 纵剖面图; Ⓕ 横剖面图; Ⓖ 平面图; Ⓗ 外观; Ⓙ a处室内檐口

第五编　文艺复兴时期和后文艺复兴时期的欧洲建筑及俄罗斯建筑

图 A　费拉拉圣方济各教堂(15 世纪末)，见[908]页

图 B　蒙特普尔恰诺圣布莱斯圣母教堂（1518—1564），见[915]页

图 C　皮拉内西绘制的罗马圣彼得大教堂（1506—1626）室内，见[911]页

第29章 意大利建筑

布拉曼特设计的罗马蒙托里奥圣的彼得大教堂隐修院小神殿❶(见[909]页图Ⓐ~图Ⓒ)是一座规模很小,但却能给人留下深刻印象的建筑,它将严谨和古迹研究重新添加到文艺复兴风格的建筑中。有穹窿的圆形小礼拜堂用来纪念传说中的圣彼得(S. Peter)的殉难地,通过地板上的孔洞可以看到当年的地下室(1628年重建)。其严谨的多立克式柱廊和经过精心设计的完美的多立克式檐部环绕着建筑的外部,这与古罗马围柱式庙宇很相似,突出的鼓座和半圆形穹窿很适合基督教的圣地。装饰简洁,墙面通过壁柱和贝壳形壁龛来雕刻般地表现"古风"(all'antica)。小神殿迅即获得了现代古典主义的地位。蒙托里奥的圣彼得教堂(约1490)由巴乔·蓬泰利(Baccio Pontelli)设计,是一座重要的带有扩建过东端的无侧堂教堂。

罗马**梵蒂冈观景楼庭院**(Cortile del Belvedere, Vatican, Rome, 1505年始建,以后的建筑师曾经进行过大量的改动),布拉曼特为教皇尤里乌斯二世(Julius II)设计。庭院巨大的围墙长度超过300m(1000ft),将15世纪的教皇宫与教皇英诺森八世(Innocent Ⅷ, 1485~1487年在位)的观景楼和尤里乌斯二世的雕塑庭院连接起来,上面有三层露台,很可惜现在已被分割成几个独立的庭院。从大片的低层露台(那里后来设置了半圆形台阶,为参观者提供座椅),通过宽大的楼梯和位于水神庙(nymphaeum)旁的之字形坡道可以到达上层的平台和花园。在远端,以往通过一座别出心裁设计的凹凸状楼梯可以到达半圆形露天建筑,曾经是从教皇居所看到景色的最高潮,这使人联想起古罗马的一些建筑群,如体育训练场(Palestrina)的命运女神庙(Sanctuary of Fortuna)。庭院侧面是带顶的过道(今梵蒂冈博物馆),走道从三层楼下降到远端的一层(后来由皮罗·利戈里奥(Pirro Ligorio)加高,1561年始建),形成了一道连续的天际线。砖和灰泥粉刷的立面以不同的方式连接,具有巨大的影响力,使人联想起枢密院大厦上层庭院的凯旋门节奏。而在庭院中,有史以来第一次将壁柱从底层经典的多立克柱式晋级为科林斯柱式。在布拉曼特设计的旋转楼梯上,柱子也按同样的序列布置,通过这座楼梯可以直达雕塑庭院。

布拉曼特设计的革命性的建筑——罗马卡普里尼府邸(Palazzo Caprini, Rome, 1501-1502)的立面尽管在1600年左右就不复存在,但它在16世纪曾经有过十分重要的影响。带拱廊的粗石饰面的底层是商店,其上部楼层带山花的窗子两侧布置成对的多立克式壁柱,半柱上饰以完美的多立克式檐壁。三根壁柱的成组排列使转角变得很雅致,它在通往梵蒂冈的路上特别引人瞩目。粗石饰面的底层与带有古典柱式的二层之间富有表现力的区别为整个欧洲的住宅建筑所引用。

罗马**圣彼得大教堂**(S. Peter's, Rome, 1506年始建,于1626年行奉献礼,见[910]页图C,[912][913]页,[947]页图C,[950]页)是文艺复兴时期规模最大,并且最为重要的建筑,虽然许多建筑师曾参与其事,但是主要的设计应归功于布拉曼特。尤里乌斯二世曾经突发奇想,想在歌坛(由尼古拉五世始建于约1450年)中为他自己设置一个巨大的陵墓,这促成了全面重建古代巴西利卡的决定。布拉曼特为这座新建筑提出了几个不同的设计方案,但人们都设想应当在圣彼得的陵墓之上直接耸立着一个巨大的、尺度大体上与万神庙差不多的穹窿顶,并用四个巨大的十字形拱座支撑。所谓的"羊皮纸手稿"❷和那枚1506年的奠基纪念章呈现出一个置于广场内的希腊十字形平面,带有四个附属穹窿,角部设有塔楼,并且在每四翼的终端设半穹窿。这个设计实现了集中式的理论,但也参考了一些获得人们尊敬的陵墓教堂,如威尼斯的圣马可教堂,以及一些古代的陵墓。但是,不管教堂的尺度有多大,希腊十字平面都不能全部覆盖旧的巴西利卡遗址,也不能满足集会或是仪式行列的需要。因此,大教堂最终选择了一个带有扩展的东翼的拉丁十字平面设计(见[913]页图Ⓒ)。

布拉曼特设计的建筑一般都有一个比较严谨的外观,其外观依据按等级划分的集中的几何图形(有点像他早年为帕维亚大教堂所做的设计那样)。从纪念章和塞里奥的论著的木刻版画中所见到的穹窿,是一个单层的半球体,很可能是用混凝土建造的圆顶,并且有一个酷似万神庙的阶梯形剖面。它应该建造在一个有柱廊的鼓座之上,并且顶端有

---

❶ Tempietto in the cloister of S. Pietro in Montorio, Rome, 1502年;通常音译为"坦比哀多",意大利文意为"小神殿",此处按意译。——译者注

❷ Parchment Plan, 现藏佛罗伦萨乌菲齐美术馆;这份手稿是布拉曼特为圣彼得大教堂所做的设计,画在羊皮纸上。——译者注

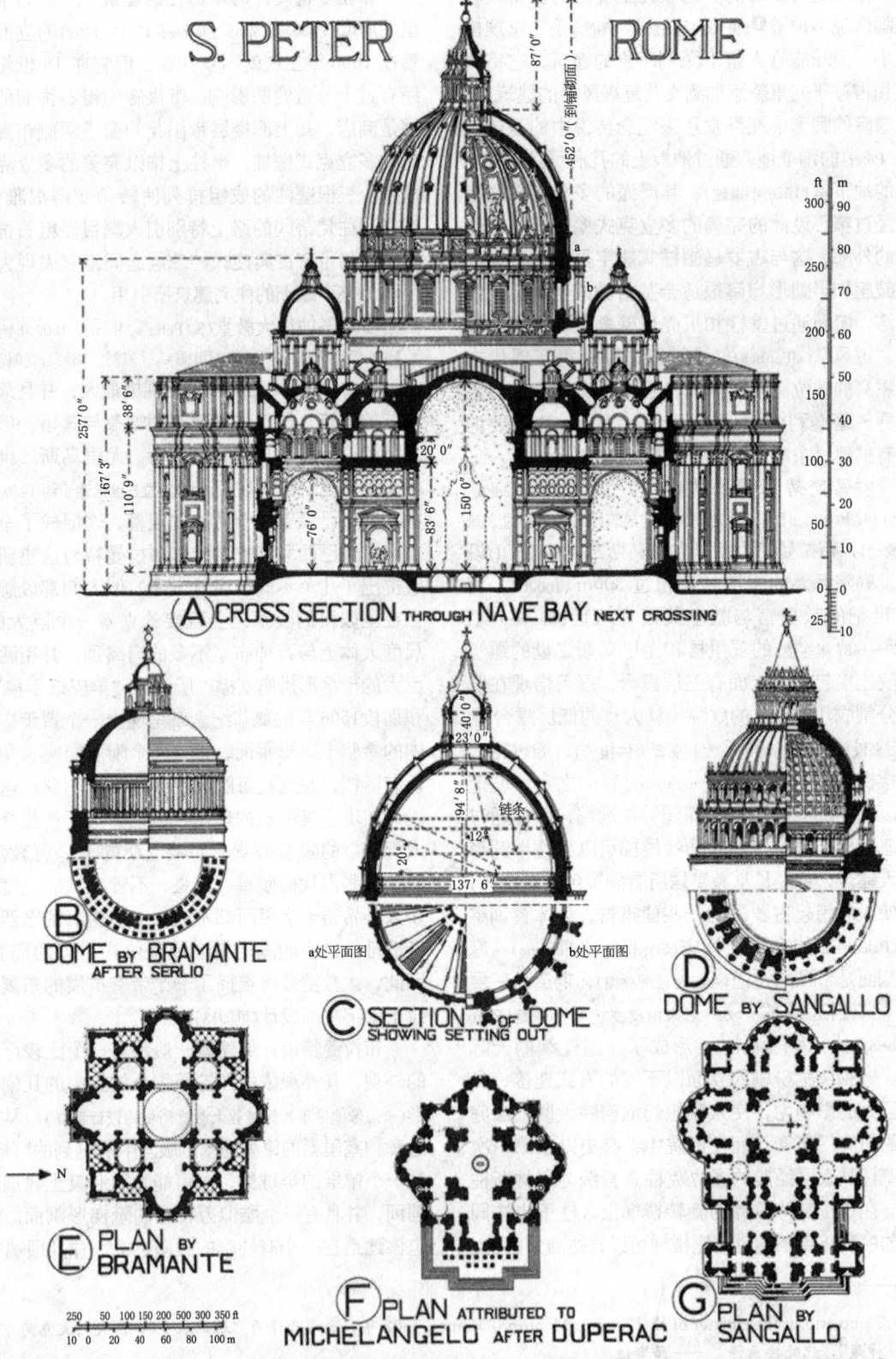

罗马圣彼得大教堂 (S. PETER ROME)：Ⓐ 中堂十字交叉处相邻开间的横剖面图；Ⓑ 继塞里奥之后布拉曼特设计的穹窿；Ⓒ 穹窿剖面放样图；Ⓓ 桑迦洛设计的穹窿；Ⓔ 布拉曼特设计的平面图；Ⓕ 继迪珀雷之后米开朗琪罗设计的平面图；Ⓖ 桑迦洛设计的平面图

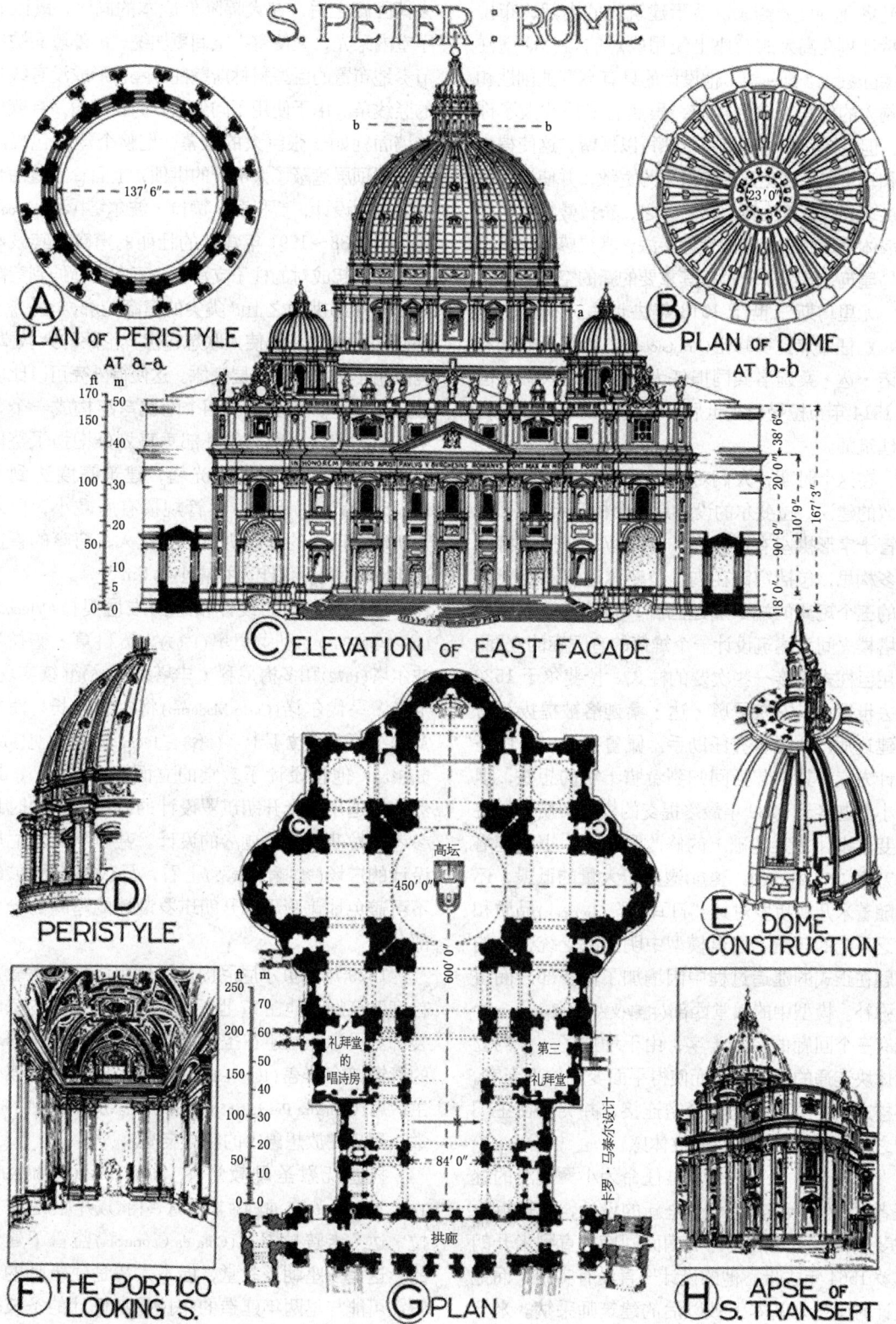

罗马圣彼得大教堂（S. PETER：ROME）：Ⓐ 列柱围廊的 a-a 平面；Ⓑ 穹窿的 b-b 平面；Ⓒ 东向立面图；Ⓓ 列柱围廊；Ⓔ 重建的穹窿；Ⓕ 从门廊看南侧；Ⓖ 平面图；Ⓗ 圣十字教堂的后堂

采光塔(见[912]页图⑧)。至于建筑物的内部,布拉曼特计划在高大的台座上使用成对的科林斯壁柱(后来由桑迦洛加建一层)。他设计的具有高度独创性和影响力的倒角十字形拱座,虽然后来被放大了许多,但是在完成的建筑中依然得以保留,这使得中堂和耳堂在十字交叉处变得更为宽敞,并使拱座和帆拱之间的过渡比较自然。总之,布拉曼特对拱座和墙体采用的雕塑般的处理手法,其灵感来源于古罗马建筑,展现了一种极其重要的新的空间概念。

尤里乌斯二世于1513年去世后,利奥十世(Leo Ⅹ)任命焦孔多修士(Fra Giocondo)和年迈的朱利亚诺·达·桑迦洛共同担任大教堂的建筑师。但在1514年布拉曼特去世后,拉斐尔成为大教堂首席建筑师。

在这个时期,人们对这座大教堂的建造提了无数的建议。拉斐尔的设计是一个拉丁十字平面,尽管十字形拱座有所放大,但保留了布拉曼特的许多构思,包括穹窿在内。拉斐尔建议围绕十字形的三个短翼的端部加建回廊,并且打算在精致的塔楼之间为建筑设计一个雄伟的有门廊的立面,并用巨柱式连接一些次要的柱式。拉斐尔于1520年去世后,小安东尼奥·达·桑迦洛被提拔为首席建筑师,由佩鲁齐任助手。佩鲁齐提出了许多设计方案,其中包括回归到希腊十字的想法,但是小桑迦洛于1539年最终提交的模型实质上是在拉斐尔设计方案基础上的修改和扩大。小桑迦洛的方案(见[912]页图⑩、图ⓒ)遭到了大量的诋毁,还伴随着米开朗琪罗对其"日耳曼"(German)品质和缺乏采光的谴责。建筑模型中明显缺乏统一性的问题在正式的建造过程中因增加了许多部分而得以弥补。模型中的教堂西部(礼拜仪式在东端)是一个带有三个回廊的希腊十字,由于增加了一个与立面体块连通的附属穹窿而使得平面变成拉丁十字。塔楼之间两层高的立面紧密连接,并突出在主门洞之前,形成前所未有的立体感。

1546年,米开朗琪罗被任命为小桑迦洛的继任者时,他开始着手一个全新的设计,包括拆除拉斐尔和小桑迦洛设计的南面回廊。直到米开朗琪罗1564年去世,他的设计一直没有实施,而他设计的穹窿则基本上被以后的建筑师采纳。米开朗琪罗设计的圣彼得大教堂,据称是恢复布拉曼特的设计,实际上是一个简化的希腊十字(见[912]页图ⓕ),别出心裁地继承了桑迦洛设计的核心。

去掉回廊之后,在大幅降低成本的同时,既改善了室内采光,又使室内空间更加统一。外墙面被有节奏地布置的巨型科林斯壁柱分隔,形成没有线脚的竖线条。由于使用了向外张开的斜凹角,有壁柱的墙面犹如一张巨大的帷幕,把整个建筑包裹起来。屋顶层遮蔽了大部分的拱顶,上面耸立着由米开朗琪罗设计,贾科莫·德拉·波尔塔(Giacomo della Porta)于1588~1591年建造的壮丽的穹窿。其鼓座由连在一起成对的柱子支承,一直向上延伸到穹窿表面的外部拱肋之上。尖尖的穹窿轮廓(尽管比米开朗琪罗设想的更为陡峭)使人联想起佛罗伦萨的大教堂,也使用了砖结构的双层壳体。这使得外壳可以比内层升高许多,主穹窿与四个附属穹窿构成一个金字塔形的组合,所有的外部垂直划分增强了整体统一。加上王冠似的采光塔,建筑高度达到了137.5m(451ft)。因此,尽管规模有所减小,但米开朗琪罗设计的建筑仍然十分巨大,穹窿的直径达42m(138ft),仅比万神庙小1.5m。

米开朗琪罗的设计相继由维尼奥拉(Vignola, 1564年被任命)、利戈里奥(1565),贾科莫·德拉·波尔塔(1572)和多梅尼科·丰塔纳(1585)继续实现。卡洛·马代尔诺(Carlo Maderno)将中堂加长,使教堂的平面变成拉丁十字(建筑长194m(636ft),见[913]页图ⓒ),他也设计了教堂的立面(1606—1612),虽然继续延用了米开朗琪罗设计的巨柱式,同时也参考了拉斐尔和桑迦洛的设计。甚至从贝尔尼尼设计的广场(参见有关章节)上看,马代尔诺的扩建不可避免地遮蔽了米开朗琪罗设计的穹窿的一大部分。

1629年,贝尔尼尼接替马代尔诺担任大教堂首席建筑师,他在17世纪进行了大量豪华的室内装饰。贝尔尼尼还在圣彼得的陵墓上修建了著名的青铜镀金华盖(1624—1633),以及壮观的圣彼得主教席(Cathedra Petri, 1656—1665),添加了西侧的后堂,用来安放想象中的使徒宝座。

托迪**抚慰圣母教堂**(S. Maria della Consolazione, Todi, 1508—1607, 见[939]页图ⓐ~图ⓒ)开始是在科拉·达·卡普拉罗拉(Cola da Caprarola)监管下建造的,这是一座朝圣教堂,但不太清楚建筑师的身份。可能与早两年建造的布拉曼特设计的圣彼得大教堂有联系,又使人联想起莱奥纳多"理想的"(ideal)教堂设计。在这一理论导向的建筑形式中,几何形式构成的集中式平面可能是最完美和最执着的实例。方形的十字交叉处之上覆盖着穹窿顶,它与四个有半穹窿的后堂相连:其中一个放置祭坛的后堂呈半圆形,另外三个则是多边形。在室内的十字交叉处,双层壁柱和巨柱式很特别地组合在一起。

蒙特普尔恰诺圣布莱斯圣母教堂(the Madonna di S. Biagio, Montepulciano, 1518—1564, 见[910]页图B)由老安东尼奥·达·桑迦洛(Antonio da Sangallo the Elder, 1455—1534)设计,他是朱利亚诺·达·桑迦洛的弟弟(参见有关章节)。同托迪的抚慰圣母教堂一样,这是一个位于城外的朝圣地,而且也与圣彼得大教堂有联系。其平面是一个传统的希腊十字,设有覆盖着穹窿的十字交叉和筒形拱顶的翼部,并在后部延伸,用来作为圣器室。正立面的两侧各有一对塔楼(其间,只建成了一座塔楼)。大部分采用石头的室内饰有相当多的雕塑,并使用了多立克式半露柱和凸出的壁柱,以及一个放置附属祭坛的拱形凹室。

佛罗伦萨的圣母领报广场(Piazza S. Annunziata, Florence)继续由老安东尼奥·达·桑迦洛和巴乔·达尼奥罗(Baccio d'Agnolo)建造。他们建造了朝向布鲁内莱斯设计的育婴院(Ospedale degli Innocenti)的第二个敞廊(1517年始建),其形式几乎完全一样。这样就围绕从塞尔维街(Via del Servi)进入圣母领报广场入口的轴线构成了一个两边对称的广场,17世纪初又加建了一个相似的敞廊。

拉斐尔(1483—1520)在1508年作为一名为尤里乌斯二世工作的年青画家来到罗马。1514年,利奥十世任命他为圣彼得大教堂的首席建筑师。此后,他监管着罗马的大部分主要建筑。正像他于1519年写给利奥十世的一封重要信件中建议的那样,拉斐尔寻求恢复罗马建筑的豪华,奢华的室内装饰受到历史丰碑,如尼禄皇帝金屋(the Golden House of Nero)的启迪,他认为这是设计的一个基本方面。拉斐尔被委托对古罗马建筑进行研究,由于他对古代建筑有着更为深远的认识和开放的思想,使他处在这一领域的前沿,这在拉斐尔设计的建筑中有强烈的体现。

罗马民众圣母教堂基吉礼拜堂(the Chigi Chapel, S. Maria del Popolo, Rome, 约1513年始建),值得注意的是,这座教堂背离了布拉曼特的设计,尽管角部带斜面的壁龛明显受到圣彼得大教堂十字形拱座的启示。然而,这里的本意是想用一堵波浪形的墙面来创造一个与教堂分开的、独立围合的空间。两座金字塔形的陵墓置于实心拱券之下,它们占据了礼拜堂的侧墙,礼拜堂通过鼓座上的窗户获得充分的采光。室内镶嵌着色彩缤纷的装饰,壁龛内的塑像、青铜浮雕、彩色大理石、绘画和马赛克,它们创造了奢华的效果,这正适合赞助人——教廷银行家阿戈斯蒂诺·齐吉(Agostino Chigi)富有的身份以及拉斐尔追求华丽的罗马建筑的雄心。16世纪未建成的礼拜堂,经贝尔尼尼做了一些修改后得以完成。

罗马玛达玛别墅(the Villa Madama, Rome, 约1516年始建,见[938]页图①)尽管从未建成,但仍属16世纪最具创新精神和影响力的作品之一。它是为红衣主教朱利奥·德·梅迪契❶和他的侄子教皇利奥十世设计,是教皇休养的场所,它位于城外马洛山(Monte Marlo)的山坡上。巨大的圆形庭院依托着山坡形成了相互分开的台阶的两翼(只建造了半座庭院和后翼)。庭院后面是一个嵌入山体、"古风"(all'antica)的半圆形剧场。供夏季使用的后翼直通一个露台式花园,其下建有一个鱼池,而通过位于圆形塔楼旁的围合前院的台阶可以到达供冬季使用的前翼。露台与布拉曼特设计的观景楼庭院有所不同,拉斐尔受古罗马离宫的启示,在花园下面也有鱼池和水神庙。古罗马的影响尤其表现为,带拱顶的三个开间敞廊通到外面的花园,拱顶的形式不同,有洞口的墙面以及精彩的壁画和装饰抹灰造型。建筑体块的外部和爱奥尼亚巨柱式壁柱连接,这在当时是很新颖的做法。

罗马布兰科尼奥·德·阿奎拉府邸(Palazzo Branconio dell'Aquila, Rome, 1518—1520, 已毁)的立面是文艺复兴时期最具欢庆气氛的府邸立面之一。它位于通向圣彼得大教堂的主干道上。底层是一个带有托斯卡纳多立克式半柱的实心拱廊,供商店使用。高高的楼层显现前所未有的复杂性:在带有交替出现的三角形和弓形山花的龛式窗之间是放置塑像的壁龛,既否定又肯定了与下面柱式的延续性;在上面,夹层的窗户交替装饰着彩色灰泥的圆雕饰和垂花饰。装饰更为克制的第

---

❶ Giulio de'Medici;即后来的教皇克雷芒七世(Clement Ⅶ)。——译者注

三层顶部冠以一个凸出的檐口和精致的屋顶栏杆。

小安东尼奥·达·桑迦洛(Antonio da Sangallo the Younger, 1484—1546)为朱利亚诺(Giuliano)和老安东尼奥(Antonio the Elder)的侄子(参见有关章节)，是 16 世纪遭受到诋毁和误解最多的一位建筑师。他生于佛罗伦萨，一开始是为布拉曼特设计的圣彼得大教堂制作模板的木匠。在 1516 年，小桑迦洛被任命为拉斐尔的助手。此后，从 1520 年起直到去世，担任首席建筑师。他是一名专注而又一丝不苟的考古学家，作为教皇御用建筑师，他负责监造罗马几乎全部的主要建筑以及教皇国的防御工事。小桑迦洛在一生中设计建造了大量的建筑，包括雅致的罗马巴尔达西尼府邸(Palazzo Baldassini, Rome, 1516—1525)、罗马**教皇造币所**(Papal Mint (Zecca), Rome, 1525—1527)，以及颇具影响力的罗马**萨西亚圣灵教堂**(S. Spirito in Sassia, Rome, 1538—1590)。**卡斯特罗城**(Castro)中的大部分建筑都是由小桑迦洛为皮耶尔·卢伊季·法尔内塞(Pier Luigi Farnese)设计建造的，可惜几乎没有保存下来。

罗马法尔内塞府邸(Palazzo Farnese, Rome, 按照小安东尼奥·达·桑迦洛的设计始建于 1517 年，并于 1534 年和 1541 年重新设计，从 1546 年起由米开朗琪罗修改设计，1589 年建成，见[884]页图Ⓐ、图Ⓑ，[917]页)是 16 世纪最雄伟的意大利府邸。府邸的立面宽 56m(185ft, 1541 年始建)，有三层高(使人想起佛罗伦萨的府邸)和 13 个开间，占据了一个宽大广场的长边。这座府邸用砖建造，饰有巨大的隅石，并有一个厚重的粗石饰面的大门。每一层的窗框都不同，楼层的窗户交替变换山花的形式，这些密致地排列在平整而无特色的墙面上，使规模显得更为巨大。覆盖顶部的檐口被米开朗琪罗放大很多，他还设计了大门上的窗户，这样就在立面上投下了比小桑迦洛的设想还要厚重的阴影。小桑迦洛设计的独特的由三道通廊构成的门厅(约 1520 年始建)受到了如像古罗马水神庙的启发，由多立克式柱子支承的筒形拱顶覆盖着门厅，这座门厅因其表面雕刻的品质而特别引人注意。内部的房间并不对称布置，而是围绕一个五个开间的正方形庭院布置。庭院的立面分为三层，同古罗马圆形剧场一样，从下至上依次是多立克柱式、爱奥尼柱式和科林斯柱式。具有精美细部的下面两层与半柱相连，由小桑迦洛设计。高大的、极尽轻盈的带壁柱的顶层设有奇特的窗户，由米开朗琪罗设计。尽管它很美，但并不能与小桑迦洛的设计保持完全一致。建筑的后部直到 1589 年才建成。

罗马圣灵门(Porta S. Spirito, Rome, 1543—1544, 未完成)提供了穿越 16 世纪的城堡到梵蒂冈的通路。其立面受康斯坦丁凯旋门启发，但最不同寻常的是有一些微微凹陷(同桑迦洛设计的造币所一样)。完全由石头建造的立面细部是桑迦洛擅长这方面的绝好例证。

巴尔达萨雷·佩鲁齐(Baldassare Peruzzi, 1481—1536)出生于锡耶纳，在大约 1505 年定居罗马之前接受过绘画训练。其职业生涯的大部分时光都生活在布拉曼特和拉斐尔的阴影之下，只有在小桑迦洛建造圣彼得大教堂时担任过他的助手。自 1527 年罗马遭劫掠之后，佩鲁齐晚年的大部分时间在锡耶纳和意大利北部度过。他最好的建筑和他的许多得以保存下来的工程图样显示出他那富于想象力和灵活性的思想，与其他许多同行相比，他较少地屈从于教条。他的思想对塞里奥撰写的建筑书籍产生了影响。

罗马法尔内西纳别墅(the Villa Farnesina, Rome, 1505 年始建，见[938]页图Ⓗ)是为佩鲁齐的同乡——锡耶纳人阿戈斯蒂诺·齐吉设计的一座早期乡村别墅。其 U 形平面结合了两个带拱顶的一层敞廊，其壁画由佩鲁齐、拉斐尔和其他画家创作。其中的一座敞廊位于凸出的两翼入口之间，另一座敞廊则面向台伯河。楼上壮观的客厅壁画表现透过虚构的柱子可以窥视栩栩如生的远景。四个砖结构的立面，曾经涂有精彩的饰面，都布置有二层楼高的多立克式壁柱，它们构成了巨大的矩形窗户或敞廊拱门的门套。装饰着华丽的赤陶雕带的顶部檐部，以及顶层的窗户由于使用了华柱、大理石像和垂花雕饰使其显得更有生气。

佩鲁齐设计的**罗马马西莫圆柱府邸**(Palazzo Massimi alle Colonne, Rome, 1532 年始建，见[918]页)是文艺复兴盛期风格的府邸中最精巧和最有革新精神的变体。复杂的基地规划显然是出于经济上的考虑，并且，府邸有着相互关联的对称部分而不是整体对称。其大胆的向外凸出的圆弧形外观顺应了街道的曲线，并且利用毗连府邸的空间把建筑立面向左侧扩展，这样就在对面的街道上形成了一条轴向通道。中央门厅成对布置的多立克式柱子在两侧变成为壁柱，使中央部分的跨间看起来

罗马法尔内塞府邸 (PALAZZO FARNESE: ROME)：Ⓐ 檐口；Ⓑ 临广场立面图；Ⓒ 入口；Ⓓ 立面开间；Ⓔ 从柱廊看庭院；Ⓕ 庭院开间；Ⓖ 一层平面图；Ⓗ 入口门厅；Ⓙ 二层平面图

第五编 文艺复兴时期和后文艺复兴时期的欧洲建筑及俄罗斯建筑

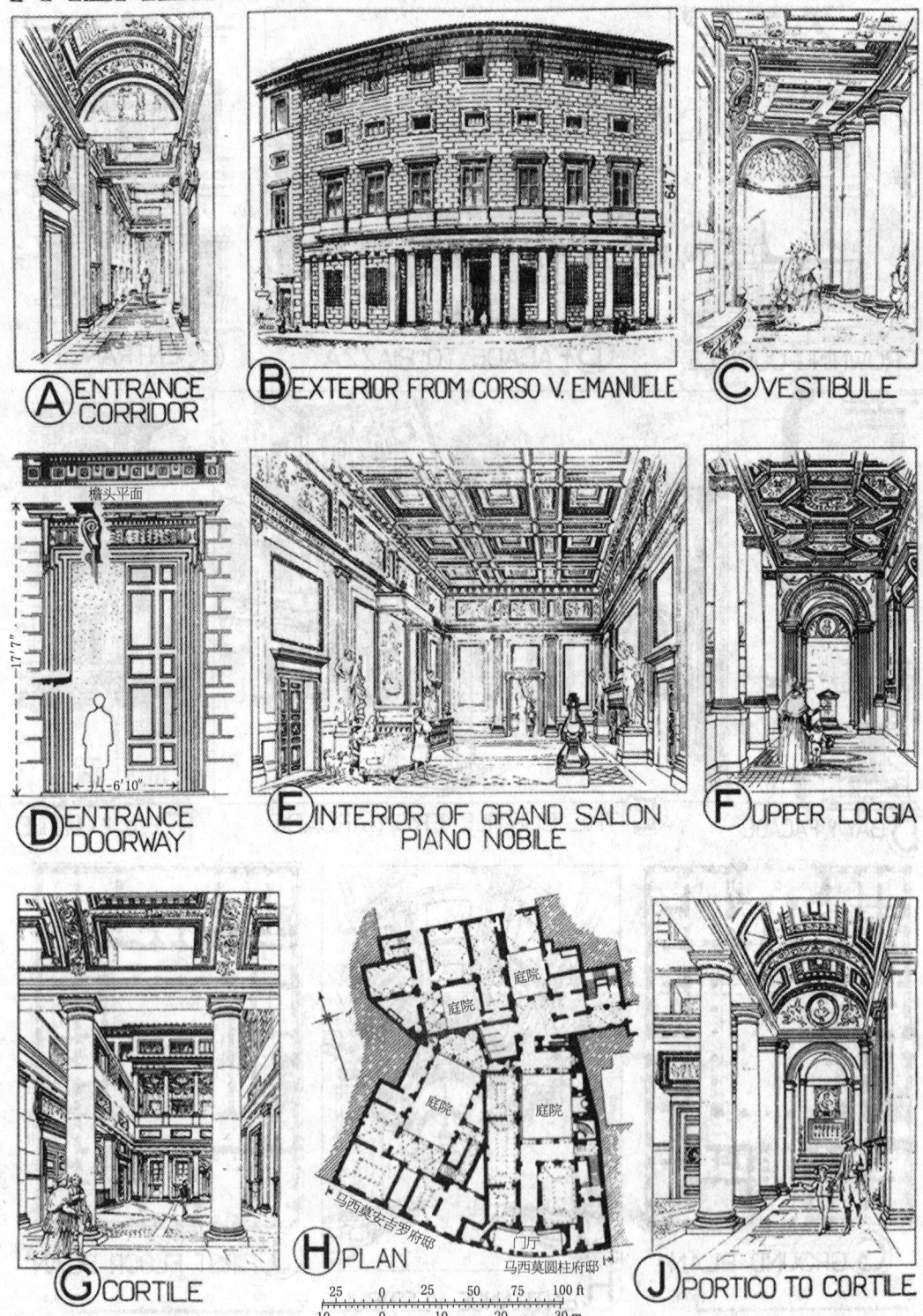

罗马马西莫圆柱府邸 (PALAZZO PIETRO MASSIMI: ROME)：Ⓐ 入口回廊；Ⓑ 从埃马努埃莱大街看府邸；Ⓒ 门厅；Ⓓ 入口；Ⓔ 楼层主客厅室内；Ⓕ 上层敞廊；Ⓖ 庭院；Ⓗ 平面图；Ⓙ 通向庭院的门廊

最为宽大。在上部，穿过宽阔而平滑的粗石饰面的无柱式墙面，与楼层檐梁式窗户紧接的是两层更小但又十分雅致的夹层和顶层窗，每种窗户的比例都不相同。这种在庭院立面上的刻意变化让人联想起拉斐尔设计的，但是已经毁坏的布兰科尼奥·德·阿奎拉府邸(参见有关章节)。

1520～1600 年的意大利北部

朱利奥·罗马诺(Giulio Romano, 约1499—1546)在拉斐尔的工作室里开始了其职业生涯，并成为拉斐尔的主要助手。拉斐尔于1520年去世后，罗马诺在罗马既当画家又当建筑师，并在1524年应邀成为曼托瓦的贡扎加家族(Gonzagas)的宫廷艺术家。在那里，他继续负责所有的艺术工作直到去世。他在曼托瓦设计的建筑都就地取材，特别是砖和灰泥，但其雄伟壮丽可与罗马当时的建筑相比。罗马诺的创造近乎古怪，他设计的许多建筑在修复时都遭到了破坏或者已经完全消失，但是**曼托瓦大教堂**(Mantua Cathedral, 1545—1547)及曼托瓦附近的波河河畔圣本笃隐修院教堂(abbey church of S. Benedetto Po, 1539年始建)都是保存下来的精彩范例。他本人在曼托瓦用灰泥装饰立面的**住宅**(house in Mantua, 见[920]页图A)也是精彩的范例，它有一个形状古怪的、位于山墙的入口，入口插入到上面粗石饰面的带拱顶的楼层。

曼托瓦泰宫(Palazzo del Te, Mantua, 1525年始建)是罗马诺得以保存下来的杰作。它坐落在城墙外，那里原来是一个岛屿。它成为贡扎加公爵的离宫，并且是在不同阶段建造的。单层的四个翼部围绕一个巨大的开敞式庭院布置，粗石饰面的北翼，包括早先建成的一幢建筑面向着城市。这是为什么出现异常的隙缝间隔，以及多立克壁柱的划分节奏在每个立面的结束部位都加快的一部分原因。西翼迷人的四柱式中庭以法尔内塞府邸的门厅为原型，但却带有置于"粗面"(rustication)抹灰墙面中奇特的多立克柱式。庭院立面上饰有更多的雕刻，但与外部相比，更加不遵循传统手法，断裂的山花与窗户上的楔石相连。在东侧和西侧的立面上饰有三槽板，它们似乎从其原本应处的雕带上"跌落"(dropped)下来。东翼建筑的外立面是最后建造的，它是塞里奥母题的变奏，具有复杂的

成组的壁柱、柱子和拱门，以一座中间有三个拱门的敞廊结束。立面的前方是一个护城河般的鱼池，一座直通长长的有围墙的观赏花园的桥横跨其上。这座外表华丽的建筑，原先饰有壁画，与装饰着朱利奥·罗马诺作坊制造的奇特装饰物的室内相映成趣。

佩萨罗皇家离宫(Villa Imperiale, Pesaro, 1530年始建)是这个时期建造的许多雄伟的别墅之一。它由画家和建筑师吉罗拉莫·真加(Girolamo Genga, 1476—1551)为被放逐的乌尔比诺公爵弗朗切斯科·马里亚·德拉·罗维雷(Francesco Maria della Rovere)设计。这座离宫包括一片15世纪的居住区，并与一系列庭院和露台花园相连，受到了拉斐尔设计的玛达玛别墅的启发。雄伟的砖结构前院立面模仿了马克森提巴西利卡❶遗迹，而给人以极深印象的后院似乎有多层表面，采用了韵律不断变化的爱奥尼式壁柱。

乔瓦尼·马里亚·法尔科内托(Giovanni Maria Falconetto, 1468—1535)很晚才进入建筑界，经常与他的朋友兼赞助人阿尔维斯·科尔纳罗(Alvise Cornaro)合作。法尔科内托出生于维罗纳，他在那里及罗马研究古代建筑，并成为威尼托地区推崇古典风格的先驱者之一。

帕多瓦科尔纳罗敞廊和音乐亭(the Loggia and Odeo Cornaro, Padua)是为阿尔维斯·科尔纳罗(Alvise Cornaro)府邸设计的花园。始建于1524年的敞廊(Loggia)显然是一件古典主义作品，它构成剧场演出的背景。在多立克式拱廊之上，爱奥尼式壁柱成为带有交替出现的山花的窗户的框架，这使人回想起年代相近的罗马建筑。音乐亭(Odeo, 约1553年始建)是一座亭子，其中心是一个冠有拱顶的八边形大厅，这使人联想起古罗马的厅堂。而房间的整体布局似乎与一座建筑有关联，并且会使人想到瓦罗别墅(Villa of Varro)。

帕多瓦附近卢韦利亚诺的韦斯科维别墅(Villa dei Vescovi, Luvigliano, near Padua, 16世纪30年代)是帕多瓦主教的一座别墅，是一幢富于戏剧性建在山顶上的单层正方形建筑。两个带有精美的多立克壁柱的拱廊立面与一个之字形楼梯相通(以观景楼庭院为原型)，这座楼梯从厚重的粗石饰面的平台上升起。

---

❶ Basilica of Maxentius，又称"君士坦丁巴西利卡"。——译者注

第五编 文艺复兴时期和后文艺复兴时期的欧洲建筑及俄罗斯建筑

图 A　曼托瓦朱利奥·罗马诺住宅(1538—1546)，见[919]页

图 B　维罗纳帕利奥门（约 1545 年始建），见[925]页

第29章 意大利建筑

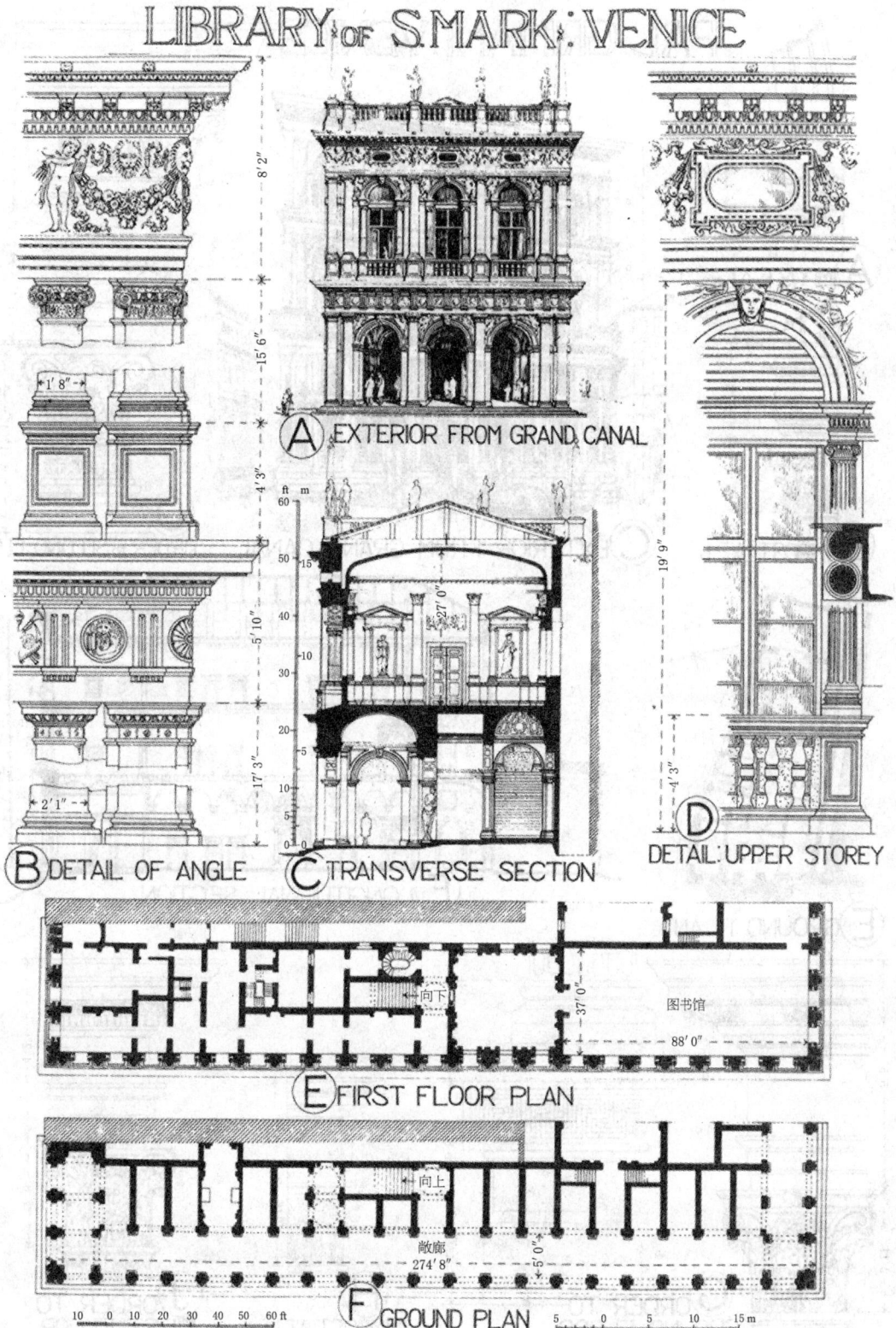

威尼斯圣马可图书馆（LIBRARY OF S. MARK：VENICE）：Ⓐ 从大运河看图书馆；Ⓑ 转角细部；Ⓒ 纵剖面图；Ⓓ 楼层细部；Ⓔ 二层平面图；Ⓕ 一层平面图

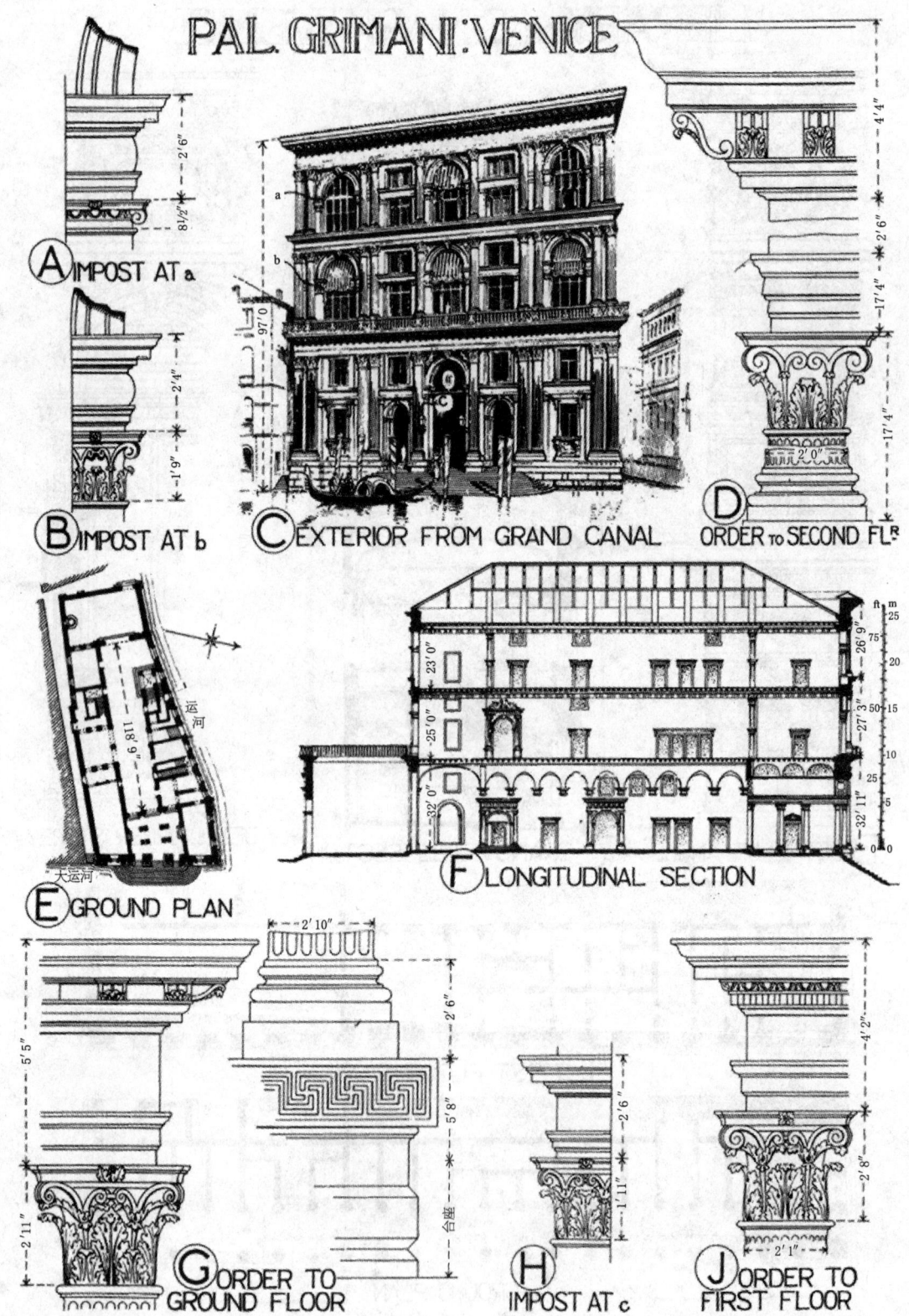

威尼斯格里马尼府邸 (PAL. GRIMANI: VENICE)：Ⓐ a 处的拱基；Ⓑ b 处的拱基；Ⓒ 从大运河看府邸；Ⓓ 二层的柱式；Ⓔ 一层平面图；Ⓕ 纵剖面图；Ⓖ 一层平面柱式；Ⓗ c 处的拱基；Ⓙ 二层平面柱式

第29章 意大利建筑

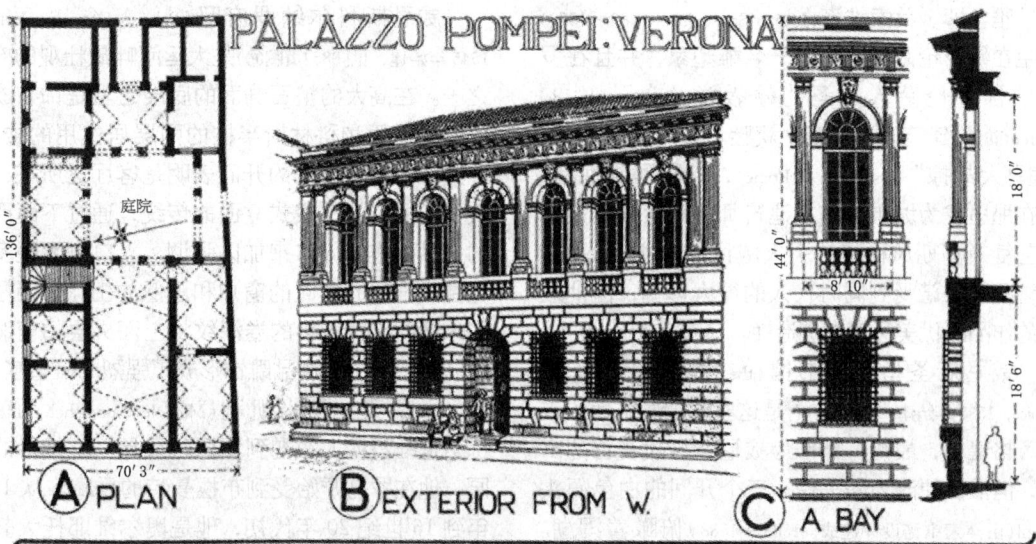

维罗纳庞贝宫 (PALAZZO POMPEI：VERONA)：Ⓐ 平面图；Ⓑ 西向外观；Ⓒ 一个开间
维罗纳禁卫军宫 (GRAN GUARDIA VECCHIA：VERONA)：Ⓓ 剖面图；Ⓔ 东向外观；Ⓕ 侧面开间
维罗纳的其他府邸 (OTHER PALACES AT VERONA)：Ⓖ 迪亚曼蒂府邸；Ⓗ 议会大厦；Ⓙ 贝维拉夸府邸

雅各博·桑索维诺(Jacopo Sansovino, 1486—1570)出生在佛罗伦萨, 原先是一名雕塑家, 并且在罗马的佛罗伦萨人之圣约翰教堂(S. Giovanni dei Fiorentini)的建筑设计竞赛中获胜。1527年, 由于"罗马大劫掠"(the Sack of Rome), 他移居威尼斯, 并在那里成为城市的官方建筑师。桑索维诺是将文艺复兴盛期风格建筑引入威尼斯的主要人物, 尽管桑索维诺受到同时代人的很大影响, 但他最好的作品既优美又富有创造性。

威尼斯圣马可图书馆(the Library of S. Mark's, Venice, 1537年始建, 见[921]页)是这座城市最雄伟的古典风格建筑, 最初打算作为威尼斯行政长官的寓所, 但很快便改为图书馆。三个开间的白色石头立面(由桑索维诺设计建成, 1583—1588)俯瞰着泻湖。而沿广场布置的21个开间的立面则面对总督宫, 装饰着这个重要的礼仪空间的外观。一层的拱廊全部采用多立克式半柱, 在此, 桑索维诺按照维特鲁威的方法, 在转角设半个陇间板, 即把最边上的半柱和从拱座延伸上来的壁柱相搭配。上层的爱奥尼柱式框架似地将从独立的爱奥尼亚小圆柱上升起的圆拱窗围住, 是一种压缩的塞里奥母题。拱肩上部塑有战利品, 下部雕刻海神。极宽的檐壁上开着椭圆形的窗户, 顶部栏杆上冠以雕像和方尖碑。桑索维诺设计的图书馆是重建的圣马可广场南侧这一更为复杂的工程的一部分, 斯卡莫齐随后设计了新行政公署(1586年始建)。图书馆的建造使广场重新组合, 对于展现圣马可广场的景观起到重要作用, 并使其外观变得壮观和更加均衡。

威尼斯造币厂(the Zecca, Venice, 1536年始建)外观严谨, 与其功能相协调。在粗石饰面的底层之上以多立克式半柱作饰边, 柱间带有厚重的凸出檐部的窗户由牛腿支撑。立面和与之形成对比的圣马可图书馆临河立面相毗连, 然而不同的檐口并不在一条直线上。约1506年加建的第三层并未改变桑索维诺的设计。

威尼斯钟楼平台(the Loggetta, Venice, 1537年始建, 见[885]页图⑪)位于钟楼下面, 对面是总督宫的主入口, 是作为贵族的聚会场所来设计的。立面是一个三层的凯旋门, 设有独立的复合柱式, 受到了塞维鲁拱门(Arch of Severus)的启发。其彩色大理石饰面、壁龛中的雕像, 以及顶层和拱肩墙上的浮雕使这个小小的建筑成为威尼斯装饰最华丽、最具欢乐气氛的建筑。

威尼斯科尔纳罗府邸(Palazzo Cornaro, Venice, 1545年始建, 见[885]页图⑥)是大运河畔最壮观的府邸之一。在高大的粗石饰面的底层之上是饰有成对的爱奥尼亚和科林斯半柱的两层居住用的楼面。中央三个紧凑排列的开间表明是客厅之所在, 沿袭了威尼斯的三段式立面的传统, 通过下面严谨的三拱相连的入口来加以强调。入口侧面是多立克柱式饰边的怪诞的窗户和压低的山花, 而拉长的米开朗琪罗风格的卷涡纹将上面夹层的窗洞框住。窗下墙的战利品雕饰形成了强烈的雕塑感。

米凯莱·桑米凯利(Michele Sanmicheli, 1484—1559)是维罗纳人, 初到罗马时只是一位年轻的石匠, 他在罗马开始受到布拉曼特的熏陶。从1509年到16世纪20年代初, 他是奥尔维耶托大教堂(Orvieto Cathedral)的首席建筑师。1526年, 他与小桑迦洛一起监造教皇国的防御工事。回到威尼托地区之后, 自1530年以后直到去世, 他一直是威尼斯防御工事的首席建筑师, 但是他的大部分民用建筑作品都是为其家乡维罗纳的贵族而设计。他尤其擅长巧妙地处理石头立面中的细部。

维罗纳贝维拉夸府邸(Palazzo Bevilacqua, Verona, 约1530, 见[923]页图①)七开间的石头立面在一面保持连续。交替变化的开间宽度和极为不同的细部创造出极为复杂的节律。贵族层主要开间的特点是采用在垂直方向上交替变化和带有螺旋形凹槽的科林斯半柱, 用河神和战利品装饰拱肩, 并且在小开间墙面的窗户上交替使用弓形和三角形的山花。由卷涡饰支承的硕长的阳台分隔了各个楼层, 卷涡饰取代了下面多立克柱式上的三陇板, 用皇帝胸像作为拱顶石和铁制的窗台板使庄重的粗石饰面变得富有生气。

维罗纳庞贝宫(Palazzo Pompei, Verona, 1550, 见[923]页图⑧~图ⓒ)受到布拉曼特设计的卡普里尼府邸的启发, 在粗石饰面的底层之上设置带凹槽的多立克式半柱。这座建筑有很多精妙之处, 如加宽的中央开间, 使其看起来更加牢固的附加转角壁柱, 并且还有简洁的粗琢石支撑和下面窗户的窗槛。

威尼斯格里马尼府邸(Palazzo Grimani, Venice, 约1556年始建, 见[922]页)是大运河畔最为壮观的府邸。虽然在上层壁柱使用科林斯柱式和在两侧的开间使用对柱的做法让人联想到文德拉明-卡莱尔吉府邸(参见有关章节), 但格里马尼府邸更像网格似的立面与极力强调水平向的檐口相互谐调。三个层楼的建筑高度有所减小，威尼斯府邸成组式的开间布置允许在统一的建筑网格中有较大的变化。三个开间的列柱式门厅以罗马的法尔内塞府邸为原型(参见有关章节)。

维罗纳**帕利奥门**(Porta Palio, Verona, 约 1545 年始建，见[920]页图 B)是桑米凯利设计的三座城门之一。外部的三个开间立面采用多立克柱式，采用成对的半柱，并且在转角部使用壁柱。这座大门的砌石设计非常精美，尤其是粗面石的图案和凸出的巨大拱顶石。三个入口退入矩形的凹口极有可能是桑米凯利对维罗纳的罗马剧场进行研究的结果，而粗琢石的多立克柱式既可以加固大门入口又使城市具有罗马遗迹的特征。

维罗纳**乡间圣母教堂**(Madonna di Campagna, Verona, 1559 年始建)是一座建于中世纪的城外不远处的朝圣教堂，也是 16 世纪最雄伟的集中式布局的教堂之一。它由一个巨大的、带穹窿的圆厅建筑和圣坛后面一个稍小的带穹窿的空间组成，有围柱的托斯卡纳地区多立克式柱廊围绕着圆厅建筑的外部，而八边形内部有复合柱式的两个楼层。

桑米凯利设计的另一个颇具影响力的宗教建筑是维罗纳**佩莱格里尼礼拜堂**，亦称圣伯尔纳教堂(Cappella Pellegrini, S. Bernardino, Verona, 约 1527 年始建)。其优美的二层室内设计受到万神庙和拉斐尔设计的基吉礼拜堂的启发，复杂而有韵律的划分和极度精美的装饰细部与贝维拉夸府邸的小礼拜堂有一定的关联。

宏大的维罗纳**禁卫军宫**(Palazzo della Gran Guardia, 1610—1614，完成于 1819～1853 年，见[923]页图Ⓓ～图Ⓕ)由桑米凯利的学生多梅尼科·库尔托尼(Domenico Curtoni)设计，是在维罗纳继承桑米凯利风格的最佳典范。该建筑一直到 19 世纪才建成。

安德利亚·帕拉第奥(Andrea Palladio, 1508—1580)也许是文艺复兴时期最著名的建筑师。他生在帕多瓦，出身寒微，接受过石匠训练，1524 年移居维琴察。在那里曾受到人文学者吉安·乔尔吉奥·特里希诺(Gian Giorgio Trissino)的鼓励，并经常去罗马研究古代遗迹，从而开始学习建筑。其早期作品主要是为维琴察的赞助人建造的府邸和别墅。大约从 1555 年开始，他有很多为威尼斯工作的机会。帕拉第奥对古代建筑颇具洞察力的研究以及系统的设计手法使得具有普适性的古典风格应运而生，并能够与当地的材料和传统相协调，从而在造价有限的情况使建筑壮观华美。帕拉第奥巨大的影响力在很大程度上源于他出版了以自己的设计作品作为例证的论著《**建筑四书**》(*Quattro Libri*, 1570)，这本书已成为一本优秀设计手册。

1549 年，帕拉第奥更换了议事厅的哥特式拱门的方案，即今天著名的维琴察**巴西利卡**(Basilica, Vicenza, 见[927]页)。由于他的设计优于其他著名建筑师的方案而被采纳。新设计的砌石立面覆盖着建筑的三个面(《建筑四书》中附有四个立面的设计)，建筑有两个楼层，底层采用多立克式，上层采用爱奥尼亚式。塞里奥母题(即所谓的帕拉第奥母题)由半柱围合而成，并在转角处采用成对的半柱。因为塞里奥母题可任意地扩展或缩小，这个出色而灵活的解决方案考虑到了基地的限制和由后面的哥特式主体部分所带来的不规则的开间宽度。这个庄严雄伟的建筑的顶部冠以竖有雕塑的栏杆。

维琴察**蒂内府邸**(Palazzo Thiene, Vicenza, 1542 年始建，见[929]页图 A)是一个粗石饰面风格的早期府邸，其建造要归功于朱利奥·罗马诺❶。在粗石饰面的砖结构底层之上是带科林斯式壁柱的贵族层，壁柱在转角开间成对布置，交替出现的三角形和弓形山花成为窗户的华盖，山花由嵌入一系列方石的爱奥尼亚式小圆柱支撑。这些做法源自朱利奥·罗马诺在罗马设计的一幢已毁的房屋，并且在英国的帕拉第奥风格的建筑中长期存在。

维琴察**神职人员大厦**(Palazzo Chiericati, Vicenza, 1551 年始建)采用了极为特殊的解决方案，设计拙劣肤浅，而占地却十分广阔。11 个开间的立面(只有左侧的四个开间由帕拉第奥建造，剩余部分在 17 世纪晚期完成)中，只有贵族层中央的五个开间是开敞的，采用的形式是两层的檐梁式门廊，它突出于广场之上。封闭的开间中包括大客厅的窗户。

维琴察**瓦尔马拉纳府邸**(Palazzo Valmarana, Vicenza, 1565 年始建，见[928]页图Ⓓ)是一座晚期建造的府邸，帕拉第奥在七个开间立面的中部五个开间使用了巨柱复合式壁柱。一些较小的科林斯柱式形成了低层窗户的窗套。在两侧最端部开间，

---

❶ 乔尔吉奥·瓦萨里将蒂内府邸归之于帕拉第奥的设计，朱利奥·罗马诺在一开始曾参与蒂内府邸的建造。——译者注

巨柱式被古怪的两层式方案所替代，即下层采用科林斯式壁柱，上层采用浮雕，题材是孤单的勇士，壁柱支撑着主檐的端部。这个高度个性化的立面，以其多样的灰泥装饰而著称，取得了几个层面叠置的外观效果。在极具雕塑感和装饰性的维琴察巴尔巴拉诺府邸(Palazzo Barbarano, Vicenza, 1570—1575)中，帕拉第奥将爱奥尼亚式半柱叠置在底层的科林斯式壁柱之上。而文艺复兴盛期府邸立面的另一个变化表现在未完成的维琴察波尔托·布雷甘泽府邸(Palazzo Porto Breganze, Vicenza, 又名"魔鬼宫殿"(Casa del Diavolo), 16世纪70年代，见[928]页图©)中，它具有巨柱式复合柱式半柱，如果建成的话，会有七个开间宽。

维琴察卡皮塔尼阿托敞廊(the Loggia del Capitaniato, Vicenza, 1571—1572)是一个集会的场所，位于威尼斯的一位行政长官的住所前面，三个开间的广场立面上饰有科林斯式半柱的巨柱。带拱顶的敞廊之上的会议厅有突破额枋的高大窗户，下面由奇特的米开朗琪罗式的基座支承。

维琴察奥林匹克剧场(the Teatro Olimpico, Vicenza, 1580年始建，见[933]页图B)是从古代以来建造的第一座永久性剧场。受古代剧场的启发，为了在原有的建筑上建造剧场，坐席区实际上是半椭圆形，而精美的舞台背景类似"现实场景"(scenae frons)。后面带透视的远景中带有逐渐变窄的街道立面，由斯卡莫齐于1584～1585年加建。

大波亚纳波亚纳别墅(Villa Poiana, Poiana Maggiore, 约1549)是典型的帕拉第奥式早期别墅式农庄，其他优秀的实例还有巴尼奥洛的皮萨尼别墅(Villa Pisani, Bagnolo, 1541—1544)和菲纳莱·迪·阿古利亚诺萨拉切诺别墅(Villa Saraceno, Finale di Agugliaro, 1545年建成)。所有这些建筑都包括两套各有三个不同大小房间的公寓，公寓的侧面是敞廊和矩形客厅，这仍然是帕拉第奥偏爱的别墅平面方案。波亚纳别墅的单层立面的构成要素异常简单，特别是塞里奥式的入口。上面的阁楼是仓库，在入口之上形成一个山花。

圆厅别墅，又名维琴察附近的阿尔梅里科-卡普拉别墅(Rotonda (Villa Almerico-Capra), near Vicenza, 1569年建成，见[928]页图Ⓐ～图©)。它并非别墅式农庄，而是一座远离城市的宫殿式的居所。别墅的名字源于其带穹窿的中央圆形客厅。同帕拉第奥晚期设计的大多数别墅一样，它也使用了带山花的神庙正立面式的母题，但这座建筑的特别之处在于它的集中式正方形平面，平面中设有四个相似的凸出的有柱门廊，它们俯瞰着周边壮丽的风景。这个不寻常的设计在18世纪的英格兰特别流行(参见第32章)。

马塞尔巴尔巴罗别墅(Villa Barbaro, Maser, 16世纪50年代中期)将乡间住宅和农场建筑结合在一起，形成一个影响十分巨大的雄伟组合。与主体建筑连在一起的谷仓以带山花的鸽舍作为结束。神庙式的正立面占据了主体建筑的全部宽度，是对通常的帕拉第奥式的一个有趣的变体。蒙塔尼亚纳皮萨尼别墅(Villa Pisani, Montagnana, 1552)和皮翁比诺·德瑟科尔纳罗别墅(Villa Cornaro, Piombino Dese, 1552—1553)有相连的二层带柱门廊，变化更大。而马尔孔滕塔福斯卡里别墅(Villa Foscari, Malcontenta, 1560年前建)有一个附加的山墙似的顶楼。布伦塔山莫切尼戈别墅(Villa Mocenigo, on the Brenta, 1570年前设计，见[928]页图Ⓔ、图Ⓕ)是帕拉第奥最具雄心的设计之一，但没有建成。其带山花的大厦具有中央庭院，并从大厦辐射出四个有柱廊的曲线形侧翼。较简单的波河平原弗拉塔巴多尔别墅(Villa Badoer, Fratta Polesine, 1556)是一个建成的带曲线形侧翼建筑的实例。

威尼斯圣乔治大教堂(S. Giorgio Maggiore, Venice, 1565年始建，见[929]页图C, [930]页图Ⓐ～图Ⓔ)的平面为拉丁十字，有一个较短的中堂，并且在十字交叉处设有穹窿。作为一座主要的本笃会教堂，为了满足寺院的需要，设置了附属侧堂，带后堂的耳堂，以及一个后堂区(这是16世纪威尼斯的普遍做法)。成组的科林斯壁柱与侧堂连接，中堂内排列着设在台座上的复合柱式巨柱式半柱，半柱在十字交叉处与壁柱会合。室内用白石和灰泥装饰，拱顶上巨大的气窗将这一部分空间照得很亮，体现出帕拉第奥在教堂建筑中所推崇的纯净明晰的思想。立面处理背离了早期的用半柱和科林斯式壁柱来表现内部布局的方法。中央部分的四根半柱耸立在高高的基座之上，顶部冠以神庙正立面似的山花。一些较小的柱子有效地延续了整个正面的宽度，它们支撑着两侧的半山花。

威尼斯救世主教堂(the Church of the Redentore, Venice, 1577年始建，见[930]页图Ⓕ～图Ⓘ)是帕拉第奥设计的最精美的教堂，由威尼斯政府为纪念一场严重瘟疫的结束而修建。单一中堂的平面有一个分为三瓣的十字形走廊，曲线形的列柱式圣坛屏风

第29章 意大利建筑

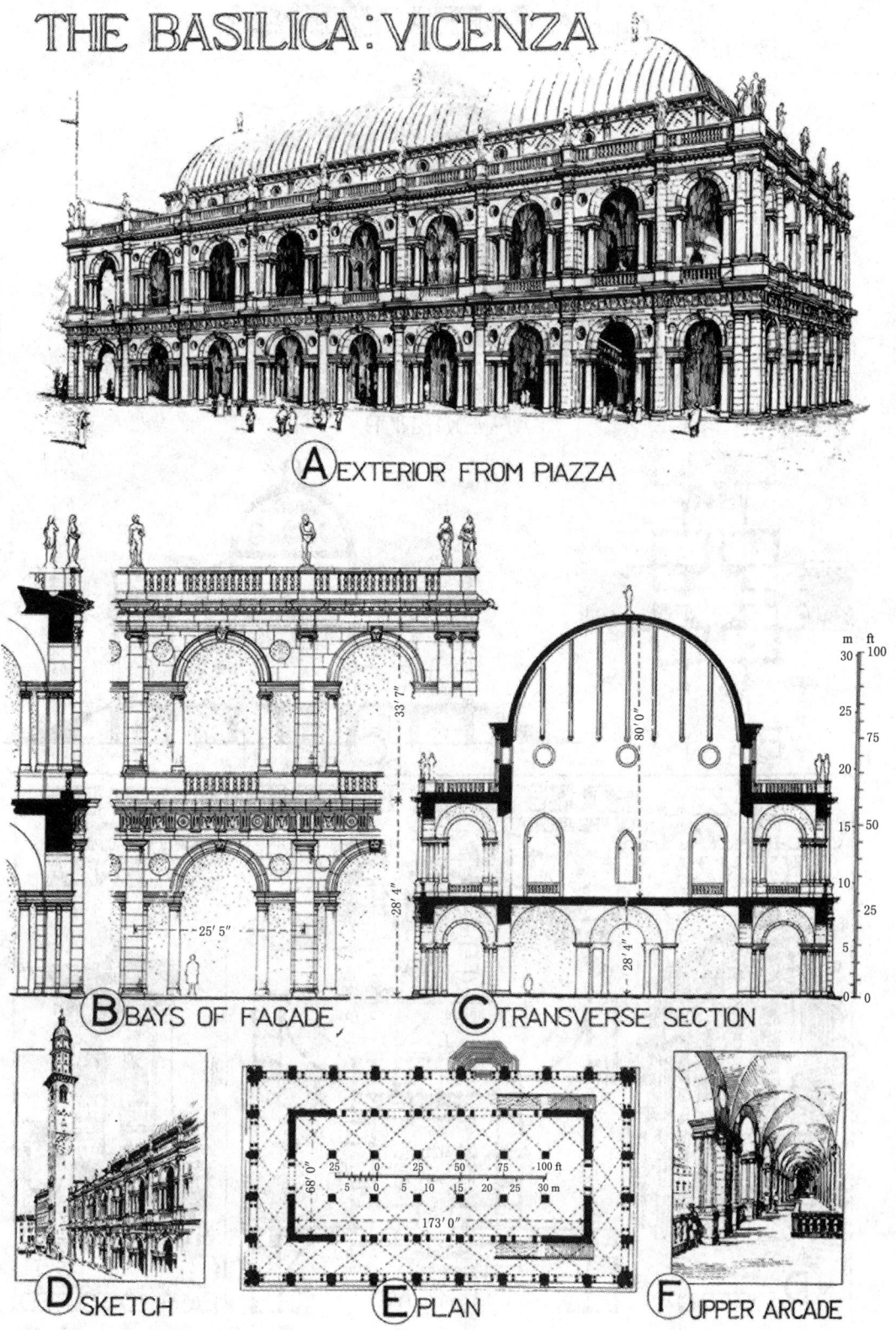

维琴察巴西利卡（THE BASILICA：VICENZA）：Ⓐ 从广场看巴西利卡；Ⓑ 立面开间；Ⓒ 横剖面图；Ⓓ 外观示意图；Ⓔ 平面图；Ⓕ 二层拱廊

第五编　文艺复兴时期和后文艺复兴时期的欧洲建筑及俄罗斯建筑

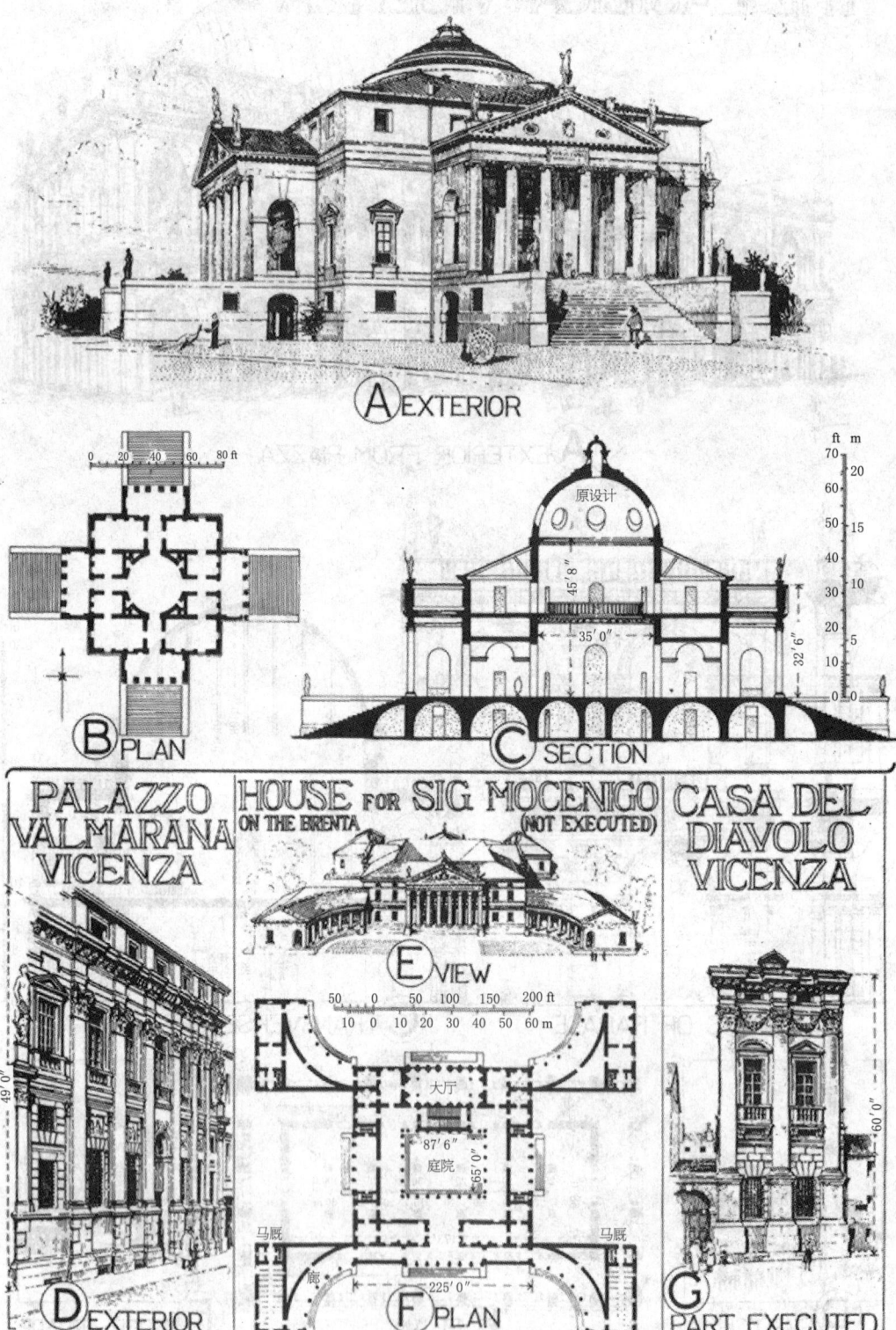

维琴察圆厅(卡普拉)别墅 (VILLA CAPRA: VICENZA)：Ⓐ 外观；Ⓑ 平面图；Ⓒ 剖面图
维琴察瓦尔马拉纳府邸 (PALAZZO VALMARANA VICENZA)：Ⓓ 外观
布伦塔山莫切尼戈别墅（未建成）(HOUSE FOR SIG. MOCENIGO ON THE BRENTA(NOT EXECUTED))：Ⓔ 远景；Ⓕ 平面图
维琴察魔鬼宫殿 (CASA DEL DIAVOLO VICENZA)：Ⓖ 建成部分

第29章 意大利建筑

图A 维琴察蒂内府邸(1542年始建),见[925]页

图B 热那亚卡里尼亚诺圣母教堂(1549—1603),见[931]页

图C 威尼斯圣乔治大教堂(1565年始建),见[926]页

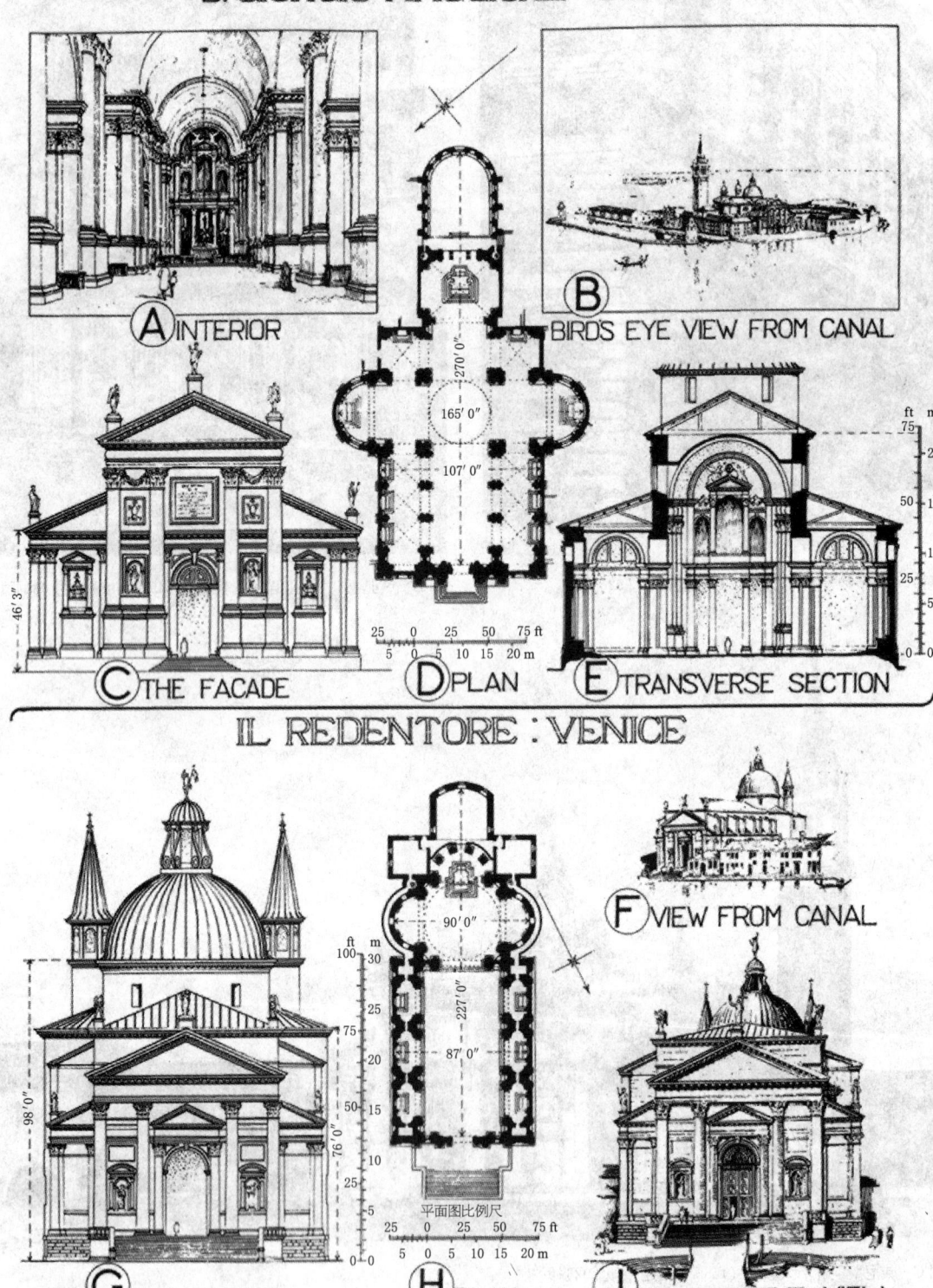

威尼斯圣乔治大教堂 (S. GIORGIO MAGGIORE: VENICE)：Ⓐ 室内；Ⓑ 从大运河鸟瞰；Ⓒ 立面图；Ⓓ 平面图；Ⓔ 横剖面图

威尼斯救世主教堂 (IL REDENTORE: VENICE)：Ⓕ 从大运河看教堂；Ⓖ 立面图；Ⓗ 平面图；Ⓙ 透视图

位于祭台的后面，它通向一个简单的僧侣唱诗班歌坛。互相连接的附属小礼拜堂位于带拱顶的中堂的两侧，通过气窗采光。同附近的圣乔治大教堂一样，其立面也由大柱式和小柱式组成，它们这次是从相同的高度上升起。隔运河相望，穹窿、边角小尖塔和凸出的扶壁与立面结合形成了一个复杂但却高度统一的组合体。

洛尼戈 **皮萨尼城堡**（the Rocca Pisani, Lonigo, 1576），它的名字听起来像宝石❶，由温琴佐·斯卡莫齐设计（1552—1616）。斯卡莫齐是帕拉第奥的主要追随者，他出版了一本颇具影响力的专著《万有建筑理念》（*L'idea della architettura universale*, 1615）。这幢别墅独自耸立在一座大山上，是帕拉第奥圆厅别墅的变体，有一个小型的单间门廊，不过客厅是八边形而不是圆形。相对较小的窗户漂亮地分布在舒展的白色墙面上，创造出宁静的几何体外观。

加莱亚佐·阿莱西（1512—1572）出生于贵族之家，曾在罗马接受教育。最初，阿莱西在自己的家乡佩鲁贾（Perugia）工作，1548 年移居热那亚，然后，于 1557 年又迁到米兰。尽管从同行中受益颇多，但他大量的作品仍然独具个性。尤其精通非正统的"古风"（all'antica）式细部和灰泥装饰。他在热那亚设计的几座府邸建筑利用了山城的困难地形，体现出新颖的变化。

热那亚**卡里尼亚诺圣母教堂**（S. Maria di Carignano, Genoa, 1549—1572, 1603 年建成, 见[929]页图 B）建造在一座山顶上，其平面与布拉曼特设计的圣彼得大教堂很相似。带有中央穹窿的正方形之内是一个希腊十字，并且在对角线方向设有四座较小的穹窿。略微低矮的带山花的立面两侧有两座角部塔楼，它们建在壁柱柱式支撑的檐口之上（设计成对称的立面）。简洁的外墙与通常非常精细的建筑元素形成对比，尤其是那些较小的矩形窗户。

热那亚**坎比亚索别墅**（Villa Cambiaso, Genoa, 1548 年始建）高踞于城市之上，有一个与帕拉第奥式别墅不同的、近似正方形的简单的平面，但却有一个位于入口敞廊后面的置于建筑中央的大厅。建筑的立面让人联想起佩鲁齐设计的罗马法尔内西纳别墅（参见有关章节），尽管采用的雕塑般的处理手法和建筑构件的复杂精细完全不同。别墅上部敞廊镶嵌着大量的装饰物，这是一次令人惊叹的对装饰的尝试。

热那亚**新大街**❷，几乎可以确认是阿莱西为热那亚贵族适应新府邸而设计的。位于街道北侧的府邸，沿着后面陡峭的山坡渐渐倾斜。阿莱西设计的**坎比亚索府邸**（Palazzo Cambiaso, 1558—1560）位于第一个转角处，具有独特的装饰立面。**多里亚-图尔西府邸**（Palazzo Doria-Tursi）是最杰出的一座府邸，由阿莱西的助手罗科·卢拉戈（Rocco Lurago）监督建造。从前厅起，一段雄伟的楼梯直通到壮观的庭院（在这一平面上，府邸的两边都有露台）。在建筑后部，另一段楼梯通向一个洞室，另外还有一座楼梯通到上面的楼层。一系列相似的宏伟层面出现在阿莱西在热那亚设计的**绍利别墅**（Villa Sauli, Genoa, 约 1550, 只有极小部分得以保存下来）中。

米兰**马里诺府邸**（Palazzo Marino, Milan, 1558—约 1570, 见[934]页图 B）由阿莱西为热那亚人马里诺（T. Marino）设计，马里诺为自己捐下泰拉诺瓦公爵的头衔。这幢建筑坐落在一片巨大的岛屿之上，恰到好处地表现出一种妄自尊大的姿态。主立面有三层高，宽 11 个开间（东侧有 15 个开间），以多次重复但是怪诞的手法进行密集的装饰，使用的母题源自米开朗琪罗和朱利奥·罗马诺。庭院的规模适度，但装饰却异常奢华。底层采用多立克式塞里奥母题，二层拱廊装饰着大量的半身像柱、壁龛和精美的镶板。

佩莱格里诺·蒂巴尔迪（Pellegrino Tibaldi, 或佩莱格里尼（Pellegrini），1527—1596）是一位来自博洛尼亚的画家建筑师，被崇尚改革的枢机主教圣卡洛·博罗梅奥❸带到米兰，在那里他接替阿莱西成为首席建筑师。他设计的建筑通常带有一种强烈的庄严感，尤其是在帕维亚**博罗梅奥学院**（Collegio Borromeo, Pavia, 1564 年始建）中，其门窗布局式留给人们非常深刻的印象。他为**萨龙诺圣堂**（Sanctuary at Saronno）所做的改建，以及圆形的还愿教堂——米

---

❶ rocca；在意大利文中是"岩石"和"城堡"的意思。——译者注
❷ Strada Nuova, Genoa, 1550 年始建；亦译为"诺瓦大街"。——译者注
❸ Cardinal S. Carlo Borromeo；又称"圣查尔斯·博罗梅奥"；按《不列颠百科全书》所述，圣查尔斯·博罗梅奥是意大利反宗教改革运动的重要人物。——译者注

兰圣塞巴斯蒂安教堂(S. Sebastiano, Milan, 1577年始建)也给人留下非常深刻的印象。米兰圣费代莱教堂中的耶稣教堂(Jesuit church of S. Fedele, Milan, 1569年始建, 东端曾经过改造)，布局紧凑的形式与阿莱西早年设计的米兰圣保罗与巴拿巴教堂(SS. Paolo e Barnaba, 1561—1567)很相似。中堂由两个正方形开间组成，独立的柱子支承着带穹窿的拱顶。冠以穹窿的十字形走廊的后面是后堂，而耳堂实际上比中堂窄小，饰有绘画的明亮的室内十分简朴。

始建于1596年的蒙多维城维科堡维科圣母教堂❶是阿斯卡尼奥·维托齐(Ascanio Vitozzi, 约1539—1615)的杰作。这位来自奥尔维耶托的建筑师在都灵附近工作。这幢建筑的平面呈椭圆形，它是16世纪规模最大的集中式布局的建筑。中央部分的设计具有非凡的想象力，教室主入口和高高的祭坛位于主轴线上，两侧有两个入口门厅，四个位于对角线上用做公爵墓室的小礼拜堂，以及四座能让人想起阿莱西设计的卡里尼亚诺圣母教堂的角部塔楼。其内部奢华的灰泥装饰突出了教堂是为公爵而建，以及还愿的特征。

1540～1600年的佛罗伦萨和罗马

博纳罗蒂·米开朗琪罗(1475—1564)在其职业生涯的中期才成为一名建筑师，不过在其早期绘制的杰作——西斯廷礼拜堂的天顶画(1508—1512)中就已明显表露出他在建筑方面的才华。作为最具个性的一位文艺复兴建筑师，他不仅对16世纪末期，而且对巴洛克时期都具有极深的影响力。他对"一幢建筑在视觉上应该保持统一"(a firm sence of the visua unity of a building)持有坚定的信念。他通常通过使用巨柱式和厚重的水平檐口将设计形成整体，并故意采用非正统的式样，而雕刻细部则通常采用怪诞的方式。这些特性都可以在罗马的圣彼得大教堂(参见有关章节)中见到，这座教堂是米开朗琪罗漫长的建筑师职业生涯中的一件巅峰之作。

佛罗伦萨新圣器室(New Sacristy, Florence, 1519年始建，见[933]页图A)奉朱利奥·德·梅迪契红衣主教(Cardinal Giulio de'Medici)，即后来的教皇克雷芒七世(Clement VII)之命而设计，它是圣洛伦索教堂中的第二座家族陵墓。它在平面上翻版了布鲁内莱斯基在对面的旧圣器室，室内采用的灰色石头和白色灰泥也与旧圣器室极为相似，但加了一个顶部，这使人想起朱利亚诺·达·桑迦洛设计的圣灵教堂圣器室。侧墙中央怪诞的墓碑由白色磨光的卡拉拉大理石制成，与素雅的浅灰色云石(pietra serena)划分形成强烈对比。转角处设有大理石的门，门上带有双层宽厚的檐壁，檐壁用做上部大尺度壁龛的基石。壁龛变幻莫测地向上和向外打断顶部的弓形山花。覆盖着带藻井的穹窿的圣器室通过四扇带有夸张的渐细窗框的特大窗户采光。

佛罗伦萨劳仑齐阿纳图书馆(Laurentian Library, Florence, 1524年始建，见[934]页图A)位于圣洛伦索教堂的回廊内。图书馆本身是一个布置着许多书桌的硕长的房间，壁柱间成排的窗户使室内相当亮堂，壁柱与16世纪50年代完工的天花上的梁相互对位。在这个宁静而布局清晰的空间前面是一个更加高大而雄伟的平面为正方形的门厅，它几乎被尺度超大的阶梯完全填满，这座阶梯由阿曼纳蒂于1559年始建。阶梯直通图书馆的大门，下部有三个梯段，但外侧的两个梯段实际上只是起装饰作用。门厅的墙面尤其违背传统做法。从雕饰精细的卷涡饰上升起的对柱嵌入白色灰泥的墙面中，墙面的壁龛上饰有华盖，壁龛带有很少见的越接近柱头越宽的壁柱。

罗马坎皮多利奥宫殿建筑群❷(见[935]页)构成了16世纪设计最为完整的建筑群，并且为传统的城市中心提供了一处独特的场所。三幢大楼对称地围绕梯形广场布置，广场在面向元老院(Palazzo del Senatore, 1600年完工)的一侧被加宽。这幢大楼和位于其右侧，经过重新整修的孔塞尔瓦托里宫❸，以及一幢新建筑，有着对称立面的新宫(Palazzo Nuovo, 坎皮多利奥博物馆, 1603—1654)组成了三个一组的建筑群。通过一段雄伟而陡峭的楼梯进入广场，广场的女

---

❶ S. Maria (Madonna di Vico), Vicoforte di Mondovi, 1596年始建；维科堡，即都灵市南的一座城市——蒙多维附近的维科堡圣堂。——译者注

❷ Capitoline Palaces, Rome, 约1539年始建；Capitoline在意大利文中为Campidoglio, 即坎皮多利奥山，亦称"卡皮多山"(Capitolino)。此处为坎皮多利奥山上的诸宫殿。——译者注

❸ Palazzo dei Conservatori, 1561～1584年；Conservatori在意大利文中为"保守党人"之意，也有人译为"保守宫"。——译者注

第29章 意大利建筑

图A 佛罗伦萨圣洛伦索教堂的梅迪契礼拜堂新圣器室(1519年始建），见[932]页

图B 维琴察奥林匹克剧场室内（1580年始建），见[926]页

图C 佛罗伦萨乌菲齐宫（约1560—约1580），见[936]页

第五编　文艺复兴时期和后文艺复兴时期的欧洲建筑及俄罗斯建筑

图 A　佛罗伦萨劳仑齐阿纳图书馆(1524 年始建；楼梯间建于 1559 年）入口，见[932]页

图 B　米兰马里诺府邸庭院（1558—约 1570），见[931]页

图 C　罗马教皇庇护四世乡间别墅（1558—1561）花园凉亭，见[940]页

第29章 意大利建筑

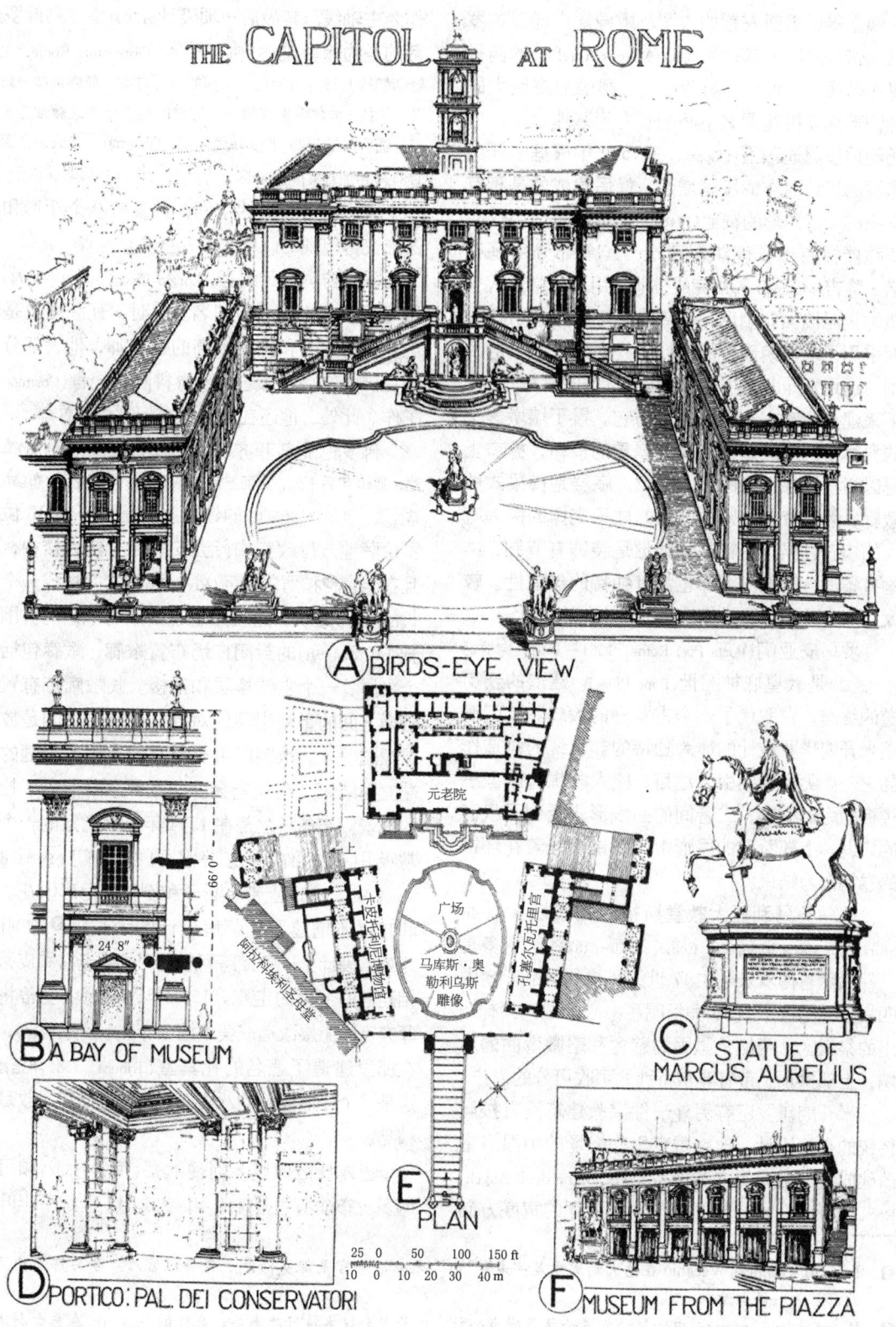

罗马卡皮多广场 (THE CAPITOL AT ROME)：Ⓐ 鸟瞰图；Ⓑ 博物馆局部；Ⓒ 马库斯·奥勒利乌斯雕像；Ⓓ 孔塞尔瓦托里宫门廊；Ⓔ 平面图；Ⓕ 从广场上看博物馆

儿墙上冠以重新安置的古罗马雕像。广场以古罗马皇帝马库斯·奥勒利乌斯(Marcus Aurelius)的骑马青铜雕像(见[935]页图©)为中心，雕像立在巨大的椭圆形地面拼花图案中间的长方形基座之上。广场随后按照迪珀雷(Dupérac)在1569年根据米开朗琪罗的设计而作的版画增建，最后建成的是相互交织的十二角形的铺地(1946)。元老院立面中仅有双跑楼梯由米开朗琪罗建造，其余部分由马蒂诺·隆吉(Martino Longhi)完成，他采用了非常令人失望的灰泥墙面。相反，孔塞尔瓦托里宫的石材立面采用了米开朗琪罗的设计，其中只有很小的改动。这是米开朗琪罗最成功的设计作品之一，接下来建造的新宫几乎完全模仿它。置于墙墩之上的科林斯巨柱式壁柱支撑着厚重的檐口，檐口上冠以栏杆，并用雕像加以强调。底层是横梁式的敞廊，敞廊带有由紧贴墙墩的柱子支撑的极为宽大的楔石过梁。尽管整体感觉是装饰有节制、结构有条理，但雕刻细部也具有独特的创造性。较大的中央通道由贾科莫·德拉·波尔达设计。

罗马皮亚门(Porta Pia, Rome, 1561—1564, 完成后经过改动)是教皇庇护四世(Pope Pius Ⅳ)建造的新街道的终端，它取代了一个古罗马的大口。其门洞是米开朗琪罗设计的最为独特的非正统的创造作品之一。尖拱特别引人注目，使人联想起巨型三陇板的弓形檐部，二者间的曲线形式受到了气窗的启发，上部断裂的弓形山花以铺满挂着花环饰的卷涡作为结束。

罗马圣马利亚大教堂斯福尔扎祭坛(Cappella Sforza, S. Maria Maggiore, Rome, 1560—1573)差不多是一件预示着博罗米尼和17世纪风格的作品。室内四根独立的柱子以45°角标明了中心区域，并有凸出的祭坛区；两侧是坚固的壁龛和略微弯曲的后墙，上部拱顶上带有非常特别的可收可分的窗户。

米开朗琪罗还有另外一件宗教建筑没有按照传统的方法设计。他将戴克里先浴场的中温浴室改建成罗马诸天使之圣母教堂(S. Maria degli Angeli, Rome, 1561年始建)，米开朗琪罗以大厅的宽度方向作为主轴线。其最后一项设计(1560)是罗马佛罗伦萨的圣约翰教堂(S. Giovanni dei Fiorentini, Rome, 主设计师们从1518年开始提交工程的设计方案，最终是按照贾科莫·德拉·波尔塔提交的一个传统的拉丁十字形教堂方案建造，随后，在1620年由马代尔诺(Maderno)完成，立面在1734年由加利莱伊(Galilei)完成)，米开朗琪罗设计了一个圆形的带穹窿的空间，并且有八个矩形和椭圆形交替出现的门厅和小礼拜堂。

乔尔吉奥·瓦萨里(Giorgio Vasari, 1511—1574)因撰写艺术家的传记而闻名。同时，瓦萨里也是一位多产的画家和天资极高的建筑师，他大部分时间在佛罗伦萨为梅迪契公爵科西莫一世(Cosimo Ⅰ)工作。此外，他还在他的家乡阿雷佐工作。

佛罗伦萨乌菲齐宫(Uffizi, Florence, 约1560年始建, 1580年后不久, 由阿方索·帕吉吉和贝尔纳多·布翁塔兰蒂完成, 见[933]页图C)的建造主要是为了将13位佛罗伦萨地方行政官和行会安置到一幢大楼中，并且在老宫❶和阿尔诺河(River Arno)之间构成一个长长的U形建筑，建筑的短边面向阿尔诺河。围绕长140m(459ft)的封闭广场布置敞廊，敞廊包括一个夹层、一个主要楼层和顶楼。长敞廊带有置于墙墩之间的重复出现的对柱，在墙墩之间是放置雕像的壁龛。敞廊以带有透空的塞里奥母题的窄端立面结束，在长老会议广场❷方向形成了壮观的对景。布翁塔兰蒂在1574年以后增建的一个非常吸引人的作品是著名的祈祷门(Porta delle Suppliche)，大门上带有断开和倒置的弓形山花。乌菲齐宫还增建了瓦萨里设计的大长廊❸的剖面，为公爵设计了一条横跨阿尔诺河，将老宫和皮蒂宫相连通的带顶的走廊。1581年，布翁塔兰蒂将乌菲齐宫的上层改造成美术馆(即今天的乌菲齐画廊)，并在那里建造了著名的礼宾室(Tribuna, 1584年始建)，这是一个华丽非凡的八边形房间，它储存了收藏的精品。

巴尔托洛梅奥·阿曼纳蒂(1511—1592)和贝尔纳多·布翁塔兰蒂(1531—1608)是16世纪下半叶佛

---

❶ Palazzo Vecchio; Vecchio在意大利文中是"老""旧"之意，老宫是佛罗伦萨长老会议宫厅，今为佛罗伦萨市政厅。——译者注

❷ Piazza della Signoria; 中世纪的佛罗伦萨是城市公社，由长老会议主持行政事务。此处的Signoria在意大利文中是"长老会议"之意，也可译为"市政广场"。——译者注

❸ Corridoio; 此处指横穿佛罗伦萨老桥，连接老宫、乌菲齐宫和皮蒂宫的走廊。瓦萨里于1565年设计建造，又称"瓦萨里走廊"(Corridoio Vasariano)，内部现陈列欧洲历史上著名画家的自画像。——译者注

罗伦萨最重要的建筑师。布翁塔兰蒂为梅迪契在佛罗伦萨城外建造了几幢别墅,其中在**普拉托里诺**(Pratolino,1569年始建,已毁)和**阿尔蒂米诺**(Artimino,1594)建造的别墅很出名,阿尔蒂米诺别墅是波吉奥·阿·卡亚诺的梅迪契别墅的放大版(参见有关章节)。布翁塔兰蒂也因其设计的壮观的剧场,以及花园设计和装饰特色而著名,如保存下来的佛罗伦萨**波波里花园**(Boboli Gardens, Florence 1583—1588)中镶饰着钟乳石状物的装饰性洞室。阿曼纳蒂在佛罗伦萨最优秀的作品是皮蒂宫中那用粗石饰面,带有繁琐细部的背立面(参见有关章节)。但是他所涉及的地区范围很广,包括帕多瓦、卢卡、罗马以及其他地方。阿曼纳蒂设计的**罗马学院**(Collegio Romano,1581—1585)是罗马建立的最早的一所技术学校。其壮观的砖石立面分为三段,将不同尺寸的窗户和门按照不同的组团来布置,创造出有趣的构图效果。

卢卡**城墙**(City Walls, Lucca, 1504—1645)是当地建筑师的作品,是保存至今最坚固的16世纪城防工事。城墙低矮的内倾轮廓很好地适应了当时城市财政的现实状况,其密布棱堡的多角形形状满足了交叉火力防御的需要。

贾科莫·巴罗齐·达·维尼奥拉(Giacomo Barozzi da Vignola,1507—1573)出生在博洛尼亚附近,接受了成为画家的训练。维尼奥拉之所以能成为一名杰出的罗马首席建筑师,在很大程度上仰仗教皇保罗三世(Paul Ⅲ)的提携和法尔内塞家族。1562年,他出版了《建筑的五种柱式法则》(Regola delli cinque ordini d'architettura)。该书是一系列带有解释说明文字的论述五种柱式的镌版印刷品,因第一次对五种柱式进行系统的论述,产生了巨大的影响,尤其是在法国。他的建筑作品包括沿着**博洛尼亚**主要广场一侧建造的雄伟的**班基拱廊**(Portico dei Banchi,约1561年始建)和未完成的、庞大的皮亚琴察**法尔内塞府邸**(Palazzo Farnese, Piacenza)。

罗马**朱利娅别墅**(Villa Giulia, Rome, 1551年始建,见[938]页图Ⓐ~图Ⓖ)为教皇尤里乌斯三世(Pope Julius Ⅲ)而建,恰好建在城墙外面。维尼奥拉设计的二层的外立面十分严谨,正面带有粗琢的隅石和门洞,楔石独特地与檐部重叠。紧邻建筑的是一个半圆形的带有大小柱式的庭院敞廊,连接着一座气氛欢快并围合起来的花园,花园的大部分实际上是阿曼纳蒂的设计。在第一座花园庭院尽端的楼阁的另一侧,台阶盘旋而下,通往一个低一些的平面,这里建有一幢带有女像柱的水神庙,从更往下的远处也能看到它。涌出泉水的少女泉(Aqua Vergine)由尤里乌斯重建。结果创造了一系列各不相同并且惊人的空间,这些空间的设计完全是考虑内部形象而不是外部。

罗马**耶稣教堂**(Gesù, Rome,1568年始建,见[939]页图Ⓓ~图Ⓗ)是耶稣会母堂,由枢机主教亚历山德罗·法尔内塞(Cardinal Alessandro Farnese)出资兴建,是维尼奥拉设计的最著名的建筑。简洁的平面源于阿尔贝蒂设计的曼托瓦圣安德利亚教堂和拉斐尔设计的圣彼得大教堂,它有一个带筒形拱顶无侧堂的宽敞中堂,成对的壁柱之间是小礼拜堂,带穹窿的十字交叉处没有凸出的耳堂。良好的室内采光使人们可以清晰地看到祭坛,祭坛置于教堂的东翼。壮观的绘画装饰是17世纪的作品(中堂建于1672~1685年,安德烈亚·波佐(Andrea Pozzo)设计的著名的祭坛置于北耳堂,1696—1700),但维尼奥拉可能不希望室内没有装饰。贾科莫·德拉·波尔达设计的略微更加统一的立面(1571年始建)将重点放在了大门上,维尼奥拉最终接受了这个方案。

罗马弗拉米尼阿大街**圣安德烈教堂**(S. Andrea, Via Flaminia, Rome, 1550—约1553,见[909]页图Ⓓ~图Ⓙ)由维尼奥拉设计,设计十分简洁,立面隐约受到万神庙的启示。矩形室内的有趣之处在于由椭圆形拱券支承的椭圆形穹窿。

罗马**帕拉弗莱尼埃利圣安娜教堂**(S. Anna dei Palafrenieri, Rome, 1565年始建)将这些构思进一步发展。尽管教堂的外形依然是矩形,但内部却是椭圆形,并在主轴线上增建了四个矩形,服务用房占据了剩余的空间。毗连的两个侧立面表现了内部的两个主要祭坛,椭圆形平面提供了明确的主轴线和次轴线。因库拉比利圣贾科莫教堂(S. Giacomo degli Incurabili, 1592年始建)起先由弗朗切斯科·达·沃尔泰拉(Francesco da Volterra)建造,并由马代尔诺完成,是16世纪罗马另一座非常重要的有椭圆形内部空间的教堂。

卡普拉罗拉**法尔内塞府邸**(Palazzo Farnese, Caprarola, 1559年始建,见[941]页)位于这个罗马北部村庄的最高处,是一座巨大而宏伟的别墅,由维尼奥拉根据小桑迦洛设计的堡垒改造而成。五边形的两层高建筑建造在粗石饰面的底层基座之上,底层在转角处突出作为防御工事,重复了上部楼

VILLA OF POPE JULIUS: ROME

罗马教皇尤里乌斯离宫（VILLA OF POPE JULIUS: ROME）：Ⓐ 底层平面图；Ⓑ 入口立面外观；Ⓒ 大庭院底层的柱式；Ⓓ 上层平面图；Ⓔ a处窗户；Ⓕ 大庭院；Ⓖ b处窗户；Ⓗ 罗马法尔内西纳别墅；Ⓙ 罗马玛达玛别墅

第29章 意大利建筑

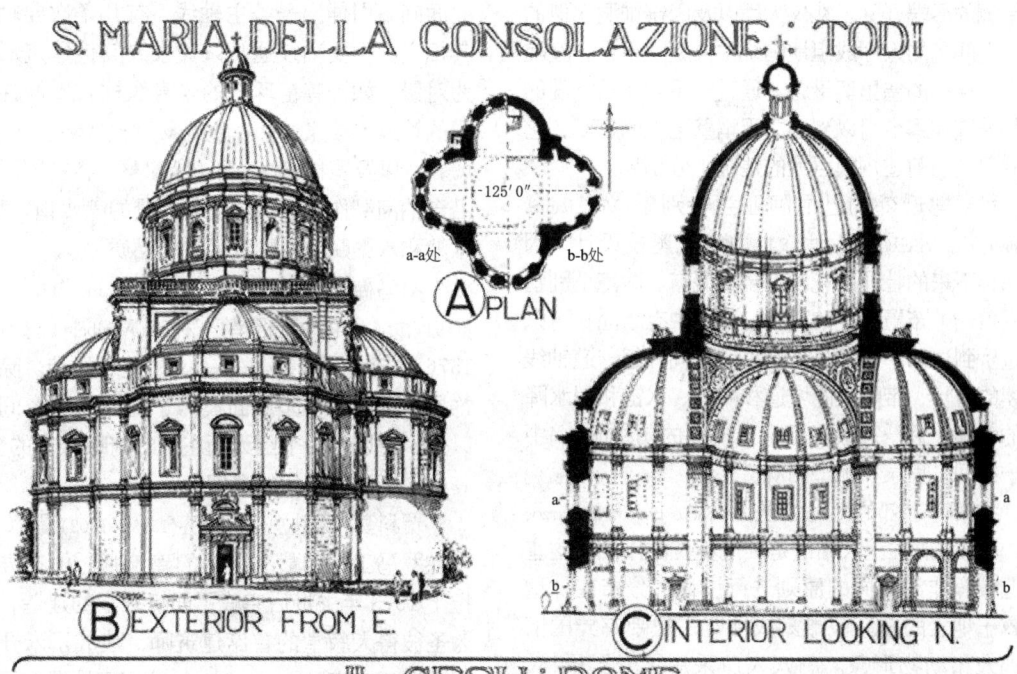

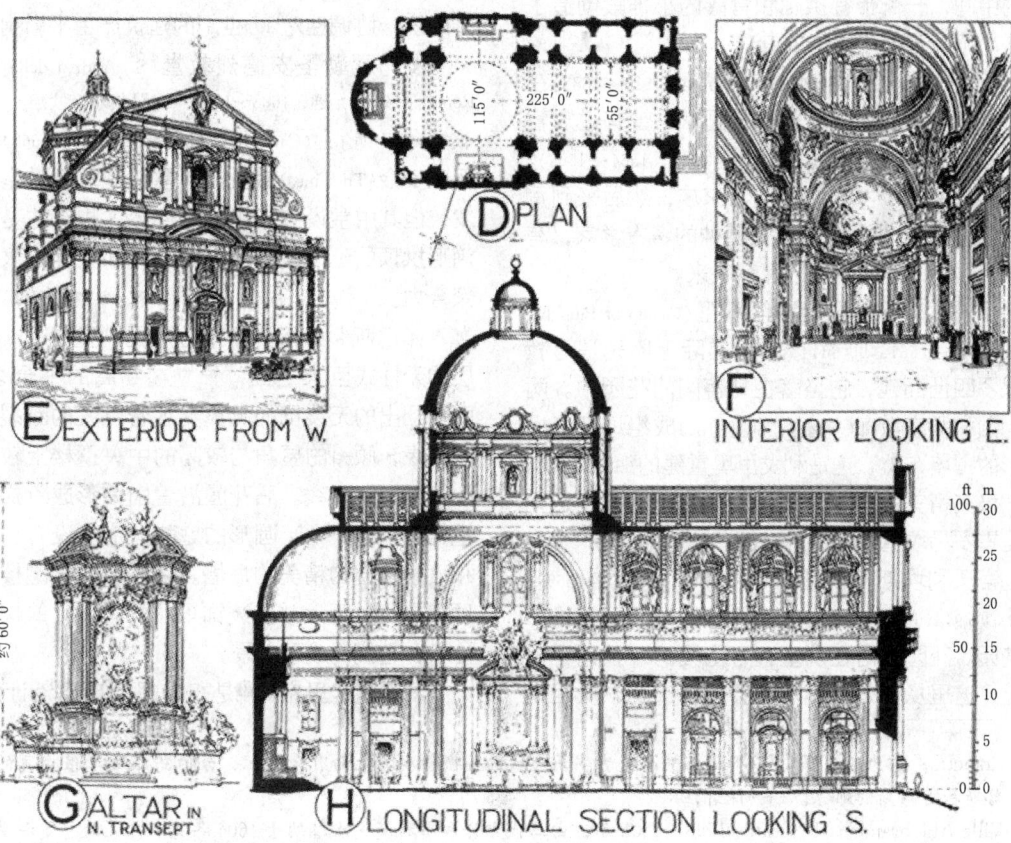

托迪的抚慰圣母教堂 (S. MARIA DELLA CONSOLAZIONE: TODI)：Ⓐ 平面图；Ⓑ 东向外观；Ⓒ 室内北向视图
罗马耶稣教堂 (IL GESU: ROME)：Ⓓ 平面图；Ⓔ 西向外观；Ⓕ 室内东向视图；Ⓖ 北侧耳堂祭坛；Ⓗ 纵剖面南向视图

层单调的尽端开间。礼仪大厅以及因镶饰洞穴似的装饰而闻名的大厅成组地围绕中央庭院布置，庭院内有二层高的塞кон奥母题。通过一系列非常壮观的雄伟坡道和露台可以到达立于峭壁之上的府邸，它们的尺度与前述规模巨大的建筑十分相称。

维泰博近郊的巴尼阿亚兰**特别墅**(Villa Lante, Bagnaia, near Viterbo, 1566年始建)由维尼奥拉设计，因其保存下来的壮丽的花园而声名显赫。两幢小别墅俯视着一个布置整齐的花圃，花圃中有水池和可以通过桥到达的中央喷泉。从小别墅间升起一道轴线连续的台阶、带喷泉的坡道和露台、水链和用水降温的餐桌。另一片形式不十分规整的园林(bosco)中有一条间以喷泉和雕塑的观赏路线。

维泰博近郊的博马佐圣园(Sacro Bosco, Bomarzo, near Viterbo)很难让人相信是维尼奥拉的作品。这座花园按照非常不同的原则进行设计，分布在林地中露出地表的石头被雕刻成稀奇古怪带有异国情调的人和动物形象。洞穴入口采用了奇异风格，塔楼被设计成倾斜的废墟。但是在这些分散的景点的中间，一个带有拱廊和穹窿的小神殿创造了一处严肃、甚而庄重的顶点。

皮罗·利戈里奥(Pirro Ligorio, 约1510—1583)在转行做建筑师之前，其职业是画家，曾有过短暂的时间担任圣彼得大教堂的建筑师(1564—1565)。其后半生受雇于罗马的埃斯特家族，然后来到费拉拉。他是16世纪最具献身精神的考古学家，有很多带插图的笔记本得以保存下来。

罗马教皇庇护四世乡间别墅(Casino of Pius Ⅳ, Rome, 1558—1561，见[934]页图C)实际上原先是为教皇保罗四世而建，它坐落在梵蒂冈的花园中。两个门洞和两座敞廊(一座建在别墅前部)成组地环绕椭圆形的围墙布置，这是利戈里奥重建的海战剧场。外部极其精美的灰泥装饰也受到古迹的启发，尤其是古罗马坟墓般的室内空间。

蒂沃利**埃斯特别墅**(Villa d'Este, Tivoli, 约1565—1572，见[942]页图A、图B)有着可能是16世纪最雄伟的花园。花园坐落在别墅下方山坡的一系列平台之上，这里从前是一座本笃会的修道院，从西南

立面向下引伸出一条主轴线，有几条次要轴线与其相交。次要轴线通常以喷泉或其他建筑形象作为对景，如饰有粗琢石的半身像柱和女像柱的奇异的管风琴喷泉(见[942]页图A，曾经存放过一座水压管风琴)，以及罗梅塔(Rometta)喷泉❶，将古罗马建筑沿台伯河制作成缩微景观。大量的喷水口、喷泉、水池和水渠赋予别墅以独特的品质。

罗马**梅迪契别墅**(Villa Medici, Rome, 1564年始建，见[942]页图C)由阿尼巴勒·利皮(Annibale Lippi)设计，1576年起由阿曼纳蒂(Ammanati)继续建造。除了装饰异常华丽的花园立面模仿了庇护四世乡间别墅以外，它还有一个巨大而庄严的俯瞰城市的立面，其中包括几尊古代的雕塑。

贾科莫·德拉·波尔塔(1533—1602)是16世纪末在罗马工作的最有才华的建筑师。他在维尼奥拉于1573年去世后完成了耶稣教堂的建造，并成为圣彼得大教堂的首席建筑师，建成了米开朗琪罗设计的穹窿(参见有关章节)。他深深地得益于维尼奥拉，特别是受米开朗琪罗的影响。其作品所具有的统一协调性对17世纪的建筑产生了影响。

罗马**瓦勒圣安德烈教堂**(S. Andrea della Valle, Rome, 1591年始建，1608～1625年由马代尔诺续建。立面由卡洛·拉伊纳尔迪(Carlo Rainaldi)设计，1655—1665)是德亚底安会(Theatines)教堂的母堂，受耶稣教堂的启发，但其中堂设有成组的壁柱，这些壁柱是横穿筒形拱顶的延续，赋予宽敞的内部空间以极强的聚合力。

弗拉斯卡蒂阿尔多布兰迪尼别墅❷有一个多层的无柱式巨大立面，耸立在高高的平台之上。两个凸出的无装饰的侧翼支承着巨大的断裂山花的边缘，倾斜的屋角与较高的中央顶楼上较小的山花成一条直线。后花园沿着山坡形成阶梯状台地，园中有一个半圆形的庭院，院中设有与雕像和喷泉结合的精美的后墙。墙后面的一跑楼梯的顶端是一对巨大并且装饰华丽的、独立的螺旋形柱子，它们构成了对景。

罗马**祖卡里府邸**❸是祖卡里为自己设计的府

---

❶ Rometta：意为"小罗马"，罗梅塔喷泉是古罗马全城的缩微景观，上面有台伯河、台伯岛以及母狼哺育的罗穆路斯和雷穆斯的雕像。——译者注

❷ Villa Aldobrandini, Frascati, 1598～1602年；由马代尔诺和贾科莫·丰塔纳于1604年完成。此处"贾科莫·丰塔纳"有误，应为"多梅尼科·丰塔纳"。——译者注

❸ Palazzo Zuccari, Rome, 约1590；其主人和设计者是画家费代里科·祖卡里(Federigo Zuccari)，又名费代里科·祖卡罗(Federigo Zuccaro)。——译者注

第29章 意大利建筑

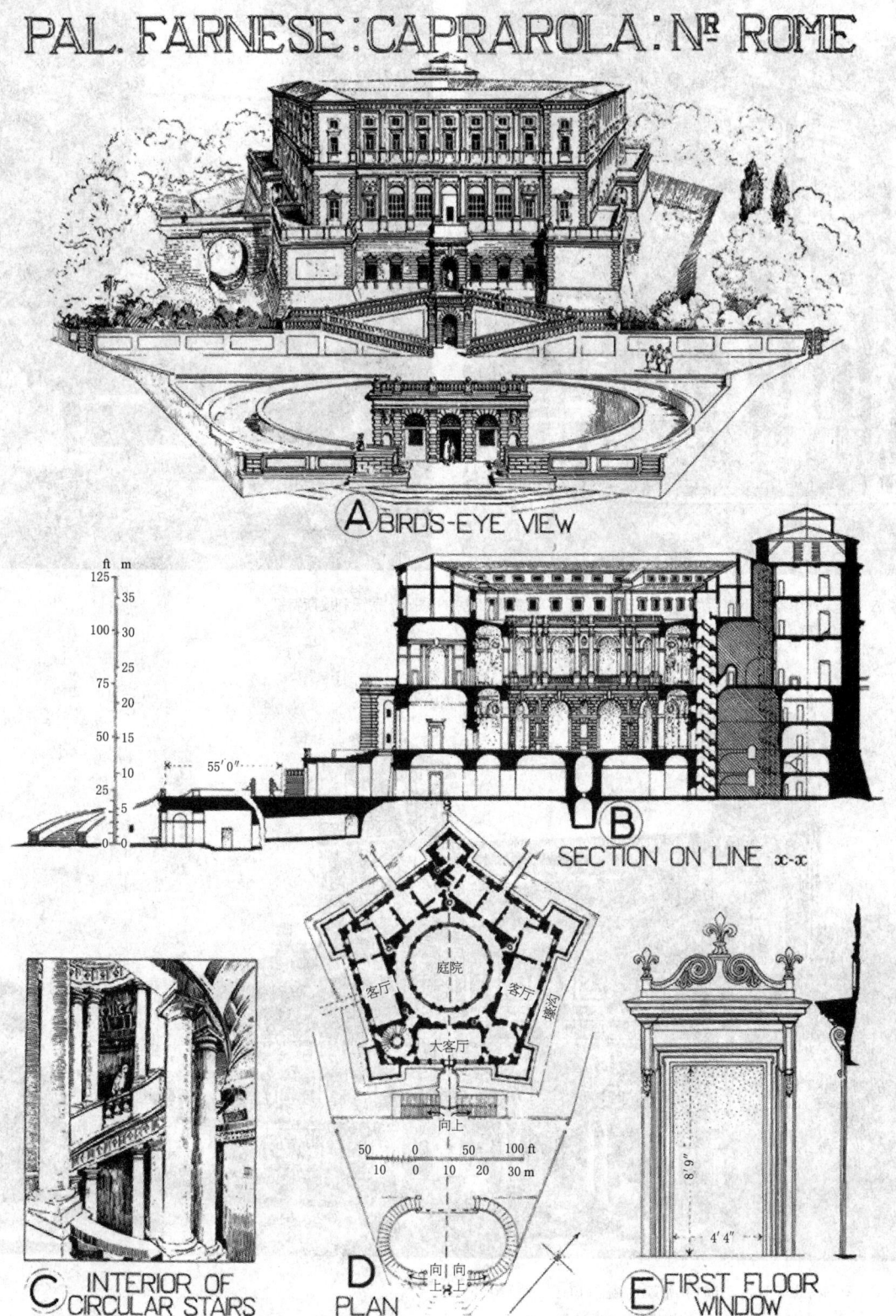

罗马北部卡普拉罗拉的法尔内塞府邸（PAL. FARNESE: CAPRAROLA: NR ROME）：Ⓐ 鸟瞰图；Ⓑ x-x 剖面图；Ⓒ 圆形楼梯间室内；Ⓓ 平面图；Ⓔ 二层窗户

第五编　文艺复兴时期和后文艺复兴时期的欧洲建筑及俄罗斯建筑

图A　蒂沃利埃斯特别墅（约1565—1572）：管风琴喷泉，见[940]页　　图B　蒂沃利埃斯特别墅

图C　罗马梅迪契别墅（1564年始建），见[940]页

邸。花园立面的大门和窗户设计成巨型面具,使人联想到博马佐圣园(Bomarzo)的洞穴。可怕的面孔与后面花园的精致欢快适成对比。

多梅尼科·丰塔纳(Domenico Fontana, 1543—1607)来自卢加诺地区,因其成为教皇西克斯图斯五(Sixtus V)的御用建筑师而获盛名。尽管在当时很具代表性,但他所设计的建筑仍显得比较呆板。例如,他设计的巨大的罗马拉特兰府邸(Lateran Palace, Rome, 1586年始建),是法尔内塞府邸拙劣的翻版。他主要在城市规划领域具有特殊的影响力。

罗马圣马利亚大教堂西克斯图斯礼拜堂(Capella Sistina, S. Maria Maggiore, Rome)是为西克斯图斯五世(Sixtus V)设计,有一个普通的十字形平面,但华丽的室内是首先采用彩色大理石饰面的一座礼拜堂。

以大圣母堂为中心的一些新街道(约1587)是丰塔纳为西克斯图斯所做的几项设计之一,它通向各个主要的朝圣教堂。新大街的四条路在教堂汇合,其中的一条可以看见从奥古斯都陵墓移来的方尖碑。这里的方尖碑与其他广场上的方尖碑起着相似的作用,这些广场包括人民广场、拉特兰广场以及圣彼得大教堂广场等。

巴洛克和洛可可时期

卡洛·马代尔诺(Carlo Maderno, 1556—1629)是多梅尼科·丰塔纳的侄子。在17世纪的前十年间,他把生机勃勃的雕塑性手法引入到建筑设计中。马代尔诺除了加建罗马圣彼得大教堂(见[914]页)的巴西利卡之外,其作品还包括罗马马太府邸(Palazzo Mattei, Rome, 1598—1616)和罗马瓦勒圣安德烈亚教堂的穹顶(参见有关章节)。

马代尔诺对罗马圣苏珊娜教堂(S. Susanna, Rome, 1597—1603, 见[944]页图A)的中世纪寺院进行了彻底的改建,室内重新加以装修,增加了地下室和隐修院。最重要的是,马代尔诺设计了给人留下深刻印象的立面。这个引人注目的主立面与广场联系在一起,而不是将这所小教堂掩蔽起来。立面的两侧是对称的三个开间修道院,与教堂不同的是它采用了砖而不是石料,但隐修院与教堂通过水平构件和创造性地延伸到教堂山花上的栏杆达成了视觉上的统一。立面底层为五开间,二层是三个开间。靠近中间的开间相对较宽阔,打破了渐进出现的做法,采用的装饰也更具雕塑性。

为罗马教皇乌尔班八世(Pope Urban Ⅷ)的巴尔贝里尼(Barberini)家族建造的罗马巴尔贝里尼府邸(Palazzo Barberini, 1628—1633, 见[945]页图A、图B)是罗马17世纪初最重要的住宅建筑。罗马所有巴洛克风格的主要建筑师都参与了此项设计。最初由年长的马代尔诺设计,尔后,其侄子博罗米尼设计了建筑细部。在马代尔诺于1629年去世后,才华横溢的贝尔尼尼被任命为首席建筑师,而彼得罗·达·科尔托纳则完成了剧场的设计。与城市府邸不同的是,这栋建筑的周围布置有花园,平面也采用了特殊的H形,其开敞的带拱廊的立面给人以别墅的视觉效果。建筑中央为七开间,三种叠置的古典柱式从毗连的侧翼上升起。位于中央三个开间上面的顶楼与巨大的二层大厅顶部相统一,装饰着科尔托纳设计的给人留下深刻印象的湿壁画顶棚。设计的新颖之处在于广场、井式楼梯、古希腊拱廊式的底层中庭,以及现在已毁坏的横向椭圆形大厅。这种横向椭圆形大厅后来出现在贝尔尼尼设计的建筑中。

或许由于历史记载不够详细的原因,弗朗切斯科·马里亚·里基诺(Francesco Maria Ricchino, 1583—1658)的建筑保存下来的很少。米兰埃尔韦蒂科学院(Collegio Elvetico, Milan, 1627, 即瑞士学院(Swiss Seminary))有着当时最值得注意的立面。而它的一些构件大多应归功于米开朗琪罗(例如窗框)和16世纪佛罗伦萨的府邸建筑(例如楔石),但其最显著的特征还是凹曲的平面形状。其凸出的栏杆强调了维尼奥拉式的带阳台的入口,栏杆与立面的弧线形成对比。这个尝试预示了17世纪罗马三位伟大的建筑师的出现,他们是博罗米尼、贝尔尼尼和科尔托纳。

里基诺设计的米兰圣约瑟教堂❶(见[944]页图B)的平面式样使人回想起小安东尼奥·达·桑迦洛和桑米凯利在16世纪设计的教堂。两个毗连的集中式布局的空间都采用了希腊十字形,其中一个用于容纳祭坛,另一个用于集会。两个空间中,较大的一个侧翼较短,只比框住它们柱子的宽度稍深。两个空间的内立面均不相同,在上部区域最为显著。在较大的空间中,帆拱支撑着穹窿顶,

---

❶ Ricchino's S. Giuseppe, Milan, 1607~1630年;意大利文称约瑟为"朱塞佩"。——译者注

第五编　文艺复兴时期和后文艺复兴时期的欧洲建筑及俄罗斯建筑

图 A　罗马圣苏珊娜教堂立面(1597—1603)，见[943]页

图 B　米兰圣约瑟教堂立面 (1607—1630)，见[943]页

图 C　帕尔马法尔内塞剧场观众厅 (1618—1628)，见[946]页

第29章 意大利建筑

图A 罗马巴尔贝里尼府邸西侧全景（1628—1633），见[943]页

图B 罗马巴尔贝里尼府邸西立面入口，见[943]页

图C 罗马圣腓力·内里教堂礼拜堂（1637—1650），见[949]页

而简单的交叉拱顶覆盖在圣坛上方。与许多文艺复兴时期的集中式布局的教堂不同的是,这座建筑通过富于装饰的立面特别强调了其方向性,立面上带山花的壁龛互相套叠,突出了立面的中心。这种"模仿大建筑的小建筑立面"(aedicule facade)成为巴洛克时期最为流行的建筑式样。

乔瓦尼·巴蒂斯塔·阿雷奥蒂(Giovanni Battista Aleotti, 1546—1636)是17世纪初期艾米利亚地区的主要建筑师。他设计的帕尔马**法尔内塞剧场**(Teatro Farnese, Parma, 1618—1628, 见[944]页图C)模仿了帕拉第奥在维琴察的作品以及斯卡莫齐设计的剧场。深U形的观众厅与斯卡莫齐在萨比奥奈塔(Sabbioneta)剧场设计的观众厅非常相似,舞台拱券的处理方法也一样,但新颖的双层拱廊使人回想起帕拉第奥的维琴察巴西利卡(参见有关章节)。

气势恢弘的**热那亚大学大厦**(Palazzo dell' Università Genoa, 1630, 见[947]页图A、图B)原先建造时,用于耶稣会学院,由巴尔托洛梅奥·比安科(Bartolommeo Bianco, 约1590—1657)设计,他是热那亚主要的巴洛克风格建筑师。比安科利用了热那亚城市特有的陡坡,将联系不同标高之间的楼梯作为创造空间的手段,使之成为一种更为基本的建筑设计手法。带有双柱的拱廊源于阿莱西在热那亚和米兰的作品。从前厅穿过内院,再到达楼梯的序列的灵感也可以在罗科·卢拉戈设计的热那亚多里亚-图尔西府邸中看到(参见有关章节)。

罗马**博盖塞别墅**(Villa Borghese, Rome, 1613—1615)是佛兰德斯建筑师乔瓦尼·旺桑齐奥(Giovanni Vansanzio)为希皮奥内·博盖塞(Scipione Borghese)设计,位于奥勒利安壁垒外不远处的一座花园内。这是流行的传统,一种拟古的"郊野别墅"(Villa suburbana),系根据古代文学作品的描述,在16世纪将古代的建筑形式加以复原。建筑的核心是一个矩形的体块,与四个塔楼状的侧翼连接,仿佛是城堡的遗迹。建筑的前部比中部低,而后部则更高,因而为别墅提供了一条主轴和主要的视点。穿过开敞的拱廊,可以进入一座小庭院。与最重要的范式罗马梅迪契别墅(参见有关章节)相比较,它是在主立面上,而不是花园立面装饰着壁龛和放置古代雕塑残片的圆形镶板。

罗马城外的**圣塞巴斯蒂安教堂**(S. Sebastiano fuori le Mura, Rome, 1609—1613),其古代教堂由弗拉米尼奥·蓬齐奥(Flaminio Ponzio)为希皮奥内·博盖塞修复,并由博盖塞别墅的建筑师旺桑齐奥(Vansanzio)完成。在此采用的单色建筑与蓬齐奥同时代的、色彩斑斓的罗马圣马利亚大教堂保利娜礼拜堂(Cappella Paolina, S. Maria Maggiore, Rome, 1605—1611)形成强烈对比,设计遵循了严谨的古典主义。正立面上的对柱是那个时代流行的母题,这可以用热那亚的大学大厦作为例证(参见有关章节)。

弗朗切斯科·博罗米尼(Francesco Borromini, 1599—1667)运用曲线形式创造的充满生气的空间效果是对建筑的一种彻底变革。作为一名漂泊的石匠,他从伦巴第地区来到罗马。他与丰塔纳和马代尔诺家族的关系使得他比较容易为罗马的艺术界所接纳,然而他对卓越的贝尔尼尼的反感则对其事业毫无帮助。其第一份独立委托项目是罗马四泉圣卡洛教堂❶(见[948]页图A),这是罗马巴洛克建筑的杰作之一。将椭圆形和希腊十字形相结合的平面和室内墙面的处理手法十分复杂,它们可以有两种理解方式。重叠的三个开间布局将人们的注意力集中在祭坛上,也集中在小礼拜堂的入口上。由于建筑中没有强烈的视觉停顿,视线可以连续地环顾室内。椭圆形的穹窿上饰有精致的"古风"(all'antica)藻井顶棚,穹顶直接放置在不带鼓座的帆拱之上,顶上冠以椭圆形的采光塔。穹顶在教堂外观上看不见,追随的是伦巴第地区的式样而不是罗马的式样。波浪形的立面采用了竖三段式,象征性地暗示了室内空间。上层部分是在博罗米尼去世后由其侄子完成的,很可能没有按照他的意图实施。这组建筑还包括一座女隐修院、一间精致的地下室和一个庭院,设计得都十分精巧,且平面与细部设计完全脱离了传统的章法。

罗马**法尔科涅里府邸**(Palazzo Falconieri, Rome, 1646—1649)尽管经过很大的改动,依然是博罗米尼对宅第建筑最重要的尝试。他改建了基地上原先的建筑,并赋予其自己的风格,如立面上采用猎鹰的头部作为柱头,以及采用具有雕塑感的观景楼中凹入的曲线端部等。

---

❶ S. Carlo alle Quattro Fontane, Rome, 1634~1682年;因为这座教堂位于十字路口,四个道路转角处都有一座水泉,故称"四泉圣卡洛教堂",亦称"卡利诺教堂"(S. Carlino),即小卡洛教堂。——译者注

第29章 意大利建筑

图 A 热那亚大学大厦门厅(1630)，见[946]页

图 B 热那亚大学大厦庭院 (1630)，见[946]页

图 C 罗马圣彼得大教堂广场（1656年始建）东面鸟瞰，右侧为梵蒂冈宫（1506—1626），见[911][952]页

第五编　文艺复兴时期和后文艺复兴时期的欧洲建筑及俄罗斯建筑

图A　罗马四泉圣卡洛教堂(1634—1682)，见[946]页

图B　罗马传信会学院 (1662)，见[949]页

图C　拉泰拉诺的圣约翰教堂中堂西侧 (1646—1649)，见[949]页

图D　罗马智慧之星圣伊夫教堂庭院景观 (1642—1650)，见[949]页

第 29 章 意大利建筑

罗马传信会学院❶(见[948]页图 B) 是传教士们的培训中心，博罗米尼建造了两座庭院和一个礼拜堂。饰有巨型壁柱的立面最初采用了非正统然而相当庄严的形式，其侧面轮廓鲜明的凹窗被顶部交替出现的弓形和三角形母题加以强调。凹陷使中央的入口更显突出，三角形的窗户也变得向外凸出。值得注意的是礼拜堂的外立面试图创造一个连贯的、视觉上统一的空间。壁柱的骨架结构继续向上穿过檐部，并与拱顶交叉，形成一个统一的灰泥装饰的网格。

为博罗米尼带来最大声望的任务也许是改建罗马拉泰拉诺的圣约翰教堂(S. Giovanni in Laterano, Rome, 1646—1649, 见[948]页图 C)中古老的巴西利卡。改建工程包括用灰泥覆面的砖将早期基督教教堂的大部分中堂和四个侧堂加以围合。墙墩用大理石神龛装饰，位于椭圆形华盖两侧的神龛上凸出的山花，有意将山花和皇冠融为一体。中堂柱头上雕刻的石榴图案暗喻圣经中描述的所罗门神殿。

罗马圣腓力·内里礼拜堂(Oratory of S. Philip Neri, Rome, 1637—1650, 见[945]页图 C) 是奥拉托利会的中心教堂。奥拉托利会是由圣腓力·内里(Saint Philip Neri)建立的一个反宗教改革的修道会，瓦利切拉的圣母教堂(S. Maria in Vallicella)被划归该会。17 世纪初，修道会开始按照保罗·马鲁什切力(Paolo Maruscelli)的设计建造了毗连的隐修院建筑。博罗米尼被推举接替马鲁什切力，但在很大程度上，他受到了原设计的制约。建筑的立面最能给人留下深刻的印象。立面用砖石砌筑，以便不与对面相邻的由福斯托·鲁盖塞(Fausto Rughese)设计的教堂(1605)产生冲突，这座礼拜堂是最早建造的雄伟的凹曲立面之一。建筑中的大部分细部都采用了非传统做法，例如，顶部山花将三角形和弓形母题结合在一起。

罗马智慧之星圣伊夫教堂(S. Ivo della Sapienza, 1642—1650, 见[948]页图 D)是一座与大学连接的礼拜堂。在 16 世纪中叶，由皮罗·利戈里奥开始建造，并由贾科莫·德拉·波尔塔继续完成。礼拜堂的平面十分特殊，由两个互相套接的三角形组成，构成了一个六角星，其末端是交替出现的凹曲线和凸曲线。形式的选择显然有象征性，代表智慧(sapienza)之星，也可能代表赞助人乌尔班八世外套袖口上的蜜蜂。建筑中最值得注意的特点是将星形平面置于穹窿下的方式，逐渐变为环形的小圆窗，并在其上形成采光塔。同罗马的四泉圣卡洛教堂一样，其穹窿也被鼓座包围，并且以螺旋形采光塔覆盖。这座塔楼可以传释为极不相同的意义：巴别塔、亚历山大城的灯塔，《圣经》中的火焰柱，甚至是罗马教皇的三重冕。

罗马圣阿涅塞陵墓(S. Agnese, Rome, 1652 年始建，见[951]页图 A)是教皇英诺森十世(Innocent X)庞菲利(Pamphili)的纳沃那广场(Piazza Navona)重建工程的组成部分，它与位于广场西侧的巨大宫殿融为一体。起先由吉罗拉莫·拉伊纳尔迪(Gerolamo Rainaldi)和卡洛·拉伊纳尔迪(Carlo Rainaldi)父子建造，随后由博罗米尼对其进行改建，然后是卡洛·拉伊纳尔迪再次对其进行改造。博罗米尼设计的凹曲形的正立面使得穹窿的外观非常突出，并且可以看到其全貌。将塔楼塑造成穹窿的方法在 18 世纪的奥地利相当流行。

出生于那不勒斯的雕塑家兼建筑师乔瓦尼·洛伦佐·贝尔尼尼(1598—1680)是一位优秀的罗马巴洛克艺术家。贝尔尼尼将一种新的艺术鉴赏力带入雕塑，在石头上创造出许多神韵。他还利用绘画和建筑艺术来引导参观者对建筑空间的体验，使其雕塑更具生命力和戏剧性。贝尔尼尼处理建筑的手法主要采用古典主义，他决不愿屈居在博罗米尼的创造力之下。

罗马奎里纳尔宫旁的圣安德烈教堂(S. Andrea al Quirinale, Rome, 1658—1670, 见[951]页图 B)最初是一座耶稣会神学院的礼拜堂。贝尔尼尼最先提出的是一个五边形的平面，但他最终选择了最喜爱的一种形式，即横向的椭圆形，入口设置在椭圆形的短轴上。通向门厅和礼拜堂的十个洞口嵌入到厚厚的墙体之中，以保持其简洁的设计理念。与博罗米尼设计的单色建筑相比，贝尔尼尼在此同他的雕塑一样，应用了色彩绚丽的大理石。设计处理得非常巧妙，将绘画、雕塑和建筑三种艺术相融合，讲述了圣安德烈的故事。高大的祭坛上有一张基督被钉死在十字架上的油画，

---

❶ Collegio di Propaganda Fide, Rome, 1662 年；Propaganda Fide 为意大利文，英文为 Society for the Propagation of the Faith. ——译者注

第五编　文艺复兴时期和后文艺复兴时期的欧洲建筑及俄罗斯建筑

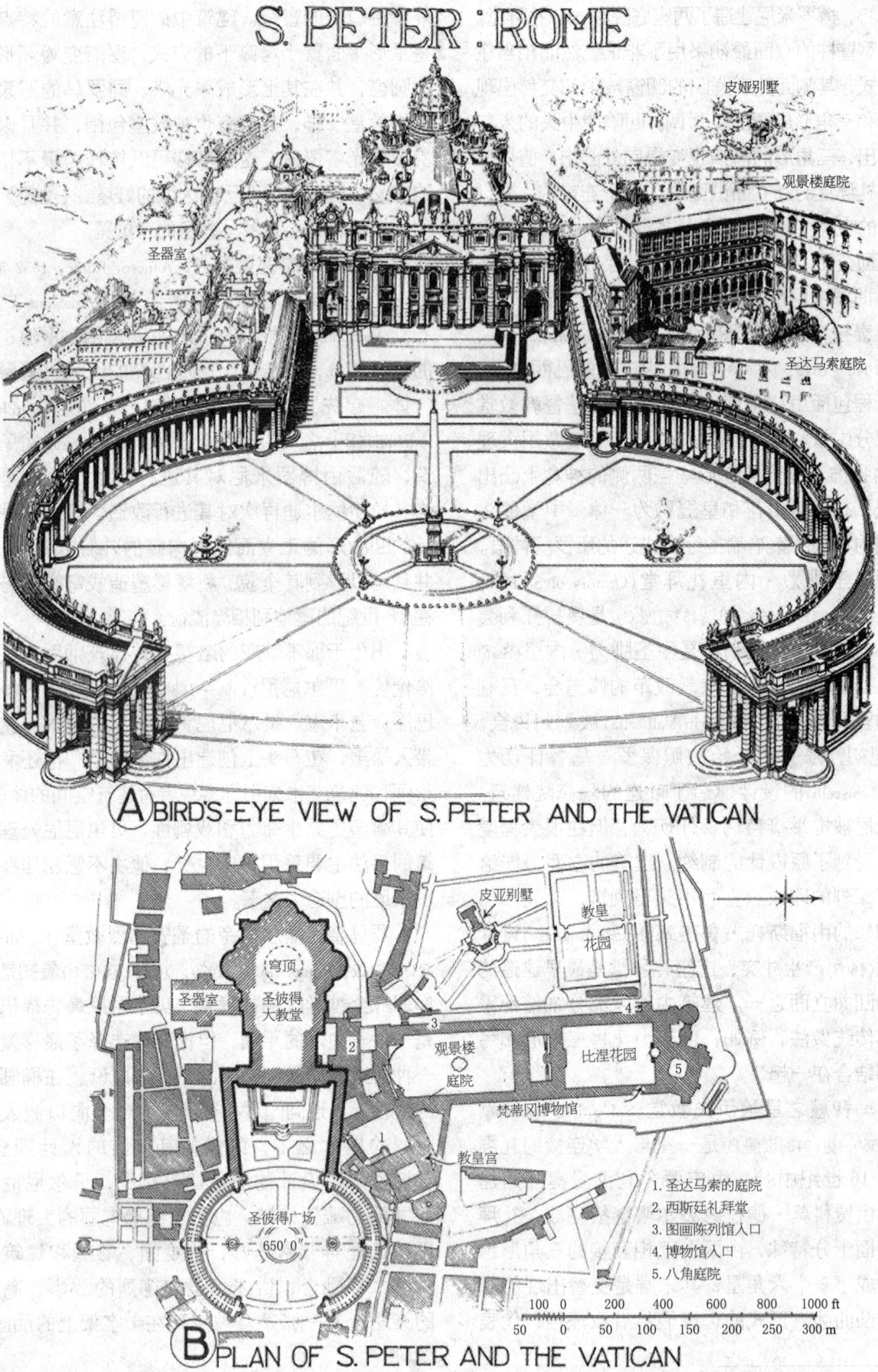

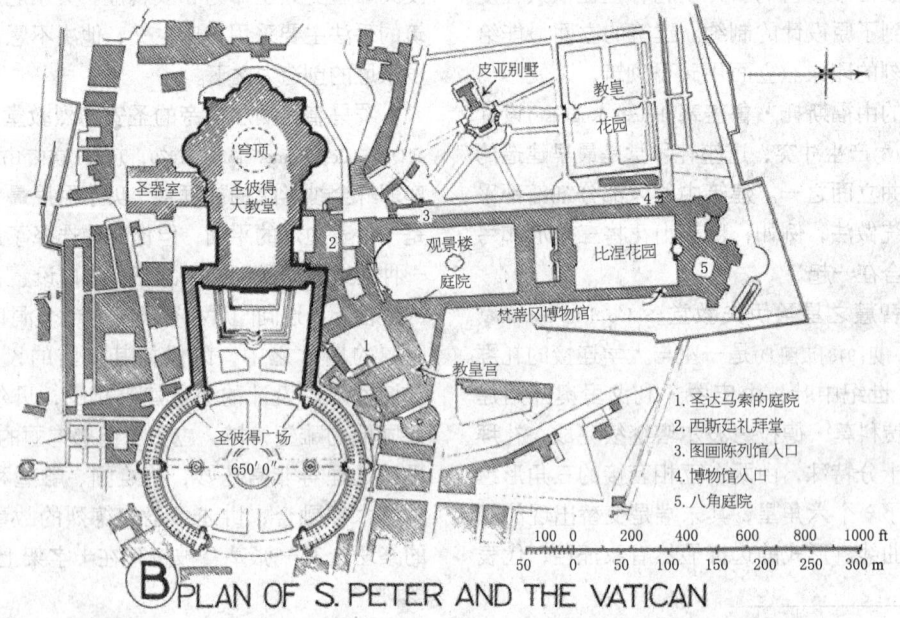

罗马圣彼得大教堂（S. PETER: ROME）：Ⓐ 圣彼得大教堂广场和梵蒂冈宫鸟瞰；Ⓑ 圣彼得大教堂广场和梵蒂冈宫平面图

第29章 意大利建筑

图A 罗马的喷泉(1647—1652)和圣阿涅塞陵墓（1652年始建），见[949]页

图B 罗马奎里纳尔宫旁的圣安德烈教堂（1658—1670），见[949]页

图C 罗马胜利圣母教堂的科尔纳罗礼拜堂（1645—1652），见[952]页

图D 罗马梵蒂冈宫教皇大台阶（1663—1666），见[952]页

[951]

贝尔尼尼把它变成雕塑,表现了基督穿过列柱式圣坛屏风的断裂山花升向天空,而穹窿小圆窗上裸身的小天使们则来为他指明道路。其颜色的使用也具有象征性:粉红色代表陆地,金色代表苍穹。穹窿合并了以前出现过的两种拱顶式样,即藻井顶棚和拱肋。高大的祭坛在视觉上相连,但实际上被列柱式圣坛屏风与主要的会众空间分隔开。凹入的前庭的中心是轻盈的椭圆形门廊,预示了这一空间的特点。

在罗马胜利圣母教堂科尔纳罗礼拜堂(Cappella Cornaro, S. Maria della Vittoria, Rome, 1645—1652, 见[951]页图C)的设计中,贝尔尼尼成功地运用绘画、雕塑和建筑创造出他所设计的最壮观的建筑。被建筑包围的椭圆形圣坛引人注目地向前伸展,仿佛可以看到圣德肋撒(S. Teresa)痛苦挣扎的幻想场面。从暗藏的光源掠过的光线增添了场景的戏剧化效果,也象征了上帝的神秘之手。用雕塑的形式表现在礼拜堂侧面阳台上的是科尔纳罗家族的成员正在观看圣德肋撒的幻境。参观者也成为这个幻想场景的参与者,这种效果被精湛的雕刻技巧加以强调。在巴洛克式礼拜堂的设计中,这些手法成为常规的构成要素。

罗马圣彼得大教堂广场(Piazza of S. Peter's, Rome, 1656年始建,见[947]页图C,[950]页)犹如一座给人深刻印象的前院,足以与最杰出的罗马天主教的基督教世界的教堂相媲美。贝尔尼尼设计了一个巨大的椭圆形广场,周围环绕着一圈陶立克柱式的柱廊。尽管这个广场向东面开口,但贝尔尼尼最初的想法是封闭这个开口的大部分空间,只在主轴的两边对称地留出两个出入口。17世纪的人们可以从城市中狭窄的街道(Borgo)进入广场❶,狭窄与开敞的空间对比使广场显得更加宏大。在设计广场时,贝尔尼尼不得不考虑到圣彼得大教堂和梵蒂冈宫的祝福仪式的功能。相对较低的柱廊使得朝圣者们的视野可以更加宽广。但是,从很多角度看四根柱子的进深仍显得深邃,柱廊给人以"垂直森林"(a forest of verticals)的感觉。

在贝尔尼尼设计的罗马梵蒂冈宫教皇大台阶(Scala Regia, Vatican, Rome, 1663—1666, 见[951]页图D)的底部,教皇亚历山大七世(Alexander Ⅶ)的纹章中断了拱券的曲线,并饰以吹小号的天使。贝尔尼尼机智地克服了基地的局限,新设计了这座礼仪楼梯。会聚的墙面为他提供了运用透视错觉的机会,柱子、拱顶、台阶在尺寸上逐渐向上减小,使阶梯看起来更长,更雄伟。一道光线打破了上升的视线,创造了舞台灯光般的明暗对比效果。

阿里恰圣母升天教堂(S. Maria Assunta, Ariccia, 1662—1664, 见[954]页图A)是一座带有穹窿的圆柱形建筑,前面设有一座门廊,几乎完全模仿了万神庙,贝尔尼尼十年前曾对万神庙进行过改造。主要的不同是,阿里恰的圣母升天教堂采用了带拱廊的门廊。这种做法非常适合用做实心拱装饰圆厅建筑的外部,并且还围合出内部的小礼拜堂。巨大的围合建筑强调了集中布局设计的特性。同在奎里纳尔宫旁的圣安德烈教堂一样,教堂也用供奉的圣徒形象来装饰建筑内部。

罗马基吉-奥代斯卡尔基府邸(Palazzo Chigi-Odescalchi, Rome, 1664年始建,见[955]页图B)尽管在18世纪经过大量的改动,但它在罗马府邸立面的发展史上仍占有重要的地位。其建筑立面用壁柱取代桑迦洛和丰塔纳传统的无柱式样式,让人回想起布拉曼特设计的卡普里尼府邸(参见有关章节)。被科林斯式壁柱分隔的八个开间立在基座之上,带有简洁的多立克柱式门廊。横三段式立面原来有一个突起的中央部分,由两个凹入的三个开间侧翼构成。

罗马卢多维西府邸(Palazzo Ludovisi, 今蒙特西托里奥府邸(Palazzo di Montecitorio), 1650)是为教皇英诺森十世(Innocent X)的家族而建造,由卡洛·丰塔纳(Cairlo Fontama)在17世纪末期完成。其巨大的立面由五部分组成,每一部分都有自己的对称中心。开间的序列为"3-6-7-6-3",并强调中心和入口。五部分都是成角度转折,而每一部分本身是平直的,外观看起来则是一个弯曲的立面。这个构思可能源于马西莫圆柱府邸。

彼得罗·达·科尔托纳(Pietro da Cortona, 1596—1669)反复宣称自己是一名画家而非建筑师,然而他在这两方面同样有所成就。他在广场空间的统一和建筑立面的调整方面的经验具有非常深远的影响力。

罗马圣马丁和路加教堂(SS. Martina e Luca,

---

❶ 今为和解大街(Via della Conciliazione),曾经在20世纪30年代经过拓宽。——译者注

Rome, 1635—1650, 见[954]页图 B)建造在圣路加学院的教堂基地上。圣路加学院成立于 1593 年, 是最早的艺术学院之一。在开挖建造彼得罗·达·科尔托纳的坟墓时, 发现了一具尸体, 一般认为是圣玛蒂娜。科尔托纳的赞助人弗朗切斯科·巴尔贝里尼(Francesco Barberini)立即决定着手建造一座新教堂(de novo)。科尔托纳设计了希腊十字形的平面, 这是纪念性建筑的传统形式, 初看完全对称, 但是主轴的长度相当夸张, 开间和后堂比耳堂翼部的进深更大。令人吃惊的是, 科尔托纳在教堂中只将极小的空间留给自己擅长的绘画。这可能反映了他"一种艺术形式应具有纯粹性"(one art form should not be compromised by another)的信仰, 这与贝尔尼尼的观点完全相反。两层高的立面夹在环绕它的墙墩之间, 它是最早采用弧形平面的巴洛克建筑。科尔托纳分解了建筑立面, 在不断变化的平面中插入了柱子以及壁柱的应用, 巧妙地在中央部位创造了一个戏剧性的高潮。

罗马皮涅托庄园❶曾经选址在梵蒂冈附近, 是科尔托纳最早的建筑作品。喷泉与水池, 以及巴洛克风格的剧场构成了主要轴线。沿山坡筑成平台, 通过一系列坡道进入庄园, 其中有两条坡道并没有实际用途, 完全是为了突出总体的辉煌效果。而曲线形的侧翼使人回想起帕拉第奥的风格。后堂的设计中心又使人回想起布拉曼特的风格, 总之, 这种组合十分新颖。

科尔托纳为罗马拉塔大街**圣母教堂**(S. Maria in Via Lata, Rome, 1658—1662)设计的立面是一个两层楼的门廊而不是虚饰。从两侧向中间逐渐加宽的柱子间距强调了入口, 柱子上面的弧形过梁是文艺复兴建筑的母题, 不过最终都是源于古代建筑的范例, 如斯普利特的戴克里先宫。

科尔托纳使罗马**和平圣母教堂**的立面(S. Maria della Pace, Rome, 1656—1657, 见[959]页图 A)更具现代感, 并完全改造了前部的小庭院。这个设计开创了广场设计的新起点。广场各个面的设计都用来烘托教堂的立面, 而三条街道中有两条通向广场, 产生了更为强烈的凝聚感。二楼立面的两侧有凹入的侧翼, 这样会产生一种空间更大的错觉, 与凸出的立面形成有力的对比。半椭圆形门廊上部的立面使人想起圣马丁和路加教堂, 但使用了不同的方式来创造中央的高潮。这座教堂的雕塑云集, 从扁平的镶板到壁柱, 所有柱子都采用了雕塑。

卡洛·拉伊纳尔迪(1611—1691)和他的父亲吉罗拉莫·拉伊纳尔迪成为 17 世纪罗马的主要建筑世家。他们大多在一起工作, 卡洛在他父亲去世后, 才创作出最优秀的建筑作品。罗马坎皮泰利**圣母教堂**(S. Maria in Campitelli, Rome, 1663—1667, 见[958]页图 C)有一个带筒形拱顶的中堂, 使得有穹窿的司祭席充满光线。室内强烈的列柱效果经过仔细测量, 用以突出礼拜堂。富有雕塑感的立面采用了"神龛"(aedicule)的式样, 表现出平面处理的复杂性。在这方面, 卡洛·拉伊纳尔迪模仿了科尔托纳。

罗马人民广场(Piazza del Popolo, Rome, 1662—1679)紧挨着北门内, 它带给大多数旅行者对罗马的第一印象。亚历山大七世把这个纪念广场的设计委托给卡洛·拉伊纳尔迪。三条大街在这里会聚, 形成两个面对大门的楔形基地。拉伊纳尔迪设计了两个带有大穹窿的教堂, 即**圣山圣母教堂**(S. Maria di Monte Santo)和**圣母神迹教堂**(S. Maria dei Miracoli, 见[955]页图 A), 它们像是中心街道两边的楼阁。它们有不同形状的标志性穹窿(一个为椭圆形, 另一个是圆形), 这是不同基地形状的结果。

罗马圣味增爵和阿纳斯塔修斯教堂(SS. Vincenzo ed Anastasio, Rome, 1646—1650)由小马尔蒂诺·隆吉(Martino Longhi the Younger, 1602—1660)设计, 他是罗马庞大的建筑师王朝中的一员。其主要作品是面向特雷维广场(Piazza di Trevi)的建筑立面。主入口两侧伫立着构思大胆的两组(每组三根)柱子, 这个母题被重复运用在上面的楼层中。柱子打破了前进的趋势, 并且每两根柱子之间都有山花连接, 给人的感觉仿佛是三座叠置的神龛。仔细观察这两层建筑, 会发现它们虽然设计概念不同, 但并不会降低其强有力的外观效果。

卡洛·丰塔纳(Carlo Fontana, 1638—1714)是 17 世纪罗马最具影响力的建筑师。作为制图员, 他曾经为许多前辈大师工作过, 包括贝尔尼尼、科尔托纳和拉伊纳尔迪, 并且通过他的学生们, 如

---

❶ Vigna del Pigneto, Rome; 建于 1630 年以前; Vigna 在意大利文中为"葡萄园"之意。——译者注

第五编　文艺复兴时期和后文艺复兴时期的欧洲建筑及俄罗斯建筑

图A （上图）阿里恰圣母升天教堂（1662—1664），见[952]页

图B （左图）圣马丁和路加教堂中央穹窿处室内(1635—1650)，见[953]页

第29章 意大利建筑

图A (右图) 罗马圣山圣母教堂和圣母神迹教堂（1662—1679），见[953]页

图B (下图) 罗马基吉-奥代斯卡尔基府邸（1664年始建），见[952]页

菲利波·尤瓦拉、马托伊斯·达尼埃尔·珀佩尔曼(Pöppelmann)和詹姆斯·吉布斯(Gibbs)将他的思想传到国外(参见有关章节)。他设计的罗马主街上的圣马尔切洛教堂(S. Marcello al Corso, 1682—1683, 见[958]页图D)立面，与博罗米尼和科尔托纳的作品相比，更容易被人理解，并让人回想起卡洛·马代尔诺设计的圣苏珊娜教堂(参见有关章节)。他的建筑是罗马巴洛克晚期古典主义倾向的代表。

威尼斯

巴尔达萨雷·隆盖纳(Baldassare Longhena, 1598—1682)是17世纪最伟大的威尼斯建筑师，他与贝尔尼尼差不多同一时代。他设计的威尼斯**圣母安康教堂**(S. Maria della Salute, Venice, 1631年始建, 见[958]页图A、图B)同帕拉第奥设计的救世主教堂一样(参见有关章节)也是受威尼斯公国委托的建筑，用以纪念一场瘟疫的结束。建筑由两座穹窿组成，都采用了集中式设计的空间：一个带有回廊的八边形会众区和一座带有两个半圆形侧堂的正方形小礼拜堂。小礼拜堂由隐藏的回廊相连接，并从八边形的外轮廓上耸出。同早期的威尼斯教堂一样，室内完全采用单色。平面中半圆形的耳堂沿袭了帕拉第奥的救世主教堂的型制，整个设计布局与桑米凯利设计的维罗纳乡间圣母教堂(Madonna di Campagna)很相似(参见有关章节)，因为二者都是还愿教堂。教堂外部有一个凯旋门式的入口门廊，高高耸起的顶部饰有雕像的巨大卷涡饰将鼓座和较低的楼层在视觉上统一起来。

隆盖纳设计的威尼斯**佩萨罗府邸**(Palazzo Pesaro, Venice, 1652—1710)从桑索维诺奠定的府邸类型中受益颇深。具有强烈雕塑感的七开间立面环绕街角布置，这是传统的威尼斯建筑。粗石饰面的底层有两个入口，这在由兄弟两人共同拥有的府邸中非常流行。简洁的韵律和与上面楼层连接的双柱构成了威尼斯建筑三段式外观的典型特点。

都灵

瓜里诺·瓜里尼(1624—1683)是一位德亚底安会教堂的牧师。三维空间的几何形体深深打动了他，瓜里尼的建筑以试验性空间为特点。与同时代的建筑师相比，他的思想更加开放，更能接受哥特式建筑，并且在其去世后出版的专著中将哥特式形式包括在内。其专著在1737年出版，名为《民用建筑》(Architettura Civile)。尽管他主要在都灵工作，但他的建筑远达里斯本(神圣意志圣母教堂(S. Maria da Divina Providencia), 参见有关章节)和巴黎(皇家圣安娜教堂(S. Anne la Royale), 1662年始建)。

瓜里尼设计的都灵**尸衣礼拜堂**❶(见[959]页图B和[960]页)与大教堂的东端相连。这个吸引人的圆形建筑用于放置都灵尸衣，由当时的萨伏伊皇室所有。墙面被等分成九个开间，其上部特殊的三角形帆拱体系从底层平面的大圆形变到鼓座层的小圆形，入口门厅以缩小的形式重复了这个主题。两块精致的藻井顶棚将后堂与帆拱区分开，这是瓜里尼偏爱的一种效果。鼓座上高高的拱券插入拱顶，圆形变成了六边形。透空的拱肋延续成对角斜拱，拱顶在一个悬挂的十二角星处会聚。在室外，由典型的伦巴第式鼓座围住的穹窿是阶梯形的，顶部冠以螺旋饰，而与博罗米尼设计的罗马圣伊夫教堂不同(参见有关章节)。

都灵**圣洛伦索教堂**(S. Lorenzo, Turin, 1668—1687, 见[961]页)外部为矩形，后面的祭坛小礼拜堂和前面的门廊也都呈矩形，与奇特的室内毫无联系。在建筑内部，瓜里尼把正方形转变成八边形，并且将曲面凸向会众空间。小礼拜堂内弯曲的檐部增添了空间的复杂感。巧妙的是，八边形在帆拱层变为希腊十字形，然后在鼓座底部又变为圆形。交叉的透空拱肋重复了八边形的主题，并创造了丰富而又精致的效果。

都灵**卡里尼亚诺府邸**(Palazzo Carignano, Turin, 1679)是瓜里尼设计的最著名的住宅建筑。波浪形的中央部分包绕着一对巨大的楼梯和一个椭圆形大厅。立面上饰有未经粉刷的赤陶土，形成了华丽的窗框和风格特别的粗石饰面。

菲利波·尤瓦拉(Filippo Juvarra, 1678—1736)在墨西拿出生，他在刚入行时受到瓜里尼的影响很大。来到罗马之后，他接受了卡洛·丰塔纳的指导。直到萨伏伊王室的维克托·阿马戴乌斯二世(Vittorio Amedeo Ⅱ)成为西西里国王之后，尤瓦拉才在都灵任职，成为主要的建筑师。他的工作还广

---

❶ Cappella della S. Sindone, Turin, 1667~1690年；Santa Sindone 即 Shroud of Turin（都灵尸衣），是自1578年起保存在都灵圣乔瓦尼-巴蒂斯塔大教堂内皇家礼拜堂的一条亚麻布，据说是耶稣基督遗体的尸衣。——译者注

泛地涉及实用艺术和剧院设计。

维克托·阿马戴乌斯二世委托尤瓦拉建造了都灵附近的**斯图皮尼吉府邸**(Palazzina di Stupinigi, near Turin, 1729—1733)，这是尤瓦拉创造的意大利巴洛克晚期最伟大的别墅之一。尤瓦拉没有采用早期别墅双轴线的矩形平面，引入了基于三轴六边形的设计理念。入口庭院通向围合的华丽的六边形广场，每一个角部都通向府邸。广场中占主导地位的是一座带有椭圆形穹窿的大厦，有一个巨大的过厅，它处于平面的中心，所有的轴线都由此穿过。大厦以曲线形式与建筑群的其余部分分隔开来，这在其平面和拱形窗户上均表现得十分明显。穹窿上饰以雄鹿，暗示了这栋建筑的用途——一幢猎宫。

都灵附近的**苏佩尔卡寺院**(the Superga, near Turin, 1717—1731，见[959]页图C)建造在一座山丘上，将教堂和隐修院连成一个整体。教堂位于矩形隐修院的前面，并且在女隐修院建筑群中占首要地位，从它的规模和材料很容易辨认。教堂前面加建了一个凸出的正方形门廊，它将人们从三个侧面吸引到入口。在教堂内部，尤瓦拉为访客迎面设置了一座高大的圆柱体，在它的穹窿和鼓座上开有窗户，而小礼拜堂在较低部位开口。其简洁风格与瓜里尼大约50年前设计的各个教堂形成强烈的对比。

尤瓦拉设计的都灵**玛达玛宫**(Palazzo Madama, Turin, 1718—1721)为萨伏伊王室的维克托·阿马戴乌斯二世(Vittorio Amedeo Ⅱ)而建，突出反映了法国和皮埃蒙特地区之间建筑风格的联系。九开间的立面中部用柱，而不是壁柱加以凸出，总体轮廓与凡尔赛宫面向花园的立面很相似(参见有关章节)。其内部，一座华丽的楼梯大厅几乎占据了整个立面宽度。

贝尔纳多·维托内(Bernardo Vittone, 1702—1770年)主要在皮埃蒙特创作，吸收了瓜里尼和尤瓦拉的风格。都灵附近的**瓦利诺托礼拜堂**(Sanctuary, Vallinotto, near Turin, 1738—1739)的外部由四个叠加在一起的逐渐收缩的阶梯式层面组成，在风格上与瓜里尼对意大利北部传统的围合式穹窿的重新诠释十分相似。平面呈六边形，每边都设有一座半圆形的小礼拜堂，每隔一间小礼拜堂设有凸出的阳台。同瓜里尼设计的圣洛伦索教堂一样，在高大的祭坛后面也有一个半圆形的回廊。穹窿内部的空间处理特别打动人，透过六个相互连接的透空拱肋可以看到三个连续的拱顶层——两个带有逐渐缩小的小圆窗并饰有湿壁画的穹窿，上面覆以采光塔。与瓜里尼在每一层都改变平面形状的方法有所不同，维托内始终保持六边形的形式，并且试图在视觉上使水平环带统一。

莱切圣十字教堂(Church of S. Croce, Lecce, 1606—1646)采用了装饰繁多的巴洛克风格，主要归因于西西里和那不勒斯风格，但也包含了罗马风格的理念，如由螺形支托支承的阳台和从柱身中部向上出现的有叶饰的环带。朴素的外表面与繁琐的浮雕装饰形成对比。

洛可可时期

克雷莫纳**斯坦加府邸**(the Palazzo Stanga, Cremona, 18世纪初，见[962]页图B)有一个三段式的九开间立面，成对布置在入口两边的壁柱衬托出中央的三个开间。怪诞的波浪形拱券和窗户是典型的洛可可建筑风格。

由卡洛·弗朗切斯科·多迪(Carlo Francesco Dotti, 1670—1759)设计的博洛尼亚**圣路加圣母教堂**中的马利亚礼拜堂(Marian sanctuary of the Madonna di S. Luca, Bologna, 1723—1757，见[962]页图A)坐落在城外的一座山丘上。精心设计的拱廊导向到达圣地的朝圣路线。一个波浪形的立面装饰着这座由曲线组成的希腊十字式教堂的椭圆形外部。

弗朗切斯科·德·桑克蒂斯(Francesco de Sanctis, 1693—1740)把与山上的圣三一教堂(Trinità de'Monti)相连的罗马西班牙广场(Piazza di Spagna)的草坡变成为一座极富戏剧性的台阶，即众所周知的**西班牙大台阶**(Spanish Steps, 1723—1725，见[963]页图A)。在其底部，宽阔的台阶被分成三跑。同米开朗琪罗设计的劳仑齐阿纳图书馆一样，中间的一跑延伸到了广场之中。拾梯级而上，楼梯段逐渐变窄并且合并到一起，然后又分开并且延伸到宽阔的踏步平台，而且再次分开成为两个曲线形台阶，直通上面的广场。

在罗马**圣依纳爵广场**(Piazza S. Ignazio, Rome, 1727—1728)中，菲利波·拉古齐尼(Filippo Raguzzini, 1680—1771)再度利用了一个由科尔托纳在和平圣母

第五编　文艺复兴时期和后文艺复兴时期的欧洲建筑及俄罗斯建筑

图A　威尼斯圣母安康教堂(1631年始建)，见[956]页

图B　威尼斯圣母安康教堂室内，见[956]页

图C　罗马坎皮泰利圣母教堂（1663—1667），见[953]页

图D　罗马主街上的圣马尔切洛教堂立面（1682—1683），见[956]页

第29章 意大利建筑

图 A 罗马和平圣母教堂立面(1656—1657)，见[953]页

图 B 都灵尸衣礼拜堂穹窿 (1667—1690)，见[956]页

图 C 都灵附近苏佩尔卡寺院 (1717—1731)，见[957]页

第五编 文艺复兴时期和后文艺复兴时期的欧洲建筑及俄罗斯建筑

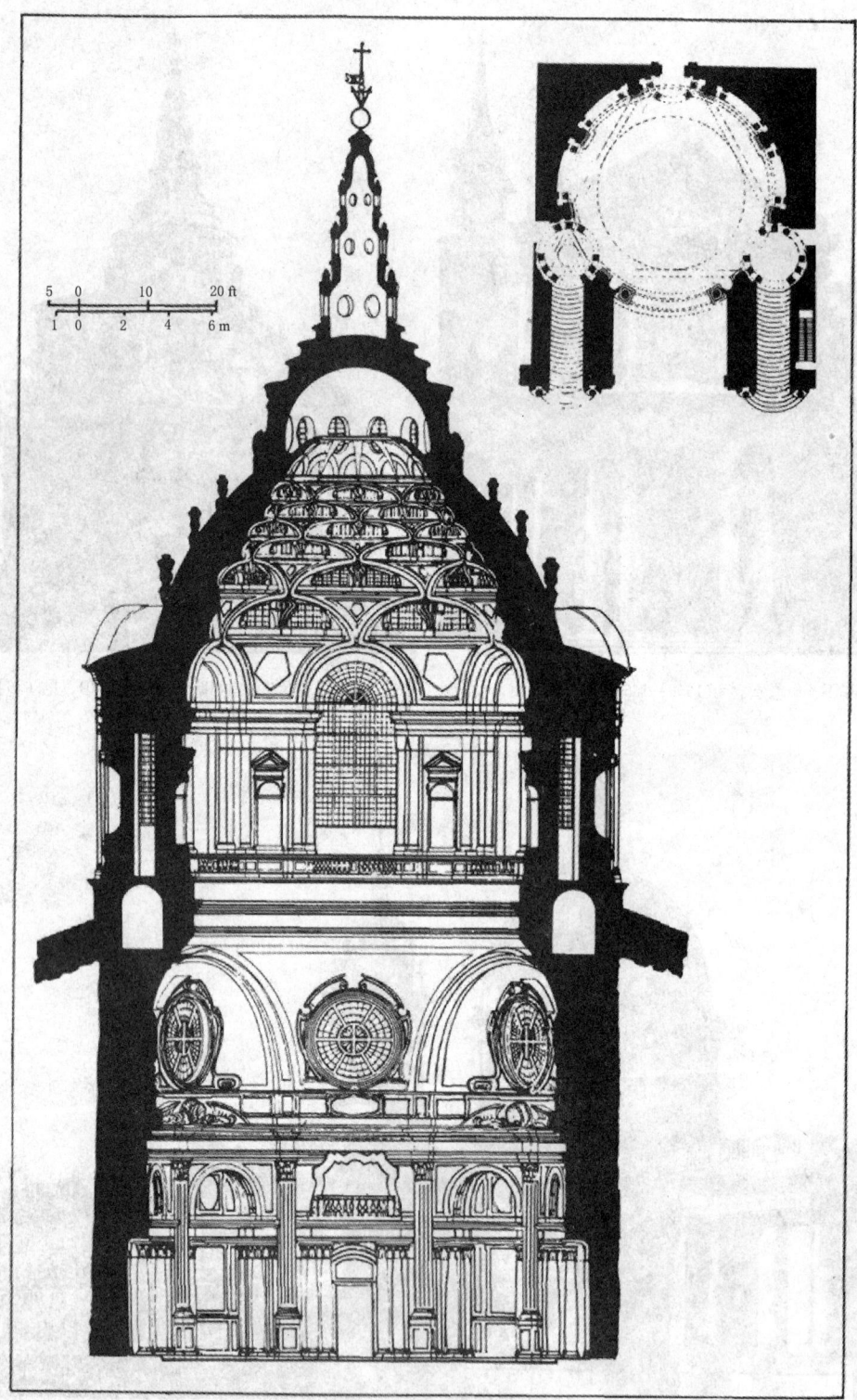

都灵尸衣礼拜堂平面和剖面(1667—1690)，见[956]页

第29章 意大利建筑

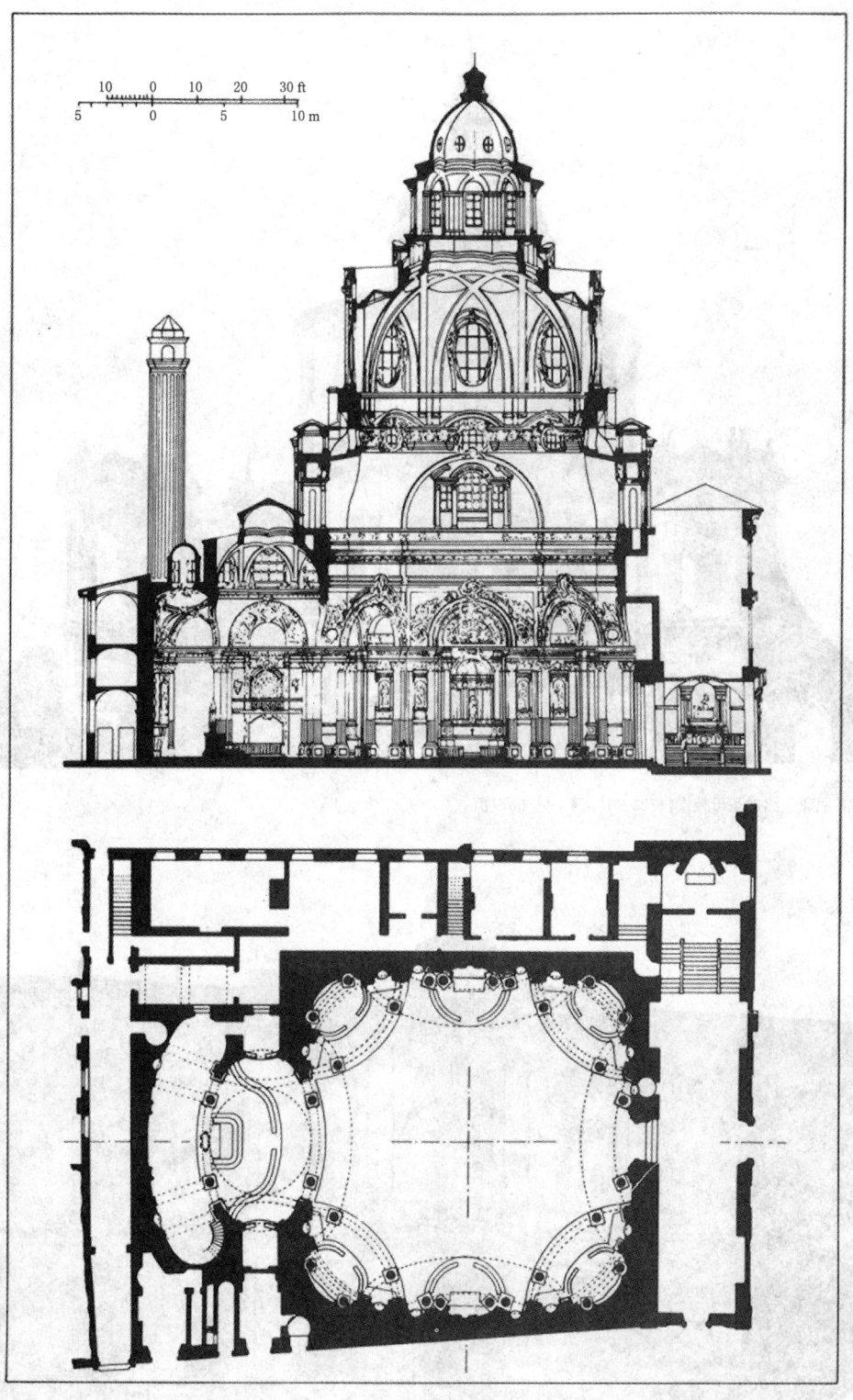

都灵圣洛伦索教堂平面和剖面(1668—1687),见[956]页

第五编　文艺复兴时期和后文艺复兴时期的欧洲建筑及俄罗斯建筑

图 A　博洛尼亚圣路加圣母教堂(1723—1757)，见[957]页

图 B　克雷莫纳斯坦加府邸（18世纪初），见[957]页

第29章 意大利建筑

图 A 罗马圣三一教堂(1723—1725,即西班牙大台阶),见[957]页

图 B 罗马特雷维喷泉(1723—1727),见[965]页

图 C 威尼斯最神圣的西门与犹太教堂(1718—1738),见[965]页

第五编　文艺复兴时期和后文艺复兴时期的欧洲建筑及俄罗斯建筑

图A　卡塞塔皇宫(1752年始建)，见[966]页

图B　米兰斯卡拉歌剧院 (1776—1778)，见[966]页

教堂中确立的主题,用几个不同建筑的立面来组成一个统一的空间,此处由三个相互连接的椭圆形构成。设计考虑的是空间的形态而非建筑本身,与文艺复兴的城市规划理念相背离。

罗马**特雷维喷泉**(Trevi Fountain, Rome, 1723—1727,见[963]页图 B)由尼科洛·萨尔维(Niccolo Salvi, 1696—1751)设计,他发展了科尔托纳的理念,将一座府邸的立面与喷泉组合在一起。这个喷泉标明了古代引水渠——少女泉(the Aqua Virginis)的终端,取代了一座建于 15 世纪的建筑。在这个环境中采用凯旋门式的母题,可能是借鉴了西克斯图斯五世在附近修建的用来装饰幸福泉(Acqua Felice)的喷泉。喷泉并没有简单地树立在府邸之前,而是与其融合在一起。水从人造的岩石喷泉中涌出,向上喷射的高度可达到基座层。

罗马拉泰拉诺圣约翰教堂的立面(S. Giovanni in Laterano, Rome, 1733—1736)由亚历山德罗·加利莱伊(Alessandro Galilei, 1691—1737)设计。在本质上,这个晚期巴洛克古典主义的实例模仿了马代尔诺为罗马圣彼得大教堂设计的立面。但是,该立面通过将巨型柱式排布得更密集的方法来强调垂直感,并且通过透空更大部分的立面来创造对比,以获得明暗对照。采用的建筑语汇来自于贝尔尼尼而不是博罗米尼。

那不勒斯**圣费利切府邸**(Palazzo Sanfelice, Naples, 1728)由 18 世纪初最具有天赋和最多产的那不勒斯建筑师费迪南多·圣费利切(Ferdinando Sanfelice, 1675—1750)设计,是一个卓绝的楼梯设计作品。在此,楼梯占据了庭院的整个一面,两侧透空,以便在庭院立面中表现出攀登的功能。

墨西拿圣格列高利教堂(S. Cregorio, Messina)立面(塔楼建于 1717 年,立面建于 1743 年)表现出 18 世纪西西里建筑的非凡想象力。虽然在很大程度上受博罗米尼设计的圣伊夫教堂影响(参见有关章节),但教堂的螺旋形尖塔毫无疑问并非是一件复制品。它被教堂的缩微形象所环绕,并且在其顶端安放了一个教皇的三重冕和拱顶石,用以表明圣彼得大教堂继承者的重要性。立面的山花改为生动的波浪形冠状物,尖尖的顶点和附加的卷叶饰与哥特式山墙很相似。有一个窗户突破了檐部,为奢华的拱门增添了有趣的一笔。

拉古萨·伊卜拉圣乔治教堂(S. Giorgio, Ragusa Ibla, 1746—1775)由罗萨里奥·加利亚尔迪(Rosario Gagliardi)设计。其立面为典型的 18 世纪西西里建筑风格,立面呈阶梯式递减,并且融合了教堂立面和钟楼的设计理念。独立的柱子标明了前面断开的三个一组的柱式,这使人想起罗马最神圣的味增爵和阿纳斯塔修斯教堂(参见有关章节),而逐渐弯曲的中央开间加强了塔楼似的印象。这种式样更夸张的例子是莫迪卡圣乔治教堂(S. Giorgio, Modica, 18 世纪)和卡塔尼亚的圣普拉奇多教堂(S. Placido, Catania, 1769 年建成)。

巴盖里亚的瓦尔瓜内拉别墅(Villa Valguarnera, Bagheria, 1709—1739)由托马索·纳波利(Tommaso Napoli)设计,这是 18 世纪最令人兴奋的坐落在城镇周边的别墅之一。在深凹的正面上,精美的双跑楼梯呈波浪形,并向统率中央部分的凸出的入口门廊开口。附近的别墅还有**帕拉戈尼亚别墅**(Villa Palagonia, 1705)和**拉尔代里亚别墅**(Villa Larderia, 约 1752)。

新古典主义时期

乔瓦尼·巴蒂斯塔·皮拉内西(Giovanni Battista Piranesi, 1720—1778)因其杰出的建筑蚀刻画并贬低希腊建筑以褒扬罗马建筑而闻名。**罗马修道院圣母教堂**(S. Maria del Priorato, Rome)是他最重要的建成作品。这座教堂受马耳他骑士团❶委托设计,建筑位于一个精致的五边形广场内。大部分装饰都具有象征意义,骑士团的纹章随意地布置在立面的柱头之上。广场中点缀的方尖碑反映出皮拉内西对古埃及的痴迷。

乔瓦尼·安东尼奥·斯卡法罗托(Giovanni Antonio Scalfarotto, 1690—1764)设计的**威尼斯圣西门与犹太教堂**(SS. Simeone e Giuda, Venice, 1718—1738,见[963]页图 C)摆脱了隆盖纳设计的圣母安康教堂的华丽形式(参见有关章节),受万神殿的启示,趋向于更为严谨的古典主义。带有山花的门廊穿过中间区域,将人们引向圆形大厅,其内部是凸出的壁龛和列柱式圣坛屏风。穹窿采用的是夸张的威尼

---

❶ Knights of Malta;又称"医院骑士团",即"天主教医院修会"(Hospitalers, Hospitallers),11 世纪成立于耶路撒冷,总部设于罗马。——译者注

斯传统的拜占庭风格。

威尼斯圣尼古拉·达·托伦蒂诺教堂(S. Nicolò da Tolentino, Venice, 1706—1714)的立面标志了安德烈亚·蒂拉里(Andrea Tirali, 1657—1737)设计风格的转变。蒂拉里早期的作品,如最神圣的约翰与保罗教堂中的圣多明我小礼拜堂(S. Domenico in SS. Giovanni e Paolo),带有盛期巴洛克风格,而圣尼科洛教堂则具古典主义风格。帕拉第奥式的带山花的六柱式门廊首次出现在威尼斯,科林斯柱式同内立面的壁柱相呼应。山花上夸张的椭圆形将这幢建筑同其帕拉第奥式原型和新古典主义的演变区别开来。

路易吉·万维泰利(Luigi Vanvitelli, 1700—1773)是一位荷兰风景画家的儿子。那不勒斯的查理三世(Charles Ⅲ)委托他建造卡塞塔皇宫(Royal Palace, Caserta, 1752年始建,见[964]页图A)。这座王宫位于那不勒斯北面20mile(约32km)处。巨大的宫殿拥有1200间房间,包括四个呈网格状排列的庭院,使人联想起马德里的埃尔埃斯科里亚尔隐修院(参见有关章节)或是伊尼戈·琼斯设计的白厅(Whitehall Palace)。位于同一轴线上的另外两个入口大厅重复了中央的八边形门廊,体现出建筑师对严格对称的偏爱。这些开敞的八边形空间创造了多样化的景观,通常可以同时看到几个方向的景观。尽管透视法的效果源于巴洛克的趣味,其简洁的平面和立面更趋向新古典主义。

万维泰利设计的那不勒斯但丁广场(Piazza Dante, 1755—1767)完全改变了17世纪教堂中的凹曲面和府邸立面中的新月形。街道转角处的凯旋门上建造了一座钟楼,在中央统率整个广场。这个构思与法国城堡门道的构思完全一样,这种表现手法来自贝尔尼尼设计的圣彼得大教堂广场(参见有关章节)。

罗马阿尔巴尼别墅小神殿群(the Tempietti, Villa Albani, Rome, 约1760) 由卡洛·马希奥尼(Carlo Marchionni, 1702—1786)为阿尔巴尼红衣主教设计,作为其新别墅的凉亭(1746年始建)。阿尔巴尼邀请了当时最重要的理论家温克尔曼(Johann Joachim Winckelmann)作为艺术指导。别墅属于晚期巴洛克风格,而这些凉亭却使古典建筑呈现出全新的面貌。在理念上,坍塌的小神殿(Tempietto Diruto)同18世纪英国那些耗资巨大而毫无实用价值的建筑相似,也是用古代建筑的遗物建造。它不是古迹的重建,而是一种转瞬即逝的废墟的象征。

在米凯兰杰洛·西莫内蒂(Michaelangelo Simonetti, 1724—1781)任梵蒂冈皮奥·克雷芒博物馆(Museo Pio Clementino, Vatican, Rome, 1771年始建)的建筑师时,教皇克雷芒十四世(Pope Clement ⅪⅤ)决定把观景楼庭院(Cortile del Belvedere)的北端改建为永久性博物馆(参见有关章节)。观景楼的16世纪雕塑庭院的面貌得到改建,插入一个八边形的柱廊。给人留下较为深刻印象的圆形大厅(Sala Rotonda, 1776年始建)是一个带穹窿的圆柱体建筑,由复合柱式壁柱支撑,饰有一圈相同的壁龛。顶楼上的气窗重复了下部壁龛的曲线,并为展示的雕塑品提供了充足的光线。希腊十字大厅(Sala a Croce Greca, 1776年始建)表现出对文艺复兴建筑风格更为强烈的回应,在十字交叉处使用的斜角与布拉曼特的教堂设计如出一辙。同阿尔巴尼别墅的小神殿群一样(参见有关章节),建筑中使用了古代的建筑材料。古代的花岗岩柱和雕像用做结构支撑,地面上则铺设了古罗马的马赛克。

罗马附近的苏比亚科神圣经院教堂(S. Scolastica, Subiaco, 1774—1777)教堂由贾科莫·夸伦吉(Giacomo Quarenghi, 1744—1817)修复,它为随后出现的新古典主义风格教堂的室内设计提供了一个典范。带有简洁的筒形拱顶的中堂侧面是一些带侧堂的小礼拜室。拱顶在圣坛处抬高并且加宽,置于后堂中的祭坛的半穹窿由爱奥尼柱式支承,创造出一个与帕拉第奥的救世主教堂(参见有关章节)相似的圣坛屏风。除了偶尔出现的华饰以外,墙面没有其他装饰。

米兰斯卡拉歌剧院(La Scala, 1776—1778, 见[964]页图B)由朱塞佩·皮耶尔马里尼(Giuseppe Piermarini, 1734—1808)设计。18世纪末建造了许多剧场,斯卡拉歌剧院就是其中的一座。七开间的立面中,带有拱廊的一层采用了扁平的粗石饰带,而上层采用成对的复合柱式连接。顶楼上冠以带有18世纪晚期典型特征的人像装饰的山花。具有世纪初特征的奢华的曲线和表面装饰被源于法国建筑的有节制的装饰所取代。

米兰塞尔贝洛尼府邸(Palazzo Serbelloni, 1780—1794)由西莫内·坎托尼(Simone Cantoni)设计。与坎托尼设计的热那亚总督府(Palazzo Ducale, Genoa)相比,这幢建筑给人的印象更为深刻。它有一个长长的15个开间的立面,中央三个开间上冠以山花。浮雕不是凸出而是凹入墙面，以采用完整的柱子来支承檐部。因此柱子并不是设计成装饰物，而是有其功能。这个比较浅的空间的深度感由栏杆和柱子后面连续的浮雕所加强，山花上的弧形窗创造性地设计成带栏杆的敞廊。

利奥波德·波拉克(Leopold Pollack, 1751—1806)是一名维也纳建筑师，他跟随皮耶尔马里尼(Piermarini)工作，设计了米兰**皇家贝尔焦约索离宫**(Villa Reale Belgioioso, Milan, 1790—1793)。从其平面可以发现它受到了法国建筑的影响：穿过一堵屏风墙进入庭院，低矮的两翼布置"正屋"(corps de logis)。除了多立克柱式的入口和爱奥尼柱式的正面装饰以外，庭院没有柱式，与精美的花园立面适成强烈对比。

18世纪晚期和19世纪初，米兰建造了多座城门。米兰**提契诺门**(Porta Ticinese, 1801—1814)由路易吉·卡尼奥拉(Luigi Cagnola, 1762—1833)设计，外表看起来更像是一座小神庙而不是大门。与附属关卡脱离的手法是一种象征，而不是功能的需要，模仿屋大维娅(Octavia)时期的古罗马门廊，两座带山花的庙宇立面向后退，背靠着侧面的拱券。这一时期给人留下深刻印象的米兰其他大门包括鲁道夫·万蒂尼(Rodolfo Vantini)设计的**威尼斯门**(Porta Venezia, 1827—1833)，朱塞佩·扎诺亚(Giuseppe Zanoia)设计的**新大门**(Porta Nuova)，以及贾科莫·莫拉利亚(Giacomo Moraglia)设计的**卡尔拿西纳门**(Porta Carnasina)。

巴勒莫**植物园体育馆**(Il Ginnasio, Orto Botanico, Palermo, 1789—1792)是莱昂·迪富尔尼(Leon Dufourny, 1754—1818)的作品，他是一位在西西里宫廷工作的法国建筑师。他与考古学家勒鲁瓦(Le Roy)的研究成果强烈地反映在设计上。立方体大楼采用的多立克柱式故意使用了"古风"(all'antica)的细部，多立克柱身上夸张的收分、厚重的檐部和环绕建筑的台阶都是古代大希腊(Magna Graecia)，尤其是帕埃斯图姆(Paestum)神庙建筑的特征(参见有关章节)。

巴勒莫**王室宠姬别墅中式小楼**(Palazzina Cinese, Villa della Favorita, Palermo, 1799—1802)据称是朱塞佩·马尔武利亚(Giuseppe Marvuglia)的作品，也有人认为是朱塞佩·帕特里科拉(Giuseppe Patricola)的作品。它采用了与布赖顿皇家亭阁(Brighton Pavilion, 参见有关章节)相似的东方风格。通过采用骨架的支撑结构获得轻盈、高耸的外观效果，摆脱墙面的意图在透空的光塔式楼梯间中表现得尤为明显。用门柱构成门廊带有曲线檐口的手法受到中国建筑的启示，但是伊斯兰和庞贝的艺术形式也对建筑的外观产生影响。在乔瓦尼·多梅尼科·提埃坡罗(Giovanni Domenico Tiepolo)为维琴察附近纳尼的瓦尔马拉纳别墅(Villa Valmarana ai Nani)中创作的湿壁画中，也可以发现这种将不同的异国情调相融合的喜好。

朱塞佩·瓦拉迪耶(Giuseppe Valadier, 1762—1839)的作品表明他熟悉当时的法国建筑潮流。他设计的罗马**米尔维奥桥拱门**(Arch on the Ponte Milvio, Rome, 1805)既继承了古代的，又继承了文艺复兴时期的拱门形式。瓦拉迪耶在设计中更多地赋予防御工事的特征，因而放弃了传统的凯旋门形式。在两个叠加的立方形体块上摒弃了任何涉及柱式的东西，内倾的底部还起到防御工事的作用，并采用了扁平的粗石饰带。每个拱券上巨大的楔石从后倾的墙体表面向外突出，增加了建筑的重量感。

瓦拉迪耶重建的罗马**平乔花园**(Giardino del Pincio, 1806—1814)，风格较为明快，给人印象深刻的是安放骑马纪念像的三个开间敞廊，背靠垂直的阶梯形墙面而立。建筑师在上面设计了一座狩猎房，从那里可观赏朝向圣彼得大教堂方向的美景。他用一个半圆形的爱奥尼式门廊装饰建筑的入口，并且在侧面延续了爱奥尼柱式风格，独立的柱子在那里随意地承托着瓮饰。

朱塞佩·亚佩利(Giuseppe Japelli, 1783—1852)最著名的作品是帕多瓦的佩德罗奇咖啡馆(Caffè Pedrocchi, 1816—1842; 参见有关章节)。这位建筑师游历甚广，知识渊博，他设计了这一极为辉煌的新建筑类型的实例。作为一座绅士俱乐部，这幢建筑包括餐厅、台球室、图书室和舞厅。立面上两个凸出的多立克柱式门廊在二层构成一个内凹的巨大的科林斯柱式敞廊。建筑的元素显然来自希腊和罗马复兴风格，从古代罗马获得启示的例子有：中楣出现在门廊中无基础的希腊多立克柱的上部(参见第34章)。

波萨格诺**卡诺瓦家庙**(Tempio Canova, Possagno, 1819—1833)由乔瓦尼·安东尼奥·塞尔瓦(Giovanni Antonio Selva, 1753—1819)和伟大的新古典主义雕塑家安东尼奥·卡诺瓦(Antonio Canova, 1757—1822)共

同设计。这幢建筑是卡诺瓦家乡的地标，里面安放着他的坟墓。该建筑受到万神庙的启发，在当时受到人们极大的关注。但是同当时其他类似的建筑一样，如布雷西亚和维罗纳的墓地教堂，这种模式已经加以希腊化。希腊多立克柱式取代了最初的科林斯柱式，表面装饰减至最少程度，以便使其基本几何形体不被掩盖。

令人印象深刻的里窝那水井(Cisternone, Livorno, 1829—1842)由帕斯夸莱·波钱蒂(Pasquale Poccianti, 1774—1858)设计，其立面使人联想到艾蒂安-路易·部雷的绘画(参见有关章节)。除了窗洞和一些适当的气窗外，墙面上没有任何装饰，而严谨的多立克柱式门廊和它顶部与万神庙横断面极为相似的巨大壁龛是其中央部分的特征。

文艺复兴时期和后文艺复兴时期的欧洲建筑及俄罗斯建筑

第 30 章
法国、西班牙和葡萄牙建筑

建筑特征

法国

为了叙述方便起见，将1494~1830年法国建筑的发展历程划分为三个时期。

(1) 法国文艺复兴时期(1494—1610)。

法国文艺复兴时期是指从意大利战争到亨利四世驾崩这段时期，包括查理八世(1483—1498)、路易十二(1498—1515)、弗朗索瓦一世(1515—1547)、亨利二世(1547—1559)、弗朗索瓦二世(1559—1560)、查理九世(1560—1574)、亨利三世(1574—1589)以及亨利四世(1589—1610)的统治时期。

(2) 古典主义时期(1610—1715)。

这段时期包括路易十三(1610—1643)和路易十四(1643—1715)的统治时期。

(3) 洛可可与新古典主义时期(1715—1830)。

法国文艺复兴时期

查理八世(Charles VIII)和路易十二(Louis XII)倡导向意大利学习，通过引进意大利的工匠和建筑图书，形成了一种受古典风格间接影响的新建筑风格。最初，文艺复兴的细部装饰只是体现在传统的建筑类型上，诸如有塔楼的府邸，具有哥特式拱顶、飞扶壁和尖塔的教堂。在府邸建筑中，柱式将窗框和立面上的装饰联系成为竖向的整体，并对华丽的老虎窗和烟囱加以装饰和美化。在教堂建筑中，柱式也起着同样的作用，但在文艺复兴语言的表象下，哥特式的比例和切石法仍被保留下来。在弗朗西斯一世(François I)时期，罗索(Rosso)和普里马蒂乔(Primaticcio)倡导了枫丹白露的装饰风格，其特点为带状装饰、怪诞图案和苍白的灰泥雕像。通过版画艺术，这种风格在欧洲各地广泛传播开来。

塞巴斯蒂亚诺·塞里奥(1475—1555)于1540年对法国的访问，以及法国的菲利贝尔·德洛尔姆(Philibert de l'Orme, 约1510—1570)和让·比朗(Jean Bullant, 约1520/1525—1578)对意大利的访问促进柱式成为一种更可靠的用途，即将柱式作为一种内在的连接方式而不是表面的装饰。皮埃尔·莱斯科(Pierre Lescot, 1500—1578)设计的卢浮宫立面在文艺复兴式的壁柱和雕刻细部上的巧妙处理，可以与帕拉第奥的早期建筑相媲美。菲利贝尔更多地倾向于使用大尺度与圆柱，但不受规则的束缚。他提出了一种"法国柱式"，就是用条纹状的装饰来掩盖节点。比朗在府邸建筑中引入巨柱式并融入有规律的韵律，而老迪塞尔索(Jacques Androuet du Cerceau the Elder, 约1520—1584)喜爱奇妙而任意的表面装饰。16世纪晚期产生了一种对竖向划分以及质朴风格的喜好：1580~1620年间非常显著的特征就是隅石、饰链以及窗套与砖砌竖向条纹的交替使用，这种手法一直延续到小迪塞尔索(Jean Androuet du Cerceau, 约1585—1649)和弗朗索瓦·芒萨尔(François Mansart, 1598—1666)的早期作品。

古典主义时期

用"古典主义"一词表明法国17世纪建筑的特征，并非意味着这段时期的建筑是对古典形式的直接模仿，而是表明这段时期的人们在建筑品质上对逻辑性、均衡性和明晰性的偏爱。在古典主义初期，过渡阶段有两位个性突出的标志性人物。由皮埃尔·勒米埃(Pierre Le Muet, 1591—1669)设计的巴黎阿西公馆(Hôtel d'Assy, Paris)，其带有巨大壁柱的庭院给人留下了深刻印象。而萨洛蒙·德布罗斯(Salomon de Brosse, 1571—1626)设计的大体量建筑给人以强烈的三维空间感。

雅克·勒梅西埃(Jacques Lemercier, 1585—1654)、弗朗索瓦·芒萨尔(1598—1666)和路易·勒沃(Louis Le Vau, 1612—1670)是法国古典主义时期最伟大的建筑师。勒梅西埃将16世纪末罗马庄重而又有韵律的建筑语言引入到法国建筑中，其两层高的教堂立面受贾科莫·德拉·波尔塔(参见有关章节)的影响很大。芒萨尔成熟期的作品也同样雄伟而有节制，建筑中使用了大量叠置的双柱、简洁的山花以及以他名字命名的双坡屋顶。总的来说，17世纪的法国抵制巴洛克风格，贝尔尼尼设计的卢浮宫并不受人们欢迎。路易·勒沃在四国学院(Collège des Quatre Nations, 参见有关章节)的立面设计中已经非常接近巴洛克风格的夸饰堆砌和矫揉造作的效果。独立的双柱与实墙的虚实对比是法国建筑永恒不变的主题，也许是由克洛德·佩罗(Claude Perrault, 1613—1688)所创导，这种形式最早出现在卢浮宫的东立面上(1667年始建)。

朱尔·阿杜安·芒萨尔(J. H. Mansart, 1646—1708)和热尔曼·博夫朗(Germain Boffrand, 1667—1754)是17世纪末、18世纪初最引人注目的两位法国建筑师。他们两人都因在府邸设计中对不同形状空间的创造性应用以及立面雕塑化的效果而闻名于世。在这个时期，室内装饰日趋盛行，用装饰抹灰和纸胎(papier-mâché)制成涡卷、女像、花环、贝壳等作为装饰题材。博夫朗的后期室内设计对德国的洛可可风格产生极大的影响(例如维尔茨堡宫)。

洛可可与新古典主义时期

法国洛可可实质上是一种室内装饰风格，因而在立面设计上没有明显的风格区分。即便有区别，也只是更为简洁，更少依赖于柱式的运用，通常使用系列的竖向壁柱。这种风格的居住建筑亲切而舒适，私密空间与公共空间截然分开，并大量使用圆角和蜿蜒的曲线。谈到洛可可装饰风格，必然提到朱斯特·奥雷勒·梅索尼耶(J. A. Meissonier, 1695—1750)。这种风格是以使用不对称的C形和S形阿拉伯植物曲线花饰，以及通常称作"贝壳状装饰"的扇贝雕饰为特征。由于宗教礼仪的缘故，洛可可风格几乎没有对法国的教堂建筑产生影响。

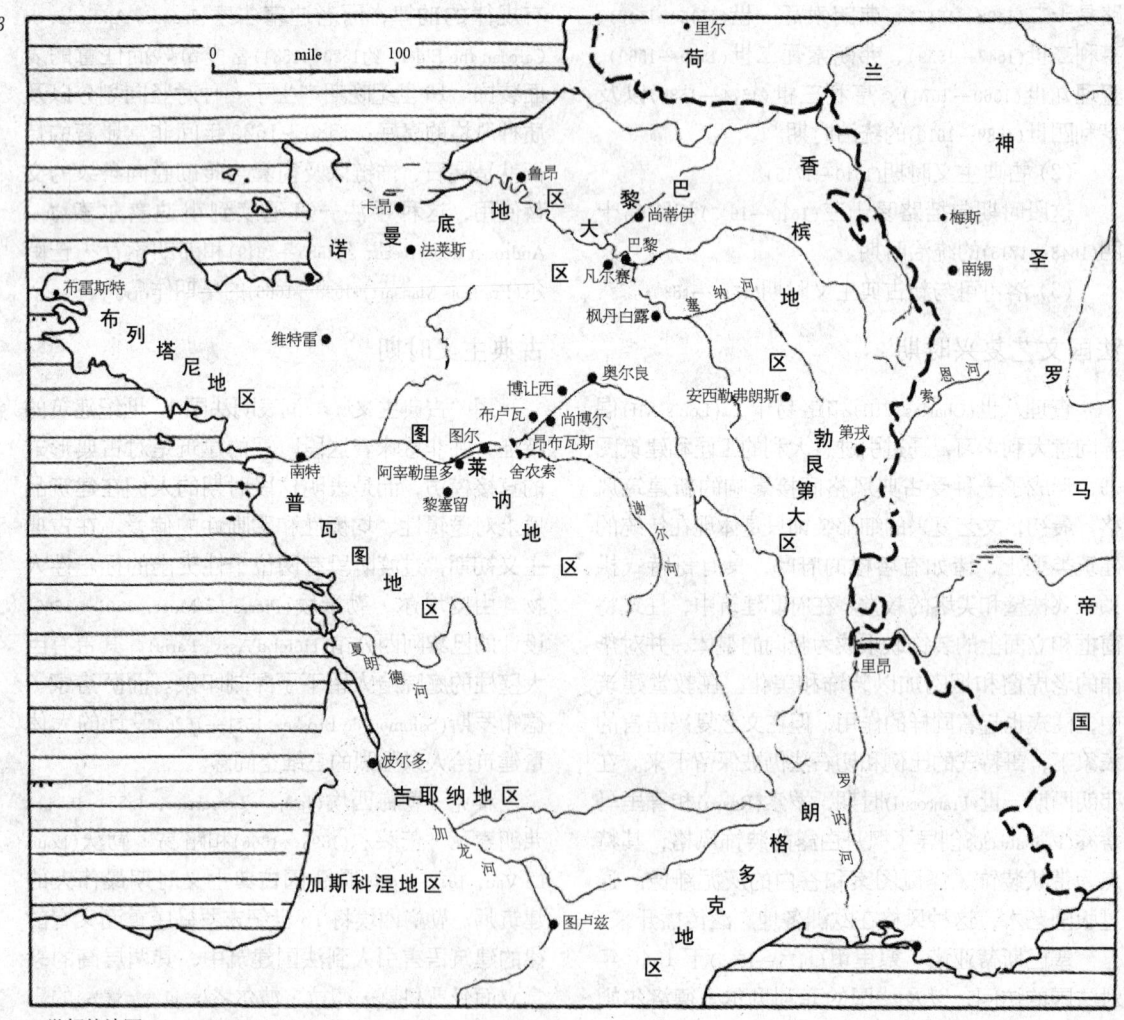

16世纪的法国

第30章 法国、西班牙和葡萄牙建筑

法国新古典主义运动既吸收了巴黎建筑学院(Academy of Architecture in Paris)长期正统的教育传统,也从勒热艾(Legeay)以及罗马的法国学院中汲取新的、更多的考古学思想。最初,新古典主义运动与其说是对古典建筑的回归,不如说是对意大利16世纪和法国17世纪建筑风格的回归,这在安热-雅克·加布里埃尔(Ange-Jacques Gabriel, 1698—1782)的作品中得到明显的体现。洛吉耶神父(Abbé Laugier)在撰写的《论建筑》(Essai sur l'architecture, 1753)中强调了柱式的结构逻辑性,这在苏夫洛(Soufflot)设计的圣热纳维耶芙教堂(S. Geneviève, 即先贤祠, 1757年始建)中得到了充分的反映,它将古老的柱式与哥特式轻盈的结构结合在一起。克洛德-尼古拉·勒杜(Claude Ledoux, 1736—1806)逐渐趋向简洁的原始几何形建筑语言以及与具有革命性的新古典主义相关联的粗壮的多立克柱式。他的这种风格的作品可以追溯到旧制度时期❶的后期。在艾蒂安-路易·部雷(Etienne-Louis Boullée)乌托邦式的设计中,亦对进一步简化的建筑语言有所体现。部雷以夸张的金字塔形、球形以及圆柱形这些象征性的建筑语言来取代功能性的建筑语言。让·尼古拉·路易·迪朗(J. N. L. Durand, 1760—1834)的著述极具影响力,他在新设立的巴黎理工大学(Ecole Polytechnique)发表的演讲中对新古典主义理性与功能性的一面作了理论性的表述。在拿破仑一世时期,尽管在家具与室内设计中流行希腊和埃及风格,但仍然能够在夏尔·佩西耶(Charles Percier, 1764—1838)、皮埃尔-弗朗索瓦-莱昂纳尔·方丹(Pierre François Léonard Fontaine, 1762—1853)、让-弗朗索瓦-泰雷兹·沙尔格兰(Jean-François-Thérèse Chalgrin, 1739—1811)以及皮埃尔·维尼翁(Pierre Vignon, 1762—1828)的建筑中找到古罗马建筑的风貌。

建筑实例

1500~1600年的法国

加永府邸(Château de Gaillon, 1502—1510)由乔治·德昂布瓦斯枢机主教(Cardinal Georges d'Amboise)和鲁昂大主教(Archbishop of Rouen)雇佣部分意大利工匠建造。鲁昂大主教是路易十二的首相和米兰总督,也是法国文艺复兴艺术的先行支持者。尽管该建筑通过强化入口塔楼来表现传统的形式,但其主入口却运用了意大利式的壁柱,并将深嵌的窗户连成一体,使之在竖向形成连续的界面。

比里府邸(Château de Bury, 1511—1524, 见[972]页图ⓒ、图Ⓗ)现已毁,其最初的外观是在迪塞尔索的绘画中才为人们所认识。该府邸为路易十二的廷臣弗洛里蒙·罗贝泰(Florimond Robertet)所修建,为16世纪府邸建筑的范式。正方形主庭院的四角伫立有塔楼,其入口右侧是一条通往一些小房间的长廊,左侧是通往服务性庭院的入口,入口经过设防加固。府邸主楼(corps de logis)的进深为一个房间,位于庭院与花园之间。除了入口一侧的一排柱廊,文艺复兴风格的细部装饰仅仅体现在窗隔板以及老虎窗上,立面通过外墙上横向连续的带状线脚连成一体。

舍农索府邸(Château de Chenonceaux, 1515—1523, 见[973]页图ⓒ、[974]页图A)的主体伫立在谢尔河边,这是一组简洁的矩形坡顶建筑,四角有塔楼。一条带有休息平台的意大利式直跑楼梯通向长长的中央过廊,将整幢建筑分成两部分。菲利贝尔·德洛尔姆(Philibert de l'Orme)在1556~1559年为迪亚娜·德普瓦捷(Diane de Poitiers)增建了一座五拱桥(参见有关章节),桥上面的走廊里带有"手法主义"的窗户由让·比朗(Jean Bullant)在1576年建造(参见有关章节)。

由吉勒·贝特洛(Gilles Berthelot)建造的**阿宰勒里多府邸**(Château d'Azay le Rideau, 1518—1527, 见[974]页图B),布局紧凑,平面呈L形,带有塔楼,四周有壕沟环绕。巨大的入口大厅打断了窗户的横向和竖向镶板以及水平腰线,休息厅点缀着比例自由的柱式以及哥特式的壁龛和雕刻饰板。

弗朗索瓦一世倡议在卢瓦尔河畔大兴土木,在相当长的一段时间内他也将宫廷搬到了那里。在**布卢瓦府邸**(Château de Blois, 1515—1524, 见[972]页图Ⓐ~图Ⓕ及[975]页图A),他为原有的中世纪府邸增建了一翼。面向庭院的立面(大部分经过修缮)具有格板框窗以及竖向联系的长壁柱,柱顶上部是古典式的檐部。饰有弗朗索瓦一世纹章的开敞式多边形楼梯,透雕精细,在立面中起着主导的作用。面对城市的建筑上部设置了敞廊,屋顶下方是带有开敞式

---

❶ Ancien Régime: 指法国1789年以前的王朝。——译者注

第五编　文艺复兴时期和后文艺复兴时期的欧洲建筑及俄罗斯建筑

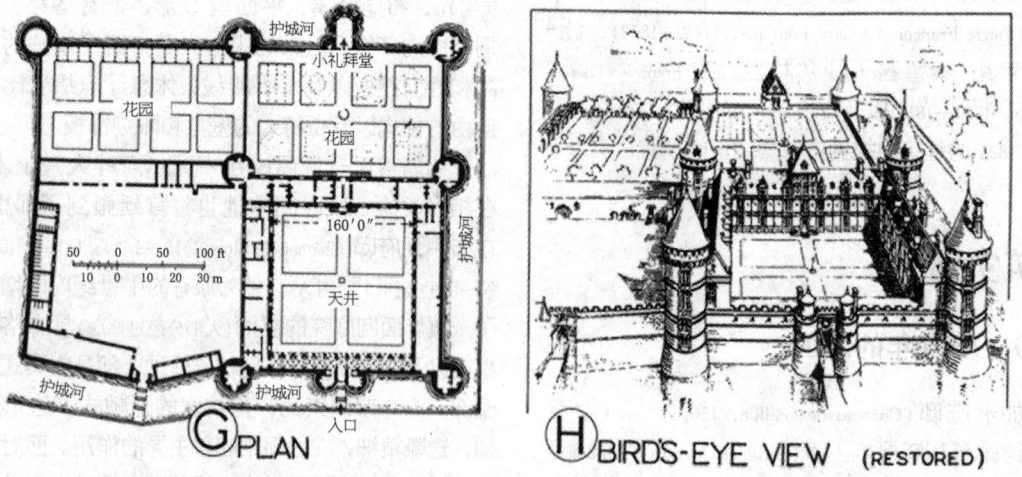

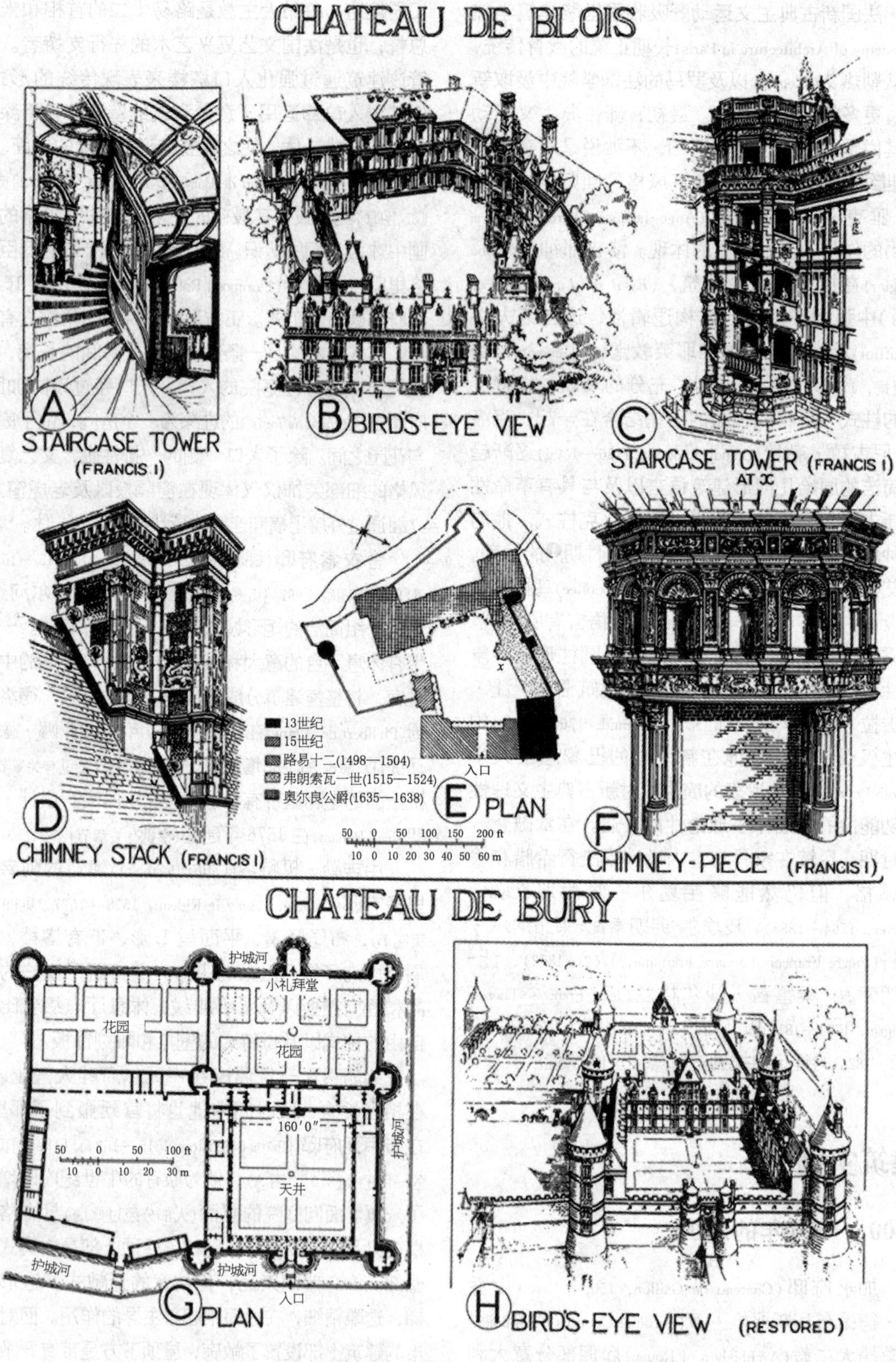

布卢瓦府邸(CHATEAU DE BLOIS)：Ⓐ 楼梯塔（弗朗索瓦一世时期）；Ⓑ 鸟瞰图；Ⓒ x处的楼梯塔（弗朗索瓦一世时期）；Ⓓ 屋顶烟囱（弗朗索瓦一世时期）；Ⓔ 平面图；Ⓕ 壁炉面饰（弗朗索瓦一世时期）；
比里府邸（CHATEAU DE BURY）：Ⓖ 平面图；Ⓗ 复原后的鸟瞰图

第30章 法国、西班牙和葡萄牙建筑

Ⓐ 正面；Ⓑ 侧面；Ⓒ 尚博尔府邸柱头；ⒹⒺ 枫丹白露宫的镶板；Ⓕ 尚博尔府邸柱头；Ⓖ 舍农索府邸入口；Ⓗ 尚博尔府邸老虎窗

第五编　文艺复兴时期和后文艺复兴时期的欧洲建筑及俄罗斯建筑

图 A　舍农索府邸(1515—1523)，见[971]页

图 B　阿宰勒里多府邸(1518—1527)，见[971]页

第30章 法国、西班牙和葡萄牙建筑

图 A　布卢瓦府邸(1515—1524)，见[971]页

图 B　尚博尔府邸(1519—1547)，见[977]页

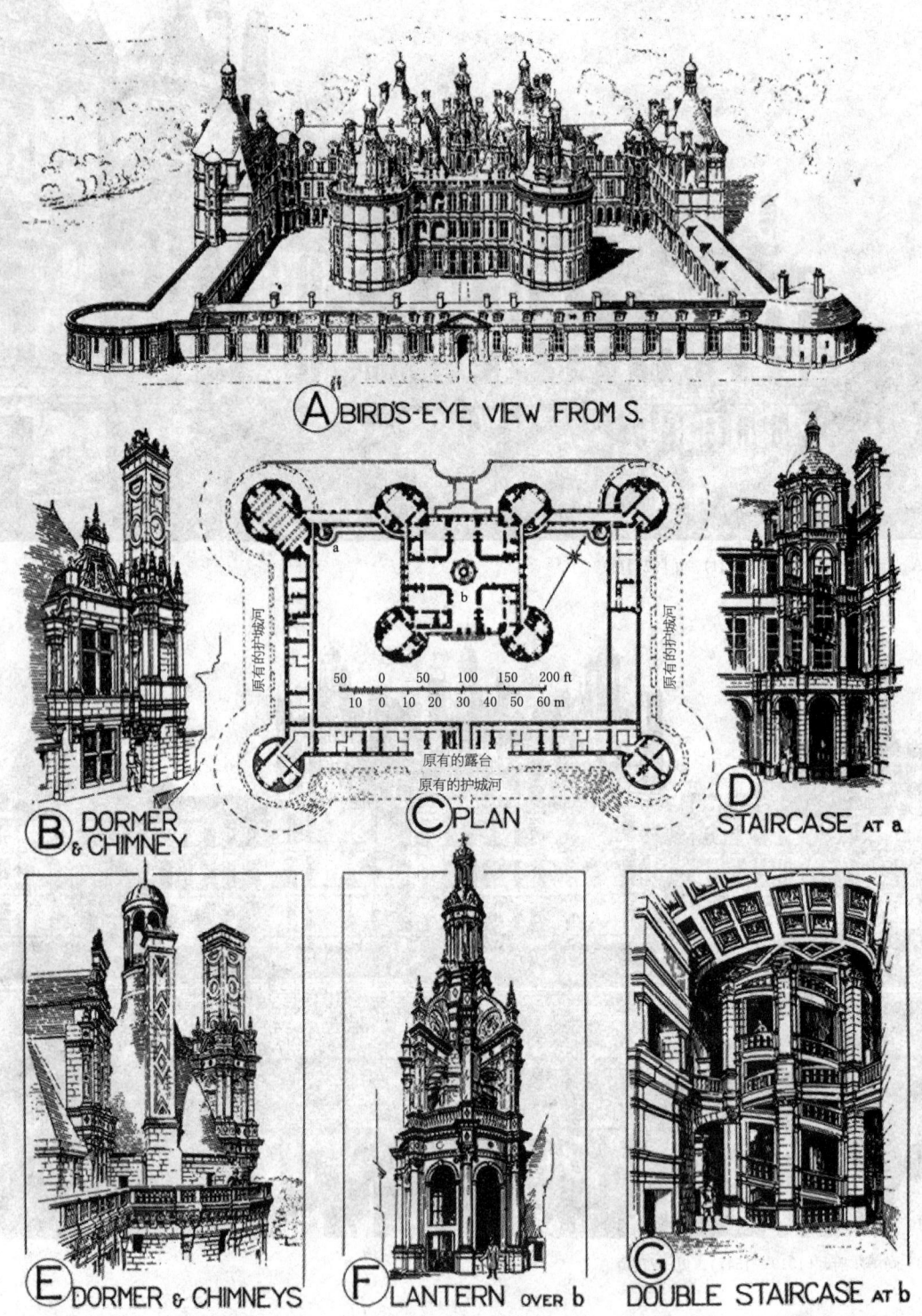

尚博尔府邸(CHATEAU DE CHAMBORD)：Ⓐ 南向鸟瞰图；Ⓑ 老虎窗和烟囱；Ⓒ 平面图；Ⓓ a 处的楼梯；Ⓔ 老虎窗和烟囱；Ⓕ 从 b 点看采光塔楼；Ⓖ b 点的双行楼梯

第30章 法国、西班牙和葡萄牙建筑

柱廊的平台。整个布局使人想起布拉曼特和拉斐尔设计的梵蒂冈敞廊。府邸由弗朗索瓦·芒萨尔于1635～1638年为奥尔良公爵(Gaston d'Orléans)而设计(参见有关章节)，其他庭院立面也是芒萨尔的作品。

尚博尔府邸(见[973]页图ⓒ、图ⓕ、图ⓗ、[975]页图B及[976]页)❶是弗朗索瓦一世的第二座建筑，是卢瓦尔河府邸中在平面和结构上最动人的一座建筑。意大利建筑师多梅尼科·达·科尔托纳(Domenico da Cortona)设计了最初的木制模型，但在实施过程中作过很大的变动。参与设计的还有莱奥纳多·达·芬奇，他曾经为弗朗索瓦一世在罗莫朗坦(Romorantin)设计过一座王宫。初看的平面是中世纪的形式，矩形府墙带四座塔楼，内部是一座带有四个塔楼的正方形的中世纪城堡(donjon)。尚博尔府邸具有文艺复兴的风格。每层四个矩形的拱顶大厅构成一个十字，壮丽而透雕精细的双行螺旋楼梯通向大厅中部，人们可以同时上下楼梯而互不干扰。双行螺旋楼梯和其他的辅助楼梯的顶部都有采光天窗。在十字空间的角部以及塔楼内，是由厅堂、卧房和密室组成的各自独立的公寓。由露台构成的陡坡屋顶底座往往被怪诞的老虎窗和高高低低的烟囱所打断，这些露台的平面仍呈十字形，而且在城堡的外部也都有连续的栏杆环绕。复杂的细部雕刻反映了许多工匠的手工技艺，其中既有法国工匠，也有德国工匠。

巴黎马德里府邸(Château de Madrid, Paris, 1528年始建，已毁)是弗朗索瓦一世定都巴黎的标志。其平面是两组正方形的公寓，通过一个可以容纳主要大厅的凹形侧厅来连接。位于塔楼之间的敞廊将外部空间连接为一体，建筑的室内外都有吉罗拉莫·德拉·罗比亚(Girolamo della Robbia)的彩陶雕塑。**圣热尔曼府邸**(Château de S. Germain)和**圣热尔曼猎舍**(La Muette de Saint -Germain)由皮埃尔·尚比热(Pierre Chambiges)及其继承者们同期建造。

在弗朗索瓦一世时期建成的枫丹白露宫(Palais de Fontainebleau，见[973]页图Ⓐ、图Ⓑ、图Ⓓ、图Ⓔ及[979]页图B)由吉勒·勒布雷东(Gilles le Breton，卒于1553年)建造。弗朗索瓦在旧有的建筑上增建了多雷门(Porte Dorée)，上面有叠置的拱券，其侧面竖有带壁柱的塔楼，点缀着有竖向连接的华饰窗，其效果有点像乌尔比诺的公爵府(参见有关章节)。白马院❷是一幢庄重的建筑，白色的灰泥墙面衬托着以砖石砌筑的壁柱，但现在主要是以让·迪塞尔索设计的华丽的双行螺旋楼梯而著称。弗朗索瓦在枫丹白露扩建的最显著部分是镜廊(见[979]页图A)，镜廊装饰着意大利画家罗索(1494—1540)的绘画和粉饰，树立了"枫丹白露学派"(School of Fontainebleau)的范式。另一位重要的枫丹白露建筑师是意大利画家普里马蒂乔(1504/1505—1570)，他在16世纪40年代成为枫丹白露宫的建筑师。普里马蒂乔仿照朱里奥·罗马诺的方式，设计了松树洞室(Grotte des Pins, 约1543)，将男像柱运用到粗犷的立面上。他也设计了有着漂亮烟囱的一翼(Aile de la Belle Cheminée, 1568)，使人想起了维尼奥拉那冷漠的"正确性"。这是一条在转角设亭阁的长廊，中央以叠置的凯旋门为母题，外部的斜坡楼梯从主入口通向两侧的亭阁。

法国16世纪上半叶的教堂建筑以文艺复兴风格的细部与哥特式建筑的结构相结合为特征。巴黎山上的**圣司提反教堂**(S. Etienne du Mont, Paris, 1517年始建，见[980]页图A)有一个奇特的中堂布局，有叠置的拱廊，其间有一条走廊。据称带有悬臂旋转楼梯(约1545)的著名的十字架祭坛圣屏是德洛尔姆的作品，但是其施工却显得相当粗糙。立面的中部于1610～1625年加建，是一座带有三角形山花的拱门，并由带有棱纹的科林斯半壁柱支承，一直延伸到玫瑰窗周围的一段断裂山花上。

巴黎圣尤斯塔修斯教堂(S. Eustache, Paris, 1532—1640，见[980]页图B)除了带有文艺复兴风格的细部装饰外，还具有与巴黎圣母院一样的哥特式平面。其内部的柱式像缎带一般受张拉，给人感觉像是望远镜，并且任意地叠置构成束柱。其总体效果仍是哥特式的，具有一种令人难忘的庄严的空间感。庄重的神殿般的正立面(1754年始建)是由让·阿杜安·芒萨尔·德茹伊(Jean Hardouin Mansart de Jouy)设计的。

第戎的**圣米迦勒教堂**(S. Michel, Dijon, 1537年始建)的立面双塔中的圆拱和叠柱的效果与罗马风格的建筑出奇地相似。

塞巴斯蒂亚诺·塞里奥(1475—1555)在威尼斯相继出版了其建筑论著中极具影响力的《建筑全

---

❶ Château de Chambord, 1519～1547年；按《外国地名译名手册》，Chambord应译为尚堡，今从《不列颠百科全书》译为"尚博尔府邸"，也有人译为"商堡"。——译者注

❷ Cour du Cheval Blanc；王贵祥所译《文艺复兴建筑》中音译为"舍瓦尔·勃朗庭院"，此处按意译。——译者注

第五编 文艺复兴时期和后文艺复兴时期的欧洲建筑及俄罗斯建筑

书·第四卷》和《建筑全书·第三卷》(1537，1540)后，于1540年从意大利来到法国。塞里奥在法国继续出版他的论著。与其说他是一名职业建筑师，不如说他更是一位作家。在其建筑作品中，在勃艮第为安托万·德·克莱蒙-托内勒(Antoine de Clerment-Tonnerre)建造的**安西·勒费朗府邸**(Château d'Ancy le Franc, 约1546年始建)是其最完美的作品。他在《建筑全书·第六卷》论述住宅建筑时，介绍了各种不同的工程项目。一个四角设置塔楼的建筑，中间有一个正方形的庭院，外立面上的壁柱全部为多立克式，而庭院中的壁柱则是科林斯式。其凯旋门式的韵律借鉴了布拉曼特的观景楼庭院。精美的室内装饰是由普里马蒂乔，尼科洛·德拉·阿巴特(Niccolo dell'Abbate)、菲利普·康坦(Philippe Quantin)以及其他人设计的。

塞里奥为罗马教廷使节伊波利托·德·埃斯特枢机主教(Cardinal Ippolito d'Este, 蒂沃利的埃斯特别墅的主人，参见有关章节)设计了**枫丹白露大费拉尔宫**(Le Grand Ferrare, Fontainebleau, 1544—1546)。尽管这座建筑已经不复存在，但是它对法国的府邸建筑设计曾经产生过巨大的影响。塞里奥的建筑画中展现了这样的画面：围绕庭院设置三个侧厅和一间大进深的房间，它们通过一段带有粗犷入口的隔墙与街道隔开(现仍存在)；"正屋"(Corps de logis)位于庭院的后部，由一组套房组成，能够同时从庭院和花园采光；左侧是一个长廊和一个小礼拜堂，右侧是服务房间和一个安置马厩的庭院。

弗朗索瓦一世从1546年起重建中世纪的**巴黎卢浮宫**(Louvre, Paris, 见[981]页图B及[982]页)。皮埃尔·莱斯科(Pierre Lescot, 1500—1578)重新设计了方宫❶的一翼，显示出将意大利柱式语言应用到法国建筑上的才华。九个开间的立面(在以后建造的钟楼的左侧)上设置了三座凯旋门式的装饰。整个立面通过科林斯柱式以及由古戎(Goujon)在阁楼部分所设计的华丽的浮雕体现出节庆的氛围。卡特琳·德·美第奇❷在庭院的南侧继续使用莱斯科的设计，并设想将卢浮宫与**土伊勒里宫**(Palais des Tuileries, 见[981]页图A)连接起来。该设想由菲利贝尔·德洛尔姆开始实施，他沿塞纳河畔修建了一条长廊，但是用

了大约300年的时间也未能完全实现这个方案。

由莱斯科设计的**巴黎卡纳瓦莱公馆**(Hôtel Carnavalet, 1550年始建)的平面是塞里奥设计的大费拉尔宫的缩影。简洁的入口(有些像在曼托瓦的朱利奥·罗马诺府邸中运用的手法，参见有关章节)最初是位于两个高耸的楼阁之间的屏饰。入口以及内部庭院由芒萨尔设计完成，并在19世纪被保留下来。"主楼"后部庭院的立面由莱斯科设计，他运用直达二层檐口的表现四季的浮雕饰板(仿古戎的雕刻)取代了柱式。虽几经变故，但卡纳瓦莱公馆仍然是保存得最完好的16世纪中叶的府邸建筑。

菲利贝尔·德洛尔姆(约1510—1570)是法国16世纪最著名的建筑师，这在一定程度上要归因于他在1561年和1567年出版的两部建筑论著。他将意大利和古罗马的知识(他曾经于1533~1536年在罗马生活了三年)与法国的石作工程技术(切石法)融合在一起。

菲利贝尔·德洛尔姆为亨利二世(Henry II)的情妇迪亚娜·德普瓦捷在诺曼底设计了**阿内府邸**(Château d'Anet, 1541—1563, 见[984]页图B)，但只有小礼拜堂和入口大门得以在原址保存下来。其面对庭院的主立面为叠柱式，今保存在巴黎美术学院(Ecole des Beaux-Arts, Paris)。与莱斯科的正方形庭院相比，菲利贝尔·德洛尔姆的立面带有独立的柱子和彩绘的细部装饰，显得更加大胆，三维立体感更强，但没那么精致。小礼拜堂平面呈圆形，直接借鉴了古代样式。其入口由一堆奇特的、形状完全不同的元素构成。

让·比朗(约1520—1578)是一位才华横溢的建筑师兼作家，曾在1563年和1564年发表过两本论著，但他的作品几乎没有保存下来。比朗在巴黎北部的**埃库昂府邸**(Château d'Ecouen, 1538—1555)加建休息亭时，将巨柱式引入法国建筑。休息亭侧面的壁龛原本用来安放米开朗琪罗的作品《濒死和反叛的奴隶》(Dying and Rebellious Slaves)。埃库昂府邸遵循了早期府邸建筑的正方形与四角塔楼式的布局，但因其立面的处理、精致的老虎窗以及拥有众多独创的壁炉和腰线装饰的明晰室内设计而著名。

比朗的独创性在**尚蒂伊小府邸**(Petit Château, Chantilly, 约1560年始建, 见[984]页图A)中可见一斑。

---

❶ Cour Carrée；王贵祥翻译的《文艺复兴建筑》中按音译为"卡雷庭院"，此处译为"方宫"，也可译为"方形庭院"。——译者注

❷ Catherrine de Médicis；法国国王亨利二世的王后。——译者注

第30章 法国、西班牙和葡萄牙建筑

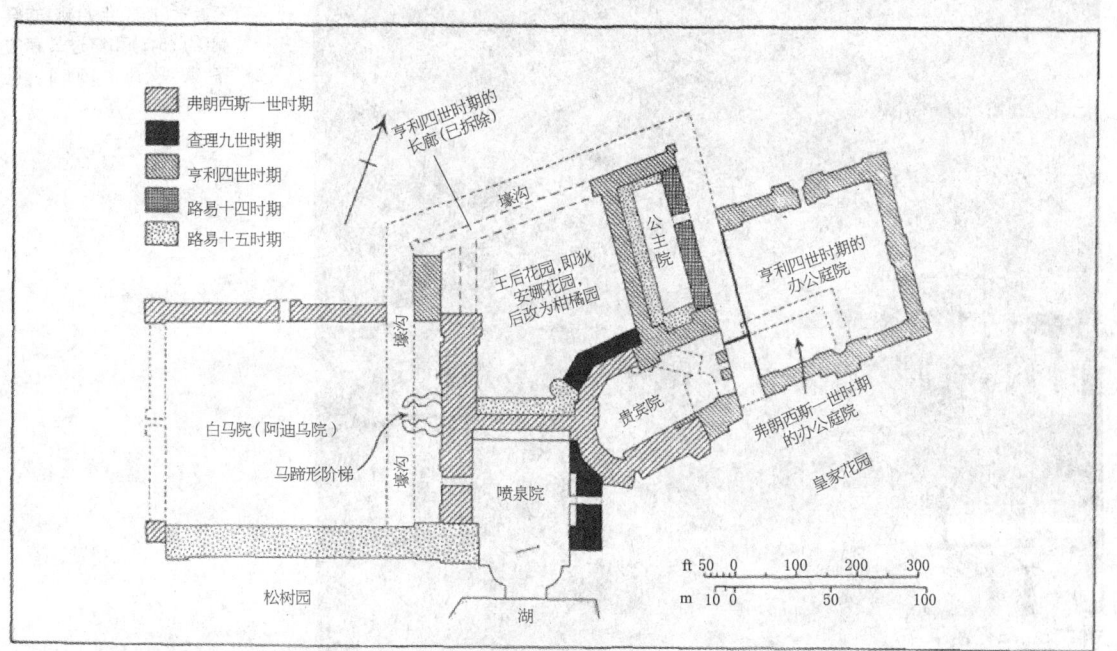

图A 枫丹白露宫的弗朗索瓦一世镜廊，见[977]页

图B 枫丹白露宫建造时期的平面图

第五编　文艺复兴时期和后文艺复兴时期的欧洲建筑及俄罗斯建筑

图 A （上图）巴黎山上的圣司提反教堂(1517年始建)的祭廊(约1545)和穿过长廊的圣坛屏风（1606），见[977]页

图 B （下图）巴黎圣尤斯塔修斯教堂（1532—1640），见[977]页

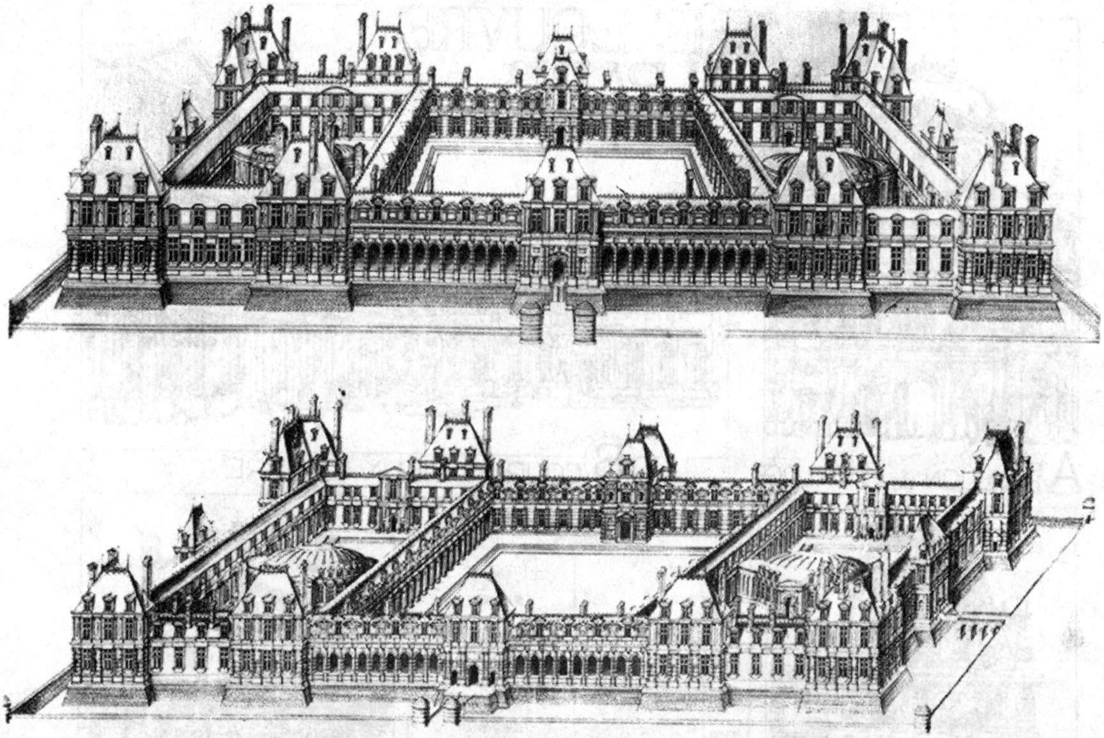

第30章 法国、西班牙和葡萄牙建筑

图A （上图）巴黎土伊勒里宫（已毁）的西侧视图（上图）和东侧视图（下图），雅克·安德鲁埃·迪塞尔索绘于1579年，见[978]页

图B （下图）巴黎卢浮宫阿波罗厅（1662年由勒布兰装饰），见[978]页

第五编 文艺复兴时期和后文艺复兴时期的欧洲建筑及俄罗斯建筑

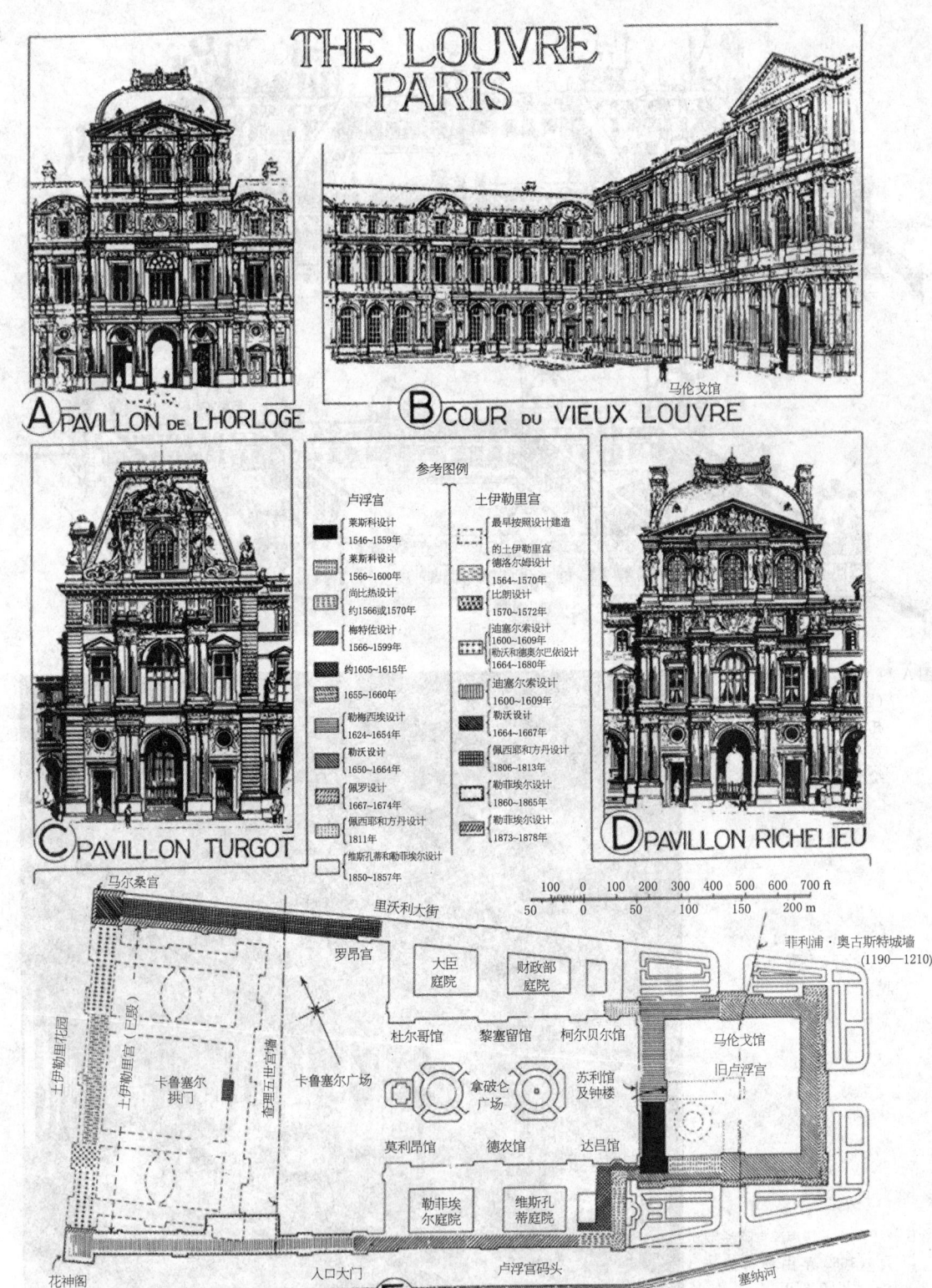

巴黎卢浮宫(THE LOUVRE, PARIS)：Ⓐ 钟楼；Ⓑ 旧卢浮宫；Ⓒ 杜尔哥官邸；Ⓓ 黎塞留官邸；Ⓔ 平面图

该建筑是为法国的王室大臣蒙莫朗西公爵(Anne de Montmorency)而设计的，与埃库昂府邸同属一个主人。该府邸位于湖畔，三边围绕庭院布置，并与旧有府邸(于19世纪重建)毗邻。这是一幢充满神奇感的建筑，每一个立面都各不相同，但彼此之间却又非常和谐。再者，最具创造性的是，楼层的水平序列不时地被破檐而出的奇特老虎窗所打断。节奏时断时续，但又巧妙地加以控制。

老迪塞尔索(1520—1584)是一个建筑师王朝的创始人，他在1559年起撰写的关于建筑的论著(参见第28章)中全面记录了当时的建筑和工程项目，他也因此名声大振。他为查理九世设计过两座重要的府邸建筑，即**韦尔讷伊府邸**(Château Verneuil, 1568)和**沙勒瓦勒府邸**(Château Charleval, 1570年始建)，现在都已不复存在。如同迪塞尔索在书中所描述的，它们的立面上都有过度繁冗的细部装饰。

巴黎拉穆瓦尼翁公馆(Hôtel Lamoignan, Paris, 1584年始建)由路易·梅特佐(Louis Métezeau)为亨利二世的私生女儿迪亚娜·德弗朗斯(Diane de France)设计建造，它是巴黎16世纪末最为精致的府邸建筑。庭院采用巨大的科林斯壁柱，鼓突的檐壁被老虎窗破成几段，表明建筑师全面掌握了米开朗琪罗和帕拉第奥后期的手法。

在宫廷所在地区之外的省份，16世纪的法国建筑反映出地方传统的影响以及建筑材料的多样性。16世纪初，在**贡比涅市政厅**(Town Halls at Compiègne, 1502—1510)、**奥尔良市政厅**(Town Halls at Orléans, 1503—1513)和**博让西市政厅**(Town Halls at Beaugency, 1526)的建造中都采用了类似于法国-佛兰德斯风格(Franco-Flemish)的平面布局，并设有钟楼。但在奥尔良市政厅中，壁柱是用来延续窗框以加强纵向线条感的。

法国北部一直受佛兰德斯风格的影响，并保持了木建筑的传统。从鲁昂这样的城镇住宅中可以发现，柱式已被引入到木建筑之中。

在法国西南部以及普罗旺斯地区，古典建筑的影响直接源于当地的古代建筑。纪尧姆·菲兰德里尔(又名菲兰德)，既是塞里奥著作的翻译者，也是维特鲁威的评论家。他将一个缩微的纯古罗马的教堂立面作为**罗德兹主教堂**(Cathedral of Rodez, 约1562)的山墙。**阿韦龙的布纳泽尔府邸**(Château de Bournazel, Aveyron)中有一面以巨大的带有独立柱子的叠置凯旋门为母题的屏墙。

尼古拉·巴舍利耶(Nicholas Bachelier)在图卢兹建造了一大批具有强烈雕塑感的优秀的文艺复兴建筑。**巴吉公馆**(Hôtel de Bagis, 1538)的入口由雕刻生动的赫耳墨斯像柱所支撑。**阿塞扎公馆**(Hôtel d'Assézat, 1552—1562)的庭院可能由另一位建筑师设计，它将布拉曼特的连续凯旋门母题进行夸张的三维立体化，而这种手法正是由塞里奥普及的。

普罗旺斯地区艾克斯的艾格塔(La Tour d'Aigues, near Aix-en-Provence, 1571)，其凯旋门式样直接搬用了当地古代建筑的式样。

在第戎，有几幢16世纪建造的优秀的住宅被保存下来。其中最为瞩目的是于格·桑班(Hugues Sambin)在大约1561年所设计的**米尔桑大厦**(Maison Milsand)。这座建筑的外表镶嵌着粗糙的垂花饰、人物形象、动物头像以及卷曲的花饰。和许多北方省份的建筑一样，这种效果同意大利风格相比更具有佛兰德斯风格。

1600～1750年的法国

塞纳河与马恩河畔的格罗布瓦府邸(Château de Grosbois, Seine-et-Marne, 约1600, 见[985]页图A)采用了一种极具创造力的形式，即法国15世纪末16世纪初将砖和石材混合使用的典型手法。砖带和隅石使得白色粉饰显得富有生气。主楼前的低矮两翼与两对休息亭共同构成一个U形布局。立面上明显的凹曲线可能受到枫丹白露宫马厩的启示。

巴黎孚日广场(Place des Vosges, 过去的皇家广场(Place Royale), 1605, 见[985]页图B)由亨利四世按照卡特琳·德·美第奇的意图，在老的图内勒宫(Palais de Tournelles)旧址上建造。位于中央的骑士雕像使人们想起米开朗琪罗设计的卡皮多广场(参见有关章节)，但围绕中央开放空间布置整齐一致的私人住宅而非市政建筑却是一种新的理念。虽然这些每幢四开间的住宅都有各自独特的屋顶，但拱廊是连续且一致的，将重点放在系统的秩序上。轴线上的两个稍大的休息亭是专为国王和王后准备的。

尽管**巴黎法兰西广场**(Place de France, Paris, 1610年始建, 见[987]页图A)只有一部分得以实现，但它却被建筑师克洛德·沙蒂永(Claude Chastillon)以蚀刻版画的形式记录下来。城墙内是一个半圆形，以闭合的环路形成八条放射型道路的中心。各条街道本来想以法国的省份来命名，整体上是想做成民族团结统一的纪念碑。

第五编　文艺复兴时期和后文艺复兴时期的欧洲建筑及俄罗斯建筑

图A　尚蒂伊小府邸(约1560年始建)，见[978]页

图B　阿内府邸主立面(1541—1563)，现存于巴黎美术学院，见[978]页

图C　巴黎圣热尔韦教堂(1616—1621)，见[986]页

第30章 法国、西班牙和葡萄牙建筑

图A 塞纳河与马恩河畔的格罗布瓦府邸(约1600)，见[983]页

图B 巴黎孚日广场(1605)，见[983]页

让·安德鲁埃·迪塞尔索(约1585—1649)是庞大的迪塞尔索建筑师家族的一员，他尤其擅长府邸设计。他设计的**巴黎苏利公馆**(Hôtel de Sully, Paris, 1624—1629, 见[987]页图 B)要比**巴黎布勒托维利耶公馆**(Hôtel de Bretonvilliers, 1637—1643)具有更特殊的意义。苏利公馆以它的第二任主人苏利公爵(the Duc de Sully)的名字命名，他是法国的第一任首相。苏利公馆最初是为富有的银行家梅姆·加莱(Mesme Gallet)建造的。其平面遵循了16世纪标准的府邸建筑的布局，庭院后部是与两翼相接的居住部分，而面对街道的是入口和两座楼阁。这个庭院底层带有片段式山花的窗户，每一侧的门都位于中央窗户的上部。上部垒石层(chaînes)之间设置带有三角形山花的窗户，位于中轴线的窗户两侧由设置在壁龛中的雕像作为装饰。自由变幻的细部丰富的老虎窗将中间大门上方弓形山花窗的主题加以延续。

萨洛蒙·德布罗斯(1571—1626)与迪塞尔索家族有着亲缘关系，他是那个时代最具创造力的建筑师。他的作品中最具声望的是为玛丽·德·美第奇❶设计建造的**巴黎卢森堡宫**(Palais du Luxembourg, 1615—1624, 见[991]页图Ⓔ、图Ⓕ)。它采用了传统的平面布局，由两个侧翼、一个位于后部的主楼和一个通透的屏壁式的立面围合成一个庭院。布局采用轴线对称，居住部分的每个角部都设有楼阁，每层楼面都有整套的公寓。德布罗斯作品的别具匠心之处在于出色的雕塑以及对于柱式更加经济合理的运用，这在令人赏心悦目的中央入口、穹顶以及不加任何雕饰的柱子上表现得尤为突出。全部采用凹槽粗面石工的做法显然参考了阿曼纳蒂设计的佛罗伦萨皮蒂宫的庭院(参见有关章节)。

在设计**布莱朗库尔府邸**(Château de Blérancourt, 1614—1619, 现已毁)时，萨洛蒙·德布罗斯采用了卢森堡宫的布局，但是作了重大的改动。他取消了庭院中的侧翼，创造了更加类似于意大利别墅式的独立建筑。平缓的屋面也采取意大利式，并通过将老虎窗嵌入屋顶来加以遮掩。与许多早期建筑物不同的是，庄重的多立克柱式和爱奥尼柱式不仅应用在立面上，而且还应用到整座建筑中。

巴黎圣热尔韦教堂(S. Gervais, Paris, 1616—1621, 见[984]页图 C)一般认为是由萨洛蒙·德布罗斯设计的，三种典型的古典柱式的应用在法国教会建筑的演变中具有里程碑意义。多立克柱式、爱奥尼克柱式和科林斯柱式以规范的方式叠置起来构成立面的秩序。在柱式的运用上，它与意大利建筑的最大区别在于，它将柱式应用于三层高的立面上(意大利式通常运用于两层高的立面)，这些都是由哥特式教堂中殿的内部空间高度所决定的。独立的双柱具有支撑外跨和中跨之间空间的双重作用。意大利建筑也为萨洛蒙·德布罗斯设计**雷恩法院**(Palais de Justice, Rennes, 1618, 见[989]页图 A)带来了灵感。尽管典型的法国式高耸的斜屋顶被保留了下来，但是立面下部的组合方式以布拉曼特的卡普里尼府邸(参见有关章节)为范本。质朴的地下室有较高的空间，其窗户上部凸出的带有成对多立克式壁柱的窗间墙构成窗框。壁柱在主入口处变为全柱，支撑着带有山花的阁楼。与中部建筑体量不同的是，转角的楼阁有较小的地下室窗户和山花，而没有采用第一层使用的拱窗。

雅克·勒梅西埃(约1580/1585—1654)是法国17世纪古典主义建筑师中的先行者。勒梅西埃出生于建筑匠师之家，他在20多岁时的大部分时间是在罗马度过的，这一段经历对他回到法国后的工作产生了积极作用。虽然路易十三委托过他设计卢浮宫的扩建工程，但他主要的保护人是黎塞留枢机主教(Cardinal Richelieu)。他为黎塞留建造了**巴黎索邦教堂**(Church of the Sorbonne, Paris, 1635—1642, 见[989]页图 B)。其主立面采用了两层高的罗马建筑的式样，混合柱式叠置在科林斯柱式之上。作为一所大学的教堂，它必须有两个入口，一个通向大街，另一个与学校相通。大门入口位于教堂主轴线上，形成了在纵向和横向上全部对称的教堂格局。教堂中堂的筒形拱被位于中央的穹顶和两侧短进深的教堂翼部截断，穹顶两侧的双拱通向宽敞的小礼拜堂。

勒梅西埃设计的三座府邸建筑，即吕埃尔府邸(Château de Ruel)、利扬库尔府邸(Château de Liancourt)和黎塞留府邸，基本上都没有保留下来。**黎塞留府邸**(Château de Richelieu, Richelieu, 1631—1637, 见[990]页图 A)是其中最宏伟也是规模最大的一座。该府邸沿用了人们熟悉的手法，只是中心部分更加复杂，包括一个由办公建筑、半圆形入口和一个新规划的镇区围合而成的巨大前院。黎塞留府邸本身的设计倒退了，正方形穹顶使人联想到萨

---

❶ Marie de Médicis；法国国王亨利四世的王后。——译者注

第30章 法国、西班牙和葡萄牙建筑

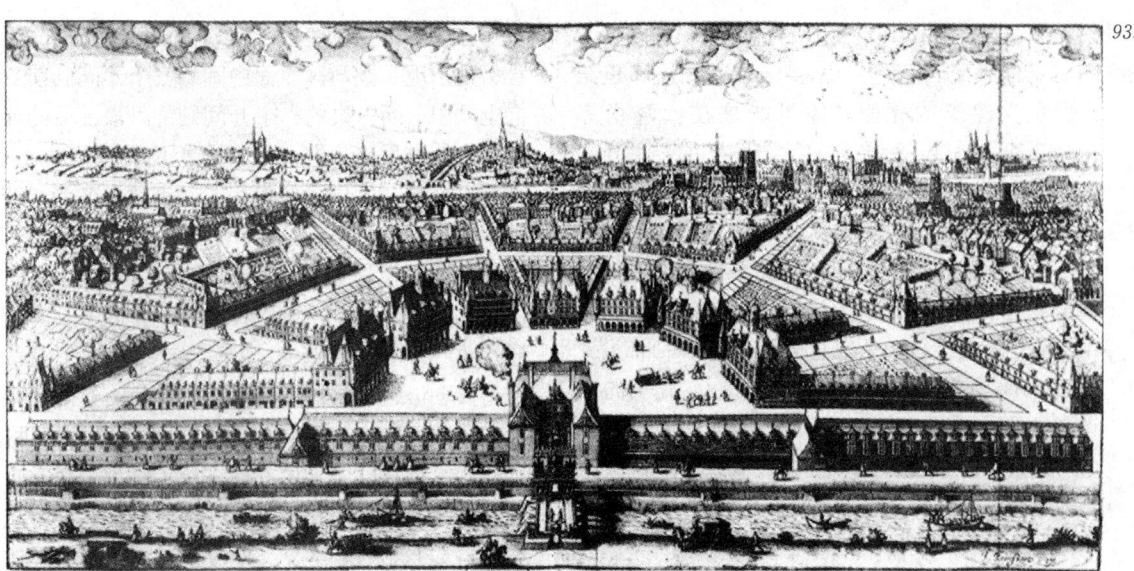

图A 克洛德·沙蒂永的版画：巴黎法兰西广场(1610年始建)，见[983]页

图B 巴黎苏利公馆(1624—1629)，见[986]页

洛蒙·德布罗斯和16世纪式样的老虎窗。

弗朗索瓦·芒萨尔(1598—1667)是法国17世纪古典主义建筑的先驱。他可能是在库隆米耶(Coulommiers)时就在萨洛蒙·德布罗斯的手下开始其职业生涯。尽管他从没有到过意大利，但早期的接触使他对意大利古典主义手法有了深刻的理解。他的事业在很大程度上受其个性左右，其性情善变且不善于同保护人进行沟通。他主要是为中上阶层做设计，在巴黎**迪雅尔府邸**(Hôtel du Jars, Paris, 1648)和卡纳瓦莱公馆(1655)(参见有关章节)的设计中，他作出了一些重大改变，将居住部分围绕庭院布置，并且没有受"主楼"观念的限制。芒萨尔在卡尔瓦多斯省巴约附近的**巴勒鲁瓦府邸**(Château de Balleroy, near Bayeux, Calvados, 约1626, 见[990]页图B)的设计中，仍然使用了无柱式的砖墙和亨利四世时期的垒石风格，重现了他在塞纳河畔贝尔**尼府邸**(Château de Berny, Seine, 1624年以前)的设计主题。主楼是一座高耸的三开间建筑，两侧是低矮的附属建筑，屋顶独立。除此之外，一层高的附属建筑沿横向轴线展开。芒萨尔已经摈弃了封闭的传统庭院形式，甚至省略了入口的饰屏。更为新颖的是，他通过逐渐抬高接近中心的建筑体量的高度，达到了戏剧化的中心聚焦的作用。通向主要入口的半圆形台阶源于布拉曼特的观景楼庭院(参见有关章节)，除此之外，芒萨尔使用的全部建筑语言几乎都是法国式的。

芒萨尔设计的巴黎圣母瞻礼教堂(S. Marie de la Visitation, Paris, 1632—1634)采用了小型集中式平面布局，该建筑有一个覆以穹顶的圆形会众厅，并与临近的椭圆形礼拜堂相通。这个设计使人联想起德洛尔姆为阿内府邸(Anet, 参见有关章节)所做的设计以及米开朗琪罗为罗马的佛罗伦萨人的圣约翰教堂所做的一些方案。

加斯东的奥尔良公爵委托芒萨尔对布卢瓦的**旧布卢瓦府邸**(the old Château de Blois, Blois, 1635—1638)进行修复，这座府邸最初由弗朗索瓦一世建造。为了在尺度和豪华程度上与卢森堡宫(参见有关章节)相媲美，这个设计包括了广大的花园、前院以及一个迎接访客的"前庭"(cour d'honneur)。这个方案只有主楼最终建成，显示出芒萨尔对古典主义的狂热崇拜。建筑中自始至终使用三层的叠柱。在底层多立克壁柱上方的帕拉第奥式的扇形挡板处出现了圆雕。立面中间的三个开间向前并向上凸出，而中央的一个开间则饰以最壮丽的浮雕。像德布罗斯一样，芒萨尔拒绝使用老虎窗，并且采用断开的屋顶轮廓线，后来被命名为"芒萨尔式屋顶"(mansard roof)。

巴黎荣军医院教堂(Church of the Val-de-Grâce, Paris, 1645—1667, 见[989]页图C)是奥地利的安娜❶为履行誓约而委托建造的。芒萨尔接受了这项工程，但是仅一年之后就被勒梅西埃所取代。这时，平面布局已经确定，并且已经建造到一层的柱顶，勒梅西埃对一层以上的部分进行了修改。教堂中堂的侧面是凸出的礼拜堂，用科林斯壁柱进行装饰，中堂上部的十字交叉处覆盖着穹顶。位于主祭坛上的华盖模仿了罗马的圣彼得大教堂(参见有关章节)，其十字形平面也是如此。位于对角线上的四个大柱墩构成了一个八边形的空间，它比毗邻的中堂空间更大、更宏伟，给人留下了深刻印象。进深很浅的半圆形教堂后殿使十字形平面更加完整，这种做法在**弗雷讷府邸小礼拜堂**(Chapel at the Château of Fresnes, 年代不详)的设计中得到再次应用。

迈松府邸(Château de Maisons, Maisons, 1642—1646, 见[991]页图Ⓐ～图Ⓓ)是芒萨尔为勒内·德朗基尔(René de Longueil)设计的。U形平面包含一个主楼和两个小侧翼，并保留了老式的围合式庭院的痕迹。这一设计标志着在巴勒鲁瓦府邸(参见有关章节)中形成的设计思想已经成熟。像巴勒鲁瓦府邸一样，迈松府邸表现的仍然是多个单元组合的构思，这在断开的屋顶轮廓线中能够体现出来。该设计强调了府邸中央部分的高度：在两侧，两个一层高的椭圆形门厅正对着高耸的侧翼，高耸的"主楼"突出于建筑的其他部分。另外，通过强调隆起物和加大壁柱的间距来凸显中央开间，形成了一个突破屋顶线、最上面以穹窿顶塔收头的主立面。和在别处一样，芒萨尔在外立面上严格按照古典主义叠柱式的章法，而在建筑的内部空间设计中，则是自己任意发挥，这些都全部保存下来。古典主义风格的设计并没有因为多色彩的运用而受到破坏。尤其是有穹顶的楼梯给人留下了深刻的印象，它奇特的栏杆是由错综复杂的曲线组成的。

---

❶ Anne of Austria；法国国王路易十三的王后。——译者注

第30章 法国、西班牙和葡萄牙建筑

图A 雷恩法院(1618)，见[986]页

图B 巴黎索邦教堂(1635—1642)，见[986]页

图C 巴黎荣军医院教堂(1645—1667)，见[988]页

第五编　文艺复兴时期和后文艺复兴时期的欧洲建筑及俄罗斯建筑

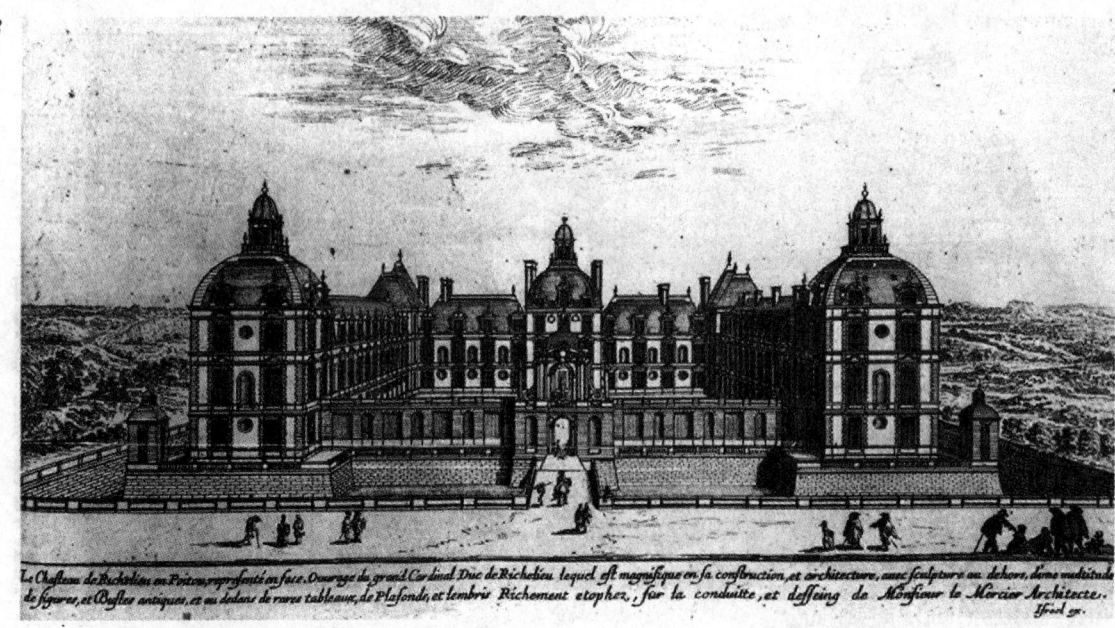

图 A　黎塞留府邸(1631—1637)，见[986]页

图 B　巴勒鲁瓦府邸(约1626)，见[988]页

第30章 法国、西班牙和葡萄牙建筑

CHATEAU DE MAISONS: NEAR PARIS

Ⓐ ENTRANCE FACADE

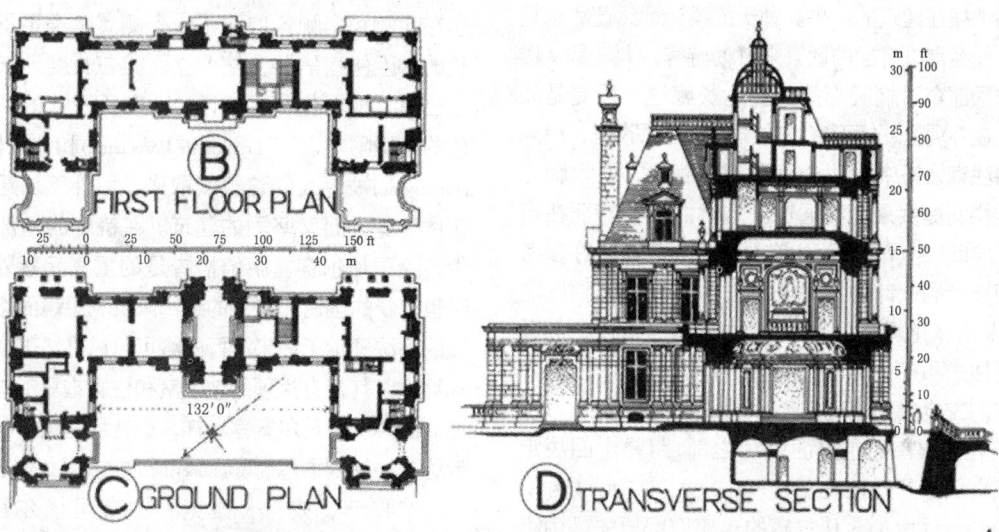

Ⓑ FIRST FLOOR PLAN
Ⓒ GROUND PLAN
Ⓓ TRANSVERSE SECTION

PALAIS DU LUXEMBOURG: PARIS

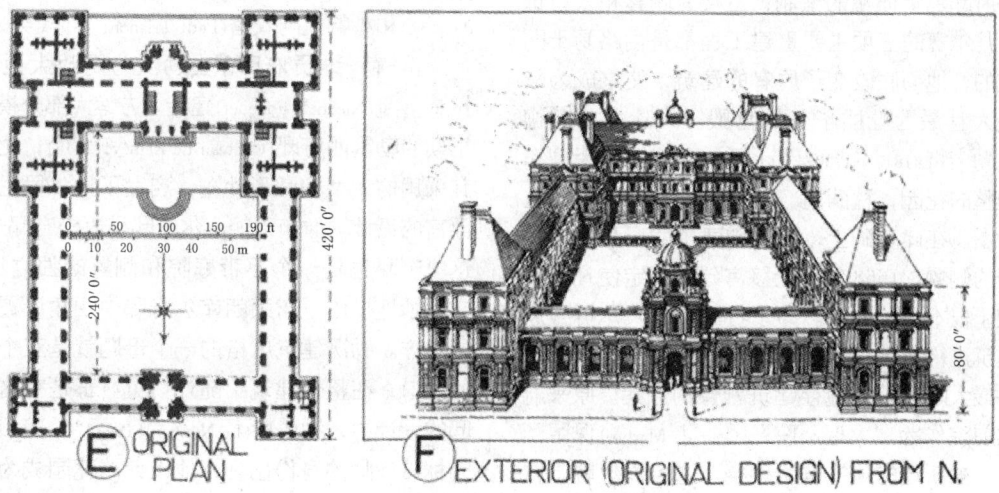

Ⓔ ORIGINAL PLAN
Ⓕ EXTERIOR (ORIGINAL DESIGN) FROM N.

巴黎近郊的迈松府邸(CHATEAU DE MAISONS: NEAR PARIS)：Ⓐ 入口立面图；Ⓑ 二层平面图；Ⓒ 一层平面图；Ⓓ 横向剖面图
巴黎卢森堡宫(PALAIS DU LUXEMBOURG: PARIS)：Ⓔ 最初设计的平面图；Ⓕ 北向外观（最初的设计）

第五编 文艺复兴时期和后文艺复兴时期的欧洲建筑及俄罗斯建筑

路易·勒沃(Louis Le Vau, 1612—1670)是他那个时代最杰出的建筑师。他也许没有芒萨尔那样出色，但却更易于被大众接受。就像当时意大利建筑师贝尔尼尼一样，他也经营一个由画师、雕刻匠以及粉刷匠师组成的大型作坊。与芒萨尔一样，他起先为中上阶层服务，但自1661年以后，由于与富凯(Fouquet)和柯尔贝尔(Colbert)的关系，他逐渐开始为王室做设计。勒沃设计的巴黎朗贝尔公馆(Hôtel Lambert, Paris, 1640年始建，见[998]页图A)中有很多特殊的做法，这是受用地条件所制的结果。能够从长廊中眺望到的花园并没有放在"主楼"的后面，而是位于其右侧。与早期的府邸建筑一样，楼梯总是堂皇地摆在建筑的中央。勒沃的设计远比芒萨尔复杂，他经常以有趣的远景来打动游客，尤其是从楼梯的顶部穿过椭圆形门厅到达长廊这一段更是如此。在外观上，矩形庭院的一边以圆弧收尾，使人们的注意力集中到两个叠置的敞廊上，而敞廊为主楼梯间提供采光和通道。这种曲线型特征在布卢瓦府邸(参见有关章节)中有过先例，勒沃也许参考了博罗米尼设计的罗马圣腓力·内里礼拜堂(参见有关章节)。花园立面上的巨柱式取代了庭院中的爱奥尼柱式和多立克柱式，这种理念与芒萨尔更为严格的古典主义建筑相比，是非常陌生的。

在卢浮宫的东立面竣工之前，路易十四决定将王宫从巴黎迁往凡尔赛(Versailles, 见[993]页图A、图B和[994]页图A)。凡尔赛的这座府邸原先是由路易十四的父亲于1624年作为猎庄而建造的。它遵循了府邸建筑惯用的型制：主楼、侧翼和入口饰屏。凡尔赛的三项主要重建工程都是由路易十四完成的，他彻底改变了原有的建筑，使之成为欧洲最大且最为壮丽华美的宫殿。1661年，安德烈·勒诺特(1613—1700)设计了一座规模宏大且布置规整的花园，林荫道、树林和河道都采用了几何构图。在此基础上，勒沃增建了两个具有服务功能的侧翼。1668年，迁移宫廷的决定使凡尔赛发生了根本性的变化。为了打消柯尔贝尔拆毁原有建筑进行重建的念头，国王命令勒沃提出一个能够最大限度地与现存建筑融合的方案。原来府邸的前院作为"大理石院"(Cour de Marbre)保留了下来，被新建的建筑群所环绕。这个构想就是要让建筑以一种新的尺度来与绝对君权相称。有25个开间的正立面矗立于一系列层层抬高的台阶之上，带拱顶的、饰以带饰的石砌基座正好穿过立面形成休息平台。在这种三段式的立面上，有一个朝向花园的中央平台。在室内，勒沃最突出的贡献就是设计了"大使台阶"(Escalier des Ambassadeurs, 1671)，两条坡道从设置在中央的几级台阶处分成两股，这一想法或许借鉴了普里马蒂乔在枫丹白露宫设计的有着漂亮烟囱的一翼(参见有关章节)。

1678年，勒沃方案所表现出的一致性和规模在朱尔·阿杜安·芒萨尔主持的扩建工程中遭到破坏。勒沃设计的平台隐在被称为"镜廊"(Galerie des Glaces, 见[994]页图A)的长廊后面。芒萨尔在北侧和南侧各加建了一个侧翼以满足不断增长的朝臣住宿需要，整个立面的总长度延长到近半公里。根据芒萨尔的设计，勒沃设计的"玉白色的特里阿农宫"(Trianon de Porcelaine)和"柑橘园"(Orangerie)被更大的建筑所取代，另外还加建了一座体量庞大而又坚固的建筑。在镜廊的内部空间中，除了凡尔赛宫中俯拾皆是的重复元素外，同时也有新的创造。繁冗的装饰以及利用镜面增强光线的手法预示了后来流行的洛可可风格。美丽的小礼拜堂以其带有拱顶的地下室和柱廊重复了外部空间的韵律。像凡尔赛宫一样，小礼拜堂也多次被人效仿，如吕内维尔府邸(Luneville, 参见有关章节)。

1742年，安热-雅克·加布里埃尔(Ange-Jacques Gabriel)提出了为路易十五全面重建王宫的计划，但未能实施。他的改建方案只用于剧院(Salle d'Opéra)和小特里阿农宫(Petit Trianon, 参见有关章节)。

孚-勒-维贡府邸❶由勒沃为财政大臣尼古拉·富凯(Nicholas Fouquet)建造。方案大部分模仿了早期的**勒雷西府邸**(Château Le Raincy, 1645)，尤其是其采用的大型椭圆形沙龙，启发了贝尔尼尼对卢浮宫的设计。像布莱朗库尔府邸和迈松府邸一样，这座府邸也是一个不带庭院和侧翼的独立建筑，它巧妙地模仿了布莱朗库尔府邸中四角设置亭阁的式样。勒沃建筑风格的一个母题就是三个一组的洞口，在整个建筑中随处可见。正是在这幢府邸的设计中，勒诺特(Le Nôtre, 1613—1700)第一次以园林设计师的身份出现，他设计的花园成为凡尔赛宫花园的雏形。

---

❶ Château of Vaux-le-Vicomte, 1657~1661年；亦译为维孔宫。——译者注

第30章 法国、西班牙和葡萄牙建筑

图A 凡尔赛宫面向花园的立面(1678—1688),见[992]页

图B 从花园俯瞰凡尔赛宫(1661—1756),见[992]页

第五编 文艺复兴时期和后文艺复兴时期的欧洲建筑及俄罗斯建筑

图 A 凡尔赛宫镜廊(1678—1684)，见[992]页

图 B 巴黎卢浮宫东立面(1667)，见[996]页

第30章 法国、西班牙和葡萄牙建筑

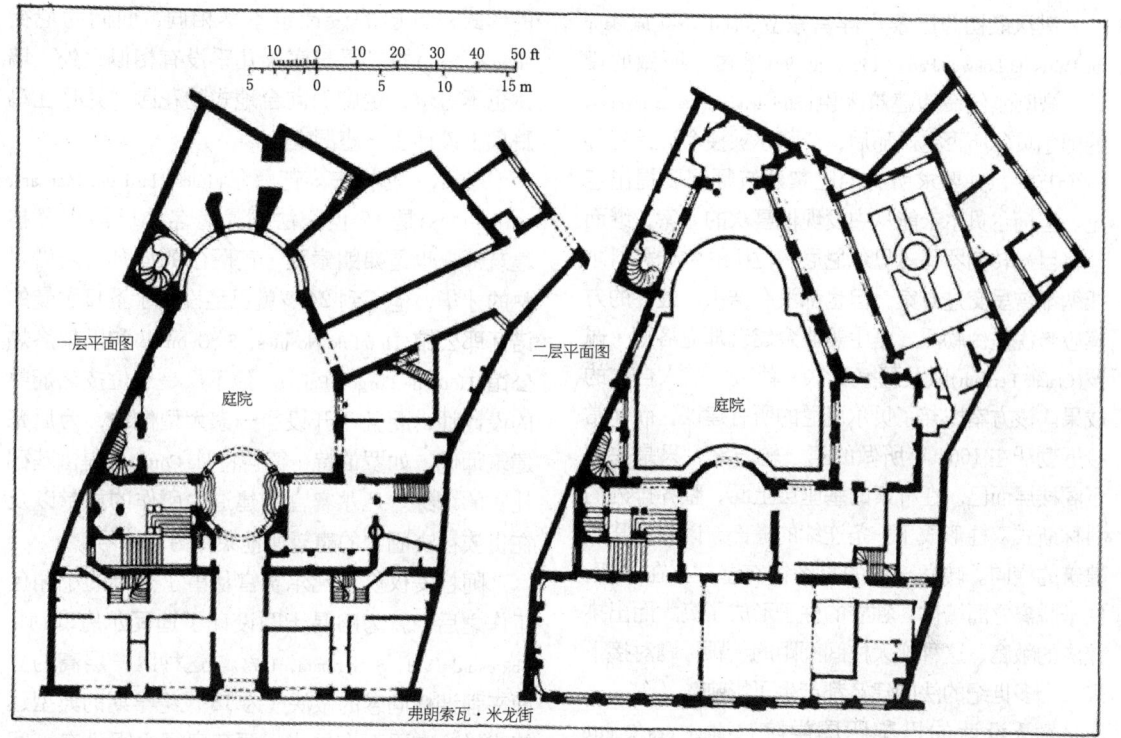

图A 巴黎博韦公馆(1652年始建)，见[996]页

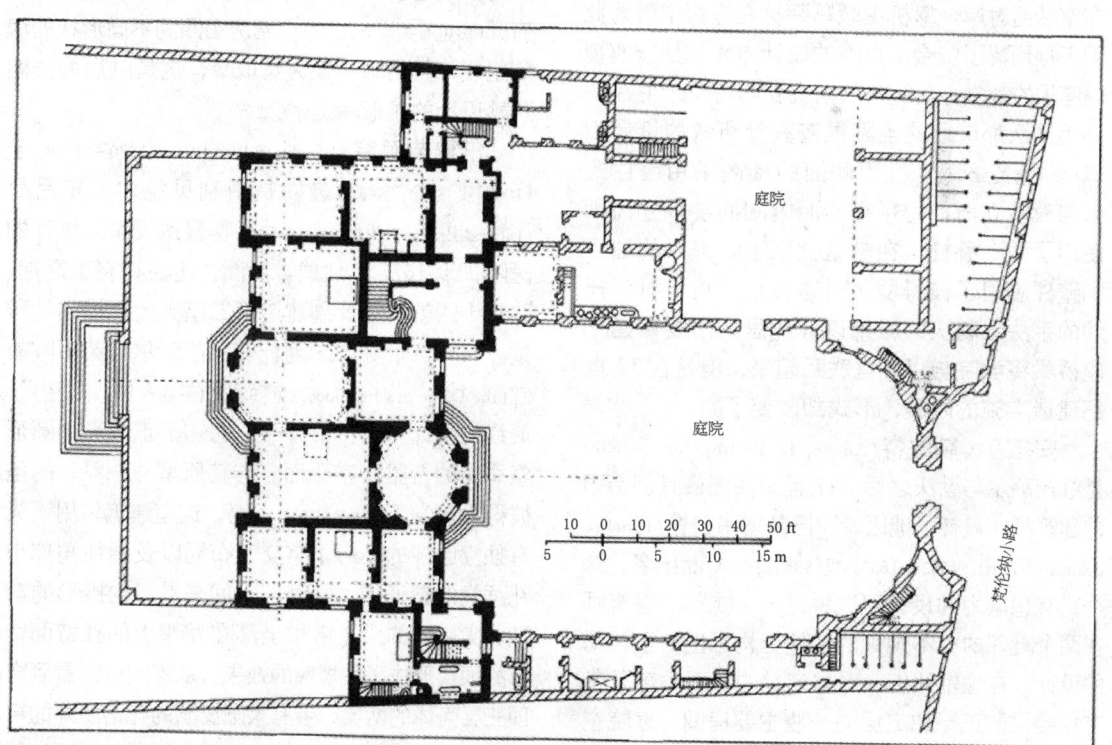

图B 巴黎马提翁公馆(1722—1724)，见[999]页

勒沃最初为巴黎卢浮宫东立面(the east facade of the Palais du Louvre, Paris, 1667, 见[994]页图 B)所做的设计，被刚刚任命为建筑大臣(Surintendant des Bâtiments)的柯尔贝尔所否定。随后，芒萨尔被授命设计另外一个方案，并要求所有的巴黎建筑师都要提出意见。但柯尔贝尔未能从中发现他喜欢的方案，继而他将目光转向罗马。贝尔尼尼、拉伊纳尔迪和科尔托纳都曾呈交过方案，但也都没有结果。最终的方案应当说是由勒沃、医生兼业余建筑师克洛德·佩罗(Claude Perrault)以及画家夏尔·勒布兰三人合作的成果。该方案摈弃了贝尔尼尼的所有建议，而非常接近勒沃在 1664 年所做的第一轮方案，只是去掉了阁楼层而已。在朴素的基座层上面，整齐排列的科林斯式双柱形成了一条连续的檐部，以强调整个建筑的横向。转角部位的亭阁饰有壁柱。在中部，柱子脱离立面墙体，独立的柱子形成了高大而出挑较浅的敞廊。这种加大柱间间距的新颖母题对接下来一个多世纪的法国建筑都产生了影响。

勒沃设计的巴黎四国学院(Collège des Quatre Nations, 1662 年始建)是卢浮宫的配套建筑，它坐落在塞纳河对岸。枢机主教马萨林在遗嘱中曾为此项工程预留了资金。宫殿的设计方案包括一座覆以穹顶的教堂，其凹入的前院就与博罗米尼在罗马为纳沃那广场的圣阿涅塞教堂所做的设计相似(参见有关章节)。位于侧面的楼阁采用巨柱式来与教堂立面取得平衡，而内凹的学院立面则使用了两个叠柱。在教堂立面上，密布的柱子和壁柱应用了彼得罗·贝雷蒂尼·达·科尔托纳的手法。勒沃的原始设计构思提出要修建一座桥梁将学院与卢浮宫联系起来，但是在 19 世纪建造实施的时候，形式却改变了。

安托万·勒波特(Antoine Le Pautre, 1621—1681)是继芒萨尔与勒沃之后，17 世纪法国最具创造力的建筑师。最初，他因设计巴黎博韦公馆(Hôtel de Beauvais, Paris, 1652—1655, 见[995]页图 A)而出名，这个富有想象力的设计可以说是一个杰作。建筑师在两个毗邻的极不规则的基地上构思出一个整体的设计。在主轴线上，一层商铺的立面后部是带有主楼梯的正屋和二层的一些主要房间。庭院空间和楼梯的设计式样丰富，并且很富有创造力，其中楼梯的形式有椭圆形、三角形，乃至更复杂的形式。各层的设计也不尽相同，面向约尼街(Rue de Jony)的二层与底层几乎没有相似之处。墙体也不对位，走廊面向台地式的花园，并且在马厩顶上设计了一座洞室。

朱尔·阿杜安·芒萨尔(Jules Hardouin Mansart, 1646—1708)是 17 世纪法国最著名的巴洛克风格建筑师，也是弗朗索瓦·芒萨尔的侄孙。凭借早熟的才华，他不到 24 岁就已经设计了圣日尔曼的诺瓦耶公馆(Hôtel de Noailles, S. Germain)和巴黎洛热公馆(Hôtel de Lorge, Paris)。他不仅是一位技艺娴熟的设计师，而且还开设了一家大型作坊，为后辈建筑师们，如罗伯特·德科特(de Cotte)，提供基础扎实的训练。凡尔赛宫的建造中所作的贡献以及在贵族社交圈中的声望使他荣膺男爵称号。

阿杜安仅仅在凡尔赛宫从事了一年的小角色工作之后，就为路易十四设计了迪瓦尔府邸(The Château du Val, S. Germain, 1674)。这种以一层高的立面来强调横向感的做法成为 18 世纪早期的典型建筑式样。在平面布局中，两套房间之间设有一间供狩猎后进餐用的中央大厅，这令人想起马德里府邸(参见有关章节)。每个套房由四间不同形状的房间组成，并用同一架火炉取暖，这是以后博夫朗巧妙设计的雏形(参见有关章节)。

巴黎荣军院(Les Invalides, Paris, 1670—1708, 见[1008]页图Ⓑ、图Ⓒ)最初是由利贝拉尔·布吕昂(Libéral Bruant, 约1635—1697)为伤残退役军人设计的医院，于 1677 年建成。然而，还在其完工之前，路易十四就已经计划建造第二座更大规模的礼拜堂。1680 年，朱尔·阿杜安·芒萨尔为荣军院教堂(the Dôme des Invalides, 见[997]页图Ⓐ~图Ⓒ)提出了最终的设计方案：带有一个内切于正方形的圆形祭司席的希腊十字平面。与其原型——罗马的圣彼得大教堂不同(参见有关章节)，这座建筑采用了具有独立巨柱的环形十字交叉布局以及通往角部小礼拜堂的斜通道。从外部空间来看，尖拱形的穹顶、尖塔状的采光塔和坐落在鼓座上的独特而宽厚的顶楼形成了塔楼般的效果。从室内可以看到穹顶三层壳体的两层，带有大圆窗洞的花格藻井的穹顶里层用湿壁画加以装饰，以后，维托内在设计瓦里诺托的礼拜堂❶时发展了这种手法(参见有关章节)。

---

❶ Vallinotto；指圣母访问礼拜堂（Cappella della Visitazione, Vallinotto）。——译者注

第30章 法国、西班牙和葡萄牙建筑

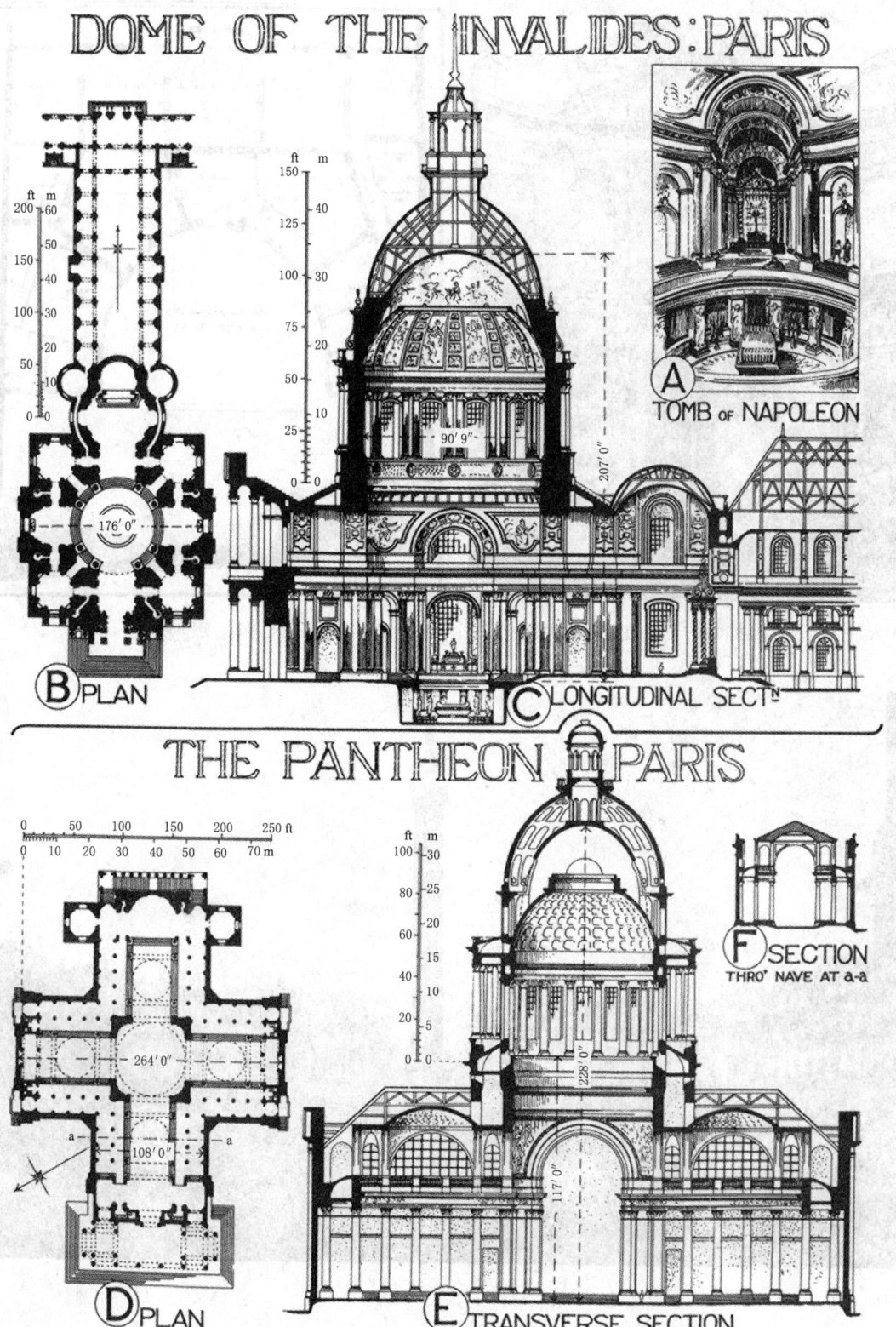

巴黎荣军院新教堂(DOME OF THE INVALIDES: PARIS)：Ⓐ 拿破仑墓；Ⓑ 平面图；Ⓒ 纵向剖面图
巴黎先贤祠(THE PANTHEON PARIS)：Ⓓ 平面图；Ⓔ 横剖面图；Ⓕ 穿过中堂的 a-a 剖面图

第五编 文艺复兴时期和后文艺复兴时期的欧洲建筑及俄罗斯建筑

图A 巴黎朗贝尔公馆(1640年始建)庭院，见[992]页

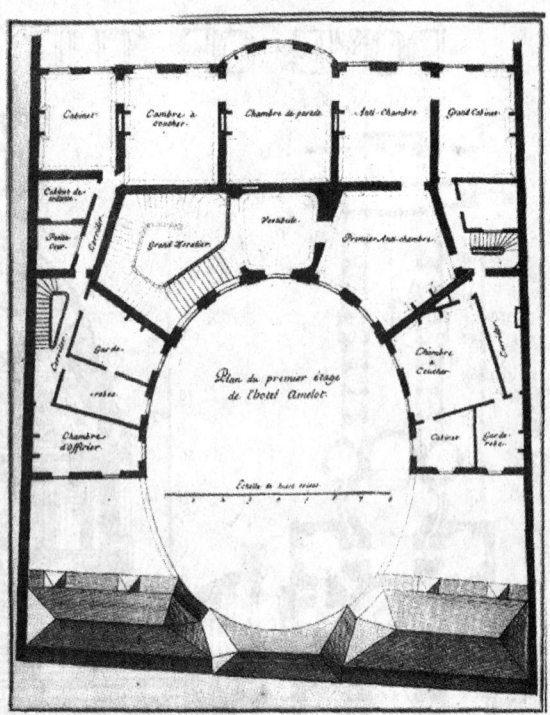

图B 巴黎阿姆洛公馆(1712)，见[999]页

图C 巴黎旺多姆广场(1698年始建)，见[999]页

第30章 法国、西班牙和葡萄牙建筑

朱尔·阿杜安·芒萨尔在城镇规划方面的才能在**巴黎旺多姆广场**(Place Vendôme, Paris, 1698 年始建,见[998]页图C)的设计中得到充分显现。当初在1685年,路易十四的本意是建造一处包含贵族图书馆和科学院的文化圣地。这项工程由于缺乏资金而未能落实,但在芒萨尔设计的、由简洁的基座层衬托并带有巨柱式壁柱的统一立面背后,却建造起了私人宅第。在中部以及倾斜的角部,半壁柱取代壁柱而构成主立面。广场上矗立着罗马巴洛克风格的纪念柱,但是它已经被法国的古典主义风格弱化了。

弗朗索瓦·布隆代尔(François Blondel, 1618—1686)原本是军事工程师,但在广泛游历之后,他成为皇家建筑科学院和"皇家工程院"(ingénieur du roi)的首任院长。他的《**建筑学教程**》(Cours d'Architecture)成为青年建筑师的主要教科书。在他数量极少的作品中,最重要的是**巴黎圣但尼门**(Porte S. Denis, Paris, 1671)。这是当年所建造的最大的凯旋门,只比后来的大凯旋门(Arc de Triomphe)小。它也因新颖的装饰而闻名。中央拱由柱墩支撑,与作为战利品的方尖碑遥相呼应。

热尔曼·博夫朗(Germain Boffrand, 1667—1754)是剧作家、工程师和建筑师,也是芒萨尔的学生。其建筑风格表现在喜爱使用巨柱式和细部简化的雕塑造型。他最具代表性的作品是为洛林公爵(the Duc de Lorraine)在吕内维尔建造的规模庞大的**吕内维尔府邸**(Château de Luneville, 1702—1706 和 1720—1723),其舒展的低矮体量仿照了凡尔赛宫的布局。在主立面中部,以巨大而独立的混合柱式支撑的山花覆盖在三个拱券上方,以便人们从远处的花园也能望见。1719 年的一场大火烧毁了建筑群的一部分,于是博夫朗又设计了一个新的方案。其中小礼拜堂是最具匠心的部分,是凡尔赛宫的朴素翻版。立面上有两根独立的柱子,其连续不断的柱顶线呈托起筒形拱顶的天花,为建筑塑造出一个非常醒目的回廊。

博夫朗为另外一位国外的赞助人——巴伐利亚选帝侯马克斯·伊曼纽尔(Elector Max Emmanuel of Bavaria)设计了**布舍夫特猎庄**(Hunting Pavilion, Bouchefort, 1705)。这是一座建造在圆形地块中央的集中式建筑物,由林地以及规则布置的附属建筑形成的放射状道路所环绕。八个立面中有四面带有饰以山花的柱廊,令人想起帕拉第奥设计的圆厅别墅(Villa Rotonda,参见有关章节),而规模如此庞大的集中式布局别墅的设计构思则源于塞里奥的大胆设想。

由博夫朗设计的**巴黎阿姆洛公馆**(Hôtel Amelot, Paris, 1712,见[998]页图B)是不受赞助人限制的探索性建筑,因而比其他任何设计都更能够充分体现出他的设计思想。多样化的空间是令人关注的焦点。一座椭圆形的庭院通向带有圆角的正方形前厅,然后导向一个五边形的楼梯。带有圆角的矩形部分延伸至花园,形成主要的沙龙,而其入口则刻意加以限制。博夫朗的设计使得访客必须先穿过一系列的房间才能到达沙龙,将空间体验置于功能的便捷之上。

吕内维尔圣雅各教堂(S. Jacques, Luneville, 1730—1747)可能也是博夫朗的作品。他摒弃了佛罗伦萨新圣母教堂的意大利风格的立面(参见有关章节),而转向了法国中世纪的双塔式立面。其灵感可能源于朱尔·阿杜安·芒萨尔所设计的**南锡首席主教教堂**(Church of the Primatiale, Nancy, 1699—1736)。值得一提的是,塔楼上的洛可可装饰(尤其是钟楼),随着其部位的升高,装饰也变得越来越繁冗。

巴黎苏必斯府邸(Hôtel de Soubise, Paris, 1705—1709)由一般被认为比较保守的建筑师皮埃尔-亚历克西·德拉迈尔(Pierre-Alexis Delamair)设计。其独立的双柱和毗连山花的栏杆模仿了卢浮宫的东立面(参见有关章节),双柱柱式连续环绕着建筑的前庭,形成一个开敞的柱廊。另外,他也仿照卢浮宫(勒沃的第一个方案)的做法设置了雕像,使得上部楼层平淡的立面熠熠生辉。

让·库尔托纳(Jean Courtonne, 1671—1739)原先是理论家和学院教授,他之所以被人们记住,主要是因为他设计了**巴黎马提翁公馆**(Hôtel de Matignon, 1722 年始建,见[995]页图B)。他的构思包括一个前庭和一座设有马厩的辅助院落,这使得小的庭院能够与硕大的花园立面相协调。这一手法摒弃了所有的对称布局方式,而采用了 17 世纪在布勒托维利耶府邸(Hôtel de Bretonvilliers)或雅尔府邸(Hôtel du Jars)中使用过的移位的布局方式。

罗伯特·德科特(Robert de Cotte, 1656—1735)是与博夫朗同时期最重要的建筑师,以善于设计府邸建筑而著称。他设计的最大项目,如**施莱斯海姆**(Schleissheim)的府邸和**波恩**的府邸,是为巴伐利

亚和科隆的选帝侯所设计的府邸，但最终未能建成。尽管罗伯特·德科特从未离开过法国，但他开设的作坊却远达葡萄牙和土耳其。他曾为兼任主教的斯特拉斯堡亲王(Prince-Bishop of Strasbourg)建造了斯特拉斯堡罗昂府邸(Château de Rohan, Strasbourg, 1731—1742)。庭院的入口是一个带柱廊的屏障，庭院后面是正屋，这是一种传统的型制。德科特对设计的主要贡献是他创造了更加轻盈、优美的建筑形象，并且使用大量的走廊来取代意大利式的穿越式套房(en suite apartments)而实现的，从而提高了内部空间的私密性和便捷性。

勒梅西埃从17世纪开始巴黎圣罗克教堂(Church of S. Roche, 1719—1736)的设计，这座建筑最终是由罗伯特·德科特建造完成，立面由罗伯特·德科特的儿子朱尔·罗伯特(Jules Robert)遵循其设计构思加建。虽然这个教堂是以罗马圣苏珊娜教堂(参见有关章节)以及巴黎的荣军医院(参见有关章节)为范型建造的，但是其立面要比原型更为庄重，几乎摈弃了一切表面装饰。

巴黎圣叙尔皮斯教堂(S. Sulpice, Paris, 1736, 见[1003]页图A)的立面设计师让·尼古拉·塞尔万多尼(Jean Nicolas Servandoni, 1695—1766)原本是画家和舞台设计师，后成为著名的建筑师。尽管其立面作过很多变化，但仍然与圣雅各教堂(S. Jacques)和吕内维尔教堂一样，采用了双塔式的立面。外缘的几个开间形成钟塔，而中间的五个开间形成了贯通两层的开敞敞廊。最终的效果与雷恩设计的伦敦圣保罗大教堂的立面相似(参见有关章节)。

雅克·加布里埃尔是德科特的同事，以后接替德科特成为建设大臣。他主持了被战火摧毁的波尔多和雷恩(Rennes)的重建工作。他最具有代表性的设计是雷恩市政厅和法院(Town Hall and Law Courts, Rennes, 1736—1744)。两个五开间的角部楼阁之间形成内凹的前院，院中建有内置喷泉的钟塔，非常引人注目。这个方案与勒沃设计的四国学院(参见有关章节)以及万维泰利在那不勒斯设计的但丁广场有相似之处(参见有关章节)。

波尔多皇家广场(Place Royale, Bordeaux, 1735—1755)由雅克·加布里埃尔设计，并由当地的建筑师安德烈·波尔捷(André Portier)实施。它是第一个用来举行法国君主政体庆典的大广场，广场中央有国王的雕像，广场面向加龙河(River Garonne)。它为安热-雅克·加布里埃尔设计的巴黎皇家广场——协和广场(Place Royale, de la Concorde)提供了范式。两条街道在宽阔的矩形广场后侧的中心会合。将广场的两个后角斜切的做法，进一步突出了位于广场另一侧的能够眺望加龙河的雕像。

朱尔·阿杜安·芒萨尔建造的凡尔赛圣路易教堂(S. Louis, Versailles, 1743—1754)是纯正的法国巴洛克风格的晚期实例。贵重的雕饰立面的顶点经过了精确估算，并饰以独立的柱子，将意大利式的双层立面和法国的双塔立面风格融合在一起。

1750～1830年的法国

安热-雅克·加布里埃尔(Ange-Jacques Gabriel, 1698—1782)是法国18世纪风格最始终如一而又高雅的一位建筑师。他在巴黎接受父亲雅克·加布里埃尔的培训，与其一起为皇室工作，并接替他的父亲成为皇家首席建筑师(Premier Architecte du Roi)。在很大程度上，他摒弃了洛可可风格以及前人的装饰风格，而选择了一种更加庄重、严谨且很具法国古典主义精神的风格。他的许多作品的比例尺度为年轻一代的新古典主义建筑师开辟了道路。

枫丹白露的格罗阁(Gros Pavillon, Fontainebleau, 1750—1754)实际上是王宫的一个侧翼，其设计参照了勒沃设计的凡尔赛宫背立面。立面的中部凸出，朴素的拱廊支撑着带有多立克柱廊的无山花的阳台。尽管立面高度较高，却依然创造出一种全新的强烈的横向感，表现出了安热-雅克·加布里埃尔作品的特征。

巴黎协和广场(Place de la Concorde, Paris, 最初称为路易十五广场, 1753—1775, 见[1004]页图A)延续了法国城市广场规模宏大的传统，自路易十四以来，巴黎还没有建造过这类工程。协和广场坐落在塞纳河北岸，以河岸为南部边界(类似波尔多皇家广场)，与卢浮宫西部的王宫相接。为了保留通往香榭丽舍大街(Champs Elysées)的皇家气派，建筑只限布置在广场北侧，两个同样大小的地块被向北延伸至马德莱娜教堂的皇家大街(Rue Royale)所隔开。这样就形成了一条主轴，使焦点首先定格在广场中央的路易十五雕像上。两个地块相互对称，有着长长柱廊的立面并不强调中心性，但在端部带有山花的楼阁，与马德莱娜教堂(Madeleine, 现存的教堂建造于1804—1849)一起构成一个雄伟的构图。建

第30章 法国、西班牙和葡萄牙建筑

筑本身模仿了勒沃和佩罗设计的卢浮宫立面,但它具有更明显的雕塑性和统一性。

巴黎军事学院(Ecole Militaire, Paris, 1751—1773,见[1005]页图A)的立面中央有一个典型的法国式穹窿,它的设计在很多方面都相当保守。但也带有新意大利风格的特征,甚至带有帕拉第奥式和古典主义的风格特征,明显地表现在神庙正立面般的门廊、大面积的光洁墙面以及立面中部交替变化的窗套山花等处。

凡尔赛小特里阿农宫(Petit Trianon, Versailles, 1762—1768, 见[1008]页图Ⓐ)是在王宫花园中,为静居的蓬巴杜夫人(Mme de Pompadour)而修建的花园,是宅第建筑的精品。其平面为正方形,立面呈三段式,与流行一时的英国帕拉第奥式别墅有许多相似之处。不过,加布里埃尔偏向于强调垂直的线条(例如避免采用山花)。清晰的轮廓和有节制的装饰是这个设计主要的控制因素,除此之外,也有意识地引用了路易十四的建筑形式。尽管使用了大量的镶板和镜子,但是按照法国风格,内部装饰依然相当节制。

南锡的斯坦尼斯拉斯广场(Place Stanislas, 1752—1755, 原来的皇家广场(Place Royale))及其周围地区是由奥地利裔建筑师埃马纽埃尔·埃雷(Emmanuel Héré)为遭废黜的波兰国王斯坦尼斯拉斯(King Stanislas, 路易十五的岳父)规划设计的,它是城市规划史的一项杰作。为了通过一座横跨护城河的桥以及凯旋门(建造在赛维鲁拱门的原址上),将斯坦尼斯拉斯广场与老城内其他广场相连,例如与**卡里埃广场**(Place de la Carrière, 见[1004]页图B)和半圆形广场(Hémicycle),这项工程拆毁了大量的老建筑。所有的广场都沿一个巨大的纵长的景深布置,设计结合了博夫朗所设计的建筑风格,同时也新设计了有着相似风格的建筑。狭长的卡里埃广场两侧是林荫大道,而横贯的半圆形建筑位于它的两侧,以座椅装饰构成空间分割。所有这些构成了一个相当壮观的新城中心。

在18世纪的法国公共建筑中,**巴黎造币厂**(Mint, Paris, 1768—1775, 见[1003]页图B)给人留下的印象最为深刻。它是雅克-德尼·安托万(Jacques-Denis Antoine, 1733—1801)的杰作。在这一时期,安托万是继加布里埃尔之后最著名的法国建筑师。

巴黎造币厂在精神气质上与加布里埃尔的作品非常接近,在纵长的立面中,前凸的中心柱廊建造在粗面石的连廊之上,前部装饰着一排雕像的低矮顶楼取代了山花。此外,装饰很少,甚至连窗户的边框也极力简化,强化了矩形构图的外观。

蒙彼利埃的**佩鲁台**(Peyrou Terraces, Montpellier, 1767 始建)由吉拉尔兄弟(A. Giral, E. Giral)设计,是城市水渠终端的标志性建筑,其两层的拱廊使人联想到古罗马的加尔桥(Pont du Gard)。在城市这边可以通过一座建于1689年的拱门到达位于主轴线的露台,而露台上部的水渠在(Château d'Eau)处截止。这座水堡严谨地采用了凯旋门似的结构,平面接近正方形,其前部略微内凹。它选用了古典式的细部和装饰,相当于古代建筑中的水神庙。

阿拉斯的**圣瓦斯特教堂**(Saint-Vaast, Arras, 约1755年始建, 见[1003]页图C)由皮埃尔·孔塔克·迪夫里(Pierre Contant d'Ivry, 1698—1777)设计,是一座重要的早期新古典主义风格的教堂。尽管如此,就一般而言,它也极像许多佛兰德斯的哥特式建筑。带有华丽的科林斯柱头的柱廊将教堂的中堂与侧堂分开,其薄薄的檐部使得内部空间具有很强的罗马风格。成组的柱子标明了穹顶十字形走廊的边界,有支柱的瓮棺也强调了这个部位,而引人注目的对柱将它与教堂的东端分隔开来。

雅克-热尔曼·苏夫洛(Jacques-Germain Soufflot, 1713—1780)是18世纪最具影响力的建筑师之一,他出生于勃艮地的一个律师家庭。1731年,他赴罗马学习古代建筑,并且在那里生活了七年。在完成里昂的主宫医院之后,他又回到意大利,陪伴蓬巴杜夫人的兄弟在那里度过了两年时光。他将余生用来设计其代表作——圣热纳维耶芙教堂,这座教堂成为欧洲新古典主义风格的奠基石。

里昂的主宫医院❶早在安热-雅克·加布里埃尔的作品之前,就表明了与洛可可风格的彻底决裂。其立面中没有设置角楼而是采用三个略微凸出的开间来突出中间部分,上面覆以带穹顶的顶楼而没有用山花。虽然苏夫洛在罗马完成的学业,但是他设计的建筑并没有照搬古代建筑的形式,他对总体和形式的强烈感觉以及对石材细部的把握更像是勒沃的风格。

---

❶ Hôtel-Dieu, 1740~1748年;原为交易所,主宫医院即设立于主教所在城市的医院,又称市立医院。——译者注

第五编　文艺复兴时期和后文艺复兴时期的欧洲建筑及俄罗斯建筑

巴黎圣热纳维埃芙教堂(S. Geneviève, Paris, 法国大革命后改称"先贤祠", Panthéon, 见[997]页图①～图⑥，[1005]页图B)是早期新古典主义建筑的伟大杰作，实现了将古典主义风格与哥特建筑的轻盈结构相结合的理论构想。虽然建筑历经改动和调整，但平面仍与威尼斯的圣马可教堂十分相似，采用希腊十字式平面，在成对的筒形拱顶之间有一个中心穹顶和四个次要穹顶，采用内凹的处理是为了减轻重量。其支撑结构很轻；除了四个倾斜的十字形拱墩之外，其他所有的内部支撑都是雅致并带有凹槽的科林斯柱式。遗憾的是，如今外部的窗户已被封死。为使它的外观富有生气，避免在十字交叉处出现阴角(与罗马圣彼得大教堂相比)，采用了使突出的鼓座、穹顶和采光塔(附设穹顶隐藏其中)变得饱满的方法。其穹顶与雷恩设计的圣保罗大教堂很相似。虽然最初只计划设计下面的二层，但最终仍采用了三层的壳体(类似于巴黎荣军院)。将哥特式的扶壁体系隐藏的做法也与圣保罗大教堂相似。然而除了尺度和限制因素之外，其最具古典主义特征的部分是主立面：在一段高高的台阶之上，科林斯式神庙般的立面布满了雕刻的山花。

艾蒂安-路易·部雷(Etienne-Louis Boullée, 1728—1799)设计的作品建成的不多，但其广泛引起公众注意的理论和设计作品使他具有重要的影响力。通常这些设计根本不实用，它们通过尺度、纯粹的几何图形和直率的古典风格来表达宏伟壮观的理念。部雷在1784年为**牛顿墓**(Tomb of Newton)所作的非凡设计超越了重建的奥古斯都陵墓(或哈德良陵墓)：第二层鼓座上浮现出一个球体(象征天穹)，人们可以通过较低一层鼓座上倾斜的壁龛看到其完整的形体。内部巨大的黑色球体空间用作存放牛顿的石棺。具有鲜明古典主义风格的内部空间大部分由部雷设计，也同样令人心生敬畏，这一类空间通常用在具有现代功能的建筑中，如他设计的图书馆大厅。

克洛德-尼古拉·勒杜(Claude-Nicolas Ledoux, 1736—1806)是从接受上流社会人士巴里伯爵夫人的委托而开始其职业生涯的。然而，在实践上，他成为欧洲新古典主义风格最重要的倡导者。他师从布隆代尔，从未到过意大利，从1733年起担任皇家建筑师。尽管如此，他在自己设计的建筑中依然全盘抛弃了保守主义的全部印记。在理论方面，他规划了一座"理想"城市——绍村皇家盐场❶。虽然他的单体建筑设计几乎像部雷的作品一样异想天开，但却构成那个时期最伟大的设计思想之一。他在大革命时期受到监禁，差一点儿被判处死刑，但最终被释放，于1804年出版了一本收录其设计作品的专著，即《从艺术、风尚和法律来思考建筑》。

巴黎蒙莫朗西府邸(Hôtel de Montmorency, Paris, 1769—1770)勒杜的早期作品，其两个毗连的立面使人联想起安热-雅克·加布里埃尔的设计特点。但是他取消了窗套、基座层和巨柱式，使得建筑外观更为简洁。其平面非常独特，主入口设在一个成角度布置的转角处，各个房间沿对角线对称布置，主要的客厅设在入口上方。

阿尔克-塞南皇家盐场(Royal Saltworks, Arc-et-Senans, 1774—1779)除了其实用性的功能令人称道外，还是勒杜建成的最成功的一件作品。圆形的建筑群坐落在勒杜设计的理想城市——绍村的中心，仅仅建成了一座盐场大厅。庞大的建筑群给人的总体印象是简洁的几何体，形式的简洁提升了其视觉上的冲击力。穿过一个采用粗壮无凹槽希腊多立克柱式的、带有巨大山花的神殿门廊，是装饰着厚重粗面石饰面的楔石拱门，两侧低矮的外墙未加装饰，只用一个向前喷水的、巨大的嵌入式坛子来取代窗户。入口柱廊之上洞穴似的涵洞是极度简化的意大利式洞室。对面的总管住宅带有一个经过设计构思的正宗的多立克式门廊，其用磨光石块砌筑的柱子显得很质朴。

巴黎维莱特城关(Barrière de la Villette, Paris, 1785—1789)是40座环城建造的城关中保存下来的四座之一，其余的都在法国大革命中被拆毁。为体现巴黎城的威严和伟大，这些城关都设计得很简洁，但又各不相同，几何形式及综合的手法极大地减弱了古典主义装饰的怪诞。圆形建筑建造在前面带有低矮的八柱式门廊的正方形平台之上。由下至上逐渐变细的方截面的柱子采用了基本的多立克式柱头，而上面的檐部则被精简成过梁和压顶。

---

❶ Chaux；又译新盐场、肖村。——译者注

第30章 法国、西班牙和葡萄牙建筑

图A 巴黎圣叙尔皮斯教堂(1736),见[1000]页

图B 巴黎造币厂(1768—1775),见[1001]页

图C 阿拉斯的圣瓦斯特教堂(约1755年始建),见[1001]页

图D 巴黎鲁莱的圣腓力教堂(1774—1784),见[1006]页

第五编 文艺复兴时期和后文艺复兴时期的欧洲建筑及俄罗斯建筑

图A 巴黎协和广场角楼(1753—1775),见[1000]页

图B 南锡卡里埃广场(1750—1757),见[1001]页

第30章 法国、西班牙和葡萄牙建筑

图 A 巴黎军事学院(1751—1773),见[1001]页

图 B 巴黎圣热纳维埃芙教堂(1757—1790,即先贤祠),见[1002]页

第五编　文艺复兴时期和后文艺复兴时期的欧洲建筑及俄罗斯建筑

巴黎鲁莱的圣腓力教堂(S. Philippe du Roule, Paris, 1774—1784, 见[1003]页图 D)是部雷的学生让-弗朗索瓦-泰雷兹·沙尔格兰(Jean-François-Thérèse Chalgrin, 1739—1811)的作品。这是一幢非常出色的新古典主义风格的教堂。带凹槽的爱奥尼柱贯穿中堂并环绕教堂东端。中堂由带藻井装饰的筒形拱顶所覆盖,阁楼天窗的设计形成垂直要素,用以平衡充盈在整栋建筑中的水平感。

巴黎小楼阁(Bagatelle, Paris, 1777)是弗朗索瓦-约瑟夫·贝朗热(François-Joseph Belanger, 1744—1818)的作品。该建筑是为路易十六的哥哥(他曾赢得一场历时64天的豪赌)而建的一座楼阁,带有大量精美的细部装饰。大部分装饰采用了新古典主义风格。简洁和纯几何形式是那个时期的特点,而在其他方面,例如细长的壁柱层,则是对50年以前建筑的怀旧。

巴黎加利费公馆(Hôtel de Gallifet, Paris, 1775—1796)由雅克-纪尧姆·勒格朗(Jacques-Guillaume Legrand)设计。它有一座优美的庭院,其中部是二层高的八柱式柱廊,柱廊从其后面的三层高的立面中凸现出来。

相似的效果也可以在巴黎奥德翁剧院(Odéon, Paris, 原名法国剧院, Théâtre Français, 1778—1782, 1807年大火后重建)的立面中看到。该建筑是马里-约瑟夫·佩尔(Marie-Joseph Peyre)的作品。多立克式柱廊同平展的粗面石相结合,其顶楼在形式上稍有不同。覆盖着马蹄形观众厅(这是巴黎第一座马蹄形观众厅)的高耸的锥形屋面加强了建筑强烈的几何特性。

在由贝特朗(C. A. Bertrand)设计的弗朗什孔泰的蒙克雷府邸(Château Moncley, Franche-Comté, 约1778, 见[1007]页图 A)中,开敞的墙面将主体建筑与中世纪环形的塔楼联系起来。凹入的立面或许是旧时的时尚,但突出的爱奥尼式柱廊却是典型的帕拉第奥式。

萨韦尔纳府邸(Château Saverne, 1779—1789)由萨兰(N. Salins)为斯特拉斯堡主教设计。该建筑具有令人难忘的宽阔的立面,饰有不合时宜的巨柱式并角楼作为结束,更具现代感的八柱式门廊则强调了其中心。

巴黎萨尔姆府邸(Hôtel de Salm, Paris, 1784 年毁于火灾, 1878年重建)由鲁索(A. Rousseau)设计。该建筑的立面是一座花园,带有稍突出的、同科林斯式半露柱的圆形建筑。所采用的手法是典型的新古典主义手法,与粗面石的墙面适成对照,尽管如此,与同时代的其他建筑相比,它更强调装饰并略显文雅。

巴黎马德莱娜教堂(Madeleine, Paris, 1804—1849, 见[1007]页图 C)是法兰西帝国建筑的杰作。它是皮埃尔·维尼翁(Pierre Vignon, 1762—1828)的作品。维尼翁曾师从勒杜,并于1793年任共和国建筑总监(Inspecteur Général des Bâtiments de la République)。这座建筑取代了由皮埃尔·孔塔克·迪夫里设计但未完成的建筑,在南侧不远处是安热-雅克·加布里埃尔设计的协和广场。1806年,拿破仑决定将这座教堂改成荣军神殿(Temple of Glory),但在1813年又改变了想法。其外部设计有意模仿了罗马神庙(肖似卡斯托耳神庙(Temple of Castor))的科林斯柱八柱式并采用了围柱式,山花上还饰有复杂的雕刻。高高的墩座(7m(23ft)),与周围隔开的场地和抬高的入口都强化了建筑的视觉冲击力。内部空间设计也同样令人印象深刻,中堂由三跨组成,在科林斯柱式支撑的帆拱之上是碟形穹顶❶,并用小圆窗采光,以覆盖着半穹顶的后堂作为结束。

巴黎证券交易所(Bourse, Paris, 1806—1815)由亚历山大-泰奥多尔·布罗尼亚尔(Alexandre-Théodore Brogniart)设计,这是一个与众不同的建筑,它建造在一个正方形高台之上,四周围被13个开间的科林斯式柱廊包围,上面覆以金字塔形屋顶。

巴黎国民议会大厦(Chambre des Députés, Paris, 1807)由贝尔纳·普瓦耶(Bernard Poyet)设计。大厦在塞纳河左岸,面对协和广场,在高大的12柱门廊之前,是侧面带有雕像的巨大的台阶。门廊在与转角壁柱和装饰镶板相连的粗石饰面的两翼处凸向前凸出。

巴黎大凯旋门(Arc de Triomphe de l'Etoile, Paris, 见[1007]页图 B)也是让-弗朗索瓦-泰雷兹·沙尔格兰的作品,他也是设计巴黎鲁莱圣腓力教堂的建筑师。这个广场距离协和广场3km(2miles),是香榭丽舍大道由东向西的对景。无柱式的设计(与圣但尼门相比)以及尺度巨大的拱门找不到任何古典的原型,虽然它的尺度和简单的几何形式本身就具有新古典主义的特征。然而拱门之上饰满了古典风格的战利品雕饰,这些表现胜利场景的浮雕装饰弱化了凯旋门的肃穆气氛。

---

❶ saucer domes; 碟形穹顶是升起高度远小于直径的穹顶。——译者注

第30章 法国、西班牙和葡萄牙建筑

图A 弗朗什孔泰的蒙克雷府邸(约1778),见[1006]页

图B 巴黎大凯旋门(1808年始建),见[1006]页

图C 巴黎马德莱娜教堂(1804—1849),见[1006]页

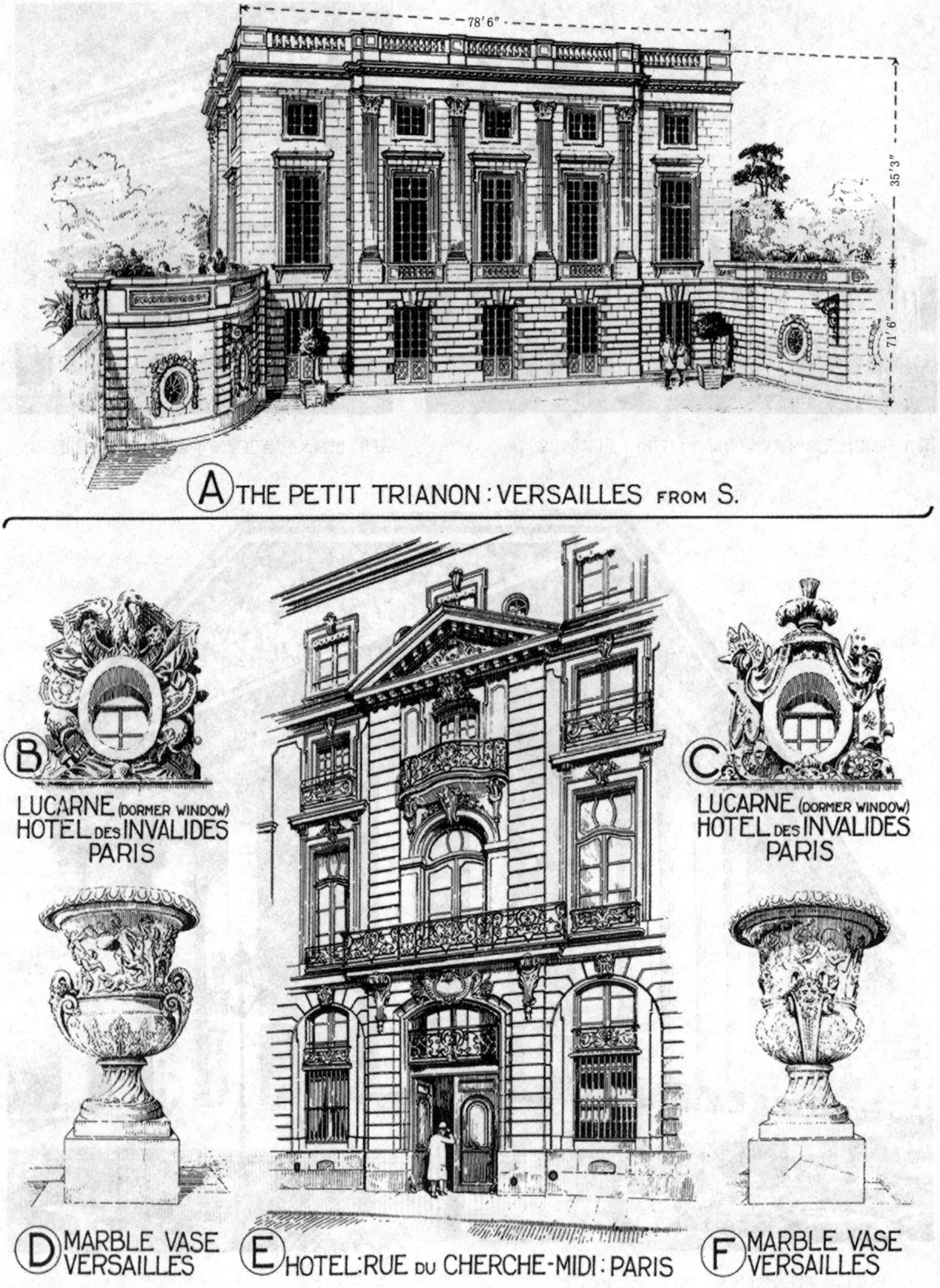

第五编 文艺复兴时期和后文艺复兴时期的欧洲建筑及俄罗斯建筑

Ⓐ 凡尔赛小特里阿农宫(1762—1768) 南向外观；ⒷⒸ 巴黎荣军院老虎窗；Ⓓ 凡尔赛宫大理石瓶饰；Ⓔ 巴黎谢尔什-米迪街公馆；Ⓕ 凡尔赛宫大理石瓶饰

第30章 法国、西班牙和葡萄牙建筑

皮埃尔-弗朗索瓦-莱昂纳尔·方丹(Pierre François Léonard Fontaine, 1763—1853)和夏尔·佩西耶(Charles Percier, 1764—1838)都是深受拿破仑器重的建筑师,也是"帝国装饰风格"的主要创造者。拿破仑命令方丹和佩西耶全权负责行政长官官邸和皇宫的重建工作。巴黎里沃利大街(Rue de Rivoli, Paris, 1802—1855)就是佩西耶和方丹的作品。它面对土伊勒利花园(Tuileries Gardens,又译杜伊勒利公园),成为拿破仑宏大规划的组成部分。地面层带有拱廊的统一的街道立面使人联想起孚日广场。由于采用了精美的铁制阳台,使得虽重复出现但形式简洁的古典风格的立面在水平方向上成为一个整体。

巴黎赎罪礼拜堂(Chapelle Expiatoire, Paris, 1816—1824)是方丹为路易十八(Louis XVIII)纪念他被处死的兄弟——路易十六和皇后玛丽-安托瓦内特(Marie-Antoinette)而设计的。圆形的葬礼大厅使人回想起拉斐尔设计的基吉礼拜堂(参见有关章节),而它的构成和装饰雄伟而冷漠,属新古典主义风格。

巴黎德洛雷特圣母院(Notre Dame de Lorette, Paris, 1823—1836)是路易-伊波利特·勒巴(Louis-Hippolyte Lebas)的作品。其巴西利卡式的平面使人联想起鲁莱圣腓力教堂,然而更多的是仿效早期基督教的教堂。它有四个带有爱奥尼柱廊的侧堂、平天花和一个后堂,后堂中带穹顶的圣坛后面有一个华盖。室内画满壁画,与早期的基督教巴西利卡不同,立面上是一个高高的神庙似的门廊。

建筑特征

西班牙

在西班牙,从哥特式到文艺复兴建筑的转变发生在15世纪晚期到16世纪初的25年间。这个时期占主导地位的是众所周知的银匠式风格❶,这个贬义词出现于17世纪,意思是"像银匠饰品一样繁琐",用来描述一种对表面装饰的偏好,即采用大量与基层结构无关的浅浮雕。

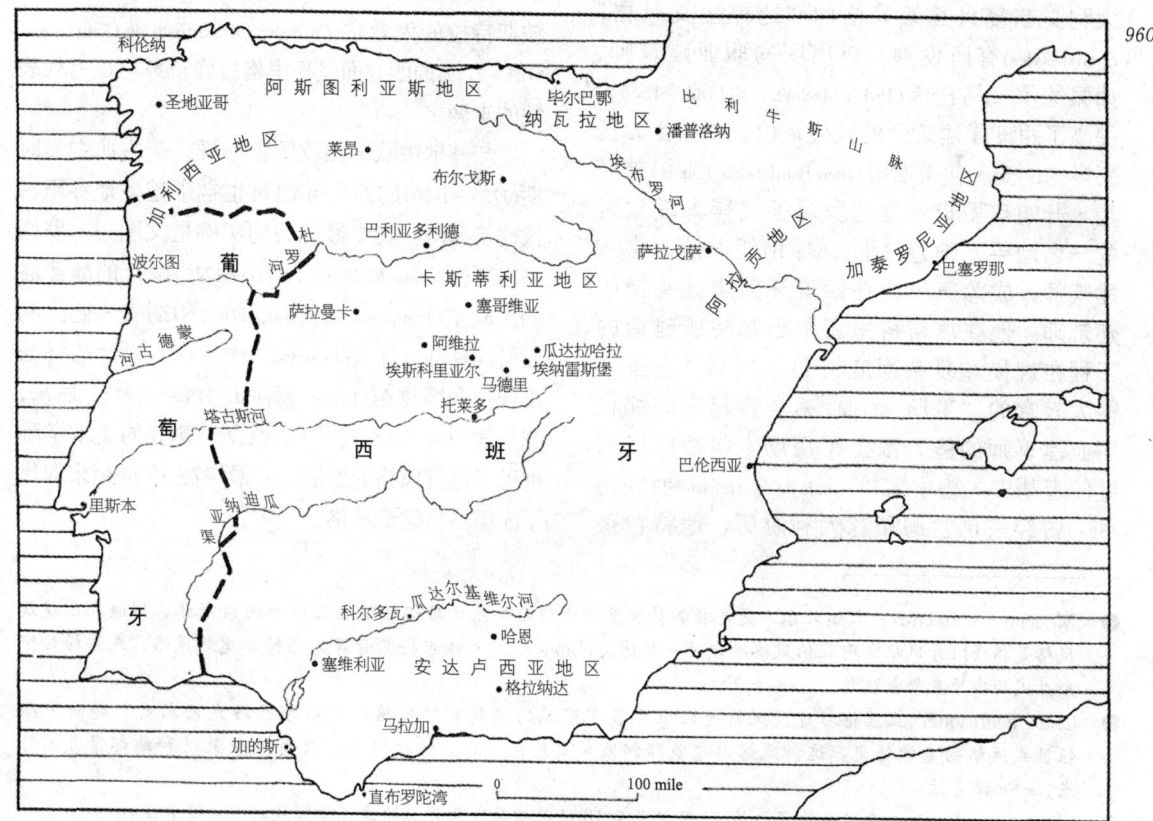

17世纪的西班牙和葡萄牙

---

❶ Plateresque;银匠式风格建筑,又称伊莎贝拉风格建筑、复杂花叶形风格建筑。——译者注

这种偏好既包括哥特式装饰，又包括文艺复兴装饰，与简洁的风格相去甚远。按年代顺序通常分为哥特银匠式(约1480—1504)，有时叫做"伊莎贝拉银匠式"(lsabelline)，以及文艺复兴银匠式(Renaissance Plateresque，1504—1556)。建筑中经常将哥特式、文艺复兴式和穆迪扎尔建筑风格❶的元素结合在一起，如瓜达拉哈拉的王子宫(Infantado Palace, Guadalajara)。但是逐渐地，从意大利北部伦巴第地区的传统中借鉴来的华柱、栏杆柱和怪诞装饰像的文艺复兴装饰风格开始占据优势。虽然在16世纪初，文艺复兴银匠式风格显示出其杰出性，但它并不是一种普遍的风格，而是与哥特式和哥特银匠式风格并存，如塞哥维亚大教堂(Segovia Cathedral, Segovia, 1529—1591)。许多建筑师的作品都反映出这种多样性，例如，建筑师迭戈·德里亚尼奥(Diego de Riaño)既建造哥特银匠式风格，又建造文艺复兴银匠式风格的建筑。

在古典主义时期(1556—1650)，全盘吸收意大利文艺复兴建筑风格的"纯粹主义风格"(purist styles)有所发展。新出现的职业建筑师，如佩德罗·马丘卡(Pedro Machuca，约1485—1550)，提高了西班牙建筑师的社会地位。事实上，托莱多的胡安·包蒂斯塔(Juan Bautista de Toledo)曾经是米开朗琪罗设计建造罗马圣彼得大教堂时的一名助手，腓力二世(Philip II)任命他为官方建筑师，成为第一位在西班牙荣膺此头衔的建筑师。他在埃斯科里亚尔隐修院所建造的工程在规模和复杂程度上要求颇高，在圣彼得大教堂的"工场"(fabbrica)培养起来的那种职业建筑师的能力派上了用场。包蒂斯塔的继任者胡安·德埃雷拉(Juan de Herrera，约1530—1597)曾经去佛兰德和意大利游历，他将包蒂斯塔严谨的古典主义风格发展得更为精湛，更为均衡协调。

1650~1750年，巴洛克和洛可可风格在西班牙盛行，呈现出多样化的态势，几乎对埃雷拉和他的追随者们所推崇的形式主义起到了反作用。而意大利巴洛克风格则具有强劲的影响力。17世纪晚期，出现了一种极度怪诞的形式，称为"丘里格拉建筑风格"❷，以丘里格拉家族❸的建筑师们命名。虽然他们不是这种风格最主要的倡导者，但是他们却是引导者。"丘里格拉建筑风格"本质上是一种建筑装饰风格，它最初用于室内装修，如用在装饰抹灰和教堂的圣坛屏饰中，这种流传久远的风格(约1680—1780)可以分为三个主要阶段：第一阶段(1680—1720)的特点是"所罗门柱"❹的应用，这是一种像扭转的麻花状的柱子；第二阶段(约1720—1760)流行"倒置柱"❺；第三阶段(约1760—1780)是将上述元素与正在流行的新古典主义风格相融合。费尔南多·德卡萨斯·诺瓦(Fernando de Casas y Nuova)设计的圣地亚哥-德孔波斯特拉的大教堂(Cathedral of Santiago de Compostela, 1738—1749)的西立面是丘里格拉建筑风格最有代表性的丰碑之一。

与其他中欧和西欧国家一样，新古典主义时期(1750—1830)的西班牙建筑也越来越多地参照古代建筑典范。其中最优秀的实例是文图拉·罗德里格斯(Ventura Rodríguez, 1717—1785)设计的潘普洛纳大教堂(Pamplona Cathedral, 1783)和胡安·德比利亚努埃瓦(Juan de Villanueva, 1739—1811)设计的马德里普拉多博物馆(Prado, Madrid, 1785—1787)。后来，在马德里(1752)和巴伦西亚(1768)建立的美术学院推动了这种风格的发展，并最终在18世纪末取代了丘里格拉建筑风格。

---

❶ Mudéjar architecture；穆迪扎尔人是基督教徒收复伊比利亚半岛之后仍然留在西班牙的穆斯林，穆迪扎尔建筑风格是指西班牙风格与阿拉伯风格融合的一种建筑风格，也有的译者将其音译为马德加建筑风格，或意译为伊斯兰式西班牙基督教建筑。——译者注
❷ Churrigueresque；丘里格拉建筑风格是西班牙洛可可式的建筑装饰风格，是后期巴洛克艺术重新转向早期银匠式风格的美学转变，这种风格以建筑师何塞·贝尼托·丘里格拉得名，具有浮夸激动和细部繁复的特点。——译者注
❸ Churriguera family；丘里格拉家族是17世纪末至18世纪初西班牙著名的建筑师家族。——译者注
❹ Salomonica；一种螺旋状柱子，又称缆绳形柱、绞绳形柱，相传源自耶路撒冷的所罗门神殿。——译者注
❺ estipite；倒置的方尖碑或锥形物，上大下小的壁柱或正方形截面柱，通常饰有繁复的几何形浅浮雕。——译者注

葡萄牙

曼努埃尔式❶是葡萄牙特有的风格,它与西班牙文艺复兴银匠式同属一个时期。这个名字源于1495～1521年在位的国王曼努埃尔一世(King Manuel I)。其特点主要体现在装饰而非结构方面,由于它一般应用在哥特式建筑中,贝伦(Belem)和巴塔利亚(Batalha)的大修道院都是著名的实例,因此通常被归结为中世纪风格。曼努埃尔式风格从探险者的航海中获得大量灵感,从瓦斯科·达·伽马(Vasco da Gama)和其后的航海者在船只航行时需要的浑天仪、绳索、珊瑚和基督教礼仪十字架的象征中开发出异想天开的形式。在令人眼花缭乱的托马尔基督会女隐修院(Convent of Christ at Tomar)建筑群中可以见到这种形式。

从文艺复兴时期到18世纪上半叶巴洛克和洛可可风格的辉煌时期,除了曼努埃尔式风格以外,葡萄牙建筑几乎没有鲜明的特色。但是当葡萄牙从巴西获得黄金和钻石而暴富以后,兴建了一大批建筑。科英布拉大学图书馆(University Library of Coimbra)就建于这个时期,建筑内部装修精美,充满中国式装饰风格的诗意。1755年,里斯本发生了可怕的地震,在震后的废墟上进行了尽管形式单一但仍称得上优秀的城市规划。贸易广场(Praca do Comercio)是其中最杰出的实例,它是欧洲最迷人的广场之一。

重建后的首都,尤其是在重要的下城区(Baixa),街道平面呈规则的网格状,立面朴素并且近乎统一,采用标准化的建筑构件,这种风格有时被称为"蓬巴尔式"(Pombaline),是以蓬巴尔侯爵(Marquis of Pombal)的名字命名的。蓬巴尔侯爵是一位意志坚定且能力极强的首相,他在一批颇具才能的工程师和建筑师——如曼努埃尔·德马亚(Manuel de Maia)、卡洛斯·马代尔(Carlos Mardel)和欧热尼奥·多斯桑托斯(Eugenio dos Santos)——的协助下指挥了重建工作。他们建造的装饰简洁的工程,与同时期建造的克卢什(Queluz)盛期洛可可风格和庞大而壮观的罗马巴洛克风格的马夫拉女隐修院(convent-palace of Mafra,始建于1717年,由若昂·弗雷德里科·卢多维塞(João Frederico Ludovice)设计)形成鲜明对比,它反映出若昂时期风格(Joanine period,名称取自国王若昂五世(Dom João V))的皇家风尚。

但是,如果要对重建里斯本工程中采用简洁装饰做法的原因作出解释的话,部分原因则是出于经济的考虑。在葡萄牙建筑中,简洁优雅的建筑形式与热衷豪华装饰的形式二者明显平分秋色。在北部地区,当地出产的花岗石被尼科洛·纳索尼(Niccolo Nasoni)用来表现极度奢华的巴洛克风格。纳索尼是一位来自意大利托斯卡纳的建筑师、画家和雕刻家。移居波尔图(Oporto)之前,他在马耳他(Malta)工作。在18世纪中叶的30年间,纳索尼改变了马耳他的城市面貌。纳索尼卒于1773年,随后帕拉第奥式得以复兴,这要归功于英国殖民地的酒商。其中最著名的是宽敞的圣安东尼医院(hospital of S. Antonio),此建筑按照约克郡的约翰·卡尔(John Carr of York,1723—1807)的设计而建造。

建筑实例

西班牙

圣地亚哥-德孔波斯特拉的**皇家医院**(Royal Hospital, at Santiago de Compostela, 1501—1511)是为朝圣者而建造的。它是伊莎贝尔时期建造的以实用为目的的民用建筑新浪潮中的代表作,由恩里克·埃加斯(Enrique Egas,卒于1534年)设计。医院的病房布置成中心带有交叉拱顶的巨大的十字形,这个方案是受15世纪意大利医院的启示,如米兰总医院(参见有关章节)。布满装饰的主入口的整体形式呈哥特式,始建于1518年,由法国雕塑家设计建造。

萨拉曼卡大学立面(University facade, Salamanca, 1514—1529,见[1013]页图A)是银匠式风格建筑的杰作,整体为哥特式。运用了大量的意大利式母题,如大理石儿童像、布满阿拉伯图案的镶板壁柱、带雕像的圆形镶板、华柱,以及费迪南德(Ferdinand)、伊莎贝尔(Isabella)和查理五世(Charles V)的纹章,所有这些纹章都镶嵌在具有摩尔风格的丰富的外装修上。

萨拉曼卡的**圣司提反教堂**(S. Esteban, Salamanca, 1524—1610)由胡安·德阿拉瓦(Juan de Alava,创作活跃期为1505～1537年)设计。该建筑采用了混合风格,即按照古典形式来表现哥特式结构。扶壁具有明显的哥特风格并饰有卷叶凸浮雕的顶端饰,面对

---

❶ Manueline;又称曼纽林式,16世纪早期葡萄牙的豪华铺张的建筑装饰风格。——译者注

着古典风格的长壁柱,它们与朴素而简洁的大面积外墙面形成对比。与典型的混合风格相反,教堂的西立面采用了华丽的银匠式风格。

塞维利亚市政厅(Casa de Ayuntamiento,见[1013]页图B)是迭戈·德里亚尼奥(Diego de Riaño,创作活跃期为1517—1534年)设计的唯一一项重要工程。对称的正立面上装饰着单个或成对的壁柱,并通过华柱与上面的楼层连接。这个设计使人联想起15世纪末的意大利的伦巴第建筑,但是它具有银匠式风格过分精致的细部装饰。

埃纳雷斯堡大学立面(University facade, Alcalá de Henares, 1537—1553,见[1013]页图C)由罗德里戈·希尔·德翁塔侬(Rodrigo Gil de Hontañón,约1500或1510—1577)设计,这个严谨而均衡的设计反映出希尔对几何形体的偏爱。装饰华丽的中央开间颇具西班牙建筑的特色,与一系列相互搭接的矩形构成了均衡的构图。两侧楼层之间的划分也是如此。在这个充满理性的网格状构图之中,中部和主厅是重点,窗户两边装饰着卷涡形装饰,布满装饰的山花和铁格栅传达出一种恰如其分而又充满生机的张力。

格拉纳达的查理五世皇宫(Palace of Charles V at Granada, 1527—1568,见[1014]页图A)由佩德罗·马丘卡(Pedro Machuca,创作活跃期为1517—1550年)设计。他去世后则由其子路易斯·马丘卡(Luis Machuca)接替设计,但是最终也没有完全建成。由于受到罗马的诸多府邸以及布拉曼特和拉斐尔所设计的别墅的深刻影响,马丘卡在方形的宫殿体块中围合出壮丽的圆形庭院,其直径为30.5m(100ft),周围是叠置的多立克和爱奥尼亚式柱廊。除中央开间采用立在高台座之上成对的带凹槽的半柱以外,上层虽然也使用了成对的柱子,但改换为爱奥尼式的半柱,每一层的窗户顶部都饰有圆形镶板。单独来看,庭院和立面的设计都相当出色,然而交接处的使用却很不方便,只能容纳狭窄的楼梯和室内空间。

托莱多的圣施洗约翰郊外医院(Afuera Hospital of San Juan Bautista at Toledo, 1542—1578,见[1014]页图B)由巴特洛梅·德布斯塔曼特(Bartolome de Bustamante, 1499/1501—1570)设计。布斯塔曼特是其主顾、红衣主教塔韦拉(Cardinal Tavera)的司祭兼秘书。这个设计是意大利式的,从立面和庭院的设计中都可看出受到了塞巴斯蒂亚诺·塞里奥(1475—1554)出版的建筑作品集的影响。严谨的矩形立面的下面两层采用了平整的粗石饰面,与高耸的饰有突出隅石的第三层立面和饰有楔石的窗户形成强烈对比。但是,中央入口采用了典型的西班牙式手法,入口向上贯通整个三层立面。内部设置了两座优雅的、带有叠置多立克和爱奥尼柱式连拱廊的庭院(1547—1548),充分体现身份显贵的主顾对意大利风格的喜好。

格拉纳达大教堂(Granada Cathedral, 1528—1563,见[1015]页图A、图B)由迭戈·德西洛(Diego de Siloe,约1495—1563)设计。这座教堂是西班牙南部地区最雄伟的具有文艺复兴风格的教堂之一,也是银匠式风格的范例。宽敞的中堂尽头是一个半圆形的后堂,并带有回廊和放射形布置的小礼拜堂,它使人们对置放在高高的祭坛之上的圣体产生敬慕之情。查理五世认为德西洛的意大利风格式的设计应该与已经建成的哥特式**皇家礼拜堂**(Capilla Real, 1504—1521)的风格相协调。穿过整个教堂华丽的用熟铁制作的围栏(creja),就是安放费迪南德和伊莎贝尔陵寝的礼拜堂。立面上巨大的凹入开间以西洛的设计为基础,而其装饰与阿洛索·卡诺(Alonso Cano)在巴洛克时期的设计完美地结合在一起。

哈恩大教堂(Jaén Cathedral, 1546年始建,见[1015]页图C)由安德烈斯·万代尔维拉(Andrés Vandelvira, 1509—1575)设计,他是迭戈·德西洛的学生和助手。哈恩大教堂与格兰纳达大教堂同属敞厅式教堂,但以塞维利亚大教堂(Seville Cathedral)为范型的矩形东端规模更小,也更简洁。与巴塞罗那大教堂(Barcelona Cathedral)一样,其中堂两侧是小礼拜室。壮观的巴洛克式立面(1667—1686)由欧弗拉西奥·洛佩斯·德罗哈斯(Eufrasio Lopez de Rojas)设计,其两侧设有高塔,顶层凹入,模仿了罗马圣彼得大教堂的西立面。

托莱多堡(Alcázar at Toledo, 1537—1553,见[1016]页图Ⓐ)是一座掺杂了摩尔式和哥特式特征的中世纪城堡,阿洛索·德科瓦鲁维亚斯(Alonso Covarrubias, 1488—1570)曾经奉查理五世之命对其进行改建。它是阿洛索的代表作,但是在国内战争(Civil War, 1936—1939)时期遭到了严重的破坏。为了取得引人注目的装饰效果,与通常的古典设计正好相反,他在顶层使用了粗面石饰,并在顶部增加了屋顶栏杆,而下面几层的龛式窗则反衬出墙面的朴素。中央入口的侧面采用了爱奥尼柱式,而顶部则是饰有查理五世纹章的门头。入口通向宽敞的、带有叠置科林斯柱式的内院。

位于马德里近郊的**埃斯科里亚尔隐修院**(Escorial, 1562—1582,见[1017]页图Ⓐ和[1020]页图A)最初

第30章 法国、西班牙和葡萄牙建筑

图 A　萨拉曼卡大学立面(1514—1529)，见[1011]页

图 B　塞维利亚市政厅(1527—1564)，见[1012]页

图 C　埃纳雷斯堡大学立面(1537—1553)，见[1012]页

第五编　文艺复兴时期和后文艺复兴时期的欧洲建筑及俄罗斯建筑

图 A　格拉纳达的查理五世皇宫中心庭院(1527—1568)，见[1012]页

图 B　托莱多的圣施洗约翰郊外医院(1542—1578)，见[1012]页

第30章 法国、西班牙和葡萄牙建筑

图A 格拉纳达大教堂室内西侧(1528—1563),见[1012]页

图B 格拉纳达大教堂立面(1667—1703)

图C 哈恩大教堂立面(1667—1686),见[1012]页

图D 巴利亚多利德大教堂立面(下部约于1585年始建,上部建于1729~1733年),见[1018]页

第五编　文艺复兴时期和后文艺复兴时期的欧洲建筑及俄罗斯建筑

Ⓐ 托莱多阿尔卡萨宫北立面中心部分；Ⓑ 阿维拉的波伦蒂诺宫庭院

第30章 法国、西班牙和葡萄牙建筑

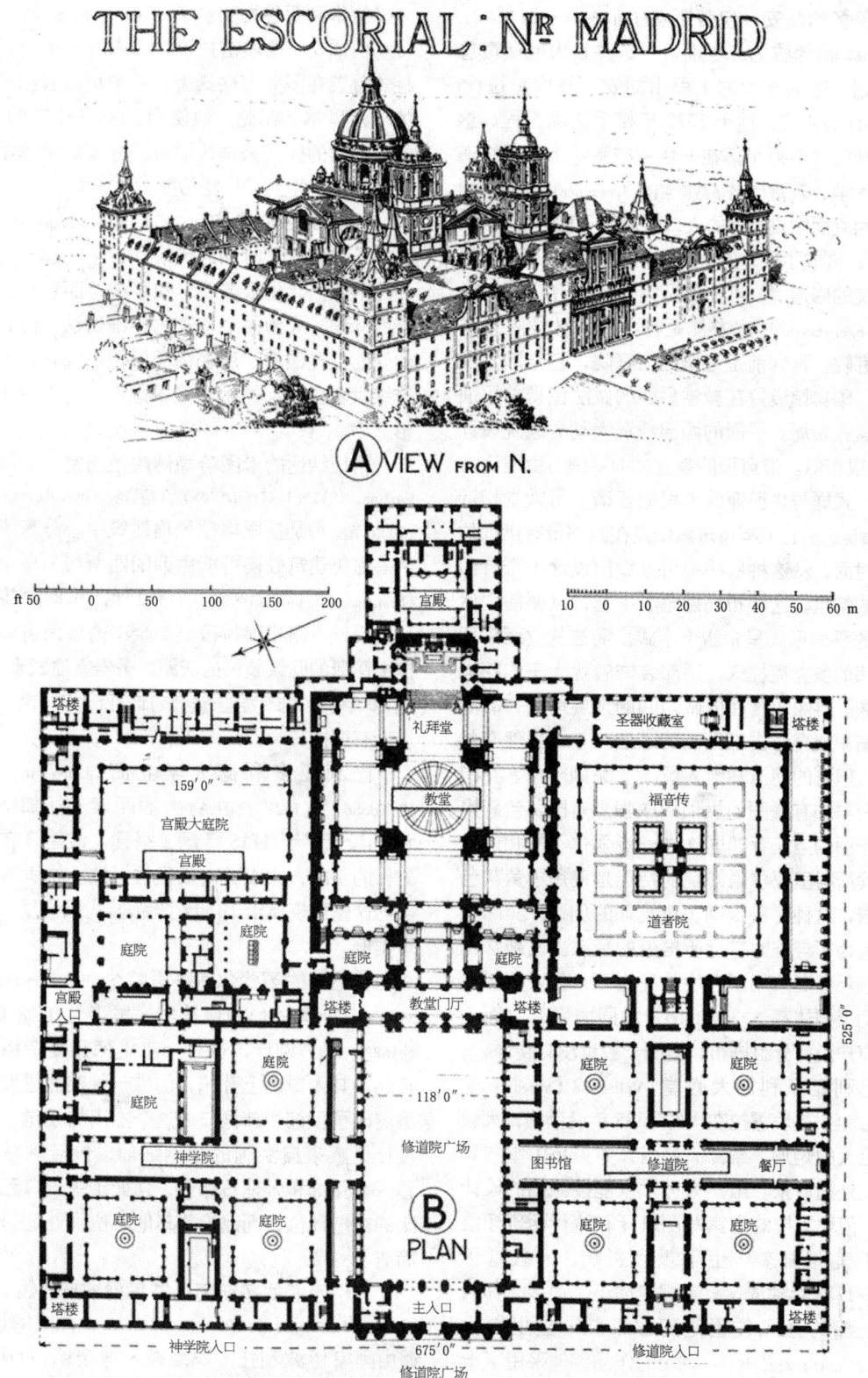

马德里近郊的埃斯科里亚尔隐修院(THE ESCORIAL: NR MADRID): Ⓐ 北向视图;Ⓑ 平面图

第五编 文艺复兴时期和后文艺复兴时期的欧洲建筑及俄罗斯建筑

由托莱多的胡安·包蒂斯塔(Juan Bautista de Toledo,卒于1567年)为腓力二世而设计,并且由他负责总体规划。这项庞大的工程由胡安·德埃雷拉(约1530—1597)完成,他于1572年接手这项工程。这个简朴的建筑群坐落在一块荒凉基地上,由修道院、大学、教堂(献给圣洛伦索(S. Lawrence))和宫殿组成。西立面中央雄伟的入口通向国王院(Patio de los Reyes),构成了教堂的中庭。向右转是带四个连拱廊内院的修道院,再往前是福音传道者院(Patio de los Evangelistas)。中庭左侧是神学院,神学院也有四座庭院。再向前是宫殿的大庭院,它与国宾馆相连,国宾馆设置在教堂后面的做法使得总平面成棋盘式布局。平面的西部与意大利的医院设计(1456)很相似。带穹顶的教堂(1574—1582)由埃雷拉设计,式样与热那亚的卡里尼亚诺圣母教堂相近(参见有关章节),但唱诗班歌坛设在西端带有拱顶的前厅对面,从这种做法中可以看出设计中带有西班牙的特点。这种布局缩短了中堂,以便使主体建筑的平面形式呈希腊十字式。简洁的立面采用了宏伟的多立克柱式,顶部装饰着犹大王的花岗石雕像。雕像放置在微微内凹的顶层前面,雕像间的窗户照亮了内部升高的歌坛。室内虽然有些阴森,但它的简洁却给人留下了深刻印象。花岗石墙面与饰有壁画的拱顶形成强烈对比,色彩素净而华丽的圣坛背部屏饰进一步强化了柔和的效果。埃斯科里亚尔隐修院的特点是采用了黄灰色花岗岩,这种材料限制了建筑师的创造,实际上可能是为了与腓力二世所推崇的禁欲主义趣味相一致。外立面采用了大块的花岗石,整块石料做成的门上檐枋高达3m(10ft)。如同城堡的立面一样,窗户没有分组排布,窗洞一般也没有装饰。

巴利亚多利德大教堂(Valladolid Cathedral,见[1015]页图D)是埃雷拉在大约1585年设计的,大教堂呈巨大的矩形,角部有高塔,中央是中堂与翼部相交处的穹顶。虽然大教堂未能按原始的设计建造,但埃雷拉的方案对西班牙和流行西班牙语的拉丁美洲国家产生了重大影响。大教堂于1729~1733年建成,只是规模缩小了很多。其西立面上部的通风装置是阿尔韦托·丘里格拉(Alberto Churriguera, 1676—1750)的作品。他采用了十足的巴洛克风格,以使埃雷拉设计的外表凝重的下部通风装置变得富于生气,并且巧妙地避开了与丘里格拉家族错综复杂的关系。

塞维利亚谷物交易所(Casa Lonja, Seville, 1583—1598)由胡安·德埃雷拉设计,内院拱廊将爱奥尼柱式叠置在多立克柱式上,从中可以看出设计师的个人风格。在此,他使用了罗马建筑的方式,即用连续的柱式来框住拱券。冷漠的学院派风格在当时已经得到了广泛传播。

莱昂的古斯曼宫(Casa de los Guzmanes, Léon,约1560)是古典主义时期的代表作,它对建筑元素的使用很谨慎,也很节制。角亭成为西班牙建筑独特的标记,成为住宅建筑的标准做法。柱式门廊的侧面设置雕像,用铁格栅保护小窗户,上部的连续拱廊在深远的挑檐笼罩之下,处于浓重的阴影之中。

格拉纳达的卡图哈隐修院圣器室(Sacristy of La Cartuja, 1713—1747,卡尔特教会隐修院(Granada house),见[1020]页图B)是丘里格拉风格建筑中十分奢华的实例。这座建筑最初可能由弗朗西斯科·乌尔塔多(Francisco Hurtado, 1669—1725)设计,其室内装修由后人设计。窗户建得很高,余下的墙面可以随意抹上怪诞的回纹装饰的灰泥。圣器室建成于18世纪40年代,饰有绘画壁板、嵌花门和橱柜,墙面上设有壁柱。

巴利亚多利德大学立面(University facade, Valladolid,见[1021]页图A)由纳西索·托梅(Narciso Tomé)设计,于1715年动工兴建。该建筑有一座雄伟的正门,饰以成对的巨柱,柱上饰满雕刻细部。这座建筑属于18世纪初银匠式风格复兴的一个实例。

马德里的圣费尔南多医院(S. Fernando Hospital, Madrid, 1722年始建)由佩德罗·里韦拉(Pedro Ribera,约1683—1742)设计,也有一座雄伟且复杂精细的正门。其入口向上升起,仿佛一种突然迸发的气势突破了顶部中部檐口。这个杰出的视觉中心的设计灵感来自法国的雕刻细部,包括悬垂的帷幕、垂花饰和大理石裸童,强调了主入口无与伦比的突出地位,而建筑的其他部位则处理得异常简洁。

巴伦西亚的多斯阿瓜斯侯爵府邸(Palace of the Marqués de Dos Aguas, Valencia, 1740—1744,见[1020]页图C)由画家伊波利托·罗维拉·博康德尔(Hipólito Rovira Bocandel)设计,其灵感源于法国的盛期洛可可风格。这个建筑的突出特点是采用了雪花石门框,由伊格纳西奥·贝尔加拉(Ignacio Vergara)设

第30章　法国、西班牙和葡萄牙建筑

计。它有一对米开朗琪罗式的塑像，象征着巴伦西亚的两条河流。塑像之间饰满了植物和动物图案。

位于塞哥维亚近郊的**拉格兰哈离宫**(Royal Palace, La Granja, near Segovia, 1719—1739, 见[1021]页图B)，最初由特奥多罗·阿尔代曼斯(Teodoro Ardemans)设计，后来由意大利建筑师安德烈亚·普罗卡奇尼(Andrea Procaccini, 1671—1734)和森普罗尼昂·苏比萨蒂(Sempronion Subisati, 约1680—1758)扩建，设计了北院和南院。花园立面中央的巨型科林斯柱式是乔瓦尼·巴蒂斯塔·萨凯蒂(Giovanni Battista Sacchetti)按照菲利波·尤瓦拉(1678—1736)的设计建造的。精美的花园则是勒内·卡利耶(René Carlier)在1727～1743年的作品，它为这座雄伟的意大利风格的建筑增添了法国情调。

马德里皇宫(Royal Palace, Madrid, 1738—1764, 见[1022]页图A)最初在1735年由腓力五世(Philip V)委托尤瓦拉设计，他设计了一座带有三个庭院的建筑群。尤瓦拉去世后，由萨凯蒂继任建造了一座只有一个庭院的宫殿，他以贝尔尼尼设计的卢浮宫作为范本。最终这座建筑完全采用了意大利巴洛克风格，但是也带有新古典主义的精神。

文图拉·罗德里格斯(1717—1785)出生在西班牙，是一位带有新古典主义思想倾向的建筑师。他的代表作是1761年设计的马德里的**圣方济各大教堂**(S. Francisco el Grande, Madrid)，但是未能建成。与罗马圣彼得大教堂相似，他也在高大的转角塔楼之间设计了一个带山花的门廊，并在整个建筑之上升起一个拔高的米开朗琪罗式穹顶。方案中的一些构思也出现在罗德里格斯于1783年设计的**潘普洛纳大教堂**(Pamplona Cathedral)的立面中。圣方济各大教堂以古代罗马和盛期文艺复兴风格为范式，由于雄伟的四柱科林斯式门廊的统率作用，使得这个严谨的作品取得了异常壮观的效果，并且宽广的列柱间形成的深浓阴影的对比效果给人一种浪漫而又引人遐想的感觉。

萨拉戈萨的**圆柱大教堂**(El Pilar Cathedral, Saragossa, 见[1020]页图D)最初由菲莱佩·桑切斯(Filepe Sánchez)在1675年左右设计。1680年，小弗朗西斯科·德埃雷拉(Francisco de Herrera the younger, 1622—1683)进一步发展了桑切斯的对称方案。平面

是带侧堂的矩形巴西利卡，其角部塔楼模仿了胡安·德埃雷拉于1585年左右在巴利亚多利德建造的工程。到1685年弗朗西斯科去世时，这项工程尚未完工，后人改变了他的设计构思，尤其是室内布局方面。1750年，文图拉·罗德里格斯对它进行了改造。带有穹顶的、引人注目的立面也完全是后来建筑师的手笔。

马德里的**普拉多博物馆**(Prado, Madrid, 1785—1787)是西班牙18世纪第二位伟大的建筑师胡安·德比利亚努埃瓦(1739—1811)的作品。他设计的第一个极尽奢华的工程是将自然历史博物馆和科学神殿组合在一起，目的是为学术界提供场所，但在最终的更为朴实的方案中，他放弃了这个想法。中间的建筑通过伸展的两翼与两个巨大的亭子相连。这个建筑的特点是采取有节制的装饰及列柱式和拱廊。在费迪南德七世(Ferdinand VII)时期，普拉多博物馆被改造为画廊。

葡萄牙

托马尔基督修道院大回廊(Great Cloister of the Convent of Christ Tomar, 1557年始建，见[1022]页图B)是迭戈·德托拉尔瓦(Diego de Torralva, 1500—1566)的作品，他是16世纪葡萄牙最杰出的古典主义建筑师之一。这座建筑与意大利的范型相一致，具有雕塑感的柱子和大小开间有韵律地交替排列，使人联想到布拉曼特设计的罗马观景楼庭院(参见有关章节)。塞里奥式风格的顶楼反映出托拉尔瓦熟谙帕拉第奥设计的维琴察巴西利卡(参见有关章节)，或许更有可能的是，他熟读塞里奥的建筑论著(1537年首次出版)。

加亚新城圆形教堂❶由若昂·洛佩斯(João Lopes)和热罗尼莫·路易斯(Jeronimo Luis)设计，不同寻常之处是将圆形教堂和一个圆形回廊组合在一起。多立克柱式回廊可能模仿了佩德罗·马丘卡在格拉纳达为查理五世建造的庭院。

里斯本的**圣母神圣意志教堂**(S. Maria da Divina Providencia, Lisbon, 17世纪中叶，毁于1755年)是意大利建筑师瓜里诺·瓜里尼的作品。平面呈纵向布局，整个设计由相互连接的椭圆形空间组成，丁岑霍

---

❶ Church of the Serra do Pilar, Vila Nova de Gaia, 1576～1583年；音译为赛拉多皮拉教堂，今从意译。——译者注

第五编 文艺复兴时期和后文艺复兴时期的欧洲建筑及俄罗斯建筑

图 A 马德里近郊的埃斯科里亚尔隐修院教堂立面(1574—1582)，见[1012]页

图 B 格拉纳达的卡图哈隐修院圣器室(1713—1747)，见[1018]页

图 C 巴伦西亚的多斯阿瓜斯侯爵府邸(1740—1744)，见[1018]页

图 D 萨拉戈萨的圆柱大教堂(约1675—1766)，见[1019]页

第30章 法国、西班牙和葡萄牙建筑

图 A 巴利亚多利德大学立面(1715年始建),见[1018]页

图 B 拉格兰哈离宫面向花园的立面(1735—1739),见[1019]页

第五编　文艺复兴时期和后文艺复兴时期的欧洲建筑及俄罗斯建筑

图A　马德里皇宫立面(1738—1764)，见[1019]页

图B　托马尔基督会的女隐修院大回廊(1557年始建)，见[1019]页

图C　马夫拉的巴西利卡和民族宫(1717—1730)，见[1025]页

第30章 法国、西班牙和葡萄牙建筑

波尔图的圣方济各教堂,见[1025]页

第五编　文艺复兴时期和后文艺复兴时期的欧洲建筑及俄罗斯建筑

图 A　波尔图的教士圣彼得教堂(1732—1750)，见[1025]页

图 B　里斯本附近的克卢什民族宫(1747—1760)，见[1025]页

图 C　布拉加附近山上的邦热苏斯朝圣教堂(1784年起重建)，见[1025]页

第30章 法国、西班牙和葡萄牙建筑

费尔(Dientzenhofers)和诺依曼在中欧的作品就受其影响。瓜里尼还使用了被他称为"最完美的"柱式：像扭转的麦芽糖似的组合柱式和壁柱，其顶部是以波浪形为主题的檐部。这种柱式对18世纪西班牙和葡萄牙的巴洛克风格产生了深远影响。

马夫拉的巴西利卡和民族宫(Basilica and Palácio Nacional, Mafra, 1717—1730, 见[1022]页图C)由德国出生的建筑师若昂·弗雷德里科·卢多维塞(1670—1752)设计。为了表示对其继承人诞生的感恩，国王若昂五世(King João V)修建了这座建筑。在平面和功能上，这个庞大的建筑群与埃斯科里亚尔隐修院很相似(参见有关章节)，即宫殿与女隐修院和教堂混合在一起。以居中布置的教堂来统率立面，这与纳沃那广场上的圣阿涅塞教堂很相似(参见有关章节)，而角亭的设计灵感则源于德国。这个建筑群的显著特点是其建筑装饰相当简洁，这与纳索尼的作品成为鲜明对照。

波尔图的**圣方济各教堂**(Church of S. Francisco, Oporto, 见[1023]页)是一座中世纪晚期风格的教堂。其洞穴似的内部空间颇具特色，表面全部装饰着18世纪奢华的、带有雕刻并且涂成金色的木装修。这种表面处理方式就是著名的"缆索状雕饰"(talha)，是一种典型的葡萄牙装饰风格。

波尔图的**教士圣彼得教堂**(Church of S. Pedro dos Clérigos, Oporto, 1732—1750, 见[1024]页图A)由尼科洛·纳索尼(卒于1773年)设计，这位托斯卡纳建筑师曾经在罗马和意大利南部地区工作过。这座教堂熟练地模仿了意大利17世纪的巴洛克风格。由于基地的苛刻条件，平面不可思议地加以缩小，合并了一个椭圆形的中堂。人们从两侧进入教堂，而不是通过立面上雄伟的装饰丰富的大门，正立面只是一片实墙。陡然升起的塔楼高达76m(250ft)，是巴洛克风格的杰出代表作(tour de force)。立面处理集中在圆形的转角，赋予建筑强烈的垂直感。

雷阿尔城的**马特乌斯宫**(Palácio de Mateus, Vila Real, 18世纪中叶)由尼科洛·纳索尼设计，他将意大利台地式别墅的手法传入了葡萄牙。入口升高的五开间主立面的侧面是硕长的两翼。通过一个双跑楼梯可以到达大门，严谨的侧翼有意与布满装饰且呈曲线的主立面形成对比。在这个建筑中，檐枋凸出以便为壳顶让出地方，从屋顶栏杆上可以看出其相互关系。

里斯本附近的**克卢什的民族宫**(Palácio Nacional, Queluz, 见[1024]页图B)原先是由葡萄牙建筑师马特乌斯·文森特·德奥利韦拉❶建造，但最终由法国建筑师罗比永(J. B. Robillion, 卒于1768年)完成。这是一座精美的洛可可风格的乡村府邸，是典型的精心设计的"乡间宅邸"的一个实例。壮丽的花园也是罗比永的作品，其中包括一条用蓝色彩瓷砖饰面的水渠。这种手法源于摩尔人，但是采用了传统色彩的花砖和葡萄牙风格的装饰。

布拉加附近山上的**邦热苏斯**(Bom Jesus do Monte, 见[1024]页图C)朝圣教堂由卡洛斯·路易斯·费雷拉·达克鲁斯·阿马兰特(Carlos Luis Ferreira da Cruz Amarante, 生于1748年)设计，从1784年开始采用新帕拉第奥风格进行重建。这座教堂建造在华丽的花园之中，位于一座陡峭且抬高的礼仪用的花岗岩台阶(1723)的前面，装饰着喷泉和雕塑。这些雕塑似乎是阿莱雅迪尼奥(Aleijadinho)在巴西殖民地孔戈尼亚斯-杜坎普(Congonhas do Campo)所设计的先知塑像的原型。

---

❶ Mateus Vicente de Oliviera, 1710~1768年；Oliviera应为Oliveira之误。——译者注

文艺复兴时期和后文艺复兴时期的欧洲建筑及俄罗斯建筑

第31章
奥地利、德国和中欧建筑

建筑特征

中欧建筑风格的多样化发展大致可以划分为以下四个时期。

文艺复兴时期：约1470～1610年。
巴洛克早期：约1610～1680年。
巴洛克盛期：约1680～1750年。
新古典主义时期：约1750～1830年。

匈牙利最早出现的文艺复兴风格建筑是为马提亚·科维努斯(Matthias Corvinus, 1458～1490年在位)设计的宫廷建筑。马提亚一世聘请博洛尼亚建筑师阿里斯托泰莱·菲奥拉万蒂(Aristotele Fioravanti)设计防御工事，聘请佛罗伦萨建筑师基门蒂·卡米恰(Chimenti Camicia)在布达建造城堡(1480年始建)，这座城堡如今仅剩下一些残垣断壁。16世纪初，在布拉格和克拉科夫建造的亚盖沃王朝(Jagellonian court)的宫廷建筑也带有典型的佛罗伦萨早期文艺复兴风格，这些建筑分别由贝内迪克特·里德(Benedikt Ried, 1454—1534)和意大利建筑师设计。他们对16世纪波兰、波希米亚地区和摩拉维亚地区的宫廷建筑和贵族建筑产生了决定性的影响。这一时期反复出现的建筑特征有：覆以帆拱和布鲁内莱斯基式穹顶的小礼拜堂，设有四座塔楼的城堡，带连拱廊的庭院，以及不带横档的竖向直棂窗等；女儿墙檐枋和山墙形式也广泛应用在当地的建筑中。

在1519年左右，德国和奥地利的本土建筑师开始将文艺复兴风格的元素大量应用在哥特建筑上。而德国和奥地利的建筑师与意大利诸贸易中心的建筑师，尤其是与威尼斯的建筑师接触，促使一批像奥格斯堡的富格尔礼拜堂(Fuggerkapelle at Augsburg, 1510—1512)这样的建筑实例出现。奥地利的哈布斯堡王朝延续了聘请意大利建筑师的传统，在布拉格建造了一座非凡的行宫——观景楼(1534—1563)。这座行宫由保罗·德拉·斯泰拉(Paolo della Stella)设计，其后由博尼法斯·沃尔穆特(Bonifaz Wohlmut, 约卒于1579年)接替，他是一位真正精通柱式的文艺复兴盛期建筑师。巴伐利亚公爵路德维希十世(Duke Ludwig X)也聘请意大利工匠在兰茨胡特(Landshut)建造官邸(Stadtresidenz, 1537—1543)，博洛尼亚建筑师亚历山德罗·帕斯夸列尼在于利希(Jülich)设计了官邸(1548—约1571)。与此相反，除了文艺复兴风格的宫廷建筑，在16世纪和17世纪初，尤其是从不伦瑞克(Brunswick)到格但斯克(Gdansk)的北部平原地区，以荷兰建筑风格占优势地位，并且将佛兰德斯范型中的装饰用在高耸的阶式山墙上。慕尼黑的圣米迦勒耶稣教堂(Jesuit church of S. Michael, Munich, 1583—1597)是当时第一座大规模按罗马式样建造的基督教建筑。

在17世纪初的奥格斯堡，埃利亚斯·霍尔(Elias Holl, 1573—1646)引领了一种更为严谨的文艺复兴风格，这种风格吸取了16世纪末罗马建筑词汇。萨尔茨堡大教堂(Cathedral at Salzburg, 1614)也带有这种更具古典主义风格的倾向，但它成了"三十年战争"(1648年结束)的牺牲品。在漫长的复苏期，意大利和法国建筑师设计的最重要的建筑都在维也纳和布拉格。

1680～1729年，随着奥地利的约翰·伯恩哈德·菲舍尔·冯·埃尔拉赫(1656—1723)、雅各布·普兰德托尔(Jakob Prandtauer, 1660—1726)和约翰·卢卡斯·冯·希尔德布兰特(1663—1745)，以及波西米亚和法兰克尼亚❶的丁岑霍费尔家族的设计作品的出现，巴洛克风格在中欧国家盛行起来。冯·埃尔拉赫带回了他在罗马生活期间的体验，不仅包括古代建筑和当时的建筑，还包括幻想画所表现出来的新技术。他本人设计的建筑具有高度的折中主义风格，但似乎缺少统一性。瓜里诺·瓜里尼曾于1679年住在布拉格，他的作品对中欧成熟期巴洛克风格中的复杂空间效果和起

---

❶ Franconia；中世纪早期德意志五大支系公国之一。——译者注

第31章 奥地利、德国和中欧建筑

伏的外表产生了十分重要的影响(参见有关章节)。这种影响在约翰·卢卡斯·冯·希尔德布兰特的作品中也很明显，冯·希尔德布兰特曾在皮埃蒙特担任过军用建筑工程师。丁岑霍费尔兄弟将他们的思想传播到了法兰克尼亚和巴伐利亚北部地区，而马托伊斯·达尼埃尔·珀佩尔曼(1662—1736)将他在维也纳、布拉格，以及巴黎和意大利的研究成果带到萨克森选帝侯奥古斯特的宫廷里。如同在约翰·布莱修斯·圣蒂尼·艾歇尔(Johann Blasius Santini Aichel, 1667—1723)的作品中所表现的一样，他试图将巴洛克的古典风格与中欧哥特式风格的传统融合在一起。艾歇尔是一位出生在布拉格、有着意大利血统的波希米亚人，他的巴洛克风格的设计灵感源于博罗米尼和瓜里尼。但是他重大的成就是将复杂的巴洛克平面与哥特式的外在形式和内部细节结合在一起。

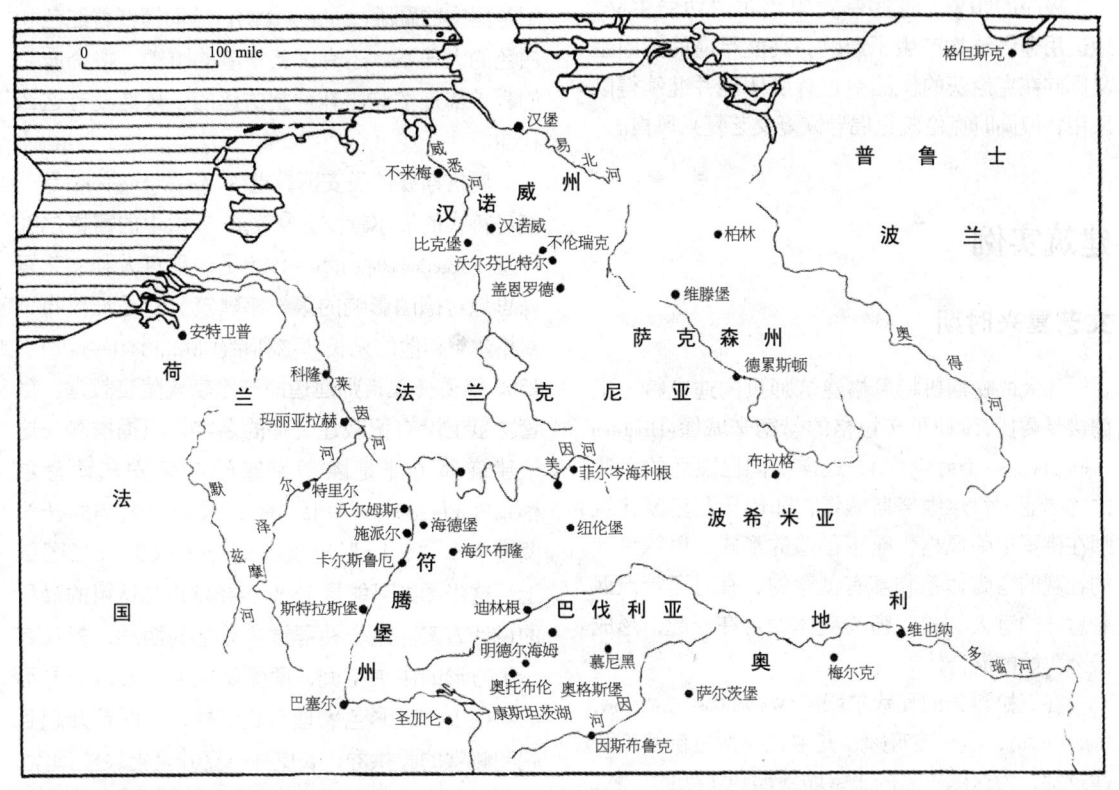

文艺复兴时期的中欧国家

大约从1720年起，洛可可装饰风格从法国传入，开始淡化晚期巴洛克风格的影响。这个时期的主要建筑师有巴尔塔扎·诺伊曼(1687—1753)，以及维尔茨堡府邸的设计者，即来自法兰克尼亚菲尔岑海利根(Vierzehnheiligen in Franconia)的建筑师约翰·米夏埃尔·菲舍尔(Johann Michael Fischer, 1692—1766)和阿萨姆兄弟——考斯马斯·代米安·阿萨姆(Cosmas Damian Asam, 1686—1739)和埃吉德·奎林·阿萨姆(Egid Quirin Asam, 1692—1750)。德国南部地区的洛可可风格教堂的室内装饰达到了极度丰富的程度，而在欧洲其他地区则看不到这种现象。这要得益于画家们令人称奇的"错视画"效果，如约翰·巴普蒂斯特·齐默尔曼、约翰·齐克(Johann Zick)、贾纽埃里厄斯·齐克(Januarius Zick)和弗朗茨·安东·毛尔贝奇(Franz Anton Maulbertsch)。

新古典主义最早在受斯坦尼斯拉斯奥古斯特(Stanislas Augustus)统治的普鲁士和波兰流行，表现在腓特烈大帝(Frederick the Great)时期建造的那些折中主义建筑中，其后则流行于玛丽亚·特蕾西亚统治的奥地利。卡尔·戈特哈德·朗汉斯(Carl Gotthard Langhans)设计的柏林勃兰登堡门(Brandenburg Gate)展示了新古典主义风格的希腊复兴元素，并在弗里德里希·吉利(Friedrich Gilly, 1772—1800)、卡尔·弗里德里希·申克尔(1781—1841)和莱奥·冯·克伦茨(Leo von Klenze, 1784—1864)的作品中发挥了极为重要的作用。弗莱德里希·吉利夸张的设计,例如腓特烈大帝纪念碑(the monument to Frederick the Great),对德国及其他地区产生了巨大影响。吉利的学生申克尔是德国19世纪最重要的建筑师,他凭借新希腊风格、"圆拱式"❶和哥特风格,为其设计的不同类型的建筑创造出相应的形式。他深受迪朗的影响,同时,申克尔于1826年在大不列颠游历时所看到的英格兰和苏格兰建筑的绘画性以及工艺革命所产生的铁结构也给他留下了极深的印象,这些都对申克尔"功能主义"地运用金属结构产生了影响。高度严谨的折中主义倾向在克伦茨的作品中也有所体现并继续得以采用,但同时克伦茨也倡导恢复文艺复兴风格。

建筑实例

文艺复兴时期

伟大的晚期哥特风格建筑师贝内迪克特·里德接受委托,设计了布拉格的**赫德辛城堡**(Hradshin Castle, Prague, 1493—1510),式样如同已毁坏的布达的马提亚·科尔维努斯城堡,即匈牙利皇家建筑师在佛罗伦萨风格影响下创造的形式。里德设计的壮观的穹窿体系和富有创意的、有时还带点讽刺意味的意大利式门窗的变体融合在一起,形成极为美妙的混合体。

在克拉科夫的**瓦威尔城堡**(Wawel Castle, Cracow, 1502—1550),一些建筑师,其中包括两位佛罗伦萨建筑师,为这座古老的王室城堡增建了新的一翼,附建的文艺复兴式拱廊使新旧两部分在内庭院周围得以统一。这种形式的拱廊在意大利以外的地区尚属首例。在较低的两个楼层,有柱子支撑着半圆形的拱券,这是真正的佛罗伦萨风格,而那些以回纹饰带所截断的拉长的上层柱子的柱身则显得非常特别。

埃斯泰尔戈姆的**拜克兹礼拜堂**(Bakócz Chapel, Esztergom, 1506年始建,后重建)是第一座按照意大利模式在东欧建造的带穹顶的小礼拜堂。这座名副其实的佛罗伦萨建筑装饰有红色的大理石,其建筑师已不得而知,但祭坛是来自菲埃索莱的安德烈亚·费鲁奇(Andrea Ferrucci)1519年的作品。

克拉科夫瓦威尔大教堂的**西格蒙德礼拜堂**(Sigismund Chapel, Wawel Cathedral, Cracow, 1517—1538)是波兰国王西格蒙德一世(Sigismund I)的陵寝教堂。它由佛罗伦萨建筑师巴尔托洛梅奥·贝雷齐(Bartolommeo Berrecci)设计,是布鲁内莱斯基设计的旧圣器室的翻版(参见有关章节)。墙面镶嵌着红色和白色的大理石,还有工艺精湛的雕塑。整个波兰的教堂都是按这座礼拜堂仿建的,只是没有这么壮丽。

奥格斯堡的**圣安娜教堂**(S. Anna, Augsburg)是一座哥特式的加尔默罗会❷教堂,教堂中的**富格尔礼拜堂**(Fuggerkapelle, 1510—1512)是体现意大利文艺复兴思想对德国影响的第一座建筑。它是雅科布·富格尔❸和他的兄长乌尔利希(Ulrich, 1441—1510)于1509年委托建筑师建造的一座家族陵寝教堂。尽管文献上没有记载建筑师的名字,但据推测,这位建筑师可能是雕塑家塞巴斯蒂安·勒舍尔(Sebastian Loscher, 卒于1548年),因为他名字的开头两个字母"S.L."出现在留存下来的一张图纸上,这张图纸可能是1509年经富格尔认可的最早的设计方案。这个礼拜堂在教堂的西端,教堂有一个方形的中央空间,两侧是侧堂。入口处方形的支柱上饰以彩色大理石长壁柱,上面是升起且朝向侧堂的圆拱券,长壁柱一直升至上层柱顶盘,支撑起高耸的入口拱券。圆拱券的连续使用以及其他细部,例如端墙上的圆窗,赋予了礼拜堂文艺复兴的特征。不过拱顶上覆了一层网状的哥特式拱肋,造成了一种不稳定的对比。具有小型托斯卡纳式柱的入口栏杆,与威尼斯的德国人货栈(Fondaco dei Tedeschi at Venice)西立面上的栏杆类似。这个由富格尔家族建立的货栈可能是意大利思想进入德国的一个重要途径。

勒舍尔可能也参与了位于奥格斯堡葡萄酒市场的**雅科布·富格尔府邸**(Fuggerhäuser in the Weinmarkt,

---

❶ Rundbogenstil;带有早期文艺复兴风格的、有半圆拱的罗马风建筑。——译者注
❷ Carmelite;加尔默罗会,是中世纪天主教四大托钵修会之一。——译者注
❸ Jakob Fugger, 1459~1525年;又名雅科布第二,是15~16世纪统治欧洲工商业的德国商业和银行业王朝——富格尔家族的成员。——译者注

1512—1515)的设计。这座府邸水平向的严谨立面因为有绘画装饰以及从檐部升起的塔楼而显得十分生动。通向淑女院(Damenhof)的入口大厅中,矮胖的爱奥尼式柱支撑着圆拱和无拱肋的交叉拱顶。不过,最具意大利风格的当属淑女院本身,尽管平面不太规则,但却有一个精致的圆拱廊,支撑在纤细而又具有优美比例的托斯卡纳式柱子上。

雷根斯堡新教区教堂(Neupfarrkirche, 1519—1540)是奥格斯堡建筑师汉斯·希贝尔(Hans Hieber,卒于1522年)的作品,这是一座朝圣教堂,奉献给"美丽的圣母"(Zur schönen Maria)。不过这个名称在1549年教堂皈依路德教派之后就废除了。尽管教堂直到1860年才最终建成,其主要部分都与希贝尔在1519～1520年的木模型相吻合。这是在德国此类教堂中保存下来的最早的一座。它之所以与众不同,是因为整个教堂都高耸在基座上,其平面由一个六边形的中堂,一个矩形的唱诗班歌坛,以及设在东端的半圆形内殿房构成。这种将形式有序排列的做法应属文艺复兴风格,但其中还有哥特式元素,比如尖顶式飞扶壁柱和经过设计的一系列玫瑰窗,因此这座建筑是一件转型期的作品。

位于爱奥戈的哈滕费尔斯堡的约翰·弗里德里希宫(Johann-Friedrichs-Bau at Schloss Hartenfels, Torgau, 1533—1536)是为萨克森的选帝侯约翰·弗里德里希斯所建,由出生在黑森的建筑师康拉德·克雷布斯(Konrad Krebs, 1492—1540)设计。在这幢矩形建筑朝向庭院的立面上,一座位于中央的雄伟的开敞式楼梯塔统率全局。这座塔楼采用马蹄形平面,由正方形的基座上升起,向上直到高处凸面山墙处结束。两侧曾有过四片横向山墙,与塔楼取得均衡,可惜现已不复存在。围绕拱券周围连续的装饰线脚及其丰富的阿拉伯式蔓藤花饰使塔楼显得轻巧流畅,而一排排由档板遮住的窗子和二层长阳台又与塔楼的竖向感相映。立面左首的瞭望塔(Wächterturm, 1535)在两个层面上都有异常精美的敞廊。

海尔布隆市政厅(Rathaus, Heilbronn, 1535—1596,已遭严重破坏,见[1030]页图A)是一幢基本上属于哥特风格的引人注目的建筑。它那由粗短柱式构成的拱廊围合起一个市场,而侧面的台阶却通往贵族层。中央镶板上饰有黄道十二宫,屋檐上面有一口带人像和铃铛的大钟。陡峭的屋面上有三层小小的老虎窗,顶端是个开敞的塔楼。

波兹南市政厅(Poznan Town Hall, 1550—1560)是一幢三层楼的哥特式建筑,上面有带高高的女儿墙的檐梁式拱廊,还有几座塔楼和钟塔。来自卢加诺湖(Lake Lugano)的乔瓦尼·巴蒂斯塔·夸德罗(Giovanni Battista Quadro)为这幢建筑重新设计了立面。转角塔楼的线条一直延伸到立面两端。三楼上尺度较小的拱廊的双重韵律感源自塞利奥的一幅版画,画面上描绘了一处已消逝的罗马建筑——"巴尔比教堂地下墓室"(Crypta Balbi),半圆形的台阶无疑也源自这幅图画。

兰茨胡特宫(Stadtresidenz at Landshut, 1537—1543,见[1030]页图B)的设计很大程度上源于曼托瓦的泰宫(参见有关章节)。建筑的赞助人——巴伐利亚公爵路德维希十世(Duke Ludwig X)于1536年造访贡扎加家族时,曾被泰宫深深打动。路德维希随后招募了一批曼托瓦工匠,这些工匠为他的新宫殿创造了完全意大利式的内院和辉煌的背立面,同时又避免了朱里奥·罗马诺作品的反常规和怪诞性。庭院的罗马多立克柱式拱廊支撑毛石砌筑的拱券,尽端狭窄的开间里仅容得下简朴的壁龛,使人不由联想起曼托瓦泰宫的外立面和庭院中那些狭窄的开间。不过,上层并未做粗面石工,而是以科林斯壁柱作为窗套,窗顶是交替变换的三角形和弧形山花。

布拉格观景楼❶是来自热那亚的意大利建筑师保罗·德拉·斯泰拉(卒于1552年)为波希米亚国王斐迪南(Ferdinand)设计的作品。这座建筑呈简单的两层楼高的矩形,有高高的弧形屋顶和连续的底层拱廊,仿照了意大利北方城市帕多瓦和布雷西亚市政厅(参见有关章节)。优雅的敞廊由柱子支撑拱券,更具学院派气息的当属门窗周边的装饰,可能源自塞里奥。上层和铜顶是博尼法斯·沃尔穆特的作品,他于1558年接手这项工程。毗邻这座山顶夏宫的还有一座意大利风格的带喷泉的台地园林。

博尼法斯·沃尔穆特于1554年由维也纳来到布拉格。他的建筑显示了在柱式应用中一种克制的自信,这在他所处的那个年代和地方都是极不

---

❶ Belvedere, Prague, 1534～1563年;又译贝尔费德雷宫、皇家夏宫。——译者注

第五编 文艺复兴时期和后文艺复兴时期的欧洲建筑及俄罗斯建筑

图A 海尔布隆市政厅(1535—1596),见[1029]页

图B 兰茨胡特宫(1537—1543),见[1029]页

图C 纽伦堡佩勒府邸(1602—1607),见[1033]页

第31章 奥地利、德国和中欧建筑

HEIDELBERG CASTLE

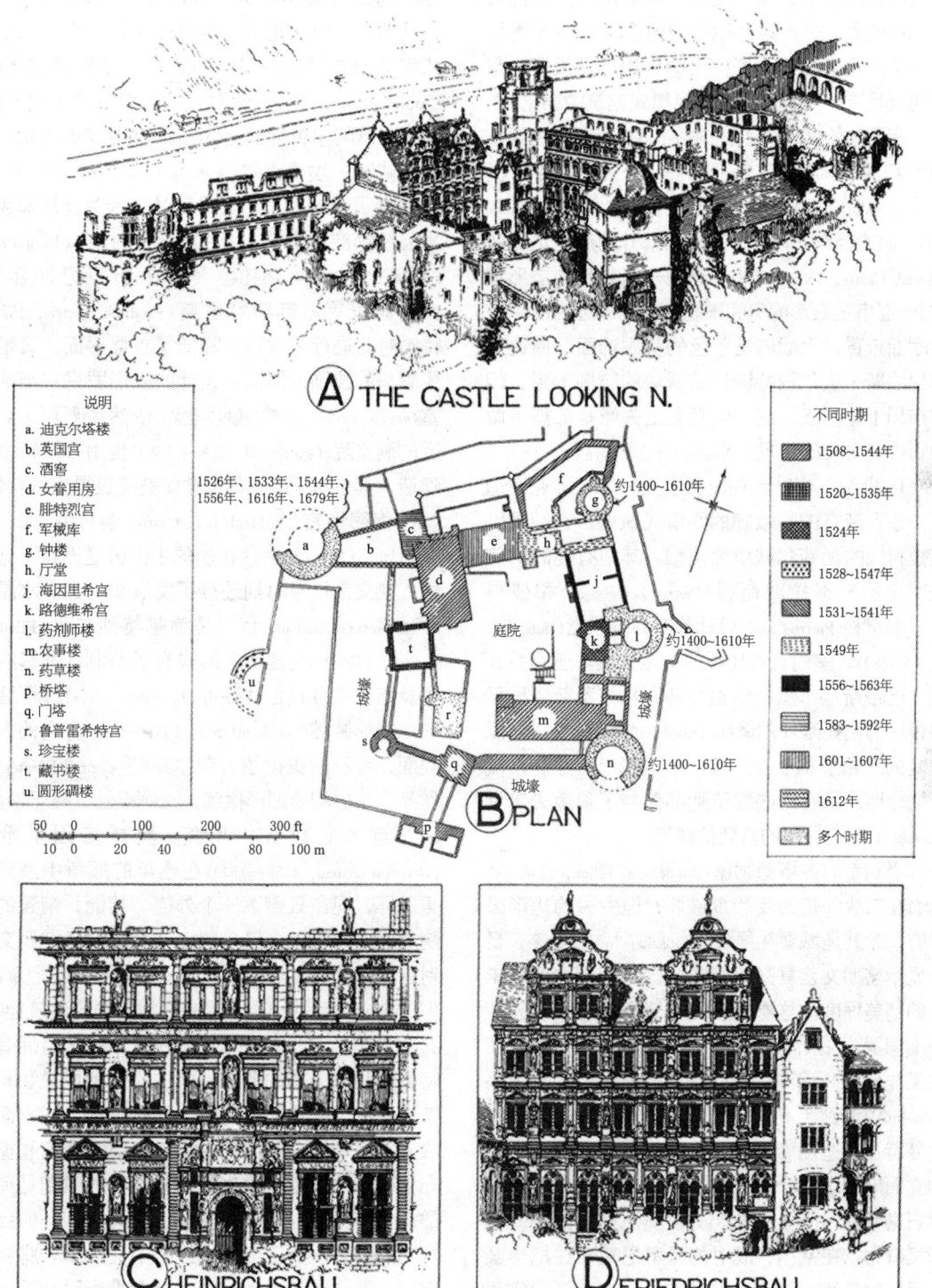

海德堡宫堡（HEIDELBERG CASTLE）：Ⓐ 北向看宫堡；Ⓑ 平面图；Ⓒ 海因里希宫；Ⓓ 腓特烈宫

寻常的。布拉格皇家舞会大厅(Royal Ball-Court, Prague, 1567—1569)是个又长又矮的楼阁,五开间的中央拱廊由厚重的支柱支撑,两端拱券上方都有深陷的壁龛。带有鼓凸檐壁的纪念碑式的爱奥尼式柱子以及半柱上面的柱上楣构均已遭破坏,整个建筑具有一种粗犷的帕拉第奥式建筑的感觉。

蒂罗尔的斐迪南大公(Archduke Ferdinand)在两位意大利建筑师乔瓦尼·马里亚·德尔潘比奥(Giovanni Maria del Pambio)和乔瓦尼·卢凯塞(Giovanni Lucchese)的合作下设计了布拉格郊外的赫兹达城堡(Hrezda Castle, 1556—1556)。这是一座非凡的星形猎宫,一连串钻石形的房间围绕一间十二边形的中央大厅而布置,大厅内是单色的灰泥饰面。周边是博尼法斯·沃尔穆特设计的低矮的防御工事,门窗布局十分严谨,这个别墅看上去像是部雷所做的新古典主义的幻想作品(参见有关章节)。

16世纪下半叶,在波希米亚和摩拉维亚建造了一系列带有内院敞廊的四塔式城堡,它们都以克拉科夫的瓦威尔城堡为范型。其中有趣的实例是彼得罗·泰拉波斯科(Pietro Terrabosco)和彼得罗·加布利(Pietro Gabri)设计的布乔维采堡(Bucovice, 1567—1582),室内有着壮观的灰泥饰面。还有乔瓦尼·巴蒂斯塔·奥斯塔里和乌利科·奥斯塔里兄弟设计的利托米什尔堡(Litomysl, 1568—1573)。它以重复的三角形构成女儿墙——这在当时是非常流行的母题。所有这些建筑师都参与了鲁道夫二世(Rudolf II)在布拉格的宫廷的建造。

于利希的齐塔德勒堡(Zitadelle at Jülich, 1548—约1571)在二战中曾遭受严重破坏,但中央的矩形公爵府,尤其是城堡礼拜堂(Schlosskapelle)的遗迹,足以显示盛期文艺复兴建筑在德国所达到的前所未有的精美程度。这座教堂的建筑师是意大利人亚历山德罗·帕斯夸列尼(1485—1558)。他早年在荷兰工作,1548年被克莱沃的威廉公爵五世(Duke Wilhelm V)请到于利希。显然,帕斯夸列尼亚对布拉曼特及其追随者的作品十分熟悉,他为礼拜堂的立面设计了一个稳固的基座,用多立克柱式支撑石砌带饰,使上面升起的爱奥尼柱式显得既轻巧又有力。在室内,成对的爱奥尼式半柱把半圆形后殿的弧线与开窗巧妙地结合,产生了异常强烈的雕塑感。

慕尼黑宫(Residenz, Munich)在中世纪时是维特尔斯巴赫城堡(Wittelsbach castle)。从16世纪60年代开始,巴伐利亚诸公爵将它作为一座文艺复兴式宫殿进行重建。其中最有意思的是文物室(Antiquarium),这是一间硕长的筒形拱顶半地下室,用来收藏阿尔贝特五世(Albrecht V)收集的古玩。它是由威廉·埃格克尔(Wilhelm Egckl, 卒于1588年)于1569年开始兴建的,其设计是由米兰建筑师兼艺术品经销商雅各布·德拉·斯特拉达(Jacopo della Strada, 卒于1588年)提供。尽管在16世纪80年代,弗雷德里克·苏斯特里斯(Fredrick Sustris, 1524—1599)对此进行了改造,降低了首层平面,又增加了奢华的装饰,但原先设计的拱形罗马式半地下室(cryptoportici, 古罗马式地下回廊)依然清晰可见。邻近的洞室院(Grottenhof, 1580—1588)也由苏斯特里斯建造,其中布满雕塑的壁龛使庭院显得生气勃勃。

海德堡宫堡(Heidelberg Castle, 约1531—1615, 见[1031]页, [1034]页图Ⓐ~图Ⓒ)的主人曾是巴拉丁选帝侯,在文艺复兴时期进行了发展和扩建。水晶大厅(Gläserner Saalbau, 1549)是为腓特烈二世(Friedrich II, 卒于1556年)而建造,形式有所节制,其影响力不及路德维希五世(Ludwig V, 1508—1544)时期建造的八边形钟塔(Glockenthurm, 1531—1541)。它的内院立面,是石匠康拉德·弗尔斯特(Conrad Förster)的作品,三层均为圆形拱廊,比例粗壮,柱子矮胖,缺乏意大利建筑的精美。奥托海因里希宫(Ottheinrichsbau, 1556—1559)在连年的战争中遭到严重破坏,现在只剩下一个外壳。然而,精致的内院立面安然无恙,仅一些山花受损。仔细研究它对古典形式的应用,会发现有些做法并不合章法,但这个立面反映出主人具有非常高雅的建筑趣味。其主人奥托海因里希(Ottheinrich, 卒于1559)拥有维特鲁威和塞里奥的摹本。附加的爱奥尼式和科林斯式壁柱,以及上层的组合柱式半柱,把立面分成五个双跨间,每跨拥有一对华丽的李窗和窗间布置雕塑的壁龛。这些具有象征性的雕塑是荷兰雕塑家亚历山大·科林(Alexander Colin, 约1528—1612)的手笔,他还负责设计了中央入口。腓特烈宫(Friedrichsbau)由约翰内斯·肖赫❶为腓特烈五世

---

❶ Johannes Schoch,卒于1651年;据《建筑词典》(*Dictionary of Architecture*)所引,约翰内斯·肖赫又名汉斯,生卒年代为约1550~1631年。——译者注

第31章 奥地利、德国和中欧建筑

而设计,是个可以与奥托海因里希宫相媲美的成功例子。基于相同的方案,它是一个把握得更成功,比例更为精良的作品,尤其是楼层布置和壁龛都达到了很高的造诣。哥特式的建筑语汇和谐地运用在底层,圆拱窗内是精美的哥特式交织线条装饰的窗户花格,得体地表明了里面是个礼拜堂。**英国宫**(Englischer Bau)是由一位不知名的建筑师为腓特烈五世建造的,现在只剩下了框架。南立面上均分布着一排排的矩形窗户,没有檐饰,也没有过多的装饰,显示出了一种精致的帕拉第奥式建筑风格,让人联想起伊尼戈·琼斯的早期作品。

科隆市政厅(道克塞尔)门廊(Rathaus Portico (Doxal), Cologne, 1567—1571)是一个加建在中世纪建筑上的二层高的开敞式拱形门廊,是威廉·费尔奴肯(Wilhelm Vernukken,卒于1607年)的作品。他以两张幸存的、绘于1557年、有着"C. F."(科内利·弗洛里(Cornelis Floris))签名的透视图为范本进行设计。门廊横向五开间,进深两开间,底层圆拱的前面采用科林斯柱式,而上层则是组合柱式和略尖的拱券,使得这座精致的文艺复兴风格建筑显示出一些哥特风格的痕迹。

维尔茨堡的尤里乌斯大学(Julius Universität at Würzburg, 1582—1592)及其大学教堂——**新宫教堂**(Neubaukirche, 1583—1591),是格奥尔格·罗宾(Georg Robin)为大主教尤里乌斯·埃希特❶设计的,这是维尔茨堡第一幢"主教建筑"。内院立面代表了折中主义的尤里乌斯风格(Juliusstil),设计十分严谨,除了底层粗石饰面的封闭拱廊和教堂窗子里优雅的晚期哥特式花格窗以外,变化很少。雕塑装饰只出现在北立面的主入口(约1592)处,上面有圣灵降临节的浮雕。

慕尼黑圣米迦勒教堂(Church of S. Michael, Munich, 1583—1597,见[1034]页图①)由弗雷德里克·苏斯特里斯(1524—1599)为耶稣会设计,不过其资金赞助人——巴伐利亚的威廉公爵五世(Duke Wilhelm V of Bavaria)是个外行。这是欧洲北部第一座耶稣会教堂,与维尼奥拉设计的罗马耶稣教堂(始建于1568年)有相似之处。而罗马耶稣教堂是各地教堂反宗教改革运动的范本。不过两者之间存在区别,比如侧面礼拜堂上方的廊台源于像**奥古斯图斯堡宫礼拜堂**(the Chapel of Augustusburg Schloss, 1569—1573)一样的北方新教模式。立面由汉斯·克伦佩尔(Hans Krumpper,约1570—1634)设计,中央是一座壁龛,两侧是红色大理石边门,后者是苏斯特里斯的作品。

不伦瑞克音乐厅(Gewandhaus, Brunswick (Braunschweig))主体是哥特式,而其东立面(1592)则显示出典型的德国北部的文艺复兴式特征,这种风格是由低地国家引入德国的。底层拱廊上是三层的四分之三壁柱,分别为爱奥尼式、科林斯式和组合式壁柱,再上面升起一个由半身像柱支撑的四层巨大山花,边上是按惯例饰以涡卷纹饰的阶梯形山墙。

格但斯克军火库(Arsenal at Gdansk, 1602—1605)由安东尼厄斯·范·奥普贝尔根(Antonius van Opbergen)设计,他也是设计赫尔辛格城堡(the castle at Helsingør)的建筑师(参见有关章节)。这是这座城里的几座壮丽的公共建筑之一,按荷兰式文艺复兴风格建造。这座有着装饰华丽的山花、条状交织图案的涡卷纹饰以及方尖塔形的仓库,与同时期的比利时建筑有异曲同工之妙,同样应用砖块和带直梃与横档的窗户。

扎莫希奇新城(new town of Zamość, 1587—1605)由杰出的波兰贵族扬·扎莫伊斯基(Jan Zamoyski)在其领地中心兴建。威尼斯建筑师贝纳尔多·莫兰多(Bernardo Morando)将城堡和市镇结合成一个新颖的多边形堡垒型建筑群,城市中央有一个很大的拱廊广场,街道以网格状布置。这个设计与意大利文艺复兴时期有关城镇规划和防御工事的论著中的论述相符。

巴洛克和洛可可时期(1600—1750)

纽伦堡佩勒府邸(Pellerhaus, Nuremberg, 1602—1607,见[1030]页图C)由老雅各布·沃尔夫(Jakob Wolff the Elder)和彼得·卡尔(Peter Carl)为佩勒特家族(Peller family)设计。主人的意图是想要一种融和了两种传统的意大利建筑,即把威尼斯的细部嫁接在德国的结构上。三层高的立面上部是一个由三

---

❶ Prince Bishop Julius Echter, prince bishop;10~12世纪,在德国开始出现一种新的王公,即亲王阶级,大主教亦属此类。——译者注

第五编　文艺复兴时期和后文艺复兴时期的欧洲建筑及俄罗斯建筑

Ⓐ海德堡海因里希宫：有黛安娜雕像的窗户和壁龛；Ⓑ海德堡腓特烈宫：查理曼大帝雕像；Ⓒ海德堡海因里希宫：有萨杜恩（农神）雕像的窗户和壁龛；Ⓓ瑞士弗莱堡圣约翰教堂水泉得柱头；Ⓔ海尔布隆某山墙；Ⓕ瑞士弗莱堡圣撒玛利亚妇人喷泉的柱头；Ⓖ爱尔福特某窗户；Ⓗ海尔布隆某卷边形牌匾；Ⓙ慕尼黑圣米迦勒教堂入口

个逐级递减的层段构成的山花，颇具荷兰建筑风格。粗面石工、拱形窗、屋顶的方尖塔以及依序排列的多立克柱式、爱奥尼柱式和科林斯柱式，都赋予了立面意大利建筑特征。而横贯立面的实心栏杆，以及想把扇形壳体和弓形山花融合起来的意图都具有典型的威尼斯建筑特征。

吕德尔·冯·本特海姆(Luder Von Bentheim)改造了**不来梅市政厅**(Town Hall, Bremen, 1608—1613)，使之现代化，但保留了哥特式的结构和老式的陡峭屋顶。建筑师把尖券改造成半圆拱券，增加了屋顶栏杆，将山花作对称布置，窗顶饰以交替变换的三角形和弓形山花。大量的雕花装饰采纳了当地的传统式样。

萨尔茨堡大教堂(Cathedral, Salzburg, 1614—1628)由意大利建筑师圣蒂诺·索拉里(Santino Solari)为教皇庇护四世的大侄子所改建。温琴佐·斯卡莫齐也提交了一个方案，但未被采纳(参见有关章节)。两层高有双塔的立面，即使建在意大利本土也不会显得格格不入。三种叠加的柱式，以及米开朗琪罗式的浮雕装饰，例如用花环装饰的山花饰板，都加强了这种效果。只有塔顶的上心穹顶似乎是地方的传统。这个教堂和**迪林根**(Dillingen, 1610—1617)、**明德尔海姆**(Mindelheim, 1625—1626)、**维也纳**(Vienna, 1627—1631)以及**因斯布鲁克**(Innsbruck, 1627—1640)的耶稣教堂，同属第一批在阿尔卑斯山北部兴建的、完全采用文艺复兴式风格的教堂。

让·巴蒂斯特·马太(Jean Baptiste Mathey, 约1630—1695)生于第戎，1675~1694年曾在布拉格工作。他为布拉格**特洛亚宫**(Troja Palace, Prague, 1679—1696, 见[1039]页图A)所做的设计，融合了法国城堡的规划概念和意大利式的细部。中央的"正屋"(corps de logis)和侧面的两翼共同构成一个三面围合的院落。一个布满雕塑的精巧的双跑楼梯将人们的注意力引向主入口和直接开在下面的装饰性洞室。

卡洛·安东尼奥·卡洛内(Carlo Antonio Carlone, 卒于1708年)是移居国外的一个意大利艺术家家族中最杰出的一位建筑师。他设计了**圣弗洛里安大修道院教堂**(Abbey Church of S. Florian, 1686—1708)。在这个方案中，他为奥地利引进了"扁球形穹顶"(Platzgewolbe)，即一种平坦的半圆形穹窿，这成为那些精致的天顶画最常用的载体，在以后的建筑中得到非常普遍的应用。

雅各布·普兰德托尔(Jakob Prandtauer, 1660—1726)原先是石匠和雕塑家，他在整个职业生涯中都对建筑的营造过程给予了特别的关注，他的一生几乎都奉献给了教会建筑。他最杰出的作品是**梅尔克本笃会隐修院**(Benedictine Monastery, Melk, 1702—1714, 见[1036]页图A、图C)。这座隐修院坐落在一个布满岩石的礁石上，从那里可以俯瞰多瑙河。普兰德托尔充分利用了抬高的地形，在他的设计中延续了岩石向上的趋势。因此建筑沿台阶逐级升起，从最下面波浪起伏的中庭的屏墙，到包括图书馆和大理石厅的较高的翼部，直至上部的多层钟塔和穹顶时达到高潮。

约翰·伯恩哈德·菲舍尔·冯·埃尔拉赫(Johann Bernhard Fischer von Erlach, 1656—1723)是17世纪末中欧建筑的一位重要人物。他继承父业，曾经接受过雕塑训练，并在意大利成长。在那里，贝尔尼尼和博罗米尼的建筑对他产生了深远的影响，是他将诸如"艺术统一"这样的观点引进了奥地利。他作为一个建筑师而闻名，同时作为早期的建筑历史学家也占有重要的地位，于1721年出版了手稿《历史建筑设计》(*Entwurf einer historischen Architektur*)。

弗拉诺夫堡(Castle, Vranov, 1690—1694)是菲舍尔的早期作品，在这座城堡上，菲舍尔对椭圆形的偏好已清晰可见。椭圆形的大厅，可能源自孚-勒-维贡府邸(参见有关章节)这样的法国原型，大厅里有硕大的、穿透低矮穹顶的椭圆形窗户。大厅前面是一间椭圆形的门厅。拱顶饰有风格统一的壁画，这都得归功于卡洛内(Carlone)在圣弗洛里安大修道院教堂的创新(参见有关章节)。

萨尔茨堡圣三一教堂(Church of the Holy Trinity, Salzburg, 1694)由菲舍尔为恩斯特·康特·图恩-霍恩施泰因大主教(Prince-Bishop Ernst Count Thun-Hohenstein)而设计，它重现了博罗米尼在纳沃那广场上圣阿涅塞教堂的构思(参见有关章节)。带穹顶的教堂是整个建筑群的中心。尽管教堂和宫殿放在一个统一的基座上，上面的柱式比例却不同，特意突出了教堂，内凹的教堂立面以屋顶的双塔和穹窿结束。如同弗拉诺夫堡一样，横向的椭圆形入口预示了纵向的椭圆形内部空间，融合成一个希腊十字形。

第五编 文艺复兴时期和后文艺复兴时期的欧洲建筑及俄罗斯建筑

图 A 梅尔克本笃会隐修院(1702—1714)，见[1035]页

图 B 维也纳卡尔教堂(1716 年始建)，见[1037]页

图 C 梅尔克本笃会隐修院教堂内景

第31章 奥地利、德国和中欧建筑

维也纳卡尔教堂(Karlskirche, Vienna, 1716年始建，见[1036]页图B)是菲舍尔为皇帝约瑟夫一世建造的作品，以兑现他对圣查尔斯·博罗梅奥(S. Charles Borromeo)的承诺。这个方案实现了将椭圆形和希腊十字形相结合的概念，这是菲舍尔在早期的圣三一堂中奠定的想法。在这项设计中，椭圆形的礼拜堂取代了对角轴线上的壁龛。主要的会众大厅由壁柱来界定，柱子仅限用于礼拜堂内。为了把圣坛从唱诗班歌坛中分隔开来，主祭坛的后面是一个半圆形的列柱式圣坛屏风，这明显是从帕拉第奥的救世主教堂中借鉴而来的(参见有关章节)。这个设计中最为新颖的特征是教堂的立面，几乎有建筑的两倍宽。就像马代尔诺为罗马圣彼得大教堂所做的立面一样(参见有关章节)，拱券位于双塔之间，是引向教堂和进入教堂的通道。不过，统率立面并从构图上框住穹顶的两根巨柱，却是一种古怪的历史主义参照物。它们以罗马的图拉真纪功柱和马库斯·奥勒利乌斯纪功柱为范型，饰以盘旋上升的浮雕，象征着信仰对威胁约瑟夫一世生命的疾病的胜利。立面围绕着那些柱子微微弯曲，以取得整体的统一。加了檐饰的门廊位于两根巨柱之间。

埃恩西德尔的隐修院教堂(Abbey Church, Einsiedeln, 1703年始建)是汉斯·格奥尔戈·屈恩(Hans Georg Kuen)的作品，最终由他的学生卡斯帕·莫斯布鲁戈尔(Caspar Mosbrugger, 1656—1723)完成。它有一个不同寻常的平面，这与它作为朝圣场所的辅助功能有关。进入大门后，游客马上能看到一座老建筑，即历史悠久的圣迈因拉德礼拜堂(Chapel of S. Meinrad)。礼拜堂上面有一个巨大的八边形拱顶，它是这座教堂中最大的一个拱顶。在拱顶的另一边，三个集中式空间往高高的祭坛不断递减，同时也把注意力引向祭坛。

维也纳帝国图书馆(Imperial Library, Vienna, 1722年始建)体现出菲舍尔的作品不断趋向简洁(例如收分的建筑基座上的石砌带饰和壁龛式大门)，受到了法国建筑的影响。三个层次的屋顶以及垂直向的椭圆形窗户构成的主厅，是菲舍尔建筑语汇的特征。大厅的平面形式融合了一个矩形和一个横向放置的椭圆形。

菲舍尔设计的**维也纳匈牙利禁卫军宫**(Palace of the Hungarian Guard, Vienna, 1710—1712, 见[1039]页图B)由一个矩形体块和一个凸出山花的正立面共同构成。有石砌带饰的建筑基座朝着多立克柱式的入口向前微微弯曲，主立面上装饰着高得夸张的成对壁柱，尽管这是个无柱式立面，宫殿主楼的窗户间距十分狭窄，以至于给人一种有柱式的印象，985 这种错觉因为顶部那些像柱头一样的涡卷花纹而显得更为突出。

约翰·卢卡斯·冯·希尔德布兰特(Johann Lukas von Hildebrandt, 1663—1745)出生在热那亚，其父是德国军人。他曾和卡洛·丰塔纳一起在罗马学习，被封为军事工程师，又继菲舍尔·冯·埃尔拉赫之后成为皇家建筑总监。他的名字与18世纪初的建筑风格联系在一起，厚重的花冠饰和卷叶饰开始让位于更加生动和较少自然主义的装饰形式。尽管他明显受博罗米尼作品的影响，但他真正的建筑风格倾向于意大利北方建筑师瓜里尼及其追随者的作品。在耶什捷德山麓亚布隆的**圣洛伦索教堂**(S. Laurence, Jablonne v Podjestedi, 1699)中，瓜里尼的影响十分明显，都灵的圣洛伦索教堂平面也同样受瓜里尼影响(参见有关章节)。在空间上，它比菲舍尔·冯·埃尔拉赫创造的任何作品都要复杂。方方正正的外表掩饰了内部空间的复杂性。在教堂内部，入口门厅的椭圆形和圣坛祭堂构成了中央空间的内凹线。这些弧线和壁龛的弧形结合起来，标明了斜向轴线的位置，构成重叠交叉的空间感受。

希尔德布兰特为欧根亲王(Prince Eugene)设计了**维也纳大观景楼**(Upper Belvedere, Vienna, 1721—1722, 见[1040]页图A)。建筑师将其规划成一个与前不久新建的**小观景楼**(Lower Belvedere, 1715)相互垂直的花园。立面中心以一个有三层屋顶的、高高凸出的楼阁为主体。侧面的两列采用了双层屋顶，以便与主体区分开来。再远处更低的无柱式立面采用单层屋顶，与它毗邻的是八边形角楼。多层屋顶的概念在中欧是一种传统做法，但在此被用来创造一种巴洛克式的高潮。这个设计在很多方面都与几乎是同时期兴建的帝国图书馆有异曲同工之处。

维也纳道尼·金斯基府邸(Daun Kinsky Palace, Vienna, 1713—1716, 见[1039]页图C)属于典型的希尔德布兰特建筑风格。在方石基座上耸立的两层楼，通过密布的巨大壁柱统一起来。七开间的中间三跨向前凸出，并采用了更多的装饰以便与两翼形成微妙的差别，如设置了屋顶栏杆，不同的开窗法以及装饰性的扁平壁柱。尽管在德国(比如在海德堡)也能找到由女像柱支撑的内凹式主入口,但这可能源自法国模式。

布拉格切尔宁府邸(Cernin Palace, Prague, 1668)是弗朗切斯科·卡拉蒂(Francesco Caratti)的作品,它有一个泛意大利风格的立面。基座以钻石形琢面的粗面石料作装饰,上部楼层通过大型柱式构成统一,中间还插入了两个凸出的入口。

格奥尔格·丁岑霍费尔(Georg Dientzenhofer, 1643—1689)和他的兄弟一起定居布拉格,创造了一种与众不同的波希米亚巴洛克风格。格奥尔格把这种风格引入法兰克尼亚,建造了瓦尔德萨森**朝圣教堂**(Pilgrimage Church, Waldsassen, 1685—1689)。建筑的平面基本形是一个三角形,三个宽敞的半圆形后殿与之相结合,构成一个三边为半圆的形式。礼拜堂嵌在厚厚的墙体内,楼梯塔向外凸出,成为三个后殿之间的连接体,整个建筑为一圈连续的拱廊所围绕。这种几何形构思的平面表明了设计受博罗米尼和瓜里尼作品的影响。

克里斯托夫·丁岑霍费尔(Christoph Dientzenhofer, 1655—1722)是菲舍尔·冯·埃尔拉赫的同时代人,他是波希米亚最著名的建筑师。他对瓜里尼的作品非常着迷,瓜里尼曾访问过布拉格,试图改变波希米亚巴洛克风格。

克里斯托夫为耶稣会建造了在布拉格下城区的**圣尼古拉教堂**中堂(the nave of S. Nicholas on the Lesser Side, Prague, 1703—1711,见[1040]页图B及[1041]页),两层高的外观在主立面上变为三层高,扁平的侧面为凹凸节奏的变化提供了可能。在室内,曲线形也起主导作用。三个椭圆形互相交融,凸出的角柱和弧形的壁柱强化了这种效果。强烈的垂直线使人们的注意力集中在精致的天顶装饰中。受瓜里尼的启发,这个设计似乎以里斯本的圣母神圣意志教堂为蓝本(参见有关章节)。

布拉格附近的布雷夫诺夫**圣玛格丽特教堂**(S. Margaret, Brevnov, near Prague, 1708—1721, 见[1044]页图A)是克里斯托夫·丁岑霍费尔为本笃会所建,它的内部空间构思与圣尼古拉教堂相仿。两个壁柱在立柱处成锐角相交,而立柱支撑着四个相互交织的椭圆形拱顶。相反,丁岑霍费尔在室外将主立面沿角部收拢,正面和侧面都采用了同一种山花,给人以一种集中式布局的印象。

约翰·丁岑霍费尔(Johann Dientzenhofer, 1663—1726)是丁岑霍费尔兄弟中最小的一位。他和希尔德布兰特合作设计了**波默斯费尔登府邸**(Schloss, Pommersfelden, 1711—1718)。府邸的主人——选帝侯洛塔尔·弗朗茨·冯·顺博恩(Elector Lothar Franz von Schonborn)曾向希尔德布兰特征询过意见。府邸外立面呈现出典型的约翰·丁岑霍费尔式的雕塑感很强的风格,有一个巨大的中央楼阁,角楼呈圆形。巨柱式放置在高高的柱基上,侧面是拱券,这个构思可能从布拉格切尔宁府邸借鉴而来(参见有关章节)。当柱式由两边向中间靠近时,单壁柱变成了双壁柱,然后是组合柱,到入口则变成独立柱。在大理石装饰的客厅里可以见到相似的手法,拱形的檐口位于椭圆形窗户上方,这种做法和菲舍尔·冯·埃尔拉赫的做法相似。约翰·丁岑霍费尔的其他作品中最出色的是**班茨隐修院教堂**(the Abbey Church, Banz, 1710—1718),以及维尔茨堡的**斯特里夫兹大教堂新教堂**(Neumunster Striftskirche, Würzburg,立面建于1710~1719年)。

约翰·布莱修斯·圣蒂尼·艾歇尔(Johann Blasius Santini Aichel, 1667—1723)为18世纪早期的中欧建筑作出了独特的贡献,他创造性地把特异的巴洛克风格和晚期哥特风格融和在一起。其主要特征表现在摩拉维亚日贾尔(Zdar, Moravia)的建筑中,其中有西多会隐修院(Cistercian monastery)的扩建,即现在的**金斯基城堡**(Castle Kinsky, 1706—1723),**黑死病公墓**(plague cemetery, 1709)和**内波穆克圣约翰朝圣礼拜堂**(the pilgrimage chapel of S. Johannes Nepomuk, 1719—1723)。艾歇尔在金斯基城堡的作品中包括一座多边形的修士餐厅,这幢建筑从外表看像一个从屋面升起的奇异的气泡。室内装饰着巨柱式的壁柱,还有五彩缤纷的天顶画。黑死病公墓由三个椭圆形的礼拜堂构成,象征三位一体(后来又添加了第四座礼拜堂),三者之间以弧形墙相连,在平面上构成人的头颅轮廓。艾歇尔的代表作是朝圣教堂,其平面形式来自星辰和舌头——这是内波穆克圣约翰的象征,又坐落在星形平面的隐修院中。教堂立面和许多细部都是艾歇尔自创的抽象、近乎立体的哥特式风格。

在格吕绍(凯尔泽佐)**修道院教堂**(the Abbey Church, Grüssau (Kerzeżów), 1728—1755)中,安东·延奇(Anton Jentsch)建造了西里西亚最重要的巴洛克建筑。双塔立面上的曲线形表面的复杂程度甚至超过了克里斯托夫·丁岑霍费尔设计的圣尼古拉

第31章 奥地利、德国和中欧建筑

图A 布拉格特洛亚宫：花园前面(1679—1696)，见[1035]页

图B 维也纳匈牙利禁卫军宫(1710—1712)，见[1037]页

图C 维也纳道尼·金斯基府邸(1713—1716)，见[1037]页

第五编　文艺复兴时期和后文艺复兴时期的欧洲建筑及俄罗斯建筑

图A　维也纳大观景楼(1721—1722)，见[1037]页

图B　布拉格下城区的圣尼古拉教堂入口(1703—1752)，见[1038]页

图C　德累斯顿圣母教堂(1725—1742)，见[1042]页

第31章 奥地利、德国和中欧建筑

布拉格下城区的圣尼古拉教堂内景(1703—1711),见[1038]页

教堂。他在水平向加入了波浪形元素以加强动态的垂直感。瑞典的查理十二(Charles XII)获得皇帝的批准，要为西里西亚的新教徒建造六座教堂。参照瑞典斯德哥尔摩的圣凯瑟琳教堂(S. Catherine, Stockholm)的范式(参见有关章节)，他们倾向于把听布道用的正厅设计成集中式布局。马丁·弗朗茨(Martin Frantz)设计的希尔施贝格的神恩教堂(Gnadenkirche, Hirschberg, 1709—1718)细部简洁，避免了巴洛克式的繁琐，与格吕绍大隐修院教堂形成鲜明的对照。

马托伊斯·达尼埃尔·珀佩尔曼(1662—1736)是菲舍尔·冯·埃尔拉赫的同时代人，他是上萨克森地区最成功且最富创造力的建筑师。1710年，他对罗马和维也纳进行了访问，这对他的风格产生了强烈影响，从他最著名的建筑——德累斯顿的茨温格尔宫(the Zwinger, Dresden, 1709年始建，见[1044]页图B)中可以清晰地发现。这座宫殿建造在一个要塞地区，作为柑橘园使用，在宫廷庆典期间也可以用作大看台。这座要塞有两个主要的中心。**克罗嫩门❶**和**壁垒阁**(Wallpavillon, 1716)。两者都构思成从Ω形单层围合建筑上升起的楼阁。与柑橘园较朴素的处理方法不同的是，那些动态的簇状垂直构件，无论是半身像柱，还是其他柱子，都造成了一种几乎是哥特式的效果。

另一位在德累斯顿颇为成功的建筑师是格奥尔格·贝尔(George Bahr, 1666—1738)。他原本是位木匠，后来设计了一些颇具影响力的建筑，比如德累斯顿**圣母教堂**(Frauenkirche, Dresden, 1725—1742，见[1040]页图C)，该教堂毁于1945年。这是一座新教教堂，基本布局是置于正方形内的希腊十字，上面覆盖着一个拉长的穹窿，因此不需要另设鼓座。立面上高大的带山花檐饰的长窗重复出现在突出的角塔上，使建筑的外观看起来几乎是八边形。室内采用骨架结构，可以和巴尔塔扎·诺伊曼大胆应用有限支撑结构的做法相媲美。

安德烈亚斯·施吕特(Andreas Schlüter, 1659?—1714)是一位雕塑家兼建筑师。他在华沙开始他的职业生涯，但主要在普鲁士工作。他的建筑风格的特色是将雕塑置于与建筑同等重要的地位。后来由于在他的建筑中出现了技术和结构错误而声名受损。他为恩斯特·博吉斯拉夫·冯·卡梅克(Ernst Bogislav von Kamecke)在柏林建造了**卡梅克宅**(Kamecke House,

Berlin, 1711—1712)。在这座迷人的别墅中，两边侧翼较低的檐口与位于中央的楼阁交迭在一起。在主体建筑上，波浪型的三层立面与简化的垂直长壁柱相结合，以排列在屋面上的古典神明雕像的轮廓作为收头。尽管该设计模仿了德累斯顿要塞，但这幢建筑彻底减少了装饰，以炫耀其中的雕塑。

科斯马斯·达米安·阿萨姆(Cosmas Damian Asam, 1686—1739)和他的兄弟埃吉德·奎林·阿萨姆(1692—1750)都是巴伐利亚人。科斯马斯在罗马学习绘画，而埃吉德在慕尼黑学习雕塑。受贝尔尼尼的启发，他们融合了多种艺术形式以获得壮观的视觉艺术效果，以此创造出一种新风格，并很快传遍中欧。埃吉德自己出资兴建了慕尼黑的**内波穆克圣约翰教堂**(S. Johannes Nepomuk, Munich, 1733—1746，见[1045]页图A)。这座教堂建造在岩石基座上，极像罗马的特雷维喷泉(参见有关章节)，巨大的微微内凹的壁柱支撑着扭曲的山花檐饰。在建筑框架里，附加了两个同样奢华的壁龛，顶上装饰着一组出神入化的雕塑。为了使室内尽可能显得轻巧，立面的大部分，包括主入口，都装设了玻璃。室内因装饰有螺旋状柱子而呈现出波浪起伏的空间效果，但由于圣约翰的塑像放置在高高的祭坛上，背面来的光源受到遮挡，使得这种效果受到了影响。

巴尔塔扎·诺伊曼(Balthasar Neumann, 1687—1753)将法兰克尼亚的巴洛克建筑推向顶峰。他出生于裁缝家庭，接受过铸钟工的培训。他的职业生涯最初是作为军事建筑师，后来在维尔茨堡大学教授建筑学，但始终没有放弃他的军人身份。

维尔茨堡宫(Residenz, Würzburg, 1719年始建，见[1045]页图C)大部分由诺伊曼设计，并吸取了希尔德布兰特、冯·韦尔施、博夫朗和德科特的建议。巨大的U形平面中包含了四座封闭的庭院以及前庭。三连拱的主立面和花园立面上的楼阁都与希尔德布兰特设计的维也纳大观景楼相似(参见有关章节)。上层壁柱向下倾斜，窗框上下对称弯曲。侧翼建筑的楼阁式特征和对楼梯设计所作的修改出自法国建筑师之手。门厅两侧并没有同时布置楼梯，而是设计了一座壮丽的楼梯，填满了门厅和其中一个庭院之间的整片区域。那平缓的坡度，逐渐展开的空间效果，以及乔瓦尼·巴蒂斯塔·

---

❶ Kronentov, 1713年；Kronentov应为Kronentor之误。——译者注

提埃波罗(Giovanni Battista Tiepolo)的栩栩如生的天顶画,成为德国巴洛克楼梯最不朽的作品。礼拜堂(1730)也根据诺伊曼的设计而建造,希尔德布兰特曾对装饰部分作了修正。它那极为复杂的平面在很大程度上是受瓜里尼和丁岑霍费尔的启示。一连串相互交织的横向和纵向的椭圆形交融在一起,产生一种生气勃勃的内部空间效果,其中富有创造性的墙面装饰与支撑长廊的列柱式屏风相互呼应。

布鲁赫萨尔宫(Schloss, Bruchsal, 1731—1732, 现已毁)为施派尔亲王代米安·胡戈·冯·顺博恩(Damian Hugo von Schonborn, Prince of Speyer)所建。1720~1728年,一大批参建的建筑师都很快被解雇了。其中的一位,弗朗茨·冯·里特尔男爵(Franz Freiherr von Ritter)在主要的居住部分设计了一座椭圆形的横向楼梯,放在两个内院之间。诺伊曼对其进行了改造,他通过新增加一个宽大的椭圆形楼梯平台将入口花园立面上的几个大厅联系起来。这件作品为诺伊曼赢得了国际声誉。

菲尔岑海利根的朝圣教堂(Pilgrimage Church, Vierzehnheiligen, 1743—1772, 见[1048]页图 A、图 C)也是一件融和了集体智慧的作品。诺伊曼的竞争对手建议设计成集中式布局,把奉献给"十四圣徒"的祭坛放在中央,但诺伊曼设计的拉丁十字式布局从一开始就获得了认可。在建造过程中,执行建筑师偏离了这个方案,要求诺伊曼重新进行设计,以便与已建的圣坛相称。最终的方案由一列三个纵向的椭圆形组成,中间的一个椭圆形沿主轴线布置,里面安设祭坛,这也是最大的一个椭圆形。耳堂由两个圆形构成,另外有两个小的椭圆形插入侧堂。宽大的窗户、白色的墙面和沥金粉饰造成一种明亮、辉煌的洛可可效果。

在诺伊曼早期的作品中,如**埃特沃豪森教区教堂**(Parish Church, Etwashausen, 1741—1745)中可以发现他的设计与菲尔岑海利根的设计形成强烈的对比。两者的设计元素很相似:骨架式结构、列柱式屏风以及相互交织的椭圆构成的复杂的拱顶系统。不过,洛可可风格的贴面已不复存在。朴素的多立克柱式取代了奇异的科林斯柱式,阿拉伯花饰的粉刷和色彩淡雅的壁画已完全消失。诺伊曼和希尔德布兰特在**韦尔内克宫**(Schloss, Werneck, 1734—1745)的设计中再度合作,宫中的礼拜堂完全由诺伊曼设计。圆形平面由于巨大的凹形壁龛而呈十边形,与上面微微凸出的弧形长廊取得均衡。

这与维托内在瓦利诺托的做法相似(参见有关章节)。通过在柱上楣构部分尽可能地增加间隙,并利用洛可可风格的粉饰来打破水平展开的拱券,以突出强烈的垂直感。

约翰·米夏埃尔·菲舍尔(Johann Michael Fischer, 1692—1766)是巴伐利亚洛可可风格建筑的主要倡导者。通常,他的建筑在空间上没有同时期的波希米亚建筑那么复杂,这种趋势在他晚期作品中越发明显。他设计的奥托布伦的**本笃会隐修院教堂**(Benedictine Abbey Church, Ottobeuren, 1737年始建),在平面上与早些时期的魏恩加滕大隐修院(abbey at Weingarten)相似,有一个盖有穹顶的门厅,随后是三开间的中堂,中央的一个开间作为十字接头,把礼拜堂和侧堂联系起来。空间的简洁性与渗透在教堂内各部分之间的装饰取得了均衡。

菲舍尔设计的因河畔罗特的**大修道院教堂**(Abbey Church, Rott am Inn, 1759—1763)在装饰上并不太奢华,只是采用了他所偏爱的主题:不等边八角形。这座教堂的十字形走廊的形状与奥托布伦隐修院教堂在平面上没有什么区别。不过,因河畔罗特大修道院教堂更强调集中的特性,室内立面上有连续的长廊。

施泰因豪森的朝圣教堂(Pilgrimage Church, Steinhausen, 1728—1731)是多米尼库斯·齐默尔曼(Dominikus Zimmermann, 1685—1766)的作品。他是位杰出的教会建筑师,原先是泥水匠和石匠匠师。施泰因豪森朝圣教堂是巴伐利亚第一幢洛可可风格的教堂,外表为白色,相当明亮,而非阴暗神秘。空间设计很简单,巨大的纵向放置的椭圆形主体上设有一个横向的椭圆形司祭席,室内拱廊支撑着穹顶,并构成连续的回廊。齐默尔曼后来在施泰因豪森建造的另一座教堂——**维斯教堂**(Wieskirche, 1745—1754, 见[1048]页图 B),尽管比它大,但平面很相似。

圣加伦大修道院教堂(Abbey Church, S. Gall, 1748—1770, 见[1045]页图 B)的最后一次重建由彼得·图姆(Peter Thumb, 1681—1766)和乔瓦尼·加斯帕雷·巴尼亚托(Giovanni Gaspare Bagnato)完成。两个半圆形后殿的做法沿用了原来的中世纪教堂的型制。在修道院图书馆内,图姆采用了低矮的半球形穹顶,以达到辉煌的效果。围绕拱座布置的波浪形室内露台非常独特地向外悬挑,类似于他早期设计的**比恩瑙朝圣教堂**(Pilgrimage Church, Birnau, 1746—1758)。

第五编 文艺复兴时期和后文艺复兴时期的欧洲建筑及俄罗斯建筑

图 A 布拉格附近的布雷夫诺夫圣玛格丽特教堂(1708—1721)，见[1038]页

图 B 德累斯顿的茨温格尔宫(1709年始建)，见[1042]页

第31章 奥地利、德国和中欧建筑

图 A 慕尼黑的内波穆克圣约翰教堂(1733—1746)，见[1042]页

图 B 圣加伦大修道院教堂图书馆(1748—1770)，见[1043]页

图 C 维尔茨堡宫(1719年始建)，见[1042]页

新古典主义时期

格奥尔格·文策斯劳斯·冯·克诺贝尔斯多夫男爵(1699—1753)是普鲁士贵族，曾在军队任职，在改行从事建筑设计以前，还做过画家。带着去国外谋求发展的眼光，他由腓特烈大帝资助前往意大利、维也纳和巴黎游历，引入了一种相当朴素的建筑风格，这种风格与英国的帕拉第奥式有很多共同之处。

改建后的**波茨坦宫**(Stadtschloss, Potsdam, 1744—1751, 现已毁)，尽管外观十分平和，但有着辉煌的洛可可风格的室内装潢，要不然其风格就回归17世纪庄严宏伟的巴洛克风格了。内院立面是成对的巨柱，侧翼的壁柱和中部未加山花檐饰的半柱相结合，仅靠带景观框的三个拱窗加以衬托。

柏林歌剧院(Opera House, Berlin, 1741—1743)是一个典型的皇家建筑，国王亲自参与了部分设计。这个坐落在高高的基座上，有着神殿式立面的建筑，其范型显然是伯林顿和肯特的英式帕拉第奥建筑风格，例如奇斯韦克宫(参见有关章节)。宽广的光滑墙面和相对较小的窗洞尤显英式风格。

腓特烈大帝与克诺贝尔斯多夫合作设计了**波茨坦无忧宫**(Sanssouci, Potsdam, 1745年始建)，由此产生的争吵也葬送了克诺贝尔斯多夫的职业生涯。半身人像柱支撑的檐口令人回想起德累斯顿的茨温格尔宫(参见有关章节)。不过，除了洛可可装饰之外，设计基本上相当简单。

克朗斯明斯特的**本笃会贵族青年学院天文台**(Observatory, Benedictine Academy for Young Noblemen, Kransmunster, 1748—1760)是个非常不寻常的实例，它与奥地利建筑的风格变化相吻合。高大的镶嵌式立面有着强烈的结构感，几乎所有的装饰都有条纹，明晰度几乎可以与申克尔的作品相媲美。

卡尔斯鲁厄宫(Schloss, Karlsruhe, 1749—1771, 见[1049]页图A)由冯·克斯劳设计(A. F. von Kesslau)，其扇形平面与城镇的布局相呼应。卡尔斯鲁厄从1715年开始，规划了32条放射状的街道。其中几项设计成就，包括三项诺伊曼的设计，其立面无一例外地都是以适度的重复作为特色。

波茨坦新宫(Neues Palais, Potsdam, 1755—1766)由约翰·戈特弗里德·伯林(Johann Gottfried Buring)和海因里希·路德维希·曼格(Heinrich Ludwig Manger)为腓特烈二世而设计。新宫的设计似乎受到了范布勒的霍华德堡(Castle Howard)的启发。不过，带有中央穹顶的巨大立面有着某种单调、抽象的几何化的简洁性，更接近于新古典主义风格。

波茨坦市政厅(Town Hall, Potsdam, 1753)由出生在阿姆斯特丹的建筑师约翰·博曼❶设计。这是一幢异常纯净的古典主义建筑。矩形的立面与八根半柱相结合，上面升起圆柱形的鼓座和阶梯状穹顶，缺乏真正的视觉中心。

维也纳大学老校舍(现为科学院大楼, Old University, Vienna, 1753)是让·尼古拉·雅多·德维莱-伊塞(Jean-Nicolas Jadot de Ville Issey, 1710—1761)的作品。在这幢建筑中，法国风格取代了奥地利的洛可可风格，这种法国式建筑与安热-雅克·加布里埃尔的作品有许多相似之处(参见有关章节)。带山花檐饰的侧翼和未经强化的中心部分令人联想起他设计的巴黎协和广场上的府邸建筑。

卢博斯特隆府邸(Palace, Lubostron, 1797—1806)是扎瓦兹基(S. Zawadzki)的作品。在18世纪末，波兰全盘转向了帕拉第奥式建筑风格，这幢颇具影响的建筑是维琴察的圆厅别墅的单座门廊的翻版。

华沙特佩特府邸(Teppet Palace, Warsaw, 约1780)是希蒙·博古米特·楚格(Szymon Bogumit Zug)的作品，虽然主题不变，但诠释更为古典，引领了新古典主义风格。楚格还设计了精美的阿卡迪亚的**狄安娜神庙**(Temple of Diana, Arkadia, 1783)，这座神庙是在英国之外的伟大的浪漫主义园林之一。

杰出的匈牙利**瓦茨大教堂**(Cathedral, Vac, 1763—1777)由伊萨多·卡内瓦勒(Isadore Canevale)设计。这座无侧堂并覆以穹顶的教堂有个带塔楼的严谨立面，外表没有装饰，以衬托凸出建筑外面的无山花科林斯柱式门廊。

弗里德里希·吉利(1772—1800)是一位有着法国血统的建筑师的儿子，同部雷、勒杜、索恩(John Soane)一样，他也是这一时期最富想象力的建筑师之一。他的代表作是一件未建成的作品，即**腓特烈大帝纪念堂**(Monument to Frederick the Great, 1797)。在这个方案中，古典的构思与简洁的几何

---

❶ Johann A. Boumann, 1706~1776年；据《牛津建筑词典》(*Oxford Dictionary of Architecture*) 所载，博曼生于1704年。——译者注

形体有力地结合在一起。吉利的设计将一座希腊多立克神庙立在巨大的墩座之上,进入神庙要通过一座同样简洁的大体量无柱门廊,门廊顶部还装点了四马双轮战车雕像。

柏林的**勃兰登堡门**(Brandenburg Gate, Berlin, 1789—1793,见[1049]页图B)是卡尔·戈特哈德·朗汉斯❶的设计,它以雅典卫城山门为参照,是第一座宏伟的多立克柱式纪念性大门。

卡尔斯鲁厄市场(Marktplatz, Karlsruhe, 1804—1824)由弗里德里希·魏因布伦纳(Friedrich Weinbrenner, 1766—1826)规划。有着神庙式正立面的福音教堂在广场上与市政厅相对,两个建筑相互保持均衡,但又各具特色。着重表现建筑的体量,同时又在中央竖立一个简单的金字塔形纪念碑,这种手法是冯·克伦茨(1784—1864)在慕尼黑的作品的原型。

莱奥·冯·克伦茨在去巴黎师从迪朗、佩西耶和方丹之前,曾与吉利在一起学习。他的两个伟大的纪念性作品实现了吉利希腊复兴的梦想,不过他的多数建筑都设计成丰富多彩的意大利文艺复兴风格,这种风格引入德国主要应归功于冯·克伦茨。

慕尼黑古代雕刻展览馆(Glyptothek, Munich, 1816—1830)是为收藏上乘希腊和罗马雕塑而建造的。硕长、朴素的立面被一个爱奥尼式门廊所打断,这与奢华多彩的室内(已毁于20世纪40年代)适成鲜明对比。在室内,展室里精致的古典装饰为厚重的拱顶赋予了生机。中央带院子的博物馆正方形平面更多地仿效了16世纪的意大利建筑,例如朱里奥·罗马诺设计的曼托瓦泰宫,而非古代遗迹。**慕尼黑大门**(Propylaea, Munich, 1846—1860)是国王广场(Königsplatz)的入口,这个广场位于克伦茨早年设计的古代雕刻展览馆的前面。尽管这座塔式门楼有一个希腊多立克柱式门廊,但其塔状的立面在更大程度上源于巴勒贝克的古罗马朱庇特神庙大门,或者也可以说源自古埃及的塔门。门厅内深深的壁龛,以及类似军事设施的上层柱廊,都突出了它那毫不妥协的严肃性。

雷根斯堡附近的**英灵纪念堂**❷是一座祭奠德国战争英灵的纪念堂,是巴伐利亚路德维希王储(Crown-Prince Ludwig)想象的产物。在这座经过再创造的希腊多立克式神庙的山花中,表现了德国战胜拿破仑和奥古斯都军团的场景,让人联想起吉利所做的腓特烈大帝纪念堂的方案。然而室内采用了彩色大理石,以期炫耀奢华而非古典的纯净。这幢坐落在山巅的建筑仿佛是一座古代的神庙,的确非常壮观。上升的坡道和平台本身显得十分古典,但这却是19世纪早期浪漫主义的象征。

凯尔海姆附近的**解放战争纪念堂**(Befreiungshalle, near Kelheim, 1842)是为纪念1813~1815年对抗拿破仑统治的解放战争而修建的,它是对古代帝王将相陵墓建筑严谨而非凡的一种诠释,周边的多立克式柱廊把石头建造的圆形中央大厅高高托起。在色彩绚丽的室内,手拉手的天使雕像与下部壁柱相呼应。**慕尼黑国王府邸**(Konigsbau Residenz, Munich)是佛罗伦萨皮蒂宫的再现(参见有关章节),不过其上层壁柱的形式源自卢彻来府邸(参见有关章节)。事实上,15世纪的佛罗伦萨风格是由路德维希王储在此期间进行城市改造时所建议选用的形式。

卡尔·弗里德里希·申克尔(1781—1841)是德国新古典主义时期最伟大的建筑师。作为吉利的学生,他于1810年进入普鲁士公共工程司(Prussian state public works office),1830年以后任工程司的主管。在此期间,他领导兴建了许多柏林城内以及柏林附近的大型建筑。由于这些建筑的建成,使柏林与欧洲重要首府的身份更为相称。尽管古典主义仍是对他产生影响的主要源泉,但他也设计了很多其他风格的建筑。不过,他遵循迪朗的理论,采用各种各样功能化的类型模式,形式则处于次要地位。申克尔的作品具有一种广度,这是同时代英国以外的建筑所缺乏的,还有他对形式的敏感和表达的清晰性,超越了当时正在成长的折中主义。

---

❶ Carl Gotthard Langhans, 1733~1808年;德国建筑大师,开启了德国建筑中的新古典主义流派,其设计的柏林布兰登堡门对19世纪的德国建筑具有深远影响。——编辑注

❷ Walhalla, near Regensburg, 1829~1842年;Walhalla的德文原意是北欧神话中沃丁神(Odin)接纳战死者英灵的殿堂。——译者注

第五编　文艺复兴时期和后文艺复兴时期的欧洲建筑及俄罗斯建筑

图A　菲尔岑海利根的朝圣教堂西侧立面(1743—1772)，见[1043]页

图B　施泰因豪森的维斯教堂内景(1745—1754)，见[1043]页

图C　菲尔岑海利根的朝圣教堂室内

第31章 奥地利、德国和中欧建筑

图A 卡尔斯鲁厄宫(1749—1771),见[1046]页

图B 柏林的勃兰登堡门(1780—1793),见[1047]页

图C 柏林老博物馆(1823—1830),见[1051]页

第五编　文艺复兴时期和后文艺复兴时期的欧洲建筑及俄罗斯建筑

图 A　柏林大剧院(1819—1821)，见[1051]页

图 B　波茨坦夏洛滕宫的王室园艺师宅(1829—1831)，见[1051]页

第31章 奥地利、德国和中欧建筑

柏林新哨所(Neue Wache, New Guard House, Berlin, 1816—1818)有一座从无窗的体块中凸出的希腊多立克式门廊。两边高大前突的侧翼强调了网格状构图，檐壁上的胜利女神雕像直接放置在柱子上方。

柏林大剧院(Schauspielhaus, Berlin, 1819—1821, 见[1050]页图A)是具有重要影响的希腊复兴风格建筑，以其体量之间的大胆构图以及强烈的几何化形态为标志。带山花的六柱爱奥尼亚式门廊上的栏杆围绕整个建筑，与大剧院的矩形体相吻合。一个高高的带山花的顶层阁楼，指明了中央正厅的所在，成为整个建筑的主宰。建筑的每个面、每个洞口都加以组合形成连续的块面，中间由壁柱似的中梃分隔。柏林大剧院在第二次世界大战中遭受了严重的破坏。

申克尔为**柏林老博物馆**(Altes Museum, Berlin, 1823—1830, 见[1049]页图C)的立面设计了一个爱奥尼式柱廊，柱上屋顶轮廓线用鹰作为装饰。庄严的楼梯和后退的顶楼使重点都集中到中央五开间上。与朴素的外观形成对比的是，申克尔亲自设计了门廊下的彩色壁饰以及带有异国情调的室内。顶楼的外形实际上隐藏了巨大的两层高的带穹顶的圆形大厅，让人联想起梵蒂冈博物馆里的圆形大厅，不过这座博物馆大厅的下部是一层柱廊，上部是实墙面。更特别的是，这座老博物馆根据迪朗的原则，将两层的周边长廊都按模数设计。

波茨坦预备役军官学校(Non-Commissioned Officers' School, Potsdam, 1826—1828)是申克尔最"功能化"的设计之一。在这座建筑上，古典的语汇几乎完全简化为水平向和垂直向的构图。位于三层其立面中央的五开间十分引人注目，它对上面两层是简化的壁柱和檐部，还有一个简单的顶楼。饰以平整朴素的粗面石的硕长侧翼，设置了一排排的三扇式大窗，隐约可见古典主义的影响。

同样少见的是柏林夏洛滕堡的**腓特烈·威廉三世暖阁**(Pavilion of Friedrich Wilhelm III, Charlottenburg, Berlin, 1824—1825)，与凡尔赛的小特里阿农宫十分相似(参见有关章节)，只不过把装饰细部减少到最小程度。设计的重点放在建筑本身质朴的几何形、以及平坦的墙面与深凹的敞廊之间的对比上。

波茨坦夏洛滕宫的王室园艺师住宅(Court Gardener's House, Charlottenhof, Potsdam, 1829—1831, 见[1050]页图B)是对原有建筑的改建，设计受到了纳什的英国风景画式府邸风格的启发。跟申克尔设计的**茶室及罗马浴场**(Tea House and Roman Bath, 1833—1834)一样，它形成了一个紧凑而又不对称的建筑群，低矮的屋顶、悬挑的屋檐和一个望楼塑造出意大利乡土建筑风格。夏洛滕宫原本是自1826年起为王储而改建的，是一座带有希腊多立克门廊的古典主义建筑，门廊按照历史经典设计，如雅典的厄瑞克忒翁庙。

柏林附近的**孔雀岛利达尔宫**(The Kavalierhaus on the Pfaueninsel, near Berlin, 1824)是一座哥特式建筑，立面不对称，有点类似英国哥特式府邸。它对形式的把握尤为娴熟，光滑的墙面衬托出精巧的细部，两座塔楼的主要部分都采用了异常宽大的窗户。

波兰的**缅济热奇教堂**(Church at Maseritz (Miedzyrzecz), Poland, 1828—1833)是这一时期众多罗马式文艺复兴风格建筑中的一座，这些建筑经常参照在当时广泛使用的圆拱式风格。不过，除了醒目之外，申克尔还赋予立面一种与众不同的几何明晰性。

柏林建筑学院(Academy of Architecture, Berlin, 1831—1836)是一幢巨大的四层高的砖砌块体大厦。粗大的长壁柱穿越整个建筑的高度，并以此形成立面构图，并表现结构框架。不过，文艺复兴风格的窗子细部刻画得精细非凡，构成了典型的申克尔式的对比手法。

维尔茨堡女子监狱(Women's Prison, Würzburg, 1809—1810)是彼得·施佩特(Peter Speeth, 1772—1831)的作品。与部雷的作品相仿，这个建筑仅仅展现了入口与毫无关联的宽大立面之间的尺度对比。

维也纳忒修斯神庙(The Theseus Temple, Vienna, 1820—1823)由彼得·冯·诺比莱(Pietro von Nobile)设计，是奥地利希腊复兴风格建筑中最引人注目的一个实例。它是用来安放卡诺瓦的忒修斯群像的，其设计以雅典的赫菲斯托斯神庙❶为依据，十分接近其范型。

---

❶ Temple of Hephaistos：即忒修斯神庙，位于雅典，是世界上保存最完好的古希腊神庙，为供奉美术和手工艺的保护神赫菲斯托斯和雅典娜而建，中世纪后被称为忒修斯神庙。——译者注

波兰维尔诺主教堂❶由瓦夫日尼亚克·古切维奇(Wawrzyniec Gucewicz)设计,它比戴维·汉密尔顿(David Hamilton)和威廉·亨利·普莱费尔(William Henry Playfair)在爱丁堡的作品要早得多(参见有关章节)。硕长的柱廊依附在庞大的多立克式神庙般的教堂侧面,与其他元素组合创造出这个给人留下深刻印象的作品。

匈牙利的**埃斯泰尔戈姆主教堂**(Esztergom Cathedral, Hungary, 1822—约 1850)由亚诺什·帕克(János S. Pack)和胡德(J. Hud)设计,这是另一件能给人留下深刻印象的新古典主义作品。这座教堂有一座庄严肃穆的八柱式科林斯柱式门廊,列柱式鼓座和半圆形穹窿通过拱券与两侧的钟楼联系起来。

---

❶ Wilno Cathedral in Poland,1777～1801;维尔诺即今维尔纽斯(Vilnius),属立陶宛。——译者注

文艺复兴时期和后文艺复兴时期的欧洲建筑及俄罗斯建筑

第 32 章
低地国家和英国建筑

建筑特征

低地国家

比利时和荷兰的文艺复兴早期建筑风格相似,之后在 17 世纪出现了很大的差异,而到 1700～1830 年,尽管彼此之间有所区别,但仍然回到平行发展之路。

尼德兰文艺复兴建筑(约 1515—1600)

文艺复兴装饰母题在 1515 年左右开始出现在尼德兰,而这种风格的第一幢重要建筑出现在 16 世纪 30 年代。布雷达城堡(Breda Castle, 1536 年始建)由曾在罗马拉斐尔工作室工作的画家托马索·文岑茨(Tommaso Vincidor)设计,在规划方面显示出来自梵蒂冈教皇宫的影响。而意大利建筑师亚历山德罗·帕斯夸列尼(Alessandro Pasqualini)则在他所设计的艾瑟尔斯泰因(IJsselstein)的教堂塔楼(约1532)中引进了柱式的竖向序列。科内利·弗洛里(Cornelis Floris)的安特卫普市政厅无疑是荷兰 16 世纪建筑最伟大的作品,同时也是文艺复兴语汇最广为人知的一种表达。世俗建筑推动了柱式的应用,由此可以将布满城市住宅立面上的巨大矩形窗户加以分隔,其结果是形成网格状框架,令人联想到威尼斯的建筑。但是,这些低地国家的最主要特征是装饰繁复的多层山墙,意大利建筑的装饰语汇相当顺畅地取代了晚期哥特风格洋蓟式细部,直到 18 世纪,比利时民用建筑都沿用了这种传统(例如: 布鲁塞尔大广场)❶。尼德兰文艺复兴风格成功地传播到斯堪的纳维亚、德国和波兰。通过尼德兰建筑师的移民和汉斯·弗雷德曼·德夫里斯(Vredeman de Vries)的建筑图册❷,使半身像柱、方尖碑、带状装饰和分块柱式❸等语汇不断推广,最终导致了枫丹白露的诞生。在 16 世纪末,利芬·德凯(Lieven de Key)设计的尼德兰莱顿市政厅(Leiden Town Hall, 1597)和尼德兰哈勒姆市的非常有特色的米特大厅(Meat Hall)依然遵循这一传统。

荷兰帕拉第奥风格(约 1600—1700)

在新独立的北部行省,亨德里克·德凯泽(Hendrik de Keyser, 1565—1621)以其朴实的荷兰方式,消除了过去那些建筑图册导致的想入非非的癖好,以拱券、托斯卡纳柱式或多立克柱式的使用为特征,在拱廊顶部运用整组檐部。雅各布·范坎彭(Jacob van Campen, 1595—1657)创导了所谓的"荷兰式帕拉第奥"风格,实际上,这种风格主要受斯卡莫齐的影响,也与当时英国建筑师伊尼戈·琼斯(Inigo Jones)的审美情趣相似(参见有关章节)。范坎彭和彼得·波斯特(Pieter Post, 1608—1669)设计的世俗建筑的立面是在壁柱上做中央山花。它们通常使用巨柱式,偶尔也直接采用古典的垂花饰。德凯泽和范坎彭设计的简朴而十分有创意的教堂室内空间与优雅而丰富多样的教堂尖塔,对雷恩(Wren)设计的伦敦教堂建筑产生了深远的影响。史蒂文·芬内库尔(Steven Vennecool, 1657—1719)的卓越建筑标志着荷兰帕拉第奥风格发展方向的根本变化:依靠中央凸出部分和精心设计凹陷窗扇的手法获得了严谨的几何效果。

17 世纪的比利时

17 世纪上半叶,大量复制著名意大利模式的教会建筑是当时主要的建筑类型。甚至在比利时,

---

❶ Grand' Palace;亦译格兰德广场。——译者注
❷ 参见有关章节,指德夫里斯的《建筑》和《建筑形式》。——译者注
❸ Banded orders;指出挑并分块交错叠合的柱式,典型实例为维尼奥拉设计的罗马朱利娅别墅等。——译者注

第五编 文艺复兴时期和后文艺复兴时期的欧洲建筑及俄罗斯建筑

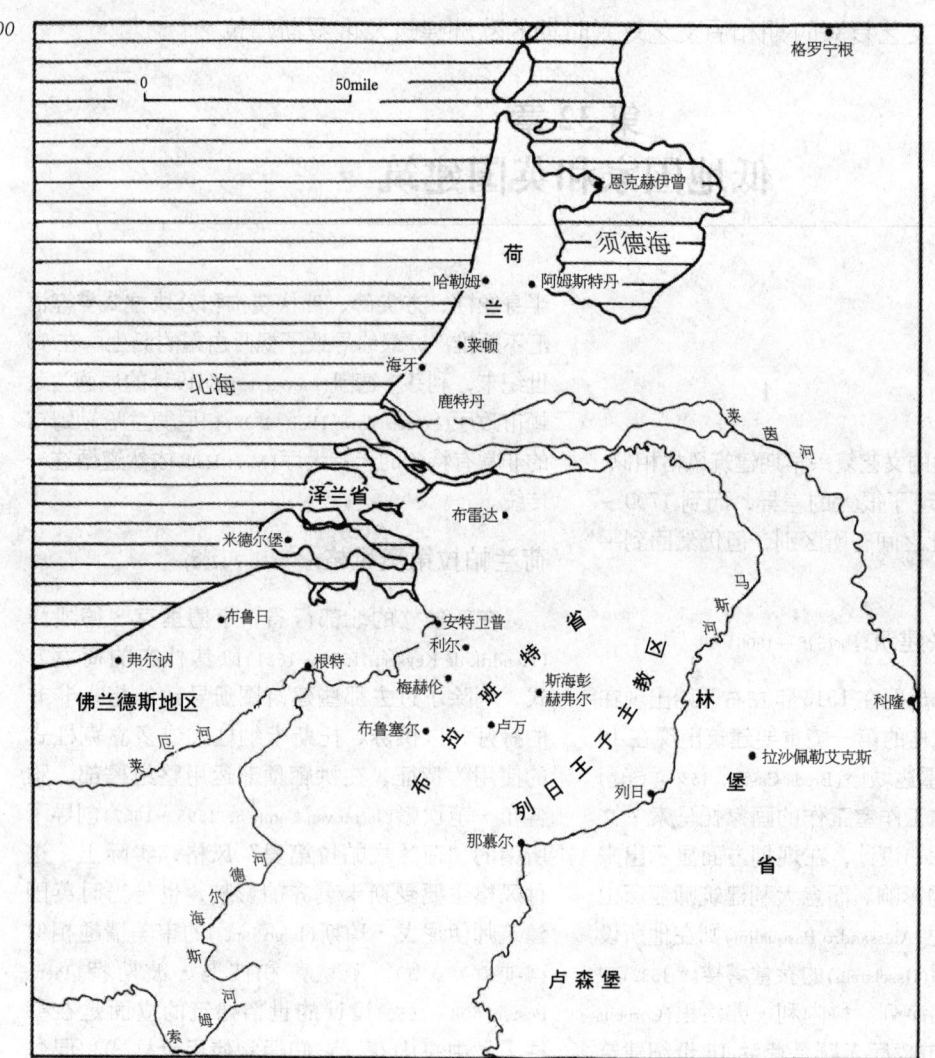

17世纪的低地国家地图

纯粹的巴洛克风格并没有造成深刻的影响,只出现在鲁本斯宅的后部。这座建筑融入了意大利巴洛克的精神。在其他地方,世俗建筑仍继续采用16世纪建筑图册的主题。

洛可可和新古典主义(1700—1830)

丹尼尔·马罗(Daniel Marot, 1661—1752)是来自法国的胡格诺派流亡者❶,于1685年来到荷兰,带来一种宫廷中盛行的更为法国化的风格。这在彼得·德斯沃特(Pieter de Swart, 1709—1772)的作品中得到延续。这一时期,荷兰和比利时之间的联系,在扬·彼得·小范鲍尔夏特(Jan Pieter van Baurscheit the Younger, 1699—1768)在安特卫普的建筑中可以得到例证。这位建筑师在海牙皇家图书馆(the Royal Library at The Hague)工程中曾为马罗工作。荷兰的少数民族建筑和外省建筑保持着一种更为显著的荷兰风格,而新古典主义时期显示出范坎彭风格的复兴,同样也是帕拉第奥风格的复兴。

---

❶ 胡格诺派是16~17世纪法国的新教信徒,曾遭受严重的迫害后纷纷流亡,移居英格兰、普鲁士、尼德兰和美洲。——译者注

建筑实例

低地国家

比利时

列日的前主教府庭院(Bishop's Palace, 1526)颇具代表性的早期文艺复兴语汇的例子。在带有十分稳重的拱廊的一楼主厅下面,式样奇异的大型栏杆取代了敞廊的柱子。

布鲁日旧大臣官署(The Old Chancellery, 1535,见[1057]页图A)有一个两层的立面,带十字窗棂的大型窗户由多立克式半柱分隔,同时支承上部檐壁,檐壁上不带额枋和檐口。上面的三座山墙,通过弧形的侧面涡卷、装饰性浮雕以及雕像,显示出巴洛克的流行。实际上,它们再现了洋蓟式哥特风格。

列日圣雅各教堂(S. Jacques, 1558—1560)保留了兰贝特·隆巴尔(Lambert Lombard)设计的有趣的立面。这一时期,如此古典的设计当时在低地国家是十分罕见的。但这种威尼斯式的装饰特征在那时的意大利已经完全过时。

安特卫普市政厅(The Town Hall, Antwerp, 1561—1566,见[1057]页图C)是科内利·弗洛里的作品,弗洛里是低地国家最杰出的雕塑家和建筑师。这是一幢华丽的建筑,宏大的面宽,对古典柱式有着精准的把握。在毛石砌筑的带拱券的基座之上是一个两层的壁柱式建筑,在突出的屋檐下,设置了一个露天的长廊。中央是一个三层的正门,作为构图中心。各层依次装饰着半柱(多立克式、爱奥尼式和科林斯式),组成一个连续的凯旋门般的母题,而上部还有两层假山墙(后面没有屋顶)。这幢建筑标志着探索性地同化古典主义风格的高潮,从引入诸如塞里奥等范型转向吸纳佛兰德斯与荷兰式传统。面向大广场的三层建筑立面采用了多样化的晚期哥特式和古典主义风格。

布鲁塞尔同业会所和大广场(The Guild House, Grand' Place, Brussels,见[1058]页图A)始建于17世纪90年代的一个非常短暂的时期。其中,巴洛克装饰细部的多样性被运用到传统的多层山墙立面上。它借助塑像柱式和浮雕装饰,试图表现出与诸邻邦有所差异,从而产生了一种异乎寻常的统一效果。

斯海彭赫弗尔圣母院(Onze Lieve Vrouwekerk, Scherpenheuvel, 1609年始建,见[1057]页图B)在卢万附近。这是一座八边形的朝圣教堂,由文策斯拉斯·科贝赫(Wenceslas Coberger)设计,建造这座教堂的初衷是为了存放神迹意象。教堂的形式使人联想到由小安东尼奥·达·桑迦洛为罗马佛罗伦萨人圣约翰教堂所作的设计,尤其是卷涡饰转角扶壁。低地国家早期的穹顶与罗马圣彼得大教堂的尖穹形轮廓十分相似,两层高的壁柱拱廊也属意大利的形式。但在巨大的穹顶结构之下,教堂显得十分矮小。

根特圣彼得教堂(S. Pieter, 1629年始建)显示出异常一致的演变脉络。平面非常特殊,一个正方形的前部有一个穹顶,由四个拱座支承。然后是从东端延伸的偌大的中堂和侧堂,形成了罗马16世纪建造的圣彼得大教堂的庄严肃穆。立面完全模仿维尼奥拉设计的耶稣教堂,据说这是杰苏伊特·彼得·于桑(Jesuit Pieter Huyssens, 1577—1637)的功劳,根据文献记载,于桑曾在罗马工作。安特卫普圣卡罗勒斯·博罗梅乌斯教堂(S. Carolus Borromeus, Antwerp, 1615—1625)虽然是于桑的作品,但这座教堂在1718年大火之后几乎完全重建。除了筒形拱(最初是木结构的)和侧堂上方的廊台,柱廊结构的室内非常简洁(曾经由鲁本斯画过相当华丽的画)。立面显然是典型的意大利风格,以布翁塔兰蒂设计的佛罗伦萨大教堂为原型,其创意在于周围的壁龛和窗框。教堂侧面有一对装饰十分繁复的尖塔,以高度个性化的构图表现出意大利16世纪后期的建筑风格。

布鲁塞尔圣三一堂(The Church of the Trinity, Brussels)的立面源于雅各布·弗兰卡尔(Jacob Francart)设计的圣奥古斯丁教堂(Augustinian Church, 1642),它在气质上体现出巴洛克风格。中央部分外部有成对的半柱,承载着四分之一山花,而上部的楼层由陡直上升的涡卷饰所支承。

卢万圣米迦勒教堂(S. Michael, Louvain, 1650—1670,见[1060]页图A)是威廉·赫西乌斯(Wilhelm Hesius(Hees))以及其他建筑师的作品,尽管设计采用古典主义的母题,但室内主体仍属中世纪风格。然而教堂卓越的立面(立面并非赫西乌斯的设计)的确十分新颖,高大的立面上布满了华丽的装饰,显示了名副其实的巴洛克风格。两层构图中成组布置半柱,尤其是用雕塑装饰的顶楼来突出中央部分。

卢万贝居安会大隐修院(the Groot Begijnhof, 14—18世纪)是比利时城镇中现存的这类隐修院中的一座。这些隐修院仅能容纳少量的贝居安会修女,主要的建筑是教堂,同时也有医院等设施。卢万城大约为200多位修女在教堂和医院旁边提供了住所,并由此形成网格状的街道。

安特卫普鲁本斯宅(Rubens's House, 1610—1617,大部分已经过重建)是城邦贵族府邸的一个优秀的例子。房子由艺术家本人设计,外部空间相当含蓄,但其庭院堪称那个时代最华丽的创作之一。背立面和突出的两翼布满雕塑装饰,一座凯旋门既是建筑屏墙和楼阁,又围合了庭院,并作为通向一座幽雅的花园的入口。这幢府邸显然受到意大利16世纪建筑的奢华和过度装饰的影响,同时又融合了北方的形式,诸如十字窗棂的窗户和陡峭的屋顶等,形成一种带有原创性的综合体,而不仅是单纯的模仿。

安特卫普雅各布·约尔丹斯宅❶是鲁本斯的门生约尔丹斯的府邸。这座建筑几乎是一种创新。紧凑而粗犷的立面有着一个非常复杂精致的入口,以一片断裂山花作为结束,顺畅地将弧线和螺旋形的断裂山花、拱券以及涡卷饰结合成一体。

迪南附近的莫达勒府邸(Château Modare, 1649)是一座相当严谨且受法国范型影响的建筑,有陡峭的屋顶和突出的两翼。立面布置巨柱式壁柱,建筑中央是断裂山花。

布鲁塞尔贝洛内大厦(Maison de la Bellone, 1697)是让·科桑(Jean Cosyn)的作品,立面由爱奥尼巨柱式壁柱和山花构成,大面积的矩形窗户几乎布满各个开间。即便如此,其装饰的数量或许可以与同一时期荷兰严谨且设计简洁的大厦相提并论。

利尔市政厅(The Town Hall, Lier, 1740,见[1058]页图B)是扬·彼得·小范鲍尔夏特(1699—1768)的作品,相当严谨,而且是典型受法国影响的比利时洛可可建筑的范例。平整的立面几乎像薄纸一般,有着精致的窗框,粗犷的壁柱带饰和稍稍退后的同样形状的壁板而产生一种微妙的效果。

让布卢旧本笃会隐修院(the former Benedictine Abbey, 1762—1779)是洛朗·伯努瓦·德韦(Laurent Benoit Dewez, 1731—1812)的作品,他将类似安热-雅克·加布里埃尔在巴黎的建筑那样严谨的古典主义引入比利时。突出在硕长的有着重复母题的立面中央的是一个夸张的爱奥尼式门廊。

瑟内夫府邸(the Château, Seneffe, 约1760)也是德韦的作品。在宽阔的立面上,端部和有山花的中央部分都用壁柱装饰,连接着长长的呈1/4圆弧的柱廊,柱廊的尽端是一个覆盖着穹顶的楼阁,围合了一座开阔的前院。体量的形式布局和构想的规模堪与同时期法国的工程相媲美。

布鲁塞尔皇家广场(the Place Royale, 1775年始建,见[1060]页图C),完全受法国的影响。广场由巴黎建筑师巴尔(N. Barre)规划,与兰斯的皇家广场(the Place Royale, 1756—1760)如出一辙,兰斯皇家广场的平面布局与安热-雅克·加布里埃尔的协和广场的构思相似(参见有关章节)。广场的三边的建筑体量统一经过规划,每一幢建筑都在粗石面的基座上方的楼层采用巨柱式壁柱。广场的第四面是科林斯式门廊,作为科登贝尔格山上的圣雅各教堂(S. Jacques sur Coudenberg, 1766—1787)的入口,这个教堂主要是设计广场的建筑师吉马尔(B. Guimard)的作品,教堂的采光塔建于1849年。

圣特罗德迪拉斯府邸(Château de Duras, 1789)是尤为华美的新古典主义经典作品。在一个相当保守的立面中部,突出的两翼运用了带有鼓座和穹顶的半圆形柱廊,犹如布拉曼特的小神殿的优雅翻版。

荷兰

艾瑟尔斯泰因教堂钟塔(The Church Tower, IJsselstein, 约1532)位于乌得勒支附近,由一位在尼德兰工作的意大利建筑师亚历山德罗·帕斯夸列尼设计。这件优秀的作品将北欧带入一个史无前例然而又是独特的古典主义时期。三层壁柱层(多立克、爱奥尼和科林斯柱式)构成了塔楼本身,支撑着一个八边形的鼓座。钟塔有着典型的北方式装饰,例如砖石砌体所特有的变换层砌法以及壁龛周围

---

❶ the Jacob Jordens House,1641年始建;亦作 Jacob Jordaens House。——译者注

第32章 低地国家和英国建筑

图A 布鲁日旧大臣官署(1535)，见[1055]页

图B 斯海彭赫弗尔圣母堂(1609年始建)，见[1055]页

图C 安特卫普市政厅(1561—1566)，见[1055]页

第五编　文艺复兴时期和后文艺复兴时期的欧洲建筑及俄罗斯建筑

图 A　布鲁塞尔同业会所和大广场(1690年始建)，见[1055]页

图 B　利尔市政厅(1740)，见[1056]页

图 C　海牙莫里斯宫(约1633)，见[1059]页

第32章 低地国家和英国建筑

的特殊砌法。

阿姆斯特丹老教堂大尖顶(The Steeple, Oude Kerk, Amsterdam, 1565—1566)由约斯特·扬斯(Joost Jansz)设计,充溢着当时尼德兰建筑的典型特征。它包括许多细小的阶段,借助形式、材料和结构的多样性、体块变化自如的元素,自由地运用文艺复兴的形式和特征。

兹沃勒查理五世宫('the House of Charles V', Zwolle, 1571)是16世纪晚期典型的荷兰城镇府邸。粗犷的多立克式壁柱用在两层的立面上。第三层顶楼一直延伸至山墙,构成叠置的涡卷饰。在这座建筑上,如往常一样,顶楼柱式的问题并没有得到满意的解决,特别是以涡卷饰来支撑檐口的手法并不成功。

莱顿市政厅立面(the Town Hall, Leiden, 1597,见[1061]页图①、图ⓒ)是来自安特卫普的利芬·德凯(约1560—1627)装饰繁富的作品。令人印象深刻的建筑中央部分,有一座双跑三角形楼梯(对照罗马坎皮多利奥山),同时又将雕塑丰富的细部集中布置在中部开间。带箍线条饰、格子图状浮雕装饰、分块柱式等手法来自汉斯·弗雷德曼·德夫里斯的图册。多层的尖塔,下层是方尖碑,顶部则是穿孔式球形物,尤为精细。

亨德里克·德凯泽(Hendrik de Keyser, 1565—1621)在成为阿姆斯特丹建筑界领军人物之前是一名石匠和雕塑家。萨洛蒙·德布雷(Salomon de Bray)镌刻出版了他的作品集,为荷兰建筑引入了某种节制之风,从而预示了一个新时代的来临。

阿姆斯特丹南教堂(The Zuiderkerk, Amsterdam, 1606—1614)是荷兰最早的新教教堂之一。德凯泽设计的平面有中堂和侧堂,耳堂并不突出,属于中世纪教堂的型制,但外观上应用了古典的语汇。尽管多立克式柱子取代了拱座,但建筑仍然采用花格窗。教堂的尖顶类似莱顿市政厅,虽然细部相当奢华,构成要素的组合在整体上却有所节制。

阿姆斯特丹西教堂(The Westerkerk, Amsterdam, 1620—1631)尽管采用了肋拱和花格窗,却有着两层高的古典风格的室内,相当严谨。简洁的平面为矩形,内有两组耳堂。构成中堂拱座的多立克群柱相当细长,使得室内产生一种空间感。塔楼比早期的型制更为适度,尖塔由三个不断缩小的方石状构件组成。

雅各布·范坎彭(1595—1657)是荷兰最伟大的建筑师,又是一位画家。他可能曾经在意大利求学,并在那里结识了斯卡莫齐。他的作品与帕拉第奥的继承者们那些引领建筑界的作品之间有很强的联系。他的主要作品都在阿姆斯特丹。这些经历使他得以将荷兰的传统与帕拉第奥式古典主义相融合,创作出一些格外杰出的建筑。

海牙莫里斯宫(The Mauritshuis,约1633,见[1058]页图C)为当时战功卓著的约翰·莫里斯·范纳绍(Johan Maurits van Nassau)将军建造。近乎正方形的平面原型源自帕拉第奥和斯卡莫齐设计的别墅,有两间位于中央的接待厅,每一侧都布置了带三个房间的幽静套房。在较低的基座上,立面以巨柱式爱奥尼壁柱框成的巨型窗户统一起来,窗户周围装饰着优雅的缘饰。屋顶是典型的荷兰式陡坡顶,高大的烟囱曾经是屋顶的主要形象。中部山花没有被刻意强调,协调的外部饰以有节制的垂花饰和浮雕。

阿姆斯特丹皇宫(The Royal Palace, Amsterdam, 1648—1665,原市政厅,见[1060]页图D)是一件彰显着勃勃雄心的作品。皇宫有着纪念性的尺度,这在帕拉第奥的建筑中未曾有过先例,甚至超出了斯卡莫齐的理想设计。宽阔的矩形布局,其中有两座庭院,由庞大的双层中央大厅隔开。建筑群有许多奇特之处,庭院没有合适的入口,其功能只是作为采光井,也没有雄伟的入口进入建筑,只有通过一系列非常狭窄的通道才能到达中央大厅。双层的立面上重复运用了壁柱。冠有山花的中央部分要比角楼远为突出,其特征是带穹顶的采光塔。这种形式可能源自罗马圣彼得大教堂中一座较小的穹顶,采光塔取代了原先市政厅高大的中部山墙或钟塔。

哈勒姆新教堂(The Nieuwe Kerk, Haarlem, 1645—1649,见[1060]页图E,[1061]页图ⓒ),平面呈希腊十字形,在内场向圣坛和入口略有突出。呈正方形的爱奥尼式的十字形拱座以及其下的爱奥尼柱(沿纵轴线方向拔去)在转角处支承着花格镶板平顶,而在中央空间则覆盖交叉拱顶。除了在细部方面体现了更纯粹的古典主义之外,这座教堂有些类似德凯泽的作品。建于1613年的钟塔是德凯泽的作品,设计不可思议地复杂。立面上有叶形饰,以多立克式檐部和锥形扶壁烘托出非常庄重的教

第五编　文艺复兴时期和后文艺复兴时期的欧洲建筑及俄罗斯建筑

图A　卢万圣米迦勒教堂(1650—1670)，见[1055]页

图B　海牙新教堂(1649—1656)，见[1063]页

图C　布鲁塞尔皇家广场(1775年始建)，见[1056]页

图D　阿姆斯特丹皇宫(原市政厅，1648—1665)，见[1059]页

图E　哈勒姆新教堂(1645—1649)，见[1059]页

第32章 低地国家和英国建筑

Ⓐ 哈勒姆小尖塔；Ⓑ 哈勒姆顶端饰；Ⓒ 安特卫普山墙；Ⓓ 莱顿市政厅尖塔；Ⓔ 哈勒姆新教堂尖塔；Ⓕ 乌特勒支大教堂壁柱；Ⓖ 莱顿市政厅；Ⓗ 乌特勒支大教堂壁柱

第五编 文艺复兴时期和后文艺复兴时期的欧洲建筑及俄罗斯建筑

图A 阿姆斯特丹特里彭宫(1662),见[1063]页

图B 恩克赫伊曾市政厅(1686),见[1063]页

图C 海牙皇家图书馆(1734),见[1063]页

堂外部形式。

海牙新教堂(The Nieuwe Kerk, The Hague, 1649—1656,见[1060]页图 B)是彼得·努尔威茨(Pieter Noorwits)和范巴森(van Bassen)的作品。从某些方面看来,这座建筑仍然具有哥特风格,例如花格窗饰和非常陡峭的屋面。但是平面布局却不同寻常,原本是一个矩形平面外加六个多边形的后殿,每边一个后殿,另两个在两侧,但是作为中心的布道坛和洗礼隔墙却不合常规地紧靠侧面后殿之间的墙壁安置。

阿姆斯特丹新路德教堂(The Nieuwe Lutherse Kerk, 1668)由阿德里安·多尔兹曼(Adrian Dortsman,?—1682)设计。这是一幢重要的建筑,以公共回廊围绕着穹顶覆盖的圆形大厅的半边。从毛石柱基上升起的多立克式壁柱、镀铜的穹顶和闪闪发光的采光塔构成了异常醒目的外观。

阿姆斯特丹葡萄牙人犹太教堂(The Portuguese Synagogue, 1671—1675)是埃利亚斯·博曼(Elias Bouman)设计的一幢简陋而又威严的建筑,是 17 世纪荷兰宗教自由运动产生的几座犹太教堂中的一座。正如那时的记载,荷兰犹太教堂以当时的新教教堂为原型设计。教堂内部被成排的爱奥尼柱划分成三跨有着同样筒形拱顶的侧堂,侧墙附有廊台,而简洁的外立面上则饰有巨柱式长壁柱。这座特殊的犹太教堂坐落在一个较大的城区内,虽然与其他阿姆斯特丹同时代的犹太教堂相似,但它却更有气势。

阿姆斯特丹波彭宫(The Poppenhuis, 1642)是菲利普·温布恩斯❶的作品,也是深受范坎彭影响的众多建筑之一。巨柱式和中央山花为立面增添了许多优雅。阿姆斯特丹特里彭宫(见[1062]页图 A)❷由菲利普·温布恩斯的兄弟于斯特斯·温布恩斯(Justus Vingboons)为特里普兄弟(brothers Trip)建造。其中的壁柱高达两层半,檐部在中央山花部分和建筑端部被打破。从屋脊升起的烟囱修饰成炮筒状,以暗示房主的身份。

海牙的博斯府邸(The Huis den Bos, 1645 年始建)由彼得·波斯特(1608—1669)设计。他曾与范坎彭共事。作为一幢城郊府邸,博斯府邸被设计成集中式建筑,基本上参照帕拉第奥设计的更为小巧的圆厅别墅。由范坎彭本人装饰的十字形中央大厅覆有穹顶,占据了建筑的整个高度,且八边形的圆顶伸出屋面。

恩克赫伊曾市政厅(The Town Hall, Enkhuizen, 1686,见[1062]页图 B)是史蒂文·芬内库尔(1657—1719)的作品。整个建筑十分紧凑,中央部分突出,并冠以采光塔。基本上无柱式的立面因建筑转角的隅石和中央部分一系列大小和形状变化的门窗洞口而变得富有生气,使得整个建筑成为有趣而协调的一个杰作。同样由芬内库尔设计的马达赫滕马诺尔府邸(the Manor House, 1695)体现了类似的理念。这座府邸的侧翼向退,向内倾斜的基座层一直延伸至护城河内,入口桥梁呈弧线形。府邸有着非常强调的中央突出部,其檐口富有表现力地向上拱起。

海牙皇家图书馆(The Royal Library, Hague)原先是于盖坦公馆(Hôtel Huguetan, 1734 年始建, 1761 年增建两翼,见[1062]页图 C)由丹尼尔·马罗设计,具有明显的法国风格。两侧加建部分比较粗犷,而中间部分凹入,以高大的毛石垒石层分隔,顶部以卷边形牌匾代替山花。

海牙皇家剧院(The Royal Theatre, Hague)原先是纳索·魏尔堡宫(Nassau Weilberg Palace, 约 1765),由彼得·德斯沃特设计。他曾在巴黎学习。建筑凹入的立面和厚重的两翼表明,法国建筑的影响贯穿了整个 18 世纪。

格罗宁根市政厅(The Town Hall, Groningen, 1777—1810)是雅各布·奥滕·许斯利❸的作品。尽管它令人回忆起范坎彭的时代,但是巨柱式柱和壁柱表明,它无疑是一件新古典主义的作品。

莱尔瑟姆布罗克赫伊曾别墅(Villa Brockhuizen, 1794 年建, 1810 年扩建)由贝尔克曼(J. Berkman)和齐兹尼斯(B. W. H. Ziezenis)设计, 是一幢广义上的帕拉第奥风格建筑,它具有帕拉第奥的福斯卡里别墅扩大和改良版的视觉效果。鹿特丹旧市政厅(Oud Raadhuis, Rotterdam, 1825 年始建)是蒙罗(A. Munro)的

---

❶ Philip Vingboons;亦译作菲利普·芬克布斯。——译者注
❷ The Trippenhuis, 1662 年;《不列颠百科全书》译为特里彭赫伊斯, huis 在荷兰文中是府邸、宅、宫之意;荷兰皇家艺术和科学学会所在地。——译者注
❸ Jacob Otten Husby;据《牛津建筑词典》应为 Jacob Otten Husly, Husbly 亦作 Huslij。——译者注

作品,是当时典型的欧洲新古典主义建筑。一座门廊从很长的立面中伸出来,顶部有一座高耸的采光塔。就形式而言,它是古典主义的,但无疑也具有荷兰特质。

建筑特征

英国

16世纪到19世纪30年代,英国建筑并没有按照欧洲大陆风格演变的年代顺序经历文艺复兴、巴洛克、洛可可和新古典主义。姗姗来迟的文艺复兴,17世纪盛行的折中主义,与欧洲大陆建筑风格演变无关的18世纪早期新帕拉第奥运动,及前意识的哥特复兴❶等,使得英国建筑风格的分期很难界定。由于上述种种原因,虽然历种主要建筑风格的演变在时间上有所重叠,但英国建筑风格的时期仍可以按照皇室的更替来划分。这几个时期相继为:都铎王朝,伊丽莎白一世和詹姆斯一世王朝时期(1505—1625);斯图亚特王朝,共和国和王政复辟时期(1625—1702);乔治时期(1702—1830),其中包括巴洛克、帕拉第奥复兴、新古典主义和独特形象化风格。

都铎王朝、伊丽莎白一世和詹姆斯一世王朝时期

亨利八世(Henry VIII, 1509—1547)试图将意大利和法国的建筑模式运用到宫廷建筑中,其结果是把文艺复兴的建筑元素作为装饰细部嫁接到晚期哥特建筑上。

伊丽莎白一世(1558—1603)时期的建筑参考了大尺度的文艺复兴母题,有时甚至不加选择地抄袭源自法国、意大利或佛兰德斯的建筑论著。柱式用在那些颇具法国风格的凸窗隔间和正面装饰。最重要的书籍来自于塞里奥、迪塞尔索和菲利贝尔·德洛尔姆,以及以后的文德尔·迪特林(参见有关章节)。源自佛兰德斯建筑图集的枫丹白露宫,其饰带和怪诞图案影响了室内外的建筑装饰风格。然而,罗伯特·斯迈森(Robert Smythson, 1536—1614)

超越了当时那种亲切但却混杂的折中主义风格,创作出结构合理的建筑平面,显示出对设计的全面把握。就总体而言,伊丽莎白一世时代建筑物的外轮廓线呈现出一系列塔楼、山墙、胸墙、栏杆和屋顶烟囱,并运用大竖框的凸窗来丰富建筑的立面。其效果与16世纪法国建筑的风格类似,但其组织方式已不那么生硬,并且变得更加华丽。

在詹姆斯一世时期,移居到英国的工匠引入了德国和佛兰德斯的建筑装饰元素。从此,英国建筑不再只是复制书本上那些盛行于法国和意大利的建筑装饰图案。詹姆斯一世时代的乡村住宅把伊丽莎白一世时代多样的建筑元素统一为一种更具特色的式样。人们通常使用砖和石头装饰建筑的立面,顶部有塔楼和佛兰德斯式的山墙,柱式的应用仅限于立面装饰。

伊尼戈·琼斯(Inigo Jones, 1573—1652)推动了英国建筑的巨大变革。这场变革始于詹姆斯一世晚期(1603—1625),并在以后的年代得到蓬勃发展。

斯图亚特王朝、共和国和王政复辟时期

伊尼戈·琼斯为詹姆斯一世和查尔斯一世(Charles I, 1625—1649)以及王室所设计建造的建筑风格传入英国。这种纯正的古典主义风格基于纯粹的几何形状和精心推敲的比例关系,运用了维特鲁威式的"正统"形式和象征性的柱式语言。伊尼戈·琼斯的建筑语言来源于他两度游访意大利,以及他对建筑图纸和建筑书籍的广泛收集,尤其是帕拉第奥和斯卡莫齐的著作。他摒弃了那种对米开朗琪罗创导的,并一度流行的"复合装饰"的滥用,而他所设计的建筑,室内依然受到法国风格的影响。

虽然伊尼戈·琼斯的建筑风格仅在宫廷建筑上流行,他的侄子和学生约翰·韦布(1611—1672)则将他的建筑风格加以全面推广。韦布为查尔斯一世设计的格林尼治建筑显示出他在把握硕长的建筑立面(总共有24个开间)上的得心应手。通过建筑中部的舒展和转角楼阁的运用来强调立面的手法,显然是受到法国建筑的影响,而他的建筑语言则是帕拉第奥式的。罗杰·普拉特(Roger Pratt,

---

❶ "前意识"是精神分析学用语,表示曾经属于意识领域,而又被遗忘的观念、思想、感觉、情感等,是无意识达到意识层的中介。——译者注

第32章 低地国家和英国建筑

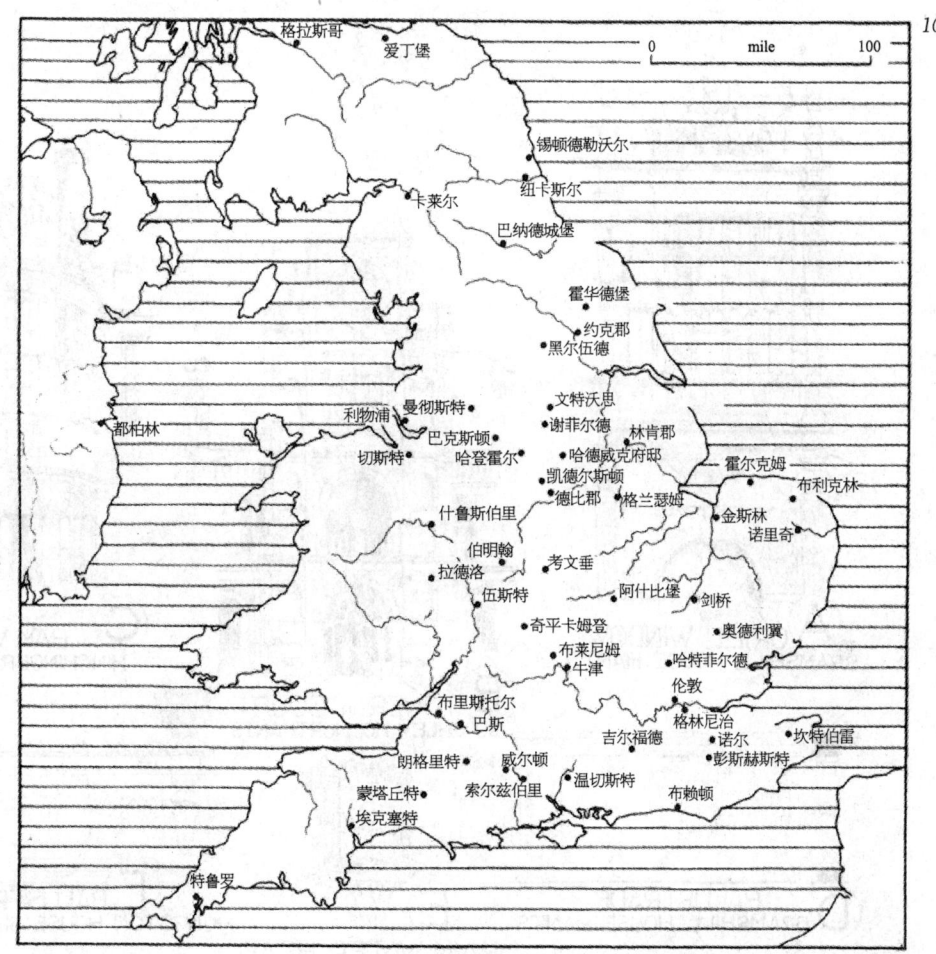

文艺复兴时期的英国

1620—1684)是护国政体时期❶的一位住宅设计大师,他设计的房子相当实用,并呈现出一种清晰的对称性。他在科尔斯希尔(Coleshill)的住宅采用了"双面走廊"的做法(成排的公寓房间平行布置,中间用走廊加以分隔),用这种方法设计了影响极大的克拉伦登府邸(Clarendon House)。朴实的无柱式立面上设计了简洁的大窗、饰有山花的气窗和低矮的烟囱,为朴素无华的古典主义树立了一个新的典范。

1620～1660年的大部分建筑很少受琼斯及其同时代人创新的影响。在宫廷的圈子之外,一种"工匠式样"在住宅建筑中盛行。它表现为饰有卷涡纹的顶部及带三角形山花的荷兰式山墙,还有厚重的檐口和坡屋顶。砖和木框窗的使用也同样承袭了荷兰风格。

在王政复辟时期,英国出现了一位伟大的建筑师,克里斯托弗·雷恩爵士(1632—1723)。他的设计相当理性并呈几何化,他不仅认同琼斯和韦布的设计传统,同时也受到了霍布斯❷和佩罗的相对论美学的影响。雷恩在1665年游历巴黎时,被法国建筑深深打动,因此在他后期的作品中可以看到越来越多的巴洛克风格的影响。雷恩早期的作品,接近休·梅(Hugh May,1622—1684)时期朴素的荷兰风格,在正立面上运用巨大的壁柱和拱券。伦敦大火的肆虐为雷恩提供了前所未有的机会,使他承担了改造圣保罗大教堂和其他许多城市教堂的任务。雷恩为此设计了大量的建筑平面类型,他在其中运用希腊十字、多边形、单纯的

---

❶ 指英国1653～1659年克伦威尔父子的摄政时期。——译者注
❷ Thomas Hobbes,1588～1679年。——译者注

第五编　文艺复兴时期和后文艺复兴时期的欧洲建筑及俄罗斯建筑

Ⓐ 汉普郡布拉姆希尔府邸的凸肚窗；Ⓑ 北安普敦郡伯利府邸庭院中的塔楼；Ⓒ 欣琴布鲁克大厦的凸窗；Ⓓ 汉普郡布拉姆希尔府邸的栏杆；Ⓔ 克拉弗顿的马诺河附近的水落斗；Ⓕ 埃文河上的布拉德福金斯顿府邸栏杆；Ⓖ 诺福克郡布利克林大厦的入口；Ⓗ 萨默塞特郡圣凯瑟琳庭院的门廊；Ⓙ 布拉姆希尔府邸的连拱廊

矩形和带长廊的巴西利卡。拱顶式样不尽相同，其中圣司提反·沃尔布鲁克教堂(S. Stephen Walbrook)尤为壮丽繁复，雷恩从中获得解决圣保罗大教堂问题的启示。雷恩的城市教堂可能受到了德凯泽和范坎彭在阿姆斯特丹所设计的教堂建筑的影响。而圣保罗大教堂后阶段建造和城市教堂尖顶的设计显示出其对透视法则的进一步研究，那些复杂曲线的运用使雷恩的设计更加接近巴洛克风格。然而，他却从没有流露出对欧洲大陆巴洛克风格中曲线形立面及其奇异细节的兴趣，而是依然坚持理性和经验主义。

"雷恩风格"不仅在与他相关的圈子内得到传播，例如他在皇家学会忠实的助手和伙伴罗伯特·胡克(Robert Hooke, 1635—1703)，而且得到多数泥瓦匠和木匠的认同，是他们使那特色鲜明的红砖与隅石结合的荷兰式样伴随着王政复辟时代得以流传至今。

乔治时期

这一漫长而又多元混杂的时期可以简要地划分为英国巴洛克时期(1702—1725)、帕拉第奥复兴时期(约1715—1750)和新古典主义时期(1750—1830)。哥特复兴伴随着新古典主义而诞生，在它的前普金时期(pre-Pugin phase)，同样也是这批建筑师将它付诸实践。

霍克斯穆尔、阿彻、吉布斯和范布勒与英国巴洛克建筑相关。其中只有阿彻和吉布斯对意大利的巴洛克风格有直接的认识，吉布斯曾跟随卡洛·丰塔纳在罗马学习。约翰·范布勒爵士 (Sir John Vanbrugh, 1664—1726)是一位朝臣、军人和剧作家，同时也是一位建筑师。在他的保护人，霍华德城堡的卡莱尔伯爵❶的帮助下，他担任皇家工程事务司❷的总监。范布勒在设计布莱尼姆(Blenheim)和霍华德堡(Castle Howard)的乡村府邸时，得到了尼古拉斯·霍克斯穆尔(Nicholas Hawksmoor, 1661—1736)的协助，他们对彼此的贡献是很难区分的。霍克斯穆尔学识渊博，富于原创精神，而范布勒的个性则激情澎湃。他们所倡导的风格，有

着充满情感、韵律且如戏剧般的构图，和谐地运用了巨柱式，以打破大面积粗石砌体造成的效果，拱心石从拱券上凸出，建筑的轮廓线上有一些形状奇特的凸起物。这种设计及其总体效果显得更加法国化，而非意大利式，但所使用的建筑语言完全是独特的。霍克斯穆尔所独有的特殊风格，可以从他设计的伦敦教堂中得到展现。这些教堂上塑有大量强劲的几何形块状元素，以整体的方式砌合在一起；装饰简洁并相当有节制，然而又有些怪异；三陇板和罗马式的神坛呈现出一种意想不到的组合关系。托马斯·阿彻(Thomas Archer, 1668—1743)所设计的小教堂和府邸建筑显示出这位建筑师对贝尔尼尼和博罗米尼的深刻认识。而詹姆斯·吉布斯 (James Gibbs, 1682—1754)早期设计的建筑也表现出对罗马建筑影响的背离，特别是伦敦圣马利亚勒斯特兰德教堂(S. Mary le Strand)，他使用了巨大有力的华盖来构成建筑的侧立面。

科伦·坎贝尔(Colen Campbell, 卒于1729年)撰写的《维特鲁威在不列颠》(*Vitruvius Britannicus*, 1715, 1717, 1725)一书的出版，标志着帕拉第奥复兴对短暂的英国巴洛克风格的抵制。反对欧洲大陆盛行的模式而对"民族"形式的研究，既有其政治原因，也有美学的原因，巴洛克风格被等同于绝对君权政治和天主教会。1719年，伯林顿伯爵(Lord Burlington)沿着伊尼戈·琼斯的足迹来到维琴察，把帕拉第奥当年研究罗马浴场的草图带回英国，丰富了琼斯曾收集的资料。英国的帕拉第奥式，更多的是对琼斯风格的复兴，而不是帕拉第奥风格，且后来伯林顿、肯特和坎贝尔(Campbell)都回避帕拉第奥晚期那种非正统的设计风格。其结果不可避免地导致了一种枯燥乏味而又学究式的古典主义风格。然而这种风格却在住宅建筑，特别是城镇住宅上，得到了广泛的成功。像威廉·肯特(William Kent, 1685—1748)和詹姆斯·吉布斯这样的建筑师，他们职业生涯后期的作品并没有完全屈服于帕拉第奥式的专制。肯特的家具设计很少受到约束，这可在他对哥特风格的偶尔尝试中看出，尤其是他在园林景观不拘常规的先锋性创新，

---

❶ the Earl of Carlisle；此处系指查尔斯·霍华德·卡莱尔伯爵三世，1674～1738年，曾任英国首席大臣。——译者注

❷ Royal Works；全称为 The Royal Office of Works。——译者注

更充分地体现了这一点。他的这种创新被称为万能大师的布朗❶和汉弗莱·雷普顿(Humphrey Repton, 1752—1818)所继承。这种风景如画式风格被视为英国建筑风格的一种永恒的主导主题。吉布斯后期的作品继续展示出一种成熟的雕塑般的气质和强有力的韵律感,而这些都使他的作品区别于帕拉第奥复兴运动。

帕拉第奥式,在某种意义上说,是一种新古典主义风格。18世纪晚期和19世纪初,它的很多原则被应用到考古学的新古典主义中。然而在这一时期,英国的新古典主义倾向与其在法国、意大利和德国的发展一样,深受皮拉内西和洛吉耶的影响。罗伯特·伍德(Robert Wood)的《巴尔米拉的废墟》(Ruins of Palmyra, 1753)、斯图尔特与雷维特撰写的《雅典的古迹》(Antiquities of Athens, 1762)和罗伯特·亚当的《达尔马提亚地区斯帕拉托的戴克里先皇宫遗址》(Ruins of the Palace of Diocletian at Spalato in Dalmatia, 1764),这三本书拓宽了人们运用古代建筑原型的可能性,而在庞贝(Pompeii)和赫库兰尼姆(Herculaneum)的考古发掘以更完整的画面向人们展现了古代罗马的室内装饰。

对罗伯特·亚当(Robert Adam, 1728—1792)来说,研究古代浴场以及拉斐尔对罗马帝国装饰风格的复兴,与大量参照异域风格同样重要。亚当室内装饰粉饰的风格,究其本质是对拉斐尔室内风格的提炼,并将之予以"充满审美趣味"地诠释。在其设计中,曲线和壁龛的运用,同样可以看到拉斐尔和伯林顿风格的影响所在,而他们都源于罗马浴场的原型。他的建筑造型,给那些司空见惯的古典元素如神庙立面和凯旋门以新的诠释,表明他对风景如画式轮廓的赞赏,这种风格很容易重新披上哥特式的外衣。詹姆斯·怀亚特(James Wyatt, 1746—1813)的古典风格类似于亚当,但是却缺少亚当所特有的魅力。然而威廉·钱伯斯(William Chambers, 1723—1796)却憎恶亚当那近乎轻浮的风格。作为一名航海经商的海员经过广泛的游历之后,钱伯斯来到巴黎,师从布隆代尔和苏夫洛(参见有关章节),受16世纪意大利和英国的巴洛克的影响,他的古典主义比较坚实而又纯正。他所设计的中国式建筑基于其早期航行的所见所闻,并受到了当时流行的中国艺术风格的影响。詹姆斯·甘顿(James Gandon, 1743—1823)是钱伯斯的学生。他在都柏林的作品十分成功,给人留下尤为深刻印象的是,他运用了雷恩的建筑元素。

小乔治·丹斯(George Dance the Younger, 1741—1825)最好的作品不幸已遭到损坏,这一作品中包含了洛吉耶所倡导的极简的新古典主义准绳。丹斯设计的伦敦新门监狱(New-gate Prison)尤为重要,其乡村生活化的文艺复兴风格的样式与其立面形成一种协和的张力。亨利·霍兰(Henry Holland, 1745—1806)和甘顿一样,有意识地在其建筑设计中引用希腊建筑的柱式。

在16世纪末、17世纪初,风景如画式风格与新古典主义两种建筑风格交替出现,并经常被同一批建筑师所实施。风景如画式风格成为佩恩·奈特(Payne Knight, 1750—1824)和尤维达尔·普赖斯❷著作中的理论术语,倡导在建筑中弘扬中世纪精神,同时也对汉弗莱·雷普顿的"改良式"园林进行理性的阐述。新古典主义的复古倾向的标记是它与希腊复兴的交融,而风景如画式风格的中世纪精神在以后的阶段演变成为一种更加意识形态化的希腊复兴。虽然那一时期最具原创精神的建筑师约翰·索恩并不赞成哥特风格,但是其他许多建筑师像纳什、威尔金斯和斯默克一样,还是同时实践这两种风格。

约翰·索恩爵士(Sir John Soane, 1753—1837)把一些略带矫饰的手法与简练的抽象几何形相结合,逐渐发展了其个人风格。他与范布勒和霍克斯穆尔最为相似,两者也是他最钦佩的建筑师。索恩对室内拱顶的处理手法尤具创意。约翰·纳什(John Nash, 1752—1835),一位富于创造精神的建筑师,在皇室的恩准下设计了摄政公园(Regent's Park),并建造了一条南北向的新街将其与伦敦的西区相连接。依据克洛德·热莱(Claude Gellée, 1600—1682)的绘画所提供的素材,作为一位创新者,约翰·纳什在乡村府邸的设计中引入了意大

---

❶ Capability Brown, 1716~1783年;布朗的全名是兰斯洛特·布朗,俗称凯普比利悌(Capability),即万能大师之意。——译者注

❷ Uvedale Price, 1747~1829年;尤维达尔·普赖斯爵士所著《论风景如画式风格》(Essay on the Picturesque, 1794)对风景如画式风格具有十分重要的影响。——译者注

利式别墅的手法。

虽然因伍德(Inwoods)设计的圣潘克拉斯教堂(S. Pancras)大教堂受到厄瑞克忒翁神庙的启发,成为希腊复兴时期一件最辉煌的作品。希腊复兴的忠实信徒仍得算斯默克与威尔金斯两人。威廉·威尔金斯(William Wilkins, 1778—1839)设计了伦敦大学学院和国家美术馆,他并以一种希腊多立克式的主题风格设计建造了剑桥大学的唐宁学院。而罗伯特·斯默克爵士(Sir Robert Smirke, 1780—1867)在大英博物馆的设计中,使用了巨大的爱奥尼柱式,给人留下深刻的印象。托马斯·汉密尔顿(Thomas Hamilton, 1784—1858)设计的爱丁堡皇家高级中学也许是这一时期最成功的希腊复兴作品。当希腊复兴在英格兰衰落之后,苏格兰建筑师仍然坚持这一传统,特别是爱丁堡的威廉·亨利·普莱费尔(W. H. Playfair, 1790—1857)和格拉斯哥的亚历山大"希腊人"汤姆森(Alexander 'Greek' Thomson, 1817—1875)。强烈的指责在"国教会财产管理委员会"所属教堂的软弱无能中平息下来。作为1818年《教堂建筑法》(Church Building Act)带来的结果,人们按希腊和哥特风格建造了一系列建筑,为教会建筑的哥特复兴铺平了道路。

建筑实例

英国

都铎王朝、伊丽莎白一世和詹姆斯一世王朝时期(1505—1625)

像在法国一样,文艺复兴风格在英国首先以装饰细部的设计出现。16世纪早期,一些给人印象深刻的建筑,大多得益于亨利八世的资助。来自意大利佛罗伦萨的彼得罗·托里贾尼(Pietro Torrigiani, 1472—1528)所设计的**威斯敏斯特教堂亨利七世陵墓**(The Tomb of Henry VII in Westminster Abbey, 1509,见[1070]页图A)是早期的精美作品。其角部的壁柱、大理石小天使像和雕刻细部都由黑色大理石雕成,成为文艺复兴风格的代表建筑。亨利八世捐赠给剑桥国王学院的圣坛围屏和长椅,属于带有奇异图案的欧洲大陆新文艺复兴风格。

已毁坏的原亨利八世的**萨里郡楠萨奇宫**(Palace of Nonsuch, Surrey, 1538,毁于1687年)围绕两座庭院而建造,其庭院内有一些带奇妙尖顶的八角形转角塔楼。整座木构建筑建造在石头基础上,表面饰以仿枫丹白露风格的灰泥嵌缝的石板,现在只剩下一些碎片。这种风格的其他例子还有英格兰威尔特郡的拉科克隐修院(Lacock Abbey, Wiltshire)。

另一个同样不复存在的重要建筑实例是伦敦**老萨默塞特府邸**(Old Somerset House, London, 1547—1552),由约翰·锡恩(John Thynne,卒于1580年)为萨默塞特摄政督造。从锡恩绘制的面向河岸的立面图中,可以看到位于中央和角部的法国式亭阁,其主立面中部的处理手法使人联想到库昂府邸(参见第30章)。此外,其窗户间的垂直联系所使用的叠置的壁柱也受到法国的影响,同时水平方向的划分在这儿也得到了强调。

约翰·锡恩(John Thynne)与罗伯特·斯迈森(Robert Smythson,约1536—1614)为锡恩本人设计的威尔特郡**朗格里特府邸**(Longleat House, 1568年始建,见[1070]页图C,[1071]页图Ⓓ)巧妙地围绕两座内庭进行布局,楼梯、烟囱和服务空间分散其间。其完全对称的立面间隔地凸出两开间,按照老萨默塞特府邸的方式采用了叠置的壁柱。然而在凹进的部位是无柱式的,环绕建筑布置檐饰。这是一个非常理性的设计。

斯迈森(Smythson)设计的诺丁汉**沃拉顿府邸**(Wollaton Hall, 1580—1585,见[1071]页图Ⓒ,[1072]页图A),布局为四座塔楼式的平面,源于对塞里奥(Serlio)的波吉奥宫(Poggio Reale)的变体(参见有关章节)。中央大厅的顶部有一个天窗,其上有一个带塔楼的宴会大厅,产生一种城堡般的效果。其立面完全是由叠置的双壁柱加以分隔,在中部凸出,而在末端由壁龛加以分离。其细部的特征,相比于朗格里特府邸,由于使用带状的壁柱和有带状线饰的山墙而显得更加佛兰德斯化。

北安普敦郡**柯比府邸**(Kirby Hall, 1570—1575,见[1070]页图B)是一个完全表达个人风格的折中主义作品,它综合了各种图书中源于法国、佛兰德斯和意大利的各种风格。其巨柱式壁柱和拱券的布局(山花檐饰窗打破古典柱式的檐饰处理,属以后时期的作品)接近雅克·安德鲁埃·迪塞尔索(Jacques Androuet du Cerceau)的沙勒瓦勒府邸的风格(参见有关章节),而其他的细部,如马状柱头则源自塞里奥。这座没有最终完成的奇异的建筑物,可能是约翰·索普

第五编 文艺复兴时期和后文艺复兴时期的欧洲建筑及俄罗斯建筑

图A 威斯敏斯特教堂内的亨利七世(1509)与王后墓(1503)，见[1069]页

图B 北安普敦郡柯比府邸(1570—1575)北区的南立面，见[1069]页

图C 威尔特郡朗格里特府邸(1568年始建)，见[1069]页

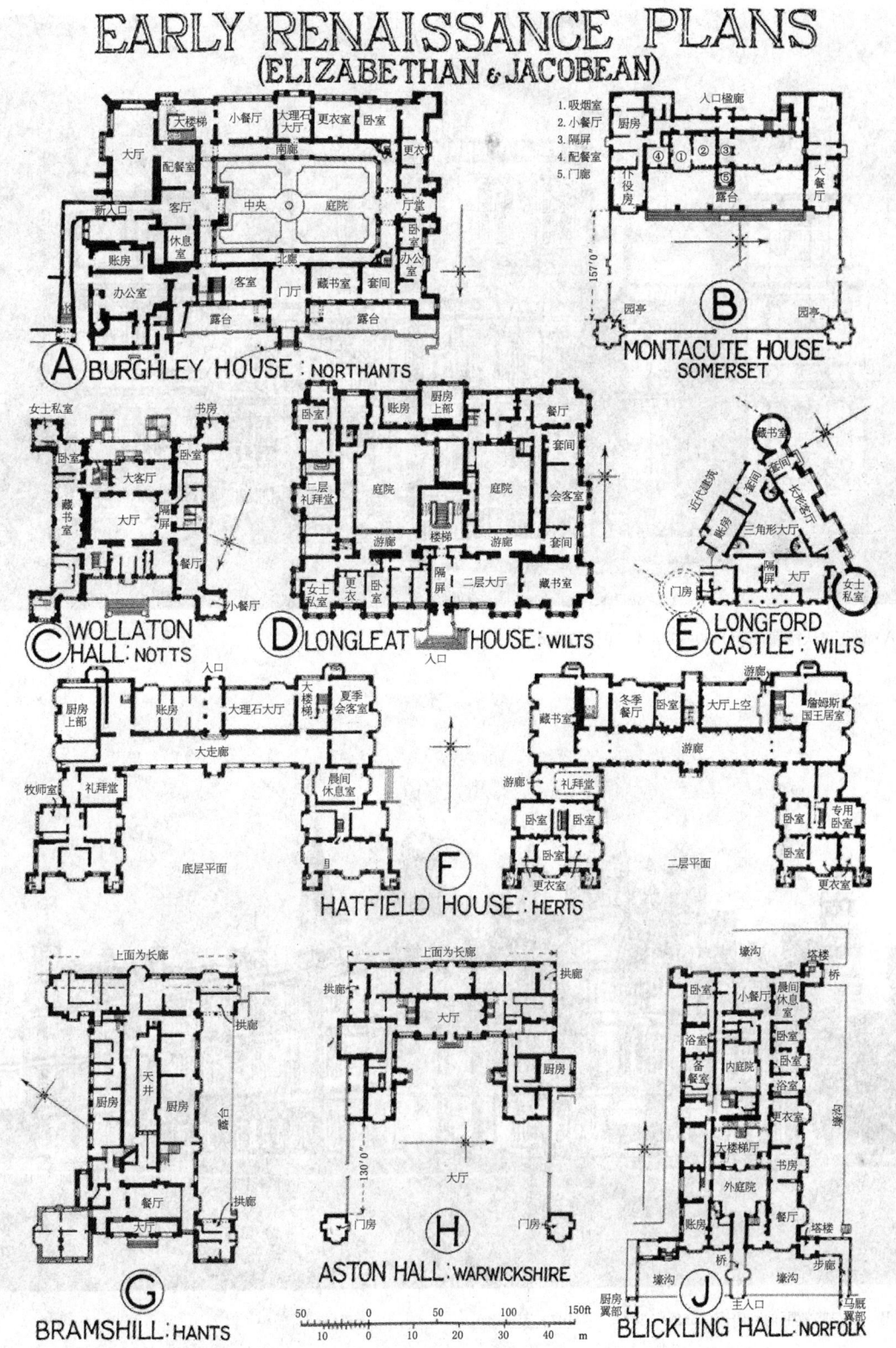

文艺复兴早期的建筑平面(伊丽莎白一世和詹姆斯一世王朝时期)(EARLY RENAISSANCE PLANS(ELIZABETHAN & JACOBEAN))：Ⓐ 北安普敦郡伯利府邸；Ⓑ 萨默塞特郡蒙塔丘特府邸；Ⓒ 诺丁汉沃拉顿大厦；Ⓓ 威尔特郡朗格里特府邸；Ⓔ 威尔特郡朗福德府邸；Ⓕ 赫特福德郡哈特菲尔德府邸；Ⓖ 汉普郡布拉姆希尔府邸；Ⓗ 沃里克郡阿斯顿大厦；Ⓙ 诺福克郡布利克林大厦

第五编　文艺复兴时期和后文艺复兴时期的欧洲建筑及俄罗斯建筑

图 A　诺丁汉沃拉顿府邸(1580—1585)，见[1069]页

图 B　北安普敦郡伯利府邸(1552—1587)，见[1073]页

的父亲托马斯·索普(Thomas Thorpe)的作品。

伊丽莎白女王的大臣威廉·塞西尔(William Cecil, 1520—1598)在泰奥巴尔茨(Theobalds)建有府邸, 不修建了北安普敦郡伯利府邸(Burghley House, 1552—1587, 毁于 1650 年, 见[1066]页图⑧、[1071]页图Ⓐ、[1072]页图 B)。而伯利府邸尖塔状的入口和角楼呈现出英国都铎王朝时期的建筑风格。庭院中的钟塔建于 1585 年, 有点仿照菲利贝尔·德洛尔姆(Philibert de l'Orme)在阿内所做的装饰性正立面风格, 运用了独立的叠置柱子和动物纹章。以后建的方尖碑母题具有独创性, 与其说是沉重, 不如说有些怪异。

萨默塞特郡蒙塔丘特府邸(Montacute House, Somerset, 1599, 见[1071]页图⑧、[1075]页图 A)的平面呈 H 形, 这种平面形式首先出现在温布尔登府邸(Wimbledon House, 1588 年始建, 毁于 18 世纪)。其立面简洁而有规律, 以严谨而具佛兰德斯风格的山墙封住了凸出的部分。

德比郡哈德威克府邸(Hardwick Hall, 1590—1597, 见[1076]页图Ⓐ、图⑧)是罗伯特·斯迈森为哈德威克有名的曾多次结婚的贝丝设计的(她的名字的缩写出现在女儿墙上)。平面呈矩形, 局部凸出, 硕长的走廊贯穿了二层的整个东立面。过度的窗户使大厦获得"哈德威克的玻璃比墙壁多"的美名。大厦的室内维护得很好, 层叠的帐幔和墙面粉饰让人联想起枫丹白露。大厦还珍藏了一些挂毯和刺绣的原物。

伊丽莎白一世晚期的府邸在其平面中融合了一些符号, 威尔特郡朗福德府邸(Longford Castle, 1580, 见[1071]页图Ⓔ)就是一个实例, 其设计基于三位一体的图形。北安普敦郡阿什比堡(Castle Ashby, 1572 年始建, 见[1076]页图Ⓒ~图Ⓔ)采用 U 形平面, 画廊一翼以伊尼戈·琼斯风格围合成一个广场(1635)。圣经铭文(《诗篇》第 127 首)嵌在女儿墙中。

詹姆斯一世时期建造的府邸与伊丽莎白一世时期相比, 缺乏风格的多样性和个性特征。

伯纳德·詹森(Bernard Janssen)建造的埃塞克斯郡奥德利翼(Audley End, Essex, 1603—1616, 见[1075]页图 B)原本有两座庭院, 现在只剩残存的内院。它的塔楼、凸出部分和高度各异的各个部分, 尽管完全采用了对称的手法, 仍然营造出一种画境般的效果。

赫特福德郡哈特菲尔德府邸(Hatfield House, 1607—1611, 见[1071]页图Ⓕ、[1077]页图 A)为索尔兹伯里第一伯爵罗伯特·塞西尔(Robert Cecil, 1563—1612)建造, 是现存詹姆斯一世时期最蔚为壮观的府邸。它是由于詹姆斯一世的鼓动而建造, 平面是一个散乱的呈 H 形伸展的体量, 单独布置了国王和王后的寝宫。整个立面由简洁的砖工砌成, 饰有隅石和窗扇竖框, 中部面向南方的一翼在立面上设置了壁柱, 承托起一个三层高的巨柱, 这是罗伯特·利明戈❶的设计。饰有竖框窗的二层高的大厅、室内眺台和订制的抹灰天花造型是詹姆斯一世时期对中世纪传统大厅的重新演绎。但是在府邸东面却用一个不同寻常的走廊加以连接。

汉普郡布拉姆希尔府邸(Bramshill House, 1605—1612, 见[1071]页图Ⓖ)由朱什爵士(Lord Zouche)设计。建筑的平面布局不同寻常, 建筑的一部分由一所老房子构成, 呈 H 形, 入口在短边方向, 形成一个奇特而狭窄的内部开放空间。入口前带柱廊的平台(见[1066]页图Ⓘ)和杰勒德·克里斯马斯(Gerard Christmas)所设计的入口上方凸肚窗(见[1066]页图Ⓐ), 使平淡的砖砌立面凸显出来。格林尼治查尔顿府邸(Charlton House, Greenwich, 1607, 见[1077]页图 B)有着规则的 H 形平面, 在中央入口处有一个贯穿前后的大厅, 室内装饰具有丰富的迪特林风格❷。

德比郡博尔索弗府邸(Bolsover Castle, 1612—1621)是模仿中世纪风格的较早实例, 由罗伯特·斯迈森的儿子约翰·斯迈森(John Smythson, 卒于 1634 年)和约翰的儿子亨廷登·斯迈森(Huntingdon Smythson, 卒于 1648 年)共同设计。这个府邸拙劣地整合了一些伊尼戈·琼斯的细部。

伊丽莎白一世时期和詹姆斯一世时期的学院建筑

牛津和剑桥大学在宫廷建筑和乡村府邸之外

---

❶ Robert Lyming, 卒于 1628 年;Lyming 亦作 Lemyinge 或 Liminge。——译者注
❷ Dietterlin manner;德国文艺复兴建筑师文德尔·迪特林(Wendel Dietterlin)在 1551~1599 年所应用的佛兰德斯手法主义装饰风格, 尤为注重饰带和奇幻的装饰形象。——译者注

尝试了一些很有趣的文艺复兴风格建筑。剑桥冈**维尔和凯厄斯学院**的**荣誉门**(Gate of Honour, Gonville and Caius College, 1572—1573,见[1078]页图A)是两个象征性的入口之一。它模仿塞里奥的风格,由学院的创始人约翰·凯厄斯(John Caius)建造,凯厄斯曾经在意大利的帕多瓦大学学习。托马斯·博德利爵士(Thomas Bodley)增建的**牛津藏书楼**(Schools Building,即博德利塔(Bodleian Tower), Oxford, 1613年始建,见[1078]页图B)的设计中,同时使用了五种柱式,属于简洁的学院派哥特风格,由石匠约翰·本特利(John Bentley)和约翰·阿克罗伊德(John Akroyd)负责建造。这种叠加的柱式在牛津默顿学院(Merton, 1610,见[1078]页图C)和**沃德姆学院**(Wadham Colleges, 1610—1613)的建筑上也出现过。剑桥**圣三一学院内维尔院**(Nevile's Court at Trinity College, Cambridge, 1593—1615)设计中运用了架于柱上的轻盈的拱廊。沃德姆学院大厅(Wqdham College,见[1078]页图D)的梁架屋顶十分精美。它的双重托臂梁和华丽的围屏与伦敦**米德尔教堂大厅**(Middle Temple Hall, 1562—1570,见[1078]页图E)形成了生动的对照。

城镇住宅

伊丽莎白一世和詹姆斯一世时期,那些由日益兴盛的商人阶级建造的木结构城镇住宅,趋向于把支撑在柱子上的楼层或挑台向外突出两三层。建筑的山墙比北欧住宅建筑的山墙低矮而又简洁。这种建筑,可以在英格兰西部城市什鲁斯伯里(Shrewsbury),尤其是切斯特(Chester)找到精美的实例。在建筑的一层设置了尤为生动的沿主要街道的人行走廊,称为"联排式住宅"。

给人印象最深刻的木结构乡村住宅,是在柴郡(Cheshire)和兰开夏郡(Lancashire)以"黑与白"为基调的伊丽莎白风格建筑。柴郡小莫尔顿厅(Little Moreton Hall, Cheshire, 1559)的立面上有多重山墙和大量的凸肚窗,梁在外部呈菱形和四叶形图案。利物浦附近的**斯皮克厅**(Speke Hall, 1490—1626)有着相似的风格。

苏格兰早期文艺复兴建筑明显带有法国的影响,由于詹姆斯五世与法国联姻而更加明显,詹姆斯五世先后与弗兰西斯一世的女儿和吉斯的玛丽(Mary of Guise)成婚。詹姆斯五世建在法夫的**福克兰宫**(Falkland Palace, Fife, 1539—1542)是一个早期的、但未引起重视的运用柱式的尝试。庭院的立面是个规则的五开间形式,在柱墩上的柱子承托着悬挑的扶壁。如同汉普顿宫(Hampton Court),它运用饰有胸像的小圆窗来点缀立面。其风格特征常常是法国式,但其立面分割比例在总体上更接近意大利建筑。

曾经游历欧洲大陆的博思韦尔伯爵五世(the fifth Earl of Bothwell)建造了**克赖顿堡**(Crichton Castle, 约1590)。建筑有着菱形切割粗面石的意大利风格,与费拉拉的迪亚曼蒂府邸(the Palazzo dei Diamanti)相似(参见有关章节)。

16世纪那些修建在原先属于寺院却得以重新分配的土地上的城堡,有显著的特征和个性,它往往融合了法国风格与当地堡塔的传统式样。圆形的堡塔置于转角处,以构成L、T或Z形的建筑平面。直立的外墙上只开了少量的小窗洞,所有装饰都集中在屋顶,上有圆锥顶的塔楼和点缀其上的气窗。同时,城堡在角部布置了非常典型的法国式楼梯间塔楼。苏格兰豪华风格建筑最杰出的实例,也许是阿伯丁郡**法维城堡**(Fyvie Castle, 约1600—1603),其细节的设计风格极为简洁,使建筑具有一种近似抽象的品质。

斯图亚特王朝、共和政体和王政复辟时期
(1625—1700)

伊尼戈·琼斯(1573—1625)把意大利文艺复兴建筑的古典法则引进了英格兰。在他前往意大利的两次考察旅行期间,潜心研究意大利当代和古代的建筑,搜求了许多帕拉第奥的设计图,这些草图成为他构思的源泉。伊尼戈·琼斯在他事业的开端只是作为一名宫廷假面舞会的设计师,但是很快他就以英格兰最重要的建筑师的身份出现,1615年任皇家工程司总监(Surveyor of the King's Works)。由于伊尼戈·琼斯的建筑代表了帕拉第奥复兴,他的影响一直持续到18世纪。

格林尼治王后宫(The Queen's House, Greenwich, 1616—1635,见[1080]页图A,[1081]页图ⓒ、图ⓔ)是伊尼戈·琼斯为詹姆斯一世的妻子,丹麦的安妮公主(Anne of Denmark)设计建造的,位于格林尼治宫。这幢住宅作为狩猎行宫,还有另外一个功能,就是作为桥梁跨越通往德特福德(Deptford)的公路,这条公路把格林尼治公园一分为二。伊尼戈·琼斯在公路两侧都布置了建筑,并在二层通过天桥

第32章 低地国家和英国建筑

图A 萨默塞特郡蒙塔丘特府邸(1580—1599),见[1073]页

图B 埃塞克斯郡奥德利翼(1603—1616),见[1073]页

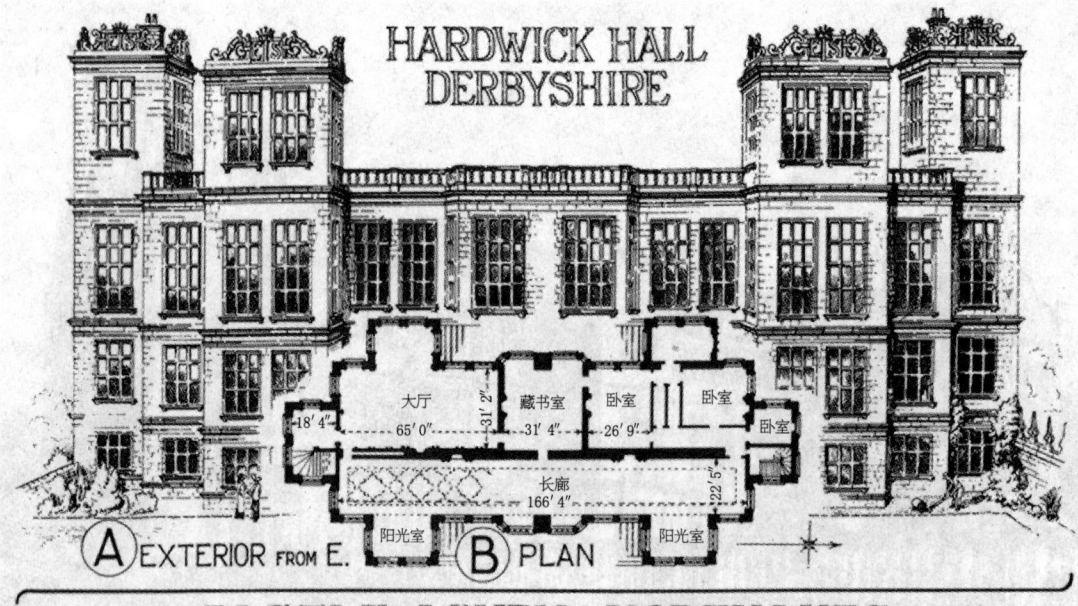
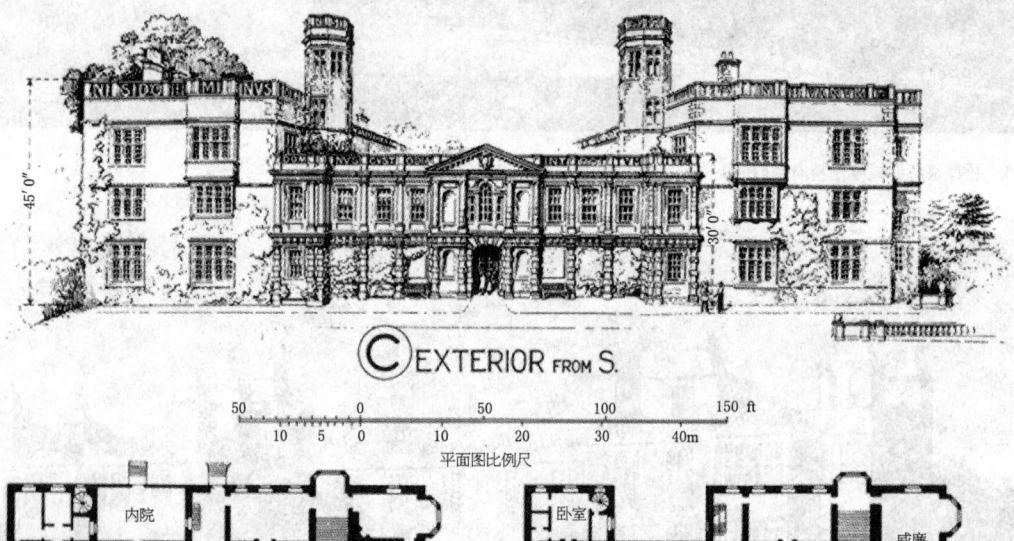
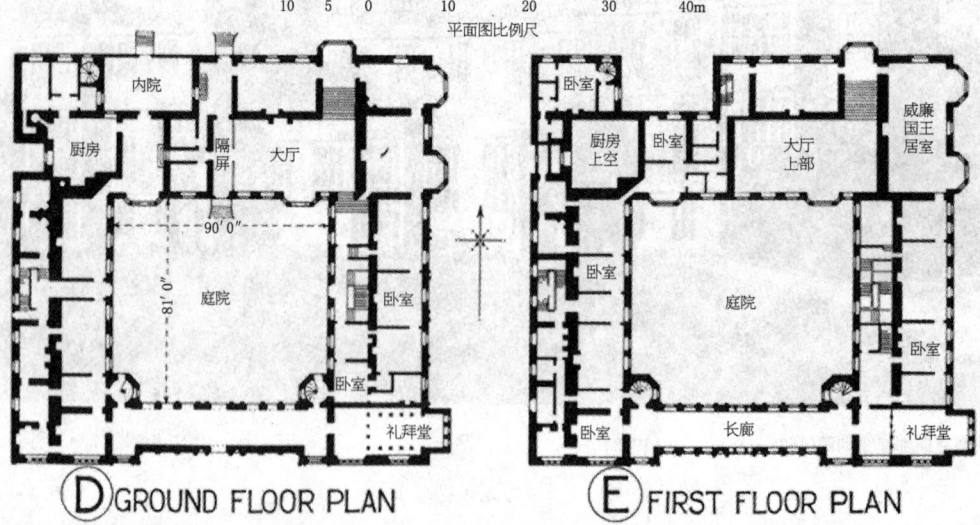

德比郡哈德威克府邸(HARDWICK HALL DERBYSHIRE)：Ⓐ 东侧外观；Ⓑ 平面图
北安普敦郡阿什比堡(CASTLE ASHBY：NORTHANTS)：Ⓒ 南侧外观；Ⓓ 底层平面图；Ⓔ 一层平面图

第32章 低地国家和英国建筑

图 A 赫特福德郡哈特菲尔德府邸(1607—1611)，见[1073]页

图 B 格林尼治查尔顿府邸(1607)，见[1073]页

第五编　文艺复兴时期和后文艺复兴时期的欧洲建筑及俄罗斯建筑

图A　剑桥大学冈维尔和凯厄斯学院荣誉门(1572—1573)，见[1074]页

图B　牛津博德利塔(1613年始建)，见[1074]页

图C　牛津默顿学院入口(1610)，见[1074]页

图D　牛津沃德姆学院大厅(1610—1613)，见[1074]页

图E　伦敦米德尔教堂大厅(1562—1570)，见[1074]页

将它们连在一起。H 形的平面，可能是模仿波吉奥·阿·卡亚诺的梅迪契别墅(参见有关章节)，它后来被韦布在两侧增建的另外两座桥梁而填满。两层高的正方形门厅面对着河流，通过桥梁引向俯瞰整个公园的敞廊。轴线的两侧是两套房间，是典型的帕拉第奥式建筑。它的正立面被中央突起部分划分成竖三段。底层是粗琢的石墙，其上有光滑的墙面，顶部为栏杆。曲线形踏步向上通往主入口，室内的圆形楼梯也是帕拉第奥所推崇的一种典范。

琼斯的另一件作品伦敦**白厅宴会楼**(Banqueting House, Whitehall, 1619—1622, 见[1082]页图ⓒ、图ⓓ)，如果称不上英格兰 17 世纪第一座真正的古典主义建筑作品的话，那它也是第一座建成的古典主义建筑。这座建筑是中世纪白厅宫殿的扩建，主要是为假面舞会和宫廷庆典提供场所而建。对于这项设计，伊尼戈·琼斯采用了古典的三侧堂巴西利卡型制，把侧堂的柱子放置在两边，以使房间中部比较宽敞。侧堂柱子改换为半柱，象征性地支撑着环绕双立方体室的挑台。起初，设计方案是以一个大型的后殿作为结束，以强调设计是源于巴西利卡式。在典型的古典建筑型制中，爱奥尼柱式和混合柱式分别用于内部和外部。正立面为七开间，正中部分向前突出。此处，柱式从壁柱转变为半柱，窗户的镶板变成阳台。正立面上没有入口，也许正是由于这个原因，伊尼戈·琼斯放弃了早期三角形山花的方案。

伊尼戈·琼斯设计的第一座教会建筑是**伦敦圣詹姆斯宫王后礼拜堂**(the Queen's Chapel, S. James's Palace, London, 1623—1627)，这是一座罗马天主教礼拜堂，供查理一世的妻子亨丽埃塔·马利亚(Henrietta Maria)做礼拜用。建筑简单的外形避免与天主教会的型制有所关联。门窗和角部的隅石都表明这是一幢居住建筑，与伊尼戈·琼斯为纽马基特(Newmarket)的王子寓所画的草图相似。整座建筑唯一与宗教有联系的地方，是在山墙的三角形山花上。相对而言，室内比较华丽，祭坛上方是塞里奥母题的窗户(这是一种在 17 世纪晚期建筑中流行的样式)，以及精致的半椭圆形镶板装饰的拱顶。

伦敦科文特加登圣保罗大教堂(见[1083]页图ⓒ~图ⓓ)❶，作为 17 世纪英格兰按几何形规划发展城市的一部分，由贝德福德伯爵四世(the fourth Earl of Bedford)扩建。也许是从里窝那(Livorno)和巴黎孚日广场(the Palace des Vosges, Paris；参见有关章节)类似的布局中得到启示，广场两边一排排按照严谨的古典主义风格建造的房屋底层设有拱廊，伯爵的府邸和教堂构成广场的另外两边。伊尼戈·琼斯以新古典主义风格设计了新教教堂，清晰地表现了新教的基本特征，同时也遵循了赞助人经济节约的意愿。教堂为一个简单的矩形盒子，一度设有长廊，以便让更多的人能清楚地聆听到诵读的圣经经文。采用托斯卡纳柱式，是伊尼戈·琼斯精心考虑后的选择，以期创造出琼斯所描述的"英格兰最富丽堂皇的建筑"。托斯卡纳柱式四柱门廊以及巨大的檐部，其细部都严格遵循维特鲁威的范式。

爱丁堡**赫里奥特医院**(Heriot's Hospital, 1621 年始建)由乔治·赫里奥特(George Heriot)为失去双亲的小男孩提供教育而创建。这所医院由威廉·华莱士(William Wallace, 卒于 1631 年)设计。医院呈正方形平面，带有一座大型的内部庭院和四角的塔楼，其原型来自塞里奥的论述。带角塔的塔楼，使人们回想起诸如法维城堡般的传统苏格兰城堡(参见本章前述)，中央的钟楼也使人联想到如哈特菲尔德那样英国乡村府邸的立面(参见有关章节)。

约翰·韦布(1611—1672)是伊尼戈·琼斯的学生，他为查理二世设计了一座 U 形平面的大型宫殿，这座宫殿只有一翼，建造了格林尼治**查理宫**(the King Charles Block, 1662—1669, 见[1081]页图ⓔ、图ⓕ)。面对河流是五开间的正立面，中央部分为三开间的三角形山墙，顶上冠以一座巨大的穹顶。这是英国建筑的全新构图，对以后的建筑，例如霍华德堡(Castle Howard)和伦敦国家美术馆(National Gallery, London)都形成了重大的影响。其原型是帕拉第奥设计的位于梅勒多的特瑞西诺别墅(Villa Trissino at Meledo)。这幢建筑是完全粗琢的，中央和端部采用巨柱式，使之具有纪念性。

罗杰·普拉特(Roger Pratt, 1620—1684)，家境富庶，有着良好的教育背景，1643～1649 年曾在

---

❶ S. Paul's, Convent Garden, 1630 年始建；Convent Garden 按《不列颠百科全书》译为科文特加登，是英国伦敦一广场名，原为威斯敏斯特本笃会女隐修院的花园，1630～1633 年由伊尼戈·琼斯设计并改建为住宅区广场。——译者注

第五编　文艺复兴时期和后文艺复兴时期的欧洲建筑及俄罗斯建筑

图A　格林尼治王后宫(1616—1635)，见[1074]页

图B　伯克郡科尔斯希尔府邸(约1650；1952年毁于大火)，见[1084]页

第32章 低地国家和英国建筑

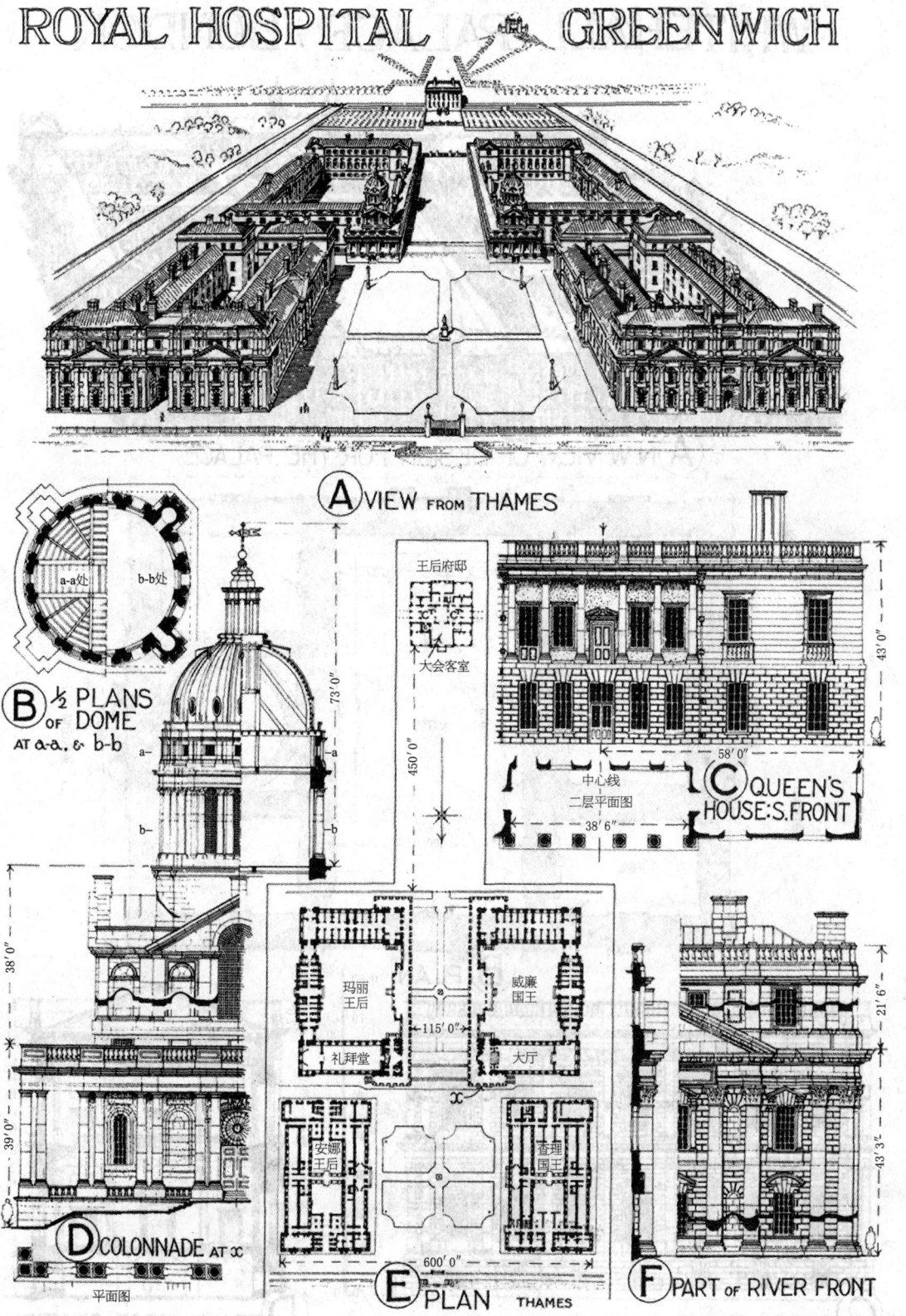

格林尼治皇家医院(ROYAL HOSPITAL GREENWICH)：Ⓐ 从泰晤士河看皇家医院；Ⓑ 穹顶的a-a平面和b-b平面；Ⓒ 王后府邸南立面；Ⓓ X轴上的柱廊；Ⓔ 平面图；Ⓕ 沿河局部立面

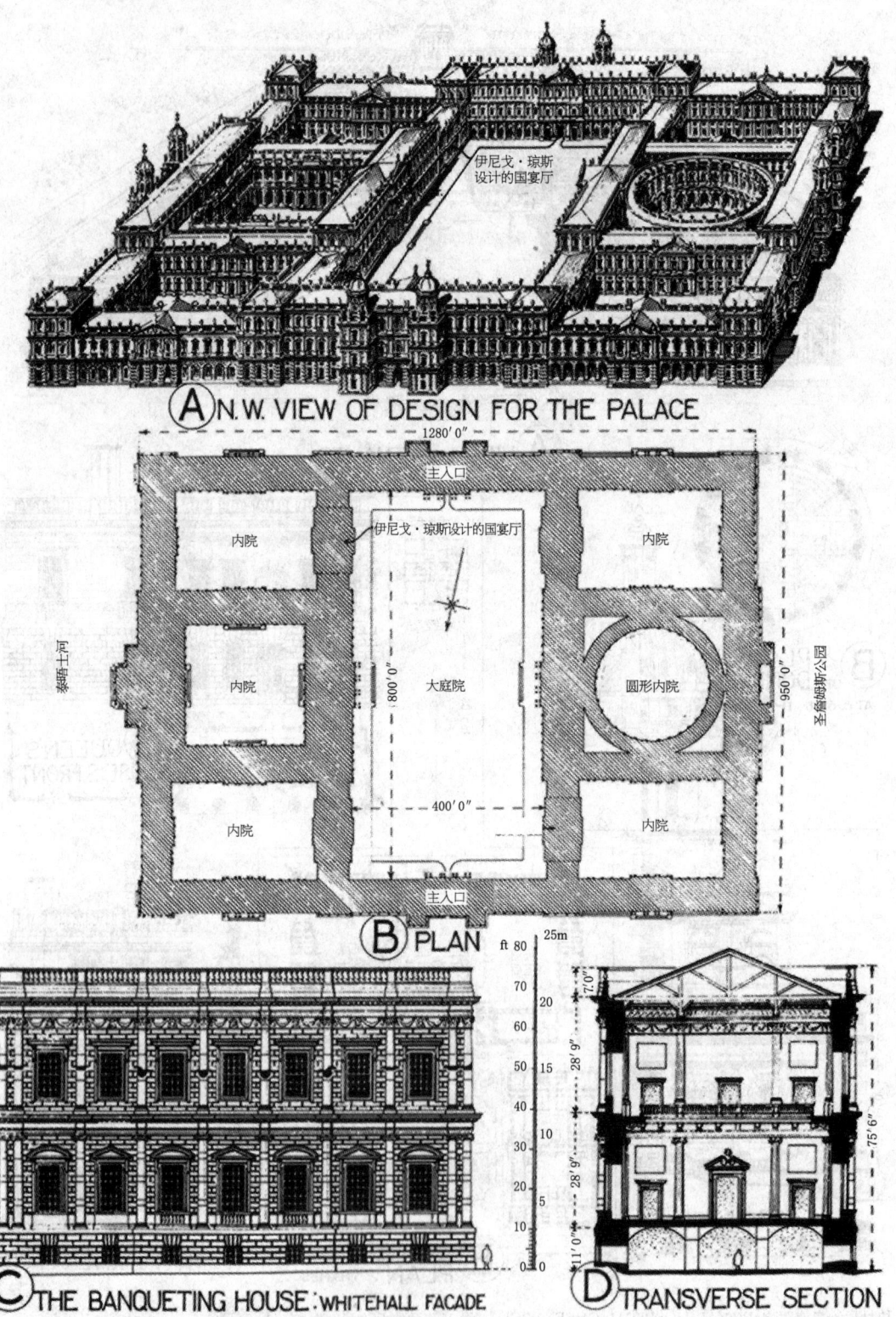

伦敦白厅(WHITEHALL PALACE: LONDON)：Ⓐ 白厅西北面的设计效果图；Ⓑ 平面图；Ⓒ 国宴厅白厅立面图；Ⓓ 横剖面图

第32章 低地国家和英国建筑

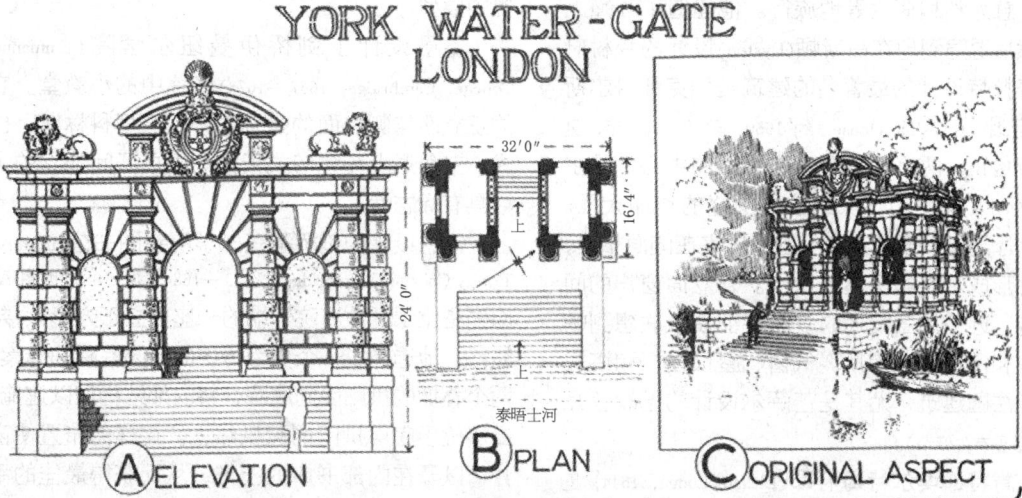

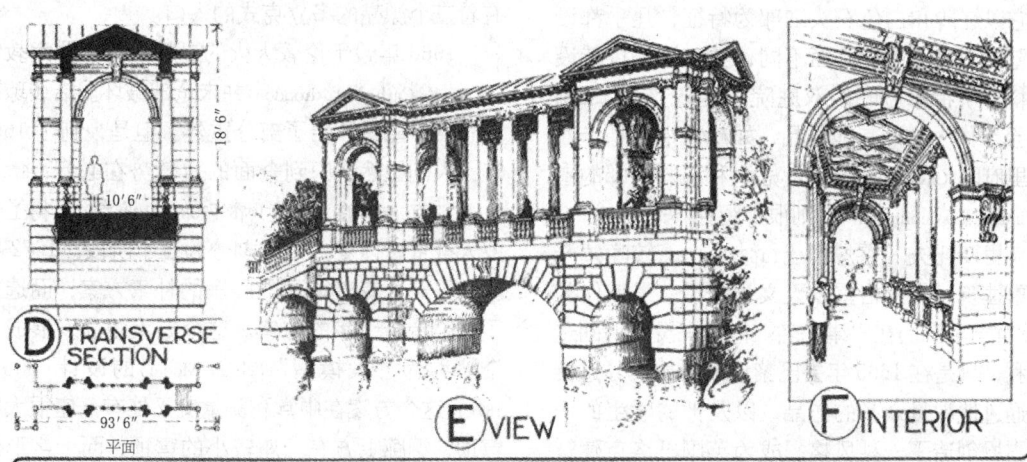

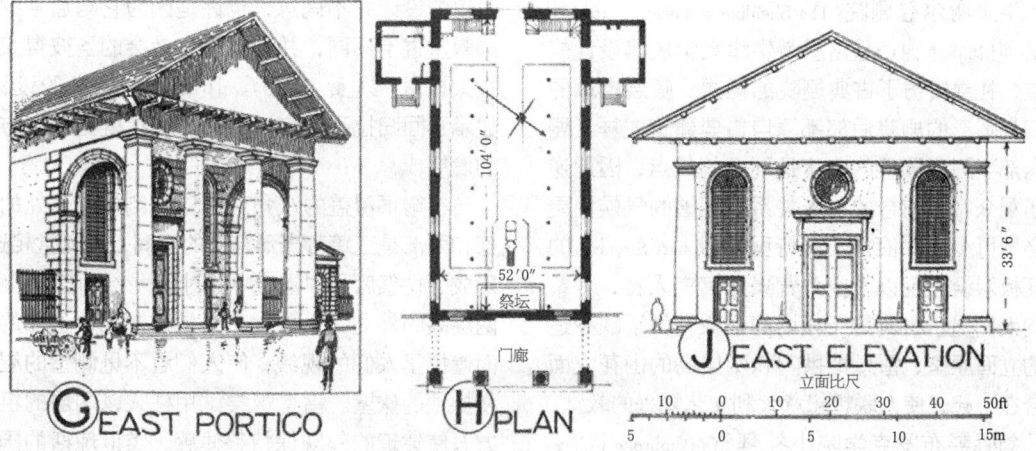

伦敦约克水门(YORK WATER-GATE LONDON)：Ⓐ 立面图；Ⓑ 平面图；Ⓒ 原貌
威尔顿廊桥(THE COVERED BRIDGE：WILTON)：Ⓓ 横剖面图；Ⓔ 外观；Ⓕ 室内
伦敦圣保罗大教堂科文特加登广场(S. PAUL, COVENT GARDEN：LONDON)：Ⓖ 东门廊；Ⓗ 平面图；Ⓙ 东立面图

法国，意大利和荷兰等地旅行。他建造了五幢大厦，然后退隐到他在吕斯顿(Ryston)设计的乡村府邸。普拉特设计的最著名的建筑是伯克郡**科尔斯希尔府邸**(Coleshill House, 约 1650, 毁于 1952 年, 见[1080]页图 B)。两座正方形庭院平面的中心，是主陈列室、大客厅和有双跑楼梯围绕的华丽大厅。这些大厅通过一条长走廊与主起居室在侧面相连，长走廊形成了整幢房屋的主干。外立面窗户的间距不等，近乎是三段式的立面特征使人联想到帕拉第奥和伊尼戈·琼斯。气窗、屋顶栏杆和塔式天窗像法国建筑，尤其是芒萨尔设计的巴勒鲁瓦府邸(参见有关章节)。

在肯特郡**埃尔特姆府邸**(Eltham Lodge, 1644, 见[1085]页图 A)的设计中，休·梅(1622—1684)向英国引进了一种源自荷兰 17 世纪古典主义的建筑风格，它以红砖和白色石头细部为特征，几乎都设有长壁柱。平面则与立面不同，类似于普拉特设计的科尔斯希尔府邸的双庭院式建筑(参见本章前述)。至于休·梅的其他作品，如赫特福德郡**卡西奥伯里府邸**(Cassiobury, 1674 年始建)和温莎府邸的室内(Windsor Castle interiors)，则很少留存下来。

克里斯托夫·雷恩爵士(1632—1723)较晚才开始从事建筑，作为格雷欣天文学教授，早就作为"自然哲学家"而在牛津闻名。他从来没有访问过意大利，只是在 1665 年去巴黎访问时才离开过英国。通过他数量众多的作品，以及他的学生的作品，雷恩创造了一种风格，成为英国巴洛克建筑的基础。

牛津**谢尔登剧院**(The Sheldonian Theatre, 1664—1669, 见[1085]页图 C)是雷恩为牛津大学庆典设计的礼堂，礼堂模仿了古典剧院的样式。底层粗琢的拱门与圆形的剧院后部都源自古典建筑式样。剧院内部半圆形层叠的座席是观众的焦点，因此逆转了观众席和前台的古老关系。英国的气候使屋顶必不可少，罗伯特·斯特里特(Robert Streeter)的天花板彩绘表现以天空为背景的寓言人物，含蓄地向人们提示古典露天剧场的形象。由于缺少适当的立面原型，雷恩把拱门和两层高的山花立面结合在一起，使人联想起意大利文艺复兴的教堂。

剑桥彭布罗克学院小礼拜堂(Pembroke College Chapel, Cambridge, 1663—1665)一般认为是雷恩为他的叔叔马休·雷恩(Matthew Wren)设计的作品。立面上有简朴的三角形山花和壁柱，显然源于塞里奥的原型。

雷恩设计了**剑桥伊曼纽尔学院**(Emmanuel College, Cambridge, 1667—1673)庭院中的小教堂。它的正立面与侧立面的拱廊不同，采用科林斯巨柱式、三角形山花和塔式天窗。中央开间独立的尖塔具有标志性。

雷恩设计的**剑桥圣三一学院新图书馆**(Library, Trinity College, Cambridge, 1676—1684, 见[1089]页图 A)原先是位于开放庭院一端的一座独立正方形大楼。最终，他选择了一个更为传统的封闭庭院的方案。两个叠加的拱廊面向庭院，将内部结构加以遮掩，二层位于底层拱门的起拱线上。这样的布置使窗户可以开在内部书库的上方，从而获得最佳的采光效果。在沿河立面上，壁柱取代上层拱廊的柱子，壁柱间有着凹入的窗户。围合的一层平面上有着三个漂亮的多立克式的入口。

1666 年毁于伦敦大火的哥特式**圣保罗大教堂**(S. Paul's Cathedral, London)并未全部破坏。沿袭琼斯的思路，雷恩开始了部分重建。但是，到了 1668 年，人们显然认识到全面的重建势在必行(1675—1710, 见[1085]页图 B, 见[1086][1087][1088]页)。将圣保罗大教堂设计史，可以划分为五个阶段。1672 年放弃了一个有着穹顶的门廊的朴素方案，而选择了一个希腊十字的方案。这个方案随后发展成一个被称为"大模型"(Great Model)的设计(1673—1674)。这个方案在中堂和侧堂交叉处有一座很大的穹顶，门廊上方有一座较小的穹顶，而十字形的四翼通过凹形线脚连接。大教堂的牧师会对雷恩心仪的设计并不满意，也许是因为它与通常的英国教堂过于不同，并且与天主教会的圣彼得大教堂太相似(参见有关章节)。1675 年"核准的设计"显示了回归拉丁十字，最终的设计就是这个方案的发展。

在穹顶覆盖的八角形中堂和侧堂交叉处的东部和西部是三跨带碟形穹顶的开间，与侧堂相连，形成了司祭席和中堂，中堂对着一个深陷的门廊。两层高的外立面上，大部分是仿制品，上部的表面遮挡了人们的视线，使人们看不见侧堂的屋顶和拱顶的扶壁。雷恩曾尝试用柱式以两层的粗琢方石使建筑的外观保持整体感，类似琼斯的国宴厅的设计(参见本章前述)。在教堂十字型翼部的一端，有一个凸出的门廊，使人们联想起罗马科尔托纳设计的和平圣母教堂(参见有关章节)。在双塔之

第 32 章 低地国家和英国建筑

图 A　肯特郡埃尔特姆府邸(1664)，见[1084]页

图 B　伦敦圣保罗大教堂(1675—1710)，中廊与侧廊十字交叉处，见[1084]页

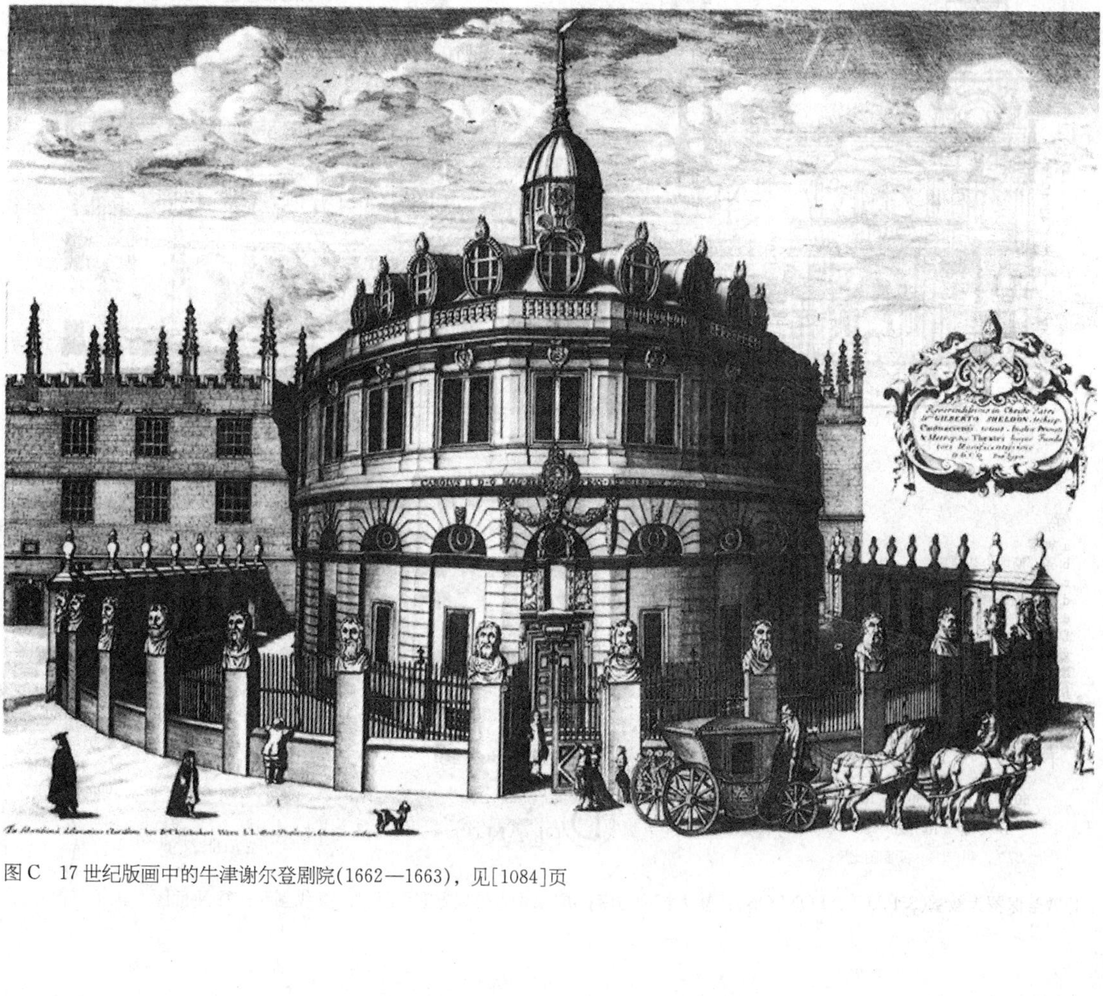

图 C　17 世纪版画中的牛津谢尔登剧院(1662—1663)，见[1084]页

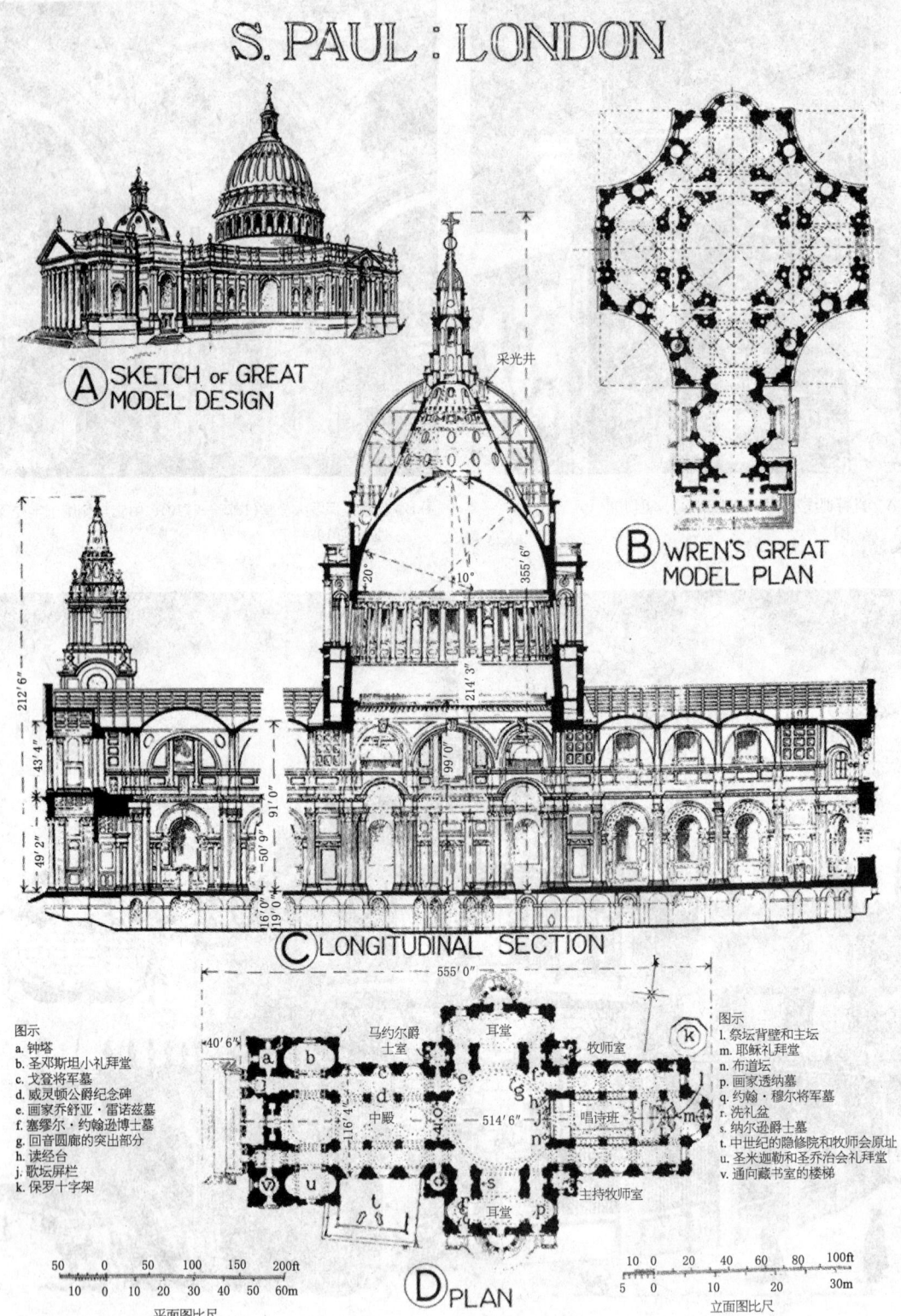

伦敦圣保罗大教堂(S. PAUL：LONDON)：Ⓐ 大模型方案；Ⓑ 雷恩大模型方案平面图；Ⓒ 纵剖面；Ⓓ 平面图

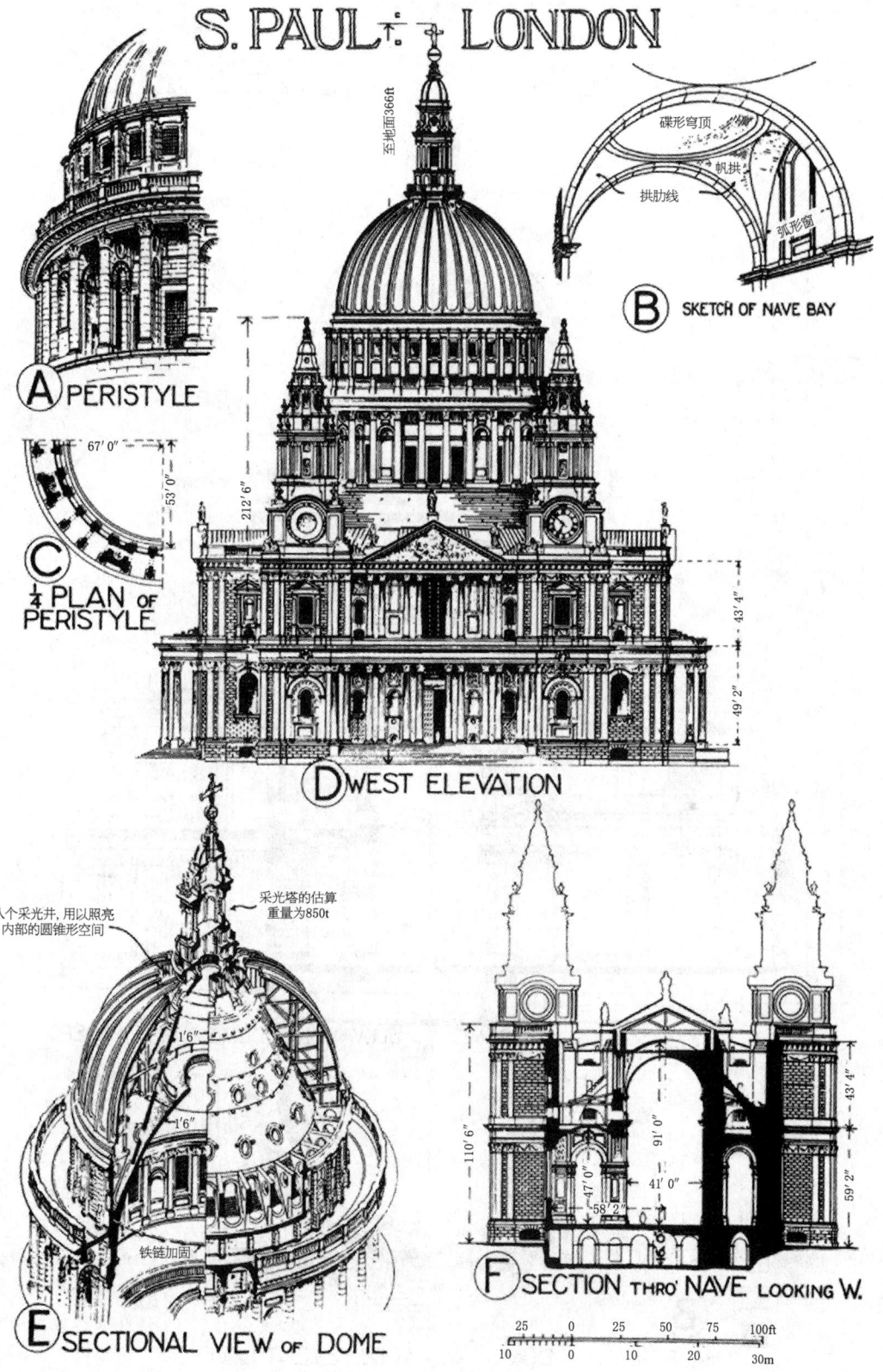

伦敦圣保罗大教堂(S. PAUL LONDON)：Ⓐ 围廊；Ⓑ 中堂跨间示意图；Ⓒ 围廊1/4平面图；Ⓓ 西立面图；Ⓔ 穹顶的剖视图；Ⓕ 中堂剖面(向西看)

第五编 文艺复兴时期和后文艺复兴时期的欧洲建筑及俄罗斯建筑

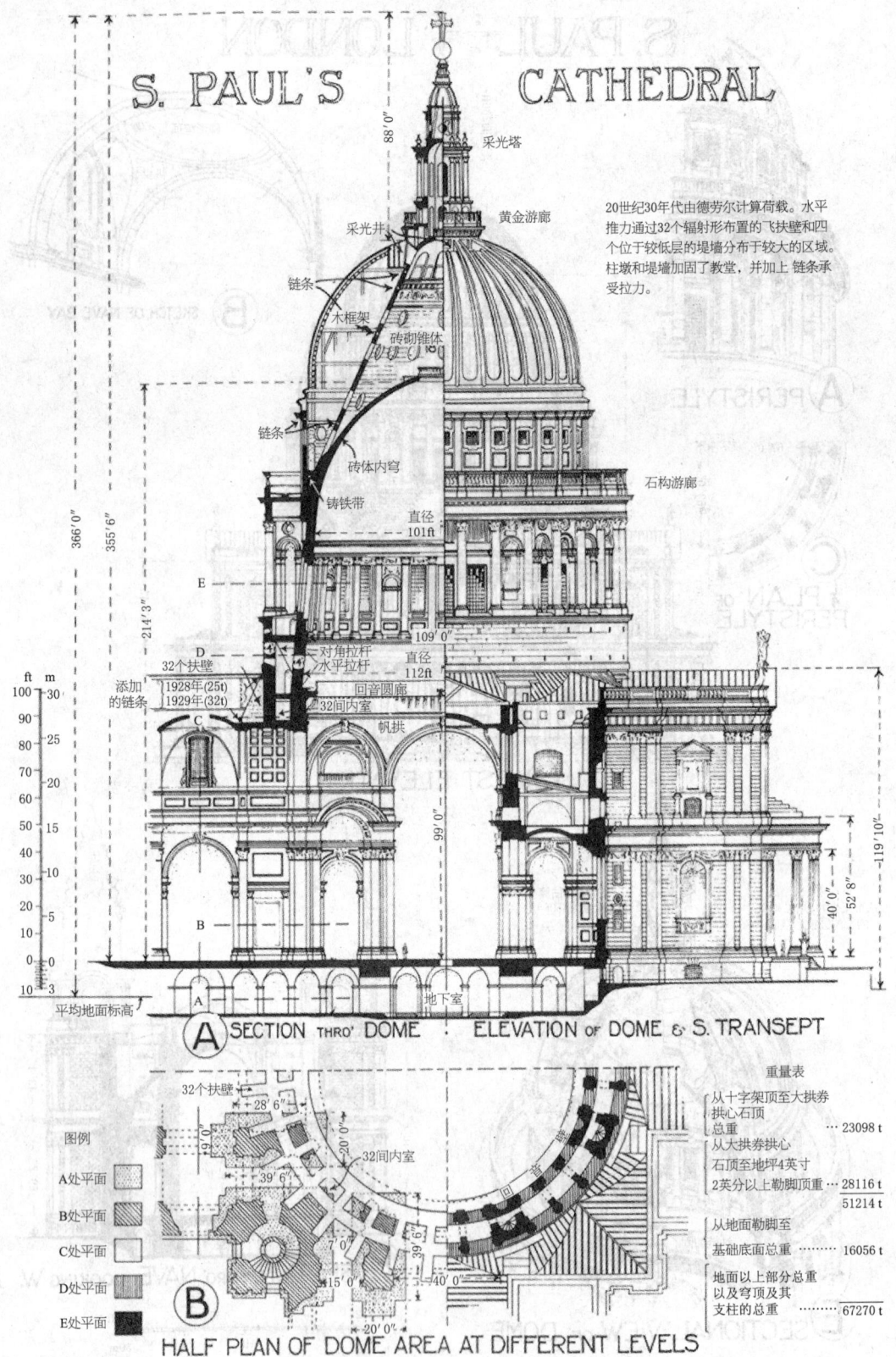

伦敦圣保罗大教堂(S. PAUL'S CATHEDRAL)：Ⓐ 穹顶部位剖面、穹顶和耳堂立面；Ⓑ 穹顶区的各层半平面

第32章 低地国家和英国建筑

图 A　剑桥圣三一学院内维尔院(1593—1615)，图书馆一侧(1676—1684)，见[1084]页

图 B　汉普顿宫南立面(1689—1694)，见[1090]页

间，建筑立面采用了连续的成对壁柱。

穹顶如同布拉曼特的小神殿的巨型翻版(参见有关章节)。通过把四个柱距组成一组作为扶壁而使柱廊呈现出韵律，立面上的天窗则模仿切分音节奏。穹顶类似阿杜安·芒萨尔的巴黎荣军院的式样(参见有关章节)。这个穹顶有三层外壳：接近半圆形的内层砖穹有一个小圆窗洞口，通过这个洞口可以看到支撑天窗的巨大的砖锥体。最外面的半圆球是轻质木构架，覆盖了一层铅。在内部，鼓座的基础似乎是搁在八个相同的拱上；事实上，这个八角形穹顶，让人联想起伊利大教堂(Ely Cathedral)的八角形穹顶。其中有宽窄交替的开间，大部分的推力由角上的扶壁承担。

圣保罗大教堂贯穿了雷恩作为建筑师的全部职业生涯，展示了他的思想从法国古典主义转向巴洛克的发展过程。

1666年伦敦大火之后，雷恩负责重建被烧毁的教堂(参见第[1091]页)，总共重建了51座教堂。由于经济的原因，雷恩经常利用旧的基础，极其巧妙地利用原有的立面，从而创造出有趣而多变的效果。他还模仿典型的英国式尖塔，使每一座教堂都具有独特的性格，从远处就可以看见它们，从而赋予伦敦与众不同的天际线。为了满足新教礼拜的要求，建筑还按照琼斯的构思，设计了圣保罗教堂科文特加登广场式样的长廊。

伦敦圣司提反·沃尔布鲁克教堂(S. Stephen Walbrook, 1672—1687，见[1092]页)是雷恩最令人激动的室内设计作品之一。尽管平面呈正方形，但它却是集中式平面的一种尝试。在教堂内部，16根科林斯式的柱子呈网格状布置，这些柱子支承的柱顶盘精巧地组成希腊十字。在柱顶盘上方，拱券切过角部，形成一个八边形，八边形又支承着半圆形的穹窿。轻质的木结构和抹灰层使窗户能方便地嵌入其中，从而创造了一个明亮的室内空间。

雷恩认为他设计的伦敦皮卡迪利圣雅各教堂(S. James's Piccadilly, 1676—1684，第二次世界大战中被炸毁，经重建，见[1093]页图Ⓐ～图Ⓓ)是城市教堂的范型。矩形的室内大堂覆盖着木质的筒形拱，并与长廊的横向筒拱毗连，长廊也构成设计的整体。筒形

拱架在多立克式柱墩上，并成为上部科林斯柱式的基座。在祭坛背后，雷恩采用了琼斯曾经在女王礼拜堂使用过的塞里奥母题(参见本章前述)。

在伦敦齐普赛街的鲍巷圣马利亚教堂(S. Mary-le-Bow, Cheapside, London, 1670—1677，见[1091]页图Ⓒ，[1094]页图Ⓐ、图Ⓑ、图Ⓔ)的设计中，雷恩建造了的第一座古典式大尖塔。如同早期的哥特式尖塔，这座尖塔也是教堂主体的附属建筑，在凹入的壁龛内建造了法国式的入口。装饰着壁柱的钟塔支撑着圆形的列柱式小神殿。飞扶壁支承着第二座更小的神殿，一个方尖石碑位于整座建筑的顶端。

1940年损毁的伦敦弗利特街**圣布赖德教堂**(S. Bride's, Fleet Street, London, 1671—1678，见[1093]页图Ⓔ～图Ⓗ，[1094]页图Ⓒ、图Ⓓ、图Ⓕ)的平面是一个简单的矩形，并且有一个由八根柱子支撑的阶梯状长廊。

雷恩晚期的尖塔，伦敦圣维达斯特教堂(S. Vedast's, 1694—1697)尖塔，在构思上完全不同。雕刻元素的集合以及凹入和凸出层面的变换，使人们回想起博罗米尼的建筑，特别是博罗米尼的圣伊沃教堂(参见有关章节)。霍克斯穆尔可能也曾参与尖塔的设计。

雷恩为威廉国王和玛丽王后扩建了16世纪的**汉普顿宫**(见[511]页图B、图G，[1089]页图B)❶，这座宫殿试图与路易十四的凡尔赛宫媲美(参见有关章节)。红砖的应用，使雷恩设计的朝向公园的立面与宫殿的其余部分和谐一致。雷恩用石材贴面来强调立面的中部。圆形的窗户与众不同，也许是源于法国的原型。

在设计牛津基督教堂**托姆塔**(Tom Tower, Christ Church, Oxford, 1681—1682)时，雷恩认为：“这座建筑应当采用哥特式，以与奠基者的工作相适合。而我已不再如初建者那样忙碌了。”这表明塔的风格并非是有意识的哥特复兴，而是出自以适当的方式去完善早期建筑的愿望。在广场上升出一个八角塔，塔的轮廓有着尖塔和洋葱形拱。

伦敦切尔西皇家医院(The Royal Hospital, Chelsea, 1682—1689，见[1097]页图A)计划建为退伍士兵之家和医院，这个构思来自于巴黎较早的机构，即巴黎荣军院(参见有关章节)。但是，它的艺术原型是韦

---

❶ Hampton Court，1689～1694年；《不列颠百科全书》译为汉普顿科特宫。——译者注

第32章 低地国家和英国建筑

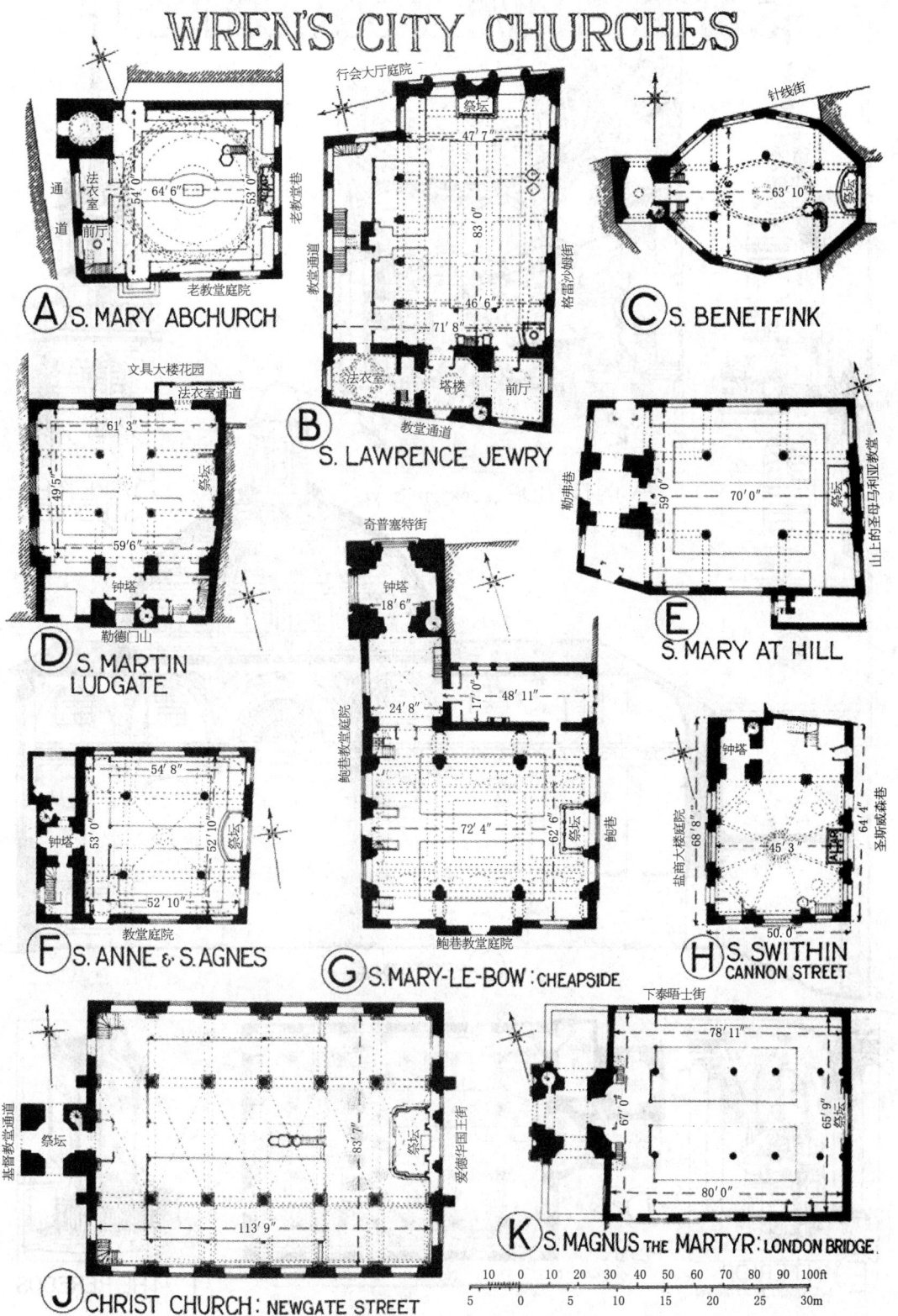

雷恩的城市教堂(WREN'S CITY CHURCHES)：Ⓐ 圣马利亚老教堂；Ⓑ 圣洛伦索犹太社区教堂；Ⓒ 圣贝尼特芬克教堂；Ⓓ 圣马丁勒德门教堂；Ⓔ 山上的圣母马利亚教堂；Ⓕ 圣亚纳和圣阿涅塞教堂；Ⓖ 鲍巷圣马利亚教堂；Ⓗ 坎农街圣斯威森教堂；Ⓙ 新门大街基督教堂；Ⓚ 伦敦桥殉教者圣马格努斯教堂

第五编 文艺复兴时期和后文艺复兴时期的欧洲建筑及俄罗斯建筑

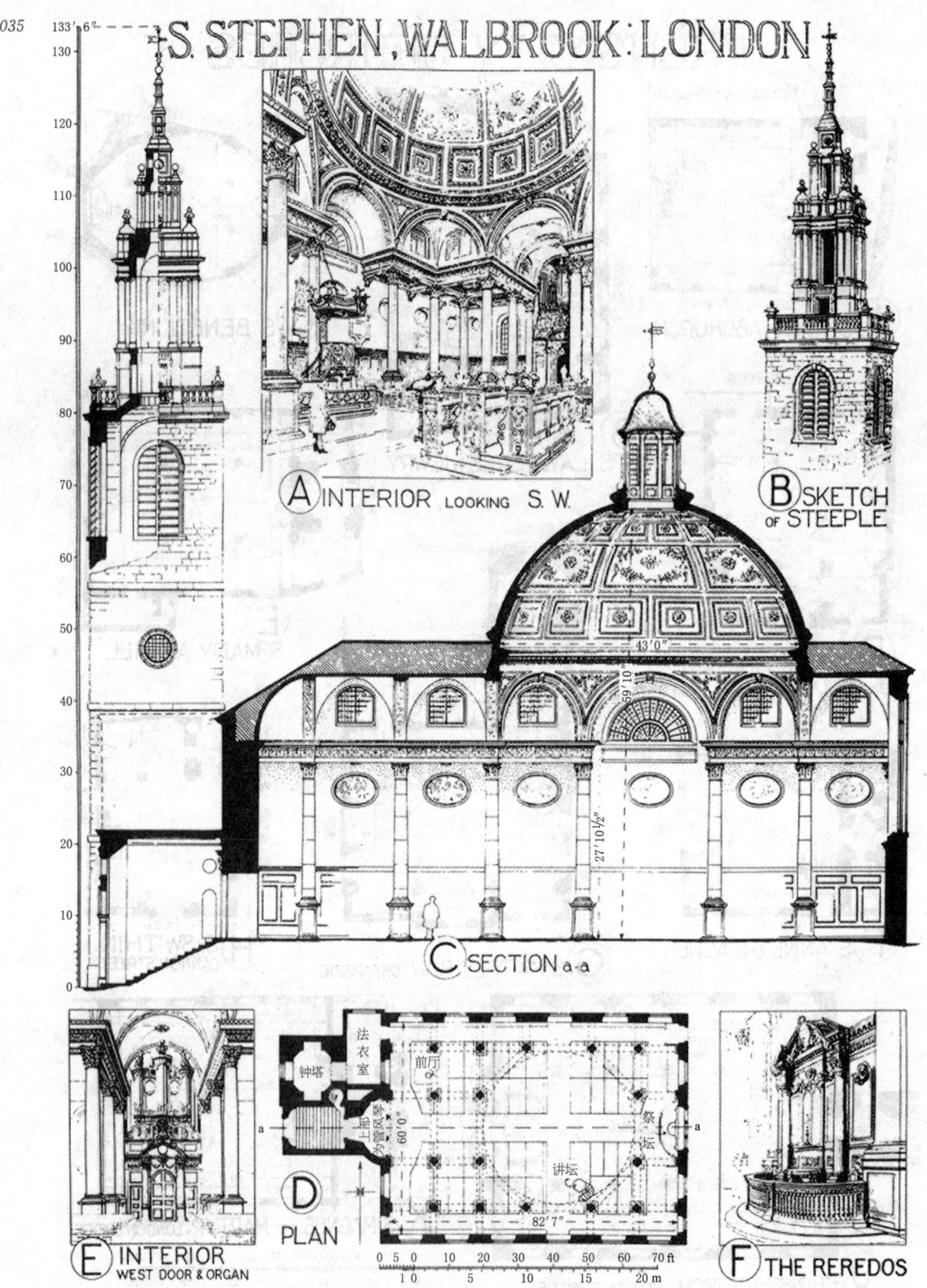

伦敦圣司提反·沃尔布鲁克教堂(S. STEPHEN, WALBROOK: LONDON)：Ⓐ 西南向内景；Ⓑ 尖塔示意图；Ⓒ a-a 剖面图；Ⓓ 平面图；Ⓔ 西门内景与管风琴；Ⓕ 祭坛背壁

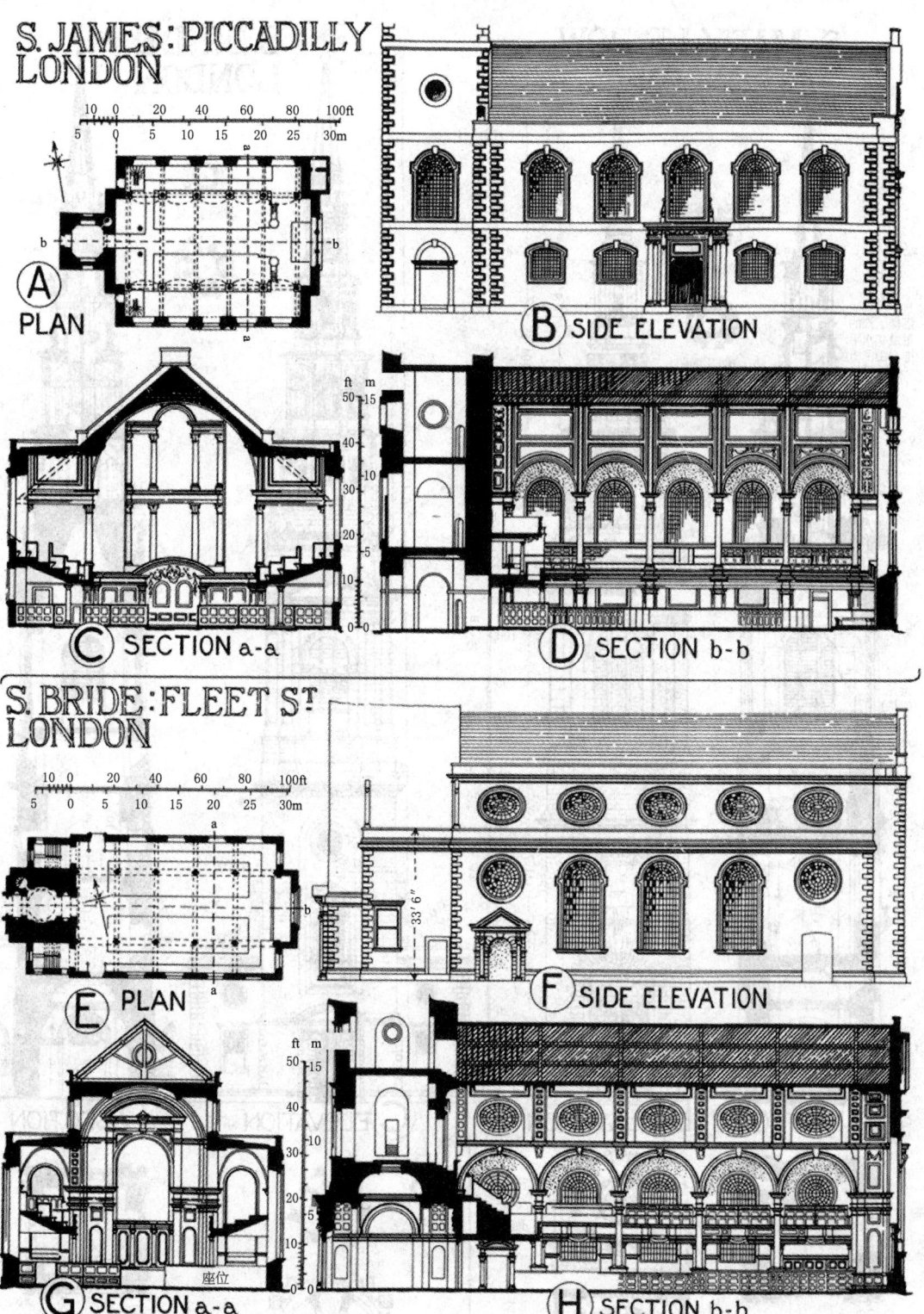

伦敦皮卡迪利圣雅各教堂(S. JAMES: PICCADILLY LONDON)：Ⓐ 平面图；Ⓑ 侧立面图；Ⓒ a-a 剖面图；Ⓓ b-b 剖面图
伦敦弗利特街圣布赖德教堂(S. BRIDE: FLEET ST. LONDON)：Ⓔ 平面图；Ⓕ 侧立面图；Ⓖ a-a 剖面图；Ⓗ b-b 剖面图

第五编 文艺复兴时期和后文艺复兴时期的欧洲建筑及俄罗斯建筑

伦敦鲍巷圣马利亚教堂(S. MARY LE BOW LONDON)：Ⓐ 剖面图；Ⓑ 立面图；Ⓒ 立面图
伦敦圣布赖德教堂(S. BRIDE LONDON)：Ⓓ 剖面图；Ⓔ f 处平面图；Ⓕ m 处平面图

布设计格林尼治宫平面(参见本章前述)。面向河流开敞的庭院有一个巨柱式的带山花门廊,顶部有穹顶采光塔。建筑物简朴如同兵营的特征,因使用多立克柱式而得以强调。中央入口门廊比两个侧翼更为大胆,两翼抽象而平直,因此产生的开窗的变化带来了与众不同的效果。柱顶盘把两个窗户一分为二,而中间的窗户则冲破了柱顶盘。高大的柱式和小尺度的窗户之间的对比,使建筑立面产生纪念碑的效果。

英国巴洛克时期(1702—1725)

与同时代其他英国建筑师相比,托马斯·阿彻(1668—1743)更偏爱罗马巴洛克,他对罗马巴洛克有直接的认识。他的作品大量参照了贝尔尼尼和博罗米尼,例如**伯明翰圣腓力教堂**(S. Philip, Birmingham, 1709—1715,见[1097]页图 B),主要由于博罗米尼式的尖塔而著名。尖塔的凹入面转换成为一个多边形的穹顶,甚至窗户也借鉴了圣伊夫教堂(参见有关章节)。

1711年,阿彻为伦敦设计了计划建造50座新教堂中的两座。第一座教堂是**德特福德圣保罗教堂**(S. Paul's, Deptford, 1712—1730),尽管是一个矩形平面,却构思成集中式平面,并有一条明显的横轴线。教堂正面的主体是一个巨大的半圆形门廊,顶上有一座尖塔,它为纳什设计兰厄姆宫万灵教堂(All Souls, Langham Place)提供了原型(参见有关章节)。经过抬高的教堂,经由一座精致的楼梯进入,两侧呈直线形,而正面则是曲线。伦敦**史密斯广场圣约翰教堂**(S. John's, Smith Square, 1714—1728,1941年毁坏后重建)现在的主入口位于横轴线上。四座角塔取代了原先的单座尖塔,新增了角部楼梯间,这种结构,是德特福德圣保罗教堂所创始。

威廉·塔尔曼(William Talman, 1659—1719)为德文郡第一公爵设计了他最著名的作品德比郡**查茨沃思府邸**(Chatsworth House, 1686年始建,见[1097]页图 C)。令人印象深刻的南立面,为毫无趣味的内部平面增色,南立面往往被认为是英国最早的巴洛克立面。三段式的立面由于有12个开间而显得十分突出,因而,中部的重点是在墙面上,而不是洞口。这种效果由于后来加建的双跑楼梯以及强调立面的端部而荡然无存,加建的楼梯使两个中部开间完全对称。在此,带齿槽的爱奥尼巨柱式构成中央部分,拱顶石饰有雄鹿的头颅。

尼古拉斯·霍克斯穆尔(Nicholas Hawksmoor, 1661—1736)是雷恩最具有天分的学生,他在工作室的作用也变得越来越重要,在设计项目中,往往很难区分出哪些是他们各自的设计。抽象的几何形和严谨的细部是霍克斯穆尔设计风格的特点。霍克斯穆尔沉迷于鲜为人知的古典建筑,他还欣赏哥特式建筑的形式。

在第二次世界大战中被损毁之前,伦敦东方**圣乔治教堂**(S. George-in-the-East, 1714—1734)有着集中式的矩形平面。主要的纵轴线与三条辅助轴线相交,中间一条辅助轴线以主要的十字拱为标记。在主体为无柱式风格的外立面上,霍克斯穆尔探索了比例关系,在中堂、楼梯塔楼和尖塔上使用了三种不同尺寸的窗洞,门上放置了不成比例的大型拱顶石。八角形的尖塔,延续了曾经在楼梯塔楼上用不同比例表现的主题,其灵感源自哥特式建筑。

伦敦**斯皮特尔场基督堂**(Christ Church, Spitalfields, 1714—1729,见[1098]页图 A)的平面在主体上与圣乔治教堂十分相似,矩形平面产生集中式的内部特征。在这座教堂中,一条鲜明的十字交叉轴线导向两边的出口。教堂中给人印象最深刻的是西端的尖塔。四柱式门廊的中跨采用拱形筒拱,这个母题在二层以抽象而简化的形式得到重现。中央拱门不断缩小尺度,不断重复,一直延伸到塔的尖顶。

伦敦**伍尔诺思圣马利亚教堂**(S. Mary Woolnoth, 1716—1727,见[1098]页图 B)是霍克斯穆尔设计的所有教堂中传统印记最少的一座。基座,连同在壁龛内的窗户和门廊,都有粗琢的带饰。带饰向两侧延伸,并围绕着端部两根特别高的多立克式柱子。教堂上部,独立的科林斯圆柱环绕着钟塔,支持着成对的角塔。

北安普敦郡**伊斯顿·内斯顿府邸**(Easton Neston, 1696/1697—1702,见[1098]页图 C)是霍克斯穆尔建造的唯一一座乡村府邸。这个府邸有着特别高的窗户,嵌在彼此临近的巨柱式壁柱之间,达到一种令人震惊的纪念碑式的效果。向前凸出的正立面有两重分隔,第二层次的分隔更为明显:两根巨大的混合柱式的柱子构成主入口的框景,并且创造了一个独特的单开间门廊。立面掩盖了房屋的内部空间布局,内部的局部空间甚至高达四层。

同雷恩一样，霍克斯穆尔有自己的哥特式印记，最著名的是**牛津万灵学院**(All Souls College, Oxford, 1716—1734)。最终，他力图实现北部方庭的整个外立面与基地上原先的建筑相互和谐一致。主立面严格对称，两座塔楼构成中央入口。立面上有显著的哥特式的双心拱和洋葱式拱。

在早年的军旅生涯之后，约翰·范布勒爵士(John, Vanbrugh, 1664—1726)不仅成为英国最伟大的建筑师之一，而且是一位有名的剧作家。他在更为复杂的大型工程中与尼古拉斯·霍克斯穆尔合作，霍克斯穆尔是一位职业建筑师通才，能对约翰未经专业训练的建筑才能予以补充。

约克郡**霍华德堡**(Castle Howard, 1664—1712，见[1099]页)是范布勒设计的第一座乡村府邸，这座府邸大部分是范布勒与霍克斯穆尔合作设计建造的。面向"大庭院"的立面十分威严，掩饰了一所横向伸展的房屋，主要的套房都位于这所房屋中。府邸有两个服务庭院，一边是厨房，另一座庭院是马厩。这座巨大的综合体有点类似雷恩早期于1695年设计的格林尼治医院。"大庭院"低矮的无柱式侧翼有着法国式的粗琢带饰，角部的拱廊，近似于帕拉第奥设计的巴多尔别墅(参见有关章节)那样，呈曲面拱卫着中央建筑。中央部分增加的楼层大大高于两翼，并以切分节奏布置巨柱式多立克壁柱。主入口大厅上方，高耸的穹顶安置在鼓座上。这种形式从未在英国府邸建筑中如此鲜明地使用过。而相对不那么严肃的花园立面上，使用了类似伊斯顿·内斯顿府邸的手法，为的是达到纪念性的效果。拔高的壁柱以狭窄的间距紧紧地框住了组合窗。同样值得关注的是范布勒设计的**风神殿**(Temple of the Winds)，以及**霍克斯穆尔墓**(Hawksmoor's Mausoleum)，大片的地面装饰是这座陵墓的特点。

牛津郡布莱尼姆宫(Blenheim Palace, 1705—1724, 见[1100]页，[1102]页图 A)是范布勒和霍克斯穆尔为纪念马堡公爵在布莱尼姆战胜法国而设计的纪念建筑。这座宫殿实际上是霍华德府邸的主题放大的一曲变奏。"大庭院"与两侧的马厩和厨房庭院相连，主要房间同样坐落在主轴线上。但是，范布勒把一长列主要的套房放进一座楼房，形成两座尺度较小的内院。两根精巧地连在一起的柱子构成了立面的划分。粗琢的塔楼插入了侧面柱廊

低矮的多立克式柱，在圆弧形的柱廊中，以一种异样的形式出现。侧堂继续穿越主楼，立面出现了巨柱式的科林斯式柱，在中部往前凸出，构成了门廊。雕塑构成细部，尺度很大，就整体而言，全部都是非传统的形式，例如把壁柱做成方尖碑的形式。

诺森伯兰郡锡顿德勒沃尔府邸(Seaton Delaval, 1720—1728, 见[1103]页图 A)具有更强烈的戏剧性。北立面粗琢的入口由环状布置的多立克柱子构成。建筑的中部曾在1822年的一场大火中被焚毁。

格林尼治范布勒府邸(Vanbrugh Castle, 约 1717)是范布勒为自己建造的三座住宅其中的一座。整个房屋几乎全部用砖砌筑，有着城垣般的简朴风格。建筑的精神，表现在方或圆的塔楼、平顶或尖顶，以及雉堞和堞眼的变化上。

詹姆斯·吉布斯(James Gibbs, 1682—1754)是苏格兰的罗马天主教徒，他在罗马师从卡洛·丰塔纳(Carld Fontana)，并且把意大利建筑的知识带回国。在当时，只有阿彻能和他相提并论。在帕拉第奥复兴开始之后，正是通过吉布斯，巴洛克才得以一度实现迟到的荣耀。

伦敦广场上的圣马丁教堂(S. Martin-in-the-Fields, London, 1721—1726, 见[1102]页图 B)应该说是吉布斯最有代表性的作品。最初的设计方案是一个圆形教堂，基本上是模仿他人的设计，这个方案由于经济上的原因而被否决。最终采用的矩形方案在很大程度上要归功于雷恩，特别是在内部长廊和拱顶系统的布局上。包边的窗户以及凹入的柱子形成了两侧的入口，构成了雕塑般的建筑外观。带三角形山花的门廊拱卫着主入口。尖塔穿过屋顶，从门廊后部出现，这一特征大受批评，但也被许多建筑师抄袭过。

吉布斯设计的图书馆，**牛津拉德克利夫·卡梅拉图书馆**(Radcliffe Camera, 1739—1749, 见[1102]页图 C)的构思是从霍克斯穆尔 1715 年所作的早期设计发展而来的。这两个设计都是独立式且呈圆形的建筑，立面上有一个粗石基座来支承科林斯柱式。这个建筑的切分节奏是新颖的，交互的突出和凹入展现了多边形基座的特征。基座之上，成对的科林斯式柱子构成宽窄交替的开间，这种韵律一直向上延续至顶部栏杆。在此处，模式改变了，穹顶的曲线扶壁落在下方每一个开间的中部。采用这种背离古典建筑法则的手法，是为了创造

第32章 低地国家和英国建筑

图 A　伦敦切尔西皇家医院(1682—1689)，见[1090]页

图 B　伯明翰圣腓力教堂(1709—1715)，见[1095]页

图 C　德比郡查茨沃思府邸(1686年始建)，见[1095]页

第五编　文艺复兴时期和后文艺复兴时期的欧洲建筑及俄罗斯建筑

图A　伦敦斯皮特尔场基督堂(1714—1729)，见[1095]页

图B　伦敦伍尔诺思圣马利亚教堂(1716—1727)，见[1095]页

图C　北安普敦郡伊斯顿·内斯顿府邸(1696/1697—1702)，见[1095]页

第32章 低地国家和英国建筑

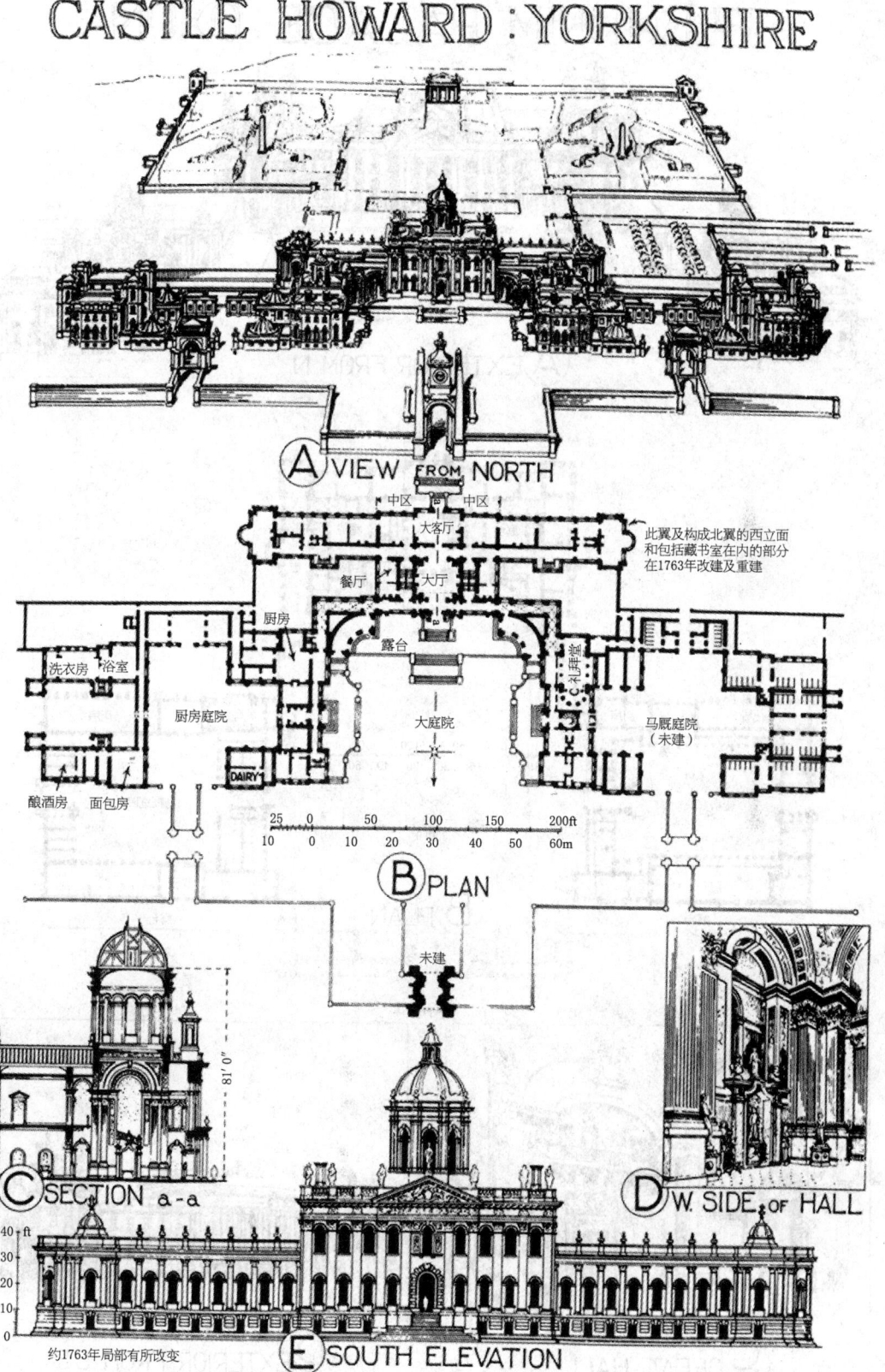

约克郡霍华德堡(CASTLE HOWARD：YORKSHIRE)：Ⓐ 府邸北面鸟瞰图；Ⓑ 平面图；Ⓒ a-a剖面图；Ⓓ 大厅西墙；Ⓔ 南立面图

BLENHEIM PALACE: OXON

Ⓐ EXTERIOR FROM N.

Ⓑ PLAN

大客厅 | 庭院 | 大厅 | 庭院 | 大游廊 | 意大利花园 | 花房 | 院子 | 厨房 | 礼拜堂 | 院子 | 花房 | 厨房庭院 | 大庭院 | 马厩庭院 | 院子 | 马厩 | 露台 | 此部分未建

350'0"

Ⓒ GREAT HALL

Ⓓ EXTERIOR FROM S.E.

牛津郡布莱尼姆宫(BLENHEIM PALACE: OXON)：Ⓐ 北面鸟瞰；Ⓑ 平面图；Ⓒ 大厅；Ⓓ 东南向外观

戏剧性的效果。

帕拉第奥式(约 1715—1750)

科伦·坎贝尔(Colen Campbell, 卒于 1729 年)是《维特鲁威在不列颠》的作者, 也是英国帕拉第奥建筑复兴风格的创建者之一。坎贝尔是一位苏格兰地主的儿子, 作为一名律师开始了他的事业。接着, 他通过出版《维特鲁威在不列颠》得到了建筑界的声望。伦敦**万斯泰德府邸**(Wanstead House, 1714, 毁于1824 年)是第一座刻意复兴帕拉第奥建筑风格的乡村府邸。主要的楼层被抬高, 坐落在"粗壮的"基座上, 基座上方的中央是一个六柱式的神庙般立面的门廊, 坎贝尔还设计了带塞里奥母题窗的角塔, 但未建成。

诺福克郡**霍顿大厦**(Houghton Hall, 1722—1726)是坎贝尔为英国首相罗伯特·沃波尔爵士建造的。大厦有四个塔楼, 原先没有建两翼, 对称安排的房间与中心沙龙和立方体大厅在侧面相接, 这个型制模仿了琼斯设计的女王宫。外立面有一个外附的四柱式门廊, 门廊在面向公园的立面上呈半柱式。塔楼上冠以穹顶, 有威尼斯式的窗户。入口布置了帕拉第奥设计的维琴察蒂内府邸(Palazzo Thiene, Vicenza)的粗琢窗户。

坎贝尔设计的肯特郡**梅里沃思府邸**(Mereworth Castle, Kent, 1722—1725, 见[1103]页图 C)直接地复制了帕拉第奥设计的圆厅别墅(参见有关章节), 是英国的帕拉第奥复兴式"别墅"中最精美的作品之一。

伯林顿伯爵(Lord Burlington, 1694—1753)是帕拉第奥复兴运动中另一位重要人物, 对帕拉第奥原则, 他有更聪明的处理手法。他不仅是一位杰出的业余建筑师、重要的赞助人, 还是公认的英国最有帕拉第奥式建筑品味的一位学者。在奇斯韦克, 他为他所设计的詹姆斯一世时期的府邸(已毁)增加了一个较小版本的圆厅别墅, **奇斯韦克庄园**(Chiswick House, 1723—1729, 见[1103]页图 A)。这座建筑也从斯卡莫齐构思的皮萨尼城堡(参见有关章节)中获得创意。平面布局有两组套房, 围绕着八角形穹顶覆盖的沙龙。圆形、八角形和半圆形, 不同形状的房间组成了建筑序列, 这个母题也在诺福克郡霍克汉姆大厦(Holkham Hall)中再次出现, 并且影响了罗伯特·亚当。外立面上, 精心设计的雅致的门窗洞口, 突显在中性的外墙表面上。背立面上凹入的威尼斯式窗在帕拉第奥式建筑中已经有很悠久的历史。室内设计和家具由伯林顿的被保护人威廉·肯特设计, 他 1719 年从意大利回来, 成为帕拉第奥式室内设计的倡导者。从 18 世纪 30 年代开始, 肯特成为一名成功的建筑师, 通过担任皇家工程事务司的副总监, 他把帕拉第奥式引进到英国的公共建筑上。

在**约克郡议会堂**(the Assembly Rooms, York, 1730, 见[1105]页图 A)的设计中, 伯林顿使用帕拉第奥设计的有列柱的埃及厅作为大舞厅, 大舞厅的正面和边上的侧面由不同形状的房间连接壁龛和半圆形后殿, 如同古罗马浴场的结构。原先设计的立面有着曲线形的门廊, 带气窗的列柱围廊贯穿其间。

诺福克郡**霍克汉姆大厦**(Holkham Hall, 1734—1765, 见[1106]页图 A)为莱斯特伯爵托马斯·柯克修建, 由马修·布雷廷厄姆(Matthew Brettingham, 1699—1769)设计建造。这个工程非常清晰地体现了伯林顿的设计理念, 并且在肯特的设计中得以全面实现。建筑的平面有四座翼楼, 包括小礼拜堂、厨房、图书馆和客房, 在有四座塔楼的主楼的每一个角部都设有客房。每一部分轮廓分明, 相互独立的屋面处理使外立面形式多样, 但又有清晰的等级次序。尽管缺少帕拉第奥式建筑的有机性, 但它的确是帕拉第奥式的建筑。长廊的设计起源于奇斯韦克, 在这个设计中, 优美的戏剧化的圆柱大厅与主楼梯融合在一起。

约克郡温特沃思猎庄(Wentworth Woodhouse, 1735—约 1770, 见[1105]页图 B)的平面和立面由亨利·弗利特克洛夫特(Henry Flitcroft)设计, 众所周知, 他是"伯林顿的化身"(1696—1769)。这座建筑构成了一个霍顿大厦拉长的翻版。这是伯林顿和坎贝尔的追随者们建成的众多帕拉第奥式大厦中的一座。这座大厦的室内设计华丽而优美。

帕拉第奥建筑运动也产生了大量类似别墅的较小的府邸, 其中, 罗杰·莫里斯(Roger Morris)设计的**特威克纳姆大理石大厦**(Marble Hill, 1724—1729)就是一个有影响的早期实例。他使用了山花和粗琢基座上的壁柱式正门, 突出了建筑的重点。莫利斯(Morris, 1695—1749)从房屋交易起家, 后成为一位成功的投机建筑师。他的亲戚罗伯特·莫里

第五编 文艺复兴时期和后文艺复兴时期的欧洲建筑及俄罗斯建筑

图 A 牛津郡布莱尼姆宫北面(1705—1724)，见[1096]页

图 B 伦敦广场上的圣马丁教堂(1721—1726)，见[1096]页

图 C 牛津拉德克利夫·卡梅拉图书馆(1739—1749)，见[1096]页

第32章 低地国家和英国建筑

图A 诺森伯兰郡锡顿德勒沃尔府邸(1720—1728),见[1096]页

图B 伦敦奇斯韦克庄园(1725),见[1101]页

图C 肯特郡梅里沃思府邸(1723),见[1101]页

斯(Robert Morris，约 1702—1754)写了一系列有影响的建筑论著，为帕拉第奥建筑运动奠定了美学基础。

按照肯特的设计，约翰·瓦尔迪(John Vardy，卒于 1765 年)将白厅近卫军骑兵旅司令部(The Horse Guards, Whitehall, 1750—1758, 见[1106]页图 B)原先的帕拉第奥式乡村府邸的立面，改造成为公共建筑的式样。复杂多变的屋顶线条和威尼斯式的凹窗主要是由伯林顿设计的，这种完全乡村式的设计手法来自于他为韦德将军所设计的住宅，而这所住宅则是以帕拉第奥的草图为基础设计的。

艾萨克·韦尔(Issac Ware，卒于 1766 年)是英国最杰出的帕拉第奥著作的翻译者，也是《建筑全书》(A Complete Body of Architecture, 1756)的作者。他设计过一组乡村府邸，其中最出色的一座是米德尔塞克斯郡**南米姆斯鲁特姆公园**(Wrotham Park, South Mimms, 1754)。其硕长的立面中央有一个像别墅一样的主楼，由两翼建筑所拱卫，是一个带有穹顶的八角形塔楼。

詹姆斯·佩因(James Paine, 1717—1789)是 18 世纪中叶最负盛名的乡村府邸建筑师，他是一个坚定的帕拉第奥式的拥护者，极力反对当时逐渐为人所推崇的"不协调的的古代格调"。在威尔特郡**沃德府邸**(Wardour Castle, Wiltshire, 1770—1776)的设计中，他在角部使用成对的壁柱，在门廊处添加圆柱，以形成更为复杂的韵律，把多种变体应用到体量巨大的帕拉第奥式立面上。楼梯间尤为精美，它通向宛如万神庙般的圆形礼拜堂。

在苏格兰，威廉·亚当(William Adam, 1689—1748)延续了英国巴洛克建筑传统的拘谨样式，增添了一些帕拉第奥式元素。他设计的**霍普顿府邸**(Hopetoun House, 1723—1748, 见[1106]页图 C)宏伟华丽而又充满折中主义色彩。其巨柱式壁柱和栏杆扶手使人回想起查茨沃思府邸(参见本章前述)，凹入的曲线和连续的拱形窗也使人联想起范布勒。除此之外，还有一个帕拉第奥式的四分之一圆弧形拱廊。

爱德华·洛维特·皮尔斯爵士(Sir Edward Lovett Pearce, 1699—1733)是一位早期的帕拉第奥式建筑师，爱尔兰建筑史上一位重要的人物。**都柏林议会大厦**(The Parliament House, Dublin, 1728—1739)前面设有呈 E 字形的爱奥尼式柱廊，与入口门廊相结合。带有穹顶的国会下议院大厦(毁于 1914 年)有一个极为复杂的圆柱围廊，这些柱子在八边形的角部成对排列。

联排住宅

英国帕拉第奥式联排住宅(Town Houses)采用粗琢的基座，并在基座上采用冠戴着栏杆或女儿墙的柱式。乔治王朝时期的伦敦，一排排多少有些制式化的联排住宅或沿街，或围绕着私家广场而建。而这住宅是由投机营造商在贵族地主的土地上开发的。在芒萨尔设计的巴黎旺多姆广场(Mansart's Palace Vendôme，参见有关章节)中，我们可以看到用山墙式的中心装饰母题将各自独立的房屋统一在一个广场上的设计构思。这种处理手法被颇具匠心地运用于**伦敦格罗夫纳广场**(Grosvenor Square, 1725—1735)和更具影响力的作品巴斯**女王广场**(Queen Square, 1729—1736)的设计中，以赋予建筑立面以单纯、对称的整体形象。这种设计构思成为英国城市设计中经久不衰的一种处理手法。18 世纪英国城市开发中最令人瞩目的实例是巴斯城(见[1105]页图 C)。在这里，约翰·伍德父子(John Wood, 1705—1754; John Wood II, 1728—1781)设计了女王广场、马戏场(the Circus, 1754)、**皇家新月广场**(the Royal Crescent, 1767—1775)以及连接这些广场的街道。圆形广场住宅采用双壁柱组成的三层叠柱式立面，而皇家新月广场则通过巨柱式壁柱统一建筑立面。在这些设计中，可以明显地看出巴斯城对古罗马建筑的参照。

在 18 世纪，由四座统一的宫殿式立面的联排住宅围合成广场的城市理想，终于在伦敦贝**德福德广场**(Bedford Square, 1776—1786)得以实现。建筑立面可能是由贝德福德地产公司的测量师罗伯特·帕默(Robert Palmer)设计的，但也可能是他与托马斯·莱弗顿(Thomas Leverton)合作设计，并由投机的营造商威廉·斯科特(William Scott)和罗伯特·格鲁(Robert Grew)监造。

古典主义理性城市由一个正交道路网格构成，这个网格中包含着各种尺度和重要程度不等的街道，以及与街道相结合的，统一而又宏伟的广场。由詹姆斯·克雷格(James Craig)设计的**爱丁堡新城**(Edinburgh New Town, 1766 年始建)正是对理性城市的最完美诠释。在 19 世纪初头几年中建成的第二和第三座风景如画式的"新城"中，呈圆形、新月形布局的建筑和那些整齐的具有惊人长度的联排

第32章 低地国家和英国建筑

图 A　约克郡议会堂(1730)，见[1101]页

图 B　约克郡温特沃思猎庄(1735)，见[1101]页

图 C　埃文郡巴斯城俯瞰，图中是马戏场和皇家新月广场(1754—1775)，见[1104]页

第五编 文艺复兴时期和后文艺复兴时期的欧洲建筑及俄罗斯建筑

图A 诺福克郡霍克汉姆大厦(1734—1765)，见[1101]页

图B 伦敦白厅近卫军骑兵旅司令部西立面(1750—1758)，见[1104]页

图C 苏格兰西洛锡安霍普顿府邸(1723—1748)，见[1104]页

住宅，形成了别致的图案化样式，这种手法是对第一座新城正交网格式设计手法的拓展。用这种手法设计的建筑有：罗伯特·里德(Robert Reid)监造的国王大街(Great King Street, 1812—1820)，詹姆斯·普莱费尔(James Playfair)设计的**皇家圆形广场**(Royal Circus)**皇家府邸**(the Royal Terrace, 1821年始建)，以及詹姆斯·吉莱斯皮·格雷厄姆(James Gillespie Graham)的**莫里广场**(Moray Place, 1822—1830)。

矫饰建筑

当时流行的一种典型的英国建筑样式就是矫饰建筑(Follies)。它们是反传统设计的建筑物，其首要意图是给人以视觉上的愉悦。这类建筑通常坐落在私人庄园，紧靠公园边界。典型的例子就是位于布里斯托尔的**阿尔诺斯城堡**(Arnos Castle, 1750)。它是一个仿城堡式建筑，包括一个要塞式的高楼、若干小塔楼、雉堞墙以及小尖塔。建筑几乎完全用古铜色火山灰岩建造，霍勒斯·沃波尔❶将它戏称为"魔鬼大教堂"。

新古典主义(1750—1830)

罗伯特·亚当(Robert Adam, 1728—1792)是英国最富创造力的一位建筑师，他是苏格兰建筑界的领军人物威廉·亚当(William Adam)之子。他在1754~1758年周游了意大利之后在伦敦定居，并因一系列旧宅邸的改造工程而享誉盛名。罗伯特·亚当的作品最显著的特点在于风格混杂的室内设计。这些风格包括：带有阿拉伯式和异域风格的、"刺绣般"精美的表面装饰，手绘和灰泥塑造的圆形雕饰。这些元素就构成了独具特色的"亚当风格"。亚当从考古研究中汲取灵感而设计出的房间造型和装饰细部，对英国新古典主义建筑的发展做出了极其重要的贡献。

德比郡凯德尔斯顿府邸(Kedleston Hall, Derbyshire)由詹姆斯·佩因(James Paine)于1757—1759年始建，亚当兄弟(Robert and John Adam)于1759~1770年完成包括南立面在内的全部设计(见[1108]页)，表明了对帕拉第奥式的彻底摆脱。佩因的设计与霍克汉姆大厦类似，但更加奢华：其转角塔楼呈扇形连接，北立面则与宏大庄重的帕拉第奥风格相一致。而亚当设计的南立面则摒弃了神庙式三角形山墙的制式，代之以仿照康斯坦丁凯旋门设计的古典而又装饰华丽的立面，凯旋门上布满了雕饰。建筑的室内极其富丽堂皇，亚当对佩因设计的大厅和沙龙进行了修改。沙龙类似于古典时期的圆形大厅(就像位于斯普利特(Spalato)的那座大厅一样)，覆盖着类似于罗马万神庙的阶梯状的穹顶。

位于伦敦西区的**奥斯特列庄园**(Osterley Park, 1763—1780)和**西翁府邸**(Syon House, 1762—1769)，均由原先的建筑改造而成。奥斯特列庄园是伊丽莎白女王的宫殿和宅邸，内部曾被毁坏，以后又以各种复古风格加以重新装饰。带有三角形山花的入口门廊插入建筑的一翼，这种形式是从古罗马奥克塔维亚柱廊(Portico of Octavia in Rome)那儿获得灵感的。但从细部上看，修长的爱奥尼柱式则属希腊风格。

西翁府邸，原先是詹姆斯一世时期的建筑，亚当曾试图在中央庭院中插入一个巨大的圆形大厅。重新装饰后的室内美轮美奂，由形式各异的房间组成了独特的序列，房间内的壁龛、凹室、独立的壁柱产生了极富雕塑感的空间效果。

艾尔郡卡尔津堡(Culzean Castle, 1777—1792，见[1109]页图A)，是亚当的城堡式府邸中最为奢侈华丽的作品。这是一座为卡西利斯伯爵(the Earls of Cassilis)建造的城堡，与一座中世纪的要塞建在一起。塔楼和雉堞在整体上产生了城堡的形象，而窗户的细部和室内装饰则全然是古典风格。

爱丁堡夏洛特广场(Charlotte Square, 1791—1807)是亚当设计的众多联排住宅中的一个。广场的整整一面，以统一的建筑手法处理成带有中心门廊和尽端突出的亭子的样式。尽管这个作品在许多方面都让人联想到早期的联排住宅，但其细部和装饰却是颇具亚当特色的。同样由亚当设计的两个类似的联排住宅作品是伦敦**菲茨罗伊广场**(Fitzroy Square, 1790—1794)和伦敦**阿德尔斐**(the Adelphi, 1768—1772, 大部分毁于1937年)。后者是亚当对这种风格的首次大胆尝试，建筑位于码头区的弧形空地上，带有俯瞰泰晤士河的露台。

---

❶ Horace Walpole；奥福德伯爵四世，英国作家、鉴赏家、收藏家。——译者注

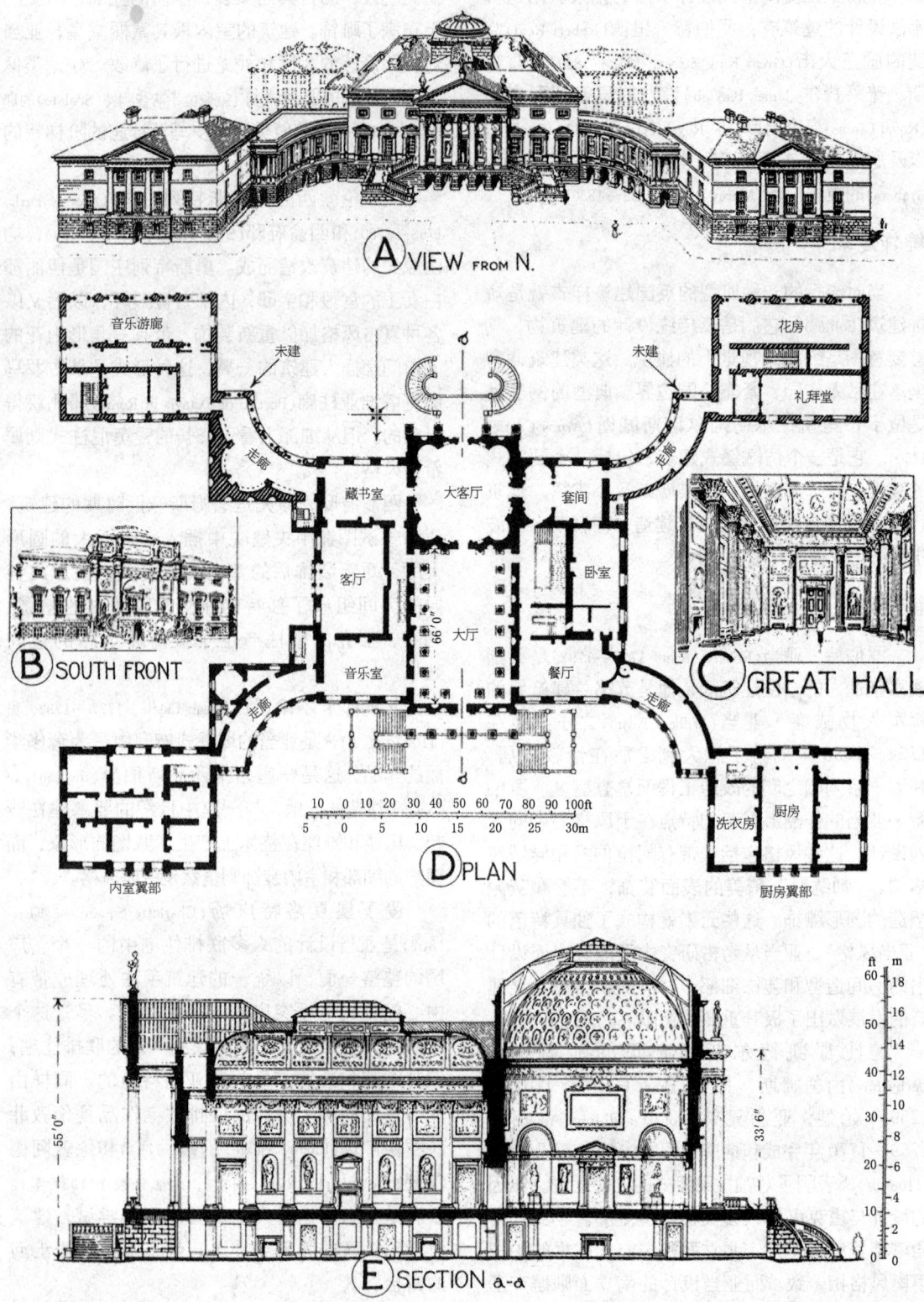

德比郡凯德尔斯顿府邸(KEDLESTON HALL: DERBYSHIRE): Ⓐ 北侧鸟瞰; Ⓑ 南立面图; Ⓒ 大厅; Ⓓ 平面图; Ⓔ a-a 剖面图

第32章 低地国家和英国建筑

图 A 艾尔郡卡尔津城堡(1777—1792)，见[1107]页

图 B 伦敦波特曼广场20号(1773—1776)，见[1110]页

伦敦波特曼广场20号(No. 20, Portman Square, 1773—1776,见[1109]页图 B)和**伦敦圣詹姆斯广场20号**(No. 20, S. James's Square, London, 1771—1774)是亚当在伦敦设计的联排住宅中保存至今的最杰出的作品。这两个作品的成功之处不仅仅在于引人入胜的新古典主义装饰,更因其在有限的用地上所做出的创造性的平面布局而闻名于世。尽管这两座建筑的入口无法置于中央,但亚当仍巧妙地将所有布满雕刻的房间有机组合在一起。

在白金汉郡**斯托宫**(Stowe House)中,亚当把府邸南立面(1771—1779)设计成由屋主科巴姆子爵(Viscount Cobham)和坦普尔男爵(Lord Temple)所推行的、影响广泛的现代化风格的一部分。场地的景观设计由布里奇曼(Bridgeman)、肯特(Kent)和其他一些设计师完成。他们共同设计的这一作品,是这个时期幸存至今的最重要的园林之一。场地景观的多样化得益于种类繁多的花园建筑,这些花园建筑由范布勒、吉布斯、肯特和其他一些设计师们设计,风格迥异,而且令人印象深刻。

威廉·钱伯斯爵士(Sir William Chambers, 1723—1796)曾相继在巴黎(1749—1750)和意大利(1750—1755)接受建筑教育。他于1755年定居伦敦,并在次年被任命为威尔士亲王的家庭教师和御用建筑师,从此,他成为这一时期具有领导地位的皇家和官方建筑师。尽管受到苏夫洛的新古典主义的影响,他的作品在风格上却异常丰富多彩。

伦敦萨默塞特大厦(Somerset House, 1776—1786,东部和西部扩建分别于1835年和1856年完成,见[1111]页图A)为容纳政府办公部门而建,其用地占满了斯特兰德大道(the Strand)和泰晤士河之间的庞大区域。面向斯特兰德大道的立面是普通的九开间面宽,立面上的半壁柱立于带拱门的粗石基座之上,仿照16世纪意大利宫殿建筑的样式。越过立面,建筑开辟了一个二倍于建筑面宽的巨大庭院。建筑硕长的正立面和不带山花的中心突起的端部立面,让人联想到加布里埃尔的小特里阿农宫。这个作品就像范布勒的建筑一样,尽管尺度巨大,却显得比较谦逊柔和。沿泰晤士河的立面显得高贵威严,尽管经过19世纪的改建,建筑仍忠实地表现了钱伯斯的设计意图。建筑的立面相当阔,将近200m(600ft),呈对称布置。钱伯斯采用了类似凡尔赛宫的处理手法,将立面分成若干段,位于端部的水门的处理,类似于帕拉第奥风格的桥梁设计。在立面中央的柱廊,其上山花部分的屋顶及其后部穹顶,带来了一种严谨的建筑中心感。

都柏林附近的**马里诺别墅**(the Casino, Marino, 1759年前设计,直到1769年才开始施工,见[1113]页图Ⓔ)是为卡里蒙特勋爵(Lord Charlemont)设计的,比例非常特别。建筑呈希腊十字平面,尽管钱伯斯有意把建筑设计成多立克式,且其他元素也采用了严谨的古典形式,但这件作品仍然让人联想到范布勒在霍华德城堡中设计的神庙。突兀的柱式和由此产生的转角空间,赋予这个小尺度建筑以非凡的雕塑感。

与基尤宫(Kew House)相连的**伦敦基尤植物园**(Kew Gardens)是钱伯斯于1757~1763年主持完成的,花园因拥有风格多样的建筑而闻名。在"钱伯斯时代"之前,园中就已经建造了一座摩尔风格的建筑"阿尔罕布拉宫"(the 'Alhambra')。钱伯斯又在其间增建了一些礼拜堂、罗马拱券和那座保留至今的著名的中国塔。此外,花园还有一座土耳其清真寺和一座哥特式的大教堂。

牛津郡**纽纳姆科特尼庄园**(Nuneham Courtenay, 1773)是一所由19座半独立式小别墅组成的庄园。该作品是这种大胆尝试的一个早期范例,由钱伯斯设计。带老虎窗的低矮的乡间别墅看上去舒适简洁,尽管设计上似乎毫无特别之处,这种"模范"庄园还是在这一时期变得日益普及,尤其盛行于英国北部。

都柏林海关大楼(The Custom House, Dublin, 1781—1791,见[1111]页图B)和**都柏林福尔宫**(the Four Courts, Dublin, 1786—1802,见[1112]页图A)均由钱伯斯的合作人詹姆斯·甘顿(James Gandon, 1743—1823)设计。海关大楼的设计,参照了雷恩的切尔西兵营和格林尼治医院,显然也参照了萨默塞特大厦。同样,福尔宫也大量借鉴了雷恩的圣保罗教堂,只是圣保罗教堂上独特的穹顶和采光亭被碟形穹顶所取代,以创造出一种简洁的轮廓线,让人联想到勒杜的风格。

斯塔福德郡**舒格布勒公园**(Shugborough, Staffordshire)有一组著名的园林建筑(约1760—1771),这组建筑由外号为"雅典人"的詹姆斯·斯图尔特(James 'Athenian' Stuart, 1713—1788)设计,他与尼古拉斯·雷维特(Nicholas Revett)共同出版了《雅典古代遗迹》(the Antiquities of Athens)。广场上有雅典

第32章 低地国家和英国建筑

图A 伦敦萨默塞特大厦(1776—1786),沿河立面,见[1110]页

图B 都柏林海关大楼(1781—1791),见[1110]页

第五编 文艺复兴时期和后文艺复兴时期的欧洲建筑及俄罗斯建筑

图 A 都柏林福尔宫(1786—1802)，见[1110]页

图 B 汉普郡斯特拉顿公园(1803—1804，除门廊外均已毁坏)，见[1114]页

第32章 低地国家和英国建筑

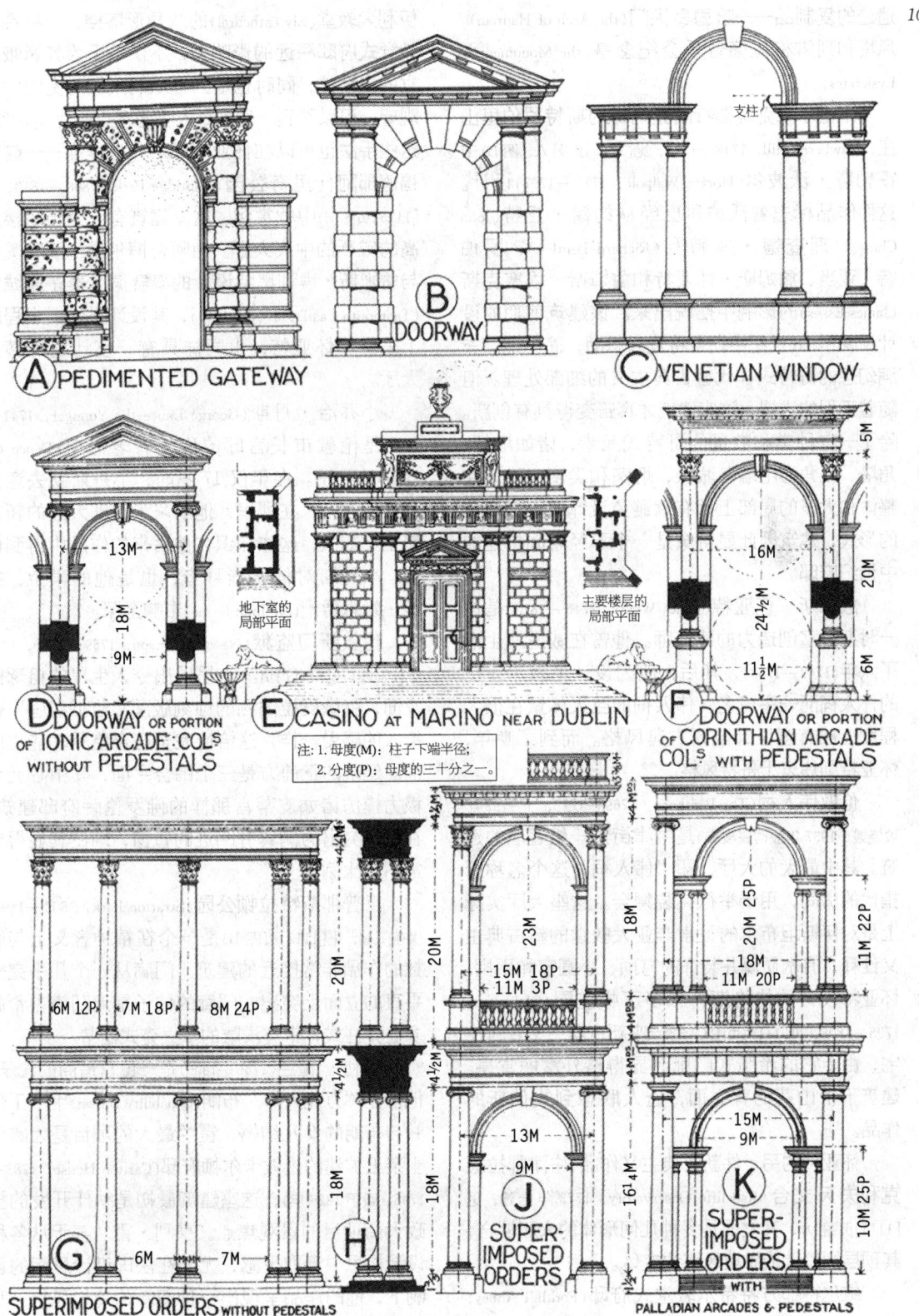

Ⓐ 带山花的入口;Ⓑ 大门;Ⓒ 威尼斯窗;Ⓓ 大门或无台座的爱奥尼式拱廊的局部;Ⓔ 都柏林近郊的马里诺别墅;Ⓕ 大门或无台座的科林斯柱式拱廊的局部;Ⓖ 无台座的叠柱式;Ⓙ 叠柱式;Ⓚ 帕拉第奥式拱廊和台座的叠柱式

遗迹的复制品——哈德良拱门(the Arch of Hadrian)、风塔和列雪格拉德音乐会纪念亭(the Monument to Lysicrates)。

米德尔塞克斯郡特威克纳姆的**斯特罗伯里山庄**(Strawberry Hill, 1748—1777, 见[1115]页图A、图B)由霍勒斯·沃波尔(Horace Walpole, 1717—1797)设计。这件作品标志着沃波尔已经从约翰·丘特(John Chute)、理查德·本特利(Richard Bentley)、罗伯特·亚当、詹姆斯·怀亚特和詹姆斯·埃塞克斯(James Essex)的影响中摆脱出来。该建筑前期的设计反映了18世纪中期哥特复兴思潮，简单地以充满幻想的哥特式样代替古典主义的细部处理。但随着工程的进展，这座建筑才真正变得具有创新。除了一定种类和数量的哥特式元素，诸如塔楼、角塔、三角形山墙、城垛、烟囱和尖窗，建筑在整体和大多的局部上都有意避免设计成完全对称的形式，建筑因此显得像是一个不经意间扩建的中世纪府邸。

詹姆斯·怀亚特(James Wyatt, 1746—1813)是这一时期最富创造力的建筑师。他曾在威尼斯生活了六年(1762—1768)，其后，他因设计伦敦牛津街的伟人祠而一举成名。伟人祠的巨大体量在很大程度上被有意设计成新古典风格。而到了晚年，怀亚特则热衷于哥特风格。

伦敦伟人祠(The Pantheon, 1769—1772, 于1792年被烧毁, 1937年被彻底废弃)是牛津街上一组著名的建筑。其中最大的大厅，即"伟人祠"这个名称所指代的房间，用于举行化装舞会。这座大厅实际上是对伊斯坦布尔的圣索非亚大教堂的新古典主义诠释，有木质藻井装饰的穹顶、小圆窗和平拱。

怀亚特设计的格洛斯特郡**多丁顿庄园**(Dodington, 1798—1808, 见[1115]页图C)是一座新古典主义乡村住宅，由于它的希腊式门廊而显得格外富丽堂皇。建筑不带山花的背立面，让人联想到钱伯斯的作品。

怀亚特的另一件新古典主义作品，牛津郡拉德**克利夫天文台**(Radcliffe Observatory, 1773年始建, 见[1115]页图D)，其立面是多种几何形体的大胆混合，其顶层则设计成雅典风塔的变体。

威尔特郡**方特希尔教堂式府邸**(Fonthill Abbey, 1796—1812, 塔楼于1825年倒塌, 并被拆毁)是一座非凡的哥特式住宅。怀亚特把平面设计成四个完全不同的伸长的侧翼，在侧翼的交汇处是一个类似于伊利大教堂(Ely cathedral)的八角形塔楼。方特希尔教堂式府邸深远的影响力，不仅是因为其巍峨耸立的主塔楼，同时也是因为从洞穴般的室内向外观望，可以看到一系列令人叹为观止的优美景致。这些手法也可以在怀亚特最后一件作品——赫特福德郡**阿什里奇公园**(Ashridge Park, 1808—1813, 见[1115]页图E)中欣赏到。这座建筑有一个与塔楼通高的威严的中央大厅。由阿奇博尔德·埃利奥特与詹姆斯·埃利奥特设计的泰赛德区**泰茅斯城堡**(Taymouth Castle, 1806—1810)，其设计灵感很大程度上来自于怀亚特，也同样有一座壮观的塔式大厅。

小乔治·丹斯(George Dance the Younger, 1741—1825)是伦敦市长官邸的设计者老丹斯(Dance the Elder)的儿子。在年仅17岁时，小丹斯就去意大利住了七年。在那里，他学习了欧洲大陆的新古典主义知识，这些知识在他后来的作品中得到体现。小丹斯对他的崇拜者，也是他的学生，约翰·索恩爵士(Sir John Soane)影响至深。

伦敦新门监狱(Newgate Prison, 1769—1780, 1902年被毁坏, 见[1117]页图A)呈现出令人生畏的粗琢的立面，就像皮拉内西的蚀刻版画"监狱组画"带给人的感受一样，这恰恰完全符合监狱功能之所需。建筑的正前方是三个围合平面，其中心元素极力模仿诸如皮蒂宫那样的佛罗伦萨府邸建筑。在建筑突出的侧翼有凹进的盲窗，则使其显得非常不合比例。

汉普郡**斯特拉顿公园**(Stratton Park, 1803—1804, 仅存门廊, 见[1112]页图B)是一个在精神意义上与勒杜的作品非常接近的建筑。门廊从一个几乎完全平直的立面上突出，门廊的柱子是无凹槽古希腊多立克柱式，带有浅雕的多立克式檐壁。

亨利·霍兰(1745—1806)是一位营造商的儿子。他曾在"万能大师"布朗(Capability Brown)手下工作并与布朗的女儿结婚。霍兰最大的项目是为威尔士亲王扩建的伦敦**卡尔顿府邸**(Carlton House, 1783—1795, 毁于1826年)，这座建筑最初是纳什开发的摄政大街项目的景观焦点。亨利·霍兰善于从各种设计构思中汲取灵感，尤其在法国设计思潮的影响下，他的作品呈现出一种清新的简约风格。和小乔治·丹斯一样，他也是约翰·索恩爵士的老师之一。

俯瞰伦敦白厅的**多弗宫新立面**(the new facade of

第32章 低地国家和英国建筑

图A 米德尔塞克斯郡特威克纳姆的斯特罗伯里山庄(1748—1777),见[1114]页

图B 米德尔塞克斯郡特威克纳姆的斯特罗伯里山庄长廊

图C 格洛斯特郡多丁顿庄园(1798—1808),见[1114]页

图D 牛津郡拉德克利夫天文台(1773年始建),见[1114]页

图E 赫特福德郡阿什里奇公园(1808—1813),见[1114]页

Dover House, 1787),像面具一样把老建筑遮在后面。这个立面由一个粗琢的外墙组成,外墙带有突出的爱奥尼式门廊,两侧有独立的柱子,檐部在每根柱子的上部断开以承托一个瓮饰。在门廊的后面是一个圆形的多立克式门厅,有一个弯曲的楼梯通向后面的房子。

约翰·索恩爵士(Sir John Soane, 1753—1837)曾师从于小乔治·丹斯和亨利·霍兰,随后于1778~1780年去意大利生活了三年。1788年,他被任命为英格兰银行的建筑总监。尽管约翰·索恩爵士深受欧洲大陆建筑风格的影响,但他最终成为18世纪末叶最有个性的建筑师,同时也是极少模仿他人建筑的建筑师之一,他被公认为英国最伟大的建筑师之一。

伦敦英格兰银行(Bank of England, 1788—1823, 大部分毁于1927年)现存的室内部分由赫伯特·贝克爵士于1930~1940年设计。建于1792年的英格兰银行证券部于1990年重建(见[1117]页图B)是索恩爵士的杰作。室内被粗琢且没有窗的屏风般的墙身所包围,这些墙体大部分幸存至今。同时,建筑还应用了著名的"蒂沃利转角",逼真的模仿了古罗马的蒂沃利圆厅神庙。洞穴般的内部大厅使人联想起皮拉内西的蚀刻版画中的古罗马建筑。尤其令人印象深刻的是证券部加建的圆形大厅。在这里,建筑由壁龛、门窗以及朴素的带状装饰所围合,墙身一直延伸到穹顶,几乎没有丝毫间断。大部分的室内效果因相互交织的曲线和引人入胜的光线实现,两者来自于穹顶的鼓座和上面的天窗(由那些在强光下几乎察觉不到的女像柱支承)所投射的丰富光影效果。更为精致的旧股息部同样没有使用次级柱式,在这里,支撑着顶部穹窿的拱连绵不断地交汇于异常纤细的支柱之上。最主要的室内采光同样来自顶部,穹窿由大体量的女像对柱支承,且大胆地运用了大面积玻璃。

伦敦林肯律师协会广场13号(No. 13, Lincoln's Inn Fields, 1812—1813, 见[1117]页图C)现用做索恩博物馆,是建筑师本人在城内的住宅。建筑立面非常奇特,三开间联拱廊突出在立面上。室内向后拓宽,并向不计其数且彼此相连的房间敞开,这些房间现在放满了各种收藏品。索恩应用他典型的弧形拱顶,并对采光进行了更多的试验,巧妙地运用了镜子,创造了一系列从通透轻盈到幽闭压抑的空间体验。

白金汉郡蒂林厄姆府邸(Tyringham Hall, 1793—约1800, 穹窿加建于1909年)是索恩为数众多的乡村住宅作品之一。其高耸而纤细的壁柱和柱子的开间变化,使建筑显得尤为精致优雅。

伦敦达利奇学院美术馆(Dulwich Art Gallery, 1811—1814, 见[1118]页图A)用弗朗西斯·布儒瓦爵士(Sir Francis Bourgeois)的遗产建造,预算有限,与建筑相接的是布儒瓦的陵墓。砖砌的外墙面几乎没有任何装饰,仅仅通过建筑表面的微妙变化来体现设计。中部的陵墓(采用色彩丰富的多立克柱式)呈明显的希腊十字平面,三个翼和十字交叉处的塔楼上覆盖着雕刻精美的石棺和瓮饰。在陵墓相互独立的各翼端部,暗门四周镶有古希腊的装饰,渲染了建筑的远古气质。

伦敦沃尔沃思的圣彼得教堂(S. Peter's, 1823—1824)是一座典型的索恩式教堂。不带山墙的爱奥尼亚式门廊上方,高耸着一座纤细、雅致而又不呆板的块状尖塔。

约翰·纳什(John Nash, 1752—1835)在1783年破产前是一个投机营造商,在伦敦开发灰泥粉刷外立面的住宅。1795年以后,他开始作为职业建筑师从事乡村宅邸设计,并大获成功。起初,他与雷普顿合作,设计风格多变。尽管约翰·纳什于1825年受乔治四世的委托建造白金汉宫,但不久就被怀疑使用不正当手段,他的设计未获认可。随着国王于1830年去世,他的工作也由爱德华·布洛尔(Edward Blore)所取代。

德文郡**勒斯科姆城堡**(Luscombe Castle, 1800—1804)和什罗普郡**克郎克山庄**(Cronkhill, 约建于1802年,见[1118]页图C)是纳什设计的两座早期乡村府邸作品。勒斯科姆城堡被设计为哥特式风格,不对称平面以一座八边形尖塔为构图中心。克郎克山庄则可能取思于克劳德(Claude Lorrain)风景画中所被人赞赏的意大利农场建筑类型。

格洛斯特郡**布莱斯小村**(Blaise Hamlet, 1811)是一座非凡的村庄,为附近一幢府邸的业主而建造,具有英国本土风格。每一座村舍都运用了门廊、三角山墙、高耸的烟囱甚至茅草覆盖的屋顶之类的特征要素,因而显得形态各异。

布赖顿**皇家亭阁**(Royal Pavilion, 由纳什于1815~1821年改建,见[1118]页图D)是一座颇具东方韵味的建筑,格构装饰、洋葱形圆顶以及尖塔是外观造型的特征。建筑的内部空间也同外观一样丰富多

第32章 低地国家和英国建筑

图A 伦敦新门监狱(1769—1780,毁于1902年),见[1114]页

图B 伦敦英格兰银行(1788—1823,大部分毁于1927年),图中所示为旧股息部大厅,东北角是通往圆形大厅的入口,见[1116]页

图C 伦敦林肯律师协会广场13号索恩博物馆(1812—1813),见[1116]页

第五编　文艺复兴时期和后文艺复兴时期的欧洲建筑及俄罗斯建筑

图A　伦敦达利奇学院美术馆(1811—1814)，见[1116]页

图B　伦敦新月花园(1812年始建)，见[1120]页

图C　什罗普郡克郎克山庄(约1802)，见[1116]页

图D　布赖顿皇家亭阁(1815—1821)，见[1116]页

图E　格洛斯特郡塞因科特府邸(约1805)，见[1120]页

第32章 低地国家和英国建筑

图 A 伦敦摄政王公园坎伯兰大厦(1812—1813)，见[1120]页

图 B 伦敦大学学院(1825—1827)，见[1120]页

图 C 伦敦大英博物馆(1823—1846)，见[1123]页

彩，华丽的宴会厅在形式上与索恩设计的银行大厅十分相像，但是其繁复、充满异国情调且色彩艳丽的装饰，使大厅仿佛有一种远离尘嚣之感。

1811~1830年，纳什一直致力于**伦敦摄政王街的摄政王公园地段**(Regent's Park, 见[1119]页图 A)项目。除了摄政王街的沿街立面之外，许多作品留存至今，摄政王公园的北部地段保存尤为完好。这个庞大而连贯的城市规划设计，大部分于1811年完工，从一片乡村野地转变为皇家领地。在它外面，形成了一片风景如画的区域(摄政王公园)，宽阔的湖泊和茂密的小树林，被蔚为壮观的联排住宅和舒适宜人的独立别墅所环绕。从摄政王公园往南，一条新建街道自波特兰广场(Portland Place)到摄政王街，蜿蜒向下延伸至卡尔顿府邸，即摄政王宫，形成了一条"一英里长的皇家大道"。除了沿街各种形式要素(例如牛津广场)，大多数沿街建筑都呈现出显著的个性特征。这些建筑随着街道轴线的变化，有意识地使得这条皇家大道更加丰富多变。最后，纳什为南部地段设计的范围得到极大的扩展，将白金汉宫与林荫大道包括在内，西至特拉法加广场(Trafalgar Square)，东至斯特兰德区(Strand)。现存的建筑中，摄政王公园入口处的半圆形的**新月花园**(Park Crescent, 1812年始建，见[1118]页图 B)具有典型的纳什式的白色灰泥涂装的外观，把廉价的砖砌立面隐藏其后。建筑立面由成对的爱奥尼柱式组成规模宏大的拱。尽管不像其他一些建筑，尤其是俯瞰新月公园的坎伯兰大厦(Cumberland Terrace, 1827年始建)那样装饰华美，但该作品堪称纳什最为精美、最为生动的联排住宅之一。兰厄姆广场**万灵教堂**(All Souls, 1823—1824)有一个几乎与教堂的主体部分脱开的圆柱形的入口塔楼，圆塔与摄政王街齐平。几何的清晰性同样应用于上部尖塔，圆锥形的尖顶穿透了柱列环绕的鼓座。纳什另一件令人难忘的作品的遗迹是**大理石拱门**(Marble Arch, 1828)，严格地遵照罗马君士坦丁拱门设计。这个拱门曾竖在白金汉宫前林荫大道的尽头，1850~1851年移至现在的位置。

塞缪尔·佩皮斯·科克雷尔(S. P. Cockerell, 1753—1827)设计的格洛斯特郡**塞因科特府邸**(Sezincote, 约1805, 见[1118]页图 E)，大概是英国最早的"印度风格"建筑(其室内是古典风格的)。雷普顿在建筑细部上受到了托马斯·丹尼尔(Thomas Daniell)在印度的画作的启示。科克雷尔还设计了牛津郡班伯里的**圣马利亚教堂**(S. Mary's, 1792—1797)，该府邸呈显著的集中式平面。

威廉·威尔金斯(William Wilkins, 1778—1839)是一位建筑师的儿子。他在从业前曾周游意大利、希腊和土耳其，后来成为希腊复兴运动的积极倡导者。

洛锡安区达尔梅尼府邸(Dalmeny House, Lothian, 1814—1817)是都铎式哥特复兴时期的早期实例，尽管威尔金斯一向偏爱希腊风格。

剑桥唐宁学院(Downing College, Cambridge, 1807—1820)不仅因其希腊风格，更因其非凡的设计理念而闻名：一系列相互分离的建筑通过围绕一大片中心绿地组织起来。尽管细部严格模仿厄瑞克忒翁神庙，但是单体建筑平淡无奇，然而从整体上营造出一种恰如其分的典雅高贵的学术气息。

伦敦大学学院(University College, London, 1825—1827, 原伦敦大学，见[1119]页图 B)中只有学院方庭后部的中间建筑是威尔金斯的设计。建筑并非完美的古典形式，其巨大的门廊和建筑前面的室外空间令人印象深刻，这种做法被许多公共建筑所效仿。威尔金斯设计的伦敦**国家画廊**(National Gallery, London, 1833—1838)并没有与众不同，尽管其伸展的立面受到钱伯斯设计的萨默塞特府邸的影响。

爱丁堡苏格兰科学院(Scottish Academy, 1822—1835, 原皇家学院)由威廉·亨利·普莱费尔(W. H. Playfair, 1790—1857)设计。他和罗伯特·亚当、托马斯·汉密尔顿以及其他建筑师一起，在1800年左右的爱丁堡经济建设发展中倾注了大量心血。这座建筑有一个凸出的希腊多立克式门廊，长长的多立克式侧柱廊与古希腊柱廊非常类似，只在柱廊的端部凸出。成对的斯芬克司狮身人面像把屋顶轮廓线点缀得生动活泼。

托马斯·汉密尔顿(Thomas Hamilton, 1785—1858)设计的**爱丁堡皇家中学**(The High School, Edinburgh, 1825年始建，见[1121]页图 A)是最出色的英国新古典主义建筑之一。以希腊多立斯神庙形式设计的中央大厅，众多块状元素连接在一起并放置于不同的层面上，形成了一种具有纪念性的、生动的构图。

由罗伯特·斯默克爵士(Sir Robert Smorke, 1780—

第 32 章　低地国家和英国建筑

图 A　爱丁堡皇家中学(1825 年始建)，见[1120]页

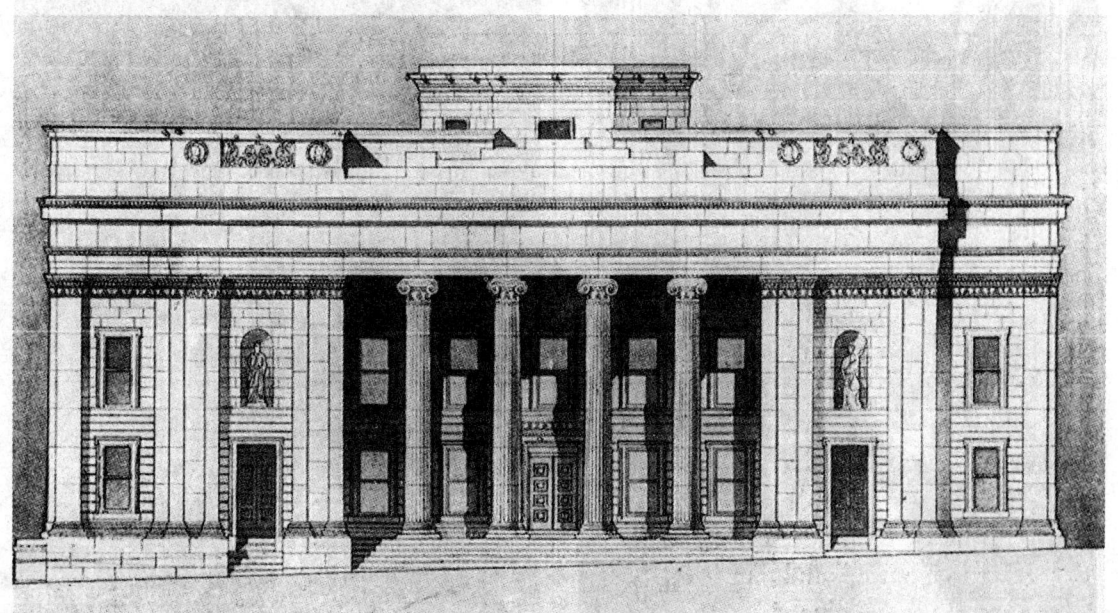

图 B　曼彻斯特旧市政厅(1822—1824)，见[1123]页

第五编　文艺复兴时期和后文艺复兴时期的欧洲建筑及俄罗斯建筑

图A　什鲁斯伯里圣查德教堂(1790—1792)，见[1123]页

图B　伦敦圣潘克拉斯教堂(1819—1822)，见[1123]页

图C　格洛斯特郡特布里教堂(1777—1781年重建)，见[1123]页

图D　伦敦切尔西圣路加教堂(1820—1824)，见[1123]页

1867)设计的伦敦**大英博物馆**(The British Museum, 1823—1846,见[1119]页图 C)比威尔金斯设计的大尺度公共建筑更为成功。建筑设计成希腊复兴风格,其尺度可以与类似的德国公共建筑相媲美。有一个柱廊环绕着包括两翼在内的整个雄伟的正立面,爱奥尼式八柱式门廊凸出在柱廊外,门廊承托着精美的饰有浮雕的三角形山花。

斯默克设计的**佩思县建筑**(Smirke's County Buildings, Perth, 1815—1819)也具有凸出于柱廊的带圆柱的门廊,但是在这里采用的是更为简洁纯正的希腊多立克柱式。

曼彻斯特旧市政厅(The Old Town Hall, Manchester, 1822—1824,毁于1912年,其中一部分在曼彻斯特附近的希顿公园重建,见[1121]页图 B)是一座由古德温(F. Goodwin)设计的希腊复兴式的仿石建筑,拥有异常雅致的细部。

汉森(J. Hanson)和韦尔奇(E. Welch)设计的**伯明翰市政厅**(The Town Hall, Birmingham, 1832—1824),仿照古罗马卡斯特神庙(Temple of Castor, Rome),建造在一个拱形的粗石基座之上,在室内设置了一间大会议厅。

伦敦**雅典娜俱乐部**(The Athenaeum, London, 1829—1830,阁楼系以后加建)是为大学教师建造的俱乐部,由德西默斯·伯顿(Decimus Burton, 1800—1881)设计。朴素的外观上有粗琢的下部楼层,凸出的门廊带有成对多立克式柱子。在檐部下面,令人叹为观止的古典风格的浅浮雕(仿制帕台农神庙的檐壁)与下部朴素的墙面形成鲜明对比。

这个时期的工程师们开始越来越多地涉足工业建筑,最令人瞩目的实例就是特尔福德(Telford)设计的伦敦**圣凯瑟琳码头仓库**(S. Katharine's Dock, 1827—1829)以及詹姆斯·瓦特(James watt)和马修·博尔顿(Mathew Boulton)设计的铸铁框架结构的**曼彻斯特纺织厂**(Cotton Mill, Manchester, 1801)。

西米德兰兹郡大帕金顿庄园的**圣雅各教堂**(S. James, 1789—1790)由约瑟夫·博诺米(J. Bonomi, 1739—1808)设计,他于1767年从意大利来到英国。建筑有着严谨朴素的砖砌立面和出众的室内空间:包括一个由粗壮的多立克柱式支撑的十字交叉拱,以及大量运用的简化的古典细部,石材细部精雕细琢。

什鲁斯伯里**圣查德教堂**(S. Chad, 1790—1792,见[1122]页图 A)是乔治·斯图尔特(George Steuart, 约1730—1806)的名作。建筑包括一个巨大的圆形正殿。正殿带有一个三层塔楼,塔楼前面是一个带三角形山墙的多立克式门廊。这种布局的灵感来自吉布斯设计的"广场上的圣马丁教堂"(S. Martin-in-the-Fields)。

威廉·因伍德和亨利·威廉·因伍德(W. and W. H. Inwood)设计的伦敦**圣潘克拉斯教堂**(S. Pancras, London, 1819—1822,见[1122]页图 B)可能是英国最杰出的希腊复兴式教堂。教堂东侧有两座女像柱门廊,门廊惟妙惟肖地模仿了厄瑞克忒翁神庙,入口上方的尖塔则处理成两层灯塔,这种灵感来源于雅典的风塔。

格拉斯哥**加勒多尼亚路自由教堂**(Caledonia Road Free Church, 1856—1857)是亚历山大·"希腊人"·汤姆森(Alexander 'Greek' Thomson, 1817—1875)的后期作品,是一座新古典主义教堂。这座教堂的设计在很大程度上来源于申克尔那些独特的、充满了对古典元素创造性运用的建筑作品。

弗朗西斯·海恩纳(Francis Hiorne, 1744—1789)设计的格洛斯特郡**特布里教堂**(Tetbury Church, 除尖塔外均重建于1777~1781年,见[1122]页图 C)是一座早期的哥特复兴教堂。教堂室内极其引人入胜,纤细修长的木质复合柱支撑着一个木材和灰泥建造的简洁的肋拱顶。教堂光线效果甚佳,创造出一种中世纪后期教堂的美好意象。

詹姆斯·萨维奇(James Savage, 1779—1852)设计的**切尔西圣路加教堂**(S. Luke, Chelsea, 1820—1824,见[1122]页图 D)是一座最早的属于英国国教教会财产管理委员会的哥特复兴风格教堂,也是最精美的此类教堂之一。结合入口门廊的正门,设计了面向教堂中堂的尖塔,尖塔拔地而起,形象生动,有着强烈的竖直向上的动势。建筑的与众不同之处在于拥有石头拱的中堂和凌驾于侧堂之上的飞扶壁。建筑通过一种在当时日趋盛行的对历史的精确模仿,极力传达出规模宏大、具有垂直式风格的中世纪教堂所具有的纪念性。

第33章
俄罗斯和斯堪的纳维亚建筑

建筑特征

俄罗斯

1475~1830年的俄罗斯建筑可以概括划为三个阶段：文艺复兴时期(1475—约1690)、巴洛克时期(1690—约1760)和新古典主义时期(约1760年以后)。但是这种划分由于俄罗斯各个时期的复兴运动(revivalism)及异常的折中主义而变得相当复杂。在伊凡三世(Ivan III, 1462—1505)统治时期，兴起了意大利建筑师涌入的第一次风潮，其中包括在克里姆林宫供职的波伦亚人阿里斯托泰莱·菲奥拉万蒂(Aristotele Fioravanti)、索拉里(P. A. Solari)、马可·费尔辛(Marco Friasin)，以及可能来自帕多瓦附近蒙塔尼亚纳(Montagnana)的阿勒维西奥·诺维(Alevisio Novi)。第一次文艺复兴兴盛期的一些建筑，例如莫斯科的圣·米迦勒教堂(the Cathedral of S. Michael, Moscow)，具有传统的拜占庭建筑的内核并附以意大利风格。具体而言，圣米迦勒教堂表现为威尼斯式样的饰面。而另一些建筑，如菲奥拉万蒂设计的圣母安息大教堂(见第12章)，却没有意大利式的细部。这位波伦亚建筑师的专长在俄罗斯被用于解决工程技术问题。自伊凡四世时期至17世纪晚期，建筑师们可能会利用意大利建筑的母题，但从本质上却追求本土固有的效果，例如混乱的天际线、色彩鲜艳的表面、堆砌的团块和顶部起伏的洋葱形穹窿。其典型实例为莫斯科圣巴西尔大教堂(Cathedral of S. Basil, Moscow, 见[359]页图C、图D)，甚至像莫斯科十二使徒大教堂(Cathedral of the Twelve Apostles, Moscow)这样典型的教堂建筑，也同样表现为俄罗斯风格。在俄罗斯与乌克兰合并之后，巴洛克风格开始在俄罗斯渐渐流传，最初是作为外部装饰应用于传统建筑物上。

在彼得大帝(1682—1725)统治时期，来自西方的影响再次变得显著，由意大利、德国和法国的建筑师引入的巴洛克风格成为主导。然而彼得大帝的御用建筑师多梅尼科·特雷齐尼(Domenico Tressini, 又称为 Trezzini, 1670—1734)则针对不同情况创作不同的风格。同样，伊丽莎白女皇的御用建筑师巴尔托洛梅奥·弗朗切斯科·拉斯特雷利(Bartolomeo Rastrelli, 1700—1771)，尽管按照法国凡尔赛宫的原型设计了圣彼得堡附近的皇宫，却充分意识到西方新近的发展，并有意识地为作品赋予了具有俄罗斯风格的欢快的彩饰外观。

叶卡捷琳娜大帝(Catherine the Great)统治下的俄罗斯建筑处于鼎盛时期，一系列占统治地位的古典素材成为折中主义的源泉。圣彼得堡美术学院(1765—1782)完全是法国风格，庄园建筑采用贾科莫·夸伦吉的风格，而宫殿则是帕拉第奥的建筑形式。早在拿破仑入侵前，新古典主义就已经在俄罗斯产生了深远的影响。查尔斯·卡梅伦(Charles Cameron, 1746—1812)引进了罗伯特·亚当和克莱里索(Clérisseau)奢华的罗马古典主义，而伊凡·叶戈罗维奇·斯塔罗夫(Ivan Yegorovich Starov, 1744—1808)则把新希腊风格添加到原型和独创之中。当拿破仑一世在俄罗斯败退后，拿破仑一世时代在巴黎所流行的罗马帝国特色的法国新古典主义风格为俄国的建筑提供了原型。阿德里安·德米特里耶维奇·扎哈罗夫(A. D. Zakharov, 1761—1811)受法国新古典主义风格的影响，融入了不屈不挠的俄罗斯精神，在后来卡尔·伊凡诺维奇·罗西(Karl Ivanovitch Rossi, 1775—1849)的作品中，这种宏伟的风格超越了法国建筑。

建筑实例

俄罗斯

季亚科沃村的**施洗约翰教堂**(The Church of the Decapitation of S. John the Baptist, 1555)与科洛明斯科耶村的耶稣升天教堂(the Church of the Ascension,

Kolomenskoye,见[359]页图B)一样,是集中式的砖造还愿礼拜堂。该礼拜堂首创了中央八边形,其侧翼有四个体量较小的礼拜堂的型制。这幢有着异国情调的建筑物采用了一系列手法,例如弧形窗和山墙,以15世纪的意大利教堂为原型,手法自如。

相比之下,莫斯科的**顿河圣母隐修院老教堂**(The Old Cathedral, Monastery of the Virgin of the Don, 1593)更为严谨。在中心体块上方,是三层后退式的意大利式弧形窗,构成了高大的塔楼和洋葱形穹窿的过渡。

罗斯托夫的卫城(The Kremlin, Rostov, 约1670—1683)是同类建筑群的杰出范例(见第12章)。一组宫殿和设防的教堂不对称地布置在堡墙内,风格上几乎见不到受意大利建筑的影响。敦厚的军事建筑的形式和夸张的轮廓线使得城堡和门道给人深刻的印象。

同一时期建造的普斯科夫的**卫城**(The Kremlin, Pskov),局部木构,建筑特征上更为实用,形成一种非同寻常的建筑特质。

莫斯科的乔治圣母三位一体教堂(The Church of the Trinity and of the Georgian Virgin, 1628—1653),由格·尼基特尼科夫(G. Nikitnikov)设计,建筑本身容易让人联想到顿河圣母隐修院,表现出当时因袭的拜占庭风格与古典主义母题的结合,但大量地应用了色彩。不对称的组合在某种程度上是由其地基决定的,但也代表了那个时期的风格。

扎戈尔斯克的**施洗者圣约翰教堂**(S. John the Baptist, 1693—1699),揭示了对古典形式的重新关注。简单的正方形建筑,上部凹进,该建筑少量应用了半柱组合。外形有特色,装饰的使用很有节制。

位于伊斯特拉的著名的**新耶路撒冷隐修院**(Monastery of the New Jerusalem, 1658—1685),屋顶部分由拉斯特雷利于1747~1760年重建,尼康长老有意通过该作品体现他对教会建筑的改革。就平面而言,该建筑严格地以耶路撒冷圣墓教堂作为原型,他曾派遣一名修士前往学习。从建筑物的圆形大厅及其上部的西式锥形屋顶的组合方式上说,几乎是圣墓教堂的复制品。尽管教堂在1666年尼康长老免职之后才建成,风格却比原始的设计更为华丽,但该建筑与17世纪的其他建筑相比,采用的形式则更为纯净,呈简洁的几何形体。

莫斯科费里的**代祷教堂**(The Church of the Intercession of the Virgin, Fili, 1690—1693, 见[1126]页图A),由彼得大帝的叔父列夫·基里洛维奇·纳雷什金(Lev Kirillovich Naryshkin)亲王设计,为俄罗斯最早的纯巴洛克风格的教堂。从轮廓上看,这座有四座后殿的建筑与俄罗斯传统的集中式教堂没有什么区别,曲线形式的对位及精妙的处理手法则更类似于瓜里尼的建筑。

与代祷教堂相似的杜布罗维齐的**圣母神迹教堂**(Church of the Virgin of the Sign, 1690—1704)是为彼得大帝的家庭教师鲍里斯·阿列克谢耶维奇·戈利钦(B. A. Golitsyn)公爵而修建,可能是外国建筑师的作品,更注重建筑的体量。尽管其立面的曲面造型处理手法从根本上而言源自桑索维诺的威尼斯科尔纳罗府邸,但是其细部和装饰上的巴洛克风格同样毫不逊色。

莫斯科的天使长大教堂(The Church of the Archangel Gabriel, 1701—1707, 1773年后局部重建),是扎鲁德内(I. P. Zarudny)为亚历山大·丹尼洛维奇·缅什科夫亲王(Alexander Danilovich Menshikov)设计的,构思成塔楼的形式。该建筑受荷兰和英国建筑的影响,具有朴实集中的简洁块状组合。

多梅尼科·特雷齐尼(1670—1734)是瑞士裔的意大利人,在哥本哈根工作时受彼得大帝使节的邀请到俄罗斯。他被任命负责新城圣彼得堡的建筑工程,设计了几幢重要的建筑。

圣彼得堡的第一教堂——**圣彼得和圣保罗大教堂**(the Cathedral of SS. Peter and Paul in the Fortress, 1712—1733, 1756年后局部重建),坐落于彼得和保罗要塞内。建筑独特的棱堡反映了重建时期的风尚。它是按照特雷齐尼所熟悉的北欧巴洛克的路德派建筑风格而设计的。穹窿特别是塔尖,高120m (400ft),从此,穹窿划出了俄罗斯历史城市的主要轮廓线。

巴尔托洛梅奥·弗朗切斯科·拉斯特雷利伯爵(1700—1771)是当时最伟大的建筑师。他来到俄罗斯时只有15岁,18世纪20年代两次漫长的旅行学习激发了他在建筑方面的才智。直至约1760年,他一直担任伊丽莎白女皇的御用建筑师,而那时他所精通的巴洛克风格已不再

第五编　文艺复兴时期和后文艺复兴时期的欧洲建筑及俄罗斯建筑

图A　莫斯科费里的代祷教堂(1690—1693)，见[1125]页

图B　基辅的圣安德烈教堂(1747—1767)，见[1127]页

图C　皇村的叶卡捷琳娜宫(1749—1752)，见[1127]页

流行。

彼得霍夫宫❶，最初由法国建筑师让·巴蒂斯特·亚历山大·勒布隆(J. B. A. Le Blond)为彼得大帝仿法国凡尔赛宫而设计建造。1747~1752年，拉斯特雷利把宫殿的纵向长度扩大两倍，加建了额外的楼层并以矮墙把两座楼阁与主楼连接起来，而在两个楼阁中，为了保持伊丽莎白女皇对本土民间风格的兴趣，拉斯特雷利通过增加茂盛的球茎状的穹窿而改造了具有不明显的古典主义特征的中间部分。

圣彼得堡的**斯摩尔尼大教堂**(Smolny Cathedral, S. Petersburg, 1748—1757, 1835年完工)坐落在伊丽莎白女皇庞大的女隐修院建筑群中，该建筑群与大教堂建筑本身一样，布局呈希腊十字，带穹顶的楼阁布置在内角处。尽管底层平面具有传统的风格，富有特色的塔楼和穹顶构成轮廓线，但是这幢蓝白相间的教堂那简洁的巴洛克风格的设计却颇具震撼力。其正立面构思为许多叠加的建筑元素，塔楼呈45°角布置。

皇村的**叶卡捷琳娜宫**也称大皇宫(The Catherine, or Great Palace, Tsarskoe Selo, 1749—1752, 见[1126]页图C)，是为伊丽莎白女皇改造的。为原有的坚固核心加建了侧翼，为此，宫殿的立面宽度达298m(978ft)。墙体原为黄色，现为蓝色，连接部为白色，而诸如女像柱之类的装饰元素则镀成金色。建筑外部粗石基座及上部柱式的组合，效果就像装饰繁复的洛可可式凡尔赛宫。

基辅的**圣安德烈教堂**(The Cathedral of S. Andrew, 1747—1767, 见[1126]页图B)也是拉斯特雷利的作品，它完美地将俄罗斯元素与西欧的巴洛克风格融合在一起。带有穹窿顶的希腊十字平面教堂，两翼略微伸出，呈对角的四个扶壁支承着附属的洋葱形穹顶塔楼，创造了两种传统相互融合的建筑轮廓。

圣彼得堡的**冬宫**(The Winter Palace, 1754—1762, 见[1128]页图A)现为爱尔米塔什博物馆(Hermitage Museum)，它也是为伊丽莎白女皇设计的，整座建筑巨大，50个开间的立面俯瞰着皇宫广场(the Palace Square)。立面外观为蓝色，立面受意大利样式的影响，而不是法国的样式，外观如果少些装饰则更显雕塑性。在面向广场的立面上，上层为巨柱式的两列三层布置的半柱向前形成一系列台阶形，而柱式的组合、窗框的变化以及屋顶轮廓线的山花、栏杆、雕像，则为建筑物增加了变化。

基辅的**皇宫**(The Imperial Palace)，是一座壮丽的法国式建筑，由拉斯特雷利设计，最初为木构建筑，1819年火灾后，按最初的设计用石材重建。

圣彼得堡的**美术学院**(The Academy of Fine Arts, 1765—1782, 见[1128]页图B)，是科克利诺夫(A. F. Kokorinov)和瓦兰·德拉莫特(J. -B. M. Vallin de la Mothe, 1729—1800)的作品。按照雅克·弗朗索瓦·布隆代尔在莫斯科开办美术学院的提议，该作品象征着与拉斯特雷利的巴洛克风格的彻底决裂。其正方形的平面辅以圆形的中央大庭院和四个矩形的附属庭院。建筑的立面相当雄伟，按法国的手法，有三个伸出的部分，粗石基座上方采用半柱式。然而，其强烈的水平向和万神庙式的中央人字形山花后部的穹顶，反映了西欧兴起的新古典主义。

扎戈尔斯克的**圣三一隐修院**(The Monastery of the Holy Trinity, 见第12章)，1741~1770年加建的塔楼使巴洛克风格的入口显得富丽堂皇，尽管是西方的建筑形式，但叠加后的效果却是明显的俄罗斯风格。

尼奥诺克萨的**圣三一教堂**(The Church of the Trinity, 1727)，是18世纪仍在建造的诸多木构教堂中的一座。这类建筑的典型特征是平面中央正八边形辅以四个矩形的突出部分。建筑每部分有一个八边形的阁楼、圆锥形的帐篷顶以及洋葱形小尖顶，除近代形式的窗以外，整体呈现传统特色。

圣彼得堡的**大理石宫**(The Marble Palace, 1768—1785, 见[1130]页图A)，是意大利建筑师安东尼奥·里纳尔迪(Antonio Rinaldi, 约1710—1794)的作品，他曾师从万维泰利。该建筑因其创造性的花岗石和大理石的饰面处理而得名。尽管该建筑应用了前所未有的华美材料，其传统风格的立面、基座和壁柱的巨柱式处理却相当严谨。建筑物的中央有拱形窗洞和向外突出的阁楼，表现出对君士坦丁拱门这样的古代纪念性建筑的关注日益增加。

---

❶ The Imperial Palace；今彼得宫城。——译者注

第五编　文艺复兴时期和后文艺复兴时期的欧洲建筑及俄罗斯建筑

图A　圣彼得堡的冬宫(1754—1762)，见[1127]页

图B　圣彼得堡的美术学院(1765—1782)，见[1127]页

第33章 俄罗斯和斯堪的纳维亚建筑

里纳尔迪设计的奥拉宁鲍姆的**斯莱丁山**(Sliding Hill, 1760—1768), 仅存蓝白色相间有着奇特的帽状穹顶的楼阁, 设计手法混杂。圆形大厅和正方形三翼的组合, 依然是古典主义的处理手法, 强调块状的几何形体。

莫斯科的**巴什科夫大厦**(The Pashkov Palace, 1784—1786, 见[1131]页图 A), 是瓦西里·伊凡诺维奇·巴热诺夫(V. I. Bazhenov)和马特维·费奥多罗维奇·卡扎科夫(M. F. Kazakov, 1738—1813)的作品。相当大胆的新古典主义风格的设计, 集中式的建筑体量几乎呈立方体, 高耸的鼓座和穹顶及伸出的拱廊与两座爱奥尼柱式的列柱式小神殿连接。

莫斯科附近的**彼得罗夫斯基宫**(The Petrovsky Palace, 1775—1782, 1840年修复, 见[1131]页图 B), 设计师是该时期最重要的俄罗斯建筑师马特维·费奥多罗维奇·卡扎科夫。该建筑采用了叶卡捷琳娜二世提倡的俄罗斯复兴风格(新哥特主义), 叶卡捷琳娜二世之所以提倡这种风格一部分原因出于她对建筑史的兴趣, 另一部分原因是在某种程度上, 叶卡捷琳娜二世作为一名外国人在一个以仇视外国人而闻名的国度中, 出于巩固自己地位的需要。尖拱、双叶窗、膨胀的栏杆柱、错综复杂的轮廓线等, 象征着伟大的俄罗斯帝国风格的第一阶段, 建筑外立面对应着完全规则的平面。彼得罗夫斯基宫是为了纪念叶卡捷琳娜二世在土耳其的胜利而建造的。

伊凡·叶戈罗维奇·斯塔罗夫(1744—1808), 曾在巴黎接受教育, 是俄罗斯本土最重要的新古典主义建筑师之一。尼科利斯科耶的**教堂和钟塔**(The Church and Belfry, 塔楼毁于1773~1776年), 组成了宏伟的建筑群。带穹窿顶的教堂, 有着严谨的多立克式神庙的立面, 而自由布置的塔楼有四个神龛式门廊, 令人联想起雅典的风神庙。从尺度上来看, 多立克柱式和粗石面的无窗圆厅的应用使该建筑可以与部雷和勒杜的作品相比。

圣彼得堡的**陶里德大厦**(Tauride Palace, 1783—1789, 改造于19世纪初及1905年后, 见[1130]页图 C), 是为叶卡捷琳娜的情人格里戈里·亚历山德罗维奇·波将金(Grigory Potemkin)建造的, 是那一时期世界上最具代表性的城市府邸之一。有多立克柱式柱廊的建筑外部, 因缺少装饰物而显得相当简朴。其豪华的室内有仿万神庙的带中央穹窿顶的圆形大厅, 建筑的高潮部分是建筑后部超大的横向的叶卡捷琳娜大厅。其半圆形的末端从建筑的两侧墙体伸出, 而其两堵长墙以18对5m(18ft)高的希腊爱奥尼式柱子作为连接。

贾科莫·夸伦吉(1744—1817), 与画家门格斯(Anton Raffael Mengs)在罗马共事之后, 于1780年来到俄罗斯。在叶卡捷琳娜大帝统治时期, 他备受皇室的恩宠, 接到了许多委任的设计项目。彼得霍夫的**英国宫**(The English Palace, 毁于1781~1789年), 是一幢帕拉第奥式的建筑, 有着简单的矩形平面和科林斯柱式的门廊, 但在更大的规模上结合了万神庙式的圆厅作为入口大厅。同样宏伟的帕拉第奥式的建筑是圣彼得堡的**科学院大厦**(the Academy of Sciences, 1783—1787, 见[1131]页图 C), 其严谨的立面被一个八柱式的爱奥尼式门廊所打破。

圣彼得堡的**爱尔米塔什大剧院**(The Hermitage Theatre, 1783—1787, 见[1130]页图 B), 有着无山花的立面和略为凸出的墙体。观众厅的半圆形体量从建筑的外部形体中伸出。

巴甫洛夫斯克的**皇宫**(The Palace, 1782—1786, 见[1132]页图 A), 设计者是充满神奇色彩的英国建筑师查尔斯·卡梅伦(1746—1812), 1779年被叶卡捷琳娜邀请至俄罗斯, 在那里他改造了皇村的皇家宫殿群的室内, 特别是为凯瑟琳宫(Catherine Palace)加建了精致的列柱围廊式**卡梅伦游廊**(Cameron Gallery), 呈亚当风格。卡梅伦的近似正方形的宫殿改造方案面朝着开阔的椭圆形前院, 构图中心是装饰性小柱围绕的低矮的鼓座, 鼓座上部是万神庙式的碟形穹窿。

圣彼得堡的**喀山圣母大教堂**(The Cathedral of the Virgin of Kazan, 1801—1811), 建筑师安德烈·尼基福罗维奇·沃罗尼欣(A. N. Voronikhin, 1760—1814)出身农奴, 先被主人送到圣彼得堡美术学院学习, 之后长时间驻留于巴黎和罗马。受一系列作品启示, 例如罗马的圣彼得大教堂、帕拉第奥设计的巴多尔别墅以及苏夫洛的巴黎圣热纳维耶芙教堂等。喀山圣母大教堂有着科林斯柱式组成的半圆形柱廊, 环绕教堂北翼耳堂带门廊的入口。而另两个耳堂却一直没有兴建。尽管融合了各种风格, 这件作品还是表达了这个时期巴黎建筑特有的威严

第五编　文艺复兴时期和后文艺复兴时期的欧洲建筑及俄罗斯建筑

图A　圣彼得堡的大理石宫（1768—1785），见[1127]页

图B　圣彼得堡的爱尔米塔什大剧院(1783—1787)，见[1129]页

图C　圣彼得堡的陶里德大厦(1783—1789)，见[1129]页

第33章 俄罗斯和斯堪的纳维亚建筑

图A　莫斯科的巴什科夫大厦(1784—1786)，见[1129]页

图B　莫斯科附近的彼得罗夫斯基宫(1775—1782)，见[1129]页

图C　圣彼得堡的科学院大厦(1783—1787)，见[1129]页

第五编　文艺复兴时期和后文艺复兴时期的欧洲建筑及俄罗斯建筑

图A　巴甫洛夫斯克皇宫的希腊大厅(1782—1786)，见[1129]页

图B　圣彼得堡的新海军部大厦(1806—1823)，见[1133]页

图C　圣彼得堡的总参谋部大厦(1819—1829)，见[1133]页

与庄重的气质，白色石砌的建筑外部与烦琐的内部色彩装饰形成了鲜明的反差。

更为典型的新古典主义建筑是圣彼得堡的**矿业学院**(Academy of Mines, 1806—1811)，它也是沃罗尼欣的作品，巨大的12柱希腊多立克式门廊从毫无修饰的侧翼突出，在某种意义上让人联想起巴黎同时代的公共建筑。

阿德里安·德米特里耶维奇·扎哈罗夫(1761—1811)在巴黎和意大利逗留的岁月里积累了对西欧建筑广泛的学识，他改良了晚期新古典主义的复古形式，使之更为俄罗斯化。在他的杰作圣彼得堡的**新海军部大厦**(the New Admiralty, 1806—1823, 见[1132]页图B)中，成功地实现了前人所畏惧的对巨大尺度建筑的处理，使之避免千篇一律的形式。作品的平面由原先的海军部大厦所决定，形成由狭窄的庭院隔开的两排建筑。主立面约408m(1340ft)长，处理成一系列大的简洁而具有对比效果的楼阁，端部以12柱多立克神庙式的立面作为收头。入口拱门上方是一系列混杂的形式，包括哈利卡纳苏斯的摩索拉斯陵墓(the Mausoleum of Halicarnassus)、一座巴洛克式的穹顶和塔楼及哥特式的尖顶，入口则兼有俄罗斯式夸张的细部，讲究比例、几何形体以及堪与部雷相比的象征性雕塑的运用。

圣彼得堡交易所(The Exchange，现为海军历史博物馆, 1804—1816)，是法国建筑师托马·德托蒙的作品，同卡梅伦一样，他在来俄罗斯以前从未有过作品。交易所大厦采用列柱围廊，建造时间先于巴黎的交易所。柱廊上方建筑升起形成山墙，在楔形石拱内带有类似公共浴室的窗，很像部雷和勒杜的一些作品。勒杜撰写的《从艺术、风尚和法律思考建筑》(L'Architecture)第一卷就是题献给亚历山大一世的，书中实际上把交易所看做城市的精神中心。

卡尔·伊凡诺维奇·罗西(1775—1849)虽然有着一半的意大利血统，但却仅仅去过一次意大利(1804—1806)，他大力引入更加丰富而优雅的古典主义风格，摒弃以往建筑师所推崇的复古或法国式的风格。他的作品与拉斯特雷利的作品有某些相似之处，而且不仅仅是规模的相似。自1816年从莫斯科移居圣彼得堡以后，罗西重新规划设计了圣彼得堡。著名的实例是**罗西百货商场**(Ulitsa Zodchevo Rossi)，约建于1820年，是一处庄严的纪念碑式的街区，多立克柱式的立面构成了街景，远景为新古典主义风格的普希金剧场。

圣彼得堡的**总参谋部大厦**(The General Staff Headquarters, 1819—1829, 见[1132]页图C)，位于广场上面向拉斯特雷利设计的冬宫。该大厦为巨大的三角形建筑物，呈曲面内凹的立面占据了整个广场的南侧。相当严谨的立面置于粗石基座上，建筑中央有一个尺度巨大的桶形拱，顶上装饰着驷马双轮战车塑像。在广场中心，法国建筑师里卡尔·德蒙费兰(Ricard de Montferrand)在1834年树立了一根巨大的整料的红色大理石柱(亚历山大柱)，顶部竖着一尊天使。

圣彼得堡的**参政院和正教院大厦**(The Senate and Synod, 1829—1834，现为俄罗斯国家档案馆)，由两座带有中央柱廊的大楼组成，横越街道的凯旋门将建筑端部的楼阁连接起来。这种中心式建筑的顶部是低矮的阶梯状金字塔，将复杂的构图与丰富的材料和精美的雕饰相结合。

诺夫哥罗德附近的**格鲁济诺钟塔**(The Bell Tower, 1822)，是瓦西里·彼得罗维奇·斯塔索夫(V. P. Stasov)的作品，尽管在古典主义风格上更加纯净，却与扎哈罗夫的新海军部大厦一样，以加添的方式构思。小神殿和方尖碑构成了个体上完美的新古典主义设计，并组合成了精妙而优雅的构图。

圣彼得堡的**达尔马提亚圣伊萨克大教堂**(The Cathedral of S. Isaac of Dalmatia, 1818—1858)，德蒙费兰(1786—1858)的作品，建筑平面呈希腊十字，除了双塔以外，整座建筑无异于苏夫洛的圣热纳维耶芙教堂的翻版。该建筑规模过大，装饰着红色大理石门廊柱和镀金穹窿，在某种程度上缺乏统一性。

建筑特征

斯堪的纳维亚

文艺复兴风格首先呈现在瑞典和挪威的城堡中，表现形式为偶尔出现的古典主义母题和枫丹

1074 白露风格的室内,典型实例为卡尔马城堡(Kalmar Castle)。丹麦特有的砖砌山墙,多行层叠的尖塔,其装饰性的轮廓线尤其表现出强烈的荷兰建筑的风格特征。汉斯·范斯滕韦克尔(Hans van Steenwinckel)和安东尼厄斯·范奥普贝尔根(Antonius van Opbergen)这两位建筑师均来自佛兰德斯地区,从事埃尔西诺(Elsinore)王宫的设计工作。

直到17世纪中叶,荷兰建筑在斯堪的纳维亚仍然起着十分重要的作用,然而此时开始流行"帕拉第奥"式。德凯泽和范坎彭设计的教堂表明他们已经领悟了新教美学,而温布恩斯设计的斯德哥尔摩利达尔宫(Riddarhus, 1653)则引入了荷兰大厦的建筑样式。17世纪末,在西蒙·德拉瓦莱(Simon de la Vallée,约1590—1642)和他的儿子让·德拉瓦莱以及老尼科迪默斯·特辛(Nicodemus Tessin the Elder, 1615—1681)的作品中显示出他们已经熟识法国和意大利的建筑风格。特辛的小儿子小特辛(Tessin the Younger, 1654—1728)成功地设计了斯德哥尔摩的皇宫,创造性地综合了巴洛克建筑的思想。受贝尔尼尼的启示,小特辛还为卢浮宫及哥本哈根拟建的新皇宫设计了方案。

20世纪以前,斯堪的纳维亚最辉煌的建筑成就应该是在新古典主义时期取得的。卡斯帕·腓特烈·哈斯多夫(C.F. Harsdorff, 1735—1799)在哥本哈根的作品反映了他十分熟悉苏夫洛和勒杜所领导的巴黎先锋派建筑。哈斯多夫的学生克里斯蒂安·弗雷德里克·汉森(1756—1845)则是19世纪初最卓越和富有想象力的新古典主义建筑的倡导者。在新的首府奥斯陆和赫尔辛基,申克尔产生了至关重要的影响。在赫尔辛基设计了众多公共建筑的卡尔·路德维希·恩格尔(1778—1840)在德国曾经与申克尔同窗学习,克里斯蒂安·亨利克·格罗施(1801—1865)在设计奥斯陆的大学建筑时也曾获得这位伟大的德国建筑师的帮助。

伴随首都古典化建筑这一主流风格的发展,本国传统的木构建筑风格依然持续着。木构谷仓形式的教堂附以色彩鲜明的室内风格与独立布置的钟塔是挪威、瑞典和芬兰北部村落的典型特征。在芬兰,像恩格尔那样有才干的建筑师们设计建造了当时最为先进的新古典主义建筑,这种现象一直盛行到19世纪。从外部上来看,宗教和居住建筑以木结构复制古典主义的细部,例如壁柱、山花、隅石,甚至槽形粗面石墙。

建筑实例

文艺复兴时期(1630年以前)

丹麦

日德兰半岛的罗森岛府邸(Rosenholm Castle)始建于1560年,于40年后落成,外观根据迪塞尔索的韦尔讷伊府邸(Verneuil)进行了改良。城楼的立面占主导地位的是一座带圆顶和尖顶的塔楼,通过低矮的两翼与两层有山花的楼阁相连接。装饰简朴而考究,在梯形庭院里的一座敞廊由于显示出与丹麦的气候特点不相符而被封筑。

赫尔辛格的克龙堡宫(埃尔西诺,Kronborg Castle, Elsinore,见[1135]页图A)是一座巨大的防御性宫殿,于1574年由佛兰德斯建筑师汉斯·亨里克·范帕申(Hans van Paeschen)为腓特烈二世始建,并由范帕申的同乡安东尼厄斯·范奥普贝尔根在20年后建造完成,范奥普贝尔根于1577年来到赫尔辛格(见有关章节)。此宫殿围绕着中世纪的城堡而建,正方形庭院四周布置着侧楼,转角处竖立着塔楼。每道精美的山墙和每座典型的法兰德斯式的塔楼都略有不同,形成了生动而又丰富的轮廓线,并与朴实的外墙产生对比。周边的棱堡都远离城堡布置,为了适应新的大炮时代战争的要求而设计成意大利样式。此宫殿在1629年火灾后由汉斯·范斯滕韦克尔负责重建,仍保持着许多原来的面貌。

腓特烈堡的宫堡(The Royal Castle, 1602年始建,1859年重建,见[1135]页图B)由荷兰建筑师汉斯·范斯滕韦克尔和洛伦斯·范斯滕韦克尔(Louvens van Steenwinckel)为克里斯蒂安四世重建。巨大的建筑群分布在三座岛上,主楼是一座简洁的有角塔的四层楼房。与之形成对照的是,三座塔楼和众多山墙面以及小尖塔都显示出当时的荷兰建筑已经达到了奢华的顶峰,雕饰也华丽到足以配得上这个"北方之王"的宫殿。

哥本哈根的证券交易所(The Exchange, 1619—

第33章 俄罗斯和斯堪的纳维亚建筑

图 A　赫尔辛格的克龙堡宫(1574年始建，1629年重建)，见[1134]页

图 B　腓特烈堡的宫堡(1602年始建)，见[1134]页

1640，尖塔建于 1624~1625 年，见[1138]页图 A)是在克里斯蒂安四世的推动下，由小汉斯·范斯滕韦克尔领导建造的几座哥本哈根建筑之一。硕长的排比式的两层楼立面上开着巨大的窗户和装饰性的老虎窗，耸立在建筑正中央的尖塔由路德维希·海德里弗(Ludwig Heidriffer)设计，使整个建筑变得生动起来，塔楼上的龙尾状的装饰构成了缠绕向上的螺旋。

哥本哈根的圆塔(The Round Tower, 1637—1642)，是这一时期最奇特的建筑之一。它是一座高 34m(110ft)的巨大的圆筒形建筑，兼作教堂塔楼和瞭望塔。室内有一条螺旋形的坡道用于方便运送装备，就像早期的瑞典炮塔一样。外部的处理几乎完全是中世纪的，包括密码和占星用的充满象征的铁栏杆，而这些都是这座建筑原来隐藏着秘密的证据。

瑞典

卡尔马城堡(Kalmar Castle)是一座外围有着一圈棱堡的要塞型城堡。正如那时期的丹麦城堡一样，它的肃穆由奢华的轮廓线而消失。

瓦德斯丹那城堡(Vadstena Castle)，建于 1545 年，上半部分在 16 世纪后期改建，由军事建筑师约阿希姆·巴尔杰林(Joachim Bulgerin)为国王古斯塔夫一世·瓦萨设计。巨大的呈对称的立面在侧面与低矮的加农炮楼相接。古典的装饰很有节制，三座装饰性的塔楼使立面显得十分丰富。

巴洛克和洛可可时期(1630—1760)

瑞典

斯德哥尔摩的阿克塞尔·乌克森谢纳伯爵府(Axel Oxenstierna's City Palace, 约 1650—1654, 见[1139]页图 A)，由御用建筑师西蒙的儿子法国工程师让·德拉瓦莱(Jean de la Vallée)为克里斯蒂娜女王的首相建造。它是瑞典第一座用罗马建筑风格建造的城市府邸，有着粗石基座和精美的龛式窗，窗户的华盖上部还饰有壁龛。事实上，就当时而言，对拉斐尔和佩鲁齐设计的文艺复兴样式的府邸，例如罗马布兰科尼奥府邸和马西莫圆柱府邸的模仿是相当不寻常的。

斯德哥尔摩的利达尔宫(Riddarhus, 约 1641— 1674, 见[1138]页图 B)是贵族集会的场所，由西蒙·德拉瓦莱始建，荷兰建筑师约斯特·温布恩斯(见有关章节)和让·德拉瓦莱负责建成。温布恩斯设计的立面应用了巨柱式和中央山花，反映出当时荷兰帕拉第奥式的建筑风格，然而建筑的处理方式十分紧凑。独特的瑞典风格的"天窗式"屋顶(Säteri roof, 瑞典式屋顶)第一次出现在纪念性建筑上。

斯德哥尔摩的赫德维格·埃莱奥诺拉教堂(Hedvig Eleonora Church, 始建于 1669)，由让·德拉瓦莱设计，于 1724~1737 年建成，是一个中央有着极为精美圆顶的八角形教堂，圆顶建于 1865~1868 年。带平整山花的入口截断了外立面有节制的光、毛相间的条带状石砌层。充满活力的圆顶显然是法国的建筑风格。

老尼科迪默斯·特辛 (1615—1681)是那个时期斯堪的纳维亚建筑界的领袖，在 1661 年成为斯德哥尔摩城的总建筑师。他生于法兰德地区，曾在欧洲游学，精通法国的建筑发展史，这些都使得他能够创造出适合瑞典皇家建筑的样式。

斯德哥尔摩附近的德罗特宁岛府邸(Drottningholm Palace, 始建于 1662 年, 见[1140]页图 A)，是老特辛为守寡的赫德维格·埃莱奥诺拉女王(Queen Hedvig Eleanora)而建造的。异乎寻常的拉长的花园立面让人联想起凡尔赛宫，但要朴素得多。此建筑非常特殊的是巨大的壁龛与王宫侧翼端部的连接处理。广场中有一座中国宫殿(Kina Slott)，由卡尔·弗雷德里克·阿代尔克朗兹(Carl Fredrik Adelcrantz)和卡尔·克龙斯泰特(Karl Cronstedt)用洛可可式和中国式于 1763 年始建，预示着威廉·钱伯斯爵士对东方的兴趣(见有关章节)。

西哥特兰省马里达的皇家大法官马格努斯·加布里埃尔·德拉加尔迪别墅(Villa of the Royal Chancellor Magnus Gabriel de la Gardie, Mariedal, Västergötland, 1666)由让·德拉瓦莱设计。建筑风格呈帕拉第奥式，集中式神庙般的正面高度突出，打破了低壁柱对立面的划分。

斯德哥尔摩利达尔岛教堂的卡罗琳陵墓(Caroline Mausoleum, Riddarholms Church, 1671, 圆顶重建于 18 世纪 40 年代)，建筑师老特辛主持设计这座皇家陵墓。平面呈希腊十字型，外观体量十分简朴，独立的多立克式柱子庄重地将建筑加以烘托，与同时期的法国建筑相比，显示出雕塑的简洁。

卡尔马大教堂(The Cathedral, Kalmar, 始建于 1681年)，平面呈拉长的希腊十字。侧面有塔楼，与正立面塔楼的组合表明受意大利教堂双塔模式的影响，但建筑的轮廓却显出北方教堂的精致。

1673～1680 年，小尼科迪默斯·特辛(1654—1728)游学于英国、法国和意大利，之前跟随他的父亲老特辛学习建筑。他通晓巴洛克建筑，甚至为卢浮宫提出过设计方案。他在斯德哥尔摩的作品使他成为瑞典最优秀的建筑师。

斯德哥尔摩的皇宫(The Royal Palace, 约 1690—1708, 1721—1754, 见[1140]页图 B)，由小特辛在其他建筑师，特别是霍勒曼的协助下建造的，是小特辛最好的作品。皇宫低矮的四翼从中心庭院的巨大的矩形建筑体量中向外伸展，由于边设计边建造，四个主要立面都不尽相同，但所有的立面都呈现出严谨的古典样式。最生动的是南立面，立面中央有六根巨大的科林斯半柱，每一根柱子的檐部都相互断开。有栏杆的女儿墙和隐藏的屋顶都强调了建筑外观及体量上的纪念性。

斯德哥尔摩的**特辛府邸**(The Tessin Palace, 1694—1700)，是小特辛自己的府邸，面向皇宫。建筑巧妙地利用了不规则的四边形基地，布置了一系列的庭院和花园。主花园中，一面斜向的墙在空间上非常大胆，朝着立面的边缘变宽。喷泉后方有两个独立的凹形四分扇形屏风，为简朴的承载敞廊的墙基增添了叶形饰。

哥德堡的**东印度公司大楼**(The East India Company Building, 1740, 见[1139]页图 C)，由卡尔·霍勒曼设计，是一幢朴素的无柱式建筑，有突出的带三角形山花的中央部分，两翼中部微微高起，顶部有弓形山墙。

斯德哥尔摩的**证券交易所**(The Exchange, 1773—1778, 见[1139]页图 B)，由埃里克·帕尔默斯泰特(E. Palmstedt)设计，这是一幢有节制的仿古典样式的商业建筑，突出的二层拱廊门厅更显肃穆，后部上方有采光塔。

西哥特兰省的**哈布教堂**(Habo Church, 1720, 见[1141]页图 A 和[1142]页)，是瑞典众多木构教堂之一，但却是唯一有侧廊和二层回廊的一例。外部用木材和石料砌筑，有独立的钟塔。内部每一寸墙都施粉刷，结构构件贴大理石饰面，祭坛和布道坛都雕刻着丰富的巴洛克风格的螺旋状柱子、垂花饰和小天使。

丹麦

哥本哈根的**卡洛滕博格宫**(Charlottenburg Palace, 1672—1683)，被认为是荷兰建筑师埃韦特·扬森(Ewert Janssen)的设计，他是该建筑的承建者，但也许是一位不知名的荷兰建筑师的设计。它的有节制的古典主义风格在荷兰很典型，但是在丹麦却是一种革新，这座建筑在丹麦被认为是"丹麦式巴洛克"的先驱。简朴的壁柱为砖砌的立面提供了少许装饰。

哥本哈根的**阿马利恩博格宫**(Amalienborg Palace, 1750—1754, 见[1141]页图 C)，属于尼古拉·埃格特维规划的城市街区的一部分，他的构思是沿着八角形广场的角隅布置四座小宫殿。主要轴线对着腓特烈教堂(Frederikskirke)。原先是为国内最大的四个贵族设计的城市府邸，后在 1794 年被皇室买下，现在因袭成为皇室的行宫。广场中心竖立着腓特烈五世骑马雕像，有节制的古典主义风格的立面，中段突出部分二层的拱门尤为典型，广场让人联想到法国的原型。这四座建筑的室内装饰是欧洲古典主义室内装饰的代表。

迪勒港的**修道院**(The Hermitage, 1734)，由劳里茨·德萨拉(L. de Thurah)设计，是一个至今仍保留着它最初功能的精美的皇家猎宫。设计非常法国化，两翼突出，底层立面为光、毛相间条带状石，二层立面精美，带斜脊的屋顶十分陡峭。

哥本哈根的**救世主教堂**(The Church of Our Saviour, 1682—1696, 塔楼和塔尖于 1750 年加建, 见[1141]页图 B)，是兰贝特·范哈文(Lambert van Haven)的作品，他曾在意大利和荷兰学习。四角填充的十字型结构按照四个中心支柱的模数建造。简单的室内装饰类似德凯泽设计的阿姆斯特丹教堂(见有关章节)。由劳里茨·德萨拉于 1749～1750 年加建的螺旋形尖塔是博罗米尼的智慧之星圣伊夫教堂简化而拉长的翻版(见有关章节)。

法国建筑师加布里埃尔参与设计了哥本哈根的**大理石教堂**(the Marble Church, 腓特烈教堂, 1756 年至 19 世纪晚期)。尼古拉斯·亨利·雅尔丹 (Nicolas-Henri Jardin)在 1756 年将有圆顶的室内与神庙般的门廊相连接。直到 1894 年圆顶建成前，教堂的建造被迫中断，破损的建筑一直是哥本哈根的公共集会场所。

挪威

特伦讷拉格地区奥兰的艾于**斯特罗宅**(Austråt, Orland, 1654, 见[1144]页图 A)，这是一幢最不寻常的住宅，有着围绕内院的木敞廊。底层有着简单支

第五编 文艺复兴时期和后文艺复兴时期的欧洲建筑及俄罗斯建筑

图 A 哥本哈根的证券交易所(1619—1640，螺旋塔建于 1624~1625 年)，见[1136]页

图 B 斯德哥尔摩的利达尔宫(约 1641—1674)，见[1136]页

第33章　俄罗斯和斯堪的纳维亚建筑

图A　斯德哥尔摩的阿克塞尔·乌克森谢纳伯爵府(约1650—1654)，见[1136]页

图B　斯德哥尔摩的证券交易所(1773—1778)，见[1137]页

图C　哥德堡的东印度公司大楼(1740)，见[1137]页

第五编　文艺复兴时期和后文艺复兴时期的欧洲建筑及俄罗斯建筑

图 A　斯德哥尔摩附近的德罗特宁岛府邸(1662 始建)，见[1136]页

图 B　斯德哥尔摩的皇宫(约 1690—1708，1721—1754)，见[1137]页

第33章 俄罗斯和斯堪的纳维亚建筑

图A 西哥特兰省的哈布教堂(1720)，见[1137]页

图B 哥本哈根的救世主教堂(1682—1696，塔楼和塔尖于1750年加建)，见[1137]页

图C 哥本哈根的阿马利恩博格宫(1750—1754)，见[1137]页

第五编　文艺复兴时期和后文艺复兴时期的欧洲建筑及俄罗斯建筑

西哥特兰省哈布教堂内景，见[1137]页

柱，楼上竖在栏杆基座上的奇特的女像柱支撑着屋顶。

奥斯陆的**救世主教堂**(The Church of Our Saviour, 1697，1848年重建)，保留许多原来的荷兰建筑的外观特征。十字形平面依然是18世纪挪威教会建筑的标准型制，教堂外部的主要特征是一座庞大而又矮胖的塔楼，装饰性的尖塔从塔楼上升起。

孔斯贝格教堂(The Church at Kongsberg, 1740—1761，见[1144]页图B)是斯图肯布罗克(J. A. Stuckenbrock)的作品，这是一座由朴素体块组成的，形式优美的建筑。除了采光塔外，开口和钟表面的形状简洁构成了仅有的外观特征。木装修的巴洛克风格的室内有着能容纳3000人的两层连廊，面向华丽的巴洛克风格装饰组成一体的祭坛、管风琴室和布道坛。

特隆赫姆的**施蒂夫特庄园**(Stiftsgården, 1774—1778，见[1144]页图C)，是那个时期最大的木质宫殿之一，可能由弗里德里希·冯·克罗伊(Friedrich von Krogh)将军设计，是一座巨大的有着细长壁柱和中央山花的19开间建筑。细部是洛可可式样的，但是最特别的地方是窗户上部成对交替出现的三角形山花和弓形山花。平面布置非常不合时宜(retardataire)。

新古典主义时期

丹麦

哥本哈根孔恩斯内多尔弗的**哈斯多夫宅**(The house of C. F. Harsdorff, 1735—1799，见[1145]页图A)标志着斯堪的纳维亚新古典主义的开端。哈斯多夫是第一位在成立于1754年的新哥本哈根学院受到正规的土木工程专业培训的丹麦建筑师，随后又在巴黎和罗马学习。这座有着爱奥尼柱式神庙正立面的住宅，就像是为学生和哥本哈根居民设计的范本。但是奇特的是，柱子的盘涡却放在柱头的侧边。

哈斯多夫设计的罗斯凯德大教堂的**腓特烈五世礼拜堂**(Frederik V Chapel，始建于1774年，19世纪初完工，见[1146]页图A)，是早期新古典主义的瑰宝。进入希腊十字平面的礼拜堂要通过一个柱子构成的屏风，墙面上刻有凹槽的壁柱。十字平面的短臂上覆盖着藻井式筒拱，十字相交处覆盖着典型的拜占庭式的半椭圆形圆顶。

哥本哈根的**赫拉克勒斯阁**(The Hercules Pavilion, 1773)，同样也是哈斯多夫的作品，位于国王花园景观轴线的尽端。微型的神庙前面布置着由两根多立克柱组成的双柱门廊。

哈斯多夫的学生克里斯蒂安·弗雷德里克·汉森(1756—1845)是斯堪的纳维亚新古典主义的首要代表人物。他结束了在哥本哈根学院的学习后去了罗马，在石勒苏益格-荷尔斯泰因(现为德国的一部分)工作了20年后，回到丹麦设计了一系列不同凡响的建筑。

哥本哈根的**圣母教堂**(Vor Frue Kirke, Church of Our Lady, 1810—1829，见[1146]页图B)，有着一道从完全空白的墙上突出希腊多立克柱式的门廊。入口上面伸出一座窗洞十分窄小的三层塔楼，有些类似部雷的设计手法。华丽的筒拱坐落在拱廊上，柱墩则相当平实，室内有点像芒萨尔设计的凡尔赛礼拜堂(见有关章节)，是18世纪建筑师对巴西利卡的重新诠释，从考古学和神学方面都符合天主教和路德教的教义。

哥本哈根的**外科大礼堂**(The Surgical Auditorium, 医学史博物馆(Museum of Medical History), 1786)是彼得·迈恩(Peter Meyn)的作品，就像孔杜尔(Condour)的巴黎法兰西学院(见有关章节)，在施工阶段迈恩曾经到过现场。大礼堂与古代剧院类似，有着半圆形的平面，顶部覆盖着平坦的藻井式圆顶，鼓座上有小圆窗。

瑞典

乌普萨拉的**植物学博物馆**(The Botanicum, 1788，见[1145]页图B)，建筑师是让·路易·德普雷(Jean-Louis Deprez)，有一座精妙的早期新古典主义的法国门廊。八根希腊多立克柱比常规低矮得多，使得这座小小的建筑有一种特殊的纪念性，这一方面反映出它作为城堡景观的终端在视觉上的重要意义，另一方面反映出这里作为卡罗勒斯·林奈(Linnaeus)的出生地在植物学研究上所获得的荣耀。

斯德哥尔摩的**谢普斯岛许克教堂**(Skeppsholmskyrkan, 1824—1842)，由弗雷德里克·布洛姆(Fredrik Blom)设计，是一个平面外部呈八角形，内部为圆形，中心对称的教堂。教堂中间部分与周围的侧堂被八对古典柱子组成的柱廊隔开。外立

第五编　文艺复兴时期和后文艺复兴时期的欧洲建筑及俄罗斯建筑

图 A　特伦讷拉格地区奥兰的艾于斯特罗宅(1654)，见[1137]页

图 B　孔斯贝格教堂(1740—1761)，见[1143]页

图 C　特隆赫姆的施蒂夫特庄园(1774—1778)，见[1143]页

第33章 俄罗斯和斯堪的纳维亚建筑

图 A　哥本哈根孔恩斯内多尔弗的哈斯多夫宅，见[1143]页

图 B　乌普萨拉的植物学博物馆(1788)，见[1143]页

第五编　文艺复兴时期和后文艺复兴时期的欧洲建筑及俄罗斯建筑

图 A　罗斯凯德大教堂的腓特烈五世礼拜堂(1774 年始建)，见[1143]页

图 B　哥本哈根的圣母教堂(1810—1829)，见[1143]页

图 C　卑尔根的达姆斯庄园(1770~1795 年重建)，见[1150]页

第33章 俄罗斯和斯堪的纳维亚建筑

图A 奥斯陆的证券交易所(1826—1852),见[1150]页

图B 奥斯陆的挪威银行(1828),见[1150]页

图C 赫尔辛基的老教堂(1826年始建),见[1150]页

第五编　文艺复兴时期和后文艺复兴时期的欧洲建筑及俄罗斯建筑

图A　赫尔辛基的信义会大教堂(1830—1840)，见[1150]页

图B　赫尔辛基信义会大教堂内景

图C　图尔库的老科学院大厦(1802—1815)，见[1150]页

第33章 俄罗斯和斯堪的纳维亚建筑

图 A 赫尔辛基大学图书馆(1836—1845)，见[1150]页

图 B 赫尔辛基大学图书馆的阅览室

面的新古典主义母题与朴素的粉墙相映衬,让人联想起汉森在哥本哈根的作品(见有关章节)。

挪威

卑尔根的**达姆斯庄园**(Damsgård,1770~1795年重建,见[1146]页图C),是一幢充满魅力的洛可可式别墅。庄园的很大一部分由庄园的主人格尔梅登(J. S. C. Geelmayden)设计。精巧的立面中部有山墙和塔楼,两侧建筑屋顶上布置了轻快的老虎窗,整座楼有精致的曲线装饰。

居德布兰河谷的**南弗朗教堂**(Sør-Fron Church,1786—1792),由斯文·阿斯帕司(Svend Aspaas)设计,是一座非常简单的有着高耸采光塔的八角形教堂。外部转角处设多立克壁柱,室内四根细长的科林斯柱子支撑屋顶的横梁,回廊和布道坛结合在一起,沿周边布置。

奥斯陆的**证券交易所**(The Exchange, Oslo, 1826—1852,1910年扩建,见[1147]页图A),由这座城市的建筑师克·亨·格罗施设计。他的影响力可以从多立克锥形柱的宽矮门廊,以及有着沉重飞檐托块的简化檐部上看出。

奥斯陆的**挪威银行**(The Norwegian Bank,1828,[1147]页图B),也是格罗施的作品。这座建筑有着更加敦实的希腊多立克柱廊,如此的紧凑与建筑肃穆的用途相适应。

奥斯陆大学(1838年后建造),是挪威第一所大学,由申克尔设计,格罗施负责建造,有着壮丽无比的爱奥尼双柱门廊,自中世纪以来第一次用挪威花岗岩表现建筑的纪念性。

芬兰

海门林纳教堂(The Church of Hämeenlinna, 1798;1892年扩建),由法国建筑师让·路易·德普雷设计,是芬兰最早的古典主义教堂,到处都浸透着一种最严谨的新古典主义风格。建筑呈圆形,祭坛设在中央,正前面是矩形的体块,在背部布置后殿和门厅。纯净的粉刷外墙上有低矮的凹进的多立克式半柱,在门框的斜侧面有突出的钟形圆饰。

卡尔·路德维希·恩格尔(1778—1840)是一名德国建筑师,在1815年到芬兰工作前曾在圣彼得堡和塔林(Tallinn)工作多年,为1812年新建的首都赫尔辛基创造了许多纪念性的公共建筑。

赫尔辛基的**老教堂**(The Old Church,1826年始建,见[1147]页图C),是一座位于城市公园里的十字形平面的木质教堂,四个立面都有特征明显的多立克门廊从饰有多立克式壁柱的主体建筑中向外伸出。上方是一个饰有山花带有圆顶的正方形平面的小神殿。这个构思简单的教堂并没有恩格尔许多后期作品中表现出来的浮华。

赫尔辛基的**信义会大教堂**(The Lutheran Cathedral,1830—1840,见[1148]页图A、图B),是市中心的焦点,矗立在与议会广场差不多同宽的但有巨大落差的台阶的最上端。这座希腊十字形平面的建筑有着又高又窄的中心鼓座和圆顶,四座辅助塔楼和四个立面都有相同的六柱式科林斯式门廊。室内四个巨大的十字形拱座和后殿带柱子的回廊形成戏剧性的对照,此教堂的灵感来自于16世纪初期罗马的圣彼得大教堂(见有关章节)。

赫尔辛基的**议会广场**(The Senate Square)位于信义会大教堂前,由约翰·阿尔布雷赫特·埃伦斯特伦(J. A. Ehrenström)设计,周围都是恩格尔设计的建筑。**国家议会大厦**(The Senate House, 1818—1822),占据了整个广场的东侧,有着带中央科林斯柱式门廊的学院派建筑的三层楼立面。对面是**赫尔辛基大学**(1828—1832),1944年炸毁后重建,三层的楼梯间特别引人注目,自下往上依次为多立克、爱奥尼和科林斯柱式。广场北部是**赫尔辛基大学图书馆**(1836—1845,见[1149]页图A、图B),科林斯式柱子运用在整个17开间的立面上,侧立面没有采用山花,中央部分向前伸出,并运用了深壁柱。室内有三间大阅览室,巨柱式科林斯式柱廊支撑上部回廊。中央大阅览室为圆顶,其他两间阅览室则采用筒拱屋顶。

图尔库的**老科学院大厦**(The Old Academy,1802—1815,见[1148]页图C)是斯德哥尔摩城市建筑师约维尔(C. Gjörwell)和鲍希(C. F. Bassi)的作品。这个有巨大山花的严谨立面显然属于新古典主义风格,尤其体现在上部玻璃窗框简化元素的应用。

图尔库的**新科学院大厦**(The New Academy,1832—1833),由鲍希设计,原先的用途是住宅。整个建筑运用了与老科学院大厦同样的窗框。立面上最显著的是立在粗石基座上的多立克柱式的门廊,门廊顶部为台阶状的阁楼。

文艺复兴时期和后文艺复兴时期的欧洲建筑及俄罗斯建筑

第 34 章
后文艺复兴时期的欧洲建筑

概述

19世纪欧洲建筑最显著的特征是对于历史风格的多元应用。这种特征不同于以往的原因并不在于建筑师们在以前故意回避复兴历史形式,而是因为可供19世纪建筑师们选择的形式范围大大扩展。风景如画运动(The Picturesque Movement)使人们对各种建筑——无论是西方世界的还是异国的建筑——都广泛地产生兴趣。19世纪以后,建筑变得越来越包罗万象,也使建筑师们对历史上的建筑有了前所未有的更多的认识。然而,并没有哪种建筑风格成为公认的最值得模仿的一种。例如,某座市政厅可能脱胎于一座古典神庙,以使人们回忆辉煌的希腊文明;而另一座市政厅或许源于佛兰德地区某家织布厂,暗示着可以与中世纪晚期的工业和商业繁荣相媲美。但是,正如普金所断言,这种19世纪生活与以往时代之间的对比并非总是正面的(见下文)。进入19世纪,很多建筑师转向折中主义,将许多不同来源的风格特征竭力结合起来,以达到原创的效果。直到19世纪末,才第一次有了创造一种"新"风格的成功尝试:一种现代世界所特有的建筑风格,恰如中世纪所特有的哥特式教堂一样。

尽管仍存在某种对历史的眷恋,19世纪的欧洲建筑并非重复历史上的各种建筑风格,在布局、选材以及装饰细部方面它们都是这个时代的产物。许多新出现的建筑类型,例如火车站、工业厂房、百货公司等,都因为没有先例可循而需要新的设计。即使是传统的建筑类型也倾向于用比以往更复杂的方式去设计,例如国会大厦、市政厅和学校,为了适应工业社会的要求,规模变得更为宏大,其内部也更为复杂。同样,住宅和公寓也希望能够容纳更加多种多样的房间。甚至是教堂这种从某种意义上说试图复兴古老功能的地方,也接受了"创造性模仿"的观念。

虽然建筑新材料和新形式的发展是19世纪欧洲建筑的一个主要特征,然而,传统的材料在很多时候仍很流行。建筑外表上用石材和砖块是其中最为常见的,而在欧洲的偏远地区仍一直使用木材建造房屋。到19世纪末,彩色陶瓷成为在城市中一种常用的面层装饰材料,部分原因是为了抵御空气的污染,不过郊区和农村地区的建筑材料再次流行就地取材。直到1900年左右,外墙承重仍然相当普遍,传统的窗户形式得到延续,但是从19世纪40年代以后,随着平板玻璃的引入,窗户面积变大而窗棂逐渐减少。铸铁结构和大片玻璃的结合使商店外面出现了大橱窗,随之出现了令人惊讶的列车车棚、市场大厅、展览建筑。这些建筑在19世纪的城市中显得特别与众不同。多半只用于室内的铸铁框架结构,使建筑造得更高,并带来了更加开敞的空间。钢框架结构在欧洲的发展虽然并不像在美国那样壮观,起步也比较晚,但是到1900年后,钢框架结构在欧洲大城市中比较常见,一般高度可达8~9层。钢筋混凝土的出现也成为这一时期的另一项对承重墙的主导地位构成挑战的创新。

1830~1900年欧洲建筑的变化情形比较复杂,为研究方便,将其划分为三个时期:1830~1850年,1850~1870年和1870~1900年。

建筑特征

1830~1850 年

1830~1850年这段时期大致与英国的早期维多利亚建筑相符,德语世界把这一时期称为"比德迈风格"❶。

---

❶ Biedermeier:德国的一种文化艺术流派,介于新古典主义和浪漫主义之间的过渡时期风格,曾流行于德国、奥地利、意大利北部和斯堪的纳维亚各国。"比德迈"一词为贬义,来源于漫画《比德迈老爹》中一个中产阶级贪图安逸的诙谐形象。——译者注

尽管折中主义的影响在不断扩大，古典主义传统仍表现出惊人的适应性，这一时期的大多数公共建筑仍然很自然地选择了古典主义设计。希腊复兴的顶峰大约出现在1830年，但是在以后的许多年内仍有潜在的影响，正如汉森在雅典和维也纳的作品中所显示的那样。这些建筑的布局和空间组织常常受到让·尼古拉·路易·迪朗(Jean-Nicolas-louis Durand, 1760—1834)的理性主义建筑理论的影响，他们的《巴黎理工大学建筑学课程大纲》(Précis des Leçons d'architecture, 1802—1805)展示了一种基于对称和几何形式的设计理论体系。在德国的影响尤为强烈，代表作品如卡尔·弗里德里希·申克尔(Karl Friedrich Schinkel, 1781—1841)设计的柏林老博物馆(1823—1830，见[1049]页图C)。在英国的公共建筑中，纯净的希腊复兴风格在19世纪40年代被华丽的古希腊罗马时期风格所取代，例如哈维·伦斯达尔·埃尔莫斯(Harvey Lonsdale Elmes, 1814—1847)设计的利物浦圣乔治大厦(S. George's Hall, Liverpool, 1840—1854)，其空间的复杂性远远超过让·尼古拉·路易·迪朗讲述的那些建筑。

至于住宅和商业建筑，源自古典主义和文艺复兴的不太繁复的建筑形式往往受到青睐。在伦敦，如查尔斯·巴里爵士(Sir Charles Barry, 1795—1860)设计的旅行者俱乐部(1829—1831)和改革俱乐部(1837—1841)采用了意大利的"府邸"模式。而在巴黎，法国文艺复兴传统的影响在一些设计中显而易见，例如夏尔·佩西耶(Charles Percier, 1764—1838)和皮埃尔-弗朗索瓦-莱昂纳尔·方丹(Pierre François Léonard Fontaine, 1762—1853)设计的里沃利西大街(1811—1835，见第30章)。皮埃尔-弗朗索瓦-亨利·拉布鲁斯特(Pierre-François-Henri Labrouste, 1801—1875)设计的巴黎圣热内维埃夫图书馆(1839—1850)表现出对文艺复兴法则更加激进的一种发展，同时也是理性的折中主义的一次胜利。德国在让-尼古拉-路易·迪朗的影响下，出现了一种对更加清晰表达的建筑的偏好。这类建筑常常以圆拱的形式作为标志，或许是暗示着与文艺复兴、罗马风、拜占庭或古罗马的传承关系。路德维希·佩尔苏斯(Ludwig Persius, 1803—1845)在波茨坦的和平教堂(1845—1848)就是这种"圆拱式"(Rundbogenstil)早期基督教建筑的代表。

作为18世纪遗产的一部分，北欧地区对哥特式的喜好具有很强的民族性。在19世纪，由于一些研究成果的出版，人们对于中世纪建筑的认识逐渐增长，如托马斯·里克曼(Thomas Rickman, 1776—1841)的《试论从征服时代到大革命时期英国建筑的风格》(Attempt to Discriminate the styles of English Architecture from the conquest to the Reformation 1817)。1934年，法国作家普罗斯贝·梅里美(Prosper Mérimée, 1803—1870)被任命为国家纪念物与历史古迹保护总监，在他的支持下，欧仁·埃马纽埃尔·维奥莱-勒-杜克(Eugène Emmanuel Viollet-le-Duc, 1814—1879)承担了大量中世纪文物建筑的修复和重建工作，这些建筑中包括圣夏贝尔教堂(1840)和巴黎圣母院(1845—1856)。在德国，对中世纪的关注体现在作为国家级文物的科隆大教堂的修复工作的完成上：修复工作始于1824年，自1833年起，工程由恩斯特·弗里德里希·茨维尔纳(E. F. Zwirner, 1802—1861)领导，直到1880年，修复工程在R. 福格特尔(R. Voigtel, 1829—1902)的领导下完成。

英国在许多方面都对哥特复兴作出了最重要的贡献，包括查尔斯·巴里爵士(Sir Charles Barry)设计的威斯敏斯特新宫，即国会大厦(1836—1868)，它是壮丽的国家标志性建筑，诞生于以"伊丽莎白式或哥特式"为要求的设计竞赛。建筑的总体布局表现出巴里的古典主义倾向，而细部则主要体现了对哥特式建筑风格充满激情的建筑师奥古斯塔斯·韦尔比·诺思莫·普金(1812—1852)作品的影响。普金在其著作《对比》(Contrasts, 1836)中犀利地将当代建筑贫乏的设计——无论是古典主义风格还是哥特式风格——与晚期中世纪建筑设计的丰富性相比较。普金为19世纪建筑带来新的道德热诚，指责古典风格是异教徒的建筑，宣称只有哥特式建筑才是唯一真正的基督教建筑形式。他对中世纪宗教仪式的回归的梦想，产生了将圣坛和用于列队仪式的侧廊分开的教堂布局，例如休姆的圣威尔弗里德教堂(S. Wilfrid, Hulme, 1839—1842)，这种特征成为很有影响的基督教会建筑的通用形式。普金对建筑的态度既是浪漫的又是理性的，既有对不规则形的偏爱，又有对于结构理性表现的追求。这种追求自然产生了建筑的"风景如画效果"(Picturesque utility)，例如威廉·巴特菲尔德(William Butterfield, 1814—1900)设计的科尔比瑟斯教区牧师住宅(Vicarage, Coalpitheath, 1844—1845)。

大约1830年以后的这段时期，庄重的建筑氛围占主导地位。希腊复兴风格的市政厅和博物馆有着浓烈的贵族和古典气质,而应用于火车站、桥梁和工厂的纪念古希腊、罗马或埃及的建筑形式则出自于将19世纪工业技术成就与历史上最伟大的文明相比拟的愿望。哥特复兴虽然追求不同的理想,但绝对同样严肃,它通过对宗教和国家价值的重申,对当时的功利主义因素进行含蓄的挑战。这个时期只有在住宅建筑中才采用较随意的态度,例如哈勒克斯顿府邸(Harlaxton Hall, 1834—1855)中伊丽莎白风格与巴洛克风格的混合,或赫卢博卡府邸(Hluboká, 1840—1871)的华丽的折中主义。

在上述所有建筑风格中,都不考虑风格而强调结构坚固性。让-巴蒂斯特·隆德莱(Jean-Baptiste Rondelet, 1734—1829)积极倡导对结构的关注,他的五卷本著作《论建造艺术的理论和实践》(Traité théorique et pratique de l'art de bâtir, 1802—1803)强调建筑的科学基础。而普金在其著作《尖拱式或基督教建筑的基本原则》(True Principles of Pointed or Christian Architecture, 1841)中坚持认为装饰的使用"应以对建筑基本结构的强化为前提",越来越多的砖墙采用清水施工而不再粉刷,18世纪脆弱的哥特式被抛弃了。甚至在运用钢铁时也转而远离偏向装饰性的处理方法,例如,卡尔顿府邸中的温室(Carlton House, 1811—1812)。转向强调钢铁材料出众的结构特性,例如1850~1851年的水晶宫。

1850~1870年

这一时期大体上相当于法兰西第二帝国时期和英国建筑的维多利亚盛期。尽管新古典主义建筑在这个时期依然继续盛行,例如亚历山大·"希腊人"·汤姆森(Alexander 'Greek' Thomson, 1817—1875)在格拉斯哥(Glasgow)的作品,但是文艺复兴风格的复兴却是这一时期的主流。这种风格所标志的新的丰富灵感很大程度上来源于法国,其主要特征是楼阁、高耸的芒萨尔式屋顶以及源自15~16世纪的华丽装饰,这种风尚至少可以说是源自新卢浮宫(New Louvre, 1852—1857),而让路易-查尔斯·卡尼尔(Jean-Louis-Charles Garnier, 1825—1898)设计的巴黎歌剧院标志着这种风格进一步走向丰富性,这座建筑几乎可以说是新巴洛克风格。类似的情况同样存在于其他国家,例如库斯伯特·布罗德里克(Cuthbert Brodrick, 1822—1905)设计的利兹市政厅(Town Hall, Leeds, 1853—1859),以及约瑟夫·齐代克(Josef Zitek, 1832—1909)设计的布拉格国家剧院(Národní Divadlo, Prague, 1868—1883)。文艺复兴风格的适应性促进了它的复兴,它既可以为大型街区提供恰当的装饰层级,如特奥菲尔·汉森(Theophil Hansen)设计的维也纳海因里希新城(Heinrichshof, Vienna, 1861—1863, 1945年被毁),也可以适用于从朱塞佩·门贡尼(Giuseppe Mengoni, 1827—1877)设计的米兰维托里奥·伊曼纽尔拱廊(Galleria Vittorio Emanuele, Milan, 1865—1877)到乔治·吉尔伯特·斯科特爵士(Sir George Gilbert Scott)设计的对称式的伦敦外交部大厦(1861—1863)的各种情况。

自1850年哥特复兴盛行之后,在几乎所有的欧洲国家中,哥特式教堂的数量都有所增加。在一些实例中,这种新建的教堂和上一代的新哥特式设计具有同样的姿态,如,海因里希·冯·费斯特尔(Heinrich Von Ferste, 1828—1883)设计的维也纳还愿教堂(Votivkirche, 1856—1879)就是这种保守主义的典型代表。但尤为特殊的是,英国的哥特复兴发展出一种依赖于本土哥特形式的新特征,这一特征由对意大利的中世纪建筑(进而发展到对法国及其他国家)的强烈兴趣而引发,并受到一些出版物的激励,诸如约翰·罗斯金(John Ruskin, 1819—1900)的《威尼斯之石》(The Stones of Venice, 1851—1853)和乔治·埃德蒙德·斯特里特(George Edmund Street, 1824—1881)的《中世纪的砖与大理石建筑:意大利北部巡游笔记》(Brick and Marble of the Middle Ages: Notes of a Tour in the North of Italy, 1855)。

这种新精神立刻体现在对"构造性彩饰"的运用中,各种颜色的砖石带有仿效罗斯金(Ruskin)所赞赏的意大利北部教堂中不同颜色大理石的装饰效果。早期的一个实例是,威廉·巴特菲尔德(William Butterfield)设计的伦敦玛格丽特街的万圣教堂(Allsaits, Margaret Street, London, 1849—1859)。同样具有惊人效果的还有受意大利型制影响,有独立式钟楼的伦敦沃克斯霍尔桥路的圣幼雅各教堂(Street's S. James-the-less, Vauxhall Bridge Road, London, 1859~1861)。

哥特式越来越多地被用在非宗教建筑上,迪恩和伍德沃德事务所(Deane and Woodward)设计的牛津大学博物馆(1855—1859)也反映出罗斯金的影响。在下面的实例中,哥特因素包含了更多的完全不同的影响,如阿尔弗莱德·沃特豪斯(Alfred Waterhouse, 1830—1905)设计的曼彻斯特巡回审判庭

(1859—1864)和乔治·吉尔伯特·斯科特爵士设计的伦敦圣潘克拉斯饭店(S. Pancras Hotel, 1865—1871)。法国哥特式是威廉·伯吉斯(Wiliam Burges, 1827—1881)的重要原型之一,他在卡迪夫附近的卡什堡改建(1875—1891),可以与维奥莱-勒-杜克(Viollet-le-Duc)的卡尔卡松城(1855—1879)的修复和皮埃尔坊(1859—1870)相比。维奥莱-勒-杜克自己的作品,例如圣德尼的埃斯特雷圣德尼教堂(S. Denys-de-L'Estrée, S. Denis, 1864—1867)实在乏善可陈,尽管他的著作《11~16世纪的法国建筑理论性百科辞典》(Dictionnaire raisonné de l'architecture française du XIme au XVIme siècle, 1854—1868)和《建筑论集》(Entretiens sur l'architecture, 1863—1872)提出了更加大胆的建筑形式,通过这两部著作他对于哥特式建筑结构的理性主义诠释影响特别深远。

19世纪五六十年代的建筑在很多方面都比前面所论述的时期更为自由。与更严谨的希腊复兴风格不同,文艺复兴风格的重新流行在本质上比较宽松,产生了一系列可供用于各种形状和尺度的建筑的母题。从狭隘民族主义中解放出来的哥特主义者对于中世纪的资源能够采取更为兼收并蓄的态度。这是一种对新古典主义的纯净风格和千篇一律形式的反抗,产生了更为生动和可塑性更强的效果,在哥特复兴中对于表面的兴趣被颜色和肌理的新型构成所取代。

另一方面,不管是弗朗索瓦一世的卢浮宫(the Louvre of François I)还是威尼斯的黄金府邸(Ca d'Oro),从对神庙和教堂的专注转变到对住宅建筑的普遍推崇体现了这一时期的自由精神。确实,这些年间建筑的一个新的发展趋势就直接来源于对简朴房屋的兴趣。比如说,被理查德·诺曼·肖(Richard Norman Shaw, 1831—1912)采用的"英国老式"风格(Old English manner),这种风格被用于乡村建筑的不规则平面和布局以取得风景如画的效果。这种风格就来源于对于乡土材料和母题的兴趣。

肖的"英国老式"风格是对于城市和工业化发展的反抗的一个方面。1850年以后,许多欧洲城市经历了根本性的变革。

巴黎实际上完全由乔治-欧仁·奥斯曼男爵(Baron Eugène Georges Haussmann, 1809—1891)重新规划,他将宽阔的大道强硬地切入老城市,为新建的著名建筑物如巴黎歌剧院(参见有关章节)提供了让人印象深刻的场景,同时没有忘记设置如中央市场(Halls Centrales, 始建于1853年)这样的实用性设施。重新规划巴黎目的是创造一个无愧于第二帝国的都城,同时也使警察和军队能够有效地控制城市,以保证类似于记忆犹新的1848年革命之类的事件不再发生。

对于建设帝国威望和城市秩序的愿望同样在维也纳也很明显,年轻的皇帝弗朗兹·约瑟夫一世(Franz Josef I)命令在老城墙的旧址上建造环城大街(1858年始建),这条由克里斯汀·弗里德里希·路德维希·冯·弗斯特(Christian Friedrich Ludwig Von Förster, 1797—1863)设计的林荫大道用各种华丽风格的建筑来逐渐美化,包括新文艺复兴风格的由特奥菲尔·汉森(Theophil Hansen)设计的海因里希新城(Heinrichshof, 1861—1863, 毁于1945年),弗斯特(Förster)和汉森(Hansen)设计的有多种颜色装饰的军事博物馆(Army Museum, 1856—1877)使人联想起拜占庭建筑,由弗里德里希·冯·施密特(Friedrich Von Schmidt, 1825—1891)设计的巨大的用红砖建造的新哥特风格市政厅(1872—1883)。

在这一时期同样在大规模建设的城市还有奥匈帝国的第二首都布达佩斯。1859年,伊尔德冯·塞尔达(Ildefons Cerdà, 1815—1876)规划了巴塞罗那的扩建,这是一个雄心勃勃的方案:两条对角线街道穿越方格网状的布局。

1870~1900年

1870~1900年这个时期包括德国的第二帝国早期以及英国建筑的维多利亚晚期。这一时期的标志是建筑变化的平稳加速、可采用的结构和风格范围的不断拓展、历史主义的余波,以及在1900年以后这种趋势的继续发展。

重要建筑常常保持着一种巴洛克式的丰富性和帝国尺度,如保罗·沃罗特(Paul Wallot, 1841—1912)设计的柏林国会大厦(Berlin Reichstag, 1884—1894),或是格奥尔格·冯·多尔曼(Georg Von Dollmann, 1830—1895)设计的路德维希二世的赫伦基姆宫(Ludwig II's Herrenchiemsee, 始建于1878年)。在很多地方,巴洛克传统都一直延续到20世纪初,尤其是在英国,它通过风景如画运动的影响获得了新的活力,如约翰·贝尔彻(John Belcher, 1841—1913)设计的科尔切斯特市政厅(Colchester Town Hall, 1898—1902)这一实例。与此相反的是对古代的古典

第34章 后文艺复兴时期的欧洲建筑

主义倾向的回归,体现在如罗马的维克多·伊曼纽尔二世纪念堂(Victor Emmanuel Ⅱ Monument, 1885—1911)以及夏尔-路易·吉罗(Charles Girault, 1851—1932)设计的巴黎小宫(Petit Palais, 1897—1900)等建筑中,以更加有序的学院派精神的出现。英国建筑师约翰·詹姆斯·伯内特爵士(Sir John James Burnet, 1857—1938)曾在巴黎美术学院接受过教育,是这一时期建筑师的代表。他发展出一种"净化的古典"手法以适应钢框架结构,例如他设计的伦敦柯达府邸(Kodak house, 1910—1911)。与此类似的还有奥地利建筑师奥托·瓦格纳(Otto Wagner, 1841—1918),他从古典传统中提炼出一种本质上是非历史主义的手法,代表作是维也纳邮政储蓄银行(the Post Office Saving Bank, 1904—1906,关于1900年后建筑的详细论述见第44章)。

哥特复兴在1870年以后绝非强弩之末,直到20世纪它还为很多教堂建筑奠定了基础。约翰·拉夫伯勒·皮尔逊(John Loughborough Pearson, 1817—1897)的教堂建筑,例如特鲁罗大教堂(Truro Cathedral, 1879—1910)中的那种精确高雅的风格逐渐被更加放纵的哥特风格所取代,如约翰·丹多·塞丁(John Dando Sedding, 1838—1891)设计的切尔西圣三一教堂(Holy Trinity, 1888—1891)或布拉希尔·钱普尼(Basil Champneys, 1842—1935)设计的曼彻斯特里兰德图书馆(Rylands library, 1890—1899)。在其他的一些地方,维奥莱-勒-杜克的偏向理性主义的影响尤为明显。偏向理性主义通过对哥特式建筑结构原理的重新诠释取得了一些新的效果。在约瑟夫-欧仁-阿纳图瓦·德博多(Joseph-Eugène-Anatole de Baudot, 1834—1915)于1894年设计的巴黎蒙马特尔圣约翰教堂(S. Jean-de-Montmartre)中,窗间墙和肋的造型表现了钢筋混凝土和砖的特征。而在爱德华·施罗德·普莱尔(Edward Schroeder Prior, 1852—1932)设计的罗科尔的圣安德烈教堂(S. Andrew, Roker, 1905—1907)中,混凝土以不规则的形式用于节点处,创造了一种更加原始的哥特形式。走得最远的可能要算巴塞罗那高迪(Gaudi)的圣家族教堂(Sagrada Familia, 1882年始建),以维奥莱-勒-杜克的结构理性主义为出发点产生了一种几乎完全有机的建筑形态,它丰富的启示意义较之中世纪的任何一座杰作都毫不逊色。

就某种意义而言,19世纪晚期的欧洲建筑没有被世界其他地区日益增长的建筑知识所影响是一件很令人惊讶的事。事实上,欧洲国家更愿意向其殖民地输出其偏好的建筑风格,而这个时期输入的例子极为罕见,例如,1890~1891年为维多利亚女王在奥斯本的行宫增建一间印度风格的接待厅。在爱德华·威廉·戈德温(E. W. Godwin)设计的切尔西白宫(White House, Chelsea, 1877—1879)中存在着日本建筑的潜在影响,而在教堂建筑中从保罗·阿巴迪(Paul Abadie, 1812—1884)的巴黎圣心教堂(the Sacré Coeur, 1875 始建)到约翰·弗朗西斯·本特利(John Francis Bentley, 1895—1903)设计的威斯敏斯特大教堂(Westminster Cathedral, 1839—1902)则表现出对于拜占庭建筑的特殊兴趣。

相对而言,更引人注目的是欧洲各地的地方传统,尤其是位于通常所谓的建筑主流如古典主义、哥特式、意大利文艺复兴范围之外的地区。这种现象的早期例子就是英国的乡土传统复兴,它创造出一系列相对非正统的建筑母题,不仅包括"英国老式"精神(见前述),还有所谓的"安妮女王"风格,如威廉·伊顿·奈斯菲尔德(William Eden Nesfield, 1835—1888)设计的金默尔公园(Kinmel Park, 1868—1874)。在其他国家,一系列避免了早期的古典/哥特的两分法的风格被发展出来,使建筑师们既可以保持优秀的本地建筑特征而又不排斥来自于不同源泉的其他特征。这种倾向的突出例子是具有强烈荷兰文艺复兴特征的阿姆斯特丹国立博物馆(The Rijksmuseum in Amsterdam, 1877—1885),是彼得鲁斯·约瑟夫斯·许贝特斯·屈柏斯(P. J. H. Cuijpers, 1827—1921)的作品。再例如安东宁·维尔(Antonin Wiehl, 1835—1907)1883年设计的前布拉格自来水厂。

转向本土的建筑传统常常和更广泛的对民族或区域身份认同的需求联系在一起。例如高迪在巴塞罗那的作品,就可以看做是加泰罗尼亚文化意识的一部分。而杜尚·尤尔科维奇(Dušan jurkovič, 1868—1947)对简朴的木结构建筑的复兴则是斯拉夫地域主义的组成部分。斯堪的纳维亚的文化独立运动被称为"民族浪漫主义",它为多种建筑表现奠定了基础,从比较折中的设计如马丁·尼洛普(Martin Nyrop, 1849—1921)设计的哥本哈根市政厅(Copenhagen Town Hall, 1892—1902),到更为简洁的如彼泽·威廉·延森·克林特(Peder Vilhelm Jensen Klint, 1853—1930)于1913年设计的哥本哈根格伦特

第五编 文艺复兴时期和后文艺复兴时期的欧洲建筑及俄罗斯建筑

维教堂(the Grundtvig Church, Copenhagen)。同时,还有一种向朴素的斯堪的那维亚传统形式和粗犷的石材回归的倾向,例如拉尔斯·松克(Lars Sonck, 1870—1956)设计的坦佩雷大教堂(Tampere Cathedral, 1899—1907)。矛盾之处在于,这些地域主义建筑大多是受美国的"木板式风格",同时也受亨利·霍布森·理查森(H. H. Richardson)的更大体量的准罗马风格建筑影响,此外也继承了罗斯金和普金对建筑材料"诚实"运用的英国工艺美术运动的启发,然后再增添了乡土建筑的情怀。爱德华·施罗德·普莱尔(E. S. Prior)的埃克斯茅斯的农庄(The Barn, Exmouth, 1896—1897)是这种倾向的重要实例。

19 世纪晚期的乡土复兴可能被看做是风景如画运动的后期繁荣,然而从中的确产生出了一些更规整的建筑。比如说,查尔斯·伦尼·麦金托什(Charles Rennie Mackintosh, 1868—1928)设计的格拉斯哥艺术学校(Glasgow School of Art, 1897—1909)冷峻的石头建筑形式强烈地暗示了苏格兰的建筑传统。与之相似的是,亨德里克·佩特鲁斯·贝尔拉格(Hendrik Petrus Berlage, 1856—1934)设计的阿姆斯特丹证券交易所(the Amsterdam Stock Exchange, 1898—1903)对于砖的大胆应用,宣示了建筑师对本土材料的共鸣。而且,两座建筑都避免了工艺美术运动中的复古主义倾向,大胆地在结构中结合了铁和玻璃。这种理性主义的手法类似于奥托·瓦格纳的维也纳邮政储蓄银行。在一些较小的建筑中,可以观察到一种类似的背离风景如画运动的倾向,如威廉·理查德·莱瑟比(William Richard Lethaby, 1857—1931)设计的伯明翰鹰徽保险公司大楼(Eagle Insurance Building, Birmingham, 1899—1900)和埃德加·伍德(Edgar Wood, 1860—1935)设计的斯塔福德的阿普米德住宅(Upmeads, 1908,详见第 44 章)。

19 世纪 90 年代最重要的建筑发展是新艺术运动,这是一种不以任何一种过去的建筑形式为基础,而是以不规则的有机曲线和卷须状或火焰状线条为特征的风格。"新艺术运动"的名字来自于 1895 年由萨穆埃尔·宾(Samuel Bing)在巴黎开的一家出售手工艺品和艺术品的商店,这种风格主要起源于美术或应用艺术中。

在建筑领域,布鲁塞尔建筑师维克多·霍塔(Victor Horta, 1861—1947)是一位先锋,他把新艺术运动的曲线装饰与铸铁结构相结合,创造了动态形式和自由空间的建筑,例如塔塞尔公馆(Hôtel Tassel, 1892—1893)和人民宫(the Maison du people, 1896—1898)。在法国与霍塔扮演同样角色的是埃克托尔·吉马尔(Hector Guimard, 1867—1942),他在预制装配铸铁建造的巴黎地铁站(1900—1901)中运用了新艺术运动的流线型。在巴塞罗那,安东尼·高迪创造了具有生物塑性形态的建筑,如巴特略公寓大楼(Casa Batlló, 1904—1906)和米拉公寓大楼(Casa Milá, 1905—1910)。在室内设计中也可以发现新艺术运动的广泛影响,例如麦金托什(Mackintosh)的格拉斯哥柳木茶室(Willow Tea-Rooms, 1902—1904)。在曲面装饰的运用上,奥古斯特·恩德尔(August Endell, 1871—1925)设计的慕尼黑埃尔维拉摄影工作室(Elvira photographic studio, 1897—1898)。新艺术运动在更普遍意义上与曲线的外形联系起来,如 1902 年都灵展览会上,拉伊蒙多·达龙科(Raimondo d'Aronco, 1857—1932)设计的圆形大厅。

在第一次世界大战之后的 30 年间,城市扩张给欧洲带来的影响比以往任何时候都更为深远。很多进步的英国实业家们创建了模范农庄,如阳光港(Port Sunlight, 始建于 1888 年), 布尔讷维尔(Bournville, 始建于 1895 年)和新厄尔斯维克模范村(New Earswick, 始建于 1902 年)。这些在绿色原野环绕下布置的如画般的建筑一般都是都铎式风格的住宅。这一做法源于埃比尼泽·霍华德(Ebenezer Howard, 1850—1928)的理论,他的《明日,通向真正改革的和平之路》(Tomorrow: a Peaceful Path to Real Reform, 1898)宣扬创造一种限制规模并结合城乡优势和乡村生活的"田园城市"。1903 年始建的莱奇沃思城(Letchworth)是 1914 年以前建造的唯一一座真正包含了多种工业的"田园城市"。然而,田园城市的影响远不止于此,特别是创造了像伦敦附近的汉普斯特德(Hampstead, 1906 年始建)、德雷斯顿附近的赫勒劳(Hellerau, 1906 年始建)这样的田园城郊。尽管这种设计显然是出于反对英国城市中规整的联排式街道和欧洲大陆常见的单调的公寓街区,但它们的如画特征在实践的时候却往往被回归正统的建筑价值观所变更。因此,例如汉普斯特德花园城郊的中心被埃德温·兰西尔·勒琴斯(Edwin lutyens, 1869—1944)设计成新乔治亚的对称式布局,而海因斯·泰萨(Heinrich Tessenow, 1876—1950)在赫勒劳的公共大楼和一些住宅建筑的设计中引入了一种新的规整性。

建筑实例

1830~1850 年

波兹南拉钦斯基奇图书馆(Biblioteka Raczyńskich, Poznań, 1822—1829, 见[1158]页图A)的具有精确韵律的立面和减少了的母题数量, 继承了通常被认为始于17世纪后期卢浮宫东立面的"简洁"的理性古典主义传统。它同时是波兰贵族爱德华·瑞茨斯基(Edward Raczyński)资助建成的建筑的一个实例, 它所在的小镇当时刚刚被普鲁士占领, 它还展现了个人资助者为广大公众提供教育设施的努力。

里昂法院(Palais de Justice, Lyon, 1835—1842)由路易斯-皮埃尔·巴勒达尔(Louis-Pierre Baltard, 1764—1846)设计, 是他任教的巴黎美院(the École des Beaux-Arts in Paris)所推进的理性古典主义的实例。24根科林斯式柱构成的巨大柱廊仅被居中稍稍加宽的开间所打断, 中央大厅同样壮观, 不过穹顶空间的序列使空间增加了变化。

哥本哈根托瓦尔森博物馆(Thorwaldsen Museum, Copenhagen, 1839—1848, 见[1158]页图B)由米夏埃尔·戈特利布·比克纳·宾德斯伯尔(M. G. B. Bindesbøll, 1800—1856)设计, 他是新古典主义者克里斯蒂安·弗雷德里希·汉森(Christian Frederik Hansen, 1756—1845)的学生。该博物馆被用于收藏丹麦雕塑家波迪尔·阿尔贝托·托瓦尔森(Bertil Alberto Thorwaldsen, 1770—1844)的作品和收藏品。尤其是在内院里希腊复兴的精神、粗壮的无柱式的形式让人想起申克尔的作品, 甚至某种程度上想到埃及建筑。陈列厅的拱形天花板被装饰成古庞培的风格, 外墙上的壁画由约根·索恩(Jøorgen Sonne, 1801—1890)创作, 描述了博物馆的藏品自罗马运来的过程。

雅典旧宫(Old Palace, Athens, 1837—1841, 见[1159]页图A)由弗里德里希·冯·格特纳(Friedrich von Gärtner, 1792—1847)设计, 现用作国会大厦。原为奥托·冯·威特尔斯巴赫(Otto von Wittelsbach)登基希腊王位而设计。这座三层的建筑通过简洁独特的开窗法取得了有力的效果, 主立面中间是三开间的山墙, 没有三角山墙的单层希腊多立克十柱式的坚固门廊, 两侧各有七个开间。

雅典大学(the University, Athens, 1839—1849), 由汉斯·克里斯蒂安·汉森(Hans Christian Hansen, 1803—1883)设计, 是一幢精心设计的新古典主义建筑, 它有着灵感来自申克尔的立面和给人深刻印象的爱奥尼柱式大厅。后来在其两侧由特奥菲尔·汉森(Theophil Hansen, 1813—1891)依次设计的爱奥亚尼柱式的科学院大厦(Academy, 1859—1887)和多立克柱式的国家图书馆(National Library, 1859, 1888—1891), 成为最引人注目的希腊复兴建筑群之一。

利物浦圣乔治大厦(S. George's Hall, Liverpool, 1840—1854, 见[1158]页图C)由哈维·伦斯达尔·埃尔莫斯(Harvey Lonsdale Elmes)设计, 是英国最精彩的新古典主义的纪念碑之一。埃尔莫斯在1839年和1840年先后两次赢得一个音乐厅和一个利物浦巡回法庭的设计竞赛的胜利。这两个作品经验随后被综合在这个设计中。这座建筑的规划包括了强有力的轴线, 但是以天才般的方式满足了复杂的要求, 而且不同的元素得到自由的外在表达。建筑外观显示了埃尔莫斯对申克尔作品的了解, 而大厅则吸取了罗马卡拉卡拉(Caracalla)大浴场的灵感。埃尔莫斯于1847年去世后, 该建筑由工程师罗伯特·罗林森爵士(Sir Robert Rawlinson, 1810—1898)和查尔斯·罗伯特·科克雷尔(Charles Robert Cockerell, 1788—1863)完成, 后者负责豪华的圆形音乐厅的装修工作。

剑桥菲茨威廉博物馆(Fitzwilliam Museum, Cambridge, 1837—1847, 见[1160]页图A)由乔治·巴塞维(George Basevi, 1794—1845)设计。它的巨大的科林斯式门廊由短柱廊向两边延伸, 华丽的转角亭使得立面带有巴洛克风格, 和朴实的侧立面形成鲜明的对比。在巴塞维去世后, 室内由科克雷尔(C. R. Cockerell)完成。1870~1875年, 爱德华·米德尔顿·巴里(Edward Middleton Barry, 1830—1880)进一步丰富了楼梯大厅的设计。

牛津阿斯莫尔博物馆(Ashmolean Museum, 又称为大学画廊(University Galleries))和泰洛林学院(Taylorian Institution, Oxford, 1841—1845)由科克雷尔设计。这个建筑用一种非常独创的手法混合了不同时期的古典特征。中间部分有一个爱奥尼式柱门廊, 柱头来源于巴瑟的阿波罗神庙(参见有关章节), 科克雷尔是这座神庙最早的研究者之一。高高的两翼

第五编 文艺复兴时期和后文艺复兴时期的欧洲建筑及俄罗斯建筑

图A 波兹南拉钦斯基奇图书馆(1822—1829),见[1157]页

图B 哥本哈根托瓦尔森博物馆(1839—1848),见[1157]页

图C 利物浦圣乔治大厦(1840—1854),附底层平面图;见[1157]页

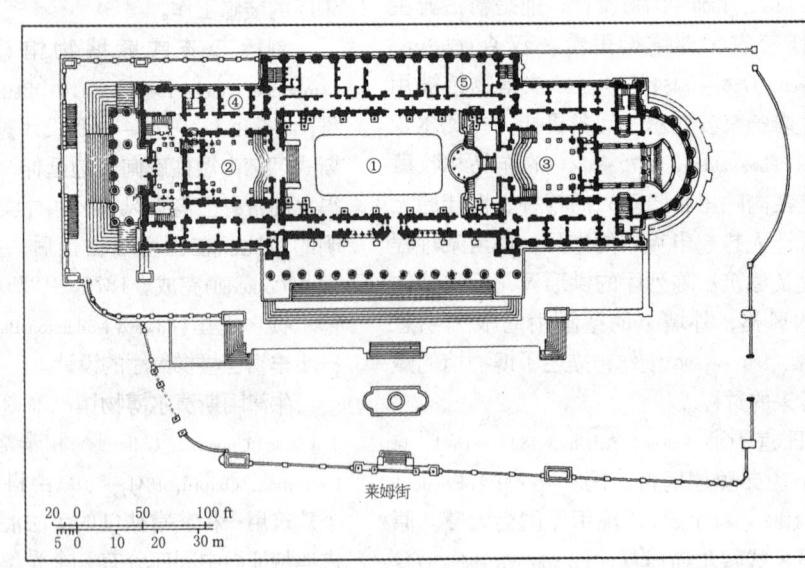

1. 圣乔治厅
2. 皇冠厅
3. 一审法院
4. 郡长厅
5. 副长官厅

莱姆街

第34章 后文艺复兴时期的欧洲建筑

图A 雅典旧宫(1837—1841),见[1157]页

图B 伦敦威斯敏斯特宫(国会大厦,1836—1868),附主层平面图,见[1161]页

1. 威斯敏斯特大厅
2. 圣史蒂芬厅
3. 中央大厅
4. 国会下院
5. 国会上院
6. 星室法院庭院
7. 回廊庭院
8. 圣司提凡庭院
9. 法官庭院
10. 大臣庭院
11. 皇家画廊
12. 皇家庭院
13. 贵族院大厅
14. 贵族院内庭院
15. 众议院内庭院
16. 众议院大厅
17. 演讲者庭院

第五编　文艺复兴时期和后文艺复兴时期的欧洲建筑及俄罗斯建筑

图A　剑桥菲茨威廉博物馆(1837—1847)，见[1157]页

图B　爱丁堡苏格兰国家画廊(1850—1854)，见[1161]页

第34章 后文艺复兴时期的欧洲建筑

向前折向街道，在东面达到顶点，顶部是带有雕像的分离的柱子组合，就像古罗马的凯旋门一样。整体构图因为微黄色石头加上白石装饰而变得丰富起来，被醒目的檐口线脚统一在一起。

伦敦威斯敏斯特新宫（New Palace of Westminster, London, 1836—1868, 又称为国会大厦（Houses of Parliament），见[1159]页图B)的前身毁于1834年的火灾，1836年重建时，查尔斯·巴里爵士(Charles Barry, 1795—1860)的设计从参赛方案中被选中。竞赛规则要求巴里设计成非古典风格，而且在都铎式的细部方面巴里得到了普金(A. W. N. Pugin)的协助。在这个设计中产生了三个重要的趋势：由普金提供的忠实的哥特式细部，反映了那个时代哥特复兴的考古式特征；巴里以规整但并不完全对称的规划，满足了包括没有被毁掉的老威斯敏斯特大厅，这种形式显示了古典主义持续的影响力；非正式的不规则的塔楼和天际线的组合雄辩地证明了与风景如画的价值观的关联，尤其是从河边看时。由于这三种影响不分彼此的混合在一起，作为哥特复兴的第一座重要的标志性公共建筑，国会大厦是前几十年的建筑发展的综合。

正式的通道从西边或朝向陆地的一边穿过史蒂芬门廊，从门廊那里通向西来斯特大厅，进入中央大厅。在那里，一条中轴线向南通向上议院，往北通向众议院。辅助用房围绕院落布置。在西南角，巨大的维多利亚塔楼高102m(336ft)，北端是钟塔，高96m(316ft)，里面放有"大笨钟"（Big Ben）。在中央大厅上有一个被称为"中央塔"或者说是尖顶的百叶式天窗，高91m(300ft)。为了防止1834年那样的火灾重演，新建的威斯敏斯特宫用铁节点建造，屋顶用铸铁板覆盖。

马德里议会大厦（Palace of the Congress, Madrid, 1843—1850)由纳西索·帕斯夸尔·科洛梅尔(Narciso Pascual y Colomer, 1808—1870)设计，代表了那一时期西班牙建筑的保守倾向。建筑采用帕拉第奥式的构图，主立面由有力的罗马科林斯式六柱门廊控制，两翼是乡村风格的底层，有线脚、飞檐和雅典式的低矮的楼层，总体特征宁静而高贵。

纽卡斯尔中央车站（Central Station, Newcastle, 1847—1850, 见[1162]页图A)主要由约翰·杜布森(John Dobson, 1787—1865)设计，有一个拱形的门廊，其后是月台上方弯曲的铸铁屋顶，它和美丽的古典式大街一起，构成纽卡斯尔中心区维多利亚式发展的一部分。杜布森的其他作品包括**纽卡斯尔皇家拱廊**(Royal Arcade, Newcastle, 1831—1832, 1963年被毁, 见[1162]页图B)，以及一些教堂和乡村农舍，这些建筑显示了多样的风格——哥特复兴式的有纽卡斯尔圣托马斯教堂(S. Thomas's Church, Newcastle, 1828—1829)和**诺森伯兰郡鲍弗朗特堡**(Beaufront Castle, Northumberland, 1837—1841)；新古典主义风格的有**诺森伯兰郡诺尼教堂**(Nunnykirk, Northumberland, 1825)和**诺森伯兰郡梅尔顿公园**(Meldon Park, Northumberland, 1832)。

爱丁堡苏格兰国家画廊（National Gallery of Scotland, Edinburgh, 1850—1854, 见[1160]页图B)由威廉·亨利·普莱费尔(William Henry Playfair, 1790—1857)设计，是爱丁堡19世纪初的几十年中建造的大量纪念希腊复兴的建筑之一。它与托马斯·汉密尔顿(Thomas Hamilton, 1785—1858)设计的**皇家医学学会**(Royal College of Physicians, 1844—1846)一道，成为希腊复兴风格用于主要建筑的晚期重要例子。国家画廊为爱奥尼亚风格，而毗邻的同样由普莱费尔设计的**皇家苏格兰学院**(Royal Scottish Institution, 1822—1836)则充斥着希腊多立克式的特征。

帕多瓦佩德罗奇咖啡馆(Caffè Pedrocchi, Padua. 1816—1831, 见[1163]页图A)由朱塞佩·亚佩利(Giuseppe Jappelli, 1783—1852)和安东尼奥·格拉代尼戈(Antonio Gradenigo, 1806—1884)设计，是新颖而优雅的新古典主义的设计，有开放的、两层楼的科林斯式的敞廊和二层地面相平，两侧的希腊多立克风格的亭子和街道齐平。后来，亚佩利为这个建筑设计了一个虽小但精致的新哥特式的翼——**佩德罗奇二号**(II Pedrocchino, 1842年建成)，是这种风格在意大利的不寻常的早期实例。

伦敦帕马街的旅行者俱乐部（Travellers' Club, Pall Mall, London, 1829—1831, 见[1163]页图B)由查尔斯·巴里爵士(Sir Charles Barry)设计，是他在英国发起文艺复兴风格和"府邸"模式的作品之一。两层五开间的抹灰的立面由于主入口位于尽端的开间而呈不对称状，层与层之间由深深的腰线和飞檐隔开，角部由齿状交错的角石强调，窗户有窗套，最上一层的窗户通过阳台、山墙和壁柱予以强调。所有的文艺复兴式的构件据说是源于佛罗伦萨的潘道菲尼府邸，布置的技巧十分精妙。

改革俱乐部(Reform Club, 1837—1841, 见[1163]页图C)也是查尔斯·巴里爵士的作品，与旅行者俱乐

第五编 文艺复兴时期和后文艺复兴时期的欧洲建筑及俄罗斯建筑

图A 纽卡斯尔中央火车站室内(1850)，见[1161]页

图B 纽卡斯尔皇家拱廊(1831—1832)，见[1161]页

第34章 后文艺复兴时期的欧洲建筑

图 A 帕多瓦佩德罗奇咖啡馆(1816—1831)，见[1161]页

图 B 伦敦帕马街的旅行者俱乐部(1829—1831)，见[1161]页

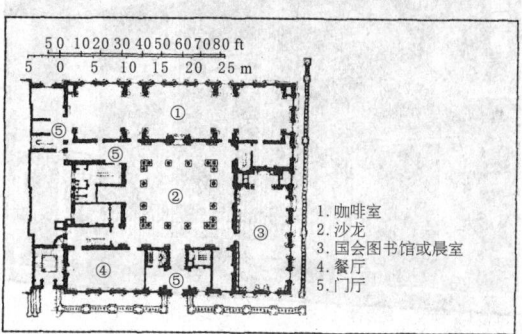

1. 咖啡室
2. 沙龙
3. 国会图书馆或晨室
4. 餐厅
5. 门厅

图 C 伦敦帕马街的改革俱乐部，附平面图(1837—1841)，见[1161]页

第五编　文艺复兴时期和后文艺复兴时期的欧洲建筑及俄罗斯建筑

图A　伦敦布里奇沃特府邸(1846—1851)，见[1166]页

图B　英格兰银行布利斯托尔支行(1844—1846)，见[1166]页

图C　英格兰银行利物浦支行(1844—1847)，见[1166]页

第34章 后文艺复兴时期的欧洲建筑

图 A　布利斯托尔克利夫顿悬索桥(1830—1863)，见[1166]页

图 B　伦敦尤斯顿车站入口大门(1835—1837)，见[1166]页

图 C　利兹米尔神庙(1842)，见[1166]页

部相邻,二者相似,但是这座建筑更加有力。面层为石材,三层高,九开间长,入口在中央。与旅行者俱乐部的连接处被简洁地处理成凹进墙壁的两层的凸窗。平面围绕中央沙龙布置(在意大利中心庭院的位置),房间通向中央沙龙,通过这种方式,沙龙和这些房间遵守轴线规则。文艺复兴的特征比先前处理得更加有自信,例如底层窗的壁柱和更大胆的出檐。顶楼的窗户位于挑檐下,外围是一些装饰线脚。

巴里爵士的**曼彻斯特雅典娜俱乐部**(Athenaeum, Manchester, 1837—1839),建于曼彻斯特,是类似府邸主题的一个变体,他在**伦敦布里奇沃特府邸**(Bridgewater House, London, 1846—1851,见[1164]页图A)中进一步发展了这一主题。这是一个大尺度的城市住宅。它同样是以中心沙龙为主体,不同的是,相比他的早期作品而言,这座建筑的外部更为粗犷,也更具活力,尤其是转角部位的处理,产生出体量感和力度的效果。

英格兰银行布利斯托尔支行(Bristol Branch of the Bank of England, 1844—1846, 见[1164]页图B)由科克雷尔(C. R. Cockerell)设计,他于1833年接替约翰·索恩爵士(Sir John Soane),而成为英格兰银行的总建筑师。他曾于1834~1835年和1845年改造过位于伦敦的英格兰银行,还设计了**英格兰银行普利茅斯支行**(Plymouth, 1842)、**曼彻斯特支行**(Manchester, 1844—1845)、**利物浦支行**(Liverpool, 1844—1847, 见[1164]页图C)。这些出色的设计是科克雷尔在他的**伦敦威斯敏斯特生命与大英火灾保险公司办公楼**(Westminster Life and British Fire Office, London, 1831—1832, 1908年拆除)中发展的主题的变体。建筑下面两层以多立克式门廊为特征,第三层把山墙和顶上的线脚隔开。这些市中心建筑的所有窗子都运用文艺复兴式构件装饰,所有这些元素都通过一个有力的模式组织起来,呈几何形排列,这是科克雷尔特有的极其精确而清晰的安排。

布利斯托尔克里夫顿悬索桥(Clifton Suspension Bridge, Bristol, 1830—1863, 见[1165]页图A)由埃沙姆伯德·金德姆·布鲁内尔(Isambard Kingdom Brunel, 1806—1859)设计,他是一位多才多艺而富有想象力的工程师。这座桥的实施方案与托马斯·特尔福德(Thomas Telford, 1757—1834)的意见相左,特尔福德因为他不久前修建的**梅奈悬索桥**(Menai Suspension Bridge, 1819—1826)被风振效应破坏,因此怀疑在这

种开阔地带建造如此大尺度悬索桥的可行性。由于有深达76m(250ft)的峡谷的衬托,214m(702ft)的主跨看来更大胆。它具有这一时期布鲁内尔寻求的一种以高贵的设计和壮丽的环境相辉映的特征。桥头堡(上面曾经有斯芬克斯和象形文字的装饰图案)的灵感源自埃及。大桥因资金短缺而拖延工期,直到他死后才完工,使用的是从他的另一处作品——**伦敦亨格福德悬索桥**(Hungerford Suspension Bridge, London, 1841—1845)的铁索。

伦敦尤斯顿车站入口大门(The Entrance Screen, Euston Station, London, 1835—1837, 见[1165]页图B)是菲力普·哈德维克(Philip Hardwick, 1792—1870)的作品。厚重的希腊多立克柱式的凯旋门标志着伦敦到伯明翰铁路的竣工。这个大门因1961~1962年车站的重建而被毁。哈德维克选择的希腊柱式代表伦敦的一种正在衰落的风潮,后来在1846~1849年车站的设计中,在他的儿子菲力普·查尔斯·哈德维克(P. C. Hardwick, 1822—1892)的辅助下,哈德维克选择了古典风格。这个现在已被拆除的大厅同样是这种风格的著名实例。

利兹米尔神庙(Temple Mill, Leeds, 1842, 见[1165]页图C)是一个具有纪念性立面的亚麻纺纱车间,由小约瑟夫·伯诺米(Joseph Bonomi, Junior, 1796—1878)设计,因为棉花和埃及之间的联系,他的有关埃及神庙的知识在这里就派上了用场。与主体建筑相比,办公部分更华丽些。单层厂房占地约2英亩,铸铁的柱子支撑着砖拱和玻璃穹顶,这个结构可能是由工程师詹姆斯·库姆(James Combe)设计。为了维持纺纱车间的湿度,屋顶上铺有草皮,据说可在上面牧羊。

巴黎东站(Gare de L'Est, Paris, 1847—1852, 见[1168]页图A)由弗朗索瓦-亚历山大·迪凯奈(François-Alexandre Duquesney, 1790—1849)设计,是早期铁路终点站中最精美的作品之一,但经过扩建后已经有了很大的改变。它的中央山墙上有个半圆形的大玻璃窗,透过玻璃窗能看到其后巨大的铁和玻璃结构的站房,而新文艺复兴式的两翼标明了到达和离开月台的轴线位置,宽阔的拱顶大厅使乘客能自由地从一侧走到另一侧。中央山墙上镶嵌着斯特拉斯堡的象征图案,巴黎东站成为奥斯曼规划中斯特拉斯堡大街的焦点。

伦敦国王十字车站(King's Cross Station, London, 1850—1852, 见[1168]页图B)由刘易斯·丘比特(Lewis

第34章 后文艺复兴时期的欧洲建筑

Cubitt, 1799—1883)设计,由两个拱顶的站台大厅(最初一个用于进站,另一个用于出站)组成,立面相应的有两个巨大的砖拱。一座意大利式钟塔耸立在中央,有一座三联拱的门廊最初位于巨大的砖拱下,给这个朴实的构图以罗马式的尺度和威严。站台大厅由铁和玻璃构成,每一个大厅都有32m(105ft)的跨度,由钢拱支撑。钢拱于1869年取代了原先的胶合木拱顶。

伦敦卡尔顿府邸温室(Conservatory, Carlton House, London, 1811—1812, 1827~1828年拆除, 见[1169]页图A)由托马斯·霍珀(Thomas Hopper, 1776—1856)设计,尽管领先于时代,显示了铸铁在结构和装饰上的用途——结构上的用途体现在柱子上,而装饰上的用途体现在帆拱和装饰图案上。

利物浦埃弗顿的圣乔治教堂(S. George, Everton, Liverpool, 1812—1814, 见[1169]页图B)由托马斯·里克曼(Thomas Rickman)设计,铁艺部分由铁艺大师约翰·克拉格(John Cragg)设计,显示了铸铁结构系统地用于建筑的潜在可能性,是当地采用这种手法的两个教堂之一。哥特式的特征让人更容易想起18世纪,而不是19世纪所表达的精神。

德比郡查茨沃思温室(Conservatory, Chatsworth, Derbyshire, 1836—1840, 1920年拆除, 见[1170]页图A)是园艺师约瑟夫·帕克斯顿爵士(Sir Joseph Paxton, 1803—1865)早期使用铁和玻璃所作的一次尝试。温室在德西默斯·伯顿(Decimus Burton, 1800—1881)的协助下,建于德文郡公爵府的基地上。它具有前所未有的体量,84m(277ft)长,37m(123ft)宽,中央部分达到20.4m(67ft)的高度,拱形的桁架用胶合木制成,凹凸相间地排列的玻璃预示着水晶宫的雏形。

伦敦基尤植物园的帕姆温室(Palm House, Kew Gardens, 1845—1847, 见[1170]页图B)由德西默斯·伯顿(Decimus Burton)和理查德·透纳(Richard Turner, 1798—1881)设计,中央部分的断面与查茨沃思温室的设计相似,只是所有的玻璃都平滑地附在联拱上,结构不是用木材,而是混合使用不寻常的锻铁和铸铁。建筑长110m(362ft),中央部分高达18.9m(62ft),跨度32m(106ft)。

伦敦下泰晤士街煤炭交易所(Coal Exchange, Lower Thames Street, London, 1846—1849, 1962—1963拆除, 见[1171]页图A)由伦敦市政建设建筑师詹姆斯·邦斯东·邦宁(J.B. Bunning, 1802—1863)设计。在意大利文艺复兴式的石材外饰里面是铸铁的圆形建筑物,它的肋支撑了一座22.5m(74ft)高的玻璃穹窿顶,悬挑的阳台从上面三层挑出,栏板上描绘了煤炭化石和开采场景。

巴黎圣热内维埃夫图书馆(Library of S. Geneviève, Paris, 1839年开始设计, 1844—1850建造, 见[1169]页图C)由拉布鲁斯特设计。清晰明确的新文艺复兴风格的立面,将底层的书库、办公室和上层的长阅览室之间的界限表现出来。阅览室相当高,从中央纤细的铸铁柱上向两边伸出拱形铸铁的两跨,形成两条长长的拱形空间,微斜的金属顶覆盖了整个建筑。通过铸铁瓦片和石材立面的谨慎结合,铁结构显露出来。这幢建筑为麦金(Mckim)、米德(Mead)和怀特(White)设计波士顿公共图书馆(Boston Public Library, 1887—1888)提供了范式。

伦敦水晶宫(Crystal Palace London, 1850—1851, 见[1172]页图A、图B)由帕克斯顿(Paxton)设计,是19世纪最著名的建筑之一,也是维多利亚时代早期技术的最高体现。设计水晶宫的目的是为海德公园举办的大型博览会提供展馆,1852~1854年水晶宫被移至锡德纳姆(Sydenham)。举办万国博览会的想法始于1849年,公众募捐活动也在进行。一次国际竞赛于1850年举办,收到了245个方案,所有的方案均无法满足要求,把各方案的优点综合在一个方案中的努力也失败了,由于时间有限,只好同意帕克斯顿的提议。1850年8月契约签订后,施工图在7周内完成,9个月后,即1851年5月1日,结构全部完成,每一个构件均经测试后组装。

帕克斯顿的构想来自于他在查茨沃思和其他地方的经验,他的构想是用铸铁框架和波形玻璃系统建造一个巨大的温室。水晶宫从横断面上看像一个双侧廊的巴西利卡,在高度上形成三个层次,最低处宽124.4m(408ft),接下来是内侧廊宽80.4m(264ft),中堂宽36.5m(120ft)。然而,"中堂"和"侧廊"被宽7.3m(24ft)的开敞廊道分离开来,所以"中堂"的实际跨度为22m(72ft),和它的高度相同。富有象征意义的是总宽由41个2.4m(8ft)宽的开间组成,长563m(1848ft),这是8ft的单位所能接近1851的最近数字。在长向的大约中部的位置引入一个"耳堂",以此把一棵树围进来,这是这一工程方案最后的修正。耳堂和中堂一样宽,但有一个筒形拱顶。

第五编　文艺复兴时期和后文艺复兴时期的欧洲建筑及俄罗斯建筑

图 A　巴黎东站(1847—1852)，见[1166]页

图 B　伦敦国王十字车站(1850—1852)，见[1166]页

第34章 后文艺复兴时期的欧洲建筑

图A 伦敦卡尔顿府邸温室(1811—1812；1827~1828年拆除)，见[1167]页

图B 利物浦埃弗顿的圣乔治教堂(1812—1814)，见[1167]页

图C 巴黎圣热内维埃夫图书馆(1844—1850)，见[1167]页

第五编　文艺复兴时期和后文艺复兴时期的欧洲建筑及俄罗斯建筑

图A　德比郡查茨沃思温室(1836—1840；1920年拆除)，见[1167]页

图B　伦敦基尤植物园的帕姆温室(1845—1847)，见[1167]页

第34章 后文艺复兴时期的欧洲建筑

图A 伦敦下泰晤士街煤炭交易所(1846—1849；1962~1963年拆除)，见[1167]页

图B 斯塔福德郡奇德尔的圣吉尔教堂(1841—1846)，见[1173]页

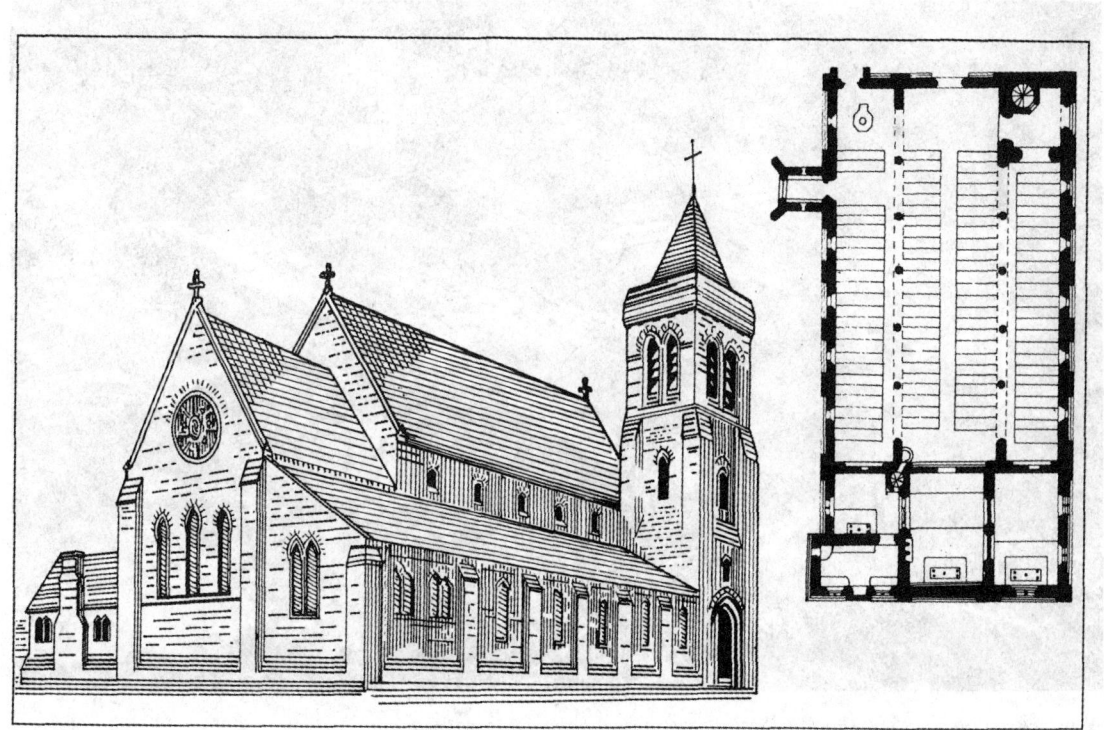

图C 曼彻斯特休姆的圣威尔弗里德教堂(1839—1842)，见[1173]页

第五编　文艺复兴时期和后文艺复兴时期的欧洲建筑及俄罗斯建筑

图 A　在伦敦海德公园落成时的水晶宫室内(1851)，见[1167]页

图 B　在锡德纳姆重建后的伦敦水晶宫(1852—1854；1936 年拆除)，见[1167]页

第34章 后文艺复兴时期的欧洲建筑

在这个巨大的预制建筑的项目中，需要大量的铁、玻璃以及其他材料，同时，审慎的组织使这个工作在很短的时间内得以完成。帕克斯顿拥有查尔斯·福克斯爵士(Sir Charles Fox, 1810—1874)和他的同事作为合作工程师，而《装饰语法》(Grammar of Ornament, 1856)的作者欧文·乔恩斯(Owen Jones, 1809—1874)负责装饰工作。水晶宫在锡德纳姆重新组装时有了一些改变，中堂变成了像耳堂一样的筒形拱顶，整个结构在1936年毁于火灾。

慕尼黑路德维希教堂(Ludwigskirche, Munich, 1829—1840)由弗里德里希·冯·格特纳(Friedrich von Gärtner, 1792—1847)设计，不太严谨地仿制了罗马风的原型。教堂西端有玫瑰窗和圆拱门廊，两侧是向上收分的塔楼和一圈圆拱的围廊。

巴黎保罗的圣味增爵教堂(S. Vincent-de-Paul, Paris, 1824, 1831—1844)起先由让-巴普蒂斯特·勒拜尔(Jean-Baptiste Lepère, 1761—1844)设计，后来由伊道夫(Hittorff, 1792—1867)接替他的工作并最终完成。教堂的平面是五侧廊的大殿，有着精致的木屋顶，内侧廊绕过西面的半圆形后堂延续过来，产生了有力的空间效果。入口是宏伟的突出山墙的六柱的爱奥尼亚式门廊，两侧是高塔，塔的各段由檐口连接，教堂前用精心设计的富有纪念性的外部大台阶作为入口引导。

波茨坦和平教堂(Friedenskirche, Potsdam, 1845—1848)由申克尔的学生路德维希·佩尔苏斯(Ludwig Persius, 1803—1845)设计，是早期基督教巴西利卡的一个翻版，带有前庭和围廊。教堂位于一个人工湖边上，风景如画。在教堂外，最西边是后堂，另一边则笔直地升起。教堂的特色在于特别少见的精美细部。

曼彻斯特休姆的圣威尔弗里德教堂(S. Wilfrid, Hulme, Manchester, 1839—1842, 见[1171]页图C)，由普金(A. W. N. Pugin)依照他的教会法式设计，在他的著作《英国教会建筑的现状》(The Present State of Ecclesiastical Architecture in England, 1843)中有过描述。它不同于早些时候的哥特复兴教堂(包括那些1818年由国会资助一百万英镑所修建的建筑)，它的各部分相对独立：内庭、侧堂、南边的走廊、东西的祷告室和结构独特的圣台。与早期教堂的轴线布局很重要的不同是，教堂的塔楼位于西北角，不过因缺乏资金而未能完成。普金并没有试图用装饰来掩饰建筑的廉价，而是充分利用它简单性的优点。建筑由砖建成，用早期的英格兰的哥特建筑的风格创造出厚重的体量感。

斯塔福德郡奇德尔的圣吉尔教堂(S. Giles, Cheadle, Staffordshire, 1841—1846, 见[1171]页图B)也由普金设计。这是一座优美的教堂，建造得很精心，而且和圣威尔弗里德教堂一样耗资不多。教堂有装饰的花窗，石结构一直达到主塔顶部。外部有一些装饰，但这并不会让人想象到室内装饰包括墙上绘制的图案、琉璃瓦和彩色玻璃竟如此豪华。

伦敦坎伯韦尔的圣吉尔教堂(S. Giles, Camberwell, London, 1842—1844, 见[1175]页图A)由乔治·吉尔伯特·斯科特爵士(George Gilbert Scott, 1811—1878)和威廉·博奈森·莫法特(W. B. Moffatt, 1812—1887)设计。他们在竞赛中取胜后，斯科特就按自己的想法着手建造了。这是一个十字形平面的巨石建成的教堂，有着高耸的十字形的塔。尽管细部有点机械，却显示了斯科特在教堂平面布局上对普金思想的回应。教堂被设计成几何形的13世纪哥特式风格，显示了斯科特的才能，也为他后来的教堂设计和后来的建筑师提供了一个范例。其他可与之比拟的哥特复兴教堂有**布赖顿圣保罗教堂**(S. Paul, Brighton, 1846—1848)，由理查德·柯罗姆威尔·卡蓬特(Richard Cromwell Carpenter, 1812—1855)设计；**伦敦罗切斯特街的圣斯提凡教堂**(S. Stephen, Rochester Row, London, 1847—1850)，由本杰明·费里(Benjamin Ferrey, 1810—1880)设计；**伦敦贝斯伯勒花园的圣三一教堂**(Holy Trinity, Bessborough Gardens, London, 1849—1852, 毁于1940)，由约翰·拉夫伯勒·皮尔逊(J. L. Pearson)设计。

汉堡尼古拉教堂(Nikolaikirche, Hamburg, 1845—1863, 见[1175]页图B)由乔治·吉尔伯特·斯科特爵士设计，是一个十字形的哥特式教堂。教堂因为花格窗和角楼的使用而更加充实。它的德国式的空透的塔尖，高147m(482ft)，是1943年一次空袭后仅存的部分。

巴黎圣克洛蒂尔德教堂(S. Clotilde, Paris, 1846—1857)，由弗朗茨·克里斯蒂安·高(Franz Christian Gau, 1790—1854)设计，首期的项目于1839年开始准备，由泰奥多尔·巴吕(Théodore Ballu, 1817—1885)完成。这座教堂在比例以及平面布局上是法国14世纪哥特风格，铁结构的屋架特别值得注意。

怀特岛奥斯本府邸(Osborne House, Isle of Wight, 1845—1851)由托马斯·丘比特(Thomas Cubitt, 1788—1855)在艾伯特亲王(Prince Albert)指导下设计。府邸作为维多利亚女王和皇室成员的私家海滨别墅使用。平面不对称,由一个紧凑的带有瞭望塔的华丽宴会厅和一个更大些的客房部分组成,客房部分呈U形,并且有一座钟塔。奥斯本府邸是意大利式的别墅在英国最引人瞩目的实例,尽管它没有其原型——巴里设计的斯坦福德郡特伦特姆府邸(Trentham Hall, Staffordshire, 1834—1842, 1910—1912年拆除)那么精致。

林肯郡哈拉克斯顿府邸(Harlaxton Hall, Lincolnshire, 1834—1855, 见[1175]页图C)由安东尼·沙尔文(Anthony Salvin, 1799—1881)设计,是一所巨宅。大胆的立面、奔放的圆屋顶的天际线、山墙、烟囱群都与伊丽莎白式住宅和启发了沙尔文灵感的伯利府邸(Burghley House)一样的奇特。室内和室外的一部分由威廉·伯恩(William Burn, 1789—1870)于1838年左右开始接替沙尔文完成,被改成壮观的巴洛克风格。1855~1843年,沙尔文设计的肯特郡兰伯赫斯特的斯科特尼堡(Scotney Castle, Lamberhurst, Kent, 1835—1843),有一个更为宁静的都铎式立面,表现为不对称的样式。

弗劳恩贝格赫卢博卡府邸(Zámek Hluboká, Frauenberg, 1841—1871)位于捷克共和国,靠近布杰约维采(České Budějovic, 旧称布德韦斯(Budweis)),由比尔(F. Beer)和德沃雷茨基(D. Devorecký)共同设计,是一座大型的城堡型乡村邸宅,采用了詹姆斯·怀亚特(James Wyatt)的19世纪住宅的设计手法。大量的收藏品存放在这邸宅中,室内设计混合了各种风格——哥特式、文艺复兴式和巴洛克式。

威尔特郡奥尔德伯里的圣马利亚庄园(S. Marie's Grange, Alderbury, Wiltshire, 1835—1836),由普金设计,作为他自己的住宅使用。每一层由三个主要的房间构成L形的平面,其中的一边添加了一座楼梯塔楼,盥洗室布置在另一边的塔楼内。厚厚的砖墙上有用于支搁板的壁龛,从石制的直棂窗中,能看到索尔兹伯里大教堂。普金搬走后,圣马利亚庄园有了一些改动。普金移居拉姆斯盖特,于1843~1844年在那里的圣奥古斯丁教堂(S. Augustine's Church, 1845—1851)边上修建了自己的另一处庄园(The Grange, 1843—1844, 见[1176]页图B)。

格洛斯特郡科尔比瑟斯的教区牧师住宅(Vicarage, Coalpitheath, Gloucestershire, 1844—1845, 见[1176]页图A)是威廉·巴特菲尔德(William Butterfield)的早期作品,是由石块镶边的碎石构成的自由造型。窗棂和墙面相平,通过突出陡峭的山墙下面的拱券强调了结构。凸起的壁炉烟囱表现了"风景如画的效果"的影响,东北翼于1863年由沃尔逊·罗伯逊(W. Robertson)加建。

巴黎里沃利大街(西)(Rue de Rivoli(west), Paris 1811—1835, 见[1177]页图A)由佩西耶(Percier)和方丹(Fontaine)设计,是拿破仑一世(Napoleon I)提议的更大范围规划的一部分。五层楼的房子建于台地上,略有克制的古典主义特征,通过优雅的铸铁阳台在一层和三层水平连通,把立面统一起来,街道层的连续的开敞拱廊让人想起以前的孚日广场。1852~1855年,建筑群用同样的方式向东延伸,同时增加了芒萨尔式的高大屋顶。

维也纳夏顿住宅大院(Schottenhof, Vienna, 1826—1832)由约瑟夫·科恩豪塞尔(Joseph Kornhäusel, 1782—1860)设计,是围绕一系列的方形内院而建造的大规模住宅区。灰泥抹面的街道立面底层是商店,上面是五层的住宅,由于爱奥尼亚巨柱式壁柱的使用而显得统一,并且使每一个立面形成了中央带有山墙的"神庙般的正立面"。

巴黎布尔斯广场十号(No. 10, Place de la Bourse, Paris, 1834)是一个由奥古斯特·约瑟夫·佩洛切特(Auguste Joseph Pellechet, 1789—1871)设计的住宅街区,是这一时期巴黎街道建筑的一个实例。建筑外墙抹灰,七开间,六层高,有芒萨尔式屋顶,带有山墙的窗穿过屋顶开向精致的铁阳台上,阳台由檐口支撑。地面层是商店,上面带有夹层,这为上面比例良好而且有着精美细部的窗框的窗子提供了一个基线。整个立面因水平向的束带层而统一。

巴黎列日大街公寓(Flats, Rue de Liège, Paris, 1846—1848, 见[1176]页图C)是维奥莱-勒-杜克(Viollet-le-Duc)第一个得以实施的方案,是用中世纪的细部谱写的非常有创造力的诗篇。在地面层上,简洁的开口上是窄窄的分段的拱券,其上是大胆地挑的束带层,窗间是连续的窗台和窗上的挑檐。

1850~1870年

巴黎新卢浮宫(New Louvre, Paris, 1852—1857, 见

第34章 后文艺复兴时期的欧洲建筑

图 A 伦敦坎伯韦尔的圣吉尔教堂(1842—1844),见[1173]页

图 B 汉堡尼古拉教堂(1845—1863),见[1173]页

图 C 林肯郡哈拉克斯顿府邸(1834—1855),见[1174]页

第五编　文艺复兴时期和后文艺复兴时期的欧洲建筑及俄罗斯建筑

图A　格洛斯特郡科尔比瑟斯的教区牧师住宅(1844—1845)，见[1174]页

图B　拉姆斯盖特庄园(1843—1844)，见[1174]页

图C　巴黎列日大街公寓(1846—1848)，见[1174]页

第34章 后文艺复兴时期的欧洲建筑

图A 巴黎里沃利大街(西；1811—1835)，见[1174]页

图B 巴黎新卢浮宫(1852—1857)，见[1178]页

[1177]页图B)由拿破仑三世(Napoleon Ⅲ)发起,卢多维科·图利奥·约阿基姆·维斯孔蒂(Ludovico Tullio Joachim Visconti, 1791—1853)设计。在维斯孔蒂去世后,工程由埃克托尔·马丁·勒菲埃尔(Hector Martin Lefuel, 1810—1880)接管,并在细部上有诸多改进。扩建的两翼从旧卢浮宫西面的两端延伸开来,每个侧翼都围绕着两个一样的内院,以提供内阁和其他官方的膳宿。建筑体现了典型的第二帝国式样,立面上融合了晚期文艺复兴式样的细部,立面插入高大的带有独特的芒萨尔式屋顶。新卢浮宫对英国和美国有相当大的影响。

利兹市政厅(Town Hall, Leeds, 1853—1859,见[1180]页图A)由库斯伯特·布罗德里克(Cuthbert Brodrick, 1822—1905)设计,是维多利亚古典主义盛期(High Victorian Classicism)的杰作。建筑设想宏大,轮廓高低不平并且巨大,细节丰富。它维护了一个繁荣的工业城市的独立和自豪。设计包括一个可与利物浦的圣乔治大厦(S. George's Hall)相匹敌的大型公共建筑和四角容纳法庭和议事厅的馆。高高的穹顶和丰富的装饰显示了当时法国建筑和早期英国巴洛克的影响。而这些元素与布罗德里克娴熟的设计充分地融合在一起。布罗德里克其他著名的作品有利兹谷物交易所(Corn Exchange, Leeds, 1851—1853)和斯卡伯勒大饭店(Grand Hotel, Scarborough, 1863—1867)。

曼彻斯特自由交易大厅(Free Trade Hall, Manchester, 1853—1854,见[1181]页图A)由爱德华·瓦尔特(Edward Walters, 1808—1872)设计,是"意大利风格"府邸的一件力作。建筑上醒目的线脚和丰富的细节,有别于巴里设计的早期"意大利风格"府邸。它是为纪念反谷物法联盟(Anti-Corn Law League)的成功而建造的,但是由于战争的破坏,原来的建筑只有主要的两个立面得以保留下来。主立面的最底层是一个漂亮的开敞拱廊,带有大柱子和有雕刻的窗间墙。二层和三层(piano nobile)的窗户饰有山花,一道爱奥尼式双柱的拱廊和表现世界交易的门楣中心的雕刻。拱廊上方垂花饰带,通过显著的檐口和栏杆得以延续。整个立面被进行了显明而强烈的模式化处理。文艺复兴的羊角浮雕装饰以前所未有的方式大量运用。瓦尔特在曼彻斯特还设计了其他一些优秀的意大利府邸风格的建筑,主要是货栈。他最后的作品是建于1860年的前莫塞利街曼彻斯特和索尔福德地区银行(Manchester and Salford District Bank, Moseley Street),这也是一件非凡的作品。

伦敦外交部大厦(Foreign Office, London, 1861—1873,见[1181]页图B),由乔治·吉尔伯特·斯科特爵士设计,这是他唯一运用意大利文艺复兴手法的作品。它几乎有着威尼斯式的华美,面向依据怀亚特的设计草图建造的圣詹姆斯公园(S. James's Park),其立面采用"风景如画式"构图。由于有关这个项目的"风格之争"(Battle of the Styles),斯科特被迫放弃他最初的哥特风格的设计,但其精神在圣潘克拉斯车站(S. Pancras Station)的旅馆上得到实现。

布鲁塞尔法院大厦(Palais de Justice, Brussels, 1866—1883,见[1180]页图C)由约瑟夫·波拉尔特(Joseph Poelaert, 1817—1879)设计,高耸的建筑俯瞰着整个城市,金字塔式的体量顶部中央大厅上方设计了一个带穹顶的塔楼。建筑的体量巨大。虽然它的古典主义细部与其纪念性相适应,但就总体来说则过于烦琐,产生了紧张的效果,难以与巴黎歌剧院那流畅的华丽相比。

牛津大学博物馆(University Museum, Oxford, 1854—1860,见[1182]页图A)由迪恩和伍德沃德事务所(Deane and Woodward)的本杰明·伍德沃德(Benjamin Woodward, 1815—1861)设计,表明了如何将哥特复兴严肃地运用于公共建筑。入口部分带有陡峭的屋顶和中央塔楼,令人回想起荷兰式的市政厅。它略微不对称的窗户布置反映了底层房间大小的不同。奶油色的石作带有粉红色的醒目镶边,屋顶由紫色和灰绿色的石板铺成图案。建筑的多彩特征(polychromy)以及窗雕(未完成)的创造性集中体现了罗斯金于1851～1853年发表的《威尼斯之石》(Stones of Venice)的影响。内部有一个方形庭院,其倾斜的玻璃屋面由铁制的尖拱支撑(见[1182]页图B)。窗间墙布满了精美的熟铁的叶饰。环绕在方庭周围的是多色的拱廊,拱廊的柱子由地质样本构成,柱头描绘了不同的植物种类,这样提高了建筑的教学用途。沿着主建筑是化学实验室,其依据是萨默塞特郡的格拉斯顿伯利(Glastonbury in Somerset)的中世纪隐修院厨房的平面。

第34章 后文艺复兴时期的欧洲建筑

曼彻斯特巡回审判庭(Assize Courts, Manchester, 1859—1864), 由阿尔弗莱德·沃特豪斯(Alfred Waterhouse)设计, 二战时曾遭到破坏, 于1959年拆除。这个通过竞赛获胜的建筑使沃特豪斯一举成名。建筑被评价为"把大量的艺术价值和平面及内部布局的与众不同的优点结合起来"。建筑高两层, 坐落在一个高大的基座上, 围绕一间大厅和两间审判室, 基本上呈对称布局。其建筑的多彩特征体现了罗斯金的风格, 而上部的窗子则受到威尼斯哥特式的影响。但法国特征的高斜度的复折式屋顶则显示了沃特豪斯潜在的折中主义。

伦敦阿尔伯特纪念碑(Albert Memorial, London, 1863—1872, 见[1180]页图B)由乔治·吉尔伯特·斯科特爵士设计, 作为艾伯特亲王(Prince Albert)的国家纪念碑。亲王的青铜坐像放在一个精致的带金属尖顶的华盖下方。华盖立在抛光的花岗岩柱子上, 并有马赛克装饰。墩座上的大理石饰带有凸出的艺术图案。纪念碑的每个角落都有象征性的组图。在斯科特之前, **曼彻斯特阿尔伯特纪念碑**(Albert Memorial, Manchester, 1862—1864)的建筑师托马斯·沃辛顿(Thomas Worthington, 1826—1909)就已经运用过哥特式的华盖。

柴郡康格尔顿市政厅(Town Hall, Congleton, Cheshire, 1864—1867, 见[1182]图C)由爱德华·威廉·戈德温(Edward William Godwin, 1833—1886)设计。这种将意大利特征和北部哥特风格融合在一起的方法最早在牛津大学博物馆(参见有关章节)实现。在街道高度, 有一座五跨的拱廊(原来是开敞的), 这里有八扇窗子给二层正式房间采光。带有枪眼和城垛的中间塔楼和立面齐平的升起, 让人想起蒙特普尔恰诺(Montepulciano)的市政厅(Palazzo Publico)。而交叉着高耸老虎窗的陡峭屋顶则是来自荷兰或者可能是法国的灵感。另一个盛期维多利亚特征是墙与屋顶的多彩细部。戈德温还设计了**北安普敦市政厅**(Town Hall at Northampton, 1861—1864)。

曼彻斯特市政厅(Town Hall, Manchester, 1868—1877, 见[1181]图C和[1184]页图A)由阿尔弗莱德·沃特豪斯设计, 创造性地安排在一个棘手的三角形基地上, 通过巧妙设计突出的凸窗和形体来解决难以使用的外部尖角。议事厅和主要的接待室占据了建筑的前部, 办公室和委员会办公室占据了另外两边(中央是公共大厅), 都能通过一道环形的走廊到达。开敞的拱廊和不同的标高产生了连续变化的景色和空间关系。类似的空间情趣在沃特豪斯的**伦敦自然历史博物馆**(Natural History Museum, London, 1868—1880)表现明显, 虽然它的立面是对称和巴洛克式的而不是风景如画式的哥特风格。自然历史博物馆的陶片饰面成为沃特豪斯晚期作品的特征, 特别是在他为华康保险公司(Prudential Assurance Company)设计的几个建筑。

伦敦皇家法院(Royal Courts of Justice, London, 1874—1882, 见[1184]页图C)由乔治·埃德蒙德·斯特里特(George Edmund Street)设计, 是最后几件维多利亚盛期哥特风格的重要建筑之一。这是一个大型的、活泼的设计, 相当巧妙地满足了复杂的要求: 法庭围绕着一个巨大的、带哥特式拱形圆顶的中央广场。这个设计很大程度由斯特里特亲自操刀, 面对官方顽固的吝啬, 他亲手绘制了3000张图纸, 结果在建筑完工前逝世。

巴黎歌剧院(Opera House, Paris, 1861—1874, 见[1184]页图B和[1185]页)由路易-夏尔·加尼耶(J.-L.-C. Garnier)设计, 进一步发展了新卢浮宫的巴洛克风格。其布局是运用学院派原则的一个值得注意的范例, 它的元素和空间由一个强烈的轴线系统所联系和控制。庞大的休息厅奢华地点缀着明亮的镀金雕塑和巴洛克建筑元素, 彩色的穹顶上悬挂着枝状的大吊灯。休息厅导向宏伟的"荣誉阶梯"(escalier d'honneur), 它的前面是观众厅和延伸的舞台空间。这个伟大辉煌的建筑以其良好的控制感为特征。它的外部被处理成具有可塑性和雕塑感, 创造性地运用了各种古典主义的细部和让-巴蒂斯特·卡尔波(J. B. Carpeaux)的杰出雕塑。为了不遮挡加尼耶的这个作为奥斯曼规划中歌剧院大街的尽端的杰出的主立面, 路上没有种树。

伦敦圣潘克拉斯饭店和车站(S. Pancras Hotel and Station Block, London, 1865—1871, 见[1186]页图A)由乔治·吉尔伯特·斯科特爵士设计, 坐落在1864~1868年建成的巨大的车站大厅前。它是米德兰火车公司(Midland Railway Company)的形象, 提供大量的住宿旅馆和普通的登记大厅和办公室。它是斯科特爵士惯用的哥特风格的杰出范例, 用维多利亚盛期的手法糅合意大利、法国和荷兰的元素。红砖的正立面从成排的拥挤的尖券开口升起, 到达带锯齿状老虎窗的高斜度屋顶、厚重的烟囱和高耸的带有小尖塔和尖顶的塔楼。斯科特

第五编 文艺复兴时期和后文艺复兴时期的欧洲建筑及俄罗斯建筑

图A 利兹市政厅(1853—1859),见[1178]页

图B 伦敦阿尔伯特纪念碑(1863—1872),见[1179]页

图C 布鲁塞尔法院大厦(1866—1883),见[1178]页

第34章 后文艺复兴时期的欧洲建筑

图 A　曼彻斯特自由交易大厅(1853—1854)，见[1178]页

图 B　伦敦外交部大厦(1861—1873)，见[1178]页

图 C　曼彻斯特市政厅(1868—1877)，见[1179]页

第五编　文艺复兴时期和后文艺复兴时期的欧洲建筑及俄罗斯建筑

图 A　牛津大学博物馆(1854—1860)，见[1178]页

图 B　牛津大学博物馆室内

图 C　柴郡康格尔顿市政厅(1864—1867)，见[1179]页

爵士的其他主要作品包括**利兹医院**(Leeds Infirmary, 1863—1867)和**格拉斯哥大学**(Glasgow University, 1864—1870)。

伦敦帕丁顿车站(Paddington Station, London)引起人们的注意主要由于埃沙姆伯德·金德姆·布鲁内尔和建筑师马修·迪格拜·怀亚特爵士(Sir Matthew Digby Wyatt, 1820—1877)设计的站台大厅(1852—1854),而不是因为正面的大西大饭店(Great Western Hotel)。车站大厅有三跨,总宽 72.5m (238ft),中间一跨大于两侧。覆盖物由半椭圆的熟铁拱肋支撑,没有屋架,只在中间三块安装了玻璃。这三块在纵方向的两点由交叉拱顶连接。怀亚特负责方案的装饰方面,明显地将哥特式和伊斯兰元素与结构构件和熟铁的隔板结合在一起。

伦敦圣潘克拉斯车站(S. Pancras Station, London)像帕丁顿车站一样,不用靠它前方的原米德兰饭店((former)Midland Hotel)和办公楼就能让人印象深刻。站台大厅(1864—1868,见[1186]页图C)由工程师威廉·亨利·巴罗(William Henry Barlow, 1812—1902)与罗兰·梅森·奥迪许(R. M. Ordish)联合设计,是维多利亚盛期最大和最壮观的建筑。略微有点尖的熟铁拱,单跨 74m(243ft),高 30m(100ft)。整个长度为 213m(700ft)。拱顶的基础由月台下直径 76mm(3in)的杆件固定。

米兰维托利奥·伊曼纽尔拱廊(Galleria Vittorio Emanuele, Milan, 1865—1877,见[1186]页图B)由朱塞配·门贡尼(Giuseppe Mengoni, 1827—1877)设计,是18世纪末主要出现在英国和法国的诸多玻璃顶商业拱廊中的杰作。这是个建立在十字平面上的宏大而野心勃勃的计划。拱廊带有玻璃的隧道般的拱顶,这一特征最早由方丹运用在 1829～1831 年建造的巴黎奥尔良拱廊(Galerie d'Orléans)上。拱顶在交叉处形成八角形的高耸的穹顶。拱廊内的立面上,巨柱式壁柱界定出三个主要的层中的两层,上面有晚期文艺复兴风格的装饰,而教堂广场方向的入口被处理成凯旋门的式样。伊曼纽尔·罗克(Emanuele Rocco,生于1852年)设计的**那不勒斯翁贝托一世拱廊**(Galleria Umberto I, Naples, 1887—1890)是稍晚些时期的作品,是不那么野心勃勃的一个同类型建筑的范例。

巴黎中央市场(Halles Centrales, Paris, 1853 年始建, 1971 年拆毁,见[1188]页图A)由维克多·巴尔塔(Victor Baltard, 1805—1874)设计,费利克斯-埃马纽埃尔·卡莱(Félix-Emmanuel Callet, 1791—1854)协助设计。这是城市主要的市场,是奥斯曼计划的一部分,通过铁路线连接火车东站。设计包括六间大厅(很快发展到十间,20 世纪 30 年代增加到 12 间),按照一个网格系统布置,其间是宽阔的带顶棚的道路。建筑由铁和玻璃构成,并且除了与基地相交的大道以外,全部被覆盖。拱顶的地窖提供储藏的空间。

格拉斯哥牙买加街的加德纳货栈(Gardner's Warehouse, Jamaica Street, Glasgow, 1855—1856,见[1188]页图B)由约翰·拜尔德(John Baird I, 1798—1859)设计。由这个铸铁的立面可见当时铸铁深受欢迎,虽然在英国这种材料很少被用于外墙。铸铁易于复制,重要的是,这个设计中的每一层都不同。其中拱的下层部分因为纯粹建筑的原因更加扁平。附近坐落着另一座类似的建筑——**佩斯利货栈**(Paisley's Warehouse, 1854—1855),可能是由威廉·斯彭斯(William Spence,约 1806—1883)设计的。

希尔内斯皇家海军造船所的船坞(Boatstore, Royal Naval Dockyard, Sheerness, 1858—1860,见[1188]页图C)由戈弗雷·托马斯·格林(Godfrey Thomas Greene)设计,1850～1864 年,他是英国海军部工程与建筑司总监。这座建筑是现今所知最早的多层铁框架建筑之一,特别是其建造的细节。作为一个实用的建筑,外墙板可由轻质板填充。建筑长 64m(210ft)宽 41m(135ft),内部布置成贯通整个建筑的顶部采光纵向"中堂",四层楼每层的每边有带楼板的双"侧堂"。支柱的 H 形截面后来被广泛的采用。

巴黎国家图书馆(National Library, Paris, 1859—1867,见[1189]页)由皮埃尔-弗朗索瓦-亨利·拉布鲁斯特(Pierre-François-Henri Labrouste, 1801—1875)设计,比圣热内维埃夫图书馆(S. Geneviève)的设计和结构有了进一步发展。阅览室覆盖着一系列陶制九瓣拱顶,每个顶部有个"洞"提供自然顶光。它们由纤细的铸铁的柱子和拱支撑,外面的柱子紧贴着墙竖立。书架高度以上的拱顶、拱腹和墙体布满了精美的装饰。书库顶部采光,覆有板条的金属屋顶使光线直达底层。中间每隔一段就由连接每层书库的天桥相连接。

巴黎北站(Gare du Nord, Paris, 1861—1865,见[1190]页图A)由雅克·伊格纳司·伊道夫(Jacques

第五编 文艺复兴时期和后文艺复兴时期的欧洲建筑及俄罗斯建筑

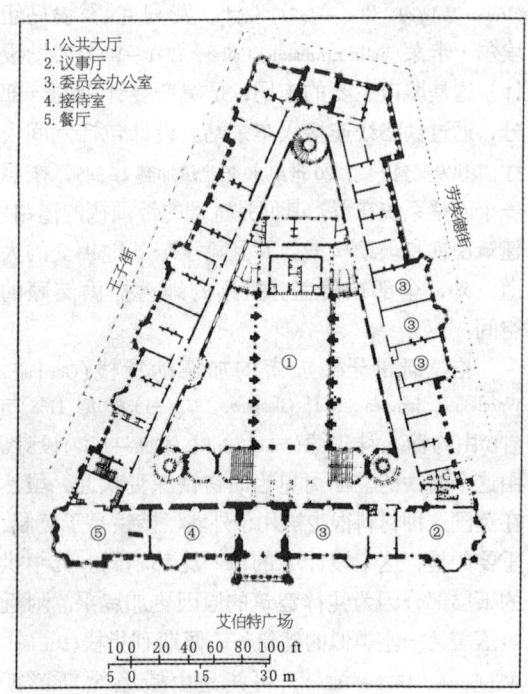

图A 曼彻斯特市政厅平面，见[1179]页

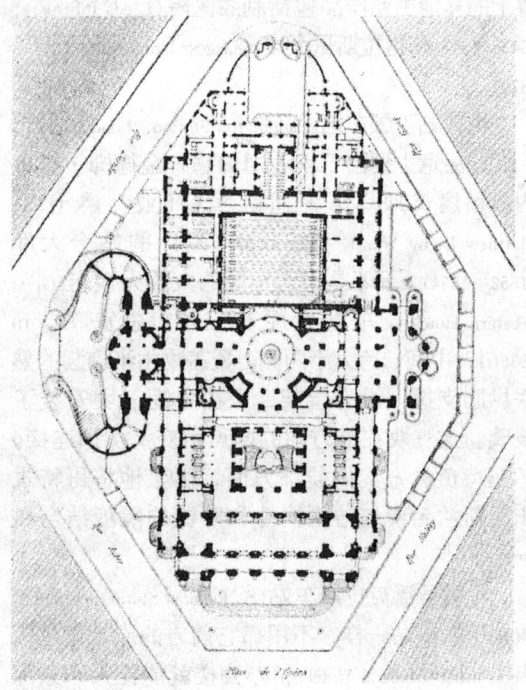

图B 巴黎歌剧院底层平面，见[1179]页

图C 伦敦皇家法院(1874—1882)，见[1179]页

第34章 后文艺复兴时期的欧洲建筑

图A 巴黎歌剧院立面(1861—1874)，见[1179]页

图B 巴黎歌剧院休息厅

图C 巴黎歌剧院大楼梯、上层平台

第五编　文艺复兴时期和后文艺复兴时期的欧洲建筑及俄罗斯建筑

图A　伦敦圣潘克拉斯饭店和车站(1865—1871)，见[1179]页

图B　米兰维托利奥·伊曼纽尔拱廊(1865—1877)，见[1183]页

图C　伦敦圣潘克拉斯车站的站台大厅(1864—1868)，见[1183]页

Ignace Hittorff, 1792—1867) 设计, 代替了建于 1842~1847 年的小车站。主立面的山墙延续了车站铸铁和玻璃的斜顶, 外面的厅区分了车站的进站和出站部分。建筑细部是新古典主义特征的, 但是尺度有些变化。正面布满了巴黎和其他一些欧洲北部城市的图画。

利物浦凸窗大楼(Oriel Chambers, Liverpool, 1864 年, 见[1190]页图 B)由彼得·埃利斯(Peter Ellis, 1804—1884)设计, 在结构和建筑特征方面都是当时十分先进的建筑。它是全铸铁框架, 前部的纵向构件包裹着石材, 形成纤细的石柱。柱间的横向构件支承着每块板上均有精致细部的浅凸窗。建筑的形式上几乎没有历史的痕迹, 仅仅在顶部装饰流露出学院派哥特风格。**利物浦库克街 16 号住宅**(No. 16, Cook Street, Liverpool, 1866 年)也是埃利斯的设计, 采用了类似的结构, 也同样具有创造性。

布里斯托尔威尔坝克仓库(Granary, Welsh Back, Bristol, 1871—1873), 由阿奇博尔德·庞顿(Archibald Ponton)和威廉·维恩·古(William Venn Gough, 1842—1918)设计, 是布里斯托尔众多维多利亚盛期商业建筑中令人印象最深的一件作品。用当地出产的砖建造, 厚重的支柱与角部的升降梯呼应, 多彩的图案赋予各个开口以活力。底层的强有力的拱显示了建筑的巨大力量, 而有城垛的檐口提供了一个装饰优美的顶部。

伦敦玛格丽特街的万圣教堂(All Saints, Margaret Street, London, 1849—1859, 见[1191]页图 A、图 B)由威廉·巴特菲尔德(William Butterfield)设计, 标志着哥特复兴的转折点。它是教会建筑艺术协会(Ecclesiological Society)的样板教堂, 特别表达了对城市教堂的最新态度。它位于一个十分局促的基地上, 通过教区牧师住处与唱诗班学校之间的小院到达教堂。选用砖作材料, 不是因为节约, 而是因为砖的耐久性和色彩。这座教堂的造价大约是普金设计的奇德尔圣吉尔教堂的两倍。在"多彩建筑"的原则下, 暗色的砖带和图案为纯粹的红砖墙增添了活力。室内, 彩色的大理石、瓷砖和条纹大理石拼成几何纹样装饰墙面和讲道坛。教堂吸引了大量的关注, 虽然其中也有批评, 但它是整个一代英国建筑师的有力的源泉。巴特菲尔德的其他作品包括**伦敦霍尔本的圣阿尔班教堂**(S. Alban, Holborn, London, 1859—1862, 遭战争破坏后,

内部有所改变)和**牛津基布尔学院和礼拜堂**(Keble College and Chapel, Oxford, 1867—1883)。他也设计了许多村舍和乡村学校, 这些建筑呈现十足的乡土特色。

巴黎圣欧仁教堂(S. Eugène, Paris, 1854—1855, 见[1190]页图 C)由路易-奥古斯特·布瓦洛(Louis-Auguste Boileau, 1812—1896)设计。外表一般, 大部分为石砌。但内部非常值得注意: 哥特式语汇的拱、拱形圆顶和窗饰都由铁制成。铁的大量运用还出现在布瓦洛设计的**塞纳-瓦兹维森奈圣欧仁教堂**(S. Eugène, le Vésinet, Seine-et-Oise, 1863 年)和维克多·巴尔塔(Victor Baltard, 1805—1874)设计的**巴黎圣奥古斯丁教堂**(S. Augustin, Paris, 1860—1871), 扎夏里·阿斯特吕克(Zacharie Astruc, 1835—1907)设计的**巴黎劳作圣母教堂**(Notre-Dame-du-Travail, Paris, 1899—1901)。

维也纳还愿教堂(Votivkirche, Vienna, 1856—1879, 见[1191]页图 C)由海因里希·冯·费斯特尔设计, 为了弗兰西斯·约瑟夫皇帝(Emperor Franz Josef)被刺未遂感恩而建。这是一个哥特式的精美作品, 高耸、纤细的西方塔楼有开敞的钟楼和花形浮雕的尖塔, 它的华美程度类似斯科特的汉堡尼古拉教堂(Nikolaikirche)。在维也纳还有芬夫豪斯教区教堂(Fünfhaus parish church), 即**胜利之圣母马利亚教堂**(Maria vom Siege, 1868—1875), 由弗雷德里希·冯·施密特(Friedrich von Schmidt, 1825—1891)设计, 是奥地利哥特复兴的重要代表。侧堂的八边形平面上升起一个肋穹顶。教堂具有巴洛克的形式, 而细部则是中世纪的风格。入口立面的两边是塔楼, 通过飞扶壁与穹顶的鼓座相连。

格拉斯哥加勒多尼亚路自由教会教堂(Caledonia Road Free Church, Glasgow, 1856—1857, 1965 年毁于火灾, 见[1191]页图 D)由亚历山大·"希腊人"·汤姆森设计, 显示了 19 世纪下半叶新古典主义传统在苏格兰的势力。这是一个十分具有震撼力的设计, 结构的清晰令人回想起申克尔的作品。门廊设计成无窗的基座, 上面矗立着准确无误的爱奥尼式柱廊。后面是教堂, 靠天窗采光。楔形基地的剩余部分被一个一层的教堂大厅占据。建筑群的制高点是一个挺拔的塔楼, 位于一个角落, 从而强调了汤姆森作品惯用的形象化元素。汤姆森在格拉斯哥的另外两个教堂中发展了这个方案的一些主题: **圣味增爵街教堂**(S. Vincent

第五编　文艺复兴时期和后文艺复兴时期的欧洲建筑及俄罗斯建筑

图A　巴黎中央市场(1853年始建，1971年拆毁)，见[1183]页

图B　格拉斯哥牙买加街的加德纳货栈(1855—1856)，见[1183]页

图C　希尔内斯皇家海军造船所的船坞(1858—1860)，见[1183]页

第34章 后文艺复兴时期的欧洲建筑

图 A 巴黎国家图书馆阅览室(1859—1867),见[1183]页

图 B 巴黎国家图书馆书库

图 C 巴黎国家图书馆书库细部

第五编　文艺复兴时期和后文艺复兴时期的欧洲建筑及俄罗斯建筑

图A　巴黎北站(1861—1865)，见[1183]页

图B　利物浦凸窗大楼(1864)，见[1187]页

图C　巴黎圣欧仁教堂(1854—1855)，见[1187]页

第34章 后文艺复兴时期的欧洲建筑

图A 伦敦玛格丽特街的万圣教堂(1849—1859),见[1187]页

图B 伦敦玛格丽特街的万圣教堂中堂和祭坛

图C 维也纳还愿教堂(1856—1879),见[1187]页

图D 格拉斯哥加勒多尼亚路自由教会教堂(1856—1857),见[1187]页

第五编 文艺复兴时期和后文艺复兴时期的欧洲建筑及俄罗斯建筑

Street, 1857—1859)和**王后公园教堂**(Queen's Park, 1867—1869,毁于第二次世界大战)。

牛津圣腓力和圣雅各教堂(Church of S. Philip and S. James, Oxford, 1860—1862,见[1193]页图A)由乔·埃·斯特里特设计。这是一个强烈的十字平面,中间是带有开口的尖塔和半圆形圣坛。多彩的特征表现在嵌入奶黄色石材中的红色沙岩带子,以及拱石的各种各样的色彩上。中堂里抛光花岗岩的粗矮柱子支撑着粗糙墙面上宽大的拱。平板窗格延续了这一厚重的印象。斯特里特像巴特菲尔德一样也是教堂艺术协会的一员,他所设计的教堂有**梅登海德博纳山的万圣教堂、教区牧师宿舍和学校**(All Saints Church, Vicarage and Schools, Boyne Hill, Maidenhead, 1854—1857)和**伦敦沃克斯霍尔桥路的圣幼雅各教堂**(S. James-the-Less, Vauxhall Bridge Road, London, 1859—1861)。

巴黎附近的埃斯特雷的圣但尼教堂(S. Denys-de-l'Estrée, S. Denis, near Paris, 1864—1867,见[1193]页图C)由维奥莱-勒-杜克(Viollet-le-Duc)设计,可与斯特里特和伯吉斯在英国的作品媲美。石砌拱顶的中堂有着通过一组天窗采光的宽宽的方形开间。西面的门廊上方有一个坚固的塔楼,顶部是高高的板瓦屋顶。墙和拱顶有模板印花的彩色装饰,装饰的细节普遍比较生动。

都灵安托内利塔楼(Mole Antonelliana, Turin, 1863年始建)由亚历山德罗·安托内利(Alessandro Antonelli, 1798—1888)设计,最初作为犹太教会堂,此后于1876年改为市政博物馆。该建筑的结构大胆,特别是覆盖主体的拱顶的塔。从塔中升起一个高耸的类似尖顶的要素,底层的台上装饰着新古典主义的元素。建筑总高度167m(548ft)。安托内利设计的**诺瓦拉圣高登齐奥教堂**(S. Gaudenzio, Novara, 1840年始建)的圆顶塔,特征上与其相似,有两个科林斯柱式的列柱走廊支撑一个穹顶,上面是更多的柱廊层升起形成一个尖塔,总高度125m(410ft)。

肯特贝克斯利黑斯的红屋(Red House, Bexleyheath, Kent, 1859—1860,见[1195]页)由菲利普·韦布(Philip Webb, 1831—1915)为威廉·莫里斯(William Morris)设计。红屋的名字来源于使用的红砖和瓦片,延续了巴特菲尔德和斯特里特设计的教区牧师住处的简朴风格。虽然高斜度的屋顶和尖券的总体效果是哥特式的,但设计与其说是纯粹的哥特式不如说是折中主义的。不过,框格窗有实际用途,跨越其上的尖券也是如此。规划是非正式的和非传统的,但是迎合了它的实用性要求。平面和结构的元素符合普金的设计原理(Puginian principles)。引人注意的室内装饰和家具预示了19世纪80年代的工艺美术运动。韦布的其他作品包括**因弗内斯郡阿里塞格**(Arisaig, Inverness-shire, 1863,现已非往昔原貌)和**肯星顿绿宫一号楼**(No. 1, Palace Green, Kensington, 1868)。

巴黎圣母院看门人住宅(Custodian's House, Notre Dame, Paris, 1866年)由维奥莱-勒-杜克设计,是在维奥莱-勒-杜克和让-巴蒂斯特-安托瓦纳·拉苏(Jean-Baptiste-Antoine Lassus, 1807—1857)负责的教堂修复工程后建造的。它有许多英国哥特式复兴特征,诸如斜屋顶、一个外部的烟囱胸墙和各式各样的窗子。但是,在普金或罗斯金看来,对称的入口翼和整形块石的统一性是古典主义的特征。

苏塞克斯格鲁姆布里奇的格伦安德里德屋(Glen Andred, Groombridge, Sussex, 1866—1868,见[1196]页图A)是诺曼·肖的"英国老式风格"的最早实例之一,在满足大型建筑的要求前提下采用了乡土的特征。砖作、盖墙瓦、高耸的烟囱和有竖框的窗子反映了肖对肯特郡(Kent)和苏萨克斯威尔德(Sussex Weald)建筑传统的热爱。而后,他的这一风格的作品更加浪漫,有木构架半露明的别致的屋顶。其中最好的作品包括**格鲁姆布里奇利斯伍德府邸**(Leys Wood, Groombridge, 1868—1869,大部分毁于1955年,见[1196]页图C)和米德尔塞克斯郡哈罗附近的**格里姆堤府邸**(Grim's Dyke, near Harrow, Middlesex, 1870—1872)。**诺森伯兰郡克雷格塞德府邸**(Cragside, Northumberland, 1869—1885)顺应崎岖的地形而建在岩石上,虽然诺曼·肖的"英国老式风格"这个名称在这里显得不协调,但这种风格十分理想的适合分阶段扩建的房子。

卡迪夫城堡(Cardiff Castle, 1868—1885,见[1194]页)和卡迪夫附近的**科克堡**(Castell Coch, near Cardiff, 1875—1891,见[1193]页图B)由威廉·伯吉斯(William Burges, 1827—1881)为比特的侯爵(Marquess of Bute)重建,是一个精彩的极度个性化的哥特复兴式样。科克堡的工程考古复原般地建造了一个可使用的吊桥和闸门,以及防卫时浇沸水用的洞。但它也有宏伟的常规的特征,例如那些灵感来自于中世

第34章 后文艺复兴时期的欧洲建筑

图A 牛津圣腓力和圣雅各教堂(1860—1862),见[1192]页

图B 卡迪夫附近的科克堡(1875—1891),见[1192]页

图C 巴黎附近的圣但尼埃斯特雷的圣但尼教堂(1864—1867),见[1192]页

第五编 文艺复兴时期和后文艺复兴时期的欧洲建筑及俄罗斯建筑

卡迪夫城堡(1868—1885),见[1192]页

第34章 后文艺复兴时期的欧洲建筑

图A 肯特贝科斯利黑斯的红屋(1859—1860),南侧视角,见[1192]页

图B 肯特贝科斯利黑斯的红屋室内

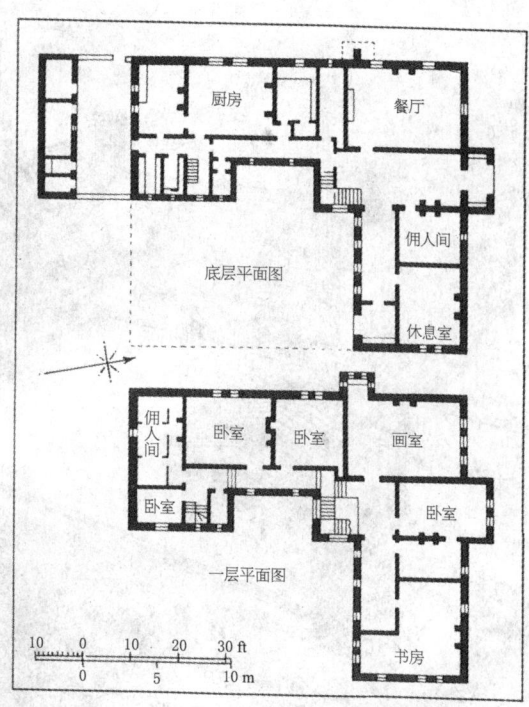

图C 肯特贝科斯利黑斯的红屋平面图

第五编　文艺复兴时期和后文艺复兴时期的欧洲建筑及俄罗斯建筑

图A　苏塞克斯格鲁姆布里奇的格伦安德烈德屋（1866—1868），见[1192]页

图B　约克郡萨尔塔里工人住宅区（1851年始建），见[1197]页

图C　苏塞克斯的格鲁姆布里奇利斯伍德府邸（1868—1869；大部分毁于1955年），见[1192]页

纪的插图的有力的圆锥形顶的圆塔。两个建筑都有异国情调的细节和室内装饰，从这方面来说，卡迪夫城堡是设计者最有价值的作品。建筑、壁画、描画的和雕刻的饰带、模板印花图案和装饰的瓷砖创造了一种难以置信的丰富但又绝非缺少控制的奢侈的装饰。在这些建筑中，哥特复兴是一种表达不同寻常的生动和丰富的想象力的手段。

伦敦阿尔福特府邸（Alford House, London, 1872年，现已毁，见[1198]页图A）由马·迪·怀亚特爵士设计，具有法国风格，有芒萨尔式屋顶和奢华的陶瓦的装饰，源自当时盛行的"第二帝国"式样。

约克郡萨尔塔里工人住宅区（Workers' houses, Saltaire, Yorkshire, 始建于1851年，见[1196]页图B）由洛克伍德和毛森事务所（Lock Wood and Mawson）设计，形成了为纺织制造商提图斯·萨尔特爵士（Sir Titus Salt）建造的典型的工业镇区的一部分。大多数住宅为两层（包括起居室、厨房和两到三个卧室），整齐的意大利风格的露台通过转角处覆盖缓坡屋顶的大建筑来强调。哈利法克斯阿克劳伊顿的工人住宅（Workers' housing, Akroydon, Halifax, 1859年始建）由乔治·吉尔伯特·斯科特爵士设计，是工业慈善事业的又一产物。工人住宅围绕着一个本国的主题建造，范围从简单的有露台的村舍的老虎窗和竖框的窗子到更昂贵的住宅的更有挑战性的设计。

巴黎杜艾街15号（No. 15 Rue de Douai, Paris, 1857—1860）由维奥莱-勒-杜克设计，是一栋公寓，其中暗示了中世纪的形式，但没有与当时巴黎街道建筑的惯例相冲突。布满轮廓鲜明的矩形开口的立面在四层高度有一个连续的铁的逃生阳台，阳台被沉重的石头支架支撑着。石头的出檐强调了第二层的窗子，有一个短些的阳台，由三个大的悬臂梁支撑。

巴黎塞瓦斯托波尔大街（Boulevard de Sébastopol, Paris, 1860年）是奥斯曼的第二帝国巴黎建筑的典型。街道层商店的上面一般是五六层的公寓。尽管高度是开发基地经济潜力的结果，但它们明智的装饰特征以及遵守纪律强调规则的、统一垂直韵律严格规划的立面，出色地回答了重复性街道建筑的问题。

巴黎米兰街11号（No. 11 Rue de Milan, Paris, 1860年，见[1198]页图B）由莫蒂耶（A.-F. Mortier）设计，代表了当时巴黎公寓的一种更复杂的处理方法。这个七开间四层的立面用一系列华丽的手法主义的元素装饰了整个表面，强烈突出的腰线协调了构图。

维也纳海因里希新城（Heinrichshof, Vienna, 1861—1863, 战争期间受损后拆除，见[1198]页图C）由特奥菲尔·汉森（Theophil Hansen）设计，隔着维也纳的环城路（Ringstrasse）面向歌剧院，是一个繁荣的公寓街区。它是一个底层带有商店的大型五层建筑，立面的上部有等级分明的文艺复兴装饰。厚重的檐口和规则的开窗方法被角亭和穿越街区的玻璃走廊轴线上的中央阁楼层所打破。

1870～1900 年

阿姆斯特丹国立博物馆（Rijksmuseum, Amsterdam, 1877—1885, 见[1199]页图A）由彼得鲁斯·约瑟夫斯·许贝特斯·屈柏斯（Petrus Josephus Hubertus Cuijpers）设计，因其巨大而陡峭的屋顶而呈现法国式品质，但它的细部主要源自16世纪的荷兰建筑。建筑对称布置，回廊环绕着两个院子。

柏林国会大厦（Reichstag Building, Berlin, 1884—1894, 见[1199]页图B）由保罗·沃罗特（Paul Wallot, 1841—1912）设计，建造的尺度符合其作为第二帝国象征的角色。这座建筑中所自信地运用的巴洛克古典主义处理手法，在某些细部上略显沉闷。建筑在1933年的火灾中毁坏，1945年遭进一步破坏，于20世纪60年代重建，但没有了那个曾经是其轮廓线制高点的巨大的玻璃穹顶。

罗马维克多·伊曼纽尔二世纪念堂（Victor Emmanuel II Monument, 1885—1911, 见[1200]页图A）由朱塞佩·萨康尼（Giuseppe Sacconi, 1854—1901）设计，建在卡比多山（Capitol）的斜坡上，以纪念意大利的统一以及国家的第一位国王。它包括一个巨大的阶梯平台，平台上伫立着国王的骑马像，背后是更大的、微凹的科林斯式柱廊。柱廊支撑着一个装饰精美的阁楼，两端的亭子支撑着上面宏伟的青铜雕塑群。纪念堂内布置了一个展示意大利复兴运动的博物馆。

伦敦苏格兰场新楼（New Scotland Yard, London, 1887—1890, 见[1204]页图A）由理查德·诺曼·肖（Richard Norman Shaw）设计，位于泰晤士河堤岸上，作为都市警察局（Metropolitan Police）总部使用。苏格兰场新楼建造在一个坚硬的花岗岩基座上，上面是由红砖和石材相间所组成的更柔和的图案，再

第五编　文艺复兴时期和后文艺复兴时期的欧洲建筑及俄罗斯建筑

图 A　伦敦阿尔福特府邸(1872，现已毁)，见[1197]页

图 B　巴黎米兰街 11 号(1860)，见[1197]页

图 C　维也纳海因里希新城(1861—1863，战争期间受损后拆除)，见[1197]页

第34章 后文艺复兴时期的欧洲建筑

图A 阿姆斯特丹国立博物馆(1877—1885)，见[1197]页

图B 柏林国会大厦(1884—1894)，见[1197]页

第五编 文艺复兴时期和后文艺复兴时期的欧洲建筑及俄罗斯建筑

图 A 罗马维克多·伊曼纽尔二世纪念堂(1855—1911)，见[1197]页

图 B 哥本哈根市政厅(1892—1902)，见[1201]页

上面几层是宜人的各种窗子。带有头盔式样顶的"苏格兰男爵"式小塔楼软化了转角,肖的繁复表现在入口和两端山墙的奢侈的巴洛克装饰上。这是一个特殊的例子,在其中盛期维多利亚的壮丽和晚期维多利亚式的多变融合在一起。

曼彻斯特迪恩斯格特的赖兰图书馆(Rylands Library, Deansgate, Manchester, 1890—1899, 见[1202]页) 由布拉希尔·钱普尼(Basil Champneys)设计,即便已经是过时的风格,它仍属一个壮丽的世俗哥特式的范例。它比盛期维多利亚时期典型建筑更轻盈和优雅,汲取了英国盛饰建筑(English Decorated)时期的灵感,但以一种地方性的畅快的新艺术风格来表达。丰富的中心装饰和凹进的上层的巨大凸窗与相对平坦的底层侧墙形成强烈的对比。侧墙上,深邃的格子窗故意不均匀的嵌入。钱普尼的其他作品有**剑桥纽纳姆学院**(Newnham College, Cambridge, 1875—1935)。这是一次"安妮女王"风格的令人愉快的尝试。

哥本哈根市政厅(Town Hall, Copenhagen, 1892—1902, 见[1200]页图B)由马丁·尼洛普(Martin Nyrop)设计,是一件温和的折中主义作品。构图中糅合了中世纪和文艺复兴的元素,其对称性被精制的钟塔打破。

格拉斯哥艺术学校(School of Art, Glasgow, 1897—1909, 见[1203]页图A、图B、图C)由查尔斯·伦尼·麦金托什(Charles Rennie Mackintosh)设计,是该建筑师最知名的作品。主体建筑建于1897~1899年,它的硕长的毛石立面被巨大的、北向的画室窗子控制。窗子以略微变化的韵律布局,环绕着一个更加明显不对称的凹进入口。这样,直接的功能表达与苏格兰乡土建筑、工艺美术运动的影响结合起来。加建于1907~1909年的西翼有一个戏剧化的外部,高高的凸窗给图书馆提供采光。图书馆复杂和充满想象力的空间是基于一个创造性的木构架。麦金托什在德国和奥地利,特别是在维也纳的追随者要比在苏格兰和英格兰的多,在这方面他是他那个时代最有影响的英国建筑师。

伦敦怀特查普尔艺术馆(Whitechapel Art Gallery, London, 1897—1901, 见[1203]页图D)由查理·哈里森·汤森德(Charles Harrison Townsend, 1851—1928)设计,是有机的几何学和显著自由的历史主义的一个尝试。它的浅黄色陶瓦的立面十分有力。厚重的、错开的、半圆的入口拱形——可能受到美国建筑师理查森(H. H. Richardson)的灵感影响——与一片白墙取得平衡,并且包含在一条简单的窗带中。立面由两个锥形的塔楼限定,平面是正方形,但转角是圆的,立面用深色的风格化的叶饰带装饰。凹进的上层墙原来应该有象征艺术作用的马赛克,但因为缺少资金而省略了。白色礼拜堂艺廊的许多特征被汤森德在他的伦敦弗利斯特山的**豪尼曼博物馆**(Horniman Museum, Forest Hill, London, 1896—1901)中进一步发展。

科尔切斯特市政厅(Town Hall, Colchester, 1898—1902, 见[1204]页图C)由约翰·贝尔彻(John Belcher)设计,是地道的世纪交替时期盛行的新巴洛克风格的杰出范例。凭借强烈的模式化的立面和一个大胆的转角塔楼,这座建筑最大限度地利用了基地。

卡迪夫市政厅和法院(City Hall and Law Courts, Cardiff, 1897—1906)由兰彻斯特和里卡德斯事务所(Lanchester and Rickards)设计,宽敞地布置在长满绿荫的市区中心,并且隐约地表现了维也纳巴洛克式风格。穹顶的议事厅是市政厅立面的主要特征,但最主要强调的是建筑轴线交叉处的创造性的钟塔。

科隆大剧院(Stadttheater, Cologne, 1870—1872, 见[1205]页图A)由尤利乌斯·拉士多夫(Julius Raschdorff, 1823—1914)设计,是一个具有宜人尺度的建筑,毁于第二次世界大战。通过陡峭的芒萨尔式屋顶、老虎窗和在相对简单的立面上布置的亭子状的部件,可以识别它与法国第二帝国新巴洛克风格的密切关系。但是这些"亭子"的丰富装饰更多的源自德国文艺复兴而非法国。

德累斯顿歌剧院(Hoftheater (Opera House), Dresden, 1871—1878, 1945年毁于轰炸后重建)由戈特弗里德·森佩尔(Gottfried Semper, 1803—1879)设计,用来代替他之前在同一块基地上设计的于1869年烧毁的剧院,与森佩尔的第一个设计的早期文艺复兴建筑的纯净相对比,这座建筑明显地表现了巴洛克风格的倾向,例如双柱的运用以及带有凯旋门廊的变形立面的丰富状态。

慕尼黑"德国屋"公共住宅('Deutsches Haus' Public House, Munich, 1879年,大部分已毁)由加布里尔·冯·塞德尔(Gabriel von Seidl, 1848—1913)设计,反映了真正的乡土倾向,是英国"安妮女王"复兴风格在巴伐利亚的对应物。它综合了典型的北方文艺复兴特征,例如风景如画式风格的转角穹

第五编　文艺复兴时期和后文艺复兴时期的欧洲建筑及俄罗斯建筑

曼彻斯特迪恩斯格特的赖兰图书馆(1890—1899)，见[1201]页

第 34 章 后文艺复兴时期的欧洲建筑

图 A 格拉斯哥艺术学校北立面(1897—1909)，见[1201]页

图 B 格拉斯哥艺术学校图书馆

图 C 格拉斯哥艺术学校西端

图 D 伦敦怀特查普尔艺术馆(1897—1901)，见[1201]页

第五编　文艺复兴时期和后文艺复兴时期的欧洲建筑及俄罗斯建筑

图A　伦敦苏格兰场新楼(1887—1890)，见[1197]页

图B　布鲁塞尔保罗-艾米丽-让森路6号的塔塞尔公馆(1892—1893)，见[1216]页

图C　科尔切斯特市政厅(1898—1902)，见[1201]页

第34章 后文艺复兴时期的欧洲建筑

图 A 科隆大剧院(1870—1872),见[1201]页

图 B 巴黎小宫(1897—1900),见[1206]页

顶塔楼和有带饰的山墙。墙体表面通常平坦的处理，给德国传统的着色装饰提供了机会。塞德尔后期的作品包括慕尼黑**巴伐利亚国家博物馆**(Bavarian National Museum, Munich, 1894—1899)，博物馆按年代排列的展品通过从巴洛克到19世纪的"圆拱式(Rundbogen)"一系列的建筑风格表达出来，由强烈的北方文艺复兴设计的中心装饰所控制。

布鲁塞尔人民宫(Maison du Peuple, Brussels, 1896—1898, 毁于1965年, 见[1208]页图A)由维克多·霍塔(Victor Horta)为比利时社会党设计，因为它在一个不规则的基地上(环形"地点"的一段)的巧妙设计和它对玻璃与铁的杰出的运用而非同寻常。大面积的窗户给予低层的咖啡厅和商店采光。而顶层观众厅的铁框架表明了新艺术风格的飘逸的线条如何连贯并创造性的运用于结构用途。

巴黎小宫(Petit Palais, Paris, 1897—1900, 见[1205]页图B)是由夏尔-路易·吉罗(Charles-Louis Girault, 1851—1932)设计的一座画廊，连同邻近的大宫(Grand Palais)和亚历山大三世桥(Pont Alexandre Ⅲ)一起，均是为筹备1900年世界博览会而设计建造的。它的穹顶是典型的新巴洛克风格，但更加拘谨的爱奥尼亚式柱廊遵循巴黎美院的规则。它有一个不一般的梯形的平面，展览室围绕着一个半圆形院子展开。在建筑的两个转角，由弗朗索瓦·埃纳比克(François Hennebique, 1842—1921)设计的混凝土楼梯从悬挑的展廊旋转而下。现在，它们大胆的结构被后来的围栏所掩盖。

马恩河畔努瓦西尔梅尼耶巧克力厂(Menier Chocolate Factory, Noisiel-sur-Marne, 1871—1872, 见[1209]页图A)由朱尔·索利耶(Jules Saulnier, 1828—1900)设计，是全铁骨架建筑的一个先驱。它伫立在马恩河畔巨大的石墩上，河水为涡轮提供了动力。外墙上纤细的铁构件围绕着以大胆色彩图案布置的砖板，图案与铁框架的对角线支撑相呼应，效果有点类似半露明的木构架工程。

巴黎廉价商场(Bon Marché, Paris)是一个早期百货商店的先驱，建于1852年，由阿里斯蒂德·布西科(Aristide Boucicaut)设计。它最初是为专用功能建造的。建筑于1876年大大的扩展，由路易-查理·布瓦洛(Louis-Charles Boileau, 1837—1910)和古斯塔夫·埃菲尔(Gustave Eiffel, 1832—1923)设计，扩建部分是一个大规模的铁和玻璃的结构，古典主义的细部由于后来的改动而模糊了。

巴黎世界博览会机械馆(Galerie des Machines, International Exhibition, Paris, 1889年建成, 1910年拆除, 见[1208]页图C)由工程师维克托·孔塔曼(Victor Contamin, 1840—1893)和建筑师夏尔·路易·费迪南·杜特(Charles Louis Ferdinand Dutert, 1845—1906)设计，有一个空前的114m(375ft)无支撑跨度。它的连续的钢屋架形成了四心桃尖拱，在顶端和基座处铰接。在铰接处，它们不顾传统美学的要求而向支撑处逐渐缩小。**埃菲尔铁塔**(Eiffel Tower, 见[1209]页图C)是巴黎世界博览会的入口拱门，是当时世界上最高的建筑(300m; 985ft)。在设计铁塔时，古斯塔夫·埃菲尔(Gustave Eiffel)汲取了他在近期建造铁桥的经验。

马利亚温泉市戈尔凯赫柱廊(Kolonáda M. Gorkého, Marianské Lázně, 1884—1889)由米克希(Miksch)和涅杰尔斯基(Niedzielski)设计，是捷克共和国最为壮丽的建筑之一，是在马林巴德❶的一座柱廊，椽尾梁屋顶结构主要用铸铁材料建造。

柏林威尔森百货商店(Wertheim Department Store, Berlin, 1896—1904)由阿尔弗雷德·梅塞尔(Alfred Messel, 1853—1909)分两期设计。一期(1896—1899)大量使用了铁和玻璃，但二期(1900—1904)有一个更加坚实的外表，高高的竖框窗子为建筑增添了几乎哥特般的高贵气质。

阿姆斯特丹证券交易所(Stock Exchange, Amsterdam, 1898—1903, 见[1208]页图B)是贝尔拉格(H. P. Berlage)的主要作品，它避免了任何形式的纪念性历史主义。室内外重要的特点在于砖墙的特质，并且在使用石材的地方，石头与砖一样泛红。在主厅，弓形拱的低矮拱廊强调了墙体的承重特征，而整齐的由钢桁架支撑的玻璃顶照亮了空间，并且抵消了任何沉重的感觉。这个建筑师的另外一个作品，**阿姆斯特丹钻石工人联盟大厦**(Diamond Workers' Union Building, Amsterdam, 1899—1900, 见[1210]页图A)有相似的理性简约特征。它也是大部分由砖建成，些许严肃的形式通过更加富于变化的轮廓线得以平衡。

---

❶ Marienbad; 马利亚温泉市的古称。——译者注

第34章 后文艺复兴时期的欧洲建筑

伯明翰鹰徽保险公司大楼(Eagle Insurance Building, Birmingham, 1899—1900, 见[1210]页图 B)由莱瑟比(W. R. Lethaby)和约瑟夫·兰卡斯特·保尔(Joseph Lancaster Ball)设计,突出了工艺美术运动在面对城市中的商业建筑时的困境。在历史主义被拒绝和乡土式样显然不适宜的情况下,莱瑟比在如底层的窗子那样的模糊的都铎式、上层的开窗的方法中所体现的剥离的古典主义,和饰带中明显的原来形式的抽象图案之间取得妥协。在这个有启迪意义的设计中,坦率的意图和挑剔的质疑表达得比其他任何地方都更清晰。莱瑟比的其他作品包括**克赖斯特彻奇阿冯·泰雷尔**(Avon Tyrell, Christchurch, 1891);奥克尼郡霍伊的**梅尔赛特住宅**(Melsetter House, Hoy, Orkney, 1898)和**布罗克汉普顿万圣教堂**(All Saints, Brockhampton, 1902)。

巴黎巴士底广场地铁站(Métro Station, Place de la Bastille, Paris, 1900;已毁,见[1209]页图 B)由埃克托尔·吉马尔(Hector Guimard, 1867—1942)设计。金属和玻璃结构很好地表达了新艺术运动的特点。地铁入口由标准铸铁部件装配而成,它们蜿蜒的线条赋予各种各样的构图以有机的生命力。无论车站是否有像巴士底广场站的实体顶棚的入口,或者仅是拥有有栏杆的拱门,它们共同的风格都十分鲜明,成为地铁特性的重要部分。

巴黎圣心教堂(Church of the Sacré Coeur, Pairs, 1875年始建,见[1211]页图 A)由保罗·阿巴迪(Paul Abadie, 1812—1884)设计,大部分于19世纪末完工,但直到1919年才全部完成。建筑同它成群的白色穹顶一道伫立在蒙玛特高地上,是巴黎的地标之一。这个设计折射出拜占庭风格通过中世纪的佩里格(Périgueux)的圣弗朗教堂(S. Front)对其产生的影响。

康沃尔特鲁罗大教堂(Truro Cathedral, Cornwall, 1879—1910, 见[1211]页图 D),由皮尔逊(J. L. Pearson)设计,皮尔逊去世时尚未建成,由他的儿子接任建造。它是这位建筑师精美的早期哥特式建筑的例子,尖头窗和锐利的尖顶从正方形的塔上升起,以强调垂直方向。它由花岗岩建造,室内空间通过当时教堂里不常用的石头拱顶联成一体。皮尔逊设计的位于伦敦吉尔本的**圣奥古斯丁教堂**(S. Augustine, Kilburn, London, 1871—1877, 见[1210]页图 D)由于它纤细的支柱和高耸的砖拱顶而特别著名。

巴塞罗那圣家族教堂(Church of the Sagrada Familia, Barcelona, 地窖(1882—1891);礼拜堂(1887—1892);基督降生袖廊立面(1892—1930),见[1211]页图 B)由安东尼·高迪(Antoni Gaudí)设计,大部分仍未建成。高迪视之为一代人的努力,是一个包含着艰苦劳动的建筑,而不是那种开始时就全部想清楚的设计。基督降生主题的正立面是三个有陡峭山墙的、深凹的门廊,外面的门廊与十字型两翼走廊相呼应,上面是四个葫芦形的镂空尖塔。门廊装饰复杂,自然主义的雕塑上方的石雕给人松软融化的雪的印象。四个奇异的塔上覆盖有许多小块面的叶尖饰,点缀着破碎的彩色瓷砖。原设计的中堂有一个双通道的柱廊,像强壮有力的树一样向上延伸,支撑起一个浅拱顶,拱顶有圆窗让光线射入。描绘耶稣受难和死亡一翼的立面始建于1960年,是高迪的原设计。六根倾斜的支柱升至入口,像韧带一样紧。

伦敦切尔西的圣三一教堂(Holy Trinity, Chelsea, London, 1888—1891, 见[1210]页图 C)由塞丁(J. D. Sedding)设计,是华饰风格和垂直式风格的随意发挥之作。精致的西立面由红砖建成,带有石面雕琢。教堂里装饰的家具和装置由工艺美术运动的著名成员设计,包括伯恩-琼斯(Burne-Jones)设计的彩色玻璃窗和塞丁的助手亨利·威尔逊(Henry Wilson, 1864—1934)设计的铁艺。塞丁设计的其他教堂包括多塞特博斯库姆的**圣克莱门教堂**(S. Clement, Boscombe, Dorset, 1871—1873)和伦敦克拉肯韦尔区的**神圣救世主教堂**(Holy Redeemer, Clerkenwell, London, 1887—1888),两者都有亨利·威尔逊设计的塔。

威斯敏斯特罗马天主教堂(Roman Catholic Cathedral, Westminster, 1895—1903, 见[1211]页图 C)由约翰·弗朗西斯·本特利(J. F. Bentley)设计,是重要的拜占庭复兴式的英国建筑。三个帆拱覆盖了宽敞的中堂的纵向,一个稍微小一点的穹顶覆盖在圣殿的上方,它的前面是歌坛的半圆形后殿。中堂两侧是带有侧礼拜堂的拱顶走道,双筒拱顶的短翼和中堂东端的穹顶连接。室内的灰褐色砖曾经因为简单而令人印象深刻,现在正如本特利想要的那样,发展成被大理石和马赛克包裹的样子。外墙由红砖和石饰带构成,有一些圆顶塔与东北角的高耸的钟塔相呼应。本特利设计的其他教堂包括伦敦附近沃特福德的**圣十字架教堂**(Holy Rood, Watford, near London, 1883—1890)。这是一个细

第五编　文艺复兴时期和后文艺复兴时期的欧洲建筑及俄罗斯建筑

图A　布鲁塞尔人民宫（1896—1898；毁于1965年），见[1206]页

图B　阿姆斯特丹证券交易所（1898—1903），见[1206]页

图C　巴黎世界博览会机械馆（1889年建成，1910年拆除），见[1206]页

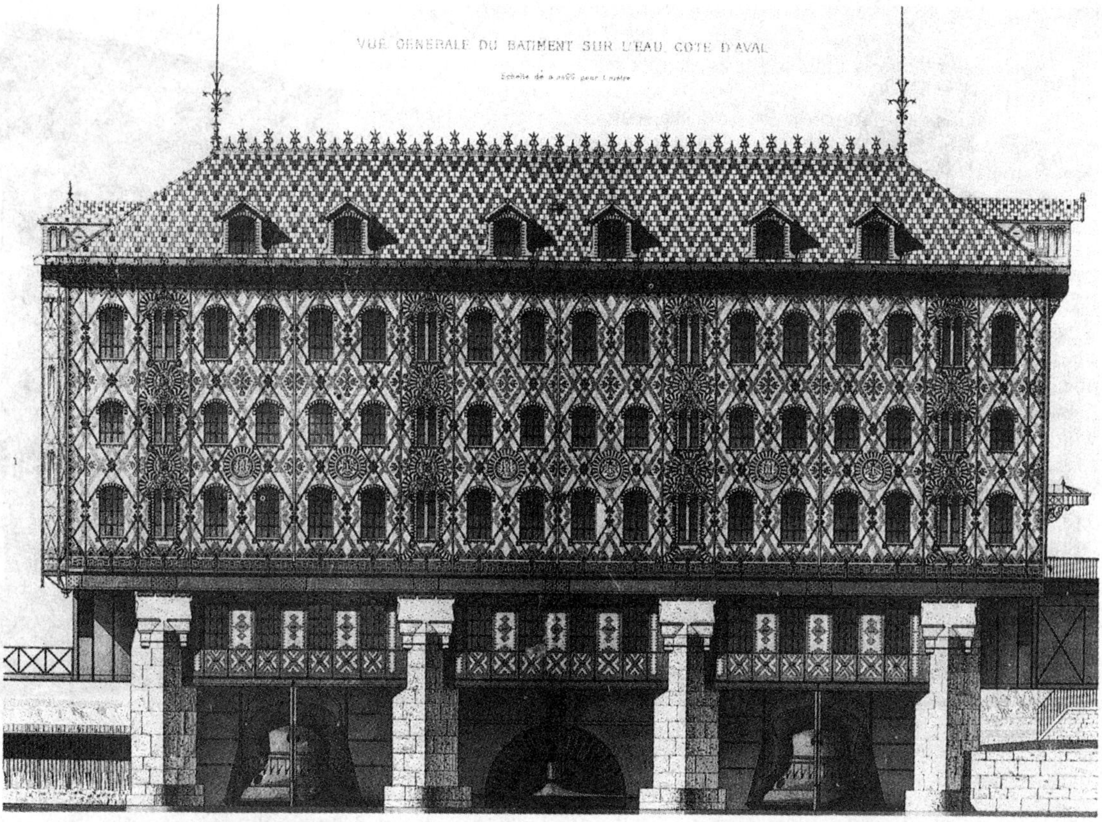

第34章 后文艺复兴时期的欧洲建筑

图A 马恩河畔努瓦西尔梅尼耶巧克力厂(1871—1872),见[1206]页

图B 巴黎巴士底广场地铁站(1900;已毁),见[1207]页

图C 埃菲尔铁塔(1887—1889),见[1206]页

第五编　文艺复兴时期和后文艺复兴时期的欧洲建筑及俄罗斯建筑

图A　阿姆斯特丹钻石工人联盟大厦(1899—1900)，见[1206]页

图B　伯明翰鹰徽保险公司大楼(1899—1900)，见[1207][1417]页

图C　伦敦切尔西的圣三一教堂(1888—1891)，见[1207]页

图D　伦敦吉尔本的圣奥古斯丁教堂(1871—1877)，见[1207]页

第34章 后文艺复兴时期的欧洲建筑

图A 巴黎圣心教堂(1875年始建),见[1207]页

图B 巴塞罗那圣家族教堂的基督降生袖廊立面(1892—1930),内侧视角,见[1207]页

图C 威斯敏斯特罗马天主教堂(1895—1903),见[1207]页

图D 康沃尔的特鲁罗大教堂(1879—1910),见[1207]页

腻的哥特式设计,墙壁由燧石和石料构成。

巴黎蒙马特尔圣约翰教堂(S. Jean-de-Montmartre, Paris,1894,1897—1904,见[1213]页)由约瑟夫-欧仁-阿纳图瓦·德博多(J.-E.-A. de Baudot)设计,他是维奥莱-勒-杜克的追随者。勒-杜克对哥特式的偏爱和对新材料的拥护都影响了德博多的设计。教堂由钢筋混凝土结构与配筋砖砌体相连接,德博多在一些住宅和一所学校里已经运用了这种混合系统。这个设计是对中世纪教堂的诠释,重点放在结构特征上,如肋拱顶。但是,作为装饰的表面图案不与新材料的平坦表面妥协。

坦佩雷大教堂(Tampere Cathedral,1899—1907)由拉尔斯·松克(Lars Sonck,1870—1956)设计,是芬兰国家浪漫主义运动的重要例子。它的岩石表面的花岗岩令人想起芬兰中世纪的原始建筑。室内装饰着象征主义风格的壁画。

克卢伊德基梅尔庄园(Kinmel Park, Clwyd, 1868—1874,1975年严重毁于火灾,见[1214]页图A,[1215]页图Ⓐ)由威廉·伊顿·奈斯菲尔德(William Eden Nesfield)设计,表现了开始为人所知的"安妮女王"风格。许多特征来自雷恩的汉普顿宫(Hampton Court)和其他英国文艺复兴的风格:带有石面雕琢的红砖、框格窗、壁柱和扇形山墙。芒萨尔式屋顶引入了法国文艺复兴元素,但是它不是依据古典主义轴线原则设计的,形象化式的布局反映了奈斯菲尔德所受的哥特风格传统的训练。

伦敦肯星顿三角地的**劳瑟庄园**(Lowther Lodge, Kensington Gore, London,1873—1875,见[1214]页图C)是理查德·诺曼·肖对"安妮女王"运动的重要贡献之一。像他的"英国老式风格"乡村住宅一样,"安妮女王"运动允许摆脱与哥特式的联系而自由设计。它因其装饰性的砖而著名,包括细的壁柱、檐口和奇特的山墙。但是相比任何英国文艺复兴式样,它省略的(syncopate)构图更加手法主义。肖的伦敦切尔西的**天鹅府邸**(Swan House, Chelsea, London,1875—1877)有一个完全对称的立面,宽大的一层凸窗和缩小的二层窗子的出乎意料的联接使它具有纪念意义。伦敦"女王之门"170号(170 Queen's Gate, London,1888—1890,见[1214]页图B)也由肖设计,与大多数所谓的"安妮女王"复兴的例子相比,它更类似原始17世纪的住宅。为了正式性和规则性,它在很大程度上摈弃了凸窗和风景如画。

上阿默高附近**林德霍夫府邸**(Schloss Linderhof, near Oberammergau,1874—1878,见[1219]页图A)由格奥尔格·冯·多尔曼(Georg von Dollmann)设计,为巴伐利亚的路德维希二世(Ludwig II)建造,属德国南部洛可可风格。建筑相当雄伟,有宜人的正式的花园和华丽的洛可可风格的室内。巴伐利亚的路德维希二世的另一座宫殿是**黑伦基姆塞宫**(Herrenchiemsee,1878年始建),这是一个直接模仿路易十四凡尔赛宫(Louis XIV'S Versailles)的岛屿城堡,也是多尔曼的设计。路德维希的最引人入胜的项目是位于山上的**新天鹅堡**(Neuschwanstein,1869—1881),由爱德华·里德尔(Eduard Riedel,1813—1885)和多尔曼设计。这是一个奇异的创造,塔楼从岩石上迸发出来,有着瓦格纳风格的装饰。这些建筑都佐证了路德维希对华丽的建筑的热情,它们受更传统的建筑师影响的同时也受到舞台设计师的影响。

伦敦切尔西的白屋(White House, Chelsea, London, 1877—1879,毁于20世纪60年代)由爱德华·威廉·戈德温(E.W. Godwin)设计,作为艺术家詹姆斯·阿博特·麦克尼尔·惠斯勒(J. A. M. Whistler)的工作室使用,如同它的拥有者一样不保守。上层的一个大工作室窗子朝北向,在正立面表现为深远的绿瓦顶,与底下白色粉刷的砖墙形成对比。故意非对称的窗子和简单没有装饰的墙反映了戈德温和惠斯勒参与了唯美主义运动❶。虽然首都工程委员会(Metropolitan Board of Works)坚持立面必须加装饰板,设计仍然保持斯巴达式的简朴,标志着与历史上的先例的决裂。

巴塞罗那维森斯宅(Casa Vicens, Barcelona,1878年设计)是一座郊区别墅,是安东尼·高迪(Antoni Gaudí)接受的第一个主要的委托。它呈阶梯状的钟乳形式暗示了伊斯兰的传统,而碎石和砖墙体由多色的瓷砖精美装点。建筑于1924~1927年大规模扩建。

巴塞罗那盖勒宅邸(Palau Güell, Barcelona, 1885—1889,见[1219]页图B)由高迪设计,立面不像维森斯宅(Casa Vicens)那样有异国风情,但两个带有曲线

---

❶ Aesthetic movement;又称Aestheticism,即19世纪后期在欧洲兴起的运动,认为艺术只为本身之美而存在。——译者注

第34章 后文艺复兴时期的欧洲建筑

巴黎蒙马特尔圣约翰教堂(1894；1897~1904年建成)，见[1212]页

第五编 文艺复兴时期和后文艺复兴时期的欧洲建筑及俄罗斯建筑

图 A 克卢伊德基梅尔庄园(1868—1874)，见[1212]页

图 B 伦敦"女王之门"170号(1888—1890)，见[1212]页

图 C 伦敦肯星顿三角地的劳瑟庄园(1873—1875)，见[1212]页

第34章 后文艺复兴时期的欧洲建筑

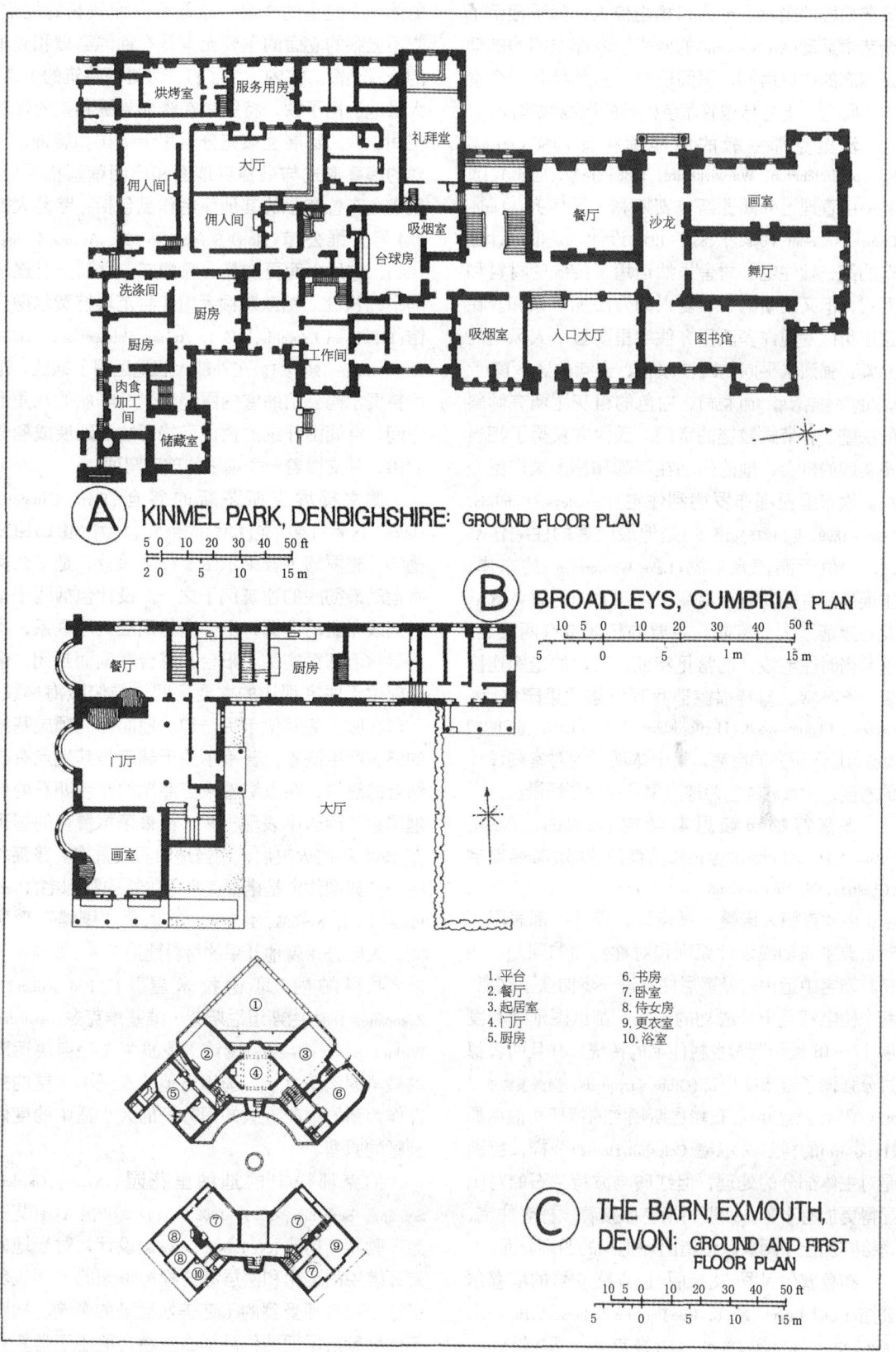

Ⓐ 登比郡基梅尔庄园底层平面图；Ⓑ 坎布里亚郡布劳德里住宅平面图；Ⓒ 德文郡埃克斯茅斯的农庄底层平面图和二层平面图

铁艺格栅的抛物线形入口相当惊人,似乎预示了新艺术运动(Art Nouveau)的到来。内部空间的高潮是高高的中央房间,房间里有一座风琴和一个室内小眺台,上方是镶着蓝色瓷砖的抛物线穹顶。

沃里克郡主教的伊琴顿村舍(The Cottage, Bishop's Itchington, Warwickshire, 1888—1889, 见[1217]页图 A)由查理·弗朗西斯·安斯利·沃伊齐(Charles Francis Annesley Voysey, 1857—1941)设计,是他设计建造的第一幢住宅。村舍虽然运用了传统的材料和形式,但又用新的、非复兴的方法加以调和。在这里可以发现许多沃伊齐住宅里明显个人风格的元素:强烈水平向的四坡屋顶、连续的竖框窗(二层的窗子紧贴着檐口的下面)、白色的粗灰泥墙有倾斜的扶壁、有带式铰链的宽门。沃伊齐获得了相当多实践的机会,他的作品在英国和德国被广泛介绍。**坎布里亚郡布罗德利住宅**(Broadleys, Cumbria, 1898—1899, 见[1215]页图Ⓑ)是他最优秀的住宅作品之一。位于温德米尔湖(Lake Windermere)的东岸,主要房间有凸窗眺望海岸,东西方向的服务翼从北面遮蔽了入口庭院。主要的起居室有两层高,这是当时住宅设计的常见特征,二层的走廊连接着一组卧室。赫特福德郡乔利伍德的**果园宅**(The Orchard, Chorley wood, Hertfordshire, 1899—1900, 见[1217]页图 B)是沃伊齐的自宅,集中体现了他对室内设计的态度,大量的纯色为橡木家具提供了场景。

多塞特郡布赖恩斯顿宅(Bryanston, Dorset, 1889—1894, 见[1220]页图 B)和**诺森伯兰郡切斯特斯宅**(Chesters, Northumberland, 1890—1894, 见[1218]页图 A、图 B)由理查德·诺曼·肖设计,设计中都表现了对古典主义轴线设计原则和对称立面的回归,切斯特斯宅中运用的爱奥尼柱廊进一步加强了这点。两个住宅都是十分成功的作品,都试图延续和发展17~18世纪英国乡村住宅的传统,并且两者都过分强调了吉布斯框饰(Gibbs surrounds,强调围绕洞口和隅石处的交替石块)。布赖恩斯顿宅的特征和伯克郡(Berkshire)的科尔希尔宅(Coleshill House)一样,特别是对主体部分的处理,但红砖与波特兰石的对比显得更加有声势。切斯特斯宅联接着一栋老住宅,肖给它加上了两翼以创造出环抱式的西南立面。

布鲁塞尔保罗-艾米丽-让森路6号的塔塞尔公馆(Hôtel Tassel, No. 6, Rue Paul-Emile-Janson, Brussels, 1892—1893, 见[1204]页图 B)由维克多·霍塔(Victor Horta)设计,通常被认为是羽翼丰满的新艺术风格的第一个完整的作品。这是个立面狭长的住宅,它不显眼的立面的主要元素是有铁的窗楣和竖框的分段凸窗。室内,为了打开大进深建筑的中部,大量地运用了铁,特别是在楼梯周围和室内暖房空间。铁的延展性被充分运用于结构和装饰,飞逸的藤蔓形式与马赛克地面和墙面壁画相呼应。霍塔在布鲁塞尔的其他住宅作品包括:**路易大街224号索维公馆**(Hôtel Sovay, No 224, Avenue Louise, 1895),它的立面更加具有雕塑感,立面上有逐渐缩小的铁柱。帕默斯顿大街4号**范埃特费尔德公馆**(Hôtel van Eetvelde, No. 4, Avenue Palmerston, 1895—1897, 1898—1901扩建)在外部大胆地运用了钢柱。范埃特费尔德公馆的室内围绕着一个华丽的八角形空间,空间由纤细的铁柱环绕。柱子延展成椭圆的拱,并支撑着一个扁平的玻璃穹顶。

德文郡埃克斯茅斯的谷仓(Barn, Exmouth, Devon, 1896—1897, 见[1215]页图Ⓒ、[1217]页图 C)由爱德华·施罗德·普莱尔(E. S. Prior)设计,是工艺美术运动最彻底的建筑例子之一。设计包括两个呈对角线布置的两翼,由中央的两层大厅联系,虽不寻常但却很实用。阳台和露台在南面封闭,像全部位于住宅那边的主要房间一样俯瞰海岸线,入口和服务房间位于另一边。地面标高顺应基地的斜坡产生高差,普莱尔关于建筑与其地点有机结合的热情,在点缀着来自海滩的红色卵石的机理丰富的砂岩中表现出来。原来茅草覆盖的屋顶在1905年的火灾后,用当地的石板重建。普莱尔另一个典型住宅是诺福克郡霍尔特的**霍姆宅**(Home Place, Holt, Norfolk, 1904—1906)也是"蝴蝶"形平面,大部分用就地开采的材料建造。

扎科帕内"耶德拉米屋"('Pod Jedlami', Zakopane, 1897)由斯坦尼斯劳·维基维克兹(Stanislaw Witkiewicz, 1851—1915)设计,是波兰文化自决运动的最早的例子之一,选用当地的农民小木屋的式样作为新的中产阶级知识分子的大小适中的度假别墅的原型。

伯克郡松宁的迪纳里花园(Deanery Garden, Sonning, Berkshire, 1899—1902, 见[1220]页图 A)由艾德温·勒琴斯爵士(Sir Edwin Lutyens)设计,对当地的砖瓦敏锐的运用和两层高的橡树框架的大厅表现了这个建筑师受到的工艺美术运动的影响。构图不如勒琴斯早期的作品那么独特,但还不是新乔治式的。西南面的长屋顶只被大厅有脊的凸窗所

第 34 章 后文艺复兴时期的欧洲建筑

图 A 沃里克郡主教的伊琴顿村舍正立面图和背立面图(1888—1889),见[1216]页

图 B 赫特福德郡乔利伍德果园宅(1899—1900),见[1216]页

图 C 德文郡埃克斯茅斯谷仓(1896—1897),见[1216]页

第五编　文艺复兴时期和后文艺复兴时期的欧洲建筑及俄罗斯建筑

图A　诺森伯兰郡切斯特斯宅(1890—1894)，见[1216]页

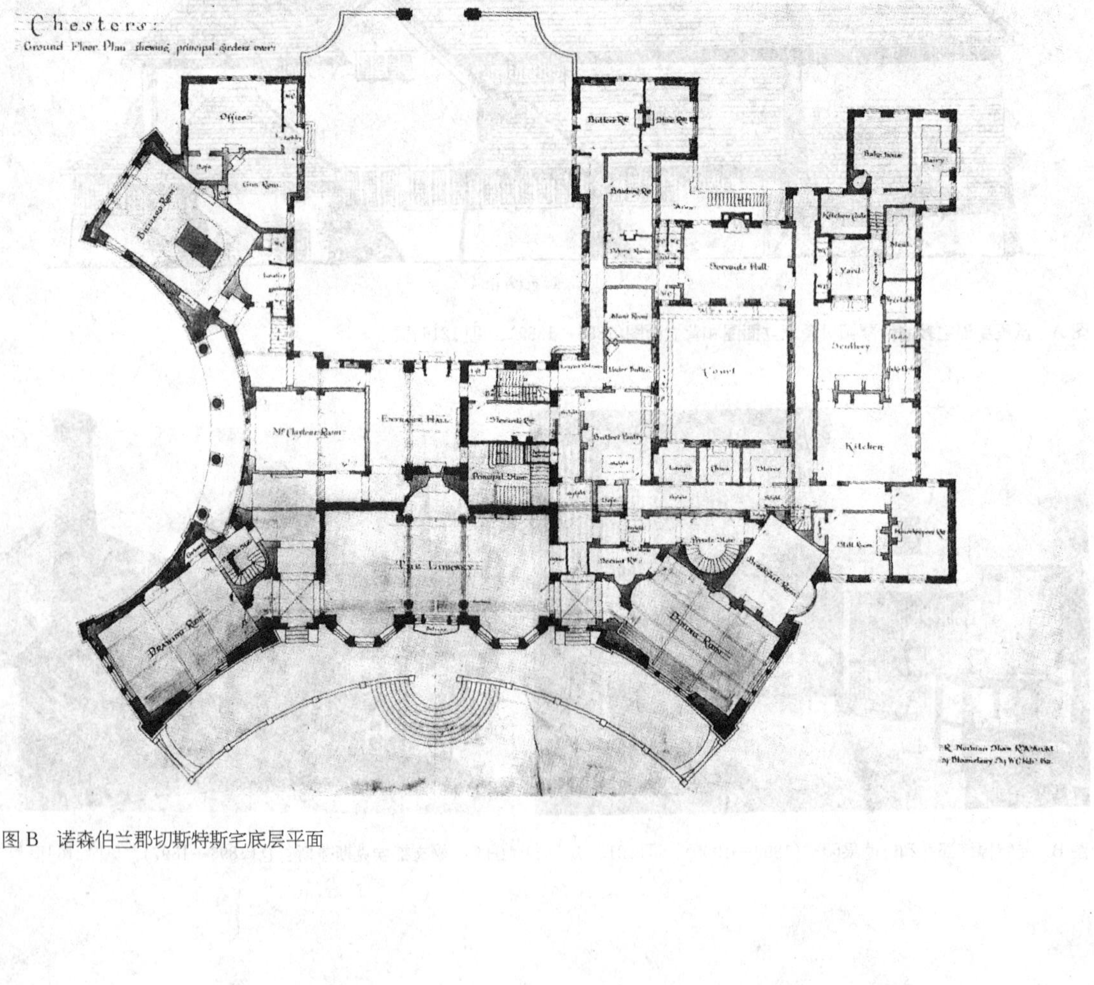

图B　诺森伯兰郡切斯特斯宅底层平面

第34章 后文艺复兴时期的欧洲建筑

图 A 上阿默高附近林德霍夫府邸(1874—1878),见[1212]页

图 B 巴塞罗那盖勒宅邸(1885—1889),见[1212]页

第五编　文艺复兴时期和后文艺复兴时期的欧洲建筑及俄罗斯建筑

图A　伯克郡松宁的迪纳里花园(1899—1902)，见[1216]页

图B　多塞特郡布赖恩斯顿宅(1889—1994)，见[1216]页

第34章 后文艺复兴时期的欧洲建筑

图A 维也纳左街40号(玛焦利卡住宅，1898—1899)，见[1222]页

图B 罗兹波兹南斯基工厂和居住综合体，见[1222]页

打断,粗壮的烟囱从深拱的入口旁边升起。迪纳里花园是为《乡村生活》(Country Life)杂志的创办者——艾德华·哈德森(Edward Hudson)建造的。勒琴斯还为他重建了**诺森伯兰郡林迪斯法内城堡**(Lindisfarne Castle, Northumberland, 1903—1904)。萨里维特利的**提格布尔内庭院**(Tigbourne Court, Witley, Surrey, 1899—1901)是勒琴斯设计的另一个别具特色的住宅。

维也纳左街 40 号(玛焦利卡住宅,No.40, Linke Wienzeile (The Majolica House), Vienna, 1898—1899, 见[1221]页图 A)是由奥托·瓦格纳设计的一个街区的公寓。六层高的立面清晰的被均匀间隔的窗子打破,并以有力的檐口作为收头。这是一种至少在申克尔的法伊纳住宅(Feilner House)以来就为人所知的模式。不过在这里,为了消除矩形形式的呆板,立面覆盖的瓷砖被设计成漩涡状的线条图案,带有彩色的花卉和叶饰,阳台的铁艺也有向日葵的装饰。

罗兹波兹南斯基工厂和居住综合体(Poznański Factory and Housing Complex, Lódź, 始建于 1872 年,见[1221]页图 B)大部分由希拉里·马朱斯基(Hilary Majewski, 1837—1897)设计。罗兹的一家以棉纺织闻名的大型工厂,是沙俄帝国在靠近它西部的疆界建立的,把西方的资本和专门技术与当地的劳动力结合起来。塞利格松(A. Seligson)为工厂主波兹南斯基设计的府邸(1904)一侧紧邻着工厂建筑,另一侧是大型的工厂公寓。这个社区布局有序,各种元素在建筑上仔细的被加以区分,是 19 世纪工业主义的最完整表现之一。

第六编
欧洲以外地区殖民时期及后殖民时期的建筑

欧洲以外地区殖民时期及后殖民时期的建筑

第 35 章
背 景

概述

本书中这一编所需要的背景资料,因地域的不同而各不相同。因此,本编第一次出现的澳大利亚和新西兰的概述及其本地特征的资料要比第四编第 21 章中提到的非洲或东南亚地区的资料要详细得多。此为一例。

本章和书中其他地方反复提到的一个观点,即根据现存的政治、文化运动进行的建筑分类,仅仅是出于方便的目的。随着人口增长,不断涌现新的建筑,城市的建筑更容易被理解(参见引言部分)。本章明确了不同时期建筑风格之间的一些延续性特征。例如,随着造船技术、制图水平及航海技术的提高,欧洲海运国家的一些重大活动使欧洲建筑形式早在 17 世纪上半叶就融合了美洲、非洲海岸、印度及东南亚地区的建筑风格。在有些情况下,促进因素有国家间一些珍贵稀有产品和有异国特色的商品贸易;除此之外,仅出于其探险的需要。

非洲

非洲大陆的大半部分是热带大草原,它始于塞内加尔和几内亚的大西洋海岸,横亘东西到达埃塞俄比亚。向北,远及赤道以北 2000km (1240mile)处;向南,几乎到达赤道以南 3000km (1860mile)处的南回归线。在热带大草原的北方,撒哈拉大沙漠横贯东西,而非洲地中海沿岸的地区则是一个肥沃富饶的区域。热带大草原的西南面是包含在博茨瓦纳国土中的卡拉哈里沙漠,以及沿西南非洲纳米比亚的大西洋海岸延伸的纳米布沙漠。卡拉哈里大沙漠的东面是德兰士瓦的高原地区及莫桑比克的低洼地区。而非洲南部一直到好望角,再次体现出地中海风格。热带雨林在非洲西海岸的赤道区域一路横向延伸,从塞拉利昂到加纳,再从加纳到尼日利亚,直至整个刚果盆地。沿赞比西河一线再向南可发现一个较小的带状热带雨林地区。

因被赤道一分为二,非洲的大部分地区都很炎热。在热带雨林,名副其实,经常下雨,雨量很大,而且总是很湿润。其他地区的降雨却通常集中在一个短季节里,会引发大范围的洪水泛滥和水土流失。热带大草原的土壤是贫瘠的,通常因雨水的过滤而缺乏肥质,并且因为炎热而氧化,缺乏腐殖质。而在比较湿润的低洼的较热地区,落叶林生长茂盛。非洲东部和南部地势高且干燥的地带是理想的放牧场所。撒哈拉大沙漠引起的哈玛坦季风使非洲西部从 11 月到次年 3 月都是灰尘,但是干燥情况通常会因湿润的气候得到缓解。

氧化铁存在于大部分热带土壤中,它起源于埃及,铁的应用由埃及传到现在的苏丹,逐渐通过大陆的中部地带向南推广直到好望角。在毛里塔尼亚和尼日尔的沙漠里发现了铜,而更大的铜矿区则在扎伊尔南部和赞比亚北部。铁和铜这两种矿物形成了广阔的传统贸易网的一部分,而黄金和钻石则更为重要,正是黄金在 15 世纪时吸引了大量商人来到非洲大陆。早在早期铁器时代结束之时,金矿在津巴布韦已得到开发,而且同印度洋沿岸城市有长期的黄金贸易,再由那里到达阿拉伯或印度。同样,黄金成为穿越撒哈拉的商旅队从西非金矿产地得到的最有价值的商品,这些金矿主要位于塞内加尔和法利美河之间的班巴克,几内亚东北部的巴瑞,靠近沃尔塔河热带雨林边缘的劳比,以及位于雨林中心并最靠近埃尔米纳的阿堪。从 15 世纪起,正是来自阿堪矿山的黄金被出口到葡萄牙以及其他欧洲列强的沿海贸易点。19 世纪 50 年代,在南非的德兰士瓦发现了黄金,但直到 1886 年这一地区的价值才被认识到并引发了淘金热,其结果之一是约翰内斯堡的建成。1869 年在奥兰治河附近发现的 85 克拉的超级白钻(非洲之星),显示出这块大陆上的另一个宝贵的自然资源——"造就南非未来的石块"。随着奥兰治自由州的迅速发展,金伯利钻石的成长,以及塞西尔·罗兹(Cecil John Rhodes)的成功,在罗兹的钻石帝国的基础上,英国建立了对非洲的完全统治。

虽然十五十六世纪时欧洲在非洲的影响力减弱了,但是伊斯兰教却沿着地中海岸边持续发展,并为东非的一些地区所接受,例如持续在非洲次撒哈拉的加纳、马里和宋海发展。应着重指出的是,欧洲人的入侵伴随着以下类似事件——当葡萄牙人在非洲西海岸加强他们的第一个定居点时,卡伊特·巴伊苏丹的大经学院(the great Madrassa of Sultan Qaitbay)尚未在开罗建立。

公元708年,拜占庭在地中海沿岸的最后一个殖民地落入穆斯林之手,因此,间隔了很长时间之后,葡萄牙的商业冒险家们才在15~16世纪再次将欧洲建筑带到了非洲大陆。热那亚探险家曾经试图环绕非洲航行,并于1291年从大西洋航路绕到印度群岛,但是第一次成功的欧洲人却是葡萄牙人。1443年,航海家亨利(Henry)到达了撒哈拉沙漠南部边缘的阿桂因(Arguin),并在那里建立了第一座贸易站。20年后,葡萄牙人详细绘制了塞内加尔和冈比亚河口地区的地图,然后在1471年在西非海岸登陆,并把登陆点命名为埃尔米纳,意即"矿产"。黄金、象牙、宝石和香料是他们的物质目标,而在他们的贸易活动中,防御性建筑是必不可少的。

葡萄牙人不仅在西非修建贸易站和要塞,大约在埃尔米纳(Elmina)建造第一座城堡的同一时期,他们还在东非沿海的马林迪(Malindi)设立了定居点,并在莫桑比亚岛上建造了圣塞巴斯蒂安堡(Fort S. Sebastian)。16世纪末期,他们在靠近蒙巴萨的阿拉伯旧城附近建造了耶稣堡(Fort Jesus),这是一处能俯视最好的海岸港口的战略性位置。但到了17世纪早期,主要的欧洲贸易由荷兰人接管,他们继续在西非海岸线上建造要塞。1650年,荷兰东印度公司决定在这块大陆的最南端:好望角,建立一个基地。

东西海岸的贸易要塞一度吸引了商人们在附近建造房屋,这些住区按一般的字面解释并不是殖民地。尽管如此,一个殖民地很快就在好望角建立起来,除了在附近郊区建立的家宅或农场建筑,开普敦城中也建造了许多有特色的城市建筑。

这些建筑主要是按照荷兰现成的建筑仿建的。随着殖民地的兴旺,公共建筑及教堂得以兴建,在18世纪最后25年间有许多有名可查的建筑师在开普敦工作。

1793年,好望角被英国占领,荷兰东印度公司解散。1803年,英国把好望角还给荷兰,但又于1806年收回。约在同一时期,1789~1799年,拿破仑在埃及的战役,逐步建立了法国与埃及的联系,从而逐渐使法国对埃及和北非产生了强列的兴趣。1830年,法国占领了阿尔及利亚,并在重新规划阿尔及尔旧城时,实行了特有的建筑风格政策。1883年,法国对突尼斯行使了保护国权力,20年后又将注意力转向摩洛哥。

1806年在英国最终接管好望角殖民地后,不论是公共建筑还是住宅,英国的建筑品味逐渐取代了荷兰建筑的影响。这一改变还波及除建筑之外的其他方面,英国殖民者强调要把英国人的生活方式和价值观融入布尔文化,结果使得非洲人推翻了特莱克总督(Great Trek)的八年统治(1831—1838),最终导致布尔共和政府的成立,附带地也引起了19世纪后期英国殖民地建筑与新的共和政府建筑之间的不同。虽然在设计中有特殊的南非特征,外观上也大量使用了铁制游廊和阳台,但经常很难将这两种建筑和欧洲建筑区分开来。

同时,伴随着早期葡萄牙人和西班牙人传教的成功,在19世纪,各式各样的欧洲组织在东非和西非建立了教区,尽管建筑不得不适应当地可利用的资源,但也正是他们引进了欧洲建筑。在建造他们的教堂和传教士住宅时,有时把国内的建筑特色同当地的材料和建造方法结合起来,因此在热带国家特别是在巴塞尔教区,开发适宜住宅时常常展现出了某些独创性。

铁路的引进逐渐导致了进口建筑材料的普及,因为易于从船上卸货,这些建筑材料刚开始只被用于沿海地区。传教士们在19世纪50年代引进了覆盖屋顶的波形铁瓦,并发现它能很好地防御火灾。在19世纪60年代他们在尼日利亚的拉各斯建造了一个砖窑,这样就提供了一种选择,使无所不在的泥土成为墙体材料。19世纪末期,像桑给巴尔这样的城市,对于钢梁、铸铁的柱和托架,以及其他适合装饰当地建筑的欧洲材料,有了逐步的需求。在繁华的南非殖民地,对墙、屋顶、铸铁阳台栏杆和装饰瓷砖等重要材料的进口依赖性更大,因此在英国,预制外墙瓷砖加工完善后被大量地海运出国。

19世纪最后25年,由大多数欧洲列强在非洲引起的混乱,导致了另一个结果。英法联盟因英国占领埃及和苏伊士运河的形成,比利时占领中非的大部分地区,德国获得了东非和西非的一部分,法国和西班牙瓜分了摩洛哥,所有这些都成为西欧资本主义及同时期的欧洲民族主义和帝国主义快速兴起的先兆。在建筑术语中这种现象常被表达成某种殖民地建筑风格,例如达累斯萨拉姆的德国官方建筑。在南非,这个在19世纪80年代由黄金和钻石带来了巨额财富的地方,赫伯特·贝克爵士(Herbert Baker,1862—1946)设计了位于比勒陀利亚的联盟大厦,如同他后来在新德里设计的建筑一样,是20世纪早期帝国理想主义的象征。

美洲

15世纪末期哥伦布最初发现了这片大陆后,西班牙开始在美洲中部和南部执行征服与定居的政策。到1600年,包括圣多明哥和波多黎各的岛屿在内,西班牙掌管了整个中美洲,并向北延伸到今天的墨西哥(新西班牙总督辖区)、环绕南美西海岸的条块地、今天的秘鲁和智利(秘鲁总督辖区)、位于中美洲的新格林纳达总督辖区(1739)和拉普拉塔总督辖区(1776)。葡萄牙在与西班牙的合约下只将势力范围限制在巴西,但到1600年他们已经占领了从拉普拉塔河河口北部的东面一线直到亚马孙三角洲的地区。

然而,西班牙殖民者对北美大陆以东的更多地区并没有多大影响。17世纪初,由于其他欧洲列强的袭击,西班牙的领地仅限于佛罗里达州。法国穿越大陆深入南部,从圣劳伦斯河南下到密西西比盆地,最终在1682年到达了墨西哥湾。英国人最早在1607年到达东海岸的弗吉尼亚,1620年英国清教徒先驱们来到新英格兰,并在1652~1673年的英荷战争以后,取得了更广阔的领地。18世纪初,英国人的殖民定居点从弗吉尼亚到新斯科舍和纽芬兰,这时12个英国殖民地的总人口达到了25万人。

美洲西班牙殖民地的产物为昂贵的金属和牛禽,葡萄牙殖民地的产物是巴西糖和其他农作物。英国和法国除了在北部获取毛皮外,还在南部用奴隶劳工种植棉花和烟草,到美国独立战争爆发时奴隶人口达到了10万。西班牙和葡萄牙则依赖印第安劳力。从18世纪最后25年到19世纪,欧洲政府的独裁和殖民地的动荡局面,导致美洲殖民帝国逐步瓦解。这场运动开始于北美东海岸的英国殖民地。

1774年,各殖民地代表在费城见面,召开了第一次大陆会议,讨论他们与英国的关系特别是关于税收和贸易问题。税收和贸易问题是因为愤怒的殖民地居民认为税收不公平而拒绝一艘茶叶商船上岸后,英国政府关闭了波士顿港口这一事件所引起的。随后一年,不满爆发成公开的革命,随着13个殖民地宣布独立,革命演变成为1776年美国独立战争。和平降临于1783年,以前的殖民地的独立地位得到了承认。

一开始单独的团体形成的是一个松散的同盟,但1787年拟定的一项宪法,使移民成为特别政府同盟下的公民。这项到今天仍有效的宪法于1789年被正式批准。乔治·华盛顿(George Washington,1732—1799),独立战争中的著名将领,于1789年成为美利坚合众国的第一任总统。

从成立起,这个国家的这段历史就是扩张的历史。1803年美国向法国购买了密西西比河和落矶山脉之间的地区(路易斯安那购地)。1819年以同样的方式向西班牙购得了佛罗里达。1845年美国加重了税收,随后与墨西哥战争的结果就是于1848年获得了如今国土的西南部直到加利福尼亚海岸。1846年西北部俄勒冈州的领土被英国出让,1853年由加德斯顿购买了墨西哥领土的小块地区。最后,1867年美国从俄国购得了阿拉斯加。

在美国独立战争中,加拿大保持对英国的忠诚。加拿大由上加拿大、下加拿大(均建于1791年)、新斯科舍和新不伦瑞克四块殖民地组成。由法国人占优势的下加拿大与上加拿大之间的敌对导致了1840年的叛变,其结果是英国承认了殖民地的自由宪法,能组成国会并任命重要大臣,而英国总督成为纯粹的法律上的和象征性的角色。1867年随着英国北美法案的通过,这个国家取得了完全的主权独立地位,一直保持到今天的英联邦共和国。在国家的首都渥太华建立了加拿大的议会和内阁,在威斯敏斯特的范围内、在原先的四个省:安大略省(上加拿大)、魁北克省(下加拿大)、新斯科舍省和新不伦瑞克省的基础上,增加了曼尼托巴省(1870)和不列颠哥伦比亚省(1871,老哈德孙湾公司以前的领土),以及最后的草原大省——萨斯喀彻温省和艾伯塔省(1905)。

在19世纪初期的25年间,拉丁美洲的西班牙和葡萄牙的总督统治结束了,在努力使以前的殖民地能联合成像美国那样的联邦失败后,次大陆分散成为复杂的独立国家,直到今天在地理上也没有改变。在那些急风暴雨的革命和改革年代,出现了许多重要人物:在哥伦比亚、委内瑞拉、厄瓜多尔,有西蒙·玻利瓦尔(Simón Bolivar, 1783—1830);在阿根廷和秘鲁,有圣马丁(José de San Martin, 1788—1850);在智利,有贝尔纳多·欧辛吉斯(Bernardo O'Higgins, 1778—1842)。因多种原因,主要是经济原因,政局比较稳定的国家有阿根廷,其总统B.米特将军(General B. Mitre, 1862—1868)鼓励修建铁路。智利是因为丰富的硝酸盐矿藏而得到发展。巴西的现代化是在葡萄牙摄政王朝(后来是约翰六世)统治下开始的。由于拿破仑入侵葡萄牙,约翰六世被迫将首都于1808年迁移到里约热内卢。1821年约翰返回葡萄牙,巴西成为他的儿子佩德罗一世的独立王国。佩德罗一世于1831年让位给他宠爱的未成年的儿子佩德罗二世。后者于1840年执掌王位。佩德罗二世的长期统治十分著名,其标志是经济进步和改革发展,包括1888年废除奴隶制度。1889年一支军队叛变,巴西建立了共和国。1891年正式通过联邦宪法,成立了巴西合众国。

墨西哥在1821年获得独立,但在1858年被卷入苦难的内战中。在法国的支持下,奥地利大公马克西米连于1864年登上帝位,但3年后,随着法国军队的撤退,他被人枪杀。爱国者贝尼托·华雷斯(Benito Juarez, 1806—1872),一个萨波特克印第安人,掌握了国家的领导权。但是现代墨西哥的创始人却是华雷斯的后继者波菲瑞奥·迪亚斯(Porfirio Diaz, 1830—1915),他的统治从1876年持续到1911年。

在美洲大陆上,经济和社会发展最快的国家是美国。在与英国1821~1814年的战争中,民族认可观念得到了加强。到1840年,美国每年的贸易额达到2.5亿美元,而其中几乎一半都由纽约州挣的。宾夕法尼亚因为其丰富的煤、铁资源得到开发而快速发展,但是这个国家主要的财富来源依旧依赖棉花,1840年路易斯安那州的棉花出口总值3300万美元。

安德鲁·杰克逊(Andrew Jackson)是新边疆思想的代表人物,他在就任总统期间(1829—1837),提倡更广泛的民主思想并大力扶持个人企业,同时,阿勒格尼(Allegheny)以外的大片地区可开发成农场的前景,吸引了越来越多的定居者,这次西进运动由于1848年在加利福尼亚发现黄金而极大地加快了脚步。

1861年,在亚伯拉罕·林肯(Abraham Lincoln, 1809—1865)的领导下,成立了反对奴隶制度的政府,而南方联盟又是长期建立在奴隶制基础上的种植农场体系,这引起了更有活力的北方各州与种植棉花的南方各州之间的争斗,争斗引发了惨烈的内战(1861—1865)。在这一过程中,奴隶制于1863年被废除。北方各州联盟的胜利对国家的未来是有决定意义的,其鼓励工业发展的政策,刺激了移民率的大幅增长。

大体上说,内战后的时期是一个贸易继续膨胀的时期,这一时期为个体的工业家、银行家、农场主和铁路拥有者们提供了机会和大量的物质回报。这种情形很明显地影响到了这一时期的建筑,并持续到1929年的金融危机以及随之而来的经济大萧条。通过铁路,国家进一步开放,这是发展的基础。1869年横贯大陆东西海岸的铁路最终建成了。1876年,亚历山大·格林罕姆·贝尔(Alexander Graham Bell)发明了电话,使横跨广袤国土的通讯更为便捷,同样通过大西洋海底电缆将美国与欧洲联系了起来。最后,两次世界大战之间大批量生产的汽车更方便了人类之间的联系。

就工业而言,加拿大的发展就慢了许多,它的经济几乎整个建立在木材和小麦的出口上。就像美国一样,交通在加拿大也是极为重要的。1847年,加拿大改进了位于蒙特利尔市和安大略湖之间的圣劳伦斯河河道系统,到1885年,加拿大太平洋铁路已横跨了这块大陆。

像加拿大一样,南美洲国家对自然作物出口的依赖胜过制造业,1914年巴拿马运河的开通对太平洋沿岸国家的发展有着重要的意义。

殖民者和定居者在美洲对建筑、材料和技术的现实应用,就像在世界上其他地方一样,如实地反映着同一时期母国的建筑。从在16世纪西班牙殖民城市辉煌的大教堂中,砖瓦工技术用于砌拱,银匠式风格的立面似乎也没有问题,再到新英格兰根据当地材料的可取性对乔治时期风格在不同的地方以最理想的方式进行的改变,殖民地时代似乎已经建立。作为发展的基础,建筑传统仍被接受下来,但在长期受欧洲政府支配后,已变得十分令人厌烦。在这么广袤的殖民地中可利用的材料十分繁多,弗吉尼亚在17世纪初就使用质量上乘的砖,墨西哥在18世纪就已使用优质的玻璃瓦。

中国

15世纪末,一些欧洲强国开始寻找向东方殖民扩张的机会。葡萄牙人是第一批来到广东省沿岸的欧洲人。1561年,他们与明朝的当地政府谈判,租借了澳门。在澳门,他们修建了西式的堡垒和房屋——这是在中国出现的最早的西式建筑。1715年,清朝的康熙皇帝批准了东印度公司在广州的贸易权利。经清政府的许可,一个特殊的机构——"行"(Kohang),被设立用来掌管贸易。同时,行建造了特殊的建筑——"十三行"(Thirteen Factories),正如其名字,"十三行"是为外国人服务的生活和贸易中心。1757年以后,更多的西方商人来到广州,他们中间除了英国人外,还有荷兰人、美国人、葡萄牙人和法国人。因此,位于广州的"十三行"更新和扩建了许多次。

同一时期西方传教士也来到了中国。1581年,利玛窦(Matteo Ricci),一位意大利耶稣会修士,经由澳门来到广东,并于1601年抵达北京。欧洲传教士带来了天主教信仰,也带来了先进的科学与技术。罗马天主教在中国传播很广泛,许多教堂出现在这个国家的不同地区。从1745~1759年,在著名的皇家苑囿圆明园中长春园的北部,在意大利耶稣会修士郎世宁(F. Giuseppe Castiglione)以及他的为帝国宫廷服务的同僚的监理下,一座专门为乾隆皇帝设计和建造的具有西式风格的被称为西洋楼的宫殿完成了。

1840年的鸦片战争标志着中国近代史的开始。西方国家在炮舰的帮助下,最后成功地打开了古代中国的大门。中国两千年的封建社会开始瓦解,逐渐成为一个半殖民地国家。1858年第二次鸦片战争失败后,在1884年的中法战争和1894年的中日战争中,中国被迫签订了一系列条约,从而削弱了自己的主权。通过1842年签订的南京条约,中国开放了五个对外贸易口岸:广州、厦门、福州、宁波和上海,并将香港割让给英国。到1895年,开放贸易点的数目日益增加,超过了30个,包括长江沿岸和海岸线上的许多主要城市,甚至一些内陆城市,台湾被割让给日本。外国势力继续在上海、天津、汉口等一些城市设立定居点和租界,使这些城市沦为半殖民地。在以后几年中,西式建筑在开放港口和租界里被建造起来,有领事馆、办公建筑、贸易公司、仓库、银行、教堂、学校、豪华住宅、饭店以及俱乐部等。

19世纪60年代,以李鸿章为代表的一批官僚地主,为了国防也为了建立军工业和其他国内企业,开始了洋务运动。中日战争后,一些由康有为和梁启超带领的先进知识分子主张政治体制改革,并鼓励发展西方的科学与技术。在光绪皇帝的支持下,他们开始了一场改良运动,但是遭到了慈禧太后和她的追随者的反对。然而在义和团运动爆发和八国联军入侵以后,慈禧太后被迫改变态度,开始实施改革。教育体系有所改变,新的学校成立,为立宪政府作着准备。成立了新的政府机关和省政治咨议局,许多这一时期的建筑都是模仿西方建筑式样建造的。

在19世纪后半叶和20世纪初,传统的建筑方式、传统的建筑材料,在中国的大部分地方仍然被保留着。在贸易港口和租界,西方建筑技术和许多传统材料的有效使用方法被结合采用,由当地提供的承重墙、木构架、梁和托梁楼层被广泛应用。19世纪末,中国开始生产少量的水泥和钢,但是在相当一段时间内,这些材料都是进口的。

朝鲜

19世纪英国、法国、美国、俄国和日本要求打开朝鲜的大门进行贸易,这与朝鲜的孤立主义政策发生冲突。而且新的文化流通引起了朝鲜社会的巨大混乱。处于优势地位的日本强迫朝鲜在 1876 年签订了一项商业条约,被称为《江华条约》❶,1905 年签订的 5 款保护国行使权力条约,被称为《1905 条约》。

这一时期,西方风格的建筑开始进入朝鲜,主要有四条途径:通过外国外交使团,外国传教士建造的教堂和其他设施,外国商务公司建造的商业设施,以及日本人建造的政府建筑和公共建筑。大部分建筑都是文艺复兴式和哥特式,由砖和水泥建成。

朝鲜在 1910 年被日本吞并后,在建筑方面没有发展。原因在于:1876 年《江华条约》签订,日本强迫打开了朝鲜大门,在朝鲜建造了一些西式建筑,但因为日本建筑师也没有经验,其设计和建造水平都很差。此外,朝鲜在经历了 1882 年军队叛变、1884 年甲申(Kapshin coup d'état)政变、1894 年东学党起义(Ch'ondogyo Tonghak Rebellion)、1894 年中日战争以及 1904~1905 日俄战争后,没有精力或物质资源转向建筑。

1910 年日本吞并朝鲜后,拒绝教授朝鲜人技术,建筑也不例外。在殖民统治初期,日本在技术学院里训练了有限的朝鲜技工。20 世纪 20 年代仅有一小部分朝鲜人得到了先进的建筑训练,但只是到了 30 年代,朝鲜建筑师才能自己独立进行设计工作。

日本

明治帝的复辟,引起政体的改变,使日本从封建制度中解脱并成为一个现代化的国家。1867 年第 15 代德川幕府(Tokugawa)放弃了他的政治地位,废除了封建政府,重建了帝王统治。1868 年新政府成立伊始,就把以前由幕府拥有的领地交给新政府直接管理。1869~1871 年,政府也控制了大名的领土,大名们被任命为辖区的长官。通过这一方式,封建体系被帝国体系所取代,整个国家得到统一管理。1873 年,征兵体系被采纳,土地税也得到了修正。之后就再没有发生激烈的政治变化。

明治维新(the restoration of Meiji Emperor)不可避免发生的原因之一是商业和工业的产生,这也是构成封建政府经济基础的乡村社区开始解体的原因。另外一个更为直接的原因是 19 世纪初资本主义国家施加的压力,资本主义国家凭借武力试图打开这个长期封闭的国家。1858 年缔结的商业条约的结果是:横滨、下田、函馆及长崎港从 1859 年起向俄国、法国、英国以及美国开放,进行自由贸易。从此,日本被迫接受欧洲文明并改革国内政治,以应对国家危机。

在新政府成立前,就有一些觉察到危机即将来临的封建领主,率先采取了促进工业和建造军事武器的政策。19 世纪 50 年代日本高炉林立,大炮铸造、铸铁厂和造船码头均开始着手进行建造。这样的西方工业在外国工程师的指导下在日本进一步发展起来:长崎的铁厂是由荷兰工程师于 1861 年建造的,鹿儿岛的纺织厂是 1863 年由美国工程师指导建造的。在横滨、长崎、函馆和神户建造了一批定居点,这些定居点包含有适宜的住宅、旅馆、贸易所和教堂,只供外国居民使用。

日本的新政府不仅继承了封建宗族政策,还努力进一步提高工业,加强军事力量,在全国范围内建设公共设施。尽管当时所需要的建筑可全部取自传统的木建筑,但采用西方的技术和形式来建设也是必须的。这样,在明治政府的统治下日本开始引进西方建筑。

印度次大陆和东南亚

瓦斯科·达·伽马(Vasco da Gama)绕过好望角向东航行,于 1498 年 5 月 20 日在印度西南沿岸的卡利卡特登陆。最初是为了传播基督教,同时也为了香料贸易,葡萄牙人在斯里兰卡的科伦坡建立了定居点(1505),1510 年,阿尔布开克(Albuquerque)占领了印度西海岸的果阿。其他的葡萄牙定居点设立在达曼、第乌和孟买。1661 年,孟买作为布拉干萨的凯瑟琳(Catherine of Braganza)的嫁妆被割让给英国,此外,1793 年,马拉塔人(Marathas)掌管了伯塞恩(Bassein)。葡萄牙随后占领了斯里兰卡,直到 17 世纪中叶转由

---

❶ Treaty of Kanghwa;又称《丙子修好条规》《朝日修好条规》,是日本与朝鲜于 1876 年在朝鲜江华岛签订的不平等条约。从此,朝鲜开始逐步沦为日本的殖民地。——译者注

第35章 背 景

荷兰接管。葡萄牙早在1511年在马六甲,1519年在马达班❶和缅甸就设有贸易点。

最初以香料贸易为目的,荷兰人于1602年成立了联合东印度公司,据说他们是跟随早期航海到达东印度的。他们建立了巴塔维亚(今雅加达),并在17世纪20年代末期几乎完全控制了爪哇,在18世纪他们又将势力伸向其他的岛屿,尽管早在1601年英国就在爪哇的西端设立了贸易定居点。

这一时期,在印度和其他许多东南亚国家,欧洲人开始入侵穆斯林控制的州邦,葡萄牙人把他们在东方的成果看做是国内抗击伊斯兰大捷的延续。由于马力克·卡富尔酋长(Malik Kafur)攻占了印度南部的泰米尔邦,并对马杜拉(Madura)进行掠夺,印度王朝曾经有效的统治宣告结束。莫卧儿帝国开始兴起,并在16世纪最后25年里在阿克巴的统治下达到了巅峰。英国探险家托马斯·纽伯里(Thomas Newberry)于1585年第一个到达阿克巴皇帝的红色砂岩城市法塔赫布尔西格里(Fatehpur Sikri),并带来了一封伊丽莎白女王的信,但此信却完全被忽视了。1600年,获伊丽莎白女王特许,东印度公司(The East India Company)成立。威廉·霍金斯(William Hawkins)航海到印度,在与阿克巴的儿子贾汗季的交往中运气较好,1608年,他被准许在苏拉特(Surat)建立一座工厂。托马斯·罗爵士(Sir Thomas Roe)于1615年随后而来,作为詹姆斯一世委派的特使,他在印度逗留了五年并对其活动作了有价值的记录。这些年,英国之所以能在海上打败葡萄牙,主要是因为耶稣教会在印度的影响日趋衰落。1627年贾汗季皇帝死后,莫卧儿帝国的势力削弱,到18世纪马拉萨斯兴起但欠统一,最终在英国控制印度的这一世纪之交衰败了。1640年马德拉斯(Madras)在东南沿海建立,乔布·查诺克(Job Charnock)于1690年获准在胡格利建立加尔各答。

法国控制的东印度公司(Compagnie des Indes Orientales)直到1664年才成立。金德讷格尔(Chandernagore)于1673年在胡格利成立,并于1684年在马德拉斯以南160km(100mile)处的本地治里成立。1751年,克里夫(Clive)到阿尔果德(Arcot)从事探险活动,1761年本地治里被占领之后,法国在

印度的影响变得微乎甚微。

英国对印度的有序统治始于1773年诺思勋爵的管理法案,其在加尔各答成立了总督府,管理英属印度—加尔各答、马德拉斯和孟买,总督由四位议员协助。根据法案,沃伦·黑斯廷斯成为第一任总督,但议员们的权力使他的工作很难完成。1784年,威廉·皮特(William Pitt)改革了这一体系,于1786年开始了大总督的管理。1798年,韦尔斯利勋爵(Lord Wellesley)上任时,当时东印度公司的贸易还仅限于孟买岛及马德拉斯和加尔各答沿海岛屿。1805年,东印度公司的活动延伸到了几乎整个次大陆,其成本的花费引起了管理层的警觉。1807年上任的明托勋爵(Lord Minto)以智取胜,使法国人企图建立一个在拿破仑统治下的东方帝国的最后努力付诸东流。明托勋爵还从荷兰人手中接管了好望角,爪哇随后也归还给英国人。明托勋爵的继任者黑斯廷斯侯爵,最后瓦解了马拉萨斯联盟,吞并了德干高原(Deccan)。黑斯廷斯侯爵不仅是一名战士,也是一位优秀的行政长官,他开展了广泛的灌溉和道路工程,并秉承明托遗愿,继续学校的建设工作。1819年,他准许斯坦福德·莱佛士爵士(Sir Stamford Raffles)在马六甲南部为英国贸易寻找一个港口,这使新加坡得以建立。尽管伦敦方面害怕这可能引发与荷兰的冲突,但拉斐尔斯的领地十分繁荣。1826年槟榔(Penang)和马六甲加入此地形成海峡殖民地,从1832年起由新加坡统治。

1823年,阿默斯特勋爵(Lord Amherst)来到印度,征服了缅甸的伊洛瓦底盆地并在缅甸宫廷任命了一名英国代表。缅甸的其他部分在1851年由达尔豪西总督(Lord Dalhousie)侵吞,随着英国商人的强行进入,从吉大港(Chittagong)到新加坡的整个海岸线都被英国所掌控。达尔豪西是最杰出的大总督之一:他开始修建铁路,开展邮政和电报事业,建立了一个先进的教育体系,修成了大约长3200km(2000mile)的公路和29 000km(18 000mile)的灌溉渠。他死于1856年,一年后印度兵暴动,勒克瑙(Lucknow)获胜,两年后东印度公司解散,英国议会通过决定将印度交还给印度国王。卡宁勋爵(Lord Canning)被任命为第一任

---

❶ Martaban;莫塔马的旧称。——译者注

总督。

加尔各答的影响逐渐衰退，英国的兴趣聚焦于孟买的工业和商业活力。在19世纪，印度的城市、事业机构和公共服务继续发展，但孟买是对未来发展最有信心的，它在19世纪上半叶的快速发展令人难以置信。

从1899~1905年，寇仁勋爵(Lord Curzon)担任总督。他是一个精力充沛的人，希望通过军事手段和执行长远的社会改革以建立秩序，但他因欣赏日益增长的民族主义精神或崇尚在统治更加自由的国家内改变社会地位而失败。他的雕像，大约是在他返回伦敦25年后完成的，现在竖立在新德里总督府的前门入口处。

从1658年起斯里兰卡就由荷兰统治。1761年英国与康提(Kandy)有过一些接触，但英法战争中的一个偶然事件，导致1795年英国占领亭可马里，并最终于1796年占领了荷兰在这个岛上的所有领地。这个岛于1798年成为英国皇家殖民地。在康提叛乱后，整个斯里兰卡于1815年被吞并，英国在此任命了总督，这比任命印度的第一任总督早了40年。在同一时期，1787年由路易十六签订条约，法国建立了对印度支那的统治。

澳大利亚和新西兰

概述

澳大利亚的国土面积和美国的国土面积几乎相等，东西横亘约4000km(1250mile)。澳大利亚是一个岛屿大陆，塔斯马尼亚岛距离陆地的距离是爱尔兰到英格兰距离的两倍。新西兰位于澳大利亚以东1400km(850mile)，它的两个岛屿南北相距1500km(930mile)。澳大利亚的纬度位置相当于非洲的北半部，而新西兰则更为接近南极大陆，只是不像布里塔尼或者加拿大南部边缘那样更接近北极。最近的邻国是巴布亚新几内亚和印度尼西亚共和国，更远处则是新加坡和其他东南亚国家。

18世纪末，这里开始有白人居住，他们都是英国人。1788年，英国人正式在悉尼登陆并宣布拥有这片土地，对新西兰群岛海湾的占领则推迟到1840年，虽然这里很早就有捕鲸作业和传教士的定居点。

葡萄牙和荷兰的航海家们先于英国人来到澳大利亚，但没有形成定居点。法国探险家与英国人几乎同时来到这里，除了在新西兰有过一次短暂的尝试外，也没有形成定居点。

澳大利亚土著既称不上是定居者，也没有建筑的形成。按照现在的观点，他们的古老而灿烂的历史，至少可以追溯到40 000年前，但有证据表明这仅是一段游牧和狩猎的历史，谈不上对建筑的形成有何贡献。他们的住所总是临时的、简小的，仅仅是用树皮或树枝斜搭在树上或木桩上的。

14世纪之前，毛利人就从新西兰东南方向的某处出发，迁徙到新西兰。他们与澳大利亚土著相比，更乐意定居，也更喜欢建造房子；但也只是造一些简单的房屋和公共大厅而已。原有的大厅没有被保留下来，但是现在正计划重建。虽然人们赞美这些建筑，但是它们对白人定居者建筑的影响是微不足道的。因此，我们有理由在简要介绍这两个国家19世纪的建筑时主要讨论由移民建造的欧洲式样的建筑，或者称其为澳大利亚殖民地建筑。

在书中同一部分还提到了19世纪90年代的经济大萧条，它使建筑业几乎停顿了好几年。从1893~1896年，整个墨尔本未曾盖过一间房屋。这个地区其他地方的情况并没有如此严重或在同一时期并没有发生这样的停滞，但经济大萧条还是导致了淘金热的结束(参见有关章节)。

1901年澳大利亚在以前的殖民地基础上创立了联邦政府。

自然特征

新西兰大部分地区及澳大利亚东海岸全线拥有肥沃湿润的土地，但是在其他地方，适于耕种的土地仅限于相对狭小的海岸线一带。这两个国家跨经纬度如此之大以至于地区气候变化很大，从炎热的北方到寒冷的南方，从沙漠到积雪的山峰，在新西兰甚至还有冰川和峡湾。新西兰是地震易发地，许多地区尤为严重，包括首都惠灵顿。

大多数城市位于近海岸处，但在荒凉的内陆有一些矿业定居点,如卡尔古利(Kalgoorie)、布罗肯希尔❶和芒特艾萨(Mount Isa)。位于澳大利亚中心地带的艾丽斯斯普林斯(Alice Springs)是国际电话线路的中转站。

历史

这些殖民地的状况改变了好几次。早期英国的殖民政府是最高行政系统,甚至次要建筑的建造也要得到其许可,然后再由母国设计。当每个殖民地设立了议会后,中世纪自治显得格外重要,但他们仍在英国的控制之下,是大英帝国的一员。澳大利亚这种状况一直维持到1901年分离的殖民地结成同盟,成立了一个独立的联邦政府——澳大利亚共和国。直到今天,新西兰、澳大利亚各国,包括其首都堪培拉,都有英国君王指派的总督。起初新西兰地方政府拥有大量的权力(包括建筑工作的开始),但是这些权力在1875年因中央集权的利益而被废除。

新西兰的历史包括毛利和欧洲移民之间的军事冲突,尤其是1861~1871年的战争,导致的结果就是促进了城市化和刺激了经济的发展。在澳大利亚,土著在当地小规模的反击逐步被驱散以及因疾病感染而消失了。

在这两个国家中幸存下来的最早的完整建筑都是1800年以后建造的,如悉尼国立医院(Sydney Civic Hospital, 1810),及新西兰岛湾的住宅和石头仓库(1821以后),靠近新南威尔士帕拉马塔(Parramatta)附近的伊丽莎白农场,包括1793年建造的一幢两居室的小屋,但其著名的外观却是后来才加建的。

最初的10年中因为海难和干旱等问题,这里缺乏建筑材料供给和工匠。最早的澳大利亚殖民地,新南威尔士和范迪门地(Van Diemen's Land, 塔斯马尼亚(Tasmania)的旧称),负责进行判决并没收违法货船的官方责任,这种做法一直延续到19世纪40年代。这两个国家都看到了将来农业出口的希望,尤其是羊毛制产品。

19世纪后期,经济繁荣超出早期预想:两个国家都成为向英国及其他国家提供农产品的大国,主要产品有羊毛、小麦、羊羔、牛肉和黄油。更为重要的是淘金热的出现(1851以后)以及随后矿石出口带来的财富。

在淘金热出现之前,澳大利亚大陆上已经有了三块殖民地,即1826年成立的西澳大利亚州、维多利亚州(非官方定居者, 1834)和南澳大利亚州(1835)。1859年,昆士兰州也成立了。和南部的维多利亚州一样,昆士兰州也与一块巨大的地区分开,这块巨大的地区最初被称做新南威尔士。

南澳大利亚州见证了第一波矿产热,19世纪40年代在此发现了铜。这对威尔士和康沃尔的移民来说特别有吸引力。19世纪50年代淘金热耗尽了南澳大利亚州的人口,但南澳大利亚州后来又作为小麦的生产地而得以复苏,起初是为了满足这块大陆日益增长的人口的需求,后来则变成了著名的剪毛羊的出口地。

西澳大利亚州早期的建设十分不佳,直到19世纪90年代在卡尔古利发现了金矿,才吸引了全澳大利亚和新西兰的淘金者来到西部。卡尔古利是内陆一片炎热的不毛之地,离珀斯和它的港口弗里曼特尔有600km(370mile)之遥。珀斯仍然是西部矿石和农作物的商业中心。

文化

澳大利亚和新西兰保留有英格兰、威尔士、苏格兰和爱尔兰的原始印迹。一些地区由特殊的团体统治,如康沃尔矿工、威尔士冶炼工或苏格兰工程师。在澳大利亚,爱尔兰人口占多数,这些移民中有的是饥荒的难民,流放的政治犯或仅仅是仆人、劳工、小店主和酒店老板。其他的团体是次要的,但在一些地区有重要作用,例如:中国淘金者在维多利亚州,德国路德教派的农场主在南澳大利亚州,以及法国商人在悉尼的贡献。

虽然有显著的混合以及共同的语言所起到的作用,但在生活的某些方面仍有一定程度的区别。澳大利亚的罗马天主教教堂,几乎都是爱尔兰式的,十分坚固,比英格兰的教堂更活泼更有视觉效果,尽管后者与官方的活动和精英的活动联系在一起。新教教堂也很坚固。在矿区,建造有卫理公会大教堂和主日学校。苏格兰教堂在某些农业区占主导地位。新西兰的奥塔戈省,是苏格兰

---

❶ Broken Hill;卡布韦的旧称。——译者注

的自由教会联合会(Lay Assocoation of the Free Church of Scotland)建立的定居点。在新西兰的其他地方,教堂传教士协会(Church Missionary Society)是一个有影响力的基金机构。在霍巴特、墨尔本、悉尼、阿德莱德的商人阶层,公理会教友是很著名的。

资源

在早期的几十年间(1788—约1850),澳洲所有的殖民地都是困难重重的需要拓荒的环境,那儿少有懂技能的人、少有工具,并缺乏对当地材料的理解。澳大利亚的第一位职业建筑师,弗朗西斯·格林韦,在优质施工之前,花了大量的时间监制砖和砂浆,并指导砌砖工人。在新南威尔士州和塔斯马尼亚州,罪犯被广泛用做劳力,但他们通常既没有技能也不愿合作。

淘金热带来了许多有技能的人,并创造了财富,使无论什么、无论谁需要什么,都能进口。当对金矿层易采之金和浅挖的狂热期待,让位于深井和机械作业后,矿场经营本身就吸引了工程师和建造者。大约在1865年,澳大利亚的城市几乎拥有了与当时先进国家相同水平的建造设备和工厂设施,尽管从母国订货到接收,需要等六个月的时间。

尽管如此,在1895年以后的很长一段时间内,边远地区的环境仍是一片荒芜,既没有受到淘金热的冲击也没有受到城市发展的影响,边远地区中环境变化最慢的是海岸码头和铁路线达不到的地方。在发现金矿前,第一条铁路正在施工,从19世纪50年代末起,主要线路的扩展一直在进行。

建筑材料及技术

在这样广阔的国家中,建筑材料种类繁多。一些地区有茂密的森林,长着非常高的树,另外一些地区只有毫无用途的木材。在澳大利亚分布最广泛的木材种类是尤加利树(eucalyptus),它有许多品种,都是硬木,有一些树种质地紧密,颜色从黄色渐变到深红色。早期的定居者发现,尤加利树的坚硬木质和长年的生长期严重妨碍了它的使用,而更喜欢本土的其他树种,如红椿树(toon tree),一种类似软红杉的树。但导致的结果是,这种树现在几乎要绝种了。澳大利亚还从新西兰、波罗的海沿岸国家和加利福尼亚进口木材。

澳大利亚的建筑石材各有地方特点——南维多利亚的蓝黑色的火山玄武岩、悉尼地区金色的砂岩、南澳大利亚州软的灰色石灰石和棕色片岩。同样也有地方出产优质的花岗岩和大理石。几乎各地都有黏土可利用,农场主或专业厂家就利用这些黏土生产砖,但是砖在颜色和耐久性上有很大差别。

19世纪50年代,镀锌铁一问世就被广泛使用。装饰性铸铁也被狂热地采用,开始是进口的,但很快就在全国制造,尤其是为矿业设置的工作车间,需要适当的铸造品来装备。

1870~1890年,特别是在新南威尔士州和维多利亚州,装饰铁非常流行,但是后来被车床制的木制品所取代。

新西兰的许多著名建筑都是用木材建造的。新西兰能充裕地供应著名的澳洲贝壳杉(Kauri pine),在开始10年中也出口到澳大利亚,它比坚硬的尤加利树易于加工。砖是制造的,石块是可利用的,虽然直到1865年奥马鲁石灰石的价值才被认识到。木材的使用有助于对付地震。这儿有许多看上去像石造的木建筑的例子,最著名的是四层的惠灵顿兰顿码头政府办公楼(Government Offices at Lambton Quay, Wellington),是由殖民地建筑师克莱顿在1874年建造的。地震毁坏了这个国家19世纪的许多优秀建筑,内皮尔城的大多数这类优秀的建筑都被1931年的地震所破坏。

欧洲以外地区殖民时期及后殖民时期的建筑

第36章
非洲建筑

海岸要塞

1481年，在葡萄牙人首次登陆非洲西海岸10年后，约翰二世命令组织一次远征以便在埃尔米纳建造一座要塞。要塞被命名为圣乔治·达·米纳堡(São Jorge da Mina)，始建于1482年。这座要塞虽然是石头建造的，但只有少部分是当时的建筑。它有两层楼，围绕一个庭院建造，有角塔，其平面交替使用了圆形和正方形，并有一个大庭院伸向大海。要塞的最初形式延续了大约1个世纪，但在16世纪时，起源意大利的文艺复兴式堡垒很快被其他欧洲国家的君王和工程师所采纳，葡萄牙也不例外。在非洲海岸已建的要塞中可以看出意大利形式的影响。这些意大利形式是由有经验的工程师如吉罗拉莫·卡塔尼奥(Girolamo Cataneo)于1564年和加拉索·阿基西(Galasso Alghisi)于1570年引进的。因可以利用的材料有所改变，这些非洲要塞没有它们的欧洲范本那样精致。

圣乔治堡，即埃尔米纳堡(São Jorge, or Elmina Castle, 见[1237]页图B和[1238]页图Ⓐ)在16世纪末被大规模重建，可能是由意大利工程师菲利波·泰尔齐(Filippo Terzi, 1520—1597)提议的，他致力于葡萄牙防御工事现代化的工作。城堡主体的墙体是加厚的，大庭院的外墙很坚固，另外还附建有三角形的棱堡。这个要塞为随后修建的其他要塞提供了模式。其中最重要的有英国的**海岸角堡**(Cape Coast Castle, 约1674，见[1237]页图A)，还有丹麦人建的**克里斯蒂安堡**(Christiansborg, 1661—1670)。克里斯蒂安堡于多年后被大规模重建，现在是加纳国家元首的官邸。到18世纪末，沿"黄金海岸"线，九个欧洲国家或它们的特许公司修建了30多座要塞、城堡和贸易站。

耶稣堡(Fort Jesus, 见[1238]页图Ⓓ)位于东非海岸，由意大利工程师若昂·巴蒂斯塔·凯尔哈托(Joao Batista Cairato)设计。在要塞大门上方的铭文中，此人被称为"印度的首席建筑师"。加斯帕尔·罗德里格斯(Gaspar Rodriguez)负责这个要塞工程，于1593年完成。从平面上看，要塞有一个矩形的大庭院，庭院被珊瑚石墙体、四个拐角棱堡和一个矩形突出部所围绕，突出部朝向大海的一面有若干个小角塔。和埃尔米纳堡一样，此要塞也在庭院中建造了一个教堂。17世纪初，荷兰人掌管了欧洲的主要贸易，并继续沿西非海岸修建要塞。例如，在埃尔米纳，从1662～1666年，他们在**圣雅各山**(S. Jago Hill)上建造了一座要塞，用于保护他们于1637年接管的前葡萄牙堡垒(见[1237]页图C和[1238]页图Ⓔ)，这个要塞就是**柯恩拉达斯堡**(Coenraadsburg)，是一座平面几乎是正方形，带有四个三角形的拐角棱堡。它为以后的城堡提供了一个范式。例如，位于**普林斯教**的勃兰登堡普鲁士式的**大腓特烈堡**(Gross Friedrichsburg, 1683)；英国的**科曼达堡**(Commenda, 1686)；**迪克斯科夫堡**(Dixcove, 1692, 1750年扩建，加建了西边的建筑，见[1238]页图Ⓒ)；**阿诺马布堡**(Anomabu, 1753)；以及丹麦的**普林森斯滕堡**(Fort Prinsensten, Keta, 1784)。约翰·埃曼纽尔·李希特(Johan Emmanuel Richter)靠近克里斯蒂安堡建造了一座非同一般的**筑垒建筑**(a fortified house, 约1829, 见[1238]页图Ⓑ)，储藏室围绕两个庭院布置，住所位于两个庭院之间。整个建筑群被防御墙和棱堡所围绕，只能由唯一的山墙入口进入。

窗和门上方的山花，有时还有盾形纹章，是在这些十分简朴实用的建筑上发现的仅有装饰。但1750年迪克斯科夫堡扩建时，室内立面有空旷的拱廊和双壁柱，十分华丽。荷兰人一直占有黄金海岸的要塞，直到1872年将其卖给英国。荷兰人对他们接管的葡萄牙人的建筑曾做了许多改动。改动最多的是古典装饰，例如在埃尔米纳堡中的多立克柱廊和扇形三角饰门道。非洲南北海岸的总督的肖像，画于17世纪60年代，说明了当时建筑的质量。镀金皮革墙裙、东方毛毯以及从荷兰带来的组合家具为总督寓所提供了舒适的条件。

第六编 欧洲以外地区殖民时期及后殖民时期的建筑

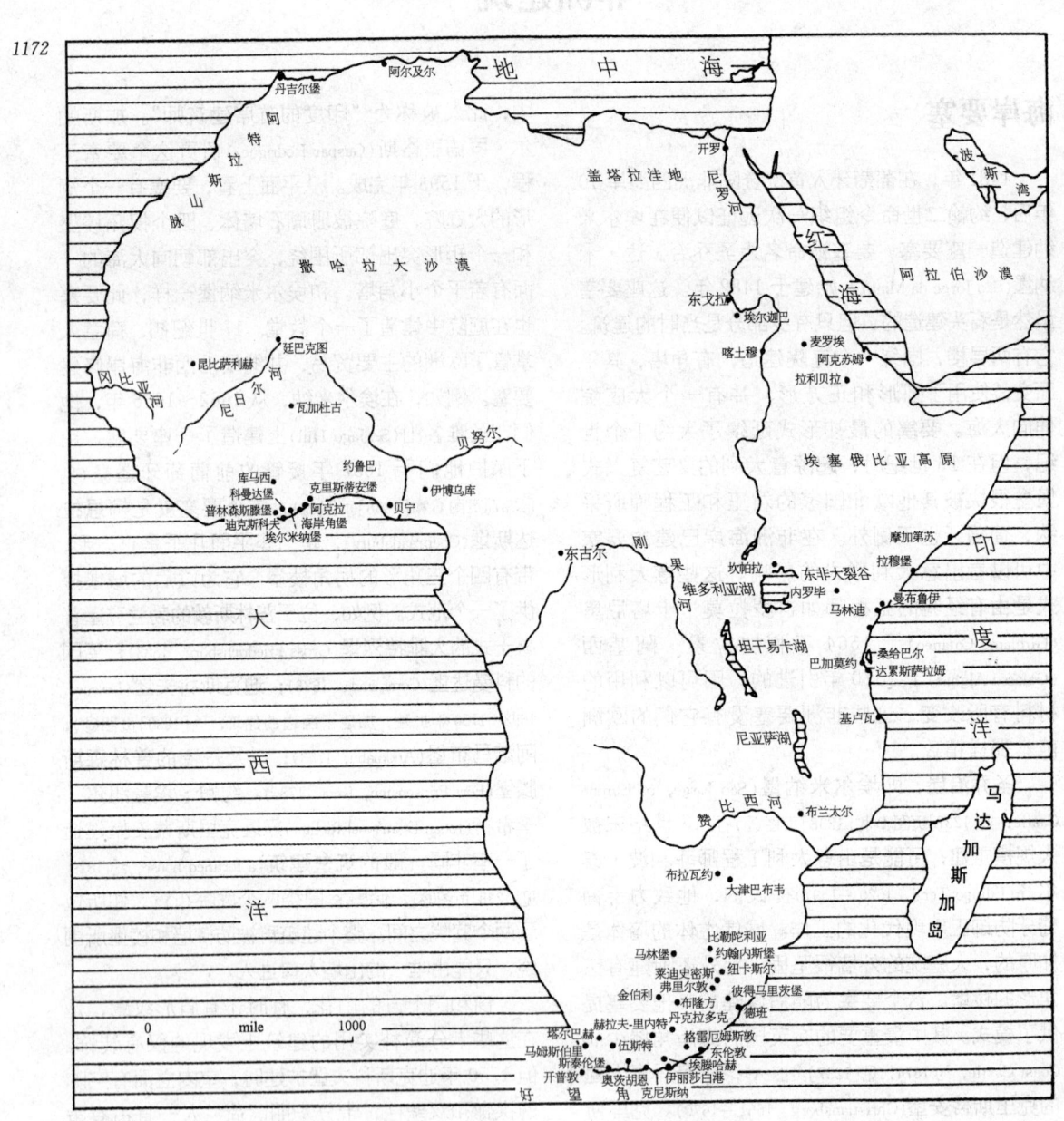

非洲地图

第36章 非洲建筑

图 A 海岸角堡(约 1674)东侧外观，18 世纪的情况，见[1235]页

图 B 圣乔治堡(埃尔米纳堡，16 世纪末大规模重建)，见[1235]页

图 C 圣雅各堡，见[1235]页

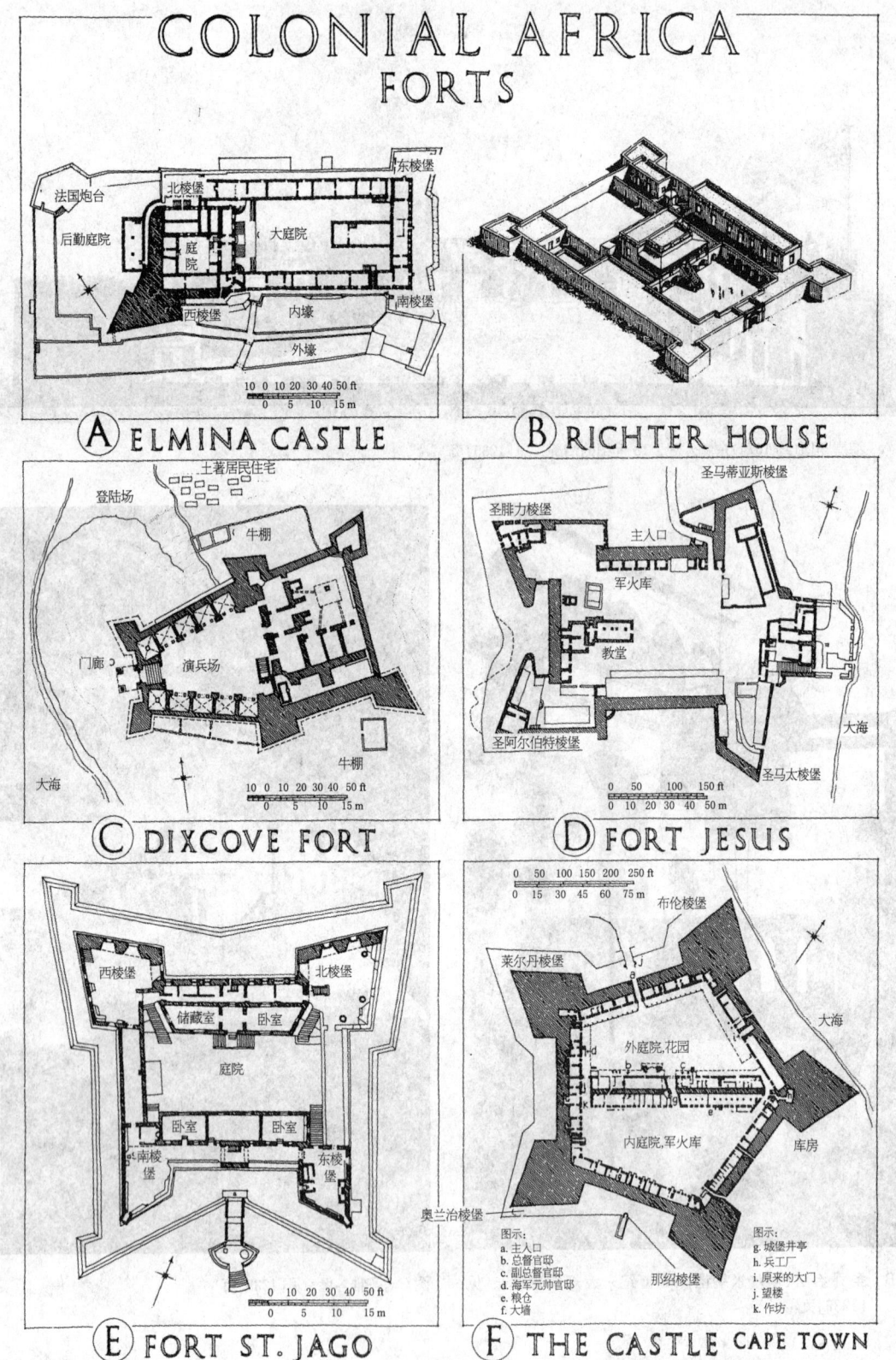

非洲殖民地城堡(COLONIAL AFRICA FORTS)：Ⓐ 埃尔米纳堡；Ⓑ 李希特宅；Ⓒ 迪克斯科夫堡；Ⓓ 耶稣堡；Ⓔ 圣雅各堡；Ⓕ 开普敦堡

威尔奈(Wilne)被欧洲文明包围后,在德维特(de Witt)报告了此事后的当年,荷兰人向南推进了3000多英里,这奠定了一座新城堡的基石。1602年,分散在阿姆斯特丹、鹿特丹、德尔夫特(Delft)、米德尔堡(Middelburg)、霍伦(Hoorn)及恩克赫伊曾(Enkhuizen)的公司联合起来,成立了荷兰东印度公司。1650年,这个新公司决定在好望角设立一个点,早在3年前,荷兰东印度公司的一艘船曾在桌湾(Table Bay)搁浅。1652年,第一支荷兰船队到达那儿,一个土砌的由木构建筑支撑的城堡快速建成了。基地刚一建立,就需要建造更多的永久性建筑,为此,荷兰人选了一块地以建设城堡。工程始于1666年。城堡平面呈五角形,在五个角上各有一个棱堡,分别以奥兰治亲王的若干头衔命名(见[1238]页图Ⓕ)。这一时期,荷兰的军事工程学校上升到了一个重要地位,西蒙·斯蒂文(Simon Steven, 1548—1620)完善了城堡体系,负责这项工程的工程师皮埃特·多姆鲍尔(Pieter Dombaer)采用了斯蒂文的城堡体系。该城堡以石材砌筑,1679年建成,三年后加建了一个入口,以多德雷赫特堡(Dordrecht)为模式,并展现了六个荷兰城市的力量。

那时,非洲的东、西、南部虽然均建立了类似的贸易点,但只在好望角,一个殖民地才能很快建成。1657年后,自治市的家庭开始在桌山后开垦土地。两年后,好望角种植的葡萄第一次酿出了美酒,进口的玫瑰也第一次开出了花朵。此后,非洲的贸易要塞开始向不同的方向发展。

北非、西非和东非

葡萄牙在北非的远征,导致了一批沿海城镇的出现。这些城镇中有摩洛哥的丹吉尔(Tangier),1471年被葡萄牙占领,约200年后,成为英国的领地,它是查尔斯二世的王后(布雷冈扎的凯瑟琳)嫁妆的一部分。克里斯托弗·雷恩(Christopher Wren)差一点儿被任命为**丹吉尔新堡**(Tangier's new fortification)的设计人和工程总监,但是他拒绝了这项任务。1667年,文策斯劳斯·霍拉(Wenceslaus Hollar)记载了这些城堡,但1683年当这个城市被放弃时,所有的城堡均被破坏。奥斯曼帝国的入侵打破了欧洲人想占领非洲北海岸的希望,直到18世纪末法国人的到来。

1789~1799年拿破仑在埃及发动的各大战役,多米尼克·维旺·德农男爵(Baron Dominique Vivant Denon)于1802年发表的《埃及上下游记》(*Voyage dans la Basse et la Haute Egypte*)和他后来发表的《埃及志》(*Description de l'Egypte*),自1809年起引发了一种称为欧—非风格的兴起,该风格也曾一度被称为非-欧风格。大量细致的考古研究为欧洲设计师提供了采用古埃及建筑的细节和形式的机会。虽然法国人在1801年撤离之前没有时间在埃及尝试建造一些建筑,但法国的学者却与埃及保持了密切的联系。法国对穆罕默德·阿里(Muhammad Ali)的影响很大,他是近代埃及王朝的创建者,他重建了亚历山大港。他为自己修建了**舒卜拉宫**(a palace at Shubra),设计了长长的林荫道将这座宫殿与开罗连接起来,并且在首都和博拉克(Boulak)之间也修建了一条林荫大道。1845年,新大道开始动工,它打破了开罗原有的街道模式。穆罕默德·阿里的继承人,埃及总督伊斯梅尔帕夏(Isma'il Pasha),在19世纪70年代继续建造阿塔巴-海德拉宫(Atabah al-Khadra)以及从这一中心四面放射出来的街道。据说,单为了给穆罕默德·阿里的林荫大道让路就拆毁了约400座建筑。

在**开罗**开工建设的新建筑数量巨大,它们大多采用意大利或奥地利的古典形式,但在私人住宅的设计中也体现了阿拉伯装饰风格的复苏,如**德洛尔别墅**(Villa Delort)、**圣莫里斯别墅**(Villa S. Maurice, 1874)和**佐格布别墅**(Villa Zogheb, 1898)以及一些公寓建筑。弗朗斯和德卡雷尔(Franz and De Carel)设计的盖芝勒的萨拉姆里克宅(The salamlik of the Guezireh, 1863),却有丰富的阿拉伯细部装饰。其他的例子包括潘塔内里(C. Pantanelli)设计的**巴比伦大院**(Babel Hadid, 约1870)前精巧的公共喷泉、卡伊利贝府邸(The Khayry Bey Palace, 1870)、马内斯卡尔科(A. Manescalco)设计的**阿拉伯艺术博物馆**(Museum of Arab Art, 1903)、潘塔内里(Pantanelli)设计的**尼尔宫堡**(Kasr el Nil Palace)以及安托万·拉希阿克(A. Laseiac)设计的**奥马尔苏丹的宫殿**(Omar Sultan's Palace, 1907)。

开放的空间及笔直的林荫大道被规定为正式的模式,这是法国殖民地发展政策的典型特征。1830年法国人占领了阿尔及利亚,其早期的决定之一便是建造政府大厦并拓宽**阿尔及尔**旧城的街道。在随后的 30 多年，这些计划按照奥斯曼等人在巴黎的工程得以实施，后来统一拱廊立面的笔直道路均修筑完毕，目的是完善卫生条件和便于军队调遣。沙塞里奥(Chassériau)负责对**海滨林荫道**和**歌剧院**(1850)进行长期的统一规划。

19 世纪上半叶非洲东、西部几乎没有欧洲式建筑及受其影响，虽然欧洲沿海的要塞似乎为非洲的一些统治者提供了某些建筑模式。例如，建于 1813～1821 年的**拉穆堡**(Fort in Lamu)，因为是当时的总督和阿曼苏丹合作的成果而闻名一时。它的雉堞状胸墙、中心庭院和坚固的角塔很可能就是借鉴于欧洲要塞。建于 1822 年的**石堡**，或称**阿班宫**(Stone Palace, or Aban，见[1243]页图 A)也是如此，奥塞·邦苏(Osei Bonsu)把阿散蒂区(the Asantehene)作为首都库马西(Kumasi)的一部分进行建设。所用的石料常从埃尔米纳海岸运来。统治者有令，在这座围绕庭院延伸开来的半设防的宫殿中，窗框必须用金子铸成，门框和柱子则必须用象牙雕刻而成，似乎这样可以显示创新精神，同时也可以在接见欧洲传教士时给他们留下深刻的印象。19 世纪末，**桑给巴尔苏丹**(Sultan of Zanzibar)建造了新的**宫殿**，它的结构虽然采用了钢材，但建筑特征与欧洲沿海要塞并没有多大不同。

总的说来，非洲东海岸的贸易点长期主要受阿拉伯和印度的影响，在整个 18 世纪和 19 世纪早期，非洲建筑的传统形式和技巧没有因来自欧洲国家的影响而有任何的改变。例如，在拉穆和桑给巴尔的斯瓦希里**珊瑚石屋**(coral-stone houses)，围绕庭院展开内式设计，而这种设计自 14 世纪开始并沿用至今(见[1242]页图⑥)。在 18 世纪，重要的向内式建筑装饰精美，在主要房间的墙上有抹灰雕刻，入口处则饰有木雕，这些细节装饰表明是受伊朗或印度的影响。而在东部沿海老城，诸如拉穆、桑给巴尔、摩加第苏和蒙巴萨，临街精巧的突出式阳台也分明是受到了来自印度洋彼岸异域文化的影响。同样，在蒙巴萨的一些 19 世纪建筑上发现的浇铸饰品也受到了相同的影响，可以说是具有印第安巴洛克风格(Indian-Baroque)。

16 世纪，沿着西非的冈比亚河和扎伊尔河修建了一些葡萄牙与西班牙的传教士教堂，但事实上这些建筑都没有被保存下来。东非大陆的第一个**传教点**(mission station)，由法国圣灵会(French Holy Ghost Mission)在坦桑尼亚的巴加莫约(Bagamoyo)北部的灌木林中建立。1868 年，几乎是这个传教点刚建成时，人们又建造了一座**教堂**。这座教堂是简单的珊瑚结构，有一个顶部带小尖塔的塔楼，后来改建成为一座法国罗马风格的更为精巧的教堂(1910—1914，见[1243]页图 C)。那些很少能保留下来、规模更小的传教士教堂，通常采用矩形的带地方特色的结构，而类似尖拱或圆头的窗子的细节部分通常被当做建筑意图的象征符号。在赞比亚的**尼亚姆考罗**(Niamkolo)的坦干易卡湖畔(Lake Tanganyika)，有一处由石块建成的教堂遗迹(1895—1896)，还可看出该类建筑的式样，这座教堂有一个高 15m(49ft)的塔楼，是在一位受伦敦传教会指派的传教士的监督下建成。位于肯尼亚弗里尔敦的**伊曼纽尔教堂**(Emmanuel Church at Freetown)，于 1884 年由奴隶的后裔建成，这项饱有雄心的设计把一个有圆头拱门的拱廊和三尖顶拱(triple lancets)混合在一起。

传教区建立伊始，罗马风格便风靡一时，人们在建筑上花费更多的钱，如在巴加莫约(参见有关章节)，人们推测典型的厚重砖石建筑和小窗等特征，比哥特式建筑更适合当地的气候和材料。在乌干达的**坎帕拉**(Kampala)，白人修建了**鲁巴加大教堂**(Rubaga Cathedral，1912—1925)，这个教堂有两座高耸的西式塔楼和罗马风格细部。白人按相似的风格还修建了位于上沃尔特的**瓦加杜古大教堂**(Cathedral at Ouagudougou)。贝朗热(M. Berangier)设计的位于桑给巴尔的**圣约瑟教堂**(S. Joseph's, Zanzibar，1896—1898，见[1243]页图 D)是模仿法国马赛的风格建造的守护圣母教堂。位于肯尼亚蒙巴萨的**罗马天主教堂**(Roman Catholic Cathedral at Mombasa, Kenya)，也有类似情况，但却不是标准的罗马风格教堂。该教堂初建于 19 世纪末，1918 年，由古斯塔夫·瓦尔特修士(Brother Gustave Walter)设计重建。**桑给巴尔的圣公会大教堂**(Anglican Cathedral at Zanzibar，1873—1879)由海沃德(C. F. Hayward)设计，**蒙巴萨的圣公会大教堂**(Anglican Cathedral at Mombasa，1901—1905)由辛克莱(J. H. Sinclair)设计，将早期英国式建筑的细部和伊斯兰建筑的细部相结合，前者有钟楼，后者(1905 年建成)有一个十字穹顶和两个带穹顶的西式塔楼。

许多这样的建筑给人留下了深刻的印象，虽然它们很少是由建筑师设计建造，但都是极为成功的。某位斯科特先生，他是一个从未有过砌砖经验，更没有建筑经验的人，因设计并建造了位于马拉维的**布兰太尔苏格兰教区教堂**(Church of Scotland Mission Church at Blantyre, Malawi, 见[1243]页图B)而闻名，这座教堂很大，以砖砌筑，完成于1895年，西边有两座双子塔楼，顶部有十字穹顶。虽然如此，但是在某些情况下英国建筑师的协助也必不可少。阿斯顿·韦布爵士(Aston Webb)设计了位于加纳的**阿克拉圣三一教堂**(Holy Trinity Church, Accra, Ghana, 1893)。罗伯特·韦尔·舒尔茨(Robert WeirSchulz)为位于苏丹喀土穆的**万圣大教堂**(All Saints Cathedral, 1909—1912)进行了不是很正宗的罗马风格设计，其中小的高窗是对付非洲炎热效应的尝试。在乌干达的**坎帕拉纳米伦贝**(Namirembe, Kampala)，贝瑞斯福特·皮特(Beresford Pite)设计了**圣公会大教堂**(Anglican Cathedral, 1913—1919)，这是该地区的第四座教堂。与上述例子相似，皮特在这座教堂的设计中采用了改良的工艺美术运动哥特式风格，其中小窗设在巨大的尖拱廊的凹进处。他为这个建筑进行的特殊设计包括三层十字形耳堂，十字穹顶以及一个没有建成的西方风格的高塔。坦普尔·穆尔(Temple Moore)设计的位于肯尼亚的**内罗毕万圣大教堂**(All Saints Cathedral, Nairobi, Kenya, 1915)，没有按照他的意图完成。很久以后，1938年，在埃及，阿德里安·吉尔伯特·斯科特(Adrian Gilbert Scott)设计的**开罗万圣大教堂**(All Saints Cathedral, Cairo)被描述为"一种为了适应埃及气候、自由发挥而成的教会建筑模式"。

传统的房屋既要考虑当地的气候，也要考虑取材是否便利，欧洲的定居者从中学到了不少经验。例如，19世纪初在**埃尔米纳**(Elmina)由荷兰商人建造的**房屋**，采用传统的庭院设计，沿街或沿湖立面通常有两层高，五个开间。但随着建筑数量的不断增加以及人们更加注意对疾病的预防，就需要更多的内陆的新定居点和更舒适的房屋。一个便捷的办法是从英国引进便携式结构，旁登(J. C. Loudon)在他的《村舍、农场与别墅建筑百科全书》(Encyclopaedia of Cottage, Farm and Villa Architecture, 1833)中对此作了描述。虽然许多预制房屋构件被运到了殖民地，但这些标准化设计一开始似乎并未考虑到当地的特殊情况。但是，从19世纪中期开始，人们就有意识地采取相应措施，在建房时考虑热带生活的特殊需求，包括通风和遮阳。

在1873年对阿克拉(Accra)的一个描述中指出，"司令的寓所……宽敞的游廊提供了充裕的凉意，游廊周围宽阔的空间表明无论何时居住者都尽力想获得清洁的空气"。游廊的起源仍不能确定，但作为热带居所的一个特征，它具有悠久的历史，也许来源可追溯到印度，然后从印度流传到葡萄牙，再于15世纪从葡萄牙流传到亚洲的葡萄牙人定居点，大概在19世纪又被带到非洲，出现在传教士修建的第一批建筑中。19世纪40年代，巴塞尔(Basel)传教点在阿克拉的腹地建成。在靠近克里斯蒂安堡(Christiansborg Castle)的第一批房屋中，传教士在其中一座房屋的二楼起居室周围建了游廊。游廊同时出现在这一地区的其他房屋中，该地区名为奥苏(Osu)。在东非的**巴加莫约**(Bagamoyo)传教点，建于19世纪60年代的**女教友会隐修院**(the Sister's Convent)同样有自己的游廊，而**兄弟隐修院**(the Brother' House)的结构则更为坚固，是一座有两层拱顶、只在第三层设有游廊的建筑。

巴塞尔传教所(Basel Mission House)的早期形式于19世纪后半叶形成，这是一座两层核心建筑，由砖石或土坯砖(pisé earth)建成，并有单排房间，整个建筑被宽敞的木结构游廊包围，游廊则由石墩、木柱或铸铁柱支撑。事实上它和当时印度的平房很相似，只是不直接和地面接触。起居室设在二楼，底层是贮藏室，在宽敞的游廊中有楼梯。在库马西(Kumasi)也有一个晚期的优秀例证，大约建于1906年(见[1242]页图⑧)。这座建筑的二楼安装了带铰链的百叶窗，窗格可变化不同的角度，以最大限度地遮荫与通风。在大部分非洲殖民地城市都有各式各样的游廊建筑存在，而且在本世纪一开始就成为殖民地办公楼的一种官方设计模式。沿着19世纪末**拉穆**(Lamu)旧城斯瓦希里(Swahili)前方的水岸线可以找到不少例证，显然，在这里游廊建筑可以和其他传统建筑形式合而为一。一栋完成于1892年的建筑(今博物馆)面向大海有一道游廊，但在这座建筑的后方仍保留了斯瓦希里庭院建筑的设计特征(见[1242]页图©和[1244]页图B)。

据说英国建筑的影响是通过桑给巴尔(Zanzibar)苏丹带到东非的。他的**奇迹宫**(House of Wonders, 1883, 见[1244]页图A)带有发生于19世纪末技术革命的印迹，但是，1888年桑给巴尔苏丹

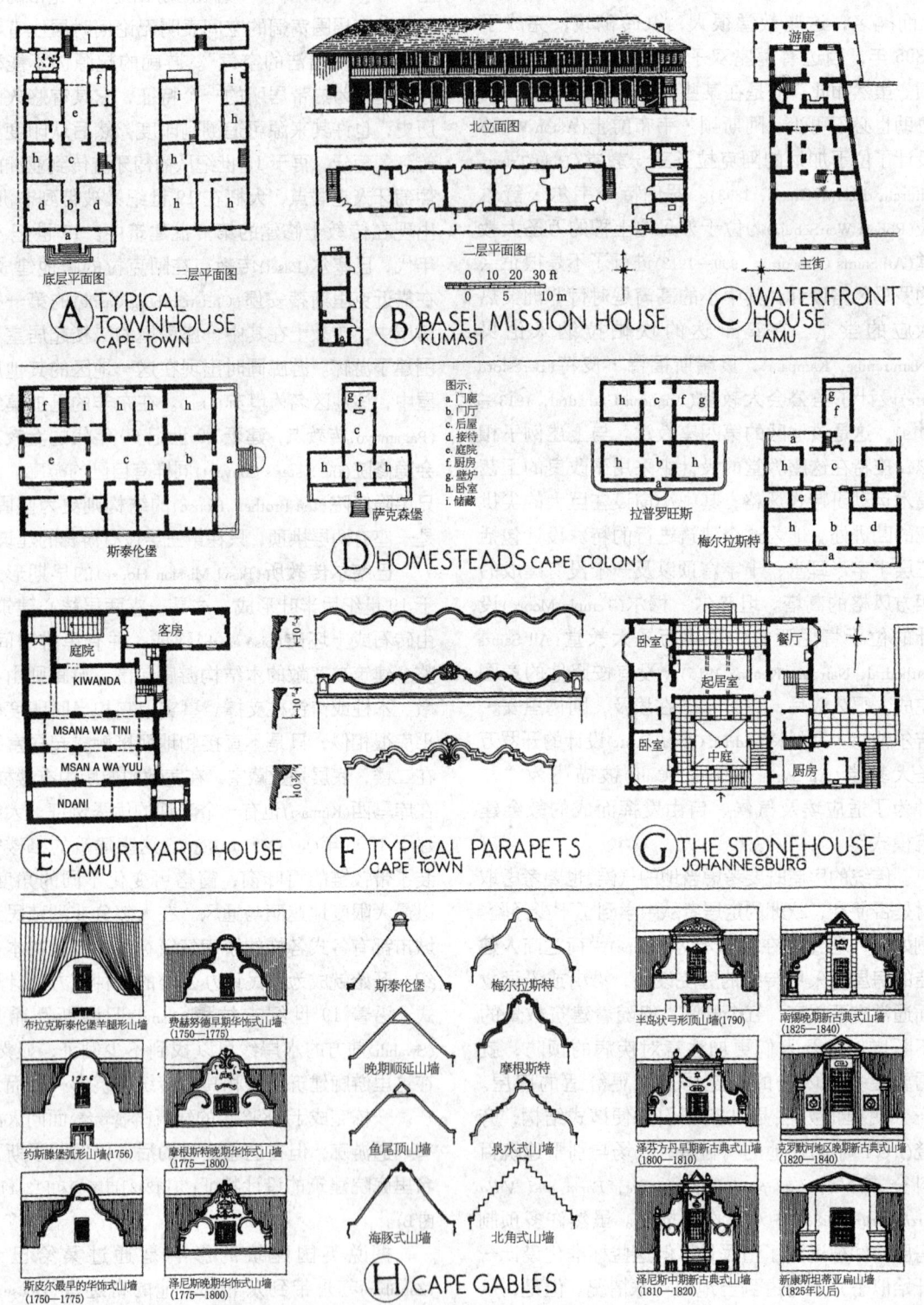

第36章 非洲建筑

图 A 库马西石堡(1822),见[1240]页

图 B 布兰太尔苏格兰教区教堂(1895),见[1241]页

图 C 巴加莫约法国教区教堂(1910—1914),见[1240]页

图 D 桑给巴尔的圣约瑟教堂(1896—1898),见[1240]页

图 E 达累斯萨拉姆圣约瑟罗马天主教大教堂(1897—1902),见[1245]页

第六编　欧洲以外地区殖民时期及后殖民时期的建筑

图A　桑给巴尔奇迹宫(1883)，见[1241]页

图B　拉穆珊瑚礁住宅(1892，现为博物馆)，见[1241]页

图C　巴加莫约博马宫(1895)，见[1245]页

与德国东非公司签订了条约，两年后又将今天的坦桑尼亚海岸卖给了德国政府。新殖民地的首府先定在巴加莫约(Bagamoyo)，1895 年在那里建造了**海关大楼**(Customs House)和**博马宫**(Boma)。在设计这两座建筑时，来自德国的建筑师显示了对本地建材和气候条件非同一般的理解力和尊重，但是，显然建筑师也将欧洲建筑的要素糅合进去了。宏伟的博马宫(见[1244]页，图 C)是一个斯瓦希里和欧洲风格的合成物，在坦噶(Tanga)、米金达尼(Mikindani)和基卢瓦基温杰(Kilwa Kvinje)也建造了类似风格的建筑物。1891 年，首都迁至**达累斯萨拉姆**(Dar-es-Salaam)，而早在 1887 年第一座德国建筑已经在那里建成，是**柏林路德派传教所**(Berlin (Lutheran)Mission)的所在地。1891 年起，新一批行政办公楼和**皇宫**(Kaiserhof，军人俱乐部)开工建设，都是古典主义风格的建筑，较低楼层采用了砖石结构，较高楼层则建有宽大的游廊，游廊所用的钢质托梁和木雕椽子及幕帘都是在德国预选订做的。**大洋路综合医院**(Ocean Road Hospital, 1897)和同时期的**国家宫**(State House, 1922 年重建)与早期的德国建筑风格相似，因为它们都有多重饰叶的伊斯兰拱门。位于景色宜人、宽阔的植物园地区的**市政建筑群**，从风格上来讲也同样都是杂交型的，但是**圣约瑟罗马天主教大教堂**(S. Joseph's Roman Catholic Cathedral, 1897—1902，见[1243]页图 E)和**路德教堂**(Lutheran Church, 1898)则是例外，它们就本质而言仍属于欧洲建筑。这些杰出的建筑表明，第一次世界大战前夕建筑师对殖民地建筑将有更加负责任的态度。第一次世界大战导致非洲各国领土再次被瓜分。

南非

1679 年，**好望角**的好望堡建成后，在城堡范围内开始修建一些**居住建筑**，其中包括荷兰东印度公司总督官邸，官邸里 1695 年的议会厅，现在仍保持完整。在堡垒墙外是一系列平行四边形的花园，包括一座花园建筑，后来该建筑被用做**政府大厦**(Government House，今图因宫 Tuynhuys)。尽管早在 1654 年这里就有一些砖砌的房屋，但早期的多数房屋是单层的，有枝条构架、抹灰的墙和稻草盖的屋顶，山墙或半斜脊墙，泥制或牛粪的地板，一般由三间房间组成，起源达奇霍姆斯特德角(Cape Dutch Homesteads，见[1242]页图⑪)，他们的宅邸于 18 世纪中叶得到发展。

这里的建筑可归纳为三种主要类型。第一种的平面是 T 形，例如**萨克森堡**(Saxenburg)；第二种的平面是 H 形或是 T 形与 H 形的结合，例如**梅尔拉斯特**的**普罗旺斯宅**(La Provence, Meerlust)；第三种类型是 U 形平面，用于比较豪华的建筑，例如**斯泰伦堡**的**大康斯坦蒂亚宅**(Stellenberg, Groot Constantia)。每一种类型都有一个门厅(voorhuis)引导人进入作为餐厅的后屋(achterhuis)。其他房间都对称地布置在这条轴线的两侧。铺有巴塔文砖(Batavian tiles)的走廊沿建筑的正立面通长布置，有时绕整个房屋形成一个底座；有时沿廊布置的立柱支撑着葡萄树的格子架，例如**梅尔拉斯特宅**(Meerlust)、**摩根斯特宅**(Morgenster)、**费赫莱根宅**(Vergelegen)，后来这种走廊演变为游廊，成为殖民地建筑的常见特征。墙由未打磨的石块或晒黑的砖块砌成，抹灰或粉刷石灰，屋顶覆盖着芦苇，柚木被用于窗框和外部的细木工。

在外观上，两个主要的装饰特色均来自荷兰的传统——中央的山墙和入口的门廊。第一个装饰特征是中央的山墙。例如，在阿姆斯特丹，有各种各样的山墙——旋涡形的、曲线形的、三角形的、巴洛克式的和新古典主义的(见[1242]页图⑪、[1247]页图 A、图 B 及[1248]页图 A)。显然，菲利普·温布恩斯(Philips Vingboons)等人的出版物(1648, 1674)为大约一直到 18 世纪末的那些设计提供了资料；但 18 世纪末以后，华美的山墙就被新古典主义形式取代了。为了保护屋顶材料，末端的山墙是必要的，除非采用四坡屋顶。1800 年以前，山墙不是直边的就是曲线的，带有一个圆顶，而 1800 年以后，山墙顶部更为常见的则是尖顶。第二个装饰特征是中央入口的门廊，门上是一个高高的扇形窗，用于入口门厅采光，其细部也经历了从巴洛克到新古典主义的变化，有时候用柚木或石膏的扶壁柱构成门廊。

总的来说，这两种装饰要素在农场建筑(homesteads)中的应用没有在城市建筑(town houses)中的应用来的精巧。城市建筑在应用这两种装饰要素时，有一个关键的细节是不同的，因为要防止城中的火灾，铺茅草的斜屋顶被平屋顶代替，在结构或装饰上常有一个低矮的挡墙和一个中央山花(见[1242]页图Ⓕ),在许多实例中都设立了扶壁柱来完成一个古典的立面。同样在平面中,**城市建筑**不同于农场建筑,其入口大厅狭窄,通常引导到一个内部大厅,与主要轴线成直角。它能通向庭院——这也来源于荷兰——在其外围是奴隶住所及储藏室(见[1242]页图Ⓐ)。城市建筑的一个更小的样式建于1795～1829年,在现在所知的开普敦的博角区(Bo-Kaap,以前的马来区)。单层有着高高的门廊(stoeps),其简洁的檐口和扇形窗结合了荷兰和英国的特色。早期的传教教堂和住所在结构上几乎没有什么不同。例如,1743年在**塔尔巴赫**(Tulbagh)建造的一个简单的房屋,于1795年扩建并添加了一片巴洛克式的凹凸的山墙。梅尔维尔(J. Melvill)于1818年在马姆斯伯里(Malmesbury)附近建造的**马姆里教堂**(Mamre),也是按照同样传统的方式,两头都有一个大的巴洛克式的山墙。在**斯泰伦堡**的**莱茵教堂**(Rhenish Church of Stellenbosch, 1824, 1840年扩建)有一个华丽的荷兰新古典主义山墙。

建于殖民地的第一座公共建筑是**自由民哨所**(Burgher Watch House, 1716, 1755～1761年重建),建筑师不详,1917年由雕塑家约翰尼斯·斯特鲁维格(Johannes Struwig)修复。第二座建筑留存至今,是一座两层楼房屋,有叠加的多立克(Doric)和爱奥尼亚(Ionic)柱式、巴洛克装饰和一个突出的入口门廊,原先建筑顶上还有栏杆(见[1247]页图C)。其他反映殖民地日益繁荣的标志建筑也随之而来。有一所医院建于1772年,它的三层砖结构货栈的建设,表明了当时的商业发展。1779年,第一座**大教堂**(Groote Kerk, 1700-1704)扩建成希腊十字平面,有一段三角形山花的山墙及扶壁柱。这座教堂大约重建于1840年,现仅有塔幸存下来。大教堂还保留有安东·安雷斯(Anton Anreith, 1754-1822)雕刻的布道坛,安雷斯也为原先是一个仓库的**路德教堂**(Lutheran Church)设计了布道坛,同样以古典的手法使立面翻新(1787-1792,见[1248]页图B)。在**森丁盖斯蒂格教堂**(Sendinggestig,南非传教士协会教堂,1801-1803),由默克(J.G. Mocke)修建,他也可能就是设计师(见[1248]页图C)。

安雷斯(Anreith)和路易·米歇尔·蒂博(Louis Michel Thibault, 1750-1815)是在殖民地工作的第一批可确认的建筑师。安雷斯在德国时是一名雕塑家,蒂博在巴黎时曾是安热-雅克·加布里埃尔(Ange-Jacques Gabriel)手下的一名建筑师,两人都是作为服务团体的成员到达好望角的。在1768年,安雷斯成为荷兰东印度公司的主要雕塑家。1786年,蒂博被任命为荷兰东印度公司的建筑总监,实际上就是公司的官方建筑师。安雷斯的作品采用的是德国南部晚期的洛可可(rocoe)风格,这从他完成的教堂布道坛,以及在**大康斯坦蒂亚**(Groot Constantia)颇有纪念性的酒窖建筑的山墙(1791)上可以看出来。其他同样风格的作品有:好望堡中为**总督住宅**添加的柚木门廊和阳台("猫"阳台),见[1248]页图D),以及在1798年为**怡乐宫**(Rust-en-Vreugd,约1777-1782)加建的柚木游廊,此住宅的入口门廊上有着杰出的洛可可雕刻(见[1251]页图A)。安雷斯可能在**马丁·梅尔克宅**(Martin Melck House, 1782,见[1247]页图B)上雕刻了花环装饰,其设计也可能出自他手。当蒂博来到殖民地后,安雷斯的作品风格确实发生了变化。在**科普曼斯·德·维特宅**(Koopmans de Wet House,约1792)的翻新上,凹槽的扶壁柱和花环饰嵌板的使用,显然是受到了这位法国建筑师蒂博的影响,但是在设计中最明显地表现出其法式训练功底的建筑是老的砖石结构的**好望旅馆**(Lodge de Goede Hoop, 1803,在一场大火后于1892～1893重建),它有无洞口的墙和象征性的入口。而**斯塔尔广场**(Stal Plein)的入口门道则更能体现出法国新古典主义的风格。

在开普敦城外,蒂博设计了**塔尔巴赫法院**(Drostdy at Tulbagh, 1807),又在赫拉夫-里内特(Graaff-Reinet)设计了另外一座法院(1804),在赫拉夫-里内特他也许还曾负责维修了一座旧牧师的住宅(约1812)。另一项类似的任务是重建**勒斯滕堡**(Rustenburg,约1806),这是一幢位于龙德堡(Rondebosch)的住宅,有一个巨大的柱廊。但这时,英国人接管了南非殖民地,蒂博继续为新政府工作,并与安雷斯合作,为**原最高法院和立法议会大楼**(Old Supreme Court and Legislative Assembly, 1811-1815)以及**海关大楼**(Customs House, 1814)修建了新的立面。蒂博也许还负责过**政府大厦**(Government House)的大规模重建和扩建工程,包括政府大街的入口门道。安雷斯为其中一座大门用石膏雕刻了母狮像,这座建筑本身表现出从荷兰品味向英国品味变化的一个延续过程。这种变化也可从以下的建筑中看出:**开普敦**的**商品交易所**(Commercial Exchange, 1819,现已毁)和**伯特伦宅**(Bertram House,约

第36章 非洲建筑

图A 大康斯坦蒂亚宅立面的中央部分入口(约1792年改建),见[1245]页

图B 开普敦的马丁·梅尔克宅(原路德宗牧师住所,1782),见[1245][1246]页

图C 开普敦自由民哨所(1755—1761),见[1246]页

第六编 欧洲以外地区殖民时期及后殖民时期的建筑

图A 好望堡入口内立面,见[1245]页

图B 开普敦路德派教堂(1787～1792年重修立面),见[1246]页

图C 开普敦森丁盖斯蒂格教堂(1801—1803),见[1246]页

图D 好望堡总督住宅,"猫"阳台(约1780—1790),见[1246]页

1840)，以及琼斯(W. Jones)设计的**伍斯特法院**(Drostdy at Worcester, 1823—1825, 见[1251]页图 B)。

这一时期，在开普敦重要的新建筑上采用了英国复古的样式。**皇家天文台**(Royal Observatory, 1825—1827, 见[1251]页图 C)在 1821 年由英国海军部工程师首次规划，设计人是约翰·伦尼爵士(Sir John Rennie)。多立克门廊和其他希腊式细部由英国的约翰·斯基尔罗(John Skirrow)监造，斯基尔罗后来成为开普敦的官方建筑师。从 1827～1828 年，苏格兰基督教长老会请亨利·威廉·雷弗利(H. W. Reveley)设计建造了**圣安德烈教堂**(S. Andrew's Church)，其中用了多立克双柱支撑的多立克檐部和山花。**圣乔治教堂**(S. George's Church, 1830 始建，后成为主教堂，现已毁)，是斯基尔罗(Skirrow)完全模仿威廉·因伍德和亨利·威廉·因伍德(W. and H. W. Inwood)设计的伦敦圣潘克拉斯教堂(S. Pancras, 1819—1822)所建造的，用了爱奥尼六柱式门廊和西式塔楼，并借鉴了风塔。因伍德设计的教堂收录在布里顿和普金编著的《伦敦公共建筑》(The Public Buildings of London, 1825)一书中，这可能就是开普敦的设计原型。虽然几乎没有记录可以证明这一时期从英国有图画传到这里，但经推测实际上是有可能的。1824 年，托马斯·威尔逊(Thomas Willson)为海军一幢位于开普敦附近的**格林波因特别墅**(villa at Green Point)的设计曾在皇家科学院展出。

另一种流行的样式是埃及式。1820～1821 年，鲁法恩·唐金爵士(Sir Rufane Donkin)在**阿尔戈阿湾**(Algoa bay, 伊丽莎白港)建造了一座金字塔以纪念他的妻子。1839～1841 年，由詹姆斯·亚当松教授(Professor James Adamson)设计，刘易斯上校(Colonel G. G. Lewis)作为建筑师建造了**南非学院埃及楼**(Egyptian Building of the South African College, 今开普敦大学)，该建筑有一个柱廊及其他埃及式细部。**帕尔体操学校**(Gymnasium School at Paarl, 1858)也有同样的设计，建筑墙体用象征埃及的图形作为装饰。1826 年，开普敦的犹太人团体修建了他们的犹太教教堂，希腊和埃及式样似乎开始混淆，在一个设计中可以同时发现两种风格。

一些新教堂使用了古典式样。在**巴瑟斯特的圣约翰教堂**(S. John's, Bathurst, 1829—1838)是一个小型但独特的设计，由查尔斯·康沃利斯·米歇尔少校 Major Charles Cornwallis Michell 设计。位于**埃滕哈赫**的**荷兰改革教堂**(Dutch Reformed Church at Uitenhage, 1820—1843)混合了扶壁柱、层叠的塔和塔尖。而在**克拉多克**(Cradock)的**荷兰改革教堂**(1864—1867)，其层叠的尖塔在西侧的一个门廊上方升起，这个教堂是詹姆斯·吉布斯(James Gibbs)在英语国家设计的众多圣马丁教堂(S. Martin-in-the-Fields)之一。1835～1841 年，**开普敦大教堂**(Groote Kerk, Cape Town)进行了重建，其立面结合了古典式和哥特式的元素(见[1251]页图 D)。当克拉多克的荷兰改革教堂正在建造的时候，哥特复兴式成为所有基督教派别所共同采用的总形式。早在 19 世纪 20 年代，**帕卡斯多普教区教堂**(Pacaltsdorp Mission Church, 1822—1825)以及由查尔斯·特拉佩斯上校(Colonel Charles Trappes)设计的在**伍斯特**的**荷兰改革教堂**(Dutch Reformed Church at Worcester, 1824)就是哥特复兴式的。在伊丽莎白港的**圣母马利亚教堂**(S. Mary's, Port Elizabeth, 1831)和米歇尔(Michell)设计的位于**龙德堡**的**圣保罗教堂**(S. Paul's, Rondebosch, 1832—1834)是早期另外的实例。在同一时代，由塞尔温(C. Selwyn)设计的位于**格雷厄姆斯敦的圣帕特里克教堂**(S. Patrick's, Grahamstown, 1839—1844)却是都铎-哥特式的。在格雷厄姆斯敦建造的**基督教循道会纪念教堂**(Methodist Settlers' (Commemoration) Church, 1845)，将小尖塔、城垛和洋葱形拱窗组合在一起。位于**彼得马里茨堡的长老会教堂**(Presbyterian Church, Pietermaritzburg, 1852—1854, 1873 年改变用途)是古典式-哥特式的混合建筑。索菲娅·格雷(Sophia Gray)是开普敦圣公会第一任主教的妻子，正是她，通过抄绘和收集英国的古建筑资料，充分利用了当时的出版物以及许多来自英国的设计方案和绘画，为许多新教堂提供了设计方案。例如在斯泰伦博斯(Stellenbosch)和威廉王镇(King William's Town)，索菲娅·格雷就借用了英国建筑师设计的方案。这位女士，通过修改方案以适应投资额和可以利用的材料，被描述为"从事平面设计和绘图工作，仿佛她就是一位合格的教会建筑师"，但她却设计了不少引人注目的建筑，包括**克尼斯纳的圣乔治教堂**(S. George's, Knysna, 1849—1855)、**乔治城的圣马可教堂**(S. Mark's, George, 1849—1850)，**卡利登英国教堂**(English Church at Caledon, 约 1850)，巴特菲尔德(W. Butterfield)完成的**克莱尔蒙特救世主教堂**(S. Saviour's, Claremont, 1850—1853)，**彼得马里茨堡的圣彼得大教堂**(S. Peter's Cathedral, Pietermaritzburg, 1851—1857, 后扩建)以及位于布隆方丹的圣米迦勒和

第六编 欧洲以外地区殖民时期及后殖民时期的建筑

圣安德烈教堂(S. Michael and S. Andrew, Bloemfontein, 1850, 1866年迁建)。

在19世纪20年代,东角地区、西角地区以及格雷厄姆斯敦、伊丽莎白港等城市的发展,广泛地巩固了英国文化对建筑以及对生活和文化的影响。1831～1838年的大迁徙(Great Trek)最终导致了德兰士瓦布尔共和国(Boer Republics of the Transvaal, 1852)和奥兰治自由邦(the Orange Free State, 1854)的成立。1842年,在纳塔尔(Natel)地区,纳塔利亚共和国(Republic of Natalia)已经存在了五年并将新建的城镇彼得马里茨堡(Pietermaritzburg)作为其首都,随着英国对这块殖民地的占领,在纳塔尔地区试图建立第三个自由邦的尝试最终失败。英国的开普殖民地(Cape Colony)向东北部扩张意味着,有着共同背景的英国殖民地的建筑和布尔(Boer)共和国的建筑开始向不同的方向发展。

而将哥特式风格用于教堂似乎是布尔人与英国人之间有一致性的一个例证。19世纪60年代以后布尔的许多教堂与同一时期英国本土的设计往往很难区分,只是在材料上有些变化。在**奥茨胡恩**(Oudshoorn),黑格(K. O. Hager)设计的优雅的**荷兰改革教堂**(Dutch Reformed Church, 1877—1879)是由苏格兰石匠建造的,索菲娅·格雷(Sophia Gray)设计的位于**克尼斯纳的美景教堂**(Belvidere Church at Knysna)也是由苏格兰石匠建造的。在开普敦的**大都会循道会教堂**(Metropolitan Methodist Church, 1876—1879)查尔斯·弗里曼(Charles Freeman)设计了中堂、圣坛所和带尖顶的角塔,采用了装饰华丽的风格。查尔斯·弗里曼还设计过一个规模更宏大的但却不太成功的教堂,这就是位于**赫拉夫-里内特的荷兰改革教堂**(Dutch Reformed Church at Graaff-Reinet, 1886),该教堂具有丰富的细部,屋顶按图案铺设了彩色的石板瓦。在布隆方丹,沃克(A. W. Wocke)设计了**荷兰改革教堂**(1878),该教堂有两个塔楼,或多或少地具有罗马风格。在**比勒陀利亚**(Pretoria),克拉斯·范赖伊斯(Klaas van Rijsse)为同一个教会设计的教堂(1896—1897)有一个精巧的尖塔及色彩斑斓的主体部分。**格雷厄姆斯敦的圣米迦勒和圣乔治大教堂**(Cathedral of S. Michael and S. George, 1824年始建),由斯科特上校(Colonel H. M. Scott)设计。在1874～1878年这座教堂进行了扩建,其塔楼和塔尖由乔治·吉尔伯特·斯科特爵士(Sir George Gillert Scott)设计。他的儿子约翰·奥尔德里德(John Oldrld)在1889年和1909年为圣坛和中堂提供了设计方案(见[1252]页图A)。在**德班**(Durban),循道会修士在西大街建造了他们的**教堂**,教堂的侧ава是早期英国的式样,由里奇韦(R. Ridgeway)于1877年设计。1878年,德班的罗马天主教徒决定建设**圣约瑟教堂**(S. Joseph's),他们请一家名为戈尔迪、蔡尔德和戈尔迪事务所的英国公司(Goldie, Childe and Goldie)进行设计。这家英国公司的设计被描述为"哥特式的……适应了现代的以及殖民地的、产品化的材料,适应了气候。在抵挡炎热方面……它是尽善尽美的,为了获得这个效果,我们的父辈们对建筑师的这种哥特式自由手法很了解,因此很少有人会为此争执"。

所有殖民地的一个共同的特征就是尽可能地复制母国的文化和建筑,即使是在气候差异相当大的地方。但是,没有必要在国与国之间划出一个严格的界限。例如,位于开普敦的**南非博物馆**(South African Museum in Cape Town, 1893—1897)就是从德兰士瓦(Jrans Vaal)来的建筑师菲克瑟博克瑟(J. E. Vixseboxse)的作品,这座建筑的风格是布尔共和国式样的。

位于开普敦的**南非图书馆**(South African Library in Cape Town, 1857—1860)由科勒(W. H. Kohler)设计,其立面是科林斯式的,基于巴塞维设计的剑桥菲茨威廉博物馆的立面。**德班镇公所**(Town Hall, Durban, 1883—1885,见[1252]页图B)由达吉恩(P. M. Dudgeon)设计,参考了布罗德里克设计的**利兹市政厅**(Brodrick's Leeds Town Hall, 1853—1858)。利兹市政厅的样式是一种古典的矩形建筑,周边环绕着柱廊或扶壁柱幕墙,中央是一个穹顶塔楼。20世纪初期,当里德(Reid)和格林(Green)设计**开普敦市政厅**(Cape Town City Hall, 1905)时就采用了利兹市政厅的样式。这种著名形式的影响如此之强烈,以至于连朴素的**伊丽莎白港市政厅**(Port Elizabeth Town Hall, 1861,见[1253]页图C)也建造了一个穹顶塔(1894年完成),以便与这种样式相符合。即使当金伯利市在钻石矿周围快速发展时,由卡斯泰尔斯和罗杰斯事务所(Carstairs and Rogers)设计的古典的**金伯利市政厅**(Kimberley Town Hall, 1899),也显示了一个象征性公共建筑的重要性。沃克(R. Walker)设计的**莱迪史密斯市政厅**(Ladysmith Town Hall, 1894)和卢卡斯(W. Lucas)设计的**纽卡斯尔市政厅**(Newcastle Town Hall, 1898),继续沿用传统的古典形式,虽然有时会偏离古典

第36章　非洲建筑

图A　开普敦怡乐宫(约 1777—1782)柚木游廊(1789)，见[1246]页

图B　伍斯特法院(1823—1825)，见[1249]页

图C　开普敦皇家天文台(1825—1827)，见[1249]页

图D　开普敦大教堂(1835～1841年重建)，见[1249]页

图E　开普敦议会大厦(1875—1884)，见[1254]页

第六编　欧洲以外地区殖民时期及后殖民时期的建筑

图A　格雷厄姆斯敦的大教堂,东北方向外观(1824,1874—1878,1889—1909),见[1250]页

图B　德班镇公所(今邮局,1883—1850),见[1250]页

图C　德班市政厅(1903),见[1254]页

第36章 非洲建筑

图A 彼得马里茨堡市政厅(1891—1893,1898年重建),见[1254]页

图B 彼得马里茨堡的立法议会大楼(1887—1889;1901年扩建),见[1254]页

图C 伊丽莎白港市政厅(1891;1894年建成),见[1250]页

建筑的严格法则。在**彼得马里茨堡**(Pieter maritzburg),一个折中方案,"优雅地混合了都铎、佛兰芒和佛罗伦萨式样",被用在一个大的正方形的砖砌建筑(1891—1893)上,这座由斯特里特-威尔逊和巴尔(Street-Wilson and Barr)设计的建筑还带有一座巨大的角塔,发生火灾后于1898年重建(见[1253]页图A)。由佩奇和科尔多(Page and Cordeaux, 1893—1898)设计的**东伦敦市政厅**(Town Hall at East London)的样式也是折中式的。到1903年,当斯科特、伍勒科特和赫德森(Scott, Woolocott and Hudson)设计**德班市政厅**(Durban City Hall,见[1252]页,图C)时,巴洛克风格作为英国帝国主义在建筑上的最后表现手法已经复苏了。

在开普地区和纳塔尔地区的政府建筑一般都紧随英国的模式,通常是受雇于公共工程部的建筑师和工程师的作品。格里夫斯(H. E. Greaves)设计的**开普敦议会大厦**(The Parliament Building in Cape Town, 1875—1884;1909、1960、1984年均有扩建)是一座厚重而又庄严的砖结构建筑,以石膏装饰来模仿石料,在查尔斯·弗里曼(Chavles Freeman)1874年获奖的更为宏大的设计基础上做以修正而成,有一个中央圆顶和屋面小穹顶(见[1251]页图E)。位于**彼得马里茨堡的立法议会大楼**(Legislative Assembly, Pietermaritzburg, 1887—1889),由詹姆斯·蒂贝特(James Tibbet)设计,有一个两层楼的六柱式柱廊,其附加部分(1901)是一个包铜的圆顶(见[1253]页图B)。而由丹顿(A. E. Dainton)设计的**立法会议大楼**(Legislative Council building, 1898—1900)则偏向于法国的古典形式,而不是英国式的,尤其表现在中央部分和两端建筑的凹圆穹顶的屋面上。这也是德兰士瓦布尔共和国的首都**比勒陀利亚市政厅**(Raadsaal in Pretoria,见[1256]页图C)的特征,市政厅由维尔达(S. W. Wierda)设计,他也设计了教堂广场对面的建筑——**法院宫**(Palace of Justice, 1896—1899),这座建筑可以说具有法国-普鲁士新巴洛克风格,可以与保罗·沃罗特(Paul Wallot)设计的柏林国会大厦(1884—1894)相对应。在奥兰治自由邦(Orange Free State)的首府**布隆方丹**,今天的**市政厅**(Raadsaal, 1890—1891),是伦诺克斯·坎宁(Lennox Canning)的作品,具有晚期新古典主义的风格,有一个爱奥尼六柱式柱廊,以半圆形柱廊联系边廊。

上文已提到一些建筑师的作品,这些建筑师在他们自己所在的城市或地区都有着丰富的实践经验。生于英国的菲利普·莫里斯·达吉恩(Philip Maurice Dudgeon, 1852—1891)于1877年来到德班。除了市政厅外,他的作品还包括**阿丁顿医院**(Addington Hospital, 1877)、**亚历山德拉旅馆**(Alexandra Hotel, 1879)、位于**彼得马里茨堡的办公楼**(Pietermaritzburg Town Offices, 1882)、位于科克斯塔德的**共济会圣堂**(Masonic Temple, Kokstad, 1882)、**彼得马里茨堡的标准银行**(Standard Bank, Pietermaritzburg, 1882)、**纳塔尔俱乐部**(Natal Club, 1885)、**彼得马里茨堡学院**(Pietermaritzburg College, 1885)以及许多商业建筑和住宅。另外还有英国建筑师查尔斯·弗里曼(1833—1911),最初在纳塔尔地区为政府工作,后来到**开普敦**设计了许多建筑,其中包括**邮政总局**(General Post Office,约1870)、**标准银行**(Standard Bank, 1880)和**大饭店**(Grand Hotel)。

还有一些建筑师及其作品如下:詹克恩(C. H. Jenkyn)设计的**德班海关大楼**(Customs House, Dueban)。阿尔弗雷德·辛格尔顿(Alfred Singleton)设计的**男童学前学校**(Boys' Preparatory School)、**女生模范学校**(Girls' Model School)和一所**救济院**(Asylum),这三座建筑均在彼得马里茨堡。西茨·维尔达(Sytze Wierda)设计的**政府大楼**(Government Buildings,约1890)、**火炮库**(Artillery Barracks, 1896—1898)、**国家模范学校**(Staatsmodelskool, 1895)和**国家印刷厂**(State Printing Works, 1895),这四座建筑均在比勒陀利亚。维尔达还设计了**波切夫斯特鲁姆地方法院**(Magistrates' Court, Potchefstroom,约1890)、**韦斯科比精神病院**(Mental Hospital, Weskoppies, 1889)以及约翰内斯堡的**邮局**(Post Office, 1895)和**电话大楼**(Telephone Tower in Johannesburg)。这些提到的建筑师绝大多数都跟随着欧洲建筑风格的变化而变化,19世纪末,新艺术运动的元素被引进到南非,同时引进的还有半木架结构和荷兰式山墙。赫伯特·贝克爵士(Sir Herbert Baker)的名字几乎等同于19世纪90年代末期兴起的开普荷兰复兴(Cape Dutch Revival)。

贝克曾在伦敦他的叔叔的事务所受过培训,并通过第一手学习了解了欧洲的城市和建筑。在建筑方面,与大多数在19世纪末来到殖民地的同行相比,贝克具有更广博而深厚的知识。当贝克在1892年来到开普敦时,"安妮女王"风格、佛兰芒和北德文艺复兴风格❶、民间建筑的工艺美术运动、传统材料和建造方法,所有这些都对他产生了很大影响。贝克发现老的家宅建筑"庄严的井然有序的布局……简洁的建筑,白色的墙,坚固的柚木或绿漆的百叶窗和门,优雅的曲线山墙,处处都是美感",他为这些建筑画了一系列的素描,有一些素描于1900年登载在由艾丽斯·特罗特(Alys Trotter)所著的具有先锋性的著作《开普的老殖民地房屋》(Old Colonial Houses at the Cape)中。贝克初到开普不久便召集并培训了一批技工,以执行他最初的非常英国化的设计意图。**大棚**(Groote Schuur)原先是17世纪的一座谷仓,塞西尔·罗得斯(Cecil Rhodes)在1893年将其买下用作家宅,但不久便毁于火灾。在重建这座建筑时,贝克有了以开普荷兰风格进行设计的机会。在19世纪的最后10年里,贝克在其他四栋建筑上又开拓了这一兴趣,它们是贝克为自己设计的**沙丘**(Sandhills)、罗得斯家的**静居**(Retreat)、**佳境寓**(Welgelegen)、**官邸**(The Woolsack)。贝克的18世纪开普荷兰样式的特征和风格,是在原型基础上加以重建和改进的,这是对南非建筑的认可,而不仅是简单地对欧洲模式的反映。在杰出的**怡乐宫**(Rust-en-Vrede)(1905)设计中,贝克展示了传统应该如何发展以适应20世纪的需求。

那些年贝克在开普敦进行的实践活动中,还负责建造了一些商业建筑,例如**威尔逊和米勒大楼**(Wilson and Miller, 1899)、**罗得斯大厦**(Rhodes, 1902)、**马克斯大楼**(Marks, 1905)、**国家共同生命协会大楼**(National Mutual Life Assiciation, 1905)以及与弗朗西斯·爱德华·马西(Francis Edward Masey, 1861—1912)合作设计的一些教堂。这些教堂通常使用巴西利卡平面,并按照工艺美术运动的原理使用材料。1897年,他受命为开普敦设计一座新的大教堂,以取代约翰·斯基尔罗(John Skirrow)设计的希腊复兴式建筑。贝克的设计采用了十字型平面及罗马风-哥特样式,又融合了法国、意大利和英国的风格元素,有特色地展现了材料与手工艺的高标准。对贝克在开普的作品有重要影响的另一个因素是古典的希腊式和罗马式风格,这一因素在**金伯利纪念碑**(Kimberley Memorial, 1904, 见[1256]页图B)和**罗得斯纪念碑**(Rhodes Memorial, 1905—1908)中表现得最为明显,前者是托斯卡纳柱式陵墓,后者则是建在德弗尔峰(Devil's Peak,桌山)一侧的古希腊式(见[1256]页图E)。

1902年,贝克来到了约翰内斯堡,和开普敦不同,这里缺乏建筑传统。在德兰士瓦设计的300座建筑中,贝克开发了许多样式,诸如英国都铎式、荷兰式、地中海式,同时他又追求良好的建筑工艺,及材料的恰当使用,无论对廉价的小房子还是便宜的房屋还是黄金钻石大亨的寓所都应如此。尽管这些形式都是折中主义的,但他的建筑仍被誉为"自从开普荷兰建立以来,对本国建筑具有第一个原创性的贡献"。大一点的房子在平面上通常是H形的,例如**石屋**(Stonehouse, 1902, 见[1142]页图⑥)、**茅草屋**(The Thatched House)和**马林堡**(Marienburg, 1904),这些建筑均位于约翰内斯堡。贝克还设计了**比勒陀利亚政府大楼**(Government House, Pretoria, 1905)。在外观上这些建筑有石头的、砖的和灰泥的;有时候这些建筑的山墙采用荷兰式或佛兰芒式;这些建筑还经常冠以精巧的烟囱群,让人回忆起肯特郡和苏塞克斯郡的庄园宅邸。这样的一些建筑在完工时,再配上豪华的马厩,令人联想起英国传统式住宅和花园,例如位于奥兰治自由邦的威斯敏斯特公爵庄园里的**大宅**(Big House, 见[1256]页, 图D)。

德兰士瓦的一些教堂佐证了贝克所说的"一种原始的建筑风格",即呈现当地可用材料的天然特性,如均建于1904年兰德方丹的**圣约翰神圣教堂**(S. John the Divine, Randfontein)和库里南的**圣乔治教堂**(S. George, Cullinan)。而一些较大的教堂,例如位于布克斯堡的**圣米迦勒和众天使教堂**(S. Michael and All Angels, Boksburg, 1911)以及部分建成的位于比勒陀利亚的**圣阿尔班大教堂**(S. Alban's cathedral, Pretoria, 1905),偏好于罗马风风格。但是,20世纪初的公共建筑呼唤着一种不同的建筑风格。1908年,贝克受命设计比勒陀利亚火车站(Railway Station at Pretoria),采用了文艺复兴式手法,这也促

---

❶ Pont Street Dutch:19世纪七八十年代盛行的复兴佛兰芒和北德文艺复兴的建筑风格,其特征是具有装饰丰富的高耸的台阶式山墙,应用模制砖、陶砖和磨砖对缝砌筑,以及其他流行于比利时和荷兰等地的建筑元素。——译者注

第六编 欧洲以外地区殖民时期及后殖民时期的建筑

图A 比勒陀利亚法院宫(1896—1899)，见[1254]页

图B 金伯利纪念碑(1904)，见[1255]页

图C 比勒陀利亚市政厅(1887—1890)，见[1254]页

图D 威斯敏斯特公爵庄园大宅(1904—1905)，见[1255]页

图E 开普敦罗得斯纪念碑(1905—1908)，见[1255]页

第36章 非洲建筑

图A （上图）比勒陀利亚的联盟大厦(1910—1912)

图B （右图）比勒陀利亚的联盟大厦，见[1258]页

第六编 欧洲以外地区殖民时期及后殖民时期的建筑

使他最后去了新德里。这座火车站有一个长长的、低矮的立面，基座用结实的石块砌筑，屋顶铺设罗马式瓦，中央凉廊则由巨大的爱奥尼亚双柱式柱列构成。该建筑位于一英里长的街景的尽头，尽管远观印象较好，但细部却不尽如人意。以后的具有文艺复兴风格的作品，既影响了南非本地的官方建筑，也影响了英国其他殖民地的官方建筑；但直到相对较近的时期，这种风格的建筑才对古典设计的精致有了更好的理解。

位于**比勒陀利亚**的**联盟大厦**(Union Buildings, Pretoria, 1910—1912, 见[1257]页图 A、图 B)从一开始就既是一个必要的行政设施，也是一个象征。贝克选择了一个能俯瞰比勒陀利亚的显著的山顶，在这里建造了这座标志着英国殖民地与布尔共和国在英布战争以后结盟的联盟大厦。贝克设计了两个内院大体块，两者之间由一个位于中央的半圆形柱廊建筑相联系；建筑整体象征着两个国家和四个殖民地，由各自体块上的两个亭子表示，这四个殖民地形成了新的南非联盟。该建筑的构思源于卢浮宫、凡尔赛宫和格林尼治皇家海军医院等建筑所具有的欧洲巴洛克式纪念性传统。贝克的思路很可能来自格林尼治皇家海军医院，他在屋顶线平面以上升起了两个穹顶塔楼，1907年爱德温·勒琴斯斯爵士(Sir Edwin Lutyen)参加伦敦县政厅竞标的落选方案也有类似之处。作为古典建筑构图，这座建筑也存在缺陷，原打算在山的最高处建造一个和平神殿，以解决明显的二重性问题，但始终没有建成。然而这座建筑通过环状柱廊、层层下降的台地和成组的楼梯，展现了主要元素的雄伟组合。这座建筑作为帝国的象征，达到了贝克预先的设想。关于建筑之间的相似性，他写到："在秩序的限制中，真正的科学和进步"提供了自我表现的范围和英国殖民地的法规，此法规赋予"在法律框架内的秩序、进步和自由，以便殖民地人民在自己的传统与情感范围内，发展国家的文明"。

欧洲以外地区殖民时期及后殖民时期的建筑

第37章
美洲建筑

建筑特征

美洲大陆的欧洲殖民者带来了他们各自国度的规划和建筑设计风格，并且较好地与他们聚居地的气候特征、资源状况相融合。在拉丁美洲和北美洲，殖民者通常是从海岸殖民地或具有早期文化特征的城市开始这种建筑艺术的传播，如最先登上美洲大陆的西班牙人在加勒比岛建造的防御工事，成为欧洲文化进入美洲的最早期的、永久性的象征；位于多米尼加共和国的圣多明各建于1496年，也是幸存的第一个永久殖民地城市。自1573年颁布"印第安法"后，腓力二世(philip II)创立了网格城市：其中心是一座露天广场，周边由城市的公共建筑、教堂或主教堂构成，以表达宗教与非宗教的关系；商业地块则沿街两侧布置，这种沿用古代城市规划的手法在美洲殖民地区被普遍采用(见第35章)。早期的城镇均以简单的土木或栅栏增强防御工事；但后来，随着欧洲列强间激烈的权益争斗，更为坚固的抵御围攻的防御工事就显得十分必要了。

在信奉天主教的西班牙、葡萄牙及法国殖民地，早期的重要建筑大多是教堂。在建立和维护殖民统治过程中，宗教建筑享有越来越重要的地位，教堂和修道院成为16世纪拉丁美洲最具代表性的建筑。带有回廊的大教堂前是一个开敞的中庭，并建有小型封闭的圣祠或"印第安礼拜堂"，一系列的附属建筑则融合了欧洲风格和拉丁美洲露天祭拜的传统特征。这些建筑的质量和装饰往往根据当地材料、劳动力以及教会所处背景的不同而有所变化。这些教堂通常由了解同时代欧洲建筑风格的工匠负责兴建，但由于缺乏技术工人，建造工艺常借用本国建筑的做法。17世纪的新墨西哥州，由印第安村民为西班牙传教士建造的教堂大多还留有这种痕迹，本土的土墙和木结构技术几乎普遍被用于外来风格的建筑中，并且建筑结构的抗震技术也日趋成熟。但拉丁美洲的建筑风格总体上更多地受到西班牙和葡萄牙建筑风格的影响，早期的范例显示出这些建筑的形式主要受西班牙哥特式原型的影响，但1550年以后，古典主义风格则占据主导。

随着殖民地的扩张，在美洲大陆的殖民地区，带有欧洲天主教风格的殖民地建筑也得到进一步的发展。例如，17世纪加拿大魁北克省的建筑在风格和建筑技术上就与法国北部的建筑更为接近。同样，在西班牙和葡萄牙盛行的巴洛克和洛可可风格(见第34章)，在18世纪的一个时期内就被拉丁美洲的许多大城市、港口和矿区的建筑所仿效。

在北美洲，信奉新教的荷兰、德国和英国的殖民者则较少地将他们的文明价值意识用于城市建设中，纽黑文(New Howen,1636)在城市中心就建有一个偏离街道的大型广场，然而费城的规划设计(1682—1683)又被公认为是北美网格状城市的范例。早期，富有个性的农舍经常成为最让人感兴趣的建筑。而北部地区，由于拥有丰富的森林资源，使得欧洲传统的木构架建筑艺术传入美洲成为可能。这时的木构架技术不仅用于住宅，在教堂和其他公共建筑中也被广泛采用。在17世纪，新英格兰的建筑是按英国常见的带檐口板或木瓦盖的木构架型建造的。在特拉华州(Delauare)和宾夕法尼亚州的木构架建筑则是受瑞典和德国建筑风格的影响。在北美洲的南部，建筑物更多地采用砖构架。1660年以后，欧洲和加勒比种植园的建筑都被设计成带有深阳台或敞廊的形式，以利于通风并防止过量阳光的照射，这使得人们很难区分同时期英国和法国建筑与该地区建筑风格的差异。18世纪，专业设计和工艺技能的发展遍及全美洲，使得这种地区性风格特征得以加强。然而，在美国独立战争前，专业建筑师非常少，最早期的北美英殖民地的知名建筑师是佩特尔·哈里森(Peyter Harrison,1716—1775)和托马斯·杰斐逊(Thomas Jefferson,1743—1826)，而他们都是非专业建筑师。

南美与北美的后殖民时期不再跟从欧洲的模式，相反，对流行于欧洲的带有独立与共和气息的新古典主义产生了浓厚的兴趣。亲法的第三届美国总统杰斐逊在这方面产生了重要影响,他设计的弗吉尼亚州议会大厦成为19世纪美国许多州议会大厦的样板。同时,该大厦与弗吉尼亚大学校园建筑一起预示着19世纪末美国学院派建筑风格的出现。在美国的早期职业建筑师中,波士顿的查尔斯·布尔芬奇(Charles Bullfinch, 1763—1844)奠定了富丽堂皇建筑风格的基础,而罗伯特·亚当(Robert Adam)则影响了联邦时期城市建筑的风格。波士顿、费城和纽约则各自发展了英国砖石台基风格在本地的变异,而在其他城市,由于空间宽敞则没有必要采用这种统一的台基形式。费城的英国移民本亚明·拉特罗伯(Benjamin Latrobe, 1764—1820)是引入希腊复兴风格并使其在美国广泛传播的主要代表人物。同时,皮埃尔·朗方(Pierre L'Enfant)在华盛顿规划(1791—1792)中,将欧洲城市规划的放射轴线和其他手法引入美国,作为标准网格城市的补充。

在拉丁美洲,新古典主义风格的倡导者主要是学院派和军队工程师,他们受到19世纪头10年中殖民地独立的影响及法国文化的不断冲击,思想上发生了变化,表现在里约热内卢的格朗让·德蒙蒂尼(A. J. V. Grandjean de Montigny, 1776—1850)和圣地亚哥的布吕内-德贝纳(C. F. Brunet-Debaines, 1799—1855)等殖民地建筑师的作品中。1850年后的教堂建筑中尽管偶有哥特式情调,但其主流仍是古典式。

1840年后,美国教堂建筑中的希腊复兴风格不断地被英国导入的哥特复兴风格所影响并被取代,其主要倡导者是纽约建筑师理查德·厄普约翰(Richard Upjohn, 1802—1878)和詹姆斯·伦威克(James Renwick, 1818—1895)。而在北美洲的非宗教建筑中哥特复兴风格被证明是短命的,自1848年起存活了不足25年时间。在美国更受欢迎的是花园或花园式别墅风格,这种风格是在戴维斯(A. J. Davis, 1803—1892)和园林建筑师安德鲁·杰克逊·唐宁(Adrew Jackson Downing, 1815—1852)的协作下形成的。他们构想的风格各异的花园式建筑标志着中产阶级"维多利亚"住宅风格的始创,这种风格通常是法国和英国母题的混合体。在19世纪,多种式样和形式的此类作品风靡于美国和加拿大。

早期的木屋结构借鉴德国和瑞典的形式,在北部和西部的早期移民地区被广泛采用,直到1830年,木材资源开始紧张后,这种结构才被一种非常简单的欧洲传统木构形式——"轻型木构架"所取代。这种木构架是由轻巧的、外包木板钉牢的木构断面构成。它首先在芝加哥被采用,后逐步成为北美洲几乎所有一至三层住宅建筑的技术标准。而这些有面街山墙的建筑成为19世纪末"市郊有轨电车"的特征。木构架的产生离不开钉产品,而钉产品的出现则源于钢铁工业的发展。19世纪中叶在建筑结构和铸铁构件装饰上,铁的应用得以发展,常需要预制大尺度的铁构件,在商业建筑中这种应用尤为普遍。詹姆斯·博加德斯(James Bogardus, 1800—1874)和丹尼尔·巴杰(Daniel Badger)是预制铁构件的开拓者,纽约是最早的铁预制品贸易中心。新奥尔良是受铁件装饰影响最大的城市,自1850年开始,在新奥尔良双层铸铁走廊代替了每户屋前开敞的单层连拱廊,以遮挡阳光的直射。

19世纪下半叶的美洲在分享着折中主义的风格,这个时期美国出现了原创建筑和自己的建筑职业,而此时的欧洲已经开始欣赏自己的建筑成果。推动这一发展的重要人物是理查德·莫里斯·亨特(Richard Morris Hunt, 1827—1895),他是进巴黎美术学院学习的第一位美国人。亨特的建筑带有更多的学院派风格,缺少创新,但他的作品为镀金时代的富有阶层所追捧,同时也使法国建筑教育的方法成为时尚。他的重要继承人亨利·霍布森·理查森(Henry Hobson Richardson, 1838—1886)、查尔斯·麦金姆(Charles Mckim, 1849—1909)和路易·沙利文(Louis Sullivan, 1856—1924)均毕业于巴黎美术学院。美国的第一所建筑学校是马萨诸塞技术学院(the Massachusetts Institue of Technology),1867年由韦尔(W. R. Ware)创建,完全遵照巴黎美术学院的模式培养学生。第二所建筑学校是建于厄尔巴那的伊利诺大学(1870),该校发展了德国的教育模式,反映了中西部不同的文化特征。

自南北战争后,花园式建筑风格在美国东海岸地区得以充分发展,此时已摆脱了法国笨拙的"木构架风格"(Stick Style)的束缚,而更多地受到英国"木板式风格"(Shingle Style)有时称为"安妮女王式"(Queen Anne)的影响。这主要归功于理查森(Richard-son)的积极实践,以及麦克金姆(mckim)、米德(mead)和怀特(White)、埃默森(W. R. Emerson)和其他许多建筑师在早期作品中的不断完善,这一转变开创了跨越美洲大陆的、独特的美国住宅风格新纪元。这个成就也为下一代本土建筑师的建筑创作奠定了基础,其中著名的建筑师有芝加哥的弗兰克·劳埃德·赖特(Frank Lloyd Wright, 1867—1959)和北加州的格林(见第50章)。美国第一个没有争议的天才建筑师是理查森,他的代表作主要是一些罗马式的公共建筑,这些建筑风格的形成源于他不懈的努力和严谨的作风。1886年理查森去世后,其建筑风格曾一度流行。

19世纪的最后20年,美国在结构试验和建筑结构成果等方面取得了显著成就。芝加哥,这座曾遭受1873年灾难性大火的城市正在迅速崛起,逐渐发展成美国仅次于纽约的第二大城市,并且成为早期商业摩天楼的重要中心。随着新技术在建筑基础上以及钢构架在上部结构中的应用,不承受荷载的"非承重墙"以及电梯或起重装置的应用,使摩天楼的建造成为了可能。芝加哥的威廉·勒巴伦·詹尼(William Le Baron Jenney, 1832—1907)和丹克玛·阿德勒(Dankmar Adler, 1844—1900)是最早掌握这些技术的建筑师,同时约翰·韦尔伯恩·鲁特(John Wellborn Root, 1850—1891)和阿德勒出色的合作伙伴路易·沙利文则为解决新建筑类型、建筑形式、装饰等问题展开了不懈的探索。

1890年后,学院派倾向成为了美国建筑的主流。1893年,在芝加哥举办了哥伦比亚世界博览会,策划者是丹尼尔·伯纳姆(Daniel Burnham, 1845—1912)。虽然学院派的倾向已经在麦克金姆、米德和怀特等人的代表作品中有所体现,但通常认为伯纳姆是引领这一风格的关键人物。公共建筑越来越多地呈现出古典风格,中轴式建筑平面方案得到了广泛的赞同,建筑物更多地采用了对称形式,这一切预示着殖民建筑的复兴。建筑中学院派作为意识形态的主宰一直贯穿于20世纪初的整个美洲。

建筑实例

殖民时期

居住建筑

成功、富有的西班牙殖民者的宅第通常是带内院的二层楼,底层是沿街店面,二层是家庭居室,有的建有供奴仆使用的夹层。记载中最早幸存下来的这类建筑物是圣多明各的**迪戈·科隆宅**(House of Diego Colón, Santo Domingo, 1510—1514),这是一座两层楼的西班牙式建筑,底层呈带双门廊的长方形平面。以该建筑为加勒比沿岸其他建筑的范例,相继又出现了一些知名建筑,如圣多明各的**恩贡贝宅**(House of Engombe, Santo Domingo),酷似城堡的墨西哥库埃纳瓦卡的**科尔特斯宅**(House of Cortés, Cuernavaca, Mexico, 1525—1535),银匠式风格的墨西哥梅里达的**蒙特霍宅**(House of Montejo, Mérida, Mexico, 约1549)。

在巴西,早期丰碑式的府邸是**塔图帕拉塔**(Tower of Tatuapara),该建筑位于葡萄牙殖民的第一座城市巴伊亚(Bahía, 原萨尔瓦多)附近,现已成为废墟。塔图帕拉塔建于1551年,1624年竣工。砖砌的主体三层建筑通过连拱廊与两边较低的裙房相连,并形成了一个前院。位于巴西巴伊亚的**萨尔达尼亚宅**(Saldanha House, Bahía, Brazil, 约1610; 内部现已烧毁)类似于早期的西班牙居住建筑,主体为两层,底层为商店用房和马车房,上层为居住用房,顶部为粮仓,有一个保存完好的、可能是后来建造的入口,其门柱和神像柱的原料是本地石材,雕刻非常精美。

位于马萨诸塞州托普斯菲尔德的**卡彭宅**(Capen House, Topsfield, Massachusetts, 1683, 见[1262]页图 A)是17世纪新英格兰建筑的杰出代表,有着厚重的木构架结构,二层和山墙向外突出,屋顶中央是一个砖砌的烟囱。整幢房屋外覆着外墙板,木板屋面。内墙和隔墙均由垂直的木板建成,梁暴露在外,装饰很少,只有楼梯的栏杆有一些简洁装饰。窗户很小,嵌着窗扉。楼底层被一堵砖隔墙分为两间,两个壁炉以隔墙为中心相背设置。在隔墙的一端是一入口门厅,门厅处设有楼梯,一直通向二楼。类似风格的其他建筑物还有位于马萨诸塞州伊普斯威奇的**惠普尔宅**(Whipple House, Ipswich, Massachusetts, 1639),位于马萨诸塞州索格斯的**斯科奇-博德曼宅**(Scotch-Boardman, Saugus, Massachusetts, 约1686),位于马萨诸塞州戴德姆的**费尔班克斯宅**(Fairbans House, 约1637),位于康涅狄格州法明顿的**惠特曼宅**(Whitman House, Farmington, Connecticut, 1664),位于马萨诸塞州波士顿的**保罗·里维尔宅**(Paul Revere House, Boston, 1684),位于马萨诸塞州塞勒姆的**约翰·沃德宅**(John Ward House, Salem, 1684),位

第六编 欧洲以外地区殖民时期及后殖民时期的建筑

图A 马萨诸塞州托普斯菲尔德的卡彭宅(1683)，见[1261]页

图B 弗吉尼亚萨里县的培根城堡(约1655)，见[1264]页

图C 弗吉尼亚州查尔斯城县的韦斯托弗庄园(约1730—1734)，见[1264]页

第37章 美洲建筑

图 A　路易斯安那州帕里什库普角的柏兰吉庄园(1750)，见[1264]页

图 B　南卡罗来纳州的德雷顿府邸(1738—1742)，见[1265]页

图 C　克雷塔罗的埃卡拉宫(约1780)，见[1265]页

图 D　普埃布拉的德阿尔费尼克大楼(约1780)，见[1265]页

图 E　累西腓护佑神职人员的圣彼得教堂(1729年始建)，见[1269]页

于马萨诸塞州塞勒姆的**七片山墙住宅**(House of the Seven Gables, Salem, 约1670)。

位于弗吉尼亚州萨里县的**培根城堡**(Bacon's Castle, Surry County, Virginia, 约1655, 见[1262]页图B)平面呈十字形, 全部由砖砌成。这座建筑的荷兰式山墙、高高的烟囱和入口处精细制作的古典的砖制品都与英王詹姆斯一世时期的建筑有许多相似之处。同样类型的建筑还有位于弗吉尼亚州安妮公主县弗吉尼亚比奇的**亚当·索罗古德宅**(Adam Thoroughgood House, Virginia Beach, Princess Anne County, Virginia, 约1635—1640), 这是弗吉尼亚殖民者建造的最早的也是最著名的建筑, 它只有两个主要房间, 砖墙、木屋顶、高高的烟囱和进口的窗玻璃是其主要特色。巴巴多斯的**圣尼古拉隐修院**(S. Nicholas Abbey, Barbados, 约1656—1661)是最具加勒比风格的建筑, 砖砌墙体的外表面是灰泥粉刷层和隅石装饰, 三面詹姆斯一世时期风格的山墙位于建筑物的前方, 一个大烟囱位于一侧; 内部后来修建过, 没有走廊, 有一个奇彭代尔式楼梯。

位于魁北克查尔斯堡的**维尔纳夫宅**(Villeneuve House, Charlesbourg, Quebec, 约1700)是"新法国"农舍的一个典型范例, 以水洗白石作为端部封檐板, 小小的百叶窗, 有着外挑屋檐的坡屋顶高于墙体用做储藏空间。

位于新泽西州哈肯萨克的**亚伯拉罕·阿克曼宅**(Abraham Ackerman House, Hackensack, New Jersey, 1704)受到荷兰风格的影响, 屋顶是"复斜屋顶", 或有着很宽的挑檐的复折屋顶, 木板屋面, 也有山墙和老虎窗, 底层的墙体为砖石砌体, 饰面粗糙。其他类似风格的建筑物还有纽约州的**戴克曼宅**(Dyckman House, New York, 约1783), 新泽西州哈肯萨克的**特休恩宅**(Terheun House, Hackensack, New Jersey, 约1709), 新泽西州恩格尔伍德的**瑞兰德宅**(Vreeland House, Englewood, New Jersey, 1818)以及纽约州布鲁克林的**简·迪特马斯宅**(Jan Ditmars House, Brooklyn, New York, 约1700)。18世纪在加勒比海的**库拉索岛**(Curaçao)有很多类似的有特定形状山墙的荷兰式建筑, 其中比较著名的是**汉德尔斯基德**(Handelskade), **布雷德斯查特**(Bredestraat)和**威廉斯塔德**(Williamstad)的橙色粉刷联排住宅。

位于路易斯安那州帕里什库普角的**柏兰吉庄园**(Parlange, Pointe Coupée Parish, Louisiana, 1750, 见[1263]页图A)是一座法国人的种植园, 建有一个开敞的、环绕上下两层楼的柱廊, 其优点是能够避免强光直射和能够对该地区的多雨天气起到遮蔽作用。大坡度屋顶覆盖着木片瓦, 由于气候潮湿, 底层采用砖铺地面, 二层仍为木板地面。其他类似结构特征的建筑还有密西西比州纳奇兹的**康奈利塔弗恩宅**(Connelly's Tavern, Natchez, Mississippi, 约1795)和路易斯安那州圣查尔斯帕里什的**凯勒府邸**(Keller Mansion, Saint Charles Parish, Louisana, 约1801)。这种风格也出现在西印度群岛, 位于巴哈马拿骚的**迪纳里宅**(Deanery, Nassau, Bahamas, 约1710)是一座结构较简单、呈矩形平面的建筑物, 有一个格状回廊和一个大的坡屋顶; 厨房和卫生间独立。类似风格的较大规模的建筑还有安提瓜岛的**克拉伦斯宅**(Clarence House, Antigua, 1786), 有一个石砌的半地下室, 上面各层为木构架结构, 由32根柱子组成的柱廊环绕四周形成一个围廊。

位于南卡罗来纳州伯克利县的**摩尔布里庄园**(Mulberry, Berkeley County, South Carolina, 约1714)是一座令人喜爱的庄园, 这座庄园将欧洲巴洛克风格发挥到了极致。在一个简单中心区的四个角加设了四个正方形的亭子, 这样使所有的房间都有足够的通风。整幢建筑的屋顶是厚重的、半坡的复斜屋顶。

位于弗吉尼亚州查尔斯城县的**韦斯托弗庄园**(Westover, Charles City County, Virginia, 约1730—1734, 见[1262]页图C)是弗吉尼亚最重要的种植园建筑之一。该建筑是由一个大半生均在英国度过的人建造的, 因此该建筑与英国早期的乔治王朝时期的建筑风格非常接近。这是一个七个开间的两层楼建筑, 高耸的坡屋顶增加了更多的使用空间。从英国进口的波特兰石上雕刻着精美的图案, 入口完全仿照威廉·萨蒙(William Salmon)的帕拉第奥伦敦式(Palladio Londinensis, 1734)建筑。主体建筑的两侧对称布置着两座辅助建筑, 一边是厨房和佣人的居住用房, 另一边是作为种植园办公场所的其他辅助用房。整幢建筑的内部装修也很豪华, 运用了那个时代英国最好的装修技术。经过精心设计的天棚几乎全部采用进口材料现场安装。

具有英国乔治王朝时期建筑风格的其他殖民建筑还有费城的**快乐山住宅**(Mount Pleasant, Philadelphia, 1761—1762), 采用块石砌筑、外粉刷的形式, 其中块石砌筑的细部处理方法源自同时代的英式建筑模式等书籍, 例如那个时代的巴蒂·

兰利(Batty Langley)的著作(参见有关章节)。铅皮屋面，坡度平缓，截去一块屋面形成一个露台或屋顶平台。这一时期美国具有这一特征的许多建筑被称做为"船长甲板"(captain's walk)。具有这一特征的还有南卡罗来纳州查尔斯顿的**迈尔斯·布鲁顿宅**(Miles Brewton House, Charleston, 1765—1769)，这是一座有完整山墙的带柱廊的两层建筑。类似的特征还在弗吉尼亚州查尔斯城县的**雪莉宅**(Shirley, Charles City County, Virginia, 约1769)和位于南卡罗来纳州**德雷顿府邸**(Draylon Hall, South Carolina, 1738—1742, 见[1263]页图B)等建筑物中体现。这种形式的建筑在西印度群岛地区较为少见，但还是有少量同风格的建筑存在，如位于牙买加蒙特哥海湾附近建在一座山坡上的**罗斯府邸**(Rose Hall, near Montego Bay, Jamaica, 约1770—1780)，主体建筑宏大，凹进的两侧辅房则显得较弱。

19世纪加勒比岛的种植园庄园一直体现着殖民者宗主国的建筑特征，例如位于巴巴多斯圣约翰的**诺瓦别墅**(Villa Nova, S. John, Barbados, 1833)是一座漂亮的英摄政时期风格的别墅，珊瑚岩砖砌筑、低屋顶、女儿墙和宽大的回廊是其特色。瓜德罗普岛的**泽瓦罗斯庄园**(Zevalos, Guadeloupe, 约1880)是一座较后期的、具有法国建筑风格的种植园庄园，带有漂亮铁件装饰的围廊环绕着建筑四周。

位于拉丁美洲秘鲁利马的**托雷·塔格莱宅**(the House of Torre Tagle, Lima, Peru, 约1730)是一个具有当地风格的较大型住宅的典型范例，该建筑是十七八世纪在秘鲁总督的直接干预下建成的。两层楼的卧室均环庭院而建，两个盒状的阳台上雕刻有安达卢西亚风格(Andalusian-style)的格子装饰。安第斯山脉地区的建筑通常都带有庭院之上的回廊和外挑的阳台及门前的庭院，如**海军司令府邸**(House of the Admiral)和秘鲁库斯科的**卡萨·孔查侯爵宅**(House of the Marqueses de Casa Concha, Cuzco, Peru)及玻利维亚拉巴斯的**迭斯·德梅迪纳宅**(House of Diez de Medina, La Paz, Bolivia, 1775)，从中可以感觉到作为总督驻地库斯科的影响一直延续到当代。此外位于智利圣地亚哥的**德尔孔基斯塔伯爵宅**(House of the Conde del Conquista, Santiago, 1750)和位于哥伦比亚卡塔赫纳的**巴尔迪霍约斯侯爵宅**(House of the Marques de Valdehoyos, Cartagena)都有类似的建筑特征。

位于墨西哥城的**塔拉·德贝里奥侯爵宅**(House of the Marqués de Jaral de Berrio, Mexico City, 1779—1784)是由弗朗西斯科·格雷罗·托雷斯(Francisco Guerrero y Torres)设计的最有价值的巴洛克建筑的范例，为新西班牙总督辖区赢来了"宅第之城"的美誉。该建筑雄伟的正立面后面是一个庭院，底层为贮藏室和酒窖，经过一段单跑楼梯到达主层宽敞的卧室。格雷罗-托雷斯还设计了位于墨西哥城的**圣马特奥·德瓦尔帕雷索伯爵宅**(House of the Condes de San Mateo de Valparaiso, Mexico City, 1769—1772)，与上面建筑不同的是这座建筑采用的是双跑楼梯。另一位重要的建筑师洛伦佐·罗德里格斯(Lorenzo Rodriguez)设计了位于墨西哥城的**圣巴托洛梅·德哈拉伯爵宅**(House of the Conde de San Bartolomé de Xala, Mexico City, 1764)。同一时代普埃布拉(Puebla)的墨西哥城建筑也犹为引人注目。由安东尼奥·德圣马利亚·因乔雷吉(Antonio de Santa Maria Inchaurregui)设计的**德阿尔费尼克大楼**(The Case de Alfeñique, 约1780, 见[1263]页图D)是一座具有西班牙巴洛克风格的建筑，装饰着大量的雕塑；在正立面窗户的两侧全部以花砖贴面，花砖的颜色为红色、白色或蓝色，表面有上釉的和没上釉的。类似形式的建筑还有位于墨西哥城的巴列·**德奥里萨瓦伯爵宅**(House of the Conde del Valle de Orizaba, Mexico City, 1737)，该建筑由迭戈·杜兰(Diego Durán)设计。位于墨西哥克雷塔罗的**埃卡拉宫**(The Ecala Palace, Querétaro, Mexico, 约1780, 见[1263]页图C)是西班牙殖民宫殿的很好范例，整幢建筑充满了晚期巴洛克风格，阳台挑出去很多，阳台栏杆由带有装饰图案的锻铁制成，有拱顶的凉廊，檐口的下面是向外悬挑的蓝色和白色的瓦片。

筑垒建筑

军事建筑对美洲殖民地建筑的发展起着非常重要的作用。在加勒比，巴特洛梅·桑切斯(Bartolomé Sanchez)设计的位于古巴哈瓦那的**拉雷亚尔·弗尔泽城堡**(Castillo de La Real Fuerza, Havana, Cuba, 1558—1582)是早期的永久性城堡的代表，当时是为了抵御海盗侵犯、保护西班牙殖民领地而建。其平面大致呈矩形，在矩形的四个角建有三角形的棱堡。乔瓦尼·巴蒂斯塔·安托内利(Giovanni Battista Antonelli)，这位出身于军事工程世家的工程师，和他同名的儿子以及他的侄子克里斯托巴尔·德罗达(Cristóbal de Roda, 1556—1632)一起为西班牙政府设计了拉蓬塔角的**圣萨尔瓦多要塞**(Fortaleza de San Salvador de la Punta)和哈瓦那的**莫罗城堡**(Castillo del Morro, Havana, 1587—1630)。最有名的防御建筑是位于哥伦比亚**卡塔赫纳**(Cartagena)的结构复杂的防御工事,始建于16世纪,其中最能突出反映这一时期防御建筑发展顶点的是**巴拉哈斯的圣腓力堡**(Castillo de San Felipe de Barajas, 1630—1657,约1700年重建,见[1270]页图A)。后期的西班牙防御建筑的代表是位于佛罗里达州的精致的**圣马可堡佛罗里达州圣奥古斯丁**(Castillo de San Marcos, S. Augustine, Florida, 1672—1695),岩石砌成的工事足以防御北美大陆上第一个成功建立的城镇(1565)。

葡萄牙人沿巴西海岸建造的防御建筑也很多,但规模相对较小。比较有代表性的是大多建约1700年的位于**巴伊亚**(萨尔瓦多)的**圣安东尼奥达巴拉要塞群**(Bahía salvador: Santo Antônio da Barra),由若昂和弗朗西斯科·科蒂尼奥(João and Francisco Coutinho)设计,平面呈不规则多边形。**圣腓力堡**(São Felipe,**圣马尔塞洛堡**(São Marcello))平面呈六边形,结构更牢固,护卫着港口。而看似非要塞建筑的**圣马利亚堡**(Santa Maria)却有一个七边形的垒道和贴有花砖的山墙。

总的来说,北美殖民地区的防御建筑给人留下深刻印象的较少,但在加拿大,有些防御建筑却非常有名,如魁北克的**钱布利要塞**(Fort Chambly, Quebec, 1709—1711),该要塞由被称为"新法国"总工程师的若苏埃·布瓦伯特罗·德博库尔(Josué Boisberthelot de Beaucourt)设计。位于百慕大的**爱尔兰岛工事**(Ireland Isle, Bermuda),既是防御工事又是军舰修造所,建于1820~1860年,是在原英国海军基地的基础上兴建的,用以抵御美国的入侵。爱尔兰岛工事是美洲防御建筑发展最成熟阶段的代表。

宗教建筑

最早的西班牙殖民教堂建筑仍带有哥特式风格,如位于多米尼加共和国的**圣多明各大教堂**(Santo Domingo Cathedral, Dominican Republic, 约1520~1541),带有哥特式窗花格的拱顶与平整立面形成了强烈对比。该教堂由路易·德莫亚(Luis de Moya)始建,而由罗德里戈·希洛·德连多(Rodrigo Gilo de Liendo)最后建成。玻利维亚的**苏克雷大教堂**(Sucre Cathedral, Bolivia, 1551—1561)和墨西哥的**瓜达拉哈拉大教堂**(Guadalajara Cathedral, Mexico, 1517—1618)同样都带有"哥特遗风"式十字拱结构。在位于哥伦比亚的**卡塔赫纳大教堂**(Cartagena Cathedral, Colombia, 1575—1612)兴建时期,文艺复兴风格已传到了美洲。传统的教堂中堂和侧堂已经被连拱廊分隔开来,这种连拱廊由比例适中的托斯卡纳柱、圆形天窗和木构屋顶组成,只是教堂的半圆形后殿仍保留着哥特式风格。

墨西哥城大教堂(Mexico City Cathedral, 1563—1667,见[1267]页图A)由克劳迪奥·德阿西涅加斯(Claudio de Arciniega,约1520—1593)设计,建筑物规模较大,融合了巴洛克和较纯朴的古典风格特征,两条廊道通往中堂和圣坛及侧面的小礼拜室;中堂和十字形耳堂上是带有弦月窗的穹形顶,而两侧廊道壁龛顶呈圆形;中堂的束柱扶壁由四根多立克式壁柱组成;从外面看,教堂西立面与两塔相连。该双塔于1786年后兴建,以新古典主义风格为主,由何塞·达米安·奥尔蒂斯·德卡斯特罗(José Damián Ortiz de Castro)和曼努埃尔·托尔萨(Manuel Tolsa)设计。

位于秘鲁的**库斯科大教堂**(Cuzco Cathedral, Peru, 约1598—1654)有一个双廊道和一个同样高度的中堂,哥特式风格的穹顶下是文艺复兴风格的正方形窗间壁;两侧有深深的小礼拜室;宽阔、平整的立面中央装饰着巴洛克式的饰品,双塔位于两侧。早已流行的穹顶再次被使用,而在秘鲁其他地区也习惯采用穹顶做法,以达到抗震效果。在后期,建设者们利用秸秆天花板(quincha)的方式建造,用木头、麦秸、塑料等模仿穹形屋顶。类似的建筑还有始建于1596年的位于秘鲁的利马**大教堂**(Lima Cathedral, Peru),后被地震破坏后又进行了重建。这两个教堂可能均由弗朗西斯科·贝塞拉(Francisco Becerra,约1545—1605)设计。

新西班牙以许多由托钵僧们建造的建筑物而出名,这些建筑物建于西班牙统治的前几个世纪,是为当地人宣讲福音而建。位于墨西哥的**特佩阿卡修道院**(Monastery of Tepeaca, Mexico)是16世纪主要的宗教建筑之一,三条环绕建筑的道路更增强了其位置的重要性,岗亭、城垛、斜面墙是其特色。随后当法国人、阿根廷人和多米尼加人在修建墨西哥隐修院和教堂建筑时均采用了这种风格,即主体建筑带有宽阔的半圆形后殿和高高的边窗。在教堂前面通常还会有巨大的中庭,中庭的每个角部都设有一个为印第安人准备的伫立祈祷室(capilla posa),做弥撒是在紧靠教堂一侧的一个户外礼拜堂,即印地安礼拜堂(capilla de Indios)举行。墨西

第37章 美洲建筑

图A 墨西哥城大教堂(1563—1667)，见[1266]页

图B 基多的圣方济各隐修院(约1630)，见[1269]页

第六编 欧洲以外地区殖民时期及后殖民时期的建筑

墨西哥萨卡特卡斯大教堂(1612年始建)主入口，见[1269]页

哥的奎拉潘隐修院(Cuilapan)、特波斯科卢拉隐修院(Teposcoluca)和塔尔曼纳克罗隐修院(Talmanaclo)便是这样的布局。在墨西哥的乔卢拉(Cholula),那些礼拜堂采用了奇特的筒形拱顶结构,这些特点也出现在安地斯地区,如位于玻利维亚的卡基亚维里教堂(Church of Caguiaviri, Bolivia, 约1560)和科帕卡瓦纳神庙(Shrine of Copacabana, Bolivia, 1610~1619年始建)。

厄瓜多尔的基多(Quito, Ecuador)也是以隐修院为中心发展起来的许多城镇之一,当年这些隐修院的兴建使建设者们费尽心机。16世纪中叶,佛兰芒的修士们在印地安人的宫殿遗址上建造了规模巨大的圣方济各隐修院和教堂(Monastery and Church of San Francisco,见[1267]页图B),颇具震憾力;粉饰的砌砖和精美的石刻装饰,具有文艺复兴的风格;隐修院是一座带有开敞拱廊的大型两层建筑,而教堂只有一个带有天花顶的中堂;边上的小礼拜堂装饰着穆迪扎尔式镶板;教堂的立面是17世纪常见的造型丰富的双塔形立面。多明我会、奥古斯丁会和慈爱圣母会会士(Mercedarian)还在基多修建了慈爱圣母会隐修院(Mercedarian Monastery),这是17世纪一座非常精致的、带有上下叠置、拱上双拱的隐修院。

渐渐地,巴洛克风格传遍了17世纪的拉丁美洲教堂。通常这种风格会影响建筑物的立面、圣坛背屏饰和室内修饰,但对教堂平面结构几乎没有影响。位于中美洲地区的该类教堂有弗朗西斯科·希门尼斯(Francisco Jiménez)设计的墨西哥萨卡特卡斯大教堂(Zacatecas Cathedral, Mexico, 1612始建,[1268])和迭戈·德波雷斯(Diego de Porres)设计的危地马拉的安提瓜大教堂(Antigua Cathedral, Guatemala, 1669—1690)。在秘鲁建造的教堂巴洛克风格的运用特别丰富,受意大利影响的库斯科的耶稣教堂(孔帕尼亚教堂见[1270]页图B)❶呈十字形平面、拱顶结构,因为位于地震多发地区,所以大胆采用了双塔结构。这样的立面显得生机勃勃,对后来的耶稣教会建筑也有影响,如由伦纳多·迪布勒神父(Leonardo Deubler)和其他人共同设计建造的位于厄瓜多尔基多的耶稣会堂(Church of La Compañía, Quito, Ecuador, 1722—1765)的立面。这些建筑与在较贫困社区建造的被"混血"的巴洛克风格的教堂有很大的差异,其立面更坚挺,装饰更精致、优美,如位于玻利维亚拉巴斯的圣方济各教堂(San Francisco, Lapaz, Bolivia, 1744—1784),以及位于玻利维亚波托西(Potosí, Bolivia)山区的一些教堂,其中最著名的是圣方济各教堂(San Francisco)和圣伯尔纳教堂(San Bernardo)。

巴西的巴洛克风格始于现存的、建于1657~1662年的巴伊亚大教堂(Bahía Cathedral, 以前的耶稣教堂)。这座教堂用从葡萄牙进口的石材砌筑了高大且颇为简洁的教堂正立面,遮掩住了用平顶镶板装饰的圆形穹顶覆盖的高大、宽敞的教堂正殿。由曼纽埃尔·费雷拉·雅科梅(Manuel Ferreira Jácome, 1728—1782)设计建造的累西腓护佑神职人员的圣彼得教堂(São Pedro dos Clérigos Recife, 见[1263]页图E)是一座位于广场后面的城市教堂,其平面呈多边形,采用了当时常见的灰泥和石头砌成的繁锁立面形式,一垛高高的刻有漩涡形花饰的山墙紧紧地夹在教堂塔楼之间。在以采金矿业为主的米勒斯吉瑞斯省,安东尼·弗朗西斯科·利斯博阿(Antônio Francisco Lisboa, 即阿莱雅迪尼奥, Aleijadinho, 1738—1841),这位将建筑和雕塑合为一体的天才建筑师设计了一系列著名的教堂,包括位于欧鲁普雷图的阿西西的圣方济各教堂(São Francisco de Assís, Ouro Preto, 1764—1776, 见[1271]页图A)和位于圣若昂-德尔雷伊的阿西西的圣方济各教堂(São Francisco de Assís, São João del Rei, 1774)。后者的侧塔平面呈圆形,塔楼位于教堂主体中部,用皂石雕塑了精致的塑像。这位设计师在孔戈尼亚斯-杜坎普教堂(Church at Congonhas do Campo, 1800—1805, 见[1271]页C)前设计了一组引入注目的先知塑像,沿台阶排列,将人们导入教堂。

位于墨西哥特拉斯卡拉的奥科特兰圣堂(Sanctuary, Ocotlán, Tlaxcala, Mexico, 约1745, 见[1271]页图B)是著名的朝圣之地,它的立面外观粉饰怪异:两侧是高耸修长的塔,比例恰当,塔顶是亮红色的瓦片;其内部装饰富丽堂皇,许多雕刻由印第安艺术家弗朗西斯科·米格尔(Francisco Miguel)设计完成。位于塔斯科的圣塞巴斯蒂安-圣普里斯卡教堂(SS. Sebastian y Santa Prisca, Taxco, 1751—1758, 见[1270]页图C)是另一座墨西哥教堂,它的西面有华丽的双塔,祭坛和穹顶亦相当精美。而墨西哥巴洛克的代表性建筑是安东尼奥·格雷罗·托雷斯(Antonio Guerrero y Torres)设计的位于瓜达

---

❶ Jesuit Church, Church of La Compañía, Cuzco, 1651~1668年;La Compañía 在西班牙语中即耶稣会会堂之意。——译者注

第六编 欧洲以外地区殖民时期及后殖民时期的建筑

图A 哥伦比亚卡塔赫纳地区巴拉哈斯的圣腓力堡(1630—1657,1700年重建),见[1266]页

图B 库斯科的耶稣教堂(1651—1668),见[1269]页

图C 塔斯科的圣塞巴斯蒂安-圣普里斯卡教堂(1751—1758),见[1269]页

第37章 美洲建筑

图A 欧鲁普雷图的阿西西圣方济各教堂(1766年始建),见[1269]页

图B 奥科特兰圣堂(约1745),见[1269]页

图C 巴西孔戈尼亚斯-杜坎普教堂(1800—1805),见[1269]页

第六编 欧洲以外地区殖民时期及后殖民时期的建筑

图A 弗吉尼亚州史密斯菲尔德的圣路加教堂(1632年始建)，见[1273]页

图B 弗吉尼亚州威廉斯堡的普鲁顿教区教堂(1711—1715)，见[1273]页

图C 弗吉尼亚州威廉斯堡的威廉和玛丽学院(1695—1702)，见[1274]页

图D 南卡罗来纳州查尔斯顿的圣米迦勒教堂(1752—1761)，见[1273]页

图E 马萨诸塞州波士顿的皇家小教堂(1749—1754)，见[1273]页

第37章 美洲建筑

卢佩的有中央穹顶、侧面布置有祈祷室的**波西托礼拜堂**(Cappella del Pocito, Guadalupe, 1777—1791)。

随着传教活动向北传播，北美洲开始建造教堂。相对于中南美洲而言，这些教堂更为简洁。位于美国新墨西哥州艾可玛的**圣司提反教堂**(San Estevan, Acoma, New Mexico, USA, 约 1629—1642)是最早由西班牙传教士所建的教堂之一，由当地的印第安居民用砖坯建造而成。它有两座钟塔，倾斜的外墙面朴实无华，没有多余的装饰，但却是公认的纯正古典式。旧拉古纳普韦布洛的**圣约瑟教堂**(San José, Old Laguna Pueblo, 1699—1706)进一步发展了这种美丽的砖坯山墙。位于兰乔斯-德陶斯的**圣方济各教堂**(San Francisco, Ranchos de Taos, 1805—1815)，它所体现出的新墨西哥砖坯建筑风格赢得了 20 世纪评论家们的一致好评，在建筑史中占有重要地位。这类教堂内部往往采用木板天花，有时上面还有丰富多彩的绘画。

墨西哥巴洛克风格逐渐传播到北面的得克萨斯州和亚利桑那州。在那里，早期最精美的教堂是位于得克萨斯州圣安东尼奥的**圣约瑟教堂**(San José, San Antonio, Texas, 1720—1731)。1769 年传教士才到达加利福尼亚，因此，这里的教堂并不多。早期幸存下来的保存最完整的是卡梅尔的**圣查尔斯·博罗梅奥教堂**(San Carlos Borromeo, Carmel, 1793—1797)，建有双塔，主立面略显低矮。

在北美殖民主义时期，17 世纪的第一个教堂比起天主教地区的教堂要简洁得多。位于弗吉尼亚州史密斯菲尔德的**圣路加教堂**(S. Luke's Church, Smithfield, Virginia, 1632—约 1660, 见[1272]页图 A)受到英国中世纪教堂的影响，由砖砌筑而成，有一个简单的矩形中堂和西端低矮的方塔；中堂的山墙面有阶梯状的女儿墙，侧墙由砖砌的梯级状扶壁支撑，自然砌出的砖窗花格透出中世纪的味道。

位于弗吉尼亚州威廉斯堡的**普鲁顿教区教堂**(Bruton Parish Church, Williamsburg, Virginia, 1711—1715, 见[1272]页图 B)是一座简单的呈十字形平面的砖结构教堂。中堂上部的圆形窗为室内提供了照明，内部建有十字形耳堂和室内西侧走廊。西面的方塔是 1769 年加建的，木制的塔顶是 18 世纪英国钟塔的简化。

位于南卡罗来纳州查尔斯顿的**圣米迦勒教堂**(S. Michael's Church, Charleston, South Carolina, 1752—1761, 见[1272]页图 D)是一座完全詹姆斯·吉布斯风格(James Gibbs)的英殖民地教堂，古典式的入口门廊，顶上是精美的木制尖顶，由一组层层收缩的八边形鼓形柱组成，鼓形柱有柱身、柱上楣构和拱形门洞。所有这些都使人联想到了伦敦圣马丁教堂的风格。教堂主体由外粉刷砖块砌筑而成，室内由木制的三面爱奥尼亚式柱廊环绕。

位于**马萨诸塞州波士顿**的**皇家小教堂**(King's Chapel, Boston, Massachusetts, 1749—1754, 见[1272]页图 E)是一座石造教堂，它比大多数英殖民教堂要宏大，没有山墙的爱奥尼柱式门廊上方是一个正方形塔(未建成)。位于马萨诸塞州剑桥的**基督堂**(Christ Church, Cambridge, Massachusetts, 1759—1761)是一座木结构教堂。位于罗得岛纽波特的**图罗犹太会堂**(Touro Synagogue, Newport, Rhode Island, 1759—1763)全部由来自英国约克郡的英国海军上尉佩特尔·哈里森所设计。

位于罗得岛普罗维登斯的**第一施洗会堂**(The First Baptist Meeting House, Providence, Rhode Island, 1774—1775)，位于宾夕法尼亚州费城的**基督堂**(Christ Church, Philadelphia, Pennsylvania, 1727—1754)和纽约州的**圣保罗礼拜堂**(S. Paul's Chapel, New York, 1764—1766)都是重要的英殖民时期的教堂，它们受到雷恩建筑作品的影响，但更多的是受到詹姆斯·吉布斯所著的《建筑之书》(Book of Architecture, 1728)及他的其他著作的影响(见第28章)。

位于魁北克桑泰角的**教区教堂**(Parish Church of Cap Santé, Quebec, 1754—1773)是建于英国接管前的法属加拿大时期教堂的罕见案例。这是一座高大简朴的双塔石砌教堂，室内有石膏拱顶以及高高的三角饰祭坛。位于魁北克的**拉卡特教堂**(Church of Lacadie, Quebec, 1801)是皮埃尔·库恩弗瑞修士(Abbe Pierre Conefroy)设计的一系列小教堂中保存最完整的一座教堂，它内部的极为繁锁的巴洛克装饰与外部简洁的立面形成了强烈对比。

位于库拉索岛威廉斯塔德的**阿姆斯特丹堡教堂**(Fort Amsterdam Church, Willemstad, Curaçao, 1766—1769)是西印度群岛荷兰殖民地区最好的教堂，其平面呈矩形，内部有四根独立柱。在威廉斯塔德，建于 1732 年的**米克文以色列犹太教教堂**(Mikve Israel Synagogue, Willemstad)同样以简洁而闻名。

宾夕法尼亚州的**埃夫拉塔隐修院**(The Cloister, Ephrata, Pennsylvania, 1740—1743)是北美极少保存下来的由德国耶稣教会区所建的隐修院。它由两个彼此垂直、带有中世纪风格的、似谷仓的建筑组成，内部用原木建造的修女室被隔板所隐蔽，祈祷室则是栎木框架结构，结构内没有填充石和黏土，而以隔板为其分隔。

教育建筑、市政建筑、公共建筑

在拉丁美洲被征服的年代里所遗留下来的建筑中还有一些是医院和学校，这是当时基于宗教教律的责任而建造的。其中最有名的是位于墨西哥城的**耶稣医院**(Hospital de Jésus, Mexico City, 约 1535)，由赫尔南多·科尔特斯(Hernando Cortés)设计建造，其平面呈 T 形。另一座是位于秘鲁利马的**圣亚纳医院**(Hospital de Santa Ana, Lima, Peru)，其平面呈十字形。

早期的政府建筑包括以后经过较大变动的**墨西哥城总督府**(Palace of the Viceroys, Mexico City)和**厄瓜多尔基多的政府接待厅**(Audiencia, Quito, Ecuador)。新墨西哥圣菲的**总督府**(Governor's Palace, Santa Fé, New Mexico, 1610—1614)是作为西班牙帝国前哨基地的行政性建筑而建造的，是由当地印地安人用土坯砖建造而成的长长的单层建筑。从圣菲广场出发，穿过一个开敞的、长长的凉廊，到达长廊终端的亭子时，便到了总督府。总督府的屋顶是用圆木建的平屋顶，下面是树状柱身的木柱支撑。

18 世纪的西班牙殖民时期，纯办公类的建筑变得更为朴实。位于**玻利维亚波托西的造币厂**(La Moneda The Mint, Potosí, Bolivia, 1759—1773)是那个时代南美洲最大的非宗教建筑。这是一座三层楼的建筑，内部走廊围合成一系列的院落，建筑内部有像营房那样的住宿区和贮藏室。其后同样类型的建筑实例是位于**智利圣地亚哥的造币厂**(La Moneda, Santiago, Chile, 1788—1799, 今为智利政府所在地)，由意大利出生的建筑师华金·托埃斯卡(Joaquín Toesca, 1745—1799)设计。整个建筑占据了一个街区，内部被分为几个院落。沿街的正立面采用了多立克柱式，标志着新古典主义在南美洲的出现。在墨西哥，新古典主义首次出现在**墨西哥城皇家矿业大学**(Royal School of Mining, Mexico City, 1797—1813)，由曼纽尔·托萨(Manul Tosla)设计，是当时杰出的建筑作品，有华丽的主庭院和宽大的楼梯。

位于**墨西哥瓜达拉哈拉的政府大厦**(Governmental Palace, Guadalajara, Mexico, 1751—1775)由尼古拉斯·恩里克斯·德尔卡斯蒂略(Nicholas Enriquez del Castillo)和何塞·科尼克(José Conique)设计，融合了丘里格拉风格、巴洛克和新穆迪扎尔风格的要素。同样，危地马拉的**安提瓜岛大学**(University, Antigua, Guatemala, 1763 重建)是中美洲地区具有新穆迪扎尔风格的重要作品之一。

位于危地马拉安提瓜岛的**皇家市政厅**(Real Gabildo Town Hall, Antigua, Guatemala, 1743 始建)是一座更加严格意义上的古典风格建筑，也受到这一时期的殖民行政建筑风格的影响，九个开间立面的连拱廊贯穿两个楼层。

由佩德罗·布埃诺(Pedro Bueno)设计的墨西哥城的**维斯卡伊纳学校**(Vizcáinas, Mexico City)原先是圣伊纳爵学院(Colegio de San Ignacio)，是一所专为贫穷女子所建造的女子学校。**路易斯安那州新奥尔良市政厅**(Cabildo Town Hall, New Orleans, Louisiana, 1795 始建, 见[1275]页图 A)是西班牙统治时期建造的西班牙管理机构办公所在地，它体现了 18 世纪晚期西班牙建筑设计的学术倾向，底层是开敞的连拱廊，二层是带有壁柱的连拱券，中部轻巧的三角饰布满丰富的石浮雕，古典母题的应用相当严谨，使得它与当时的西班牙建筑非常相似。复折屋顶则是后来添加的(约 1850)。

位于**巴西欧鲁普雷图的教养院**(Penitentiary, Ouro Preto, Brazil, 1784—1788)由弗朗西斯科·平托·德阿布雷乌(Francisco Pinto de Abreu)设计，是葡萄牙殖民时期市政建筑的范例，融合了市政厅和监狱的功能。若不考虑其使用功能，其立面的洛可可装饰非常精美。

位于**得克萨斯州圣安东尼奥的总督府**(Governor's Palace, San Antonio, Texas, 1749)用石材建成，有精美的铁格栅窗户、舞厅和宽敞的会客室。俯视其院落可以看出，即使远离西班牙帝国，这里的主人也一样可以享受到高标准的生活设施。

位于弗吉尼亚州威廉斯堡的**威廉和玛丽学院**(William and Mary College, Williamsburg, Virginia, 1695—1702, 见[1272]页图 C)可能是克里斯托弗·雷恩爵士(Sir Christopher Wren)任英国皇室建筑总监一职时的作品，如果是这样，那么雷恩所提供的学院图纸应该是设计图，因为有记载说"设计图被那里的绅士们认为符合国家的品质"(Nature of the Country)。建筑的平面呈 U 形，三层主体建筑包括了所有教室，两侧翼分别是学院的教堂和食堂。在建筑物的西侧，一个开敞的拱廊连接着建筑的两翼。整座建筑体现出乔治王朝时期的特点，屋顶中央被一个精致的圆顶所覆盖。

第 37 章 美洲建筑

图 A　路易斯安那州新奥尔良市政厅(1795 年始建)，见[1274]页

图 B　弗吉尼亚州夏洛茨维尔附近的蒙蒂塞洛(1809)，见[1278]页

第六编　欧洲以外地区殖民时期及后殖民时期的建筑

宾夕法尼亚州费城独立纪念馆(1731—1791)，见[1278]页

第 37 章 美洲建筑

图 A 华盛顿特区的白宫(1792—1829),见[1278]页

图 B 路易斯安那州怀特堡附近的贝尔格罗夫庄园(1857),见[1279]页

图 C 马萨诸塞州剑桥的斯托顿宅(1882—1883),见[1281]页

位于马萨诸塞州剑桥的哈佛大学(Harvard University, Cambridge, Massachusetts)始于1636年的哈佛学院，它是美国历史上最为悠久的大学。第一批的木构架建筑几乎未能保留下来，但是后建的一些建筑也很重要，如马萨诸塞礼堂(Massachusetts Hall, 1718—1720)，霍尔登礼拜堂(Holden Chapel, 1742—1744)，霍利斯楼(Hollis Hall, 1762—1763)及哈佛礼堂(Harvard Hall, 1764—1766)。哈佛礼堂的三角饰山墙、完整的檐口和相对较多的小圆顶，代表了早期为北美校园建筑增加更多纪念特征所作的努力。

殖民时期重要的校园建筑还有：位于罗得岛普罗维登斯的布朗大学礼堂(University Hall, Brown University, Providence, Rhode Island, 1770—1771)以及位于康涅狄格州纽黑文的耶鲁大学康涅狄格礼堂(Connecticut Hall, Yale University, New Haven, Connecticut, 1750—1752)。

位于宾夕法尼亚州费城的独立纪念馆(Independence Hall, Philadelphia, Pennsylvania, 1731—1791, 见[1276]页)是1776年7月4日宣读独立宣言之地。正如它的名称那样，从1731年开始，它便作为州的议会厅。这座建筑的主体部分于1745年建造完成。塔楼上精致的尖顶建于1750~1753年，由于受到损害，1781年被拆毁，并于1832年由威廉·斯特科兰得(William Strickland, 1787—1854)主持完成修复工程。两侧的建筑分别建于1736年和1739年，通过拱形连廊与主体部分相连。这组建筑有很强的乔治王朝时期的建筑特点：用砖块建造，以白色石块做外装饰。主体部分的屋顶有一圈栏杆，上面是带有精美木制天窗的塔楼。

位于宾夕法尼亚州费城的卡彭特大厦(Carpenters Hall, Philadelphia, Pennsylvania, 1770—1771)是作为卡彭特公司总部而建造的一座简洁的乔治风格建筑，其平面呈十字形，四面的山墙都加了三角饰，屋顶有木制的天窗，1774年9月5日在此召开过第一届大陆议会会议。

位于新斯科舍省哈利法克斯的省议会大厦(Province House, Halifax, Nova Scotia, 1811—1818)由约翰·梅里克(John Merrick)设计，是一座简洁、坚实的石砌古典建筑，是加拿大其他公共建筑的范例。

在加勒比海地区，位于巴巴多斯岛圣雅各教区的科德灵顿学院(Codrington College, S. James's Parish, Barbados)是一座早期的、严谨的英国巴洛克风格的石头建筑，建于约1700年。该地区最有名的学院派建筑是位于牙买加罗亚尔港的老海军医院(Old Naval Hospital, Port Royal, Jamaica, 约1817—1819)，这是一座带有长廊的两层楼建筑，部分预制铁构件是从英国船运过来的。

后殖民时期

居住建筑

华盛顿特区的白宫(White House, Washington, DC, 1792—1829, 见[1277]页图A)是美国总统的官邸，由爱尔兰建筑师詹姆斯·霍本(James Hoban, 约1762—1831)设计，为盎格鲁-爱尔兰式帕拉第奥(Anglo-Irish Palladian)风格建筑。1812年战争期间被损坏，后被重新修建，直到本世纪它仍在被不断地修复，其门廊(1807—1808)由拉特罗伯的设计。

托马斯·杰斐逊的住宅蒙蒂塞洛位于弗吉尼亚州夏洛茨维尔附近(Monticello, near Charlottesville, Virginia, 见[1275]页图B)，是当时最重要的美国乡村住宅。它建造于1770~1809年，过程漫长。18世纪70年代始建时，尚属帕拉第奥风格，到1793年后重建时，受法国新古典主义风格的影响，整幢建筑采用完全对称的形式，建筑平面中体现了特有风格的要求。位于侧面的附属建筑通过地下"秘密走廊"与主体相连，这种处理很有趣且具独创性。

位于马萨诸塞州波士顿的汤丁新月形住宅(Tontine Crescent, Boston, Massachusetts, 1793—1794, 毁于1858年)，由查尔斯·布尔芬奇设计，它是美国最早的联排式住宅，也是最早的新月形城市发展模式之一。布尔芬奇的建筑特点还体现在波士顿的比肯希尔(Beacon Hill)和南端(South End)的两幢美丽的红砖房上，这两幢房屋或者以柔和的月牙形或者以"正面凸起"的方式联排展开。与之有相似特点的联排房屋还可以在费城和纽约找到。纽约的华盛顿广场(Washington Square, New York, 1831, 北面部分尚存)由汤和戴维斯设计，其屋顶的设计手法体现的是严谨的希腊风格。而纽约的柱廊式联排住宅(Colonnade Row, 1831—1833, 部分保存)由塞思·格里尔(Seth Greer)设计，戴维斯(A. J. Dawis, 1803—1892)可能也参加了部分设计，一排基于底层粗琢基础上的科林斯柱贯穿到二层。在诸如马萨诸塞州的洛厄尔(Lowell)这样的矿山小镇上也有为外来工人建造的简朴的供膳寄宿方式的联排屋。

联邦风格的发展可以追溯到布尔芬奇设计的环比肯希尔(Beacon Hill)和波士顿广场(Boston

Comman)而建的哈里森大楼(Harrison House)、**格雷大楼**(Gray House)和**奥蒂斯大楼**(Otis House, 1796, 1800—1802, 1805—1808), 它们伴随着由来自塞勒姆的木工建筑师塞缪尔·麦金蒂尔(Samuel McIntire, 1757—1811)在港口城市塞勒姆和新英格兰设计建造的一系列商业建筑, 将布尔芬奇的设计风格予以发扬光大, 如位于马萨诸塞州塞勒姆的**加得纳-平格里大楼**(Gardner-Pingree House, Salem, Massachusetts, 1804—1805)。非职业建筑师威廉·桑顿(William Thornton, 1759—1828)设计了位于华盛顿特区的精美住宅——**华盛顿特区的八角形大楼**(Octagon House, Washington, DC, 1799—1800), 这是一座中间为弓形的楔形住宅; 这位非职业建筑师还设计了**乔治敦特区都铎广场**(Tudor Place, Georgetown, DC, 1816), 它延续了英国乡村别墅的气息, 两侧有裙房, 而主体部分较小。

位于弗吉尼亚州阿林顿的**李大厦**(Lee Mansion, Arlington, Virginia, 1802 始建), 其门廊是在美国出现的第一个带有希腊复兴风格的门廊。1820 年附加的多立克六柱式建筑由乔治·哈德菲尔德(George Hadfield, 1763—1826)设计完成。这种风格逐渐在各地流传开来, 如托马斯·尤斯蒂克·瓦尔特(Thomas Ustick Walter, 1804—1887)设计的宾夕法尼亚州的**安达卢西亚大楼**(Andalusia, Pennsylvania, 1833), 就带有这种希腊复兴风格的门廊。其他类似的建筑还有伊锡尔·汤(Ithiel Town)设计的位于马萨诸塞州北安普敦的**鲍尔斯大楼**(Bowers House, Northampton, Massachusetts, 1825), 拉塞尔·沃伦(Russell Warren)设计的位于罗得岛纽波特的**埃尔姆赫斯特大楼**(Elmhyrst, Newport, Rhode Island, 1833), 以及密歇根州的**安阿伯威尔逊法官大楼**(Judge Wilson House, Ann Arbor, Michigan, 1843)和位于佛蒙特奥韦尔的**威尔科克斯-卡茨府邸**(Wilcox-Cutts House, Orwell, Vermont, 1843)。在美国南方种植园, 这种希腊复兴式门廊常常与带有连续走廊的住宅相配, 只是常常用托斯卡纳柱式取代希腊柱式, 如路易斯安那州圣雅各教区的**橡树径庄园**(Oak Alley, 1837—1839)和**萨姆叔种植园**(Uncle Sam Plantation, 约 1850)都是很好的例子。位于佐治亚州梅肯的**拉尔夫·斯莫尔宅**(Ralph Small House, Macon, Georgia, 约 1835)则更具代表性, 这是一个简单的二层结构建筑, 无三角檐饰, 带多立克式六柱式门廊。位于路易斯安那州怀特堡附近的**贝尔格罗夫庄园**(Belle Grove, near White Castle, Louisiana, 1857, 见[1277]页

图B)也是一个很好的实例, 它有 75 个房间和一个华丽的门廊, 柏木雕刻的科林斯柱增添了门廊的华丽色彩。

北美的希腊式建筑规模或小、或大, 如位于得克萨斯州迦太基的**贾斯珀·柯林斯宅**(Jasper Collins House, Carthage, Texas, 1850)只有一层, 但它的四面都有四柱式的门廊。19 世纪经典的美国独立式住宅都有大量的门厅过道和楼梯, 从平面的中心位置可通往每一个房间。

然而, 在北方各州, 风景如画风格的别墅建筑使得希腊复兴风格日渐衰退, 因为那里的门廊显得越来越不必要了。戴维斯设计的位于纽约州塔里敦的别墅成为时尚, 其中最有名的是位于纽约州塔里敦的**林德赫斯特宅**(Lyndhurst, Tarrytown, New York, 1838), 在设计中运用了英国都铎-哥特式风格。位于马萨诸塞州新贝德福德的**罗奇宅**(Rotch House, New Bedford, Massachusetts, 1845)是戴维斯尝试风景如画风格的另一件作品, 它有尖尖的山墙、雕刻精美的封檐板和阳台。其他的别墅建筑风格主要仿效意大利半岛、瑞士和德国的建筑风格, 只是为适应美国木工技术水平而有所改变, 如 1854 年利奥波德·艾德利茨(Leopold Eidlitz, 1823—1908)设计的位于罗得岛纽波特的**"农舍"**(The Chalet, Newport, Rhode Island), 就是这种风格的体现。卡尔弗特·沃克斯(Calvert Vaux, 1824—1895)为画家弗雷德里克·丘奇(Frederic Church, 1826—1900)设计的位于纽约州哈得孙附近的**奥拉纳宅**(Olana, near Hudson, New York, 1870—1891), 这是一座有许多摩尔式装饰物的哥特式建筑。由塞缪尔·纽瑟姆(Samuel Newsom, 1854—1908)和约瑟夫·纽瑟姆(Joseph Newsom, 1858—1930)兄弟共同设计建造的位于加利福尼亚州尤里卡的**威廉·卡森宅**(William Carson House, Eureka, California, 1884—1886)则把美国建筑风格演绎到了极致。

理查德·莫里斯·亨特设计的位于罗得岛纽波特的**格里斯沃尔德宅**(Griswold House, Newport, Rhode Island, 1861)是木构架风格的代表, 有大量的外露结构和托架山墙。到波特(E. T. Potter, 1831—1904)设计位于康涅狄格州哈特福德的**塞缪尔·克莱门斯宅**(Samuel Clemens House, 马克·吐温(Mark Twain House), Hartford, Connecticut, 1873—1874)时, 木构架风格在东海岸地区已不再时尚, 因为这个地区出现了木板式建筑风格(Shingle Style), 这种风格最早出现在理查森

第六编 欧洲以外地区殖民时期及后殖民时期的建筑

图A （上图）北卡罗来纳州阿什维尔的比尔特莫府邸（1890—1895），见[1281]页

图B （左图）马萨诸塞州波士顿的圣三一教堂（1873—1877），见[1283]页

第 37 章 美洲建筑

设计的位于**罗得岛纽波特**的**沃茨·舍曼宅**(Watts Sherman House, Newport, Rhode Island, 1875—1876)上。后来麦金姆、米德和怀特建筑事务所设计了一系列同样风格的建筑,从打破英国建筑风格的位于马萨诸塞州奥克伍德的**沃德宅**(Ward House, Oakswood, Massachusetts, 1877—1888,已毁)到纯美国风格的位于罗得岛布里斯托尔的**威廉·洛宅**(William Low House, Bristol, Rhode Island, 1887—1888),都采用了木板式建筑式样,其中威廉·洛宅的整个房顶呈小角度的弧状。传播这种木板式建筑风格的建筑师还有威尔逊·艾尔(Wilson Eyre)和布鲁斯·普赖斯(Bruce Price),他们设计了位于纽约州塔克西多帕克的**皮埃尔·洛里亚尔宅**(Pierre Lorillard House, Tuxedo Park, New York, 1884—1886);威·拉·埃默森和约·莱·西尔斯比设计了位于缅因州巴港的**雷德伍德宅**(Redwood, Bar Harbor, Maine, 1879);霍利(H. H. Holly)设计了位于新泽西卢埃林帕克的**格莱蒙宅**(Glenmont, Llewellyn Park, New Jersey, 托马斯·爱迪生的住宅, 1880—1881),该住宅是专为富人建造的郊区别墅,巧妙地揉合了木板式建筑和木构架的母题。

此时,理查森的建筑风格变得越来越抽象,他设计的位于马萨诸塞州剑桥的**斯托顿宅**(Stoughton House, Cambridge, Massachusetts, 1882—1883,见[1277]页图 C)就是其中一例,整幢建筑从上到下用木板条覆盖。更为精彩的是位于马萨诸塞州北伊斯顿的**埃姆斯门小屋**(Ames Gate Lodge, North Easton, Massachusetts, 1880—1881),是毛石砌体结构的成功尝试。同时期的**芝加哥格莱斯纳宅**(Glessner House, Chicago, 1885—1887)也极富特色:石砌的沿街立面像堡垒似的,遮掩住了内部砖砌的院落和布局优美的平面。

在南北战争后的波士顿和纽约,联排式住宅持续发展;但随后,波士顿的巴克湾(Back Bay)就见证了联排式住宅被"预制砖板"(panel brick style)风格所替代,进而出现了美国"安妮女王"式的建筑风格,例如约翰·斯特吉斯(John Sturgis, 1834—1888)设计的位于波士顿达特茅斯街的**埃姆斯宅**(Ames House, DartmouthStreet, Boston, 1882)的室内风格。这种风格由麦克金姆、米德和怀特进一步发展,他们在法国和意大利建筑风格的基础上加以创新,例如他们设计的位于波士顿巴克湾的**惠蒂尔宅**(Whittier House, Back Bay, Boston, 1880—1883)和纽约的**蒂法尼宅**(Tiffany House, New York, 1882—1885),都很好地融合了前期建筑风格,又没有丧失其独创性。到他们设计纽约的**维拉德宅**(Villard Houses, New York, 1883—1885),一幢由褐色石砌筑的、带有布拉曼特式(Bramantesque)细部的豪华府邸时,他们开始接近其后期作品里常出现的精美的学院派风格。美国一些超级富翁如维拉德和范德比尔特家族(Vanderbilts)偏爱学院派的建筑,特别是带有法国味道的学院派建筑。位于纽约第五大道的**威廉·范德比尔特府邸**(William K. Vanderbilt Mansion, Fifth Avenue, New York, 1879—1882, 毁于 1925 年),位于北卡罗来纳州阿什维尔的**比尔特莫府邸**(Biltmore, Ashville, North Carilina, 1890—1895, 见[1280]页图A)以及范德比尔特的许多乡村别墅,都带有学院派风格,其中第五大道的范德比尔特府邸和比尔特莫府邸都由理查德·莫里斯·亨特设计,有着早期法国文艺复兴式别墅的风格,但是缺少斯坦福·怀特所推崇的新意。纽约的高层公寓是这一时期的创造,由亨利·詹韦·哈登贝格(Henry J. Hardenbergh, 1847—1918)设计的位于纽约中央公园西的**达科他公寓**(Dakota, Central Park West, New York),这座九层住宅楼带有人字形的屋顶和院落平面,引人注目。劳工阶级的公寓楼也开始越建越高,由巴黎美术学院培养的欧内斯特·弗拉格(Ernest Flagg, 1857—1947)设计的位于纽约布利克街的**米尔斯公寓**(Mills House, now The Atrium, Bleecker Street, New York, 1896—1897),小卧室都朝向开敞的院子,可以通风、采光,深挑的檐口使其立面简洁美观。

到 19 世纪末,美国的区域性、本土性建筑的学术水平有了很大提高,例如在旧金山出现了适应北卡罗来纳地区气候和乡土文化的木板式风格的建筑作品:由佩奇·布朗(A. Page Brown, 1859—1896)设计的旧金山**病残老人公寓**(Crocker Old People's Home, San Francisco, 1889—1890);考克斯赫德兄弟(Coxhead and Coxhead)设计的位于圣安塞尔莫的**卡里根宅**(Carrigan House, San Anselmo, 1892);威利斯·波尔克(Willis Polk, 1867—1924)设计的麦克劳德附近的**弯形住宅**(The Bend, near McCloud, 约 1895)。在加利福尼亚州,同样可以看到普韦布洛或墨西哥复兴风格的影响,其中最出名的是施魏因富特(A. C. Schweinfurth, 1864—1900)设计的森诺尔附近的**维罗纳的波索庄园**(Hacienda del Pozo de Verona, near Sunol, 1895—1896, 1969 年被烧毁),该农庄为威廉·伦道夫·赫斯特(William Randolph Hearst)所建。另一个重要作品可能算是被称为草原式学校的一座建筑,位于芝加哥,是弗兰克·劳埃德·赖特建筑个性的体现。赖特早期的重要作品是位于芝加哥阿斯特街的**查恩利宅**(Charnley House, Astor Street, Chicago, 1891),这座建筑受到麦金姆、米德和怀特大胆、抽象的罗马风格的影响。赖特在芝加哥郊区设计了一些传统的木板式风格的建筑作品后,便开始在位于伊利诺州里弗福里斯特特区的**温斯洛宅**(Winslow House, River Forest, Illinois, 1893)尝试自己持续的原创设计。这幢别墅立面对称,屋檐出挑深远,体现了力量、自信和水平感,但建筑内部的标高过于复杂。赖特的这一作品很快影响了其他人,如直接影响了乔治·马厄(George W. Maher, 1864—1926)设计的位于**伊利诺州橡树园的法森宅**(Farson House, Oak Park, Illinois, 1897)。赖特在自己住宅上加建的位于伊利诺州橡树园的**工作室**(Studio, Oak Park, Illinois, 1895)、芝加哥的**赫勒宅**(Heller House, Chicago, 1897)和**胡塞尔宅**(Husser House, Chicago, 1899, 已毁),都显示了这位极力打破19世纪的"盒子"式风格、把独立式别墅推向一个新时代的建筑师的杰出才华。

在拉丁美洲,法国新古典主义风格深深地影响了其后殖民时期的建筑。1816年,格朗让·德蒙蒂尼(Grandjean de Montigny)率文化使团到巴西,随后在里约热内卢出现了佩泽拉(P. J. Pézerat)设计的**桑托斯侯爵夫人府邸**(House of the Marquesa de Santos, 约1820),以及蒙蒂尼自己设计的**蒙蒂尼宅**(Montigny House, 1820)。雷贝洛(J. M. J. Rebelo)设计的里约热内卢的**伊塔马拉蒂宫**(Itamarati Palace, Rio de Janeiro, 1841—1844, 今巴西外交部)是一座美丽的别墅,是巴黎建筑或巴黎早期建筑风格的见证,每层的拱形窗都是落地窗,使得室内外空气可以自由流动。在智利,法国建筑师克劳德·弗朗索瓦·布吕内-德贝纳(Claude Francois Brunet-Debaines)和吕西安·安布鲁瓦兹·埃诺(Lucien Ambroise Hénault)在圣地亚哥建造了许多精美的住宅(1848—1880)。在阿根廷,德国风格强烈影响了19世纪阿根廷建筑的发展,这种影响可以通过欧内斯托·本赫(Ernesto Bunge)设计的位于布宜诺斯艾利斯的**艾尔萨宅**(Casa Ayerse, Buenos Aires, 1880)体现出来。

宗教建筑

19世纪拉丁美洲独立后,这里大多数的教堂都是新古典主义风格。普罗斯佩罗·卡尔特林(Próspero Cartelin)在阿根廷设计的**布宜诺斯艾利斯大教堂**(Buenos Aires Cathedral, Argentina, 1822),其门廊与教堂的立面风格交相呼应。哥特风格在这个世纪末变得流行起来,如由塞雷菲诺·古铁雷斯(Cerefino Gutierrez)设计的位于墨西哥阿连德的**圣米迦勒教堂**(Church of San Miguel, Allende, Mexico, 约1880)即体现了这种风格。而巴洛克风格也同样流行,如墨西哥的**萨莫拉大教堂**(Zamora Cathedral, Mexico, 1840—1880)。

在马里兰州巴尔的摩的**天主教主教堂**(The Catholic Cathedral, Baltimore, Maryland, 1805—1821)也许是英国出生的本亚明·拉特罗伯(Benjamin H Latrobe, 1764—1820)在美国设计的最重要的作品,也是美国第一座主要的罗马天主教大教堂,其平面呈拉丁"十"字,顶上是用镶板装饰的似万神庙的大穹顶,直径超过了18m(60ft),而正殿的屋顶则呈浅碟形;建筑内部空间很大,外面有一个带三角饰的门廊(原设计没有门廊, 1863年加建);两侧是双塔,教堂的主穹顶坐落在八角形的鼓座之上。

美国早期的哥特式教堂包括拉特罗伯在华盛顿特区设计的**基督堂**(Christ Church, Washington DC. 1808)和伊锡尔·汤(Ithiel Town, 1784—1844)设计的位于**康涅狄格州纽黑文的圣三一教堂**(Trinity Church, New Haven, Connecticut, 1814—1817)。由于受英国教堂建筑的影响,美国教堂建筑风格变得更加学究气了,这种变化在纽约市的教堂建筑中有所体现,如理查德·厄普约翰设计的圣三一教堂(Trinity Church, 1839—1846),它有强烈的英国教堂的装饰风格。由詹姆斯·伦威克(James Renwick, 1818—1905)设计的**感恩教堂**(Grace Church, 1843—1846)和**圣帕特里克大教堂**(S. Patrick Cathedral, 1858—1879)同样重要,西立面上的两个尖顶带有法国样式。而厄普约翰设计的简洁的乡村教堂也很吸引人,如用大型木板材建造的位于威斯康星州德拉菲尔德的**圣约翰-赫里索斯托姆教堂**(S. John Chrysostom, Delafield, Wisconsin, 1851—1853),带有一个独立的钟楼。在东海岸,哥特式教堂的复兴出现在19世纪末期,其中著名的有拉尔夫·亚当斯·克拉姆(Ralph Adams Cram, 1863—1942)的作品——位于马萨诸塞州波士顿的阿什蒙特的**万圣教堂**(All Saints, Ashmont, Boston, Nassachusetts, 1891),亨利·沃恩(Henry Vaughan, 1845—1917)设计的位于康涅狄格州纽黑文的**基督堂**(Christ Church, New

Haven, Connecticut, 1895—1898)。他们以后设计的位于纽约和华盛顿的一些教堂则具有 20 世纪的建筑风格(见第 50 章)。

理查森在波士顿建造了两座重要的教堂，但是没有一座是纯哥特式的风格。**布拉特广场教堂**(Brattle Square Church, 1871—1813)是他的第一件重要的建筑作品，具有十字形平面和一个顶部向外开有碟眼的垂直塔。随后由谢普利、鲁坦和库利奇事务所(Shepley, Rutan and Coolidge)设计的带有西塔和门廊的**圣三一教堂**(Trinity Church, 1873—1877，见[1280]页，图 B)成为美国建筑的重要纪念碑。这座教堂呈希腊十字平面，十字形的核心是中央矗立的塔，旁边通过一条短回廊和一段开敞的楼梯与教区用房相连。这种风格是南部罗马式风格，但是应用了许多有力的、个性化的花岗岩石材面与褐色的沙石线角。带有理查森风格的后期的一些著名教堂包括伯纳姆和鲁特设计的**圣加百列教堂**(S. Gabriel's, Chicago, 1881)，挺拔的角塔是其特色；以及朗费罗、奥尔登和哈洛事务所(Longfellow, Alden and Harlow)设计的匹兹堡的**麦克卡鲁厄大街长老会教堂**(McClure Avenue Presbyterian Church, Pittsburgh, 1887)，他们三人中有一人参加过理查森的设计实践。这两座教堂都建造在石基上，是一种单薄的、高质量的罗马砖砌筑的砖砌体工程。

蒙特利尔有许多大教堂，体现了 19 世纪加拿大教会建筑的进步和多样性。由詹姆斯·奥唐奈(James O'Donnell, 1774—1830)和约翰·奥斯特尔(John Ostell, 1813—1892)设计的**圣母教堂**(Notre-Dame, 1824—1843)是一座规模很大的早期哥特式复兴建筑，西侧建有双塔，正立面带有英国朴实风格的细部，内部曾有过双廊。与之形成鲜明对比的是由维克托·布尔若(Victor Bourgeau, 1809—1888)设计的原打算作为罗马圣彼得大教堂的再造的**玛丽女王大教堂**(The Cathedral of Mary Queen of the World, 以前称为圣雅各教堂，1875—1885)，如果不考虑尺度上的差异和多种折中手法，这座教堂可以看成是梵蒂冈教堂在加拿大的翻版。新教的礼拜堂虽然简单但有时却别具一格，例如位于安大略省霍兰兰丁的**沙伦礼拜堂**(Sharon Temple, Holland Landing, Ontario)是一座不同宗派的教徒设计的正方形教堂，三个讲坛各带一组双高侧窗。

19 世纪北美的犹太教堂跟随着欧洲的风格，带有圆拱和室内走廊，现存的最好实例是亨利·费恩巴赫(Henry Fernbach, 1829—1883)在纽约设计的**中央犹太大教堂**(Central Synagogue, New York City, 1870—1872)。

教育建筑、市政建筑、公共建筑

托马斯·杰斐逊设计的以法国尼姆的卡雷尔神庙为原型的位于弗吉尼亚州里士满**州议会大厦**(The State Capitol, Richmond, Virginia, 1789—1798, 见[1284]页图 A，参见有关章节)，应用了爱奥尼柱式，但圣堂(cella)开窗采用的是帕拉第奥范式。这幢建筑可以看做是美国第一座真正的新古典主义建筑，具有纪念碑意义，对美国后期的建筑风格产生了很大影响。希腊式和罗马式的经典教堂形式都可以用于银行、学校和其他建筑，把这些式样和所有的功能都塞进"圣堂"，以实现古典形式的外部线条。

由查尔斯·布尔芬奇设计的位于马萨诸塞州**波士顿州府大厦**(The State House, Boston, Massachusetts, 1795—1798)体现了法国和英国新古典主义风格的影响，尤其是大厦中间突出部分的特征最为明显，它的入口是简洁的拱形结构，上部是设有柱廊的凉廊；主立面带有亚当式建筑细部的窗户；顶部是一个穹形顶，它的这些特点很多都被以后的美国州议会大厦所采用。

华盛顿特区美国国会大厦(The United States Capitol, Washington, DC, 1793—1867, 见[1285]页图A)——这个美国政府的活动中心，因其中央的巨大穹顶而成为世界知名建筑之一。这座拥有第一建筑之称的大厦最初是由非职业建筑师威廉·桑顿设计，法国建筑师阿莱(E. S. Hallet, 1755—1825)是他的助手，设计仿照帕拉第奥式，平面中央是一个圆形大厅。1803~1811 年，本亚明·拉特罗伯继续进行这座建筑的设计工作。1812 年战争结束后，原有的建筑被英国人严重毁坏，1815~1817 年拉特罗伯负责重建工作。随后，查尔斯·布尔芬奇继续这项工程，直至 1829 年完成。在 1851~1867 年的加建部分则由托马斯·尤斯蒂克·瓦尔特(Thomas Ustick Walter, 1804—1888)完成，他设计了两翼用房、大穹顶和中央大厅。该中央大厅取代了早期万神殿式的穹顶，由巨大的铸铁构件建造，室内直径达到 30m(98ft)，整体高度达 68m(222ft)。

第六编 欧洲以外地区殖民时期及后殖民时期的建筑

图 A 弗吉尼亚州里士满州议会大厦(1789—1798)，见[1283]页

图 C 宾夕法尼亚州费城市政厅(1874—1901)，见[1288]页

图 B 艾伯达的班夫泉大饭店(1886—1888)，见[1295]页

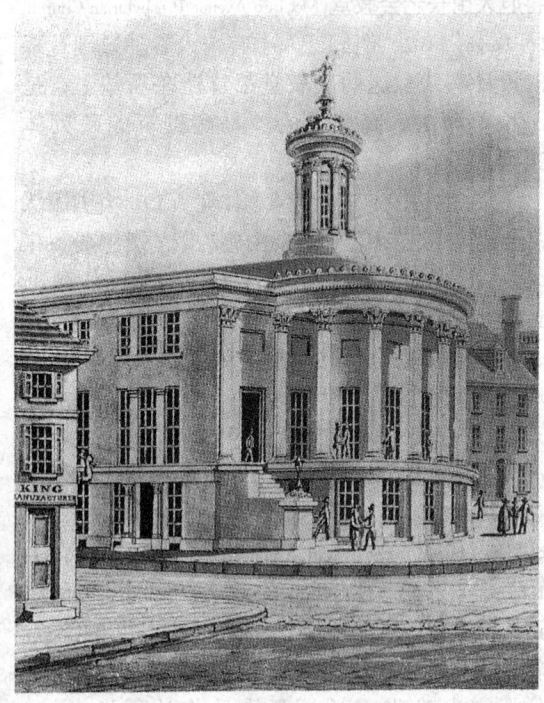

图 D 宾夕法尼亚州费城商品交易所(1832—1834)，见[1289]页

第 37 章 美洲建筑

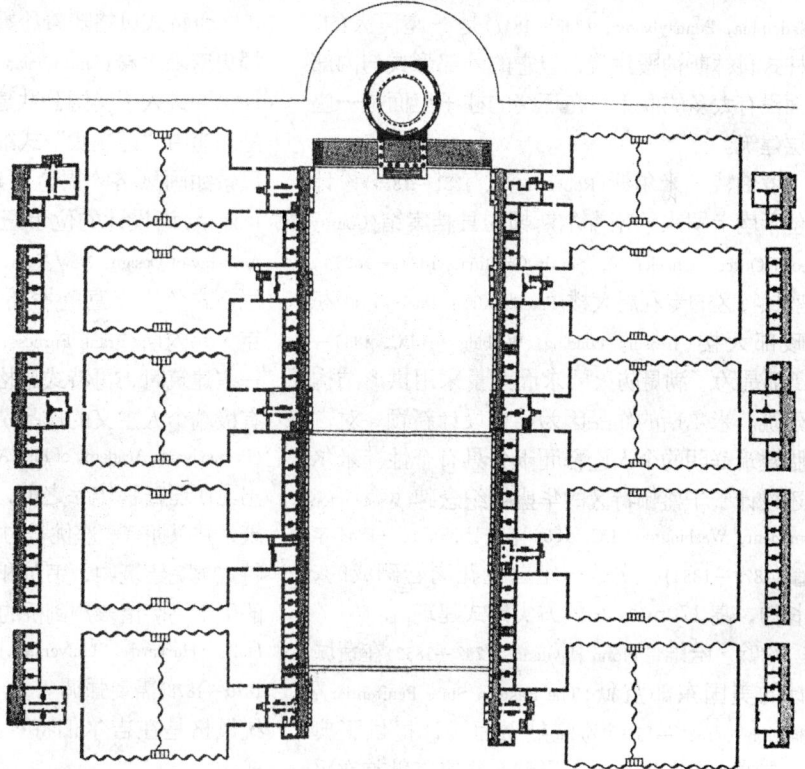

图 A （上图）华盛顿特区美国国会大厦（1793—1867），见[1283]页

图 B （右图）弗吉尼亚州夏洛茨维尔的弗吉尼亚大学平面图（1817—1826），见[1286]页

位于弗吉尼亚州夏洛茨维尔的弗吉尼亚大学(The University of Virginia, Charlottesville, Virginia, 1817—1826, 见[1285]页图 B)是由托马斯·杰斐逊主持, 桑顿和拉特罗伯辅助共同设计完成的一个"学院村落"。站在杰斐逊自己的乡村别墅蒙蒂塞洛(见[1275]页, 图 B), 可以俯瞰大学全景。弗吉尼亚大学的兴建为其后美国大学校园规划提供了模式: 其平面由一个宽阔的、矩形的、绿树成排的开敞空间组成, 每条长边方向排列着 5 座二层楼的、带有古典式门廊的建筑单元, 包括教学用房和报告厅, 而彼此之间都由低矮的柱廊连接起来, 一直通向学生宿舍; 开敞空间的尽头是大学图书馆, 建有罗马万神庙式的穹顶; 图书馆在 20 世纪初已被烧毁, 但室内部分已被修复; 在教学与生活区的后面以花园相隔的是仆人居住区, 这是专供学生带到学校为自己服务的仆人居住的地方; 校园里的每幢建筑都试图表现出古典建筑风格, 为学生学习提供了许多范例。

在宾夕法尼亚州的**费城沃尔特设计的吉拉德学院创建者礼堂** (Founders' Hall, Girard College, Philadelphia, Pennsylvania, 1833—1847)是一座巨大的、八柱式科林斯神殿建筑, 但它的外部形式与内部平面没有太多的联系, 在环绕的柱子里面是一座三层建筑。

罗伯特·米尔斯(Robert Mills, 1781—1855)设计的位于南卡罗来纳州查尔斯顿的**县档案馆**(County Record Office, Chaeleston, South Carolina, 1822—1823), 华盛顿特区的**专利局大楼**(Patent Office, 1836—1840)和**财政部大楼**(Treasury Building, Washington, DC, 1836—1842)都是为了满足防火要求而大量采用拱形结构的建筑。米尔斯的作品因为结构设计新颖、对古希腊建筑鲜明的个人诠释而十分具有个性。米尔斯还设计了华盛顿特区的**华盛顿纪念碑**(Washington Monument, Washington, DC, 1836 年设计, 1848—1854 年建造, 1879—1884), 这是一座白色花岗岩砌成的、修长的、高 170m(555ft)的方尖碑式建筑。

约翰·哈维兰(John Haviland, 1792—1852)在费城设计的**美国东部监狱**(The Eastern State Penitentiary, Philadelphia, 1823—1829)为监狱平面设计提供了典范, 在国际上产生了重大影响。这座监狱首次采用了"圆形监狱"的设计平面, 遵循了警戒与教养相协调的原则。各监狱分区呈辐射状排列, 犯人被严格地单独监禁, 没有任何交流的机会。哈维兰稍后的作品, 如**纽约市法院大楼及拘留所**(New York City Halls of Justice and House of Detention, The Tombs, New York, 1835—1838, 已毁)都采用了相似的圆形平面设计, 只是立面形式采用了令人生畏的埃及风格。在南美洲, 这样的布置形势还被运用到托马斯·雷德设计的哥伦比亚波哥大监狱(Bogotá Prison, Colombia, 1848, 今联邦博物馆)和马梅德·费雷拉设计的巴西累西腓**看守所**(Casa de Detención, Recife, Brazil, 1850—1867)。

19 世纪 40 年代后, 英国意大利复兴风格在东海岸成为时尚, 如约翰·诺特曼设计的费城雅典娜俱乐部(Athenaeum, Philadelphia, 1845—1847), 安米·伯纳姆·扬设计的**乔治敦特区海关大楼**(Customs House, now Post Office, Georgetown, DC, 1857, 今邮政大楼), 都是这种时尚的体现。

美国目前尚存最早的最完整的铁构建筑是丹尼尔·巴杰(Daniel Badger)铁件厂负责建造的**纽约州沃特弗利特军火库**(Watervliet Arsenal Storehouse, New York State, 1859), 整幢建筑都用铸铁建成, 并带有铸铁立面和一个室内宽敞的长廊。

哥特式风格随着詹姆斯·伦威克设计的**华盛顿史密森大楼**(Smithsonian Building, Washington, 1848—1849)而进入了美国公共建筑设计中。史密森大楼是一座由"诺曼底"式细部和不对称塔楼构成的风景如画风格的褐色石建筑。由怀特(P. B. Wight, 1838—1925)设计的位于纽约国家设计学院(National Academy of Design, New York, 1862—1865, 已毁)有着威尼斯式色彩丰富的罗斯金风格的外观。到弗兰克·弗内斯(Frank Furness, 1839—1912)设计费城的一些建筑时, 哥特式风格已臻成熟。弗内斯的具有极端个人主义的作品**费城宾夕法尼亚美术学院**(Pennsylvania Academy of Fine Arts, Philadelphia, 1871—1876)出现在理查森作品之前, 它是一幢多边形砖石建筑, 并以拥有一座优美的楼梯而自豪。在众多的哥特式学院建筑中, 韦尔和范布伦特(Van Brunt)设计的位于马萨诸塞州剑桥的**哈佛大学纪念堂**(Memorial Hall, Harvard University, Cambridge, Massachusetts, 1870—1878)需要强调一下, 其装饰和多彩的英式传统风格是在吉尔伯特·斯科特爵士的协作下完成的。

在加拿大, 托马斯·富勒(Thomas Fuller, 1822—1898)和斯滕特(E. W. Stent)设计的位于**渥太华的多米宁国会大厦**(Dominion Parliament Buildings, Ottawa, 1861—

第 37 章 美洲建筑

图 A　安大略省渥太华多米宁国会大厦(1861—1867)，见[1288]页

图 B　马萨诸塞州波士顿公共图书馆(1887—1893)，见[1288]页

1867,见[1287]页图A)拥有哥特式的塔楼、尖顶和脊饰,形成热情奔放的轮廓。室内大部分毁于1916年的大火,后来皮尔逊(J. A. Pearson)和马钱德(J. O. Marchand)设计建造了新的哥特式塔楼。加拿大地区政府建筑的发展变化可以从新旧立法大楼的风格变化中看出,风景如画风格的温哥华老立法院大楼(Old Legislative Building, Vancouver, British Columbia, 1859年建,1957年被毁)是一座带深廊的砖木结构建筑;而弗朗西斯·拉滕伯里(Francis Rattenbury, 1867—1935)设计的温哥华新立法院大楼(New Legislative Building, Vancouver, 1893—1898)则有一个大型中央穹顶,体现出文艺复兴式的风格。

南北战争后,美国联邦政府大楼和市政厅大都采用了装饰华丽的法式文艺复兴形式,约翰·麦克阿瑟(McArthur, John(1823—1890)设计的费城市政厅(Philadelphia City Hall, 1874—1901,见[1284]页图C)就是最好的说明,这幢建筑雕刻精美,高耸的中心塔楼上竖立着威廉·佩恩(William Penn)的塑像。阿尔弗雷德·布尔特米莱(A. B. Mullett, 1834—1890)设计的华盛顿行政办公大楼(The Executive Office Building, 前联邦战争与海军部, 1871—1888)也采用了相同的型制。而蒙哥马利·梅格斯(Montgomery Meigs, 1816—1892)设计的华盛顿旧抚恤金管理局大楼(Old Pension Building, Washington, 1883)外表是典型的意大利府邸风格,但内部有一个巨大的四层大厅,大厅端部以巨型拱廊收尾。

但是哥特式风格逐渐被理查森的罗马式建筑风格所取代,在理查森设计的一系列小型图书馆建筑中发展了这种风格,如位于马萨诸塞州沃本的温纪念图书馆(Winn Memorial Library, Woburn, Massachusetts, 1876—1879)和马萨诸塞州弗雷明汉姆南站(South Framingham Station, Massachusetts, 1883—1885)。在理查森设计匹兹堡阿勒格尼县法院和监狱(Allegheny County Courthouse and Gaol, Pittsburgh, 1884—1887)时,这种风格已趋于成熟、完善。这些建筑物形体庞大,尤其是阿勒格尼县监狱,建筑设计赋予了其力量和魅力,使其成为一座永久的纪念性建筑。阿勒格尼法院的内部陈设奢华,而阿勒格尼县监狱的外部也很华贵,但令人生畏。

具有理查森风格的一些公共建筑还包括由朗费罗、奥尔登和哈洛设计的马萨诸塞州的剑桥市政厅(City Hall, Cambridge, Massachusetts, 1887),由谢普利、鲁坦和库利奇设计的位于加利福尼亚帕洛阿尔托的斯坦福大学(Stanford University, Palo Alto, California, 1887—1902),平面布置富有技巧。在加拿大,由伦诺克斯(E. J. Lennox, 1856—1933)设计了多伦多市政厅(City Hall, Toronto, 1890)。而此时,一种趋向更单纯、更学院派的风格已经出现,这可从理查德·莫里斯·亨特设计的纽约伦诺克斯图书馆(Lenox Library, New York, 1871—1875, 已毁)中得到证明。在理查森去世后,麦金姆、米德和怀特设计的波士顿公共图书馆(Boston Public Library, 1887—1893,见[1287]页图B)更强化了这种风格,这座伟大的建筑成功地将学院派风格和意大利风格相融合,同时采纳了体现理查森风格的圆拱结构,其正立面借鉴了拉布鲁斯特设计的巴黎圣热纳维耶芙图书馆的风格(见第34章);在室内,皮维·德沙瓦纳(Puvis de Chavannes)设计的带有精美壁饰的楼梯把人们引入主阅览室,这是罗马文艺复兴风格在美国建筑室内的首次出现;建筑物中部是一个15世纪意大利文艺复兴风格的带有拱顶的内庭。麦金姆、米德和怀特后来还设计了带有双门廊的波士顿交响乐大厅(Symphony Hall, Boston, 1898—1900),这是第一座经科学计算音响效果的礼堂建筑。

麦金姆、米德和怀特带头对文艺复兴风格的吸纳,得到谢普利、鲁坦和库利奇的追随,他们设计的芝加哥艺术学院(Chicago Art Institute, 1892)在芝加哥1893年世界博览会后代表了城市的建筑风格,因为当年为世界博览会建造的主要建筑几乎都是古典风格。较早期的学院派风格表现在欧内斯特·弗拉格设计的华盛顿科科伦艺术馆(Corcoran Gallery of Art, Washington, 1893—1897)和卡斯·吉尔伯特(Cass Gilbert, 1859—1934)设计的位于明尼苏达州圣保罗的州议会大厦(State Capitol, St. Paul, Minnesota, 1896—1903)。科科伦艺术馆的拉布鲁斯特式的立面背后是带有二层横梁结构的上下贯通的中庭。卡斯·吉尔伯特的州议会大厦则有一个梵蒂冈式的穹顶。而卡雷尔和黑斯廷斯设计的纽约公共图书馆(New York Public Library, 1897—1910)也是美国学院派风格时期的众多建筑之一,它对路易十五时期的巴黎式古典风格作了较多的改进。

美国尚存的1900年以前建造的主要铁路车站是由西奥多·林克和乔治·佩格勒姆设计的密苏里州圣路易斯的联合车站(Union Station, St. Louis, Missouri, 1892—1894),车站有一个长长的理查森式的立面和一座钟塔，钟塔下是月牙状的铁桁架屋盖，这是当时世界上跨度最大的桁架结构，跨度达186m(606ft)。

在拉丁美洲，法国建筑师格朗让·德蒙蒂尼在里约热内卢设计的**海关大楼**(Customs House, 19世纪20年代)、**艺术学院**(Academy of Art)和**市场大楼**(Market Building, 1835—1841)则反映了法国在公共建筑上的国际影响。新古典主义在那个世纪占据了主导地位，这期间有托马斯·雷德设计的位于哥伦比亚波哥大的**国会大楼**(Parliament Building, Bogotá, Colombia, 1847—1905)、布吕内-德贝纳(Brunet-Debaines, 1799—1855)和埃诺设计的位于智利圣地亚哥的**国民会议大厦**(National Congress Building, Santiago, Chile, 1840—1876)，亚历杭德罗·拉维札(Alejandro Ravizza)设计的更具现代气息的位于巴拉圭亚松森的**国会大厦**(Parliament Building, Asunción, Paraguay, 1860—1880)。在几位移居阿根廷的德国建筑师设计的作品中，曾流行于德国的意大利风格在阿根廷十分普遍，一个典型的案例是卡洛斯·阿尔特格尔特(Carlos A. Altgelt)设计的位于布宜诺斯艾利斯的**国家教育委员会大楼**(National Council of Education, Buenos Aires)，体现了"意大利-慕尼黑"('Italian-Munich' style)风格。胡安·安东尼奥·布切阿佐(Juan Antonio Buzchiazzo)设计的布宜诺斯艾利斯的**五月广场**(Plaza de Mayo, Buenos Aires, 1890)采用了以政府大楼为总平面中心的概念。此外，还有弗朗切斯科·坦布里尼设计的**政府大楼**(Government House, Casa Rosada, 1884—1900)和维克多·梅亚尼奥(Victor Meano)设计的**国会大厦**(Parliament Building, 约1900)。

剧院建筑在拉丁美洲建筑中也占有重要地位。在巴西，最著名的是由路易斯·沃捷(Luis Vauthier)设计的累西腓的**圣以利沙伯剧院**(Teatro Santa Isabel, Recife, 1840—1846)，具有法国艺术家协会(French Artistic Mission)十分推崇的庄重风格；此外在马瑙斯还有带有夸张石膏装饰的**亚马孙剧院**(Teatro Amazonas, Manaos, 约1900)。在乌拉圭，有卡洛斯·祖奇(Carlos Zucchi)设计的蒙特维的亚的**索利斯剧院**(Teatro Solís, Montevideo, 1841—1856)。在智利，有布吕内-德贝纳和埃诺设计的**圣地亚哥市剧院**(Teatro Municipal, Santiago, 约1873)。在哥伦比亚，有马里亚诺·桑斯·德圣马利亚(Mariano Sanz de Santamaria)设计的**波哥大市剧院**(Teatro Municipal, Bogotá, 1887—1890)。在阿根廷，有弗朗切斯科·坦布里尼设计的优美的位于布宜诺斯艾利斯的**科隆剧院**(Teatro Colón, Buenos Aires, 1892—1906)。而墨西哥有普安东尼奥·里瓦斯·梅尔卡多(Antonio Rivas Mercado)设计的位于瓜纳华托的**华雷斯剧院**(Teatro Juarez, Guanajuato, 1892—1903)，其丰富的新摩尔式室内风格与庄重的古典门廊形成鲜明的对比。

商业与工业建筑

美国第二银行大厦(老海关大楼)，位于宾夕法尼亚州的费城(Second Bank of the US, Old Customs House, Philadelphia, Pennsylvania, 1817—1824)，用砖和白色宾夕法尼亚大理石建造，设计者是威廉·斯特科兰，该大楼的设计方案是从公开建筑设计竞赛中选出来的，建筑的平面呈矩形，前后两面是以帕台农神庙为原型的八边形多立克式柱廊；银行中央大厅内，爱奥尼柱廊支撑的筒形拱顶特别引人注目。

位于宾夕法尼亚州费城的**商品交易所**(Merchants' Exchange, Philadelphia, Pennsylvania, 1832—1834, 见[1284]页图D)是一座希腊复兴式风格的建筑，建筑师仍是威廉·斯特科兰。建筑后部的半圆形后殿的立面处理手法很有价值：半圆形的科林斯柱从一楼贯穿到二楼，主屋顶上又加建了一个小圆顶，其形式类同雅典利西格拉泰纪念亭(参见第7章)。

位于马萨诸塞州波士顿的**昆西市场**(Quincy Market, Boston, Massachusetts, 1825年始建)，由亚历山大·帕里斯(Alexander Parris, 1780—1852)设计，是北美早期最重要的商业建筑，它由大块料砖砌筑而成，具有长长的围合主体结构、中央穹顶及端部门廊，周围是较高的红砖仓库和商店，围合的购物拱廊延续了法国式商店拱廊的设计手法，詹姆斯·巴克林(James Bucklin, 1801—1890)和拉塞尔·沃伦(Russell Warren, 1783—1860)设计的位于罗得岛的**普罗维登斯拱廊**(Providence Arcade, Providence, Rhode Island, 1828—1829)也体现了这种形式。这两幢建筑的入口也设在花岗岩柱廊的两端，拱廊顶部透亮，人们进入房屋的二层就可以看见优雅的铸铁廊道。

约翰·哈维兰设计的**农民与机械师银行**，位于宾夕法尼亚州波茨维尔(The Farmers' and Mechanics' Bank, Pottsville, Pennsylvania, 1830)，可能是美国第一座采用铸铁立面的建筑，它将模仿砖石建筑的预制薄铁板固定在砖墙支座上，后来预制铁构件单元被用在整个建筑结构中。

詹姆斯·博加德斯(James Bogardus, 1800—1874)在推动铸铁结构的发展过程中发挥了重要的作用,他在很多建筑中运用了这种手法,其中包括纽约他所拥有的工厂(1848—1849)、**莱英商场**(Laing Stores, New York, 1849)和哈珀兄弟印刷厂(Harper Bros Printing Works, New York, 1854, 1920被毁)。他还为**纽约世博会展览馆**(New York Exhibition Building, 1853)提供了新的设计方案,但未能予以实施。采用相同结构技术的其他建筑物还有卡明斯(G. P. Cummings)在宾夕法尼亚州费城设计的**宾州共同生命保险公司大楼**(Penn Mutual Life Insurance Building, Philadelphia, Pennsylvania, 1850—1851, 已毁),此外还有一些很好的实例,如密苏里州圣路易斯的码头区有很多类似的建筑(约1850—约1880,见[1292]页图A)。

约翰·凯勒姆(John Kellum, 1807—1871)设计的**纽约斯图尔特百货公司**(A. T. Stewart Store, 后来的华纳梅克百货公司(Wanamaker's Store), 1862, 1956烧毁)是另一座引人注目的采用预制钢铁结构的建筑。列柱构成了雄伟高大的建筑立面,除设有柱廊的底层外,每隔五层还设有一条拱廊,室内也布满了柱网(装饰成古典柱式的形状)和铁制的大梁。

哥特式风格并不被常用于商业建筑,但偶尔也会出现,如西尔斯比设计的位于纽约州锡拉丘兹的**锡拉丘兹储蓄银行**(Syracuse Savings Bank, Syracuse, New York State, 1875—1876),这幢五层的建筑具有两个罗斯金式山墙和一座高高的塔楼,非常引人注目。

1871年芝加哥大火之前,五层楼的商业建筑还不是十分普及,但随着电梯功能的改进及新的地基技术和防火结构,例如陶板或石材面层外加铁构架技术的快速发展,建于1873~1875年的两座位于纽约市的建筑(均已拆除),乔治·布朗·波斯特(George B. Post, 1837—1913)设计的**西部联合电报大楼**(Western Union Telegraph Building)和理查德·莫里斯·亨特设计的**论坛报大楼**(Tribune Building)都打破了八层楼的记录,但建筑立面处理不是很理想。

波斯特在设计**纽约产品交易所**(New York Produce Exchange, 1881—1884)时,找到了一种较好的立面处理手法。这是一幢带有圆形拱顶的宫殿设计手法的八层建筑,拱顶下是两层带有厚重檐口的拱廊,其后是一座塔楼。这种形式影响了芝加哥的另外两幢著名建筑,理查森在芝加哥设计的**马歇尔场批发仓库**(Marshall Field Wholesale Warehouse, Chicago, 1885—1887, 已拆除, 见[1291]页图A)是一幢设计非常成功的七层建筑,它将波斯特的圆拱结构加以强化,外墙和铁柱柱网承载着楼面荷载,石构造的立面被大大简化。丹克玛·阿德勒(Denkmar Adler, 1844—1900)和路易·沙利文设计的**芝加哥大会堂**(Auditorium Building, Chicago, 1886—1889, 见[1291]页图B)将带有旅馆的歌剧院和办公楼结合在一起,共有十层,承重墙下是满铺基础。而剧院室内音响效果的重要性促使阿德勒的音响设计和沙利文的"有机"装饰风格得以发展。芝加哥**席勒剧院**(Schiller Theater, Chicago, 1891—1892, 已毁)及其他建筑实例使得音响设计和"有机"装饰风格进一步提升。

丹尼尔·赫德森·伯纳姆(Daniel Hudson Burnham, 1846—1912)和约翰·韦尔伯恩·鲁特(John Wellborn Root, 1850—1891)设计的**芝加哥蒙托克大楼**(Montauk Building, Chicago, 1881—1882, 已拆除)是第一座在芝加哥复杂的地质条件下采用新的满铺基础的办公大楼,虽然采用了同样的承重结构,但该大楼达到了十层的高度。类似的方法还被运用于鲁特的杰作——**芝加哥鲁克里大楼**(Rookery Building, Chicago, 1884—1885)的结构中,该建筑内还建有一座精致的中庭。另一幢芝加哥建筑**莫纳德诺克大楼**(Monadnock Building, 1889—1891, 见[1291]页图C)甚至建到了16层的高度,它采用了简化的凸窗和较厚的内倾墙。然而,这时钢骨架结构系统已趋完善,采用这种先进结构系统的建筑有威廉·勒巴伦·詹尼(William LeBaron Jenney, 1832—1907)在芝加哥设计的两幢建筑:一幢是**第一莱特大楼**(First Leiter Building, Chicago, 1879),其内外荷载都由钢骨架结构承载,并首次出现了建在狭窄砖墙窗间壁之间的所谓"芝加哥"式的三角窗;另一幢是**家庭保险大楼**(Home Insurance Company Building, Chicago, 1883—1885, 已毁)引入了更坚固的贝塞麦钢架结构。

詹尼设计的芝加哥**第二莱特大楼**(Second Leiter Building, 今西尔斯罗巴克大厦, Sears Roebuck, Chicago, 1889—1890, 见[1292]页图C)几乎是第一幢将简洁明快的立面当作钢结构外壳处理的建筑。19世纪90年代,人们把采用不同方法探索建造高层钢框架建筑视为一项挑战。伯纳姆公司的查尔斯·鲍勒·阿特伍德(Charles B. Atwood, 1849—1895)设计了**芝加哥信用大楼**(Reliance Building, Chicago, 1894—1895, 见[1293]页图A),这座15层的钢框架建筑保留了凸窗和陶砖这

第37章 美洲建筑

图 A （右图）芝加哥马歇尔场批发仓库(1885—1887)，见[1290]页

图 B （左下图）芝加哥大会堂(1886—1889)，见[1290]页

图 C （右下图）芝加哥莫纳德诺克大楼(1889—1891)，见[1290]页

第六编　欧洲以外地区殖民时期及后殖民时期的建筑

图A　密苏里州圣路易斯的铸铁建筑立面(约1850)，见[1290]页

图B　芝加哥盖奇大楼(1898—1899)，见[1295]页

图C　芝加哥第二莱特大楼(1889—1890)，见[1290]页

第37章 美洲建筑

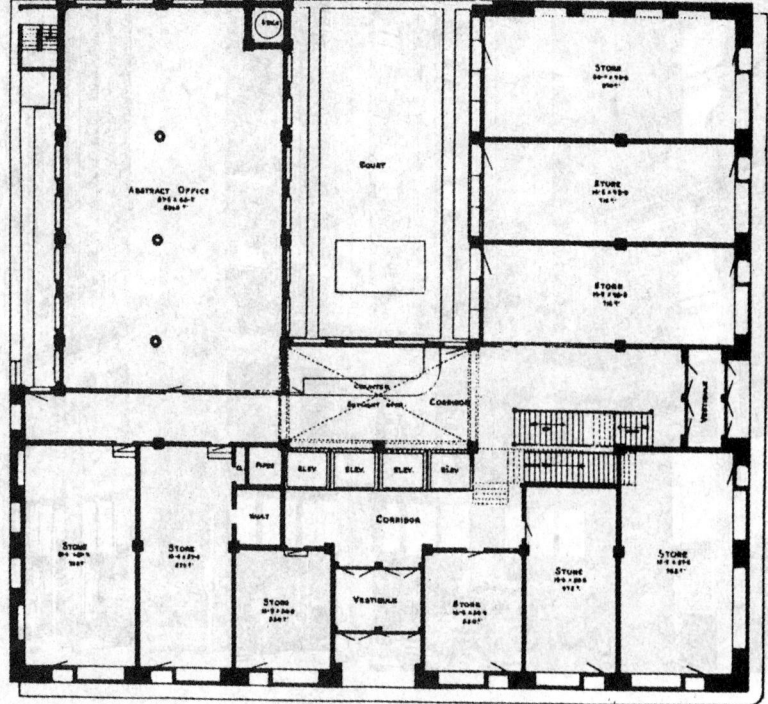

图 A (左上图)芝加哥信用大楼(1894—1895),见[1290]页

图 B (右上图)芝加哥施莱辛格-迈耶百货公司(1899—1904),见[1295]页

图 C (右图)密苏里州圣路易斯的温赖特大楼一层平面图,见[1295]页

第六编 欧洲以外地区殖民时期及后殖民时期的建筑

密苏里州圣路易斯的温赖特大楼（1890—1891），见[1295]页

些哥特式建筑细部,层与层之间没有区分。但是同样坚固的**芝加哥马歇尔场百货公司辅楼**(Marshall Field Retail Store Annexe, Chicago, 1892—1893),其风格却发生了转变,如19世纪后期大部分建筑一样,整幢建筑从上至下被粗糙的砖石所覆盖,掩盖了其钢结构框架。

另一种做法是去除所有连接基础、柱子和顶部的古典式构件,以建有带装饰的走廊弥补结构表面的不足。这种风格在阿德勒和沙利文设计的一些剧院建筑中有所体现,最著名的是位于密苏里州圣路易斯的**温赖特大楼**(Wainwright Building, St. Louis, Missouri, 1890—1891,见[1293]页图C和[1294]页),有二层基层,上部的七层结构,顶部的中楣、檐口和装饰巧妙地布置在平整的砖柱之间,强调了这一形式的结构和整体构成。还有一幢较高的位于纽约布法罗的**保障局大楼**(Guaranty Building, Buffalo, New York, 1894—1895,今咨询大楼)也采用了这种风格。霍勒伯德和罗奇(Holabird and Roche)设计的**芝加哥盖奇大楼**(Gage Building, Chicago, 1898—1899,见[1292]页图B)由中部较低的主体建筑和端部两座辅助建筑组成,其中一个端头的八层楼立面(后来加高)由沙利文设计,表现了单纯商业建筑立面手法与沙利文所能赋予建筑的活力间的区别。此外,沙利文设计的**芝加哥施莱辛格-迈耶百货公司**(Schlesinger-Mayer Store, Chicago, 1899—1904,今卡森-皮里-斯科特百货公司,见[1293]页图B)以及后来的附属建筑都相当富有特色,其装饰性的商店立面丰富了建筑的底层,而上部立面着重强调了水平连续。

19世纪70年代前后,另一种富有创造性的北美建筑形式是大酒店。城市酒店在规模和形式方面与大型商业建筑或大型贸易广场略有差异。早在1873~1874年,盖纳(J. P. Gaynor)设计的位于加利福尼亚旧金山的**皇宫大饭店**(Palace Hotel, San Francisco, California,已拆除)的规模就很大了,已经达到了八层楼的高度。然而,一些度假酒店朝着纷杂的、充满异国情调的方向发展,形成了规模很大的、结构奇异的建筑。如拿破仑·勒布伦(Napdeon Le Brun)和詹姆斯·韦尔(James E Ware)设计的位于纽约新帕尔兹的**蒙霍克山庄**(Mohonk Mountain House, New Paltz, New York, 1879—1901),詹姆斯和梅里特·里德事务所(James and Merritt Reid)在加利福尼亚科罗纳多海滩设计的著名的**科罗纳多大饭店**(Hotel del Coronado, Coronado Beach, California, 1887—1888)。科罗纳多大饭店是一座别致的木构建筑,围合了1英亩的开敞院落,有可容纳1000人的餐厅和可容纳1200人的圆形舞厅。布鲁斯·普林斯公司开发的度假区旅馆在形式上坚定地坚持文脉特征,如在苏格兰豪华风格中融合了木板式建筑,就像位于加拿大落基山脉艾伯达的**班夫泉大饭店**(Banff Springs Hotel, Alberta, in the Canadian Rockies, 1886—1888, 后又增建,见[1284]页图B)和北卡罗来纳州阿什维尔的**凯尼尔沃斯饭店**(Kenilworth Hotel, Asheville, North Carolina, 1891)。更加成熟的设计是由卡雷尔和黑斯廷斯事务所设计的位于佛罗里达圣奥古斯丁的**庞斯德利昂饭店**(Ponce de Leon Hotel, S. Augustine, Florida,今弗拉格勒学院,1885—1887),带有鲜明的早期西班牙殖民复兴风格。

制造厂和工厂最早在美国是以简单的木结构建筑形式出现的,美国独立之后也只在规模和复杂程度上有所发展,如有着先进结构的、沿罗得岛黑石河分布的一些棉花工场。位于罗得岛利匹特的**利匹特磨粉厂**(Lippitt Mill, Lippitt, Rhode Island, 1809)仍然是木结构,但它首先出现了众所周知的天窗。位于马萨诸塞州北阿克斯布里奇的**克朗-伊格尔磨粉厂**(Crown and Eagle Mill, North Uxbridge, Massachusetts, 1825—1829)采用了花岗岩墙体结构以承受沉重机器的荷载,这表明了磨粉厂结构形式的发展。这种结构形式也被认为是马萨诸塞州福尔河沿岸许多磨粉厂中最好的形式。新罕布什尔州的阿莫思基和曼彻斯特的**磨粉厂**以及马萨诸塞州的洛厄尔和劳伦斯地区的**磨粉厂**,大部分都没有被保留下来,只有少数幸存。位于康涅狄格州塔夫脱维尔的**波尼马磨粉厂**(Ponemah Mills, Taftville, Connecticut, 1871)则有着较多的建筑装饰。

厂区城镇规划是美国发展过程中的重要问题。而马萨诸塞州的沃尔萨姆和洛厄尔事务所(Waltham and Lowell)的成立(1814),使厂区城镇在规划水平上达到了一定的高度。19世纪后期最重要的例子是为以家长式作风著称的乔治·普尔曼所有的位于伊利诺州的普尔曼(Pullman, Illinois),是1880年后建造的规模巨大的工厂化城镇,由贝曼(S. S. Beman, 1853—1914)设计。

钢筋混凝土直到19世纪末才被引入美国工厂的建设中,先行者是埃内斯特·兰塞姆(Ernest Ransome)及其伟大的结构设计。这其中有旧金山的**北极石油公司大楼**(Arctic Oil Company Building, San

Francisco, 1884)和位于加利福尼亚阿尔梅达的**太平洋海岸硼砂公司大楼**(Pacific Coast Borax Building, Alameda, California, 1888—1889),现都已被毁。兰塞姆设计的四层建筑位于新泽西州贝永的**太平洋海岸硼砂大楼**(Pacific Coast Borax Building, Bayonne, New Jersey, 1897),现依然存在。

在拉丁美洲,米格尔·阿尔杜纳特(Miquel Aldunate)在智利设计的**圣地亚哥市场**(Santiago Market, Chile, 1868—1872)和佩得罗·巴塞纳(Pedro Vasena)设计的位于阿根廷布宜诺斯艾利斯的**肉市场**(Meat Market, Buenos Aires, 1889)都是铁制结构的商场建筑的良好范例。值得一提的是,在工业建筑中,亚历杭德罗·曼里克(Alejandro Manrigues)在波哥大设计的**巴伐利亚啤酒厂**(Bavarian Beer Factory, Bogotá, 1888)运用了哥伦比亚的传统建筑材料——瓦片。

桥梁

在可以被认为是建筑的工程构筑物中,桥梁是最为重要的。在美国,位于巴尔的摩的双跨石构的**卡罗尔敦桥**(Carrolltown Viaduct, Baltimore, 1829)是美国第一座重要的铁路桥梁,而位于宾夕法尼亚费耶特县的**邓拉普河大桥**(Dunlap's Creek Bridge, Fayette County, Pennsylvania, 1838)则是美国最早的金属构架桥。

伟大的桥梁工程师罗布林(J. A. Roebling)以设计了纽约市**布鲁克林桥**(Brooklyn, Bridge, New York City, 1870—1883)而著称,该桥由他的儿子华盛顿·罗布林负责建造。布鲁克林桥的原型是位于俄亥俄州辛辛那提的**罗布林桥**(Roebling Bridge, Cincinnati, Ohio, 1856—1867)。但罗布林的早期作品位于宾夕法尼亚州拉克瓦克森的**特拉华高架桥**(Delaware Aqueduct, Lackwaxen, Pennsylvania, 1847—1849)是钢缆悬索桥的早期实例。詹姆斯·布坎南(James Buchanan)设计的位于圣路易斯的**伊兹桥**(Eads Bridge, St. Louis, 1867—1874)跨度很大,有两跨为153m(497ft),一跨为158m(515ft),是较早采用钢结构和悬臂结构的桥梁。

埃内斯特·兰塞姆设计的位于旧金山金门公园的**阿尔沃德湖桥**(Aivord Lake Bridge, Golden Gate Park, San Francisco, 1889)是世界上第一座真正意义上的钢筋混凝土拱桥。

欧洲以外地区殖民时期及后殖民时期的建筑

第 38 章
中国建筑

建筑特征

葡萄牙人早期在澳门建造的房屋以及 18 世纪在广州建造的十三行商馆，一般是两层的砖木结构房屋，带有拱券式的门洞和外廊，以适应当地的气候，并具有欧洲文艺复兴样的殖民地建筑特色。

那一时期建造了大量的教堂，一般有两种形式：一种是由耶稣会士带来的意大利文艺复兴后期的巴洛克式；另一种是由法国传教士带来的哥特式。还有一些则是由西方建筑形式结合中国传统建筑特征所形成的中国所特有的建筑形式。19 世纪末以后建造的大量俄国东正教教堂则具有拜占庭建筑风格。

意大利巴洛克式建筑曾在中国产生很大影响，北京颐和园的石舫、万牲园的大门以及北京的许多洋式店面就是这种影响的反映。

19 世纪中期以后开埠的城市和租借地的西式房屋也多半是二三层砖木结构、瓦楞铁皮屋面的殖民地式建筑，大量使用带拱券的外廊是其主要特色。上海的租界、北京的使馆区以及厦门的鼓浪屿等地建造的外国领事馆、公使馆、洋行、银行等建筑物即属此类。现存的、经过 1873 年重建的上海英国领事馆旧址仍然可以看到这种形式的痕迹。

19 世纪末 20 世纪初，各国租界和租借地内的洋行、银行等建筑物又经翻建和重建，扩大了规模，并开始出现三五层的砖木房和部分采用钢构架和混凝土的多层房屋。各国都有租界的城市如上海、天津、汉口等地，各种建筑式样常带有各自国家的特点，仅为一国租借地的城市则具该国的特色，如青岛的德国式，哈尔滨的俄国式等。为数众多的行政、商业建筑大多为古典复兴式样，当然也有例外。早期的上海江海北关关署就呈现出一幅中国庙宇式的外貌。

20 世纪初，清政府在实行"预备立宪"的"新政"期间所建造的行政用房和学堂大多反映出西式建筑的影响，在形式上采取折中主义，以巴洛克建筑形式居多，其中有的还带有中国传统的建筑装饰，如北京清政府的总理衙门（外务部）、陆军部、京奉(北京-奉天（今辽宁省境内）)铁路北京车站以及各省的谘议局等。

居住建筑在形式上开始出现多样的变化。虽然中国广大地区仍然继续建造中国传统的庭院住宅，但由于城市人口的迅速增长，在上海、天津等大城市出现了联排式的里弄住宅和院落住宅。上海等南方城市的里弄住宅，早期大多是两层砖木结构、中国传统式的三间两厢并联式院落住宅。20 世纪初，则开始采用更紧凑的单间或双间平面单元的联排式平面布局，装饰逐渐西化。院落住宅在北方的青岛、哈尔滨等城市较为普遍。这些院落住宅多为方形大院，围以二三层砖木结构的楼房，用外廊联系，内部多用中国式细部处理，临街面有的是洋式装修的店面。此外，在开埠城市的租界里，还出现了供外国领事、经理以及中国官僚、地主居住之用的西式花园独院住宅。

直到 20 世纪初，中国还没有自己的建筑师，各种类型的现代建筑，都是西方人设计的。其中有影响的是建于 1865 年的美国马礼逊洋行(G. J. Morrison)和建于 1898 年的英国通和洋行(Atkinson and Dallas)，后者的责任人为上海工部局的助理工程师。从事建筑施工的则多是中国工匠，如 1893 年重建的上海江海北关关署(Imperial Maritime Customs House)，由英国建筑师设计，施工主持人是上海附近川沙县的匠人杨斯盛，他的木工和瓦工则来自上海周边地区。中国工匠在揉合西方建筑式样和中国传统工艺方面起了显著的作用。

19 世纪中叶以后，虽然在中国沿海、沿江一些开埠的城市如上海、天津、汉口等地，城市面貌已经发生了很大的变化，其他一些城市的西方建筑也有不同程度的表现，但是在中国的广大地区，传统的建筑仍然占据主要地位。清王朝继续以宫殿式的建筑形式建造园林和皇陵，各地兴建的庙宇、祠堂、会馆、商店和住宅，仍然保持着传统的地方特色。即使在那些开埠的城市里，也

[1297]

有着或多或少的传统建筑继续兴建，但在建筑细部上不同程度地表现出西方建筑风格。

建筑实例

北京圆明园西洋楼(Xi Yang Lou in Yuan Ming Yuan, Beijing, 1759)，由意大利耶稣会士郎世宁(F. Giuseppe Castiglione, 1688—1766)、法国耶稣会士王致诚(Jean Denis Attiret, 1702—1768)和蒋友仁(P. Michel Benoist, 1715—1774)应乾隆皇帝之请设计建造。建筑群的主旨是大水法和有着十二属相铜雕的水钟。建筑物呈意大利巴洛克风格，掺杂中国式装饰纹样。墙、柱大多采用汉白玉石建造，或嵌五色琉璃花砖，或以粉红石灰抹面，屋顶覆盖琉璃瓦。圆明园于1860年10月被英法联军所毁。西洋楼断柱残垣至今犹存(见[1300]页图A)。

广州十三行商馆(the Thirteen Factories, Guangzhou, 18世纪20～30年代，见[1300]页图D)，今已不存。其早期是两层或三层砖木结构，立面简洁，不加装饰。到18世纪后半期，经过改建的十三行商馆呈现殖民地式的文艺复兴风格。1840年以后，又经改建的十三行商馆，备极豪华，呈现欧洲古典复兴风格。

北京宣武门天主堂(Catholic Church of Xuan Wu Men, Beijing, 1904, 见[1300]页图B)，因其位于北京城南，故亦称"南堂"。利玛窦(Matteo Ricci, 1552—1610)于1601年抵达北京，在1605年创建该天主堂。此后，自1650年到1776年经过多次重建。1776年重建的教堂于1900年毁于大火，现存教堂即为此后所重建。教堂外部具有典型的早期耶稣会式建筑的巴洛克特色，并带有中国式的细部装饰。中国最早的天主教堂可以追溯到意大利传教士约翰·德高维奴(Giovanni di Monte Corvino, 1274—1328)于1299年和1305年在元(1280—1368)大都建造的两座教堂以及1602年由耶稣会修士卡尔洛·斯平诺拉(Carlo Spinola)设计的澳门大三巴教堂(São Paulo in Aomen, Macao, 圣保罗教堂)。如今这三座教堂均已不存，仅大三巴教堂尚存正面墙壁，通称"大三巴牌坊"。

上海圣沙勿略天主堂(Church of S. Francis Xavier, Shanghai, 1853, 见[1300]页图E)，通称"董家渡天主堂"，由西班牙耶稣会建筑师范廷佐修士(Jean Ferrer, 1819—1856)设计，是上海现存最早的天主堂。北京圣约瑟天主堂(Church of S. Joseph, Beijing, 1905, 见[1301]页图A)，通称"八面槽天主堂"。以上两者均呈巴洛克建筑风格。圣三一教堂(Holy Trinity Church, 1866—1869, 见[1300]页图C、图F)，因其以红砖砌筑，通称红礼拜堂，由司各特(Sir George Gilbert Scott, 1811—1878)和基德纳(William Kidner)设计，曾经是上海最大的基督教堂。其平面呈拉丁十字形，中堂以石柱支承尖券拱顶，东立面有与中堂同样宽度的券廊入口，两侧有与侧堂同宽的柱廊。圣三一教堂四周花窗镶嵌彩色玻璃，1893年在入口左侧建造了一座塔楼，但塔尖已不存❶。

上海圣依纳爵天主堂，通称"徐家汇天主堂"(S. Ignace Cathedral (Catholic Church of Xu Jia Hui), Shanghai, 1896—1910, 见[1301]页图C)，由道达尔(W. M. Dowdall)设计，为上海主教区天主堂。教堂平面呈拉丁十字形。大厅可容2500人。中堂和侧堂均作尖券四分肋骨拱顶。东立面两侧一对塔楼高达57m(187ft)，同法国的哥特式大教堂如沙特尔大教堂相似。正面有三个层层凹入的门洞，当中的入口被一根小柱一分为二，法国的兰斯大教堂和拉昂大教堂也有类似做法，入口上方还有一条水平的联拱饰带延续到塔楼两侧。塔楼之间凹陷的墙面山花之下有玫瑰窗。外墙褐色红砖砌筑，青石勒脚，饰有大理石雕刻和线脚。

北京救世堂(Church of S. Saviour, Beijing, 1888, 见[1301]页图D)，通称"西什库天主堂"，亦为拉丁十字式平面，法国哥特式建筑。该双子塔楼初建时为两层，按照清朝皇帝的旨意，高度不得超过北京城楼的屋脊，1911年才增建为三层。入口处有中国式的月台、石栏踏道和一对石狮，左右各有一座重檐歇山顶黄琉璃瓦的碑亭，碑文刻有清朝皇帝保护教堂的"上谕"。北京中华圣公会教堂(Chinese Episcopal Church, Beijing, 1907)是一座具有两个横翼的拉丁十字式平面的基督教堂，为砖木结构，尽管其细部具有西方风格，但外貌是典型的中国传统样式。

哈尔滨中央寺院(S. Nicholas Russian Orthodox Church, Harbin, 1900)，今已不存，亦称"圣尼古拉教堂"，属

---

❶ 2008年维修教堂时，重建了塔楼。——译者注

第38章 中国建筑

东正教堂，平面为八角形，全木结构。井干式原木墙，上作帐篷顶，是俄罗斯 15 世纪木构教堂的翻版。上海**东正教总会教堂**(Orthodox Eastern Church, Shanghai, 1931, 见[1301]页图 B)，虽然建造于 20 世纪 30 年代，但是一座典型的具有拜占庭建筑风格的俄罗斯东正教堂，与莫斯科克里姆林宫里的乌斯平斯基教堂(Uspensky Church, 1475—1479)很相似。

上海**英国总领事馆**(the buildings for HM Consulate-General, 1873, 见[1302]页图 A)占地 $2.9 hm^2$ (7.1 acre)，创建于 1852 年，1870 年毁于火灾。重建的领事馆由格罗斯曼和鲍伊斯(Grossman and Boyce)设计，位于原址的西侧。总领事的办公楼为两层，东面朝向草地，底层正面有五孔券廊。总领事官邸坐北朝南。建筑物均为砖木结构，具有殖民地式文艺复兴风格。平券和半圆券窗装有硬百叶，屋顶覆盖瓦楞铁皮屋面。建筑物现已改作他用，并经改建，外貌已非完全的原貌。

上海**法国总领事馆**(French Consulate-General, Shanghai, 1895)由邵禄(M. J. J. Chollot)设计，是两层带阁楼的砖木结构建筑物，芒萨尔式屋顶。其联拱外廊呈典型的殖民地式建筑，以适应当地气候，现已不存。上海**德国领事馆**(German Consulate, Shanghai, 1844—1845)是一座三层带阁楼的砖木结构建筑物，带联拱外廊，亦具殖民地式文艺复兴风格，现已不存在。

上海**法租界公董局**(Hotel de Ville of the French government concession, Shanghai, 1862—1864, 见[1302]页图 B)是上海法租界市政机构所在地，由奈维特(F. H. Knevitt)设计，亦已不存，是两层对称布局的文艺复兴式建筑。其中部八角形鼓座上冠以穹顶，向前突出的入口作凯旋门式构图，上冠山花，两翼上下层作叠柱式柱廊，下层柱间有半圆形发券。

青岛**德国总督府**(the German Governor's Office, Qingdao, 1905, 见[1303]页图 A)，由德国建筑师拉查洛维兹❶设计，德国侵占青岛期间所建。该建筑物为四层，平面作"山"字形对称布局。其正面宽 80m，具有德国古典主义建筑风格，当中和两端之间各有两层五间柱廊。外墙面为浅黄色斧剁花岗石，芒萨尔式屋顶铺楔形红色筒瓦。

上海**两座旧江海关关署**(Old Buildings of the Imperial Maritime Customs House, Shanghai, 1857, 1893)，现存上海江海关及其前身均建于同一地点。1857 年建造的关署(见[1304]页图 A)采取中国庙宇形式，具有当时建造的官府衙门的特征。其入口是一座中国式的牌楼，两边的围栏则是西式的。这座关署于 1891 年拆除，并建造了一座由英国建筑师柯瑞和钱伯斯(J. M. Cory and M. J. Chambers)设计的新关署(见[1304]页图 B)。新关署是一座砖砌体结构的建筑物，中央有一座五层、高 33m(110ft)的钟楼。其饰有青石的红砖外墙和覆盖红瓦的陡峭屋顶使人联想起英国都铎风格的市政厅。

上海**汇丰银行旧楼**(Hongkong and Shanghai Banking Corporation building, Shanghai, 1874—1877, 见[1303]页图 B)由威廉·基德纳设计，是一座具有晚期英国文艺复兴风格的三层建筑，今已不存。其为四坡屋顶，檐部挑出并有一个装饰性的檐口。其中入口处有由六颗爱奥尼柱头的柱子支承的半圆形门廊。其第二层落地窗洞上方有三角形和弧形的山花楣饰，或以爱奥尼式柱支承，或以牛腿式支承。精致的英国铸铁栏杆横贯二层。1888 年，其半圆门廊被拆除，代之以两端有房间的宽广门廊，并在原楼两侧增连了单层房屋。

上海**中国通商银行**(Commercial Bank of China, Shanghai, 1897, 见[1303]页图 C)由英国玛礼逊洋行(G. J. Morrison and F. M. Gratton)设计。该洋行由清政府邮传大臣太常盛宣怀(Sheng Hsuan-huai, 1844—1916)所创办，1911 年以前英文名为 the Imperial Bank of China。该建筑为三层，另有屋顶层。其外貌像是一座晚期维多利亚式的小型市政厅，具有威尼斯自由风格又略带苏格兰男爵豪华情调。外墙原为清水砖墙，后加了粉刷饰面，底层窗用半圆券，二层窗用弧形券，三层窗用平券。屋顶类耸，老虎窗使用哥特式的尖券，底层主入口门廊则为罗马风式的连拱廊。

上海**华俄道胜银行**(Russo-Chinese Bank, Shanghai, 1901, 见[1303]页图 D)由德商倍高洋行(Becker and Baedecker)设计，1910 年以后称为 the Russo-Asiatic Bank❷。此屋三层，砖墙钢梁楼板结构。外墙底层石材饰面，上两层贴黄色面砖，正面中部贯以一对爱奥尼柱式，两侧为壁柱，建筑外貌具有法国古典主义风格。

---

❶ Lazarowiz；据《德国建筑师在中国》中所述，设计人应为马尔克(Mahlke)。——译者注
❷ 中文名称仍为华俄道胜银行。——译者注

第六编 欧洲以外地区殖民时期及后殖民时期的建筑

图A 北京圆明园西洋楼大水法残迹(1759)，见[1298]页

图B 北京宣武门天主堂(1904)，见[1298]页

图C 上海圣三一堂东立面(1866—1869)，见[1298]页

图D 18世纪20年代的广州十三行商馆，18世纪20～30年代，见[1298]页

图E 上海圣沙勿略天主堂(1853)，见[1298]页

图F 上海圣三一堂室内(1866—1869，1893)，见[1298]页

第38章 中国建筑

图A 北京八面槽天主堂(1905),见[1298]页

图B 上海东正教总会教堂(1931),见[1299]页

图C 上海徐家汇天主堂(1896—1910),见[1298]页

图D 北京西什库天主堂(1888),见[1298]页

第六编　欧洲以外地区殖民时期及后殖民时期的建筑

图A　前上海英国总领事馆(1873)，见[1299]页

图B　上海法租界公董局(1862—1864)，见[1299]页

第38章 中国建筑

图 A 青岛德国总督府(1905)，见[1299]页

图 B 上海汇丰银行旧楼(1874—1877)，见[1299]页

图 C 上海中国通商银行(1897)，见[1299]页

图 D 上海华俄道胜银行(1901)，见[1299]页

图 E 1864年的上海总会，见[1307]页

第六编 欧洲以外地区殖民时期及后殖民时期的建筑

图A 早期上海江海北关关署(1857),见[1299]页

图B 中期上海江海北关关署(1893),见[1299]页

第38章 中国建筑

图 A　上海怡和洋行旧楼(1851)，见[1307]页

图 B　上海李鸿章宅(约1900)，见[1307]页

第六编　欧洲以外地区殖民时期及后殖民时期的建筑

图A　上海盛宣怀宅(约1900)，见[1307]页

图B　上海法国公董局董事宅(1905)，见[1307]页

图C　青岛德国官员宅(1904)，见[1307]页

上海怡和洋行旧楼(Jardine Matheson and Co. Ltd, Shanghai, 1851, 见[1305]页图 A), 今已不存, 屋两层, 坐落在高高的基座上。平缓的坡屋顶、壮观的踏道通向上部有阳台的列柱门廊, 带有栏杆的玻璃封起的走廊也可以通过外面的坡道由门廊进入。

上海总会旧楼(the original Shanghai Club, Shanghai, 1864, 见[1303]页图 E), 今已不存, 曾是上海公共租界的英国人俱乐部。其为三层砖结构房屋, 底层为联拱外廊, 二层和三层为柱廊, 第三层当中三间冠以山花, 外转角以柱墩支承, 柱墩两侧均有相邻的柱子, 两旁为设有栏杆的露台。这座房屋以其缩短的科林斯柱式以及其尺度和壮观的外貌可列入这时期大型殖民地式俱乐部之列。

北京清政府陆军部(Ministry of the Land Forces, Beijing, 1907), 由沈琪(Shen Qi, 生平不详)设计。主体建筑平面呈 H 形, 二层为砖木结构, 中部为三层, 正面方形砖柱之间附有联拱走廊和半圆券的窗洞。屋顶原来覆盖铁皮, 两端为巴洛克式的带有中国式题材的砖雕山花。清朝末年在北京建造的办公楼还有**海军部**(the Naval Ministry, 1909, 亦为沈琪设计), **总理衙门**(the Ministry of Foreign Affairs, 约 1910, 即外务部)和**大理院**(the Surpreme Court, 1910, 即最高法院)。

京奉铁路北京站(Peking Railway Station, 1898)。该站营运直到 1959 年今北京站建成。该站中部是候车厅, 北部是办公楼, 南部有一座钟楼。候车厅的弧形山墙上在 1912 年以前有镶嵌的龙云雕塑, 以此象征这里是清朝都城的大门。

1900 年前后为达官贵人建造的西式住宅, 一般都占有较好地段, 有大花园和奢华的室内装饰, 如**上海李鸿章宅**(Li Hong-zhang House, Shanghai, 约 1900, 见[1305]页图 B)具有维多利亚罗马风式样。**上海盛宣怀宅**(Sheng Xuan-huai House, Shanghai, 约 1900, 见[1306]页图 A)是庄严的学院派作品, 带有巨柱门廊。**法国公董局董事宅**(house of an official of the Hôtel de Ville of the French Concession, Shanghai, 1905, 见[1306]页图 B)是一座小型的 17 世纪末期的法国风格的府邸, 以及**青岛德国官员住宅**(the house for a German official, Qingdao, 1904, 见[1306]页图 C)是一座具有芒萨尔式屋顶的浪漫主义的欧洲半露木构住宅。

欧洲以外地区殖民时期及后殖民时期的建筑

第 39 章
日本和朝鲜建筑 *

日本的建筑特征

本章将着重介绍日本和朝鲜的西方建筑风格。尽管在1910年以前，即日本殖民朝鲜之前，朝鲜本土有一些西方建筑，但数量非常少，西方建筑在朝鲜的大量涌现是在1910年以后。因此，西方建筑在日本的发展要远远早于朝鲜，本章将首先介绍日本建筑。早期的日本建筑根据建筑师和负责设计、施工的建造者的不同可以分为三类：第一类属于早期的作品，由在日本的欧洲建筑师和建造商完成；第二类是主要由日本工匠完成的作品；第三类是由日本建筑师设计的带有早期西方风格的建筑。

外国建筑师在日本的作品

1868年，日本明治政府设立了建造修缮署，专门负责重要公共建筑的设计。日本政府很快还邀请了外国建筑师和工程师来竞聘这一部门的职位。仅建筑这一领域，到1879年就有13名外国人被政府聘用，其中七名是英国人，其他为法国人、普鲁士人和意大利人。他们中只有三名是职业建筑师，其他是现场工程师、土木工程师以及泥水匠和砖瓦工，但他们在日本人所能理解的范围之内传授了建筑设计思想和建造技术，当然这一切都是在政府的要求下完成的。因此，19世纪70年代和80年代的许多建筑都是在外国顾问的指导下由日本工程师完成的，但是日本政府迅速意识到为了将大量的先进科学技术引入日本，更好的技术教育是必需的。为此，1871年日本成立了一所教育学院，名为工部寮（Kogakuryo,理工学院），直属技术部。1873年，包括达耶（H. Dyer）在内的九名英国人来到日本，仿照英国模式建立了技术教育系统。同年，正式开始授课。1877年，工部寮更名为"工部大学校"，它的第一批学生于1879年毕业。1886年，工部大学校成为东京大学的工学部。

在众多的外国建筑师中，英国人乔赛亚·康德尔（Josiah Conder, 1852—1920）对日本建筑的发展有着深远的影响。1877年，25岁的康德尔来到日本，并立即被委任为工部大学校教授，同时为技术部建造修缮署工作。1888年，他在东京开办了自己的建筑事务所，直到1920年逝世前，他只因短期访问英国而离开过日本两次。在日本，他所设计的70多座建筑中现在有七座还被保留着。

康德尔追求的目标是要首创一种和日本气候、传统相容的建筑风格，而不仅仅是引进欧洲建筑风格。在他刚刚来到日本时，他就尝试着将这一思想应用于上野博物馆的设计中（参见有关章节）。

1886年，被邀请来日本的德国建筑师们接受了康德尔的许多建筑思想。他们被委任设计议会大楼以及东京中心区的其他政府建筑。这些建筑物的设计方案由赫曼·恩德（Hermann Ende, 1829—1907）和威廉·博克曼（Wilhelm Böckmann, 1832—1902）事务所提出，建筑风格为华丽的新巴洛克风格。但是由于财政上的困难和恶劣的场地地质条件，大部分建筑都没有按原设计构想建造，只有法院大楼和司法部大楼在原设计基础上进行简化后得以实施。然而，就是从这时候开始，有着陡峭屋顶、塔楼、拱顶的庄重严谨的德国式风格逐步融入日本建筑师的作品中。

日本建筑师建造的西式风格建筑

改变传统的日本城市相对较容易，因为很多古老城堡及城镇的城堡主楼都在日本统一之前的众多事件中被毁灭了，内部一些有围墙的建筑群及毗邻城堡的残存建筑被用作政府办公地、学校、医院等。明治维新后，幸存的一些木构架建筑留作新用，但是逐渐被西方风格的建筑所取代。这

---

* 本章中"朝鲜"一词系地理概念，指朝鲜半岛。——编辑注

些变化都发生在一个相当短的时期内。

明治早期,公共建筑的建造由日本工匠和外国建筑师完成。由于这些日本工匠掌握的只是传统的木构架建筑技术,因此他们需按外国建筑师的要求开展工作。通过学习外国建筑师和工程师的作品,他们试着去模仿西方建筑设计特征。令人惊奇的是,日本工匠巧妙地将西方风格的木构架建筑设计和建造原理加以演变,并使其传遍整个日本。

例如,清水喜助(Kisuke Shimizu,1815—1881),这位曾在横滨和东京工作过的手艺高明的木匠师傅,建造了筑地宾馆(Tsukiji Hotel,1868)、三井集团大楼(Mitsui Group Building,建于1872年,后改为第一国立银行)和三井集团交易银行(Exchange Bank of the Mitsui Group,1874)等引起公众关注的建筑。这些作品被授予"假西式"的称号,因为这些建筑中都采用了大阳台、显要的塔楼顶部、带装饰檐口的屋檐、栏杆等,但在建筑的其他部分他毫不犹豫地沿用了日本传统的四坡屋顶、歇山式屋顶或瓦盖式屋顶。

在一些小城市也出现了带有西方风格的木构建筑,它们诚然没有喜助清水的那些作品异乎寻常,只是类似西方与东方风格的混合。同时义务教育的普及也促进了这种风格的发展。例如,在中小学校,椅子取代了榻榻米,而且建筑中一旦融入了东方和西方的习俗,就更容易被接受,因为建筑视觉上的熟识远比纯西方风格更令人喜爱。

早期日本建筑师的作品

1879年,自第一届的四位学生从帝国工程学院建筑系毕业后,每年都有几位合格的建筑师和土木工程师走出校门。他们由于不得不去满足大量的建筑实践的需求,很快就成了带头人,并且他们的设计作品在19世纪80年代左右也开始出现。在随后约25年时间中,这些建筑师设计了政府机关、银行、办公建筑以及医院、大学、安置住宅等建筑。他们还不断地从康德尔和其他外国教授、在外留学人员以及书籍、期刊中探寻新的建筑信息。这批建筑师中的杰出人物有:辰野金吾(Kingo Tatsuno,1854—1919)、赤阪曾根(Tatsuzo Sone,1852—1937)、片山东熊(Tokuma Katayama,1853—1917)、渡边让(Yuzuru Watanabe,1855—1930)和间宫绘理(Kozo Kawai,1856—1934)。

19世纪末,这些建筑师的大多数作品都体现了同一时期的一些欧洲城市的建筑发展趋势,但更倾向于简洁的形式。虽然他们并未追随特定城市或任何传统形式与风格,但通过参观和学习,他们被不同国家的各种建筑偏好激发出创作的灵感。这一时期日本建筑师的大多数作品的共同特征是:粗饰和有些生硬的外观处理,他们想努力表现新政体的庄严,同时也反映出他们的年轻和不成熟;渴望去实现动感与带有新巴洛克风格的空间的相互渗透,但在建筑中很少有这种他们想要的表现机会;却具有一种尽力表现建筑外观、忽略建筑内部设计与外观和谐的倾向。此外,他们还面临着有限的财政预算和城市景观规划的制约。

在日本,赤坂离宫(Akasaka Imperial Palace)几乎是仅有的新巴洛克风格建筑的成功典范,其由宫廷建筑师片山东熊设计。它的成功极大地鼓舞了日本建筑师的信心,表明日本终于达到了当时欧洲和美国的建筑水平。这座宫殿是自明治维新以来日本建筑界一直探求建筑思想的具体体现:移植欧洲风格、形成本国成熟的建筑特色。

日本建筑师面临的一个特殊问题是怎样建造抗震建筑。经过发生在1891年的本州岛中心的浓屋大地震(Nobi earthquake),日本建筑师充分意识到砖结构的弱点,因而砖结构加固成了重要研究课题。另外,他们从1906年的旧金山地震中清楚地认识到钢材和钢筋混凝土框架结构在抗震上的优势。尽管此时钢材和钢筋混凝土框架已经在日本建筑中开始采用,但直到1923年关东地震发生之后,砖结构才完全被钢筋混凝土结构所取代。

赤坂离宫的建造获得成功后,日本建筑师又陷入了另一种困惑,因为他们认为已经掌握了西方建筑设计和建造技巧,但他们不知道是否能忽视日本的传统风格,或是发展日本本土风格使其独立于欧洲的影响之外。他们开始尝试采用传统的木结构来建造诸如银行、政府办公楼和旅馆等建筑,并且全部采用日式屋顶。相似的方法现在仍被采用,因为建筑师渴望创造一种新本土风格。这些设计给人一种强烈的地方主义印象,缺乏通用性。

尽管砖结构已经被钢筋混凝土结构所取代,但是起源于19世纪欧洲的复兴风格一直延续到20世纪30年代,并形成了日本的城市景观特征。这种风格被运用于银行、政府办公楼和商业办公楼中。然而,在日本的这种复兴风格并不是欧洲原始风格的直接引入,而是存有很多反对简单模仿的个性化痕迹。尽管如此，古典主义构图为诸如新艺术风格和维也纳分离派等新设计运动提供了建筑细部特征的模板。

日本的建筑实例

外国建筑师在日本的作品

东京上野博物馆(Ueno Museum, Ueno, Tokyo, 1881, 见[1311]页图A)是康德尔到达日本后设计并很快建成的三座建筑之一。他坚持不懈地致力于构图和尺度庄重的两层砖结构建筑的建造，博物馆是其中之一。他的开孔拱设计暗示着博物馆的伊斯兰建筑风格，他把这种风格称作"仿萨拉森式"(pseudo-Saracenic style)。这座博物馆毁于1923年的地震。

最早的东京三菱大厦(Mitsubishi Building at Marunouchi, Tokyo, 1894, 见[1311]页图B)的建成是三菱商业中心形成的开始。三菱公司表达了不采用木结构建造方式的意愿。乔赛亚·康德尔被委任设计这座建筑，他对建筑外观和发展规模作出了规定并制定了准则。他的提议成为后来街区建筑设计的表达范例。1号馆设计采纳了他在伦敦就已很熟悉的联排住宅的形式，使用清水红砖作为外墙。1968年，这座建筑因该地区的发展而被拆除。

东京法院大楼(the Tokyo Law Court Building, Kasumigaseki, Tokyo, 1896年, 见[1311]页图C)由恩德和博克曼于1887年设计，此前他们一直负责东京议会项目的设计工作(参见有关章节)。由于设计有很多更改和简化，所以该项目于第二年才开始建设。1945年，该建筑遭到了战争的破坏，1974年被拆除。

日本建筑师建造的西式风格建筑

为了纪念1597年在长崎遇难并被教皇庇乌九世(Pope Pius IX)于1862年宣告为圣徒的26名日本殉教者，日本1879年建成长崎大浦教堂(Oura Church, Nagasaki, 见[1312]页图C)。而建于1864年的第一个教堂被证明太小，后在皮蒂吉恩神父(Father Petitjean, 1829—1884)的指导下重建，属哥特复兴风格的建筑。

1858年的条约导致日本港口的开放，大阪和东京成了贸易开放城市。1867年，在大阪的筑地(Tsukiji)和川口(Kawaguchi)建立了外国人居住区。东京筑地宾馆(Tsukiji Hotel, Tokyo, 1868年, 见[1312]页图A)实际上是为外国游客而建。尽管该宾馆由美国建筑师布里津斯(R.P. Bridgens)设计，但其建造则由清水喜助负责。它是一个巨大的、两层木结构旅馆，宽67m(219ft)，进深27m(89ft)，其中心有一座塔楼，还有一条面向大海的长廊。外墙采用一种被称为海鼠壁(namako-kabe)的传统方式建造，墙面覆盖方形平瓦，通过填充显眼的白灰接缝来展现对角线格纹图案。因为这种墙具有耐火性和耐水性，所以它经常被使用在日本早期的西式建筑中。但是筑地宾馆却在1872年的波及筑地和银座地区的大灾难中损毁了。

立石清茂(Kiyoshige Tateishi)是松本地区手艺高明的木匠师傅，他曾见过东京和横滨的西式建筑，并设计和建造了松本开地学校(Kaichi School, Matsumoto, 1876, 见[1312]页图B)。其结构完全是木制，但墙面却是一种石粉刷。该建筑的最大特点是中心入口处装饰着丰富的日本雕刻饰物。

早期日本建筑师的作品

在设计东京日本银行总部办公楼(Bank of Japan, Nihonbashi, Tokyo, 1895, 见[1313]页图A)之前，辰野金吾(Kingo Tatsuno)到欧洲进行了考察。1889年他回到家乡，花了一年多时间来改进他的设计。1890年此楼开始建造，其平面以卢森堡王宫为原型，立面底层带有粗大的粗琢柱式。然而，设计的一些缺陷导致了建筑自身风格和设计者希望创造的形式间存在着细微差异。而风格和比例上的不一致是许多日本欧式建筑的普遍缺陷。

19世纪90年代，数个带有日本建筑风格的大型建筑物建成，如妻木赖黄(Yorinaka Tsumaki, 1859—1916)和武田五一(Goichi Takeda, 1872—1938)设计的东京日本劝业银行总部办公楼(Nippon Kangyo Bank Head Office, Uchisaiwaicho, Tokyo, 1899, 见[1313]页图B)就是其中一例。该设计并没有刻意地去复兴日本的传统设计和建造方法，而是大胆地去尝试、创造一种新的木构建筑风格。这栋建筑物共有两层，其木框架结构暴露于墙体外，但比例却完全不同于已有的日本传统建筑。其最大特色是木框架、白墙和开敞空间形成的鲜明对比，日式和欧式的精巧结合主要体现在中央入口和阳台上。该建筑毁于1927年。

第 39 章　日本和朝鲜建筑

图 A　东京：上野博物馆(1881)，见[1310]页

图 B　东京："三菱" 1 号馆(1894)，见[1310]页

图 C　东京：法院大楼(1896)，见[1310]页

第六编 欧洲以外地区殖民时期及后殖民时期的建筑

图 A 东京：筑地宾馆(1868)，见[1310]页

图 B 松本：开地学校(1876)，见[1310]页

图 C 长崎：大浦教堂(1876)，见[1310]页

第39章 日本和朝鲜建筑

图A 东京:日本银行总部办公楼(1895),见[1310]页

图B 东京:日本劝业银行总部办公楼(1899),见[1310]页

第六编　欧洲以外地区殖民时期及后殖民时期的建筑

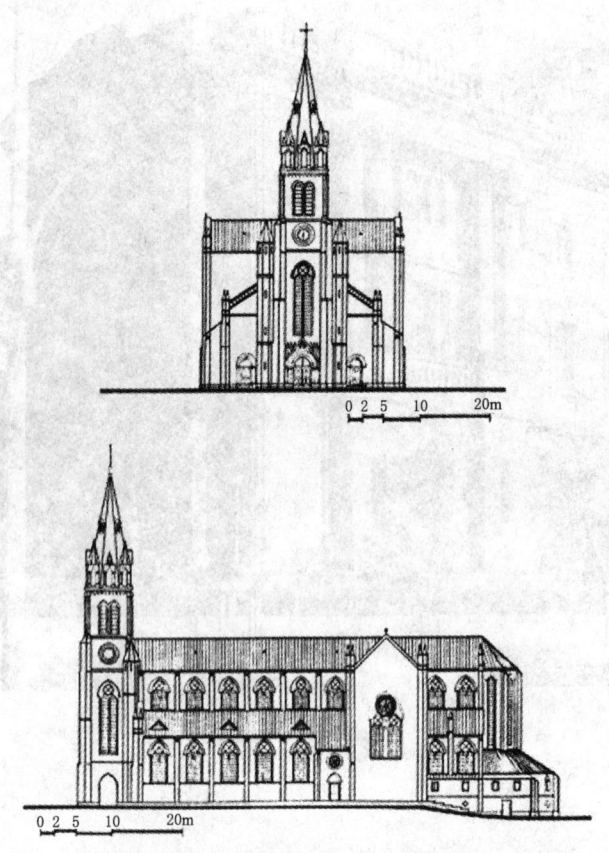

图B　南大门的韩国银行(1912)，见[1315]页

图C　汉城火车站主入口(1925)，见[1315]页

图A　(上图)明洞大教堂正立面和侧立面图(1898)，见[1315]页

图D　(右图)汉城国立大学医学院主楼背立面图(1927)，见[1315]页

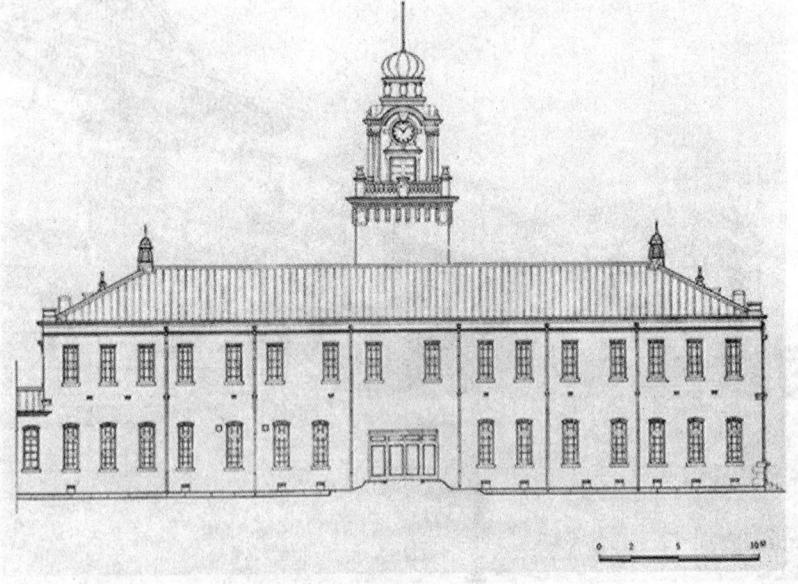

朝鲜的建筑特征

朝鲜的西式建筑史和朝鲜的现代史基本一致,即分为三个时期:殖民前期(1910年以前)、日本殖民时期(1910—1945)、光复后期(1945年以后)。

到1900年为止,朝鲜大多数的西式建筑或是外交机构建筑、基督教堂和设施,或是商业建筑。在1900~1910年,尽管政府为皇室和政府各部门建造了一些西式建筑,但朝鲜建筑的总体面貌并没有得到多大改变。然而就是在这个时期,公众对西式风格建筑有了初步认识。

日本殖民时期(1910—1945)可以分为两个阶段:1910~1925年和1926~1945年。在第一阶段,形式主义和折中主义盛行;然而在第二阶段,现代主义开始出现,这与日本本国的建筑发展趋势相一致。尽管如此,古典的和其他的折中形式还是一直延续到日本殖民时期结束,这表明形式主义有多么根深蒂固。

朝鲜的建筑实例

朝鲜在该时期的所有重要的、尚存的建筑物主要位于汉城(今首尔)和其他城市。

两层砖构的**明洞天主教医学院学生楼**(Student Hall at the Catholic Medical School, Myong-dong, 1890)、**元玄罗圣心书院**(Sacred Heart Seminary, Wonhyoro, 1892年)和**明洞英国大使馆**(British Embassy at Myong-dong, 1892)的设计师均已无法考证。

由科斯特(E. Coste)神父设计的**明洞大教堂**(Myong-dong Cathedral, 见[1314]页图A)于1898年建成,是一座砖造的哥特复兴式建筑,为拉丁十字形平面。东端是一个半圆室,西端是一个带有高耸尖塔的塔楼,塔的两侧傍有两座八边形小塔,小塔顶与中殿屋顶等高。

同样于1898年建成的**基督教循道宗教堂**(Methodist Church)和昌庆宫**青西加图书馆**(Chongsogak Library in Ch'anggyonggung Palace)都是砖结构建筑,其中图书馆是两层的砖造建筑,建筑师的名字没有记载下来。

南大门的**韩国银行**(Bank of Korea, Namdaemunno, 1912, 见[1314]页图B)是一座石制建筑,由日本建筑师辰野金吾(1854—1919)设计,他曾设计过位于东京的日本银行(1895,参见有关章节)。韩国银行的设计受德国建筑风格影响略显凝重,但带有东方情调的圆顶与两层壁柱之上的粗饰三角檐的并置却增加了趣味。

汉城火车站(Seoul Railway Station, 见[1314]页图C)是一座有趣的北欧自由风格的建筑,其可能混合了法国和英国式样。尽管此站规模比较小,但巨大的拱结构之上覆盖着一个扁平的带有琢面的圆屋顶,使人联想到许多法国车站的模样。该建筑建于1925年,但建筑师不详。

永同汉城国立大学医学院(Seoul National University School of Medicine, Yon-gon-dong, 见[1314]页图D)是一座钢筋混凝土框架结构的两层和三层的建筑,建于1927年。在虚实对比间,主体建筑有一个斯堪的纳维亚式的比例,但其钟塔却属于典型的晚期自由风格手法。

欧洲以外地区殖民时期及后殖民时期的建筑

第 40 章
东南亚建筑

东南亚有着悠久的、充满活力的、多文化交汇的建筑史，它吸收了亚洲、欧洲、美洲的建筑特点。从 16 世纪开始，除了泰国这个君主制国家外，缅甸、马来西亚、印度支那、印度尼西亚和菲律宾就已受到西方建筑的影响。但是尽管受多元化建筑风格的影响，本土建筑和设计传承在区域建筑演进中的各个阶段和各个层面仍扮演着重要角色。

本土建筑

东南亚地区地处热带，气候温暖潮湿，有着丰富的热带森林和草场资源，因此木构建筑是本土传统建筑的主要形式。你可以在横贯东南亚的平原、高地、河口、岛屿等不同的人类聚居地发现这样的建筑。木构建筑形式起源于"长屋"(Long House)和呈正方形平面的亭子，其结构形式通常是干阑式，地下室主要用来储物、饲养家畜，此外还能自然起到防洪、御敌的作用。在建造居住类建筑中这些必须具备的技艺对平房建筑的演化产生了影响。

在泰国，加姆森宅(Kamthieng house, 约 1844，位于清迈，后迁至曼谷暹罗区，见[1317]页图 A)，是泰国北部清迈地区泰蓝那塞住宅(Lanna-thai houses)的代表。入口平台以一水缸为标志，由此通向各独立用房，包括主屋、厨房、谷仓、储藏室和贮水房。主房屋顶由两个较陡的人字坡屋顶组成，中间以斜天沟相连。墙向外倾斜，就像屏幕一样悬挂在柱子后面。而由于结构的原因，谷仓立柱向内倾斜。

另一种建筑形式是"中部平原泰式房屋"(Central Plain type Thai house)，通常建在低地，通向平台的入口位于两幢建筑中间，两边用房分别为起居和睡眠所用。附加的建筑通常对称布置，且扩大了平台。自 19 世纪早期开始，在文莱达鲁萨兰国(Brunei, Darussalam)，陡坡顶和棱锥顶就已经在水寨(Kampong Ayer, water village)出现了，在这里，开敞的游廊(pantaran)和步道(titian)连接着几千户人家(见[1317]页图 B)。

在马来西亚半岛，bumbong panjang 的意思是"长人字屋顶"。在菲律宾，bahay kubo 的意思是"立方屋"，代表着本土建筑的最基本单元。通常可以将连续的四坡屋顶向侧面延伸以获得小的功能空间。马来房屋由三个基本空间组成：走廊，主屋和厨房。

17 世纪，在马六甲海峡和森美兰之间属于马来西亚的领土中，又引进了继苏门答腊帝国风格后的又一种建筑风格。其中一个典型的例子就是森美兰的欣加普宫(Istana Hinggap, Negeri Sembilan, 约 1865)，在主房的前面有一条长廊。与早期的位于苏门答腊巴当班让的米纳卡包文献中心(Minangkabau Document Center, Padang Panjang, Sumatra, 见[1317]页图 C)建筑相比，其长人字屋顶要比后者上翘的屋顶和象征牛角的尖顶饰柔和多了。

船样房屋的形式可能起源于船民部落，在密克罗尼西亚(西太平洋的岛群)和几内亚的塞匹克地区可以发现鞍状屋顶和扩展的人字山墙。最具特色的是印度尼西亚苏拉威西岛的托拉查屋(Torajaan, Sulawesi, Indonesia)，由巨大的盘旋人字屋顶组成，在屋两端头由柱支撑。这种特征也表明了房子的起源，同时又饰以动物雕刻，如水牛头像等。

在北苏门答腊高地的巴塔克卡罗(Batak Karo)和锡马隆古(Simalungun)，房屋形式是有区别的，主要通过屋顶长度和山墙四周装饰有似水牛头像的棱锥屋顶形式的不同来表现。如同自然界的一切事物一样，居住者相信房子也有它自己的生命力，需要通过上、中、下世界划分模式来表达。

总的来说，谷仓、尸骨存放所、议事室和观景平台都是以亭子风格来表现的。这种风格还被用于住宅、圣祠和传统建筑中。如菲律宾北卢松地区的伊富高省民居，东松巴哇的东戈民居及印度尼西亚的阿洛、克达民居，都带有这种风格。

第40章 东南亚建筑

图A 泰国曼谷加姆森宅(约1844),见[1316]页

图B 文莱水寨,见[1316]页

图C 印度尼西亚苏门答腊巴当班让的米纳卡包文献中心,见[1316]页

在印度尼西亚弗洛勒斯岛的芒加尔地区，圆形房屋匹配着圆锥形的屋顶和椭圆形的平面。房子的布局要考虑神、妖的影响及居住者的信仰。砖墙、入口和出口的位置都是预先确定的。砖平台、山墙和棱锥屋顶构成了内院。圣祠以多层次的屋顶为标志，代表着"弥楼山"❶，通常位于最神圣的东北角。

平房的演变

殖民时期的平房(bungalow)，无论是平屋顶、锥状屋顶或坡屋顶，平面形式无论是正方形或窄矩形，均起源于印度。一层的四周通常建有带游廊的平台，有的还建有车辆门道，厨房和服务用房单独设置于主房后部。由于受本土其他建筑风格的影响，从印度移植到东南亚地区的平房形式进一步演化。

这其中比较突出的是英式马来平房，其平面呈横向矩形，带车辆出入门道，被称为"黑与白"(Black and White)风格。在槟城的绿巷(Green Lane, Penang，见[1319]页图A)中能见到此类风格的建筑。这种平房形式与马来平房形式有直接联系，如霹雳岛瓜拉江沙的切米达宅(Che Midah, Kuala Kangsar, Perak，约1880)，一座女族长的寓所，就是这种风格的重要代表。其最大特点是入口门廊的设计：较短的山墙屋顶突出了门廊，屋顶横向中轴线与门廊呈直角布置。后来为了给英国居民再造平房让路，该寓所被拆毁。但这种带入口门廊、矩形平面、早期出现在切米达平房中的楼梯与桩柱的使用则一直保留了下来。此外，它也结合了印度一些建筑特点，如平房四周建有带英印风格装饰的敞廊。这种将本土建筑赋予具有殖民特征的形式和细部处理的尝试导致了混合设计的产生。

平房建筑还吸收了帕拉第奥的设计思想，代表作有原沙捞越首领拉贾·布鲁克住宅古晋的阿斯塔纳(The Astana, Kuching，约1840，见[1319]页图D)、泰国曼谷的维玛迈克宫(Vimanmek, Bangkok, Thailand，约1900)和国王拉玛五世朱拉隆功(Rama V, Chulalorngkorn)的夏季寓所。

由于受城市用地的制约，建筑物沿街面的宽度减小，平面呈纵向布置，通常设计成两层。在这种制约下，平房建筑发展进入一个独特的阶段。如槟城乔治市的赛义德-阿塔斯宅(Syed Al-attas Mansion, Georgetown, Penang, 1875，见[1319]页图B)，今槟城遗产中心(Heritage Centre of Penang)有三个开间和一个车辆门道，这种加长平面是在正方形平面基础上的演进，其最大优点是增加了很多功能用房。

在殖民地领土，这种平房形式很受庄主和官员的欢迎，即房屋建在桩柱上，宽阔的廊道前面是一个车辆门道。其中一个实例在原英国的要塞缅甸的勃固(Pegu, Burma，见[1319]页图C)，其为半砖半木质结构。

从菲律宾当地的小屋派生出来的如马尼拉邦板牙省的贝海-那巴托(Bahay-na-bato, Sta Rita, Pampanga, Manila)这样的平房，是西班牙风格与本土建筑传统的有机结合，其特征为：底层用石块砌成的储物空间；上层是功能空间，包括前厅、起居室、餐厅、卧室、大阳台和厨房及毗邻的浴室和厕所；二层通常是木结构，镜贝(capiz-shell)窗；陡坡陶瓦屋顶代替了泥巴(nipa)屋顶。

殖民建筑

马来半岛的英国殖民建筑始于17世纪后期，主要围绕着两个行政分区集中兴建：第一个分区是在1880年随着英殖民政权的建立而形成的联邦马来州(Federated Malay States, FMS)，吉隆坡是其首都；海峡区是一狭长形的殖民区，由槟城、马六甲和新加坡组成，新加坡为当时殖民政府的中心。联邦马来州的官方建筑总体上反映了马来特权阶层的政治敏感性，并由此看出摩尔式和英印风格特征上的联系。第二个分区地处英直辖地，因此风格上以英国乔治亚风格和维多利亚风格为主。

在吉隆坡，皇家工程师斯普纳(C. E. Spooner)委任诺曼(A. C. A. Norman)设计了原内阁办公大楼(Secretariate Building，今邦加那苏丹阿布杜勒·萨马德宫, Bangunan Sultan Abdul Samad, 1897，见[1320]页图B)。这座有着摩尔式连拱廊、螺旋形楼梯、顶部雉堞墙和"拉贾巴伊塔"(Rajabai towers)的建筑所造成的影响正如由乔治·吉尔伯特·斯科特设计的孟买大学图书馆和威廉·埃默森爵士(Sir William Emerson,

---

❶ Mount Meru：印度教神话所传屹立在宇宙中心的金山，是世界之轴。——译者注

第40章 东南亚建筑

图A 马来西亚西部槟城绿巷"黑与白平房"(约1900),见[1318]页

图B 马来西亚槟城的赛义德-阿塔斯宅(1875),见[1318]页

图C 缅甸勃固卫戍平房(约1900),见[1318]页

图D 马来西亚沙捞越古晋的阿斯塔纳宅(约1840),见[1318]页

第六编 欧洲以外地区殖民时期及后殖民时期的建筑

图A 新加坡亚美尼亚教堂(1835),见[1321]页

图B 马来西亚吉隆坡的邦加那苏丹阿布杜勒·萨马德宫(1897),见[1318]页

图C 马来西亚喀考沙官邸(1897),见[1321]页

图D 马来西亚槟城的圣乔治教堂(1817),见[1321]页

1843—1924)设计的安拉阿巴德的缪尔学院(Muir college, Allahabad)一般。为了更好地保留马来西亚穆斯林文化传统,为了适应该地区的热带气候,斯普纳否决了诺曼最初偏爱的新古典主义风格,坚持回教风格的应用。在市中心的其他建筑物,包括邮政总局(General Post Office, 1896)、**市政工程局**(Public Works Department, 1896)、**高等法院**(High Court, 1909)和**信息部大楼**(Information Department, 1909),均由诺曼设计,都体现了这种回教风格特征。**吉隆坡火车站和吉隆坡酒店**(Kuala Lompur Railway Station and Hotel, 1911)由哈伯克(A. B. Hubback)设计,洋葱形屋顶和莫卧儿柱同样体现了"萨拉森"风格(Saracenic manner)。

诺曼设计的英国官邸建筑**喀考沙**(Carcosa, 1897, 今州议会大楼,"Seri Carcosa Negara", 见[1320]页图C),将古典式、都铎式、中国式建筑细部融合在摩尔式建筑风格中,他的设计得到了进一步的发展。该建筑物在湖边花园的生态环境和城市背景下表现出的是形象化风格思想。

海峡区的防御工事一般沿着战略性的海岸线布置。这其中有马六甲圣保罗山的**葡萄牙城堡**(葡萄牙人于1511~1641年在马六甲修建的防御工事,其中大部分于1807年被英国人摧毁),原殖民区菲律宾马尼拉湾的**圣地亚哥堡**(Fort Santiago, Manila Bay, Philippines),位于马来西亚大陆对岸东端的英殖民城堡槟城乔治市的**康沃利斯堡**(Fort Cornwallis, Georgetown, Penang, 乔治市建于1786年)以及位于**新加坡河**(Singapore River)沿岸的**新加坡坎宁堡**(Fort Canning, Singapore)。

现保存完好的葡萄牙教堂立于马六甲雷西登西山(Residency Hill)山顶。**圣保罗教堂**(S. Paul's Church, 始建于1512年),在一个较短的时期曾经保留圣沙勿略教堂(S. Francis Xavier)的遗址。虽然该教堂现今已损毁,但给人深刻印象的石山墙依然屹立不倒。**马六甲圣彼得教堂**(S. Peter's, Malacca, 1710)虽然建于荷兰统治时期,但它仍然混合了葡萄牙巴洛克风格的细部和东方基本色彩的处理。**马六甲基督堂**(Christ Church, Malacca, 1750)可能是该地区荷兰建筑风格的最好代表。东部地区遗留下来的最早的荷兰式建筑是**马六甲市政厅**(Town Hall, Malacca, 1641—1660),它是一座拥有木制百叶窗和高大山墙的三层建筑。

东南亚19世纪早期宗教建筑的原型是18世纪早期的伦敦圣马丁教堂。这其中最早期的作品是罗伯特·史密斯设计的**槟城圣乔治教堂**(S. George's Church, Penang, 1817, 见[1320]页图D)。**新加坡亚美尼亚教堂**(Armenian Church, 1835, 见[1320]页图A)由乔治·德拉姆古勒·科尔曼(George Drumgoole Coleman, 1795—1844)设计, 其环形的教堂中殿和半圆形的后殿在直径上足有11m, 并带有锥形的屋顶和希腊式十字形平面的塔式天窗, 同时顶部通风口透进的自然光使室内光线充足。此平面设计可能源于詹姆斯·吉布斯所反对的圣马丁教堂的环形平面, 也可能参照了马德拉斯市圣安德烈教堂的方案(参见有关章节), 其中八边形的尖顶是1858年后加上去的。

住宅建筑中,在同时代印度出现过的别墅形式——乔治式别墅也出现在新加坡,由科尔曼设计。现在仅存的是考德威尔(H. C. Caldwell)设计的**联排式住宅**(Town House of H. C. Caldwell, 1840),有一个采用多立克无柱式风格的弧形立面。

在新加坡,很多维多利亚式建筑是由军事工程师引进的,如罗纳德·麦克弗森(Ronald Macpherson)上校,他设计了哥特式风格的**圣安德烈大教堂**(S. Andrews Cathedral, 1862)。约翰·阿道弗斯·麦克奈尔(John Adolphus McNair)设计了**政府宫**(Government House, The Istana, 1869),其办公楼从表面上看受帕拉第奥复兴风格的影响,带有连拱廊的形式,实际上它建有塔楼并有复折形屋顶(见[1324]页图A)。斯旺和麦克拉伦事务所的比德韦尔(R. A. J. Bidwell)设计了**维多利亚剧院、替代市政厅**(1862)的**纪念堂**(Victoria Theatre and Memorial Hall, 1904)以及**莱佛士旅馆**(Raffles Hotel, 1897, 见[1324]页图C)。在比德韦尔对于莱佛士旅馆(仅有正立面和侧厅还保存着)的设计中,二层的露台和托斯卡纳柱矗立在一层的凉廊之上,现今保存下来的掌状院落已被扩建了。同样由比德韦尔设计的**新加坡犹太教教堂**(Chassed El Synagogue, Singapore, 1905)受拜占庭式教堂风格的影响。**槟城神安池**(Seri Mutiara or Residency, Penang, 1890, 见[1324]页图D)由卡梅伦(C. A. Cameron)设计,它是一座由前后两部分组成的建筑物,前面部分有三角檐饰和门廊,后面是似平房的附属建筑物。

新加坡的城市规划、基础设施和相关法律都是在19世纪20年代继斯坦福·拉弗尔斯爵士(Sir Stamford Raffles)和军事工程师杰克逊少校(Lieutenant P. Jackson)起草了相关规程后发展起来的。由此也出现了一些种族飞地,这些飞地之间彼此通过商住单元系统相联系,这些商住单元坐落在城镇规划网格上，又称为**商住楼**（shop-house，见[1324]页图 B）。商住楼均于 1880 年后建造，选用耐火材料建成，底层是临街开放的商店，上面通常有一条"五脚基"❶或邻街走廊；上层用来居住和储物。平面纵深长度可达 100ft，有许多内部开敞庭院。第二个殖民分区的市政条例引领马来西亚大陆"城市个性"的发展朝着统一的方向进行。这种风格被拉玛五世从新加坡传到泰国，同时还模仿了东南亚其他国家及中国开放城市中欧洲租界的风格。

西班牙国王腓力二世制定的皇家法令（The Royal Ordinances, 1573）严格规定了新殖民地开发区网格城市平面中连拱廊的使用要求，这其中包括菲律宾。然而，菲律宾首都马尼拉的**内城**（Intramuros），一座有城墙的城市，没有采用连拱廊形式，取而代之的是贝海-那巴托（bahay-na-bato），由石墙组成，顶部采光和通风。这种风格在城市建筑中很普及，如圣多马大学（Universidad de Santo Tomas，1611 年建成）。

马尼拉**奥古斯丁·卡尔萨多斯的圣保罗大教堂**（S. Pablo de los Augustinos Calzados, 1591，见[1324]页图 E），是 1863 年地震中留存下来的唯一一座文艺复兴风格的石制教堂。其拱门入口之上的大型三角檐饰由壁柱、壁龛及高窗构成，边上矗立着双塔。英国维多利亚式风格由费利克斯·罗哈斯（Felix Roxas）传入马尼拉，他是第一个在加尔各达、西班牙和伦敦工作过的菲律宾建筑师。他曾在因特拉穆洛斯（Intramuros）设计了两座教堂：一座是**马尼拉圣多明各大教堂**（Church of Santo Domingo de Manila, 1868），哥特式外表特征，主体呈文艺复兴风格；另一座是**新圣伊纳爵教堂**（New San Ignacio Church, 1889），其有着新古典主义风格的外立面。

巴达维亚（Batavia，今雅加达，印度尼西亚首都）是 1619 年荷兰人将其作为东印度群岛首府时命名的。其城市平面呈网格状，并极力效仿阿姆斯特丹。运河和船闸沿芝利翁河的支流分布。作为唯一入海口的一条运河，由巴达维亚城堡（Kasteel Batavia），即城北要塞所控制。早期重要的荷兰建筑包括**总督宫和槟城门**（President's Office and the Penang Gate, 1671）、城市广场，以及由范德维尔德（W. J. Van de Velde）和凯默（J. Kemmer）设计的总督官邸（house of the Governor General, 1708）和**市政厅**（Town Hall, 1710），高高的山墙中心上部是圆形穹顶。

1811 年，斯坦福·拉弗尔斯（Stamford Raffles）来到巴达维亚，并成为爪哇的副总督（1811—1815），此时的城市特征是有阳台的砖构平台建筑以及许多荷兰式砖构建筑商店，这些都影响着拉弗尔斯对于未来新加坡建筑风格的限定，如要求建有连续廊道的房屋。荷兰殖民建筑使用高耸的人字屋顶和带大型间壁柱的高窗，偶尔配以雉堞墙或带曲线窗格的人字形山墙，其中一个例子就是赖尼尔·德克勒克官邸（house belonging to Reinier de Klerk），今**雅加达国家档案馆**（National Archives Building, Jakarta，约 1760，见[1325]页图 B），其立面别出心裁地使用了拱形窗，而人字形山墙的使用形成了后部庭院。

随着爪哇归复荷兰，出现了新的建筑风貌，称为植根于新古典主义的帝国风格。这种早期的 19 世纪风格在巴达维亚南部风光优美的郊区韦尔特弗雷登（Weltevreden）的别墅建筑中表现得尤为突出。其特色是将门廊或者是没有柱廊的敞廊作为生活和交流的空间。在很多官邸建筑中都采用了帕拉第奥别墅形式，就像茂物的**夏宫**（Summer Palace, Bogor, 1856，今茂物宫（Istana Bogor），见[1325]页图 A），以及**雅加达法院大楼**（Hall of Justice, Jakarta, 1870，现称为巴莱塞尼鲁帕，Balai Seni Rupa）。由霍斯特（J. H. Horst）设计的**伊曼纽尔教堂**（Immanuel Church, 1839，见[1325]页图 C）有着环形的平面和圆屋顶，其山墙和门廊面向四个方向，立面挺拔并带有弓形的多立克柱。

法属印度支那在 1893 年法兰西第三共和国时稳步发展。表现法国殖民权威和风格的主要建筑一般建在一些主要都市，如西贡、河内、金边等。西贡的规划仿效了巴黎的主要城市平面。1878 年，朱尔·布尔纳德（Jules Bournard）将帝国大道（Rue Imperiale，今诺罗敦大街，Boulevard Norodom）与**圣母大教堂**（Notre Dame Cathedral，1880 年始建）连通起来，在西贡河的一端是植物园，另一端是总督府。乔治·莱尔米特（Georges Lhermite）是西贡的第一个学院派建筑师，他设计的王宫（Palace, 1873）体现了帕拉第奥风格，并带有曲形的拱顶长廊。由约瑟夫·维克托·吉夏尔（Joseph-Victor Guichard）设计的**西贡大剧院**（Saigon Theatre，始建于 1895 年）和**河内歌剧院**（Hanoi

---

❶ five-footways；即"骑楼"。源于东南亚，最初的规定是：房屋沿街一面的一层比二层缩进五英尺；由此得名"五脚基"。——编者注

Opera House,始建于1900年,见[1325]页图D)都是宏大的公共建筑。金边的水晶宫(cast iron pavilion, Phnom-Penh,约1869,见[1326]页图A)曾是拿破仑三世赠给国王诺罗敦一世(King Norodom 1st)的礼物,位于金边大王宫觐见室(Throne Room)和白塔(Silver Pagoda)之间。

曼谷是泰国的现代化首都,它建于1782年却克里(Chakri)王朝时期,外围有两条合围的护城河和城墙,它守卫着流经内陆的湄南河的入口。拉玛五世国王(朱拉隆功)效仿欧洲建筑和城市规划风格,尽管泰国法律没有规定建设公共廊道("五脚基"(骑楼)),商业建筑仍是城市建设中较成功的一部分。他委任约翰·克卢尼斯(John Clunies)结合维多利亚和泰式风格建造却克里·玛哈宫即大王宫(Chakri Maha Prasat or Grand Palace, 1872年始建,见[1326]页图B)。另一个具有法国文艺复兴风格的是**婆罗马披曼大厦**(Boromaphinan Palace),屋顶为曲线复折屋顶。

原英国统治下的缅甸首都仰光的殖民建筑和城市规划直到19世纪末才出现。1885年为了控制城镇传统民居(Pukha Houses)或平屋顶平房的大量兴建,缅甸颁布了相关的城市法令。一些商业建筑,如**罗联合公司**(Rowe & Co.)同样也遵循法令的规定,并且利用带天棚屋顶(jilmils)以达到遮阳的目的。但在曼谷,对于建筑形式和商店公共敞廊的设置没有严格的法律规定。

第六编 欧洲以外地区殖民时期及后殖民时期的建筑

图A 新加坡政府宫(1869),见[1321]页

图B 新加坡商住楼,见[1322]页

图C 新加坡莱佛士旅馆(1897),见[1321]页

图D 马来西亚西部槟城神安池(1887),见[1321]页

图E 菲律宾马尼拉市奥古斯丁·卡尔萨多斯的圣保罗大教堂(1591),见[1322]页

第40章　东南亚建筑

图A　印度尼西亚雅加达茂物宫(1856)，见[1322]页

图B　印度尼西亚雅加达国家档案馆(约1760)，见[1322]页

图C　印度尼西亚雅加达伊曼纽尔教堂(1839)，见[1322]页

图D　越南河内歌剧院(约1900)，见[1322]页

第六编　欧洲以外地区殖民时期及后殖民时期的建筑

图A　柬埔寨金边大王宫会馆(约1869)，见[1323]页

图B　泰国曼谷却克里·玛哈宫(1872—1875)，见[1323]页

欧洲以外地区殖民时期及后殖民时期的建筑

第 41 章
印度次大陆建筑

建筑特征

葡萄牙殖民建筑

15世纪末16世纪初,葡萄牙人带着两个主要目的来到东方:第一是贸易入侵——这在当时还是由阿拉伯人垄断的领域;第二是想让东方人皈依基督教。为了这些目的,他们在沿着航海线路的战略要点上建立了殖民堡垒。作为罗马天主教徒,葡萄牙人修建了许多教堂和修道院来供奉那些圣人,甚至边界上的一些军事城堡也以圣人的名字命名。许多神殿和教堂就建在道路的交叉口,且在建筑内部往往以大而显著的十字架作为标志。这些遵循欧洲风格的教堂大多都建造于16~17世纪,但是技术和经济上的约束限制了建筑立面的表现,这些运用当地技术和本土材料建造的教堂看上去就像是谷仓。

早期教堂设计曾试图作出哥特式风格的细部,但这并未能持续多久,随后的欧洲文艺复兴运动导致葡萄牙-巴洛克风格特征得以发展。殖民地建筑物的尺度开始变大,立面表现通常是浓重的东方饰物和西方建筑母题的结合。宗教类建筑,例如方济各会(Franciscans)、多明我会(Dominicans)和嘉布遣会(Capuchins)都将自己的喜好印刻在了他们委托设计的建筑物上。然而,当葡萄牙人的势力在东方渐渐消失时,过度的装饰和风格上的模仿使得葡萄牙殖民建筑走向低谷。

荷兰殖民建筑

荷兰人向东方远航的主要目的是进行贸易活动,他们大约比葡萄牙人晚了一个世纪才到达印度和斯里兰卡。他们在殖民区域四周建起了防护墙,并将防护区分成两个部分:一部分为欧洲人而建,另一部分供当地人使用。城镇规划有街道、排水系统和树木。由于在强权殖民地区寓所的需求量很大,因此法规对街道建筑的发展施加了影响,其结果是在今天一些城镇中仍能看到,如合理的布局、林荫小路和良好的街景。城镇的堡垒则是用荷兰的城市名字命名的。与葡萄牙殖民地形成对照的是,这里的每座城镇都有一个简陋的教堂,有时会有少数本土图案被运用到立面上,但通常只是装饰而已。

荷兰人会把存放出口物品的仓库布置在邻近港口的显著位置。砖砌拱顶是其最具特征的结构形式,这种形式也被用于教堂建筑中。

英国殖民建筑

英国对印度次大陆的影响是从建立了东印度公司(见第35章)开始的。与荷兰、葡萄牙不同的是,英国殖民者从封闭的城镇搬出,突破了原始贸易,拓展了贸易范围,优先发展农作物产品和半成品货物,以适应欧洲市场的需求。这就要求提供综合的联系网络,包括公路和铁路,同时要建立遍及全国的省级城市。

快速发展及建设的需求促进了新构造技术的发展,包括用铸铁、钢、金属板制成的复杂的预制构件系统,而这些材料在国内新建的工厂中能够大量生产。常规形式的标准方案也得到了进一步演进,这些与工业化生产组成更相适应。它们被广泛运用于农场建筑和其他居住建筑中,正如与新信息系统的关系一样。但政府和商业建筑更偏向于接纳占主导地位的欧洲风格——尤其是在英国出现的后文艺复兴风格、巴洛克-帕拉第奥风格和新古典主义风格及19世纪开始的哥特复兴风格等。由于受热带气候的影响,地区混合设计风格开始出现,就像单体建筑中采用东方母题图案有时会产生独特的效果一样。

许多项目设计任务的实施使得城市得以扩张,住宅、博物馆、医院、教堂、运动俱乐部、学校、包括银行在内的商业建筑、行政建筑、市政厅、百货公司和通信中心,以及车站、邮局等的建造,是 19 世纪英国殖民地发展的一个重要特征。军事建筑和驻军住房通常被限于驻地内,一般建于城市和乡镇边缘。

其他欧洲国家殖民地

其他欧洲国家也建立了贸易殖民地,尤其是法国和一些欧洲小国,如丹麦,它们更倾向于在印度和斯里兰卡开发殖民区域。

建筑实例

葡萄牙建筑

城堡

果阿(Goa)是一个富裕的海岛港口,最初被来自比贾布尔(Bijapur)的阿方索·德·阿尔布克尔克苏丹(Alfonso de Albuquerque, 1453—1515)于 1510 年时占领。阿方索在果阿港建造了三座城堡,以防止来自陆地的侵犯。位于佩内姆海岸的阿瓜达堡(Fort Aguada, 见[1329]页图 A),矗立于能眺望海景的悬崖上,它的各个棱堡建在沿等高线分布的战略要点上,一个教堂和一座灯塔构成了整座城堡的中心。凯罗堡(Fortalice of Cailo)和拉戈堡(Fort Largo)守卫着祖阿里河口,河的南岸则是带有多个重要棱堡的马而冈堡(Marmagoa, 见[1329]页图 B),它面朝大海,有着拱形大门入口。

建在曼多维河口的城堡则守护着葡属印度的第一个首府旧果阿(Velha Goa),这座 17 世纪世界上最繁华的都市之一。城堡中有一个面向广场的教堂,还有一些大厦和别墅布置在一些小广场周围,窗户都朝有铸铁栏杆的阳台开启。穿过面向水面的拱形大门可进入这个正方形城堡,一条运河将其与主要岛屿隔开。尽管大部分建筑都已经不复存在,但曾经的辉煌和浪漫的气息却仍然在残留下的废墟中得以延续。

19 世纪,潘吉姆❶成为继旧果阿后的首府,这是一座以高地为背景,沿海岸线布置的网格平面的带形城市。16 世纪后半叶由葡萄牙人建立起来的沿印度西海岸的其他堡垒城镇还有第乌(Diu)、伯塞恩(Bassein)、达曼(Daman)、孟买(Bombay)。17 世纪,在更北一些的苏拉特(Surat)的肯帕德湾,英国人、荷兰人和法国人还建起了工厂和贸易货栈(见[1329]页图 E)。类似的殖民区也在胡格利河(river Hooghly)东岸和圣多米(San Thome)建立起来,其边界由坚固的围墙围起,以容纳住家和商业居所。防御工事的牢固程度似乎是随所处地的不同而相应变化着。

在斯里兰卡岛,葡萄牙人于 1518 年兴建了科伦坡堡(Fort of Colombo),与旧果阿城类似,它也是带形城堡。出于行政管理和军事的目的修筑了内堡防御工事,外部则是居住区。整个圈地区域以该城堡(见[1329]页图 D)而闻名。其设计方案最初由工程师若昂·巴普蒂斯塔(João Baptista)提出,他曾被任命设计了一座由 14 个棱堡组成的防御工事。此外,在科伦坡城堡外部还建有大约 500 座带花园的居住建筑。类似的还有设在凯茨(Kayts)、卡雷提乌(Karaitivu)和哈门希尔岛(Island of Hammenhiel)的防御工事,它们控制着通往贾夫纳的入口。设在奥斯登堡(Ostenburgh)及索勃岛(Sober Island)的防御工事也控制着通往亭可马里港的入口。其他的如曼尼卡达瓦拉(Menikkadawara)防御工事,由唐·赫罗尼莫·达旺塞杜(Don Jeronimo d'Avesedo)将军修建,主要用以对付内部的攻击。

教堂

最初,在葡萄牙殖民属地中大多数永久性建筑都具有宗教特色。传教士们认为使本土人皈依罗马天主教是自己的责任,所以当经济条件一旦成熟,教堂的建设也就开始了。这时的教堂尽可能地模仿欧洲的建筑原型。这些风格通常仅在建筑物的立面有所表现,而为信徒们所建的住所则采用便宜的、易获取的本地材料和本土建筑技术。其他早期教堂相比于带有棱堡的防御工事环绕、位于中部的神殿和教士区,规模要小得多。例如果阿的第一座教堂阿瓜达教堂(Aguada, Goa),以及斯里兰卡的拉特纳普勒教堂(Ratnapura, Sri Lanka)均如此。在果阿被阿尔布克尔克占领一年后,印度的

---

❶ Panjim;帕纳吉的旧称。——译者注

第41章　印度次大陆建筑

图A　果阿的阿瓜达堡(17世纪早期)，见[1328]页

图B　果阿的马而冈堡(16世纪早期)，见[1328]页

图C　果阿的阿西西圣方济各教堂内景，见[1330]页

图D　斯里兰卡科伦坡堡内街道(摄于1968年)，见[1328]页

图E　苏拉特英国贸易会所(1613年建成)，见[1328][1332]页

第一座基督教神殿，**圣凯瑟琳礼拜堂**(S. Catherine)被用来祭祀。神殿最初用泥土、稻草和棕榈树叶建造，1513年经大规模重建，并在1539年启用作为果阿新设教区的主教堂。

1543年建造的**果阿玫瑰园圣母教堂**(The Church of Our Lady of the Rosary, Goa)是早期葡萄牙教堂建筑中遗留下来的最好样本，它是一座哥特式教堂，带有中堂、十字形耳堂、后殿。圆柱形的塔身上是穹顶顶盖，一个两层的带有拱门的盒状结构是门廊，其上是钟楼。外墙表面装饰有印度教和伊斯兰教母题的饰物。

始建于16世纪早期的**果阿阿西西的圣方济各教堂**(The Church of S. Francis of Assisi, Goa, 1527)在17世纪重建时，仍保留了早期的八角形双塔立面。其内部(见[1329]页图C)呈拱形，装饰着正方形板条镶嵌的似藻井状复杂的装饰面板，庄严、简洁、高大的交叉穹窿顶结构中穿插着巴洛克细部，其中包括人物雕塑。支撑主拱的部分平面柱上的壁板也绘有一些混合着印度和欧洲元素风格的壁画。

果阿大主教教区教堂(Se Cathedral, Goa, 1562年始建、1662年建成)由建筑师安布罗西奥·阿尔吉耶罗(Ambrosio Argeiro)和胡利奥·希马尤(Julio Simayo)设计，由一座中堂和两个平面布置相同的侧堂组成。整个平面呈矩形，并带有后殿。有成对壁柱和漩涡饰托座的主立面使人联想到约同一时期建造的，维尼奥拉设计的罗马耶稣教堂(Gesù Church)。胡利奥·希马尤还设计了**总督拱门**(Arch of the Viceroy)和**果阿圣保罗学院**(the College of S. Paul)。

邦吉斯巴西利卡(Basilica of Bom Jesus, 1593—1603，见[1331]页图C)是果阿最著名的教堂，呈十字形平面，且有一个简洁宽大的中堂。"凯旋门"式立面上的中央台座一直延伸到附加层，形成了带有曲面装饰的葱形饰栏杆的三角檐饰山墙。这种由底层立面所表达的古典风格与上层的银匠式装饰风格及巴洛克装饰风格衔接得非常和谐。在中堂的两侧是拱形长廊，除此之外，内部还有一个供奉圣伊纳爵(S. Ignatius)的单层镀金祭台，耳堂的南翼则是印度传教士圣方济各·**沙勿略陵墓**(Mausoleum of S. Francis Xavier)。

另一个很好的实例是**果阿圣卡特加教堂**(the Church of S. Catejan, Goa, 1661)，其主立面似乎部分地模仿了罗马的圣彼得大教堂。虽然看上去教堂外表呈矩形，但实际是希腊十字形平面。在后殿的尽端有一个过厅，在十字处有四根粗壮的墩柱上方覆盖着穹顶和天窗。果阿潘吉姆的**无沾成胎教堂**(the Church of the Immaculate Conception, Panjim, Goa)建在一个靠近双梯段通向西端的高台上，这种处理手法常见于17~18世纪的葡萄牙和西班牙的教堂建筑中，甚至常见于19世纪早期的美洲教堂建筑中，如巴西的孔戈尼亚斯-杜坎普教堂(参见有关章节)。

斯里兰卡的**科伦坡圣保罗教堂**(Church of S. Paul, Colombo)正如安东尼奥·鲁宾诺(Antonio Rubino)于1622年所描述的那样，是"一座具有科林斯风格的教堂，有很好的比例关系，具有美感"。这座教堂现在已经不复存在，但是1658年的一张地图足以证明它是17世纪科伦坡九座葡萄牙教堂中最为著名的一座。

荷兰建筑

荷兰东印度联合公司的关注点主要在爪哇和盛产香料的斯里兰卡岛。斯里兰卡岛是一个重要的中间贸易点和新的商业基地，从1658年至18世纪末，一直被荷兰人控制着。

城堡

荷兰人扩建了葡萄牙人建在沿斯里兰卡海滨的一些城堡，并且在一些必要的地方新建了防御工事。大量相类似的城堡在第36章中都有说明(见[1235]~[1239]页)。在印度几乎没有城堡实例，而在荷兰、英国和葡萄牙殖民领地中都建有仓库(如苏拉特，参见有关章节)。在斯里兰卡，从17世纪下半叶起，荷兰人就已在围栏围合的城堡内工作，如**蒂鲁戈维尔堡**(Tirukovil)、**萨曼图里堡**(Samanthurai)和**卡尔穆奈堡**(Kalmunai)等，这在17世纪荷兰作家瓦林提恩(Valentyn)笔下曾有记载。大多数设防的殖民区都建在海边，但一些较小的、内部设防的正方形围地，如位于**阿库雷瑟**(Akuressa)和**哈克默纳**(Hakmana)的都建有护城河，守备部队多驻扎于围地之外。**哈门希尔**(Hammenhiel)和**波因特佩德罗**(Point Pedro)都是单棱堡垒，前者在其入口上方建有一个砖石钟塔，在设防围地中心有两个三层高仓库。

荷兰舰队1602年第一次登陆斯里兰卡而驻扎的**拜蒂克洛**(Batticaloa)、**卡尔皮蒂耶**(Kalpitya, 1667)及**马那尔**(Mannar, 1686)都是带教堂的多棱堡。**贾夫那堡**(Fort of Jaffna)有一座拱形大门，跨越护城

第41章 印度次大陆建筑

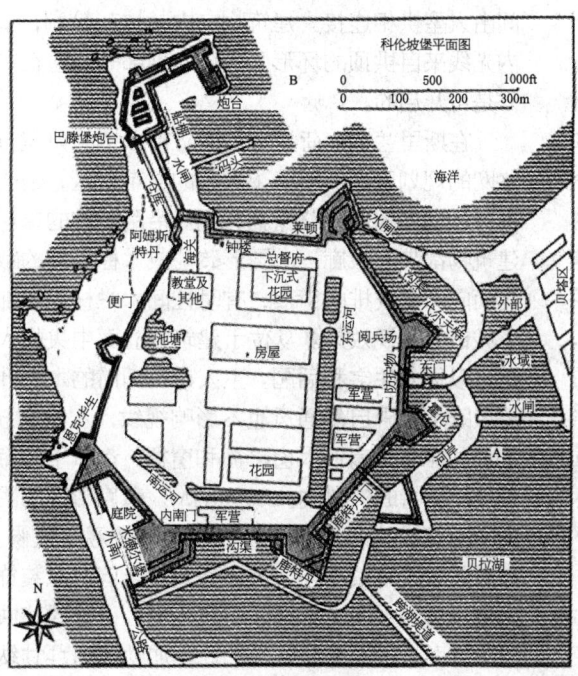

图A 科伦坡堡(16—17世纪),见[1332]页

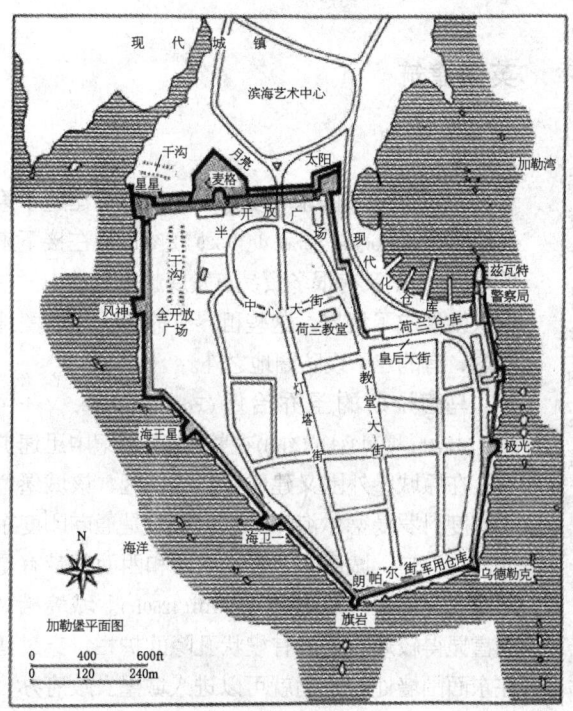

图B 加勒堡(16—17世纪),见[1332]页

图C 果阿的邦吉斯巴西利卡教堂(1593—1603),见[1330]页

图D 斯里兰卡贾夫纳城荷兰教堂(1754),见[1332]页

图E 加勒堡土石结构图(最近的摄影)

河的吊桥与之相连。整个围地面积有 1.6hm²(4acre)，包括指挥官住所(现在称为国王的行宫)。荷兰人扩张并巩固了位于**科伦坡**(见[1331]页图 A)、**加勒**(Galle, 见[1331]页图 B)、**亭可马里**(Trincomalee)和**马特勒**(Matara)的设防城镇。科伦坡完全成为一个军事重镇，设有医院、学校、商店和多种等级的住宅。直到 1729 年，有 14 个棱堡的加勒仍是东南亚保存最完好的防御重镇(见[1331]页图 E)。荷兰人还将建在岸边的葡萄牙城堡加以扩建和修善，城堡总面积达 40hm²(100acre)。从 1669 年开始，由于建了一座水闸，陆地与城堡间只能通过一座吊桥穿过一个拱门才能进入。有着巴洛克立面的荷兰教堂是斯里兰卡第一座新教教堂，值得加勒人自豪的是其拥有一套独特可靠的以风车提升海水自行冲洗下水道的排水系统。

教堂

在荷兰统治时期，斯里兰卡的教堂有两种建造方式：兼作学校和集会场所的乡村教堂，以及体现欧洲风格的较正规的城市教堂。前者沿袭的葡萄牙时期的风格比较明显：简洁的矩形集会厅，用本地材料建成的屋顶，支撑屋面的石柱间是半高的墙体。在马那尔、卡尔皮蒂耶和安伯朗戈德都有这种类型的教堂。

贾夫纳的荷兰教堂(Dutch church at Jaffna, 1754 年建成，见[1331]页图 D)由马丁努斯·洛伊塞康(Martinus Leusekam)所建，其平面呈希腊十字形，入口处是一拱门，窗户用进口荷兰砖砌成，墙体材料为珊瑚石和碎石。入口处凹入的正方形镶板成了入口立面的中心，其顶上是一个曲面外廊的独特的山墙，窗户深深地嵌入。在加勒、瓦弗恩达尔和科伦坡有很多著名的荷兰教堂，加勒的教堂大多建于 1755 年，瓦弗恩达尔和科伦坡教堂大多于 1757 年建成。

世俗建筑

东印度联合公司位于加勒的一些仓库，建造的主要目的是作为主防御墙的一部分，它们是两层的砖石建筑物，其楼层和屋顶的木构架都很牢固。后来的一些建筑，例如在老港湾周围的**科伦坡仓库**都是典型的砖拱建筑，跨度很大，有 9m(30ft)长，通常在起拱面有铁拉杆。拱顶或者是单桶拱，或者是砖石柱支撑的双平行拱，砖石柱跨间由大型拱相连接。建筑物室内是抹灰粉刷，室内光线来自拱顶的环形弧面窗。顶部的天窗在室外是可开启的。

在斯里兰卡，荷兰殖民地防御城镇的典型方格网的规划手法，形成了规整的城市街区，一些垂直相交的辅助道路穿插其间。沿路长排的单层建筑物都带有敞廊，由圆形砖柱或木柱支撑的敞廊面向绿树成排的街道，有时柱间木栏杆更增加了城市的透视效果。从位于建筑物立面中央的入口可以进入住宅和后园。主入口大门前的木百叶屏风既不阻碍自然通风也不影响视线，入口上方是各种雕花的扇形木窗格栅和窗楣，都赋予了每栋建筑独特的外观(见[1333]页图 A)。敞廊形成的阴影和通风设施的设置有助于改善热带恶劣气候。在有些殖民城镇中还出现了将建筑转向，以装饰山墙垂直面对街道，同时还成为精心设计的公共服务墙面，贾夫纳城即是如此。加勒的**阿拜甘纳沃登瓦勒瓦**(Abeygunawardene Walauwa, Galle)是该时期的一个典型例子，需要通过一个将房屋与街道分隔的敞廊才能进入。

英国建筑

城堡及商埠

1613 年，英国东印度公司在苏拉特建起了**第一座工厂**(factory at Surat, 见[1329]页图 E)。在接下来的约 50 年里又有很多贸易点发展起来，其中一些很快发展成了租界，这些租界有的建于设防圈地之内，有的建于设防圈地之外。

马德拉斯的**圣乔治堡**(Fort S. George, Madras, 1639 年始建，见[1333]页图 B)在整个 17 世纪中迅速扩展，在原城堡外围又建成了新的城区。该城堡位于印度科罗曼德尔海岸的东南部，是通向印度东北部的门户。城堡的北面、南面和西面都带有星形棱堡，南北向长度为 1450m(4250ft)。城墙相对而言显得较矮，并建有楔状孔隙的护栏。穿过建在东面围墙处的水门就可以进入城堡。政府办公楼、兵工厂和教堂都建在城墙以内。

贸易活动很快转移到了北部和东部。建于 1696 年的加尔各答的**威廉堡**(Fort William, Calcutta)是沿胡格利河的众多城堡之一，它位于恒河三角洲胡格利河的最西端，当时已经成为孟加拉的贸

第41章 印度次大陆建筑

图A 斯里兰卡荷兰时期的大门(18世纪),见[1332]页

图B 马德拉斯圣乔治堡(1639),见[1332]页

图C 马德拉斯圣安德烈长老会教堂(1821),见[1334]页

第六编 欧洲以外地区殖民时期及后殖民时期的建筑

易中心。尽管威廉堡比圣乔治堡小，但其城堡内仍然建造了政府官员住房、军事用房、居民住房、仓库和工厂，包括教堂等一批公共建筑都建在城墙以外。1757～1773年，威廉堡在原地重建，设计者是约翰·保罗奇(John Brochier)上尉。

教堂

马德拉斯圣乔治堡的**圣母马利亚教堂**(S. Mary's Church, Fort S. George, Madras, 教堂完工于1680年，塔楼在18世纪晚期建成)是印度现存最早的英国建筑之一，也是印度次大陆的第一座英国国教教堂。它是一座带耳堂的简洁式教堂，一端是柱廊，厚重的石墙和屋顶透射出其防御地位的特征。

马德拉斯圣乔治大教堂(S. George's Cathedral, Madras, 1816, 见[1335]页图A)是詹姆斯·考德威尔上尉(Captain James Caldwell, 1770—1863；后来的詹姆斯爵士(Sir James))和托马斯·菲奥特·德哈维兰(Thomas Fiott de Havilland, 1775—1866)设计并建造的。和许多这个时期的殖民地教堂一样，圣乔治大教堂的风格源自詹姆斯·吉布斯的名著《建筑之书》(A Book of Architecture, 1728, 该书在国外广泛流行)，尤其受其中收录的位于伦敦、1726年完工的圣马丁教堂影响。圣乔治大教堂门廊西端的三角饰、栏杆、爱奥尼亚式对柱以及北端和南端较浅的门廊中都带有巴洛克思潮影响的痕迹。但尽管如此，圣乔治大教堂总体还是延续了吉布斯早期建筑的帕拉第奥风格。古典柱式在这里一再使用，包括围绕塔楼二层粗琢的托斯卡纳多立克柱以及教堂内部的柱廊。圣乔治大教堂细部精致，建造完美，光滑平整的外墙抹灰使得整幢建筑浑然一体。

托马斯·德哈维兰和考德威尔还负责设计了**马德拉斯圣安德烈长老会教堂**(S. Andrew's Presbyterian Church, Madras, 1821, 见[1333]页图C)，其设计是在吉布斯设计的圣马丁教堂形式上的发展。该设计中将平面形式改成了圆形，教堂风格采用了当时最易接受的新古典主义风格，设计手法既老练又新颖。圆形大厅空间直径24.5m(82ft)，周围是一圈精美的复合型柱，其上是一个碟形穹顶。耳堂围绕着柱廊外的中心圆筒体布置，塔楼在连接中堂和西侧门廊的矩形空间上部升起。与圣乔治大教堂一样，其门廊角端也采用了爱奥尼式对柱。

在哥特式复兴出现及维多利亚哥特风格兴盛之前，在加尔各答出现了两座重要的新古典主义风格的教堂，一座建于18世纪晚期，另一座建于19世纪早期。在威廉堡经大规模重建后(1773年建成)，詹姆斯·阿格(James Agg, 约1758—1828)建造的**加尔各答圣约翰教堂**(S. John Church, Calcutta, 1787, 见[1335]页图C)是另一座深受吉布斯设计的圣马丁教堂影响的教堂建筑。它的塔楼原先位于建筑后部，但近18世纪末期时，入口被移到了塔楼下方，到了19世纪，教堂南面和北面又增加了柱廊以抵御阳光。**加尔各答圣安德烈长老会教堂**(The Presbyterian Church of S. Andrew, Calcutta, 1815, 见[1335]页图D)与圣约翰教堂十分相似，尤其是托斯卡纳的多立克柱式与伦敦的原型十分接近。它毗邻赖特家族住宅(参见有关章节)，其风格、比例与所处的环境非常协调。

德里圣雅各教堂(S. James's Church, Dehli, 1836建成, 见[1335]页图B)是印度新古典主义教堂的一个充分的、独特的范例。它的发起人和赞助者是詹姆斯·斯基纳(James Skinner)上校，设计者为罗伯特·史密斯(Robert Smith)。建筑平面呈希腊十字形，中部穹顶下有八边形的鼓座，鼓座的檐部下方开有圆形窗。建筑平面的北面、南面和西面都设有多立克式对柱门廊，两者之间为低矮的塔台。带肋的穹顶上有漩涡状托座，这赋予了巴洛克建筑的特征，而檐部上方的装饰栏杆和其下椭圆形的壁龛更强调了这种特征。对于这座看似不大实则宽敞的教堂而言，建筑效果相当令人满意。

与许多位于兵站以及山中避暑地的小型新古典主义教堂一样，其他欧洲国家殖民地区也有一些卓越的教堂。到19世纪中期，别致的哥特式风格开始出现，尽管人们认为它不适合当地的气候，发展速度缓慢，但这种浪漫主义特色的建筑风格还是持续了10～20年，直到另一些被认为精准体现中世纪风格设计原则的建筑的出现。这里要提及的是加尔各答威廉堡的**圣彼得教堂**(S. Peter's Church, Fort William, Calcutta, 1835)，这是一座有八边形角楼的学院派哥特式建筑。但是在印度最能体现优雅的哥特式风格的建筑是**加尔各答圣保罗大教堂**(S. Paul's Cathedral, Calcutta, 1847, 见[1335]页图E)，由一位军事工程师威廉·奈恩·福布斯(Willian Nairn Forbes, 1796—1855)设计，其砖墙、石灰抹墙面、

第41章 印度次大陆建筑

图A 马德拉斯的圣乔治大教堂(1816),见[1334]页

图B 德里的圣雅各教堂(1836),见[1334]页

图C 加尔各答的圣约翰教堂(1787),见[1334]页

图D 加尔各答的圣安德烈教堂(1815),见[1334]页

图E 加尔各答的圣保罗大教堂(1847,摄于1934年地震前),见[1334]页

图F 加尔各答的南公园大街公墓,见[1337]页

第六编　欧洲以外地区殖民时期及后殖民时期的建筑

图A　勒克瑙的康斯坦蒂亚纪念碑(1800始建)，见[1337]页

图B　马德拉斯政府办公楼及宴会厅(1800—1802)，见[1337]页

金属构架屋顶令人称道。教堂塔楼在后来的大地震中遭到破坏,因此,在20世纪30年代仿照坎特伯里大教堂(Canterbury cathedral)的中央塔楼进行了重建,伯恩·琼斯(Burne Jones)为圣保罗教堂的西立面设计了彩色玻璃窗。

帝国时代早期,随着坎普尔和勒克瑙的衰落,英国殖民者在印度的活动中心逐步由东部转移到西海岸。而在此之前,具有精准的哥特式风格的建筑主要出现在孟买。随着中世纪中叶的到来,人们开始认真思考和探寻更为合适的建筑形式,或起码是能适应当地气候条件的建筑形式。亨利·考尼贝尔(Henry Conybeare)设计的**孟买圣约翰福音教堂**(Church of S. John the Evangelist, Bombay, 1858)就是一个很好的例子。该教堂大概始建于加尔各答圣保罗大教堂的年代,有一座高大的中堂、一个钟楼和一个高高的锥形尖塔,窗户的布置有助于通风。

欧洲的移民者们为他们在异乡工作中去世的伙伴建造了令人印象深刻的纪念性建筑。早期的纪念性建筑案例反映了当地传统的建筑风格(印度式和伊斯兰式)。目前在城市公墓区(见[1335]页图F)、永久性兵站、山区等地都有许多反映18世纪晚期至19世纪早期墓地建筑风格变化的优秀案例。

克劳德·马丁(Claude Martin)设计的**勒克瑙的康斯坦蒂亚纪念碑**(Constantia, Lucknow, 见[1336]页图A)尽管不是最早建造的陵墓,但仍属于早期陵墓的代表。有时它被认为是一座宫殿式陵墓,直到1800年马丁去世时它仍未完工。这幢建筑(目前是一所男童学校)很可能是由神秘、自负的马丁亲自构想的,是一座面湖的乡村式建筑。人们从湖边迷人的一组踏步拾阶而上,就可到达二层的入口处。建筑中央是形体粗矮的四层体块,上面覆以开敞穹顶。底层的部分房间没有自然采光,其中一间是墓室,在马丁能欣赏他自己设计的这幢由石狮守护的、带有复合柱式、莫卧儿厅的怪异宫殿之前,这间墓室就已被使用了。直到1840年,外侧伸展的翼部加建完后,整幢建筑才算正式完工。

世俗建筑

尽管苏拉特比马德拉斯早20年建成(参见圣乔治堡),但足以使当地居民感到自豪的是在18世纪早期,马德拉斯发展成为第一个殖民区中心。在18世纪中叶,这段发展因法国的占领而一度受到了轻微的阻碍。位于马德拉斯的一座由帕特里克·罗斯上校(Patrick Ross)主持建造的马德拉斯的**大兵工厂**(The Grand Arsenal, Madras, 1772)就将古典主义风格和地方特色融为一体。1773年管制法令出台后,印度的控制中心由马德拉斯转移到了加尔各答,尽管如此,马德拉斯还是发展成为英印殖民地城市中最好的一座。服务于各大公司的具有古典主义风格的建筑沿海岸线兴建,到1800年,马德拉斯的**德里布利加内府邸**(Triplicane, Madras)由约翰·戈尔丁汉姆(John Goldingham, 1765—1849)改建并扩大成为一座新的**政府办公楼**(Government House, 见[1336]页图B)。这幢楼主体部分有三层,有较深的列柱阳台,托斯卡纳式柱连接着不规则空间。在底层,戈尔丁汉姆加建了一个独立的**大宴会厅**(Banqueting Hall, 1802, 见[1336]页图B),一座八柱式托斯卡纳神殿耸立在一层的台基上。升至上楣的壁柱间带有拱形阳台,后来又加上了栏杆。建筑物的外部被粉刷成白色,更有助于凸现古典主义建筑精准的细部处理。

带院墙的花园式住宅是马德拉斯城迅速成长的特征,有着古典主义和帕拉第奥风格细部的较小的平屋顶私人住宅甚为流行。另一种形式是较大规模的半都市型住宅,通常位于重要地段,如1831年建成后被改造的**马德拉斯俱乐部**(Madras Club, 见[1338]页图A),从这一时期到19世纪末,各种风格的附属建筑被不断地加建,其中就有罗伯特·费罗斯·奇瑟姆(Robert Fellowes Chisholm, 1840—1915)设计的作品。他曾设计了一系列马德拉斯的重要建筑,包括19世纪60年代的**马德拉斯大学建筑**、**国税部办公大楼**(offices for the Board of Revenue, 1870),他被委托将国税部大楼改扩建为一座有着伊斯兰风格的18世纪宫殿,结果形成了一种后伊斯兰风格形式和带有维多利亚哥特式母题和细部的混合体,并与已存的角塔和置于八角基座上的圆屋顶保持了一致。奇瑟姆还建造了有着古典主义和哥特式风格的建筑,其中哥特式风格在他设计的马德拉斯**邮政电报大楼**(Post and Telegraph building, Madras, 1884, 见[1338]页图B)中充分体现。

在管制法令出台后,东印度公司开始将关注的焦点转移到加尔各答——新的总督政府所在地。

第六编 欧洲以外地区殖民时期及后殖民时期的建筑

图 A 马德拉斯俱乐部(1831 年开始改建)，见[1337]页

图 B 马德拉斯邮政电报大楼(1884)，见[1337]页

第41章 印度次大陆建筑

东印度公司委托托马斯·莱昂(Thomas Lyon)设计了一座新办公大楼，**加尔各答职员办公楼**(Writers' Building, Calcutta, 1780，见[1340]页图A)，它是一座有着乔治式都市比例、简朴的三层建筑，线条简洁，无过分装饰，只在中部被用以强化中心的微微凸出的爱奥尼亚式柱所分隔。19世纪，该大楼被多次修缮，最终到晚维多利亚时期被全部整修一新，并在建筑物中央和端部增建了阁楼，阁楼都带有高耸华美的尖顶。

加尔各答政府大楼(Government House, Calcutta, 1799—1802，见[1340]页图B)由查尔斯·怀亚特上尉(Charles Wyatt, 1758—1819)设计，他是詹姆斯·怀亚特的侄子。该政府大楼的平面类似罗伯特·亚当设计的凯德尔斯顿府邸，给人印象深刻的大门(见[1340]页图C)设计则基于西翁府邸的入口。但是查尔斯·怀亚特设计的这座帕拉第奥式大楼还是根据加尔各答的气候状况作了改变，增加了阳台和一个有着半圆顶的门廊。**巴勒克布尔宫**(Barrackpore House, 1805—1823，见[1341]页图A)总督府由以后成为陆军少将托马斯爵士的托马斯·安伯利(Thomas Anbury, 1760—1840)设计。该府邸坐落在位于加尔各答北面22km的胡格利河东岸的一个风景优美的公园里，面对着塞兰布尔(Serampore)，塞兰布尔被丹麦人占领到1845年。这是一幢带有托斯卡纳柱式的建筑，底层有拱形门洞，其上正立面是高高升起的带有正规三角檐饰的两层门廊；在带有女儿墙的平屋顶的下面是低矮的阁楼。

加尔各答市政厅(Calcutta Town Hall, 1813年建成，见[1341]页图B)由陆军上校约翰·加斯廷(John Garstin, 1758—1820)设计，它继续保持了帕拉第奥式样，另一面的托斯卡那柱式结构面对着练兵操场。1780年以后，大批**联排住宅**(town houses)逐渐演进成居住区的主要选择，如**乔文利路**(Chowringhee，见[1341]页图C)。联排住宅和伦敦摄政王花园中的纳什宅(Nash Houses)有很多相似的特征。继承帕拉第奥风格的还有阿里布尔的**沃伦·黑斯廷斯府邸**(Warren Hastings's House at Alipur, 1777)。直到19世纪，希腊复兴风格才被真正地引入，威廉·奈恩·福布斯(Willian Nairn Forbes)设计的加尔各答**银币铸造厂**(Silver Mint, Calcutta, 19世纪20年代)就是这一风格的体现，并且这种风格一直持续到19世纪40年代，如鲁宾逊(C. K. Robinson，卒于1850年)设计的加尔各答公共图书馆(Public Library, Calcutta, 1844)。

18世纪末19世纪初，新古典主义风格建筑广泛传播，改变了以往只在英国人的活动中心——马德拉斯、加尔各答地区流行的局面。一些住在其他城镇的英国定居者互相攀比，竞相建造精美且给人印象深刻的政府建筑。如壮丽的帕拉第奥式**海得拉巴总督府**(Residency at Hyderabad, 1803年始建，见[1342]页图A)就是一例，其由陆军中尉塞缪尔·拉塞尔(Samuel Russell)设计。还有托斯干纳多立克柱式的**迈索尔政府大楼**(Government House, Mysore, 1805，见[1342]页图B)，最初由总督威尔克斯上校(Wilks)本人设计，后来加建部分的设计者是德哈维兰。

19世纪中叶的折中主义运动所产生的影响并没有对印度新古典主义造成太大冲击，直到1858年年底，东印度公司向政府进行权力移交时，印度新古典主义风格才发生变化，这在沃尔特·格兰维尔(Walter L. B. Granville, 1819—1874)的作品中得到印证。沃尔特在他的作品加尔各答达尔豪瑟广场的**邮政大楼**(Post Office, Dalhousie Square, Calcutta, 1868，见[1343]页图A)的设计中应用了这种博学的古典风格，并立即应用于同样建于19世纪60年代的、具有哥特式风格的**加尔各答高等法院大楼**(High Court, Calcutta, 见[1343]页图B)的设计中。但此时人们对印度上层公开争斗的关注已经转移至孟买朝气蓬勃的商贸中心上。

孟买是孟买半岛上一个早期的殖民地(见[1230]页)，尽管东部、北部地区日益增长起来的财富和权力对其产生了影响，但在19世纪早期，它还是成功地处于贸易领先地位。19世纪60年代初，孟买要塞的古城墙最终被毁，这为孟买在后半个世纪或更长时期里卓越的城市化发展铺平了道路。

由陆军中校托马斯·考珀(Thomas Cowper, 1781—1825)设计的**孟买市政厅**(Town Hall, Bombay, 1820年始建，见[1342]页图C)已领先于城市的这种发展，它体现的是著名的希腊复兴建筑风格：贯穿两层的多立克式巨柱立于粗琢的基座之上，建筑各个面上的三角饰突出了其中心地位，主入口立面有一段与八柱式门廊几乎等宽的楼梯。在最初的设计中，主要楼层窗户都带有雨篷，但直到考珀去世后雨篷的安装才完成。

第六编 欧洲以外地区殖民时期及后殖民时期的建筑

图 A　加尔各答东印度公司职员办公楼(1780)，见[1339]页

图 B　加尔各答政府大楼(1799—1802)，见[1339]页

图 C　加尔各答政府大楼入口一景

第41章 印度次大陆建筑

图A 巴勒克布尔宫(1805—1823)，见[1339]页

图B 加尔各答市政厅(1813)，见[1339]页

图C 加尔各答乔文利路联排住宅(1780年始建，摄于19世纪)，见[1339]页

第六编 欧洲以外地区殖民时期及后殖民时期的建筑

图A 海得拉巴总督官邸(1803年始建)，见[1339]页

图B 迈索尔政府大楼(1805)，见[1339]页

图C 孟买市政厅(1820年始建)，见[1339]页

第41章 印度次大陆建筑

图A 加尔各答达尔豪瑟广场的邮政大楼(1868),见[1339]页

图B 加尔各答高等法院大楼(19世纪60年代),见[1339]页

第六编 欧洲以外地区殖民时期及后殖民时期的建筑

图A 孟买埃尔芬斯通圈(19世纪60年代)，见[1345]页

图B 孟买邮政大楼(19世纪70年代)，见[1345]页

图C 孟买法院大楼(1879)，见[1345]页

图D 19世纪孟买公共建筑群，见[1345]页

第 41 章　印度次大陆建筑

第一个重要的城市发展区是**埃尔芬斯通圈**(Elphinstone Circle, 见[1344]页图 A), 被设计为由商业建筑群构成纵深的月牙形平面, 市政厅位于开敞空间的端部。它由具有宽泛概念上的文艺复兴及维多利亚哥特式风格的个体建筑组成, 大部分都带有进口预制铁饰件装饰的拱廊或有顶盖的阳台。

随后的 19 世纪 70 年代, 孟买的贸易殖民区已经获得相当成功, 但与之相比较, 在一定范围内的公共建筑之间的关系处理方面成就更为卓越(见[1344]页图 D)。在大约 10 年的时间里, 后来成为将军亨利爵士的工程师亨利·圣克莱尔·威尔金斯(Henry St Clair Wilkins, 1828—1896)设计了**公共工程部大楼**(Public Works Office, 1872)和新的**邦政府大楼**(Secretariat, 1874, 见[1344]页图 D), 它们都沿袭了同时期伦敦建筑中特有的维多利亚哥特式建筑风格: 混色砖石砌拱、拱肩嵌板和高耸的屋顶。詹姆斯·特鲁伯沙威(James Trubshawe)建造了**邮政大楼**(Post Office, 19 世纪 70 年代初, 见[1344]页图 B)和**电报大楼**(Telegraph Office, 1874)。**法院大楼**(Law Courts, 1879, 见[1344]页图 C)由陆军中校威廉·奥古斯塔斯·富勒(William Augustus Fuller, 1828—1902)建造, 他是与威尔金斯一同工作过的工程师。这是一幢庞大的石质建筑, 主体有四层, 陡坡屋面上嵌有老虎窗, 建筑的屋檐退在升起的女儿墙栏杆之后, 且高于栏杆高度。从整体来看, 维多利亚哥特式的结合体与庞大广场的中央塔楼达到均衡, 大多数高尖顶角楼与邻近的八角楼梯塔楼相呼应。在这之后沿袭了这种风格的建筑中, 值得一提的是乔治·吉尔伯特·斯科特(George Gilbert Scott)设计、他人建造的**孟买大学礼堂**(Bombay University Convocation Hall)和带塔的**孟买大学图书馆**(University Library, 1878, 见[1344]页图 D)。礼堂为法国哥特式风格, 有一个带栏杆的半圆室, 贝叶饰走廊上装饰着极怀旧的玻璃窗; 图书馆呈威尼斯风格, 转角楼梯塔楼带有螺旋形的拱廊, 广场中高高的正方形钟塔中段让人联想到佛罗伦萨的乔托钟塔的身影。

在孟买, 非宗教的维多利亚哥特式建筑的标志性代表包括由弗雷德里克·威廉·史蒂文斯(Frederick William Stevens, 1848—1900)设计的**维多利亚火车站**(Victoria Railway Terminus, 1887 年建成, 见[1348]页图 B)。尽管受到英国哥特式车站风格的影响, 但其仍以自身的品质成为杰出的、新颖的建筑。孟买沿线的许多小火车站也都有着同样的哥特式风格。维多利亚火车站作为哥特式建筑的先例, 绝不会因为极少地引入印度伊斯兰教的特征而受到轻视, 而这正是史蒂文斯将本土文化与欧洲形式相结合的体现。这种建筑风格从当时直至 20 世纪都得到了发展和延续。亨利·欧文(Henry Irwin, 1841—1922)设计的**马德拉斯法院大楼**(Law Courts, Madras, 1892)和**国家美术馆**(National Art Gallery, Madras), 以及其他像文森特·杰罗姆·埃施(Vincent Jerome Esch, 1876—1950)这样的建筑师在海得拉巴和其他地方设计的作品都说明了这一点。

整个 19 世纪后半期, 新古典主义和意大利风格建筑蔚然成风。在城镇和兵营建筑中出现了简洁的连拱廊风格, 如斯里兰卡科伦坡的**舍夫龙兵营**(Chevron Barracks, Colombo, Sri Lanka, 19 世纪早期, 见[1346]页图 A)就是很好的例证。同样在科伦坡, 由史密瑟(J. G. Smithers)设计的**科伦坡博物馆**(1876, 见[1346]页图 B)也是一例, 尽管其爱奥尼柱式体量轻巧且比例优雅, 但有着粗石面底层支撑的二层拱廊仍让人想起 16 世纪晚期罗马博盖塞宫的庭院。体现中心入口特征的是位于雨蓬门廊上方的三角檐, 贯通建筑顶部的女儿墙栏杆遮住了缓坡屋顶。在此之前, 更具意大利风格特征的怀旧建筑是**浦那政府大楼**(Government House, Poona, 见[1346]页图 C), 同样耸立着高高的塔楼, 是 19 世纪 60 年代孟买建筑师詹姆斯·特鲁伯沙威设计的。但是进入 20 世纪后, 在这个地区的许多地方又发现了一批建造优良且与宫殿建筑风格不同的联排式住宅(见[1346]页图 D), 通常这些住宅都是由政府雇佣的一些不知名的建筑师和工程师所设计建造的。

18 世纪晚期和 19 世纪早期, 作为构成城市特征的其他建筑物主要是旅馆和百货商店。这些旅馆数量较多, 其中最具特色的有**加尔各答大饭店**(Grand Hotel, Calcutta, 见[1348]页图 A), 孟买的**泰姬陵饭店**(Taj Mahal Hotel, Bombay), 马德拉斯的**科罗曼德尔饭店**(Coromandel Hotel, Madras)以及科伦坡的**东方大饭店**(Grand Orient Hotel, 今塔普罗班酒店, Taprobane Hotel, 见[1347]页图 A)。这些建筑物立面象征性的内容丰富且富有变化, 目的在于吸引第一次看到它们的游客, 视角常常是从海面上望去。有几个恰当的例子足以证明, 如塔普罗班酒店一层伸出的拱廊, 为公共步道的行人遮风避雨。另一带有同样拱廊结构的是位于同一条街与之毗邻的

第六编 欧洲以外地区殖民时期及后殖民时期的建筑

图 A　斯里兰卡科伦坡舍夫龙兵营(19 世纪早期)，见[1345]页

图 B　斯里兰卡科伦坡博物馆(1876)，见[1345]页

图 C　浦那政府大楼(19 世纪 60 年代)，见[1345]页

图 D　科伦坡联排住宅(19 世纪晚期)，见[1345]页

第41章 印度次大陆建筑

图A 科伦坡东方大饭店(今塔普罗班饭店),见[1345]页

图B 科伦坡卡吉尔百货公司(1844),见[1349]页

图C （中图）印度旁遮普邦的平房(19世纪早期),见[1349]页

图D （右图）斯里兰卡康提附近的平房(19世纪中期),见[1349]页

第六编　欧洲以外地区殖民时期及后殖民时期的建筑

图 A　加尔各答大饭店，见[1345]页

图 B　孟买维多利亚火车站立面细部(1887 年建成)，见[1345]页

第41章 印度次大陆建筑

卡吉尔百货公司(Cagil's Department Store, 1844, 见[1347]页图B)。现存的19世纪之交的建筑，都以拥有步行拱廊而自豪，但不管它是否建有粗琢石拱，或是否带有浅浮雕镶板，还是女儿墙栏杆处有无三角饰特征，这些建筑都存有对东方意象的暗示。玻璃屋顶照亮了半透明的穹顶顶棚，将日光深深地引入建筑内部。

在印度的欧洲殖民时期，平房可能是受影响最大的建筑形式。"平房"这个词最初被英国人用于专指一种建筑，该种建筑一面或多面墙照不到太阳，并且有开敞的盖顶的称为游廊(verandah)的区域。这种建筑形式被推广至英国人所到之世界各处，包括英国本土。从南到北的城镇、军营、山中避暑地都建有这样的平房，例如在印度北部**旁遮普的平房**(bungalow in Punjab, 19世纪早期, 见[1347]页图C)，以及后来的斯里兰卡康提附近的平房(bungalow near Kandy, Sri Lanka, 见[1347]页图D)。当然这些例证不能包括历史上或风格上的全部范围，因为从17世纪和18世纪早期的新古典主义发展到别致的、哥特式或仅具有地域特征的传统风格，其范围广、变化多，只能给出一个索引，其例证可参见本书相关内容的其他章节。

以上简要述及的建筑大都是欧洲风格与伊斯兰风格或印度风格相结合的产物。这里只是试图对19世纪末之前建筑的差异和取得的成就作一表述。在印度最好地表达了永恒建筑成就的是加尔各答的**维多利亚纪念馆**(Victoria Memorial, Calcutta, 1921年建成，参见第57章)，由威廉·埃默森(William Emerson, 1843—1924)爵士设计建造，他成功地将莫卧尔伊斯兰建筑特征融入纪念馆建筑的整体之中(关于埃德温·勒琴斯在新德里的作品参见第57章)。

其他欧洲殖民地

丹麦人早在1620年就在胡格利河上进行贸易，并在加尔各答附近建立了被称为**德伦格巴尔**(Tranquebar)的殖民区，一个世纪后改称为**腓特烈讷格尔**(Frederiksnagore)，后又更名为**塞兰布尔**(Serampore)。在塞兰布尔有一些新古典主义风格的永久性建筑，其中以**圣奥拉夫教堂**(S. Olav, 1821)最为著名。1845年，塞兰布尔成为英属殖民地。

法国在1674年就建立了距马德拉斯南部100mile的**本地治里**(Pondicherry)殖民区，1690年又建成了位于班加尔(Bengal)的**金德讷格尔**(Chandernagore)殖民区。本地治里是当时法国在科罗曼德尔海岸最主要的殖民区，建有一座小型的星形城堡，在18世纪早期勒诺总督时期得以扩张和改进。长长的防御墙将这个星形城堡与两座大城市广大的周边地区联系起来。金德讷格尔是位于胡格利的一个简易设防的飞地，高墙上巴洛克纪念碑式的入口非常扎眼，由此通向对面带有院墙的行政大楼。1758年，该堡垒遭到英国人的破坏。1761年，英国夺回马德拉斯后，英法战争状态结束，法国军队从印度撤离。

欧洲以外地区殖民时期及后殖民时期的建筑

第42章
澳大利亚建筑

建筑特征

1788~1830年的澳大利亚

自悉尼的第一幢政府大厦在1788年建成以后，早期建筑的数量既受到开拓者严峻的生存环境的限制，又受到宗主国政府强加的条例的限制。尽管如此，在悉尼的麦夸里大街，仍保留有两幢建于1820年前的建筑物。它们本来是第一幢公共医院的翼楼，是由一名身份无从考证的建筑师在1810~1817年建造的。其细部简单粗糙，但两层楼每层都设有阳台，使得建筑具有典型的殖民地建筑风格，尽管在澳大利亚，阳台还没有马上被接受。

毫无疑问，由阳台而产生的外观是殖民地之间相互交流的结果，特别是通过那些曾经在印度、非洲、加拿大或西印度群岛服役的军人以及觉得澳大利亚的夏季应当使用这种建筑类型的人来实现的。这些人中间有一位是约翰·沃茨中尉(Lieutenant John Watts)，沃茨于1814年抵达悉尼。他曾经在牙买加待过，并多次参与建筑设计。他负责设计过军医院(Military Hospital, 1814)，现在这所医院的若干部分仍遗存于新南威尔士州国家信托公司房屋的地段上。他还设计过帕拉玛塔的临时政府大厦、骑兵营房以及1818年为圣约翰教堂添建的诺曼风格的塔楼。

1835年，澳大利亚成立了皇家工程师公司，军官们给予民用和军事建筑相当多的捐助。他们的司令，乔治·巴尼少校(Major George Barney)负责建造了许多建筑物；他提供了两座监狱的初步设计方案，其中一座监狱位于达令赫斯特，悉尼东部(1835—1841)，至今仍在使用；另一座监狱位于诺福克岛(1835—1846)，废弃已久。这两座监狱均从建筑中心以放射形状布置囚室。

拉克伦·麦夸里(Lachlan Macquarie)在担任新南威尔士总督期间(1809—1822)，为把本州的不毛之地发展成城镇作出了很大的贡献。这些城镇包括悉尼、帕拉玛塔以及另外五个殖民点。麦夸里遭到了有名望的自由定居者诸如约翰·麦克阿瑟(John Macarthur)的反对，麦克阿瑟的主张和英国政府的主张如出一辙，即主张把土地资源用做养羊产业。但麦克阿瑟却由此激发起民众自豪之火花，当他被别人取代以后，也经久未息。

弗朗西斯·格林韦(Francis Greenway, 1777—1837)在1814年被麦夸里从罪犯中挖掘出来并被任命为市政建筑师。格林韦来自布里斯托尔，原先他和他的两个兄弟：奥利佛、约翰，一起在一家建筑师、承包商和石匠公司工作。1812年，格林韦被指控伪造合同的副本，由于被麦夸里任命为建筑师，他的死刑被减轻为到流放地服14年的劳役。

在悉尼地区，格林韦通过设计优秀、施工精良的办公建筑，引领建筑迈向更高的水准，即使这些建筑仍然是简朴的而且大部分由红砖砌成。从风格上看，这些建筑属于英国国内的晚期乔治风格。位于悉尼的犯人营房(The Barracks for Convicts, 1817—1819)和圣雅各教堂(S. James's Church, 1819—1824)以及距悉尼35km(22mile)远的温莎镇圣马太教堂(S. Matthew's Church at Windsor)都是格林韦的代表作品。格林韦在悉尼卓有成效的职业生涯很简短，只是1814~1822年。1822年，随着他的赞助人麦夸里总督的离任，他的作品急剧减少。

1830~1850年的澳大利亚

尽管淘金热直到19世纪50年代才出现，但至少有两位作家曾经使用"金色的十年"这一名称来形容新南威尔士的19世纪30年代，他们倾向于将19世纪30年代看做是1788~1850年中第一个也是唯一一个有足够的繁荣与稳定去产生一系列相对豪华的住宅和其他建筑的十年。经济的衰退突然结束了建筑活动，终结了开拓时期。

尽管建筑师约翰·韦尔热(John Verge, 1782—1862)曾经想去做牧羊农场主，但是当他于19世纪

第42章 澳大利亚建筑

20年代末期抵达澳大利亚时,他却被别人说服去重操旧业。至今,他设计建造的14幢建筑依然矗立着。这些建筑的风格包括早期希腊复兴式、都铎式、城堡式和中国式,但主要的还是附有殖民地式添加物比如游廊的晚期乔治式。最著名的建筑当属伊莉莎白海湾住宅(Elizabeth Bay House, 19世纪30年代)和卡姆登公园(Camden Park, 1832),卡姆登公园是为约翰·麦克阿瑟而建的。

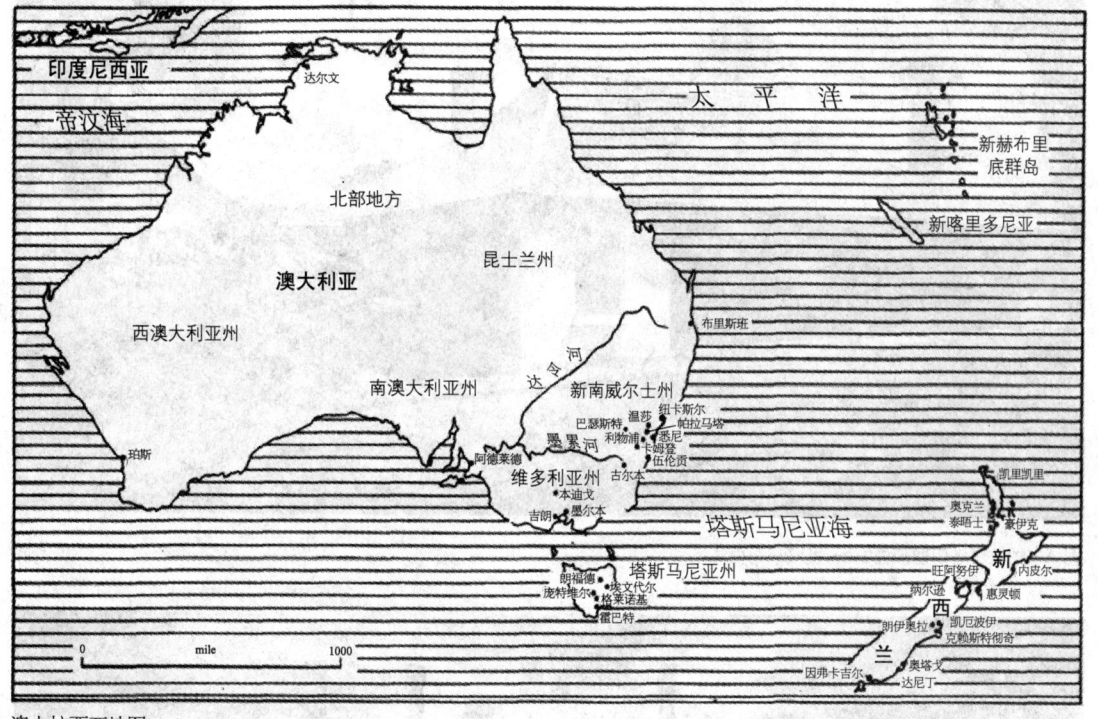

澳大拉西亚地图

　　大量留存的家宅已无资料可循。这些建筑有时候是业主使用案例集成或在佚名建筑师的帮助下设计而成的。1924年,哈迪·威尔逊(Hardy Wilson)通过他的对开本册子《新南威尔士和塔斯马尼亚的老殖民式建筑》(Old Colonial Architecture in New South Wales and Tasmania),首次激发了澳大利亚人对家宅的热情。时至今日,大部分不知名的住宅特别被看做是澳大利亚式的(最好是单层的),其特征常常表现为游廊和陡斜的屋顶,而陡斜的屋顶则是由早期的屋面材料所决定的。

　　19世纪30年代后期,在悉尼建造了新的政府大厦(见[1352]页图B)。该工程由从来没有到过澳大利亚的英国建筑师爱德华·布洛尔(Edward Blore, 1787—1879)于1834年设计,由刘易斯监造。这是一幢纯粹的哥特复兴建筑,虽然格林韦设计的政府大厦的马厩已有哥特复兴的萌芽,但却不能与新的政府大厦相比。在澳大利亚,第一座真正的哥特复兴建筑的建筑师是埃德蒙·托马斯·布莱克特(Edmund T. Blacket, 1817—1883),他于1842年拿着一封给新任全澳大主教威廉·布劳顿(William Broughton)的介绍信,从伦敦来到澳大利亚。悉尼的英国圣公会教堂,圣安德烈教堂(S. Andrew's)由詹姆斯·休姆(James Hume)开始建造,在1845年被移交给希莱克特并由其完成。随后,许多有名的教堂,包括1848年始建的悉尼达令角圣马可教堂(S. Mark's, Darling Point, Sydney)都是由布莱克特完成的。

　　在早期的塔斯马尼亚,有两位杰出的设计师:一位是来自爱尔兰的约翰·李·阿彻(John Lee Archer, 1791—1852),他被任命为殖民地的工程师和建筑师;另一位是来自英格兰的前罪犯詹姆斯·布莱克本(James Blackburn, 1803—1854),他像格林韦一样因伪造罪而被流放。霍巴特圣乔治教堂(S. George's Church, Hobart)是由阿彻用乔治式手法设计的(1837),1847年,由布莱克本添加了一个八角形塔。布莱克本还在1843年帮助简·富兰克林女士(Lady Jane Franklin)在霍巴特建造了一座希腊复兴式博物馆。

[1351]

第六编　欧洲以外地区殖民时期及后殖民时期的建筑

图A　帕拉玛塔伊丽莎白农场，见[1363]页

图B　悉尼政府大厦(19世纪30年代)，见[1351]页

在新南威尔士和塔斯马尼亚的其他地区，以及在其东面大约 1600km(1000mile) 以外的太平洋中的诺福克岛上，还分布有许多定居点。这些定居点由具有本土特色或简单的乔治风格的住宅、公共建筑或商业建筑组成。建筑的特性取决于当地的材料。砖是软的，不得不把它硬化。在某些地区，木材或石材随手可得，但细木工活却是昂贵的，因此应保持简洁。屋面有时候是用树皮或粗糙的茅草铺成的，但多数时候是用木板瓦铺建的，屋面斜度达到 40°，甚至更陡。

悉尼现在仍显现着早期定居点的模式——街道沿着一条通向港湾的小河散乱地布置，或者显现着麦夸里统治时期更加秩序井然的环境。其他城市只是由官方测量师划分为简单的直线型格网，以方便皇家政府销售建筑地块。但阿德莱德是一个例外，因为该城独立的测量师威廉·莱特上校 (Colonel William Light) 根据等高线规划出四个格网。在他的规划中有六个宽阔的广场且均被公园的绿带所包围。

1860 年以前的新西兰

新西兰最早的定居点可追溯到它在 1840 年成为殖民地以前的 20 年。这些定居点是驿站和贸易邮站，通常是临时性建筑，但在环岛海岸，已出现了一些比较永久和优美的建筑。

自从 1840 年新西兰被宣布为殖民地后，第一批成长起来的城市是奥克兰(以后成为政府所在地)、惠灵顿和位于北岛的新普利茅斯，以及位于库克海峡对岸南岛上的纳尔逊。

新西兰的建筑历史与澳大利亚类似。开始是晚期乔治式和摄政式风格，具有住宅比例的建筑，而接下来，大多数公共建筑则采用了多种多样的古典式风格，基督教教会建筑采用了中世纪复兴风格。就像在英国一样，一些主要建筑，也采用了中世纪复兴风格。新西兰比悉尼晚了两代才成为殖民地，因此也更加风景如画和浪漫。1865 年，当政府所在地从奥克兰移至惠灵顿时，在惠灵顿建造了一幢哥特式建筑，后来以同一种风格扩建，尽管是用木头建造的。与此相比，澳大利亚的政府建筑几乎毫无例外的是古典式。

新西兰最独特最易识别的建筑是那些家宅，特别是那些位于坎特伯雷(Canterbury)、马尔博罗(Marlborough)、霍克湾(Hawkes Bay)、瓦拉拉帕(Wairarapa)和曼纳瓦图(Manawatu)地区的家宅。最早期的家宅平面通常是矩形的，二层覆盖有坡屋顶，因而自然地用大老虎窗采光。底层有时候是窗扉，但常常是各种悬挂的双层框格。坎特伯雷的游廊式站舍(Terrace Station, Canterbury, 约 1853 年或更晚，见 [1354] 页图 A)就是一个杰出的例子。它是由一位佚名的建筑师建造的。

在早期的新西兰，还有一种独特类型的建筑，那就是被称为塞尔温风格(Selwyn-style)的教堂，它们大部分现存于奥克兰及周围地区。这些教堂是木制的，其设计是由塞尔温主教(Bishop Selwyn)和弗里德里克·撒切尔(Frederick Thatcher)共同完成的。这些教堂主要靠木结构和围护体系支撑，只使用少量的历史式样。现存最好的例子是惠灵顿老圣保罗教堂(Old S. Paul's in Wellington，见[1368]页图 B)。此外，还有许多优秀的新哥特式石砌教堂，如第一教堂(First Church)、达尼丁和克赖斯特彻奇大教堂(Dunedin and Christchurch Cathedral)，但是它们主要与淘金热导致的城市发展有关，而淘金热则始于 1862 年。

一个国家，如果从北到南绵延超过 1000mile，而且气候分布从亚热带气候到类似于苏格兰北部地区的气候，那么可以预料的是，其建筑将会有地区差异。在南方的奥塔戈(Otago)，从苏格兰来的定居者具有优势，他们十分重视气候的不同。同样建筑上所用的材料也是不同的——北方用卡瑞森林的树木，南方则用石灰石。

阳台和大挑檐，是北方建筑的特点，但在奥塔戈却并不常见。同北方相比，克赖斯特彻奇、达尼丁和奥马鲁(Oamaru)的石砌建筑相对来说比较少见。而在北方，拉毛粉刷的砖砌体常常是木结构的替代品。相类似的是：墨尔本的建筑师在 19 世纪 60 年代淘金热后，把生铁装饰构件引进达尼丁，后来就逐步由达尼丁的铁匠生产，而在北方则很少看到生铁装饰构件。奥克兰商业上的重要性和它繁忙的港口以及坎特伯雷、奥塔戈、南岛和霍克湾畜牧业的重要性，促进了大量家宅的发展和羊毛站里巨大的羊毛库房的发展。

同澳大利亚的小镇相比，新西兰的小镇有时候会出人意料的优美——被朴实但有魅力的教堂、邮局、厅堂、银行和商店所装扮着。当与良好的

第六编　欧洲以外地区殖民时期及后殖民时期的建筑

图A　坎特伯雷游廊式站舍(约1853)，见[1353]页

图B　马克图的塔拉努·特·普基亚宅，见[1355]页

市镇规划结合起来时(例如在菲尔丁);或者同广阔的林木结合起来时(例如在剑桥),小镇则更加优美。

"毛利建筑"(Maori Architecture)。尽管不太容易将其与源自欧洲的建筑风格联系起来,但是在19世纪,仍然有一些著名的毛利建筑把欧洲建造方法与毛利族传统土著细部做法和装饰结合在一起。一些教堂是引以为傲的,其中之一是奥太基的瑞节埃特教堂(Rangiate Church at Otaki),其26m(86ft)长的托塔拉屋脊梁❶是由三根12m(40ft)长、用手斧精心加工的托塔拉木树干来支撑的;其用线槽装饰的外墙和室内有装饰的椽子很适宜地结合起来,而尖窗正好为室内提供采光。

另一种主要建筑类型是鲁南阿棚屋(runanga)或者说聚会场所,这是一种矩形的建筑,覆有坡度平缓的斜屋面,一个山墙面是雕刻丰富的门廊(见[1354]页图B)。椽子用高度复杂的线状图案涂绘。精细的吐库吐库编织品(tukutuku weaving)和雕绘的墙面板使昏暗的室内颇为独特,人们常把祖先的人像作为中心来支撑屋顶。许多这样的聚会场所,特别是在北岛大量毛利人聚居地,最近已经得到修复。

一般来说,睡房同鲁南阿棚屋在形式上是一样的,但缺少精细的雕刻和绘画装饰。睡房也小很多,而且有时候用边门廊代替山墙面上的门廊。极少数的毛利建筑,如芒阿波哈图预言家鲁阿的坛庙(Rua's temple at Maungapohatu),其由圆形平面加上一个圆锥体屋顶组成。这种形式已经被早期去新西兰的旅行者注意到,但在欧洲的影响之下,此种形式才得以建成更大的尺寸。

1850~1900年的澳大利亚

在19世纪中叶,黄金戏剧性地到来并带来了变化。在澳大利亚,淘金热始于1851年,而在新西兰则是10年以后。建筑的内容从开拓者的定居点转变为富裕的、炫耀的城市,这些城市是由许多受过良好训练的建筑师来建设的。尽管远离英国本土,这些建筑师相对来说还是容易接触到建筑材料、熟练的工匠和出版物。这些变化是快速且有充裕资金运作的,但有时候十分浪费。在建筑上拿墨尔本与悉尼跟伯明翰与利兹,或者芝加哥与纽约作比较,已经开始具有一些依据。

靠近黄金地域,新的城镇出现了,包括新南威尔士州的巴瑟斯特(Bathurst)和古尔本(Goulburn)以及维多利亚州的巴拉腊特(Ballarat)和本迪戈(Bendigo)。吉朗(Geelong)和墨尔本是淘金热前的两个定居点。在淘金热时期,墨尔本一跃而成为维多利亚州的首府。它同时是政治、金融和商业的中心,而且直到19世纪90年代仍有发展趋势。显著的例子是在1852年于同一天内举行了墨尔本大学和市立图书馆的落成仪式。这两项工程均通过建筑设计竞赛分别由怀特(F. M. White)和约瑟夫·雷德(Joseph Reed)赢得。在墨尔本还有一个重要的建筑,那就是新的财政部大楼(Treasure building, 1857—1862),其用于黄金的汇划结算。这个新文艺复兴式的设计被认为是19岁的克拉克(J. J. Clark)的作品,殖民地建筑师和工程师查尔斯·帕斯利上尉(Captain Charles Pasley)可能曾经指导过年轻的克拉克。后来克拉克设计的墨尔本造币厂(Melbourne Mint, 1869—1870)也备受赞许。但是当他作为殖民地建筑师前往昆士兰,并在1883年承接财政大厦时,其结果给人的印象就没有那么深刻了。

悉尼大学建于1850年,有一部分曾临时作为一个学校建筑的食宿部分。1852年淘金热以后,在悉尼城市以南预留了52hm²(128acre)的土地作为新校区。最初的建筑群至今还在,它们曾占据了从南面通往悉尼的空间,直到近年来现代建筑才挡住了这些老建筑。当新校区决定最好采用晚期都铎式或伊利莎白式时,埃德蒙·布莱克特因其公认的中世纪复兴式建筑的设计技巧而被选中,他从英格兰抵达澳大利亚后不久就已经在几所建成的教堂中显示了这一技巧。

1850年以后,大洋洲的建筑师们全身心地投入了当时的折中主义思潮。澳大利亚的城市和一流的城镇能与英国或美国的城镇保持有联系并且以同等水平前进,这是非常不容易的,尤其是考虑到在19世纪50年代淘金热以前,这里几乎没有什么建设活动,而且在19世纪90年代初期由于金融萧条而突然导致城市发展的停顿。除了教堂和大学校园建筑通常采用都铎式或哥特复兴式

---

❶ totara ridge beam; totara是新西兰托塔拉产的罗汉松硬木。——译者注

风格外,最受欢迎的风格是新古典主义的几种不同样式。都铎式和哥特复兴式均出自和改自英国和美国的范例,同时也吸收了大量本土的创造和更新。澳大利亚建筑风格的变化是很广泛的。首先,澳大利亚有依据豪华大厦模式而建造的无柱式建筑(银行和城市建筑),例如威廉·威尔金森·沃德尔设计的新南威尔士俱乐部(New South Wales Club)、墨尔本造币厂和海关大楼,以及亨特设计的霍巴特市政厅(Hobart Town Hall)。其次,在澳大利亚有许多威尼斯风格和罗马风风格,表现为敞廊的雕塑、拱廊、三叶形窗户和有雕刻的饰带,其同样也应用在银行以及更奢侈的公共办公楼上,例如墨尔本的财政部大楼和悉尼的国土部大楼。意大利风格仍采用府邸的模式,但在构图元素的有节奏组合上,则采用更现代一些的维多利亚式。相关的样式也用于住宅和小城镇中的公共建筑,包括有宽阔的挑檐和裸露的椽子或观景的塔楼。第二帝国风格可从芒萨尔式屋顶或曲面屋顶上辨认出来,例如市政厅和主要的旅馆。第二帝国风格的新古典主义造型被巨大的古典柱式所主宰,如墨尔本议会大厦和查尔斯·韦布(Charles Webb)设计的南墨尔本市政厅(South Melbourne Town Hall, 1880)。

在这一时期,在公共建筑上并不常见附有大钟或观景平台的塔楼以及穹顶。而铸铁常用做装饰,特别是用在有游廊的建筑上,例如住宅、小旅舍或公共住宅。所谓繁荣风格(Boom style)就是这些特征的综合,并且伴随于19世纪80年代和19世纪90年代初期,特别是在经历了房地产发展的疯狂十年的墨尔本。繁荣风格的两个实例是晚期的建成于1888年的悉尼市政厅(Sydney Town Hall)以及墨尔本王妃剧院(Princess Theatre, Melbourne, 1887)。最后是新巴洛克风格,只有为数很少的杰作,最好的一个实例是珀斯的国王陛下剧院(His Majesty's Theatre in Perth)。

新哥特式主宰着宗教建筑和教育建筑,并且在居住建筑中起着很少但却突出的作用。但在商业建筑上只有一个著名的实例,这就是位于墨尔本柯林斯街上的一个有名望的集团的办公大楼群。

尽管不时有反对罗马天主教教义的呼声,但总的来说,各教派还是采纳哥特式用于教堂建筑。不过也有例外,最有名的是悉尼、阿德莱德和墨尔本的公理会教堂。布莱克特曾经被认为是澳大利亚第一位真正的新哥特式建筑的实践者。但是为数很多的早期教堂大约从1820年以来就有尖券。教堂所采用的哥特形式通常是早期英国式或装饰式,这种情形后来一直延伸到了整个19世纪。纯哥特式的创新(可见于威廉·巴特菲尔德的设计手法中)很少被采用,但有一位建筑师似乎对哥特复兴晚期很敏感,他就是美裔澳大利亚建筑师约翰·奥尔伯利·亨特(John Horbury Hunt),他建造了两幢砖结构的英国圣公会教堂,以及阿米代尔圣彼得教堂(S. Peter's, Armidale, 1875)和新南威尔士纽卡斯尔的基督堂(Christ Church, Newcastle, New South Wales, 1869—1894)。

巴特菲尔德本人从未访问过澳大利亚,但却两次为英国圣公会教堂提供设计方案。两个教堂都没有按照他的初衷完成。阿德莱德圣彼得大教堂(S. Peter's Cathedral, Adelaide, 1869年始建)是由伍兹(E. J. Woods)于1904年完成的。墨尔本圣保罗教堂(S. Paul's, Melbourne, 1877年始建),在地方当局的监理下施工直到1883年,而那时巴特菲尔德已辞职,约瑟夫·雷德接过工程,按照"巴特菲尔德先生的愿望"继续工作,但没有建造任何塔楼或尖塔,直到20世纪30年代,该教堂才逐渐由悉尼的约翰·巴尔(John Barr)完成。

约翰·拉夫伯勒·皮尔逊(John L. Pearson)设计的布里斯班圣公会教堂(Anglican Cathedral of Brisbane, 1887, 1901—1910, 1960—1968)是另一座重要的哥特式建筑。它有一个令人印象深刻的内部,但直到今日还未完成。

继布莱克特之后,沃德尔成为澳大利亚建造最重要的哥特式教堂建筑的建筑师。他负责了两幢最大的天主教教堂:墨尔本圣帕特里克大教堂(S. Patrick's Cathedral, Melbourne, 1858)和悉尼圣母马利亚大教堂(S. Mary's Cathedral, Sydney)。在圣帕特里克大教堂中,沃德尔采用了黑色的墨尔本玄武岩,几乎没有细部或装饰,却在东部顶端采用了半圆形歌坛、一个塔楼和一个尖顶,产生了优雅的效果,为墨尔本的城市建筑作出了重要贡献。

在澳大利亚,没有沉溺于彩色材料和手工艺材料的倾向。只有在少数住宅中,使用了由亮丽的陶瓦做成的浮雕板。如巴尼特(Barnet)的后继者沃尔特·利伯蒂·弗农(Walter Liberty Vernon)的公共建筑作品(弗农从1890年起任新南威尔士的殖民地建筑师);

第42章 澳大利亚建筑

此外如亨利·肯普(H. H. Kemp)为新南威尔士设计的教育建筑,例如,在肯普为悉尼理工学院(Sydney Technical College, 1890—1893)设计的早期建筑群。同样的情形在实用艺术与技术博物馆(Museum of Applied Arts and Technology, 1892)中再次出现。这些学校有可能形成了公众期待的形象以至于以后移植到住宅设计中去。另外一些例子来自维多利亚,例如巴什托(H. R. Bastow)设计的学校和凯莱赫(J. T. Kelleher)设计的郊区的州立学校,如苏瑞山学校(Surrey Hills, 1890)。

在澳大利亚开业的建筑师几乎都在英国受过教育,但有一个特别的例外是约翰·奥尔伯利·亨特,他于1863年从波士顿来到澳大利亚。澳大利亚出生的和本地培养的建筑师是很少的,这些最早的建筑师中的一位——尽管已晚至19世纪末期——是德布罗·安尼尔(H. Desbrowe Annear, 1866—1933),他出生在本迪戈,曾在墨尔本师从威廉·萨威(William Salway)。

淘金热之后的几十年里,职业建筑师的数量增长很快。下面将提及一些一流的建筑师。墨尔本的约瑟夫·雷德采用古典式和哥特式两种风格进行工作,而且他引入了多彩砖砌筑风格和意大利罗马风风格。在淘金热时,他从英格兰来到澳大利亚。和其他建筑师一样,他发现需要他提供职业服务的工程多不胜数。他是一个多才多艺的建筑师,他与不同的伙伴合作,承揽了庞大的业务。首先和他合作而且时间最长的是弗雷德里克·巴恩斯(Frederick Barnes)。雷德的建筑作品包括采用文艺复兴风格的墨尔本市公共图书馆(Melbourne Public Library, 1854)和吉朗市政厅(Geelong Town Hall, 1854),采用第二帝国古典式风格的墨尔本市政厅(Melbourne Town Hall, 1867),哥特式的墨尔本市中心卫理公会教堂(churches for Methodists, 1858),为浸礼会设计的古典式教堂(Baptists, 1862)和为长老会设计的哥特式教堂(church for Presbyterians, 1873)。他完成了英格兰教会圣保罗教堂(S. Paul's Church of England Cathedral, 1884—1890)并在1886年与塔平(N. B. Tappin,当时是雷德的合伙人)一起设计了本迪戈圣心教堂(Church of the Sacred Heart, Bendigo, 1896—1901, 1906, 1960—1973)。

1863年,雷德去欧洲旅行,回来后他引入了彩砖风格,灵感来自于意大利北部的罗马风风格。他的这种风格的最著名作品是墨尔本柯林斯街的独立教堂(Independent Church, Collins Street, Melbourne, 1866)。

悉尼的詹姆斯·巴尼特(James J. Barnet, 1827—1904)是澳大利亚殖民地官方建筑师中服务时间最长和最成功的建筑师。在他作为殖民地建筑师期间(1862—1890),新南威尔士正处于繁荣和成长期。巴尼特是一个苏格兰人,16岁时前往伦敦,起先做建筑工人学徒,后来向皇家艺术院会员威廉·迪斯(William Dyce)学习绘画,并师从理查森(C. J. Richardson)学习建筑。他于1854年移民到澳大利亚。

巴尼特和他的同事所做的建筑通常用石头建造,质量很好,从风格上讲是典型的新文艺复兴式。他的建筑几乎没有日趋复杂的倾向,而且也没有当代私人开业建筑师使用色彩的倾向。1890年,他的后继者沃·利伯·弗农,相比而言似乎有所进步,他立即引进了彩砖砌筑工艺以及"世纪末"(fin de siècle)的形式。

巴尼特的代表作品有:悉尼的国土部大楼,殖民地秘书处大楼(Colonial Secretary's Department)和邮政总局(General Post Office),古尔本法院;巴瑟斯特的行政建筑群,法院、邮政和电报办公大楼以及国土部大楼。在他所在的大区中,他负责过1500多项工程。公共服务建筑是每一个乡镇的中心,其以仅有的永久和精心的设计在私人建筑群中脱颖而出,相比而言,私人建筑主要是临时性的和业余水平的。19世纪的邮政和电报办公楼,法院和警察局,国土局和其他行政建筑,以及(1872年以后的)学校,在许多情况下都是这些比较小的城镇里最有趣味的建筑。

威廉·威尔金森·沃德尔(William Wilkinson Wardell, 1823—1899)在1858年抵达墨尔本时,既是工程师又兼建筑师。从1859年起,他是维多利亚州工程部成功的总建筑师和工程总监。他在开展繁忙的业务之前,主要承担基督教会的工程,例如:墨尔本图拉克的圣约翰福音教堂(S. John the Evangelist, Toorak, Melbourne, 1860—1873),悉尼大学圣约翰学院(S. John's College, Sydney University, 1858),霍巴特圣母马利亚大教堂(S. Mary's Cathedral, Hobart, 1876)以及悉尼圣母马利亚大教堂(S. Mary's Cathedral, Sydney, 1865)。作为1878年政府缩减开支的受害者,他迅速地转移到了悉尼,参与正在进行的圣母马利亚大教堂的施工,并一直在悉尼待到去世。他最后的作品之一是圣依纳爵的墨尔本里士满耶稣教堂(Jesuit Church of S. Ignatius, Richmond, Melbourne)。在伦敦，沃德尔曾拜见奥古斯塔斯·韦尔比·普金(A. W. Pugin)和红衣主教纽曼(Cardinal Newman)两人，他们曾鼓励沃德尔在哥特风格上运用技艺，在他们的影响下，沃德尔皈依了天主教。

约翰·奥尔伯利·亨特于1863年从波士顿来到悉尼。在波士顿，他曾在查尔斯·斯利珀(Charles Sleeper)处受过训练，后来又在卡伯特(E. C. Cabot)手下受过训练。亨特将卡伯特称为自己的师傅，卡伯特的工程实践大部分是"乡村住宅……具有时尚的风景如画的风格"。这种郊区和乡村类型的建筑占了亨特在澳大利亚作品中的大多数。他的众多住宅作品中最大的一件是位于新南威尔士北部的阿米达勒的布罗明巴宅(Booloominbah, Armidale)，此住宅是1887年为怀特家族而建。现在这所住宅已是新英格兰大学校园的中心，其用红砖砌成，红瓦屋面，布局散乱而又坚固，有许多令人惊奇的房间安排。与此同时，在悉尼更为朴素的房子则是高高的山墙、木瓦铺就的屋面以及木板墙，这些都摹仿同时期北美的木板建筑风格，这种建筑风格当时在澳大利亚几乎没有人应用，而亨特是表现木结构和木板围护结构的大师。

除了住宅，亨特定期参与设计一些教堂建筑，其中最大的三座是教省的英国圣公会教堂——阿米达勒的圣彼得教堂(S. Peter's at Armidale, 1871—1897)、格拉夫顿基督堂(Christ Church at Grafton, 1874—1884)和纽卡斯尔基督堂(Christ Church at Newcastle, 1885—1895)。这些建筑表明，同澳大利亚其他的教堂设计师相比，亨特更倾向于和盛期维多利亚风格保持一致。也许，他给人印象最深刻的教堂是悉尼玫瑰湾圣心女隐修院的礼拜堂(the Chapel for the Convent of the Sacred Heart, Rose Bay, Sydney, 1895—1900)，差不多就是他的最后一件作品。这座礼拜堂是一个由石材天花板构成的简单的体量，其天花板由一个单层的尖圆筒形拱构成，该筒形拱表面没有柱子或扶壁而是均匀分布着弯曲的肋拱。该礼拜堂还有窄窄的、陡斜面的早期英国式窗户。

以上的讨论主要涉及各类政府建筑和基督教会建筑，这些建筑是西方列强管辖下快速发展的殖民地中最好的和令人关注的建筑。但是，其他类型的建筑——商业建筑、工业建筑和居住建筑也产生了，尽管它们常常缺乏赞助和技巧。

银行建筑

尽管银行和保险公司拥有许多建筑，但大的总部办公楼几乎荡然无存。与现在一样，银行和保险公司过去也利用建筑表达声誉、良好的判断和永恒性。首府城市是设计的首选，例如汉德逊(A. M. Henderson)负责维多利亚州大洋洲银行所有分店的设计。早期的一个例子是位于墨尔本的新南威尔士州柯林斯大街银行。这个建筑的立面曾经用于墨尔本大学的一幢建筑上。这幢楼建于1854年，由雷德设计，以桑索维诺设计的威尼斯圣马可广场上的图书馆作为范本。在阿德莱德，有一座小而精细的南澳大利亚银行(Bank of South Australia, 1876—1877)，是由墨尔本的劳埃德·泰勒(Lloyd Taylor)和阿德莱德的赖特(E. L. Wright)设计的，这座建筑有着丰富甚至是烦琐的立面。

购物商场

遗憾的是，许多19世纪的商场已不复存在，仅存的有：墨尔本的皇家拱廊(Royal Arcade, Melbourne, 1869)，由查尔斯·韦布设计；悉尼的布劳克商场(Block Arcade)、斯特兰德商场(Strand Arcade, 约1891)，由斯潘塞(J. B. Spencer)设计；以及阿德莱德的阿德莱德和吉斯拱廊(Adelaide and Gays Arcade in Adelaide, 1885)，由詹姆斯·卡明(James Cumming)设计。现存最大的商场是悉尼的维多利亚拱廊(Victoria Arcade)，在被用做办公楼达50年之后，于20世纪80年代重新恢复为商场。最初这幢建筑是由悉尼当时的城市建筑师，后来成为州建筑师的乔治·麦克雷(George McRae)于1893年建成的。当时，这座建筑是由商场、旅馆、办公楼、店铺和两个拱廊商场组成的综合体。这是一幢很大的石砌建筑，其风格被它的建筑师称为"美国罗马风风格"，建筑的屋顶由一个大穹顶和16个小穹顶组成，全部以铜饰面，它的雕刻装饰使人联想起路易·沙利文在同时期所建的芝加哥会堂，这所会堂大约比维多利亚商场早七年左右。

办公楼

澳大利亚的商业办公楼鲜有自身的建筑风格。随着技术的高度发展，建筑的高度也日渐攀升。例如，在墨尔本市于19世纪80年代兴建的市议

第42章 澳大利亚建筑

会大厦高达40m(132ft)。墨尔本伊丽莎白大街的澳大利亚大厦(The Australia Building in Elizabeth Street, Melbourne, 1886)则高达46m(150ft),许多年来都是该市最高的建筑物。澳大利亚大厦的设计师是亨利·肯普,他采用古典主义的自由风格,令该建筑的天际线如诗如画。该大楼的内部采用钢架结构,外部却采用承重性能较好的红砖和花岗岩拼砌的墙体。由于电梯是液压式的,其压力管道线都铺设在许多街道的地下。

坐落在悉尼市乔治大街上的美国人寿保险公司办公楼(Life Assurance Company of the Unite States, Sydney, 1890)是由美国建筑师爱德华·拉赫特(Edward Raht)设计的。该建筑也属于"美国罗马风风格",其一体现在一层由粗琢石块砌成的拱门上,其二则体现在有三层楼之高的巨大拱廊上还立有若干廊柱。

具有哥特复兴式建筑风格的墨尔本商业建筑包括由考姆利和吉拉姆(Comely and Guillam)事务所设计的里亚托大厦(The Rialto, 1890—1891)以及由威廉·皮特设计的老舰队大厦(Olderfleet, 1889—1890)和旧证券交易大楼(Stock Exchange, 1888—1891)。这种哥特式建筑的设计灵感或许来自附近的由沃德尔主持设计的英国苏格兰及澳大利亚银行大厦(English Scottish and Australian Bank, 1883—1887),尤其是该银行大厦外部和内部的细节设计,以及哥特式营业大厅和独一无二的带有明显威尼斯风格的露台。

旅馆

在澳大利亚,从国际大饭店到不含卧房的酒吧,均可称为"旅馆"。在19世纪的澳大利亚,国际大饭店盛极一时,但目前多已不复存在。

查尔斯·韦布设计的墨尔本温莎大饭店(Windsor Hotel, Melbourne, 1883—1888)是目前尚存的一家。在悉尼,当许多更为豪华的饭店无一幸存之时,带有由大理石装修而成的沙龙大厅的塔特索尔饭店(Tattersall's Hotel)在被拆建期间重建为较原先高一层的新的希尔顿饭店(Hilton Hotel)。在珀斯,唯有皇宫大饭店(Palace Hotel)依然耸立。

晚些建造的旅馆多成片聚集在市中心、郊区和乡镇,它们当中有一部分与酒吧并无区别。许多旅馆设有游廊和阳台,在装修上采用铸铁构件和回纹饰木件,偶尔采用镶色玻璃。这样的旅馆数以百计,但只有少数值得一提,如由麦克马伦(M. McMullen)设计的阿德莱德植物园饭店(Botanic Hotel, Adelaide, 1876—1877,见[1360]页图A),它在后期(1900)建成的铁花饰三连游廊十分壮观。此外,本迪戈的夏穆洛克饭店(Shamrock Hotel in Bendigo, 1897)虽略显瘦削,但也不失精致,它的游廊具有铁皮饰面的双层平台,游廊之上耸立着三层楼高的第二帝国风格的设计细致的砖石。然后就是位于汤斯威尔市码头大街上的有三层平台的老商业饭店(Commercial Hotel in Quay Street, Townsville, 1898)。

剧院

19世纪,从位于淘金区的音乐厅中的各类娱乐场所,到城市中的歌剧院和话剧场,澳大利亚的剧院建筑蓬勃发展。沿用至今的一座早期剧院名为霍巴特皇家剧院(Theatre Royal, Hobart, 1837)。尽管该皇家剧院的外墙已被改建,但其内部装修一如往故,令人有亲切之感,魅力不减。与之形成强烈对照的是豪华的墨尔本王妃剧院(Princess Theatre, Melbourne, 1887),它由威廉·皮特设计,具有第二帝国时期的阔绰风格。

民宅

澳大利亚的民宅一般采用乔治式、维多利亚式和安妮女王式,在各城镇中均可见到,它们通常不具备自身的建筑风格。这样的民宅只有一层高,很宽敞,而且常常杂乱无章地围绕庭院和水井建造。偶尔会出现由名师设计的民宅,尤其是某一家族聚敛财富之后需要翻新旧宅之时。在昆士兰地区,典型的民宅有游廊,主楼层依建在木柱之上。这样的民宅的平面通常十分敞阔,其利于在热带气候地区获得最好的通风效果。

其他居住建筑

在最早形成的街道上建有露台式住宅。后来,这样的住宅也出现在沿路有19世纪80年代修筑起来的有轨电车线路和铁路线的郊区。同样,富人的别墅一开始就出现在墨尔本的南亚拉,悉尼的波茨波因特、帕丁顿等地区,因为在这些地区,别墅才有可能拥有宽敞的花园。中产阶级造别墅稍晚些,约在19世纪60年代以后,例如在墨尔本的霍桑地区。1900年之后,郊区花园住宅开始兴起。

建筑师有时也参与设计早期的露台式住宅和别墅,如韦尔热、布莱特特和雷德。但大多数在淘金热之后兴起的大量郊区豪宅的建筑师已无从考证。

[1359]

第六编 欧洲以外地区殖民时期及后殖民时期的建筑

图A 阿德莱德植物园饭店(1876—1877)，见[1359]页

图B 墨尔本卡尔顿的台地式住宅，见[1378]页

图C 悉尼帕丁顿的台地式住宅，见[1378]页

第42章 澳大利亚建筑

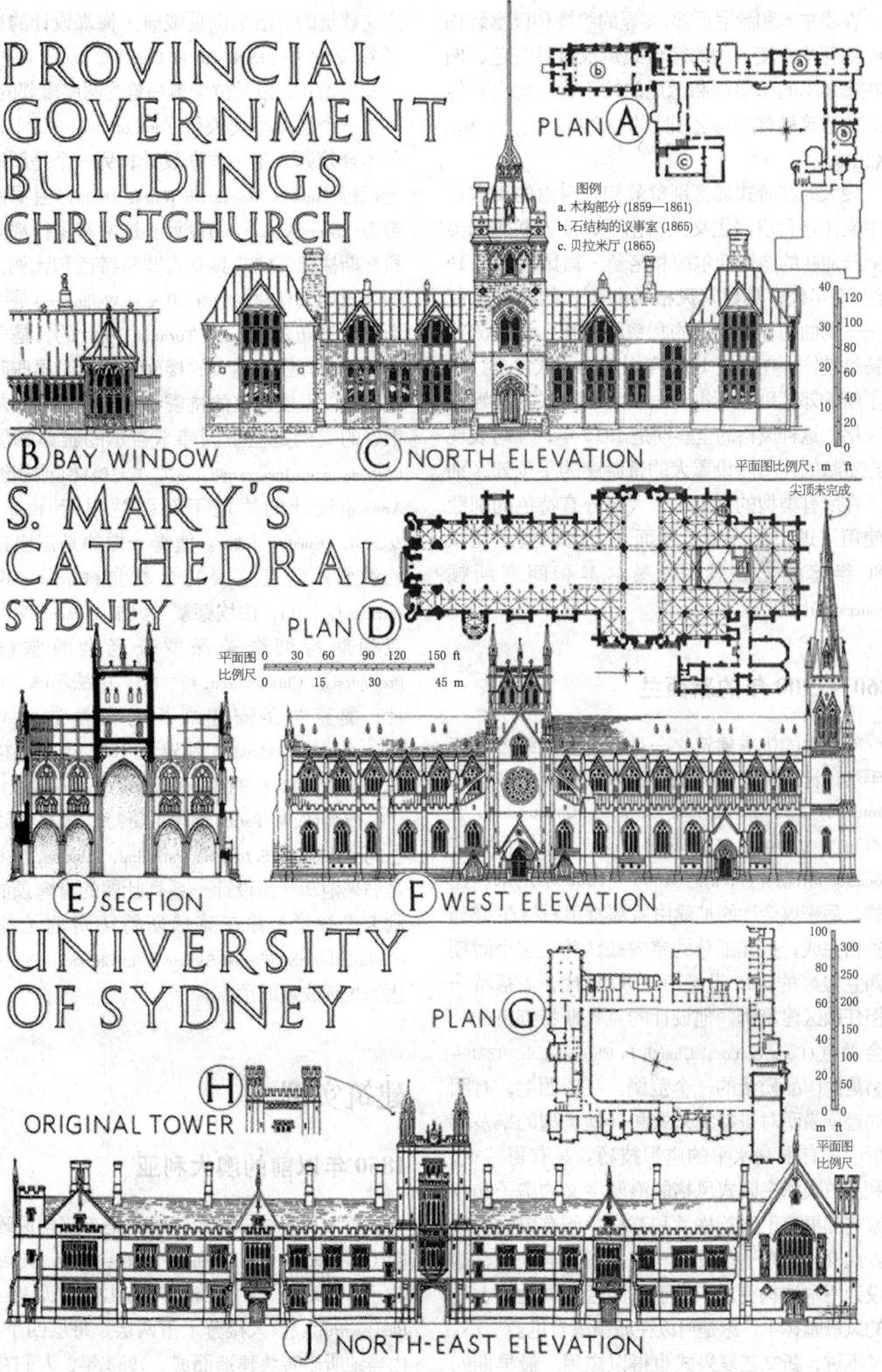

克赖斯特彻奇省政府大厦(PROVINCIAL GOVERNMENT BUILDINGS CHRISTCHURCH)：Ⓐ 平面图；Ⓑ 侧厅凸窗；Ⓒ 北立面
悉尼圣母马利亚大教堂 (S. MARY'S CATHEDRAL SYDNEY)：Ⓓ 平面图；Ⓔ 剖面图；Ⓕ 西立面
悉尼大学 (UNIVERSITY OF SYDNEY)：Ⓖ 平面图；Ⓗ 最初的塔；Ⓙ 东北立面

在墨尔本和悉尼近郊,突显的组墙和极富装饰性的铁花构件使当地的露台式建筑极具特色,例如墨尔本的卡尔顿和悉尼的帕丁顿。世上其他地方的建筑鲜有能与之相比的(人们通常拿它与新奥尔良相比)。

较大的红砖式郊区别墅最初以自由的英式古典主义风格和浪漫主义风格出现,使人联想起英国原汁原味的奈斯菲尔德和诺曼·肖风格。在19世纪80年代,其建筑风格转向美式的精细木制式——弯曲的、回纹饰的和精雕,开始代替流行的铸铁装饰。在这些1900年以前的样式之外,出现了新的郊区别墅标准——澳大利亚式的安妮女王风格,这种风格的全盛期是1919年,当时表现为在宽敞的花园内设置大的带游廊的平顶郊区别墅。在所有类型的别墅中,大部分有特色的别墅均使用了进口的赤褐色屋面瓦,这种屋面瓦从1886年起就先在悉尼、墨尔本和朗塞斯顿(Launceston)出现了。

1860～1900年的新西兰

新西兰的优秀建筑之一是以全盛期维多利亚式手法设计的克赖斯特彻奇的坎特伯雷省议会厅(Canterbury Provincial Council Chamber, Christchurch, 见[1361]页图Ⓐ、图Ⓑ)。原来的议会厅是由孟福特(Mountfort)和勒克(Luck)在1858～1860年用木料建成的。后来议会厅的扩建由孟福特用石材在1865年独自完成,扩建部分的室内被认为是那个时期新西兰最好的。19世纪70～80年代,孟福特一直担任教区建筑师,他设计的克赖斯特彻奇的公理会教堂(Congregational Church in Christchurch, 1874—1875)是他作品质量的一个范例。在新西兰,有明显的迹象表明对哥特复兴式和其他类型的维多利亚折中式有很高水平的应用技巧。具有哥特式、伊利莎白式和庄园式风格的浪漫主义的房子和乡村家宅都根植于对英格兰和苏格兰所有事物的欣赏。此外,还有一些设计一直占据主导地位,这些设计用木结构完成,融于新西兰戏剧性的、浪漫的风景园林中,总是可以在城镇里看见。

不过,新文艺复兴式也得以应用。最早期的实例之一,是来自墨尔本的建筑师伦纳德·特里(Leonard Terry)设计的奥克兰的新西兰银行(Bank of New Zealand in Auckland, 1865—1867)。另外一些古典主义建筑的突出实例是威廉·梅森设计的达尼丁证券交易所(Exchange in Dunedin, 1865, 现已毁, 见[1383]页图B),以及位于奥马鲁的两座毗邻的银行:其中一个是奥塔戈银行(Bank of Otago, 1870), 由墨尔本建筑师大卫·罗斯设计;另一个是新南威尔士银行(Bank of New South Wales, 1883), 由罗伯特·劳森(Robert A. Lawson)设计。这两座银行都应用了科林斯柱廊, 柱式具有古罗马特色和比例。惠灵顿邮政局大楼(The Post Office in Wellington)是由托马斯·特恩布尔(Thomas Turnbull)设计的, 是一幢砖砌建筑, 有三层高大的楼面, 使用了早些时候已在旧金山发展起来的抗震技术。规模较小却也是很好的实例是位于因弗卡吉尔的雅典娜俱乐部(Athenaeum in Invercargill, 1876, 现已毁)和阿姆逊(W. B. Armson)设计的达尼丁新西兰银行(Bank of New Zealand, Dunedin, 1883)。值得一提的是三座古典式的教堂:奥克兰浸礼会教堂(Baptist Tabernacle, Auckland, 1885), 由埃德蒙·贝尔(Edmund Bell)设计;克赖斯特彻奇圣保罗长老会教堂(S. Paul's Presbyterian, Christchurch, 约1873), 由法尔(S. C. Farr)设计;奥克兰圣安德烈长老会教堂(S. Andrew's Presbyterian, Auckland), 其建于1882年的塔楼和圆柱门廊由马修·亨德森(Matthew Henderson)设计。

彼得(F. W. Petre)设计了哥特式风格的达尼丁圣约瑟大教堂(S. Joseph's Cathedral, Dunedin, 1886), 但是后来他却开始设计一系列壮丽的有穹顶的巴西利卡式教堂, 并在克赖斯特彻奇的圣礼教堂(Cathedral of the Blessed Sacrament in Christchurch, 1905)上达到光辉成就的顶点。

建筑实例

1850年以前的澳大利亚

澳大利亚最早的宏伟建筑是首座悉尼政府大楼(Government House, Sydney, 1788—1789), 其设计归功于砖瓦匠詹姆斯·布拉兹沃思(James Bloodsworth)。该大楼分上下两层, 每层四个房间, 由当地所产砖块建造而成。1983年, 人们在一个建筑工地和一个街道的下面, 发现了政府大楼的残部及其许多扩建物, 从而使它们得以重见天日。同样的早期砖块首次试验性地使用在土著居民班

第42章 澳大利亚建筑

尼朗(Bennelong，其与菲利普总督过往甚密)的只有一间屋子的农舍。这个农舍是澳大利亚的首座砖结构建筑。同时，班尼朗的名字现已永恒地成为悉尼歌剧院所在半岛的名字。

帕拉马塔附近的**伊丽莎白农场**(Elizabeth Farm, near Parramatta，见[1352]页图A)是约翰·麦克阿瑟及其家族名下资产中的第一栋家宅。现在它被认为是其后众多单层别墅的原型，这些别墅的共同特征是高大的屋顶和通向走廊的落地长窗。伊丽莎白农场始建于1793年，最初是一座有两间房的农舍，而阳台则加建于1798年或1805年的第一次扩建。

新南威尔士州的其他早期家宅包括讷瑞兰附近的**邓比宅**(Denbigh near Narellan, 1818)、利物浦附近的**格兰菲尔德宅**(Glenfield near Liverpool, 1817)、布林格利附近的**凯尔文宅**(Kelvin near Bringelly，约1809年以前)。建于19世纪20年代的则有**实验农场**(Experiment Farm，约1820)、**罗斯山宅**(Rouse Hill，约1823)、**克利夫兰宅**(Cleveland，约1824)和**霍巴特维尔宅**(Hobartville, 1829)。

市立医院(Civil Hospital, 1810—1817)也是这段时期内的建筑，它建在悉尼市中心地区，建筑师不明。它因后来的用途之一而曾被称为造币厂，现在已经成为一个博物馆。约翰·沃茨中尉(Lieutenant John Watts)在1814年设计了一座**军队医院**(Military Hospital)。这两所医院都是两层建筑，每层都有阳台。这种典型的热带殖民地建筑风格在帕拉马塔的**枪骑兵兵营**(Lancer Barracks at Parramatta，约1820，见[1365]页图D)也被发现，同样是瓦茨的设计作品。他还设计了**帕拉马塔政府大楼**(Parramatta Government House, 1800)，该方案中添加了柱廊。后来，格林韦对大楼内部设计进行了改动。沃茨与伊丽莎白·麦夸里(Elizabeth Macquarie)于1818年合作设计了**帕拉马塔圣约翰学院**的**诺曼塔**(Norman towers for S. John's, Parramatta，学院建于1804年)，这座建筑原先的建筑师不详。双排游廊后来又出现在悉尼帕丁顿的**维多利亚兵营**(Victoria Barracks, in Paddington, Sydney, 1843—1848)，其建筑师是皇家工程司的乔治·巴尼少校和詹姆斯·戈登。

在悉尼市中心存留下来的极少数1825年以前的建筑中，有三座是由格林韦设计的，即海德公园兵营(1817—1819)、圣雅各教堂(1819—1824)和**政府大楼马厩**(Stables for Government House, 1817)。第四座建筑是法院，起初也是由格林韦主持建造的，但在使用前后几经变更。城堡式的马厩为哥特风格的总督府作了很好的铺垫，它最初的设计者是格林韦，但开始修建后是由布洛负责。在悉尼附近的帕拉马塔、温莎和利物浦还有其他格林韦设计的作品，如**海德公园兵营**(Hyde Park Barracks，见[1365]页图D)，其曾收容800名在悉尼服役的男性罪犯。它有三层高的主楼以及若干宿舍，石墙内的空间大约为90m×60m(300ft×200ft)。其平面布局十分简单，毫无戒备之意，入口和转角的处理是丹斯或者索恩手法的细化。主楼外观是整面宽大的山墙，门楣中心的装饰丰富，同双券顶的窗一样，都是格林韦的典型手法。

格林韦设计的**悉尼圣雅各教堂**(S. James's Church, Sydney，见[1365]页图B)连同后来加建的部分，朴实谦逊，却很好地体现了乔治风格，镀铜塔尖连同整座塔如今已成为举足轻重的地标，其教堂的走廊以及地下室在新南威尔士殖民地首屈一指。1834年，约翰·韦尔热为圣坛增加了一个隔间，1846年延伸了走廊。瓦尼·帕克斯(Varney Parkes)在1894年对教堂内部进行了修整并加建了门廊。

格林韦设计的另一座教堂是距悉尼57km(35mile)远的**温莎圣马太教堂**(S. Matthew's Church, Windsor, 1818—1820，见[1365]页图C)，它被誉为格林韦最好的作品。教堂坐落在俯览霍克斯勃利山谷的小山丘上，它那雄健的造型成为一个极好的地标，特有的窗型是格林韦的标志。

新南威尔士州卡姆登附近的**默南格尔家宅——卡姆登公园**(Camden Park, a homestead at Menangle, 1831—1832，见[1366]页图A)是韦尔热的重要作品，屋主是澳大利亚绵羊工业的创始人之一约翰·麦克阿瑟(John Macarthur)。家庭房居中，佣人房在东面、浴室在西面。花园前面有列柱敞廊，上面开着高高的法式窗。坐落于悉尼港的**伊丽莎白湾住宅**(Elizabeth Bay House, 1832、1835—1838，见[1366]页图D)是韦尔热为殖民部长、博物学家亚历山大·麦克利(Alexander Macleay)修建的。这座摄政时期建筑的室内很著名，尤其是其中央楼梯厅，呈平面椭圆形，上面覆盖着穹顶，19世纪60年代加建了一个钢柱支撑的木门廊。

韦尔热的其他作品还有悉尼波茨角的**塔斯丘勒姆宅**(Tusculum at Potts Point, Sydney, 1366)和堪培拉附近布雷德伍德的**贝德瓦莱宅**(Bedervale, at

第六编 欧洲以外地区殖民时期及后殖民时期的建筑

Braidwood near Canberra,约1838)等。还有一些建筑已经毁坏但历史记录尚存,例如雷德米尔葡萄园(The Vineyard at Rydalmere, 1835)。

一些精致有趣的房子和住宅的设计者至今无从考证,例如塔斯马尼亚朗福德附近的潘尚格宅(Panshanger homestead, near Longford, Tasmania, 见[1366]页图C),19世纪30年代为约瑟夫·阿彻(Joseph Archer)而修建,据说其建筑师在1829年重游英格兰后设计出这个方案,但他的名字却不为人知。这个建筑在河边亭亭玉立,摄政风格加上多立克的细部装饰,给人留下了深刻的印象。

埃文代尔附近的**克拉伦登住宅**(Clarendon homestead, near Evandale,约1840)的设计者也不为人知。其在诸多塔斯马尼亚殖民住宅中最为豪华,屋主是殖民地一个最富有的农场主詹姆斯·考克斯(James Cox)。在半地下室上修建了巨大的爱奥尼柱廊(1975年修复),被隐藏起来的屋顶相对于大多数殖民地式的家宅来说,在设计上更为古典。

第三栋建筑师不详的建筑是新南威尔士州马尔果阿附近的**芬希尔宅**(Fernhill homestead, near Mulgoa, New South Wales, 1842, 见[1366]页图B),屋主是爱德华·考克斯,上文提到的建造克拉伦登宅的詹姆斯是他的兄弟。这栋家宅是殖民地早期在新南威尔士州建造的50栋左右的小型乡村别墅(约1800—1850)的典型代表。

在格林韦和韦尔热之后,最具知名度的早期建筑师当数莫蒂默·刘易斯(Mortimer W. Lewis),他于1835~1850年任殖民地建筑师。主体建筑由他设计的**悉尼达令赫斯特法院大楼**(Courthouse at Darlinghurst, Sydney,约1840)是澳大利亚建筑中为数很少的具有希腊复兴风格的建筑之一。

在悉尼,刘易斯设计了新文艺复兴式样的**财政部大楼**(the Treasury,约1849)。他的建筑是一栋朝向布里奇街的仿巴里式的大厦,数次被扩建。1896年,麦夸里大街的侧翼被扩建以容纳首相部(Premier's Department)。由殖民地建筑师沃尔特·弗农扩建的首相部有个极富特色的入口,由多立克式柱子支撑一个大拱顶。这样的几何形状表现了对索恩甚至是对部雷的致敬。财政部大楼在1984年被改建为旅馆。刘易斯的其他作品包括**悉尼警察局**(Sydney Police Office, 1837)和哥特复兴风格的**卡姆登圣约翰福音教堂**(Church of S. John the Evanglist at Camden, 1840—1849),不过其是否是刘易斯的设计

尚不能确认。他的风景如画的自宅,位于悉尼的**里士满别墅**(Richmond Villa, in Sydney, 1849),现已从其原址移走并加以保护。

约翰·比布(John Bibb)设计的**悉尼皮特街公理会教堂**(Congregational Church in Pitt Street, Sydney, 1841)的正立面有两层楼高的爱奥尼式柱子,表现了具有纪念性的新文艺复兴风格。托马斯·伯德(Thomas Bird)设计了**圣彼得教堂**(S. Peter's,约1856),为一座位于悉尼附近库克河畔的哥特式教堂。

霍巴特巴特里角的**圣乔治教堂**(S. George's Church, Battery Point, Hobart, 1837—1888, 见[1365]页图E)高高地矗立在霍巴特市中心边上一座突起的山上。1838年教堂竣工时——按照凡迪曼区殖民地建筑师约翰·李·阿彻(John Lee Archer)设计的方案——并没有塔楼。摄政式手法的窗户顶端尖而细,呈现出别样的埃及风味。教堂室内的天花饰有装饰性极强的石膏图案,座席呈环状布置。1841~1847年,詹姆斯·布莱克本设计并加建了一座塔楼。在1862年,弗朗西斯·巴特勒(Francis Butler)设计并加建了祭具室。1888年,罗伯特·赫克逊(Robert Huckson)加建了一个醒目的希腊多立克式柱廊。

在布莱克特1842年抵达悉尼之前,澳大利亚根本没有富有经验的可从事哥特复兴式设计的执业者,于是他抓住这个适当的时机承揽了约40座教堂的设计任务,吉朗的**基督堂**(Christ Church, Geelong, 1844)就是其首批设计之一。他承担的第一座天主教大教堂的设计任务是**悉尼圣安德烈大教堂**(S. Andrew's Cathedral, Sydney, 1837—1870, 见[1370]页图A)。在另一地块由弗朗西斯·格林韦设计的大都会教堂也已开始兴建,但此工程刚刚完成地基施工就于1819年停工。圣安德烈教堂于1837年动工,由詹姆斯·休姆(James Hume)负责,工程进行了五年后,由于殖民地经济不景气而被迫暂停。1845年经济状况有所好转,布莱克特被召回来修改设计并继续工作,直至1870年完工。圣安德烈教堂的中堂略显狭窄,而塔楼虽然本身很漂亮,整体却显得拥挤局促。1975年,在该教堂及其相邻的市政厅间设置了一个市民广场后,教堂的周边环境被大大改善。

1847年,布莱克特作为主教管区的建筑师,受委托设计了**悉尼达令角圣马可教堂**(S. Mark's, Darling Point, Sydney, 1847—1875, 见[1370]页图B),这

1293

第42章 澳大利亚建筑

图A 帕拉马塔枪骑兵兵营（约1820），见[1363]页

图B 悉尼圣雅各教堂，见[1363]页

图C 温莎圣马太教堂(1818—1820)，见[1363]页

图D 悉尼海德公园兵营，见[1363]页

图E 霍巴特圣乔治教堂(1837—1888)，见[1364]页

第六编 欧洲以外地区殖民时期及后殖民时期的建筑

图A 默南格尔的卡姆登公园宅(1831—1832),见[1363]页

图B 马尔果阿的芬希尔宅(1842),见[1364]页

图C 塔斯马尼亚的潘尚格宅(19世纪30年代),见[1364]页

图D 悉尼伊丽莎白湾住宅(1832,1835—1838),见[1363]页

是他众多教区教堂设计中的第一个，也可能是最契合地形并且现在最有名的一个。教堂外部高而狭长的尖顶窗以及窄窄的扶壁共同营造了庄严肃穆的风格。三层高的塔楼之上为石质的八边形尖塔。室内采用木质装修，相当怡人。该建筑施工始于 1847 年，1864 年投入使用。塔楼及尖塔是 1872~1875 年加建的。

最早有尖窗(pointed window)的建筑之一是由非专业人员设计的**圣母马利亚教堂**(S. Mary's)，这是位于悉尼的首座天主教教堂，建于 19 世纪 20 年代早期，1865 年毁于火灾。它主要是由殖民地的礼拜堂牧师，爱尔兰神甫特里(J. J. Therry)设计的。

悉尼米勒斯角圣三一教堂(Holy Trinity, Millers Point, Sydney, 又名加里森教堂, the Garrison Church)是早期教堂中英格兰风格的实例，1840~1856 年由亨利·吉恩(Henry Ginn)及其合作者设计。还有更具代表性的**卡姆登圣约翰教堂**(S. John's at Camden, 1840—1849)，由莫蒂默·刘易斯监造，但建筑师可能是来自英国利物浦的约翰·坎宁安(John Cunningham)。其他实例包括：**墨尔本圣方济各天主教堂**(S. Francis' Catholic Church in Melbourne, 1841)，其设计者是塞缪尔·杰克逊(Samuel Jackson)；**墨尔本圣彼得圣公会教堂**(S. Peter's Anglican Church in Melbourne, 1846)，其设计者是查尔斯·莱恩(Charles Laing)；**霍巴特纽敦圣约翰教堂**(S. John's, Newtown, Hobart, 1834—1835)，其建筑师是约翰·李·阿彻。

詹姆斯·布莱克本在塔斯马尼亚建造了众多哥特复兴式风格的教堂，其中最成功的是**霍巴特圣三一教堂**(Holy Trinity, Hobart, 1841—1848)。它采用早期英国式手法，建筑的西端矗立着一座高大的塔楼。他还在**庞特威尔圣马可教堂**(S. Mark's, Pontville, 约 1839)和**格莱诺基圣马太教堂**(S. Matthew's, Glenorchy, 约 1840)的设计中采用了罗马风的形式。

1860 年以前的新西兰

在北部环岛沿岸，**英国传教站凯里凯里教堂**(Kerikeri Church of English mission station)建于 1819 年，而**霍基昂阿河畔韦斯利恩传教站**(the Wesleyan mission at Hokianga River)则建于 1818 年。科罗拉瑞卡(Kororareka)是主要港口和商贸驿站，始建于 19 世纪 20 年代中期。

凯里凯里教区有一些建筑存留至今。肯普宅(Kemp House)是一座两层楼的带有阳台的木质建筑。紧邻着它，靠近水边，是一座曾建有钟楼的石砌仓库(1832—1836)。用于拱券和房屋外角的装饰石块是预先在悉尼加工好的，其图形由凯里凯里教区的传教士乔治·克拉克绘制。

当年总督就任时，在科罗拉瑞卡不远处选择了一块用地作为官邸，他特意选在城市上游一个他取名为拉塞尔的地方，后来，科罗拉瑞卡就改名为拉塞尔。1841 年，政府所在地迁至奥克兰，24 年后又迁至惠灵顿。

在奥克兰，**政府宫**(Government House)起初是一栋有 16 个房间的、预制式的政府建筑。它的建筑部件都是由英国伦敦的曼宁家庭工厂制造的，这些工厂的主要销售市场是澳洲南部殖民地，那里有许多新建的曼宁式住宅。

伴随早期移民，一些建筑师也来到了新西兰。他们中的杰出代表有：威廉·梅森(1810—1897)和弗雷德里克·撒切尔(1814—1890)，以及晚些时候的本杰明·孟福特(Benjamin W. Mountfort, 1824—1898)。1850 年，孟福特和首批有组织的定居者一同来到南岛的坎特伯雷。梅森是霍布森总督任命的工程部首任总监，而后来则从事私人业务。他曾在英国的爱德华·布洛尔事务所工作过，也是新西兰首位设计哥特复兴风格建筑的建筑师。建筑师兼牧师的撒切尔最初在新普利茅斯工作，后来在 1846 年和 1848 年承揽了格雷总督在奥克兰的两所医院工程。之后他与塞尔文主教密切合作，参与教堂的建设工程。后者是剑桥卡姆登学会的成员，同时也是一名富有激情的设计师。

撒切尔为塞尔文主教设计的教堂，由奥克兰西塔马基的圣约翰学院的一个工作室建造。他们共生产了八座运输便捷、可在全国不同地方搭建起来的礼拜堂。这些礼拜堂中，除**豪伊克万圣教堂**(All Saints' at Howick, 1847)外，其余的都已不复存在。**圣约翰学院礼拜堂**(S. John's College Chapel, 1847, 见[1368]页图A)也采用了类似的建造方法。同样出自这个工作室的**奥克兰圣巴拿巴教堂**(S. Barnabas, Auckland), 1848 年建于帕奈尔，1877 年被移至附近的芒特伊登(Mount Eden)，不过如今它已几乎被淹没在砖砌的扩建房屋中了。

其他早期的建筑师还有沃尔特·罗伯逊(Walter Robertson)，他于 1846 年到达新西兰，1850 年去世，在此期间完成了六栋建筑。霍尔曼(H. C.

第六编 欧洲以外地区殖民时期及后殖民时期的建筑

图 A 奥克兰圣约翰学院礼拜堂(1847)，见[1367]页

图 B 惠灵顿老圣保罗教堂(1861)，见[1369]页

Holman)继梅森之后担任了工程部总监。克里德兰德(H. C. Cridland)设计了木结构的蒂阿罗圣彼得教堂(S. Peter's, Te Aro, 1847)，以及**克赖斯特彻奇圣安德烈长老会教堂**(S. Andrew's Presbyterian Church, Christchurch, 1857)，后者于1891年扩建。

19世纪50年代，撒切尔为**纳尔逊基督堂**(Christ Church, Nelson, 1851，毁于1887年)设计了一座风格大胆而特异的塔楼，然而他设计的**惠灵顿老圣保罗教堂**(Old S, Paul's Church, Wellington, 1861，见[1368]页图B)，才被认为是现存的塞尔文风格建筑实例中最棒的。其他建筑师设计的教堂显然从其中汲取了灵感，例如孟福特设计的**凯厄波依圣巴多罗买教堂**(S. Bartholomew, in Kaiapoi, 1854)。同样由孟福特设计的奥克兰圣母马利亚教堂(1886，参见有关章节)在外观上更为哥特化，其总体风格与它的木质结构密不可分。

19世纪50年代，除了奥塔戈、达尼丁、坎特伯雷和克赖斯特彻奇等城市外，一批小城镇如旺阿努伊(Wanganui)、内皮尔(Napier)、因弗卡吉尔(Invercargill)和纳尔逊也相继发展起来。纳尔逊拥有两名建筑师：马克斯韦尔·伯里(Maxwell Bury)和威廉·比特森(William Beatson)。伯里设计的**纳尔逊省议会厅**(Provincial Council Chambers, Nelson, 1859，毁于1869年)呈现出詹姆斯一世风格，以木结构建造。比特森设计的**纳尔逊学院**(Nelson College, 1859)是一座佛兰芒风格的庞大建筑，1904年毁于大火。

1850~1900年的澳大利亚

布莱克特在辞去殖民地建筑师的职位后，接受了**悉尼大学**(University of Sydney, 1854—1860，见[1361]页图ⓒ~图ⓘ、[1371]页图A)的设计任务，但是，该方案最终由他人完成。他在方案中设想了一组建筑群分布于一块四边形中心草地的四周，教学用房与主楼分列两边。侧翼的教学用房采用都铎式风格，装有漂亮的景观窗。主入口以尖塔为标志。布莱克特似乎在主楼的设计中借鉴了西敏寺大厦高耸的托臂梁屋顶的手法。主楼的墙体用砖砌成，以石饰面，采用了悉尼地区高质量又适合雕刻的金色砂岩。

布莱克特以后设计的教堂有新南威尔士州的**伍伦贡圣米迦勒教堂**(Church of S. Michael at Wollongong, 1858)、悉尼港入口附近的**沃森湾圣彼得教堂**(Church of S. Peter, Watson's Bay, 1864)、悉尼纽敦的**圣斯提反教堂**(Church of S. Stephen, Newtown, Sydney, 1871)和西澳大利亚州珀斯的**圣乔治大教堂**(Cathedral Church of S. George in Perth, 1878)。

一些大型事务所已经有能力根据需求建造哥特复兴风格的建筑。例如，雷德和巴恩斯事务所承揽了墨尔本**威斯利教堂**(Wesley Church, Melbourne)和墨尔本**苏格兰教堂**(Scots Church, Melbourne)的设计。他们还为墨尔本大学设计了**威尔逊楼**(Wilson Hall, Melbourne University, 1878—1882)，这是一幢新哥特式的主楼，也有一个精致的托臂梁屋顶。威尔逊楼于1954年被大火烧毁。与墨尔本大学相邻的**奥蒙德学院**(Ormond College, 1879)，也是雷德和巴恩斯的作品，气势宏大，带有苏格兰风格。

然而，雷德和巴恩斯最具革新意义的作品是**墨尔本独立教堂**(柯林斯街公理会教堂, Independent Church, Melbourne, 1864，见[1372]页图、[1373]页图A)。这个教堂用红砖砌筑，有小尺度的圆形拱券。它是雷德在结束了欧洲之旅后立即设计的。在旅行中他研究了意大利北部的罗马风建筑风格。该教堂平面呈正方形，沿对角线将一个剧场式的礼堂布置于内。教堂的聚焦点——讲坛、歌坛和风琴被安置在一个下沉的角落，正对着高高的入口，两者之间有一片高起的曲线形地面，其上建有一个陡峭的马蹄形包厢，由铸铁圆柱支撑的拱门支起了包厢和包厢顶部的天花板，包厢上还有图案丰富多样的铸铁栏杆。

继布莱克特之后，最主要的哥特复兴风格建筑的设计任务落到了沃德尔(参见有关章节)的身上。他完成的两个罗马式天主教堂，分别是**墨尔本圣帕特里克大教堂**(S. Patrick's, Melbourne, 1858，见[1370]页图C)和**悉尼圣母马利亚大教堂**(S. Mary's, Sydney, 1865，见[1361]页图ⓓ~图ⓕ、[1371]页图B)，圣母马利亚大教堂是澳大利亚最大的天主教堂。据说它的平面以林肯大教堂为基础，内立面参考了沙特尔大教堂，西立面则参考了巴黎圣母院(参见有关章节)。整个教堂布满了几何风格的哥特式细部，装饰繁复多样，最终达到一种厚重的外部体量与宽敞的内部空间相结合的效果。教堂内部刻意营造了朦胧的光线，似乎那里就是从现实世界逃离的避难所。该教堂所使用的彩色玻璃(1881—1928，由伯明翰哈德曼兄弟公司制造)比一般使用的更薄，色彩也更深沉。虽然人们紧跟沃德尔的设计，但是他原先设计的西端的塔楼还是没有建成。

第六编 欧洲以外地区殖民时期及后殖民时期的建筑

图A 悉尼圣安德烈大教堂(1837—约1870),见[1364]页

图B 达令角圣马可教堂(1847—1875),见[1364]页

图C 墨尔本圣帕特里克大教堂(1858),见[1369]页

第42章 澳大利亚建筑

图A 悉尼大学(1854—1860),见[1369]页

图B 悉尼圣母马利亚大教堂,见[1369]页

第六编 欧洲以外地区殖民时期及后殖民时期的建筑

墨尔本独立教堂室内,见[1369]页

第42章 澳大利亚建筑

图B 布里斯班圣约翰大教堂(1887)，见[1375]页

图A 墨尔本独立教堂(1864)，见[1369]页

图C 弗兰克·拉·皮尔逊的表现图，显示了布里斯班圣约翰教堂预想的建成后的情形

图D 墨尔本财政部大楼(1857—1862)，见[1375]页

第六编　欧洲以外地区殖民时期及后殖民时期的建筑

图A　墨尔本维多利亚州议会大厦(1857—1862)，见[1375]页

图B　墨尔本公共图书馆(1854)，见[1377]页

第42章 澳大利亚建筑

比较重要的圣公会教堂有：墨尔本圣保罗教堂(S. Paul's, Melbourne, 1880)，由巴特菲尔德设计，1884年由墨尔本的约瑟夫·雷德继续完成；阿德莱德圣彼得教堂(S. Peter's, Adelaide)，最初由巴特菲尔德于1869~1876年设计，阿德莱德的伍兹于1880~1904年建造了它的中堂、西端和圣母礼拜堂；以及其他一些位于霍巴特、纽卡斯尔和本迪戈的教堂。虽然大多数教堂是哥特复兴风格，但是古典风格的教堂依然存在，如北阿德莱德公理会教堂(Congregational Church, North Adelaide, 1860—1872)，由赖特和伍兹、汉密尔顿和汉密尔顿合作设计。在苏格兰移民众多的地区如维多利亚西区，基督教长老会教堂同样庞大并采用了哥特式风格。布里斯班圣约翰都市福音大教堂(S. John the Evangelist Metropolitan and Cathedral Church, Brisbane, 1887, 见[1373]页图B、图C)没有完全建成，缺少西端和塔楼，但有争论认为它有着澳大利亚最好的新哥特式室内设计。建筑师是约翰·拉夫伯勒·皮尔逊(John Loughborough Pearson, 1817—1897)，他的设计学自伦敦。他所设计的其他教堂也运用了同样的建筑语言，如伦敦吉尔本的圣奥古斯丁教堂(参见有关章节)不可思议地应用了三联拱。在这个教堂里，中堂为三联拱式拱廊，但是在侧廊的同一标高上既没有地面也没有拱顶，因此室内的层高更高，光线也更充足。

新哥特式风格的公共建筑通常都遵循一些固定的做法，然而西澳大利亚州珀斯市政厅(Town Hall, Perth, 1867—1870)的出现打破了这一点。它的设计人是理查德·罗奇·朱厄尔(Richard R. Jewell)，其中可能还有詹姆斯·曼宁(James Manning)的功劳。佛兰芒风格红砖的使用和带有白色石雕的成组长窗，使建筑呈现出明显的维多利亚风格。最初用做室内市场的托臂梁屋面使得室内空间高大深远。作为殖民地建筑师，朱厄尔还负责设计了其他几座具有都铎特征和佛兰芒特征的哥特式建筑，包括与皇家工程司合作的政府大楼(Government House, 1859—1863)、财政部大楼(Treasury Buildings)和哈雷主教的神学院(Collegiate School, 1858, 即现在的隐修院，The Cloisters)。

学校建筑偏好哥特风格，通常采用都铎式，如韦布和泰勒设计的墨尔本文理学校(Melbourne Grammar School, 1856, 1876年扩建)。

最为成功的新文艺复兴式建筑之一当属克拉克设计、由帕斯利监造的墨尔本财政部大楼(Treasury, Melbourne, 1857—1862, 见[1373]页图D, [1376]页图①、图⑤)。1851年开始的淘金热引发了对这类建筑的迫切需要。该大楼采用了由巴里倡导的怀旧风格，但其五连拱拱廊的设计却十分大胆，使窗户显得内凹，阴影效果明显。

墨尔本另一条街的端头矗立着维多利亚州议会大厦(Houses of Parliament for Victoria, 1856—1930, 见[1374]页图A, [1376]页图Ⓐ~图Ⓒ)。这座不朽的新古典主义建筑正面建有柱廊和高大的入口楼梯，室内更是令人惊叹，尤其是两个立法会议厅和图书馆。整幢建筑并未最终完工，但未建完的侧立面及背立面的缺失部分被议会公园的浓密树丛遮掩了起来，原设计中的穹窿顶也没有建成，但即使缺少了这些重要部分，它还是维多利亚时期建筑的重要实例。其建筑师是彼得·克尔(Peter Kerr, 1820—1912)和约翰·乔治·奈特(John George Knight, 1826—1892)，他们参加了一个竞赛，虽然没有胜出，但依然接受了议会大厦的设计任务。克尔与阿伯丁的阿奇博尔德·辛普森(Archibald Simpson)和约克的琼斯(G. F. Jones)签下契约，在移民之前曾花了四年时间与查尔斯·巴里一起设计了伦敦议会大楼。

1856年，即淘金热开始后的第五年，两个立法会议厅和图书馆开始建造，三年后建成。在其后的18年里，它们一直没有完整的立面，出入口也是临时的。奈特离开了维多利亚，而克尔在1866年后成为了公共工程部的一名官员。克尔在1877年开始继续建造议会大厦，在接下来的两年里，完成了皇后大厅和前厅。然后他开始建造穹窿顶(但最终还是没有完成)，以及巨大的罗马多立克式柱廊(其设想是柱廊绕建筑物一周)。议会大厦的正立面于1892年完工，仅仅一年之后，由于经济崩溃，殖民地几乎所有工程都被迫停工。

议会大厦外表所用的石头是以不菲的代价从距墨尔本约250km(约155mile)的新采石场运来的上好砂石，因为当地产的大理石看起来颜色太深了，而维多利亚议会大厦又不能使用其他殖民地的石材。

在维多利亚公共工程部任职期间，克尔也承担了墨尔本的法院大楼、政府大楼、邮政局和海关大楼的部分设计任务。这些建筑采用的都是古典主义风格。

第六编　欧洲以外地区殖民时期及后殖民时期的建筑

PARLIAMENT: MELBOURNE

剖面图比例尺　穹隆顶未完成

Ⓑ ORIGINAL DESIGN W/ DOME

Ⓐ LONGITUDINAL SECTION　Ⓒ PLAN

THE TREASURY: MELBOURNE

平面图比例尺

Ⓓ HALF ELEVATION　Ⓔ PLAN

LANDS DEPT: SYDNEY

平面图比例尺

Ⓕ ELEVATION　Ⓖ PLAN

墨尔本州议会大厦(PARLIAMENT: MELBOURNE)：Ⓐ 纵剖面图；Ⓑ 西面和穹顶最初的设计；Ⓒ 平面图
墨尔本财政部大楼(THE TREASURY: MELBOURNE)：Ⓓ 半立面图；Ⓔ 平面图
悉尼国土局大楼(LANDS DEPT.: SYDNEY)：Ⓕ 立面图；Ⓖ 平面图

第42章 澳大利亚建筑

前文已经提到了悉尼的第一栋和第二栋政府大楼,以及帕拉马特的政府大楼。最后一栋悉尼政府大楼(Governemnt House at Sydney)是由爱德华·布洛尔在伦敦设计的。霍巴特政府大楼(Government House, Hobart, 1855—1858)属于都铎式哥特风格,设计师是威廉·凯(William P. Kay)。所有政府大楼中规模最大的墨尔本政府大楼(Government House, Melbourne, 1871—1876),是一座意大利式的宫殿建筑。它建有一座尖塔和一个大舞厅,显然翻版了奥斯本怀特宅的维多利亚女王岛,而且更胜一筹。它是先由沃德尔后由维多利亚公共工程部的建筑师设计完成的,克拉克和彼得·克尔也曾参与。

康沃尔人约瑟夫·雷德(1822—1890)在澳大利亚度过了他漫长而多产的职业生涯。他的职业生涯始于墨尔本公共图书馆(Public Library, Melbourne, 今维多利亚州立图书馆,1854年始建,见[1374]页图B)。他设计了一个巨大的双层科林斯式柱廊,壁柱被抬高至基座以上。该建筑物的细部、柱头和部分室内设计同样赫赫有名。整个建筑的前部是原先建造的,其余的为后来加建。加建工程的设计师起先是雷德和巴恩斯,后来是其他人。位于中心的图书馆主阅览室(1906—1911)由雷德·斯马特(Reed Smart)和塔平设计。当此建筑施工时,设计人又变为贝茨、皮布尔斯和斯马特事务所(Bates, Peebles and Smart)。有关阅览室扩建的详细情况见第58章。

雷德和巴恩斯在墨尔本市政厅(Melbourne Town Hall, 1867)的设计中运用了新文艺复兴第二帝国风格,还将文艺复兴风格用于墨尔本展览馆(Melbourne's Exhibition Building, 1879—1880)这样的大体量建筑上。

1859年,昆士兰从新南威尔士州分离出来,1860年,新议会首次开会。布里斯班昆士兰州议会大厦(Parliament House of Queensland, Brisbane, 1865—1867及以后)由查尔斯·蒂芬(Charles Tiffin)设计,他在1860年后一直是昆士兰的殖民地建筑师。

蒂芬的作品呈现出朴素的文艺复兴风格,没有当时流行的连拱廊,带有突出的中心空间和转角处理。其屋顶明显带有法兰西第二帝国特征,所用材料却是普通的波状铁皮板,1980年换成了铜板。两个大会议厅及其之间的楼梯,还有精细的木雕装饰和精美的石膏线脚,共同营造了令人叹为观止的室内效果。1878年,蒂芬的继任者斯坦利(F. D. G. Stanley),加建了帕拉第奥式连拱廊,将立面上突出的墙连在了一起,使得阴影效果更加丰富多变。后来殖民地设计师康诺利(H. Connolly)于1887~1889年在右边加建了后翼,附有雕工精细的昆士兰植物石雕。建筑两翼靠河岸的部分都加建了有铁柱支撑的阳台。

新南威尔士州卓越的新文艺复兴风格的公共建筑都是殖民时期殖民地建筑师詹姆斯·巴尼特的杰作。他设计的悉尼邮政总局(General Post Office, Sydney, 1865—1874, 1881, 1900, 见[1379]页图A)建在一块118m(390ft)长的狭长地块上。建筑总体呈新文艺复兴风格,开窗手法十分漂亮。渐细的基座上矮矮的花岗岩柱子支起连拱廊,别具中古风味。钟塔(最令人不甚满意的部分)和皮特街上的扩建部分建于1886年。对于后街上的拱廊,巴尼特习惯于用雕刻作品中表现的艺术、科学、邮政服务等来描述日常生活。其顶层加建于19世纪90年代末期。

悉尼国土局大楼(Lands Department, Sydney, 1876—1890, 见[1376]页图Ⓕ、图Ⓖ,[1379]页图B)也是巴尼特的作品,位于圆形码头(Circular Quay)附近,具有精致的新文艺复兴风格。在很长一段时间内,它都是过往船只的地标。它也是悉尼殖民政府三座主要办公楼之一,另外两座分别是刘易斯设计的财政部办公楼和巴奈特设计的殖民部办公楼。

国土局大楼按照新文艺复兴风格设计,带有连拱凉廊、风格大胆的雕刻门、一座61m(200ft)高的塔楼和两个穹窿顶。国土局大楼于1876年由殖民地建筑师詹姆斯·巴尼特主持设计,威廉·肯普协助设计。北翼很快就建成,但是南翼和有塔楼的主体部分延迟到1883年才开工建造,那时巴尼特的助手已换成维卡斯(Vicars),该工程直到1893年才完工。

新南威尔士州巴瑟斯特的法院和政府大楼(Court House and Government Buildings, Bathurst, 1878—1880, 见[1379]页图C)同样是巴尼特的作品。悉尼以西250km(155mile)处的巴瑟斯特是蓝山以外的第一个定居点(1815)。它后来成为一个区域性行政管理中心,拥有一座政府办公楼和一个主教法庭。主教法庭的入口大厅以穹窿顶覆盖,两侧都用阳台分别和国土局及邮电局相连,其石料镶边及简洁的浅色砖砌壁柱形成了简约大方的古典主义风格,和爱德华时代的风格十分相近。

[1377]

另一座由巴尼特设计的作品是新南威尔士州的古尔本法院大楼(Court House, Goulburn, 1887, 见[1380]页图 B),其规模之大、标准之高,展现出对城市身份的期望,这在新南威尔士州富裕的内地城镇中是常见的。法院的铜质穹顶和砖石混合风格交相辉映,使得花园前院产生了多姿多彩的效果。阳台及连拱廊不仅让人难忘其建筑效果,而且非常适合夏季炎热的内陆气候。

埃德蒙·布莱克特最负盛名的建筑是他的哥特复兴式建筑。他还设计了许多新文艺复兴风格的商业建筑、住宅,以及一座教堂和一所学校,即悉尼伍卢姆鲁长老会教堂(Presbyterian Church, Woollomooloo, Sydney, 1856)和悉尼文理学校(Sydney Grammar School, 1856),后者起初是由哈伦(Hallen)设计的,但一直没有完成。布莱克特设计的大多数商业建筑在再开发中已不复存在,其中包括悉尼的商业银行(Commercial Bank, 1850)、利物浦及伦敦保险公司(Liverpool and London Insurance Co., 约1860)和规模不大的水警法庭(Water Police Court, 1850)。

阿德莱德的埃德蒙·赖特大厦(Edmund Wright House, Adelaide, 1876—1877, 见[1380]页图 A、图 D)现在被用做婚姻登记所,起初是被当做银行建造的。楼主最初是南澳大利亚银行,后来变成了澳大利亚及新西兰银行。它的建筑师是墨尔本的劳埃德·泰勒和阿德莱德的埃德蒙·赖特,后者的名字现在被用来命名这栋建筑。该建筑的室内设计相当出色,主要大厅内的石膏装饰令人惊叹不已,此大厅原为银行大厅,现在被用做音乐表演的观众席。

珀斯政府办公综合楼("旧财政部大楼")的加建部分是古典主义的晚期维多利亚风格的典范。最初这栋佛兰芒风格的建筑(1874, 参见有关章节)是由朱厄尔设计的,面向营房街,后来他又两次加建了侧翼一直延伸到圣乔治平台(S. George's Terrace)。1889 年,接替担任工程部总监的乔治·坦普尔-普尔(George Temple-Poole, 1856—1934, 1885 年来到澳大利亚),完成了圣乔治平台的正面,形成新的邮政总局(General Post Office),并逐渐加建了第三层(1896—1905),该工程分四个阶段完成。北翼即国土局大楼(Lands Department, 1895—1896, 见[1380]页图 E)也是由坦普尔·普尔设计的,主入口在主教堂大街,但另一立面朝向海街(Hay Street),这一立面是综合楼最令人震撼的一部分,它巨大的圆拱形入口朝向布莱克特设计的教堂,风格大胆的石塑像在浅色红砖的衬托下熠熠生辉。

悉尼的某些地区对台地式住宅有着特别的偏好,如帕丁顿(Paddington, 见[1360]页图 C)、格莱伯(Glebe)、伍卢穆卢和波茨角(Potts Point)。还有墨尔本的卡尔顿(Calton, 见[1360]页图 B)、帕克威尔(Parkville, 见[1380]页图 C)和东墨尔本。以上这些地方都有一些独特的澳式铸铁装饰的建筑实例,尤其是在帕克威尔。帕丁顿是个丘陵地区,这儿的台地式住宅根据地形布局,如诗如画。

1850 年以后杰出的家宅实例有:维多利亚州的韦里比公园宅(Werribee Park, Victoria)、维多利亚州的恩斯伯里宅(Eynesbury, Victoria)、维多利亚州的鲁珀茨伍德宅(Rupertswood, Victoria)、南澳大利亚州的帕德萨韦宅(Padthaway, South Australia)、南澳大利亚州的马丁代尔府邸(Martindale Hall, South Australia)、新南威尔士州的快乐山宅(阿伯克龙比住宅, Mount Pleasant, Abercrombie House, New South Wales)、新南威尔士州的布罗明巴宅(Booloominbah, New South Wales)、塔斯马尼亚州的莫纳谷住宅(Mona Vale, Tasmania)和塔斯马尼亚州的快乐山住宅(Mount Pleasant, Tasmania)。单从建筑艺术的角度来看,维多利亚州的韦里比公园宅(1873—1878)最为著名,其建筑师是福克斯(J. F. Fox),但据说沃德尔和麦克维卡·安德森(J. Macvicar Anderson)也参与了设计。其室内装饰得富丽堂皇,中央还有一座意大利式的塔楼。19 世纪 70 年代后,维多利亚州米尔顿的恩斯伯里宅则更具有典型性,屋顶低矮而舒展,它的平面相当规整而外观则更接近于当地民居。

1860~1900 年的新西兰

就在发现金矿之前,在克赖斯特彻奇要建一座大教堂(见[1382]页图 A),乔治·吉尔伯特·斯科特爵士在 1859 年提供了设计方案,由 1864 年从英国移民到新西兰的罗伯特·斯皮奇利(Robert Speechley)负责监造。在经过 1864~1866 年的初期建设后,该工程暂停,斯皮奇利返回英国。1873 年工程再度开工时,西里尔·孟福特(Cyril J. Mountfort)被任命为现场建筑师。工程持续至 1881 年,左右翼部和圣坛最终在 1894~1904 年完工。

第42章 澳大利亚建筑

图A 悉尼邮政总局(1865—1900)，见[1377]页

图B 悉尼国土局大楼(1876—1890)，见[1377]页

图C 巴瑟斯特政府建筑群(1878—1880)，见[1377]页

第六编　欧洲以外地区殖民时期及后殖民时期的建筑

图A　阿德莱德的埃德蒙·赖特大厦(1876—1877)，见[1378]页

图B　古尔本法院大楼(1887)，见[1378]页

图C　墨尔本帕克威尔的安妮女王风格住宅，见[1378]页

图D　阿德莱德的埃德蒙·赖特大厦大厅

图E　珀斯国土局大楼(1895—1896)，见[1378]页

距离金矿区最近的达尼丁受益最多,这种新局面的一个例证就是**达尼丁东方旅馆**(Dunedin, the Oriental, 1863 年,[1384]页图 A),这是一座哥特风格的旅馆。这个城镇吸引了从奥克兰来的威廉·梅森、从克里斯特彻奇来的乔治·马林森(George Mallinson)和从因弗卡吉尔来的丹麦裔建筑师尤利乌斯·托克斯沃德(Julius Toxward)。更有从澳大利亚远道而来的建筑师,包括从墨尔本来的大卫·罗斯(David Ross)和罗伯特·劳森(Robert A. Lawson)、从塔斯马尼亚朗塞斯顿来的威廉·克莱顿(William H. Clayton)和从维多利亚本迪戈来的作短暂停留的瓦兰(W. C. Vahland)。另一位值得注意的移民是苏格兰建筑师托马斯·特恩布尔(Thomas Turnbull),他在抵达新西兰之前已在墨尔本和旧金山工作过 20 年。**惠灵顿邮政局**(Post Office, Wellington, 1884, 见[1383]页图 A)就是他的作品。来自国外的设计也不时出现,例如,**奥克兰新西兰银行**(Bank of New Zealand, Auckland, 1865, 见[1382]页图 B)就出自墨尔本建筑师伦纳德·特里之手;**奥克兰美术馆**(Auckland City Art Gallery, 1887, 见[1382]页图 C)由墨尔本的格兰杰和德博罗(Grainger and D'Ebro)设计,采用了第二帝国风格,几乎形同一座城堡。

梅森设计的达尼丁邮政局,最后变成了股票交易所(1865, 见[1383]页图 B)。它属于新文艺复兴风格,有连拱廊和中央塔。梅森的作品还包括**新西兰银行**(Bank of New Zealand, 1863)、**新南威尔士银行**(Bank of New South Wales, 1866)、为里士满(C. W. Richmond)设计的**海劳茵宅**(Highlawn, 1863)和后来成为医院的一座**展览大楼**(Exhibition Building, 1864)。展览大楼共计三层,周边四翼环绕着一个内院布置,建筑细部呈现出意大利北部的罗马风风格,此外,还有六座以上的塔楼。

与克利顿合作之后,梅森设计了以红砖砌筑的**万圣教堂**(Church of All Saints, 1865),其创作风格转向了全盛期的维多利亚自由式。**爱丁堡宅**(Edinburgh House, 1865)和**省议会厅及法院大楼**(Provincial Council Chamber and Courthouse, 1865, 今达尼丁邮政局所在地),也都是以红砖砌筑的。

1861 年,劳森在赢得了**长老会第一教堂**(Presbyterian First Church)的设计竞赛之后来到了达尼丁。该教堂建于 1867~1873 年,在此期间他还设计了**牧师住宅**(Manse, 1868)以及后来的**基督教循道宗圣三一教堂**(Trinity Methodist Church, 1869),其后他承接了大量的教堂设计。至少从外观上来看,第一教堂被认为是新西兰所有 19 世纪教堂中最令人难忘的。它建在城市中心区的中央岛上,采用了有小尖塔的早期英式风格。**诺克斯教堂**(Knox Church, 1876)也是劳森的作品,它拥有一个能容纳宗教集会的画廊。

大卫·罗斯起初是梅森的合作人,后来他自己开业,设计早期维多利亚式建筑,其作品包括一座手法洗练的哥特式**公理会教堂**(Congregational Church, 1864),现在是**基督降临教堂**(Senventh Day Adventist Church)。

本杰明·孟福特的职业生涯与以上几位相差无几。他最著名的作品是**坎特伯雷省政府大厦**(Canterbury Provincial Government Chamber)。孟福特和勒克设计了第一座全木结构建筑,后来被用做办公室(1858—1859)。之后孟福特自己设计了石砌的会议厅(1860—1865)。会议厅初期的方案朴素而稳重,加以无装饰的木镶板和石子铺就的 128m(420ft)长的周边回廊。后期的会议厅则画有几何图案装饰,镶着马赛克墙板,铺着地砖,还有深色的经过打磨的石门楣和石柱。

孟福特后来被任命为省政府建筑师,并在此职位上一直干到 1874 年。他为政府所做的最大的单项工程是 1891 年竣工的**森尼赛德精神病医院**(Sunnyside Mental Hospital)。

离任之后,他当上了圣公会的教区建筑师。事实上,早些时候他已经设计了一批教堂,包括**凯厄波依教堂**(Kaiapoi, 1854)和**朗伊奥拉教堂**(Rangiora, 1859),都用木结构建造。后来他更加多产,如**克赖斯特彻奇公理会圣三一教堂**(Trinity Congregational Church, Christchurch, 1874—1875),建有不常见的有山墙的塔(gabled tower)和有看台的室内观众席;**奥克兰圣母马利亚代主教堂**(S. Mary's pro-Cathedral, Auckland, 1886),是一栋木质建筑的杰作。那段时期他把**纳尔逊基督堂**(Christ Church, Nelson)扩建为大教堂,原设计是由撒切尔在 1849 年所做而由伯里在 1858 年加建的。

孟福特还承担了**坎特伯雷大学**的钟塔(Clock Tower Block, Canterbury University, 1877—1879)和大厅(Hall, 1882)的设计,二者皆属于新哥特式建筑。在下一代建筑师中,彼得(F. W. Petre)设计了一批优秀的教堂建筑,如哥特式的达尼丁圣约瑟大教堂

第六编 欧洲以外地区殖民时期及后殖民时期的建筑

图A 克赖斯特彻奇大教堂(1864—1904),见[1378]页

图B 奥克兰新西兰银行(1865),见[1381]页

图C 奥克兰美术馆(1887),见[1381]页

第 42 章 澳大利亚建筑

图 A　惠灵顿邮政局(1884)，见[1381]页

图 B　达尼丁证券交易大厦(原邮政局，1865)，见[1381]页

第六编 欧洲以外地区殖民时期及后殖民时期的建筑

图 A 达尼丁东方旅馆(1863)，见[1381]页

图 B 怀梅阿韦斯特的斯塔福德公寓(约1860)，见[1385]页

图 C 泰晤士附近的帕拉瓦伊宅(1877)，见[1385]页

(S. Joseph's Cathedral, Dunedin, 1886)，以及一系列巴西利卡式的教堂，其在设计**克赖斯特彻奇圣礼大教堂**(Cathedral of the Blessed Sacrament, Christchurch, 1905)时达到了顶峰。

淘金热之后，城镇的住宅和乡村的农舍都常常被扩建或重建。哥特式的风潮还在继续，例如怀梅阿韦斯特的**斯塔福德公寓**(Stafford Place, Waimea West，约 1860 年，见[1384]页图 B)。简约风格、意大利风格和特定的阳台形式也很常见，例如**泰晤士**附近的**帕拉瓦伊宅**(Parawai, near Thames, 1877，见[1384]页图 C)。这两座建筑的建筑师都已无从确认。

第七编
20 世纪建筑

第七编

20 世纪建筑

20世纪建筑

第43章
背 景

1900～1920年

自19世纪中叶以来一直独立的澳大利亚各州于1900年准备联合起来，组成澳大利亚联邦(1901)。新西兰和加拿大都已经统一并独立了近四分之一个世纪。因此，除了现属伯利兹(Belize)的圭亚那(Guianas)和一些岛屿外，澳大利亚和美洲国家在世纪之交已经获得了它们现在所拥有的主权地位。另一方面，在非洲和东南亚，欧洲人的势力在当时仅限于稳固其殖民地位。但是，同17世纪的殖民活动(例如在印度和印度尼西亚)相比，这种稳固性已经变得脆弱而易变。

在美国，内战以后开始了集中于东北部的经济高速发展。矿产资源引起了人们的注意，因此开始了从传统工业活动地区(波士顿及新英格兰地区)向外扩展的进程，并在20世纪初带来了大湖以南地区的城市发展(匹兹堡、底特律、芝加哥、克里夫兰、密尔沃基)。1860～1910年，美国的人口从3100万增加到了9200万。1870年以来的铁路延伸，使向西部移民的计划更为可行。该计划奖给定居者数亿英亩的土地以资鼓励：农场的数量增长了三倍，达到600万个；密西西比河以西的人口，从1870年的600万上升到1910年的2600万。这段时间里的移民总数已经超过2000万，他们中的多数人生活在东北部，为工业发展提供了廉价劳力。加拿大的人口增长规模则相对有所节制：在1910年前的大约40年间，整个国家的人口仅从350万增至700万。人口增长的基础是于1885年建成了加拿大太平洋铁路后小麦生产的快速发展。同样地，财富流向了城市化水平最高的东部省份。

在拉丁美洲，组成南美共和国的计划已经破产。在1880年之前，19世纪中叶的生存型经济几乎没有改变。当时外国投资水平快速增长，特别是在巴西、阿根廷、智利和墨西哥，其目的是鼓励向欧洲和北美的工业中心出口初级产品。作为硝酸盐、咖啡、橡胶、肉类和谷物出口贸易的结果，世纪之交的拉丁美洲也出现了快速城市化的过程。来自许多欧洲国家，特别是意大利和西班牙的新移民来到阿根廷和巴西。工业增长和城市化自身产生了一些问题。城市工人阶级依赖于小规模的中产阶级而成长起来，这些中产阶级和工业革命时期欧洲国家里的中产阶级一样，依靠出口贸易而变得富有。其结果是导致了像1911年的墨西哥革命那样的政治动荡，随之而来的是波尔菲里奥·迪亚兹(Porfirio Diaz)政府的暴政。

非洲的情况却显然不同。欧洲人对这块地盘"争夺"了30来年，直到1914年他们才控制了整个非洲(埃塞俄比亚和利比里亚除外)。同样地，动因是为了取得初级产品和原材料，或出于在与欧洲国家的政治和工业争霸有关的动荡中获取战略优势。在这段时间里，法国人为帝国增加了400万平方英里(1036万平方公里)的面积和4700万人口(包括马达加斯加、印度支那和一些太平洋岛屿)。在帝国势力的竞争中，先前并不起眼的德国和意大利也加入进来。德国在西南非洲、多哥、坦噶尼喀、喀麦隆和太平洋上取得了100万平方英里(259万平方公里)的面积和1400万殖民地属民，意大利占领了黎波里、利比亚、厄立特里亚和意属索马里。但是，这一时期在非洲实际获利最多的是英国，大量的地盘被纳入了大英帝国的版图。英国还在印度拥有最高统治权，控制着通过从苏伊士运河和东非到东方的航线，以及经新加坡到南太平洋的航线。值得注意的是，在大约1930年以前的半个世纪里，印度的对外贸易增长了七倍，其中多数增长是在1921年保护性关税出现之后。在这个世纪之初，还产生了一个新兴的中产阶级——实业家兼管理者，但是，当时的国家议会接受了英国的统治，直到1919年，自治才成为争论的议题，而彻底独立要求则是再过10年以后提出来的。

19世纪下半叶，欧洲的民族主义于1870年造就了统一的意大利，于1871年造就了俾斯麦(Bismarck)统一的德国。但是，统一也为它们留下了强烈的权利要求。奥匈民族是导致这些混乱和冲突的问题之一。德国人认为自己被英国人所领导的敌对集团势力所包围，直到 1912 年的巴尔干战争才决出胜负。当时，奥地利同俄国在塞尔维亚的冲突因奥地利大公斐迪南被暗杀而达到顶点，并成为点燃 1914 年欧洲战火的政治火星。新工业革命，即有时候人们所指的 19 世纪最后 25 年，使德国在重工业领域占有自己的领地——钢产量到 1910 年增长了近 10 倍，达到 1300 万吨，化学和电力工业也居于领先地位。法国、意大利和俄国都在 1900 年前后作出迟来的努力，试图迎头赶上。在欧洲大国的军工生产规模方面，当火星点燃时，炸药的储存早已准备好了。

在福煦元帅(Marshal Foch)于 1918 年 7 月发动第一次世界大战的最后攻势时，欧洲已经把她大部分最优秀的人才和全部物力投进一场毫无价值的战争中，不但削弱了自身的地位，而且实际上也终结了欧洲在世界事务中的支配权。一个政治平衡的新纪元开始了。三个以欧洲为背景的帝国——俄国、奥匈帝国和奥斯曼帝国消失了，而海外帝国的瓦解进程也已经开始。在 1917 年初，德国潜艇的挑战使美国于这一年的 4 月站到了协约国一边参战。同年的俄国革命使德军的东方战线得到缓解，尽管对防止 1918 年巨大的德国春季攻势的失败已经为时太晚。在十月革命(1917)后，列宁(Lenin)接受了德国繁复的投降条款，赢得足够的时间来准备抵抗反对他的各种力量，并最终取得内战的胜利(1920)。随后的一系列条约又使他能够在于 1924 年去世之前，赢得世界对苏维埃政权的承认。

这个时机还意味着，列宁开创的新经济政策使在世界大战和接踵而来的内战中严重萎缩了的俄国工业生产恢复到战前水平。这就使斯大林(Stalin,从 1928 年的五年计划开始)在 1939 年第二次世界大战开始的时候，能够实现列宁的使社会主义俄国成为世界强国的梦想。

1920～1945 年

尽管政治和经济事件决定着建筑演变的环境，但思想史中发生的事件也许对建筑演变模式更为重要。阿尔贝特·爱因斯坦(Albert Einstein, 1879—1955)于 1905 年在伯尔尼(Berne)的瑞士专利局工作时，发表了他的狭义相对论。阿瑟·爱丁顿❶保证了爱因斯坦的广义理论在 1915 年的发表，并在 1919 年借助实验证明了它的有效性。一种有关物理世界性质的修正观念——即时间和距离都是相对的而不是绝对的——似乎动摇着人类自身认识的基础。一些艺术和建筑中的现代主义倡导者，力图运用相对论和其他科学中的进步概念作为形式、空间和时间的新艺术法则的启示。在修辞灵感和比喻的层面上，这种方法很有效。但是，正如爱因斯坦本人所尖锐指出的那样，这里没有真实和准确的关联。

紧随第一次世界大战之后的时代，无疑是观念和态度都发生剧变的时代，而在用新建筑物来支撑战后社会的乐观主义这一需求的鞭策下，新建筑的变革恰是这一整体变革的一部分。建筑上的许多早期重要发展都出现在德国，这个国家一直是建筑变革的主场地，并且这种地位一直保持到倡导者们无法接受纳粹政权的限制才发生了变化。紧随战后的时代，形成了像彼得·贝伦斯(Peter Behrens, 1868—1940)这样的 20 世纪早期大师们的工业化设计背景以及 20 世纪 20 年代中期预制技术的发展，例如在德意志制造联盟斯图加特展览会(1927)上，瓦尔特·格罗皮乌斯(Walter Gropius, 1883—1969)设计的住宅就已经宣告了 20 世纪 20 年代和 30 年代的建筑道路，不过这条道路要到 1945 年后才得以彻底实现。

在中国，清王朝(自 17 世纪中期开始统治)被武装革命推翻。革命派于 1912 年宣告成立了共和制，但他们并不能保持对局势的控制，接下来的是各省军阀混战的时期。国家陷入被日本侵略以及条约规定的通商口岸在经济上受到欧洲列强的干预与剥削而产生的困境之中。在 1927 年蒋介石试图消灭共产主义者以前，国民党和共产党曾有过短暂的合作。1927 年的事件虽然在城市里减少了共产党人的数量，但对消除来自不断增长的农民运动和日本的内外双重威胁却无能为力。共产党重新振作起来(20 世纪 30 年代初建立了苏维埃)，他们在战

---

❶ Arthur Eddington, 1882～1944 年；英国天文学家、物理学家和数学家，他是第一位用英语诠释相对论的学者。——译者注

时向内地的转移中，摆脱了和国民党的接触。日本投降后，尽管有美国和俄国的调停，内战仍然于1946年爆发。国民党最终在东北和南方全线溃败，最后隅踞台湾；而共产党于1949年1月和平解放北平，并于当年建立了中华人民共和国。

1918年后，受到西方势力迫使其撤离在中国据点的压力，日本及早抓住了机会(这些机会是20世纪30年代大萧条的冲击而带来的)，并采取补救措施。到1937年，日本对中国的侵略已经造成同美国的紧张关系。德国在1940年的成功，激发了日本人对东南亚的侵略扩张。尽管计划失败，但日本此后被迫与西方接触，这可能比19世纪那些开辟现代技术发展进程的历史事件更有效地使日本进入了现代技术时代。在第二次世界大战中溃败之后，日本开始了前所未有的最有力度且形式多样的国家建设计划。

1919~1920年，各种和约在欧洲许多地方留下了不满的少数族群，并且这里有着相当多的难民流动。捷克斯洛伐克是这些条约下建立的唯一在经济上还可以立足的新国家。从20世纪20年代中期开始，似乎可以确保短暂的稳定了。1925年，协调法国、比利时和德国边界冲突的《洛迦诺公约》(The Locarno Treaties)使德国重新介入欧洲事务，这也是新兴的苏联日益谋求的地位。美国则欣喜于它引人注目的繁荣。正是在这个短暂的、自由呼吸的空间里，建筑中现代主义的模式在欧洲确立起来。然而，所有这些都被1929年的华尔街崩盘所摧毁，导致了世界性的经济危机和法西斯主义的蔓延。此前，这种法西斯主义是局限于意大利的歪曲了的社会主义和现代主义。受到最坏影响的国家中有德国，它在1933年通过民主程序而非高压政策接纳了希特勒和纳粹。在德国和法国，由于民族的和古典的思潮的再次涌现，建筑中的现代主义在整个20世纪30年代都处于萎缩中。甚至在美国这样的自由企业国家，面对此时的社会问题，富兰克林·罗斯福(Franklin Roosevelt)引导的新政中的集体主义解决方案也成为可以接受的。20世纪30年代后期，西班牙、法国、波兰和奥地利政治上的不稳定日益加剧；同时，意大利侵略埃塞俄比亚和占据阿尔巴尼亚，加强它的新帝国主义政策。1936年，英国和法国支持西班牙共和政府失败，这鼓励了德国在1938年撕毁《洛迦诺公约》并进入奥地利。与俄国签订的互不侵犯条约给希特勒德国铺平了在欧洲掠取土地的道路、英法的希望破灭以及1919年建立起来的不稳定平衡崩溃于第二次世界大战的灾难之中，这些都只是时间问题了。

1945年以后

虽然有欧美国家现代运动的一些知名建筑和俄国20世纪二三十年代构成主义运动以及受它们影响的作品，但是在1945年之前的一个时期，新的设计风格并没有为全球所普遍接受。不论出自什么原因，直到20世纪40年代后期、50年代和60年代，新的风格才得到普遍认可。"国际式风格"一词(International Style, 由艾尔弗雷德·巴尔(Alfred Barr, 1902—1981)首创, 1932年纽约现代艺术馆以此为名举行展览, 指理性主义的欧洲建筑)被广泛采纳，表明全球按现代主义模式建造的房屋越来越多。这个名称对于1945年后不久发生的政治变化是重要的，因为在第二次世界大战之后的50年中，建筑实践已经变得越来越国际化了。与此同时，民族形式和特定学派的风格，从英国建筑师节(the Festival of Britain architects)想入非非的现代主义、墨西哥与巴西设计者的色彩缤纷，到全世界的勒·柯布西耶(Le Corbusier, 1887—1965)的支持者使用的"粗野"混凝土语言，各自迅速地确立。古典主义和地方风格建筑并未被现代主义彻底颠覆，尽管在1960年前后的短短几年里，它们看上去是要被终结了。

欧洲人在非洲和东南亚建立的长达三个世纪的脆弱的殖民管理和控制结构(在19世纪的最后几十年曾大规模扩张以至泛滥)，在第二次世界大战后已不能继续存在了。战争完成了对其政治和经济地位的削弱，这一过程早在1918年就开始了。世界政治已经成为超级大国的崛起和消极的核威慑遏制与平衡等事务。印度在1947年被分裂(以居民中的穆斯林比例为基础)，产生了另一个国家——巴基斯坦。这个国家一开始就有两部分，其中一部分在1971年成为独立的孟加拉国。缅甸和斯里兰卡于1948年独立，印度尼西亚(荷属)独立则通常被认为是1949年，马来西亚于1962年独立，新加坡于1965年独立。几乎所有的非洲国家都在20世纪五六十年代获得了独立(几个小国直到20世纪70年代才获独立)。另外，南非在1961年成立了共和国。

世界经济的凯恩斯主义时代于1946年到来,并在其后的四分之一个世纪里促进世界贸易达到前所未有的高峰。这一高峰的基础是美元在世界范围内的强势,它的结果则是高速和持续的经济发展。在20世纪50年代和60年代,全球都出现了史无前例的物质条件的改善。世界银行和国际货币基金组织在1944年成立。在大约10年后的万隆会议上(1955),随着东南亚和非洲的非殖民化觉醒,第三世界独立并具有成为未来世界领导者的潜力的理想主义成为一种令人振奋的革新理念;尽管回顾起来,这种理念更多地存在于尼赫鲁(Nehru)的梦想里,而不是在那些参与者的现实运作中。新生国家的不稳定在20世纪70年代一直持续着,这些国家陷入军队首领发动的以反腐败为名的武装政变、部族和教派造反以及经常发生的非法强权干涉中。

但不管怎样,从巴塔哥尼亚到新西兰,从阿拉斯加到西伯利亚,建筑以前人所不能想象的规模为经济增长提供便利和舒适,并为欧洲战争中失去家园的人和第三世界国家大量增长的城市贫民提供新的住房,后者通常要求基本的基础设施系统、教育和文化健康服务及其相关建筑。优先考虑的问题取决于不同国家的政治理念和经济运作;在更为贫困的国家,还取决于国际贷款的可能性。个人家庭与其说是受建筑上的现代主义的影响,不如说是受20世纪的建筑服务设施革命和材料的当地可用性的影响更大。另一方面,公寓、办公楼以及更复杂的建筑类型,需要职业工程师或建筑师的关注,因此,它们趋于反映具有国际式风格面貌的西方技术和时尚的影响。

在20世纪60年代和70年代,第三世界国家的新发展应当是与适应地方风格对立的现代风格,这被看做是一种荣耀——如果想要充分表达一个国家崭新的成就或受到的良好支持,就应该使用进口设备和进口材料。因此,在这一时期独立的国家开始发展的头20~30年间,国际式风格的建筑遍布各地。越来越多的国际设计集团开始使用这种风格。这些集团通常由美国或欧洲的主要建筑师领导,它们为海外的投资者,尤其是为旅游宾馆提供了更加快速便捷的服务。现在,这种情况在某种程度上正在变化。越来越多的本土建筑师在自己的国家接受教育,他们受到西方时尚的影响较少,而地方文化又一次在他们的创作中施加影响。建筑的投资必须从全球经济关系的角度出发,例如1980年美国的人均国民生产总值超过1万美元,但印度却低于200美元,石油生产国尼日利亚则在700美元以下。

1973年10月,当石油生产国决定把油价抬高到原来的四倍时,这种不平衡的经济状况更是加剧了,由此导致了1974年的对世界经济新秩序的普遍呼吁,第三世界被带入了因能源危机而导致的经济萧条之中。无论如何,1973~1974年的冲击波意味着正统现代主义乐观阶段的终结和一种新的文化阶段的开始。在这一新的阶段,多样兼容的建筑价值再度被认为是自然而健康的。这种情况的部分原因是现代建筑在建造和运行中的高能耗和对技术的过分依赖,但还有部分原因是世界需要均衡以及差异的现实性在增加。接下来流行的式样有高技派、后现代主义、"批判地域主义"以及生态建筑实验。没有谁是主流,而每一种式样都多少依赖于1925~1975年在欧洲或美国已经出现的思想和实践线索。但不管怎样,建筑应该比过去更使人愉悦、更可理解、更人性化,这已成为一种共识。

由于前所未有的快速交流手段,国际主义在今天的建筑中具有比以往更强的力量,特别是就其形象而言。许多设计者的实践,现在能越过边界和大洲。但是,国际主义的均衡已经发生了变化。许多国家,例如日本,为建筑的发展建立了新时尚。西方国家现在时兴从世界各地邀请设计者参与有声望的设计竞赛;同时,许多著名实践的工作在口味上也明显地偏向于国际化。这时的一种危险是:建筑的概念阶段日益远离他们的产品,单个设计者被树立成为国际明星,而除了很少的建筑外,今天的建筑都是集体努力的结果,这一事实却被人们忽略。在20世纪就要过去之际,还没有清晰的迹象表明有哪一种模式能够凌驾于世界建筑之上。现代运动未能实现其倡导者们的乌托邦预言,但它同样也没有被埋葬。就当代大多数建筑师而言,他们留下了最有意义的参照点。

20 世纪建筑

第 44 章
1900～1945 年的西欧建筑

概述

贯穿这一时期的欧洲建筑是一幅风格多样的丰富图景,这跟 19 世纪的状况一样广泛和混乱。如果说有一种意识形态倾向——它导向以现代运动为形式的普遍方法——正变得逐渐明显的话,那就是通常所认为的是大地上建筑实践的结果。

1900 年的欧洲建筑有三种主要的并相互交叉的倾向:一种是离心的,另外两种是向心的。离心的倾向体现为民族主义,这是一股由法国大革命释放出来而到 19 世纪末仍在起作用的力量。这种正在上升的势力在德国和在像芬兰、挪威、匈牙利这样一些欧洲小国里同样特别强烈,它们正在品尝着政治和文化自主的果实。不单是独立的国家,一些国家中的有着引以为荣传统的地区(如大不列颠的苏格兰、西班牙的加泰罗尼亚和奥地利帝国的波希米亚)也加入到这种趋势中来。在地方复兴运动中,人们探索并且使地方风格、材料和传统跟上时代。这种复兴在很大程度上应归功于英国的哥特复兴和工艺美术运动,并且同新艺术运动(Art Nouveau)也有一定关系。在居住类建筑中,民族和地方的主题犹为强烈而普遍,它们一直延续到第一次世界大战之后,并在法西斯和纳粹主义统治下再次兴盛。但是,战争的创伤使欧洲民主国家中的有思想的建筑师开始反对民族主义和植根于纯粹的地方种族或土壤的建筑概念。

向心的倾向虽然有两支,但它们都相信新世纪的文明国家应该享有一种共同的建筑语言。一方面,国际古典主义起初建立得比 1900 年以前还要牢固。巴黎美术学院(Ecole des Beaux Arts)的古典学说和教育方法,在全世界的公共建筑中被尊崇、模仿和运用。1900～1925 年,欧洲大多数新建筑和大型纪念碑都采用了古典风格和规则的平面。古典主义的类型各种各样,从有大量曲线的极端巴洛克,到由维也纳的奥托·瓦格纳、巴黎的奥古斯特·佩雷(Auguste Perret, 1874—1954)和斯德哥尔摩的贡纳尔·阿斯普伦德(Erik Gunnar Asplund, 1885—1940)引进的直率的、简化的形式。在古典的外衣之下,钢和混凝土的结构得以大量应用。确实,巴黎美术学院的教育鼓励这样做。但是,活跃的古典语言概念实际上直到第二次世界大战后才销声匿迹。法西斯意大利、纳粹德国和斯大林主义的俄国政权,再次站在现代运动的对立面,坚持古典主义的标签,敲响了它作为欧洲建筑共同语言的丧钟。

另一种向心倾向,就是导向我们今天称之为"现代建筑"的潮流。"现代建筑"一语,最早因维也纳的古典主义领袖和建筑教师奥托·瓦格纳在 1896 年出版的一本书的书名而广为人知。瓦格纳的基本立场,并不完全在于建筑应该具备世界风格(universal style, 19 世纪的普遍称谓),因为它显然需要与现代生活的目标、习惯和情感吻合。瓦格纳为建筑物的平面和结构的效能以及立面幽雅的古典"外衣"之间的难以协调所困扰。在后来的实践中,他寻求发现一种洁净和明晰的古典主义语言,并且认为这种语言应该具有 20 世纪的功效和含义。

瓦格纳的观念所包含的内容,得到他在维也纳的许多追随者和学生们的多方面探索,这就是"瓦格纳学派"(Wagnerschule)。其中,阿道夫·卢斯(Adolf Loos, 1870—1933)在他的著作和建筑作品中发展出第一次世界大战前最早的所谓"现代建筑"。卢斯促进了一种多样的、表面简化和平面开放的建筑,这种建筑成为欧洲现代中产阶级清洁、舒适和高效生活的适当环境。卢斯本人从未弃绝古典主义,但他的早期别墅的那种光秃外表,却是 20 世纪 20 年代现代运动再鲜明不过的先锋。

德国对新世纪的这种世界建筑风格概念的贡献在很大程度上源于其作为工业强国的雄心。工业建筑对纯"功能"处理的建筑而言,是个理想领域。1907 年,德意志制造联盟的成立,联结起了工业界和艺术界。联盟的主要倡导者是赫尔曼·穆特修斯(Hermann Muthesius, 1861—1927)。穆特修斯把19世纪最后25年中英国住宅建筑实践的"无风格"赞誉为未来的预兆。1902年，穆特修斯出版了第一本小册子《建筑风格与房屋艺术》(*Stilarchitektur und Baukunst*, 1902)，呼唤以纯粹基于实际目标和现代结构技术成就的建筑来取代风格。这种观念在彼得·贝伦斯和汉斯·珀尔齐希(Hans Poelzig, 1869—1936)设计的工业建筑中得到了试验性探索。他们内心并非纯功能主义者，但给更年轻的建筑师(如贝伦斯的著名助手瓦尔特·格罗皮乌斯和密斯·凡德罗(Ludwig Mies van der Rohe, 1886—1969)以及为时短暂的勒·柯布西耶)提供了思想启示。战前有关这一主题的争论在1914年德意志制造联盟展览会上达到高峰，当时穆特修斯提出把功能当作建筑学进步途径的"类型学研究"，但遭到了强烈的反对。

这一争论直到20世纪20年代才有结果。在很大程度上由长时间的战争，以及随后而来的俄国、德国和匈牙利革命的恐怖所引发的一阵急剧而又短促的苏醒之后，充满激情和浪漫的方案遍布欧洲，由此发展出一系列平屋顶、自由平面的风格。这些风格直率地运用了新的工业化材料和建筑技术，如钢、钢筋混凝土、平板玻璃等，为设计者的表达提供了更多的自由。"国际式风格"(直到1932年才得到命名，因其倡导者不承认它是一种风格)最早的成熟实例是勒·柯布西耶在法国的一些别墅，以及雅各布斯·约翰内斯·彼得·奥德(Jacobus Johannes Pieter Oud, 1890—1963)和格里特·里特维尔德(Gerrit Rietveld, 1888—1964)的一些荷兰住宅。

在德国和俄国，20世纪20年代早期的局势更为动荡，这不利于建造活动，却更有利于推进建筑学革命。两所重建的艺术学校——莫斯科的伏库特玛斯学校❶和德国的包豪斯(Bauhaus)，成为传播全新建筑风格激情的机器，但它们都不是纯功能设计的首创者。在伏库特玛斯学校，康斯坦丁·梅尔尼科夫(Konstantin Melnikov, 1890—1974)这样的建筑师创造了现代建筑的俄国变种，这种变种就是著名的构成主义，它把功能主义者的抱负和对力量与雕塑形式感的强烈直觉结合在一起。由于俄国的环境，这种建筑作品真正实现的并不多。在格罗皮乌斯领导下的包豪斯之所以重要，是因为它总有一支坚强的国际化队伍，并且鼓励宣传

和争论。在魏玛的初期，包豪斯主要是一个具有强烈"表现主义"色彩的艺术学派，并无正规的建筑教育。1925年后，当包豪斯迁到德绍(Dessau)，一场汹涌澎湃的德国住房运动开始时，新建筑成为它关注的中心。

到20世纪20年代后期，在柏林的马丁·瓦格纳(Martin Wagner, 1885—1957)、密斯·凡德罗、恩斯特·迈(Ernst May, 1886—1970)以及包豪斯的格罗皮乌斯和汉内斯·迈耶(Hannes Meyer, 1889—1954)等人的率领下，严肃的德国现代建筑成为主导的进步趋势。这些建筑以德国现代主义者在国家资助的大规模住房项目中采用的方法为基础，并为越来越多的欧洲国家所接受，它们具有合理的功能性，并以探寻新客观性或实践性(Neue Sachlichkeit)为特征。新客观性是在后来的德国魏玛共和国文化中经常用到的术语，并很快在瑞士、捷克斯洛伐克、奥地利、匈牙利和比利时有了多少带些德国化的翻版。

在法国，不知疲倦的"诗人革新家"(poet-innovator)勒·柯布西耶于1923年发表了具有强劲煽动力的《走向新建筑》(*Vers une Architecture*)，他与传统之间的对立所产生的影响，防止了现代主义成为唯一的导向。在意大利也一样，朱塞佩·泰拉尼(Giuseppe Terragni, 1904—1943)可能创造了第二次世界大战前最好的现代建筑，但那里的法西斯政权可能从未对这种风格感兴趣。在环绕地中海的其他国家，最基本的住房和小型建筑轻松地接受了一种表面抹灰和平屋顶的风格，例如希腊，一些出色的现代式学校在20世纪30年代建造起来。

通过瑞典的贡纳·阿斯普伦德和芬兰的阿尔瓦·阿尔托(Alvar Aalto, 1898—1976)，斯堪的那维亚国家证明自己从现代主义中获取所需，并使这种风格在地方环境中人性化。在英国发生了差不多同样的情况。现代主义者的馈赠在20世纪30年代姗姗来迟，并遇到了顽强的抵抗。只有流亡到此的伯特霍尔德·卢贝特金(Berthold Lubetkin, 1901—1990)和瓦尔特·格罗皮乌斯的榜样和执着思想才保证了它最终被接纳。最后，许多德国建筑师在1929~1930年德国经济衰退时来到俄国，期

---

❶ Vkhutemas School；新技术艺术学校。——译者注

第44章 1900～1945年的西欧建筑

盼现代主义观念通过住房和规划而有所作为。但他们很少达到目标,特别是在1934年政治气候变得严峻之后。

作为建筑正统的传播,国际式风格在很大程度上依赖于国际现代建筑协会(CIAM)的宣传网。该协会的第一次会议于1928年在瑞士的拉撒拉兹(La Sarraz)召开,大会的秘书和宣传负责人是西格弗里德·吉迪恩(Sigfried Giedion, 1888—1968)。1929年在法兰克福(Frankfurt),大会以所属国家为基础的工作小组组织起来研究各自的问题。20世纪30年代,CIAM日益被勒·柯布西耶所左右,而在他的影响下通过的1933年《雅典宪章》(Charter of Athens)再一次使现代运动面向更广泛的城市设计问题。此后,由于20世纪30年代世界经济危机的影响和专制政权的兴起,欧洲大陆很少建造现代主义建筑,CIAM的追随者更多地致力于提出激进的旧城改造或新城规划方案。这一趋势随着1936～1939年的西班牙内战和1939年新的世界大战的到来而积聚力量,当时欧洲城市成为集中轰炸的目标。虽然CIAM的集会延续到了1956年,但它的实际影响在战后已经减少了。

在现代主义思想中,同样重要的是认为建筑和技术应该一体化,并且纯工程结构如桥梁、水坝、飞机库、地下仓库等是20世纪价值的实证。因此,身兼工程师的建筑师,例如法国的弗朗索瓦·埃纳比克(François Hennebique, 1842—1921)和欧仁·弗雷西内(Eugène Freyssinet, 1879—1962)、瑞士的罗伯特·马亚尔(Robert Maillart, 1872—1904)、意大利的皮耶·路易吉·奈尔维(Pierluigi Nervi, 1891—1979)、西班牙的爱德华多·托罗哈(Eduardo Torroja, 1889—1961),以及英国的欧文·威廉斯(Owen Williams, 1890—1969)等人,对于发展正统的现代主义具有重大意义,他们作品的形象也得到广泛传播和赞誉。这一时期大量产生(特别是在居住建筑中)的钢筋混凝土结构、混凝土框架、钢框架、建筑预制和标准化技术都取得了巨大进展,尽管这种发展并非只存在于现代主义建筑师自己设计的房屋中。事实上,许多早期的现代运动的建筑采用老式的砖墙结构建造,而同一时期的古典建筑却在立面背后用了钢或混凝土结构。

尽管人们试图把现代运动限定为勒·柯布西耶的"白色方盒子建筑"(white box architecture),但是20世纪20年代德国社会建筑师的"新客观性"(New Objectivity)和宏大的新工程结构表明:现代主义往往是一种开阔的教派,它在整个欧洲朝着很多不同的方向发展。在新思想中,最容易确定的另一种潮流是那些认为感觉和主观至上的思想。它们通常在"表现主义"(Expressionism)这个不太明确的标签下被拉到一起。

现代建筑发展中的这一支,源于19世纪90年代法国与比利时的新艺术运动和巴伐利亚与奥地利的"青年风格派"(Jugendstil)。到1900年,新艺术运动已经大大丧失了它的影响和创造力,但此后仍然持续了一段时间,其中最辉煌的体现可能来自俄国的费奥多尔·奥西波维奇·舍赫捷利(Fedor Osipovich Shekhtel, 1859—1926)及其同道的圈子(参见有关章节)。新艺术运动逐渐扩展,并在与维也纳分离派有联系的那些奥托·瓦格纳的学生的工作中有所变化,其中著名的有约瑟夫·马利亚·奥尔布里奇(Josef Maria Olbrich, 1867—1908)和约瑟夫·霍夫曼(Josef Hoffmann, 1870—1956),他们试图通过新的装饰和象征性的表现,使自己的建筑有意义和现代化。1900年后,分离主义者与格拉斯哥的查尔斯·伦尼·麦金托什(Charles Rennie Mackintosh, 1868—1928)以及一些捷克建筑师,逐渐开始采用体块和方块手法。他们在这些形体上添加了象征性的装饰和雕塑,以区分于纯粹几何的客观实践。这样的象征主义在欧洲文化中难于印证其根基,因此经过短暂的活跃之后便很快消失了。

在第一次世界大战前后,建筑中的感觉的作用在德语国家中得到大量探讨。有关这一主题的最重要文章是威廉·沃林格(Wilhelm Worringer, 1881—1965)于1908年发表的《抽象与移情》(Abstraktion und Einfühlung)。到第一次世界大战时,建筑中的表现主义已经在各种实验性和神秘化方向中消散并失去了它的普遍意义。在20世纪20年代,"主观"的表现主义和"客观"的现代主义之间的中间道路出现在像德国人汉斯·珀尔齐希、胡戈·黑林(Hugo Häring, 1882—1958)和汉斯·夏隆(Hans Scharoun, 1893—1972)这样一些著名建筑师的工作中。同时,德国、荷兰和比利时的许多著名的现代主义者,如埃里希·门德尔松(Erich Mendelsohn, 1887—1953)、威廉·马里纳斯·杜多克(Willem Marinus Dudok, 1884—1974)、米歇尔·德克勒克(Michel de Klerk, 1884—1923)和亨利·范德维尔德(Henry

Van de Velde, 1863—1957)等，发展出一种线条、曲面和体积富有感染力的装饰节制的建筑。这些建筑在20世纪30年代的欧洲被到处翻版，特别是在电影院这种新建筑类型中。表现主义还在教堂建筑里找到了自然的载体。两次世界大战之间许多优美的教堂都运用了表面覆砖、高高耸起的混凝土拱顶或拱门，其创新者是德国的多米尼库斯·伯姆(Dominikus Böhm, 1880—1955)和法国的保罗·贝洛(Paul Bellot, 1878—1944)。

两次世界大战之间的另一支建筑潮流是装饰艺术派(Art Deco)的兴起，这种风格可以追溯到1914年之前的俄罗斯芭蕾舞团的辉煌服饰和舞台装饰。此类绚丽的装饰性语汇得到1925年巴黎装饰艺术世界博览会的推进，它正是在此得到了这一名称。与表现主义者那种光秃秃的古典和"现代"的变种相比，装饰艺术派更容易为大众所接受，特别是在法国。它是对纯现代主义禁绝装饰的一种有效平衡，但作为一种建筑风格，它到1935年就几乎销声匿迹了。

在许多欧洲国家，建筑中的现代主义直到1930年才在公共建筑中对古典主义的统治地位构成冲击。例如在法国，奥古斯特·佩雷(Auguste Perret)利用混凝土结构技术去净化和革新古典语汇，其精彩的范式传遍全国。20世纪30年代，巴黎和日内瓦等法语文化圈内的城市建筑，试图占据精简的古典主义和现代主义之间的边缘地带。其他国家继续着它们自己的各种古典主义变体，而在重要的城市建筑中依然运用身着盛装的古典柱式。埃德温·勒琴斯爵士(Edwin Lutyens, 1869—1944)在他的战争纪念碑和英帝国殖民地建筑中，证实了自己是最后一位世界公认的古典大师。马尔切洛·皮亚琴蒂尼(Marcello Piacentini, 1881—1960)紧随其后，采用20世纪20年代法西斯意大利所欣赏的浮夸的新罗马帝国式古典主义。对于20世纪30年代专制政权的新古典主义，例如德国的保罗·特鲁斯特(Paul Troost, 1878—1934)和阿尔贝特·施佩尔(Albert Speer, 1905—1981)、俄罗斯的伊凡·若尔托夫斯基(Ivan Zholtovsky, 1867—1959)以及许多其他人的评价，依然是引起争论的话题。从到处照搬尺度的夸张的希腊和罗马形式，到佩雷或阿斯普隆德对古典主义的激进的重新诠释，人们广泛地实践着一系列的风格。

对于住宅这样的小型建筑，尤其是在气候较冷地区和乡村地带，木结构和坡屋顶仍然普遍存在。进入20世纪30年代，建筑的民族风格依然繁荣。不过，作为新技术和标准化的结果，结构通常更为简化，装饰形象也随之减少或干脆被取消。纳粹德国试图复兴乡村建筑的民族风格，但只获得有限的成功。在其他国家，地方传统同现代主义的潜在的有效结合，在20世纪30年代末开始悄然出现，但在1939年被惨烈的第二次世界大战所打断。在那期间，建筑被使用性所主导，几乎所有新结构的成就都体现在工程传统中。

在规划方面，这是建筑师在城市的形成和扩展过程中拥有非凡权力的一个时期。占主导地位的模式是分散的花园城市或市郊，像画境似的线条规划出地景中的住宅或公寓，并清楚地划分出不同活动区域——明显的市民生活区、居住区和工业区。这种概念早期成熟于雷蒙德·昂温(Raymond Unwin, 1863—1940)在莱奇沃思(Letchworth)和汉普斯特德(Hampstead)花园城郊的作品中，并通过他的《城镇规划实践》(Town Planning in Practice, 1908)传播到全世界。源自英国人的所谓"花园城市"(事实上通常只是城郊)在其后的30年里遍及欧洲，其中最成功的例子是在北欧国家(比利时、荷兰、德国和芬兰)。第一次世界大战以后，城郊规划的构成要素发生了转向，公寓的街区同往常两层住宅的街区一样常见。这一变化有助于更规整的规划趋势，它的极端的实例是勒·柯布西耶的富于影响的图纸——在辉煌的花园地段上建高层街区。在实践中，公寓街区不得不建得相当密集，而20世纪20年代各国的城市和城郊居住计划都经历了苦于使建筑形式与实用、健康的开放空间相互协调的过程。总而言之，英国规划学派的设计进程是由不规整的居住建筑走向规整的中心，而大陆建筑及规划师的做法正好相反。这种对比最明显地体现在20世纪30年代意大利新城同英国新城的差异中，前者有严谨而成功的市中心，但是外围单调；后者如韦林花园城(Welwyn Garden City)，它的有趣之处大量存在于方案的精妙之中。

奥地利

在奥地利建筑中，奥托·瓦格纳的榜样主宰

了现代时期的早期。1894年，瓦格纳成为美术学院的教授，培养了所有下一代的著名建筑师，并于1896年出版了他的《现代建筑》(Modern Architecture)一书的第1版。这样，维也纳开创了一个实验的年代，以瓦格纳自己的后期实践以及约瑟夫·马利亚·奥尔布里奇和约瑟夫·霍夫曼这样的维也纳分离派建筑师的作品而闻名。更为折中一点的设计者，有约热·普里契尼克(Jože Plečnik, 1872—1957)和马克斯·法比亚尼(Max Fabiani, 1865—1952)。此外还有阿道夫·卢斯冷峻但影响很大的实例。

环城大街(Ringstrasse)建成的时候(19世纪70~80年代)，维也纳正是兴旺的年代，瓦格纳留下了他作为正统古典主义者的第一个印记。在1894~1901年，他为市政当局建造了两条城市铁路的火车站和多瑙河(Danube)上的努斯多夫船闸(Nussdorf Lock, 1894—1898)。瓦格纳的维也纳市政建筑的颠峰之作是他设计的维也纳的**邮政储蓄银行**(Post Office Savings Bank, 1904—1912, 见[1398]页图A)，它采用了现代混凝土和钢的结构，辅之以外部的古典主义形式，由此形成了一种新的建筑风格。银行的立面有一个花岗石基座，外覆薄薄的大理石面板，并以构成图案的醒目的铝销钉固定在建筑的核心体上，这样就清楚地表明大理石是一种仪式化的外衣，而不是结构材料。银行大厅上面是暴露的钢屋架，由两层玻璃覆盖，地面也部分使用了玻璃，暖空气由粗大的铝管导入建筑。瓦格纳的**施泰因霍夫教堂**(Church Am Steinhof, 1905—1907)采用了同样的技法。这座教堂覆盖着双层穹顶，同菲舍尔·冯·埃尔拉赫(Fischer von Erlach, 1656—1723)设计的卡尔教堂(Karlskirche, 参见有关章节)有着历史关联，并由包括科洛·莫泽(Kolo Moser, 1868—1918)在内的维也纳制造联盟(Wiener Werkstätte)的艺术家来装饰。

奥尔布里奇设计的维也纳的**分离派展览馆**(Secession Building, Vienna, 1897—1898)，是这个反学院派运动的一面旗帜，它相当于奥地利的新艺术运动的青年风格派建筑的顶峰。该馆拥有一个通透的镀金月桂叶球顶，并醒目地屹立在通往巨大而朴素的展厅的入口之上。1899年，奥尔布里奇在黑森大公(Grand Duke of Hesse)的邀请下来到德国的达姆施塔特(Darmstadt)，为大公设计他的新艺术家之家，并在这里度过了日后的生涯。

约瑟夫·霍夫曼是1903年维也纳制造联盟的创立者之一，这个工作室产生了许多为建筑服务的高质量的手工艺产品。霍夫曼的小住宅体现了他对英国居住建筑的赞赏，但他的大型建筑，例如著名的维也纳的**普克斯多夫疗养院**(Purkersdorf Sanatorium, 1904)和布鲁塞尔的**斯托克莱宫**(Palais Stoclet, Brussels, 1905—1911, 见[1398]页图B)，却把瓦格纳对洁净而丰富的表面的兴趣与方块形的体量结合起来。斯托克莱宫由一个高塔构成其中心，塔上有四个巨大的雕像和一个小圆穹，其体量被镶铜边框的一系列大理石板墙面所限定。在建筑内部，古斯塔夫·克里姆特(Gustav Klimt, 1862—1918)设计了同规整的花园相呼应的华丽壁饰和令人印象深刻的双层入口大厅。

约热·普里契尼克是斯洛文尼亚人，先后在维也纳和布拉格工作过。在回到祖国之前，他形成了一种特定的古典民族主义形式风格。普里契尼克早期在维也纳的重要作品有**扎赫尔大楼**(Zacherlhaus, 1903—1905)，该楼由商店上面的豪华公寓组成，并结合了早期的磨光花岗岩"幕墙"，上部是一组弗兰兹·梅津纳(Franz Metzner, 1870—1919)的人像柱(brooding atlantes)。此外还有**圣灵教堂**(Church of the Holy Spirit, 1910—1913)，在它间距宽阔的梁柱结构大厅前，是一个无装饰的混凝土圆柱门廊。在布拉格(参见第46章)，普里契尼克创造性地为捷克总统简·马萨里克(Jan Masaryk, 1920—1932年在任)重建了**哈拉德坎尼堡**(Hradčany Castle)，他加建了醒目的大理石花园台阶和着各种小品，与原有的爱奥尼柱式相呼应。他还建造了维诺堡的**圣心教堂**(Church of the Sacred Heart, Vinohrady, 1928—1932, 参见有关章节)，这是一个惊人的混凝土古典主义调和作品。普里契尼克后期在卢布尔雅那(Ljubljana)及其周围的浪漫式古典作品，包括许多天主教堂、**三联桥**(Three Bridges, 1929—1932)和**撒尔公墓**(Žale Cemetery, 1938—1940)等，它们都以异端的想象力和高超的手工艺质量而彰显个性。普里契尼克的同乡合作者马克斯·法比亚尼设计了维也纳的**波托依斯和菲克斯货栈**(Portois and Fix Store, 1898—1900, 采用瓦格纳的风格)以及表现主义的**乌拉尼亚剧院**(Urania Theatre, 1909—1910)。在后期的职业生涯中，他在斯洛文尼亚的古镇斯坦吉尔(Štanjel)重建和新建了不少别墅。

阿道夫·卢斯出生于布尔诺(Brno)，他在德

图 A 维也纳的邮政储蓄银行大厅(1904—1912),见[1397]页

图 B 布鲁塞尔的斯托克莱宫(1905—1911),见[1397]页

累斯顿(Dresden)完成学业后赴美三年，并声称是英国文化的崇拜者。卢斯是建筑师，同时又是文化评论家和新闻工作者。在《让空缺说话》(Ins Lehre Gesprochen)和《尽管如此》(Trotzdem)等文章中，他呼唤技艺合理而不是过分精致的大众化的建筑，嘲笑了分离派运动的装饰主义和矫揉造作。卢斯在房屋设计中强调"空间布局"(Raumplan)，坚持用平面化的丰富表面取代毫无意义的装饰，达到以舒适、高效的现代生活为目标的最佳安排。他在维也纳米夏埃尔广场(Michaelerplatz)完成的**戈尔德曼和萨拉契商店与公寓**(Goldmann and Salatsch Shop and Apartments, 1909—1911)，在当时因朴素的外观而遭到强烈的批判。他的有产阶级住宅，例如维也纳的**朔伊住宅**(Scheu House, 1912)、巴黎的**特里斯坦·查拉住宅**(Tristan Tzara House, 1927)、布拉格**米勒住宅**(Mueller House, 1931, 参见第 46 章)，把具有震撼性的简单立面同豪华的大理石内部结合起来。卢斯的室内风格，在两次世界大战之间影响了遍及欧洲和美国的有产阶级公寓。在维也纳，他的作品的水准通常被视为与约瑟夫·弗兰克(Josef Frank, 1885—1967)不相上下，例如他的**维特布朗巷住宅**(House in Wittbrangasse, 1913—1914)。

1919~1933 年，对维也纳建筑的最大影响来自城市居住计划。这个计划为社会主义"红色维也纳"(Gemeinde Wien)建造了 6.6 万所住房。一些花园城郊建立了起来(例如海因斯·泰萨(Heinrich Tessenow, 1876—1950)等设计的拉那斯多夫区(Rannersdorf, 1921))。但是，大部分住房由围绕庭院的城市街区构成，立面抹灰的住宅为 6~7 层。公寓的内部很小，但有大量的社区和服务设施。这些街区以连续的模式渗入城区，其中最大的综合体是相连的**卡尔-马克思-霍夫住宅区**(Karl-Marx-Hof, 见[1401]页图 A)**和斯沃博达-霍夫大院**(Svoboda-Hof, 1926—1930)，由卡尔·厄恩(Karl Ehn, 1884—1957)设计，它的长达 1 公里多的城墙般防卫式的形象面对着铁路。其他许多建筑师也加入到这个居住计划中，包括霍夫曼、卢斯、约瑟夫·弗兰克和彼得·贝伦斯，以及多产的搭档海因里希·施密德(Heinrich Schmid)和赫尔曼·艾欣格尔(Hermann Aichinger)。这些街区为战前早期维也纳式现代主义和正在出现的国际式风格之间提供了值得纪念的联系，其典范例如郊区的维也纳的**制造联盟住宅区**(Werkbund Estate, 1930—1932)，同维也纳后来由弗兰克、胡戈·黑林、霍夫曼、卢斯、安德鲁·吕尔萨(André Lurçat, 1894—1970)、格里特·里特维尔德(Gerrit Rietveld, 1888—1964)和其他人设计的斯图加特(Stuttgart)的魏森霍夫住宅区(Weissenhof Siedlung)大体相当。在法西斯于 1933~1934 年兴起之后，市政居住计划陷于停顿。直到第二次世界大战之后，奥地利才重又出现了第一流的建筑。

法国

法国的"世纪末"(Fin de siècle)建筑，仍然由巴黎美术学院的具有国际影响的古典主义所主导。学院派艺术的轴线布局和对称平面特别适于壮观的城市表达和公共建筑，而法国总是这一领域的优胜者。世界各地的建筑师来到这个学院学习，路易十四、路易十五以及路易十六风格的复兴在世界各地的高雅建筑特别是室内设计中随处可见。夏尔·梅韦斯(Charles Mewès, 1860—1914)与他的伦敦合作者阿瑟·戴维斯(Arthur Davis, 1878—1951)以及科隆的阿尔冯斯·毕斯考夫(Alphonse Bischoff)一起，建造了巴黎(1898)、伦敦(1905—1906)和马德里(1908—1910)的路易十六风格的**里茨酒店**(Ritz Hotels)。梅韦斯是当时将国际品味应用于法国建筑的建筑师之一。

由工程师路易·勒萨尔(Louis Résal)和建筑师卡西安-贝尔纳(Cassien-Bernard)以及库赞(Cousin)设计的欢快的亚历山大三世大桥(Pont Alexandre III)，是 1900 年巴黎世界博览会建造的构筑物之一。维克托·拉卢(Victor Laloux, 1850—1937)设计的巴黎的**奥尔赛火车站**(Gare d'Orsay, 1898—1900，今**奥尔赛博物馆**, Musée d'Orsay)是巴黎美术学院的学院派古典主义建筑，这是一个使古典式平面、立面与钢铁结构及其室内融会贯通的代表性作品。甚至连教堂建筑有时也遵循这种模式，例如扎夏里·阿斯特吕克(Zacharie Astruc, 1835—1907)设计的巴黎**劳作圣母教堂**(Notre Dame du Travail, 1899—1901)，它的纯正古典立面之内是廉价的全钢结构。

"新艺术运动"在世纪之交的法国北部势头也很强劲。这一名称来自艺术品商人萨穆埃尔·宾(Samuel Bing, 1838—1905)在巴黎的一家名为"新艺术沙龙"(Salon de l'Art Nouveau)的商店。这家商店于 1895 年开张，销售来自各国的先锋风格的"艺品"(objets d'art)，包括南锡(Nancy)的埃米尔·加勒(Emile Galle, 1846—1904)的玻璃制品、威廉·莫里斯公司的纺织品，以及比利时艺术家亨利·范德维尔德(Henry Van de Velde, 1863—1957)的家具。因此，"新艺术"开始成为一种手工艺的名称，且很快被用于结构和装饰相结合的、"自由"或"有机"的铁艺建筑。这些建筑的植物装饰蜿蜒、饱满而绽放，有朴实的非对称感，在1895～1910年成为遍及欧洲的时尚。其他的称谓(如德国和奥地利的"青年风格派"(Jugendstil)或"分离派风格"(Sezessionstil)，意大利的"花叶饰风格"(Stile floreale)即"自由风格"(Stile Liberty)，西班牙的"现代主义"(Modernismo))也表明着同样的倾向。这一潮流中的理性路线则归属于维奥莱-勒-杜克的理论。

新艺术运动建筑最雄辩的法国鼓吹者是引起争议的弗朗茨·茹尔丹(Frantz Jourdain, 1847—1935)。他欢迎铁和钢结构，但鄙视埃菲尔铁塔(Eiffel Tower)那种无装饰的粗糙(参见有关章节)。在许久才完成的巴黎萨马利泰纳百货商场(La Samaritaine Store, 1891—1914, 见[1401]页图B)的重建中，茹尔丹表明了他的理念。这座建筑的表面装饰和广告使理性的钢结构生色不少。这种风格很快在商业消费、广告宣传和展览建筑中流行开来，例如巴黎的拉斐特百货公司(Galeries Lafayette, 1906—1912)和大市场(Grand Bazar, 1906)。最成功的新艺术运动建筑师是埃克托尔·吉马尔(Hector Guimard, 1867—1942)，他的那些著名的巴黎地铁车站(Paris Métro, 1900—1912, 参见第34章)一直使用着刚健的铸铁和植物纹样装饰。这种习惯始于他设计的公寓建筑，如巴黎卡斯特尔·贝朗热公寓(Castel Béranger, 1894—1898)。但在为自己设计的巴黎莫扎特大街住宅(house in the Avenue Mozart, 1910)之后，吉马尔在公寓建筑中转向预制构件的理性建筑。

作为一种有产阶级的别墅风格，新艺术运动得到普遍欣赏。它影响最大的中心省份是洛林(Lorraine)地区的钢铁之都南锡。在那里，它受到繁荣的手工艺工业和艺术学校的激励。南锡的马若雷勒别墅(Villa Majorelle, 1898—1901)是一座优美的新艺术住宅，它是亨利·索瓦热(Henri Sauvage, 1873—1932)的早期作品。许多法国建筑师都受到新艺术运动的影响，但也继续采用多样的风格。例如，南锡的约瑟夫·霍内克尔(Joseph Hornecker, 1873—1942)建造了具有全套古典外衣的南锡大剧院(Grand Théâtre)，而他的商店是新艺术运动风格，住宅则兼有地方风格和古典风格。同样，萨穆埃尔·宾自己的建筑师路易·博尼耶(Louis Bonnier, 1856—1946)，在他的郊区住宅设计中采用了英国影响下的地方复兴手法，例如巴黎塞科莫莱斯大街的安得烈·吉德住宅(house for André Gide, Avenue des Sycomores, 1904—1905)。但在巴黎鲁埃勒街学校(School in Rue Rouelle, 1908—1911)这样的城市建筑中，博尼耶提炼运用了法国北部流行的多彩砖建筑风格。博尼耶的著名作品是他那优雅的巴黎加耶山丘温泉浴场(bath at La Butte aux Cailles, 1920—1924)，它的砖立面背后是抛物线形的混凝土拱券。

在1889年和1900年的巴黎世界博览会上，法国建筑工程技术传统凸显出来的强劲发展使法国成为发展钢筋混凝土这种新世纪材料的先行者。弗朗索瓦·埃纳比克(François Hennebique, 1842—1921)富于魄力的公司首先在这种建筑技术上取得广泛成功。埃纳比克体系借助于19世纪90年代中期里尔和图尔宽地区(Lille and Tourcoing)的面粉厂和工厂项目而发展起来，且于1900年以后被迅速接受并通过特许而广泛传播。在早期，裸露的钢筋混凝土用于对风格形式并不重视的工厂或面粉厂，但在需要美观的建筑物中却被披上建筑艺术的外衣。1900年巴黎世界博览会上的路易十六风格的大宫(Grand Palais)的主楼梯厅，便是这种技术用于显要建筑的早期实例。

在新建筑的表现中，最早探索使用混凝土的是巴黎的蒙马特尔圣约翰教堂(S. Jean de Montmartre, 1894—1904)。该教堂由阿纳图瓦·德博多(Anatole de Baudot, 1834—1915)设计，以混凝土拱砖填充体系建造(参见第34章)。有巴黎美术学院背景的建筑师兼工程师奥古斯特·佩雷，自觉认识到钢筋混凝土对建筑的特殊潜力。他早期的巴黎富兰克林路公寓(flats in Rue Franklin, 1903—1904, 依然采用埃纳比克体系, 见[1404]页图A)的沿街立面由矩形框架和镶板构成。公寓的混凝土框架允许开大窗洞，它被清晰地表现而不是暴露，且表面覆有装饰性的面砖。

佩雷的建筑总是由他和兄弟古斯塔夫(Gustave)一起创建的建筑公司用钢筋混凝土来完成，并很快就向一种以暴露立面材料为特点的现代简洁的梁柱式古典主义发展。他那影响很大的巴黎香榭丽舍剧院(Théâtre des Champs Elysées, 1911—1913, 见[1405]页图A)

第44章 1900～1945年的西欧建筑

图A 维也纳的卡尔-马克思-霍夫住宅区(1926—1930)，见[1399]页

图B 巴黎的萨马利泰纳百货商场(1891—1914)，见[1400]页

图C 普瓦西的萨沃伊别墅(1929—1930)，见[1403]页

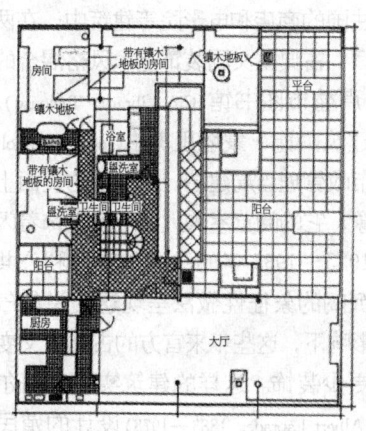

图D 萨沃伊别墅一层平面图

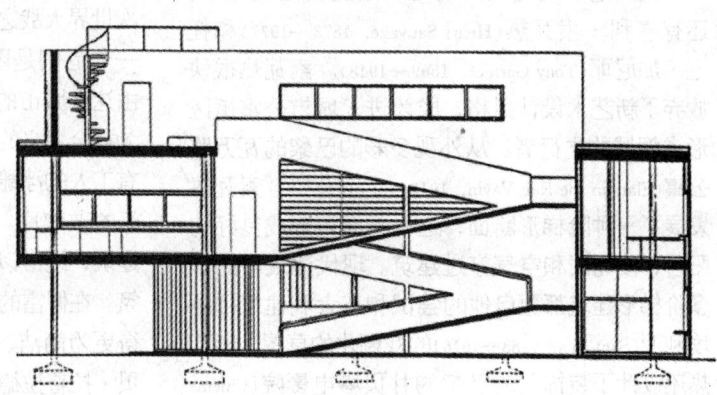

图E 萨沃伊别墅剖面图

以亨利·范德维尔德的构思为基础,有拱顶的观众厅、梁柱结构的中央大厅以及多立克柱式比例的混凝土立面,安东尼·布德尔(Antoine Bourdelle)为它设计了檐壁。佩雷的杰作是勒雷西的**圣母教堂**(Church of Notre Dame, Le Raincy, 1922—1923, 见[1404]页图 B 和 [1405]页图 B)。这座廉价的建筑有框架镶板的立面处理、敞亮的大厅、扁拱、细柱,显眼的大窗户上是由莫里斯·丹尼斯(Maurice Denis)设计的色彩缤纷的玻璃,并以裸露的混凝土调和了法国教堂的哥特与古典传统。此后,佩雷倾向于在教堂设计中保持自己的特色,其中最恢弘的作品是勒阿弗尔的**圣约翰教堂**(S. Jean, Le Havre, 1952—1955)。佩雷最优秀的工业建筑是巴黎的**埃斯代尔工厂**(Atelier Esders, 1919—1921),它有简洁、宽敞、带有廊子和顶光并被优雅的混凝土拱顶联结在一起的工作间。他的公共建筑成为颇有理智的古典尝试之作,倾向于炫耀混凝土的无所不能(例如,巴黎公共工程博物馆(Musée des Travaux Publics, 1936—1946))。佩雷在法国的影响并不亚于勒·柯布西耶。

在工程作品中,欧仁·弗雷西内以特殊的天赋运用混凝土结构,成为预应力混凝土之父。他最值得赞誉的作品是奥利机场的**飞艇库**(airship hangars, Orly Airport),这是于 1921~1923 年兴建的两座巨大的抛物线棚屋。弗雷西内帮助建造了两次世界大战间的许多混凝土拱券结构大厅和厂房,例如优美的**兰斯市场大厅**(Market Hall, Rheims),但他更是一位重要的桥梁设计家。他的"预应力混凝土"(pre-stressing concrete)概念让建筑能有跨度更大且更薄的构件,但这一概念直到第二次世界大战才成熟起来。

在其他早期现代时期的法国重要建筑师中,还有亨利·索瓦热(Henri Sauvage, 1873—1932)和托尼·加尼耶(Tony Garnier, 1869—1948)。索瓦热很快放弃了新艺术设计风格,成为进入城市公寓街区形式领域的先行者。从外观多彩的巴黎的**瓦万路公寓**(Flats in the Rue Vavin, 1912—1913)开始,索瓦热发展了一种阶梯形断面,这种断面可形成良好的阳台,使光线和空气穿过建筑。现代建筑中的许多阶梯形建筑都源自他的尝试和意大利建筑师圣埃利亚(Sant'Elia, 1888—1916)的戏剧化的草图。索瓦热还设计了装饰化的巴黎的甘贝塔电影院(Cinéma Gambetta, 1920),并同他的朋友茹尔丹一道,改建了后者于 20 世纪 20 年代后期设计的巴黎萨马利泰纳百货商场的较为沉重的立面。加尼耶的重要性在于城镇规划的历史。他的理想项目"工业城市"(Cité Industrielle)始于 1901 年,并于 1917 年发表。该项目以理性的方式描绘出一座 3.5 万人的工业城市,其中的城镇统一在平屋顶的立方主义模式中,而居住区与工作区、中心与城郊有严格的区分。这个方案体现了加尼耶在家乡里昂(Lyons)的经验。在里昂,他曾于 1908 年受雇设计**穆谢市场**(Les Mouches),其阶梯形的钢框架大厅(1909)的跨度达 80m(262ft)。加尼耶还建造了里昂的**格朗日布朗什医院**(Hospital at Grange Blanche, 1920—1933)和简化的古典式的**布洛涅-比扬古市政厅**(town hall, Boulogne-Billancourt, 1931—1934)。"都市主义"(Urbanism)这个于 1909 年在里昂创造的有争议的术语,被罗伯特·吉鲁(Robert Giroud)和莫里斯·勒鲁(Môrice Leroux, 1896—1963)推广。他们在**格拉塔-希尔维勒班❶**的街道建筑,是由带有阳台的公寓建筑物的纪念性构图组合,这些阳台通向一座盛大的装饰艺术风格的市政厅。

法国的"装饰艺术派"在佳吉列夫(Sergey Paclovich Diaghilev, 1872—1929)的俄国芭蕾舞域外风格中有它的根源,但其名称则得自巴黎装饰艺术博览会(Exposition des Arts Décoratifs, 1925)。作为非严格意义上的建筑风格,"装饰艺术派"是调和佩雷简化古典主义及他的追随者与在新艺术运动中依然强势的装饰和手工艺传统和平共处的一种方式。"装饰艺术派"厚重、多彩和陶艺式的形式,在两次世界大战之间流行于法国的商店和电影院等建筑中。在两次世界大战之间,古典主义同装饰艺术风格混合的一个范例是**图卢兹市图书馆**(City Library, Toulouse),由这个城市的建筑师让·蒙塔里奥尔(Jean Montariol)为社会主义的市政管理当局建造。图书馆的立面上有工人的浮雕像,它的阅览室的天花板上装饰着闪烁的玻璃片。1925~1935 年的法国和意大利公共建筑,经常以沉闷的象征性做法呈现这类说教气氛。在佩雷的影响下,这些年来官方的古典主义变得更为简洁、更少装饰。这样的建筑实例有阿尔贝·拉普拉德(Albert Laprade, 1883—1978)设计的**殖民**

---

❶ Villeurbane, Les Gratte-Ciels, 1935 年; Gratte-Ciels 系摩天大楼之意。——译者注

第44章 1900~1945年的西欧建筑

地博物馆(Museum of the Colonies, 1929；今非洲和大洋洲艺术博物馆(Museum of African and Oceanic Art))和同年建造的雪铁龙商店(Citroën Store)，以及由阿泽马、布瓦洛和卡吕(Azéma, Boileau and Carlu)设计的有着开阔广场的巴黎特罗卡德罗夏约宫(Palais de Chaillot, Trocadéro, 1937)。

这个时期的法国有产阶级住宅和公寓虽然经常被装饰艺术派感染，但主要追随一种温和的古典主义，用壁柱、小天使和浮雕嵌板来宣扬它们的文化意趣。罗歇·埃克斯佩(Roger Expert, 1882—1955)在海滨城镇阿卡雄(Arcachon)，为四座此类别墅(1924—1927)设计了特别精巧的外观。他设计的贝尔格莱德的**法国大使馆**(French Embassy, Belgrade, 1930)也是如此。教堂建筑也大量保持了传统，它们的最佳代言人是经过巴黎美术学院训练的本笃会修士保罗·贝洛(Benedictine monk Paul Bellot, 1878—1944)。贝洛的国际实践主要是受到德国和荷兰表现主义影响的砖结构教堂，例如旺沃的**圣巴蒂尔德隐修院**(Prieuré Sainte-Bathilde, Vanves, 1935)。其他吸引人的教堂，有马拉斯特(Marrast)和雅克·德罗兹(Jacques Droz)设计的集中式的万塞讷**圣路易教堂**(S. Louis, Vincennes, 1912)，以及同样由德罗兹设计的具有强烈地方色彩的尼斯**圣贞德教堂**(S. Jeanne d'Arc, Nice, 1924)。

第一次世界大战后，法国建筑的先锋派由活跃的瑞士裔建筑师、画家和辩论家勒·柯布西耶所主导，他最初的声望来自《新精神》(*L'Espirit Nouveau*)杂志。1914~1915年，柯布西耶发表了他的"多米诺住宅"(Domino)的专利设计，这是一种符合战时条件和大规模住房生产要求的混凝土框架体系。在引起争议的一连串设计和著作中，柯布西耶推广并扩大了他的"新建筑五点理论"，其中最著名的是1923年发表的《走向新建筑》。柯布西耶的早期建筑主要是艺术家画室和郊区别墅：巴黎的**罗什-让纳雷住宅**(La Roche-Jeanneret houses, 1924)和**普拉内住宅**(Maison Planeix, 1927)、加尔什的**斯坦别墅**(Villa Stein, Garches, 1927)以及普瓦西的**萨瓦(萨沃伊)别墅**(Villa Savoye, Poissy, 1929—1930，见[1401]页图C~图E, [1404]页图C)。在这些建筑中，柯布西耶利用混凝土框架带来的自由平面首创出平顶的"白色建筑"(white architecture)，成为国际现代主义的同义词。他冲破了住宅的构成元素，用比例精细的正方形、弧形和对角线来重新组合。这种别墅风格，首先受到立体主义绘画和荷兰风格派设计者的影响。这些住宅开窗宽阔而空间敞快，但内部冷峻而严整。在萨沃伊别墅中，整个上层建筑第一次被抬到了柱子上。柯布西耶的兴趣还扩展到更小型的住宅，例如他为母亲设计的瑞士的**沃韦住宅**(Vevey, 1926)及塞纳河畔的**布洛涅库克住宅**(Maison Cook, Boulogne-sur-Seine, 1926)，而最富成效的是**波尔多佩萨克花园城郊灵巧的并联住宅**(Pessac, Bordeaux, 1926—1928)。柯布西耶的大型建筑构想很少实现，但其中最重要的是巴黎的**瑞士学生会馆**(Pavillon Suisse, 1930—1932，见[1404]页图D)。在这座建筑以及巴黎的**救世军大楼**(Salvation Army building, Paris, 1919—1933)和莫斯科的**合作总社大楼**(Centrosoyuz Building, Moscow, 1928—1934)中，柯布西耶和他的合作者皮埃尔·让纳雷(Pierre Jeanneret, 1896—1967)一起探索了运用幕墙和空调的可能性。他们在日内瓦国联大厦(League of Nations Building, 1926—1927)设计竞赛和莫斯科苏维埃宫(the Palace of the Soviets, Moscow, 1931—1932)设计竞赛中都失败了，但柯布西耶在这两次竞赛中的方案图都曾大量出版，并得到广泛的称颂。到20世纪30年代，在柯布西耶耗费大量精力但又最终流产的城市规划方案中，知名的有阿尔及尔(Algiers)规划方案。这些方案有许多都是在他1945年后的事业中才找到实现的机会。

除勒·柯布西耶和皮埃尔·让纳雷以外，这里还应该谈到先锋建筑师艾琳·格雷(Eileen Gray, 1879—1976)、罗伯特·马莱-斯蒂文(Robert Mallet-Stevens, 1886—1945)和米歇尔·鲁-施皮茨(Michel Roux-Spitz, 1888—1957)等人。格雷和让·巴科维奇(Jean Bacovici)一道设计了尼斯附近的壮观的**罗克布吕讷住宅**(houses at Roquebrunne, near Nice)，利用了现代运动有关太阳和光线的所有优势(1932年，皮埃尔·弗莱(Pierre Flaix)为艾克斯莱班诊所(Aix les-Bains)设计的阳光治疗室(solarium)是这种建筑的"完美代表"(ne plus ultra))马莱-斯蒂文在巴黎设计了体现卢斯和荷兰风格派设计影响的一个尽端式住宅组群(1926—1927，今马莱-斯蒂文路(Rue Mallet-Stevens))和大规模的索镇的**特拉普纳尔别墅**(Villa Trappenard, Sceaux, 1930)。斯蒂文同时又是一位活跃的电影布景和商店设计师。鲁-施皮茨在装饰艺术派(或"现代艺术派"(Art Moderne))和先锋现代主义之间的广泛领域均有建树。在他设计的巴黎公寓建筑中，位于福特汽车展示厅上的**意大利大街 35 号公寓**（35 Boulevard des Italiens, 1931）非常著名。他还为自己在迪纳尔设计了一座优美的**别墅**（villa at Dinard），内有路易·布斯凯（Louis Bousquet）的壁画。卢贝特金（Lubetkin）和金斯贝格（Jean Ernest Ginsberg）设计的巴黎的**凡尔赛大街 25 号公寓**（25 Avenue de Versailles, 1930）是对法国公寓住房类型的另一重要贡献。这一时期巴黎最有名的住宅是**水晶屋**（Maison de Verre, 准确地说，应称为**达尔萨斯住宅**（Dalsace House），1928—1932，见[1405]页图 C、图 D）。这是一个充满热情的早期"居住机器"的实例，杰出地运用了玻璃和金属，它的设计人是皮埃尔·夏洛（Pierre Chareau, 1883—1950）和荷兰建筑师伯纳德·比耶沃特（Bernard Bijvoet, 1889—1979）。

在曾代表塞纳区（the Seine Département）监造了低造价住房的亨利·塞利耶（Henri Sellier）的资助和影响下，巴黎的城郊在两次世界大战之间产生了大量有趣的作品。新的社区在首都巴黎周围形成了，尽管它们几乎完全由砖结构立面抹灰的公寓和街区间的公共空间构成，但它们还是被称为"花园城市"（cités jardin）。其中有**普莱西-鲁宾逊公寓**（Le Plessis-Robinson, 1924—1939）和**沙特里-马拉布里公寓**（Châtenay-Malabry, 1931—1939），巴松皮埃尔（Bassompierre）和吕特（Rutté）设计完好的建筑与起伏的基地在那里相互协调，由此提供了愈加惬意的效果。在德兰西（Drancy），富于实验精神的现代主义者欧仁·博杜安（Eugène Beaudouin, 1898—1983）和马塞尔·洛兹（Marcel Lods, 1891—1978）建造了**拉米埃特城**（Cité de la Muette, 1931—1932），它是欧洲第一个包括有塔楼（有 15 层之高）的居住区。在叙雷讷（Suresnes），博杜安和洛兹设计了一所带有单层附属建筑的精美学校（1935），他们二人与有影响的技师让·普鲁韦（Jean Prouvé, 1901—1984）合作设计的**克利希人民宫**（Maison du Peuple, Clichy, 1938—1939）则是一座全钢结构建筑。另一个优美的郊区学校是维勒瑞夫的**卡尔·马克思学校**（Karl Marx School, 1933），这是现代主义者安德鲁·吕尔萨（André Lurçat, 1894—1970）的杰作。

德国

德国在 1866~1870 年战争中的胜利，掀起了狂热的民族主义。这种浪潮在 1900 年至第一次世界大战期间的德国建筑中还远未衰退，其极端的表现就是 1913 年由布鲁诺·施米茨（Bruno Schmitz, 1858—1916）设计的**百年莱比锡战役纪念碑**（Monument to the Battle of Leipzig），上面布满弗兰兹·梅茨纳（Franz Metzner）的雕塑。在阿尔萨斯（Alsace, 1870—1914 年时的德国领土），**柯尼斯堡屋**（Haut-Koenigsbourg, 1901—1908）是一座在孚日山区（Vosges）的古堡，由柏林建筑师博多·埃布哈德（Bodo Ebhardt, 1865—1945）为德皇威廉二世（Kaiser Wilhelm II）奇迹般地重建成德国中世纪风格，古堡内有里奥·施纳赫（Léo Schnug）的恢弘壁画。阿尔萨斯的首府斯特拉斯堡（Strasbourg）出现了一些自信的德国或阿尔萨斯三角山墙风格的优美建筑（**蓬托尼尔路学校**（School, Rue des Pontonniers), 1903—1904）和风景优美的**诺伊多夫花园郊区**（garden suburb at Neudorf, 1912—1914）。

诺伊多夫花园郊区是在英国文化的崇拜者赫尔曼·穆特修斯的推动下，按照英国原则建立的工人花园郊区之一，用于缓解德国城市的住房拥挤。这次运动从某种程度上来说是在特奥多尔·菲舍尔（Theodor Fischer, 1862—1938）预料之中的。菲舍尔在 19 世纪 90 年代做慕尼黑扩展规划时，曾受奥地利建筑师卡米洛·西特（Camillo Sitte, 1843—1903）的风景如画的城镇规划理论的影响。菲舍尔的罗伊特林根**格明德尔多夫工人村**（Gmindersdorf, Reutlingen, 1903—1915）布局，开始于花园城郊方式，但在后来的步骤中变得更规则化了。最早的和最有影响的真正的德国花园城郊是德累斯顿黑勒劳住宅区（Hellerau），由海因利希·泰森诺（Heinrich Tessenow, 1876—1950）和里夏德·里默施密德（Richard Riemerschnied, 1868—1957）以及其他人参与建成。在它之后，有格奥尔格·梅岑多夫（Georg Metzendorf）设计的埃森的**马尔加滕霍住宅区**（Margaretenhöhe, Essen）和路德维希·鲁夫（Ludwig Ruff）设计的纽伦堡的**维尔德劳住宅区**（Werderau, Nuremberg）。

与前面的项目相关，但是为有文化的中产阶级服务的有达姆施塔特的**艺术家之家**（Artists Colony, Darmstadt）。该建筑于 1899 年由黑森大公奠基，约瑟夫·奥尔布里奇和彼得·贝伦斯（1868—1940）设计了其中的住宅。此外，还有埃彭豪森的**霍恩哈根城郊住宅区**（Hohenhagen Suburb, Eppenhausen），由民风博物馆（Folkwang Museum）的卡尔·奥斯陶斯（Karl Osthaus）于 1906 年发起，其中住宅设计者有贝伦斯、亨

第 44 章 1900～1945 年的西欧建筑

图 A 巴黎的富兰克林路公寓(1903—1904)，见[1400]页

图 B 勒雷西的圣母教堂(1922—1923)，见[1402]页

图 C 普瓦西的萨沃伊别墅(1929—1930)庭院，见[1403]页

图 D 巴黎的瑞士学生会馆(1930—1932)，见[1403]页

图 A 巴黎香榭丽舍剧院(1911—1913)，见[1400]页

图 B 勒雷西圣母教堂室内

图 C 巴黎水晶屋(达尔萨斯住宅，1928—1932)，见[1406]页

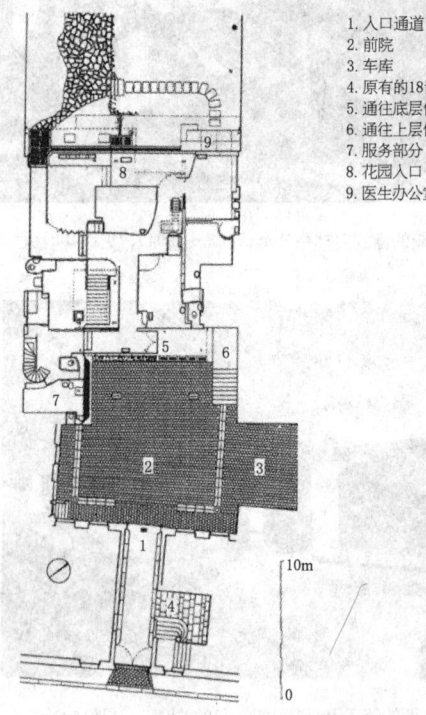

1. 入口通道
2. 前院
3. 车库
4. 原有的18世纪建筑
5. 通往底层住宅的入口
6. 通往上层住宅的入口
7. 服务部分
8. 花园入口
9. 医生办公室平台

图 D 水晶屋底层及花园平面图

第44章 1900～1945年的西欧建筑

利·范德维尔德以及约翰内斯·卢多维克斯·马蒂尼·劳沃里克斯(Johannes Ludovicus Mathieu Lauweriks, 1864—1932)。达姆施塔特的公共建筑有奥尔布里奇设计的**恩斯特·路德维希宅**(Ernst Ludwig Haus, 1901)和**婚礼塔**(Wedding Tower(Hochzeitsturm), 1905—1908, 见[1408]页图A),都表现了维也纳分离派的审美情趣。在最后设计了杜塞尔多夫的**蒂茨商店**(Tietz Store, Düsseldorf, 1908—1909)之后,奥尔布里奇的建筑生涯就沉寂下来了。在中产阶级的住宅中,同样可以看到穆特修斯和保罗·梅布斯(Paul Mebes, 1872—1938)的影响。梅布斯在1908年发表了优秀的著作《1800年前后》(Um 1800),把建筑和室内装饰拉回到优雅的比德迈风格❶。第一次世界大战前的德国先锋派住宅常不拘一格地掺入英国式的沉重感。例如,范德维尔德的开姆尼茨的**埃舍宅**(Esche house, Chemnitz, 1902—1903)和哈根的**霍恩霍夫宅**(Hohenhof House, Hagen, 1906—1907)有着沉重的复折式屋顶,这就比他自己设计的**魏玛艺术学校**(Weimar Art School, 1904—1911)或**开姆尼茨网球俱乐部**(Chemnitz Tennis Club, 1906—1908)缺乏吸引力了。这时期有一座特别优美的别墅——勃兰登堡莫尔考湖的**雷默宅**(Remer House, Molchow See, Brandenburg, 1905—1908, 已毁),由芬兰建筑师耶塞柳斯(Herman Gesellius, 1874—1916)、林德格伦(Yrjö Lorenzo Lindgren, 1900—1952)和埃利尔·沙里宁(Eliel Saarinen, 1873—1950)设计。

工业化是这一时期的德国人思考的中心问题。以资本主义和文化之间的关系为背景,德意志制造联盟于1907年成立,由此产生了工业界、建筑界、手工艺界和教育界的结合链。赫尔曼·穆特修斯成为制造联盟的首任书记,并促使明确了联盟的任务。他主张以有效的实践性"建造艺术"(Baukunst)来代替以风格为主的"建筑"(Architektur)。

德国工业界和建筑界合作的先例,是在通用电器公司(Allgemeine Elektrizitäts-Gesellschaft(AEG))创始人的养子瓦尔特·拉特瑙(Walther Rathenau, 1867—1922)的建议下,这家庞大的工业公司雇用了彼得·贝伦斯。贝伦斯早年学习绘画,他的风格包括从"青年风格派"到简化的古典主义建筑(如1906—1907年佛罗伦萨风格的德里斯特恩的**火葬场**(Crematorium, Delstern)和1910年申克尔风格的埃彭豪森**库诺宅**(Cuno house, Eppenhausen)。贝伦斯在AEG的创作时期始于1907年。作为批量生产产品的艺术顾问,他重新设计了企业形象,并督察公司的建筑计划。这项工作最为出色的成果,就是贝伦斯设计的柏林的**通用电气公司涡轮机车间**(AEG Turbine Hall, Berlin, 1908—1909, 见[1408]页图C)。这个建筑的雄伟的立面散发着申克尔风格的新古典主义气息,它既是一座表达工程技术的长屋,又是一个工作的圣殿。它导向一种浪漫的建筑观,但又接受大规模生产的戒律,并预示着标准化的建筑设计和生产。类似的体现AEG涡轮机车间的朴素庄重,但又把自己表现为启发性"园林工厂"的是穆特修斯在1912年设计的波茨坦新韦斯的**米歇尔斯丝织厂**(Michels Silk-Weaving Mill, Nowawes, Potsdam)。

同贝伦斯一样,但又多少有点分歧的观点,反映在他的两个主要助手的作品中,他们是瓦尔特·格罗皮乌斯(Walter Gropius, 1883—1969)和密斯·凡德罗(Mies van de Rohe, 1886—1969)。在1908～1909年前后,格罗皮乌斯在帕梅拉尼亚的(Pomerania, 现属波兰)**戈尔真古特住宅区**(Golzengut),为工人设计建造了平屋顶的标准化住宅,并和阿道夫·迈耶(Adolf Meyer, 1881—1929)一起建造了著名的有着砖与玻璃立面的莱讷河畔阿尔费尔德的**法古斯工厂**(Fagus Boot Factory, Alfeld-an-der-Leine, 1911)。这座工厂是通用电气公司涡轮机车间作品中"无风格"方向的继续。密斯同贝伦斯一起设计了俄国圣彼得堡的**德国大使馆**(German Embassy, S. Petersburg, Russia, 1911—1912),这是一个简化的申克尔新古典主义的极端诠释。以工业化为基础还是以艺术为基础,这种价值观的冲突在1914年科隆(Cologne)的德意志制造联盟展览会上成为突出的问题。当时,穆特修斯提出以类型研究(Typisierung)作为未来建筑的基础,但遭到维护艺术家个人创造权利的亨利·范德维尔德的反对。

在此次展览会上,最富挑战性的是范德维尔德空前的作品**联盟展览会剧场**(Werkbund Theatre),其优雅的线形构图预示着第一次世界大战后将要出现的埃里希·门德尔松等人的流线形风格。体现着新艺术运动和"青年风格派"之自然发展的

---

❶ Biedermeier style;一种介于新古典主义和浪漫主义之间的过渡时期艺术风格,勃兴于1825～1835年的经济萧条时期,影响遍及德国、奥地利、意大利北部和斯堪的纳维亚。——译者注

第七编　20世纪建筑

图A　达姆施塔特的婚礼塔(1905—1908)，见[1407]页

图B　波茨坦的爱因斯坦天文台(1921)，见[1409]页

图C　柏林的通用电气公司涡轮机车间(1908—1909)，见[1407]页

这种倾向，在很大程度上接受了美学家威廉·沃林格的"移情"(empathy)理论的影响，并经常(尽管不太令人满意)被视为表现主义。直到20世纪20年代中期，表现主义同德国现代主义的真正界限也没有严格而明确的区分。在德意志制造联盟的重要成员汉斯·珀尔齐希的作品中，德国表现主义和现代主义手挽着手前进。珀尔齐希作品的语言变化包括布雷斯劳的**容克尔大街办公楼**(Junkernstrasse office building, Breslau, 1911)那沉重、呆板的水平线条及波森的**卢班化工厂**(Chemical Factory, Posen, 现卢班(Luban), 1911—1912)那朝气蓬勃的台阶式侧立面和非承重墙的砖立面。

布雷斯劳(今波兰的弗罗茨瓦夫(Wroclaw))是现代建筑的一个重要地区性中心。由当地的建筑师马克斯·贝格(Max Berg, 1870—1947)以及工程承包商迪克尔霍夫(Dyckerhoff)和威德曼(Widmann)设计的**世纪纪念堂**(Centennial Hall, 1911—1913)的混凝土肋架拱跨度达65m(213ft)，标志着一个新纪元的诞生。在混凝土建筑的发展中，德国几乎与法国旗鼓相当。运用这一技术的早期重要建筑，包括马克斯·里特曼(Max Littmann)设计的**慕尼黑大学解剖学院**(School of Anatomy, Munich University, 1905—1907)和海因利希·库斯特(Heinrich Kuster)设计的**布雷斯劳市场大厅**(Breslau Market Hall, 1906—1908)，以及**莱比锡火车站**(Leipzig Railway Station, 1909—1911)的中央大厅，这种抛物线拱顶风格的大厅和教堂的先例遍及两次世界大战间的欧洲。保罗·博纳茨(Paul Bonatz, 1877—1956)和弗里德里希·欧根·肖勒(Friederich Eugen Scholer)的**斯图加特火车站**(Stuttgart Railway Station, 1911—1928, 见[1411]页图A)是另一座此类建筑，它的结构不及它的宏伟立面上的申克尔式的节制来得重要。在这座建筑上，显然可以看到埃利尔·沙里宁设计的**赫尔辛基火车站**(Helsinki Station)的明显影响(参见有关章节)。

第一次世界大战德国战败后这段时期的建筑，就像布鲁诺·陶特(Bruno Taut, 1880—1938)所描述的，带有极度内省和乌托邦主义的印记。作为现代建筑潮流的一支，战前表现主义与现代城市动态的特性有关，它是20世纪20年代首先浮现出来的一种清晰的德国风格。埃里希·门德尔松是它的首倡者。门德尔松从引人注目的波茨坦的**爱因斯坦天文台**(Einstein Tower, Potsdam, 1921, 见[1408]页图B)和**卢肯瓦尔德制帽厂**(Luckenwalde Hat Factory, 1921—1923)，很快走向更加流畅的斯图加特的**绍肯商店**(Schocken Store, 1926—1927)和柏林的**宇宙电影院**(Universum Cinema, 1926—1929)。现代建筑语汇的普遍出现着实经历了一段时间。在所谓"新建筑"(Neues Bauen)的实验中，有胡戈·黑林(Hugo Häring, 1882—1958)的作品。黑林在1922年设计的**加尔考农场**(Garkau Farm)体现了一种极端功能主义的类型，农场主人的习惯和需要以及他的农具和牲畜都强烈地反映在建筑的外貌中。表现主义还在1919年格罗皮乌斯建立的早期魏玛包豪斯学校留下了印记。它首先体现在工艺美术和教学理论中，其次才是建筑。格罗皮乌斯和迈耶设计的木构架的柏林-达勒姆的**阿道夫·索默广场住宅**(houses for Adolf Sommerfeld, Berlin-Dahlem, 1920—1921)体现了这一时代的情绪和制约。密斯·凡德罗的建筑也具有激情化的表现，其主要成果是砖造的柏林的**李卜克内西与卢森堡纪念碑**(Liebknecht and Luxemburg Monument, 1926, 希特勒时代被毁)。

德国的天主教堂因混凝土抛物线拱和砖肌理的立面而享有强大的精神学派声誉，这在多米尼库斯·伯姆(Dominikus Böhm, 1880—1935)的一些教堂(例如美因兹附近的**比绍夫斯海姆教堂**(church at Bischofsheim, near Mainz, 1926))和马丁·韦伯(Martin Weber)设计的法兰克福的**圣卜尼法斯教堂**(S. Boniface, 1927)中得到最佳体现。由弗兰茨·迪施钦格(Franz Dischinger)和乌尔利希·芬斯特瓦尔德(Ulrich Finsterwalder)在拱形屋顶和圆屋顶中发展的混凝土薄壳，是两次世界大战之间的德国建筑和工程技术的亮点。这种混凝土薄壳始于一个实验性的位于耶拿的**蔡斯公司圆顶**(dome for the Zeiss company, Jena, 1923)，接着是**莱比锡市场大厅**(Leipzig Market Hall, 1928—1929)和**法兰克福市场大厅**(Frankfurt Market Hall, 1929—1930)所实现的大跨度扁穹顶。所谓"蔡斯-迪维达专利"(Zeiss-Dywidag patents)，在20世纪30年代的马格德堡的**大众汽车公司**(Volkswagen Works, Magdeburg)的北向采光的厂房屋顶中得到最广泛的运用。

在20世纪20年代后期，德国经济得到复苏。一种严谨的、功能化的、相当冷静的平屋顶现代主义建筑出现了，并很快当作"现代"或"国际式"风格广泛地被接受。它同"新客观派"(新现实性或新客观性)相结合，并在1925~1930年的宏大的德国补贴住房运动中得到大力发展。在一个名为"圈"(Der Ring)的非正式的柏林建筑师团体的推动和支持下，许多现代主义者得到城市建筑师的工作，并形成小组来建造这些住房。这些人包括科隆的弗里茨·舒马赫(Fritz Schumacher, 1869—1947)、德累斯顿的汉斯·珀尔齐希、马格德堡(时间不长)的布鲁诺·陶特，其中以柏林的马丁·瓦格纳(Martin Wagner, 1885—1957)和法兰克福的恩斯特·迈(Ernst May, 1886—1970)最为著名。这些建筑师受到英国"花园城市"(garden city)和郊区绿地的影响，但他们的建筑密度比较大，所建的公寓多于小住宅。迈的小组特别突出，其最佳的成就是法兰克福的罗马城居住区(Römerstadt Siedlung, 1926—1928)。这是现代小型住房布局研究的先行者，特别是它的厨房的安排。1930年，迈领导他的小组在俄国尝试同样的做法，成果却非常有限。在柏林，马丁·瓦格纳同许多建筑师一道工作，包括布鲁诺·陶特(汤姆叔叔的小屋住宅区(Onkel-Toms Hütte)和柏林-布里茨住宅区(Berlin-Britz))、汉斯·夏隆和瓦尔特·格罗皮乌斯(柏林西门子城居住区(Berlin-Siemensstadt))。行列式建筑(Zeilenbau)的概念在柏林居住区中大量使用：平行布局的体量不理会街道走向，体量之间是带来阳光和空气的开放空间，而不是围起的院子。这种实践的先行者是特奥多尔·菲舍尔(Theodor Fischer, 1862—1938)和他的慕尼黑旧海德居住区(Alte Heide Estate, 1919)。

早期最著名的德国居住区是德意志制造联盟创办的斯图加特的魏森霍夫住宅区(Weissenhof Siedlung, 1927)和瓦尔特·格罗皮乌斯及其在包豪斯的继任者汉内斯·迈耶(Hannes Meyer, 1899—1954)设计的德绍-托滕住宅区(Dessau-Törten Estate, 1926—1930)。魏森霍夫住宅区是密斯·凡德罗以不太成熟的手法布局的个人英雄式表现的住宅群，其中有许多主要的现代建筑师设计的公寓和住宅，有些还来自德国之外。该住宅区是混杂的，其中最好的设计出自雅各布斯·约翰内斯·彼得·奥德、勒·柯布西耶和汉斯·夏隆。德绍-托滕住宅区是1925年包豪斯搬到德绍后的一个小型住宅区，它的引人注目之处主要在于预制构件和移动式起重机的广泛应用。这个住宅区和格罗皮乌斯在德绍的包豪斯校舍(Bauhaus Buildings, 1925—1926，见[1411]页图B)，标志着德国最富影响的现代主义学派向"新客观派"的转变。包豪斯正式教授建筑学是在1927年，但回溯起来，它

早已拥有新风格精神中心的声望。格罗皮乌斯于1928年离开包豪斯之后，在为大规模生产而做的预制房屋设计方面作了大量的开拓性工作，但很少真正建成，著名的有希尔施·库泊住宅(Hirsch copper house, 1931)。格罗皮乌斯的继任者汉内斯·迈耶是一个极端的功能主义者，他认为所有的建筑问题都可以用科学方式解决。他同汉斯·维特韦尔(Hans Wittwer)合作设计的最重要的建筑作品，是在柏林-波瑙的砖体立面的德国商业协会联盟学校(German Trades Union Federal School at Berlin-Bernau, 1928—1930)。对于温和的"客观派"(Sachlichkeit)来说，维特韦尔设计的莱比锡机场餐厅(Airport Restaurant, Leipzig, 1930—1931)令人感到轻松，它是一个小型的竖向建筑，屋顶从中央挑出，周围全是用来观看飞机的玻璃。

许多德国现代主义建筑师为20世纪20年代的进展而欣喜，但并不接受"新客观派"风格上的简化论以及住房驱动的做法。这些人中包括老一代的珀尔齐希和汉斯·夏隆。1930年后，他们在柏林建造了一些住宅，用现代主义同自由平面的结合展示出更多轻松性和文脉的可能性。汉斯·夏隆在勒包的施敏克宅(Schminke house, Löbau, 1932—1933)具有流动感的平面、斜线的楼梯以及通透的立面，它支持了一种在德国建筑策略中少见的自由化现代主义观念。

在魏玛共和国时期的德国，仍然盛行带有民族色彩的传统建筑。这种建筑最有力的倡导者是海因利希·泰森诺、保罗·舒尔茨-瑙姆堡(Paul Schulze-Naumburg, 1869—1949)和保罗·施米特黑纳(Paul Schmitthenner, 1884—1972)，他们在20世纪20年代都建过以高坡顶为特征的民族化住宅建筑。1933年后，当平屋顶的现代主义被排斥、包豪斯被封闭、许多杰出的现代主义者被迫流亡时，舒尔茨-瑙姆堡和施米特黑纳在纳粹专制的早期曾拥有权威。但是，希特勒像大多数独裁者一样地对乡土建筑不感兴趣，而是热衷于表现纪念性的城市古典主义。保罗·特鲁斯特(Paul Troost, 1878—1934)首先在他的慕尼黑的德国艺术之家(House of German Art, Munich, 1933)有效地实现了这种建筑风格，接着是阿尔贝特·施佩尔(Albert Speer, 1905—1981)建成纽伦堡阅兵场(Nuremberg Parade Ground, 1934)、柏林总理府(Berlin Chancellery, 1938)和规模较小的位于巴尔德哈姆的约瑟夫·托拉克画室(studio

第44章 1900～1945年的西欧建筑

图A 斯图加特火车站(1911—1928)，见[1409]页

图B 德绍的包豪斯校舍(1925—1926)，见[1410]页

for Josef Thorak at Baldham, 1938)等。施佩尔的古典主义把压抑的语汇和非人的尺度同一些巧妙的布局润色和细部结合在一起。他为柏林所作的更大规划项目，像纳粹主义之下的大量纪念性规划作品一样从未得以实现。那些恐怖年月的最后记忆，是第一条高质量的高速公路。

瑞士

现代建筑的早期阶段表明它在瑞士是受益的，这个国家有优秀的结构技术和雄厚的财力来建造高质量的建筑物。不同语言背景的社团发展了他们自己的建筑。以德裔为主的地区，在两次世界大战期间是"新建筑"（Neues Bauen）的繁盛中心。在更近一些的时期，人们则关注意大利裔地区。

在 20 世纪初期，拉绍德封（La Chaux de Fonds）是瑞士艺术和建筑的一个令人奋进的地区中心。在夏尔·勒普拉特尼埃（Charles L'Eplattenier, 1874—1946）的主导下，这里兴起了一个崇尚英国小住宅和维也纳"青年风格派"的艺术学派。勒普拉特尼埃的著名学生勒·柯布西耶最早的住宅设计反映了对这一学派的追随。在远赴巴黎以前，勒·柯布西耶在拉绍德封施沃布别墅（Villa Schwob, 1916）中，开始采用一种对称的、几乎是手法主义的平屋顶、重檐口和砖墙面的建筑语汇。

瑞士对 20 世纪建筑主流的贡献始于卡尔·莫泽（Karl Moser, 1860—1936）在巴塞尔（Basle）的工作。莫泽的作品逐渐失去了相关的历史含义，他的第一个重要作品是带有宏伟中央高塔的十字形圣保罗教堂（S. Paul, 1898—1901），接下来是 1912～1913 年的精美的巴特伊舍火车站（Badischer Bahnhof），但他的名作是圣安东尼教堂（S. Antonius, 1926—1927）。这是一个受佩雷影响的高耸混凝土建筑，拱顶的室内刚健有力。这座教堂可能是第一座完全成功的现代主义教堂塔楼。巴塞尔同样拥有优秀的低层住宅区，其中汉内斯·迈耶在穆滕茨（Muttenz）郊区所设计的自由村（Freidorf, 1919—1921）给人的印象最为深刻，它走的是花园城市的路子，但按轴线布局，并有一所位于中心的社区建筑。

巴塞尔附近的多纳赫的歌德堂（Goetheanum, Dornach）是建筑中表现主义的极端宣示。这里的建筑是人智学（anthroposophical）观念的象征体现。首先，1913～1914 年，由教师和神秘主义者鲁道夫·斯坦纳（Rudolf Steiner, 1861—1925）在卡尔·施密特-库尔提乌斯（Carl Schmidt-Curtius）的专业协助下，建造了木结构双层拱顶的歌德研究中心，作为斯坦纳的人智学社团的据点。在一场大火之后，它于 1924～1928 年依照斯坦纳的巨大雕塑般的设计模型重建，立面具有连续不断的裸露混凝土凹槽凸起，并被散置的具有同样特色的住宅和结构物围绕。歌德研究中心的内部很久以后才完成。

无论在技术和审美方面，瑞士工程师罗伯特·马亚尔（Robert Maillart, 1872—1940）都大大推进了混凝土桥梁建筑。他的作品范围从小型的三铰拱佐兹因桥（Inn Bridge, Zuoz, 1901），到日内瓦附近弗西优雅的阿弗桥（Arve Bridge, Vessy, 1936），弗西阿弗桥的悬臂是由剪刀撑支撑的。在设计特定的山地风景的萨尔金纳托贝尔桥（Salginatobel Bridge, 1930）时，马亚尔最终突破了砖石技术，纯粹依照混凝土属性的语汇。他还是第一个依据"平板"（flat-slab）技术建造房屋的欧洲人。在此技术下，大跨度连续的混凝土楼板和屋顶不需要梁的支撑。阿尔特多夫的联邦谷仓（Federal Grain Store, Altdorf, 1912），是这种"平板"技术建筑的先驱。

在两次世界大战间，组织不良的日内瓦国际联盟建筑竞赛粉碎了许多现代主义者的希望。1929～1937 年，由一个委员会（人员有卡罗·布罗吉（Carlo Broggi）、朱利安·弗莱根海默（Julien Flegenheimer）、卡米耶·勒菲弗（Carmile Lefèvre）、亨利-保罗·内诺（Henri-Paul Nénot）和约瑟夫·瓦戈（József Vago））设计建造的日内瓦的万国宫（Palais des Nations, Geneva），是古典主义和现代主义的混合物。规模稍小一些的同类建筑有乔治·埃皮托（Georges Epiteaux）设计的日内瓦的国际劳工办事处（Bureau International du Travail, 1924—1926）。

瑞士现代主义稳健振兴的突出代表是阿尔贝托·萨尔托里斯（Alberto Sartoris, 1904—1998；卢尔捷的天主教堂（Catholic church, Lourthier, 1932））和奥托·萨尔维斯伯格（Otto Salvisberg, 1882—1940）。萨尔维斯伯格早期工作于柏林，主要作品是实验室、办公室和医院等，多数都有混凝土框架、抹灰立面、活泼的线条和挑檐深远的平顶。他的位于伯尔尼的劳里医院（Lory Hospital, Berne, 1927—1929）是两次世界大战期间现代运动最好的医院作品。萨尔维斯伯格在莫泽之后，任苏黎世高等理工大学（Technische Hochschule, Zurich）教授，并在那里设计了包括机械实验室

第44章 1900～1945年的西欧建筑

(Machine Laboratory, 1930—1933)在内的许多建筑。两次世界大战之间的瑞士教育建筑,从幼儿园到大学都非常成功,实例包括巴黎建筑师德尼·奥内热(Denis Honegger)和费尔南·迪马(Fernand Dumas)设计的**弗里堡天主教大学**(Catholic University of Fribourg, 1938—1941),其宏伟而富于想象力的尝试和裸露混凝土简化古典主义得到佩雷的支持。还有勒·柯布西耶的前助手汉斯·布里赫布尔(Hans Brechbühler, 1907—1989)设计的**伯尔尼职业学校**(Gewerbeschule(Industrial School, 1935—1939))。

在瑞士,关于"新建筑"的争论与在德国同样激烈,其核心人物是保罗·阿塔利亚(Paul Artaria, 1892—1959)、汉斯·施密特(Hans Schmidt, 1893—1972)、汉内斯·迈耶和阿尔弗雷德·罗特(Alfred Roth, 1903—)等人。现代主义在居住建筑领域的批判性宣言是在苏黎世的两项开发:一项是由包括阿塔利亚、施密特和阿尔弗雷德·罗特在内的不同建筑师于1929～1932年设计的**诺布尔住宅区**(Neubühl Housing Estate);另一项是阿尔弗雷德·罗特和埃米尔·罗特(Emil Roth, 1893—1980)会同马塞尔·布罗伊尔(Marcel Breuer, 1902—1981)在CIAM秘书长西格弗里德·吉迪恩协助下所设计的**多尔德山谷公寓**(Doldertal Apartments, 1936)。这一设计是两座三层的楼房,是为发展中的资产者设计的展示性公寓建筑。阿塔利亚和罗特致力于木构建筑的设计,而欧洲现代主义者往往对这种技术退避三舍。罗特设计的苏黎世的**埃莱娜·德芒德罗夫人宅**(Hélène de Mandrot House, 1943—1944)展示了使用木结构语汇的成就。

意大利

意大利直到1870年才统一为一个国家,而大规模的工业化更是到世纪之交才开始(奥里韦蒂(Olivetti)公司自1906年起生产打字机,1916年出现菲亚特(Fiat)汽车),受其影响,20世纪上半叶的意大利建筑处于矛盾的境地。一方面,意大利人民感到深切需要民族身份象征。这个有长远历史的国家,很自然地接受了古典的和帝国的遗产,并在法西斯主义(Fascism, 1922—1943)下得到大力开拓。另一方面,他们也急切地想跟上其他国家的步伐。对许多知识分子来说,这意味着抛弃过去,因此出现了未来主义同历史决裂的立场。在这一时期的意大利建筑争论中,某些如精神分裂般的特点和挑战性言论反映了这种紧张的冲突。但在实践中,这些问题通常倒是解决得很巧妙。对地方主义的顽固坚持,可以解释这里缺少主导的个人、学派或理论的状况。

繁荣的北方城市都灵(Turin)和米兰(Milan),是1900年前后意大利建筑的推动中心。这里同时接受了来自巴黎和维也纳的观念。"自由风格"(Stile Liberty),即"花叶饰风格"(Stile Floreale)或称"新艺术"等风格是新艺术运动和"青年风格派"的意大利变种,其主要代表者是拉伊蒙多·达龙科(Raimondo D'Aronco, 1857—1932)。他在分离派影响下的震撼性成功,是1902年都灵现代装饰艺术展览大展厅。乌迪内的**市政大厦**(Palazzo Communale, Udine, 1908—1932),是达龙科在意大利设计的一座永久性大型建筑。他后来移居伊斯坦布尔,并在那里工作。意大利的"自由风格"建筑经常是沉重的,带有巴洛克式的繁琐,就像朱塞佩·索马鲁加(Giuseppe Sommaruga, 1867—1917)的作品所体现的那样。索马鲁加那过分繁琐的米兰**卡斯蒂利奥内府邸**(Palazzo Castiglione, 1900—1903),把热那亚的府邸传统同新艺术运动的铁艺和狂放雕塑结合在一起。索马鲁加设计的萨尔尼科的**法卡诺尼别墅和陵墓**(Faccanoni Villa and Mausoleum, 1906—1907),石工粗犷、表达怪异,具有一种画境般的风格。此外,他设计的瓦雷泽花之广场**三座十字架旅馆**(Hotel Tre Croci, Campo di Fiore, 1910—1912)是一座美国式的阿尔卑斯山山地旅馆,带有分散的索道站和餐厅。加埃塔诺·莫雷蒂(Gaetano Moretti, 1860—1930)在阿达河畔特雷佐的**电厂**(Power Station at Trezzo D'Adda, 1906),可能是自由风格最杰出的纪念碑。同样铺张但缺乏创造性的新巴洛克代表有朱利奥·乌利塞·阿拉塔(Giulio Ulisse Arata, 1881—1962)设计的阿尼亚诺**浴场**(Baths, Agnano, 1911)和乌利塞·斯塔奇尼(Ulisse Stacchini, 1871—1947)设计的**米兰火车站**(Milan Railway Station, 1912—1931),后者给理性主义和未来主义者留下了笑柄。同上述情况形成强烈对比的是贾科莫·马特·特鲁科(Giacomo Matté Trucco)设计的都灵林戈托的**菲亚特工厂**(Fiat factory, Lingotto, 1917—1925,见[1416]页图D)。这个工厂由两个500m(1625ft)长的钢筋混凝土块构成,是制造机构的一个缩影。工厂的屋顶是经由一对钢筋混凝土坡道上去的试车道。在南方,这一时期最富创造性的建筑师是巴勒莫的埃内斯托·巴西莱(Ernesto Basile, 1857—1932)。他在巴勒莫设计了一些别墅,其中有他自己的一座(1903),而斯帕卡佛诺的贝尔蒙特府邸(Palazzo Belmonte, Spaccaforno, 1906)则为以后的滨海建筑发展提供了一个模式。自由风格的海滨别墅通常渴求一种比较轻盈的格调,例如乔治·布雷加(Georges Brega, 1917年出生)设计的佩萨罗的鲁杰里别墅(Villa Ruggeri, Pesaro, 1902—1907)。

由马里内蒂(Filippo Tommaso Marinetti, 1876—1944)及其伙伴在米兰提倡的未来主义主要是一个文学艺术运动,对建筑实践的影响甚微。然而,在1914年数次未来主义展览上所展出的安东尼奥·圣埃利亚(Antonio Sant'Elia, 1888—1916)为一个乌托邦式的"新城"(Città Nuova)所设计的图画却强烈震撼着这个时代,并且自20世纪50年代以来,随着它们的再版而好评如潮。它们由一些描绘城市的场景组成,主要内容有马里内蒂与莫拉索(Morasso)所宣称的由良好运转的快速交通和新技术所主导的城市景象,其中高大的塔门般的建筑耸立在交通枢纽之上(一个被圣埃利亚的米兰火车站草图所激发的主题)。

意大利在20世纪20年代的杰出建筑师,属于米兰的"20世纪建筑师集团"(novecentisti)。他们在法西斯主义宣传浮夸风之前,完善了一种古典主义和现代主义混合的风格。他们的作品在精神上吻合乔治·德希里科(Giorgio De Chirico, 1888—1978)充满渴望的绘画作品。卓越的20世纪建筑师是乔瓦尼·穆齐奥(Giovanni Muzio, 1893—1982),他的标志性作品是米兰图拉蒂大街的布鲁塔大厦(Ca Brutta, Via Turati),这是一栋被攻击为把"柏林梅毒"(Berlin syphilis)传入意大利的公寓建筑。穆齐奥独自设计了它的几个立面,用随意、奇特和手法主义的方式来装饰光秃平板的古典主义外表和混合的材质。这种语汇被当做是使公寓立面变得清新的一种方式。皮耶罗·波尔塔卢皮(Piero Portaluppi, 1888—1967)在米兰的两座并置的福帕大街公寓大楼(Apartment Blocks on Via Foppa, 1928和1933—1934)则展示了这种风格已让位于20世纪30年代更严肃的理性主义。轻盈而令人难择难恶的古典主义也在早期住宅中留下了印记,其代表人物有吉奥·蓬蒂(Gio Ponti, 1891—1979;加尔什布尔赫特别墅(Villa Bouilhet, 1926))和朱塞佩·皮齐戈尼(Giuseppe Pizzigoni;贝加莫皮齐戈尼别墅(Villa Pizzigoni, Bergamo, 1925—1927))。穆齐奥最大的作品是米兰的天主教大学(Catholic University)的添建工程(1928),这一设计继续保持着他对立面肌理的兴趣和对伦巴第式巴洛克的偏爱。

马尔切洛·皮亚琴蒂尼(Marcello Piacentini, 1881—1961)是第一个明显卷入法西斯主义的建筑师。他因罗马的主街影剧院(Corso Cinema-Theatre, 1915)而闻名,其大胆的混凝土结构和抹灰立面震动了罗马的保守派。他的博尔扎诺的战争胜利纪念碑(Victory War Memorial, Bolzano, 1925—1928)采用了装饰着法西斯标志的新型凯旋门的形式,标志着墨索里尼的"新罗马帝国"(New Roman Empire)官方风格,即所谓"法西斯风格"(Stile Littorio)的登场。作为建筑师同时也是规划师的皮亚琴蒂尼是聪明的文脉主义者。他设计的布雷西亚的胜利广场(Piazza della Vittoria, Brescia, 1927—1932)巧妙地在一个同法西斯宣传有关的意大利历史城镇中心规划中运用了卡米洛·西特(Camillo Sitte)的规划原理。比较笨拙的是他的罗马的和解大道(Via della Conciliazione),这是一条通往圣彼得大教堂和梵蒂冈乏味的宽敞大街,其本质上是19世纪80年代始于那不勒斯的典型意大利城市规划的贫民窟清理(sventramento)方案,以法西斯主义自身的目标为主导。皮亚琴蒂尼也是罗马世界博览会❶规划小组的领导者。尽管1942年为罗马创造一整个新城区的宏大炫耀规划一直没有实现,但数座十分浮夸的法西斯建筑还是被建造起来,其中知名的有阿达尔贝托·利贝拉(Adalberto Libera, 1903—1963)和拉帕杜拉(Ernesto Bruno La Padula, 1902—1969)设计的会议宫(Palazzo dei Congressi, 1938,见[1416]页图C)及圭里尼(Giovanni Guerrini)和罗马诺(Mario Romano)设计的意大利文明宫(Palazzo della Civiltà Italiana),后者颇受争议,它被看做是大斗兽场(Colosseum)的方块式的理性翻版。

EUR突出了意大利建筑师在法西斯官方项目中发现过去的民族建筑同现代主义进程间的共同领域的能力。这种优势在一些项目中显示了出来,例

---

❶ Esposizione Universale di Roma (EUR);罗马原定于1942年举办世界博览会。——译者注

如萨包迪亚(Sabaudia, 1933)是蓬蒂讷(Pontine)湿地地区规划的五座小城镇中最好的一个；路易吉·皮奇纳托(Luigi Piccinato, 1899—1983)用几座极其简洁的地中海式平屋顶建筑组成一个城镇中心；此外还有乔瓦尼·米凯卢奇(Giovanni Michelucci, 1891—1990)等人设计的佛罗伦萨的新圣母教堂火车站(Santa Maria Novella Railway Station, 1932—1933, 见[1416]页图A)，其巨大的体量毫不夸张，并自然地融入周围的佛罗伦萨历史建筑之中。多产的邮局和火车站建筑设计师安焦洛·马佐尼(Angiolo Mazzoni, 1894—1979)是这种协调的能手，他的圆形的阿格里真托邮局(Agrigento Post Office, 1931—1934)就是一个例子。这个邮局的设计留下了传统主义者、"20世纪建筑师集团"和激进的意大利现代主义者相结合的印记，这通常被认为是理性主义，而这种理性主义在20世纪30年代曾经有过一个短暂却富有成果的时期。

意大利理性主义建筑师不同于与他们处于同一时代的德国人和法国人，他们竭力关注细节，并有卓越的文脉意识。但是他们的争论多于实际建造，这主要体现于《美好的建筑》(Casabella)杂志的文章中。科莫(Como)的朱塞佩·泰拉尼(Giuseppe Terragni, 1904—1943)是他们当中最富天才的一位。他在激进的现代主义和法西斯主义这两种目标下的作为，表明意大利建筑和政治意向并不是以简单的模式来组合的。泰拉尼的杰作是科莫的法西斯宫(Casa del Fascio, 1933—1936, 见[1416]页图B)。这是一个自信和戒律相结合的四层立方体，有一个强烈表现结构的内院，并且面对着正在兴起的城市中心广场，试图作为政治和公共效益的展示。在他的单层的圣埃利亚幼儿园(Asilo Sant'Elia nursery school, 1936—1937)中，泰拉尼继续在带围院的平面中运用了他的虚与实、构架与墙面的对比。值得注意的还有他在米兰同彼得罗·林杰里(Pietro Lingeri, 1894—1968)建造的一系列公寓建筑，他们设计的米兰森皮奥讷大街的鲁斯蒂奇公寓(Casa Rustici, Corso Sempione, 1933—1935)实现了开放、自由和节制的平衡。

在其他理性主义者中，利贝拉设计的特伦托的拉斐尔广场小学(Elementary School, Piazza Raffaello, 1932)充满力量感，并醒目地渗入它的历史环境中。利贝拉的另一个融入环境的作品，是同作者兼委托人库尔齐奥·马拉帕尔泰(Curzio Malaparte)一道设计的卡普里岛马拉帕尔泰宅(Casa Malaparte, 1939—1940)，这是一所从海岬岩石中骄傲地生长出来的住宅。路易吉·菲吉尼(Luigi Figini, 1903—1984)和吉诺·波利尼(Gino Pollini)合作，通过设计伊夫雷亚的奥里韦蒂办公楼(Olivetti offices, 1934—1945)而同奥里韦蒂公司进行了长期而富于成效的合作。办公楼有长长的幕墙，还有一所简单的石材立面幼儿园(Nursery School, 1939—1941)在社区中心之前。在转向理性主义方向的建筑师们的设计中，吉奥·蓬蒂设计的米兰莫斯科大街的第一蒙泰卡蒂尼办公楼(First Montecatini Building, Via Moscova, 1936—1938)，因其H形办公建筑平面上的绿色大理石和银色铝平板立面的优美展示而闻名。

伟大的意大利工程师皮耶·路易吉·奈尔维(Pierluigi Nervi, 1891—1979)的建筑生涯始于20世纪30年代。成为他风格标志的混凝土和十字交叉拱，首先出现在他的佛罗伦萨市体育场(Stadio Comunale, Florence, 1930—1932)，以及在奥尔维耶托和奥尔贝泰洛的两座著名但很早被毁的飞机库(aircraft hangars at Orvieto, 1936; Orbetello, 1939—1941)中。

英国和爱尔兰

在1900年到第二次世界大战期间，英国建筑因循了它的经验主义进程，以住宅和居住为首要关注的问题并赢得全世界的赞誉，而花园城郊概念也得到广泛效仿。多数继承哥特传统的教堂建筑仍然引人注目，而城市公共建筑在受到法国、苏格兰和美国混合标准的影响下，也得到改进。英国是欧洲主要国家中最后一个全心全意地接受现代主义的国家。从它在20世纪30年代接受这种思想起，就产生出一批清新和富于个性的建筑。

维多利亚时代的英国城市建筑缺乏连贯性，这种缺陷在爱德华时代(1901—1910)由一系列体现着巴黎美术学院保守原则的伦敦规划项目而得到弥补。这些项目包括：伦敦郡议会的国王大道奥尔德维奇街改进项目(Kingsway Aldwych improvement, 1900—1925)；阿斯顿·韦布爵士(Sir Aston Webb, 1849—1930)新规划的步行街(The Mall, 1901—1914)，它的一端是海军部拱门(Admiralty Arch)，另一端是白金汉宫(Buckingham Palace)前的维多利亚女王纪念碑(Queen Victoria Memorial)；老练的诺曼·肖(Norman

第七编　20世纪建筑

图 A　佛罗伦萨的新圣母教堂车站(1932—1933)，见[1415]页

图 B　科莫的法西斯宫(1933—1936)，见[1415]页

图 C　罗马世界博览会意大利会议宫❶，见[1414]页

图 D　都灵林戈托的菲亚特工厂(1917—1925)，见[1413]页

---

❶　1938年；此图为意大利文明宫，而文字说明是意大利会议宫，原书有误。——译者注

第44章 1900～1945年的西欧建筑

Shaw,1831—1912)重建的**摄政王大街环形路**(Regent Street Quadrant)，以及雷金纳德·布洛姆菲尔德(Reginald Blomfield, 1856—1942)设计的一段**皮卡迪利广场**(Piccadilly Circus)和**皮卡迪利旅馆**(Piccadilly Hotel, 1905—1925, 见[1418]页图A)。这些作品有各种各样的形式，从严格坚持法国品味到韦布的海军部拱门别出心裁的曲线，以及诺曼·肖的皮卡迪利旅馆与广场的个人化纪念性，它们集合成了所谓**爱德华巴洛克风格**(Edwardian Baroque)。

典型的爱德华巴洛克风格市政建筑实例很多。英国人在石质表面的市政厅、画廊和剧院上花费了大量的帝国财富，代表作有：卡迪夫的**市民中心**(Cardiff Civic Centre)和**市政厅**(City Hall, 1897—1906, 见[1418]页图B)，设计者是亨利·沃恩·兰彻斯特(Henry Vaughan Lanchester, 1863—1953)和埃德温·艾尔弗雷德·里卡德斯(Edwin Alfred Rickards, 1872—1920)的亲法组合；**威尔士国家博物馆**(National Museum of Wales, 1906—1909, 见[1418]页图C)，设计者是阿诺德·邓巴·史密斯(Arnold Dunbar Smith, 1866—1933)和塞西尔·布鲁尔(Cecil Brewer, 1871—1918)；**伦敦郡议事厅**(County Hall, London, 1912—1933, 见[1419]页图A)，位于伦敦郡议会河边，带有巨柱柱廊的宽大立面中心和一个皮拉内西式的内庭，设计者是拉尔夫·诺特(Ralph Knott, 1878—1929)。然而，最具代表性的爱德华式公共建筑设计师是一位苏格兰人，然而苏格兰同古典传统的联系并不如英格兰。这位建筑师就是约翰·伯内特爵士(Sir John Burnet, 1857—1938)。他曾经在巴黎美术学院学习，并从格拉斯哥开始了自己的实践。西坎贝尔大街的**麦吉奥赫百货公司**(McGeoch's Store, 1905—1910, 已毁)表明了伯内特的古典主义独创性和魄力。伦敦的三所建筑展示了伯内特的领域：奥尔德维奇的**综合大楼**(General Buildings, 1909—1910)，其凸形正面以罗马的马西莫圆柱府邸为参照；**大英博物馆**(British Museum, 1904—1914, 见[1418]页图D)的后部有巨大的爱奥尼列柱和围绕电梯井的高雅楼梯间；国王大道的**柯达大楼**(Kodak Building, 1910—1911, 见[1419]页图B)是第一座直白表露钢结构的英国城市建筑。

包在钢框架之外的石饰面柱墩、其间排着被金属嵌板分隔的窗户的这种美国体系，早在芝加哥学派启发下的牛津街**塞尔弗里奇商场**(Selfridge's Store, 1908—1926, 见[1418]页图E)就得到了应用。该商场是在这一个时期伦敦最有影响力的古典式建筑。来自芝加哥的丹尼尔·赫德森·伯纳姆及其芝加哥公司(D. H. Burnham and Co. of Chicago)是塞尔弗里奇商场的主要建筑师，斯文·比兰德(Sven Bylander)是它的工程师。出生于加拿大的弗朗西斯·斯韦尔斯(Francis Swales, 1878—1962)为商场设计了奢华的立面柱廊。总的来说，英国在运用钢框架和混凝土结构新技术方面是迟缓的。从1879年起，钢筋混凝土首先出现在工厂和仓库中，但很少被用于要求优雅的建筑物。詹姆斯·萨蒙(James Salmon, 1874—1924)和约翰·加夫·吉莱斯皮(John Gaff Gillespie, 1870—1926)的格拉斯哥霍普街的**狮子酒店**(Lion Chambers, 1905—1906, 见[1420]页图A、图B)，采用了4in(101.6mm)厚的外墙抹灰的埃内比克混凝土技术、构图具有随意性的正立面和通高为整开间八字形凸窗的背立面。作为混凝土结构被接受的是由亨利·坦纳爵士(Sir Henry Tanner, 1849—1935)设计的**伦敦圣马丁-勒-格兰德的邮政总局**(General Post Office, S. Martin-le-Grand)车间办公室(1905—1909)，它有埃内比克式混凝土拱形框架，面向主要街道的一面被贴上了爱德华巴洛克式的石头立面，但其他几面是抹灰的。

一些在精神上与工艺美术运动(Arts and Crafts Movement)贴近的伦敦建筑师，在他们设计的办公建筑中尝试了手法主义的主题。他们中有约翰·詹姆斯·乔阿斯(John James Joass, 1868—1952; **皮卡迪利皇家保险公司大楼**(Royal Insurance Building, 1907—1908))和查尔斯·霍尔登(Charles Holden, 1875—1960; **法官巷法律协会**(Law Society, Chancery Lane, 1903—1904, 见[1419]页图C))。总的来说，工艺美术运动建筑师在显耀的城市建筑中的作用不大。威廉·理查德·莱瑟比(William Richard Lethaby, 1857—1931)设计的伯明翰的**鹰徽保险公司大楼**(Eagle Insurance Building, Birmingham, 1899—1900, 见[1210]页图B)那复杂的象征主题和含糊的语汇，展示了一些工艺美术运动建筑师在避免直接暗示历史风格方面所达到的极致。

英国的工艺美术运动在1900年达到顶峰。这一运动在建筑中的影响主要体现在住宅中，它立足于诚实的设计、工艺和材料的表现，而不是别的什么出发点。工艺美术运动观念中的清教徒主

第七编 20世纪建筑

图A 伦敦皮卡迪利旅馆(1905—1925),见[1417]页

图B 卡迪夫市政厅(1897—1906),见[1417]页

图C 卡迪夫威尔士国家博物馆(1906—1909),见[1417]页

图D 伦敦的大英博物馆(1904—1914),见[1417]页

图E 伦敦牛津街的塞尔弗里奇商场(1908—1926),见[1417]页

第44章 1900～1945年的西欧建筑

图A 伦敦郡议事厅(1912—1933)，见[1417]页

图B 伦敦国王大道的柯达大楼(1910—1911)，见[1417]页

图C 伦敦法官巷的法律协会(1903—1904)，见[1417]页

图 A 格拉斯哥霍普街的狮子酒店（1905—1906），见[1417]页

图 B 狮子酒店背面

图 C 约克郡伊尔克利的希斯村舍（1905—1907），见[1421]页

第44章 1900～1945年的西欧建筑

义由于莱瑟比、查尔斯·罗伯特·阿什比(Charles Robert Ashbee, 1853—1942)等人的教育而被认同,他们使得英国很少出现新艺术运动风格的建筑。许多工艺美术运动建筑师喜爱与英国小住宅传统相关联的风格,例如查尔斯·弗朗西斯·安斯利·沃伊齐(Charles Francis Annesley Voysey, 1857—1941)和麦凯·休·贝利-斯科特(Mackay Hugh Baillie-Scott, 1865—1945)。沃伊齐坚持运用他的粗灰泥墙、直棂窗和朴实的木装修,最好的例子是他自己的乔利伍德的**果园宅**(The Orchard, Chorleywood, 1900—1901)。贝利-斯科特的手法较宽,他喜欢壁炉旁开敞的平面,如人们在莱奇沃思西索勒绍特的**坦布乌德住宅**(Tanglewood, Sollershott west, Letchworth, 1906)所见到的,但他的作品往往带有一丝伤感。另一些住宅建造者更少坚持历史风格,他们中有欧内斯特·牛顿(Ernest Newton, 1856—1922)。牛顿设计的住宅多方均衡,包括从哈特利温特尼的**四英亩宅**(Fouracre, Hartley Wintney, 1901)的新乡土风格,到沃金厄姆的**卢克利住宅**(Luckley, Wokingham, 1907)形式规整的"雷恩复兴"(Wrennaissance)。

最负盛誉的爱德华式住宅建筑师是埃德温·勒琴斯爵士(Sir Edwin Lutyens, 1869—1944),他用比例眼光和对布局、材料与肌理的敏感性驾驭了一系列风格。他最好的早期住宅设计是在萨里(Surrey),他完善了一种当地的乡土建筑风格,并结合了朋友兼委托人格特鲁德·杰凯尔(Gertrude Jekyll)所作的植被和风景布局。勒琴斯的松宁的**迪纳里花园**(Deanery Gardens,见第34章)和斯托克布里奇附近的**马什庭院**(Marsh Court, 1901—1904,见[1423]页图A、图B),就是结合规则形式来运用的这种早期手法。他的伊尔克利**希斯村舍**(Heathcote, 1905—1907,见[1420]页图C)是一座彻头彻尾的古典式住宅。这个用地方石料建造的四坡顶波形瓦建筑,使圣米凯利和范布勒的"宏伟手法"(grand manner)与尺度适中的别墅相适应。勒琴斯在1905～1914年设计的砖砌住宅更平和而规整,如桑威奇客舍(The Salutation, 1911),它开启了两次世界大战间英国彬彬有礼的新乔治风格(neo-Geogian)。

伦敦以外的重要的英国工艺美术运动建筑中心有伯明翰,中产阶级的郊区住房在这里达到了高水平。此外还有格拉斯哥,查尔斯·伦尼·麦金托什(Charles Rennie Mackintosh, 1868—1928)的名气在这里盖过了他的同代人。麦金托什的居住建筑杰作是海伦斯堡的**希尔住宅**(Hill House, 1902—1903,见[1424]页图A)。这是一座沃伊齐手法同苏格兰建筑传统的结合体,其布局优雅,带有要使"房间像艺术品"般完美的非英国式的执拗。爱丁堡的罗伯特·洛里默爵士(Sir Robert Lorimer, 1864—1929)以他简化的、有较少精致细部的苏格兰住宅,同麦金托什相媲美,如因弗雷里附近的**阿德金拉斯宅**(Ardkinglas, 1907—1909)。同麦金托什的精神更接近的是米德尔顿(Middleton)和曼彻斯特(Manchester)的埃德加·伍德(Edgar Wood, 1860—1935)以及塞勒斯(J. H. Sellers, 1861—1945)。他们的曼彻斯特维多利亚公园的**基督教科学教堂**(Christian Science Church, 1903—1908)表达了一种奥尔布里奇式的情趣,而斯塔福德的**阿普米德宅**(Upmeads, 1908,见[1424]页图B、图C)则是英国混凝土平屋顶住宅的一个早期例子。比较麦金托什同伍德和塞勒斯等人的一些郡属初级学校设计是有益的。麦金托什的格拉斯哥的**苏格兰街学校**(Scotland Street School, 1904—1906)采用常见的三层平面,但细节令人难忘,特别是它的玻璃楼梯间;伍德和塞勒斯设计的位于城郊基地的米德尔顿的**埃尔姆街学校**(Elm Street School, 1908—1910),建筑虽不高,但平面布局巧妙:它的"手指状平面"的各翼部从中心大厅伸出,大厅正面是半圆形的入口。

英国在20世纪仍然延续着哥特复兴,以贾尔斯·吉尔伯特·斯科特爵士(Sir Giles Gilbert Scott, 1881—1970)设计的**利物浦圣公会主教堂**(Liverpool Anglican Cathedral, 1903—1978,见[1425]页图C)为鲜明代表。这座教堂具有许多隐喻,特别是来自西班牙的,体现了这个注重装饰时期(Decorated period)的自由哥特式(Free Gothic)。大教堂有带中心十字交叉的宽阔中堂,中央主体高塔在两座耳堂间升起。它的建筑材料是红色沙岩,拱顶上有混凝土屋面,西端被缩短并在斯科特死后按修改的设计建造起来。许多建筑师继续着一种精练的哥特传统,其中的佼佼者有坦普尔·穆尔(Temple Moore, 1856—1920)、尼尼安·康珀爵士(Sir Ninian Comper, 1864—1960)。他们各自的杰作是哈罗盖特的**圣威尔弗里德教堂**(S. Wilfrid, Harrogate, 1905—1914)和韦灵伯勒的圣马利亚教堂(S. Mary, Wellingborough, 1906—1930)。更激进的哥特风尝试来自莱瑟比,他设计的布罗克汉普顿的**万圣教堂**(All Saints, Brockhampton,

1901)在沥青混凝土陡坡屋顶上铺茅草面层，试图以如此怪诞的方法使英国乡村教堂时尚化。爱德华·施罗德·普莱尔(Edward Schroeder Prior, 1852—1932)设计的森德兰罗克的圣安德烈教堂(S. Andrew, Rocker, Sunderlanel, 1905—1907, 见[1425]页图A、图B)以更多的自信追随莱瑟比的方向，其建筑内部有石表面的混凝土拱、混凝土檩条和优美的工艺美术运动装饰。

花园城市和城郊是英国爱德华式建筑中非常有影响的要素。在"花园城郊"这一名称流行以前，制造了城郊样板的、低层高质量"村舍"住宅已经在桑莱特港(Port Sunlight, 1888 年始建)和伯恩维尔(Bournville, 1895年始建)建造。它们的原则在建筑师兼规划师巴里·帕克(Barry Parker, 1867—1941)和雷蒙德·昂温爵士❶的第一个主要委托任务中就得以扩展，例如为制造商贵格会教徒(Quaker)约瑟夫·朗特里(Joseph Rowntree)所建造的约克郡的新厄尔斯维克模范村(New Earswick Model Village, York, 1902 年始建, 见[1425]页图D)。新厄尔斯维克不仅限于为朗特里的雇员服务。它有弯曲和浓荫覆盖的步道；村舍设计具有小型的露台，短联排(short terraces)式布局同街道呈现微妙关系。帕克和昂温也是莱奇沃思(Letchworth, 1903 年始建)的建筑师兼规划师，他们是埃比尼泽·霍华德(Ebenezer Howard, 1850—1928)的花园城市运动的先驱。霍华德提出以 3 万～3.5 万人的城镇来控制大城市膨胀的构想，这些城镇拥有自己的工业和农业，且自给自足。由于莱奇沃思的发展很慢，帕克和昂温的居住建筑布局和设计观念主要由成长更快的伦敦汉普斯特德田园城郊(Hampstead Garden Suburb, 1906 年始建，有一个中心广场和由勒琴斯(Lutyens)所规划的几所教堂)传播开来。昂温所著的《实践中的城镇规划》(Town Planning in Practice, 1908)具有国际影响，他的概念在整个 20 世纪 20 年代主导着英国的住宅设计和规划。霍华德独特的花园城市观念在韦林花园城(Welwyn Garden City, 1920 年始建)得到进一步的尝试，设计者路易·德苏瓦松(Louis de Soissons, 1890—1962)安排了学院派风格的城市中心和比莱奇沃思更好的工业区以及更具乔治式特征的住宅。

1900 年后，伦敦郡议会提供了同花园城郊模式并行不悖的、廉价的市政村舍住宅，由具影响力的"住宅建筑师部"(in-house Architect's Department)设计。这个机构在战前的"村舍住区"(cottage estates)中，首先推出的是图廷的**托特唐菲尔德**(Totterdown Fields, 1902 年始建)和托特纳姆的白鹿巷(White Hart Lane, 即空中花园(Tower Gardens), Tottenham, 1903 年始建)。在这些年里，伦敦郡议会的消防站建筑非常卓越，它们是"自由"的工艺美术运动宣言，其中最引人注目的是库珀(H. F. T. Cooper)设计的**尤斯顿消防站**(Euston Fire Station, 1902)。

20 世纪 20 年代的英国建筑以勒琴斯的富于激情的古典主义为主导。勒琴斯在新德里时期(参见第 57 章)之后最辉煌的作品是为帝国战争陵墓委员会(Imperial War Graves Commission)而设计的作品(在欧洲诸多纪念第一次世界大战的令人抑郁的墓地中，英国建筑师的设计的确是最成功的)。勒琴斯设计的法国蒂普河谷的**索姆河战役失踪者纪念拱门**(Memorial Arch to the Missing of the Somme at Thiepval, 1927—1932)，从复杂的几何形式组合中提取出了宇宙本原般的抽象和力量。伦敦普尔特利的**米德兰银行**(Midland Bank, 1924—1927, 见[1427]页图A)和伦敦芬斯堡广场的**不列颠大厦**(Britannic House, 1920—1924, 见[1427]页图B)，具体体现了他对石工细部的驾驭能力，以及跳出巨柱式陈规、运用并变革古典主义而把现代城市办公建筑带向辉煌的能力。赫伯特·贝克爵士(Sir Herbert Baker, 1862—1946)的设计模式同勒琴斯一样，但带有文脉和感情偏向。在伦敦，贝克设计的奥尔德维奇的**印度大楼**(India House, Aldwych, 1928—1930)和特拉法尔加广场的**南非大楼**(South Africa House, Trafalgar Square, 1935)，混合了古典主义和生动的殖民地式建筑细部。他为英格兰教会设计的威斯敏斯特的**教会大楼**(Church House, Westminster, 1936—1940)运用了历史母题和材料的折中手法。这个时代的其他古典主义者，包括埃德温·库珀爵士(Sir Edwin Cooper, 1873—1942)和雷金纳德·布洛姆菲尔德爵士(Sir Reginald Blomfield)，他们的伦敦帕尔市场的卡尔顿俱乐部(Carlton Club, Pall Mall, London, 1921, 1940 年毁, 见[1427]页图C)的立面改建，采用的是法国路易十六学术式语汇。

---

❶ Sir Raymond Unwin 1853～1940 年；实际应为 1863 年出生，原书有误。——译者注

第44章 1900～1945年的西欧建筑

图A （上图）汉普郡斯托克布里奇附近的马什庭院（1901—1904），见[1421]页

图B （右图）马什庭院平面

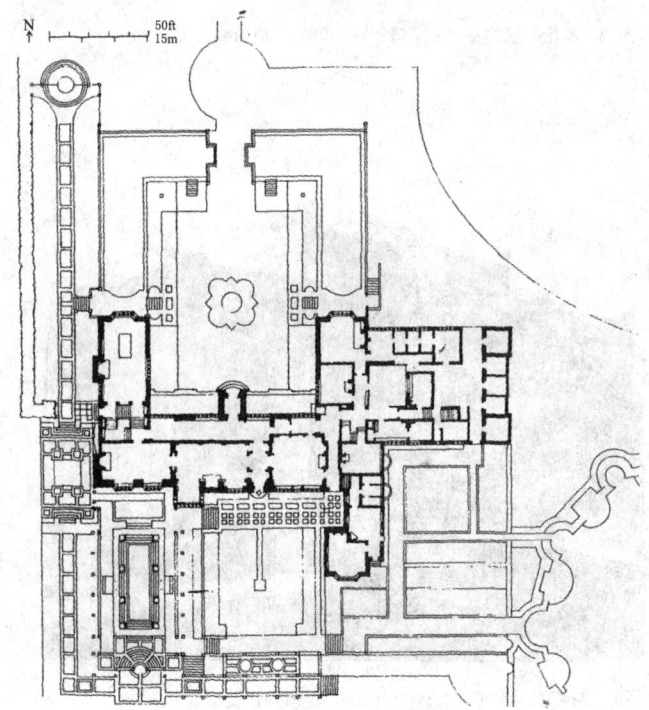

第七编 20世纪建筑

图A 海伦斯堡的希尔住宅(1902—1903),见[1421]页

图B 斯塔福德的阿普米德宅(1908),见[1421]页

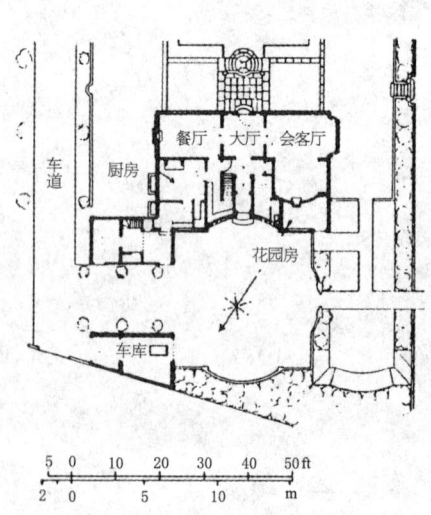

图C 阿普米德宅平面图

第44章 1900～1945年的西欧建筑

图A 森德兰罗克的圣安德烈教堂(1905—1907)，见[1422]页

图B 罗克的圣安德烈教堂室内

图C 利物浦圣公会主教堂(1903—1978)，见[1421]页

图D 约克郡的新厄尔斯维克模范村(1902年始建)，见[1422]页

勒琴斯影响下的古典主义，在伊曼纽尔·文森特·哈里斯(Emanuel Vicent Harris, 1879—1971)的市政作品中得到最佳体现。哈里斯的曼彻斯特的圆形中心图书馆(Central Library, 1931—1934, 见[1428]页图A)，因他的市政厅扩建(Town Hall Extension, 1934—1938)而相形失色，后者以哥特式语汇来适应维多利亚-哥特式的曼彻斯特市政厅，但两者都暗示了20世纪30年代在英国公共建筑中很普遍的、来自奥斯特伯格(Östberg)、阿斯普隆德和滕布姆(Tengbom)的瑞典方式。珀西·托马斯爵士(Sir Percy Thomas)设计的斯旺西市政厅(City Hall, Swansea, 1930—1934, 见[1429]页图A)、乔治·格雷·沃纳姆(George Grey Wornum, 1888—1957)设计的伦敦波特兰广场的英国皇家建筑师学会(Royal Institute of British Architects, 1932—1934, 见[1429]页图B)、罗兰·皮尔斯(S. Rowland Pierce)和詹姆斯(C. H. James)设计的诺里奇市政大楼(Municipal Buildings, Norwich, 1938, 见[1429]页图C)都为"瑞典式优雅"所动，有着简化的古典立面和精致的装饰细部。伊斯顿(Easton)和罗伯逊(Robertson)的伦敦皇家园艺馆(Royal Horticultural Hall, London, 1926—1928, 见[1430]页图A)也同样带有一些瑞典特征，它的混凝土抛物线拱券支撑起有力的阶梯形断面。

美国式学院派的纪念性，在利物浦达到辉煌的顶点。在这里，威林克(Willink)和蒂克尼斯(Thicknesse)以及阿瑟·戴维斯(Arthur Davis, 1878—1951)的丘纳德大楼(Cunard Building, 1913年始建)、奥巴西·托马斯(W. Aubacy Thomas)的皇家利弗大楼(Royal Liver Building, 1908—1910)，以及阿诺德·索恩利爵士(Sir Arnold Thornley)的默西船坞与博德港(Mersey Docks and Harbour Board, 1907)等建筑，庄严而骄傲地俯瞰着默西河。美国和瑞典的影响，在两次世界大战之间的三座最富于纪念性的英国公共建筑中结合在了一起。它们是伯内特·泰特和洛恩事务所的托马斯·史密斯·泰特(Thomas Smith Tait, 1882—1954)设计的爱丁堡的圣安德烈大楼(S. Andrew's House, Edinburgh, 1936—1939)，有肃穆的苏格兰石工和成熟简朴的细部；为伦敦旅客运输委员会设计的百老汇大街55号大楼(55 Broadway, 1927—1929, [1430]页图C)和伦敦大学本部的评议会大楼(Senate House, 1933—1939, 见[1428]页图B)，均由亚当斯·霍尔登和皮尔逊事务所的查尔斯·霍尔登(Charles Holden, 1875—1960)设计，使用了在高层建筑中使体量和轮廓线后退内收的纽约方式。在百老汇大楼中，肃穆感被优雅的浮雕所缓解。霍尔登还为伦敦地铁设计了大量体现现代主义的瑞典版本的车站建筑(1924—1939)，其中著名的有地铁北线的克拉彭南站(Clapham South)和图廷百老汇站(Tooting Broadway)、皮卡迪利线的阿诺斯丛林的萨德伯里站(Sudbury Town, Arnos Grove)和考克弗斯特站(Cockfosters)。

瑞典的影响还表现在绅士学者哈里·斯图尔特·古德哈特-伦德尔(Harry Stuart Goodhart-Rendel, 1887—1959)的作品中，他的风格包括从新维多利亚到现代式，是两次世界大战之间最富个性的一位英国建筑师。伦敦海斯码头的圣奥拉夫宅(S. Olaf's House, Hays Wharf, London, 1931)那具有瑞典格调和艺术装饰派特征的石贴面建筑，是他设计的最好的世俗建筑。在他的哥特式砖体教堂建筑中可以发现更多的一致性，特别是布莱顿圣威尔弗里德教堂(S. Wilfrid's, Brighton, 1932—1934)。纽金特·弗朗西斯·卡什迈尔-戴(Nugent Francis Cachemaille-Day, 1896—1976)设计的伦敦埃尔特姆的救世主教堂(S. Saviour's, Eltham, London, 1932—1933)，是在德国原型影响下的具有简洁砖体立面的许多"表现主义"教堂之一。贾尔斯·吉尔伯特·斯科特爵士在两次世界大战之间的年代里，继续着他优美的砖教堂设计。但斯科特又是理性结构的热烈鼓吹者，他的伦敦滑铁卢大桥(Waterloo Bridge, London, 1936—1940)即是最纯正的体现。

激进的现代主义在英国虽然生长缓慢，但却突然开花。英国人研究欧洲在20世纪20年代的进展，但在同一时期却很少仿效它们。工程师兼建筑师欧文·威廉斯爵士(Sir Owen Williams, 1890—1969)实现了最早的主要突破，这体现在他为诺丁汉郡比斯顿的布茨化工厂(Boots, Beeston, Nottinghamshire, 1930—1932、1935—1938, 见[1430]页图B)设计的两座工厂建筑，也体现在他同埃利斯(Ellis)、克拉克(Clarke)和加兰诺(Gallannaugh)合作设计的伦敦弗利特街的每日快报大楼(Daily Express Building, Fleet Street, London, 1932—1933, 见[1430]页图D)以及他设计的伦敦文布利的帝国游泳池(Empire Pool, 1933—1934)等作品中。威廉斯致力于混凝土结构，并以在英国建筑中前所未有的自信运用这种材料。他的工厂大楼是带有顶光的四层玻璃立面建筑，与当时流行的立面浮华、室内平庸的的

第44章 1900～1945年的西欧建筑

图A 伦敦普尔特利的米德兰银行(1924—1927),见[1422]页

图B 伦敦芬斯堡广场的不列颠大厦(1920—1924),见[1422]页

图C 伦敦帕尔市场的卡尔顿俱乐部(1921,毁于1940年),见[1422]页

第七编 20世纪建筑

图A 曼彻斯特的市政厅扩建(1934—1938)与中心图书馆(1931—1934)，见[1426]页

图B 伦敦大学的评议会大楼(1933—1939)，见[1426]页

第44章 1900～1945年的西欧建筑

图A 斯旺西市政厅(1930—1934)，见[1426]页

图B 伦敦波特兰广场的英国皇家建筑师学会(RIBA，1932—1934)，见[1426]页

图C 诺里奇市政大楼(1938)，见[1426]页

图A 伦敦皇家园艺馆(1926—1928),见[1426]页

图B 诺丁汉郡比斯顿的布茨化工厂(1930—1932),见[1426]页

图C 伦敦的百老汇55号大楼(1927—1929),见[1426]页

图D 伦敦弗利特街的每日快报大楼(1932—1933),见[1426]页

第44章 1900～1945年的西欧建筑

工业建筑，像班尼斯特·弗莱彻(Sir Banister Fletcher, 1866—1953)设计的大西路的**吉列工厂**(Gillette Factory, 1936)或由沃利斯、吉尔波特及合伙人设计的伦敦西大道的**胡佛大楼**(Hoover Building, 1931—1932)等，形成强烈对比。每日快报大楼的混凝土框架的外墙是玻璃与黑斑岩组成的典雅幕墙，帝国游泳池则是一个具有独特承重塔体的悬臂结构建筑。

英国居住建筑中的现代主义，随着托马斯·史密斯·泰特同弗里德里克·麦克马纳斯(Frederick MacManus, 1903—1985)共同设计的**西尔沃恩德城堡**(Le Château, Sliver End, 1927—1928)这样的建筑而开始。该建筑带有试图使砖结构看上去像混凝土的抹灰和金属凸窗。埃米亚斯·康奈尔(Amyas Connell, 1900—1980)设计的阿默舍姆的**高地大楼**(High and Over, 1929)则更进了一步：在Y形对称的建筑上有一个屋顶花园，立面只有不加装饰的墙面和玻璃。康奈尔与他的合伙人巴兹尔·沃德(Basil Ward, 1902—1978)致力于建造勒·柯布西耶式的"白色方盒子"建筑语汇，例如萨里郡格雷斯伍德的**奥丁宅(新农场)**(Alding (New Farm), 1931—1932)、海灵岛的**萨尔廷宅**(Saltings, 1933—1934)。这些语汇被许多建筑师以不同的坦诚和赞成态度所接受，包括温和的折中主义者奥利弗·希尔(Oliver Hill；霍姆伯里圣马利亚的约尔德温茨宅(Joldwynds, 1932—1934))、完全信奉现代主义的马克斯韦尔·弗赖伊(Maxwell Fry；**伦敦汉普斯特德弗罗格纳尔路太阳住宅**(Sun House, 1935—1936))，以及热烈拥护社会现代主义的伯特霍尔德·卢贝特金(Berthold Lubetkin, 1901—1990；**惠普斯奈德的两座平房**(two bungalows at Whipsnade, 1935—1936))。

到20世纪30年代后期，这些白色住宅的拘谨的纯粹主义得到了放松，例如伦敦汉普斯特德的**围柳路住宅**(Willow Road, 1937—1939, 见[1433]页图A)的砖饰立面的三个住宅组群。这一设计由厄恩·戈德芬格(Ernö Goldfinger, 1902—1987)完成。它试图将现代主义引向乔治式的(Georgian)城市传统，此外还有弗朗西斯·雷金纳德·史蒂文斯·约克(Francis Reginald Stevens Yorke, 1906—1962)的作品(**埃文河上的斯特拉福德伯明翰路住宅**(houses in Birmingham Road, Stratford-upon-Avon, 1938—1939))。帕特里克·格温(Patrick Gwynne, 1913—2003)设计的伊舍的**霍姆伍德宅**(The Homewood, Esher, 1938—1939)在更大的规模上使现代主义的白色建筑

顺从于英国画境式园林。除了这些努力之以外，现代式住宅在消除英国人对传统民族风格的热爱方面几乎没有什么作为，这种画境式风格的最佳体现有哈罗德·福尔克纳(Harold Falkner, 1876—1963)的萨里郡法纳姆的**迪蓬豪尔开发**(Dippenhall development, 1921—1963)、克拉夫·威廉斯-埃利斯(Clough Williams-Ellis, 1883—1978)异想天开的威尔士波特马多克的**波特梅里恩度假村**(Portmeirion, 1926年始建)。

1933年后，移民建筑师的加入，促进了英国的现代主义的发展。格罗皮乌斯只待了很短的一段时间，但影响却很大。他同马克斯韦尔·弗赖伊一起设计了剑桥郡因平顿的**乡村学院**(Impington Village College, 1938—1940, 见[1433]页图B)。这是一座从容自信并反映一种建筑社会观的精致作品。最活跃的移民建筑师卢贝特金，为他那叫做"泰克顿"(Tecton)的公司作品带来了法国的明晰、德国的理想主义、构成主义的艺术、社会主义的布局和集体工作等。他们的主要作品有豪华的伦敦海格特的**高点公寓I号**(High Point I, 1935, 见[1434]页图B)和**高点公寓II号**(High Point II, 1938)；伦敦达德利(Dudley)和惠普斯奈德(Whipsnade)的动物园设计中的著名的、有着俏皮的混凝土坡道的**伦敦动物园企鹅馆**(Penguin Pool, London Zoo, 1934, 见[1435]页图A)和伦敦的**芬斯堡健康中心**(Finsbury Health Centre, 1938, 见[1435]页图B)。它们都是英国现代主义的结构和审美杰作。

创造性略逊一筹，但技术上颇有情趣的是工程师兼建筑师韦尔斯·科茨(Wells Coates, 1895—1958)的作品。他的伦敦汉普斯特德劳恩路的**伊索孔公寓**(Isokon Flats, 1932—1934)，在丑陋的阳台立面背后隐藏着一系列试验性的"高效公寓"。他设计的伦敦的**肯辛顿宫门公寓**(Palace Gate Flats, Kensington, 1937—1939)，有一个两层对三层的巧妙配置的剖面。利韦特(R. A. H. Livett)设计的利兹的**采石岗公寓**(Quarry Hill Flats, 1935—1941, 已毁)是把现代主义技术大规模植入补贴住房建设的第一次尝试，但它的焊接钢结构和混凝土外墙与法国的"穆宾体系"❶的结合遭到了失败。显然，英国早期现代主义在滨海地区最有成效。埃里希·门德尔松(暂居英国)和瑟奇·舍梅耶夫(Serge Chermayeff, 1900—1996)设计的贝克斯希尔的**德拉沃尔馆**(De la Warr Pavilion, 1935—

---

❶ Mopin system；钢结构和混凝土结构的大生产方式。——译者注

1936，见[1438]页图 A)，在钢焊接框架结构中采用了门德尔松早期流畅的风格。约瑟夫·恩伯顿(Joseph Emberton, 1889—1956)设计的克劳奇河畔的伯纳姆的皇家业余运动家游艇俱乐部(Royal Corinthian Yacht Club, 1936, 见[1434]页图 A)和面貌肃穆的黑池赌场(Blackpool Casino, 1939)也值得一观。

爱尔兰在于1921年独立的时候，还没有富于活力的建筑传统。爱尔兰政府在都柏林(Dublin)的行政中心，过去和现在都设在都柏林科学学院(Dublin College of Science, 1904—1913)那幢爱德华式巴洛克建筑中。该建筑由阿斯顿·韦布爵士和托马斯·迪恩爵士(Sir Thomas Deane, 1828—1899)设计。由阿诺德·索恩利(Arnold Thorneley, 1870—1953)设计的北爱尔兰行政部门所在地贝尔法斯特的**斯托蒙特**(Stormont, 1927—1932)，尽管前面有条感人的轴线，但无疑是英国式的。几位工艺美术运动建筑师在独立前已经在探究爱尔兰的传统。他们中著名的是斯科特(W. A. Scott, 1871—1921)，他设计的戈尔韦郡的**斯皮德尔教堂**(Spiddal Church, 1904—1907)和**戈尔韦教区学院**(Diocesan College, Galway, 1911—1912)，把凯特尔人遗留的大体块石头形式作出了良好的效果。但是，对于发展民族传统来说，独立来得太晚了。两次世界大战间最有个性的爱尔兰建筑是芝加哥建筑师巴里·伯恩(Barry Byrne, 1883—1967)设计的科克郡特纳斯克罗斯的**上帝基督教堂**(Church of Christ the King)，其表现主义风格中有一些民族的参照。后来，爱尔兰以德斯蒙德·菲茨杰拉尔德(Desmond FitzGerald, 1910—1987)和德莫特·奥图尔(Dermot O'Toole, 1911—1971)的那柔和弯曲形式的**都柏林机场航站大楼**(Dublin Airport Terminal, 1936—1940)，为国际式风格作出了贡献。

荷兰与比利时

现代荷兰建筑的起源有赖于亨德里克·佩特鲁斯·贝尔拉格(Hendrik Petrus Berlage, 1856—1934)。贝尔拉格像维也纳的奥托·瓦格纳一样，经过19世纪的折中主义到20世纪的简化、普世和理性的建筑概念，闯出了自己的道路。1897~1903年建造的**阿姆斯特丹证券交易所**(Amsterdam Stock Exchange, 见第34章)开启了一种民族的道路，更确切地说是以优雅砖工为基础的带有清教徒式的风格。在1911年访问美国之后，贝尔拉格的后期作品受到弗兰克·劳埃德·赖特(Frank Lloyd Wright, 1869—1959)的影响。他虽然不完全坚持，但一直强调限制装饰和使墙体非物质化。贝尔拉格的著名作品是为克罗勒-穆勒(Kröller-Müller)家族所设计的，其中有德伦特省的**德希佩伯格农场**(De Schipborg Farm, Drenthe, 1914)、霍恩德罗的**圣于贝尔猎庄**(S. Hubertus Hunting Lodge, Hoenderlo, 1916—1920)以及伦敦布里大街的**荷兰大厦**(Holland House, Bury Street, London, 1914—1917)。亨利·范德维尔德设计的平屋面的奥特罗的**克罗勒-穆勒博物馆**(Museum Kröller-Müller, Otterlo)，如果在它的设计年代(1919—1921)就建造完成，那么它很可能是非常引人注目的，但最终却是于1938年建造了一个删减版。

比贝尔拉格的作品更情绪化和装饰化的是威廉·克罗姆胡特(Willem Kromhout, 1864—1940)的设计，他的阿姆斯特丹的**美洲大饭店**(American Hotel, 1899—1901, 1928年扩建)富于想象力地开拓了流行于世纪之交的砖体建筑混合风格。随之而来的所谓"阿姆斯特丹学派"既反映了贝尔拉格的理想主义和庄重节制，也反映了克罗姆胡特的同表现主义和象征主义联系在一起的热情洋溢。约翰·梅尔基奥尔·范德梅(Johann Melchior van der Mey, 1878—1949)同助手彼得·洛德维克·克拉默(Pieter Lodewijk Kramer, 1881—1961)和米歇尔·德克勒克(Michel de Klerk, 1884—1923)设计的阿姆斯特丹的**航运事务所**(Scheepvarthuis(Shipping Offices), 1912—1916)，是受这种手法影响的早期建筑，它有表面参差的砖工细部、雕塑和在混凝土核心部位上的铭文。在这一时期，荷兰建筑中普遍的表现主义倾向也清楚地见于德容(H. L. De Jong)的阿姆斯特丹的**图申斯基电影院**(Tuschinski Cinema, 1918)。这是首批"超级影院"之一，它的立面覆盖瓷砖，华丽的内部是早期的装饰艺术派风格。鲁斯曼(J. M. Luthmann)设计的**库特维克广播电台**(Radio Station, Kootwijk, 1919—1922)是一个比较平滑的混凝土体量，采用转角倾斜的阶梯形轮廓和厚重的塔楼形式。

居住建筑显然是荷兰人的强项。1901年，荷兰政府通过法律要求城镇为十年增长计划进行规划和建造。荷兰的居住传统和土地自然条件，决定着政府采用的模式主要是层数适中的带有公共设施的郊区建筑开发，而社区的实验也并非少见。

第44章 1900～1945年的西欧建筑

图A 伦敦汉普斯特德的围柳路住宅(1937—1939)，见[1431]页

图B 剑桥郡因平顿的乡村学院(1938—1940)，见[1431]页

第七编 20世纪建筑

图A 克劳奇河畔的伯纳姆的皇家业余运动家游艇俱乐部(1936),见[1432]页

图B 伦敦海格特的高点公寓Ⅰ号(1935),见[1431]页

第44章 1900～1945年的西欧建筑

图A 伦敦动物园企鹅馆(1934)，见[1431]页

图B 伦敦的芬斯伯里健康中心(1938)，见[1431]页

在阿姆斯特丹，这些地产开发中最令人激动的是**斯帕达莫布特街区**(Spaarndammerbuurt blocks, 1913—1920)和**达格拉德居住区**(De Dageraad housing, 1919—1922)，它们由社会主义的住房社团按阿姆斯特丹学派建筑师德克勒克和克拉默的极其个性化的砖彻建筑设计建造。达格拉德居住区是阿姆斯特丹南区的一部分，这是依照1915~1917年由贝尔拉格完成的规划而实施的一大片地区，其周边体量维护着合理的住房区域，并有许多宽阔开放的空间与主要道路相连。两座荷兰理性主义的纪念建筑坐落在这个规划的范围内，它们是约翰尼斯·杜依克(Johannes Duiker, 1890—1935)和伯纳德·比耶沃特(Bernard Bijvoet, 1889—1979)设计的**露天学校**(Open Air School, 1927—1930)以及施塔尔(J. F. Staal, 1927—1930)设计的欧洲第一座多层居住建筑**摩天大楼**(De Wolkenkrabber, 1927—1930)。

阿姆斯特丹以外的居住建筑，避免了阿姆斯特丹学派的表现主义浮夸。前现代主义的(Pre-Modernist)的优秀典型作品是格拉普雷·莫里哀(Granpré Molière, 1883—1972)等人按照没有社区公共设施的英国品味设计的大型鹿特丹的**和平花园社区**(Vreewijk Garden Village, Rotterdam, 1913年始建)。但是，风格派发起了向现代主义的早期冲刺。风格派以画家泰奥·范杜斯堡(Theo van Doesburg, 1883—1931)和皮特·蒙德里安(Piet Mondrian, 1872—1944)以及建筑师奥德(J. J. P Oud, 1890—1963)为领袖，并受到法国立体主义和弗兰克·劳埃德·赖特的郊区住宅的影响。风格派的首次尝试是罗伯特·范特霍夫(Robert van t'Hoff, 1887—1979)的建筑小品。范特霍夫在**维特海德阿莫斯弗茨路**(Amersfoortsweg, Huis ter Heide)设计了两座并列的住宅，由英国式三角山墙风格的罗弗达拉宅(Løvdalla, 1911)骤然转向平屋顶、宽檐口的混凝土建造的**亨尼别墅**(Villa Henny, 1915)。除了对称以外，这两座住宅几乎都是对赖特的抄袭。格里特·利特维尔德设计的乌特勒支的**施罗德住宅**(Schröder House, Utrecht, 1924)标志着"画家式的"风格派建筑的成熟。这个建筑由一个两层的方块组成，第一层开敞，其他地方被划分成多个房间，立面发展成色彩对比的漂浮着的面板构图。奥德设计的鹿特丹的**联盟咖啡馆**(Café de Unie, 1924—1925, 战争毁坏后重建)提供了类似的墙面游戏，其墙面结合了强烈的色彩和大写字母符号。

作为鹿特丹的市政建筑师，奥德的作品在难于运用风格派奇异构思的荷兰补贴住房中建立了理性的语汇。这种语汇始于奥德、米歇尔·布林克曼(Michiel Brinkman, 1873—1925)等人设计的**斯潘根住宅区**(Spangen Estate, 1918—1922)，这是一个由围绕着开敞庭院的四层公寓组成的城市地带，其体块化的砖风格建筑竭力远离阿姆斯特丹学派的手法主义，表明奥德在荷兰胡克**航海街住宅**(Scheepvaartstraat, Hook of Holland, 1924—1927)中，有着两层白色墙面和圆形端部的分散的商店和住宅的时代的来临。鹿特丹的**基辅霍克住宅区**(Kiefhoek Estate, 1928—1930)，与此类似但规模更大，其中还有奥德设计的一所教堂。

荷兰理性主义或"新建筑派"，以三座大面积玻璃墙面的建筑宣告达到了它的顶峰：比耶沃特和杜依克设计的希尔弗瑟姆的**阳光疗养院**(Zonnestraal Sanatorium, 1926—1931)，把弗兰克·劳埃德·赖特的水平感推进为混凝土基座、楼板和屋顶的有力表达，玻璃板墙"漂浮"其间；约翰内斯·安德烈亚斯·布林克曼(Johannes Andreas Brinkman, 1902—1949)和伦德特·科内利斯·范德夫拉赫(Leendert Gornelis Van der Vlugt, 1894—1936)以及马特·斯塔姆(Mart Stam)一起设计的鹿特丹的**范内尔卷烟厂**(Van Nelle Factory, Rotterdam, 1925—1931, 见[1438]页图C)，是一座有意把体量化解为冲突要素组合的多层厂房，并因其混凝土框架外的幕墙而闻名；是布林克曼和范德夫拉赫还同威廉·范提耶恩(Willem Van Tijen, 1894—1974)一起设计鹿特丹的**贝格波德公寓**(Bergpolder Flats, Rotterdam, 1932—1934)，以增加阳台的欧洲多层板式居住建筑体量为原型，并使用了钢框架和大胆暴露的玻璃楼梯间。

在阿姆斯特丹学派和理性主义之间的中间路线，是由希尔弗瑟姆的公共工程监督者威廉·马里纳斯·杜多克(Willem Marinus Dudok, 1884—1974)进行的。杜多克的作品严谨地以三维构思，并受到赖特的影响，是两次世界大战间最有说服力的荷兰建筑。杜多克为希尔弗瑟姆带来了花园城郊式的规划，并建造了更多传统性的城郊住房，但他的主要作品则是一系列学校和公共建筑。希尔弗瑟姆的**射手街学校**(Schuttersweg School, 1928)体现了杜多克常用的手法，它有一个矮长的入口体量，优雅的砖墙带有条窗，一座拱形门廊后面有令人心动的均衡双塔。**希尔弗瑟姆市政厅**(Hilversum

Town Hall, 1927—1931, 见[1438]页图B)是现代建筑的杰作之一。它对横向和竖向的平衡的重视、动态和静态、抽象性、非对称以及高超的工艺, 汇总了荷兰建筑一个显赫时期的优秀品质。

同荷兰一样, 比利时在20世纪上半叶最强烈的诉求就是寻找体现国家特征的建筑形式。霍塔、昂卡尔(Paul Hankar, 1859—1901)等人都参与了19世纪90年代比利时新艺术运动潮流, 他们的才华在布鲁塞尔的城市住宅中(见第34章)得到集中体现。这种风格一直延续到第一次世界大战, 但主要作品出现于1900年。从布鲁塞尔的**马克斯·哈勒特旅馆**(Hotel Max Hallet, Brussels, 1903)起, 霍塔的后期作品有了更古典化的感觉。古典气息也出现在风格多变的奥克塔夫·范里塞尔伯赫(Octave Van Rijsselberghe, 1853—1929)的作品中, 他的**韦斯滕德旅馆**(Hotel at Westende, 1905)的圆形平面似乎有仿自勒杜的特征, 是这一时期的比利时最令人惊叹的建筑。另一位新艺术运动的伟大倡导者是亨利·范德维尔德, 1900年后他在自己的祖国比利时没有设计出什么作品, 晚期设计了**根特大学图书馆**(University of Ghent Library)塔楼中的一部分(1932—1940)。

前现代时期最有意思的比利时建筑师安托万·蓬佩(Antoine Pompe, 1873—1960)是位自学成才的设计师。他的处女作是布鲁塞尔瓦菲勒茨路的**范·内克医师诊所**(Dr Van Neck's Clinic, 1910)。这个建筑有朴素的、不对称的砖砌沿街立面, 只在高处有小小的凸窗;它既受先行的英国工艺美术运动的影响, 又与新艺术运动显然有别。比利时在第一次世界大战中有切肤之痛。蓬佩在战后像其他同胞一样, 致力于以低造价住房和花园城郊运动来解决住房大量短缺问题。在由路易·范德斯瓦伦(Louis Van der Swaelmen, 1883—1929)规划的沃吕沃-圣朗贝特区**卡珀尔维尔德花园城郊**(Kappeleveld Garden Suburb)中, 蓬佩做出了部分陡坡顶、部分平顶的短联排式(short terraces)住宅设计(1922—1926)。20世纪20年代, 由范德斯瓦伦和埃格里克斯(J. J. Eggericx, 1884—1963)一起规划的另外一些花园城郊(布鲁塞尔布瓦福区和弗洛雷阿尔城(Boitsfort and the Cité Floréal, Brussels))达到了在法国或荷兰少见的舒适的景观标准, 其建筑布局和理念通常是英国式的。

在比利时的补贴住房中, 平屋顶现代主义的到来体现在维克托·布儒瓦(Victor Bourgeois, 1897—1962)的早期作品中, 例如他的在莫伦贝克区**库比斯姆路**(Rue du Cubisme, 1922)住宅的带有粗面混凝土过梁的砖建筑的工人阶级公寓, 此外还有同一时期的贝尔赫姆-圣阿加塔的**现代城**(Cité Moderne, Berchem-Ste-Agathe)。路易·德科宁克(Louis de Koninck, 1896—1984)以国际式风格建造了两次世界大战之间比利时最好的住宅建筑, 展示了对"最低限度存在"(existenzminimum)住房类型的坚定关注。德科宁克在布鲁塞尔方**德罗依大道**(Avenue Fond'Roy, Brussels, 1926)的私宅中运用了预制体块。这个建筑虽然还带有20世纪20年代现代主义常见的抹灰面层, 但已具备了超前成熟的辅助设施。在德科宁克设计的奥德海姆区的**布拉西讷大道住宅**(house in Avenue Brassine, Auderghem, 1928—1929)中, 同样存在这种极简主义(minimalism), 但它的结构是混凝土的。

斯堪的纳维亚

斯堪的纳维亚建筑在整个20世纪上半叶显示了它的活力和个性。瑞典、丹麦和芬兰都在现代主义的发展中留下了印记。挪威直到1905年才独立, 因此稍微落后了一点。

在1900年, 欧洲较小国家在表现民族形式建筑的探索领域明显占有先机。在斯堪的纳维亚, 这种探索拥有"民族浪漫主义"的外貌, 在埃利尔·沙里宁(Eliel Saarinen, 1873—1950)和拉尔斯·松克(Lars Sonck, 1870—1965)的早期作品中得到最清晰的体现。由耶塞柳斯(Gesellius)、林德格伦(Lindgren)和沙里宁建立的**维特拉斯克**(Hvitträsk, 1901—1902)是一片小小的乡村飞地。在那里, 建筑师和他们的家庭居住在一半是英国工艺美术运动的观念、一半是卡累利阿的(Karelian)习俗和装饰风格的木石住宅中。同一批建筑师设计的赫尔辛基的**国家博物馆**(National Museum, Helsinki, 1905—1912)是芬兰中世纪风格的综合, 它把花岗石、沙岩和砖组合到一起来产生丰富的肌理。松克设计的**赫尔辛基电话公司大楼**(Helsinki Telephone Company Building, 1905)通过展示理查森式(Richardsonian)的粗犷岩石表面将这一方式推向极致。这一运动的杰作是松克的较为平和的**坦佩雷大教堂**(Tampere Cathedral, 1902—1907)。这个教堂有正方形的平面、星形拱顶下的

1358

第七编 20世纪建筑

图A 贝克斯希尔的德拉沃尔馆(1935—1936),见[1437]页

图B 希尔弗瑟姆市政厅(1927—1931),见[1437]页

图C 鹿特丹的范内尔卷烟厂(1925—1931),见[1436]页

第44章 1900～1945年的西欧建筑

图A 斯德哥尔摩市政厅(1911—1923),见[1440]页

图B 斯德哥尔摩的恩格尔布雷克教堂(1904—1914),见[1440]页

图C 斯德哥尔摩的奥加里德教堂(1918—1923),见[1440]页

中堂、较矮的回廊和西立面的简化哥特式的罕见高塔。到1910年,芬兰因为渴求中欧式的温和,其民族浪漫主义的倾向衰落了。这种新追求的先兆是翁尼·塔里扬内(Onni Tarjanne)的简化青年风格派的**塔卡哈尤疗养院**(Takaharju Sanatorium, 1902)。松克在设计赫尔辛基的**芬兰抵押协会大楼**(Finnish Mortgage Association Building, Helsinki, 1908)时,转向了古典主义的严谨戒律和石工建筑。新鲜思想的一个更清晰的信号是埃利尔·沙里宁的**赫尔辛基火车站**(Helsinki Railway Station, 1909—1914),它的钢筋混凝土框架外面是受奥尔布里奇影响的花岗石立面。这个火车站的纪念性手法被用于欧洲各处的地标性火车站建筑。

早已独立并拥有自己强大传统的瑞士和丹麦,不怎么需要武断的国际风格。伟大的瑞典民族的浪漫主义象征,是拉赫纳尔·奥斯特伯格(Ragnar Östberg, 1866—1945)设计的**斯德哥尔摩市政厅**(Stockholm City Hall, 1911—1923, 见[1439]页图A)。市政厅的选址极佳,它是一个本土形式主题与包括威尼斯在内的外来形式主题的娴熟混合体,其上部收束的塔楼就像一座地标。在这座肌理与装饰丰富的建筑中,奥斯特伯格奠定了令人愉悦的建筑装饰和装修学派的基础,这后来被称为"瑞典式优雅"(Swedish Grace)。另一个著名的斯德哥尔摩民族浪漫主义建筑是拉尔斯·伊斯雷尔·瓦尔曼(Lars Israel Wahlman, 1870—1952)设计的**恩格尔布雷克教堂**(Engelbrekt Church, 1904—1914, 见[1439]页图B),它的内部有抛物线拱顶和简化的细部。在丹麦,彼泽·威廉·延森-克林特(Peder Vilhelm Jensen-Klint, 1853—1930)设计的哥本哈根著名的**格伦特维赫教堂**(Grundtvig Church, Copenhagen, 1913—1926, 见[1441]页图A)的管风琴式的山墙以波罗的海传统的阶梯形砖工砌就,既显示着表现主义,也赞美着丹麦人的历史。

"北欧日尔曼古典主义"(Nordic Classicim)是瑞典和丹麦在1910~1930年的主要建筑时尚。这种风格根植于这些国家的后文艺复兴建筑传统,其中的古典的和地方的要素之交融,早已经久不衰。但它也受到德国建筑师兼作家,如梅布斯(Mebes)、舒尔茨-瑙姆伯格和泰森诺,以及简单的意大利拉毛水泥抹灰表面别墅的影响。在瑞典的优秀建筑师有贡纳尔·阿斯普伦德(Gunnar Asplund, 1885—1940)、西古德·莱韦伦茨(Sigurd Lewerentz, 1885—1975)和伊瓦尔·滕布姆(Ivar Tengbom, 1878—1968)。阿斯普隆德的早期建筑多数有雄壮的屋顶、三角山墙或山花。他设计的利斯特县法院(Lister County Courthouse, 1917—1921)和斯德哥尔摩林地公墓的**林地小礼拜堂**(Woodland Chapel, Woodland Cemetery, Stockholm, 1918—1920),成就了一种毫无争议的简洁的高贵。他的斯德哥尔摩的**斯坎地亚电影院**(Skandia Cinema, 1924)的内部装饰使瑞典式的优雅同多彩的艺术装饰派交相辉映。阿斯普隆德的杰作**斯德哥尔摩市图书馆**(Stockholm City Library, 1920—1928, 见[1442]页图A、图B),借用了部雷和勒杜的方与圆的母题结合的基本纪念性形式,通过上彩色的瑞典抹灰外衣来使它们显得亲切而不是沉闷。不如阿斯普伦德多产的莱韦伦茨,在他的斯德哥尔摩林地公墓的**复活小礼拜堂**(Resurrection Chapel, 1922—1925, 见[1441]页图B、图C)中,造就了一种现代古典主义的淡雅表达:一个深深的门廊从立面中心伸出,刚好从严肃的空间中分隔出一个供祈祷和凝思的空间。滕布姆在斯德哥尔摩的作品,始于建在山坡上的**奥加里德教堂**(Högalid Church, 1918—1923, 见[1439]页图C),它的双塔平和而形式各异。接下来是从带柱廊的**斯德哥尔摩音乐厅**(Stockholm Concert Hall, 1923—1928)到**瑞典迈奇大楼**(Swedish Match Building, 1927—1928)的带有曲线内院的现代文艺复兴府邸,上面有卡尔·米勒(Carl Milles, 1875—1955)所做的精美雕塑。

丹麦在这一时期的古典主义,反映了德国和本国新古典主义遗产的双重影响。这种风格从卡尔·皮特森(Carl Petersen, 1874—1923)设计的**福堡博物馆**(Fåborg Museum, 1912—1915)开始发展,在哈克·开普曼(Hack Kampmann, 1856—1920)同阿戈·拉芬(Aage Rafn, 1890—1953)与奥尔格·雅格布森(Holger Jacobsen)设计的哥本哈根警察总部(Copenhagen Police Headquarters, 1919—1924)很快达到了高峰。这两座建筑都是纪念性的,其中的古典主义戒律没有那么严格,并通过新颖的、手法主义的多彩细部来获得欢快。埃德瓦德·汤姆森(Edvard Thomsen, 1884—1980)的**奥雷加德学校**(Øregaard School, 1922—1924)和**森讷马克火葬场**(Søndermark Crematorium, 1927—1930),是丹麦对北欧日尔曼古典主义的进一步优秀贡献。芬兰也有新古典主义的遗产。约翰·西格弗里德·希伦(Johan Sigfrid Sirén, 1889—1961)令人敬畏的**赫尔辛基议会大楼**(Helsinki Parliament Building, 1927—1931)的细长比例

第44章 1900～1945年的西欧建筑

图A （左上图）哥本哈根的格伦特维赫教堂（1913—1926），见[1440]页

图B （右上图）斯德哥尔摩林地公墓的复活小礼拜堂室内

图C （左图）斯德哥尔摩林地公墓的复活小礼拜堂（1922—1925），见[1440]页

第七编 20世纪建筑

图 A 斯德哥尔摩市图书馆(1920—1928),见[1440]页

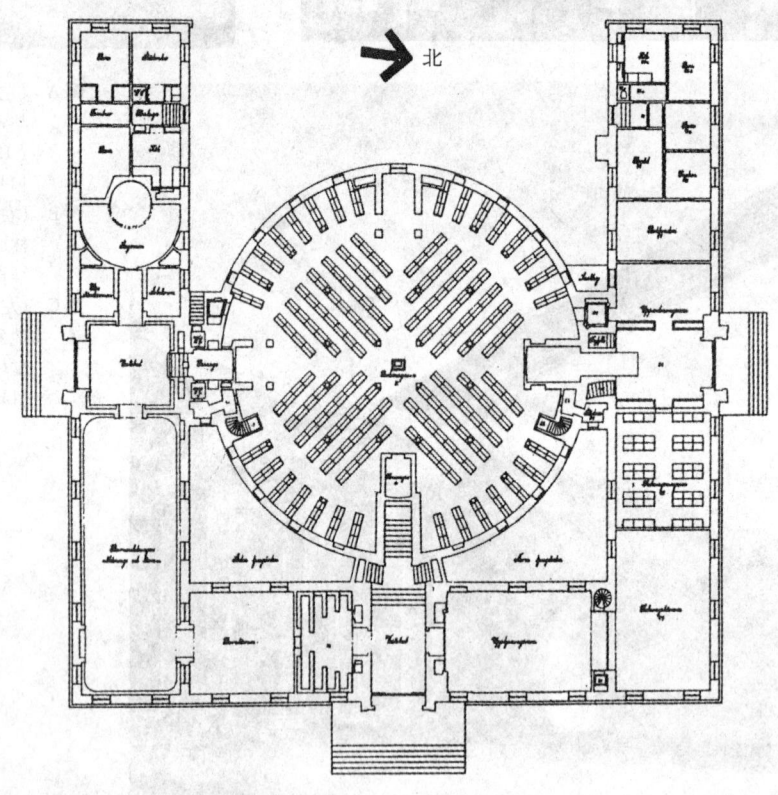

图 B 斯德哥尔摩市图书馆平面

的巨柱式位于高耸的台阶上，显示出对古典主义的审慎回应。同时，丹麦小住宅和住宅区保持着节制朴素的形象，以珀弗尔·鲍曼(Povl Baumann, 1878—1963)、伊瓦尔·本特森(Ivar Bentsen, 1878—1943)、凯·菲斯克(Kay Fisker, 1893—1965)，以及建筑师、规划师兼作家斯蒂恩·艾勒·拉斯穆森(Steen Eiler Rasmussen, 1898—1990)等人的庄重的公寓和城郊住宅为代表。芬兰保持着同样的传统，代表作是马蒂·瓦里康加斯(Martti Välikangas, 1893—1973)的赫尔辛基的卡佩拉(Käpylä, Helsinki)城郊木结构花园住宅(1921—1925)。

1930年以后，先进的瑞典和芬兰建筑不急不缓地转入了现代主义语汇之中。阿斯普伦德的哥德堡市政厅扩建(Gothenburg City Hall extension, 1937)，是这一转变成功的象征。加建部分虽然被直接贴到了一个古典立面上，但却处理巧妙。他的斯德哥尔摩的林地火葬场(Woodland Crematorium, 1935—1940，见[1445]页图A)，切中简化的新古典主义和高雅自信的纪念性现代主义之间的要害。但是，是芬兰的建筑和阿尔瓦·阿尔托的作品使斯堪的纳维亚现代主义得到了创新而独到的发展。阿尔托的早期建筑仍然追随北欧日尔曼古典主义，其中著名的是于韦斯屈莱的工人俱乐部(Working Men's Club, Jyväskylä, 1925)，在它的粗壮的多立克式柱子上有一片墙面空白的女儿墙。阿尔托的突破发生在三座著名的建筑上：图尔库的图伦·萨诺马特报社大厦(Turun Sanomat Newspaper Building, 1928—1929)、帕伊米奥疗养院(Paimio Sanatorium, 1929—1933，见[1445]页图B)以及维普里(维堡)图书馆(Viipuri Library, 1934—1935，现在俄罗斯境内)。虽然这三个建筑都是混凝土结构的"功能主义"建筑，但是它们富于诗意，平面和剖面优雅而自由。这在当时的其他欧洲建筑师，包括勒·柯布西耶都无法做到。这些建筑为激进的现代主义内涵增加了维度和人性。在L形平面上的、墙面局部抹灰、局部覆以木条的诺尔马库的梅雷亚别墅(Villa Mairea, 1938—1939，见[1445]页图C)，把阿尔托关于形式与饰面处理的实验带入居住建筑领域，并把现代主义同带有独特自信的乡野气息结合在一起。阿尔托在当代最亲近的支持者是埃里克·布里格曼(Erik Bryggman, 1891—1955)，他的图尔库公墓的复活小礼拜堂(Resurrection Chapel, 1939—1941)，在非对称的平面的一侧有柱列，光线浪漫地从背后射入。这个建筑是两次世界大战之间得到赞扬的斯堪的纳维亚殡葬建筑的恰当结束。

西班牙和葡萄牙

巴塞罗那曾经是20世纪西班牙建筑最活跃的中心。在世纪之交，强烈的加泰隆地区意识使这座城市成为泛欧"民族浪漫主义"(national romantic)现象中最激动人心的地方。在加泰罗尼亚(Catalonia)，这一运动被称为"现代主义"(Modernismo)，与那时马德里等地枯燥学究气的新世纪派古典主义(Classicism of the Noucentistes)形成对比。然而，其他地域主义的运动也在1900年后的西班牙建筑中发生和持续着，直至西班牙内战爆发(1936—1939)。在塞维利亚及其南部，柔和的摩尔气息的中世纪优雅风格很普遍，例如穆尼奥斯(J. E. Muñoz)和乌尔科拉(F. Urcola)设计的塞维利亚的阿方索十三世饭店(Hotel Alfonso XIII)。在马德里，折中主义的曼努埃尔·马利亚·斯米特(Manuel Maria Smith, 1879—1956)实践着各种各样的风格，从为加拉伊(Garay)家族所作的卡塞雷斯的克拉韦里亚庄园(Finca Clavería, 1913—1916)、马德里的奥马格罗街别墅(Calle Almagro, 1915—1917)的两个大型毗邻别墅中的西班牙浪漫手法，到里约纳的特里亚诺侯爵乡村宅邸(country house for the Marques de Triano, 1915—1917)的公然英国化。

加泰罗尼亚"现代主义"具有多种的渊源，如中世纪的西班牙哥特式、西班牙巴洛克、新艺术运动、传统的花砖拱以及金属、玻璃和陶瓷中的加泰罗尼亚工艺传统。在政治和宗教尺度同艺术尺度一样重要的运动中，无可争议的天才当为安东尼·高迪(Antoní Gaudí, 1856—1926)。其他重要人物有路易·多梅内奇-蒙塔内尔(Lluís Domènech y Móntaner, 1850—1923)、何塞·普伊赫-卡塔法尔赫(José Puig y Cadafalch, 1869—1956)以及高迪的助手约西普·马利亚·尤约尔(Josip M. Jujol, 1879—1949)和弗朗西斯科·贝伦格尔(Francisco Berenguer, 1866—1914)。

安东尼·高迪在巴塞罗那的重要作品——圣家族赎罪教堂(Templo Expiatorio de la Sagrada Familia)始建于1882年。一直到他去世后，该教堂的设计和建造仍在继续。高迪的巴塞罗那的盖勒公园(Park

Guell, 1900—1914)显示着他的轻松情调。这个公园原本的设想是一个小型的花园城郊。仅就建造了两所住宅而言，这项开发是失败的。但是，高迪的这座怪异的马赛克盛装贴面结构的优美公园却完成了。这个建筑物包括一个希腊多立克式的市场大厅，它运用圆柱的方式，是希腊人也难以想象的。巴塞罗那的**巴特略公寓大楼**(Casa Batlló, 1904—1906, 见[1446]页图 B)是高迪成熟作品中的一个范例。他重塑了旧有建筑的立面，改动了主要房间，并添加了新的顶层和蜿蜒扭曲的鳞状屋顶。该建筑一层的窗户有极强的塑性感，圆滚的石头环绕四周，并有骨头似的细柱。同时，上层窗户周围的墙面上镶嵌有闪烁的蓝色和绿色碎玻璃。高迪设计的巴塞罗那的**米拉公寓大楼**(Casa Milá, 1905—1910, 见[1446]页图 C)由尤约尔作了细部设计，颠覆了传统的城市网格和常规的公寓建筑平面。这座大楼带麻痕的巨石立面以波浪式的节奏起伏，阳台的铁花表面像是受扰动的一团海藻一样四处伸展，内部空间的转角没有一处是直角。

同高迪相比，多梅内奇-蒙塔内尔的设计意向更多地与加泰罗尼亚哥特风格有关。蒙塔内尔在巴塞罗那的两个宏伟作品是**圣保罗医院**(Hospital of S. Paul, 1905—1912, 见[1446]页图 A)和**加泰罗尼亚音乐宫**(Palau de la Música Catalana, 1905—1909)。医院的浪漫哥特风格在它所处的年代似乎是过时的。在堂皇的正立面之后，这个建筑解体为围绕着大花园的一个个躁动的体量，每个体量上都充斥着过量的混合雕塑、绘画和马赛克，干扰得病人几乎无法安宁。音乐厅有绚丽的彩色玻璃和离奇的马赛克装饰，是折中主义的一次多姿多彩的表演。尤约尔的最佳作品见于**圣胡安德斯皮**(San Juan Despí)小镇，他"尤其"在这里建造了有多个角塔的**克雷乌塔**(Torre de la Creu, 1913)和更为野性的、带有巴洛克式绘画的**内格雷别墅**(Can Neger, 1915)。贝伦格尔的寿命不长，因而作品较少。他最著名的建筑是在加拉夫的**住宅、小礼拜堂兼门卫室**(house, chapel and gatehouse at Garraf, 约1910)。

1910 年后，现代主义的推进减缓了，但随着西班牙共和国的成立，巴塞罗那在 1936 年之后，又一次成为西班牙建筑的前沿。反对学院派的青年建筑师们抓住机会成立了一个前现代主义组织——当代西班牙建筑协会(GATEPAC)，其基地在巴塞罗那和马德里(Madrid)。但在巴塞罗那，该组织

有何塞·路易·塞特(José Lluis Sert, 1902—1983)更坚强有力的领导。塞特曾同勒·柯布西耶一起工作，他的早期建筑主要是与何塞·托里斯-克拉夫(José Torres-Clavé, 1906—1939)和霍安·包蒂斯塔·苏维拉纳(Joan Bautista Subirana, 1909—1979)合作设计，且明显是柯布式的，其中著名的有七层的巴塞罗那**蒙塔纳街公寓**(apartment block in Calle Muntaner, 1931)和巴塞罗那的**肺结核病院**(Tuberculosis Clinic, Barcelona, 1935)，它们都是共和国政府公共工程计划的一部分。但是，当代西班牙建筑协会最重要的工程是有 200 个单元的巴塞罗那的**圣安德鲁居住区**(Sant'Andreu housing estate, Barcelona, 1934—1936)。它由六层出租公寓的街坊组成，布置成两个 U 形的连续体量，并有带阳台的通道，是第二次世界大战前欧洲以激进的现代主义语汇建造的最大居住建筑街坊。但是，在西班牙内战中，这个居住区被严重毁坏，之后又被改造得面目全非。

西班牙在内战前的另一个现代主义成就是爱德华多·托罗哈(Eduardo Torroja, 1899—1961)的结构作品，他使德国的混凝土薄壳技术有了新的美学效果。托罗哈的**阿尔赫西拉斯市场**(Algeciras Market, 1933)在八个周边支点上有一个扁圆穹形的屋顶，他的**阿略斯高架水渠**(Alloz Aqueduct, 1939)在 X 形支柱上豪壮地跨越沟谷。托罗哈的著名作品是马德里的**萨尔苏埃拉跑马场**(Zarzuela Hippodrome, 1935)，它的一系列椭圆双曲面挑棚沿着长长的三重看台顶部优美地波动。

在这个世纪初期，葡萄牙要比西班牙更强烈地受到法国学院派的影响。这个国家最有名的建筑师是巴黎美术学院教育出来的文图拉·特拉(Ventura Terra, 1866—1919)。特拉在许多领域都有学院派风格的作品（例如带有丰富的巨柱式的里斯本的**里斯本与亚速尔银行**(Banco Lisboa e Açores, 1906)。在这个年代里，里斯本因其炫耀但又庄重的办公和公寓建筑而闻名。在有较高声望的此类建筑中，有小诺尔特(Norte Junior)设计的**自由大街豪华公寓**(luxury apartments on the Avenida da Liberdade, 1915)，它采用了带"新曼努埃尔一世时期风格"(neo-Manueline)的晚期新艺术运动手法。波尔图(Oporto)具有更繁荣的建筑文化。这里的建筑和规划领域都被同样受巴黎美术学院教育的马凯斯·达席尔瓦(Marques da Silva, 1869—1947)所主导。达席尔瓦建造了光面花砖的**火车站**(Railway Station, 1900 年始建)、一些学校、

第44章　1900～1945年的西欧建筑

图A　斯德哥尔摩的林地火葬场(1935—1940)，见[1443]页

图B　帕伊米奥疗养院(1929—1933)，见[1443]页

图C　诺尔马库的梅雷亚别墅(1938—1939)，见[1443]页

第七编 20世纪建筑

图A （左上图）巴塞罗那的圣保罗医院(1905—1912)，见[1444]页

图B （右上图）巴塞罗那的巴特略公寓大楼(1904—1906)，见[1444]页

图C （右图）巴塞罗那的米拉公寓大楼(1905—1910)，见[1444]页

第44章 1900～1945年的西欧建筑

一座剧院；此外，他还并规划了以科雷亚·达席尔瓦(Correia da Silva)设计的**市议会大厦**(Câmara Municipal, 1920年始建)为主要建筑的**联合大街**(Avenida dos Aliados)。

激进的现代主义在葡萄牙的保守文化和政治环境中受到质疑，于是现代建筑通过一种有节制的简化古典主义的面貌而渗入。这类纪念性的建筑有帕达尔·蒙泰罗(Pardal Monteiro, 1897—1957)设计的大型的**里斯本高等技术学院**(Higher Technical Institute, 1927—1935)。该学院构成了这个城市一个新区的中心。此外，还有他设计的里斯本的**法蒂玛圣母教堂**(Church of Our Lady of Fatima, 1934—1938)。比它们更丰富的、给人以强烈装饰艺术派印象的是卡夏诺·布兰科(Cassiano Branco, 1898—1969)设计的**伊甸园影院**(Eden Cinema, 1930—1937)和里斯本的**维多利亚旅馆**(Hotel Victória)。

20 世纪建筑

第 45 章
1945 年以后的西欧建筑

概述

第二次世界大战之后，几乎所有的欧洲国家都发现自己变得更加贫穷了。德国、意大利和英国都在物质上遭到了破坏。另外一些像瑞士和瑞典这样的战时中立国家却不但实际上没有受损，而且还有着良好的经济状况。

建筑师和工程师们努力使在战时发展起来的工业生产技术适应战后的国内建设项目。但是，从军事文化中轻松借来的便利性和人道环境需求之间的平衡却并不容易达到。20 世纪 50 年代和 60 年代，斯堪的纳维亚、法国、德国和不列颠所开发的多数"体系"建造方法，产生了一些格调沉闷的建筑。这种状况在运用于大规模民众住宅区时尤为真切，特别是在德国、法国和英国这样以住宅建设为主的国家。那些看起来永无止境的预制混凝土墙板成排成摞地堆在一起，象征着想象力的缺乏、资源的紧张和政府对民众住宅的漠视态度。

实际上，所有的城市和乡镇都面临着迅速增加的交通压力，而有些国家甘愿让交通随需要发展，并用商业建筑来填补缺口——德国和比利时就是主要的例子。其他国家，如计划发展机动车的英国和法国，则以美国为先例。然而，这些规划最终还是如同"自由放任"(laissez-faire)政策一样地招致不满。

除了对地域主义(regionalism)利益的复兴之外，在整个 20 世纪 50 年代和 60 年代，由于整个欧洲城市都遭受着公路建设和贸易振兴带来的过度破坏，主流建筑为欧洲国家提供了一份可靠的国际现代主义的菜单。在 60 年代后期，地方上对这些大体量方案的反对呼声日渐高涨。在 70 年代初期，巴黎失去了中央市场，而伦敦几乎也同样失去了科文特加登市场。但是，这种潮流在 70 年代早期发生了扭转。可以理解的是，建筑学专业在这些年的破坏中也受到了影响，现代(Modern)一词在大众心中等同于无情剥削。因此，建筑师们又转向了历史。

历史主义采取了各种形式。无论是阿尔多·罗西(Aldo Rossi, 1931—1997)最纯粹的古典形式、意大利的理性建筑运动，还是莱昂·克里尔(Leon Krier, 1946—)的城镇规划方案，常常是出于浪漫的理由而采用了形式化的解决方法。这些方法与建筑任务的要求十分相左，其基本原理被称做诗学。其他人更多的是玩弄历史。很快，激进就再次变成司空见惯：斜坡屋顶和三角山墙成为得到业主、规划者和使用人等认可的手段。

奥地利

在 20 世纪 40 年代和 50 年代，奥地利主要关注的是重建住宅和工业，其突出的方案是奥斯瓦尔德·埃戴尔(Oswald Haerdtl, 1899—1959)的维也纳的**费尔滕和纪尧姆馆**(Felten & Guillaume Pavilion, 1954)和克莱门斯·霍尔兹梅斯特(Clemens Holzmeister, 1886—1983)的维也纳的**普赫斯鲍姆广场教堂**(Puchsbaumplatz Church, 1965)。这两座建筑都显示了战前对浪漫主义的关注的延续。罗兰·赖纳(Roland Rainer, 1910—)设计的**维也纳市政厅**(Municipal Hall, Vienna, 1952—1958)表现了更加理性的道路。这座以铝材覆面的钢和混凝土建筑，成为解决大空间厅堂(大约 1.6 万人)问题的新方法。赖纳在林茨附近的普切瑙(Puchenau, near Linz, 1966—1975)设计的大型低层住宅区方案中，展现了他的花园城市原理。

四人设计组(Arbeitsgruppe 4，成立于 1963 年，成员有：威廉·霍尔茨鲍尔(Wilhelm Holzbauer, 1930—)、弗里德里克·库伦特(Friedrich Kurrent)、奥托·莱特纳(Otto Leitner)和约翰尼斯·斯帕尔特(Johannes Spalt))建立了更加基于历史和依赖技术的建筑立场，他们的萨尔茨堡-帕什**教区教堂**(Parish Church, Salzburg-Parsch, 1955—1956)和萨尔茨堡的圣约瑟夫学院(S. Josef's College, Salzburg, 1961)运用了现代主义的材料和形

第45章 1945年以后的西欧建筑

图A 德国门兴格拉德巴赫的阿布蒂尔堡博物馆(1972—1982),见[1450]页

图B 芬兰赛于奈察洛市政厅(1949—1952),见[1451]页

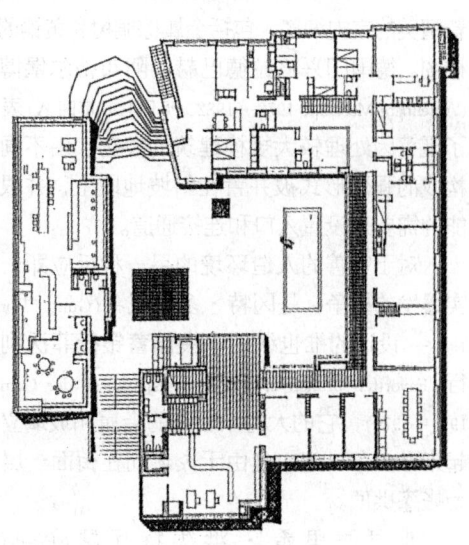

图C 赛于奈察洛市政厅庭院层平面

式,但其中也赋予了对历史的微妙强调。汉斯·普什莫(Hans Puchhammer)的**维也纳魏特曼宅**(Widtmann House, Vienna, 1966—1968)和安东·施魏格霍弗(Anton Schweighofer)的**维也纳小学**(Primary School, Vienna, 1969—1974),从一方面来说都是"白色现代"(white modern),显示了瓦格纳、卢斯和弗兰克的影响。弗里德里克·库伦特和约翰尼斯·斯帕尔特的维也纳的**中央储蓄银行**(Central Savings Bank, 1970—1974)是由大型矩形混凝土门架支撑的三层体量,它的内部两层回廊支撑在圆柱之上,由此获得了高度的理性清晰和场所感觉。

古斯塔夫·派歇尔(Gustav Peichl, 1928—)设计的萨尔茨堡的**奥地利国家电台**(studios for Austria State Radio, 1968—1972),显示出他对于技术和形式问题而不是历史事物的兴趣。派歇尔的施泰尔马克的**卫星传输站**(Satellite Transmission Station, 1976—1979)将所有的建筑掩藏在波动的草皮之下,只有几个立面和巨大的碟形卫星天线清晰可见。

汉斯·霍莱因(Hans Hollein, 1934—)的作品则与这种精密严谨形成对比,往往不向技术妥协而表现出更多个性。维也纳的**舒林珠宝店**(Schullin jewellery store, 1972—1974)实际上是在处理内部空间,它通过入口的抛光石材、铬合金和黄铜的组合暗示了商店的奢华,是对分离派作品的回应。霍莱因设计的维也纳的**奥地利国家旅游局**(Austrian State Traval Bureau, 1976—1978)同样也是在平实背景下有着精美的室内细部,包括金属棕榈树和黄铜的印度楼阁。德国门兴格拉德巴赫的**阿布蒂尔堡博物馆**(Abteilberg Museum, 1972—1982, 见[1449]页图A)表现出了霍莱因处理较大规模建筑的技巧:由不同材料构成的强烈形式被并置在斜坡地段上,并根据功能的需要来设置入口和连接通道。

对于完善的人造环境的另一种反应即一种如实爆发的抗争,是冈特·多梅尼希(Gunter Domenig, 1934—)设计的维也纳的**中央储蓄银行菲沃利滕分行**(Favoriten branch of the Zentralsparkasse der Gemeinde, 1975—1979),它的大约六层高的金属和玻璃立面看起来融合在一起,且由于炎热而在街面一层提升为帐篷拱顶。

弗里德里希·洪德特瓦瑟(Friedensreich Hundertwasser, 1928—)在1958年发表的《模度宣言》(*Mould Manifesto*)呼吁自建住宅。对理性主义来说,不论造价几何,最后还是建造了一组维也纳的劳**文街和克格尔街公寓**(Apartments, Lowengasse and Kegelgasse, 1983—1985)。这个公寓尽管不是自建的,但看起来倒像是这样。曲线的形式、随意的装饰和仅仅涂刷到"从窗户探出能触及的部位"的外墙,使这个离奇的方案充满趣味。与其说它是一次实践,不如说它更像是洪德特瓦瑟思想的纪念碑。

20世纪60年代以来的另外一些抗争者,还有蓝天组建筑师集团(Coop Himmelblau, 成立于1968年;成员有:沃尔夫·普莱克斯(Wolf Prix)、赫尔穆特·斯维茨辛斯基(Helmut Swiczinsky)和赖纳·霍尔策(Rainer Holzer))。他们的抗争意味着建造更平实的棚子、打开角落并用精细的金属和玻璃来填补空隙,这种实例包括:格兰河畔圣法伊特的**丰德三号工厂**(Funder Factory 3, S. Veit an der Glan, 1988—1989);**维也纳屋顶办公室**(roof conversion for offices, vienna, 1983—1988),它的蛛网般的金属边从一座坚实的老建筑中伸出来。

四人设计组的几个建筑师保留着"历史情结"。海因斯·泰萨(Heinz Tesar, 1939—)设计的隆高-萨尔茨堡下堡的**教区教堂**(Parish church, Unternberg in Lungau-Salzburg, 1976—1979),以复杂的形式重新利用了原有教堂的一部分,既表达清晰又与环境融合,同萨尔茨堡的**小阿尔堂区教堂**(Kleinarl Parish Church, 1977—1986)一样。泰萨与赫尔曼·切赫(Herman Czech, 1936—)一起设计了**M宅**(M House, 1977—1980;与英格丽德·拉佩(Ingrid Lapaine)和古斯塔夫·多伊彻(Gustav Deutsch)合作),使卢斯传统中的维也纳别墅风格再次复兴。伊基利恩设计组合(Igirien group, 成员有维尔纳·阿佩尔特(Werner Appelt)、埃伯哈德·克奈塞尔(Eberhard Kneissel)和埃尔莎·普罗哈兹卡(Elsa Prochazka)走着一条略为不同的道路,他们称之为"美丽的千篇一律"(beautiful monotony),这在实践中则意味着他们的建筑都使用同样的拱形母题有不开口的、开口的,还有窗洞,以及浅浅的斜屋顶。他们设计的赛马场路的**教堂和聚会大厅**(Church and Assembly hall, 1977)与维也纳耶德勒村的**教堂和聚会大厅**(Church and Assembly Hall, Jedlersdorf, 1980),从根本上来说是相同的,都是基于反对平淡和重复的建筑原则而强调个性。

在格拉茨(Graz)的重要建筑师群体中,米夏埃尔·希斯科维茨(Michael Szyszkowitz, 1944—)和卡拉·科瓦尔斯基(Kalar Kowalski, 1944—)这对夫妻组合以设计**格拉茨-拉赫尼茨教堂**(Church at Graz-

Ragnitz, 1983—1988) 著称：教堂、会议室、俱乐部和幼儿园随意地围绕着贸易广场布置，略微扭曲的体块使人联想到希斯科维茨的导师多梅尼希。

比利时

战后，美国建筑对比利时的主要影响，从某种程度上归因于布鲁塞尔(Brussels)在欧洲政治上的中心地位。布鲁塞尔以侵蚀掉历史肌理的高速公路、幕墙和混凝土办公楼而成为国际城市的"佼佼者"(par excellence)。斯基德莫尔·奥因斯和梅里尔事务所(Skidmore Owings and Merrill)设计的布鲁塞尔**朗贝尔银行**(Banque Lambert, Brussels, 1958—1964)这座预制混凝土构件的平淡的建筑，是处于平均水平之上的实例。

最令人感兴趣的建筑事件是**1958年世界博览会**(1958 World's Fair)。此次博览会上的设计包括像安德烈·波拉克和让·波拉克(Andre & Jean Polak)的"**原子塔**"(Atomium)这样怪异的作品。这是一座高120m(390ft)的铁分子模型，被转换成以管状通道相连的九个球形建筑，整个外表不是铁的而是发光的铝。勒·柯布西耶为菲利普馆(Philips Pavilion)设计了双曲抛物面的张拉结构。**西德馆**(West German Pavilion)则被埃贡·艾尔曼(Egon Eiermann, 1904—1970)和泽普·鲁夫(Sep Ruf)设计成一组有完美细部的八个馆，其发光的钢框架由带顶的步道相连。

日益增长的对城市再发展的不满，导致了1968年城市行动研究工作室(Atelier de Recherche et d'Action Urbaines)的形成。这是一个执业者和学生的多学科组织，对那些不断提出的、盲目的再发展计划直接制订反对提案。ARAU的兴趣在于保存那些作为居住和混合使用环境的中心城市的生机。为此，历史学家莫里斯·库洛特(Maurice Culot, 1939—)和建筑师莱昂·克里尔(Leon Krier, 1946—)并不顾虑采用传统的城市设施，例如广场和林荫大道。这个运动的倾向有时甚至是欢迎大杂烩，并准备利用那些有争议的废弃不用的城市物质元素。无论如何，他们还是获得了诸多成功，并唤醒了另一种公众意识的选择可能性。

成长在这种反现代主义气候之下的是卢西恩·克罗尔(Lucien Kroll, 1927—)，他是一位参与式建筑的拥护者。克罗尔设计的沃吕沃-圣朗贝尔的**卢万天主教大学学生宿舍**(Student's Residence at the Université Catholique de Louvain, 1969—1975)，就是这种民主方法的例证。在这种风格之下，审美价值"尤其"(ad hoc)是由建筑的创作过程决定的，而不是建筑师"先验"(a priori)的口味所决定。

克罗尔以前的伙伴查尔斯·范登霍夫(Charles Vandenhove, 1927—)将荷兰结构主义思想与强烈的新古典潮流融合在一起，这在他早期的作品，例如在列日索尔特·蒂尔曼(Sort Tilman, Liège)的**大学诊所**(University Clinic, 1965—1986)和**教育研究所**(Educational Institute, 1962—1972)中都表现得很明显。研究所采用了"家庭"的形式，并使用了混凝土和有精美细部的砖工。范登霍夫近几年对城市乡土(vernacular)的兴趣使他走向一条更加开放的新古典道路，例如他后期的作品**列日大学诊所**(University Clinic, Liège)就加上了柱子和柱头。

芬兰

埃里克·布里格曼(Eric Bryggman, 1891—1955)在木结构的图尔库附近的**潘西奥住宅**(houses at Pansio, near Turku, 1946)和**库希斯托努蒂拉别墅**(Villa Nuuttila, Kuusisto, 1947—1951)中，表明了他对地点和自由塑造体量的敏感。阿尔瓦·阿尔托(Alvar Aalto, 1898—1976)在20世纪20年代曾与布里格曼一起工作，他同样也发现自己放弃了战前的"白色建筑"。阿尔托的赫尔辛基的**国家退休金公共机构大楼**(National Pensions Institution, 1948—1956)，尤其是他的赛于奈察洛的**市政厅**(Town Hall, Säynätsalo, 1949—1952，见[1449]页图B)，可以认为是对"大地"材料砖和木材的强烈兴趣。在赛于奈察洛的建筑中，办公室和会议厅围绕着一个被抬高的庭院，让人回想起中世纪的意大利山城。也许这并非出于偶然，而是因为阿尔托对意大利和古希腊有着强烈的热爱。这种热爱不仅是对形式，更是对隐含在形式之中的人本精神的热爱。这些建筑的问世以及阿尔托开始得到德国和美国的设计委托这样一个事实，使他很快成为战后受到高度尊敬的建筑师之一。阿尔托在位于赫尔辛基的有着铜和玻璃立面的**劳塔塔洛办公楼**(Rautatalo Office Building, 1953—1955)和有着贝壳形曲面墙和不对称观众厅的文化中心(Cultural Centre, 1955—1958)上表现出处理城市文脉的老练手法,并在芬兰大厦(Finlandia Hall, 1970—1975)中达到顶峰。阿尔托还为自己建造了穆拉察洛的夏日住宅(summer house, 1953),这是一个部分被设计成材料和技术试验田的"修补术"。❶ 阿尔托自己的穆琴角事务所(Studio, Munkkiniemi, 1953—1955)和伊马特拉的武奥克森尼斯卡教堂(Vuoksenniska Church, Imatra, 1957—1959)按照路德教仪式和声学的功能需要来组织建筑,标志着对"白色"建筑('white' architecture)的回归。这种做法的结果是产生了与战前的功能主义颇不同的不对称平面和不规则体量。

维尔约·雷维尔(Viljo Revell, 1910—1964)曾于20世纪30年代在阿尔托的事务所工作。虽然他在战后的第一个作品是用砂岩和木材建造的宽屋檐的利佩里的战争伤残康复中心(Rehabilitation Centre for War Invalids, Liperi, 1948),但是他的风格涉猎很广:从国际式风格的赫尔辛基的泰奥利苏斯克司库斯旅馆和办公楼(Teollisuuskeskus Hotel and Offices, Helsinki, 1952),到体块自由的赫尔辛基的梅拉提学校(Meilahti School, Helsinki, 1952—1953, 与奥斯莫·西帕里(Osmo Sipari)合作设计)。

埃吉·希伦(Heikki Sirén, 1918—)和凯亚·希伦(Kaija Sirén, 1920—2001),追随着芬兰新古典主义的价值体系:形式化的平面布局和精心研究的体量组合。他们的奥坦角大学礼拜堂(University Chapel, Otaniemi, 1952—1957)和塔皮奥拉奥特松皮萨住宅区(Otsonpesä housing, Tapiola, 1959),表明了将刻板严格的建筑体系与原始景观结合在一起的浪漫的可能性。

奥托·默尔曼(Otto-I Meurman, 1890—1994)、阿尔内·埃尔维(Aarne Ervi, 1910—1977)及其他建筑师在赫尔辛基附近的塔皮奥拉花园城(Tapiola Garden city, 1953)的规划中使城镇和自然环境结合,城镇的四个部分由绿化带分隔,产生了被称为"森林城市"的杰作。埃尔维还设计了城镇中心(town centre, 1954—1959)、住宅区(housing, 1952—1964)、游泳池(swimming pool, 1962)和塔皮奥拉花园旅馆(Tapiola Garden Hotel, 1974)。这座在20世纪70年代中期达到了1.8万规划人口规模的城镇,近年来建造了一座由阿托·西皮宁(Arto Sipinen, 1936—)设计的文化中心(Cultural Centre, 1990)。这座新现代建筑(白色直线型并用金属与玻璃建造)整个是一个大型立方体,与现存的城镇和所在的湖边地段均契合完好。

雷马·皮蒂拉(Reima Pietilä, 1923—)和莱丽·皮蒂拉(Raili Pietilä, 1926—)为塔皮奥拉设计了苏维库普公寓大楼(apartment building, Suvikumpu, 1966—1969),它的不规则的楼面高度和窗户布置使建筑物柔和而富有人情味。在伊尔约·林德格伦(Yrjö Lindegren, 1900—1952)设计的赫尔辛基的蛇形住宅(Serpent House, Helsinki, 1951)中也可以看出类似的趣味:一排公寓蜿蜒伸展于狭长的场地,由此形成半私密的开敞空间,使每个单元更具私密性和可识别性。

在坦佩雷卡勒瓦教堂(Kaleva Church, Tampere, 1966)中,皮蒂拉夫妇用竖条窗和曲线墙交替来围合高高的主体。也许该教堂在比例和情绪上的效果会被人称做"哥特式"建筑,但它绝不是戈特弗里德·伯姆(Gottfried Bohm, 1920—)的那种沉闷和昏暗的德国式作品。皮蒂拉夫妇的奥坦角的迪波利学生宿舍(Dipoli Students' Residence, Otaniemi, 1966—1967),以两个建筑体量形成对比:一座直线型的学生公寓和一座用随意的石块建造的形式自由的俱乐部,像山洞般的俱乐部的室内天花板是起伏不平的混凝土。

优秀建筑单体的异常丰富,在20世纪60年代后期那些拒绝建筑"杰作"概念的建筑师中引起了反响。他们认为,经过科学确定的比例体系和工业生产技术能够解决建筑中出现的任何问题。雷约·拉赫蒂宁(Reijo Lahtinen, 1939—)和埃尔基·凯拉莫(Erkki Kairamo, 1936—1994)在马林梅科工厂(Factory at Marimekko, 1972)设计中对网格的顽固遵

---

❶ bricolage;法国当代著名的思想家和文化人类学家莱维-斯特劳斯在他的《野性的思维》一书中,曾对从事"修补术"的修补匠(杂家)作了精辟的论述:"'修补匠'善于完成大批的、各种各样的工作,但是与工程师不同,他并不使每种工作都依赖于获得按设计方案去设想和提供的原料与工具;他的工具世界是封闭的,他的操作规则总是就手现有之物来进行的……工程师向世界发问,而'修补匠'则与人类活动的一批存余物打交道,这些存余物只是文化的一个组成部分……工程师靠概念工作,而'修补匠'靠记号工作。"参见《野性的思维》,选自《列维-斯特劳斯文集②》,李幼蒸译,中国人民大学出版社2006年版,第21~30页。——译者注

守,就表明了这种态度。但是这种建筑很难反映出芬兰社会的本来面貌——它并没有德国或法国那样深的工业化程度。对这条道路的修正,就是将工业组件与构成芬兰文化特征的传统材料和手工精加工相结合,例如佩卡·海林(Pekka Helin)和图奥莫·西托宁(Tuomo Siitonen)设计的泰斯科的**金属工人联盟培训中心**(Training Centre for the Metalworkers' Union, Teisko, 1976)。

对建筑形式问题解决方法的持续兴趣,可以从埃吉·塔斯基宁(Heikki Taskinen, 1905—1988)设计的**奥隆萨罗初级中学**(Lower Secondary School, Oulunsalo, 1983)中窥见一斑。这座建筑包括各种体块和屋顶形式,但材料上仅使用了砖和金属,使得这座大型建筑在视觉上很容易被接受。

材料的简单及体量的复杂,使劳里(Lauri Louekari)和安娜·洛埃卡里事务所(Anna Louekari)的**洛恩佩斯托的米科角休闲中心**(Mikonkari Recreation Centre, Lohenpyrsto, 1988)很有特色。它的平面是变形的 U 形,其中部分为两层,外部是竖向的漆成白色的木材,而内部则是横向的天然木材。由于内部几乎没有直角,这件作品让人想起记忆中梦境迷失了方向的那种熟悉的感觉。

法国

战后的法国对大量快速建造房屋的需求,意味着及早引进工业技术。奥古斯特·佩雷(Auguste Perret, 1874—1954)的新古典手法的**勒阿弗尔重建**(reconstruction of Le Havre, 1945—1954),无论从规划还是风格上来说,都是不合于时代的。然而将新古典交给工厂预制混凝土构件生产也有它的好处。同样情况的还有安德鲁·吕尔萨(Andre Lurçat, 1894—1970)**在莫伯日和圣但尼的重建工作**(reconstruction work at Maubeuge and Saint-Denis)中,将巴黎美术学院的形式主义引入工厂。有意思的是,这些方案并没有遭受或者引起像布瓦洛(Boileau)和拉布尔代特(Labourdette)设计的**巴黎拉萨尔塞勒住宅区**(La Sarcelle housing estate, Paris, 1959)中那样的与更"现代"的发展相关的社会问题。

尽管勒·柯布西耶倡导"机器美学"(machine aesthetic),并且在战前充满激情地做了大量城市规划,但是他在战后并没走在工业化建筑和城市重建的前沿,城市重建大部分是在 1940 年后由维希(Vichy)政权的规划师所制定原则的延续。自 20 世纪 40 年代后期以来,勒·柯布西耶的作品越来越倾向于手工艺。例如马赛的**马赛公寓**(Unité d'Habitation, 1946—1952,见[1454]页图 A、图 B、图 D),这仅是一个大型规划方案的片段,勒·柯布西耶在设计中选择了手工制作的粗糙纹理的混凝土。这个项目包括公寓(有两层通高的起居空间和宽敞的阳台,由内部"街道"提供服务)、商店(位于上部的"街道"层)和屋顶上的娱乐和公共设施。其后的 10 年,整个欧洲出现了大量这座建筑的直接或间接的翻版。

随着私人委托的出现,例如塞纳河上的讷伊的**雅乌尔宅**(Maisons Jaoul, 1952—1956,见[1454]页图 C),建筑物的墙面不再是白色,而是木材和玻璃深深凹陷嵌入混凝土和砖墙。当工业化建筑成为现实之时,没有必要再去"伪装"工业化的美,勒·柯布西耶于是对实体材料性和场所产生了兴趣。

工业化最重要的成员是让·普鲁韦(Jean Prouvé, 1901—1984),他在 20 世纪 30 年代继续发展着预制板体系和幕墙建筑。由于曾经受过艺术金属工艺的训练,普鲁韦迷恋自动化建造技术,并致力于轻质工业构件、快速建造和灵活使用的建筑。在 1950 年,普鲁韦与建筑师安德烈·西韦(Andre Sivé)合作,为重建与城镇规划部(Ministry of Reconstruction and Town Planning)设计建造了默东的**14 幢试验性住宅**(14 experimental houses at meudon)。这些住宅位于毛石基础之上,由轻质钢框架构成,并以金属、玻璃和木质板材来填充嵌板。虽然保温性能不足,但是这些住宅却有巧妙的通风体系,特别是它的金属屋顶。由普鲁韦设计博瓦隆的**假日住宅**(holiday house at Beauvallon, 1962),使用了更大的空间标准来发展开敞的平面布局。这里使用的也是"卢梭"(Rousseau)木嵌板和由普鲁韦制作的保温的波形铝材,这是 20 世纪 60 年代圆角工业产品的商标。普鲁韦的维勒瑞夫的**装配式学校**(demountable school, 1957)表现了另一种结构类型:屋顶由一排偏心的柱子支撑,平行的外墙表皮被用做张拉膜。

尽管普鲁韦的其他作品也被热烈接受,但对幕墙发展的贡献,毫无疑问地一直是他的最高成就。但是和美国的巴克明斯特·富勒(Buckminster Fuller, 1895—1983)一样,这对需要解决的问题并没

图 A　马赛公寓(1946—1952)，见[1453]页

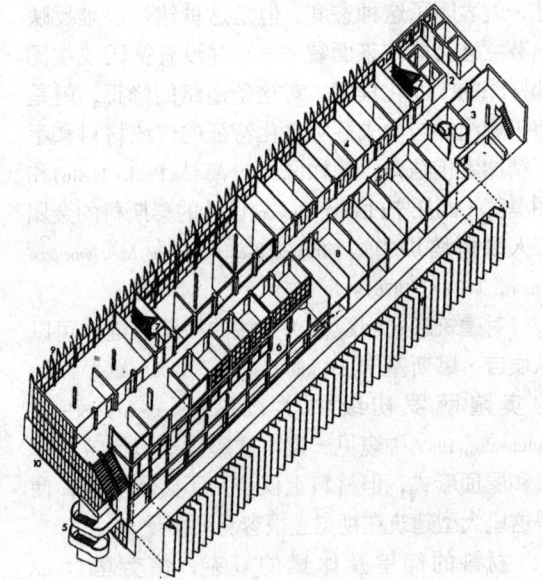

图 B　马赛公寓：公共服务层
1. 遮阳板
2. 门厅和电梯
3. 休息室
4. 商业用房
5. 消防道
6. 回廊
7. 消防道
8. 商业用房
9. 遮阳板
10. 北立面

图 C　(左图)塞纳河上的讷伊的雅乌尔宅(1952—1956)，见[1453]页

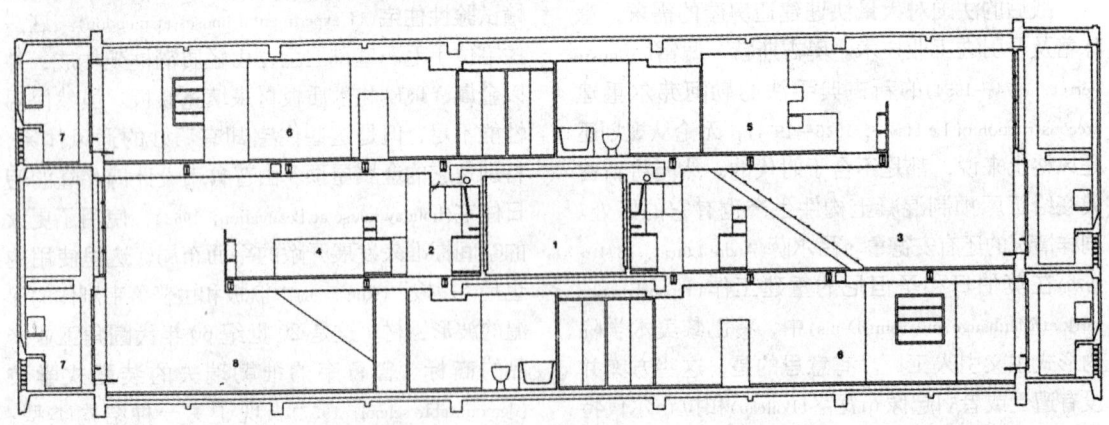

图 D　马赛公寓：典型复式公寓的剖面
1. 室内街道
2. 厨房
3. 起居室和就餐处
4. 就餐处和挑廊
5. 父母的带卫生间卧室
6. 儿童卧室
7. 阳台
8. 父母的卧室和起居室

产生直接的影响。时间对于这些作品是无情的，暴露了当时那个时代技术上的局限。

大多应用于低造价住宅的预制件，包括预制混凝土构件及其嵌入的不灵活性，都像普鲁韦一样受到诅咒。但是建筑工业需要它们。针对这一问题，建筑师们进行了多种形式上的尝试。在庞坦的**库尔蒂利耶住宅区**（Les courtillières housing estate, 1955—1960）中，埃米尔·阿约（Emil Aillaud, 1902—1988）利用蜿蜒在地段周边两公里、六层高的体量，来使他的方案具有个体识别性。住宅区的停车场环绕在外圈，住宅区里只有一个单层的幼儿园，不规则平面被有波形混凝土壳体屋顶部分覆盖。在福尔巴克的**魏斯贝格住宅区**（Weisberg estate, 1959—1963）中，阿约用类似的方法，将15个11层高的体块插入低造价的公寓中，所有建筑都使用了滑动模板。混凝土墙的固有强度意味着阿约可以在建筑立面上不规则地开窗，并连同色彩明亮的表面而赋予这个方案一种特有的玩具般的特质。

保罗·布罗萨尔（Paul Brossard）将随意的大块石材浇筑在混凝土构件中，来建造克雷泰伊的**莱布吕埃住宅区**（Les Bluets housing, 1959—1962）。但是公寓的体量仍保持正交的平面，最终建造出来的古怪外观似乎还是不能充分弥补建筑整体的苍白。

另一种对大众住宅方案尺度的尝试见于里卡尔多·博菲尔（Ricardo Bofill, 1939—）的新古典设计中，例如混凝土的马恩河谷的**阿卜拉克萨斯空间住宅区**（Les Espaces d'Abraxas, 1978—1983），它的公寓被布置在大尺度的巴洛克元素中。

在文化建筑领域，各种技术被广泛采用，从居伊·拉尼奥（Guy Lagneau, 1915—1997）、米歇尔·魏尔（Michel Weill, 1914—2001）、让·迪米里耶维克（Jean Dimirijevic, 1926—）和雷蒙·奥迪吉耶（Raymond Audigier）设计的、由机械阳光控制装置所围绕的玻璃盒子般的勒阿弗尔**文化博物馆**（Musée-Maison de la Culture, 1957—1961），到罗伯特·奥泽勒（Robert Auzelle, 1913—1984）设计的更加形式化的讷沙泰勒昂布赖的**行政和社区中心**（Administration and Community Centre, 1952—1961）。在这组主要包括法院、市政厅和剧院的建筑中，奥泽勒赋予每座主体建筑以不同的形式，并用统一的材料——混凝土和钢结构之上的砖墙——将其组织在一起。

卢尔德的**庇护十世巴西利卡**（Basilica of Pius X, 1956—1958）有点类似于意大利奈尔维的建筑，代表了建筑与工程的交融。在这座建筑中，欧仁·弗雷西内（Eugène Freyssinet, 1879—1962）、皮埃尔·瓦戈（Pierre Vago, 1910—2002）和其他建筑师创造了巨大的没有柱子的地下空间，其平面与早期基督教鱼形符号相似。此外，预应力混凝土肋结构弯成一条中央脊，整体则沿着210m（660ft）长的空间弯曲，空间的低矮比例加强了仿生效果。

勒·柯布西耶的朗香的**上圣母院朝觐教堂**（Pilgrimage church of Notre Dame-du-Haut, 1950—1954，见[1456]页图A），与日渐增多的机器产品建造的世界形成强烈的对比。教堂的厚重的扁墙上穿有小洞口，旋出的混凝土壳屋顶在礼拜堂内部形成下垂的天花板，所有这些都是手工制作并且"一次成型"。这座建筑对现代建筑的发展产生了巨大的影响，包括它对形式和材料看似"原始"的、情绪化的运用。勒·柯布西耶的阿布里斯勒山上的埃弗的**图雷特圣母隐修院**（Monastery of S. Marie-de-la-Tourette, 1957—1960，见[1456]页图B）是一座更为复杂的建筑，他将隐修院的小房间用柱墩架起并置于地段的上方来创造一个私密的静修世界，而高高的礼拜堂则放在地面层，材料全部使用混凝土。这是一座组织完美的禁欲主义的纪念碑。

埃德华·阿尔贝（Edouard Albert, 1910—1968）设计了高级的商业建筑作品，其优秀的实例是奥利机场的**营运大楼**（Operations Building, 1958—1960）。这座四层楼的玻璃建筑十分优雅，它的平面呈"H"型，外部是钢框架，内部则是封闭的空调环境，以隔离外部噪声，并由此提供了一种高度灵活的服务。保罗·安德鲁（Paul Andreu, 1938—）设计的巴黎鲁瓦西的**戴高乐机场一号航站楼**（Terminal One at Charles de Gaulle Airport, 1967—1974，见[1457]页图A），是一个有独创性的集中式航站楼设计实例。航站楼由带有明显模板痕的混凝土建造，平面呈圆形，并围绕着一个有透明乘客通道穿过的开敞的中厅组织，候机厅周围有七个发送乘客登机的卫星厅。这些卫星厅可以由卷在候机厅周围的滑道下的移动人行步道抵达。汽车停在候机厅内部及其屋顶上。

乔治·康迪利斯（Georges Candilis, 1913—1995）、亚历克西·若西克（Alexis Josic, 1921—）和谢德拉克·伍兹（Shadrach Woods, 1923—1973）因规划**图卢兹勒米莱**（Le Mirail, 1961—1977）的先期城市化地带而闻名。该规划摒弃了战前"隔离主义者"的城镇

第七编 20世纪建筑

图A 朗香的上圣母院朝觐教堂(1950—1954), 见[1455]页

图B 阿布里斯勒山上的埃弗的图雷特圣母隐修院(1957—1960), 见[1455]页

第45章 1945年以后的西欧建筑

图A 巴黎鲁瓦西的戴高乐机场一号航站楼(1967—1974)，见[1455]页

图B 巴黎的乔治·蓬皮杜国家文化艺术中心(1971—1977)，见[1458]页

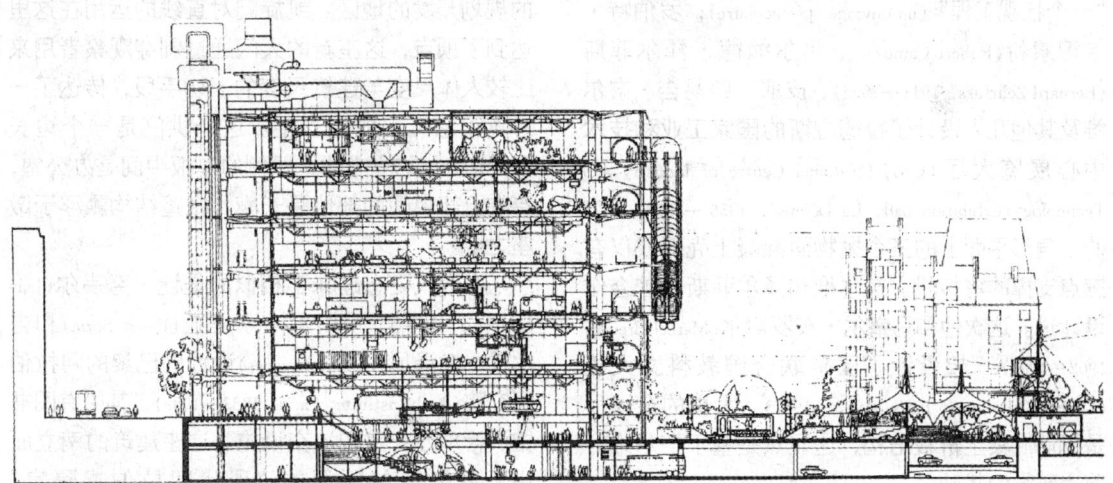

图C 巴黎的乔治·蓬皮杜国家文化艺术中心剖面

图D 巴黎的卢浮宫玻璃金字塔(1981)，见[1458]页

图E 尼姆的图书馆和美术馆(1984—1993)，见[1458]页

规划政策而采用了更加综合的布局,同时还做了一些有相当多改进的小型作品。他们的塞夫尔莱斯布鲁耶的手工业综合体(Artisan complex, 1963—1965)是一小组用裸露混凝土建造的建筑工业车间,其风格可以被称为粗野主义。但事实上,保守地说而不是夸张地说,这是一种美学上的粗野。

在20世纪50年代和60年代期间,混凝土薄壳屋顶对法国人来说一直具有吸引力。最优秀的实例之一就是勒内·萨热(René Sarger, 1917—1988)和路易·西蒙(Louis Simon, 1901—1965)设计的鲁瓦扬的有顶市场(covered market, Royan, 1956),它的波形壳体仅有10cm厚,如果不是出于对天气的考虑,厚度会更薄些;跨度将近40m(130ft)。为了建造"一个壮观工程"(un ouvrage spectaculaire),罗伯特·卡穆索特(Robert Camusot)、贝尔纳德·泽尔菲斯(Bernard Zehrfuss, 1911—1996)、皮耶·路易吉·奈尔维及其他几人设计了拉德方斯的**国家工业和技术中心展览大厅**(CNIT(National Centre of Industry and Technology) exhibition hall, La Défense, 1956—1958),它的三角形平面上的三个抛物面混凝土壳形成仅有三点支撑的穹棱拱。奈尔维和泽尔菲斯也曾合作设计过。这次他和马塞尔·布罗伊尔(Marcel Breuer, 1902—1981)一起设计了巴黎**联合国教科文大楼**(UNESCO Building, Paris, 1953—1957)。大楼的会议厅是钢筋混凝土折板结构,这显然是基于奈尔维对薄壳研究的基础。

受到摩西·赛弗迪(Moshe Safdie, 1938—)的蒙特利尔居住区(Montreal Habitat, 1965—1967,参见第51章)的影响,让·雷瑙迪(Jean Renaudie, 1925—1981)和尼娜·舒赫(Nina Schuch)设计的塞纳河畔伊夫里**市镇中心**(Town Centre, Ivry-sur-Seine, 1970—1981)的小居住单元的组合没有两个是相同的,其结果导致了城镇中心的形式复杂的多样性。这种"有机"的特色,似乎使人确信可以将中世纪城市的发展带入现代住宅开发技术中。如果不是其品质,就是这一原则在1965年一些邻近的新城区(Villes Nouvelles)设计中被争相效仿。

随着伦佐·皮亚诺(Renzo Piano, 1937—)和理查德·罗杰斯(Richard Rogers, 1933—)设计的色彩鲜明、用外部的所有设施和结构来围合空间的巴黎的乔治·**蓬皮杜国家文化艺术中心**(Centre National d'Art et de Culture Georges Pompidou, Paris, 1971—1977,见[1457]页图B、图C)在国际上的成功,总统及市长们开始相互攀比,发起那些过度引人注目的"重大方案"(grand project)。贝聿铭(Ieoh Ming Pei, 1917—)的巴黎的卢浮宫**玻璃金字塔**(glass pyramid at the Louvre, 1981,见[1457]页图D),则开始了重组这一惯例的漫长过程。卡洛斯·奥特(Carlos Ott)设计的巴黎的巴士底歌剧院(Opéra de la Bastille, 1989),试图将一些似乎不可能实现的大量设施放入一个促狭的地段,而且还试图达到预期的纪念性。这种对重要形式姿态的新兴趣,在约翰·奥托·冯·施普雷克尔森(Johan Otto von Sprechelsen, 1929—1987)的巴黎的拉德方斯拱门(Arche de la Défense, 1989)中达到顶峰。拉德方斯拱门建于巴黎市郊的商业中心拉德方斯(La Défense),这是一个从1958年开始按照贝尔纳德·泽尔菲斯的规划开发的地区。凯旋门对直线的运用在这里达到了顶点,这座新的大门通过剥夺观察者用来比较人体尺度与建筑尺度的一切手段,传达了一种真正意义上的纪念性。这个拱门是一个边长162m(525ft)的立方体,两侧的厚板中间是办公室,跨在上部中间的部位是长廊。帐篷结构飘浮于墩座之上。

在形式姿态趣味上相似的是让·努韦尔(Jean Nouvel, 1945—)、皮埃尔·索里亚(Pierre Soria)和吉尔贝·勒泽尼(Gilbert Lezenes)设计的巴黎的**阿拉伯研究院**(Arab Institute, Paris, 1983—1989),其中有图书馆、管理办公室和社交设施。这座建筑的南立面由大量努韦尔所谓的"现代阿拉伯式隔扇"(modern mashrabeya work)组成,这是一种阿拉伯遮阳设备的高技术版本。在巴黎的**奥尔赛博物馆**(Musée d'Orsay, Paris, 1984—1986)中,加埃·奥伦蒂(Gaia Aulenti, 1927—)等人将一座废弃的19世纪火车站变成了一座19世纪艺术的展览馆。重大方案中最令人满意的作品之一,是贝尔纳·屈米(Bernard Tschumi, 1944—)设计的**维莱特公园**(Parc de la Villette, 1982—1992),他将一种严格而复杂的几何框架与单体元素所容许的自主意愿结合在一起。

巴黎式"大工程"创作的一个突出的外省作品,当推诺曼·福斯特(Norman Foster, 1935—)的尼姆的**图书馆和美术馆**(Library and Art Gallery, Nîmes, 1984—1993,见[1457]页图E)。位于方形的古罗马卡雷尔神庙(Roman Maison Carrée)的旁边,福斯特的建筑带有通透的巨大中庭,这使它看起来很空。这种空敞是将这座九层建筑中的五层放置在地下而获得的。铝和混凝土结构的优美被屋顶上那些既没有得到妥善掩藏又没有如实暴露的机械设施破坏了。

近年来，反对形式主义的呼声越来越高。米歇尔·卡甘(Michel Kagan, 1953—)在他设计的**巴黎市政大楼**(Municipal Administration Building, Paris, 1993)中，将20世纪30年代白色建筑的平面语言提高到发展体积关系的新水平，并设计了丰富的细部。贝尔纳·于埃(Bernard Huet, 1936—)在**巴黎斯大林格勒广场**(Place Stalingrade, Paris, 1989)中，回收利用了一块供公众使用的肮脏的废弃场地。于埃并没有借助什么巧妙的装置，却使这块场地成为了一个有代表性的城市景观作品。

巴黎最近的大型工程是多米尼克·佩罗(Dominic Perrault, 1955—)设计的**巴黎新图书馆**(New Paris Library)。这个方案出自1996年的竞赛，它包括含有阅览室和办公室的巨大墩座，而玻璃覆面的藏书塔则从墩座的角部升起。

德国

战后，德国需要重建的规模在欧洲是无与伦比的。因为有来自美国的发展工业的资金，所以其步伐非常迅速。大多数建成的东西质量很不均等，并且几乎没有用于规划的时间。除了像吕贝克(Lübeck)这样的城市——它的被毁坏的历史建筑占相当比例——被如实修复成战前的状态；其他多数城市的建设，"尤其"(ad hoc)是在原有基础上继续下去。政府的目标是通过数量来表现的。他们每年建造50万个住宅单元的目标，促使大城市边缘大的卫星城的产生。

有头脑的建筑师们发现自己正在寻求一种无思想的建筑风格，并且确信他们已经在美国的幕墙体系中找到了它。在这种风格里，表皮代替了结构，有表现力的建筑体量由于致力于薄薄的玻璃和金属外皮的优美比例而被弃置一边。在这种风格之下，产生了一些细部精致、比例适当的优美建筑，从保罗·施奈德-埃斯莱本(Paul Schneider-Esleben, 1915—2005)设计的杜塞尔多夫的**曼内斯曼办公大楼**(Mannesmann office building, 1952)到亨(Henn)和施特罗贝尔事务所(Strobel)设计的慕尼黑的**奥斯拉姆办公楼**(Osram offices, Munich, 1963—1965)。然而这种"漂亮盒子"的局限性也很明显。随着盒子的增大，变化起来也更加困难。赫尔穆特·亨特里希(Helmut Hentrich, 1905—2001)和胡贝特·佩切尼格(Hubert Petschnigg, 1913—1997)在**杜塞尔多夫菲尼克斯-莱茵罗大楼**(Phoenix-Rheinrohr Building, Dusseldorf, 1957—1960)的设计中找到了一个解决方法：将大体量分成三个幕墙板楼。

对于一些建筑师来说，这种优美的形式主义是远远脱离环境的——实际上，矗立的建筑物中一切有表现力的方面都在竖直方向，而水平面上却什么也没有。在**柏林的 IBM 大楼**(IBM Building, Berlin, 1962)中，罗尔夫·古特布罗德(Rolf Gutbrod, 1910—1999)、贝尔纳德·宾德尔(Bernard Binder)及其他人选择进一步表现建筑中的功能构成。IBM大楼的位于楼板位置的幕墙被预制混凝土水平带替代，并间隔着条窗，整个九层的体块由位于转角的楼梯间锚固在地面上。对于立面反映内部秩序的更为狂热的尝试是阿特默(Atmer)和马洛(Marlow)等设计的**汉堡警察总局**(Police Headquarters, Hamburg, 1958—1966)，它的不断被室内大空间打断的厚重的混凝土格子覆盖了整个立面。冈特·博克(Gunter Bock)设计的**辛德林根社区中心**(Sindlingen Community Centre, 1961)是向粗野主义建筑迈出的一小步，其粗糙的混凝土墙中包裹着表达清晰的构件。伦茨(Lenz)和穆勒(Muller)设计的美因茨的**克特勒学院**(Ketteler College, 1964)将建筑体量打碎成单个的充满表现力的元素，这是对混凝土更为精炼的使用。在戈特弗里德·伯姆(Gottfried Böhm, 1920—)设计的**本斯贝格市政厅**(Bensberg Town Hall, 1967)中，虽然出于表现欲而在巨大的水平板楼综合体之上建造了一座特别的塔楼，但所有这些都符合古城堡的文脉。

具有强烈差异的是汉斯·米勒(Hans Muller, 1927—1998)和格奥尔格·海因里希斯(Georg Heinrichs)设计的西柏林的**和平教堂教区大厅**(Friedenskirche Parish Hall, West Berlin, 1961)。由于几种材料的选用和形式安排的几何控制，建筑物的表现受到严格限制。其他一些建筑师则是以不太确定的、朴素的方式来使用一些"低级"(poor)的材料：哈尔特-瓦尔特·哈默(Hardt-Waltherr Hamer)等设计的**因戈尔施塔特剧院**(Ingolstadt City Theatre, 1962—1968)避开了文化建筑中使用的那些标准的昂贵面材，使用了在当时看起来更加大众化的混凝土和抽象的形式。

战后德国杰出的建筑作品出自埃贡·艾尔曼(Egon Eiermann, 1904—1970)，他倾向于将结构和细部看做是解决风格难题的方法。他的布伦贝格手帕工厂(Blumberg Handkerchief Factory, 1949—1951)，可能会以其优美吸引那些幕墙建造者的注意力，但是它对建筑价值的探索却更加深刻。这座工厂的每个组成部分都被一视同仁，无论它是一座烟囱或是一个机器车间，并且都一丝不苟地被表达出来。在美因河畔法兰克福的内克曼出口公司大楼(Neckermann Export Company Building, 1958—1960)中，玻璃立面被另一层阳台和楼梯间遮蔽起来，很自然地呈现出丰富的表现力。

艾尔曼有善于表达简洁的能力，他的普福尔茨海姆的马太教堂(Mattheaus Kirche, Pforzheim, 1953)，用构图形式最简单而清晰的预制混凝土构件塑造了一座肃穆庄重的教堂。

教堂建筑处于明显的政府和文化研究机构氛围中，为德国表现风格的美学潜力提供了一个奇妙的领地。艾尔曼(Eiermann)和魏斯特(Weist)设计的柏林纪念教堂(Memorial Church, Berlin, 1959—1963)使用了小型预制单元来构成老教堂被毁坏的塔楼部分。赫尔穆特·施特里夫勒(Helmut Striffler)的曼海姆布卢梅瑙教堂(Church on the Blumenau)几乎是一件立体主义构成作品，它有着带木模板印痕的混凝土墙、狭长的窗户和陡峭的无檐屋顶。施特里夫勒还设计了达豪的纪念礼拜堂(Memorial Chapel, Dachau, 1967)，同样也使用了混凝土。迪特尔·博梅维尔德(Dieter Baumewerd)设计的下海姆的埃默里希的圣灵教堂(Church of the Holy Spirit, Emmerich am Niederrheim, 1965—1966)有着高度各异的巨大的蘑菇柱，看起来像是一座工业建筑。这种"表现主义"类型的最伟大的教堂建筑，出自戈特弗里德·伯姆之手。伯姆设计的内维格斯教堂(Church at Neviges, 1956—1968)并未表现更明显的结构或空间秩序：墙面和天花板像纸一样折叠出很多小面，但实际上却是用的混凝土；空间上很简洁，教堂从墙面和天花板表面的几何处理中获得了复杂性。

剧院建筑的喜庆性质在阿道夫·阿贝尔(Adolf Abel, 1882—1968)和罗尔夫·古特布罗德设计的斯图加特音乐厅(Stuttgart Liederhalle, 1955—1956)中得到表现这座建筑有着不同艺术家创作的充满趣味的自由平面和繁盛的建筑母题，它不惜一切代价地维持作品在视觉上的趣味，几乎勾勒出了20世纪50年代作品的特点。

汉斯·夏隆(Hans Scharoun, 1893—1972)在柏林的爱乐交响乐音乐厅(Philharmonie, Berlin, 1959—1963，见[1461]页图 A)的设计中，注意力超出了装饰的范围。这座具有代表性的音乐厅从诸多方面解决了观众和演出者的关系，实际上是单个听众与全场人员的关系。除此之外，他提出的解决方法，即观众席伸入主体空间，令人信服地只使用了20世纪的材料。这座建筑为我们提供了一次激动人心的空间体验。我们还可以在夏隆在马尔学校(School at Marl, 1968)和柏林的普鲁士图书馆(Prussian State Library, Berlin, 1967—1978)中见到相似的趣味。音乐厅和图书馆建造在柏林墙旁边，表达了对城市终有一天会统一的信心，而这些文化设施就位于城市的中心。在这个建筑群中，正对夏隆作品的是密斯·凡德罗的国家美术馆新馆(New National Gallery, 1962—1968, 见[1461]页图 B、图 C)，这是这位大师设计的最后一座大型展览建筑。馆内的展览空间是统一的，只在必要时由一些活动隔断划分。新馆巨大的屋顶由八根十字型柱支撑，墙面深退在后，并且都是玻璃的。"服务"空间——可以定义为任何人或机械进行某种活动的空间——隐藏在地下室，还有一部分展览空间也设在地下。

夏隆的天赋涵盖了建筑的各个方面。他的斯图加特的"罗密欧与朱丽叶"公寓('Romeo and Juliet' apartment blocks, 1957—1959)显示了在物质现实的形式中首先强调空间价值的原则，同样可以用于小规模的住宅领域。

与此同期的1957年柏林国际建筑博览会(Berlin Interbau exhibition of 1957)其目的是为了将优秀的建筑与合理的城市规划结合起来——这是战后德国的突出需求。国际建筑博览会成为具有国际影响的大事件，参加者中有阿尔瓦·阿尔托(Alvar Aalto)、沃尔特·格罗皮乌斯(Walter Gropius)、范登伯克❶和巴克马(Bakema)、埃内·雅各布森(Arne Jacobsen, 1902—1971)、凯·菲斯克(Kay Fisker, 1893—1965)、勒·柯布西耶等人，他们被邀请在汉萨区(Hansaviertel)设计住宅。其中的德国志愿者有

---

❶ van den Boek；应为范登布罗克(van den Broek)，1898~1978年。——译者注

第 45 章 1945 年以后的西欧建筑

图 A 柏林的爱乐交响乐音乐厅(1959—1963),见[1460]页

图 B 柏林的国家美术馆新馆(1962—1968),见[1460]页

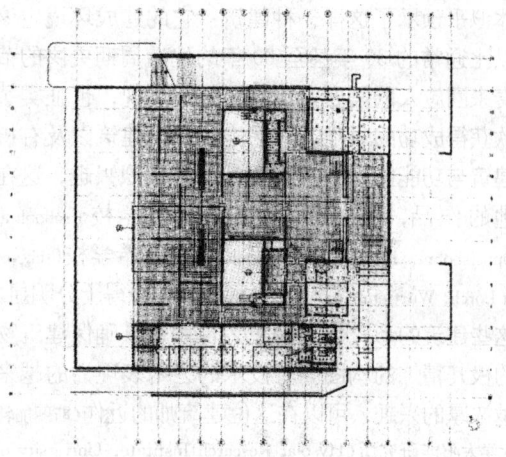

图 C 柏林的国家美术馆新馆:展馆层平面

艾尔曼(Eiermann)和保罗·施奈德-埃斯莱本(Paul Schneider-Eseleben)。然而，无论建筑单体多么优秀，它们整体上来说却特别俗气。没有人进行统一规划，每个单体都是建造在景观良好的孤立场地上。勒·柯布西耶的联合公寓(Unite)被规划者去除了娱乐层和商业层，然后丢在临近奥林匹克体育场的一个地段上。

奥斯瓦尔德·马蒂亚斯·翁格尔斯(Oswald Mathias Ungers, 1926—2007)在科隆-尼珀斯住宅区(housing at Cologne-Nippes, 1957)、亨内夫住宅(house at Hennef, 1960)和科隆-塞堡住宅区(housing at Cologne-Seeberg, 1965—1966)中，以通常出现在荷兰建筑中的几何性，为建筑带来了秩序、理性和魅力。他使用了像砖这样的大众熟悉的材料，但却采用了不同寻常的尺寸和砌筑，这使得他的棱柱形建筑的表面充满新鲜的吸引力。翁格尔斯属于战后时期始终保持理智的建筑师，尽管他在美因河畔法兰克福的摩天大楼(Skyscraper, Frankfurt am Main, 1983—1985)的建造中表现平庸。在这座建筑中，平行六面体的石材(位于钢框架上)凹进，以便露出内部的玻璃盒子(也位于钢框架上)，这些玻璃盒子也浮现于建筑顶部。

在20世纪60年代，大型建筑和规划方案走向几条新道路。京特·贝尼施(Günter Behnisch, 1922—)以1972年的慕尼黑奥林匹克公园体育建筑(sports buildings at the Olympic Park, 1967—1972)获得了国际声誉。在弗赖·奥托(Frei Otto, 1925—)的建议下，贝尼施用张拉屋面将这些建筑统一起来。这座综合体似乎预示了这样一种建筑：它的建成环境应该以比通常的30年甚至60年的建造周期更快的节奏来回应人的需要。这些梦想的实现，也证实了欲获得成功的艰难。贝尼施对有机建筑以及有机建筑与功能主义的密切关系有着强烈兴趣，这在他的作品，例如奥佩尔斯堡姆学校(school at Oppelsbohm, 1966—1969)和符腾堡洛尔希学校(schools at Lorch, Wurttemburg, 1972—1973)中表现得十分明显。这些建筑的形式感变得更为自由，以确保建筑物的极其精炼的构图。对技术的艺术表现力的越来越浓厚的兴趣，可以在这位建筑师的近作(斯图加特大学太阳能研究所(Hysolar Research Institute, University of Stuttgart, 1987)和他的斯图加特-卢锦兰幼儿园(Kindergarten, Stuttgart-Luginsland, 1991)中窥见一斑：这些建筑的墙面、楼板以及似乎建筑的每一部分都是弯曲和错位的。

作出回应的建筑上的另一条道路，由康迪利斯(Candilis)、若西克和伍兹组成的法国公司在设计柏林自由大学(Free University, Berlin, 1966—1970)时提出。在这里，一"簇"水平的建筑和庭院为建筑物提供了灵活性，有意回避了类似机构通常采用的等级建筑风格。这种构思建立在他们为法兰克福-罗马堡(Frankfurt-Romerburg, 1963)做的没有实施的城镇规划的基础之上。

夏隆传统的延续，可以在赫尔曼·费林(Hermann Fehling, 1909—1996)和丹尼尔·格格尔(Daniel Gogel, 1927—1997)的作品中见到。他们设计的柏林的马克斯·普朗克教育研究所(Max Planck Institute for Educational Research, 1965—1974)和靠近慕尼黑的加尔兴欧洲南方气象台(European Southern Observatory, 1976—1980)，在把复杂的技术过程表现于人性的空间环境方面做得非常突出，同样由他们设计的柏林气象学会大楼(Meteorological Institute, Berlin, 1991)也是如此。

在1978年，西柏林当局发起建造国际建筑展览会(Internationale Bauausstellung(IBA))，德国和外国建筑师再次被要求为城市设计住宅。但这次是有史以来，国际建筑博览会(Interbau)态度的一次转变。此次的基地位于城市里合适的位置，方案既可以是新建的，也可以是推倒现有建筑重建。人们认识到在过去的30年间，历史性城市中的规划的首要的问题是交通，而作为很多建筑问题的答案是将其转移到了郊区地带。最终的建筑结果是混合的。大多数地段都举办了建筑竞赛，其中比较突出的设计是赫尔曼·赫茨贝格(Herman Hertzberger, 1932—；菩提树大街住宅(housing at Lindenstrasse, 1987))、阿尔多·罗西(Aldo Rossi, 1931—1997；劳赫街住宅(housing at Rauchstrasse, 1988))、詹姆斯·斯特林(James Stirling, 1926—1992)和迈克尔·威尔福德(Michael Wilford, 1938—；科学中心办公楼(Science Centre offices, 1988))。

詹姆斯·斯特林(和迈克尔·威尔福德)设计了他最好的同时也是颇具争议的斯图加特的国家美术馆(Staatsgalerie, 1977—1984, 见[1463]页图A、图B、图D)，创造性地将古典细部和形式应用于现代技术，建筑平面也得到了充满智慧的处理。在历史与现代技术的关系方面，与其类似的创造性在迈因哈德·冯·格尔康(Meinhard von Gerkan, 1935—)的设计的斯图加特的机场航站楼(Air Terminal, Stuttgart,

第45章 1945年以后的西欧建筑

图 A　斯图加特国家美术馆(1977—1984)，见[1462]页

图 B　斯图加特国家美术馆室内

图 C　明斯特新城图书馆(1993年建成)，见[1464]页

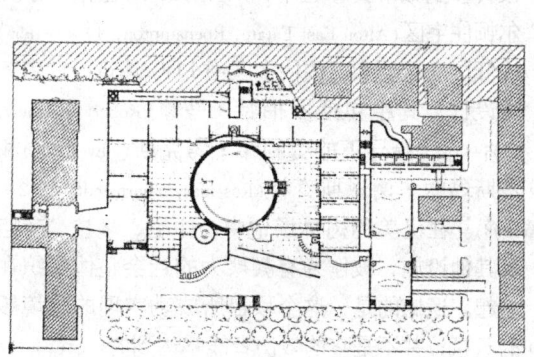

图 D　斯图加特国家美术馆展馆层平面图

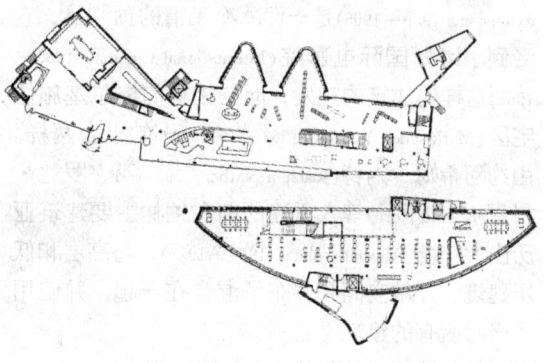

图 E　明斯特新城图书馆上层平面图

1980—1981)中体现得也很明显。航站楼的大块天然石材"基座"聚拢并支撑起上面纤细的哥特钢柱，柱子在伸向屋顶时又分成了"枝杈"。

历史与现代之间的各种不同类型的关系，在博尔斯-威尔逊夫妇❶设计的明斯特的**新城图书馆**(New City Library, Münster, 1993年建成，见[1463]页图C、图E)中体现出来。不同于斯特林和威尔福德在斯图加特创造的给此类新建筑赋予形式化和古典的平面，博尔斯-威尔逊夫妇创造了一种经过调整的多角形式、细部和立面肌理的视觉上的不协调。这种做法其效果惊人，它显露出在实践中采用并获得成功的某些更为理智的解构原理。

在同一时期，还产生了一些著名的工程作品，例如弗赖·奥托、迪克霍夫(Dyckerhoff)和维德曼(Widmann)设计的208m(676ft)单跨混凝土的本多夫的**莱茵河大桥**(Rhine Bridge, Bendorf, 1962—1965)和格尔德·洛梅(Gerd Lomer)的桥面由单个桅杆上的12根钢缆悬挂的**科隆塞韦林大桥**(Severin Bridge, Cologne, 1958—1960)。

社会主义的东德政府在建筑中担当着极其不同的角色。它的建筑工业完全由国家控制，社会也不很富裕。这些事实在建筑进程中表现得尤为明显：预制混凝土构件受到更多重视，成为降低单位造价的手段。建筑装修简陋，更多的注意力放在住宅建筑而非商业建筑之上。区分两种社会间隐含的建筑或城市思想原理似乎也不甚重要。像剧院和体育馆这样的社会设施倾向于集中设置在城镇。交通容纳在历史脉络中。低薪者居住在城市外围极小的公寓内。

约瑟夫·凯泽(Josef Kaiser, 1910—1991)设计的柏林的**卡尔·马克思林荫大道延伸段**(Karl Marx Allee extension, 1959—1965)是一件冰冷无情的预制品，它受到了诸如**国际电影院**(International Cinema, 1960—1962)这样的建筑的启发，而与柏林的**梅尔基施住宅区**(Markisches Viertel, 1962—1974)没有什么两样。由约阿希姆·内特(Joachim Nather, 1925—)、罗兰·科恩(Roland Korn)等人重建的前东柏林主要建筑**亚历山大广场**(Alexanderplatz, 1964—1970)，将高层和低层建筑、开敞空间和停车场混合在一起，并使用了当时所有的建筑语汇。

赫尔穆特·乌尔曼(Helmut Ullmann, 1930—1991)和沃尔夫冈·沙伊贝(Wolfgang Scheibe, 1906—1993)设计的九层莱比锡的**德国大饭店**(Hotel Deutschland, 1965)，以其成熟的国际式混凝土和幕墙而与同一城市的孔茨·尼拉德(Kunz Nierade, 1901—1976)设计的**莱比锡歌剧院**(Opera House, 1960)形成有趣的对比。歌剧院是一座在当时的西方很难找到的建筑，是一种炫耀自身的新古典风格。

英国

像欧洲的其他地区一样，第二次世界大战的结束给英国带来了几乎是无穷无尽的住宅需求，无论是在现有城市内部还是周边，或者是在政府于1946~1972年指定的新城中。此外，战时提出的教育改革提高了在校学生的年龄，使得学校对建筑的需求增加，由此进入了大学建筑扩张的阶段。

大众住宅设计更多的借鉴瑞典的风格：不规则的布局、使用砖木等天然材料以及一种有意的欢乐气氛。赫伯特·泰勒(Herbert Tayler, 1912—2000)和戴维·格林(David Green)设计的诺福克郡盖尔德斯通的**凯尔斯住宅区**(Kells Acres, Geldeston, Norfolk, 1951—1952)和其他一些在靠近诺里奇的**洛登**(Loddon, near Norwich)及其周围的地产项目，在当时备受《建筑评论》(*The Architectural Review*)的赞誉，并被视为新人文主义的典型风格：瓦、波形山墙封檐板、白色油漆窗以及一种明显的舒适和"场所"感。1963年，尼古拉斯·佩夫斯纳(Nikolaus Pevsner, 1902—1983)称其为"后现代"。这些敏感性被转移到城市文脉之中，产生了罗汉普顿的**东奥尔顿住宅区**(Alton East Estate, Roehampton, 1954—1956)的低层房屋要素，该住宅区由LCC建筑设计事务所设计，其中包括罗伯特·马修(Robert Matthew, 1906—1975)指导下的奥利弗·考克斯(Oliver Cox)和罗斯玛丽·谢恩斯泰特(Rosemary Stjernstedt, 1912—1998)。在优美的树林场地中，住宅、学校、商店及其他设施，被作为有凝聚力的社会整体组织在一起。遗憾的是，这个项目所成功实现的画境般的气氛，并不是它的效仿者能够达到的。

---

❶ 朱莉·博尔斯·威尔逊(Julie Bolles Wilson)和彼得·威尔逊(Peter Wilson)。——译者注

第45章 1945年以后的西欧建筑

图A 谢菲尔德的公园山住宅区(1955—1960),见[1466]页

图B 公园山住宅区鸟瞰

图C 伦敦的不伦瑞克中心(1962—1970),见[1466]页

图D 伦敦的亚历山德拉路住宅区(1970—1977),见[1466]页

图E 诺里奇的东英吉利亚大学(1962年始建),见[1468]页

决不是所有建筑师都同意这些美学观念。菲利普·鲍威尔(Philip Powell, 1921—2003)和约翰·伊尔达戈·莫亚(John Hildago Moya, 1920—1994)在伦敦的邱吉尔花园住宅区(Churchill Gardens housing, 1946—1962)的设计竞赛中获胜,为另一类高密度城市住宅树立了标准。在该设计中,一排与泰晤士河垂直的10层房屋构成了方案的主干,它包括高层和低层的房屋、商店和公共设施。这个住宅区平实地使用了现代材料,没有一点儿乡村气息。另一个竞赛产生了钱布林·鲍威尔和邦事务所(Chamberlin Powell & Bon)的伦敦的金巷住宅区(Golden Lane Estate, London, 1955—1962):它被建造在伦敦边缘的一块被轰炸过的场地上;高密度在这里意味着建筑围绕着铺砌的庭院布置。该住宅区一般是一些中层的建筑,包括通向街道中部17层高塔的柱廊和良好的设施。多种材料和建造方法在这里被混合使用,其中既有预制混凝土和马赛克,也有砖、钢和玻璃。

新人文主义很快就被僵硬的现代建筑风格所战胜。现代建筑风格曾经源于勒·柯布西耶对混凝土的大量使用,特别是在他设计的公寓上。大众住宅设计的第二阶段是LCC建筑设计事务所的比尔·豪厄尔、约翰·希利克和科林·卢卡斯设计的位于罗汉普顿(Roehampton)的西奥尔顿住宅区(Alton West, 1954—1963),恰好与之前的新人文主义形成对比。前一代人的方案使用的是砖和木,利用任何一个阳台或楼梯来作形式上的凹凸变化;后者无一例外地布局生硬而不考虑舒适。更冷酷无情的是由城市建筑师办公室(City Architect's Department)的杰克·林恩(Jack Lynn)和艾弗·史密斯(Ivor Smith)设计的谢菲尔德的公园山住宅区(Park Hill, 1955—1960,见[1465]页图A、图B),以及后来的海德公园住宅区(Hyde Park, 1962—1965)。这些建筑完全是典型的新粗野主义:房屋按照理论连成一体,并且和场地现状没有关系。这些有关联的建筑共14层,每三层的一侧有一个"空中街道"作为公寓的通道,可以用于儿童游乐和送牛奶,即城市街道的生活。建筑物的材料被有意做成粗糙的,虽然不是很有住家的感觉,但效果很壮观。

可以认为,这种方案打开了闸门:如果建筑师认为粗糙是一条可以接受的前进道路,那么就不必要求建筑公司听从他们的引导。在20世纪60年代和70年代,成千上万的住宅单元都是在仓促中建造的,没有任何景观或社区的考虑。在某种程度上也可以说,建筑师"解决问题"越是巧妙,他们所解决的问题就越是粗糙。艾莉森·史密森(Alison Smithson, 1928—1992)和彼得·史密森(Peter Smithson, 1923—2003)夫妇设计的伦敦的罗宾汉花园(Robin Hood Gardens, 1969—1972)位于一块交通拥挤的独立地段上,试图以过分装饰而又单调乏味的建筑来处理问题。这种做法可谓大大失算,它凸显出依靠风格来解决城市规划问题的失败。

塔式住宅和板式住宅是当地政府在城市住宅战中乐于选择的武器,便宜和缺乏场地的需求在这里占了上风。但是,只有极少数建筑得到良好的设计。厄恩·戈德芬格(Ernö Goldfinger, 1902—1987)的伦敦的特雷里克塔楼(Trellick Tower, 1966—1973)的雕塑般的形式引人注目地把电梯塔与貌似居住单位的中央走道分开,是当时最优秀的作品之一。随着塔楼在社交上的无能遭到批判,另外一些方法也得到尝试,例如帕特里克·霍奇金森(Patrick Hodgkinson, 1930—)设计的伦敦布卢姆斯伯里区的不伦瑞克中心(Brunswick Centre, 1962—1970,见[1465]页图C),它的商店上部是金字塔形的建筑。此外,还有尼夫·布朗(Neave Browne, 1929—)的亚历山德拉路住宅区(Alexandra Road housing, 1970—1977,见[1465]页图D)。但是,这种裸露混凝土的建筑应该告一段落了,时尚又返回到用砖建造的或者说至少是砖饰面的、画境般的、不规则的建筑,例如达伯恩(J. W. C. Darbourne, 1935—1991)和达克(G. J. Darke, 1929—)的伦敦的利林顿花园(Lillington Gardens, London, 1968—1972),以及拉尔夫·厄斯金(Ralph Erskine, 1914—2005)的泰恩河畔纽卡斯尔的拜克住宅区(Byker Estate, 1969—1980)。后者的方案因设计中住户的参与、色彩丰富的砖工和细木工的亲切图案而闻名。近些年来,政府不再干预大众住宅的建设。

私人住宅市场更加传统一些。埃里克·莱昂斯(Eric Lyons, 1912—1978)在20世纪50年代和60年代因SPAN住宅而获得了成功,例如布莱克海迪的南街住宅(South Row, 1957—1959)。莱昂斯将景观作为他的住宅方案中不可缺少的元素,通过庭院和小巷分解地块,并且只使用砖和瓦。甚至在当时是新粗野主义的詹姆斯·斯特林(James Stirling, 1926—1992)和詹姆斯·高恩(James Gowan, 1926—),也用当地的砖建造私人公寓,例如哈姆公共公寓

(flats at Ham Common, 1958)。这在前一个10年的勒·柯布西耶的雅乌尔宅中,已经被巧妙地处理得很优美。这些公寓可能从中得到了启发。

1946年的新城镇运动(New Towns Act)指定建造了一些花园城市运动派生的新城。从政治上来说,这项运动是不受欢迎的:市政当局预见到,如果人口向城镇外围转移,那么税收将会减少;乡村当局则因为城市文化损坏了他们的田园生活方式的前景而感到恐慌。尽管如此,在1946年至最后期限,即1972年建成格拉摩根(Glamorgan)的拉斯提散特新城(Llastisant)之间,依然还是建立了超过30个这样的新城。

一些引人注目的建筑偶尔也会出现:休·威尔逊(Hugh Wilson)规划的**坎伯诺尔德新城**(Cumbernauld,方案选定于1955年),被用来缓解格拉斯哥(Glasgow)过剩的人口。杰弗里·科普卡特(Geoffry Copcutt)设计的具有宏伟风格的巨型结构**市镇中心**(town Center, 1960—1975),但它总是过于脱离城镇的住宅部分而无法达到社交的效果。

米尔顿凯恩斯新城(Milton Keynes, 1967年规划)的总平面,由卢埃林-戴维斯、威克斯、福雷斯蒂尔-沃克和邦事务所(Llewelyn-Davies, Weeks, Forestier-Walker & Bor)设计。这是一座将周围几个古老乡村连接在一起的新城,通过规划的公路网将乡下地区划分成几乎是美国模式的方形地块,但是又比严格正交的网格要"松散"些。

增加学校项目的开展,带来了采用战时发展起来的工业生产能力和方法的机会。赫特福德郡的(Hertfordshire)建筑师办公室(首席建筑师是阿斯林(C. H. Aslin, 1893—1959))负责在10年之内建设一百多所学校。他们在对固定规划网格中使用预制构件的处理起到了模范作用,实现了平面上的多种变化,但在室外材料和面层上有局限(例如博勒姆伍德的**萨默斯伍德学校**(Summerswood School, Boreham wood, 1950—1952)和切森特的**伯利学校**(Burleigh School, Cheshunt, 1948))。阿斯林获得**赫特福德郡学校项目**(Hertfordshire Schools Programme)的成功,使地方当局**特别项目体系**(Consortium of Local Authorities Special Programme, CLASP, 始于1957年)由此产生,并最终发展成预制构件的学校体系。这种体系在中部地区的北部获得巨大成功,并产生了深远影响。处于体系建筑之外的是巴勒建筑师办公室(Borough Architect's Department)的伯纳德·克莱登(Bernard Claydon)和约翰·福伊(John Foy)设计的博尔顿的**海劳恩小学**(High Lawn Primary School, Bolton, 1953)。作为一系列规则的单层校舍,这个学校的每一个建筑物都有斜屋顶,并由低矮的体块连接。

这种对自然和童年的敏感性,在艾莉森·史密森和彼得·史密森设计的诺福克郡亨斯坦顿的**斯米瑟顿中学**(Smithdon Secondary School, 1949—1954)中遭到突然打击,这个中学的建筑使用了密斯·凡德罗在伊里利诺工学院(Illinois Institute of Technology)(参见第51章)中的语言:工字钢、大片玻璃和精密砌筑的丝切砖(precision-laid wire-cut bricks)。这是一座未加工完的建筑,从建筑外面甚至可以看到玻璃后面手盆的下水管。这种对于粗糙的口味,还可以在两所伦敦的学校里见到:由GLC建筑师办公室(GLC Architect's Department)设计的**皮姆利科综合中学**(Pimlico comprehensive, 1970)和豪厄尔、基利克、帕特里奇和艾米斯事务所(Howell, Killick, Partridge and Amis)设计的**阿克兰·伯利学校**(Acland Burghley School, 1962)。

在战争刚刚结束时期,工业建筑的代表是建筑师合作事务所(Architects co-partnership)设计的的**布林莫尔橡胶工厂**(Brynmawr Rubber Factory, 1948—1953),它同时也是这类建筑的代表作:办公楼、餐馆、诊所以及生产场地都被赋予鲜明的表现形式。主要的生产场地通过浅穹窿结构获得了清晰明朗的大跨度,并带有玻璃的拱肩,而主要的办公建筑则是混凝土和玻璃建造的强烈功能性的构图。

在20世纪60年代,英国的大学生数量成倍增长,超过了22万人。在这之前,"莎士比亚七计划"(Shakespearean Seven)的新大学建设得到批准,包括:萨塞克斯大学(Sussex)、约克大学(York)、东英吉利亚大学(East Anglia)、肯特大学(Kent)、埃塞克斯大学(Essex)、沃里克大学(Warwick)和兰开斯特大学(Lancaster)等,都建造在绿茵场地上。由巴兹尔·斯彭斯爵士(Sir Basil Spence, 1907—1976)设计的布莱顿的**萨塞克斯大学**(University of Sussex, Brighton, 1958年始建),出色地利用了勒·柯布西耶的雅乌尔宅作为原型,用混凝土拱和砖来塑造纪念性,正符合斯彭斯用罗马手法的本意。与萨塞克斯不同的是,**约克大学**(University of York, 1961年始建)是以学院的方式组织起来的。除了少数建筑之外,建筑师罗伯特·马修(Robert Matthew)和约翰逊-马歇尔(Johnson-Marshall, 1915—1993)采用了CLASP体系的修订版。虽然这种做法在产生吸引人的美学效果方面有些失败，但它使得建设速度加快，并使建造过程具有面向未来发展的高度灵活性。诺里奇的东英吉利亚大学(University of East Anglia, 1962年始建，见[1465]页图 E)的建筑师是丹尼斯·拉斯顿(Denys Lasdun, 1914—2001)，他将大部分美妙的河边地段作为安置学生宿舍的台阶式台地，在某种程度上缓和了裸露的混凝土建筑的粗糙感。

牛津大学和剑桥大学从 20 世纪 50 年代开始，开展了许多建筑项目，并采用了各种风格：从牛津的两个优秀的新乔治亚风格，即雷蒙德·埃里迪(Raymond Erith, 1904—1973)设计的**女王学院副校长宿舍**(Provost's Lodgings, Queen's College, 1958—1959)和艾伯特·理查森爵士(Sir Albert Richardson, 1880—1964)设计的圣希尔达学院的**沃尔夫森楼**(Wolfson Building, S. Hilda's College, 1960—1961)，到埃内·雅格布森(Arne Jacobsen, 1902—1971)的**圣凯瑟琳学院**(S. Catherine's College, 1960—1964)的最典型的现代主义。圣凯瑟琳学院是一个痴迷于混凝土和特制砖的完美主义整体，与史密森设计的圣希尔达学院**加登楼**(Garden Building, S. Hilda's College, 1968—1970)这种使用当地的砖和木格构的学院建筑传统并不相同。麦科密克、贾米森、普里查德和赖特(MacCormac, Jamieson, Pritchard and Wright)设计的伍斯特学院**塞恩斯伯里楼**(Sainsbury Building, Worcester College, 1983—1986，见[1470]页图 B)找到了极好的平衡：色彩柔和的石墙面支撑着挑出的构成复杂的板岩屋顶；建筑物因建造在湖边而更具浪漫色彩。

詹姆斯·斯特林(James Stirlin)和詹姆斯·高恩(Jame Gowan)设计的著名的**莱斯特大学工程实验楼**(Engineering Laboratory Building, Leicester University, 1959—1963，见[1469]页图 A、图 C)，使用申请了专利的玻璃和新设计的砖。斯特林以一种浪漫的构成主义手法，设计了**剑桥史学院大楼**(History Faculty Building, Cambridge, 1964—1967，见[1469]页图 B、图 D、图 E)。很显然，草草收工的工程建筑物与图书的储藏和阅读所需要的完善环境相差甚远。这座建筑遭到许多批判，并最终被调整。同样的情况还有莱斯利·马丁爵士(Sir Leslie Martin, 1908—2000)和科林·圣约翰·威尔逊(Colin St John Wilson, 1922—)设计的**剑桥哈维院**(Harvey Court, Cambridge, 1960—1962)。这种优雅的居住式庭院意味着一种为嘈杂的城市中心提供安静围合的模式，但是实际上却因在社交上的失败而成为一种倒退。比较成功的例子是鲍威尔和莫亚事务所(Powell & Moya)设计的剑桥圣约翰学院的**克里普斯楼**(Cripps Building, S. John's College, Cambridge, 1964—1967，见[1470]页图 A)，它使用现代主义运动的语言(混凝土横梁式构造，平屋顶)塑造了一座适合于水边环境的浪漫建筑，并巧妙地暗示了对庭院式规划的剑桥传统的延续。理查德·谢泼德和罗布森合伙人事务所(Richard Sheppard, Robson & Partners)设计的剑桥邱吉尔学院(Churchill College, Cambridge, 1961—1968)，也是一个优秀的设计：建筑师布置了 10 个庭院，以获得学院建筑之间的亲密关系，并使用了当时"严格"(de rigueur)规定的砖和混凝土。

1951 年的**不列颠节**❶使英国明确了它在第二次世界大战后所沉醉的共同梦想：一个更好的未来之梦和一个更好的过去之梦。拉尔夫·塔布斯(Ralph Tubbs)设计的铝制"发现"圆顶大楼(Dome of Discovery)的直径 144m(365ft)，是当时最大的穹顶。它显示了闪光的未来，但在结构上却很冒险，并不具有开创性。由鲍威尔和莫亚事务所(Powell & Moya)设计的天柱(Skylon)，在纪念活动的"垂直特色"竞赛中获胜。这个设计运用了伟大的费利克斯·萨穆埃利(Felix Samuely, 1905—1959)提出的巧妙的后张力缆索结构。但是，这座"纪念碑"的效用从未超越 18 世纪建筑中那引人注目的画境思想：那是 18 世纪的东西。在同一地点的另一座永久性建筑物，是**皇家节日音乐厅**(Royal Festival Hall, 1949—1951，见[1470]页图 C)，它的设计者是 LCC 建筑设计事务所的建筑师莱斯利·马丁爵士(Sir Leslie Martin, 1906—)、罗伯特·马修(Robert Matthew, 1908—1975)和彼得·莫罗(Peter Moro, 1911—1998)。这座音乐厅是伦敦第一座大型现代建筑，虽然它处理不当的立面遭到批评，但它室内的环绕着观众席的公共空间流通却处理得非常优秀。

继续将文化设施向泰晤士(Thames)南岸拓展的实例是**伊丽莎白女王大厦**(Queen Elizabeth Hall, 1964)和**海沃德美术馆**(Hayward Gallery, 1964)。这两个建筑丝毫不考虑人的舒适或与城市文脉相适应，是

---

❶ Festival of Britain：1951 年 5 月为庆祝英国 1851 年举办第一届世界博览会而举行的庆祝活动。——译者注

第45章 1945年以后的西欧建筑

图 A 莱斯特大学工程实验楼(1959—1963),见[1468]页

图 B 剑桥史学院大楼(1964—1967),见[1468]页

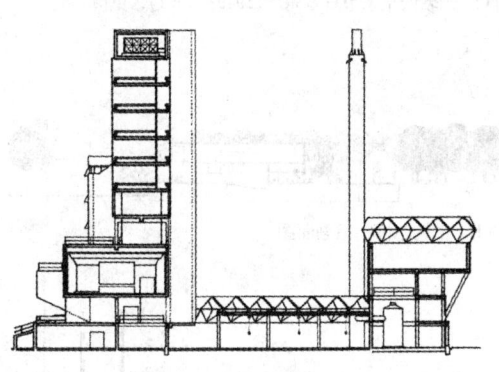

图 C 莱斯特大学工程实验楼剖面图

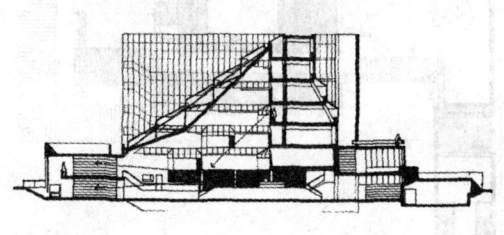

图 D 剑桥史学院大楼剖面图

图 E 剑桥史学院大楼室内

第七编 20世纪建筑

图A 剑桥圣约翰学院的克里普斯楼(1964—1967),见[1468]页

图B 牛津伍斯特学院的塞恩斯伯里楼(1983—1986),见[1468]页

图C 伦敦的皇家节日音乐厅(1949—1951),见[1468]页

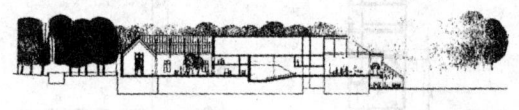

图E 伯勒尔博物馆剖面图

图D 格拉斯哥的伯勒尔博物馆(1971—1983),见[1471]页

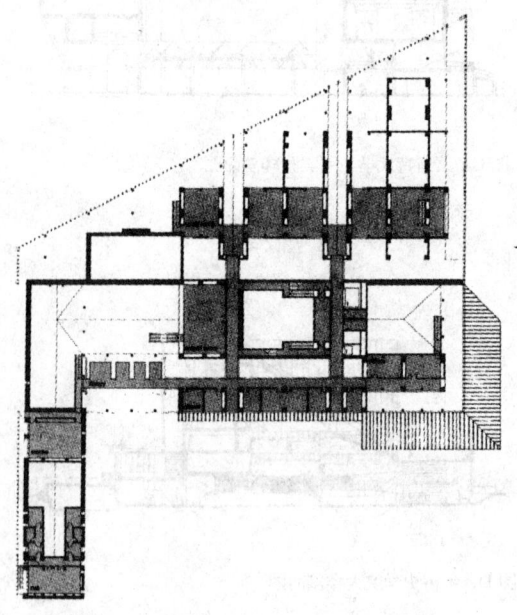

图F 伯勒尔博物馆夹层平面图

完全意义上的粗野主义。与之相邻的是丹尼斯·拉斯顿的**国家剧院**(National Theatre, 1967—1976), 这是一个就形式上的纪念性运用现代语汇的著名尝试: 阳台顺着泰晤士河一面排列, 两座屋顶塔楼坦然地展示着。裸露的混凝土面层成为建筑师的商标, 恰好显示出这种冰冷的材料并不合适。对于纪念性的一种相类似的观点, 可以在诺曼·福斯特爵士(Sir Norman Foster, 1935—)的东英吉利亚大学的**塞恩斯伯里视觉艺术中心**(Sainsbury Centre for the Visual Arts, 1978)中见到, 尽管它所宣称的观点是高技术在功能上的高效率。这座建筑表面上看起来是单层的, 像一个尽端装有玻璃的大铝盒子; 但是和密斯的场馆一样, 它的服务设施移至很深的地下, 并利用天窗的启闭来调节光线。它的光滑的外观, 有些是通过重新覆面获得的效果。

伦敦塔特美术馆的**克洛尔陈列馆**(Clore Wing, Tate Gallery, London, 1980—1987)显示了斯特林建筑方向的改变。该馆用混凝土框架支撑着薄薄的石材和砖立面, 以拼凑的图案来确定每种文脉的细微差别。室内充满空间的趣味, 并在展览空间的宁静与入口和交通空间的热闹的对比中得到最好的体现。

格拉斯哥拥有最优秀的现代博物馆之一的**伯勒尔博物馆**(Burrell Collection, 1971—1983, 见[1470]页图D~图F)的设计者是巴里·加森(Barry Gasson)、布里·安德烈松(Brit Andreson)和约翰·默尼耶(John Meunier)。这座建筑结合了环境的标高控制, 有力的木材和混凝土结构使大部分空间都可见。建筑师塑造了一座适合于它的展示性质的建筑, 同时也是一座完美地融入它所处的树林环境中的建筑。与伯勒尔博物馆类似的、结合了高技术与传统的建筑, 是**伦敦洛德板球场芒德看台**(Mound Stand, Lord's Cricket Ground, London, 1987, 见[1472]页图C~图E), 它由迈克尔·霍普金斯和帕蒂·霍普金斯(Michael and Patty Hopkins)设计。在这个设计中, 沿街弯曲的一排砖拱之上是金属结构, 再上是织物张拉屋顶, 由垂直的柱子和线缆固定。更加全心全意符合传统概念的是科林·圣约翰·威尔逊(Colin St John Wilson)设计的伦敦的**大英图书馆**(British Library, London, 1974年始建)。事实证明, 在不列颠出资建造的大型公共建筑的奇思妙想中, 这是最能被接受的折中方式。

商业建筑的状况与其他领域的发展类似。在整个20世纪50年代, 在现代高速公路中建造幕墙板式大楼的观点在国际上占上风: 从格拉斯哥(Glasgow)、伯明翰(Birmingham)到伦敦, 都在建造这种未完成式的建筑。伦敦的**布拉肯大楼**(Bracken House, London, 1956—1959)是由艾伯特·理查森爵士(Sir Albert Richardson, 1880—1964)为《金融时报》(*Financial Times*)建造的。这是一个大胆的例外: 深红色砖和砂岩建造的建筑物是融合了意大利北部巴洛克风格的乔治风格古典主义个性化的表达。这座建筑于1988~1990年由迈克尔·霍普金斯重新建造, 使用了高科技的钢和玻璃构件与砌筑技术相混合的手法。另一位传统主义者是霍华德·罗伯逊(Howard Robertson, 1888—1963)。但是, 他设计的25层石材覆面的伦敦**壳牌石油公司大楼**(Shell Building, London, 1957—1962), 是将传统设计与高层建筑的需求结合起来的一次尝试。

同样也追求现代主义与传统结合的是艾莉森·史密森和彼得·史密森的伦敦的**经济学家大楼**(Economist Building, 1964)。这一设计是三座分别用于居住、办公和银行的不同规模的塔楼, 使用了铝和石材。用以创造公共空间所使用的建造形式, 曾经一度是典型性的。当时, 理查德·塞弗特(Richard Seifert, 1910—2001)正在建造伦敦的**中点塔楼**(Centrepoint, London, 1963—1966)中提出。中点塔楼是一座使用了一整套预制混凝土构件的形式活泼的塔楼, 它以最大可能的楼层面积和交通布局充分利用了基地。

在建筑与基地周边关系的问题上, 受到极度限制的是诺曼·福斯特爵士的伊普斯威奇的**威利斯、费伯和杜马大楼**(Willis, Faber & Dumas offices, 1975, 见[1472]页图A、图B)。这是一座三层建筑, 它的薄薄的玻璃墙在白天反光而夜晚则透明, 正好与不规则的基地边界契合。诺曼·福斯特爵士设计的埃塞克斯斯坦斯特德机场(Stansted Airport, 1989—1991, 见[1474]页), 是对空中旅行需要的理性回应。但是, 它的结构超过了功能的需要。实际上, 用于支撑屋顶和承载设备的"结构树"(structural trees), 通过室内伸出的枝干和透过枝干内天窗的漫射光而创造了一个有力而浪漫的空间(见[1474]页图A)。这座机场主要分为两层, 旅客在地面层活动, 抵港者与离港者通过各自与飞机相连的通道进出, 以减少干扰; 地下层是设备用房和行李托运(见[1474]页图E)。

第七编 20世纪建筑

图A 伊普斯威奇的威利斯、费伯和杜马大楼(1975),见[1471]页

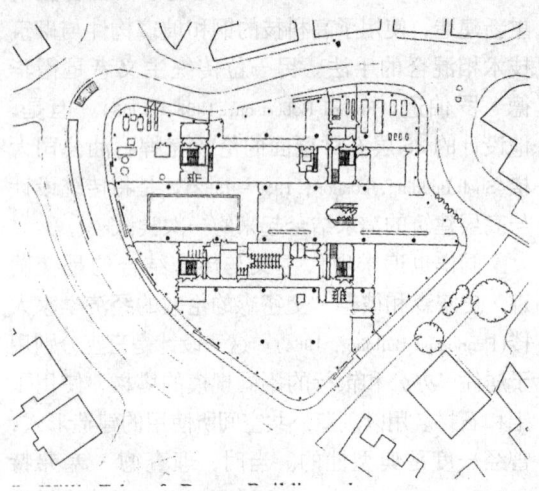

图B 威利斯、费伯和杜马大楼平面图

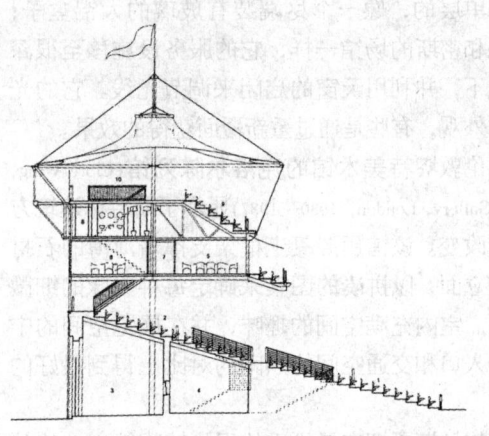

图C 洛德板球场的芒德看台剖面图

图D 伦敦洛德板球场的芒德看台(1987),见[1471]页

图E 洛德板球场的芒德看台背面的砖拱廊

第45章 1945年以后的西欧建筑

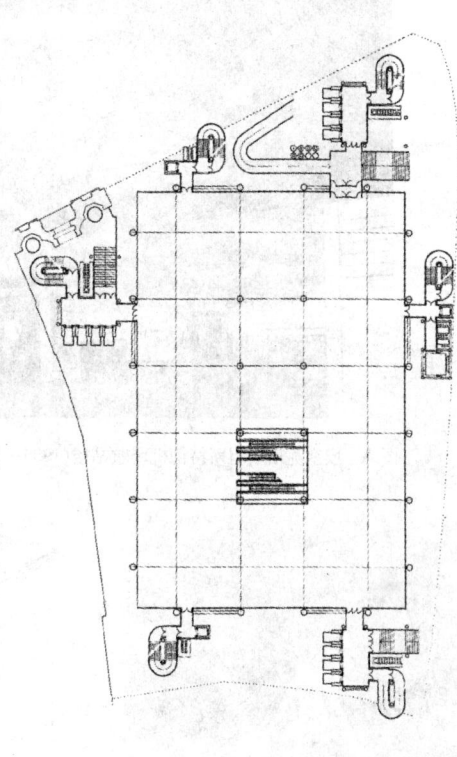

图 A （左上图）伦敦的劳埃德大楼
（1979—1984），见[1475]页
图 B （右上图）劳埃德大楼平面图
图 C （右下图）劳埃德大楼剖面图

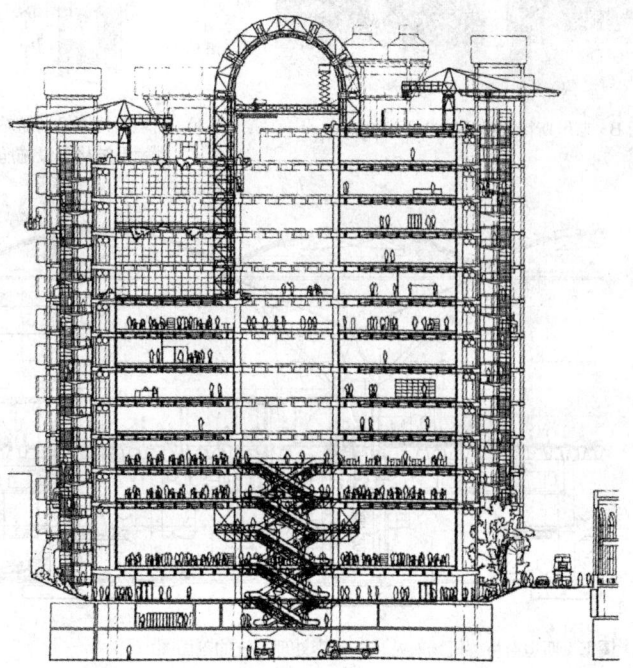

第七编 20世纪建筑

图 A 埃塞克斯斯坦斯特德机场航站楼(1989—1991)，见[1471]页

图 B 斯坦斯特德机场航站楼设施舱

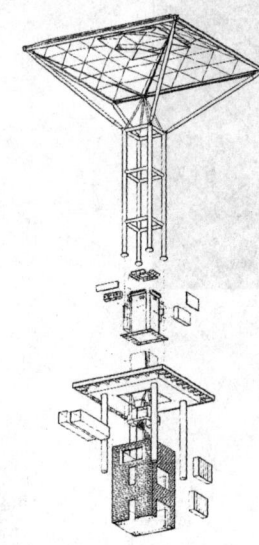

图 C 斯坦斯特德机场航站楼树形结构和设施舱

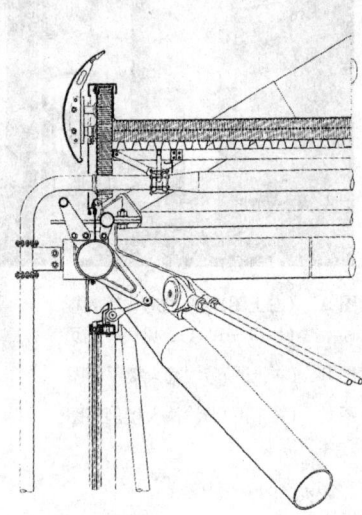

图 D 斯坦斯特德机场航站楼檐口细部

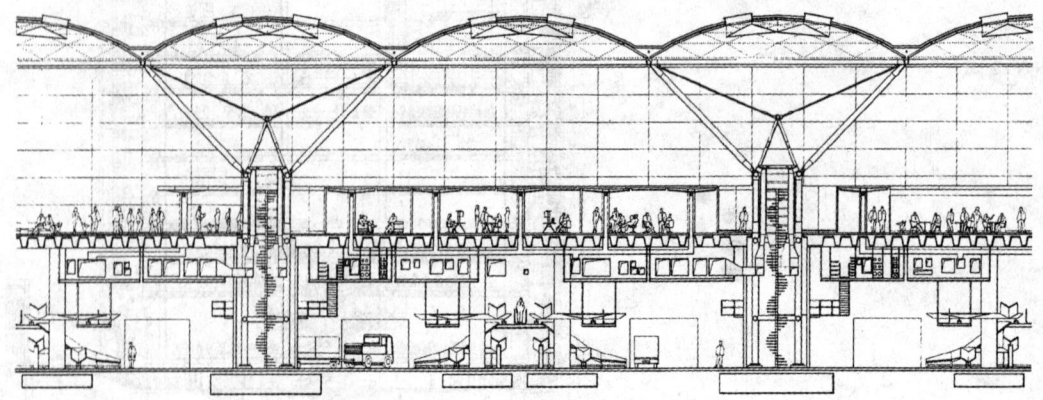

图 E 斯坦斯特德机场航站楼：行李处理系统的剖面图

高技术建筑的另一谱系,是福斯特以前的合作者理查德·罗杰斯爵士(Sir Richard Rogers, 1933—)。在伦敦的**劳埃德大楼**(Lloyd's Building, 1979—1984,见[1473]页)中,罗杰斯不放过任何一个产生变化的机会。这种变化与其说是空间上的不如说是建筑元素上的:巨大的旋转的楼梯管道、一束束的卫生间、吊舱般的会议室、混凝土结构、设备管道甚至维修架子等,都堆积在建筑外围;空间的变化只是副产品。从中央中庭之上升起了一个拱形屋顶,效果极其浪漫,弥补了室内布局中的一些不足。

伦敦的**布罗德盖特开发项目**(Broadgate Development,一期(1984—1988),二期(1988—1991)),把建造14层的新办公楼当做一个创造新城市商业中心的机会。整个规划都是由奥雅纳工程咨询公司(Arup Associates)承担,他们做了最初四栋的建筑方案(建筑师是彼得·福戈(Peter Fogo))。重复简单构件的立面看上去有点冷峻(二期主要使用花岗岩覆面层、假充传统的石材和青铜细部甚至有些粗俗)。但不可否认,这个规划是成功的:建筑物围绕中央公共广场布置,而广场在工作时间总是人来人往。后来阶段的方案由美国的斯基德莫尔、奥因斯和梅里尔事务所(American firm of Skidmore, Owings and Merrill)设计,可以说是快速轨道建设的杰作。

昆兰·特里(Quinlan Terry, 1937—)在**里士满滨河开发项目**(Richmond Riverside development, 1985—1988)中寻求其他手段来创造场所。在这里,一排排常规的开敞平面的办公楼被小广场和斜坡的河滨花园围绕,并被装扮成形态各异的17世纪和18世纪的古典建筑。

这种对建筑形式表面化的解决方法即从历史库存中选择合适的风格元素,被称为后现代主义。现代主义的建筑原则在20世纪80年代受到了责难。特瑞·法雷尔(Terry Farrell, 1938—)设计的伦敦的**AM电视台总部大楼**(TV-AM Headquarters, London, 1982)用玻璃纤维蛋形罩作为顶尖饰,并使用了巨大的装饰艺术风格的框架式券心石(skeletal keystone)。这是一个采用现存的符号体系,而不是试图重新创造的建筑实例。

在后现代对历史的借鉴中,更有力同时也是更具才智和创造力的是坎贝尔·佐格洛维奇、威尔金森和高夫(Campbell Zogolovitch, Wilkinson and Gough)事务所的皮尔斯·高夫(Piers Gough)和雷克斯·威尔金森(Rex Wilkinson, 1947—)。实际上,他们的某些独特风格的设计作品证明了作为一种创作力量的英国古怪反常做法在当时依然活跃。例如,带突兀尖角的伦敦的**珍妮特街宅大楼**(Janet Street Porter, London, 1987),从地面到女儿墙的砖在色彩上变浅,而混凝土过梁则采用原木的形式。泰晤士河边的伦敦的**金丝雀码头**(China Wharf, London, 1988),它的大圆圈的部分立面被漆成粉色。在多塞特的布赖恩斯顿学校工艺和设计技术**工作室**(Craft and Design Technology studio, Bryanston School, 1988)中,外柱采用了巨大的螺旋形,象征着建筑内从事的一种活动。

在20世纪90年代早期,英国的高技派达到成熟阶段,其著名的实例是尼古拉斯·格里姆肖(Nicholas Grimshaw, 1939—)的**欧洲之星铁路站伦敦滑铁卢车站**(Eurostar Railway Terminal, Waterloo Station, London, 1994年竣工)。这座建筑充分显示了当代建造技术和材料的发展,在这座建筑中得到充分利用,并塑造了维多利亚式火车站在20世纪晚期的版本。但是,这座建筑不可思议的错综复杂的形式和很多组成构件都出自手工的这样一个事实,使它的结构不仅仅只是一件工业化建筑作品。

考文垂大教堂(Coventry Cathedral)的重建引起了战后关于教堂建筑的争论。该教堂的前身于1940年被炸毁。为新教堂建设举办的竞赛,建议它应该是极端的现代主义和传统主义的。但是,获胜者巴兹尔·斯彭斯(Basil Spence, 1907—1976)却想方设法使两头落空。于1962年建成的新建筑并入了包括尖塔在内的老建筑的大多残骸,并且使其平面不受崇拜礼仪改革运动(liturgical movement)的集中、开敞的平面的当代倾向的影响。斯彭斯的红色砂岩的锯齿形墙面,在保持内部围合的同时也带来了光亮。

弗雷德里克·吉伯德(Frederick Gibberd, 1908—1984)设计的利物浦的**罗马天主教大教堂**(Roman Catholic Cathedral, 1960—1967)是一件不太成功的作品:平面呈圆形,外墙由辅助用房和侧面的小礼拜堂形成,削平的圆锥体上拱起一个锥形天窗。这个方案表现出一种宏大却粗俗的姿态。

崇拜礼仪改革运动的影响,可以在罗伯特·马圭尔(Robert Maguire, 1931—)和基斯·默里(Keith Murray)设计的**克鲁的圣保罗教堂**(S. Paul, Crewe, 1966)中见到。蓝色砖墙和石板屋顶,连同给中央祭坛和龛室采光的高侧窗,使教堂看起来有点像棚圈(barrow stall)。这座建筑反映出某些地区越来越倾向于将教堂放到社区生活中心的愿望。

吉莱斯皮、基德和科亚事务所❶设计的格拉斯哥的若干罗马天主教堂,虽然遵循着相似的规划原则,但是有更多的建筑表达。德拉姆恰佩尔的圣本笃教堂(S. Benedict, Drumchapel, 1964—1970,毁于1991年)和丹尼斯顿的智慧圣母马利亚教堂(Our Lady of Good Counsel, Dennistoun, 1964—1966)被设计得充满了戏剧性的巧合:从几何形体变化丰富的铜屋顶到狭窄的入口和宽阔的室内,都仅使用了木和砖。

意大利

谨慎保守的思想构成战争刚刚结束后的意大利的特点,例如教皇庇护十二世(Pope Pius XII)委任马尔切洛·皮亚琴蒂尼(Marcello Piacentini)这个纳粹政权时期飞黄腾达的人物来建造罗马和解大街(Via della Conciliazione, Rome, 1948—1950)、被纳粹毁坏的中世纪佛罗伦萨(Florence)地区的重建以及圣母马利亚街(Por Santa Maria)。但是其他的思想也在被人们追随。

理性主义者在战后重新浮现,但是他们的建筑是修正过的、经受了磨炼的。BBPR四人组合的成员詹路易吉·班菲(Gianluigi Banfi, 1910—1945)、洛多维科·贝尔焦约索(Lodovico Belgiojoso, 1909—2004)、恩里科·佩雷苏蒂(Enrico Peressutti, 1908—1973)和埃内斯托·罗杰斯(Ernesto Rogers, 1909—1969)设计的米兰集中营受难者纪念碑(Monument to the victims of concentration camps, 1946),从某些方面反映了理性主义的贫乏:当面临深刻的人道问题时,理性是不够的。纪念碑弱化的金属方块被严格地按照古典几何规则划分,除了它的中心包含一个来自集中营的饭碗以外,其余部分都很抽象。马里奥·菲奥伦蒂诺(Mario Fiorentino, 1918—1982)设计的阿尔代亚洞穴纪念碑(Monument of the Ardeatine Caves, 1944—1947)位于罗马附近,其巨大的石灰华板屋顶戏剧性地漂浮在地面之上,唤起人们情绪的而非理性的共鸣。

大规模的重建方案,包括QT 8(米兰三年展(1948)第八展区),其规划师是博托尼(Bottoni, 1903—1973)、切鲁蒂(Cerutti)、甘多尔菲(Gandolfi)、波利尼(Pollini)和其他人。他们或多或少地运用了纯粹的理性主义的手法,但其效果却令人失望,既呆板又简单。路易吉·菲吉尼(Luigi Figini, 1903—1984)、吉诺·波利尼(Gino Pollini, 1903—1991)和吉奥·蓬蒂(Gio Ponti, 1891—1979)为政府资助的INA住宅局建造了位于米兰的哈拉尔街(Via Harar, 1951)的方案,它和路易吉·卡洛·达内里(Luigi Carlo Daneri, 1900—1972)设计的热那亚的贝尔纳博·布利亚别墅(Villa Bernabo Brea, 1953)一样,也都存在上述缺点。这些方案都是根据又长又直的街区提出的,它们试图去解决社会住宅问题,而不是创造生活场所。

与此同时,布鲁诺·泽维(Bruno Zevi, 1918—2000)在罗马提倡的"有机建筑"取得了立竿见影的成效。马里奥·里多尔菲(Mario Ridolfi, 1904—1984)和卢多维科·夸罗尼(Ludovico Quaroni, 1911—1987)也是为INA做的位于罗马的蒂布尔迪诺居住区(Tiburtino Quarter, 1950)的方案,采用了相当传统的低层毗邻式住宅(terrace housing)形式——斜屋顶、木百叶窗、天然材料以及当时在瑞典住宅方案中所见的曲折布局。这些被称做"新现实主义"的实验,在里多尔菲的罗马的埃塞俄比亚林荫大道公寓(apartments, Viale Etiopia, Rome, 1950—1952)、夸罗尼(Quaroni)的马泰的拉马尔泰拉住宅区(La Martella housing, 1950)和马里奥·菲奥伦蒂诺(Mario Fiorentino)设计的罗马的圣巴西利奥居住区(San Basilio quarter, 1956)中被重复。在意大利北部,伊尼亚齐奥·加尔代拉(Ignazio Gardella, 1905—1999)设计的亚历山德里亚的波萨里诺公司雇员住宅区(housing for Borsalino employees, 1953),同样也有传统的细部,但又有一个几乎是新古典的屋顶,证实了理性主义者重新转向了经验主义的阵地。

单体建筑——不同于社区环境的课题——被证实没有太多问题,且对于各种表现模式来说没有什么限制。如路易吉·莫雷蒂(Luigi Moretti, 1907—1973)设计的罗马的"向日葵住宅"(Casa del

---

❶ Gillespie, Kidd and Coia;由约翰·加夫·吉莱斯皮(John Gaff Gillespie, 1870—1926)、威廉·亚历山大·基德(William Alexaner Kidd, 1879—1928)和杰克·安东尼奥·科亚(Jack Antonio Coia, 1898—1981)组成。——译者注

第45章 1945年以后的西欧建筑

Girasole, 1951)这个经过高度推敲和规划的作品是一座优美的公寓建筑,它有一个上部凹进的立面和粗面石工的基座。但理性圈子里的人对此却不以为然。乔瓦尼·米凯卢奇(Giovanni Michelucci, 1891—1990)设计的**科利纳教堂**(church at Collina, 1954),是石材的简洁的几何体。加尔代拉设计的威尼斯**扎泰勒岛住宅**(house on the Zattere, 1957),有着带花边的阳台和有韵律扭曲的开窗。BBPR 设计的米兰的**维拉斯卡塔楼**(Torre Velasca, Milan, 1958)是一座高塔,通过将24层建筑最上面的六层探出来,有意呈现中世纪风格的方法,解决了与米兰大教堂类似的美学问题。佛朗哥·阿尔比尼(Franco Albini, 1905—1977)设计的热那亚的**圣洛伦索教堂珍宝博物馆**(Museum of the Treasure of San Lorenzo, 1956)的平面相交的关联的圆是石材和混凝土的结合。这些方案都说明理性主义与某种文脉和历史延续性的融合。实际上,米凯卢奇(Michelucci)后来在佛罗伦萨太阳高速公路旁的**圣约翰教堂**(Church of S. Giovanni, 1962)的设计中,发展出一种完全意义上的有机的表现主义建筑。这显然是受到了汉斯·夏隆和勒·柯布西耶作品的影响。在罗马,保罗·波尔托盖希(Paolo Portoghesi, 1931—)的建筑,例如**巴尔迪宅**(Casa Baldi, 1959),则采取了夸张的"有机"风格,由一系列曲面墙体组成。波尔托盖希的建筑最后完全发展成了后现代的风格,例如罗马的**伊斯兰中心和清真寺**(Islamic Centre and Mosque, 1976—1994,见[1478]页图B、图C)。

安杰洛·曼贾罗蒂(Angelo Mangiarotti, 1921—)和布鲁诺·莫拉苏蒂(Bruno Morassutti)在巴兰扎特的**堂区教堂**(parish church, Baranzate, 1957—1958)中,用四根混凝土圆柱支撑巨大的混凝土屋顶,并将这个盒子用玻璃幕墙包裹起来。结果,这个体块由外及里都是既简洁又充满视觉动感。同由他们设计的**帕多瓦仓库**(warehouse, Padua, 1961)采用了同样的手法,用几个分离的结构体系来塑造建筑。此类建筑中值得一提的是吉奥·蓬蒂(Gio Ponti, 1891—1979)和其他人与工程师皮耶·路易吉·奈尔维(Pier Luigi Nervi, 1891—1979)共同设计的米兰的**皮雷利大楼**(Pirelli Building, Milan, 1956—1958,见[1478]页图A)。这座细长的塔楼用混凝土"枝干"(trunks)结构建造,像树一样随着建筑的增高而逐渐变细。

吉诺·瓦莱(Gino Valle, 1923—)在威尼斯地区从事设计工作,他发展了一种保留了"理性"的混凝土和玻璃的建筑。这种建筑避免了对粗野主义的过多表现,并且保持了与建造技术和功能需要之间牢固的关系。瓦莱的波代诺内的**扎努西公司总部**(Zanussi Headquarters, Pordenone, 1963),无论在平面上还是剖面上都很好地利用了不大好用的基地。

贾恩卡洛·德·卡洛(Giancarlo De Carlo, 1919—2005)的作品,也站在意大利建筑的主流之外,这种主流实际上只是政治的阴谋和联盟。作为CIAM 的分支 X 小组(Team X)的成员,德卡罗以其设计的**乌尔比诺学生公寓**(Students' Residence, 1962—1966)开创了新的领域。像瓦莱一样,德卡罗使用了最典型的现代材料混凝土,而建筑物的平面由景观、气候以及社交活动来控制。这个方案唯一的不足是缺乏一定的中心和焦点。德卡罗继续为乌尔比诺大学设计了大量作品,他使用材料越来越灵活,在形式的处理上也充满信心。德卡罗的另一兴趣是参与住宅设计。他的特尔尼**马泰奥蒂村**(Matteotti Village, 1970—1975),是为钢铁工人设计的布局复杂的公寓和小住宅。这一规划是在居住者的帮助下完成的,其画境似的最终效果,毫无疑问反映了这一过程的"有机"本质。德卡罗最近的作品是威尼斯的**马佐博住宅区**(housing at Mazzorbo, Venice, 1987)。这一设计用传统的威尼斯形式和强烈的色彩强化了风景如画的特点,与他起初的近似粗野主义的风格相去甚远,但在某些方面却接近新现实主义。

不论是在意大利还是其他地方,粗野主义本身并不普遍,也并不成功。米兰的**马尔基翁蒂·斯帕利亚蒂智障儿童研究所**(Marchiondi Spagliardi Institute for Difficult Children, 1957—1959)的建筑师是维多利亚诺·维加诺(Vittoriano Vigano, 1919—1996)。这是一座主体为六层的建筑,从内到外的几乎每个表面都是混凝土的。建筑物与其使用目标的这种相配,几乎成为它的标志,表现出使赛维愤慨的顽固风格。

在20 世纪60 年代,作为一种建筑手段,阿尔多·罗西(Aldo Rossi, 1931—1997)等人所开发的城市建筑在很大程度上取代了新现实主义的智慧地位。这是有点容易混淆的被称为理性建筑的一种形式主义。罗西的信念是:风格对于城市来说无济于事,城市生存在建筑类型的基础之上。这种信念允许罗西去设计像米兰的**加拉拉泰塞住宅区**(housing block, Gallaratese, 1970—1973)这样的建筑。

第七编 20世纪建筑

图 A 米兰的皮雷利大楼(1956—1958)，见[1477]页

图 B 罗马的伊斯兰中心和清真寺(1976—1994)，见[1477]页

图 C 伊斯兰中心和清真寺室内

图 D 维罗纳的古堡博物馆(1964)室内，见[1480]页

图 E 维罗纳的古堡博物馆外观，见[1480]页

第45章 1945年以后的西欧建筑

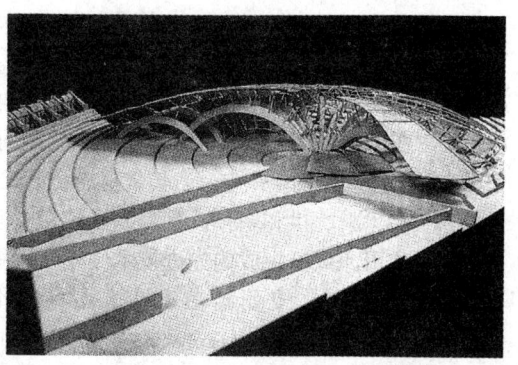

图 A 福贾圣乔瓦尼·罗通达的皮奥神父朝圣教堂(1996年在建),见[1480]页

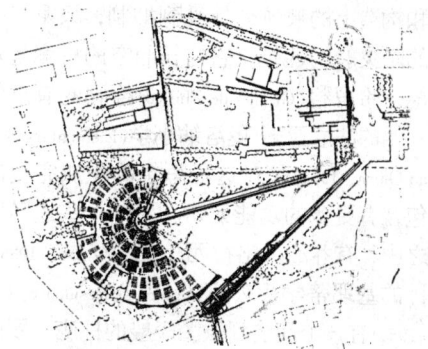

图 B 皮奥神父朝圣教堂平面图

图 C 皮奥神父朝圣教堂剖面图

图 D 阿珀尔多伦的中央保险大厦(1968—1972),见[1481]页

图 E 中央保险大厦

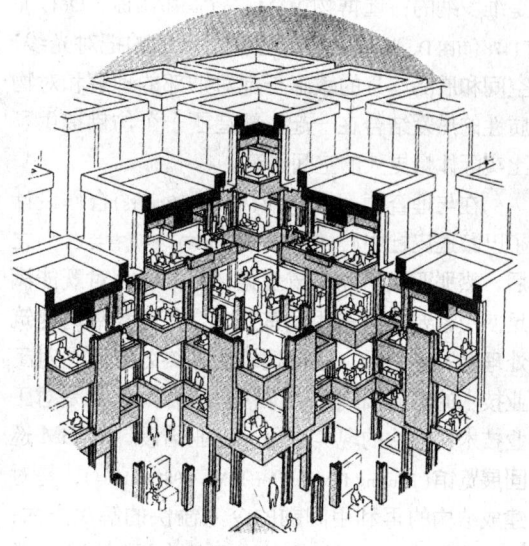

图 F 中央保险大厦断面

装饰和构造上的痕迹处处受到抑制，只剩下一个白色的幽灵般的建筑，它的长而空的拱廊是对乔治·德·希里科(Giorgio de Chirico)绘画的有意的缅怀。罗西的**法尼亚诺-奥洛纳小学**(Elementary School, Fagnano Olona, 1972)是对这种思想的更加完全的发展，包含有更多的功能元素。另外一些追随罗西的人之中，有乔治·格拉西(Giorgio Grassi, 1935—)，他设计的**基耶蒂学生公寓**(Students' Residence, Chieti, 1979—1984)有一个简洁到像图表般的柱廊。罗西以前的同事卡洛·艾莫尼奥(Carlo Aymonino, 1926—)，从巨型建筑物米兰的**阿米亚塔山加拉拉泰塞2号住宅区**(Monte Amiata housing, Gallaratese 2, 1967—1970)，转向了更加缓和的形式主义，例如使用黄砖的**佩萨罗理科中学**(Liceo Scientifico, Pesaro, 1970—1983)，但它同样也有高大的戏剧化的拱廊。

这是在建筑中对抗意大利著名的手工艺传统的部分回应。最能代表这种传统的两个现代人物是卡洛·斯卡尔帕(Carlo Scarpa, 1906—1978)和伦佐·皮亚诺(Renzo Piano, 1937—)，但是他们走的道路极不相同。斯卡尔帕是威尼斯人，他沉浸在这座城市有形的物质文化丰富性之中。他的大多数作品都是重建现存建筑，其中多数是在威尼斯或附近。斯卡尔帕最重要的作品是**美术学院**(Accademia, 1952)、**科雷尔博物馆**(Museo Correr, 1953—1960)和**奎里尼印刷艺术馆**(Galleria Querini Stampalia, 1961—1963)，这些建筑都在威尼斯。他的更主要的作品是维罗纳的**古堡博物馆**(Museo Castelvecchio, 1964, 见[1478]页图D、图E)。在这里，斯卡尔帕把对光线、空间和展品本身的敏感与他对细部的理解和对物质性的热爱结合在一起，塑造了一个仿佛提供了比实际体量更大的空间建筑。

在与理查德·罗杰斯(Richard Rogers)合作设计了巴黎**蓬皮杜中心**(Pompidou Centre)(参见有关章节)之后，热那亚人伦佐·皮亚诺(Renzo Piano)对既能满足使用者要求又采用适宜技术、工艺精湛的建筑处理越发感兴趣。这种建筑的最终效果不是对工业技术的隐喻(如同国际式风格所做的那样)，而是对工业技术和方法的现实应用。皮亚诺设计的**IBM巡回展览馆**(Touring Pavilion for IBM, 1982—1984)，是对建成结构的再利用问题的令人愉快的解决方法：模制的聚碳酸酯透镜安装在天然木材框架上，并用铸铝件连接。在巴里的**圣尼古拉体育场**(San Nicola Stadium, 1987—1990)中，几乎全部结构构件都是预制的，建筑效果优美而真诚。在福贾圣乔瓦尼·罗通达的**皮奥神父朝圣教堂**(Padre Pio Pilgrimage Church, S. Giovanni Rotondo, 1996年在建，见[1479]页图A～图C)中，皮亚诺利用一系列巨大的弓形拱，创造了可以容纳1万座位的室内空间。传统材料和形式，例如石头和木材、拱和穹顶，都得到了应用。但是，通过使用计算机生成的先进技术则充分利用了结构的可能性。皮亚诺在设计维西马的**伦佐·皮亚诺工作室**(Renzo Piano Workshop, 1990—1991)中，不仅雇用了制图员和建筑师，还雇用了模型制作人、木工、锻工以及清洁女工。因此，在他投入工作之前就可以逼真地制作出细部来，并进行推敲。

在正常的建筑领域之外，必须提到的是工程师皮耶·路易吉·奈尔维(Pier Luigi Nervi)。奈尔维发现了一条不必依循美学途径而设计出伟大建筑的道路，从而受到尊敬。他提倡"纯粹的和非理论的"(Pure and untheoretical)观点。他与安尼巴莱·维泰洛齐(Annibale Vitellozzi)合作设计的罗马的**小体育宫**(Palazzetto dello Sport, 1956—1957)是一个跨度为60m(195ft)的壳体穹顶，由预制混凝土单元制成。更大规模的**体育馆**(Palazzo dello Sport, 1958—1960)也在罗马，它的直径达100m(325ft)，可以说是20世纪工程的最高成就。

里卡尔多·莫兰迪(Ricardo Morandi, 1902—1989)是另一位伟大的工程师。他建造了很多桥梁，包括令人目眩的热那亚的**波尔切维拉高速公路引桥**(Polcevera autostrada viaduct, 1965)，这是贝克(Baker)在**福斯河口大桥**(Firth of Forth Bridge)所用原理的混凝土版本。在罗马，莫兰迪设计了菲乌米奇诺机场的**意大利航空公司飞机库**(Alitalia hangars, Fiumicino, 1970)，它的屋顶从一排不对称的柱子和外面的张拉缆绳中悬挑出来。

荷兰

在第二次世界大战后，当许多荷兰城市都倾向于适度的重建之时，有一两个城市选择了更激进的解决方法。在主要规划师科内尔留斯·范特拉(Cornelius van Traa)的领导下，被炸毁的城市鹿特丹(Rotterdam)不顾历史布局，几乎完全按照1933年CIAM的《雅典宪章》(Charter of Athens)重建了汽车和步行交通分离的城市中心。范特拉规划的主要作品是**林班购物中心**(Lijnbaan shopping centre, 1949—1953), 其建筑师是约翰内斯·范登布罗克(Johannes Van den Broek, 1898—1978)和雅各布·贝伦德·巴克马(Jacob Berend Bakema, 1914—1981)。步行区具有吸引力的方面是, 把注意力从将大片用地留给停车场的这种愚笨效果中转移出来。中心规划本身可以说是风格派(De Stijl)的。范登布罗克和巴克马在其后的10年中, 建造了几个类似的中心, 包括**阿姆斯特尔芬购物中心**(Amstelveen, 1961)和**贝亨购物中心**(Bergen, 1962)。

雅各布斯·约翰内斯·彼得·奥德(J. J. P. Oud, 1890—1963)在战前短期涉猎纪念性建筑之后, 回到了类似功能主义的方向, 其信号是阿纳姆的**比奥儿童康复中心**(Bio Children's Convalescent Home, 1952—1960)。在树林中的一块空地上, 奥德布置了系列功能不同的场馆, 包括方形的宿舍和圆形的食堂, 使它成为一个用于康复的机器。格里特·里特维尔德(Gerrit Rietveld, 1888—1964)从未放弃风格派的原则, 这表现在他设计的**伊尔彭丹住宅**(house at Ilpendam, 1959)和阿纳姆**雕塑馆**(Sculpture Pavilion, Arnhem, 1954年被毁, 并于1965年在**奥特洛**(Otterlo)重建)。

在几乎与风格派一类对立的建筑中, 有贝多(J. Bedaux)设计的**蒂尔堡高级中学**(High school, Tilburg, 1961), 它的平面呈矩形, 中间掏空以构成庭院、大厅和演讲室。建筑的外部是整洁的石材表面, 并根据建筑内部的需要来开洞和变化。

在20世纪50年代和60年代, 设计幕墙加混凝土式样的高质量商业建筑作品的建筑师是默克尔巴赫(Benjamin Merkelbach, 1901—1961)、埃林(Piet Elling, 1897—1962)和范埃伊斯特恩(Cornelis Van Eesteren, 1897—1988)。体块、细部以及主要的比例, 是这种直线型建筑必需的。鹿特丹的**莱茵河旅馆**(Rijnhotel, 1959)和阿姆斯特丹的**行政大楼**(Administrative Buildings, 1960)是这种建筑的优秀实例。范穆里克(van Mourik)和迪蓬(du Pon)设计的厄伊特霍伦的**IBM实验室**(IBM Laboratories, Uithoorn, 1963), 把实验室和车间建筑放在地面上, 一个小型的管理建筑体块悬挑在它们上面, 形成一个混凝土的服务核心, 这样使作为包绕的外皮而非结构的幕墙得到最真实的表现。国际公司欣赏这些令人惊叹的解决方法。另一个是马斯坎特(Huig Aart Maaskant, 1907—1977)、范多梅伦(Van Dommelen)、

克罗斯(Kroos)和森夫(Senf)设计的迈德雷赫特的**约翰逊制腊公司办公楼**(Johnson Wax offices, 1967)。在这座建筑中, 最重要的办公室被设置在矗立于浅湖水中墩上的飞镖形混凝土建筑中。

一些大规模的重新开发项目的单调和"无场所感", 使年轻一代建筑师感到困扰。解决方法、隐含的通常建筑"结构"的使用和识别, 都是建立在文化人类学的(ethnological)思路上。这意味着建筑问题从体系上的瓦解, 成为易于处理的许多部分。这段时期的重要作品有阿尔多·范艾克(Aldo van Eyck, 1918—1999)设计的**阿姆斯特丹市立孤儿院**(Municipal Orphanage, Amsterdam, 1957—1960)。在这座建筑中, 小的住宿单元被集中在一起, 因而从个体角度来说更容易理解。赫尔曼·赫茨伯格(Herman Hetzberger, 1932—)代尔夫特的**蒙台梭利教育学院**(Montessori school, Delft, 1967)表现出对错综复杂的几何关系的更浓厚的兴趣。这种兴趣在阿珀尔多伦的**中央保险大厦**(Centraal Beheer offices, Apeldoorn, 1968—1972, 见[1479]页图D~图F)中得到进一步发展。这座多层建筑按照极端复杂的几何关系组织起来, 为的是使个体既有私密性又足够宽敞, 视觉上还要有丰富多彩的环境。遗憾的是, 中央保险大厦对集中的室内空间的探索, 使建筑与建筑以及周围空间之间没有明确的关系。赫茨伯格设计的海牙的**社会福利与就业部办公楼**(Ministry Headquarters, 1991)接受了这些批评, 更好地融入了社区结构。在这里, 建筑物以一系列塔楼、中庭空间和办公室群的形式组织在一起。

技巧熟练的体块处理, 是维姆·奎斯特(Wim Quist, 1930—)的**贝伦普拉特自来水厂**(Berenplaat Waterworks, 1960—1968)的特点, 这是一系列巨大的混凝土箱泵式住宅。同样是奎斯特设计的奥特洛的**国家博物馆克罗勒-米勒陈列馆扩建**(Rijksmuseum Kröller-Müller extension, Otterlo, 1970—1977)则借鉴了20世纪20年代的现代主义。

雷姆·库尔哈斯(Rem Koolhaas, 1944—)和**大都会建筑事务所**(Office for Metropolitan Architecture, 即OMA)在设计中引入了结构主义者坚持的场所感, 并把它与更自由的形式和更丰富的色彩——风格派令人震惊的色彩效果——结合起来, 设计了**海牙国家舞剧院**(National Dance Treatre, The Hague, 1980—1984)。这座造价低廉的建筑, 因其波形的屋顶、倾斜而卷曲的天花板和过多的材料而产生影响。

需要指出是，这项运动的最辉煌的作品，是约·克嫩(Jo Coenen, 1949—)设计的鹿特丹的**荷兰建筑学会大楼**(National Architecture Institute, 1992—1994)。这里的档案库被提升在支柱上，形成长而弯曲的、不开窗的、面对着临近公路的墙，而管理和其他功能用房则被安置在一个更方的体块中，通过一座桥与档案馆连接。

斯堪的纳维亚

在战争结束后的几年中，斯堪的纳维亚国家的人口从乡村向城镇加速转移。特别是瑞典，通过规划立法，很快控制住了这种转移的局面。因此，不仅是兵营，社区也开始新建。1944~1954年，作为斯德哥尔摩规划部(1944—1954)的负责人，斯文·马克琉斯(Sven Markelius, 1889—1972)以调整过的勒·柯布西耶式的风格来建造靠近斯德哥尔摩的**瓦灵白卫星城**(Vallingby, 1953—1959)。在由建筑师斯文·贝克斯特劳姆(Sven Backström, 1903—1992)和莱夫·雷尼亚斯(Leif Reinius, 1907—1995)设计的围绕着步行街和交通枢纽的12层住宅塔楼(1953—1955)中，外围是各种不同类型的低层住宅。

贝克斯特劳姆和雷尼亚斯还建造了厄勒布鲁的**罗斯塔住宅区**(Rosta housing estate, 1948—1952)，三层的住宅采用了创新的十字型平面。然而，由大量这样的体块创造的空间更像是没有限定。佩尔-阿克塞尔·埃克霍尔姆(Per-Axel Ekholm)和西德尼·怀特(Sidney White)设计的"希腊钥匙"(Greek key)的规划方案厄勒布鲁的**男爵山住宅区**(housing at Baronbackarna, 1957)则受到偏爱，它们的低层体块沿着周边进进出出的台阶而形成一个三边的广场。更教条主义的"现代"途径也不乏其人，在由史文斯卡·里克斯柏根斯(Svnska Riksbyggens)设计的哥德堡的**南哥德海尔顿住宅区**(Sodra Guldhelden, 1959)中，六座12层的板楼平行布置。在1965~1975年这10年间，这个雄心勃勃的计划共建造了一百万个住宅单元，导致了对预制建筑和体系建筑的过分依赖和建筑水平的急剧下降。低层住宅甚至独户住宅的潮流因此发生了逆转。但是，自从20世纪70年代以来，低层住宅项目再次成为标准，例如拉尔夫·厄斯金(Ralph Erskine, 1914—2005)以木材覆面的耶夫勒桑德维肯的**新布鲁克特住宅区**(Nya Bruket estate, Sandviken, 1972—1980)。

厄斯金既设计工业建筑也设计民用建筑。他的福什的卡纸板工厂(Cardboard Factory, Fors, 1953)，从生产程序和环境方面来看是功能性的。但是具造型感的通风舱，使这座砖建筑绝不是实用主义的外表。

汉斯·阿斯普伦德(Hans Asplund)设计的**埃斯勒夫社区中心**(Community Hall, Eslov, 1957)是一个例外，他将一系列会议室安排在扇形的筒拱大厅里，这种丰富的几何性和构造上的多变性支配了整个建筑。安德斯·滕布姆(Anders Tengbom)设计的利丁厄的**工业企业管理学校**(School for Industrial Work Organizers, 1958)，用砖和玻璃来与树林的景观形成对照，创造了总的来说沉着冷静的建筑。这正是20世纪50年代和60年代瑞典建筑师的主要目标。克拉斯·安斯赫尔姆(Klas Anshelm, 1914—1980)的**隆德美术馆**(Art Gallery, Lund, 1957)是另一个实例：外部是砖和玻璃面，内部则有如同艺术家工作室的剖面般高而清晰、纯净。

彼得·塞尔辛(Peter Celsing, 1920—1974)将这种情绪带入教堂建筑。他设计的哥德堡的哈兰达教堂(Church at Harlanda, 1958)，是包括三个单体的一组建筑：教堂、钟楼和神父住所，其体量和材料都很简洁，与教堂矩形的室内空间相呼应。打破这种风格的人是西古德·莱韦伦茨(Sigurd Lewerentz, 1885—1975)。他设计的教堂因通过砖获得最大限度的形式可塑性而引人注意，虽然他也使用了大量的灰泥。莱韦伦茨的斯卡克的圣马可教堂(Church of S. Mark, 1958—1960)，更重要的是他设计的克利潘的**圣彼得教堂和堂区中心**(Church of S. Peter and Parish Centre, 1962—1965)，表现出与基督教象征主义有深切感情关系的建造形式，在当时，这是一种不同寻常的建筑痴迷。在建造克利潘的建筑时，莱韦伦茨没有切割过一块砖。在克利潘这个设计中，天花板是拱形的，地面像大海一样起伏，基督教的根本意义被置于显要位置。

办公建筑倾向于追随着在比较温和的气候下所提出的式样，但是尼尔斯·托尔普(Neils Torp)近来设计了一座在本质上很不同的建筑——**斯堪的纳维亚航空公司总部**(headquarters for SAS, 1989)，它的建筑通过内部的"街道"连接起来，上面为玻璃顶。实际上这条包括餐馆和商店的街道消除了很多中庭建筑向心的压抑，虽然那些建筑在使办公室具有整体性方面是成功的。

丹麦人偏爱穿过景观到达拘谨广场的布局整齐划一的住宅区，这种特点无论是在多明尼亚建筑师事务所(Dominia Architects)设计的塔楼建筑哥本哈根的**贝拉霍维奇街公寓**(Bellahojvej, 1951—1954)中，还是在斯文·埃斯卡·克里斯腾森(Svenn Eske Kristensen)设计的浅退台式的维兹奥勒街的**布赖达尔公园住宅区**(Bredalsparken housing estate, 1949—1959)中，都表现得很明显。即使像克努兹·哈尔贝格(Knud Hallberg)和约根·博(Jorgen Bo)设计的格莱萨克瑟的**斯克勒公园住宅区**(Skoleparken housing, 1955)这种例外，也还是按照严格正交的布局组织起来，从来不会出现象瑞典人的方案那样的"变奏"。

无论从规划还是从表现方面来说，这种对于几何图案可能性的兴趣很明显地表现在埃内·雅各布森(Arne Jacobsen, 1902—1971)用黄砖建造的克拉姆本堡的**索霍尔姆住宅区**(Soholum housing, 1950—1955)和约恩·伍重(Jørn Utzon, 1918—)设计的 L 形赫尔辛格的**银杏住宅**(Kingo houses, 1956—1960)中。伍重在把退台建筑的密度优势与独立住宅的空间特色结合时，受到了限制。

将雅各布森式细部与比例感绝妙结合在一起的作品，是采用幕墙的哥本哈根的**耶斯佩森公司办公楼**(Jesperson office building, 1955)和哥本哈根索伯格的**蒙克嘎德学校**(Munkegard School, Soborg, Copenhagen, 1952—1956)。学校的布局建立在单层教室和走廊的严格网格上，每一组都围出一个庭院。平面的这种表面上的冷漠，在隐藏于学校内外空间的变化之下，使每个空间都被赋予了亲切感。雅各布森在丹麦最后一个重要作品是**哥本哈根国家银行**(National Bank, Copenhagen, 1965—1971)，这座建筑由石材和玻璃构成，显得简洁而有纪念性。

学校建筑的亲切本性是丹麦人从未失去的一个传统。弗雷德里克·克里斯蒂安·伦德(Frederick Christian Lund)和汉斯·克里斯蒂安·汉森(Hans Christian Hansen)设计的哥本哈根的**汉斯泰特学校**(Hansstedt school, 1954—1958)包括两座单层建筑，它使用传统材料建造，并有表现丰富的屋顶采光。凯·菲斯克为胡苏姆的**沃尔德帕肯斯学校**(Voldparkens school, 1951—1957)设计的相当复杂的平面，获得了相应的人性化效果。

贡纳尔·克隆(Gunnar Krohn)、哈特维希·拉斯穆森(Hartvig Rasmussen)和克努兹·霍尔舍(Knud Holscher, 1930—)设计的更大规模的**欧登塞大学**(Odense University, 1960—1976)采用更加复杂的规划方法，并运用了钢框架和填充体系。在亨宁·拉森(Henning Larsen, 1925—)的靠近哥本哈根的**上塔斯特鲁普学校**(School at Høje Taastrup, 1983)中，四座建筑围绕着一个带回廊的庭院布置。尽管建筑使用了精美的工业化的面层，但它的空间布局以及对天然材料的巧妙运用使这座学校拥有能够产生共鸣的环境。

约根·博和威廉·沃勒特(Vilhelm Wohlert)设计的哥本哈根胡姆勒拜克**路易斯安娜博物馆**(Louisiana Museum, 1958)被布置成一种穿越树林的建筑漫步，其大部分展览空间都由宽阔的走廊组成，一侧是通高的玻璃在树木中穿行。阿尔瓦·阿尔托设计的**阿尔堡博物馆**(Museum at Aalborg, 1969—1973)采用了完全相反的方式。这是一座有巧妙的屋顶采光系统，并在展览空间中使用了不对称光反射体的紧凑建筑。阿纳·基尔霍姆(Hanne Kjaerholm)通过竞赛而被委任设计的**霍尔斯特布罗博物馆**(Museum at Holstebro, 1983)的展廊由一系列支在混凝土圆柱上的筒拱组成，根据需要，适当的采光位置是透明的，外部是铝材饰面。这种方法使空间的使用灵活，同时使博物馆的每一部分都具有强烈的特色。

教堂建筑的杰出实例有约翰·奥托·冯·施普雷克尔森(Johan Otto von Spreckelsen, 1929—1987)设计的罗马天主教哥本哈根的**圣尼古拉教堂**(S. Nikolaj, 1960)，其中心沿着对角线轴转向，并有一个双向弯曲的混凝土屋面；此外，还有约恩·伍重设计的**鲍斯韦教堂**(church at Bagsvaerd, 1973—1976)。在平面上，伍重的建筑是根据严格的网格布局。但在剖面上，卷曲着的屋顶如同被风扬起的帆，随着屋顶采光带的泻入，产生出绝妙的光线效果。

西班牙

由于没有商业和政治的压力，在 20 世纪 30 年代就成为欧洲标准形式的保守建筑，到第二次世界大战结束时仍在西班牙繁荣发展。战后初期，西班牙人发展出一些和新现实主义非常相似的东西，尽管这项运动缺少像在意大利那样的引起争辩的号角。约瑟普·考德里赫(Josep Coderch, 1913—1984)设计的**巴塞罗那公寓**(Apartments, Barcelona, 1952),其特点是木百叶、折墙和砖构造,这些正是这种风格的典型表现。公寓的平面很巧妙,但提供的空间非常有限。约西·路易斯·费尔南德斯·德尔阿莫(Jose Luis Fernandez del Amo)设计的**卡塞雷斯住宅区**(Caceres housing, 1954—1958),走的是类似的路线。同样的建筑还有亚历杭德罗·德拉索达(Alejandro de la Sota)的塞维利亚的**埃斯克维尔住宅区**(Esqueville housing, 1948),以及约瑟普·马托莱尔(Josep Martorell, 1925—)和奥里尔·波伊加斯(Oriel Bohigas, 1925—)设计的巴塞罗那帕拉斯街的**工人住宅区**(workers' housing, Calle Pallars, Barcelona, 1960)。最后,这个项目由于1962年有戴维·麦凯(David Mackay, 1933—)的加入而设计了巴塞罗那的**子午线大楼**(Meridiana building, 1965)。这座建筑由于斜窗的不规则布置而呈现出戏谑的立面,使这个项目远离了新现实主义风格的严肃和认真。里卡尔多·博菲尔(Ricardo Bofill, 1939—)对平面类型讲求方法的不懈研究,体现在他的**巴赫街公寓**(apartments at Calle Bach, 1963—1965)中。他聪慧地利用了棘手的基地,用建筑表达了一种有点奇怪的姿态,正如他在巴塞罗那的尼加拉瓜街公寓(apartments, Calle Nicaragua, 1965)中使用的图案化的砖工和墙面片段一样。博菲尔在1962年创建了建筑工作室(Taller de Arquitectura),逐渐将他的兴趣转向了浪漫的纪念性方面。他在处理几何关系方面的技巧退化到仅仅是步骤的重复,例如卡尔佩湾的**仙纳杜公寓**(Xanadu apartments, 1967)。在马德里,弗朗西斯科·萨恩斯·德奥扎(Francisco Saenz de Oiza, 1918—1988)将一股弗兰克·劳埃德·赖特的有机和浪漫注入了**白塔公寓**(Torres Blancas apartments, 1961—1968),形成一个从多重圆形平面基础上发展出来的高层建筑。

商业建筑与住宅走的是不同的道路。弗朗西斯科·卡布里罗(Francisco Cabrero)设计的马德里的**联邦代表团大楼**(Union Delegation Building, 1949)是一座沉重但并非不优美的建筑,它的方窗凹进在宽大的砌体网格中。到20世纪60年代中期,卡布里罗建造了轻混凝土框架,但仍然避免使用纯粹的幕墙:他的马德里的**阿瑞巴报社大楼**(Arriba newspaper building, 1965),如果没有注意到窗下的砖填充板和突出的窗棂,初看倒像是幕墙。这在战后的西班牙,可以算是最纯粹的现代主义作品。

其后的办公建筑,如哈维尔·卡巴哈尔(Javier Carvajal)设计的马德里的**亚德里亚海大楼**(Adriatica Building, 1981)则采用了在当时的欧洲普遍的镜面玻璃的惯例。

当20世纪80年代中期弗朗哥(Franco)专政结束之时,纪念性的含义也随之改变。曾一度受到鄙视的雄伟壮丽的建筑获得了尊重,并在实际上成为先锋。拉斐尔·莫尼奥(Rafael Moneo, 1937—)在他设计的梅里达的**罗马艺术博物馆**(Museum of Roman Art, 1980—1985)中,追忆了古罗马的建造方法。莫尼奥有意避免使用标签拼贴而采用了源于构造的设计,但是用罗马式薄砖塑造的巨大的砖墩和拱使建筑所具有的雄伟特质明确无误。莫尼奥后来设计的**塞维利亚机场**(Airport, Sevile, 1991),采用了相似的弧形构造,并结合了屋面由一系列支撑在交叉拱脚上的碟形穹顶而构成壮观景象的出发大厅。并不是只有莫尼奥一人这样做。奥斯卡·图斯奎茨(Oscar Tusquets, 1941—)设计的**马斯阿贝罗宅**(housing, Mas Abello, 1990)使用了壁柱、三角山墙及檐口,将建筑从新现实主义的感觉中分离出来,代之以没有特殊之处的古典庄严。里卡多·博菲尔在巴塞罗那的**INEF大楼**(INEF Building, 1991)中则更进一步,设计了一座完全是没有技巧可言的古典建筑。

马托莱尔(Martorell)、波伊加斯(Bohigas)和麦凯(Mackay)设计的马略卡的**松卫达宅**(house in Son Vida, 1988),在另一个方向对纹理、色彩和含义做了丰富表现。在这里,他们在独创性和抽象性的基础上创造了一种使布局能够追随新古典模式的足够灵活的建筑语言。

阿尔贝托·坎波·贝扎(Alberto Campo Baeza, 1946—)的作品追求的是相反的目标。作为对20世纪30年代的回忆,白色建筑能够唤起人们对一个时代的浪漫的想象——在那个时代里,摩登看起来是件很简单的事。贝扎设计的拉科鲁尼亚的**费内市政厅**(Town Hall, Fene, 1980)和马德里的**圣塞巴斯蒂安国王学校**(School, San Sebastian de los Reys, 1983),是他的代表作。恩里科·米拉勒斯(Enric Miralles, 1955—2000)设计的阿利坎特的**国家体操训练中心**(National Training Centre for Gymnastics, 1994)反映出对解构的某种沉迷,但更重要的是它对不规则基地充满灵感的回应,而且从形体上来看,那是对三维空间的生动想象。

在过去的 10 年中，最成熟的作品来自豪梅·巴赫(Jaume Bach, 1943—)和加布里埃尔·莫拉(Gabriel Mora, 1941—)的工作室。他们的作品从整体上来说都是高水平的。他们用简洁明确的形式以及砖和混凝土这些常用材料，设计了无论从功能上还是形式上来看都很丰富的巴塞罗那的**里温托斯白葡萄酒酿酒厂**(Reventos Blanc Winery, 1990)。其他建筑，还包括巴塞罗那的**何塞普·马利亚·尤约尔学校**(Josep Maria Jujol school, 1991)和**贝拉特拉火车站**(Bellaterra railway station, 1994)。

圣地亚哥·卡拉特拉瓦(Santiago Calatrava, 1951—)接过了工程师兼建筑师爱德华多·托罗哈(Eduardo Torroja)的传统，采用了仿生的形式设计了一些充满活力的建筑，例如巴塞罗那的**巴赫·德罗达-菲利普二号桥**(Bach de Roda-Felipe II Bridge, 1984—1987)和**毕尔巴鄂机场**(Bilbao Airport, 1990—1994)。

在葡萄牙，必须提到阿尔瓦罗·西扎(Alvaro Siza, 1933—)的作品。如同贝扎在西班牙一样，西扎保留着对"经典现代主义"的责任，他受阿尔托的影响很深。他的波瓦-迪瓦尔津的**贝雷斯宅**(Casa Beires, Povoa do Varzim, 1973—1976)由白色立方体组成，其中的缺角由整片的玻璃幕墙所代替。这种中断在整个住宅平面中处处得到回应，塑造出充满魅力的体量关系。

瑞士

在战后的瑞士建筑中，最先出现的推动力是用木材建造的浪漫主义，其最具说服力的实例是格伦兴的**花园剧院**(Park Theatre, Grenchen, 1949—1955)，设计者是厄恩斯特·吉塞尔(Ernst Gisel, 1922—)。这是一座有单坡屋顶的单层立方体块的砖木社区建筑，有点像阿尔托的赛于奈察洛市政厅。地方主义很快就改变了方向。五人工作室(Atelier 5, 1955 年成立；成员包括：埃尔温·弗里茨(Erwin Fritz)、桑维尔·格贝尔(Sunwel Gerber)、罗尔夫·黑斯特贝格(Rolf Hesterberg)、汉斯·霍斯泰特勒(Hans Hostettler)、阿尔弗雷多·皮尼(Alfredo Pini))寻找了一条将住宅浓缩在一小块基地而不是将它布满整个景观的路子。他们的靠近伯尔尼的**海伦住宅区**(Halen housing estate, near Berne, 1955—1961)，大致建立在勒·柯布西耶为拉圣鲍讷(la Sainte-Baune, 1948)设计的未建方案的基础上。住宅区采用了沿着斜坡后退的长平台住宅，并巧妙地利用了用于私密活动和公用通道的地势，使建造的痕迹相当不明显。这个方案与吉塞尔方案的相似之处，在于对朴素的材料，如混凝土的大量使用。

弗伦茨·菲格(Franz Füeg)对材料的使用方法相当不同，他将砖和玻璃嵌在通常是钢的框架中，使它们看起来很考究。菲格的作品以密斯的方向为起点，其特点是强烈的比例感和细部感，其实例有钢和砖的小吕策尔的**金属结构商店**(Metal Construction Shop, 1958)和梅根的**天主教堂**(Catholic church, Meggen, 1954—1966)，建筑物钢框架由于使用了半透明的雪花石膏板而变得"透明"。

同样具有理性美学感情的是弗里茨(Fritz)和布鲁诺·哈勒尔(Bruno Haller)，他们设计并获得了使用钢框架建造体系的专利。他们设计的**明辛根工厂**(Factory, Munsingen, 1963)和**温迪施技术学校**(Technical School, Windisch, 1964—1966)，都显示出主要为内部灵活性而设计的体系所能达到的精美。恩斯特·吉塞尔(Ernst Gisel)设计的**恩格尔贝格学校**(School, Engelberg, 1965—1967)，则显示了完全相反的解决方法：混凝土建筑的巧妙的剖面和精心的布局，是为了排除对灵活性的需要。

随着五人工作室在海伦住宅区的成功，一个由乌尔里希·谢勒(Ulrich Scherer)等人组成的 2000 团队(Team 2000)，建造了靠近布鲁格乌米肯的台阶式住宅(Terrace housing, Umiken, 1963—1965)。与阿尔托战前的考图阿(Kauttua)公寓相仿，安德烈·施图德(Andre Studer)设计了菲斯普的台阶式公寓(Terrace apartments, 1964—1967)。这两个方案都利用了陡峭的坡地，这几乎成为瑞士 20 世纪 60 年代和 70 年代的现代乡土性。阿尔托本人设计了卢塞恩的**施舒恩布尔公寓**(Schonbuhl apartments, 1965—1967)。这是个扇形平面的 17 层建筑，其意图是给小型公寓以最大限度的视野，它的底层是阿尔弗雷德·罗特(Alfred Roth, 1903—1998)设计的**购物中心**(shopping centre)。

表现个性化和雕塑感的观点，由瓦尔特·马利亚·福德雷尔(Walter Maria Förderer, 1928—)引入建筑中。福德雷尔与罗尔夫·格奥尔格·奥托(Rolf Georg Otto)和汉斯·茨维普弗(Hans Zwimpfer)合作设计的**圣加仑高等商学院**(Commercial High School, S. Gallen, 1957—1963)，将所有主要空间聚焦于具有纪念性的楼梯间。他那令人产生伤感的埃雷芒斯的圣尼古拉教堂(church of S. Nicholas, Heremence, 1963—1971)，就是一件自我表现的作品。在厄恩斯特、戈特利布·施图德(Gottlieb Studer)与约阿希姆·内夫(Joachim Naef)合作设计的萨尔嫩的**罗马天主教学院**(Roman Catholic college, Sarnen, 1964—1966)中，一系列如同洋葱皮般围合空间的倾斜的圆墙表现出将赖特的有机建筑引入瑞士的努力。

在20世纪60年代和70年代，瑞士的意大利语区提契诺(Ticino)成为这个国家建筑兴趣的焦点。但是，年轻的建筑师们发现：无论是一个哈勒尔的无休止的改进，或者是五人工作室对功能的推敲都是不够的，甚至使人厌烦。奥雷里奥·加尔菲蒂(Aurelio Galfetti, 1936—)、**贝林佐纳罗塔林蒂宅**(Casa Rotalinti, Bellinzona, 1961)、蒂塔·卡洛尼(Tita Carloni; **斯塔比奥学校**(Stabio School, 1968—1974)和路易吉·斯诺兹(Luigi Snozzi, 1932—)开始重新思考建筑形式语汇，并参照历史范例来丰富他们自己的作品。斯诺兹采取了路易·康对形式的一些主张(**洛迦诺比安凯蒂住宅**(Casa Bianchetti, Locarno, 1975—1977)；**韦尔肖卡瓦利宅**(Casa Cavalli, Verscio, 1976—1978))，他在建筑要求或功能之外，赋予形式对象以相当大的自主权。曾为勒·柯布西耶和康工作过的马里奥·博塔(Mario Botta, 1943—)，在设计别墅和学校建筑中则走得更远(**圣维塔莱河村的比安基宅**(Casa Bianchi, Riva San Vitale, 1971—1972)；**下莫尔比奥学校**(school at Morbio Inferiore, 1972—1977)。在他的作品中，形式元素都是城市的尺度，而不是住宅的尺度。在**奥里利奥别墅**(Villa Origlio, 1975)中，这种与城堡墙体的对照就很明显。如果人们认为，平面的方便应该为形式主义作出牺牲的话，那么显然这是一种价值的颠倒。博塔设计的下莫尔比奥学校，就是对这些关系的进一步探索。

布鲁诺·赖希林(Bruno Reichlin, 1941—)和法比奥·莱茵哈特(Fabio Reinhart, 1942—)在托里切拉的**托尼尼宅**(Casa Tonini, Torricella, 1972—1974)中，将帕拉第奥式别墅作为一种类型的起点，像博塔一样系统地展示了20世纪建筑中历史材料的笨拙。

阿尔卑斯山北部在探索着与历史的另一种关系。罗尔夫·凯勒(Rolf Keller)与弗里茨·斯瓦茨(Fritz Swartz)合作设计的靠近巴塞尔的**穆滕茨堂区中心**(Parish Centre, Muttenz, near Basle, 1965—1970)，用不规则平面的粉刷墙、多种屋顶形式和总体上的舒适氛围再塑了"哥特村庄"(Gothic Village)，虽然这种效果有人会觉得平淡。雅克·赫尔佐格(Jacques Herzog, 1950—)和皮埃尔·德默龙(Pierre De Meuron, 1950—)，从更广泛的历史范围内借鉴，在他们的作品中最大程度地利用了基地和环境的优势。他们的小规模的巴塞尔的**赫尔伯街公寓**(apartments, Helbestrasse, 1988)是一座两层建筑，其主要部分是钢框架上的木面层。规模较大的巴塞尔的**施维特大楼公寓**(Schwitter Building apartments, 1990)是一座混凝土和玻璃转角建筑，其历史的借鉴显然包括20世纪60年代的公寓建筑。

第 46 章
东欧建筑

概述

尽管西欧、东欧和俄国这三部分在意识形态、政治和经济上的隔阂自 1989 年以来逐渐消除，但彼此之间仍然存在差异，这也许会让人感到奇怪。而就是这个隔阂，从 1917 年起把俄国从西方分离出来，从 1945 年起把东欧和中欧从西方分离出来，并对这一地区内的建筑发展产生了深远的影响——通常最明显地体现在建造方法和质量以及所委托的建筑类型上。因此，继续反映这种差异——比较近期的与文化专断的，且一如过去那般的差异，看来是合理的，即使产生这种差异的原因已不复存在了。当这些隔阂存在时，东欧和俄国通过它们的政治和社会结构，获得了一种稳定性和一种建筑本体和目标的可识别性，这些曾经而且现在依然在这个时期的多数建筑中表现出来。欧洲的这一部分显然几乎是另一个世界，当然可以说是另一个大陆。如今，当西欧和东欧按照它们的意愿重新结合起来的时候，当观念和影响以及人民再一次自由地流动的时候，建筑上的联系将会比分裂要多。毫无疑问，当这本书的下一版出版的时候，把欧洲作为一个单一的整体来考虑将会是合理的并且是必要的。

在当今这个政治和社会变迁的时刻，评价 20 世纪的东欧建筑，会引发一些实质性的问题。因为共产主义于 1989 年在整个东欧和中欧地区的解体，世界的这部分地区承受了并且继续承受着许多剧烈的变化。其中的一些变化对现有的边境、国家和种族界限产生了影响。大量的变化发生，例如国名和国体的变化，以及大部分被国家掌控的建筑转向全新的以资本为基础的自由市场的建筑工业。在受压制——经常是受外界力量的干涉（例如在波兰和捷克斯洛伐克）的年代之前——许多东欧和中欧国家在 20 世纪 20 年代和 30 年代现代建筑的成长中担当着重要角色，并且经常是伴随着其他艺术的发展。前捷克斯洛伐克的布拉格（Prague）、布尔诺（Brno），波兰的布雷斯劳（Breslau，现在的弗罗茨瓦夫）和克拉科夫（Krakow），是那个世纪早期以来建筑活动的重要中心。

东欧集团中最先进的共产主义社会，无疑是德意志民主共和国了。可是，伴随着在德国和波兰之间及其周边似乎永无止境的边界变换，某些"德国"建筑和一大批德国建筑师的作品仍然在那些采用它们的国家的建筑文本中被加以讨论。

从 19 世纪的最后 20 年至 20 世纪 30 年代之间，东欧国家建筑的发展几乎无异于欧洲其他部分。许多大陆国家的 20 世纪建筑的特征是它们有相似的易于区分的变化阶段，以及种种设计风格的采用而带来的发展，其中包括美好时期（Belle Epoque）、维也纳的分离派、德国的青年风格派、法国和比利时的新艺术运动、英国的工艺美术运动、意大利的自由风格以及民族浪漫主义（National Romanticism）的许多版本。

定义

从这些折中主义的来源出发，在东欧和中欧出现了一种激进的、经常是具有先锋性的"现代"或功能主义的建筑。这些术语需要澄清，因为它们的使用经常要依靠东欧与其他欧洲中心，例如维也纳、巴黎在文化上的联系。

"功能主义"（Functionalism）一词，与那些仰慕勒·柯布西耶理论的建筑师和那些在 1928 年之后与 CIAM 有关系的建筑师们的作品密切相关。在勒·柯布西耶的理论中，功能主义的意义经常是可以与"理性主义"的概念互换的，尽管这一概念与意大利的现代建筑有着更加特殊的联系。

作为建筑中使用的一个术语，"理性主义"（Rationalism）与其说是源于某个统一的理论，不如说是源于文艺复兴时期的建筑理论家们的科学的人本主义，以及 19 世纪晚期法国和德国的理论家们在支持他们的一种新的和"现代"的建筑观点时对它的使用。奥托·瓦格纳把它用来当做1894年在维也纳艺术学院就职演说的题目，并在他于1896年出版的著作《现代建筑》(Moderne Architektur)中，以印成铅字的形式加以铭记。

在20世纪20年代和30年代的中欧和东欧，更加普遍地用于描写建筑设计的新趋势或者现代建筑的用词，毫无疑问地是"功能主义"。波兰建筑师博赫丹·拉赫特(Bohdan Lachert, 1900—1986)在1983年根据他的经历写道："认识到了实用问题重要性的建筑师们，从事着要求建筑各方面的实用功能既反映在内部又反映在外观上的创造性工作。不幸的是，这种趋势，即功能主义(Functionalism)，被错误地理解为'拒绝所有过多的装饰，并在艺术的前提下塑造艺术的作品'"。

总结性的名词"国际式风格"来源于美国。虽然这个词是由时任纽约现代艺术博物馆(Museum of Modern Art, 即MOMA, New York)馆长的艾尔弗雷德·巴里(Alfred Barr)首创，但实际上是建筑历史学家亨利-拉塞尔·希契科克(Henry-Russell Hitchcock, 1903—1987)和菲利普·约翰逊(Philip Johnson, 1906—2005)一道将这一说法用于一本书和1932年在纽约现代艺术博物馆举行的一次展览的标题。他们用这个集合术语来给"新先驱者们"(new pioneers)的作品下了定义。

"现代建筑"(Modern Architecture)一词，覆盖了许多已知的欧洲先驱性的现代潮流。这一用语表明了一种共享的建筑形式语汇。这种形式并不直接参照历史上的先例，也没有装饰特征，但它建立在形式的"美学特征"的基础上，例如平屋顶、白色或朴素的薄墙面(大多是钢筋混凝土的)和不对称布置的灵活可变的平面。

影响

曾作为奥匈帝国的首都和文化中心，维也纳在20世纪的东欧和中欧建筑发展中扮演着重要角色。帝国的疆界也倾向于在这些地区确立一个文化上的统一体，而这个统一体在很大程度上随着1918年帝国的崩溃而消散。哈布斯堡帝国(Habsburg Empire)主要通过家族联结而获得了整个中欧和东欧的领土，并越过了奥地利和摩拉维亚(Moravian)已建立的边界，延伸至奥斯曼的领土。到1742年，西里西亚(Silesia)被普鲁士征服，成为帝国的一部分。此外，帝国于1526年获得了波西米亚(Bohemia)和摩拉维亚，于1699年得到匈牙利。作为下奥地利(Lower Austria)的首都，维也纳坐落着皇帝(维也纳的君主)的宫廷，成为整个地区的文化中心。这个城市在19世纪急剧扩张，其公共建筑达到了举世公认的杰出水准。

位于帝国边界内的不同民族抵制着来自维也纳的同化影响，且越来越多地寻求通过建筑来表达它们的独立个性以及对政治独立的渴望，结果产生了民族浪漫运动(National Romantic Movement)和赞美地域的、乡土的以及偏爱泛帝国的或者说是维也纳派生风格的历史传统。民族浪漫主义(在那些奥匈帝国统治地区以外的、被其他帝国统治的国家内也有发现，例如处于俄国人统治下的芬兰)在第一次世界大战之前的岁月里，成为欧洲建筑的一股主要力量。

维也纳艺术学院，培养了来自周围大多数国家的毕业生。奥托·瓦格纳(1841—1918)曾于1894年在此执教过一个特别的硕士班(Master Class)。这些毕业生中的大部分人成为建筑变革的主要动力。这些人中包括斯洛文尼亚建筑师约热·普里契尼克(Jože Plečnik, 1872—1957)和捷克建筑师扬·科特拉(Jan Kotera, 1871—1923)，这两人均因在布拉格具有创造力的新颖的公共建筑作品而确立了他们的声誉，并且都成为有影响力的建筑教育者。

在1912年，布拉格发生了另一场运动。了解了法国立体主义绘画发展的建筑师们，试图将它的法则运用到建筑和设计中去。这场运动的结果是：相当自由地运用装饰，以及在某些方面类似于和德国表现主义运动(1910—1923)有联系的清澈透明的建筑方案。然而，这些都只不过是约瑟夫·霍霍尔(Josef Chochol, 1880—1956)、约瑟夫·戈恰尔(Josef Gocar, 1880—1945)和帕维尔·亚纳克(Pavel Janak, 1882—1956)作品中的一种不寻常的三角立面处理的趣味类型而已。

"现代主义运动"的传播

在第一次世界大战之后，很多东欧国家获得独立，少数先锋艺术家、设计师和建筑师随即发起了一场现代建筑运动。在匈牙利有这样一个团体，它的成员在1916~1919年出版了期刊《现代艺术》(MA)，其中多数的包豪斯的学生们后来移民到西欧和美国(马塞尔·布罗伊尔(Marcel Breuer,

第 46 章 东欧建筑

1902—1981)、弗雷德·福尔巴特(Fred Forbat, 1897—1972)和拉兹洛·莫霍伊-纳吉(Lazlo Moholy-Nagy, 1895—1946))。在捷克斯洛伐克,艺术的先锋性被进步的狄维奇尔集团❶充分表现出来。该集团由对苏联构成主义和法国纯粹主义感兴趣的理论家卡雷尔·泰格(Karel Teige, 1900—1951)和建筑师亚罗米尔·克赖察尔(Jaromir Krejcar, 1895—1949)领导。

在波兰,现代建筑由布罗克集团❷所倡导。该集团形成于 1922 年,并与苏联先锋建筑有着密切的联系。这个面向构成主义的团体为 20 世纪 20 年代后半叶的波兰现代建筑的发源作出了贡献。波兰建筑师参与 CIAM 的活动,特别是瑟尔库斯夫妇(Syrkus)的加入,也对这种发源起到了促进作用。在第二次世界大战的开始阶段,通过在伦敦和利物浦的大学中开设波兰建筑学院,一条盎格鲁-波兰的建筑轴线建立起来。

在第二次世界大战之后,一种实际的和功能的现代建筑再一次在东欧成为主导风格。这种情况一直持续到 20 世纪 50 年代初。当时,法西斯时期过去,政治环境再次发生了变化,苏联的社会主义现实主义(Socialist Realism)开始广泛传播,几乎所有的国家都接受了苏联设计的斯大林主义的"文化宫殿"(Palace of Culture)。1956 年之后,这种情况逐渐被忽略,东欧许多国家的现代建筑能够或多或少地沿着和其他工业化国家一样的路线发展,其中可能最引人注目的例外是苏联为本国(参见第 47 章)及其卫星国而采用的大规模预制住宅体系。

独立和新的边界

由于 1989 年苏联的解体,所有由它所支配的中东欧国家也重新命名。新的边界被划定,还有一些边界处于争端之中。捷克斯洛伐克被分成两部分:西面是捷克共和国(首都布拉格),但其疆界内还包括波西米亚、摩拉维亚(首府布尔诺)和摩拉维亚的西里西亚;斯洛伐克共和国即现在所知的斯洛伐克,以布拉迪斯拉发(Bratislava)为首都。

前南斯拉夫遭受了更剧烈的变化。作为一个共和的联邦,它已不复存在了,取而代之的是波斯尼亚和黑塞哥维那共和国,以萨拉热窝作为首都,是一个复杂的民族和宗教的混合体;北部的克罗地亚共和国,以萨格勒布(Zagreb)作为首都;新成立的斯洛文尼亚共和国(1991),以卢布尔雅那(Ljubljana)为首都;贝尔格莱德仍为前南斯拉夫共和国最为强大的塞尔维亚的首都;马其顿和黑山是独立的共和国。

作为独立国家,保加利亚——首都索非亚(Sofia)在建筑方面很先进——和罗马尼亚(首都布加勒斯特(Bucharest))未曾受损,但都由于共产主义的让位而变得民主化并日益以市场为导向。这种变化的结果之一,就是这两个国家的城市中心拥有时下在西方所流行的建筑例子,其中尤以后现代主义和解构主义的语言为代表。在民主德国的许多主要城市和历史名城(例如莱比锡、耶拿和魏玛),古老的城市结构被保留了下来,可能有些城市未受重视,但也没有受到损害。在很多地方,它们现在被细心地保护、修复和改造,以便重新利用和获得新生的主题。尽管在相当多的地方,人们发现未来的建筑被掩埋在过去的历史中。

捷克共和国和斯洛伐克共和国

捷克斯洛伐克共和国(前捷克斯洛伐克,现分成捷克共和国和斯洛伐克共和国,参见引言)是最早全心全意地采纳现代功能主义建筑的国家之一。其中的关键人物之一是扬·科特拉(Jan Kotera, 1871—1923),他是奥托·瓦格纳在维也纳艺术学院的学生。科特拉在布拉格迅速上升为颇有声望的人物,并在 28 岁就成为工业艺术学校(School of Industrial Arts)的教授和当地文化界的领袖,决意使他的现代建筑"赶上并超过欧洲"。1908~1912 年,科特拉表现出对美国建筑的兴趣(他曾于 1903 年访问美国)。他设计的赫拉德茨-克拉洛韦市市立博物馆(Municipal Museum, Hradec Kralove, 1906—1914, 见[1490]页图 A、图 B),是在欧洲建造的最早受到弗兰克·劳埃德·赖特启发的建筑之一。

---

❶ Devetsil;约成立于 1920 年,Devetsil 在捷克文中的意思是蜂斗菜。——译者注
❷ Blok;1924~1926 年在华沙成立的先锋艺术团体,举办过一些展览,出版了 11 期《布罗克》杂志。——译者注

第七编　20世纪建筑

图A　赫拉德茨-克拉洛韦市立博物馆(1906—1914)，见[1489]页

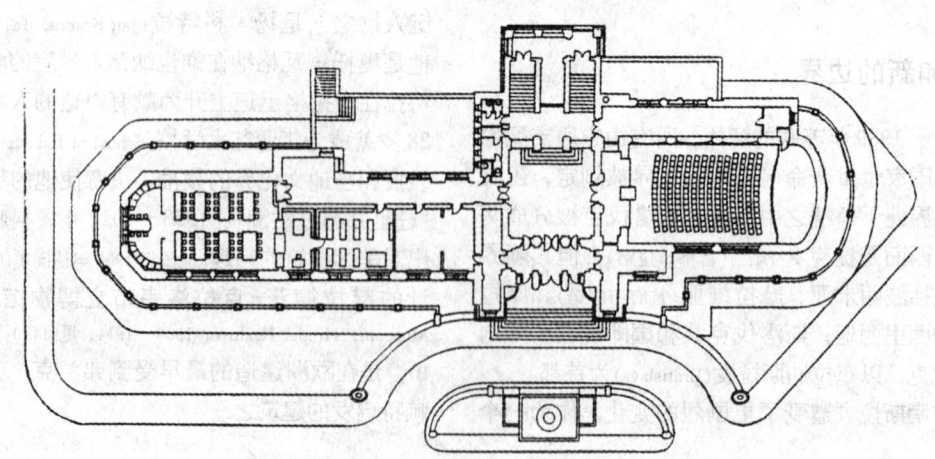

图B　赫拉德茨-克拉洛韦市立博物馆平面图

第46章 东欧建筑

图 A 布拉格内克兰大街的公寓(1913—1914)，见[1492]页

图 B 布拉格亚德利亚保险业联盟大楼(1923—1925)，见[1494]页

图 C 布拉格哈拉德坎尼堡的公牛楼梯间(1928—1930)，见[1492]页

图 D 布拉格维诺堡的圣心教堂(1928—1932)，见[1492]页

在科特拉的学生中,有约瑟夫·戈恰尔(Josef Gočár, 1880—1945),他后来领导了捷克的功能主义建筑。帕维尔·亚纳克(Pavel Janak, 1882—1945)和约瑟夫·霍霍尔(Josef Chochol, 1880—1956)也曾在瓦格纳门下学习。他们都参加过"平面艺术家组织"('Graphic Artists' Group),这是一个捷克的立体主义组织。正因为如此,他们对科特拉严格的理性主义建筑持批判的态度。他们把自己的作品看做是后来流行的瓦格纳式理性主义的对抗,并要求通过"雕塑体量的处理手段"(means of the manipulation of sculptural mass)来达到使建筑更加精神化的方式。被广泛用来描述整个捷克立体主义运动的术语是"回旋曲-立体主义"(Rondo-Cubism,由玛丽·本索瓦(Marie Bensove)创造),这一术语与1918年的新捷克斯洛伐克国家的建立也有关系。

在科特拉和斯拉夫建筑师约热·普里契尼克(1872—1957)都离开瓦格纳学派之后,他们之间持续的友谊使他们在各自的国家仍然保持着事业的联系。在1910年,科特拉为普里契尼克安排了布拉格的装饰艺术学校(School of Decorative Arts)头把交椅的职位。但是直到1919年,还没有任何布拉格的重要建筑被委托给普里契尼克。后来,普里契尼克被马萨里克(Masaryk)总统任命为布拉格哈拉德坎尼堡(Hradčany Castle, Prague, 1920—1932)的建筑师。这一工程牵涉城堡内总统夏日官邸(President's Apartment)的重建,从而给了普里契尼克一个机会来展示和发展他自己特有的现代主义运动标记:将当代建筑技术与斯洛伐克手工艺传统结合。这是一种对早期古典主义的强有力的、本质上的重新诠释。普里契尼克在城堡的工作,包括建造了一个有三层高柱廊和铜屋顶的入口门厅,即圣马蒂亚斯大厅(S. Matthias Hall, 1928—1930),以及一个从罗马住宅前室处获得灵感的有屋顶采光的采光天井(impluvium, 1920—1925)。普里契尼克还对伊甸花园(Eden Garden)和堡垒公园(Rampart Garden, 1921—1925)进行了改建,他装修了许多博学的和富有创造力的古典亭阁和望景楼,并用公牛楼梯间(Bull Staircase, 1928—1930, 见[1491]页图C)将它们与更高处的城堡庭院相连。这个穿过城堡中18世纪的房间并升起的楼梯间有着精巧的造型和美丽的细部设计,并以爱奥尼柱式为中心母题——普里契尼克对爱奥尼亚感受强烈,他认为古代的斯拉夫人起源于爱奥尼亚人,所以运用爱奥尼柱式是对斯拉夫民族身份的一种申明。普里契尼克还改造了总统夏日官邸(President's Summer Residence, Lány, 1921—1930),并设计了布拉格维诺堡的圣心教堂(Church of the Sacred Heart, Vinohrady, Prague, 1928—1932, 委托于1922年,见[1491]页图D)。这是一座非凡的建筑:采用混凝土结构,有着大胆的、富有创造力的、从古典衍生而来的外部细节的砖表皮,还结合了斯洛伐克建筑传统元素和普里契尼克自己对古典主义的理解的室内风格。

博胡斯拉夫·富赫斯(Buhuslav Fuchs, 1895—1972)于1916~1919年在科特拉门下学习,并在布尔诺(Brno)的市政部门开始了他的建筑师生涯。在20世纪20年代,富赫斯迅速拜倒在范·杜斯堡(Van Doesberg)和荷兰风格派团体(Dutch De Stijl Group)的魅力之下。但1927年之后,他开始追随勒·柯布西耶,而后受到CIAM的感召成为CIAM的成员。布尔诺的阿维翁旅馆(The Avion Hotel, Brno, 1927)带有不透明玻璃的外立面和富有体积感室内设计,是包括泽莱纳扎巴游泳池(Swimming Pool, Zelena Zaba, 1935—1936)、布尔诺火车站(Railway Station at Brno, 1938)和纽约世界博览会捷克馆(Czech Pavilion at the New York Fair, 1939)在内的最早一批的建筑之一。这种信奉一直持续到他于1947~1958年在布尔诺理工大学(Brno Technical University)执教的第二次世界大战之后的时期。

立体主义在很大程度上是因为创造了有细小面的外表皮和锯齿形屋顶而颇具影响。这一结果可以从很多作品中清楚地看到,例如戈恰尔(Gočár)设计的波希米亚的博赫达内奇温泉浴场(Baths, Bohdanec, Bohemia, 1911—1912)、博赫达内奇疗养院(Sanatorium, Bohdanec, 1921—1923)、布拉格的捷克斯洛伐克军团银行(Czecholsovak Legion Bank, Prague, 1923—1925)的奇异夸张的巴洛克风格的外部,以及霍霍尔设计的早期的办公建筑布拉格的金德利斯卡大街(Jindrisska Street, Prague, 1920—1921)以及布拉格内克兰大街公寓(apartment house, Neklan Street, Prague, 1913—1914, 见[1491]页图A)。布拉格内克兰大街的公寓住宅是一个有着常规地面层的四层建筑。从外表上看,倾斜和有角度的平面营造出一种有韵律的动感;同时,光影的交汇强化了多棱柱的形状、倾斜的悬挑屋檐及转角阳台创造出的效果。这种形式处理的结果,使建筑立面呈现出一种立体主义雕塑或绘画的外观。

第46章 东欧建筑

图A 布拉格的圣瓦茨拉夫教堂(1928)，见[1494]页

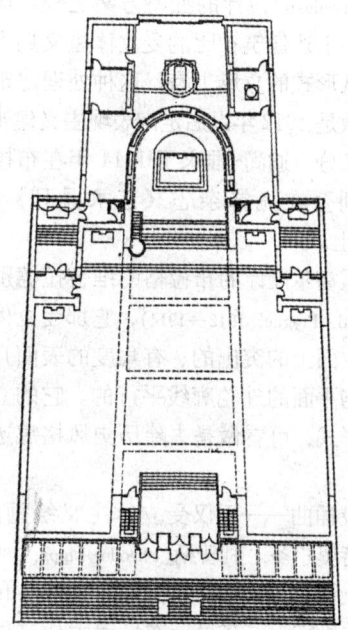

图B 圣瓦茨拉夫教堂平面图

图C 布拉格的前退休金信托基金会大楼(1924—1934)，见[1494]页

也许除了雷蒙·迪尚-维永(Raymond Duchamp-Villon, 1876—1918)在 1912 年为"立体主义建筑"(La maison cubiste)设计的独特方案之外,再没有其他可以与上述建筑相比的受立体主义启发的欧洲建筑。从形式的立场上看,这种处理建筑的方式可以看做是 1912 年以后走向表现主义建筑普遍潮流的一部分。迪尚-维永于 1914 年在布拉格的展览,被刊登在先锋杂志《艺术月刊》(Umelecky Mesicnik)上。

由霍霍尔设计的布拉格的**维舍拉德别墅**(Villa in Vysehrad, Prague, 1912—1914),它那受立体主义影响的外立面上的突出的、有角度的表面几乎没有一个是与平面的外轮廓线平行的。它的立面构图的极端形式,可看做是去除历史风格痕迹的一种方法。

这段插曲——不仅受立体主义绘画的影响,还受到特奥尔多·利普斯(Theodor Lipps, 1851—1914)和威廉·沃林格(Wilhelm Worringer, 1881—1965)的移情理论的影响——在第一次世界大战之后的岁月里,几乎曲终人散了。但在由奥塔卡尔·诺沃提尼(Otakar Novotny, 1880—1959)设计的科隆的**德意志制造联盟展捷克馆**(Czech Pavilion, Deutscher Werkbund exhibition, Cologne, 1914)中立体主义建筑达到了高潮。诺沃提尼的作品也受到了由亨德里克·佩特鲁斯·贝尔拉格(H. P. Berlage)领导的荷兰学派的影响,这可以从他设计的布拉格的**扬·施滕茨出版公司办公楼**(Jan Stenc Publishing Offices, Prague, 1911—1912)中看出。

第一次世界大战后,在 1918 年 10 月独立的捷克斯洛伐克的创建时期,亚纳克(Janak)和戈恰尔转而倾向于一种更为民族主义的、民俗化的和纪念性的建筑。亚纳克的兴趣,从早先立体主义阶段的角度转向了更明显的由古典主义衍生的细部(壁柱和山花),同时还表现在几乎是图解化的形式上。这种兴趣的结果是产生了如布拉格**亚德利亚保险业联盟大楼**(Riunione Adriatica di Sicurita, Prague, 现在是保险公司, 1923—1925, 见[1491]页图 B)这样的作品,它的混凝土建造的结构尽管粗糙却强劲有力。在这期间,戈恰尔作品的一个实例是布拉格的**圣瓦茨拉夫教堂**(S. Wenceslas' Church, Prague, 1928, 见[1493]页图 A、图 B)。该教堂耸立在一片陡峭倾斜的基地之上,台阶式的中堂自高塔处升起,延伸至占据基地最高点的半圆圣坛。中堂的立面上没有窗,而是采用了屋顶采光。

后来,亚纳克和戈恰尔又一次转向了现代风格,即在 1928 年瑞士召开的 CIAM 第一次会议上所提倡的实用的功能主义。这种风格表现在一些细部纯净的作品中,例如布拉格的**前退休金信托基金会大楼**(Building of the former Pensions Institute, Prague, 1924—1934, 见[1493]页图 C)和布拉格的**潘克拉茨公寓**(Apartment at Pankrac, Prague, 1930),都是由卡雷尔·翁齐(Karel Honzik)和约瑟夫·哈夫利切克(Josef Havlicek, 1899—1961)设计的;此外还有约瑟夫·波拉塞克(Josef Polasek)在科希策(Kosice, 1931)的一些作品。此类现代建筑相当迅速地在捷克斯洛伐克建立起来,部分原因是由于它们与法国、德国和荷兰的联系,以及包豪斯、苏联构成主义和 1923 年勒·柯布西耶的《走向新建筑》一书的影响;而捷克建筑师在很大程度上也为新建筑作出了巨大贡献。科特拉的第二代学生博胡斯拉夫·富赫斯(1894~1982)和阿道夫·本斯(Adolf Bens, 1894—1982),以及其他那些团结在由建筑师奥尔德日赫·施塔里(Oldrich Stary, 1884—1971)(一段时间是由杰出的理论家卡雷尔·泰格)主编的《建筑》(Stavba)杂志周围的更年轻的建筑师们,他们都热诚地支持德国的"新客观派"(Neue Sachlichkeit)运动。施塔里在 1928 年的布尔诺制造联盟展上建造了一座住宅(house at the Werkbund exhibition, 1928),随后在 1932 年的布拉格巴巴制造联盟展上又建造了两座住宅(two more for the Werkbund exhibition, Baba, Prague, 1932)(参见下面的章节)。

作为霍霍尔的亲密合作者,泰格(Teige)成为在布拉格的最激进团体的领导人。在早期立体主义的简短插曲之后,这个团体关注纯粹主义和诗意,以作为他们新的、更加严格的几何美学的一部分。第一批新现代风格建筑之一,是构成主义的布拉格的**贸易博览会大楼**(Trade Fair Building, Prague, 1924—1928, 见[1495]页图 A),它是奥尔德日赫·蒂尔(Oldrich Tyl, 1884—1939)的设计在竞赛中获胜的作品。奥尔德日赫·蒂尔于 1924 年与约瑟夫·福赫斯合作设计了该建筑的最后版本。这座七层建筑有两个稍微不对称的、由横向走廊连接的中央大厅。围绕着大厅,布置着带有办公室的展廊和一个餐厅。地下是库房和一个可容纳 800 人的电影院,并带有独立的入口。这是一座比较早期的、有瓷砖立面和连续窗的钢筋混凝土建筑。

第46章 东欧建筑

图A 布拉格的贸易博览会大楼(1924—1928),见[1494]页

图B 博胡斯拉夫·富赫斯设计的布尔诺"新住宅"(1928),见[1497]页

图C 扬·维舍克设计的布尔诺"新住宅"(1928),见[1497]页

第七编 20世纪建筑

图A （上图）特伦钦斯克-特普利采的马赫纳奇疗养院(1929—1932)，见[1497]页

图B （左图）巴黎世界博览会的捷克馆(1937)，见[1497]页

图C （右下图）魏斯娜女子学校(1928—1930，中)和布尔诺寄宿学校(1929—1930，右)，见[1497]页

第46章 东欧建筑

1927～1928年，当代文化展（Exhibitton of Contemporary Culture）在布尔诺举行。这件事刺激了现代建筑，由博胡斯拉夫·富赫斯（1895—1972）和卡米尔·罗斯科特（Kamil Roskot, 1892—1945）设计的一个全新的展馆区（exhibition area with pavilions）建成；随后，在1928年，有一小批模范公寓住宅（model apartment houses）建成。这些作品是从斯图加特的德国制造联盟魏森霍夫居住区（参见有关章节）获得灵感的。布尔诺的设计比斯图加特的居住区更加适度。这是由两位地方承包人私下发起，并无偿工作的结果。这组公寓被命名为"新住宅"（Nový dům）。由于没有建造地下室，技术设备和储藏室都布置在地面层上。起居空间占据两层，并有平台和平屋顶。基本房型趋向于为中等收入家庭而准备，并且要求建筑物有合理的一层平面、嵌入式家具和标准门窗。这个设计中的大部分公寓实际上用钢筋混凝土以及轻质空心混凝土块建造成。

博胡斯拉夫·富赫斯设计了一个有着竖向联系的楼梯间的三户住宅的街区（block of three flats, 见[1495]页图B），它的二层和三层容纳了有两间卧室的公寓，没有平台，但是三层有阳台。扬·维舍克（Jan Višek）设计的街区，包括两户带平台的公寓（two flats with a terrace, 见[1495]页图C）。在该方案中，沿建筑背后布置的楼梯间，给房间的排列以更大的自由。建筑的立面简洁，前面有柱，后面有悬挑的平台。传统的稍小的窗户是使用标准框架的结果。

魏斯娜女子学校（Vesna girls' school, 1928—1930）和布尔诺寄宿学校（boarding school, Brno, 1929—1930，见[1496]页图C），是原创的和先锋的设计。女子学校由博胡斯拉夫·富赫斯和约瑟夫·波拉塞克设计，寄宿学校由富赫斯独自设计。女子学校的建筑是一个正方形的钢筋混凝土框架体块，它的一边有一座体育馆。建筑的首层和二层的通纵向为教室，每一层还包括一间测验教室，可以由木隔断分隔开来。入口和楼梯井位于建筑的后部，在夏天可通过连续阳台到达教室。上层均匀布置的大窗与一层连续的玻璃幕墙产生了对比。寄宿学校是一座四层建筑，由一系列横向的墙构成。这些墙用不对称的立面加以表现，并有着深深缩进的玻璃阳台，通过透明创造了一种空间感。公共设施在第一层，宿舍房间和带屋顶平台的工作室单间公寓位于上部。

在布尔诺建起样板公寓的四年之后，一个被称为"巴巴"（Baba）的模范邻里（model neighbourhood, 1932—1934）在布拉格兴建。这个想法来自捷克工人联盟（Czech Workers Alliance（SVAZ Ceskoslovenskeho Dila）），但是工程的实现再次依赖于私人投资者。联盟的任何一位成员都可以把设计委托给加入组织的建筑师。因此，没有任何建筑宣言的、业主和建筑师之间通过传统方式的协商产生的住宅建筑事业出现了。整个工程包括坐落在一块斜坡基地上的排成四排的33座住宅。帕维尔·亚纳克（Pavel Janak）是这个城市的规划师。住宅规模从小型、中型住宅到大型别墅都有。由安东宁·海图姆（Antonin Heythum）和埃夫任·林哈特（Evzen Linhart, 1898—1949）设计的小型公寓住宅（apartment house），在底层和二层有两套相似的公寓。在它们之上是一个南向屋顶平台，北面第三层多出一个卧室。由拉吉斯拉夫·扎克（Ladislav Zak, 1900—1973）设计的独立式住宅（family house）在一层有一个单独的巨大起居室，上面有卧室和部分是屋顶的平台。它的正立面平坦简洁，有通长的窗，楼层的平面布局塑造出一种不寻常的三维结构的建筑形式。另一座住宅（house）由荷兰建筑师马特·斯塔姆（Mart Stam）设计，并在他缺席的情况下由帕利察（J. Palicka）主持建造。这是一座狭长的住宅，由柱子架在地面之上。二层伸出了建筑的整个长度，并且南面有阳台。斯塔姆宅（Stam's house）的分段和开窗法造成一种透明的印象，因此显得与众不同。

雅罗米尔·克赖察尔（Jaromir Krejcar, 1895—1949）设计的特伦钦斯克-特普利采的马赫纳奇疗养院（Machnáč Sanatorium, Trenčianské Teplice, 1929—1932，见[1496]页图A），是功能主义建筑的另一个优秀的例子。该建筑有着T型的一层平面：T型的横翼包含病房部分，而纵翼则容纳了公共设施。病房设计成套间，每一个套间有一个入口小厅、起居室和阳台。病房翼的主要立面由带阳台的窗形成了一种韵律，而其他的立面是平坦的连续窗，这是对早期瓦尔特·格罗皮乌斯事务所及大约同时代的包豪斯的国际式风格（例如格罗皮乌斯于1929～1930年，在柏林建造的西门子城住宅区）的整体缅怀。克赖察尔还负责设计了巴黎博览会的捷克馆（Czech Pavilion, Paris Exposition, 1937，见[1496]页图B）。

捷克斯洛伐克不断地吸引着现代建筑师和艺术家。它有一批建筑举世闻名，其中包括密斯·

1410

凡德罗(1886—1969)在欧洲的最后一项工程布尔诺的**图根德哈特宅**(Tugendhat House, Brno, 1928—1930, 见[1499]页图 A~图 D)、埃里希·门德尔松(Erich Mendelsohn,1887—1953)设计的俄斯特拉发的**巴赫尼克百货大楼**(Bachnek Store, Ostrava, 1933—1934)、阿道夫·卢斯(Adolf Loos, 1870—1933)设计的完全是立方体的布拉格的**米勒宅**(Müller House, Prague, 1928—1930, 见[1500]页图 A~图 C),以及一大批由贝伦斯(Behrens)、布罗伊尔(Breuer)、杜依克(Duiker)、奥德(Oud)和勒·柯布西耶设计的未建成的方案。现在是国家文物的图根德哈特宅坐落在一处险峻的斜坡地上。从一个朴实的半透明的单层沿街入口处的楼梯间,可以下到一个较低的开敞的矩形花园层。房间可以俯瞰花园,并装设了可以电动操纵降低嵌入楼板的玻璃墙。

在布拉迪斯拉发(Bratislava,今斯洛伐克首都)及其周围,坐落着博胡斯拉夫·富赫斯设计的许多建筑,包括**"绿色青蛙"露天游泳池**('The Green Frog' open-air pool, 1935—1937)和**摩拉瓦旅馆**(Hotel Morava, 1930—1933)。

继布拉格和布尔诺之后,现代主义的第三大重要中心是新兴的工业区摩拉维亚**兹林"花园城"**('garden city' of Zlin, Moravia),这是为巴塔(Bat'a)制鞋公司而设计的。科特拉在他去世前一直是该市的规划顾问,当他于 1923 年去世后,他的工作由学生弗朗齐歇克·加胡拉(Frantisek L. Gahura)接替。这座现代城市的住宅和工厂在全欧洲产生了影响,并被著名的当地现代建筑师所发展,例如曾为勒·柯布西耶和弗兰克·劳埃德·赖特工作过的弗拉迪米尔·卡尔菲克(Vladimir Karfik),以及安东宁·维塔克(Antonin Vitak)。勒·柯布西耶曾因参加 1935 年的一个住宅竞赛的评审团,而在这段时期内为该城市的规划提出过建议。

在 20 世纪 30 年代,众多突出的巴塔鞋店在全世界范围内兴建。其中最优美的一座是窄长的八层混凝土和玻璃的布拉格的**巴塔鞋店**(Bat'a Store, Prague, 1928—1929, 见[1501]页图 A、图 B),由路德维希·基塞拉(Ludvig Kysela, 1883—1960)设计。这座商店由于其凸出的一层高的霓虹灯轮廓文字和外部夜间照明而被广为宣传。

现代建筑的进展被第二次世界大战所打断,由于纳粹占领捷克斯洛伐克,许多建筑师离开了该国。这些人中包括阿尔诺什特(阿诺尔德)·魏斯纳(Arnost (Arnold) Weisner, 1890—1971),他是两次世界大战之间的一位成功的布尔诺建筑师,于 1939 年移民英格兰。他后来执教于利物浦大学,并于 1960 年在利物浦开设了事务所。他在布尔诺设计的建筑,包括卢斯式的**市火葬场**(Municipal Crematorium, 1925—1930)和**诺伊马克别墅**(Villa Neumark)、**阿斯别墅**(Villa Hasse)以及**斯佳斯尼别墅**(Villa Stiassny),它们都在 1928~1930 年建于布尔诺-皮萨基(Brno-Pisarky)。

第二次世界大战后,社会主义现实主义占据了主导,建筑也成了政治发展的必然结果。现代建筑师们,例如同样来自布尔诺的贝德日赫·罗泽纳尔(Bedrich Rozehnal, 1902—1984),因独立于政府之外工作而遭到迫害。如此教条主义的方式,在 20 世纪 50 年代后期被摒弃。从那时起,捷克斯洛伐克的建筑像其他东欧国家一样,开始沿着和欧洲其他国家类似的道路发展。

布拉格的**新国会大厦**(Parliament Building Extension, Prague, 1967—1969)是随后的年代里,捷克斯洛伐克建造的更加不寻常的建筑之一。这是一个由阿尔布雷赫特(Albrecht)、卡德扎贝克(Kaderabek)和普拉格尔(Prager)组成的 GAMA 工作室在竞赛中获胜的作品。它的设计条件之一就是旧建筑的正立面必须被保留,而与之相邻的**国家博物馆**(National Museum)也限制着新建建筑的高度。扩建部分的平面是一个 50m×80m(164ft×262ft)的两层高的矩形。它建在旧建筑的上面,并由架在四个 24m(79ft)高的支架上的钢空腹梁所支撑。扩建部分有一个巨大的庭院。正立面以玻璃为主,结合了花岗岩和大理石表面。在临近 1989 年的那几年里,其他值得注意的建筑包括富有创造力的低技术的朗德奈斯拉齐塞的**雷加塔体育场**(Regatta Stadium, Racice, Roudnice, 1987),由托马斯·库利克(Tomas Kulik, 1954—)、扬·劳达(Jan Louda, 1949—)和兹比谢克·斯季布洛(Zbysek Styblo, 1952—)设计;沃利内的**露天学校**(Outdoor School, Volyne, 1989),由拉吉斯拉夫·科诺普卡(Ladislav Konopka, 1933—)设计;还有精心布局的布拉格的**斯坦维斯岛国家网球场**(National Tennis Courts, Stanvice Island, Prague)和它的巨大的中央看台(Central Tennis Grandstand, 1989),由卡莱斯(J. Kales, 1934—)和诺瓦特娜(J. Novotna, 1940—)设计。

1989 年后,在捷克共和国,尤其是在布拉格,共产主义的退出和民主原则的回归,为本地

第46章 东欧建筑

图A （上图）布尔诺的图根德哈特宅（1928—1930），见[1498]页

图B （右图）图根德哈特宅室内

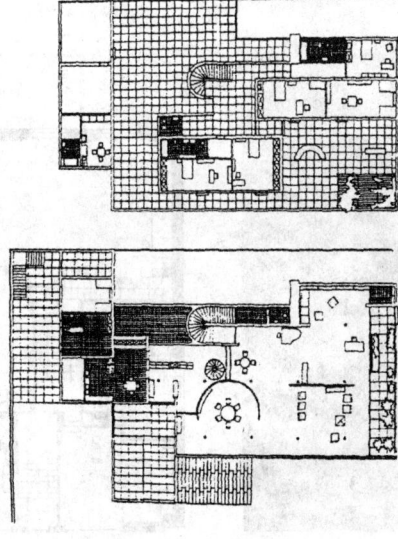

图C 图根德哈特宅：底层平面图（上图）和屋顶平台平面图（下图）

图D 图根德哈特宅楼梯间

第七编 20世纪建筑

图A 布拉格的米勒宅(1928—1930),见[1498]页

图B 米勒宅二层接待室

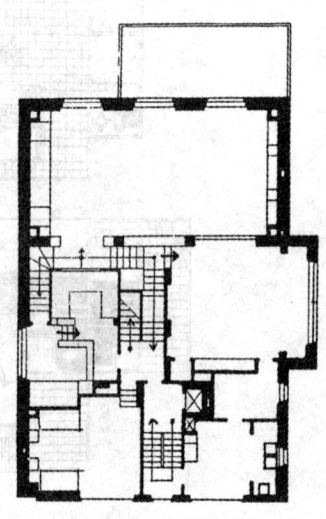

图C 米勒宅二层平面图

第46章 东欧建筑

图 A 布拉格的巴塔鞋店(1928—1929)，见[1498]页

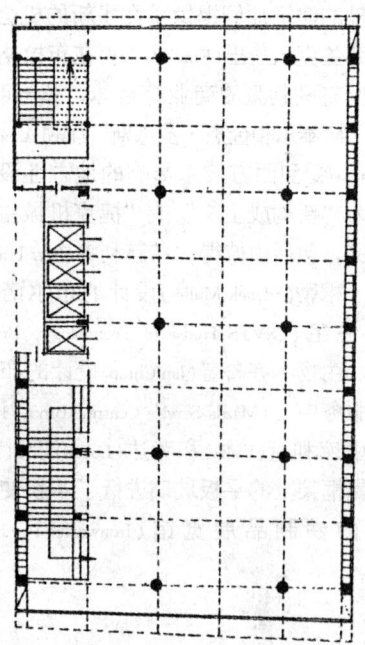

图 B 巴塔鞋店平面图

图 C 布达佩斯的莫尔纳别墅(1932)，见[1505]页

和海外的建筑师们提供了许多新的机会。美国建筑师弗兰克·盖里(Frank Gehry)在布拉格河畔建造了一座充满刺激的商业综合体,绰号叫做"**弗雷德·阿斯泰尔和金杰·罗杰斯**"(Fred Astaire and Ginger Rogers)。受到西方技术影响的地方性设计,以及被称为"新构成主义"或"捷克机械主义"的建筑实例,包括由彼得·乌赫利希(Petr Uhlig)和兹德涅克·穆勒(Zdenek Muller)设计的布尔诺的**CSVTS技术住宅**(CSVTS House of Technology, Brno, 1987—1991)、由扬·齐鲁普(Jan Chlup)设计的布尔诺的**马自达服务中心**(Mazda Service Centre, Brno, 1993—1994)以及由库利克(Kulik)和劳达(Louda)设计的对安装在金属框架上的平板玻璃进行了革新使用的特日内茨的**铁制品展览馆**(Ironworks Pavilion, Trinec, 1992)。

匈牙利

匈牙利在1867年与奥地利妥协之后,发展迅速。由费伦茨·迪克(Ferenc Deak)签署的协议使专制主义的奥地利帝国和匈牙利一起成为二元君主国。在那一年,弗兰西斯·约瑟夫一世的加冕典礼在布达(Buda)举行,而布达佩斯城(Budapest;由布达(Buda)、佩斯(Pest)和老布达(Obuda)组成)作为哈布斯堡王朝的第二首都繁荣起来。在世纪之交,布达佩斯城已成为最新的欧洲大都市,它在建筑上的雄心受到维也纳、巴黎和柏林的强烈影响。由分离派设计的、用以反对更盛行的地方民族纪念主义的建筑物的例子(例如,1885年由伊格纳茨·奥尔帕尔(Ignac Alpar)设计的证券交易所(Stock Exchange)和1885~1905年由伊姆雷·斯泰因德尔(Imre Steindl)设计的新哥特式的国会大厦(Parliament Building)),在城市中心建造起来。

由奎特纳(Quittner)和瓦戈(Vago,约1907—)设计的佩斯的**格雷沙姆保险公司大楼**(Gresham Insurance Company building, Pest),完成得比厄登·莱希纳(Odön Lechner, 1845—1914)的先锋匈牙利民族主义建筑要晚几年。莱希纳决意要创造一种地方性的"匈牙利风格"建筑,因此不能仅仅把他看做一个分离主义者。莱希纳宣称"匈牙利样式过去不存在,如今它将产生了。"他所设计的**邮政储蓄银行**(Post Office Savings Bank, 今为办公楼, 1889—1902)、**地质研究所大楼**(Geological Institute, 1897—1899)和**实用艺术博物馆**(Museum of Applied Arts, 1891—1896),结合了不寻常的装饰元素,用以强调国家的东方渊源,并且用当地无孔的和抗霜冻的磨光锡釉陶瓷贴面完成。

在下一个10年到来之际,一种更加"现代"的匈牙利建筑,通过包括天才艺术家及怪才设计师卡罗伊·科什(Károly Kós, 1883—1977)和贝洛·洛伊陶(Béla Lajta, 1875—1920)在内的不同建筑师的作品,在短期内风行起来。德奈什·哲尔杰伊(Dénes Györgyi, 1886—1961)是莱希纳的最重要的学生之一,他于1911年设计了造型独特的都灵**国际博览会匈牙利馆**(Hungarian Pavilion at the International Expo, Turin),此外还设计了布达佩斯的一些商业建筑。此后,哲尔杰以布达佩斯**汉维德大街公寓**(flats on Hanved street, Budapest, 1931)和**布鲁塞尔博览会匈牙利馆**(Hungarian Pavilion, Brussels, 1935)等设计,转向一种荷兰现代主义运动。另一位莱希纳的学生是阿拉达尔·阿尔考伊(Aladár Arkay, 1868—1932),他的作品显示出弗兰克·劳埃德·赖特的明显影响。

卡罗伊·科什(Károly kós, 1883—1977)设计的宰贝根尼的**罗马天主教堂**(Roman Catholic Church, Zebegeny, 1908—1909)及各种住宅,表现出对于英国工艺美术传统的情结。在一段时间内,科什与北方重要的格德勒的**匈牙利艺术家聚集地**(Hungarian Artists' Colony, Gödöllö)的创始人阿拉达尔·克勒斯福伊-克里施(Aladár Korosfoi-Kriesch, 1863—1920)一起工作。该团体强调创造性和乡村生活,并帮助普及本国艺术和工艺。布达佩斯的**阿拉科特馆**(Alatkert Pavlilion, Budapest, 1909—1910)是一个清新机巧的方案,它有一个伸长的不对称平面和一个像巫婆帽子的屋顶。

在第一次世界大战期间,最著名的两位匈牙利现代主义者是设计师兼艺术家拉兹洛·莫霍伊-纳吉(Laszlo Moholy-Nagy, 1895—1946)和建筑师马塞尔·布罗伊尔(Marcel Breuer, 1902—1981),他们通过德国包豪斯和他们自己后来在英格兰和美国的职业生涯而引起了国际性的关注。在第一次世界大战期间,出版了期刊《现代艺术》(MA)的活跃的匈牙利现代主义者团体(主要是作家和绘画艺术家),在1918~1919年的匈牙利政治失败以后被迫移居海外。《现代艺术》刊登有泰奥·范杜斯堡(Theo van Doesburg, 1883—1931)、雅各布斯·约翰内斯·彼得·奥德(Jacobus Johannes Pieter Oud, 1890—1963)和弗

第46章 东欧建筑

图 A 佩斯图赫里疗养院(1936)，见[1505]页

图 B 布达佩斯焦帕尔旅馆(1941)，见[1505]页

第七编　20世纪建筑

图 B　希奥佛克的路德宗教会教堂（1986—1989），见[1505]页

图 C　塞维利亚1992年世界博览会匈牙利馆，见[1505]页

图 A　帕克斯罗马天主教堂(1989)，见[1505]页

第46章 东欧建筑

拉基米尔·塔特林(Vladimir Tatlin, 1885—1953)的作品。

同样在包豪斯学习过的法尔卡斯·莫尔纳(Farkas Molnár, 1897—1945)成为地方现代主义者的领袖。他早期的未建成方案——**红方块住宅**(Red Cubist House, 1923),其平面几乎是一个正方形,底层有半圆形凸出,二层和顶层均有屋顶平台,并与一部室外楼梯相连。角和圆形之间的对比、体量的布局以及精美但却生硬的细节设计在莫尔纳的方案中都出现过,例如布达佩斯的**莱赫托-乌同的别墅群**(参见[1501]页图 C)❶、**上格德尼亚拉罗的平房**(bungalow at Nyaralo, Felsogod, 1933),它们像拜尔陶隆·阿尔考伊(Bertalan Arkay)所设计的钢筋混凝土建筑**布达佩斯-瓦沃斯-梅杰天主教堂**(Catholic Church in Budapest-Vavos-Major)一样,都具有 20 世纪 30 年代主义早期现代运动建筑的特点。

莫尔纳也和约瑟夫·菲舍尔(József Fischer, 1901—1995)一起合作过。他们设计的**佩斯图赫里疗养院**(Sanatorium, Pestujhely, 1936,见[1503]页图 A)是坐落在斜坡地上的三层建筑。疗养院的立面光秃雪白,并以几排连续窗划分为五跨;承重墙承载着钢筋混凝土楼板和屋顶。约瑟夫·菲舍尔还设计了布达佩斯**焦帕尔旅馆**(Gyopár Hotel, Budapest, 1941,见[1503]页图 B)。比较这两座建筑可以说明设计观点在几年之内的变化。这座三层的旅馆是一个弯曲的、被分为几部分的体块,它的每一个房间拥有一个带转角的阳台。这个建筑是用一种富有表现力的方式来使用对比材料的尝试。

20 世纪 40 年代早期,先锋建筑逐渐烟消云散。一些像尚多尔·博特尼克(Sandor Botnyik)那样的艺术家们,开始提倡一种社会主义现实主义的抒情形式。逐渐地,一些建筑同事追随了他。在第二次世界大战期间完成的设计一些重要的、有时是大型的作品,例如布达佩斯的**施图默尔巧克力厂**(Stummer Chocolate Factory, Budapest, 1943),由欧尔焦依家的双胞胎阿拉达尔·欧尔焦伊(Aladár Olgyay, 1910—1964)和维克多·欧尔焦伊(Victor Olgyay, 1910—1970)设计,他们以作品对气候的控制而在战后时期的美国取得了成功。

作为 1956 年 10 月匈牙利起义被苏联镇压的直接后果,20 世纪 60 年代的匈牙利发生了巨大的变化。在高压的卡达尔(Kádár)政府统治下,布达佩斯的一部分,如城堡山(Castle Hill),被逐渐地更新了。大部分主要的历史纪念物被修复,包括由美国资助重建的**伊丽莎白大桥**(Elizabeth Bridge)。政治上的政策被部分地引入,用以安抚那些反对城市衰败状况的人们。这些政策同时也是使国家现代化和吸引国外投资的一种尝试。直到 20 世纪 80 年代,国家对建筑、艺术和设计的影响力才逐渐放松。

在 20 世纪 70 年代早期,由哲尔吉·切泰(György Csete, 1937—)领导的佩奇集团(Pécs Group)试图重新创造一种本国的建筑。受到贝洛·巴尔托克❷和卡罗伊·科什的启发,他们称自己的建筑是"有机的"。该集团创作的**保克什公寓楼**(Apartment Blocks, Paks, 1975),因使用了肤浅的装饰而遭到谴责,然而却引发了一场有关新建住宅的质量、"活着"的问题,以及受弗兰克·劳埃德·赖特和鲁道夫·斯坦纳(Rudolf Streiner, 1861—1925)的思想启发的自然或有机建筑问题的全国性讨论。直到 1984 年,由伊姆雷·毛科维茨(Imre Makovecz, 1935—)设计的花树状的**沙罗什保陶克文化中心** (Cultural Centre, Sárospatak)才像他设计的众多其他作品那样,获得了国际性的认可。在毛科维茨最著名的作品中,有传统的希奥佛克的**路德宗教会教堂**(Lutheran Church, Siofok, 1986—1989,见[1504]页图 B)和幽暗得难以名状的**帕克斯罗马天主教堂**(Roman Catholic Church, Paks, 1989,见[1504]页图 A)。西班牙塞维利亚**1992 年世界博览会匈牙利馆**(Hungarian Pavilion at the 1992 Expo, Seville, Spain,见[1504]页图 C)通过对山村钟塔的阐释和从橡树的根、枝获得灵感的内部构成,扩展了毛科维茨的有机语汇。这个馆的设计,在国际上确立了他作为新匈牙利有机建筑运动领导者的地位。

伊姆雷·毛科维茨的有力的富创造性的作品、马科纳(Makona)的集体实践以及"有机"事务所的合作网络,在匈牙利的西南和东北都能被找到,唯独在世界性的布达佩斯一片空白。后现代主义、新功能主义以及 20 世纪 90 年代早期其他方向特

---

❶ the villas at Lejto Uton,Budapest,1932 年;此处图为布达佩斯的莫尔纳别墅,疑原书有误。——编者注
❷ Béla Bartók,1881~1945 年;匈牙利作曲家、钢琴家、民族音乐学家和教师。——译者注

图 A 弗罗茨瓦夫百年大厅(1912—1913)，见[1507]页

图 B 华沙三户型行列式住宅(1928—1929)，见[1508]页

征的国际模式和工业美学，在新的政治形势下迅速浮现。多瑙河沿岸的大规模的"国际"旅馆，使得布达佩斯看起来和任何其他欧洲国家的首都一样。最好的实例是深色的**广场酒店**(Forum Hotel, 1979—1981)，由约瑟夫·芬陶(József Finta)和其他人在 1970 年作为"多瑙河之窗"(a window to the Danube)构思的。更具挑战性却很少被人记住的是**希尔顿酒店**(Hilton Hotel)，它坐落在城堡山(Castle Hill)的峰顶上，包括 1250 年建造的多明我会隐修院的一部分。芬陶设计的**新国际贸易中心**(new International Trade Centre, 1989)占据着圣司提反巴西利卡教堂(S. Stephen's Basilica, 1851—1905)附近的显要地段。

波兰

在凡尔赛条约签署之后，现代波兰于 1919 年成立。但由于屈服于强大的外国势力的压力——首先是来自于德国，其次是来自于苏联——它的边界发生了重大的改变。这种政治控制带来了对文化的影响，至少现在能在波兰看到一些多样化的 20 世纪建筑。

前德国地区，即如今的西部波兰，在 20 世纪早期形成某些现代建筑中最重要的发展。在弗罗茨瓦夫(Wroclaw，以前称布雷斯劳(Breslau))，建筑师汉斯·珀尔齐希(Hans Poelzig, 1869—1936)、马克斯·贝格(Max Berg, 1870—1947)和汉斯·夏隆(Hans Scharoun)(1893—1972)的作品具有特别的意义。贝格是城市建筑师，他设计了引人入胜和富于创新的**百年大厅**(Jahrhunderthalle, 1912—1913, 见[1506]页图 A)和为城市百年展(the City's Centennial Exposition)设计的其他建筑。宏伟的纪念堂直到 1925 年才完工，它是由贝格和珀尔齐希为一个更大的展览会设计的。这是当时世界上建造的最大的钢筋混凝土建筑，它巨大的穹顶从十字形平面升起，有着引人注目的拱肋和一个比罗马圣彼得大教堂还大的圆屋顶。

1899~1916 年，珀尔齐希在当地有一家事务所，并在 1903~1916 年，任当地的学院负责人。他建造了著名的曲线状的办公建筑**斯坦纳父子公司大楼**(Steiner and Son, 1911)。这个大楼影响了后来在德国的门德尔松设计的商店建筑。由德意志制作联盟赞助的在弗罗茨瓦夫建造的住宅区，是现代主义运动标志的遗存。然而，珀尔齐希设计的非凡的**波兹南水塔**(Water Tower, Poznan, 前波森(Posen), 1911)，是最好地展现了他富于创造性和个人主义的表现主义建筑。这个建筑具有多种用途，包括展览大厅、餐厅以及水店，它被理解为是"总体艺术作品"(Gesamtkunstwerk)的图腾。在 1925~1932 年，汉斯·夏隆是弗罗茨瓦夫工艺美术学院(the Akademie fur Kunst und Kunstgewerbe)的教授，他设计了优秀的制造联盟展览会的**公寓街区**(Apartment Block for the Werkbund Exhibition, 1929)。

由弗朗兹·施韦希顿(Franz Schwechten, 1841—1924)设计的波兹南**"帝王之家"**('Kaiserhaus', Poznan, 1905—1910)是一个巨大的建筑物，它曾是威廉二世皇帝视察普鲁士地区首都波森时的行宫。这是新罗马风最大的建筑物之一。对威廉时期的德国来说，这个建筑与德国的权力联系在一起，并且也是与 1200 年左右的霍恩施陶芬(Hohenstaufen)王朝联系在一起的。它现在被当做了博物馆。

1900 年左右，在波兰的青年风格建筑中，有以下建筑表明阐释基础是如何多样变化的：弗朗齐歇克·马琴斯基(Franciszek Maczynski)和塔德乌什·斯特莱雷耶茨基(Tadeusz Stryjenshi)设计的克拉科夫**星光剧院**(The Stary Theatre, Krakow, 1903—1906)、霍里奇(J. Heurich)设计的华沙合作银行(The Cooperative Bank, Warsaw, 1912)、切斯瓦夫·普日贝尔斯基(Czeslaw Przybylski)设计的华沙的**波兰剧院**(The Polski Theatre, Warsaw, 1912)。

1919 年后，在华沙理工大学建筑系接受了专业培训的第一代战后建筑师成为波兰建筑的主导。然而，资深的、受过古典训练的那一代建筑师，对在战争之间出现的新古典风格的多种建筑负有责任。由兹齐德拉夫·马琴斯基(Zdzislaw Maczenski)设计的华沙的**教育部大楼**(The Ministry of Education, Warsaw, 1927—1930)是纪念性古典主义建筑一个很好的例子，而由扬·维蒂维茨(Jan Withiewicz)设计的华沙**国家图书馆**(Narodowa library, Warsaw, 1926)，则反映了更现代的光秃的古典传统。其他新古典主义版本的代表有克拉科夫**国家博物馆**(Naradowa Museum, Krakow, 1936—1939)，由博莱斯瓦夫·施密特(Boleslaw Szmidt)、雅努什·尤拉什琴斯基(Janusz Juraszynski)和尤利乌什·杜姆尼斯基(Juliusz Dumnicki)设计；此外，还有华沙**萨朵夫法院大厦**(Gmnach Sadow, Warsaw, 1935—1939)，由博赫丹·普列弗斯基(Bohdan Priewski)设计。

1919年之后,华沙自身又重新开始担任首都的角色。这个城市相对小些,但是大肆张扬的、先锋激进的现代团体很快成长起来。在20世纪20年代中期,构成主义、装饰艺术派、荷兰风格派作品以及包豪斯都有其特殊的吸引力,建筑师的设计方案无疑会被这些因素影响。约瑟夫·柴可夫斯基(Jozef Czajkowski)设计的**1925年巴黎世界博览会波兰馆**(Polish Pavilion at the 1925 Paris World Exposition)有着丰富的装饰,外立面都覆以玻璃,它是与当时的国际装饰艺术派趋势建立联系的一个典型实例。柴可夫斯基的现代主义的**华沙住宅**(Warsaw House, 1932),明显取法于20世纪20年代中期以德绍包豪斯的瓦尔特·格罗皮乌斯为代表的大师们设计的住宅。

一个更有特色的现代当地的和固有的传统在缓慢地发展着。最初,这一传统主要来自于分布在华沙的各种不同的综合性艺术团体,以及华沙理工大学建筑系的毕业生和在校学生,他们分享着"当代"集团('Preasens' Group)和坚定的现代主义者例如博赫丹·拉赫特(Bohdan Lachert, 1900—1987)、海伦娜·瑟尔库斯(Helena Syrkus, 1900—1982)和希蒙·瑟尔库斯(Szymon Syrkus, 1893—1967)、约瑟夫·萨瑙伊卡(Josef Szanajca)和芭芭拉·布鲁卡尔斯卡(Barbara Brukalska, 1899—1980)及斯坦尼斯拉夫·布鲁卡尔斯基(Stanislaw Brukalski, 1894—1967)等人的雄心。

"当代"集团在波兰现代建筑的发展中扮演了先驱的角色,其成员的作品包括**华沙三户型行列式住宅**(Three-family Terrace House, Warsaw, 1928—1929, 见[1506]页图B),由博赫丹·拉赫特和约瑟夫·萨瑙伊卡设计。该建筑是一个三层高的矩形体块,每个单元都有2个开间的、7m(23ft)宽的临街面。对勒·柯布西耶的"新建筑五点"最坚定的应用,可以在尤利乌什·佐拉乌斯库(Juliusz Zorawsku)设计的**华沙普日亚索尔大道3号住宅**(3 Przyjaciol Avenue, Warsaw, 1938)和**华沙米凯维奇大街34/6号住宅**(34/6 Mickiewicza Street, Warsaw, 1937—1939)中找到。

海伦娜和希蒙·瑟尔库斯早期的作品实例是**华沙疗养院**(Sanatorium, Warsaw, 1931, 见[1509]页图A)。这是一个单层钢框架建筑。他们在战后时期最著名的设计方案是为华沙科洛的**华沙联合住宅区**(Warsaw Housing Cooperative, Kolo, Warsaw, 1947—1952)进行的住宅开发。

从1927年开始,希蒙·瑟尔库斯和约瑟夫·萨瑙伊卡与勒·柯布西耶建立了联系。最终,波兰的团队在CIAM中奠定了重要的代表地位。它的成员参加了所有的主要会议,并在1929年于美因河畔法兰克福召开的第二届CIAM会议上,展示了由布鲁卡尔斯基(Brukaski)和兹博罗夫斯基(Zborowski)设计的**佐利波兹WSM住宅区**(Zoliborz WSM Estate)。

CIAM的影响,特别是勒·柯布西耶的影响,可以在波兰的众多本土委托项目中看出来,包括由拉赫特和萨瑙伊卡设计的**卡托维茨卡街9-10号别墅**(villa at No. 9-10 Katowicka Street, Warsaw, 1928)、由瑟尔库斯设计康斯坦辛的**乌兹德罗维斯科瓦街5号别墅**(No. 5 Uzdrowiskowa Street, Konstancin, 1932)、**华沙瓦莱钦尼赫12号别墅**(No. 12 Walecznych, Warsaw, 1900),以及布鲁卡尔斯基自己的**涅戈勒维斯戈大街8号别墅**(villa at No. 8 Niegolewskiego Street, Warsaw, 1927—1929)。

曾在莫斯科接受建筑教育的建筑师埃德加·诺沃蒂(Edgar Norwerth)设计的、给人印象深刻的**华沙中央体育教育研究院**(Central Institute of Physical Education, Warsaw, 1928—1929),更是带有古典痕迹的地方纪念性的现代主义优秀实例。这座建筑将简化的俄罗斯古典主义与构成主义元素创造性地结合在一起。公共建筑设计中类似的独创性,可以在**华沙商业学院图书馆**(College of Commerce Library, Warsaw, 1928—1930, 见[1509]页图B)中看到。图书馆由扬·柯希吉克-维特基维茨(Jan Koszczyc-Witkiewicz)设计,但这次设计了一系列完美结合的大玻璃立面和一个巨大的金字塔形的阅览室。约瑟夫·皮乌斯·杰康斯基(Jósef Pius Dziekonski)和其他建筑师设计的华沙的**帕拉费阿尔耐·兹巴维契拉教堂**(Kósciól Parafialny Zbawiciela, Warsaw, 1910—1911),是华沙这部分规则布局街区中重要的地标性建筑。它在平面及装饰中融合了波兰中世纪和文艺复兴时期的巴洛克元素。

由奥斯卡·索斯诺夫斯基(Oskar Sosnowski, 1880—1939)设计的华沙帕拉费阿·杰可伯教区的**尼尔伯库拉尼戈·伯契齐亚教堂**(Kósciól Niepokolanego Poczecia NMP, Parafia S. W. Jakuba, Warsaw, 1909—1923),是两次世界大战之间最杰出的设计师之一的早期作品。这个教堂将外部的原始粗糙的砖工——通常和原始的早期波兰罗马风有关——与复杂的巴洛克内部空间结合了起来。

第46章 东欧建筑

图 A 华沙疗养院(1931),见[1508]页

图 B （左图）华沙商业学院图书馆 (1928—1930)，见[1508]页

图 C （右下图）克拉科夫的弟兄复活神学院(1984—1993)，见[1511]页

纳粹入侵波兰之后，杰出的波兰人大批迁离并前往伦敦建立了临时政府，在利物浦大学(后来迁到伦敦大学)创立了一所波兰建筑学院。该学院由它的第一任领导者博莱斯瓦夫·施密特(Boleslaw Szmidt, 1908—1995)创建。他是战前波兰一名卓越的建筑师，负责建造了华沙的马尔沙科夫斯卡街PKO银行(PKO Bank on Marszalkowska Street, Warsaw, 约1934年, 现已毁)。这个学院为波兰战后的建筑思潮作出了重要的贡献，特别是在住宅方面。奥斯卡·汉森(Oskar Hansen, 1922—)是小组十成员之一，他建造了卢布林的斯洛瓦兹基住宅区(housing estates in Slovacki, Lublin, 1960—1962)，并与当时的英国建筑师拥有一些共同目标。

第二次世界大战后的波兰全国——特别是在华沙、格但斯克(Gdansk)、弗罗茨瓦夫、克拉科夫和波兹南这些历史中心城市——修复老建筑、甚至按照历史路线修复整个环境所进行的共同努力得到实现。这些修复遵行了为严谨保护旧物而进行的学术调查和重建原则，采取旧形式但具有新用途的新建筑则被安插到了城市中心区。

第二次世界大战后国家最重要的举措是对华沙旧城(Old Town of Warsaw)的重建。从社会的、心理的、象征的以及实践的观点来看，这种重建使国家团结起来。这项工作从1948年开始。市场区(The Market Place)地带于1953年7月在米耶基斯罗夫·库兹马(Mieczyslaw Kuzma)的指导下完工。在许多为市政府工作的当地建筑师和规划师的帮助下，详细的旧城修复于1957年完成。幸运的是，老城在战前由建筑系的学生进行过有效的测绘，因此将那些在1944～1945年被纳粹完全摧毁的区域里幸存建筑底层平面轮廓与这些资料联系起来是可能的。

在战后不久的时期，华沙的一个壮观然而却不流行的作品，是由苏联建筑师设计的斯大林主义的不受欢迎的巨大"礼物"——"人民文化宫"('Peoples Palace of Culture')。现代主义的建筑师和规划师在1958年的一项国内设计竞赛中，努力通过在马尔沙科夫斯卡街东区(Marszalkowska Street)建造的店铺、公寓和办公楼这些大型新开发项目(始于1962年)来遮挡"文化宫"在大片城市区域中对视觉的控制。兹比格涅夫·卡尔平斯基(Zbigniew Karpinski, 1906—1983)和一个致力于促进现代设计(基于西方的先例)小组，通过设计实验性住房和公寓装修赢得了这个竞赛。

在1955年之后，由于苏维埃政党代表大会的指示，整个共产主义阵营开始把重点放在工业化和机械化建设上。赫鲁晓夫在指示中提出，学院的、情感化的和装饰的建筑类型，应该被一种以科学方法为基础的建筑所代替。在苏维埃世界，这不可避免地意味着在街区之间散布着厚重的如锯齿般地排列的混凝土工业化单元，并且几乎没什么景观可言。这样的开发项目(例如，在华沙由沃齐米日·米尼奇(Wlodzimierz Minich)和伊雷娜·斯托拉斯卡(Irena Stolarska)设计的斯伍契维兹住宅区(Sluzewiec)和由哈利娜·斯基布涅夫斯卡(Halina Skibniewska)设计的萨丹·齐尔列伯尔斯基住宅区(Housing estate, Sady Zoliborskie, 1958—1962))，因为缺乏人性、树木和都市气氛以及其粗糙的规划和非人性化的尺度，很快就受到了波兰建筑师强烈的抨击。在20世纪70年代后期，波兰人称它们为"缺乏社会经济和空间观念"的开发项目。

战后，交通建筑的复兴更为成功(例如由耶日·索尔坦(Jerzy Soltan)和兹比格涅夫·伊赫纳托维奇(Zbigniew Ihnatowicz)设计的华沙城市地铁站(Warsaw City Underground Station, 1963))。

由建筑师兼规划师塔德乌什·舒梅莱维奇(Tadeusz Szumielewicz)和他的小组为华沙集团准备的新开发计划华沙佛伊佛得歇普市政大楼(Warsaw Metropolitan Voivodship, 1978)，试图在国家范围内为地方政府提供一个基本模式。这一计划与成长中的团结运动对于自由和自治的革命要求相一致。在"团结工会"(Solidarnosc)之中，激进的建筑师需要一种声音来清晰地表明他们对社区建筑和居民区以及生态和绿色政治的兴趣(在波兰，这是不允许的)。这些激进的观点逐渐获得了更宽松的平台，波兰建筑师也开始接受后现代主义(在1980年之后才逐渐被领会)和地方现代主义观点。在"团结工会"的激发下，这些开发项目主要通过在全国各地建造的大量教会建筑，为个体设计者的建筑师带来了更大的创作自由。多少有些自相矛盾的是，教堂竟代表了当代建筑最令人感兴趣的趋势。毕竟，它们不受技术规范或官僚程序的限制。

这些新教堂展现了令人困惑的原创概念和多种风格的融合。这些教堂的名单很长，范围从安德烈·法扬(Andrej Fajan)设计的巨型结构般的卡利什教堂(church, Kalisz, 1957—1990)，沃伊切赫·皮耶奇克(Wojciech Pietrzyk)和扬·格拉巴基(Jan Grabaki)设计的屋顶突出的**新胡塔-比恩吉希教堂**(church at Nowa Huta-Bienczyce, 1967—1977)，斯坦尼斯瓦夫·涅姆奇克(Stanislaw Niemczyk, 1943—)设计的像宫殿一样的**新蒂黑教堂**(church in Nowe Tychy)，以及带领人们进入后现代主义记忆碎片的奇异旅程的一些教堂，例如达留什·科兹洛夫斯基(Dariusz Kozlowski, 1924—)和瓦茨瓦夫·斯特凡斯基(Waclaw Stefanski, 1920—)设计的克拉科夫的**弟兄复活神学院**(Seminary of the Resurrection Brothers, Krakow, 1984—1993, 见[1509]页图C)，该教堂巧妙布置了庭院的立面。这个名单里的其他教堂包括由塔德乌什·加沃夫斯基(Tadeusz Gawlowski)和扬·格拉巴基(Jan Grabacki)设计的**鲁迪·莱齐教堂**(the church in Rudi Rysie, 1965)，罗埃格勒(R. Loegler)和切凯(J. Czekaj)设计的**克拉科夫教堂**(the church in Krakow, 1978—1988)，塔德乌什·加沃夫斯基(T. Gawlowski)设计的扎克帕内的**奥罗扎教堂**(the church in Oloza, Zakopane, 1985)，布什凯维奇(J. Buszkiewicz)和科佩德沃夫斯基(J. Kopydlowski)设计的**波兹南-维诺格拉德教堂**(Poznan-Winogrady, 1979—1995)以及由艾布尔和艾尔(B. and M. Eibl)、索尔里(S. Solry)、皮耶考夫斯基(W. Pienkowski)设计的**波兹南-拉塔耶教堂**(the church in Poznan-Rataje, 1979—1985)。

在1989年共产主义消退之前，其他有价值的方案开始实施，包括由塞姆卡(R. Semka)、什切潘·鲍姆(Szczepan Baum)以及其他合作者所做的埃尔布隆格旧城修复(Elblag, 始于1980年)，由雅努什·因加尔顿(Janusz Ingarden)设计的用于商业兼旅游的**克拉科夫广场酒店**(Forum Hotel, Krakow, 1988)。紧接在1989年之后，令人感兴趣的建筑包括由韦尔德(R. Welder)和卡尔波维兹(M. Karpowicz)设计的**华沙中心广场**(Centre Plaza, Warsaw)，由特里泽尼希(N. Triessnig)和K.皮科蒂尼(K. Picotini)设计的**华沙索别斯基酒店**(the Sobieski Hotel, Warsaw)，以及**华沙新国际机场二号航站楼**(Airport Terminal Two, Warsaw)，这些项目都在1992年完工。

保加利亚

保加利亚在1978年的独立，刺激了对表现民族的或者理想意义上的民族特征的建筑形式的探索。这种探索有助于体现新国家鲜明而又稳固的特征。这种探索的产物以当代欧洲常见的、折中的装饰建筑类型的结合为特点。特别是那些深受新艺术运动影响的国家，在其固有传统的鼓舞下，建筑运用多种颜色的陶瓷片立面、大跨度的木屋顶以及其他细部、形式和材料。

在具有深层多元文化的索非亚(Sofia)，早期民族风格范围内的发展与探索，包括从佩特科·莫姆奇洛夫(Petko Momchilov)和约尔丹·米拉诺夫(Jordan Milanov)设计的新拜占庭或所谓"正统"形式的**神圣教会教堂**(Church of the holy synod, 1910)，莫姆希洛夫(Memchilov)表达清晰的新拜占庭式**公共矿泉浴室**(Public Mineral Baths, 1910—1911)，到托尔波夫(N. Torbov)运用工业化工程却依然富有装饰性的**室内市场**(Covered Market, 1910)，以及科斯托夫(N. Kostov)和马里奇科夫(K. Marichkov)近乎伊斯兰屋顶形状的**布尔加斯火车站**(Railway Station, Burgas, 1906)。然而，最耀眼的、理所当然最具有建筑上的一致性并代表民族主义正统的典型实例，是宏大的**圣亚历山大·内伏斯基大教堂**(Cathedral of S. Alexander Nevsky, 1904—1912)。在博戈米洛夫(Bogomilov)去世之后，由波梅兰茨耶夫(N. Pomerantzev)设计了这个教堂。

从折中的新艺术装饰处理，到更严谨的现代古典主义的过渡性实例，以坎塔尔吉耶夫(P. Kantardzhiev)设计的索非亚的**奥德翁酒店**(Odeon Hotel, Sofia, 1923)为代表。坎塔尔吉耶夫做的主要方案——瓦尔纳**儿童康复中心**(Children's Rehabilitation Centre, Varna, 1935)，尽管平面对称，却完全是苏联构成主义手法的现代尝试。

在战争时期，国际现代主义对保加利亚的建筑观念产生了重大的影响。格奥尔基·奥夫恰洛夫(Georgi Ovcharov)设计的布尔加斯**市政大楼**(Municipal Building, Burgas, 1927—1949)是一个带有玻璃顶中庭的六层立方体建筑，它的室外和室内均以伸长的柱子来反映这座理性建筑的古典起源。

但是，当勒·柯布西耶的思想支配了其他巴尔干国家的现代主义观点时，埃里希·门德尔松(Erich Mendelson, 1887—1953)却对保加利亚产生了更为重要的影响。虽然他在这个国家从未建成过作品，但大量运用门德尔松语汇的纪念性建筑却在保加利亚，主要是索非亚，得到了实现。这些建筑包括康斯坦丁·格切夫(Konstantine Gechev)和彼得·卡拉希苗诺夫(Peter Karasimeonov)设计的**索非亚**

莫斯科大街办公大楼(office building, Moskovska Street, Sofia, 1929),以及拉多斯拉夫·拉多斯拉沃夫(Radoslav Radoslavov)和康斯坦丁·兹纳格佐夫(Konstantine Dznagozov)设计的索非亚双子公寓街区(twin apartment blocks, Sofia, 1938—1939)。还有许多以门德尔松带条纹玻璃和混凝土立面处理手法为特征的商业建筑,尤其是斯坦乔·别尔科夫斯基(Stancho Belkovski)和伊凡·丹切夫(Ivan Danchev)设计的富有创造力的保加利亚酒店(Bulgaria Hotel, 1935),它包括一套自动控制大窗户开合的系统;此外,还有米哈依洛夫斯基(A. Mikhailovsky)设计的索非亚的斯拉扬斯卡·贝斯达酒店(Slayanska Beseda Hotel, Sofia, 1935)。贝韦洛夫(C. Berberov)设计的索非亚公寓街区(block of flats, Sofia, 1935)是功能主义类型的钢筋混凝土建筑的另一个优秀范例,此类建筑主导着20世纪30年代的公寓设计。伊凡·瓦西里约夫(Ivan Vassilyov)和迪米特尔·佐洛夫(Dimiter Tsolov)设计的保加利亚国家银行(Bulgarian National Bank, 1934—1939)则用连接古老的建筑库尔善姆清真寺(Koursham Mosque,今考古天文学博物馆)的方法,展示了他们对古建筑保护技术的成熟把握。这个银行的大厅在立面上能清楚地表现出来,由此将古典的简洁和优雅的现代设计结合起来了。相似的处理手法,在格·奥夫恰洛夫(G. Ovcharov)设计的索非亚内务部大楼(Ministry of Internal Affairs, Sofia, 1936—1940)中也能找到。

从第二次世界大战的尾声开始,保加利亚的建筑受厚重建筑的主导,这来源于以社会主义现实主义美学为基础的意识形态。在整个共产主义时期,保加利亚和所有的其他东欧国家一样,与莫斯科保持着紧密联系,因此也紧密地追随着苏联的方针政策。

伴随着以莫斯科为依托的苏联卫星城的成长和苏联对工业化大批量住宅的需求的增长,保加利亚经历了用大框架预制混凝土单元搭建出住宅区的可怕增殖。在建设过程中,很多这样的"社区"根本没有考虑城市设计及街区之间的空间和景观效果。这种建设导致了一堆重复而又乏味、冷漠而平行的街区的产生,它们建立在被某评论员称之为"形式是民族的、内容是社会主义的建筑"理论基础上。

直到20世纪50年代末期,建筑师表现出一种把社会主义建筑原则与民族传统更有创造性地结合起来的意愿。民族主义被视为文化复兴过程中的重要部分。很多建筑师都在莫斯科接受专业训练,其中一些人是"纪念物的建筑师或雕塑家",但更多人则是应聘于政府的助理建筑师。在邻国罗马尼亚,这意味着所有的建筑都是政府事务所的不具名产品。只有一部分设计被标上了个人的名字,它们包括由建筑师乔治·斯托依洛夫(Georgi Stoilov, 1929—)设计的雕塑般的托尔布欣国家纪念碑(state monuments at Tolbuhin, 1964),矗立在1423色雷斯古墓上的充满雄心的布兹罗迪亚山峰的纪念堂(Memorial House, Bouzloudja Mountain Peak, 1981),以及位于古尔古利山(Gurgulyat, 1985)和瓦雷泽(Varese, 1991)的纪念馆。

在20世纪80年代,在保加利亚,西方关于历史背景和使用历史细部的后现代主义理论被接受,并出现了诸如由尼古拉·尼古洛夫(Nikola Nikolov)设计的大特尔诺沃旅馆(the hotel, Veliko Tyrnova, 1981—1983),由托多尔·哈吉斯托依切夫(Todor Khadzhistoichev)和埃尔卡·里巴罗娃(Elka Ribarova)设计的白斯拉蒂纳文化中心(the Cultural Centre, Byala Slatina, 1977—1983)等之类的建筑。大概也是在同一时期,日本建筑师黑川纪章以索非亚新市政厅(new city hall, Sofia, 1983)的设计而在竞赛中获胜。这个设计并没有得到实现,不过,由他设计的索非亚的维托沙酒店(the Vitosha, 1980—1981)已经建成。

从保加利亚的共产主义末期开始,索非亚就开始着手进行现有建筑物的逐步更新,其常用的手段是插入新的商店和办公单元。整个国家在向自由市场环境转变的过程中,经历了巨大的困难。自独立以来,遍布于保加利亚各个城市的往日凄凉的人民住宅区一直没有改观,尽管大量更有思想的建筑师和规划师一直在努力减轻它们对环境的沉重影响。他们在某些地区的街区、景观和植被之间加入小型单元的创举,逐渐改变了一些住宅的现状。很多后共产主义时期新投资建设的建筑都是具有革新和复原性的工程,并且新的旅馆和旅游建筑在黑海度假地区和山区的滑雪中心被大量兴建起来。

罗马尼亚

在19世纪与20世纪之交,罗马尼亚首都布加勒斯特(Bucharest)展示了各种当代建筑风格的折中的混合,其范围从古典主义神庙似的建筑和世纪末(fin-de-siècle)的精工细作,到充满装饰的有精制的铁阳台和金属丝装饰的电梯井的"美好时期"(Belle Epoque)式公寓街区。此类建筑的代表包括,由亚历山大·瑟武列斯库(Alexander Savulescu)设计的布加勒斯特老邮政局大楼(the old Post Office Building, Bucharest, 1900, 今历史博物馆),也是使用"美好时期"的手法的、由贝林代伊(D. Berindei, 1871—1928)设计的布加勒斯特的坎塔库济诺宫(the Cantacuzino Palace, Bucharest, 1907),贝林代伊还负责设计了宏伟的雅西文化宫(the Palace of Culture in Iasi, 1890—1906)。令人印象深刻的布加勒斯特的克里索维罗尼银行(the Chrissoveloni Bank, Bucharest, 1928—1930, 今国家银行),是由受巴黎国立美术学院训练的格奥尔基·马泰·坎塔库济诺(Gheorghe Matei Cantacuzino, 1899—1960)设计的。在后来的现代主义潮流中,坎塔库济诺设计了纽约世界博览会罗马尼亚馆(the Romanian Pavilion, New York World Fair, 1939)。他还设计了两个著名的旅馆:马马亚国际酒店(the International Hotel, Mamaia, 1939)和埃福列贝洛纳酒店(Hotel Belona, Eforie, 1940)。擅长现代工业建筑的建筑师奥克塔夫·多伊切斯库(Octav Doicescu, 1902—1980),设计了布加勒斯特斯纳戈夫航海俱乐部(the Nautical Club, Snagov, Bucharest, 1934)。格里戈雷·约内斯库(Grigore Ionescu, 1904—1922),设计了大量优秀的现代主义建筑,包括科瓦斯纳肺结核病疗养院(the TB Sanatoria, Covasna, 1936)、埃米莉亚儿童医学研究所(the Emilia Institute for Pedriatrics, 1950)和运输工程学院(the Transport Engineering Institute, 1960),它们都在布加勒斯特。

从1975年起,首都的城市扩建和新建筑都集中在中心区的周边地带,并且城市的历史核心渐被修复了。其他城市也在考虑保存历史街区,例如蒂米什瓦拉(Timisoara)、巴纳特(Banat)、阿拉德(Arad)和普罗耶什蒂(Ploiesti)。

1974年的城乡系统化法案(the Urban and Rural Systemisation Act)为遍及罗马尼亚的城镇大规模破坏扫清了道路,虽然很多的城市系统化(urban systemisation)要先于这个法案10年之久。在总统齐奥塞斯库(Ceausescu)的高压专制下,国家原先丰富的建筑和文化遗产被逐渐破坏。在这种政策下,超过80%的罗马尼亚村庄将会被铲除;到2000年,它们将被为农民而建的标准政府住宅区"农工中心"(Agro-industrial centres)所代替。1989年齐奥塞斯库下台的时候,这项已经在农村地区开始执行的政策已不被接受。然而,有超过60个的城镇在他倒台之前已经或将要被"重建",其中包括苏恰拉(Suceara)和皮亚特拉-尼亚姆茨(Piatra Neami)。

这种破坏性的更新运动使罗马尼亚陷于混乱。在布加勒斯特,很多事物都被破坏了,并且几乎没有新的事物产生。巨大而又丑陋的、建造在一条2m(3.22km)长和100m(307ft)宽的林荫大道上的总统宫(Presidential Palace, 1989),实际上使国家陷入穷困。它在齐奥塞斯库垮台后被存留下来,现在向公众开放,以作为见证昔日野心的令人不安的纪念物。

令人遗憾的是,1989年以来布加勒斯特的重建和发展没有产生杰出的建筑。不过,在扩大的、潜在的旅游地区也有例外存在,例如位于黑海沿岸的马马亚和位于特兰西瓦尼亚(Transylvanian)山脉的布拉索夫(Brasov)。但是,这些工程并没有达到诸如马塞尔(Marcel)和茹莉娅·兰库(Julia Lancu)等早期建筑师在布加勒斯特建造的现代住宅的水准,例如赖希宅(the Reich House, 1936)和同样精美而有个性的普雷迪尔疗养院(Sanatorium, Predeal, 1936)。

罗马尼亚还残留着的一些东西,让人回想起它在20世纪艺术和建筑领域的突出地位,例如康斯坦丁·布朗库西(Constantin Brancusi, 1876—1957)创作的33m(107ft)高的铸铁的"无穷柱"(Endless Column)、从1937年开始建造且仍然在特留-朱依(Tirju-Jui)附近的一个公园里屹立着的建筑雕塑"沉默的桌子"(Table of Silence),以及长椅伴着矮凳的"亲吻之门"(the Gate of the Kiss)。

前南斯拉夫

南斯拉夫联邦人民共和国成立于第二次世界大战末期,于1989年正式解体。在此之前的南斯拉夫联合王国历史更久,成立于1918年。它其实是一种不稳定的联盟。现在,在组成南斯拉夫联邦人民共和国的一些地区(尤其是克罗地亚和波斯尼亚-塞尔维亚),大量主要的公共和私人建筑常常被内乱所破坏和损害。

各个老共和国的主要城市,尤其是塞尔维亚

首府贝尔格莱德(Belgrade)、克罗地亚首府萨格勒布(Zagreb)以及斯洛文尼亚首府卢布尔雅那(Lubljana),还有在达尔马提亚(Dalmatia,隶属于克罗地亚)的两个主要沿海城市斯普利特(Split)和杜布罗夫尼克(Dubrovnik),它们成为在建筑理念和进取心方面繁荣而独立的中心。

20世纪初的当地和地域特色的结合,是发展这些地区显著的环境特征以及强有力的城市建筑的重要因素。这些地域经常被认为实质上是自治地区,它们的重要城市都在努力达到如最先进的欧洲都市中心一样的发达和进步。

1945年,被西方视为所有的共产主义国家中最开放和最进步的铁托元帅(Marshall Tito)的联邦共和国成立后,由于新成立的共和国建设设计院(Republic Construction Design Institutes)的运转,一种强调一致的观念开始出现在该区域的建筑中。设计院于整个共和国设立,在雄心勃勃的国家住宅项目中充当先锋,并且从英国新城和法国模式中汲取经验。这些设计院同样促进了在迅速工业化进程中对新的工厂单元的高效设计,并监督了同样大规模的教育、商业和档案馆建筑的设计。

前南斯拉夫在1945年以前的建筑,最好是在古老地区疆界的脉络中讨论,它们很大程度上反映了1989年以后国家的分界。

斯洛文尼亚

这里最重要的20世纪作品,是由曾在维也纳学习建筑的约热·普里契尼克(Jože Plečnik,1872—1957)设计的。在布拉格工作了很多年后,普里契尼克于1922年回到了他的故乡卢布尔雅那(Ljubljana)。他以故乡为基地为斯洛文尼亚设计的建筑,主要包括由他负责修复和装饰的**卢布尔雅那商业、工艺和工业协会**(Chamber of Commerce, Crafts and Industry, Ljubljana),还特地设计了一座精美的楼梯(1924—1927);大量的教堂,包括**博戈吉纳耶稣升天教堂**(Church of the Ascension, Bogojina, 1925—1927),普里契尼克在设计它的过程中使用了乡土的、几乎全是罗马风的习惯手法,内部的拱廊排列着古朴、短而粗的多立克柱子,还有斜屋顶和不对称布置的钟楼;**卢布尔雅那西斯卡圣方济各教堂**(S. Francis, Siska, Ljubljana, 1925—1931),这是一个引人注目的立方体建筑,建筑内部用多立克式柱廊限定出了一个矩形空间;还有**贝尔格莱德帕多瓦的圣安东尼奥教堂**(S. Anthony of Padua, Belgrade, 1929—1932),它有一个圆柱形中心体块,带着马蹄形小礼拜室圆环嵌入厚厚墙体。普里契尼克设计的其他作品,还有**卢布尔雅那国家和大学图书馆**(National and University Library, Ljubljana, 1936—1941),它的入口立面引人注目地装饰着一根简洁巨大而古朴的爱奥尼柱子,正好与玻璃和巨大的内部走廊和楼梯间形成对比;**卢布尔雅那乌拉苏拉修女会修女学校**(School of the Ursuline Nuns, Ljubljana, 1940—1941),它的立面由层叠的半圆壁组成;此外,还有雄伟非凡的拱券形的**卢布尔雅那的扎勒公墓**(亡灵之城,Zale Cemetary (City of the Dead), Ljubljana, 1938—1940)。普里契尼克同时也是一个专注于美化自己故乡的城市规划师,并在1928年做了**总体规划**(masterplan)。他还在卢布尔雅那设计了大量的私人商业和居住建筑,包括**弗赖特铸铁大厦**(Flat Iron Building, 1933—1934),它的一层为拱廊,三层转角设有敞廊,这是一件强有力的突出古典构图的作品。普里契尼克于1930年应邀为**卢布尔雅尼察河河岸台地**(terraces on the banks of the river Ljubljanica, 1930—1939)完成了相当多的设计。他还设计了精致的古典的**格拉达茨卡河上的三联桥**(Trnovo bridge over the Gradascica)。

塞尔维亚

1912~1930年,塞尔维亚开展了一系列的设计活动来改造历史悠久的贝尔格莱德。阿尔班·尚邦(Alban Chambon)在1912年所做的总体规划,是一个严谨的古典格局,并从意大利的城市实例中汲取经验。后来,鲁道夫·佩尔科(Rudolf Perco)、欧文·博克(Erwin Bock)和欧文·伊尔兹(Erwin Ilz)为这个城市做的总体规划则更加自由。贝尔格莱德在战前时期的发展,主要是依照并结合了来自尼古拉·杜布罗维奇(Nikola Dubrovic, 1897—1967)在1930年为**特拉吉耶台地**(Terazije Terrace)所做的获奖的城市设计方案的规划原则。该原则建议用当代的设计手法,在保留历史特性的前提下更新整个地区。

杜布罗维奇所设计的建筑具有现代精神,例

如杜布罗夫尼克罗普德大饭店(Grand Hotel Lopud, Dubrovnik, 1934—1936),反映出贝尔格莱德前现代的巅峰集团(Zenit Group)所提倡的某些原则。这个团体成立于20世纪20年代早期,通过在贝尔格莱德和随后的萨格勒布发行的《巅峰》(Zenit)杂志来宣扬它对构成主义的热忱。在这个地区,现代主义美学被自由地阐述。但是,明确的现代主义运动却是在贝尔格莱德的公寓、住宅和商业建筑中展开的。在20世纪20年代和30年代,米兰·兹罗科维奇(Milan Zlokovic, 1898—1965)凭借他最重要的作品——贝尔格莱德医科大学儿童诊所(Children's University Clinic, Belgrade, 1933)和他的贝尔格莱德自宅(own house, Belgrade, 1927),成为一个有重要影响人物。兹罗科维奇还设计了贝尔格莱德欧佩尔大楼(Opel Building, Belgrade, 1930—1931)、马塔鲁盖矿泉村日察旅馆(Zica Hotel, Mataruska Banja, 1930—1932)和贝尔格莱德尤戈-奥托大楼(Jugo-auto Building, Belgrade, 1939)。20世纪20年代初,在民族古典主义时期之后,随着由1921~1926年发行的杂志《巅峰》所支持的先锋团体的形成,出现了一股向构成主义潮流的转向。

德拉吉莎·布拉绍万(Dragisa Brasovan, 1887—1965)也创作了一些著名的作品,主要有巴塞罗那世界博览会的南斯拉夫馆(Yugoslav Pavilion at the Barcelona Exhibition, 1929)、贝尔格莱德国家印刷厂(the State Printing Works, Belgrade, 1933—1940)、贝尔格莱德商会大楼(Chamber of Commerce, Belgrade, 1939)和贝尔格莱德战时航空运输部大楼(Ministry of War Air Traffic, Belgrade, 1929)。布拉尼斯拉夫·科伊奇(Branislav Kojic, 1899—1987)也是先锋团体中的一员,他的作品包括贝尔格莱德久里奇别墅(villa Djuric, Belgrade, 1933)。

塞尔维亚浪漫主义是两次世界大战之间活跃的表现主义在成熟繁荣后期的表现其实例有莫米尔·科鲁诺维奇(Momir Korunovic, 1883—1969)设计的索科尔斯基中心(Sokolski Dom-matica, Belgrade, 1929)和库马诺沃的索科拉纳教堂(Sokolana, Kumanovo, 1931)。

1960~1975年,贝尔格莱德的城市特征受到冲击(最初是沿袭勒·柯布西耶的"瓦赞规划"(Plan Voisin)和"光辉城市"(Ville Radieuse)的理想主义的功能主义路线),开始出现大规模的城市规划活动。新的居住区在贝尔格莱德周边建设起来,包括新贝尔格莱德、上泽蒙和多科尔(New Belgrade, Upper Zemun and Dorcol)。这些新郊区建筑在公众中证明并不受欢迎,而且在当时遭受了严厉批判——这些批判最终导致了城市规划和建筑中功能主义依据的倒台。

1979~1984年,建筑师兼规划师米洛什·佩罗维奇(Milos Perovic)领导下的贝尔格莱德城市发展规划研究院(City of Belgrade Institute for Development Planning),在城市设计和建筑中发展了一个完全崭新的示范战略。它提出的一些建议,在城市中的很多地区被遵循和采纳。这种综合趋势的一个后果,就是减少了在其他东欧国家占主导地位的此类"国外"观点的输入。

在这个地区,现代主义的美学观被自由地阐述。但是,明确的现代运动语言却在贝尔格莱德的公寓、住宅和办公建筑中发展。米兰·兹罗科维奇(1898—1965)对此产生了重要的影响,他自己最重要的作品,包括贝尔格莱德医科大学儿童诊所(Children's University Clinic, Belgrade, 1933)和他的贝尔格莱德自宅(own house, Belgrade, 1927)。他还设计了贝尔格莱德欧佩尔大楼❶。

克罗地亚

在这个世纪的大多数时间里,萨格勒布(Zagreb)的城市历史核心区没有经历过大规模的再开发。在20世纪20年代后期和30年代,城市中绝大多数的新建筑采用了现代主义建筑简洁的立方体形。这个时期一些优秀的个人设计实例,包括由兹拉特科·诺伊曼(Zlatko Neumann, 1900—1969)设计的克拉伊奇别墅(Villa Klaic, 1931—1932)、由阿尔弗雷德·阿尔比尼(Alfred Albini, 1896—1978)设计的迈克斯纳别墅(Villa Meixner, 1933)和由弗拉内·措塔(Frane Cota, 1898—1951)设计的多伊奇别墅(Villa Deutsch, 1937)。用相同手法设计的低成本住宅区及公寓(housing and apartment houses),包括由埃多·米克洛什-施赖纳(Edo Miklos-Schreiner)设计的格洛戈

---

❶ Opel Building, Belgrade, 1930~1931年;本段关于佩罗维奇的作品与前述兹罗科维奇的作品有重复,此处疑为笔误。——译者注

林-布里耶赫聚居区(Glogoljin Brijeg colony, 1927—1928)、由斯拉夫科·勒维(Slavko Loewy, 1904—1996)设计的萨格勒布公寓大楼(apartment buildings, Zagreb, 1934年始建),以及由亚历山大·弗罗伊登赖希(Aleksandar Freundenreich, 1892—1974)和兹沃尼米尔·波日加伊(Zvonimir Pozgaj, 1900—1971)设计的带商店和餐馆的公寓街区(apartment block with shops and restaurant, 1931—1932)。

尽管萨格勒布在20世纪并没有经历剧烈的再开发,这个城市的外部边界在第二次世界大战之后还是彻底改变了。类似于贝尔格莱德,为萨格勒布所做的规划也以勒·柯布西耶的"光辉城市"为基础而构想了城市的新区。在博日达尔·拉希察(Bozidar Rasica, 1912—1992)设计的新的城市中心(urban centre)中,巨大的矩形街区插进一个公园地带。由建筑师约瑟普·塞瑟尔(Josip Seissel, 1904—1987)、德拉甘·博尔塔(Dragan Boltar)和布鲁诺·米利奇(Bruno Milic, 1917—2009)设计的新大学中心和校园(University Centre and Campus, 约1954)能容纳12 000名学生。特尔科城郊(Suburb of Trngko)则是20世纪60年代早期开发的三个主要居住项目之一。

在萨格勒布的中心,带庭院的市政厅(Town Hall, 1964年完工)是卡西米尔·奥斯特洛戈维奇(Kasimir Ostrogovic, 1907—1965)的作品,而附近深受伦敦皇家节日音乐厅(Royal Festival Hall, London, 1951)影响的音乐厅(Concert Hall, 1960—1973),则由马里扬·哈贝勒(Marijan Haberle, 1908—1979)设计。同在萨格勒布,由拉多万·尼克希奇(Radovan Niksic, 1920—1987)和尼诺斯拉夫·库钱(Ninoslav Kucan, 1940—)设计的莫萨·皮亚德工人培训中心(Mosa Pijade Workers' Education Centre, 1955—1961),运用了一些来自两次世界大战时期的分区功能主义的观点,用高和矮的体块来界定不同的用途。

由建筑师、艺术家同时也是贝尔格莱德前市长的波格丹·波格丹维奇(Bogdan Bogdanovic, 1922—)设计的陵墓和公共纪念物,展示了设计此类专门纪念物的特殊方法。他最早的主要作品是纪念法西斯统治时期的贝尔格莱德犹太人受难者纪念碑(the monument to the Jewish Victims of Fascism in Belgrade, 1952)。波格丹诺维奇后来设计的纪念物可以在前南斯拉夫的其他地方找到,包括在莫斯塔尔(Mostar)创作的开敞空间的"高墓地"(acro-necropolis, 1965)。之后,他的更具象征意义原型的作品有:受勒杜启示的伊万格勒自由纪念碑(liberty memorial, Ivangrad, 1977)、为武科瓦尔陵墓(Vukovar Mausoleum, 1980)创作的圆锥形塔和波皮纳烈士陵园(Warrior's Mausoleum at Popina, 1981)。波格丹诺维奇还是普里什蒂纳科索沃国家和大学图书馆(National and University Library, Kosovo, Pristina, 1982)的顾问,该建筑由安德里亚·穆特尼亚科维奇(Andrija Mutnjakovic)所领导的小组设计,玻璃表面多穹顶受到了地域性启发。

前南斯拉夫的多元文化和多民族国家的混合状况,在五彩缤纷的强调传统体系延续性的建筑中得以体现。举例来说,对现在已经严重受损的、整个16世纪的莫斯塔尔旧城中心(Centre of Mostar Old Town, 1978)和波斯尼亚菲索科谢里夫白色清真寺(Sherefudin's White Mosque, Fisoko, Bosnia, 1980)的保护,将伊斯兰清真寺的建筑语汇延伸到了20世纪。最近,由伊凡·普尔泰尼亚金(Ivan Prtenjakin)设计的克罗地亚的杜布罗夫尼克教堂群(churches in Dubrovnik, Croatia),尤其是波尼诺沃的圣彼得教堂(S. Peter's, Boninovo, 1977—1980),展示了教会建筑设计方面的新颖的前瞻性构思。

第47章
俄罗斯和苏联建筑

概述

俄罗斯作为一个完整的帝国进入了20世纪，它虽然政权统一，但是文化和宗教传统却是分裂的，经济技术发展水平也极不平衡。从1917年布尔什维克革命到第二次世界大战前的短暂时期内，帝国的一些部分曾获得暂时的独立，但在布尔什维克政权建立后的大部分时间里，它是完整的，各个小国家组成了苏维埃社会主义共和国联盟。这个国家自1922年成立起，一直延续下来。

到半个世纪以后的20世纪70～80年代，中亚和波罗的海沿岸地区，在强烈的非俄罗斯的地方意识和传统被压抑的情况下，对文化独立性的诉求日益高涨。恰恰是在这些地方，地域主义开始重新肯定差异性，后来又引发了追求民族自决的政治运动，并导致磐石般的苏联最终解体。的确，如果说建筑是政治解体审慎的先驱，那么如今这方疆土再次由不同的国家组成，在建筑的演变中也有所体现。

建筑向公众展示委托人的信念和地位，而这种本性使它直接反映了中央集权与地方利益之间的紧张关系，这在一定程度上限制了个别建筑创作意念的自由。同时，在一些具有国际视野的人中间，确定与欧洲和美国相关的文化与政治的一致性，已经成为处理本土与国际化关系的关键问题，其重要性远远高于处理国内中央与地方的紧张关系。在20世纪的各个阶段中，俄罗斯和苏联的建筑，表面上与西方同一时期的情况很相像，但对建筑要素的运用方式不同，并要为国内政治和意识形态服务。

伴随着1991年后的政治崩溃而出现的经济混乱，使不同国家走上了不同的发展道路。这些新生国家，一方面要处理自身同国际资本的关系；另一方面要解决自己的民族与文化传统问题。在苏联统治时期，由于建筑创作受到限制、经济资源缺乏和技术手段受到局限，按西方标准来看，那时的多数建筑质量低劣并缺乏生气。在这种环境下，妥协是不可避免的，必须以相对主义准则来判断这些作品。

俄罗斯帝国的建筑

19世纪与20世纪之交的俄罗斯，正处于高速工业化带来的经济繁荣期。用欧洲的标准来看，在俄罗斯日益僵化的独裁统治下，刻板的社会与经济结构严重阻碍了这个国家现代化的到来。在19世纪90年代，其财富主要来自重工业、采矿业、铁路交通和纺织业；但从1900年到第一次世界大战爆发，则是由消费品工业带动发展。俄罗斯的市场来源于日益扩大和受到良好教育的新兴中产阶级。这个新阶级的需要和社会意识，使得全新建筑类型被引入，它们像苏维埃时代广泛争论的社会主义社会"新类型"一样，在俄罗斯文脉中是独有的和史无前例的。

在俄罗斯，由于历史的原因，城市住宅由多少带些古典样式的矩形型制所组成，其规模依据主人的财富和在严格的帝国"等级表"上的位置而定。梦想着民主制和精英统治的俄罗斯的新工业显贵，却不在这个等级体系之中，且轻蔑对待这个等级体系。到1900年，他们已运用设计独特的豪华别墅，自信地向社会宣示他们的自主能量了。莫斯科是他们的中心，而他们的主要建筑师是费奥多尔·舍赫捷利(Fedor Shekhtel，1859—1926)。他为几个拥有自由银行和报业的家庭，设计了位于莫斯科的高雅的**里亚布辛斯基别墅**(Riabushinsky villa，1900—1902，见[1518]页图A、图B)。尽管里亚布辛斯基别墅极具装饰性的象征手法是典型的俄罗斯样式，但作为一个周围环绕着欧式花园的综合性作品，它是俄罗斯依据功能自由布局的最佳住宅范例。这一住宅的生动性同亚历山大·冯·戈根(Alexander von Gogen，1856—1914)设计的**玛蒂尔德·克舍辛斯卡亚别墅**(villa for Mathilde Kshesinskaia，1904—1906)的静态和衍生形态构成强烈对比，而后者最接近圣彼得堡的同类建筑。

第七编　20世纪建筑

图 A　莫斯科的里亚布辛斯基别墅(1900—1902)，1902 年摄，见[1517]页

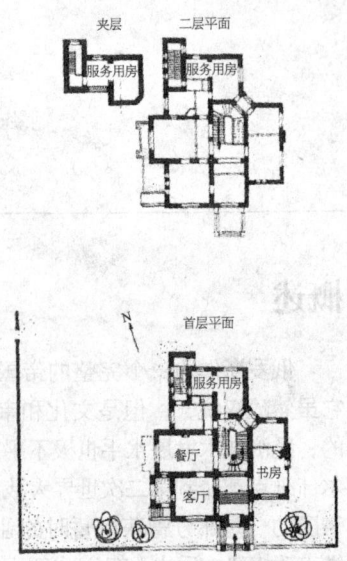

图 B　里亚布辛斯基别墅平面图

图 C　圣彼得堡的波洛夫佐夫府邸(1911—1913)，从入口朝西翼看(1913 年摄)，见[1519]页

第47章 俄罗斯和苏联建筑

在俄罗斯很小的城市中，富裕的商人们的住宅通常同他们的企业位于同一地点，结果产生了一种新的组合建筑类型。最能体现这种类型的是卡尔·施密特(Karl Schmidt, 1866—1945)设计的圣彼得堡的**弗罗斯托夫斯基府邸与事务所大楼**(P. P. Forostovsky's mansion and business premises, 1900—1901)。在临街立面的一端，是主人住宅的显眼的门廊，中央入口通往他在运输公司的办公室，街道另一端的拱门后面，是装卸货物的院子，有坡道通往一直延续到住宅底下的地下库房。整体上形成分区明确又紧密结合的统一体。

20世纪头10年，各种各样的自由风格汇合起来，被看做是"现代式"(Moderne)，其中许多布局和装饰要素来自中世纪的俄罗斯传统，但这场运动同欧洲的新艺术运动，特别是奥地利-德国的青年风格派充分一致，并在1908～1909年激起了民族主义的强烈敌意。其结果是再次延续了标志着19世纪早期俄罗斯帝国伟大时代的新古典主义。在这一复兴中，最宏伟的居住建筑作品是伊万·福明(Ivan Fomin, 1872—1936)设计的圣彼得堡的**波洛夫佐夫府邸**(Mansion for A. A. Polovtsov, 1911—1913, 见[1518]页图C)。它的"回归柱式"(rappel à l'ordre)式样，适合于这个自由政治家，同时也表明一个至今仍然存在的高度浪漫情怀——为20世纪再造俄罗斯帝国的秩序。

中产阶级的公寓是俄罗斯建筑的另一种新类型。所有的工业城镇，都随着1895年至第一次世界大战间的建筑高潮的到来而突然繁荣起来。同样，房主普遍居住于工作地点，而不是作为不在场的利息收入者(rentier)。房主的府邸或豪华公寓占据核心位置，周围是他们为社会提供的出租产业。在这一类型中，建筑上富于创新发展的一些样板，来自活跃的圣彼得堡的建筑师们。在**利德瓦尔家族公寓综合楼**(Lidval family's apartment complex, 1899—1904)开始建造时，费多尔·利德瓦尔(Fedor Lidval, 1870—1945)还名不见经传。五年后，一个开敞的"荣誉庭院"(cour d'honneur)建成，成为这一工程最后阶段的高潮，利德瓦尔宏伟的家族府邸和他的事务所位于庭院尽端的面南一翼，他的事务所也成为这座城市中最重要的事务所之一。利德瓦尔在这里体现的成熟风格，受到芬兰民族浪漫主义的很大影响，既有花岗石与粉刷的对比，又有浅浮雕和铁艺中的几何化动植物形象。阿列克谢·布比尔(Alexei Bubyr, 1876—1919)和尼古拉·瓦西列夫(Nikolai Vasilev, 1875—1941)设计的圣彼得堡的**布比尔公寓住宅**(Bubyr apartment house, 1906—1907)，其装饰性更富于创造力，在围绕着门窗的花岗石上有鸟和植物的浅浮雕，这使人更直接地联想到拉尔斯·松克(Lars Sonck)在赫尔辛基的作品(见第34章)。

"现代式"是对变革时期的各种文化特性的一种肯定，但它很短命，并在苏维埃时代的大部分时期被排除于俄罗斯建筑的历史之外。与它相反，对于后来的苏维埃城市建筑发展最为重要的是弗拉基米尔·舒科(Vladimir Shchuko, 1878—1939)，在他的圣彼得堡的联立式**马尔科夫公寓街区**(Apartment blocks for K. V. Markov, 1908—1911, 见[1520]页图A)中，古典主义的再创作得到了发展。首先，巨大的爱奥尼柱式从带阳台的底层基座升起，高达五层；其次，平板的镶板和壁柱式邻街立面，在后退处有拱形折角凉廊。20年后的斯大林时期，当历史主义建筑被推崇为时尚风格时，舒科达到了他设计生涯的顶峰，而这些母题在整个苏联的城市公寓中得到模仿。在20世纪头10年，同20世纪30年代的情况一样，舒科对古典主义主题的独创再造，与年长一些的伊万·若尔托夫斯基(Ivan Zholtovsky, 1867—1959)的生硬照搬形成了显明的对比。后者设计了位于莫斯科的壮丽的加夫里尔·**塔拉索夫府邸和办公大楼**(Mansion and offices for Gavril Tarasov, 1909—1912, 见[1520]页图D)，立面几乎精确地拷贝了帕拉第奥的蒂内府邸。

随着经济发展，铁路持续延伸。最具标志性的火车站建筑是舍赫捷利设计的莫斯科**雅罗斯拉夫尔火车站**(Yaroslavl Station, Moscow, 1902, 见[1520]页图B)，以及斯坦尼斯拉夫·布若佐夫斯基(Stanislav Brzhozovsky, 1863年至19世纪30年代)和谢苗·米纳什(Semen Minash, 1877—1945)设计的圣彼得堡的**维捷布斯克火车站**(Vitebsk Station, S. Petersburg 1902—1904)。舍赫捷利在莫斯科运用戏剧化的"现代式"，重新诠释了传统的俄罗斯北方建筑，一年前他曾在格拉斯哥国际展览会俄国馆中使用绘有雅罗斯拉夫尔地区动植物的彩色陶砖和浮雕嵌板。维捷布斯克车站更具温文尔雅的欧洲风格，是典型的圣彼得堡式样。在高度折中化的外观下，隐藏着抬起站台的独特工程方案，华丽的旅客大厅，有最好的大理石和青铜装饰的新艺术运动与"青年风格

第七编 20世纪建筑

图 A 圣彼得堡的马尔科夫公寓街区(1908—1911)沿街立面(约1912 年摄),见[1519]页

图 B 舍赫捷利设计的莫斯科的雅罗斯拉夫尔火车站(1902)透视图,见[1519]页

图 C 莫斯科贸易协会办公与展示大楼(1910;沿街转角,约1911 年摄),见[1521]页

图 D 莫斯科的加夫里尔·塔拉索夫府邸和办公大楼(1909—1912)沿街主立面细部,见[1519]页

派"(Jugendstil)的母题。

在所有不断发展的俄罗斯城市里,医疗护理类建筑都是一个增长的领域。莫斯科建造的最杰出的医院是伊拉里昂·伊万诺夫-希茨(Illarion Ivanov-Shits, 1865—1937)设计的**莫洛佐夫儿童医院**(Morozov Children's Hospital, 约1905),"现代式"的铁艺和门道与当时盛行的平面分散的"健康式"楼舍的红色粉刷形成对比。圣彼得堡建筑质量能与之相提并论的是列夫·伊林(Lev Ilin, 1880—1942)和亚历山大·克莱因(Alexander Klein, 1878—1961)设计的**彼得大帝医院**(Peter the Great Clinical Hospital, 1906—1911),它的建筑处理同莫斯科医院的自由化风格形成鲜明对比。彼得式复兴风格在这个医院得到了最广泛的应用。这个城市第一批公共建筑运用了简洁的有些荷兰化的要素,其中比较著名的是1722~1741年建的12所学院。在1903年圣彼得堡成立200周年和1913年罗曼诺夫王朝成立300周年之间,作为俄罗斯首都,这种风格体现了官方提倡的爱国浪漫主义。

在教育的扩大和自由化中,俄罗斯最好的学校建筑是叶涅斯特·维尔克(Ernest Virrikh, 1866—约1949)设计的圣彼得堡的**圣彼得堡理工学院**(Polytechnical Institute, 1899—1902)。其宽阔环状的半地下室围在主体教室体量之下,形成了独特的剖面,创造了一个结构紧密并同气候相协调的综合体,实验室、车间和宿舍呈分散的馆舍围绕着它。它的整体设计和节制折中的文艺复兴细部处理,是帝国后期俄罗斯科学和工程教育同世界等级标准相匹配的一座教育建筑综合体。

1910年,莫斯科的工商阶级用大胆的、通常是混凝土框架的商业建筑,为自己建立了一种公共形象。最精练的是舍赫捷利设计的**莫斯科贸易协会办公与展示大楼**(offices and showrooms of the Moscow Trading Society, 1910, 见[1520]页图C)。它把商业形象表现的既有力度又有文化气息,这对那些成为艺术主要赞助者的"新富豪"(nouveaux riches)权贵很合适。同样雅致的是,维尔克设计的圣彼得堡的**观察经济协会百货大楼**(Department store for the Guards' Economic Society, 1908—1909),以大胆暴露的混凝土框架造就了其中央大厅。

这些俄罗斯帝国最后的建筑,显示出了被苏维埃政权所继承的革新遗产,还展示了新俄罗斯同行们能够回归的传统本质。现在,它们通过自由市场关系和私人委托再一次自由引导常规的建筑实践。

1914年后的10年被第一次世界大战、布尔什维克革命和接下来的国内战争所笼罩,俄罗斯事实上没有显著的建筑活动。这一时期给苏联留下了大部分被毁坏的建筑工业和濒临崩溃的经济。革命后几年尽管没有建造活动,但还是设计探索了在新社会有望出现的新建筑类型,并产生了强有力的构想。如同第一次世界大战前,历史主义和现代主义倾向在苏联平行地发展,且相互敌视。

苏维埃现代主义的建筑

新苏维埃现代主义的最初和最强有力的建筑形象,是由艺术家弗拉吉米尔·塔特林(Vladimir Tatlin, 1885—1953)在1919年设计的**第三共产国际纪念碑**(Monument to the Third Communist International, 见[1522]页图A),该项设计呈现出带有旋转大厅的巨大螺旋钢结构。1923年为了一个新工人议会建设了**劳动宫**(The Palace of Labour, 见[1522]页图B、图C),该建筑的许多入口就像坍塌了的东正教堂一样,混乱堆积。塔特林的同事维斯宁兄弟:列昂尼德·维斯宁(Leonid Vesnin, 1880—1933)、维克托·维斯宁(Viktor Vesnin, 1882—1950)和亚历山大·维斯宁(Alexander Vesnin, 1883—1959),以裸露混凝土框架得到了清新的空间布局,并获得了竞赛三等奖,成为苏维埃现代主义的另一个典范形象。

1925年,新生的苏联获得了向外展示其建筑创新的第一个机会。康斯坦丁·梅尔尼科夫(Konstantin Melnikov, 1890—1974)设计的**巴黎装饰艺术世界博览会苏联馆**(Soviet pavilion at the Exposition des Arts Decoratifs in Paris, 1924—1925, 见[1523]页图A、图B)是一个用黑、红以及灰色木材建造的梦幻般的劈裂矩形展馆,把苏联建筑推向了世界舞台。

俄罗斯的建设工作在1924~1925年得到恢复,新政权自然优先地把注意力集中于工人的居住问题。第一次世界大战前花园城市运动在圣彼得堡的强大影响,也反映在了列宁格勒(1922年更名),它是一系列低层样板公寓楼,通过楼梯间进入4~5层,周围风景宜人,并有良好的社区服务设施。其中第一个也是最著名的在圣彼得堡的

第七编 20世纪建筑

图A 彼得格勒(现圣彼得堡)第三共产国际纪念碑(1919)侧立面图,见[1521]页

图B 莫斯科的劳动宫(1923)透视图,见[1521]页

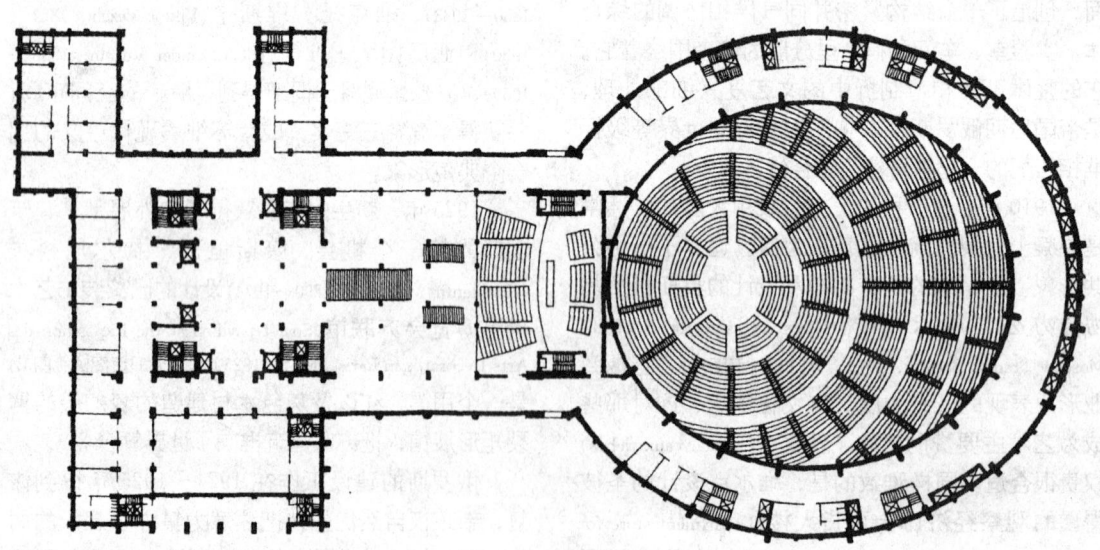

图C 莫斯科劳动宫平面图:管理部分和公共设施分三层布置在立方体体块中(左);过街楼(中);工人会堂的椭圆形观众厅上部(右)

第47章 俄罗斯和苏联建筑

图 A 巴黎装饰艺术世界博览会苏联馆(1924—1925)出口处照片，见[1521]页

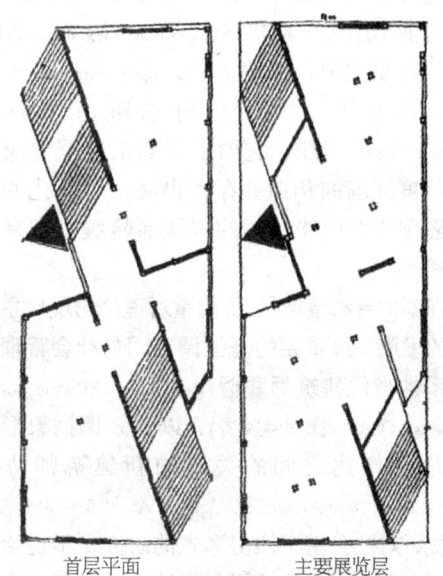

图 B 巴黎装饰艺术世界博览会苏联馆平面图

图 C 莫斯科纳考姆芬大楼中为财政委员会员工设计的集体住宅综合楼(1928—1930)的原始方案透视图，见[1524]页

图 D 列宁格勒市苏维埃员工住宅综合楼(1931—1934)，见[1524]页

特拉克托尔大街上(Tractor Street, 1925—1927)，设计者为亚历山大·格格洛(Alexander Gegello, 1891—1965)、格里戈里·西蒙诺夫(Grigory Simonov, 1893—1974)和亚历山大·尼科尔斯基(Alexander Nikolsky, 1884—1953)。它展示了高密度同健康和人性尺度环境的和谐共存，也展示了简化的古典构图要素如何能为新的"统治阶级"带来恰当的尊严。

在新的首都莫斯科，更偏重对理论的现代主义团体的发展。最重要的是强调空间与社会管理之间关系的当代建筑师联盟(the Union of Contemporary Architects, OSA, 或构成主义者)，以及强调抽象形式与其信息传达之间的关系的新建筑师协会(Association of New Architects, ASNOVA, 或理性主义者)。在这里，对社会主义住房形式的研究，不是始于花园城市理念，而是始于公寓建筑。维斯宁兄弟的年轻同事莫伊赛·金茨堡(Moisei Ginzburg, 1892—1946)设计的莫斯科的格斯塔拉克住宅街区(Gosstrakh housing block, Moscow, 1925—1926)，第一次在苏联展示了欧洲现代主义的元素，像勒·柯布西耶的"屋顶花园"(toit jardin)和格罗皮乌斯的连续角窗用就是砖结构抹灰而不是混凝土框架。这些公寓里，在最小化的厨房、最大化的嵌入式家具和为单身人士服务的公共设施方面，也反映着欧洲的风格。在此之后，金茨堡和他那信主张构成主义的同事们，进入对最低标准住宅单元的研究，鼓励节约时间，特别是女性、共享服务设施，因而体现了更加集体主义的精神。他们遵循欧洲人的试验经验，例如在法兰克福的那些试验；但与此同时，他们也影响到那些试验者，例如在勒·柯布西耶到访莫斯科，讨论他的合作总社办公楼(Tsentrosoyuz office building, 1928～1936年设计建成)时，莫斯科的分裂式剖面和廊道就曾影响过他。具有半集体化服务设施的居住综合体的这种苏维埃概念，后来再现于勒·柯布西耶的马赛"居住单位"(unité d'habitation)。

在苏联，这种对居住建筑的研究，最重要的建成示范是金茨堡和伊格纳季·米利尼斯(Ignaty Milinis, 1899—1942)在莫斯科纳考姆芬大楼中为财政委员会设计的50户居民的集体住宅综合楼(Narkomfin Building, Moscow, 1928—1930, 见[1523]页图C和[1525]页图A)。这座建筑，也展示了现代混凝土框架和中空砌块结构在苏联居住建筑中的方案，印证了勒·柯布西耶的"新建筑五点"，著名的底层支柱、"屋顶花园"和水平条形窗。在列宁格勒，叶夫根尼·莱温松(Evgeny Levinson, 1894—1967)以他的列宁格勒市苏维埃员工住宅综合楼(Housing complex for employees of the City Soviet, 1931—1934, 见[1523]页图D)，展示了同样优雅的半集体主义住宅综合体，但它吸收了古典主义的语言和规则的对称形式。

在苏维埃环境下，针对个人业主的独户住宅从专业项目表中消失了。除了党的高级干部居住的一些在建筑上没什么价值的乡村住宅外，只有一个例子延续了革命前的传统，即备受赞誉的巴黎展馆的作者为自己建造的梅尔尼科夫宅和工作室(Melnikov house and studio, 1927—1929)。它那由两个圆筒相接的实验结构，表现了对传统木楼板和抹灰砖墙的创造性应用。

梅尔尼科夫对新苏联建筑类型发展的主要贡献，是他在莫斯科所建的一系列工人俱乐部。在所有建筑中，工人俱乐部和食堂在这一时代对发展一种意识形态的认知和集体化的家庭生活起到了最重大的影响。俱乐部是政治教育和写作之类的基本技能培训的中心，在20世纪20年代后期，它们被更名为文化宫，作为业余政治教育和娱乐活动场所的功能日益加强。

对这些建筑而言，出现了两种不同空间模式。梅尔尼科夫的俱乐部是第一种的先行者，在这种模式中，所有的设施都统一在单个的，通常是高度个性化的形体中。他的莫斯科市政府员工卢萨科夫俱乐部(Rusakov club for Moscow municipal employees, 1927—1928, 见[1525]页图D)是围绕着一种观众厅的观念生成的，通过墙体滑入挑出后面的三个较小空间，一个观众厅扩展为不同的尺寸。与其相反，伊利亚·戈洛索夫(Ilia Golosov, 1883—1945)设计的莫斯科电车工人祖耶夫俱乐部(Zuev club for Moscow tram workers, 1927—1929, 见[1525]页图B、图C)，把它的观众厅围入由俱乐部房间组成的简单矩形之中，并通过位于转角处的一个圆筒塔状的玻璃楼梯间使之富于戏剧性。

在构成主义者发展出来的第二种俱乐部的布局模式中，各种设施被分别置于两座建筑中，一座是观众厅，另一座是容纳其他活动室的空间，它们之间用玻璃连接。维斯宁兄弟设计的莫斯科普洛列塔尔区文化宫(Palace of Culture for the Proletarsky

第47章 俄罗斯和苏联建筑

图B 莫斯科电车工人祖耶夫俱乐部(1927—1929)：沿街转角透视图，见[1524]页

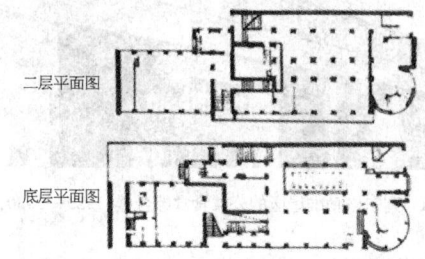

图A 莫斯科纳考姆芬大楼中为财政委员会员工设计的集体住宅综合楼，见[1524]页

图C 莫斯科电车工人祖耶夫俱乐部平面图

图D 莫斯科市政府员工卢萨科夫俱乐部(1927—1928；沿街转角，约1929年摄)，见[1524]页

图 A 列宁格勒维堡区的公共食堂综合楼(1929—1930,约 1931 年摄),见[1528]页

图 B 列宁格勒基洛夫区的公共食堂与商店综合楼(1929—1931),见[1528]页

第47章 俄罗斯和苏联建筑

图A 莫斯科的国家贸易部大楼(1925—1927),见[1528]页

图B 莫斯科的全俄联盟电器-技术研究所(1928—1931):开发期间照片(1930),见[1528]页

图C 伊万诺夫-沃兹涅先斯克理工学院校园(1927—1932)主楼透视图,见[1528]页

图D 莫斯科的列宁国家图书馆(1928—1929,主体设计),1941年建成,见[1528]页

district of Moscow, 1930—1937)是这种模式的最终也是最大的变体,尽管它的主体观众厅一直未能建造起来。

在苏维埃居住建筑严重拥挤的条件下,食堂成为一种缓解家庭妇女厨房工作的工具,这个时期每一座综合体都由数个公共就餐设施组成。列宁格勒市苏维埃委托年轻的理性主义团体建筑师阿尔曼·巴鲁切夫(Armen Barutchev, 1904—1966)、伊西多尔·吉尔特(Isidor Gilter, 1902—1973)、约瑟夫·梅尔松(Iosif Meerzon, 1900—1941)和亚科夫·鲁班齐克(Iakov Rubanchik, 1899—1948)设计了四座这一类综合楼。最时尚和最精练的是**维堡区公共食堂**(Factory kitchen for Viborg district, 1929—1930,见[1526]页图A)。更大的是基洛夫区的**公共食堂与商店综合楼**(Factory kitchen and department store complex for Kirovsky district, 1929—1931,见[1526]页图B),它构成了一个令人惬意的新工人居住区中心。在设计者的透视图中,一座古典建筑位于图面边缘,非同寻常地直接表明了现代建筑在这个历史城市中是适宜的。

对办公建筑领域的革新,为新苏维埃体制下的显赫的政权机关提供了建筑技术和风格模式,许多竞赛产生了没能实现的戏剧化形象和概念。最纯净的建成实例是混凝土框架、横向长窗、玻璃电梯井和开放式平面的办公建筑,例如莫斯科的**国家贸易部大楼**(Gostorg building, State Trading building, 1925—1927,见[1527]页图A)。尽管新的高度规定使得设计中的塔楼流产了,但是这次经历,使老一代的鲍里斯·韦利科夫斯基(Boris Velikovsky, 1878—1937)和由米哈伊尔·巴尔希(Mikhail Barshch, 1904—1966)领导的一个青年构成主义者小组,在合作中有了共同的新观念。代表俄国国际风格现代主义建筑,在1932年的纽约同名展览会上展出的综合楼作品是**全俄联盟电器-技术研究所**(All-Union Electro-Technical Institute, VEI, 1928—1931,见[1527]页图B)。这个作品是来自于混凝土专家亚历山大·库兹涅佐夫(Alexander Kuznetsov, 1874—1954)与年轻的构成主义者伊万·尼古拉耶夫(Ivan Nikolaev, 1901—1979)和根纳季·莫夫昌(Gennady Movchan,生于1901年)的合作。

布尔什维克党的美学和文化策略根植于由马克思提出、列宁继承的文化连续性模式,另一些建筑师探索了俄罗斯古典传统能如何体现在社会主义建筑中。革命前的一些建筑师同行规定了不同的途径。例如若尔托夫斯基考虑在工业建筑中应用古典主义的构图和比例原则;福明为混凝土框架的梁柱建筑提供了红色多立克(Red Doric)作为新柱式,他以这种风格设计和建成的最大的作品是新建的**伊万诺夫-沃兹涅先斯克理工学院校园**(Polytechnical Institute campus in Ivanovo-Voznesensk, 1927—1932,见[1527]页图C),以及莫斯科的两座建筑:**狄纳摩综合大楼**(Dinamo complex, 1928—1929,见[1529]页图B)与扩建的**苏维埃莫斯科市**(Moscow City Soviet, 1929—1930,见[1529]页图A)。

由于对现代主义"意识形态空虚化"的敌意在20世纪20年代后期变得更加强烈,所以在1928~1929年的列宁国家图书馆(Lenin State Library,见[1527]页D)设计竞赛中,老一代的阿列克谢·舒舍夫(Alexei Shchusev, 1873—1949)对古典主义的再诠释引起了各现代主义团体的联合抗议。然而,舒舍夫带有花岗岩墙面、大理石柱子和英雄式浅浮雕的方案,最终还是在1941年实现了。自1924年起,舒舍夫就一直精心完善着他那黑红两色大理石的**列宁墓**(Lenin Mausoleum, 1924—1930,见[1529]页图C)方案,以大手笔加入红场周围的文脉中。

通过1931~1933年莫斯科的巨大的**苏维埃宫**(Palace of Soviets,见[1529]页图D)的建筑设计竞赛,布尔什维克党最终确定了它的建筑方向。现代主义苏维埃建筑师和应邀参加的西方建筑师,包括勒·柯布西耶、奥古斯特·佩雷和瓦尔特·格罗皮乌斯都被鲍里斯·约凡(Boris Iofan, 1891—1976)短粗的纪念性圆柱所击败。在党的指令下,方案被修改为"世界最高的建筑"和安放列宁雕像的基座。庄严的建造工程开始了,但却未能完工。然而,在这个竞赛过程中,对党的社会主义现实主义建筑的诠释方式却形成了。"批判地吸收遗产"明确地指出,那些传统要素仍然具有意识形态价值,并能结合"最新技术成就"创造新的组合法则。绘画和雕塑的全部描绘潜力,都必须用于强化建筑中的意识形态信息。

随着对斯大林政党路线不服从人士的斗争运动日益加剧,独立的建筑社团被1932年的法令所取缔,代之以唯一的官方苏维埃建筑师联盟(Union of Soviet Architects;后来的苏联建筑师联盟(Union of Architects of the USSR))。接着,个人或小组以自己的名义接受委托的权利也被取消。因此,所有的建筑设计工作都由政府各部、工业托拉斯或地方政

第47章 俄罗斯和苏联建筑

图A 扩建的苏维埃莫斯科市(1929—1930)：入口庭院内透视图，见[1528]页

图B 莫斯科的狄纳摩管理、商业与住宅区设施综合大楼(1928—1929)：刚建成时的办公楼(左)与居住楼(右)，见[1528]页

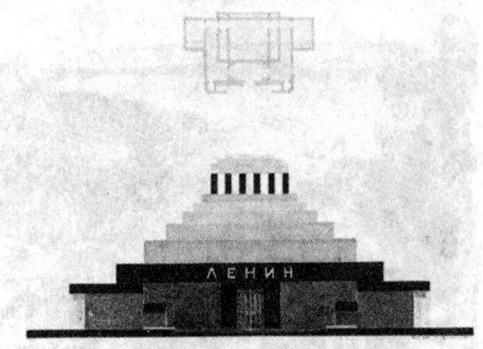

图C 莫斯科的列宁墓(1924—1930)，见[1528]页

图D （左下图）莫斯科的苏维埃宫(1933)：最终方案前的构思透视图，见[1528]页

第七编 20世纪建筑

图A 埃里温的亚美尼亚政府大楼(1928—1940),见[1531]页

图B 第二次世界大战后基辅中心重建规划方案(1945):面向第聂伯河的透视图,见[1531]页

图C 莫斯科的红门交通部大厦(1949—1953),见[1531]页

权中的专门设计机构来完成。一所建筑科学院(Academy of Architecture)集中了专业精英和最出色的年轻建筑师,致力于研究技术与美学,评判与宣传被肯定的作品,以及撰写意识形态"正确"的建筑历史内容。

20世纪30年代中期,社会主义现实主义在莫斯科地铁站这样的富有声望的实践中,或在这个原则下格鲁吉亚、亚美尼亚或乌克兰共和国的翻版中,仍然可以清楚地确认建筑师个人和他们的手法。莫斯科第一条地铁线在1935年开通,它的车站,例如阿列克谢·杜什金(Alexei Dushkin, 1903—1977)设计的苏维埃宫地铁站(Palace of Soviets Metro station,1931—1935,后来称为克鲁泡特金站(Kropotkinskaia))非常简单甚至朴素,并被指责为没有结合其他艺术。因此,在下一个阶段,同一位建筑师的革命广场地铁站(Revolution Square Metro station,1938年启用)就汇集了一流艺术家们的雕塑和马赛克绘画来传达其名称和地点的政治信息。

苏维埃政权的各共和国首脑机构驻地,例如亚历山大·塔马年(Alexander Tamanian,1878—1936)设计的埃里温的亚美尼亚政府大楼(Armenian House of Government,1928—1940,见[1530]页图A)、维克托·科科林(Viktor Kokorin,1886—1959)和格奥尔基·列扎瓦(Georgy Lezhava,1903—1977)设计的第比里斯的格鲁吉亚政府大楼(Georgian House of Government,1938—1954),以及福明和帕维尔·阿布罗西莫夫(Pavel Abrosimov,1900—1961)设计的基辅的乌克兰共和国部长会议大楼(Ukrainian Council of Ministers building, 1934—1938),都体现了新风格对地方建筑传统的"批判性吸收"。到1937年第一次苏维埃建筑师大会之后,真正的原创者通常被隐藏到了一串小组成员和"主任建筑师"的名义后面,这种匿名化随着方案规模的增大而更加严重。直到20世纪70年代后,才开始有所突破。

1935年莫斯科规划(1935 Plan for Moscow)把注意力集中于赋予这个城市形式重塑和技术的现代化上,使之成为"世界无产阶级的模范首都"。后来所有建造活动都被第二次世界大战打断,城市结构被德国的侵略严重破坏。建筑研究院进行了航空研究,展示了莫斯科规划的原则:多个焦点的整体,对有英雄美誉的6~8层公寓街区和办公建筑的主要街道进行重新排列,通过对被战争毁坏的城市的战后重建来诠释民族主义。1942~1943年舒舍夫为1941年被毁的小镇设计了伊斯特拉重建方案(Project for rebuilding of Istra),格奥尔基·戈尔茨(Georgy Golts,1893—1946)也提出了一些著名的方案(如他对基辅的建议,1945,见[1530]页图B),两人所提出的方案建立了这样的原则:这些构想并非历史建筑的再创造,而代之以社会主义现实主义,以适当的规模构建一种新型综合体,具有地方传统和伴随新技术的社会主义信息。

第二次世界大战以后的建筑

1946年以来产生的构想典型地体现了苏维埃的胜利。亚历山大·弗拉索夫(Alexander Vlasov,1900—1962)主持的基辅发展规划(Redevelopment of Kiev),其中央大街克里施齐特卡(Kreshchatka)是华丽得过于放纵的乌克兰巴洛克风格;节制一点的有卡罗·阿拉比扬(Karo Alabian,1897—1959)主持的斯大林格勒(Volgograd,伏尔加格勒)重建规划(Reconstruction of Stalingrad)、金茨堡主持的塞瓦斯托波尔重建规划(Reconstruction of Sebastopol),或由勒·柯布西耶在联盟中央(Tsentrosoyuz)的执行建筑师尼古拉·科利(Nikolai Kolli,1894—1966)主持的加里宁格勒(Tver,特维尔)重建规划(Reconstruction of Kalinin)。

天际线在苏联传统城市的重要性,使得"二战"后的莫斯科出现了六座所谓的高耸建筑(High Buildings),它们高达35层,呈环状布局,是城市中的地标。尽管在字面上严格地区别于"象征资本主义剥削的摩天大楼",但还是受到"二战"前纽约等城市的影响。同时,它们的焦点位置、同周围标准化立方体住宅街区的关系,以及总体构图概念,则来源于俄国的城市教堂传统。然而,它们的细部处理却在对各种历史母题的抽象重构方面具有高度的独创性。彩色大理石的内外贴面、镏金的尖塔、壁画和雕塑以及它们之间手法高明的互相呼应,这些是从革命前的建筑传统中继承的独特的现实苏维埃遗产。它们的功能是多样的。这样,庞大的设计组在地铁设计老手杜什金的领导下,设计了红门交通部大厦(Ministry of Communications building at Red Gates,1949—1953,见[1530]页图C)。鲁德涅夫(Lev Vladimirovich Rudnev,1885—1956)主持设计了莫斯科大学新校园(Moscow University,1949—1953)建筑群。阿尔卡季·莫尔德维诺夫(Arkady Mordvinov,

第七编 20世纪建筑

图 A　莫斯科中心阿尔巴特街历史地区开发方案中的加里宁大街规划(1962—1968)，见[1534]页

图 B　爱沙尼亚共和国亚涅达的农业综合技术科学院大楼(1974)，见[1534]页

图 C　阿什哈巴德的土库曼共和国图书馆(1970—1974)，见[1534]页

图 D　莫斯科近郊的莫斯科建筑业员工沃罗诺沃乡村俱乐部综合楼(1974)，见[1535]页

第47章 俄罗斯和苏联建筑

图 A 莫斯科的儿童音乐剧院(1977—1980), 见[1535]页

图 B 第比利斯的传统面包房(1986—1988), 见[1535]页

1896—1964)主持设计了乌克兰饭店(Ukraina Hotel, 1950—1957)。在没有这种传统先例的东欧国家首都里,对这些形式的重复是"二战"后苏维埃帝国主义最耀眼的标记。

在赫鲁晓夫谴责斯大林式建筑的讲演中,这些莫斯科高层建筑是清晰的靶子,比他1956年2月报告中直接谴责斯大林早了一年。在1954年12月苏维埃建造业者大会的讲演中,他把建筑师嘲讽为"人民资源的浪费者"。一些人受到了点名攻击,包括时任建筑研究院院长的莫尔德维诺夫。赫鲁晓夫强调"构成主义不是一切都错了",并要苏维埃建筑转向更简单的形式和预制结构体系,以此作为解决住房危机的手段。

撤销研究院造成建筑的价值进一步公开地跌落,建筑工业化的权威不断上升,还导致了专业方向的混乱和建筑地位的下滑,这种不良后果一直延续到20世纪80年代。经过20世纪50年代后期和60年代,苏维埃建筑同"二战"后欧洲的现代主义越来越相似。开始了应用预制混凝土构件的大规模公共住宅计划(public housing programmes),而且5层、8~10层的体量具有相对人性的尺度。庞大的吊装系统带来了更高的建筑高度,也要求建筑物之间有更大的间距,并在20世纪70年代后期产生从未达到其预想舒适程度的荒凉居住区。大量的人群得以重新安置,但建筑师所扮演的角色的重要性却不断下降。

莫斯科被确定为社会主义进步的橱窗,在首席建筑师米哈伊尔·波索金(Mikhail Posokhin, 1910—1989)的主持下,规划部门追随了西方式的战略,粗鲁地拆除了一个历史中心地段,嵌入一个名为加里宁大街(Kalinin Prospect, 1962—1968,现在叫新阿尔巴特街(New Arbat),见[1532]页图A)的条状市中心。在这里,商店、电影院和餐厅构成了基座,上面耸立着标准化的八层住宅楼和高层办公楼。在整个苏联实施的大型新城建设计划中,这一城市中心模式被一次次应用。而在俄国,从气候和文化上看,高层居住建筑是完全不适宜的。

文化的自由化伴随赫鲁晓夫的政治解冻,主要是新旧城镇电影院、体育中心、艺术宫和文化宫的一次性设计方案。很少有巨大的建筑作品,而许多形式生动的创新建筑优雅地执行着苏联的标准。

在这个时期,西方建筑国际主义也在苏联这个多民族帝国中到处翻版,全然不顾地方差异。

到20世纪70年代,对显然荒唐的千篇一律的住宅设计的抵制,结合激动人心的地方民族感情,在特别具有强烈个性和本土建筑传统的共和国催动了孕育中的"民族学派"的再生,其领导者是政治上大胆的天才建筑师,两个最重要的中亚榜样是亚美尼亚的拉斐尔·伊斯拉埃良(Rafael Israelian, 1908—1973)和土库曼斯坦的阿卜杜拉·艾哈迈多夫(Abdulla Akhmedov,生于1929年)。伊斯拉埃良用他1978年完成的萨拉达拉巴特**国家人类学博物馆**(National Museum of Ethnography)这样的作品,来坚持亚美尼亚传统的体量厚重、自然石材、小而清晰的孔洞以及浅浮雕装饰等建筑风格。阿什哈巴德的首席建筑师艾哈迈多夫,复兴了传统的为浓重阴影所覆盖的空间、通风遮阳板(brises soleil)、形式刚劲的装饰性浮雕,以及水的应用对气候的回应等建筑方法,并最大限度地体现在**土库曼共和国图书馆**(Turkmenian Republican Library, 1970—1974,见[1532]页图C)中。

波罗的海国家爱沙尼亚是不满俄罗斯政治和文化霸权的国家之一,因此,该国的建筑师对自主性坚持不懈。由于两次世界大战之间强烈的现代运动传统,以及同芬兰之间紧密的文化联系,托马斯·雷恩(Toomas Rein,生于1940年)、瓦尔韦·波梅斯特(Valve Pormeister,生于1922年)等人被称为"断裂的一代",他们把这个国家同那些根基重新联结在一起。雷恩充分利用他担任爱沙尼亚集体农庄首席建筑师的地位,以轻松的斯堪的纳维亚风格建设了这类综合楼,例如,**集体农庄建设局住宅区**(Inter-Collective Farm Construction Bureau Housing)、**派尔努的社会中心和幼儿园**(Social Centre and Kindergarten, 1973—1978)。波梅斯特设计的亚涅达的**农业综合技术科学院大楼**(Academic Building for the Agricultural Polytechnic, Jäneda, 1947,见[1532]页图B)使用了类似的建筑风格。在苏联,这一地区几乎是独一无二地保持了灵活的建造工业、个体设计的小规模社区建筑传统,甚至独户习俗的住宅。20世纪70年代后期和80年代,另一代人,包括莱昂哈德·拉宾(Leonhard Lapin,生于1947年)、维伦·昆纳普(Vilen Künnapu,生于1948年)和安德烈斯·阿尔瓦尔(Andres Alver,生于1953年),追随着那些先驱们,在休闲建筑和私人住宅中,进入无拘无束地运用天然材料、生动地创造形式的境界,这些建筑暗含西方流行作品,清楚地表现了他们热衷什么。这些建筑师如今在自由的爱沙尼亚占据着主导地位。

在苏联，把这些北欧现代设计传统非正式地融合于地景的著名人物是伊利亚·切尔尼亚夫斯基(Ilya Cherniavsky, 1917—1994)，他遭到莫斯科当局的反对，但受排挤的同行们赞赏他所设计的城郊俱乐部，如莫斯科附近的**普拉涅尔纳亚俱乐部**(Planernaia, 1976)和**沃罗诺沃乡村俱乐部**(Voronovo, 1974, 见[1532]页图D)等。

经济的滑坡和在苏联境内举办1980年奥运会的过度开销，使得20世纪80年代初开始的大规模居住建筑以外的公共建筑计划实际上陷于停顿。一个鲜有的特殊例外是，莫斯科的**儿童音乐剧院**(Children's Musical Theatre, 见[1533]页图A)，由亚历山大·韦利卡诺夫(Alexander Velikanov, 生于1938年)和弗拉基米尔·克拉西尔尼科夫(Vladimir Krasilnikov, 生于1932年)在1980年完成，作为纳塔利亚·萨茨(Natalia Sats)著名的教育工作的固定场所，按照她的教学方法，设计了附有多功能厅和故事厅空间的综合楼。此后，非俄罗斯苏维埃共和国中的建设活动，就远比俄罗斯本土的建设活跃。乌鲁兹梅克·列瓦佐夫(Uruzmak Revazov, 生于1929年)和帕维尔·亚里诺夫斯基(Pavel Yarinovsky)设计的巴库**东方市场**(Eastern Bazaar complex, 1982)显示了他们依靠地方传统的自信心。

20世纪80年代初期，年轻的莫斯科建筑师和学生们，开始强烈地抗议建筑学在苏联的停滞和地位的低下。在勃列日涅夫(Brezhnev)及其后继者的领导下，蒙受挫折的年轻设计师，走出了一条高度概念化的道路，重新坚持人本主义和个人主义的主题。当时同外国的任何联系都是非法的，他们偷偷把自己的方案送去参加国外的竞赛，特别是到日本。年轻的设计组例如亚历山大·布罗德斯基(Alexander Brodsky, 生于1955年)和伊利亚·乌特金(Ilya Utkin, 生于1955年)赢得了不少奖励，欧洲和北美的展览也为这些苏维埃"纸上建筑师"树立了声誉，这使他们获得了信心，去攻击国内的失败主义和自鸣得意的专业机构。

自1985年戈尔巴乔夫当政以后，地域的独立性越来越强，年轻的专业人员向建筑师联盟施加压力，更大规模的"改革"(perestroika)重新建立了更利于独立执业的合法措施。在苏维埃的最后年代，最值得赞赏的综合楼是瓦赫坦·达维塔亚(Vakhtang Davitaia, 生于1934年)设计的第比里斯的**传统面包房**(Bakery for Traditional Breads, 1986—1988, 见[1533]页图B)。在操作区，它以传统的水磨、木柴炉、人性尺度以及为雇员着想的外景与休闲空间，取代了曾是革新性的苏维埃"面包工厂"。在销售部，则以抬高的内院和周边框架式的店铺，唤醒这一地域的传统建筑，确认了新的"顾客"概念。

然而，这些新的专业组织还没创造出独特的建筑作品，就被更大的政治崩溃压倒了。正是那些曾经通过建筑来强烈坚持其独特性的中亚和波罗的海国家，首先宣布了独立于苏维埃之后的联合体。随着符合自由市场经济的全新法律和社会结构的出现，也重新建立了独立建筑执业和建造公司所需要的相应自由。在20世纪90年代中期的经济瓶颈和不稳定时期，兴盛起来的建造工业是存放新资金的少数几个安全领地之一。日益扩大的建筑活动，在私人住宅、写字楼和工业设施领域发展着，对现有和破败建筑遗存的整修和改造也同样在扩大。它们大多仍然在庆贺追上了西方后现代主义的自由，或者简直就是在展示富有。新俄罗斯作品中严肃的建筑品质，以及各种明显的地域性面貌，业已浮现。

20 世纪建筑

第 48 章
中东建筑

在 20 世纪开始的时候,中东处于欧洲的政治、文化统治之下。因种族、宗教和政治的差别,这个地区又分为三个部分,分别是英国、法国和意大利的殖民地;非殖民地地区是波斯和土耳其。而在 20 世纪之初,非殖民地地区已经被缩小到了仅剩安纳托利亚和色雷斯地区的奥斯曼帝国。但是,即使是政治上独立的国家,也处于强烈的西方意识形态的影响下。

土耳其

奥斯曼帝国的西方化尝试,带来了第一次民主制度的预演,例如,1908 年建立了议会和独立的新闻出版业。这些尝试也为艺术和建筑带来了西方的价值观和表现方式。土耳其人的物质和文化生活,都受到了西方观念的强烈影响。其中一个原因是,在第一次世界大战前的数十年间,有许多西方建筑师在伊斯坦布尔工作。他们中的许多人来自德国,因为德意志帝国在寻求其影响范围与技术和产品出口市场的过程中,特别注重奥斯曼帝国。伊斯坦布尔-希贾兹(Hijaz,即沙特阿拉伯的麦加)铁路的修建,就是德国工业界与苏丹的主要合作之一。这一项目后面的政治动机之一,就是苏丹渴望把大批朝圣者舒适地运送到麦加。

正是在此时,建筑在土耳其成为被社会接受的专业领域。而此前它被视为一种颇为低贱的,当然也就很不稳定的行业。第一位有坚实背景的专业建筑师是米马尔·维达特(Mimar Vedad, 1873—1942)后改名维达特·泰克(Vedad Tek),其父是最后一个苏丹穆罕默德五世(Mehmet V)的宫廷总管。维达特经过百般努力才说服了他的父亲,得以到巴黎美术学院(Ecole de Beaux Arts, Paris)学习建筑。

维达特带着包括罗马大奖在内的许多荣誉回到了伊斯坦布尔,马上被任命为邮电部的总建筑师,并与宫廷保持着紧密的关系。在邮电部的地位使他的重大机会很快出现,其结果就是创造出了维达特的"杰作"(opus magnum),即伊斯坦布尔的**锡尔克西邮政总局**(Main Post Office, Sirkeci, Istanbul, 1909,见[1538]页图 A)。维达特运用了传统比例的内凹尖拱,拱肩等处贴有古典母题的面砖。维达特接受的欧洲建筑教育,再现于邮政局上层外表面的科林斯式半圆壁柱。这座建筑的顺利竣工表明:本土建筑师也可以在伊斯坦布尔做得和外国人一样好。

维达特探索发展了一种现代的,但又的确是土耳其式建筑的可能性,这种建筑要与输入帝国的各种欧洲风格形成鲜明的对照,这些欧洲风格中又以新古典主义的巴黎式"法国腔"(lingua franca)或古怪的新艺术风格为代表。这成为第一次建筑民族运动的一部分,这场运动力图确定一种与土耳其文化和气候相适应的建筑。这类建筑的实例包括维达特设计的严格对称的大体量的伊斯坦布尔**帝国土地注册局**(Imperial Office of Land Registry, Istanbul, 1909,见[1539]页图 A),以及平面精妙、凹凸鲜明的伊斯坦布尔**尼尚塔希宅**(House Nisantasi, Istanbul, 1910,见[1539]页图 B)。然而,在倡导这一运动的几位建筑师之间,存在着专业领域的激烈竞争。例如,维达特的主要竞争者是凯末尔丁·贝(Kemalettin Bey, 1870—1927),他曾学习土木工程,并是虔信基金会(Pious Foundation)的首席建筑师。以凯末尔丁·贝的地位,他不仅得以设计伊斯坦布尔的**比比克清真寺**(Bebek Mosque, Istanbul, 1913,见[1539]页图 C)这样的宗教建筑,并活跃于奥斯曼疆域内。他监督了耶路撒冷**阿克萨清真寺**(Masjid al-Aqsa, Jerusalem)的重建,而且有机会设计用来表达艺术建造技术的大型建筑。因此,他是第一位在伊斯坦布尔**火难受害者公寓**(Fire Victims Apartments (Harikzedegân), Istanbul, 1919—1922,见[1538]页图 B、图 C)以及安卡拉的**埃夫卡夫公寓**(Evkaf Apartments, Ankara, 1924)中应用模板浇注钢筋混凝土的建筑师。

第48章 中东建筑

第一次世界大战终止了奥斯曼帝国在这一地区的统治,帝国的领土被分成了许多重新定位的民族性王国和酋长国。这些新生国家在第一次世界大战期间经济有限,无力建造许多重大的建筑工程。多数建筑是地方传统式样或由西方风格演变而来,而较大的建筑通常是由移民建筑师按引进技术建造的。

在土耳其,苏丹统治的瓦解和共和国的诞生,激励了反映新时代精神的建筑形式的探索。但这种探索很快就因现代主义的到来而结束。人们选择现代主义,是因为它看上去反映了新国家正确的"进步"形象。新的外国建筑师直接来自德国,其中有克莱门斯·霍尔兹梅斯特(1886—1983)、布鲁诺·陶特(1880—1938)、保罗·博纳茨(1887—1956)和恩斯特·埃格利(Ernst Egli, 1893—1974)。这些建筑师具有巨大的影响,因为他们不仅接受了重要工程的委托,还成为这一地区建筑教育的支柱。在致力于土耳其西方化的凯末尔·阿塔图尔克(Kemel Ataturk, 1881—1938)的支持下,这些现代主义者的活动影响,使得民族主义的建筑师似乎成了反动派而被边缘化了。凯末尔丁这时已经去世,而维达特得不到项目委托,不得不关闭了他同古利奥·蒙杰里(Gullio Mongeri)一起在美术学院经营的工作室。

在现代主义探索中,新一代土耳其建筑师占据了主导地位,较好的例证之一是谢夫基·巴尔蒙久(Sevki Balmumcu, 1905—1982)设计的安卡拉马蹄形展览馆(Exhibition Hall, Ankara, 1933—1934)。然而,这座建筑可以位于世界的任何地方,在柏林也会得到同样的欣赏。1928年,维也纳建筑师克莱门斯·霍尔茨梅斯特接受委托,设计了安卡拉行政区(Administrative District),包括**总统府**(Presidential Palace, 1932—1933)和**总参谋部大楼**(General Staff Building, 1929—1930, 见[1539]页图D)。1938年,他被任命为国家建筑师(直到1959年)。他设计的**安卡拉政府总部**(Government Headquarters, 1934年完成)、**高等法院**(High Courts of Justice, 1938)和**议会大楼**(Parliament Building, 1938—1960),背离了严格的现代式,反映了第三帝国的许多形式主题和建筑偏好,包括列柱门廊和笨重的石头细部。同一风格的还有贝德里·乌恰尔(Bedri Uçar)设计的安卡拉**国家铁路总局大楼**(State Railroad Headquarter, Ankara, 1941, 见[1540]页图A)。

同时,在另一位德国建筑师赫尔曼·扬森(Hermann Jansen)规划的新安卡拉城中,恩斯特·埃格利和布鲁诺·陶特在安卡拉主干大道上设计了同旧居民区相连接的两所有影响的学校建筑。**女子职业学校**(Vocational School for Girls, 1930)和**财政部办公楼**(Offices of Exchequers, 1928—1930)也由埃格利设计,它们展示了毫不妥协的现代主义形象。陶特设计的**文学院大楼**(The Faculty of Letters, 1937)使用了一些传统的地域细节,如间以砖带的石面层。投身于现代主义的新一代土耳其建筑师还有以下几位:塞伊菲·阿尔坎(Seyfi Arkan, 1902—1966),他设计的伊斯坦布尔阿亚兹帕萨的**乌克勒公寓**(Üçler Apartment, Ayazpasa, Istanbul, 1935)和安卡拉的**市政银行**(Bank of Municipalities, Ankara, 1937),以杰出的设计触动了政府,使他赢得了国务建筑师的位置;埃明·奥纳特(Emin Onat, 1908—1961),他在凯末尔·阿塔图尔克陵,即安卡拉**大阿尼特**(Anitkabir, Ankara, 1944—1953, 见[1540]页图C)的方案竞赛中获得了优胜。

土耳其没有卷入第二次世界大战,这使得它从那些参战的邻国中超脱出来,并激发了一个反思的时期。这引发了复兴地方建筑传统的兴趣,其先行者有塞达特·埃尔达姆(Sedad Eldam, 1908—1987)和从德国流亡来的保罗·博纳茨。这种兴趣,甚至也反映在一些年轻的土耳其现代主义建筑师的作品中。例如,埃明·奥纳特设计的安卡拉**森纳普和住宅**(Cenap and Residence, Ankara, 1942),冲破了现代主义戒律,探询了安纳托利亚中部地区细部应用的复兴。创造性运用历史和传统的新兴趣也催生了一些作品,如塞达特·埃尔达姆设计的**安卡拉大学理学院**(Faculty of Science, Ankara University, 1945)和**伊斯坦布尔大学文学院大楼**(Faculty of Arts and Letters, Istanbul University, 1944),以及保罗·博纳茨设计的**政府员工住宅区**(Housing for Government Employees (Saraçoglu Mahallesi), 1945)和把展览厅改建为**安卡拉歌剧院**(Opera House, Ankara, 1948, 见[1540]页图B)的工程。这些带有大挑檐、间以面砖的石工和蜂窝状窗户的建筑,向正统现代主义提出了挑战,并成为正在浮现的地域主义的参照物。这期间,埃尔达姆受到博斯普鲁斯海峡东岸一座著名府邸的启发,产生了关于土耳其住宅的朴素构想,那时他正在设计伊斯坦布尔的

图A 伊斯坦布尔的锡尔克西邮政总局(1909),见[1536]页

图B 伊斯坦布尔的火难受害者公寓(1919—1922),见[1536]页

图C 伊斯坦布尔的火难受害者公寓庭院

第48章 中东建筑

图 A 伊斯坦布尔的帝国土地注册局(1909),见[1536]页

图 B 伊斯坦布尔的尼尚塔希宅(1910),见[1536]页

图 C 伊斯坦布尔的比比克清真寺(1913),见[1536]页

图 D 安卡拉的总参谋部大楼(1929—1930),见[1537]页

第七编 20世纪建筑

图 A 安卡拉的国家铁路总局大楼(1941),见[1537]页

图 B 安卡拉歌剧院(1948),见[1537]页

图 C 安卡拉大阿尼特(1944—1953),见[1537]页

第48章 中东建筑

图A 安卡拉议会清真寺(1985)，见[1542]页

图B 安卡拉的土耳其语言学会大楼(1972—1978)，见[1542]页

图C 安卡拉的土耳其语言学会大楼中庭

图D 伊兹米特的拉撒轮胎工厂(1975—1977)，见[1542]页

泰斯里克咖啡馆(Taslik Coffee House, Istanbul, 1948—1950),这座建筑后来成为当代土耳其建筑的象征。

在战后时期,现代主义再一次被普遍视为土耳其国家意志的建筑表现形式。在中东国家,到西方寻找优秀范例和模式是一种根基很深的传统。因此,现代主义没有遇到明显的政治或民俗障碍。相反,现代主义和西方价值观通常受到欢迎。很快,传统的建造手段就被放弃了,传统建筑也因文化倒退和难以维护而消失了。同时,建筑教育的课程依照德国包豪斯的模式教授,现代主义的信条被当作不证自明的真理来传授。1950年后的土耳其现代建筑,其发展目标是引进那些所谓最好的西方建筑与实践,主要通过建筑类出版物来获得信息。在土耳其的建筑实践中,法国、德国和瑞士的建筑具有特殊的影响,因为一小群占主导地位的建筑师只会拷贝西方模型。建筑任务通过建筑竞赛来分配,而其参赛者和评委都同属一个隐秘组织,他们都向前看,却又只向西方看。

维达特·达洛卡伊(Vedad Dalokay, 1927—1991)和托鲁尔·德夫雷斯(Togrul Devres, 1920—1994)的作品,在战后的年代里具有代表性。的确,达洛卡伊设计的安卡拉土耳其标准所(Standards Institute of Turkey, Ankara, 1956)和德夫雷斯设计的安卡拉埃蒂银行(Etibank, Ankara, 1955—1960)都是首创性的建筑,在以后的几十年间被竭力仿效。阿尔图(Altug, 1935—)和贝赫鲁兹·奇尼吉(Behruz Cinici, 1932—)都是20世纪60年代以后最有影响力的土耳其建筑师。他们的成名作,有中东工业大学校园(Middle East Technical University Campus, 1964—1980),以及对霍尔茨梅斯特设计的议会所做的加建项目,包括公共关系大楼(Public Relations Building, 1977)和议员住宅区(Housing for Members of Parliament, 1982),还有贝赫鲁兹·奇尼吉与其子坎·奇尼吉(Can Cinici, 1962—)合作设计的议会清真寺(Parliament Mosque, 1985, 见[1541]页图A)。

探询更传统的地域主义道路的有图尔古特·詹塞沃(Turgut Cansever, 1926—),他效法地中海乡土建筑的形式,设计了博德鲁姆的代米尔度假村(Demir Holiday Village, Bodrum, 1987),还有坚吉兹·贝克塔什(Cengiz Bektas, 1934—),他设计了安卡拉土耳其语言学会大楼(Turkish Language Society Building, Ankara, 1972—1978, 见[1541]页图B、图C)。后者的中庭平面,受到传统安纳托利亚中部庭院式住宅的启示,具有首创性。

作为工作伙伴,多安·泰凯利(Dogan Tekeli, 1929—)和萨米·西萨(Sami Sisa, 1928—)在战后的工业建筑中最有建树,知名作品有伊兹米特的拉撒轮胎工厂(Lassa Tyre Factory, Izmit, 1975—1977, 见[1541]页图D)和安卡拉的哈尔克·班卡西总部(Halk Bankasi Headquarters, Ankara, 1983—1991)。穆罕默德·科努拉尔普(Mehmet Konuralp, 1939—)接受了高技术方法,并成功地运用于当地实践。他设计的伊斯坦布尔的晨报工厂和办公楼(Sabah Newspaper Plant and Offices, Istanbul, 1988—1990),把报纸生产的所有方面,从记者到印刷全过程,都放置在一个高度透明的结构中,使得建筑的功能得以展示,并成为最重要的装饰和意趣。

阿拉伯半岛

战后这一地区的石油大开发和随之而来的经济繁荣,引发了大规模的建设活动,特别是在城市中,它为这一地区带来前所未有的建筑创作类型。现代主义精神的盛行,为历史城市和地方建筑传统带来意味深远的影响。

20世纪60年代,伊拉克成为中东的发展焦点,主导此地新建筑的是穆罕默德·马基亚(Mohammed Makiya, 1914—)和里法特·沙迪希(Rifat Chadiriji, 1926—)。马基亚创办了巴格达建筑学校,并主张当代建筑要反映地域建筑传统的观点,提倡运用阿拔斯时期(Abbasid)的建筑元素。他设计的库费的拉菲丹银行大楼(Rafidain Bank Building, Kufa, 1968, 见[1543]页图A)和卡尔巴拉公共图书馆(Public Library, Karbala, 1969),很快就成为阿拉伯当代建筑中最主要的模式。在20世纪70年代后现代主义的高峰期,马基亚的设计从现代地域主义走向了一种"伊斯兰"后现代主义形式。他在这一阶段设计了科威特国家清真寺(National Mosque, Kuwait, 1977)。在这座建筑中,马基亚运用现代材料,采取了类似阿拉伯伊斯兰风格的形式。

里法特·沙迪希更多致力于城市设计和创造同历史或文化建筑相适应的环境。从20世纪60年代中期起,他开始批判建筑中"功能"占主导地位的这种观点。他认为,从根本上说,这是西方

第48章 中东建筑

图A　库费的拉菲丹银行大楼(1968)，见[1542]页

图B　巴格达的哈穆德宅(1972)，见[1544]页

图C　科威特水塔(1976)，见[1544]页

图D　伊拉克的巴什拉旅馆(1975—1981)，见[1544]页

图E　利雅得的沙特发展基金大楼(1976—1981)，见[1544]页

现代主义念念不忘的信条。他坚持认为,把结构视为平面形式和建筑表现源头的功能主义观念,应当被更为接近当地建筑和文化传统的形式所取代。沙迪希设计的两座建筑,巴格达的**联邦工业部大楼**(Federal Industry Offices, Baghdad, 1966)和巴格达的哈穆德宅(the Hamood Residence, Baghdad, 1972,见[1543]页图B),都运用对砖、拱和塑性形式表达了他的理论。

在20世纪70年代后期,阿拉伯半岛经济迅速发展,由于缺乏训练有素的本地建筑师以及作品质量与类型不足,雇用西方和日本的外来者是不可避免的。现在看来,同样不可避免的是现代主义成了优先的建筑语汇,因为它表面上反映了伊斯兰内在的精神,例如对变化的渴望以及对发展和当前时代的信念。另外,阿拉伯客户因为富有而愿意聘请拥有最佳国际声誉的建筑师。通过建筑设计竞赛,常常选出高质量的作品,但由于优胜方案往往不得实现,因此普遍认为竞赛制度是巨大的浪费。

一些著名的委托建筑作品产生在这段时间。例如**科威特水塔**(Water Towers, Kuwait, 1976,见[1543]页图C),设计者是斯堪的纳维亚VVB公司的苏内(Sune)和乔·林德斯特伦(Joe Lindström),以及斯蒂格·恩内尔(Stig Egnell)。以两座、五座或九座塔为一组,坐落于港区,这些建筑的形体仿效了棕榈树,而其组群象征着绿洲。水是一个沙漠国家的生命之源,它们很快就不仅是水的象征,而且成为这个国家本身的象征。以那些水塔为先河,约恩·伍重(Jørn Utzon, 1918—)在**科威特议会大楼**(Parliament House, Kuwait, 1985)的设计中,作了进一步发展,建立了形式、地理文脉与文化传统间的一种抽象关系。受科威特航海传统中的风帆和游牧文化中的帐篷启发,伍重的这座建筑形式,已经以其大胆的钢筋混凝土入口华盖成为科威特的地标之一。

20世纪70年代和80年代的现代主义运动,也被一种对传统的关切所调和,这种关切把地域特色的抽象化当做灵感的来源。由瓦尔特·格罗皮乌斯的设计实践而发展成公司的协和建筑师事务所(The Architects Collaborative(TAC)),首先尝试用现代主义手法诠释传统庭院住宅。其设计的伊拉克的**巴什拉旅馆**(Basra Hotel, Basra, Iraq, 1975—1981,见[1543]页图D)就是这种诠释的创新性探索。旅馆

的客房围绕着一个中心庭院布置,并提供木制阳台,灵感来自叫做玛什拉比亚(Mashrabiyya)的传统阳台。纽约的乌尔班和科伊尔公司(New York firm Urbahn and Coile)发展了这种做法,利雅得的**沙特发展基金大楼**(Saudi Fund for Development, Riyadh, 1976—1981,见[1543]页图E),在外墙和敞廊之内,是一个凉爽的、可调节环境的中厅。在亨宁·拉森(Henning Larsen)的竞赛优胜方案——利雅得的**外交部大楼**(Ministry of Foreign Affairs, Riyadh, 1985)中,以沙漠建筑为特征,继续体现庭院住宅式理念。建筑中有一个三角形的中厅,指明通往建筑三"翼"的方向。在到达各翼的通道中,拉森又再次选择了传统,采用了这一地区狭窄的城市街道或露天市场(Souk)的布局方式,赋予走廊特别的风格。拉森还计划应用当地纳依蒂(Najdi)的建筑及设计传统,特别是外交部大楼的立面,小窗口穿透面层的粗重石材,完全摒弃了现代主义的信条。

美国SOM建筑师事务所(Skidmore Owing and Merrill)的戈登·邦沙夫特(Gordon Bunshaft)设计了吉达的**国家商业银行**(National Commmercial Bank, Jeddah, 1977—1984,见[1545]页图B)。这是他最后的也是备受争议的最好的高层建筑。它无疑是这一地区最动人的建筑作品之一。邦沙夫特也诠释了传统的庭院住宅观念,在建筑中组织了三个多层通高的三角形内部空间,每一边都在不同高度上朝不同方向开敞,可以观赏到旧吉达或咸水湖的不同景观,并在内部避免阳光直射。在外墙面上的旋转开敞面还造就了一个从底层直达顶部的通风道,让热空气从建筑内部上升溢出释放。

奥姆拉米亚事务所(Omramia),由建筑师巴塞姆·谢哈比(Basem Shihabi)和纳比勒·法诺斯(Nabil Fanous)创立,是第一家娴熟地仿照西方现代主义模式工作的本土建筑师事务所,它发展了一种名副其实的创造性语言,对传统主题和象征作了全新的诠释,特别是著名的绿洲观念。利雅得的**图韦格宫**(Tuwaiq Palace, Riyadh, 1985,原外交官俱乐部;见[1545]页图A)是外交区边沿上作为墙使用的一座建筑,这一曲线化的建筑,在不同的扇面上有不同的功能,封闭围绕着里面一个绿洲般繁茂的室内花园,同墙外的弗尔根(Virgin)沙漠的景观形成强烈对比。这一建筑还包括弗赖·奥托设计的一些帐幕雨棚,飘浮在深米色的利雅得石头立面之前。

第48章 中东建筑

图A　利雅得的图韦格宫(1985)，见[1544]页

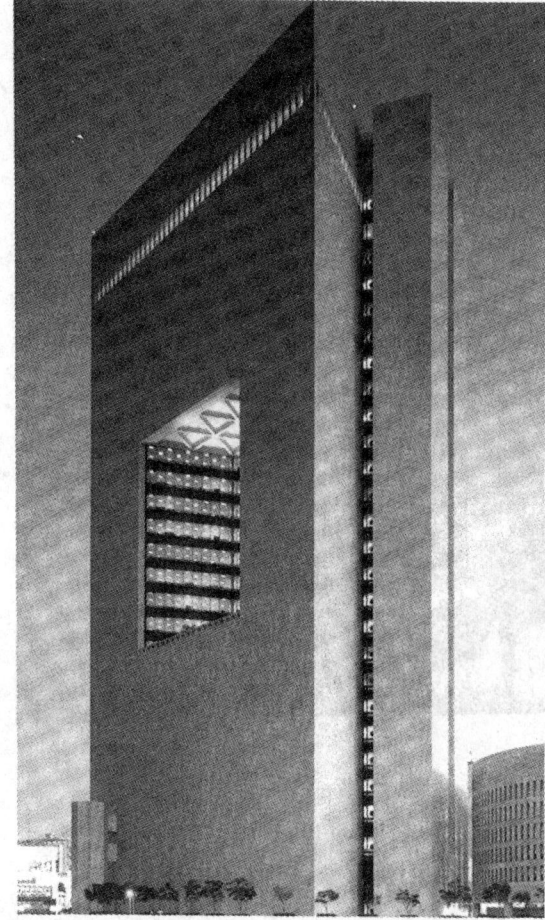

图B　吉达的国家商业银行(1977—1984)，见[1544]页

图C　吉达的王宫(1983)，见[1547]页

图D　宰赫兰的石油与矿业大学(1969—1982)，见[1547]页

第七编 20世纪建筑

图 A　吉达的哈吉航空港(1982)，见[1547]页

图 B　卡塔尔大学(1985)，见[1547]页

第48章 中东建筑

尽管人们在20世纪70年代和80年代努力赋予现代主义一种地域品味，并用地方文化的一些形式和象征来丰富它，但此间产生的许多建筑范例还是不失纯净和简单的。其中在阿拉伯半岛少见的极端国际现代主义风格范例，是丹下健三(Kenzo Tange)设计的吉达的王宫(Royal Palaces, Jeddah, 1983, 见[1545]页图C)、约旦伊尔比德的雅尔穆克大学(Yarmouk University, Irbid, Jordan, 1983)和考迪尔、罗利特与斯科特事务所(Caudil, Rowlett and Scott)设计的宰赫兰的石油与矿业大学(University of Petroleum and Minerals, Dhahran, 1969—1982, 见[1545]页图D)。

这一地区的经济发展和日益增长的空中交通需求，使机场建筑成为20世纪70～80年代的主要建筑类型。SOM事务所与结构工程师法兹勒·拉赫曼·坎(Fazlur Rahman Kahn)所设计的吉达的哈吉航空港(Hajj Terminal, Jeddah, 1982, 见[1546]页图A)非常有名，它实现了奥斯曼人乘坐现代交通工具舒适前往朝圣地的梦想。这个航空港紧挨着吉达机场，内部净跨度超过50m(160ft)，提供宽敞开放的各层空间，满足200万朝圣者同时到达的使用要求。张力结构屋顶像是游牧者的帐篷，而航空港内部在端部结合艺术的表达技术方面，简洁而现代。

20世纪80年代后期，在穆罕默德·阿勒舍克(Mohammed al-sheikh)领导下的沙特阿拉伯利雅得发展当局的支持下，地域建筑的声音占了上风，一些地方建筑师得以任命，他们力图建立而不是忽视地域传统。阿里·舒艾比(Ali Shuaibi, 1950—)在沙特阿拉伯的公司(BEEAH)和约旦人拉塞姆·巴德兰(Rasem Badran, 1941—)，力求确立新的地域建筑，同时利用现代技术来满足现代舒适与便利的标准。舒艾比在利雅得设计了许多公共建筑，著名的有金迪广场(Al-Kindi Plaza)和清真寺(Mosque, 1983—1986)、利雅得社会保险总局(General Organisation for Social Insurance)和比亚办公楼(Beeah Offices, 1985—1989)。巴德兰则设计了法院大楼(Justice Palace)与伊玛目土耳其清真寺(Imam al-Turki Mosque, Riyadh)。巴德兰和舒艾比的设计，有着直线的形式，宣礼塔似的塔楼，创造遮蔽开敞空间的列柱步廊，以及遮挡阳光并减少空调耗能的小窗户，是纳依奉建筑在当代重新定义的优秀实例。由拉森、巴德兰和舒艾比发展出的建筑语言，如今已经构成一套连贯的词汇。用深米色石材加工的琢石面层，与色彩一致的当地石灰石和粗糙的灰泥装饰，带来一场所感，并同许多新近完成的建筑，特别是那些在城市景观地的建筑紧密协调。

复兴传统建筑价值的一些动人实例，可在吉达滨海区(Corniche area of Jeddah)中见到。20世纪80年代初期，在吉达市长赛伊德·阿勒法西(Said al-Farsi)的支持下开发了城市边缘公园，其中最有趣的建筑是由埃及建筑师阿卜杜勒-瓦希德·瓦基勒(Abdelwahed el-Wakil, 1943—)设计的一系列清真寺。他是哈桑·法赛的得意门生。法赛早在20世纪50年代就预见了传统建筑的长处，当20世纪80年代建筑的传统价值在全世界得到广泛赞誉的时候，他被尊为具有独创性的国际权威之一。

在吉达，瓦基勒历史性地宣称，汉志(Hijaz)圣地的所有建筑，反映了这个地区由于法鲁克王朝及其后的奥斯曼帝国文化交融而形成的最佳建筑要素。因此，瓦基勒的目标是，结合伊斯兰建筑的"最佳"遗产来设计建筑。这个论点，使瓦基勒坚定地维护了其折中主义的基础信念。在建造过程中，瓦基勒展示了在清真寺的比例和选址上的敏感性，这些清真寺是以真正的阿拉伯(不一定是沙特)建筑技术建成的，有着带灰浆线的砖墙以及照传统设计和建造的穹窿顶。瓦基勒设计的艾兰清真寺(Island Mosque)、米凯特清真寺(Miqat Mosque)、吉达的哈里提清真寺(Al-Harity Mosques, Jeddah)，以及麦地那的奎布拉坦和奎巴清真寺(Quiblatain and Quba Mosques, Medina)，全部建于20世纪80年代，体现了对清真寺建筑古典形式的坚定不懈的探索。

在海湾地区一些更小的国家，也出现了著名的建筑。其中两个优秀的作品是卡塔尔大学(Qatar University, Qatar, 1985, 见[1546]页图B)，由卡迈勒·卡夫拉维(Kamal el-Kafrawi, 1931—1993)设计，平面是由一系列带开敞庭院的八边形紧密组合而成，反映了伊斯兰式几何图形和环境控制的传统形式。麦纳麦的巴林国家博物馆(The National Museum of Bahrain, Manama, 1988)，由丹麦建筑师克罗恩(Krohn)和哈特维希·拉斯穆森(Hartvig Rasmussen)设计，位于一个咸水湖畔，由数个展区组成，由带顶的环状通道联系起来，这些通道同花架一起，让来自咸水湖的冷空气在建筑中循环。

伊朗

1926年巴列维王朝掌权，实行了西方化的政策，甚至排斥对本国优秀文化和建筑遗产的关切态度。在20世纪30年代，理性的新古典主义和现代主义同时盛行。以几乎不加思考的方式追随西方实践的态度从未受到当地建筑行业的质疑，直到进入20世纪70年代以后才有所改变。此时，纳迪尔·阿达兰（Nader Ardalan）于1973年出版的《整体观》（Sense of Unity），带来了伊斯兰教苏菲派禁欲神秘主义❶对建筑和空间的认识。在自己的建筑实践中，阿达兰尝试对当代建筑运用具有精神价值的普通形式。他设计的德黑兰伊朗管理研究中心（Iran Centre for Management Studies, Tehran, 1972），其放射状的拱形空间和六边形院落围绕一个大型波斯园林来布置。

卡马兰·迪巴（Kamran Diba）和他的DAZ事务所，在创作反映当代需求和使用新技术的建筑的同时，也竭力传承伊朗的建筑传统。他最初的尝试是阿瓦士的约蒂-沙布尔大学教师住宅（Faculty Housing, Jondi-shapour University, Ahwaz, 1967—1972），在胡齐斯坦的舒什塔尔新城（Shushtar New Town, Khuzestan, 1974—1980）中技艺成熟。迪巴运用传统的城市模式，创造半开放的空间和带顶的步道，并且采用了舒什塔尔旧城中常见的睡觉和做饭用的屋顶平台。但迪巴也简化了复杂的砖工传统，将技术创新与这个地域的传统娴熟地结合起来。约蒂-沙布尔大学清真寺（Jondi-shapour University Mosque, 1968—1973），表现了迪巴对传统城市模式再创造作出的贡献。这座清真寺不是孤立地规划或放置的，它同校园紧密结合，而且是大学内步行交通模式的有机组成部分。

20世纪70年代，伊朗出现了一些极为生动的建筑，部分原因是受到了曾在巴黎学习建筑的王后的影响，也是由于国家经济的繁荣推动了大型的、炫耀性的建筑发展。德黑兰公共图书馆（Tehran Public Library, 1977）的国际竞赛，使伊朗处于当代建筑争论的中心。与此同时，汉斯·霍莱因（1934—）对建在一所19世纪府邸之中的德黑兰阿布根尼赫玻璃与陶瓷博物馆（Abgineh Museum of Glass and Ceramics, Tehran, 1978）进行了修复与装饰，展示了新要素与传统要素怎样才能成功地融合在一起。迪巴和阿达兰设计的德黑兰当代艺术博物馆（Museum of Contemporary Art, Tehran, 1967—1976）使用了当地人所熟悉的风斗（wind-catcher）来为博物馆内部捕捉光线和空气，展示了创造性的、当代的手法如何应用在传统形式上。

泛伊斯兰地区

自20世纪80年代初，阿卡·汗（Aga Khan）文化基金会就为确立和保护伊斯兰地域设计、建筑、文化和精神传统，作出了持久努力，并鼓励在当代设计中应用和反映这些要素。这一倡导的建筑和规划成果还未出现在大众视野中，但一些有创意的方案已经受此影响开始浮现，连接起被几十年的西方现代主义所打断的历史连续性，并创造一种为多样化的穆斯林社会服务的新建筑。

以色列

在19世纪末叶，早期犹太复国主义先驱出现以前，以色列在文化和社会上一直是奥斯曼帝国的一个孤立的边陲。20世纪的以色列建筑史由在欧洲接受训练的建筑师们所主宰，他们引进别国风格并试图创造一种独特的犹太或以色列建筑风格。

20世纪早期，在以色列工作的建筑师中，最有影响力的是亚历山大·贝瓦尔德（Alexander Baerwald, 1877—1930）。贝瓦尔德是一个普鲁士公务员，生于柏林并在柏林接受教育，被带到海法设计了两幢教育建筑：技术学院（Technikum, 1909—1913, 见[1549]页）和雷亚利学校（Reali School, 1909—1913）。海法的洛伊米银行（Bank Leumi, Haifa, 1925, 见[1550]页图A）也是贝瓦尔德的设计。这些建筑把欧洲的先进平面设计与技术，与地中海东部的黎凡特（Levant）风格要素相结合，反映了他为巴勒斯坦创立一种得体的现代风格的愿望。贝瓦尔德于

---

❶ Sufism；又译为苏菲主义，伊斯兰教中的神秘主义，其信奉者企图通过个人对真主的亲身体验来寻求神爱与知识。——译者注

第48章 中东建筑

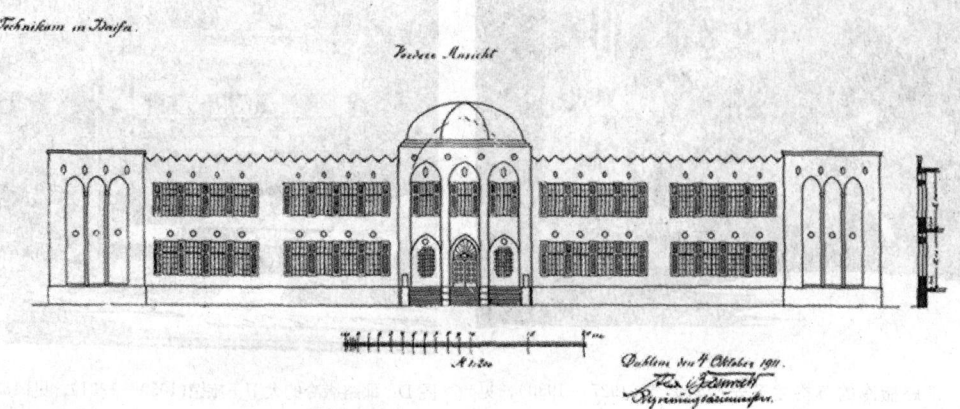

海法技术学院(1909—1913)：建筑师的设计图，见[1548]页

第七编 20世纪建筑

图A 海法的洛伊米银行(1925)，见[1548]页

图B 耶路撒冷的洛克菲勒博物馆(1927—1938)，见[1551]页

图C 耶路撒冷的苏格兰圣安德烈教堂(1927—1930)，见[1551]页

图D 耶路撒冷的大卫王旅馆(1930—1931)，见[1551]页

第 48 章 中东建筑

1924年移居巴勒斯坦，从1925年直到逝世，他一直是技术学院的首席教授。

在这个世纪的大部分时间里，什么是得体的以色列风格这一问题，长期困扰着建筑师们。特奥多尔·赫策尔(Theodor Herzl)，现代犹太复国主义的创始人，在1898年第一次提出了这一问题。他认为这一风格应具有浪漫色彩和东方特色，许多形式要素可来源于摩尔式(Moorish)建筑。对得体的风格的探索，在20世纪20年代的**特拉维夫**(Tel Aviv)建筑中又成为流行的主题。这集中体现在塔巴茨尼克(Y. Z. Tabatchnik)设计的**帕尔姆宅**(Palm House, 1922)中。这座住宅的全部装饰母题都出自犹太文献插图，并尝试造就一种犹太柱式。从约瑟夫·米诺尔(Joseph Minor)设计的不太时尚的**诗人比亚利克宅**(house for the poet H. N. Bialik, 1924—1925)中，从这一时期特拉维夫最多产的建筑师耶胡达·梅基多维奇(Yehuda Megidovitch, 1886—1961)的多数作品中，以及从亚历山大·利维(Alexander Levy, 1884—1942)设计的**巴格达宅**(Pagoda House, 1925)那非常东方化的浪漫手法中，可以看出这一点。

在1917年开始的英国托管期，查尔斯·罗伯特·阿什比(Charles Robert Ashbee, 1863—1942)来到以色列，被军事总督罗纳德·斯托斯(Ronald Storrs)任命为市政顾问。尽管阿什比没有在以色列建造任何建筑，但他还是为本地艺术和手工艺的复兴，以及保护和修复地方纪念建筑作出一定贡献，最重要的是，他使斯托斯颁布了政令，要求耶路撒冷的所有建筑都使用当地的石材。在巴勒斯坦工作的英国建筑师中，克利福德·霍利迪(Clifford Holliday, 1897—1960)设计了耶路撒冷的**苏格兰圣安德烈教堂**(S. Andrew's Church of Scotland, 见[1550]页图C)和比邻的**苏格兰济贫院**(Scottish Hospice, Jerusalem, 1927—1930)。还有奥斯汀·圣巴伯·哈里森(Austen S. Barbe Harrison, 1891—1976)，他设计了**总督府**(Governor General's House)和**洛克菲勒博物馆**(Rockefeller Museum, 1927—1938, 见[1550]页图B)，两者都在耶路撒冷。必须承认，就以古典为摹本，以地中海东部的黎凡特式为特色而言，洛克菲勒博物馆是其中的极品。

纳粹主义在德国的兴起，使众多在欧洲受教育的建筑师来到巴勒斯坦托管地。其中许多人曾在包豪斯学习，或曾经和著名的"现代建筑运动"大师一起工作过，或支持已在这个国家生活和工作的受欧洲教育的建筑师。到20世纪30年代，现代主义成为主导风格，并且象征着新的社会主义社会。以色列集体农场❶和莫夏夫❷的建筑以现代主义为特征，例如**特拉维夫新城**(new city of Tel Aviv)，因其平屋顶的白色建筑而被诗人内森·奥尔特曼(Nathan Alterman)戏称为"白城"。

耶路撒冷的历史积淀异常厚重，因而，折中主义一直延续到20世纪30年代，像阿瑟·卢米斯·哈蒙(Arthur Loomis Harmon, 1879—1958)设计的**基督教青年会大楼**(Young Men's Christian Association, 1926—1933)和埃米尔·沃格特(Emile Vogt)与室内设计师胡夫施密德(G. G. Hufschmid)设计的**大卫王旅馆**(King David Hotel, 1930—1931, 见[1550]页图D)。还有雷恰维亚(Rechavia)的花园城郊，由理查德·考夫曼(Richard Kauffman, 1887—1958)于1921年规划，大部分建成于20世纪30年代，由于要求用石材来建造，中和了其现代主义风格。

新居民点的规划，更多地反映了社会乌托邦主义(Social Utopianism)运动，而不是对得体民族风格的折中尝试。理查德·考夫曼受犹太复国主义组织的邀请，来到巴勒斯坦设计了乡村合作居民点莫夏夫和集体农场。他最富想象力的规划是**纳哈拉勒的莫夏夫**(moshav of Nahalal, 1921)。其平面为椭圆形，住房围绕着中心地带的公用建筑，再往外是周围的农田，令人回忆起菲拉雷特的文艺复兴理想城市形式。考夫曼的建筑尽管非常明显地属于现代主义，但还是被认为适应了当地气候，从他在**代加尼亚集体农场学校**(school at Kibbutz Degania, 1930)和**死海盐碱厂住宅**(Dead Sea Potash Works Housing, 1929)的设计中可以看到，他把最大注意力放在了为建筑降温的空气循环上。其他具有独特的基布兹结构的实例，是贝特阿勒法集体农场(Kibbutzim of Bet Alfa, 1930)和泰勒约瑟夫集体农场(Tel Yosef, 1933)的一些餐厅建筑，由在维也纳出生并接受教育的建筑师与艺术家利奥波德·克拉考尔(Leopold Krakauer, 1890—1954)设计。

---

❶ Kibbutz；以色列的集体居民点。——译者注
❷ Moshav；以色列的一种农业合作居民点，介于私有居民点和完全共同生活的集体农场之间。——译者注

最著名和最有影响的移民建筑师是埃里希·门德尔松(1887—1953)。门德尔松早在1923年就访问过这个国家，并为犹太上层社会所熟悉。他最重要的建筑有耶路撒冷的绍肯家族府邸和图书室(house and library for the Schocken family, 1934-1936,见[1553]页)，这个家族在德国时就是他的老主顾。还有耶路撒冷斯科帕斯山上的哈达萨医院(Hadassah Hospital on Mount Scopus, Jerusalem, 1936-1938,见[1554]页图B)、耶路撒冷的洛伊米银行(Bank Leumi Jerusalem, 1936-1939),以及里肖沃特的哈伊姆·魏茨曼宅(house of Chaim Weizman, Rechovot, 1936)。门德尔松的欧洲现代主义，极好地适应了地中海东部的酷热天气。

在地方上起主导作用的建筑师，却不一定出生在当地，例如阿里耶·沙龙(Aryeh Sharon, 1902-1984)、泽埃夫·雷什特(Ze'ev Rechter, 1899-1960)和多夫·卡尔米(Dov Karmi, 1905-1962)等。1933年，曾在罗马和巴黎学习过的雷什特设计了恩格尔住宅(Engle House,见[1554]页图D)。这是一个非常直观的勒·柯布西耶式的公寓建筑，是特拉维夫第一座架空式建筑。然而却是沙龙使这座社会主义社会的新建筑得以展现。沙龙生于波兰，移居巴勒斯坦后生活在一个集体农场中，曾在瓦尔特·格罗皮乌斯和汉内斯·迈耶主持下的包豪斯学习，并在1931年移居巴勒斯坦前为他们工作。亚历山大·弗里德曼(Alexander Friedman)负责设计了耶路撒冷的一些公寓街区，展示了一种流动的、几乎是装饰艺术派的线条，例如耶路撒冷的什穆埃尔·哈纳吉德大街公寓(Shmuel Hanagid Street, Jerusalem, 1938-1939,见[1554]页图A)和同迈尔·鲁宾(Meir Rubin)合作设计的耶路撒冷的哈马洛特宅(Hamaalot House, Jerusalem,约1935,见[1554]页图C)。

自1948年独立以来，大量移民进入了这个新生的国家，建筑被日益增长的人口对住房的要求所左右。勒·柯布西耶英雄时代的白色现代主义，已让位于一种更粗野的混凝土建筑意趣。这种风格，特别适合气候严酷和缺乏自然建筑材料的以色列。曾于1935~1939年在特拉维夫建造了高度合作化工人住房的沙龙，参与了约20个新城的规划，以及遍及全国的大量新住宅方案。这些新建筑中，最引人注目的有佐罗托夫(N. Zolotov)和哈弗金(D. Havkin)设计的比尔谢巴住房部大楼(Ministry of Housing in Beersheba, 1960—1964)方案，以及沙龙和本杰明·艾德尔森(Benjamin Idelson)设计的上拿撒勒的山坡住宅(hillside housing, Upper Nazareth, 1955—1957)方案，后者以台地住宅和使用自然石材为特征。到20世纪70年代，住宅再次成为优先考虑的问题，大量新城和城郊居住区建造起来，大多具有巨型建筑的尺度和感受，这集中体现于吉洛的新耶路撒冷城郊(new Jerusalem Suburb of Gilo)。

这场住宅建筑运动的一个副产品，是对预制与模数化的兴趣，以及对几何学的迷恋。后者最极端的形式见于兹维·黑克尔(Zvi Hecker, 1931—)的建筑作品中，特别是同艾尔弗雷德·纽曼(Alfred Neumann)和埃尔达尔·沙龙(Eldar Sharon)合作设计的巴特亚姆市政厅(City Hall for Bat Yam, 1959—1963)，以及同赫尔曼合作设计的海法工业学校机械工程实验室(Mechanical Engineering Laboratory at the Technikam, Haifa, 1964—1967)。黑克尔在住宅方面和几何多面体的兴趣，最初体现在与纽曼和沙龙合作设计的拉马特甘的杜宾纳公寓(Dubiner Apartment Building, Ramat Gan, 1961—1963)，后来在拉莫特住宅区(housing in Ramot, 1972—1975)中，其平面和剖面中仍使用多面几何体。

在20世纪60年代，以色列建筑处于具有雕塑感的粗野主义建筑的前沿，诸如多夫·卡尔米与其子拉姆·卡尔米(Ram Karmi, 1931—)设计的特拉维夫的奥尔大楼(El Al Building, Tel Aviv, 1962—1965)、泽埃夫·雷什特之子雅科夫·雷什特(Yacov Rechter, 1924—)同扎利(M. Zarhi)及佩里(M. Peri)合作设计的雄健的特拉维夫希尔顿酒店(Hilton Hotel, Tel Aviv, 1965—1966)。这种将暴露的混凝土用于结构也用于装饰的建筑语言，在这30年比较好的时期内，在除耶路撒冷之外的地区，变成通行全国的标准，成为这个年轻国家民族风格的代表。没有采用这种风格的三座重要建筑是：赢得罗马大奖的南非建筑师杰克·巴尼特(Jack Barnett, 1925—)设计的阿什克隆的阿夫里达尔市民中心(Afridar Civic Centre, Ashkelon, 1952—1954)，这是一种乡土古典主义的尝试；由艾尔弗雷德·曼斯菲尔德(Alfred Mansfield, 1912—)设计的以色列博物馆(Israel Museum, 1959—1975)，雅致的展厅系列，精心摆布在耶路撒冷的山坡上；以及海因茨·拉乌(Heiz Rau)设计的精美的现代主义作品希伯来联合学院(Hebrew Union College, 1962)。

第 48 章 中东建筑

图 A （上图）耶路撒冷的绍肯家族府邸和图书室(1934—1936)，见[1552]页

图 B （右图）绍肯家族府邸和图书室首层平面

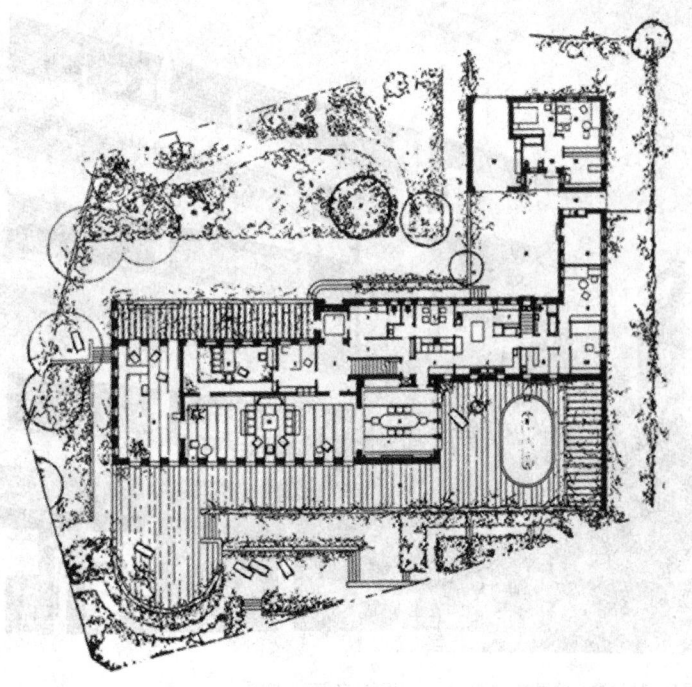

第七编 20世纪建筑

图A　耶路撒冷的什穆埃尔·哈纳吉德大街(1938—1939)，见[1552]页

图B　耶路撒冷斯科帕斯山上的哈达萨医院(1936—1938)，见[1552]页

图C　耶路撒冷的哈马洛特宅(约1935)，见[1552]页

图D　特拉维夫的恩格尔宅(1933)，见[1552]页

第48章 中东建筑

图A 耶路撒冷近东研究中心(1986),见[1557]页

图B 耶路撒冷最高法院大楼(1986—1993),见[1557]页

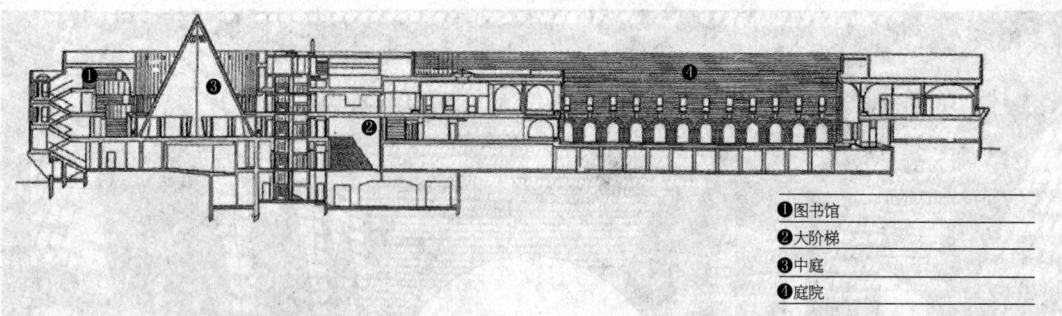

❶ 图书馆
❷ 大阶梯
❸ 中庭
❹ 庭院

图 A 耶路撒冷最高法院大楼：沿图书馆和法庭大院的剖面图

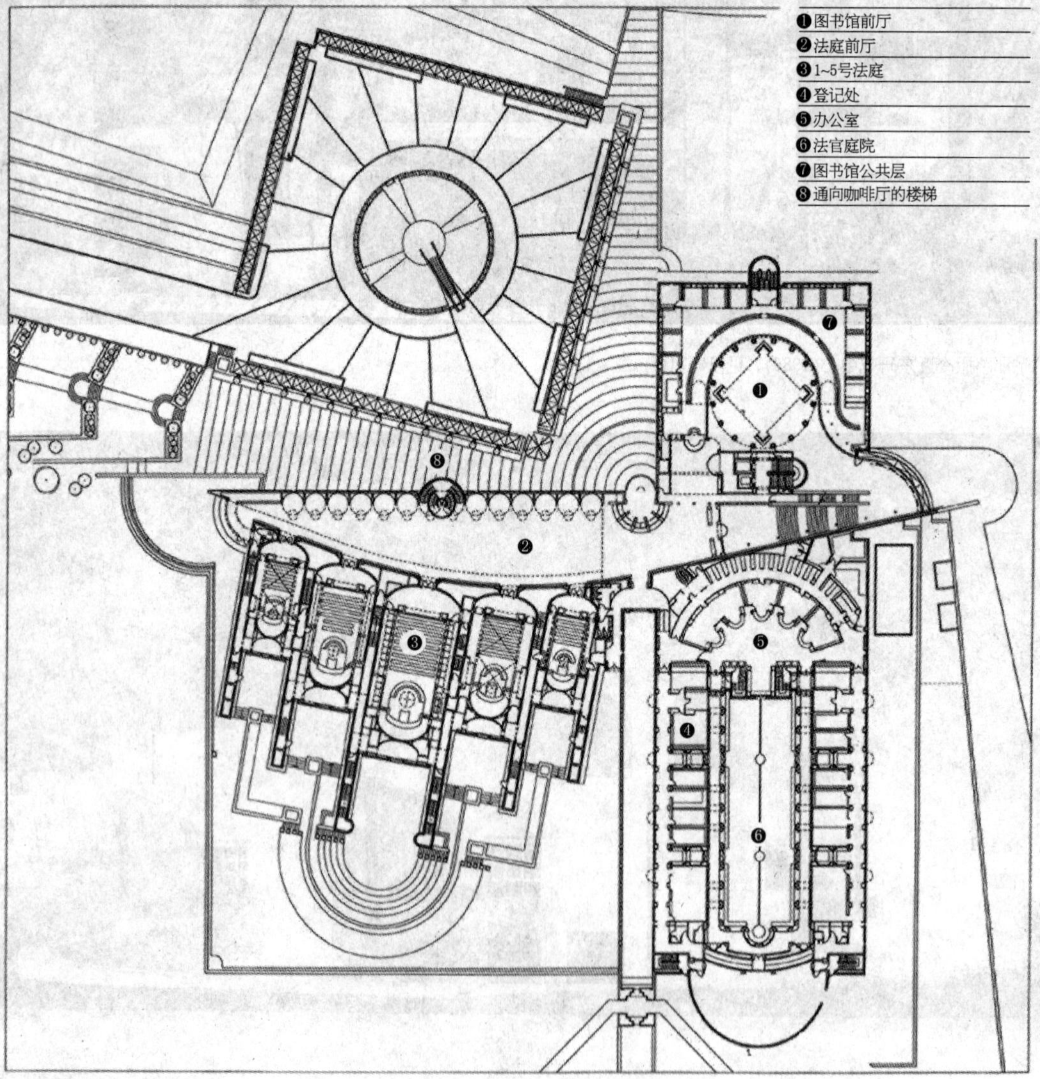

❶ 图书馆前厅
❷ 法庭前厅
❸ 1～5号法庭
❹ 登记处
❺ 办公室
❻ 法官庭院
❼ 图书馆公共层
❽ 通向咖啡厅的楼梯

图 B 耶路撒冷最高法院大楼二层平面

第48章 中东建筑

在20世纪80年代,建筑风格开始从束缚中解脱。最近几年,最具震撼力的两座建筑都在耶路撒冷。其中一座建筑是耶路撒冷**近东研究中心**(Jerusalem Centre for Near Eastern Studies,即摩门大学(Mormon University),1986,见[1555]页图A),其设计者为大卫·列兹尼克(David Reznik, 1923—)。它有明显的东方式穹窿、拱券和庭院,层台结构完满地适应了基地。另一座建筑是**最高法院大楼**(Supreme Court Building, 1986—1993,见[1555]页图B及[1556]页),其建筑师是拉姆·卡尔米和阿达·卡尔米-梅拉梅德(Ada Karmi-Melamede, 1936—)。尽管它远比耶路撒冷近东研究中心更加抽象化和雕塑化,却表现出对历史和"场所精神"(genius loci)的回应。

20 世纪建筑

第 49 章
非洲建筑

概述

赫伯特·贝克爵士(Sir Herbert Baker)坚持认为，建筑的质量与殖民统治有关，建筑师的使命是，对外表达殖民主义者的国家观念，然后运用这些观念去适应不同国家的状况。这个概念，经不起时间的检验。在 1890 年往后 75 年的不长时间里，非洲各王国已经成立，并多形态地发展起来，但作为殖民地却被主要的欧洲国家抛弃了；另一方面，还有一些更老的殖民地和保护地，它们有更长的历史。这些不同的背景，导致非洲国家欧洲化的程度存在巨大差异。在已经稳固建立的殖民地，如知名的英国和法国殖民地，建筑同欧洲联系紧密，甚至在独立后仍然是这样，尽管逐渐受到本土文化各方面的更多影响。但从 20 世纪开始，这里出现了经久不衰的建筑主题，这就是文化的整合。

20 世纪早期出现的一个新事物，是在非洲居民中心以外规划城镇，为殖民统治者和商业活动所用。1910 年，肯尼亚省的省、区长官得到的指令是，这些城镇应当"以更具永久性的方式来规划，以适应未来的发展"，应详细划定政府用地，确定市场、教堂和医院这类建筑所需的基地，并定出欧洲和印度公司经营区、欧洲和当地土著居民区的位置。当 1917 年尼日利亚首都由北部迁往卡杜纳(Kaduna)时，新规划的依据是由总督弗雷德里希·约翰·卢加德(Frederick John Lugard, 以后封为卢加德勋爵，1858—1945)确定的原则。这些原则被纳入到他那颇有影响的 1917 年规划法令之中。

卡杜纳规划是一个习惯于操场纪律和严格等级礼仪军人头脑的作品，但它提供了一个有序的平面与空间组织概念，与围绕着宗教中心、圣地和市场之类公共建筑有机生长的非洲城市概念很不同。高高在上的总督府，正面俯瞰中央大道，下面是按等级大小排列的上下级官员建筑用地。大道树木高耸，花园尺度宏大，绿带围绕着政府所在的区域。这里有数个兵营，一个练兵场，一个赛马场和高尔夫球场，商店和公司办公建筑在视野之外。这种轴线和等级化的规划概念被广泛应用，它很可能也是 20 世纪 70 年代的尼日利亚新首都阿布贾(Abuja)的规划源头。

另一项重要的城市设计是建造于 1906～1922 年的埃及的赫利奥波利斯(Heliopolis, 今开罗)。这座有许多别墅和园林的城市，是按英国花园城市的方式规划的。

卢加德的法国同代人，总督利奥泰(Lyautey, 1854—1934)将军，是北非殖民地新城规划和其他新建设的幕后操控者。1857 年就已形成的达喀尔，在 1904 年被升格为塞内加尔的首都时，它的规划依照了一个网格模式。具有地中海式细部的殖民地别墅位于宽阔的花园中，并且有一些明确限定的地段，即一个行政中心、一个商业公司区域和一个港区。后来，城市又加建了拱廊街，以及再后来更多的政府建筑。

1919 年法国的一项立法三年后被适用于阿尔及利亚，要求为城市的发展、扩张和增加制订规划。阿尔及尔是非洲第一个受到该项立法影响的城市，尽管它的规划直到 1931 年才得到批准。这个计划带来了分区概念，并建议拆毁和重建德拉马林(de la Marine)地区和旧官邸(Préfecture)。新的区域做了设想，但同时老城的部分情况有些例外，在那里要有保护众多古老建筑和拱廊街的真实性与审美价值的明确意向，这种价值基于它们的优美如画以及作为活的博物馆的特性。除了强加于新旧非洲城镇的殖民地规划外，存在于两种文化间的相互补充和影响在这个大陆的建筑上也体现得十分明显。

非洲国家独立以前的建筑

在南非，赫伯特·贝克爵士带来了约翰内斯

堡的南非医学研究院(South African Institute for Medical Research, Johannesburg, 1912, 见[1560]页图A)这样的新型公共建筑设计。它有一系列庭院和规则的平面设计,主体有柱廊和带穹顶的塔楼。在肯尼亚首都内罗毕,赫伯特·贝克爵士以同样的雷恩式(Wren-derived)风格建造了**法院**(Law Courts)、**铁路总局**(Railway Headquarters, 1929)和**政府大楼**(Government House, 1934—1935),其标准化的细部和手工艺,高度有序。位于津巴布韦索尔兹伯里的**圣马利亚和万圣大教堂**(Cathedral of S. Mary and All Saints, Salisbury, Zimbabwe, 1913—1938),是赫伯特·贝克爵士的罗马风(Romanesque)式样的作品。在室内,粗重的石工与抹灰扁穹形成对比;而在外部,最引人注目的是,受到津巴布韦伟大遗迹启发的圆形钟楼。贝克的风格,因他为南非和其他英国殖民地工作时的同事和前助手得以继承。他的合作者弗朗西斯·梅西(Francis Massey)设计了莱索托马塞卢的**圣雅各代主教座堂**(S. James's Pro-cathedral, Maseru, Lesotho, 1905—1906),以及津巴布韦布拉瓦约的**圣施洗约翰代主教座堂**(S. John Baptist's Pro-cathedral, Bulawayo, Zimbabwe, 1910—1913)。

埃德温·勒琴斯爵士(Sir Edwin Lutyens)设计的**城市艺术馆**(Civic Art Gallery, 1911—1915),以一排低矮的瓦房,带有门廊,两端各一个挑出的馆厅,为约翰内斯堡这座建筑变化多端的城市补充了英国古典传统的个性与特色。埃德温·勒琴斯爵士推出他的观念:在"古老的国家,你可以使用粗糙的材料。在那里你看到人们从孩提时候起就本能地握着它,并无意识地把它编织进可爱的肌理之中。在一个新国家,期盼这类建筑的质地是不可能的……在非洲,没有可以依赖传统的运气,可以依赖的只能归结于优秀的思想……至于她的建筑,尽管你可能会感受到诗情,但在混杂的语言中还没有伟大的诗篇"。他设计的艺术馆和兰德**军团纪念碑**(Rand Regiments' Memorial, 1911)的凯旋门,证实了他的信念,即在为新国家设计古典建筑时,古典规则和比例必须严格地、绝对地被执行和服从;他不同意塞西尔·罗兹(Cecil Rhodes)的那种古典建筑用于殖民地必须加以调整的理论。

古典风格被坚持不变地应用于这些布局壮丽的建筑之中,例如,所罗门(J. M. Solomon)设计的泰布尔山(Table Mountain)上的**开普敦大学**(University of Cape Town, 1915),埃姆利(Emley)和威廉森(Williamson)设计的约翰内斯堡的带有科林斯柱式门廊的**威特沃特斯兰德大学中央大楼**(Central Block of the University of the Witwatersrand, Johannesburg, 1923),由威廉森(Williamson)、考因(Cowin)和鲍尔斯(Powers)设计的位于约翰内斯堡轴线化校园布局中心的**大学图书馆**(University Library, 1933),佩里(J. Perry)设计的**公共图书馆**(the Public Library, 1935, 见[1561]页图A),莫里斯(J. Morris)设计的**开普敦南非储蓄银行**(the South African Reserve Bank, Cape Town, 1932),以及曼瑟(B. Mansergh)设计的**开普顿土地银行**(Land Bank, Cape Town, 1938)。

贝克的一位年轻追随者戈登·利思(Gordon Leith, 1885—1965)曾就学于欧洲,他的作品显示了瑞典新古典主义的影响,如**约翰内斯堡火车站**(Railway Station, Johannesburg, 1927—1932)、**布隆方丹市政厅**(City Hall, Bloemfontein, 1936)、**约翰内斯堡联盟合作大楼**(Union Corporation Building, Johannesburg, 1938)和**约翰内斯堡的南非储蓄银行**(South African Reserve Bank, Johannesburg, 1938)。由公共工程局设计的**开普敦国家美术馆**(National Gallery, Cape Town, 1928—1929)展示了古典主义的折中变体,它们结合了一些南非荷兰(Cape Dutch)式的要素,具有广泛的影响。

在其他的英国殖民地,人们运用了画境般的折中式地中海风格,这种风格特别体现在私人住宅中。规模较大的有:重建的位于**坦桑尼亚的达累斯萨拉姆政府大楼**(Government House, Dar-es-Salaam, Tanzania, 1922, 见[1560]页图D),以及20世纪50年代一个较晚的例子——哈里森、巴恩斯和哈伯德事务所(Harrison, Barnes and Hubbard)设计的莱贡的**加纳大学**(University of Ghana, Legon, 见[1560]页图E),它以优美的屋顶轮廓和台地校园而闻名。

20世纪初,法国政府的政策发生了变化,认为法国从征服者风格转向保护者和合作者风格的时候来临了。1903年,总督若纳德(Jonnard)告诉一个到阿尔及尔访问的代表团:"我们不喜欢那些人贬低被征服者,我们希望与他们同行,肩并肩像兄弟。"政策转型的结果之一是,1900~1914年,在阿尔及尔出现了一系列新阿拉伯风格的建筑,例如,由通多尔(Tondoir)和瓦诺(Voinot)设计的**邮政总局**(Grande Poste, 1890—1900),由瓦诺设计的百货商场现改为**阿尔及利亚美术馆**(Galerie Algérienne, 1902),以及行政长官官邸(Préfecture, 1904)。

第七编 20世纪建筑

图 A　约翰内斯堡的南非医学研究院(1912)，见[1559]页

图 D　达累斯萨拉姆政府大楼(1922)，见[1559]页

图 B　马里巴马科的行政大楼(约1930)，见[1562]页

图 C　的黎波里罗马银行(20世纪30年代中期)，见[1562]页

图 E　莱贡的加纳大学(20世纪50年代)，见[1559]页

第49章 非洲建筑

图 A　约翰内斯堡公共图书馆(1935)，见[1559]页

图 B　约翰内斯堡英-美大楼(1937—1938)，见[1564]页

图 C　卡萨布兰卡的公寓街区(1953—1954)，见[1566]页

图 D　拉巴特住宅区，见[1566]页

在利奥泰元帅(Marshal Lyautey's)统治下的法国殖民地,出现了促使两种文化结合的努力。在非斯,旧建筑的价值得到肯定,试图保护孤立的实例也同样保护了土著聚居地(the medina)的整体结构。利奥泰自己是伟大的摩洛哥传统建筑的仰慕者,这可从他在拉巴特(Rabat)任职期间建造的官邸(1918—1920)中体现出来,该建筑由莱昂-亨利·普罗斯特(Léon-Henri Prost, 1874—1959)和阿尔贝·拉普拉德(Albert Laprade, 1883—1978)设计。利奥泰鼓励传统的形式和细部在公共建筑中有所体现,如由马拉斯特(J. Marrast)设计的卡萨布兰卡法院大楼(Law Courts, Casablanca, 1915),以及由拉福格(J. Laforgue)设计的拉巴特邮政局(Post Office, Rabat)。马里于斯·布瓦耶(M. Boyer, 1885—1947)设计的卡萨布兰卡市政厅(City Hall, Casablanca, 1931),体现了摩洛哥宫殿的特征,特别是其拱廊庭院。在马里巴马科的行政大楼(Administrative Buildings, Bamako, Mali, 约1930,见[1560]页图B),让马蹄形拱在整个立面长度上重复,而这些被更精心地结合于当代的马里塞古法院(Law Courts, Segou, Mali)之中。阿拉伯风格在开罗也有影响,由安托万·拉希阿克(A. Lasciac, 1856—1946)设计的米斯尔银行(Bank Misr, 1927)、瓦克夫斯部大楼(Waqfs Ministry Building, 1925)和美国大学(American University, 1932)获得了巨大成功。宗教建筑也是如此,例如忠于传统的内罗毕的加米亚清真寺(Jamia Mosque, Nairobi, 1925—1933)。

第一次世界大战后,意大利对利比亚和索马里的占领,导致新农业村庄(agricultural villages)的出现,这些新农业村庄建立在规划确定的中心之上,例如迪塞尼(U. Di Segni)设计的奥利沃蒂农庄(Oliveti)和马里奥乔达农庄(Mario Gioda)。这里的建筑,类似于意大利在特兰斯蓬丁(Transpontine)地区的新城阿普里利亚(Aprilia)和蓬蒂尼亚(Pontinia)。在的黎波里,由诺韦洛(A. A. Novello)和奥塔维奥·卡比亚蒂(O. Cabiati)设计的一座紧挨着老城的新城被规划出来。这座新城有一个中心广场,广场上有迪福斯托(F. Di Fausto)设计的一座伦巴底风格的大教堂(1924—1932),一座由亚历山德罗·利蒙杰利(A. Limongelli)设计的总督府(governor's palace)和罗马银行(Bank of Rome, 20世纪30年代中期,见[1560]页图C)。1936年意大利对阿比西尼亚的占领,产生了圭迪(I. Guidi)和瓦莱(C. Valle)为亚的斯亚贝巴所规划的更多的城镇,这些规划清楚地划分了欧洲人和当地人的区域。

在某种程度上,新建筑受到了20世纪30年代理性主义建筑师宣称的"地中海式"风格的影响。例如,拉瓦(C. A. Rava)在索马里(Somalia)设计的一些住宅,从外面引入了一些意大利南部城镇的特征。新行政建筑的设计风格,在1936年被称为"伟大的古典精神",代表了罗马文明。不管怎样,在殖民地,现代建筑的方法被吸引进来,并考虑到了气候和周围环境特征的内容。奥塔维奥·卡比亚蒂写道:"现在意大利语像在罗马一样,被用在的黎波里和班加西,因此,这里也要应用意大利建筑。"焦瓦尼·佩莱格里尼(Giovanni Pellegrini)写的一本叫做《殖民地建筑宣言》(Manifesto dell'architettura coloniale, 1936)的书,强化了这一信念,而且,亚的斯亚贝巴建筑伟大的光秃秃的古典式方案,也在1939年准备好了,其中有一个是由圭迪(Guidi)、瓦莱(Vale)、乌尔里奇(Ulrich)和卡菲耶罗(Cafiero)设计的帝国宫,一些由圭迪和瓦莱设计的政府办公楼,以及由切隆科尼(Ceronconi)设计的市政厅,但这一切都是德·希里科式的在太阳暴晒的土地上建造长廊的梦境。

现代主义运动在20世纪30年代早期对非洲造成了有效的影响,主要体现在1933年举办了第一届"现代城市"展(Cité Moderne)的阿尔及利亚。即使是在高度发达的南非,工业化的滞后也意味着手工艺传统比欧洲和美国保持得要长。然而,一些新创造还是被从法国引入了。奥古斯特·佩雷(Auguste)和古斯塔夫·佩雷(Gustave Perret)曾在摩洛哥工作,最著名的例子是早在1915年他们设计的卡萨布兰卡船坞和仓库(dock installations and warehouses at Casablanca),以及20世纪20年代他们同雅克·吉奥柴恩(M. J. Guiauchain)合作设计的阿尔及尔总督宫(Palais du Gouvernement Général, Algiers)。在这里,佩雷围绕着一个"前庭"(cour d'honneur)简化了古典的风格,但也结合了一幢多层建筑。在应用钢筋混凝土方面,吉奥柴恩是在阿尔及利亚工作的最杰出的建筑师,他在阿尔及尔设计了皮埃尔·博尔德大厦(the Salle Pierre Bordes)、尚迪曼诺沃斯公立中学(the Lycée du Champ de Manoeuvres, 1936)和农业大楼(the Maison de l'Agriculture, 1938)。在建造另一些建筑的时候,新阿拉伯风格已经被从法国传来的新观念所取代,如在阿尔及尔建造的由克拉罗(L. Claro)设计的市政厅(Hôtel de Ville)和国民中心(Foyer Civique, 1935),被认为是"现代艺术与古代艺术精神"(l'art moderne et des inspirations de l'art antique)的结合。这种替代还体现在由蒙塔兰(C. Montaland)设计的**大学生公寓**(Maison des Etudiants, 1933)。蒙塔兰是一位足以用阿尔及利亚传统风格来设计 1931 年万塞讷(Vincennes)殖民地博览会阿尔及利亚馆的多面手。

此时,勒·柯布西耶(Le Corbusier)正在重新打造他那雄心勃勃的阿尔及尔规划。1931 年,他应邀来阿尔及尔做现代建筑和城市规划的演讲。他在演讲中,把自己关于这个城市的概念,阐述为依从山体的等高线,沿海作带状发展。在接下来的 1933~1942 年,他作了五个规划方案以发展这些观念,包括将一个居住邻里与一座摩天楼联系起来,即使优美如画的卡斯巴(Casbah)老城也相形见绌。但这个规划没有被实施,他为地中海岸新城内**穆尔**(Nemours)提出的建议也没有得以实现,一个开发奎德奥查亚的**多曼迪朗**(Domaine Durand, Qued Ouchaia)的大型居住区方案也是一样的结果。《阿尔及尔诗篇》(Poésie sur Alger)在 1950 年出版,这是他的所有构思现实存在的唯一成果。但是,间接的结果还是有的。在法国统治下,城市规划普遍追随欧洲的风向,例如 1944 年由埃梅里(Emery)和米克尔(Miquel)设计的**贝鲁瓦吉耶新城**(Berrovaghia)还有许多类似的居住区,由康迪利斯(Candilis,他曾在勒·柯布西耶的事务所受过训练)、若西克(Josic)、伍兹(Wood)和庞斯(Pons)设计的**西迪贝勒阿巴斯省奥兰市**(Oran Sidi-bel-Abbes)和**赛伊达**(Saida)的那些方案,由贝齐(Bize)和迪科莱(Ducollet)设计的**侯赛因达耶**(Hussein-Dey)和**卜利达**(Blida)居住区,还有**侯赛因达耶**由多尔(Daure)和贝里(Beri)设计的另一方案(山城, Cité de la Montagne)等。

国际风格从欧洲到非洲地方的进展,被来自纳粹德国的难民所推动。斯蒂芬·阿伦茨(Steffen Ahrends)曾在莫斯科加入恩斯特·迈(Ernst May)的设计团队(1931—1932),然后又在柏林他父亲的事务所工作(1932—1936),移居约翰内斯堡后建立了一个大事务所。很多人相信,他建造了大约 500 幢住宅,业绩遍布南非和南罗得西亚(津巴布韦)。恩斯特·迈于 1934 年离开德国,先是住在坦嘎尼喀(坦桑尼亚),1937 年来到肯尼亚。20 世纪 40 年代,他在内罗毕做了一项设计,严谨的公寓街区规划——**德拉梅尔大街的开发**(Delamere Avenue Development),这个设计令人联想起他作为法兰克福城市建筑师的早期作品。1950 年他设计了蒙巴萨的**大洋旅馆**(Oceanic Hotel, Mombasa),此旅馆是建于印度洋沿岸大量旅馆中的第一家。威廉·阿诺德·帕布斯特(Wilhelm Arnold Pabst)曾在柏林接受训练并同密斯·凡德罗一道工作过,后来移居南非,他在约翰内斯堡的建筑作品有**中国俱乐部**(Chinese Club)和**帕蒂达尔公寓**(Patidar Mansions)。

另一位现代建筑先驱埃米亚斯·道格拉斯·康奈尔(Amyas Connell),1947 年离开英国,在坦嘎尼喀(坦桑尼亚)短暂停留之后的来到肯尼亚。他设计的较大作品有 20 世纪 50 年代后期的**阿迦汗白金大庆医院**(Aga Khan Platinum Jubilee Hospital),八年后的 1955 年又设计了**立法会议大楼**(Legislative Council Buildings),即后来的**新议会大楼**(New Parliament Building),还有**高等法院办公楼**(Crown Law Offices, 1960),都清晰地显示了勒·柯布西耶对康奈尔的持续影响。但这些也同样展现了勒·柯布西耶逐渐增加的装饰意向,特别是在一个类似的设计中,康奈尔有效地运用了大胆穿插的墙体。

在南非,勒·柯布西耶对所谓特兰斯瓦尔组团(Le Groupe Transvaal)的组织有强烈的影响,该组织由雷克斯·马丁森(Rex Martienssen)、麦金托什(W. G. McIntosh)和诺曼·汉森(Norman Hanson)领导。这个组织接连得到杜多克、格罗皮乌斯(Dudok Gropius)和勒·柯布西耶(Le Corbusier)的赞赏,相互建立了联系。勒·柯布西耶在 1936 年曾写道,他非常惊奇地"发现在遥远的非洲有如此生动的东西"。他为这个小组提出忠告,要他们"跳出学派('柯布'学派犹如维尼奥拉学派一样)"。但在以下这些设计中,他的影响十足,诸如汉森、汤姆金(Tomkin)和芬克尔斯坦(Finkelstein)设计的**哈里斯宅**(House Harris, 1933)和**苏兹曼宅**(Suzman House, 1936),由马丁森(Martienssen)、法斯勒(Fassler)和库克(Cooke)设计的**斯特恩住宅**(House Stern, 1933—1934)以及马丁森自宅。在约翰内斯堡这个中心,代表国际风格的是由马丁森、法斯勒和库克设计的三层**彼得宅**(Peter House, 1934—1935),由汉森、汤姆金和芬克尔斯坦设计的八层**霍特波因特宅**(Hotpoint House, 1934—1935),以及由考因(Cowin)和埃利斯(Ellis)设计的**内华达法院**(Nevada Court, 1938—1939),还有 20 世纪剧院(Twentieth-century Theater, 1930—1940)。在剧院设计中,这个组织紧密的团体中至少有五人参与了该项设计。这个小组的外围建筑师道格拉斯·考因(Douglass Cowin),推进了适应当地气候条件的建筑语汇,并在以后的约翰内斯堡住宅建筑中发挥了重要影响。贝多宅(Casa Bedo, 1936)、米尔约住宅(Casa Miljo, 1936—1937)和戈登住宅(House Gordon, 1938)成为常见的风格。

荷兰同南非的联系仍然很密切,杜多克的砖建筑是一些设计的源泉,如德班的工业学院俱乐部(Club House of the Technical College, Durban),由杰克逊工程师(Ing. Jackson)和帕克-罗斯(Park-Ross)设计。高高的垂直体量的埃斯科姆宅(Escom House, G. Pearse, 1934)以及约翰内斯堡的范埃克宅(Van Eck House, Johannesburg, 1936),由 P. R. 库克设计,皮尔斯和法斯勒后续完成设计,窗户深陷在连续的竖直深槽之中,标志着美国流行建筑的第一次重要冲击。由奴尔科姆比(Nurcombe)和萨莫尔雷(Summerley)设计的约翰内斯堡的克莱斯勒宅(Chrysler House, Johannesburg, 1938),引入了悬挑的钢筋混凝土结构,使横向条形玻璃窗成为可能。在英-美大楼(Anglo-American Building, 1937—1938,见[1561]页图 B)的建造中,约翰·伯内特爵士、泰特和洛恩,不仅打破了将全部设计精力集中于主立面的惯例,而且把主立面前植树的前院同近处的环境合为一体。

诺曼·伊顿(Norman Eaton)的作品,因继承了对传统建筑材料品质的审美而表现突出。作为一个研究罗马的学者,他也仔细研究了南非荷兰式建筑。他的建筑中,有在波切夫斯特鲁姆的土地银行(Land Banks in Potchefstroom, 1940)、彼得马里茨堡土地银行(Pietermaritzburg, 1941—1973)和克龙斯塔德土地银行(Kroonstad, 1943—1944),在比勒陀利亚和德班的荷兰银行(Netherlands Bank buildings in Pretoria (1946—1953) and Durban, 1961—1965),比勒陀利亚的小剧院(Little Theatre, Pretoria, 约 1950),以及许多私人住宅,如比勒陀利亚的安德烈森宅(Anderssen House, Pretoria, 1949—1950)。伊顿有一些与他的同代人不同的观点,他相信有一种非洲式建筑的可能性,并批判地写道:"对于使用从勒·柯布西耶等人那里拣来陈规的那些建筑师来说,并不意味着勒·柯布西耶的方式本来就不好,但是,把它们拣来用在约翰内斯堡就是无知了,这对我们毫无价值,对我们手中的问题可能也毫无价值。"

非洲国家独立以后的建筑

直到第二次世界大战,非洲殖民地和南非联邦一直在很大程度上依赖进口建筑材料来补充可得的地方材料。这种供应在战争年代被中断,最终导致南非工业的建立,使南非能够自足并逐渐摆脱其他国家,尽管它的建筑特征是国际式的,并同欧美观念与时尚密切相连。1961 年南非成为共和国,同时,其他非洲国家也自 1951 年起陆续获得独立。"这些热带王国是世界上的不发达地区,这些住有殖民者和非殖民者的地区,正朝气蓬勃地成为国家,并在独立时面对吸收欧洲技术和发展观念的问题。"1960 年《建筑评论》(Architectual Review)的这位作者相信,这种吸收和西方化,是非洲新独立国家的前进方向,他指出,尽管"在这个进程中,每个国家在建筑方面无疑都可以成为自足的,但对它们中的大多数来讲,这将是一个漫长的过程,他们现在才刚刚开始拥有自己的建筑行业和学校。在它们得以完善建立以前,不可能期待达到一种表明它们自己的持久的建筑风格"。

认为世界上只有更发达的国家才有个性明确和持久的建筑风格,这种固执的观念必然受到质疑。但这些新独立的国家,对欧洲建筑有难以避免的依赖性却是事实,作为新的行政、商业、大学和其他学校建筑所模仿的范本,这些建筑几乎都是由欧洲建筑师设计的。战后欧洲建筑的高涨期,已经把国际风格(无论以何种方式去解读它)立为准则。就是这种准则,正在被采用并向非洲输出,通常不顾其风格是否恰当和符合文脉关系。

简·德鲁(Jane Drew),是 20 世纪五六十年代活跃于西非和东非的一个英国建筑事务所的合伙人,她认为新的教育建筑应该有"清晰的几何性与秩序性,因为需要以这样的表达方式来对抗有如浓密森林中树木挤作一堆的那种极端无序形式"。这是英国画境传统中的一个观点,用来延伸结合被时代所接受的国际风格。她通过确定非洲新建筑的特征来强化这种观点:非洲建筑应当"不仅源自对负担不起电梯的乡村来说至关重要的单坡屋顶(monopitch)和宽扁体量,而且应来自遮阳板、格栅和其他遮阳又通风的设施。在一些情况下,特别是在体块和阳台细部设计中,人们已经在尝试回答什么是非洲,但从任何方面看也不抄袭非洲细部的感觉。日晒、潮湿、厚重的阴云和

第49章 非洲建筑

图A 加纳阿克拉住宅(1962),见[1566]页

图B 尼日利亚伊巴丹大学学院礼拜堂(1953—1954,1961~1962年扩建),见[1566]页

图D 阿尔及利亚阿尔及尔大教堂(1959—1960),见[1566]页

图C 摩洛哥提特迈利勒教育中心(20世纪60年代),见[1567]页

[1565]

沉闷的冷漠感，看来呼唤着模数化的形式，这种形式节奏鲜明，刚健有力，不张扬，不文雅，直白而有雕塑感。西方可能确实只能带来西方的概念，但在非洲，西方人是为非洲设计，有义务不仅考虑气候，还要面对心理因素"。

20世纪五六十年代对新建筑进行的这种当下的解释，总结了设计的主流思想，尽管结束语有些情绪化，但她指出，忽视地方文化是一个错误，原本可以从中学到许多有价值的东西。这一时期，出自欧洲为非洲而设计的种种建筑要素中，最鲜明地体现为"遮阳板"（brise-soleil），有数不清的各种翻版。有小的重复单元，创造了肯尼亚内罗毕的**高等法院办公楼**（Crown Law Offices, Nairobi, Kenya）的透花图案，由埃米亚斯·道格拉斯·康奈尔设计。乌干达坎帕拉的**国家剧院和文化中心**（National Theatre and Cultural Centre, Kampala, Uganda）在弯曲的立面上有大尺度的连续环形，由佩特菲尔德（Peatfield）和波德根纳（Bodgener）设计。加纳阿克拉的**工业发展合作组织大楼**（Industrial Development Corporation, Accra, Ghana）竖向排列了可移动的百叶，由丘比特（J. Cubitt）设计。尼日利亚拉各斯的**英国石油办公楼**（British Petroleum Office, Lagos, Nigeria）有整个楼层宽的竖向百叶，由弗赖伊（Fry）、德鲁（Drew）、奈特（Knight）和克里默（Creamer）设计。由同一批建筑师设计的伊巴丹的**西尼日利亚合作银行**（Cooperative Bank of Western Nigeria, Ibadan）有同样有力的水平百叶窗。阿比让象牙海岸的**SCIAM财政部大楼**（SCIAM Ministry of Finance, Abidjan, Ivory Coast）的立面有精巧的竖向翅片，由塞米雄（J. Semichon）设计。尼日利亚拉各斯大学**理学院大楼**（Science Buildings, Lagos University, Nigeria, 1975），**在拉各斯的学校**（schools at Lagos）以及**伊凯贾宅**（houses at Ikeja），都是戈德温（Godwin）和霍普伍德（Hopwood）的设计，他们所主导的设计要素摆脱了百叶。

勒·柯布西耶在前法国殖民地一直保持着强烈的影响，尤其是在居住建筑中，如罗兰·西穆内（Roland Simounet, 1927—1996）设计的阿尔及利亚杰南哈桑的**里卡塞门特城**（Cité de Recasement, Djennan-el-Hassan, Algeria）以及由安德烈·施图德（Andre Studer）于1953～1954年和埃利·阿扎古里（Elie Azagury, 1918—2009）于1968年设计的摩洛哥卡萨布兰卡的**公寓街区**（apartment blocks in Casablanca, Morocco, 见[1561]页图C)。阿扎古里后期的作品有位于摩洛哥拉巴特的**市民中心**（Civic Center in Rabat, Morocco, 1967, 见[1561]页图D），通过与更吻合北非传统建筑的庭院和平台相结合，缓和了来自欧洲的形式。1967年，霍尔斯特德（J. G. Halstead）在靠近加纳阿克拉的克里斯蒂安堡设计的**住宅区**（Christiansborg Castle, Accra, Ghana, 见[1565]页图A）部分复兴了传统庭院的住宅平面，提供了多样组合和屋顶轮廓，以呼应地方特色。20世纪50年代后期，朱利安·埃利奥特（Julian Elliott, 1928—）在刚果加丹加省的**伊丽莎白城**（Elizabethville, Katanga Province, Congo）设计的一些住宅，尽管是为欧洲人设计的，但也试图遵循一些非洲居住建筑的原则。20世纪60年代在赞比亚，他试图找到一种以简单的材料和形式来适应这里的植被的非洲方式。恩斯特·迈在乌干达坎帕拉（Kampala, Uganda）设计了以非洲而不是以欧洲传统的标准为基础的住宅区，尽管他设计的坦桑尼亚莫希的**文化中心**（Cultural Centre, Moshi, Tanzania）是纯粹的欧洲概念。但是，这类非洲化的设计包括约恩·伍重使单体建筑同景观融为一体的努力，以及他把柏柏尔（Berber）建筑当成范本进行的设计，例如**摩洛哥造纸厂**（paper factory, Morocco, 1947）等，总是少见的。

英国建筑师在非洲的工作明显受到英国流行建筑风格的影响，并且这里有着许多对英国节日、新城，以及像考文垂这样的战后城市重建的回响。战后的英国教堂同样为非洲提供了范例，例如由佩斯（G. G. Pace）设计的尼日利亚伊巴丹大学学院**礼拜堂**（Chapel of the University College, Ibadan, Nigeria, 1953—1954, 1961～1962年扩建, 见[1565]页图B），由霍普（Hope）、里勒（Reeler）和莫里斯（Morris）设计的赞比亚卢萨卡的**圣十字大教堂**（Cathedral of the Holy Cross, Lusaka, Zambia, 1960—1970）。在阿尔及尔，由保罗·埃尔布（Paul Herbe）和勒库特（J. Le Couteur）设计的高耸的**大教堂**（Cathedral, 1959—1960, 见[1565]页图D），以集中式的平面，吻合对礼拜仪式的修改，并在顶部冠以高高的玻璃双曲线形的采光顶。

尽管南非同英国的建筑联系仍然很紧密，但这里在20世纪60年代早期也受到了来自美国的冲击。由伯格、罗奇和伯格联合事务所（Burg, Lodge and Burg in association）与麦金托什合作的比勒陀利亚**城市艺术博物馆**（Civic Art Museum, Pretoria, 1964）等建筑中，可以看到被广泛赞誉的密斯·凡德罗式风格的影响。但最强的冲击大概是来自路易·康，

第49章 非洲建筑

他的指导启发了不少20世纪60年代于费城大学学习的年轻建筑师。他的影响一直到20世纪90年代的建筑中仍然可以见到,例如,由GAPP建筑师事务所设计的位于约翰内斯堡桑顿的**图书馆和市政办公楼**(Library and Civic Office, Sandton, Johannesburg),由哈伦·卡斯特斯·史密斯(Hallen Custers Smith)设计的**德班纳塔尔大学的法律中心和办公楼**(Law Centre and offices, University of Natal, Durban)。

同在英国一样,20世纪五六十年代最好的作品是教育建筑。马克斯韦尔·弗赖伊(Maxwell Fry)和简·德鲁(Jane Drew)是这方面的先驱,他们在加纳和尼日利亚建造了大量的学校和学院建筑,其中最重要的设计是加纳的**伊巴丹大学**(University of Ibadan, Nigeria, 1950年及以后)。在一片广阔的土地上,建筑物都被连接在一起,教学和行政中心被住宿单位环绕在中间。詹姆斯·丘比特(James Cubitt)和肯尼斯·斯科特(Kenneth Scott)在20世纪50年代的合作,对加纳的新建筑作出了杰出的贡献。他们在这10年的早些年间,开始了教育建筑的设计进程,建造了分别位于贝雷库姆(Berekum)、瑟孔蒂(Secondi)和贾西坎(Jasikan)的**师范学院**(Teachers Training College),以及在阿克拉和库马西(Kumasi)的**工业研究所**(Technical Insititutes)。这些建筑直白而准确地表达着钢、混凝土和玻璃结构。1951年,他们开始设计了后来成为科学技术大学的**库马西工业学院**(College of Technology, Kumasi)。斯科特的余生一直在加纳,他在阿克拉的自宅,是一件优雅的密斯式的作品,同他的商业建筑与医疗康复建筑一样,具有独特的品质。这就与20世纪60年代让-弗朗索瓦·泽瓦考(Jean-Francois Zévaco)的一些设计的戏剧化和张扬的性格形成对比。像在摩洛哥的一些学院建筑,例如,提特迈利勒教育中心(Tit-Mellil,见[1565]页图C),本苏莱曼(Ben-Slimane)和20世纪60年代的卡萨布兰卡、夸尔扎扎提(Quarzazate)以及阿加迪尔(Agadir)的学校建筑。在经历了1960年的一次地震后,摩洛哥的阿加迪尔的重建,为大部分出生于摩洛哥的一代建筑师提供了机会。泽瓦考设计了**学校组团**(Groupe Scolaire),还有邮局和**广播电视台**(Radio/TV Station),阿尔塞纳-亨利(Arsene-Henry)和奥纳热(Honnegger)设计了**市政厅**(City Hall),埃利·阿扎古里则设计了**法院大楼**(Palace of Justice)。

大量新的大学和教育建筑,是由外国建筑师或与本土建筑师合作设计的。在阿尔及尔,奥斯卡·尼迈耶尔、丹下健三、雅各布·茨魏费尔(Jakob Zweifel)、德维孔·奥伊(Devecon Oy)以及SOM等被选来设计新的大学。同时,汉斯·蒙克·汉森(Hans Munk Hansen)和威廉·沃勒特(Vilhelm Wohlert, 1920—)负责布哈里堡的**职业培训中心**(Vocational Training Centre, Ksar-el-Boukhari, 1977)的设计。1966年,詹姆斯·丘比特接受委托,设计了面积为400hm^2、可容纳22 000名学生的利比亚班加西的**嘎约尼斯大学**(Universty of Garyounis, Benghazi, Libya)。朱利安·埃利奥特设计的卢萨卡的**赞比亚大学**(University of Zambia, Lusaka, 1965年以后)提供了一个有趣的概念,行政和学术建筑组团,连着中心图书馆、食堂和学生活动中心,一切处在风景变化多端的校园中。

位于比勒陀利的宏大的**南非大学**(University of South Africa, Pretoria, 1962—1964),由布雷恩·山德洛克(Brian Sandrock)设计,创造了不同的戏剧性效果,它从山顶上挑出,与简·范维克(Jan van Wyk)和威廉·迈耶(Wilhelm O. Meyer)设计的位于约翰内斯堡的**兰特非洲人大学**(Rand Afrikaan University, Johannesburg, 1967)的几何形式主义形成对比。20世纪70年代后期,**欧内斯特·奥本海默生命科学综合楼**(Ernest Oppenheimer Life Sciences Complex),是为约翰内斯堡的**威特沃特斯兰德大学**(University of Witwatersrand, Johannesburg)所做的设计,采用了蒙哥马利、奥德费尔德、柯尔比、埃利奥特、格罗贝拉尔(Montgomerie Oldfield Kirby Elliott Gorbbellaar)的混凝土粗野主义风格。20世纪80年代后期,朱利安·埃利奥特在开普敦大学校园中设计了**教育大楼**(Education Building),规整而高雅的结构,显然参照了文艺复兴风格府邸的柱廊庭院风格。1980年被批准自治的**西开普省大学**(University of the Western Cape),在此后的年代里经历了数次加建,有许多建筑师为此而工作。杰克·巴尼特(Jack Barnett)设计了**大厅和大学中心**(Great Hall and University Centre);普林斯鲁、帕克、弗林特、埃利奥特(Prinsloo Parker Flint Elliott)和范登希沃(van den Heever)设计了**报告厅和科学楼**(Lecture Theatre and Science Building);蒙尼克、菲瑟、布莱克、菲什事务所(Munnik Visser Black Fish and Partners)则同朱利安·埃利奥特合作设计了**图书馆**(Library, 1989,见[1568]页图A),这座建筑因其令人兴奋的独特造型、屋顶几何关系以及人性尺

第七编　20世纪建筑

图 A　西开普省大学图书馆(1989)，见[1567]页

图 B　开普顿特雷斯大楼(20世纪80年代)，见[1570]页

图 C　约翰内斯堡的斜街11号楼(1981—1983)，见[1570]页

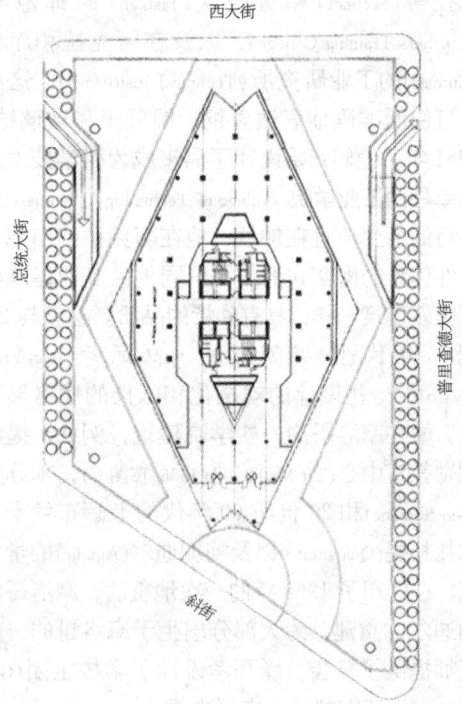

图 D　斜街11号楼，底层平面

第49章 非洲建筑

图 A　约翰内斯堡城市艺术馆(1986)，见[1570]页

图 B　约翰内斯堡第一国家银行大楼(1995)，见[1570]页

图 C　摩洛哥马拉喀什医院(1984—1985)，见[1574]页

图 D　约翰内斯堡第一国家银行大楼东北鸟瞰图

度而受到赞扬。雷维尔·福克斯事务所(Revel Fox and Partners)为西开普省(Western Cape)贝尔维尔的**半岛工艺学校**(Peninsula, Technikon at Bellville, 1934)的校园,构想了一个模糊的古典概念,单体建筑都依据整体控制导线设计,首座建筑完成于1986～1987年。南非的地景美丽出奇,是建筑设计中的一个关键要素,优秀的设计师都会对此作出回应。哈伦·西伦事务所(Hallen Theron and Partners, 1979—1982)设计的乌姆拉兹的**曼戈苏索工艺学校**(MangosuthuTechnikon, Umlazi, 1979—1982)位于一个坡地上,俯瞰着起伏的山峦伸向大海,生动地同地景融为一体。GAPP事务所以对山野充满感情的态度,为国家植物研究所设计的位于克尔斯滕堡的**研究实验室和图书馆**(Research Laboratories and Library for the National Botanical Institute at Kirstenbosch, 1991),建在一个敏感的基地上,低矮的墙体上有深远的挑檐,以融合的手法覆盖着山坡。

20世纪80~90年代间,非洲的中心企事业区的商业建筑,与西方城市类似建筑的区别很小,通常都是追随办公塔楼之下以多层停车场和商店构成裙房的模式。在20世纪70年代,建筑的规模发展得越来越大,像雷维尔·福克斯及合作事务所设计的开普敦BP中心(BP Centre, Cape Town, 1971—1973),亨特里希-佩奇尼赫事务所(Hentrich-Petschnigg and Partners)设计的约翰内斯堡标准银行中心(Standard Bank Centre, Johannesburg, 1970),以及SOM设计的约翰内斯堡的巨石般的混凝土卡尔顿中心(Carlton Centre, Johannesburg, 1966—1972)。在许多20世纪80年代的建筑中,后现代主义和几乎强制性的中庭都很常见,比较典型的是RFB建筑师事务所设计的约翰内斯堡的恩斯特和扬住宅(Ernst and Young House, Johannesburg)。**特雷斯大楼**(The Terraces, 1990,见[1568]页图B)是开普敦海滨的新建筑之一,由蒙尼克、菲瑟、布莱克和菲什事务所设计,精心设计的细部、不寻常的立面,还有角塔上部反光玻璃表面的迷人轮廓都使其更具个性。同样具有个性的还有路易·卡罗尔(Louis Karol's)设计的开普敦的**萨夫马林宅**(Safmarine House, Cape Town, 1992)。赫尔穆特·扬(Helmut Jahn)为南非城市贡献了两件有特色的加建作品:一件是同路易·卡罗尔合作设计的巨大反光多棱体建筑,约翰内斯堡的**斜街11号楼**(11 Diagonal Street, Johnnesburg, 1981—1983,见[1568]页图C、图D);另一件是与施陶赫·福斯特(Stauch Vorster)合作设计的**德班田园大街88号楼**(88 Field Street, Durban, 1982—1985),闪光的24层塔楼,商店裙房是相互锁在一起的两个八边形体量。位于**约翰内斯堡著名装饰艺术派风格的影剧院基地上的新游乐场**(Colosseum, 1987),由施陶赫·福斯特设计,精妙的图案和体块,特别是中庭的设计都令人追忆起查尔斯·伦尼·麦金托什的细部。人们所说的"对地位象征的一种妄自尊大的迷狂"导致了20世纪80年代后期的建筑,例如由伯格·多尔蒂·布赖恩特(Burg Doherty Bryant)设计的**储备银行**(Reserve Bank),还有**萨姆布大楼**(Sambou Building),都是俯瞰比勒陀利亚城市中心的塔楼,后者深色的体量,被认为像个"男性生殖器在设计过分的基础上崛起……顶部用一个独特的芒萨尔式屋顶结束"。在约翰内斯堡**第一国家银行大楼**(First National Bank Building, Johannesburg,见[1569]页图B、图D),可以看到完全不同的趋势,该大楼是南非最大的商业开发项目,要在1995年完工。它是由雷维尔·福克斯所领导的由数个建筑师组成的团队设计的。建筑以泰然自若的古典复兴主义和明显的中等高度屋顶的鲜明的轮廓线为特征,其立足点是20世纪20年代特里斯坦·爱德华兹(Trystan Edwards)所说的"优秀手法"及其推出的"孤僻的摩天楼"。

同西方国家一样,恢复和保护在南非的建筑业务已经成为一项重要因素。20世纪70年代的一个先行工程,是把约翰内斯堡的一座旧市场改造为**市场剧院**(Market Theater),在改变用途的同时,保留了大部分的原有特征。随后又有了其他历史建筑的保护和改造工程,例如由斯莫尔、佩蒂特及联合事务所(Small, Pettit and Associates)进行设计,把彼得马里茨堡**原最高法院**(Supreme Court, Pietermaritzburg, 1991)改造为一个艺术馆。伊丽莎白港的**费瑟市场大厅**(Feather Market Hall, Port Elizabeth),由热里·德布吕安(Gerrie de Bruin)设计改造为音乐厅(1993)。约翰内斯堡的**城市艺术馆**(Civic Art Gallery, Johannesburg,见[1569]页图A),由迈耶·皮耶纳联合事务所(Meyer Pienaar and Partners)于1986年完成扩建之后,巧妙地参照原设计建筑师埃德温·勒琴斯爵士的作品加以修复。同一批建筑师把旧市政厅和装饰艺术派风格的市场大厅结合在一起,改造成布置规整的**克鲁格斯多普新市政中心**(civic centre, Krugersdorp, 1981—1986)。一些历史建筑被精心修复并维持了原来的使用功能,例如由伦尼(Rennie)和戈达德(Goddard)担任顾问建筑师的**东伦敦市政厅**(City Hall, East London, 1993)。**比勒陀利亚的市政厅**(Raadsaal, Pretoria, 1991),由霍尔姆、乔丹、霍尔姆/梅灵、范德勒克、鲁热(Holm Jordaan Holm/Meiring Van der Lecq Rouge)设计完成。伦尼和戈达德把开普敦的哈灵顿大街(Harrington Street, Cape Town)一幢19世纪初的居住建筑改造成了国家文物委员会新的全国总部办公楼(1992—1993)。但是,20世纪90年代最大的保护与新建相结合的项目,是开普敦旧港区的新设计,多个事务所参与了整个方案的研发,包括专家顾问加里埃尔·法甘(Gabriel Fagan)、艾弗·普林斯鲁(Ivor Prinsloo)、雷维尔·福克斯(Revel Fox)和内维尔·杜波(Neville Dubow)等。路易·卡罗尔设计了的维多利亚码头**滨水区购物中心**(Waterfront Retail Centre on Victoria Wharf)。MLH联合事务所会同丹尼斯·法比安(Dennis Fabian)和伯曼(Berman)将一所仓库(约1904)更新为**维多利亚和艾尔弗雷德旅馆**(Victoria and Alfred Hotel),成为这个历史地段成功复苏的一部分。它体现的概念正在一些伊斯兰国家和南非被更广泛地了解。联合国教科文组织,阿卡·汗基金会,以及一些国家政府,帮助激发了保护和再利用历史地段的兴趣,如肯尼亚的拉穆(Lamu)、坦桑尼亚的巴加莫约(Bagamoyo)和桑给巴尔(Zanzibar)、开罗的代尔卜-吉尔米兹(Darb Qirmiz)和突尼斯的哈弗西亚区(Hafsia Quarter)。

寻找建筑的识别性

走出殖民统治的独立,在这些新国家激发了对建筑识别性的思考和讨论。在20世纪上半叶,这些国家已经暴露出了西方的影响,但也存在着一种矛盾心态,因为西方标准对许多非洲人来说仍然是一种理想,对他们来讲,与其民族房屋相仿的建筑不是进步的体现。

这不是一个新问题,尽管近年来在这个大洲的一些地区,它已经获得了更强的政治意义。在20世纪30年代,诺曼·伊顿就在南非宣布,有可能利用当地的材料和建造技术,扩展其使用的可能性,发展出地域性的建筑,并创造一种同地方性一致的人文环境。他的比勒陀利亚的**绿树林住宅和村庄**(Greenwood House and Village, Pretoria, 1951)是实现这一目标的尝试。半个世纪以后,他的理想被逐渐淡忘。1982年,班尼耶·布里茨(Bannie Britz)认为,当代建筑需要的是"像贝克、利思和伊顿在他们的时代各自的建筑中所做的那样,精心地嫁接到非洲的文脉中去"。20世纪50年代,简·德鲁在西非认为设计"以一种不带任何见解的方法,拷贝非洲的细部,来回应什么是非洲的建筑"。詹姆斯·丘比特认为,可以发展一种地域美学,但它将不得不从现代建筑开始,而阿卡·汗忠告说"必须重新思考乡土语汇的建筑,因为不管是在农村还是在城市,它都不能满足当代的渴望"。

拥有这片大陆殖民地的欧洲国家,引入了新的建筑形式、材料和技术,但它们只存在于相对不多的城市里,大量的建筑还继续用黏土这种传统材料来建造。由于这种材料的本质以及它不确定的强度、稳定性、渗透性和耐久力,要求经常性的保养和定时翻新,它一直是一种持久而有活力的传统的源头。这种传统创造了多数非洲本土的纪念碑,如非洲的清真寺、宫殿和城堡。它潜在的适应性,在尼日利亚乔斯的**尼日利亚传统艺术博物馆**(Museum of Traditional Nigerian Art, Jos, Nigeria)重建的纪念碑中可以看到。但是简·德鲁说出了一个普遍持有的观点:"黏土墙和茅草顶"是没有未来的,任何让它复兴的尝试,都将是"情感化和政治化的,或者两者兼而有之"。然而,她的确极其欣赏地谈及尼日利亚北部卡诺和索科托"非常令人兴奋的黏土建筑",结论是"这些实例的效果是可以探讨的,这得取决于它们可能影响尼日利亚建筑师的程度"。

黏土一次又一次地被鼓励尝试用于建造显赫的建筑,例如在马里的一组建筑。**杰内清真寺**(Mosque of Djenne)在1905年按原有形式重建;在**莫普提聚礼日清真寺**(Friday Mosque at Mopti),因在1930年加建了三个方尖碑式的光塔而更显雄伟;**莫普提聚礼日清真寺**❶的纪念性光塔,在1935年重建。这三座建筑都有同时期结构和装饰作用的

---

❶ 此处重复出现聚礼日清真寺,接下去又说是"三座建筑",疑原书有误。——译者注

图A 马里的纽诺大清真寺(1972)，见[1573]页

图B 哈拉尼亚的维萨·瓦塞夫艺术中心(1950年后)，见[1573]页

图C 亚卡诺的英国文化协会办公室和图书馆(1940—1950)，见[1573]页

图D 开罗里亚德宅(1973)，见[1573]页

扶壁式结构构件，具有高而尖的轮廓特征。更近的例子是1972年完工的**纽诺大清真寺**(Great Mosque of Niono, 见[1572]页图A)。作为1948年才完成的一个小建筑的扩展，它为本土技术和材料如何能够同时激发创造性并满足一种功能要求提供了另一种范例。它是砖石匠师兼建筑师的拉森纳·明特(Lassine Minta)在一组助手的协助下完成的作品，有网格状排列的柱子，从上面升起的拱券承载着木架覆泥的平屋顶，堪称完美。宁静的柱廊来自于结构系统，外部装饰以崛起的生殖器作为象征，与塑型的结构融为一体。

更大规模地运用黏土的例子，是20世纪30年代建于阿尔及利亚撒哈拉沙漠中的**提米蒙新城**(new town, Timimoun)。城门、墙体、住房、清真寺以及一个旅馆设施都表明，触手可及的建筑材料依然能够用来创造基于传统的革新形式。尼日利亚卡诺的**英国文化协会办公室和图书馆**(British Council offices and library, Kano, Nigeria, 1940—1950, 见[1572]页图C)由黏土建成，外部采用了传统拉毛粉饰的复杂版式。在一些情况下，旧有的形式自身也正在被修复，例如在摩洛哥，塔迈兹穆特堡(Fortress of Tamezmoute)前的**黏土住宅**大部分都被修复。**提塞尔门堡**(Fortress of Tissergate)则在1969年被修复，用来服务于社区。在尼日尔尼亚美由拉斯洛·梅斯特尔·德帕拉伊德(Laszlo Mester de Parajd)设计的**法院**(Court of Justice, Niamey, Niger, 1982—1985)曾有意用黏土来建造，但由于不能保证已将得到提供充分定时的维护而未能实现。不过，它最终被说成是"反映了一座古代宫殿的各种品质，没有拼凑"。

在北非，其作品反映出传统文脉的建筑师中，哈桑·法赛(Hassan Fathy)位于前列。这位埃及建筑师，早在20世纪40年代设计**赛义德宅**(Said House, 1942)、**纳斯尔大楼**(Nasr House, 1945)以及**斯托佩里尔宅**(Stoppleare House, 1952)时，就开始发展一种兼顾反映当地需要和当地文化的建筑。1946年，他受委托的设计和建造的新古尔纳的村庄(village, New Gourna)，被说成是"一个社会现实主义和乌托邦观念的混合物"。社区被深深地卷入了这项发展之中。他所复兴的努比亚(Nubian)拱券技术，被广泛地模仿和运用，远及津巴布韦和毛里塔尼亚。

在后一个国家，约瑟夫·埃斯泰夫(Joseph Esteve)在他的**低造价住宅**(1977)里，把法赛所采用的技术转化为扁穹顶的矩形空间，围绕在公共和私有庭院周围。同类的做法还有法布里齐奥·卡罗拉(Fabrizio Carola)在卡埃迪设计的**医院**(hospital, Kaedi)，以及菲利普·格劳泽(Philippe Glauser)在布基纳法索的瓦加杜古所设计的**泛非开发研究所**(Institut Pan-Africain pour le Developpement, Ouagadougou, Bourkina Faso)。

法赛设计的**新古尔纳**(New Gourna)和**新巴里兹**(New Bariz)的村落中运用了黏土砖和中世纪形式。他坚信这是埃及式建筑的基础，尽管他在后来的私人别墅里亚德宅(Riad House, 1973, 见[1572]页图D)、**萨米宅**(Samy House, 1979)、**米特宅**(Mit Rehan, 1981)、**格雷斯宅**(Greiss House, 1984)和**加尔夫·侯赛因总统府**(presidential Rest House Garf Husein, 1981)中都运用了石材和烧制砖，体现了对于传统比例构图体系的关注的日益增加。他有许多崇拜者和追随者，其中之一是拉姆斯·维萨·瓦塞夫(Ramses Wissa Wassef)，他同样也以传统形式为基础设计和建造了一些住宅，结合运用黏土砖，创造了穹窿、立方体和基本的几何形式。其中他的一些作品在开罗附近的哈拉尼亚(Harrania)在那里，瓦塞夫于20世纪60年代设计了一座**博物馆和艺术中心**(museum and art centre, 见[1572]页图B)，布局中有庭院和开敞的走廊，紧密结合在一起的小小画廊由穹顶覆盖，围墙内还有石墓室❶和壁龛。瓦塞夫设计的**吉萨艺术中心**(Art Centre, Giza, 1952—1974)，是他所推进的传统黏土建筑的另一个范例，这座建筑在1987～1989年又添加了一个**挂毯博物馆**(Tapestry Museum)。曾经师从法赛，并从传统形式中汲取灵感的一位更年轻的建筑师是阿卜杜勒-瓦希德·瓦吉勒(Abdel-Wahed El-Wakil)，他设计的**哈拉瓦宅**(Halawa House, 1972—1975)、**哈姆德宅**(Hamdy House, 1978)和**楚尔巴基住宅**(Chourbaggy House, 1984)，都展示了他对法赛的教导所进行的诠释与发展。但是，埃及这种以既存价值和传统为基础的建筑走向，在非洲多数国家却无足轻重，因为这些国家的建筑被政府和商业公司所宠幸的外国大型设计公司所左右。

---

❶ mastaba；古埃及石墓、石条凳。——译者注

关于尼日利亚的新首都阿比让，丹下健三为这座城市设计了大量的重要建筑。奥马尔·泰克(Omar Take)强调了这样的观点："人们有权要求一个外国建筑师尊重地方传统和文化。"他提醒道，"这样的尼日利亚建筑已经很难见到了，传统建筑已经被毁，几乎没有留下可研究的东西。但通过伊斯兰建筑——它的庭院、空间比例和空间秩序与联系，我们可以抽取出一些普遍原则。"正是在伊斯兰国家，主要是位于北非的那些国家，更积极面对传统的态度得到了长足的发展。尽管这种态度是由约翰内斯堡的**教堂大街大清真寺**(Kerk Street Jami Masjid, Johannesburg, 1994)所表述的，设计者是穆罕默德·马耶特(Muhammed Mayet)和阿布德尔-瓦赫德·艾尔-瓦吉尔。这座建筑说出了这样一个观念："追求新奇而忽视传统价值与原则，会导致丧失个性，因为传统总是比建筑师个人更伟大。"

在非洲伊斯兰国家和社区中，有数千所新建的清真寺，它们或多或少都具有传统形式和装饰，但最杰出的是摩洛哥**拉巴特清真寺**(mosque at Rabat, Morocco, Vo Toan)。它是国王哈桑二世为纪念他父亲而在20世纪70年代初所建造的建筑群的一部分。这标志着王室开始鼓励传统艺术和工艺，由国王资助出版的大型两卷本《摩洛哥伊斯兰建筑艺术传统》(Le Maroc et l'artisanat traditionnel islamique en architecture)现在已经成为在摩洛哥工作的建筑师必不可少的设计参考书。室外和室内的细部遵循着传统的模式，庭院受传统里亚德(riads)的启发，流水和规则的平面，被普遍结合到新建筑中去。例如，查尔斯·波卡拉(Charles Boccara)在**马拉喀什医院**(hospital at Marrakesh, 1978—1982, 见[1569]页图C)的设计中，同主体脱开的清真寺，不仅在形式上，而且在黏土碎石圬工(pisé)、黏土砖和桉木的使用上，都是传统式的。埃利·穆亚尔(Elie Mouyal)在马拉喀什以外的**富瓦萨克宅**(Foissac House, 1984—1985)，依据传统形式应用了黏土砖。里亚德(riads)同样经常被用于私人住房建筑中，例如西格尔马西(M. Sigelmassi)在卡萨布兰卡的**自宅**(1977—1981)，波卡拉设计的马拉喀什的**阿布坦宅**(Abtan House, Marrakesh, 1984)以及波卡拉在马拉喀什郊区阿希弗(Assif)的**城郊住宅**(1975—1983)。同时，传统细部及其强烈的效果，也被容纳到了低造价公共住宅建筑中，例如卡萨布兰卡的**达尔拉马内住宅区**(Dar Lamane Housing Community, 1983年建成, 见[1575]页图A)。

在并没有王室支持的更大范围内，突尼斯的设计遵循了同样的方向。**贾尔安达卢斯酒店式公寓**(Diar El Andalous Residences, 1977—1981)是一座由塞尔日·圣泰利(Serge Santelli)设计的位于苏塞(Sousse)的公寓旅馆建筑，以围绕庭院和天井的序列为基础，使人联想到阿拉伯宫殿的庭院和花园。萨米尔·哈马齐(Samir Hamaici)设计的突尼斯的**西迪阿卢伊小学**(Sidi el-Aloui Primary School, Tunis, 1986, 见[1575]页图B)布置有序的房间围绕在两个院子周围，明智地运用了传统装饰，谨慎地强化了效果。规模更节制一些的依靠当地居民参与进程的是申尔德(R. Senlder)设计的塞内加尔马利卡的**达拉学校**(Daara School, Malika, Senegal, 1977—1980)，类似邻里中的大型传统种植园，它的结构也是以传统原则为基础的。

旅馆建筑由于商业的原因，为建筑师采用传统形式和要素提供了机会。例如，由法拉欧伊(A. Faraoui)和帕特利斯·德马齐埃(Patrice de Mazieres)设计的摩洛哥得土安省的**迈迪格度假村**(Holiday Village Resort, M'Dig, Tetouan Province, Morocco)，成串的旅馆房间围绕着天井和花园。同样是他们设计的摩洛哥布梅安的**布梅安杜达代斯旅馆**(Hotel Boumaine du Dades, Boumaine, Morocco)，带有柏柏尔(Berber)建筑的一些特征。阿切尔联合事务所(Archer Associates)设计的肯尼亚的**琼巴拉姆图瓦纳塞里纳海滨旅馆**(Serena Beach Hotel, Jumba la Mtwana, Kenya, 1975)，运用了大量东非斯瓦希里的建筑元素和在拉穆所发现的装饰。1981年，塞尔焦·圣蒂内利(Sergio Santinelli)在突尼斯将这类运用传统设计要素的例子形容为"殖民时代的永久纪念"。但是，在突尼斯、摩洛哥和埃及，甚至在肯尼亚海滨，大量杂陈的别墅、公寓和旅馆中对传统设计要素的运用，也屡见不鲜。圣蒂内利认为，建筑师"已经发觉倾向于使他们的作品转向阿拉伯穆斯林美学，以迎合……部分公众回归其源头的需要……联拱廊、小圆顶、圆柱和石雕的柱头，彩色砖瓦和大量不规则形式，如今纯系为了如画的效果，盖满了新结构的表面"。

对地域和部族建筑的研究，在有些时候或多或少地提供了新建筑的基本象征形式。安德烈·拉弗罗(André Ravereau)在担任阿尔及利亚历史文物建筑督导时，曾研究过姆扎卜绿洲(M'Zab)建筑。

第49章 非洲建筑

图 A　卡萨布兰卡的达尔拉马内住宅区(1983年建成)，见[1574]页

图 B　突尼斯的西迪阿卢伊小学(1986)，见[1574]页

他设计并监造的姆扎卜地区学校建筑时,曾竭力模仿当地传统的塑性形式和完全东方式的布局。他在设计马里医疗中心(Medical Centre in Mali, 1976)也是一样。在圭亚那和阿尔及利亚,传统的伊巴迪特(Ibadite)建筑特征影响了阿尔及利亚的加利亚居住区(Residence in Gharaia, Algeria, 1971)的设计,这是勒韦罗为单身男女,并针对炎热气候所设计的环绕庭院式住所。由德帕拉伊德(L. M. de Parajd)设计的尼日尔尼亚美的太阳能研究中心(Solar Energy Research Centre(ONERSOL), Niamey, Niger, 1981)是由传统建筑和建造材料启发下的一种自然结构。运用了穹窿,但与豪萨(Hausa,由木骨架与黏土构成)穹窿不同,这些穹窿支撑在钢筋混凝土柱子上,一般而言,相当多的结构有赖于用水泥加固的黏土砖承重墙。

由地域性建筑衍生出来的象征性,被应用在在一些公共建筑上。在肯尼亚内罗毕的肯亚塔会议中心(Kenyatta Conference Centre, Nairobi, Kenya, 1973),诺斯特维克(K. H. Nostvik)试图把一个穆森盖地区(Musenge)住宅的形式,调整运用于一个当代的大型工程上。中心的两个主体,32层的办公塔楼和一个圆形剧场式的会议厅,竖立在裙房之上,里面安排了接待厅、报告厅、银行和邮局,有动人的构图,然而,它同传统形式也只有微弱的联系。在姆马巴托(Mmabatho),一个在南非旧政体下建立的黑人州,班尼耶·布里茨设计的州政府广场和秘书处办公楼(Government Square and Secretariat, 1978—1983)以一个茨瓦纳(Tswana)的城镇布局及其一个中央集会场地为基础,高比例半熟练劳力构成的技术,应用地方材料创造了强烈的砖砌几何形式。这保证了当地人得到工作训练,并再次获得前辈们的建筑技术。对规模较小的建筑,彼得·里奇(Peter Rich)宣称,在20世纪80年代他所设计的居住建筑,受到南恩代布尔(Southern Ndebele)和班德瓦尼(Bantwane)乡村小屋的影响,试图"确定一种真正反映其用途和地点的南非建筑时……拿出来的仅仅是风格,这种充满陈词滥调的恩赐姿态是不够的"。

另一座建筑,在德兰士瓦省(Transvaal)由 M. 和 M. 贝尔(M. and M. Bell)设计的兰德公园岭的松内博恩电影工作室(Sonneblom Film Studios, Randpark Ridge, 1993),被描绘成"弥漫着我们狂迷寻找的所有特征,那些是真正属于南非建筑的东西……流动起伏的形体……当阳光从非洲黄沙色的立面上扫过时,因阴影的投射而形成的不断改变的立面"。但是,汉斯·哈伦(Hans Hallen)在1985年曾贴切地指出:"与根脉单一的西方文化不同,这里有着许多根须。密尔顿的《失乐园》中的巨大榕树,它有成百的枝杈庇护着许多人,是对非洲建筑的一个恰当的隐喻,它肯定也说出了我们的时代和场所。"

20 世纪建筑

第 50 章
1900～1950 年的北美建筑

建筑特征

美洲建筑作为一种重要力量出现在 19 世纪的西方文化中,如果我们缺少对北美建筑作品的仔细研究,那么就无法充分理解现代纪元的成就。美国是主要的贡献来源地,一个重要的原因是在 20 世纪三四十年代,美国成为一些欧洲先驱建筑师的家园。

如同欧洲一样,美国关键的发展也来自一些大都市中心:纽约、波士顿、费城、芝加哥、旧金山和洛杉矶。虽然存在一些例外,但是这六个城市(以及与其相关的城市地区)造就了这个国家大多数有影响力的建筑师和有声望的设计学院。每个地方的表现各有特色。纽约在很长时期以来都被认为是最重要的城市,但其扮演的角色并不像巴黎、维也纳或者伦敦在各自国家中的地位那样显要。几个中心的存在,面貌上的差别,在整个大陆广泛传播,越发使美国建筑丰富而多样。

土地的充足,在很多方面影响了美洲建筑,包括低密度地产的开发,而自然资源的丰富也促进了各种高质量建筑材料的使用。大量的建设需求,促进并激励着更新和变革的精神,从 1900 年以来,这种势头几乎一直在持续增长。大量有竞争力的公司、政府机关、研究机构及家族,都需要精益求精的建筑,尤其是强烈的建筑识别性。自由职业和个人权利的尊严,以及缺乏相应的强有力的中央集权,都有助于确保商业和居住建筑的设计是最具革新性的。

当时大多数的美国建筑,特别是在住宅领域,都体现出了对亲切形象的偏爱,而厌恶那些看上去怪异或者与可接受的式样相左的东西。19、20 世纪之交以来,产生于欧洲及其他地区的大量现代建筑,在美国无论如何都是不能容忍的。美国人也更注重实际,更关注改进和实施而不是理论。从根本上来说,建筑形式领域的新思想很少起源于北美,北美的建筑师不断地从国外寻求模式,来发展他们自己的表现语汇。

然而长期以来,存在于欧洲和美国设计之间的紧密纽带,一直反映着美国在文化上的隶属状态。美国建筑师向其他地区的建筑师学习,以创造属于自己的独特建筑。他们也在追求着新的诠释途径:美国从业者对全球建筑类型的发展作出了实质性贡献,技术上的成就——结构、材料和支撑体系——处于领先地位。当然,影响是相互的,在 20 世纪其他国家可能从美国作品中受益,同时美国也从其他国家受益。

从 1900 年以来,传统主义和现代主义两种主要趋势占据了主导地位。前者是学院派的,源自 19 世纪 80 年代巴黎国立美术学院的指导哲学。在随之而来的 10 年中,在美国建筑中这种折中的传统主义,成为最大的新势力,并将这种醒目的角色一直保持到 20 世纪 30 年代。这个运动是基于这样一种信仰,即建筑是在演化着——而变化是受延续过去的放之四海而皆准的永恒原理的指导,通过精确的构图技术的应用,建筑仍然能被赋予统一、秩序和视觉的力量。从 17 世纪在法国实践之日起,古典主义就以这些思想为中心而展开,因此美国的一些学院派建筑都是古典的也不足为奇了。但是这一运动,包罗了更为广泛的范围,来自很多时期和地区的先例,无论是独特形象化的传统(Picturesque tradition)还是出自乡土风格,亦或是高雅风格(high-style)的实例,都包括在内。在美国几个地区的早期建筑,还为某些学院派建筑提供了灵感。而且,在美国,学院派的注意力倾向于与工艺美术运动相结合,而不是与之对立。所有这些因素都强化了自由、创造力和多样性的特性。

现代主义在 1900 年前后出现于美国,主要是通过弗兰克·劳埃德·赖特及其追随者的作品表现出来。然而,直到 20 世纪 20 年代中期才被广泛接受,之后的表现形式较前有极大的差别。更根本的推动力,是 20 世纪 30 年代欧洲先锋派得到越来越多的关注。第二次世界大战之后，美国成为从概念和表现上探索现代主义可能性的领导者，而且，从那时起，就一直保持着这种地位。

现代主义与折中主义的区别在于，现代主义不是对过去的延续或者复兴早期显著特征，它强调的是崭新，并充分采纳新建筑材料与技术所提供的建造和设计潜力。现代主义或许会直接或间接地借鉴历史先例，但在前期与当今之间有明确的区分，通常更多的注意力集中在预见未来而不是联系过去。这种观点，意味着不断的（偶尔也有意外的）改变，革命代替了逐渐的演化。像折中主义一样，巨大的差异性构成了现代主义的特点，但它是另外一种。与古典主义或学院派传统相比，现代主义从未被一套原理长期统治。从19世纪90年代一产生，现代主义就由不同的分支构成，其中一些是集体的（例如新艺术运动、未来主义和风格派），而另外一些则是集中在个人作品之中（例如赖特和密斯·凡德罗）。如果不总是从形式方面来说，在美国与在其他国家一样，现代主义者在措辞上意味着思想上的一致；然而，现代主义的实践离经叛道，因此，它总是创造出一些不同的甚至经常是背道而驰的设计。现代主义和折中主义在很多方面并不互相排斥，甚至可以说彼此相得益彰。

建筑实例

在北美，折中主义的学院派时期姗姗来迟，在临近20世纪之时，它才作为建筑中的一种主要力量浮现出来。它扎根在这块大陆上，在这里，自身利益和经济回报被描绘成统治世代发展的力量，这一运动在新生精神里传播。雄心勃勃的主动规划很快成为整体的努力。位于芝加哥的**哥伦布世界博览会荣耀广场**(Court of Honor at the World's Columbian Exposition in Chicago, 1892—1893)，预报了一种有说服力的证明，即秩序、统一、优美以及对西方文化遗产的有力效忠是如何再次创造建筑和城市面貌的。在大都会里达到这些目标的第一个提议，是1901年**参议院公园委员会华盛顿特区计划**(Senate Park Commission Plan for Washington, DC, 见[1579]页图A)，该计划的设计者丹尼尔·伯纳姆(Daniel Burnham)、查尔斯·麦金姆(Charles McKim)和小弗雷德里克·劳·奥姆斯特德(Frederick Law Olmsted, Jr)是整个运动的领军人物，前二者以及奥姆斯特德的父亲促成了芝加哥世界博览会(Chicago Fair)的举办。

华盛顿规划以1791年皮埃尔·夏尔·朗方(Pierre Charles L'Enfant, 1754—1825)为首都所作的预备设计为基础，并且也采用了他惯用的巴洛克传统，然而新方案却显示出美国人擅长提出新见解的特征。与以前的城市空间不同，从国会大厦向西伸展出的大型步行区商业广场(Mall)采用了巨大的规模和清晰的形式，重新组织了整个中央地区。这个方案将勒诺特(Le Nôtre)宫殿花园的宽阔和简洁，与沿着主轴线的焦点序列结合在一起，如同巴黎从土伊勒利花园到星形广场那样。树木与建筑共同构成东端的清晰边界。并且，虽然从属于整体，但每座建筑又都是独立的并构成其所属地段中具有纪念性的焦点。向西的布局则更加具有奥姆斯特德的传统，并不那么正式，但具有伟大纪念性的建筑仍继续构成焦点，并且总是与身后的城市保持着视觉联系。马尔步行区的主轴西端，以亨利·培根(Henry Bacon, 1866—1942)设计的**林肯纪念堂**(Lincoln Memorial, 1911—1922, 见[1579]页图C)结束。林肯纪念堂从属于国会大厦，在其右侧有一个巨大的市民广场。

除了设计这个城市的核心，这一规划还包括为保护自然景观而设计的公园网络，既保护优美的风景，提供更多的公众娱乐区域，同时也刺激了低密度住宅的发展。因为其追随欧洲近期发展的城市公园系统实例，以及美国其他城市的类似计划，这个方案成为同时代最被认同的项目之一，并为整个20世纪20年代北美的大量方案提供了标准。正如我们所知，这个城市美化运动(city beautiful movement)，蕴藏着为急速发展的城市地区赋予发展形式和方向的愿望，使得城市成为更有效率和更吸引人的场所。几乎没有哪个方案像华盛顿计划这样被贯彻得如此彻底，因为在这里联邦政府拥有着深入执行议案的权力。但是即便如此，这项任务的完成也还是花费了几十年的时间，其间规划中的变动使得大多数作品都处于不完整的状态。

虽然大城市的规划设计被执行得零零碎碎的，但20世纪早期在一些私人慈善团体的支持下，还是建造了一些令人印象深刻的公共建筑单体。例如麦金姆、米德和怀特(McKim, Mead and White)设计

第50章 1900～1950年的北美建筑

图A 参议院公园委员会华盛顿特区计划(1901)，见[1578]页

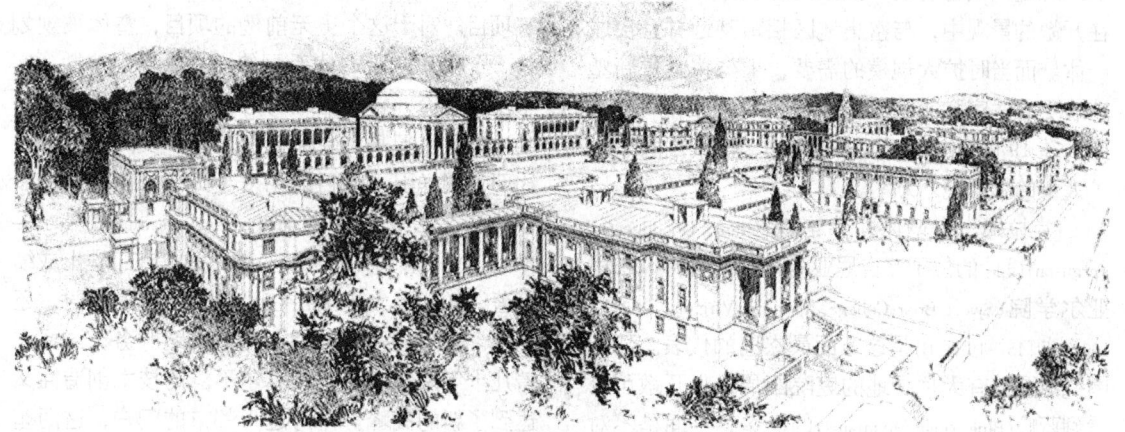

图B 弗吉尼亚阿默斯特县斯威特·布里亚尔学院(1901—1902)，见[1580]页

图C 华盛顿特区林肯纪念堂(1911—1922)，见[1578]页

图D 纽约西点美国军事学院礼拜堂和邮政总局(1903—1914)，见[1580]页

的波士顿公共图书馆(Boston Public Library, 1887—1898, 参见有关章节), 为此类建筑树立了典范; 卡雷尔和黑斯廷斯为纽约市设计的优雅的公共图书馆(New York City's elegant Public Library, 1897—1911, 参见第37章), 理查德·莫里斯·亨特(Rrichard Morris Hunt, 1827—1895)设计的大都会艺术博物馆(Metropolitan Museum of Art, 1895—1902), 以及贝克韦尔(Bakewell)和布朗(Brown)设计的奢华的旧金山市政厅(San Francisco City Hall, 1912—1915), 这种高贵的古典建筑, 不仅被引入了大都市, 并且以更加谨慎适度的形式出现在小城镇中, 体现了新城市的自豪感以及为这块大陆的公众提供焦点和赋予永久感的愿望。

20世纪初, 高等研究机构的加速成长, 为大规模的规划发起者提供了重要机会。美国校园的形式总是别具特色的, 独立的建筑被松散地组织在开敞的景观中, 与密集地区相距甚远并且自成一体。而当时扩大规模的需要, 正与将其重新塑造成更有秩序和手法感人的校园的主张相符, 由此, 在19世纪90年代和20世纪30年代间产生了大量的总体规划方案。

克拉姆、古德休和弗格森(Cram, Goodhue and Ferguson)设计的位于弗吉尼亚乡村的斯威特·布里亚尔学院(Sweet Briar College, in rural Virginia, 1901—1902, 见[1579]页图B)是这方面最杰出的代表。建筑围绕布置在有大片绿地的庭院四周, 半开敞可以看到蓝岭(Blue Ridge Mountains)的全景; 平面是不对称的, 但是很均衡; 建筑随着功能变化而风格不同, 但仍构成了连贯的整体; 方案规整的特点, 也被风景如画的周围环境弱化了; 公共建筑结合了住宅的特点。从图上来看, 整体布局带有法国传统, 然而, 建筑与英国古典作品以及早期美国作品的关系更为密切, 包括位于附近的托马斯·杰斐逊(Thomas Jefferson)设计的弗吉尼亚大学(University of Virginia, 1817—1826)。这些参照了本民族的和欧洲的古典主义的作品, 反映了学院派以一种同情的方式, 对既定领域中的设计表示关注, 以避免地方狭隘性或复古主义的弦外之音。古典传统在公共建筑和研究机构建筑中占据了上风。然而, 中世纪的资源也被开发出来, 它同样具有灵活性和创造性, 我们可以在下述方案中看到: 克拉姆、古德休和弗格森设计的纽约西点军校的礼拜堂和邮政总局(Chapel and Post Headquarters, US Military Academy, West Point, New York, 1903—1914, 见[1579]页图D); 戴(Day)和克劳德(Klauder)设计的新泽西普林斯顿的普林斯顿大学宿舍建筑(dormitory buildings at Princeton University, Princeton, New Jersy, 1913—1918); 詹姆斯·甘布尔·罗杰斯(James Gamble Rogers, 1867—1947)设计的康涅狄格纽黑文的耶鲁大学的很多个学院(colleges at Yale University, New Haven, Connecticut, 1916—1933)。

20世纪早期在商业领域发生的最为剧烈的变化是, 大量单体建筑的出现超过了曾经势不可挡的总体规划。然而, 一些这样的企业也需要多功能的综合体, 里德和斯泰姆(Reed and Stem)、沃伦和韦特莫尔(Warren and Wetmore)设计的纽约的中央铁路总站(Grand Central Rail Terminal, New York, 1903—1913, 见[1581]页)建立了这种标准。这座建筑占地 $19.2hm^2$ (48acre), 可以说是那个时代北美最大的建筑项目。对于这个史无前例的项目, 整体被规划为一个相互连接的体系网络——铁路、地铁、客车及步行道, 将终端站与办公楼、旅馆和其他公共设施联系起来。中央铁路总站以及同样位于纽约而又同样引人注目的由麦金姆、米德和怀特设计的宾夕法尼亚火车站(Pennsylvania Station, 1902—1911, 已毁, 见[1582]页图A), 都不只是在工程上成绩卓著, 如此巨大的项目在设计和实施的同时, 还在整个建造过程中维持不变的铁路服务, 这标志着几十年来使美国企业卓尔不群的技术创造性又达到了新的高峰。作为进入都市的门户, 这两座建筑实用又具象征性的角色, 因作为终端站而得到了明确的强调。建筑内部本应拥挤的空间, 被以一种有秩序的序列组织起来。中央铁路总站的巨大中央大厅, 尺度巨大而形式简洁, 为整个综合体提供了基本的核心所在, 同时它也是一个混合的房间, 引导其后各点不间断的活动。在法国国立美术学院一个有特色的规划原理的美国改编本中这样总结, 建筑形式的设计要考虑与现代建筑概念结合起来, 以作为复杂功能的有效容器。感性地看, 威严的空间序列具有统领作用。室外也是一样, 大胆的尺度, 醒目的立面, 主导着新的城市框架——高大、密集而机械化。

总站城(Terminal City)建在沿着公园大道进入中央铁路总站地下轨道的上面, 其规划是将中城区(mid-town)曼哈顿转型为主要贸易中心的催化剂。1890年到20世纪20年代之间实施的这项开发, 成为优秀的高层建筑设计实例的代表。局部

第50章 1900～1950年的北美建筑

图 A　纽约中央铁路总站(1903—1913)，见[1580]页

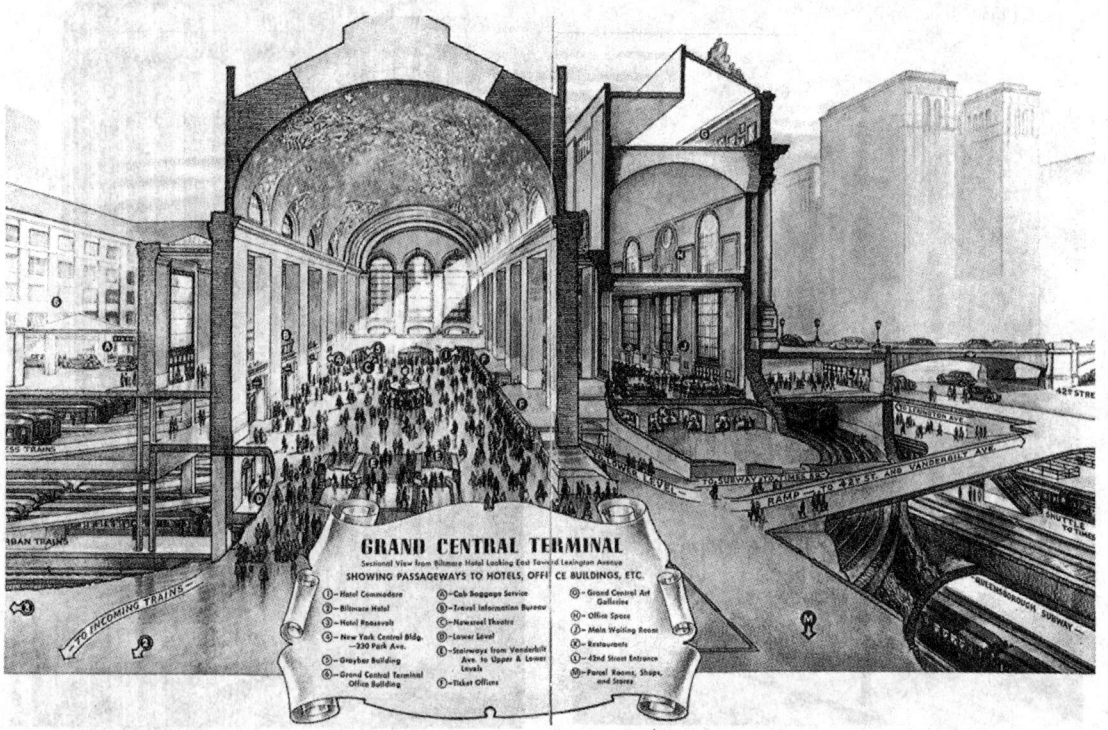

图 B　中央铁路总站剖面图

图 B 的注释：从贝尔特摩饭店往东看莱克星顿大街：① 海军准将饭店；② 贝尔特摩饭店；③ 罗斯福饭店；④ 纽约中心建筑：230 公园大道；⑤ 格雷巴大楼；⑥ 中央总站办公楼

Ⓐ 车辆行李服务；Ⓑ 旅行咨询处；Ⓒ 新闻影视剧院；Ⓓ 下水平；Ⓔ 从范德比尔特大街的上下楼道；Ⓕ 票务处；Ⓖ 中央总站艺术走廊；Ⓗ 办公处；Ⓘ 主要候车室；Ⓚ 餐馆；Ⓛ 第 42 街入口；Ⓜ 行李房、商店和仓库

第七编 20世纪建筑

图A 纽约宾夕法尼亚火车站(1902—1911，已毁)，见[1580]页

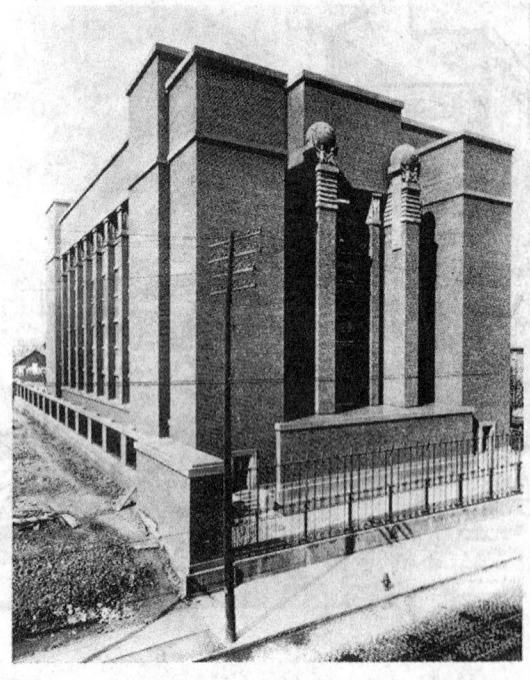

图B 纽约州布法罗市拉金公司大厦(1903—1906，已毁)，见[1585]页

图C 纽约伍尔沃斯大楼(1910—1913)，见[1583]页

第50章 1900～1950年的北美建筑

形象性地使用了古典手法：基座、柱身和柱头，立面提供了一座优美的背景建筑，使它与大都会的结构连接得更加紧密。这种城市设计方法，直接取自19世纪巴黎及其他欧洲中心的作品；然而，尺度、有节制的奢华以及严格的商业特色，又使这项开发区别于其他而独具美国特色。

另外，一些办公建筑被设计成独立的地标——无论对公司客户还是从商业理念来说，它们都具明显的纪念意义，而这些如今被很多美国人视为社会最重要的力量。与刚过去的几十年相比，城市中心上涨的地价和对更多牟利空间的需求，使更大规模的建筑成为必须，结果导致了摩天楼的产生。建筑从密集的体块演化成为高耸入云的塔楼，在纽约以**伍尔沃斯大楼**(Woolworth Building, 1910—1913, 见[1582]页图C)为代表。直到1930年，这座建筑都一直是世界上最高的大厦，也是一个技术上的杰作。入口与整个钢框架形成整体，并使用了一套先进的支撑体系；采用了模制陶片，赋予面层以彩色条纹的效果，与标准的砌体墙面相比，它既暗示了掩藏于其下的结构又活跃了整个表面。它的建筑师卡斯·吉尔伯特(Cass Gilbert, 1850—1934)才华横溢地发展了体量和构图，使建筑成为一个街区，一个塔楼，与周围的建筑进行着对话，像是一座灯塔，屹立在摩天楼的丛林之中。与之相似的是建筑有：三角形的**富勒(富拉特隆)大楼**(Fuller (Flatiron) Building, 1901—1913)，建筑师是丹尼尔·赫德森·伯纳姆公司(D. H. Burnham & Company)；**胜家公司大楼**(Singer Building, 1908, 毁于1968年)，由欧内斯特·弗拉格(Ernest Flagg)设计，以及**大都会人寿保险公司塔楼**(Metropolitan Life Tower, 1905—1909)，设计者为勒布伦父子事务所(Le Brun & Sons)。这些高层建筑的设计者们，尝试发展新的构图，以免遮挡临近的建筑物。这些高耸入云的塔楼，最初很受欢迎，而后又在纽约引起立法方面的反应，周围需要光线和空气的人们对它提出质疑，它的弊端在于对整个街区投下的大片阴影引起了街道阻塞并留有火灾隐患。这些意见的结果，就是用规范来控制塔楼的尺寸和布局。沿街立面的高度被限定为30m(100ft)，塔楼的占地面积不超过地块面积的25%。之后的1916年，关于高度限制和建筑退界的城市法令被颁布了。

伍尔沃斯大楼及其周边地区，似乎是现代世界的本质，一个经历了高速时代的象征通常是革命的，变化的。在20世纪的第二个10年中，似乎没有什么人工景观放弃传统的建筑形式，同样也没有什么能体现未来。然而新的大都会形式，还是通过假想的古代近东城市景象的历史细部和集体剪影有力地反映出它与过去的联系。与欧洲相比，折中的历史主义开始被当做一个沉重的历史遗产，在北美开始发展成为一种新的文明。

传统与变化之间的融合，通过电影院的蓬勃发展表现出来，这是一种20世纪的新建筑类型。从某种程度上可以说，它是美国文化的产物，与只提供现场表演的场所相比，它特色迥异。另一方面，由科尼利厄斯·拉普(Cornelius Rapp, 1861—1927)和乔治·拉普(George Rapp, 1878—1942)设计的**上城剧院**(Uptown Theatre, Chicago, 1924—1925, 见[1584]页图A)是一座考虑到产生高回报的实用建筑，所以沿着建筑物正面建造的密度很高；大跨的钢架使观众席的视线不被打断；先进的通风系统，使其内部空间比大多数建筑都要舒适；巧妙的布局，轻易地将通道由大空间引导到密闭的不规则的包厢中。但是对于观众来说，"电影宫"首先是一个提供绝佳幻想的场所，一个可以忘却日常生活的所在。专门从事此类工作的公司，从那些激动人心的通常也很新奇的历史先例中总结经验。例如由托马斯·兰姆(Thomas Lamb)设计的俄亥俄州哥伦布城的**俄亥俄剧院**(Ohio Theatre, Columbus, Ohio, 1927—1928, 见[1584]页图B)所表现的那样，华丽的装饰、繁复的细部、朦胧的光线以及纷杂的色彩主题，装饰着涌动的空间，这种景象原本只有在想象中才能出现。对多数人来说，整个经历都是崭新的。奢华的场所和从未有过的完美表达，使剧院本身变成大众消费的诱人代理，从而改变了大众娱乐的本质。

在19世纪最后的几十年间，铁路运输的发展使北美的长途旅行变得既奢侈又冒险，西部山区成为重要的消遣场所。很多由铁路部门自己建造的大型旅馆，成为刺激这种赚钱贸易的必要组成部分。位于加拿大落基山的**班夫泉饭店**(Banff Springs Hotel in the Canadian Rockies)是最早的此类建筑之一，直至今日这座建筑依旧位于最辉煌的案例之列(参见第37章)。这座建筑从1886年由布鲁斯·普赖斯(Bruce Price)开始设计，进入20世纪之后又分别由威廉·佩因特(William Painter)在1903～1914年和奥罗克(J. W. Orrock)在1926～1928年加建。

第七编 20世纪建筑

图A 芝加哥上城剧院(1924—1925)，见[1583]页

图B 俄亥俄州哥伦布城俄亥俄剧院（1927—1928），见[1583]页

第50章 1900～1950年的北美建筑

地段与世隔绝,反映了当时一种新观点,即西部旅馆应该展示出其地域差别。班夫泉饭店以及建造在美国国家公园内昂贵的木构旅馆建筑,成为地位的象征而广为人仰慕。它们与天然环境形成对话,而且表明其优势——以与都市旅馆同样的舒适和众多规范化的社交应酬向自身偏远的地理位置提出了挑战。

独立的独户住宅从几十年前的殖民地时期开始就在北美景观中奠定了其中心地位。20世纪早期的居住作品,不仅延续了前几十年培育出的革新精神,而且显示出更大的表现力度。如今在这一领域,古典主义与独特形象化风格的传统一样具有影响。学院派的偏好与工艺美术运动相得益彰。住宅建筑也成为美国所独有的现代主义形式的最初试验田。日益富足的民众,产生了从未有过的对由建筑师专门设计的住宅的需求,这块大陆上一些最具天赋的从业者,使这类作品成为一个专业。大型乡村住宅,与之相应的更加适中的城郊住宅,以及工人住宅,都成为职业兴趣的主题。最优秀的实例在设计上达到极尽精妙的高水平。但是,除却精巧之外,美国住宅使用方便的平面布局和宽敞的空间,也被高度关注。到20世纪20年代,即使那些造价相对低廉的住宅,都具有远比其他各地住宅更加先进的支撑体系。如同商业建筑一样,美国住宅既是传统的壁垒也是现代的机器。

靠近费城的**林木线宅**(史密斯宅)(Timberline (Smith House) near Philadelphia,1907—1908,见[1586]页图ⓒ～图ⓔ)是当时最出色的乡村住宅之一。设计大师查尔斯·亚当·普拉特(Charles Adam Platt,1861—1933)利用了16世纪意大利艺术模式和其他古典资源,创造出与地段关系紧密结合,比例精炼而优雅的建筑作品。最具创造性的平面主轴线,建立了从入口到主要街景的强有力的联系。而所有其他的视觉联系都是横向的,并且安排在逐渐展开的序列之中,先是内部,然后到平台,最后到达两个林木掩蔽下的形式规则的花园。由于缺少单个焦点,这种双重序列在暗示连续运动的同时,那种流动的感觉也被整齐严谨的语汇和印象主义式的林木应用给冲淡了。

如同林木线宅是伟大的古典建筑一样,费城附近的**纽博尔德宅**(Newbold House,1919年始建,见[1587]页图B、[1588]页图ⓑ),对独特形象化风格和本土资源的创造性进行了很好的诠释。在这里,梅洛、梅格斯和豪事务所(Mellow, Meigs and Howe)赋予这一传统新的生机,像亨利·霍布森·理查森(H. H. Richardson, 1838—1886,参见有关章节)等人在几十年前所做的那样。这座建筑建立在后中世纪庄园住宅的基础之上,与其农场建筑一起形成了一个相互联结的整体,但在此处,住宅部分从各个方向伸向乡村,而不是向内聚集。每个空间都很有特色,内、外及各种活动都是穿插迂回的,看起来像是片断的任意拼贴。同时又通过形式、尺度和材料上的一致获得统一的效果。复杂的纹理通过简洁、抽象的体块获得了平衡。整个设计避免全部参照当下殖民地时期的形式,而代之以回溯想象中的更美好的过去。这种情绪被众多的美国人分享,但是几乎无人能负担得起实现这种矫饰的田园生活的世界。

弗兰克·劳埃德·赖特(Frank Lloyd Wright, 1867—1959)并不赞成城市生活,他追求的是创造一个属于场所本身的世界。由于反对学院派运动的语言,他断然与所有的惯例决裂,而使用了全新的与过去没有直接联系的形式和空间。弗兰克·劳埃德·赖特在同代人中最坚决地拒绝抄袭以前的作品,他追求的是变革建筑本质的抽象设计。

他的设计方法在20世纪之交发展成为一种强烈的个人风格,例如他在位于伊利诺州海兰帕克的**威利茨宅**(Willits House, Highland Park, Illinois, 1900—1902,见[1587]页图C)上所明显表现出来的那样。事实证明,赖特的风格同样适用于多种类型的住宅:中产阶级的紧凑的住宅,如伊利诺州拉格兰奇的**亨特宅**(Hunt House, La Grange, Illinois, 1907);大型的城郊住宅,如伊利诺州里弗赛德的**孔利宅**(Coonley House, Riverside, Illinois, 1907—1909);零散分布的乡村住宅,如他自用的威斯康星州斯普林格林的**塔里辛宅**(Taliesin, Spring Green, Wisconsin, 1911年始建,见[1587]页图A);教堂建筑,如伊利诺州橡树园的**团结教堂**(Unity Temple, Oak Park, Illinois, 1904—1906,见[1587]页图D, 亦可参见第37章);以及公司总部,如纽约州布法罗的**拉金公司大厦**(Larkin Building, Buffalo, New York, 1903—1906,已毁,见[1582]页图B),均能适合他提倡的风格。

位于芝加哥的**罗比宅**(Robie House, Chicago, 1909—1910,见[1588]页图ⓒ、图ⓓ,[1589]页图A、图B),是赖特在20世纪早期最杰出的作品之一,也是现

第七编 20世纪建筑

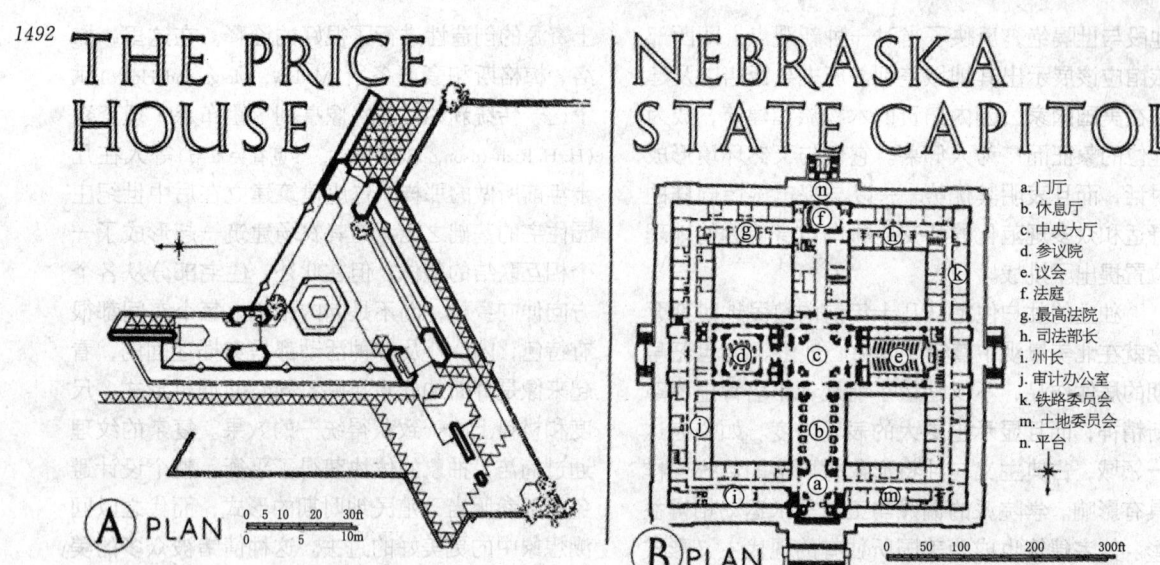

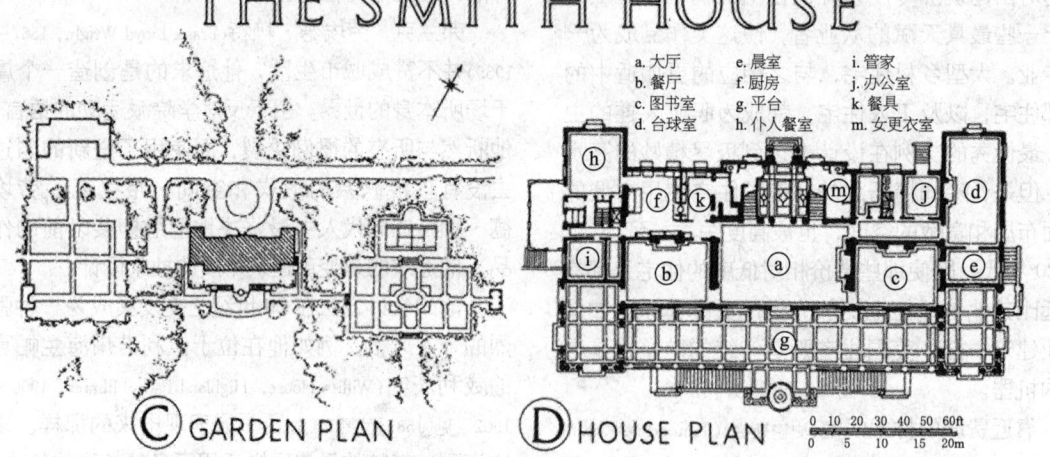

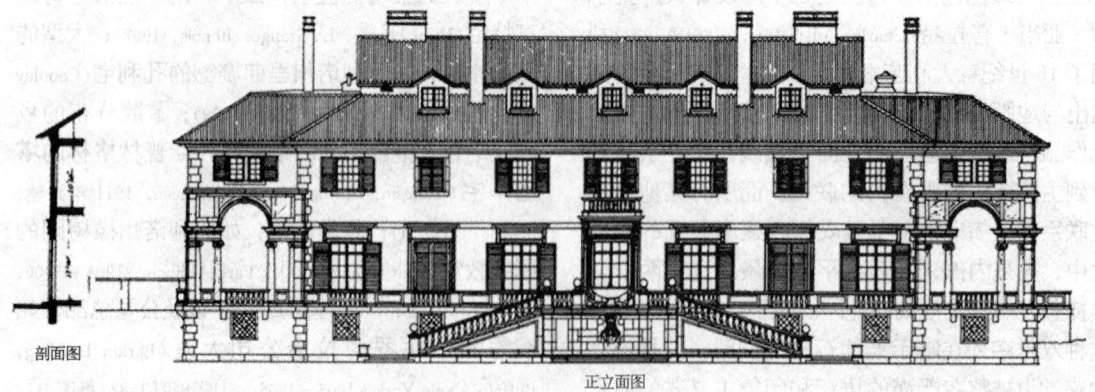

图 E 费城附近的林木线宅（史密斯宅，1907—1908），见 [1585] 页

普赖斯宅 (THE PRICE HOUSE)：Ⓐ 平面图
内布拉斯加林肯州议会 (NEBRASKA STATE CAPITOL)：Ⓑ 平面图
史密斯宅 (THE SMITH HOUSE)：Ⓒ 花园平面图；Ⓓ 住宅平面图

第50章 1900～1950年的北美建筑

图A 威斯康星州斯普林格林的塔里辛宅(始建于1911年)，见[1585]页

图B 费城附近的纽博尔德宅(始建于1919年)，见[1585]页

图C 伊利诺海兰帕克的威利茨宅(1900—1902)，见[1585]页

图D 伊利诺州橡树园的团结教堂(1904—1906)，见[1585]页

图E 加利福尼亚州伯克利的基督教科学派第一教堂(1909—1911)，见[1590]页

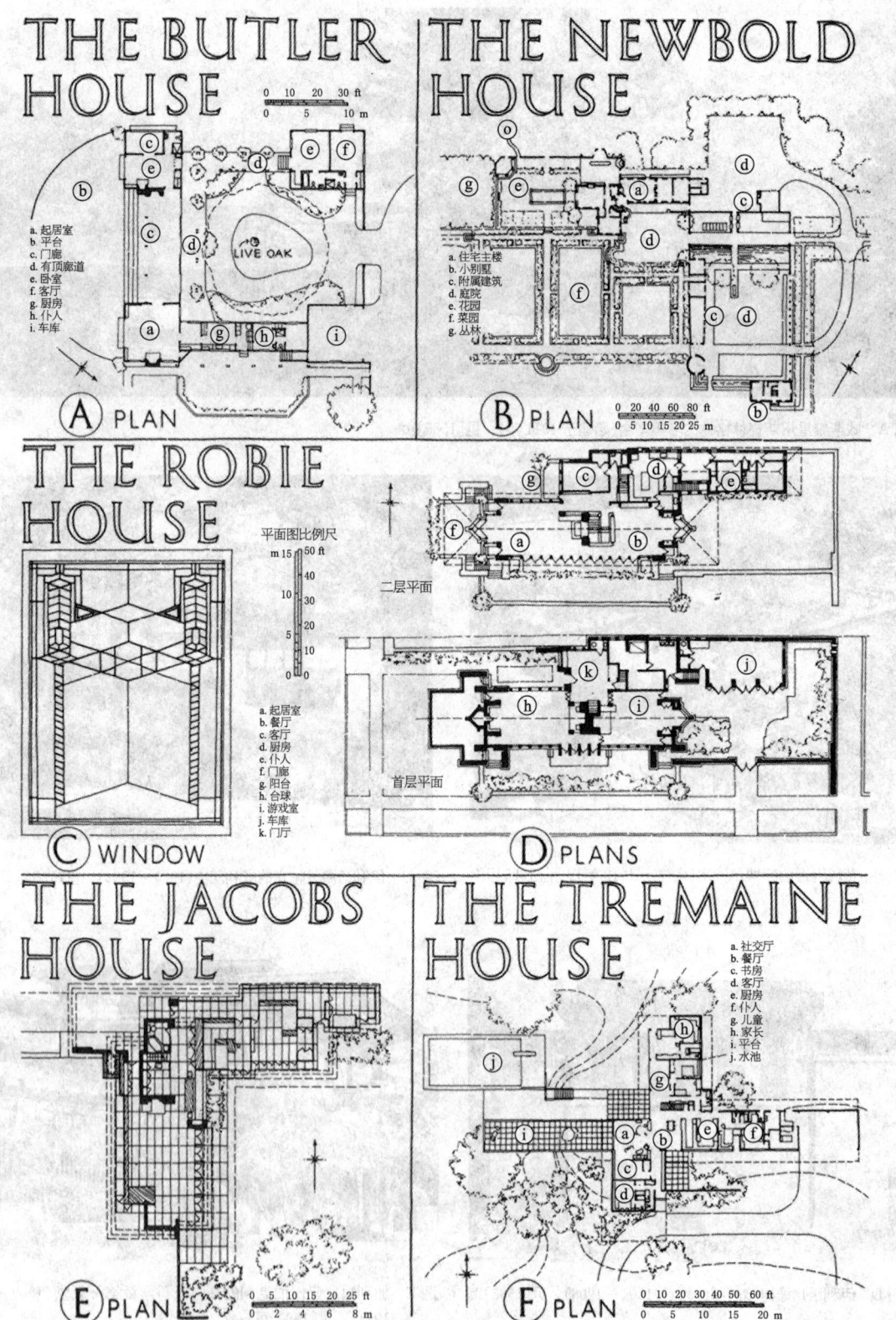

巴特勒宅(THE BUTLER HOUSE)：Ⓐ 平面图；纽博尔德宅(THE NEWBOLD HOUSE)：Ⓑ 平面图；罗比宅(THE ROBIE HOUSE)：Ⓒ 窗户；Ⓓ 平面图；雅各布斯宅(THE JACOBS HOUSE)：Ⓔ 平面图；特里梅因宅(THE TREMAINE HOUSE)：Ⓕ 平面图

第50章 1900～1950年的北美建筑

图A 芝加哥罗比宅(1909—1910)，见[1585]页

图B 罗比宅餐厅

代主义的巨大成就。面对狭长的建筑用地,具有赖特特色的水平面和垂直面的交织变得更加大胆醒目。建筑以水平线条为主,暗示了它与平坦的伊利诺中西部大草原的关系,但是住宅傲然屹立,无视郊区背景的存在。然而赖特确实是继承了某些学院派主流的思想,包括对设计的完整统一的追求。但是,从各个方面来看,他对这些方面的处理方式是抽象化的。一贯坚持的直线几何形体充斥在各个部位,使整个方案具有强烈的视觉力量。在内部,这种趣味又产生出看起来实用且有力的细部。赖特对复杂序列中大大小小空间进行大胆创新的处理产生了卓越的效果。赖特作品的大胆进取,既受到赞美,也遭到了批评。

赖特受到工艺美术运动的深远影响。工艺美术运动提倡简洁,重视天然材料的使用,将自然本身作为灵感的源泉,并且号召培养地域特色。1900年之前不久,这项运动与进取的改革精神被密切联系在一起而在北美受到欢迎,得到中产阶级的普遍接受。工艺美术运动在设计上鼓励个人主义,正如很多加利福尼亚建筑中所表现出来的那样,例如伯纳德·梅贝克(Bernard Maybeck, 1862—1957)设计的位于加利福尼亚伯克利的**基督教科学派第一教堂**(First Church of Christ Scientist, Berkeley, California, 1909—1911,见[1587]页图E)、查尔斯·萨姆纳·格林(Charles S., 1868—1957)和亨利·马修·格林(Henry M. Greene, 1870—1954)设计的在帕萨迪纳的**甘布尔宅**(Gamble House, Pasadena, 1907—1908,参见第37章),以及在洛杉矶的**道奇宅**(Dodge House in Los Angeles, 1914—1916,已毁)。

但是,工艺美术运动也在建筑界引领了广泛的潮流,没有哪一种实例比邦加罗(bungalow,平房)更为重要。"邦加罗"一词来源于印度,经由英国进入北美,而北美的邦加罗则是在邮购计划公司(mail-order plan companies)和投机建造商的支持下,逐渐形成的一种独特的方式(见[1591]页图A)。从本意概念上来说,邦加罗就是对中等水平住宅的支持,提供舒适、便利以及不大受限制、不大做作的吸引人的居住建筑形象。许多邦加罗都很乡村化,甚至很朴素,几乎没有什么明显的历史印记。平面的设计倾向于在同一层设有主要的房间,许多是彼此相通,并与起居室相结合。虽然平房很便宜,但是对中产阶级而言,却表明了独立及经济保障的意义。邦加罗对于住宅建筑的意义,就如同T模式(Model T)对于汽车的意义。在1900年到20世纪20年代这一期间,成千上万的美国人购买了位于郊区、小城镇和乡村地区的邦加罗。最初,这一类型源于加利福尼亚,但是它很快就风靡于北美的大部分地区。

19世纪80年代,有轨电车线路的电气化,以及大约30年后廉价汽车的制造,促进了低密度、小规模住宅的发展,其中多数是零星发展起来的,很少具有规划。城市美化运动的启动,在实行区域规范了这种扩张,但经过周密规划的城郊不在此例。然而,当时的一个雄心勃勃的方案在密苏里堪萨斯城的**乡镇俱乐部区**(Country Club District, Kansas City, Missouri,见[1591]页图B)及其周边地区,使这种情况发生了变化。1908年,从真正的地产家尼科尔斯(J.C. Nichols, 1880—1950)开始,这项方案的发展覆盖了超过6000acre的土地,并花费了长达半个世纪的时间。尼科尔斯公司控制了这项产业的每个方面,建立了一致的协议并发动邻近联盟来确保地区的长期稳定和吸引力。大片土地为公园和各种公共设施预留。如同埃比尼泽·霍华德为花园城市所构想的那样,尼科尔斯以空前的规模合并了乡村和城市的资源,但是他还特意将他的规划面向现实的市场,面向现有的城镇以及美国人的口味。这种尝试大获成功,几乎没有哪个开发商获得过同等程度的委托。

到20世纪20年代为止,为了寻求重新组织住宅发展模式,另一些规划被启动。这些方案,利用花园城市的思想和欧洲模式,倡导住宅组团、公共花园、最大可能地分离车辆的大街坊,并且在土地允许的情况下扩大周边的空地。这种尝试的成果之一,就是在罗斯福总统(Roosevelt)当政时期行政当局管理下的公共住宅计划的启动,以指导清除贫民区,更加成功的是推动中产阶级发展私人项目的规划。建筑师克拉伦斯·斯坦(Clarence Stein, 1883—1975)和设计师亨利·赖特(Henry Wright, 1878—1936)是这项工作最主要的实践者,在他们的尝试中,最具说服力的大概就是匹茨堡的**查特曼村**(Chatham Village, Pittsburgh, 1931年始建,见[1591]页图C)。这个区域里包括公寓,但是采用了传统的平台形式,表现出不规则的外观,其间穿插着花园和娱乐场地。美国人一般认为,居住在公寓中与其说是喜好,不如说是不得已。通过对构思的全新阐释,查特曼村帮助公寓丢掉了这种偏见。

第50章 1900～1950年的北美建筑

图A 洛杉矶的住宅区(约1910)，见[1590]页

图B 密苏里州堪萨斯城的乡镇俱乐部区(始建于1908年)，见[1590]页

图C 匹茨堡的查特曼村(始建于1931年)，见[1590]页

图D 弗吉尼亚州威廉斯堡的改建与重建(第一阶段始于1927年)，见[1593]页

第七编 20 世纪建筑

图 A　内布拉斯加林肯州议会大楼(1921—1931)，见[1593]页

图 B　北加利福尼亚州切罗基县海厄沃西大坝(1935—1940)，见[1596]页

第50章 1900～1950年的北美建筑

这个方案为大量的花园公寓群提供了原型,在贫乏的萧条年代,成为中等独立住宅的替代品。

两次世界大战之间,在查特曼村及许多城郊地区中明显表现出来对早期美国形象和小型城镇氛围的呼唤。城市增长率过快带来的反应首先强化了这种需求,之后经济大萧条引起的不安定再次使它得到加强。美国殖民地住宅区以自身特色而受到推崇,它们见证了更为朴素、更为荣耀的年代。除了对新作品产生影响之外,这种浪漫的想法对保留历史遗风也具有附加的推动力。此类作品中最引人注目和最具影响的是,1927年开始的位于弗吉尼亚的**威廉斯堡**(Williamsburg, Virginia,见[1591]页图D)。在小约翰·洛克菲勒(John D. Rockefeller, Jr.)的资助下,这个方案试图重新创造一个已经存在了超过一个世纪的城镇,以增加参观者对殖民生活的理解。在世纪之交出现于斯堪的纳维亚的室外博物馆,为这种尝试提供了一些先例,但是基于这样的目的而转变的现实社区是前所未有的。经过对古老建筑的广泛修复,已毁建筑的重建以及后来增建部分的清除,整个计划在北美达到了专业历史保护的新水准。同时,其成果代表了一种理想化的版本,使历史扮演一种预定的教学角色——这是几十年中持续存在于北美大陆的一些历史保护方案的目标。

以现代主义为住宅设计,被大部分人所拒绝,仅有极少部分人认可。在20世纪二三十年代,现代主义为建筑主流所接纳,这并不是由赖特或先锋中的年轻倡导者所领导的,尽管他们的作品很重要,而是由那些受过学院派传统教育如今又相信设计要保持活力就必须追求新道路的建筑师所领导的。如同欧洲的情形一样,美国也在尝试着创造一种既在形式模式和效果简化方面能与过去决裂,又能与熟悉的传统保持某些明显联系的建筑。

这一类型中,倍受推崇的最早的作品之一是伯特伦·古德休(Bertram Goodhue, 1869—1924)设计的位于内布拉斯加林肯州**议会大楼**(State Capital, Lincoln, Nebraska, 1921—1931,见[1586]页图⑧,[1592]页图A)。古德休采取了在体块上加塔楼的构想,这种做法从19世纪70年代以来就被广泛应用于美国公共建筑之中,它通过抽象的形式和醒目的尺度既夸大了两部分又加强了彼此的联系。地面环抱的基座及高耸的塔楼与低矮的城镇和其后的平原形成对比,塑造了强烈的城市特征。统一是至关重要的,对立的力量被退台的体块和巴黎美术学院式的内切十字方形平面所平衡。方案中渗透着对古罗马、近东、拜占庭、中世纪欧洲和美国本土的暗示。建筑的总体效果是古典主义的,但其中又掺杂着新意,与对传统的敬意差不多。这段时期还有埃利尔·沙里宁(Eliel Saarinen, 1873—1950)设计的更加明显的现代作品,沙里宁在1923年移居美国并继续从事其已经卓著的职业,作品有位于密歇根州布卢姆菲尔德-希尔斯(Bloomfield Hills, Michigan)的**匡溪学校**(Cranbrook School, 1924)和**博物馆**(Museum, 1940—1943),还有他与其子埃罗·沙里宁(Eero Saarinen, 1910—1961)共同设计的位于印第安纳州哥伦布城的**基督犹太神教堂**(Tabernacle Church of Christ, Columbus, Indiana, 1939—1942)。

广泛运用现代主义的趋势表现在古德休的作品中,出现在商业领域,尤其是摩天楼的设计,在这个方面美国建筑师继续发挥了他们无与伦比的领导才能。很多灵感都来自美国作品,包括路易·沙利文(Louis Sullivan)、吉尔伯特和古德休的作品,但是埃利尔·沙里宁以及德国表现主义和当代法国装饰设计的作品也都产生了重要的影响。如此多样的源泉,不仅合成了折中主义和现代主义,还形成了显著的古典和哥特风格。如今被称作装饰艺术派的摩天楼构图具有新的活力,它们作为动态的三维物体被矗立起来,垂直的墙墩将视线引导向上,升到周围经过计算保证邻近建筑通风权的各种各样的退台布局中。在这些构图中,像休·费里斯(Hugh Ferris)这样具有灵感的设计者,为满足退台塔楼的需要发挥了积极的作用(例如他的分区包络图(Zoning Envelope Diagrams))。而由于退台的要求,雷蒙德·胡德(Raymond Hood, 1881—1934)在纽约**每日新闻大楼**(Daily News Building, New York, 1929—1930)中,运用不断重复的立面赋予建筑雕塑般的形式和特征,而繁华的装饰对于反映后面钢框架的大胆体量来说是次要的。这种效果被认为是现代革新的典范,但它也被说成是古代中美洲金字塔的当代版本,从而体现了从学院派前辈那里继承下来的丰富而坚实的精神。纽约和芝加哥是这些高耸入云的塔楼最初发展的理想之地。威廉·范艾伦(Willian Van Alen, 1883—1954)设计的**克莱斯勒大楼**(Chrysler Building, 1928—1930,见[1594]页图A),由施里夫、兰姆和哈蒙(Shreve, Lamb and Harmon)

第七编　20 世纪建筑

图 A　纽约克莱斯勒大楼(1928—1930)，见[1593]页

图 B　纽约帝国大厦(1929—1931)，见[1596]页 　　图 C　洛杉矶里奇菲尔德大楼(1928—1930，已毁)，见[1596]页

第50章 1900～1950年的北美建筑

图A （上图）纽约洛克菲勒中心（1929年始建），见[1596]页

图B （右图）洛克菲勒中心镭电华城音乐厅的主休息厅

设计的帝国大厦(Empire State Building, 1929—1931, 见[1594]页图 B), 还有霍勒伯德和鲁特(Holabird and Root)设计的芝加哥商会大楼(Board of Trade Building, Chicago, 1929—1930)都是其中最著名的实例。从 20 世纪 20 年代中期直到 20 年代末期的萧条时期,这种类型在其他许多城市的中心都得到了大量的运用, 如摩根·沃尔斯和克莱门茨事务所(Morgan, Walls and Clements)设计的洛杉矶里奇菲尔德大楼(Richfield Building, Los Angeles, 1928—1930, 已毁, 见[1594]页图 C)。这些年中, 装饰艺术风格的摩天楼对大大小小的城市产生了重要影响, 为这些城市提供了关于财富和希望生动而鲜明的象征。

那个时代堪称完美的商业建筑方案是作为对抗萧条的手段而建造的位于纽约的洛克菲勒中心, (Rockefeller Center, New York, 1929 年始建, 见[1595]页图 A)。主创建筑师是莱因哈德和霍夫迈斯特(Reinhard and Hofmeister)、哈维·威利·科比特(Harvey Wiley Corbett, 1873—1954)和雷蒙德·胡德。到 1940 年, 这个中心包括了位于三个街区的九幢建筑, 成为自终点站城以来最具雄心的项目。这座建筑的平面及开发规模不同寻常, 没有采用密集堆砌的体块或塔楼, 而是一个 70 层高的无线电公司大楼(RCA Building)矗立在低层和中高层单元之间, 使大量自然光能够进入建筑。这是大型商业方案第一次由开敞的空间占据了主导地位, 并由步行商业街和广场将中心与第五大道联系起来。洛克菲勒中心在更为开敞的开发项目需要和更高密度地利用土地的经济压力之间, 获得了有效的平衡。地面层很规则, 细部统一, 凝聚感很强。高度、体量和方位上的对比使整个设计富于动感, 从各个角度看均呈现不同的变化, 尽管规模巨大, 但沿街层的尺度很适合步行者, 从最好的城市建筑传统来看, 这种效果既有节制又充满戏剧性。在建筑内部, 尤其是在剧院中戏剧性也占了上风, 借鉴了最近的法国作品, 镭电华城音乐厅(Radio City Music Hall, 见[1595]页图 B)的空间设计通过光滑的饰面、丝绒的家具和柔和的光线散发出一种温柔的气息。

许久以来, 多数被认为是进步的美国建筑, 都建造在城市中或城市附近。而这种模式的巨大突破, 发生在两次世界大战之间隔离地区大型水坝和相随的水力发电厂的建造。大批此类方案中, 能做到把自然资源的开发和保护空前地结合成一体的一个项目是田纳西河谷流域管理局(Tennessee Valley Authority, TVA)在 1933 年建立的一个独立的联邦机构, 以此重建贫穷的南部地区。大坝(Dams, 见[1592]页图 B)虽只是这项计划的一部分, 但却是其中最引人注目的人工建造物。尽管这种实用建筑通常都是由工程师设计, 但是由罗兰·万克(Roland Wank, 1898—1970)带领的建筑师们从方案一开始就与工程师密切合作。万克受训于维也纳, 并受到奥托·瓦格纳的公共建筑作品的启发, 他立刻赞成并驾驭了现代技术。宏大的尺度、原始的形式、丰富的肌理、装饰上的节约和实用, 水坝造型的需要就成为创造纪念碑的基础。对于参观者来说, 发电大厅被视为一个现代圣地, 它将水力转换为电能, 可以说改变了乡村生活。周围规划中用于娱乐的公园增强了水坝的城市品质。在此十年间, 没有什么其他事业能如此有力地表现出民主政府改善人类生活条件的能力。

在私人项目中, 类似 TVA 的这种建筑师与工程师之间的合作精神, 从 20 世纪 20 年代在艾伯特·卡恩(Albert Kahn, 1869—1942)事务所中就已经存在, 并因工业建筑而获得国内声望。卡恩吸纳各种学科的人员加入他的团体来处理工业建筑项目, 从一项任务的开始直到建造, 注重生产过程的革新, 然后把新概念转化为高效且形象完整的设计。靠近底特律的克莱斯勒半吨卡车组装厂(Chrysler Half-Ton Truck assembly plant, near Detroit, 1937—1938, 见[1597]页图 A)是卡恩成熟作品的一个优秀实例。建筑内部, 通过采用一种新颖的同时也构成建筑特色的钢桁架体系, 使得开敞、灵活空间和天然照明的需要得到满足。外部包覆着光滑整洁的表面, 主要是独立于结构框架的玻璃。这个占地 4.6hm^2(11.5acre)的设计是一个严密的整体, 然而又具有足够的灵活性, 以备生产规模变化之需。

艾伯特·卡恩的作品, 帮助工业建筑获得了新的尊重, 但是并没有迹象表明他认为工厂美学适用于其他建筑类型。由这个团队建造的大量的办公楼、研究机构、住宅甚至是工厂的管理处, 都表现出它们各自不同的功能。从这个方面来说, 卡恩的道路反映了他在学院派运动中的根基, 与欧洲的现代主义者像瓦尔特·格罗皮乌斯、路德维希·密斯·凡德罗和勒·柯布西耶这些认为机器激发的美学应该放之四海而皆准的人, 有着根

第50章 1900～1950年的北美建筑

图A （右图）底特律克莱斯勒半吨卡车组装厂（1937—1938），见[1596]页

图B （下图）洛杉矶洛弗尔宅(1927—1929)，见[1599]页

图 A 圣巴巴拉附近的特里梅因宅(1947—1948)，见[1599]页

图 B 加州帕萨蒂姆坡的巴特勒宅(1934—1936)，见[1599]页

图 C 宾州流水别墅(1936—1939)，见[1599]页

本的区别。像赖特一样,他们寻求的是与传统的彻底决裂,不仅要消除对历史的参照,还要对形式和空间进行全新的解释。

构成现代主义最激进的推力之一,就是众所周知的国际风格(International Style),20世纪30年代这种风格在北美吸引了越来越多的注意力。然而,与欧洲一样,在北美也缺少真正的这种风格的建筑,很多早期的实例都是那些希望通过建造新住宅,以支持先锋派的人。

北美最重要的国际风格成员之一是理查德·约瑟夫·诺伊特拉(Richard Josef Neutra, 1892—1970)。他的设计,用戏剧性的热情和敏感使严肃的抽象事物生动起来,包括处理人性需要(传承自他的故乡维也纳的早期现代主义)、技术的艺术性(在芝加哥做大型商业建筑时学到的)以及景观设计的技巧(在他入籍的家乡南加利福尼亚培养出来的)。位于洛杉矶的**洛弗尔宅**(Lovell House, Los Angeles, 1927—1929,见[1597]页图B)体现出了所有这些品质。与欧洲同类建筑相比,这种钢框架结构是革新的,并且提供了表现的基础。同时,它舞弄着单调的粉刷带,在框架之间移进移出,并延伸到花园,与繁茂的植被和崎岖的地形构成活跃的雕塑般的对照物。与任何一个风格派团体的方案一样,这是一个由交叉的几何面限定形式和空间的尝试。然而,其效果是戏剧性的,从经验和理性上来看都具有促进作用。另一位维也纳建筑师鲁道夫·迈克尔·申德勒(R. M. Schindler),也在加利福尼亚开拓现代主义。他设计的位于加利福尼亚州纽波特比奇的**菲利普·洛弗尔海滨住宅**(Philip Lovell Beach House, Newport Beach, California, 1925—1926),是一个混凝土结构的令人震惊的作品,其结构骨架由五个完全平行的开放框架组成,支撑着其上的两层楼面。

诺伊特拉的后期作品,无论是在北美还是在国外,依然致力于本土的国际风格——柔化其机械化的形象和冷酷的抽象,而又保持主要的美学和功能上的特点。最有说服力的作品之一是他设计的圣巴巴拉附近的**特里梅因宅**(Tremaine House near Santa Barbara, 1947—1948,见[1588]页图F和[1598]页图A),这座建筑的造型如同一架风车,其手臂伸进树林中,虽然是一座大房子,但看起来只是一系列小尺度的局部。混凝土框架和平板玻璃墙面,同郁郁葱葱的植被形成鲜明对比,但它们又从属于整体效果。设计的理性品质,被清晰却又平静的室内大大地柔化了。诺伊特拉提炼出现代主义人性化品质的观念,得到很多同道者的认同,特别是在加利福尼亚,那里是20世纪中期许多先锋住宅建筑的所在地。将诺伊特拉设计的住宅与威廉·沃斯特(William Wurster, 1895—1972)设计的住宅进行对比,我们可以辨别出诺伊特拉那丰富多样的处理方法。沃斯特受过学院派传统的培养,在20世纪30年代开始尝试将学院派传统的遗产与现代主义相结合。他设计的**巴特勒宅**(Butler House, 1934—1936,见[1588]页图A和[1598]页图B),位于加利福尼亚海滨的一个周末休闲地,借用当地早期的西班牙和美国土著建筑风格,创造了一种彻底更新的设计。由于反映了现代主义对空间自由的趣味,这座住宅仅通过一系列有顶的步道和起居的廊道,把主要房间组织在一起。平面多多少少是对称的,其组合暗示了轴对称性,但是其活动围绕外部展开,并不受强烈焦点的控制。尽管如此与众不同,巴特勒住宅看起来却并不像很多现代主义建筑那样"新",包括赖特在东海岸设计得更为精巧的可以与之匹配的建筑西宾夕法尼亚乡村的**流水别墅**(Falling Water, 1936—1939,见[1598]页图C)。相反,沃斯特唤起了建筑与田园生活的联系,几乎没有哪个建筑师的作品给人如此创新而又可靠的感觉。因此,沃斯特受到现代主义者难得的欢迎。

布鲁斯·戈夫(Bruce Goff, 1904—1982)设计的住宅也获得了大众的赞赏,但是在其他方面,他与加利福尼亚的同代人并没有什么差别。他工作于美国的中心地区,他引人注意而又不受拘束的设计表现了当地民众的奢华观念。戈夫吸收了赖特的表现主义和其他一些思想,但到20世纪40年代,他发展了具有高度个人风格的道路,尝试着使每个设计都不因循以前的风格。早期的实例是洛杉矶**格雷夫斯宅**(Graves House, Los Angles, 1919),建筑的周边空间是连续的,包括围绕着服务核心的起居室和卧室;低缓的斜屋顶、墩座墙和四面的阳台,使住宅外观具有强烈的水平感。戈夫设计的位于肯塔基州弗恩克里克的**巴特曼宅**(Bartman House, Fern Creek, Kentucky, 1941),同样也是经过深思熟虑的作品,虽然有着平屋顶和简单的细部,但它们是以一种完全不同的语言来构筑的。

普赖斯宅位于俄克拉何马州的东部(Price House, Eastern Oklahoma, 1956—1958,见[1586]页图A和

第七编 20世纪建筑

图A 俄克拉何马州巴特尔斯维尔的普赖斯宅(1956—1958),见[1599]页

图B 威斯康星州麦迪逊市赫伯特·雅各布斯宅(1936—1937),见[1603]页

图C 加州帕西菲克·帕利塞兹的住宅
(1945—1950),见[1603]页

图D 费城附近的莱维敦镇(1951—1957),见[1604]页

第 50 章 1900～1950 年的北美建筑

图 A　伊利诺州普莱诺的法恩斯沃思宅(1945—1951)，见[1603]页

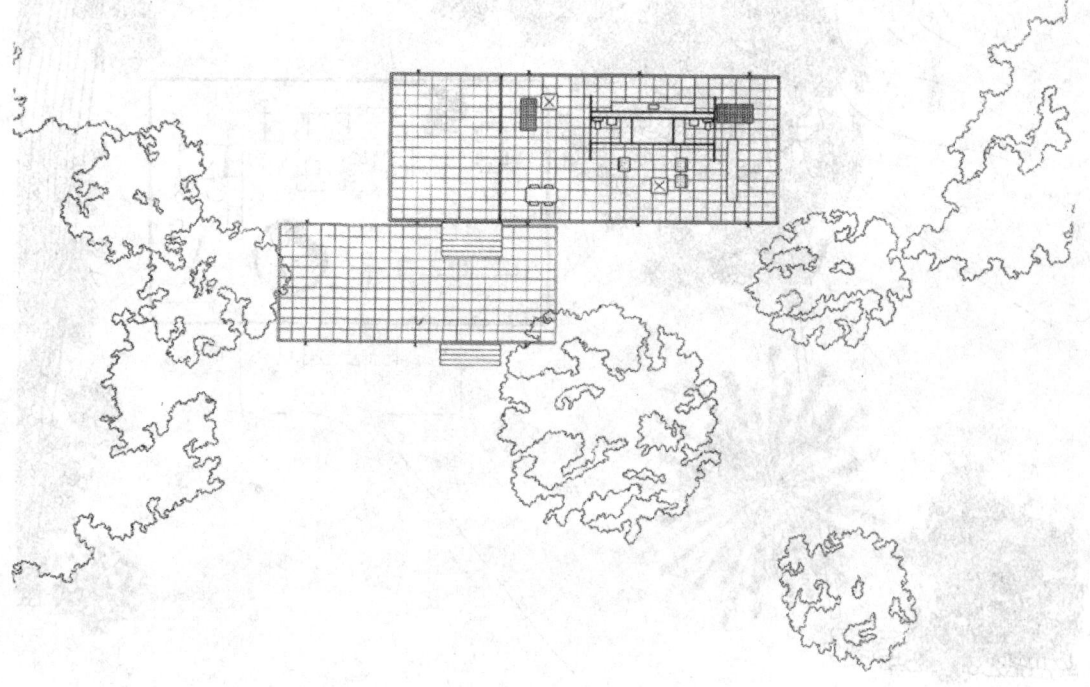

图 B　法恩斯沃思宅平面

第七编　20世纪建筑

图 A　康涅狄格州新迦南的住宅(1945—1949)，见[1603]页

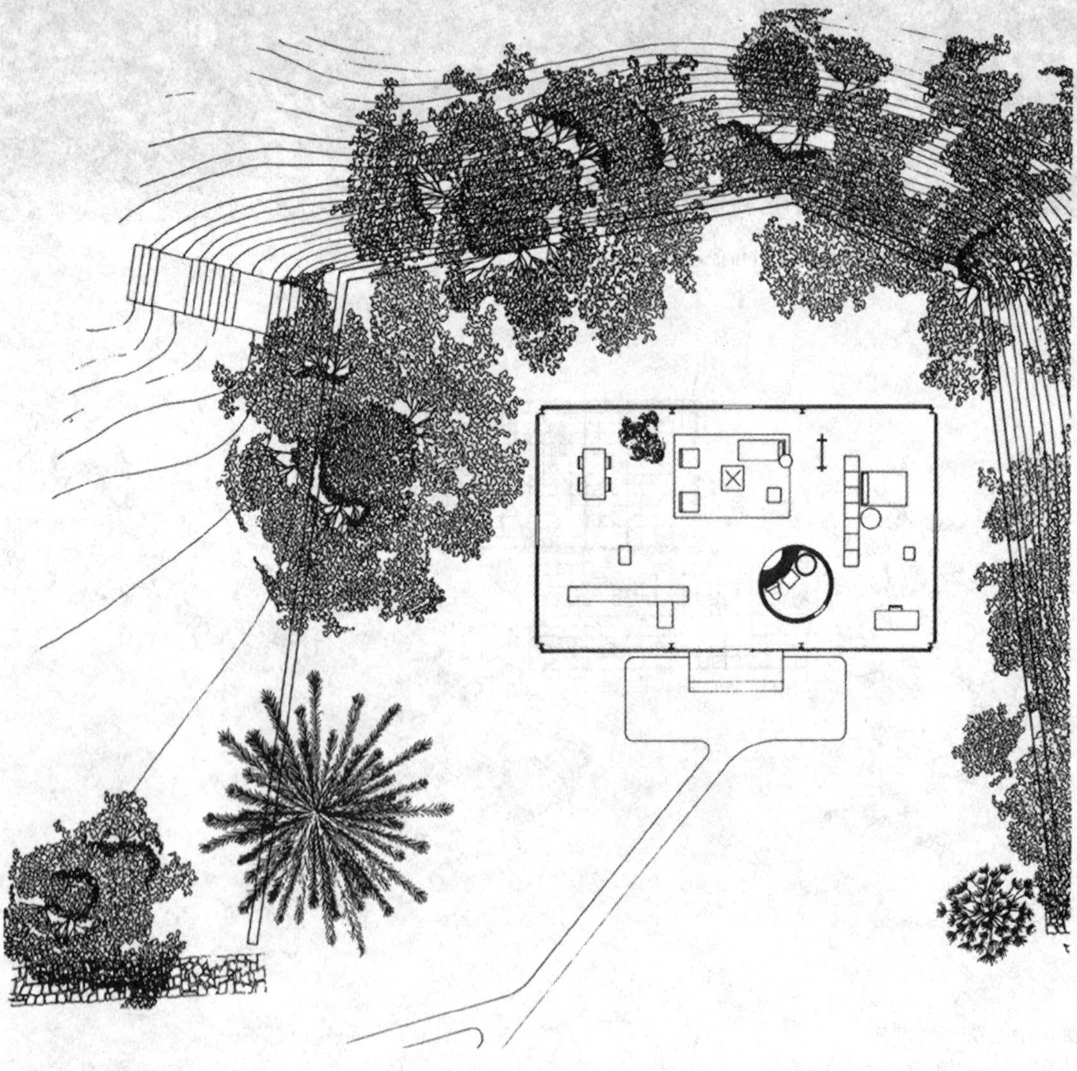

图 B　新迦南的住宅平面

第50章 1900～1950年的北美建筑

[1600]页图A),表现了戈夫独立的风格。住宅悬在一座小山的边缘,这一住所避开了所有可预知的"住宅"形象,代之以非同寻常的材料,表现出非同寻常的混合的隐喻:由焦碳和蓝色碎玻璃制成的自由墙体,支托起一个金色的氧化铝大帐篷——一个由史前石化残存物制成的未来机器。建筑内部设有一个豪华的房间,以丝绒地毯和鹅毛制品包装,表达了业主所要求的与世隔绝之感。在视觉上并不显眼的几何性控制了这种异国情调。戈夫拥有与诺伊特拉和沃斯特一样的信念,即人类活动是建筑特色的首要决定因素,然而,在满足人类参与需要方面,其风格往往与赖特的作品更为接近。

虽然他们的大多数业主都很富有,但是现代主义的建筑师关注的却是满足更广阔范围的群体的需要。20世纪30年代以及战争刚结束的几年,现代主义建筑师经历了设计大量低等和中等造价的住所来普遍改善家庭生活的新道路。赖特从他为广亩城市(Broadacre City)所做的乌托邦式的方案演化而来的乌索尼亚住宅(见[1588]页图ⓒ和[1600]页图B)❶是最优秀的实例之一,与大众化的邦加罗一样,这个方案的平面布局经济而便利:餐厅形成一个凹室,架在起居室和紧凑的厨房之上;车库是简陋的车棚;地下室去掉了。技术上的革新这时也起到了主导作用,由置于混凝土楼板中的管道供热,多数墙体都是预制的木质夹芯板。但是由于地处城市郊区,广亩城市的概念又是无穷无尽的城郊住宅,这就意味着住宅自由布置在乡村地区。沿街成了"背面",所有的主要房间都面向相反的一侧。这种反向的布局,反映出避开机动车交通,保持私密性,以及追求不拘礼节的生活方式已经成为一种普遍愿望。但是,把住宅处理成视觉上的独立单元而不是一个社区的组成部分,这种趋势也是典型的现代主义的。与之同期但在功能上不同的一个类似方案是,赖特设计的位于威斯康星州拉辛的约翰逊制蜡公司大楼(Johnson Wax Administration Building, Racine, Wisconsin, 1936—1939),这座建筑赖特几乎重新创造了现代主义,他摒弃了所有对欧洲现代传统的参照,利用新开拓的材料和构造技术,创造了一座流线型的

建筑,供职员和打字员工作的壮丽的圆柱大厅,成为建筑内部的焦点。

1945年之后,赖特和其他一些现代主义者设计的住宅得到大众和专业出版社的宣传,在美国、欧洲以及其他地区他们作品中反映的观点,对住宅设计的主流甚至现代主义的发展都产生了更大的影响。密斯·凡德罗最初的极简主义,通过他的位于伊利诺州普莱诺的法恩斯沃思宅(Farnsworth House, Plano, Illinois, 1945—1951,见[1601]页)以及他的关门弟子菲利普·约翰逊(Philip Johnson, 1906—2005)设计的康涅狄格州新迦南的住宅(house in New Canaan Connecticut, 1945—1949,俗称"玻璃房",见[1602]页)得到关注。最值得注意的重新阐释中产阶级郊区住宅美学的尝试之一是,加利福尼亚的住宅研究方案(Case Study House, 1945—1962),例如查尔斯·埃姆斯(Charles Eames, 1907—1978)设计的帕西菲克·帕利塞兹的住宅(house, Pacific Palisades, 1945—1950,见[1600]页图C),以及克雷格·埃尔伍德(Craig Ellwood, 1922—1992)的贝莱尔住宅研究案16号(Case Study House No. 16, Bel Air, 1951—1952)。其他一些建筑师则追求着同样抽象但却更能让人想起本土住宅的设计,包括赖特本人在内,例如他设计的位于纽约普莱森特维尔的弗里德曼宅(Friedman House, Pleasantville, New York, 1948—1950)。因为设计了位于马萨诸塞威廉斯敦的鲁宾逊宅(Robinson House at Williamstown, Massachusetts, 1946—1947)这样的方案,格罗皮乌斯的支持者马塞尔·布罗伊尔成为东海岸这一脉的领导者出现。与之类似,诺伊特拉以前的雇员哈韦尔·汉密尔顿·哈里斯(Harwell Hamilton Harris, 1903—1990)在西部也发展出了他自己在住宅方面的地域风格,例如洛杉矶的约翰逊宅(Johnson House, Los Angeles, 1948—1951)。格罗皮乌斯的另一位学生卡尔·科赫(Carl Koch, 1912—2001)是为数不多的几个将现代主义原理成功运用到1953年为建造住宅而开创的大批量生产预制体系建造技术(Techbuilt)中的建筑师之一。

然而,多数美国人都拒绝与传统的"住宅"思想完全脱离。住宅的设计继续着与建造者和越来越多的开发商共同参与的情形,然而与前几十年相比,他们在更大规模上控制着整个局面。严重

---

❶ Usonian Houses;此处原书有误,[1588]页图ⓒ及[1600]页图B所示为雅各布斯宅(The Jacobs House),非乌索尼亚宅,同为赖特所设计。——译者注

的住宅缺乏，使需求也在膨胀。由于联邦财政的长期贷款和抵押保险，如今更多的美国人有能力购买住宅。最出色的战后住宅项目之一是靠近费城的**莱维敦镇**(Levittown, near Philadelphia, 1951—1957, 见[1600]页图D)，这是一个包括大约16 000栋住宅的新社区，并拥有购物中心、学校、教堂和其他服务设施。在规模上，它可与堪萨斯城的乡村俱乐部区(Country Club District)相比，但它仅用了六年时间建成，是莱维特父子事务所(Levitt & Sons)全面组织结构的壮举，标准化的平面和建筑构件以及现场装配线技术的采用，使这一切成为可能。住宅本身受到赖特和马塞尔·布罗伊尔的影响，但同时也保持了传统特征并具有社区感。莱维敦是更新的花园城市，有林荫大道、蜿蜒的街道和大片空地，而且每一处还有它自己的公园。因此，这一方案将集体的规划思想与美国自我认同的口味结合起来。在小康阶层居多的城郊，这种平衡而又丰富的先例大量存在。莱维特使工人阶级感受到了这种风格。这个项目成为新一代住宅成长的缩影，在20世纪40~60年代之间改变了大都市的边缘地带。

在大多数住宅设计还继续保持着它与历史的纽带时，商业建筑却坚持拥护现代主义的新潮流。一种新建筑类型即汽车加油站的国际风格，在北美首先被予以广泛采纳。在萧条时期，大量石油公司寻求利用现代主义内涵，通过功能布局和技术予以表现，以巩固它的销售。公众的回应是，对迥异于家庭生活的高速公路表示欢迎。得克萨斯石油公司(Texaco)对这一现象的贡献最具影响。专门赋予物体以流线型形象的新一代的工业设计者之一沃尔特·多温·蒂格(Walter Dorwin Teague, 1883—1960)受委托设计标准化的加油站方案，以使其成为表现一贯优质产品和高效服务的全国范围网络的广告。创造一个易识别的外观，并通过重复，强化它是一种用来吸引顾客的手段。得克萨斯石油公司的新建筑运动，有助于为竞争者建立一种模式，并产生了一种一直持续到20世纪50年代的服务站设计原型。当时的其他公司也在探索这条道路，同时其形象改变了原先的基本部署，对北美景观产生了决定性的影响。

现代主义在城市百货公司的设计上采用了最为奔放的形式，因为百货公司最基本的目标是个性化而不是标准化。受到欧洲同类建筑以及近年来展览中更具探索性的某些作品的启发，美国百货公司的设计在20世纪30年代后期获得了它自己的精神特色。维克托·格林鲍姆(Victor Gruenbaum, 1941年之后改名为格林, Gruen, 1903—1980)，曾在维也纳受教于彼得·贝伦斯(Peter Behrens)，他是这一专业领域的主要人物。西雅图的**格雷森百货公司**(Grayson Store, Seattle, 1940—1941)展示了他的才华。建筑正面似乎是非物质化的广告牌，采用图案、玻璃墙、特殊光线效果和塑性形式，以吸引开车者和行人的眼光。在地面层，几乎没有差别的凹进的展示区和售货区吸引了顾客进入。像电影院一样，这座商店本身也是展示的一部分，但是，现如今抽象元素的鲜明广告和耀眼剧目，成为其主要的组成部分。

美国城市并没有成为摩天楼设计新形式的主要表现场地，虽然摩天楼是20世纪20年代开始经历的国际风格的组成部分。大多数这样的方案仍保留在纸上，不过，豪和莱斯卡兹事务所(Howe and Lescaze)设计的**费城储蓄基金会大楼**(Philadelphia Saving Fund Society Building, Philadelphia, 1929—1932)是一个重要的例外，它建于萧条时期，是这种形式的现代主义在大型建筑中可能达到的成就的有力象征。战后的繁荣，促使财政机构、制造商、连锁旅馆以及其他一些经营者寻求新的企业形象，正如萧条在零售贸易中促进了这种推动力一样。到20世纪50年代中期，艺术装饰派塔楼被通常表明其结构的包着玻璃的竖直板楼所代替，成为商业企业和威望的象征。从那时起，或多或少的商业城市中心的持续增长，导致了城市天际线的特征和尺度的改变。通过这样的作品，美国对国外建筑产生了可能是最大的影响。两个开创性的实例是**利华大楼**(Lever House, 1951—1952, 参见第51章)和**西格拉姆大楼**(Seagram Building, 1954—1958, 参见第51章)，它们相对矗立于纽约的曼哈顿(Manhattan, New York City, 参见第37章)。西格拉姆大楼带有密斯稍早设计的位于芝加哥湖滨大道845~860号(Nos 845-60 Lake Shore Drive, Chicago)一对公寓塔楼(1948—1951, 参见第51章)的影子。尽管功能不同，但是这些方案都很好地表达了密斯的信念，即建筑的解决方案要超越功能需要之上，这样可以用来满足不同的要求。

创造一种普遍适用的建筑的愿望，在密斯的小型建筑中表现得也很明显。他的杰作是位于芝加哥的**伊利诺工学院**(Illinois Institute of Technology, Chicago, 1939—1940),提倡将多少有些相似的单元布置在一个大型的开敞的步行区之中,谨慎地平衡整体,而又没有传统意味,好像是艾伯特·卡恩设计的一个自动化装配车间成为放在公园里的古典作品。这个综合体中,最重要也是最优美的建筑是**克朗楼**(Crown Hall, 1950—1956),它容纳了建筑学院,而它也是间接的工业暗示,一个大空间,由外露钢架支撑并用平板玻璃围合,构成了这种概念的本质。

赖特的持续的生命力;像沃斯特、戈夫及斯基德莫尔,奥因斯和梅里尔(Skidmore, Owings and Merrill)等作品多变的年轻美国建筑师的涌现;以及诺伊特拉、格林、密斯、格罗皮乌斯和布鲁尔等人的移居入境,使美国在第二次世界大战后成为现代主义无可争议的领导者。在这个时期,横溢的才华也使他们在现代主义进程的现状和未来背负着辩证的压力——一种今天依然在继续着的变化,甚至修正了某些关注的事物。论战又被这样的一个事实升级,即虽然现代主义鼓励兼容的表现力,但建筑师和评论家却共同追求一致——没有必要像美国人那样大部分以20世纪30年代的欧洲实例为基础,将国际风格奉若神明,而只应把它当做建筑内容和形式上的一个清晰的参照因素而已。这种进退维谷的局面导致的结果之一,就是年轻建筑师中的实验倾向,他们开始进入属于自己的时代,在20世纪50年代后期完工的西格拉姆大楼,成为现代主义解决方法的完美宣言。

20 世纪建筑

第 51 章
1950 年以后的北美建筑

概述

经过了 20 世纪的后 50 年,美国已经成为世界上最富有和最强大的国家。在这个良性发展的工业社会,公认的建筑形式的决定因素——气候、地理、可获得的建筑材料、传统的建造方法、习惯的使用模式、公认的形象序列等——所起的作用降低了。气候可以人工调节,土地可以从容地使用或放弃,材料可以进口,新技术可以发明,壮观而有意义的新世界可以创造出来。美国能够建造它想建造的任何东西。在这种环境下,传统上建筑这面反映社会应优先考虑和当务之急的事项的镜子,有时却表现出一种扭曲的面貌。

值得探讨的是,在过去的 50 年间,典型代表美国历史的建筑,是那些处在建筑领域外围的建筑。像在芝加哥和底特律这样的城市中,那些被毁坏的废弃而危险的贫民区比市中心的摩天大楼更能说明社会真实的经济状况,其中,财富的扩张与贫困的蔓延结伴而行。甚至对于美国中产阶级来说,最重要的建筑并非教堂或宫殿、大学或医院,而是模式化的城郊住宅和城外的购物中心。军事基地、导弹发射井和核燃料库,成为冷战的建筑残存物。科罗拉多州德罗普城(Drop City)临时代用的自建穹顶,是 20 世纪六七十年代反叛的年轻一代解放运动高涨的象征,而这些年间,美国技术效率日益提高的最杰出代表就是理查德·巴克明斯特·富勒(Richard Buckminster Fuller, 1895—1983)的更先进的短线穹顶。或许阿波罗空间计划以及人类在 1969 年 7 月 21 日登上月球的真正纪念碑,不是华盛顿特区的国家航空与空间博物馆,而是位于肯尼迪角的巨大的运载工具组装大楼(Vehicle Assembly Building)。通信和娱乐业最清晰的建筑表现,不是位于纽约的电报电话公司大楼(AT&T Building),或者好莱坞的电影工作室,而是迪斯尼乐园的卡通城。个人流动性日益增加的永久建筑象征,可能是洛杉矶高速公路系统的立体交叉。那么,在美国的土地上,什么是越南战争的建筑成果?仅仅是华盛顿公园中插入地面的一段黑色花岗岩及刻在上面的名单。从传统意义上来讲,这些结构都不能算是建筑。

然而,建筑在美国的繁荣,不仅是作为代表国家最重要的政府和商业机构的利益开展工作而被公认的、受人尊崇的职业,而且是作为一种有智慧的讨论。美国建筑师像他们的欧洲或日本同行一样参与建筑争论。和所有西方建筑师一样,他们在这段时期,为解决抽象与具象、传统与创新、形式的纯粹性与文脉的多样性之间的对立关系而斗争。他们还在为两种冲突的传统而斗争:以密斯·凡德罗和瓦尔特·格罗皮乌斯等移民代表的欧洲现代主义,以及由路易·沙利文和弗兰克·劳埃德·赖特代表的美国对应潮流。在过去的 50 年间,这些传统被结合、转化、重申,以及后来受到后现代主义五花八门的形式的挑战。下面选出的建成实例,表明了这种争论的过程,并表现了被称为美国建筑的依然繁荣的文化体制。

建筑实例

20 世纪 50 年代激进的美国建筑,是被瓦尔特·格罗皮乌斯和密斯·凡德罗这样的欧洲移民的影响所支配,他们从 1938 年开始,曾经分别执教于哈佛和伊利诺工学院。从教育上来说,或许格罗皮乌斯的影响更大,他的学生包括菲利普·约翰逊(Philip Johnson)、保罗·鲁道夫(Paul Rudolph, 1918—1997)和贝聿铭(I. M. Pei, 1917—);但从建筑实践上来说,密斯起到带头作用,特别是他从 1940 年开始为伊利诺工学院校园进行的设计。伊利诺工学院(IIT building)的建筑创造了一种新的建筑语言,这种语言把由艾伯特·卡恩第二次世界大战前工厂所代表的美国简洁实用的优点,与欧洲现代主义传统的权威和理性的严谨结合起来。这是一种"几乎什么也没有"的建筑,通过将建筑精简到基本构件而获得了纪念性的庄严。一般而言,从人类使用的意义上来说,功能与结构相比是次要的,而结构一般采取的是暴露钢架的形式。

在密斯设计的芝加哥的26层双塔**湖滨大道公寓**(Lake Shore Drive Apartments, Chicago, 1951年完工,见[1608]页图A)中,钢仍然是主要的材料,尽管为了防火,结构框架自身被绝缘材料包着。附在外墙的工字钢"壁柱",将6.4m(21ft)的结构开间分为四部分,墙面从倾斜角度看去给人一种稳固的印象。

一年之后,简练直线的密斯美学,在由SOM事务所(Skidmore, Owings and Merrill)的戈登·邦沙夫特(Gordon Bunshaft, 1909—1990)设计的纽约的21层办公楼**利华大楼**(Lever House, New York, 1951—1952, 见[1608]页图B)中表现得很明显。但是彼此仍存在一些重要差别。密斯强调的框架已经让位于外皮——带灰绿色窗间墙的铝板和玻璃构成的幕墙,包裹在结构之外,从视觉上将结构掩盖起来。墙面是二维的网格,既不强调竖梃也不强调横梁。实际上这种光滑外皮的幕墙思想,并不是没有先例。在1948年,意大利移民建筑师彼得罗·贝卢斯基(Pietro Belluschi, 1899—1994)为俄勒冈州的波特**兰公平储蓄贷款社**(Equitable Savings and Loan Association in Portland, Oregon)设计完成了一幢12层的办公板楼,它就是绿色玻璃和抛光钢板的光滑幕墙。但是在贝卢斯基的建筑和湖滨大道公寓中,结构柱在周边和整个建筑高度上都是不间断的,而利华大厦的柱子却是退后的,看起来好像是一个盒子放在支承上。在沿街层一个低而平的裙房,与塔楼相对应的水平体块,覆盖在敞开的步行街上,维持着街道的建筑界线。这种塔楼—裙房的组合,将要产生巨大的影响,在其后的20年间,成为席卷全球的无数模仿者的原型。

当密斯本人被委托为约瑟夫·西格拉姆父子公司(Joseph E. Seagram and Sons)在利华大厦的对面设计一座办公塔楼时,这时轮到他不由自主地受到邦沙夫特杰作的影响。像湖滨大道公寓一样,**西格拉姆大厦**(Seagram Building, 1958年完工,见[1609]页图A、图B)是矗立在边柱上的四方形。而地面层之上的柱子和楼板梁,被带有工字形壁柱的有规则韵律的统一幕墙图案掩饰起来。湖滨大道公寓的粗壮似乎被利华大厦的光滑给调和了。西格拉姆大厦还很慷慨地为城市贡献了一个公共广场,但这里没有裙房体块来遮蔽比例优美的体量,尽管实际上这个体量在平面上呈T形,远离街道如同一座古典的纪念碑。它也在世界各地衍生了很多后裔,有时是单座塔楼,有时是塔楼和板式楼群,所有都穿着一式的外衣。后来的一个实例是加拿大多伦多的**自治领中心**(Toronto-Dominion Centre, Toronto, Canada, 1971年完工),设计者是约翰·帕金联合事务所(John B. Parkin Associates),顾问是密斯。

勒·柯布西耶仅在美国建造了一座建筑,位于哈佛的**卡彭特视觉艺术中心**(Carpenter Visual Arts Centre, Harvard, 1964年完工),但是他的影响力在另一座纽约的塔楼**联合国秘书处大楼**(United Nations Secretariat, 1950年完工,见[1608]页图C)中还是可以感觉得到。由哈里森(Harvison)和阿布拉莫维茨(Harrison and Abramovitz)设计,还有包括勒·柯布西耶在内的国际顾问团共同完成这座建筑。塔楼两个主立面上的玻璃幕墙,被石材覆面的侧墙框住,赋予它一种强烈的方向感。这里有勒·柯布西耶早期建筑如1931年的瑞士馆(Pavillon Suisse)和1935年位于里约的教育部大楼(Ministry of Education in Rio)的影子,是他与卢西奥·科斯塔(Lucio Costa)和奥斯卡·尼迈耶尔(Oscar Niemeyer)合作的,后者也是联合国顾问团的成员。

但是在所有的欧洲大师中,是密斯促使美国资本主义采纳并运用了欧洲现代主义语言。在利华大楼获得成功之后,戈登·邦沙夫特和SOM继续设计了几座成功运用密斯语汇颂扬政府和大公司业主的建筑。直到20世纪50年代,银行还是寻求设立有柱身、柱顶和山墙的坚固的石材覆面的结构来传达永久和安全的信息。SOM设计的相对小型的四层建筑,位于纽约第五大道街角的**汉诺威制造商信托银行**(Manufacturers Hanover Trust Company, 1954),是对这一传统全面而又系统的否定。大量的平板玻璃分隔了从地面层开始的两层高的银行大厅,天花是一个巨大的采光面,使整个室内都是可见的。为了实现这个期望中的反转的景象,金库巨大的圆形钢门就设置在临街的幕墙后面,并且就让它开着。

第七编 20世纪建筑

图A 芝加哥湖滨大道公寓(1951年建成),见[1607]页

图B 纽约利华大楼(1951—1952),见[1607]页

图C 纽约联合国秘书处大楼(图中右侧,1950年建成),见[1607]页

第 51 章 1950 年以后的北美建筑

图 A （左图）纽约西格拉姆大厦 1514
(1958 年建成)，见[1607]页

图 B （下图）西格拉姆大厦首层
平面图

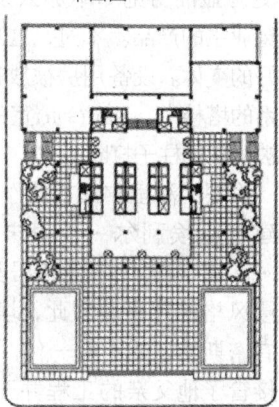

密斯对一般的工字钢构件的使用，从普遍意义上来说，象征了美国工业的生产力，而SOM在芝加哥内地钢铁大楼(Inland Steel Building, Chicago, 1958)的设计中，纯不锈钢面层的使用，有一个更为显而易见却不那么崇高的目的，那就是炫耀业主的产品。不过，这却是密斯公式另一个很好的变体。设备用房被放在一个相互分开而又联系的塔楼中，18m(60ft)宽的办公楼层，完全没有被内部的柱子打断。

埃罗·沙里宁最初的作品，是与他的父亲芬兰建筑师埃利尔·沙里宁合作完成的，埃利尔·沙里宁在1923年移居美国之前，曾是民族浪漫风格的代表。因此，埃罗·沙里宁并不是具有密斯特征的年轻一代。然而，当他在1950年接管了他父亲的工程并开始着手密歇根沃伦的通用汽车技术中心(Technical Centre for General Motors, Warren, Michigan)这个1亿美元的大项目之后，他设计了一个铺在990英亩(约4 000 000m²)地段上的宽阔的低层综合体，与伊利诺伊理工学院校园有些相似。基地的布局，包括在中央的大湖，除了圆形的"时髦的圆顶"(styling dome)和湖中接近球形的三脚水塔之外，都是严格的直线型。多数建筑都是二层或三层的钢框架和幕墙立面的平顶方盒子。不像密斯主要对技术的纪念性潜力感兴趣，而沙里宁实际上寻求的是能为房屋建造带来先进的、以工厂化为基础的技术。他与通用汽车公司的设计者一起，发展了预制夹心板幕墙、半透明塑料板的发光顶棚和氯丁橡胶垫节点体系，这就是后来被称作"技术变换"(technology transfer)的开始。

新的钢框架建筑不仅局限于商业和工业建筑。在洛杉矶创办，由约翰·恩滕扎(John Entenza)主编的有影响力的杂志《艺术和建筑》(Arts and Architecture)，委托了加利福尼亚住宅研究案项目(Californian Case Study House programme)，包括1949年的埃姆斯宅(Eames House，参见第50章)。它以一系列优美的单层钢框架住宅持续了整个20世纪50年代，设计者有拉斐尔·索里诺(Rafael Soriano, 1907—1988)、克雷格·埃尔伍德(Craig Ellwood, 1922—1992)和皮埃尔·凯尼格(Pierre Koenig, 1925—2004)。在这个项目中，纽约和芝加哥实施的钢结构所表现出来的纪念性意味，要让位于更为轻松的西海岸手法，在这里，大片滑动玻璃墙的使用使室内外空间明显的流动性成为现实。埃尔伍德设计的贝弗利山米拉德罗路1129号(1129 Miradero Road, Beverley Hills, 1957)和凯尼格设计的洛杉矶伍茨大道1635号(1635 Woods Drive, Los Angles, 1959)是这一阶段项目的典型，而凯尼格的设计更加引人注目。它位于城市的高地上，L形平面环绕着室外游泳池。薄薄的钢板屋顶跨度6m(20ft)，并出挑于邻近的平台上空2m(7ft)，模糊了室内外的界限。这类住宅，虽然其设计者口口声声赞成工业化生产的思想，但是它们更多的使用钢框架，是因为其纤细和开敞，而不是因为结构上的有效或装配的速度。

在住宅设计方面，在那些拒绝欧洲正统现代主义的建筑师中赖特的影响力仍然很强大。从20世纪30年代早期就开始独立执业的布鲁斯·戈夫，设计了一系列个人主义的住宅，所采取的"有机建筑"概念比赖特更甚。为一位艺术家设计的位于俄克拉何马诺曼的贝温格宅(Bavinger House, Norman, Oklahoma, 1955)是一个特殊的集合体，使用可循环的工业组件和当地开采的天然材料。螺旋的屋面从钻井管道制成的中央钢桅杆上悬挑出来，与看似从泥土中生长出来的砂岩卵石围墙结合在一起。建筑内部的起居空间，是圆形的平台浮在单个统一的空间中，看起来更像是天然景观而不是设计好的室内。戈夫的学生赫布·格林(Herb Greene)在他设计的同样位于俄克拉何马诺曼的草原式住宅(Prairie House, Norman, Oklahoma, 1962)中，为这类风格引入了一种有意识的造型元素。它的整个外形，覆盖了羽毛般的木板和木瓦，使人联想起各种动物，包括保护小鸡的母鸡，这是建筑师喜欢的一种解释。

同时，赖特本人也创造了有机建筑的杰作，他设计的纽约古根海姆博物馆(Guggenheim Museum, New York, 见[1611]页图A)面对着中央公园。尽管在1943年就已经完成了设计工作，博物馆于1959年在建筑师去世六个月之后才建成。赖特终于有机会在美国最大城市的中心建造一座建筑，他选择忽略曼哈顿街道网格的规则和统一，在一座内省的建筑中坚持了他的个人主义。一个锥形的圆桶，围合了高耸的、顶部采光的空间，周围沿外墙是螺旋步行坡道，墙上展示着艺术作品。赖特以这种独具的鲜明特色，重新开创了艺术馆的建筑类型，将传统的由一幅画到另一幅画、一间展

第51章　1950年以后的北美建筑

图A　纽约古根海姆博物馆(1959年建成)，见[1610]页

图B　华盛顿特区杜勒斯国际机场候机楼(1958—1962)，见[1612]页

厅到另一间展厅的片段式散步，转换成单个连续空间的体验。古根海姆设计思想的前身是赖特设计的旧金山莫里斯礼品商店(V. C. Morris gift shop, San Francisco, 1948)，但也可以追溯到世纪之初橡树园的团结教堂(Unity Temple in Oak Park)和布法罗的拉金公司大楼(Larkin Building in Buffalo, 参见第50章)，它们为直线型，室内却同样的统一。

赖特不仅用了16年时间使古根海姆的设计通过了复杂的纽约建筑法规并胜利完工，还耗费了27年的时间实现了另一项有机设计——1929年的圣马可塔(S. Mark's Tower)方案。这座建筑最终于1956年作为俄克拉何马巴特尔斯维尔的普赖斯塔(H. C. Price Tower, Bartlesville, Oklahoma)而建成。这座建筑如同一棵树，建造在悬臂原理的基础上——主要结构的垂直臂是树干，楼板的水平臂是树枝。塔楼平面上基本是正方形，但是这种规则的几何性被成60°角的十字形混凝土核打断了。三角、菱形和直角网格的变换，单层和双层高楼板的交替，都清晰地表现在建筑外部，创造了混凝土、玻璃和金属铜所构成的复杂的呈角度的形式。这几乎与密斯·凡德罗的光滑的整体完全不同。实际上，不同几何体的叠加，以一种可控制的方式预示了20世纪80年代解构主义的手法。

在赖特长期职业生涯的最后阶段，新设计中形式与结构上的创新让位于表面形象的制作，评论家认为纯属做作而对其不屑一顾。由赖特的合作者在1964年完工的加利福尼亚圣拉斐尔的马林县市民中心(Marin County Civic Centre, San Rafael, California)，以圆形作为几何母题，但是缺少古根海姆那样的统一和整体性。又长又低的翼部，从中央的浅穹顶发散出来，有拱廊的立面回应了罗马输水道的形式，但是由于不承重而缺乏结构逻辑。

20世纪60年代早期，密斯传统，虽然远远说不上衰歇，但它受到了新表现主义与纪念性建筑的挑战。显然，像埃罗·沙里宁用密斯手法设计的通用汽车技术中心(Technical Centre for General Motors)，只不过是以表现主义方式寻求使功能与风格相匹配的建筑哲学的一个方面。沙里宁曾经在马萨诸塞理工学院的克雷斯吉会堂(Kresge Auditorium, Massachusetts Institute of Technology, 1950—1955)和耶鲁大学的大卫·英戈尔斯冰球场(David Ingalls Ice Hockey Rink, Yale University, 1956—1959)中尝试过弯曲的有机形式。前者的屋顶是三点支撑的球形剖面，后者是抛物线形的由钢筋混凝土脊支撑的钢悬索帐篷结构。在华盛顿特区，沙里宁在大型悬链线屋面结构的杜勒斯国际机场候机楼(Dulles International Airport, Washington, DC, 1958—1962, 见[1611]页图B)中，再次使用了钢悬索，但他最明确的表现主义宣言是纽约艾德怀尔德机场的TWA航站楼(今约翰·肯尼迪机场, TWA Terminal, Idlewild (Now John F. Kennedy) Airport, New York, 1956—1962)，四个混凝土壳体屋面，由大块雕塑般Y型柱挑起的玻璃条条联系在一起。玻璃幕墙在平面上是弯曲的，在剖面上是倾斜的，仿佛被隆起的屋顶向上拉伸，建筑内部的空间和形式好像处于不断的运动之中。这座建筑拒绝了20世纪50年代的严格的抽象，转而对落在机场停机坪上的大鸟进行几乎是直白的表现。

但是，有机弯曲的形式仅仅是20世纪60年代初期新自由表现特色的一个方面。保罗·鲁道夫(Paul Rudolph, 1918—1997)设计的耶鲁大学建筑学院(Architecture School, Yale University, 1964年建成, 见[1613]页图A)，显示了受到勒·柯布西耶战后"粗野主义"风格的影响。四年前在图雷特完工的圣母隐修院(Monastery at La Tourette)是这座建筑的一个缩影。鲁道夫曾在哈佛受教于格罗皮乌斯和马塞尔·布罗伊尔。但是在1958~1965年担任耶鲁学院院长期间，他拒绝了格罗皮乌斯技术工艺的协作道路，将其突破为一种个性化语言，戏剧化地使用厚重"斧凿"混凝土方块形式与之形成对照。这座基本上呈矩形的建筑，被各种不同高度的醒目的塔形设备枢纽群围绕。室内空间的复杂，与外部形式的复杂相配合。尽管这只是一座七层的建筑，却有多达37种的地坪标高。虽然耶鲁建筑学院由于形式主义和功能上的缺点受到责难，但它还是有很多仿效品。卡尔曼、麦金尼尔和诺尔斯事务所(Kallmann, McKinnel and Knowles)设计的波士顿市政厅(Boston City Hall, 1968)中出挑的上部楼层，明显参照了图雷特圣母隐修院，而约翰·麦克莱恩·约翰森(John M. Johansen, 1916—)设计的马萨诸塞伍斯特的克拉克大学图书馆(Clark University Library, Worcester, Massachusetts, 1969年完工)，似乎承认波士顿和耶鲁都是它的前辈。

随着像密斯·凡德罗和勒·柯布西耶这样推

第51章 1950年以后的北美建筑

图 A （上图）耶鲁大学建筑学院(1964年建成)，见[1612]页

图 B （右图）纽约林肯表演艺术中心 (1962—1966)，见[1614]页

图 C　1967年蒙特利尔世界博览会美国馆，见[1614]页

图 D　1967年蒙特利尔世界博览会"居住盒子"，见[1614]页

动"形式创造者"(按照菲利普·约翰逊的说法)作品的尝试,以山崎实(Minoru Yamasaki, 1912—1986)、爱德华·迪雷尔·斯通(Edward Durrell Stone, 1902—1978)和菲利普·约翰逊(Philip Johnson)等建筑师为代表,才智稍逊的纪念性传统需求得以繁荣。纽约林肯表演艺术中心(Lincoln Centre for the Performing Arts, New York, 1962—1966,见[1613]页图 B)就是这种风格的典型。华莱士·哈里森(Wallace Harrison, 1895—1981)设计的大都会歌剧院(Metropolitan Opera House, 1966)、马克斯·阿布拉莫维茨(Max Abramovitz, 1908—2004)设计的爱乐音乐厅(今埃弗里·费希尔音乐厅,Philharmonic (Avery Fisher) Hall, 1962)以及菲利普·约翰逊和理查德·福斯特(Richard Foster)设计的纽约州剧院(New York State Theatre, 1964),三座方盒子建筑,面向一个大型开敞的广场。轴对称的布局让人想起罗马的卡匹托尔广场(Campidoglio),带有马库斯·奥勒利乌斯(Marcus Aurelius)的雕像和喷泉。这三座建筑的正立面,都有隐隐约约表现出古典风格的敞廊,主要剧场有着带拱廊的立面。三座建筑中最有趣的是约翰逊设计的剧院,有一个被三层回廊围绕的高大的入口大厅,回廊可以通过一对歌剧院风格的大楼梯上去,凝灰石铺地,青铜栏杆,天花贴金箔。当这座建筑开放的时候,评论家们吃惊地发现,这位曾经将密斯·凡德罗介绍到美国的建筑师,竟然已经转向了如此明显的古典风格,如此奢华地使用材料。

爱德华·迪雷尔·斯通(Edward Durrell Stone, 1902—1978)设计的华盛顿特区约翰·肯尼迪中心(John F. Kennedy Centre, Washington, DC, 1971 年建成),也采用了表面的新古典风格,尽管观众厅被包含在一个单一体块中,并共用一个 194m(630ft)长、6 层高的巨大前厅。曾与哈里森和阿布拉莫维茨一起工作过的山崎实创造了自己的风格,他的建筑笼罩在一层质感精良的穿孔屏风之下。在纽约世界贸易中心(World Trade Centre, New York, 1973 年建成),这种哥特式的设计被应用在一对巨大的摩天楼上,远远看上去像是没有什么特色的石柱。

到 1967 年,许多建筑师和工程师,受到太空时代辉煌岁月所盛行的对技术充满信心的鼓舞,对超越传统建筑界限设计"巨型结构"产生了兴趣。1967 年蒙特利尔世界博览会(Expo 67 in Montreal)为实验这些新思想提供了机会。弗赖·奥托(Frei Otto, 1925—)设计的德国馆(German Pavilion),用倾斜钢柱支撑的钢索网创造了一种不定形的围合;而美国馆(US Pavilion,见[1613]页图 C)的设计委托给了发明家兼建筑师理查德·巴克明斯特·富勒,他借此机会用巨大的短线穹顶证实了他称之为"无限制结构"的原理。不过,比这些更具影响力的是被称为"居住盒子"(Habitat,见[1613]页图 D)的住宅综合体,设计者是曾就读于蒙特利尔麦吉尔大学(McGill University)的年轻以色列建筑师摩西·赛弗迪(Moshe Safdie, 1938—)。不是被作为建筑而是被作为建筑体系来进行构思,居住盒子将工业生产的原理运用到大量建造的住宅中。每栋住宅都是重达 90 吨的预制混凝土盒子,由特别设计的起重机吊装到混凝土框架上。但这是一种不确定的增值形式,居住盒子有开敞的平台和升起的走道,激发了赛弗迪同代人的想象。

具有讽刺意味的是,作为建筑技术家的巴克明斯特·富勒在主流建筑业的工厂和建筑领域并未立即受到重视,而是在各种"有选择余地"的涌现于西南荒漠地区的自建社区中受到重视,其中最早的是科罗拉多州的德罗普城(Drop City, Colorado,建于 1965 年)。建筑的短线穹顶完全脱离了传统的砌筑穹顶模式,一跃成为由木材废料、二手的波形金属板和汽车边料屋面所装配的理想住宅形式。

生于意大利的建筑师保罗·索勒里(Paolo Soleri, 1919—)曾是赖特的西塔里辛工作室的一名学徒,他提出了另一种可供选择的解决办法。但是他构想的城市方案却与赖特迥然不同。与每户用地 4000m² 的广亩城市❶的开阔空间不同,索勒里的"生态建筑"(建筑加生态学)是一个容纳 600 万人的高密度巨型结构。1964 年这项工作在靠近亚利桑那州斯科茨代尔的荒漠地带被称为岩滩城市(Arcosanti, near Scottsdale, Arizona)的一个建筑原型中展开,这里距离塔里辛不远,工作一直进展得很缓慢,也未必能达到预期 15 000 人的目标。

20 世纪 60 年代是太空旅行、"权力归花儿运动"❷和非传统建筑的 10 年,但同时也是美国自

---

❶ Broadacre City:美国建筑师赖特在 20 世纪 30 年代提出的分散布局的城市规划思想,这种规划思想同勒·柯布西耶主张集中布局的"现代城市"设想是对立的。——编辑注

❷ flower power:20 世纪 60 年代美国反文化活动的口号,代表消极抵抗和非暴力思想。——译者注

第51章 1950年以后的北美建筑

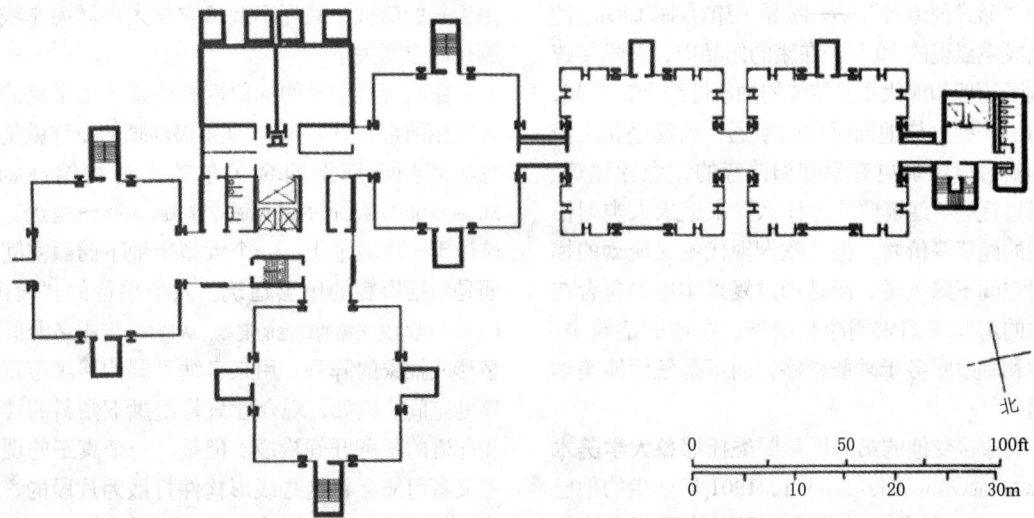

图 A　理查德医药研究实验室二层平面图

图 B　费城理查德医药研究实验室(1961年建成)，见[1616]页

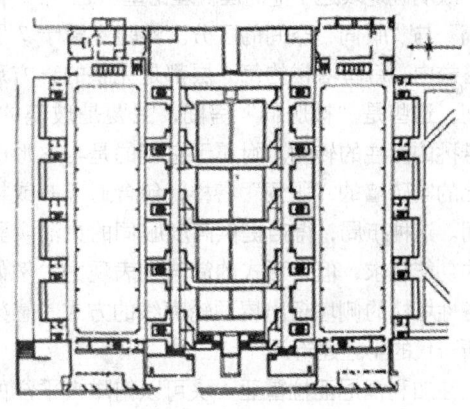

图 C　索尔克生物研究所平面图

图 D　加州拉霍亚的索尔克生物研究所(1959—1965)，见[1616]页

己的"形式创造者"——路易·康(Louis I. Kahn)的作品成熟显现的 10 年。在康的作品中,美术传统的构图原理和现代主义传统的抽象性结合在一起,创造出一种比他同时代的斯通、约翰逊和山崎实的新古典建筑更有深度和诗意的纪念性建筑。康通过提问"建筑要成为什么"来追求人类习俗原型的建筑等价物。他对欧洲现代主义流动的模糊的空间不感兴趣,而是通过复兴实墙和包含在其内的房间来追求明净和清晰。在他的建筑中,对称和轴线服务于功能程序,而不是任何纯美学主题。

当康接受他的第一项重要委托**耶鲁大学美术馆**(Yale University Art Gallery)时,1901 年出生的他已经 50 岁了。但是,在费城的**理查德医药实验室**(A. N. Richards Medical Laboratories, Philadelphia, 一期工程于 1961 年建成,见[1615]图 A、图 B)里,人们才发现康第一次明确地表达了他的建筑理论基石之一:"被服伺"与"服伺"空间的区分。实验室置于 7 层的塔楼内,每座塔楼的每一层都是完整的正方形房间。这些是"被服伺"房间,主要是玻璃的,有悬挑的无柱的转角。附属于它们的是与之形成对比的实砖墙的"服伺"塔楼,包含通风井或楼梯间。这种布局,得自提供高度服伺的灵活实验室的功能需求,但是形式的简洁和表现力,例如服务性塔楼的侧墙超出屋顶轮廓线的方式,感染了新一代的年轻建筑师。

在加利福尼亚拉霍亚一块可以俯瞰太平洋的高地上,康设计的**索尔克生物研究所**(Salk Institute, La Jolla, California, 1959—1965, 见[1615]页图 C、图 D)再次解决了高度服伺的实验室问题。像理查德实验室一样,索尔克生物研究所有大型的灵活空间,周围是服务性的塔楼。但是,这一次的服伺空间是从水平方向向实验室楼层伸展,利用了跨越建筑的和楼层同高的混凝土空腹桁架形成的空间。铺砌庭院的每边都有两座平行的建筑,进行个人研究的科学家占据了面向庭院的一边。这种类似工业使用的合作工作的大型空间,和个人用于思考的小型隐秘空间的混合,是康的建筑中典型的按照人的使用等级进行设计的处理手法。在这个平面的早期版本中,庭院被处理成景观花园,但是康并不满意这种设计,决定向墨西哥建筑师路易斯·巴拉甘(Luis Barragán, 1902—1987)咨询。巴拉甘的解决方法很简单,他说,庭院应该是完全自由生长的植被,从而不混淆它与太平洋海岸线戏剧化的空间关系。

康将现代主义的抽象性与法国美术学院的对称性相结合,这种结合表现得最清晰的或许就是得克萨斯州沃斯堡的**金贝尔美术博物馆**(Kimbell Museum of Fine Art, Fort Worth, Texas, 1972 年建成)。建筑位于一块坡地上,一个大型半地下储藏空间上面是包括展廊的单层建筑。六个平行的"筒拱"(实际上纵向是天窗的弯曲的混凝土大跨梁)与服务开间交替形成抽象的阵列,用来容纳不同的展廊布置和辅助空间。例如,观众厅只是由拱下倾斜的楼板和邻近的服务开间构成。但是,一个真正的现代主义者可能会将这些线形构件打散为片段的、功能性的不同构图,而他却将它们限定在一个基本对称的矩形平面中。

康还参加了大型的城市规模的**费城方案**(Projects for Philadelphia)系列工作设计。在他 1955 年为城市的中城区(midtown)规划的平面中,他尝试将步行和车行交通相矛盾的需求,通过一种被称为"码头"的新的城市建筑调和起来。这种"码头"由圆柱形的多层停车场组成,周围环绕着 18 层公寓和办公楼。但是这个方案没有得到实施。

整个 20 世纪 60 年代,主流现代主义传统在大城市中心的公司和政府建筑中得到了发展。1968 年,一个在伊利诺工学院时期曾在密斯手下做过研究的爱尔兰建筑师凯文·罗奇(Kevin Roche, 1922—)与约翰·丁凯罗(John Dinkeloo, 1918—1981),一起在 1961 年埃罗·沙里宁去世后接替了他的工作,完成了纽约**福特基金会办公大楼**(office building for the Ford Foundation, New York, 见[1617]页图 A~图 D)。大楼位于一个小型公园旁边,这座建筑在规模和风格上都相当得体。使其成为 20 世纪 60 年代美国最有影响的建筑之一的原因是,这座建筑慷慨地将地段的大部分给予平面上的内部花园。花园向公众敞开,与街道仅由一道 10 层高的玻璃幕相隔。这是新建筑类型——"中庭"办公建筑的鼻祖。

或许 20 世纪 60 年代最突出的密斯式的摩天楼要数芝加哥市政厅(理查德·戴利中心,Chicago City Hall (Richard Daley Center), 1965 年建成),设计者是墨菲联合事务所(C. F. Murphy Associates)的雅克·布朗森(Jaques Brownson)。在他早期的职业生涯中,墨菲本人曾与伯纳姆和鲁特事务所(Burnham and Root

第51章 1950年以后的北美建筑

图A （左上图）福特基金会办公大楼室内

图B 纽约福特基金会办公大楼(1968年建成)，见[1616]页

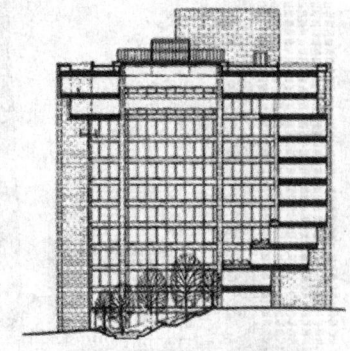

图C 福特基金会办公大楼剖面图

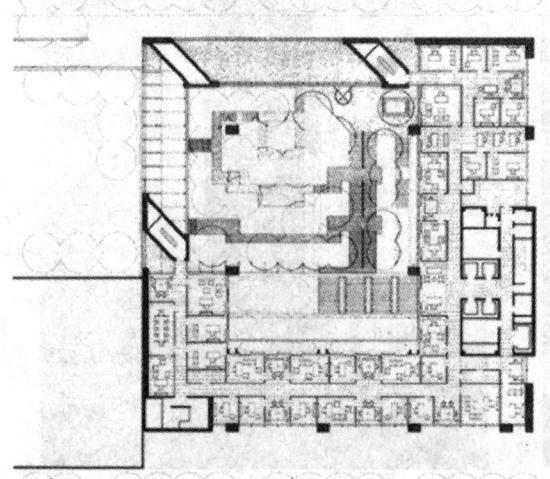

图D （左下图）纽约福特基金会办公大楼首层平面图

第七编 20 世纪建筑

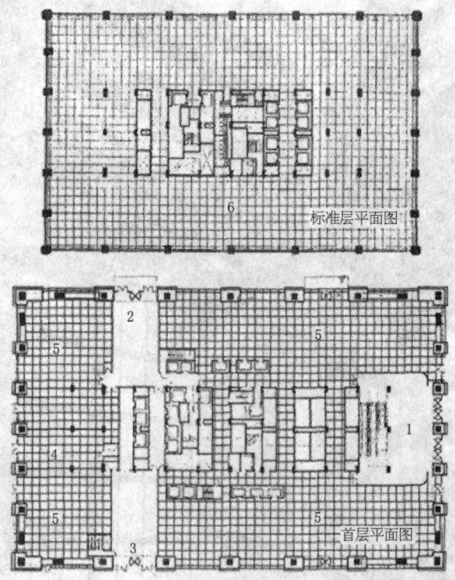

1. 办公大堂；2. 餐厅大堂；3. 公寓大堂；4. 轿车廊道；
5. 商店；6. 办公区；7. 餐馆
图 B 约翰·汉考克大厦平面图

图 A 约翰·汉考克大厦(1965—1970)，见[1620]页

图 C 西尔斯大厦(1974 年建成)，见[1620]页

第 51 章 1950 年以后的北美建筑

图 A　华盛顿特区国家美术馆东馆(1975 年建成)，见[1620]页

图 B　国家美术馆东馆的中庭

图 C　底特律北部购物中心(1954 年建成)，见[1620]页

的丹尼尔·赫德森·伯纳姆合作过,因此他代表了19世纪晚期先驱的芝加哥学派与密斯的欧洲现代主义之间的直接联系。芝加哥市政厅一座是由玻璃和呈现材料本身的表面——科滕公司生产的氧化钢材所构成的简洁独立体块,像西格拉姆大楼一样,面向一个开放的广场。然而,给人深刻印象的是它用建筑尺度控制绝对尺寸的方法。这座建筑中既有法庭又有办公室,因此它的层高非常高,但又通过结构框架的宽度达到平衡——空前的 15m×26m(49ft×87ft)。正是这种比例的扩张,赋予建筑以力量和风采,为芝加哥下城区(downtown)喧闹的建筑中,注入一个清晰深沉的低音符。

五年之后,SOM 芝加哥公司的布鲁斯·格雷厄姆(Bruce Graham)完成了**约翰·汉考克大厦**(John Hancock Center, 1965—1970,见[1618]页图 A、图 B),一座既有商业又有住宅的锥形塔楼。在此,外部结构钢十字支撑在单层楼的人体尺度和建筑整体的高大尺度之间进行调节。约翰·汉考克大厦曾是芝加哥最高的建筑,但是很快的就被另一个 SOM 设计的庞然大物——**西尔斯大厦**(Sears Tower, 1974 年建成,见[1618]页图 C)所取代,西尔斯大厦现在仍然是世界上最高的建筑之一。但是,西尔斯大厦的一簇升到不同高度的小塔楼的构图形式,缺少了它的同僚和对手的那种坚定自信的姿态。

20世纪70年代中期,在华盛顿特区建成了两座博物馆,贝聿铭设计的**国家美术馆东馆**(East Building of the National Gallery of Art, 见[1619]页图 A、图 B)以及赫尔穆特、奥巴塔和卡萨包姆事务所(Helmut, Obata and Kassabaum, HOK)设计的**国家航空航天博物馆**(National Air and Space Museum),尽管两者的展出对象完全不同,但建筑上却有某些相似之处。它们都邻近步行街区(The Mall),在尺度上都具有适当的纪念性,都有通过玻璃中庭联系的清晰的石材覆面的体量。东馆是原先由约翰·拉塞尔·波普(John Russell Pope, 1874—1937)1941 年设计完成的新古典美术馆的扩建,采用了田纳西采石场的粉色大理石。然而它的平面却没有任何一点老建筑的形式或对称性,而是建立在由梯形基地得到的三角形的基础上。建筑的中心是三层高的玻璃顶中庭,在当时曾因为它与购物中心的建筑类似而遭到批判。对于国家航空航天博物馆来说,

购物中心的比喻就更为贴切。HOK 事务所曾经在休斯敦和达拉斯设计过室内商业街,并把博物馆当做一个类似的设计问题:将物品尽最大可能地展示给尽可能多的人。它开业不久一度成为世界上最受欢迎的博物馆。

作为一种建筑类型,有顶盖的购物商业街的出现可以追溯到 20 世纪 50 年代早期,尤其是维克托·格林(Victor Gruen, 1903—1980)设计的底特律的**北部购物中心**(Northland Shopping Center, Detroit, 1954 年建成,见[1619]页图 C)。这座购物中心位于城市边缘,几乎是专门为有车族设计的。这个内敛的综合体坐落于停车场的海洋中——这是一个与城市脉络脱离的设备齐全的购物城。这种类型如此成功,以至于很快成为席卷全美的大型购物城的样板,但最后却给美国社会和经济的安宁带来了灾难性的后果。

然而,像城郊购物中心这样的新建筑类型,是美国城市生活缓慢瓦解的结果而不是原因。为战争退伍军人提供廉价抵押的所谓美军法案(GI Bill),推进了住宅的拥有,并鼓舞了郊区项目四处蔓延的发展。而联邦发起的建设新的州际公路网,又鼓励了个人拥有汽车以及人口迁移,打破了将城市控制在一起的传统的邻里和社区的约束。城市中心留给了穷人,城市结构的衰落成为一个需要通过清除贫民窟和全面再次开发来解决的问题。

但是到了 20 世纪 60 年代早期,这一进程却向相反方向发展起来。旅行家兼城市理论家简·雅各布斯(Jane Jacobs)在其 1961 年出版的《美国大城市的生与死》(The Death and Life of the Great American Cities)中,猛烈抨击了美国的郊区化以及城市社区生活的饥饿状态。由全面重新发展和功能分区引发的现代主义的乌托邦设想,第一次遭到严肃的质疑。雅各布斯认为,城市并不是生产机器,而是脆弱的社会和经济组织。以她的观点来看,传统的街道及其多种用途的混合,居住、工业和商业,对城市人口的健康和安宁来说是至关重要的。重新开发的大型的现代主义项目,如山崎实设计的圣路易斯的**普鲁伊特·艾戈住宅区**(Pruitt Igoe housing project, St Louis)远没有改善其居民的生活,反而逐渐成为违法犯罪的中心,缓慢地扼杀了城市。当权者开始采纳民意,1972 年,完工仅 17 年之后,普鲁伊特·艾戈这座社会建筑,最终被宣布无法维修而炸毁。按照建筑评论家查

第51章 1950年以后的北美建筑

图 A 费城万娜·文丘里宅(1962)，见[1622]页

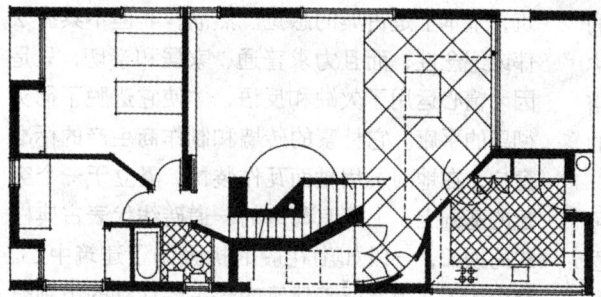

图 B 万娜·文丘里宅首层平面

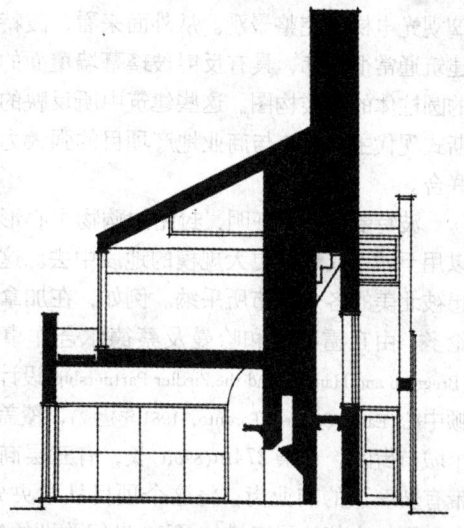

图 C 万娜·文丘里宅剖面

图 D 万娜·文丘里宅室内

图 E 新奥尔良的意大利广场(1975)，见[1624]页

尔斯·詹克斯(Charles Jencks)的说法，正是这个事件，标志着现代主义的死亡。

但是，简·雅各布斯所提倡的小规模的零星采用这种类型，并不是城市再生的惟一手段。还有一个可供选择的策略是，在城市中心建造一个设备齐全的城外混用的购物综合体版本。在20世纪60年代晚期和70年代早期，建筑师兼发展商约翰·波特曼(John Portman, 1924—)就在亚特兰大市中心建造了这样一个综合体——桃树中心广场(Peachtree Center)，包括办公楼、购物中心和两座大型豪华旅馆，其中之一的凯悦摄政旅馆(Hyatt Regency)，围绕着23层的中庭而建造。这是分别位于旧金山、洛杉矶、芝加哥和底特律的一系列类似波特曼酒店中的第一个。波特曼首先开发了室内高中庭的全部梦幻般的潜力，并把它处理成类似外部的公共空间，有商店、餐馆以及必需的玻璃观光电梯的完整景观。从外面来看，波特曼的建筑通常很宏伟，具有反射玻璃幕墙覆面的对称的圆柱体的塔楼构图。这些建筑中所反映的是密斯式现代主义传统与商业地产项目的强大力量的联合。

波特曼的项目证明，封闭的购物中心形式可以用于城市或郊区更大规模的地段中去。这一思想被北美的各个城市所采纳。例如，在加拿大多伦多，由布雷格曼和哈曼及蔡德尔合作事务所(Bregman and Hamann and the Ziedler Partnership)设计的伊顿中心(Eaton Centre, Toronto, 1981年建成)，覆盖了五个城市街区。一条274m(890ft)长，有三层商店的带有玻璃顶的商业街，将这个项目从中央分开，它以更加宏伟的尺度模仿了19世纪欧洲的先例，如米兰的室内商业街廊。

到20世纪60年代后期，正统的现代主义已经受到攻击，这些攻击不仅来自评论家、社会学家、城市理论家和越来越多喧嚷的普通大众，也来自建筑业内部。1966年，曾与沙里宁和康共事的建筑师罗伯特·文丘里(Robert Venturi, 1925—)出版了一本名为《建筑的复杂性与矛盾性》(Complexity and Contradiction in Architecture)的书，他在其中抨击了现代主义传统中过于简单的形式，尤其是密斯的那一分支。文丘里以"少就是烦"来反击密斯的"少就是多"。通过从16～17世纪的手法主义和巴洛克建筑中引经据典，文丘里声称，传统观念中的意义和象征，被现代主义建筑师忽

略了，他们把注意力集中在功能和抽象性上。按照文丘里的说法，密斯的建筑只不过是通过忽略真实生活中无法解决的冲突和含混不清，而获得优美的简洁。文丘里提出了一种包容的"亦此亦彼"的建筑，来代替排他的"非此即彼"的建筑。在1972年，他与妻子丹尼斯·斯科特·布朗(Denise Scott Brown)以及搭档史蒂文·艾泽奴尔(Steven Izenour)合作出版的《向拉斯维加斯学习》(Learning from Las Vegas)一书中，他再次捡起了这一话题。此书抨击了现代主义传统的精英优越论，并极力主张建筑师应回到大众文化的建筑表现中。

文丘里开始将他的思想运用到建筑实践中去，例如为他母亲建造的费城万娜·文丘里宅(Vanna Venturi House, Philadelphia, 1962, 见[1621]页图A~图D)以及费城吉尔德老年人公寓(Guild House old people's home, Philadelphia, 1965)。后者是一座对称的六层建筑，基本上是古典的感觉。然而，非但不具有宏伟或纪念性，而且力求普通、家居和亲切，只是因为精心运用了欠缺和反语，才使它逃脱了彻头彻尾的平庸。它朴素的砖墙和制作商生产的标准窗户，在地面层用釉面瓦作装饰，矗立于一个突起的基础上，上部有薄薄的一道砖线代表古典柱式的顶部，一段如山花般的拱强调了建筑中心。整个构图，由象征着建筑内部主要活动的仿制超大电视天线而臻于圆满。

在美国国家橄榄球名人堂(National Football Hall of Fame, 1967)中，文丘里证明了他对大众文化的接受与对"形式追随功能"之类现代主义口号的拒绝。这座建筑被文丘里称为"装饰的棚屋"。一个大型的平面广告牌占据了通常是立面的位置，相比之下，后面的筒拱的展览建筑显得矮小。印第安纳州哥伦布城消防站(Fire Station, Columbus, Indiana, 1966)，也有平平的广告牌似的正立面。这次证明的是"亦此亦彼"的原理：既在轮廓上对称，又在门窗洞口的分格上不对称。

查尔斯·穆尔(Charles Moore, 1925—1993)在20世纪60年代也是以反现代主义的思想进行实践。像文丘里一样，他抵制主流现代主义的排他性，在他的建筑与背景之间，从物质和文化方面寻找一种调和。海洋牧场公寓(Sea Ranch Condominium)，1966年建在旧金山北部崎岖的海边峭壁上第二家庭的朴实组团，成为20世纪60年代最具影响力的美国建筑。它是木材覆面的斜屋顶式松散的集

第51章 1950年以后的北美建筑

图 A　俄勒冈州波特兰市政厅(1975)，见[1624]页

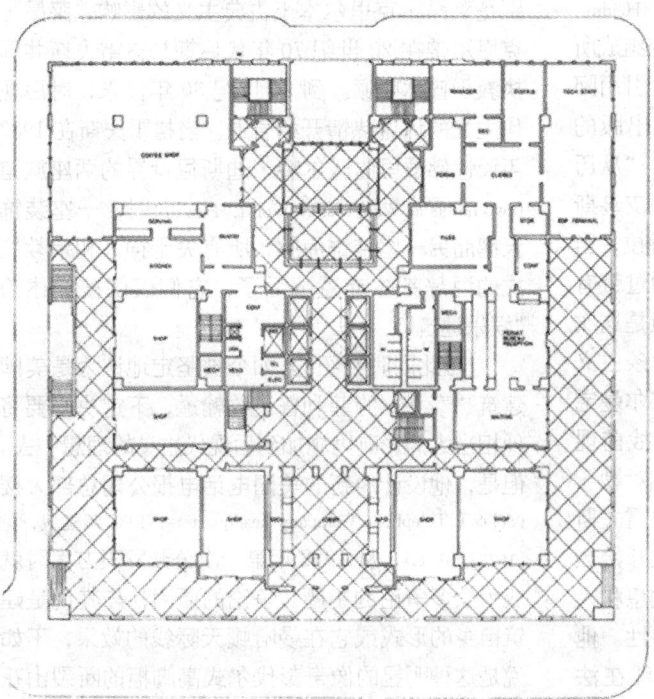

图 B　波特兰市政厅二层平面

图 C　纽约美国电话电报公司总部大楼(1984年建成)，见[1624]页

合体，召唤起人们对美国乡村农业和小型工业构筑物的本土传统的回忆，当时的评论家称之为"现代矿井"。

到1975年，穆尔已经远远脱离了现代主义传统，纵使是在纯粹纪念性的建筑物中，他也能够专注于古典装饰的复兴，如新奥尔良的**意大利广场**(Piazza Italia, New Orleans, 见[1621]页图E)。这座建筑是为城市中的意大利社区建造并献给圣约瑟夫的。广场采取圆形喷泉的形式，其中雕刻了意大利的地图，由凯旋门和科林斯柱式压阵。但这是一种新的纪念性，它的设计不是为了体现强迫或威胁，而是为了娱乐和消遣。柱头是不锈钢的，线脚由霓虹点亮，整个构图具有歌剧舞台的背景特征。至此，一种形象化的和蔼可亲的力求表达美国大众文化的建筑风格已经建立起来了，被称作后现代主义。

迈克尔·格雷夫斯(Michael Graves, 1934—)或许是整个20世纪80年代最重要的后现代主义风格的成员。最初，在70年代早期他和彼得·埃森曼(Peter Eisenman, 1932—)、查尔斯·格瓦斯米(Charles Gwathmey, 1938—)、约翰·海杜克(John Hejduk, 1929—)、理查德·迈耶(Richard Meier, 1934—)组成所谓"纽约五"(New York Five)而引起注意。引用阿瑟·德雷克斯勒(Arthur Drexler)在1975年出版的《五位建筑师》(Five Architects)的前言所说，"从历史上来看，他们正在延续着瓦尔特·格罗皮乌斯和布罗伊尔，他们之前是理查德·诺伊特拉，当初在美国住宅中所做的事就是：发展，通过带有形式教学词汇的小型住宅作品而发展，但是这次没有了德国某些专注于'功能主义'的教条主义的限制。"书中展示的格雷夫斯设计的**汉塞尔曼宅**(Hanselmann House, 1967)，是以手法主义对战前现代主义主题的重新阐释，特别是唤起人们对勒·柯布西耶的纯粹主义别墅的回忆。但是格雷夫斯的思想意识中已经有发生改变的迹象，他开始热衷于谈论和写作关于建筑的形象比喻、联想和人神同形论等，以及神话和宗教仪式的重要性。他对于对称和"中心性"的专注，开始表现在**法戈·穆尔黑德文化中心桥**(Fargo Moorhead Cultural Centre Bridge, 1977)中。在这里他用抽象的古典主题，如拱心石和柱子来创造一种新的纪念性，令人回想起18世纪法国新古典主义者克洛德-尼古拉·勒杜。

1980年，格雷夫斯在竞标中获胜，设计了新的**俄勒冈州波特兰市政厅**(municipal offices for the City of Portland, Oregon, 见[1623]页图A、图B)，这座建筑成为后现代主义风格的图标。占据了大概整个一块正方形城市街区，这座节俭得像盒子形的波特兰大楼，装饰有从退台墩座上升起的七层高大壁柱，支撑着四层高的红色拱心石。建筑侧面，壁柱的柱头以石头系带的花环装饰。在最初的方案中，一个纪念性的女性人物"波特兰蒂娅"竖立在主入口之上。这种直率的纪念性在当时引起了诸多争议，受到老一辈现代主义卫士的猛烈批判，但是格雷夫斯依然用一系列的公共和商业建筑来发展他的后现代古典风格，其中位于肯塔基州路易斯维尔的**休曼那大厦**(Humana building, Louisville, Kentucky)和加利福尼亚的**圣胡安·卡皮斯特拉诺图书馆**(Library at San Juan Capistrano, California)均于1982年建成。后者是一个低层带庭院的综合体，格雷夫斯对当地需要新建筑以追随本地西班牙传道区风格的规划方针做了回应。但是其中又明显地带有欧洲新理性主义者如阿尔多·罗西的影响，特别是莱昂·克里尔本土古典主义的影响，莱昂·克里尔曾在20世纪70年代后期与格雷夫斯共同执教于普林斯顿。到20世纪80年代末，对后现代主义的评论热情开始衰退。当格雷夫斯在1987年设计佛罗里达沃尔特·迪斯尼世界的**两座旅馆**(two hotels at Walt Disney World, Florida)时，一座装饰天鹅而另一座装饰海豚，所有关于神话和宗教仪式的说辞都被弃置脑后了，它们仅仅被描述为"娱乐建筑"。

与此同时在纽约，如今被坚定地认为是美国建筑"泰斗"的菲利普·约翰逊，下定决心要将他相当大的影响力施加到后现代主义的理想中去。但是，他设计的新的**美国电话电报公司总部大楼**(AT&T Telephone Company headquarters, 1984年建成，见[1623]页图C)，从1978年第一次公开发表方案时就成为众多争论的主题。争论的原因，与其说是建筑自身的形式或它在曼哈顿天际线的效果，不如说是这种明显的像奇彭代尔式高脚柜的断裂山花顶子的古典摩天楼竟然出自一位因提倡国际式风格而闻名的人这样一个事实。直到今天，尽管前后有明显的反差对比，如基本是新古典风格的林肯中心纽约州剧院，但人们还是认为约翰逊内心里仍是一个现代主义者。如果连约翰逊都放弃了这个理想，那么看来现代主义确实是没有希望的。

然而，还是有那些忠诚于现代主义理想的人，他们之中的杰出人物包括理查德·迈耶。像格雷夫斯一样，迈耶成名于20世纪60年代设计独立住宅之时，如康涅狄格州达里恩的**史密斯宅**(Smith house, Darien, Connecticut, 1965—1967)，复兴了20世纪20年代现代主义的形式语言。然而与格雷夫斯不同的是，迈耶并不受更新的古典主义趣味的影响，继续在较大的公共建筑中发展着他的纯净的现代主义风格，例如印第安纳新哈莫尼的**雅典纳中心**❶，和纽约**布隆克斯开发中心**(Bronx Development Center, New York, 1976年建成)。亚特兰大**海伊艺术博物馆**(High Museum of Art, Atlanta, 1983年建成, 见[1626]页图A、图B)是迈耶在20世纪80年代设计的众多博物馆中的代表作，尽管多数博物馆都位于欧洲。这座建筑平面基本上是正方形，但是去掉了其中一个角而设置以四分之一圆的顶部采光的中庭。沿着四分之一圆曲线的是回转的步行坡道，但是并不像特别提过的赖特在古根海姆博物馆中的坡道，这里的坡道与陈列在常规的正方形展厅中的艺术作品相距甚远。像大多数迈耶的博物馆一样，这座建筑本身就是一座陈列的重要艺术作品——抽象形式的似画的构图，外墙覆以白色搪瓷钢板。形式、空间和光线远比功能、结构或技术更为重要。加利福尼亚圣莫尼卡附近的**格蒂中心**(Getty Center, near Santa Monica, California, 见[1626]页图C)，是一个在1995年接近完工的激动人心的博物馆园区，预示了迈耶博物馆建筑生涯的一个顶峰。

迈耶的现代主义基本上是保守而讲求实效的，而彼得·埃森曼的建筑具有探索性，是智力上的一种挑战。一次性的住宅再次成为起点，通常以纸上概念性方案的形式表现出来，例如1985年的一个方案，有个难以理解的名字叫"反斗"住宅(Fin d'Ou T hou S)。在这里，网格、平面和体积，按照主观的建筑游戏规则经受了一系列形式上的变化。这个方案的目的是，削弱传统的参考框架，如功能、结构、传统等，这些通常用来衡量建筑的因素，向设想主题的统一或个体观察者挑战。但是埃森曼甚至在他建成的住宅中也进行了概念性的游戏。例如，康涅狄格康韦尔的六号住宅(House VI, Cornwell, Connecticut, 1972年建成)包括了一个无法上楼的楼梯间。彼得·埃森曼是最重要的以解构主义风格著称的美国成员。解构主义源于雅克·德里达(Jaques Derrida, 1930—2004)的哲学，并于1988年在纽约现代艺术博物馆举行了展览，这个展览得到菲利普·约翰逊的支持。

在20世纪80年代，埃森曼开始大量地为德国、日本和美国的业主建造公共和商业建筑。例如一些概念性住宅方案，以及哥伦布城俄亥俄州立大学的**韦克斯纳视觉艺术中心**(Wexner Center for the Visual Arts, Ohio State University, Columbus)，用抽象网格做智力游戏。在这里，大学和哥伦布城现存的规划网格，偶然地被设置成略微不同的角度。开敞的钢框架标志的中央环脊追随着城市网格，划分了两个现存的顺应大学网格的观众厅。这条脊线把大多数的新空间联系在一起，包括了设在地下的一个艺术图书馆、一座展廊和一家电影院。它们的屋顶形成了"被破坏的底座"，用埃森曼自己的话说，就是"遮掩了传统的从人的角度出发来看的水平面"。从考古学方面来看，"基本"网格的使用，被奇特的几乎是后现代主义的面貌强调出来：曾经矗立在地段入口处的一个古老的堡垒似的军用建筑，以片段形式加以再创造。

以加利福尼亚为基地的建筑师弗兰克·盖瑞(Frank Gehry, 1929—)，有时被归为解构主义者，因为他不拘形式的丰富而具有创造性的构图以及他在东海岸明显高智力的作品，与欧洲同代人之间在表面上很相似。然而，盖瑞觉得并不需要参照哲学思想来判断他的建筑，相反地，他所关注的是更加纯粹的建筑和城市问题。圣莫尼卡的**盖瑞自宅**(Gehry's own house, Santa Monica, 1978)建造在郊区街角，集中了大量被关注的问题。这些问题他后来在大型建筑中有所发展：首先，是他对现存城市脉络现实的接受，这是一个完全常规的20年代样本住宅；其次，是他对形式和空间的嬉戏，在某种程度上他用坡道、带角墙体和倾斜玻璃立方体做复杂的集合，隐蔽了住宅；再次，是他对普通廉价工业建筑材料的使用，如链条篱笆、胶合板和波纹钢。盖瑞的建筑是放松的，包容的和机会主义的。他设计的洛杉矶恰特·戴广告公司

---

❶ Atheneum, New Harmony, Indiana, 1974年建成；是文化艺术协会或图书馆。——译者注

图A 亚特兰大海伊艺术博物馆(1983年建成),见[1625]页

图B 海伊艺术博物馆中庭

图C 加州圣莫尼卡附近的格蒂中心(1995年在建),见[1625]页

图D 洛杉矶迪斯尼音乐厅(1995年在建),见[1627]页

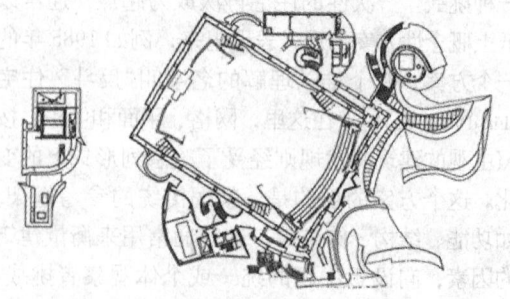

图E 迪斯尼音乐厅楼座层平面

大楼(office building for the Chiat Day advertising agency, Los Angeles, 1986年建成)，将完全形成对比的两翼放置在主入口的两侧，一边是弯曲的白色船形，而另一边是粗糙的铜覆面的树状。当那位爱冒险的业主要求以更惊人的形象来标志它的存在时，盖瑞毫不迟疑地在入口处架设了一对巨大的由克莱斯·奥尔登堡(Claes Oldenburg)创作的双筒望远镜。

20世纪80年代早期建在洛杉矶破败危险区的罗约拉法律学校(Loyola Law School)确立了盖瑞的声誉。盖瑞利用有限的资金，将办公室和教室布置在简洁明了的三层粉刷体块中，然而又通过将主要楼梯设置在建筑外面的中部，而使其具有了活力，同时也节省了资金。一个演讲阶梯教室、一个小礼拜堂和一个"教导大厅"，占据了主体建筑前独立的建筑物，尽管是由保安篱笆围合的，它们也组成了一个微型城市广场。简单的表示典仪的设施，一对粗混凝土柱子、电镀金属的门廊以及胶合板和玻璃的钟塔，以典型的嬉戏和轻描淡写的方式确立了纪念性的意图。

盖瑞在更大规模的方案中继续实践着他独特的建筑感悟，例如洛杉矶**迪斯尼音乐厅**(Disney Concert Hall, Los Angeles, 1989—2003, 见[1626]页图D、图E)。他的作品，接纳了后现代主义相关的形象，又不包括它退化的趋势；接纳了现代主义的创造性，而又没有其说教的优越感；它既接受世界的现状却又对未来充满乐观；它是反常规的却又容易接近，非理性的却又基于严肃。正是这些品质，使盖瑞的作品成为典型的美国作品。

20世纪建筑

第 52 章
拉丁美洲建筑

概述

提起20世纪的拉丁美洲建筑，占主要地位的是奇妙的壳体结构、混凝土框架、雕塑般的弯曲以及混凝土形式等形象。这些奇异的表述，表明20世纪20年代晚期和30年代的欧洲现代主义，对30年代中期以来的巴西、墨西哥和委内瑞拉这些比较稳定、经济比较发达的国家进行了建筑上的同化。然而，这种形象代表的仅仅是一个历史片段，这个片段是由于在现代和传统的双重概念之间，以及效仿西方原型和发展坚持本国特色的愿望之间的那些错综复杂的关系而形成的。

拉丁美洲主要以欧洲眼光观察事物，原因之一是由于它在世界经济体系中的外围地位。拉丁美洲国家从20世纪初以来，政治独立已达70年。但是其独立是通过一些微妙的手段来维持的。从1880年以来，拉丁美洲国家采取的是进出口增长贸易体系的发展形式，在为欧洲提供原材料和食品的同时，也为进口的制造品被动地提供市场。这种状况下的一个建筑实例，是在设计上没有个性特征的墨西哥城的 德肖波博物馆 (De Chopo Museum, Mexico City, 见[1629]页图A)，1899年在法国预制，1910年在墨西哥城组装。

在进出口体系所反映的全球劳动分工中，新兴拉丁美洲国家的定位帮助欧洲维持了经济控制中心的地位，同时也导致它们容易受到不可预知的市场的不稳定影响。抵抗运动采取的形式是1889年的第一次泛美会议，追求国家联合和强大的国际地位，以玻利瓦尔❶的解放运动作为开端。这种半球范围内发起的联盟标志着新世界为改变世界权力的平衡所作的斗争。同时，北南之间的关系在20世纪开始之际也发生了微妙的转变。伴随着对自由主义的采纳，进出口体系的实施提升了自由贸易的基础，当今世纪随即开始了一种文化体系覆盖于另一种之上的更新，表面上它们是相似的，而实际上其特征是根本不同的。

1900～1929 年

20世纪初，拉美殖民地过去的遗产仍然在城市中起着主导作用。前一世纪的古典建筑，暂时还处在从市政广场(Plaza Mayor)发散出的网格中，保持着它的威严，而市政广场是从基多(Quito)到布宜诺斯艾利斯(Buenos Aires)的城市权力中心。在19世纪就已经可行的风格设想，是这段时期建筑设计中的主导因素，还使人联想到诸如法国学院派和国立美术学院传统模式中所固有的品味和力量。阿达莫·博阿里(Adamo Boari)、弗雷德里科·马里斯卡尔(Frederico Mariscal)、阿尔瓦雷斯(R. Alvarez)和埃斯皮诺萨(Espinosa)设计的墨西哥城美术宫(The Palace of Fine Arts, Mexico City, 1904—1934, 见[1629]页图B)，就是古典风格以这种方式使用和混合的实例。虽然这种风格与殖民地建筑的关系不是很明确，从表面上看也是源于欧洲，但由巴西建筑师若泽·马里亚诺·卡内罗·达库纳(José Mariano Carneiro da Cuna)和里卡尔多·塞韦罗(Ricardo Severo)于1914～1916年发起的浪漫和折中的新殖民运动，其实植根于民族主义的意识形态，并企图向欧洲文化的支配地位进行挑战。它激发了由阿根廷人马丁·诺埃尔(Martin Noel)发起的对拉丁美洲艺术和建筑历史的新兴趣。就连像新艺术这样短命的欧洲风格，也曾在短时期内受到赞赏，对维克托·迪比格拉斯(V. Dubugras, 1868—1933)设计圣保罗麦林克车站(Mairinque Station, São Paulo, 1907)就产生过影响。它们在一些国家仍然具有影响力，例如在20世纪30年代后的哥伦比亚，由阿尔贝托·

---

❶ Simón Bolivar, 1783～1830 年；此处原文有误，第一次泛美大会于1826年在巴拿马举行，玻利瓦尔于1825年解放秘鲁，这个新国家以解放者玻利瓦尔的姓氏命名为玻利维亚。——译者注

第52章 拉丁美洲建筑

图A 墨西哥城的德肖波博物馆(1910),见[1628]页

图B 墨西哥城美术宫(1904—1934),见[1628]页

图C 塞维利亚世界博览会阿根廷馆(1929),见[1630]页

图D 塞维利亚拉美博览会秘鲁馆(1929),见[1630]页

图E 塞维利亚世界博览会阿根廷馆入口

曼里克·马丁(Alberto Manrique Martin, 1890—1983)设计的**波哥大红十字会大楼**(Red Cross Building, Bogota, 1934)。

同时,关于历史诸多层面的形式可能性的觉醒意识开始显现。拉丁美洲历经多个世纪不同文化体系的叠加,它们的创造不仅仅受相对近期的欧洲影响。其他一些完全不同的因素,例如本土安第斯的印加帝国、墨西哥的阿芝台克人和玛雅人以及巴西和加勒比海的非洲人口也都有重要的影响。这种变化,可以在曼努埃尔·阿马比里斯(Manuel Amabilis, 1883—1966)的作品中看到,比如说,他的作品从折中的法国古典主义,转向从哲学和美学上对前西班牙时期的玛雅建筑进行探究。他设计的 1929 年**塞维利亚拉美博览会墨西哥馆**(Feria Iberoamericana de Sevilla of 1929, Mexican Pavilion),既是一次拉丁美洲国家在欧洲的自我表现,又是一个在随后几年间使用本土主题表现民族差异的实例。在其他国家的建筑中,也可以看到相似的潮流,例如曼努埃尔·皮凯拉斯·科托尔(Manuel Piqueras Cotoli)设计的**秘鲁馆**(Peruvian Pavilion, 见[1629]页图 D)和马丁·诺埃尔设计的**阿根廷馆**(Argentinian Pavilion, 见[1629]页图 C、图 E)。

1910 年的墨西哥革命以及波尔菲里奥·迪亚斯(Porfirio Diaz)的下台,使墨西哥为了满足新的社会和政治局势的需要,更加渴望从刚过去的历史中解放自己。何塞·维拉格兰·加西亚(José Villagran Garcia, 1901—1982)是阐释欧洲先锋建筑思想,尤其是勒·柯布西耶和包豪斯思想的第一人。他与学生胡安·奥格曼(Juan O'Gorman, 1905—1982)合作设计的**塔布卡卫生研究所**(Hygiene Institute, Tabuca, 1925),被描述为墨西哥的第一座功能主义建筑,其后是**结核病疗养院**(Tuberculosis Sanatorium, 1929)。他所采取的道路是"整体主义"(integralista)学派,建立在对艺术与科学、真理与逻辑之间密切联系的信念基础上。奥格曼曾作为一个画家师从壁画家迭戈·里维拉❶,是早期理性主义激进阵营的代表。他们对纯粹的工程建筑没有内在的美学要求,这从他 20 世纪 20 年代和 30 年代的实用性建筑中可以看出。但是,他的作品刚开始时则表现出一种模糊性,如他设计的亮蓝色的迭戈·里维拉宅(house for Diego Rivero)以及墨西哥城的**弗里达·卡罗宅**(house for Frida Khalo, Mexico City,

1931—1932)。这些住宅,形式上是理性主义的,但是涂上了通常用来表示防卫邪恶灵魂的色彩。后来,他对自己早期作品美学上的贫乏进行了反思。

20 世纪之初欧洲人的不断涌入以及价值观的输入,成为拉丁美洲发生变化的催化剂,这块大陆上新的社会关系、机遇以及技术上的可能性,越来越显而易见。在一些拉丁美洲国家,现代主义思想的产生和传播,与欧洲的发展变化几乎同步进行。例如在巴西,对这些新潮流的兴趣,从 1922 年圣保罗的现代艺术周时就开始了,组织者是里卡尔多·塞韦罗。一年之后,俄罗斯建筑师格里高里·瓦尔哈夫齐克(Gregori Warchavchick, 1896—1972)到达巴西。他于 1925 年出版深受勒·柯布西耶早期作品影响的《功能主义建筑宣言》(*Manifesto of Functional Architecture*),为转向源于欧洲和美国的全球理性主义和形式主义观念做了准备。这种趋势又被对当地传统、技术、景观的特殊性的认识所平衡,并与发展中的满足环境控制要求的构想结合在一起,尤其是亚历山大·阿尔布开克(Alexandre Albuquerque)提出的、日益重要的对阳光的要求。拉丁美洲其余的多数国家,一般来说,接受墨西哥和巴西所采纳的思想比较缓慢,而出自这两个国家的作品在随后的 50 年中,赢得了全世界的关注。

1930～1969 年

20 世纪 30 年代世界范围的大萧条,凸显了像拉丁美洲这些外围经济国家的附属性和易被动摇的角色。自我保护的本能起了发生变化的催化剂的作用,一种进口—替代工业化体系,相当于以农业为主的经济中的较低程度的工业革命,作为新经济结构取代了进出口模式。在促进国家制造工业增长方面,新体系具有深远的社会和政治作用,为中等阶层和新工人阶层创建了新的定位和角色。工业化还促进了城市增长。例如,圣保罗的人口从 1890 年的 20 万人增加到 1985 年的 900 万人。每个国家的总人口也都在迅速增长,巴西从 1900 年的 1800 万人增加到 20 世纪末的 1.78 亿人,同期墨西哥的人口从 1350 万人增加到预计有 1.1 亿人。

---

❶ Diego Rivero,1886～1957 年;Rivero 为 Rivera,原书有误。——译者注

第52章 拉丁美洲建筑

在巴西，1930年热图利奥·瓦尔加斯(Getulio Vargas)领导的革命，为一系列现代主义工程做了准备。这主要是因为：统治阶级和国家对先锋派提供物质支持，而先锋派的意向和构想象征着观念的进步和改变；对技术和工业化技能的吸收；统治者们对制造繁荣景象的热衷。20世纪30年代早期的一次竞赛项目——里约热内卢的**教育和卫生部大楼**(Ministry of Education and Health, Rio de Janeiro, 1937—1942, 今文化宫, 见[1632]页图A)，就是其中之一。现代主义者的所有方案都被评审团拒绝之后，主管部长古斯塔沃·卡帕内马(Gustavo Capanema)将任务委托给卢西奥·科斯塔(Lúcio Costa, 1902—1998)。此人对现代主义和拉美建筑历史个性之间关系的复杂性十分清楚。他除了拥护将勒·柯布西耶的功能主义作为他们国家建筑的发展模式之外，还希望将巴西的葡萄牙殖民地建筑遗产，与适合20世纪技术和社会的建筑结合起来。这种志趣构成了将国际现代主义与影响深远的地域传统进行综合的巴西特色的基础。

科斯塔的教育和卫生部大楼的设计团队，由先前被竞赛拒绝的建筑师所组成，其中有若热·马沙多·莫雷拉(Jorge Machado Moreira, 1904—1993)、阿丰索·爱德华多·雷蒂(Affonso Eduardo Reidy, 1909—1964)和奥斯卡·尼迈耶尔(Oscar Niemeyer, 1907—)。1929年曾随演讲团访问过拉丁美洲的勒·柯布西耶，在1936年作为顾问被邀请到里约，为期三周。尽管在勒·柯布西耶的干预之下，建筑方案又做了实质上的变动，但是这座建筑作为巴西第一个受勒·柯布西耶影响的方案实例，其影响力是巨大的。后来许多遍布拉丁美洲的办公建筑，都采取了解决控制阳光问题的通风遮阳的建筑效果。由金塔纳·西莫内蒂(Quintana Simonetti)精心推敲网格比例而设计的**哈瓦那牙医诊所**(Retiro Odontologico, Havana, 1953)就是出自这种设计，还有恩里克·塞瓦莱·罗斯(Enrique Seoale Ros)设计的利马的**纳扎雷纳斯大楼**(Nazarenas Building, Lima, 1953)，以及路易斯·米格尔·莫雷亚(Luis Miguel Morea)的布宜诺斯艾利斯的**埃索石油公司大楼**(Esso Building, Buenos Aires, 1951)。哈瓦那有两座重要的此类建筑，哈里森和阿布拉莫维茨(Harrison and Abramovitz)设计的**美国大使馆**(United States of America Embassy, 1952)以及阿希莱斯·卡帕布兰卡-格劳普拉(Achiles Capablanca y Graupera, 1907—)设计的**审计官办公楼**(Office of the Comptroller, 1952—1954, 见[1633]页图A)，审计官办公楼将20世纪30年代早期的勒·柯布西耶特征与通风遮阳体系结合起来。

教育和卫生部大楼以及1939年**纽约世界博览会巴西馆**(Brazilian Pavilion, New York's World Fair, 1939)这两座建筑具有重大意义，因为这是奥斯卡·尼迈耶尔进入建筑领域的最初作品，随着1943年纽约现代艺术博物馆编辑的《巴西建筑》(Brazil Builds)以及1950年斯塔莫·帕帕扎基(Stamo Papadaki)的《奥斯卡·尼迈耶尔作品集》(The Works of Oscar Niemeyer)的出版，他很快成为国外最著名的巴西建筑师。教育和卫生部大楼的外部环境，是景观建筑师罗伯托·布勒·马克思(Roberto Burle Marx, 1909—1993)的作品，他对此后50年巴西的景观设计产生了主要影响。他丰富的方案几乎使用了全部的巴西精华(flora)——从尼娜·瓦尔哈夫齐克(Nina Warchavchik)和维克托·布雷谢雷特(Victor Brecheret)的作品中迸发出来的激情，他们是当时异国情调景观花园领域的先锋，此时布勒·马克思还设计了勒·柯布西耶式的里约热内卢的**桑托斯·杜蒙特机场**(Santos Dumont Airport, Rio de Janeiro, 1940, 见[1632]页图C)的花园，这座建筑是马塞洛(Marcelo)、马丁(Martin)和毛里西奥·罗伯托(Mauricio Roberto)在一次竞赛中获胜的结果。

尽管勒·柯布西耶在拉丁美洲的影响十分深远，其他欧洲建筑师的影响也很明显。圣保罗的现代主义建筑师里诺·莱维(Rino Levi, 1901—1965)设计的累西腓**电影艺术宫**(Art Palacio Cinema, Recife, 1938)，就是受到埃里希·门德尔松影响的实例，还有儒里奥·维拉马若(Julio Vilamajo)设计的蒙得维的亚的**共和国大学工学院**(Faculty of Engineering, University of the Republic, Montevideo, 1940)，是对佩雷(Perret)教堂的缅怀。密斯·凡德罗和瓦尔特·格罗皮乌斯的作品，在作为一些拉丁美洲城市快速增长的结果——高层建筑的设计中，具有特别的影响力。韦加斯·帕谢科(M. Vegas Pacheco)和何塞·米格尔·加里亚(José Miguel Galia, 1926—)设计的加拉加斯的**波拉大楼**(Polar Building, Caracas, 1953—1954)以及奥古斯托·阿尔瓦雷斯(Augusto Alvarez, 1914—1995)设计的182m(590ft)高的墨西哥城**拉丁美洲塔楼**(Torre Latino Americano, Mexico City, 1957)，就是源于密斯作品的混凝土框架建筑。另一个密斯式的设计是墨西哥城尼扎街办公楼(Office Building, Calle de

图A 里约热内卢的教育和卫生部大楼(今文化宫,1937—1942),见[1631]页

图B 墨西哥城的墨西哥国立大学中心图书馆(1953),见[1635]页

图C 里约热内卢的桑托斯·杜蒙特机场(1940),见[1631]页

第52章 拉丁美洲建筑

图A （上图）哈瓦那审计官办公楼（1952—1954），见[1631]页

图B （中图）潘普拉的圣方济各礼拜堂(1943)，见[1634]页

图C （下图）墨西哥城体育宫（1968），见[1634]页

[1633]

Niza, Mexico City, 1953），设计者是胡安·索尔多·马达莱诺(Juan Sordo Madaleno)，立面上的黑白网格，不过是混凝土框架建筑的幕墙。但是，幕墙这种美学手法，并不适合拉丁美洲的气候，这里由于太阳的高强度辐射而禁止使用光滑的玻璃立面，而且钢材的获得也代价昂贵。然而在地震频发的墨西哥城，钢的使用却具有经济意义。

在20世纪上半叶的拉丁美洲，并不仅仅欧洲对其有影响。以布宜诺斯艾利斯为例，20世纪30年代的大型办公建筑采取了大体量的退台形状，石材覆面，令人回想起20世纪早期的曼哈顿。这种情况，在诸如瓦尔特·默尔(Walter Möll)设计的**萨菲诺大楼**(Safino Building, 1932)，桑切斯、拉戈斯和德拉托尔事务所(Sanchez, Lagos and De La Torre)设计的**卡瓦纳大楼**(Kavanagh Building, 1934)中可以看到。从地理上来说，接近北美的中美洲国家，例如波多黎各，就与北美建筑有着更多的联系。这是通过教育渠道形成的，由托罗、费雷尔、托雷格罗索事务所(Torro, Ferrer and Torregrosso)设计的圣胡安的**加勒比希尔顿酒店**(Caribe Hilton Hotel, San Juan, 1947—1949)，以及大萧条时期的移民设计中就可以明显看出。德裔美国人亨利·克隆布(Henry Klumb)就是后者的例证，他是赖特的学生，1943年移民到波多黎各。克隆布的作品包括为波多黎各大学设计的建筑。

探索结构性能和钢筋混凝土造型能力的实验，在20世纪40年代和50年代的拉丁美洲造就了最激动人心和革新的建筑。因为不仅有适应气候的材料，还有现成的资源，主要是大量廉价劳动力。在巴西，共产主义者奥斯卡·尼迈耶尔与贝洛奥里藏特市(Belo Horizonte)的市长儒塞利诺·库比契克(Juscelino Kubitscheck)的友谊，帮助他赢得了在潘普拉(Pampulha)的一系列建筑委托，包括**卡西诺**(Casino, 1942)和**圣方济各礼拜堂**(S. Francisco Chapel, 1943, 见[1633]页图B)。圣方济各礼拜堂是尼迈耶尔把混凝土结构的形式自由推向极限而进行的一项实验，礼拜堂弯曲的折叠的混凝土板，是一个单个的建筑构件，它既构成屋顶又构成了墙面。教堂外部装饰是由坎迪多·波尔蒂纳里(Candido Portinari)设计的"花砖"(azulejos)壁画(传统的葡萄牙釉面彩绘陶瓦)，受到了勒·柯布西耶的赞赏。另外一些建筑，探索了钢筋混凝土抛物面壳体的可能性，如恩里克·德拉莫拉(Enrique de la Mora, 1907—1978)设计的墨西哥蒙特雷的**拉普里西马教堂**(Church of La Purisma, Monterry, Mexico, 1947)、马克斯·博尔赫斯(Max Borges, 1918—2009)设计的哈瓦那的**特罗皮卡纳咖啡馆**(Cabaret Tropicana, Havana, 1952)，以及阿丰索·爱德华多·雷蒂(Affonso Eduardo Reidy, 1909—1964)设计的里约热内卢佩德雷的**古柳小学和健身房**(Primary School and Gymnasium, Pedregulho, Rio de Janeiro, 1948—1950)。阿丰索·爱德华多·雷蒂关注城市规模的"社会建筑"，并建造了几座公共住宅综合楼，佩德雷古柳小学就是其中之一。

西班牙工程师费利什·坎代拉(Félix Candela, 1910—1997)，1939年移民墨西哥，他对混凝土抛物面壳体的发展作出了持续的贡献。1944年，他与库比耶塔斯·阿拉公司(Cubiertas Ala)的兄弟安东尼奥(Antonio)一起，建造了他的第一个薄板结构。1952年，他为墨西哥大学建造了**宇宙射线馆**(Cosmic Ray Pavilion, University of Mexico, 见[1636]页图C)，屋面厚度非同凡响，最厚处仅15mm，以便宇宙射线穿透。通过计算、直觉、实践以及不断改善造价的经济性，他将抛物面混凝土结构体系发展为功能的多样性。虽然在像巴西利亚这样的方案中，随心所欲的形式和夸张的尺度遭到了谴责，坎代拉作品追求形式的流动性以及结构语言的有效和纯粹，仍可以在他很多小型建筑中看出来，例如墨西哥城的**圣迹教堂**(Medallia Milagrosa, Mexico City, 1954—1955, 见[1636]页图D)。坎代拉最著名的后期作品，包括为1968年墨西哥奥林匹克运动会建造的镀铜短杆件屋面的**体育宫**(Palace of Sport, 见[1633]页图C)和诸如**坎代拉利亚站**(Candelaria Station, 1966—1968)这样的地铁站。

钢筋混凝土并非是可用于实验的造价经济的唯一材料，在乌拉圭，工程师埃拉迪奥·迭斯特(Eladio Dieste, 1917—2000)创造了一些极具塑性的形式，他最初的建造技术是从传统的制砖技术发展而来的。在1959年，他建造了蒙得维的亚的**阿特兰蒂达教堂**(Atlantida Church, Montevideo, 见[1636]页图A)，在这座建筑中，他的砖拱体系同时应用于垂直和水平两个方向，创造了令人印象深刻的雕塑般的构图，并巧妙地点亮了室内空间。一年以后建造的蒙得维的亚的**塔耶雷斯电气公司仓库**(Warehouse for Talleres Electricos, Montevideo)，是他非凡的结构性逻辑表现的另一个实例。

尽管热衷于吸收欧洲先锋思想，在20世纪之初，表现明显的民族意识趋势，仍然是一些拉丁

第52章 拉丁美洲建筑

美洲国家建筑中的主要因素,如秘鲁建筑师埃米利奥·哈特(Emilio Hart)和乌拉圭建筑师劳尔·莱雷纳(Raul Lerena)的作品中所表现的那样。在阿根廷,卡萨斯布兰卡(Casas Blancas)集团在他们寻求现代建筑的民族表现过程中,把对勒·柯布西耶作品的批判性与受基督教和殖民地建筑启发的地域性的反理性主义结合在一起。激进的姿态,使他们在文化上被排斥了20余年。由爱德华多·埃利斯(Eduardo Ellis)和这个群体的主要理论家克劳迪奥·卡弗里(Claudio Caveri, 1928—)设计的布宜诺斯艾利斯的**法蒂马圣母教堂**(Church of our Lady Fatima, Buenos Aires, 1957—1959),是其中最知名的建筑,其形式纯粹,注重简洁,采用传统的建造方法并有效适应气候。另一组方法不同但有相似愿望的团体是瓦尔帕莱索集团(Valparaiso Group),他们通过阐述发生在拉丁美洲的欧洲文化变迁,发展具有民族个性的建筑。该集团由智利建筑师阿尔贝托·克鲁斯(Alberto Cruz)和在智利的阿根廷诗人戈多弗雷多·洛米(Godofredo Lommi)于1952年发起,首要意图是通过广泛的旅行和探索,得出一种对智利及其景观的新认识。这个团体,后来形成了阿美利达合作社(Cooperativa Amereida)。

在墨西哥,在对待现代主义的矛盾态度中,也出现了类似的对欧洲文化霸权的抵制。这种冲突使得20世纪40年代居住在墨西哥的法国超现实主义作家安德烈·勃勒东(André Breton, 1896—1966)将墨西哥描述为世界上最超现实主义的国家。仍然对墨西哥自身历史和建筑传统感兴趣的,是建筑师路易斯·巴拉甘(Luis Barragán, 1902—1987)。巴拉甘致力于发展个性化建筑,他将此描述为"情感建筑"(emotional architecture),以简洁的体块形式、开小窗洞的实墙面、源于民俗的鲜明的色彩和传统材料为特征。结构、光线的利用、水,是他家居建筑构图中的基本元素。

巴拉甘设计和建造了几个居住开发项目,在与自然景观的关系处理方面非常敏感。最著名的是**佩德雷加尔景观建筑项目**(El Pedregal, 1950),创造性地利用了地形以及场地,这种特质也体现在由弗朗西斯科·阿蒂加斯(Francisco Artigas, 1916—1998)设计的**两所住宅**中,它们分别建于1953年和1956年。佩德雷加尔景观建筑项目之后的项目,还有**俱乐部住宅**(los Clubes, 1963—1964),在这个项目中巴拉甘采用了更彻底的"情感建筑"美学。

巴拉甘所受影响的源流很广,包括西班牙南部的摩尔式建筑。他和热苏斯·雷耶斯·费雷拉(Jesus Reyes Ferreira, 1882—1977)以及雕塑家马蒂亚斯·格里茨(Mathias Goeritz, 1915—1990)一起,设计了墨西哥城的**卫星城标志塔**(Torres de Ciudad Satelite, Mexico City, 1957, 见[1636]页图B)。作为民族开始自我表现的象征,这五个浅色高塔的高度在30~50m(97~162ft),它们并不具有功能性,但创造了非常有力的景观效果。

1953年,胡安·奥格曼(Juan O'Gorman, 1905—1982)带着他从墨西哥巴洛克装饰的丰富阐释中所形成的新"地域"风格,重返阔别十年的建筑领域,建造了墨西哥城的**墨西哥国立大学中心图书馆**(Central Library, National University of Mexico, Mexico City, 1953, 见[1632]页图B)。这座建筑作为一座12层的藏书库,表面覆有巨大的、色彩明快、肌理丰富的马赛克饰面,描绘了墨西哥的思想史。书库底座为一带有象征性意义浮雕的宽扁体块,与壁画形成对比。奥古斯托·佩雷斯·帕拉西奥斯(Augusto Pérez Palacios, 1909—2002)与劳尔·萨利纳斯·莫罗(Raul Salinas Moro)和若热·布拉沃·希门尼斯(Jorge Bravo Jimenez)设计的**奥林匹克体育场**(Olympic Stadium, 1951—1952, 见[1638]页图A)也是校园的一部分,渗透了前西班牙时期的墨西哥历史。在大块的堤坝的环绕下,它的构造和规模使人想起前哥伦比亚的模式,弯曲的混凝土挡墙的火山岩表面,呈现出阿兹特克形象,由里维拉所绘的印第安主题绘画的入口正面,又对此加以补充。在当时墨西哥建筑中掺入历史的趋势,在佩德罗·拉米雷斯·巴斯克斯(Pedro Ramirez Vazquez, 1919—)的作品中得到延续。他的墨西哥城查普特佩克公园里的**国家人类学和历史博物馆**(National Museum of Anthropology and History, Chapultepec Park, Mexico City, 1964, 见[1639]页),将现代构造技术和材料与历史参照结合起来。如在令人印象深刻的室内广场中所表现的那样,顶盖由巨大的喷泉柱支撑,既平息了热度,又描绘了墨西哥的历史意境。

墨西哥大学城(University City, Mexico, 1947)的平面,由马里奥·帕尼(Mario Pani, 1911—1993)和恩里克·德尔莫拉尔(Enrique del Moral)设计,后者领导了一个团队,包括年轻的建筑师亚伯拉罕·扎布鲁多夫斯基(Abraham Zabludovsky, 1924—2003)和特奥多罗·德莱昂(Teodoro de Leon, 1926—)。该建筑受到了包豪斯的汉内斯·迈耶(Hannes Meyer, 1889—1954)

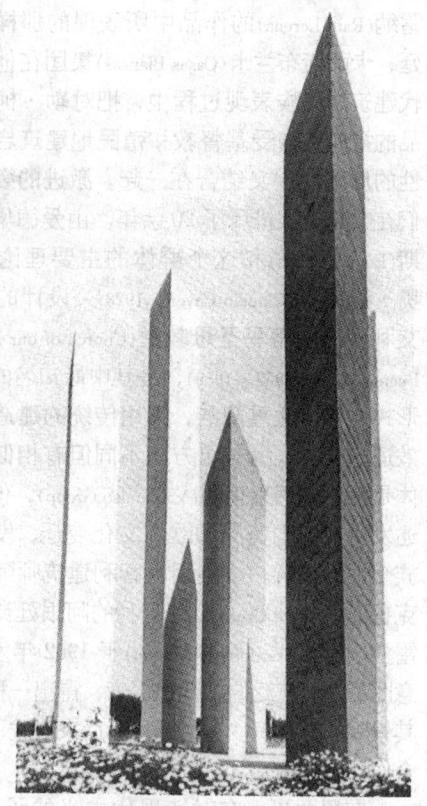

图A （左上图）蒙得维的亚的阿特兰蒂达教堂(1959)，见[1634]页

图B （右上图）墨西哥城的卫星城标志塔雕群(1957)，见[1635]页

图C 墨西哥大学的宇宙射线馆(1952)，见[1634]页

图D 墨西哥城的圣迹教堂(1954—1955)，见[1634]页

第52章 拉丁美洲建筑

1939年访问墨西哥的影响,并得到恩里克·亚涅斯(Enrique Yanez, 1908—1990)的鼓励,它标志着欧洲现代主义对墨西哥的直接影响结束,自阿马比里斯(Amabilis)以来隐藏在墨西哥建筑中的新民族意识开始浮现。加泰罗尼亚建筑师若泽·路易斯·塞特是另一位有影响力的欧洲建筑师,他设计了几个主要城镇规划方案,包括里约热内卢的**汽车城**(Motor City, Rio de Janeiro, 1943—1945)以及秘鲁的**钦博特总体规划**(master plan for Chimbote, Peru, 1948)。在塞特与保罗·莱斯特·威纳(P. L. Wiener)的合作中,最重要的方案是**波哥大总体规划**(master plan for Bogota, 1951—1953),是由先前与勒·柯布西耶以及里特尔(Ritter)所做的实验性方案发展而来。

委内瑞拉加拉加斯的**城市大学**(The City University, Caracas, Venezuela),进一步展示了一条可供选择的道路,即将现代主义规划思想与拉丁美洲景观进行同化。大多数建筑都是由受过国立巴黎美术学院训练的委内瑞拉建筑师卡洛斯·劳尔·维拉努瓦(Carlos Raúl Villanueva, 1900—1975)设计,他和尼迈耶尔一样,在现代国际范围内寻求独立的地域风格。在委内瑞拉的一系列超群建筑中,**校长办公楼和荣誉大厅**(Rectorate Offices and Hall of Honour, 1952)出于气候的需要,尺度相当巨大。该大学是一大批现代艺术作品的展示基地,与墨西哥不同的是,这些艺术作品既源自欧洲又源自北美和南美。一系列由雕塑般的混凝土覆面的通道,作为供休息和遮荫的交流区域,通过这些通道的连接,**大会堂**(Great Auditorium, 见[1638]页图B)和**库比耶塔广场**(Cubierta Plaza, 1952—1953)成为核心,并成为维拉努瓦对艺术综合信念的主要表现物。周边开敞却有顶盖的库比耶塔斯广场空间,被坚实的"悬浮"板所分隔,这些板为当代艺术家做的壁画、马赛克以及雕塑和浮雕面板提供了背幕,其中包括法国画家费尔南·莱热(Fernand Léger, 1881—1955)和维克多·瓦萨勒里(Victor Vasarely, 1908—1997)的壁画,以及让·阿尔普(Jean Arp, 1886—1966)和安托万·佩夫斯内(Antoine Pevsner, 1886—1962)的雕塑。会堂的音响系统由罗伯特·纽曼(Robert Newman)与雕塑家亚历山大·考尔德(Alexander Calder, 1898—1976)合作设计,他们的作品"阴郁的牧羊人"(Cloud Shepherd)支配了主要空间。校园里另一座表明维拉努瓦对钢筋混凝土的创造性着迷的建筑是**奥林匹克体育场**(Olympic Stadium, 1950—1951, 见[1640]页图A)。

维拉努瓦是一位尝试为国家的某些城市与社会问题提供解决办法的建筑师。委内瑞拉进入国际市场后,1917年马拉开波湖底又发现了石油,这推动了工业化和城市化的进程,也造成了贫富的分化。**委内瑞拉工人银行**(Banco Obrero de Venezuela, 又为**国家住宅局大楼**)的建筑师也是维拉努瓦,这是为了清除贫民窟和贫民住宅问题而设立的机构。他的再开发项目加拉加斯的**埃尔锡伦西奥住宅区**(El Silencio, Caracas, 1941),是清除贫民窟项目中最知名也是最受责难的一个,这些项目中还包括加拉加斯的**埃内罗都市化计划23**(Urbanisacion 23 de Enero, Caracas, 1955)。在工人银行的资助下,维拉努瓦还解决了石油公司"公司大院"(company compounds)内预制部件的排列所引起的单调性问题。他设计了像**拉斐尔·乌尔达雷塔将军住宅区**(General Rafael Urdareta Settlement, 1943)这样的项目,这成为后来低造价居民区的原型。正如20世纪40年代和50年代拉丁美洲许多大规模住区方案一样,他的作品显然受到了勒·柯布西耶的影响。这些做法后来因成功解决了当地问题而颇具影响力,尤其是在规模的适应性方面。由吉多·贝穆德斯(Guido Bermudez, 1925—)设计,维拉努瓦担任顾问的加拉加斯格兰蒂山的**居住联合体**(Unidad de Habitacion, Cerro Grande, Caracas, 1951—1954)以及由48栋楼房组成的加拉加斯**皮罗特山住宅区**(Cerro Piloto Housing Development, Caracas, 1954),就是这种实例。

20世纪50年代末,巴西政府正准备进行20世纪拉丁美洲最宏大、最昂贵的乌托邦梦想的尝试。建造新首都巴西利亚,是尼迈尔的朋友、时任巴西总统的库比契克的最终政治宣言,他准备花费20亿海外贷款,来实现他"更多食物,更多权利,更多运输"的选举口号。1957年,竞赛评审团选中了卢西奥·科斯塔的总平面,取代里约热内卢的巴西新首都开始了迅速的发展。城市平面清晰而简洁,两根主要轴线在长轴的三分之一处交汇。被称为纪念轴的长轴是城市的主干,平面围绕着它而展开。城市由于尺度夸张而具有了空间疏离感。城市景观由人工湖以及此时已成为布勒·马克思特色的蜿蜒曲线所构成,其设计成为尼迈耶尔大型雕塑式公共建筑群的背景。其中最著名的大概要数1960年完工的**国会大厦**(National Congress Building, 见[1640]页图B),在这一年新城也揭幕了。国会大厦围合了交汇点末端的主要街景,组成了**三权广场**(Square of the Three Powers)的主要特征,两侧是**司法部大楼**(Ministry of Justice)

第七编　20世纪建筑

图 A　墨西哥奥林匹克体育场(1951—1952)，见[1635]页

图 B　加拉加斯城市大学大会堂(1952—1953)，见[1637]页

第52章 拉丁美洲建筑

图A 墨西哥城国家人类学和历史博物馆(1964)的喷泉柱，见[1635]页

图B 墨西哥城国家人类学和历史博物馆入口广场

图C 墨西哥城国家人类学和历史博物馆伞盖

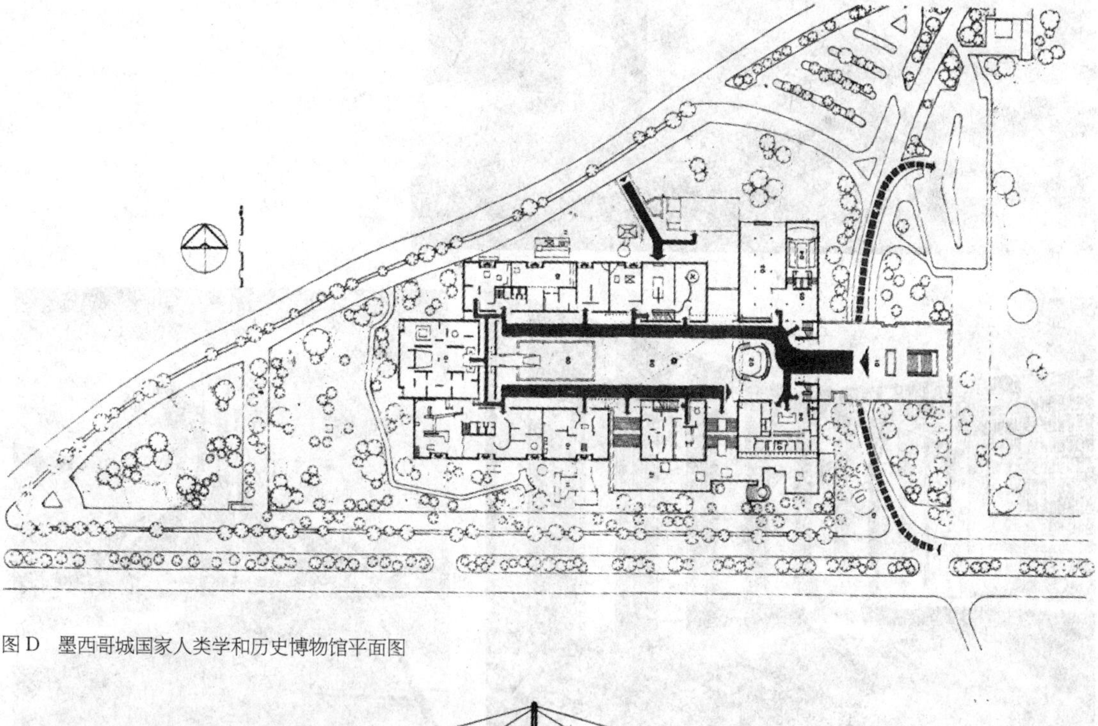

图D 墨西哥城国家人类学和历史博物馆平面图

图E 墨西哥城国家人类学和历史博物馆剖面图

第七编　20世纪建筑

图 A　加拉加斯城市大学奥林匹克体育场(1950—1951)，见[1637]页

图 B　(左图) 巴西利亚国会大厦(1960)，见[1637]页

图 C　巴西利亚的伊塔马拉蒂宫(1958)，见[1642]页

图 D　巴西利亚大教堂(1970)，见[1642]页

第52章 拉丁美洲建筑

图A 蓬塔巴莱那的贝林杰里宅(1947—1948)，见[1642]页

图B 圣保罗建筑和城市规划学院(1958)，见[1642]页

和伊塔马拉蒂宫(Itamarati Palace, 1958, 见[1640]页图C)。巴西利亚另一清晰无误的形象也是由尼迈耶尔设计的,那就是1970年完工的**大教堂**(Cathedral, 见[1640]页图D)。

1955年,克洛林多·特斯塔(Clorindo Testa, 1923—)开始建造阿根廷拉潘帕省的**政府办公大楼**(Government Offices, La Pampa, Argentina, 1955—1973),它在形式上大量参照了勒·柯布西耶1951年设计的昌迪加尔行政大楼(Secretariat Building, Chandigarh,参见有关章节),强化了勒·柯布西耶的建筑国际化的主张。特斯塔是拉丁美洲最早的学习勒·柯布西耶后期作品的成员之一。然而这种联系是交织的,随着阿马西奥·威廉斯(Amacio Wiliams, 1913—1989)以及在整个20世纪40年代和50年代在阿根廷具有影响力的奥斯特罗尔集团(Austral Group)的作品的出现,最重要的一个工程问世了,即**马德普拉塔的住宅**(House at Mardel Plata, 1945)。特斯塔先前设计的**布宜诺斯艾利斯伦敦银行**(Bank of London, Buenos Aires, 1956—1966),是与 SEPRA 组织一起设计的,是他最著名的充满力量的混凝土建筑,同样还有布宜诺斯艾利斯的**国家图书馆**(National Library, Buenos Aires),这座建筑1962年设计,1971年开工,1981年仅建成三分之一。另一个早期实例是安东尼奥·博内特(Antonio Bonet, 1913—1989)设计的乌拉圭篷塔巴莱那的**贝林杰里宅**(Berlingieri House, Punta Balena, Uruguay, 1947—1948, 见[1641]页图A)。巴西主要的粗野主义代表人物是若昂·维拉诺瓦·阿蒂加斯(Joao Vilanova Artigas, 1915—1985),他因设计**圣保罗建筑和城市规划学院**(School of Architecture and Urbanism, São Paulo, 1958, 见[1641]页图B)而闻名,这座充满力量感的建筑,有着从两根巨大的混凝土梁悬挑出来的一个体块。莉娜·波巴蒂(Lina BoBardi, 1914—1992)设计的**圣保罗艺术博物馆**(Museum of Art, São Paulo, 1957)也是一件重要的作品。在智利,国际化与地域风格之间微妙的平衡,被巧妙地运用在加布里埃尔·瓜尔达神父(Father Gabriel Guarda)设计的圣地亚哥的**拉斯康迪斯礼拜堂**(Chapel of Las Condes, Santiago, 1965)中,先前的勒·柯布西耶式与前西班牙的形式体块结合在了一起。这种趋势也在埃米利奥·杜阿尔特(Emilio Duhart)设计的圣地亚哥的**联合国大厦**(United Nations Building, Santiago, 1966)和内尔松·巴亚尔多(Nelson Bayardo)设计的蒙得维的亚**灵安堂**(Columbarium, Montevideo, 1961)中加以采用。在秘鲁,这一趋势表现在库珀·罗萨(F. Cooper Llosa)和尼科利尼(E. Nicolini)设计的利马**燕麦加工厂**(Crushed Oats Factory, Lima)中。到20世纪60年代末,现代主义永恒不变的思想,在面对迅速变化而又不稳定的世界时,变得束手无策。此后,拉丁美洲的建筑舆论发现,自己陷入了一种复杂的、自觉寻找新地域个性的痛苦挣扎之中,伴随着信息时代的到来,从世纪之初通过发展与西方的关系这种内在的矛盾心理开始具有了新的意义。

1970~1995年

20世纪70年代的这十年间,拉丁美洲的主要经济发展动力进口—替代型经济开始放缓。在一系列军事政变之后,阿根廷(1966)、巴西(1964)及智利(1973)等国处在了官僚集权政治体制的控制之下,它们反传统政治、反通货膨胀的政策加强了严格的文化和经济管制。到了80年代,民主政治普遍恢复。而与之同时发生的却是很多国家长期的经济危机,尤其是在阿根廷、巴西和墨西哥,当然还有像玻利维亚那些长期贫困的国家。发生这种情况是由大量的外债造成的,整个拉丁美洲的外债从1970年的270亿美元增长到1980年的2310亿美元。

尽管如此,建筑领域还是从很多源泉汲取了力量。民主政治时代的贫困教育,对20世纪80年代的阿根廷、秘鲁、哥伦比亚和智利这些国家里受过培训的建筑师,发挥了重要的催化作用。这些年轻一代的设计者,开始抵制传统的制度和建筑定义,将他们自己置于"住房运动"(Movimiento Viviendista)的名义之下。与此同时,建筑领域里更加理性的理论论述正在形成。在诸如马里纳(Marina)、维斯曼(Waisman)、罗伯托·塞格雷(Roberto Segre)、恩里克·布朗(Enrique Browne, 1942—)和拉蒙·古铁雷斯(Ramon Gutierrez)等人的思想指导下,个性和地域意识问题首先得到了关注。

恩里克·布朗对新的"场所精神"的认同,就是对现代主义先入为主的"时代精神"的批判,这种潮流不仅局限于拉丁美洲,在葡萄牙建筑师阿尔瓦罗·西扎(Alvaro Siza, 1933—)和瑞士建筑师马里奥·博塔(参见有关章节)的作品中,也表现得很明显。在墨西哥,这种潮流以被称为**地域主义运动**(Regionalist Movement)的形式表现出来。以路易斯·巴拉甘(Luis Barragán, 1902—1987)的作品为基础，并发展了其"情感建筑"的思想，地域主义运动在里卡尔多·莱戈雷塔(Ricardo Legoretta, 1929—)的建筑中具有了表现力，他最早受到人们注意的作品是在墨西哥城(Mexico City, 1968)、坎昆(Cancun, 1975)和埃克斯塔帕(Ixtapa, 1981)的"**卡米诺·雷阿尔**"**旅馆系列建筑**(Hotel 'Camino Real')。莱戈雷塔的作品在建筑、美学和哲学上的发展，从居家建筑扩展到了更大规模的建筑，例如他的杜兰戈戈麦斯大楼雷诺汽车厂(Renault Factory, Gomez Palacio, Durango, 1984, 见[1644]页图A、图B)。建筑坐落在沙漠地带，采用了泥土的赭石色，中间是用水来冷却空气的庭院空间。他的居家建筑更具有乡土特色。在**巴耶-德布拉沃周末住宅**(Weekend House, Valle de Bravo, 1973)中，使用了传统的木构造技术，形成掠过山坡的屋面。

在最近十年中，"情感建筑"的概念在墨西哥继续发展，并表现在诸如亚历杭德罗·佐恩(Alejandro Zohn, 1930—2000)设计的瓜达拉哈拉的**巴勃罗·聂鲁达大楼**(Pablo Neruda Building, Guadalajara)以及乌戈·冈萨雷斯·希门尼斯(Hugo Gonzalez Jimenez, 1957—)设计的**瓜达拉哈拉居住区**(Casa Habitacion, Guadalajara, 1992)中。从建筑理念的交织中，墨西哥的历史得以重新审视，但是，对时间和场所的不同态度，可以从墨西哥城圣安赫尔的**电影制片厂**(Film Studios, San Angel, Mexico City, 1993)的建筑中看出来，设计者是 TEN 建筑师事务所(TEN Arquitectos)的恩里克·诺尔滕(Enrique Norten)和贝尔纳多·戈麦斯(Bernardo Gomez)。还有桑切斯建筑师事务所(Sanchez Arquitectos)于 1992 年设计的，位于墨西哥城迪诺苏亚雷斯(Dino Suarez)和圣安东尼奥-阿布德(San Antonio Abud)的两家市场。

20 世纪 60 年代将勒·柯布西耶后期作品吸收到拉丁美洲建筑中的做法，在 20 世纪 70 年代发展成另一种潮流，这种潮流在墨西哥表现得尤为明显，比如亚伯拉罕·扎布鲁多夫斯基和特奥多罗·冈萨雷斯·德莱昂的作品。墨西哥的**鲁菲诺博物馆**(Rufino Museum, Mexico, 1975)用于容纳前哥伦比亚艺术的大量收藏品。它从形式上是出自一连串角形体块的简单几何体，通过巨大而平坦的雕塑花园进入。这种将景观塑造成大规模纪念性外形的做法，在巴西利亚的**墨西哥大使馆**(Mexican Embassy, Brasilia, 1973)中表现更为明显，其土堤的基本几何体块，蕴含了前西班牙的礼仪形

式。瓦尔特·贝当古(Walter Betancourt)在设计的古巴**韦拉斯科文化中心**(Cultural Centre of Velasco, Cuba, 1964—1991)中，也使用了前西班牙的形式和主题，在追忆 20 世纪早期博览会场馆的同时，也认可了这种潮流。在古巴文化个性的寻求者当中，还包括贝当古的同辈人安东尼奥·金塔纳(Antonio Quintana)、若阿金·加尔万(Joaquin Galvan)和费尔南多·萨尔纳斯(Fernando Sallnas)。在阿根廷，这一支脉从阿曼西奥·威廉斯(Amancio Williams)开始，由克洛林多·特斯塔的作品延续下来，在索尔索纳(Solsona)、维诺里(Vinoly, 1944—)、桑托斯(Santos)、曼泰奥拉(Manteola)以及桑切斯·戈麦斯(Sanchez Gomez)的建筑中达到顶峰，例如布宜诺斯艾利斯的**彩色电视台**(Telivisora Color, Buenos Aires, 1978)和布宜诺斯艾利斯的**城郊办公楼**(Prourban offices, Buenos Aires, 1983)。

在巴西建筑师莉娜·波巴蒂的作品中，也可以发现类似倾向，尤其是圣保罗的**庞培亚工厂体育中心**(Sports Complex, Pompeia Factory, São Paulo, 1977)，这是一系列大型混凝土构件。尼迈耶尔在半流放到欧洲之后，他在巴西的后期作品继续发展了现代主义在纪念性景观中对抽象形式的关注。在他试图表现拉丁美洲文化统一理想的圣保罗拉丁美洲纪念碑(Latin American Memorial, São Paulo, 1989)和尼泰罗伊的**当代艺术博物馆**(Contemporary Art Museum, Niteroi, 1991)中，都表现了这一点。

格尔曼·德索尔(German de Sol)和何塞·克鲁斯(José Cruz)设计的中央有一片智利冰山的**1992 年塞维利亚世界博览会智利馆**(Chilean Pavilion, Seville Expo 1992, 见[1644]页图C)，堪与 1929 年塞维利亚博览会的展馆相比。在 1929 年的展馆中，民族个性通过一系列影像和历史参照物全面表现出来。但这次则使用了木材，令 1992 年的展馆特别有趣味，因为这种选择反映了对使用本土建筑材料和技术越来越浓厚的兴趣。对使用传统材料和重新阐释的实例，是爱德华多·罗哈斯(Eduardo Rojas)在**智利奇洛埃岛**(Chiloe, Chile)设计的工程，以及塞韦里亚诺·波尔图(Severiano Porto)设计的**曼尼亚斯环境保护中心**(Centre for the Protection of the Environment, Maneus, 1983—1988)。

若昂·菲尔盖拉斯·利马(Joao Filgueiras Lima, 1932—)设计的巴西博阿维斯塔的**阿尔图独立学校**(Isolada do Alto da Boa Vista School, Boa Vista, Brazil, 1985)，

第七编 20世纪建筑

图A 杜兰戈的雷诺汽车厂室内(1984)，见[1643]页

图B 杜兰戈的雷诺汽车厂外观

图C 1992年塞维利亚世界博览会智利馆，见[1643]页

图D 波哥大"花园公寓"(1965—1970，图中右侧建筑)，见[1646]页

第52章 拉丁美洲建筑

图A 玻利维亚拉巴斯市的乌拉圭中心(1988—1990),见[1646]页

图B 利马杰齐宅(1984),见[1646]页

图C 利马杰齐宅室内

图D 利马杰齐宅

从另一角度解决了建筑构造问题。这所学校由预制构件的模数体系构成，这种体系具有既便宜又可以快速建造的优势。虽然从 20 世纪 60 年代这种体系就已经被世界其他地区所广泛应用，但在拉丁美洲还是比较新鲜的，因为以拉丁美洲的条件，不可测的要求会妨碍这些构件持续的、造价经济的加工制作。**巴伊亚政府大楼**(Government Buildings, Bahia, 1985)是他最著名的作品。建筑是预制的，最打动人的特征是两个巨大的钢桁架，主要的观众席从桁架悬挑出来，解放了内部空间。在委内瑞拉，弗鲁塔斯·维瓦斯(Frutas Vivas)也采用了这种技术美学，如在他那技艺娴熟的加拉加斯"**常青树居住区**"('Arbor para vivir' houses, Caracas)中的马丁医生宅(House for Dr Martin, 1975—1979)以及后来的吉塞拉·阿蒂曼宅(Casa Gisela Adjiman, 1988)。1991 年，维瓦斯开始将他的思想运用于大规模建造中，特别是在**伊拉斯诺城郊住宅区**(Barrio 'Los Erasnos')项目中，这是一个计划为 450 多个家庭提供新住宅的巨大工程。这种技术途径，与他的合伙人、委内瑞拉建筑师吉米·阿尔科克(Jimmy Alcock)的做法有很大区别，吉米·阿尔科克的代表作品是砖造建筑加拉加斯乡村俱乐部(Caracas Country Club, 1987—1989)，其探讨了殖民地原型。

罗热里奥·萨尔莫纳(Rogelio Salmona, 1929—2007)设计的印地斯的**卡塔赫纳贵宾园区**(Residence for Distinguished Guests, Cartagena de Indies, 1981)中，通过参照当地的历史和建筑传统，来寻求唤起民族认同感。萨尔莫纳还投身到解决由迅速膨胀的人口所带来的城市问题中。他设计了几个大型住区方案，最著名的是波哥大"**花园公寓**"('El Parque', Bogota, 1965—1970, 见[1644]页图 D)的塔楼。

控制由城市的急剧扩张所造成的混乱状况，成为建筑业要解决的当务之急。解决方法采取了多种形式，有政府发起的一些自建项目，帮助围绕大多数主要城市的周边棚户区城镇改善状况，也有诸如建筑师米格尔·安赫尔·罗卡(Miguel Angel Roca, 1940—)在阿根廷和玻利维亚的作品。从**圣多明戈综合楼**(Santo Domingo Complex, 1971—1975)等一系列大型住宅工程，到**阿马斯广场**(Plaza de Armas, 1988)所表现出的强烈的建筑主张，罗卡对阿根廷西部城市科尔多瓦(Cordoba)作出了重要贡献。在阿马斯广场，他表达了这样的信念：对于一座城市而言，片段的插入比巴西利亚那样完全现代主义的规划方案更为有效。在玻利维亚拉巴斯，罗卡和居住者一起设计了基础设施，例如**乌拉圭中心**(Uruguay Centre, La Paz, Bolivia, 1988—1990, 见[1645]页图 A)和**佛罗里达公园**(La Florida Park, 1989)。

茹韦纳尔·巴拉科(Juvenal Baracco, 1940—)将他的家乡、首都利马称为"交际花城市"(Courtesan City)。这种描述，强调它与低价购买陈旧思想类似，比如说引进电视肥皂剧，或者是对陈旧思想做廉价和落伍的翻新使用(这都是第三世界国家的一般趋势)，从而获得过时的外来建筑风格，而无视当地的文化地理环境。作为对引进削弱民族文化特征的思想这种不当行为的挑战，对拉丁美洲历史上比比皆是的这类附加物的抵制活动一直在持续。巴拉科设计了几座住宅，试图反映并强化脆弱的传统住宅原型和游牧生活方式，而不是忽视或破坏它。例如利马杰齐宅(Gezzi House, Lima, 1984, 见[1645]页图 B~图 D)，受前哥伦比亚沙漠住宅思想的影响，将材料和空间流动性，既作为围合要素，又作为功能实体进行实验。对类似游牧历史的兴趣，引发了瓦尔帕莱索集团(Valparaiso Group)的一些尝试，通过一系列地图绘制，去限定领域和划分疆界。这在阿美利达合作社的作品中得到了发展，在 20 世纪 80 年代，建造了**瓦尔帕莱索"开放的城市"**('Ciudad Abierta', Valparaiso)。瓦尔帕莱索集团在建筑中试验了材料和建造技术以及方案中的乌托邦思想后，开创了像圣地亚哥"界墙"('Travesia' a Santiago, 1988)和拉潘帕"界墙"('Travesia' a la Pampa, 1990)这样富有诗意的先例。

20 世纪建筑

第 53 章
中国建筑

建筑特征

1900~1950 年

20 世纪 20 年代,钢筋混凝土框架结构开始应用于七八层以至十余层的多层建筑❶。钢框架结构从 1916 年起在上海开始应用于八九层的多层建筑。至 30 年代又出现了 17 层以至 24 层的高层建筑。这一时期的城市建筑,包括银行、洋行、俱乐部、邮政局和海关等的建筑物大多采取古典复兴的样式。高层建筑则反映出芝加哥学派❷的影响——形体简洁,并带有装饰艺术派的特征。到了 40 年代,"国际式"建筑风格也开始在上海以及其他一些城市出现。

被称为"中国古典式样"的建筑,起初是由外国建筑师设计的。一般以承重墙结构的屋身,覆盖中国宫殿式的凹曲屋面,有的还铺设琉璃瓦。20 世纪初的中国式新建筑,主要出现在北京、上海、南京、广州和一些省城的教会学校、医院以及公共图书馆等的建筑物上。

早期的中国建筑师大都留学欧美,受过正规的建筑教育,于 20 世纪一二十年代返回祖国。他们当中有些在国外就已开始了职业生涯,回国后很快对中国建筑的发展发挥了重要作用。起初他们设计的建筑物大都是西方古典式的。但在当时南京国民政府提倡"复兴固有建筑艺术"的情况下,他们中的一些人开始了中国传统形式的复兴,设计了许多重要的建筑物,如政府办公楼、会堂、博物馆、图书馆等中国式的建筑物。有些建筑师则在类似"国际式"的平屋顶形体上采用中国式细部和母题的装饰,设计中国式的建筑。在中国东北地区,30 年代在长春建造的由日本建筑师设计的伪满政府办公楼则是西方折中主义式样与日本式样的混合。

20 世纪三四十年代,住房的设计日益趋向舒适,外观逐渐西化,开始出现花园式里弄住宅和公寓式住宅。同时,在上海、南京和天津等城市修建了许多达官贵人居住的、具有各种建筑风格的高级花园洋房。尽管中国的传统住宅在许多城市和乡村有很大影响,但传统的中国建筑作为一个体系已趋向衰微。

这一时期,在一些大城市,设立了不少由外国建筑师和中国建筑师经营的事务所。外国建筑师事务所有公和洋行(Palmer and Turner Group, 1912 年由英国建筑师威尔逊❸创立)、哈沙德洋行(Hazzard and Phillips,美国建筑师哈沙德 Elliott Hazzard 主持)、赖安洋行❹和一些设立于 19 世纪的事务所如英商马海洋行(R. B. Moorhead,由英国建筑师马矿司(Robert Brodshaw Moorhead)和海尔斯(Sidney Joseph Halse)组成,后改组由斯班斯(H. M. Spence)主持,又名斯彭斯和罗滨逊(Robinson),改称新马海洋行(Spence, Robinson and Partners))、英商通和洋行(Atkinson and Dallas)等。还有一些个人影响较大的建筑师,如曾经担当国民政府建筑顾问的美国建筑师茂飞(Henry K. Murphy, 1877—1954)和擅长现代建筑设计的匈牙利建筑师邬达克(Landislaus Hudec, 1893—1958)。具有代表性的中国建筑师事务所是活跃在南京、上海等城市的基泰工程司(Kwan, Chu and Yang)和华盖建筑师事务所(Allied Architects)。最有影响的中国建筑师有庄俊(Tsin Chuang, 1888—1990)、吕彦直(Yen-Chih Lu, 1894—1929)、董大酉(Dayu Doon, 1899—

---
❶ 20 世纪初,砖石钢梁混凝土结构开始在多层建筑上使用。稍后,砖石钢筋混凝土混合结构在三四层房屋中广泛使用。——译者注
❷ 19 世纪末。——译者注
❸ George Leopold Wilson;1881~1967 年。——译者注
❹ Leonard, Veysseye and Kruze;法国事务所,亦称丽娜·凡赛洋行。——译者注

1973)、杨廷宝(Ting-Pao Yang, 1901—1982, 基泰工程司成员)、赵深(Shen Chao, 1898—1978)、童寯(Chuin Tung, 1900—1983)、陈植(Benjamin Chih Chen, 1902—2002)，后三位皆为华盖建筑师事务所成员。

1929年中国营造学社(the Society for Research in Chinese Architecture)在北平(1928年改称北京)创立。在建筑师、建筑史学家梁思成(Liang Su-Che'ng, 1901—1972)和刘敦桢(Liu Dun-zhen, 1897—1968)主持下，学社对于具有重大价值的对这一学科有重大发展的中国古代建筑进行了一系列的调查和研究。营造学社的工作对发掘和弘扬中国传统建筑文化遗产，促进和提高中国建筑创作水平发挥了积极作用。在这期间，1932年在上海出版发行了《中国建筑》(The Chinese Architect)和《建筑月刊》(The Builder)杂志，直到抗日战争爆发时才停刊。20世纪20年代中国开始有了正规的建筑教育体系，至40年代末，约有十余所大学设置了建筑系，其中知名的有南京的中央大学(Central University)、北平的清华大学(Tsinghua University)和上海的圣约翰大学(S. John's University)。

1950年至今

20世纪50年代中国大陆的建筑事业是在战后恢复重建的情况下发展起来的，建筑材料主要是砖石混凝土或钢筋混凝土。由于钢材、水泥的匮乏，起初还采用了砖、木以及原始的生土建筑材料。为节省钢材水泥，开始试制和采用预应力混凝土和空间薄壁结构。在施工方式主要是手工操作的情况下，开始试验采用预制装配的施工方法。作为战后恢复进程的一部分，建造了许多新型的工业厂房。为解决迫切需要的住房问题，在新兴的工业基地和一些大城市，建造了大量的工人住宅。同时，各种类型的公共建筑在许多大城市，特别是首都北京也有大量兴建。

在50年代初兴建的公共建筑，其建筑形式不少反映出早在新中国成立前的40年代就出现于一些大城市的西方现代建筑的影响，具有简洁的"国际式"风格。1953年起，由于受新中国成立所激起的民族自豪感的鼓舞和当时苏联复古主义思潮的影响，掀起了一股建造所谓"民族形式"建筑的潮流。这种样式在许多正在建造的大型建设项目上有充分的表现。其主要特点是在建筑物上采用具有以"大屋顶"为主要特征的中国古代宫殿式建筑样式。这种创作倾向以北京为中心风行一时。而现代主义的"国际式"建筑则被看做是资产阶级文化而受到严厉的批判和排斥。1955年，"民族形式"的建筑由于造成巨大的浪费，受到了全国性的批判。此后，大量的公共建筑多以砖石混凝土建造，形体简洁，带有中国传统的细部装饰，并在全国各地广为流行。1959年为庆祝新中国成立十周年建造的大型建筑工程即属此类。20世纪60年代，建筑的经济问题和技术问题受到更多关注，开始采用悬索结构和网架结构建造大跨度的建筑物。一般性的公共建筑和大量的住宅仍然只注重建造的经济性，形式单调，很少有装饰。70年代，在中国南方地区，特别是广州，开始试图创造一种带有中国庭园特色的朴实建筑处理，结合独特的地方特征，创造具有中国传统特色的新建筑。这在一定程度上打破了那种千篇一律、单调沉闷的局面。

20世纪70年代末，中国实行了对外开放政策，促使中国建筑的发展出现了前所未有的繁荣。城镇建设规模宏大，建筑工程量大大增加，出现了许多高质量的建筑物。仅以住宅建设为例：1980年以来，城镇新建的住宅面积平均每年达到1.27亿平方米；1980~1990年，全国城镇建成的住宅面积相当于人民共和国成立以来建造总量的72%。

新时期给建筑师带来了宽松的政治环境，他们逐渐摆脱了思想的束缚，能够按照自己的愿望从事他们的工作，尽情地开展学术争论。开放政策使广大建筑师们得以在国际上与同行恢复友好的交往与接触，国外著名建筑师的著作和专题论文被译成中文并加以介绍，通过国内外举行的各种学术会议开展学术交流。所有这些，扩大了中国建筑师们的眼界，为促进中国当代建筑的发展起了积极作用。出现了一大批布局合理，功能效益良好，采用先进技术的公共建筑。然而，建筑形式也是丰富多彩的：既有颇具现代气息的中国式的新建筑，也有富于乡土气息或地方特色的建筑，同时还有具有现代主义特色或者后现代主义影响的新建筑。在住宅建筑中，国际式仍是主要倾向，但在构图和形式上有所丰富。

20世纪80年代以来，一批新中国培养的年富力强的年轻建筑师在发展现代化的中国建筑方面发挥了积极作用。他们立足国内、面向世界，不断吸取国际建筑界的最新信息，丰富自己的创作手法，一些台湾地区和香港地区的建筑师开始积极参与祖国大陆的建设，并带来了不少新的专业知识。内地和香港两地的专家、学者经常举行学术交流。台湾海峡两岸的建筑师，从1989年起定期举行多次年度学术交流会，促进了中国新建筑的发展。外国建筑师和建筑事务所，也经常应邀参与一些中国建筑项目的设计。他们的作品带来了许多新颖的建筑表现手法，促进了中国建筑的现代化。这期间中国的建筑教育事业也有显著的进展。为了提高建筑设计质量，促使广大建筑师在多变的世界形势下适应摆在他们面前的新要求，中国实行注册建筑师制度，1994年进行了第一次注册建筑师资格考试试点。

建筑实例

1900～1950年

上海汇丰银行大楼(Hongkong and Shanghai Banking Corporation Building, 1921—1923, 见[1650]页图A)，英商公和洋行设计，20世纪50～90年代中期曾用作上海市政府办公楼。楼有五层(底层带有夹层)，为钢筋混凝土结构。平面近正方形，对称布局，底层入口处有一圆形进厅通向意大利大理石饰面的大厅，外立面古典复兴式，底层装有粗琢的花岗石饰面，三孔拱门入口上方为贯高三层的仿科林斯式列柱。入口进厅上方有一个两层鼓座的钢构架的穹顶，使人联想起古罗马万神庙的穹顶。

其他银行大楼有上海有利银行(Mercantile Bank of India, 1916)，原名友宁大楼(Union Building)，是上海最早的钢构架房屋。上海东方汇理银行❶和上海横滨正金银行(Yokohama Specie Bank, 1924)，均由公和洋行设计，均呈古典复兴式风格。这些大楼现在大多均不作银行使用❷。

北京大陆银行(Continental Bank, 1924, 见[1650]页图B)，由两位早期的中国建筑师贝寿同(Shu-tong Pei, 1875—1945)和关颂声(Sung-sing Kwan, 1892—1961)设计，前者留学德国，后者是基泰工程司的主要成员，留学美国。大楼现为中国银行总行行址。这是一座由中国建筑师设计的具有西方古典建筑风格的早期实例之一。其他由中国建筑师设计的银行建筑有上海银行公会大楼(Shanghai Chinese Bankers Association Building, 1924)，过养默(Yang-mo Ko, 1895—1975)设计。天津盐业银行大楼(Yien Yieh Commercial Bank, 1925)，由曾经留学意大利的沈理源(1890—1951)设计。青岛交通银行大楼(Bank of Communications, 1932)，庄俊设计。所有这些设计师都是中国最早一代具有正规资质的建筑师。

上海怡和洋行大楼(Jardine Matheson Company Buildings, 1922, 见[1651]页图A)，思九生洋行(Stewardson and Spence)设计，增为七层❸。现为上海外贸大楼。外貌具古典复兴风格，对称布局，下两层饰粗凿的花岗石，立面当中第二至四层竖立简化的混合柱式花岗石。

上海江海关(Shanghai Customs House, 1925—1927, 见[1650]页图C)，公和洋行设计，八层、钢框架结构。其前部中间上方有一座四面钟楼，第七层的高大挑檐，就像是柱式的檐楣，加之入口处的希腊多立克柱式，使建筑物具有强烈的古典基调。

上海邮政局大楼(Shanghai Post Office Building, Shanghai, 1924)，思九生洋行设计，五层、钢筋混凝土结构。其主立面的清灰花岗石的科林斯柱式使建筑物具有壮观的古典风格，入口进厅上方高耸巴洛克式的塔楼，入口处的大理石踏道通向二

---

❶ Banque de L'Indo-Chine, 1911年；东方汇理银行为通和洋行设计。——译者注
❷ 目前上列建筑大都已经恢复银行功能，例如东方汇理银行，今为光大银行；横滨正金银行，今为中国工商银行。——译者注
❸ 原为五层，后经两次扩建。——译者注

第七编　20 世纪建筑

图 A　上海汇丰银行大楼(1921—1923)，见[1649]页

图 B　北京大陆银行(1924)，见[1649]页

图 C　上海：江海关(1925—1927)，见[1649]页

第53章 中国建筑

图 A　上海怡和洋行大楼(1922)，见[1649]页

图 B　上海《字林西报》报馆(1924)，见[1652]页

图 C　上海总会(1909—1911)，见[1652]页

图 D　北京清华学堂(1911)，见[1652]页

图 E　北京清华学堂大礼堂(1920)，见[1652]页

层大理石装饰的营业大厅。上海《字林西报》报馆(North China Daily News, Shanghai, 1924, 见[1651]页图B), 由英商亨利·莱斯特(Henry Lester, 1840—1926)于1913年创立的德和洋行(Lester, Johnson and Morriss)设计。楼九层, 顶部冠以两座巴洛克式塔楼, 中央入口处饰有罗马多立克柱式和大理石门额。

上海总会❶, 马海洋行的泰伦特(Tarrant)和莫利斯(Gordon Morris)设计。位于1864年建成的前俱乐部的地基上, 现用作饭店。楼五层, 加屋顶层, 六根爱奥尼柱式贯通三、四两层, 窗上的山花楣饰和两个塔楼具巴洛克风格。上海的德国总会(Club Concordia, 1905—1907, 1936年拆除), 旅沪德侨俱乐部, 德商倍高洋行(Becker and Baedecker)设计, 屋三层, 加屋顶层。不同形状和高度的塔楼, 陡峭的屋顶, 丰富的装饰, 具有德国早期文艺复兴时期的建筑风格。

北京清华学堂(Tsinghua College, 1911, 见[1651]页图D), 清华大学的前身, 主楼入口上方冠以芒萨尔式屋顶, 具有简化的文艺复兴风格。其中大礼堂(The Auditorium, 1920年建成, 见[1651]页图E), 美国纽约茂飞事务所(Murphy and Dana)设计。平面呈希腊十字式, 当中八角形鼓座上覆盖穹顶。入口处贯通两层白色大理石的爱奥尼式列柱, 使校园渗透出古典气息。

20世纪二三十年代, 外国建筑师设计了许多具有中国传统形式的建筑物, 其中有: 南京**金陵大学**(University of Nanking, 1917—1929), 今南京大学, 美国 PFHA 事务所 (Perkins Fellows and Hamilton Architects of Chicago)设计。北京的**燕京大学**(Yenching University, 1917—1929), 今北京大学; 南京**金陵女子文理学院❷**, 两者均为茂飞设计。这些大学校舍均为采用西方新技术建造、具有中国式风格的建筑物。其他在风格上与此相类似的建筑有: **武汉大学**(Wuhan University, 1929—1935), 美国建筑师开尔思(F. H. Kales, 1899—1979)设计。**北京协和医学院与协和医院**(Peking Union Medical College and Hospital, 1919—1925), 前一阶段(1919—1921)由芝加哥的建筑师夏特克和霍塞(Shattuck and Hassey)设计, 后一阶段工程(1925)由美国建筑师安奈尔(C. W. Anner)设计。还有**北平图书馆**(National Library of Peiping, 1929—1931, 见[1654]页图C), 丹麦建筑师莫律兰(V. Leth-Moller)设计, 该馆现为北京的中国国家图书馆分馆。

最早由中国建筑师设计的具有中国传统形式的建筑群有: 南京**中山陵**(Sun Yet-sen's Mausoleum, 1928❸—1931, 见[1654]页图A), 由吕彦直设计, 吕曾在茂飞事务所参与过金陵女子文理学院校舍的设计。中山陵位于南京钟山南麓, 占地 8hm² (20acre)。入口处为一座三间四柱石牌坊, 经陵门、碑亭、攀登八段290级踏步, 至顶部平台, 其上为坐落陵堂和放置棺柩的墓室。陵堂为钢筋混凝土结构、花岗石饰面、覆盖蓝色琉璃瓦的中国传统风格的建筑物。广州**中山纪念堂**(Sun Yet-sen's Memorial Hall at Guangzhou, 1928—1931), 亦为吕彦直设计, 但在吕1929年去世后, 由李锦沛(Poy Gum Lee, 1900—?)主持完工。这是一座平面为八角形的会堂, 正面、左右两侧有门廊, 后侧为舞台, 内可容4700座。中央大厅覆盖八角攒尖顶, 四面突出的门廊和舞台覆传统卷棚歇山顶, 朱红石柱, 屋面覆蓝色琉璃瓦。

由中国建筑师设计的其他类似形式的建筑物有: **大上海市政府大楼**(Office Building of Municipality of Greater Shanghai, 1931—1933), 董大酉设计, 现为上海体育学院会堂。这是一座具有清代(1644—1911)式样的四层中国式建筑。南京**中央博物院**(Central Museum, 1937, 见[1654]页图B), 由徐敬直(Gin-Djih Su, 1906—)和李惠伯(Wei Paak Lei, 1909—)设计, 梁思成任顾问。此建筑现为江苏省博物馆, 其主展厅平面呈两翼前伸的H形, 是按辽代(904—1125)佛殿式样设计的。**上海市图书馆和上海市博物馆**(Shanghai Library and the Shanghai Museum, 1934—1935), 亦为董大酉设计, 均为三层的对称布局。其中的重檐楼座分别模仿鼓楼和钟楼的样式。

---

❶ Shanghai Club, 1909~1911年; 见[1651]页图C上海公共租界英侨俱乐部。——译者注
❷ Jinling College for Girls, Nanjing, 1921~1923年; 今南京师范大学。——译者注
❸ 此处原文疑误, 应为"1926"。——译者注

第53章 中国建筑

国民政府在南京的外交部大楼(Ministry of Foreign Affairs, 1934)，由华盖建筑师事务所设计，是一座不用大屋顶的试图创造中国新式建筑的实例之一。其正立面就像西方古典主义建筑构图一样分为三段：底层处理成基座，用混水墙面和装饰线脚做成须弥座的式样，顶层做成带有斗栱的檐部，入口门廊饰以中国传统建筑的细部。

还有许多其他的建筑物，建筑师们进行了新的民族形式的尝试，其中包括：南京国民大会堂(National Hall, 1935, 见[1655]页图A)，奚福泉(F. G. Ede, 1903—1983)和李宗侃❶设计。国民政府于1946年在此举行了第一次国民代表大会。上海市体育场运动场❷，董大酉设计。北平仁立公司(Jen Li Company, 1932)，梁思成设计，其店面和室内装修融合了唐(618—907)、宋(960—1279)和清(1644—1911)各代的细部处理。北平交通银行(Bank of Communication, Beiping, 1931)，杨廷宝设计。其他如中央体育场(Central Athletic Stadiums, 1931—1933)和中央医院(Central Hospital, 1932)均在南京，基泰工程司设计，也是这种处理方式的实例。

20世纪三四十年代在上海建成的一些影剧院大多采取当时流行的国际式风格，如大光明大戏院(Grand Theatre, 1933, 见[1655]页图B)，邬达克(L. E. Hudec)设计，外立面以横竖排列的板状处理与大片玻璃窗组合在一起，当中耸起一座正方形不透明玻璃的灯光塔楼，形成不对称布局的中心。美琪大戏院(Majestic Theatre, 1941)，范文照(Fan Wenzhao, Robert Fan, 1893—1979)设计，带有装饰艺术派的装饰；大上海大戏院(Metropol Theatre, 1933)，华盖建筑师事务所设计，以及百乐门舞厅(Paramount Ballroom, 现为电影院, 1931—1933)，杨锡镠(S. J. Yong, 1899—1978)设计，均具国际式建筑风格。

南京馥记大厦(Voh Kee Building, 1946—1948)，李惠伯(Li Hui-bo)和汪坦(Wang Tan, 1916—2001)设计。北京大学附属医院门诊部(Out-patient Department of the Hospital attached to Peking University, 1946)，张镈(Zhang Bo, 1911—1999)设计。大连火车站(Talien Railway Station, Dalian, 1937)，日本建筑师太田宗太郎(Sotaro Oda)和小林良治(Yashiharu Kobayashi)设计，都是具有简洁外貌的建筑物。

20世纪二三十年代，上海建造了不少宾馆饭店，最早出现的或许是上海汇中饭店(Palace Hotel, Shanghai, 1906, 见[1655]页图C)，该饭店由英国建筑师司各特(Walter Scott)设计，这是中国最早的多层建筑之一，也是最早安装电梯的建筑物之一。外立面镶浅黄色面砖并镶红色面砖饰带，窗口作平券或半圆发券，有的带有三角形楣饰，外貌呈文艺复兴建筑风格。房顶上原有两座塔楼和屋顶花园，但不久就被拆毁了。上海沙逊大厦(Sassoon House, 1929, 见[1655]页图D)，现为和平饭店，公和洋行设计，内有沙逊洋行的办公室和华懋旅馆，旅馆有若干套具有中国式、英国式、法国式、意大利式、西班牙式和印度式等不同装饰风格的客房。顶层为饭店经理的居室，室内装饰呈都铎风格。建筑物外墙花岗石饰面，带有装饰艺术派特征。上海华懋公寓(Cathay Mansions, 1929, 现锦江饭店北楼, 见[1656]页图A)，英商安利洋行(Algar and Co.)设计，13层，钢框架结构，外墙镶贴面砖，石砌窗口和饰带。上海国际饭店(Park Hotel, 1931—1934)，邬达克设计，24层，高86m(282ft)，钢框架结构，外墙镶深褐色面砖，底层镶贴磨光的黑色花岗石，外貌带有装饰艺术派装饰手法和乔治式风格。总体构图令人联想到当时美国摩天楼的样式。百老汇大厦(Broadway Mansions, 1930—1934, 见[1656]页图C)，英商业广地产公司弗莱萨(B. Flazer)设计，现称上海大厦，是一座综合性大楼的早期实例，其内包括旅馆、客房、写字间和公寓，22层，具有装饰艺术派风格。上海毕卡第公寓(Picardie Apartments, 1934)，现称衡山宾馆，法商营造公司(Minutti and Co.)设计，钢筋混凝土框架结构。大楼由15层的中央部分和8～9层的两翼组成。

上海的中国银行总行大楼(Central Office of the Bank of China, 1936, 见[1656]页图B)，由中国建筑师陆谦受(Him-sau Luke, 1904—1991)和公和洋行联合设计，其东部是一座17层钢框架的塔式高楼，外墙贴花岗石，上冠具有中国传统特征，檐下饰斗栱，屋面覆琉璃瓦的四方攒尖屋顶。其西廊是钢筋混凝土结构的四层房屋。

其他高层建筑，如上海基督教青年会大楼(Young Men's Christian Association, YMCA, 1931, 今青年会

---

❶ Li Zong-kan (Michael Tson-cain Li)；1901～1972年。——译者注
❷ Jiangwan Stadium, Shanghai, 现称江湾体育场；1931～1935年。——译者注

图 A 南京中山陵(1926—1931),见[1652]页

图 B 南京中央博物院(1937),见[1652]页

图 C 北平图书馆(1929—1931),见[1652]页

第53章 中国建筑

图A 南京国民大会堂(1935)，见[1653]页

图B 上海大光明大戏院(1933)，见[1653]页

图C 上海汇中饭店(1906)，见[1653]页

图D 上海沙逊大厦(1929)，见[1653]页

第七编　20世纪建筑

图A　上海华懋公寓(1929)，见[1653]页

图B　上海中国银行总行大楼(1936)，见[1653]页

图C　上海百老汇大厦(1930—1934)，见[1653]页

图D　上海沙逊别墅(1932)，见[1660]页

第53章 中国建筑

图 A　上海马勒宅(1936)，见[1660]页

图 B　上海周宅(1930)，见[1660]页

第七编 20世纪建筑

图 A 北京友谊宾馆(1954),见[1660]页

图 B 北京民族文化宫(1958—1959),见[1660]页

第53章 中国建筑

图 A　北京人民大会堂(1959)，见[1660]页

图 B　北京毛主席纪念堂(1977)，见[1660]页

宾馆），李锦沛(Li Jin-pei)、范文照和赵深(Zhao Shen)设计。上海大新公司大楼(Sun Company, 1936, 今上海第一百货公司)，基泰工程司设计，是一座带有中国式细部装饰的外貌简洁的建筑物。

沙逊别墅(Sassoon Villa, 1932, 见[1656]页图D)，公和洋行设计，是一座英国式的半露木结构的住宅。马勒宅(Muller House, 1936, 见[1657]页图A)，是一座浪漫主义的斯堪的纳维亚式的住宅。吴同文宅(Wu House, 1935—1937)，邬达克设计，是一座具有现代风格的四层建造物。周宅(Zhou House, 1930, 见[1657]页图B)，与吴宅风格类似。在上海这座沿海大城市里，还有西方古典复兴式、美洲殖民地式、中国传统式、英国式和西班牙式的住宅，反映了居住在这座城市中的外国侨民的影响和中国达官贵人的审美倾向。

1950年至今

20世纪50年代初，"民族形式"的积极倡导者是著名建筑学家梁思成(1901—1972)，他认为中国建筑的"民族形式"关键在于屋顶的轮廓，于是在北京和其他一些城市建成了一批具有中国宫殿式民族形式的大屋顶的建筑。这种民族形成的建筑主要是一些用做接待外宾的宾馆、政府办公楼、文化展览馆和周围有历史建筑遗存的建筑物。其中具有代表性的有**友谊宾馆**(Friendship Guesthouse, 1954, 见[1658]页图A)和**亚非学生疗养院**(Sanitorium of Asian-African Students, 1954)，均为张镈设计。**三里河办公楼**(San Li He Office Building, 1955)，张开济(Zhang Kai-ji, 1912—)设计。**地安门宿舍**(Di An Men Hostel, 1955)，陈登鳌(Chen Deng-ao, 1916—1999)设计。这些建筑物均建在北京。其中地安门宿舍位于北京城中轴线地安门内大街的两侧。**重庆大会堂**(Municipal Auditorium, Chongqing, 1951—1953)，张家德(Zhang Jia-de, 1911—1982)设计，该建筑正面当中像是重建的天安门城楼，钢结构的会堂屋顶，覆盖像天坛祈年殿那样的三重檐圆形屋顶(参见有关章节)。60年代所建成的北京**民族文化宫**(Cultural Palace of the Nationalities, 1958—1959, 见[1658]页图B)，张镈设计。北京**中国国家美术馆**(National Art Gallery, 1960—1962)，戴念慈(Dai Nian-ci, 1920—1991)设计，也采取了类似的手法。民族文化宫正中有一座用作展览厅的15层塔楼，是第一座民族形式的高层建筑。

探求中国建筑形式的另一种表现是在钢筋混凝土结构平屋顶的体型上装饰中国式的细部。例如北京的**新侨饭店**(Xinqiao Hotel, 1954)也是张镈设计的。其布局和形体组合几乎同友谊宾馆一样，这是一座不用大屋顶，只用中国式装饰的典型例子。这种做法的其他实例有：北京天文馆(Beijing Planetarium, 1957)，张开济设计。**建设部大楼**(Office Building of Ministry of Construction, MOC, 1955)，龚德顺(Gong De-shun, 1923 —)设计。**首都剧场**(Capital Theatre, 1955)，林乐义(Lin Le-yi, 1916—1988)设计。以上三例均建于北京。这种做法因为比较节省，所以几乎流行全国。例如：**西安人民剧院**(People's Theatre, 1954)，中国建筑西北设计院设计；**长春体育馆**(Gymnasium at Changchun, 1954)，葛如亮(Ge Ruliang, 1926—1989)设计；**广州体育馆**(Guangzhou Gymnasium, 1957)，林克明(Lin Ke-ming, 1900—1999)设计。为庆祝中华人民共和国建国十周年，在天安门广场两侧兴建的**人民大会堂**(Great Hall of the People, 1959, 见[1659]页图A)，赵冬日(Zhao Dong-ri, 1916—)和张镈设计。**中国历史博物馆**(Museum of Chinese History, 1959)，北京建筑设计院设计，以及1977年建成的位于广场南侧的**毛主席纪念堂**(Memorial Hall of Chairman Mao, 1977, 见[1659]页图B)，这些建筑物虽然采用了西方传统的列柱，但构图都带有中国传统的装饰。

20世纪50年代也建造了一些具有现代主义国际式的建筑。例如广州文化公园内的一组华南土特产展览馆(Exhibition Halls in the Local and Special Products of South China Exhibit, 1951)，夏昌世(Hsia't Changsie, 1903—1996)等设计。北京和平宾馆(Peace Hotel, 1952)，杨廷宝(1901—1982)设计。北京儿童医院(Beijing Children's Hospital, 1952)，华揽洪(Leon Hua, 1912—)设计。武汉同济医科大学附属医院(Hospital of Tongji Medical University, 1952—1955, 见[1663]页图A)，冯纪忠(Feng Ji-zhong, 1915—2009)设计。同济大学的一座教学楼，上海文远楼(Wen Yuan Lou, Tongji University, 1953)，黄毓麟(Huang Yu-lin, 1927—1953)和哈雄文(Ha Xiong-wen, 1907—1981)设计，其中有些还采用一些中国的建筑细部，都是50年代早期注重功能性的建筑设计。

20世纪50～70年代，建造了许多外貌简洁

第53章 中国建筑

的交通、通信建筑，甚至没有什么中国式装饰细部。例如北京**电报大楼**(Beijing Telegraph Building, 1958, 见[1663]页图B)，林乐义设计。北京**中国民航大楼**(CAAC Building, 1960)，北京建筑设计院设计。**杭州机场大楼**(Terminal Building of Hangzhou Airport, 1971)，浙江省建筑设计院设计。**乌鲁木齐机场候机楼**(Terminal Building of Urumqi Airport, 1973)，新疆维吾尔自治区建工局设计室设计。**兰州火车站**(Lanzhou Railway Station, 1978)，甘肃省建筑设计院设计。与此同时，还建造了许多体育场馆，其中有不少采用了新的结构：北京**工人体育馆**(Beijing Workers' Gymnasium, 1961, 见[1663]页图C)，熊明设计，它采用混凝土构架覆盖直径94m(368ft)圆形放射状双层悬索屋顶，这是中国首次采用的悬索结构。北京**工人体育场**(Beijing Workers' Stadium, 1959)和北京**首都体育馆**(Capital Gymnasium, 1968)，均为北京市建筑设计院设计，后者屋顶首次采用空间网架结构。南京**五台山体育馆**(Wutaishan Gymnasium, 1975, 见[1663]页图D)，江苏省建筑设计院和东南大学设计。**上海体育馆**(Shanghai Gymnasium, 1975)和**上海游泳馆**(Swimming Pool, 1983)，汪定曾(Wang Ding-zeng, 1913—)和魏敦山(Wei Dun-shan, 1932—)设计，屋顶分别采用了八边形、圆形或六角形的空间网架结构。

1964年建成的广州**矿泉客舍**(Kuangquan Hotel, 见[1664]页图A)，莫伯治(Mo Bo-zhi, 1914—2003)设计，也称为矿泉度假村，是第一座把传统的园林景色与建筑有机结合的实例，同时创造出一个内外空间相互穿插交融的优美环境。广州**东方宾馆**扩建(Eastern Hotel, Guangzhou, 1973)，广州建筑设计院设计。广州**白云宾馆**(Baiyun Hotel, 1976)，广州市规划局设计，也都采取了这种处理方式。

20世纪80年代以来，在对外开放、对内改革政策的鼓励下，中国建筑业呈现出一派前所未有的繁荣景象。一大批各种类型的公共建筑，尤其是宾馆、商贸建筑、金融综合建筑、文化和体育建筑在全国许多城市建造起来。起初，一些中外合资的有挑战的工程是由外国建筑师设计的，他们带来了新的建筑理念，而中国建筑界在经历了20多年的沉寂以后，也开始做出了重要贡献。北京**建国饭店**(Jianguo Hotel, Beijing, 1982)，美国旧金山陈宣远事务所(Clement Chen and Associates)设计，是第一个中美合资的项目，也是中国第一座稍有后现代主义意味的建筑。北京**长城饭店**(Great Wall Hotel, 1980—1984)，是又一个中美合资的项目，美国贝克特国际公司(Becket International)设计，大楼22层，外装镜面玻璃，还有一台观景电梯，这也都是第一次在中国出现。南京**金陵饭店**(Jinling Hotel, 1980—1983)，香港公和洋行设计，是一座37层，高111m(356ft)的高层建筑，顶层有旋转餐厅，这也是中国第一次使用。在18世纪北京西郊的香山一座清朝园林的遗址上，由贝聿铭(Ieoh Ming Pei, 1917—)等人设计建造了**香山饭店**(Xiangshan Hotel, 1980—1982, 见[1664]页图B)，2~4层的建筑组成了十几个大小不等的具有中国园林特征的庭院，白色墙面上装饰着在中国东南沿海地区仍可见到的带有唐代风格的青灰砖线脚，是贝氏设计的第一座具有中国现代建筑风格的作品。上海**龙柏饭店**(Longbai Hotel, 1982)，华东建筑设计院张耀曾(Zhang Yao-zeng, 1934—)设计，坐落在上海西郊前沙逊别墅的西侧。水池和花石由室外引进室内，外墙贴棕红色面砖，女儿墙坡顶饰红色面砖，和原别墅协调一致。广州**白天鹅宾馆**(White Swan Hotel, 1980—1983)，佘畯南(She Jun-nan, 1916—1998)和莫伯治设计，34层高，面向珠江，西边有一个中国式花园，中庭有一个叠石落水的庭园。

80年代中期以后，中国建筑显示出一个多元多彩的局面。一些坐落在历史文化名城或历史文化遗迹附近新建的建筑物，以当代的手法展现了传统风格。山东曲阜的**阙里宾舍**(Queli Hotel, 1985, 见[1665]页图A)，戴念慈、傅秀蓉(Fu Xiu-rong)设计，宾馆位于曲阜城中孔庙左侧，孔府前边，其采取的传统形式与孔庙孔府相呼应。中间的入口大厅，用歇山十字脊顶覆盖伞壳结构，形成全组建筑的中心。其两层错综的院落布局，很好地适应了宾馆的功能；室内设计采用了许多经过新颖处理的传统题材。西安**唐华宾馆**(Tanghua Hotel, 1988, 见[1665]页图B)，张锦秋(Zhang Jin-qiu, 1936—)设计，邻近唐朝的大雁塔，体现出曾经是唐代都城长安的建筑文脉。

在少数民族地区、历史古城和山区从事创作的建筑师，则采取当地的民族风格或者乡土风格。乌鲁木齐的**新疆迎宾馆**(Xinjiang Guesthouse, Urumuqi, 1985)，高庆林(Gao Qing-lin)设计，立面上用一系列尖券，左侧一对喇叭形水塔以透空的尖券花格相连，具有新疆伊斯兰建筑的风貌。新疆维吾尔自治区库车的**龟兹宾馆**(Juci Hotel, Kuqa of Xinjiang Uygur

Autonomous Region, 1993）、王小东(Wang Xiao-dong, 1939—)设计，其布局和细部处理暗喻千年前龟兹古国的佛教石窟和当地伊斯兰建筑文化传统。其他如云南西双版纳自治州景洪的**竹楼宾馆**(Bamboo Hotel, 1984)，云南省建筑设计院设计。西藏阿坝藏族自治州南坪县的**九寨沟宾馆**(Jiuzhaigou Hotel, 1988)，中国建筑西南设计院设计。这些都是用混凝土结构模拟当地傣族的传统竹楼房屋和藏族石筑碉房的形式。苏州**竹辉饭店**(Bamboo Grove Hotel, 1987)，香港熊设计有限公司(Kumagai Design Ltd.)和苏州市建筑设计研究院合作设计，四、五层的建筑组合同古城周围环境相协调，简洁的形体，粉墙黛瓦，呈现出强烈的乡土风貌。福建崇安的**武夷山庄**(Wuyi Mountain Villa, Chong'an, 1984)，齐康(Qi Kang, 1931—)、赖聚奎(Lai Ju-kui, 1938—)设计，位于武夷山风景区，是一组具有闽北民居风格的建筑群。

此外，大部分新建的宾馆，常采用隐喻或象征手法，略具中国少数民族的风味。例如，**拉萨饭店**(Lhasa Hotel, Lhasa, 1985, 见[1665]页图 D)，江苏省建筑设计院设计。其墙体上部为斜收的块体组合，白色墙面，局部缀以藏式窗罩，显示出具有布达拉宫(Potala Palace)传统神韵的现代建筑风格。**西安阿房宫恺悦饭店**(Epanggong Hotel, the Hyatt, 1990)，梁应添(Liang Ying-tian, 1939—)主持设计，其主体建筑两端下斜上直，坐落在伸展的裙房上，暗示着西安古城墙和秦汉时期高台建筑的形象。**北京国际饭店**(Beijing International Hotel, 1988, 见[1665]页图 C)，林乐义设计。北京亚运村**五洲大酒店**(Wuzhou Hotel, 1990)，宋融(Song Rong, 1927—)设计。以上两者均采取现代建筑的体形❶，简化的中国牌楼式门廊，既具现代建筑风貌又有中国特色。此外如上海**华亭宾馆**(Huating Sheraton Hotel, 1986, 见[1665]页图 E)，华东建筑设计院设计。上海**静安希尔顿大酒店**(Jing'an Hilton Hotel, 1987)，香港协建建筑事务所(AP Architects Ltd.)、上海市建筑设计研究院设计。上海**新锦江大酒店**(Jinjiang Tower, 1989)，香港王董国际有限公司(Wong and Tung International Ltd.)和上海市建筑设计研究院设计，均具有现代建筑风貌。

与此同时，一些综合性的商住楼在各地拔地而起，一般也具有新颖的现代建筑风格。北京**国际大厦**(Beijing International Building, 1984)，北京市建筑设计院设计，是中国最早的商住楼类型之一，其外部体型与 30 多年前美国的利华大厦(Lever House)颇为相似。此外，近些年的如深圳**国际贸易中心**(Shenzhen International Trade Centre, 1985)，湖北省建筑设计院设计。**上海商城**(Shanghai Centre, 1990)，波特曼事务所(John Portman and Associates)设计。北京**国际贸易中心**(China World Trade Centre, 1990)，美国索波尔与罗思公司(Sobel and Roth)设计。北京**京广中心**(Jing Guang Centre, 1990)，日本设计事务所株式会社和熊谷组有限公司合作设计。广州的**广东国际大厦**(Guangdong International Building, Guangzhou, 1992)，广东省建筑设计院设计。均具有新颖的现代建筑风格。其中如上海商城，裙房立面还采取了中国传统的木构柱枋处理。北京国际贸易中心的塔式办公楼、国际宾馆、大展厅等主体建筑采取了中国传统的院落处理方式，中间是一个下沉式花园。京广中心的主体建筑为扇形平面，广东国际大厦主体建筑为正方形平面，是目前中国最高的两座建筑物，分别高 208m(683ft)和 198.4m(651ft)❷，外墙均用铝合金幕墙和镜面玻璃铺饰，裙房以花岗石贴面。

20 世纪 80 年代以来，文化建筑也有很大发展，其形式风格同样丰富多彩。西安的**陕西历史博物馆**(Shaanxi Historical Museum, 1991, 见[1666]页图 A)，张锦秋(Zhang Jin-qui)设计，它采用了中国宫殿式的对称布局，结合钢筋混凝土结构，体现出洒脱新颖的唐代建筑风格。而广州**西汉南越王墓博物馆**(Museum of Nanyue King's Tomb, 1989)，莫伯治设计，则是在公元前 120 多年南越王的墓址上设计建造的包括展厅和墓室的展览馆，建筑处理以现代主义为基调，包容了古代的、氏族的和地方的特征。四川省**自贡恐龙博物馆**(Dinosaur Museum in Zigong, 1986)，中国建筑西南设计院设计，建于恐龙化石的基地上，保留发掘现场地质剖面，以简练完整的巨石形象，粗犷浑厚的风格，引起人们对远古时代恐龙生态环境的联想。南京日军侵华**南京大屠杀遇难同胞纪念馆**(Memorial Museum to the Big Massacre Victims in Nanjing, 1985)，齐康(Qi kang)设计，

---

❶ 前者和后者的 1 号楼入口处采用中国传统建筑元素。——译者注
❷ 目前中国最高的建筑是台北 101 大厦，高 510m；上海的环球金融中心，高 492m。——译者注

第53章 中国建筑

图A 武汉的同济医科大学附属医院(1952—1955)，见[1660]页

图B 北京电报大楼(1958)，见[1661]页

图C 北京工人体育馆(1961)，见[1661]页

图D 南京五台山体育馆(1975)，见[1661]页

第七编 20世纪建筑

图 A 广州矿泉客舍(1964)，见[1661]页

图 B 北京香山饭店(1980—1982)，见[1661]页

第53章 中国建筑

图A 山东曲阜阙里宾舍(1985),见[1661]页

图B 西安唐华宾馆(1988),见[1661]页

图C 北京国际饭店(1988),见[1662]页

图D 拉萨饭店(1985),见[1662]页

图E 上海华亭宾馆(1986),见[1662]页

第七编 20世纪建筑

图A 西安的陕西历史博物馆(1991)，见[1662]页

图B 北京中国画研究院(1984)，见[1667]页

图C 福州的福建省画院(1991)，见[1667]页

图D 北京的中国国家图书馆(1987)❶，见[1667]页

图E 深圳华夏艺术中心(1991)❷，见[1667]页

---

❶ 此图为深圳华夏艺术中心，原书标注有误。——编辑注
❷ 此图为北京的中国国家图书馆，原书标注有误。——编辑注

第53章 中国建筑

建于1937年12月南京沦陷后，日军进行大屠杀的现场之一的地段上，陈列厅和遗物室嵌入半地下，室外象征枯骨的卵石空场延伸至窗台，建筑物低平伸展，形体简洁，花岗石墙面，青石围墙，以简练的现代主义处理手法，寄托着对遇难同胞的无限哀思。

北京中国画研究院(Chinese Painting Research Institute, 1984, 见[1666]页图B), 沈继仁(Shen Ji-ren)设计，是一组包括展厅和大约50套创作室的建筑群，二、三层建筑物。北方民居式的青砖外墙灰瓦坡顶，在内院水池上连以曲径回廊，同场地东北角的一座喇嘛古塔相映成趣。福州福建省画院(Fujian Provincial Academy of Painting, Fuzhou, 1991, 见[1666]页图C), 黄汉民(Huang Han-min, 1943—)设计，建筑物3~5层，围绕水池庭院的周边式布局，蓝瓦曲面屋顶穿插于平顶之间，入口处采取类似中国传统的重檐屋顶，体现鲜明的时代感和地方特色。北京炎黄艺术馆(Yan-Huang Art Gallery, 1991), 刘力(Liu Li, 1939—)设计，兼有美术馆和博物馆功能，由一层报告厅、二层展厅和中央门厅、中央展厅组成。❶ 展厅、报告厅覆盖覆斗形四坡青紫色琉璃瓦屋顶。❷ 北京中国国际展览中心2~5号馆(International Exhibition Centre, No.2~5 Halls, 1985), 柴裴义(Chai Pei-yi, 1942—)设计，由四座正方形展览大厅和三个作为入口大厅的连接体组成，是一座带有后现代主义手法的现代建筑。北京中国国家图书馆(The National Library of China, 1987, 见[1666]页图D), 建设部设计院和中国建筑西北设计院设计，占地7.42ha(18.33acre), 建筑面积14万平方米(1 507 094.5ft²), 藏书2000万册，88个阅览室。采取低层阅览室环绕高塔型书库对称布局，有三个庭院式的内院，淡乳灰色面砖墙面，覆盖具有汉代建筑式样的蓝色琉璃瓦顶。北京清华大学图书馆新馆(New Building of the Library of Tsinghua University, 1991), 关肇邺(Guan Zhao-ye, 1929—)设计，新馆连接于1919年建成、由茂飞设计，后又由杨廷宝于1931年设计扩建的旧馆的西翼，是一座功能合理、与历史形成的校园环境相协调的范例。

深圳华夏艺术中心(Huaxia Art Centre, 1991, 见[1666]页图E), 龚德顺(Gong De-shun)设计，是一座包括歌舞厅、影剧院、健身房、商场等内容的多功能文化艺术活动场所，也是一座首次采用开敞式广场作为内部交通和空间组织枢纽的建筑组合。广场开口以宽达60m的玻璃幕网架覆盖，网架外口又有一层网架挑出做成坡顶状，使立面比例适度并赋有传统意味。深圳大学演会中心(Performance and Conference Centre of Shenzhen University, 1988), 梁鸿文(Liang Hong-wen)设计，是一座位于小山丘上的多功能会堂，八根粗大混凝土立柱支撑巨大的网架，高低错落的围墙只为遮挡日光和改善音响效果而设置，整座建筑精心地做到了适应周围环境和南国气候。上海松江方塔园(The Fangta Yuan, Square Pagoda Park, 1987, 见[1668]页图B), 冯纪忠(Feng Ji-zhong)规划、设计，是一座围绕宋朝(907—1279)的九层方塔而兴建的现代公园。其东、北两座入口大门，各以两片铺设青瓦的钢屋架凌空交错覆盖，檐下显露的片片钢架端部，具有传统建筑斗栱的神韵。❸

为发展体育运动，中国自20世纪80年代以来兴建了大量的体育场馆。在北京，为举行1990年第十一届亚运会，除改造、扩建原有的十几处体育场馆外，还新建了20座体育场馆。其中最引人注目的是北京国家奥林匹克体育中心(National Olympic Centre, 1990, 见[1668]页图A), 北京市建筑设计院马国馨(Ma Guo-xin, 1942—)和他的同事规划、设计。这是一组包括有体育场、体育馆、游泳馆、曲棍球场和练习馆的建筑群。其中体育馆平面呈六角形，两端采用60~70m(197~230ft)高的塔筒，以斜拉钢索吊成两坡凹曲网壳屋面。这类建筑的其他实例包括：深圳体育馆(Shenzhen Gymnasium, 1985), 熊承新(Xiong Cheng-xin)、梁应添设计。大连体育馆(Dalian Gymnasium, 1988), 中国建筑东北设计院设计。广州天河体育中心(Tianhe Sports Centre, Guangzhou, 1987), 广东省建筑设计院设计。还有天津大学设计的河北省唐山摔跤柔道馆(Gymnasium for Wrestling and Judo, 1991)等，均具有现代建筑风格。

---

❶ 其下两层为半地下室和地下室，用作辅助房间。——译者注
❷ 花岗石墙面，入口处采用超常尺度的立柱和栏杆扶手，形成简洁、古雅、凝重的中国现代建筑新风格。——译者注
❸ 园内临水的竹构草顶"何陋轩"茶室，轻灵洒脱，具有一种现代化的乡土气息。——译者注

第七编 20世纪建筑

图 A　北京国家奥林匹克体育中心(1990)，见[1667]页

图 B　上海方塔园(1987)，见[1667]页

图 C　江苏的无锡太湖新疆石油工人疗养院(1985)，见[1669]页

图 D　北京菊儿胡同新四合院住宅(1989—1992)，见[1669]页

其他类型的建筑物，如学校教学楼、医院、疗养院、办公楼、商场、车站、航空港等在近几十年全国各地也有大量兴建。如**上海交通大学闵行校区教学楼**(Teaching Buildings in the Minhang Branch of the Jiaotong University, 1988)，上海市建筑设计研究院设计。上海**同济大学科学苑**(Science Building in Tongji University, 1994)，吴庐生(Wu Lu-sheng)设计。北京医**科大学附属口腔医院**(Stomatological Hospital of Beijing Medical University, 1985)，北京市建筑设计院设计。以上各例都是简洁清新、注重功能的建筑物，口腔医院大楼则更具现代建筑风格。江苏无锡太湖**新疆石油工人疗养院**(Lake Tai Sanitarium for Xinjiang Petroleum Workers, 1985, 见[1668]页图 C)，卢济威(Lu Ji-wei, 1938—)设计，坐落在一座小山的东南坡，面向风景如画的太湖，几组二层的休养病房，连同服务设施，依山就势散点式布局，具有江南民居的传统特色。上海**华东电力大楼**(East China Electric Power Building, 1987)，罗新扬(Luo Xin-yang)设计，地处繁华的上海商业街的南京路东侧，地段狭窄，主体建筑采取转角 45°的 24 层正方形塔楼处理，与街道间留出较大空地，红色墙面，竖向玻璃窗带，与周围原有建筑街景有一定文脉联系。**敦煌机场候机楼**(Terminal Building of Dunhuang Airport, 1985)，刘纯翰(Liu Chun-han)设计，位于举世闻名的敦煌石窟附近的戈壁滩，旅客大厅借鉴了河西内天井民居和敦煌洞窟的形象，黄土色外墙封闭坚实，缀以参差不齐的小窗龛洞，体现出了传统丝路文化与现代建筑的巧妙结合。各地兴建的许多商业建筑，也不乏这种地方文化与现代特色巧妙结合的实例，如山东曲阜的**五马祠商业街**(Wumaci Shopping Street, 1989)，东南大学设计。浙江萧山**绣衣坊商业街**(Xiuyifang Shopping Street, 1991)，杭州市建筑设计院设计。许多城市新建的商业街更多的是采取完全仿古的代木构传统的建筑形式，其中虽有结合环境比较成功的作品，如南京的**夫子庙商业街**(Fuzimiao Shopping Street, 1987)，东南大学设计，但这种复古的倾向却显得过滥了。

大规模的住宅建设，也开始改变几十年前那种千篇一律、单调的国际式建筑面貌，开始了提高居住质量，改善生活环境的小康住宅的多方探索，建筑外貌丰富多彩，形成优美的生活氛围。中产阶级的住宅的发展实验已经开始，如北京**六里屯居住小区**(Liulitun Residential Area, 1993)，北京纺织工业设计院规划、设计。上海**康乐小区**(Kang-le Residential Quarter, 1992)，上海市建筑设计研究院设计。河北省石家庄**实验性小康住宅**(Experimental Well-to-do Housing in Shijiazhuang, 1993)，由中国建筑技术发展中心设计。特别令人感兴趣的是清华大学吕俊华(Lü Jun-hua)设计的**花园式台阶住宅**(Terrace Garden Housing, 1985—1987)，采取多层密集型，每户有一个 $10m^2$ 的小花园，体型凹凸有致，活泼多样。尤其值得提出的是清华大学吴良镛教授(Wu Liang-yong, 1922—)主持规划设计的北京**菊儿胡同新四合院住宅**(Ju'er Hutong New Courtyard House, 1989—1992, 见[1668]页图 D)，在改造原有危房的基础上，有机更新，同时又保持旧城格局，从注重北京地区传统的四合院社区环境方面进行了一次成功的探索，并因此在 1993 年的"世界住房日"中荣获 1992 年"世界人居奖"。

第 54 章
日本和韩国建筑

日本建筑概述

日本是一个崇尚对立的国家。在日本，从城市的新干线列车和电子广告牌，到古老的和服与相扑的形象，新与旧，简朴与奢侈，本土与外来，全在没有明显冲突的情况下，以一种不可思议的平衡状态并存着。然而，对于建筑师来说，正是这种日本特有的景观，给他们提供了中心二分法。日本的传统景色，是一派点缀着耕地和山村的田园风光，其中不乏借鉴了东方国家的东西建筑特色的形象。正是这种传统和习惯，形成了日本美学的基础之一。但是，与这种田园牧歌式的理想明显相对的，是不断膨胀的城市化社会对其日益侵蚀的现实。在日本1.2亿人口中，超过60%的人居住在稠密的城市地区，其中很大部分生活在东京(Tokyo)、大阪(Osaka)、横滨(Yokohama)和名古屋(Nagoya)这样聚集的城市，为一切建筑表现创造了统一的环境。

因此，对这种对立性的把握能力，是造成日本如此独特的文化和建筑景观的部分原因。形成这种特殊的环境，部分原因是迫于空间的压力和压缩工作的需要。但是除了地理的限制之外，更由于历史的原因，日本形成了一个与西方非常不同的社会。它的社会不是从过去、经现在、到未来的直线性发展，而是相对立的意识形态和历史时刻并存，于是造就了一个从不去除任何过时事物的社会。因此，在这里，任何出现过的事物都不曾消失。正是这种多重性的历史和没有明显综合的发展进程，提供了并仍在继续提供着日本建筑和生活的背景。

1868～1945 年

虽然对许多历史时刻的吸收可以看成是日本某种独有的特点，但现代生活的多样性表明，并非在日本的每样东西都是日本人所独有的。这种吸收多元文化影响的潮流，在历史上的确不乏先例。在闭关自守的江户时期(Edo Period，1603—1868)

以前，日本总是能迅速认识到其他国家比它更发达的社会成就，在 9 世纪的唐朝和 13 世纪的宋朝，它从朝鲜和中国学到了先进文化和科学。随着 1868 年边境的再次开放，日本的目光再次投向了西方。这一次它跨越了它的近邻，把目光投向了遥远的欧洲文明。明治时期(Meija Era, 1868—1912)开拓了这一更新的广阔前景，提倡"文明开化"(Bunmei Kaika)这一口号，把欧洲模式作为现代化的理想，逐渐等同于西化。

随着工业化的技术输入，西方的建筑和艺术，也开始被认为是影响日本全面重建的同等重要的因素了。日本人拼命打破以前江户时期精炼而压抑的手工艺。像英国人乔赛亚·康德尔(Josiah Conder, 1852—1920，参见第 39 章)这样的一些专家，帮助日本建立了建筑教育的新学院(以东京大学工业学院最为著名)。这种教育方法，不仅展示了欧洲建筑的全部历史以供模仿，同时也助长了一种特别风格化的折中主义。在这一时期，古典的、哥特的以及其他风格都散播开来。康德以自己在日本的作品，鼓舞了这种多样化，如精心设计用砖和石材建成的巴洛克风格的东京岩崎家高轮邸(Villa at Takanawa for the Iwasaki Family, Tokyo, 1908, 1964 年重建，见[1671]页图 A)以及几乎是博罗米尼风格的(Borrominiesque)位于东京三田的三井家族俱乐部(Mitsui Family Club, Mita, Tokyo, 1913, 见[1672]页图 D)。然而，日本建筑师片山东熊(Tokuma Katayama, 1854—1917)的作品东京赤坂离宫(Akasaka Imperial Palace Hotel, Tokyo, 1909, 见[1671]页图 B)才是这种第一次世界大战前折中主义的最佳代表。该建筑是为日本皇太子而建，是日本当时最大的建筑，在美学和技术上都效仿了不同风格的西方建筑。它的立面受到凡尔赛宫的启发，同时使用了美国造的钢结构、挪威的大理石，并吸收了 18 世纪法国室内设计的古典风格，加以日本传统的装饰主题，多种元素在这个建筑里合成一体。

1923 年关东(Kanto)地震中，东京的许多传统木构建筑被毁，东方建筑在结构上的局限性再次摆在了日本人面前。通过弗兰克·劳埃德·赖特

第54章 日本和韩国建筑

图A　东京岩崎家高轮邸(1908，1964年重建)，见[1670]页

图B　东京赤坂离宫(1909)，见[1670]页

第七编　20世纪建筑

图 A　东京帝室博物馆(1938)，见[1674]页

图 B　东京中央电报办公大楼(1926)，见[1674]页

图 C　东京中央邮政局办公楼(1931)，见[1674]页

图 D　东京三田三井家族俱乐部(1913)，见[1670]页

第54章 日本和韩国建筑

图A　1937年巴黎世界博览会日本馆，见[1674]页

图B　镰仓现代美术馆(1951)，见[1675]页

设计的东京帝国饭店(Imperial Hotel, Tokyo, 1916—1922,毁于1968年)的劫后余生,表明了这样一种概念,即混凝土桩与楼板之间的十字交叉支撑明显能取得很好的功效。具有讽刺意味的是,帝国饭店里木雕和石雕的丰富装饰,和赖特在日本的其他建筑的细部和风格(以1921年的东京自由学园(the Jiyu Gakuen School, Tokyo)为代表),一起引起了日本人对西方一切事物价值的质疑。在这方面,支持赖特的是他的助手,来自捷克的安东宁·雷蒙德(Antonin Raymond, 1860—1976)的作品。雷蒙德在完成帝国饭店后定居日本,并创立了自己的建筑业务。雷蒙德设计的建筑中,具有重大影响的有东京建筑师自宅(the Architect's Own House, Tokyo, 1923)、日升石油公司总部(the Rising Sun Petroleum Company Headquarters, 1929)、东京高尔夫俱乐部(Tokyo Golf Club, 1930)和东京读者文摘办公楼(the Reader's Digest Offices, Tokyo, 该建筑于1949年由雷蒙德与拉迪斯拉夫·拉多(Ladislav Rado)合作设计,毁于1964年)。这些建筑将暴露的钢筋混凝土作为一种新材料介绍给日本人,这种材料具有更大的结构刚度,且更能表现日本人的美学敏感性。雷蒙德在帮助日本人形成他们的现代建筑方面,发挥了重要作用,尤其是他履行教师职责和在他的事务所中培养年轻建筑师所带来的影响,如前川国男(Kunio Maekawa, 1905—1986)就是深受他影响的建筑师之一。布鲁诺·陶特(Bruno Taut)也对日本现代主义建筑的发展作出了重要贡献。在他的《日本人和住宅》(House and People of Japan, 1938)一书中,陶特唤起了设计者对日本建筑遗产的重要性的关注,他尤其赞扬了伊势神宫(the Grand Shrine of Ise,每20年重建一次)、简单但美轮美奂的京都桂离宫(Katstrua Palace, Kyoto, 1750)以及作为模数化设计先驱的传统的榻榻米(tatami mat)。

面对这些冲突的意识形态,活跃于20世纪20年代的这一批建筑师,明显地分化成两个建筑派别:一派忠实地信奉现代的欧洲风格,而另一派则推崇新的设计技术,后者成为日本精神的衍生物。前者以东京帝国大学的学生和日本分离派的创始者为核心。在日本,对国际风格的正式承认,事实上就是,分离主义者们宣称他们摒弃过去的学院派建筑,拒绝对历史风格做任何关注。此派最早的一批支持者包括堀口舍己❶、泷泽真弓(Mayumi Takizawa)、山田守❷和石本喜久治❸。受法文刊物《新精神》(L'Esprit Nouveau)和德文刊物《国际建筑》(Internationale Architektur)的影响,以及对钢筋混凝土越来越多的使用,这一建筑师群体取得了进展,如山田守在东京中央电报办公大楼(Central Telegraph Office, Tokyo, 1926,见[1672]页图B)中的展现,至后期更具理性线条的建筑,如石本喜久治设计的东京朝日新闻社大楼(Asahi News Press Building, Tokyo, 1927)、吉田铁郎❹设计的东京中央邮政局(Central Post Office, Toyko, 1931,见[1672]页图C)和村野藤吾❺设计的大阪崇光百货公司(Sogo Store, Osaka, 1932)。但最重要的是1937年在欧洲巴黎世界博览会的日本馆(the Japanese Pavilion, Paris Exposition,见[1673]页图A),分离派的核心成员找到了他们的完整表达方式。这里,在勒·柯布西耶工作室中工作多年的坂仓准三❻运用玻璃、钢和混凝土等新材料达到了一种在国际风格中从未出现的精致。

然而,尽管对日本现代主义的信任日益增长,但日本的帝国主义政治和日益膨胀的民族主义,都意味着传统主义者将有更猛烈而直接的出击。所谓"帝冠式"❼,以渡边仁❽设计的东京帝室博物馆(Tokyo National Museum, 1938,见[1672]页图A)为代表,是一种布满了繁复东方装饰的砖建筑风格,成为当时人们要求的建筑标准。在官方公布的"一种基于东方意味的日本风格"的要求下,日本的现代主义建筑运动被挫败了。同时,整个国家被第二次世界大战的民族军国主义情绪所吞没。当然,这种风格和日本的扩张主义政治,对活

---

❶ Sutemi Horiguchi;1895~1984年。——译者注
❷ Mamoru Yamada;1894~1966年。——译者注
❸ Kikuchi Ishimoto;1894~1963年。——译者注
❹ Tetsuro Yoshida;1894~1956年。——译者注
❺ Togo Murano;1891~1984年。——译者注
❻ Junio Sakakura;1901~1969年。——译者注
❼ Imperial Court Style;帝国宫廷风格。——译者注
❽ Hitoshi Watanabe;1887~1973年。——译者注

跃于第二次世界大战的年轻一代建筑师产生了影响，例如丹下健三❶的大东亚建设忠灵神域设计方案(Daitoa Kensetsn Memorial project, 1942)和他设计的日中文化中心(Japanese-Chinese Culture Centre, 1943)，或是前川国男设计的曼谷的日本文化中心(Japanese Culture Centre, Bangkok, 1943)，都能看出这种影响的存在。

1945～1975年

日本人从1945年的战败中惊醒了，除京都和金泽(Kanazawa)两地，日本的大多数城市都严重毁于战火和轰炸，有的甚至是完全毁掉了。当数以百万计的人们发现自己已流离失所时，建筑上重建的需要，就变得同国家政治的重振同样迫切了。基于迫切需要解决的城市问题，日本作为一个民主社会而重生，为建筑师们提供了这样的机会：传统和本土的主张再次被当做倒退和陈腐而被拒绝，西方的重新规划战略轻而易举地同化了日本。

作为这种重生新精神的大量公众实例之一而活跃着的，是勒·柯布西耶的东京国立西方美术馆(National Museum of Western Art, Tokyo, 1955—1959, 见[1676]页图A)。这是根据他1939年倡导的"无限延伸的博物馆"概念做了若干变化而设计建造的。该美术馆通过它展览的艺术品和容纳这些艺术品的建筑，展示了一种基本的西方审美视角。它尽管是勒·柯布西耶的设计，却是由日本建筑师前川国男和坂仓准三实施的。后者在更早些时候，以具有勒·柯布西耶精神的镰仓现代美术馆(Museum of Modern Art, Kamakura, 1951, 见[1673]页图B)追随了他早先设计的巴黎日本展馆。这项宏大的公共工程，也保留了前川国男明确的建筑主题。前川国男设计的东京大都会节日大厅(Metropolitan Festival Hall, Tokyo, 1961, 见[1677]页图A)包容了东方装饰主题，并以清水模板(board-marked)混凝土和富有雕塑感的体量，明显地追随了标准的勒·柯布西耶式实践。

作为对第二次世界大战后这几年迅速西化的对抗，新一代的年轻建筑师开始对日本自己的建筑文化给予更多关注。在丹下健三的领导下，以他的广岛和平纪念馆(Hiroshima Peace Centre, 1949—1955年，见[1676]页图C)为范例，这一新建筑尝试将勒·柯布西耶的"粗面混凝土"(béton brut)建筑语言和日本传统的梁柱结构相结合。至20世纪50年代后期，这种设计模式凝结成一种独特的"新日本风格"，以丹下健三的高松香川县厅舍(Kagawa Prefectural Office Building, Takamatsu, 1955—1958, 见[1676]页图B)与其后为东京奥林匹克运动会设计的具有动态结构形式的国立室内竞技场(National Gymnasium for the Tokyo Olympics, 1964, 见[1678]页图A)为范例。但是，比丹下健三对单体建筑新风格的关注更重要的是，日本现有城市结构的大量破坏，给了他同时也给了那些完全沉浸于柯布式理论的建筑师们一个机会，让他们认识到：建筑师不应仅仅关注设计城市里的建筑，还应关注城市设计本身。

第一次尝试填补日本传统城市规划方面的空白的，是丹下健三自己所作的1960年东京规划(1960 Plan of Tokyo)。这一改革性的方案，提出城市沿东京湾作线性发展，形成宏伟的新城市轴线，并且指出沿这条轴线纵深方向的发展和变化都是可行的。这个规划的制定一部分是由于丹下健三的城市研究所(URTEC)的影响，更多地是由于日本20世纪60年代的经济扩张、土地短缺和随之而来的地价上升的影响。东京规划成了此后一系列类似大城市规划提案的发生器。当时通过先进技术表现城市持续增长的一派景象中，这些提案分享了勒·柯布西耶"光辉城市"(Ville Radieuse)的精神。在这些方案中，杰出的是受1960年东京世界设计大会(World Design Conference in Tokyo, 1960)鼓舞而新形成的年轻建筑师群体提出的方案。四位建筑师，黑川纪章❷、桢文彦❸、菊竹清训❹、大高正人❺及评论家下河边淳(Noboru Kawazoe)，都渴望给聚在一起的建筑师们留下深刻印象，还包括路易·康和艾莉森·史密森和彼得·史密森(Alison and Peter's Smithson)在内。他们在以"新陈代谢"(Metabolism)命名的宣言中，发表了一套激进的新计

---

❶ Kenzo Tange；1913～2005年。——译者注
❷ Kisho Kurokawa；1934～2007年。——译者注
❸ Fumihiko Maki；1928年出生。——译者注
❹ Kiyonori Kikutake；1928年出生。——译者注
❺ Masato Otaka；1923年出生。——译者注

第七编 20世纪建筑

图A 东京国立西方美术馆(1955—1959)，见[1675]页

图B 高松香川县厅舍(1955—1958)，见[1675]页

图C 广岛和平纪念馆(1949—1955)，见[1675]页

第54章 日本和韩国建筑

图A 东京大都会节日大厅(1961)，见[1675]页

图B 东京大都会节日大厅入口细部

图C 东京大都会节日大厅的观众厅墙面

第七编 20世纪建筑

图A 东京国立室内竞技场 (1964),见[1675]页

图B 山梨文化会馆(1967),见[1680]页

第54章　日本和韩国建筑

图 A　大阪世界博览会宝美馆(1970)，见[1680]页

图 B　东京中银舱体楼(1972)，见[1680]页

图 C　东京山边平台住宅(1969—1979)，见[1680]页

图 D　空间城市规划(1963)，见[1680]页

划。在解决城市问题的探索中，新陈代谢派认为建筑不是静态的，而应随着新陈代谢而变化；一个在技术上有机的建筑，应通过抛弃它陈旧的部分，发展出新的有生命力的元素而生存和成长。反观未来主义关于现代化城市部分之间运动与变化的观点，新陈代谢派的计划还反映了扎根于伦敦的同行，建筑电讯派❶的观点。与建筑电讯派的罗姆·赫伦❷和彼得·库克❸在1964年提出的**行走城市**(the Walking Cities)与**插入城市**(Plug-in-City)方案相似，这些思想在日本各种乌托邦式的城市设计中都有体现，例如菊竹清训的**海上都市方案**(Ocean City Project；这个方案在1975年冲绳海洋博览会(Aquapolis, Okinawa)上部分得到实现)、黑川纪章的**螺旋体城市**(Helix City, 1961)和大高正人的**人造住宅区土地计划**(Artificial-Housing Land Program)。这些城市设计方案，与矶崎新❹的**空间城市规划**(the Space City Project, 1963, 见[1679]页图 D)一起，代表了日本建筑发展的新阶段。矶崎新虽然不属于新陈代谢派，但是他对丹下健三1960年东京规划发展起了关键作用。对技术坚定不移且充满乐观的信念，加上日本经济持续增长的鼓舞，城市成为建筑设计的明确目标，并且提供了未来建筑大胆而动态形象的实验环境。

然而，随着1973年的石油危机，日本经济的增长走到了尽头，新城市化的希望和梦想也随之破灭。当现代城市被充斥的技术所污染时，技术，这个原先人们不假思索地崇拜而追求之物，被带着怀疑主义的眼光重新加以审视。在这种变换的气候下，具有讽刺意义的是，新陈代谢派被证明不具灵活可变性而无法生存。已实现了的方案，包括丹下健三的**山梨文化会馆**(Yamanashi Communications Centre, 1967, 见[1678]页图 B)、黑川纪章的**大阪世界博览会宝美馆**(Takara Beautillion, Osaka Expo, 1970, 见[1679]页图 A)和**东京中银舱体楼**(Nagakin Capsule Tower, Tokyo, 1972, 见[1679]页图 B)，它们只是作为能变而不变的纪念碑，孤立存留下来。当对技术的信仰被抛弃时，新陈代谢派就显得多余了。

在不断增加的幻灭中，城市的未来成为一个日益重要的话题。就像丹下健三和其他建筑师认识到的那样，在日本没有欧洲类型的规划先例。日本传统的城市，不是由一个城市中心发散且条理分明地布置各部分，而是由层层叠叠或一个挨一个的城市元素组成，并非由中心概念产生，而是基于纵深思想的结构方式，也是一种看似松散的空间布局。以1956年日本国家发展法(Japan's National Development Law of 1956)的失败为代表，那些限制城市增长的规划战略设计总是失败，因为200万居民占据着构想中的绿化带，于是破坏了整个规划控制的构想。

1975~1985 年

在商业迅速发展的20世纪70年代，日本领土面积有限带来的压力，连同对理性城市规划的抵制，对当时日本建筑的特征产生了实质性影响。由于在日本只有不到30%的山地地形适宜居住，1960~1980年土地价格增长了11倍之多。建设的经济性意味着丹下健三、黑川纪章和矶崎新等宏大城市的架势，在资金上不再可行。当1985年，东京每平方英尺的土地价格激增到1.5万英镑时，人们越来越清楚地认识到，城市不可人为操纵，而是一种非理性且常常是对立的环境，它不再屈从那些无视一切的设计。

在20世纪70年代中期的建筑师里，桢文彦第一个表达了这种对城市更加实用主义的态度。虽然桢文彦是新陈代谢派的创始人之一，但他并不同意菊竹清训和黑川纪章所构造的丰富的乌托邦式幻想。由于重新运用他的哈佛大学老师何塞·路易·塞特(Josâ Luis Sert)的形式语言，桢文彦在**东京山边平台住宅**(Hillside Terrace Housing, Tokyo, 1969—1979, 见[1679]页图 C)和**京都国立现代艺术博物馆**(the National Museum of Modern Art, Kyoto, 1978)中，表现出城市元素与其组织系统、部分与整体之间

---

❶ Archigram；又译阿基格拉姆派。——译者注
❷ Ron Herron；1930~1994 年。——译者注
❸ Peter Cook；1936 年出生。——译者注
❹ Arata Isozaki；1931 年出生。——译者注

第54章 日本和韩国建筑

更多的相互联系。

这种新发现的变异审美，是从日本人生活中的固有观念生发出来的，它把建筑和文化当做一个整体来作为意识形态的基础，是从技术向消费主义的转变。实际上，当建筑环境的每一个环节，都变成具有广告作用和适合市场销售的商品时，设计者们越来越多地被形象的瞬间力量所吸引。这一点最早在竹山实(Minoru Takeyama, 1934—1986)设计的色彩过于丰富的东京二番馆(Ni-Ban-Kan offices, Tokyo, 1970, 见[1682]页图B)中表现出来。建筑开始享受流行、嬉笑和功利，这个建筑物颂扬了现代城市的多样性。

认识到日本城市的世界性，那些将多种资源兼容并蓄的历史形象又开始崭露头角。使用这类主题的建筑师中，主要人物是矶崎新。在20世纪70～80年代，矶崎新的作品被贴上了后现代主义标签。与他早期的设计迥异，这些作品表现出了对外国建筑的喜爱，不论过去的还是现在的。这一特点反映在受勒杜启示的**群马县立美术博物馆**(Gunma Prefectural Museum of Fine Arts, 1974, 见[1682]页图C)和**北九州中心图书馆**(Kitakyushi Central Library, 1975)上。但正是在茨城**筑波中心**(the Tsukuba Centre, Ibaraki, 1983, 见[1685]页图A)的设计中，矶崎新完全沉浸在后现代主义的手法主义之中。位于建筑中心的星形广场，唤起了人们对米开朗基罗设计的卡比多山罗马市政厅(Campadoglio)的回忆，而入口则更是回应了勒杜的古典主义。它还集中了帕拉第奥的别墅、京都的庙宇、构成主义以及豪夫曼和维也纳瓦格纳学派的印记。可以说矶崎新的筑波大楼，创造了一种自由借鉴日本和西方传统的建筑。

有意义的是，这种明确引用以前建筑的方法，成为许多博物馆设计中的决定性风格，并形成了这样一种趋势，即博物馆的外在风格必须在某种程度上反映其展品的历史范围。在坚持这一信条的建筑师中，具有代表性的是原先对新陈代谢派最热忱的追随者黑川纪章。他在**埼玉县立美术馆**(Saitama Prefectural Museum of Art, 1978—1982, 见[1682]页图A)中转向更加历史主义的道路，建筑更多细微精巧而更少戏剧化。其他年轻建筑师的类似设计，还包括有藤井博巳(Hiromi Fuji, 1935—)设计的**牛窗国际艺术节日中心**(Ushimado International Arts Festival Centre, 1985)和石山修武(Osamu Ishiyama, 1944

年—)设计的、更明显折中主义的松崎町伊豆的**长八美术馆**(Chohachi Art Museum, Matsazaki, 1986)。

日本接下来的建筑进入大规模发展时期，建筑师不再作为社会体系的预先规划者。建筑师的退位，使减小建筑规模的等级化制度得以牢固确立。规模最大的、最有声望的公众项目，委托给了老一辈的建筑师和已有的设计公司，例如丹下健三设计的政府和大学建筑以及日建设计(Nikken Sekkei)的新城。作为第二代建筑师，黑川纪章、矶崎新和桢文彦被约束在市立机构的图书馆、博物馆和剧院的项目中。由于政府对城市建设项目的庇护而无法开展自己的职业生涯，新生的第三代建筑师被迫在小规模受限制的设计中寻求表现自我。然而，在这种对私密和个人反省的约束中，这些年轻建筑师能够成功实现一种不同于大型公共建设项目的思想自由。

最明确遵守这种规模前提的建筑类型，莫过于私人住宅了。20世纪70～80年代的现代住宅，在社会重要性中占据了新地位。由于日益增长的商品化不断打破日本人根深蒂固的价值观和制度，私人住宅成了一种现成象征，代表传统日本家庭的持久力量。尽管私人住宅的社会机能保存完好，但设计的自由允许新的设计者们提出一个关于建筑的有力质疑，即一个家庭看起来应该是什么样。类似于20世纪40～50年代埃尔伍德、埃姆斯和凯尼格(Ellwood, Eames and Koenig)设计的洛杉矶研究性住宅群(Los Angeles Case Study houses)，一系列独特而原创的城市结构出现了，每一个都试图重新创造现代住宅的形式和特征。与20世纪20年代的建筑师一样，许多日本民众对于东方和西方、城市和乡村、本国建筑在拒绝与赞同意识形态的极化过程等问题，正反两种感情仍然同时并存。前者中存在着这样一群建筑师，他们虽然认识到隐藏在城市文明背后的异质成分，仍然试图用一种视觉上毫不妥协的纯粹的建筑，把当时日本城市中的混乱和无序关在外面。

筱原一男❶是一位通过他的建筑和作品对这一风格的发展产生深远影响的建筑师。他的早期作品，例如**东京久我山邸**(the House at Kugayama, Tokyo, 1954)和**东京白邸**(the House in White, Tokyo, 1966)，就是以传统日本结构的理论抽象为特征的。

---

❶ Kazuo Shinohara；1925～2006年。——译者注

第七编 20世纪建筑

图A 埼玉县立美术馆(1978—1982),见[1681]页

图B 东京二番馆(1970),见[1681]页

图C 群马县立美术博物馆(1974),见[1681]页

第54章 日本和韩国建筑

他带着这样的信念：作为私人建筑，一座住宅不应该期望能作为一个整体参与到城市中去。篠原一男后来的"存在的"建筑（existential architecture），以他的沉默的混凝土外表面，表达出了这种信念。以东京**上原邸**（the Uehara House, Tokyo, 1976，见[1685]页图B、图C）生硬的实墙与有限的开洞为代表，篠原一男的中心信念是："我创造一个消极空间，作为对有关我的疯狂运动的抗议。"这对后来的几代日本建筑师产生了深远影响。

从这个传统中浮现出的最重要建筑师，恐怕是安藤忠雄❶了。在过去20年间，安藤忠雄建造了一系列用混凝土结构的饰面和细部，达到了住宅空前水平。第一个也是最有力的表现是他的大阪**住吉长屋**（Row House, Sumiyoshi, Osaka, 1976，见[1686]页图B～图D）。安藤忠雄的建筑严格地区分室内和室外，在本例中，室内外只通过一条经过各房间的室外楼梯来连接。房间全无供暖和制冷系统的奢华，也没有装饰，这是一座自我克制的建筑。安藤忠雄自始至终所关注的只是简约和丰富。这是一种将他与佛教建筑方式联系起来而明显矛盾的综合体。安藤忠雄的大阪**小篠邸**（Koshino House, Osaka, 1979—1981, 1983年加建工作室，见[1689]图A）表达了这样一种方式：位于倾斜的乡村基地上的、两个平行的混凝土构筑体块，用一条地下走廊连接。两个体块被一个有台阶的几乎城市化的庭院分开。较短的体块容纳了一个两层高空间的起居部分，较长的体块则容纳了卧室。经过如此巧妙的处理，进入这两个体块的光线，创造了格外宁静的空间。

尽管安藤忠雄的作品似乎表现出一种明显的非城市建筑，但相反的是，他的一些作品，像兵库县的**六甲集合住宅方案**（Rokko Housing Project, Hyogo, 1983，见[1686]页图A）、奈良**中山邸**（Nakayama House, Nara, 1985）和东京**城户崎邸**（Kidosaki House, Tokyo, 1986），在建筑形象的创作中，都蕴含了加强城市主义价值的元素。所有这些住宅，都像小篠邸一样，围绕庭院建造，如同城市广场，并以缩小的桥和类似街道的相互联接的步行道为特征。原广司❷的町田的**反射住宅**（Reflection House, Machida, 1974）采用了相似的构想，由一个中心的"街道"串连起相续对应的房间。

这些住宅的内在特征，也部分地反映了日本人的居住原则，即渴望增加室内的直射光，并且规定建筑底面积的40%必须是开敞的。为了保证私密性的必要程度，建筑师们的标准做法是，把建筑的中心部分掏空，形成一个内庭院。伊东丰雄❸的东京"**白屋**"（U-House, Tokyo, 1976）就是一个极端的例子。该建筑中，一对弯曲的混凝土墙背对着街道，围合出一个用来沉思和欣赏自然的虚空间。注意到日本建筑的这一实质性的建造方式，英国建筑师戴维·奇普菲尔德❹在日本的作品应用了相似的设计思路。在东京**五岛美术馆**（the Gotoh Museum, Tokyo, 1989）和京都**设计中心**（the Design Centre, Kyoto, 1991）中，空间和虚空间，无论是采光井还是平台，看起来所发挥的作用都与建筑本身的实体部分有同等的重要性和价值。除了一些封闭实体所具有的不可否认的视觉冲击力，这是一座住宅和建筑物完全被自身吸纳了的建筑，在此，自我表现从华丽的社会中引退，转向内敛：禅宗的建筑方式。

20世纪80年代，安藤忠雄、伊东丰雄和原广司住宅设计中纯理论的形式主义特征，被更少象征性、更少概念性、似乎更好居住的建筑形式所取代。随之而来的是一种明显的建筑上的成熟，先锋派撤退后的防线，被一种意愿所取代，即用城市自己的语言直面城市问题。建筑师们转而面向一种与城市有着更多互动的方式，其中，住宅以拥抱城市现实的姿态出现，开放地面对近处的街道和近邻的多样性，而不是如过去那般用坚硬不透的住宅边界，去遮蔽其他可供选择的理想化的城市。

这样的建筑，也带来了物质和结构上益发的自由感。这种感觉主要是通过它的材料、铁构件、表皮和结构表现出来。波纹和穿孔铝板、丝网幕和纤细的金属龙骨开始作为新的建筑标准出现。

---

❶ Tadao Ando；1941年出生。——译者注
❷ Hiroshi Hara；1936年出生。——译者注
❸ Toyo Ito；1941年出生。——译者注
❹ David Chipperfield；1953年出生。——译者注

通过对工业构件的兴趣不断更新，不论是高技术的还是低技术的，建筑师们得以用张拉膜结构，重新诠释日本传统建造中用的米纸屏风和间壁，实现新的建筑上的短命轮回。

对这种方法的发展做出最为直接的回应的是建筑师伊东丰雄和长谷川逸子❶，此外还有坂本一成(Issei Sakamoto)。伊东丰雄和长谷川逸子在20世纪70年代早期就因为"篠原一男学派"，即他们的老师及其主要建筑的影响而集体闻名。他们采用了篠原一男有力但隐密的审美观，且各自设计的风格和尺度相近，尤以伊东丰雄1976年所设计的刚硬孤立的"白屋"为代表。但是，篠原一男不断向抽象艺术靠拢，他的学生对其继续把建筑从错综复杂的生活事物中分离出去的主张失掉了信心。他们批判以前设计者过度沉迷于建筑师自我意识，同时寻求通过用真实生活空间的建筑来重新认识自我。

将这种豁达的新理想，表达得最好的建筑是伊东丰雄自用的住宅银色陋屋(the Silver Hut, 1984)。该住宅位于东京郊区的中野(Nakano)，"白屋"紧挨在银色陋屋之后。这栋住宅提出了一种与他以前的"白屋"完全不同的居家模式。这不是一座用混凝土构筑屋顶和墙的建筑，伊东丰雄使用了一系列轻质筒拱，将它们拴接于细长柱子组成的格网之上，形成一个覆盖着可开阖、可回收帆布顶的三角斜格天棚。这种建筑形式，打破了预制体系的常规，不对称布局的开口公然突破了立面的统一感，室内外的区分也变得模糊。长谷川逸子运用铝和钢作为材料，创作出同样非常规的建筑。练马区东京住宅(Tokyo House at Nerima, 1986)和东多摩川住宅(Higashitamagawa, 1987)中，彩色穿孔幕墙柔化了公共和私密领域的界限，而且用泛光灯照明的波浪般的侧影，为平凡的乡村夜晚平添了戏剧色彩。

伊东丰雄和长谷川逸子一边影响着年轻设计师的方向，如妹岛和世❷和她设计的胜浦平台住宅(Platform Houses, Katsura, 1989)和北巨摩郡宅(Kitakoma-Gun, 1990)，一边也突破了住宅设计的限制，拓展到公共建筑领域。在藤泽湘南台文化中心(the Shonandai Cultural Centre, Fujisawa, 1990)的设计中，长谷川逸子对不同形式的运用和空间的探索，特别适合于迫切需要强调亲近性的新建筑。伊东

丰雄也在横滨风之塔(the Tower of Winds, Yokohama, 1986, 见[1687]页图A)中体现了建筑更多的公众性。他在一个通风井的上方，放置了一个充满了各种不同照明系统的金属和玻璃构成的圆柱体。不同的时间，噪声和风，分别开启不同的照明，这个装置把以前不可见的情况视觉化了，成为无形物质的纪念碑。

1985~1996年

随着日本城市重新获得了变革的动力，更多近期建筑的表现，平稳地走向建筑革新的两极化，即大规模公共建筑和小型的艺术性建筑。主导前者的，丹下健三是一位关键人物。但是，在他设计的一些建筑中，如东京都厅舍(Tokyo's new City Hall, 1991)，尽管极尽精致，却失掉了雕塑般的生命力。这座建筑几乎没有他以前所追求的、对传统建筑做现代诠释的痕迹，而是成为一座全无场所感的纪念性建筑，放在柏林、达拉斯或迪拜任何一个城市中都合适。能与丹下健三及其他建筑师相媲美的，是对住宅做现代诠释的少数概念主义者：篠原一男、安藤忠雄和伊东丰雄。排除了形式的先例和功能的必要性之后，他们设计的建筑把自身重新定位于艺术抽象的意识形态之下。他们抛开创造美丽实物的实践，将日本对艺术理解的过程，重新定义到自省的视觉和思想这一现实中去。例如，安藤忠雄的北海道水上教堂(Church on the Water, Hokkaido, 1985—1988, 见[1690]页)，以极为简单的手法，把建筑、构件和景观融为一体，令人难忘。教堂以两个正方形交叠而成，以最简洁的语言予以表现，它位于带墙的湖边，后部变为玻璃墙。从巨大的窗户可见到山上的壮丽景色，就像传统的拉门一样，玻璃墙可滑动打开，以强调教堂内部与自然的联系。

年轻的建筑师们，继续在住宅中创造一些特殊的有革新性质的变化因素，提供了一些同一感和差异感，用来作为他们建筑抱负的美学名片。这方面的例子有苏格兰裔日本建筑师乌希达·芬德利(Ushida Findlay)所做的非常深奥的东京桁架墙住宅

---

❶ Itsuko Hasegawa；1941年出生。——译者注
❷ Kazuyo Sejima；1956年出生。——译者注

第54章 日本和韩国建筑

图A 茨城筑波中心大楼(1983),见[1681]页

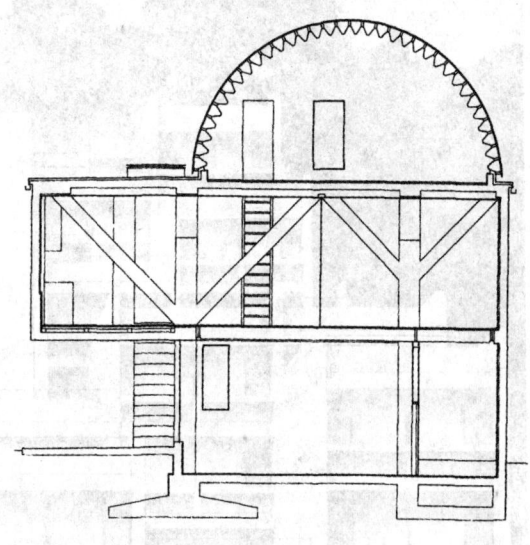

图B 东京上原邸剖面图

图C 东京上原邸(1976),见[1683]页

第七编　20世纪建筑

图 A　兵库县六甲集合住宅方案(1983)，见[1683]页

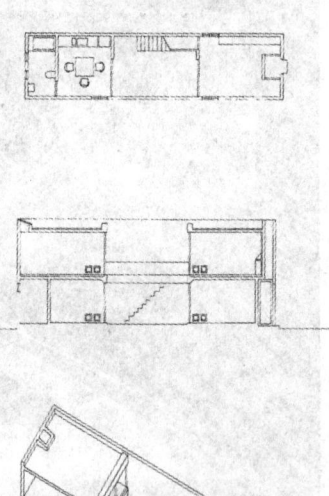

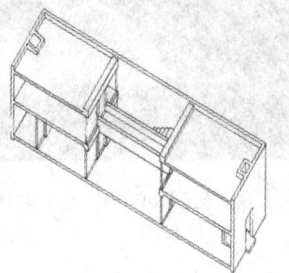

图 B　（右图）大阪住吉长屋(1976)，见[1683]页

图 C　（上图）大阪住吉长屋室内

图 D　（左图）大阪住吉长屋平面图、剖面图和轴测透视

第54章 日本和韩国建筑

图A 横滨风之塔(1986)，见[1684]页

图B 东京桁架墙住宅(1993)，见[1688]页

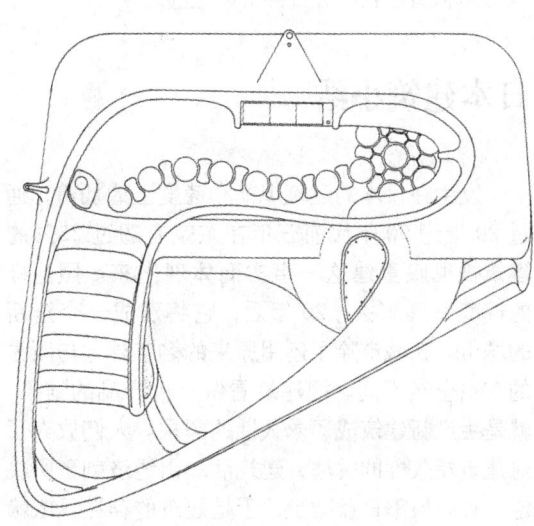

图C 东京桁架墙住宅平面图

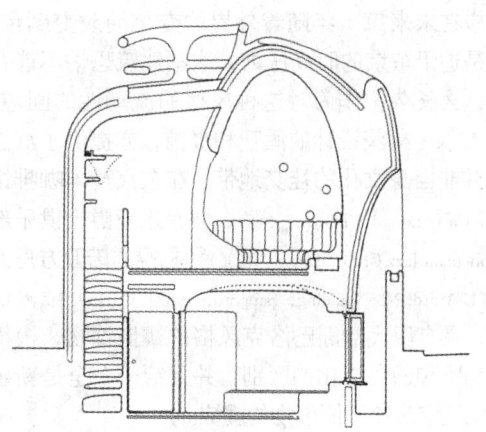

图D 东京桁架墙住宅剖面图

(Truss Wall house, Tokyo, 1993, 见[1687]页图 B~图 D)和筑波的 Soft and Hairy 邸(Soft and Hairy house, Tsukuba, 1994)。过去 10 年中，类似表现的作品还包括高松伸❶的工业式的 Ark 仁科齿科诊所(Ark Dental Clinic, Nishima, 1984)、北川原温(Atsushi Kitagawara)的超现实的东京 RISE 电影院(RISE Cinema, Tokyo, 1986)，以及高松正原(Masahara Takasaki)设计的带有达达色彩的东京水晶光大楼(Crystal Light Building, Tokyo, 1987)。日本投资者将智能建筑作为艺术的持续委托，这些作品提供了多种引人瞩目的例证。

值得注意的是，这一时期还见证了国外建筑实践的大量引入。20 世纪 80 年代中期以前，引进西方设计师的费用阻碍了它们的进入，但由于日元对美元比价的暴涨，请外国建筑师与请本土建筑师所需的费用是等价的。与此同时，地价戏剧性的增长，意味着建造费用最多只占整个工程投资额的 10%。通过吸引著名的美国和欧洲设计师，日本人得以提高建筑的品质，从而提升这种投资的价值。

第一批以此方式引入的建筑师中有法国人菲利普·斯塔克❷和英国人奈杰尔·科茨❸。在为朝日(Asahi)啤酒公司所做的东京吾妻桥大楼(the Flamme d'Or building, Tokyo, 1989)中，斯塔克创造出了一种独特而又丰富的偏心结构，作为一个竭力宣传其公司身份的习惯性标志。同样独特的是，他的东京纳尼纳尼大楼(Nani Nani Building, Tokyo, 1989, 见[1691]页图 C)，构成了一个带棱条的办公"长颈瓶"，墙外覆上铜板。按照原设计，这个建筑应在未来每十年随着外界的变化而改变颜色。但是迫于东京的时尚压力，这座建筑恐怕不能存在这么长久。作为对这种风格的流动性的回应，奈杰尔·科茨设计的酒吧和餐馆，亦提供了沉迷于并非自身文化的社交地带。在东京羚羊咖啡馆(the Caffé Bongo, Tokyo, 1986)、波希米亚爵士俱乐部(Bohemian Jazz Club, Tokyo, 1986)和札幌的诺亚方舟大楼(L'Acardi Noé building, Sapporo, 1988, 见[1691]页图 D)中，具有现代欧洲巴洛克风格的镶嵌饰物，模糊了高雅和通俗文化的区别，并且给一个全是新事物的国家带来了旧事物的震惊。

关西国际机场航站楼(Kansai International Airport Terminal, 1988—1994, 见[1691]页图 A、图 B)的建筑师是伦佐·皮亚诺，可能是由于他的欧洲背景而被选中为设计师，但关西却体现了明显的日本传统。作为 20 世纪 60 年代丹下健三、黑川纪章和菊竹清训诸人的城市项目在 20 世纪末的化身，关西实现了以前把城市延伸至海上人造平台的梦想。伴随着这座建在大阪湾中部的人造岛上且长达 1.61km(1mile)的航空港，皮亚诺的建筑也许预示了 20 世纪 60 年代技术英雄主义的回归。

除了皮亚诺、科茨和斯塔克，日本近年来经历了一大批其他重要的外国建筑业务的入侵。尽管给这些建筑师们提供了在本国所没有的建筑实践机会，但阿尔多·罗西(Aldo Rossi)设计的福冈皇宫Ⅱ旅馆(Hotel Ⅱ Pallazzo, Fukuoka, 1989)、彼得·埃森曼设计的小泉光明剧场(Koizumi Lighting Theatre, Tokyo, 1990)和诺曼·福斯特设计的东京世纪塔(Century Tower, Tokyo, 1991)等建筑，从外观看来还是带有更多当前日本的建筑口味。建筑上真正的标记，看着更多地是属于建筑师个人的而非建筑本身的。日本的投资者，越来越多地寻求把建筑作为一个可收藏的项目来对待。以这种方式做设计，是前所未有的价值取向。但是，它却忽视了建筑价值中的传统评价标准，如形式、功能和使用上的人类工程学，这将意味着，建筑正处于仅以时尚和潜在利益进行评价的危险之中。

日本建筑小结

发生在日本的建筑规模和速度上的翻覆，通过 20 世纪 90 年代前五年在东京有超过 25% 的建筑被彻底重建这一事实而体现出来。照这样的速度发展下去，20 年后，它将建成一个全新的城市。新城市除了还用原来的名字外，与原先的东京全然不同。把建筑看做一种产品的结果，就是生产新建筑成了永久性的需求。人们放弃了对建筑持久性的关注，建筑活动由经济刺激所决定，且回报率日益减少，于是建筑的存在只依赖

---

❶ Shin Takamatsu；1948 年出生。——译者注
❷ Philippe Starck；1949 年出生。——译者注
❸ Nigel Coates；1949 年出生。——译者注

第54章 日本和韩国建筑

图A 大阪小篠邸(1979—1981)，见[1683]页

图B 大阪小篠邸室内

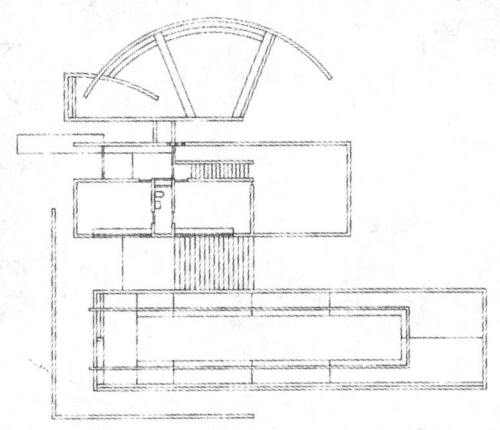

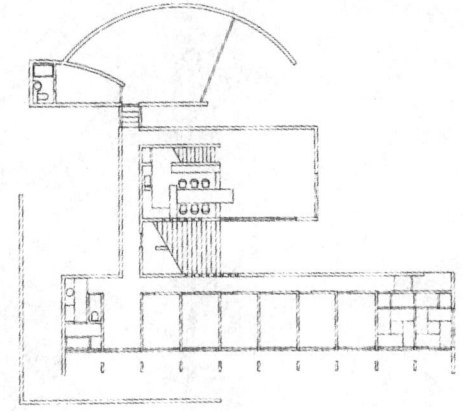

图C 大阪小篠邸首层和二层平面图

第七编　20世纪建筑

图A　北海道水上教堂(1985—1988)，见[1684]页

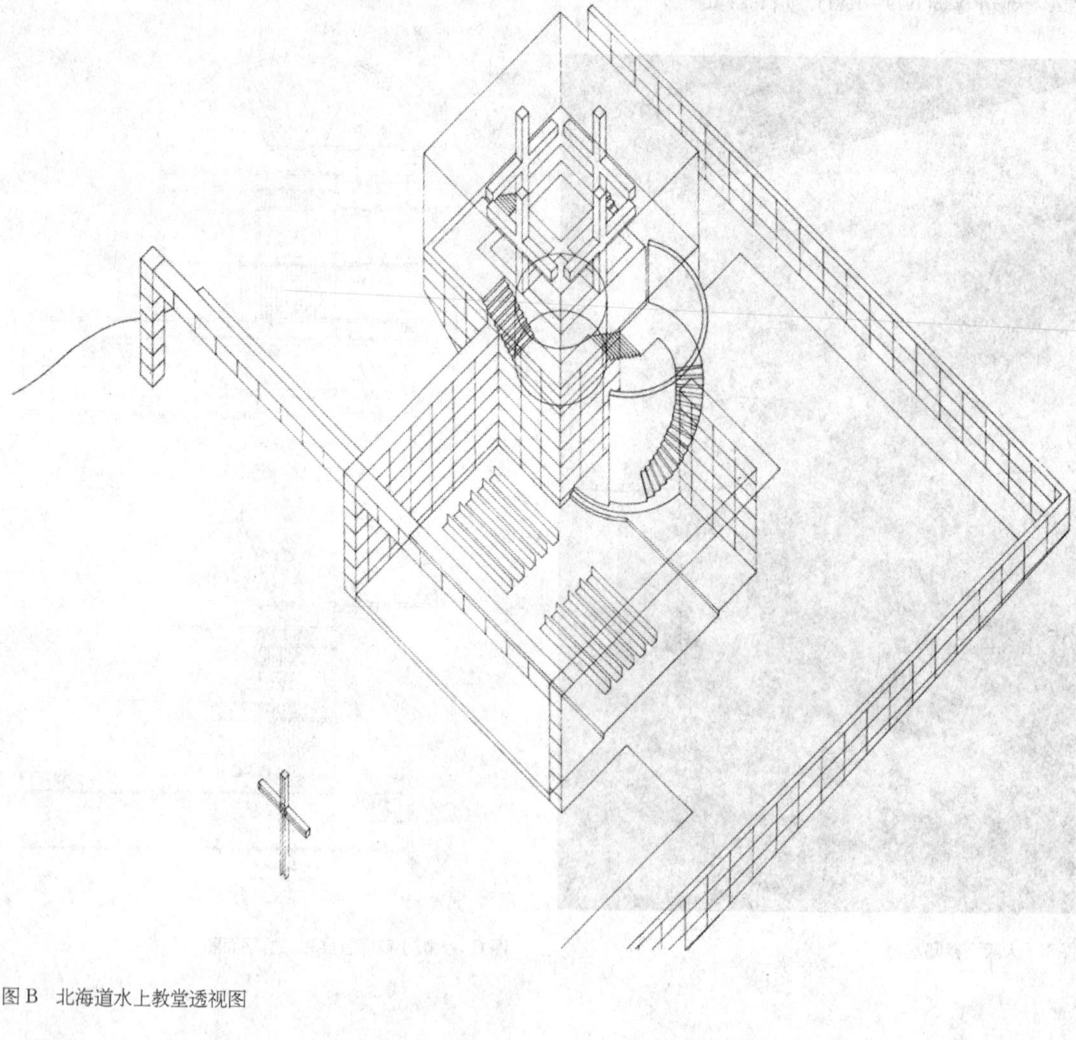

图B　北海道水上教堂透视图

第54章 日本和韩国建筑

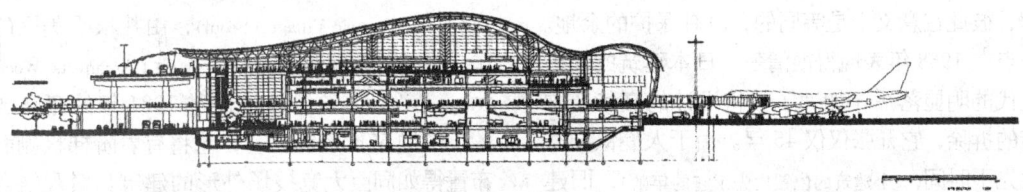

图A 关西国际机场航站楼剖面图

图B 关西国际机场航站楼(1988—1994),见[1688]页

图C 东京纳尼纳尼大楼,东京(1989),见[1688]页

图D 札幌的诺亚方舟大楼(1988),见[1688]页

于它们的新颖性。因此,建筑物的拆除和重建的过程,彼此在意义上是等同的,没有保护的余地。这一点在1968年表现得很清楚,日本建筑的保护在现代的明显落后,加速了赖特设计的豪华帝国饭店的拆除,它开张仅仅45年。由于人们认定空间优先于时间(一个建筑的位置优先于它的年龄),旧建筑的意义和价值似乎要低于新建筑,正是因为日本一直认为未来比过去更有保障感。

透过这些建设上的兴衰变迁,日本城市景观中唯一固定和持久的特征,就是氖气路灯照亮夜空。这是对现代日本的讽刺之一,即二维的广告标志和口号的影响,要大于它所依附的三维建筑。通过这种持久景象,表现出来的是事物的纯视觉支配的优势。这不仅反映在广告商身上,还反映在相继设计了奇异的超现实主义外表面的建筑师身上,城市生活更多地依赖于表面思想而非深层意义。于是,日本建筑信息的媒介,就一步步被掩盖在信息本身之下。当建筑物逐渐演变成广告牌时,20世纪末的日本,最生动最持久的印象,就是崇尚对立,但文化和形象却一致地走向了某种事物的表现。

第二次世界大战后期的韩国建筑

第二次世界大战后的韩国建筑,以极薄的板式居住街区为特征。南向的起居室和入口走廊,北向的厨房,还有一些全无个性的商业塔楼街区。但是,1988年汉城奥运会对住宿提供的要求,激励了韩国建筑艺术的复兴。虽然一大批奥运会的主要建筑,在国际竞赛中被外国建筑师所赢得,但是,奥林匹克大大激励了韩国对高质量建筑的兴趣。因为大量的可当做榜样的奥运会建筑明显地提高了他们的建筑标准,并且给建筑师们提供了可效仿的模型。

这其中最成功的建筑是1988年的汉城**奥林匹克村**(the Olympic Village, Seoul),由扎根于美国的禹圭昇和威廉斯建筑师事务所(Architects Woo and Williams)设计。该建筑是通过1984年的竞赛选出的,占地57hm²(143acre),它将有着阶梯状侧面且布置得如同巨大竞技场外形的建筑与景观结合起来。平面从一个中心玻璃拱顶的中庭建筑辐射,呈扇形。在放射性的体块间,是两条奔流的水带。奥运村包括5540个居住单位,奥运会结束后,被作为永久性住宅使用。中庭成了购物中心。70%的公寓是双层的,拥有两层通高且能充分享受阳光的起居室,这是从传统乡村住宅形式中获得的设计灵感。建筑是混凝土结构,外面拉毛抹灰,这使得它与韩国多数传统建筑有一种表面上的相似。

很多奥运会场馆都很有趣味,包括戴维·H. 盖格(David H. Geiger)设计的汉城**奥林匹克体育场**(the Gymnasic Stadium, Seoul, 1988)。他从巴克明斯特·富勒的穹顶结构中获得启示,该体育场是一个本着优雅观念设计的覆以膜结构的建筑。

还有一些非奥林匹克的重要建筑,例如金泰洙(Tai Soo Kim)设计的汉城国立现代艺术**博物馆**(the National Museum of Modern Art, Seoul, 1987),该建筑像藤蔓一样伏于山边的基地上,包含一系列院子,还有一个像古根海姆博物馆(参见有关章节)一样的斜置的鼓状体。又如金锡澈(Seok Chul Kim)设计的汉**城歌剧院**(the Seoul Opera House, 1985—1993),用交叠的圆形片段,限定主要空间以构成圆形。再有由芬特雷斯(C. W. Fentress)和布雷德波恩(J. H. Bradburn)设计的汉城大都会机场(the Seoul Metropolitan Airport, 始建于1993年),结合了1.2km(3/4mile)的林荫路。还有禹圭昇(K. S. Woo)设计的汉城**金焕基博物馆**(the Kim Whanki Museum, Seoul, 1993),采用了极少主义的白色室内,屋顶采光和筒拱的立体展厅,充分展示了金焕基的抽象绘画。

20世纪建筑

第55章
东南亚建筑

概述

虽然东南亚的不同国家都有独特的文化历史，但它们在发展的过程中，也有许多共同的关键因素。在绝大部分地区(泰国除外)，以广泛传播的印尼/马来语及其变种为基础的共有语言文化，是这些因素中最重要的。此外，农民社会中核心家庭的重要性以及妇女地位高的关系，从印度、中国和中东地区源源不断传入的宗教带来的同化作用，以及西方殖民主义冲击下所产生的文化复杂性也具有重要意义。最后，还有独立后共同的后殖民经历，它们仍在发挥作用，同时还有寻找民族和地方特性的民族主义。

因此，直到20世纪中叶，东南亚的建筑都折射出不同文化复杂之交叠，它们经常将外来元素和本地元素结合在一起，并结合当地的热带气候条件，创造出独特的综合形式。相比之下，在20世纪后半叶，我们可以发现，全球化的经济和文化力量以及控制气候的机械技术，逐渐侵蚀了这种多元文化传统，因此，该时期的建筑看起来与世界上其他地方没什么两样。然而，近十年来，分布在各地的建筑师们，开始试图寻找介于现代和传统之间的中间路线，使建筑能够更多地同时反映出当地气候和东南亚文化。

地域性乡土建筑

虽然在20世纪形成东南亚建筑风格的主导力量是殖民主义和民族主义，但直到20世纪下半叶，那些本土化的住宅还是建造得很好，并且对现在的建筑形式仍有影响。木结构的**吊脚楼**(house-on-stilts)是东南亚的一种典型的建筑形式，其变体在整个地区，甚至在更远的处于太平洋沿岸的那些国家也能发现。它们通常以独户建筑的形式，聚集在零星分布的**村庄群**(kampongs)之中，这种可以拆卸或提升高度的建筑形式，反映了当地固有的社会结构，同时也保护居民不受蛇类和热带洪水的侵害。而自由散落的布局，也最大限度地降低了框架建筑周围及内部的气温，这些框架建筑，从地板到天花板都装置了可开启的百叶，以解决采光和通风问题。用棕榈树叶或聂帕榈叶做成的高大倾斜屋顶，带有宽阔的挑檐以避免墙面直接受到日照，并利于雨水的排除，山墙上有排气孔，使屋内上升的热空气能顺利排出。多数变体，如典型的**马来住宅**(Malay house, 见[1694]页图A)，则熟练地采用了预制和集中装配硬木框架及其他构件的方法，这样，房屋的主人就能根据需要将房子拆卸掉，并在另外一个地方重新装配起来(参见第40章)。而带有殖民地本土特色的建筑也非常普遍，并因其广泛传播，构成了地域乡土化的特点。通常，在适应热带气候及其他需要的过程中，包含着具有重要意义的跨文化交流，从而形成了混合风格的建筑(见[1694]页图B)。

新加坡

两次世界大战期间，由于全球范围内对汽车和罐头食品的大量需求，新加坡靠从港口出口橡胶和做罐头用的马口铁而获得了巨大利益。随之带动了一股建设热潮，创造了一批新的带有炫耀成分的公共作品，同时，由与吉隆坡相类似的**新加坡市公共工程司**(Public Works Department)负责实施的公共服务和基础设施工程，也取得了很大进步。由梅多斯(F. D. Meadows)设计的位于巴东(Padang)的**市政大楼**(Municipal Building, 1926—1929, 见[1694]页图C)、由基斯和多德斯维尔(Keys and Dowdeswell)设计的**邮政总局**(General Post Office, 1928)和**爱德华七世医学院**(Edward VII School of Medicine, 1927)，是在新加坡建造的最后一批新古典建筑，显示了殖民地时代的没落。这三个建筑在水平构图上都略显笨重，均以巨大的多立克柱式和柱廊为特征。斯旺和麦克拉伦事务所设计的(Swan and MacLaren)**汇丰银**

第七编 20世纪建筑

图A 马来吊脚楼住宅,见[1693]页

图B 槟城殖民地别墅(1938),见[1693]页

图C 新加坡:市政大楼(1926—1929),见[1693]页

图D 新加坡:高等法院(1937—1939),见[1695]页

行(Hongkong & Shanghai Bank, 1925)虽然采用非均衡的设计,但显得轻盈许多,在上三层立面的柱子之间设计了"摩登"的阳台。由多灵顿·沃德(F. Dorrington Ward)设计的**高等法院**(Supreme Court, 1937—1939,见[1694]页图D),是在新加坡以帝国式手法设计的最后一座建筑。那夸张的尺度、狭促的比例和紧贴着钢框架盒子的古典立面,无不显示出这个过渡时期的迷惑。相比之下,早期的由公共工程司建造的**火车站**(Railway Terminus, 1932)则是一个自信的现代建筑工程实验,据说它受了埃利尔·沙里宁设计的赫尔辛基火车站的影响。给人以深刻印象的售票大厅,有暴露的钢筋混凝土拱顶,明确地指引方向,入口柱廊醒目的拱门和英雄主义雕塑或多或少地蕴含着原真的罗马精神。1937年,为了解决日益增长的国内空中交通问题,一个新机场在卡朗(Kallang)建成。这个钢框架结构的**航站楼**(Terminal Building),展现了早期现代运动中的流线型特色,包括悬挑的屋顶和阳台以及通高的条形窗。1939年由弗兰克·布鲁尔(Frank Brewer)设计的**华懋大楼**(Cathay Building)效仿了这种形式,它是新加坡第一座高层建筑,也预示着这座城市未来的发展模式。

1942年新加坡被日本占领,如同香港的沦陷,城市在殖民化过程中遭受了巨大的创伤,在盟军取得最终胜利之后这种影响仍持续了很久,也在后来的数十年里,加速了新加坡的独立进程。战后不久,以中国香港为大本营的巴马丹拿(Palmer and Turner)公司也在新加坡设立了分部,并负责设计了这时期大量的重要建筑。为香港和上海银行所建的**麦克唐纳公寓**(MacDonald House, 1949)是战后第一座高层建筑,有现代轮廓分明的砖立面,其上是为银行员工所建的瓦屋顶公寓。**中国银行大楼**(Bank of China, 1954)采用石材饰面和竖直的立面元素,给人以坚固的印象,看起来更像建筑师早期在香港和上海所建的高层建筑。具有同样历史渊源的中国建筑师,在这一时期也开始崭露头角,由黄庆祥(Ng Keng Siang)设计的当代的**亚洲保险大楼**(Asia Insurance Building)与以往的作品相比,呈现了清晰的现代风格,它由突出的带遮阳篷的水平窗和一个流线型的"角塔"组成。类似的还有由斯旺和麦克拉伦设计的**新加坡橡胶公司大楼**(Singapore Rubber House, 1960),是为适应热带气候而创造的国际风格的完整试验,这标志着设计公司和整个新加坡从殖民时期向后殖民建筑的转变。

新加坡在1957年独立后至1959年期间,与马来西亚结成了短期联盟。之后,新加坡在具有超凡魅力的李光耀及他的人民行动党(PAP)的领导下,开始走自己的路线。先前的经济繁荣导致了新加坡人口的快速膨胀,在城市中的华人和其他非欧洲血统的地区,都引起严重的人口过剩问题。1927年,殖民政府设立了新加坡改建信托公司(Singapore Improvement Trust),并在第二次世界大战前后建造了大量的国际风格的房屋,例如**普林塞普大院公寓**(Prinsep Court Flats, 1949)。虽然这些房屋本身都设计得很好,但是几乎不能真正解决问题。1960年,设立了住房与发展局(Housing and Development Broad, HDB),建造了一系列以欧洲模式为基础的**新城**(New Towns),这些在中心城市以外的新城,提供了足够的住房和工作场所,缓解了人口问题,并为今后人口的继续增长提供了储备。与香港的情况相类似,新加坡的土地十分紧张,加之还要说服那些受过正统欧洲教育的现代主义者,住房与发展局的建筑师和规划师只好仿效西方的解决方法,采用高层住宅(high-rise housing)。同样与香港类似的情形是,新加坡首先只满足最基本的需要,住宅的设计遵从最低限的空间要求。当然,标准很快就被提高了,在20世纪七八十年代继续建设的一批新城中,注意了在社区设施和景观美化方面的改进。在岛屿东北端尽头的**巴西里夫新城**(Pasir Rif New Town,见[1696]页图A),是80年代晚期的典型代表,它由几个邻里组成,每个邻里又划分成几个区域,每个区域由4~8个能容纳100~120户家庭的居住街区组成。次要的社区服务设施,由遍布新城的步行路互相连通,而主要的设施则汇集在新城中心,那些次要的或者经常使用的设施,设置在街区的中心。到目前为止,新加坡已经有20座新城建成或者即将建成,为87%的人口提供了住房,并且由于政府的多种贷款计划这其中又有81%的人拥有房屋所有权,这个数据是相当惊人的。

在实施房屋政策的同时,新加坡政府以高瞻远瞩的眼光,开始关注公共和私人投资政策以使岛国从殖民时期的附属性经济转变为后殖民时期的自足性经济为目标。新加坡的领导层清楚地意识到自身有限的空间和资源,因此设计了一个大胆而明智的发展战略,以最大化地鼓励外国投资

第七编 20世纪建筑

图 A 巴西里夫新城（约20世纪80年代后期），见[1695]页

图 C 和合大厦剖面图(1974)，见[1697]页

图 D 阿德默公寓(1984)，见[1697]页

图 B 新加坡：华侨银行大厦(1976)，见[1697]页

第55章 东南亚建筑

为目标,辅之以政府在基础设施建设和教育投资方面的支持。

到了20世纪70年代中期,新加坡已经属"亚洲四小龙"之一,或者说是继日本之后的中坚国家,并以亚太地区经济速增的排头兵而闻名于世(其他的"亚洲四小龙"成员是中国香港、中国台湾和韩国)。大量的跨国公司把区域总部设在新加坡,在城市中心出现了大量办公楼和商业建筑,从而改变了新加坡的天际线。其中很多都是知名的外国建筑师设计的,不论是政府还是在私人业主面前,他们都要比本地的设计师更受欢迎,不仅是因为他们在高层建筑和其他综合体方面的设计经验,而且他们的国际声望也使作品的可信度更高,对业主而言亦是如此。这些建筑包括了由贝聿铭设计的**华侨银行大厦**(OCBC Centre, 1976,见[1696]页图B)、**莱佛士城**(Raffles City, 1985)和**新门广场**(Gateway Project, 1986),由丹下健三设计的**南洋技术学院**(Nanyang Institute of Technology, 1986)、**OUB中心**(OUB Centre, 1986)和**新加坡室内体育场**(Singapore Indoor Stadium, 1989),以及由约翰·波特曼设计的**国际会展大酒店**(Pavilion International Hotel, 1983)和**海洋广场**(Marina Square, 1985)旅馆综合体。其中贝聿铭设计的华侨银行大厦是最引人注目的建筑,它由双核的钢筋混凝土悬挑结构组成,两个核心筒之间悬挂在巨大的桁梁上的三组等分的楼层。

20世纪七八十年代早期的新加坡商业建筑,普遍与西方建筑没什么两样。虽然部分的指责集中在外国建筑师忽视了新加坡的热带气候和其他条件,但这个时期本地建筑师基本上也没有根据气候改变其设计手法。由BEP建筑师事务所设计的**通信中心**(Comcentre, 1978,今电讯大楼(Telecoms)),只是稍加考虑了气候因素,在楼层之间采用了凹进的开窗法,从而使楼地板像贝聿铭的华侨银行大厦一样,在双核之间向外突出。当然西方模式的潮流并不只限于商业建筑。由三人组(Team 3)国际公司设计的**裕廊市政厅**(Jurong Town Hall, 1970),就是一个钢筋混凝土的粗野主义作品,上层楼板悬挑出来,遮挡下层的阳光。库普兰建筑师事务所(Kumpulan Architects)设计的**初级法院**(Subordinate Courts, 1974),与丹尼斯·拉斯顿设计的伦敦国家剧院综合楼(National Theatre Complex)非常相像,二者出于同一手法,尤其是交叠的平台和中心核心部位的金字塔体。粗野主义时期,极致的标志之作是

合作设计建筑师事务所(Design Partnership Architects, DP)设计的多用途的**和合大厦**(Woh Hup Complex, 1974,见[1696]页图C)。它由购物中心的墩座和其上的梯形"金字塔"及室内"街道"组成,该设计受到十年前日本和欧洲先锋派做的"巨构"方案的强烈影响。

尽管西方潮流仍保持着一定的优势,一小部分本地建筑师却努力另辟蹊径。以荷兰建筑师约舒阿·范恩布顿(Joshua van Embden)设计的总平面为基础,由公共工程局(PWD)设计的肯特山的**新加坡国立大学**(National University of Singapore, 1973—1977)是一个现代热带地域主义发展的地标,整个建筑几乎都是混凝土框架结构,并使用了本地的砖,自那以后,它被广泛地模仿。那些为了适应城市西部绿荫山地地形而精心设计的多为3~5层的建筑,都有着挂瓦屋顶和挑台,用于遮阳和通风,这种手法在很多殖民时期的学校中经常出现。它们之间用一二层有顶的走廊连接起来,这些走廊,使得在各种天气下,校园里的步行路都畅通无阻。

新的设计方法,也开始在私人房屋的项目中出现,尤其是公寓塔楼的开发。从摩西·赛弗迪与当地地域开发联合公司(Regional Development Consortium)设计的**阿德默公寓**(Ardmore Condominium, 1984,见[1696]页图D)开始,他们创造了一个独特的热带高层建筑,与同一时期吉隆坡进行的实验相类似。在阿德默方案中,赛弗迪偏爱的带平台的居住形式,被演绎成两个雕塑般的塔状体块,每个都被遮荫的双层通高的"空中庭院"(skycourts)和带槽平台巧妙地切开。很明显,地域开发联合公司通过与赛弗迪的合作得到了启示,之后不久建造了**巴莱斯捷波因特大楼**(Balestier Point, 1986),它是一个交错的结构,由购物中心和上面的平台公寓组成。随之,保罗·鲁道夫在1987年建的**田园路公寓**(Grange Road Condominium,见[1698]页图A)中,采用了与之相近的清晰形式,他将一个个的卧室体块,从主要的建筑框架或"巨构"向外悬挑,从而使起居室和平台能得到更多的光区。这种形式最近的一个例子是董元美(Tang Guan Bee)设计的**阿贝利亚公寓**(Abelia Condominium, 1994,见[1698]页图B)。与前者一样,它在双层通高的"空中庭院"周围,设计了许多小房间,但有更轻盈的玻璃窗,它们依靠遮光幕和茂密的爬藤植物来遮荫。诸如此类的优秀建筑,使得新加坡发展成为一个高层建筑林立的城市,这破坏了它原有的低层城

第七编 20世纪建筑

图 A 新加坡田园路公寓(1987),见[1697]页

图 B 新加坡阿贝利亚公寓(1994),见[1697]页

图 C 新加坡太平尼斯社区中心(1992),见[1699]页

图 D 碧山教育学院(1994),见[1699]页

市结构和店铺住宅。林少伟(William Lim)设计的**钱瑟里公寓别墅**(Villa Chancery Condominium, 1986)是少有的以店铺住宅为原型的带平台的庭院建筑实例,庭院建筑暗示出它与复兴的模式是多么类似。

其他建筑形式也在发生着变化,有时候是在出乎意料的地方。林少伟与莫玮玮(Mok Wei Wei)合作设计的**太平尼斯社区中心**(Tampines Community Centre, 1992,见[1698]页图C)作为最近享有更多自由的建筑项目的一部分,是由政府委托给当地私人公司的几个工程之一。各种各样的形状和尺寸,被丰富地拼贴在一起,它们之间按照周边交通框架的严格秩序联系起来,这是对传统的"五脚基"(five-foot way)的现代诠释。这个中心已经被看做是对文化多元且纪律严明的新加坡社会的隐喻。住房与发展局(HDB)的建筑师刘太格(Liu Thai Ker)设计的**武吉巴督清真寺**(Bukit Batok Mosque),对伊斯兰建筑主题进行了有创意的重新诠释。PWD 的建筑师潘碧丽(Phan Pit Li)设计的**新月女子学校**(Crescent Girls' School, 1994),在很多地方借鉴了阿尔多·罗西和后现代主义建筑风格及殖民时期的建筑风格。这两个建筑都表明,只要有机会,政府的设计师也能有同样的创造能力。最后,由东南建筑事务所 II(Tenggara II)设计的碧山**教育学院**(Institute of Education, 1994,见[1698]页图D),标志着当代新加坡建筑的成熟,它用钢和混凝土令人信服地重新诠释了热带的地域主义。两个面对面的直线形教学楼之间,是一条微微弯曲的绿色"街道",这个设计采用了大量得自地方建筑传统的实践技法,包括悬挑的屋顶、为了遮阳和交通而挑出的阳台以及为了形成穿堂风的狭窄的功能性空间。

尽管证明了本地设计师的能力有了很大提高,但直到 20 世纪末,在主要项目上,新加坡政府仍然偏爱那些有名气的海外设计师,20 世纪 90 年代中期选择斯特林·威尔福德(Stirling Wilford)作为**泰马塞克工艺专科学校**(Temasek Polytechnic)和**新加坡艺术中心**(Singapore Arts Centre)的主要设计师就可以证明,这一点这两个方案都是与 DP 建筑师事务所合作的。前者有着紧凑的城市尺度,马蹄形的中心体块和广场,是标准易识别的斯特林·威尔福德方案。后一个建筑,醒目地伫立在俯瞰新加坡港的政府大厦草场(Padang)旁边,是一个更有争议性的抽象设计方案。建筑群由五个会所及支持设备组成,主要建筑有个可变的双层覆面,保护封闭的功能空间,并隐藏其意图。

马来西亚

首都吉隆坡主要的基础设施和行政建筑于 1910 年建设完成,在两次世界大战期间几乎没有什么公共活动。其中也有例外,即由无处不在的巴马丹拿公司设计的新德里风格的新山(柔佛巴鲁)**柔佛州政府大楼**(Johore State Government Building, 1939,见[1700]页图A),其风格的选择,更符合当时常见的欧洲式样。吉隆坡新古典主义的**科里塞姆剧场、旅馆和餐馆**(Coliseum Theatre, Hotel and Restaurant, Kuala Lumpur, 1920,建筑师未知)以其上部内凹式楼层和双柱柱廊而闻名。与之相比,同样位于吉隆坡由丹麦工程师泽厄施泰德和尼尔森(Sehested and Neilsen)设计的**华侨银行大楼**(Overseas Chinese Banking Corporation Building, 1926—1927)及不知名建筑师设计的**梅杰斯蒂克饭店**(Hotel Majestic, 1932),都以清晰的线条和大玻璃窗而闻名。这种形式并不令人吃惊,因为前者原本计划设计成为百货大楼。不知名建筑师设计的**英-中大楼**(Anglo-Oriental Building, 1936)中,有艺术装饰风的细部和窄边外突窗蓬所强调的强烈的水平线条感,而建筑垂直的"流线型"转角入口的处理,则让人回想到那个时期艺术装饰风的电影院。

英-中大楼证明了吉隆坡现代建筑的到来。战后的几年里,以狂热采用新形式为标志,同时受 1957 年独立声明的鼓舞,引发了全国性的现代化计划。早期的实验,例如 PWD 设计的玻璃覆面的**联邦议会**(Federal House, 1954),与欧洲的样式几乎没有差别。然而,由于对传统建筑形式和气候控制技术进行了重新评价,加之当地一贯缺乏空调装置机械系统,两者共同促成了一种"热带地区"的现代主义,与印度和非洲类似的战后运动一致。它们经常以调整过的形式加以处理,用现代材料制作传统形式的屋顶、百叶窗等,如混凝土框架和百叶窗板的**英国文化协会大楼**(British Council, 1956)。同样由 PWD 设计的**国家清真寺**(National Mosque, 1956)是在适应热带气候条件下,对中东地区传统清真寺建筑的重新诠释。有时,为了表达民族特性,建筑师们会用夸张的尺度模仿传统形式,造成奇特的效果,就像何国豪(Ho

第七编 20世纪建筑

图A 柔佛巴鲁州政府大楼(1939),见[1699]页

图B 吉隆坡:美国国际保险大楼(1964),见[1701]页

图C 吉隆坡:达亚布米大厦(1981),见[1701]页

图D 吉隆坡:美西尼亚格塔楼(1992),见[1701]页

相比之下,大量的建筑师采用了以勒·柯布西耶后期清水钢筋混凝土、底层架空柱和遮阳板的建筑语汇为基础的粗野的现代主义。它们包括巴马丹拿与PWD设计的位于吉隆坡的许多大型项目,如**马来亚大学**(University of Malaya, 1959—1975),以及其他各种各样的外国和地方公司设计的项目。用这种式样设计的私人建筑有詹姆斯·丘比特(James Cubitt)设计的**大学医院和医学院**(University Hospital and Medical Faculty, 1964—1966),韦尔斯和乔伊斯(Wells and Joyce)与约翰·哈里斯(John Harris)联合设计的**吉隆坡总医院**(Kuala Lumpur General Hospital, 1966—1968)是给勒·柯布西耶一个另外的献礼,它是战后为适应热带地区气候的现代主义建筑实验中最成功的一个。低层的人性化的规模、结构和布局的和谐统一,遮阳板的巧妙应用及其他气候控制技术,使它具备了优良的品质。吉隆坡第一个国际风格的塔楼也在20世纪50年代后期出现了。一般地说,像吴福源(Goh Hock Guan)设计的**联邦旅馆**(Federal Hotel, 1957)、PWD设计的**马来西亚国会大楼**(Malaysian Parliament Building, 1963)、约翰·格雷厄姆(John Graham)和巴马丹拿联合设计的**美国国际保险大楼**(American International Assurance Building, 1964,见[1700]页图B),它们都使用了诸如混凝土或金属遮光幕等各种形式,来减少强烈的阳光和反射光对墙面的损害。由国内的建筑师部门(Architects Department)设计的**国家电力部大楼**(National Electricity Board Building, 1966),采用了承重的钢筋混凝土作为遮光幕。

20世纪六七十年代,由于机械空调设备的普及以及能源相对低廉的价格,建筑师们开始不把气候当做重要的设计因素,结果到20世纪80年代吉隆坡中央商务区迅速扩张,并与世界上其他地方的中央商务区没什么两样。一些建筑师开始试图采用附有文化内涵的形式去改变标准的塔楼型建筑。库普兰·阿基泰德(Kumpulan Akited)设计的**马来土著银行**(Bumiputra Bank, 1972)考虑到以本土马来人(马来土著的使用)为主,将功能主义的办公塔楼和传统马来住宅形式的独立银行大厅结合在一起。伊哈斯·卡斯图里(Hijas Kasturi)设计的**朝圣基金局大厦**(Tabung Haji Tower, 1980),采用了非同寻常的中段圆柱形式,以五根大圆柱(非结构)象征伊斯兰的"五大智慧支柱"(Five Pillars of Wisdom)。而BEP公司与马建国际建筑设计顾问有限公司(MAA)设计的**达亚布米大厦**(Dayabumi Tower, 1981,见[1700]页图C)则考虑了马来西亚与伊斯兰世界的联系,采用了与中东和其他地区普遍的伊斯兰传统装饰的平面和遮光幕。

达亚布米大厦中遮光幕的再次使用,表明马来西亚建筑师对气候控制的重新考虑,虽然通常还只是作为次要的问题考虑。在首都的黄金三角地带,汉沙和杨经文(Hamzah and Yeang)设计的**中庭广场**(Plaza Atrium, 1983),以理性控制气候原则为基础,是建筑师为适应热带气候而开发的高层"生物气候学"系列试验建筑之一。中庭广场的某一个转角处的上部楼层,在屋顶天蓬下向后凹陷,使得这个转角暴露出来,就像巨大的拱廊的一部分,这是从当地有拱廊或骑楼的店铺住宅得到了部分灵感。建筑师高明的原创性处理方法的最好例证,是坐落在吉隆坡国际机场附近的办公塔楼**美西尼亚格塔楼**(Menara Mesiniaga Tower, 1992,见[1700]页图D)和位于槟榔屿乔治市(Georgetown, Penang)的居住和混合功能的建筑**MBF塔楼**(MBF Tower, 1994)。这两座塔楼,都以暴露的"巨构"框架、凹进去的"空中庭院"、独立的自然通风服务核心以及多种遮光装置而闻名,并以一种自由的、有创造力的手法,将国际和地域的特点融合起来。

其他建筑类型,也在发生不同形式的转变,设计者们努力解决将现代需求和文化传统进行融合的问题。林卓生(Jimmy Lim, 1944—)设计的混合建筑属于泛太平洋地区的传统木构建筑,他是从赖特和澳大利亚悉尼学派——其中有些人是林的老师——以及马来西亚、中国和殖民地本土人那得到的灵感。班陜的**塞林杰宅**(Salinger House, 1986,见[1702]页图A),是林卓生设计的住宅典范,架空在橡胶种植园中心的地面上。由同一个建筑师设计,位于东海岸彭亨的混凝土框架的**尹排纳度假村**(Impiana Resort, 1993),是模仿东南亚渔村架空的木结构房屋,尽量减少诸如洪水的自然力量的破坏。以新加坡为基地的澳大利亚建筑师克里·希尔(Kerry Hill)设计的位于凌家卫岛的**大泰度假村**(Datai Resort, 1993,见[1702]页图B),同样是为了减少对周围自然环境的侵扰,建在离海岸线几百码远的岛屿上从密集的热带森林中清出的基地上。建筑使用了当地的石材和木材,是在清理场地的过

第七编 20世纪建筑

图A 班陉:塞林杰宅(1986),见[1701]页

图B 凌家卫岛:大泰度假村(1993),见[1701]页

图C 吉隆坡双子塔鸟瞰(1996年建成),见[1703]页

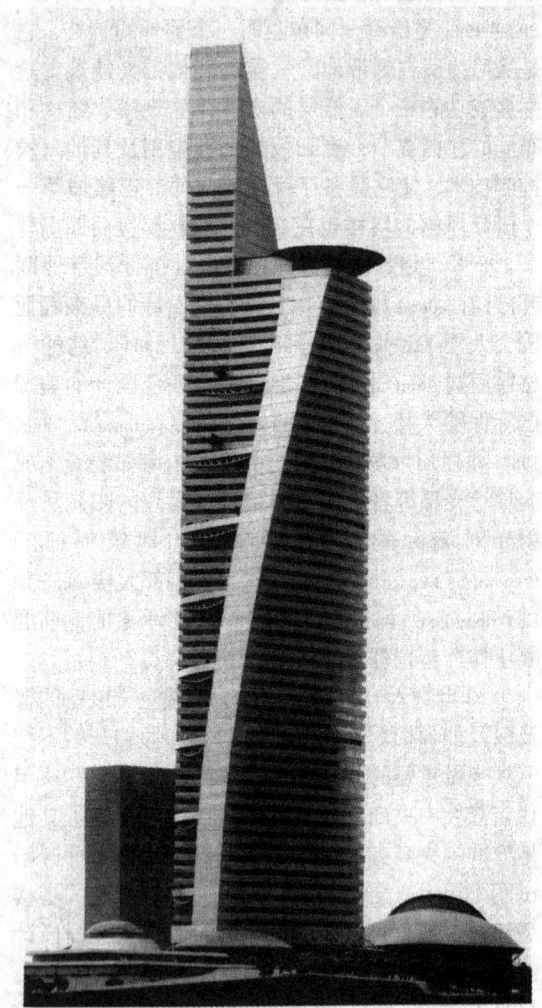

图D 吉隆坡电讯塔楼模型(1997年建成),见[1703]页

程中收集的，给人的印象是近期发掘的文明遗迹，似村落，又似庙台。

此外，有迹象表明，出现了许多更大胆的处理手法。由东南建筑事务所 II 设计的位于柔佛巴鲁新山的**高尔夫俱乐部**（Golf Club, Johore Bahru, 1994），是一个面、角和鼓形相冲突的钢筋混凝土建筑，以片段的圆形构图为基础，很像当代西方的"解构主义"构图。拉斯兰·卡里德（Ruslan Khalid）研究设计的位于吉隆坡的**马来西亚微电子系统研究所**（Malaysian Institute for Microelectronic Systems, MIMOS, Kuala Lumpur, 1995），也用了适合其目的的动态平面和"高技"形象。同时期，那些轻质框架构造、弯曲的"伞形"屋顶以及遮阳板的多种形式，都反映了对气候因素的考虑。正在建设中的，黑川纪章设计的新**吉隆坡国际机场航站楼**（Kuala Lumpur International Airport Terminal），那些"浮动的"双曲线的抛物面壳体屋顶，也是从传统的马来西亚屋顶形式和热带雨林的形象中得到的灵感。其他一些在建的主要基础设施包括由合作设计组（Group Design Partnership）和英国工程师巴特尔·麦卡锡（Battle McCarthy）设计的新山的**海关移民和检疫综合楼**（Customs Immigration and Quarantine Complex）。该建筑坐落于马来西亚与新加坡岛连接的新高速公路一侧。巨大的混凝土拱形结构，预示着它将要成为这一地区最辉煌的新地标。计划分别在 1996 年和 1997 年建成，由西萨·佩里（Cesar Pelli）为马来西亚第一石油基地公司设计的**双子塔**（Petronas Towers，见[1702]页图 C）和伊哈斯·卡斯图里设计的**电讯塔楼**（Telecom Tower，见[1702]页图 D），梦幻般地从不同角度展现了发展中的吉隆坡，作为本地区最繁荣和现代化的国家之一的首都，是未来与众不同的景象。这个 454m(1476ft)高、88 层的**双子塔**将会成为世界上最高的建筑，这也是自 1891 年以来，此记录第一次被北美地区以外的地区所拥有，也成为吉隆坡城市心脏地带巨大的新"城中城"的一部分。除了象征形式上的姿态以外——平面基本上是伊斯兰式的设计，它是这个国家和地区不断上升的地位和雄心的有力象征。与之相比，**电讯塔楼**坐落在城市边远的郊区，该设计成为沿克朗山谷（Klang Valley）分散扩张战略的一部分。这个 55 层高、具有曲线美的塔楼，相对比较适度、得体地响应了城市发展的需要。与黑川纪章的设计一样，部分受到热带雨林形象的启发，这座塔楼由两个交叠的锥形立面组成，像竹枝上生长的叶子。其他特色包括有每隔六层出现的"空中花园"和大量技术上的革新，这与它被称为马来西亚最早的"智能"建筑之一相一致。

印度尼西亚

追随着马来西亚和新加坡的殖民建筑模式，以前那些荷兰的东印度群岛的建筑师们在公共建筑、俱乐部和教堂的设计中，非常依赖那些舶来的欧洲建筑式样。然而，第一次世界大战的经历及其后果，迫使荷兰殖民者减少对欧洲的依赖性，从而重新评价当地的委托。结果，从 20 世纪 20 年代开始，大量的殖民建筑师开始重视从文化中汲取营养并获得灵感，引发了这个时期本地区与其他各地非常不同的原创性公共建筑的发展。

亨利·麦克莱恩·蓬特（Henri Maclaine Pont, 1884—1971）设计的**万隆理工学院**（The Institute of Technology, 1920, 见[1705]页图 A）是以细心研究地域传统为基础而建造的一系列精彩建筑之一，它试图将那些固有的特色用一种新的方法组织起来。麦克莱恩·蓬特的灵感，主要来源是苏门答腊（Sumatra）的米南卡宝（Minangkabau）地区的木吊脚楼，它们有独特的悬吊尖屋顶和爪哇克拉同（Kratons），或者是皇家宫殿。众所周知，万隆理工学院就像宫殿一样，由散落在多个小庭院周围的成群的馆舍组成，它们之间用未雕琢的石块砌成粗柱，组成相连的有遮阳的柱廊。多层屋顶通过楼层之间的缝隙以及高耸的尖顶来通风，而地面层的开放结构，则使得空气的流动更为畅通。主要大厅，或称为奥拉（Aula），尤其使人印象深刻，它拥有一个巨大的抛物线梁暴露结构，梁由铁件固定的胶合木组成。1925 年，麦克莱恩·蓬特以苏门答腊样式为基础，开始试验小型的张力屋顶，并使之发展成为一种混合的"印尼哥特式"建筑，最大跨度可达到 25m(81ft)，用悬吊的铁丝"网屋顶"（roofnets）和木拱组成。这些有独创性的实验后来被德国张力工程师弗赖·奥托（Frei Otto）所发扬，促成了位于爪哇泊萨朗的**天主教堂**（Catholic Church, Pohsarang, 1937），这是麦克莱恩·蓬特在这个地区的最后一个建筑。它位于山顶的基地，被处理成为一系列阶梯，有围墙的庭院和通道，朝着爪哇印度教庙台样式的教堂方向一直上升。建筑主体由一个大型的五角形圆屋顶组成，屋顶由许多巨大的弯曲木椽汇聚于顶点组成，在它们之间，悬吊着钢索和木格框架组成的复合"网屋顶"支撑着屋顶上的黏土瓦。天花板上重叠的、窗格外露的玻璃窗户，保证了建筑顶部足够的光照和通风。这种"库坡拉"(cupola)通风屋顶与那些附属的结构一样，原本模仿当地土生的喷多坡(pendopo)或开敞的柱厅(open-pillared hall)样式，在底层是完全开放的，一般用来跳舞或表演戏剧。但自从被围墙围起来后，建筑的设计也受到了损害。

开放的喷多坡的主题，也出现在麦克莱恩·蓬特以前的一个合作伙伴，托马斯·卡斯顿(Thomas Karsten)设计的三宝垄民间剧院(Folk Theatre,约1930)和日惹的**索挪布多约博物馆**(Sonobudoyo Museum, 1935)中。在博物馆设计方面，卡斯顿就像麦克莱恩·蓬特处理他的万隆理工学院一样，以王室的克拉同的平面为基础，设计了一些庭院并连起开敞的馆舍。一个巨大的有柱大厅，或者称为喷多坡，被一个分层的、金字塔状的屋顶覆盖着，通过连接的柱廊通向封闭的展览空间。这两位有创新精神的建筑师，其卓越的作品被列为西方工艺美术设计者的最高成就，这大大有助于20世纪以本土的习惯语汇和当地结构及象征元素为基础的建筑的建设。

尽管他们的研究到了一定的深度，但麦克莱恩·蓬特和卡斯顿的实例，几乎都被战后仓促而轻率地模仿最新西方样式的潮流所忽略。直到1962年，出现了维贾瓦沃兰图(Wija Wawo Runtu)设计的巴厘岛**坦东萨里度假村**(Tandung Sari Resort)，这也是一个类似的直接利用本土传统的尝试。作为建筑师自用住宅的扩建，这个度假村现在由簇拥在原有建筑周围的29个平房组成。之后，巴马丹拿设计的位于萨奴尔的**巴厘凯悦饭店**(Bali Hyatt Hotel, 1973)，虽然开放的木结构亭子的夸张尺度多少是个败笔，但将建筑和景观结合在一起，却赢得了和谐的环境，从而被整个东南亚度假村的建造者们广泛模仿。这一类型其他杰出的例子还有，也是在巴厘岛由诺埃尔·珍妮特(Noelle Janet)和克里斯蒂安·德蒙西(Christian Demoncy)设计的**麦德俱乐部**(Club Med, 1988)、彼得·穆勒(Peter Muller)设计的**阿曼达里度假村**(Amandari Resort, 1989)，以及克里·希尔的**阿曼奴萨度假村**(Amanusa Resort,

1992)。所有这些度假村，都突出了完整的定居点的景象，或者是自给自足的村庄，或者像阿曼奴萨那样，是一个庙台建筑群，这与希尔在马来西亚的大泰度假村相像，并在平面和细部方面都参考了大量当地的习惯。

类似的运动，在高收入阶层的居住建筑中也能发现，出现了越来越多的以本地建筑语汇为基础的优良住宅，有时候糅合了殖民的或现代的主题。采用了传统手法的一个例子是鲁道夫·朱斯蒂·德马勒(Rodulfo Giusti de Marle)设计的位于巴厘岛萨奴尔的**朱斯蒂宅**(Giusti House, Sanur, Bali, 1980)，它被设计成一组松散的开敞框架、稻草覆顶的房舍。而由伊斯梅蒂·阿比丁(Ismeth Abidin)设计的三层、钢框架的雅加达**阿比丁宅**(Abidin House, Jakarta, 1988)，则代表了更当代的混合手法。优素福-比利亚尔塔·芒翁维贾亚(Yousef B. Mangunwijaya)设计的日惹的**卡蓬卡里楚德宅**(Kampung Kali Cho-de, Yogyakarta, 1985)，展示了在住宅领域的对立面，本地区的习惯手法是同样有效的。以抬起的A字形木框架结构为基础的竹楼板和藤条墙，简单而实用的建筑，住户在当地艺术学生的帮助下将彩漆的墙面变得十分生动。

与马来西亚和新加坡的发展相比较，印尼除了旅馆和居住建筑以外，国内几乎没有明确的当代建筑类型的典范。印度尼西亚最著名的第一代主流现代主义者苏玉蒂(Suyudi)设计的作品中，"有翼的"雅加达议会大厅(Conference Hall, 约1965)为突出代表，这是从埃罗·沙里宁(Eero Saarinan)的TWA航站楼那里得到的设计灵感。哈里彦托·苏蒂康托罗(Hariyanto Sudikontoro)和第六工作室(Atelier 6)设计的雅加达**赛伊德-瑙姆清真寺**(Said Naum Mosque, 1977, 见[1705]页图B)，代表着当地的设计手法，这是传统金字塔形清真寺的现代变体，它本身以喷多坡为基础，证明了延续文化与当地类型学的相关性。在相同的设计思想的指导下，安东尼奥·伊斯梅尔(Antonio Ismael)、巴马丹拿的特里亚科(PT Triaco)和巴马丹拿的格里彦塔拉(PT Griyantara)设计的三马林达的**西特拉-尼亚格拉城市开发**(Citra Niagra Urban Development, 1986)，是以当地社会模式和建筑形式为基础创造购物中心的一个尝试。保罗·鲁道夫(Paul Rudolph)设计的位于雅加达的**达尔马拉大楼**(Dharmala Building, 1982, 见[1705]页图C)是少有的适应热带气候的塔楼范例，他的

第55章 东南亚建筑

图 A　万隆理工学院(1920)，见[1703]页

图 B　雅加达：赛伊德-瑙姆清真寺(1977)，见[1704]页

图 C　雅加达的达尔马拉大楼：建筑师的草图(1982)，见[1704]页

图 D　曼谷科学博物馆(1977)，见[1706]页

灵感，部分来自本地的惯用手法，并像建筑师在新加坡的田园路塔楼(Grange Road Tower)一样，以每层遮荫的悬吊物和开敞的平台为特色。

泰国

泰国的独特之处在于，它是唯一没有被任何西方势力开拓为殖民地的东南亚国家，通过君主势力之间的明争暗斗，泰国王室统治者保留了国家的自治权。然而，随着新世纪的到来，常规贸易和相关的多文化交流，已经留下了建筑的痕迹，经常创造出杂糅的风格，也像那些以殖民地建筑为特征的地区一样(参见第40章)。曼谷政府大楼(Government House，约1910)原本是国王拉玛六世(Rama Ⅵ)为他宠爱的副官建造的住宅，呈现出与意大利建筑师安尼贝莱·里戈蒂(Annebale Rigotti)相对一致的哥特折中主义试验，并且结合了精细的石窗花格。同为里戈蒂设计，以哥特式建筑闻名的班费查奴罗克(Ban Phitsanuloke，约1910)，是这位国王用相似的样式为他的另一个副官建造的，在八边形的塔上加了一个哥特式的"莫卧儿"亭子('Moghul' chatris)和穹顶。与这些早期的设计相比，受到爱德华·勒琴斯爵士赏识的英国大使馆(British Embassy，约1920)则是一个相对谦逊和稳重的作品，包括像林荫走廊，令人难忘的入口阳台和其他新古典细部等，有着十分熟悉的殖民特色。拉玛五世和拉玛六世时期，暹罗的首席检察官弗拉亚·阿泰卡恩·普拉西特(Phraya Attakarn Prasit)建造了普拉西特宅(Prasit House，1909)，同样也展示了一种相对严谨而实用的手法。

这些迹象都表明，政治独立本身并不能保证文化上的独立。当然，第二次世界大战后泰国的现代建筑进程，与那些新独立的国家几乎没什么两样，并且，早期的现代主义领导者也积极地与各地的现代主义同仁进行交流。苏密特·君塞(Sumet Jumsai)设计的曼谷盲人学校(School for the Blind，1973)，有百叶混凝土结构、底层架空柱和遮阳通风装置，这得归之于勒·柯布西耶的作品和某些前文提过的吉隆坡的一些战后作品。类似的模式，启发了这位建筑师雕塑形式的曼谷科学博物馆(Science Museum，Bangkok，1977，见[1705]页图D)，这位建筑师，是同代人之中最具影响力的人物之一。同为君塞设计的朗西特的萨马萨特大学(Thammasat University，Rangsit，1980)，代表了建筑师几次发展方向巨变中的第一次。总平面模仿柬埔寨吴哥古代的寺庙城市，围绕一条纪念性的轴线和一个复杂的运河网络以及用来排水和点缀基地的蓄水湖来组成。主要的建筑，被安排成一组正方形的模块，每个模块都有它自己的中央庭院，有铺着红色瓦片的斜屋顶，架空地面以提供阴影，这样可在下面遮荫而有微风的空间里就餐、学习和娱乐。曼谷国民大楼(Nation Building，Bangkok，1990)则是一个鲜明的对比，它有巨大的"计算机电路式的"侧立面，显然是在宣扬业主对现代通信领域的涉足。

君塞不拘一格的广泛手法，在泰国其他处于领先地位的实践项目中被重复使用，反映了早先一代泰国建筑师和业主的天主教口味的同时，也反映了近来的后现代自由主义的冲击。例如，策划建筑师(Plan Architect)明显处于前沿。混合用途的曼谷班唐塞克综合体(Baan Ton Sak Complex，1988)，是该公司作品中传统的末端，由一组1~3层、抬高的商店和住宅组成，围绕着一个庭院组织，以本地中央平坦的群体住宅(Central Plains Cluster House)样式的平台互相连接。曼谷的卢克-鲁克幼儿园(Ruk-Look Kindergarten，1988)，包含一堆不规则的多样的形状和空间，看上去仿佛是组装的玩具，而曼谷的普里蒂-班诺姆永研究所(Pridi Banomyong Institute，Bangkok，1993)，是对古典主题的后现代主义的重新诠释。由蓬伊瓦特(Boonywat)和泰普塔斯(Tiptus)设计的混凝土结构的曼谷泰普塔斯住宅(Tiptus House，1983)，包含一组三个抬起的房舍，由一个上部平台式庭院相连，并且以本地的群体住宅类型为样本。与这些日常的设计相比，由泰普塔斯和汶蒂·朱拉塞(Bundit Chulasai)、维拉·萨查库尔(Vira Sachakul)以及猜本·西里萨纳瓦特(Chaiboon Sirithanawat)设计的位于达叻拉赫恩山的萨拉-拉贾卡伦迦纪念博物馆(Sala Rajakarunja Memorial Museum，1992)，是一座半地下的掩体式的抽象纪念性建筑，象征着对陷入绝境的柬埔寨难民的敬意。泰国后现代主义建筑更极端的方面，表现在由翁阿(Ong Ard)设计的曼谷杰里马特公寓街区(Jareemart apartment block，Bangkok，1986)中，它是一个新古典景象和幕墙的奇特混合体，上面有一个庙宇形式的雨篷。

曼谷最近的再开发和扩张规模，已经使这个城市的基础设施达到了崩溃的极点。解决办法已经提出了很长时间，但是直到现在才付诸行动，引导首都在其近郊将来形成一系列小城。这些新项目惊人的速度和规模，在西方都是没有先例的，例如由澳大利亚建筑师罗伯特·内申(Robert Nation)和卡尔·芬德(Karl Fender)设计的**芒松泰尼**(Muang Thong Thani)，是一个供 25 万人居住的私人投资项目。但是，这对泰国的城市生活和建筑的品质预示着什么，尚不能确定。

菲律宾

1898 年，在被西班牙统治了 300 年之后，美国势力进驻了这个屠弱的殖民地，在随后的 50 年里，刻下了美国统治的特殊烙印。与其他的西方帝国一样，占领国的文化很快就在被占领国留下印记，有时还会出现意想不到的结果。

1904 年，美国建筑师丹尼尔·赫德森·伯纳姆(Daniel H. Burnham)来到菲律宾，对首都**马尼拉**(Manila)和另一个主要的中心城市**碧瑶**(Baguio)进行测绘，并准备城市发展规划。作为一个有名的热衷于巴黎国立美术学院的人和 1893 年芝加哥博览会的建筑师，伯纳姆可能期待在殖民地实现他狂热的理想，如同西方建筑师在这一地区各处所做的那样。不同的是，伯纳姆有感于当地特有的建筑和住房，以及已经适应了当地情况的西班牙殖民教堂，他建议把这些作为开发的适当模型。在这些受伯纳姆建议影响的建筑师之中，有美国建筑师威廉·帕森斯(William E. Parsons)，他的作品有**马尼拉的菲律宾总医院**(Philippine General Hospital, 1910)。作为一个混合来源的产物，建筑物以新古典主义的山墙和壁柱，形成突出的入口，从入口伸出相同的两翼，每翼有一陡峭的斜屋顶，有模仿当地形式伸展的檐口。像帕森斯这样的美国建筑师，正在寻求学习地方传统道路之时，绝大部分在美国接受美术学院希腊-罗马传统教育的当地建筑师们，却生产出这种风格的更加正统的设计。由胡安·阿里拉诺(Juan Arellano)设计的**马尼拉立法大楼**(Legislative Building, 1918—1920)和**马尼拉邮政局**(Manila Post Office, 1926)，都是典型的傲慢建筑，每个建筑的正立面，都由庞大的双层柱廊组成，就像同时期新加坡的公共建筑一样。同样是由阿里拉诺设计的艺术装饰派**马尼拉大都会剧院**(Metropolitan Theatre, 约 1930)，表现出更轻盈开敞的方式，它包括一个相同风格的两层附属拱廊的店铺住宅组。以同样的开敞手法，由托马斯·马普阿(Thomas Mapua)设计的马尼拉**里迦达小学**(Legarda Elementary School, 1900)，是对木结构法国城堡的典雅改造，在陡峭的折角屋顶下，分布着宽阔的百叶窗洞。

第二次世界大战之后，关于建筑特征适当的表达方式有类似的斗争，被独立后的反省和实验所强化。由两名本地建筑师莱安德罗·罗新(Leandro V. Locsin)和弗朗西斯科·曼诺萨(Francisco Manosa)带头，他们以不同的方式概括了许多战后东南亚地区建筑师普遍面对的主要争议和问题。在这两个人中，罗新的早期作品，以毫不妥协的现代性为特色，然而也演绎出了一种可以称为"后殖民地式的两难境地"的独特个性：在现代全球文化中，对地域个性的寻求。他的最广为人知的和最有力的作品是**演艺剧院**(Theatre for the Performing Arts, 1969, 见[1708]页图 A)，这是马尼拉的**菲律宾文化中心**(Cultural Centre of the Philippines)的一部分，他还准备了总平面，设计了许多其他主要的建筑物。剧院由抬高的水平板块和墩座组成，墩座容纳休息大厅和交通空间，面对着更高的容纳主要观众席的矩形体块，雕塑般的构图，通过一个生动的、反重力的休息平台强调出来，12m(39ft)的钢筋混凝土悬臂梁，盘旋在波光粼粼的水池之上。在**菲律宾国际会议中心**(Philippine International Convention Centre, 1976)，作为罗新设计的同一文化综合体的一部分，建筑师使用了一个相当大胆的"悬浮"板的概念，通过使用深色的太阳能玻璃来掩饰混凝土框架结构，从而达到这样一种视觉效果：那些很重的可见的部件，仿佛悬挂在没有任何可见支承的空间之中。在他较近期设计的位于布鲁奈(Brunai)的**奴拉尔-伊曼宫**(Istana Nural Iman, 1984)，或称"宗教之光宫殿"，为布鲁奈的苏丹建造的**班达尔-瑟里-比迦万**(Bandar Seri Begawan)中，罗新试图全面地模拟本土住宅的分层屋顶，来更直接地表达地域文化。

弗朗西斯科·"博迪"·曼诺萨(Francisco 'Boddy' Manosa)专注于开发适用型居住建筑，有时候也涉足旅馆和度假村项目。众所周知，政府资

图A 马尼拉:演艺剧院(1969),见[1707]页

图B 马尼拉:圣米古尔大楼(1984),见[1709]页

助的塔哈南·菲利波诺(Tahanang Pilipono, 1981)，又称为"椰子宫殿"(Coconut Palace)，既是一个暂时的艺术家住宅，又是为展示椰子树的多种用途而设计，其中包括范围广泛的建筑和饰面材料等200种副产品。这种艳丽的效果，就像是安东尼·高迪在热带的作品，既是视觉的盛宴，又是一种采用适宜技术的令人信服的探索。他自己的住宅阿拉邦的菲利波宅(Filipino House, 1982)，采用了一种相似的但是更有控制力的技术，建筑师完全采用了地方性材料和面材。住宅包含两个相连的木构框架的房舍，较大的架空的一个容纳起居空间，其焦点是一个通高的中庭，而卧室和其他私密空间，则集中在较小的一个房内。最大的和最常用的区域，在主要的房舍之下，是开敞的门廊，或称家庭空间。以罗新的抽象构图和曼诺萨对传统的尊崇之间的思想为基础的，是若泽·曼诺萨(José Manosa)设计的马尼拉圣米古尔大楼(San Miguel Building, 1984，见[1708]页图B)。这栋不寻常的八层高的办公大楼，是仿照带平台的亚述古代塔庙的形式设计，充分利用在所有方向上都能良好种植的悬挂植物，创造出一种令人信服的现代"空中花园"，适于未来的"热带都市"的景象。

20 世纪建筑

第 56 章
中国香港建筑

概述

曾作为英国直辖殖民地的香港，是当时最后一个被纳入英帝国远东版图的殖民地，这源于殖民史中一段不光彩的历史片断。英国同清政府间不断增加的贸易摩擦，到 1840 年变为向中国倾销鸦片，以伦敦为背景的东印度公司，在其中拥有主要份额和优先权。英国在接下来的鸦片战争中取得了胜利，于 1842 年获得香港岛的永久租借权，同时还得到不受任何限制的贸易权。比邻的九龙半岛于 1860 年割让给了英国，这使英国控制了整个被围合着的美丽港湾。

新的殖民地又很快到手。1898 年 7 月 1 日，英国以租借 99 年的方式，获得了位于中国大陆上的新界，为增长着的人口添加了急需的土地。尽管英国殖民政府垄断鸦片贸易一直到 20 世纪 30 年代；但是地方制造业还是迅速增长，贸易也变得日益多样化。到 1941 年日本入侵时，香港的人口已达到 170 万，其中最主要的是来自中国内地的移民。

从一开始，这个殖民地的营建活动就受到两个基本因素的限制：岛屿险峻的地理条件使适宜建造的土地短缺，从动荡的大陆持续到来的移民使人口激增。这个城市最初主要发展局限于沿维多利亚海湾的一条狭长地带(现在的港区)，接着一系列土地改造工程稳步地进行补充，这类工程还在一直扩大。当地主要的建筑形式是典型的 2～3 层的中国联立式**商住屋**(terraced shop-houses)，广东式的抹灰砖墙，木楼板、木构架以及黏土瓦屋顶。街道狭窄憋闷，到处拥挤不堪，供水和卫生条件极差。1903 年，英国殖民政府履行新的建筑和健康法规，在基础设施方面取得了一些有限的改善。1923 年成立的房屋委员会(the Housing Commission)，实行了进一步的改进措施，包括对土地使用进行控制，鼓励九龙半岛上的建造活动以缓解香港岛的土地压力。然而这种构想只有少数得以实施，这种状况一直延续到第二次世界大战之后。

建筑实例

与 20 世纪上半叶普遍较差的住房和基础设施相比，在同一时期相对高质量的主要公共和商业建筑中出现了一些杰作。它们中的许多作品都是迁移至此的帕尔默和特纳(Palmer and Turner, 即巴马丹拿)公司设计的，可以说，这一时期的香港建筑历史，也就是这个公司的历史。这个建筑和工程公司，是世界上最老的一个建筑公司，由威廉·萨威(William Salway)于 1868 年建立，到 19 世纪末，已经设计了不少关键的公共建筑。同英国的其他殖民地一样，殖民地雇主通常热心于输入欧洲风格，结合当地需要决定它是更宏伟还是更小巧，并经常同来自英国其他殖民地的形式主题相混合。著名的早期作品有威尼斯哥特风格的**渣打银行**(Chartered Bank, 1878)和典雅的新古典主义风格的**比康斯菲尔德拱廊**(Beaconsfield Arcade, 1880)。后者是一座混合功能建筑，底层是商店拱廊街，上面各层写字间的外墙上修饰着修长的双柱。1883 年，克莱门特·巴马(Clement Palmer, 1857—1952)加入了这个公司，一年后，工程师阿瑟·丹拿(Arthur Turner, 1858—约 1945)也加入进来。巴马的第一个作品是带穹顶的新巴洛克风格的**汇丰银行**(Hongkong and Shanghai Bank, 1883)，是为同一业主设计的众多建筑中的第一座建筑。1897 年，巴马以**香港总会**(Hong Kong Club, 见[1711]页图 A)这件作品，达到了他职业生涯的顶点，其折中式的构图包括粗重的基座、叠柱、顶楼柱廊和混合了巴洛克与莫卧儿要素的塔楼。这座建筑在 1981 年被拆除前一直被当做殖民统治的象征，那时它更高大的邻居已经使它处在阴影之下了。这一阶段的另一个里程碑式的建筑，是由伦敦建筑师阿斯顿·韦布(Aston Webb, 1849—1930)和 E. 英格雷斯·贝尔(E. Ingress Bell)设计的**最高法院**(Supreme Court, 1912, 见[1711]页图 D)。它最著名的形象是中央门廊上高高耸立的穹顶，以及阴影浓重的两层爱奥尼柱廊。1985 年，这座建筑改为立法会大楼(Legislative Council Chamber)。

第 56 章　中国香港建筑

图 A　香港总会(1897，1981 年拆除)，见[1710]页

图 B　彩虹村(1962)，见[1712]页

图 C　汇丰银行(1935)，见[1712]页

图 D　最高法院(1912)，见[1710]页

上述所有建筑都紧挨在一起，位于今天被称为中环(Central District)的城市中心地带。

巴马于1907年退休，这使他偏爱的文艺复兴风格在当地画上了句号，取而代之的是更现代的概念和材料。然而，第一次世界大战前的经济萧条，严重地影响了建造活动，巴马丹拿公司的绝大部分注意力，这时转向了形势更加乐观的上海。1933年，他们第二次应聘设计新的汇丰银行大楼(Hongkong & Shanghai Bank, 1935, 见[1711]页图 C)时，情况又发生了剧变。考虑到汇丰银行作为本地核心银行的声誉，总督要求建筑师"尽可能建造最好的建筑，不要考虑造价"。作为东南亚建筑的一个标志，这座建筑中装饰艺术派的设计，融汇了一些先进技术的特征，在北美以外，还从未把高强钢用在石材贴面里的框架中。68m(220ft)的高度，使它成为这一时期在罗马和旧金山之外地区的最高建筑，并拥有当时亚洲少见的快速电梯、修饰得很好的采暖板和空调。前瞻的设计，甚至使它楼顶上有了一个直升机停机坪。在比较传统的引人注目之处，有超过 1acre(4046.86m²)的银行大厅，其顶部覆盖着筒形拱，墙面装饰着典雅的马赛克。

日本的占领，使得香港的复兴突然中断，在20世纪50年代之前，一直都没有涌现出重要的新建筑。然而，第二次世界大战前推动香港建筑成形的最重要力量，并不是私人建筑师公司；而是一组公共权力机构。那时，感到中国局势正在恶化的非法移民，如潮水般持续涌入，大大加速了人口增长，长期存在的住房状况问题，再一次成为殖民地政府关注的焦点。直到1953年，居住建筑都是交由私人企业承揽，它们大多只为买得起多层套房的人建造住宅。在这些可能的住房空间都被填满的时候，就像大部分典型的第三世界国家的城市模式一样，其他人就涌向城市周边，不断增加大量非法棚屋。1953年12月，九龙区灾难性的棚屋大火使得5.3万人无家可归，这向政府施加了压力，强迫它在提供住房中扮演更积极的角色。

第一个由政府出面协调的住房发展计划，以重新安置棚户居民为目标。面积标准是极低的，以每个成年人2.23m²为基础。最早的大规模居住区(mass housing)，由6~7层的钢筋混凝土框架 H 形体量构成，包含经公共走道进入的背对背单房间套房，每层中央一翼，都有合用的盥洗室和厕所。1954年，为中等收入家庭提供住房的香港房屋署(Hong Kong Housing Authority)成立，放宽了对住房密度的限制，这对私人企业的积极性有所激励，使住房问题进一步变得容易解决。然而，1961年的一次人口普查显示，整个殖民地中有超过50万的住房拥有者，仍然处于难以接受的居住条件之中。对这一结果的回应，是公共工程部(the Public Works Department)执行的一项大规模的城市再开发和低造价住房计划，使香港在下一个十年中由4~5层的低矮密集型建筑，发展成超过20层的高层建筑。新的高层居住建筑，比起早期模式有了可观的改进，设有电梯和各户自己的卫生间。少量的地产项目，如巴马丹拿设计的彩虹村(Choi Hung Estate, 1962, 见[1711]页图 B)，来自帮助提高设计标准的建筑师们。然而，空间依然保持极限，居住密度达到每公顷800人。很明显，现有城市领域的再开发已无法满足香港的需要。因而香港新界(New Territories)在1972年开始了建造9个新城的长期围海计划，目的是为180万人提供舒适的住房和服务设施。它们每一个都像沙田新城(Sha Tin New Town)那样，拥有自身特色和社区服务设施，还有新的大规模铁路换乘系统，实现彼此的连接并通达香港岛。到20世纪80年代中期，它们还处于不同的发展阶段，并在继续扩张着。

20世纪80年代中期，香港迅速发展的经济和攀升的地价，在财经领域起到了效果，导致高层写字楼和旅馆建筑在香港中环大量集中涌现。作为这一地区高层建筑设计的先行者，巴马丹拿在第二次世界大战后早期年代继续领先。首先是石材贴面的中国银行(Bank of China, 1959)，接着是渣打银行(Chartered Bank, 1959)，在两者中都能找到前一个汇丰银行的影子。然而，合作者的变化导致了方向的变化，这种变化体现在香港希尔顿酒店(Hong Kong Hilton, 1962, 见[1715]页图 A)中，一个国际风格的覆盖遮阳板的 L 形高层塔体，立在一个弧形基座上。

尽管仍然是这个地区最大和最忙碌的公司，但越来越多来自当地和外部的竞争给20世纪70年代和80年代巴马丹拿非凡的成就蒙上了阴影。1979年，在一次为汇丰银行新总部举办的小范围建筑设计竞赛中(见[1713]页图 A~图 C 及[1714]页)，他们输给了英国建筑师诺曼·福斯特爵士，最终结束了这一最持久和富有成果的建筑师与业主的关系。

但是，传统以另一种方式延续着。这个银行的新管理者对建筑师的要求并不比他们的前任少。

第56章 中国香港建筑

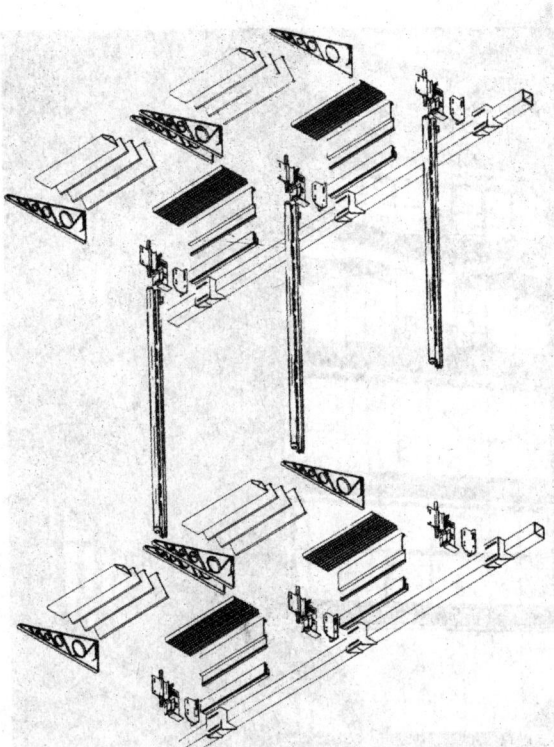

图A 汇丰银行,主要幕墙的分解轴侧图

图B 汇丰银行(1986),见[1712]页

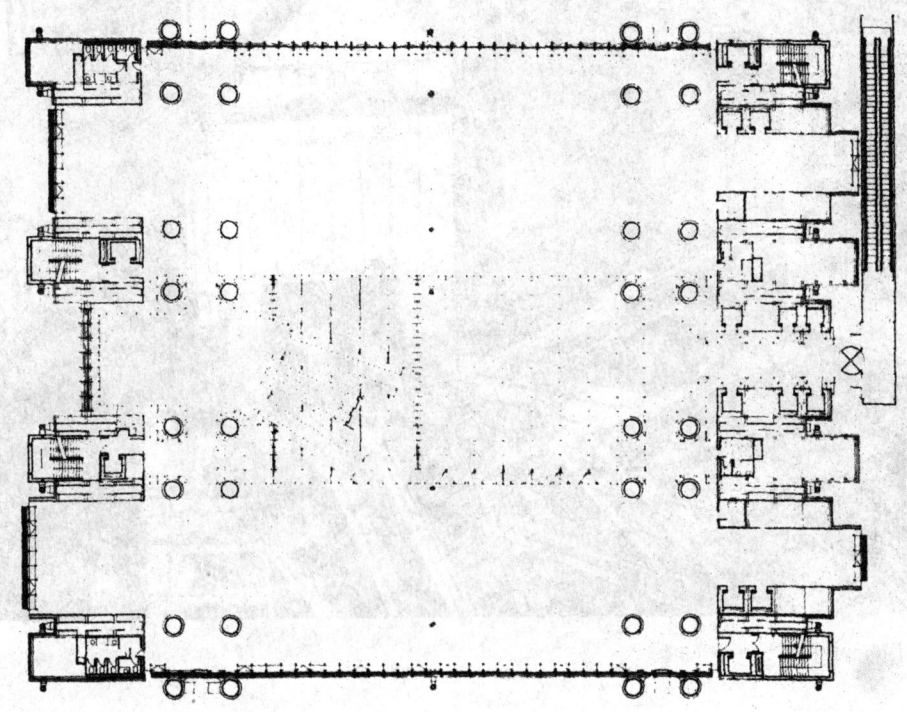

图C 汇丰银行首层营业大厅

汇丰银行室内,见[1712]页

第56章 中国香港建筑

图 A 香港希尔顿酒店(1962)，见[1712]页

图 B 中国银行大楼(1990)，见[1716]页

图 C 力宝中心(1988)，见[1716]页

新银行总部建成于1986年，占据着它前身原来的位置，代表着建筑设计和技术的一个激变，大量借鉴了其他先进的建造工业技术。值得注意的"技术变换"包括：钢悬挂楼层结构，灵感来自桥梁建造技术，带来了最大的使用空间和灵活性；工业自动装置生产的铝面层；同波音飞机地面板类似的轻质铝夹心结构可替换楼板；楼层间的自动扶梯；可旋转的、电脑控制的"阳光口"(sunscoop)，使自然天光直射8层高的中庭（见[1714]页图）。除了这些技术手段的国际化属性外，这个银行的设计还达到了具有说服力的地区性表现效果，特别是其夸张的结构表现和通透的空间特性，两者都是典型的东亚传统。

汇丰银行为亚太地区的复兴提供了一个强有力的象征，曾遭受一系列挫折的地区信心受到了鼓舞。1984年12月19日，英国政府同中国政府达成协议，在条约于1997年到期时归还新界，还有香港岛。这将使它很难再作为独立的实体生存。中国国内的经济自由化尽管潜力是正面的，但同整体政治气候和经济的不确定性相关联。然而，当企业界注意到中国改革的效果越来越显著，并开始享受它的好处时，信心还是在缓慢回升。

20世纪80年代末和90年代初，当公众适应了在未来同中国内地共生的观念后，新的建筑和基础设施投资浪潮出现了。保罗·鲁道夫在中环力宝中心(Lippo Centre, Central District, 1988, 见[1715]页图C)以其八边形双塔和多面体玻璃幕墙使之成为一个著名的地标。然而，这个地区的主导性新建筑，是贝聿铭的70层中国银行大楼(Bank of China Tower, 1990, 见[1715]页图B)。针对结构要应付的横向风荷载，其对称的几何体和暴露的交叉支撑，提供了基本而有效的解决方案。同时，形体轮廓的削减，贴切地吻合了太平山顶(The Peak)的自然背景。最后一座打破香港天际线的高塔，是当地的伍振民建筑师事务所(Ng Chun Man and Associates)设计的湾仔中环广场(Central Plaza, Wanchai, 1992)，高374m(1215ft)，高度位居亚洲第二。装饰性的玻璃立面、带柱廊的基座和金字塔形的屋顶，令人联想起帝国大厦，体现了美国当代高层建筑中一种相对保守的后现代手法特征。关善明(Simon Kwan, 1941—)设计的俯瞰牛尾海(Port Shelter)的香港科技大学(Hong Kong University of Science and Technology,

1992)，建筑为中等高度，但具有同样激动人心的规模，本身简直就是一座小城市。它由半圆、正方形和三角形三个基本几何形体构成，其风格和娴熟的基地布局，都同美国建筑师理查德·迈耶的作品非常相像。在巴马丹拿的作品中，尖沙嘴香港科学博物馆(Hong Kong Science Museum, Tsimshatsui, 1990, 见[1717]页图A)的形式突出显示了当代日本的设计手法。其他主要当代建筑和基础设施项目有由特瑞·法雷尔(Terry Farrell)和诺曼·福斯特爵士设计的九龙新火车站(New Rail Stations at Kowloon)，它连接了MRT线和通往中国内地的铁路主干线，还有福斯特设计的位于赤鱲角的香港新机场航站楼(Passenger Terminal at Chek Lap Kok)。法雷尔的作品包括一个大规模的地上和地下的商业开发项目，其中的设计都通过典型的优美的现代建筑技术，表现了建筑的功能。现存九龙机场在1997年赤鱲角机场建成时关闭，又将为九龙半岛的再开发释放大量的土地，最终将为这个拥挤的城市带来急需的绿色空间。

伍振民设计的中环广场和关善明设计的香港科技大学，两者都显示出香港华人建筑师在专业技术方面的日益成熟，以及模仿西方时尚的普遍趋势。人们可能批评这是香港殖民地历史的反映，但从其他地方在殖民地时代之后的发展看（参见第55章），表明这可能只是暂时的情况。英国殖民时期的终结，会鼓励香港建筑师在家门口寻找其他灵感源泉，少数建筑师已经在这个方向迈上了令人瞩目的台阶。作为一个地区智囊机构、亚洲规划与建筑合作组织(APAC)的创建者之一，何弢(Tao Ho, 1936—)自20世纪60年代后期起就是亚洲现代主义的倡导者。他设计的湾仔香港艺术中心(Hong Kong Arts Centre, Wanchai, 1977)，是为鼓励东方和西方艺术形式相互影响而特别创造的，并可见到西方和日本现代运动的共同影响。此后，他在中国内地和香港的实践，一直在积极地探索地方性建筑的可能性。对于同一个问题，钟华楠(Chung Wah Nan, 1931—)选择了传统的路径。他设计的沙田宝福山祭祖堂(Bo Fu Ancestral Worship Hall, Shatin, 1985)，保持着基本的骨灰存放功能——一个静静追忆的场所，并设计成中国唐宋风格。严迅奇(Rocco Yim, 1952—)有着同样的敏感，但坚持更抽象的时尚。他结合香港最高的山峰大冒山(Tai Mo Shan)的建筑基地，为青年旅舍(youth

第56章 中国香港建筑

图A 香港科学博物馆(1990),见[1716]页

图B 欣怡花园模型,见[1718]页

图C 山顶凌霄阁模型,见[1718]页

hostel, 1988)量体裁衣。以同样的意向，他在浅水湾(Repulse Bay)旁倾斜岩坡上设计的宝晶苑公寓(Belleview Place, 1988)29单元住房，仿佛直接从险峻的基地上生长出来似的。规模更大些的，是他设计的位于通往太平山顶半山腰的地利根德阁C座(Tregunter Tower C)，修长的十字形设计，是高层居住建筑中一种优雅的方案，极大地利用了景观视野和自然通风。放眼不久的将来，吴享洪(Anthony Ng)将于1997年建成欣怡花园(Environmental Friendly Housing Development，见[1717]页图B)，正如其名所示，它将成为香港目前最先进的地域性高层住宅建筑设计。除了与周围山峰相映衬的独特叠错式轮廓外，这个方案还综合了一些"绿色"特征，如带植被的幕墙、把自然通风与其他措施相结合的内在"制冷策略"、太阳能热水系统，以及为水景和室外照明提供能源的风能动力机组等。

所有这些建筑师，目前都深入参与到中国新建筑项目的设计中，预期将同他们在香港的作品起到相互补充的作用。出人意料的是，表现地方雄心的最近期作品，是特瑞·法雷尔设计的正在建造中的惊人的山顶凌霄阁(Upper Peak Tram Terminus，见[1717]页图C)。它位于高高的山巅上，主要特征是一个弧形的"弓"，里面有餐厅和其他公共空间，悬在一个坚实的基座上。其梦幻般的轮廓同中国传统建筑异曲同工，有力地象征了香港的未来方向。

20 世纪建筑

第 57 章
印度次大陆建筑

概述

印度、巴基斯坦、尼泊尔、斯里兰卡和孟加拉等国，有着相同的经济和自然条件，同样悠久的历史和民间传统，并共同享有独特的建筑特性。从19世纪转向20世纪的时期，对18世纪和19世纪欧洲影响的臣服，已经产生了共同的殖民地传统。后来在20世纪独立后出现的建筑，则有包括后殖民主义、现代主义、国际风格、地域主义和地方方言传统等在内的多种源头。

南亚的多数地区，在殖民统治下进入了20世纪。德里的帝国首都建筑、居住建筑、数不清的公共和行政建筑、邦加罗式居住建筑，以及印度-萨拉森式风格(Indo-Saracenic style)的发展，反映了帝国主义的影响。独立以后，这个地区开始根据语言和文化特性来重新确定自主的国家。新的国家从过去的殖民地中摆脱出来，很需要拥有强烈体现其新地位的象征。邀请勒·柯布西耶和路易·康来创造新的民族主义象征，对独立初期建筑的形成产生了很大影响。

印度总理贾瓦哈拉尔·尼赫鲁(Jawaharlal Nehru)对西方工业模式的坚定信奉，使印度未来的发展依赖于具有普遍意义的技术。昌迪加尔(Chandigarh)就像巴克拉-纳姆格尔大坝(the Bhakra Nangal Dam)或鲁尔克拉钢铁厂(the Rourkela Steel Plant)一样，始终与致力于变化的国家相一致。新的"20世纪神殿"——工厂、住房、公共设施——都在单一的官僚体制控制下，由公共部门来建造。在这样一个宏伟的民族事业中，建筑艺术似乎处于次要地位。根据民主的社会主义，更重要的是造就能够确立一般标准和适应既定规范的房屋，而不是鼓励个人表现。甚至城镇的发展，也本能地与它们作为发展范例的价值相联系。与政府大本营这个权力象征中心并肩而立的，是同样强烈的工业和进步象征物。钢城贾姆谢德布尔(Jamshedpur)、铁路城吉德伦金(Chittaranjan)和公司城莫迪纳格(Modinager)的同时存在，清晰地表达了它们的特殊存在性，集中了国家建筑的关于企业和经济发展观念的主题。

次大陆的现代主义从其欧洲源头的信条和乐观主义中获益是否良多是很难说的。在内容和设计方面，殖民主义和勒·柯布西耶式欧洲现代主义的混合遗产，并非丰厚得足以充分表现出，以自己的民族主义，一种被贫穷和失业所困扰的民族主义的地方形式所浮现的是独立国家的雄心。

从20世纪50年代后期起，人口的迅速增长、城市中心的膨胀、长期的失业问题、经济的边缘化和政局的不稳定，产生了超越国界的一系列新重点。都市化程度的上升，要求在失控的混乱城市中造就经过设计的大型商业地带；工业发展为商业贸易创造了初步的便利条件；增长着的都市地区压力，已经压迫到城市中心，并产生了为公共空间和都市建筑带来新规模的商业企业。同20世纪的雄心一致，次大陆各国政府也致力于提供中小学、大学、办公建筑和基础设施。

然而，在20世纪五六十年代现代主义的背景下，体现地区性工业化理想的一种本土形象一直被坚持着。这一时期，更具地方确认性的形式和材料，具体体现在地区和地方自治，以及业主意欲表现自己的更迫切要求上。人民参与建造活动的必要性意识在增强，也在把地方意象同设计和建造的专业过程融为一体中起着作用。

殖民地的影响

20世纪初，经过英国对印度次大陆近300年的统治后，帝国的统治者意识到了用石头来纪念这个帝国的迫切性。寇松(Curzon)勋爵产生了要建造威廉·埃默森(William Emerson, 1843—1924)设计的加尔各答维多利亚女王纪念堂(Memorial to Queen Victoria, 1906—1921, 见[1721]页图A)的设想。他宣布，印度各小邦国，要以一种极大的感恩姿态，为它的建造贡献资金。纪念堂位于一个巨大城市空间演兵场❶的边缘。建在高高的基座上，完满地实现了纪念性目标。建筑的核心形象，是一个容纳女王半身像大理石的巨大厅堂，覆盖着高贵的穹顶。

随着英国政府1911年决定把首都迁往德里，埃德温·勒琴斯爵士(Sir Edwin Lutyens 1869—1944)把位于德里中央大道的**总督府**(今拉什特拉帕蒂宫，Viceroy's House, now the Rashtrapati Bhavan, Central Vista, 1912—1930, 见[1721]页图B及[1722]页图A、图B)设计成一个雄伟的城市形象标志，在赖辛那小山丘(Raisina hill)上，表现着帝国的意志。赫伯特·贝克(Herbert Baker, 1862—1946)设计的**德里中央部委办公楼**(Central Secretariat, 见[1723]页图A)和它旁边的圆形**德里议会大楼**(Parliament House, Delhi, 1930)，都强化了伴有树木的2000m**中央轴线**(Central Vista, 见[1722]页图A)的效果。总督府微妙地体现了地方主题和欧洲古典传统的融合，这种成功的融合，使它具备了超出原本作为帝国纪念碑的建筑意义。这种形式的融合，也见于总督府内部。其主楼层中心，是位于中央穹顶之下的德巴(Durbar)或称加冕大厅(Coronation Hall)，周围是3个主要接见厅和数个国务房间。建筑中还有国宴厅、舞厅和大量贵宾套房。在中央大道另一端与总督府相对的是，**全印度战争纪念门**(印度门，All-India War Memorial (India Gate), 1931年建成，见[1723]页图C)和乔治五世**国王纪念堂**(King George V Memorial)，均为勒琴斯的作品。

新德里规划的主轴线，被一条主要横轴一分为二。按照巴洛克传统风格，这个主要交叉轴构成了规模较小的斜向道路的起始构架，从后者放射出有不同尺度和重要性的一个个圆形和八角形广场。不同类型和规模的居住建筑，被隔离成分隔的街区，而非居住建筑，主要是限于这个规划连接老德里的东北部分。老城中的重要建筑和历史名胜，例如红堡(the Red Fort)，通过对角线对景关系，与新德里的关键建筑在视线上相连。这个规划构想，来自1912年成立的一个城市规划委员会。其成员包括：利物浦市政工程师约翰·布罗迪(John Brodie)，以及在亨利·兰彻斯特(Henry Lanchester)协助下作为建筑顾问的埃德温·勒琴斯爵士。

勒琴斯设计的印度门前面的大面积绿地被八边形的道路所环绕。王公府邸占据了八条路中的四个主要交角，它们都采用勒琴斯设计的两翼衬托中央拱顶样式。常见的蝴蝶形平面部分，是由城市序列所形成的。在这4座府邸中，**巴罗达府邸**(Baroda House, 1920)和**海得拉巴府邸**(Hyderabad House, 约1920, 见[1723]页图D)最值得关注。

印度政府的首席建筑师罗伯特·托尔·拉塞尔(Robert Tor Russell, 1888—1972)工作在勒琴斯的阴影下，使他的建筑服从于总规划师的要求。罗伯特·托尔·拉塞尔和威廉·亨利·尼科尔斯(William Henry Nicholls)设计的德里**康诺特广场**(Connaught Place, 1928—1931, 见[1723]页图B)圆形直径达355m(1090ft)，带有同心圆的柱廊，通过放射性轴线把新德里与平面更不规则的老德里连在一起。拉塞尔还设计了德里**旗帜宫**(蒂恩·穆蒂)(Flagstaff House, Teen Murti, 1930, 见[1724]页图A)。作为总司令官邸，旗帜宫是这一时期印度最好的居住建筑之一，成了遍及全国的大型邦加罗建筑的原型。

新德里有一些值得赞赏的较小型政府和居住混合建筑，其多数设计以简化的古典手法呼应着热带气候和传统。在这些建筑中，敞廊、深门廊，以及利于气流穿过的成排高窗成为构图的主导。著名的例子是尼科尔斯设计的新德里**费罗扎哈路中型住房**(middle-category housing in Ferozshah Road, 约1925, 见[1724]页图B)。德里还拥有20世纪最著名的教堂之一——**圣马丁要塞教堂**(S. Martin's Garrison Church, 1928—1930, 见[1724]页图C)，它是阿瑟·戈登·舒斯密斯(Arthur Gordon Shoosmith, 1888—1974)设计的一座纪念碑，具有硕大而富于原始力量和当代感的立方体砖建筑构图。伴随着新德里都市序列的其他重要教堂，有仿帕拉第奥式(semi-Palladiam)的勒琴斯风格的**教区赎罪教堂**(Cathedral Church of Redemption, 1928年始建)以及**天主教圣心堂**(Catholic Church of the Sacred Heart, 1934, 见[1724]页图D)，这两座教堂的建筑师都是亨利·梅德(Henry Medd, 1892—1977)。

在孟买的殖民者建筑师中，乔治·威特(George Wittet)比他的德里同行们更多地展示了对印度建筑有意的赞赏。孟买威尔士亲王博物馆(the

---

❶ Maidan：一种露天空间，用做游行场地、公众集会或马球比赛等。——译者注

第57章 印度次大陆建筑

图A 加尔各答的维多利亚女王纪念堂(1906—1921),见[1719]页

图B 德里的总督府(今拉什特拉帕蒂宫,1912—1930),见[1720]页

第七编 20世纪建筑

图A 德里的总督府及中央部委办公楼(1912—1930)，见[1720]页

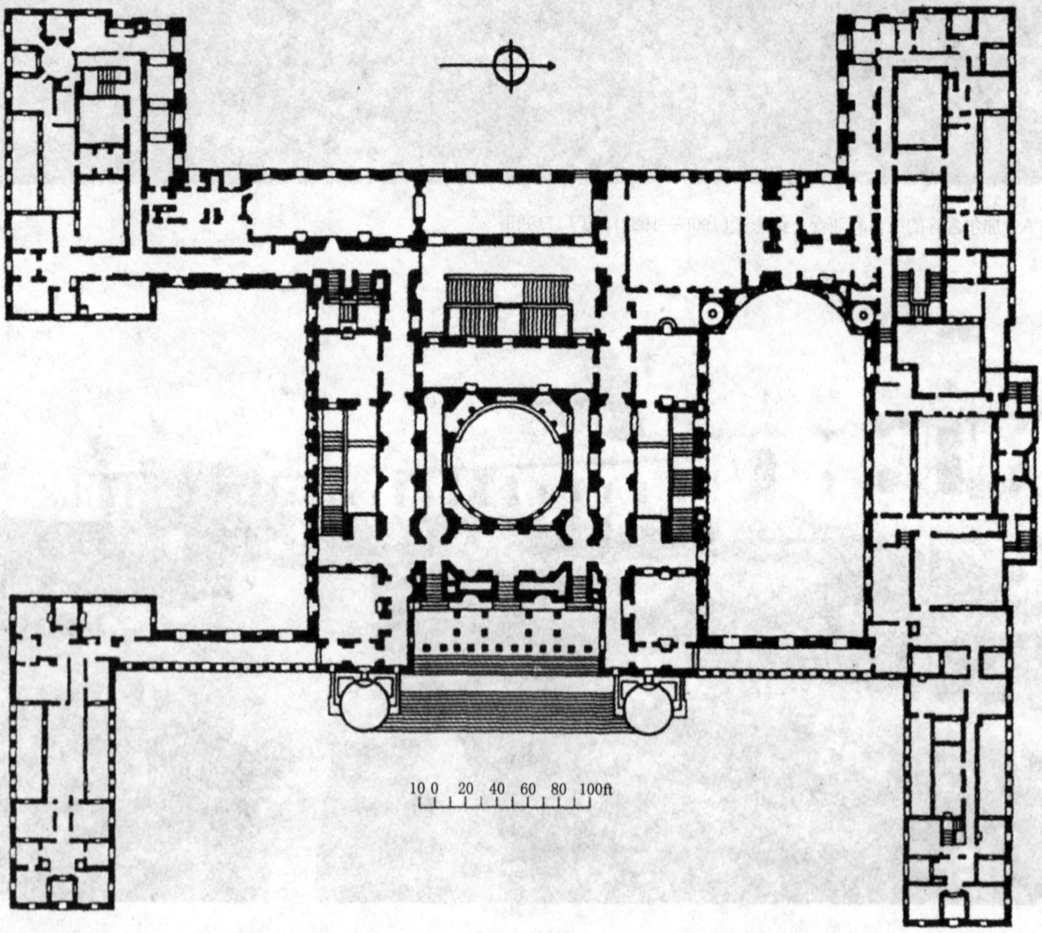

图B 总督府(拉什特拉帕蒂宫)主楼层平面

第57章 印度次大陆建筑

图A 德里的中央部委办公楼(1930年建成),见[1720]页

图B 德里的康诺特广场(1928—1931),见[1720]页

图C 全印度战争纪念门(印度门,1931年建成),见[1720]页

图D 德里的海得拉巴府邸(约1920),见[1720]页

图 A 德里的旗帜宫(1930)，见[1720]页

图 B 新德里的中型住房(约1925)，见[1720]页

图 C 新德里的圣马丁要塞教堂(1928—1930)，见[1720]页

图 D 新德里的天主教圣心教堂(1934)，见[1720]页

Prince of Wales Museum, 1905), 把印度和欧洲传统要素混合在了一起, 还有印度式的托座和莫卧儿式的拱券, 都结合在古典式的对称平面中。但是, 与这个城市中弗雷德里克·威廉·史蒂文斯(F. W. Stevens)设计的维多利亚火车站(参见有关章节)和市政厅为主要代表的19世纪精美的哥特式建筑不同, 威特的立面具有刚强的庄严感。后来, 他以同样的手法, 设计了孟买的印度门(Gateway of India, 1927年建成), 为纪念乔治五世国王1911年对印度的访问。这个三联拱门, 就像一个外省的城门, 是16世纪各种装饰、细部和平面的混合物。显眼的中央拱门周围墙上有凸出的塔体, 两个次要的拱门中有纤细的石头花格。这个印度-撒拉逊风格的混合建筑, 显示了一种恰当的媒介, 通过它, 在一片奇异的土地上建立了新的殖民地式表现。威廉·钱伯斯(W. Chambers)设计的孟买**泰姬陵饭店**(Taj Mahal Hotel, 1903)就在它旁边, 并连接着1903年的游艇俱乐部(Yacht Club)。饭店临水的7层立面, 显示了极度丰富的古典和古杰拉特建筑元素❶。

在主要的城市以外, 重要的20世纪殖民地建筑还可以在**勒克瑙**(Lucknow)见到, 著名的有亨利·沃恩·兰彻斯特(Henry Vaughan Lanchester, 1863—1953)设计的**邦议会大厦**(Council Chamber, 1928)以及与罗德克(Rodeck)一起设计的**邮电大楼**(Post and Telegraph Building, 1931—1932)。兰彻斯特还设计了焦特普尔的**乌迈德宫**(Umaid Bhawan Palace, 1929—1944), 这是他在印度最知名的作品。同样动人的是弗里奇雷(E. W. Fritchley)设计的迈索尔的**拉里萨宫**(Lalitha Mahal Palace, Mysore, 1930), 它的形象, 很像松散拉长的伦敦圣保罗主教堂。

假如殖民地时代在这个国家独立后的建筑中仍然有一种凌驾其上的重大影响, 那就是"公共工程局"(Public Works Department, PWD)的建立。设立这个机构, 是用来承担艰巨的基础设施建筑和工程项目, 以使管理这个巨大的国家成为可能。从公共工程局最雄心勃勃的工程成果, 休伯特·雪利-史密斯(Hubert Shirley-Smith)设计的跨度巨大的加尔各答**豪拉大桥**(Howrah Bridge, 1943), 可以看到哈尔西·里卡多(Halsey Ricardo, 1854—1928)设计的**豪拉车站**(Howrah Station, 1900—1908)。这个车站是一个巨大的、四向延伸的罗马风加摩尔式砖体建筑群, 正立面傍着河岸。然而, 它象征性的重要怎样强调也不过分, 因为它持久铭记着帝国主义的实际扩张, 巨大的公路和铁路网, 从这第一个铁路起点, 伸向整个国家。

现代主义与印度

自1947年从英国统治下独立后, 贾瓦哈拉尔·尼赫鲁总理的政府开始了旁遮普(Punjab)新首府昌迪加尔的建设。勒·柯布西耶的总体规划(1950), 设计了一个铁笼子式的城市平面, 反映了1933年CIAM《雅典宪章》(*Charter of Athens*)所信奉的现代主义城市规划的关键原则。勒·柯布西耶同时设计了它的主要行政建筑。现代主义纪念碑和城市规划的结合, 是独立后印度现代建筑发展的转折点。假如昌迪加尔象征着同印度不可避免的分离, 这正是它有意而切实的向往。民主最终来到了印度, 而就尼赫鲁来说, 昌迪加尔就是民主的实际体现。

勒·柯布西耶设计的邦首府建筑综合楼(Capital Complex building)、**议会大厦**(the Assembly, 1955—1960, 见[1726]页图A)、**高等法院**(High Court, 1952—1956, 见[1727]页图A)和**行政大楼**(Secretariat, 1952—1956, 见[1726]页图B), 在城市的核心中构成内在的联系, 但又相互分离, 与喜马拉雅山雄伟的背景相邻。**各邻里单位**(Neighbourhood Sectors)由马克斯韦尔·弗赖伊(Maxwell Fry)和简·德鲁(Jane Drew)设计。借助于特定的雕塑感形式和来自印度传统的文化和气候要素, 勒·柯布西耶实现了运用钢筋混凝土的新型建筑艺术。尽管用屏风墙和棚架的变化来吻合勒·柯布西耶暴露的混凝土美学, 但它们同现代主义形式的一致性, 还是开始对这个独立国家的建筑师产生了影响。皮埃尔·让纳雷(Pierre Jeanneret)负责实施勒·柯布西耶在昌迪加尔的工程, 并在这个新首府设计了大量较小的建筑。后者统统强烈地体现着对地方设计和建筑传统的钟情, 例如**佩昂村**(Peon village), 包括住宅(1952—1953)在内的混合建筑类型, 以及**甘地纪念馆**(Gandhi Bhavan, 1959—1961)。

---

❶ Gujarati element; 杰拉特是今巴基斯坦旁遮普省的东北部城市。——译者注

第七编 20世纪建筑

图 A　昌迪加尔的议会大厦(1955—1960)，见[1725]页

图 B　昌迪加尔的行政大楼(1952—1956)，见[1725]页

第57章 印度次大陆建筑

图A 昌迪加尔的高等法院(1952—1956),见[1725]页

图B 艾哈迈达巴德的面粉厂主协会大楼(1953—1956),见[1728]页

除了首府昌迪加尔的工程之外，勒·柯布西耶还设计了艾哈迈达巴德的**面粉厂主协会大楼**(Mill Owners Association Building, Ahmedabad, 1953—1956, 见[1727]页图 B)，以及**舒丹别墅**(Shodan Villa, 1953—1956)和**萨拉布赫别墅**(Sarabhai Villa, 1953—1956)两座重要的居住建筑。两座别墅都用中轴门和平行墙作为融和周围景观的手段。

自治以后，大学议政会决定在新规划的昌迪加尔城中，建设综合性的**旁遮普大学**(Punjab University, 原位于拉合尔(Lahore))校园。尽管最初的总体规划是由乔杜里(J. K. Chowdhury, 1918—)设计，并且他还接着设计了**化学工程与技术大楼**(Chemical Engineering and Technology blocks)，但校园平面在 1958 年由皮埃尔·让纳雷和巴努·马图尔(Bhanu Mathur)所调整。除了设计以外，他们还监督了校园规划的执行。

这个校园坐落在昌迪加尔的东北端，**医学研究生院**(Post Graduate Institute of Medical Research)、**旁遮普工学院**(Punjab Engineering College)和**建筑学院**(College of Architecture)共同构成了城市的高等教育地带。其平面包括一个综合教学建筑群，围绕着由**图书馆**、**学生中心**、**美术馆**和**甘地纪念馆**构成的内核。建筑师乔杜里设计的**工学院大楼**(Engineering College, 1950—1953)主要的教学设施是一个三层的矩形建筑，垂直方向通过独立的楼梯间连接，单个实验室各自突出于首层立面之外。这个校园的布局，是这个国家这一时期建造的许多高等学校的典型，矩形网格平面，布满通常缺乏个性的平坦地段，建筑间由廊道连接。

当意识到改进农业技术对国民经济极为重要时，乔杜里还得到了希萨的**哈里亚纳农业大学**(Haryana Agricultural University, Hissar, 1970—1977)的设计委托。博物馆、操作间、展厅和报告厅，造就了一个能引导城市教师和乡村捐助人之间相互交流思想的体系。同样，旁遮普政府的义务教育计划对于中小学校设施建设创造了一个突发需求。吉特·马尔霍特拉(Jeet Malhotra, 1929—)设计的昌迪加尔**高级中学**(Higher Secondary School, Chandigarh, 1959—1960)，是这一计划建造的 14 所学校之一，一个门窗开口带有托臂的条形砖建筑。

在大学校园中更值得记忆的建筑之一是昌迪加尔的**旁遮普大学美术馆**(Fine Arts Museum, Punjab University, 1969)。它是巴努·马图尔设计的一座石立面的立方体式建筑，一个极简主义的现代传统在印度的最早表现之一。内部相连的正方形房间，围绕着一个中心庭院，保证了围绕展品的不间断运动。这样的空间变化，最早由查尔斯·柯里亚(Charles Correa, 1930—)构想出来，位于艾哈迈达巴德，萨巴尔马蒂静修斋的**圣雄甘地纪念馆**(Gandhi Smarak Sangrahalaya, 1958—1963)按模数在砖柱网格上设计了一系列亭舍，覆盖着混凝土结构支撑的陶瓦屋面。建筑要素强化了关于圣雄甘地展示的连续性。

除了受到勒·柯布西耶启发的建筑之外，20 世纪四五十年代遍及印度的建筑，表现出现代主义建筑的多样性，同时在敏感地依照不同气候和文化的要求来建造。著名的实例包括：安东宁·雷蒙德(Antonin Raymond, 1860—1976)设计的**戈尔孔德宅**(Golconde House, 1936—1948)，本地治理的**奥罗宾多静修斋**(Aurobindo Ashram, Pondicherry)，以及沃尔特·乔治(Walter George)设计的德里**TB 协会大楼**(TB Association Building, 1950—1952)。

国际风格的早期影响，在像哈比卜·拉赫曼(Habib Rahman, 1916—)这样的建筑师的先驱性作品中十分明显，他独特的建筑标记，甚至可以在 20 世纪五六十年代公共工程局高度官僚化的环境下感觉到。对于曾师从瓦尔特·格罗皮乌斯的阿奇尤特·坎文迪(A. P. Kanvinde, 1916—2002)也是一样。

作为中央公共工程局资深建筑师的拉赫曼，在全印度设计了许多公共建筑、纪念建筑和住宅。他设计的 14 层加尔各答**行政办公新楼**(New Secretariat, 1949—1954, 见[1730]页图 A)在当时是这座城市最早的高层建筑之一。他设计的展览建筑德里的**拉宾德拉馆**(Rabindra Bhavan, 1959—1961, 见[1730]页图 B)依据环形交叉的交通流线，采用了可伸展的五角形平面。展室带有窗户和"吉里"(遮光百叶，jalis)，避免了内部眩光。

巴基斯坦环境规划和建筑顾问公司(Pakistan Environmental Planning and Architectural Consultants, PEPAC)自 20 世纪 60 年代成立起，这一政府拥有的公司就控制了巴基斯坦一些主要公共项目的委托。PEPAC 高起点的设计和建造标准，在伊斯兰堡住房和住房建筑投资公司(HHBFC)设计的伊斯兰堡**边境管理局大楼**(Frontier House)、数个城市电影院和其他一些工程上有所体现。在政府对主要公共委托保持着严格控制的同时，几位在国外接受教育的巴基斯坦建筑师在过去 20 年的私人投资项目中，留下了值得称赞的成就。这些著名的作品包括亚斯敏·拉里(Yasmeen Lari)设计的卡拉奇的哈克司令宅(House for Commodore Haq)以及卡马尔·卡恩·穆塔兹(Kamal Khan Mumtaz)设计的科特工人住宅(Workers' Housing)和拉合尔的哈姆拉艺术委员会大楼(Al Hamra Arts Council Building)。在拉合尔的里瓦兹花园公寓(Rivaz Garden Flats)和莎吉尔会堂(Shakir Ali Auditorium)中,纳亚尔·阿里·达塔(Nayyar Ali Data)以严谨而又戏剧化的方式,运用混凝土和砖,在简单的平面中结合了预制的"吉里"。

与印度和巴基斯坦不同,斯里兰卡在独立之初,没有受到现代主义在次大陆成长和复苏的影响。当这个地区其他国家工业活动的增长,勒·柯布西耶强有力的存在,以及其后路易·康的理念影响着建筑的时候,斯里兰卡在公共建筑中发展出了一套固有的传统语汇。

斯里兰卡的英国殖民时期的遗存,位于科伦坡的托林顿府邸(Torrington House, 1915)和新市政厅(New Town Hall, 1927),保持着其象征性的存在。独立以后,不断增强的民族意识,体现在地方传统的建筑中,特别是韦恩·约内斯(Wynn Jones)设计的独立纪念堂(Independence Commemoration Monument, 1953),有带斜脊的康提式(Kandyan)屋顶。这一时期,同样结合了斯里兰卡屋顶特征的例子是雪利·德奥尔维斯(Shirely de Alwis)设计的佩勒代尼亚大学(Peradeniya University, 1931)。

明内蒂·德席尔瓦(Minnette de Silva)在20世纪五六十年代的作品,接受了现代主义特色增长的影响,并探寻了更新的建筑适应性。她的早期居住建筑包括:康提的错层住宅(Split Lever House, 1951)和塞纳讷耶凯公寓(Senanayake Flats, 1954),两者都设有停车棚和屋顶花园。还有佩里斯宅(Peiris House, 1953),一个装配在飘浮的混凝土板之下的结构。地方岛屿传统,只在她的晚期作品中才渗透进来。她的锡吉里耶旅游综合楼(The Sigiriya Tourist Complex, 1970)是由灰泥墙的小屋组成,而佩里斯别宅(Second Peiris House, 1965)的布局,是围绕着一个传统庭院构成的。

由于大多数印度建筑师接受了具有现实可行性的现代主义语汇,那么就有必要使这种风格适应地方条件。这种做法之一是杰哈布瓦拉(C. S. H. Jhabvala, 1920—)设计的德里大学的基罗里马尔学院(Kirorimal College, 1954),它以凌乱的蔓延感,来呼应早已存在的砖窑形式所体现的基地特征。

建于围合墙体限定中的建筑物,是20世纪五六十年代出现在高校建筑的总体特征,而建造规划通常同周围环境无关。由贾斯贝尔(Jasbir)和罗斯马里·萨奇蒂夫(Rosemary Sachdev)设计的位于阿姆利则的古鲁那那克大学(Guru Nanak University, 1970—1978, 见[1730]页图C),同在这个矩形场地四角的其他建筑一起,构成了校园的焦点。库克里贾(C. P. Kukreja, 1938—)设计的贾瓦哈拉尔·尼赫鲁大学(Jawaharlal Nehru University)的校园规划,以更松散的布局,沿着干线道路,形成了更大的规模。在总平面中,校园核心由教学研究建筑构成,坐落于一个巨大的中央起伏台地上,俯瞰着一个废弃的采石场。

为满足特殊的艺术和科学的迫切需要,一些同特定教育相关但独立于校园设置的建筑出现了。巴·维·多西(Balakrishna Vithaldas Doshi, 1927—)设计的位于艾哈迈达巴德,内弗朗普拉的建筑学院(School of Architecture, Navrangpura, Ahmedabad, 1966—1968),包括美术、展览厅和图书阅览室在内的各种设施,都处在南北向的平行砖墙之间,以减少阳光并造就流通的气流通道。阿奇尤特·坎文迪(Achyut Konvinde)设计的孟买尼赫鲁科学中心(Nehru Science Centre, 1976—1980),同样包括这类外形各异的标准结构和空间单元,在综合体中产生差别。这是查尔斯·柯里亚在他的两个作品中所揭示的理念,这两个建筑涵盖了明显不同的功能。

在查尔斯·柯里亚设计的波帕尔的巴哈拉特艺术中心(Bharat Bhawan, Bhopal, 1975—1981)中,布局方式显示了一种探索,各种设施都处在庭院和台地的景观之中。在孟买的萨尔瓦卡奥教堂(Salvacao Church, 1974—1977)中,柯里亚同样选择了创造他自己的序列和手法来确定宗教活动过程。接连不断的光影序列,这是教堂设计中最基本的意向之一,被运用在一系列相连的院落和房间中,引导来者走向较暗的教堂圣坛中心。在这两座建筑中,空间和光这两种要素的本质,都被粗加工的石材和暴露的混凝土表面、梁与混凝土壳体所加强。

勒琴斯之后的许多新德里商业建筑,不仅强调要脱离殖民地传统,而且力求在结构美学上也彰显独立结构性声明。其基本的"结构主义"

第七编 20世纪建筑

图 A　加尔各答的行政办公新楼(1949—1954)，见[1728]页

图 B　德里的拉宾德拉馆(1959—1961)，见[1728]页

图 C　阿姆利则的古鲁那那克大学(1970—1978)，见[1729]页

图 D　德里的因德普拉扎的英迪拉·甘地室内体育场(1980—1982)，见[1732]页

第57章 印度次大陆建筑

图 A　艾哈迈达巴德提恩-达瓦扎的普里马布海大厦(1956—1972)，见[1732]页

图 B　德里的尼赫鲁展览馆(1971—1972)，见[1732]页

图 C　霍苏尔的印度斯坦汽车厂(1975)，见[1732]页

(Structuralism)意向,是把建筑工程构架的表现当做唯一的装饰形式。库尔迪普·辛格(Kuldip Singh, 1934—)设计的位于德里,桑萨德大道的**新德里市政中心**(New Delhi Civic Centre, Sansad Marg, 1956—1983),以及相邻的一些建筑,如柯里亚设计的LIC中心(LIC Centre, 1975—1988)、兰基特·萨比希吉(Ranjit Sabhiki, 1935—)设计的DLF中心(DLF Centre, 1990)等,重新绘制了这个城市商贸中心地区的天际线。这些近期的地标建筑,具有大理石或花岗石的楼面,大厅中由柱子架着的通道和反光玻璃幕墙,像高耸的经济堡垒一样,孤傲地挺立着。

"结构主义"倾向到20世纪70年代也不见减弱,反而被公共厅堂和展览建筑所竭力宣扬。这一时期的两个主要作品是:拉吉·里瓦尔(Raj Rewal, 1934—)设计的**德里民族大厦**(Hall of Nations, 1972),以及坎文迪、拉埃(Rai)和乔杜里设计的斯里那加的**克什米尔国家体育场**(Sher-e-Kashmir Stadium, 1984),表现着一个创造性的混凝土空间框架建筑方法。两座建筑看起来很相像,但斯里那加的体育场,是单层桁架结构,而里瓦尔设计的大厦,则是一个混凝土空间构架。

1982年德里亚运会期间,出现了另一些值得注意的信号,其中有贾斯贝尔和罗斯马里·萨奇蒂夫设计的锡里堡**举重馆**(Weight-lifting Arena)和萨蒂什·格罗弗(Satish Grover, 1940—)设计的无屋顶的托卡托拉**游泳馆**(Swimming Stadium, 1979—1982)。从结构上看,最动人的是萨拉特·达斯(Sharat Das)设计的可容纳2.5万人的位于德里因德普拉扎的**英迪拉·甘地室内体育场**(Indira Gandhi Indoor Stadium, Inderprastha, 1980—1982, 见[1730]页图D)。其周边由8座巨大的混凝土塔楼支撑着钢网架屋顶,中央还有一个采光穹。8个形体倾斜的预应力混凝土塔楼,同时还容纳着这座建筑的服务空间和楼梯间。尽管这座建筑沿着贾木纳河(river Jamuna)来强调它的纪念性,而以更自觉和更强烈的意识响应城市的,却是巴·维·多西设计的位于艾哈迈达巴德提恩-达瓦扎的**普里马布海大厦**(Premabhai Hall, 1956—1972, 见[1731]页图A)。它以上层悬出的部分环绕着街道,同旁边的历史城门形成互补。

虽然在传统上,建筑并不左右大都市城市的商业成长,但是各自治政府在20世纪最后20年里,还是被推向了在标志性城市地段里规划写字楼群的活动。拉坦·辛格(Rattan Singh)和博达斯(V. V. Bodas)设计的德里**尼赫鲁中心**(Nehru Place District Centre, 1975),是德里第一批大规模商业综合体建设构想之一。它设想建造98座多层商店与综合写字楼建筑,以及娱乐设施、电影中心、旅馆及包括露天剧场、博物馆、图书馆和美术馆在内的综合文化建筑。

在印度,对公众人物的缅怀,经常产生与神化概念相关的纪念性建筑。瓦努·布塔(Vanu Buta, 1922—)设计的位于德里拉杰卡德的**圣雄甘地纪念馆**(Mahatma Gandhi Smarak, Rajghat, 1956),以简洁的几何体突出了甘地一生的高尚和俭朴。一个坡道入口、一个封闭的庭院和一个正方形的纪念碑,象征着圣雄甘地的生和死。山丘上细微的变化和包括一张花岗岩板在内的敞开的围栏创造出一种非常虔诚的气氛。拉吉·里瓦尔设计的位于德里,普拉贾蒂广场的**尼赫鲁展览馆**(Nehru Pavilion, Pragati Maidan, 1971—1972, 见[1731]页图B),达到了同样反常规的纪念性,位于绿色台地之下的两层结构,完全构成了一个传统的庙宇回廊。

工业建筑

企业建筑对印度来说是相对新鲜的;印度的企业只是到了近些年才意识到,有必要通过建筑形象来突出和激励运作理念。罗米·考斯拉(Romi Khosla, 1941—)设计的班加罗尔**联合酿酒公司总部**(United Breweries Headquarters, 1979),把所有的管理功能部分都置于一个4层高的通体玻璃核心建筑中。它上面有一个同主体分开的8边形的薄壳,构成了有趣的环境控制方式。传统的遮阳板,发展成了一种设计特征,启发了昌达瓦卡(Chandavarkar, 1928—)和撒卡尔(Thackar, 1923—)设计的位于泰米尔纳德邦霍苏尔的**印度斯坦汽车厂**(Hindustan Motors Factory, 1975, 见[1731]页图C),设计突出混凝土格构框架。有两个近年来的大型项目,尽管设计形式不同,但都显示出,在小型的综合体和单独的建筑中不可能实现的内部结构关系。一个是多西设计的巴哈拉特宝石交易所(Bharat Diamond Bourse),以一个小镇的规模,把绝大部分宝石贸易活动带到了一个屋顶之下。规模同样宏大的另一个设计是萨特南-那米塔联合事务所(Satnam, Namita &

Associates)的埃济马拉的**贾瓦哈拉尔·尼赫鲁海军学院**(Jawaharlal Nehru Naval Academy)一体化校园设计,在沿着西高止山脉(Western Ghats)一个半岛自然起伏的土地上,它覆盖了达 2300acre 的基地。这两个项目都在 1995 年开工。

宗教象征主义

基督教的建筑在印度保持了独特的文化特性。基本上未受到工业化的影响,风格的细微差别和象征的特殊性,仍见于基督教、锡克教、印度教、伊斯兰教或耆那教对信仰的坚持。然而,传统宗教象征的现代运用与风格的混合,传统和现代材料与建造手段的混合,一同发展着。苏米特(Sumit)和苏奇特拉·高希(Suchitra Ghosh)设计的**达克辛-德里-卡里巴里神庙**(Dakshin Delhi Kalibari Temple, 1986—1988),使用了传统元素"孟加拉屋顶"(Bengal roof),但这个圆锥形的庙宇上部结构是用混凝土建造的。叙利亚基督教教会(Jacobite,一性论派)印度大都会德里教区总部的**德里正教教区中心**(Delhi Orthodox Diocesan Centre, 1984)由拉穆·卡塔卡姆(Ramu Katakam, 1944—)设计,用当地产的托尔布尔(Dholpur)石材建造的穹顶和内倾的轮廓,令人想到中东的同类建筑。另一方面,法里乌尔兹·萨赫巴(Fariburz Sahba)设计的新的**德里巴哈神庙**(Baha'i Temple, 1982),用一座整体屋顶来象征巴哈教派的寰宇属性。这座庙宇的主要结构,采用了整体混凝土圆形壳体形式,模仿开放的莲花瓣。瓣的内部形成拱顶,由肋架体系支撑,肋架又被一组放射形的梁所固定。

劳里·贝克(Laurie Baker, 1917—2007)设计的蒂鲁维拉的**圣约翰大教堂**(S. John's Cathedral, 1977,见[1734]页图 A、图 B)完全采用当地拥有的花岗石和砖,以及跨在墙上升向中央高窗的半木桁架,把内部的希腊十字布局同外部的印度神庙形象结合到一起。当基督教初次传到印度时,在当地发展起来的建筑,很像印度人在他们的宗教建筑中运用的"竹子"风格。梅农(A. G. K. Menon, 1941—)设计的瓦拉纳西的**圣母马利亚大教堂**(S. Mary's Cathedral, Varanasi, 1990—1993,见[1734]页图 C~图 E),依据简单的几何元素,构成多向的平面形式,并有倾斜的瓦顶和传统的"吉里"。

路易·康与学院建筑

路易·康对宁静感和光的关注,赋予了他的建筑一种形式和秩序。他在次大陆的两个主要作品,艾哈迈达巴德的**印度管理学院**(Indian Institute of Management, 1963—1974, 见[1735]页图 A~图 C)和孟加拉国达卡的**议会堡**(Citadel of the Assembly, Dhaka, Bangladesh, 1967 年始建,参见下文),对这种秩序的研究,把砖与混凝土墙砌筑体推向了缓和严酷气候效果的高峰。地方和文化,既影响着他对建筑里活动的安排,也影响着建筑的外部形式。他把艾哈迈达巴德管理学院 65acre 的校园分为三部分:学院——呈 U 形平面的图书馆、办公室和教室;周围宿舍区——被院子分开的各学生房间单元;以及教师住宅区——由连续的邦加罗廊式住宅围绕着花园庭院来限定综合组群的周边。所有的建筑朝向都迎着主导风向;同时,采光井、庭院和凉廊作为辅助,把阳光直射减至最少。这个学院的房间布局设计,反映着特殊建筑要素的一种升华:凉廊,使窗户在深深的阴影中;厨房和厕所,构成一组的服务设施。与砖承重墙之间等开间的楼梯间由混凝土板跨过,并因拱券和女儿墙花砖的应用而显得轻盈。

路易·康在印度遗产的自然继承者,阿南特·拉吉(Anant Raje, 1929—)在路易·康于 1974 年去世后,继续在印度管理学院的续建中应用了砖的语汇。例如**餐厅、住宅**(Dining Halls, Housing, 1975—1980)和**马塞中心**(Mathai Centre, 1994),这是一座集会厅和办公综合楼。另一个学院类建筑项目是查尔斯·柯里亚设计的海得拉巴的**贾瓦哈拉尔·尼赫鲁印度工业发展银行**(Jawaharlal Nehru Industrtrial Development Bank of India, 1992)。阶梯状的景观庭院,是这所机构的主要特征。

拉吉取得独立工作成就的特殊设计,提供了一种来自印度中部中世纪废墟的纪念性形式。政府资助的波帕尔的**印度森林管理学院**(Indian Institute of Forest Management, 1984 年始建),容纳了教学、研讨、居住、娱乐等设施,并以表现性的方式,来促进更健全的森林生态进程。在俯瞰博帕尔湖的

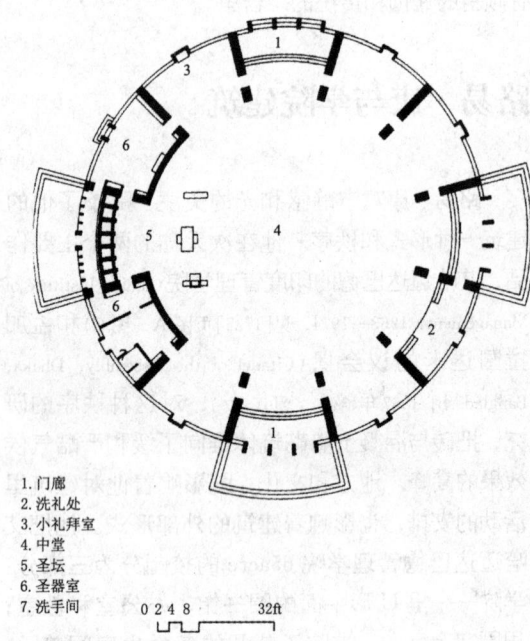

1. 门廊
2. 洗礼处
3. 小礼拜室
4. 中堂
5. 圣坛
6. 圣器室
7. 洗手间

图A 蒂鲁维拉的圣约翰大教堂(1977)首层平面图

图B 蒂鲁维拉的圣约翰大教堂(1977)，见[1733]页

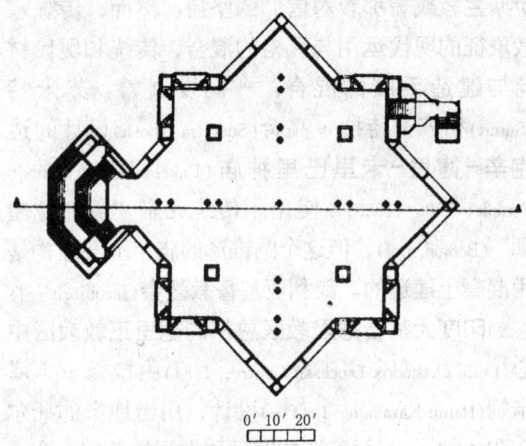

图D 瓦拉纳西的圣母马利亚大教堂地下层平面图

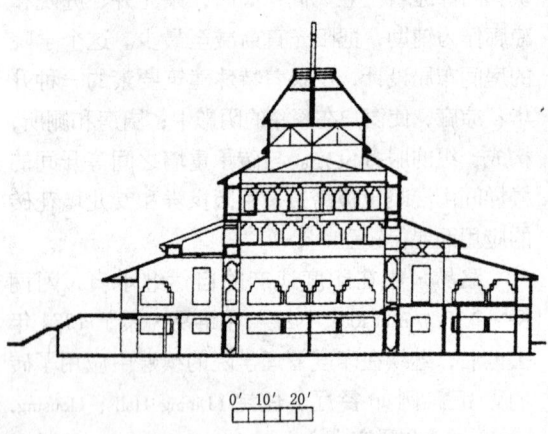

图C 瓦拉纳西的圣母马利亚大教堂剖面图

图E 瓦拉纳西的圣母马利亚大教堂(1990—1993)，见[1733]页

第57章 印度次大陆建筑

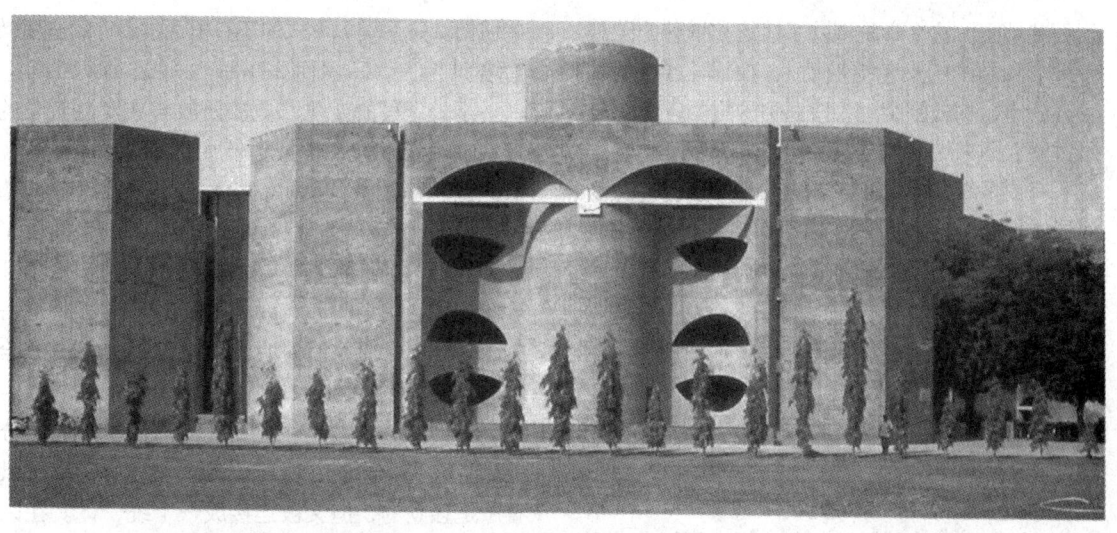

图A　艾哈迈达巴德的印度管理学院(1963—1974)，见[1733]页

图B　艾哈迈达巴德的印度管理学院，管理办公室

图C　艾哈迈达巴德的印度管理学院，主入口

图D　班加罗尔的印度管理学院(1977—1985)，见[1736]页

图E　艾哈迈达巴德的企业家研修学院(1985年始建)，见[1736]页

岩石基地上，这个学院造就了建筑和景观的结合，使地形和周围的景色更加动人。管理、会计和相关办公室，构成围绕主入口庭院的组团，而教室、研讨室、图书馆和报告厅，同比邻的宿舍一起构成了有更多容量的组群。围绕着一个交叉轴，几何形体是融合与冲突关系之一，这是最先由拉吉在德里的**印度统计学院**(Indian Statistical Institute, 1970—1976)实现的观念。他与坎文迪(Kanvinde)和拉埃(Rai)一起，把办公、教学和居住等不同功能，熟练地安排在一个整体平面中。比马尔·佩泰尔(Bimal Patel, 1956—)设计的艾哈迈达巴德**企业家研修学院**(Entrepreneurship Development Institute, Ahmedabad, 1985年始建，见[1735]页图 E)，平面富于容积感的直线和扭转，同拉吉的设计相似，强化了这个学院的特定视觉形象地带。

巴·维·多西大多数的学院类建筑作品的主题，也是土地和建筑相互影响的关系。斯坦(Stein)、多西(Doshi)和布哈拉(Bhalla)设计的**班加罗尔印度管理学院**(Indian Institute of Management, 1977—1985，见[1735]页图 D)被构思为一个城镇，由基地的地形做导向，"有交叠的运动和转换，创造了一种交叉路径模式"。多西设计的艾哈迈达巴德**甘地劳工研究所**(Gandhi Institute of Labour Studies, 1980—1984，见[1737]页图 A)，以审慎但不规则的手法，允许使较小的综合体分离，造就了由长而低的筒形拱建筑所限定的三个庭院体系。多西为自己的事务所设计的建筑，艾哈迈达巴德的**桑加地**(Sangath, 1979—1981，见[1737]页图 B)提供了便于讨论、会见和交换思想的场景，有些像美国建筑师约·艾·斯坦(J. A. Stein)设计的德里**印度国际中心**(Indian International Centre, 1960—1962，见[1738]页图 A)那种精心衔接起来的室内外空间。

两个突显基地起伏的重要科学学院建筑实例，是拉吉·里瓦尔设计的德里**国家免疫研究所**(National Institute of Immunology, 1983—1994，见[1738]页图 B)和高希联合事务所(S. Ghosh Associates)设计的**西塔拉姆·巴蒂亚科学研究所**(Sitaram Bhartia Institute for Science and Research, 1988—1991)。它们容纳了大量研究设施和供系所、学生与职工使用的建筑。这些建筑围绕着内庭院，顺着岩石山坡构成组团，共同界定了一系列景观化的四边形，构成一种科学观念

的城堡。采用类似形式的还有里瓦尔设计的德里**教育培训中心**(Centre of Education and Training, 1986—1989)。

学校课程的变化和更加开放与启发性教学的发展，首先影响了学校建筑中因袭传承的形式。散亚伊·普拉卡什(Sanjay Prakash, 1958—)设计的德里**米拉姆比卡学校**(Mirambika School, 1987)，提供了一系列斜置并连接在一起的八边形，并产生了开放的庭院。贾斯贝尔(Jasbir)和罗斯马里·萨奇蒂夫(Rosemary Sachdev)设计的位于德里瓦桑特·维哈尔的**现代学校**(Modern School, Vasant Vihar, 1954—1984❶，见[1738]页图 C)，主要优点同样是布局的分散化。坡道、台阶、庭院、教室和通道，都可以看做是独立的，但又被连接成一个统一体。在以一贯感觉影响的开放平面中，庭院、相关的教室和周围的景观，构成了一个有利于孩子们成长的整体环境。同样值得注意的是，罗米·考斯拉设计的德里**麻痹症患儿学校**(School for Spastic Children, 1982)的 U 形平面，以及乌坦·贾因(Uttan C. Jain, 1934—)设计的焦特普尔大学的**教室和讲堂**(Classrooms and Lecture Theatres, Jodhpur University, Jodhpur, 1969—1971，见[1739]页图 A、图 B、图 D)，其布局犹如沙漠城市中的街道。这些教室和讲堂紧密相连，相互投下阴影，用当地加工的石材建造，并运用了大量传统石工工艺。在更具热带化景观的孟买，贾因同样娴熟地运用建筑要素，见于**英迪拉·甘地发展研究所**(Indira Gandhi Institute of Development Research, 1985年始建)的分散蔓延式布局。

对传统建筑形式的热情欣赏，出现了一些有纲领性差异的建筑。查尔斯·柯里亚的两个作品的设计意图，以隐喻概念为依据。包括中央邦(Madhya Pradesh)政府邦议会大楼在内的波帕尔**议会大厦**(Vidhan Bhavan, 1980年始建)，其中，建筑在建筑里、建筑在花园里、庭院在建筑里。圆形上的 9 个不同部分，每部分都有自己明晰的用途：四角的弧形中容纳上院(Vidhan Parishad)、下院(Vidhan Sabha)、图书馆以及与之结合的大厅，而 5 个中央弧形在开放的花园布局中，构成入口、办公室、公共接待区和宴会厅。柯里亚的另一个作品是斋普尔的**贾瓦哈·卡拉博物馆**(Jawahar Kala Kendra, 1990)。它作为一个城市博物馆，具有多种艺术训

---

❶ 此处疑原书有误，应为"1975—1985"。——译者注

第 57 章 印度次大陆建筑

图 A 艾哈迈达巴德的甘地劳工研究所(1980—1984),见[1736]页

图 B 艾哈迈达巴德的桑加地(1979—1981),见[1736]页

第七编　20世纪建筑

图A　德里的印度国际中心(1960—1962)，见[1736]页

图B　德里的国家免疫研究所(1983—1994)，见[1736]页

图C　德里，瓦桑特·维哈尔：现代学校(1975—1985)，见[1736]页

第57章 印度次大陆建筑

图A 焦特普尔大学(1969—1971),见[1736]页

图C 德里的安巴-迪普塔楼(1990),见[1740]页

图B 焦特普尔大学的四个阶梯报告厅组团

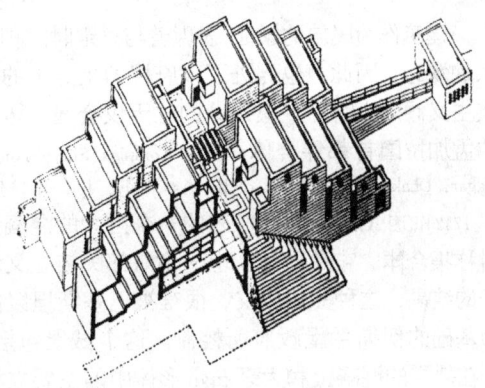

图D 焦特普尔大学的报告厅轴侧图

练设施,设计参照了九大行星系(Navagraha),即用印度教宗教文字描绘的九个正方形曼荼罗。外立面两层高没有窗户的石灰石墙,保护着一个内部中空世界,有穹顶下的厅堂、平顶下的展廊、办公室和餐厅。当斋普尔博物馆还在施工时,柯里亚就着手设计浦那的天文学和天体物理学跨校交流中心(Inter-University Centre for Astronomy and Astrophysics (IUCAA), 1988—1992),它是一个不同民族对宇宙的建筑见解。图书馆、学院办公室、讲演厅和学生设施都围绕着一个贡德(Kund,露天会场)布置。露天会场中的大尺度雕像展示了四位科学家,即阿耶波多❶、牛顿、伽利略和爱因斯坦。

柯里亚设计的现代式的德里**英国议会大厦**(British Council Building, 1986—1992)包括图书馆、礼堂、画廊和多个会议厅,以及霍华德·霍奇金(Howard Hodgkin)创作象征生长的榕树形巨大壁饰。与其相对的是,库克里贾设计的23层德里**安巴-迪普塔楼**(Amba Deep Towers, 1990,见[1739]页图C),成组地围绕着8层高的中庭。带瓷面砖和借自伊斯兰教传统的多彩元素重复,使临街立面具有强烈的个性。

民族性的表现

建筑作为民族的象征,表现着与一定时间相联系的观念,因此,也促进了政府权力主导下的民族主义倾向。路易·康设计的位于议会堡,达卡的**孟加拉国首都综合体**(Capital Complex(Sher-e-Bangla Nagar, Dhaka), the Citadel of the Assembly, 1967年始建,见[1742]页图A),是建在城外的一个巨大的混凝土对称集合体。它是巴基斯坦一半东部民族主义增长的结果,这种民族主义,很难被巴基斯坦以西为基础的伊斯兰堡政府所控制。这个城堡包括,处在暴露的混凝土和大理石带形体中的主要立法**议会大楼**和**清真寺**(Legislative Assembly Building and Mosque),以及位于一个人工湖对面由**最高法院和住舍**(Supreme Court and Hostels,见[1742]页图B、图C)组成的砖建筑次要组群。

这个建筑完成于孟加拉国成立之时,作为新的自由象征,议会的建筑在民族心灵里留下了它的印记。同样,斯里兰卡在1977年大选时,决定建造具有恰当象征性的新议会建筑,标志着国家政治的转型。科特(Kotte),大科伦坡包围了这个尚未开发的地段,成为斯里贾亚瓦德纳普拉的**新议会综合楼**(New Parliamentary Complex, 1982)的基地。坐落在人工湖上的一系列馆舍,构成了新议会"岛屿"组群,经过一个大门道和一个前院进入。

民族的象征,也显示在规模小得多的德里的使馆建筑设计中。雷马·皮蒂拉(Reima Pietila, 1923—)设计的德里的**芬兰大使馆**(Finnish Embassy, 1964—1986),设计形象来自自己国家芬兰的北方风景。那不规则的混凝土屋顶,就像风刻蚀出来的雪雕。与此相反的,塞蒂什·古吉拉尔(Satish Gujral)设计的德里的比利时大使馆(Belgian Embassy, 1983)有更传统的砖工外表和巴黎美术学院式的内部。在中心轴线对称布局下,其酒窖般的公共空间,同上面朝向花园的私密办公室分开。这个城市的外交建筑中,同样不可忽视的是爱德华·迪·斯通设计的**美国大使馆**(United States Embassy)。

居住建筑

在低廉的新孟买**贝拉普尔居住区**(Belapur Housing, 1986年始建,见[1743]页图B)项目中,柯里亚设想用居民自己建造、扩展或改变自己的住房的方式,以适应其自身需要和经济状况。材料和技术都有意地保持简单——灰泥砖墙和瓦屋顶,而基本设施都沿着围墙相连。然而,高地价的孟买核心居住区域,使柯里亚在那里建造了32层豪华的**孟买干城章嘉公寓**(Kanchanjunga Apartments, 1975—1983,见[1743]页图C)。公寓塔楼的平面是正方形的,但角部是凹进去的,为每个单元提供一个阳台,可以带来凉爽的起居场所、海景,以及捕捉气流并使之导向室内的几何形风斗。

柯里亚设计的位于德里阿拉克南达的**特拉住宅组团**(Tara Group Housing, Alaknanda, 1975—1978)和**设计集团**(The Design Group)设计的德里**亚穆那公寓**(Yamuna Apartments, 1975,见[1743]页图A)这两个私人企业的工程项目,都是极为密集的低层居住建筑,围绕着一个密集错开的非封闭式社区空间。2~3居室的越层套房,一个在另一个上面并逐步退后

---

❶ Aryabhata,476~约550年;印度天文学家、数学家。——译者注

和悬挑交错，带来有顶的阳台和可眺望街道的一个个平台。这保证了高密度居住环境中极为难得的开放性，同时又调和了私人住户与共享社区的生活空间。

在一些印度北方城市中，把街道当做城市生活关键构成的传统观念，开始反映在独立的私人住宅设计中。拉吉·里瓦尔设计的 700 个居住单元的德里**亚运村**(Asian Games Village, 1980—1982, 见[1743]页图 D)和达斯(S. K. Das, 1952—)设计的位于布班内什瓦尔的昌德希克哈普尔的**住宅区**(Housing, Chandershekharpur Bhubaneshwar, 1986 年始建)，都模仿了传统的"莫哈拉"(社区, mohalla)。这是一种印度北方城市很普遍的城市聚集组群，群体内被门道和桥梁穿插的狭窄步行街，连接着公共和私有空间。在阿南特·拉吉设计的艾哈迈达巴德的**阿蒂拉职员住宅方案**(Atira Staff Housing project, 1982)中，这种狭窄的传统街道，一种更早就被里瓦尔运用于德里的**法国大使馆宿舍**(French Embassy Quarters, 1968—1969)的理念，它表现了空间和序列的等级，而成团的公寓则围绕着容量更大的家庭院落和层层屋顶。HODCO 的约格里卡(M. N. Joglekar)设计的**波帕尔毒气受害者村**(Bhopal Gas Victims, Bhopal, 1990)，有更大的单元组团。五个单元的四个基本模度，通过一个所有住户可以共享的中央开放空间形成一个单独的入口和封闭的公寓。

尽管这些居住建筑项目大多运用了通常的技术，其中一些还在财力紧张的情况下探索了结构创新，例如卡穆·埃伊尔(Kamu Iyer)设计的维森克里**工业化住宅**(Industrial Housing, 1983, 见[1746]页图 A)、库尔布珊(Kulbushan)和敏什·贾因(Meenashi Jain)设计的拉杰果特**低造价住房**(Low-cost Housing, 1990)。后者具有一个架着混凝土肋的平拱体系，一个有限的屋顶跨在单一狭窄的空间上。

在经济效益与技术创新的平衡方面，选择性开发中心(the Development Alternatives)的作品值得特别关注。他们设计的**总部大楼**(Headquaters Building)和位于德里中央大道的**圆形展览大厅**(Circular Exhibition Structure, Central Vista, Delhi)，都是完全按照使用低成本材料的设计。运用砖拱顶、努比亚拱(nubian vaults)、泥土穹窿、平瓦顶、土坯或夯土和砖墙，建筑师们在作品中，突出了他们关注社会的目标。

新地域主义

在近年来的许多作品中，地域性的表现已经赢得了一种特殊的重要性。查尔斯·柯里亚在他设计的位于果阿帕纳吉的**果阿城市酒店**(Cidade de Goa Hotel, 1978—1982)中模仿了一种城市方言。这座有 100 个房间的旅馆，立方体形式组合沿着山坡基地安排，其布局就像一个小型葡萄牙居民点。在位于果阿帕纳吉的**卡拉美术学院**(Kala Akademi, Goa, 1973—1983)，柯里亚把大量的壁画同建筑结合到了一起。而在位于喀拉拉邦的**科瓦拉姆海滩胜地**(Kovalam Beach Resort, Kerala, 1969—1974)上，他通过把旅馆散布到岩石之下来强调基地的特征。

通过现代手法的调节，一些近期的旅馆设计，把来自殖民地和地方传统的要素结合到了一起。加尔各答殖民地建筑的影响，可以在设计组团设计的加尔各答的**泰姬-孟加拉旅馆**(Taj Bengal Hotel, 1990)中见到。在阿格拉(Agra)，费蒂弗尔·西克里(Fatehpur Sikri)设计的伊斯兰教传统和阿格拉堡(the Agra Fort)，促使 ARCOP 设计组采用莫卧儿的设计原则来设计阿格拉的**莫卧儿喜来登酒店**(Hotel Mughal Sheraton, 1974—1977)。里瓦蒂(Revathi, 1955—)和瓦桑特·卡马特(Vasant Kamath, 1946—)的设计，同样运用传统的乡村建筑形式，重新包装了位于拉贾斯坦的门达瓦的**旅游村**(Tourist Village)。像他们在德里马蒂普尔的艺匠之家方案(Artisans' Housing project, 1983)中所做的一样，在莫黑什沃尔社区中心(Community Centre, Maheshwar, 1991)的泥石结构中，为了流离失所的工匠，卡马特直接同手艺人一起工作，探讨细部设计，进而由当地的泥瓦匠、木工和石匠共同操持并完成了这座建筑。

当代建筑经常从历史建筑中吸取灵感。一个模仿方言元素并以现代材料反映的例子是，阿普库坦·奈尔(D. Appukuttan Nair, 1923—)设计的马德拉斯的**卡拉克什特拉剧院**(Kalakshetra Theatre, 1978—1984)。这个设计，试图使演员与观众交流的荣耀时刻得以永存。这种观念，也已经被以特里凡得琅(Trivandrum)为基地的建筑师劳里·贝克所接受。他的主要作品，包括均设在特里凡得琅的**奇特拉里卡电影制片厂**(Chitralekha Film Studios, 1974—1976, 见[1745]页图 A)和**那烂陀学院**(Nalanda Institute, 1973, 见[1745]页图 B、图 C)，还有戈德亚姆**基督圣体学校**(Corpus Christi School, 1972)。贝克最大的作品是特里

第七编　20世纪建筑

图A　达卡的议会堡(1967年始建)，见[1733][1740]页

图B　达卡的部委宿舍(1968)，见[1740]页

图C　达卡的国民议员寓所(1968)，见[1740]页

第57章 印度次大陆建筑

图A 德里的亚穆那公寓(1975),见[1740]页

图B 新孟买的贝拉普尔居住区(1986年始建),见[1740]页

图C 新孟买的干城章嘉公寓(1975—1983),见[1740]页

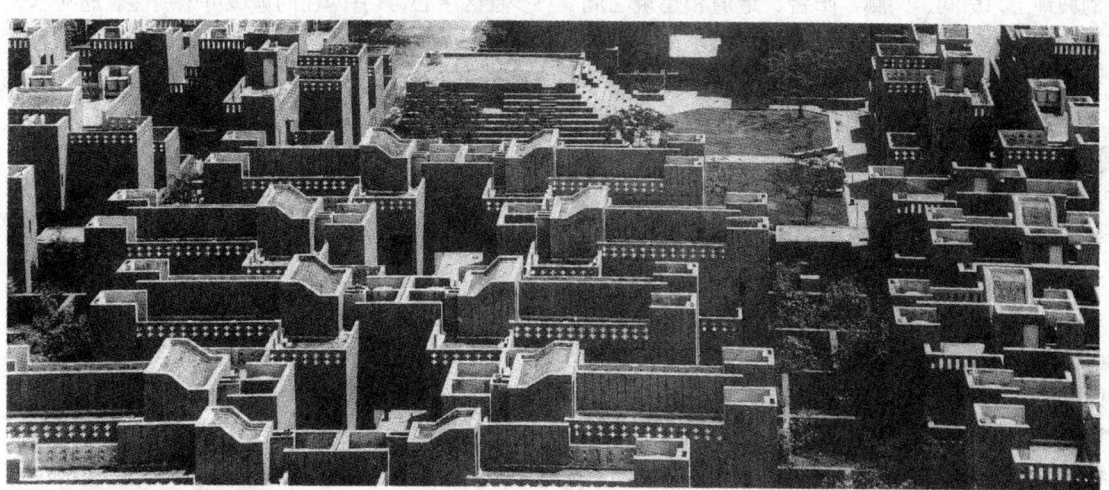

图D 德里的亚运村(1980—1982),见[1741]页

凡得琅**发展研究中心**(Centre for Development Studies, 1971, 见[1745]页图D、图E),建在一个倾斜的山坡基地上,包括教室、住宅和圆形报告厅,由坡度决定的建筑布局逻辑成就了某种理性的偶然性。附近的**发展研究中心女子宿舍**(Women's Hostel building, 1987),有环形走廊设计,在花格砖墙外侧,组合了所有令人愉悦的客居生活的基本设施:矮座椅、备餐台、固定桌、熨衣板和工作间等。这个校园最近的扩充是**校园计算机中心**(Campus Computer Centre, 1971),这是一座非同寻常的双墙穿插的圆形建筑。通过排列和组合相类似的要素,来适应各个项目的功能,贝克对不同的建筑类型区别对待。

第一个利用从拆除的亥弗里(havelis, 传统的院落式建筑)中收集出来的完全雕刻木构件建造的博物馆,是艾哈迈达巴德的卡利科纺织**博物馆**(Calico Museum of Textiles, 1980),建造者是萨拉巴伊基金会(Sarabhai Foundation)。贝克自己对降低住宅建筑成本手段的一个重要方面,同样是重新利用从拆除的建筑中得来的材料。在20世纪80年代早期设计的**利拉·梅农宅**(Leela Menon House, 1973—1974)和**纳拉亚南府邸**(Narayanan residence, 1972—1973),大多数木构件都来自旧的居住建筑,门框、木柱和传统支撑都是直接拿来用。

贝克受委托设计的住宅所表现的这种精神,同样用来建造他的自宅。他的位于那兰其拉的**哈姆雷特宅**(The Hamlet, 1970年始建),建在一片崎岖的坡地上,房间、门廊、阳台、走道和建筑之间连接桥的组织,体现了贝克家中各种功能变换的有机生长。

近来斯里兰卡的工作,在关注地方意向和历史观念方面,与贝克同时代的另一位建筑师,是杰弗里·巴瓦(Geoffrey Bawa)。他的早期代表作品,包括圣布里吉特的**蒙台梭利学校**(S. Bridget's Montessori School, 1964)和汉韦勒的**农场学校**(Farm School, 1966)。这些方案被冠以"地域方言"(regional vernacular)的称号,但这是一个过于简单的说法,因为他许多建筑中的材料像反映地方性设计一样,也明显反映着国际式的语言传统。**本托特海滨旅馆**(Bentota Beach Hotel, 1969)是建在粗糙的碎石墙里的木骨架建筑。**主教学院扩建**(Bishop's College Extension, 1963)有带外部混凝土幕墙的开放式平面。

巴瓦的建筑,以传统观念和简单的现代主义方式相交融来拒绝古典化。但他所有的作品,都体现着设计中的环境气息。杰弗里·巴瓦在印度的少数几个作品之一是,**马杜赖俱乐部**(Madurai Club, Madurai, 1974),它以石板楼面、粗加工的石柱、木椽碎石墙体以及黏土瓦屋顶,迎合着基地的自然景观。位于阿洪加勒的**特赖登旅馆**(Triton Hotel, 1981)的平面形式,主要得自长而窄的海滨基地特征。这个建筑的娱乐特性,促使它几乎完全同周围环境融为一体。

位于北方邦,新奥卡拉工业开发区的**纺织印染车间**(Textile Printing Workshop, (NOIDA), 1984),由瓦桑特(Vasant)和里瓦蒂·卡马特(Revathi Kamath)设计,把传统手工印染活动包容在普通庭院式住宅建筑中。这个工厂的设计,有铺石的庭院和陶瓦的斜屋顶,具有恰当的传统精神,而在传统中,纺织品染色就是一种家庭活动。在杰拉尔德·德昆哈(Gerard de Cunha, 1955—)设计的班加罗尔的**恩里蒂格拉姆**(Nrityagram, 1987, 见[1746]页图B)中,建筑的形状受到古典舞蹈形式传统训练和发展的影响。大量的石头和砖,被用来建成组合墙体的杂和型建筑,开放且像楼台,让住宿学生围绕着练习和排演厅聚集。这位建筑师,像他的良师益友劳里·贝克一样,采用了整体铺开的平面;但在基地上即兴创作,与场所条件和材料相关的个体细部重组。

这个国家各地以方便的材料和技能建造的许多社区中心,具有内在的地域可识别性。迪阿尔·慕克吉(Dulal Mukherjee, 1940—)设计的寂乡的**帕思中心女子宿舍**(Path Bhavan Girls' Hostel, 1979—1985, 见[1746]页图C)和卡穆·埃伊尔(Kamu Iyer)设计的班加罗尔**社区心理健康中心**(Community Mental Health Centre, 1983),都依赖低矮稳重的简单重复体积轮廓来附和周围的形象语汇。埃希什·甘尤(Ashish M. N. Ganju, 1942—)设计的位于西孟加拉巴格纳姆村的**母婴看护中心**(Mother and Child Care Centre, 1979),重要设计因素是他与当地人共同商定的。它运用了方便的砖、木材和金属件,以及简单的建造技术与地方工艺,造就了木椽高坡瓦顶下的大型多功能厅。在行动中学习,是达斯设计的位于安得拉邦的尼扎马巴德的**GRAM校园**(Campus for GRAM)提出的理念。校园中的建筑,倾向于鼓励自助,并促进这一地区的大众化建筑。这个校园由一个管理区、少量床位的初级医务所、奶品店、

第57章 印度次大陆建筑

图A 特里凡得琅的奇特拉里卡电影制片厂（1974—1976），见[1741]页

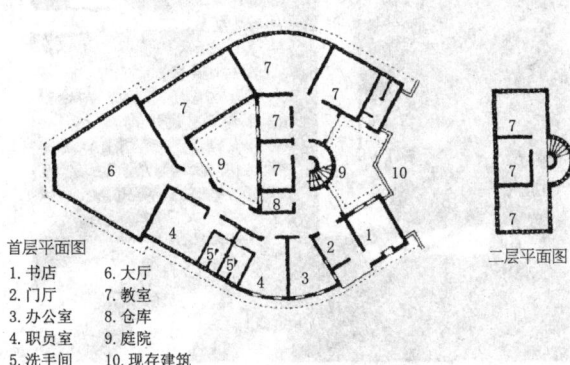

首层平面图
1. 书店　6. 大厅
2. 门厅　7. 教室
3. 办公室　8. 仓库
4. 职员室　9. 庭院
5. 洗手间　10. 现存建筑

图B 特里凡得琅的那烂陀学院平面

图C 特里凡得琅那烂陀学院(1973)，见[1741]页

图D 特里凡得琅的发展研究中心(1971)，见[1744]页

图E 特里凡得琅的发展研究中心外墙细部

图A 维森克里的工业化住宅(1983),见[1741]页

图B 班加罗尔的恩里蒂格拉姆(1987),见[1744]页

图C 寂乡的帕思中心女子宿舍(1979—1985),见[1744]页

训练大厅、一座宿舍和一些职员住宅构成。

由普拉蒂普·萨奇德瓦(Pradeep Sachdeva)在一段城市地下排水设施上雄心勃勃地布置的一个小屋群**蒂里-哈特**(Dilli Haat, 1992—1993)和查尔斯·柯里亚设计的普拉贾蒂广场展览中心的**手工艺博物馆**(Crafts Museum, Pragati Maidan Exhibition Complex, 1975—1991)，是两个把握住了民族精神的市场交易场所，都展示和出售印度手工艺品。

第58章
大洋洲建筑
澳大利亚、新西兰、巴布亚新几内亚和南太平洋岛国建筑

建筑特征

澳大利亚

澳大利亚独立于1901年，当时各殖民地州组成了联邦。在之后的几十年里，尽管坚持了历史上的建筑风格，商业建筑还是倾向于采取更严肃的形式。在当时的芝加哥建筑影响下，一种以罗马风为基础的风格，在19世纪末出现于功能严格的建筑中。但到20世纪20年代，粗琢石材的高基座和巨大的拱券在广泛的建筑类型中得到普及，带来了庄严的尺度。它们补充着来自维多利亚时代的形式更保守的建筑，后者通常用红砖建造，并因灰塑带和乳白色的细部装饰而显得活泼。新艺术运动风格在20世纪主要以装饰图案的形式传入，但是，值得注意的建筑大多没有采用这种风格。

最早的高层建筑是斯佩恩(Spain)和科什(Cosh)设计的悉尼卡尔瓦拉大楼(Culwalla House, 1910年建成)。建筑高52m(170ft)，仍然是砖墙承重结构，而钢结构技术依然受到财力和生产能力的制约。考虑到火灾的危险，在所有城市的建筑都限制高度，悉尼是45.7m(150ft)，墨尔本是40.2m(132ft)。直到20世纪50年代末，澳大利亚城市才有了统一的建筑限高。

在居住建筑中，生动的红砖外表的安妮女王复兴式带有各式屋顶和装饰的木工，继此之后是色调暗淡的加利福尼亚邦加罗敞廊式住宅。建筑师们设计的住宅，受到美国人浪漫作品的启发，例如格林和格林事务所(Greene and Greene)，通过建造商行业目录传入的更简单翻版，很快就被这个国家普遍接受。

更浪漫的影响来自沃尔特·伯利·格里芬(Walter Burley Griffin)，他在赢得1912年澳大利亚新首都堪培拉的规划竞赛后，从芝加哥回国。格里芬是所谓草原式建筑学派(Prairie School)的一员，他的作品在当时并未得到广泛的欣赏，直到20世纪50年代，其价值才得到了重新认识。

再次唤醒对早期澳大利亚殖民地建筑的兴趣，导致了新乔治亚式(neo-Georgian)的复兴。这在一定程度上可能受到埃德温·勒琴斯爵士后期作品的影响，特别是他在新德里的邦加罗建筑(1913—1930)。稍晚些时候，莱斯利·威尔金森(Leslie Wilkinson)引入了一种地中海模式启发下的建筑，他认为这会适应当地的气候。20世纪30年代的商业建筑，体现了纽约装饰艺术派和哥特式摩天楼的风格。在澳大利亚还产生了一大批优秀而自信的建筑，体现在埃里克·门德尔松(Eric Mendersion)式建筑的水平饰带和波浪形弯曲上。砖和玻璃体量，突出地体现在工厂和仓库建筑形象中。而杰出的例子是，各层都有阳台的新医院建筑。

早期的现代建筑，外观坚实、形式粗壮，更多地受到杜多克(Dudok)这样的建筑师而不是国际风格建筑的影响。功能主义得到提倡，但并没有被完全理解。墨尔本是20世纪30年代先进思想的中心，产生了第一批有说服力的现代运动白色美学建筑，但建筑的先导很快转到了悉尼，在那里首先出现了纯粹的国际风格建筑。

在紧接着第二次世界大战的紧缩年代之后，澳大利亚进入了一个繁荣发展时期。有空调的幕墙式建筑出现了，悉尼和墨尔本也在1957年取消了对建筑高度的限制。由佩德尔、索普和沃克(Peddle, Thorp and Walker)事务所设计的悉尼AMP大楼(AMP Building, Sydney, 1957—1961，达到了117m(383ft)的高度)，是第一座高层塔楼。然而，幕墙在这个炎热的国家被证实不适应气候的要求，这以后的多数高层建筑，就都采用了更实体化的贴面或遮阳设施。

新城市建筑中的国际式性质，在悉尼受到一个浪漫的地域运动的挑战。其基本概念受到日本传统建筑和赖特的有机建筑理论的启发，此后有启发意义的还有邦加罗风格，阿尔瓦·阿尔托的

砖体建筑以及英法的新粗野主义。这种"悉尼学派"(Sydney School)建筑,主要是砖瓦居住建筑的风格,在形式、色彩和纹理上,同灌木坡的基地相联系。其影响在10余年的时间里,遍及澳大利亚。

在澳大利亚建筑中,地域性观念强而有力。一些流行作品有意复古,大量吸取19世纪的语汇。在乡村地区,建筑还经常使用轻质木或钢框架结构,波纹钢的屋顶与墙贴面。尽管这些建筑的形象明显是当代的,但同传统家宅和谷仓相关的根基也显而易见。而在城市里,19世纪的联立式住宅,提供了最适宜的模式。

20世纪70年代后期,城市生活的质量成为主要焦点。19世纪的城内居住区,被修复来为低收入和较富有的群体服务。出于审美、经济和继承遗产等原因,旧建筑再利用变得非常普遍。20世纪80年代,以悉尼圆形码头(Circular Quay)和达令港(Darling Harbour)为代表的大城市中心临水地区,以及布里斯班和墨尔本的沿河地段,经历了大规模的更新,以改善公共福利设施。同时,也使多数澳大利亚人生活于独立家庭住宅中的城郊地区,得到了长期的高度关注。罗伯特·文丘里的著作,有助于使这些主要在墨尔本看到的建筑变得更重要。这是一种砖工和护栏双重语汇所体现的、富于个性而生动的郊区风格。

最近几十年,人们对土著人的传统轻质结构和他们对脆弱土地的敏感性越来越赏识。澳大利亚建筑师以引人注目的规模,展示了对生态和能源的关切,例如,2000年悉尼奥运会的设计构想。他们还更进一步关注澳大利亚在大洋洲的地位以及它同亚洲的关系。这意味着,邻国间的文化交流和设计委托有助于使人们认识到把这一地区视为一个整体的重要性。

新西兰

新西兰的建筑在20世纪上半叶是保守的,技术的发展也几乎没有受到直接的影响。小型建筑绝大多数使用木结构,但5层及更高的商业建筑,则越来越多地使用钢筋混凝土结构。商业建筑中,S. 勒特雷尔和A. 勒特雷尔(S. and A. Luttrell)的钢结构是一个例外,他们的作品中,最有造诣的是特伦特姆大看台(Trentham Grandstand, 1923)。

英国的观念和风格,在新西兰也是有影响力的,特别是工艺美术运动:这里有在肖、韦布、沃伊齐和勒琴斯启迪下最好的中小型建筑,勒琴斯后来的古典主义也受其影响。尽管这一传统一直坚持到20世纪30年代后期,但住宅建筑还是受到了1910年后传入的加利福尼亚邦加罗的影响。西班牙的布道团风格,在新西兰的影响不是很广,但还是可以见到一些优秀的这类工厂和教堂建筑实例。意大利的罗马风风格在教堂建筑中颇受欢迎,通常以优异的砖工建造,在檐口下常有连续的盲拱。毁于1931年地震的内皮尔(Napier)和黑斯廷斯(Hastings)镇中心的重建,则统一采用了有节制的装饰艺术派风格。

现代运动很晚才来到新西兰。在这个方向上迈出的第一步是,政府住宅建设部(Government Housing Construction Department, 1936年设立)的几个公寓建筑街区,它们是窗口排列很规则的白色平屋顶建筑。

20世纪50年代,奥克兰地区居住建筑中出现了更有意识的地域性倾向。这种倾向是在弗农·布朗(Vernon Brown)的作品启发下产生的,他在1945年以后设计的住宅,是简单的木框架结构,有单坡屋顶和涂成暗色的封檐板墙面。

建筑师组团,是一个在威尔逊(W. D. Wilson)领导下于1949年在奥克兰成立的合作团体,意在设计出把功能主义原则同地方特点结合起来的低成本轻质住房。到20世纪50年代中期,具有开放起居空间的柱-梁住宅,出现在这个国家的其他一些地方,著名的有约翰·斯科特(John Scott)设计的位于惠灵顿的科罗里的比尔德住宅(J. A. Beard House in Karori, Wellington, 1955)和霍克湾怀普库劳的毕晓普宅(Bishop House, Waipukuran, Hawke's Bay, 1956),从整体上说,商业建筑没有什么特点,但普利施克(Plischke)和弗斯(Firth)设计的惠灵顿的梅西大楼(Massey House, Wellington, 1952)是个例外。

现代建筑在20世纪60年代兴盛起来,混凝土依旧是大型建筑所偏爱的材料。随着迈尔斯·沃伦(Miles Warren)在伦敦县议会工作一段时间并于20世纪50年代后期归来后,克赖斯特彻奇(Christchurch)成了创造性建筑开发的一个重要中心。他引入了新粗野主义,并同彼得·比文(Peter Beaven)一起领导了一个学派,创造了许多生气勃勃的建筑。比文的作品,还特别展示了地域性特征。

同样也是在20世纪60年代,伊恩·阿瑟菲尔德(Ian Athfield)和罗杰·沃克(Roger Walker)起来反对新西兰建筑实践中严格的规则和千篇一律,创造以新西兰自己的传统遗产为基础的新型和原创性建筑。从20世纪八九十年代开始,很少有令人瞩目的商业建筑出现,住宅建筑一直是创造性实践的试验田。尽管国际运动的影响很明显,但从浪漫乡土风格中汲取灵感的技艺精湛的建筑实例仍在继续建造,例如采用瓦楞钢板的谷仓般的霍克湾埃斯克戴尔学校大楼(Eskdale School Hall, Hawkes Bay, 1992),由帕里斯·马格达林诺斯(Paris Magdalinos)设计。著名的实例还有罗斯·詹纳(Ross Jenner)设计的具有冷峻几何形体的奥克兰詹纳自宅(Jenner House, Auckland, 1985),体现着与理性主义的关系。由安德鲁·斯科特·科顿(Andrews Scott Cotton)设计的奥克兰国家银行纽敦分行(National Bank, Newton Branch, Auckland, 1993),是个原始构成主义基调的高度折中的建筑。

毛利-欧洲文化在建筑中几乎没有得到表现,尽管一些像毛利会堂这样的建筑类型,在19世纪迎合新的需要得到过发展。但这方面的进展直到20世纪才突出了一些,因为这种文化赢得了力量和保证。

巴布亚新几内亚和南太平洋岛国

作为一个整体的南太平洋,有着各种各样的建筑,这些岛屿上的20世纪建筑分为几个不同的类型。这些岛屿上的传统建筑,正在快速地消失,它们能高度迎合气候条件,采用地方材料(通常是植物)建造。建筑形式着重于出檐深远的陡坡屋顶,以抵御阳光和雨水。墙体便于通风或干脆没有,而在新喀里多尼亚这样较冷的山地地区,运用了土坯墙。架空的木地板很常见,如在所罗门群岛和吉里贝蒂(Kiribati),尽管有萨摩亚"菲尔"(fale)和斐济"布里"(bure)等一些明显的例外,那些建筑建在抬高的土垄上。这些建筑一般很简单,但有时又非常巧妙而富于创造性,例如巴布亚新几内亚仪典建筑。

像其他地方一样,这里的殖民地建筑反映着原国家的欧洲建筑艺术,但很少有精雕细琢。带陡坡顶和大阳台的单层邦加罗建筑风格,在19世纪被引入太平洋地区,并一直持续到20世纪。汤加的奴库阿罗法俱乐部(The Nuku'alofa Club, Tonga, 1914)是这种建筑的典型。这种带大阳台的建筑,在移民的住宅中很普遍,如萨摩亚群岛上移民的德国人的大阳台住宅。此外,第二次世界大战的占领者留下的建筑,也成了这些岛屿上建筑遗产的一部分。

来自亚洲的居民,同样在构成和影响发展模式方面起了作用,但直到19世纪末,亚洲人发展起来的公司通常带来他们自己的资源,包括劳动力在内。由于华人设计的阿皮亚政府办公楼(Government Office Buildings, Apia, 1994),其设计和尺度不当,建筑起到了负面的作用。这种国际现代建筑式的商业和旅游建筑,往往有空调,几乎同当地气候和文脉无关。现在,传统建筑常被当做形式模仿的资源。传统材料耐用性较差(有些岛屿上还供应不足)又想追随现代业务,导致了诸如波纹铁和石棉水泥板之类材料的应用,并引发了舒适性不当的设计。城市化的进展,意味着从传统乡村迁移至政府建造的郊区或临建地段。针对这种情形的措施,是尝试恢复过去的建造逻辑,以建造恰当的地域性建筑为第一原则。由于当前大多数训练有素的建筑师并非来自当地的种族,因此这种状态只能缓慢地变化。

建筑实例

澳大利亚

办公建筑

埃米尔·索德斯特恩(Emil Sodersten, 1901—1961)设计的悉尼城市联合人寿保险协会大楼(City Mutual Life Assurance Society Building, 1936, 见[1751]页图 A)体现了美国装饰艺术派的影响。它庄严的入口位于转角处,立面层层后退,具有强烈的体量感。门口有镶嵌着金属板图案的黑色磨光花岗石边框,高高的入口大厅,有波浪形的石膏天花,它在带凹槽的圆柱上,就像一顶挑棚。

由贝茨(Bates)、斯马特(Smart)和麦卡琴(McCutcheon)设计的墨尔本ICI大楼(The ICI Building, 1957, 见[1751]页图 B),是澳大利亚第一座有空调、模数制、钢框架和幕墙的建筑。其他实例有,同样是这几位建筑师设计的北悉尼MLC大楼(MLC Building, 1957)以及斯蒂芬森(Stephenson)和特纳(Turner)设计的悉尼联合利华大楼(Unilever House, 1957)。

第58章 大洋洲建筑

图A 悉尼的城市联合人寿保险协会大楼(1936),见[1750]页

图B 墨尔本的ICI大楼(1957),见[1750]页

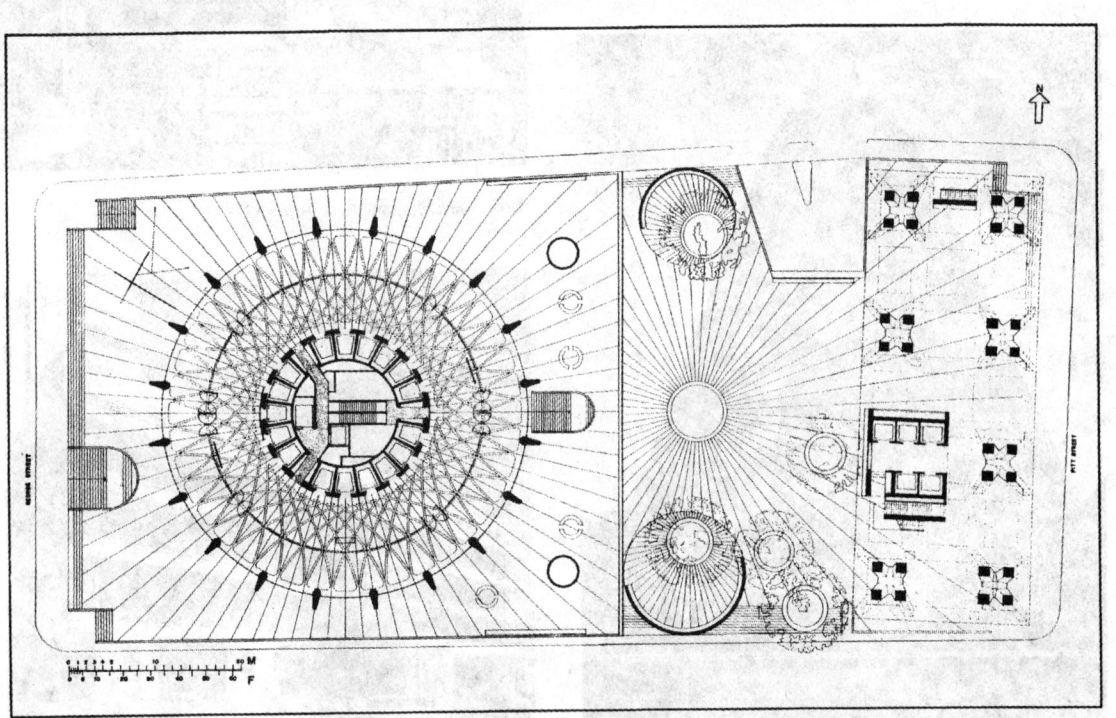

图C 悉尼澳大利亚广场(1961—1967)的平面图及上层和下层广场,见[1754]页

第七编　20世纪建筑

1650

图 A　悉尼的澳大利亚广场(1961—1967)，见[1754]页

图 B　悉尼的美国捷运公司塔楼(1976)，见[1754]页

图 C　珀斯的艾伦代尔广场(1976)，见[1754]页

图 D　墨尔本的慈善医院(1935，1938)，见[1754]页

第 58 章 大洋洲建筑

图 A 墨尔本的德拉蒙德大街办公楼(1987)，见[1754]页

图 B 墨尔本的科林斯大街1号办公楼(1983)，见[1754]页

图 C 悉尼的菲利普总督塔楼(1994)，见[1754]页

由哈里·塞德勒(Harry Seidler, 1923—)合作事务所设计的悉尼**澳大利亚广场**(Australia Square, 1961—1967, 见[1751]页图 C、[1752]页图 A), 包含一个由 V 形支柱托起的矩形平面板式的办公楼, 一个圆形塔楼, 以及它们之间令人惬意的公共广场。奈尔维(Nervi)是顾问工程师。塞德勒设计的悉尼**MLC中心**(MLC Centre, 1978)是一个大型的城市发展项目, 包括一个八边形、244m(800ft)高的混凝土框架塔楼, 以及餐厅、剧场和商店等。塞德勒设计的布里斯班的**里弗赛德中心**(Riverside Centre, 1986), 发展了他前一个作品的几何与结构原则, 同一个宽阔的公共广场和码头一起, 使这个河岸地带生气勃勃。

约翰·安德鲁斯(John Andrews, 1933—)国际事务所设计的悉尼的**美国捷运公司塔楼**(American Express Tower, 1976, 见[1752]页图 B), 是现浇混凝土建筑, 三角形平面。它的玻璃墙在阳光下受到支撑在外部铝制空间构架上的层层聚脂板的保护。酒吧、餐厅、座椅和树木的安排, 更增加了这个建筑的生动性。卡梅伦(Cameron)、奇泽姆(Chisholm)和尼科尔(Nicol)设计的珀斯的**艾伦代尔广场**(Allendale Square, 1976, 见[1752]页图 C)是一座铝外壳矩形塔楼, 同街道呈 45°, 把空白墙面处理成至少是讨人喜欢的样子。

约翰·安德鲁斯国际事务所设计的位于澳大利亚首都自辖区的贝尔康嫩区的**卡梅伦办公楼**(Cameron Offices, 1976), 可容纳 4000 位政府办公人员, 平面布局还形成一个城市人行通道。它有一个高架街, 上面是特殊用途的空间。从这里伸出的 3 层普通办公楼, 围绕着深深的花园庭院布置。这类办公建筑还包括麦康内尔·史密斯(McConnel Smith)和约翰逊(Johnson)设计的贝尔康嫩区**本杰明办公楼**(Benjamin Offices, 1980), 以及达利尔·杰克逊·埃文·沃克(Daryl Jackson Evan Walker)设计的**堪培拉麦克劳克兰办公楼**, (McLaughlan Offices, 1980)。

哈里·塞德勒合作事务所设计的堪培拉的**埃德蒙·巴顿办公楼**(Edmund Barton Offices, 1974), 在结构明晰性方面, 是一个最纯粹的运用。各层办公室围合着两个大型庭院, 这座建筑具有恢弘的尺度, 很适合坐落在议会三角地带(the Parliamentary Triangle)的边缘基地。

阿什顿和拉加特事务所(Ashton and Raggatt)设计的**墨尔本德拉蒙德大街办公楼**(Drummond Street Office, 1987, 见[1753]页图 A), 是位于一个遗产地段的风险开发项目。这座建筑把唤醒历史的要素覆盖并展现在后面平淡的结构上, 为开发商的需要和保守政策的束缚提供了一种批判。

由丹顿·科克·马歇尔(Denton Corker Marshall)设计的**墨尔本科林斯大街 1 号办公楼**(1 Collins Street, 1983, 见[1753]页图 B), 体现了对历史城市环境越来越多的关切。基地转角建筑同较高的两座退台塔楼对话, 预制混凝土墙板为中性灰色表面, 对于早先的建筑, 构成一个精美而谦虚的背景。建筑设计还在内部造就了从 19 世纪的入口到高层办公塔楼的巧妙的空间转换。这位建筑师设计的**悉尼菲利普总督塔楼**(Governor Phillip Tower, 1994, 见[1753]页图 C), 位于最早的政府大楼基址上, 是一座把不锈钢、镀锌面板和砂岩、花岗嵌石板结合在一起的优美建筑。无论在白天还是黑夜, 突出在 12m 不锈钢方格网立面上的屋顶几何轮廓, 都是迷人的地标。这座建筑的首层, 同一个博物馆和广场结合在一起, 展示着第一座历史建筑的遗迹, 并同一些在边缘上的复原联立式住宅围合了一座庭院。

公共建筑

贝茨、皮布尔斯(Peebles)和斯马特设计的**墨尔本公共图书馆大阅览室**(Main Reading Room of Melbourne Public Library, 1906—1911), 即现在的维多利亚州图书馆, 是一个应用钢筋混凝土的早期实例。16 条肋所支撑的八边形穹窿顶, 跨度达 35m(115ft), 在建造时, 是世界上同类结构中最大的。围绕着中心八边形大厅, 有一个带飞扶壁的环廊, 使建筑内部空间直径达到 41m(134ft), 阅览室地面到采光天窗的高度则是 35m(115ft)。

布鲁斯·德里特(C. Bruce Dellit, 1900—1942)设计的悉尼**奥新军团战争纪念馆**(Anzac War Memorial, 1934)是装饰艺术派建筑在这个国家中最突出的实例, 有对称的退台形体、丰富的装饰和象征性的主题。

斯蒂芬森(Stephenson)和梅尔德伦(Meldrum)设计的**墨尔本慈善医院**(Mercy Hospital, 1935, 1938, 见[1752]页图 D), 是在阿尔托的帕伊米奥疗养院(见第 44 章)影响下的数所医院之一, 阿瑟·斯蒂芬森爵士(Sir Artur Stephenson, 1890—1967)曾访问过这里。

第58章 大洋洲建筑

图 A 堪培拉的澳大利亚高等法院(1980)，见[1757]页

图 B 悉尼的州立剧院(1929)，见[1757]页

图 C 堪培拉的澳大利亚国家美术馆(1982)，见[1757]页

图 D 墨尔本的维多利亚艺术中心(1961—1985)，见[1759]页

第七编　20世纪建筑

图A　悉尼足球场(1988)，见[1757]页

图B　布鲁斯国家体育场(1974)，见[1757]页

约翰(John)、菲利斯·墨菲(Phyllis Murphy)、博兰(Borland)和麦金太尔(Mcintyre)设计的有 6000 座位的墨尔本**奥林匹克游泳馆**(Olympic Swimming Pool, 1956)是一个功能、结构和形式都得到良好结合的动人建筑,设计逻辑可以通过建筑的玻璃外墙毫不费力地得到理解。

爱德华·马迪根·托尔齐罗(Edwards Madigan Torzillo)和布里格斯(Briggs)设计的**澳大利亚高等法院**(High Court of Australia, 1972 年设计竞赛,1980 年建成,见[1755]页图 A)和堪培拉的**澳大利亚国家美术馆**(Australian National Gallery, 1968 年设计竞赛, 1982 年建成,见[1755]页图 C),在议会三角地并立于湖滨。宽阔的混凝土墙、悬臂和大面积的玻璃,产生了刻意营造的戏剧化效果。高等法院有一个 24m(79ft)高的公共大厅。国家美术馆的整个建筑形体,都以屋顶三角架构成的几何规则为依据。

米切尔·朱尔戈拉·索普(Mitchell Giurgola Thorp)设计的堪培拉的**澳大利亚议会大厦**(Parliament House of Australia, 1979 年国际设计竞赛,1988 年建成),位于沃尔特·伯利·格里芬规划的国会山(Capital Hill, 1912)的中心。它以一座形体低矮的建筑,同山坡顶的地形相联系,并同城市平面的几何关系紧密结合,其对称构图的十字轴,也同格里芬设计的地轴与水轴相呼应。越过屋顶的草坡和坡道,从视觉上扩展到通往这一建筑的放射性大道的轴线。

外围的弧墙把建筑分为中央区域与外围区域,前者容纳公共空间和服务设施,后者为众参两院所在地。中心会堂有 65m(213ft)高的不锈钢旗杆,巨大的旗帜使之富于仪典性。整个建筑是一个有序的古典化组合,其设计意念来自基地的自然和人为特征。

达利尔·杰克逊(Daryl Jackson, 1937—)建筑事务所设计的澳大利亚首都自辖区布鲁斯的**游泳训练馆**(Swimming Training Halls, 1982),是杰克逊设计的一组体育建筑之一,它们是国家体育中心的组成部分。游泳馆的层层弯曲屋顶,为馆内引入自然光,并有助于建筑同周围山体起伏柔和的关系。

菲利普·考克斯(Philip Cox, 1939—)及合作事务所设计的**悉尼足球场**(Sydney Football Stadium, 1988, 见[1756]页图 A),是这家公司当年完成的 5 座大型钢结构建筑之一。它们是一些精美而夸张的建筑,把先进技术和来自文脉灵感的浪漫主义形象结合在一起。考克斯这类建筑的创新,起点是布鲁斯**国家体育场**(National Athletics Stadium, 1974, 见[1756]页图 B),它的张拉钢结构同地形起伏微妙相关。在技术发展和表现形式的更新方面,考克斯在悉尼**水上运动中心**(Aquatic Centre, 1994)这样的大型奥运会建筑中,得到了进一步的精炼。

教堂和教育建筑

佩恩(C. D. Payne)设计的布里斯班**圣安德烈长老会教堂**(S. Andrew's Presbyterian Church, 1907),是一座冷峻的砖体量雄健建筑。简化的罗马风建筑要素,体现着美国的早期影响,特别是亨利·霍布森·理查森(H. H. Richardson)严肃的风格。沃尔特·伯利·格里芬(Walter Burley Griffin, 1876—1937)与奥古斯塔斯·弗里奇(Augustus Fritsch)合作设计的**墨尔本大学纽曼学院**(Newman College, University of Melbourne, 1917, 见[1758]页图 A),是一座厚重的石建筑,学生的房间围绕着一个庭院。圆形的餐厅有个混凝土肋架穹顶,包铅的窗户、厚重的柱墩和较低的层高,带来了历史的气氛。但这座建筑最独特的地方,还在于它的体量感,以及窗边框的几何形状等要素。

罗宾·多兹(Robin Dods, 1868—1920)设计的位于昆士兰博德瑟特的**塔姆茹库姆教堂**(Tamrookum Church, Beaudesert, Queensland, 1915, 见[1758]页图 B),戏剧性地处在一个绿波翻滚的牧场中心小丘上。它把"乡村"教堂建筑的简单形式,同昆士兰的木结构传统结合在一起。注重气候是多兹建筑的典型特性,在这座建筑中的体现是,出挑深远的屋檐,以及从侧廊出来面向宽阔外平台的法国式门。

埃德蒙(Edmond)和科里根(Corrigan)设计的墨尔本基斯波卢的**耶稣复活教堂**(Church of Resurrection, 1976),是设计在新郊区的宽阔基地上的教堂建筑组群中的一员。双色砖墙、带平台的门廊和充满柱间的窗户,体现着与所在基地的一致性。

剧院和其他文化建筑

沃尔特·伯利·格里芬与佩克(Peck)和肯珀(Kemper)合作设计的墨尔本**首都剧院**(Capital Theatre, 1924),有格里芬的装饰杰作——布满绘画的棱状石膏天花。而几年后亨利·怀特(Henry E. White, 1877—1952)设计的悉尼州立剧院(State Theatre, 1929,

第七编 20世纪建筑

图A 墨尔本大学纽曼学院(1917)，见[1757]页

图B 昆士兰博德瑟特：塔姆茹库姆教堂(1915)，[1757]页

图C 悉尼歌剧院(1973)，见[1759]页

见[1755]页图B)，约翰·埃伯森(John Eberson)作了草图设计。这是一个超过2500座的"图画般的宫殿"。它是包括购物和办公的竖向建筑体量的一部分。其内部布满纤维石膏装饰，而法式巴洛克是它的主导建筑风格。

一个相对较早的"高技"建筑是容肯(Yuncken)、弗里曼兄弟(Freeman Brothers)、格里菲思(Griffiths)和辛普森(Simpson)设计的墨尔本悉尼迈尔圆形音乐厅(Sydney Myer Music Bowl, 1959)。它支撑在被玻璃纤维包裹着的成对钢柱上，在次一级的横缆上拴接着胶合板天花。

悉尼歌剧院(Sydney Opera House, 见[1758]页图C)，方案来自1957年的一次国际竞赛，建成于1973年，约恩·伍重(Jørn Utzon, 1918—)赢得了这次竞赛。建筑的工程师来自奥雅纳合作咨询公司(Ove Arup and Partners)，而霍尔(Hall)、托德(Todd)和利特莫尔(Littlemore)在1966年后作为建筑师主持了这项工程。它由两个主要部分构成，一个是实体的基座，内部有小剧场、展室和服务空间；另一个是在基座上保持平衡的数个白色拱顶，覆盖着交响乐堂、歌剧院和餐厅。拱顶由可以保证共同曲率的预制混凝土肋构成。庄严的大台阶构成从前广场到基座的导向。尽管基地很狭窄，伍重还是把主要的表演厅并排放置。为达到这一目标，常见的剧院平面被颠倒了，舞台设在最接近入口处的位置，而休息厅在北面拥有理想的港湾景观。

罗伊·格朗茨(Roy Grounds, 1905—1981)爵士设计的墨尔本**维多利亚艺术中心**(Victorian Art Centre, Melbourne, 1961—1985, 见[1755]页图D)，哈塞尔合作事务所(Hassell and Partners)设计的阿德莱德节日中心(Festival Centre, 1977)，还有罗宾·吉布森合作事务所(Robin Gibson and Partners, 1930—)设计的布里斯班昆士兰**文化中心**(Queensland Cultural Centre, 1982—1987)，是这一时期另一些著名的文化中心。

格雷戈里·伯吉斯(Gregory Burgess, 1945—)设计的霍尔斯盖普的**布拉姆巴克生活文化中心**(Brambuk Living Cultural Centre, 1990)，是这一地区土著活动的聚焦点。它坐落在一个戏剧性的山谷里，周围环境强烈影响着它敏感的选址、朝向和形式。这座建筑由一个巨大的石火塘和周围的坡道构成，并以此为支点，有机地建构起周围的展览空间、节庆场地和花园。建筑结构有石材，合为一体的黏土和木材，室内应用了传统纺织技术的帷幕。

居住建筑

哈迪·威尔逊(W. Hardy Wilson, 1881—1955)为悉尼大学植物学教授沃特豪斯(E. G. Waterhouse)设计了住宅，悉尼**厄尔德尼宅**(Eryldene, 1914, 见[1760]页图A)。它是一个和谐的新殖民地式复兴实例。威尔逊是澳大利亚第一位建筑历史学家，厄尔德尼宅带有中国建筑的风貌，以及他的自宅，悉尼**普鲁里亚宅**(Purulia, 1916)，是他对早期殖民地形式的简单、对称性的最好的再诠释。

亚历山大·斯图尔特·乔利(Alexander Stuart Jolly, 1887—1957)设计的悉尼**观景楼**(Belvedere, 1919)，是加利福尼亚邦加罗敞廊住宅的澳大利亚变体，有涂成深颜色的木构件和白色的墙。它简单的水平形体上，遮上了宽阔的挑檐屋顶和有厚实柱墩的深深门斗。更优美的例子如索普(S. G. Thorp, 1887—1967)设计的悉尼科布尔宅(The Cobbles, 1919)，为20世纪60年代的居住建筑提供了范本。

悉尼的**格林维宅**(Greenway, 1923, 东南翼1951, 见[1761]页图A)，是莱斯利·威尔金森(Leslie Wilkinson, 1882—1973)的住宅，1918年他从英国来到澳大利亚，坐上了建筑界的头把交椅。这座住宅，是他设计的大量地中海建筑风貌住宅中的第一个，他认为，这种形式适宜澳大利亚的气候。威尔金森用凉亭和凉廊，替代了传统的澳大利亚建筑的深出檐和大阳台。他为悉尼大学设计的许多建筑，像他同基斯·哈里斯合作的**物理楼**(Physics Building, 1926, 见[1761]页图B)等，都同自己的这种居住建筑风格有关。

弗雷德里克·龙伯格(Frederick Romberg, 1913—1992)设计的南墨尔本的**斯坦希尔公寓**(Stanhill Flats, 1942—1950, 见[1762]页图A)，设计早在1943年就完成，但战争延迟了它的建造。德国出身的龙伯格于1939年移居墨尔本，他的早期作品是现代建筑在澳大利亚兴起的基础。斯坦希尔公寓把有序而轻质的国际风格美学与门德尔松早期的典型塑性形式紧密结合在一起。这座建筑的先行者，是龙贝格设计的墨尔本**纽伯恩公寓**(Newburn Flats, 1941)，它是混凝土外墙直接出自模板的首批建筑之一。

哈里·塞德勒设计的悉尼的**罗斯·塞德勒宅**(Rose Seidler House, 1949, 见[1760]页图B)，是塞德勒在城市远郊一大片灌木地带基地上设计的3座风格相关的住宅之一，是房间支撑在石头核心与纤细

图 A 悉尼的厄尔德尼宅(1914),见[1759]页

图 B 悉尼的罗斯·塞德勒宅(1949),见[1759]页

第58章 大洋洲建筑

图A （上图）悉尼的格林维宅东南翼(1951)，见[1759]页

图B （下图）悉尼大学物理楼(1926)，见[1759]页

第七编 20世纪建筑

图 A 南墨尔本的斯坦希尔公寓(1942—1950)，见[1759]页

图 B 悉尼帕丁顿的伍利宅(1981)，见[1765]页

图 C 悉尼伍卢姆鲁的福布斯大街住宅(1979)，见[1765]页

第58章 大洋洲建筑

新南威尔士尤高拉的安德鲁斯宅
(1980)外观和平面图，见[1765]页

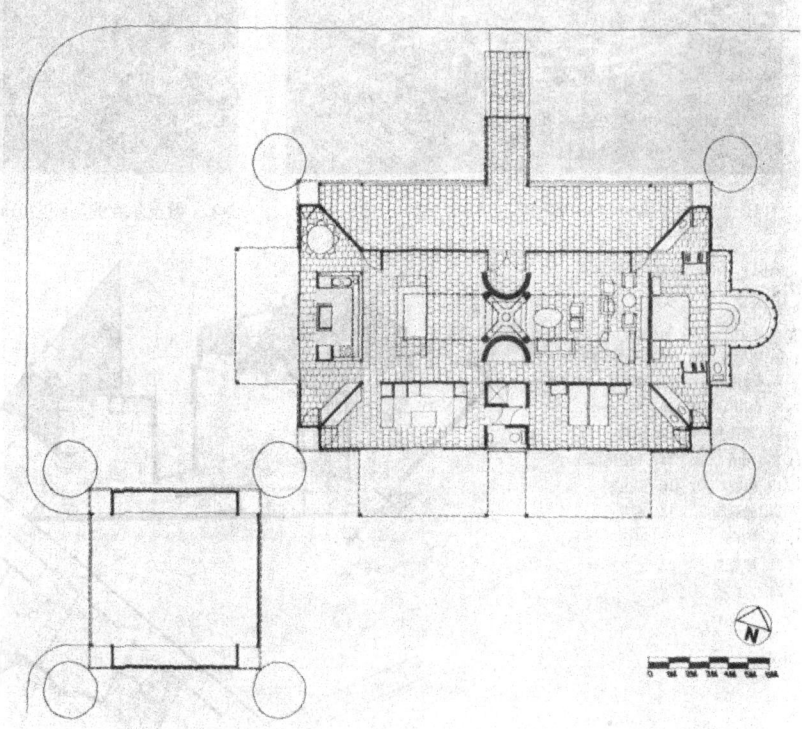

第七编 20世纪建筑

图A 尤蒙蒂的帐篷住宅(1991)，见[1765]页

图B 尤拉拉旅游城(1984)，见[1765]页

图C 蒙巴尔克的阿萨宅(1988)，见[1766]页

图D 阿萨宅首层平面图

1. 画室　　2. 洗衣房
3. 起居室　4. 禽舍
5. 厨房　　6. 蕨类植物暖房
7. 餐厅　　8. 衣帽间
9. 入口门斗　10. 客厅
11. 楼梯井　12. 书房
13. 厕所　　14. 沐浴化妆间
15. 卧室　　16. 卫生间
17. 储藏间　18. 酒窖
19. 阳台　　20. 平台
21. 早餐角　22. 艺术家角
23. 入口桥

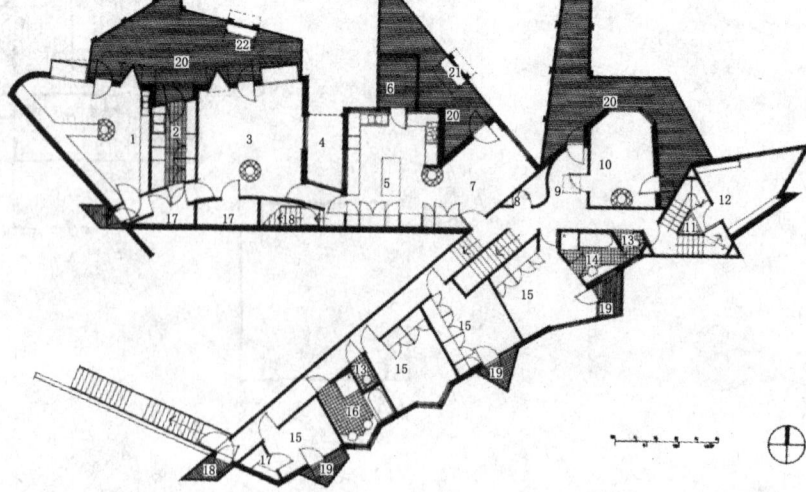

第58章 大洋洲建筑

管状柱子上的白色平屋顶建筑。邻近的**罗斯宅**(Rose House, 1950)和**马库斯·塞德勒宅**(Marcus Seidler House, 1951)结构更为有趣。悉尼的**哈里·塞德勒宅**(Harry Seidler House, 1967)和**佩内洛普·塞德勒宅**(Penelope Seidler House),则在空间、结构和形式特征上进一步发展了这些早期住宅的特征。

悉尼的**哈米尔宅**(Hamill House, 1948)是悉尼·安克(Sydney Ancher, 1904—1979)于1945～1951年,在基拉腊的梅敦大街(Maytone Avenue)上设计的四所住宅之一。它体现了欧洲现代建筑向适应澳大利亚基地和环境的典型转变。罗宾·博伊德(Robin Boyd, 1919—1971)的住宅,因设计中的结构处理和对开放空间的积极利用而闻名。墨尔本**博伊德宅**(Boyd House, 1957)被分成位于基地两端的两个双层体量,屋顶上挂着悬索,跨在建筑之间的庭院上。另一些实例包括墨尔本的**费瑟斯通宅**(Featherston House, 1967)和墨尔本**理查森宅**(Richardson House, 1954),它们都是20世纪五六十年代间在墨尔本发展着的典型探索性建筑。罗伊·格朗茨爵士设计的墨尔本**格朗茨宅**(Grounds House, 1952)和维多利亚的**弗兰克斯顿宅**(Frankston, 1953)与博伊德宅的设计异曲同工。

彼得·约翰逊(R. N. Peter Johnson, 1923—)设计的**悉尼约翰逊宅**(Johnson House, 1963),是悉尼学派中浪漫主义建筑的范例。它是一座满是疙瘩的高度肌理化过火砖建筑,内外都还暴露着漆成暗色的高地木材构件。这种色彩和肌理,同灌木丛生的郊区建筑基地相一致。肯·伍利(Ken Woolley, 1933—)设计的**悉尼伍利宅**(Woolley House, 1962)提供了一个更疙里疙瘩的悉尼学派实例。

约翰·多尔顿合作事务所(John Dalton and Associates, 1927—)设计的布里斯班**马斯格雷夫宅**(Musgrave House, 1973),是多尔顿在昆士兰的炎热气候下,探索传统的建筑方式向现代设计演进的大量住宅之一。控制阳光的开窗、传统的天花风扇、敞廊和凉廊,都为呼应气候的建造作出了贡献。

加布里埃尔·普尔(Gabriel Poole, 1934—)设计的尤蒙蒂的**帐篷住宅**(Tent House, 1991, 见[1764]页图A),坐落在海滨山岗一处孤立的基址上。这座建筑的极少主义美学和极少的围合,是普尔(Poole)典型的昆士兰作品。它的平面是简单的矩形,在升高的平台上有一个钢架,上面覆盖着纤维织物屋顶和墙面,可以卷起来使整个内部空间向周围开敞。

格伦·穆尔库特(Glenn Murcutt, 1936—)设计的位于新南威尔士的肯普西的**肖特宅**(Short House, 1975, 1981年加建3个侧厅),由相连的成对轻质木构架和波纹钢屋顶厅舍构成。反射的顶光和百叶窗,帮助创造了一些传统大阳台室内的特点。外部简单的平面和线条,体现了穆尔库特设计的乡村住宅的特征。具有这类特征的建筑,还有紧密配合基地的宾盖宾盖的**马格尼宅**(Magney House, 1984)。穆尔库特设计的纽兰拜的**玛丽卡-奥尔德顿宅**(Marika-Alderton House, 1994)以及与特鲁坡(Troppo)建筑事务所联合设计的卡卡杜国家公园旅游信息中心与公园办公室(Kakadu Visitor Information Centre and Park Headquarters, 1994),都建在北部热带地区(Northern Territory),并受到土著传统和建筑方式的影响。约翰·安德鲁斯设计的新南威尔士的尤高拉**安德鲁斯宅**(The Andrews House, 1980, 见[1763]页),是一座预制钢骨架上覆盖波纹钢板的建筑。它发扬并结合了传统居住建筑的形式特点和完善的气候设计特征,但又创造了新的戏剧效果。达利尔·杰克逊设计的维多利亚的肖勒姆的**杰克逊宅和马厩**(Jackson House and Stables, 1978),使用了经过风雨侵蚀般的银灰色木料和波纹钢。这类乡野式的木建筑,见诸于许多墨尔本建筑师的作品。

肯·伍利设计的位于悉尼帕丁顿的**伍利宅**(Woolley House, 1981, 见[1762]页图B),建在一个很陡的狭窄的市内居住地段里,在低于街道平面的地坪上,犹如立起了一座炮塔。弯曲的波纹钢屋面和过大的维多利亚女王时代烟囱形象,取自周围的建筑。

菲利普·考克斯合作事务所设计的位于悉尼伍卢姆鲁的**福布斯大街住宅**(Forbes Street Houses, 1979, 见[1762]页图C),采用了同旁边19世纪住宅相兼容的联立式设计。它们是伍卢姆鲁关于低收入者住房公共计划的一部分,在这个计划中,更新的联立式住宅,同嵌入它们之间的房屋以及不设电梯的公寓相结合。

尤拉拉旅游城(The tourist township of Yulara, 1984, 见[1764]页图B)也是考克斯的作品。它位于澳大利亚中心离艾尔斯岩(Ayers Rock)不远的贫瘠脆弱的红土地上。这个醒目的建筑群,沿着一道沙丘脊部建造,因其和谐的视觉效果和对基址的生态反应而闻名。

1663

埃德蒙和科里根设计的蒙巴尔克的**阿萨宅**(Athan House, 1988, 见[1764]页图C、图D), 把建筑师的典型郊区语言扩展到了乡村基地中, 其观念是把建筑当做一系列面对假定"街道"的住房。平面分散在两个层面上, 明亮的色彩和各种各样的材料与肌理补充着裂缝形态的动态组合。

新西兰

办公建筑

普利施克和弗斯设计的惠灵顿**梅西大楼**(Massey House, 1952)有7层办公楼, 是新西兰幕墙结构的一个早期实例。建筑的精美之处在于细部和立面上的生动图案。欧内斯特·普利施克(Ernest Plischke, 1903—1993)于1939年从奥地利移居新西兰, 并带来了以国际风格为基础的有造诣的严谨建筑。

公共建筑

乔治·特鲁普(George Troup, 1863—1914)爵士设计的达尼丁**火车站**(Railway Station, 1904), 具有明显的折中风格, 立面上有完全不同的材料所构成的丰富几何图案。售票大厅装饰着新艺术运动式的彩陶镶板。与此相反, 格雷·扬(Gray Young)、莫顿(Morton)和杨(Young)设计的惠灵顿**火车站**(Railway Station, 1937), 则显示了简单的新乔治亚风格, 立面仅以凸出的多立克门廊加以丰富。铜拱顶的售票厅规模甚大, 可能是受到纽约宾夕法尼亚车站的启发。

彼得·比文设计的克赖斯特彻奇的**利特尔顿公路隧道管理局大楼**(Lyttelton Road Tunnel Authority Administration Building, 1963), 用于对连接克赖斯特彻奇到利特尔顿港口的隧道进行收税、管理和服务。它是粗野主义的现浇混凝土建筑, 具有体现力量的曲线雕塑感形式以及一种荒原景观下的纪念性。比文个性与任性的建筑, 激励了那些植根于新西兰景观和方言传统的表现建筑的人们。

沃伦(Warren)和马奥尼(Mahoney)设计的**克赖斯特彻奇市政厅和市政中心**(Christchurch Town Hall and Civic Centre, 1972), 是一次设计竞赛中的优胜方案。这是一座遏制的理性设计, 有一个音响控制良好的报告厅。

伊恩·阿瑟菲尔德设计的**惠灵顿图书馆**(Wellington Library, 1992), 是一座堂皇而怪诞的建筑。它有一个支撑在低矮的拱上面的预制混凝土镶板主立面, 这个立面又被一个高耸的入口门道所穿透。门道上装饰着铜和铅构成的尼考棕榈树(Nikau Palm)柱子, 叶子则是钢的, 上面支着一个桥式桁架。尼考棕榈树柱又在侧立面上形成连续的柱廊。一道蜿蜒的玻璃墙, 被加在重新开发的惠灵顿市政广场(1992)边缘上, 从这里可以到达一个由商店和咖啡吧夹层的通道。这个通道可以观赏图书馆的景观, 但不能到达里面。色彩鲜艳的装修和地毯、霓虹广告, 以及梦幻般的金属图案细部, 使这个宽阔的内部空间生气勃勃。

亚当斯·兰利(Adams Langley)建筑师事务所设计的位于**奥克兰驭马俱乐部的马厩综合楼**(Stables Complex, Auckland Trotting Club, 1991), 是由两个弯曲的大厅组成的直截了当的解决方案。大厅周围的预制混凝土墙, 同曲线优雅的屋顶形成对比。两个大厅的屋顶, 都分成从钢柱上挑向中央轴线的两个独立部分, 起伏的中央连续缝隙, 引入了自然光和气流。

教堂和教育建筑

塞西尔·伍德(Cecil Wood, 1878—1947)设计的克赖斯特彻奇的**基督学院**(Christ's College, 1850年建立)、**黑尔纪念图书馆**(Hare Memorial Library, 1916)和**纪念餐厅**(Memorial Dining Hall, 1925), 代表了最好的历史复兴建筑。伍德是诺曼·肖的侄子, 是一位英国式自由风格的倡导者。

艾特金森·艾博特(R. Aitkinson Abbott, 1883—1954)设计的**奥克兰文法学校**(Auckland Grammar School, 1916, 见[1767]页图A), 是西班牙布道团风格的代表性佳作, 对称的立面上有醒目的拱券。罗伊·阿尔斯顿·利平科特(Roy Alston Lippincott)和爱德华·比尔森(Edward Billson)设计的奥克兰的**大学学院**(University College, 1921, 见[1767]页图B), 是一座迷人的建筑, 有体量厚重的粗石与混凝土两翼, 还有一个奇异的哥特式中央入口大厅。大厅上面是有回纹图案的镂空混凝土钟塔。它的设计, 无疑受到利平科特在澳大利亚的姐夫和合作者沃尔特·伯利·格里芬(参见有关章节)的启示。

约翰·斯科特(1924—1992)设计的位于惠灵顿, 马利亚会神父静修宅的**富图纳礼拜堂**(Futuna Chapel,

第58章 大洋洲建筑

图A 奥克兰文法学校(1916)，见[1766]页

图B 奥克兰的大学学院(1921)，见[1766]页

图C 奥克兰的市民剧院(1929)，见[1768]页

1961),尽管保持了正方形平面几何戒律,这座有对称十字脊屋顶的教堂,仍是一座空间复杂的建筑。屋面板在各脊之间折出峰和谷,丙烯彩窗带来的光的质量和难以捉摸的空间效果相结合,造就了独特和感人的气氛。在迪克·托伊(Dick Toy,1911—1995)设计的奥克兰庞森比的**万圣教堂**(All Saints Church, Ponsonby, 1959)中,他采用三角山墙屋顶形式和传统的毛利蓬屋平面,用于基督教建筑。托伊是奥克兰大学的教师,并且是一个有影响的浪漫主义者。

电影院

来自墨尔本的伯林格(Bohringer)、泰勒(Taylor)及约翰逊(Johnson)设计的奥克兰**市民剧院**(Civic Theatre, 1929,见[1767]页图C),是一座气势恢宏的印度格调的剧场。它有带希腊式雕像的檐壁和带凹槽柱子间的花格板的装饰面,以一座倾斜的钟塔来突出着它所在的街角基地而告终。

居住建筑

巴兹尔·胡珀(Basil Hooper, 1877—1960)设计的达尼丁的**赫洛特街26号住宅**(26 Heriot Row, 1905)是韦布和沃伊齐这样的英国建筑师影响下典型的大型风景如画式住宅。凸窗、引导灯和高耸的烟囱,为三角山墙板瓦屋顶下简单对称的两翼,增添了浪漫品味。对工艺美术传统的坚持,也可以在20世纪20年代詹姆斯·沃尔特·查普曼-泰勒(James Walter Chapman-Taylar, 1878—1958)设计的"英式乡村住宅"中见到。

罗伊·基思·宾尼(Roy Keith Binney, 1886—1957)设计的奥克兰的**雷纳宅**(Raynor House, 1913或1916),清晰地体现了勒琴斯的影响,宾尼在1912年开始奥克兰的业务之前,曾是勒琴斯的学生。这座住宅是一座刚健的建筑,下层用了蓝砂岩,上层用了深色木板条,高耸的屋顶有突出的椽子,包括楼梯处高凸窗在内的多种开窗,都模仿了勒琴斯。在位于奥克兰的**宾尼宅**(Binney House, Auckland, 1911)中,也有同样的细部,把浪漫性同勒琴斯作品的古典面貌结合在一起。

奥克兰的**斯通韦斯宅**(Stoneways, 1926,见[1769]页图A),把古典比例同优美的手工艺特征结合在一起,这是威廉·古默(William H. Gummer, 1885—1966)的住宅。在1923年同福特(C. R. Ford)一起创立了非常成功的公司以前,古默曾为勒琴斯和芝加哥的伯纳姆工作。在古默最好的非住宅设计中,有奥克兰的**迪尔沃思大楼**(Dilworth Building, 1927)和奥克兰的**多曼冬季花园**(Domain Winter Gardens, 1914—1929)。

以弗朗西斯·戈登·威尔逊(Francis Gordon Wilson)为首席建筑师的政府居住建筑部设计的惠灵顿**伯尔汉坡尔公寓**(Berhampore Flats, 1938—1940,见[1769]页图B),是2~3层居住尺度的一组建筑,围绕着一个有圆形社区大厅的中央广场。它们是这个部门提供的第一批高质量住房,并明显处于现代欧洲建筑的影响下,有白色的对称立面、平屋顶和阳台。欧内斯特·普利施克设计的奥克兰**斯泰特公寓**(State Flats, 1947)是居住建筑部更进一步的作品,很像斯图加特(Stuttgart)的魏森霍夫住宅区(Weissehof Housing, 1927)。

建筑师组团(Group Architects)的布鲁斯·罗瑟拉姆(Bruce Rotherham, 1927—)设计的德文波特的**罗瑟拉姆宅**(Rotherham House, 1951),是20世纪五六十年代奥克兰浪漫居住建筑的早期实例之一。单一的容积空间插入一个壁炉和弯曲的楼梯,通向宽达的整个建筑的中层。工业化玻璃的外墙上,结合了肌理化的暗色材料。

在设计怀帕瓦的**帕蒂森宅**(Pattison House, 1967)时,约翰·斯科特从基地和邻近的地震断层带那里获得灵感,据此有了来自结构的建筑空间特征。他的霍克湾的**恩迦马蒂亚宅**(Ngamatea House, 1990)是带有多孔的保暖自然材料面层的建筑,宽阔的屋顶呈金字塔方锥形。这座住宅隐没在山坡岩石之中,平面的两臂围合了一个有顶的院子。

伊恩·阿瑟菲尔德设计的惠灵顿**阿瑟菲尔德宅**(Athfield House, 1965),耸立在俯瞰城镇的陡峭基地上,是一个有很大独创性的社会与建筑宣言。在20年间,这座住宅已经以各种方式被扩展,自然地在山坡上生长。抹灰的雕塑曲线形式,缩小了墙体、屋顶和烟囱间的区别。另一个特别诗意化的阿瑟菲尔德建筑实例,是位于惠灵顿佩托尼的**考克斯宅**(Cox House, 1978,见[1769]页图C),不同的方言形式,在这开敞的绿色农场上,成为了雕塑性的客体。

罗杰·沃克设计的惠灵顿**布里顿宅**(Britten House, 1974,见[1770]页图A),以变幻莫测的手法,组合了多种几何形体。各式各样的建筑要素——

第58章 大洋洲建筑

图A 奥克兰的斯通韦斯宅(1926),见[1768]页

图B 惠灵顿的伯尔汉坡尔公寓(1938—1940),见[1768]页

图C 惠灵顿佩托尼的考克斯宅(1978),见[1768]页

第七编 20世纪建筑

图A 惠灵顿的布里顿宅(1974),见[1768]页

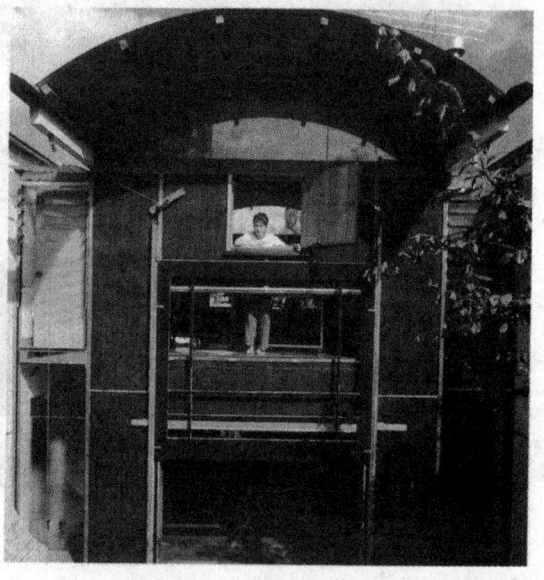

图B 奥克兰的米切尔/斯托特宅(1990),见[1771]页

图C 汤加的奴库阿罗法俱乐部(1914),见[1771]页

图D 斐济苏瓦的会议中心(1994),见[1771]页

图E 巴布亚新几内亚戈罗卡的劳恩劳恩剧院(1982),见[1771]页

第58章 大洋洲建筑

盒子体块与圆形窗、方锥与双坡屋顶,其坡度往往超过45°,沿着俯瞰惠灵顿的一个险峻山坡基地攀升。空间则以高度个性化和景观化的手法,分布在8个高度层次上。沃克设计的现已不存在的**惠灵顿俱乐部**(Wellington Club, 1972),是一座具有视觉震撼力的建筑,屋顶的塔和方锥形处理,具有强烈的粗野主义形象。

戴维·米奇尔(David Mitchell, 1941—)设计的奥克兰**吉布斯宅**(Gibbs House, 1984),同当代新西兰建筑的趋向格格不入,其精确的平面角度偏转和洁净利索的开口,产生了令人想起勒·柯布西耶住宅设计的那种明晰感。朱莉·斯托特(Julie Stout, 1958—)设计的奥克兰的**米切尔/斯托特宅**(The Mitchell/Stout House, 1990,见[1770]页图B),是建在一个狭窄基地上空间复杂的错层城市小住宅,回溯着一种画境的浪漫主义。

贾斯马克斯(Jasmax)的皮普·切希尔(Pip Cheshire, 1950—)设计的奥克兰**康格里夫宅**(Congreve House, 1992),他把这些抽象并富于雕塑感的要素,用或粗糙或光洁的混凝土砖老练而有节制地组合到一起。简单的直角关系平面,松散地沿着一条轴线布置。这条轴线,串起这个方案的房屋、庭院和泳池三部分,并控制着出自这个崖边基址的视线。

巴布亚新几内亚和南太平洋岛国

位于巴布亚新几内亚斯皮克河帕林比村的佩耶姆比特的**典礼大厅**(Ceremonial Hall, 1978),在仪典性建筑中,运用地方材料,体现了这种传统建筑实践的延续。这一地区,可容纳全村村民的长屋达180m(590ft)长。最后幸存的例子阿拉米亚河的**艾萨格村长屋**(Isago Village, 1959)也已经毁于大火。巴利莫的戈戈多拉文化中心(Gogodola Culture Centre, Balimo, 1973)是它的复制品。

按蒙克(H. Monk)设计建造的汤加**奴库阿罗法俱乐部**(Nuku'alofa Club, 1914,见[1770]页图C),是一座木结构乡村住宅式建筑,周围是披檐、瓦楞铁屋顶和离开地面的大平台。像在其他热带地区一样,是欧洲人考虑气候而设计的典型作品。

雷克斯·艾迪生(Rex Addison)和保罗·弗雷姆(Paul Frame)设计的巴布亚新几内亚戈罗卡的**劳恩劳恩剧院**(Raun Raun Theater, 1982,见[1770]页图E),是自由布置的18m(59ft)高木无柱结构,圆锥形库奈(Kunai)草顶插入其间。这个设计从传统乡村圆形居住建筑中得到了许多东西。同样由雷克斯·艾迪生设计的巴布亚新几内亚戈罗卡的**咖啡工业协会办公楼和仓库**(Coffee Industries Board Offices and Warehouse, 1982),是把一座肌理和图案丰富的木骨架瓦屋顶办公楼,与一座石贴面的会堂以及一座钢骨架仓库结合在一起。办公楼突出的屋顶、遮阳板和幕墙式立面,生动地解决了同气候有关的问题。

位于斐济苏瓦的**南太平洋经济合作组织(SPEC)论坛秘书处**(South Pacific Bureau for Economic Cooperation Forum Secretariat, 1976—1994),由太平洋建筑事务所设计,包括一系列现代化建筑,如带有短十字轴,台阶式三重高耸双坡屋顶,屋顶悬挑在山墙和屋檐上,都反映着斐济当地的建筑特点。主体建筑的山墙上,还有生动的斐济绘画。同前一座建筑相关的**会议中心**(Conference Centre, 1994,见[1770]页图D),运用了真正的波利尼西亚"菲尔"(Polynesian 'Fale')草坡屋顶。墙面掺有贝壳的水波状抹灰,阳光下呈海滩效果。太平洋建筑事务所设计的位于新喀里多尼亚努美阿的**南太平洋委员会总部**(Headquarters for the South Pacific Commission, 1992年设计竞赛,1995年建成)充满着有关太平洋的隐喻。基地平面中隐藏着马绍尔群岛航海图,从独木舟结构中得到了主要建筑——会议中心的结构和形式设计。主墙面是依据传统独木舟的建造技术,把可可木板条拼接构成的。白色"马西"(masi,树皮布)巨大的可操控的竖向百叶控制着光线。室外水池中的倒影,唤起了有关太平洋的想象。

安克·莫特洛克(Ancher Mortlock)和伍利(Woolley)设计的所罗门群岛霍尼亚拉的**广播电台**(Radio Station, 1981,见[1772]页图A),将建筑中对声音敏感的、用厚墙围合的部分布置在沿庭院的一侧;用当地硬木花格铰链接百叶门保护其余的较轻的建筑,以适应热带环境。周边的办公室为一间可以由周围的庭院阳台深入的房间。直立的百叶门,依据方位设计成不同的角度,并可拴住以防风雨。

由阿皮亚的公共工程部设计的位于西萨摩亚阿皮亚的泰-阿佛的**毛托佛诺**(Maoto Fono, 议会大厦, Ti-afau, Apia, Western Samoa, 1971,见[1772]页图C),

第七编　20世纪建筑

图A　所罗门群岛霍尼亚拉的广播电台（1981），见[1771]页

图B　西萨摩亚阿皮亚的老佛诺（1975年重建），见[1773]页

图C　西萨摩亚阿皮亚的毛托佛诺（1971），见[1771]页

图D　莫尔兹比港的巴布亚新几内亚议会（1984），见[1773]页

图E　苏瓦的斐济议会（1992），见[1773]页

第58章 大洋洲建筑

是一座挑檐厚重的木板瓦穹顶圆形建筑。其茅草顶的原型是老佛诺(见[1772]页图B)，也于1975年在同一地点重建，以进行保护。

巴布亚新几内亚政府建筑设计局的设计建筑师塞西尔·霍根(Cecil Hogan, 1926—)、佩德尔·索普(Peddle Thorp)和哈维(Harvey)共同设计的莫尔兹比港的**巴布亚新几内亚议会**(Parliament House of Papua New Guinea, 1984, 见[1772]页图D)，把三座建筑统一在共同的屋顶之下，周围的水池表示着环绕着这个国家的海洋。建有宏伟大厅的中央体量，象征性地源自塞皮克(Sepik)河地区的"坦巴兰屋"(haus tambaran)，周围容纳休息设施的建筑，体现了高地"劳恩屋"(haus raun)的特征。而装饰要素，则以各不相同的19个省的艺术传统为依据。包括结构中的格卢拉姆(glulam)梁在内的当地木材，在整个建筑中都随处可见。

随着殖民统治在这一地区许多国家的结束，包括瓦努阿图(vanuatu)和所罗门群岛在内，更多的议会建筑在20世纪90年代建造起来。其中值得关注的是维蒂亚建筑事务所(Vitia Architects)和斐济政府建筑设计局(Fijian Government Architect)设计的苏瓦的**斐济议会**(Parliament of Fiji, 1992, 见[1772]页图E)。布局以一个斐济村庄为蓝本，由一系列利于自然降温的短十字轴的建筑构成。容纳立法会所的瓦莱尼波斯拉瓦(The Vale ni Bose Lawa)以"布里-卡洛"(bure kalou)为原型，坐落在一个仪典性的"亚弗"(yavu, 石头平台)上，覆盖着檐口翻卷的方锥形高耸屋顶。形象取自斐济家居装饰的装饰结构带、编织垫、马西树皮布(masi)和雕琢来美化建筑室内。

巴布亚新几内亚莱城的**莱城客舍**(Lae Lodge, 1950)，是一座宾客接待和旅馆建筑，高高的屋顶和宽阔的阳台，具有这个群岛上早期澳大利亚建筑以及澳大利亚北部地区建筑的典型特征。它有木骨架、木墙和一个主要的镀锌瓦楞铁板屋顶。这种语言和传统生活模式与工艺逻辑延续下来，在很大程度上成为一种更具敏感性的建筑设计的基础，如纽基尼太平洋顾问公司(Niugini Pacific Consultants)建筑师拉西姆·米拉尼(Rahim Milani, 1941—)设计的**亚细亚维村二期**(Asiawe Village Stage II, Lae, 1991)，太平洋建筑事务所在**布格恩维尔**(Bougainvill, 1990)和**新不列颠**(New Britain, 1992)的建筑。

参考文献*

第一编 埃及、古代近东、亚洲、希腊及希腊化诸王国的建筑

第2章 史前时期的建筑

ALDRED, C. *Egypt to the End of the Old Kingdom*. London, 1965.

ANATI, E. *Palestine Before the Hebrews*. London, 1963.

BAUMGARTEL, E. J. *The Cultures of Prehistoric Egypt*. Oxford, 1955.

BURNEY, C. *The Ancient Near East*. New York, 1977.

CHILDE, V.G. *New Light on the Most Ancient East*. London, 1958 (reprinted).

DAVID, R. *The Ancient Egyptians: Religious Beliefs and Practices*. London, 1982.

HAYES, W. C. *Most Ancient Egypt*. Chicago, 1964.

LAMPL, P. *Cities and Planning in the Ancient Near East*. London, 1970.

LLOYD, S. *The Archaeology of Mesopotamia*. London, 1978.

—. *Early Highland Peoples of Anatolia*. London, 1967.

MELLAART, J. *Catal Huyuk*. London, 1967.

—. *The Earliest Civilisations of the Near East*. London, 1965.

—. *The Neolithic of the Near East*. London, 1975.

MOOREY, P. R. S. *The Origins of Civilisation*. Oxford, 1979.

OATES, D. and OATES, J. *The Rise of Civilisation*. Oxford, 1976.

REDMAN, C. L. *The Rise of Civilisation*. San Francisco, 1978.

TRIGGER, B. G. *Ancient Egypt: a Social History*. Cambridge, 1983.

UCKO, P. J. *Man, Settlement and Urbanism*. London, 1972.

WOLFF, W. *Early Civilizations: Egypt, Mesopotamia, the Aegean*. London, 1989.

第3章 埃及建筑

ALDRED, C. *The Development of Egyptian Art*. London, 1952.

ARNOLD, D. *Building in Egypt: Pharaonic Stone Masonry*. Oxford, 1991.

BADAWY, A. *A History of Egyptian Architecture*. 3 vols. Giza (Vol.1) and Berkeley, 1954–68.

BREASTED, J. H. *A History of Egypt*. New York, 1905.

BRITISH MUSEUM. *An Introduction to Ancient Egypt (Guide to Collections)*. London, 1979.

CARTER, H. and MACE, A. C. *The Tomb of Tut-ankh-Amen*. 3 vols. London, 1923–33.

DAVIES, W. V. (Ed.). *Egypt and Africa: Nubia From Prehistory to Islam*. London, 1991.

DRIOTON, E. and LAUER, J. P. *Sakkarah: the Monuments of Zoser*. Cairo, 1939.

DRIOTON, E. and VANDIER, J. *Les Peuples de l'orient méditerranéen (l'Egypte)*. Paris, 1952.

EDWARDS, I. E. S. *The Pyramids of Egypt*. New edn, Harmondsworth, 1985.

EMERY, W. B. and OTHERS. *Great Tombs of the First Dynasty*. 3 vols. London, 1949–58.

FAIRMAN, H. W. 'Town Planning in Pharaonic Egypt', *Town Planning Review*, vol. xx, no.1. 1949.

—. 'Worship and Festivals in an Egyptian Temple', *Bulletin of the John Rylands Library*, vol. 37, no.1. 1954.

FAKHRY, A. *The Pyramids*. Chicago, 1969.

FIRTH, C. M., QUIBELL, J. E. and LAUER, J. P. *The Step Pyramid*. Cairo, 1935.

GARDINER, A. H. *The Temple of King Sethos I at Abydos*. Vols. i-iii. London and Chicago, 1933–8.

—. 'Les grandes découvertes archéologiques de 1954', *La Revue de Caire*, vol. xxxiii, no. 175, Numéro Spécial.

GORRINGE, H. H. *Egyptian Obelisks*. New York, 1882.

HART, G. *Pharaohs and Pyramids: a Guide Through Old Kingdom Egypt*. London, 1991.

---

* 本书参考文献分为两部分：
  1. 英文原书的参考文献
     著录方式：(1) 以原文列出。
     (2) 按章节划分。
  2. 中文版的参考文献和工具书
     著录方式：(1) 无中文版的英文图书以原文列出。
     (2) 日文图书或有中文版本的英文图书，以相应中文书名或译名列出。
     (3) 排序不分先后。

HODGES, P. *How the Pyramids Were Built*. Shaftesbury, 1989.
HORNUNG, E. *The Valley of the Kings: Horizon of Eternity*. New York, 1990.
IVERSON, I. *The Canon and Proportion in Egyptian Art*. 2nd ed. Warminster, 1975.
KAMIL, J. *Luxor: a Guide to Ancient Thebes*. 3rd edn, London, 1983.
KEMP, B. J. *Ancient Egypt: Anatomy of a Civilization*. 2nd edn, London, 1991.
KIELLAND, E. C. *Geometry in Egyptian Art*. Oslo, 1987.
LANGE, K. and HIRMER, M. *Egypt*. 4th edn, 1968.
MEHLING, M. (ED.). *Egypt*. Oxford, 1990. *Monuments of Egypt: the Napoleonic Edition: the Complete Archaeological Plates from La Description de l'Egypte*. Princeton and London, 1987.
NAVILLE, E. and CLARKE, G. SOMERS. *The XIth Dynasty Temple at Deir el-Bahari*. Parts I and II. London, 1907, 1910.
PETRIE, W. M. FLINDERS. *Egyptian Architecture*. London, 1938.
PORTER, B. and MOSS, R. L. B. *Topographical Bibliography of Ancient Egyptian Hieroglyphic Texts, Reliefs, and Painting*. 7 vols. Oxford, 1927-51; amplified 2nd edn, 1960-4.
REISNER, G. A. *The Development of the Egyptian Tomb down to the Accession of Cheops*. Cambridge, Mass., and London, 1935.
SETON-WILLIAMS, V. *Egypt*. 3rd edn, London, 1993.
SMITH, W. STEVENSON. *The History of Egyptian Sculpture and Painting in the Old Kingdom*. London, 1946; 2nd edn, 1949.
—. *The Art and Architecture of Ancient Egypt*. Harmondworth, 1958. Revised by W. K.Simpson, 1981.
STEINDORFF, G. and SEELE, K.C. *When Egypt Ruled the East*. Chicago, 1942; revised edn, 1957.
UPHILL, E. P. *The Temples of Per Ramesses*. Warminster, 1984.
WOLDERING, I. *Egypt: the Art of the Pharaohs* (Art of the World series). London, 1963.

第4章　古代近东建筑

AKURGAL, E. *The Birth of Greek Art*. London, 1968.
ALKIM, U. B. *Anatolia I*. Geneva, 1970.
ARIK, R. O. *Les Fouilles d'Alaca Hüyük*. Ankara, 1937.
BELL, E. *Early Architecture in Western Asia*. London, 1924.
BITTELL, K. *Boğazköy-Hattušas*. Berlin, 1952.
—. *Hattusha: The Capital of the Hittites*. New York, 1970.
BOTTA, P. E. and FLANDIN, E. *Monuments de Ninive*. 5 vols. Paris, 1849-50.
BURNEY, C. A. and LANG, D. M. *The Peoples of the Hills*. London, 1971.
CONTENEAU, G. *Everyday Life in Babylon and Assyria*. Trans. K. R. and A. R. Maxwell-Hyslop. London and New York, 1954.
—. *Manuel d'archéologie orientale*. 4 vols. Paris, 1947.
CURTIS, J. E. (Ed.). *Fifty Years of Mesopotamian Discovery*. London, 1983.
DIEULAFOY, M. *L'Art antique de la Perse*. 5 vols. Paris, 1884-9.
DOWNEY, S. B. *Mesopotamian Religious Architecture: Alexander Through the Parthians*. Princeton and London, 1988.
FERGUSSON, J. *The Palaces of Nineveh and Persepolis Restored*. London, 1851.
FORBES, T. B. *Urartian Architecture*. British Archaeological Reports. Oxford, 1983.
FRANKFORT, H. *The Art and Architecture of the Ancient Orient*. Harmondsworth, 1954, Rev. edn, 1970.
—. *The Birth of Civilisation in the Near East*. London, 1954.
GHIRSHMAN, R. *Iran*. Harmondsworth, 1961.
—. 'Report on the Ziggurat at Tchoga-Zanbil', *Illustrated London News*, 8 September 1956.
GURNEY, O. R. *The Hittites*. 2nd edn, Harmondsworth, 1961.
HASPELS, C. H. E. *The Highlands of Phrygia: Sites and Monuments*. 2 vols. Princeton, 1971.
KELLER, W. *The Bible as History*. London, 1956.
KEMPINSKI, A. and REICH, R. (Eds). *The Architecture of Ancient Israel: from the Prehistoric to the Persian Periods*. Jerusalem, 1992.
KENYON, KATHLEEN M. *Archeology in the Holy Land*. London, 1965, 1969.
—. *Digging up Jerusalem*. London, 1974.
—. *Royal Cities of the Old Testament*. London, 1971.
KUBBA, S. A. A. *Mesopotamian Architecture and Town Planning from the Mesolithic to the End of the Proto-historic Period, C.10,000-3,500 B.C.* Oxford, 1987.
LAMPL, PAUL. *Cities and Planning in the Ancient Near East*. London, 1970.
LAYARD, A. H. *Monuments of Nineveh*. 2 vols. London, 1849.
—. *Nineveh and its Palaces*. 2 vols. London, 1849.
LEICK, G. *A Dictionary of Ancient Near Eastern Architecture*. London, 1988.
LLOYD, S. *Early Highland Peoples of Anatolia*. London, 1967.
—. *Ruined Cities of Iraq*. 3rd edn, London, 1946.
LLOYD, S. AND MELLAART, J. *Beycesultan I-II*. London, 1962-5.
LOUD, G. *Khorsabad*. 2 vols. Chicago, 1936-8.
LUSCHAN, F. and OTHERS. *Ausgrabungen in Sendschirli*. 5 vols. Berlin, 1893-1943.
MACQUEEN, J. G. *Babylon*. London, 1964.
MALLOWAN, M. E. L. *Nimrud and its Remains*. 2 vols. London, 1966.
MELLAART, J. 'Notes on the Architectural Remains of Troy I and II', *Anatolian Studies*, ix, 1959.
NYLANDER, C. *Ionians in Pasargadae*. Stockholm, 1971.
OATES, D. 'Early Vaulting in Mesopotamia', in *Architectural Theory and Practice: Essays Presented to W. F. Grimes*. London, 1973.
OLMSTEAD, A. T. *History of the Persian Empire: Achaemenid Period*. Chicago, 1948.
PARROT, A. *Archéologie mésopotamienne*. 2 vols.

Paris, 1946–53.
—. *Mari-Capitale fabuleuse*. Paris, 1974.
—. *Mission archéologique de Mari II: Le Palais. 1. Architecture. 2. Peintures. 3. Documents et Monuments*. Paris, 1958–9.
—. *Ziggurats et Tour de Babel*. Paris, 1949.
PERROT, G. and CHIPIEZ, C. *History of Art in Chaldea and Assyria, Persia, Phrygia and Judaea*. 5 vols. London and New York, 1884–92.
PLACE, VICTOR. *Ninive et l'Assyrie*. 3 vols. Paris, 1867–70.
PUCHSTEIN, O. *Boghazköy: die Bauwerke*. Leipzig, 1912.
RUSSELL, J. M. *Sennacherib's Palace Without Rival at Nineveh*. Chicago, 1991.
SAFAR, F., MUSTAFA, M. A. and LLOYD, S. *Eridu*. Baghdad, 1983.
SCHMIDT, E.F. *Persepolis I*. Chicago, 1953.
SINCLAIR, T. A. *Eastern Turkey: an Architectural and Archaeological Survey*. 3 vols. London, 1987–90.
SMITH, S. *Alalakh and Chronology*. Brochure. London, 1940.
SPIERS, R. P. *Architecture East and West*. London, 1905.
STRONACH, D. *Pasargadae*. Oxford, 1978.
TEXIER, C. *L'Arménie, la Perse et l Mésopotamie*. 2 vols. Paris, 1842–52.
WILBER, D. N. *Persepolis – The Archaeology of Parsa, Seat of the Persian Kings*. London, 1969.
WOOLLEY, SIR C. L. *A Forgotten Kingdom*. Harmondsworth, 1953.
—. *Ur of the Chaldees*. Harmondsworth, 1954.
WRIGHT, G. E. *Biblical Archaeology*. Philadelphia and London, 1957.
YADIN, Y. *The Art of Warfare in Biblical Lands*. London, 1963.

第5章　亚洲早期文明的建筑

AGRAWAL, D. P. *The Archaeology of India*. London, 1982.
ALLCHIN, B. and R. *The Rise of Civilisation in India and Pakistan*. Cambridge, 1982.
CHANG, K. C. *The Archaeology of Ancient China*. New Haven, 1963.
CHENG, TE-K'UN. *Archaeology in China. Vol. 1: Prehistoric China. Vol. 2: Shang China. Vol. 3: Chou China*. Cambridge, 1959–63.
RAWSON, J. *Ancient China*. London, 1980.
TRIESTMAN, J. *The Prehistory of China*. New York, 1972.
WATSON, W. *China Before the Han Dynasty*. London, 1961.
WHEELER, R. E. M. *Civilisations of the Indus Valley and Beyond*. New York, 1966.
—. *The Indus Civilisation. (Cambridge History of India)*. Cambridge, 1968.

第6章　希腊建筑
第7章　希腊化诸王国建筑

ADAM, J. P. *L'Architecture militaire grecque*. Paris, 1983.
ASHMOLE, B. *Architect and Sculptor in Classical Greece*. London, 1972.
BEAN, G. E. *Aegean Turkey: an Archaeological Guide*. London, 1966.
—. *Lycian Turkey*. London, 1978.
—. *Turkey Beyond the Maeander*. London, 1971.
—. *Turkey's Southern Shore: an Archaeological Guide*. 2nd edn, London, 1979.
BERVE, H., GRUBEN, G. and HIRMER, M. *Greek Temples, Theatres and Shrines*. London, 1963.
BETANCOURT, PHILIP. *The Aeolic Style in Architecture*. Princeton, 1977.
BIEBER, M. *The History of the Greek and Roman Theatre*. London and Princeton, 1961.
BLEGEN, C. W. *Troy and the Trojans*. London, 1966.
BOARDMAN, J. *The Parthenon and its Sculptures*. London, 1985.
BRONEER, O. *Isthmia. Vol. 1: Temple of Poseidon*. Princeton, 1971.
BROWN, A. *Arthur Evans and the Palace of Minos*. Oxford, 1983.
BURFORD, A. *The Greek Temple Builders at Epidaurus*. Liverpool, 1969.
CADOGAN, G. *Palaces of Minoan Crete*. London, 1976.
CARY, M. *The Geographical Background of Greek and Roman History*. Oxford, 1949.
CHITHAM, R. *The Classical Orders of Architecture*. London, 1985.
COOK, J. M. *The Greeks in the East*. London, 1962.
COOK, R. M. *The Greeks till Alexander*. London, 1961.
COOPER, F. A. *The Temple of Apollo at Bassai*. London, 1978.
COULTON, J. J. *The Architectural Development of the Greek Stoa*. Oxford, 1976.
—. *Greek Architects at Work*. London, 1977.
DINSMOOR, W. B. *The Architecture of Ancient Greece*. 3rd edn, London, 1950.
DINSMOOR, W. B. JR. *The Propylaia to the Athenian Akropolis. Vol.1: The Predecessors*. Princeton, 1980.
DOXIADIS, C. E. *Architectural Space in Ancient Greece*. Cambridge, Mass., 1972.
FINLEY, M. I. *The Ancient Greeks*. London, 1963.
GARDNER, R. W. *The Parthenon: its Science of Forms*. Washington, DC, 1973.
GRAHAM, J. W. *The Palaces of Crete*. Rev. edn, Princeton and London, 1987.
HANDLER, S. *Architecture on the Roman Coins of Alexandria*. AJA 75 (1971) 57f. for the Hellenistic Serapaion.
HEGE, W. and RODENWALDT, G. *The Acropolis*. Oxford, 1957.
HEYDEN, A. A. M. VAN DER and SCULLARD. H. H. (Eds). *Atlas of the Classical World*. London, 1960.
HENNER VON HESBERG. *Konsolengeisa des Hellenismus und der frühen Kaiserzeit*. RM Suppl. 24. Mainz, 1980.
HODGE, A. T. *The Woodwork of Greek Roofs*. Cambridge, 1960.
HOPPER, R. J. *The Acropolis*. London, 1971.

HUTCHINSON, R. W. *Pre-Historic Crete*. Harmondsworth, 1962.
LAWRENCE, A. W. *Greek Aims in Fortification*. Oxford, 1979.
—. *Greek Architecture*. 4th edn, Harmondsworth, 1983.
LYTTELTON, M. *Baroque Architecture in Classical Antiquity*. London, 1974.
MALLWITZ, A. *Olympia und seine Bauten*. Munich, 1972.
MARTIENSSEN, R. D. *The Idea of Space in Greek Architecture*. Witwatersrand, 1958.
MARTIN, R. *Living Architecture: Greek*. London, 1967.
—. *Manuel d'architecture grecque*. Vol.1. Paris, 1965.
—. *L'Urbanisme dans la Grèce antique*. Paris, 1956.
MATZ, F. *Crete and Early Greece*. London, 1962.
MERTENS, D. *Der Tempel von Segesta*. Mainz, 1984.
MILLER, S. *The Prytaneion*. Berkeley and Los Angeles, 1978.
ONIANS, J. *Bearers of Meaning: the Classical Orders in Antiquity, the Middle Ages and the Renaissance*. Princeton and London, 1988.
ORLANDOS, A. K. *Les Matériaux de construction et la technique architecturale des anciens grecs*. Paris, 1966.
PALAGIA, O. *The Pediments of the Parthenon*. Leiden, 1993.
PATON, J. M. and STEVENS, G. P. *The Erechtheum*. Cambridge, Mass., 1927.
PENDLEBURY, J. D. S. *A Handbook to the Palace of Minos, Knossos*. London, 1955.
QUENNELL, M. and QUENNELL, C. H. N. *Everyday Things in Ancient Greece*. 2nd edn, London, 1954.
ROBERTSON, D. S. *A Handbook of Greek and Roman Architecture*. 2nd edn, Cambridge, 1943.
ROUX, G. *L'Architecture de l'Argolide*. Paris, 1961.
SCRANTON, R. L. *Greek Architecture*. London, 1968.
YIGAL SHILOH. *The Proto-Aeolic Capital and Israelite Ashlar Masonry*. QEDEM Vol.II. Hebrew University of Jerusalem, 1979.
SPIERS, R. P. *The Orders of Architecture*. London, 1926.
STEELE, J. *Hellenistic Architecture in Asia Minor*. London, 1992.
STOBART, J. C. *The Glory that was Greece*. 4th edn, London, 1964.
TAYLOR, W. *Greek Architecture*. London, 1971.
TAYLOUR, W. *The Mycenaeans*. London, 1965.
THOMPSON, H. A. and WYCHERLEY, R. E. *The Agora at Athens: the History, Shape and Uses of an Ancient City Center*. Princeton, 1972.
TOMLINSON, R. A. *Greek Sanctuaries*. London, 1976.
TRAVLOS, J. *Pictorial Dictionary of Ancient Athens*. London and New York, 1971.
WINTER, F. E. *Greek Fortifications*. London, 1971.
WOODHEAD, A. G. *The Greeks in the West*. London, 1962.
WYCHERLEY, R. E. *How the Greeks Built Cities*. 2nd edn, London, 1962.

第二编 文艺复兴以前的欧洲和地中海建筑

第9章 史前时期的建筑

ATKINSON, R. J. C. *Stonehenge*. Harmondsworth, 1960 (1979 printing with revisions).
BURDAJEWICZ, M. *The Aegean Sea Peoples and Religious Architecture in the Eastern Mediterranean at the Close of the Late Bronze Age*. Oxford, 1990.
CHIPPINDALE, C. *Stonehenge Complete*. London, 1983.
CLARK, J. G. D. *Prehistoric Europe*. London, 1952.
COLES, J. M. and HARDING, A. F. *The Bronze Age in Europe: an Introduction to the Prehistory of Europe c.2000–700 BC*. London, 1979
COLLIS, J. *The European Iron Age*. London, 1984.
CUNLIFFE, B. *Iron Age Communities in Britain*. London, 1974.
DANIEL, G. E. *The Megalith Builders of Western Europe*. London, 1963.
—. *The Prehistoric Chamber Tombs of France*. London, 1960.
FAGERSTROM, K. *Greek Iron Age Architecture: Developments through Changing Times*. Gothenburg, 1988.
FORDE-JOHNSTON, J. *Prehistoric Britain and Ireland*. London, 1976.
GIMBUTAS, M. *Iron Age Cultures in Central and Eastern Europe*. The Hague, Paris, London, 1965.
—. *The Prehistory of Eastern Europe*. Cambridge, Mass., 1965.
GUILANE, J. *La Préhistoire française*. 2 vols. Paris, 1976.
KLEIN, R. G. *Ice Age Hunters of the Ukraine*. Chicago and London, 1973.
MILISAUSKAS, S. *European Prehistory*. London, 1978.
MORGAN, W. N. *Prehistoric Architecture in Micronesia*. London, 1989.
MUIR, R. and WELFARE, H. *The National Trust Guide to Prehistoric and Roman Britain*. London, 1983.
PERICOT GARCIA, L. *The Balearic Islands*. London, 1972.
PHILLIPS, P. *The Prehistory of Europe*. Harmondsworth, 1981.
PIGGOTT, S. *Ancient Europe: from the Beginnings of Agriculture to Classical Antiquity*. Edinburgh, 1965.
SAVORY, H. N. *Spain and Portugal: the Prehistory of the Iberian Peninsula*. London, 1968.
SIMPSON, D. D. A. *Economy and Settlement in Neolithic and Early Bronze Age Britain and Europe*. Leicester, 1971.
TRINGHAM, R. *Hunters, Fishers and Farmers of Eastern Europe 6000–3000 BC*. London, 1971.
WINTER, N. A. *Greek Architectural Terracottas from the Prehistoric to the End of the Archaic Period*. Oxford, 1993.
WYMER, J. *The Paleolithic Age*. London and Sydney, 1982.

第10章 罗马和罗马帝国建筑（蛮族入侵前）

ADAM, J.-P. *Roman Building: Materials and Techniques.* London, 1994.
AURIGEMMA, S. *Villa Adriani.* Rome, 1962.
BARTON, I. (Ed.). *Roman Public Buildings.* Exeter, 1989.
BOETHIUS, A. *Etruscan and Early Roman Architecture.* 2nd edn, Harmondsworth, 1978.
—. *The Golden House of Nero.* Ann Arbor, 1960.
BRODRIBB, G. *Roman Brick and Tile.* Gloucester, 1987.
CLARKE, J. R. *The Houses of Roman Italy, 100 B.C. – A.D. 250: Ritual, Space and Decoration.* Berkeley, 1991.
COARELLI, M. (Ed.). *Etruscan Cities.* London, 1975.
COZZO, G. *The Colosseum, the Flavian Amphitheatre.* Rome, 1971.
DE LA BEDOYERE, G. *The Buildings of Roman Britain.* London, 1991.
GAZZOLA, P. *Ponti romani.* 2 vols. Florence, 1963.
GRANT, M. *The Roman Forum.* London, 1970.
HAMEY, L. A. *The Roman Engineers.* Cambridge, 1981.
HANSON, J. A. *Roman Theatre-Temples.* Princeton, 1959.
HEINTZE, H. VON. *Roman Art.* London, 1990.
HENIG, M. (Ed.). *Architecture and Architectural Sculpture in the Roman Empire.* Oxford, 1990.
JOHNSON, S. *Late Roman Fortifications.* London, 1983.
KAHLER, H. *Rome and her Empire.* London, 1963.
KRAUS, T. and MATT, L. VON, *Pompeii and Herculaneum.* New York, 1975.
LICHT, K. DE F. *The Rotunda in Rome.* Jutland Archaeological Society Publications VIII, Copenhagen, 1968.
LUCIANI, R. *The Colosseum: Architecture, History and Entertainment in the Flavian Amphitheatre, Ancient Rome's Most Famous Building.* Novara, 1990.
MACDONALD, W. L. *The Architecture of the Roman Empire. Vol. 1: An Introductory study. Vol. 2: An Urban Appraisal.* New Haven and London, 1965–86.
—. *The Pantheon.* London, 1976.
MACDONALD, W. and PINTO, J. *Hadrian's Villa and its Legacy.* New Haven and London, 1995.
MACREADY, S. and THOMPSON, F. H. (Eds). *Roman Architecture in the Greek World.* London, 1987.
MARTA, R. *Tecnica costruttiva romana (Roman Building Techniques.)* 2nd edn, Rome, 1991.
MCKAY, A. *Vitruvius: Architect and Engineer: Buildings and Building Techniques in Augustan Rome.* London, 1978.
MEIGGS, R. *Roman Ostia.* 2nd edn, Oxford, 1973.
NASH, E. *Pictorial Dictionary of Ancient Rome.* 2nd edn, 2 vols. London, 1968.
NIELSEN, I. *Thermae et Balnea: the Architecture and Cultural History of Roman Public Baths.* Aarhus, 1990.
RAGETTE, F. *Baalbek.* London, 1980.
RICHARDSON, L. *Pompeii: an Architectural History.* Baltimore, 1988.
RIVOIRA, G. T. *Roman Architecture.* Oxford, 1925.
ROBERTSON, D. S. *A Handbook of Greek and Roman Architecture.* 2nd edn, Cambridge, 1943.
SEAR, F. *Roman Architecture.* Rev. edn, London, 1989.
VITRUVIUS. *De Architectura.* 2 vols. Cambridge, Mass., 1945.
WARD-PERKINS, J. B. *Roman Architecture.* New York, 1977 (reprinted 1988).
—. *Roman Imperial Architecture.* 2nd (integrated) edn. Harmondsworth, 1981.
—. *Studies in Roman and Early Christian Architecture.* London, 1994.
WHEELER, R. E. M. *Roman Art and Architecture.* London, 1964.
WHITE, M. L. *Building God's House in the Roman World: Architectural Adaptation Among Pagans, Jews and Christians.* Baltimore, 1990.

第11章 拜占庭帝国建筑

BUTLER, H. C. *Early Churches in Syria.* Princeton, 1929.
CORBO, V. C. *Il Santo Sepulcro di Gerusaleme.* Jerusalem, 1981.
CROWFOOT, J. W. *Early Churches in Palestine.* London, 1941.
DEMUS, O. *Byzantine Mosaic Decoration.* London, 1947.
FORSYTH, G. H. and WEITZMANN, K. *The Monastery of Saint Catherine at Mount Sinai: the Church and Fortress of Justinian.* Ann Arbor, 1968.
GALEY, J. *Sinai and the Monastery of St.Catherine.* Cairo, 1985.
GANDOLFO, F. *Le Basiliche armene: IV-VII secolo.* Rome, 1982.
GRABAR, A. *Byzantium from the Death of Theodosius to the Rise of Islam (The Arts of Mankind).* London, 1966.
—. *Martyrium: recherches sur le culte des reliques et l'art chrétien antique.* 3 vols. Paris, 1943–46.
HETHERINGTON, P. *Byzantine and Medieval Greece: Churches, Castles and Art of the Mainland and the Peloponnese.* London, 1991.
HODDINOT, R. F. *Early Byzantine Churches in Macedonia and Southern Serbia.* London, 1963.
HUTTER, I. *Early Christian and Byzantine.* London, 1988.
KRAUTHEIMER, R., CORBETT, S., FRAZER, A.K. and FRANKL, W. *Corpus Basilicarum Christianarum Romae.* 5 vols. Vatican City, 1937–77.
KRAUTHEIMER, R. *Early Christian and Byzantine Architecture.* Rev. edn, Harmondsworth, 1981.
—. *Rome, Profile of a City, 312–1308.* Princeton, 1980.
—. *Three Christian Capitals.* Berkeley and Los Angeles, 1983.
MAINSTONE, R. J. *Hagia Sophia: Architecture, Structure and Liturgy of Justinian's Great Church.* London, 1988.
MANGO, C. *Byzantine Architecture.* New York, 1976.
MARK, R. and CAKMAK, A. H. (Eds). *Hagia Sophia from*

the Age of Justinian to the Present. Cambridge, 1992.
MATHEWS, T. F. *The Byzantine Churches of Istanbul: a Photographic Survey.* University Park, Pa., 1976.
—. *The Early Churches of Constantinople: Architecture and Liturgy.* University Park, Pa, 1971.
MEPISASHVILI, R. and TSINTSADZE, V. *The Arts of Ancient Georgia.* London, 1979.
MILBURN, R. *Early Christian Art and Architecture.* Aldershot, 1988.
MULLER-WEINER, W. *Bildlexikon zur Topographie Istanbuls.* Tübingen, 1977.
PLANT, R. *Architecture of the Tigre, Ethiopia.* Worcester, 1985.
RODLEY, L. *Byzantine Art and Architecture: an Introduction.* Cambridge, 1994.
—. *Cave Monasteries of Byzantine Cappadocia.* Cambridge, 1985.
RUGGIERI, V. *Byzantine Religious Architecture (582–867): its History and Structural Elements.* Rome, 1991.
SINCLAIR, T. A. *Eastern Turkey: an Architectural and Archaeological Survey.* 3 vols. London, 1987–90.
STYLIANOU, A. and STYLIANOU, J. *The Painted Churches of Cyprus: Treasures of Byzantine Art.* London, 1985.
SWIFT, E. H. *Roman Sources of Christian Art.* New York, 1951.
VAN NICE, R. L. *St. Sophia in Istanbul: an Architectural Survey.* Washington, 1965.
WARD-PERKINS, J. B. *Studies in Roman and Early Christian Architecture.* London, 1994.
—. 'The Italian Element in Late Roman and Early Mediaeval Architecture', *Proceedings of the British Academy,* vol. 33, 1947, pp. 163–94.
WHARTON, A. J. *Art of Empire: Painting and Architecture of the Byzantine Periphery: a Comparative Study of Four Provinces.* University Park, Pa and London, 1987.
YARWOOD, D. *The Architecture of Europe. Vol. 1: The Ancient Classical and Byzantine World, 3000 B.C. – A.D. 1453.* London, 1992.

第12章 早期俄罗斯建筑

AINALOV, D. *Geschichte der russischen Monumentalkunst.* Berlin and Leipzig, 1932–3.
ALPATOV, M. and BRUNOV, N. *Geschichte der altrussischen Kunst.* Augsburg, 1932.
BRUMFIELD, W. C. *A History of Russian Architecture.* Cambridge, 1993.
DEROKO, A. *Monumentalna i dekorativna arhitektura u serdnjovekovnoj Serbji.* Belgrade, 1953.
FAENSEN, H. and IVANOV, V. *Early Russian Architecture.* London and New York, 1975.
GRABAR, A. *Die Mittelalterliche Kunst Osteuropas.* Baden-Baden, 1968.
GALITZINE, G. *Imperial Splendour: Palaces and Monasteries of Old Russia.* London, 1991.
GIPPENREITER, V. *Old Russian Cities.* London, 1991.
HAMILTON, G. H. *The Art and Architecture of Russia.* 3rd (integrated) edn, Harmondsworth, 1983.
IONESCU, G. *Istoria arhitecturii in Romania.* Bucharest, 1963–4.
Istorija russkoj architektury, Kratkij kurs. Moscow, 1956.
KRAUTHEIMER, R. *Early Christian and Byzantine Architecture.* Harmondsworth, 1979.
MANGO, C. *Byzantine Architecture.* Milan, 1974.
MILLET, G. *L'Ancien art serbe: les églises.* Paris, 1919.
—. *L'art byzantin chez les slaves.* Paris, 1930–2.
MARODINOV, N. *Starobulgarskoto izkustvo.* Sofia, 1959.
MIJATJEV, K. *Arhitekturata v srednovekovna Bulgarija.* Sofia, 1965.
NICKEL, H. *Osteuropäische Baukunst des Mittelalters.* Leipzig, 1981.
OPOLOVNIKOV, A. V. and OPOLOVNIKOVA, Y. *The Wooden Architecture of Russia: Houses, Fortifications, Churches.* London, 1989.
PETKOVIC, V. P. *Pregled crkvenih spomenika kroz povesnicu Srpskog naroda.* Belgrade, 1950.
RAPPOPORT, P. A. *Drevnerusskaja architektura.* Moscow, 1970.
SAS-ZALOZIECKY, W. *Die byzantinische Baukunst in den Balkanländern.* Munich, 1955.
VORONIN, N. N. *Zodčestvo severo-vostočnoj Rusi.* Moscow, 1961–2.
WHARTON, A. J. *Art of Empire: Painting and Architecture of the Byzantine Periphery: a Comparative Study of Four Provinces.* University Park, Pa and London, 1987.

第13章 中世纪早期建筑和罗马风建筑

CLAPHAM, A. W. *Romanesque Architecture in Western Europe.* Oxford, 1936.
CONANT, K. J. *Carolingian and Romanesque Architecture, 800–1200.* 3rd edn, Harmondsworth, 1974.
FOCILLON, H. *Art of the West in the Middle Ages.* 2 vols. Vol.1: *Romanesque Art.* 2nd edn, London and New York, 1969.
FRANKL, P. *Die Frühmittelalterliche und Romanische Baukunst.* Potsdam, 1926.
GREENE, J. P. *Medieval Monasteries.* Leicester, 1992.
HELIOT, P. *Du Carolingien au Gothique (IXe-XIIIe S.).* Paris, 1966.
HOLLANDER, H. *Early Medieval.* London, 1990.
HUBERT, J. *L'Art pre-Roman.* New edn. Chartres, 1974.
KUBACH, H. E. *Romanesque Architecture.* New York, 1975.
KUNSTLER, G. (Ed.). *Romanesque Art in Europe.* London, 1969.
LETHABY, W. R. *Mediaeval Art.* 1904. Revised and edited by D.Talbot Rice. London, 1949.
MOORE, C. H. 'Romanesque Architecture', *Journal RIBA,* 3rd series, vol. xxi, 1913–14.
PORTER, A. K. *Mediaeval Architecture: its Origins and Development.* 2nd edn, New York, 1966.
—. *Romanesque Sculpture of the Pilgrimage Roads.* 3 vols. New York, 1966.
PUIG Y CADAFALCH, J. *La Géographie et les origines du premier art roman.* Paris, 1935.
RADDING, C. M. *Medieval Architecture, Medieval Learning: Builders and Masters in the Age of Romanesque and Gothic.* New Haven and London, 1992.

SAALMAN, H. *European Architecture, 600–1200*. 2nd edn. New York and London, 1968.
TIMMERS, J. J.M. *Handbook of Romanesque Art*. London, 1969.
YARWOOD, D. *The Architecture of Europe*. Vol. 2: *The Middle Ages, 650–1550*. London, 1992.
ZARNECKI, G. *The Monastic Achievement*. London, 1972.
—. *Romanesque*. London, 1989.
ZODIAQUE 'La Nuit des Temps' Series. 60 volumes on Romanesque Architecture by Region.

意大利

ARATA, G. U. *L'Architettura arabo-normanna in Sicilia*. Milan, 1914.
ARSLAN, W. *L'Architetettura romanica veronese*. Verona, 1939.
CARLI, E. (Ed.). *Il Duomo di Pisa: il Battistero, il Campanile*. Florence, 1989.
CESILU, C. *Architettura romanica genovese*. Milan, 1945.
CUMMINGS, C. A. *A History of Architecture in Italy*. 2 vols. 2nd edn, New York and London, 1928.
DECKER, H. *Romanesque Art in Italy*. London, 1958.
GOY, R. J. *The House of Gold: Building a Palace in Medieval Venice*. Cambridge, 1992.
GURLITT, C. *Denkmäler der Kunst in Dalmatien*. 2 vols. Berlin, 1910.
KRONIG, WOLFGANG. *The Cathedral of Monreale and Norman Architecture in Sicily*. Palermo, 1965.
MAGNI, M. C. *Architettura romanica comasca*. Milan, 1960.
MARTIN, C. and ENLART, C. *L'Art roman en Italie*. Paris, 1912–24.
NORWICH, J. J. *The Normans in the South: 1016–1130*. London, 1967.
PORTER, A. K. *The Construction of Lombard and Gothic Vaults*. New Haven and London, 1911.
—. *Lombard Architecture*. 4 vols. New York, 1967. (reprint).
RICCI, C. *Romanesque Architecture in Italy*. London, 1925.
SALMI, M. *L'Architettura romanica in Toscana*. Milan and Rome, 1927.
VENTURI, A. *Storia dell'arte italiana*. Vols 2 and 3. Milan, 1902–4.

法国

ARMI, C. E. *Masons and Sculptors in Romanesque Burgundy: the New Aesthetic of Cluny III*. University Park, Pa, and London, 1983.
AUBERT, M. et al. *L'Art roman en France*. Paris, 1961.
AUBERT, M. *Romanesque Cathedrals and Abbeys of France*. London, 1966.
AUBERT, M. and VERRIER, J. *L'Architecture française des origines à la fin de l'époque romane*. Paris, 1947.
BAUM, J. *Romanesque Architecture in France*. 2nd edn, London, 1928.
COLAS, RENÉE *Le Style roman en France*. Paris, 1927.
DESHOULIÉRES, F. *Élements datés de l'art roman en France*. Paris, 1936.
ENLART, C. *L'Architecture religieuse en France*. Paris, 1902.
EVANS, J. *Romanesque Architecture of the Order of Cluny*. Cambridge, 1938.
GANTNER, J. and POBÉ, M. *Romanesque Art in France*. London, 1956.
HEITZ, C. *L'Architecture religieuse carolingienne*. Paris, 1980.
HORSTE, K. *Cloister Design and Monastic Reform in Toulouse: the Romanesque Sculpture of La Daurade*. Oxford, 1992.
HUDSON, E. W. 'The Beginnings of Gothic Architecture and Norman Vaulting', *Journal RIBA*, 3rd series, vol. ix, 1902.
LASTEYRIE, R. DE. *L'Architecture religieuse en France à l'époque romane*. 2nd edn, Paris, 1929.
MARKHAM, V. R. *Romanesque France*. London, 1929.
MARTIN, C. *L'Art roman en France*. Paris, 1912.
MICHEL, A. *Histoire de l'art*. Paris, 1905. Vol. 1, pt 1 (for a contribution from C. Enlart on Romanesque).
PORTER, A. K. *Medieval Architecture*. 2 vols. New York and London, 1909.
REY, R. *L'Art roman et ses origines* (Archéologie pré-Romane et Romane). Toulouse and Paris, 1945.
RUPRICH-ROBERT, V. M. C. *L'Architecture normande aux XIe et XIIe siècles*. Paris, 1884–9. Farnborough, 1971 (reprint).
UHLER, F. *France romane*. Neuchatel and Paris, 1952.
VIOLLET-LE-DUC, E. E. *Dictionnaire raisonné de l'Architecture française du XIe au XVIe siècle*. 10 vols. Paris, 1858–68.
WATSON, K. *French Romanesque and Islam: Andalusian Elements in French Architectural Decoration, c. 1030–1180*. Oxford, 1989.

欧洲中部

BERIDSE, W. and NEUBAUER, E. *Die Baukunst des Mittelalters in Georgien vom 4. bis zum 18. Jahrhundert*. Vienna, 1981.
BUSCH, H. *Germania Romanica*. Vienna and Munich, 1963.
DAVIES, J. G. *Medieval Armenian Art and Architecture: the Church of the Holy Cross, Aght'amar*. London, 1991.
GOSS, V. P. *Early Croatian Architecture: a Study of the Pre-Romanesque*. London, 1987.
GRODECKI, L. *Architecture ottonienne*. Paris, 1958.
HAUPT, A. VON. *Die Baukunst der Germanen von der Völker-wanderung bis zu Karl dem Grossen*. Leipzig, 1909. 3rd edn, Berlin, 1935.
HEITZ, C. *L'Architecture religieuse carolingienne*. Paris, 1980.
HORN, W. and BORN, E. *The Plan of St Gall: a Study of the Architecture & Economy of, & Life in a Paradigmatic Carolingian Monastery*. Berkeley, Calif., 1979.
JANTZEN, H. *Ottonische Kunst*. Munich, 1947.
LEHMANN, E. *Der frühe deutsche Kirchenbau*. Berlin, 1938.
LEUSCHNER, P. *Romanische Kirchen in Bayern*. Pfaffenhofen, 1981.

OSWALD, R., SCHAEFER, L. and SENNHAUSER, H. R. *Vorromanische Kirchenbauten. Katalog der Denkmäler bis zum Ausgang der Ottonen.* 3 vols. Munich, 1966–71.

SCHUTZ, B. and MÜLLER, W. *Deutsche Romanik: die Kirchenbauten der Kaiser, Bischofe und Kloster.* Freiburg, 1989.

SWIECHOWSKI, Z. *Romanesque Art in Poland.* Warsaw, 1983.

WAGNER-RIEGER, R. Mittelalterliche Architektur in Österreich. S. Polten, 1988.

西班牙和葡萄牙

BEVAN, B. *Mudéjar Towers of Aragon.* London, 1929.

DODDS, J. *Architecture and Ideology in Early Medieval Spain.* University Park, Pa, and London, 1990.

GAILLARD, G. *Les Débuts de la sculpture romane espagnole.* Paris, 1938.

—. *Premiers essais de sculpture monumentale en catalogne aux Xe et XIe siècles.* Paris, 1938.

KING, G. G. *Mudéjar.* London, 1927.

—. *Pre-Romanesque Churches of Spain.* London, 1924.

—. *The Way of Saint James.* London, 1920.

POLLEY, G. H. *Spanish Architecture and Ornament.* Boston, 1919.

PORTER, A. K. *Spanish Romanesque Sculpture.* London, 1928.

PUIG Y CADAFALCH, J. *L'Architectura románica a Catalanya.* Barcelona, 1919–21.

WATSON, W. C. *Portuguese Architecture.* London, 1908.

WHITEHILL, W. M. *Spanish Romanesque Architecture of the Eleventh Century.* Oxford and London, 1941.

荷兰

BOASE, T. S. R. *Castles and Churches of the Crusading Kingdom.* London, 1967.

DESCHAMPS, P. *Le Château de Saone.* Paris, 1935.

—. *Les Châteaux des Croisés en Terre Sainte. Le Crac des Chevaliers.* 2 vols. Paris, 1934.

—. *Terre Sainte Romane.* Zodiaque Series 'La Nuit des Temps', Vol. 21. La Pierre-qui-Vive, 1964.

FEDDEN, R. and THOMPSON, J. *Crusader Castles.* London, 1957.

KENNEDY, H. *Crusader Castles.* Cambridge, 1994.

LAWRENCE, T. E. *Crusader Castles.* New edn, with introduction and notes by Denys Pringle. Oxford, 1988.

MÜLLER-WIENER, W. *Castles of the Crusaders.* London, 1966.

PERNOUD, R. *In the Steps of the Crusaders.* London, 1959.

不列颠和爱尔兰

BATSFORD, H. and FRY, C. *Cathedrals of England.* London, 1936.

BILSON, J. 'The Architecture of the Cistercians with Special Reference to some of their Earlier Churches in England', *Archaeological Journal,* vol. LXVI, 1909, pp. 185–280.

BOASE, T. S. R. *English Art: 1100–1216.* Oxford, 1953.

BROWN, G. B. *The Arts in Early England: Vol. 2, Anglo-Saxon Architecture.* 2nd edn, London, 1925.

BROWN, R. A. *English Castles.* London, 1976.

CLAPHAM, A. W. *English Romanesque Architecture After the Conquest.* Oxford, 1934.

—. *English Romanesque Architecture Before the Conquest.* Oxford, 1930.

—. *Romanesque Architecture in England.* London, 1950.

COX, J. C. *English Church Fittings.* London, 1933.

—. *Parish Churches of England.* London, 1937 and other editions.

CROSSLEY, F. H. *The English Abbey.* London, 1935.

CRUDEN, S. *The Scottish Castle.* London, 1960.

—. *Scottish Medieval Churches.* Edinburgh, 1986.

DUNBAR, J. G. *Historic Architecture of Scotland.* 2nd edn, London, 1978.

FERGUSSON, P. *Architecture of Solitude: Cistercian Abbeys in Twelfth-Century England.* Princeton and London, 1984.

FERNIE, E. C. *The Architecture of the Anglo-Saxons.* London, 1983.

GILYARD-BEER, R. *Abbeys.* London, 1958.

HARVEY, J. H. *Cathedrals of England and Wales.* London, 1974.

HENRY, F. *Irish Art.* 3rd edn, London, 1965.

HEWETT, C. A. *English Cathedral and Monastic Carpentry.* Chichester, 1985.

KAHN, D. *Canterbury Cathedral and its Romanesque Sculpture.* London, 1991.

LITTLE, B. *Architecture in Norman Britain.* London, 1985.

MORRIS, R. *Cathedrals and Abbeys of England and Wales: the Building Church, 600–1540.* London, 1979.

NORTON, C. and PARK, D. (Eds). *Cistercian Art and Architecture in the British Isles.* Cambridge, 1986.

PEVSNER, N. et al. *The Buildings of England.* Harmondsworth, 1951.

PLATT, C. *The Abbeys and Priories of Medieval England.* London, 1984.

—. *The Architecture of Medieval Britain: a Social History.* New Haven and London, 1990.

—. *The Castle in Medieval England and Wales.* London, 1982.

ROWLEY, T. *The Norman Heritage, 1055–1200.* London, 1983.

STOLL, R. *Architecture and Sculpture in Early Britain (Celtic, Saxon, Norman).* London, 1966.

TAYLOR, H. M. and TAYLOR, J. *Anglo-Saxon Architecture.* Vols 1 and 2. Cambridge, 1965.

WEBB, G. F. *Architecture in Britain in the Middle Ages.* 2nd edn, Harmondsworth, 1965.

WOOD, M. *Norman Domestic Architecture.* London, 1974.

ZARNECKI, G. *English Romanesque Sculpture, 1066–1140.* London, 1951.

—. *Later English Romanesque Sculpture, 1140–1210.* London, 1953.

斯堪的纳维亚

ALNAES, E. et al. *Norwegian Architecture Throughout the Ages.* Oslo, 1950.
BUGGE, A. *Norwegian Stave Churches.* Oslo, 1953.
FABER, T. *A History of Danish Architecture.* Copenhagen, 1978.
GRAHAM-CAMPBELL, J. and KIDD, D. *The Vikings.* London, 1980.
HAHR, A. *Architecture in Sweden.* Stockholm, 1938.
LINDHOLM, D. *Stave Churches in Norway.* London, 1970.
SANTAKARI, E. *Keskiajan Kivikirkot – The Medieval Stone Churches of Finland.* Helsinki, 1979.
TUULSE, A. *Scandinavia Romanica.* Vienna, 1968.

第14章 哥特式建筑

概述

DEUCHLER, F. *Gothic.* London, 1989.
GIMPEL, J. *The Cathedral Builders.* Salisbury, 1983.
GRODECKI, L. and BRISAC, C. *Gothic Stained Glass, 1200–1300.* London, 1985.
MARK, R. *Light, Wind and Structure: the Mystery of the Master Builders.* Cambridge, Mass. and London, 1990.

法国

AUBERT, M. *L'Architecture française à l'époque gothique.* Paris, 1943.
AUBERT, M. and GOUBERT, S. *Cathédrales et trésors gothiques en France.* Paris, 1958.
BARANDARD, A. *La Cathédrale de Chartres dans tous ses états.* Paris, 1982.
BASDEVANT, D. *L'Architecture française.* Paris, 1971.
BAUDOT, A. DE and PERRAULT-DABOT, A. *Les Cathédrales de France.* 2 vols. Paris, 1905–7.
BONY, J. *Les Cathédrales gothiques en France du nord.* Paris, 1951.
—. *French Gothic Architecture of the 12th and 13th Centuries.* Berkeley, Calif. and London, 1983.
BOWIE, T. (Ed.). *The Sketchbook of Villard de Honnecourt.* Bloomington, Ind., 1959 and 1968. Several other illustrated commentaries on this album of annotated drawings by a thirteenth-century architect have been published in French, English and German.
BRANNER, R. *Burgundian Gothic Architecture.* London, 1960.
—. *The Cathedral of Bourges and its Place in Gothic Architecture.* New York and London, 1989.
—. *Gothic Architecture.* New York and London, 1961.
CALI, F. and MOLINIER, S. *L'ordre ogival.* Paris, 1963.
COLOMBIER, P. DU. *Les chantiers des cathédrales.* Paris, 1953.
CROSBY, S. M. *The Royal Abbey of Saint-Denis from its Beginnings to the Death of Suger, 475–1151.* New Haven and London, 1987.
DEMOUY, P. *Notre-Dame de Reims: la cathédrale royale.* Paris, 1986.
ERLANDE-BRANDENBOURG, A. *The Cathedral: the Social and Architectural Dynamics of Construction.* Cambridge, 1994.
—. *Notre-Dame De Paris.* Paris, 1991.
FAVIER, J. *The World of Chartres.* London, 1990.
FITCHEN, J. *The Construction of Gothic Cathedrals.* Oxford, 1961.
FOCILLON, H. *Art d'Occident, le Moyen Age roman et gothique.* Paris, 1938 and 1965.
FRANKL, P. *Gothic Architecture.* Harmondsworth, 1962.
GRODECKI, L. *Suger et l'architecture monastique.* Paris, 1948.
KURMANN, P. *La Façade de la cathédrale de Reims: architecture et sculpture des portails: étude archéologique et stylistique.* Paris, 1987.
LASTEYRIE, P. DE. *Histoire de l'architecture religieuse en France à l'époque gothique.* Paris, 1926.
LAVEDAN, P. *French Architecture.* Harmondsworth, 1956.
LEFRANÇOIS-PILLION, L. *Maîtres d'oeuvre et tailleurs de pierres des cathédrales.* Paris, 1949.
MÂLE, E. *L'Art religieux au XIIe et au XIIIe siècles en France.* 2 vols. Paris, 1910 and 1922. English editions of 13th-century volume: London, 1913 and 1961, New York, 1958.
MURRAY, S. *Beauvais Cathedral: Architecture of Transcendence.* Princeton and London, 1989.
RECHT, R. (Ed.). *Les Batisseurs des cathédrales gothiques.* Strasbourg, 1989.
SALET, F. *L'art gothique.* Paris, 1963.
SIMSON, O. VON. *The Gothic Cathedral.* 2nd edn, London, 1962.
VIOLLET-LE-DUC, E. *Dictionnaire raisonné de l'architecture francaise du XIe au XVIe siècles.* Paris, 1854–68.
WEST, G. H. *Gothic Architecture in England and France.* London, 1927.
WORRINGER, W. *Form in Gothic.* London, 1957.

英国

BARLEY, M. W. *The English Farmhouse and Cottage.* London, 1961.
BATSFORD, H. and FRY, C. *The Greater English Church.* London, 1940.
BLOXHAM, M. H. *Introduction to English Church Architecture.* London, 1913.
—. *Gothic Architecture in England.* London, 1905.
—. *The Principles of Gothic Ecclesiastical Architecture.* London, 1849.
BONY, J. *The English Decorated Style.* Oxford, 1979.
BOWMAN, H. and CROWTHER, J. S. *The Churches of the Middle Ages.* Manchester, 1894.
BRANDON, R. and J. A. *Analysis of Gothic Architecture.* Edinburgh, 1903. (1st edn 1847).
—. *Open Timber Roofs of the Middle Ages.* London, 1849.
—. *Parish Churches.* 2 vols. London, 1851.
BRAUN, H. *English Abbeys.* London, 1971.
—. *Parish Churches.* London, 1970.
BRITTON, J. *Architectural Antiquities.* London, 1807–26.
—. *Cathedral Antiquities.* 13 vols. 1817–35.

参考文献

BRUNSKILL, R. W. *Illustrated Handbook of Vernacular Architecture*. 2nd edn, London, 1978.

CLARK, G. T. *Mediaeval Military Architecture in England*. 2 vols. London, 1884.

COCKE, T. and KIDSON, P. *Salisbury Cathedral: Perspectives on the Architectural History*. London, 1993.

COLDSTREAM, N. *The Decorated Style: Architecture and Ornament, 1240-1360*. London, 1994.

COOK, G. H. *The English Cathedral through the Centuries*. London, 1957.

—. *English Collegiate Churches*. London, 1959.

—. *Mediaeval Chantries and Chantry Chapels*. London, 1947.

CORMACK, P. *English Cathedrals*. London, 1984.

CROSSLEY, F. H. *English Church Craftsmanship*. London, 1941.

—. *English Church Monuments: AD 1150-1550*. London, 1921.

FERGUSSON, P. *The Architecture of Solitude*. Princeton, 1984.

FERNIE, E. *An Architectural History of Norwich Cathedral*. Oxford, 1993.

FRANKL, P. *The Gothic: Literary Sources and Interpretations Through Eight Centuries*. Princeton, 1960.

GARDNER, S. *A Guide to English Gothic Architecture*. Cambridge, 1922.

GARNER, T. and STRATTON, A. *The Domestic Architecture of England During the Tudor Period*. 2 vols. London, 1929.

GODFREY, W. H. *The Story of Architecture in England*. London, 1928.

GREENE, J. P. *Medieval Monasteries*. Leicester, 1992.

HARVEY, J. H. *English Mediaeval Architects: a Biographical Dictionary down to 1550*. Rev. edn, Gloucester, 1984.

—. *Gothic England*. 2nd edn, London, 1948.

—. *Henry Yevele*. 2nd edn, London, 1946.

—. *The Perpendicular Style*. London, 1978.

HEWETT, C. A. *English Cathedral and Monastic Carpentry*. Chichester, 1985.

HOWARD, F. E. and CROSSLEY, F. H. *English Church Woodwork*. 2nd edn, London, 1927.

KNOOP, D. and JONES, G. P. *The Mediaeval Mason*. Manchester, 1933.

LEEDY, W. *Fan Vaulting*. London, 1980.

LETHABY, W. R. *Westminster Abbey and the King's Craftsmen*. London, 1906.

MERCER, E. *English Vernacular Houses*. London, 1975.

PALEY, F. A. *A Manual of Gothic Mouldings*. London, 1845-1902 (many editions).

PARKER, J. H. *An Introduction to the Study of Gothic Architecture*. 13th edn, Oxford, 1900.

PEVSNER, N. and METCALF, P. *The Cathedrals of England*. 2 vols. Harmondsworth, 1985.

PLATT, C. *The Abbeys and Priories of Medieval England*. London, 1984.

PUGIN, A. C. *Specimens of Gothic Architecture*. 2 vols. London, 1821.

PUGIN, A. C. and A. W. N. *Examples of Gothic Architecture*. London, 1836-8.

PUGIN, A. W. N. *A Treatise on Chancel Screens and Rood Lofts*. London, 1851.

RICKMAN, T. *Gothic Architecture*. Oxford and London, 1881.

ROBOTTOM, J. *Castles and Cathedrals, 1066-1500*. Harlow, 1991.

SALZMAN, L. F. *Building in England down to 1540*. Oxford, 1952.

SCOTT, G. G. *History of English Church Architecture*. London, 1881.

—. *Lectures on Mediaeval Architecture*. 2 vols. London, 1879.

SHARPE, E. *Architectural Parallels*. London, 1848.

—. *Mouldings of the Six Periods of British Architecture*. London, 1871-4.

—. *Rise and Progress of Decorated Window Tracery in England*. 2 vols. London, 1849.

—. *Seven Periods of British Architecture*. London, 1881.

SMITH, E. AND COOK, O. *English Cathedrals*. London, 1989.

STATHAM, H. H. (Ed.). *Cathedrals of England and Wales*. London, 1898. (The 'Builder' series, with large-scale plans.)

SWARTOUT, R. E. *The Monastic Craftsman*. Cambridge, 1932.

THOMPSON, A. HAMILTON. *English Monasteries*. Cambridge, 1913.

—. *The Ground Plan of the English Parish Church*. Cambridge, 1911.

—. *Historical Growth of the English Parish Church*. Cambridge, 1913.

TIPPING, H. A. *English Homes*. Period I, 1066-1485; Period II, 1485-1558. London, 1921-37.

TRACY, C. *English Gothic Choir-Stalls, 1200-1400*. Woodbridge, 1987.

VALLANCE, A. *Greater English Church Screens*. London, 1947.

—. *Old Crosses and Lychgates*. London, 1933.

WICKES, C. *Spires and Towers of the Mediaeval Churches of England*. 3 vols. London, 1853-9.

WILSON, C. *The Gothic Cathedral: the Architecture of the Great Church, 1130-1530*. London, 1990 (1992 printing with revisions).

WOOD, M. E. *The English Mediaeval House*. London, 1965.

德国和欧洲中部

BRUCHER, G. *Gotische Baukunst in Österreich*. Salzburg, 1990.

CROSSLEY, P. *Gothic Architecture in the Reign of Casimir the Great: Church Architecture in Lesser Poland, 1320-1380*. Cracow, 1985.

DEHIO, G. *Geschichte der deutschen Kunst, II*. Berlin and Leipzig, 1921.

—. *Handbuch der deutschen Kunstdenkmäler*. 5 vols. Berlin, 1927-35.

—. *Dehio-Handbuch: die Kunstdenkmäler Österreichs*. 4th and 5th edns 1954-8.

EYDOUX, H. B. *L'architecture des églises cisterciennes en Allemagne*. Paris, 1952.

HAHN, H. *Die frühe Kirchenbaukunst der Zisterzienser*. Frankfurt, 1957.

HARVEY, J. *The Gothic World*. London, 1950.
HOOTZ, R. (Ed.) *Deutsche Kunstdenkmäler*. 7 vols. Darmstadt, 1958–62.
LÜBKE, W. *Ecclesiastical Art in Germany During the Middle Ages*. Edinburgh, 1873.
MAROSI, E. *Die Anfänge der Gotik in Ungarn: Esztergom in der Kunst des 12.-13. Jahrhunderts*. Budapest, 1984.
STURGIS, R. and FROTHINGHAM, A. L. *A History of Architecture*. Vols iii and iv. New York, 1915.
SWOBODA, K. M. *Peter Parler: der Baukünstler und Bildhauer*. Vienna, 1943.

低地国家

DESSART, CHAS (Ed.). *Images de Belgique*. 7 vols.
—. *Pierres flammandes*. Edition des Deux Mondes. Paris.
FOCKEMA, ANDREAE, TERKUILE and OZINGA. *Duizend jaar bouwen in Nederland*. Vol. 1. Amsterdam, 1948.
—. *Guide to Dutch Art*. Ministry of Education, Arts and Science. The Hague, 1953.
LAURENT, M. *L'Architecture et la sculpture en Belgique*. Paris and Brussels, 1928.
LUYKX, T. *Atlas culturel et historique de Belgique*. 1954.
MEISCHKE, R. *Die gothische bouwtraditie: studies over opdrachtgevers en bouwmeesters in de Nederlanden*. Amersfoort, 1988.
TIMMERS, J. J. M. *A History of Dutch Life and Art*. Amsterdam and London, 1959.
VRIEND, J. J. *De Bouwkunst van ons land*. 3 vols. Amsterdam, 1942.

西班牙和葡萄牙

AZCARATE, J. M. *Arte gotico en Espana*. Madrid, 1990.
BALBAS, L. T. *Arquitectura gótica* (Ars Hispaniae VII). Madrid, 1952.
BEVAN, B. *History of Spanish Architecture*. London, 1938.
BOOTON, H. W. *Spain*. Newcastle upon Tyne, 1963.
CALVERT, A. F. *Spain*. 2 vols. London, 1924.
DURLIAT, M. *Art catalan*. Paris, 1963.
GALANTE GOMEZ, F. J. *Elementos del gotico en la arquitectura Canaria*. Las Palmas de Gran Canaria, 1983.
HARVEY, J. *The Cathedrals of Spain*. London, 1957.
LAMBERT, E. *L'art gothique en Espagne aux 12e et 13e siècles*. Paris, 1931.
LAMPÉREZ Y ROMEA, V. *Historia de la arquitectura cristiana española*. 2nd edn, Madrid, 1930.
LAVEDAN, P. *L'Architecture gothique religieuse en Catalogne*. Paris, 1935.
LOZOYA, J. DE CONTRERAS, MARQUÉS DE. *El Arte gotico en España*. Barcelona, 1935.
—. *Historia del arte hispanico*. Madrid, 1940.
MARTINEZ FRIAS, J. M. *El Gotico en Soria: arquitectura y escultura monumental*. Salamanca, 1980.
RAHLVES, F. *Cathedrals and Monasteries of Spain*. Paris, 1965. London, 1966.
SANTOS, R. DOS. *O estilo manuelino*. Lisbon, 1952.
STREET, G. E. *Account of Gothic Architecture in Spain*. London, 1874. Revised edition with notes by G. G. King, London, 1914.
STURGIS, R. and FROTHINGHAM, A. L. *A History of Architecture*. Vol. iii. New York, 1915.

UNAMUNO, M. DE. *Por Tierras de Portugal y España*. Madrid, 1941.
WASHBURN, O. *Castles in Spain*. Mexico City, 1957.
WEISMÜLLER, A. A. *Castles from the Heart of Spain*. London, 1967.

意大利

ARGAN, G. C. *L'Architettura del Duecento e Trecento*. Florence, 1936.
CUMMINGS, C. A. *A History of Architecture in Italy from the Time of Constantine to the Dawn of the Renaissance*. 2 vols. New edn, 1928.
FRANKLIN, J. W. *The Cathedrals of Italy*. London, 1958.
JACKSON, T. G. *Gothic Architecture in France, England and Italy*. 2 vols. London, 1915.
NESFIELD, E. *Specimens of Mediaeval Architecture*. London, 1862.
POPE-HENNESSY, J. *Italian Gothic Sculpture*. London, 1955.
PORTER, A. KINGSLEY. *Lombard Architecture*. 4 vols. New Haven, Conn., 1915–17.
—. *Mediaeval Architecture*. 2 vols. New York and London, 1909.
ROMANINI, A. M. *L'Architettura gotica in Lombardia*. 2 vols. Milan, 1964.
RUSKIN, J. *Stones of Venice*. 3 vols. London, 1851–3.
STREET, G. E. *Brick and Marble in the Middle Ages*. London, 1874.
TOESCA, P. *Storia dell'arte italiana: Il Medioevo*. Vol. 2. Turin, 1927.
—. *Storia dell'arte italiana: il Trecento*. Turin, 1951.
WAGNER-RIEGER, R. *Die italienische Baukunst zu Beginn der Gotik*. Graz and Cologne, 1956–7.
WHITE, J. *Art and Architecture in Italy: 1250–1400*. Rev. edn. Harmondsworth, 1970.

第三编 伊斯兰建筑

第16章 塞琉西亚、安息和萨珊王朝建筑
第17章 伍麦叶王朝和阿拔斯王朝建筑
第18章 伊斯兰中部诸王朝建筑和莫卧儿王朝前的印度建筑
第19章 波斯萨非王朝、奥斯曼帝国、莫卧儿印度的建筑
第20章 地域建筑与天园

AKURGAL, E. *The Art and Architecture of Turkey*. Oxford, 1980.
ARDALAN, N. and BAKTIAR, L. *The Sense of Unity*. London, 1973.
ASHER, C. B. *Architecture of Mughal India*. Cambridge, 1992.
ASLANAPA, O. *Turkish Art and Architecture*. London, 1971.
BARRUCAND, M. *Moorish Architecture in Andalusia*. Cologne, 1992.
BEGLEY, W. E. and DESAI, Z. A. *Taj Mahal: the Illumined Tomb: an Anthology of Seventeenth Century Mughal and European Documentary Sources*. Cambridge, Mass., and London, 1989.
BEHRENS-ABOUSEIF, D. *Islamic Architecture in Cairo: an Introduction*. Leiden, 1989.

BLAIR, S. S. and BLOOM, J. M. *The Art and Architecture of Islam, 1250–1800*. New Haven and London, 1994.

BLOOM, J. M. *Minaret: Symbol of Islam*. Oxford, 1989.

BOSWORTH, C. E. *The Islamic Dynasties*. Edinburgh, 1967.

BOURGET, S. J. *Coptic Art*. London, 1971.

BRAND, M. and LOWRY, G. D. (Eds). *Fatehpur-Sikri*. Bombay, 1987.

BROOKES, J. *Gardens of Paradise: the History and Design of the Great Islamic Gardens*. London, 1987.

BROWN, P. *Indian Architecture*. Bombay, 1942.

BURCKHARDT, T. *The Art of Islam: Language and Meaning*. London, 1976.

BURGOYNE, M. H. *Mamluk Jerusalem: an Architectural Study*. London, 1987.

BUTLER, A. J. *The Ancient Coptic Churches of Egypt*. London, 1986.

COSTA, P. M. *Studies in Arabian Architecture*. Aldershot, 1994.

CRESWELL, K. A. C. *A Bibliography of the Architecture, Arts and Crafts of Islam*. Cairo, 1962 and 1973.

—. *Early Muslim Architecture*. Parts I, II and III. Oxford, 1932–68.

—. *The Early Muslim Architecture of Egypt*. Oxford, 1952.

—. *A Short Account of Early Muslim Architecture*. Revised and supplemented by James W. Allan. London, 1989.

ELDEM, S. H. *Turk Evi: Osmanli Donemi (Turkish Houses: Ottoman Period)*. 2 vols. Istanbul, 1984–87.

ETTINGHAUSEN, R. *From Byzantium to Sasanian Iran and the Islamic World*. Leiden, 1972.

ETTINGHAUSEN, R. and GRABAR, O. *The Art and Architecture of Islam, 650–1250*. New Haven and London, 1987.

FREELY, J. and BURELLI, A. M. *Sinan: Architect of Suleyman the Magnificent and the Ottoman Golden Age*. London, 1982.

FRISHMAN, M. and KHAN, H. U. (Eds). *The Mosque: History, Architectural Development and Regional Diversity*. London, 1994.

GASCOIGNE, B. *The Great Moghuls*. London, 1971.

GHIRSHMAN, R. *Iran, Parthians and Sassanians*. London, 1962.

GIBB, H. A. R. *Mohammedanism*. New York, 1972.

GODARD, A. *The Art of Iran*. New York, 1965.

GOLOMBEK, L. and WILBER, D. *The Timurid Architecture of Iran and Turan*. Princeton and London, 1988.

GOODWIN, G. *A History of Ottoman Architecture*. London, 1971.

—. *Islamic Spain*. London, 1990.

—. *Sinan: Ottoman Architecture and its Values Today*. London, 1993.

GRABAR, O. *The Formation of Islamic Art*. 2nd edn, revised and enlarged, New Haven and London, 1987.

—. *The Great Mosque of Isfahan*. London, 1990.

GREENLAW, J. P. *The Coral Buildings of Suakin*. London, 1976.

GROVER, S. *The Architecture of India*. New Delhi, 1981.

GRUBE, E. J. *The World of Islam*. London, 1969.

GUILLAUME, A. *Islam*. Harmondsworth, 1960.

HAKIM, S. B. *Arabic Islamic Cities – Building and Planning Principles*. London, 1986.

HAMBLY, G. and SWAAN, W. *Cities of Moghul India*. London, 1968.

HAMILTON, R. W. *Khirbat al-Mafjar, An Arabian Mansion in the Jordan Valley*. Oxford, 1959.

—. *Structural History of Aksa Mosque*. Oxford, 1949.

HARDING, G. L. *The Antiquities of Jordan*. London, 1959.

HASAN, S. M. *Muslim Monuments of Bangladesh*. 2nd rev. edn, Dacca, 1980.

HAURANI, A. H. and STERN, S. M. *The Islamic City*. Oxford, 1970.

HELMS, S. *Early Islamic Architecture of the Desert: A Bedouin Station in Eastern Jordan*. Edinburgh, 1990.

HERDEG, K. *Formal Structure in Islamic Architecture of Iran and Turkistan*. New York, 1990.

HERRMANN, G. *The Iranian Revival*. Oxford, 1977.

HERZFELD, E. *Iran in the Ancient East*. Oxford, 1941.

HILL, D. and GRABAR, O. *Islamic Architecture and its Decoration*. London, 1964.

HILLENBRAND, R. *The Art of the Seljuks in Iran and Anatolia*. Costa Mesa, USA, 1982.

—. *Islamic Architecture*. Edinburgh, 1994.

—. *Islamic Art, Form, Function and Meaning*. Edinburgh, 1992.

HITTI, P. K. *Capital Cities of Arab Islam*. London, 1973.

HOAG, J. *Islamic Architecture*. New York, 1977.

—. *Western Islamic Architecture*. New York, 1963.

HOLT, P. M., LAMBTON, A. K. S. and LEWIS, B. (Eds). *The Cambridge History of Islam*. 2 vols. Cambridge 1970.

HRBAS, M. and KNOBLOCH, E. *The Art of Central Asia*. London, 1965.

HUTT, A. *Iran*. 2 vols. London, 1977.

—. *Islamic Architecture: North Africa*. London, 1977.

HUTT, A. (Ed.). *Arab Architecture: Past and Present*. Durham, 1983.

HYLAND, A. D. C. *The Arab House*. Newcastle upon Tyne, 1986.

JAIRAZBHOY, R. A. *An Outline of Islamic Architecture*. Bombay, 1972.

KIEL, M. *Studies on the Ottoman Architecture of the Balkans*. Aldershot, 1990.

KING, G. R. D. *The Historical Mosques of Saudi Arabia*. London, 1986.

KOCH, E. *Mughal Architecture: an Outline of its History and Development (1526–1858)*. Munich and London, 1991.

KUHNEL, E. *Islamic Art and Architecture*. London, 1966.

KURAN, A. *The Mosque in Early Ottoman Architecture*. Chicago and London, 1968.

—. *Sinan: the Grand Old Master of Ottoman Architecture*. Washington, DC, and Istanbul, 1987.

LAPIDUS, I. M. *Muslim Cities in the Later Middle Ages.* Cambridge, 1967.
LEHRMANN, J. *Earthly Paradise: Garden and Courtyard in Islam.* London, 1980.
MAYER, L. A. *Islamic Architects and their Works.* Geneva, 1956.
MICHELL, G. *Architecture of the Islamic World.* London, 1978.
MICHELL, G. (Ed.). *The Islamic Heritage of Bengal.* Paris, 1984.
MICHELL, G. and DAVIES, P. *The Penguin Guide to the Monuments of India.* London, 1989.
MOYNIHAN, E. B. *Paradise as a Garden in Persia and Moghul India.* London, 1980.
NASR, S. H. *Islamic Science.* London, 1976.
—. *Science and Civilisation in Islam.* Cambridge, 1968.
NATH, R. *History of Mughal Architecture.* New Delhi, 1982–.
NICHOLSON, L. *The Red Fort, Delhi.* London, 1989.
O'KANE, B. *Timurid Architecture in Khurasan.* Costa Mesa, Calif., 1987.
PACCARD, A. *Traditional Islamic Craft in Moroccan Architecture.* Saint-Jorioz, 1980.
PAPADOPOULO, A. *Islam and Muslim Art.* London, 1980.
PARKER, R. and SABIN, R. *Islamic Monuments in Cairo: a Practical Guide.* 3rd edn revised and enlarged by Caroline Williams. Cairo, 1985.
PETRUCCIOLI, A. *Fatehpur Sikri.* Berlin, 1992.
POPE, A. U. *Persian Architecture.* London, 1965.
POPE, A. U. and ACKERMANN, P. *A Survey of Persian Art.* Oxford, 1939.
PRUSSIN, L. *Hatumere: Islamic Design in West Africa.* Berkeley and London, 1986.
RICE, D. TALBOT. *Islamic Art.* London, 1965.
RICE, T. TALBOT. *The Seljuks in Asia Minor.* London, 1961.
ROGERS, M. *The Spread of Islam.* London, 1976.
ROWLAND, B. *The Art and Architecture of India: Buddhist, Hindu, Jain.* 3rd edn, Harmondsworth, 1967.
RUSSELL, D. *Mediaeval Cairo and the Monasteries of the Wadi Natrun.* London, 1962.
SALAM-LIEBICH, H. *The Architecture of the Mamluk City of Tripoli.* Cambridge, Mass., and London, 1983.
SAVORY, R. M. (Ed.). *Islamic Civilization.* Cambridge, 1995.
SCERRATO, U. *Islam.* London, 1976.
SEHERR-THOSS, S. and H. *Design and Colour in Islamic Architecture.* Washington, 1968.
SERJEANT, R. B. and LEWCOCK, R. *San'a: an Arabian Islamic City.* London, 1978.
STEVENS, R. *The Land of the Great Sophy.* London, 1971.
TALIB, K. *Shelter in Saudi Arabia.* London, 1984.
TILLOTSON, G. H. R. *Mughal India.* London, 1990.
UNSAL, B. *Turkish and Islamic Architecture in Seljuk and Ottoman Times.* London, 1959.
WARREN, J. and FETHI, I. *Traditional Houses in Baghdad.* Horsham, 1993.
WILBER, D. N. *The Architecture of Islamic Iran: The Il-Khanid Period.* Princeton, 1955.

第四编 欧洲以外前殖民文化时期的建筑

第22章 非洲建筑

BEGUIN, J. P. *L'Habitat au Cameroun.* Paris, 1952.
BIDDER, I. *Lalibela, the Monolithic Churches of Ethiopia.* London, 1959.
BOURDIER, J.-P. *African Spaces: Designs for Living in Upper Volta.* New York and London, 1985.
BOURGEOIS, J.-L. *Spectacular Vernacular: a New Appreciation of Traditional Desert Architecture.* Salt Lake City, 1983.
CLARK, J. D. *The Prehistory of Southern Africa.* Harmondsworth, 1959.
DAVIDSON, B. *Africa, the History of a Continent.* London, 1972.
DAVIES, W. V. (ED.). *Egypt and Africa: Nubia from Prehistory to Islam.* London, 1991.
DENYER, S. *African Traditional Architecture.* London, 1978.
FAGAN, B. M. *Southern Africa During the Iron Age.* London, 1965.
HULL, R. W. *African Cities and Towns Before the European Conquest.* New York, 1976.
KIRKMAN, J. S. *Men and Monuments on the East African Coast.* London, 1964.
KOBISHCHANOV, Y. M. *Axum.* Pennsylvania and London, 1979.
OLIVER, P. *Shelter in Africa.* London, 1971.
OLIVER, R. A. and FAGAN, B. M. *Africa in the Iron Age.* Cambridge, 1975.
PHILLIPSON, D. W. *African Archaeology.* Cambridge, 1965.
PRUSSIN, L. *Hatumere: Islamic Design in West Africa.* Berkeley and London, 1986.
SCHWERDTFEGER, F. W. *Traditional Housing in African Cities.* New York and Chichester, 1982.
SHAW, T. *Nigeria, its Archaeology and Early History.* London, 1978.
SHINNIE, M. *Ancient African Kingdoms.* London, 1965.
SHINNIE, P. L. *Meroe, a Civilisation of the Sudan.* London, 1967.
SIRAVO, F. and PULVER, A. *Planning Lamu: Conservation of an East African Seaport.* Paris, 1989.
SUMMERS, R. *Ancient Ruins and Vanished Civilisations of Southern Africa.* Cape Town, 1971.
—. *Zimbabwe.* Johannesburg, 1963.
WALTON, J. *African Village.* Pretoria, 1956.
WILLETT, F. *African Art.* London, 1971.

第23章 美洲建筑

ABRAMS, E. M. *How the Maya Built their World: Energetics and Ancient Architecture.* Austin, 1994.
ALCINA FRANCH, J. *Pre-Columbian Art.* New York, 1983.
ANDREWS, G. *Maya Cities.* Norman, Okla, 1975.
BUSHNELL, G. H. S. *Peru.* 2nd edn, London, 1963.
CASO, A. *The Aztecs: People of the Sun.* Norman, Okla, 1958.

CASPARINI, G. and MARGOLIES, L. *Inca Architecture*. Bloomington, Ind., and London, 1980.
CASTEDO, L. *Historia del arte iberoamericano*. Madrid, 1988.
HAMMOND, N. *Ancient Maya Civilisation*. New Brunswick, NJ, 1982.
HARDOY, J. E. *Pre-Columbian Cities*. New York and Toronto, 1973.
HEMMING, J. *Monuments of the Incas*. Boston, 1982.
HEYDEN, D. and GENDROP, P. *Pre-Columbian Architecture of Mesoamerica*. New York, 1975.
HYSLOP, J. *Inka Settlement Planning*. Austin, 1990.
KUBLER, G. *The Art and Architecture of Ancient America: the Mexican, Maya and Andean Peoples*. 3rd (integrated) edn, Harmondsworth, 1984.
LANNING, E. P. *Peru Before the Incas*. Englewood Cliffs, NJ, 1967.
MARQUINA, I. *Arquitectura prehispanica*. Mexico, 1964.
MASON, J. A. *The Ancient Civilisations of Peru*. Harmondsworth, 1956.
MATOS MOCTEZUMA, E. *The Great Temple of the Aztecs: Treasures of Tenochtitlan*. London, 1988.
MORELY, S. J. and BRAINERD, G. W. *The Ancient Maya*. 3rd edn, Stanford, Calif., 1956.
MORGAN, W. L. *Prehistoric Architecture in the Eastern United States*. Cambridge, Mass., and London, 1980.
MORRIS, C. and THOMPSON, DONALD E. *Huanuco Pampa: An Inca City and its Hinterland*. London, 1985.
POLLOCK, H. E. D. 'Architecture of the Maya Lowlands', in *Handbook of Middle American Indians*. vol. 2, London, 1965.
PROSKOURIAKOFF, T. *An Album of Maya Architecture*. 2nd edn, Norman, Okla, 1963.
PROTZEN, J.-P. *Inca Architecture and Construction at Ollantaytambo*. New York and Oxford, 1993.
ROBERTSON, D. *Pre-Columbian Architecture*. New York, 1963.
STIERLIN, H. *Living Architecture: Mayan*. New York and London, 1964.
—. *Living Architecture: Ancient Mexican*. New York, 1968.
THOMPSON, J. E. S. *The Rise and Fall of Maya Civilisation*. 2nd edn, Norman, Okla, 1966.
TOWNSEND, R.F. (Ed.). *The Ancient Americas: Art from Sacred Landscapes*. Chicago, 1992.
VAILLANT, G. C. *The Aztecs of Mexico*. Harmondsworth, 1950.

第24章 中国建筑

BEIJING SUMMER PALACE ADMINISTRATION OFFICE and QINGHUA UNIVERSITY DEPARTMENT OF ARCHITECTURE. *Summer Palace*. Beijing, 1981.
BOERSCHMANN, E. *Die Baukunst und religiöse Kultur der Chinesen*. Berlin, 1911.
—. *Chinesische Architektur*. 2 vols. Berlin, 1926.
BOYD, A. *Chinese Architecture and Town Planning, 1950 BC-AD 1911*. London, 1962.
BUSSAGLI, M. *Oriental Architecture*. London, 1989.
CHAMBERS, W. *Designs of Chinese Buildings*. London, 1757.
CHAN, C. *Imperial China*. London, 1991.
CHANG, CHAO-KANG and BLASER, W. *Architectures de Chine*. Lausanne, 1988.
CHI, TSUI. *A Short History of Chinese Civilisation*. London, 1942.
DE SILVA, A. *Chinese Landscape Painting*. London, 1967.
ECKE, G. *Chinese Domestic Furniture*. Hong Kong, 1962.
FUGL-MEYER, H. *Chinese Bridges*. Shanghai, 1937.
GRATTAN, F. M. *Notes Upon the Architecture of China*. London, 1894.
HEWLEY, W. M. (Ed.). *Chinese Folk Design*. Berkeley, 1949.
HILDEBRAND, H. *Der Tempel Ta-Chüeh-sy bei Peking*. Berlin, 1897.
INSTITUTE OF THE HISTORY OF NATURAL SCIENCES, CHINESE ACADEMY OF SCIENCES. *History and Development of Ancient Chinese Architecture*. Beijing, 1986.
JOHNSTON, R. S. *Scholar Gardens of China: a Study and Analysis of the Spatial Design of the Chinese Private Garden*. Cambridge, 1991.
JONES, O. *Examples of Chinese Ornament*. London, 1867.
KESWICK, M. *The Chinese Garden: History, Art & Architecture*. 2nd rev. edn, London, 1986.
KNAPP, R. G. *The Chinese House: Craft, Symbol and the Folk Tradition*. Hong Kong and Oxford, 1990.
LATOURETTE, K. S. *The Chinese Civilisation*. New York, 1941.
LIANG SSU-CH'ENG. *Annotations on Ying Zao Fa Shi*. Beijing, 1984.
—. *A Pictorial History of Chinese Architecture: a Study of the Development of its Structural System and the Evolution of its Types*. Cambridge, Mass., and London, 1984.
—. *Qing Structural Regulations*. Beijing, 1934, 2nd edn, 1981.
LI CHIEH. *Ying-tsao Fa Shih* (Building methods and patterns; the Sung Manual of Architecture.) First produced in 1103; reproduced in colour 1925; printed in smaller format in Shanghai, 1957.
LIU DUN ZHEN (Ed.). *Garden in Suzhou*. Beijing, 1979.
—. *A History of Ancient Chinese Architecture*. Beijing, 1980.
LIU, L. G. *Chinese Architecture*. London, 1989.
MIRAMS, D. G. *Brief History of Chinese Architecture*. Hong Kong, 1940.
MÜNSTERBERG, O. *Chinesische Kunstgeschichte*. 2 vols. Esslingen, 1910–12.
NEEDHAM, J. *Science and Civilisation in China*. Cambridge, 1954–.
PALEOLOGUE, M. *L'Art chinois*. Paris, 1887.
PIRALOZZI-T'SERSTEVENS, M. *Living Architecture: Chinese*. Fribourg and London, 1972.
PRIP-MOELLER, J. *Chinese Buddhist Monasteries*. Copenhagen and London, 1937; Hong Kong, 1967.
QUIAN YUN (Ed.). *Classical Chinese Gardens*. Hong Kong, 1982.
QINGHA UNIVERSITY. DEPARTMENT OF ARCHITECTURE. *Historic Chinese Architecture*. Beijing, 1985.
SCHWARTZ, D. *The Great Wall of China*. London, 1990.

SICKMAN, L. and SOPER, A. *The Art and Architecture of China*. Rev. edn, Harmondsworth, 1971.
SIREN, O. *The Gardens of China*. New York, 1949.
—. *The Imperial Palaces of Peking*. 3 vols. Paris, 1926.
—. *The Walls and Gates of Peking*. London, 1924.
SKINNER, R. T. F. (translator). *Types and Structural Forms in Chinese Architecture. General Account of the Chinese House. Ming Dynasty House in Huichou*. Peking, 1957.
SPEISER, W. *Art of the World: China*. London, 1962.
STEIN, M. A. *Ruins of Desert Cathay*. 2 vols. London, 1912.
TIANJIN UNIVERSITY DEPARTMENT OF ARCHITECTURE AND CHENGDE CULTURAL RELICS ADMINISTRATION. *Ancient Architecture of Chengde: the Architectural Art of the Imperial Summer Villa and Waibamiao*. Hong Kong, 1982.
TOKIWA, D. and SEKINO, T. *Buddhist Monuments in China*. Tokyo, 1930.
VITALI, R. *Early Temples of Central Tibet*. London, 1990.
WATSON, W. *Archaeology in China*. London, 1960.
—. *China Before the Han Dynasty*. London, 1961.
WU, N. I. *Chinese and Indian Architecture*. London and New York, 1963.
YU ZHUOYN (Ed.). *Palaces of the Forbidden City*. London, 1984.

第25章 日本与朝鲜建筑（见第39章）

第26章 印度次大陆建筑

ACHARYA, P. K. *A Dictionary of Indian Architecture*. London, 1927.
—. *Manasara Architecture and Sculpture*. London, 1933–4.
Annual Reports of the Archaeological Survey of Ceylon.
Annual Reports of the Archaeological Survey of India, 1902–30.
ARSHI, P. S. *The Golden Temple: History, Art and Architecture*. New Delhi, 1989.
BANNERJEE, N. R. *Nepalese Architecture*. New Delhi, 1980.
BAREAU, A. *La vie et l'organisation des communautés bouddhiques modernes du Ceylan*. Pondicherry, 1957.
BARTHOUX, J. *Les Fouilles de Hadda*. Paris, 1930.
BASHAM, A. L. *The Wonder that was India*. New York, 1959.
BASNAYAKE, H. T. *Sri Lankan Monastic Architecture*. Delhi, 1986.
BATLEY, C. *Indian Architecture*. London, 1934.
BELL, H. C. P. *Archaeological Survey of Ceylon*. Plans and Plates. Annual Reports, 1892–1912.
BLAIR, K .D. *4 Villages: Architecture in Nepal: Studies of Village Life*. Los Angeles, 1983.
BROWN, P. *Indian Architecture: Buddhist and Hindu*. Bombay, 1959.
—. *Indian Architecture: Islamic*. Bombay, 1959.
BURROW, S. M. *Buried Cities of Ceylon*. London, 1906.
BURGESS, J. *Ancient Monuments, Temples and Sculptures of India*. London, 1911.
Cambridge History of India. 6 vols, 1922.
CAVE, H. W. *Ruined Cities of Cevlon*. London. 1900.
CHANDRA, P. (Ed.). *Studies in Indian Temple Architecture*. New Delhi, 1975.
CODRINGTON, K. DE B. *Ancient India*. London, 1926.
COHN, W. *Indische Plastik*. Berlin, 1923.
COOMARASWAMY, A. K. *History of Indian and Indonesian Art*. New York, 1927.
—. *Mediaeval Sinhalese Art*. London, 1908.
CUNNINGHAM, A. *Archaeological Survey of India*. 23 vols. (2 vols, Cunningham only, 1762–5). Simla and Calcutta, 1871–87.
DE FOREST, L. *Indian Domestic Architecture*. Boston, 1885.
DEHEJIA, V. *Early Buddhist Rock Temples*. London, 1972.
DEVENDRA, D. T. *Guide to Yapahuwa*. Colombo, 1951.
FERGUSSON, J. *Architecture of Ahmedabad*. London, 1866.
—. *History of Indian and Eastern Architecture*. 2 vols. Revised by J. Burgess and R. P. Spiers. London, 1910.
—. *Illustrations of the Rock-cut Temples of India*. London, 1845.
—. *Picturesque Illustrations of the Ancient Architecture of Hindoustan*. London, 1948.
FISHER, R. E. *Buddhist Art and Architecture*. London, 1993.
FOUCHER, A. *L'Art gréco-buddhique du Ghandara*. 2 vols. Paris, 1942.
GANGOLY, O. C. *Indian Architecture*. 2nd edn, Calcutta, 1946.
GEIGER, W. (translator). *The Mahawamsa and the Chulawamsa*. Colombo, 1953.
—. *The Mediaeval Period in Ceylon Culture*. Wiesbaden, 1960.
GHOSH, S. P. *Hindu Religious Art and Architecture*. Delhi, 1982.
GODAKUMBURA, C. E. *Administration Report of the Archaeological Commissioner, 1963–64*. Colombo, 1965.
GOONETILEKE, H. A. I. *A Bibliography of Ceylon*. 2 vols. Zug, 1970.
GRISWOLD, A. B. *Siam and the Sinhalese Stupa*. Colombo, 1964.
GUPTA, S. P. *The Roots of Indian Art: a Detailed Study of the Formative Period of Indian Art and Architecture Third and Second Centuries B.C.: Mauryan and Late Mauryan*. Delhi, 1980.
HACKIN, J. *Diverses recherches archéologiques en Afghanistan*. Paris, 1961.
—. *Indian Art in Tibet and Central Asia*. London, 1925.
HALLET, S. L. and SAMIZAY, R. *Traditional Architecture of Afghanistan*. New York, 1980.
HARDY, A. *Indian Temple Architecture: Form and Transformation*. New Delhi, 1995.
HARLE, J. C. *The Art and Architecture of the Indian Subcontinent*. 2nd edn, New Haven and London, 1994.

HAVELL, E. B. *The Ancient and Mediaeval Architecture of India*. London, 1915.

HERDEG, K. *Formal Structure in Indian Architecture*. New York, 1990.

History of Ceylon From the Earliest Times to 1505. Vol. 1 (in two parts). Colombo, 1959-60.

HOCART, A. M. *Memoirs of the Archaeological Survey of Ceylon*. Vols 1 and 2. Colombo, 1924-6.

HULUGALLA, H. A. J. *Ceylon Yesterday – Sri Lanka Today*. Colombo, 1975.

HUNTINGTON, S. L. (with contributions by J. C. Huntington) *The Art of Ancient India: Buddhist, Hindu, Jain*. New York, 1985.

JEST, C. *Monuments of Northern Nepal*. Paris, 1981.

KAK, R. C. *Ancient Monuments of Kashmir*. London, 1933.

KNOX, R. *An Historical Relation of Ceylon*. London, 1681. Glasgow, 1911.

KRAMRISCH, S. *The Hindu Temple*. Delhi, 1948, 1986.

KORN, W. *The Traditional Architecture of the Katmandu Valley*. Katmandu, 1976.

LA ROCHE. *Indische Baukunst*. 6 vols. Berlin, 1921-2.

LE BON, G. *Les Monuments de l'Inde*. Paris, 1893.

LEVI, S. *Le Népal*. 3 vols. Paris, 1905-8.

LIBERA DALLAPICCOLA, A. (Ed.). *The Stupa: its Religious, Historical and Architectural Significance*. Wiesbaden, 1980.

MAJUMDAR, R. C. *The History and Culture of the Indian People*. Vols 1-5. Bombay, 1951-7.

MARSHALL, J. *Memoirs of the Archaeological Survey of India*. Vols 1-40.

—. *Taxila*. 3 vols. Cambridge, 1951.

MEISTER, M. W. (Ed.). *Encyclopaedia of Indian Temple Architecture*. Vol. 1, Pt 1, *South India, Lower Dravidadesa 200 B.C.-A.D. 1324*. 2 vols. New Delhi and Philadelphia, 1983

—. (Ed.) with DHAKY, M. A. *Encyclopaedia of Indian Temple Architecture*. Vol. 1, Pt 2, *South India, Upper Dravidadesa A.D. 550-1075*. 2 vols. New Delhi and Philadelphia, 1986

—. (Ed.) with DHAKY, M. A. and DEVA, K. *Encyclopaedia of Indian Temple Architecture*. Vol. 2, Pt 1, *North Indian, Foundations of North Indian Style* c. *250 B.C.-A.D. 100*. 2 vols. New Delhi and Princeton, 1988

—. (Ed.) with DHAKY, M. A. *Encyclopaedia of Indian Temple Architecture*. Vol. 2, Pt 2, *North India, Period of Early Maturity* c. *A.D. 700-900*. 2 vols. New Delhi and Princeton, 1991.

MICHELL, G. *The Hindu Temple: an Introduction to its Meaning and Forms*. New York, 1977.

MICHELL, G. and DAVIES, P. *The Penguin Guide to the Monuments of India*. London, 1989.

MITTON, G. E. *The Lost Cities of Ceylon*. London, 1928.

MORELAND, W. H. and CHATTERJEE, A. C. *A Short History of the Indian People*. London, 1936.

MUMTAZ, K. K. *Architecture in Pakistan*. Singapore, 1985.

MURTY, K. S. *Handbook of Indian Architecture*. New Delhi, 1991.

OLDFIELD, H. A. *Sketches from Nepal*. 2 vols. London, 1880.

PARANAVITANA, S. *The Stupa in Ceylon*. Colombo, 1946.

PARKER, H. *Ancient Ceylon*. London. 1910.

RATHNASARA, T. *Bauddha Stupa*. Colombo, 1967.

RAY, A. *Villages, Towns and Secular Buildings in Ancient India: 150 BC-AD 350*. 1964.

ROWLAND, B. *The Art and Architecture of India: Buddhist, Hindu, Jain*. Rev. edn, Harmondsworth, 1971.

SENEVIRATNA, A. and POLK, B. *Buddhist Monastic Architecture in Sri Lanka: the Woodland Shrines*. New Delhi, 1992.

SMITH, V. A. *A History of Fine Art in India and Ceylon*. 2nd edn, revised by K. de B. Codrington. Oxford, 1930.

SMITHERS, J. G. *Architectural Remains, Anuradhapura*. Colombo, 1894.

SNELLGROVE, D. L. and RICHARDSON, H. *Cultural History of Tibet*. London, 1968.

SOUNDARA RAJAN, K. V. *Cave Temples of the Deccan*. New Delhi, 1981.

—. *Indian Temple Styles: The Personality of Hindu Architecture*. New Delhi, 1972.

—. *Temple Architecture in Kerala*. Trivandrum, 1974.

SRINIVASAN, K. R. *Temples of South India*. New Delhi, 1972.

STARZA, O. M. *The Jagannatha Temple at Puri: its Architecture, Art and Cult*. Leiden, 1993.

STEIN, M. A. *Ruins of Desert Cathay*. 2 vols. London, 1912.

STILL, J. *Ancient Capitals of Ceylon*. 1907.

SZABO, A. and BARFIELD, T. J. *Afghanistan: an Atlas of Indigenous Domestic Architecture*. Austin, 1991.

TADGELL, C. *The History of Architecture in India: from the Dawn of Civilization to the End of the Raj*. London, 1990.

TILLOTSON, G. H. R. *The Rajput Palaces: the Development of an Architectural Style, 1450-1750*. New Haven and London, 1987.

TURNER, L. J. B. *Kandy: Historical Sketch*. Colombo, 1924.

VOLWAHSEN, A. *Living Architecture: Indian*. 2 vols. London and Fribourg, 1969.

第27章 东南亚建筑

概述

BUSSAGLI, M. *Oriental Architecture*. London, 1989.

DUMARCAY, J. *The House in South-East Asia*. Singapore, 1987.

—. *The Palaces of South-East Asia: Architecture and Customs*. Singapore, 1991.

FISHER, R. E. *Buddhist Art and Architecture*. London, 1993.

RAWSON, P. *The Art of Southeast Asia: Cambodia, Vietnam, Thailand, Laos, Burma, Java, Bali*. London, 1967.

WATERSON, R. *The Living House: an Anthropology of Architecture in South-East Asia*. Singapore, 1990.

缅甸

AUNG, U HTIN. *Folk Elements in Burmese Buddhism*.

London, 1962.
BEYLIE, L. DE. *Prome et Samara*. Paris, 1907.
COLLIS, M. *The Land of the Great Image*. London, 1943.
DUROISELLE, C. *Guide to Mandalay Palace*. Calcutta, 1931.
GRISWOLD, A. B., KIM, C. and POTT, P. H. *Burma, Korea, Tibet*. London, 1964.
HALL, D. G. *Burma*. London, 1950.
HARVEY, G. E. *History of Burma*. London, 1925.
LUCE, G. H. *The Greater Temples of Pagan*. Rangoon, 1970.
MURARI, K. *Cultural Heritage of Burma*. New Delhi, 1985.
O'CONNOR, V. C. SCOTT. *Mandalay and other Cities of the Past in Burma*. London, 1907.
PICHARD, P. *The Pentagonal Monuments of Pagan*. Bangkok, 1991.
ROWLAND, B. *The Art and Architecture of India: Buddhist, Hindu, Jain*. Rev. edn, Harmondsworth, 1971.
STRACHAN, P. *Pagan: Art and Architecture of Old Burma*. Whiting Bay, 1989.
TIN, U PE MAUNG and LUCE, G. H. *The Glass Chronicle*. London, 1923.
YULE, H. *Narrative of the Mission to the Court of Ava in 1855*. London, 1858.
Other sources include the *Annual Reports* and *Memoirs* of the Archaeological Survey of India; The *Reports* of the Superintendant, Archaeological Survey of Burma; the *Journal of the Burma Research Society*; the *Bulletins de l'École française d'Extrême Orient*.

柬埔寨

BRIGGS, L. P. *The Ancient Khmer Empire*. Philadelphia, 1951.
COEDÈS, G. *Inscriptions du Cambodge*. 6 vols. Hanoi and Paris, 1937–54.
FINOT, L., GOLOUBEW, V., COEDÈS, G., et al. *Le Temple d'Angkor Vat*. 7 vols. Paris, 1929–32.
GITEAU, M. *Histoire du Cambodge*. Paris, 1957.
GLAIZE, M. *Les monuments du Groupe d'Angkor*. Paris, 1963, and Saigon, 1944.
GROSLIER, B. P. *Angkor, hommes et pierres*. Grenoble, 1968.
—. *Art and Civilisation of Angkor*. New York, 1957.
—. *Art of the World*. London, 1962.
MALLERET, L. *L'Archéologie du Delta du Mékong*. 3 vols. Paris, 1959–60.
PORÉE-MASPERO, G. AND E. *Traditions and Customs of the Khmers*. New Haven, 1953.
RÉMUSAT, G. DE CORAL. *L'Art Khmer: les grandes étapes de son évolution*. Paris, 1912, 1940.
RIMBOUD, M. *Angkor: the Serenity of Buddhism*. London, 1993.
'S.O.S. Angkor', *UNESCO Courier*. December 1971.
SRIVASTAVA, K. M. *Angkor Wat and Cultural Ties with India*. New Delhi, 1987.
STERN, P. *Les monuments khmers du style du Bayon et Jayavarman VII*. Paris, 1965.
STIERLIN, H. *Angkor*. Fribourg, 1970.
WALES, H. G. QUARITSCH. *Towards Angkor*. London 1937.

泰国

BROMAN, B. M. *Old Homes of Bangkok: Fragile Link*. Bangkok, 1984.
COEDÈS, G. *Archaeological Discoveries in Siam*. Vol. 4 of *Indian Art and Letters*. London, 1930.
EMBREE, J. F. and DOTSON, L. O. *Bibliography of the Peoples and Culture of Mainland South-East Asia*. New Haven, 1950.
FICKLE, D. H. *Images of the Buddha in Thailand*. Singapore, 1989.
GRAHAM, W. *Siam: a Handbook*. 2 vols. London 1924.
GRISWOLD, A. B. 'The Architecture and Sculpture of Siam: A Handbook to the Arts', Catalogue of the Exhibition in the USA, 1960–2.
—. *Siam and the Sinhalese Stupa*. Colombo, 1964.
HUTCHINSON, E. W. *Reconstitution d'Ayuthya au temps de Phaulkon*. Saigon, 1946.
LE MAY, R. *Buddhist Art in Siam*. London, 1938.
LOUBÈRE, M. DE LA. *A New Historical Relation of the Kingdom of Siam*. Paris, 1962, London, 1963.
MOUHOT, H. *Voyage dans les royaumes de Siam, de Cambodge, de Laos*. Paris, 1968.
RINGIS, R. *Thai Temples and Temple Murals*. Singapore, 1990.
ROWLAND, B. *The Art and Architecture of India: Buddhist, Hindu, Jain*. Rev. edn, Harmondsworth, 1971.
SALMONY, A. *La Sculpture du Siam*. Paris, 1925.
SMITHIES, M. *Old Bangkok*. Singapore, 1986.
WELLS, K. E. *Thai Buddhism: its Rites and Activities*. Bangkok, 1939.
WOOD, W. A. R. *A History of Siam*. Bangkok, 1933.

Indonesia and the Malay Archipelago

COEDÈS, G. *The Indianized States of South-East Asia*. Honolulu, 1968.
COOMARASWAMY, A. K. *History of Indian and Indonesian Art*. New York, 1927.
COVARRUBIAS, M. *Island of Bali*. New York, 1937.
DAWSON, B. and GILLOW, J. *The Traditional Architecture of Indonesia*. London, 1994.
FRÉDÉRIC, L. *Sud-Est Asiatique: ses temples, ses sculptures*. Paris, 1964.
GANGOLY, O. C. *The Art of Java*. Calcutta, 1928.
HALL, D. G. E. *A History of South-East Asia*. London, 1964.
HARRISON, B. *South-East Asia: a Short History*. London, 1954.
HEEKEREN, H. R. VAN. *The Bronze Age of Indonesia*. The Hague, 1958.
—. *The Stone Age of Indonesia*. The Hague, 1958.
HEINE-GELDERN, R. VON. Introduction: Catalogue of the Exposition of 'Indonesian Art'. New York, 1948.
KROM, H. J. *Barabudur: Archaeological Description*. The Hague, 1927.
LIM JEE YUAN. *The Malay House: Rediscovering Malaysia's Indigenous Shelter System*. Pulau Pinang, 1987.

LOEB, E. M. and HEINE-GELDERN, R. VON. *Sumatra: its History and People*. Vienna, 1935.
MAY, R. LE. *The Culture of South-East Asia*. London, 1954.
MIKSIC, J. *Borobudur: Golden Tales of the Buddhas*. London, 1990.
MOORHEAD, F. J. *A History of Malaya and her Neighbours*. London, 1957.
ROWLAND, B. *The Art and Architecture of India: Buddhist, Hindu, Jain*. Rev. edn, Harmondsworth, 1971.
TWEEDIE, M. W. F. *Prehistoric Malaya*. Singapore, 1955.
WAGNER, F. A. *Indonesia*. London, 1959.
WALES, H. G. QUARITSCH. *Pre-History and Religion in South-East Asia*. London, 1957.
WINDSTEDT, R. *The Malays*. London, 1953.
WITH, K. *Java*. The Hague, 1920.
ZIMMER, H. *The Art of Indian Asia*. New York, 1955.
—. *Myths and Symbols in Indian Art and Civilization*. New York, 1946.
ZOETE, B. DE. and SPIES, W. *Dance and Drama in Bali*. 2nd edn, London, 1952.

第五编 文艺复兴时期和后文艺复兴时期的欧洲建筑和俄罗斯建筑

第28章 背景

BENEVOLO, L. *The Architecture of the Renaissance*. 2 vols. London, 1978.
BLUNT, A. *Baroque and Rococo Architecture and Decoration*. London, 1978.
CLARK, K. *The Art of Humanism*. London, 1983.
DE FUSCO, R. *L'Architettura del Quattrocento*. Turin, 1984.
HONOUR, H. *Neo-Classicism*. Harmondsworth, 1968.
MIDDLETON, R. and WATKIN, D. *Neo-Classical and 19th Century Architecture*. New York, 1980.
MURRAY, P. *Renaissance Architecture*. New York, 1971.
NORBERG-SCHULZ, C. *Late Baroque and Rococo Architecture*. New York, 1974.
Palladio e la sua eredità nel mondo. Exhibition catalogue. Vicenza, 1980.
PLUMB, J. H. *The Pelican Book of the Renaissance*. New edn, Harmondsworth, 1964.
SMITH, C. *Architecture in the Culture of Early Humanism: Ethics, Aesthetics and Eloquence, 1400–1470*. New York, 1992.

第29章 意大利建筑

ACKERMAN, J. S. *The Architecture of Michelangelo*. 2nd edn, Harmondsworth, 1986.
—. *Palladio*. Harmondsworth, 1966.
ACTON, H. *Tuscan Villas*. London, 1973.
ARGAN, G. C. *Michelangelo Architect*. London, 1993.
AMES-LEWIS, F. *The Draftsman Raphael*. New Haven and London, 1986.
BARBIERI, F. *Vincenzo Scamozzi*. Vicenza, 1952.
BASSI, E. *Palazzi di Venezia*. 2nd edn, Venice, 1978.
BATTILOTTI, D. *Le Ville de Palladio*. Milan, 1990.
BATTISTI, E. *Brunelleschi*. London, 1981.
BLUNT, A. *Borromini*. Harmondsworth, 1979.
—. *A Guide to Baroque Rome*. London, 1982.
—. *Neapolitan Baroque and Rococo Architecture*. London, 1975.
—. *Sicilian Baroque*. London, 1968.
BORSI, F. *Alberti*. London, 1978.
—. *Bernini*. New York, 1984.
—. *Bramante*. Venice, 1989.
BORSI, S. *Giuliano da Sangallo: i disegni di architettura e dell'antico*. Rome, 1985.
BOUCHER, B. *Andrea Palladio: the Architect in his Time*. New York, 1994.
—. *The Sculpture of Jacopo Sansovino*. New Haven and London, 1991.
BRIZIO, A. M. *L'Architettura barocca in Piedmonte*. Turin, 1953.
BRUSCHI, A. *Bramante*. London, 1977.
BURCKHARDT, J. *The Architecture of the Italian Renaissance*. English trans. by J. Palmes, Ed. P. Murray. London, 1985.
BURNS, H. *Andrea Palladio 1508–1580. The Portico and the Farmyard*. Exhibition catalogue, Arts Council of Great Britain, London, 1975.
BURROUGHS, C. *From Signs to Design: Environmental Process and Reform in Early Renaissance Rome*. Cambridge, Mass., and London, 1990.
CARPEGGIANI, P. and TELLINI PERINA, C. *Giulio Romano a Mantova: una nuova estravagante maniera*. Mantua, 1987.
CEVESE, R. *Ville della Provincia di Vicenza*. 2 vols. Milan, 1971.
COFFIN, D. *The Villa in the Life of Renaissance Rome*. Princeton, 1979.
CONNORS, J. *Borromini and the Roman Oratory*. Cambridge, Mass., and London, 1980.
COSGROVE, D. *The Palladian Landscape: Geographical Change and its Cultural Representations in Sixteenth-century Italy*. Leicester, 1993.
DE FEO, V. *Andrea Pozzo: architettura e illusione*. Rome, 1988.
DONATI, C. *Carlo Maderno*. Lugano, 1957.
FIORE, F.P. and TAFURI, M. (Eds). *Francesco di Giorgio architetto*. Milan, 1993.
FOSSI, M. *Bartolomeo Ammannati*. Naples, 1967.
FRANCK, C. L. *The Villas of Frascati: 1550–1750*. London, 1966.
FROMMEL, C. L. *Der römische Palastbau der Hochrenaissance*. Tübingen, 1973.
FROMMEL, C. L., RAY, S. and TAFURI, M. *Raffaello architetto*. Milan, 1984.
FURNARI, M. *Atlante del Rinascimento: il disegni dell'architettura da Brunelleschi a Palladio*. Naples, 1993.
GAZZOLA, P. *Michele Sanmicheli*. Exhibition catalogue. Venice, 1960.
GINORI LISCI, L. *The Palazzi of Florence: their History and Art*. Florence, 1985.
GIOVANNONI, G. *Antonio da Sangallo il Giovane*. 2 vols. Rome, 1959.
GOLDTHWAITE, R. *The Building of Renaissance Florence*. Baltimore, 1980.
GRITELLA, G. *Juvarra: l'architettura*. Modena, 1992.

HERSEY, G. L. *Architecture, Poetry and Number in the Royal Palace at Caserta.* Cambridge, Mass. and London, 1983.
—. *High Renaissance Art in St Peter's and the Vatican: an Interpretive Guide.* Chicago, 1993.
HEYDENREICH, L. H. and LOTZ, W. *Architecture in Italy 1400–1600.* Harmondsworth, 1974.
HIBBARD, H. *Bernini.* London, 1965.
—. *Carlo Maderno and Roman Architecture, 1580–1630.* London, 1971.
—. *Michelangelo.* 2nd edn, Harmondsworth, 1985.
—. *Palazzo Borghese.* Rome, 1962.
HOLBERTON, P. *Palladio's Villas: Life in the Renaissance Countryside.* London, 1990.
HOWARD, D. *The Architectural History of Venice.* London, 1980.
HUSE, N. and WOLTERS, W. *The Art of Renaissance Venice: Architecture, Sculpture, and Painting, 1460–1590.* Chicago and London, 1990.
JAMES, G. *The Italian Garden.* New York, 1991.
JARZOMBEK, M. *On Leon Battista Alberti: his Literary and Aesthetic Theories.* Cambridge, Mass., and London, 1989.
KEMP, M. *Leonardo da Vinci: the Marvellous Works of Nature and Man.* London, 1981.
KLOTZ, H. *Filippo Brunelleschi: the Early Works and the Medieval Tradition.* London, 1990.
LAZZARO, C. *The Italian Renaissance Garden: from the Conventions of Planting, Design and Ornament to the Grand Gardens of Sixteenth-Century Central Italy.* New Haven and London, 1990.
LETAROUILLY, P. M. *Student's Letarouilly Illustrating the Renaissance in Rome.* London, 1948.
LIEBERMAN, R. *Renaissance Architecture in Venice.* London, 1982.
LOTZ, W. *Studies in Italian Renaissance Architecture.* Cambridge, Mass., 1977.
MACANDREW, J. *Venetian Architecture of the Early Renaissance.* Cambridge, Mass., 1980.
MACK, C. R. *Pienza: the Creation of a Renaissance City.* Ithaca, 1987.
MANETTI, A. *Life of Brunelleschi.* Translator C. Enggass. University Park, Pa, and London, 1970.
MASSON, G. *Italian Gardens.* London, 1961.
—. *Italian Villas and Palaces.* London, 1966.
MATTEUCCI, A. M. *Carlo Francesco Dotti e l'architettura bolognese del Settecento.* 2nd edn, Bologna, 1969.
MEEK, H. A. *Guarino Guarini and his Architecture.* New Haven and London, 1988.
MILLER, N. *Renaissance Bologna: a Study in Architectural Form and Content.* New York, 1989.
MILLON, H. A. and MAGNAGO LAMPUGNANI, V. (Eds). *The Renaissance from Brunelleschi to Michelangelo: the Representation of Architecture.* London, 1994.
MURARO, M. *Venetian Villas: the History and Culture.* New York, 1986.
MURRAY, L. *Michelangelo: his Life, Work and Times.* London, 1984.
MURRAY, P. *The Architecture of the Italian Renaissance.* Rev. edn, London, 1986.
NOEHLES, K. *La Chiesa di SS. Martino e Luca nell'opera di Pietro da Cortona.* Rome, 1970.

PINTO, J. A. *The Trevi Fountain.* New Haven and London, 1986.
POLEGGI, E. *Strada Nuova.* Genoa, 1968.
POMMER, R. *Eighteenth-Century Architecture in Piedmont.* New York, 1967.
PORTOGHESI, P. *Francesco Borromini.* 2nd edn, Milan, 1984.
—. *Guarino Guarini.* Milan, 1956.
—. *Roma barocca.* 2nd edn, Rome, 1973.
PUPPI, L. *Andrea Palladio.* London, 1975.
—. *Michele Sanmicheli architetto: opera completa.* Rome, 1986.
PUPPI, L. (Ed.). *Architettura e utopia nella Venezia del Cinquecento.* Milan, 1980.
PUPPI, L. et al. *Longhena.* Milan, 1982.
ROBISON, A. *Piranesi: Early Architectural Fantasies: a Catalogue Raisonné of the Etchings.* Washington, DC, 1986.
ROVERE, L., VITALE, V. and BRICKMANN, A. E. *Filippo Juvarra.* Milan, 1957.
SAALMAN, H. *The Cupola of S. Maria del Fiore.* London, 1980.
—. *Filippo Brunelleschi: the Buildings.* London, 1993.
SATKOWSKI, L. *Giorgio Vasari: Architect and Courtier.* Princeton and London, 1993.
SEMENZATO, C. *L'Architettura di Baldassare Longhena.* Padua, 1954.
SHEPHERD, J. C. and JELLICOE, G. A. *Italian Gardens of the Renaissance.* London, 1925. (Reprinted 1986.)
SPAGNESI, G. (Ed.). *Antonio da Sangallo il Giovane: la vita e l'opera.* Rome, 1986.
TAFURI, M. *Sansovino.* Padua, 1969.
—. *Venice and the Renaissance.* Cambridge, Mass., and London, 1989.
TAVERNOR, R. *Palladio and Palladianism.* London, 1991.
THORNTON, P. *The Italian Renaissance Interior 1400–1600.* London, 1991.
TRAGER, P. and SCULLY, V. *The Villas of Palladio.* Boston, Mass., 1986.
VARRIANO, J. *Italian Baroque and Rococo Architecture.* New York, 1986.
WADDY, P. *Seventeenth-Century Roman Palaces: Use and the Art of the Plan.* New York, 1990.
WALCHER CASOTTI, M. *Il Vignola.* 2 vols. Trieste, 1960.
WILTON-ELY, J. *Piranesi as Architect and Designer.* New York and London, 1993.
WITTKOWER, R. *Architectural Principles in the Age of Humanism.* 5th edn, London, 1988.
—. *Art and Architecture in Italy, 1600–1750.* Rev. edn. Harmondsworth, 1973.
—. *Studies in the Italian Baroque.* London, 1975.
WÖLFFLIN, H. *Renaissance und Barock.* English trans. London, 1964.

第30章 法国、西班牙和葡萄牙建筑

法国

Alexandre-Theodore Brogniart 1739–1813: architecture et decor. Paris, 1986.

ANDROUET DU CERCEAU, J. *Les Plus excellents bastiments de France*. Paris, 1576–9. (Reprinted 1988.)

ARNEVILLE, M.-B., D'. *Parcs et jardins sous le Premier Empire: reflets d'une societé*. Paris, 1981.

BABELON, J.-P. *Demeures parisiennes sous Henri IV et Louis XIII*. Paris, 1991.

BALLON, H. *The Paris of Henri IV: Architecture and Urbanism*. New York, 1991.

BASDEVANT, D. *L'Architecture française*. Paris, 1971.

BAUBION-MACKLER, J. *French Royal Gardens: the Designs of Andre Le Nôtre*. New York, 1992.

BERGER, R. B. *Antoine Le Pautre*. New York, 1979.

BERGER, R. W. *A Royal Passion: Louis XIV as Patron of Architecture*. Cambridge, 1994.

—. *The Palace of the Sun: the Louvre of Louis XIV*. University Park, Pa, and London, 1993.

—. *Versailles: the Chateau of Louis XIV*. University Park, Pa, and London, 1985.

BIVER, M.-L. *Le Paris de Napoléon*. Paris, 1963.

BLOMFIELD, R. *A History of French Architecture, 1494–1661*. 2 vols. London, 1921.

BLONDEL, J. F. *L'Architecture française* (the 'Grand Blondel'). 4 vols. Paris, 1752–6.

BLUNT, A. *Art and Architecture in France, 1500–1700*. Harmondsworth, 1953. 2nd edn, 1973.

—. *François Mansart*. London, 1941.

—. *Philibert de l'Orme*. London, 1958.

BOULLÉE, E.-L. *Etienne-Louis Boullée: l'architecte visionnaire et neoclassique*. Textes réunis et presentés par J.-M. Perouse de Montclos. Paris, 1993.

BOURGET, P. *Les Architectures baroques en France*. Paris, 1993.

BRAHAM, A. *The Architecture of the Enlightenment*. London, 1980.

BRAHAM, A. and SMITH, P. *François Mansart*. London, 1973.

CHASTEL, A. *Culture et demeures en France au XVIe siécle*. Paris, 1989.

COOPE, R. *Salomon de Brosse*. London, 1972.

DEBRIE, C. *Nicolas Blasset: architecte et sculpteur ordinaire du roi, 1600–1659*. Paris, 1985.

DENNIS, M. *Court and Garden: from the French Hotel to the City of Modern Architecture*. Cambridge, Mass., and London, 1986.

DESHAIRS, L. *Le Petit Trianon et le Grand Trianon*. 2 vols. Paris, 1909–.

ELEB-VIDAL, M. and DEBARRE-BLANCHARD, A. *Architectures de la vie privée: maisons et mentalités xviie-xixe siecles*. Brussels, 1989.

ERIKSEN, S. *Early Neo-Classicism in France*. London, 1974.

FELS, E. FRISCH, COMTE DE. *Jacques-Ange Gabriel*. Paris, 1912, 1924.

FRANCE-LANORD, A. et al. *Germain Boffrand 1667–1754: l'aventure d'un architecte indépendant*. Paris, 1986.

GALLET, M. *Paris Domestic Architecture of the Eighteenth Century*. London, 1972.

GALLET, M. and BOTTINEAU, Y. *Les Gabriel*. Paris, 1982.

GANAY, E. DE. *Châteaux de France*. Paris, 1948–50.

GÉBELIN, F. *Les Châteaux de la Loire*. Paris, 1927.

—. *Les Châteaux de la Renaissance*. Paris, 1927.

—. *Le Style Renaissance en France*. Paris, 1942.

GEYMUELLER, H. VON. *Die Baukunst der Renaissance in Frankreich*. Stuttgart, 1898–1901.

HAUTECOEUR, L. *L'Architecture française de la Renaissance à nos jours*. Paris, 1941.

—. *Histoire de l'architecture classique en France*. 7 vols., sixteenth century to 1900, some of which have been revised. Paris, 1943–65.

HERRMANN, W. *Laugier and Eighteenth-Century French Theory*. London, 1962.

—. *The Theory of Claude Perrault*. London, 1973.

JACQUES, A. and MOUILLESEAUX, J.-P. *Les Architectes de la liberté*. Exhibition catalogue, Paris, 1990.

JACQUIN, E. (Ed.). *Les Tuileries au XVIIIe siècle*. Paris, 1990.

JESTAZ, B. *Le Voyage d'Italie de Robert de Cotte*. Paris, 1966.

KALNEIN, W. VON. *Architecture in France in the Eighteenth Century*. New Haven and London, 1995.

KAUFFMANN, F. *Architecture in the Age of Reason*. Cambridge, Mass., 1955.

KIMBALL, F. *The Creation of the Rococo*. Philadelphia, 1943.

KRAFFT ET RANSONNETTE. *Plans ... des plus belles Maisons ... construites à Paris, etc*. Paris, c. 1810.

LAMBELL, R. *French Period Houses and their Details*. London, 1992.

LAVEDAN, P. *French Architecture*. Harmondsworth, 1956.

LAVIN, S. *Quatremère de Quincy and the Invention of a Modern Language of Architecture*. Cambridge, Mass., and London, 1992.

LEDOUX, C.-N. *Architecture de C.-N. Ledoux*. Paris, 1847. Reprinted 1983.

—. *Unpublished projects*. Berlin, 1992.

MCCORMICK, T. J. *Charles-Louis Clérisseau and the Genesis of Neo-Classicism*. New York, 1990.

MADEC, P. *Boullée*. Paris, 1986.

MINGUET, P. *France baroque*. Paris, 1988.

NEUMAN, R. *Robert de Cotte and the Perfection of Architecture in Eighteenth-Century France*. Chicago and London, 1994.

NOLHAC, P. DE. *La Création de Versailles*. Paris, 1925.

—. *Histoire du château de Versailles*. Paris, 1911–18.

—. *Versailles and the Trianons*. London, 1906.

PEROUSE DE MONTCLOS, J.-M. *Etienne-Louis Boullée: l'architecte visionnaire et neoclassique*. (Includes an annotated version of Boullée's *Architecture. Essai sur l'art*). Paris, 1993.

—. *Histoire de l'architecture française de la Renaissance à la Révolution*. Paris, 1989.

PETZET, M. *Soufflots Sainte-Geneviève und der französische Kirchenbau des 18. Jahrhunderts*. Berlin, 1961.

PICON, A. *Claude Perrault 1613–1688 ou la curiosité d'un classique*. Paris, 1988.

—. *French Architects and Engineers in the Age of Enlightenment*. Cambridge, 1992.

RAVAL, M. *C.-N. Ledoux*. Paris, 1945.

REUTERSWÄRD, P. *The Two Churches of the Hôtel des Invalides*. Stockholm, 1965.

ROSENAU, H. *Boullée's Treatise on Architecture.* 1953.
SZAMBIEN, W. *J.-N.-L. Durand, 1760–1834.* Paris, 1984.
TADGELL, C. *Ange-Jacques Gabriel.* London, 1978.
THOMSON, D. *Renaissance Paris: Architecture and Growth, 1475–1600.* London, 1984.
VIDLER, A. *Claude-Nicolas Ledoux: Architecture and Social Reform at the End of the Ancien Régime.* Cambridge, Mass., and London, 1990.
—. *The Writing of the Walls: Architectural Theory in the Late Enlightenment.* Princeton and London, 1987.
VILLARI, S. *J. N. L. Durand (1760–1834): Art and Science of Architecture.* New York, 1990.
WALTON, G. *Louis XIV's Versailles.* Harmondsworth, 1986.
WARD, W. H. *Architecture of the Renaissance in France, 1495–1830.* 2 vols. London, 1926.
—. *French Châteaux and Gardens in the Sixteenth Century.* London, 1969.
WHITEHEAD, J. *The French Interior in the Eighteenth Century.* London, 1992.
WOODBRIDGE, K. *Princely Gardens: the Origins and Development of the French Formal Style.* London, 1986.

西班牙和葡萄牙

BEVAN, B. *History of Spanish Architecture.* London, 1938.
BONET CORREA, A. *La Arquitectura en Galicia durante el siglo XVII.* Madrid, 1966.
—. *Art baroque en Andalousie.* Paris, 1978.
BYNE, A. and STAPLEY, M. *Provincial Houses in Spain.* New York, 1925.
CALZADA, A. *Historia de la arquitectura espanola.* Barcelona, 1933.
CHAMOZO LAMAS, M. *La Arquitectura barroca an Galicia.* Madrid, 1955.
CHUECA GOITIA, F. *Andrés de Vandelvira.* Madrid, 1954.
—. *Arquitectura del siglo XVI* (Ars Hispaniae, Historia Universal del Arte Hispanico, Vol. 11). Madrid, 1953.
CHUECA GOITIA, F. and MIGUEL, C. *La Vida y las obras del arquitecto Juan de Villanueva.* Madrid, 1959.
FRANCA, J.-A. *Une Ville des Lumières, la Lisbonne de Pombal.* Paris, 1965.
GALLEGO Y BURIN, A. *El barroco granadino.* Milan, 1956.
HARVEY, J. *The Cathedrals of Spain.* London, 1957.
KUBLER, G. *Arquitectura española, 1600–1800* (Ars Hispaniae, Historia Universal del Arte Hispanico, Vol. 14). Madrid, 1957.
—. *Building the Escorial.* Princeton, 1982.
—. *Portuguese Plain Architecture: between spices and diamonds, 1521–1706.* Middleton, Conn., 1972.
KUBLER, G. and SORIA, M. *Art and Architecture in Spain and Portugal.* Harmondsworth, 1959.
LEES-MILNE, J. *Baroque in Spain and Portugal.* London, 1960.
LOPEZ MARTINEZ, C. *El Arquitecto Hernan Ruiz en Seville.* Seville, 1949.
MARTIN GONZALEZ, J. J. *La Arquitectura domestica de renacimento en Valladolid.* Valladolid, 1948.
PEREDA DE LA REQUERA, M. *Bartolome de Bustamente.* Santander, 1950.
—. *Rodrigo Gil de Hontañon.* Santander, 1951.
REESE, T. F. *The Architecture of Ventura Rodriguez.* 2 vols. Garland, 1972.
ROSENTHAL, E. *The Cathedral of Granada.* Princeton, 1961.
SITWELL, S. *Spanish Baroque Art.* London, 1931.
SMITH, R. C. *The Art of Portugal, 1500–1800.* London, 1968.
—. *Nicolau Nasoni, arquitecto do Porto.* Lisbon, 1966.
VILLIERS-STUART, C. M. *Spanish Gardens.* 1929.
WYATT, SIR M. DIGBY. *An Architect's Note-book in Spain.* 1872.

第31章 奥地利、德国和中欧建筑

AURENHAMMER, H. *J. B. Fischer von Erlach.* London, 1973.
BERGDOLL, B. *Karl Friedrich Schinkel: an Architecture for Prussia.* New York, 1994.
BIALOSTOCKI, J. *The Art of the Renaissance in Eastern Europe: Hungary, Bohemia, Poland.* Oxford, 1976.
BOURKE, J. *Baroque Churches of Central Europe.* 2nd edn, London, 1962.
BRUSATIN, M. and PIZZAMIGLIO, G. *The Baroque in Central Europe: Places, Architecture and Art.* New York, 1992.
BURROUGH, T. H. B. *South German Baroque: an Introduction.* London, 1956.
CHARPENTRAT, P. *Living Architecture: Baroque.* Fribourg and London, 1967.
DEHIO, G. *Dehio-Handbuch: die Kunstdenkmäler Österreichs.* 4th and 5th edns, Vienna, 1954–8.
—. *Handbuch der deutschen Kunstdenkmäler.* Berlin, 1927.
FEUER-TOTH, R. *Renaissancebaukunst in Ungarn.* Budapest, 1981.
FISCHER VON ERLACH, J. B. *Entwurf einer historischen Architektur.* Vienna, 1721.
FORSSMANN, E. *Karl Friedrich Schinkel: Bauwerke and Baugedanken.* Zurich, 1981.
FRANZ, H. G. *Bauten und Baumeister der Barockzeit in Böhmen.* Leipzig, 1962.
Friedrich Gilly. Exhibition catalogue, Berlin Museum, 1984.
GIERSBERG, H.-J. *Friedrich als Bauherr: Studien zur Architektur des 18. Jahrhunderts in Berlin und Potsdam.* Berlin, 1986.
GRIMSCHITZ, B. *Johann Lucas von Hildebrandt.* 2nd edn, Vienna, 1959.
GUBLER, H.-M. *Der Vorarlberger Barockbaumeister Peter Thumb 1681–1766: ein Beitrag der süddeutschen Barockarchitektur.* Sigmaringen, 1972.
HANFSTAENGL, E. *Die Brüder Asam.* Munich, 1955.
HARRIES, K. *The Bavarian Rococo Church: Between Faith and Aestheticism.* New Haven and London, 1983.

HECKMANN, H. *Matthaus Daniel Pöppelmann und die Barockbaukunst in Dresden.* Stuttgart, 1986.
HEDERER, O. *Leo von Klenze.* Munich, 1964.
HEMPEL, E. *Baroque Art and Architecture in Central Europe.* Harmondsworth, 1965.
—. *Geschichte der deutschen Baukunst.* 2nd edn, Munich, 1956.
HITCHCOCK, H.-R. *German Renaissance Architecture.* Princeton, 1981.
—. *German Rococo: the Zimmermann Brothers.* London, 1968.
—. *Rococo Architecture in Southern Germany.* London and New York, 1968.
KADATZ, H.-J. and MUZKA, G. *Georg Wenzeslaus von Knobelsdorff: Baumeister Friedrichs II.* 2nd edn, Munich, 1985.
Karl Friedrich Schinkel. Exhibition catalogue, Berlin, Schloss Charlottenburg, 1981.
KLINGENSMITH, S. J. *The Utility of Splendor: Ceremony, Social Life and Architecture at the Court of Bavaria, 1600–1800.* Chicago and London, 1993.
KRAUS, H. *Die Schlosskapellen der Renaissance in Sachsen.* Berlin, 1970.
KUNOTH, G. *Die historische Architektur Fischers von Erlach.* Düsseldorf, 1956.
LANDOLT, H. and SEEGER, T. *Schweizer Barockkirchen.* Frauenfeld, 1948.
LIEB, N. *Die Fugger und die Kunst.* 2 vols. Munich, 1952, 1958.
—. *Johann Michael Fischer: Baumeister und Raumschopfer im späten Barock Süddeutschlands.* Regensburg, 1982.
LIEB, N. and DIEDL, F. *Die Vorarlberger Barockmeister.* Munich and Zurich, 1960.
LORENTZ, S. and ROTTERMUND, A. *Neoclassicism In Poland.* Warsaw, 1986.
LORENZ, H. *Johann Bernhard Fischer von Erlach.* Zurich, 1992.
—. *Liechtenstein Palaces in Vienna from the Age of the Baroque.* New York, 1985.
POWELL, N. *From Baroque to Rococo.* London, 1959.
PRATT, M. *The Great Country Houses of Central Europe: Czechoslovakia, Hungary, Poland.* New York, 1991.
PUNDT, H. G. *Schinkel's Berlin.* Cambridge, Mass., 1972.
RAVE, P. O. *Karl Friedrich Schinkel.* Berlin, 1981.
REUTHER, H. *Balthasar Neumann.* Munich, 1983.
—. *Die Kirchenbauten Balthasar Neumanns.* Berlin, 1960.
SAUERMOST, H. J. *Die Asams als Architekten.* Munich, 1986.
SEDLMAYER, H. *Johann Bernhard Fischer von Erlach.* Vienna, 1976.
—. *Österreichische Barockarchitektur.* Vienna, 1930.
SNODIN, M. (Ed.). *Karl Friedrich Schinkel: a Universal Man.* New Haven and London, 1991.
VALDENAIRE, A. *Friedrich Weinbrenner: sein Leben und seine Bauten.* 2nd edn, Karlsruhe, 1926.
VILIMKOVA, M. and BRUKCER, J. *Dientzenhofer: eine bayerische Baumeisterfamilie in der Barockzeit.* Rosenheim, 1989.
WAGNER, H. *Bayerische Barock- und Rokokokirchen.* Munich, 1983.
WATKIN, D. and MELLINGHOFF, T. *German Architecture and the Classical Ideal, 1740–1840.* London, 1987.

第32章 低地国家和英国建筑

低地国家

ACKERE, J. VAN. *Baroque and Classic Art In Belgium (1600–1789): Architecture, Monumental Art.* Brussels, 1972.
BURKE, G. L. *The Making of Dutch Towns.* London, 1956.
FOCKEMA ANDREAE, S. J. et al. *Duizend jaar bouwen in Nederland.* Vol. 2. Amsterdam, 1957.
GERSON, H. and TER KUILE, E. H. *Art and Architecture in Belgium, 1600–1800.* Harmondsworth, 1960.
GUILLERMO, J. *Dutch Houses and Castles.* London, 1990.
HAAN, H. DE and HAAGSMA, I. *The House Erasmus Built: a Profile of Dutch Architecture.* Utrecht, 1990.
HITCHCOCK, H.-R. *Netherlandish Scrolled Gables of the 16th and Early 17th Centuries.* New York, 1978.
KUYPER, W. *Dutch Classicist Architecture.* Delft, 1980.
MINGUET, P. *Baroque et rococo en Belgique.* Liège, 1987.
MINISTRY OF EDUCATION, ARTS AND SCIENCES. *Guide to Dutch Art.* The Hague, 1953.
OTTENHEYM, K. *Philips Vingboons (1607–1678) Architect.* Zutphen, 1989.
OZINGA, M. D. *De Protestansche kerkenbouw in Nederland.* Amsterdam, 1929.
PARENT, P. *L'Architecture aux Pays-Bas méridionaux aux XVI–XVIII siècles.* Paris and Brussels, 1926.
PLUYM, W. VAN DER. *Vijf eeuwen binnenhuis en meubels in Nederland.* Amsterdam, 1954.
ROSENBERG, J., SLIVE, S. and TER KUILE, E. H. *Dutch Art and Architecture, 1600–1800.* Harmondsworth, 1966.
TERWEN, J. J. and OTTENHEYM, K. A. *Pieter Post (1608–1669) Architect.* Zutphen, 1993.
TIMMERS, J. J. M. *A History of Dutch Art and Life.* Amsterdam and London, 1959.
VANDEVIVERE, I. and BOUCHER, H. *Renaissance Art in Belgium: Architecture, Monumental Art.* Brussels, 1973.
VERMEULEN, F. A. J. *Handboek tot de geschiednis der nederlandsche bouwkunst.* 4 vols. The Hague, 1928.
VRIEND, J. J. *De Bouwkunst van ons land.* Amsterdam, 1949.
WATTJES, J. G. *Amsterdams bouwkunst en stadsschoon 1305–1942.* Amsterdam, 1948.
WEISSMAN, A. W. *Geschiednis der Nederlandsche Bouwkunst.* Amsterdam, 1912.
YERBURY, F. R. *Old Domestic Architecture in Holland.* London, 1924.

英国

AIRS, M. *The Making of the English Country House, 1500–1640*. London, 1975.
BARNARD, T. and CLARK, J. (Eds). *Lord Burlington: Architecture, Art and Life*. London, 1995.
BEARD, G. *Georgian Craftsmen*. London, 1966.
—. *The Work of John Vanbrugh*. London, 1986.
BINNEY, M. *Sir Robert Taylor: from Rococo to Neoclassicism*. London, 1984.
BOLD, J. *John Webb: Architectural Theory and Practice in the Seventeenth Century*. Oxford, 1989.
BOLD, J. and CHANEY, E. (Eds). *English Architecture Public and Private: Essays for Kerry Downes*. London, 1993.
BOLD, J. and REEVES, J. *Wilton House and English Palladianism: Some Wiltshire Houses*. London, 1988.
BOLTON, A. T. *The Architecture of Robert and James Adam*. 2 vols. London, 1922.
BROWN, R. (Ed.). *The Architectural Outsiders*. London, 1985.
CHANCELLOR, E. B. *The Lives of the British Architects from William of Wykeham to Sir William Chambers*. London, 1909.
CLARK, K. *The Gothic Revival*. 2nd edn, London, 1950.
CLIFTON-TAYLOR, A. *The Pattern of English Building*. 4th edn, London, 1987.
COLVIN, H. *A Biographical Dictionary of British Architects, 1600–1840*. 3rd edn, New Haven and London, 1995.
CORNFORTH, J. and FOWLER, J. *English Decoration in the Eighteenth Century*. London, 1974.
CRAIG, M. *Dublin, 1660–1860*. Rev. edn, London, 1992.
CROOK, J. M. *The Greek Revival*. London, 1972.
CRUICKSHANK, D. *A Guide to the Georgian Buildings of Britain and Ireland*. London, 1985.
CRUICKSHANK, D. and WYLD, P. *Georgian Town Houses and Their Details*. London, 1990. Rev. edn of *London: the Art of Georgian Building*. London, 1975.
CURL, J. S. *Classical Architecture: an Introduction to its Vocabulary and Essentials, with a Select Glossary of Terms*. London, 1992.
—. *Georgian Architecture*. Newton Abbot, 1993.
DALE, A. *James Wyatt, Architect 1746–1813*. Oxford, 1936.
DAVIS, T. *The Architecture of John Nash*. London, 1960.
—. *The Gothick Taste*. London and Vancouver, 1974.
—. *John Nash*. London, 1966.
DOWNES, K. *The Architecture of Wren*. 2nd edn, London, 1988.
—. *English Baroque Architecture*. London, 1966.
—. *Hawksmoor*. London, 1959.
—. *Sir Christopher Wren: the Design of St. Paul's Cathedral*. London, 1988.
—. *Sir John Vanbrugh: a Biography*. London, 1987.
—. *Vanbrugh*. London, 1977.
FAULKNER, T. and GREG, A. *John Dobson: Newcastle Architect, 1787–1865*. Newcastle upon Tyne, 1987.
FLEMING, J. *Robert Adam and his Circle*. London, 1962.
FRIEDMAN, T. *James Gibbs*. London, 1984.
GIFFORD, J. *William Adam, 1689–1748: a Life and Times of Scotland's Universal Architect*. Edinburgh, 1989.
GIROUARD, M. *Life in the English Country House*. London, 1978.
HARRIS, J. *The Architect and the British Country House, 1620–1920*. Washington, D.C., 1985.
—. *The Palladian Revival: Lord Burlington, His Villa and Garden at Chiswick*. New Haven and London, 1994.
—. *Sir William Chambers*. London, 1970.
—. *William Talman: Maverick Architect*. London, 1982.
HARRIS, J. and HIGGOTT, G. (Eds). *Inigo Jones: Complete Architectural Drawings*. New York, 1989.
HILL, O. and CORNFORTH, J. *English Country Houses, 1625–1865*. London, 1966.
HINDE, T. *Capability Brown: the Story of a Master Gardener*. London, 1986.
HOWARD, M. *The Early Tudor Country House: Architecture and Politics, 1490–1550*. London, 1987.
HUNT, J. D. *William Kent: Landscape Garden Designer: an Assessment and Catalogue of his Designs*. London, 1987.
HUNT, J. D. and WILLIS, P. (Eds). *The Genius of the Place: the English Landscape Garden, 1620–1820*. Cambridge, Mass., and London, 1975 (1988 printing with corrections).
HUSSEY, C. *English Country Houses*. 3 vols. London, 1955–8 (1986 reprint).
—. *English Gardens and Landscapes 1700–1750*. London, 1967.
—. *The Picturesque*. London 1927, reprinted 1967.
KING, D. *The Complete Works of Robert and James Adam*. Oxford, 1991.
LEACH, P. *James Paine*. London, 1988.
LISCOMBE, R. W. *William Wilkins, 1778–1839*. Cambridge, 1980.
MACAULAY, J. *The Classical Country House in Scotland, 1660–1800*. London, 1987.
MANSBRIDGE, M. *John Nash: a Complete Catalogue*. Oxford, 1991.
MARKUS, T. A. *Buildings and Power: Freedom and Control in the Origin of Modern Building Types*. London, 1993.
MARKUS, T. A. (Ed.). *Order in Space and Society: Architectural Form and its Context in the Scottish Enlightenment*. Edinburgh, 1982.
MCCARTHY, M. *The Origins of the Gothic Revival*. New Haven and London, 1987.
MCPARLAND, E. *James Gandon: Vitruvius Hibernicus*. London, 1984.
MORLEY, J. *Regency Design, 1790–1840: Gardens, Buildings, Interiors, Furniture*. London, 1993.
MOWL, T. *Elizabethan and Jacobean Style*. London, 1993.
MOWL, T. and EARNSHAW, B. *John Wood: Architect of Obsession*. Bath, 1988.

ORRELL, J. *The Theatres of Inigo Jones and John Webb*. Cambridge, 1985.
PARISSIEN, S. *Palladian Style*. London, 1994.
—. *Regency Style*. London, 1992.
PEVSNER, N. et al. *The Buildings of England*. Harmondsworth, 1951–.
PILCHER, D. *The Regency Style*. London, 1947.
RAMSEY, S. C. *Small Houses of the Late Georgian Period*. 2 vols. London, 1919–23.
RICHARDSON, A. E. *Monumental Classic Architecture in Great Britain and Ireland*. London, 1914 (1982 reprint).
RICHARDSON, A. E. and EBERLEIN, H. D. *The Smaller English Country House, 1660–1830*. London, 1925.
ROBINSON, J. M. *The Wyatts. an Architectural Dynasty*. Oxford, 1979.
RYKWERT, J. and RYKERT, A. *The Brothers Adam: the Men and the Style*. London, 1985.
SCHUMANN-BACIA, E. *John Soane and the Bank of England*. Harlow, 1991.
SEKLER, E. *Wren and his Place in European Architecture*. London, 1956.
SMALL, T. and WOODBRIDGE, C. *Houses of Wren and Early Georgian Periods*. London, 1928.
STILLMAN, D. *English Neo-Classical Architecture*. London, 1988.
STROUD, D. *Capability Brown*. 3rd edn, London, 1975.
—. *George Dance the Younger*. London, 1970.
—. *Henry Holland*. London, 1950.
—. *Humphrey Repton*. London, 1962.
—. *Sir John Soane, Architect*. London, 1984.
STUTCHBURY, J. *The Architecture of Colen Campbell*. Manchester, 1967.
SUMMERSON, J. *Architecture in Britain, 1530–1830*. 9th edn, Harmondsworth, 1993.
—. *The Architecture of the Eighteenth Century*. London, 1986.
—. *Georgian London*. New edn, London, 1988.
—. *Inigo Jones*. Harmondsworth, 1966.
—. *The Life and Work of John Nash, Architect*. London, 1980.
—. *Sir Christopher Wren*. London, 1983.
—. *Sir John Soane*. London, 1952.
TAVERNOR, R. *Palladio and Palladianism*. London, 1991.
THURLEY, S. *The Royal Palaces of Tudor England: Architecture and Court Life, 1460–1547*. New Haven and London, 1993.
TURNER, R. *Capability Brown and the Eighteenth-century English Landscape*. London, 1985.
—. *Vitruvius Britannicus*, by Campbell, Woolfe and Gandon. 6 vols. London, 1715–71.
WATKIN, D. *Athenian Stuart*. London, 1982.
—. *The Life and Work of C. R. Cockerell*. London, 1974.
—. *Thomas Hope and the Neo-Classical Idea*. London, 1968.
WHIFFEN, M. *Stuart and Georgian Churches*. London, 1947–8.
—. *Thomas Archer: Architect of the English Baroque*. New edn, Los Angeles, 1973.
WHINNEY, M. *Renaissance Architecture in England*. London, 1952.
WILLIS, P. *Charles Bridgeman and the English Landscape Garden*. London, 1977.
WILSON, M. I. *William Kent: Architect, Designer, Painter, Gardener, 1685–1748*. London, 1984.
WILTON-ELY, J. *The Mind and Art of Giovanni Battista Piranesi*. London, 1978.
WITTKOWER, R. *Palladio and English Palladianism*. London, 1974.
WORSLEY, G. *Classical Architecture in Britain: the Heroic Age*. New Haven and London, 1995.
WREN SOCIETY. *Publications*, vols I–XX. London, 1924–43.
YOUNGSON, A. J. *The Making of Classical Edinburgh, 1750–1840*. Edinburgh, 1966 (1993 reprint with corrections).

第33章 俄罗斯和斯堪的纳维亚建筑

俄罗斯

AKADEMIIA ARKHITEKTURY SSSR. *Russkoe zodchestvo: pamyatniki arkhitektury X-XX vekov*. 7 vols. Moscow, 1953–7.
—. *Istoriia Russkoi arkhitektury*. 2nd edn, Moscow, 1956.
ALFEROVA, G. V. *Russkiye goroda XVI-XVII vekov*. Moscow, 1989.
BERTON, K. *Moscow: an Architectural History*. London, 1977.
BRUMFIELD, W. C. *Gold in Azure: One Thousand Years of Russian Architecture*. Boston, Mass., 1983.
—. *A History of Russian Architecture*. Cambridge, 1993.
CRACRAFT, J. *The Petrine Revolution in Russian Architecture*. Chicago, 1988.
EVSINA, N. A. *Arkhitekturnaja teorija v Rossii XVIIIv*. Moscow, 1975.
GALITZINE, G. *Imperial Splendour: Palaces and Monasteries of Old Russia*. London, 1991.
GALKINA, E. N. (Ed.). *Country Estates Around Moscow: From the History of Russian Estate Culture of the 17th, 18th and 19th Centuries*. Moscow, 1979.
GOSLING, N. *Leningrad: History, Art and Architecture*. New York, 1965.
GRIMM, G. G. *Arkhitektor Andeian Zakharov*. Moscow, 1940.
HAMILTON, G. H. *The Art and Architecture of Russia*. 3rd edn, Harmondsworth, 1983.
KENNETT, A. *The Palaces of Leningrad*. London, 1975.
SARABIANOV, D. V. *Russian Art from Neoclassicism to the Avant-Garde: Painting, Sculpture, Architecture*. London, 1990.
SCHMIDT, A. *The Architecture and Planning of Classical Moscow: a Cultural History*. Philadelphia, 1989.
VORONIN, N. N. (Ed.) *Palaces and Churches of the Kremlin*. London, Prague and Moscow, 1965.

斯堪的纳维亚

ABRAHAMSEN, H. *Building in Norway*. Oslo, 1959.
ALNAES, E. et al. *Norwegian Architecture*. Oslo, 1950.
ANDERSSON, H. O. and BEDOIRE, F. *Stockholms byggnader*. Stockholm, 1977.

BROCHMANN, O. *Copenhagen*. Copenhagen, 1970.
BUGGE, A. *Norwegian Stave Churches*. Oslo, 1953.
BUGGE, G. and NORBERG-SCHULZ, C. *Stav og laft. 1: Norge*. Oslo, 1969.
CORNELL, H. *Den Svenska konstens historia*. 2 vols. Stockholm, 1944-6.
DAHLBERG, E. *Suecia antiqua et hodierna*. Stockholm, 1716.
DI NISCEMI, M. *Manor Houses and Castles of Sweden: a Voyage Through Five Centuries*. Woodbridge, 1988.
DONNELLY, M. C. *Architecture in the Scandinavian Countries*. Cambridge, Mass. and London, 1992.
FABER, T. *A History of Danish Architecture*. Copenhagen, 1978.
GROTH, H. *Neoclassicism in the North: Swedish Furniture and Interiors, 1770-1850: with a Catalogue of Furniture Types and Styles and Notes on the Architects, Artists and Craftsmen*. London, 1990.
HAHR, A. *Architecture in Sweden*. Stockholm, 1938.
JORGENSEN, L. B. and PORPHYRIOS, D. *Neoclassical Architecture in Copenhagen and Athens*. London, 1987.
JOSEPHSON, R. *Nicodème Tessin*. Paris and Brussels, 1930.
KAVLI, G. *Norwegian Architecture Past and Present*. Oslo, 1958.
LANGBERG, H. *Danmarks bygningskultur*. Copenhagen, 1955.
LUNDBERG, E. *Svensk bostad*. Stockholm, 1942.
NORDIN, E. *Swedish Timber-churches*. Stockholm, 1965
PAULSSON, T. *Scandinavian Architecture*. London, 1958.
RICHARDS, J. M. *A Guide to Finnish Architecture*. London, 1966.
—. *800 Years of Finnish Architecture*. Vancouver, 1978.
SKORGAARD, J. *A King's Architecture: Christian IV and His Buildings*. London, 1973.
SLOTHOUWER, D. F. *Bouwkunst der nederlandsche Renaissance in Denemarken*. Amsterdam, 1924.
THURAH, L. DE T. *Den danske Vitruvius*. Copenhagen, 1749.
VREIM, H. *Norsk trearkitektur*. Oslo, 1947.

第34章　后文艺复兴时期的欧洲建筑

ALDRICH, M. *Gothic Revival*. London, 1994.
ALLIBONE, J. *Anthony Salvin: Pioneer of Gothic Revival Architecture*. Cambridge, 1988.
ASLIN, E. *The Aesthetic Movement: Prelude to Art Nouveau*. London, 1969.
ATTERBURY, P. and WAINWRIGHT, C. (Eds). *Pugin: a Gothic Passion*. New Haven and London, 1995.
BARRE-DESPOND, A. and TISE, S. *Jourdain: Frantz 1847-1935, Francis, 1876-1958, Frantz-Philippe, 1906-1990*. New York, 1991.
BARRY, A. *The Life and Works of Sir Charles Barry, R.A., F.R.S.* London, 1867.
BARTHES, R. *La Tour Eiffel*. Paris, 1961.
BASSEGODA NONELL, J. *Modernisme a Catalunya: arquitectura*. Barcelona, 1988.
BEENKEN, H. *Schöpferische Bauideen der deutschen Romantik*. Mainz, 1952.
BEŇSOVÁ, M. *Česká Architektura v Proménách Dvou Století*. Prague, 1984.
BOASE, T. S. R. *English Art, 1800-1870*. London, 1959.
BOHLE-HEINTZENBERG, S. and HAMM, M. *Ludwig Persius: Architekt des Königs*. Berlin, 1993.
BORISOVA, E. A. and STERNIN, G. *Russian Art Nouveau*. New York, 1988.
BORSI, F. and GODOLI, E. *Vienna 1900: Architecture and Design*. London, 1986.
BORSI, F. and PORTOGHESI, P. *Victor Horta*. London, 1991.
BROOKS, M. W. *John Ruskin and Victorian Architecture*. New Brunswick, 1987.
BROWNLEE, D. B. *The Law Courts: the Architecture of George Edmund Street*. New York, 1984.
BRUMFIELD, W. C. *The Origins of Modernism in Russian Architecture*. Berkeley, Calif., 1991.
CHADWICK, G. F. *The Works of Sir Joseph Paxton, 1803-1865*. London, 1961.
CHEMETOV, P. and MARREY, B. *Architectures a Paris, 1848-1914*. Paris, 1984.
CLARK, K. *The Gothic Revival*. 3rd edn, London, 1962.
COLE, D. *The Work of Sir Gilbert Scott*. London, 1980.
COLLINS, G. R. and BASSEGODA NONELL, J. *The Designs and Drawings of Antonio Gaudí*. 2 vols. Princeton, 1982.
COLLINS, P. *Changing Ideals in Modern Architecture 1750-1950*. London, 1965..
COLVIN, H. *A Biographical Dictionary of British Architects 1600-1840*. 3rd edn, New Haven and London, 1995.
CONWAY, H. *People's Parks: the Design and Development of Victorian Parks in Britain*. Cambridge, 1991.
COOPER, J. *Victorian and Edwardian Furniture and Interiors from the Gothic Revival to Art Nouveau*. London, 1987.
CRAWFORD, A. *C. R. Ashbee: Architect, Designer and Romantic Socialist*. New Haven and London, 1985.
—. *Charles Rennie Mackintosh*. London, 1995.
CROOK, J. M. *Dilemma of Style: Architectural Ideas from the Picturesque to the Post-Modern*. London, 1987.
—. *The Greek Revival*. London, 1973.
—. *William Burges and the High Victorian Dream*. London, 1981.
CUMMING, E. and KAPLAN, W. *The Arts and Crafts Movement*. London, 1991.
CUNNINGHAM, C. and WATERHOUSE, P. *Alfred Waterhouse, 1830-1905: Biography of a Practice*. Oxford, 1992.
CURL, J. S. *Victorian Architecture*. Newton Abbot, 1990.
DAL CO, F. *Figures of Architecture and Thought: German Architecture Culture, 1880-1920*. New York, 1990.
DAVEY, P. *Arts and Crafts Architecture*. Rev. edn,

London, 1995.
DELHAYE, J. *La Maison du Peuple de Victor Horta.* Bruxelles, 1987.
DIERKENS-AUBRY, F. *Art Nouveau in Belgium: Architecture and Interior Design.* Paris, 1991.
DIXON, R. and MUTHESIUS, S. *Victorian Architecture.* London, 1978.
DREXLER, A. (Ed.). *The Architecture of the Ecole des Beaux-Arts.* New York, 1977.
DYOS, H. J. and WOLFF, M. (Eds). *The Victorian City.* 2 vols. London, 1973.
EASTLAKE, C. L. *A History of the Gothic Revival.* London, 1872. Reprinted 1978, edited by J. M. Crook).
FARR, D. *English Art, 1870–1940.* Oxford, 1979.
FAWCETT, J. (Ed.). *Seven Victorian Architects.* London, 1976.
FELLOWS, R. *Edwardian Architecture: Style and Technology.* London, 1995.
FERGUSSON, J. *History of the Modern Styles of Architecture.* 2 vols. 3rd edn, revised by R. Kerr. London, 1891.
FERRIDAY, P. (Ed.). *Victorian Architecture.* London, 1963.
FRAMPTON, K. *Modern Architecture, 1851–1945.* New York, 1983.
FROHLICH, M. *Gottfried Semper.* Zurich, 1991.
GEIST, J. R. *Arcades: the History of a Building Type.* Cambridge, Mass., and London, 1983.
GERE, C. and WHITEWAY, M. *Nineteenth Century design: from Pugin to Mackintosh.* London, 1993.
GERETSEGGER, H. and PEINTNER, M. *Otto Wagner.* London, 1971.
GERMANN, G. *The Gothic Revival in Europe and Britain.* London, 1972.
GIEDION, S. *Space, Time and Architecture.* Cambridge, Mass., 1941; London, 1967 and other editions.
GIROUARD, M. *Sweetness and Light: the 'Queen Anne' Movement 1860–1900.* Oxford, 1977.
—. *The Victorian Country House.* 2nd edn, London and New Haven, 1979.
GOODHART-RENDEL, H. S. *English Architecture since the Regency: an Interpretation.* London, 1953. (Reprinted 1989.)
GROMORT, G. *Small Structures: French Architecture of the Early Nineteenth Century.* New York, 1986.
Guimard. Exhibition catalogue, Paris, 1992.
HAWKES, D. (Ed.). *Modern Country Homes in England: the Arts and Crafts Architecture of Barry Parker.* Cambridge, 1986.
HEARN, M. F. (Ed.). *The Architectural Theory of Viollet-le-Duc: Readings and Commentary.* Cambridge, Mass. and London, 1990.
HERRMANN, W. *Gottfried Semper: in Search of Architecture.* Cambridge, Mass. and London, 1984.
HITCHCOCK, H. R. *Architecture, Nineteenth and Twentieth Centuries.* 4th edn, Harmondsworth, 1977.
—. *Early Victorian Architecture.* 2 vols. London, 1954.
HOBHOUSE, H. *Thomas Cubitt: Master Builder.* London, 1971.
HOWARTH, T. *Charles Rennie Mackintosh and the Modern Movement.* 2nd edn, London, 1977.

HUSSEY, C. *The Life of Sir Edwin Lutyens.* London, 1953.
JACKSON, F. *Sir Raymond Unwin: Architect, Planner and Visionary.* London, 1985.
JENKINS, F. I. *Architect and Patron.* London, 1961.
KAUFMANN, E. *Von Ledoux bis le Corbusier.* Vienna, 1933.
KAYE, B. *The Development of the Architectural Profession in Britain.* London, 1960.
KOHLMAIER, G. and SARTORY, B. VON. *Houses of Glass: a Nineteenth-Century Building Type.* Cambridge, Mass. and London, 1986.
LETHABY, W. R. *Philip Webb and his Work.* London, 1935.
LONG, H. C. *The Edwardian House: the Middle-Class Home in Britain, 1880–1914.* Manchester, 1993.
LOYER, F. *Architecture of the Industrial Age, 1789–1914.* Geneva, 1983.
—. *Dix ans d'Art Nouveau: Paul Hankar architecte.* Brussels, 1991.
—. *Paris Nineteenth Century: Architecture and Urbanism.* New York, 1988.
LOZE, P. *Belgian Art Nouveau: from Victor Horta to Antoine Pompe.* Ghent, 1991.
MACAULAY, J. *The Gothic Revival.* Glasgow, 1975.
MACLEOD, R. *Style and Society: Architectural Ideology in Britain 1835–1914.* London, 1971.
MADSEN, S. T. *Art Nouveau.* London, 1967.
—. *Sources of Art Nouveau.* Oslo and and New York, 1956.
MCFADZEAN, R. *The Life and Work of Alexander Thomson.* London, 1979.
MEAD, C. *Charles Garnier's Paris Opera: Architectural Empathy and the Renaissance of French Classicism.* New York, 1991.
MEEKS, C. L. *Italian Architecture, 1750–1914.* New Haven and London, 1966.
—. *The Railroad Station.* New Haven, 1956.
MESNIL, C. *Victor Horta: un maitre de l'Art Nouveau: sa vie, son oeuvre.* Braine-l'Alleud, 1990.
MIDDLETON, R. (Ed.). *The Beaux-Arts and Nineteenth Century Architecture.* London, 1982.
MIGNOT, C. *Architecture of the Nineteenth Century in Europe.* New York, 1984.
MILLER, M. *Raymond Unwin: Garden Cities and Town Planning.* Leicester, 1992.
MILOBEDZKI, A. *Zarys dziehów architektury w Polsce.* Warsaw, 1968.
MORAVANSZKY, A. *Die Architektur der Jahrhundertwende in Ungarn und ihre Beziehungen zu der Wiener Architektur der Zeit.* Vienna, 1983.
MUTHESIUS, H. *The English House.* English edn, London, 1979.
—. *Stilarchitektur und Baukunst: Wandlungen der Architektur im XIX Jahrhundert.* Mülheim-Ruhr, 1902
MUTHESIUS, S. *Art, Architecture and Design in Poland.* Königstein im Taunas, 1994.
—. *The English Terraced House.* New Haven and London, 1982.
—. *The High Victorian Movement 1850–1870.* London and Boston, 1972.

NAYLOR, G. *The Arts and Crafts Movement: a Study of its Sources, Ideals and Influence on Design Theory.* London, 1971.
NERDINGER, W. (Ed.). *Friedrich von Gärtner: ein Architektenleben, 1791–1847.* Munich, 1992.
NUTTGENS, P. (Ed.). *Mackintosh and his Contemporaries in Europe and America.* London, 1988.
PEVSNER, N. *Pioneers of Modern Design from William Morris to Walter Gropius.* London, 1936, Harmondsworth, 1960 and other editions.
—. *A History of Building Types.* London and Princeton, 1976.
POLANO, S. *Hendrik Petrus Berlage: Complete Works.* London, 1987.
PORT, M. H. (Ed.). *The Houses of Parliament.* New Haven and London, 1976.
PUGIN, A. W. N. *Contrasts, or a Parallel Between the Noble Edifices of the Fourteenth and Fifteenth Centuries.* Salisbury, 1836. (1841 edition reprinted 1969.)
QUINEY, A. *John Loughborough Pearson.* New Haven and London, 1979.
RAGON, M. *Histoire mondiale de l'architecture et de l'urbanisme modernes.* Vol. 1: *Idéologies et pionniers, 1800–1910.* Paris, 1971.
RÉAU, F. L. *L'Oeuvre du Baron Haussmann.* Paris, 1954.
RHEIMS, M. *Hector Guimard.* New York, 1988.
RICHARDS, J. M. *The Functional Tradition in Early Industrial Buildings.* London, 1958.
—. *A Guide to Finnish Architecture.* London, 1966.
RICHARDS, J. M. and PEVSNER, N. (Eds). *The Anti-Rationalists.* London, 1973.
RICKMAN, T. *An Attempt to Discriminate the Styles of English Architecture.* 4th edn, London, 1835.
RUBENS, G. *William Richard Lethaby: his Life and Work, 1857–1931.* London, 1986.
RUSKIN, J. *The Seven Lamps of Architecture.* London, 1849.
—. *The Stones of Venice.* 3 vols. London, 1851–3.
SAINT, A. *Richard Norman Shaw.* New Haven and London, 1976.
SCHEZEN, R. and HAIKO, P. *Vienna, 1850–1930: Architecture.* New York, 1992.
SCHILD, E. *Zwischen Glaspalast und Palais des Illusions.* 2nd edn, Brunswick and Wiesbaden, 1983.
SERVICE, A. *Edwardian Architecture: a Handbook to Building Design in Britain, 1890–1914.* London, 1977.
SERVICE, A. (Ed.). *Edwardian Architecture and Its Origins.* London, 1950.
SIMMONS, J. *St Pancras Station.* London, 1968.
SIMPSON, D. *C. F. A. Voysey: an Architect of Individuality.* London, 1979.
SINGER, C. et al. *A History of Technology.* Vols 4 and 5. London, 1958.
STAMP, G. and GOULANCOURT, A. *The English House, 1860–1914: the Flowering of English Domestic Architecture.* London, 1986.
STAMP, G. and MCKINSTRY, S. (Eds). *'Greek' Thomson.* Edinburgh, 1994.
STANTON, P. *Pugin.* London, 1971.
STRATTON, M. *The Terracotta Revival: Building Innovation and the Image of the Industrial City in Britain and North America.* London, 1993.
STREET, A. E. *Memoir of George Edmund Street, R.A.* New York, 1972 (reprint of 1888 edition).
SUMMERSON, J. *Heavenly Mansions.* London, 1949.
—. *Victorian Architecture: Four Studies.* New York, 1970.
SWEENEY, J. J. and SERT, J. L. *Antoni Gaudí.* 2nd edn, London, 1970.
THOMPSON, P. *William Butterfield.* London, 1971.
VAN ZANTEN, D. *Designing Paris: the Architecture of Duban, Labrouste, Duc and Vaudoyer.* Cambridge, Mass., and London, 1987.
VIOLLET-LE-DUC, E. *Entretiens sur l'architecture.* Paris, 1858–72.
WATKIN, D. *The Life and Work of C. R. Cockerell.* London, 1974.
WEDGWOOD, A. *A. W. N. Pugin and the Pugin Family.* Catalogue of Architectural Drawings. London (Victoria and Albert Museum), 1985.
WILKES, L. and DODDS, G. *Tyneside Classical.* London, 1964.
ZADOR, A. *Revival Architecture in Hungary: Classicism and Romanticism.* Budapest, 1985.
ZEITLER, R. *Die Kunst des 19. Jahrhunderts.* Berlin, 1966.

第六编 欧洲以外地区殖民时期及后殖民时期的建筑

第36章 非洲建筑

图书

BEGUIN, F. *Arabisances: decor architectural et trace urbain en Afrique du Nord, 1830–1950.* Paris, 1983.
CHIPKIN, C. M. *Johannesburg Style: Architecture & Society, 1880s-1960s.* Cape Town, 1993.
DE BOSDARI, C. *Cape Dutch Houses and Farms.* Cape Town, 1971.
FRANSEN, H. and COOK, M. *The Old Buildings of the Cape.* Cape Town, 1980.
—. *The Old Houses of the Cape.* Cape Town, 1965.
GREIG, D. *Herbert Baker in South Africa.* Cape Town, 1970.
KEARNEY, B. *Architecture in Natal, 1824–1893.* Cape Town, 1973.
KEATH, M. *Herbert Baker: Architecture and Idealism, 1892–1913: the South African Years.* Gibraltar, 1992.
LAWRENCE, A. B. *Trade Castles and Forts of West Africa.* London, 1963.
LEWCOCK, R. *Early Nineteenth-Century Architecture in South Africa.* Cape Town, 1963.
OBHOLZER, A. M., BARAITSER, M. and MALHERBE, W. D. *The Cape House and its Interior: an Inquiry into the Sources of Cape Architecture and a Survey of Built-in Early Cape Domestic Woodwork.* Stellenbosch, 1985.
PEARSE, G. E. *The Cape of Good Hope 1652–1833.* Pretoria, 1956.
—. *Eighteenth-Century Architecture in South Africa.* Cape Town, 1968.
PICTON-SEYMOUR, D. *Victorian Buildings in South Africa.* Cape Town, 1977.

RENNIE, J. *The Buildings of Central Cape Town.* Cape Town, 1978.

WALTON, J. *Homesteads and Villages of South Africa.* Pretoria, 1965.

报告和文章

AALUND, F. 'Zanzibar Old Stone Town'. *Monumentum*, vol. 26, no. 2, 1983.

GHAIDAN, U. *Lamu: a Study in Conservation.* Nairobi, 1976.

—. *Lamu: a Study of the Swahili Town.* Nairobi, 1975.

ISAKA, A. *Area Conservation for Traditional Buildings in Ghana.* Unpublished thesis, University of York, 1982.

WATSON, T. N. 'Bagamoyo, Tanzania'. *Monumentum*, vol. 25, no. 1, 1982.

—. 'Conservation Report on Bagamoyo'. Bury St Edmonds, 1979.

第37章　美洲建筑

ADAMS, W. H. *Jefferson's Monticello.* New York, 1983.

ALEXANDER, R. L. *The Architecture of Maximilian Godefroy.* Baltimore, 1974.

ANGULO, D. *Planos de monumentos arquitectónicos de América y Filipinas, en el Archivo General de Indias.* Seville, 1939.

ANGULO, D., MARCO DORTA, E. and BUSCHIAZZO, M. *Historia del arte hispanoamericano.* Barcelona, 1974.

ARANGO, S. *Historia de la arquitectura en Colombia.* Bogotá, 1989.

AXELROD, A. (Ed.). *The Colonial Revival in America.* New York, 1985.

BAKER, P. R. *Richard Morris Hunt.* Cambridge, Mass., 1980.

BARDI, P. M. *Historia da arte brasiliera.* Sao Paulo, 1978.

BAYÓN, D. *Sociedad y arquitectura colonial sudamericana.* Barcelona, 1974.

BAYÓN, D. AND MARX, M. *History of South American Colonial Art and Architecture: Spanish South America and Brazil.* New York, 1992.

BAZIN, G. *L'Architecture religieuse baroque au Brésil.* Paris, 1956.

BENAVÍDEZ, A. *La Arquitectura en el Virreynato del Perú y la Capitan#dia General de Chile.* Santiago, 1945.

BERCHEZ, J. *Arquitectura mexicana de los siglos XVII y XVIII.* Mexico City, 1992.

BLASER, W. (Ed.). *Chicago Architecture: Holabird & Root 1880–1992.* Basel, 1992.

BRIDENBAUGH, C. *Peter Harrison, First American Architect.* Chapel Hill, 1949.

BRUEGMANN, R. *Holabird & Roche, Holabird & Root: An Illustrated Catalog of Works.* New York and London, 1991.

BURY, J. *Arquitetura e arte no Brasil colonial.* Sao Paulo, 1991.

BUSCHIAZZO, M. *La Arquitectura en la República Argentina, 1810–1930.* Buenos Aires, 1969.

—. *Historia de la arquitectura colonial en Iberoamérica.* Buenos Aires, 1961.

CARROTT, R. *The Egyptian Revival.* Berkeley, Calif., 1978.

Centros Históricos. América Latina. Coordinator R. Gutierrez. Bogotá, 1990.

CONDIT, C. W. *The Chicago School of Architecture.* Chicago and London, 1964.

—. *The Rise of the Skyscraper.* Chicago, 1952.

CUMMINGS, A. L. *The Framed Houses of Massachusetts Bay, 1625–1725.* Cambridge, Mass., 1974.

DONOGHUE. J. *Alexander Jackson Davis: Romantic Architect, 1803–1892.* New York, 1982.

EARLY, J. *The Colonial Architecture of Mexico.* Albuquerque, 1994.

ETZEL, E. *O Barroco no Brasil.* Sao Paulo, 1974.

FERNÁNDEZ, M. *Arquitectura y gobierno virreinal.* Mexico, 1985.

FITCH, J. M. *American Building: the Historical Forces that Shaped it.* New York, 1966.

FORMAN, H. C. *Architecture of the Old South; the Mediaeval Style, 1585–1850.* Cambridge, Mass., 1948.

FRASER, V. *The Architecture of Conquest: Building in the Viceroyalty of Peru, 1535–1635.* Cambridge, 1990.

GALLAGHER, H. M. P. *Robert Mills, Architect of the Washington Monument, 1781–1855.* New York, 1935.

GASPARINI, G. *América, barroco y arquitectura.* Caracas, 1972.

—. *La arquitectura colonial en Venezuela.* Cararacas. 1965.

GILCHRIST, A. A. *William Strickland, Architect and Engineer, 1788–1854.* Philadelphia, 1950.

GISBERT, T. and DE MESA, J. *Arquitectura andina, 1530–1830.* La Paz, 1985.

GIURIA, J. *La arquitectura en el Paraguay.* Buenos Aires, 1950.

—. *La arquitectura en el Uruguay.* Montevideo, 1955.

GOSNER, P. *Caribbean Georgian: the Great and Small Houses of the West Indies.* Washington, DC, 1982.

GOWANS, A. *Building Canada.* Toronto, 1966.

GRROSS, P. *Arquitectura en Chile.* Santiago de Chiles, 1988.

GUTIÉRREZ, R. *Arquitectura y urbanismo en Iberoamérica.* Madrid, 1983.

—. *Evolución urban#distica y arquitectónica del Paraguay.* Asunción, 1978.

—. *Tipologías de las Misiones Jesuíticas.* Buenos Aires, 1982.

HAMLIN, T. F. *The Architecture of H. H. Richardson and his Times.* New York, 1936 and 1965.

—. *Benjamin Henry Latrobe.* New York, 1955.

—. *Greek Revival Architecture in America.* New York, 1944 and 1964.

HANDLIN, D. P. *American Architecture.* New York and London, 1985.

—. *The American Home; Architecture and Society, 1815–1915.* Boston, 1979.

HARDOY, J. E. *La Ciudad en América Latina.* Buenos Aires, 1972.

—. *Historia urbana de Iberoamerica.* Coordinator M. L. Cerrillos. 3 vols. Madrid, 1987.

HITCHCOCK, H.-R. *Architecture: Nineteenth and Twentieth Centuries.* 4th edn, Harmondsworth and Baltimore, 1977.

HOFFMAN, D. *The Architecture of John Wellborn Root.* Baltimore, 1973.

JENKINS, B. S. *William Thornton: Small Star of the American Enlightenment.* San Luis Obispo, Calif., 1982.

JOHNSTON, F. B. and WATERMAN, T. T. *The Early Architecture of North Carolina.* Chapel Hill, 1941.

JORDY, W. H. *American Buildings and their Architects.* Vols 3 and 4. New York, 1970–73.

KATZMAN, I. *Arquitectura del siglo XIX en México.* Mexico, 1973.

KELEMEN, P. *Baroque and Rococo in Latin América.* New York, 1951.

KELLY, J. F. *The Early Domestic Architecture of Connecticut.* New Haven, 1948.

KENNEDY, R. G. *Greek Revival America.* New York, 1989.

KIMBALL, F. *Domestic Architecture of the American Colonies and of the Early Republic.* New York, 1922, reprinted 1966.

—. *Thomas Jefferson, Architect.* Boston, 1916, Repr. 1968.

KIRKER, H. *The Architecture of Charles Bulfinch.* Cambridge, Mass., 1969.

KUBLER, G. and SORIA, M. *Art and Architecture in Spain and Portugal and their American Dominions, 1500–1800.* Baltimore, 1959.

LARSON, G. A. and PRIDMORE, J. *Chicago Architecture and Design.* New York, 1993.

LISCOMBE, R. W. *Altogether American: Robert Mills, Architect and Engineer, 1781–1855.* New York, 1994.

LOUNSBURY, C. R. (Ed.). *An Illustrated Glossary of Early Southern Architecture and Landscape.* New York, 1994.

LUJÁN MUÑOZ, L. *Síntesis de la arquitectura de Guatemala.* Guatemala, 1968.

MCKIM MEAD & WHITE. *The Architecture of McKim, Mead & White In Photographs, Plans and Elevations.* New York and London, 1990.

MAITLAND, L. *Neoclassical Architecture in Canada.* Ottawa, 1984.

MAZA, F. DE LA. *El Arte colonial como expresión histórica de México.* Mexico, 1965.

MESA, J. and GISBERT, T. *Monumentos de Bolivia.* La Paz, 1992.

MONTECINOS, H. et al. *Arquitectura de Chile.* Santiago, 1976.

MORRISON, H. *Early American Architecture.* New York, 1952.

—. *Louis Sullivan, Prophet of Modern Architecture.* New York, 1935, 1952 and 1962.

NEWCOMB, R. *Architecture in Old Kentucky.* Urbana, Ill., 1953.

—. *Spanish Colonial Architecture in the United States.* New York, 1937.

NEWTON, R. H. *Town and Davis, Architects.* New York, 1942.

NICOLINI, A. R., SILVA, M. and MARTÍNEZ, E. *El Patrimonio arquitectónico de los Argentinos.* Buenos Aires, 1982.

O'GORMAN, J. F. *The Architecture of Frank Furness.* Philadelphia, 1973.

—. *H. H. Richardson: Architectural Forms for an American Society.* Chicago, 1987.

—. *Three American Architects: Richardson, Sullivan and Wright, 1865–1915.* Chicago, 1991.

PALM, E. W. *Los monumentos arquitectónicos de la Española.* Ciudad Trujillo, 1955.

—. *El Patrimonio arquitectónico de los Argentinos.* 4 vols. Buenos Aires, 1982–7.

PIERSON, W. H. *American Buildings and their Architects.* Vols 1 and 2. New York, 1970–73.

ROTH, L. M. *McKim, Mead & White, Architects.* London, 1984.

SCHUYLER, M., JORDY, W. and COE, R. (Eds). *American Architecture and Other Writings.* Cambridge, Mass., 1961.

SCULLY, V. J. *American Architecture and Urbanism.* New York and London, 1969.

—. *The Shingle Style and the Stick Style.* New York, 1971.

SOUSA, A. *Arquitectura neoclásica brasiliera: um reexame.* Sao Paulo, 1994.

STEIN, S. R. (Ed.). *The Architecture of Richard Morris Hunt.* Chicago, 1986.

SULLLIVAN, L. H. *The Autobiography of an Idèa.* New York, 1956 and earlier editions.

TALLMADGE, T. *Architecture in Old Chicago.* Chicago, 1941.

THOMAS, G. E., LEWIS, M. J. and COHEN, J. A. *Frank Furness: the Complete Works.* Princeton and London, 1991.

TOUSSAINT, M. *Arte colonial en México.* Mexico, 1962.

TWOMBLY, R. *Louis Sullivan: his Life and Work.* Chicago, 1987.

UPJOHN, E. *Richard Upjohn: Architect and Churchman.* New York, 1939.

VAN RENSSELAER, M. G. *Henry Hobson Richardson and his Works.* Boston, 1888, reprinted 1969.

VARGAS, J. M. *Historia del arte ecuatoriano.* Quito, 1963.

WAISMAN, M. *Arquitectura colonial argentina.* Buenos Aires, 1987.

WATERMAN, T. T. *The Dwellings of Colonial America.* Chapel Hill, 1950.

—. *Domestic Colonial Architecture in Tidewater Virginia.* New York, 1932.

—. *The Mansions of Virginia.* Chapel Hill, 1946.

WEISS, J. *La arquitectura colonial cubana.* La Havana, 1979.

WETHEY, H. *Art and Architecture in Peru.* Cambridge, 1949.

WHIFFEN, M. *The Eighteenth Century Houses of Williamsburg: a Study of Architecture and Building in the Colonial Capital of Virginia.* Rev. edn, Williamsburg, Va, 1984.

—. *The Public Buildings of Colonial Williamsburg.* Williamsburg, 1958.

WHITE, T. (Ed.). *Philadelphia in the Nineteenth Century.* Philadelphia, 1953.

WILSON, R. G. *McKim, Mead & White, Architects.* New York, 1983.

ZUKOWSKY, J. *Chicago Architecture, 1872–1922:*

Birth of a Metropolis. Munich, 1987.

第38章　中国建筑

ADAM, M. *Yuen ming yuen, L'Oeuvre Architecturale des Anciens Jésuites au XVIII Siècle.* Peking, 1936.

CHEN CONG-ZHOU and ZHANG MING. *Shanghai Jindai Jianzhu Shigao (A Historical Draft of Shanghai Modern Architecture).* Shanghai, 1988 (Chinese edition).

EDITORIAL BOARD OF THE CHINESE ARCHITECTURAL HISTORY. *A Brief History of Chinese Architecture.* Book Two. Beijing, 1962 (Chinese edition).

INSTITUTE OF CHINESE MODERN ARCHITECTURE AND JAPANESE INSTITUTE OF ASIAN MODERN ARCHITECTURE. *The Architectural Heritage of Modern China, Tianjin.* Tokyo, 1989 (Chinese and Japanese edition with English summary).

MURAMATSU SHIN. *Shanghai, 1842–1949.* Tokyo, 1991 (Japanese edition).

PREPARATORY COMMITTEE OF THE CHINESE YUAN MING YUAN INSTITUTE. *Yuan Ming Yuan.* Vol. 1. Beijing, 1981 (Chinese edition).

TENG GU. *The Remains of the Western Style Palace of Yuan Ming Yuan.* Shanghai, 1933 (Chinese edition).

WANG SHAO-ZHOU. *A Pictorial Handbook of Chinese Modern Architecture.* Shanghai, 1989 (Chinese edition).

—. *Shanghai Modern Architecture.* Nanjing, 1989 (Chinese edition).

WANG SHAO-ZHOU AND CHEN ZHI-MIN. *Li-long, Lane Houses in Shanghai.* Shanghai, 1987 (Chinese edition).

WANG TAN and FUJIMORI, TERUNOBU. *The Architectural Heritage of Modern China, Beijing.* Beijing, 1993 (Chinese edition).

—. *The Architectural Heritage of Modern China, Chongqing.* Beijing, 1993 (Chinese edition).

—. *The Architectural Heritage of Modern China, Guangzhou.* Beijing, 1992 (Chinese edition).

—. *The Architectural Heritage of Modern China, Harbin.* Beijing, 1992 (Chinese edition).

—. *The Architectural Heritage of Modern China, Kunming.* Beijing, 1993 (Chinese edition).

—. *The Architectural Heritage of Modern China, Lushan.* Beijing, 1993 (Chinese edition).

—. *The Architectural Heritage of Modern China, Nanjing.* Beijing, 1992 (Chinese edition).

—. *The Architectural Heritage of Modern China, Qingdao.* Beijing, 1992 (Chinese edition).

—. *The Architectural Heritage of Modern China, Wuhan.* Beijing, 1992 (Chinese edition).

—. *The Architectural Heritage of Modern China, Xiamen.* Beijing, 1993 (Chinese edition).

—. *The Architectural Heritage of Modern China, Yantai.* Beijing, 1992 (Chinese edition).

YANG BING-DE. *Chinese Modern Cities and their Architecture, 1840–1949.* Beijing, 1993 (Chinese edition).

第39章　日本和朝鲜建筑

ABE, K. 'Meiji Architecture', in Ueno Naoteru (Ed.), *Japanese Arts and Crafts in the Meiji Era.* Tokyo, 1958.

ALEX, W. *Japanese Architecture.* New York, 1963.

BLASER, W. *Japanese Temples and Tea Houses.* New York, 1956.

CHANG, KYUNG HO. *A Study of Structural Styles of Korean Wooden Constructions and their Characteristics.* Tokyo National Research Institute of Cultural Properties, 1983.

COALDRAKE, W. 'Edo Architecture and Tokugawa Law', *Monumenta Nipponica,* vol. 36, no. 3, 1981, pp. 235–84.

—. *The Way of the Carpenter: Tools and Japanese Architecture.* New York, 1990.

DREXLER, A. *The Architecture of Japan.* New York, 1966.

FUKUYAMA, T. *Heian Temples: Byodo-in and Chuson-ji.* New York and Tokyo, 1976.

FUKUYAMA, T. and AKIYAMA, T. *Report of the Institute of Art Research: Study on the Octagonal Hall of Eizanji; the Architecture and Painting of the Nara Period.* Kyoto, 1951.

HAKWON-SA. *Korea: its Land, People and Culture of All Ages.* Seoul, 1960.

HALL, J. W. *Japan from Prehistory to Modern Times.* Tokyo, 1984.

HASHIMOTO, F. *Architecture in the Shoin Style.* Tokyo, New York and San Francisco, 1981.

HAYASHIYA, T., NAKAMURA, M. and HAYASHIYA, S. *Japanese Arts and the Tea Ceremony.* New York and Tokyo, 1974.

HIRAI, K. *Feudal Architecture in Japan.* New York and Tokyo, 1974.

INAGAKI, E. 'Revolt and Conformity in Architecture', *This is Japan,* no. 10, 1963.

INOUE, M. *Space in Japanese Architecture.* New York, 1985.

ITO, T. *The Elegant Japanese House: Traditional Sukiya Architecture.* New York and Tokyo, 1969.

—. *Traditional Domestic Architecture of Japan.* New York and Tokyo, 1972.

ITO, T. and FUTUGAWA, Y. *Traditional Japanese Houses.* New York, 1983.

ITO, T. and NOVOGRAD, P. 'The Development of Shoin-style Architecture', in *Japan in the Muromachi Age.* Berkeley and London, 1977.

ITO, T., et al. *Katsura.* Tokyo, 1983.

JAPAN ARCHITECT (Ed.). *A Guide to Japanese Architecture.* New edn, Tokyo, 1984.

JOE, W. J. *Traditional Korea: a Cultural History.* Seoul, 1972.

KIM, CHOUNG KI, HWANG, SU YONG and CHUNG, YOUNG HO. *The Arts of Korea: Architecture, VI.* Seoul, 1974.

KIM, WON YONG. *Recent Archaeological Discoveries in the Republic of Korea.* Tokyo, 1983.

KIRBY, J. B. *From Castle to Teahouse: Japanese Architecture of the Momoyama Period.* Tokyo and Rutland, Vt., 1962.

KOREAN NATIONAL COMMISSION FOR UNESCO. *A Study of Traditional Culture in Korea.* Seoul, 1973.

LEE, KI-BAIK. *A New History of Korea.* Translated by E. W. Wagner and E. J. Shultz. Seoul, 1984.

MCCLAIN, J. L. *Kanazawa: a Seventeenth-Century*

Japanese Castle Town. New Haven and London, 1982.
MINISTRY OF CULTURE AND INFORMATION. *The Ancient Arts of Korea.* Seoul, 1974.
MORSE, E. *Japanese Homes and their Surroundings.* 1896 (reprinted, Tokyo and Rutland, Vt, 1972).
MURAMSATSU, T. 'Ventures into Western Architecture', in Yamada Chisaburo (Ed.). *Dialogue in Art: Japan and the West.* Tokyo and New York, 1976.
NISHI, K. and HOZUMI, K. *What is Japanese Architecture?* Tokyo, New York and San Francisco, 1985.
ODATE, T. *Japanese Woodworking Tools: Their Traditional Spirit and Use.* Newtown, Conn., 1984.
OKAWA, N. *Edo Architecture: Katsura and Nikko.* New York and Tokyo, 1975.
OOKA, M. *Temples of Nara and their Art.* New York and Tokyo, 1973.
OTA, H. (Ed.). *Japanese Architecture and Gardens.* Tokyo, 1972.
PAINE, R. T. and SOPER, A. *The Art and Architecture of Japan.* Harmondsworth, 1975.
PARENT, M. N. 'A Reconsideration of the Role of Horinji in the History of Japanese Architecture', *The Japan Architect*, January-July, 1975.
—. *The Roof in Japanese Buddhist Architecture.* New York and Tokyo, 1983.
—. 'Yamadadera: Tragedy and Triumph', *Monumenta Nipponica*, vol. 39, no. 3, 1984, pp. 307–31.
—. 'Yamadadera: Excavations 1984', *Monumenta Nipponica*, vol. 40, no. 2, 1985, pp. 209–19.
SADLER, A. L. *A Short History of Japanese Architecture.* 1941 (reprinted, Tokyo and Rutland, Vt, 1963).
SANSOM, G. *A Short Cultural History of Japan.* Stanford, 1952.
SOPER, A. *The Evolution of Buddhist Architecture in Japan.* New York, 1978.
STEWART, D. B. *The Making of a Modern Japanese Architecture: 1868 to the Present.* Tokyo, 1988.
SUZUKI, K. *Early Buddhist Architecture in Japan.* Tokyo, New York and San Francisco, 1980.
UEDA, A. *The Inner Harmony of the Japanese House.* Tokyo, 1990.
WATANABE, Y. *Shinto Art: Ise and Izumo Shrines.* New York and Tokyo, 1974.

第40章 东南亚建筑

BEAMISH, J. and FERGUSON, J. *A History of Singapore Architecture: the Making of a City.* Singapore, 1985.
DE JESUS, M. Q. *The Philippines.* Manila, 1981.
FORAN, W. R. *Malayan Symphony.* Plymouth, 1935.
GRETCHEN, M. *Pastel Portraits.* Singapore, 1984.
KLASSEN, W. *Architecture in the Philippines: Filipino Building in a Cross-Cultural Context.* Cebu City, 1986.
KLEIN, W. *Burma.* Singapore, 1981.
LEE KIP LIN. *The Singapore House, 1819–1942.* Singapore, 1988.
SHEPPARD, H. A. M. *Malayan Forts.* Kuala Lumpur, 1961.
VAN DE WALL, V. I. *Onde hollandsche bouwkunst in Indonesie.* Antwerp, 1942.

第41章 印度次大陆建筑

ALLEN, C. *Plain Tales from the Raj.* London, 1975.
AZEVEDO, C. DE. *Arte christã na India Portuguesa.* Lisbon, 1959.
BALDAEUS, P. *A True and Exact Description of the Great Island of Ceylon.* Translator Pieter Brohier. Maharagama, 1980.
BARLOW, G. *The Story of Madras.* London, 1921.
BENCE-JONES, M. *Palaces of the Raj.* London, 1973.
BINHAM, P. M. *History of the Public Works Department, Ceylon, 1796–1896.* 3 vols. Colombo, 1922.
BROHIER, R. L. *Links between Sri Lanka and the Netherlands.* Colombo, 1978.
BROHIER, R. L. and PAULUSZ, J. H. O. *Land, Maps and Surveys, etc.* 2 vols. Colombo, 1951.
CLARKE, B. *Anglican Cathedrals Outside the British Isles.* London, 1958.
DAVIES, P. *Splendours of the Raj: British Architecture in India, 1600 to 1947.* London, 1985.
DE QUEYROZ, F. *The Temporal and Spiritual Conquest of Ceylon.* Translator S. G. Perera. 3 vols. Colombo, 1930.
DODWELL, H. H. *The Cambridge History of India.* Vol. 5, Cambridge, 1929.
DOSHI, S. 'Goa – An Encounter', *Marg*, vol. XXXV, no.3. Bombay.
DOSSAL, M. *Imperial Designs and Indian Realities: the Planning of Bombay City, 1845–1875.* Bombay, 1991.
EVENSON, N. *The Indian Metropolis: a View Towards the West.* New Haven and London, 1989.
FERRACUTI, G. *Goa: memoria e immagine: architettura e citta dell'India Potoghese.* Milan, 1991.
GREIG, D. *The Reluctant Colonists: Netherlanders Abroad in the 17th and 18th Centuries.* Assen, 1987.
GUPTA, S. *Architecture and the Raj (Western Deccan 1700–1900).* Delhi, 1984.
HEYDT, J. W. *Heydt's Ceylon.* Translator R. Raven-Hart. Colombo, 1952.
HUTT, A. *Goa: A Traveller's Historical and Architectural Guide.* Buckhurst Hill, 1988.
KING, A. D. *Colonial Urban Development.* London, 1976.
LLEWELLYN-JONES, R. *Fatal Friendship: the Nawabs, the British and the City of Lucknow.* Delhi, 1985.
MARTYN, M. 'Georgian Architecture in Calcutta', *Country Life*, vol. civ, 3 December 1948.
METCALF, T. R. *An Imperial Vision: Indian Architecture and Britain's Raj.* Berkeley, Calif., 1989.
MICHELL, G. *The Royal Palaces of India.* London, 1994.
MORRIS, J. *Stones of Empire: Buildings of the Raj.* Oxford, 1983.
MUKHERJI, S. C. *The Changing Face of Calcutta: an Architectural Approach.* Calcutta, 1991.
MUMTAZ, K. K. *Architecture In Pakistan.* Singapore, 1985.
MUNASINGHE, H. *Transformation of Colonial Urban Space in Sri Lanka with Special Reference to the Port City of Galle.* Espoo, 1992.
MUTHIAH, S. *Madras Discovered.* Madras, 1981.
NELSON, W. A. *Dutch Forts in Sri Lanka.* Edinburgh, 1984.

NILSSON, S. *European Architecture in India, 1750–1850.* London, 1968.

NUNES, J. *The Monuments in Old Goa.* Delhi, 1979.

PIERIS, P. E. *Ceylon: the Portuguese Era.* Colombo, 1914.

POTT, J. *Old Bungalows in Bangalore.* London, 1977.

REIMERS, E. *Constantine De Sa's Maps and Plans of Ceylon (1624–1618).* Colombo, 1929.

TADGELL, C. *The History of Architecture in India from the Dawn of Civilization to the End of the Raj.* London, 1990.

THAPAR, R. *Penguin History of India, Vol. 1.* Harmondsworth, 1970.

TILLOTSON, G. H. R. *The Tradition of Indian Architecture: Continuity, Controversy and Change since 1850.* New Haven and London, 1989.

TINDALL, G. *City of Gold: the Biography of Bombay.* London, 1982.

TOY, S. *The Strongholds of India.* London, 1957.

VAN DE WALL. *Oude hollandsche bouwkunst in Indonesie.* Antwerp, 1942.

WOODFORD, P. *Rise of the Raj.* London, 1978.

WRIGHT, G. *The Politics of Design in French Colonial Urbanism.* Chicago and London, 1991.

第42章 澳大利亚建筑

ANDREWS, B. *Gothic in South Australian Churches.* Adelaide, 1984.

APPERLY, R, IRVING, R. and REYNOLDS, P. *A Pictorial Guide to Identifying Australian Architecture: Styles and Terms from 1788 to the Present.* North Ryde, 1989.

AUSTRALIAN COUNCIL OF NATIONAL TRUSTS. *Historic Homesteads of Australia.* 2 vols. Melbourne, 1976.

—. *Historic Houses of Australia.* Melbourne, 1974.

—. *Historic Places of Australia.* 2 vols. Melbourne, 1979.

—. *Historic Public Buildings of Australia.* Melbourne, 1971.

AUSTRALIAN HERITAGE COMMISSION. *The Heritage of Australia, the Illustrated Register of the National Estate.* South Melbourne, 1981.

COX, P. and LUCAS, C. *Australian Colonial Architecture.* East Melbourne, 1978.

DE JONG, U. *William Wilkinson Wardell, 1823–1899: his Life and Work.* Clayton, 1983.

DREW, P. *Veranda: Embracing Place.* Pymble, NSW, 1992.

ELLIS, M. H. *Francis Greenway: his Life and Times.* 2nd edn, Sydney, 1953.

FEARNLEY, C. *Colonial Style: Pioneer Buildings of New Zealand.* Auckland, 1986.

FREELAND, J. M. *Architect Extraordinary: the Life and Work of John Horbury Hunt, 1838–1904.* Melbourne, 1970.

—. *Architecture in Australia.* Melbourne, 1968.

HERMAN, H. *The Blacketts: an Era of Australian Architecture.* Sydney, 1969.

—. *The Early Australian Architects and their Work.* Sydney, 1954.

HODGSON, T. *Looking at the Architecture of New Zealand.* Wellington, 1990.

HOWELLS, T. and NICHOLSON, M. (Eds). *Towards the Dawn: Federation Architecture in Australia, 1890–1915.* Sydney, 1989.

KINGSTON, D. *Early Colonial Homes of the Sydney Region, 1788–1838.* Kenthurst, 1990.

LANE, T. and SERLE, J. *Australians at Home: a Documentary History of Australian Domestic Interiors from 1788 to 1914.* Melbourne, 1990.

MURPHY, J. and NORRIS, K. *The Most Useful Art: Architecture in Australia, 1788–1985.* Sydney, 1985.

NEW ZEALAND HISTORIC PLACES TRUST. *Historic Buildings of New Zealand, North Island.* Auckland, 1979.

—. *Historic Buildings of New Zealand, South Island.* Auckland, 1983.

ROBERTSON, E. G. *Decorative Cast Iron in Australia.* South Yarra, Vic., 1984.

SALMOND, J. *Old New Zealand Houses, 1800–1940.* Auckland, 1986.

SHAW, P. *New Zealand Architecture from Polynesian Beginnings to 1990.* Auckland, 1991.

STACPOOLE, J. *Colonial Architecture in New Zealand.* Wellington, 1976.

STACPOOLE, J. and BEAVEN, P. *Architecture, 1820–1970 in New Zealand.* Wellington, 1972.

第七编 20世纪建筑

第44章 1900~1945年的西欧建筑
第45章 1945年以后的西欧建筑

BAIRATI, E. AND RIVA, D. *Il Liberty in Italia.* Bari, 1985.

BANHAM, R. *The Age of the Masters.* London, 1975.

—. *The Architecture of the Well-Tempered Environment.* 2nd edn, London, 1984.

—. *A Concrete Atlantis: U.S. Industrial Building and European Modern Architecture, 1900–1925.* Cambridge, Mass., and London, 1986.

—. *Theory and Design in the First Machine Age.* London, 1972.

BEHRENDT, W. C. *Modern Building.* London, 1938.

BELLUZZI, A. and CONFORTI, C. *Architettura italiana 1944–1984.* Bari, 1985.

BENEVELO, L. *History of Modern Architecture.* 2 vols. London, 1971.

BORSI, F. *The Monumental Era: European Architecture and Design, 1929–1939.* London, 1987.

BRUNETTI, F. *Momenti di architettura italiana contemporanea.* Florence, 1990.

BUCH, J. *A Century of Architecture in The Netherlands 1880–1990.* Rotterdam, 1994.

CASTEX, J., DEPAULE, J.-C. and PANERAI, P. *Formes urbaines: de l'Îlot à la Barre.* Paris, 1977.

CHASLIN, F. *Les Paris de François Mitterrand: histoires des grands projets architecturaux.* Paris, 1985.

COLLINS, P. *Concrete: The Vision of a New Architecture.* London, 1959.

CONRADS, U. *Modern Architecture in Germany.* London, 1962.

—. *Programmes and Manifestoes on 20th Century*

Architecture. London, 1970.
CREESE, W. L. *The Search for Environment: the Garden City*. New Haven and London, 1966. Expanded edn, Baltimore, 1992.
CURTIS, W. J. R. *Modern Architecture since 1900*. 2nd edn, London, 1987.
DAL CO, F. *Figures of Architecture and Thought: German Architecture Culture, 1880–1920*. New York, 1990.
DANNATT, T. *Modern Architecture in Britain: Selected Examples of Recent Building*. London, 1959.
DELEVOY, R., CULOT, M. and LOO, A. VAN. *Le Cambre 1928–1978*. Brussels, 1979.
DOORDAN, D. *Building Modern Italy: Italian Architecture, 1914–1936*. New York, 1988.
DUNSTER, D. *Key Buildings of the Twentieth Century. Vol. 1: Houses 1900–1945*. London, 1985.
EMANUEL, M. (Ed.). *Contemporary Architects*. 3rd edn, New York and London, 1994.
ETLIN, R. A. *Modernism in Italian Architecture, 1890–1940*. Cambridge, Mass., and London, 1991.
FANELLI, G. *Architettura, edilizia urbanistica Olanda 1917–1940*. Florence, 1978.
FELDMEYER, G. *The New German Architecture*. New York, 1993.
FRANCISCONO, M. *Walter Gropius and the Creation of the Bauhaus in Weimar*. Chicago, 1971.
GLANCEY, J. *New British Architecture*. London, 1989.
GRAY, A. S. *Edwardian Architecture. A Biographical Dictionary*. London, 1985.
GROPIUS, W. *The New Architecture and the Bauhaus*. London, 1935.
GUBLER, J. *Nationalisme et Internationalisme dans l'Architecture Moderne de la Suisse*. Lausanne, 1975.
HITCHCOCK, H.-R. *Architecture: Nineteenth and Twentieth Centuries*. 4th edn, Harmondsworth, 1977.
HUSSEY, C. *The Life of Sir Edwin Lutyens*. London, 1953.
JAFFE, H. L. C. *De Stijl*. London, 1970.
JOEDICKE, J. *Architecture since 1945*. London, 1969.
BLUNDELL JONES, P. *Hans Scharoun*. London, 1995.
JULIEN, R. *Histoire de l'architecture moderne en France*. Paris, 1984.
KNOBEL, L. *The Faber Guide to Twentieth Century Architecture: Britain and Northern Europe*. London, 1985.
KOPP, A., BOUCHER, F. and PAULY, D. *L'Architecture de la reconstruction en France, 1945–1953*. Paris, 1982.
LAMPUGNANI, V. M. (Ed.). *Encyclopaedia of 20th-Century Architecture*. London, 1986.
LANE, B. M. *Architecture and Politics in Germany, 1918–1945*. Cambridge, Mass. and London, 1968.
LASDUN, D. *Architecture in the Age of Scepticism*. London, 1985.
LESNIKOWSKI, W. *The New French Architecture*. New York, 1990.
LUCAN, J. *France: architecture 1965–1988*. Paris, 1989.
MIERAS, J. P. and YERBURY, F. *Dutch Architecture of the Twentieth Century*. London, 1926.
MOFFETT, N. *The Best of British Architecture 1980 to 2000*. London, 1993.
MONNIER, G. *Histoire critique de l'architecture en France 1918–1950*. Paris, 1990.
NAYLOR, G. *The Bauhaus*. London, 1968.
Nordic Classicism. Exhibition catalogue, Museum of Finnish Architecture, 1982.
NORBERG-SCHULZ, C. *Modern Norwegian Architecture*. Oslo, 1986.
OKKONEN, I. *Suomalainen Arkkitehtuuri 1900-luvulla – Finnish Architecture in the 20th century*. Helsinki, 1985.
OVERY, P. *De Stijl*. London, 1991.
PEHNT, W. *Expressionist Architecture*. London, 1973.
PEVSNER, N. *Pioneers of Modern Design*. Harmondsworth, 1972.
POOLE, S. *The New Finnish Architecture*. New York, 1992.
RICHARDS, J. M. and PEVSNER, N. (Eds). *The Anti-Rationalists*. London, 1973.
SARTORIS, A. *Éncyclopédie de l'architecture nouvelle*. 3 vols. Milan, 1954–7.
SCHREIBER, M. *Deutsche Architektur nach 1945: vierzig Jahre Moderne in der Bundesrepublik*. Stuttgart, 1986.
SHARP, D. *Modern Architecture and Expressionism*. London, 1966.
—. *Sources of Modern Architecture: a Critical Bibliography*. 2nd edn, London, 1981.
—. *Twentieth Century Architecture: a Visual History*. Rev. ed. London, 1991.
SMITH, G. E. KIDDER. *The New Architecture of Europe*. Harmondsworth, 1966.
STIMPSON, M. F. *A Field Guide to Landmarks of Modern Architecture in Europe*. Englewood Cliffs, NJ, and London, 1985.
TAFURI, M. *History of Italian Architecture, 1944–1985*. Cambridge, Mass., and London, 1989.
TAFURI, M. and DAL CO, F. *Modern Architecture*. London, 1980.
TAUT, B. *Modern Architecture*. London, 1929.
TROY, N. J. *The De Stijl Environment*. Cambridge, Mass., and London, 1983.
TZONIS, A. and LEFAIVRE, L. *Architecture in Europe since 1968: Memory and Invention*. London, 1992.
VOGT, A. M. *Architektur 1940–1980*. Frankfurt, 1980.
WEBB, M. *Architecture in Britain Today*. London, 1969.
WHITTICK, A. *European Architecture in the Twentieth Century*. London, 1974.
WIT, W. DE (Ed.). *The Amsterdam School: Dutch Expressionist Architecture 1915–1930*. New York and London, 1983.
YERBURY, F. R. *Modern European Buidings*. London, 1928.
ZABALBEASCOA, A. (Ed.). *The New Spanish Architecture*. New York, 1992.
ZUKOWSKY, J. (ED.). *The Many Faces of Modern Architecture: Building in Germany between the World Wars*. Munich and London, 1994.

第46章 东欧建筑

AMAN, A. *Architecture and Ideology in Eastern Europe during the Stalin Era: an Aspect of Cold War History.* New York, 1992.

BOERSMA, T. (Ed.). *Imre Makovecz, Hongaars Architect.* Rotterdam, 1989.

BURKHARDT, F., EVENO, C. and PODRECCA, B. *Jože Plečnik.* Cambridge, Mass., 1989.

CZERNER, O. and LISTOVSKI, H. *The Polish Avant-Garde. Architecture and Town Planning, 1918–1939.* Warsaw, 1981.

DOSTAL, O., PECHAR, J. and PROCHÁZKA, V. *Modern Architecture in Czechoslovakia.* Prague, 1967.

DVORSZKY, H. (Ed.). *Hungarian Organic Architecture.* Venice, 1991.

GERLE, J., KOVACS, A. and MAKOVECZ, I. *Hungarian Turn of the Century Architecture.* Budapest, 1990.

GIURESCU, D. C. *The Razing of Romania's Past.* London, 1990.

GYÖRGYI, D. *New Hungarian Architecture.* Budapest, 1935.

KASER, M. and ZIELINSKI, J. G. *Planning in Eastern Europe.* London, 1970.

KUBOVA, A. *L'Avant-garde architecturale en Tchecoslovaquie, 1918–1939.* Liège, 1992.

KULTERMANN, U. *Zeitgenössische Architektur in Osteuropa.* Cologne, 1985.

KUNNAPU, L. *Estonian Architecture: the Building of a Nation.* Helsinki, 1992.

MAJOR, M. *Geschichte der Architektur.* Vol. 3. East Berlin, 1984. (Hungary)

MARGOLIUS, I. *Cubism in Architecture and Applied Arts.* Newton Abbot, 1979.

—. *Prague: a Guide to 20th Century Architecture.* London, 1994.

MEZEI, O. *Molnár Farkas.* Budapest, 1987.

MIHÁLY, K. *Bohuslav Fuchs.* Berlin, 1986.

MLADENNOVIC, I. *Eleven Outstanding Yugoslav Architects.* Belgrade, 1986.

MORAVANSZKY, A. *Die Architektur der Jahrhundertwende in Ungarn und ihre Beziehungen zu der Wiener Architektur der Zeit.* Vienna, 1983.

—. *Die Erneuerung der Baukunst: Wege zur Moderne in Mitteleuropa 1900–1940.* Salzburg, 1988.

MUTHESIUS, S. *Art, Architecture and Design in Poland.* Königstein im Taunus, 1994.

OLSZEWSKI, A. K. *Polish Art and Architecture.* Warsaw, 1989.

SLAPETA, V. *Bat'a: Architektura a Urbanismus 1910–50.* Zlin, 1991.

—. *Czech Functionalism, 1918–38.* London, 1987.

SVACHA, R. (Ed.). *Czech Avant-garde Art, Architecture and Design of the 1920s and 30s.* Oxford, 1990.

SZAFER, T. P. *New Polish Architecture.* Warsaw, 1981.

SZAFER, T. P. *Contemporary Polish Architecture.* Warsaw, 1988.

SZENDRÖI, J. *Ungarische Architektur, 1945–1970.* Budapest, 1978.

TEIGE, K. and KROHA, J. *Avantgardni architektura* (reprint). Prague, 1969.

TIBOR, B. and MIHALY, K. *Odön Lechner.* Budapest, 1981.

第47章 俄罗斯和苏联建筑

BELOV, M., COOKE, C., HATTON, B. et al. *Nostalgia of Culture: Contemporary Soviet Visionary Architecture.* Architectural Association Text Six. London, 1988.

BOWN, MC. C. and TAYLOR, B. *Art of the Soviets: Painting, Sculpture and Architecture in a One-Party State, 1917–1992.* Manchester, 1993.

BRUMFIELD, W. C. *The Origins of Modernism in Russian Architecture.* Berkeley, Calif., 1991.

COHEN, J-L. *Le Corbusier and the Mystique of the USSR: Theories and Projects for Moscow, 1928–1936.* Princeton, 1992.

COOKE, C. 'Fedor Osipovich Shekhtel: an Architect and his Clients in Turn of the Century Moscow.' *Architectural Association Files*, No. 5. London, 1984.

—. *Russian Avant-Garde: Theories of Art, Architecture and the City.* London, 1995.

—. 'Socialist Realist Architecture: Theory and Practice', in: Cullerne, M. and Taylor, B. (Eds), *Art of the Soviets.* Manchester, 1993.

COOKE, C. and KUDRIAVTSEV, A. (Eds). *Uses of Tradition in Russian and Soviet Architecture.* Architectural Design Profile, no. 68, London, 1987.

FRENCH, R. A. *Plans, Pragmatism and People: the Legacy of Soviet Planning for Today's Cities.* London, 1995.

HUDSON, H. D. *Blueprints and Blood: the Stalinization of Soviet Architecture, 1917–1937.* Princeton and London, 1994.

IKONNIKOV, A. *Russian Architecture of the Soviet Period.* London and Moscow, 1988.

—. *Soviet Architecture of Today.* Leningrad, 1975.

KHAN-MAGOMEDOV, S. O. *Pioneers of Soviet Architecture: the Search for New Solutions in the 1920s and 1930s.* London and New York, 1987.

KOPP, A. *L'Architecture de la Période Stalinienne.* Grenoble, 1978.

—. *Constructivist Architecture in the USSR.* London, 1985.

—. *Town and Revolution.* London, 1970.

LODDER, C. *Russian Constructivism.* New Haven and London, 1983.

MILNER, J. *Vladimir Tatlin and the Russian Avant-Garde.* New Haven and London, 1983.

RYABUSHIN, A. V. and SMOLINA, N. WITH QUILICI, V. *Landmarks of Soviet Architecture, 1917–1991.* New York, 1992.

SENKEVITCH, A. *Soviet Architecture, 1917–1962.: a Bibliographical Guide to Source Material.* Charlottesville, 1974.

SHVIDOVSKY, O. A. *Building in the USSR, 1917–1932.* London, 1971.

STARR, S. F. *Melnikov: Solo Architect in a Mass Society.* Princeton, 1978.

TARKHANOV, A. and KAVTARADZE, S. *Stalinist Architecture.* London, 1992.

第48章 中东建筑

ABEL, C. 'Work of El-Wakil', *Architectural Review,*

vol. 180, no. 1077, November 1986.
AL-BAYATI, B. *Basil Al-Bayati, Architect*. London, 1988.
AL-KHAIL, I. 'New Architectural Trends in Saudi Arabia', *Albenaa*, vol. 10, October/November 1990.
—. 'The Architectural Renaissance in Saudi Arabia', *Alam Albenaa*, no. 97, 1989.
—. 'Architecture in the Gulf: the United Arab Emirates', *Albenaa*, no. 59, April/May 1991.
ARDALAN, N. and BAKHTIAR, L. *The Sense of Unity*. Chicago, 1973.
BOZDOGAN, S., OZKAN, S. and YENAL, E. *Sedad Eldem: An Architect in Turkey*. Singapore, 1987.
CHARIRJI, R. *Concepts and Influences: Towards a Regionalised International Architecture*. London, 1986.
CINICI, A. and B. *architectural works*. ankara, 1975.
'CONTEMPORARY ARAB ARCHITECTURE IN IRAQ', no. 68, april 1986.
DIBA, D. 'Iran and Contemporary Architecture', *Mimar*, no. 38, March 1991.
DIBA, K. *Buildings and Projects*. Stuttgart, 1981.
EL-FATTAH, T. M. A. 'Architecture in Egypt', *Albenaa*, no. 57, December/January 1990/1.
FATHY, H. *Architecture for the Poor*. Chicago, 1972.
GERÇEK, C. (Ed.). *Cengiz Bektas: Mimarlik Calismalari*. Ankara, 1979.
GERÇEK, C. (Ed.). *Sevki Vanli: Architectural Works*. Ankara, 1977.
HOLOD, R. and EVIN, A. *Modern Turkish Architecture*. Philadelphia, 1984.
ILBERT, I. and VOLAIT, M. 'Neo-Arabic Renaissance in Egypt, 1870–1930', *Mimar*, no. 13, July/September 1984.
KULTERMANN, U. 'Contemporary Arab Architecture: the Architects of Egypt', *Mimar*, no. 4, April/June 1982.
—. 'Contemporary Arab Architecture: the Architects of Saudi Arabia', *Mimar*, no. 16, April/June 1985.
LEVIN, M. *White City: International Style Architecture in Israel*. Tel Aviv, 1984.
MAKIYA, K. *Post-Islamic Classicism: a Visual Essay on the Architecture of Mohammad Makiya*. London, 1991.
RAN, A. 'The Architecture of Israel', *Architecture of Israel*, no. 1, January 1988.
SHUAIBI, A. (Ed.). *Beeah: Architectural Experiment*. Riyadh, 1989.
TANYELI, U. et al. 'Contemporary Art and Architecture of Turkey', *SD*, no. 346, July 1993.
TEKELI, D. and SISA, S. (Eds). *Dogan Tekeli and Sami Sisa: Architectural Works, 1954–1974*. Istanbul, 1973.
STEELE, J. 'Hassan Fathy', *Architectural Monographs*, no. 13, 1988.

第49章　非洲建筑

图书

ALLIN, C. H. *Norman Eaton: Architect*. Cape Town, 1975.
BORALEVI, A. 'Le città dell'impero': urbanista fascista in Etiopia, 1936–41', *Urbanista fascista*. Milan, 1980.
CANTACUZINO, S. (Ed.). *Architecture in Continuity*. New York, 1985.
CHIPKIM, C. M. *Johannesburg Style: Architecture and Society 1880s-1960s*. Cape Town, 1993.
DETHIER, J. *Down to Earth*. London, 1983.
FRY, E. M. and DREW, J. *Tropical Architecture in the Dry and Humid Zones*. New York, 1964.
GREIG, D. *A Guide to Architecture in South Africa*. Cape Town, 1971.
—. *Herbert Baker in South Africa*. Cape Town, 1970.
HARROP-ALLIN, C. *Norman Eaton: Architect*. Cape Town, 1975.
HERBERT, G. *Martiensson and the International Style*. Cape Town, 1975.
HITCHINS, S. (Ed.). *Fry, Drew, Knight, Creamer*. London, 1978.
HOLOD, R. and RASTORFER, S. (eds). *Architecture and Community*. New York, 1983.
KEATH, M. *Herbert Baker: Architecture and Idealism, 1892–1913*. Cape Town, 1992.
KULTERMANN, U. *New Architecture in Africa*. London, 1963.
—. *New Directions in African Architecture*. London, 1969.
LYAUTEY, P. *Lyautey l'africain*. Paris, 1953.
REITANI, G. 'Politica territoriale e urbanistica in Tripolitania, 1920–40', *Urbanista fascista*. Milan, 1980.
RICHARDS, J. M. (Ed.). *New Buildings in the Commonwealth*. London, 1961.
RICHARDS, J. M., SERAGELDIN, I. and RASTORFER, D. *Hassan Fathy*. London, 1985.
VAN DER WAAL, G.-M. *From Mining Camp to Metropolis: the Buildings of Johannesburg 1886–1940*. Pretoria, 1987.

报告、期刊和文章

ABEL, C. 'Work of El-Wakil,' *Architectural Review*, vol. 180, no. 1077, November 1986.
Architectural Association Journal, Special Issue, 'Connell, Ward and Lucas 1927–39', November 1956.
Architectural Review, Special Issue: South Africa, vol. 197, no. 1177, March 1995.
L'architecture d'aujord'hui. Special issues: Morocco. 1949, 1952.
BORAKEVI, A. 'Le 'Citta dell'Impero': urbanista fascista in Etiopia, 1936–41', *Storia Urbana*, no. 8, 1979.
FRY, E. M. 'African Experiment', *Architectural Review*, vol. 113, no. 677, May 1953.
HERBERT, G. 'Le Corbusier and the South African Movement', *Architectural Association Quarterley*, January/March 1972.
HUET, B. 'The Modernity in a Tradition: the Arab-Muslim Culture of North Africa', *Mimar*, no. 10, October/December 1993, pp. 49–56.
ILBERT, I. and VOLAIT, M. 'Rethinking Colonial Architecture: Neo-Arabic Renaissance in Egypt, 1870–1930', *Mimar*, no. 13, July/September 1984,

pp. 26–34.
JATTA, A. et al. 'Africa: Planning, Architecture, Images', *Controspazio*, vol. 15, no. 1, January/March, 1984, pp. 2–91.
KULTERMANN, U. 'Contemporary Arab Architecture: the Architects of Algeria, Tunisia and Libya', *Mimar*, no. 9, 1983, pp. 59–65.
—. 'Contemporary Arab Architecture: the Architects of Egypt', *Mimar*, no. 4, (April/June 1982).
LOCK, M. *Kaduna: A Survey and Plan of the Capital Territory*. London, 1967.
—. *Reading the Contemporary African City*: A Seminar in Dakar, 1982.
—. *Mimar*. Special issue: Morocco. no. 22, October/December 1986.
Reading the Contemporary African City. Architectural Transformations in the Islamic World Seminar Series. 7, Singapore. 1983.
PRINSLOO, I. et al. 'Towards Appropriate Architecture for Southern Africa', *Architecture SA*, no. 22, November/December 1982, pp. 15–68.
TAYLOR, B. B. 'Demythologising Colonial Architecture', *Mimar*, no. 13, 1984, pp. 16–26.

第50章 1900~1950年的北美建筑
第51章 1950年以后的北美建筑

AMERICAN INSTITUTE OF ARCHITECTS. *American Architecture of the 1980s*. Washington, DC, 1990.
BALFOUR, A. *Rockefeller Center*. New York, 1978.
BANHAM, R. *The Architecture of the Well-Tempered Environment*. 2nd edn, Chicago and London, 1985.
—. *A Concrete Atlantis: U.S. Industrial Building and European Modern Architecture, 1900–1925*. Cambridge, Mass., and London, 1986.
—. *Megastructure; Urban Futures of the Recent Past*. New York, 1976.
BENEVELO, L. *History of Modern Architecture*. 2 vols. Cambridge, Mass., and London, 1971.
BREEZE, C. *New York Deco*. New York, 1993.
BROOKS, H. A. *The Prairie School; Frank Lloyd Wright and his Midwest Contemporaries*. Toronto, 1972.
BUSH, D. *The Streamline Decade*. New York, 1975.
CAWKER, R. and BERNSTEIN, W. *Contemporary Canadian Architecture: the Mainstream and Beyond*. Revised and expanded edn, Ontario, 1988.
CHENEY, S. *The New World Architecture*. New York, 1930.
CLARK, R. J. et al. *Design in America: the Cranbrook Vision 1925–1950*. New York, 1983.
COLLINS, P. *Concrete: the Vision of a New Architecture*. New York, 1959.
CONDIT, C. W. *American Building Art; the Twentieth Century*. New York, 1961.
—. *The Chicago School of Architecture*. Chicago, 1964.
—. *Chicago, 1910–1929*. Chicago and London, 1973.
—. *Chicago, 1930–1970*. Chicago, 1974.
—. *The Port of New York*. 2 vols. Chicago and London, 1980, 1981.
CURTIS, W. J. R. *Modern Architecture Since 1900*. 2nd edn, London, 1987.

DE LONG, D. *The Architecture of Bruce Goff; Buildings and Projects 1916–1974*. 2 vols. New York, 1977.
EDGELL, G. H. *The American Architecture of Today*. New York, 1928.
FRAMPTON, K. *Modern Architecture: a Critical History*. 2nd edn, New York and London, 3rd edn, 1992.
GEBHARD, D. *Schindler*. New York, 1971.
—. and NEVINS, D. *200 Years of American Architectural Drawing*. New York, 1977.
GEBHARD, D. and VON BRETON, H. *L. A. in the Thirties*. Santa Barbara and Salt Lake City, 1975.
GEIST, J. F. *Arcades*. Cambridge, Mass., 1983.
GIEDION, S. *Space, Time and Architecture*. 5th edn, Cambridge, Mass., 1979.
GOLDBERGER, P. *The Skyscraper*. New York, 1981.
GOWANS, A. *Building Canada*. Toronto, 1966.
—. *Images of American Living*. Philadelphia, 1964.
HAMLIN, T. F. *Forms and Functions of Twentieth-Century Architecture*. 4 vols. New York, 1952.
HANDLIN, D. P. *American Architecture*. New York and London, 1985.
—. *The American Home; Architecture and Society 1815–1915*. Boston, 1979.
HANKS, D. A. *The Decorative Designs of Frank Lloyd Wright*. New York, 1979.
HAYS, K. M. and BURNS, C. *Thinking the Present: Recent American Architecture*. Princeton and London, 1990.
HEGEMANN, W. and PEETS, E. *The American Vitruvius: American Architects' Handbook of Civic Art*. New York, 1921.
HEYER, P. *American Architecture: Ideas and Ideologies in the Late Twentieth Century*. New York and London, 1993.
HILDEBRAND, G. *Designing for Industry: the Architecture of Albert Khan*. Cambridge, Mass., 1974.
HINES, T. S. *Burnham of Chicago, Architect and Planner*. New York, 1974.
—. *Richard Neutra and the Search for Modern Architecture*. New York, 1982.
HITCHCOCK, H.-R. *Architecture: Nineteenth and Twentieth Centuries*. 4th edn, Harmondsworth, 1977.
—. *In the Nature of Materials; the Buildings of Frank Lloyd Wright*. New York, 1942.
HITCHCOCK, H.-R. and JOHNSON, P. *The International Style*. New York, 1932.
HITCHCOCK, H.-R. and SEALE, W. *Temples of Democracy: the State Capitols of the U.S.A*. New York, 1976.
JACOBUS, J. *Twentieth-Century Architecture, 1940–65*. London, 1966.
JANDL, H. W. (Ed.). *The Technology of Historic American Buildings*. Washington, DC, 1983.
JENCKS, C. *Modern Movements in Architecture*. 2nd edn, Harmondsworth, 1985.
JORDY, W. H. *American Buildings and their Architects*. Vols 3 and 4. New York, 1970–3.
KAUFMANN, E. (Ed.). *The Rise of an American Architecture*. New York, 1969.
KIMBALL, F. *American Architecture*. New York, 1928.
KING, A. (Ed.). *Buildings and Society*. London,

[1809]

1980.

KLOTZ, H. and SABAU, L. (Eds). *New York Architecture, 1970–1990.* Munich, 1989.

KRINSKY, C. H. *Rockefeller Center.* New York, 1978.

LANCASTER, C. *The American Bungalow.* New York, 1985.

LEBLANC, S. *20th Century American Architecture: 200 Key Buildings.* New York, 1993.

LIEBS, C. *Main Street to Miracle Mile: American Roadside Architecture.* Boston, 1985.

LONGSTRETH, R. *On the Edge of the World; Four Architects in San Francisco at the Turn of the Century.* New York and Cambridge, Mass., 1983.

MACRAE-GIBSON, G. *The Secret Life of Buildings: an American Mythology for Modern Architecture.* Cambridge, Mass., and London, 1985.

MCCALLUM, I. *Architecture USA.* New York, 1959.

MCCOY, E. *Five California Architects.* New York, 1960.

—. *New Directions in American Architecture.* Revised edn, New York, 1977.

MEEKS, C. L. V. *The Railroad Station.* New Haven, 1956.

MORGAN, K. *Charles Platt; the Architect as Artist.* New York and Cambridge, Mass., 1985.

NAYLOR, D. *American Picture Palaces.* New York, 1981.

OLIVER, R. *Bertram Grosvenor Goodhue.* New York and Cambridge, Mass., 1983.

ROBINSON, C. and BLETTER, R. H. *Skyscraper Style: Art Deco New York.* New York, 1975.

ROTH, L. M. *A Concise History of American Architecture.* New York, 1979.

—. *McKim, Mead and White, Architects.* New York, 1983.

ROTH, L. M. (Ed.). *America Builds: Source Documents in American Architecture and Planning.* New York and London, 1983.

SCULLY, V. *American Architecture and Urbanism.* New York and London, 1969.

—. *Frank Lloyd Wright.* New York, 1960.

—. *Louis I. Kahn.* New York, 1965.

—. *Modern Architecture.* Revised edn, New York, 1974.

—. *The Shingle Style Today.* New York, 1974.

SEARING, H. (Ed.). *In Search of Modern Architecture.* New York and Cambridge, Mass., 1982.

—. *New American Art Museums.* Berkeley, 1982.

SEARING, H. and REED, H. H. *Speaking a New Classicism: American Architecture Now.* Northampton, Mass., 1981.

SMITH, H. K. *Frank Lloyd Wright; a Study in Architectural Content.* Englewood Cliffs, NJ, 1966.

SPAETH, D. *Mies van der Rohe.* New York, 1985.

STEIN, C. S. *Toward New Towns for America.* Cambridge, Mass., 1971.

STERN, R. A. M. *George Howe.* New Haven, 1975.

STERN, R. A. M., GILMARTIN, G. and MASSENGALE, J. M. *New York 1900: Metropolitan Architecture and Urbanism, 1890–1915.* New York, 1983.

STERN, R. A. M., GILMARTIN, G. and MELLINS, T. *New York 1930: Architecture and Urbanism Between the Two World Wars.* New York, 1987.

STILGOE, J. *Metropolitan Corridor: Railroads and the American Scene.* New Haven, 1983.

TEMKO, A. *Eero Saarinen.* New York, 1962.

TURNER, P. V. *Campus; an American Planning Tradition.* New York and Cambridge, Mass., 1984.

WHITESON, L. *Modern Canadian Architecture.* Edmonton, 1983.

WILSON, R. G. et al. *The American Renaissance, 1876–1917.* New York, 1979.

WILSON, R. G. and ROBINSON, S. K. (Eds). *Modern Architecture in America: Visions and Revisions.* Ames, Iowa, 1991.

WOODBRIDGE, S. (Ed.). *Bay Area Houses.* New York, 1976.

WRIGHT, G. *Building the Dream; a Social History of Housing in America.* Cambridge, Mass., 1981.

ZUKOWSKY, J. et al. *Chicago and New York: Architectural Interactions.* Chicago, 1984.

ZUKOWSKY, J. (Ed.). *Chicago Architecture, 1872–1922: Birth of a Metropolis.* Chicago and Munich, 1987.

—. *Chicago Architecture and Design, 1923–1993: Reconfiguration of an American Metropolis.* Chicago and Munich, 1993.

第52章 拉丁美洲建筑

AMBASZ, E. *The Architecture of Luis Barragán.* New York, 1976.

ALTEZOR FUENTES, C. *Arquitectura urbana en Costa Rica: exploracion historica, 1900–1950.* Costa Rica, 1986.

AMARAL, A. *Arte y arquitectura del modernismo brasileno (1917–1930).* Caracas, 1978.

BULLRICH, F. *New Directions in Latin American Architecture.* New York, 1969.

CASTEDO, L. *Historia del arte iberoamericano.* Madrid, 1988.

CETTO, M. L. *Modern Architecture in Mexico.* Stuttgart and London, 1961.

FABER, C. *Candela: the Shell Builder.* New York and London, 1963.

HITCHCOCK, H.-R. *Latin American Architecture since 1945.* New York, 1955.

IRIGOYEN, A. and GUTIERREZ, R. *Nueva arquitectura Argentina: pluralidad y coincidencia.* Bogota, 1990.

LOPEZ RANGEL, R. *La Modernidad aquitectonica mexicana: antecedentes y vanguardias, 1900–1940.* Azcapotzalco, 1989.

MINDLIN, H. *Modern Architecture in Brazil.* Rio de Janeiro and Amsterdam, 1956.

MOYA TASQUER, R. and PERALTA, E. *Arquitectura contemporanea: 20 arquitectos del Ecuador.* Quito, 1990.

MYERS, I. E. *Mexico's Modern Architecture.* New York, 1952.

NOELLE, L. M. *Arquitectos contemporaneos de Mexico.* Mexico, DF, 1989.

RIGAU, J. *Puerto Rico 1900: Turn-of-the-century Architecture in the Hispanic Caribbean.* New York,

1992.
SALDARRIAGA ROA, A. *Arquitectura y cultura en Colombia.* Bogota, 1986.
SPADE, R. *Oscar Niemeyer.* London and New York, 1971.
TOCA FERNANDEZ, A. (Ed.). *Nueva arquitectura en America Latina: presente y futuro.* Naucalpan, 1990.
TOCA FERNANDEZ, A. and FIGUEROA, A. *Mexico: nueva arquitectura.* Naucalpan, 1991.
UNDERWOOD, D. K. *Oscar Niemeyer and the Architecture of Brazil.* New York, 1994.

第53章 中国建筑

ACADEMY OF BUILDING RESEARCH. *The Memorial Hall of Chairman Mao.* Beijing, 1978 (Chinese edition).
—. *New China Builds.* Beijing, 1976.
—. *Ten Years of Chinese Architecture.* Nanjing, 1959 (Chinese edition).
ARCHITECTURAL SOCIETY OF CHINA. *Architectural Journal.* Beijing, 1953–1994.
CHEN BAO-SHENG. *Chinese Architecture, 1949–1989.* Shanghai, 1992 (Chinese edition with English translation).
CHEN CONG-ZHOU and ZHANG MING. *Shanghai Jindai Jianzhu Shigao (A Historical Draft of Shanghai Modern Architecture).* Shanghai, 1988 (Chinese edition).
EDITORIAL BOARD OF CHINA BUILDING ALMANAC. *China Building Almanac 1984–1985.* Beijing, 1985. (Chinese edition)
—. *China Building Almanac 1986–1987.* Beijing, 1988 (Chinese edition).
—. *China Building Almanac 1988–1989.* Beijing, 1990 (Chinese edition).
—. *China Building Almanac 1990–1991.* Beijing, 1992 (Chinese edition).
THE EDITORIAL BOARD OF 'CHINA BUILDING INDUSTRY' ALMANAC. *China Building Industry Almanac 1992–1993.* Beijing, 1994 (Chinese edition).
EDITORIAL BOARD OF CHINESE ARCHITECTURAL HISTORY. *A Brief History of Chinese Architecture,* Book Two. Beijing, 1962 (Chinese edition).
FU ZHAO-QING. *New Architecture of Chinese Traditional Style.* Taibei, 1991 (Chinese edition).
GONG DE-SHUN, ZOU DE-NONG and DOU YI-DE. *An Outline of Modern Chinese Architectural History (1949–1985).* Tianjin, 1989 (Chinese edition).
INSTITUTE OF CHINESE MODERN ARCHITECTURE and JAPANESE INSTITUTE OF ASIAN MODERN ARCHITECTURE. *The Architectural Heritage of Modern China, Tianjin.* Tokyo, 1989 (Chinese and Japanese edition with English summary).
MURAMATSU, SHIN. *Shanghai, 1842–1949.* Tokyo, 1991 (Japanese edition).
MURPHY, H. K. *'Chinese' Architecture in China.* Berkeley and Los Angeles, 1946.
SU, GIN DJIH. *Chinese Architecture, Past and Contemporary.* Hong Kong, 1964.
WANG SHAO-ZHOU. *Shanghai Modern Architecture.* Shanghai, 1989 (Chinese edition).
—. *A Pictorial Handbook of Chinese Modern Architecture.* Shanghai, 1989 (Chinese edition).
WANG SHAO-SHOU and CHEN ZHI-MIN. *Li-long, Lane Houses in Shanghai.* Shanghai, 1987 (Chinese edition).
WANG TAN and FUJIMORI, TERUNOBU. *The Architectural Heritage of Modern China, Beijing.* Beijing, 1993. (Chinese edition).
—. *The Architectural Heritage of Modern China, Chongqing.* Beijing, 1993 (Chinese edition).
—. *The Architectural Heritage of Modern China, Guangzhou.* Beijing, 1992 (Chinese edition).
—. *The Architectural Heritage of Modern China, Harbin.* Beijing, 1992 (Chinese edition).
—. *The Architectural Heritage of Modern China, Kunming.* Beijing, 1993 (Chinese edition).
—. *The Architectural Heritage of Modern China, Lushan.* Beijing, 1993 (Chinese edition).
—. *The Architectural Heritage of Modern China, Nanjing.* Beijing, 1992 (Chinese edition).
—. *The Architectural Heritage of Modern China, Qingdao.* Beijing, 1992 (Chinese edition).
—. *The Architectural Heritage of Modern China, Wuhan.* Beijing, 1992 (Chinese edition).
—. *The Architectural Heritage of Modern China, Xiamen.* Beijing, 1993 (Chinese edition).
—. *The Architectural Heritage of Modern China, Yantai.* Beijing, 1992 (Chinese edition).
WRIGHT, A. *Twentieth Century Impressions of Hong Kong, Shanghai, and other Treaty Ports of China: Their History, People, Commerce, Industries and Resources.* London, 1908.
XIAO MO. *Chinese Architecture 1980–1989.* Beijing, 1991 (Chinese edition).
YANG BING-DE. *Chinese Modern Cities and Their Architecture 1840–1949.* Beijing, 1993 (Chinese edition).
YAO QIAN and GU BING. *Sun Yet-sen Mausoleum.* Beijing, 1981 (Chinese edition with English translation).

第54章 日本和韩国建筑

BARTHES, R. *Empire of Signs.* Translator Richard Howard. New York, 1989.
BOGNAR, B. *Contemporary Japanese Architecture: its Development and Challenge.* New York, 1985.
—. *The New Japanese Architecture.* New York, 1990.
BOYD, R. *New Directions in Japanese Architecture.* London and New York, 1968.
BURUMA, I. *A Japanese Mirror. Heroes and Villains in Japanese Culture.* London, 1985.
FAWCETT, C. *The New Japanese House: Ritual and Anti-Ritual Patterns of Dwelling.* London and New York, 1980.
FRAMPTON, K. and KUDO, K. (Eds). *Nikken Sekkei: Building Modern Japan 1900–1990.* New York, 1990.
FRIEDMAN, M. (Ed.). *Tokyo: Form and Spirit.* Minneapolis, 1986.
A Guide to Japanese Architecture. Edited by *The Japan Architect.* Tokyo, 1984.
GREENBIE, B. B. *Space and Spirit In Modern Japan.* New Haven and London, 1988.

[1811]

—. *The Japan Architect.* (1965–).
KESTENBAUM, J. (Ed.). *Emerging Japanese Architects of the 1990s.* New York and Oxford, 1991.
KUROKAWA, K. *New Wave Japanese Architecture.* London, 1993.
—. *Rediscovering Japanese Space.* New York, 1988.
RICHARDS, J. M. *An Architectural Journey in Japan.* London, 1963.
ROSS, M. F. *Beyond Metabolism: the New Japanese Architecture.* New York, 1978.
STEWART, D. B. *The Making of a Modern Japanese Architecture. 1868 to the Present.* New York, 1868.
SUZUKI, H., BANHAM, R. and KOBAYASHI, K. *Contemporary Architecture in Japan, 1958–1984.* London and New York, 1985.
TATE GALLERY LIVERPOOL. *A Cabinet of Signs: Contemporary Art from Post Modern Japan.* 1989.
TEMPEL, E. *New Japanese Architecture.* London, 1969.

第55章　东南亚建筑

ABEL, C. 'Regional Transformations', *The Architectural Review*, vol. CLXXX, no. 1077, November 1986.
—. 'Localisation Versus Globalisation' and other articles. Special issue on South-east Asia, *The Architectural Review*, vol. CXCVI, no. 1171, September 1994.
ARCASIA. *Contemporary Architecture in Asia.* Seoul, 1994
BEAMISH, J. and FERGUSON, J. *A History of Singapore Architecture.* Singapore, 1985.
BROMAN, B. M. *Old Homes of Bangkok.* Bangkok, 1984.
DUMARCAY, J. *The House in South-East Asia.* Singapore, 1987.
GHOSE, R. (Ed.). *Design and Development in South and Southeast Asia.* Hong Kong, 1990.
KHOO, S. N. *Streets of George Town Penang.* Penang, 1993.
KLASSEN, W. *Architecture in the Philippines.* Cebu City, 1986.
KULTERMANN, U. 'Architecture in South-East Asia 1: Thailand', *Mimar* No. 20 April- June 1985.
—. 'Architecture in South-East Asia 2: Indonesia', *Mimar*, no. 21, July- September, 1986.
—. 'Architecture in South-East Asia 3: Singapore', *Mimar*, no. 23, March 1987.
LIM, H. K. *The Evolution of the Urban System in Malaya.* Kuala Lumpur, 1978.
LIM, J. W. *The Malay House.* Penang, 1987.
MORRIS, J. et al. *Architecture of the British Empire.* London, 1986.
NASIR, A. H. *Mosques of Peninsula Malaysia.* Kuala Lumpur, 1984.
OSBORNE, M. *Southeast Asia.* Sydney, 1979.
PEREZ III, R. D. *An Essay on Philippine Architecture.* Manila, 1989.
PERTUBUHAN AKITEK MALAYSIA, *Guide to Kuala Lumpur Notable Buildings.* Kuala Lumpur, 1976.
—. *Post-Merdeka Architecture.* Kuala Lumpur, 1985.
POWELL, R. *The Asian House.* Singapore, 1993.

—. *Innovative Architecture of Singapore.* Singapore, 1989.
TAN, H. B. *Tropical Architecture and Interiors.* Singapore, 1994.
WOLTERS, O. W. *History, Culture and Region in Southeast Asian Perspectives.* Singapore, 1982.
WONG, A. K. and YEH, S. H. K. *Housing a Nation.* Singapore, 1985.
YEANG, K. *The Architecture of Malaysia.* Singapore, 1994.
—. *Bioclimatic Skyscrapers.* Berlin, 1994

第56章　中国香港建筑

ABEL, C. 'A Building for the Pacific Century', *The Architectural Review*, vol. CLXXIX, no. 1070, April 1986.
BONAVIA, D. *Hong Kong 1997.* Bromley, 1985.
CHUNG WAH NAN. *Contemporary Architecture in Hong Kong.* Hong Kong, 1989.
JEONG-KEUN LEE (Ed.). *Contemporary Architecture in Asia.* Seoul, 1994.
LAMBOT, I. (Ed.). *Norman Foster: Buildings and Projects, Vol. 3: 1978–1985.* Hong Kong, 1989.
LAMPUGNANI, V. M. (Ed.). *Hong Kong Architecture.* Munich and New York, 1993.
MARSHALL, J. G. et al. (Eds). *Rising High in Harmony.* Hong Kong, 1993.
PURVIS, M. *Tall Storeys.* Hong Kong, 1985.

第57章　印度次大陆建筑

Architectural Review, special issue: indian identity, vol. clxxxii, no. 1086, August 1987.
BAHGA, S., BAHGA, S. and BAHGA, Y. *Modern Architecture In India: Post-independence Perspective.* New Delhi, 1993.
BHATT, V. and SCRIVER, P. *Contemporary Indian Architecture. Vol. 1: After the Masters.* Ahmedabad, 1990.
CURTIS, W. *Modern Architecture in Indian Tradition: Balkrishna V. Doshi*, Ahmedabad, 1987.
DAVIES, P. *Splendours of the Raj: British Architecture in India 1660 to 1947.* London, 1968.
IRVING, R. G. *Indian Summer: Lutyens, Baker and Imperial Delhi.* New Haven and London, 1981.
NILSSON, S. *The New Capitals of India, Pakistan and Bangladesh.* Lund, 1973.
RICHARDS, J. M. *New Buildings in the Commonwealth.* London, 1961.
TAYLOR, B. B. *Geoffrey Bawa.* Singapore, 1986.

第58章　大洋洲建筑（澳大利亚、新西兰、巴布亚新几内亚和南太平洋岛国建筑）

BOYD, R. *Australia's Home, its Origins, Builders and Occupiers.* Ringwood, Australia, 1968.
FREELAND, J. M. *Architecture in Australia: a History.* Melbourne, 1968.
HODGSON, T. *Looking at the Architecture of New Zealand.* Wellington, 1990.
IRVING, R. (Ed.). *The History and Design of the Australian House.* Melbourne, 1985.
JAHN, G. *Contemporary Australian Architecture.* Basel and Roseville, 1994.

JOHNSON, D. L. *Australian Architecture 1901–1951: Sources of Modernism.* Sydney, 1980.
MITCHELL, D. and CHAPLIN, G. *The Elegant Shed: New Zealand Architecture since 1945.* Auckland, 1984.
OGG, A. *Architecture in Steel: the Australian Context.* Red Hill, ACT, 1994.
PAROISSIEN, L. and GRIGGS, M. (Eds). *Old Continent, New Building.* Sydney, 1983.
PEGRUM, R. *Details In Australian Architecture.* Canberra, 1984.
—. *Details In Australian Architecture.* Vol. 2. Canberra, 1987.
SHAW, P. *New Zealand Architecture: from Polynesian Beginnings to 1990.* Auckland, 1991.
STACPOOLE, J. and BEAVEN, P. *New Zealand Art: Architecture 1820–1970.* Wellington, 1972.
TAYLOR, J. *Australian Architecture Since 1960.* 2nd edn, Red Hill, ACT, 1990.

译文参考文献及工具书

[1] 罗小未. 外国近现代建筑史[M]. 2版. 北京：中国建筑工业出版社，2004.
[2] 陈志华. 外国建筑史：19世纪末叶以前[M]. 2版. 北京：中国建筑工业出版社，1997.
[3] 莱奥那尔多·贝奈沃罗. 西方现代建筑史[M]. 邹德侬，巴竹师，高军，译. 天津：天津科学技术出版社，1996.
[4] 沈理源. 西洋建筑史[M]. 北京：知识产权出版社，2008.
[5] S. 劳埃德，H. W. 米勒. 远古建筑[M]. 高云鹏，译. 北京：中国建筑工业出版社，1999.
[6] 罗兰·马丁. 希腊建筑[M]. 张似赞，张军英，译. 北京：中国建筑工业出版社，1999.
[7] 约翰·B. 沃德-珀金斯. 罗马建筑[M]. 吴葱，等，译. 北京：中国建筑工业出版社，1999.
[8] 汉斯·埃里希·库巴赫. 罗马风建筑[M]. 汪丽君，等，译. 北京：中国建筑工业出版社，1999.
[9] 西里尔·曼戈. 拜占庭建筑[M]. 张本慎，等，译. 北京：中国建筑工业出版社，2000.
[10] 路易斯·格罗德茨基. 哥特建筑[M]. 吕舟，洪勤，译. 北京：中国建筑工业出版社，2000.
[11] 彼得·默里. 文艺复兴建筑[M]. 王贵祥，译. 北京：中国建筑工业出版社，1999.
[12] 克里斯蒂安·诺伯格-舒尔茨. 巴洛克建筑[M]. 刘念雄，译. 北京：中国建筑工业出版社，2000.
[13] 罗宾·米德尔顿，戴维·沃特金. 新古典主义与19世纪建筑[M]. 邹晓玲，等，译. 北京：中国建筑工业出版社，2000.
[14] 马里奥·布萨利. 东方建筑[M]. 单军，赵焱，译. 北京：中国建筑工业出版社，1999.
[15] 约翰·D. 霍格. 伊斯兰建筑[M]. 杨昌鸣，等，译. 北京：中国建筑工业出版社，1999.
[16] 曼弗雷多·塔夫里，弗朗切斯科·达尔科. 现代建筑[M]. 刘先觉，等，译. 北京：中国建筑工业出版社，2000.
[17] William J. R. Curtis. *Modern Architecture since 1900*[M]. 3rd ed. London: Phaidon, 1996.
[18] 贺业钜. 中国古代城市规划史[M]. 北京：中国建筑工业出版社，1996.
[19] 刘敦桢. 中国古代建筑史[M]. 2版. 北京：中国建筑工业出版社，1984.
[20] 巫鸿. 中国古代艺术与建筑中的"纪念碑性"[M]. 李清泉，等，译. 上海：世纪出版集团，上海人民出版社，2009.
[21] 修·昂纳，约翰·弗莱明，范迪安. 世界艺术史[M]. 海口：南方出版社，2002.
[22] Hanno-Walter Kruft. *A History of Architectural Theory: From Vitruvius to the Present*[M]. New York: Princeton Architectural Press, 1994.
[23] Werner Müller, Gunter Vogel. *Atlante di Architettura, Storia dell architettura dalle origini all età contemporanea*[M]. Milano: Tavole e testi Editore Ulrico Hoepli, 2000.
[24] Richard Reid. *Baustilkunde, 3500 Bauten aus der alten und neuen Welt*[M]. Leipzig: E. A. Seemann Verlag, 2000.
[25] Collin Rowe & Leon Satkowski. *Italian Architecture of the 16th Century*[M]. New York: Princeton Architectural Press, 2002.
[26] 康拉德·托特曼. 日本史[M]. 2版. 王毅，译. 上海：上海人民出版社，2008.
[27] Henri Stierlin. *Hindu India: From Khajuraho to the Temple City of Madura*[M]. Köln: Taschen, 2002.
[28] A. L. 巴沙姆. 印度文化史[M]. 闵光沛，等，译. 北京：商务印书馆，1999.
[29] 赫尔曼·库立克，迪特玛尔·罗特蒙特. 印度史[M]. 王立新，周红红，译. 北京：中国青年出版社，2008.
[30] G. T. 加勒特. 印度的遗产[M]. 陶笑虹，译. 上海：上海人民出版社，2005.
[31] G. 赛代斯. 东南亚的印度化国家[M]. 蔡华，等，译. 北京：商务印书馆，2008.
[32] 玛瑞里娅·阿巴尼斯. 古印度：从起源至公元13世纪[M]. 刘青，等，译. 北京：中国水利水电出版社，2006.
[33] 肖默. 天竺建筑行纪[M]. 北京：生活·读书·新知三联书店，2007.
[34] 布野修司. 亚洲城市建筑史[M]. 胡惠琴，沈瑶，译. 北京：中国建筑工业出版社，2010.
[35] 不列颠百科全书[M]. 北京：大百科全书出版社，2002.
[36] 牛津当代百科大辞典[M]. 北京：中国人民大学出版社，2004.
[37] 伊恩·德比希尔. 哈金森历史辞典[M]. 苏州：凤凰出版传媒集团，江苏人民出版社，2008.

[38] 查尔斯·F. W. 海厄姆. 古亚洲文明百科全书[M]. 王毅, 译. 上海：上海人民出版社, 2007.

[39] 靳文翰, 等. 世界历史词典[M]. 上海：上海辞书出版社, 1985.

[40] National Geographic. Atlas of the World [M]. 6th ed. Washington, D. C. , 1995.

[41] 周定国. 世界地名翻译大辞典[M]. 北京：中国对外翻译出版公司, 2007.

[42] 中国地名委员会. 外国地名译名手册：中型本[M]. 北京：商务印书馆, 1993.

[43]《世界地名手册》编辑组. 中外文对照世界地名手册[M]. 北京：中国地图出版社, 测绘出版社, 1999.

[44] 萧德荣, 周定国. 21世纪世界地名录[M]. 北京：现代出版社, 2001.

[45] 梁良兴. 汉英·英汉最新世界地名录[M]. 北京：外文出版社, 1999.

[46] 张万宗. 英汉·日汉世界河流译名手册[M]. 郑州：黄河水利出版社, 1998.

[47] 赵福堂. 日英汉对译日本人名地名词典[M]. 北京：世界知识出版社, 1998.

[48] 傅昌文. 日本地名词典[M]. 上海：上海译文出版社, 1992.

[49] 中国地名委员会. 美国地名译名手册[M]. 北京：商务印书馆, 1985.

[50] John Onians. The Art Atlas [M]. London：Laurence King Publishing, 2008.

[51] 张芝联, 等. 世界历史地图集[M]. 北京：中国地图出版社, 2002.

[52] Judy Pearsall. The New Oxford Dictionary of English [M]. London：Clarendon Press, 1998.

[53] 陆谷孙. 英汉大词典[M]. 上海：上海译文出版社, 1993.

[54] 朱和中, 等. 英语外来语大辞典[M]. 北京：外文出版社, 2000.

[55]《法汉大词典》编译委员会. 法汉大词典[M]. 上海：上海译文出版社, 2002.

[56] 张寅德. 新法汉词典[M]. 上海：上海译文出版社, 2000.

[57] 北京外国语学院《意汉词典》组. 意汉词典[M]. 北京：商务印书馆, 1987.

[58] Miro Dogliotti, Luigi Rosiello. Il Nuovo Zingarelli, Vocabolario della lingua italiana [M]. Zanichelli, 1984.

[59] 谢大任. 拉丁语汉语词典[M]. 北京：商务印书馆, 1988.

[60] 雷立柏. 拉丁成语辞典[M]. 北京：宗教文化出版社, 2006.

[61] 潘再平. 新德汉词典[M]. 上海：上海译文出版社, 1999.

[62] 北京外国语学院西班牙系《新西汉词典》组. 新西汉词典[M]. 北京：商务印书馆, 1982.

[63] 孙宪舜. 美洲西班牙语词典[M]. 北京：旅游教育出版社, 2001.

[64] 陈用仪. 葡汉词典[M]. 北京：商务印书馆, 2001.

[65] 孔泉. 现代荷汉词典[M]. 北京：世界知识出版社, 2003.

[66] 新华通讯社译名室. 世界人名翻译大辞典[M]. 北京：中国对外翻译出版公司, 1993.

[67] 新华通讯社译名室. 世界人名翻译大辞典[M]. 修订版. 北京：中国对外翻译出版公司, 2007.

[68] 李慎廉, 等. 英语姓名词典[M]. 上海：外语教学与研究出版社, 2002.

[69] 新华通讯社译名资料组. 英语姓名译名手册[M]. 4版. 北京：商务印书馆, 2004.

[70] 新华通讯社译名室. 法语姓名译名手册[M]. 北京：商务印书馆, 1996.

[71] 新华通讯社译名室. 德语姓名译名手册[M]. 北京：商务印书馆, 1999.

[72] 新华通讯社译名室. 葡萄牙语姓名译名手册[M]. 北京：商务印书馆, 1995.

[73] 辛华. 俄语姓名译名手册[M]. 北京：商务印书馆, 1997.

[74]《世界姓名译名手册》编译组. 世界姓名译名手册[M]. 北京：化学工业出版社, 1987.

[75] 李毅夫, 王恩庆, 等. 世界民族译名手册[M]. 北京：商务印书馆, 1994.

[76] James Stevens Curl. A Dictionary of Architecture [M]. Oxford University Press, 1999

[77] James Stevens Curl. Dictionary of Architecture and Landscape Architecture [M]. Oxford University Press, 2006.

[78] Jean-Paul Midant. Dictionnaire de L'Architecture du XXe Siècle [M]. Hazan/Institut Franais d Architecture, 1996.

[79] John Fleming, Hugh Honour, Nikolaus Pevsner. The Penguin Dictionary of Architecture [M]. 北京：外文出版社, 1996.

[80] HATJE. Lexikon der Architektur des 20. Jahrhunderts [M]. Verlage Gerd Hatje. Ostfildern-Ruit, 1998.

[81] Nikolaus Pevsner, Hugh Honour, John Fleming. Lexikon der Weltarchitektur [M]. Prestel-Verlag, München, 1992.

[82] Cyril M. Harris. Illustrated Dictionary of Historic Architecture [M]. New York：Dover Publications, 1988.

[83] Cyril M. Harris. Dictionary of Architecture & Construction [M]. 3rd ed. New York：McGraw Hill, 2000.

[84] Kleines Wörterbuch der Architektur [M]. Ditzingen：Reclam, 1995.

[85] Hans Koepf. Bildwrterbuch der Architektur [M]. Stuttgart：Alfred Krner Verlag, 1999.

[86] Wilfried Koch. Baustil Kunde [M]. Bertelsmann Lexikon Verlag, 2000.

[87] Fritz Baumgart. Dumont Sachlexikon der Architektur [M]. Köln：DuMont Literatur und Kunst Verlag, 2002.

[88] James Stevens Curl. A Dictionary of Architecture [M]. Oxford University Press, 1999.

[89] 欧内斯特·伯登. 英汉建筑图解词典[M]. 褚智勇, 罗奇, 张冷娟, 等, 译. 北京: 中国电力出版社, 2007.

[90] Ernest Burden. *Illustrated Dictionary of Architecture* [M]. 2nd ed. New York: McGraw Hill, 2002.

[91] R. 斯特吉斯. 国外古典建筑图谱[M]. 中光, 译. 北京: 世界图书出版公司, 1990.

[92] 史蒂芬·科罗维. 世界建筑细部风格设计百科[M]. 刘念雄, 邵磊, 译. 沈阳: 辽宁科学技术出版社, 2002.

[93] 《英汉土木建筑大词典》编委会. 英汉土木建筑大词典[M]. 北京: 中国建筑工业出版社, 1999.

[94] Ian Chilvers. *Oxford Dictionary of 20th Century Art* [M]. New York: Oxford University Press, 1998.

[95] *The American Heritage Dictionary of the English Language* [M]. 4th ed. Houghton Mifflin Company, 2006.

[96] 张万忠. 英汉 日汉 世界河流译名手册[M]. 郑州: 黄河水利出版社, 1998.

[97] 康有德. 英汉园艺学词汇[M]. 上海: 上海科学技术出版社, 2004.

[98] 啸声. 基督教神圣谱, 西方冠"圣"人名多语同义词典[M]. 北京: 中国人民大学出版社, 2004.

[99] 山北笃. 西洋神名事典[M]. 郑铭得, 译. 台北: 商周出版, 2004.

[100] 卢龙光. 基督教圣经与神学词典[M]. 北京: 宗教文化出版社, 2007.

[101] 雷立柏. 基督宗教知识辞典[M]. 北京: 宗教文化出版社, 2003.

[102] 和英对照日本美术用语辞典[M]. 东京: 东京美术, 1990.

[103] 吴杰主. 日本史辞典[M]. 上海: 复旦大学出版社, 1992.

[104] Louis Frédéruc. *Japan Encyclopedia* [M]. Translated by Käthe Roth. New York: Harvard University Press, 2002.

[105] Sarina Singh & Bindloss, James Bainbridge, etc. *India* [M]. Lonely Planet, 2007.

[106] David Abram, Nick Edwards, etc. *The Rough Guide to India* [M]. 7th ed. Rough Guides, 2008.

[107] China Williams, Greg Bloom, etc. 东南亚 *on a shoestring* [M]. 北京: 生活·读书·新知三联书店, 2009.

[108] Nick Ray. 柬埔寨[M]. Lonely Planet, 2008.

[109] Bradley Mayhew, Joe Bindloss, Stan Amington. 尼泊尔[M]. Lonely Planet, 2008.

[110] Simon Richmond, Damian Harper, Tom Parkinson, etc. 马来西亚、新加坡和文莱[M]. Lonely Planet, 2007.

图版来源

本书出版者向为本书的出版提供图版的机构、商业公司和个人表示衷心的感谢。他们为本书提供了照片或授予平面图和草图的版权。

缩写
RCHME 英国皇家历史古迹委员会
RIBA 英国皇家建筑师学会

第1章
8A, from Stobart, 1964.
8B, from D. Stronach, 1978.
23A,C, from A. K. Orlandos, 1966.
23B, from R. S. Young, *Three Great Early Tumuli*, 1981.

第3章
46A, after Emery, 1939.
46B, after J. Garstang, *Mahasna and Bêt Khallâf*, 1902.
46C, after A. Badawy, *A History of Egyptian Architecture*, vol. i, 1954.
46D, after (i) F. Benoit, *L'Architecture d'antiquité*, 1911, (ii) A. Rowe, *Museum Journal of the University of Philadelphia*, xxii, No. I, 1931, (iii) A. Schaff, *Handbuch der Archaeologie, Aegypten*, 1939.
46G, after Lange and Hirmer, 1968.
46H, after L. Borchardt, *Die Enstehung der Pyramide an der Baugeschichte der Pyramide bei Mejdum nachgewiesen*, 1928.
46J, after Reisner.
46K,L, after (i) D. Hölscher, *Das Grabdenkmal des Königs Chephren*, 1912, (ii) A. Badawy, (iii) Edwards, 1961.
46N, after L. Borchardt, *Das Grabdenkmal des Königs Sahu-Ré*, 1910–13, and Edwards.
47, drawings and reconstructions by J. P. Lauer.
48, after E. Droton, J. P. Lauer, C. M. Firth and J. E. Quibell.
50F, in part after Edwards.
51A, 63A, Aerofilms Ltd.
51B, from G. Jequier, *Les Temples memphites et thébains des origines à la XVIIIe dynastie*, 1920.
56A, after H. Ricke, *Beiträge zur Aegyptischen Bauforschung und Altertumskunde*, 1950, and Baedeker, *Egypt and the Sudan*, 1908.
56B, after A. M. Calverley, *The Temple of King Sethos I at Abydos*, 1933, by permission of the Egypt Exploration Society and the Oriental Institute, University of Chicago.
56C–F, after Baedeker, *Egypt and the Sudan*, 1908 and 1929 editions.
56G, after Lange and Hirmer.
59A, Metropolitan Museum of Art, New York, bequest of Levi Hale Willard, 1883.
59B, 64B, Lehnert and Landrock, Cairo.
60A, from Lange and Hirmer.
61B, Courtauld Institute of Art.
63B,C, 65B, 66B, A. F. Kersting.
64A, Oriental Institute, University of Chicago.
67, from Emery, 1965.

第4章
72A, after (i) Parrot, 1946, (ii) Frankfort, 1954, (iii) Noldeke *et al.*, *Vorläufiger Bericht über die Ausgrabungen in Uruk-Warka*, 1937.
72B, after Parrot, 1946 and Sir Leonard Woolley, *Ur Excavations V, The Ziggurat and its Surroundings*, 1939.
72C, R. Ghirshman.
75A, Oriental Institute, University of Chicago, reconstruction by Hamilton Darby.
75B, Oriental Institute, University of Chicago, reconstruction by H. D. Hill.
76A,B, 77A,B, after Mallowan, 1966.
77C, from D. Oates, *Iraq XXIX*, 1967.
80C, after Loud, by permission of the Oriental Institute, University of Chicago.
81F, after Luschan *et al.*.
81G, after *Mitteilungen aus den Orientalischen Sammlungen, Heft XXV; Ausgrabungen in Sendschirli IV*, Königliches Museum, Berlin, 1911.
83A, Vorderasiatisches Museum, Berlin, by permission of Generalverwaltung der Staatlichen Museen zu Berlin.
83B, from Mallowan, 1966.
83C, from Loud, by permission of the Oriental Institute, University of Chicago.
84A, after Seton Lloyd, *Early Anatolia*, 1956, and Puchstein.
84B, after Gurney and Puchstein.
84C, Oriental Institute, University of Chicago.
84D, after K. Bittel, R. Naumann, H. Otto, *Yazilikaya*, 1941.
84E, after K. Bittel, *Die Ruinen von Bogazköy*, 1937.
89A, courtesy of Altan Cilingiroglu.
89B, C. Burney.
90A, from B. B. Piotrovskii, *Urartu: the Kingdom of Van and its art*, 1967.
90B, from C. Nylander, 1971.
90C, from C. P. E. Haspels, 1971.

91A, from T. Özgüc, 'The Urartian Architecture on the Summit of Altintepe', *Anatolia VII*, 1963.
91B, from *Anatolian Studies XVI*.
91C, from E. Bilgiç and B. Oğun, 'Excavations at Kefkalesi, 1964', *Anatolia VIII*, 1964.
94C, after Schmidt, by permission of the Oriental Institute, University of Chicago.
95A,B, Oriental Institute, University of Chicago.
95C, from Ghirsham, 1954.
95D, David Stronach.

第 6 章
108A, after Sir Arthur Evans, *Palace of Minos at Knossos*, 1928.
108B, after Pendlebury.
110C, 126C, 146A,B, William Taylor.
111A,B, after Dinsmoor, and Piet de Jong.
111C, 132A, after Lawrence, 1957 ed.
113F, after Dinsmoor.
118A,B, after Dinsmoor, and W. J. Anderson and R. P. Spiers, *Architecture of Ancient Greece and Rome*, 1907.
126A,B, 129A, Agora Excavations, American School of Classical Studies/photo Alison Frantz.
130A, 136A, N. Hiscock.
130B, A. F. Kersting.
130C, 147C, Agora Excavations, American School of Classical Studies, Athens.
132B, 133A, 133B, after Berve, Gruben and Hirmer, by permission of Hirmer Verlag München.
135E, 136B, after A. Furtwängler et al. *Aegina: das Heiligtum der Aphaia*, 1906.
139, in part after Dinsmoor.
140B,C, in part after Lawrence, 1957 ed., and F. Krischen, *Die Griechische Stadt*, 1938.
141, in part after Dinsmoor, and T. Wiegand, *Achter vorläufiger Bericht über die von den Staatlichen Museen in Milet und Didyma unternommenen Ausgrabungen*, 1924.
147A, from Berve, Gruben and Hirmer.
147B, Trustees of the British Museum.

第 7 章
156N, after T. Wiegand (as 130).
157A, R. A. Tomlinson.
157B, 161A, William Taylor.
157C, from T. Wiegand, et al., *Milet: Die Ergebnisse der Ausgrabungen und Untersuchungen*, 1906.
161B, from Martin.
163, after T. Homolle, et al., *Exploration archéologique de Délos*, 1902, by permission of the Ecole française, Athens, and Editions Boccard, Paris.

第 8 章
175A, Museum of Antiquities, University and Society of Antiquaries, Newcastle upon Tyne.
175B, Alinari.
175C, Giraudon.
186, copyright St Gallen Library
187, from Conant, 1959 ed.

第 9 章
218A, Crown Copyright, reproduced by permission of the Scottish Development Dept.
218B, National Museum of Archaeology, Malta.

第 10 章
231A, 265, from Boethius and Ward-Perkins, Istituto di Etruscologia e di Antichita Italiche, Rome University.
231B, 233A, 239B, 248B, 259C, 264C, 268A, Alinari.
233B,C, 235A, 239A, 244A,B, 248A, 252B,C, 256A–F, 264A,B, 267A, 270B, 271A,B,C, 273B, 276A, 277A, 280A–E, R. Mainstone.
234A,B, Alterocca, Terni.
235B, Josephine Powell.
244C, 251B,C, 259B, 267B, Fototeca Unione, Rome.
244A, Leonard von Matt.
259A, 276B, A. F. Kersting.
270A, from D. S. Robertson, by permission of Staatsbibliothek Bildarchiv, Berlin.
273A, from Wheeler, 1964, drawing by William Suddaby.

第 11 章
291B, 294B,C,E, 298B,C, 301A, 304A,B, 312A, 313A,B, 315A,D, 316A, 318A,B, R. Mainstone.
292A, Fototeca Unione, Rome.
292B, 296B, Alinari.
294A, Foto Marburg.
298A, G. H. Forsyth, Kelsey Museum, University of Michigan/reproduced courtesy of the Michigan-Princeton-Alexandria Expedition to Mount Sinai.
301B, from D. Talbot Rice, *The Art of Byzantium*, 1959.
302, from Fossati.
305, from M. Hürlimann, *Istanbul*, 1958.
312B, Foto Marburg.
313C, Antonello Perissinotto.
316B, Testolini.

第 12 章
324A, Courtauld Institute of Art.
324B, 325A, courtesy The Byzantine Collection/ photo C. Mango, copyright Dumbarton Oaks, Trustees of Harvard University.
325B–D, 327A–C, 328, 330A–C, 336, 337A–D, 340A–D, 341A,B, 342A–D, Klaus G. Beyer.
333, after H. Faensen and V. Ivanov, 1975.

第 13 章
353A,C, 354A,C, 357B, 358A,C, 360A, Alinari.
353B, Courtauld Institute of Art.
357A, Omniafoto, Turin.
359, Fototeca Unione, Rome.
366A, Combier Imp. Mâcon.
366B, Giraudon.
371A, Archives photographiques, Paris.
371B, Courtauld Institute of Art/photo G. C. Druce.
371D, 375B,C, 385B, 399B, S. Heywood.
371E, 386A,B, 387B, 392B,C, 400, A. F. Kersting.

375A,D, Foto Marburg.
382A, after K. J. Conant, *The Early Architectural History of the Cathedral of Santiago de Compostela*, copyright 1926 by the President and Fellows of Harvard College/1954 by Kenneth J. Conant.
382B,D,E, after Bevan, 1938.
382C, after Clapham.
384A,C, 385A, C–E, 386C,D, 387A, Foto Mas.
384B, Courtauld Institute of Art.
392A, H. E. Stutchbury.
392D, 406B–E, 407A,C, Aerofilms Ltd.
397C, E–G, after Webb.
399A, photograph by J. R. H. Weaver.
406A, Thomas H. Mason and Sons Ltd.
407B, Crown Copyright, RCHME.
412A, Royal Norwegian Embassy, London.
412B, Swedish Tourist Traffic Association, Stockholm.
412C,D, 414C, Riksantikvaren.
413A, The Danish Tourist Board, London.
413B, Refot.
414A,B, after Clapham.
414D, after Paulssen.

第 14 章
427A,C, 431A,B, 441B,D, 442C,D, 445A, 446B, 447A,C,D, 448A,B, 476B, 493A,B, 494A–D, 498A, 504A,B, 510A–E, 512A,C, 513A,B, 525A,B,D, 528C, 529A,D, 530A–C, 538B, 540B, 556C, Courtauld Institute of Art.
429, 442A, 456B, 459B, 466, 468A, 469A, 473C, 474B,C, 476C, 518D, 526A,B, 538A, 550B,C, 551A,B, A. F. Kersting.
431C,D, 433C, 493C,D, 498B,C, 503, 504C,D, Foto Marburg.
439, Roger-Viollet.
4441A, 525C, Foto Mas.
445C, J. Austin.
447B, 451A, Archives photographiques, Paris.
455A, 456D, School of Architecture, University of Manchester.
455B, 470A–D, 471A, 473B, 474A, 475A, 476A, 477B, 479A,B, 487A,C, Crown Copyright, RCHME.
456A, from Braun, 1970.
459A, 460A,B, 468B, 473A, 479C, 481A,B, 482A, Aerofilms Ltd.
471B, Gordon Fraser Gallery/photo Edwin Smith.
477A, Perfecta Publications/photo S. Newberg.
481C, Crown Copyright, reproduced by permission of HM Stationery Office/Alan Sorrell reconstruction drawing.
482B, from J. Nash, *The Mansions of England in the Olden Time*, 1839.
485H, after Garner and Stratton.
487B, F. C. Morgan.
512B,D, 515A, Rijksdienst voor de Monumentenzorg.
513C, 528B, copyright ACL Brussels.
518A,B, 528B, Courtauld Institute of Art/C. Welander.
504A,C, 538C, 541A,B, 543A, 550A, 552A–C,

554B, 556A, Alinari.

第 15 章
570A, From G. Michell, 1978.
570B, From G. Michell, 1978.
570C, From R. Lewcock and Z. Freeth, 1978.
572, From G. Michell, 1978.

第 16 章
576A, J. Warren.
576B, J. Warren.
577B, J. Warren.
577C, J. Warren.

第 17 章
582A, Middle East Archive, London
583A, A. F. Kersting.
583B, J. Warren.
589A, J. Warren.
589B, A. F. Kersting.
589C, A. F. Kersting.
592A, J. Warren.
592B, A. F. Kersting.
592C, A. F. Kersting.
592D, J. Warren.
595, F. Kersting.
597A, A. F. Kersting.
597B, A. F. Kersting.
597C, Foto Mas.
597D, Foto Mas.

第 18 章
601A, A. F. Kersting.
601B, Thames and Husdon/photo Roger Wood, London.
601C, Yolande Crowe.
601D, Office of the Press Counsellor, Turkish Embassy, London.
603A, Yolande Crowe.
603B, Novosti Press Agency.
604A, Office of the Press Counsellor, Turkish Embassy, London.
604B, A. F. Kersting.
604C, A. F. Kersting.
604D, J. Warren.
608A, Novosti Press Agency.
608B, A. F. Kersting.
609, Yolande Crewe.

第 19 章
612A, Roger Wood, London.
612B, Douglas Dickens.
612C, Office of the Press Counsellor, Turkish Embassy, London.
612D, Godfrey Goodwin.
614A, J. Warren.
614B, J. Warren.
614C, J. Warren.
615A, J. Warren.
615B, J. Warren.
615C, J. Warren.
619A, Office of the Press Counsellor, Turkish

Embassy, London.
619B, A. F. Kersting.
622A, Douglas Dickens.
622C, A. F. Kersting.
623A, Douglas Dickens.
623B, J. Warren.
623C, A. F. Kersting.
627B, A. F. Kersting.

第 20 章
630A, J. Warren.
630B, From F. Stark, *The Southern Gates of Arabia*, 1971.
631A, J. Warren.
631B, J. Warren.

第 21 章
648A, 663C,E, J. Musgrove.
658A,B, from M. Meister, Vol. 1, 1983.
658C, after Liang Ssu Cheng, 1984.
663A, Lou Qingxi.
663B,D, 648B, Dept. of Architecture, Tsinghua University.

第 23 章
673, 675, 677A, 678A–D, 681A,B, 682A,B, 683A,B, 684B,C, 686A,B, 687A, 689A,B, 690A, 691A, H. Stanley Loten.
677B, from T. Proskouriakoff, 1963.
684A, Unesco/photo R. Garraud.
687B, Douglas Dickins.
690B, Victor Kennett.
690C, Grace Line Inc..
690D, L. Hervé.
691B, Courtauld Institute of Art.

第 24 章
695A, 703A, 705A,C, 706D, 709A, 711A–C, 712A–C, 713A,D, Dept. of Architecture, Tsinghua University.
695B,C, 705B, 706C, 710B,C, Daiheng Guo.
695D, 696A,B, 697A–D, 698A,B, 703B, 704A,B,D, 705D, 706A,B, 710A, 713B,C, Lou Qingxi.
701, 702, Virondra Rawat.
704C, 709B, Chinese Photograph Agency.

第 25 章
718–20, 722, Kim Choung Ki.
725, 727–9, 730, 733, 734, 736, 739, 740, 743–5, Eizo Inagaki.

第 26 章
749B, Adam Hardy.
749C, Unesco/photo Cart.
751A, Archaeological Department, Government of Sri Lanka.
752A–G, Virendra Rawat
753A, Adam Hardy
753B, Adam Hardy
753C, Adam Hardy
756A, Adam Hardy
756B, Adam Hardy
756C, Adam Hardy
759A–E, Virendra Rawat
760A, A. F. Kersting.
763A–F, Virendra Rawat.
764A, Adam Hardy.
764B, Adam Hardy.
764C, Adam Hardy.
766A–C, Virendra Rawat
767A–L, Virendra Rawat
768A, Adam Hardy.
768B, Adam Hardy.
768C, Adam Hardy.
768D, Adam Hardy.
771A, Adam Hardy.
771B, Adam Hardy.
771C, Adam Hardy.
772A, Adam Hardy.
772B, Adam Hardy.
773A, From M. Meister, Vol. 2, 1983.
773B, Adam Hardy.
773C, Adam Hardy.
775A, Adam Hardy.
775B, Adam Hardy.
776A, Victor Kennett.
776B, From M. Meister, Vol. 2, 1983.
777A, From P. Brown, 1959.
777B, Adam Hardy.
778A, Adam Hardy.
778B, From J. Fergusson, Vol. 2, 1910.
778C, Adam Hardy.
778D, From J. Fergusson, Vol. 2, 1910.
778E, From M. Meister, Vol. 2, 1983.
780A, From P. Brown, 1959.
780B, From M. Meister, Vol. 2, 1983.
783A, Adam Hardy.
783B, Adam Hardy.
783C, Adam Hardy.
784A, Archaeological Department, Government of Sri Lanka.
784B, Archaeological Department, Government of Sri Lanka.
785A, From J. Fergusson, Vol. 2, 1910.
785B, From E. B. Havell, 1915.
785C, British Museum.

第 27 章
791A, 792A, 801B, from Hugo Munsterberg, *Art of India and Southeast Asia*, 1970.
791B, copyright RIBA.
791C, 792B, 793A–C, 795A,B, 797C, 800B–D, 801C, from J. Fergusson, Vol. 2, 1910.
795C, 797B, 798A, Unesco/photo C. Baugey.
796B, 797A, 798B, 800A, Douglas Dickins.
801A,D, Unesco/photo D. Davies.
801E, Unesco/photo Cart.

第 28 章
813A,B, Alinari.
816B, A.F. Kersting.

第 29 章
852A,B,D, 856B,C,E, 857C, 861, 863C, 868B, 877A,B, 885B,C, 889A,B, 890A–C, 897A–C, 899A,C, 900A,B, 902A–C, 903A,D, 906A,B,D, 909A,B, 911B, 912A–C, 916A, 917A,B, Alinari.
852C, Christopher Wilson.

[1819]

856A, A. F. Kersting.
856D, 857A,B, 863A,B, 868A, 885A, 889C, 899B, 900C, 906C, 908A,B, 911C,D, 916B, 917C, 918B, Courtauld Institute of Art.
868C, Courtauld Institute of Art/Piranesi.
870E,F, after P. M. Letarouilly, *The Vatican*, I, 1953.
880A,E,G–J, after Haupt.
890, Dan Cruickshank.
913, from *Architettura*, 6, 1960.
914, from *Architettura*, 7, 1961.

第 30 章
928A, 936A, 941C, 950A, 957C, Giraudon.
932B, 936B, 939A, 941A, 942A, 950B, 952C,D, 954A, 971A,B,C, 972, 973C, Courtauld Institute of Art.
933B, Archives photographiques, Paris.
936C, 937B, 939B, 942B, 950C, 952A,B, 953A, Foto Marburg.
937A, Roger-Viollet.
945B, Aero-photo.
946B, 957B, 969A, A. F. Kersting.
947A, after Ward, 1926.
947B, after Blondel.
953B, French Government Tourist Office.
957A, *Country Life*.
962A–C, 963A,B, 965A,C,D, 969B,C,D, 970A,B, Foto Mas.
966, after Prentice.
973A, Alvão, Oporto.
973B, Mario Novaes.

第 31 章
978A,B, 991A,B, Courtauld Institute of Art.
978C, 984A,C, 986A,C, 987B, 990A,B, 994A,C, 995A,C, 996A, Foto Marburg.
984B, 987A, Bundesdenkmalamt, Vienna/photo Eva Frodl-Kraft.
986B, C. N. P. Powell.
987C, 996B, Deutsche Fotothek Dresden.
988, 991C, 994B, A. F. Kersting.
995B, Deutsche Fotothek Dresden/photo Handrick.

第 32 章
1002A,B, 1003A,B, 1005A,C, copyright ACL Brussels.
1002C, Press Bureau, Belgian Embassy.
1003C, 1005B,D, 1007A–C, Rijksdienst voor de Monumentenzorg.
1005E, Rijksmuseum, Amsterdam.
1014B, 1020A, 1028C, 1040C, 1048A, 1059E, Courtauld Institute of Art.
1014C, 1021C–E, 1028A,B, 1044A, 1045A, 1053A, 1054B, 1056C, 1058A–C, 1059A,C, Crown Copyright, RCHME.
1016A, 1021A,B, 1032A, 1039C, 1040B, 1044B,C, 1048B, 1056A, 1059D, 1060A, 1063A,B,D, A. F. Kersting.
1020B, 1023B, 1051A,B, *Country Life*.
1023A, Crown Copyright, reproduced by permission of the Controller of HM Stationery Office.
1039B, Birmingham Post and Mail Ltd.
1045B, J. B. Price.

1047A, Raphael Tuck and Sons Ltd.
1047B, B. T. Batsford Ltd.
1047C, Aerofilms Ltd.
1048C, 1062A, Christopher Wilson.
1053B, 1054A, Judges Ltd, Hastings.
1056B, RIBA Library.
1059B, Francis Milsom.
1060B, Radio Times Hulton Picture Library.
1060C, British Museum.
1062B, from A. E. Richardson, *Monumental Classical Architecture in Great Britain*, 1914.
1063C, NBR/photo Gerald Cobb.

第 33 章
1067A, 1071C, 1072B, Bernard Cox.
1067B,C, 1072A,C, Novosti Press Agency.
1069A,B, 1070A–C, Allan Braham.
1071B, 1080B, Courtauld Institute of Art.
1075A, 1077A, 1080C, 1086A,B, Nationalmuseet, Copenhagen.
1075B, Nationalhistoriske Museum, Frederiksborg.
1077B, 1078B, 1079A, B, Refot.
1078A, Stockholms Stadsmuseum.
1078C, 1080A, 1081, 1085A,B, Ronald Sheridan.
1083A,B, Norsk Folkemuseum, Oslo.
1083C, Eric de Maré.
1086C, 1087A, B, Riksantikvaren.
1087C, 1088A,C, 1089A, Finnish Embassy, London.
1088B, A. F. Kersting.

第 34 章
1097A, S. Muthesius.
1097B, Thorwaldsen Museum, Copenhagen.
1097C, 1098B, 1099S,B, 1103A, 1104A,B, 1113A< 1118B, 1117B, 1121C, 1123A,C, 1128A, 1131, 1133A, 1136B, 1148C, 1154A, 1155A, A. F. Kersting.
1098A, Periklis Papahatzidakis, Athens.
1098C, after Barry.
1102A, 1123B, 1137A, Alinari.
1102B, 1103C, 1104C, 1133B, C. Wakeling.
1102C, from *Survey of London*, vol. XXX, 1960, by permission of London County Council;
plan after *Civil Engineer and Architect's Journal*, Dec. 1840.
1103B, 1110B, 1111A, 1114A,B, 1119A,C, 1127B, 1130B, 1132B, 1139, 1141A, 1147C, 1150B, 1153C, Crown Copyright, RCHME.
1106A, 1125A, 1127A, 1130C, 1145A, Archives photographiques, Paris.
1106B, by permission of the British Transport Commission.
1107A, from W. H. Pyne, *The History of the Royal Residences*, vol. iii, 1819.
1107B, J. Austin.
1107C, 1122A, 1142B, Bulloz.
1109A, 1113C, 1156A, 1150A, *Country Life*.
1109B, Sir John Summerson.
1110C, after A. W. Pugin, *The Present State of Ecclesiastical Architecture in England*, 1843.
1111B, Fox Photos Ltd.

1113B, Staatliche Landesbildstelle Hamburg.
1114B, Dan Cruickshank.
1114C, 1134B, Roger-Viollet.
1115A, 1137B, J. Allan Cash.
1117A, Leeds Metropolitan District Council.
1117C, 1144A, copyright ACL Brussels.
1118A, Manchester Central Library.
1118C, Elsam, Mann and Cooper.
1121B, from J. Guadet, Eléments et Théorie de l'Architecture, 1901-4.
1122B,C, 1126A, 1144C, 1145B, 1148A, 1149, Chevojon/copyright by SPADEM, Paris;
1125B, 1140A-C, 1128D, T. and R. Annan.
1125C, Eric de Maré.
1126B,C, from Giedion, 1954.
1127C, from P. Lavedan, Architecture française, 1944.
1128C, Austrian Embassy, London.
1130A, from Eastlake.
1132A, from Pevsner.
1132C, after M. H. and C. H. B. Quennell, A History of Everyday Things in England, 1934.
1133C, 1150C, 1154B, RIBA Drawings Collection.
1134A, Crown Copyright, Victoria and Albert Museum.
1134C, Austrian Embassy, London/photo Bildarchiv d. Oest. Nationalbibliothek.
1136A, Netherlands Government Information Service/aero-photo Nederland.
1140D, from H. Muthesius, Die Englische Baukunst der Gegenwart, 1900.
1145C, RIBA Library.
1156B, Andrew Saint.
1142A, Rheinisches Bildarchiv, Cologne.
1144B, Netherlands Government Information Service/photo E. M. van Ojen.
1147A, Netherlands Government Information Service.
1147B, Birmingham Post and Mail Ltd.
1148B, 1155B, Foto Mas.
1148D, Robert Roskrow Photography.
1151A, after Girouard.
1151B, after Hitchcock, 3rd ed., 1970.
1153A, from The British Architect, vol. 30, 1888.
1153B, RIBA Library, by permission of C. Cowles-Voysey.
1141B, from Pevsner, 1960.
1157A, Chris Wakeling.

第 36 章
1173A, Royal Commonwealth Society.
1173B, Courtauld Institute of Art.
1178A, E, 1179B, 1182A-C, 1183A-D, 1186A-E, 1187B,C, 1188A-C, 1190A-E, D. Linstrum.
1178B, John Linstrum.
1178C, 1179C, T. N. Watson.
1178D, 1179A, Flemming Aalund.
1187A, 1191A,B, SATOUR.

第 37 章
1196A-C, 1197A,B, 1205B,D,E, 1207A,B, 1209B, 1212A,B, 1215A, 1216A, 1218B, 1221B, 1223B, Wayne Andrews.
1197C, from Kelemen.
1197D, 1200A, 1204B, from T. E. Sanford, The Story of Architecture in Mexico, 1947.
1197E, G. E. Kidder Smith.
1200B, Sawders from Cushing.
1204C, Brazilian Embassy, London.
1205A, Library of Congress.
1201, 1203A-C, Louise Noelle Mercles.
1205C, Alexandra Casserley.
1208, 1215D,E, City of Philadelphia.
1209A, photo by Abbie Rowe, courtesy National Park Service.
1216B, from Kimball.
1218A, Public Archives of Canada.
1221A,C, 1222B,C, 1223A, Chicago Architectural Photo Co.
1222A, US Department of the Interior.
1223C, from A. Bush-Brown, Louis Sullivan, 1960.
1224, Hedrich-Blessing.

第 38 章
1229A, from Landscape of Peking, 1930.
1229B, 1230A, Lou Qingxi.
1229C, 1230D, 1231B, 1232BE, 1234A, 1235A,B, Editorial Board of Chinese Architectural History (EBCAH).
1229D, 1230C, 1234B, 1236C, from A Brief History of Chinese Architecture, Book Two, 1962.
1229E, 1230B, 1232C,D, Wu Guang-zu.
1231A, Wu Jiang.
1232A, Deng Qing-yao.

第 39 章
1241–1243, Eizo Inagaki.
1244, Kim Choung Ki.

第 40 章
1247A, Pinna Indorf.
1247B, Lai Chee Kian.
1249A, Jon Lim.
1249B, Jon Lim.
1249C, Jon Lim.
1250A, Jon Lim.
1250B, Jon Lim.
1250C, Jon Lim.
1250D, Jon Lim.
1252A, Office of The Istana, Singapore.
1252B, J. Musgrove.
1252C, Ian Lloyd.
1252D, Office of the Istana.
1253A, Budi A. Sukada.
1253D, Yong Hock Seng, Raymond Woo & Associates.
1254B, Dept. of Tourism, Embassy of Thailand, Singapore.

第 41 章
1258A,B, from Marg, vol. XXXV, No. 3.
1258C, 1275A,B,D, 1276A,B,D.
1258D,E, 1260C, 1262B,C, 1263A,C-F, 1264A,B, 1267A,B, 1268A,B, 1269A-C, 1271A-C, 1272A,B, 1273A-D, 1275C, 1276C, 1277A,

1278B, 1279A–C, by permission of the British Library.
1260A,B, from W. A. Nelson, *Dutch Forts in Sri Lanka*, 1984.
1260D,E, 1262A, Derek Linstrum.
1263B, 1268C, India Office, London.
1277B, Dan Cruickshank.

第 42 章

1280A,B, 1291A–E, 1292A–D, 1296A,B, 1297A,B, 1304A,C, Max Dupain.
1282A, Archives, Alexander Turnbull Library, Wellington.
1282B, 1308A, Archives, Auckland Institute and Museum.
1287A, 1305A,D, Fox.
1287B,C, 1299D, 1310B, 1304B,C,E,D. Saunders.
1294A, John Stacpoole/photo Clifton Firth Ltd.
1294B, drawing by Neil Harrap and Margaret Alington.
1296C, 1298, 1299A,B, 1300B Richard Stringer.
1299C, Richard Stringer, after Pearson.
1300A, Australian Information Service, London.
1307A, John Stacpoole/photo Mannering and Associates Ltd, Christchurch.
1307B,C, John Fields.
1308B, Archives.
1309A, Archives, Otago Early Settlers Association.
1309B, John Stacpoole.
1309C, John Stacpoole/photo John Fields.

第 44 章

1322A, Kunstgewerbemuseum, Zurich.
1322B, ACL, Brussels.
1325A, RIBA Library.
1325B, SPADEM, Paris
1325C, Martin Charles.
1325D, E, from *Le Corbusier and Pierre Jeanout*, Vol. II, ed. W. Boesigen, 1935.
1326A, SPADEM, Paris.
1326B, SPADEM, Paris.
1326C, Martin Charles.
1326D, SPADEM, Paris.
1328B, SPADEM, Paris.
1328C, Edifice/Lewis.
1328D, from *Pierre Chareau*, by B. Taylor, 1992.
1331A, Foto Marburg.
1331B, Dyckerhoff & Widman.
1331C, From Pevsner.
1333A, SPADEM, Paris.
1333B, The Architects Collaborative.
1337A, RIBA Library.
1337B, Dan Cruickshank.
1337C, David Dunster.
1337D, Dan Cruickshank.
1339A, A. F. Kersting.
1339B, Dan Cruickshank.
1339C, Dan Cruickshank.
1339D, Dan Cruickshank.
1339E, Dan Cruickshank.
1340B, Kodak Ltd.
1340C, A. F. Kersting.

1341A, Robert Roddam.
1341B, David Wrightson.
1343A, Lucinda Lambton/Arcaid.
1343B, Peter Inskip.
1344A, From Howarth.
1344B, From Pevsner.
1345C, Elsam, Mann and Cooper.
1345D, John Archer.
1347B, Dan Cruickshank.
1347C, from *Survey of London,* vol. xxx, 1960, by permission of the Archives Department, Westminster City Library.
1348A, Manchester Central Library.
1349A, RCHME/copyright *The Architect*.
1349B, Kenneth Prater/RIBA Press Office.
1349C, Dell and Wainwright/*Architectural Review*.
1350A, RIBA Library.
1350B, Newbery/*Architectural Review*.
1350C, London Transport.
1350D, *Daily Express*.
1352A, The National Trust.
1352B, Fry, Drew and Partners/*Architectural Review*.
1353A, *The Field*.
1353B, Dell and Wainwright/*Architectural Review*.
1354A, Skinner and Bailey.
1354B, Dell and Wainwright/*Architectural Review*.
1357A, Dell and Wainwright/*Architectural Review*.
1357B, RIBA Library.
1357C, E. M. van Ojen/Netherlands Government Information Service.
1359A, Wigfusson/Swedish Tourist Traffic Association.
1359B, Heurlin/Swedish Tourist Traffic Association.
1359C, Heurlin/Swedish Tourist Traffic Association.
1360A, Strüwing.
1360B, Martin Charles.
1360C, Martin Charles.
1363A, Martin Charles.
1363B, G. Welin/Finnish Embassy, London.
1363C, RIBA Library.
1364A, Tim Benton.
1364B, Foto Mas.
1364C, Foto Mas.

第 45 章

1367A, David Dunster.
1367B, Alvar Aalto Museo.
1371A, SPADEM, Paris.
1371D, Phaidon.
1373A, Lucien Hervé.
1373B, Lucien Hervé.
1374A, Dan Cruickshank.
1374B, Martin Charles/Richard Rogers Partnership.
1374C, Richard Rogers Partnership.
1374D, RIBA Library.
1374E, Foster Associates.
1377A, Dennis Gilbert.
1377B, Dan Cruickshank.
1377C, Museum of Modern Art, New York.
1379A, Richard Bryant/Arcaid.
1379B, Peter Walser.

图版来源

1379C, Christian Richters.
1379D, Wilford Stirling.
1381A, Dennis Gilbert.
1381B, Bill Toomey.
1381C, Dan Cruickshank.
1381D, David Dunster.
1381E, Peter Baistow.
1384A, Richard Einzig/Arcaid.
1384B, Richard Bryant/Arcaid.
1384C, Wilford Stirling.
1384D, Wilford Stirling.
1384E, Richard Einzig/Arcaid.
1385A, Dennis Gilbert.
1385B, MacCormac, Jamieson and Prichard.
1385C, Radio Times Hulton Picture Library.
1385D, Barry Gasson.
1385E, Barry Gasson.
1385F, Barry Gasson.
1387A, Foster Associates.
1387B, Foster Associates.
1387C, Sir Michael Hopkins.
1387D, Dave Bower.
1387E, Sir Michael Hopkins.
1388A, Richard Bryant/Arcaid.
1388B, Sir Richard Rogers.
1388C, Sir Richard Rogers.
1389A, Richard Davies.
1389B, Richard Davies.
1389C, Foster Associates.
1389D, Foster Associates.
1389E, Foster Associates.
1392A, Paolo Portoghesi.
1392B, Paolo Portoghesi.
1392C, Richard Murphy.
1392D, Richard Murphy.
1393A, Publifoto.
1393B, Renzo Piano.
1393C, Renzo Piano.
1393D, Willem Dispraam.
1393E, Bruno Krapp.
1393F, Architectuurstudio Herman Hertzberger.

第 46 章
1403A, RIBA Library.
1403B, From *Modern Architecture in Czechoslovakia*, 1970.
1404A, Otakar Macel.
1404B, RIBA Library.
1404C, Dan Cruickshank.
1404D, Dan Cruickshank.
1406A, Dan Cruickshank.
1406B, From *Modern Architecture in Czechoslovakia*, 1970.
1406C, RIBA Library.
1408A, RIBA Library.
1408B, Otakar Macel.
1408C, Otakar Macel.
1409A, RIBA Library.
1409B, RIBA Library.
1409C, Otakar Macel.
1411A, Dan Cruickshank.
1411B, Dan Cruickshank.
1411D, Dan Cruickshank.
1412A, Dan Cruickshank.
1412B, Dan Cruickshank.
1413A, Dan Cruickshank.
1413C, Otakar Macel.
1415A, Otakar Macel.
1415B, Otakar Macel.
1416A, Dennis Sharp.
1416B, Dennis Sharp.
1416C, Dan Cruickshank.
1418A, Dennis Sharp.
1418B, Otakar Macel.
1420A, Otakar Macel.
1420B, Alan Blanc.
1420C, Alan Blanc.

第 47 章
1428A-C, Catherine Cooke.
1430A-D, Catherine Cooke.
1432A-C, Catherine Cooke.
1433A-D, Catherine Cooke.
1435A-D, Catherine Cooke.
1436A, B, Catherine Cooke.
1437A-D, Catherine Cooke.
1439A, B, Catherine Cooke.
1439C, D, Otakar Macel.
1440A-C, Catherine Cooke.
1442A, Catherine Cooke.
1442B, Valve Pormeister.
1442C, Abdulla Akhmedov.
1442D, Ilya Cherniavsky.
1443A, Alexander Velikanov.
1443B, Vakhtang Davitaia.

第 48 章
1447A, Yildirim Yavuz.
1447B, Yildirim Yavuz.
1447C, Yildirim Yavuz.
1448A, Yildirim Yavuz.
1448B, Yildirim Yavuz.
1448C, Yildirim Yavuz.
1448D, Yildirim Yavuz.
1449A, Yildirim Yavuz.
1449B, Yildirim Yavuz.
1449C, Yildirim Yavuz.
1450A, Santar.
1450B, Cengiz Bektas.
1450C, Cengiz Bektas.
1450D, A. Dundar.
1452A, Makiya Associates.
1452B, R. Chadirji.
1452C, S & J Lindström.
1452D, TAC.
1452E, Urbahn and Coile.
1454A, Omramia.
1454B, SOM.
1454C, Kenzo Tange.
1454D, Caudil, Rowlett and Scott.
1455A, H. R. Gunny.
1455B, Kamal el-Kafrawl.
1458, T. Technikum, Haifa.
1459A, Dan Cruickshank.

[1823]

1459B, Dan Cruickshank.
1459C, Dan Cruickshank.
1459D, Dan Cruickshank.
1461A, The Israel Museum.
1462A, Dan Cruickshank.
1462B, Dan Cruickshank.
1462C, Dan Cruickshank.
1462D, Z. Rechter.
1463A, Dan Cruickshank.
1463B, Richard Bryant/ARCAID.
1464A, Ram Karmi and Ada Karmi-Melamede.
1464B, Ram Karmi and Ada Karmi-Melamede.

第49章
1468A, SATOUR.
1469A, SATOUR.
1469B, SATOUR.
1469C, Udo Kultermann.
1469D, Architectural Press/EMAP.
1473A, Udo Kultermann.
1473B, Architectural Press/EMAP.
1473C, Udo Kultermann.
1473D, Abdelhalim Seray.
1475A, B, Munnik, Visser, Black Fish.
1475C, D, Murphy Jahn.
1476C, Aga Khan Award for Architecture.
1479A, B, Aga Khan Award for Architecture.
1479D, Aga Khan Award for Architecture/photo C. Avedissian/Concept Media Pte and Architectural Press/EMAP.
1481A, Aga Khan Award for Architecture.
1481B, Aga Khan Award for Architecture.

第50章
1485A, Richard Longstreth.
1485B, *American Architect and Building News*, 23 August 1902.
1485C, Brown Brothers.
1485D, Brown Brothers.
1487A, David Hyde/Kalmbach Publishing Company.
1487B, William Middleton.
1488A, Charles Phelps Cushing.
1488B, Museum of Modern Art, New York.
1488C, Irving Underhill/Museum of City of New York.
1490A, Chicago Architectural Photographing Company, Theatre Historical Society.
1490B, D. R. Goff/Quicksilver Photography, courtesy Columbus Association for the Performing Arts.
1492, *Monograph of the Work of Charles A. Platt*.
1493A, Farrell Grenan/Arcaid.
1493B, Athenaeum of Philadelphia.
1493C, Fello Atkinson/Architectural Association.
1493D, Philip Turner/Historic American Buildings Survey.
1493E, Wayne Andrews.
1495A, Chicago Architectural Photographing Company.
1495B, Chicago Architectural Photographing Company.
1497A, David Gebhard.
1497B, Richard Longstreth.
1497C, Richard Longstreth.
1497D, Colonial Williamsburg Foundation.
1498A, State Historical Society of Nebraska.
1498B, Tennessee Valley Authority.
1500A, Andrew Holmes/Architectural Association.
1500B, Empire State Building Corporation.
1501A, Thomas Airviews.
1501B, Rockefeller Center.
1503A, Hedrich-Blessing/Albert Kahn Associates.
1503B, Dione Neutra.
1504A, Julius Shulman.
1504B, Roger Sturtevant/Wurster, Bernardi and Emmons
1504C, Hedrich-Blessing
1506A, Joe Price/Shin'en Kan, Inc
1506B, *Architectural Forum*, January 1938.
1506C, Richard Longstreth.
1506D, Geoffrey Smythe/Architectural Association.
1507A, Hedrich-Blessing.
1507B, Museum of Modern Art, New York.
1508A, Hazel Cook/Architectural Association.
1508B, Philip Johnson.

第51章
1513A, Wayne Andrews.
1513B, Museum of the City of New York.
1513C, RIBA Library.
1514A, Ezra Stoller.
1516A, RIBA Library.
1516B, Ezra Stoller.
1518A, Cervin Robinson.
1518B, RIBA Library.
1518C, RIBA Library.
1518D, RIBA Library.
1520B, Cervin Robinson.
1520D, Richard Longstreth.
1522A, Kevin Roche, John Dinkeloo and Associates.
1522B, Kevin Roche, John Dinkeloo and Associates.
1522C, Kevin Roche, John Dinkeloo and Associates.
1522D, Kevin Roche, John Dinkeloo and Associates.
1523A, Timothy Hursely.
1523B, SOM.
1523C, SOM.
1524A, Pei Cobb Freen and Partners.
1524B, Esto Photographics.
1524C, Gruen Associates.
1526A, Rollin La France.
1526B, Robert Venturi.
1526C, Robert Venturi.
1526D, Rollin La France.
1526E, RIBA Library.
1528A, Proto Acme.
1528B, Michael Graves.
1528C, RIBA Library.
1530A, Esto Photographics.
1530B, Esto Photographics.
1530C, Esto Photographics.

图版来源

1530D, Joshua White.
1530E, Frank Gehry.

第 52 章
1533A, Amanda Holmes.
1533C, Helen Thomas.
1533D, Helen Thomas.
1533E, Helen Thomas.
1536A, Carl Frank/Black Star.
1536C, From H.-R. Hitchcock, 1955.
1537A, From H.-R. Hitchcock, 1955.
1537B, Armin Haab/Black Star.
1539A, Eladio Disle.
1539B, M. L. Cetto.
1539C, M. L. Cetto.
1539D, Sarah Wigglesworth and Jeremy Till.
1541A, Paolo Gasparini/*Punto 59*.
1541B, Paolo Gasparini/*Punto 59*.
1542A, National Museum of Anthropology and History, Mexico City.
1542B, National Museum of Anthropology and History, Mexico City.
1542C, National Museum of Anthropology and History, Mexico City.
1542D, National Museum of Anthropology and History, Mexico City.
1542E, National Museum of Anthropology and History, Mexico City.
1543A, Paolo Gasparini/*Punto 59*.
1543B, RIBA Library/A. C. Cooper.
1543C, Souvenir Brasilia Ltda.
1543D, Souvenir Brasilia Ltda.
1544A, M. L. Cetto.
1544B, Cristiano Mascaro.
1547A, Ricardo Legoretta.
1547B, Ricardo Legoretta.
1547C, Helen Thomas.
1547D, Davilla.
1548A, Sacha Mirzoeff.

第 53 章
1553A, Wu Ghang-zu.
1553B, Wu Guang-zu.
1553C, Wu Guang-zu.
1554A, Wu Guang-zu.
1554B, Wu Guang-zu.
1554C, Editorial Board of Chinese Architectural History.
1554D, Chen Hao-kai.
1554E, Chen Hao-kai.
1556A, Zhang Shao-yuan.
1556B, Zhang Shao-yuan.
1556C, *A Landscape of Peking*, 1930.
1557A, Zhou Jing-ping.
1557B, *A Brief History of Chinese Architecture*, Book Two.
1558A, Wu Guang-zu.
1558B, Wu Guang-zu.
1558C, Wu Jiang.
1558D, Editorial Board of Chinese Architectural History.
1559A, *A Brief History of Chinese Architecture*, Book Two.
1559B, Editorial Board of Chinese Architectural History.
1561A, Wu Guang-zu.
1561B, Wu Guang-zu.
1562A, *Ten Years of Architectural Design*.
1562B, Wu Guang-zu.
1564A, Wu Guang-zu.
1564B, Wu Guang-zu.
1564C, Wu Guang-zu.
1564D, Zhang Shao-yuan.
1565A, Mo Bo-zhi.
1565B, Wu Guang-zu.
1566A, Luo Xiao-wei.
1566B, Zhang Jin-qin.
1566C, *Chinese Architecture 1949–1989*.
1566D, Li Gao-lan.
1566E, Wu Guang-zu.
1568A, Zhang-Jin-quin.
1568B, Wu Guang-zu.
1568C, Huang Han-min.
1568D, Wu Guang-zu.
1568E, Gong De-Shan.
1570A, Ma Guo-fin.
1570B, Wu Guang-zu.
1570C, Lu Ji-wei.
1570D, Wu Liang-yong.

第 54 章
1573B, Eizo Inagaki.
1574A, From V. Lampugnani (Ed.) 1986.
1574B, From V. Lampugnani (Ed.) 1986.
1574C, From V. Lampugnani (Ed.) 1986.
1574D, Eizo Inagaki
1575A, From H. Suzuki, R. Banham and K. Kobayashi, 1985.
1575B, From R. Boyd, 1968.
1578A, From H. Suzuki, R. Banham and K. Kobayashi, 1985.
1578B, From E. Tempel, 1969.
1578C, From H. Suzuki, R. Banham and K. Kobayashi, 1985.
1579A, From H. Suzuki, R. Banham and K. Kobayashi, 1985.
1579B, From H. Suzuki, R. Banham and K. Kobayashi, 1985.
1579C, From H. Suzuki, R. Banham and K. Kobayashi, 1985.
1580A, From H. Suzuki, R. Banham and K. Kobayashi, 1985.
1580B, From H. Suzuki, R. Banham and K. Kobayashi, 1985.
1581A, Tomio Ohashi.
1581B, From K. Kurokawa, *Metabolism in Architecture*, 1977.
1581C, From H. Suzuki, R. Banham and K. Kobayashi, 1985.
1581D, From R. Boyd, 1968.
1583A, From H. Suzuki, R. Banham and K. Kobayashi, 1985.
1583B, From H. Suzuki, R. Banham and K. Kobayashi, 1985.
1583C, From H. Suzuki, R. Banham and K. Kobayashi, 1985.

1585A, From H. Suzuki, R. Banham and K. Kobayashi, 1985.
1585B, K. Shinohara.
1585C, Terutaka Hoashi.
1586A, From H. Suzuki, R. Banham and K. Kobayashi, 1985.
1586B, Tadeo Ando.
1586C, From H. Suzuki, R. Banham and K. Kobayashi, 1985.
1586D, Tadeo Ando.
1587A, RIBA Library.
1587B, Katsuhisa Kida.
1587C, Ushida Findlay.
1587D, Ushida Findlay.
1589A, Tadeo Ando.
1589B, Tadeo Ando.
1589C, Tadeo Ando.
1590A, Tadeo Ando.
1590B, Tadeo Ando.
1591A, Renzo Piano.
1591B, Yoshio Hata.
1591C, Riba Library.
1591D, Valentine Ames.

第 55 章
1595A, C, Abel.
1595B, C, Abel.
1595C, C, Abel.
1595D, C, Abel.
1597A, HDB.
1597B, C, Abel.
1597C, Design Partnership.
1599A, Paul Rudolph.
1599C, Albert Links.
1601B, C, Abel.
1603A, C, Abel.
1603C, Cesar Pelli.
1605A, Helen Jessup.
1605C, Paul Rudolph.
1605D, Profile.
1608A, Kawasumi.
1608B, Shinfuku-Kutokyo.

第 56 章
1613A, Sir Norman Foster.
1613B, Ian Lambot.
1613C, Sir Norman Foster.
1614, Ian Lambot.
1615B, I. M. Pei.
1615C, Peter Aaron/Esno.
1617D, Terry Farrell.

第 57 章
1621A, British Library.
1621B, British Library.
1622A, Country Life.
1623A, Dan Cruickshank.
1623B, Dan Cruickshank.
1623C, Dan Cruickshank.
1623D, Dan Cruickshank.
1624A, British Library.
1624B, Dan Cruickshank.
1624C, Dan Cruickshank.
1624D, Dan Cruickshank.
1626A, From S. Nilsson, 1973.
1626B, From Le Corbusier, *Oeuvres Complètes*.
1627A, From Le Corbusier, *Oeuvres Complètes*.
1627B, Dan Cruickshank.
1629A, B, Habib Rahman
1629C, Jatinder Singh
1629D, Sharat Das.
1630A, B. V. Doshi.
1630B, Raj Rewal.
1630C, Hosur (1900).
1633B, Gautam Bhatia.
1633C, Krishna Menon.
1633D, Krishna Menon.
1633E, Krishna Menon.
1634A, Dan Cruickshank.
1634B, Dan Cruickshank.
1634C, Dan Cruickshank.
1634D, B. V. Doshi.
1636A, Dinesh Mehta.
1636B, Dan Cruickshank.
1637A, Dan Cruickshank.
1637B, Raj Rewal.
1637C, Madan Mehta.
1638A, Uttam C. Jain.
1638B, Uttam C. Jain.
1638C, C. P. Kukkeja.
1638D, Uttam C. Jain.
1640A, B. Taylor/*MIMAR 6*.
1640B, From R. Giurgola and J. Mehta, 1975.
1640C, From R. Giurgola and J. Mehta, 1975.
1641A, Ranjit Sabikhi and Ajoy Choudhury, The Design Group/*MIMAR 14*.
1641B, Charles Correa/*MIMAR 17*.
1641C, *Process Architecture*, No. 20, 1980.
1641D, Raj Rewal.
1643B, Laurie Baker.
1643C, Laurie Baker.
1643D, Laurie Baker.
1643E, Laurie Baker.
1644A, Kamu Iyer.
1644B, Gerard de Cunha.
1644C, Dulal Mukherjee.

第 58 章
1649A, Richard Stringer,
1649B, Wolfgang Sievers.
1650A, Max Dupain.
1650B, David Moore.
1650C, Fritz Kos.
1650D, Adrian Boddington.
1651A, Ashton and Raggatt.
1651B, John Gollings.
1651C, John Gollings.
1653A, David Moore.
1653B, John Dabron/Ross Thorne.
1653C, David Moore.
1653D, Adrian Boddington.
1654A, Patrick Bingham-Hall.
1654B, Max Dupain.
1656A, Wolfgang Sievers.
1656B, Richard Stringer.

[1826]

图版来源

1656C, Max Dupain.
1658A, Max Dupain.
1658B, Max Dupain.
1659A, Max Dupain.
1659B, Max Dupain.
1660A, Wolfgang Sievers.
1660B, J. Taylor.
1660C, Max Dupain.
1661A, David Moore.
1662A, G. Poole.
1662C, Edmond and Corrigan.
1664A, Profimage.
1664B, Clifton Firth/Melva Firth.
1664C, Profimage.
1666A, Profimage.
1666B, J. Taylor.
1666C, Euan Sorginson.
1667A, Gillian Chaplin.
1667B, Julie Stout.
1667C, J. Taylor.
1667D, Architects Pacific.
1667E, Kevin Murray.
1669A, J. Taylor.
1669B, Peter Johnson.
1669C, Peter Johnson.

术　语

缩略语

(Isl)表示该术语主要用于伊斯兰建筑；(Bud)表示该术语主要用于佛教建筑；(Hind)表示该术语主要用于印度建筑。与日本建筑及结构相关的特殊术语在相关章节中解释。

Abacus 檐底托板，圆柱顶部的顶板。在希腊多立克柱式中呈正方形，无倒角或线脚。希腊爱奥尼柱式则略薄，只有圆凸形线脚装饰。在罗马爱奥尼柱式和科林斯柱式中，侧边在平面上中空并带有倒角。罗马风时期的檐底托板更深，但是挑出减少，用圆形或中空线脚装饰，或者仅仅在下边缘倒角。哥特时期，英国哥特建筑中多采用圆形或者八角形托板，而法国哥特建筑则以正方形或八角形为特征。

Ablaq(Isl) 色彩对比强烈的彩色琉璃砖交替砌筑。

Abutment 拱座、拱脚、支座。用于抵抗拱的水平推力。

Acanthus 莨苕叶饰。古希腊科林斯柱头上的叶形(番草叶、卷草叶、莨苕叶)装饰。叶板、卷叶饰。

Acropolis 卫城。大多数古希腊城市建造在山上，山顶的城堡被称为卫城，包括最重要的神庙和藏宝室。

Acroteria 山花装饰座，山花雕饰的底座，支撑山花顶部及两端装饰物的石块。

Adobe 砖坯。晒干的(非烧制)土坯砖，常用于填充石块饰面的墙体内部。

Adyton, adytum 圣室，密室，内殿。古希腊庙宇中的最神圣的部分，通常经过一道门与内殿(naos)相连。

Aedicule 小型神庙建筑，佛龛，神龛。两边有柱，上部饰以山花。小的类似于神庙的一种布置，最初仅用于神殿，后成为古典建筑体系中的重要母题：柱子或壁柱上部承载着带有山花的柱顶盘，里面有一个壁龛或者窗户。遮棚(tabernacle)有时用来表示同样的意义。在印度建筑中表示作为建筑元素的某栋建筑或神殿的图像画。

Agora 广场。古希腊建筑中罗马广场(forum)的对应物，用于集会或市场的露天场所。

Aisles 侧堂，侧廊。巴西利卡或教堂中两侧的部分，与中堂平行。

Alabaster 雪花石膏。一种白色、细腻、半透明的石膏矿物质。从古代中东、希腊、罗马和东拜占庭帝国到距今比较近的维多利亚时代，一些建筑师看中这种材料的装饰性以及与圣经的联系，将其用于一部分建筑中。在意大利，很久以前采用了一种用雪花石膏模拟大理石的处理工艺，至今仍在应用。以前大理石经常被误认为是雪花石膏。

Alae 边房，耳房。古罗马住宅中通向中庭或内院的边房、耳房。

Alpa vimana(Hind) 阿尔帕毗玛那，小神殿，印度南部庙宇建筑中神殿的基本型制。

Alure 廊道、通道、院廊。在栏杆或胸墙后面的走廊。

Amalaka(Hind) "诃黎勒果"，帽盖。印度北部寺塔顶部带肋的帽盖。

Ambo 诵经台、布道坛。基督教堂中升起的读经台，神职人员读使徒书和福音书的地方。

Ambry, aumbry 教堂壁龛，食品柜、圣器柜。

Ambulatory 回廊，位于祭坛后方，环绕教堂东端的有顶回廊，步道。

Amorino 小爱神，罗马爱神的昵称，希腊神话中的厄洛斯(Eros)，文艺复兴时期的艺术家常将其描绘为天使。

Amphi-antis 两端凹廊均有柱子夹于其间的神庙。实例今已无存。

Amphi-prostyle 前后排柱建筑，有排柱而两侧无柱的排柱式建筑。

Ancones 托石。檐口下部卷形花饰、(柱基石)凸出物、卷涡形托石。

Annulet 小线脚、柱环饰(柱身上环状线脚)、圆箍线。位于圆凸形线脚装饰或多立克柱式中的钟形圆饰下方，一般重复做几道。

Anta 壁角柱。古希腊神殿的墙端壁柱，柱头及柱基处理与相邻柱式不同，也见于埃及神庙。

Antefixae 檐饰，瓦檐饰。古希腊罗马建筑的瓦当、瓦檐饰，沿屋顶下边缘等距设置的装饰块，用来保护屋瓦。

Anthemion 叶状纹饰。古希腊罗马建筑的棕叶饰、花丛状装饰。

Antiquarian 西欧文艺复兴时期（约1750—1830），这个时期的人们从古希腊、罗马和中世纪建筑中重新得到启示。更加具体的表现是一直持续到19世纪的希腊复兴和哥特复兴（参见有关章节）。

Apodyterium 更衣室。古罗马浴场的更衣室。

Apophyge 凹线脚，拇指圆饰。柱座或柱头的凹线脚，将柱身与镶条相连。

Apse 后堂，后殿。教堂后部东面壁龛。欧陆地区多为圆形或多角形，在英国哥特教堂为正方形，位于教堂圣坛尽端；圆形或多边形的首次出现于一座罗马巴西利卡中。与英国哥特建筑的正方形不同，这种形式是欧陆地区的特征。

Apteral 无侧柱的；古希腊罗马无侧柱的，两侧没有柱廊的神庙。

Arabesque 阿拉伯式图案，蔓藤花纹。由复杂的连续线条所组成的轻盈而富于想象力的表面装饰，经常被阿拉伯艺术家采用。文艺复兴艺术家们也经常运用流畅的线条与花草或果实交织的图案。

Araeostyle 疏柱式。指柱距超过三倍柱径的建筑。

Arcade 拱廊，连柱廊。

Arch 券、拱。由楔形石块组成的一种结构形式，用两侧的支撑来承担开口上方的荷载。

Arch-braced roof 拱支架屋顶，参见 Collar-braced roof（系梁支撑屋顶）。

Architrave 额枋，也指围绕窗框或门框的线角。

Archivolt 拱缘饰、拱门饰。沿着拱表面边缘的线角装饰。

Arcuated 拱式的，由拱组成或以拱为结构特征的一座、一组建筑或一种建筑风格（例如罗马建筑），参见 Trabeated（檐梁式结构）。

Arris 尖脊，棱，棱角，在两个平面相交处所形成的凸起锋利的边缘。

Art Nouveau 新艺术运动。欧洲建筑中的一种装饰性运动，发端于19世纪80年代，1893～1907年盛行。其主要特征是流动和蜿蜒的自然装饰，避免运用历史的建筑语言，参见 Jugendstil（青年风格派）、Stile Liberty（自由风格）。

Asbestos 石棉。一种纤维性的矿物质，有良好的阻燃性，但对人体健康有害。

Ashlar 装饰墙面的薄方石、石板。

Astragal 半凸圆线脚，半圆饰，通常用珠缘或螺旋装饰。同样截面的大型线脚被称为圆盘线脚（Torus）。

Astylar 无柱式。没有柱式的立面处理。

Atlantes 男像柱（阿特拉斯），又名 Telamones（特拉蒙，罗马人对男像柱的称呼）。

Atrium 中庭。罗马府邸的一间，用作入口大厅或者庭院，中央的屋顶向天空开敞。有时候屋顶开口（屋顶方井）的边缘由四根或更多柱子支撑。在早期基督教及其后的建筑中指前庭院。

Attic 阁楼、屋顶室（间）。文艺复兴时期第一次用于指建筑主檐口以上的楼层，也指屋顶里面的房间。

Attic base 柱基座，座盘。古希腊柱子的座盘。古典柱式的柱础，由维特鲁威命名，由镶条连接的上下柱脚圆盘线脚和凹形边饰构成，是所有柱础中最常见的一种。

Aumbry 参见 Ambry（教堂壁龛）。

aureole 光环。神像画中头部或身体周围的光环，环绕耶稣、圣母或其他圣人的四边形、圆形或者椭圆形光环，也被称为光晕（mandorla）或者光轮（vesica piscis，参见有关条目）。当光环仅仅环绕头部时，称为光轮（nimbus）。

Azulejos 蓝色彩瓷砖，常为蓝色的上光花砖，18世纪的拉美地区用于墙面的覆瓦。

Bab（Isl）入口。

Bailey 城堡庭院。

Baldac(c)hino 华盖，由柱子支撑的遮盖物，通常位于祭坛或坟墓的上方，也称为天盖（cibonum）。

Ball-flower 圆球饰，英国哥特建筑的装饰，可能源于花的形式或马铃。

Balloon frame 轻型骨架。一种轻型木材框架方法，很久以前就在美国住宅建筑中出现，所用的构件用钉子连接。

Baluster 栏杆柱。用于支撑扶手或顶盖的柱子，排成序列形成栏杆。

Bangaldar roof 孟加拉式屋顶（晚期印度庙宇建筑中屋脊与屋檐呈曲线的屋顶）。

Baptistery 洗礼堂。用于举行洗礼仪式的独立建筑，内含一座圣水盆。

Bar tracery 条式花格窗，铁楞窗花格。参见 tracery（花格窗）。

Barbican 外堡。中世纪城堡的外堡碉楼、望楼、更楼，用于吊桥或入口的防卫。

Barge board 挡风板、山墙封檐板。用于坡屋顶边缘。

Baroque 巴洛克。指始于17世纪早期意大利的文艺复兴建筑，其特征是反罗马风格、丰富、大胆、充满运动感。

Barrel vault 筒形拱，半圆形截面的连续拱。从罗马时代至今的多数时期在很多国家被广泛采用，也被称为隧道拱（tunnel vault）或筒形拱（wagon vault）。

Bartizan 箭塔。墙上挑出的小塔楼。

Bas-relief 浅浮雕、薄浮雕。

Base 底座、柱础，建筑物或者建筑构件的下部。

Basement 地下室、基础。建筑的最下一层或地下室。

Basilica 巴西利卡。带有中堂和侧堂的大厅，多用作法庭。

Basse-cour, base court 后院。较次要的院子或服务性的内院，通常位于房子的后面。

Bath stone 巴斯石。建筑用的石灰石材，产地不仅限于萨默塞特郡的巴斯，在整个英国建筑的历史上都被采用。

Batter 外表面倾斜的墙。

Battlement 雉堞墙。包括一系列的缺口或用于射击的洞口，以及之间被称为雉堞（merlon）的突出部分。

Baulk-tie 横梁拉杆。用于连接木结构屋顶立柱的水平连杆，同时用于防止墙体侧向分开变形，参见 Tie-bar（系杆、拉杆）。

Bays 跨间。建筑中堂或屋顶的基本组成单元。这个词同时也指凸窗。

Bayt, beyt（Isl） 宅邸、寝宫、房屋。

Bead 凸圆串珠线脚，一种圆柱形的小线脚，通常雕刻成一种类似串珠的装饰。参见 Astragal（半凸圆线脚）。

Beak-head 鸟喙饰（罗马风建筑装饰）。

Begunets 边缘处砖工砌筑均由三角形图案组成的饰带。

Belfry 钟楼、钟塔。一般指塔顶用于悬挂钟的房间，因此也可以指钟塔本身。

Bell capital 钟形柱头。柱头，特别是科林斯柱式、混合柱式或英国法国哥特中的科林斯式柱头中的核心实体部分或鼓状物。模制而未加叶饰的所谓的"钟形"柱头常常出现于英法两国的中世纪教会建筑中。

Belvedere 观景楼。有屋顶且四面开敞、景观视野开阔的建筑物，通常位于住宅的屋顶，但有时也在自然风景或园林的高处作为独立的建筑物出现。

Bema 讲坛。早期基督教教堂中抬高为神职人员准备的讲台，后来发展为两翼的雏形。

Bhumija（Hind） 普密贾式。印度北部晚期那伽罗式庙宇建筑的组合方式之一。

Billet 错齿饰。诺曼风格建筑的线脚，以一定间隔重复出现的短圆桶或方块形为特征。

Bipedales 罗马人用以连接砖石的瓦片，约2ft见方。

Bird's beak 鸟喙饰。希腊建筑的鸟喙式线脚，其截面被认为是模仿鸟嘴的形状。

bit-hilani 叙利亚门廊式建筑。

Boss 浮雕、凸饰。用于拱形或平顶天花板肋部交接处的突出装饰。也指门窗防水线脚边缘的雕刻装饰。

Bouleuterion 议事堂。希腊元老院的议事堂。

Bowtell 凸圆线脚。罗马风的一种凸圆线脚，截面通常为四分之三圆，在两个面相交的边缘处称为尖角线角。

Brace 拉杆、支柱。框架结构中用于支撑加固主体结构的附属结构，见于木构屋顶中。

Brace-moulding 盘木线脚，龙骨线脚。参见 Bracket moulding（托座线脚）。

Bracket 托座，牛腿，托架，突出的承重构件。通常由卷涡或螺旋形构成，在支撑檐口上半部时，通常被称为卷形托饰、托座（modillion）或螺形托座、卷涡形牛腿(console)。参见 ancones(托石)。

Bracket moulding　托座线脚，也被称为拉杆(brace)或双 S 线脚(double ogee)。一种哥特晚期的线脚形式，包含双 S 形线脚，以及与之相连的凸起饰面，就像打印机的支柱或支架。

Branch tracery　枝形花格窗，主要见于德国的哥特式建筑。

Brise-soleil　百叶窗、遮阳板。用于遮挡阳光的直射。在新的建筑中经常采取百叶窗的形式(参见 louvres(百叶窗))，通常作为建筑永久使用的组成部分。

Broach spire　尖塔顶。塔顶无女儿墙的八角形的尖顶，角部呈金字塔形，见于早期的英国教堂。

Broch　堡垒。远古苏格兰时期的堡垒，当地术语。

Brownstone　褐石，褐砂岩。在美国新泽西州、康涅狄格州和宾夕法尼亚州等地发现的一种褐色砂石，是 19 世纪纽约和美国东部常见的建筑材料。

Buttress　扶垛、扶壁。顶住墙体的砖石砌体结构体，用以抵抗拱券的侧推力。飞扶壁是指从邻近墙体的独立柱墩上发出的拱结构，用以承接拱的侧向推力。

Byzantine architecture　拜占庭建筑。公元 5 世纪时形成于君士坦丁堡(拜占庭帝国，今伊斯坦布尔)的建筑风格，也指东方或希腊教堂所采用的风格。

Cable　卷缆花饰。诺曼建筑中一种似扭绳的线脚。

Caen stone　卡昂石。诺曼底地区卡昂出产的一种建筑石材，虽然运输困难，但有时用于英国中世纪建筑的建造中。

Caisson　藻井。参见 Coffers(花格镶板、藻井)。

Caldarium, calidarium　罗马浴场中的热水浴室。

Camber　反拱，起拱。水平结构的反拱、起拱。

Cames　有槽铅条，窗玻璃格条，用于固定花格窗玻璃等。

Campanile　钟塔(意大利文)，通常与主体建筑脱离开。

Cancelli　早期基督教堂中围绕歌坛的低矮屏障，Chancel(圣坛)一词由此而来(参见有关条目)。

Canephorae　古希腊顶篮女像柱。

Cantoria　文艺复兴时期用来指主要教堂建筑中的歌坛，常常布满丰富的雕刻。

Capital　柱头。

Caravanserai(Isl)　商队客店，蓬车旅店。伊斯兰城市中迎接游客的客店、旅馆或广阔的封闭庭院。

Carrara marble　卡拉拉大理石。意大利出产的雕塑用大理石，色泽雪白，来自于托斯卡纳地区的卡拉拉区，这种石材在托斯卡纳的北部也有出产。是米开朗琪罗最喜爱的材料。罗马人将之称为月白色大理石(luna)。

Caryatids　女像柱。

Casemate　挖在城堡外墙里的深拱洞、暗炮塔。现在这个词用于指其他形式的掩体，例如炮塔，后来"带有拱洞的"(casemated)用来指防卫严密。

Casement　晚期哥特建筑中的宽阔凹口，因用来放置草束而得名。

Casement window　竖铰链窗。

Casino　乡村别墅，具有装饰性的夏日房舍或花园别墅。

Cast-iron　铸铁。18 世纪末期以后得到了越来越广泛的应用(例如科尔布鲁克代尔(Coalbrookdale)铁桥)，19 世纪中期以后被钢铁所取代。

Castellation　雉堞墙，为一座房子设防并为它建造雉堞。

Caulicoli　涡旋形饰，科林斯柱头中支撑涡卷的八个叶梗。

Cavetto　凹弧饰，凹弧形线脚。一种简单的凹雕、凹弧饰。

Cella　圣堂。希腊神庙内殿的神坛。

Cenotaph　纪念碑(塔)、衣冠冢。

Chaines　垒石层，垒石带。建筑水平线脚与檐口之间的竖向毛面砖带，把立面划分为不同的开间或嵌板。是 17 世纪法国住宅建筑中流行的一种墙饰。

Chaitya hall　支提窟，石窟。佛教建筑的支提窟、石窟、佛堂。

Chajja(Hind)　印度建筑中宽大的石制挑檐。

Chamfer　倒角。

Chancel　高坛，圣坛，十字架坛，内堂，祈唱堂，教堂中的牧师及歌坛，用屏风墙和教堂的其他部分分开，通常指歌坛(choir)。

Chantry　附属小教堂，通常和教堂相连，供神职人员为捐赠土地或其他方式的施主做弥撒用。

Chapels 小礼拜堂。教堂中用于祭拜某位圣徒的小教堂、小礼拜室,有时也与教堂分开设置。

Chapter house 牧师会礼堂。用于修士、院长和隐修院成员集会,通常与回廊相连。在英国平面通常为多边形,由支撑在中柱上的拱支撑,也有时是椭圆形或长方形的。

Chatravalli(Bud) 佛塔建筑上部伞状饰物,有时顶部覆以镀金顶饰。

Chattri(Isl) 亭阁,楼阁。伊斯兰建筑中带伞状圆屋顶的亭阁建筑。

Chevet 内室,圆室,半圆形后堂,教堂的内室,圆形或多角形被回廊所围绕的后殿,回廊之外为小礼拜堂。

Chevron 人字形饰,波浪纹饰,锯齿形花饰。用于罗马风建筑,因为形状类似一对椽子(a pair of rafters)而得名。

Choir 歌坛,唱诗班。

Chunam 一种含有烧过的海底贝壳的灰泥,磨光后有大理石光泽。在印度用做砖结构的抹面,起到美化作用。

Churrigueresque 丘里格拉式。一种与丘里格拉家族的建筑师和艺术家相联系的西班牙巴洛克建筑和雕塑风格。其特征是奢华、奇异,但却不失和谐,装饰丰富。在建筑中一个反复出现的特征就是布满花饰的螺旋柱。

Ciborium 天盖。

Cimborio 采光亭,采光塔,西班牙语的天窗。

Cinquefoil 五叶形装饰。

Cladding 覆面、外墙,由各种不同材料构成的覆盖层、表面处理。

Classical 古典的。发源于古代希腊和罗马的建筑风格,其法则和形式在文艺复兴时期的欧洲和其他地方得到广泛的复兴。

Classicism 古典主义。

Claustra 石栏,隔栏,镂空壁。19世纪末20世纪初的术语,用来描述几何形镂空的石墙,见于法国建筑师奥古斯特·佩雷的某些钢筋混凝土建筑中。

Clepsydra 漏壶。通过让水流过一个细口的方式来计时。

Clerestory, clere-story, clearstory (clear-storey) 天窗、高侧窗、楼座,多用于教堂。

Cloisters 隐修院回廊。连接教堂和牧师会礼堂、餐厅,以及隐修院的其他部分。通常位于中厅南侧,侧翼西侧,可能是为了确保日照和舒适。

Coemeteria 古罗马时期的地下墓地,经常采用拱形结构,每一个可以容纳埋葬很多人。

Coffers 花格镶板、藻井。

Collar-braced roof 系梁支撑屋顶。由曲木屋架体系发展而来(参见 Crucks(曲木屋架)),主要的支撑结构落在墙上而不是地面上。与屋脊通过系梁(亦称为拉梁(collar-beam))直接相联,以形成 A 形的桁架或系梁。当这种系梁在下方用支撑加强,从主横梁伸展时,屋盖称为拱支架屋顶。

Collar-purlin 中檩。作为纵向构件的檩条布置在中心位置,并加强开敞式木构架屋顶的系梁(参见 Collar-braced roof(系梁支撑屋顶)),该系梁由水平拉杆上升起的桁架中柱支撑。如果屋顶比较长,有可能需要设置多根桁架中柱,因此也需要多根水平拉杆。

Column 柱子。竖向支撑构件,一般由柱础、柱身和柱头组成。

Compartment 隔间,隔板。建筑或建筑的某个构件被分隔而成的几个部分之一。参见 Bays(跨间)和 Severy(穹顶隔间)。

Compluvium 洞口,天花板上的正方形通风孔。罗马住宅中庭中的正方形开口,屋顶向开口倾斜,以把雨水汇集到地面上的蓄水池中。

Composite 复合柱式,参见 Order(柱式)。

Concrete 混凝土。水、砂、石和黏合剂(现在一般为波特兰水泥)的混合物。罗马人用火山灰来代替砂子和石灰。钢筋混凝土(Reinforced Concrete)是指用钢筋或钢丝网(东方国家中常用竹子)加强的混凝土。预压混凝土(Pre-pressed Concrete)是指通过预压抵抗裂化(混凝土材料的一种特性)和张力。其主要方法分为两种,预张和后张,都需要采用型钢或钢丝网。预压混凝土在大跨度建筑中(例如厂房)可靠且相对较经济。近年来预制混凝土(Pre-cast Concrete)在很多建筑类型中广泛采用,通过装配在施工现场或工厂中预制各种不同的混凝土构件完成建造。柯布西耶使模印混凝土(Board marked Concrete)开始流行,通过把木模板的痕迹留在暴露的混凝土上而取得满意的效果。众多混凝土表面的处理方法之一是凿毛(bush-hammering)，通常在现场操作，用机械凿石锤把混凝土表面处理成粗糙的效果。

Conoid 圆锥形、圆锥体，通常用于中世纪建筑中拱顶下部肋与外墙交接处，通常呈倒半圆锥体或倒金字塔形。

Console 螺形托座，卷涡形牛腿，参见 Bracket(托座，牛腿)。

Coping 盖梁、墙帽。

Corbel 梁托、叠涩。通常是精心雕刻或线脚装饰的石块，从墙上伸出以支撑屋顶、地板、拱顶或其他构件的梁头。

Corbel table 挑檐。由一系列梁托支撑。

Corbie gable 即阶梯式山墙(crow-step gable)。

Corinthian 科林斯柱式，参见 Order (柱式)。

Cornice 檐口，指古典建筑或文艺复兴建筑中檐部的顶端部分，也可用于指其他突出物的顶端。

Coro 歌坛，西班牙教堂的歌坛，通常占据中堂两个或两个以上柱距，主礼拜堂(Capilla Mayor)包括内殿、圣坛和司祭席，位于教堂的东端，屏饰(Rejas，参见有关条目)起分隔的作用。

Corona 檐冠，檐口顶端的正方形凸起，通常具有一个平面的深深的竖向立面，底面缩进，形成滴水槽，避免雨水沿着建筑流下。

Corps de logis 主楼，住宅中的主屋，不包括服务部分(communs)或马厩。

Cortile 庭院。府邸或其他建筑中内院、中庭的意大利语名称，由柱廊环绕。

Cosmati 12~14 世纪罗马从事大理石与镶嵌细工的工匠总称，其中很多人都来自哥斯马特(Cosmati)家族，后来的"Cosmato work"即由此而来。

Cour d'honneur 正庭，纪念性建筑的前庭、正院。是城堡或其他华丽建筑中最精美、最漂亮的庭院，用于正式的来访接待。

Cove, coving 凹圆线脚，拱。在剖面上形成拱的一部分，连接墙和天花板，常饰以藻井或其他的装饰。

Credence table 祭器台、供桌。位于祭坛边，用以放置圣餐所用的面包和葡萄酒。

Crenellation 雉堞，胸墙上部的开口，配有垛口或凹入。在英国，房屋的防卫工程必须要取得许可证才可以实行。

Crepidoma 台阶式基座，希腊神庙中作为基础的台阶部分。

Cresting 屋脊饰。轻质的重复出现的装饰，雕刻或镂空的，位于屋顶或墙的顶端。

Crocket 卷叶饰、卷叶饰凸雕。

Croisée ① 交叉甬道；② 近三个世纪来法国建筑中常用的竖铰链窗的一种；③ 交叉拱肋，在英格兰极少采用。

Cross vault, groin vault 十字拱。

Crossing 教堂中堂、祭坛与耳堂三者相交汇的区域。

Crow-step gable 阶梯式山墙，参见 Corbie gable(踏步形山墙)。

Crown-post 桁架中柱，木构屋架中位于立在联系梁上面的柱子，通过支撑或吊杆的方式支撑中檩及邻近的椽子。与支撑屋架顶端的中柱(king-post)不同的是，桁架中柱不会直达屋脊(参见有关章节)。

Crucks 曲木屋架，几组木屋架组成拱形结构，从地面附近起拱来支撑屋顶和墙体结构的木结构小屋，英格兰西部地区直到 16 世纪或以后还在采用。

Crypt 地下室，全部或部分位于建筑下方的地下室，在教堂中一般位于圣坛下方，古时用于墓葬。

Crypto-porticus 古罗马地道。

Cubiculum 罗马住宅中的卧室，有时也泛指其他房间。

Cunei 古代剧场中放射式通道划分的楔形区域。

Cupola 小圆屋顶，位于圆形、正方形或多变的平面上方，像一个倒扣的茶杯。

Curtain wall 幕墙。骨架结构建筑符合逻辑的发展结果，外墙不承重，而是像幕一样悬挂在建筑的表面。与中世纪军事建筑中的幕墙不同，后者是指联系塔和门楼的防卫，通常是外面的城墙。

Cushion capital 倒方锥形柱头，垫块柱头。

Cusp 尖点，尖端，叶形饰的尖头、尖端，哥特花窗中叶片的相交所形成的点。

Cyma, cymatium 波纹线脚、反向凹曲线，见 Sima (Simatium，波纹线脚)。

Dado 护壁板、柱子基座、墙裙。指基座中位于

[1833]

檐口和基础之间的部分,也指与墙壁分开装饰过的墙裙。

Dais　讲台。中世纪建筑中尽端升起的平台,用于主人用餐时使用,以与家臣们分开。现在这个词也用于指公寓中任何升起的部分。

Decastyle　十柱式柱廊。

Deconstruction　解构。哲学或符号学中重新审视文本的一种方法,20世纪80年代对建筑学产生了影响,主要受到哲学家雅克·德里达著作的影响。解构理论的应用对建筑学的主要影响是形式上的碎片化,对于直角正交和曲线的拒绝,偏爱尖锐的角度,普遍推翻(或至少质疑)一切传统设计和建造的原则和公理。

Decorated　盛饰风格。14世纪期间流行的英国哥特式建筑风格。

Demi-columns　嵌墙柱、半壁柱。

Dentils　爱奥尼柱式与科林斯柱式檐口部位的齿形装饰。

Diaconicon　早期基督教教堂中的圣器室、收藏室。

Diaper　墙面菱形图案,这一术语可能来自于伊珀尔(Ypres,今比利时的伊普尔)的挂毯,可以用于任何的小型图案,例如连续重复的菱形或正方形的墙面图案。

Diastyle　柱距为三倍柱径的柱列。

Diazoma　划分古罗马圆形露天剧场上下层的水平通道。

Die　底座的墩身。

Dipteral　双列柱廊环绕的神庙。

Distyle in antis　双柱式门廊(两端壁角柱间有两根柱子)。

Diwan, divan　会客室,吸烟室。伊斯兰建筑的会客室,吸烟室。

Dodecastyle　十二柱式门廊(很少见)。

Dog-tooth　犬牙饰,犬牙形。早期英国建筑的犬牙饰。

Dome　圆屋顶、穹窿。覆盖在圆形或多边形平面上的半圆形或半椭圆形穹窿。

Domical vault　穹窿拱顶。各边均从正方形或规则多边形的基底起拱而融合于中心点。

Donjon　城堡主楼。参见 Keep(城堡主垒)。

Doric　多立克柱式。参见 Order(柱式)。

Dormer　屋顶窗、老虎窗。因通常用于公寓的卧室,故此得名。

Dosseret　柱顶石。拜占庭建筑中的副柱头,置于拜占庭柱头之上的石块,用于支撑上方拱的宽拱石。

Dou　斗。中国木结构中的开槽的木块,用多层的悬臂支架"栱"来支撑上一层托架"拱"(参见有关章节)。

Double cone moulding　双锥体线脚(诺曼式建筑中拱的线脚)。罗马风建筑中的典型母题形式,由连续水平并置的锥形体组成,或底面相对,或顶点相对。

Dravida(Hind)　达罗毗荼式。印度南部庙宇建筑的建筑语言。

Dripstone　滴水石。哥特建筑中门廊、窗或拱廊上方用来排雨水的伸出线脚,也被称为 hood moulding(拱檐线脚,滴水罩饰)。当为矩形时称为 label(出缘)。

Dromos　甬道。通往地下古墓或古庙的引道。

Drum　鼓座。拱顶或穹窿下面升起的部分,鼓座上的窗可以让光线进入,照亮建筑内部的中心区域。

Dutch gable　荷兰式山墙。顶部有三角形山花的山墙。

Early English　早期英国式。13世纪盛行的英国哥特式建筑。

Eaves　屋檐。伸出墙面以外的屋顶部分。

Echinus　钟形圆饰,蛋形雕饰。模仿海胆壳形状凸起或伸出的线脚,用以支撑希腊多立克柱头中的檐底托板,有时用卵形与飞镖形彩绘装饰。

Egg and dart(Egg and tongue)　卵与箭形装饰,卵镖饰。西方古建筑中卵形与飞镖形交替的装饰线脚。起源于古希腊,在文艺复兴时期广泛应用于线脚中。

Elizabethan　英国伊丽莎白女王时代(1558—1603)的英国早期文艺复兴建筑。

Embattled　雉堞式。偶尔也用于线脚上的锯齿形图案。

Embrasure　漏斗状斜面墙。雉堞墙中两个城齿之间的开口,亦指向内八字开口的门或窗所形成的斜面墙。

Encaustic　上釉烧的、蜡画法的。泛指任何用热来固定颜色的壁画技术。

Encaustic tiles 釉瓦，运用各种不同的黏土，在烧制后产生图案的装饰性瓦片。应用于中世纪，并在 19 世纪得到复兴。

Entresol 一层与二层之间的夹层，参见 Mezzanine（夹层）。

English bond 英国式砖石砌法，丁顺逐层交替。

Enneastyle 九柱式柱廊。

Entablature 檐部、柱顶盘、柱上楣构，柱式的檐部、柱顶盘。柱式的上部，包括柱式过梁、檐壁、檐口三部分，由柱子支撑。

Entasis 收分。西方古典建筑柱身的收分，为了校正视错觉而设计。

Ephebeion (ephebeum) 体育馆的运动员室。与古希腊或罗马的运动场或运动场附属的浴室相连的一个房间。

Eustyle 当柱距为柱径的 $2\frac{1}{4}$ 倍时的专用术语。

Exedra 半开敞建筑，古希腊、罗马的龛座、有凳门廊、教堂的壁龛。古希腊的建筑中指带有升起座椅的壁龛，是供学者们辩论的地方。古罗马人用这个词指任何带有座凳的半圆形或矩形的墙壁凹进处。也用来指教堂的后殿或壁龛。

Extrados 拱背线。拱的外侧曲线。

Facade 立面。

Faience 瓷器。上彩釉陶器，通常带有装饰，用于陶艺或建筑中。1300 年左右最早出现于意大利的法恩扎。

Fan vault 扇形拱，英国垂直式时期特有的拱的形式，所有的肋均有同样的曲率，模仿扇子的骨架排列。

Fascia 饰带、封檐板。

Feretory 存放圣骨的神龛。

Fielded panels 镶板。表面与框格相平的嵌板。

Fillet 平缘、突出横饰线，线脚之间起分隔作用的窄平条带，也可指檐口最顶端的构件。

Finial 叶尖饰、尖顶饰。

Flamboyant 火焰式，哥特式建筑中的火焰式花格窗棂，窗棂的分隔形成类似火焰形状的分隔。

Flèche 尖塔，屋顶上的纤细木尖顶结构。

Flemish bond 荷兰式砖石砌法，一丁一顺。

Fluting 柱身竖向凹槽。

Flying buttress, buttress 见 Buttress（飞扶壁）。

Foil 叶形饰，哥特式花窗中由尖端分隔的小拱形开口，有三叶饰、四叶饰、五叶饰等，表示叶形饰的数量。

Folded slab 折板结构，由钢筋混凝土薄壳发展而来，在覆盖大尺度的大厅或其他类似建筑物时能够兼具美学和结构的优点，同时还有利于天然照明和人工照明。因其剖面上屋顶结构肋的形状类似于褶皱或折叠而得名。

Formeret 附墙拱肋，中世纪建筑拱顶体系中与墙相接的附墙拱肋，在英国称为"墙肋"（wall rib）。

Formwork 模板、支模，用于混凝土浇筑的木制临时模具。

Fortalice 外堡（塔楼），一种小型的防御工事，经常是塔楼。

Forum 古罗马广场。公共性开放空间，用于社会、市政或市场用途，在每个古罗马的市镇都可以找到。

Fresco 壁画。这个词最初是指湿壁画（即在墙面石灰未干的时候做画），但也经常用来指任何非油画颜料的墙壁绘画。

Fret 回纹饰。古典或文艺复兴建筑中的一种装饰，包括一组垂直相交的直线，以及各种图案的组合。有时称为 key pattern（回纹饰）。

Frieze 檐壁。古典柱式檐部三部分中的中间部分，见 Zoophorus（水平饰带）。

Frigidarium 冷水浴室，罗马浴场建筑中装备有大的冷水浴池的房间。

Gable 山墙。墙面由斜屋顶所围合的三角形的部分。古典建筑中被称为"山花"（pediment）。

Gadroon 圆模雕饰。一系列的凸起曲线中的一种，像反转的柱身凹槽（fluting），用于装饰性的边缘处。

Galilee 门廊。一些中世纪教堂中的用于忏悔的门廊。

Gallery 廊。用于展示绘画或雕塑的过道或宽的走廊；中世纪建筑中室内和室外的特征；教堂的楼座。

Garbhagriha (Hind) 发源室，胎室，圣所。印度庙宇建筑中的最神圣的地方。

Gargoyle 滴水兽。伸出的排水管，通常雕刻成

[1835]

奇异形状，用于从屋顶排水。

Gavaksha "牛眼"。印度庙宇建筑中常见的马蹄形券山墙。

Georgian 乔治式建筑（不列颠晚期文艺复兴时期1714～1830年）。

Glyph 束腰竖沟，雕刻的竖向沟槽，参见 Triglyphs（三陇板）。

Glyptotheca 放置雕塑的房屋。

Gong 拱。中国建筑结构中弓形或曲柄形的悬臂托架：下层的较短托架支撑上层较长的托架，最下方是特殊形状的木块，即"斗"（dou，参见有关章节）。

Gopura（Hind） 瞿布罗门塔。梵语词，相当于泰米尔语中的 gopuram，指印度南部庙宇建筑带拱顶的入口。

Gorge cornice 凹圆线脚檐口，见于埃及与波斯建筑中。

Gothic 哥特式。通常指西欧13～15世纪所流行的尖顶式风格的中世纪建筑。

Gothic Revival 哥特复兴。这种现象最早出现于18世纪中期，但主要是属于19世纪。受其影响最大的国家有英国、法国、德国以及影响稍小的美国。

Greek Revival 希腊复兴。与哥特复兴一样，最早出现在18世纪中期。在英国，19世纪20年代达到顶峰，1840年以前结束（后来转到苏格兰）。在法国，类似的这种现象在19世纪早期最为显著。在德国，一直延续到19世纪中期。在美国，希腊复兴是1815～1860年美国建筑的独特特征。

Groin 交叉拱，拱肋，穹棱。

Groin vault, Cross vault 棱拱，交叉拱，正交拱顶。

Guilloche 扭索状纹饰，圆形网状交织装饰，常用于装饰大圆凸线脚（torus）。

Guttae 滴珠饰。希腊多立克柱式檐壁上的滴珠饰，位于三陇板和檐底托板下方。

Gymnasium（gymnasion） 古希腊用于体育锻炼和训练的体育场，比健身房（palaestra）更大（参见有关条目）。

Gynaeceum 阃闱。古希腊、罗马的闺房、女眷内室，同时也指拜占庭教堂中专为女性设的楼座。

Hagioscope 窥视窗。中世纪教堂墙壁上的倾斜小窗孔，使人们可以看到祭坛，有时被称为"斜眼"（squint）。

Half-timber building 半露木构架房屋，木构架中间用砖或其他材料填充，有时表面抹灰处理。

Hall church 大厅式教堂，侧堂与中堂同高或几乎同高的教堂。

Hall-keep 城堡高楼的早期型制，矩形，大厅与个人卧室并列一处。

Hammam（Isl） 浴室，伊斯兰的浴室。

Hammer-beam roof 椽尾梁屋顶，晚期哥特建筑的椽尾梁屋顶。

Hara 神龛，印度庙宇建筑中一连串的亭阁。

Harem, haram（Isl） 闺房、后宫。伊斯兰房屋的私密区域、清真寺的内殿。

Hecatompedon 雅典帕台农神庙正殿的专名，现在的正殿是从公元前566年原址的神庙延续而来，长100多立克尺，宽50多立克尺（1多立克尺＝0.33m）。

Helix 螺线饰。科林斯柱头檐底托板下面的16个小涡卷之一。

Helm 球根状的塔顶端部，中欧和东欧建筑中的塔楼边线向顶部呈曲线外凸收束。

Helm roof 四坡陡屋顶，尖屋顶。

Hemicycle buttress 半圆扶壁，半月形扶壁。有时很大，通常被其他材料掩盖或兼有结构作用以外的其他功能，在古罗马建筑中被广泛采用。

Henostyle-in-antis 单柱内廊式，墙端壁柱间只有一根柱子。

Heptastyle 七柱式门廊，正立面有七根柱子的神庙。

Hermes 赫尔墨斯（希腊神）、半身塑像，古典时代位于道路两侧标记道路界限，罗马和文艺复兴时期用于装饰。

Heroum 英雄陵墓，希腊的小神庙。古希腊时代用于祭奠圣人（semi-deified）或纪念死者。

Hexastyle 六柱式门廊。

Hieron 神庙周围的圣区。

Hippodrome 竞技场。古希腊时期用于赛马或战车的场地，相当于罗马的圆形竞技场（circus）。

Honeysuckle ornament 花饰。古希腊罗马建筑的棕叶饰、花丛状装饰，参见 Anthemion（叶状纹饰）。

Hood moulding　拱檐线脚，参见 Dripstone（滴水石）。

Hoop-tie principle　箍形加固体系，文艺复兴时期发展起来的一种方法，用木环、金属链或金属箍把拱或穹窿底部加固，以防止穹窿外廓破裂或尽量减小起同样作用的外扶壁的负荷。

Hypaethral　无屋顶的露天建筑或神庙，或者建筑的中心部分向天空开敞。

Hypocaust　火炕供暖系统。

Hypogeum　地下室，古代建筑的所有地下部分。

Hypostyle　多柱厅，例如古埃及的百柱大厅。

Hypotrachelion　柱颈，柱颈饰。柱头与柱身交接处柱头饰下部凹槽，参见 Trachelion（柱颈）。

Iconostasis　圣像屏。拜占庭教堂分隔中堂与祭坛的隔板、屏饰。

Imbrex　槽瓦，筒瓦，盖瓦。古典建筑的屋顶盖缝瓦。

Imbrication　屋顶瓦片的搭接叠覆。

Impluvium　蓄水池。古罗马建筑院内的蓄水池，古希腊和古罗马住宅中屋顶天井下面的水池，或中庭屋顶的开口。

Impost　券底石、拱墩。支撑拱的构件，常装饰成线脚。

In antis　双柱门廊，正面双柱式，凹门廊，参见 Prostyle（前柱廊式）。

Incrustation　表面装饰、镶嵌细工，墙的面层。通常是带有表面装饰的大理石是意大利，特别是威尼斯地区的工艺。

Indent　锯齿形、齿槽。

Indented moulding　锯齿形状线脚。

Intarsia　镶嵌细工。家具中将多种不同材料镶嵌进另外一种材料（通常是木材）的工艺。

Inter-columniation　柱间。

Intrados　拱腹（线）。拱的内侧曲线。

Ionic　爱奥尼柱式。参见 Order（柱式）。

Insula　古罗马城镇中的建筑群和建筑街区。

Irimoya gable　歇山屋顶。日本建筑山墙的一种传统形式，日语称为入母屋造（垂直立于端墙、由不同坡度的屋顶标出）。

Iwan　伊宛，穹顶门廊。（伊斯兰建筑中）一端开口，上部有顶或覆以穹顶的门楼。

Jacobean　詹姆士一世时期（1603—1625，英国早期文艺复兴建筑）。

Jali（Hind）　印度建筑的网状铁花格窗。

Jambs　旁柱，侧柱，门窗侧柱，其中窗框以外的露出部分称为"门窗框"（reveal）。

Jami' masjid（Isl）　伊斯兰大清真寺。

Jarookha　挑台。印度建筑中凸出、类似壁龛的阳台。

Jube　歌坛屏隔，屏障，教堂的祭廊，圣坛隔栏、圣殿屏廊。位于法国建筑的中堂和祭坛之间，对应于英国建筑中的"圣坛屏"（rood screen）。

Jugendstil　青年风格派。德国的一次运动，与新艺术运动（Art Nouveau）属同一时期（参见有关条目）。

Kalasa（Hind）　印度式庙塔的水瓶状塔顶饰，参见 Sikhara（希诃罗式屋顶）。

Kapota（Hind）　印度庙宇建筑中的曲线檐口线脚。

Keel moulding　龙骨形线脚，其形状为两条 S 形曲线相交成一个尖锐的棱，类似船的龙骨，15世纪时多用圆形。"龙骨形"一词也用于洋葱形穹顶中。

Keep　城堡中的内塔或主楼。

Key pattern　万字图案、回纹饰。参见 Fret（回纹饰）。

Keystone　拱顶石，又称为锁石。半圆形拱中间的那块石头，有时是雕刻的。

Khan（Isl）　商栈，伊斯兰建筑中的城市旅店、客栈或迎接旅行者的庭院（urban caravanserai）。

Kheker cresting　纸莎草脊饰，埃及建筑所用的一种装饰母题。

Kibla, qibla（Isl）　朝向墙。伊斯兰教清真寺中朝向麦加的方位，朝向墙上由壁龛（mihrab）标示。

King-post　中柱。屋架横梁至屋脊的竖向立柱。

Kiosk　凉亭。轻质开敞的亭子。

Knapped flint　敲碎的燧石。东盎格鲁的一种传统碎石工艺，使墙面呈现均匀、光滑的黑色表面，所构成的图案有时被称为"flushwork"。

Kokoshniki　拜占庭教堂中的装饰性无窗山墙。

Kreshchaty vault　克列什查蒂拱，在十字形教堂平面上覆盖穹窿的一种方法，不用支柱、花篮拱覆盖翼部，穹窿伸延至边角处。

Kuta（Hind）　印度庙宇建筑的塔顶，在印度北方为尖拱顶的亭子，南方为正方形（偶尔也为圆形、八角形或星形）平面圆顶的亭子。

Kuta-stambha（Hind） 上部冠穹窿顶（kuta）的石柱，一般为壁柱（参见有关章节）。

Label 披水石，参见 Dripstone（滴水石）。

Laconicum 热气室。古罗马浴室中的热气浴室。

Lacunaria 花格顶棚、凹格天花板。参见 Coffers（花格镶板）。

Lancet arch 尖顶拱，主要应用于英国早期的建筑中。

Lantern 塔式天窗、穹窿顶塔。常位于教堂平面的十字交叉处，高于周围的屋顶，侧面装有玻璃。

Lararium 家神台，古罗马住宅中放置家庭保护神的房间或壁龛。

Later 土砖，罗马时期未经培烧的砖。

Laths 纪念柱，参见 Stambhas（纪念柱）。

Latina（Hind） 拉提那式。印度北部那伽罗式神庙建筑的基本单元模式。

Lavabo 盥洗盆。隐修院内的洗手所、洗手盆，用于洗礼仪式的水盆或水槽。

Leaf and tongue 叶与舌饰。希腊建筑中反波纹线脚（sima reversa）的传统装饰母题。

Lesene 无柱础和柱头也无装饰的光身柱，柱条。

Lich gate, lych gate 墓地廊道，停柩门道。教堂墓地行葬礼处的停柩门道，部分葬礼仪式在此举行。

Lierne 支肋。哥特拱体系中既不是从拱墩发出也不是脊肋的中间的短肋。

Linenfold 仿折叠的亚麻布的浮雕装饰，雕刻于独立的木质嵌板的表面。流行于15世纪晚期到16世纪。

Lintel 楣、过梁，横跨开口的木材或石材水平构件，又称为额枋（architrave）。

Loculi 墓穴、墓龛。罗马墓地中摆放尸体的凹陷处。

Loggia 敞廊，位于开敞的拱廊或柱廊后面的游廊。

Long and short work 长短砌合，盎格鲁-撒克逊建筑中，一种砌筑转角石的方法，每隔一层石块垂直和水平交替砌筑。

Louvre 气窗、百叶窗。垂直面上排布的一系列倾斜的板条，在不阻碍通风的同时可以防止雨水或阳光直射。

Lucarne 屋顶窗，倾斜屋顶上的窗户。另参见 Dormer（屋顶窗）。

Luna marble 月白色大理石，参见 Carrara marble（卡拉拉大理石）。

Lunette 弧形窗，半圆形的窗或墙板，使凹拱或穹窿的基础可以容纳进来。参见 Thermal Window（半圆拱窗）。

Machicolation 垛口，突出的垛眼。伸出的墙或矮墙，使楼板上可以开口，在守城的时候可以通过开口倾倒熔化的锡、沥青或石块，以攻击下方的敌人。

Madrassa, madrassah （阿拉伯或波斯语）经学院，即土耳其语的 **Medrese**。

Maeander 回纹。连续的波形饰（fret，参见有关条目），即回纹饰（key pattern）。

Makara（Bud） 佛教建筑中的一种石制似托饰的出挑栏杆，通常位于室外台阶短梯段的任意一侧。

Maksura, maqsura（Isl） 伊斯兰早期清真寺的内殿（以木格构或有孔石工围合）。

Mandapa（Hind） 柱厅。印度建筑的多柱大厅（周边常有柱廊）。

Mandorla 光晕。神像画中头部或身体周围的光环，参见 Aureole（光环）。

Mannerism 手法主义。该术语最初用来描述某些16世纪意大利建筑师作品的特征，他们不再僵化地遵守风格的规则。后来更广泛的应用于其他类似的欧洲文艺复兴建筑。

Mansard roof 芒萨尔式屋顶，包括较陡的下部和较平的上部的两折坡屋顶，命名来自建筑师芒萨尔，又称为复斜（gambrel）屋顶。

Marquise 入口顶棚，材料通常由金属和玻璃构成。

Masjid（Isl） 伊斯兰清真寺。

Masjid-I Jum'a（Isl） 聚礼日清真寺。

Masons' mitre 砌体斜接面，砌体半分接角法。石工或木工中线脚直角相交时，当形成的斜榫与节点不重合时的处理手法，在两块材料中直接撞在另一块的材料表面上进行操作。

Mastaba 玛斯塔巴。古埃及的石墓。古埃及的正方形平顶石墓，侧面倾斜，地下为墓穴。

Mathematical tiles 仿面砖的砖瓦片。

Maydan, meydan（Isl） 举行仪式的开阔空间、广场。

Meander fret 回纹波形饰，参见 Maeander。

Mediaeval 中世纪的，包括罗马风时期和哥特时期的建筑发展。

Megaron 正厅，早期小亚细亚和爱琴海地区住宅的主要房间。

Merlon 城齿，城墙顶端的升起部分，位于两个垛口或射击口之间。

Metope 陇间壁，多立克三陇板之间的空隙，古代早期的实例中有时镂空。后来指那个位置的雕刻嵌板。

Mezzanine 夹层。层高很高的楼层中的夹层。

Mihrab（Isl） 米哈拉布，伊斯兰建筑中朝向麦加的壁龛。

Minabar 清真寺的讲经坛。

Minaret 宣礼塔。伊斯兰清真寺的宣礼塔，在清真寺上方或与清真寺相连的细高塔，用于宣礼员召唤信徒祷告。

Misericord 带铰链的座椅，可以翻起，让人站立，底面经常有奇异雕刻。

Mitre 斜接、斜榫。特指木工装修中两根线脚直角相交时的对角线斜接方式。

Modillion 卷形托饰，托座，飞檐托（飞檐下的悬臂石），参见 Bracket（托座）。

Module 模数。一种比例的量度，通过它来规范古典柱式和建筑尺度，通常是柱子在柱础以上部位的直径，再进一步细分成60份或60分。

Monopteral 圆形外柱廊式庙宇。

Mosaic 马赛克。镶嵌细工，由小块石材、玻璃或大理石材料立方体拼合而成的装饰性表面，在希腊、罗马及以后的建筑中，多用于地面和墙面的装饰。

Motte 城堡的圆锥形假山，相邻处通常为开阔空地。

Mouldings 线脚，突出构件的轮廓线。

Mudéjar 西班牙穆迪扎尔建筑风格。在基督徒统治下的西班牙穆斯林。西班牙建筑，特别是12世纪和16世纪的阿拉贡和卡斯蒂利亚地区的一种本土风格，混合了穆斯林和基督教的特征，其影响一直延续到7世纪。新穆迪扎尔建筑风格（Neo Mudéjar）是指拉丁美洲16～19世纪对这种风格的延续或复兴。

Mulaprasada（Hind） 印度北部那伽罗式寺庙建筑的主殿。

Mullions 竖框，中梃，中棂。窗门的竖框、直棂，将窗分割成几个部分的竖向构件。

Multivallate 多墙垣。

Muqarnas（Isl） 伊斯兰建筑中的钟乳拱饰，蜂窝拱。

Mushrabiyah（Isl） 伊斯兰建筑中的细木工花格挑窗。

Mushroom construction 无梁板构造。无梁钢筋混凝土结构，楼板直接由顶端放大的柱子支撑。

Mutules 檐底托板、托檐石。多立克柱式的檐底托板、托檐石，多立克柱式檐口突出的倾斜的石块，来源于木结构中的梁头。

Nagara（Hind） 那伽罗式建筑，印度北部庙宇的建筑语言。

Nail-head 钉头饰。罗马风建筑装饰母题，雕刻成小四棱锥的螺帽或钉头的形式。

Naos 希腊神庙中的正殿，内殿。内有神像。

Narthex 前廊，教堂门厅。基督教巴西利卡式教堂的前廊，最初为忏悔者使用。

Naumachia 海战剧。演示海战的大片水面（周围有观众席），有时指演示活动本身。

Nautilus shell 鹦鹉螺壳。古希腊装饰母题之一，特别是指爱奥尼柱头卷涡中的螺旋线。

Nave 中堂、中殿。教堂的西端，与歌坛相对；也指中世纪或文艺复兴巴西利卡中的中厅，与侧廊相对。

Necking 柱颈。罗马多立克柱式中，柱身的半圆线脚和柱头之间的部分。

Neropolis 墓地。

Newel ①螺旋楼梯中柱；②望柱。

Niche 壁龛。墙壁的凹进处，用于放置雕像或作为装饰。

Nimbus 光轮，参见 Aureole（光环）。

Nook-shaft 角柱、窗或门边的半柱或墙。

Norman 流行于11～12世纪的诺曼风格，又称为英国罗马风。

Nymphaeum 水神庙。古典建筑内的花房、暖房（内有植物、花草和雕塑等）。

[1839]

Obelisk 方尖碑。正方形截面的高柱，顶部为金字塔形。

Octastyle 八柱式门廊。

Odeion 希腊式戏院，用作音乐比赛。

Oecus 古希腊式房屋中的主要起居室，由正厅(megaron)发展而来。

Ogee S形双曲线脚。由一凸一凹两端曲线组成。也可用来指同样形状的一种拱。

Ogival 法国哥特式建筑的旧称，现已不常用。

Opaion （古希腊）天窗，或顶光。

Opisthodomos 后廊，神庙后面的门廊。

Opus 作品，工艺。

Opus Alexandrinum 亚历山大工艺，9世纪在拜占庭广泛使用的一种用马赛克工艺的铺面装饰。

Order 柱式。柱式包括柱子，以及柱子所所支撑的檐部。柱子又包括柱础、柱身和柱头。希腊人采用三种柱式，即多立克柱式、爱奥尼柱式和科林斯柱式。罗马人除了使用修改过的希腊柱式以外，又增加了塔司干柱式和混合柱式（又称为罗马柱式）。希腊多立克柱式是唯一一种没有柱础的柱式，柱头没有雕刻，柱身带有凹槽。爱奥尼柱式比多立克柱式更轻、更优雅，柱身较细，一般有凹槽，其主要特征是柱头的卷涡。科林斯柱式柱头呈钟形，八片叶形茎杆(caulicoli)从中伸出，支撑着很小的卷涡。一般来说柱身有凹槽。托斯卡纳柱式类似多立克柱式，但是檐部非常简单，柱身无凹槽。混合柱式（或罗马柱式）的柱头混合了爱奥尼柱式的明显卷涡和科林斯柱式的叶形装饰，因此是装饰性最强的一种柱式。柱身可以有凹槽，也可以没有。

Ordinates 平行椭圆面（由圆锥纵剖而求得），文艺复兴时期用以调整等高但不等跨的交叉拱。

Ordonnance 建筑各部分之间的安排、配置。

Oriel 凸肚窗，通过悬挑而凸出墙面的窗。

Orthostats 墙基处的大块方石条带。

Osiris pillars 俄赛里斯柱（俄赛里斯为地狱判官，系古埃及的死神与复活之神）。

Ovolo 凸圆形线脚，常用于古典建筑和文艺复兴建筑之中，通常雕刻成卵形与飞标形交替或卵形与蛇形交替的装饰。

Pai-lou 牌楼，中国建筑中礼仪性的大门，为纪念某位显赫人物而建造。

Palaestra （古希腊、罗马的）体育场，为运动员训练而建造的公共建筑。

Palladian motif 帕拉第奥母题。由一个拱券及其两侧的小一些的方形拱构成。

Palm vaulting 棕榈叶形拱顶、扇形拱顶，与扇形拱顶(参见 fan vaulting)类似。

Palmette 棕叶饰，棕叶状花饰，参见 Anthemion(叶状纹饰)。

Panel 嵌板、镶板、墙壁、天花板、门或壁板等中凸起或凹进的一个单元。

Panjara "笼子"。印度南部庙宇建筑中，屋顶为马蹄形山墙的亭子图像。

Papyrus 纸莎草。古埃及建筑中在各种情况下广泛应用的水生植物，包括建造原始的"芦苇"草棚屋。埃及建筑雕塑中的反复出现的母题。

Parabolic vaulting 抛物线拱。一种薄壳结构，通常为钢筋混凝土材料，剖面为抛物线形。这种结构相对较轻，而且在不变的荷载下不产生侧推力。参见 shell vaulting。

Parapet 女儿墙。露出在屋面以上的部分的墙体，有时带有城垛。亦指阳台、桥或平台上胸部左右高度的类似墙体。

Parclose 隔断，屏障。围绕小礼拜室的屏障、隔幕，用来防风或使祈祷者不受干扰。亦指坟墓或神龛的隔幕。

Pargetting (pargeting, parging) 外墙装饰抹灰，外部饰面石膏(带有花纹)，从都铎王朝以后开始采用，主要见于东英吉利和英格兰东南部。

Pastas, Prostas 希腊住宅的前廊，其一端开向前院。

Pastophoria 侧殿，侧堂。拜占庭教堂中主祭坛南部及北部龛室，供神职人员使用，或用于储存法衣等物品，或为祭坛准备、储存祭品之处。

Paterae 皿形饰，形似古典时期的牺牲祭祀时盛酒的茶碟。

Patio 西班牙建筑中有拱廊或柱廊的内院。

Pavilion 突出的建筑体，通常形象与众不同，用以标示重要建筑立面的中心或两端；与之类似地，也指与主体建筑通过一翼相连的建筑；园林中的装饰性建筑。

Pavimentum 路面，铺地。用瓦片、大理石、石块、燧石或其他材料嵌入水泥中固定，再用撞锤夯实的道路。

Pedestal 柱子、雕塑或花瓶的底座。通常包括基座、墩身、檐口或线脚盖帽组成。

Pediment 山花。古典建筑中，位于檐部以上的三角形墙面，上至倾斜的檐口。在文艺复兴建筑中指所有的屋顶山墙端头，无论是三角形、损坏的还是半圆形的。哥特建筑中，类似的构件被称为山墙(gable)。

Pele-towers 皮尔塔，中世纪晚期位于英格兰与苏格兰之间边境国家用巨石砌筑的小型方塔。

Pendant 悬饰、吊灯架。

Pendentive 帆拱。指悬挂的三角弧形的拱面，用圆形的穹窿覆盖正方形或多边形的柱格。

Pentastyle 五柱式门廊。

Peribolus 圣地或圣殿的围墙，后将其引申为庙宇庭院。

Peripteral 列柱式建筑。

Peristyle 列柱围廊式。

Perpendicular 垂直式风格，流行于15～16世纪的英国哥特式建筑风格，从14世纪英国盛饰风格(Decorated style)发展而来。

Perron 台阶，踏步。建筑物门前的露天踏步、室外踏步，位于公共或住宅建筑门廊外。

Phamsana (Hind) 波姆萨那式，印度庙宇的一种型制，以金字塔形的上部或多层的檐饰线条为特征。

Piano nobile 意大利府邸的主要楼层，比地面高出一层，并包含有主要的会客房间。

Piazza 广场。公共性开放空间，被建筑围合限定，形状或城市功能可以变化。

Picturesque 风景如画式风格。特指18世纪晚期到19世纪早期(1785—1835)盛行的一种建筑和景观的情调——建筑与景观呈现如画般的控制下的不规则性。

Pier 柱墩，拱座，壁墩。拱廊或桥中的砖石体量，拱券发于其上，或指窗间或门间的墙壁，又有时指哥特建筑的束柱。

Pilaster 壁柱，正方形，状似柱子，但只突出墙面1/6厚度，形式与所用柱式相同。参见 anta (壁角柱)。

Pilotis 桩基、建筑底层架空支柱。

Pinacotheca 绘画收藏馆。

Pinnacle 小尖塔，哥特建筑中位于扶壁、女儿墙或其他位置顶端的小尖塔状收头，经常装饰以被称为卷叶饰(Crocket)的束状叶饰。

Piscina 圣坛附近神龛中的石盆，用来承接神父冲洗圣杯的水。亦指(古罗马的浴场中的)浴池或泉。

Pisé 夯土建筑。将混合了砂子的黏土或泥土浇筑在模板中捣实，等泥土变硬后取走模板。

Plate tracery 板制雕花窗格。参见 tracery (花格窗)。

Plateresque 银匠式风格，15世纪后到16世纪早期的西班牙建筑风格，因装饰华丽类似银器而得名。

Plinth 柱基、勒脚。柱础中最下面的方形构件，亦指任何建筑中的突出的阶梯状或带有线脚的勒脚。

Plough-share twist 拱顶结构中，墙与拱交接的不规则或卷绕的部位，是由于墙肋遇到天窗时升高而形成。

Podium 台基，连续的基座；或圆形剧场中舞台的围合平台。

Polychromy 彩绘法、多色画法。原意指用多种颜色的装饰性绘画；引申为按自然主义原则而进行的雕塑着色。在建筑学中泛指运用多种不同材料以取得惊人的效果。为维多利亚时代盛期以及新艺术运动时期的特征(参见有关章节)。

Poppy-head 顶花饰、凳饰饰。凳侧边(bench-end)的装饰，通常饰以鸢尾花、动物或人像。

Porphyry 斑岩，彩色花岗石。坚硬的红色或紫色石材，用于建筑或雕塑用石，尤其为埃及人、希腊人和罗马人所采用。

Portcullis 城堡的吊闸、吊门。设防的建筑中，装在门框上的沿着垂直滑轨滑动的木制或铁制沉重格栅。

Portico 门廊，有柱的门廊。作为入口或门廊的柱廊空间，有顶覆盖且至少一面有柱子支撑。

Porticus 中世纪建筑的前廊。也可以指作为教堂建筑一部分的任何柱廊，或主体建筑的无柱式的侧边空间或附属开口。

Posticum (拉丁语)庙宇的后廊，参见 Opisthodomos (后廊)。

Post-Modernism 后现代主义。作为一种建筑风格或者一种批判正统现代主义的建筑理论。其主张通常的表现是混合了不同时期装饰元素的折中风格，特别是有着西方古典根源的元素。这些元素剥离了传统的意义，脱离原有语境和尺度，以一种反讽的意图使用。后现代主义在20世纪70年代早期兴起，并在20年间就过时了。

Prakara（Hind） 墙垣，印度庙宇建筑群的外部围墙。

Prato marble 普拉托大理石。托斯卡纳地区普拉托出产的一种绿色大理石。

Presbytery 司祭席。位于教堂的东端，供司祭用，也常泛指整个圣坛周围的内殿。

Pronaos 前殿。神庙正殿(naos)前面的部分，经常等同于门廊(portico)。

Propylaeum 入口。神殿等的重要入口或门廊，山门。

Proscenium 舞台前部。原指古希腊剧场中背景建筑前面的一排柱廊(skene)，柱廊的顶上作为舞台(logeion，说白区)，这样所有的舞台都有一个装饰的后台背景。现仅指舞台的前部。

Prostyle 前柱廊式。建筑的前部为开敞的柱廊。

Prothesis 圣餐台。

Prytaneion（prytaneum）公共礼仪大厅，希腊城市的公共会堂及宴会厅。

Pseudo-dipteral 仿双排柱廊式。外表仿双列柱廊式的神庙，即双层柱廊围绕内殿，但此外其内部布置并不相同。

Pseudo-peripteral 仿单柱廊式。侧柱与墙之间无空间，直接相接的神庙。

Pteroma 柱廊空间。神庙建筑正殿侧墙与围廊之间的空间。

Pulpitum 歌坛隔屏，主教堂或教堂中的石造楼座或游廊(rood loft，参见有关术语)，位于歌坛入口上方。

Pulvinated 凸弯形，檐壁的鼓凸。

Pumice 浮石、轻石。来自火山熔岩中的一种火成岩，古罗马人用作建筑材料。后来又在拜占庭和罗马风建筑中出现，其优点是极轻。

Purbeck marble 多塞特的珀贝克出产的一种细匀、质坚大理石。

Purlin 檩条、桁条。屋顶结构中的水平构件，搭在主要椽子上以支撑椽子和屋面材料。

Pycnostyle 列柱式柱廊，柱距为柱径的 $1\frac{1}{2}$。

Pylon 塔门。古埃及神庙的塔门。带有中央开口的砖石建筑体，形成一个神庙的纪念性入口。

Qasr（Isl） 城堡、宫殿或府邸。

Quadrangle 四方院子，四合院。由建筑所限定的宽阔围合地或内院。

Quadriga 四马拉车雕饰。古罗马四马并列拉的双轮战车雕饰，常位于纪念碑顶部。

Quadripartite vaulting 四分肋拱。每一柱格都被对角线方向的肋划分为四个部分。

Quatrefoil 四叶饰、四叶形。

Quincunx 梅花形，五点排列成的梅花状，分居正方形四个顶点和中心点的五个物体。

Quirk 深槽，线脚的V形深槽，见于诺曼式建筑凸圆线脚两侧。

Quoin 隅石。通常指建筑角部的隅石，后引申为建筑的角部。

Rampart 城堡、堡垒或城墙周围堤状的防御土墙、壁垒，上面可能带有石矮墙。

Rath 战车神庙，印度南部的岩凿神庙，呈战车状。

Rebate 企口，裁口，木板等的榫头、槽口、企口缝。在木构件上的榫口或凹槽，以方便和另外一块木料相连接，也指门窗与门窗框之间的连接。

Recursive 循环，重复。抽象组织原则或设计概念的重复运用。

Reeding 小凸嵌线脚。一系列等宽的凸圆线脚并置；与柱身凹槽相对。

Refectory 餐厅。隐修院、女隐修院或神学院等的食堂、餐厅。

Regula 滴珠饰带。多立克檐壁中三陇板下面，束带下方的长条形嵌条、扁带饰，下面附有圆锥饰。

Reja 华丽的铁窗花格、屏饰，是西班牙教堂室内的一个典型特征。

Reliquary 圣物箱、遗物箱，轻质并可以随身携带。

Renaissance 文艺复兴，指整个欧洲15~16世纪对古典建筑的重新介绍。

Rendering 粉刷、抹灰。外墙的石灰或灰泥粉刷，第一层的石灰粉刷。

Repousse work　金属浮雕花饰，金属细工所锤成或压出凸纹装饰。

Reredos　祭坛背壁，祭坛后部的屏饰。

Respond　拱廊壁柱，拱廊尽端的半露柱。

Retable　祭坛壁板，祭坛后部的高架，放置十字架、烛等。西班牙语中的 retablo（祭坛装饰）是一种极尽奢华的祭坛屏饰（reredos）。

Retro-choir　后堂区，（大教堂内）主祭坛或歌坛后部的地方。

Reveal　窗侧，门侧。外墙与门或窗之间的门侧，窗侧，筒子板。门窗洞口的侧面部分，当这个面不垂直于墙面时称为八字面（splay）。特别指窗框以外的部分。

Rib　肋，拱棱。拱顶、天花板或其他地方的凸出部分。

Ribat (Isl)　隐修院，伊斯兰设防的隐修院。

Ridge　屋脊，斜屋顶的顶部，从一端到另一端。

Ringhiera　中世纪时期意大利城市市政厅主立面的凉台，用于颁布法令或公开讲话。

Riwaq (Isl)　里瓦克。伊斯兰建筑中的院子或厅周围的柱廊，清真寺中有柱廊或拱廊的大厅。

Rococo　洛可可。指文艺复兴时期的一种装饰风格，其中岩石状的形式、奇异的卷涡、褶皱的贝壳等细节丰富而混乱的集合在一起，经常缺乏有机的一致性，表现了一种装饰的奢华化甚至滥用。

Roll moulding　旋涡线脚装饰。一种普通的圆线脚，在中世纪建筑中，有时被称为 bowtell（凸圆线脚，参见有关条目）。

Romanesque　罗马风。9~12 世纪盛行于西欧的建筑风格。

Rood loft　游廊。指圣坛屏（rood screen，当祭坛隔断上带有中世纪教堂中常见的"基督受难像"或十字架时的称呼）上方升起的阳台，通过歌坛的墙中的楼梯到达。在节日时也作为游吟诗人或歌手使用的地方。

Rose window, Wheel window　玫瑰窗。

Rostrum　演讲台，讲坛，rostra 的复数。指古罗马广场中升高的讲坛，演说家在这里向民众演讲。因为带有战船的船首装饰（rostral columns）而得名。

Rotonda　圆形建筑。

Rubble　毛石、块石砌法。

Rustication　粗凿式。一种粗凿处理石工的方法，块石的表面粗糙，接缝凹进，主要应用于文艺复兴建筑中。

Sahn (Isl)　伊斯兰教清真寺的内院。

Sanctuary　圣殿、圣所、内殿，教堂或神庙中最神圣的部分。

Sarcophagus　雕刻丰富的石棺。

Sash window　吊窗，上下推拉窗。上下推拉的木框格玻璃窗，通过滑轮沿滑轨上下滑动。

Säteri roof　天窗式屋顶，瑞典式屋顶，四坡屋顶中的一种类型，坡顶被一个小的竖直部分（有时是窗）打断，使屋顶分成三段。这是 7~8 世纪瑞典贵族和上层社会建筑中的特征。

Scena　剧场舞台，古代剧场舞台的背景。

Scholae　凹室，休闲场所。对于古典时代的人来说意味着是学者交谈或辩论的地方，后来用来指"哲学家的演讲厅"。

Scotia　柱基凹弧边饰、凹圆弧饰。柱基处两个大凸圆线脚之间的凹圆弧线脚，产生深深的阴影。

Screen　屏风，隔屏，隔板或围栏。由铁、石或木材制成，常带有雕刻。当用来分隔教堂中的歌坛和中堂时，称为歌坛屏饰，参见 chancel（圣坛，十字架坛）。

Scroll moulding　涡圆线脚，类似一卷纸的形状，其尾端从其他部分上面伸出。

Section　剖面。

Sedilia　祭司席，教堂内的牧师席，通常为石造，位于圣坛的南墙。

Severy　穹顶隔间。

Sexpartite vaulting　六分肋拱，每一个柱间由两条对角线拱肋和一根横肋分隔成六块的拱顶形式。

Sgraffito　釉雕，仿雕漆饰。一种装饰方法，将表层的白色抹灰面层局部去除，露出底层的深色面层以形成图案。

Shaft　柱身。亦指中世纪建筑中的一根小柱，例如支撑拱顶的束柱中的一根。

Shala (Hind)　小神庙，印度南部庙宇上部覆以筒形拱顶的建筑。

Shastra (Hind)　经文。

Shastric (Hind)　经文的。

Shekhari(Hind) 希讧罗式。那伽罗式庙宇晚期组成型制之一。

Shell vaulting 薄壳拱顶。薄板状曲面屋顶,一般为钢筋混凝土材料,经常有优雅的外观形态,当今广泛应用于大跨度的建筑中。参见 Parabolic vaulting (抛物线拱)。

Shikhara(Hind) 希讧罗。印度北部庙宇中的上层建筑或尖顶。

Shingle style 木板式风格,在木框架结构外,用木条板(shingles)作外墙的表层处理。

Shrine 神庙,神社,圣地或圣物,神。例如供奉圣徒遗物之处。

Sikhara(Hind) 希讧罗式屋顶。印度庙宇的金字塔形顶,位于神庙或入口上方,其上满布人与动物的精致雕塑。

Sima 波纹线脚。外轮廓为两段相反曲线的线脚,分为正波纹线脚或反波纹线脚。

Simatium 檐冠,檐口的顶部,常为波纹线脚。

Soffit 拱腹,拱内面建筑构件的底面。

Solar 起居室。中世纪时期上部楼层私密居室的专称。

Space frame 空间构架。三维的、在任何方向都具有稳定性的构架形式。

Span 跨度。

Spandrel 拱肩,拱肩墙。由拱、穿过拱顶的水平线、穿过拱基的竖直线所围合的三角形空间。现代建筑中,指幕墙中窗框下的填充板。

Specus 水渠,高架渠水槽。古罗马输水道中的管道或沟渠,截面通常为方形,带有水凝水泥制成的连续防水涂层,线性排列,上面由石板或拱顶覆盖。

Spere(speer, spur) 固定围屏。固定的木制屏板,雕刻精美,遮挡中世纪房屋的入口和大厅。当与屋架相连时,则称为拱木桁架结构(speretruss)。

Spina 纵向栅栏,古代赛马场或圆形竞技场中心部位的内墙。

Spire 塔尖、尖顶、锥形体。哥特或文艺复兴建筑中的锥形塔顶,由普通金字塔顶或圆锥顶拉长形成。

Splay 倾斜面、八字面、斜角。指在墙体上开洞时,由于洞口内外大小不同所形成的斜面。

Springer 起拱石。指拱的最下面的一块拱石或单元。

Squinch, squinch arch 抹角拱,突角拱。意指小的拱、梁托或其他类似的构件,建于正方形或多边性结构的每个角上,形成八边形或其他恰当的形状以承接穹窿或尖顶。有时也被称为squinch arch。

Stalls (教堂内)小隔间。供牧师与唱诗班专用,设有固定座椅,并带有扶手、凸出托板和顶篷,通常精雕细刻。

Stambhas 纪念柱,独立的纪念性柱子,属佛教建筑的特征,也称为 laths (纪念柱)。

Stanchion 柱子,支柱。最初为铸铁材料,直到相对便宜的钢材出现。

Starling 桥墩尖端,其作用是减弱水对桥墩的冲击力,后来被称为"分水角"(cutwater)。

Steeple 尖塔,尖顶,教堂建筑的尖塔。

Stele 石碑。希腊的墓碑,或带有碑铭的石碑。

Stellar vault 星拱,肋呈星形图案的拱。

Stepped gable 台阶式山墙,阶梯山墙,是荷兰建筑的独特特征。

Stiji, de 风格派(荷兰 1917~1931)。荷兰的一个短暂的几何-抽象运动,对现代主义建筑和工业设计产生了持续的影响。

Stile Liberty 意大利的新艺术运动(参见有关条目),其名称来源于伦敦一家著名的商店(liberty)的名字。

Stilted arch 上心拱,高架拱。

Stoa 柱廊,拱廊。希腊建筑的敞廊,或独立的柱廊。

Storey 楼层之间的空间。

Strapwork 带箍线条饰,交织凸起带状饰,带状饰。用窄带折叠或交织而成的装饰图案,多用于英国和低地国家的早期文艺复兴建筑中。

String course 腰线,带饰,束带层,外墙的带状线脚、腰线。

Stuart 斯图亚特王朝时期,英国晚期文艺复兴时期(1625—1702)。

Stucco 灰墁,装饰粉刷,粉墙灰泥。一种优质灰墁,多用于罗马和文艺复兴建筑中的装饰。在英国,18世纪晚期和19世纪早期,作为一种经济的材料在室外形成线脚,并得到广泛的应用,以顶替石材。

Stupa(Bud) 窣堵坡、佛塔,穹顶形佛教神龛。

Stylobate 柱基、柱座。

Sudatorium 古罗马浴场建筑的热气浴室。

Systyle 两径间排柱式。两排柱间净距为二倍柱径。

Tabby 土质混凝土。一种由牡蛎壳制成的混凝土。

Tabernacle 神龛，壁龛。用于承装圣体的龛或容器，通常位于祭坛上方。亦指壁龛或拱形顶蓬。"Tabernacle work"指精心雕刻的壁龛或拱形顶棚。

Tablet-flower 小块花饰。装饰式哥特建筑球花饰的一种变体，为四瓣花形。

Taenia, tenia 多立克柱式额枋的束带饰，带形花边。

Tauf （阿拉伯语）土墙。泥浆中掺入麦秆以防破裂，手工砌筑，待下一层干透后再砌上一层。

Tegula 沟瓦，底瓦。拉丁语的大块平瓦。

Telamones 男像柱。参见 Atlantes（男像柱）。

Temenos 圣区，圣地。区域内建有神庙或其他圣殿。

Tempera 蛋胶画。用蛋黄（或胶水）代油调和颜料的一种方法。与 distemper（胶画）同义。

Tempietto 小神庙，坦比哀多（装饰性圆形小神庙）。该词通常指文艺复兴及以后带有装饰、建于乡村别墅中的庄园或花园中的、紧凑的圆形平面或类似神庙的建筑。尽管最有名的实例是布拉曼特在罗马蒙托里奥的圣彼得教堂隐修院内院中的小教堂。

Tepidarium 古罗马浴场中的中温浴室。

Terracotta 陶瓷砖（瓦）。泥土在模具中经烧造或烘焙而成的建筑装饰材料，硬度高于砖。

Tessera 嵌石铺面，镶嵌地块。小块大理石、玻璃、砖瓦作成的镶嵌物，用于制作马赛克。

Tetrastyle 四列柱式。

Thermal window 半圆拱窗。装有一对竖向窗框，源自古罗马浴场、特别是戴克里先浴场中的筒形拱或交叉拱窗，因此又称为戴克里先窗。参见 Lunette（弧形窗）。

Tholos 圆形神庙。最初指圆形建筑的穹顶，后来用于指圆形建筑本身。

Thorana (Bud) 印度建筑中，窣堵坡围墙的仪式性大门，类似中国的牌楼和日本的鸟居。

Thrust 水平推力，侧向力。

Tie-bar 系杆、拉杆。连接建筑不同部分之间的构件，受拉构件，有时为木材，但多数为金属，用于加固拱或抵抗侧推力，在拜占庭建筑、意大利哥特建筑和文艺复兴建筑中尤为值得注意。

Tie-beam 系梁、水平拉杆。通常是屋顶结构中最下面的构件，搭在墙与墙之间，主要的功能是起到防止墙体倾倒的联系作用，次要功能是承接桁架中柱。

Tierceron 居间拱肋。哥特建筑拱顶结构中主肋之间的拱肋。

Torii 鸟居。日本神社的典型入口，由立柱和横梁构成。

Torus 环状半圆线脚装饰，圆盘线脚，参见 Astragal（半凸圆线脚）。

Trabeated 檐梁式结构。以梁和柱子为主要结构构件，例如希腊建筑。参见 Arcuated（拱式的）。

Tracery 花格窗。位于哥特建筑窗顶部的石制装饰图案。分为盘式（plate）或者杆式（bar）两种。盘式花格窗是从一个完整的石盘雕刻而成，特别注重露光部分的形状。而杆式花格窗则是由几何图形组合而成。也用于指木工嵌板中的类似情况。

Trachelion 柱颈，柱颈饰。希腊多立克柱式的柱颈。介于柱环饰和沟槽或 hypotrachelion（柱颈，柱颈饰）之间。

Transept 耳堂，十字形教堂的两翼。十字形教堂中垂直于主体建筑伸出的部分。

Transoms 窗的横框。

Transverse rib 横肋。与墙面垂直的肋。

Travertine stone 凝灰石。一种石灰质的沉积岩，黄色，古罗马以来就作为建筑用石材，特别是在储量丰富的意大利。现代建筑中经常将其制成薄板，作为装饰性面材使用。

Trefoil 三叶式。有三瓣叶片组成的窗饰。

Triangulation 三角屋架。屋架设计的原则，每一构件或构件之间围成的形状都应为三角形。

Tribune 讲坛、论坛。教堂中的升起平台，通常支撑在柱子上，可以俯瞰教堂的室内。最初来源于古罗马巴西利卡的升高平台，有时在建筑的半圆形附加部分中，因此也作为巴西利卡中后殿的别称。

Triclinium　古罗马有三面躺椅设备的餐室。

Triforium　拱廊教堂拱门上的拱廊。中世纪教堂中位于中堂和歌坛的拱顶上方，并低于采光天窗的狭窄通道，向中堂敞开。当楼板高于侧堂的拱顶时称为楼廊(triforium gallery)。

Triglyphs　三陇板。带有凹槽的块状构件，是多立克柱式檐壁的特征。

Tristyle-in-antis　三柱内廊式。在壁端柱之间有三根柱子的门廊。

Trussed-rafter roof　桁架式椽架屋顶。

Tudor　都铎式。英国晚期哥特建筑(1485—1558)。

Tufa　凝灰岩。一种建筑材料，状粗糙或多空，来自火山熔岩或其他(石灰华可以认为是一种石灰质的凝灰岩)。

Tunnel vault　筒形穹顶。参见 Barrel vault (筒形拱)。

Turkish triangles(Isl)　土耳其式三角。由小切面组成的支撑结构，其作用与帆拱(pendentive)相同(参见有关条目)，或用于装饰性目的，同钟乳拱式(Muqarnas，参见有关条目)。

Turrets　塔楼、角楼。中世纪建筑中的小塔楼，通常有楼梯，形成了中世纪建筑的独特特征。

Tuscan　托斯卡纳柱式。参见 Order。

Tympanum　门楣中心。指三角形山花中被围合的三角面，亦指中世纪建筑入口上部过梁和拱之间的部分。

Unctuaria　浴疗室。古罗马公共浴场中，用于涂抹油、油膏和各种其他处理的房间。

Undercroft　地下室，地窖。中世纪建筑主要房间下部的拱窖。

Vakif(Isl)　财产信托。

Valabhi(Hind)　伐腊毗式。印度北部神殿的一种屋顶为筒形的型制。

Vault　拱顶。砖或石材构成。

Velarium　天幕，帐篷。古罗马露天剧场的遮阳帐篷，建于剧场上方用来保护观众免受日晒。

Vesica piscis　椭圆光轮，哥特式建筑的双圆光轮。尖顶椭圆形式，因其形状而得名。参见 Aureole (光环)。

Vestibule　门厅、前厅、连廊。

Vihara　毗诃罗，精舍。早期佛教寺院。

Vimana(Hind)　毗玛那，倒锥形塔。印度南部寺庙的达罗毗荼式主殿，塔庙。

Vine ornament　藤蔓饰。葡萄叶及其变体，为哥特盛饰风格建筑的典型装饰母题。

Volute　卷涡纹，涡卷饰。爱奥尼盘蜗，见于爱奥尼柱式、科林斯柱式和混合柱式中。

Voussoirs　楔形券石。用来建造拱券。

Wakf(Isl)　财产信托。参见 Vakif。

Wagon, wagonhead vault　筒形拱。参见 Barrel vault。

Waqf(Isl)　慈善捐赠。

Wave moulding　波形饰。14世纪英国哥特时期的一种典型线脚，由微小的凸起和两侧的凹槽组成。

Weathering　泻水斜度，泻水搭接。窗台、檐口等的泻水坡度、泻水处理。

Westwork　德国和荷兰教堂西端的多层连廊，上部有尖塔。

Wheel(rose)window　玫瑰窗。圆形的窗户，其窗棂呈放射状，像车轮的轮辐。

Zakomara　拜占庭教堂的半圆形山花。形状通常与拜占庭教堂的拱券结构形状相呼应，有时也是一种纯粹的装饰手法。

Ziggurat, ziqqarat　塔庙，庙塔，山岳台。一种高高的金字塔形阶梯状塔楼，轴线朝向主要的方位，这在古代美索不达米亚的庙宇建筑中是一个重要的元素。阶梯的层数随着时代的发展从一层发展到七层。在亚述时期，台阶发展为沿四个方向环绕的连续斜面坡道。

Zigzag　之字形线、锯齿形曲线。参见 Chevron。

Zoophorus　檐壁饰。带有图案、人物、动物形象的水平条带。

中文版索引

A

阿巴伙加玛扎，喀什(Arbahejama, Kashi)[745]

阿拔斯宫，巴格达(Abbasid Palace, Baghda)[618]

阿拔斯王朝的哈里发(Abbasid Caliphs)[596][597][616]

阿拜甘纳沃登瓦勒瓦，加勒，斯里兰卡(Abeygunawardene Walauwa, Galle, Sri Lanka)[1332]

阿贝利亚公寓，新加坡(Abelia Condominium, Singapore)[1697][*1698*]

阿比丁宅，雅加达(Abidin House, Jakarta)[1704]

阿比让，尼日利亚新首都(Abuja, proposed new capital)[1574]

阿庇斯庙，麦罗埃(Apsis Shrine, Meroe)[700]

阿宾顿市政厅，伯克郡(Abingdon Town Hall, Berkshire)[860]

阿波罗·埃皮鸠里神庙，巴赛(Bassae, Temple of Apollo Epicurius)[*124*][*146*][149]

阿波罗神庙，狄杜玛(Temple of Apollo, Didyma)[152][162][*164*]

阿波罗神庙，塞尔蒙(Temple of Apollo, Thermon)[125]

阿伯哈亚达纳方形寺庙，蒲甘附近(Abhayadana Temple, near Pagan)[826][*827*]

阿伯克龙比宅(Abercrombie House)，见快乐山宅，新南威尔士

阿卜杜拉·艾哈迈多夫(Akhmedov, Abdulla, 1929~)，土库曼建筑师[1534]

阿卜拉拉墓塔，达马万德(Gunbad Abdullah, Damavend)[631]

阿卜杜勒-瓦希德·瓦基勒(el- Wakil, Abdel wahed, 1943~)，埃及建筑师[1547][1573]

阿卜拉克萨斯空间住宅区，马恩河谷(Les Espaces d′ Abraxas, Marne- la- Valle)[1455]

阿布蒂尔堡博物馆，门兴格拉德巴赫(Abteilberg Museum, Mönchengladbach)[*1449*][1450]

阿布·杜拉福清真寺，萨迈拉(Abu Dulaf Mosque, Samarra)[*617*][618]

阿布·纳斯尔·帕尔萨圣坛，巴尔赫(Abu Nasr Parsa Shrine, Balkh)[641]

阿布根尼赫玻璃与陶瓷博物馆，德黑兰(Abgineh Museum of Glassand Ceramics, Tehran)[1548]

阿布马加隐修院，奈特伦洼地(Deir Abu Makar, Wadi Natrum)[609]

阿布萨加堂，巴布伦隐修院(Abu Sarga, Deir Bablun)[609]

阿布斯芬堂，开罗(Abu S′fein, Cairo)[609]

阿布坦宅，马拉喀什(Abtan House, Marrakesh)[1574]

阿达尔贝托·利贝拉(Libera, Adalberto, 1903~1963)，意大利建筑师[1414]

阿达·卡尔米-梅拉梅德(Karmi- Melamede, Ada, 1936~)，以色列建筑师[1557]

阿达莫·博阿里(Boari, Adamo)，墨西哥建筑师[1628]

阿道夫·卢斯(Loos, Adolf, 1870~1933)，奥地利建筑师[1393][1397][1498]

阿道夫·索默广场住宅，柏林-达勒姆(Adolf Sommerfeld houses, Berlin- Dahlem)[1409]

阿德尔斐，伦敦(Adelphi, London)[1107]

阿德金拉斯宅，因弗雷里附近(Ardkinglas, near Inverary)[1421]

阿德拉堂，赫拉特祖威拉，开罗(Al Adra, Harat Zuweila, Cario)[609]

阿德拉堂，基尔库克(Al Adra, Kirkuk)[605]

阿德莱德(Adelaide，澳大利亚)

　埃德蒙·赖特大厦(Edmund Wright House)[1378][*1380*]

　城市规划(city planning)[1353]

　节日中心(Festival Centre)[1759]

　圣彼得教堂，蒂阿罗(S.Peter′s Cathedral)[1369]

　植物园饭店(Botanic Hotel)[1359][*1360*]

阿德里安堡(Adrianopolis)，见埃迪尔内

阿德里安·德米特里耶维奇·扎哈罗夫(Zakharov, Adrian Dmitrievich, 1761~1811)，俄罗斯建筑师[1124][1133]

阿德里安·多尔兹曼(Dortsman, Adriaan/Adriaen, 1625~1682)，荷兰建筑师、军事工程师[1063]

阿德里安·吉尔伯特·斯科特(Adrian Gilbert, Scott, 1882~1963)，英国建筑师[1241]

阿德默公寓，新加坡(Ardmore Condominium, Singapore)[*1696*][1697]

阿底那陀神庙，拉那克普，拉贾斯坦邦(Adinatha Temple, Ranakpur, Rajasthan)[*793*][795]

阿丁顿医院，德班(Addington Hospital, Durban)[1254]

阿尔巴尼别墅，罗马(Villa Albani, Rome)[966]

阿尔堡博物馆(Aalborg, Museum)[1483]

阿尔贝·拉普拉德(Laprade, Albert, 1883~1978)，法国建筑师[1402][1562]

阿尔贝特·施佩尔(Speer, Albert, 1905~1981)，1933~1945年是希特勒的主要建筑师、德国军备和战时生产部部长[1396][1410]

阿尔贝托·坎波·贝扎(Baeza, Alberto Campo, 1946~)，西班牙建筑师[1485]

阿尔贝托·克鲁斯(Cruz, Alberto)，智利建筑师[1635]

阿尔比大教堂(Albi Cathedral)[*455*][466][*468*]

阿尔伯特纪念碑，伦敦(Albert Memorial, London)[1179][*1180*]

阿尔伯特纪念碑，曼彻斯特(Albert Memorial, Manchester)[1179]

阿尔布雷希茨堡(Albrechtsburg)

　拱顶大厅(vaulted hall)[204]

　迈森(Meissen)[525]

阿尔达希尔古拉(Ardeshir Ghurra)[605][*606*]

阿尔代亚洞穴纪念碑，罗马(Monument of the Ardeatine Caves, near Rome)[1476]

阿尔德斯坦清真寺(Ardestan mosque)[633]

阿尔蒂米诺，别墅(Artimino, villas)[937]

阿尔多布兰迪尼别墅，弗拉斯卡蒂(Villa Aldobrandini, Frascati)[940]

阿尔多·范艾克(van Eyck, Aldo, 1918~1999)，荷兰建筑师[1481]

阿尔多·罗西(Rossi, Aldo, 1931~1997)，意大利建筑师，1990年获普里茨克建筑奖[1448][1462][1477][1624][1688][1699]

阿尔菲奥斯河谷，奥林匹亚(Alpheus, valley)[*8*]

阿尔弗莱德·沃特豪斯(Waterhouse, Alfred, 1830~1905)，英国建筑师[1153][1179]

阿尔弗雷德·布尔特-米莱(Mullett, A.B., 1834~1890)，英裔美国建筑师[1288]

阿尔弗雷德·梅塞尔(Messel, Alfred, 1853~1909)，德国建筑师[1206]

阿尔弗雷德·辛格尔顿(Singleton, Alfred)，南非建筑师[1254]

阿尔福特府邸，伦敦(Alford House, London)[1197][*1198*]

阿罕布拉宫，格拉纳达(Alhambra Palace, Granada)[*625*][*628*][629]

阿尔赫西拉斯市场(Algeciras Market)[1444]

阿尔及尔(Algiers，阿尔及利亚)

　阿尔及利亚美术馆(Galerie Algerienne)[1559]

　城市规划(city planning)[1239]~[1240][1558]

　重建规划(rebuilding proposals)[1563]

　大教堂(Cathedral)[*1565*][1566]

　大学(university)[1566]~[1567]

　国民中心(Foyer Civique)[1562]~[1563]

　农业大楼(Maison de l′Agriculture)[1562]

　皮埃尔·博尔德大厦(Salle Pierre Bordes)[1562]

　清真寺(mosque)[629]

　尚迪曼诺沃斯公立中学(Lycée du Champ de Manoeuvres)[1562]

　市政厅(Hôtel de Ville)[1562]

　行政长官官邸(Préfecture)[1559]

　邮政总局(Grande Poste)[1559]

　总督宫(Palais du Gouvernement Général)[1562]

[1847]

弗莱彻建筑史

阿尔及利亚(Algeria，非洲)
 1933 年第一届"现代城市"展(Citée Modern Exhibition 1933)[1562]
  卡斯巴老城区(Kasabahs)[661]
阿尔及利亚美术馆，阿尔及尔(Galerie Algerienne, Algiers)[1559]
阿尔吉什提一世宫殿(Argishti I, Palace)[97]
阿尔卡季·莫尔德维诺夫(Mordvinov, Arkady, 1869~1964)，苏联建筑师[1531]
阿尔卡萨，塞维利亚(Alcazar, Seville)[629]
阿尔卡扎城堡，塞哥维亚(Alcázar, Segovia)[**558**][563]
阿尔科巴萨隐修院(Alcobaça, monastery)[559]
阿尔克-塞南皇家盐场，绍村(Arc- et- Senans, Royal Saltworks)[1002]
阿尔勒(Arles，法国)
 圣吉尔教堂，加尔(Church of S.Gilles- du- Gard)[*381*][382][*385*]
 圣特罗菲姆教堂(S.Trophîme)[*380*][390]
 圆形剧场(amphitheatre)[275]
阿尔梅里科-卡普拉别墅(圆厅别墅)，维琴察(Villa Almerico- Capra, Vicenza)[926][***928***]
阿尔莫纳西，双层城墙(Almonacid, ramparts)[408]
阿尔内·阿德里安·埃尔维(Ervi, Aarne, 1910~1977)，芬兰建筑师[1452]
阿尔诺什特/阿诺尔德·魏斯纳(Weisner, Arnöst/ Arnold, 1890~1971)，捷克裔英国建筑师[1498]
阿尔诺斯城堡，布里斯托尔(Arnos Castle, Bristol)[1107]
阿尔帕毗玛那(倒锥形塔，金字塔形塔)(alpa vimana(minor shrine))[804][***806***]
阿尔帕毗玛那半圆室，切尔扎拉(Cherzala, alpa vimana)[804]
阿尔帕毗玛那半圆室，泰尔(Ter, alpa vimana)[804]
阿尔帕恰亚，住宅(Arpachiyah, houses)[32][***34***]
阿尔普卢桥，埃迪尔内(Alpulu Bridge, Edirne)[648]
阿尔忒弥斯·琉科弗瑞恩神庙，马格内西亚(Magnesia, Temple of Artemis Leukophryene)[163]
阿尔忒弥斯神殿，以弗所(Sanctuary/ Temple of Artemis, Ephesus)[***124***][140][150][***151***]
阿尔提斯圣地，奥林匹亚(Altis, Olympia)[***138***]
阿尔图(Altug, 1935~)，土耳其建筑师[1542]
阿尔托建筑师事务所，穆琴角(Munkkiniemi, Studio)[1452]
阿尔瓦·阿尔托(Aalto, Alvar, 1898~1976)，芬兰建筑师、设计师[1394][1443][1451][1460][1483][1748]
阿尔瓦罗·西扎(Siza, Alvaro, 1933~)，葡萄牙建筑师，1992 年获普里茨克建筑奖[1485][1642]
阿尔韦托·丘里格拉(Churriguera, Alberto, 1676~1750)，西班牙加泰罗尼亚建筑师[1018]
阿尔沃德湖桥，金门公园，旧金山(Alvord Lake Bridge, Golden Gate Park, San Francisco)[1296]
阿尔索·帕里吉(Parigi, Alfonso), 17 世纪意大利建筑师[894][936]
阿方索十三世饭店，塞维利亚(Hotel Alfonso XⅢ, Seville)[1443]
阿房宫凯悦饭店，西安(Epangong Hotel, The Hyatt, Xi'an)[1662]
阿丰索·爱德华多·雷蒂(Reidy, Affonso Eduardo, 1909~1964)，巴西建筑师[1631][1634]
阿冯·泰雷尔，克赖斯特彻奇(Avon Tyrell, Christchurch)[1207]
阿夫里达尔市民中心，阿什克隆(Afridar Civic Centre, Ashkelon)[1552]
阿弗桥，弗西，靠近日内瓦(Arve Bridge, Vessy, near Geneva)[1412]
阿富汗(Afghanistan，亚洲)
 巴米扬寺庙群(Bamiyam complex)[782]
 前殖民时期(pre- colonial period)[668]
 历史(history)[681]
 文化(culture)[686]
 自然特征(physical characteristics)[669]
阿伽门农墓(Tomb of Agamemnon)，见阿特柔斯宝库
阿格拉(Agra，印度)
 阿克巴大帝陵，锡根德拉(Akbar the Great Tomb, Sikandra)[653][***655***]
 红堡(Red Fort)[652][817]
 贾汗季宫(Jehangir Mahal)[652]
 觐见殿(Diwan- i- Am)[***657***][659]
 莫卧儿喜来登酒店(Mughal Sheraton Hotel)[1741]
 穆提清真寺(Moti Masjid)[659]
 枢密殿(Diwan- i- Khas)[659]
 泰姬陵(Taj Mahal)[656][***657***][***658***][659][664]
 伊蒂马德-乌德-道拉墓(Itimad ud- Daula mauso- leum)[653]
阿格里帕浴场，罗马(Baths of Agrippa, Rome)[257]
阿格里真托邮局(Agrigento Post Office)[1415]
阿根廷(Argentina，南美洲)
 科尔多瓦城市发展(Cordoba development)[1646]
 政府办公大楼，拉潘帕省(La Pampa Government Offices)[1642]
 见布宜诺斯艾利斯
阿瓜达堡，果阿(Fort Aguada, Goa)[1328][*1329*]
阿瓜达教堂，果阿(Aguada church, Goa)[1328]
阿哈尔，聚落(Ahar, settlement)[107]
阿及加油商栈(Agzigharahan caravanserai)[636]
阿加迪尔(Agadir，摩洛哥)
 法院大楼(Palace of Justice)[1567]
 广播电视台(Radio/ TV Station)[1567]
 市政厅(City Hall)[1567]
 学校建筑(schools)[1567]
 学校集团(Groupe Scolaire)[1567]
 邮局(Post Office)[1567]
阿迦汗白金大庆医院，肯尼亚(Aga Khan Platinum Jubilee Hospital, Kenya)[1563]
阿卡纳马达纳窟，维杰亚瓦达(Akkanna- Madanna caves, Vijayawada)[791]
阿卡雄，别墅(Arcachon, villas)[1403]
阿克巴(Akbar the Great, 1542~1605)，印度莫卧儿王朝最伟大的皇帝[651][652]
 阿克巴大帝陵，锡根德拉，阿格拉(Tomb at Sikandra, Agra)[653][***655***]
阿克拉(Accra，加纳)
 工业发展合作组织大楼(Industrial Deveopment Corporation)[1566]
 工业研究所(Technical Institute)[1567]
 靠近克里斯蒂安堡的住宅区(Christiansborg Castle housing)[***1565***][1566]
 住宅开发(house development)[1241]
阿克兰·伯利学校，伦敦(Acland Burghley School, London)[1467]
阿克罗蒂里，住宅(Akrotiri, town houses)[113]
阿克马清真寺，开罗(al- Aqmar Mosque, Cario)[621]
阿克萨清真寺，耶路撒冷(Masjid al- Aqsa, Jerusalem)[610][1536]
阿克塞尔·乌克森谢纳伯爵府(Oxenstiema, Axel)[1136]
阿克苏姆(Axum，埃塞俄比亚)
 埃塞俄比亚的阿克苏姆人住宅(houses in Ethiopia)[696]
 恩达米卡尔(Enda Mika'el)[***697***][698]
 假门墓(Tomb of the False Door)[701]
 内法斯莫乌恰(Nefas Mawcha)[701]
 石柱(stellae/ pillars)[701]
 塔阿哈马瑞阿姆宫(Ta'akha Mariam)[698]
阿克苏姆人住宅，埃塞俄比亚(Ethiopia, Axumite houses)[696]
阿库雷宫(Akure Palace)[***697***][699]
阿库雷瑟堡，斯里兰卡(Akuressa, Sri Lanka)[1330]
阿拉伯半岛 20 世纪的发展(Arabic Peninsula, Twentieth Century developments)[1542]~[1547]
阿拉伯南部，希巴姆，塔楼城市(Southern Arabia, Shibam, towered city)[661][***662***]
阿拉伯研究院，巴黎(Arab Institute, Paris)[1458]
阿拉伯艺术博物馆，开罗(Museum of Arab Art, Cairo)[1239]
阿拉达尔·欧尔焦伊和维克多·欧尔焦伊(Olgyay, Victor, 1910~1966; Olgyay, Aladár, 1910~1964)，匈牙利建筑师[1505]
阿拉德历史街区保护(Arad, preservation)[1513]
阿拉丁·穆罕默德墓，瓦拉明(Allah a- Din tomb, Varamin)[631]
阿拉·韦尔迪汗桥，伊斯法罕(Allah Verdi Khan bridge, Ispahan)[642]
阿拉贡-加泰罗尼亚地区(Aragon- Catalonia)[545]
阿拉罕隐修院东方教堂(Alahan Manastir, East church)[***308***][313]
阿拉科特馆，布达佩斯(Alatkert Pavillion, Budapest)[1502]
阿拉门，德里(Ala i- Darwaza gateway, Delhi)[***635***][636]
阿拉斯(Arras，法国)
 圣瓦斯特教堂(Saint- Vaast)[1001][***1003***]
 市政厅(Hôtel de Ville)[***474***][475]
阿拉斯的马蒂亚斯(Matthias of

中文版索引

Arras, ?~1352),法国建筑师,主要作品在波希米亚[526]
阿拉维山(Gebel Alawi,叙利亚)
  骑士堡(Krak des Chevaliers)[*412*][413][414]
  索恩堡(Saone castle)[413]
阿勒格尼县法院和监狱,匹兹堡(Allegheny County Courthouse and Gaol, Pittsburgh)[1288]
阿勒颇(Aleppo)
  城堡碉楼(Barbican to the Citadel)[623]
  "蜂窝"状村庄(beehive village)[*663*]
  费尔道斯经学院(al-Firdaus Madrassa)[620]
  清真寺(mosque)[620]
阿雷佐大教堂(Arezzo Cathedral)[*567*][571]
阿里·考普楼阁,伊斯法罕(Ali Kapu pavilion, Ispahan)[642]
阿里·穆罕默德·舒艾比(Shuaibi, Ali, 1950~),沙特阿拉伯建筑师[1547]
阿里科什,住宅(Ali Kosh, houses)[36]
阿里塞格,因弗奈斯郡(Arisaig, Inverness-shire)[1192]
阿里斯蒂德·布西科(Boucicaut, Aristide, 1810~1877),法国建筑师[1206]
阿里斯托泰莱·菲奥拉万蒂(Fioravanti, Aristotele,约1415~1486),意大利建筑师、工程师[349][355][1026][1124]
阿里耶·沙龙(Sharon, Aryeh, 1900~1980),波兰出生的以色列建筑师[1552]
阿利坎特,国家体操训练中心(Alicante, National Training Centre for Gymnastics)[1485]
阿列克谢·杜什金(Duslakin, Alexei, 1903~1977),俄国建筑师[1531]
阿列克谢·舒舍夫(Shchusev, Alexei, 1873~1949),俄罗斯建筑师[1528]
阿略斯高架水渠(Alloz Aqueduct)[1444]
阿伦布尔,安得拉邦(Alampur, Andhra Pradesh)[799]
阿伦斯贝格,遗址(Ahrensburg, tent site)[228]
阿洛索·德科瓦鲁维亚斯(Covarrubias, Alonso de, 1488~1570),西班牙匠师、雕塑家[1012]
阿马利恩博格宫,哥本哈根(Amalienborg Palace, Copenhagen)[1137][*1141*]
阿马斯广场,科尔多瓦(Plaza de Armas, Cordoba)[1646]
阿马西奥·威廉姆斯(Wiliams, Amacio, 1913~1989),阿根廷建筑师[1642]
阿曼达里度假村,巴厘岛(Amandari Resort, Bali)[1704]
阿美利达合作社(Cooperativa Amereida)[1646]
阿蒙大神庙,卡尔纳克(Great Temple of Amun, Karnak)[*59*][61][*62*]
阿蒙神庙,麦罗埃(Amun Temple, Meroe)[699]
阿米尔墓,撒马尔罕(Gur-i-Amir Tomb, Samarkand)[638][*639*]
阿米拉里奥的圣母教堂(S.Maria del Ammiraglio),见库托拉纳教堂,巴勒莫
阿米亚塔山加拉拉泰塞2号住宅区,米兰(Monte Amiata housing, Gallaratese 2 Milan)[1480]
阿莫斯弗茨路住宅,维特海德(Amersfoortswag, Huister Heide)[1436]
阿默拉沃蒂,窣堵坡(Amaravati, stupa)[780]
阿姆洛公馆,巴黎(Hôtel Amelot, Paris)[*998*][999]
阿姆斯特丹(Amsterdam,荷兰)[857]~[858]
  阿姆斯特丹南区(South district)[1436]
  波彭宫(Poppenhuis)[1063]
  达格拉德居住区(De Dageraad housing)[1436]
  国立博物馆(Rijksmuseum)[1197][*1199*]
  航运事物所(Scheepvarthuis/ Shipping Offices)[1432]
  皇宫(Royal Palace)[1059][*1060*]
  老教堂大尖顶(Oude Kerk, steeple)[1059]
  露天学校(Open Air School)[1436]
  美洲大饭店(American Hotel)[1432]
  摩天大楼(De Wolkenkrabber)[1436]
  南教堂(Zuiderkerk)[1059]
  葡萄牙人犹太教堂(Portuguese Synagogue)[1063]
  市立孤儿院(Municipal Orphanage)[1481]
  斯帕达莫区街坊(Spaarndammerbuurt blocks)[1436]
  特里彭宫(Trippenhuis)[*1062*][1063]
  图申斯基电影院(Tuschinski Cinema)[1432]
  西教堂(Westerkerk)[1059]
  新路德教堂(Nieuwe Lutherse Kerk)[1063]
  行政大楼(Administrative Buildings)[1481]
  原市政厅(former Town Hall)[1059][*1060*]
  证券交易所,阿姆斯特丹(Stock Exchange)[1206][*1208*][1432]
  钻石工人联盟大厦(Diamond Workers' Union Building)[1206][*1210*]
阿姆斯特丹堡教堂,威廉斯塔德,库拉索岛(Fort Amsterdam Church, Willemstad, Curaçao)[1273]
阿姆斯特丹国立博物馆,阿姆斯特丹(Rijksmuseum, Amsterdam)[1197][*1199*]
"阿姆斯特丹学派"(风格)('Amsterdam School',style)[1355]
阿姆斯特尔芬购物中心(Amstelveen, shopping centre)[1481]
阿姆兹鲁赫,聚居形态(Amzruh township)[661]
阿慕尔堡浴室(Qasr'Amr, Baths)[614]
阿慕尔清真寺,开罗('Amr Mosque, Cairo)[620]
阿内府邸,德勒,诺曼底(Château d'Anet, Nomandy)[978][*984*]
阿纳姆(Arnhem,荷兰)
  比奥儿童康复中心(Bio Children's Convalescent Home)[1481]
  雕塑馆(Sculpture Pavilion)[1481]
阿纳斯塔修斯圆形大厅,耶路撒冷(Anastasis Rotunda, Jerusalem)[302][*303*]
阿纳图瓦·德博多(Baudot, Anatole de, 1834~1915),法国建筑师[1400]
阿南特·拉吉(Raje, Anant, 1929~),印度建筑师[1733][1741]
阿难陀寺,蒲甘(Ananda Temple, Pagan)[*828*]
[830]
阿努拉德普勒,窣堵坡(Anuradhapura, stupas)[782]
阿努拉德普勒王国时期(Anuradhapura, period)[680]
阿诺德·约瑟夫·菲利普·鲍威尔(Powell, Philip, 1921~2003),英国建筑师[1466]
阿诺尔福·迪坎比奥(Arnolfo di Cambio,约1245~约1302),意大利建筑师、雕塑家[568][577][583]
阿诺马布堡,西非(Anomabu fort, West Africa)[1235]
阿帕伊亚神庙,埃伊纳岛(Temple of Aphaia, Aegina)[*119*][140][*141*][*142*][148]
阿皮亚大道的陵墓(Via Appia, cemetery)[293]
阿普利亚,蒙特城堡(Apulia, Castle del Monte)[*586*][587]
阿普米德宅,斯塔福德(Upmeads, Stafford)[1421][*1424*]
阿奇博尔德·埃利奥特(Elliot, Archibald, 1760~1823),苏格兰建筑师[1114]
阿奇博尔德·庞顿(Ponton, Archibald),英国建筑师[1187]
阿丘尤特·坎文迪(Kanvinde, Achyut, 1916~2002),印度建筑师[1728][1729]
阿恰巴,花园(Achabal, gardens)[664]
阿恰纳圆丘,宫殿(Tell Alchana, palaces)[91]
阿瑞巴报社大楼,马德里(Arriba newspaper building, Madrid)[1484]
阿萨姆兄弟(Asam Brothers),巴伐利亚巴洛克建筑的代表人物
  埃吉德·奎林·阿萨姆(Asam, Egid Quirin, 1692~1750)[871][1027][1042]
  科斯马斯·达米安·阿萨姆(Asam, Cosmas Damian, 1686~1739)[1042]
阿萨姆,蒙巴尔克公馆(Athan House, Monbulk)[*1764*][1766]
阿塞扎公馆,图卢兹(Hôtel d'Assézat, Toulouse)[983]
阿散蒂宫,库马西(Ashanti palace, Kumasi)[*697*][699]
阿散蒂王国(Ashanti kingdom)[667][672]
  巴韦雅西的阿散蒂神社,加纳(Bawjwiasi shrine)[699]
阿瑟菲尔德宅,惠灵顿(Athfield House, Wellington)[1768]
阿瑟·埃文斯爵士(Evans, Sir Arthur, 1851~1941),英国考古学家[14]
阿瑟·戈登·舒斯密斯(Shoosmith, A.G., 1888~1974),英国建筑师[1720]
阿瑟·卢米斯·哈蒙(Harmon, Arthur Loomis, 1879~1958),英国建筑师[1551]
阿什比府邸,北安普敦郡(Castle Ashby, Northamptonshire)[1073][*1076*]
阿什伯纳姆府邸楼梯间,伦敦(Ashburnham House, London, staircase)[*847*]
阿什伯纳姆府邸,威斯敏斯特(Ashburnham House, Westminster)[*859*]
阿什里奇公园,赫特福德郡(Ashridge Park, Hertfordshire)[1114][*1115*]
阿舒尔(Assur),见莱布奈
阿斯别墅,布尔诺-皮萨尔基(Villa Hasse, Brno Pisarky)[1498]
阿斯蒂洗礼堂(Asti, Baptistery)[379]
阿斯顿·韦布爵士(Webb, Sir Aston,

[1849]

1849~1930)，英国建筑师[1241][1415][1432]

阿斯克勒庇俄斯·索特尔神庙，帕加马(Temple of Asklepios, Soter, Pergamon)[268]

阿斯林(Aslin, C.H.)，英国建筑师[1467]

阿斯莫尔博物馆，牛津(Ashmolean Museum, Oxford)[1157]

阿斯彭多斯(Aspendos)
 剧场(theatre)[289][*291*]
 输水道(aqueduct)[296]

阿斯塔纳，古晋，马来西亚(Astana, Kuching, Sarawak)[1318][*1319*]

阿塔拉清真寺，江布尔(Atala Mosque, Jaunpur)[637]

阿特拉，伊拉克(Hatra, Iraq)[591][604][605][*606*]

阿特兰蒂达教堂，蒙得维的亚(Atlantida Church, Montevideo)[1634][*1636*]

阿特柔斯宝库(Treasury of Atreus)[*116*][117][125]

阿托·西皮宁(Sipinen, Arto)，芬兰建筑师[1452]

阿瓦士(Ahwaz，伊朗)
 约蒂-沙布尔大学(Jondi-shapour University)
  清真寺(mosques)[1548]
  住宅(Housing)[1548]

阿韦龙，布纳泽尔府邸(Aveyron, Château de Bournazel)[983]

阿维拉(Avila，西班牙)
 城墙(town defences)[408][409][562]
 大教堂(Cathedral)[545][*546*]
 圣味增爵教堂(S.Vicente)[*405*][408]

阿维尼翁(Avignon，法国)
 教皇宫(Palais des Papes)[*471*][475]
 圣母教堂(Notre Dame)[390]

阿维尼翁桥(Pont d'Avignon)[391]

阿维翁旅馆，布尔诺(Avion Hotel, Brno)[1492]

阿西西利斜塔，博洛尼亚(Torre Asinelli, Bologna)[*372*][379]

阿西西圣方济各教堂，果阿(Church of S.Francis of Assisi, Goa)[*1329*][1330]

阿西西圣方济各教堂，欧鲁普雷图(São Francisco de Assís, Ouro Preto)[*1271*]

阿西西圣方济各教堂，圣若昂德尔雷伊(São João del Rei, São Francisco de Assís)[1269]

阿希克宫，萨迈拉(Qasr al-Ashik, Samarra)[618]

阿希克里，房屋(Asikli, houses)[36]

阿伊特本哈杜，摩洛哥(Ait Ben Haddon, Morocco)[*662*]

阿尤布王朝(Ayyubid dynasty)[621]

阿瑜陀耶，遗迹(Ayudhya, ruins)[835]

阿宰勒里多府邸，阿宰勒里多(Château d'Azay le Rideau)[971][*974*]

阿泽马、布瓦洛和卡吕(Azéma, Boileau and Carlu) (即莱昂·阿泽马 Léon Azéma，布瓦洛 Louis-Hippolyte Boileau 和雅克·卡吕 Jacques Carlu)[1403]

阿旃陀，马哈施特拉邦(Ajanta，印度)
 石窟(caves)[*784*][787][788]
 支提窟大厅(chaitya halls)[787]

阿周那墓祠，神社(Tjandi Arjuna, shrine)[*836*]

[838]

阿兹马克，住宅(Azmak, houses)[229]

阿兹台克时期，双神庙(Aztec period, double temples)[707]

埃奥利亚式(Aeolic form)[15][125]

埃比尼泽·霍华德(Howard, Ebenezer, 1850~1928)，英国花园城市运动的创始人[866][1156][1422][1590]

埃德华·阿尔贝(Albert, Edouard, 1910~1968)，法国建筑师[1455]

埃德加·伍德(Wood, Edgar, 1860~1935)，英国建筑师[1156][1421]

埃德蒙·巴顿办公楼，堪培拉(Edmund Barton Offices, Canberra)[1754]

埃德蒙·赖特(Wright, Edmund)，澳大利亚建筑师[1378]

埃德蒙·赖特大厦，阿德莱德(Edmund Wright House, Adelaide)[1378][*1380*]

埃德蒙·托马斯·布莱克特(Blacket, Edmund T., 1817~1883)，英裔澳大利亚建筑师[1351][1355][1356][1364][1369][1378]

埃德温·兰斯尔·勒琴斯(Lutyens, Sir Edwin Landseer, 1869~1944)，英国建筑师[1156][1396][1421]
 迪纳里花园(Deanery Garden)[1216][*1220*][1222][1421]
 汉普斯特德田园城郊(Hampstead Garden Suburb)[1422]
 马什庭院，斯托克布里奇附近(Marsh Court)[1421][*1423*]
 索姆河战役失踪者纪念拱门(memorials)[1422]
 泰国(Thailand)[1706]
 印度(India)[1720]
 约翰内斯堡(Johannesburg)[1559]

埃德温·托马斯·库珀爵士(Cooper, Sir Edwin, 1873~1942)，英国建筑师[1422]

埃迪尔内(Edirne，土耳其)
 阿尔普卢桥(Alpulu Bridge)[648]
 贝亚泽特二世建筑群(Beyazit II buildings)[647]
 谢里姆清真寺(Selimiye Mosque)[*645*][648][*649*]
 于奇·谢雷夫利清真寺(Uch Sherefeli Mosque)[*643*][644]

埃蒂银行，安卡拉(Etibank, Ankara)[1542]

埃尔布隆格旧城修复(Elblag, restoration)[1511]

埃尔芬斯通圈，孟买(Elphinstone Circle, Bombay)[*1344*][1345]

埃尔盖拜，住宅(El Ghaba, houses)[696]

埃尔基·凯拉莫(Kairamo, Erkki, 1936~1994)，芬兰建筑师[1452]

埃尔米纳，加纳(Elmina，加纳)
 城堡(Castle)，见圣乔治堡，埃尔米纳堡
 荷兰商人的房屋(merchants'houses)[1241]

埃尔姆赫斯特大楼，纽波特，罗得岛(Elmhyrst, Newport, Rhode Island)[1279]

埃尔姆街学校，米德尔顿(Elm Street School, Middleton)[1421]

埃尔特府邸，肯特郡(Eltham Lodge, Kent)[1084][*1085*]

埃尔韦蒂科学院(瑞士学院)，米兰(Collegio Elvetico Swiss Seminary, Milan)[943]

埃尔锡伦西奥住宅区再开发项目，加拉加斯

(El Silencio redevelopment, Caracas)[1637]

埃菲尔铁塔，巴黎(Eiffel Tower, Paris)[875][1206][*1209*]

埃夫伯里，威尔特郡(Avebury, Wiltshire)[233]

埃夫卡夫公寓，安卡拉(Evkaf Apartments, Ankara)[1536]

埃夫拉塔修道院，埃夫拉塔，宾夕法尼亚州(The Cloister, Ephrata, Pennsylvania)[1273]

埃夫勒大教堂，诺曼底(Evreux Cathedral)[*455*][467]

埃甘巴勒湿婆神庙，甘吉布勒姆(Ekambareshvara Temple, Kanchipuram)[795][*813*]

埃贡·艾尔曼(Eirmann, Egon, 1904~1970)，德国建筑师[1451][1460]

埃及(Egypt，非洲)
 城堡(fortresses)[73]
 地图(maps)[42]
 坟墓(tombs)[46]~[56]
 浮雕(reliefs)[42][*44*][*45*]
 概述(introduction)[3]
 古代历史(acient history)[9]~[13]
 古代宗教(acient religion)[18]
 建筑材料(building resources)[21][22]
 建筑技术及发展(building techniques and processes)[24][25][27][28]
 建筑特征(architectural character)[41][42][46]
 居住建筑(dwelling houses)[39][72][73]
 庙宇(temples)[56][60]
 伊斯兰建筑(Muslim architecture)[620]
 早期建筑特征(early building features)[595]
 早期居住(early dwellings)[39]
 早期文明(early culture)[17][18][19]
 殖民时期与后殖民时期(Colonial and post-Colonial period)[1239]
 柱子的演变和装饰(column development and decoration)[42][*43*]
 自然特征(physical characteristics)[5]~[7]

埃吉·塔斯基宁(Taskinen, Hcikki, 1905~1988)，芬兰建筑师[1453]

埃吉·希伦(Sirén, Heikki, 1918~)，芬兰建筑师[1452]

埃卡拉宫，克雷塔罗，墨西哥(Ecala Palace, Querétaro, Mexico)[*1263*][1265]

埃克塞特大教堂(Exeter Cathedral)[423][485][488][*494*]
 墩柱(Piers)[*442*]
 平面(Plan)[488]

埃克斯礼拜堂，亚琛大教堂(Aixla-Chapelle, Aachen Cathedral)[392][*394*]

埃克托尔·吉马尔(Guimard, Hector, 1867~1942)，法国建筑师[1156][1207][1400]

埃克托尔·马丁·勒菲埃尔(Lefuel, Hector Martin, 1810~1880)，法国建筑师[1178]

埃库昂府邸(Ecouen, château)[978]

埃拉迪奥·迭斯特(Dieste, Eladio, 1917~2000)，乌拉圭工程师[1634]

埃莱娜·德芒德罗夫人宅，苏黎世(Hélène de Mandrot House, Zurich)[1413]

埃勒凡泰尼岛神庙(Island of Elephantine,

中文版索引

Temple)[57][65]
埃雷米蒂圣约翰教堂，巴勒莫(S.Giovanni degli Eremiti, Palermo)[382]
埃里克·艾尔弗雷德·莱昂斯(Lyons, Eric, 1912～1978)，英国建筑师[1466]
埃里克·贡纳尔·阿斯伦德(Asplund, Gunnar, 1885～1940)，瑞典建筑师[1393][1440]
埃里克·帕尔默斯泰特(Palmstedt, E., 1741～1803)，瑞典建筑师[1137]
埃里希·门德尔松(Mendelsohn, Erich, 1887～1953)，德国表现主义建筑师[1395][1407][1409][1431][1498][1511][1552][1631]
埃里都，寺庙(Eridu, shrine)[*38*][39][75]
埃列尔·沙里宁(Saarinen, Eliel, 1873～1950)，芬兰裔美国建筑师，埃罗·沙里宁之父[1407][1409][1437][1440][1593][1610][1695]
埃利乌斯桥，罗马(Pons Aelius, Rome)[*270*][283]
埃利亚斯·博曼(Bouman, Elias)，荷兰 17 世纪建筑师[1063]
埃利亚斯·霍尔(Holl, Elias, 1573～1646)，德国文艺复兴建筑师[1026]
埃罗·沙里宁(Saarinen, Eero, 1910～1961)，芬兰裔美国建筑师[1593][1610][1612][1616][1704]
埃洛拉(Ellora，印度)
　　凯拉萨神庙(Kailsa temples)[794][804][*807*]
　　"拉梅湿婆"窟(Romeshvara cave)[791][*792*]
　　罗波那伽凯石窟(Ravana-ki-khai-cave)[*789*]
　　石窟寺(rock-cut temples)[791][794]
　　寺院(monastery)[787]
　　"因陀罗大厅"窟(Indrasabha cave)[794]
埃米尔·阿约(Aillaud, Émil, 1902～1988)，法国建筑师[1455]
埃米尔·索德斯特恩(Sodersten, Emil, 1901～1961)，澳大利亚建筑师[1750]
埃米尔·沃格特(Vogt, Emile)，以色列建筑师[1551]
埃米尔萨拉尔与桑贾尔·贾瓦里墓，开罗(Emirs Salar and Sanjar al-Jawali tomb, Cairo)[623]
埃米莉亚儿童医学研究所，布加勒斯特(Emilia Institute for Pediatrics, Bucharest)[1513]
埃米利安巴西利卡，罗马(Basilica Aemilia, Rome)[256]
埃米利奥·杜阿尔特(Duhart, Emilio)，智利建筑师[1642]
埃米亚斯·道格拉斯·康奈尔(Connell, Amyas, 1901～1980)，新西兰出生的建筑师[1563][1566]
埃姆斯门小屋，北伊斯顿，马萨诸塞州(Ames Gate Lodge, North Easton, Massachusetts)[1281]
埃姆斯宅(Eames house)[1610]
埃姆斯宅，达特茅斯街，波士顿(Ames House, Dartmouth Street, Boston)[1281]
埃内·雅各布森(Jacobsen, Arne, 1902～1971)，丹麦建筑师[1460][1468][1483]

埃内罗都市化计划 23，加拉加斯(Urbanisacion 23 de Enero, Caracas)[1637]
埃内斯特·莱斯利·兰塞姆(Ransome, Ernest Leslie, 1852～1917)，英国工程师[1295]
埃内斯托·巴西莱(Basile, Ernesto, 1857～1932)，意大利建筑师[1414]
埃纳比克体系(Hennebique system)[1400]
埃纳雷斯堡大学立面(Alcaláde Henares, University façade)[1012][*1013*]
埃帕加西亚纳粮食交易市场，奥斯蒂亚(Horea Epagathiana, Ostia)[*295*][296]
埃彭豪森(Eppenhausen，德国)
　　霍恩哈根城郊住宅区(Hopenhagen Suburb)[1404]
　　库诺宅(Cuno house)[1407]
埃皮达鲁斯(Epidaurus，希腊)
　　阿斯克勒庇俄斯圣堂(Temple of Asklepios)[149][168][*169*]
　　体育场(stadium)[*169*][170]
埃屈里-勒勒波，马恩河畔(Ecury-le-Repos, Marne)[237]
埃塞俄比亚林荫大道公寓，罗马(Viale Etiopia apartments, Rome)[1476]
埃塞克斯郡(Essex，英国)
　　奥德利翼(Audley End)[1073][*1075*]
　　皇家业余运动家游艇俱乐部，克劳奇河畔的伯纳姆(Royal Corinthian Yacht Club, Burnhamon Crouch)[1432][*1434*]
埃赛，布列塔尼(Essé, Brittany)[*230*][231]
埃沙姆伯德·金德姆·布鲁内尔(Brunel, Isambard Kingdom, 1806～1859)，英国工程师[1166][1183]
埃舍宅，开姆尼茨(Esche House, Chemnitz)[1407]
埃斯代尔工厂，巴黎(Atelier Esders, Paris)[1402]
埃斯科里亚尔隐修院，马德里近郊(Escorial, Madrid)[*852*][855][966][1012][*1017*][*1020*]
　　福音传道者院(Patio de los Evangelistas)[1018]
　　国王院(Patio de los Reyes)[1018]
埃斯科姆教堂，达勒姆郡(Escomb, County Durham)[*418*][419]
埃斯科姆宅，约翰内斯堡(Escomb House, Johannesburg)[1564]
埃斯克维尔住宅区，塞维利亚(Esqueville, housing)[1484]
埃斯泰尔戈姆(Esztergom，匈亚利)
　　拜克兹礼拜堂(Bakóez Chapel)[1028]
　　主教堂(Cathedral)[1052]
埃斯特别墅，蒂沃利(Villa d'Este, Tivoli), 罗马[940][*942*]
埃斯特雷的圣但尼教堂，圣但尼，巴黎附近(S.Denys-de-l'Estrée, S.Denis, near Paris)[1192][*1193*]
埃索石油公司大楼，布宜诺斯艾利斯(Esso Building, Buenos Aires)[1631]
埃特鲁里亚时期(Etruscan period)[180][195]
　　城墙(defence walls)[250]
　　大门(gateways)[210]
　　建筑材料(building resources)[205]
　　建筑技术与及发展(building techniques and processes)[209]
　　建筑特征(architectural character)[239]

[240]
　　墓地和坟墓(cemeteries and tombs)[246]
　　桥梁(bridges)[250]
　　圣殿(sanctuaries)[245][246]
　　住宅(houses)[246]
　　《建筑十书》中的"神庙的比例关系"(temple proportions)[245]
埃韦特·扬森(Janssen, Ewert)，荷兰建筑师[1137]
埃文河畔的布拉德福德教堂，威尔特郡(Bradford-on-Avon, Wiltshire)[*417*][419]
埃武拉教堂(Evora, churches)，葡萄牙[408]
埃伊拉瓦特湿婆神庙，达拉苏勒姆(Airavateshvara temple, Darasuram)[*807*][808]
艾伯特·爱德华·理查森爵士(Richardson, Sir Albert, 1880～1964)，英国建筑师、教师、作家[1471]
艾伯特·卡恩(Kahn, Albert, 1869～1942)，德裔美国建筑师[1596][1605][1607]
艾伯特·西塞尔·施魏因富特(Schweinfurth, A.C., 1864～1900)，美国建筑师[1281]
艾布胡赖拉圆丘，房屋(Tell Abu Hurcyra, houses)[33]
艾德怀尔德机场，纽约(Idlewild Airport, New York)[1612]
艾蒂安路易·部雷(Boullée, Etienne-Louis, 1728～1799)，法国建筑师、建筑理论家和教师[877][968][971][1002]
艾顿教堂，约克郡(Etton church, Yorkshire)[446]
艾尔弗雷德·巴尔(Barr, Alfred, 1902～1981)，美国艺术史学家[1391]
艾尔郡，卡尔津堡(Ayrshire, Culzean Castle)[1107][*1109*]
艾尔萨宅，布宜诺斯艾利斯(Casa Ayersa, Buenos Aires)[1282]
艾格莫尔特(Aigues-Mortes)[475][562]
艾格塔，普罗旺斯地区艾克斯(Aixen-Provence, La Tour d'Aigues)[983]
艾哈迈达巴德(Ahmedabad，印度)
　　阿蒂拉职员住宅方案(Atira Staff Housing Project)[1741]
　　甘地劳工研究所(Gandhi Institute of Labour Studies)[1736][*1737*]
　　建筑学院，内弗朗普拉(School of Architecture, Navrangpura)[1729]
　　卡利科纺织博物馆(Calico Museum of Textiles)[1744]
　　面粉厂主协会大楼(Mill Owners Association Building)[*1727*][1728]
　　普里马布海大厦，提恩-达瓦扎(Premabhai Hall, Teen Darwaza)[*1731*][1732]
　　企业家研修学院(Entrepreneurship Development Institute)[*1735*][1736]
　　桑加地(Sangath)[1736][*1737*]
　　圣雄甘地纪念馆，萨巴尔马蒂静修舍(Gandhi Smarak Sangrahalaya, Sabarmati Ashram)[1728]
　　印度管理学院(Indian Institute of Management/ IIM)[1733][*1735*][1736]
艾哈迈达巴德，古吉拉特邦(Ahmadabad, Gujarat)
　　城市规划(city planning)[815]
　　院落式建筑(havelis)[818]
艾哈迈德苏丹清真寺，伊斯坦布尔(Sultan

[1851]

Ahmed Mosque, Istanbul)[648][*650*]
艾赫萨商栈，开罗(al-Ahzar, Cairo)[624]
艾霍莱(Aihole，印度)
　　阿尔帕毗马那半圆室(alpa vimana)[804]
　　大厅式神庙(hall temples)[809]
　　拉德汗寺(Lad Khan temple)[809]
　　拉提那式寺庙(Latina temples)[798][799]
　　拉瓦拉法蒂石窟(Ravalaphadi cave)[791]
　　难近母神庙(Durga temple)[809]
　　石窟寺(cave temples)[791][804][*806*]
艾兰清真寺，吉达(Island Mosque, Jeddah)[1547]
艾莉森·史密森和彼得·史密森(Smithson, Alison, 1928～1993; Smithson, Peter, 1923～2003)，英国建筑师[1467][1471][1675]
艾琳·格雷(Gray, Eileen, 1879～1976)，爱尔兰出生的设计师[1403]
艾伦代尔广场，珀斯(Allendale Square, Perth)[*1752*][1754]
艾萨克·韦尔(Ware, Isaac, 1704～1766)，英国建筑师[879][1104]
艾斯迈尔圆丘，神庙(Tell Asmar, temples)[78]
艾于斯特罗宅，奥兰，特伦讷拉格地区(Austeråt, Orland, Trøndelag)[1137][*1144*]
爱奥尼柱式(Ionic Order)[15][121][122][*124*][125]
　　爱奥尼式神庙(temples)[150][172]
爱德华巴洛克风格(Edwardian Broque style)[1417]
爱德华多·埃利斯(Ellis, Edu- ardo)，阿根廷建筑师[1635]
爱德华多·罗哈斯，智利建筑师(Rojas, Eduardo)[1643]
爱德华多·托罗哈(Torroja, Eduardo, 1889～1961)，西班牙工程师[1395][1485]
爱德华·布洛尔(Blore, Edward, 1787～1879)，英国建筑师[1116][1351][1367][1377]
爱德华·迪雷尔·斯通(Durrell, Edward，原书有误，应为 Stone, Edward Durrell, 1902～1978)，美国建筑师[1614]
爱德华·拉赫特(Raht, Edward)，美国建筑师[1359]
爱德华·里德尔(Riedel, Eduard, 1813～1885)，德国建筑师[1212]
爱德华·洛维特·皮尔斯爵士(Pearce, Sir Edward Lovett，约 1699～1733)，爱尔兰建筑师[1104]
爱德华·米德尔顿·巴里(Barry, Edward Middleton, 1830～1880)，英国建筑师[1157]
爱德华·施罗德·普莱尔(Prior, Edward Schroeder, 1852～1932)，英国建筑师[1155][1156][1216][1422]
爱德华·塔克曼·波特(Potter, E.T., 1831～1904)，美国建筑师[1279]
爱德华·瓦尔特(Walters, Edward, 1808～1872)，英国建筑师[1178]
爱德华·威廉·戈德温(Godwin, Edward William, 1833～1886)，英国建筑师[1155]

[1179][1212]
爱德华·韦尔奇(Welch, Edward, 1806～1868)，英国建筑师[1123]
爱德华·詹姆斯·伦诺克斯(Lennox, E.J., 1856～1933)，加拿大建筑师[1288]
爱德华七世医学院，新加坡(Edward VII School of Medicine, Singapore)[1693]
爱德华一世修建计划(Eduard Ibuilding programme)[505]
爱丁堡(Edinburgh，英国)
　　爱丁堡新城(New Town)[1104]
　　赫里奥特医院(Heriot's Hospital)[1079]
　　皇家苏格兰学院(Royal Scottish Institution)[1161]
　　皇家医学学会(Royal College of Physicians)[1161]
　　皇家中学(High School)[1120][*1121*]
　　圣安德烈大厦(S.Andrew's House)[1426]
　　苏格兰国家画廊(National Gallery of Scotland)[*1160*][1161]
　　苏格兰科学院(Scottish Academy)[1120]
　　夏洛特广场(Charlotte Square)[1107]
爱尔富特(Erfurt，德国)
　　巴福瑟教堂(Barfusser church)[517]
　　普雷迪格教堂(Prediger church)[517]
　　主教堂(Cathedral)[517][*518*]
爱尔兰(Ireland，欧洲)
　　1900～1945 年的发展 (developments)[1432]
　　盎格鲁-诺曼风格(Anglo-Norman style)[423]
　　德罗莫尔城堡，北爱尔兰(Dromore Caslle)[424][*427*]
爱尔兰岛工事，百慕大(Ireland Isle, Bermuda)[1266]
爱尔米塔什博物馆(Hermitage Museum)，见冬宫，圣彼得堡
爱尔米塔什大剧院，圣彼得堡(Hermitage Theatre, S.Petersburg)[1129][*1130*]
爱乐交响音乐厅，柏林(Philharmonie, Berlin)[1460]
爱乐音乐厅(今埃弗里·费希尔音乐厅)，纽约(Avery Fisher Hall, New York)[1614]
爱沙尼亚，1945 年以后(Estonia, post 1945)[1534][1535]
爱因斯坦天文台，波茨坦(Einstein Tower, Potsdam)[*1408*][1409]
爱资哈尔清真寺，开罗(al-Azhar Mosque, Cario)[621]
安巴-迪普塔楼，德里(Amba Deep Towers, Delhi)[*1739*][1740]
安巴姆马特神庙，杰格特(Ambamatha temple, Jagat)[799][*802*]
安伯，镜宫(Amber, Shish Mahal)[818][*821*]
安伯宫，拉贾斯坦邦(Amber palace, Rajasthan)[818]
安伯朗戈德教堂，斯里兰卡(Ambalagonda church, Sri Lanka)[1332]
安布比绍堂，奈特伦洼地(Anb Bishoi, Wadi Natrun)[609]
安布罗西奥·阿尔吉耶罗(Argeiro, Ambrosio)，葡萄牙建筑师[1330]
安达拉勒(寺庙的前厅) (antarala, emple antechamber)[794]
安达卢西亚大楼，宾夕法尼亚州(Andalusia, Pennsylvania)[1279]

安得拉邦(Andhra Pradesh，印度)
　　GRAM 校园，尼扎马巴德(Nizamabad Campus for GRAM)[1744]
　　阿卡纳-马达纳窟(Akkanna-Madanna caves)[791]
　　阿伦布尔(Alampur)[799]
　　龙树城的寺庙(Nagarjunakonda monastery)[786]
　　切尔扎拉神庙(Cherzala)[804]
　　瓮达瓦利(Undavalli)[791]
　　支提窟大厅(chaitya halls)[782]
安得烈·吉德住宅，塞科莫莱斯大街，巴黎(André Gide house, Avenuedes Sycomores, Paris)[1400]
安得烈·拉弗罗(Ravereau, André)，阿尔及利亚建筑师[1574]
安德利亚·帕拉弟奥(Palladio, Andrea, 1508～1580)，意大利建筑师、理论家，意大利手法主义建筑的代表人物，西方建筑史上最有影响的人物之一，著有《建筑四书》[848][853][868][876][881][882][925]
安德烈·尼基福罗维奇·沃罗尼欣(Veronikhin, Andrei Nikiforovich)，俄国 18～19 世纪建筑师[1129]
安德烈森宅，比勒陀利亚(Anderssen House, Pretoria)[1564]
安德烈斯·万代尔维拉(Vandelvira, Andrés, 1509～1575)，西班牙建筑师[1012]
安德烈亚·蒂拉里(Tirali, Andrea, 1657～1737)，意大利建筑师[886][966]
安德烈亚·费鲁奇(Ferrucci, Andrea)，意大利 16 世纪建筑师[1028]
安德烈亚斯·施吕特(Schlüter, Andreas，约 1659～1714)，波兰格但斯克出生的波兰和德国巴洛克建筑师、雕塑家[1042]
安德烈一世(Bogoljubski, Prince Andre，约 1111～1174)，全名安德列·尤里耶维奇·博戈柳布耶基，罗斯托夫苏兹达尔公爵和弗拉基米尔大公[345]
安德鲁·杰克逊·唐宁(Downing, Andrew Jackson, 1815～1852)，美国作家、建筑师[1260]
安德鲁·吕尔萨(Lurçat, André, 1894～1970)，法国建筑师[1399][1404][1453]
安德鲁斯宅，尤高拉，新南威尔士(Andrews House, Eugowra, New South Wales)[*1763*][1765]
安德罗尼科夫隐修院，莫斯科(Andronikov Monastery, Moscow)[355]
安东·雷斯(Anreith, Anton, 1754～1822)，德国出生的南非建筑师[1246]
安东·延奇(Jensen, Anton)，波兰 18 世纪建筑师[1038]
安东尼奥·阿韦利诺(Averlino, Antonio，约 1400～约 1469)，又称菲拉雷特，意大利建筑师、雕塑家、作家[900]
安东尼奥·博内特(Bonet, Antonio, 1913～1989)，西班牙建筑师[1642]
安东尼奥·德圣马利亚·因乔雷吉(Inchaurregui, Antoniode Santa Maria)，墨西哥建筑师[1265]
安东尼奥·迪维琴佐(Antonio di Vicenzo，约 1350～1401/1402)，意大利建筑师[568][572]

中文版索引

安东尼奥·弗朗西斯科·利斯博阿/阿莱雅迪尼奥(Lisbôa, Antônio Francisco/ Aleijadinho, 1738～1814)，巴西建筑师[1269]

安东尼奥·格拉代尼戈(Gradenigo, Antonio, 1806～1884)，意大利建筑师[1161]

安东尼奥·格雷罗-托雷斯(y Torres, Antonio Guerrero)，墨西哥建筑师[1269]

安东尼奥·卡诺瓦(Canova, Antonio, 1757～1822)，意大利雕塑家，新古典主义代表人物之一[967]

安东尼奥·里纳尔迪(Rinaldi, Antonio，约1709～1794)，意大利建筑师[1127]

安东尼奥·里瓦斯·梅尔卡多(Mercado, Antonio Rivas, 1853～1927)，墨西哥建筑师[1289]

安东尼奥斯·范奥普贝尔根(van Opbergen, Antonius, 1543～1611)，佛兰德斯建筑师[1134]

安东尼·高迪(Gaudí, Antonú, 1856～1926)，西班牙建筑师[1156][1207][1212][1443][1709]

安东尼·沙尔文(Salvin, Anthony, 1799～1881)，英国建筑师[1174]

安东尼王朝(Antonine Age)[182]

安东尼与福斯蒂纳神庙，罗马(Temple of Antoninus and Faustina, Rome)[251][283]

安东宁·雷蒙德(Raymond, Antonin, 1860～1976)，波希米亚裔美国建筑师[1674][1728]

安东宁·维尔(Wiehl, Antonin, 1835～1907)，捷克建筑师[1155]

安济桥，赵县(Anji Bridge, Zhaoxian)[*744*][745]

安焦洛·马佐尼(Mazzoni, Angiolo, 1894～1979)，意大利建筑师[1415]

安杰洛·曼贾罗蒂(Mangiarotti, Angelo, 1921～　)，意大利建筑师、设计师[1477]

安卡拉(Ankara，土耳其)
　　埃蒂银行(Etibank)[1542]
　　埃夫卡夫公寓(Evkaf Apartments)[1536]
　　安卡拉大学理学院(University Faculty of Science)[1537]
　　安卡拉行政区(Administration district)[1537]
　　财政部办公楼(Offices of Exchequers)[1537]
　　大阿尼特(凯末尔陵)(Anitkabir/ mausoleum)[1537][*1540*]
　　高等法院(High Courts of Justice)[1537]
　　歌剧院(Opera House)[1537][*1540*]
　　公共关系大楼(Public Relations Building)[1542]
　　哈尔克·班卡西总部(Halk Bankasi Headquater)[1542]
　　女子职业学校(Vocational School for Girls)[1537]
　　森纳普和住宅(Cenap and Residence)[1537]
　　土耳其标准所(Standards Institute of Turkey)[1542]
　　土耳其语言学会大楼(Turkish Language Society Building)[*1541*][1542]
　　文学院大楼(Faculty of Letters)[1537]
　　议会大楼(Parliament Building)[1537]
　　议会清真寺(Parliament Mosque)[*1541*][1542]
　　议员住宅区(Housing for Members of Parliament)[1542]
　　展览馆(Exhibition Hall)[1537]
　　政府员工住宅区(Housing for Government Employees/ Saraçoglu Mahallesi)[1537]
　　政府总部(Government Headquarters)[1537]
　　总参谋部大楼(General Staff Building)[1537][*1539*]
　　总统府(Presidential Palace)[1537]

安雷斯和路易·蒂博(Thibault, Anreith and Louis)，南非建筑师组合[1246]

安米·伯纳姆·扬(Young, Ammi Burham, 1798～1874)，美国建筑师[1286]

安纳托利亚地区(Anatolia region，土耳其)
　　建筑(architecture)[89][90][91]
　　居住建筑实例(residential buildings examples)[35]～[36]
　　神社案例(shrines examples)[36]

安娜贝格教堂(Annaberg Church)[521]

"安妮女王"风格('Queen Anne'style)[1155][1212]

安热-雅克·加布里埃尔(Gabriel, Ange-Jacques, 1698～1782)，法国建筑师[971][1000][1137]

安茹帝国(Angevin Empire)[193]

安茹拱(Angevin vault)[466]

安特卫普(Antwerp，比利时)
　　鲁本斯宅(Rubens's House)[1056]
　　圣卡罗勒斯·博罗梅乌斯教堂(S.Carolus Borromeus)[1055]
　　圣母大教堂(Notre Dame Cathedral)[*538*][543]
　　市政厅(Town Hall)[1055][*1057*]
　　同业会所(Guild Houses)[544]
　　屠夫养老院(Vieille Boucherie)[544]
　　雅各布·约尔丹斯宅(Jacob Jordens House)[1056]

安藤忠雄(Ando, Tadao, 1941～　)，日本建筑师，1995年获普利茨克奖[1683][1684]

安提瓜岛(Antigua，危地马拉)
　　安提瓜大教堂(Cathedral)[1269]
　　安提瓜岛大学(University)[1274]
　　克拉伦斯宅(Clarence House)[1264]

安提米乌斯，特拉勒斯(Anthemius of Tralles)，希腊数学家和理论家，活动期为6世纪上半叶[315]

安条克宫，君士坦丁堡(Palace of Antiochus, Constantinople)[334]

安托内利塔楼，都灵(Mole Antonelliana, Turin)[1192]

安托万·拉希阿克(Lasciac, A., 1856～1946)，埃及建筑师[1239][1562]

安托万·勒波特(Le Pautre, Antoine, 1621～1691)，法国建筑师[854][877][996]

安托万·蓬佩(Pompe, Antoine)[1437]

安西·昂费朗奇邸，勃艮第(Château d'Ancy le Franc, Burgundy)[978]

安息居留地，尼萨(Nysa, Parthian settlement)[604]

安息王朝(Parthian dynasty)[102][591][592]

安扎维，神庙(Anzavur, temple)[96]

昂布瓦斯城堡(Château d'Amboise)[475][*852*][854]

昂古莱姆大教堂(Angoulême, Cathedral)[383][*387*]

昂热(Angers，法国)
　　大教堂(Cathedral)[*465*][466]
　　圣塞尔日大教堂(S.Serge)[466]

凹角柱身(nook- shaft)[603]

奥德利翼，埃塞尔斯郡(Audley End, Essex)[1073][*1075*]

奥德纳尔德(Oudenarde，比利时)
　　帕米勒圣母教堂(Notre Dame de la Pamele)[534][543]
　　市政厅(town hall)[*541*][544]

奥德翁酒店，索非亚(Odeon Hotel, Sofia)[1511]

奥德翁剧院，巴黎(Odéon, Paris)[1006]

奥地利(Austria，欧洲)
　　1900～1945年的发展(developments)[1396]～[1399]
　　1945年以后的建筑发展(Post 1945 developments)[1448]～[1451]
　　格赖恩堡(Castle of Greinberg)[526]
　　文艺复兴风格(Renaissance style)
　　　　建筑材料及技术(building resources and techniques)[870]～[872]
　　　　建筑特征(architectural character)[1026]～[1028]
　　　　历史(history)[855]～[858]
　　见中欧

奥地利国家电台，萨尔茨堡(Austria State Radio buildings, Salzburg)[1450]

奥地利国家旅游局，维也纳(Austrian State Traval Bureau, Vienna)[1450]

奥丁宅(新农场)，萨里郡(Alding/ New Farm, Grayswood, Surrey)[1431]

奥尔本·帕特里克·格温(Gwynne, Alban Patrick, 1913～2003)，英国建筑师[1431]

奥尔大楼，特拉维夫(El Al Building, Tel Aviv)[1552]

奥尔德日赫·蒂尔(Tyl, Oldrich, 1884～1939)，捷克建筑师[1494]

奥尔德日赫·施塔里(Stary, Oldrich, 1884～1971)，捷克建筑师[1494]

奥尔良(Orléans，法国)
　　大教堂(Cathedral)[467][*470*]
　　市政厅(Town Hall)[983]

奥尔良拱廊，巴黎(Galerie d'Orléans, Paris)[874]

奥尔恰宫殿，中央邦(Orchha palace, Madhya Pradesh)[818]

奥尔赛博物馆(Musée d'Orsay)，见奥尔赛火车站

奥尔赛火车站，巴黎(Gare d'Orsay, Paris)[1399][1458]

奥尔瓦神庙(Olba, temple)[163]

奥尔维耶托(Orvieto，意大利)
　　大教堂(Cathedral)[*574*][577]
　　飞机库(aircraft hangars)[1415]
　　观景殿(Belvedere Temple)[246]

奥福德堡，萨福克郡(Orford Castle, Suffolk)[*427*][431][505]

奥格斯堡(Augsburg，德国)
　　富格尔府邸(Fuggerhäuser)[1028]

[1853]

弗莱彻建筑史

圣安娜教堂(S.Anna)[1028]
淑女院(Damenhof)[1029]
自由城市(free city)[856][857]
奥古斯丁·卡尔萨多斯的圣保罗大教堂，马尼拉(Church of S.Pablo de los Augustinos Calzados Manila)[1322][*1324*]
奥古斯丁修会(Augustinian Canons)[201]
奥古斯都广场，罗马(Forum of Augustus, Rome)[*252*][254][268]
奥古斯都凯旋门，佩鲁贾(Arch of Augustus, Perugia)[250]
奥古斯都陵墓，罗马(Mausoleum of Augustus, Rome)[260]
奥古斯都桥，里米尼(Bridge of Augustus, Rimini)[261][*262*]
奥古斯都时代(Augustan age)[181]
奥古斯都演讲台，罗马(Rostra Augusti, Rome)[254]
奥古斯都宅邸(Domus Augustana)，见弗拉维宫
奥古斯塔斯·韦尔比·诺思莫·普金(Pugin, A.W.N., 1812~1852)，英国建筑师，作家，英国哥特复兴的创始人[841][1152][1161][1173]
奥古斯特·恩德尔(Endell, August, 1871~1925)，德国建筑师[1156]
奥古斯特·佩雷(Perret, Auguste, 1874~1954)，法国建筑师，钢筋混凝土结构的先驱[1393][1396][1400][1453][1528][1562]
奥古斯特·约瑟夫·佩洛切特(Pellechet, Auguste Joseph, 1789~1871)，法国建筑师[1174]
奥古斯特-亨利-维克多·格朗让·德蒙蒂尼(Montigny, A.H.V.Grandjean de, 1776~1850)，法国裔巴西建筑师[1260][1282][1289]
奥古斯特-里卡尔·德蒙费兰(Montferrand, Auguste- R.de, 1786~1858)，法国建筑师[1133]
奥古斯图斯堡宫礼拜堂(Augustusburg Schloss, chaple)[1033]
奥古斯托·佩雷斯·帕拉西奥斯(Palacios, Pérez, 1909~2002)，建筑师[1635]
奥加里德教堂，斯德哥尔摩(Högalid Church, Stockholm)[*1439*][1440]
奥科特兰圣堂，特拉斯卡拉，墨西哥(Sanctuary, Ocotlán, Tlaxcala, Mexico)[1269][*1271*]
奥克兰(Auckland，新西兰)
　奥克兰美术馆(City Art Gallery)[1381][*1382*]
　奥克兰文法学校(Grammar School)[1766][*1767*]
　宾尼宅(Binney House)[1768]
　大学学院(University College)[1766][*1767*]
　迪尔沃思大楼(Dilworth Building)[1768]
　多曼冬季花园(Domain Winter Gardens)[1768]
　基督堂，纳尔逊(Christ Church)[1381]
　吉布斯宅(Gibbs House)[1771]
　康格里夫住宅(Congreve House)[1771]
　雷纳宅(Raynor House)[1768]
　米切尔/斯托特宅(The Mitchell/ Stout House)[*1770*][1771]
　圣巴拿巴教堂(S.Barnabas)[1367]
　圣母玛利亚大教堂(S.Mary's pro-Cathedral)[1369][1381]
　圣约翰学院礼拜堂(S.John's College Chapel)[1367][*1368*]
　市民剧院(Civic Theatre)[*1767*][1768]
　斯泰特公寓(State Flats)[1768]
　斯通韦斯宅(Stoneways)[1768][*1769*]
　万圣教堂，庞森比(All Saints Church, Ponsonby)[1768]
　新西兰银行(Bank of New Zealand)[1381][*1382*]
　政府官(Government House)[1367]
奥克兰驭马俱乐部，马厩综合楼(Auckland Trotting Club, Stables Complex)[1766]
奥克尼群岛(Orkney Islands，英国)[229][233]
　梅尔赛特住宅，霍伊(Melsetter House, Hoy)[1207]
奥克尼群岛，米德豪(Mid- Howe)[*230*][231][238]
奥克尼群岛，米德豪(Mid Howe, Orkney Islands)[*230*][231][238]
奥克塔夫·多伊切斯库(Doicescu, Octav, 1902~1980)，罗马尼亚建筑师[1513]
奥拉纳宅，哈得孙附近，纽约州(Olana, near Hudson, New York)[1279]
奥宁宁鲍姆，斯莱丁山(Oranienbaum, Sliding Hill)[1129]
奥兰加巴德石窟，马哈拉施特邦(Aurangabad caves, Maharashtra)[786]~[788]
奥兰杰瑞，肯辛顿(Orangery, Kensington)[859]
奥兰治自由邦的威斯敏斯特公爵庄园里的大宅(Big House, Westminster, Orange Free State)[1255][*1256*]
奥朗日(Orange，意大利)
　奥朗日剧场(Theatre)[272]
　提比略凯旋门(Arch of Tiberius)[*253*][257]
奥勒利安壁垒，罗马(Aurelianic Walls, Rome)[299]
奥雷加德学校(óregaard school)[1440]
奥里利奥别墅，瑞士(Villa Origlio, Switzerland)[1486]
奥里萨邦(Orissa，印度)
　筏罗诃神庙(Varahi temple)[814][*819*]
　解脱主神庙(Mukteshvara Temple)[795]
　肯达吉里岩凿寺院(Khandagiri monastery)[786]
　瓦伊塔尔塔庙(Vaital Deul)[799]
　乌德耶吉里岩凿寺院(Udayagiri monastery)[786]
奥里韦蒂办公楼，伊夫雷亚(Olivetti offices, Ivrea)[1415]
奥利弗·希尔(Hill, Oliver)，英国建筑师[1431]
奥利机场(Orly Airport，巴黎)
　飞艇库(airship hangers)[1402]
　营运大楼(Operations Building)[1455]
奥利沃蒂农庄(Olivetti agricultural village)[1562]
奥林匹克村，首尔(Olympic Village, Seoul)[1692]
奥林匹克公园(体育建筑)，慕尼黑(Olympic Park, Munich)[1462]
奥林匹克建筑，首尔(Olympic Games buildings, Seoul)[1688]~[1692]
奥林匹克剧场，维琴察(Teatro Olimpico, Vicenza)[926]
奥林匹克体育场，墨西哥城(Olympic Stadium, Mexico City)[1635][1637][*1638*]
奥林匹克游泳馆，墨尔本(Olympic Swimming Pool, Melbourne)[1757]
奥林匹亚(Olympia，希腊)
　阿尔提斯圣地(Altis)[*138*]
　奥林匹亚圣地平面图(plan of temenos)[*138*]
　腓力二世圆殿(Philippeion)[161]
　赫拉神庙(Heraion)[140]
　体育馆(gymnasium)[170]
　宙斯神庙(Temple of Zeus)[140][*143*][*154*]
奥伦塞大教堂(Orense Cathedral)[408]
奥罗宾多静修斋，本地治理(Aurobindo Ashram, Pondicherry)[1728]
奥罗扎教堂，萨科帕内(Oloza church, Zakopane)[1511]
奥马尔·泰克(Take, Omar)，非洲建筑师[1574]
奥马尔苏丹的宫殿，开罗(Omar Sultan's Palace, Cairo)[1239]
奥马格罗街别墅，马德里(Calle Almagro villas)[1443]
奥蒙德学院，墨尔本(Ormond College, Melbourne)[1369]
奥莫尔特雷府邸(Mortrée, Château d'O)[*473*][475]
奥姆拉米亚事务所(Omramia practice)，沙特阿拉伯建筑师事务所[1544]
奥佩尔斯堡姆，学校(Oppelsbohm, school)[1462]
奥斯本府邸，怀特岛(Osborne House, Isle of Wight)[1174]
奥斯登堡，亭可马里(Ostenburgh, Trincomalee)[1328]
奥斯蒂亚(Ostia，意大利)
　埃帕加西亚纳粮食交易市场(Horea Epagathiana)[*295*][296]
　狄安娜府邸(House of Diana)[*295*][296]
　丘比特和普绪喀府邸(House of Cupid and Psyche)[*295*][296]
　塞拉皮德多层住宅(House of the Serapide)[*259*][296]
　乌姆吉马勒住宅(Umm el- Jemal)[*259*][296]
　伊索拉圣墓地(Isola Sacra Cemetery)[293]
奥斯蒂亚门(圣保罗门)，罗马(Porta Ostiensis/ Porta S.Paolo, Rome)[*258*][296]
奥斯卡·尼迈耶尔(Niemeyer, Oscar, 1907~)，巴西建筑师，1988年获普里茨克建筑奖[1567][1607][1631][1634]
奥斯卡·索斯诺夫斯基(Sosnowski, Oskar, 1880~1939)，波兰建筑师[1508]
奥斯拉姆办公楼，慕尼黑(Osram offices, Munich)[1459]
奥斯陆(Oslo，挪威)
　大学(University)[1150]
　挪威银行(Norwegian Bank)[*1147*][1150]
　证券交易所(Exchange)[*1147*][1150]
奥斯曼时期(Ottoman period)[597][644]~[651]
　建筑实例(buildings examples)

[1854]

中文版索引

（续前页）[644]~[651]
奥斯特列庄园，伦敦(Osterley Park, London)[1107]
奥斯特罗лья集团(Austral group)，阿根廷建筑师组合[1642]
奥斯汀·圣巴伯·哈里森(Harrison, Austen S.Barbe, 1891~1976)，英国建筑师[1551]
奥斯瓦尔德·马蒂亚斯·翁格尔斯(Ungers, Oswald Mathias, 1926~2007)，德国建筑师[1462]
奥塔卡尔·诺沃提尼(Novotny, Otakar, 1880~1959)，捷克建筑师[1494]
奥坦角(Otaniemi, 芬兰)
　大学礼拜堂(University Chapel)[1452]
　迪波利学生宿舍(Dipoli Students' Residence)[1452]
奥特里圣母教堂，德文郡(Ottery S.Mary, Devon)[505]
奥特洛(Otterlo, 荷兰)
　雕塑馆(Sculpture Pavilion)[1481]
　国家博物馆克罗勒-穆勒陈列馆扩建(Rijks museum, Kröller-Müller extension)[1481]
奥特松皮萨住宅区，塔皮奥拉(Otsonpesä housing, Tapiola)[1452]
奥托·萨尔沃斯伯格(Salvisberg, Otto, 1882~1940)，瑞士裔德国建筑师[1412]
奥托·瓦格纳(Wagner, Otto, 1841~1918)，奥地利建筑师[1155][1156][1222][1393][1396][1488][1489][1596]
奥托海因里希宫，海德堡宫堡(Otteinrichsbau, Heidelberg Castle)[1032][1033]
奥维利圣母教堂(S.Mary Overie, Southwark)，见南沃克郡大教堂
奥西扬，拉贾斯坦邦(Osian, Rajasthan)[798]
奥新军团战争纪念馆，悉尼(Anzac War Memorial, Sydney)[1754]
澳大拉西亚(Australasia, 大洋洲)
　1900~1945年的发展(developments)[1389]~[1391]
　地图(map)[1351]
澳大利亚(Australia, 大洋洲)
　1788~1830年
　　建筑特征(architectural character)[1350]
　　建筑实例(buildings examples)[1362]~[1367]
　1850~1900年
　　建筑特征(architectural character)[1355]~[1362]
　　建筑实例(buildings examples)[1369]~[1378]
　20世纪的发展(Twentieth Century developments)
　　建筑实例(buildings examples)[1750]
　　建筑特征(architectural character)[1748][1749]
　　办公建筑(offices buildings)[1358]~[1359]
　　购物商场(shopping arcades)[1358]
　　建筑材料及技术(building materials and techniques)[1234]
　　剧院建筑(theatres)[1359]

旅馆建筑(hotels)[1359]
民宅(homesteads))[1359]
其他居住建筑(domestic architecture))[1359]
文化(culture)[1233]
银行建筑(banks)[1358]
殖民时代和后殖民时代历史(Colonial and post-Colonial period, history)[1233]
资源(resources)[1234]
自然特征(physical characteristics)[1232]
澳大利亚大厦，伊丽莎白大街，墨尔本(Australia Building, Melbourne)[1359]
澳大利亚高等法院，塔培拉(Australia High Court, Canberra)[*1755*][1757]
澳大利亚广场，悉尼(Australia Square, Sydney)[*1751*][*1752*][1754]
澳大利亚国家美术馆，堪培拉(Australian National Gallery, Canberra)[*1755*][1757]
澳大利亚议会大厦，堪培拉(Parliament House of Australia, Canberra)[1757]
澳门大三巴教堂(São Paulo in Aomen)[1298]

B

八角形大楼，华盛顿特区(Octagon House, Washington)[1279]
"巴巴"模范邻里，布拉格(Baba model neighbourhood, Prague)[1494]
巴巴多斯(Barbados)
　科德灵顿学院，圣雅各教区(Codringtong College, S.James's Parish)[1278]
　诺瓦别墅，圣约翰(Villa Nova, S.John)[1265]
　圣尼古拉隐修院(S.Nicholas Abbey)[1264]
巴巴詹土丘，有防卫的居宅(Baba Jan, fortified manor)[97][101]
巴比伦(Babylon, 伊拉克)[10][11][89][604]
　巴别塔(Tower of Babel)[89]
　空中花园(Hanging Gardens)[89]
　伊什塔尔门(Ishtar Gate)[*87*][89]
巴比伦大院，开罗(Babel Hadid, Cairo)[1239]
巴比伦空中花园(Hanging Gardens of Babylon)[89]
巴勃罗·聂鲁达大楼，瓜达拉哈拉(Pablo Neruda Building, Guadalajara)[1643]
巴布伦隐修院(Deir Bablun)
　阿布萨加堂(Abu Sarga)[609]
　穆阿拉加教堂(Al Muallaka)[609]
　圣芭芭拉堂(Sitt Barbara)[609]
巴布亚新几内亚(Papua New Guinea, 大洋洲)[1750][1771]
　典礼大厅(Ceremonial House)[1771]
　咖啡工业协会办公楼和仓库，戈罗卡(Coffee Industries Board Offices and Warehouse, Goroka)[1771]
　莱城客舍(Lae Lodge)[1773]
　劳恩劳恩剧院，戈罗卡(Raun Raun Theatre, Goroka)[*1770*][1771]
　新布列颠住宅(New Britain housing)[1773]
　议会楼(Parliament House)[*1772*][1773]
巴达米(Badami, 印度)
　上湿婆神庙(Malegitti-Sivalaya Temple)[*792*]
　石窟寺(cave temples)[791]

巴达维亚城堡(Kasteel Batavia)[1322]
巴东市政大楼，新加坡(Padang Municipal Building, Singapore)[1693][*1694*]
巴多尔别墅，弗拉塔(Villa Badoer, Fratta Polesine)[926]
巴多里/巴洛里，拉贾斯坦邦(Badoli, Rajasthan)[*797*][798]
巴尔(Barre, N.)，法国建筑师、规划师[1056]
巴尔巴拉诺府邸，维琴察(Palazzo Barbarano, Vicenza)[926]
巴尔巴罗别墅，马塞尔(Villa Barbaro, Maser)[926]
巴尔贝里尼府邸，罗马(Palazzo Barberini, Rome)[943][*945*]
巴尔达萨雷·隆盖纳(Longhena, Baldassare, 1598~1682)，巴洛克时期的威尼斯最杰出的建筑师[956]
巴尔达萨雷·佩鲁齐(Peruzzi, Baldassare, 1481~1536)，意大利文艺复兴盛期建筑师[914][916]
巴尔达西尼府邸，罗马(Palazzo Baldassini, Rome)[916]
巴尔的摩(Baltimore, 美国)
　卡罗尔敦桥(Carrolltown Viaduct)[1296]
　天主教主教堂(Catholic Cathedral)[1282]
巴尔迪霍斯侯爵宅，卡塔赫纳，哥伦比亚(House of the Marques de aldehoyos, Cartagena, Columbia)[1265]
巴尔迪宅，罗马(Casa Baldi, Rome)[1477]
巴尔干半岛(Balkans, 欧洲)
　建筑材料(building resources)[207]
　建筑技术及发展(building techniques and processes)[209]
　史前时期自然特征(prehistoric physical characteristics)[179]
　文化(culture)[197][198]
　早期历史(early history)[185][187][188]
巴尔赫(Balkh, 阿富汗)
　阿布·纳斯尔·帕尔萨圣坛(Abu Nasr Parsa Shrine)[641]
　马沙德清真寺，阿奈(Mashad Mosque Anah)[631]
　诺墓塔清真寺(No Gunbad Mosque)[631]
巴尔卡瓦拉尔宫，萨迈拉(Bulkwara Palace, Samarra)[616]
巴尔库克修道院与陵墓，开罗(Barkuk Khanaqah and Tomb, Cairo)[624]
巴尔米拉/图德穆尔(Palmyra, 叙利亚)
　纪念性拱门(monumental arch)[293]
巴尔塔扎·诺伊曼(Neumann, Balthasar, 1687~1753)，德国建筑师，后期巴洛克风格杰出大师[871][1042]
巴尔托洛梅奥·阿曼纳蒂(Ammanati, Bartolomeo, 1511~1592)，意大利文艺复兴雕塑家、建筑师[894][936]
巴尔托洛梅奥·比安科(Bianco, Bartolommeo, 约1590~1657)，意大利巴洛克建筑师[946]
巴尔托洛梅奥·博恩(Buon/Bon/Bono, Bartolomeo, 约1405~约1467)，威尼斯建筑师和雕塑家[572][902][908]
巴尔托洛梅奥·弗朗切斯科·拉斯特雷利伯爵(Rastrelli, Count Bartolomeo Francesco,

[1855]

1700～1771)，意大利建筑师[1124]
巴伐利亚国家博物馆，慕尼黑(Bavarian National Museum, munich)[1206]
巴伐利亚啤酒厂，波哥大(Bavarian Beer Factory Bogotâ)[1296]
巴芳寺(Baphuon, temple- mountain)[824][835]
巴福瑟教堂，爱尔福特(Barfusser church, Erfurt)[517]
巴甫洛夫斯克皇宫，俄国(Pavlovsk Palace)[1129][*1132*]
巴盖里亚(Bagheria，意大利)
　拉尔代里亚别墅(Villa Larderia)[965]
　帕拉戈尼亚别墅(Villa Palagonia)[965]
　瓦尔瓜内拉别墅(Villa Valguarnera)[965]
巴格达(Baghdad，伊拉克)[616]
　阿拔斯宫(Abbasid Palace)[618]
　哈利法耶宣礼塔(Khalifiye minaret)[633]
　哈穆德宅(Hamood Residence)[*1543*][1544]
　卡济迈因神庙(Kadhimain Shrine)[642]
　联邦工业部大楼(Federal Industury Offices)[1544]
　穆斯坦绥尔经学院(Mustansiriyeh Madrassa)[618][*619*]
　瓦西塔尼门(Bab al- Wasitani)[618]
　西特·祖贝达墓(Sitt Zubeida Tomb)[618]
巴格达门，拉卡(Baghdad Gate, Raqqa)[618]
巴格达宅，特拉维夫(Pagoda House, Tel Aviv)[1551]
巴哈拉特宝石交易所(Bharat Diamond Bourse)[1732]
巴哈拉特艺术中心，波帕尔(Bharat Bhawan, Bhopal)[1729]
巴哈神庙，德里(Baha´i Temple, Delhi)[1733]
巴赫尔奥斯特费尔德遗址，荷兰(Bargeroosterveld, Holland)[234]
巴赫·德罗达菲利普二号桥(Bach de Roda- Felipe II Bridge, Barcelona)[1485]
巴赫街公寓，巴塞罗那(Calle Bach apartments, Barcelona)[1484]
巴赫拉姆沙清真寺，加兹尼(Bahramshah mosque, Ghazni)[*632*][633]
巴赫尼克百货大楼，俄斯特拉发(Bachnek Store, Ostrava)[1498]
巴基斯坦，前殖民时期(Pakistan, pre- Colonial period)[668]
巴基斯坦环境规划和建筑顾问公司(PEPAC/ Pakistan Environmental Planning and Architectural Consultants)[1728]
巴吉公馆，图卢兹(Hôtel de Bagis, Toulouse)[983]
巴加莫约(Bagamoyo，坦桑尼亚)
　巴加莫约教堂(church)[1240][*1243*]
　博马宫(Boma)[*1244*][1245]
　海关大楼(Customs House)[1245]
　女教友会隐修院(Sisters´Convent)[1241]
　兄弟隐修院(Brother´s House)[1241]
　修复与保护(rehabilitilation)[1571]
巴贾支提窟，皮塞尔科拉(Bhaja chaitya hall, Pitalkhora)[786]
巴克斯神庙，巴勒贝克(Temple of Bacchus, Baalbek)[267][283][*284*]
巴空寺，罗洛(Bakong Temple, Roluos)[830]

巴空寺，吴哥(Bakheng temple, Angkor)[830][*831*]
巴拉克利什纳·维塔尔达斯·多西(Doshi, Balakrishna Vithaldas, 1927～　)，印度建筑师[1729][1732][1736]
巴拉莫斯隐修院(Deir Baramus, Wadi Natrun)[609]
"巴赖"湖(人工湖) (Baray Lolei)[823]
巴莱斯捷波因特大楼，新加坡(Balestier Point, Singapore)[1697]
巴勒贝克(Baalbek，黎巴嫩)
　维纳斯神庙(Temple of Venus)[285][*286*][288]
　朱庇特·赫利奥波利塔努斯圣殿(Sanctuary of Jupiter Heliopolitanus)[267][283][*285*]
　朱庇特神庙(Temple of Jupiter)[245][261][*267*]
　巴勒克布宫，加尔各答(Barrackpore House, Calcutta)[1339][*1341*]
巴勒鲁瓦府邸，巴约(Château de Balleroy, near Bayeux)[988][*990*]
巴勒莫(Palermo，意大利)
　埃雷米蒂圣约翰教堂(S.Giovanni degli Eremiti)[382]
　巴勒莫大主教府邸(Palazzo Arcivescovile)[*582*][583]
　大教堂(Cathedral)[*581*][583]
　马托拉纳教堂(La Martorana)[382]
　帕拉丁礼拜堂(Capella Palatina)[*376*][382]
　齐萨府邸(La Zisa)[*376*][382]
　圣卡塔尔多教堂(S.Cataldo)[382]
　体育馆(Il Ginnasio)[967]
　植物园(Orto Botanico)[967]
　中国小楼(Palazzina Cinese)[967]
巴厘岛(Bali，印度尼西亚)
　阿曼达里度假村(Amandari Resort)[1704]
　阿曼奴萨度假村(Amanusa Resort)[1704]
　巴厘凯悦饭店，萨奴尔(Hyatt Hotel, Sanur)[1704]
　麦德俱乐部(Club Med)[1704]
　坦东萨里度假村(Tandung Sari Resort)[1704]
　朱斯蒂宅，萨奴尔(Giusti House, Sanur)[1704]
巴黎(Paris，法国)
　1889年巴黎世界博览会机械馆(Galeric des Machines, International Exhibition)[875][1206][*1208*]
　阿拉伯研究院(Arab Institute)[1458]
　阿姆洛公馆(Hôtel Amelot)[*998*][999]
　埃菲尔铁塔(Eiffel Tower)[1206][*1209*][1400]
　埃斯代尔工厂(Atelier Esders)[1402]
　埃斯特雷的圣但尼教堂，圣但尼(S.Denys- de- l´Estrée, S.Denis)[1192][*1193*]
　安得烈·吉德住宅，塞科莫莱斯大街(André Gide house, Avenue des Sycomores)[1400]
　奥德翁剧院(Odéon)[1006]
　奥尔良拱廊(Galerie d´Orléans)[874][1183]

奥尔赛博物馆(Musée d´Orsay)[1458]
奥尔赛火车站(Gare d´Orasy)[1399]
巴黎北站(Gare du Nord)[1183][*1190*]
巴黎东站(Gare de l´Est)[1166][*1168*][1179][*1184*][*1185*]
巴黎歌剧院(Opera House)[1154][1178][1179][*1184*][*1185*]
巴黎廉价商场(Bon Marché store)[1206]
巴黎圣母院(Cathedral of Notre Dame)[449][*450*][*451*][457]
巴黎小宫(Petit Palais)[*1205*][1206]
巴黎新图书馆(New Paris Library)[1459]
巴士底歌剧院(Opéra de la Bastille)[1458]
玻璃金字塔，卢浮宫(Louvre/ glass pyramid)[*1457*][1458]
博韦公馆(Hôtel de Beauvais)[854][*995*][996]
布尔斯广场十号(Place de la Bourse No. 10)[1174]
布勒托维利耶公馆(Hôtel de Bretonvilliers)[986]
城市规划(city planning)[1154]～[1155]
大宫，1900年巴黎世界博览会(Grand Palais, 1900 Great Exihibition)[1400]
大凯旋门(Arc de Triomphe de l´Etoile)[1006][*1007*]
大市场(Grand Bazar)[1400]
戴高乐机场一号航站楼，鲁瓦西(Charles de Gaulle Airport Terminal One, Roissy)[1455][*1457*]
德洛雷特圣母院(Notre Dame de Lorette)[1009]
迪雅尔府邸(Hôtel du Jars)[988]
地铁站(Métro stations)[875][1207][*1209*][1400]
杜艾街15号(Rue de Douai No. 15)[1197]
法兰西广场(Place de France)[983][*987*]
凡尔赛大街25号(Avenuede Versailles No. 25)[1404]
孚日广场(皇家广场) (Place des Vosges)[983][*985*]
富兰克林路公寓(Rue Franklin flats)[1400][*1405*]
甘贝塔电影院(Cinéma Gambetta)[1402]
国家图书馆(National Library)[1183][*1189*]
国民议会大厦(Chambre des Députés)[1006]
花园城市(cités jardin)[1404]
加耶山丘温泉浴场(bath, La Butte aux Cailles)[1400]
救世军大楼(Salvation Army Building)[1403]
军事学院(Ecole Militaire)[1001][*1005*]
卡纳瓦莱公馆(Hôtel Carnavalet)[978][988]
卡斯特尔·贝朗热公寓(Castel Béranger)[1400]
看门人住宅，巴黎圣母院(Notre Dame, Custodian´s House)[1192]
克吕尼府邸(Hôtel de Cluny)[*474*][475]
拉德方斯拱门(Arche de la Défense)[1458]
拉斐特百货公司(Galeries Lafayette)[1400]

中文版索引

拉穆瓦尼翁公馆，巴黎(Hôtel Lamoignan, Paris)[983]
拉萨尔塞勒住宅区(La Sarcelle housing estate)[1453]
朗贝尔公馆，巴黎(Hôtel Lambert, Paris)[992][*998*]
劳作圣母教堂(Notre- Dame- du- Travail)[1187][1399]
里茨酒店(Ritz Hotel)[1399]
里沃利大街(Rue de Rivoli)[1009]
里沃利大街(西) (Rue de Rivoli/ West)[1174][177]
联合国教科文组织大厦(UNESCO Building)[1458]
列日大街公寓(Rue de Liège, flats)[1174][*1176*]
卢森堡宫(Palais du Luxembourg)[986][988][*991*]
鲁埃勒街学校(Rue Rouelle school)[1400]
鲁莱圣腓力教堂(S.Phililppe du Roule)[1006]
罗伯特·马莱-斯蒂文路(Rue Mallet- Stevens)[1403]
卢浮宫(Palais du Louvre)[*981*][*982*][992][*994*]
罗什-让纳雷住宅，巴黎(La Roche- Jeanneret houses, Paris)[1403]
洛热公馆(Hôtel de Lorge)[996]
马德莱娜教堂(Madeleine)[1006][*1007*]
马德里府邸(Château de Madrid)[977]
马提翁公馆(Hôtel de Matignon)[*995*][999]
迈松府邸(Château de Maisons)[854][988][*991*]
蒙马特尔圣约翰教堂(S.Jean de Montmartre)[1212][*1213*][1400]
蒙莫朗西府邸(Hôtel de Montmorency)[1002]
米兰街11号(Rue de Milan No. 11)[1197][*1198*]
莫扎特大街住宅(Avenue Mozart house)[1400]
普拉内住宅(Maison Planeix)[1403]
普莱西鲁宾逊公寓(Le Plessis- Robinson)[1404]
乔治·蓬皮杜国家文化艺术中心(Centre National d'Art et de Culture Georges Pompidou)[*1457*][1458]
荣军医院教堂(Church of the Val- de- Grâce)[988][*989*]
荣军院(Les Invalides)[996][*997*][*1008*]
萨尔姆府邸(Hôtel de Salm)[1006]
萨马利泰纳百货商场(La Samaritaine store)[1400][*1401*][1402]
塞瓦斯托波尔大街(Boulevard de Sébastopol)[1197]
桑斯府邸，巴黎(Hôtel de Sens, Paris)[475]
沙特里-马拉布里公寓(Châtenay- Malabry)[1404]
圣司提反教堂(S.Etienne du Mont)[467][977]
圣奥古斯丁教堂(S.Augustin)[1187]
圣但尼隐修院(Abbey of S.Denis)[*389*][391][448][449][*450*]
圣但尼门(Porte S.Denis)[999]

圣克洛蒂尔德教堂(S.Clotilde)[1173]
圣罗克教堂(Church of S.Roche)[1000]
圣母瞻礼教堂(S.Marie de la Visitation)[988]
圣热尔韦教堂(S.Gervais)[*984*][986]
圣热内维埃夫大图书馆(Library of S.Geneviève)[875][1167][*1169*]
圣沙佩尔教堂(S.Chapelle)[467][*469*]
圣味增爵德保罗教堂(S.Vincent- de- Paul)[1173]
圣心教堂(Church of the Sacré Coeur)[1207][*1211*]
圣叙尔皮斯教堂(S.Sulpice)[1000][*1003*]
圣尤斯特修斯教堂(S.Eustache)[467][977][*980*]
市政大楼(Municipal Administration Building)[1459]
赎罪礼拜堂(Chapelle Expiatoire)[1009]
水晶屋(Maison de Verre)[1404][*1406*]
斯大林格勒广场(Place Stalingrade)[1459]
四国学院(Collège des Quatre Nations)[996]
苏必斯府邸，巴黎(Hôtel de Soubise, Paris)[999]
苏利公馆，巴黎(Hôtel de Sully, Paris)[986][*987*]
索邦教堂(Church of the Sorbonne)[986][*989*]
特里斯坦·查拉住宅(Tristan Tzara house)[1399]
土伊勒里宫(Palais des Tuileries)[978][*981*]
瓦万路公寓(Rue Vavin flats)[1402]
维莱特城关(Barrière de la Villette)[1002]
维莱特公园(Parc de la Villette)[1458]
夏约宫，特罗卡德罗(Palaisde Chaillot, Trocadéro)[1403]
先贤祠(Panthéon)[*997*][1002][*1005*]
香榭丽舍剧院(Théâtre des Champs Elysées)[1400][*1406*]
小楼阁(Bagatelle)[1006]
协和广场(Place de la Concorde)[1000][*1004*][1006]
新卢浮宫(New Louvre)[1174][*1177*]
雪铁龙商店(Citroën Store)[1403]
亚历山三世大桥(Pont Alexandre Ⅲ)[1399]
造币厂(Mint)[1001][*1003*]
证券交易所(Bourse)[1006]
殖民地博物馆(Museum of the Colonies)[1402]~[1403]
中央市场(Halles Centrales)[875][1183][*1188*]
巴黎北站，巴黎(Gare du Nord, Paris)[1183][*1190*]
巴黎东站，巴黎(Gare de l'Est, Paris)[1166][*1168*]
巴黎国家图书馆，巴黎(National Library, Paris)[1183][*1189*]
巴黎理工大学(École Polytechnique)[874]
巴黎美术学院(Ecole des Beax- Arts)[874]
巴黎桥路大学(École des Ponts et Chaussées)[874]

巴黎圣母院看门人住宅，巴黎(Custodian's House, Notre Dame, Paris)[1192]
巴黎世界博览会机械馆，巴黎(Galerie des Machines, International Exhibition, Paris)[875][1206][*1208*]
巴黎装饰艺术世界博览会，苏联馆(Paris Exposition des Arts Decoratifs, Soviet Pavilion)[1521][*1523*]
巴里(Bari，意大利)
　教堂(church)[379]
　圣尼古拉教堂(S.Nicola)[377][*378*][379]
　圣尼古拉体育场(San Nicola Stadium)[1480]
巴利亚多利德(Valladolid，西班牙)
　巴利亚多利德大学立面(University facade)[1018][*1021*]
　大教堂(Cathedral)[549][1012][*1015*]
　拉蒙塔城堡(Castillo de La Mota)[*558*][563]
　圣保罗教堂(S.Pablo)[549][*553*]
　圣格列高利学院(College of San Gregorio)[552][*553*]
巴列·德奥里萨瓦伯爵宅，墨西哥城(House of the Conde del Vallede Orizaba, Mexico City)[1265]
巴列凡·马哈茂德陵墓，希瓦(Pahlavan Mahmud Mausoleum, Khiva)[641]
巴林国家博物馆，麦纳麦(Manama, National Museum of Bahrein)[1547]
巴伦西亚(Valencia，西班牙)
　大教堂(Cathedral)[549]
　多斯阿瓜斯侯爵府邸(Palace of the Marqués de Dos Aguas)[1018][*1020*]
　塞拉努斯大门(La Puerta de Serranos)[*561*][562]
　丝织品交易所(Lonja de la Seda)[*561*][562]
巴罗达府邸，德里(Baroda House, Delhi)[1720]
巴洛克风格，概述(Baroque style, introduction)[841][*846*][996][1000]
巴洛里(Baroli)，见巴里
巴马科行政大楼，马里(Bamako Administrative Buildings, Mali)[*1560*][1562]
巴米扬，阿富汗(Bamiym complex, Afghanistan)[782]
巴纳德城堡牛油市场(Barnard Castle Buttermarket)[*860*]
巴齐的玛德莱娜圣母教堂，佛罗伦萨(S.Maria Maddalena dei Pazzi, Florence)[894][*897*]
巴齐礼拜堂，佛罗伦萨(Pazzi Chapel, Florence)[*887*][888]
巴奇沃斯教堂，格洛斯特郡(Badgeworth, church)[*440*]
巴戎寺，吴哥王城(Bayon, Angkor Thom)[*833*][*834*][835]
巴塞尔(Basle，瑞士)
　巴特伊舍火车站(Badischer Bahnhof)[1412]
　歌德研究中心，多纳赫(Goetheanum, Dornach)[1412]
　赫尔伯街公寓(Helbestrasse, apartments)[1486]
　穆滕茨郊区(Muttenz suburb)[1412]
　圣安东尼教堂(S.Antonius)[1412]
　圣保罗教堂(S.Paul)[1412]

[1857]

施维特公寓大楼(Schwitter Building apartments)[1486]
堂区中心，穆滕茨(Muttenz Parish Centre)[1486]
巴塞尔传教所，库马西(Basel Mission House)[1241][*1242*]
巴塞罗那(Barcelona，西班牙)
　INEF 大楼(INEF Building)[1484]
　巴赫·德罗达菲利普二号桥(Bach de Roda- Felipe II Bridge)[1485]
　巴赫街公寓(Calle Bach, apartments)[1484]
　巴塞罗那大教堂(Cathedral)[*550*][555][*556*]
　巴塞罗那法院大厦(Palacio de la Audiencia)[*561*][563]
　巴特略公寓(Casa Batlló)[1444][*1146*]
　城市规划(city planning)[1154][1155]
　肺结核病院(Tuberculosis Clinic)[1444]
　盖勒公园(Park Guell)[1443]
　工人住宅区，帕拉斯街(Calle Pallars, workers′ housing)[*1200*]
　公寓(apartments)[1483]
　海之圣母教堂(S.Maria del Mar)[*550*][559]
　何塞普·马利亚·尤约尔学校(Josep Maria Jujol school)[1485]
　加泰罗尼亚音乐宫(Palau de la Música Catalena)[1444]
　里温托斯白葡萄酒酿酒厂(Reventos Blanc Winery)[1485]
　蒙塔纳街公寓(Calle Muntaner apartment block)[1444]
　米拉公寓(Casa Milá)[1444][*1446*]
　尼加拉瓜街公寓(Calle Nicaragua, apartments)[1484]
　圣安德鲁斯住区(Sant′Andreu housing estate)[1444]
　圣保罗医院(Hospital of S.Paul)[1444][*1446*]
　圣家族教堂(Church of the Sagrada Familia)[1207][*1211*]
　圣家族教堂(Sagrada Familia)[1155]
　圣家族赎罪教堂(Templo Expiatorio de la Sagrada Familia)[1443]
　圣马利亚·德尔皮诺教堂(S.Maria del Pino)[552]
　圣朱斯特-帕斯特教堂(SS.Justo y Pastor)[552]
　市政厅(Casa del Ayuntamiento)[563]
　维森斯宅(Casa Vicens)[1212]
　子午线大楼(Meridiana Building)[1484]
巴塞罗那世界博览会，南斯拉夫馆(Barcelona Exhibition 1929 Yugoslav Pavillion)[1515]
巴什科夫大厦，莫斯科(Pashkov, Palace, Moscow)[1129][*1131*]
巴什拉旅馆，巴拉(Basra Hotel, Basra)[*1543*][1544]
巴斯(Bath，英国)
　城市发展(urban development)[1104][*1105*]
　皇家新月广场(Royal Crescent)[1104][*1105*]
　马戏场(Circus)[1104][*1105*]
　女王广场(Queen Square)[1104]
巴斯塔姆堡(Bastam, Citadel)[96]

巴塔克卡罗，苏门答腊(Batak Karo, Sumatra)[1316]
巴塔维亚(今雅加达) (Batavia，印度尼西亚)
　阿比丁宅(Abidin House)[1704]
　城市规划(city planning)[1323]
　达尔玛拉大楼(Dharmala Building)[1704][*1705*]
　法院大楼(Hall of Justice)[1322]
　国家档案馆(National Archives Building)[1322][*1325*]
　赛伊德·瑙姆清真寺(Said Naum Mosque)[1704][*1705*]
　韦尔特弗雷登(南部的郊区) (Weltevreden)[1322]
　夏宫，茂物(今茂物宫) (Summer Palace, Bogor)[1322][*1325*]
　伊曼纽尔教堂(Immanuel Church)[1322][*1325*]
　议会大厅(Conference Hall)[1704]
巴塔鞋店，布拉格(Bat′a shops, Prague)[1498][*1501*]
巴特勒宅，加利福尼亚州(Butler House, California)[*1588*][*1598*][1599]
巴特略公寓大楼，巴塞罗那(Casa Batlló, Barcelona)[1444][1146]
巴特洛梅·德布斯塔曼特(Bustamante, Bartolome de, 1499/ 1501～1570)，西班牙建筑师[1012]
巴特洛梅·桑切斯(Sanchez, Bartolome)，古巴建筑师[1265]
巴特曼河上的拱桥(Batman Su, bridge)[636]
巴特曼宅，弗恩克里克，肯塔基(Bartman House, Fern Creek, Kentucky)[1599]
巴特伊舍火车站，巴塞尔(Badischer Bahnhof, Basle)[1412]
巴韦雅西的阿散蒂神社(Bawjwiasi, Ashanti shrine)[699]
巴西(Brazil，南美洲)
　20 世纪的发展(Twentieth Century developments)[1630][1631][1637][1642]
　阿西西的圣方济各教堂(São Francisco de Assís)[1269][*1271*]
　博阿维斯塔的阿尔图独立学校，博阿维斯塔(Isolada do Alto da Boa Vista School, Boa Vista)[1643]
　教养院，欧鲁普雷图(Penitentiary, Ouro Preto)[1274]
　看守所，累西腓(Casa de Detención, Recife)[1286]
　孔戈尼亚斯杜-坎普教堂(Congonhas do Campo)[1269][*1271*]
　历史(history)[1228]
　萨尔达尼亚宅(Saldanha House)[1261]
　圣以利沙伯剧院，累西腓(Teatro Santa Isabel, Recife)[1289]
　塔图帕拉塔(Tower of Tatuapara)[1261]
　亚马孙剧院，马瑙斯(Teatro Amazons, Manaos)[1289]
　见巴西利亚
巴里夫新城，新加坡(Pasir Ris New Town, Singapore)[1695][*1696*]
巴西利卡(basilicas)[256][268][297]
　罗马式巴西利卡(Roman)[240][241][268][*287*][288]
巴西利卡，维琴察(Basilica Vicenza)[925][*927*]

巴西利卡和民族宫，马夫拉(Basilica and Palácio Nacional, Mafra)[*1022*][1025]
巴西利卡水塘，即地下宫，君士坦丁堡(Basilica Cistern, Constantinople)[*333*][335]
巴西利亚(Brasilia，巴西)
　城市规划(city planning)[1651]
　大教堂(Cathedral)[*1640*][1642]
　国会大厦(National Congress Building)[1637][*1640*]
　墨西哥大使馆(Mexican Embassy)[1643]
　伊塔马拉蒂宫(Itamarati Palace)[*1640*][1642]
巴夏住宅，萨瓦金(Bayt al- Basha, Suakin)[664]
巴亚(Baia，意大利)
　墨丘利神庙(Temple of Mercury)[257]
　浴室和露天浴场(Baths)[289]
巴亚浴场(Baths at Baia)[289]
巴伊亚(Bahía，巴西)
　巴伊亚大教堂(Cathedral)[1269]
　萨尔达尼亚宅(Saldanha House)[1261]
　圣马尔塞洛堡(São Marcelo)[1266]
　塔图帕拉塔(Tower of Tatuapara)[1261]
　政府大楼(Government Buildings)[1646]
　筑垒建筑(forts)[1265]
巴约(Bayeux，法国)
　巴勒鲁瓦府邸(Château de Balleroy)[988][*990*]
　大教堂(Cathedral)[*464*][466]
巴云寺，吴哥(Baksei Chamkrong, Angkor)[824]
巴兹尔·欧文·斯彭斯爵士(Spence, Sir Basil, 1907～1976)，英国建筑师[1467][1475]
白邸，东京(House in White, Tokyo)[1681]
白宫，华盛顿特区(White House, Washington)[*1277*][1278]
白鹿巷住宅(White Hart Lane/ LCC estate)[1422]
"白庙"，沃尔卡(White Temple, Warka)[*76*][77]
白沙瓦，圣骸塔(Peshawar, relic tower)[677]
白塔公寓，马德里(Torres Blancas apartments, Madrid)[1484]
白天鹅宾馆，广州(White Swan Hotel, Guangzhou)[1661]
白厅，伦敦(Whitehall Palace, London)[1079][*1082*]
白屋，切尔西，伦敦(White House, Chelsea, London)[1212]
"白屋"，东京(U- House, Tokyo)[1684]
白云宾馆，广州(Baiyun Hotel, Guangzhou)[1661]
百货商场，圣彼得堡(Ulitsa Zodchevo Rossi, S.Petersburg)[1559]
百济时期(Paekche period)[747][748]
百老汇大街 55 号大楼，伦敦(55 Broadway, London)[1426][*1430*]
百老汇大厦，上海(Broadway Mansions, Shanghai)[1653][*1656*]
百乐门舞厅，上海(Paramount Ballroom, Shanghai)[1653]
百年大厅，弗罗茨瓦夫(Jahrhunderthalle, Worclaw)[*1506*][1507]
拜巴尔斯清真寺，开罗(Baybar Mosque, Cairo)[623]

中文版索引

拜达里，墓地(Badari, cemetery)[40]
拜达里的住宅(El- Badari houses)[39]
拜蒂克洛城堡，斯里兰卡(Batticaloa, Sri Lanka)[1330]
拜火庙，纳卡拉斯塔姆(Fire Temple, Nakshi- Rus- tam)[96][*99*][102]
拜克住宅区，泰恩河畔纽卡斯尔(Byker Estate, Newcastle- upon- Tyne)[1466]
拜兹礼拜堂，埃斯泰尔戈姆(Bakócz Chapel, Esztergom)[1028]
拜伦德隐修院，约克郡(Byland Abbey, Yorkshire)[*443*][503]
拜特哈拉夫，K.1 玛斯塔巴(Beit Khallaf, Mastaba K.1)[47]
拜占庭帝国(Byzantine Empire)[179][184][185][189][196][197][198][206][207][214][215][297][298]
    地图(map)[364]
    建筑材料(building resources)[207][208]
    建筑技术及发展(building techniques and processes)[209]
    建筑实例(building examples)[302]
    建筑特征(architectural character)[*287*] ~ [*299*]
    世俗建筑(secular buildings)[302][334]
    晚期教堂建筑(later churches)[299] ~ [301][325] ~ [332]
    早期基督教时期(early Christian era)[592]
    早期教堂建筑(early churches)[297] ~ [309][313]
班邦伊佛塔，卑谬(Banbangyi pagoda, Prome)[826]
班达尔-瑟里-比迦万，布鲁奈(Bandar Seri Begawan, Brunai)[1707]
班迪塔齐亚墓地，切尔韦泰里(Banditacccia Cemetery, Cerveteri)[246][*247*][*248*]
班费查奴罗克，曼谷(Ban Phitsanuloke, Bangkok)[1706]
班夫泉大饭店，落基山脉，艾伯达(Banff Springs Hotel, Alberta)[*1284*][1295][1583]
班哥教堂，英国(Bangor Cathedral)[*488*]
班基拱廊，博洛尼亚(Portico dei Banchi, Bologna)[937]
班加罗尔(Bangalore，印度)
    恩里蒂格拉姆(Nrityagram)[1744][*1746*]
    联合酿酒公司总部(United Breweries Headquarters)[1733]
    社区心理健康中心(Community Mental Health Centre)[1744]
    印度管理学院(Indian Institute of Management/ IIM)[1733][*1735*][1736]
班杰宫，法特赫布尔西克里(Panch Mahal, Fatehpur Sikri)[652][*654*]
班尼斯特·弗莱彻爵士(Fletcher, Sir Banister, 1866 ~ 1953)，英国建筑师，建筑史学家[1431]
班尼耶·布里茨(Britz, Bannie)，南非建筑师[1571][1576]
班唐塞克综合体，曼谷(Baan Ton Sak Complex, Bangkok)[1706]
"般度莱亚"僧伽蓝，纳西克(Pandulenya, Nasik)[*785*][788]
坂仓准三(Sakakura, Junio, 1901 ~ 1969)，日本建筑师[1674][1675]
办公大楼，莫斯科大街，索非亚(Moskovska Street office building, Sofia)[1512]
半岛工艺学校，贝尔维尔(Peninsula Technikon, Bellville)[1570]
半坡村，仰韶文化聚落(Banpocun/ Pan- p´o- ts´un, yangshao village)[108][*109*]
瓣尖饰，伊斯兰建筑(Cusping, Muslim)[603][616]
邦吉牛油市场，萨福克郡(Bungay Butter market, Suffolk)[*860*]
邦吉斯巴西利卡，果阿(Basilica of Bom Jesus, Goa)[1330][*1331*]
邦加那苏丹阿布杜勒·萨马德宫(Bangunan Sultan Abdul Samad)，见内阁办公大楼，吉隆坡
包豪斯校舍，德绍(Dessau, Bauhaus Buildings)[1410][*1411*]
包豪斯艺术学校风格(Bauhaus art school style)[1394][1409]
    包豪斯的学生(students)[1488]
    校舍，德绍(buildings Dessau)[1410][*1411*]
宝福山祭祖堂，沙田(Bo- Fu Ancestral Worship Hall, Shatin)[1716]
宝晶苑公寓，浅水湾，香港(Belleview Place development, Repulse Bay, Hong Kong)[1718]
宝相塔，弘法国师，净土寺(Hongbop stupa, Pulguska)[*751*][754]
宝严寺，观音堂(Kannondo, Hogonji)[769][*770*]
保加利亚(Bulgaria)[185][187]
    20 世纪的发展(Twentieth Century developments)[1511][1512]
    国家纪念碑，托尔布欣(state monuments)[1179][1512]
保加利亚帝国(Bulgar Empires)[177][185][187][198][336][337]
保加利亚国家银行，索非亚(Bulgarian National Bank, Sofia)[1512]
保加利亚酒店，索非亚(Bulgaria Hotel, Sofia)[1512]
保加利亚文艺复兴(Bulgarian Renaissance)[336]
保克什(Paks，匈牙利)
    公寓楼(Apartment Blocks)[1505]
    罗马天主教堂(Roman Catholic Church)[*1504*][1505]
保拉泉，罗马(Fontana Paola, Roma)[*884*]
保罗·阿巴迪(Abadie, Paul, 1783 ~ 1868)，法国建筑师[1155][1207]
保罗·安德鲁(Andreu, Paul, 1938 ~)，法国建筑师[1455]
保罗·贝洛(Bellot, Paul, 1878 ~ 1944)，法国本笃会修士[1396]
保罗·波尔托盖希(Portoghesi, Paolo, 1931 ~)，意大利建筑师[1477]
保罗·博纳茨(Bonatz, Paul, 1877 ~ 1956)，德国建筑师[1537]
保罗·布罗萨尔(Brossard, Paul)，法国建筑师[1455]
保罗·德拉·斯泰拉(della Stella, Paolo, ? ~ 1552)，意大利建筑师[1026][1029]
保罗·里维尔宅，波士顿(Paul Revere House, Boston, Massachusetts)[1261]
保罗·鲁道夫(Rudolph, Paul, 1918 ~ 1997)，美国建筑师[1606][1612][1697][1704][1716]
保罗·施奈德-埃斯莱本(Schncider- Esleben, Paul, 1915 ~ 2005)，德国建筑师[1459]
保罗·索勒里(Soleri, Paolo, 1919 ~)，意大利裔美国建筑师[1614]
保罗·沃罗特(Wallot, Paul, 1841 ~ 1912)，德国建筑师[1154][1197][1254]
保罗的圣味增爵教堂，巴黎(S.Vincent- de- Paul, Paris)[1173]
保障局大楼，布法罗，纽约(Guaranty Building, Buffalo, New York)[1295]
堡垒般的卡斯巴老城区(kasbahs/ fortresslike buildings)[661][*662*]
潘吉姆，堡垒城镇(Panaji, Goa, fortified town)[1328]
堡垒，帕拉蒙加(Paramonga, Fortress)[719][*721*]
堡垒状的环形建筑，胡苏尼·恩诺戈(Husuni Nnogo, enclosure)[698]
鲍尔斯大楼，北安普敦，马萨诸塞州(Bowers House, Northampton, Massachusetts)[1279]
鲍弗朗特堡，诺森佰兰郡(Beaufront Castle, Northumberland)[1161]
鲍里斯·韦利夫斯基(Velikovsky, Boris, 1878 ~ 1937)，俄国建筑师[1528]
鲍斯韦教堂(Bagsvaerd, church)[1483]
鲍威尔和莫亚事务所(Powell and Moya)，英国建筑师事务所[1468]
鲍巷圣马利亚教堂，伦敦(S.Man- le- Bow, London)[1090][*1091*][*1094*]
卑尔根(Bergen，挪威)
    达姆斯庄园(Damsgård)[*1146*][1150]
    购物中心(shopping centre)[1481]
    教堂(churches)[432]
卑甘普里清真寺，德里(Beganpuri Mosque, Delhi)[637]
卑谬(Prome，缅甸)
    班邦伊佛塔(Banbangyi pagoda)[826]
    勃亚基佛塔(Payagi pagoda)[826]
    勃亚马佛塔(Payama pagoda)[826]
碑铭神庙，帕伦克(Temple of the Inscriptions, Palenque)[*714*][716]
北埃尔门，诺福克郡(North Elmham, Norfolk)[*418*]
北安普敦郡(Northamptonshire，英国)
    阿什比堡(Castle Ashby)[1073][*1076*]
    伯利府邸(Burghley House)[1066][*1071*][*1072*][1073]
    布里克思沃思教堂(Brixworth)[362][*418*][419][*420*]
    柯比府邸(Kirby Hall)[1069][*1070*]
    伊斯顿·内斯顿府邸(Easton Neston)[1095][*1098*]
北部购物中心，底特律(Northland Shopping Center, Detroit)[*1619*][1620]
北川原温(Kitagawara, At- sushi, 1951 ~)，日本建筑师[1688]
北方邦(Uttar Pradesh，印度)
    红堡(Red Fort)[817]
    拉纳·昆巴宫(Rana Kumbha)[818]
    曼·辛格宫(Man Singh palace)[818]
    皮德尔冈寺庙(Bhitargaon temple)[795]
    狮子柱(Lion Capital)[788]
    新奥卡拉工业开发区(New Okhla Industrial Development Area/ NOIDA)[1744]
北非(North Africa)

弗莱彻建筑史

殖民时代与后殖民时代(Colonial and post- Colonial period)
  建筑实例(buildings, examples)[1239]
  历史(history)[1241]
北极石油公司大楼, 旧金山(Arctic Oil Company Building, San Francisco)[1295]
北加利福尼亚切罗基县海厄沃西大坝(dams, TVA)[1592][1596]
北京(Peking/ Beijing, 中国)
  北京大学附属医院门诊部(Peking University Hospital/ Out- patient Department)[1653]
  北京电报大楼(Telegraph Building)[1661][1663]
  北京工人体育场(Workers´Stadium)[1661]
  北京工人体育馆(Workers´Gymnasium)[1661][1663]
  北京国际大厦(International Building)[1662]
  北京天文馆(Planetarium)[1660]
  北京协和医学院与协和医院(Peking Union Medical College and Hospital)[1652]
  长城饭店(Great Wall Hotel)[1661]
  大理院(清政府最高法院) (Da Li Yuan)[1307]
  大陆银行(Continental Bank)[1649][1650]
  地安门宿舍(Di An Men Hostel)[1660]
  儿童医院(Children´s Hospital)[1660]
  佛香阁(Tower of Buddhist Incense)[728][730]
  故宫(Forbidden City)[725][726][727][730][732]
  国际饭店(International Hotel)[1653][1662][1665]
  国家奥林匹克体育中心(National Olympic Centre)[1667][1668]
  海军部(Naval Ministry)[1307]
  和平宾馆(Peace Hotel)[1660]
  花园式台阶住宅(Terrace Garden housing)[1669]
  皇宫(Royal Palace)[726]
  皇穹宇(Imperial Vault of Heaven)[730][731]
  建国饭店(Jianguo Hotel)[1661]
  建设部大楼(Office Building of Ministry of Construction)[1660]
  京奉路北京站(Peking Railway Station)[1307]
  京广中心(Jing Guang Centre)[1662]
  救世堂(西什库天主堂) (Church of S.Saviour)[1298][1301]
  菊儿胡同新四合院住宅(Ju´er Hutong New Courtyard House)[1668][1669]
  昆明湖(Kunming Lake)[728][730]
  六里屯居住小区(Liulitun Residential area)[1669]
  毛主席纪念堂(Memorial Hall of Chairman Mao)[1659][1660]
  妙应寺白塔(White Pagoda in the Temple of Miaoying)[736][738]
  民族文化宫(Cultural Palace of the Nationalities)[1658][1660]
  牛街清真寺(Niujie Mosque)[742][745]
  排云殿, 颐和园(Cloud Dispelling Hall)[728][730]
  祈年殿(Qiniandian)[729][730][731]
  清华大学图书馆新馆(Tsinghua University/ New Library Building)[1667]
  清华学堂(Tsinghua College)[1651][1652]
  清政府陆军部(Ministry of the Land Forcs)[1307]
  人民大会堂(Great Hall of the People)[1659][1660]
  三里河办公楼(San Li He Office Building)[1660]
  圣约瑟夫主堂(八面槽天主堂) (Church of S.Joseph)[1298][1301]
  首都剧场(Capital Theatre)[1660]
  首都体育馆(Capital Gymnasium)[1661]
  太和殿(Hall of the Taihedian)[725][726][727][730]
  天安门(Tiananmen)[726][730][1660]
  天宁寺塔(Tianning Temple Pagoda)[735][738]
  天坛(Tiantan shrine)[729][730][731]
  五洲大酒店(Wuzhou Hotel/ The International Hotel)[1662]
  午门(Meridian Gate)[726][730]
  西洋楼(Xi Yang Lou)[1229][1298]
  新侨饭店(Xinqiao Hotel)[1660]
  宣武门天主堂(Catholic Church of Xuan Wu Men)[1298][1300]
  亚非学生疗养院(Sanitorium of Asian-African Students)[1660]
  亚运会运动员村(Asian Games Athletic Village)[1667]
  炎黄艺术馆(Yan- Huang Art Gallery)[1667]
  燕京大学(Yenching University)[1652]
  医科大学附属口腔医院(Medical University/ Stomatological Hospital)[1669]
  颐和园(Summer Palace)[727][728][730][732][744]
  友谊宾馆(Friendship Guesthouse)[1658][1660]
  圆明园(Yuan Ming Yuan)[1229][1298][1300]
  斋宫(Fasting Palace)[730]
  正觉寺金刚宝座塔(Jin Gang Bao Zvo Pagoda in Zhengjue Temple)[737][738]
  中国国际展览中心(International Exhibition Centre)[1667]
  中国国家美术馆(National Art Gallery)[1660]
  中国国家图书馆(National Library of China)[1666][1667]
  中国画研究院(Chinese Painting Research Institute)[1666][1667]
  中国历史博物馆(Museum of Chinese History)[1660]
  中华圣公会教堂(Chinese Episcopal Church)[1298]
  总理衙门(外务部) (Zhong Li Yamen)[1307]
北京大学附属医院门诊部, 北京(Peking University Hospital/ Out- patient Department, Beijing)[1653]
北京国际贸易中心, 北京(China World Trade Centre, Beijing)[1662]
北京菊儿胡同新四合院住宅, 北京(Ju´er Hutong New Courtyard House, Beijing)[1668][1669]
北京妙应寺白塔(Divine Retribution pagoda), 见妙应寺白塔, 北京
北京协和医学院与协和医院, 北京(Peking Union Medical College and Hospital, Beijing)[1652]
北九州中心图书馆(Kitakyushi Central Library)[1681]
北巨摩郡宅(Kitakoma- Gun house)[1684]
北卡罗来纳州(North Carolina, 美国)
  比尔特莫府邸, 阿什维尔(Biltmore, Ashville)[1280][1281]
  海厄沃西大坝(Hiawassee Dam)[1592]
  凯尼尔沃斯饭店, 阿什维尔(Kenilworth Hotel, Asheville)[1295]
北美洲(North America)
  1900~1920 年的发展(developments)[1389]
  1900~1950 年
    建筑实例(buildings examples)[1578]
    建筑特征(architectural character)[1577]~[1578]
  1950 年以来(since 1950)
    建筑实例(buildings examples)[1606]
    建筑特征(architectural character)[1606]
  前殖民时代(pre- Colonial period)
    建筑实例(examples)[707]
    建筑特征(architectural character)[702]
"北欧日尔曼古典主义"('Nordic Classicism´)[1440]
北平(Beiping, 中国)
  北平图书馆(National Library of Peiping)[1652][1654]
  交通银行(Bank of Communications)[1653]
  仁立公司(Jen Li Company)[1653]
北平国家图书馆, 北京(National Libraryof Peiping, Beiping)[1652][1654]
北卫城, 蒂卡尔(North Acropolis, Tikal)[705][706][711]
北悉尼, MLC 大楼(North Sydney, MLC Building)[1750]
北野天满宫神社, 京都(Kitano Shrine, Kyoto)[757]
贝德里·乌恰尔(Uçar, Bedri), 土耳其建筑师[1537]
贝德福德广场, 伦敦(Bedford Square, London)[1104]
贝德日赫·罗泽纳尔(Rozehnal, Bedrich, 1902~1984), 捷克斯洛伐克建筑师[1498]
贝德瓦莱宅, 布雷德伍德, 堪培拉(Bedervale, Braidwood, Canberra)[1363]
贝丁顿教堂, 萨里郡(Beddington, Surrey)[443]
贝多宅, 约翰内斯堡(Casa Bedo, Johannesburg)[1564]
贝尔顿府邸, 格兰瑟姆, 林肯郡(Belton House, Grantham, dining room)[847]
贝尔格莱德(Belgrade, 南斯拉夫)

[1860]

中文版索引

法国大使馆(French Embassy)[1403]
法西斯统治时期的犹太人受难者纪念碑(Jewish Victims of Fascism monument)[1516]
国家印刷厂(State Printing Works)[1515]
久里奇别墅(Djuric villa)[1515]
欧佩尔大楼(Opel Building)[1515]
帕多瓦的圣安东尼奥教堂(S.Anthony of Padua)[1514]
商会大楼(Chamber of Commerce)[1515]
索科尔斯基中心(Sokolski Dommatica)[1515]
特拉吉耶台地(Terazije Terrace)[1514]
医科大学儿童诊所(Children's University Clinic)[1515]
尤戈奥托大楼(Jugo- auto Building)[1515]
战时航空运输部大楼(Ministry of War Air Traffic)[1515]
贝尔格罗夫庄园,怀特堡附近,路易斯梅那州(Belle Grove, near White Castle, Louisiana)[*1277*][1279]
贝尔赫姆-圣阿加塔,现代城(Berchem- Ste- Agathe, Cité Moderne)[1437]
贝尔康嫩区(Belconnen, 澳大利亚)
　本杰明办公楼(Benjamin Offices)[1754]
　卡梅伦办公楼(Cameron Offices)[1754]
贝尔克曼(Berkman, J.), 荷兰18世纪建筑师[1063]
贝尔蒙特府邸, 斯帕卡佛诺(Palazzo Belmonte, Spaccaforno)[1414]
贝尔纳·普瓦耶(Poyet, B., 1742～1824), 法国建筑师[1006]
贝尔纳·屈米(Ts- chumi, Bernard, 1944～　), 瑞士出生的建筑师[1458]
贝尔纳·于埃(Huet, Bernard, 1936～　), 法国建筑师[1459]
贝尔纳博·布利亚别墅,热那亚(Villa Bernabo Brea, Genoa)[1476]
贝尔纳德·泽尔菲斯(Zehrfuss, Bernard, 1911～1996), 法国建筑师[1458]
贝尔纳多·安东尼奥·维托内(Vittone, Bernardo, 1702～1770), 意大利建筑师, 整个欧洲最有独创性和创作力的晚期巴洛克式教堂建筑师之一[957]
贝尔纳多·布翁塔兰蒂·德勒·吉兰多勒(Buontalenti delle Girandole, Bernardo, 1531～1608), 佛罗伦萨手法主义建筑师、画家、雕塑家[936]
贝尔奈隐修院(Bernay Abbey)[363][390]
贝尔尼府邸, 塞纳河畔(Château de Berny, Seine)[1006]
贝尔韦尔要塞, 马略卡岛(El Castillo del Bellver, Majorca)[562]
贝弗利大教堂(Beverley Minster)[*483*][485][491]
　线脚(mouldings)[*443*]
　柱头(capitals)[436][*442*]
贝弗利山, 米拉德罗路1129号(Beverley Hills, 1129 Miradero Road)[1610]
贝尔波德公寓, 鹿特丹(Bergpolder Flats, Rotterdam)[1436]
贝海那巴托, 邦板牙省, 马尼拉(Bahay- na- bato, Sta Rita, Pampanga, Manila)[1318][1322]

贝加莫(Bergamo, 意大利)
　科莱奥尼礼拜堂(Colleoni Chapel)[901][*903*]
　皮齐戈尼别墅(Villa Pizzigoni)[1414]
贝居安会大修道院, 卢万(Grand Béguinage Groot Begijnhof, Louvain)[1056]
贝居安会女隐修院(Béguinage)[544][857]
　布雷达女隐修院(Breda)[543]
　布鲁日女隐修院(Bruges)[543]
　库特赖女隐修院(Courtrai)[543]
　根特女隐修院(Ghent)[543]
贝克特国际公司(Becket International), 美国建筑师事务所[1661]
"贝壳之家", 萨拉曼卡(La Casa de las Conchas, Salamanca)[*558*][560]
贝拉霍维奇街公寓, 哥本哈根(Bellahojvej tower blocks, Copenhagen)[1483]
贝拉普尔居住区, 新孟买(Belapur housing, New Bombay)[1740][*1743*]
贝拉特拉火车站(Bellaterra railway station)[1485]
贝雷斯宅, 波瓦-迪瓦尔津(Casa Beires, Povoa do Varzim)[1485]
贝林杰里宅, 蓬塔巴莱那, 乌拉圭(Berlingieri house, Punta Balena, Uruguay)[*1641*][1642]
贝卢尔(Belur, 印度)
　昌纳克湿婆神庙(Chenna Keshava temple)[803]
　湿婆神庙(Keshava temple)[808][809][*811*][*812*][*813*][814][*819*]
贝鲁特大教堂(Beirut, Cathedral)[411][414]
贝鲁瓦吉耶, 新城(Berrovaghia, new town)[1563]
贝伦格·德·蒙塔古特(Berenger de Montaigut), 曼де萨大教堂的设计者[559]
贝伦普拉特自来水厂(Berenplaat Waterworks)[1481]
贝洛·洛伊陶(Lajta, Béla, 1873～1920), 匈牙利建筑师[1502]
贝洛内大厦, 布鲁塞尔(Maison de la Bellone, Brussels)[1056]
贝洛纳酒店, 埃福列(Hotel Belona, Eforie)[1513]
贝拿勒斯, 北方邦, 曼·辛格宫(Benares, Uttar Pradesh, Man Sligh palace)[818]
贝内迪克特·里德(Ried, Benedikt, 约1454～1534), 德国建筑师[521][526][1026][1028]
贝内文托, 图拉真拱门(Beneventum, Arch of Trajan)[*273*][275]
贝纳尔多·莫兰多(Morando, Bernardo), 威尼斯16世纪建筑师[1033]
贝尼昂、贝奇和马歇尔亚麻厂(Benyon, Bage and Marshall flax mill)[874]
贝宁城(Benin city)[699]
贝瑞斯福特·皮特(Pite, Beresford, 1861～1934), 英国建筑师[1241]
贝寿同(Bei Shoutong, 1875～1945), 字季眉, 中国建筑师, 华裔美国建筑师贝聿铭是其侄孙[1649]
贝特阿勒法集体农场(Kibbutz Bet Alfa)[1551]
贝特朗(Bertrand, C.A.), 法国18世纪建筑师[1006]
贝维拉夸宫, 维罗纳(Palazzo Bevilacqua,

Verona)[*923*][924]
贝温格宅, 诺曼, 俄克拉何马(Bavinger House, Norman, Oklahoma)[1610]
贝亚泽特二世建筑群, 埃迪尔内(Beyazit II buildings, Edirne)[644]
贝亚泽特墓, 比斯塔姆(Bistam, Beyazit tomb)[631]
贝亚泽特帕夏清真寺, 阿马西亚(Amasya, Beyazit Pasha Mosque)[644]
贝亚泽特清真寺, 伊斯坦布尔(Beyazit Mosque, Istanbul)[*645*][647]
贝伊杰斯坦宫(Beycesultan, Palace)[90]
贝聿铭(Pei, I.M., 1917～　　), 华裔美国建筑师, 1983年获普里茨克建筑奖[1458][1606][1620][1661][1697][1716]
倍高洋行(Becker and Baedecker), 德国建筑师事务所[1299]
本迪戈(Bendigo, 澳大利亚)
　夏穆洛克饭店(Shamrock Hotel)[1359]
　主教堂(Cathedral)[1369]
本迪宫殿, 拉贾斯坦邦(Bundi palace, Rajasthan)[818]
本地治理(Pondicherry, 印度)[1728]
　戈尔孔德宅, 奥罗宾多静修斋(Golconde House, Aurobindo Ashram)[1728]
本笃会(Benedictine Order)[201][202][204]
本笃会贵族青年学院, 克朗斯明斯特(Benedictine Academy for Young Noblemen, Kransmunster)[1046]
本笃会青年贵族学院天文台, 克朗斯明斯特(Observatory, Benedictine Academy for Young Noblemen, Kransmunster)[1046]
本笃会隐修院, 让布卢(Gembloux, Benedictine Abbey)[1056]
本杰明·费里(Ferrey, Benjamin, 1810～1880), 英国建筑师[1173]
本杰明·孟福特(Mountfort, B.W., 1824～1898), 新西兰建筑师[1367][1381]
本杰明·伍德沃德(Woodward, Benjamin, 1815～1861), 英国建筑师[1178]
本杰明办公楼, 贝尔康嫩区(Benjamin Offices, Belconnen)[1754]
本宁顿教堂, 林肯郡(Bennington, Lincolnshire)[1173]
本斯贝格市政厅(Bensberg Town Hall)[1459]
本苏莱曼(旧称布勒豪特), 学院(Ben- Slimane, college)[*1474*]
本托特海滨旅馆, 斯里兰卡(Bentota Beach Hotel, Sri Lanka)[1744]
本亚明·拉特罗伯(Latrobe, Benjamin, 1764～1820), 英国出生的摩拉维亚建筑师[1260][1282][1283]
比安基宅, 圣维塔莱河村(Casa Bianchi, Riva San Vitale)[1486]
比安凯蒂宅, 洛迦诺(Casa Bianchetti, Locarno)[1486]
比奥儿童康复中心, 阿纳姆(Bio Children's Convalescent Home, Arnhem)[1481]
比比·哈努清真寺, 撒马尔罕(Bibi- Ka- num Mosque, Samarkand)[638]
比比克清真寺, 伊斯坦布尔(Bebek Mosque, Istan- bul)[1536][*1539*]
比德迈时期(Biedermeier era, 德国)[1151]
比德韦尔(Bidwell, R.A.J.)[1321]
比恩察(Pienza, 意大利)
　大教堂(Cathedral)[894]

[1861]

弗莱彻建筑史

皮科罗米尼府邸(Palazzo Piccolomini)[895][*897*]
市政厅(Palazzo Communale)[895]
主教府邸(Palazzo Vescovile)[895]
比尔德沃斯教堂,萨洛普郡(Buildwas, Shropshire)[*44*]
比尔窣堵坡,靠近蒲甘(Bir- Paya stupa, near Pagan)[826]
比尔特莫府邸,阿什维尔,北卡罗来纳州(Biltmore, Ashville, North Carolina)[*1280*][1281]
比哈尔(Bihar,印度)
　那烂陀(Nalanda)[779]
　讷格尔久尼山地(Nagarjuni Hills caves)[782]
　圣人洛摩斯支提窟(Lomas Rishi cave)[782][*784*][786]
比加罗敞廊,佛罗伦萨(Bigallo, Florence)[*585*][587]
比贾布尔(Bijapur,印度)
　戈尔·贡巴兹,即穆罕默德·阿达尔·沙赫苏丹墓(Gol Gumbaz Tomb)[653]
　会众清真寺(congregational mosque/Jami- Mas- jid)[652][653][*656*]
　穆罕默德·阿达尔·沙赫苏丹墓(Sultan Muhammed Adil Tomb)[653]
比卡内尔宫(Bikaner palace, Rajasthan)[818]
比康斯菲尔德拱廊,香港(Beaconsfield Arcade, Hong Kong)[1710]
比肯希尔,波士顿,马萨诸塞州(Beacon Hill, Boston, Massachusetts)[1278]
比劳那亚嫩登格尔,狮子柱(Lauriya Nandangarh, Lion Column)[*820*]
比勒克,砖砌住宅(Pirak, houses)[107]
比勒陀利亚(Pretoria,南非)
　安德烈森宅(Anderssen House)[1564]
　比勒陀利亚政府大楼(Government House)[1255]
　城市艺术博物馆(Civic Art Museum)[1566]
　法院宫(Palace of Justice)[1254][*1256*]
　国家模范学校(Stadtsmodelskool)[1254]
　国家印刷厂(State Printing Works)[1254]
　荷兰改革教堂(Dutch Reformed Church)[1249][1250]
　荷兰银行(Netherlands Bank Buildings)[1564]
　火车站(Railway Station)[1255]
　火炮库(Artillery Barracks)[1254]
　联盟大厦(Union Buildings)[*1257*][1258]
　绿树林住宅和村庄(Greenwood House and Village)[1571]
　南非储蓄银行(Reserve Bank)[1559]
　南非大学(University of South Africa)[1567]
　萨姆布大楼(Sambou Building)[1570]
　圣阿尔班大教堂(S.Alban's Cathedral)[1255]
　市政厅(Raadsaal)[1254][*1256*][1570]
　小剧院(Little Theatre)[1564]
　政府大楼(Government Buildings)[1254]
比里府邸(Château de Bury)[971][*972*]
比利时(Belgium,欧洲)
　17世纪建筑风格(seventeenth- century styles)[1053]~[1054]
　　建筑实例(buildings examples)[1055]
　1900~1945年的发展(developments)[1437][1451]
　国际式风格(International Style)[1437]
比利时大使馆,德里(Belgian Embassy, Delhi)[1740]
比例原则(proportions, principles)[*222*]
比粒寺,金字塔(Pre- Rup, Pyramid)[830]
比罗克路修院,根特(Byloke, Ghent)[544]
比玛墓塔,迪延(Tjandi Bhima, Dieng)[*836*][838]
比萨(Pisa,意大利)
　大教堂(Cathedral)[368][370][*371*]
　洗礼堂(Baptistery)[365][*368*][369][370]
　钟塔(Campanile)[369][370][374]
比沙普尔,卡泽伦(Bishapur, Kazerun)[605]
比绍夫斯海姆教堂,美因兹附近(Bischofsheim church, near Mainz)[1409]
比什努布尔,西孟加拉邦,室亚马拉伊神庙(Bishnupur, West Bengal, Shyama Rama temple)[814]
比斯库平,波兰(Biskupin, Poland)[234][235][*236*]
比泰托教堂(Bitetto, church)[379]
比通托教堂(Bitonto, church)[379]
比亚办公楼,利雅得(Beeah Offices, Riyadh)[1547]
比亚焦·罗塞蒂(Rossetti, Biagio,约1447~1516),意大利文艺复兴建筑师[908]
彼得·埃利斯(Ellis, Peter, 1804~1884),英国建筑师[1187]
彼得·埃森曼(Eisenman, Peter, 1932~),美国建筑师[1625][1688]
彼得·贝伦斯(Behrens, Peter, 1868~1940),德国建筑师[1390][1394][1399][1404][1407][1604]
彼得·比文(Beaven, Peter, 1925~),新西兰建筑师[1749][1766]
彼得·波斯特(Post, Pieter, 1608~1669),荷兰建筑师[1053][1063]
彼得·德斯沃特(Swart, Pieter de, 1709~1772),荷兰建筑师[1054][1063]
彼得·冯·诺比莱(von Nobile, Pietro/ Peter, 1774~1854),提契诺出生的奥地利建筑师[1051]
彼得·卡尔(Carl, Peter),德国17世纪建筑师[1033]
彼得·坎塔尔吉耶夫(Kantardzhiev, Petur, 1893~1981),保加利亚建筑师[1511]
彼得·克尔(Kerr, Peter, 1820~1912),澳大利亚建筑师[1375][1377]
彼得·里奇(Rich, Peter),南非建筑师[1576]
彼得·洛德维克·克拉默(Kramer, Pieter Lodewijk, 1881~1961),荷兰建筑师[1432]
彼得·迈恩(Meyn, Peter),丹麦建筑师[1143]
彼得·莫罗(Moro, Peter, 1911~1998),德裔英国建筑师[1468]
彼得·努尔威茨(Noorwits, Pieter),荷兰17世纪建筑师[1063]
彼得·帕拉尔(Parler, Peler, 1333/1335~1399),德国中世纪匠师[522][526][543]
彼得·塞尔辛(Celsing, Peter, 1920~1974),瑞典建筑师[1482]
彼得·施佩特(Speeth, Peter, 1772~1831),德国建筑师[1051]
彼得·图姆(Thumb, Peter, 1681~1766),德国建筑师[1043]
彼得伯勒大教堂(Peterborough Cathedral)[424][*425*][485][*486*][491][*495*][496]
　跨间内观(internal bays)[*437*]
　平面(plan)[486]
彼得大帝医院,圣彼得堡(Peter Great Clinical Hospital, S.Petersburg)[1521]
彼得宫城(Peterhof,俄国)
　彼得霍夫宫(Imperical Palace)[1127]
　英国宫(English Palace)[1129]
彼得霍夫宫,圣彼得堡(Imperial Palace, Peterhof)[1127]
彼得鲁斯·约瑟夫斯·许贝特斯·屈柏斯(Cuijpers, Petrus Josephus Hubertus, 1827~1921),荷兰建筑师[1155][1197]
彼得罗·贝雷蒂尼·达·科尔托纳(da Cortona, Pietro Berrettini, 1596~1669),意大利建筑师、画家、装饰家,巴洛克艺术的卓越倡导者[886][902][943][952][953][956][977][996]
彼得罗·贝卢斯基(Belluschi, Pietro, 1899~1994),意大利裔美国建筑师[1607]
彼得罗·加布里(Gabrí, Pietro),意大利16世纪建筑师[*923*]
彼得罗·隆巴尔多(Lombardo Pietro,约1435~1515),15世纪后半叶威尼斯最重要的雕塑家和建筑师之一[907]
彼得罗·泰拉波斯科(Terrabosco, Pietro),意大利建筑师[1032]
彼得罗·托里贾尼(Torrigiani.Pietro, 1472~1528),意大利雕塑家[1069]
彼得罗夫斯基宫,莫斯科附近(Petrovsky Palace, near Moscow)[1129][*1131*]
彼得马里茨堡(Pietermaritzburg,南非)
　标准银行(Standard Bank)[1254]
　长老会教堂(Presbyterian Church)[1249]
　救济院(Asylum)[1254]
　立法议会大楼(Legislative Assembly building/ Legislative Council building)[*1253*][1254]
　男童学前学校(Boys' Preparatory School)[1254]
　女生模范学校(Girls' Model School)[1254]
　圣彼得大教堂(S.Peter's Cathedral)[1249]
　市政厅(Town Hall)[1250][*1253*][1254][*1256*]
　土地银行(Land Bank)[1564]
　学院(College)[1254]
　最高法院(Supreme Court)[1570]
彼得宅,约翰内斯堡(Peter House, Johannesburg)[1563]
彼泽·威廉·延森-克林特(Jensen- Klint, Peder Vilhelm, 1853~1930),丹麦建筑师[1440]
毕尔·阿兰德墓,达姆甘(Pir- i- Alander tombb, Damghan)[631]
毕尔巴鄂机场(Bilbao Airport)[1485]
毕卡第公寓,上海(Picardie Apartments, Shanghai)[1653]
庇护十世巴西利卡,卢尔德(Basilica of Pius

中文版索引

X, Lourdes)[1455]
庇护四世乡间别墅，罗马(Casino of Pius IV, Rome)[940]
"庇"，外廊 (hisashi, outer galleries)[763]
秘鲁(Peru, 南美洲)
    钦博特总体规划(Chimbote masterplan)[**1540**]
    见库斯科，利马
碧瑶城市规划(Baguio, city planing)[1707]
壁画，罗马时期(wall painting, Roman)[242]
壁垒阁，茨温格尔宫(Wallpavillon, Zwinger)[1042]
边境管理局大楼，伊斯兰堡(Islamabad, Frontier House)[1728]
扁球形穹顶('Platzgewölbe'vault)[1035]
标准化，中国前殖民时期(standardisation, Chinese pre-colonial)[724]
标准银行(Standard Bank)
    彼得马里茨堡(Pietermaritzburg)[***1253***][1254]
    开普敦(Cape Town)[1254][1255][***1256***]
    约翰内斯堡(Johannesbuger)[1567][***1568***][***1569***][1570]
表现主义(Expressionism)[1394][1395][1396][1397][1403][1409][1412]
德国(Germany)[1409][1487]
别墅(villa)
    罗马帝国(imperial Roman)[275][280]
    文艺复兴的发展(Renaissance development)[851][853]
宾盖宾盖，马格尼宅(Bingie Bingie, Magney House)[1765]
宾尼宅，奥克兰(Binney House, Auckland)[1768]
宾夕法尼亚火车站，纽约(Pennsylvania Station, New York)[1580][***1582***]
宾夕法尼亚美术学院，费城(Pennsylvania Academy of Fine Arts, Philadelphia)[1286]
卡吉吉奥洛别墅(乡村建筑改建) (Caffagiolo, villa)[889]
宾夕法尼亚州(Pennsylvania, 美国)
    埃夫拉塔隐修院(The Cloister, Ephrata)[1273]
    安达卢西亚大楼(Andalusia houses)[1279]
    邓拉普河大桥，费耶特县(Dunlap's Creek Bridge, Fayette County)[1296]
    流水别墅(Falling Water)[***1598***][1599]
    农民与机械师银行，波茨维尔(Farmers' and Mechanics' Bank, Pottsville)[1289]
    特拉华高架桥，拉克瓦森(Delaware Aqueduct, Lackawaxen)[1296]
    见费城
滨海布拉德韦尔教堂，埃塞克斯郡(Bradwell-next-the-Sea, Essex)[419]
槟城门，巴达维亚(Peneng Gate, Batavia)[1322]
槟城遗产中心(Heritage Centre of Penang)，
    见赛义德·阿塔斯宅，乔治市
槟榔屿，槟城(Penang, 马来西亚)
    "黑与白"风格的平房，绿巷('Black and White' Bungalow, Green Lane)[1318][***1319***]
    MBF 塔(MBF Tower)[1701]
    康沃利斯堡，乔治市(Fort Cornwallis, Georgetown)[1321]
    绿巷(Green Lane)[1318][***1319***]

赛义德·阿塔斯宅，乔治市(Syed Alattas Mansion, Georgetown)[1318][***1319***]
神安池(Seri Mutiara, Residency)[1321][***1324***]
圣乔治教堂(S.George's Church)[***1320***][1321]
波波里花园，佛罗伦萨(Boboli Gardens, Florence)[***849***][937]
波茨坦(Potsdam, 德国)
    爱因斯坦天文台(Einstein Tower)[***1408***][1409]
    波茨坦宫(Stadtschloss)[1046]
    和平教堂(Friedenskirche)[1173]
    米歇尔斯丝织厂，新韦斯(Michel's Silk-Weaving Mill, Nowawes)[1407]
    市政厅(Town Hall)[1046]
    王室园艺师住宅(Court Gardener's House)[1051]
    无忧宫(Sanssouci)[1046]
    新宫(Neues Palais)[1046]
    预备役军官学校(Non-Commissioned Officers'School)[1051]
波茨坦宫，波茨坦(Stadtschloss, Potsdam)[1046]
波恩(Bonn, 德国)
    府邸(Château)[999]
    教堂(church)[392]
波尔多(Bordeaux, 法国)
    大教堂(Cathedral)[466]
    皇家广场(Place Royale)[***892***]
    佩萨克并联住宅(Pessac double houses)[1403]
波尔切维拉高速公路引桥，热那亚(Polcevera autostrada viaduct, Genoa)[1480]
波尔图(Oporto/Porto, 葡萄牙)
    火车站(Railway Station)[1444]
    教士圣彼得教堂(Church of S.Pedro dos Clérigos)[***1024***][1025]
    联合大街(Avenida dos Aliados)[1447]
    圣方济各教堂(Church of S.Francisco)[***1023***][1025]
    市议会大厦(Câmara Municipal)[1447]
波尔托·布雷甘泽府邸，维琴察(Palazzo Porto Breganze, Vicenza)[925][***928***]
波尔托纳切奥神庙，维爱(Portonaccio Temple, Veii)[246]
波菲罗格尼图斯宫，君士坦丁堡(Palace of Porphyrogenitus, Constantinople)[***333***][334]
波哥大(Bogotá, 哥伦比亚)
    巴伐利亚啤酒厂(Bavarian Beer Factory)[1296]
    波哥大监狱(Prison)[1286]
    国会大楼(Parliament Building)[1289]
    红十字会大楼(Red Cross Building)[1630]
    "花园公寓"('El Parque' towers)[***1644***][1646]
    市剧院(Teatro Municipal)[1289]
    总体规划(masterplan)[1637]
波哥大市剧院，波哥大，哥伦比亚(Teatro Municipal, Bógotá, Colombia)[1289]
波格丹·波格丹维奇(Bogdanovic, Bogdan, 1922~), 南斯拉夫建筑师、艺术家[1516]

波河河畔圣本笃修道院教堂，曼托瓦(S.Bendetto Po, Mantua)[919]
波河平原弗拉塔，巴多尔别墅(Fratta Polesine, Villa Badoer)[926]
波吉奥·阿·卡亚诺, 意大利(Poggio a Caiano, Medici Villa)[894][937][1079]
波拉大楼, 加拉加斯(Polar Building, Caracas)[1631]
波兰建筑学院, 利物浦大学(Polish School of Architecture, Liverpool University)[1510]
波兰剧院, 华沙(Polski Theatre, Warsaw)[1507]
波隆那鲁沃(Polonnaruwa, 斯里兰卡)
    2 号湿婆庙(Shiva Devale No. 2)[678][***679***]
    加莱毗诃罗(Gal Vihara group)[782]
    瓦塔达格窣堵坡(Watadage stupa)[782][***783***]
波罗夫佐夫府邸, 圣彼得堡(Polovtsov House, S.Petersburg)[***1518***][1519]
波默斯费尔登府邸(Pommersfelden, Schloss)[1038]
波姆萨那式(Phamsana form)[814]
波尼马磨粉厂, 塔夫脱维尔, 康涅狄格州(Ponemah Mills, Taftville, Connecticut)[1295]
圣彼得教堂, 波尼诺沃(Bonivino, S.Peter)[1516]
波帕尔(Bhopal, 印度)
    巴哈拉特艺术中心(Bharat Bhawan)[1729]
    印度森林管理学院(Indian Institute of Forest Management)[1733]
    波帕尔毒气受害者村(Scheme for the Bhopal Gas Victims)[1741]
    议会大厦(Vidhan Bhavan)[1736]
波帕尔毒气受害者村, 波帕尔(Scheme for the Bhopal Gas Victims, Bhopal)[1741]
波彭宫, 阿姆斯特丹(Poppenhuis, Amsterdam)[1063]
波皮纳烈士陵园(Popina, Warriors' Mausoleum)[1516]
波切夫斯特鲁姆(Potchefstroom, 南非)
    地方法院(Magistrate's Court)[1254]
    土地银行(Land Bank)[1564]
波萨里诺公司雇员住宅区, 亚历山德里亚(Borsalino workers housing, Alessandria)[1476]
波塞冬神庙, 涅墨亚(Nemesis, Temple of Poseidon)[148][149]
波塞冬神庙, 苏尼翁角(Sounion, Temple of Poseidon)[149]
波士顿(Boston, 美国)
    埃姆斯宅, 达特茅斯街(Ames House, Dartmouth Street)[1281]
    比肯希尔(Beacon Hill)[1278]
    万圣教堂, 阿什蒙特(All Saints, Ashmont)[1282]
    波士顿广场(Boston Common)[1278]
波斯(Persia, 亚洲)
    建筑(architectural)[97][101]
    文明(civilization)[13] ~ [14]
    早期建筑特征(early building features)[594] ~ [595]
    伊斯兰建筑(Muslim architecture)[631]
波斯波利斯(Persepolis), 见伊萨哈尔
波特兰(porland, 美国)

[1863]

弗莱彻建筑史

波特兰公平储蓄贷款社(Equitable Savings and Loan Association)[1607]
波特兰市政厅，俄勒冈州(Oregon, City of Portland municipal offices)[*1623*][1624]
波特兰水泥(Portland cement)[875]
波特曼广场 20 号，伦敦(Porlman Square No. 20 London)[*1109*][1110]
波特梅里恩度假村，波特马多克，威尔士(Portmeirion, Portmadoc, Wales)[1431]
波托西山区教堂，玻利维亚(Potosé Churches, Bolivia)[1269]
波托依斯，维也纳(Portois, Vienna)[1397]
波西托礼拜堂，瓜达卢佩(Cappella del Pocito, Guadalupe)[1273]
波希米亚(地区) (Bohemia，捷克)
  博赫达内奇疗养院(Bohdanec Sanatorium)[1492]
  博赫达内奇温泉浴场(Bohdanec Baths)[1492]
波希米亚爵士俱乐部，东京(Bohemian Jazz Club, Tokyo)[1688]
波亚纳别墅，大波亚纳(Villa Poiana, Poiana Maggiore)[926]
波因特佩德罗，斯里兰卡(Point Pedro, Sri Lanka)[1330]
波兹南(Poznan，波兰)
  "帝王之家"(´Kaiserhaus´)[1507]
  拉钦斯基奇图书馆(Biblioteka Raczyńskich)[1157][*1158*]
  市政厅(Town Hall)[*923*][1029]
  水塔(Water Tower)[1507]
波兹南拉塔耶，教堂(Poznan-Rataje, church)[1511]
波兹南斯基工厂和居住综合体，罗兹(Poznański Factory and Housing Complex, Lód z´)[*1221*][1222]
波兹南维诺格拉德，教堂(Poznan-Winogrady, church)[1511]
玻璃的应用(glass)
  19 世纪欧洲的建材流通(availability)[875]
  罗马风时期的使用(Romanesque period)[207]~[208]
玻利维亚(Bolivia，南美洲)
  波托西山区的教堂(Potosí Churches)[1269]
  波托西造币厂(La Moneda, Potosí)[1274]
  迭斯·德梅迪纳宅，拉巴斯(House of Diez de Medina, La Paz)[1265]
  佛罗里达公园，拉巴斯(La Florida Park, La Paz)[1646]
  卡基亚维里教堂(Church of Caquiaviri)[1269]
  科帕卡瓦纳神庙(Shrine of Copacabana)[1269]
  圣方济各教堂，拉巴斯(San Francisco Church, La Paz)[1269]
  苏克雷大教堂(Sucre Cathedral)[1266]
  乌拉圭中心，拉巴斯(Uruguay Centre, La Paz)[*1645*][1646]
伯德默纳珀布勒姆，喀拉拉邦(Padmanabhapuram, Kerala，印度)[817]
伯汉坡尔公寓，惠灵顿(Berhampore Flats, Wellington)[1768][*1769*]
伯尔尼(Berne，瑞士)

海伦住宅区(Halen housing estate)[1485]
劳里医院(Lory Hospital)[1412]
职业学校(Gewerbeschule)[1413]
伯爵堡，坎彭(Château des Comtes, Kampen)[544]
伯克郡(Berkshire，英国)
  阿宾顿市政厅(Abingdon Town Hall)[*860*]
  迪纳里花园，松宁(Deanery Garden, Sonning)[1216][*1220*][1222]
  科尔斯希尔府邸(Coleshill House)[*1080*][1084]
伯勒尔博物馆，格拉斯哥(Burrell Collection, Glasgow)[*1470*][1471]
伯利府邸，北安普顿郡(Burghley House, Northamptonshire)[*1066*][*1071*][*1072*][1073][1174]
伯利恒，耶酥诞生教堂(Bethlehem, Church of the Nativity)[302][*303*]
伯利学校，切森特(Burleigh School, Cheshunt)[1467]
伯林顿伯爵(Burlington, Lord Richard Boyle, 1694~1753)，英国建筑师，18 世纪新帕拉弟奥复兴式建筑风格的创始人之一[879][1067][1101]
伯明翰(Birmingham，英国)
  圣腓力教堂(S.Philip)[1095][*1097*]
  市政厅(Town Hall)[1123]
  鹰徽保险公司大楼(Eagle Insurance Building)[1207][*1210*][1417]
伯明翰路住宅，埃文河上的斯特拉福德(Birmingham Road houses, Stratford-upon-Avon)[1431]
伯纳德·比耶沃特(Bijvoet, Bernard, 1889~1979)，荷兰建筑师[1404][1436]
伯纳德·詹森(Janssen, Bernard)，英国 17 世纪建筑师[1073]
伯纳姆和鲁特事务所(Burnham and Root)，美国建筑师事务所[1616]
伯塞恩，堡垒城镇(Bassein, fortified town)[1328]
伯特霍尔德·罗曼诺维奇·卢贝特金(Lubetkin, Berthold, 1901~1990)，英国建筑师[1394][1431]
伯特伦·古德休(Goodhue, Bertram, 1869~1924)，美国建筑师[1580][1593]
伯特伦宅，开普敦(Bertram House, Cape Town)[1246]
柏兰吉庄园，帕里什库普角，路易斯安那州(Parlange, Pointe Coupée Parish, Louisiana)[*1263*][1264]
柏林(Berlin，德国)
  IBM 大楼(IBM Building)[1459]
  爱乐交响乐音乐厅(Philharmonie)[1460][*1461*]
  柏林-布里茨区(Berlin-Britz)[1410]
  柏林大剧院(Schauspielhaus)[*1050*][1051]
  柏林歌剧院(Opera House)[1046]
  柏林-西门子城(Berlin-Siemensstadt)[1410]
  勃兰登堡门(Brandenburg Gate)[1047][*1049*]
  腓特烈·威廉三世暖阁，夏洛滕堡(Pavilion of Friedrich Wilhelm III)[1051]
  国会大厦(Reichstag Building)[1197][1199]
  国际电影院(International Cinema)[1464]
  国际建筑博览会(Interbau exhibition)[1460][1462]
  国家美术馆新馆(New National Gallery)[1460][*1461*]
  建筑学院(Academy of Architecture)[1051]
  卡·马克思林荫大道延伸段(Karl Marx Allee extension)[1464]
  卡梅克宅(Kamecke House)[1042]
  孔雀岛骑士宫(Kavalierhaus)[1051]
  老博物馆(Altes Museum)[*1049*][1051][1152]
  李卜克内西与卢森堡纪念碑(Liebknecht and Luxemburg Monument)[1409]
  马克斯·普朗克教育研究所(Max Planck Institute for Educational Research)[1462]
  梅尔基施住宅区(Makisches Viertel)[1464]
  普鲁士图书馆(Prussian State Library)[1460]
  气象学会大楼(Meteorological Institute)[1462]
  汤姆叔叔的小屋住宅区(Onkel-Toms Hütte)[1410]
  通用电气公司涡轮机车间(AEG Turbine Hall)[1407][*1408*]
  韦特海姆百货商店(Wertheim Department Store)[1206]
  新哨所(Neue Wache)[1051]
  亚历山大广场(Alexanderplatz)[1464]
  宇宙电影院(Universum Cinema)[1409]
  自由大学(Free University)[1462]
  总理府(Chancellery)[1410]
  见西柏林
柏林-布里茨住宅区(Berlin-Britz, housing)[1410]
柏林大剧院，柏林(Schauspielhaus, Berlin)[*1050*][1051]
柏林路德派传教所，达累斯萨拉姆(Berlin Lutheran Mission, Dares-Salaam)[1245]
泊萨朗天主教堂，爪哇(Pohsarang Catholic Church, Java)[1703]
勃艮第(地区) (Burgundy, Bourgogne，法国)
  安西·勒费朗府邸(Château d´Ancy le Franc)[978]
  哥特风格实例(Gothic style, examples)[459]
勃固，缅甸(Pegu, Burma)[1318][*1319*]
勃兰登堡门，柏林(Brandenburg Gate, Berlin)[1047][*1049*]
勃亚基塔，卑谬(Payagi pagoda, Prome)[826]
勃亚马佛塔，卑谬(Payama pagoda, Prome)[826]
博阿亨特教堂，汉普郡(Boarhunt, Hampshire)[419]
博阿留姆广场上的圆形神庙(Round Temple, Forum Boarium, Rome)[*244*][254]
博阿维斯塔的阿尔图独立学校，巴西(Isolada do Alto da Boa Vista School, Brazil)[1643]
博阿兹柯伊(Bog azköy/ Bogazkeui)，今博阿兹卡莱，土耳其[*88*][90]
博恩·伊纳尼亚经学院，非斯(Bou Inaniya

中文版索引

madrassa, Fez)[629]
博恩霍尔姆岛(Bornholm Island,丹麦)
  厄斯特拉教堂(Österlar Church)[*434*][436]
  圆形教堂(round churches)[431]
博尔贡教堂,松恩峡湾(Borgund Church, Sogne Fjord)[*433*][*435*][436]
博尔加代尔水域(Borgadel Water)[238]
博尔萨里门,维罗纳(Porta dei Borsari, Verona)[275]
博尔斯-威尔逊(Bolles- Wilson),德国夫妇建筑师组合[1464]
博尔索弗府邸,德比郡(Bolsover Castle, Derbyshire)[508][1073]
博尔斯瓦德,乡土教堂(Bolsward, church)[544]
博福特堡,黎巴嫩(Beaufort Castle, Lebanon)[413]
博盖塞别墅,罗马(Villa Borghese)[946]
博赫达内奇(Bohdanec,捷克)
  疗养院(Sanatorium)[1492]
  温泉浴场(Baths)[1492]
博赫丹·拉赫特(Lachert, Bohdan, 1900~1986),波兰建筑师[1488][1508]
博胡斯拉夫·富赫斯(Fuchs, Bohuslav, 1895~1972),捷克建筑师[1492][1494][*1495*][1497][1498]
博克斯格罗夫隐修院,萨塞克斯郡(Boxgrove Priory, Sussex)[503]
博莱斯瓦夫·施密特(Szmidt, Boieslaw, 1908~1995),波兰建筑师[1507][1510]
博勒姆伍德,萨默斯伍德学校(Borehamwood, Summerswood School)[1467]
博罗梅奥学院,帕维亚(Collegio Borromeo, Pavia)[931]
博洛尼亚(旧译波伦亚)(Bologna,意大利)
  阿西西利斜塔(Torre Asinelli)[*372*][379]
  班基拱廊(Portico dei Banchi)[937]
  加里森elek斜塔(Torre Garisenda)[*372*][379]
  商场(Mercanzia)[572][*575*]
  圣彼得罗尼奥教堂(S.Petronio)[*570*][572]
  圣路加圣母教堂(Madonna di S.Luca)[957][*962*]
  行政官官邸(Palazzo del Podesta)[908]
  饮泉宫(Palazzo Bevilacqua)[908]
博马里斯堡(Beaumaris)
  城堡(Castle)[*506*][508]
  防御工事(bastide)[509]
博纳罗蒂·米开朗琪罗(Michelangelo, 1475~1564),意大利16世纪上半叶的诗人、画家、雕塑家和建筑师[869][877][881][914][916][924]
博尼法斯·沃尔穆特(Wohlmut, Bonifaz,?~约1579),捷克建筑师[1026][1029][1032]
博让西市政厅(Beaugency, Town Hall)[983]
博斯拉(Bosra,叙利亚)
  大教堂(Cathedral)[304][*307*][309][608]
  费特迈清真寺(al- Fatma Mosque)[614]
  欧迈尔清真寺(Umar Mosque)[614]
  希德尔清真寺(al- Khidr Mosque)[614]
博瓦隆,假日住宅(Beauvallon, holiday house)[1453]

博韦大教堂(Beauvais Cathedral)[459][*460*]
博韦公馆,巴黎(Hôtel de Beauvais, Paris)[854][*995*][996]
博物馆,霍尔斯特布罗(Holstebro, Museum)[1483]
博伊德宅,墨尔本(Boyd House, Melbourne)[1765]
伯格马布拉基址,铁器时代(Bhagawanpura, Iron Age site)[107]
伯鲁杰,院落式建筑(Bharuch/ Broach, havelis)[822]
卜利达居住区(Blida project)[1563]
不列颠大厦,芬斯堡广场,伦敦(Britannic House, Finsburg, London)[1422][*1427*]
不列颠岛(British Isles),见英国
不列颠哥伦比亚省(British Columbia,加拿大)
  老立法院大楼,温哥华(Old Legislative Building, Vancouver)[1288]
  新立法院大楼,温哥华(New Legislative Buildings, Vancouver)[1288]
不伦瑞克中心,布卢姆斯伯里,伦敦(Brunswick Centre, Bloomsbury, London)[*1465*][1466]
布巴内什瓦尔(Bhubaneshwar,印度)[814]
布比尔公寓,圣彼得堡(Bubyr apartment house, S.Pertersburg)[1519]
布泊尔罗阁宫,法塔赫布尔西克里(House of Rajah Burpal, Fatehpur Sikri)[652]
布茨化工厂,比斯顿,诺丁汉郡(Boots Factory, Beeston, Nottinghamshire)[1426][*1430*]
布达拉宫,拉萨(Potala Palace, Lhasa)[739][*740*]
布尔芬奇·查尔斯(Bulfinch Chowles)[1260][1278]
布达佩斯(Budapest,匈牙利)
  阿拉科特馆(Alatkert Pavilion)[1502]
  城市发展(urban development)[1502]
  城市规划(city planning)[1154]
  地质研究所大楼(Geological Institute)[1502]
  广场酒店(Forum Hotel)[1507]
  国会建筑(Parliament Building)[1502]
  汉维德大街公寓(Hanved Street flats)[1502]
  焦帕尔旅馆(Gyopár Hotel)[*1503*][1505]
  莱赫托-乌同的别墅群(Lejto Uton villas)[*1501*][1505]
  施图默尔巧克力厂(Stummer Chocolate Factory)[1505]
  实用艺术博物馆(Museum of Applied Arts)[1502]
  希尔顿酒店(Hilton Hotel)[1507]
  新国际贸易中心(International Trade Centre)[1507]
  伊丽莎白大桥(Elizabeth Bridge)[1505]
  邮政储蓄银行(Post Office Savings Bank)[1502]
  证券交易所(Stock Exchange)[1502]
布尔戈斯(Burgos,西班牙)
  布尔戈斯大教堂(Cathedral)[*548*][549]
  布尔戈斯大教堂的长官礼拜堂(Cathedral/ La Capilla del Condestable)[548][552][*553*]
  圣马利亚门(Gateway of S.Maria)[563]
布尔共和国(Boer Republics)[1250][1250]

[1254][1258]
布尔赫特别墅,加谢(Villa Bouilhet, Garches)[1414]
布尔加斯(Burgas,保加利亚)
  火车站(Railway Station)[1511]
  市政大楼(Municipal Building)[1511]
布尔诺(Brno,捷克)
  CSVT技术住宅(CSVTS House of Technology)[1502]
  阿维翁旅馆(Avion Hotel)[1492]
  当代文化展(Exhibition of Contemporary Culture)[1497]
  德国制造联盟魏森霍夫居住区(Werkbund Exhibition house)[1497]
  火车站(Railway Station)[1492]
  马自达服务中心(Mazda Service Centre)[1502]
  市火葬场(Municipal Crematorium)[1498]
  图根德哈特宅(Tugendhat House)[1498][*1499*]
  魏斯娜女子学校(Vesna Girls' School)[*1496*][1497]
布尔诺-皮萨基(Brno- Pisarky)
  阿斯别墅(Villa Hasse)[1498]
  诺伊马克别墅(Villa Neumark)[1498]
  斯佳斯尼别墅(Villa Stiassney)[1498]
布尔日(Bourges,法国)
  大教堂(Cathedral)[445][*454*][*455*][*457*][*458*]
  市市厅(Hôtel de Ville)[*473*][*474*][475]
  雅克·克尔府邸(Hôtel de Jacques Coeur)[*471*][475]
布尔萨(Bursa,土耳其)
  穆拉德清真寺(Murad Mosque)[644]
  乌卢清真寺(Ulu Mosque)[644]
  耶尔德勒姆·贝亚泽特清真寺,布尔萨(Yilderim Beyazit Masque)[644]
  叶希尔清真寺(Yeshil Mosque)[644]
布尔斯广场十号,巴黎(Place de la Bourse No. 10 Paris)[1174]
布哈拉(Bokhara,乌兹别克)[638][641]
  查尔·巴克建筑群(Char Bakr)[641]
  蒂尔帕克·弗尔珊市场(Taqi- Tilpak Furnsham)[641]
  经学院(madrassa)[636][638]
  卡里安清真寺(Kalyan Mosque)[633][641]
  扎尔加兰市场(Taqi- Zargaran)[641]
布哈里堡,职业培训中心(Ksarel- Boukhari, Vocational Training Centre)[1567]
布亨城堡(Buhen Fortress)[*70*][73]
布加勒斯特(Bucharest,罗马尼亚)
  埃米莉亚儿童医学研究所(Emilia Institute for Pediatrics)[1513]
  航海俱乐部,斯纳戈夫(Nautical Club, Snagov)[1513]
  坎塔库济诺宫(Cantacuzino Palace)[1513]
  克里索维罗尼银行(Chrissoveloni Bank)[1513]
  赖希宅(Reich House)[1513]
  老邮政局大楼(old Post Office Building)[1513]
  运输工程学院(Transport Engineering Institute)[1513]

[1865]

弗莱彻建筑史

总统宫(Presidential Palace)[1513]
布凯湿婆神庙，科拉万伽拉(Buchesvǎrǎ Temple, Koravangala)[796]
布克哈德·恩格伯格(Eugelberg, Burkhard)，德国中世纪建筑师[525]
布拉迪斯拉发(Bratislava，捷克)
　"绿色青蛙"露天游泳池(Green Frog pool)[1498]
　摩拉瓦旅馆(Hotel Morava)[1498]
布拉格(Prague，捷克)
　"巴巴"(Baba model neighbourhood)[1494]
　巴塔鞋店(Bat´a Store)[1498][*1501*]
　城堡(Castle)，见哈拉德坎尼堡
　大教堂(Cathedral)[526][*531*]
　德意志制造联盟展览会(住宅)(Werkbund Exhibition house)[1494]
　弗雷德·阿斯泰尔和金杰·罗杰斯商业综合体('Fred Astaire and Ginger Rogersensemble)[1502]
　观景楼(Belvedere)[1029]
　国家博物馆(National Museum)[1498]
　国家剧院(Národní Divadlo)[1153]
　国家网球场，斯坦维尔岛(National Tennis Courts, Stanvice Island)[1498]
　赫德辛城堡(Hradshin Castle)[1028]
　赫兹达城堡(Hrezda Castle)[1032]
　皇家舞会大厅(Royal Ball- Court)[*923*]
　捷克斯洛伐克军团银行(Czechoslovak Legion Bank)[1492]
　金德利斯卡大街(Jindrisska Street)[1492]
　贸易博览会大楼(Trade Fair Building)[1494][*1495*]
　米勒住宅(Müller House)[1399][1498][*1500*]
　内克兰大街(公寓)(Neklan Street/apartment house)[1491][1492]
　潘克拉茨公寓(Pankrac Apartments)[1494]
　前退休金信托基金会大楼(Pensions Institute Building)[*1493*][1494]
　圣瓦茨拉夫教堂(S.Wenceslas´ Church)[*1493*][1494]
　圣心教堂，维诺堡(Church of the Sacred Heart, Vinohrady)[*1491*][1492]
　维舍拉德别墅(Vysenrad villa)[1494]
　下城区圣尼古拉教堂(S.Nicholas on the Lesser Side)[1038][*1040*][*1041*]
　新国会大厦(Parliament Building Extension)[1498]
　亚德利亚保险业联盟大楼(Riunione Adriatica di Sicurita)[*1491*][1494]
　扬·施滕茨出版公司办公楼(Jan Stenc Publishing Office)[1494]
布拉格国家剧院(Divadlo, Národní)[1153]
布拉肯大楼，伦敦(Bracken House, London)[1471]
布拉莫尔府邸，柴郡(Bramall Hall, Cheshire)[*507*][509]
布拉姆巴克生活文化中心，霍尔斯盖普(Brambuk Living Cultural Centre, Halls Gap)[1759]
布拉姆希尔府邸，汉普郡(Bramshill House, Hampshire)[*1071*][1073]
布拉切尔纳宫，君士坦丁堡(Blachnerai Palace)[334]

布拉特广场教堂，波士顿(Brattle Squrare Church, Boston)[1283]
　保罗·里维尔宅(Paul Revere House)[1261]
　波士顿公共图书馆(Public Library)[*1287*][1288][1580]
　皇家小教堂(King´s Chapel)[*1272*][1273]
　惠蒂尔宅，巴克湾(Whittier House, Back Bay)[1281]
　交响乐大厅(Symphony Hall)[1288]
　昆西市场(Quincy Market)[1289]
　联排式住宅设计(townhouse design)[1281]
　圣三一教堂(Trinity Church)[*1280*][1282][1283]
　市政厅(City Hall)[1612]
　汤丁新月形住宅(Tontine Crescent, Boston)[1278]
　州府大厦(State House)[1283]
布拉西讷大道住宅，奥德海姆区(Avenue Brassine/ house, Auderghem)[1437]
布拉希尔·钱普尼(Champneys, Brasil, 1842~1935)，英国建筑师[1155][1201]
布莱朗库尔府邸(Château de Blérancourt)[986][992]
布莱尼姆宫，牛津郡(Blenheim Palace, Oxfordshire)[1096][*1100*][*1102*]
布莱斯小村，格洛斯特郡(Blaise Hamlet, Gloucestershire)[1116]
布赖达尔公园住宅区，维兹奥勒区(Hvidovrevej, Bredalsparken housing estate)[1483]
布赖顿(Brighton，英国)
　皇家亭阁(Royal Pavilion)[*1118*][1120]
　萨塞克斯大学(University of Sussex)[1467]
　圣保罗教堂(S.Paul´s Church)[1173]
布赖顿皇家亭阁，布赖顿(Royal Pavilion, Brighton)[*1118*][1120]
布赖恩斯顿学校，多塞特郡(Bryanston School/ Craft and Design Technology Studio, Dorset)[1475]
布赖恩斯顿住宅，多塞特郡(Bryanston House, Dorset)[1216][*1220*]
布赖斯高地区弗赖堡，教区教堂(Freiburg in Breisgau, parish church)[5][27][543]
布兰德门，法塔赫布尔西格里(Buland Darwaza, Fatehpur Sikri)[652][*654*]
布兰科尼奥·德·阿奎拉府邸，罗马(Palazzo Branconio dell´Aquila, Rome)[915][919]
布朗大学礼堂，普罗维登斯，罗得岛(Brown University/ Hall, Providence, Rhode Island)[1278]
布勒托维利耶公馆，巴黎(Hôtel de Bretonvilliers, Paris)[986]
布雷加，神殿(Prei Kuk, shrine)[830]
布雷斯劳(今波兰的弗罗茨瓦夫)(Breslau，波兰)
　百年大厅(Jahrhunderthalle)[*1506*][1507]
　布雷斯劳市场大厅(Market Hall)[1409]
　容克尔大街办公楼(Junkernstrasse office building)[1409]
　世纪纪念堂(Centennial Hall)[1409]
　斯坦纳父子公司大楼(Steiner and Son office building)[1507]
布雷西亚(Brescia，意大利)

共济会大厦(Palazzo della Loggia)[*905*][908]
胜利广场(Piazza della Vittoria)[1414]
布里顿宅，惠灵顿(Britten House, Wellington)[1768][*1770*]
布里哈德湿婆神庙，坦焦尔，泰米尔纳德邦(Brihadeshvara temple, Tanjore, Tamil Nadu)[808][*816*]
布里津斯(Bridgens, R.P.)，美国建筑师[1310]
布里克思沃思教堂，北安普敦郡(Brixworth, North Hamptonshire)[362][*418*][*419*][*420*]
布里奇沃特府邸，伦敦(Bridgewater House, London)[*1164*][1166]
布里斯班(Brisbane，澳大利亚)
　昆士兰文化中心(Queensland Cultural Centre)[1759]
　里弗赛德中心(Riverside Centre)[1754]
　马斯格雷夫宅(Musgrave house)[1765]
　圣安德烈长老会教堂(S.Andrew´s Presbyterian Church)[1757]
　圣约翰福音都市福音大教堂(S.John the Evangelist Metropolitan and Cathedral Church)[1375]
布里斯托尔(Bristol，英国)
　阿尔诺斯城堡(Arnos Castle)[1107]
　仓库，威尔士贝克(Granary, Welsh Back)[1187]
　大教堂(Cathedral)[484][*494*]
　　平面图(plan)[489]
　克利夫顿悬索桥(Clifton Suspension Bridge)[*1165*]
　雷德克利夫圣母教堂(S.Mary Radcliffe)[503][*504*]
　英格兰银行布利斯托尔支行(Branch of Bank of England)[*1164*][1166]
布林莫尔橡胶工厂(Brynmawr Rubber Factory)[1467]
布隆方丹(Bloemfontein，南非)
　荷兰改革教堂(Dutch Reformed Church)[1249][1250]
　圣米迦勒和圣乔治大教堂(S.Michael and S.Andrew)[1250]
　市政厅(City Hall/ Raadsal)[1254][1559]
布隆克斯开发中心，纽约(Bronx Development Center, New York)[1625]
布卢梅瑙教堂，曼海姆(Church on the Blumenau, Mannheim)[1460]
布卢瓦府邸(Château de Blois)[*473*][475][971][*972*][*975*][988][992]
布鲁赫萨尔宫(Schloss, Bruchsal)[1043]
布鲁教堂，布雷斯堡(Brou, Bourgen- Bresse)[467]
布鲁克林桥，纽约(Brooklyn Bridge, New York)[1296]
布鲁奈(Brunai，菲律宾)
　班达尔-瑟里-比迦万(Bandar Seri Begawan)[1707]
　奴拉尔-伊曼宫(Istana Nural Iman)[1707]
布鲁诺·哈勒尔(Haller, Bruno)，瑞士建筑师[1485]
布鲁诺·赖希林(Reichlin, Bruno, 1941~　)，瑞士建筑师[1486]
布鲁诺·莫拉苏蒂(Morassutti, Bruno)，意大利建筑师[1477]
布鲁诺·陶特(Taut, Bruno, 1880~1938)，德国建筑师[1537][1674]

[1866]

中文版索引

布鲁诺·泽维(Zevi, Bruno, 1918~2000), 意大利建筑理论家[1476]
布鲁日(Bruges, 比利时)
    贝居安会女隐修院(Béguinage)[544]
    旧大臣官署(Old Chancellery)[1055][*1057*]
    圣母教堂(Notre Dame)[543]
    市政厅(town hall)[*541*][543]
    制衣行业会所(Cloth Hall)[*541*][544]
布鲁塞尔(Brussels, 比利时)
    保罗-艾米丽-让森路6号塔塞尔公馆(Hôtel Tassel, No. 6 Rue Paul- Emile- Janson)[*1204*][1216]
    贝洛内大厦(Maison de la Bellone)[1056]
    布鲁塞尔博览会匈牙利馆(Hungarian Pavilion)[1502]
    布瓦福尔区(Boitsfort)[1437]
    法院大厦(Palais de Justice)[1178][*1180*]
    范埃特费尔德公馆, 帕默斯顿大街4号(Hôtel van Eetvelde, No. 4 Avenue Palmerston)[1216]
    范·内克医师诊所, 瓦菲勒茨路(Dr Van Neck's Clinic, Rue Waffelaerts)[1437]
    方德罗依大道私宅(Avenue Fond'Roy house)[1437]
    弗洛雷阿尔城(Cité Floréal)[1437]
    皇家广场(Place Royale)[858][1056][*1060*]
    科登贝尔格山上的圣雅各教堂(S.Jacques sur Coudenburg)[1056]
    朗贝尔银行(Banque Lambert)[1451]
    马克斯·哈勒特旅馆(Hotel Max Hallet)[1437]
    人民宫(Maison du Peuple)[875][1156][1206][*1208*]
    圣奥古斯丁教堂(Augustinian Church)[1055]
    圣三一堂(Church of the Trinity)[1055]
    市政厅(town hall)[*541*][543]
    索维公馆, 路易大街224号(Hôtel Sovay, No. 224 Avenue Louise)[1216]
    同业会所(Guild Houses)[544][1055][*1058*]
布鲁塞尔行会大厦, 布鲁塞尔(Guild Houses, Grand'Place, Brussels)[1055][*1058*]
布鲁斯, 澳大利亚首都自辖区(Bruce, 澳大利亚)
    国家体育场(National Athletics Stadium)[*1756*][1757]
    游泳训练馆(Swimming Training Halls)[1757]
布鲁斯·戈夫(Goff, Bruce, 1904~1982), 美国建筑师[1599][1610]
布鲁斯·普赖斯, 美国建筑师(Price, Bruce, 1843~1903)[1281][1583]
布鲁斯·普林斯开发公司(Bruce Price)[1295]
布鲁塔大厦, 图拉蒂大街, 米兰(Cà Brutta, Via Turati, Milan)[1414]
布伦贝格手帕工厂(Blumberg Handkerchief Factory)[1460]
布伦塔山莫切尼戈别墅(Brenta, Villa Mocenigo)[926][*928*]
布罗德盖特开发项目, 伦敦(Broadgate development, London)[1475]
布罗加尔石栏, 奥克尼群岛(Ring of Brodgar, Orkney Islands)[233]
布罗德利住宅, 坎布里亚郡(Broadleys, Cumbria)[1216]
布罗克赫伊曾别墅, 莱尔瑟姆(Leersum, Villa Brockhuizen)[1063]
布罗克集团, 波兰的先锋艺术团体(Blok group)[1489]
布罗明巴宅, 新南威尔士(Booloominbah, New South Wales)[1378]
布洛涅-比扬古, 市政厅(Boulogne- Billancourt, town hall)[1402]
布梅安杜达代斯旅馆, 布梅安, 摩洛哥(Hotel Boumaine du Dades, Morocco)[1574]
布米迦式, 印度北部晚期那伽罗式庙宇建筑的一种组合方式(Bhumija mode, Nagara monuments)[795]
布纳泽尔府邸, 阿韦龙(Château de Bournazel, Averyron)[983]
布乔维采堡(Bucovice Castle)[1032]
布舍夫特猎庄, 布舍夫特(Hunting Pavilion, Bouchefort)[999]
布斯比帕格内尔庄园(Boothby Pagnell)[431]
布斯汉姆城口, 约克(Bootham Bar, York)[508]
布特鲁尔德府邸, 鲁昂(Hôtel de Bourgtheroulde, Rouen)[475]
布瓦福尔区, 布鲁塞尔(Boitsfort, Brussels)[1437]
布瓦勒杜克(Bois- le- Duc), 见圣约翰教堂, 圣埃尔托根布斯
布宜诺斯艾利斯(Buenos Aires, 阿根廷)
    埃索石油公司大楼(Esso Building)[1631]
    艾尔萨宅(Casa Ayersa)[1282]
    布宜诺斯艾利斯大教堂(Cathedral)[1282]
    彩色电视台(Telivisora Color)[1643]
    城郊办公楼(Prouban offices)[1643]
    法蒂马圣母教堂(Church of Our Lady of Fatima)[1635]
    国会大楼(Parliament Building)[1289]
    国家教育委员会大楼(National Council of Education)[1289]
    国家图书馆(National Library)[1642]
    卡瓦纳大楼(Kavanagh Building)[1634]
    科隆剧院(Teatro Cólon)[1289]
    伦敦银行(Bank of London)[1642]
    肉市场(Meat Market)[1296]
    萨菲诺大楼(Safino Building)[1634]
    五月广场(Plaza de Mayo)[1289]
    政府大楼(Government House Casa Rosada)[1289]
步行街新规划, 伦敦(Mall improvements, London)[1413]

C

财政部办公楼, 安卡拉(Offices of Exchequers, Ankara)[1567]
财政部大楼, 华盛顿(Treasury Building, Washington)[1286]
财政担保人, 希腊(financial guarantor, Greek)[24]
采暖和通风, 发展过程(heating and ventilation, development)[875]
采石岗公寓, 利兹(Quarry Hill Flats, Leeds)[1431]
彩虹村, 香港(Choi Hung Estate, Hong Kong)[*1711*][1712]
彩色电视台, 布宜诺斯艾利斯(Telivisora Color, Buenos Aires)[1643]
彩色琉璃砖交替砌筑的技术(伊斯兰建筑中)(ablaq technique)[688]
蔡斯-迪维达专利(Zeiss- Dywidag patents)[1409]
蔡斯公司圆顶, 耶拿(Zeiss Company dome, Jena)[1409]
参议院公园委员会华盛顿特区计划, 华盛顿(Senate Park Commission Plan, Washington)[1578][*1579*]
参政院和正教院大厦, 圣彼得堡(Senate and Synod, S.Petersburg)[1133]
草原式建筑学派, 澳大利亚(Prairie School, Australia)[1748]
草原式学校(芝加哥)(Prairie School, Chicago)[1281]
草原式住宅, 诺曼, 奥克拉荷马州(Prairie House, Norman, Oklahoma)[1610]
侧殿/侧堂(pastophoria/ areas)[300][322]
插入城市(Plug- in- City)[1680]
查茨沃思府邸, 德比郡(Chatsworth House, Derbyshire)[874][875][1095][*1097*]
    温室(Conservatory)[1167][*1170*]
查恩里宅, 阿斯特街, 芝加哥(Charnley House, Astor Street, Chicago)[1282]
查尔·巴克, 布哈拉(Char Bakr, Bokhara)[641]
查尔顿府邸, 格林尼治(Charlton House, Greenwich)[1073][*1077*]
查尔斯·奥曼·埃姆斯(Eames, Charles Orman, 1907~1978), 美国设计家、建筑师[1603]
查尔斯·巴里爵士(Barry, Sir Charles, 1795~1860), 英国建筑师[1152][1161]
查尔斯·鲍勒·阿特伍德(Atwood, Charles B., 1849~1895), 美国建筑师[1290]
查尔斯·波卡拉(Boccara, Charles), 摩洛哥建筑师[1574]
查尔斯·蒂芬(Tiffin, Charles), 澳大利亚建筑师[1377]
查尔斯·范登夫(Vandenhove, Charles, 1927~), 比利时建筑师[1451]
查尔斯·弗朗西斯·安斯利·沃伊齐(Voysey, Charles Francis Annesley, 1857~1941), 英国建筑师、设计师[1421]
查尔斯·弗里曼(Freeman, Charles, 1833~1911), 南非建筑师[1250][1254]
查尔斯·福克斯爵士(Fox, Sir Charles, 1810~1874), 英国工程师, 曾参与水晶宫的工作[1173]
查尔斯·福林·麦金姆(Mc Kim, Charles, 1847~1909), 美国建筑师[1578]
查尔斯·富兰克林·墨菲(Murphy, C.F., 1890~1985), 美国建筑师, 墨菲/扬事务所的创始人[1616]
查尔斯·怀亚特(Wyatt, Charles, 1758~1819), 英国军人、建筑师, 建筑师詹姆斯·怀亚特的侄子[1339]
查尔斯·霍尔登(Holden, Charles, 1875~1960), 英国建筑师[1417][1426]
查尔斯·卡梅伦(Cameron, Charles, 1745~1812), 英国建筑师, 将希腊复兴式新古典主义建筑引入俄罗斯的建筑师和景观建筑师[1124]
查尔斯·康沃利斯·米歇尔少校(Michell,

[1867]

Charles Cornwallis),南非建筑师[1249]
查尔斯·柯里亚(Correa, Charles, 1930~),印度建筑师[1728][1729][1733][1736][1741][1747]
查尔斯·伦尼·麦金托什(Mackintosh, Charles Rennie, 1868~1928),苏格兰建筑师、室内设计师、水彩画家[1156][1201][1395][1421][1570]
查尔斯·罗伯特·阿什比(Ashbee, C.R., 1863~1942),英国设计师、建筑师[1551]
查尔斯·罗伯特·科克雷尔(Cockerell, Charles Robert, 1788~1863),英国建筑师[1157]
查尔斯·穆尔(Moore, Charles, 1925~1993),美国建筑师[1622]
查尔斯·特拉佩斯上校(Trappe, Col.Charles),非洲建筑师[1249]
查卡扎比,塔庙(Tchoga-Zanbil, ziggurat)[*76*][78]
查理·哈里森·汤森德(Townsend, Charles Harrison, 1851~1928),英国建筑师[1201]
查理宫,格林尼治(King Charles Block, Greenwich)[1079]
查理曼大帝(Charlemagne, Emperor, 约742~814),自800年接受皇帝称号:神圣罗马帝国的查理一世和法兰西的查理一世[183][188][189][322][362][392][532][855][*1034*]
查理五世宫,格拉纳达(Palace of Charles V, Granada)[1012][*1014*]
查理五世宫,兹沃勒(House of Charles V, Zwolle)[1059]
查士丁尼一世(Justinian, Emperor, 483~565),拜占庭皇帝,527~565年在位[184][193][206][300][314]
查特曼村,匹兹堡(Chatham Village, Pittsburgh)[1590][*1591*][1593]
查文的神庙(Chavin temples)[707]
茶道房间,日本(Tea ceremony rooms, Japan)[774]
茶室,夏洛滕宫(Tea House, Charlottenhof)[1051]
柴郡(Cheshire, 英国)
　康格尔顿市政厅(Congleton Town Hall)[1179][*1182*]
　小莫尔顿厅(Little Moreton Hall)[1074]
禅云寺,高敞(Sonunsa Temple, Koch'ang)[754]
禅宗样(Zen style)[768][769]
产品交易所,纽约(Produce Exchange, New York)[1289]
昌昌城(Chan Chan, city)[707][719]
昌宫,首尔(Ch'angdokkung palace, Seoul)[754]
昌德希克哈普尔住宅区,布班内什瓦尔(Chandershekharpur Housing, Bhubaneshwar)[1740]
昌迪加尔(Chandigarh, 印度)[1719][1725][*1726*][*1727*][1728]
　邦首府建筑综合楼(Capital Complex Buildings)[1725]
　高级中学(Higher Secondary School)[1728]
　邻里单位(Neighbourhood Sectors)[1725]
　美术馆(Fine Arts Museum)[1728]
　旁遮普大学(Punjab University)[1728]

昌纳克湿婆神庙,贝卢尔,卡纳塔克邦(Chenakeshava temple, Belur, Karnataka)[803]
昌平(Changping, 中国)
　长陵(Changling Mausoleum)[731][*734*][*735*]
　棱恩殿(Lingen Memorial Hall)[731][*734*][*735*]
　明十三陵(Shisanling Tombs)[731][*734*]
昌庆宫,首尔(Ch'anggyonggung palace, Seoul)[753][754]
长墓道石墓,多斯(Dowth, passage-graves)[231]
长墓道石墓,西肯尼特(West Kennet, gallery-grave)[*230*][231]
长八美术馆,松崎町伊豆(Chohachi Art Museum, Matsazaki)[1681]
长城,中国(Great Wall, China)[4][105][673][*744*][746]
长城饭店,北京(Great Wall Hotel, Beijing)[1661]
长春体育馆,长春(Changchun, Gymnasium)[1660]
长谷川逸子(Hasegawa, Itsuko, 1941~),日本建筑师[1684]
长崎,大浦教堂(Nagasaki, Oura Church)[1310][*1312*]
长腿梅格及其女儿屋,坎布里亚郡(Long Meg and her Daughters, Cumbria)[233]
长屋(longhouses)
　特里波里文化(Tripolye culture)[229]
　新石器时代(Neolithic)[229]
长冢,东赫斯勒滕(East Heslerton, longbarrow)[231]
长冢,巨人山,林肯郡(Giant's Hill, Lincolnshire, longbarrow)[231]
长冢,新石器时代(Longbarrows, Neolithic)[231]
长冢,威勒比沃尔德(Willerby Wold, longbarrow)[231]
"常青树居住区",加拉加斯('Arbor para vivir' houses, Caracas)[1646]
厂房建筑(mill construction)[874]
　美国(United States)[1295]
厂区城镇规划,美国(factory towns, United States)[1295]
朝日新闻社大楼,东京(Asahi News Press Building, Tokyo)[1674]
朝圣堡(Pilgrim's Castle),见佩勒林堡(朝圣堡)
朝圣堡,十字军城堡(pilgrim forts, Crusader)[408]
朝圣基金局大厦,吉隆坡(Tabung Haji Tower, Kuala Lumpur)[1701]
朝圣教堂(pilgrimage churches)[201]~[203]
朝圣教堂,比恩瑙(Birnau, Pilgrimage Church)[1043]
朝圣教堂,菲尔岑海利根(Pilgrimage Church, Vierzehnheiligen)[1043]
朝圣教堂,施泰因豪森(Pilgrimage Church, Steinhausen)[1043]
朝圣教堂,瓦尔德萨森(Pilgrimage Church, Waldsassen)[1038]
朝堂院,皇宫,京都(Chodo'in, Imperial Palace, Kyoto)[772][773]
朝鲜(Korea, 亚洲)
　朝鲜王朝时期(Choson period)
　　木构建筑(timber buildings)[754]
　　石构建筑(stone buildings)[754]

　　高句丽王国时期(Kogyuro period)[747]
　　　壁画(wall painting)[*749*]
　　高丽时期(Koryo period)
　　　木构建筑(timber buildings)[748]
　　　石构建筑(stone buildings)[748][*750*]
　　前殖民时代(pre-Colonial period)[667]
　　　建筑材料(building resources)[688]
　　　建筑技术(building techniques)[691]
　　　历史(history)[673]
　　　文化(culture)[684]~[685]
　　三国时期(Three Kingdoms period)
　　　木构建筑(timber buildings)[747]
　　　石构建筑(stone buildings)[747]
　　统一的新罗王朝时期(Unified Shilla period)
　　　木构建筑(timber buildings)[747][748]
　　　石构建筑(stone buildings)[747][748]
　　早期地图(early period map)[747]
　　殖民地和后殖民时期(Colonial and post-Colonial period)
　　　建筑实例(buildings examples)[1315]
　　　建筑特征(architectural character)[1315]
　　　历史(history)[1229]~[1230]
　　　自然特征(physical characteristics)[669]
澈鉴禅师浮屠,双峰寺,和顺(Ssangbongsa Ch'olgam stupa, Temple of Hwasun, Chollanamdo)[*751*][752]
辰野金吾(Tatsuno, Kingo, 1854~1919),日本建筑师[1309][1310][1315]
陈宣远事务所(Clement Chen and Associates),美国建筑师事务所[1661]
晨报工厂和办公楼,伊斯坦布尔(Sabah Newspaper Plant and Offices, Istanbul)[1542]
晨星金字塔庙,图拉(Tlahuizcalpantecuhtli Temple, Tula)[719][*720*]
成佛寺(Songbulsa Temple)[752]
城邦社区(city-state community)[20]
城堡(castle)[472][475]
城堡(castles)
　英国(Britain)
　　爱德华一世修建计划(Eduard Ibuilding programme)[505]
　　哥特时期(Gothic period)[477][505]~[509]
　　中世纪时期(Mediaeval period)[424]
　十字军城堡(Crusader),见十字军,城堡见相关词条
城堡,布永(Bouillon, castle)[544]
城堡,摩押(Kerak castle, Moab)[413]
城堡,萨索科尔瓦罗(Sassocorvaro, fortress)[900]
城堡,西尔沃恩德(Le Château, Silver End)[1431]
城堡城镇,日本(castle-towns, Japan)[774]
城堡碉楼,阿勒颇(Barbican to the Citadel, Aleppo)[623]
城堡金字塔庙,特奥蒂瓦坎(Ciudadela, Teotihuacan)[*709*][710]

中文版索引

城堡礼拜堂，齐塔德勒堡，于利希(Schlosskapelle, Zitadelle, Jülich)[1032]
城堡神庙，图卢姆(Castillo, Tulum)[719]
[722]
城堡式宫殿，西班牙(castle-palaces, Spain)[562][563]
城堡主塔，瞭望塔(中世纪)(donjon，法国)[774]
城户崎邸，东京(Kidosaki House, Tokyo)[1683]
城郊办公楼，布宜诺斯艾利斯(Prourban offices, Buenos Aires)[1643]
城郊建筑(possad/ sub-urban architecture)[349]
城墙，沃尔泰拉(Defencce Wall, Volterra)[250]
城墙/门(city/ town walls/ gates)[508]
    罗马时代(Roman)[257][*274*][275][296]
城市规划(city planning)[1154]
    19世纪(nineteenth century)[865][866][867]
    阿德莱德(Adelaide)[1353]
    阿尔及尔(Algiers)[1239][1558][1559]
    艾哈迈达巴德(Ahmadabad)[817]
    爱丁堡(Edinburgh)[1107]
    巴达维亚(Batavia)[1322]
    巴黎(Paris)[1154]
    巴塞罗那(Barcelona)[1154]
    巴斯(Bath)[1104][*1105*]
    巴西利亚(Brasilia)[1642]
    碧瑶(Baguio)[1707]
    布达佩斯(Budapest)[1154]
    达喀尔(Dakar)[1558]
    德里(Delhi)[1719]
    东京(Tokyo)[1675]
    方格网状的平面(grid plan)[815]
    费城(Philadelphia)[1616]
    赫利奥波利斯(今开罗)(Heliopolis)[1558]
    华盛顿(Washington)[1259][1577]
    卡杜纳(Kaduna)[1558]
    里昂(Lyons)[1402]
    里斯本(Lisbon)[1011]
    马尼拉(Manila)[1706]
    萨格勒布(Zagreb)[1515]
    圣彼得堡(S.Petersburg)[863]
    斯里兰卡(Sri Lanka)[1332]
    维也纳(Vienna)[1154]
    文艺复兴的影响(Renaissance influence)[856]
    西柏林(West Berlin)[1462]
    西贡(Saigon)[1322]
    香港(Hong Kong)[1710]
    新加坡(Singapore)[*1320*]
    仰光(Rangoon)[1322]
    印度，前殖民时代(Indian pre-Colonial)[815]
    见方格网城市
城市建筑(urban architecture)
    古典希腊城市建筑(classical Greek)[152][155][157][160]
    希腊化时期的城市建筑(Hellenistic)[163][166][168][170]
    伊斯兰风格城市建筑(Muslim style)[661][664]

城市联合人寿保险协会大楼，悉尼(City Mutual Life Assurance Society Building, Sydney)[1750][*1751*]
城市美化运动(city beautiful movement)[1578][1590]
城市美术馆，约翰内斯堡(Civic Art Gallery, Johannesburg)[1558][*1569*][1570]
城市行动研究工作室，比利时的执业者和学生的多学科组织(Atelier de Recherche et d'Action Urbaines, ARAU)[1451]
城市艺术博物馆，比勒陀利亚(Civic Art Museum, Pretoria)[1566]
城市中心的社区(city center communities)[1616][1620]
城外的圣塞巴斯蒂安教堂，罗马(S.Sebastiano fuori le Mura, Rome)[946]
城垣、筑垒(fortifications, coastal forts)
    埃及(Egypt)[72]
    法国城镇(French towns)[391]
    非洲海岸(African coast)[1235]~[1239]
    罗马帝国时期(Imperial Roman)[362]
    青铜时代(Bronze Age)[234][235]
    十字军东征的城堡(Crusader)[408]
    史前时期(prehistoric)[*236*]
    铁器时代(Iron Age)[237][238][239]
    文艺复兴的影响(Renaissance influences)[856]
    乌拉尔图(Urartu)[92]
    中国长城(Great Wall of China)[744][746]
城镇，昌胡达罗地区(Chanhu-Daro, towers)[107]
城镇住宅(town houses)
    伊丽莎白一世和詹姆斯一世时代的木结构住宅(Elizabethan and Jacobean)[1079]
    英国的帕拉弟奥复兴式(English Palladian)[1104]~[1107]
    法国哥特时期(French Gothic)[475]
"持斧罗摩"神庙，布巴内斯瓦尔(Parasurameshvara temple, Bhubaneshwar)[798]
赤阪曾根(Sone, Tatsuzo, 1852~1937)，日本建筑师[1309]
赤坂离宫，东京(Akasaka Imperial Palace Hotel, Tokyo)[1309][1670][*1671*]
赤陶/陶砖(terracotta)[97][1183]
冲绳海洋博览会(Okinawa, Aquapolis)[1680]
崇光百货公司，大阪(Sogo Store, Osaka)[1674]
重庆大会堂，重庆(Municipal Auditorium, Chongqing)[1660]
抽水马桶的出现(water closet, introduction)[875]
出云神社，岛根县(Shimane, Izumo Shrine)[757][758]
初级中学，奥隆萨罗(Oulunsalo, Lower Secondary School)[1453]
储备银行，比勒陀利亚(Reserve Bank, Pretoria)[1570]
楚尔巴基宅(Chourbaggy House)[1573]
穿斗式(column- and- tie- beam techniques)[724]
传福音者圣约翰学校，威尼斯(Scuola di S.Giovanni Evangelista, Venice)[907]
传教士教堂，西非和东非(mission churches, West and East Africa)[1240]

传统面包房，第比利斯(Bakery, Tibilisi)[*1533*][1535]
传统尼日利亚艺术博物馆，乔斯，尼日利亚(Museum of Traditional Nigerian Art, Jos)[1571]
传信会学院，罗马(Collegio di Proopaganda Fide, Rome)[*948*][949]
船长之家(Skipper's House)，见法兰克航运之家
船坞，皇家海军造船所，希尔内斯，肯特(Royal Naval Dockyard, Boatstore, Sheerness, Kent)[1183][*1188*]
窗之比较(windows, style comparisons)[440]
垂直式风格时期，跨间处理比较(Rectilinear style, comparative treatment of bays)[438]
垂直式哥特建筑风格(Perpendicular style)[477]
窗(windows)[440]
    墩柱、柱头和柱础(piers, caps and bases)[*442*]
    跨(bays)[*438*]
    命名(naming)[879]
    入口(doorways)[*439*]
    线脚(mouldings)[*443*]
    柱头(carved capitals)[*441*]
春日大神社，奈良(Kasuga Shrine, Nara)[757]
茨温格尔宫，德累斯顿(Zwinger, Dresden)[1042][*1044*][1046]
慈爱圣母会修道院，基多，厄瓜多尔(Mercedarian Monastery, Quito, Ecuador)[1266]
慈善医院，墨尔本(Mercy Hospital, Melbourne)[*1752*][1754]
粗野主义，英国(Brutalism, Britain)[1471]
"村舍"住宅，伯恩维尔(Bourneville, cottage housing)[1422]
"村舍"住宅建筑，桑莱特港(Port Sunlight, cottage housing)[1422]
村庄，早期(villages, early)[31]
存储用的坑洞，法尤姆(Faiyum, storage pits)[33]

D

达宾纽寺，蒲甘(Thatpyinnyu Temple, Pagan)[830]
达尔拉马内住宅区，卡萨布兰卡(Dar Lamane Housing Community, Casablanca)[1574][*1575*]
达尔马拉大楼，雅加达(Dharmala Building, Jakarta)[1704][*1705*]
达尔马提亚圣伊萨克大教堂，圣彼得堡(Cathedral of S.Isaac of Dalmatia, S.Petersburg)[1133]
达尔梅尼府邸，洛锡安区(Dalmeny House, Lothian)[1120]
达尔萨斯住宅(Dalsace House)，见水晶屋，巴黎
达夫尼隐修院，考伊米西斯教堂(Daphni, Church of the Koimisis)[325][*328*]
达格拉德居住区，阿姆斯特丹(De Dageraad housing, Amsterdam)[1436]
达喀尔城市规划(Dakar, city planning)[1558]
达卡(Dacca/ Dhaka，孟加拉)
    国民议员寓所(Secretaries'Hostels)[*1742*]
    孟加拉国首都综合体(Shere- Bangla Nagar)[1740]
    议会堡(Citadel of the Assembly)[1733]

[1869]

弗莱彻建筑史

（续前页）[1740][*1742*]

达科他公寓，中央公园西，纽约(Dakota, Central Park West, New York)[1281]

达克辛德里卡里巴里神庙(Dakshin Delhi Kalibari Temple)[1733]

达拉学校，马利卡(Daara School, Malika)[1574]

达勒姆大教堂(Durham Cathedral)[*421*][423][485][*487*]491]
    肋拱(rib vaults)[216]
    平面(plan)[*487*]
    柱头(capitals)[*441*]

达累斯萨拉姆，坦桑尼亚(Dares- Salaam)
    发展(developments)[1245]
    政府大楼(Government House)[1559][*1560*]

达里奥府邸，威尼斯(Ca Dario, Venice)[907]

达利尔·杰克逊(Jackson, Daryl, 1937~)，澳大利亚建筑师[1754][1757][1765]

达利奇学院美术馆，伦敦(Dulwich Art Galley, London)[1116][*1118*]

达令赫斯特法院大楼，悉尼(Darlinghurst Courthouse, Sydney)[1364]

达鲁萨兰国，文莱(Darussalam, Brunei)[1316]

达罗毗荼风格(Dravida style，印度)
    穹顶式石柱(kutastambha)[809]
    神庙(temples)[790][803][804]
    柱子的类型(pillar types)[789][804][*806*]

达罗毗荼穹顶式石柱(kutastambha, Dravidan)[809]

达马索圣洛伦索教堂，罗马(S.Lorenzo in Damaso, Rome)[902]

达曼，堡垒城镇(Damen, fortified town)[1328]

达摩拉吉卡寺，塔克西拉(Dharmarajika monastery, Taxila)[786]

达摩罗阇战车神庙，马摩拉普拉姆(Dharmaraja, ratha, Mamallapuram)[*689*][693]

达默(Damme，比利时、德国)
    达默市政厅(town hall)[544]
    大厅式教堂(hall church)[543]

达姆甘(Damghan，伊朗)
    毕尔·阿兰德墓(Piri- Alander tomb)[631]
    沙希库米斯(Shahiri- Qumis)[604]
    塔里克商栈清真寺(Tarik- Han Mosque)[631]
    希希普克塔兰墓(Chihilpuktaran tomb)[631]

达姆萨达特，保留建筑(Damb Sadaat, building remains)[105]

达姆施塔特(Darmstadt，德国)
    恩斯特·路德维希宅(Ernst Ludwig Haus)[1407]
    婚礼塔(Wedding Tower)[1407][*1408*]
    艺术家之家(Artists´Colony)[1404]

达姆斯庄园，卑尔根(Damsgård, Bergen)[*1146*][1150]

达尼丁(Dunedin，新西兰)
    长老会第一教堂(Presbyterian First Church)[1381]
    东方旅馆(Oriental)[1381][*1384*]
    公理会教堂(Congregational Church)[1381]
    海劳茵宅(Highlawn)[1381]

赫洛特街26号住宅(26Heriot Row)[1768]

火车站(Railway Station)[1766]

基督教循道宗圣三一教堂(Trinity Methodist Church)[1381]

诺克斯教堂(Knox Church)[1381]

省议会厅及法院大楼(Provincial Council Chamber and Courthouse)[1381]

圣约瑟大教堂(S.Joseph´s Cathedral)[1381]

万圣教堂(All Saints Church)[1381]

新南威尔士银行(Bank of New South Wales)[1381]

新西兰银行(Bank of New Zealand)[1381][*1382*]

邮政局(Post Office)[1381][*1383*]

展览大楼(Exhibition Building)[1381]

达什里吉小丘(约公元前5000年)，神社(Dashliji Depe, shrine)[37][*38*]

达什瓦塔拉神庙，代奥克尔(Dashavatara temple, Deogarh)[794]

达亚布米大厦，吉隆坡商务区(Dayabumi Tower, Kuala Lumpur)[*1700*][1701]

大阿尼特(凯末尔陵，安卡拉(Anitkabir/mausoleum, Ankara)[1537][*1540*]

大阪(Osaka，日本)
    崇光百货公司(Sogo Store)[1674]
    小篠邸(Koshino House)[1683][*1689*]
    住吉长屋(Row House, Sumiyoshi)[1683][*1686*]
    住吉大社(Sumiyoshi Main Shrines)[756][757][*759*]

大阪世界博览会，宝美馆(Takara Beautillion, Osaka Expo 1970)[*1679*]

大兵工厂，马德拉斯(Grand Arsenal, Madras)[1337]

大波亚纳，波亚纳别墅(Poiana Maggiore, Villa Poiana)[926]

大城门，德里(Bara Dawaza/ Great Gate, Delhi)[651]

大乘阁(Dacheng Pavilion, Puning Monastery)[739][*741*]

大东亚建设忠灵神域设计方案(Daitoa Kensetsn Memorial projet)[1675]

大都会歌剧院，纽约(Metropolitan Opera House, New York)[1614]

大都会节日大厅，东京(Metropolitan Festival Hall, Tokyo)[1675][*1677*]

大都会剧院，马尼拉(Metropolitan Theatre, Manila)[1707]

大都会人寿保险公司塔楼，纽约(Metropolitan Life Tower, New York)[1583]

大都会循道会教堂，开普敦(Metropolitan Methodist Church, Cape Town)[1250]

大都会艺术博物馆，纽约(Metropolitan Museum of Art, New York)[1580]

大斗兽场，罗马(Colosseum, Rome)[*271*][272][*273*]

大饭店，开普敦(Grand Hotel, Cape Town)[1254]

大饭店，斯卡伯勒(Grand Hotel, Scarborough)[1178]

大腓特烈堡，普林斯敦，西非(Gross Friedrichsburg, Princestown, West Africa)[1235]

大费拉尔宫，枫丹白露(Le Grand Ferrare, Fontainebleau)[978]

大佛祥风格(Daibutsu Style，日本)[768]

大宫，1900年世界博览会，巴黎(Grand Palais, 1900 Great Exhibition, Paris)[1400]

大宫殿，君士坦丁堡(Great Palace, Constantinople)[334]

大观景楼，维也纳(Upper Belvedere, Vienna)[1037][*1040*]

大光明大戏院，上海(Grand Theatre, Shanghai)[1653][*1655*]

大何庄，住宅(Dahezhuang, houses)[108]

大皇宫(叶卡捷琳娜宫)，皇村(Great Palace, Tsarskoe Selo)[1125][*1126*]

大教堂(cathedrals)
    风格比较(style comparisons)[*437*][*438*]
    哥特建筑的多种形式(Gothic forms)[445][446][*463*][486]
    功能(function)[204]
    英国教堂平面的比较(comparative English plans)[*486*]
    见相关条目

大竞技场，罗马(Circus Maximus, Rome)[*255*][257]

大酒店建筑类型(北美的新建筑类型)，美国(grand hotel concept, Unites States)[1295]

大剧院，南锡(Grand Théatre, Nancy)[1399]

大卡勒堡，博阿兹柯伊(Büyükkale, citadel)[90]

大凯拉萨纳塔神庙，甘吉布勒姆(Kailasanatha Temple, Kanchipuram)[*792*][794][804]

大康斯坦蒂亚宅，开普殖民地(Groot Constantia, Cape Colony)[1245][*1247*]

大莱普提斯，今莱卜代(Leptis Magna，利比亚)
    巴西利卡(basilica)[283]
    市场(Market)[256]

大劳拉隐修院的主教堂，圣山(Katholikon, Mount Athos)[325][*327*]

大理石大厦，特威克纳姆，伦敦(Marble Hill, Twickenham, London)[1101]

大理石的运用(marble, use)[22][205][241]

大理石宫，圣彼得堡(Marble Palace, S.Petersburg)[1127][*1130*]

大理石拱门，伦敦(Marble Arch, London)[1120]

大理石教堂(腓特烈教堂)，哥本哈根(Marble Church, Copenhagen)[1143]

大连(Dalian，中国)
    火车站(Railway Station)[1653]
    体育馆(Gymnasium)[1667]

大流士一世，波斯国王(Darius the Great，公元前550～前486)[676]

大陆银行，北京(Continental Bank, Beijing)[1649][*1650*]

大马士革(Damascus，叙利亚)
    大马士革大清真寺(Great Mosque)[611][*613*]
    努里亚·库布拉经学院(Madrassa al- Nuriya al- Kubra)[620]
    特克清真寺(Tekke Mosque)[647]

大马士革的阿波洛多鲁斯(Apollodorus of Damascus)，希腊建筑师和工程师，活动时期为2世纪早期[206][268][283]

大冒山青年会旅社(Tai Mo Shan youth hostel)[1718]

大莫尔文小隐修院，伍斯特郡(Great Malvern Church, Worcestershire)[503]

[1870]

中文版索引

大帕金顿圣雅各教堂，西米德兰兹郡(S.James, Great Packington, West Midlands)[1120]
大帕克斯顿教堂，剑桥郡(Great Paxton, Cambridgeshire)[415][*418*][*420*][423]
大棚(17世纪谷仓改建)(Groote Schuur)[1255]
大浦教堂，长崎(Oura Church, Nagasaki)[1310][*1312*]
大切克梅杰湖上的多拱桥(Buyuk Chekmeje, bridges)[647]
大清真寺(Great Mosque)
 比贾布尔(Bijapur)[*656*]
 大马士革大清真寺，叙利亚(Damascus)[611][*613*]
 德里(Delhi)[653]
 法塔赫布尔西克里大清真寺(Fatehpur Sikri)[*650*]
 基卢瓦大清真寺(Kilwa)[*697*][700]
 凯鲁万大清真寺(Qairouan)[*619*][620]
 坎贝大清真寺，印度(Cambay)[636]
 库费大清真寺(Kufa)[610]
 穆瓦希德大清真寺，非斯(of the Almohads, Fez)[629]
 纽诺大清真寺(of Niono, Mali)[*1572*][1573]
 萨迈拉大清真寺(Samarra)[*615*][616][*617*]
 塞维利亚大清真寺(Seville)[629]
 斯法克斯大清真寺(Sfax)[620]
 锡里纳格大清真寺(Sirinager)[637]
 新非斯大清真寺，非斯贾迪德大清真寺(of Fez, as- Jedid)[629]
 伊斯法罕大清真寺(Ispahan)[633]
大清真寺，坎贝(Great Mosque, Cambay)[636]
大上海大戏院，上海(Metropol Theatre, Shanghai)[1653]
大上海市政府大楼，上海(Greater Shanghai Municipality office building, Shanghai)[1652]
大舍利寺(摩诃塔图寺)，华富里(Wat Mahadhatu Temple, Lopburi)[835]
大舍利寺，素可泰(Wat Mahathat, Sukhothai)[835]
大神庙和小神庙，阿布辛拜勒(Great and Small Temples, Abu Simbel)[*64*][65]
大湿婆石窟，象岛，孟买(Elephanta/ cave, Bombay)[791]
大市场，巴黎(Grand Bazar, Paris)[1400]
大斯芬克斯，海夫拉(Great Sphinx of Chephren)[56]
大窣堵坡(1号窣堵坡)，桑吉(Great Stupa, Sanchi)[779][*781*][782][787]
大窣堵坡遗迹，犍陀罗地区(Guldara, stupas)[780]
大泰度假村，凌家卫岛(Datai Resort, Langkawi Island)[1701][*1702*][1704]
大特尔诺沃，旅馆(Veliko Tyrnova, hotel)[1512]
大特尔诺沃学派(Great Turnovo School)[338]
大王宫，曼谷(Granf Palace, Bangkok)，见却克里·玛哈大宫
大卫·列兹尼克(Reznik, David, 1923~)，巴西出生的以色列建筑师[1557]
大卫·罗斯(Ross, David)，澳大利亚建筑师[1362][1381]

大卫·英戈尔斯冰球场，耶鲁大学(David Ingalls Ice Hockey Rink, Yale University)[1612]
大卫王旅馆，耶路撒冷(King David Hotel, Jerusalem)[*1550*][1551]
大夏王国(Bactrian Kingdoms)[677]
大仙院方丈堂(Daisen'in Hojo)[773][*775*]
大新公司大楼，上海(Sun Company, Shanghai)[1660]
大众汽车公司，马格德堡(Magdeburg, Volkswagen Works)[1409]
大厅式教堂，皮尔纳(Pirna, hall church)[521]
萨克森的弗赖贝格，大厅式教堂(Freiberg in Sachsen, hall church)[521]
大型温泉浴场(thermae/ public baths)[196][256][272]
 罗马帝国(Imperial Roman)[299]
大长廊(又称瓦萨里走廊)，佛罗伦萨(Corridoio, Florence)[936]
大雄宝殿，净水寺，江华(Taeungbojon, Chongsusa Temple, Kanghwa)[754]
大学(Universities)，见具体大学词条
大学城，墨西哥(University City, Mexico)[1635]
大学画廊，牛津(University Galleries.Oxford)[1157]
大学图书馆，赫尔辛基(University Library, Helsinki)[*1149*][1150]
大学图书馆，科英布拉(Coimbra, University Library)[1012]
大学学院礼拜堂，伊巴丹(University College Chapel, Ibadan)[1567]
大雁塔，西安(Greater Wild Goose Pagoda, Xi'an)[738]
大洋路综合医院，达累斯萨拉姆(Ocean Road Hospital, Dares- Salaam)[1245]
大洋旅馆，蒙巴萨(Oceanichotel, Mombasa)[1563]
大英博物馆，伦敦(British Museum, London)[*1119*][1123][1417][*1418*]
大英图书馆，伦敦(British Library, London)[1471]
大主教区教堂，果阿(Se Cathedral, Goa)[1330]
代祷教堂，博戈柳博沃(Bogolyubovo, Church of thr Intercession)[347][348]
代祷教堂，费里，莫斯科(Church of the Intercession of the Virgin, Fili, Moscow)[1125][*1126*]
代尔隐修院，佩特拉(Deir/ Monastery, Petra)[275]
代加尼亚集体农场学校(Kibbutz Degania, school)[1551]
代米尔度假村，博德鲁姆(Demir Holiday Village, Bodrum)[1542]
代默乡村住宅(Dema, rural house)[155]
代默尔哥特式(Demer Gothic Style)[543]
带防卫的聚落，姆拉里小丘(Mullali Depe, fortified settlement)[37]
戴高乐机场一号航站楼，鲁瓦西，巴黎(Charles de Gaulle Airport Terminal One, Roissy, Paris)[1455][*1457*]
戴克里先(Diocletian, Emperor, 245~约316)，罗马皇帝(284~305年在位)[182][183][184]
戴克里先宫，斯帕拉托(Palace of Diocletian, Spalato)[293][*294*][295][296]
戴克里先浴场，罗马(Baths of Diocletian, Rome)[289]

戴克曼宅，纽约州(Dyckman House, New York)[1264]
戴维·盖格(Geiger, David H.)，美国建筑师[1692]
戴维·米奇尔(Mitchell, David, 1941~)，新西兰建筑师[1771]
戴维·奇普菲尔德(Chipperfield, David, 1953~)，英国建筑师[1683]
丹顿(Dainton, A.E.)，南非建筑师[1254]
丹顿·科克·马歇尔(Denton Corker Marshall)，澳大利亚建筑师[1754]
丹吉尔新堡(Tangiers new fortifications)[1239]
丹克玛·阿德勒(Adler, Dankmar, 1844~1900)，德裔美国建筑师[1261][1290]
丹麦(Denmark，欧洲)
 1900~1945年的发展(developments)[1437]
 巴洛克风格建筑实例(Baroque style, building examples)[1143]
 洛可可风格建筑实例(Rococo style, buildings examples)[1143]
 文艺复兴风格(Renaissance style)建筑实例(buildings examples)[1134]
 建筑特点(architectural character)[1133][1134]
 新古典主义风格建筑实例(neo-Classical style, buildings examples)[1143]
丹麦古典主义(Danish Classicism)[1437]
丹麦殖民地建筑，建筑实例(Danish Colonial Architecture, buildings examples)[1345]
丹尼尔·格格尔(Gogel, Daniel, 1927~1997)，德国建筑师[1462]
丹尼尔·赫德森·伯纳姆(Burnham, Daniel Hudson, 1846~1912)，美国建筑师[1290][1417][1583][1620][1707]
丹尼尔·马罗(Marot, Daniel, 1661~1752)，法国出生的荷兰建筑师[1054][1063]
丹尼斯·拉斯顿(Lasdun, Denys, 1914~2001)，英国建筑师[1468][1471][1697]
丹宁顿教堂，萨福克郡(Dennington Church, Suffolk)[*479*]
丹下健三(Tange, Kenzo, 1913~2005)，日本建筑师[1547][1567][1574][1675][1680][1681][1684][1688][1697]
单坡屋，旧石器时代(leantos, Paleolithic)[226]
但丁广场，那不勒斯(Piazza Dante, Naples)[966]
当代集团，波兰现代主义建筑集团(Proesens group)[1524]
当代建筑师联盟，俄国(Union of Contemporary Architects/ OSA, Russia)[1521]
当代文化展，布尔诺(Exhibition of Contemporary Culture, Brno)[1497]
当代西班牙建筑协会(GATEPAC/ spanish architects group)[1444]
当代艺术博物馆，德黑兰(Museum of Contemporary Art, Tehran)[1548]
当代艺术博物馆，尼泰罗伊(Contemporary Art Museum, Niteroi)[1643]
当麻寺本堂(Taimadera hondo)[765]

[1871]

岛上的圣米迦勒教堂，威尼斯(S.Michele in Isola, Venice)[907]

道格拉斯·考因(Cowin, Douglass)，南非建筑师[1564]

道教宫观，中国(Daoist Temple and Palaces, China)[745]

道克塞尔(Doxal, 科隆)，见市政厅(道克塞尔)门廊

道尼·金斯基府邸，维也纳(Daun Kinsky Palace, Vienna)[1037][*1039*]

道奇宅，洛杉矶(Dodge House, Los Angeles)[1590]

得克萨斯石油公司服务站设计(Texaco, service station design)[1604]

得克萨斯州(Texas，美国)
 贾斯珀·柯林斯宅，迦太基(Jasper Collins House, Carthage)[1279]
 圣约瑟教堂，圣安东尼奥(San José, San Antonio)[1269]
 总督府，圣安东尼奥(Governor's Palace, San Antonio)[1274]

得墨忒尔和少女庙，埃莱夫西斯(sanctuaries of Demeter and Kore, Eleusis)[140]

德阿尔费尼克大楼，普埃布拉(Casa de Alfeñique, Puebla)[*1263*][1265]

德班(Durban，南非)
 阿丁顿医院(Addington Hospital)[1254]
 德班市政厅(City Hall)[*1252*][1254]
 德班镇公所(Town Hall)[1250][*1252*]
 工业学院俱乐部(Technical College Club House)[1564]
 海关大楼(Custom House)[1254]
 荷兰银行(Netherlands Bank Building)[1564]
 纳塔尔大学(法律中心和办公楼) (University of Natal/ Law Center and offices)[1566]
 圣约瑟教堂(S.Joseph's Church)[1250]
 田园大街88号楼(88 Field Street)[1570]
 循道会教堂(Methodist church)[1249]
 亚历山德拉旅馆(Alexandra Hotel)[1254]

德蒂亚宫殿，中央邦(Datiapalace, Madhya Pradesh)[818]

德布罗·安尼尔(Annear, H. Desbrowe)，澳大利亚建筑师[1357]

德尔斐(Delphi，希腊)
 祭坛(temenos)[*139*]
 雅典娜宝库(Athenian Treasury)[128][*153*]
 柱廊(stoa)[*139*]

德尔孔基斯塔伯爵宅，圣地亚哥(House of the Conde del Conquista, Santiago)[1265]

德国(Germany，欧洲)
 1900~1945年的发展(developments)[1403]~[1410]
 1945年以后的发展(post-1945 developments)[1458]~[1464]
 哥特风格(Gothic style)
  建筑实例(examples)[516]~[532]
  建筑特征(architectural character)[513]~[516]
 文艺复兴时期(Renaissance period)[856][857][1026]~[1028]
  建筑材料及技术(building resources and techniques)[870][871]
  建筑特征(architectural character)[1026]~[1028]
  赞助(patronage)[513]
 见中欧

德国表现主义运动(German Expressionist Movement)[1409][1488]

德国大饭店，莱比锡(Hotel Deutschland, Leipzig)[*1461*]

德国大使馆，圣彼得堡(German Embassy, S.Petersburg)[1407]

德国官员宅，青岛(German official's house, Qingdao)[*1306*]

德国馆，1967年蒙特利尔世界博览会(German Pavilion, Expo 1967)[1614]

德国商业协会联盟学校，柏林-波瑙(Berlin-Bernau, German Trades Union Federal School)[1410]

"德国屋"公共住宅，慕尼黑('Deutsches Haus' Public House, Munich)[1201]

德国艺术之家，慕尼黑(House of German Art, Munich)[1410]

德国总督府，青岛(German Governor's Office, Qingdao)[1299][*1303*]

德国总会，上海(Club Concordia, Shanghai)[1652]

德国总领事馆，上海(German Consulate, Shanghai)[1299]

德黑兰(Tehran，伊朗)
 阿布根尼赫玻璃与陶瓷博物馆(Abgineh Museum of Glass and Ceramics)[1548]
 当代艺术博物馆(Museum of Contemporary Art)[*1644*]
 公共图书馆(Public Library)[1548]
 伊朗管理研究中心(Iran Centre for Management Studies)[1548]

德卡波利斯(Decapolis)[593][595]

德拉吉莎·布拉绍万(Brasovan, Dragisa, 1887~1965)，塞尔维亚建筑师[1515]

德拉梅尔大街开发(Delamere Avenue development, Nairobi)[1563]

德拉姆恰佩尔，圣本笃教堂(Drumchapel, S.Benedict)[1476]

德拉沃尔馆，贝克斯希尔(De la Warr Pavilion, Bexhill)[1431][*1438*]

德兰士瓦(Transvaal，南非)[1254][1255]
 教堂(churches)[1255]

德雷顿府邸，南卡罗来纳州(Drayton Hall, South Carolina)[*1263*][1265]

德累斯顿(Dresden，德国)
 茨温格尔宫(Zwinger)[1042][*1044*][1046]
 德累斯顿歌剧院(Hoftheater, Opera House)[1201]
 黑勒劳住宅区花园城郊(Hellerau garden suburb)[1404]
 圣母教堂(Frauenkirche)[1038][*1040*]

德里(Delhi，印度)
 TB协会大楼(TB Association Building)[1728]
 安巴迪普塔楼(Amba Deep Towers)[*1739*][1740]
 巴哈神庙(Baha'i Temple)[1733]
 巴罗达府邸(Baroda House)[1720]
 卑甘普里清真寺(Beganpuri Mosque)[637]
 比利时大使馆(Belgian Embassy)[1740]
 城市规划(city planning)[1719]
 大城门(Great Gate)[651]
 大清真寺(Great Mosque)[653]
 法国大使馆宿舍(French Embassy Quarters)[1741]
 芬兰大使馆(Finnish Embassy)[1740]
 国家免疫研究所(National Institute of Immunology)[1736][*1738*]
 海得拉巴府邸(Hyderabad House)[1720][*1723*]
 赫基清真寺(Khirki Mosque)[637]
 红堡和宫殿(Red Fort and Palace)[652][659][817]
 胡马雍陵(Humayun Tomb)[*650*][651][659]
 基罗里马尔学院，德里大学(University/ Kirorimal College)[1729]
 吉亚斯-丁·图格卢克墓(Ghias ad-Din Tughluq tomb)[637]
 教育培训中心(Centre of Education and Training)[1736]
 觐见殿(Diwani-Am)[652][653]
 举重馆(Weight-lifting Arena)[1732]
 康诺特广场(Connaught Place)[1720][*1723*]
 库赫那堡清真寺(Kilai-Kuhna Masjid mosque)[651]
 拉宾德拉馆(Rabindra Bhavan)[1728][*1730*]
 麻痹症患儿学校(School for Spastic Children)[1736]
 马蒂普尔，艺匠之家方案(Madhipur, Artisans' Housing project)[1741]
 马哈茂德墓(Mahmood's Tomb)[636]
 美国大使馆(US Embassy)[1740]
 米拉姆比卡学校(Mirambika School)[1736]
 民族大厦(Hall of Nations)[1732]
 穆特基清真寺(Mothki Masjid mosque)[637]
 尼赫鲁展览馆，普拉贾蒂广场(Nehru Pavilion, Pragati Maidan)[*1731*][1732]
 尼赫鲁中心(Nehru Place District Centre)[1732]
 旗帜宫(Flagstaff House)[1720][*1724*]
 乔治五世国王纪念堂(King George V Memorial)[1720]
 全印度战争纪念门(印度门)(All-India War Memorial)[1720][*1723*]
 圣雄甘地纪念馆，拉杰卡德(Mahatma Gandhi Smarak, Rajghat)[1732]
 圣雅各教堂(S.James's Church)[1334][*1335*]
 特拉住宅组团，阿拉克南达(Tara Group Housing, Alaknanda)[1740]
 瓦桑特·维哈尔，现代学校(Vasant Vihar, Modern School)[1736][*1738*]
 新首都(new capital)[636]
 亚穆那公寓(Yamuna Apartments)[1740][*1743*]
 亚运村(Asian Games Village)[1741][*1743*]
 伊尔杜德米什墓(Iltutmish tomb)[*635*][636]
 议会大楼(Parliament House)[1720]

中文版索引

印度国际中心(India International Centre)[1736][*1738*]
印度统计学院(Indian Statistical Institute)[1736]
英迪拉·甘地发展研究所(Indira Gandhi Indoor Stadium, Inderprastha)[1736]
英国议会大厦(British Council Building)[1740]
圆形展览大厅(Circular Exhibition Structure)[1741]
正教教区中心(Orthodox Diocesan Centre)[1733]
中央部委办公楼(Central Secretariat)[1720][*1722*][*1723*]
中央轴线(Centre Vista)[1720]
总督府(Viceroy's House)[1720][*1721*][*1722*]
德里布利加内府邸,马德拉斯(Government House, Triplicane, Madras)[1337]
德里大清真寺,贾米清真寺(Jami Masjid),见大清真寺
德灵顿墙,威尔特郡(Durrington Walls, Wiltshire)[233]
德伦格巴尔聚居点(Tranquebar settlement)[1345]
德罗莫尔城堡,北爱尔兰(Dromore Castle, N.Ireland)[424][*427*]
德罗普城,科罗拉多州(Drop City, Colorado)[1614]
德罗特宁岛府邸,斯德哥尔摩附近(Drottningholm Palace, near Stockholm)[1136][*1140*]
德洛德洛,住宅(Dhlo-Dhlo, houses)[698]
德洛尔别墅,开罗(Villa Delort, Cairo)[1239]
德洛雷特圣母院,奥德纳尔德,巴黎(Notre Dame de Lorette, Paris)[1009]
德内尔陵墓,开塞利(Doner Kumbet, Kayseri)[631]
德绍-托滕住宅区(Dessau-Torten Estate, Dessau)[1409][1410]
德文郡(Devon,英国)
　勒斯科姆堡(Luscombe Castle)[1116]
　农庄,埃克斯茅斯(The Barn, Exmouth)[*1215*][1216][*1217*]
德文郡肯顿教堂柱头(Kenton, Devon, column capital)[*441*]
德沃雷茨基(Devorecký, D),捷克19世纪建筑师[1174]
德西默斯·伯顿(Burton, Decimus, 1800~1881),英国建筑师[1123][1167]
德希佩伯格农场,德伦特省(De Schipborg Farm, Drenthe)[1432]
德肖波博物馆,墨西哥城(De Chopo Museum, Mexico City)[1628][*1629*]
德意志制造联盟展1929年,公寓街区(Deutscher Werkbund Exhibition 1929/ apartment block)[1505]
德意志制造联盟运动(Deutscher Werkbund movement)
　1914年德意志制造联盟展(捷克馆)(Exhibition 1914/ Czech Pavilion)[1394][1494]
　1928年德意志制造联盟展的住宅(Exhibition 1928 house)[1494]
　1932年德意志制造联盟展的住宅(Exhibition 1932 houses)[1494]
的黎波里(Tripoli,利比亚)
　罗马银行(Bank of Rome)[*1560*][1562]

新镇(new town)[1562]
登比堡,威尔士(Denbigh Castle, Wales)[505]
登比郡(Derbyshire,英国)
　博尔索弗府邸(Bolsover Castle)[1073]
　查茨沃思府邸(Chatsworth House)[874][1095][*1097*]
　　温室(Conservatory)[1167][*1170*]
　哈德威克府邸(Hardwick Hall)[1073][*1076*]
　凯德尔斯顿府邸(Kedleston Hall)[1107][*1108*]
邓比宅,讷瑞兰,新南威尔士州(Denbigh, near Narellan, New South Wales)[1363]
邓拉普河大桥,费耶特县,宾夕法尼亚州(Dunlap's Creek Bridge, Fayette County, Pennsylvania)[1296]
低地国家(Low Countries,欧洲)
　17世纪地图(seventeenth-century map)[1054]
　哥特时期(Gothic period)
　　地图(map)[533]
　　建筑特征(architectural character)[532]~[534]
　　世俗建筑(secular buildings)[543]~[544]
　　宗教建筑(religious buildings)[534]~[544]
　洛可可风格(Rococo style)[1054]
　帕拉弟奥风格(Palladian style)[1053]
　文艺复兴风格(Renaissance style)[1053]
　　建筑材料及技术(building resources and techniques)[871]
　　历史(history)[857]
　文艺复兴时期建筑出版物(architectural publications, Renaissance period)[876]
　新古典主义风格(Neo-Classical style)[1054]
　见相关城市条目
低造价住房,拉杰果特(Rajkot, Low-cost Housing)[1741]
滴珠饰(guttae/ column decoration)[121]
狄安娜府邸,奥斯蒂亚(House of Diana, Ostia)[*295*][296]
狄安娜神庙,阿卡迪亚(Temple of Diana, Arkadia)[1046]
狄安娜神庙,尼姆(Temple of Diana, Nimes)[*267*][275]
狄奥多西城墙,古罗马(Theodosian Walls)[334]
狄奥多西拱门,君士坦丁堡(Arch of Theodosius, Constantinople)[334]
狄奥多西广场(Forum of Theodosius),见金牛广场,君士坦丁堡
狄纳摩综合大楼,莫斯科(Dinamo complex, Moscow)[1528][*1529*]
狄维奇尔集团,捷克先锋派集团(Devetsil group)[1489]
迪奥戈·布瓦达克(Boytac, Diogo,活动期1490~1525),葡萄牙建筑师[559]
迪波利学生宿舍,奥坦角(Dipoli Students'Residence, Otaniemi)[1452]
迪尔堡,肯特郡(Deal Castle, Kent)[508]
迪尔赫斯特教堂,格洛斯特郡(Deerhurst, Gloucestershire)[*418*][419]
迪沃思大楼,奥克兰(Dilworth Building, Auckland)[1768]

迪夫里伊(Divrigi,土耳其)
　清真寺与医院(mosque and hospital)[*635*][636]
　西特·梅里克墓塔(Sitte Melik Gunbad)[631]
迪克斯科夫堡,西非(Dixcover fort, West Africa)[1235][*1238*]
迪拉斯府邸,圣特罗德(Château de Duras, Saint Trod)[1056]
迪勒港修道院,迪勒港(Hermitage, Dyrehaven)[1137]
迪卢瓦拉(Dilwara,印度)
　阿部山(Mount Abu)[*793*][794]
　四面围墙(temple enclosures)[794]
迪纳尔别墅(Dinard, villa)[1404]
迪纳里花园,松宁,伯克郡(Deanery Garden, Sonning, Berkshire)[*1220*][1222][1421]
迪纳里宅,拿骚,巴哈马(Deanery, Nassau, Bahamas)[1264]
迪诺苏亚雷斯市场,墨西哥城(Dino Suarez market building, Mexico City)[1643]
迪蓬豪尔开发,法纳姆,萨里郡(Dippenhall development, Farnham, Surrey)[1431]
迪斯尼音乐厅,洛杉矶(Disney Concert Hall, Los Angeles)[*1626*][1627]
迪瓦尔府邸,圣日尔曼(Château du Val, S.Germain)[996]
迪亚曼蒂府邸,费拉拉(Palazzo dei Diamanti, Ferrara)[908]
迪亚曼蒂府邸,维罗纳(Palazzo dei Diamanti, Verona)[908][*923*]
底格里斯河(Tigris river,西亚)[6]
底特律(Detroit,美国)
　北部购物中心(Northland Shopping Center)[*1619*][1620]
　克莱斯勒半吨卡车组装厂(Chrysler Half-Ton Truck assembly plant)[1596][*1597*]
底座平台,马雅神庙(substructure platforms, Maya)[702][707]
地安门宿舍,北京(Di An Men Hostel, Beijing)[1660]
地方当局特别项目(Consortium of Local Authorities Special Programme/ CLASP)[1467]
地宫,定陵(Underground Palace, Dingling Mausoleum)[730][*732*]
地基建造,罗马时期(foundation construction, Roman)[210]
地利根德阁C座,太平山山顶,香港(Tregunter Tower C, The Peak, Hong Kong)[1718]
地铁车站(Métro Stations)
　巴黎(Paris)[874][1206][*1209*][1399]
　俄罗斯(Russia)[*1428*]
地图,底比斯(Thebes, map)[42]
地下宫(Yerebatan Saray),见巴西利卡水塘
定陵陵墓,地下宫殿(Dingling Mausoleum, Under-groud Palace)[731][*732*]
地下室,前罗马风时期(crypt, pre-Romanesque)[362]
地下输水道(auanat/ water tunnel,此处拼写错误:原文为quanat)[664]
地域主义运动,墨西哥(Regionalist Movement, Mexico)[1642][1643]
弟兄复活神学院,克拉科夫(Seminary of the Resurrection Brothers, Krakow)[*1509*][1511]

[1873]

帝国大厦，纽约(Empire State Building, New York)[1594][1596]
帝国广场群，罗马(Imperial Fora, Rome)[252]
帝国土地注册局，伊斯坦布尔(Imperial Office of Land Registry, Istanbul)[1536][1539]
帝国游泳池，文布利，伦敦(Empire Pool, Wembley, London)[1431]
"帝王之家"，波兹南(Kaiserhaus´, Poznan)[1507]
第比利斯(Tbilisi, 格鲁吉亚)
　传统面包房(Bakery)[1533][1535]
　格鲁吉亚政府大楼(Georgian House of Government)[1531]
第二巴西利卡，菲利皮(Basilica B.Philippi)[325][326]
第二莱特大楼，芝加哥(Second Leiter Building, Chicago)[1290][1292]
第戎(Dijon, 法国)
　米尔桑大厦(Maison Milsand)[983]
　圣米迦勒教堂(S.Michel)[977]
　圣母教堂(Notre Dame church)[459]
　张伯伦府邸(Hotel Chambellan)[475]
第三共产国际纪念碑，圣彼得堡(Monument to the Third Communist International, S.Petersburg)[1521][1522]
第三世界国家的现代化发展(Third World countries, modern developments)[1393]
第乌，堡垒城镇(Diu, fortified town)[1328]
第一次建筑民族运动，土耳其(First National Movement in Architecture, Turkey)[1536]
第一国家银行大楼，约翰内斯堡(First National Bank Building, Johannesburg)[1569][1570]
第一莱特大楼，芝加哥(First Leiter Building, Chicago)[1290]
第一蒙泰卡蒂尼办公楼，莫斯科大街，米兰(First Montecatini Building, Via Moscova, Milan)[1415]
第一施洗会堂，普罗维登斯，罗得岛(First Baptist Meeting House, Providence, Rhode Island)[1273]
蒂阿罗，圣彼得教堂(Te Aro, S.Peter´s)[1369]
蒂布尔迪诺居住区，罗马(Tiburtino quarter, Rome)[1476]
蒂茨商店，杜塞尔多夫(Tietz Store, Düsseldorf)[1407]
蒂恩·穆蒂(Teen Murti)，见旗帜宫，德里
蒂尔帕克·弗尔珊市场，布哈拉(Taqi- Tilpak Furnshan, Bokhara)[641]
蒂尔提教堂，艾塞克斯郡(Tilty Church, Essex)[478]
蒂法尼宅，纽约(Tiffany House, New York)[1281]
蒂卡尔(Tikal, 危地马拉)
　1号金字塔庙(Temple I)[702][703][705][711][715]
　北卫城(North Acropolis)[705][706][711]
　马勒宫(Maler´s Palace)[691][702][707][716][717]
　玛雅神庙建筑总平面(Maya temple building plans)[709]
蒂克斯伯里修道院教堂，格洛斯特郡(Tewkcsbury Abbey, Gloucestershire)[505]
蒂里哈特市场交易场所(Dilli Haat, market place)[1747]
蒂林厄姆府邸，白金汉郡(Tyringham Hall, Buckinghamshire)[1116]

蒂鲁戈维尔堡，斯里兰卡(Tirukovil, Sri Lanka)[1330]
蒂内府邸，维琴察(Palazzo Thiene, Vicenza)[925][929]
蒂萨耶讷，住宅(Tiszajenǒ, houses)[227][229]
蒂文·芬内库尔(Vennecool, Steven, 1657～1719), 英国建筑师[1053][1063]
蒂沃利(Tivoli, 意大利)
　埃斯特别墅(Villa d´Este)[940][942]
　哈德良离宫(Hadrian´s Villa)[278][279][280][281][293][296]
　维斯太圆形神庙(Temple of Vesta)[254]
巅峰集团(Zenit Group)，塞尔维亚建筑师团体[1515]
典礼大厅，佩耶姆比特，帕林比村，巴布亚新几内亚(Paiyembit Ceremonial House, Palmbei Village, Papua New Guinea)[1771]
电厂，阿达河畔特雷佐(Power Station, Trezzo D´Adda)[1413]
电话大楼，约翰内斯堡(Telephone Tower, Johannesburg)[1254]
电力照明，概述(electric lighting, introduction)[875]
电梯，概述(elevators/ lifts, introduction)[1261]
电讯塔楼，吉隆坡(Telecom Tower.Kuala Lumpur)[1702][1703]
电影艺术宫，累西腓(Art Palacio Cinema, Recife)[1631]
电影制片厂，圣安赫尔，墨西哥城(San Angel Film Studios, Mexico City)[1643]
雕塑馆，阿纳姆(Sculpture Pavilion, Arnhem)[1481]
雕塑馆，奥特洛(Sculpture Pavilion, Otterlo)[1481]
迭波德雷斯(Porres, Diego de)，秘鲁建筑师[1269]
迭戈·德里亚尼奥(Riaño, Diego de)，西班牙16世纪建筑师，创作活跃期为1517～1534年[1010][1012]
迭戈·德托拉尔瓦(Torralva, Diego de, 1500～1566), 葡萄牙16世纪最杰出的古典主义建筑师[1019]
迭戈·德西洛(Diego de Siloé，约1495～1563), 西班牙建筑师、雕塑家[555][1012]
迭戈·杜兰(Durán, Diego)，墨西哥建筑师[1265]
迭戈·科隆宅，圣多明各(House of Diego Colón, Santo Domingo)[1261]
迭戈·里维拉宅(Diego Rivero, house)[1630]
迭斯·德梅迪纳宅，拉巴斯，玻利维亚(House of Diez de Medina, La Paz, Bolivia)[1265]
丁香塔，萨拉曼卡(Torre del Clavero, Salamanca)[563]
东奥尼尔顿住宅区，罗汉普顿(Alton East Estate, Roehampton)[1464]
东部的森林区，美洲(Eastern Woodlands, America)[668]
东大门，首尔(Tongdaemun/ East Gate, Seoul)[754]
东大寺(Todaiji, 日本)[768]
　南大门(Great South Gate)[761][767][768]
　正仓院(Shoso´in)[763]
　钟亭(Belfry)[763][768][771]

东多摩川住宅，东京(Higashitamagawa house, Tokyo)[1684]
东方宾馆，广州(Eastern Hotel, Guangzhou)[1661]
东方大饭店，科伦坡(Grand Orient Hotel, Colombo)[1345][1347]
东方汇理银行，上海(Banque de L´Indo- Chine, Shanghai)[1649]
东方教堂，阿拉罕隐修院(East church, Alahan Manastir)[314]
东方旅馆，达尼丁(Oriental, Dunedin)[1381][1384]
东方圣乔治教堂，伦敦(S.George- in- the- East, London)[1095]
东方市场，巴库(Eastern Bazaar complex, Baku)[1535]
东非地区(East Africa，非洲)
　传教士教堂(mission churches)[1240]
　海岸要塞(coastal forts)[1235]～[1240]
　殖民和后殖民时期建筑实例(Colonial and post- Colonialperiod, buildings examples)[1240][1241]
东京(Tokyo，日本)
　1960年规划(1960 Plan)[1675]
　RISE电影院(RISE Cinema)[1684]
　奥林匹克运动会国立室内竞技场(National Gymnasium for the Olympics)[1675][1678]
　白邸(House in White)[1681]
　"白屋"(U- House)[1684]
　波希米亚爵士俱乐部(Bohemian Jazz Club)[1688]
　城户崎邸(Kidosaki House)[1683]
　赤坂离宫(Akasaka Imperial Palace Hotel)[1670][1671]
　帝国饭店(Imperial Hotel)[1674]
　帝室博物馆(National Museum)[1672][1674]
　东多摩川住宅，多摩川(Higashitamagawa house)[1684]
　东京都厅舍(new City Hall)[1684]
　东京法院大楼，霞关(Law Court Building, Kasumigaseki)[1310]
　读者文摘办公楼(Readers´Digest Offices)[1674]
　二番馆(Ni- Ban- Kan offices)[1681][1682]
　高尔夫俱乐部(Golf Club)[1674]
　国立西方美术馆(National Museum of Western Art)[1675][1676]
　桁架墙住宅(Truss Wall House)[1684][1687]
　久我山邸(Kugayama house)[1681]
　雷蒙德自宅(Raymond´s House)[1674]
　练马区东京住宅(Nerima house)[1684]
　羚羊咖啡馆(Caffè Bongo)[1688]
　纳尼纳尼大楼(Nani Nani Building)[1688][1691]
　日本劝业银行总部办公楼，内幸町(Nippon Kangyo Bank Head Office, Uchisaiwaicho)[1310][1313]
　日本银行总部办公楼，日本桥(Bank of Japan, Nihonbashi)[1310][1313]
　日升石油公司总部(Rising Sun Petroleum Company Headquarters)[1674]
　三井家族俱乐部，三田(Mitsui Family

Club, Mita)[1670][*1672*]
三菱大厦，丸内地区(Mitsubishi Building/ first, Marunouchi)[1310][*1311*]
山边平台住宅(Hillside Terrace Housing)[*1679*][1680]
上野博物馆(Ueno Museum)[1310][*1311*]
上原邸(Uehara House)[1683][*1685*]
水晶光大楼(Crystal Light Building)[1688]
吾妻桥大楼(Flamme d'Or building)[1688]
五岛美术馆(Gotoh Museum)[1683]
岩崎家高轮邸(Iwasaki Family Villa, Takanawa)[1670][*1671*]
议会大楼工程(Diet Building project)[1308]
银色陋屋，中野(Silver Hut, Nakano)[1684]
中央电报办公大楼(Central Telegraph Office)[*1672*][1674]
中银舱体楼(Nagakin Capsule Tower)[*1679*][1680]
筑地宾馆(Tsukiji Hotel)[1310][*1312*]
自由学园(Jiyu Gakuen School)[1674]
东伦敦(East London/ SA，南非)
　　市政厅(City Hall)[1570]
　　市政厅(Town Hall)[1250]
东南亚(Southeast Asia，亚洲)
　　地域性乡土建筑(vernaculararchitecture)[1693]
　　前殖民时期(pre- Colonial period)[668]
　　　　地图(map)[824]
　　　　建筑材料(buildings resources)[688]
　　　　建筑技术(building techniques)[692][693]
　　　　历史(history)[681] ~ [683]
　　　　文化(culture)[686] ~ [687]
　　殖民与后殖民时期(Colonial and post- Colonial period)
　　　　本土建筑(indigenous architecture)[1316]
　　　　历史(history)[1230] ~ [1232]
　　　　平房发展(bungalow development)[1316]
　　　　英国建筑(British architecture)[1318][1322]
　　自然特征(physical characteristics)[670] ~ [671]
东欧边界(Eastern Europe, boundaries)[1489]
东三条殿，京都(Tosanjo Palace, Kyoto)[773]
东印度公司大楼，哥德堡(East Indian Company Building, Gothenburg)[1137][*1139*]
东印度公司职员办公楼，加尔各答(Writers'Building, Calcutta)[1337][*1340*]
东英吉利大学，诺里奇(East Anglia University, Norwich)[*1465*]
　　塞恩斯伯里视觉艺术中心(Saintbury Centre for the Visual Arts)[1471]
东照宫，日光城(Toshogu, Nikko)[757][*760*]
东正教堂(Orthodox churches)[185][187][863]
东正教洗礼堂，拉韦纳(Orthodox Baptistery, Ravenna)[314]
冬宫，圣彼得堡(Winter Palace, S.Petersburg)[1127][*1128*]
洞窟隐修院，基辅(Monastery of the Caves, Kiev)[345][347]
洞室院，慕尼黑(Grottenhof, Munich)[1032]
都柏林(Dublin, 爱尔兰)
　　都柏林科学学院(College of Science)[1432]
　　都柏林机场航站大楼(Airport Terminal)[1432]
　　福四宫(Four Courts)[1110][*1112*]
　　海关大楼(Custom House)[1110][*1111*][1113]
　　马里诺别墅(Casina, Marino)[1110]
　　议会大厦(Parliament House)[1101]
都铎广场，乔治敦特区(Tudor Place, Georgetown, DC)[1279]
都灵(Turin, 意大利)
　　安东内利塔楼(Mole Antonelliana)[1192]
　　菲亚特工厂，林戈托(Fiat factory, Lingotto)[1413][*1416*]
　　卡里尼亚诺府邸(Palazzo Carignano)[956]
　　帕拉蒂纳门(Porta Palatina)[275]
　　圣洛伦索教堂(S.Lorenzo)[956][957][*961*]
　　尸衣礼拜堂(Cappella della S.Sindone)[956][*959*][960]
　　斯图皮尼吉府邸(Palazzina di Stupinigi)[957]
　　苏佩尔卡寺院(Superga)[957][*959*]
　　瓦利诺托礼拜堂(Vallinotto Sanctuary)[957]
都市主义(Urbanism)[1402]
斗拱(bracket complexes)
　　朝鲜(Korea)[692]
　　日本(Japan)[692][731][*761*][765][768][769]
　　中国(China)[691]
斗拱(dougong/ bracket system)[724]
斗口(doukou/ measurement module)[724]
独乐寺观音阁(Guanyin Pavillion, Dule Monastery)[*737*][739]
独乐寺，蓟县(Dule, Monastery, Jixian，中国)[*737*][738]
独立纪念馆，费城(Independence Hall, Philadelphia)[*1276*][1278]
独立纪念堂，斯里兰卡(Independence Commemoration Monument, Sri Lanka)[1729]
独立教堂，墨尔本(Independent Church, Melbourne)[1369][*1372*][1373]
读者文摘办公楼，东京(Reader's Digest Offices, Tokyo)[1674]
杜艾街15号，巴黎(Rue de Douai No. 15 Paris)[1197]
杜宾纳公寓，拉马特甘(Dubiner Apartment Building, Ramat Gan)[1552]
杜布罗夫尼克(Dubrovnik，克罗地亚)
　　罗普德大饭店(Grand Hotel Lopud)[1515]
　　现代教堂群(modern churches)[1519]
杜尔库里加勒宫(库里加勒要塞) (Dur Kurigalzu, city)[78]
杜格鲁尔墓，赖伊(Doghurl tomb, Rayy)[631]
杜拉幼罗波斯(Dura Europos/ Salihiyah)，今萨利希耶，叙利亚[604]

杜兰戈，雷诺汽车厂，戈麦斯大楼(Durango, Renault Factory, Gomez Palacio)[1643][*1644*]
杜勒斯国际机场，华盛顿(Dulles International Airport, Washington)[*1611*][1612]
杜罗河畔贝尔兰加城，索里亚(Berlanga de Duero, Soria)[408]
杜塞尔多夫(Dusseldorf, 德国)
　　蒂茨商店(Tietz Store)[1407]
　　菲尼克斯-莱茵罗大楼(Phoenix- Rheinrohr Building)[1459]
　　曼内斯曼办公大楼(Mannesmann office building)[1459]
杜尚·尤尔科维奇(Jurkovič, Dušan, 1868 ~ 1947)，斯洛伐克建筑师[1155]
渡边让(Watanabe, Yuzuru, 1855 ~ 1930)，日本建筑师[1309]
短线穹顶(geodesic domes)[1614]
敦煌(Dunhuang, 中国)
　　机场候机楼(Airport/ Terminal Building)[1669]
　　鸣沙山石窟(Mingshashan Grottoes)[739]
　　莫高窟(Mogao Grottoes)[739]
墩柱、柱头和柱础，风格比较(piers, caps and bases, styles comparison)[*442*]
顿河圣母隐修院老教堂，莫斯科(Old Cathedral, Monastery of the Virgin of the Don, Moscow)[1125]
多安·泰凯利(Tekeli, Dogan, 1929~)，土耳其建筑师[1542]
多宝塔，佛国寺(Tabot'ap Pagoda, Pulguksa)[*750*][765][768]
多边形干砌石构建筑，萨克赛瓦曼(Saqsaywaman, fortress)[691][707][719][*721*]
多层宫殿(harmyas/ multi- storeyedpalaces)[787][788]
多德雷赫特大教堂(Dordrecht, Great Church)[*537*][543]
多丁顿庄园，格洛斯特郡(Dodington, Gloucestershire)[1114][*1115*]
多尔隐修院，赫里福德郡(Abbey Dore, Herefordshire)[503][*512*]
多佛堡垒(Dover Castle)[209]
多夫·卡尔米(Karmi, Dov, 1905 ~ 1962)，以色列建筑师[1552]
多弗宫，伦敦(Dover House, London)[1114]
多科尔，新居住区，塞尔维亚(Dorcol, new settlement)[1515]
多勒大教堂(Dȏle Cathedral)[466]
多里亚-图尔西府邸，热那亚(Palazzo Doria- Tursi, Genoa)[931]
多立克柱式(Doric Order)[15][117][*118*][*119*][125]
　　多立克式神庙实例(temple listing)[137][140]
多灵顿·沃德(Ward, F.Dorrington)[1695]
多伦多(Toronto，加拿大)
　　市政厅(City Hall)[1288]
　　伊顿中心(Eaton Center)[1622]
多伦多的自治中心(Toronto- Dominion Centre)[1607]
多曼迪朗，奎德奥查亚(Domaine Durand, Qued Ouchaia)[1563]
多曼冬季花园，奥克兰(Domain Winter

[1875]

Gardens, Auckland)[1768]

多梅尼科·丰塔纳(Fontana, Domenico, 1543~1607)，瑞士提契诺地区出生的建筑师和工程师[902][914][940][943]

多梅尼科·特雷齐尼(Tressini, Domenico, 1670~1734)，瑞士裔意大利建筑师[1124][1125]

多米尼克·佩罗(Perrault, Dominic, 1955~)，法国建筑师[1459]

多米尼库斯·伯姆(Böhm, Dominikus, 1880~1955)，德国建筑师[1396][1409]

多米宁国会大厦，渥太华(Dominion Parliament Buildings, Ottawa)[1286][*1287*]

"多面宫"，莫斯科(Faceted Palace, Moscow)[*343*][349]

多明我会(Dominican Order)[202][587]

多明我会大教堂，雷根斯堡(Church of the Dominicans, Regensburg)[517]

多明我会教堂，马斯特里赫特(Dominican Church, Maastricht)[543]

多那太罗(Donatell，约 1386~1466)，意大利文艺复兴雕塑家[888]

多纳托·布拉曼特(Bramante, Donato, 1444~1514)，意大利建筑师、画家，文艺复兴盛期建筑的代表人物之一[901][902][908][911]

多塞特郡(Dorset，英国)

　布赖恩斯顿学校，工艺和设计技术工作室(Bryanston School/ Craft and Design Technlogy Studio)[1475]

　布赖恩斯顿宅(Bryanston)[1216][*1220*]

　圣克莱门教堂，博斯库姆(S.Clement, Boscombe)[1207]

多斯阿瓜斯侯爵府邸，巴伦西亚(Palace of the Marqués de Dos Aguas, Valencia)[1018][*1020*]

多西特石柱大道(仪典建筑) (Dorset Cursus/ monument)[233]

多伊奇别墅，萨格勒布(Villa Deutsch, Zagreb)[1515]

E

俄亥俄剧院，哥伦布城，俄亥俄州(Ohio Theatre, Columbus)[1583][*1584*]

俄克拉何马州(Oklahoma，美国)

　贝温格宅，诺曼(Bavinger House, Norman)[1610]

　草原式住宅，诺曼(Prairie House, Norman)[1610]

　普赖斯宅(Price House)[*1586*][1599][*1600*]

俄罗斯(Russia，欧洲)

　1900~1945 年的发展(developments)[1517]~[1531]

　巴洛克风格(Baroque style)[1124]

　帝国建筑(Imperial architecture)[1517]~[1521]

　建筑科学院(Academy of Architecture)[1531]

　史前时代的特征(prehistoric physical characteristics)[179]

　文艺复兴风格(Renaissance style)

　　建筑材料及技术(building resources and techniques)[873]

　　建筑实例(buildingexamples)[1124]~[1129]

建筑特征(architectural character)[1124]

历史(history)[862]~[863]

现代主义(Modernism)[1521]~[*1530*]

新古典主义风格(neo- Classical style)[1124]

早期文化(early culture)[196]~[201] 见早期俄罗斯

俄罗斯国家档案馆(Russian State Archives)，见参政院和正教院大厦

俄罗斯建筑科学院(Academy of Architecture, Russia)[1531]

额枋/楣梁(多立克柱式) (architrave/ Doric Order)[121]

厄恩·戈德芬格(Goldfinger, Ernö, 1902~1987)，匈牙利裔英国建筑师[1431][1466]

厄尔德尼宅，悉尼(Eryldene, Sydney)[1759][*1760*]

厄尔斯巴顿教堂，北安普敦郡(Earls Barton, Anglo- Saxon church)[*417*][419]

厄瓜多尔(Ecuador，南美洲)

　慈爱圣母会隐修院(Mercedarian Monastery, Quito)[1269]

　圣方济各隐修院和教堂，基多(Monastery and Church of San Francisco, Quito)[*1267*][1269]

　耶稣会堂，基多(Church of La Compañía, Quito)[1269]

　政府接待厅，基多(Audiencia, Quito)[1274]

厄勒布鲁(Örebro，瑞典)

　罗斯塔住宅区(Rosta housing estate)[1482]

　男爵山住宅区(Baronbackama housing)[1482]

厄瑞克忒翁神庙，雅典(Erechtheion, Athens)[124][*134*][*135*][*136*][137]

厄斯特拉教堂，博恩霍尔姆岛(Österlar Church, Bornholm Island)[*434*][436]

恩达米卡尔，阿克苏姆(Enda Mika'el, Axum)[*697*][698]

恩格尔贝格学校(Engelberg, school)[1485]

恩格尔布雷克教堂，斯德哥尔摩(Engelbrekt Church, Stockholm)[*1439*][1440]

恩格尔住宅，特拉维夫(Engle House, Tel Aviv)[1552][*1554*]

恩贡贝宅，圣多明各(House of Engombe, Santo Domingo)[1261]

恩迦马蒂亚宅，霍克湾(Ngamatea House, Hawkes Bay)[1768]

恩里蒂格拉姆，班加罗尔(Nrityagram, Bangalore)[1744][*1746*]

恩里科·米拉勒斯(Miralles, Enric, 1955~2000)，西班牙建筑师[1485]

恩里克·布朗(Browne, Enrique, 1942~)，智利建筑师、作家[1642]

恩里克·德尔莫拉尔(del Moral, Enrique, 1905~1987)，墨西哥建筑师[1635]

恩里克·德拉莫拉(Mora, Enrique de la, 1907~1978)，墨西哥建筑师[1634]

恩斯伯里宅，维多利亚(Eynesbury, Victoria)[1378]

恩斯特·埃格里(Egli, Ernst, 1893~1974)，奥地利裔土耳其建筑师[1537]

恩斯特·弗里德里希·茨维尔纳(Zwirner, Ernst Friedrich, 1802~1861)，德国建筑师[1152]

恩斯特·路德维希宅，达姆斯塔特(Ernst Ludwig Haus, Darmstadt)[1407]

恩斯特·迈(May, Ernst, 1886~1970)，德国建筑师[1394][1410][1563][1566]

恩斯特和扬住宅，约翰内斯堡(Ernst and Young House, Johannesburg)[1570]

儿童康复中心，瓦尔纳(Children's Rehabilitation Centre, Varna)[1511]

儿童音乐剧院，莫斯科(Children's Musical Theatre, Moscow)[*1533*][1535]

耳堂，概述(transepts, introduction)[362]

二层木结构出挑(jetty construction, upper storey)[1084]

二番馆，东京(Ni- Ban- Kan offices, Tokyo)[1681][*1682*]

二里头，城市遗址(Elitou, city)[108][110]

二条城(Nijo Castle, Kyoto)[774][*776*]

F

"发现"圆顶大楼，1951 年不列颠节(Dome of Discovery, Festival of Britain 1951)[1468]

发源室，胎室，圣所(garbhagriha/ sanctuary)[790]

发展研究中心，特里凡得琅(Centre for Development Studies/ CDS, Trivandrum)[1744][*1745*]

伐达库纳塔神庙，德里久尔，喀拉拉邦(Vadakkunnatha temple, Trichur, Kerala)[814]

伐腊毗式，那伽罗(Valabhi mode, Nagara monuments)[799]

筏罗诃神庙，焦拉希(Varahi temple, Chaurasi)[814][*819*]

法比奥·莱茵哈特(Reinhart, Fabio, 1942~)，瑞士建筑师[1486]

法蒂玛圣母教堂，布宜诺斯艾利斯(Church of Our Lady Fatima, Buenos Aires)[1635]

法蒂玛圣母教堂，里斯本(Church of Our Lady of Fatima, Lisbon)[1447]

法蒂玛王朝(Fatimid dynasty)[597][611][620][621][623]

法蒂玛王朝时期的防御城堡，开罗(Fatimid Fortifications, Cairo)[620]

法典，汉谟拉比时期(Hammurabi period, code)[10]

法恩斯沃思宅，普莱诺，伊利诺伊州(Farnsworth House, Piano, Illinois)[*1601*][1603]

法恩扎主教堂(Faenza Cathedral)，意大利[894]

法尔卡斯·莫尔纳(Molnár, Farkas, 1897~1945)，匈牙利建筑师[1505]

法尔科涅里府邸，罗马(Palazzo Falconieri, Rome)[946]

法尔内塞府邸，卡普拉罗拉(Palazzo Farnese, Caprarola)[*941*][943]

法尔内塞府邸，罗马(Palazzo Farnese, Rome)[*884*][916][*917*]

法尔内塞府邸，皮亚琴察(Palazzo Farnese, Piacenza)[937]

法尔内塞剧场，帕尔马(Teatro Farnese, Parma)[*944*][946]

法尔内西纳别墅，罗马(Villa Farnesina, Rome)[916][*938*]

法尔塞蒂府邸，威尼斯(Palazzo Farsetti, Venice)[379]

法夫里西奥桥，罗马(Pons Fabricius, Rome)[261][*262*]

中文版索引

法戈·穆尔黑德文化中心桥(Fargo Moorhead Cultural Centre Bridge)[1624]
法公董局董事宅,上海(French Concession house, Shanghai)[*1306*][1307]
法古斯工厂,莱讷河畔阿尔费尔德(Alfeld-an- der Leine, Fagus Boot Factory)[1407]
法国(France,欧洲)
    1900~1945 年的发展(developments)[1397]~[1403]
    1945 年以后的发展(post-1945 developments)[1452]~[1458]
    哥特风格(Gothic style)
        城镇住宅(town houses)[475]
        建筑实例(examples)[459]
        建筑特征(architectural character)[447][448]
        世俗建筑(secular buildings)[466]~[475]
        乡村府邸(country houses)[475]
        宗教建筑(religious buildings)[448]~[459]
        见勃艮第、诺曼底、法国西部
    古典时期(Classical period)[969][970]
        建筑实例(examples)[978]
        建筑材料(building resources)[207]
    罗马风时期(Romanesque period)
        建筑特征(architectural character)[379]~[382]
        教会建筑(church architecture)[382]~[390]
        世俗建筑(secular architecture)[390]
    洛可可时期(Rococo)[970]
        实例(examples)[999]
    索姆河战役失踪者纪念拱门,蒂普河谷(Memorial Arch, Thiepval)[1422]
    文艺复兴时期(Renaissance)[969]
        地图(map)[970]
        建筑材料及技术(building resources and techniques)[869][870]
        历史(history)[853][854]
        实例(examples)[971]
    文艺复兴时期建筑出版物(Renaissance period, architectural publications)[876][877]
    新古典主义时期(Neo- Classical)[971]
        建筑实例(examples)[999]
    中世纪时期地图(Middle Ages, map)[*277*]
    中世纪早期(early Mediaeval period)[189][203]
法国大使馆,贝尔格莱德(French Embassy, Belgrade)[1403]
法国大使馆宿舍,德里(French Embassy Quarters, Delhi)[1741]
法国剧院(Théâtre Francais),见奥德翁剧院,巴黎
法国式工艺(opus francigenum)[514]
法国式意大利风格府邸(Châteaux, Franco-Italian)[853]
法国殖民式建筑,建筑实例(French Colonial Architecture, building examples)[1345]
法国总领事馆,上海(French Consulate-General, Shanghai)[1299]
法卡诺尼别墅和陵墓,萨尔尼科(Faccanoni Villa and Mausoleum, Sarnico)[1413]
法赖吉,聚礼日清真寺(Faraj, Friday Mosque)[631]
法莱里,神庙(Falerii, temple)[246]
法兰克福(Frankfurt,德国)
    法兰克福市场大厅(Market Hall)[1409]
    罗马城居住区(Römerstadt Siedlung)[1410]
    圣卜尼法斯教堂(S.Boniface Church)[1409]
法兰克航运之家(同业会所),根特(Maison des Francs Bateliers/ Guild House, Ghent)[*541*][544]
法兰西广场,巴黎(Place de France, Paris)[983][*987*]
法老宝库(Khazneh Fara´un/ Treasury of the Pharaohs)[609]
法老纪念碑,埃及(cenotaphs, Egypt)[46]
法隆寺(Horyuji)
    大讲堂(daikodo)[763][*764*]
    梦殿(Yumedono)[763]
    原法隆寺(670年毁于大火)(temple)[762]
法隆寺梦殿,奈良(Yumedono Nara)[*761*]
法律协会,法官巷,伦敦(Law Society, Chancery Lane, London)[*1419*]
法律中心和办公楼,纳塔尔大学,德班(Natal University/ Law Centre and offices, Durban)[1567]
法尼亚诺-奥洛纳小学(Fagnano Olona, Elementary School)[1480]
法泉寺抬轿式玄妙塔(Popch´onsa Temple stupa)[754]
法森宅,橡树园,伊利诺伊州(Farson House, Oak park, Illinois)[1282]
法塔赫布尔西格里(Fatehpur Sikri,印度)
    班杰宫(Panch Mahal)[652][*654*]
    布泊尔罗阁宫(House of Rajah Burpal)[652]
    布兰德门(Buland Darwaza)[652][*654*]
    大清真寺(Great Mosque)[652]
    觐见殿(Diwan- i- Am)[652]
    内觐见殿(Hall of Private Audience)[653]
    萨里姆·奇斯蒂教长墓(Sheikh Salim Chisti Tomb)[652][*655*][*656*]
    枢密殿(Diwan- i- Khas)[652][*654*][659]
    土耳其嫔妃宫(House of the Turkish Consort)[653]
    新城(new town)[652]
法提赫清真寺,伊斯坦布尔(Fatih Mosque, Istanbul)[644]
法维城堡,阿伯丁郡(Aberdeenshire, Fyvie Castle)[1074][1079]
法翁府邸,庞贝(House of the Faun, Pompeii)[261]
法西斯宫,科莫(Casa del Fascio, Como)[1415][*1416*]
法西斯统治时期犹太人受难者纪念碑,贝尔格莱德(Jewish Victims of Fascism monument, Belgrade)[1516]
法兴寺(Hokoji)[762]
法院,赫拉夫-里内特(Drostdy, Graaff- Reinet)[1246]
法院大楼,利雅得(Justice Palace, Riyadh)[1547]
法院大楼,雅加达(Hall of Justice, Jakarta)[1327]
法院大楼,巴塞罗那(Palacio de la Audicncia, Barcelona)[*561*][563]
法院大楼,布鲁塞尔(Palais de Justice, Brussels)[1178][*1180*]
法院大楼,雷恩(Palais de Justice, Rennes)[986][*989*]
法院大厦,里昂(Palais de Justice, Lyon)[1157]
法院宫,比勒陀利亚(Palace of Justice, Pretoria)[1254][*1256*]
法院和政府大楼,巴瑟斯特(Bathurst Court House and Government Buildings, New South Wales)[1377]
法属印度支那(French Indo- China)[1322]
法租界公董局,上海(Hôtel de Ville, Shanghai)[1299][*1302*]
帆拱/隅拱(pendentive/ dome support)[216][*324*]
凡堡(Van, citadel)[92][*93*][96]
凡尔赛(Versailles,法国)
    圣路易教堂(S.Louis)[1000]
    小特里阿农宫(Petit Trianon)[1001][*1008*]
    见凡尔赛宫
凡尔赛大街25号,巴黎(Avenue de Versailles No. 25 Paris)[1404][992][*993*][*994*]
繁荣风格,澳大利亚(Boom style, Australia)[1356]
"反斗"住宅 S(Fin d´Ou Thou S)[1625]
反射住宅,町田(Reflection House, Machida)[1683]
泛非开发研究所,瓦加杜古(Institut Pan- Africain pour le Developpement/ IPD University, Ouagadougou)[1573]
泛伊斯兰教的设计(Pan- Islamic design)[1548]
范埃克宅,约翰内斯堡(Van Eck House, Johannesburg),南非[1464]
范埃特费尔德公馆,布鲁塞尔(Hôtel van Eetvelde, No. 4 Avenue Palmerston, Brussels)[1216]
范巴森(van Bassen),荷兰17世纪建筑师[1063]
范布勒府邸,格林尼治(Vanbrugh Castle, Greenwich)[1096]
范德维尔德(Velde, W.J.Van de)[1322]
范·内克医师诊所,瓦菲勒茨路,布鲁塞尔(Dr Van Neck´s Clinic, Rue Waffelaerts, Brussels)[1437]
范内尔卷烟厂,鹿特丹(Van Nelle factory, Rotterdam)[1436][*1438*]
范廷佐修士(Ferrer, John, 1819~1856),西班牙耶稣会建筑师[1298]
梵蒂冈(Vatican,欧洲)
    庇护·克雷芒博物馆(Museo Pio Clementino)[966]
    教皇大台阶(Scala Regia)[*951*][952]
    陵墓(Cemetery)[293]
    平面图和透视图(plan and view)[*950*]
梵蒂冈宫教皇大台阶,罗马(Scala Regia, Rome)[*951*][952]
梵蒂冈墓地卡埃塔尼家族墓,罗马(Tomb of the Caetennii, Rome)[293]
方德罗依大道,布鲁塞尔(Avenue Fond´Roy, Brussels)[1437]
方格网城市(grid- plan cities)
    奥林索斯镇(Olynthus)[157]
    巴塞罗那(Barcelona)[1154][1155][1156]

弗莱彻建筑史

古典时期(classical)[163]
方济各会(Franciscan Order)[201]
方尖碑(obelisks)[25][71]
方石网眼砌筑(opus reticulatum)[212]
方塔园，松江，上海(Fangta Yuan/ Square Pagoda Park, Songjiang County, Shanghai)[1667][*1668*]
方特希尔教堂式府邸，威尔特郡(Fonthill Abbey, Wiltshire)[1114]
方廷斯隐修院，约克郡(Fountains Abbey, Yorkshire)[*422*][423]
防火建筑(fireproof construction)
　罗马实例(Roman)[242][245]
　早期实例(early examples)[1286]
防卫建筑(defensive structures)，见筑垒
房屋合约流程，18 世纪(contracting procedures, eighteenth century)[872]
飞扶壁(flying buttresses)
　巴黎圣母院(Cathedral of Notre Dame)[*458*]
　哥特时期的运用(Gothic use)[445]
　沙特尔大教堂(Chartres Cathedral)[*458*]
飞机库，奥尔贝泰洛(Orbetello, aircraft hangars)[1395][1415]
飞艇库，奥利机场，巴黎(airship hangers, Orly Airport)[1402]
飞檐之墓，切尔韦泰里(Tomb of the Cornice, Cerveteri)[246][*248*]
非斯(Fez/ Fes，摩洛哥)
　保护(preservation)[1558]
　博恩·伊纳尼亚经学院(Bou Inaniya madrassa)[629]
　卡拉维因清真大寺(Qarawiyn Mosque)[627]
　穆瓦希德大清真寺(Great Mosque of the Almohads)[629]
非斯贾迪德大清真寺(as- Jedid, Great Mosque of Fez)[629]
非洲(Africa)
　1900~1945 年的建筑发展(developments)[1389][1390][1558]
　传统建筑技术的复兴(traditional building techniques revival)[1570][1571][1573][1576]
　地图(map)[*1236*]
　独立后的发展(post- independence development)[1563]~[1570]
　宫殿和酋长们的住所(palaces and chiefs' dwellings)[696][698]
　海岸要塞(coastal forts)[1235]
　纪念性建筑(monuments)[700]
　建筑材料(building resources)[687]
　建筑技术(building techniques)[690]
　建筑特征(architectural character)[696]
　教堂(churches)[699][700]
　居住建筑(domestic buildings)[696]~[698]
　历史(history)[671][672]
　前殖民时期(pre- Colonial period)[667]
　清真寺(mosques)[699]
　神社(shrines)[698]
　寺庙(temples)[699]
　文化(culture)[683]
　殖民时代和后殖民时代历史(Colonial and post- Colonial period, history)

[1225]~[1226]
殖民时期平面图(Colonial period plans)[1242]
自然特征(physical characteristics)[669]
宗教建筑(religious buildings)[698]~[700]
非洲和大洋州艺术博物馆(Museum of African and Oceanic Art)，见殖民地博物馆
菲埃索莱大教堂，佛罗伦萨(Badia Fiesolana, Florence)[*883*][894]
菲茨罗伊广场，伦敦(Fitzroy Square, London)[1107]
菲茨威廉博物馆，剑桥(Fitzwilliam Museum, Cambridge)[1157][*1160*]
菲克瑟博克瑟(Vixseboxse, J.E.)，南非建筑师[1250]
菲克斯货栈，维也纳(Fix Store, Vienna)[1397]
菲莱佩·桑切斯(Sanchez, Filepe)，西班牙 17 世纪建筑师[1019]
菲力普·哈德维克(Hardwick, Philip, 1792~1870)，英国建筑师[1166]
菲利尔·德洛尔姆(l'Orme, Philibert de，约 1510~1570)，法国建筑师[870][877][879][969][971][978][1064][1073]
菲利波·布鲁内莱斯基(Brunelleschi, Filippo, 1377~1446)，意大利建筑师和工程师，意大利早期文艺复兴建筑的先驱[881][886]
菲利·拉古齐尼(Raguzzini, Filippo, 1680~1771)，意大利洛可可风格建筑师[957]
菲利波·泰尔齐(Terzi, Filippo, 1520~1597)，意大利工程师[1235]
菲利波·尤瓦拉(Juvarra, Filippo, 1678~1736)，意大利建筑师，舞台设计师[886][956][1019]
菲利波宅，阿拉邦(Filipino House, Alabang)[1709]
菲利皮的第二巴西利卡(Philippi, Basilica B)[325][*326*]
菲利普·考克斯(Cox, Philip, 1939~)，澳大利亚建筑师[1757][1765]
菲利普·洛弗尔海滨住宅，纽波特比奇，加利福尼亚州(Philip Lovell Beach House Newport Beach, California)[1599]
菲利普·莫里斯·达吉恩(Dudgeon, Philip Maurice, 1852~1891)，南非建筑师[1254]
菲利普·斯塔克(Starck, Philippe, 1949~)，法国建筑师[1688]
菲利普·韦布(Webb, Philip, 1831~1915)，英国工艺美术运动重要的建筑师[1192]
菲利普·温布斯/芬克布斯(Vingboons/ Vinckeboons, Philip(pu)s, 1607/ 1608~1678)，荷兰建筑师，于斯特斯·温布恩斯的兄弟[1063]
菲利普·约翰逊(Johnson, Philip, 1906~2005)，美国建筑师，1979 年获普里茨克建筑奖[1488][1603][1606][1614][1624][1625]
菲利普斯·伍德和李工厂(Phillips, Lee and Wood mill)[874]
菲利普总督塔楼，悉尼(Governor Phillip Tower, Sydney)[*1753*][1754]
菲鲁扎巴德(Firuzabad, City)[592][605][*606*]

菲律宾(Philippines，亚洲)
　20 世纪建筑(Twentieth Century architecture)[1707]~[1709]
　内城(Intramuros)[1322]
　圣地亚哥堡，马尼拉湾(Fort Santiago, Manila Bay)[1321]
菲律宾国际会议中心，马尼拉(Philippine International Convention Centre, Manila)[1707]
菲律宾总医院，马尼拉(Philippine General Hospital, Manila)[1707]
菲纳莱·迪·阿古利亚诺，萨拉切诺别墅(Finale di Agugliaro, Villa Saraceno)[925]
菲尼克斯莱茵罗大楼，杜塞尔多夫(Phoenix Rheinrohr Building, Dusseldorf)[1459]
菲乌米奇诺机场意大利航空公司飞机库，罗马(Alitalia hangars, Fiumicino, Rome)[1480]
菲亚特工厂，林戈托，都灵(Fiat factory, Lingotto, Turin)[1413][*1416*]
腓力二世墓(Tomb of Philip II)[160]
腓力二世圆殿，奥林匹亚(Philippeion, Olympia)[*138*][161]~[162]
腓尼基建筑(Phoenician architecture)[90]~[91]
腓特烈·威廉三世暖阁，夏洛滕堡，柏林(Pavilion of Friedrich Wilhelm III, Charlottenburg, Berlin)[1051]
腓特烈堡，宫堡(Fredericksborg, Royal Castle)[1134][*1135*]
腓特烈大帝纪念堂，柏林(Monument to Frederick the Great)[1046][1047]
腓特烈宫，海德堡宫堡(Friedrichsbau, heidelberg Castle)[*1031*][1032][*1034*]
腓特烈教堂(Fredeickskirke)，见大理石教堂
腓特烈讷格尔殖民区/塞兰布尔(Fredeicksnagore settlement/ Serampore)[1349]
腓特烈五世礼拜堂，罗斯凯德大教堂(Roskilde Cathedral, Frederik V Chapel)[1143][*1146*]
斐济(Fiji，大洋洲)
　会议中心，苏瓦(Suva Conference Centre)[*1770*][1771]
　南太平洋经济合作组织(SPEC)论坛秘书处(South Pacific Bureau for Economic Cooperation/ SPEC Forum Secretariat)[1771]
　议会(Parliament)[*1772*][1773]
吠陀(Vedas writings)[4]
吠陀时期(Vedic Age)[685][686]
肺结核病疗养院，科瓦斯纳(Covasna, TB Sanatorium)[1513]
费奥多尔·奥西波维奇·舍赫捷利(Shekhtel, Fedor, 1859~1926)，俄国新艺术运动建筑师[1395][1517][1519][*1520*][1521]
费城(Philadelphia，美国)
　宾夕法尼亚美术学院(Pennsylvania Academy of Fine Arts)[1286]
　宾州共同生命保险公司大楼(Penn Mutual Life Insurance Building)[1290]
　城市规划项目(urban project)[1616]
　独立纪念馆(Independence Hall)[*1276*][1278]
　费城储蓄基金会大楼(Philadelphia Saving Fund Society Building)[1604]

中文版索引

费城市政厅(City Hall)[*1284*][1288]
基督堂(Christ Church)[1273]
吉尔德老年人公寓(Guild House old people's home)[1622]
吉拉德学院创建者礼堂(Girard College/ Founders'Hall)[1286]
卡彭特大厦(Carpenters Hall)[1278]
林木线宅(史密斯宅)(Timberline/ Smith House)[1585]
芒特普莱森特宅(Mount Pleasant)[1264]
美国第二银行大厦(老海关大楼)(Second Bank of the US)[1289]
美国东部监狱(Eastern State Penetentiary)[1286]
纽博尔德宅(Newbold House)[1585][*1587*][*1588*]
商品交易所(Merchants'Exchange)[*1284*][1289]
万娜·文丘里宅(Vanna Venturi House)[*1621*]
雅典娜俱乐部(Athenaeum)[1286]

费迪南多·富加(Fuga, Ferdinando, 1699～1782),意大利建筑师[886]
费迪南多·圣费利切(Sanfelice, Ferdinando, 1675～1750),意大利那不勒斯建筑师[965]
费多尔·利德瓦尔(Lidval, Fedor, 1870～1945),瑞典建筑师[1519]
费尔班克斯宅,戴德姆,马萨诸塞州(Fairbanks House, Dedham, Massachusetts)[1261]
费尔道斯经学院,阿莱颇(al- Firdaus Madrassa, Aleppo)[620]
费尔德基兴-根讷斯多夫(Feldkircheff- Gonnersdorf),德国莱茵河畔帐篷遗址[226]
费尔滕和纪尧姆馆,维也纳(Felten & Guillaume Pavilion, Vienna)[1448]
费赫莱根宅,开普敦(Vergelegen, Cape Colony)[1245]
费拉拉(Ferrara, 意大利)[908]
　　迪亚曼蒂府邸(Palazzo dei Diamanti)[908]
　　罗塞蒂宅(Casa Rossetti)[908]
　　萨克拉蒂府邸(Palazzo Sacrati)[*884*]
　　圣本尼狄克教堂(S.Benedetto)[908]
　　圣克里斯托福罗教堂(S.Cristoforo)[908]
费勒(Veere, 荷兰)
　　市政厅(town hall)[543]
　　"羊羔宅"(Het Lammetje)[544]
　　隐修院教堂(church)[543]
费利克斯·罗哈斯(Roxas, Felix),在菲律宾从事设计的欧洲建筑师[1322]
费利克斯·萨穆埃利(Samuely, Felix, 1905～1959),维也纳出生的英国工程师[1468]
费利克斯埃马纽埃尔·卡莱(Callet, Félix- Emmanuel, 1791～1854),法国建筑师[1183]
费利什·坎代拉(Candela, Félix, 1910～1997),西班牙裔墨西哥建筑师[1634]
费内市政厅,拉科鲁尼亚(Fene Town Hall, La Coruna)[1485]
费纳里伊萨清真寺(Fenari Isa Cami),见君士

坦丁利普斯隐修院
费瑟市场大厅,伊丽莎白港(Feather Market Hall, Port Elizabeth)[1570]
费瑟斯通宅,墨尔本(Featherston House, Melbourne)[*1756*]
费特迈清真寺,博斯拉(al- Fatma Mosque, Bosra)[614]
分离派展览馆,维也纳(Secession Building, Vienna)[1397]
芬德埃屈里,马恩河畔(Fin D'Ecury, Marne)[237]
芬皇寺(Punhwangsa Temple)[748]
芬兰(Finland, 欧洲)
　　1900～1945年的发展(developments)[1437]
　　1945年以后的发展(post-1945 developments)[1451][1452]
　　芬兰民族浪漫主义(National Romantic Movement)[1519]
　　新古典主义风格实例(neo- Classical style, examples)[1143][1150]
芬兰大使馆,德里(Finnish Embassy, Delhi)[1740]
芬兰大厦,赫尔辛基(Findlandia Hall, Helsinki)[1452]
芬兰抵押协会大楼,赫尔辛基(Finnish Mortgage Association Building, Helsinki)[1440]
芬斯堡健康中心,伦敦(Finsbury Health Centre, London)[1431]
芬希尔宅,马尔果阿附近,新南威尔士(Fernhill homstead, near Mulgoa, New South Wales)[*1361*][*1366*]
粉厂主协会大楼,艾哈迈达巴德(Mill Owners' Association Housing, Ahmedabad)[1725][*1727*]
丰德三号工厂,格兰河畔圣法伊特(Funder Factory 3 S.veit an der Glan)[1450]
丰特夫罗隐修院(Fontevraud Abbey)[*380*][*389*][390][391]
　　修士餐厅(Monastic Kitchen)[391]
丰特奈隐修院(Fontenay Abbey)[467][*471*]
风斗(wind- scoops)[*600*][601]
风格派(De Stiji group)[1436]
风景如画风格,美国(picturesque/ gardenesque villa style, United States)[1279][1286][1288]
风景如画运动,欧洲(Picturesque movement, Europe)[1151][1154][1156]
风神殿,霍华德堡(Temple of the Winds, Castle Howard)[1096]
风之宫,拉贾斯坦邦(Palace of the Winds, Hawa Mahal, Rajasthan)[818]
风之塔,横滨(Tower of Winds, Yokohama)[1684][*1687*]
枫丹白露(Fontainebleau, 法国)
　　大费拉尔宫(Le Grande Ferrare)[978]
　　格罗阁(Gros Pavillion)[1000]
枫丹白露宫(Palais de Fonlainebleau)[*973*][*977*][*979*][983][992][1064]
枫丹白露学派(School of Fontainebleau, engravings)[846][977]
"蜂窝"状村庄,阿勒颇附近(beehive village, near Aleppo)[663]
凤停寺,安东郡(Pongjongsa Temple, Andong)[*751*][752][754]
凤岩寺,闻庆(Pongamsa Temple stupa, Mungyong)[754]
佛宫寺释迦塔,山西应县(Shijia Pagoda,

Shanxi)[*733*][738]
佛光寺,山西省(Foguang Monastery, Shanxi Province)[*737*][739]
佛国寺(Pulguksa, 韩国)
　　佛国寺多宝塔(Tabot'ap Pagoda)[*750*][752]
　　佛国寺释迦塔,庆州(Sokkat'ap Pagoda)[*750*][752]
　　弘法国师的灯形宝相塔(Hongbop, lampshaped stupa)[*751*][754]
佛教(Buddhism)
　　朝鲜(Korea)[673]
　　东南亚(Southeast Asia)[686][687]
　　孔雀帝国(Mauryan Empire)[676]
　　前殖民时期(pre- Colonial)[779]
　　日本(Japan)[674][675]
　　泰国(Thailand)[826]
　　印度次大陆(Indian subcontinent)[676][685][686]
　　中国(China)[684]
　　中国佛教寺院(Chinese monastery)[*679*][684]
　　宗教建筑(religious architecture)[730]～[731]
佛教禅宗(Zen Buddhism)[687][675][685]
佛教的宇宙系统(Buddhist cosmic system)[838]
佛教遗址的柱子(pillars, Buddhist sites)[787][788]
佛罗里达公园,拉巴斯,玻利维亚(La Florida Park, La Paz, Bolivia)[1646]
佛罗里达州(Florida, 美国)
　　庞斯德利昂饭店,圣奥古斯丁(Ponce de Leon Hotel, S.Augustine)[1295]
　　圣马可堡,圣奥古斯丁(Castillo de San Marcos, S.Augustine)[1266]
　　沃尔特·迪斯尼世界旅馆(Walt Disney World hotels)[1622]
佛罗伦萨(Florence, 意大利)
　　巴齐的抹大拉圣马利亚教堂(S.Maria Maddalena del Pazzi)[894][*897*]
　　巴齐礼拜堂(Pazzi Chapel)[*887*][888]
　　比加罗敞廊(Bigallo)[*585*][587]
　　波波里花园(Boboli Gardens)[*849*][937]
　　大长廊(乌菲齐宫)(Uffizi/ Corridoio)[936]
　　大教堂(圣母圣花大教堂)(Cathedral)[577][*578*][*580*][*842*][866][886]
　　菲埃索莱大教堂(Badia Firsolana)[894]
　　佛罗伦萨大教堂(S.Maria del Fiore)[867]
　　佛罗伦萨市体育场(Stadio Communale)[1415]
　　佛罗伦萨洗礼堂(Baptistery)[577]
　　佛罗伦萨艺术学院(artists' academy)[868]
　　佛罗伦萨钟楼(Campanile)[577]
　　贡迪府邸(Palazzo Gondi)[*883*][895]
　　瓜达尼府邸(Palazzo Guadagni)[*891*][895]
　　国家博物馆(National Museum)[*883*]
　　夸拉泰西府邸(Palazzo Quaratesi)[*883*][*891*][894]
　　兰齐敞廊(Loggia del Lanzi)[*584*]
　　劳仑齐阿纳图书馆(S.Lorenzo/ Laurentian Library)[932][*934*]

[1879]

老宫(Palazzo Vecchio)[*584*][587]
礼宾室(乌菲齐宫) (Uffizi/ Tribuna) [*934*]
卢彻莱府邸(Palazzo Rucellai)[889][*891*][894][895]
梅迪契宫(Medici Palace)[889][*892*]
潘恰蒂基-希梅内斯府邸(Palazzo Panciatichi- Ximenes)[895]
皮蒂宫(Palazzo Pitti)[*883*][*891*][894]
祈祷门(乌菲齐) (Uffizi/ Porta delle Suppliche)[936]
山上的圣米尼阿托教堂(S.Miniato al Monte)[*372*][374]
神圣的圣母领报广场(Piazza S.Annunziata)[815]
神圣的圣母领报教堂(S.Annuziata) [888]
圣灵教堂(S.Spirito)[888][*890*][894]
圣洛伦索教堂(S.Lorenzo)[886][*887*]
圣马可教堂(S.Marco)[888]
圣米尼阿托教堂(S.Miniato)[207]
圣母马利亚街(Por Santa Maria)[1476]
圣十字教堂(布鲁尼墓) (S.Croce/ Bruni Tomb)[895]
圣约翰教堂, 太阳高速公路旁(Church of S.Giovannis, Autostrada del Sole) [*1411*]
斯卡拉公馆(Palazzetto Scala)[895]
斯特罗奇府邸(Palazzo Strozzi)[895][*896*]
天使圣母教堂祈祷室(Oratory of S, Maria degli Angeli)[888]
新圣母教堂(S.Maria Novella)[571][577][*842*][889]
新圣母教堂火车站(Santa Maria Novella Railway Station)[1415][*1416*]
新圣器室(S.Lorenzo/ New Sacristry) [932][*933*]
行政长官官邸(Palazzo del Podesta) [587]
佛罗伦萨的圣约翰教堂, 罗马(S.Giovanni dei Fiorentini, Rome)[936]
佛罗伦萨市体育场, 佛罗伦萨(Stadio Communale, Florence)[1415]
佛塔, 玛哈泰寺(Wat Phra Mahathat, stupa) [835]
佛塔, 全罗南道光阳中兴山城(Chunghung Sansong Fortress, Kwangyang)[752]
佛香阁, 北京(Foxiangge/ Tower of Buddhist Incense, Beijing)[*728*][730]
夫子庙商业街, 南京(Fuzimiao Shopping Street, Nanjing)[1669]
弗吉尼亚州(Virginia, 美国)
  弗吉尼亚大学, 夏洛茨维尔(University of Virginia, Charlottesville)[*1285*][1286]
  李大厦, 阿林顿(Lee Mansion, Arlington) [1279]
  蒙蒂塞洛(Monticello)[*1275*][1278]
  培根城堡, 萨里县(Bacon´s Castle, Surry County)[*1262*][1264]
  普鲁顿教区教堂, 威廉斯堡(Bruton Parish Church, Williamsburg)[*1272*][1273]
  圣路加教堂, 史密斯菲尔德(S.Luke´s Church.Smithfield)[*1272*][1273]
  威廉和玛丽学院, 威廉斯堡(William and Mary College, Williamsburg)

[*1272*][1274]
  威廉斯堡(Williamsburg)[1531][1593]
  韦斯托费庄园, 查尔斯城县(Westover, Charles City County)[*1262*][1264]
  雪莉宅, 查尔斯城县(Shirley, Charles City County)[1265]
  亚当·索罗古德宅, 弗吉尼亚比奇(Adam Thoroughgood House, Virginia Beach) [1264]
  州议会大厦, 里士满(State Capitol, Richmond)[1283][*1284*]
弗拉格勒学院(Flagler College), 见庞斯德利昂饭店, 圣奥古斯丁
弗拉基米尔(Vladimir, 俄罗斯)[345]
  金门(Golden Gate)[*346*].352]
  圣德米特里大教堂(Cathedral of S.Demetrius)[347].352]
弗拉基米尔·舒科(Shchuko, Vladimir, 1878~1939), 前苏维埃时代建筑师[1519]
弗拉基米尔·叶夫格拉福维奇·塔特林(Tatlin, Vladimir, 1885~1953), 乌克兰画家、雕塑家[1521]
弗拉基米尔-苏兹达尔罗斯公国(Vladimir- Suzadal)[345]
弗拉米尼奥·蓬齐奥(Ponzio, Flaminio, 约 1559~1613), 意大利晚期手法主义建筑师[946]
弗拉姆灵厄姆堡, 萨福克郡(Framlingham Castle, Suffolk)[505]
弗拉讷克, 乡土教堂(Franeker, church)[544]
弗拉诺夫堡(Vranov Castle)[1035]
弗拉瑞圣母荣耀教堂, 威尼斯(S.Maria Gloriosa dei Frari, Venice)[571][*574*]
弗拉维宫/奥古斯都宅邸, 罗马(Flavian Palace/ Domus Augustana, Rome)[280]
弗拉维亚王朝(Flavian dynasty)[182]
弗赖·奥托(Otto, Frei, 1925~), 德国建筑师, 悬挂屋盖结构的先驱[1462][1464][1544][1614][1703]
弗赖特铸铁大厦, 卢布尔雅那(Fiat Iron Building, Lubljana)[1514]
弗兰基尼府邸, 维罗纳(Palazzo Franchini, Verona)[*885*]
弗兰克·布鲁尔(Brewer, Frank), 新加坡建筑师[1695]
弗兰克·弗内斯(Furness, Frank, 1839~1912), 美国建筑师[1286]
弗兰克·盖瑞(Gehry, Frank, 1929~), 美国建筑师, 1989年获普里兹克建筑奖[1502][1624][1625][1627]
弗兰克·劳埃德·赖特(Lloyd Wright, Frank, 1867~1959), 美国现代主义建筑大师[1261][1282][1432][1436][1484][1489]
弗兰克斯顿宅, 维多利亚(Frankston, Victoria) [1765]
弗兰普顿教堂, 林肯郡(Frampton, Lincolnshire)[*443*]
弗兰西斯·海恩纳(Hiorne, Francis, 1744~1789), 英国建筑师[1123]
弗朗茨·冯·里特尔男爵(von Ritter, Franz Freiherr)[1043]
弗朗茨·克里斯蒂安·高(Gau, Franz Christian, 1790~1854), 德国建筑师[1173]
弗朗茨·茹尔丹(Jourdain, Frantz, 1847~1953), 比利时建筑师、作家[1400]
弗朗切斯科·巴尔贝里尼(Barberini,

Francesco, 1597~1679), 意大利枢机主教[953]
弗朗西斯科·博罗米尼(Borromini, Francesco, 1599~1667), 意大利巴洛克时期最伟大的建筑师之一[886][946]
弗朗西斯科·德·桑克蒂斯(Sanctis, Francesco de, 1693~1740), 意大利建筑师[957]
弗朗西斯科·迪乔治(di Giorgio, Francesco, 1439~1501/2), 意大利建筑师[869][881][900]
弗朗切斯科·卡拉蒂(Caratti, Francesco, ?~1677), 意大利出生的捷克建筑师[1038]
弗朗切斯科·马里亚·里基诺(Ricchino, Francesco Maria, 1583~1658), 意大利早期巴洛克建筑师[943]
弗朗切斯科·坦布里尼(Tamburini, Francesco, 1846~1891), 意大利建筑师[1289]
弗朗斯和德卡雷尔事务所(Frantz and De Carel)[1239]
弗朗索瓦·埃纳比克(Hennebique, François, 1842~1921), 法国工程师, 钢筋混凝土建筑技术的发明者[875][1206][1395][1400]
弗朗索瓦·布隆代尔(Blondel, François, 1705~1774), 法国建筑师、建筑理论家[877][999][1127]
弗朗索瓦·夸涅(Coignet, François, 1814~1888), 法国钢筋混凝土结构的先驱者[875]
弗朗索瓦·芒萨尔(Mansart, François, 1598~1666), 法国建筑师, 法国古典主义建筑的代表人物[870][969][977][988][996]
弗朗索瓦-亚历山大·迪凯奈(Duquesney, Francois- Alexandre, 1790~1849), 法国建筑师[1166]
弗朗索瓦约瑟夫·贝朗热(Belanger, F- J, 1744~1818), 法国建筑师[1006]
弗朗西斯·古德温(Goodwin, Francis, 1784~1835), 英国建筑师[1123]
弗朗西斯·霍华德·格林韦(Greenway, Francis Howard, 1777~1837), 澳大利亚建筑师[1234][1250]
弗朗西斯·雷金纳德·史蒂文斯·约克(Yorke, Francis Reginald Stevens, 1906~1962), 英国建筑师[1431]
弗朗西斯·莫森·拉滕伯里(Rattenbury, Francis Mawson, 1867~1935), 英国建筑师[1288]
弗朗西斯科·贝伦格尔(Berenguer, Francisco, 1866~1914), 西班牙建筑师[1443][1444]
弗朗西斯科·贝塞拉(Becerra, Francisco, 约 1545~1605), 西班牙裔墨西哥建筑师[1266]
弗朗西斯科·格雷罗-托雷斯(y Torres, Francisco Guerrero), 墨西哥建筑师[1265]
弗朗西斯科·曼诺萨(Manosa, Francisco, 1930~), 菲律宾建筑师[1707]
弗朗西斯科·平托·德阿布雷乌(Abreu, Francesco Pinto de), 巴西建筑师[1274]
弗朗西斯科·乌尔塔多(Hurtado, Francisco, 1669~1725), 西班牙巴洛克建筑师[1018]
弗朗西斯科·希门尼斯(Jiménez, Francisco), 墨西哥建筑师[1269]

中文版索引

弗朗兹·海因里希·施韦希顿(Schwechten, Franz, 1841~1924)，德国建筑师[1507]

弗劳恩贝格，赫卢博卡府邸(Frauenberg, Zámek Hluboká)[1174]

"弗雷德·阿斯泰尔和金杰·罗杰斯"商业综合体，布拉格(Fred Astaire and Ginger Rogers´ensemble, Prague)[1502]

弗雷德里克·M.格拉顿(Gratton, Frederick M.)，英国建筑师，玛礼逊洋行合伙人[1299]

弗雷德里克·布洛姆(Blom, Frederik)，瑞典19世纪建筑师[1143]

弗雷德里克·吉伯德(Gibberd, Frederick 1908~1984)，英国建筑师、城市规划师、景观建筑师[1475]

弗雷德里克·龙伯格(Romberg, Frederick, 1913~1992)，澳大利亚建筑师[1759]

弗雷德里克·撒切尔(Thatcher, Frederick, 1814~1890)，英国新西兰建筑师[1367]

弗雷德里克·苏斯特里斯(Sustris, Frederick, 1524~1599)，德国建筑师[***923***][1032][1033]

弗雷德里克·威廉·史蒂文斯(Stevens, Frederick William, 1848~1900)，英国建筑师[1345][1725]

弗雷德里克·约翰·卢加德勋爵(Lugard, Lord Frederick John, 1858~1945)，英国殖民史上发挥重要作用的行政官员，曾在东非、西非和中国香港任职[1558]

弗雷德里克-亨利·索瓦热(Sauvage, Henri, 1873~1932)，法国建筑师[1400][1402]

弗雷明汉姆南站，马萨诸塞州(South Framingham Station, Massachusetts)[1288]

弗雷讷府邸(小礼拜堂)(Château of Fresnes/chapel)[988]

弗雷堡天主教大学(Fribourg, Catholic University)[1413]

弗雷茨·哈勒尔(Haller, Fritz, 1924~)，瑞士建筑师[1485]

弗里达·卡罗宅，墨西哥城(Frida Khalo house, Mexico City)[1630]

弗里德里希·冯·格特纳(von Gärtner, Friedrich, 1792~1847)，德国建筑师[1157][1173]

弗里德里希·冯·克罗伊将军(von Krogh, General Friedrich)，挪威建筑师[1143]

弗里德里希·冯·施密特(von Schmidt, Friedrich, 1825~1891)，奥地利哥特复兴建筑师[1154][1187]

弗里德里希·洪德特瓦瑟(Hundertwasser, Frieensreich, 1928~)，奥地利建筑师、设计师[1450]

弗里德里希·霍夫曼(Hoffmann, Friedrich)[875]

弗里德里希·吉利(Gilly, Friedrich, 1772~1800)，德国建筑师[1027][1046]

弗里德里希·魏因布伦纳(Weinbrenner, Friedrich, 1766~1826)，德国建筑师[1047]

弗里德曼宅，普莱森特维尔，纽约(Friedman House, Pleasantville, New York)[1603]

弗里吉亚建筑(Phrygian architecture)[***94***][96]~[97]

弗里奇雷(Fritchley, E.W.)，英国建筑师[1725]

弗里吉亚人的房屋，戈尔迪乌姆(Gordion, Phrygian houses)[96]

弗利斯特山的豪尼曼博物馆，伦敦(Horniman Museum, Forest Hill, London)[1201]

弗林特堡(Flint, bastide)[508]

弗鲁塔斯·维瓦斯(Vivas, Frutas)，委内瑞拉建筑师[1646]

弗鲁兹阿巴德宫(Feruzabad, Palace)[***100***][102]

弗伦茨·菲格(Füeg, Franz)，瑞士建筑师[1485]

弗罗茨瓦夫(Wroclaw)，见布雷斯劳

弗罗斯托夫斯基府邸与事务所大楼，圣彼得堡(P.P.Forostovský´smansion, S.Petersburg)[1519]

弗洛雷阿尔城，布鲁塞尔(Cité Floréal, Brussels)[1437]

弗内斯，砖构住宅(Furnes, houses)[544]

弗农·布朗(Brown, Vernon)，新西兰建筑师[1749]

弗斯塔特，开罗(Fustat/ early Cairo)[620]

弗瓦迪斯瓦夫大厅，布拉格城堡(Wladislav Hall, Prague Castle)[526]

孚勒维贡府邸(Château of Vaux- le- Vicomte)[992]

孚日广场，巴黎(Place des Vosges/ Place Royale, Paris)[983][***985***]

伏库特玛斯学校(新技术艺术学校)，莫斯科(Vkhulemas school)[1393]

扶安，来苏寺(Puan, Naesosa Temple)[723]

扶壁(mur boutant/ buttress walls)[453]

扶垛、扶壁(buttressing)

  飞扶壁(flying)[***217***][***458***]

  罗马式扶壁(Roman)[213]

  室内(internal)[547]

扶南王国时期(公元3~6世纪)(Funanese period)[681]

扶余(Puyo，朝鲜)

  长蝦里塔(Changhari pagoda)[752]

  宗林寺塔(Chongnimsa Temple pagoda)[747][749]

浮雕阿周那苦修图，默哈伯利布勒姆(Arjuna´s Penance relief, Mahabalipuram)[***789***][808]

浮雕之墓，切尔韦泰里(Tomb of the Reliefs, Cerveteri)[246][***248***]

浮石寺，荣州郡(Pusoka Temple, Yongju)[***750***][752]

福堡博物馆(Fåborg Museum)[1440]

福堡宫，都柏林(Four Courts, Dublin)[1110][***1112***]

福河沿岸的磨粉厂，马萨诸塞州(Fall River mills, Massachusetts)[1295]

福图纳·维里利斯神庙，罗马(Temple of Fortuna Virilis, Rome)[***244***][254]

大美洲虎神金字塔庙(Temple of the Giant Jaguar)，见1号金字塔庙，蒂卡尔

福图纳圣殿与神庙，帕莱斯特里纳(Sanctuary and Temple of Fortuna Primigenia, Palestrina)[250]

福格特尔(Voigtel, R., 1829~1902)，德国建筑师[1152]

福建省画院，福州(Fujian Provincial Academy of Painting, Fuzhou)[***1666***][1667]

福克兰宫，法夫(Falkland Palace, Fife)[1074]

福克斯(Fox, J.F.)[1378][1570][1571]

福塞尔斯洛奇，威尔特郡(Fussell´s Lodge)[***230***][231]

福斯卡里别墅，马尔孔滕塔(Villa Foscari, Malcontenta)[926]

福斯卡里府邸，威尼斯(Palazzo Foscari, Venice)[572]

福特基金会办公大楼，纽约(Ford Foundation office building, New York)[1616][***1617***]

福音传道者院，埃斯科里亚尔(Patio de los Evangelistas, Escorial)[1018]

辐射式哥特风格(Rayonnant style)[446][447][448][449][459][466][467][514][583]

  德国(Germany)[514][525]

  法国(France)[514][522]

  西班牙(Spain)[549]

抚慰圣母教堂，托迪(S.Maria della Consolazione, Todi)[914][915][***939***]

府邸(大型城市住宅)(palazzi/ large urban dwellings)[851]

府邸，波默斯费尔登(Schloss, Pommersfelden)[1038]

府邸，林德霍夫，上阿默高附近(Schloss, Linderhof, near Oberammergau)[1216][***1219***]

府邸，瑟内夫(Seneffe, Château)[1059]

府邸的贵族层(二、三层)(piano nobile，意大利)[851]

妇女运送涂油仪式用油教堂，诺夫哥罗德(Church of the Women carring Anointing Oil, Novgorod)[351][***358***][360]

复仇者战神庙，罗马(Temple of Mars Ultor, Rome)[***253***][254]

复活小礼拜堂，图尔库公墓，图尔库(Resurrection Chapel, Turku Cemetery, Turku)[1440][***1441***][1443]

"复兴固有建筑艺术"运动，中国(National Rejuvenation movement, China)[1647]

副校长宿舍，女王学院，牛津(Queen´s College, Provost´s Lodgings, Oxford)[1468]

富尔达隐修院(Fulda Abbey)[362][363]

富格尔府邸，奥格斯堡(Fuggerhäuser, Augsburg)[1028]

富兰克林路公寓，巴黎(Rue Franklin flats, Paris)[1400]

富勒(富拉特隆)大楼，纽约(Fuller/ Flation Building, New York)[1583]

富突哈门，又名伊兑巴勒们，开罗(Bab Futuh, Cairo)[621]

富图纳礼拜堂，马利亚会神父静修宅，惠灵顿(Futuna Chapel, Marist Fathers Retreat House, Wellington)[1766]

富瓦萨克宅，马拉喀什(Foissac House, Marrakesh)[1574]

"覆橡桁架"屋顶(trussed rafter roof)[424]

馥记大厦，南京(Voh Kee Building, Nanjing)[1653]

G

嘎约尼斯大学，班加西(Benghazi, Garyounis University)[1567]

伽色尼王朝(Ghaznavid dynasty)[636]

伽色尼王朝宫殿，拉什卡里巴扎(Ghaznavid palace, Lashkari Bazar)[633]

嘎约尼斯大学，班加西(Garyounis University, Benghazi)[1567]

盖迪镇(Gedi，肯尼亚)

  斯瓦希里宫(Swahili palace)[***697***][699]

  斯瓦希里清真寺(Swahili mosque)[700]

斯瓦希里住宅(Swahili houses)[696]
盖恩罗德，隐修院(Gernrode, Abbey)[391][*393*][*394*][398]
盖拉蒂隐修院，格鲁吉亚(Gelati Monastery)[*330*][332]
盖勒公园，巴塞罗那(Park Guell, Barcelona)[1443]
盖勒宅邸，巴塞罗那(Palau Güell, Barcelona)[1212][*1219*]
盖纳(Gaynor, J.P.)，美国建筑师[956][965][1295]
盖奇大楼，芝加哥(Gage Building, Chicago)[*1292*][1295]
盖瑞自宅，圣莫尼卡(Santa Monica, Frank Gehry´s house)[1625]
盖亚尔堡(Château Gaillard)[475]
盖芝勒宫，开罗(Guezireh Palace, Cairo)[1239]
干城章嘉公寓，孟买(Kanchanjunga Apartments, Bombay)[1740][*1743*]
干砌石屋(drystone building)
　埃及石屋(Egyptian)[22]
　史前(Prehistoric)[*227*][*232*]
　铁器时代(Iron Age)[237]
　新石器时代(Neolithic)[229]
甘贝塔电影院，巴黎(Cinéma Gambetta, Paris)[1402]
甘伯拉亚别墅，塞蒂涅阿诺(Villa Gamberaia, Settigano)[*849*]
甘布尔宅，帕萨迪纳(Gamble House, Pasadena，美国)[*1587*]
甘达列赫，村庄遗址(Ganjdareh, village)[36]
甘迪宫殿，斯里兰卡(Kandy, Sri Lanka)[818]
甘地纪念馆，昌迪加尔(Ghandi Bhavan, Changdigarh)[1725][1728]
甘地劳工研究所，艾哈迈达巴德(Gandhi Institute of Labour Studies, Ahmedabad)[1736][*1737*]
甘吉布勒姆(旧译建志补罗) (Kanchipuram, 印度)
　埃甘巴勒湿婆神庙(Ekambareshvara Temple)[795][*813*]
　凯拉萨纳特神庙(Kailasanatha Temple)[804]
　摩哂陀跋摩湿婆神龛(Mahendra meshvara shrine)[804]
感恩教堂，纽约(Grace Church, New York City)[1282]
感恩寺双塔，月城郡(Kamunsa Temple, Wolsong)[752]
冈山(Okayama，日本)
　吉备津神社(Kibisu Shrine)[756][757][*759*]
　天守阁(castle town)[774]
冈特·博克(Bock, Gunter)，德国建筑师[1459]
冈特·多梅尼希(Domenig, Gunter, 1934～)，奥地利建筑师[1450]
冈维尔和凯厄斯学院，剑桥(Gonville and Caius College, Cambridge)[1074]
钢城，贾姆谢德布尔(Jamshedpur, steel town)[1719]
钢筋混凝土结构(reinforced concrete construction)
　埃纳比克体系(Hennebique system)[1400]
　概述(introduction)[875]
　钢筋混凝土折板结构(folded plate structure)[1458]
　混凝土薄壳(thin shells)[1409][1444][1458]
　混凝土抛物面壳体(parabolic shells)[1634]
　拉丁美洲(Latin America)[1631][1635]
　世界上第一座钢筋混凝土拱桥(first arched bridge)[1295]
　形式的自由(free-form)[1635]
　预应力(pre-stressed)[1402]
　早期钢筋混凝土楼梯(early staircases)[1206]
　早期教堂中的应用(early church use)[1207]
　早期美国工厂中的运用(early American factory use)[1295]
钢框架结构(steel frame construction)[1610]
　概述(introduction)[874]
　柯达大楼，伦敦(Kodak Building, London)[875][1417][*1419*]
　美国(United States)[1290][1295]
港口圣母教堂，克莱蒙·费朗(Clermont Ferrand, Notre Dame du Port)[383]
港口圣尼古拉教堂(S.Nicholas du Port)[467]
杠杆原理(lever principle)[24]
高达寺，骊州(Kodalsa Temple stupa, Yoju)[754]
高地大楼，阿默舍姆(High and Over/ house, Amersham)[1431]
高点公寓，海格特，伦敦(High Point flats, Highgate, London)[1431][*1434*]
高哈尔·沙德经学院，赫拉特(Gawhar Shad Madrassa, Herat)[641]
高级中学，蒂尔堡(Tilburg, High School)[1481]
高拉小丘，神社(Tepe Gawra, Shrine)[38][40]
高棉-华富里时期(Khmer-Lopburi period)[825]
高棉时期(Khmer period)[681]～[682]
　柬埔寨(Cambodia)[823]～[824]
　寺庙山概念(templemountain concept)[830]
"高墓地"，莫斯塔尔(acro-necropolis, Mostar)[1516]
高山城(Takayama City)[*777*][778]
　吉村町屋(Yoshimura House)[778]
高松伸(Takamatsu, Shin, 1948～)，日本建筑师[1688]
高松正原(Takamatsu, Masahara)，日本建筑师[1688]
高速公路(autobahns)[1412]
高温浴室(caldarium/ hot room)[256][289][293]
戈布的神庙，古吉拉特邦(Gop temple, Gujurat)[815]
戈登·邦沙夫特(Bunshaft, Gordon, 1909～1990)，美国建筑师，1988年获普利茨克建筑奖[1544][1607]
戈登宅，约翰内斯堡(House Gordon, Johannesburg)[1563]
戈尔·贡巴兹陵墓，比贾布尔(Gol Gumbaz Tomb, Bijapur)[653]
戈尔德曼和萨拉契商店与公寓，维也纳(Goldmann and Salatsch Shop and Apartments, Vienna)[1399]
戈尔迪、蔡尔德和戈尔迪事务所(Goldie, Childe and Goldie)，英国建筑师事务所[1250]
戈尔凯赫柱廊，马利亚温泉市(Mariánské Lázně, konlonáda M.Gorkého)[1206]
戈尔孔德宅(Golconde House)[1728]
戈尔马斯(Gormaz, 西班牙)
　杜罗河畔贝尔兰加城(Berlanga de Duero)[408]
　伊斯兰城堡(Muslim castle)[562]
戈尔韦郡(Co.Galway, 爱尔兰)
　教区学院(Diocesan College)[1432]
　斯皮德尔教堂(Spiddal Church)[1432]
戈尔真古特住宅区，帕拉拉亚(Golzengut estate, Pomerania)[1407]
戈弗雷·托马斯·格林(Greene, Godfrey Thomas)[1183]
戈特弗里德·伯姆(Böhm, Gottfried, 1920～)，德国建筑师，1986年获普利茨克建筑奖[1452][1459][1460]
戈特弗里德·森佩尔(Semper, Gottfried, 1803～1879)，19世纪建筑师[1201]
戈提那，圣提多教堂(Gortyna, Hagria Titos)[325][*326*][*327*]
哥本哈根(Copenhagen, 丹麦)[863]
　贝拉霍维街公寓(Bellahojvej tower blocks)[1482]
　哥本哈根警察总部(Police Headquarters)[1440]
　哥本哈根市政厅(Town Hall)[*1200*][1201]
　格伦特维赫教堂(Grundtvig Church)[1440][*1441*]
　国家银行(National Bank)[1483]
　汉斯泰特学校(Hansstedt school)[1483]
　救世主教堂(Church of Our Saviour)[*1141*][1143]
　卡洛滕博格宫(Charlottenburg Palace)[1137]
　孔恩斯内多尔夫的哈斯多夫宅(Kongens Nytorv)[1143][*1145*]
　路易斯安娜博物馆，胡姆勒拜克(Louisiana Museum, Humleback)[1483]
　蒙克嘎德学校，索伯格(Munkegard School, Soborg)[1483]
　上塔斯特鲁普学校(Høje Taastrup School)[1483]
　圣母教堂(Vor Frue Kirke)[1143][*1146*]
　圣尼古拉教堂(S.Nikolaj)[1482]
　托瓦尔森博物馆(Thorwaldsen Museum)[1157][*1158*]
　耶斯佩森公司办公楼(Jesperson office building)[1483]
　圆塔(Round Tower)[1136]
　证券交易所(Exchange)[1134][*1138*]
哥德堡(Gothenburg, 瑞典)
　市政厅扩建(City Hall extension)[1426][*1428*]
　哈兰达教堂(Harlanda Church)[1482]
　南哥德海尔顿住宅区(Sodra Guldhelden housing)[1482]
哥伦比亚(Colombia)
　巴尔迪霍约斯侯爵宅，卡塔赫纳(House of the Merqués de Valdehoyos, Cartagena)[1265]
　卡塔赫纳大教堂(Cartagena Cathedral)[1266]

中文版索引

卡塔赫纳的防御工事(Cartegena fortifications)[1265]
见波哥大
哥伦比亚特区(DC/ Disctrict of Columibia，美国)
都铎广场，乔治敦特区(Tudor Place, Georgetown)[1279]
乔治敦海关大楼，今邮政大楼(Georgetown Customs House)[1286]
见华盛顿
哥伦布城(Columbus，美国)
俄亥俄剧院(Ohio Theatre)[1583][*1584*]
消防站(Fire Station)[1422]
哥特风格(Gothic style)[190]~[181][218]
概述(introduction)[177][178][444][445]
建筑材料(building resources)[208]
建筑技术及发展(building techniques and processes)[209][690]
教区教堂(parish churches)[477][*478*][*480*]
教堂的型制(cathedral forms)[217][*437*][*438*][444][445][*463*][*465*]
欧洲的建筑复兴运动(European Revival)[1151][1152][1153][1154]
墙体建造(wall construction)[*217*]
石匠技艺(masoncraft)[444]
晚期(late)，见晚期哥特风格
文化(culture)[203][204]
英国哥特教堂的型制(English form)[446]
哥特银匠式风格(Gothic Plateresque style)[1010]
歌德堂，多纳赫，巴塞尔(Goetheanum, Dornach, near Basle)[1412]
歌剧院，阿尔及尔(Opera, Algiers)[1239]
歌剧院，德累斯顿(Hoftheater, Dresden)[1201]
革命广场地铁站，莫斯科(Revolution Square Metro station, Moscow)[1531]
格奥尔格·贝尔(Bahr, George, 1666~1738)，德国巴洛克建筑师[1042]
格奥尔格·丁岑霍费尔(Dientzenhofer, Georg, 1643~1689)，德国建筑师[1019][1026][1038]
格奥尔格·冯·多尔曼(von Dollmann, Georg, 1830~1895)，德国建筑师[1154][1212]
格奥尔格·罗宾(Robin, Georg)，德国16世纪建筑师[1033]
格奥尔格·梅岑多夫(Metzendorf, Georg)，德国20世纪建筑师[1404]
格奥尔格·文策斯劳斯·冯·克诺贝尔斯多夫男爵(von Knobelsdorff, Georg Wenzeslaus, 1699~1753)，普鲁士贵族，建筑师、军人[1046]
格奥尔基·戈尔茨(Golts, Georgy, 1893~1946)，俄国建筑师[1531]
格奥尔基·马泰·坎塔库济诺(Cantacuzino, Gheorghe Matei, 1899~1960)，罗马尼亚建筑师[1513]
格但斯克军火库，波兰(Gdansk, Arsenal)[1033]
格蒂中心，圣莫尼卡，加利福尼亚州(Getty Center, near Santa Monica, Califonia)[1625][*1626*]
格尔曼·德尔索(Sol, German de)，智利建筑师

[1643]
格尔梅登(Geelmayden, J.S.C.)[1150]
格·尼基特尼科夫(Nikitnikov, G.)，俄罗斯17世纪建筑师[1125]
格克经学院，锡瓦斯(Gök Madrassa, Sivas)[636]
格拉查尼察，教堂(Gracanica, church)[338][348]
格拉茨-拉赫尼茨，教堂(Graz- Ragnitz, Church)[1450]
格拉达茨卡河上的三联桥(Trnovo bridge, Gradascica)[1514]
格拉纳达(Granada，西班牙)
阿尔罕布拉宫(Alhambra)[*625*][629]
查理五世皇宫(Palace of Charles V)[1012][*1014*]
格拉纳达大教堂(Cathedral)[*551*][555][1012][*1015*]
皇家礼拜堂(Capilla Real)[1012]
卡图哈隐修院圣器室(Sacristry of La Cartuja)[1018][*1020*]
琴纳腊里夫花园(天堂花园) (Generalife)[664]
格拉斯哥(Glasgow，英国)
1901年格拉斯哥国际展览会，俄罗斯馆(Glasgow International Exhibition 1901 Russian Pavilion)[1519]
伯勒尔博物馆(Burrell Collection)[*1470*][1471]
格拉斯哥大学(University)[1183]
格拉斯哥艺术学校(School of Art)[876][1156][1201][*1203*]
加德纳货栈，牙买加街(Gardner's Warehouse, Jamaica Street)[1183][*1188*]
加勒多尼亚路自由教堂(Caledonia Road Free Church)[1123][*1191*][1192]
麦吉奥赫百货公司，西坎贝尔大街(Mc Geoch's Store, West Campbell Street)[1417]
佩斯利货栈(Paisley's Warehouse)[1183]
圣味增爵街教堂(S.Vincent Street church)[1187]
狮子酒店，霍普街(Lion Chambers, Hope Street)[1417][*1420*]
苏格兰街学校(Scotland Street School)[1421]
王后公园教堂(Queen's Park church)[1192]
格拉斯顿伯利主教堂，英国(Glastonbury Cathedral)[491]
格莱蒙宅，卢埃林帕克，新泽西州(Glenmont, Llewellyn Park, New Jersey)[1281]
格莱斯纳宅，芝加哥(Glessner House, Chiacago)[1281]
格赖恩堡，奥地利(Castle of Greinberg, Austria)[526]
格兰菲尔德宅，利物浦附近，新南威尔士(Glenfield, near Liverpool, New South Wales)[1363]
格兰杰和德博罗(Grainger and D'Ebro), 19世纪墨尔本的建筑事务所[1381]
格朗日布朗什医院，里昂(Grange Blanche hospital, Lyons)[1402]
格雷别墅，克雷乌塔(Can Neger, Torre de la Creu)[1447]
格雷夫斯宅，洛杉矶(Graves House, Los Angeles)[1599]

格雷戈里·伯吉斯(Burgess, Gregory, 1945~   )，澳大利亚建筑师[1759]
格雷森百货公司，西雅图(Grayson Store, Seattle)[1604]
格雷沙姆保险公司大楼，佩斯(Gresham Insurance Company building, Pest)[1502]
格雷斯宅(Greiss House)[1573]
格里高里·瓦尔哈夫齐克(Warchavchick, Gregori, 1896~1972)，俄罗斯裔巴西建筑师[1630]
格里马尼府邸，威尼斯(Palazzo Grimani, Venice)[*922*][924]
格里姆堤府邸，米德尔塞克斯(Grim's Dyke, Harrow, Middlesex)[1192]
格里斯沃尔德宅，纽波特，罗得岛(Griswold House, New Port, Rhode Island)[1279]
格林波因特别墅，开普敦附近(Green Point Villa, Cape Town)[1249]
格林和格林事务所(Greene and Greene)，澳大利亚建筑师事务所[1748]
格林尼治(Greenwich，英国)
查尔顿府邸(Charlton House)[1073][*1077*]
查理宫(King Charles Block)[*1081*][1079]
王后宫(Queen's House)[1079][*1080*][*1081*]
范布鲁府邸(Vanbrugh Castle)[1096]
格林尼治王后宫，格林尼治(Queen's House, Greenwich)[1074][*1080*][*1081*]
格林维宅，悉尼(Greenway, Sydney)[1759][*1761*]
格鲁吉亚政府大楼，第比利斯(Georgian House of Government, Tbilisi)[1531]
格伦安德里德府邸，格鲁姆布里奇，苏塞克斯(Glen Andred, Groombridge, Sussex)[1192][*1196*]
格伦特维赫教堂，哥本哈根(Grundtvig Church, Copenhagen)[1440][*1441*]
格罗布瓦府邸，塞纳河与马恩河畔(Château de Grosbois, Seineet- Marne)[983][*985*]
格罗阁，枫丹白露(Gros Pavillon, Fontainebleau)[1000]
格罗宁根(Groningen，荷兰)
教堂(church)[543]
市政厅(Town Hall)[1064]
格罗斯曼和鲍伊斯(Grossman and Boyce)英国建筑师事务所[1299]
格洛斯特大教堂(Gloucester Cathedral)[423][487][491][*493*][496][503][505]
平面图(plan)[*487*]
格洛斯特郡(Gloucestershire，英国)
布莱斯小村(Blaise Hamlet)[1120]
教区牧师住宅，科尔比瑟斯(Coalpitheath Vicarage)[1174][*1176*]
多丁顿庄园(Dodington)[1114][*1115*]
塞因科特府邸(Sezincote)[*1118*][1120]
特布里教堂(Tetbury Church)[*1122*][1123]
格明德尔多夫工人村，罗伊特林根(Gmindersdorf workers village, Reutlingen)[1404]
格尼斯的防御工事，奥克尼岛(Gurness, Orkney Islands)[238]
格斯塔拉克住宅街区，莫斯科(Gosstrakh housing block, Moscow)[1521][1524]
根特(Ghent/ Gent，比利时)

[1883]

弗莱彻建筑史

贝居安会女隐修院(Béguinage)[544]
比罗贝克隐修院(Byloke)[544]
根特医院(Hospital)[544]
法兰克航运之家("船长之家") (Maison des Francs Bateliers)[*541*][544]
圣巴冯教堂(S.Bavon)[543]
圣彼得教堂(S.Pieter)[*1162*]
市政厅(town hall)[*540*][543]
更新世(Pleistocene period)[177]
更衣室(apodyterium/ changing room)[256]
工厂,马林梅科(Marimekko, factory)[1453]
工程实验楼,莱斯特大学(Leicester University, Engneering Laboratory Building)[1467][*1469*]
工人俱乐部,于韦斯屈莱(Working Men´s Club, Jyväskylä)[1443]
工人住宅,阿克劳伊顿,哈利法克斯,约克郡(Akroyden/ workers´ houses, Halifax, Yorkshire)[1197]
工人住宅,科特(Kot, Workers´ Housing)[1729]
工人住宅区,帕拉斯街,巴塞罗那(Calle Pallars(workers´ housing), Barcelona)[*1196*][1197]
工业发展合作组织大楼,阿克拉,加纳(Industrial Development Corporation, Accra, Ghana)[1566]
工业革命(Industrial Revolution)[862][865][872][873]
工业化住宅,维森克里(Industrial Housing, Vysenkere)[1741][*1746*]
工业企业管理学校,利丁厄(School for Industrial Work Organizers, Lidingo)[1482]
工艺美术运动(Arts and Crafts Movement)
　　英国(Britain)[1156][1206][1207][1222][1421]
　　苏格兰(Scotland)[1201]
　　美国(United States)[1585]
公共工程博物馆,巴黎(Musée des Travaux Publics, Paris)[1402]
公共工程部大楼,孟买(Public Works Office, Bombay)[1345]
公共工程局,印度(Public Works Department/ PWD, India)[1725][1728]
公共矿泉浴室,索非亚(Public Mineral Baths, Sofia)[1511]
公共设施的发展(building services, development)[875]
公共图书馆,卡尔巴拉(Karbala, Public Library)[1542]
公共浴场(pubilc baths)
　　罗马早期(early Roman)[196][240]~[242]
　　罗马帝国晚期(later Roman)[242]
　　庞贝(Pompeii)[256][257]
　　见大型温泉浴场,浴室
公共浴场,卡拉卡拉(Caracalla, public baths)[243]
公共浴场,提图斯(Titus, public baths)[242]
公共浴场,图拉真(Trajan, public baths)[242]
公馆(hôtels private residences)[854]
公和洋行(Palmer and Turner),巴马丹拿公司,以中国香港为基地的英国建筑师事务所
　　中国内地(China)[1649][1653][1660]
　　中国香港(Hong Kong)[1710][1712][1716][1718]

印度尼西亚(Indonesia)[1703]
新加坡(Singapore)[1695]
公爵府邸,威尼斯(Ca´del Duca, Venice)[902]
公爵广场,维杰瓦诺(Vigevano, Piazza Ducale)[901]
公理会教堂,北阿德莱德(Congregational Church, North Adelaide)[1375]
公理会教堂,达尼丁(Congregational Church, Dunedin)[1381]
公理会教堂,皮特街,悉尼(Congregational Church, Pitt Street, Sydney)[1364]
公理会圣三一教堂,克赖斯特彻奇(Trinity Congregational Church, Christchurch)[1381]
公平储蓄贷款社,波特兰(Equitable Savings and Loan Association, Portland)[1607]
公司城,莫迪纳格(Modinager, company town)[1719]
公园山住宅区,舍菲尔德(Park Hill, Sheffield)[*1465*][1466]
公主剧院,墨尔本(Princess Theatre, Melbourne)[1359]
功能主义(Functionalism)[1487][1488][1489][1492]
宫堡,安曼(Qasr, Amman)[*606*][608]
宫殿(palaces)
　　印度(India)[817]
　　罗马式设计(Roman design)[*230*][280][851]
　　乌拉尔图(Urartu)[96][97]
　　威尼斯(Venice)[851]
宫殿,拉提那式(prasada, Latina form,印度)[799][*800*][803]
宫殿,阿廷特帕(Altintepe, palace)[*93*][95][96]
宫殿,栋古尔(Dongur, palace)[698]
宫殿,格卡山(Giri ktepe, palace)[96]
宫殿,皮洛斯(Palace of, Pylos)[113]
宫门公寓,肯辛顿,伦敦(Palace Gate Flats, Kensington, London)[1431]
宫廷风格(英国) (Court style/ Britain)[476]
拱廊,典型(arcades, typical)[*295*]
拱架/鹰架(centering)[214][215]
拱券(arches)
　　多种拱的比较(comparative diagrams)[*221*]
　　哥特式拱的建造(Gothic construction)[216]
　　尖拱(pointed)[208][216][545]
　　罗马拱的建造(Roman construction)[210][*211*][212][240]
　　马蹄形拱(horseshoe)[218][*295*][603][799]
　　伊斯兰风格(Muslim style)[594][601]
　　早期应用(early use)[22][25]
　　砖砌平拱(jack)[874]
拱券(vaults)
　　法国安茹省(Angevin)[459]
　　券(barrel)[210][213][592]~[593][594]
　　砖拱(brick)[22][*26*][82]
　　拱顶比较图解(comparative diagrams)[*220*]
　　挑檐拱顶(corbelled)[691]
　　交叉拱(cross)[*220*]
　　法国罗马风建筑(French Romanesque)[*277*]

在德国的发展(German development)[514]
哥特(Gothic)[*219*]
券心石(keystone)[30]
玛雅(Maya)[687][688][691]
肋(rib)[215][367]
罗马时期的建造(Roman construction)[*211*][212]~[213][*219*]
筒形拱(waggon)[*219*]
　　见穹顶建筑
"拱形女儿墙"(zakomari/ curved roofline)[345][356]
拱状挑檐(arched corbel tables)[367]
共和国大学(工学院),蒙得维的亚(University of Republic/ Faculty of Engineering, Montevideo)[1631]
共济会大厦,布雷西亚(Palazzo della Loggia, Brescia)[*905*][908]
共济会圣堂,科克斯塔德(Masonic Temple, Kokstad)[1254]
贡比涅(Compiègne,法国)
　　市政厅(Hôtel de Ville)[*474*][475]
　　市政厅(Town Hall)[983]
贡伯哈里亚神庙(Kumbharia, temple enclosure)[794]
贡德湿婆神庙,辛纳尔(Gondeshvara temple, Sinnar)[803]
贡迪府邸,佛罗伦萨(Palazzo Gondi, Florence)[*883*][895]
贡开,吴哥(Koh Ker, Angkor)[824]
贡塔巴里支提dzua大厅,安得拉邦(Guntapalli, Andhra)[782]
构成主义(Constructivism)[1393][1524]
购物中心(shopping malls/ cities)[1620][1622]
古巴(Cuba,北美洲)
　　拉雷亚尔·弗尔泽城堡,哈瓦那(Castillo de la Real Fuerza, Havana)[1265]
　　莫罗城堡,哈瓦那(Castillo del Morro, Havana)[1266]
　　拉蓬塔角的圣萨尔瓦多要塞,哈瓦那(Fortaleza de San Salvador de la Punta, Havana)[1265]
　　韦拉斯科文化中心(Velasco Culture Centre)[1643]
古堡博物馆,维罗纳(Museo Castelvecchio, Verona)[*1478*][1480]
古代雕刻展览馆,慕尼黑(Glyptothek, Munich)[1047]
古代近东地区(Ancient Near East)
　　建筑特征(architectural character)[74]
　　建筑材料(building resources)[19]~[20]
　　建筑技术及发展(building techniques and processes)[22][25][27]
　　概述(description)[3]
　　早期文明(early culture)[16]~[17]
　　地质情况(geology)[7]
　　历史(history)[9]~[13]
　　地图(maps)[32][75]
　　自然特征(physical characteristics)[5]~[7]
　　史前时期(prehistoric)[32]
古德里奇堡,赫里福德郡(Goodrich Castle, Herefordshire)[505]
古典风格(Classical style)
　　希腊柱式(Greek orders)[117]~[125]

中文版索引

概述(introduction)[841][846]
20 世纪的版本(twentieth century versions)[1468]
见新古典风格
古尔(Gur)，见阿尔达希尔古拉
古尔本法院大楼，新南威尔士州(Goulburn Court House, New South Wales)[1378][1380]
古尔宣礼塔，贾姆(Ghurid Minaret, Jam)[633][634]
古根海姆博物馆，纽约(Guggenheim Museum, New York)[1610][1611]
古吉拉特邦(Gujarat，印度)
　艾哈迈达巴德的城市规划(Ahmadabad city planning)[817]
　戈布神庙(Gop temple)[814]
　杰斯马尔纳特摩诃提婆神庙(Jasmalnath Mahadeva temple)[802][803]
　贡伯哈里亚神庙(Kumbharia temples)[795]
　皇后井，帕坦(Rani Vav/ Quees's Well)[795]
　罗达的拉提那式神庙(Roda latina temples)[798]
　苏利耶神庙，莫德赫拉(Surya Temple/ tank)[795][799]
　维瑟沃德尔的神庙(Visavada temple)[814]
古兰土丘，房屋(Tepe Guran, houses)[36]
古鲁那那克大学，阿姆利则(Guru Nanak University, Amritsar)[1729][1730]
古罗马浴场的中温浴室(tepidarium warm room)[256]
古斯拉夫文学的"黄金时代"(Golden Age, Slavic)[336]
古斯曼宫，莱昂(Casa de los Guzmanes, León)[1018]
古斯塔夫·埃菲尔(Eiffel, Gustave, 1832~1923)，法国土木工程师[1206]
古斯塔夫·派歇尔(Peichl, Gustav, 1928~)，奥地利建筑师[1450]
古斯塔夫·瓦尔特修士(Walter, Brother Gustave)，肯尼亚建筑师[1240]
古希腊罗马时期风格，英国(Graeco- Roman phase, Britain)[1152]
谷仓，埃克斯茅斯，德文郡(Barn, Exmouth, Devon)[1215][1216][1217]
谷仓，威尔士贝克，布里斯托尔(Granary, Welsh Back, Bristol)[1187]
谷物交易所，利兹(Corn Exchange, Leeds)[1178]
谷物交易所，塞维利亚(Casa Lonja, Seville)[1012]
股票大厅，德比郡，壁炉面饰(Stoke Hall, Derbyshire, chimney piece)[847]
故宫，北京(Royal Palace, Beijing)[725][726][727][730][732]
瓜达拉哈拉(Guadalajara，墨西哥)
　居住区(Casa habitacion)[1643]
　大教堂(Cathedral)[1265]
　亲王府邸(El Palacio del Infantado)[560]
　巴勃罗·聂鲁达大楼(Pablo Neruda Building)[1643]
瓜达拉哈拉住宅区，瓜达拉哈拉(Casa Habitacion, Guadalajara)[1643]
瓜达卢佩(Guadalupe，墨西哥)

波西托礼拜堂(Cappella del Pocito)[1273]
泽瓦罗斯庄园(Zevalos)[1265]
瓜达尼府邸，佛罗伦萨(Palazzo Guadagni, Florence)[891][895]
瓜里诺·瓜里尼(Guarini, Guarino, 1624~1683)，意大利建筑师、数学家、神学家[876][886][956][1026]
瓜廖尔(Gwalior，印度)
　曼·辛格·托马尔的宫殿(曼宫)(Man Singh/ Man Mandir)[818][821]
　拉贾·基尔提·辛宫(Raja Kirtti Singh palace)[818]
　泰里卡神庙(Telika mandir temple)[799]
关颂声(Kwan, S.S.Kwan, Sung- sing, 1892~1961)，字校声，号肇声，中国建筑师，基泰工程公司合伙人[1649]
关西国际机场航站楼(Kansai International Airport Terminal)[1688][1691]
观察经济协会百货大楼，圣彼得堡(department store for the Guards' Economic Society, S.Petersburg)[1521]
观景殿，奥尔维耶托(Belvedere Temple, Orvieto)[246]
观景楼，布拉格(Belvedere, Prague)[923]
观景楼，悉尼(Belvedere, Sydney)[1759]
观龙寺，昌宁(Ch'angnyong, Kwallyongsa Temple)[754]
观象台，乌尔纳姆(Urnammu, ziggurat)[76][77]
观音堂，宝严寺(Hogonji, Kannondo)[769][770][772]
官邸，开普敦(Woolsack, Cape Town)[1254]
光辉之神圣基督教堂(S.Cristo de la Luz)，见马顿门清真寺，托莱多
光阳，中兴山城(Kwang- yang, Chunghung Sansong Fortress)[752]
广播电台，库特维克(Radio Station, Kootwijk)[1771][1772]
广场(forum)
　罗马早期(early Roman)[245]
　帝国时期(Imperial Roman)[242][268]
广场酒店，布达佩斯(Forum Hotel, Budapest)[1507]
广场酒店，克拉科夫(Forum Hotel, Krakow)[1511]
广场浴场，庞贝(Forum Baths, Pompeii)[256]
广岛和平纪念馆(Hiroshima Peace Centre)[1675][1676]
广东国际大厦，广州(Guangdong International Building, Guangzhou)[1662]
广济桥，潮州(Guangji Bridge, Chaozhou)[746]
广州(Guangzhou，中国)
　白天鹅宾馆(White Swan Hotel)[1661]
　白云宾馆(Baiyun Hotel)[1661]
　东方宾馆(Eastern Hotel)[1661]
　广东国际大厦(Guangdong International Building)[1662]
　广州体育馆(Gymnasium)[1660]
　华南土特产展览馆(South China Exhibition Halls)[1600]
　矿泉客舍(Kuangquan Hotel)[1661][1664]
　十三行商馆('Thirteen Factories')[1297][1298][1300]
　天河体育中心(Tianhe Sports Centre)

[1667]
西汉南越王墓博物馆(Museum of Nanyue King's Tomb)[1662]
中山纪念堂(Sun- Yet- sen's Memorial Hall)[1652]
圭尔姆·萨格雷拉(Sagrera, Guillem)，西班牙中世纪建筑师[562]
龟兹宾馆，新疆维吾尔自治区库车(Juci Hotel, Kuqa of Xinjiang Uygur)[1661]
贵宾园区，印地斯的卡塔赫纳(Residence for Distinguished Guests, Cartagena de Indies)[1646]
规则十字形平面，概述(regular crossing, introduction)[363]
贵霜王朝(Kushan Empire，印度)[677][681]
桂川(Katsura，日本)
　桂离宫(Palace)[776][778][1674]
　平台住宅(Platform Houses)[1684]
桧岩寺浮屠，首尔附近(Hoeamsa Temple stupa, near Seoul)[754]
国会大楼，波哥大，哥伦比亚(Parliament Building, Bogotá, Colombia)[1289]
国会大楼，布宜诺斯艾利斯(Parliament Building, Buenos Aires)[1289]
国会大厦，亚松森，巴拉圭(Parliament Building, Asunción, Paraguay)[1289]
国会大楼，巴西利亚(National Congress Building, Brasilia)[1637][1640]
国会大厦，柏林(Reichstag Building, Berlin)[1197][1199]
国际电影院，柏林(International Cinema, Berlin)[1464]
国际会展大酒店，新加坡(Pavilion International Hotel, Singapore)[1697]
国际建筑展览会，柏林(International Bauausstellung/ IBA)[1462]
国际劳工办事处，日内瓦(Bureau, International du Travail, Geneva)[1412]
国际式风格(International Style)[1392]
　北美洲(North America)[1596]
　比利时(Belgium)[1437]
　德国(Germany)[1409]
　俄国(Russia)[1524]
　非洲(Africa)[1562][1563][1564]
　马来西亚(Malaysia)[1699]
　美国(United States)[1488][1603]
　起源(origins)[1390][1393][1488]
　日本(Japan)[1674]
　约翰内斯堡(Johannesburg)[1563][1564]
　中国(China)[1648][1651][1658]
国际现代建筑协会(Congrès Internationaux d'Architecture Moderne/ CIAM)[1395][1396][1489][1508]
　雅典宪章(Charter of Athens)[1395][1725]
国家奥林匹克体育中心，北京(National Olympic Centre, Beijing)[1667][1668]
国家博物馆(National Museum)[261][883][1197][1437][1481][1498][1507][1701]
　佛罗伦萨国家博物馆(Florence)[883]
　赫尔辛基国家博物馆(Helsinki)[1439]
国家博物馆，克拉科夫(Naradowa Museum, Krakow)[1508]
国家博物馆克罗勒-米勒陈列馆扩建，奥特洛(Rijksmuseum/ Kröller- Müller extension, Otterlo)[1481]
国家档案，雅加达(National Archives

[1885]

Building, Jakarta)[1322][*1325*]
国家档案室，罗马(Tabularium, Rome)[256]
国家电力部大楼，吉隆坡(National Electricity Board Building, Kuala Lumpur)[1701]
国家宫，达累斯萨拉姆(State House, Dar-es-Salaam)[1245]
国家工业和技术中心展览大厅，拉德方斯(La Défense, CNIT exhibition hall)[1458]
国家共同生命协会大楼，开普敦(National Mutual Life Assiciation Building, Cape Town)[1255]
国家航空和航天博物馆，华盛顿(National Air and Space Museum, Washington)[1616]
国家教育委员会大楼，布宜诺斯艾利斯(National Council of Education, Buenos Aires)[1289]
国家剧院，布拉格(Národní Divadlo, Prague)[1154]
国家剧院，伦敦(National Theatre, London)[1471]
国家剧院和文化中心，坎帕拉，乌干达(National Theatre and Cultural Centre, Kampala)[1566]
国家浪漫主义运动(National Romantic Movement)
    芬兰(Finland)[1519]
    斯堪的纳维亚(Scandinavia)[1156][*1439*]
    维也纳(Vienna)[1488]
国家贸易部大楼，莫斯科(Gostorg/ State Trading building, Moscow)[*1527*][1528]
国家美术馆，开普敦(National Gallery, Cape Town)[1559]
国家美术馆，伦敦(National Gallery, London)[1120]
国家美术馆，马德拉斯(National Gallery, Madras)[1345]
国家美术馆，斯图加特(Staatsgalerie, Stuttgart)[*1463*][1462]
国家美术馆东馆，华盛顿(National Gallery of Art/ East Building, Washington)[*1619*][1620]
国家免疫研究所，德里(National Insititute of Immunology, Delhi)[1736][*1738*]
国家模范学校，比勒陀利亚(Staatsmodelskool, Pretoria)[1254]
国家人类学博物馆，萨尔达拉巴特(National Museum of Ethnography, Sardarapat)[1534]
国家商业银行，吉达，沙特阿拉伯(National Commercial Bank, Jeddah)[1544][*1545*]
国家设计学院，纽约(National Academy of Design, New York)[1286]
国家体操训练中心，阿利坎特(National Training Centre for Gymnastics, Alicante)[1485]
国家铁路总局大楼，安卡拉(State Railway Headquarter, Ankara)[1537][*1540*]
国家图书馆，布宜诺斯艾利斯(National Library, Buenos Aires)[1642]
国家图书馆，华沙(Naradowa library, Warsaw)[1507]
国家图书馆，雅典(National Library, Athens)[1157]
国家退休金公共机构大楼，赫尔辛基(National Pensions Institution, Helsinki)[1451]
国家网球场，斯坦维斯岛，布拉格(National Tennis Courts, Stanvice Island, Prague)[1498]

国家议会大厦，赫尔辛基(Senate House, Helsinki)[1150]
国家银行，哥本哈根(National Bank, Copenhagen)[1483]
国家印刷厂，比勒陀利亚(State Printing Works, pretoria)[1537][*1540*]
国家人类学和历史博物馆，查普特佩克公园，墨西哥城(National Museum of Anthropology and History, Mexico City)[1635][*1639*]
国立室内竞技场，东京(National Gymnasium for the Olympics, Tokyo)[1675][*1678*]
国立西方美术馆，东京(National Museum of Western Art, Tokyo)[1675][*1676*]
国立现代艺术博物馆，京都(National Museum of Modern Art, Kyoto)[1680]
国立现代艺术博物馆，首尔(National Museum of Modern Art, Seoul)[1692]
国民会议大厦，圣地亚哥，智利(National Congress Building, Sandiago, Chile)[1289]
国民议会大厦，巴黎(Chambre des Députés, Paris)[1006]
国民中心，阿尔及尔(Foyer Civique, Algiers)[1562]
国王大道奥尔德维奇街改进项目，伦敦(Kingsway Aldwych improvements, London)[1415]
国王大街，爱丁堡(Great King Street, Edinburgh)[1107]
国王府邸，慕尼黑(Konigsbau Residenz, Munich)[1047]
国王墓地，麦罗埃(Royal Cemetery, Meroe)[701]
国王十字车站，伦敦(King´s Cross Station, London)[1166][*1168*]
国王石窟墓，底比斯(Tomb of the Kings, Thebes)[*52*][56]
国王学院，剑桥大学(King´s College, Cambridge)[1069]
    礼拜堂(Chapel)[*483*][484][*490*]
国王院，埃斯科里亚尔(Patio de los Reyes, Escorial)[1018]
果阿(Goa，印度)
    阿瓜达教堂(Aguada church)[1328]
    总督拱门(Arch of the Viceroy)[1330]
    邦吉斯巴西利卡(Basilica of Bom Jesus)[1330][*1331*]
    无沾成胎教堂，潘吉姆(Church of the Immaculate Conception, Panjim)[1330]
    玫瑰园圣母教堂(Church of Our Lady of the Rosary)[1330]
    圣卡特加教堂(Church of S.Catejan)[1330]
    阿西西圣方济各教堂(Church of S.Francis of Assisi)[*1329*][1229]
    果阿城市酒店，帕纳吉(Cidade de Goa Hotel, Panji)[1741]
    圣保罗学院(College of S.Paul)[1330]
    阿瓜达堡(Fort Aguada)[1328][*1329*]
    拉戈堡(Fort Largo)[1328]
    马而冈堡(Fort Marmagoa)[1328][*1329*]
    凯罗堡(Fortalice of Cailo)[1328]
    卡拉美术学院，帕纳吉(Kala Akademi, Panaji)[1741]
    圣方济各·沙勿略陵墓(Mausoleum of S.Francis Xavier)[1330]
    帕纳吉的城市防卫(Panaji fortified town)

[1744]
    圣凯瑟琳礼拜堂(S.Catherine Cathedral)[1330]
    大主教教区教堂(Se Cathedral)[1330]
    果阿城市酒店，帕纳吉，果阿(Cidade de Goa Hotel, Panji, Goa)[1741]
果园，乔利伍德，赫特福德郡(Orchard, Chorleywood, Hertfordshire)[1216][*1217*][1421]
果德迪吉，泥砖住宅(Kot Diji, houses)[104][105][107]

H

哈比卜·拉赫曼(Rahman, Habib, 1916~)，印度建筑师[1728]
哈布教堂，西哥特兰省(Habo Church, Västergötland)[1137][*1141*][1142]
哈措尔城(Hazor, site)[91]
哈德良离宫，蒂沃利(Hadrian´s Villa, Tivoli)[*278*][*279*][280][*281*][293][296]
哈德良陵墓，罗马(Mausoleum of Hadrian, Rome)[*270*][*276*][280][283]
哈伯克(Hubbock, A.B.)，马来西亚建筑师[1321]
哈德良城墙(Hadrian´s Wall)[*186*]
哈德良神庙，以弗所(Temple of Hadrian, Ephesus)[263][*270*]
哈德威克府邸，德比郡(Hardwick Hall, Derbyshire)[1073][*1076*]
哈登府邸，德比郡(Haddon Hall, Derbyshire)[509][*510*]
哈恩大教堂(Jaén Cathedral)[1012][*1015*]
哈尔卡墓塔，伊斯法罕(Gunbad-i- Kharka mosque, Ispahan)[633]
哈尔克·班卡西总部，安卡拉(Halk Bankasi Headquarters, Ankara)[1542]
哈尔西·拉尔夫·里卡多(Ricardo, Halsey, 1854~1928)，英国的葡萄牙犹太裔建筑师[1725]
哈佛大学(Harvard University)
    卡彭特视觉艺术中心(Carpenter Visual Arts Centre)[1607]
    哈佛大学纪念堂(Memorial Hall)[1286]
哈基姆清真寺，开罗(al- Hakim Mosque, Cairo)[623]
哈吉弗鲁兹村(Hajji Fruz, village)[37]
哈吉航空港，吉达(Hajj Terminal, Jeddah)[*1546*][1547]
哈克默纳城堡，斯里兰卡(Hakmana, Sri Lanka)[1330]
哈克司令宅，卡拉奇(House for Commodore Haq, Karachi)[1729]
哈克拉尔，居住建筑(Hacilar, houses)[*34*][35][36]
哈拉德坎尼堡，布拉格(Hradc any Castle)[526][*492*][1397][*1491*][1492]
    公牛楼梯间(Bull Staircase)[*1491*][1492]
    伊甸花园(Eden Garden)[1492]
    总统夏日官邸(President´s Apartment)[1492]
    堡垒公园(Rampart Garden)[1492]
    圣马蒂亚斯大厅(S.Mathias Hall)[1492]
    拱顶大厅(vaulted hall)[243]
哈拉尔街，米兰(Via Harar, Milan)[1476]
哈拉克斯顿府邸，林肯郡(Harlaxton Hall, Lincolnshire)[1174][*1175*]
哈拉帕(Harappa，印度)[*106*][108]

中文版索引

院落式建筑(courtyard houses)[818][822]

谷仓(Granary)[104]

哈拉帕文明(Harappan civilisation)[13][14][19][22][105]

哈拉瓦宅(Halawa House)[1573]

哈兰达教堂,哥德堡(Harlanda Church, Gothenberg)[1482]

哈勒赫堡(Harlech Castle)[*506*][508]

哈勒姆,荷兰

大教堂(Great Church)[543]

新教堂(Nieuwe Kerk)[1059][*1060*][*1061*]

哈勒姆,大教堂(Great Church, Haarlem)[543]

哈里·塞德勒(Seidler, Harry, 1923~2006),奥地利建筑师[1754][1759]

哈里·塞德勒宅,悉尼(Harry Seidler House, Sydney)[1765]

哈里·斯图尔特·古德哈特-伦德尔(Goodhart-Rendel, Harry Stuart, 1887~1959),英国建筑师[1426]

哈里斯宅,约翰内斯堡(House Harris, South Africa)[1563]

哈里提清真寺,吉达,沙特(al-Harity Mosques, Jeddah)[1547]

哈里亚纳农业大学,希萨(Haryana Agricultural University, Hissar)[1728]

哈里彦托·苏蒂康托罗(Sudikontoro, Hariyanto)[1704]

哈利法耶宣礼塔,巴格达(Khalifiye minaret, Baghdad)[633]

哈罗德·福尔克纳(Falkner, Harold, 1876~1963),英国建筑师[1431]

哈马洛特宅,耶路撒冷(Hamaalot House, Jerusalem)[1552][*1554*]

哈马特城(Hamath City)[91][92]

哈门希尔城堡,斯里兰卡(Hammenhiel, Sri Lanka)[1330]

哈门希尔岛,贾夫纳(Island of Hammenhiel, Jaffna)[1328]

哈米尔宅,悉尼(Hamill House, Sydney)[1765]

哈姆德宅(Hamdy House)[1573]

哈姆公共公寓,伦敦(Ham Common flats, London)[1466]

哈姆拉艺术委员会大楼,拉合尔(Al Hamra Arts Council Building, Lahore)[1729]

哈姆雷特宅,那兰其拉(The Hamlet, Nalanchira)[1744]

哈穆德宅,巴格达(Hamood Residence, Baghdad)[*1543*][1544]

哈珀兄弟印刷厂,纽约(Harper Brothers Printing Works, New York)[1290]

哈萨鲁城堡(Hasanlu, citadel)[97]

哈赛基·许雷姆浴室,伊斯坦布尔(Hasseki Hurrem Baths, Istanbul)[648]

哈桑·法赛(Fathy, Hassan, 1900~1989),埃及建筑师[1547][1573]

哈桑苏丹清真寺,拉巴特(Sultan Hassan Mosque, Rabat)[624][*625*][629]

哈桑苏丹清真寺和经学院,开罗(Sultan Hassan Mosque and Madrassa, Cairo)[623]

哈斯提纳普拉,住宅(Hastinapura, houses)[107]

哈苏纳圆丘(Tell Hassuna)[*34*][39]

哈特菲尔德府邸,赫特福德郡(Hatfield House, Hertfordshire)[*1071*][1073][*1077*]

哈特谢普苏特女王祭殿,达尔巴赫里(Hatshepsut, Dêr el-Bahari, Temple)[56][*58*][61][*63*]

哈滕费尔斯堡,约翰·弗里德里希宫(Schloss Hartenfels, Johann-Friedrichs-Bau)[1029]

哈瓦那(Havana,古巴)

特罗皮卡纳咖啡馆(Cabaret Tropicana)[1634]

审计官办公楼(Office of the Comptroller)[1631][*1633*]

牙医诊所(Retiro Odontologico)[1631]

美国大使馆(United States of America Embassy)[1631]

哈瓦特宅,列日(Maison Havart, Liège)[544]

哈韦尔·汉密尔顿·哈里斯(Harris, Harwell Hamilton, 1903~1990),美国建筑师[1603]

哈维·伦斯达尔·埃尔莫斯(Elmes, Harvey Lonsdale, 1814~1847),英国建筑师[1152][1157]

哈维院,剑桥(Harvey Court, Cambridge)[1468]

哈伊尔伽比ъ,叙利亚(Qasr al-Hair al-Garbi, Syria)[614]

哈伊尔沙基ъ,叙利亚(Qasr al-Hair al-Sharki, Syria)[614]

海姆·魏茨曼宅,里肖沃特(Chaim Weizman House, Rechovot)[1552]

海岸角堡,西非(Cape Coast Castle, West Africa)[1235][*1237*]

海岸神庙,马摩拉普拉姆(Shore Temple, Mamallapuram)[689][693]

海岸神庙,默哈伯利布勒姆(Shore Temple, Mahabalipuram)[804][*807*]

海滨林荫道,阿尔及尔(Front de Mer, Algiers)[1240]

海达里耶经学院,加兹温(Haydariya, Qazvin)[633]

海得拉巴(Hyderābād,印度)

贾瓦哈拉尔·尼赫鲁印度工业发展银行(Jawaharlal Nehru Industrial Development Bank of India)[1733]

总督府(Residency)[1339][*1342*]

海得拉巴府邸,德里(Hyderabad House, Delhi)[1720][*1723*]

海德堡宫堡(Heidelberg Castle)[923]~[1031][1032]

海德公园,谢菲尔德(Hyde Park, Sheffield)[1466]

海德公园兵营,悉尼(Hyde Park Barracks, Sydney)[1363][1365]

海法(Haifa,巴勒斯坦·以色列)

洛伊米银行(Bank Leumi)[1548][*1549*]

雷亚利学校(Reali School)[1548]

技术学院(Technikum)[1548][*1549*]

工业学校机械工程实验室(Mechanical Engineering Laboratory)[1552]

海夫拉(Chephren,埃及)

大斯芬克斯(狮身人面像)(Great Sphinx)[55]

金字塔(Pyramid)[55]

海关大楼(Customs Houses),见相关条目

海军部大厦,圣彼得堡(New Admiralty, S.Petersburg)[*1132*][1133]

海军历史博物馆(Museum of Naval History, S.Petersburg),见交易所,圣彼得堡

海军司令府邸,库斯科,秘鲁(House of the Admiral, Cuzco, Peru)[1265]

海拉奈堡,约旦(Qasr Karaneh, Jordan)[*607*][608][614]

海劳恩小学,博尔顿(High Lawn Primary School, Bolton)[1467]

海劳茵宅,达尼丁(Highlawn, Dunedin)[1381]

海伦住宅区,靠近伯尔尼(Halen housing estate, near Berne)[1485]

海门林纳,教堂(Hämeenlinna, church)[1150]

海上都市方案(Ocean City Project)[1680]

海沃德(Hayward, C.F.)[1240]

海沃德美术馆,伦敦(Hayward Gallery, London)[1468]

海牙(The Hague,荷兰)

博斯府邸(Huis den Bos)[1063]

莫里斯宫(Mauntshuis)[*1058*][1059]

社会福利与就业部办公楼(Ministry Headquarters)[1481]

海牙国家舞剧院(National Dance Theatre)[1481]

新教堂(Nieuwe Kerk)[*1060*][1063]

皇家图书馆(Royal Library)[*1062*][1063]~[1064]

皇家剧院(Royal Theatre)[1359]

海牙博斯府邸,海牙(Huis den Bos, The Hague)[1063]

海牙国家舞剧院,海牙(National Dance Treatre, The Hague)[1481]

海牙皇家剧院,海牙(Royal Theatre, The Hague)[1063]

海牙皇家图书馆,海牙(Royal Library, The Hague)[*1062*][1063]

海牙新教堂,海牙(Nieuwe Kerk, The Hague)[*1060*][1063]

海洋博览会,冲绳(Aquapolis, Okinawa)[*1657*]

海洋交易所,马略卡岛帕尔马(Lonja del Mar, Palma de Majorca)[*557*][560][562]

海洋牧场公寓(Sea Ranch Condominium)[1622]

海伊艺术博物馆,亚特兰大(High Museum of Art, Atlanta)[1625][*1626*]

海因里希·冯·费斯特尔(von Ferstel, Heinrich, 1823~1883),奥地利建筑师[1153][1187]

海因里希·路德维希·曼格(Manger, H.L., 1728~1790),德国建筑师[1046]

海因里希新城,维也纳(Heinrichshof, Vienna)[1153][1154][1197][*1198*]

海因里希·泰萨(Tessenow, Heinrich, 1876~1950),奥地利建筑师[1156][1399][1404][1450]

海之圣母教堂,巴塞罗那(S.Maria del Mar, Barcelona)[*550*][559]

邯郸(Handan,中国)

龙台(Dragon Terrace)[110]

周代城墙(enclosure)[108]

韩国,战后时期,建筑特征(South Korea, post-War period, architectural character)[1692]

韩国银行,南大门(Bank of Korea, Namdaemunno, Seacl)[*1314*][1315]

汉堡(Hamburg,德国)

尼古拉教堂(Nikolaikirche)[1173][*1175*]

汉堡警察总局(Police Headquarters)[1459]

汉朝(Han dynasty)[4][673][684]

[1887]

汉弗莱·雷普顿(Repton, Humphrey, 1752~1818)，英国景观建筑师[1068]
汉格福德悬索桥，伦敦(Hungerford Suspension Bridge, London)[1166]
汉诺威制造商信托银行，纽约(Manufacturers Hanover Trust Company building, New York)[1607]
汉普顿宫，伦敦(Hampton Court Palace, London)[481][*482*][484][509][*511*][*1089*][1090]
汉内斯·迈耶(Mayer, Hannes, 1889~1954)，德国建筑师[1394][1410][1412][1413][1552][1635]
汉普郡(Hampshire，英国)
　　布拉姆希尔府邸(Bramshill House)[*1066*][*1071*][1073]
　　马什庭院，斯托克布里奇附近(Marsh Court, near Stockbridge)[1421][*1423*]
　　斯特拉顿公园(Stratton Park)[*1112*][1114]
汉普斯特德田园城郊，伦敦(Hampstead Garden Suburb, London)[1422]
汉萨同盟(Hanseatic League)[514][527]
汉塞尔曼宅(Hanselmann House)[1624]
汉斯·阿斯普伦德(Asplund, Hans)，瑞典建筑师[1482]
汉斯·弗雷德曼·德夫里斯(Vries, Vredeman de, 1527~1606)，荷兰建筑师、画家、装饰师和政论作家[846][879][1053][1059]
汉斯·格奥尔克·屈恩(Kuen, Hans Georg)，德国18世纪建筑师[1037]
汉斯·亨里克·范帕申(van Paeschen/ Passe, Hans Hendrik，约1515~约1582)，佛兰德斯建筑师[1134]
汉斯·霍莱因(Hollein, Hans, 1934~　)，奥地利建筑师，1985年获普里茨克建筑奖[1450][1548]
汉斯·克里斯蒂安·汉森(Hansen, Hans Christian, 1803~1883)，丹麦建筑师[1157][1483]
汉斯·克伦佩尔(Krumpper, Hans，约1570~1634)，德国建筑师[1033]
汉斯·珀尔齐希(Poelzig, Hans, 1869~1936)，德国建筑师[1393][1394][1395][1410][1507]
汉斯·普赫斯鲍姆(Puchhammer, Hans)，奥地利中世纪建筑师[522][1448]
汉斯·希贝尔(Hieber, Hans, ?~1522)，德国建筑师[1029]
汉斯·夏隆(Scharoun, Hans, 1893~1972)，德国建筑师[1395][1410][1460][1477][1507]
汉斯泰特学校，哥本哈根(Hansstedt school, Copenhagen)[1483]
桁架墙住宅，东京(Truss Wall house, Tokyo)[*1687*][1688]
行列式建筑(Zeilenbau concept)[1410]
航站楼，杭州机场(Hangzhou Airport, Terminal Building)[1661]
航海街住宅，荷兰胡克(Scheepvaartstraat, Hook of Holland)[1436]
航海俱乐部，斯纳戈夫，布加勒斯特(Nautical Club, Snagov, Bucharest)[1513]
航运大楼，阿姆斯特丹(Scheepvarthuis/ Shipping Offices, Amsterdam)[1432]
航站楼，赤鱲角，香港(Chek Lap Kok Passenger Terminal, Hong Kong)[1716]

豪登教堂，约克郡(Howden church)[*443*][503]
豪尔萨巴德城(Khorsabad City)[86]
　　萨尔贡王宫(Palace of Sargon)[*84*][*85*][*87*]
豪拉车站，加尔各答(Howrah Station, Calcutta)[1725]
豪拉大桥，加尔各答(Howarh Bridge, Calcutta)[1725]
豪梅·巴赫(Bach, Jaume, 1943~　)，西班牙建筑师[1485]
好望角(Cape of Good Hope, development)[1245][1246]
好望旅馆，开普敦(Lodge de Goede Hoop, Cape Town)[1246]
合作总社办公楼，莫斯科(Tsentrosoyuz office, Moscow)[1524]
合作总社大楼，莫斯科(Centrosoyuz Building, Moscow)[1403]
何露斯神庙，伊德富(Horus, Edfu, Temple)[*58*][*69*][71]
何塞·科尼克(Conique, José)，墨西哥建筑师[1274]
何塞·克鲁斯(Cruz, José)，智利建筑师[1643]
何塞·路易·塞特(Sert, José Luís, 1902~1983)，西班牙裔美国建筑师[1444][1680]
何塞·维拉格兰·加西亚(Garcia, José Villagran, 1901~1982)，墨西哥建筑师[1630]
何塞普·马利亚·尤约尔学校，巴塞罗那(Josep Maria Jujol school, Barcelona)[1485]
何弢(Tao Ho, 1936~　)，中国香港建筑师[1716]
和楼城，安息都城(Hecatompylos, capital)[604]
和合大厦，新加坡(Woh Hup Complex, Singapore)[*1696*][1697]
和解大街，罗马(Via della Conciliazione, Rome)[1476]
和平宾馆，北京(Peace Hotel, Beijing)[1660]
和平花园社区，鹿特丹(Vreewijk Garden Village, Rotterdam)[1436]
和平教堂，波茨坦(Friedenskirche, Potsdam)[1173]
和平教堂教区大厅，西柏林(Friedenskirche Parish Hall, West Berlin)[1459]
和平圣母教堂，罗马(S.Maria della Pace, Rome)[*884*][*898*][902][953][*959*][1084]
和式风格(Wayo Style)[765][768][769][772]
河北省(Hebei Province，中国)
　　石家庄实验性小康住宅，河北省(Shijiazhuang Experimental housing)[1669]
　　唐山摔跤柔道馆(Tangshan Gymnasium for Wrestling and Judo)[1667]
河南省(Henan Province，中国)
　　少林寺塔(Shaolin Temple)[738]
　　嵩岳寺（Songyue Temple)[*735*][738]
河内歌剧院(Hanoi Opera House)[1322][*1325*]
曷萨拉湿婆神庙，赫莱比德(Hoysaleshvara temple, Halebid)[809]
曷萨拉式(Hoysala form，印度)[808]
荷兰(Holland，欧洲)
　　1900~1945年的发展(developments)[1432][1436]
　　文艺复兴风格实例(Renaissance style, examples)[1056]

见荷兰，低地国家
荷兰1945年以后的发展历程(Netherlands, post 1945 developments)[1477]~[1482]
荷兰大厦，布里大街，伦敦(Holland House, Bury Street, London)[1432]
荷兰改革教堂，埃滕哈赫，开普敦(Uitenhage Dutch Reformed Church, Cape Town)[1250]
荷兰改革教堂，奥茨胡恩(Oudtshoorn, Dutch Reformed Church)[1249]
荷兰改革教堂，伍斯特，开普敦(Worcester Dutch Reformed Church, Cape Town)[1249]
荷兰建筑学会大楼，鹿特丹(National Architecture Institute, Rotterdam)[1482]
荷兰理性主义(Dutch Rationalism)[1436]
荷兰式帕拉弟奥主义(Dutch Palladian style)[*879*][1053]
荷兰式砌合，梅花丁式砌合(Flemish bond/brickwork)[871][872]
荷兰银行大楼(Netherlands Bank Buildings)
　　德班(Durban)[1564]
　　比勒陀利亚(Pretoria)[1564]
荷兰殖民建筑(Dutch Colonial Architecture)
　　建筑特征(architectural character)[1327]
　　建筑实例(buildings examples)[1330]~[1332]
　　开普殖民地住宅(Cape Colony homesteads)[*1242*][1249]
贺茂神社，京都(Kamo- no- Wakeikazuchi Shrine, Kyoto)[*755*][756][757]
赫伯特·贝克爵士(Baker, Sir Herbert, 1862~1946)，英国建筑师[1116][1227][1254][1422][1558][1559]
赫布·格林(Greene, Herb)美国建筑师[1610]
赫德维格·埃莱奥诺拉教堂，斯德哥尔摩(Hedvig Eleonora Church, Stockholm)[1136]
赫德辛城堡，布拉格(Hradshin Castle, Prague)[1028]
赫丁汉姆堡，埃塞克斯郡(Hedingham Castle, Essex)[*427*][431]
　　线脚(moulding)[*443*]
赫尔伯街公寓，巴塞尔(Helbestrasse/ apartments, Basle)[1486]
赫曼·恩德(Ende, Hermann, 1829~1907)，在日本从事工作的德国建筑师[1308][1431]
赫尔曼·费林(Fehling, Hermann, 1909~1996)，德国建筑师[1462]
赫尔曼·赫茨伯格(Hertzberger, Herman, 1932~　)，荷兰建筑师[1481]
赫尔曼·穆特修斯(Muthesius, Hermann, 1861~1927)，德国建筑师[1393][1407]
赫尔姆斯利堡，约克郡(Helmsley Castle, Yorkshire)[505]
赫尔穆特·奥巴塔和卡萨包姆事务所(HOK/ Helmut, Obata and Kassabaum)，美国建筑师事务所[1620]
赫尔穆特·施特里夫勒(Striffler, Helmut)，德国建筑师[1460]
赫尔南多·科尔特斯(Cortés, Hernando)，墨西哥建筑师[1274]
赫尔辛格(Helsingor/ Elsinore，丹麦)
　　银杏住宅(Kingo houses)[1483]
　　克龙堡宫(Kronborg Castle)[1134][*1135*]
赫尔辛基(Helsinki，芬兰)[864]

中文版索引

大学图书馆(University Library)[*1149*][1150]

电话公司大楼(Telephone Company Building)[1437]

芬兰大厦(Findlandia Hall)[1452]

国家退休金公共机构大楼(National Pensions Institution)[1451]

国家议会大厦(Senate House)[1150]

赫尔辛基大学(University)[*1149*][1150]

赫尔辛基大学(University)[1150]

赫尔辛基国家博物馆(National Museum)[1437]

赫尔辛基国家博物馆(National Museum)[1440]

火车站(Railway Station)[1440]

火车站(Railway Station)[1440]

建筑(architecture)[89][90]

卡佩拉城郊花园住宅(Käpylä)[1443]

卡佩拉城郊花园住宅(Käpylä)[1443]

劳塔塔洛办公楼(Rautatalo Office Building)[1451]

劳塔塔洛办公楼(Rautatalo Office Building)[1451]

老教堂(Old Church)[*1147*][1150]

老教堂(Old Church)[*1147*][1150]

蛇形住宅(Serpent House)[1452]

蛇形住宅(Serpent House)[1452]

泰奥利苏斯克库斯旅馆和办公楼(Teollisuuskeskus Hotel and Offices)[1452]

泰奥利苏斯克库斯旅馆和办公楼(Teollisuuskeskus Hotel and Offices)[1452]

文化中心(Cultural Centre)[1452]

文化中心(Cultural Centre)[1452]

信义会大教堂(Lutheran Cathedral)[*1148*][1150]

信义会大教堂(Lutheran Cathedral)[*1148*][1150]

议会大楼(Parliament Building)[1440]

议会大楼(Parliament Building)[1440]

议会广场(Senate Square)[1150]

议会广场(Senate Square)[1150]

赫弗堡,肯特郡(Hever Castle, Kent)[509]

赫基清真寺,德里(Khirki Mosque, Delhi)[637]

赫克瑟姆大教堂,诺森伯兰郡(Hexham Abbey, Northumberland)[503]

赫拉德茨-克拉洛布,市立博物馆(Hradec Kralove, Municipal Museum)[1489][*1490*]

赫拉夫-里内特(Graaff- Reinet,南非)

　　荷兰改革教堂(Dutch Reformed Church)[1249][1250]

　　塔尔巴赫法院(Drostdy)[1246]

赫拉克勒斯阁,哥本哈根(Hercules Pavilion, Copenhagen)[1143]

赫拉神庙,阿尔戈斯(Argos, Sanctuary of Hera)[140]

赫拉神庙,奥林匹亚(Heration, Olympia)[140]

赫拉神庙,萨摩斯岛(Samos, Temple of Hera)[140][150]

赫拉特(Heart,阿富汗)

　　城市(city)[641]

　　高哈尔·沙德经学院(Gawhar Shad Madrassa)[641]

赫勒宅,芝加哥(Heller House, Chicago)[1282]

赫里奥特医院,爱丁堡(Heriot's Hospital, Edinburgh)[1451]

赫里福德教堂(Hereford Cathedral)[424][491]

　　平面图(plan)[*489*]

赫利奥波利斯,城市规划(Heliopolis, city planning)[1558]

赫利亚亚法院(Heliaea, meeting place)[155]

赫卢博卡府邸,弗劳恩贝格(Zámek Hluboká, Frauenberg)[1174]

赫罗纳大教堂(Gerona Cathedral)[*550*][555]

赫莫杰尼斯(Hermogenes carchite(t),活动期约公元前220～前190),希腊化时期的建筑师和理论家[163]

赫姆斯多夫土冢,德国(Helmsdorf, Germany)[234]

赫丘利斯神庙,科里(Cori, Temple of Hercules)[*247*][254]

赫色尔石窟,新疆(Heseer Grottoes, Xinjiang)[739]

赫特福德郡(Hertfordshire,英国)

　　阿什里奇公园(Ashriedge Park)[1114][1115]

　　果园宅,乔利伍德(Orchard, Chorleywood)[1216][*1217*][1421]

　　哈特菲尔德府邸(Hatfield House)[*1071*][1073][*1077*]

　　卡西奥伯里府邸(Cassioburg)[1084]

赫梯王国(Hittite kingdom)[19]

　　建筑(architecture)[90][91]

赫兹达城堡,布拉格(Hrezda Castle, Prague)[1032]

鹤林寺,本堂(Kakurinji, hondo)[767][769]

黑池赌场(Blackpool, Casino)[1432]

黑川纪章(Kurokawa, Kisho, 1934～2007),日本建筑师[1512][1680][1681][1703]

黑格纪念图书馆(Hare Memorial Library)[1766]

黑格(Hager, K.O.),南非建筑师[1250]

黑勒劳住宅区,花园城郊,德累斯顿(Hellerau, garden suburb, Dresden)[1404]

黑伦基姆宫(Herrenchiemsee palace)[1212]

黑门,特里尔(Porta Nigra, Trier)[*274*][296]

"黑与白"风格平房,绿巷,槟城('Black and White' Bungalow, Green Lane, Penang)[1318][*1319*]

亨德里克·德凯泽(Keyser, Hendrik de, 1565～1621), 17世纪荷兰建筑师[1053][1059]

亨德里克·佩特鲁斯·贝尔拉格(Berlage, Hendrik Petrus, 1856～1934),荷兰建筑师[1156][1206][1421][1436]

亨和施特罗贝尔事务所(Henn and Strobel),德国建筑师事务所[1459]

亨利·范德维尔德(Van de Velde, Henry, 1863～1957),比利时画家、设计师、建筑师[1407][1437]

亨利·费恩巴赫(Fernbach, Henry, 1829～1883),美国建筑师[1283]

亨利·弗利特克洛夫特(Flitcroft Henry, 1697～1769),英国建筑师[1101]

亨利·霍布森·理查森(Richardson, Henry Hobson, 1838～1886),美国建筑师[1156][1260][1261][1279][1281][1283][1288][1290]

亨利·霍兰(Holland, Henry, 1745～1806),英国乔治时期建筑师[1068][1114]

亨利·克隆布(Klumb, Henry),德裔美国建筑师[1634]

亨利·肯普(Kemp, Henry),澳大利亚建筑师[1359]

亨利·赖特(Wright, Henry, 1878～1936),美国景观建筑师[1590]

亨利·麦克莱恩·蓬特(Pont, Henri Maclaine, 1884～1971),印度尼西亚建筑师[1703]

亨利·欧文(Irwin, Henry, 1841～1922),英国建筑师[1345]

亨利·培根(Bacon, Henry, 1866～1924),美国建筑师[1578]

亨利·塞利耶(Sellier, Henri),法国建筑师[1404]

亨利·圣克莱尔·威尔金斯(Wilkins, Henry St.Clair, 1828～1896),英国军人、工程师[1345]

亨利·威尔逊(Wilson, Henry, 1864～1934),英国建筑师[1207]

亨利·威利·雷弗利(Reveley, Henry Willey, 1788～1875),英国建筑师[1249]

亨利·威廉·因伍德(Inwood, Henry William, 1794～1843),英国建筑师,威廉·因伍德之子[1123][1249]

亨利·沃恩(Vaughan, Henry),美国建筑师[1282]

亨利·沃恩·兰彻斯特(Lanchester, Henry V., 1863～1953),英国建筑师[1725]

亨利·亚历山大·内斯比特·梅德(Medd, Henry Alexander Nesbitt, 1892～1977),英国建筑师[1720]

亨利·伊夫利(Yevele, Henry,约1320/1330～1400),英国中世纪师[209][477][485]

亨利·詹韦·哈登贝格(Hardenbergh, Henry Janeway, 1847～1918),美国建筑师[1281]

亨利拉塞尔·希契科克(Hitchcock, Henry-Russell, 1903～1987),美国建筑评论家和史学家[1488]

亨内夫,住宅(Hennef, house)[1462]

亨尼别墅,阿莫斯弗茨路(Villa Henny, Amersfoortswag)[1436]

亨特宅,拉格兰奇,伊利诺伊州(Hunt House, La Grange, Illinois)[1585]

桁架墙住宅,东京(Truss Wall house, Tokyo)[1684][*1687*]

横滨正金银行,上海(Yokohama Specie Bank, Shanghai)[1649]

红堡,阿格拉(Red Fort, Agra)[652][817]

红堡,德里(Red Fort, Delhi)[652][659]

红方块住宅(方案) (Red Cubist House)[1505]

红礼拜堂(Red Church),见圣三一堂,上海

红门交通部大厦,莫斯科(Ministry of Communication Building, Red Gates, Moscow)[*1530*][1531]

红十字大楼,波哥大(Red Cross Building, Bogota)[*1532*]

红屋,贝科斯利黑斯,肯特(Red House, Bexleyheath, Kent)[1192][*1195*]

侯赛因达耶居住区(Hussein- Dey projects)[1563]

"猴头"混合构造方式('monkey

[1889]

弗莱彻建筑史

head´ construction)[698]
后文艺复兴时期(post- Renaissance period)
　　概述(introduction)[846]
　　欧洲(Europe)[864]～[867]
　　建筑材料及技术(building resources and techniques)[873]～[876]
后现代主义(post- Modernism)[1464]
　　不列颠节(Britain)[1468]
　　美国(United States)[1622][1624]
胡安·阿里拉诺(Arellano, Juan)，菲律宾建筑师[1707]
胡安·安东尼奥·布切阿佐(Buzchiazzo, Juan Antonio)，阿根廷建筑师[1289]
胡安·奥格曼(O´Gorman, Juan, 1905～1982)，墨西哥建筑师[1635]
胡安·包蒂斯塔·德托莱多(Toledo, Juan Bautista de，约1515～1567)，西班牙建筑师[1010][1018]
胡安·德阿拉瓦(Alava, Juan de，约1480～1537)，西班牙匠师[1011]
胡安·埃雷拉(Herrera, Juan de，约1530～1597)，西班牙17世纪最重要的建筑师[1010][1018]
胡安·比利亚努埃瓦(Villanueva, Juan de, 1739～1811)，西班牙建筑师[1019]
胡安·希尔·德翁塔侬(Hontanon, Juan Gil de，约1480～1526)，西班牙建筑师，属翁塔侬建筑师家族[223]
胡德(Hud J.)，匈牙利新古典主义建筑师[1052]
胡佛大楼，大西道，伦敦(Hoover Building, Western Avenue, London)[1431]
胡格利河东岸，殖民区(Hooghly, settlement)[1339]
胡利奥·希马尤(Simayo, Julio)，葡萄牙建筑师[1330]
胡马雍陵，德里(Humayun Tomb, Delhi)**[650]**[651][659]
胡塞尔宅，芝加哥(Husser House, Chicago)[1282]
胡斯(Goes，荷兰)
　　教堂(church)**[540]**[543]
　　住宅(houses)[544]
胡斯运动(Hussite movement-)[526]
胡苏尼·库勃瓦宫，基卢瓦(Husuni Kubwa Palace, Kilwa)[698]
湖滨大道公寓，芝加哥(Lake Shore Drive Apartments, Chicago)[1604][1607]***[1608]***
护板线脚，玛雅神庙(apron profile, Maya temple)[703]***[704]***
护佑神职人员的圣彼得教堂，累西腓(São Pedro dos Clérigos, Recife)***[1263]***[1269]
护饰窗格(tracey patterns)[477]
　　英国哥特式中的花饰窗格(English Gothic)[477]
"花园城市"，巴黎(cités jardins, Paris)[1404]
花园城市运动，圣彼得堡(Garden City Movement, S.Petersburg)[1521]
花园公寓，波哥大('El Parque´towers, Bogota)***[1644]***[1646]
花园剧场，格伦兴(Part Theatre, Grenchen)[1485]
花园式台阶住宅，北京(Terrace Garden Housing, Beijing)[1669]

花砖贴面(azulejos/ tiles)[1265]
华东电力大楼，上海(East China Electric Power Building, Shanghai)[1669]
华俄道胜银行，上海(Russo- Chinese Bank, Shanghai)[1299]***[1303]***
华盖(ciborium/ canopy)[298]
华金·托埃斯卡(Toesca, Joaquin, 1745～1799)，意大利裔智利建筑师[1274]
华莱士·柯克曼·哈里森(Harrison, Wallace Kirkman, 1895～1981)，美国建筑师[1614]
华雷斯剧院，瓜纳华托，墨西哥(Teatro Juarez, Guanajuato, Mexico)[1289]
华懋大楼，新加坡(Cathay Building, Singapore)[1695]
华懋公寓，上海(Cathay Mansions, Shanghai)[1653]***[1656]***
华纳梅克百货公司(Wanamaker´s Store)，见斯图尔特百货公司
华南土特产展览馆，广州(South China Exhibition Halls, Guangzhou)[1660]
华侨银行大楼，吉隆坡(Overseas Chinese Bankinng Corporation Building, Kuala Lumpur)[1699]
华侨银行大厦，新加坡(OCBC Centre, Singapore)***[1509]***[1697]
华沙(Warsaw，波兰)
　　PKO银行，马尔沙科夫斯卡街(PKO Bank, Marszalkowska)***[1509]***[1510]
　　波兰剧院(Polski Theatre)[1507]
　　城市地铁站(City Underground Station)[1510]
　　佛伊佛得歇普市政大楼(Metropolitan Voivodship)[1510]
　　国家图书馆(Naradowa library)[1507]
　　合作银行(Cooperative Bank)[1507]
　　华沙旧城的重建(Old Town reconstruction)[1510]
　　华沙联合住宅区，科洛(Warsaw Housing Cooperative, Kolo)[1508]
　　教育部大楼(Ministry of Education)[1507]
　　卡托维茨卡街9-10号别墅(9-10 Katowicka Street)[1508]
　　疗养院(Sanatorium)[1508]***[1509]***
　　米凯维奇大街34/6号住宅(34/6 Mickiewieza Street)[1508]
　　尼尔伯库拉尼戈·伯契齐亚教堂，帕拉费阿·杰可伯教堂(Kósciól Niepokolanego NMP Parafia S.W.Jakuba)[1508]
　　涅戈勒维斯戈大街8号别墅(8 Niegolewskiego Street)[1508]
　　帕拉费阿尔耐·兹巴维契拉教堂(Kósciól Parafialny Zbawiciela)[1508]
　　普日亚索尔大道3号住宅(3 Przyjaciol Avenue)[1508]
　　人民文化宫(People´s Palace of Culture)[1510]
　　萨朵夫法院大厦(Gmnach Sadow)[1507]
　　三户型行列式住宅(Terrace house)***[1506]***[1508]
　　商业学院图书馆(College of Commerce Library)[1508]***[1509]***
　　斯伍契维兹住宅区(Sluzewiec development)[1510]
　　索别斯基酒店(Sobieski Hotel)[1511]

特佩特府邸(Teppet Palace)[1046]
瓦莱钦尼赫12号别墅(12 Walecznych)[1508]
新国际机场二号航站楼(Airport Terminal Two)[1511]
中心广场(Centre Plaza)[1511]
中央体育教育研究院(Central institute of Physical Education)[1508]
华沙联合住宅区，科洛(Warsaw Housing Cooperative, Kolo)[1508]
华沙商业学院图书馆，华沙(College of Commerce Library, Warsaw)[1508]***[1509]***
华沙住宅，巴黎世界博览会(Warsaw House, Paris World Exposition)[1508]
华盛顿(Washington，美国)
　　八角形大楼(Octagon House)[1279]
　　白宫(White House)***[1277]***[1278]
　　财政部大楼(Treasury Building)[1286]
　　参议院公园委员会华盛顿特区计划(Senate Park Commission Plan)[1578]***[1579]***
　　城市规划(city planning)[1577][1578]
　　杜勒斯国际机场(Dulles International Airport)***[1611]***[1612]
　　国家航空航天博物馆(National Air and Space Museum)[1620]
　　国家美术馆东馆(National Gallery of Art East Building)***[1619]***[1620]
　　华盛顿纪念碑(Washington Monument)[1286]
　　基督堂(Christ Church)[1282]
　　旧抚恤金管理局大楼(Old Pension Building)[1288]
　　科科伦艺术馆(Corcoran Gallery of Art)[1288]
　　林肯纪念堂(Lincoln Memorial)[1578]***[1579]***
　　美国国会大厦(United States Capitol)[1283]***[1285]***
　　史密森大楼(Smithsonian Building)[1286]
　　行政办公大楼(Executive Office Building)[1288]
　　约翰·肯尼迪中心(John F.Kennedy Centre)[1614]
　　专利局大楼(Patent Office)[1286]
华盛顿·奥古斯图斯·罗布林(Roebling, Washington, 1837～1926)，美国土木工程师，约翰·奥古斯图斯·罗布林之子[1296]
华盛顿广场，纽约(Washington Square, New York)[1278]
华盛顿纪念碑，华盛顿特区(Washington Monument, Washington)[1286]
华亭宾馆，上海(Huating Sheraton Hotel, Shanghai)[1662]***[1665]***
华夏艺术中心，深圳(Huaxia Art Centre, Shenzhen)***[1666]***[1667]
华严寺，求礼(Hwaomsa Temple, Kurye)[752]
滑铁卢车站(欧洲之星铁路站)，伦敦(Waterloo Station/ Eurostar Railway Terminal, London)[1475]
滑铁卢大桥，伦敦(Waterloo Bridge, London)[1426]
化工厂，波森(Posen, Chemical Factory)[1409]
怀特(Wight, P.B., 1838～1925)，美国建筑师[1286]

中文版索引

怀特查普尔艺术馆，伦敦(Whitechapel Art Gallery, London)[1201][*1203*]

怀特豪克的(四环)围场，萨塞克斯郡(Whitehawk, Sussex)[233]

怀特西特山，威尔特郡(Whitesheet Hill, Wiltshire)[233]

还愿教堂，维也纳(Votivkirche, Vienna)[1153][1187][*1191*]

环城大街，维也纳(Ringstrasse, Vienna)[1154][1397]

环境保护中心，曼尼亚городе(Centre for the Protection of the Environment, Maneus)[1643]

环形城墙，希腊化建筑(circuit walls, Hellenistic architecture)[172]

皇村(Tsarskoe Selo, 俄国)
 卡梅伦游廊(Cameron Gallery)[1129]
 叶卡捷琳娜宫或称大皇宫(Catherine/Great Palace)[*1126*][1127]

皇宫(军人俱乐部)，达累斯萨拉姆(Kaiserhof, Dar-es-Salaam)[1245]

皇宫，阿姆斯特丹(Royal Palace, Amsterdam)[1059][*1060*]

皇宫，伯德默纳珀布勒姆(Royal Palace, Padmanabhapuram)[817][*820*]

皇宫，基辅(Imperial Palace, Kiev)[1127]

皇宫，卡塞塔(Royal Palace, Caserta)[*964*][966]

皇宫，马德里(Royal Palace, Madrid)[1019][*1022*]

皇宫，拿破仑行宫，威尼斯(Palazzo Regio, Venice)[*885*]

皇宫大饭店，旧金山(Palace Hotel, San Francisco)[1295]

皇宫觐见厅，曼谷(Royal Palace Throne Room, Bangkok)[*834*][838]

皇后井，帕坦(Rani Vav, Patan)[795]

皇后窟，乌德耶吉里(Rani Gumpha, Udayagiri)[786]

皇家保险公司大楼，皮卡迪利，伦敦(Royal Insurance Building, Piccadilly, London)[1417]

皇家贝尔焦约索离宫，米兰(Villa Reale Belgioioso, Milan)[967]

皇家波焦离宫，那不勒斯(Villa of Poggio Reale, Naples)[908]

皇家府邸，爱丁堡(Royal Terrace, Edinburgh)[1107]

皇家工程署(英国)(Office of the King's Works, England)[872][873]

皇家拱廊，纽卡斯尔(Royal Arcade, Newcastle)[1161][*1162*]

皇家广场，波尔多(Place Royale, Bordeaux)[1000]

皇家广场，布鲁塞尔(Place Royale, Brussels)[1056][*1060*]

皇家广场，兰斯(Place Royale, Reims)[1056]

皇家建筑学院(1671年设立)，法国(Royal Academy of Architecture, France)[877]

皇家艺术学院(1768年设立)，伦敦(Royal Academy, London)[872]

皇家节日音乐厅，伦敦(Royal Festival Hall, London)[1468][*1470*]

皇家剧院，霍巴特(Theatre Royal, Hobart)[1359]

皇家矿业大学，墨西哥城(Royal School of Mining, Mexico City)[1274]

皇家离宫，佩萨罗(Villa Imperiale, Pesaro)[919]

皇家离宫，皮亚扎·阿尔梅里纳(Imperial Villa, Piazza Armerina)[293][*294*]

皇家礼拜堂，格拉纳达大教堂(Capilla Real, Granada Cathedral)[1012]

皇家里沃大楼，利物浦(Royal Liver Buiding, Liverpool)[1426]

皇家圣约翰教堂，托莱多(San Juan de los Reyes, Toledo)[*551*][*552*][*553*]

皇家市政厅，安提瓜，危地马拉(Real Gibaldo, Antigua, Guatemala)[1274]

皇家苏格兰学院，爱丁堡(Royal Scottish Institution, Edinburgh)[1161]

皇家天文台，开普敦(Royal Observatory, Cape Town)[1249][*1251*]

皇家舞会大厅，布拉格(Royal Ball-Court, Prague)[1032]

皇家小教堂，波士顿，马萨诸塞州(King's Chapel, Boston, Massachusetts)[*1272*][1273]

皇家新月广场，巴斯(Royal Crescent, Bath)[1104][*1105*]

皇家学院(Royal Institution)，见苏格兰科学院，爱丁堡

皇家盐场，阿尔克-塞南(Royal Saltworks, Arc-et-Senans)[1002]

皇家业余运动家游艇俱乐部，克劳奇河畔的伯纳姆，埃塞克斯郡(Royal Corinthian Yacht Club, Burnham-on-Crouch, Essex)[1432][*1433*]

皇家医学学会，爱丁堡(Royal College of Physicians, Edinburgh)[1161]

皇家医院，切尔西(Royal Hospital, Chelsea)[1090][*1097*]

皇家浴场，特里尔(Imperial Baths, Trier)[288]

皇家园艺馆，伦敦(Royal Horticultural Hall, London)[1426][*1430*]

皇家圆形广场，爱丁堡(Royal Circus, Edinburgh)[1107]

皇家中学，爱丁堡(High School, Edinburgh)[1120][*1121*]

皇龙寺，庆州(Hwangnyongsa Temple, Kyongju)[747]

皇穹宇，北京(Huangqiongyu/ Imperial Vaul of Heaven, Beijing)[730][731]

黄金府邸，威尼斯(Ca d'Oro, Venice)[572][*585*]

回廊(ambulatories，教堂半圆形后殿的圣坛周围环绕)[362][363]

回廊(Kairo/ roofed corridor)[762]

回旋曲-立体主义，捷克斯洛伐克('Rondo-Cubism', Czechoslovakia)[1492]

汇丰银行(Hongkong and Shanghai Bank)
 中国上海(Shanghai)[1299][*1303*][1649][*1650*]
 中国香港(Hong Kong)[1710][*1711*][1712][*1713*][*1714*][1716]
 新加坡(Singapore)[1693]

会议宫，罗马(Palazzo dei Congressi, Rome)[1414][*1416*]

会众清真寺，比贾布尔(Congregational mosque, Bijapur)[653][*656*]

会众清真寺，廷马尔(Tinmal, mosque)[629]

桧岩寺浮屠，首尔附近(Hoeamsa Temple stupa, near Seoul)[754]

喙形舰首装饰柱(rostral column)[*276*]

惠蒂尔宅，巴克湾，波士顿(Whittier House, Back Bay, Boston)[1281]

惠灵顿(Wellington，新西兰)
 阿瑟菲尔德宅(Athfield House)[1768]

富图纳礼拜堂，马利亚会神父静修宅(Futuna Chapel, Marist Fathers Retreat House)[1766]

惠灵顿俱乐部(Club)[1771]

火车站，达尼丁(Railway Station)[1766]

考克斯宅，佩托尼(Cox House, Petone)[1768][*1769*]

老圣保罗教堂(Old S.Paul's Church)[1353][*1368*][1369]

梅西大楼(Massey House)[1766]

市政广场(Civic Square)[1766]

图书馆(Library)[1766]

邮政局(Post Office)[1381][*1383*]

惠普尔宅，伊普斯威奇，马萨诸塞州(Whipple House, Ipswich, Massachusetts)[1261]

惠普斯奈德的平房，贝德福德郡(Whipsnade, bungalows)[1431]

惠特曼宅，法明顿，康涅狄格州(Whitman House, Farmington, Connecticut)[1261]

婚礼塔，达姆施塔特(Hochzeitsturm/ Wedding Tower, Darmstadt)[1407][*1408*]

混凝土(concrete)
 罗马时代的混凝土结构(Roman construction)[212][213]
 铸铁新结构的引入(structural introduction)[874][875]
 见钢筋混凝土

混凝土填心的毛石砌体(opus incertum)[212]

火难受害者公寓，伊斯坦布尔(Fire Victims Apartments, Istanbul)[1536][*1538*]

火山灰，自然(pozzolana, natural)[212][214]

火蛇神庙，特纳尤卡(Xiuhcoatl Temple, Tenayuca)[719]

火焰式风格(哥特式建筑) (Flamboyant style)[459][467]
 建筑实例(building examples)[467]

火葬场，德里斯特恩(Crematorium, Delistern)[1407]

货物重量检验所，代芬特尔(Deventer, weighhouse)[544]

霍巴特(Hobart, 澳大利亚)
 皇家剧院(Theatre Royal)[1359]
 教堂(Cathedral)[1367]
 圣乔治教堂，巴特里角(S.George's Church, Battery Point)[1364][1365]
 圣三一教堂(Holy Trinity Church)[1367]
 圣约翰教堂，纽敦(S.John's Church, Newtown)[1367]
 政府大楼(Government House)[1377]

霍巴特维尔宅，新南威尔士(Hobartville, New South Wales)[1363]

霍顿大厦，诺福克郡(Houghton Hall, Norfolk)[1101]

霍恩哈根城郊住宅区，埃彭豪森(Hohenhagen Suburb, Eppenhausen)[1404]

霍恩霍夫宅，哈根(Hohenhof House, Hagen)[1407]

霍尔本教堂，圣艾斯雷德，伦敦(S.Ethelreda's Holbom, London)[503]

霍尔比奇教堂，林肯郡(Holbeach, church)[*440*]

霍尔茨豪森，巴伐利亚(Holzhausen, Bavaria)[237]

霍尔曼(Holman, H.C.)，新西兰建筑师[1367]

霍华德·罗伯逊(Robertson, Howard,

[1891]

1888～1963)，美国出生的英国建筑师[1471]
霍华德堡，约克郡(Castle Howard, Yorkshire)[1096][*1099*]
霍克汉姆大厦，诺福克郡(Holkham Hall, Norfolk)[1101][*1106*]
霍勒伯德和鲁特事务所(Holabird and Root)，美国建筑师事务所[1596]
霍勒伯德和罗奇事务所(Holabird and Roche)，美国建筑师事务所[1295]
霍勒斯·沃波尔(Walpole, Horace, 1717～1797)，奥福德伯爵(第四)，英国作家、鉴赏家、收藏家[1107][1114]
霍利(Holly, H.H.)，美国建筑师[1281]
霍姆伍德宅，伊舍(Homewood/ house, Esher)[1431]
霍姆宅，霍尔特，诺福克郡(Home Place, Holt, Norfolk)[1216]
霍尼亚拉广播电台，所罗门群岛(Honiara Radio Station, Solomon Islands)[1771][*1772*]
霍普顿府邸，西洛锡安(Hopetoun House, West Lothian)[1104][*1106*]
霍普洛德教堂，林肯郡(Whaplode, Lincolnshire)[*442*]
霍斯特(Horst, J.H.)，荷兰建筑师[1322]
霍特波因特宅，约翰内斯堡(Hotpoint House, Johannesburg)[1563]
霍伊讷堡酋长住宅遗址，德国(Heuneburg, Germany)[234]

J

机场，卡朗(Kallang, Airport)[1695]
矶崎新(Isozaki, Arata, 1931～)，日本建筑师[1680][1681]
姬路城天守阁(Himeji Castle)[774][*775*]
基布尔学院和礼拜堂，牛津(Keble College and Chapel, Oxford)[1187]
"基础工程"，博韦大教堂(Basse Oeuvre, Beauvais Cathedral)[459]
基达纳古代遗址，城墙(Cydna, walls)[172]
基督变容大教堂，切尔尼戈夫(Transfiguration Cathedral, Chernigov)[345]
基督教教义的发展(Christian doctrine development)[196][197]
  意大利装饰主题中的基督教象征主义(symbolism in Italian decoration)[367]
  宗教制度(religious orders)[201]
基督教科学教堂，维多利亚公园，曼彻斯特(Christian Science Church, Victoria Park, Manchester)[1421]
基督教科学派第一教堂，伯克利，加利福尼亚州(First Church of Christ Scientist, Berkeley)[*1587*][1590]
基督教青年会大楼(Young Men's Christian Association/ YMCA building)
  上海(Shanghai)[1653]
  耶路撒冷(Jerusalem)[1551]
基督教堂，都柏林(Christ Church, Dublin)[*489*]
基督教堂，牛津(Christ Church, Oxford)，见牛津大教堂
基督教循道会纪念教堂，格雷厄姆斯敦(Methodist Settlers'/ Commemoration Church, Grahamstown)[1249]
基督教循道宗教堂，首尔(Methodist Church, Seoul)[1315]
基督教循道宗圣三一教堂，达尼丁(Trinity Methodist Church, Dunedin)[1381]
基督升天教堂，科洛姆纳(Church of the Ascension, Kolomenskoye)[*350*][*359*][360]
基督圣殿骑士团教堂，托玛尔(Church of the Military Order of Christ, Tomar)[*557*][560]
基督圣体学校，戈德亚姆(Corpus Christi School, Kottayam)[1741]
基督堂，费城(Christ Church, Philadelphia)[1273]
基督堂，华盛顿(Christ Church, Washington)[1282]
基督堂，吉朗(Geelong, Christ Church)[1364]
基督堂，剑桥，马萨诸塞州(Christ Church, Cambridge, Massachusetts)[1273]
基督堂，马六甲(Christ Church, Malacca)[1321]
基督堂，纳尔逊(Christ Church, Nelson)[1369][1381]
基督堂，纽黑文，康涅狄格州(Christ Church, New Heaven, Connecticut)[1282]
基督堂，斯皮特尔场，伦敦(Christ Church, Spitalfields, London)[1095][*1098*]
基督修道院，托马尔，葡萄牙(Convent of Christ, Tomar, Portugal)[1019][*1022*]
基督学院(Christ's College)[1766]
基督学院，克赖斯特彻奇(Christ's College, Christchurch)[1766]
基督一性论派信条(Monophysite doctrine)[593][594]
基督犹太神教堂，哥伦布城，印地安纳州(Tabernacle Church of God, Columbus, Indiana)[1593]
基多，厄瓜多尔(Quito, Ecuador)[1269]
基尔代劳耶格城堡(Dun Kildalloig)[238]
"基尔帝姆哈"（爪哇雕刻艺术晚期典型的怪诞图像)(Kirtimukha, mask)[838]
基尔库克，马·塔兹格德殉道堂(Kirkuk, Martyrium of mar Tamazgerd)[605]
基尔里，圆形碉楼(Kilree, round tower)[424][*426*]
基辅(Kiev, 俄罗斯)[179]
  皇宫(Imperial Palace)[1127]
  基辅洞窟隐修院(Monastery of the Caves)[345]
  圣安德烈教堂(Cathedral of S.Andrew)[*1126*][1127]
  圣母安息大教堂(Dormition Cathedral)[345]
  圣索非亚大教堂(Cathedral of S.Sophia)[215][342][*343*][*344*][345][*350*][351][352]
  乌克兰共和国部长会议大楼(Ukrainian Council of Ministers building)[1531]
  战后中心重建规划方案(rebuilding project)[*1530*][1531]
基辅的影响(Kievan influence)[187]
基辅霍克住宅区，鹿特丹(Kiefhoek Estate, Rotterdam)[1436]
基赫马·伊沙基清真寺，开罗(Quijmas al-Ishaqi Mosque, Cairo)[624]
基吉奥代斯卡尔基府邸，罗马(Palazzo Chigi Odescalchi, Rome)[952][*955*]
基卢瓦(Kilwa, 扎伊尔)
  胡苏尼·库勃瓦宫(Husuni Kubwa Palace)[698]
  基卢瓦大清真寺(Great Mosque)[*697*][700]
基罗里马尔学院，德里大学(Kirorimal College, Delhi University)[1729]
基洛夫区公共食堂与商店综合楼，列宁格勒(Kirovsky district factory- kitchen complex, Leningrad)[*1526*][1528]
基梅尔庄园，克卢伊德(Clwyd, Kinmel Park)[1212][*1214*][*1215*]
基门蒂·卡米恰(Camicia, Chimenti)，意大利15世纪建筑师[1026]
基斯和多德斯维尔(Keys and Dowdeswell)，新加坡建筑事务所[1693]
基耶蒂，学生公寓(Chieti, Students' Residence)[1480]
基尤植物园，伦敦(Kew Gardens, London)[1110]
  帕姆温室(Palm House)[1167][*1170*]
吉备津神社，冈山(Kibitsu Shirne, Okayama)[756][757][*759*]
吉伯列堡，要塞(Giblet, fortifications)[411]
吉布斯宅，奥克兰(Gibbs House, Auckland)[1771]
吉达(Jeddha, 沙特阿拉伯)
  艾兰清真寺(Island Mosque)[1547]
  国家商业银行(National Commercial Bank)[1544][*1545*]
  哈吉航空港(Hajj Terminal)[*1546*][1547]
  哈里提清真寺(Al- Harity Mosques)[1547]
  吉达滨海区(Corniche area)[1547]
  米凯特清真寺(Miqat Mosque)[1547]
  王宫(Royal Palaces)[*1545*][1547]
吉岛家族的住宅，高山城(Yoshijima House, Takayama)[*777*][778]
吉登伯勒姆，那吒罗阇神庙(Chidambaram, Nataraja Temple)[795]
吉多·贝穆德斯(Bermudez, Guido, 1925～)，巴西建筑师[1637]
吉尔，大桥(Ghir, bridge)[605]
吉尔伯特会(又称森普林哈姆会) (Gilbertine Canons)[201]
吉尔德老年人公寓，费城(Guild House old people's home, Philadelphia)[1622]
吉拉德学院创建者礼堂，费城，宾夕法尼亚州(Founders' Hall, Girard College, Philadelphia, Pennsylvania)[1286]
吉莱斯皮、基德和科亚(Gillespie, Kidd and Coia/ John Gaff Gillespie, 1870～1926; William Alexaner Kidd, 1879～1928; Jack Antonio Coia, 1898～1981)建筑师事务所[1476]
吉列工厂，伦敦(Gillette Factory, Great West Road, London)[1431]
吉隆坡(Kuala Lumpur, 马来西亚)
  朝圣基金局大厦(Tabung Haji Tower)[1701]
  达亚布米大厦(Dayabumi Tower)[*1700*][1701]
  大学医院和医学院(University Hospital and Medical Faculty)[1701]
  电讯塔楼(Telecom Tower)[*1702*][1703]
  高等法院(High Court)[1321]
  国家博物馆(National Museum)[1701]
  国家电力部大楼(National Electricity Board Building)[1701]
  国家清真寺(National Mosque)[1699]
  华侨银行大楼(Overseas Chinese Banking Corporation Building)[1699]

中文版索引

吉隆坡国际机场航站楼(International Airport Terminal)[1703]
吉隆坡火车站和吉隆坡酒店(Railway Station and Hotel)[1321]
吉隆坡总医院(General Hospital)[1701]
喀考沙(英国官邸) (Carcosa)[*1320*][1321]
科里塞姆剧场，旅馆和餐馆(Coliseum Theatre, Hotel and Restaurant)[1699]
联邦旅馆(Federal Hotel)[1701]
联邦议会(Federal House)[1699]
马来土著银行(Bumiputra Bank)[1701]
马来西亚国会大楼(Malaysian Parliament Building)[1701]
马来西亚微电子系统研究所(MIMOS building)[1703]
马来亚大学(University of Malaya)[1701]
梅杰斯蒂克饭店(Hotel Majestic)[1699]
美国国际保险大楼(American International Assurance Building)[*1700*][1701]
美西尼亚格塔楼(Menara Mesiniaga Tower)[*1700*][1701]
内阁办公大楼(Secretariat Building)[1318][*1320*]
市政工程局(Public Works Department)[1321]
双子塔(Petronas Towers)[*1702*][1703]
信息部大楼(Information Department)[1321]
英国文化协会大楼(British Council Building)[1699]
英-中大楼(Anglo- Oriental Building)[1699]
邮政总局(General Post Office)[1321]
中庭广场(Plaza Atrium)[1701]
吉罗拉莫·真加(Genga, Girolamo, 1476～1551)，意大利建筑师[919]
吉洛的新耶路撒冷城郊(Gilo suburb, Jerusalem)[1552]
吉马尔(Guimard, B.)，比利时18世纪建筑师[1056]
吉米·阿尔科克(Alcock, Jimmy)，委内瑞拉建筑师[1646]
吉诺·瓦莱(Valle, Gino, 1923～)，意大利建筑师[1477]
吉萨(Giza，埃及)
　　挂毯博物馆(Tapestry Museum)[1573]
　　艺术中心(Arts Centre)[1573]
吉萨(Gizeh，埃及)[47]
　　法老金字塔群(Royal Pyramids)[47][*48*][*49*][51][*53*][55]
　　基奥普斯(胡夫)大金字塔(Great Pyramid of Cheops)[27][*52*][54][55]
吉萨金字塔群(Pyramids of Gizch)，见金字塔群，吉萨
吉塞拉·阿蒂曼宅，加拉加斯(Casa Gisela Adjiman, Caracas)[1646]
吉田铁郎(Yoshida, Tetsuro, 1894～1956)，日本建筑师[1674]
吉祥天女庙(Lakshmana temple)
　　克久拉霍，中央邦(Khajuraho, Madhya Pradesh)[803]
　　锡尔布尔(毗湿奴庙) (Sirpur)[*797*]
吉祥天女神庙，锡尔布尔(Sirpur, Lakshmana Temple)[*797*]
吉亚斯丁·图格卢克墓，德里(the tomb of Ghias ad- Din Tughluq)[637]
极乐殿(Kungnakchon hall)
　　凤停寺(Pongjongsa Temple)[752][754]
　　无为寺(Muwisa Temple)[754]
笈多帝国(Gupta Empire)[677]
集会大厅，普里恩(Ecclesiasterion/ assembly hall, Priene)[*167*][168]
集体农场(Kibbutzim/.collective settlements)[1551][1552]
集体农庄建设局住宅区，派尔努(Inter-Collective Farm Construction Bureau Housing, Pärnu)[1534]
集中营受难者纪念碑，米兰(Monument to the victims of concentration camps, Milan)[1476]
几何形风格，英格兰的哥特大教堂跨间设计之比较(Geometric style, comparative treatment of bays)[*438*]
纪功柱(triumphal columns)
　　罗马(Roman)[275]
　　罗马帝国(Imperial Roman)[289]
纪念教堂，西柏林(Memorial Church, West Berlin)[1460]
纪念礼拜堂，达豪，德国(Memorial Chapel, Dachau)[1460]
纪念性建筑(memorial structures commemorative structures)[299]
　　拜占庭帝国(Byzantine Empire)[301]～[314]
　　早期基督教建筑(early Christian)[298][299]
纪尧姆·菲兰德里尔(又名菲兰德) (Philandrier/ Philander, Guillaume, 1505～1565)，法国建筑师[983]
　　工业学校机械工程实验室(Mechanical Engineering Laboratory)[1552]
技术变换(technology transfer)[1610][1716]
技术学校，温迪施(Windisch, Technical School)[1485]
技术学院，海法(Technikum, Haifa)[1548][*1549*]
祭庙，哈布城(Medînet- Habu, Temple)[61][68]
加比，神庙(Gabii, temple)[250]
加布里埃尔·莫拉(Mora, Gabriel, 1941～)，西班牙建筑师[1485]
加布里埃尔·普尔(Poole, Gabriel, 1934～)，澳大利亚建筑师[1765]
加布里埃尔·冯·塞德尔(von Seidl, Gabriel, 1828～1913)，德国建筑师[1201]
加得纳-平格里大楼，塞勒姆(Gardner-Pingree House, Salem, Massachusetts)[1278]
加德满都河谷，尼泊尔(Kathmandu valley, Nepal)[822]
加德纳货栈，牙买加街，格拉斯哥(Gardner's Warehouse, Jamaica Street, Glasgow)[1183][*1188*]
加尔的圣吉列教堂，阿尔勒附近(Church of S.Gilles- du- Gard, near Arles)[381][*385*][390]
加尔都西会(Carthusian Order)[201]
加尔夫·侯赛因总统府(Garf Husein, Presidential Rest House)[1573]
加尔各答(Calcutta, 印度)[1231][1337][1339][*1341*]
　　巴勒克布尔宫(Barrackpore House)[1339][*1343*]
　　公共图书馆(Public Library)[1339]
　　豪拉车站(Howrah Station)[1725]
　　豪拉大桥(Howrah Bridge)[1725]
　　加尔各答大饭店(Grand Hotel)[1345][*1348*]
　　加尔各答市政厅(Town Hall)[1339][*1341*]
　　南公园大街公墓(South Park Street Cemetery)[*1335*]
　　乔文利路联排住宅(Chowringhee Road)[1339][*1341*]
　　圣安德烈长老会教堂(Presbyterian Church of S.Andrew)[1334][*1335*]
　　圣保罗大教堂(S.Paul's Cathedral)[1334][*1335*][1337]
　　圣彼得教堂，威廉堡(S.Peter's Church, Fort William)[1334]
　　圣约翰教堂(S.John's Church)[1334][*1335*]
　　泰姬·孟加拉旅馆(Taj Bengal Hotel)[1741]
　　威廉堡(Fort William)[1332][*1333*]
　　维多利亚纪念馆(Victoria Memorial)[1349]
　　维多利亚女王纪念堂(Memorial to Queen Victoria)[1719][*1721*]
　　行政办公新楼(New Secretariat)[1728][*1730*]
　　银币铸造厂(Silver Mint)[1339]
　　邮政大楼，达尔豪瑟广场(Post Office, Dalhousie Square)[1339][*1343*]
　　政府大楼(Government House)[1339][*1340*]
　　职员办公楼(Writers' Building)[1339][*1340*]
加尔考农场，德国(Garkau Farm)[1409]
加尔利的支提窟大厅，马哈拉斯特拉邦(Karli chaitya hall, Maharashtra)[*783*][*784*][786][788]
加尔桥，尼姆(Pont du Gard, Nîmes)[261]
加尔什(Garches，法国)
　　布尔赫特别墅(Villa Bouilhet)[1414]
　　斯坦别墅(Villa Stein)[1403]
加夫里尔·塔拉索夫府邸和办公大楼，莫斯科(Gavril Tarasov Mansion and offices, Moscow)[1519][*1520*]
加哈尔夏兹台诸园，马汉(Qajar Shazdeh Gardens, Mohan)[664]
加拉·普拉西狄亚陵墓，拉韦纳(Tomb of Theodoric, Ravenna)[*324*]
加拉夫住宅，小礼拜堂兼门卫室(Garraf house, chapel and gatehouse)[1444]
加拉加斯(Caracas，委内瑞拉)
　　埃尔锡伦西奥住宅区再开发(El Silencio redevelopment)[1637]
　　埃内罗都市化计划23(Urbanisacion 23 de Enero)[1637]
　　波拉大楼(Polar Building)[1631]
　　"常青树"居住区('Arbor para vivir'houses)[1646]
　　城市大学(City University)[*1638*][*1640*]
　　居住联合体，格兰蒂山(Unidad de Habitacion, Cerro Grande)[1637]
　　皮罗特山住宅区(Cerro Piloto Housing

[1893]

Development)[1637]
乡村俱乐部(Country Club)[1646]
加拉加斯城市大学,加拉加斯,委内瑞拉(City University, Caracas, Venezuela)[1638][*1640*]
加拉拉泰塞住宅区,米兰(Gallaratese housing block, Milan)[1477]
加莱里乌斯宫,萨洛尼卡(Palace of Galerius, Salo- nika)[313]
加莱鲁斯小礼拜堂,丁格尔,凯里郡(Dingle, County Kerry, Oratory of Gallerus)[424][*427*]
加莱毗诃罗佛像群,波隆那鲁沃(Gal Vihara group, Polonnaruwa)[782]
加莱亚佐·阿莱西(Alessi, Galeazzo, 1512~1572),意大利建筑师[931]
加勒(Galle,斯里兰卡)
　　仓库(warehouses)[1332]
　　荷兰教堂,贾夫纳(Dutch church)[*1331*][1332]
加勒堡,斯里兰卡(Fort Galle, Sri Lanka)[*1331*][1332]
加勒比希尔顿酒店,圣胡安(Caribe Hilton Hotel, San Juan)[1634]
加勒多尼亚路自由教会教堂(Caledonia Road Free Church)[1123][1187][*1191*]
加里宁大街,莫斯科(Kalinin Prospect, Moscow)[*1532*][1534]
加里宁格勒(特维尔),重建规划(Kalinin, rebuilding project)[1531]
加里森达斜塔,博洛尼亚(Torre Garisenda, Bologna)[*372*]379]
加利福尼亚(California,美国)
　　巴特勒宅(Butler House)[*1588*][*1598*][1599]
　　菲利普·洛弗尔海滨住宅,纽波特比奇(Philip Lovell Beach House, Newport Beach)[1599]
　　格蒂中心,圣莫尼卡附近(Getty Center, near Santa Monica)[1625][*1626*]
　　科罗纳多大饭店,科罗纳多海滩(Hotel del Coronado, Coronado Beach)[1295]
　　马林县市民中心,圣拉斐尔(Marin County Civic Centre, San Rafael)[1612]
　　帕西菲克·帕利塞兹(Pacific Palisades)[*1600*][1603]
　　圣查尔斯·博罗梅奥教堂,卡梅尔(San Carlos Borromeo, Carmel)[1273]
　　圣胡安·卡皮斯特拉诺图书馆(San Juan Capistrano Library)[1624]
　　斯坦福大学,帕洛阿尔托(Stanford University, Palo Alto)[1288]
　　索尔克生物研究所,拉霍亚(Salk Institute, La Jolla)[*1615*][1616]
　　太平洋海岸硼砂公司大楼,阿尔梅达(Pacific Coast Borax Company Building, Almeda)[1296]
　　威廉·卡森宅,尤里卡(William Carson House, Eureka)[1279]
　　住宅建筑(domestic architecture)[1278][1279][1281]
　　见旧金山
加利福尼亚邦加罗敞廊式住宅(California Bungalow)[1748]
加利福尼亚住宅研究案项目(Californian Case Study House programme)[1610]
加利亚居住区,阿尔及利亚(Gharaia/ house, Algeria)[1576]

加洛林传统,建筑特征(Carolingian tradition, architectural character)[362][363][391]
加米亚清真寺,内罗毕(Jamia Mosque, Nairobi)[1562]
加姆森宅,泰国(Kamthienghouse, Thailand)[1316][*1317*]
加拿大(Canada,北美洲)
　　历史(history)[1227][1228]
　　"新法国"风格('New France'style)[1264]
加纳(Ghana,非洲)
　　加纳大学,莱贡(University, Legon)[1559][*1560*]
　　历史(history)[672]
　　圣三一教堂,阿克拉(Holy Trinity Church, Accra)[1241]
加纳大学,莱贡(University of Ghana, Legon)[1559][*1560*]
加尼姆府邸,科威特(Bayt al- Ghanim, Kuwait)[661]
加尼塔玛瑞阿姆教堂,靠近拉利贝拉(Ganeta Mariam, near Lalibela)[*697*][701]
加涅蒂府邸,蒙特普尔恰诺(Palazzo Gagnati, Montepulciano)[*884*]
加斯帕尔·罗德里格斯(Rodríguez, Gaspar)[1235]
加泰罗尼亚建筑(Catalan architecture)[400]
　　哥特风格(Gothic style)[544][545]
　　建筑实例(examples)[555][*558*]
加泰罗尼亚音乐宫,巴塞罗那(Palau de la Música Catalena, Barcelona)[1444]
加泰土丘(Catal Hüyük,土耳其)[18][25][31][35][36][*38*]
加亚尔城堡,莱桑德利(Château- Gaillard, Les Andelys)[204]
加亚新城,圆形教堂(Vila Nova de Gaia, Church of the Serra do Pilar)[1019]
加永府邸(Château de Gaillon)[971]
迦南建筑(Canaanite architecture)[91]
家庭保险大楼,芝加哥(Home Insurance Company Building, Chicago)[1290]
贾恩卡洛·德·卡洛(Carlo, Giancarlo De, 1919~2005),意大利建筑师、理论家[1477]
贾尔安达卢斯酒店式公寓,苏塞(Diar El Andalous Residences, Sousse)[1574]
贾尔斯·吉尔伯特·斯科特爵士(Scott, Sir Giles Gilbert, 1880~1960),英国20世纪最杰出的建筑师之一[1421][1426]
贾夫那堡,斯里兰卡(Fort of Jaffna, Sri Lanka)[1330]
贾夫纳(Jaffna,斯里兰卡)[1328][1332]
　　荷兰教堂(Dutch church)[*1331*][1332]
贾弗里亚宫,特莱多(al- Jaferiya palace, Toledo)[627]
贾格宫,乌代布尔湖(Jag Niwas palace, Udaipur)[818]
贾格湿婆神庙寺庙群(Jageshwara temple complex)[799][*819*]
贾汗季宫,阿格拉(Jehangir Mahal, Agra)[652]
贾汗季墓,拉合尔(Jehangir Tomb, Lahore)[653]
贾科莫·巴罗齐·维尼奥拉(即雅各波·巴罗齐·达)(da Vignola, Giacomo Barozzi/ Jacopo Barozzi, 1507~1573),意大利文艺复兴时期建筑师、学者,意大利手法主义

建筑的代表人物之一,著有《建筑的五种柱式规范》[848][937]
贾科莫·德拉·波尔塔(Porta, Giacomo della,约1533~1602),意大利手法主义建筑师[940][949]
贾科莫·夸伦吉(Quarenghi, Giacomo, 1744~1817),意大利建筑师,自1779年起在俄罗斯从事设计[966][1129]
贾科莫·莫拉利亚(Moraglia, Giacomo),意大利19世纪建筑师[967]
贾罗隐修院,达勒姆郡(Jarrow, Country Durham)[419]
贾米清真寺,纳因(Masjid- i- Jami mosque, Nain)[631]
贾斯珀·柯林斯宅,迦太基,得克萨斯州(Jasper Collins House, Carthages, Texas)[1279]
贾瓦哈·卡拉博物馆,斋普尔(Jawahar Kala Kendra, Jaipur)[1736]
贾瓦哈拉尔·尼赫鲁大学(Jawaharlal Nehru University)[1729]
贾瓦哈拉尔·尼赫鲁海军学院,埃济马拉(Jawaharlal Nehru Naval Academy, Ezhimala)[1733]
贾瓦哈拉尔·尼赫鲁印度工业发展银行,海得拉巴(Jawaharlal Nehru Industrial Development Bank of India, Hyderabad)[1733]
假门墓,阿克苏姆(Tomb of the False Door, Axum)[701]
尖顶拱风格(Lancet style)[*437*]
间斗束(Kentozuka/ struts)[763]
间宫绘理(Kawai, Kozo, 1856~1934),日本建筑师[1309]
监狱平面,早期实例(prison planning, early example)[1286]
柬埔寨(Cambodia,亚洲)
　　前殖民地时代(pre- Colonial period)[668]
　　　　建筑材料(building resources)[690]
　　　　建筑实例(buildings examples)[830]~[835]
　　　　建筑特征(architectural character)[823]~[825]
　　　　历史(history)[681][682]
　　　　文化(culture)[687]
　　自然特征(physical characteristics)[671]
简·德鲁(Drew, Jane),英国建筑师[1564][1567][1571][1725]
简·迪特马斯宅,布鲁克林,纽约(Jan Ditmars House, Brooklyn, New York)[1264]
简·雅各布斯(Jacobs, Jane, 1916~2006),加拿大记者、城市规划理论家[1620]
建长寺,镰仓时期(Kenchoji temple, Kamakura)[769]
建国饭店,北京(Jianguo Hotel, Beijing)[1661]
建设部大楼,北京(MOC/ Ministry of Construction building, Beijing)[1660]
建在岩石上的城堡('castillos roqueros'/ inaccessible castles)[563]
建筑出版物(architectural publications)
　　哥特复兴时期(Gothic Revival)[1153][1154]
　　乔治时期(Georgian period)[1067][1229]
　　文艺复兴时期(Renaissance period)

中文版索引

低地国家(Low Countries)[879]
  法国(France)[870][871][876][877]
  斯堪的纳维亚(Scandinavia)[880]
  意大利(Italy)[876]
  英国(Britain)[879][880]
《走向新建筑》勒·柯布西耶(Vers une Architecture, Le Corbusier)[1403]
建筑的多彩特征(polychromy, constructional)[1178][1179][1187]
建筑工作室(Taller de Arquitectura)，西班牙建筑师事务所[1484]
建筑和城市规划学院，圣保罗(School of Architecture and Urbanism, São Paulo)[*1641*][1642]
建筑科学院，柏林(Architectural Academy, Berlin)[871][1531]
建筑师合作事务所(Architects Co-Partnership)，英国建筑师事务所[1467]
建筑师学会，英国(Institute of Architects, Britain)[872]
建筑师职业(architectural profession)
  俄罗斯(Russia)[873]
  哥特时期(Gothic period)[476][477]
  后文艺复兴(post-Renaissance)[874]
  意大利(Italy)[867]~[869]
  英国(Britain)[871]~[873]
建筑师组团(Group Architects)，新西兰建筑师合作团体[1749]
建筑围绕一个空间或庭院的原则(Courtyard principle)，古希腊城市布局二原则之一[21]
建筑限高，美国(building height restrictions, United States)[1748]
建筑遗迹，马蓬古布韦(Mapungubwe, houses)[698]
剑桥(Cambridge，英国)
  菲茨威廉博物馆(Fitzwilliam Museum)[1157][*1160*]
  冈维尔和凯厄斯学院(Gonville and Caius College)[1074][*1078*]
  国王学院(King's College)[1069]
  国王学院礼拜堂(King's College Chapel)[*483*][485][*490*]
  哈维院(Harvey Court)[1468]
  雷恩设计的新图书馆(Wren's Library)[1084][*1089*]
  纽纳姆学院(Newnham College)[1201]
  彭布罗克学院(Pembroke College Chapel)[*859*][1084]
  平面布局(planned layout)[*483*]
  邱吉尔学院(Churchill College)[1468]
  圣三一学院(Trinity College)[1074]
  圣约翰学院(S.John's College)[509]
  圣约翰学院(克里普斯楼) (S.John's College/ Cripps Building)[1468][*1470*]
  史学院大楼(History Faculty Building)[1468][*1469*]
  唐宁学院(Downing College)[1120]
  伊曼纽尔学院小教堂(Emmanuel College Chapel)[1084]
健身房(角力学校、体育场) (palaestra/ exercise yard)[256]
江华净水寺(Kanghwa, Chongsusa Temple)[754]
江苏太湖新疆石油工人疗养院，无锡(Jiangsu Province, Lake Tai Sanatorium, Wuxi)[*1668*][1669]
江湾体育场，上海(Jiangwan Stadiums, Shanghai)[1653]
姜寨，住宅(Jiangzhai, houses)[108]
姜寨，建筑布局(Jiang, layout)[108]
讲堂(Kodo/ lecture hall)[762]
降生圣殿神庙(Mammisi temples)[*57*][71]
  伊德富(Edfu)[71]
交通银行大楼(Bank of Communications)
  北京(Beijing)[1653]
  青岛(Qingdao)[1649]
郊外浴场，赫库兰姆(Herculaneum, Suburban Baths)[242]
焦帕尔旅馆，布达佩斯(Gyopár Hotel, Budapest)[*1503*][1505]
焦特普尔(Jodhpur，印度)
  宫殿(palace)[818]
  焦特普尔大学(教室和讲堂) (University/ Classrooms and Lecture Theatres)[1736]
  乌迈德宫(Umaid Bhawan Palace)[1725]
焦韦门，法莱里新城(Porta di Giove, Falerii Novi)[*249*][250]
矫饰建筑(follies)[1107]
教皇宫，阿维尼翁(Palais des Papes, Avignon)[*471*][475]
教皇尤里乌斯宫(Villa of Pope Julius)，见朱利娅别墅，罗马
教皇造币所，罗马(Papal Mint/ Zecca, Rome)[916]
教会大楼，威斯敏斯特，伦敦(Church House, Westminster, London)[1422]
教区教堂，埃特沃豪森(Etwashausen, Parish Church)[1043]
教区教堂，隆高-萨尔茨堡下堡(Lungau-Salzburg, Unternberg Parish Church)[1450]
教区牧师住宅，科尔比瑟斯，格洛斯特郡(Coalpitheath Vicarage, Gloucestershire)[1174][*1176*]
教士圣彼得教堂，波尔图(Church of S.Pedro dos Clérigos, Oporto)[*1024*][1025]
教堂，奥维耶多(Oviedo, churches)[402]
教堂，孔斯贝格(Kongsberg, church)[1143]
教堂，梅尔森(Meersen, church)[543]
教堂，萨姆塔维奇(Samtavisi, church)[*330*][332]
教堂，斯泰德姆(Stedum, church)[544]
教堂，斯泰伦堡(Stellenbosch, church)[1245]
教堂大街大清真寺，约翰内斯堡(Kerk Street Jami Masjid, Johannesburg)[1574]
教堂和聚会大厅，赛马场路(Rennbahnweg, Church and Assembly Hall)[1450]
教堂和钟塔，尼科利斯科耶(Nikolskoye, Church and Belfry)[1129]
教堂建筑(church architecture)
  拜占庭时期(Byzantine period)[300]
  法国罗马风建筑(French Romanesque)[382]~[391]
  木结构教堂屋顶式样(alternative timber roof design)[*480*]
  完全集中式建筑(fully centralised structures)[*323*]
  文艺复兴的影响(Renaissance influences)[856]
  英国宗教改革之后(Britain post-Reformation)[862]
  圆穹结构(domed structures)[*323*][*324*]
  早期基督教时期(Early Christian period)[297]~[314]
  中世纪时期(Mediaeval period)[214][*217*]
  中世纪早期(early Mediaeval period)[191][194][198]
教堂建筑法(Church Building Act)[1069]
教堂楼廊，概述(triforium gallery, introduction)[363]
教堂平面的十字交叉点建造塔楼(crossing tower, pre-Romanesque)[362]
教堂钟塔，艾瑟尔斯泰因(Ijsselstein, Church Tower)[1056]
教育培训中心，德里(Centre of Education and Training, Dehli)[1736]
教育学院，碧山(Institute of Education, Bishan)[*1698*][1699]
阶梯形水井，寺庙(step wells, temple)[795]
杰顿(Djeitun)
  房屋(houses)[*34*]
  神社(shrine)[37][*38*]
杰弗里·巴瓦(Bawa, Geoffrey, 1919~2003)，斯里兰卡建筑师[1744]
杰哈布瓦拉(Jhab-vala, C.S.H., 1920~)，印度建筑师[1729]
杰克·巴尼特(Barnett, Jack, 1925~)，南非建筑师[1567]
杰克逊宅和马厩，肖勒姆，维多利亚(Jackson House and Stables, Shoreham, Victoria)[1765]
杰拉什，古城遗迹(Jerash，约旦)[593][608]
  罗马时代的拱门(monumental arch)[293]
杰勒德·克里斯马斯(Christmas, Gerard)，英国17世纪建筑师[1073]
杰里科(埃里哈的希伯来语名称) (Jericho，巴勒斯坦·以色列)
  神社(shrine)[35][*38*]
  住宅建筑(houses)[33]
杰姆圆形剧场(El Djem, amphitheatre)[289]
杰内清真寺，重建(Djenne Mosque, reconstruction)[1571]
杰南哈桑，里卡塞门特城(Djennan-el-Hassan, Cité de Recasement)[1566]
杰齐宅，利马(Gezzi House, Lima)[*1645*][1646]
杰斯马尔纳特摩诃提婆神庙，阿索达(Jasmalnath Mahadeva, Asoda)[*802*][803]
杰伊特·彼得·于桑(Huyssens, Jesuit Pieter, 1577~1637)，比利时建筑师[1055]
杰伊瑟尔梅尔(Jaisalmer，印度)
  富商石宅(stone houses)[818]
  宫殿(palace)[817]
结核病疗养院，塔布卡(Tuberculosis Sanatorium, Tabuca)[1630]
捷克工人联盟(Czech Workers' Alliance)[1497]
捷克馆(Czech Pavilion)
  1914年德意志制造联盟展捷克馆(Deutscher Werkbund exhibition 1914)[1494]
  1937年巴黎世界博览会捷克馆(Paris Exposition 1937)[*1496*][1497]
捷克机械主义(Czech Machinism)，见新构成主义

[1895]

弗莱彻建筑史

捷克斯洛伐克/捷克联邦，20世纪的发展(Czechoslovakia/ Czech Repubic, Twentieth Century developments)[1489]~[1502]
捷克斯洛伐克军团银行(Czechoslovak Legion Bank, Prague)[1492]
解放战争纪念堂，凯尔海姆(Befreiungshalle, Kelheim)[1047]
解构主义实践(Deconstruction practice)[1489]
解脱主神庙，布巴内什瓦尔(Mukteshvara temple, Bhubaneshwar)[795][798][814]
界遥寺，清迈(Wat Jet Yot Temple, near Chiengmai)[835]
今图因宫，好望角(Tuynhuys, Cape of Good Hope)[1245]
金八角堂，安条克(Antioch, Golden Octagon)[299][304]
金贝尔美术博物馆，沃斯堡(Kimbell Museum of Fine Arts, Fort Worth)[1616]
金伯利纪念碑，开普敦(Kimberley Memorial, Cape Town)[1255][*1256*]
金德利斯卡大街办公建筑，布拉格(Jindrisska Street, Prague)[1492]
金德讷格尔殖民区，班加尔(Chandernagore, Bengal)[1349]
金迪广场，利雅得(Al- Kindi Plaza and Mosque, Riyadh)[1547]
金刚轮寺，本堂(Kongorinji, hondo)[*766*][768]
金焕基博物馆，首尔(Kim Whanki Museum, Seoul)[1692]
金陵大学，南京(University of Nanking, Nanjing)[1652]
金陵饭店，南京(Jinling Hotel, Nanjing)[1661]
金陵女子文理学院，南京(Jinling College for Girls, Nanjing)[1652]
金门，弗拉基米尔(Golden Gate, Vladimir)[*346*][355]
金庙，阿姆利则(Golden Temple, Amritsar)[*813*][815]
金牛广场，君士坦丁堡(Forum Tauri, Constantinople)[334]
金山寺佛塔，金堤(Kumsansa Temple pagoda, Kimche)[752]
金丝雀码头，伦敦(China Wharf, London)[1475]
金斯基城堡，日贾尔(Castle Kinsky, Zdar)[1038]
金塔纳·西莫内蒂(Simonetti, Quintana)，古巴建筑师[1631]
金泰洙(Tai Soo Kim, 1936~)，韩国建筑师[1692]
金堂，唐招提寺(Toshodaiji, kondo)[763][*764*]
金屋，罗马(Domus Aurea/ Golden House, Rome)[*278*][280]
金锡澈(Seok Chul Kim)，韩国建筑师[1692]
金巷住宅区，伦敦(Golden Lane Estate, London)[1466]
金属工人联盟培训中心，泰斯科(Training Centre for the Metalworkers' Union, Teisko)[1453]
金属结构(metalworking)
　　低地国家(Low Countries)[533][534]
　　史前时期(prehistoric)[209][210]
　　铁器(iron- working)[671]
金属结构商店，小吕策尔(Metal Construction Shop, Kleinlutzel)[1485]
金字塔，阿尔戈阿湾(Algoa Bay, pyramid memorial)[1249]
金字塔，埃尔库鲁(El Kurru, Meroitic pyramid)[701]
金字塔，美杜姆(Meydûm, Pyramid)[47][*48*][54]
金字塔，斯奈夫鲁，代赫舒尔(Seneferu, pyramids, Dahshûr)[47][*48*][54]
金字塔庙，奎奎尔科(Cuicuilco, Temple Pyramid)[705][707]
金字塔庙B-4单体，阿尔通哈(Structure B-4 Alum Ha)[703][710][711][*713*]
金字塔群，吉萨(Great Pyramids, Gizeh)[27][41][*48*][49][*52*][*53*][55][56]
津巴布韦(Zimbabwe，非洲)
　　圣马利亚和万圣大教堂，索尔兹伯里(Cathedral of S.Mary and All Saints, Salisbury)[1559]
　　圣施洗约翰代主教座堂，布拉瓦约(S.John Baptist's Pro- cathedral, Bulawayo)[1559]
津吉尔利，城堡(Zincirli, Citadel)[*85*][92]
近卫军骑兵旅司令部，白厅，伦敦(Horse Guards, Whitehall, London)[1104][*1106*]
禁卫军宫，维罗纳(Palazzo della Gran Guardia, Verona)[*923*][925]
觐见殿(Diwan- i- Am)
　　阿格拉(Agra)[*657*][659]
　　德里(Delhi)[659]
　　法塔赫布尔西格里(Fatehpur Sikri)[652]
京都(Kyoto，日本)
　　朝堂院，皇宫(Chodo in, Imperial Palace)[772][773]
　　城市布局(city layout)[772]
　　东三条殿(Tosanjo Palace)[773]
　　二条城，京都(Nijo Castle)[774][*776*]
　　桂离宫(Katsura Detached Palace)[*776*][778]
　　桂离宫(Katsura Palace)[1674]
　　国立现代艺术博物馆(National Museum of Modern Art)[1680]
　　贺茂神社(Kamo Shrines/ Kamo- no- Wakeikazuchi Shrine)[*755*][756][757]
　　清凉殿，皇宫(Seiryoden, Imperial Palace)[773]
　　设计中心(Design Centre)[1683]
　　紫宸殿，皇宫(Shishinden, Imperial Palace)[*771*][773]
京奉铁路北京站，北京(Peking Railway Station, Beijing)[1307]
京广中心，北京(Jing Guang Centre, Beijing)[1662]
京特·贝尼施(Behnisch, Günter, 1922~)，德国建筑师[1462]
经济学家大楼，伦敦(Economist Building, London)[1471]
景福宫，首尔(Kyongbokkung, Seoul)[754]
警察长官官邸/行政官官邸，佛罗伦萨(Palazzo Bargello/ Palazzo del Podesta, Florence)[587]
净惠寺佛塔，月城郡(Chonghyesa Temple pagoda, Wolsong)[752]
净琉璃寺，本堂(Joruriji, temple- hall)[765]
净水寺，江华(Chongsusa Temple, Kanghwa)[754]
净土寺净土堂(阿弥陀佛殿) (Jododo at Jodoji/ Amida Hall)[768]
竞技场，君士坦丁堡(Hippodrome, Constantinople)[334]
敬天寺佛塔，首尔(Kyongch'onsa pagoda)[754]
静安希尔顿大酒店，上海(Jing'an Hilton Hotel, Shanghai)[1662]
静居，韦尔格雷根，开普敦(Welgelegen, The Retreat)[1255]
镜宫，安伯(Shish Mahal, Amber)[818][*821*]
九龙(Kowloon，中国)
　　九龙半岛再开发(Peninsuladevelopment)[1712]
　　九龙新火车站(railway stations)[1716]
九寨沟宾馆，南坪，阿坝藏族自治州(Jiuzhaigou Hotel, Nanping, Aba Tibetan Province)[1662]
久里奇别墅，贝尔格莱德(Djuric villa, Belgrade)[1515]
久我山邸，东京(Kugayama house, Tokyo)[1681]
旧大臣官署，布鲁日(Old Chancellery, Bruges)[1055][*1057*]
旧抚恤金管理局大楼，华盛顿(Old Pension Building, Washington)[1288]
旧江海关关署，上海(Imperial Maritime Customs House, Shanghai)[1299][*1304*]
旧石器时代(Paleolithic period)[177][179][194]
　　朝鲜(Korea)[670]
　　非洲(Africa)[667]
　　建筑技术及发展(building techniques and processes)[209]
　　建筑特征(architectural character)[224]
　　建筑材料(building resources)[205]
　　住宅(dwellings)[226][*227*]
旧市政厅，鹿特丹(Oud Raadhuis, Rotterdam)[1063]
旧行政长官官邸，威尼斯(Procuratie Vecchie, Venice)[908]
救世军大楼，巴黎(Salvation Army Building, Paris)[1403]
救世堂，西什库天主堂，北京(Church of S.Saviour, Beijing)[1298][*1301*]
救世主大教堂，莫斯科(Cathedral of the Saviour, Moscow)[*354*][355]
救世主教堂(Vor Frelsers Kirke)，见救世主教堂，哥本哈根
救世主教堂，埃尔特姆，伦敦(S.Saviour, Eltham, London)[1426]
救世主教堂，奥斯陆(Church of Our Saviour, Oslo)[1143]
救世主教堂，哥本哈根(Church of Our Saviour, Copenhagen)[1137][*1141*]
救世主教堂，克莱尔蒙特(S.Saviour, Claremont)[1249]
救世主教堂，南沃克郡(S.Saviour, Southwark)，见南沃克郡大教堂
救世主教堂，涅列迪沙山(Nereditsa, Church of the Saviour)[*341*][347]
救世主教堂，诺夫哥罗德(Church of the Saviour, Novgorod)[*341*][347]
救世主教堂，威尼斯(Il Redentore/ Church of the Redentore, Venice)[926][*930*]
居留地，赫拉巴特堡(Qasr al- Hallabat, settlement)[614]
居鲁士大帝陵(Tomb of Cyrus)[*94*][96][101]

居住高台，贾尔瑟达(Charsada, settlement mound)[107]
"居住盒子"住宅综合体(Habitat/ building system)[1613][1614]
居住建筑遗迹，西布兰登，达勒姆郡(West Brandon, County Durham)[228]
居住联合体，格兰蒂山，加拉加斯(Unidad de Habitacion, Cerro Grande, Caracas)[1637]
拘留所，纽约(House of Detention, New York)[1286]
举重馆，锡里堡，德里(Weight-lifting Arena, Siri fort, Delhi)[1732]
矩形泥房，杰尔莫(Jarmo, houses)[34][36]
巨大的柱子或称石柱，阿克苏姆(stellae/ pillars, Axum)[701]
巨石长墓道石墓，新石器时代(megalithic gallery-graves, Neolithic)[231]
巨石通道墓穴，新石器时代(passage-graves, Neolithic)[229]
"巨型结构"('megastructures')[1614]
"巨冢" (tholoi/ chambers)[117]
俱乐部住宅项目，墨西哥(los Clubes housing scheme, Mexico)[1635]
剧场/剧院(theatres)
　　罗马(Roman)[241][272][289]
　　希腊(Greek)[166][168][170]
聚会场所(gathering place)，见广场
聚居地，拜特梅希姆圆丘(Tell Bet Mersim, settlement)[91]
聚居地，吉隆德(Gillund, settlement)[107]
聚居地的土堆(settlement mounds)[29]
聚礼日清真寺(Friday Mosque)
　　法赖吉(Faraj)[631]
　　古勒帕雅甘(Gulpegan)[633]
　　莫普提(Mopti)[1571]
　　萨韦(Saveh)[633]
　　亚兹德(Yazd)[631]
聚礼日清真寺，古勒帕雅甘(Gulpegan, Friday Mosque)[633]
聚礼日清真寺，莫普提(Mopti, Friday Mosque)[1571]
聚礼日清真寺，萨韦(Saveh, Friday Mosque)[633]
聚礼日清真寺，亚兹德(Yazd, Friday Mosque)[633]
聚落，穆雷贝特(Mureybet, settlement)[33]
聚落，纳哈奥伦(Nahal Oren, settlement)[32]
聚落，欧贝德(Al'Ubaid, settlement)[39]
聚落遗址，奈加代(Naqada, houses)[33][40]
聚落遗址，乔加马米(Choga Mami, settlement)[39]
瞿布罗门塔，拉蒂甘(Laddigam, gopura)[808][*813*]
卷涡纹，涡卷饰，爱奥尼盘蜗(volute scrolls, Ionic)[121]~[*123*]
军队医院，悉尼(Military Hospital, Sydney)[1363]
军事学院，巴黎(École Militaire, Paris)[1001][*1005*]
军械库，雅典卫城(Chalkotheke, Acropolis)[137]
君士坦丁巴西利卡，罗马(Basilica of Constantine, Rome)[243][269][*287*][288]
君士坦丁巴西利卡，特里尔(Basilica of Constantine, Trier)[269][288]
君士坦丁堡(今伊斯坦布尔)
　　(Constantinople, 土耳其)[182]~[185][196]

[197]
　　安条克宫(Palace of Antiochus)[334]
　　巴西利卡水塘(Basilica Cistern)[*333*][335]
　　波菲罗格尼图斯宫(Palace of Porphyrogenitus)[*333*][334]
　　大宫殿(Great Palace)[334]
　　狄奥多西拱门(Arch of Theodosius)[334]
　　金牛广场(Forum Tauri)[334]
　　竞技场(Hippodrome)[334]
　　君士坦丁利普斯隐修院(Monastery of Constantine Lips)[325][*326*]
　　劳索斯宫(Palace of Lausos)[334]
　　南侧的小教堂(Parekklesion)[325]
　　乔拉隐修院(Chora Monastery)[329]
　　圣波利乌克托斯教堂(S.Polyeuktos)[*312*][314]
　　圣塞尔吉乌斯与巴克乌斯教堂(SS.Sergius and Bacchus)[315][*323*]
　　圣使徒教堂(Church of the Holy Apostles)[304]
　　圣索非亚大教堂(Hagia Sophia)[207][300][301][315][*316*][*317*][*318*][*319*][*320*][*311*][322]
　　圣徒教堂(Holy Apostles)[325]
　　圣伊林娜教堂(Hagia Irene)[322]
君士坦丁大帝(Constantine, Emperor, 约280以后~337)[182][197][297][298][302]
君士坦丁拱门，罗马(Arch of Constantine, Rome)[289][*291*]
君士坦丁利普斯隐修院，君士坦丁堡(Monastery of Constantine Lips, Constantinople)[325][*326*]

K

咖啡工业协会办公楼和仓库，戈罗卡，巴布亚新几内亚(Coffee Industries Board Offices and Warehouse, Goroka, Papua New Guinea)[1771]
喀考沙，吉隆坡(Carcosa, Kuala Lumpur)[*1320*][1321]
喀拉拉邦(Kerala, 印度)
　　伯德默纳珀布勒姆皇宫(Padmanabhapuram Royal Palace)[817]
　　伐达库纳塔神庙(Vadakkunnatha temple)[814]
　　科瓦拉姆海滩胜地(Kovalam Beach Resort)[1741]
喀拉宛，寺院(Kalawan, monastery)[786]
喀山圣母大教堂，圣彼得堡(Cathedral of the Virgin of Kazan, S.Petersburg)[1129]
卡昂(Caen, 法国)
　　女隐修院(Abbaye-aux-Dames)[389][391]
　　隐修院(Abbaye-aux-Hommes)[*388*][*389*][390]
卡昂，隐修院(Abbaye-aux-Hommes, Caen)[*388*][*389*][390][466]
卡巴，科兹普珀(Kabah, Codz-Poop)[691][*715*][716]
卡比托尔的圣母教堂，科隆(S.Maria im Capitol, Cologne)[398]
卡布斯墓塔，戈尔甘(Gunbad i Qabus, Gurgan)[631][*632*]
卡迪夫(Cardiff, 英国)

城堡(Castle)[1192][*1194*]
科克堡(Castell Coch)[1192][*1193*]
市民中心/市政厅(Civic Centre/ City Hall)[1417][*1418*]
市政厅和法院(City Hall and Law Courts)[1000][1201]
威尔士国家博物馆(Naitonal Museum of Wales)[1417][*1418*]
卡杜纳，新城规划(Kaduna, city planning)[1558]
卡尔·厄恩(Ehn, Karl/ Carl, 1884~1957)，奥地利建筑师[1399]
卡尔·芬德(Fender, Karl)，澳大利亚建筑师[1707]
卡尔·弗雷德里克·阿代尔克朗兹(Adelcrantz, Carl Frederik, 1716~1796)，瑞典建筑师[1136]
卡尔·弗里德里希·申克尔(Schinkel, Kall Friedrich, 1781~1841)，德国建筑师，画家[846][880][1027][1047][1152]
卡尔·戈特哈德·朗汉斯(Langhans, C.G., 1732~1808)，普鲁士早期古典主义建筑师[1027][1047]
卡尔·霍勒曼(Hårleman, Carl, 1700~1752)，瑞典建筑师[1137]
卡尔·科赫(Koch, Carl, 1912~1998)，德裔美国建筑师[1603]
卡尔·克龙斯泰特(Cronstedt, Carl)，瑞典18世纪建筑师[1136]
卡尔·路德维希·恩格尔(Engel, Carl Ludvig, 1778~1840)，德国新古典主义建筑师[864][1134][1150]
卡尔·马克思林荫大道延伸段，柏林(Karl Marx Allee extension, Berlin)[1464]
卡尔·马克思学校，维勒瑞夫(Karl Marx School, Villejuif)[1404]
卡尔·莫泽(Moser, Karl, 1860~1936)，瑞士建筑师[1412]
卡尔·伊凡诺维奇·罗西(Rossi, Karl Ivanovitch, 1775~1849)，俄罗斯建筑师[1124][1133]
卡尔巴拉(Kerbala, 伊拉克)
　　米那穆赫台塔(Minar Mujdeh)[616]
　　乌海迪堡(Ukhaidir)[*615*][616][*617*]
　　香栈(Khan at'Shan)[616]
卡尔顿府邸(Carlton House)
　　伦敦(London)[874][1114]
　　卡尔顿府邸温室(Conservatory)[1167][*1169*]
卡尔顿俱乐部，帕尔市场，伦敦(Carlton Club, Pall Mall, London)[1422][*1427*]
卡尔顿中心，约翰内斯堡(Carlton Centre, Johannesburg)[1570]
卡尔弗特·沃克斯(Vaux, Calvert, 1824~1895)，美国建筑师、景观设计师[1279]
卡尔教堂，维也纳(Karlskirche, Vienna)[*1036*][1037]
卡尔津城堡，艾尔郡(Culzean Castle, Ayrshire)[1107][*1109*]
卡尔卡松(Carcassonne, 法国)[391]
卡尔马(Kalmar, 瑞典)
　　城堡(Castle)[1136]
　　大教堂(Cathedral)[1137]
卡尔-马克思-霍夫住宅区，维也纳(Karl-

Marx- Hof, Vienna)[1399][*1401*]

卡尔曼、麦金尼尔和诺尔斯事务所(Kallmann, Mckinnel and Knowles),美国建筑师事务所[1612]

卡尔穆奈堡,斯里兰卡(Kalmunai, Sri Lanka)[1330]

卡尔拿西约门,米兰(Porta Carnasina, Milan)[967]

卡尔皮蒂耶多棱堡,斯里兰卡(Kalpitya, Sri lanka)[1330][1332]

卡尔奇纳伊奥圣母教堂,科尔托纳(S.Maria di Calcinaio, Cortona)[893][900]

卡尔切利圣母教堂,普拉托(S.Maria delle Carceri, Prato)[893][894]

卡尔斯鲁厄(Karlsruhe, 德国)

　　卡尔斯鲁厄宫(Schloss)[1046][*1049*]

　　市场(Marktplatz)[1047]

卡尔斯鲁厄宫,卡尔斯鲁厄(Schloss, Karlsruhe)[1046][*1049*]

卡尔特隐修院,帕维亚,米兰(Certosa di Pavia, Milan)[*898*][901]

卡尔瓦拉大楼,悉尼(Culwalla House, Sydney)[1748]

卡法吉奥洛,别墅(乡村建筑改建)(Caffagiolo, villa)[889]

卡菲利堡(Caerphilly Castle)[508]

卡夫埃代岛,奥克尼岛(Calf of Eday, Orkney Islands)[*227*][237]

卡基亚维里教堂,玻利维亚(Church of Caquiaviri, Bolivia)[1269]

卡吉尔百货公司,科伦坡(Cargill's Department Store, Colombo)[*1347*][1349]

卡济迈因神庙,巴格达(Kadhimain Shrine, Baghdad)[642]

卡卡杜国家公园旅游信息中心与公园办公室(Kakadu Visitor Information Centre and Park Headquarters)[1765]

卡拉·科瓦尔斯基(Kowalski, Kalar, 1944~),奥地利建筑师[1450]

卡拉卡拉大浴场,罗马(Baths of Caracalla, Rome)[289][*290*]

卡拉克什特拉剧院,马德拉斯(Kalakshetra Theatre, Madras)[1741]

卡拉美术学院,帕纳吉,果阿(Kala Akademi, Panaji, Goa)[1741]

卡拉诺沃,住宅遗址(Karanovo, houses)[229]

卡拉桑,神庙(Kalasan, shrine temple)[838]

卡拉维因大清真大寺,非斯(Qarawiyn Mosque, Fez)[627]

卡拉温苏丹经学院,开罗(Sultan Qalun Tomb and Madrassa, Cairo)[*622*]

卡拉温苏丹墓和经学院,开罗(Sultan Inal Tomb and Madrassa, Cairo)[623]

卡莱尔(Carlisle, 英国)

　　卡莱尔隐修院(monastery)[423][*489*]

　　卡莱尔隐修院教堂(Abbey)[485]

　　平面图(plan)[*489*]

卡勒吉,别墅(乡村建筑改建)(Careggi, villa)[889]

卡勒瓦教堂,坦佩雷(Kaleva Church, Tampere)[1452]

卡雷尔·泰格(Teige, Karel, 1900~1951),捷克斯洛伐克建筑师、评论家[1489][1494]

卡雷尔和黑斯廷斯事务所(Carrere and Hastings),美国建筑师事务所[1288][1295]

卡雷尔神庙,尼姆(Maison Carrée, Nîmes)[*251*][254]

卡雷提乌防御工事,贾夫纳(Karaitivu, Jaffna)[1328]

卡里埃广场,南锡(Place de la Carrière, Nancy)[1001][*1004*]

卡里安清真寺,布哈拉(Kalyan Mosque, Bokhara)[633][*634*]

卡里尼亚诺府邸,都灵(Palazzo Carignano, Turin)[956]

卡里尼亚诺圣母教堂,热那亚(S.Maria di Carignano, Genoa)[*929*][931]

卡里清真寺(Kariye Cami),见乔拉隐修院

卡里斯布鲁克堡,怀特岛(Carisbrooke Castle, Isle of Wight)[*428*][431][509]

卡利班甘,泥砖住宅(Kalibangan, houses)[104][107]

卡利科纺织博物馆,艾哈迈达巴德(Calico Museum of Textiles, Ahmedabad)[1744]

卡利什,教堂(Kalisz, church)[1510]

卡罗尔敦桥,巴尔的摩(Carrolltown Viaduct, Baltimore)[1296]

卡罗琳陵墓,利达尔岛教堂,斯德哥尔摩(Caroline Museum, Riddarholms Church, Stockholm)[1136]

卡罗伊·科什(Kós, Károly, 1883~1977),罗马尼亚建筑师[1502]

卡洛·安东尼奥·卡洛内(Carlone, Carlo Antonio, ?~1708),意大利伦巴第建筑师[1035]

卡洛·丰塔纳(Fontana, Carlo, 1638~1714),意大利巴洛克建筑师[952][953]

卡洛·弗朗切斯科·巴锡(Bassi, C.F.)[1150]

卡洛·弗朗切斯科·多迪(Dotti, Carlo Francesco, 1670~1759),意大利巴洛克建筑师[957]

卡洛·拉伊纳尔迪(Rainaldi, Carlo, 1611~1691),意大利晚期手法主义和巴洛克建筑师,吉罗拉莫·拉伊纳尔迪之子[949][953]

卡洛·洛迪(又名洛多里)修士(Lodoli, Carlo, 1690~1761),意大利建筑理论家[876]

卡洛·马代尔诺(Maderno, Carlo, 约1556~1629),意大利巴洛克建筑师[914][943][956]

卡洛·马希奥尼(Marchionni, Carlo, 1702~1786),意大利建筑师[966]

卡洛·斯卡帕(Scarpa, Carlo, 1906~1978),意大利建筑师[1480]

卡洛布卢宰教堂(Qalb Lozeh, church)[309]

卡洛斯·阿尔特格尔特(Altgelt, Carlos A.),阿根廷建筑师[1289]

卡洛斯·奥特(Ott, Carlos),加拿大建筑师[1458]

卡洛斯·劳尔·维拉努夫瓦(Villanueva, Carlos Raúl, 1900~1975),委内瑞拉建筑师[1637]

卡洛斯·路易斯·费雷拉·达克鲁斯·阿马兰特(da Cruz Amarante, Carlos Luis Ferreira, 1748~),葡萄牙建筑师[1025]

卡洛斯·祖奇(Zucchi, Carlos),乌拉圭建筑师[1289]

卡洛滕博格宫,哥本哈根(Charlottenburg Palace, Copenhagen)[1137]

卡梅克宅,柏林(Kamecke House, Berlin)[1042]

卡梅伦(Cameron, C.A.),英国建筑师[1321]

卡梅伦办公楼,贝尔康嫩(Cameron Offices, Belconnen)[1754]

卡梅伦游廊,巴甫洛夫斯克(Cameron Gallery, Tsarskoe Selo)[1129]

卡米尔-布鲁尔城堡(Karmir- Blur, citadel)[*94*][96]

卡米房屋遗迹(Khami, houses)[698]

"卡米诺·雷阿尔"旅馆,埃尔埃斯塔帕(Ixtapa, Hotel ´Camino Real´)[1643]

"卡米诺·雷阿尔"旅馆,坎昆(Cancun, Hotel ´Camino Real´)[1643]

卡明斯(Cummings, G.P.),美国建筑师[1290]

卡姆登公园宅,默南格尔,新南威尔士(Camden Park, Menangle, New South Wales)[*1366*]

卡那封堡(Caernarvon Castle)[508]

卡那瓦,全石建筑(Kanawat, lithic architecture)[608]

卡纳克,布列塔尼(Carnac, Brittany)[233]

卡纳塔克邦(Karnataka, 印度)

　　艾霍莱的拉提那式神庙(Aihole Latina temple)[798]

　　昌纳克湿婆神庙,贝卢尔(Chennakeshava temple)[803]

　　罗波那法蒂石窟寺(Ravana Phadi cave temple)[804][*806*]

　　摩诃提婆神庙(Mahadeva temple)[*801*][809]

　　帕塔达卡尔(Pattadakal)[794]

　　湿婆神庙,索姆纳特普尔(Keshava temple)[809][*812*]

　　石窟寺(cave temples)[791]

　　苏迪(Sudi/ tank)[795]

　　维卢帕克萨神庙(Virupaksha temple)[*812*][*1088*][808]

卡纳塔克地区的达罗毗荼式(Karnata- Dravida form)[804][808][814]

卡纳瓦莱公馆,巴黎(Hôtel Carnavalet, Paris)[978][988]

卡诺瓦家庙,波萨格诺(Tempio Canova, Possagno)[967]

卡帕多西亚,苹果教堂,戈雷梅(Cappodicia, Elmali Kilise, Goreme)[*328*][329]

卡佩拉城郊花园住宅,赫尔辛基(Käpylä, Helsinki)[1443]

卡彭特大厦,费城,宾夕法尼亚州(Carpenters Hall, Philadelphia, Pennsylvania)[*1276*][1278]

卡彭特视觉艺术中心,哈佛(Carpenter Visual Arts Centre, Harvard)[1607]

卡彭宅,托普斯菲尔德,马萨诸塞州(Capen House, Topsfield, Massachusetts)[1261][*1262*]

卡蓬卡里楚德宅,日惹(Kampung Kali Chode, Yogyakarta)[1704]

卡皮斯特拉诺图书馆,圣胡安,加利福尼亚(San Juan, Capistrano Library, California)[1624]

卡皮塔尼阿托敞廊,维琴察(Loggia del Capitaniato, Vicenza)[926]

卡珀尔维尔德花园城郊,沃吕沃·圣朗贝特区(Kappeleveld Garden Suburb, Woluwe S.Lambert)[1437]

卡普阿纳门,那不勒斯(Porta Capuana, Naples)[908]

卡普里尼府邸,罗马(Palazzo Caprini, Rome)[911]

卡萨·孔查侯爵宅,库斯科,秘鲁(House of the Marquesesde Casa Concha, Cuzco, Peru)[1265]

中文版索引

卡萨布兰卡(Casablanca，摩洛哥)
  船坞和仓库(docks and warehouses)[1562]
  达尔拉马内住宅区(Dar Lamane Housing Community)[1574][*1575*]
  法院，塞古(Law Courts)[1562]
  公寓街区(apartment blocks)[*1561*][1566]
  市政厅(City Hall)[1562]
  学校建筑(schools)[1567]
卡萨布兰卡集团(Casas Blancas group)，阿根廷建筑师组合[1634]
卡萨尔马里提默，坟墓(Casal Marittimo, tomb)[246]
卡塞雷斯(Caceres，西班牙)
  克拉韦里亚庄园(Finca Clavería)[1443]
  住宅区(housing)[1484]
卡塞塔，皇宫(Caserta, Royal Palace)[*964*][966]
卡森·皮里·斯科特百货公司(Carson, Pirie, Scott)，见施莱辛格迈耶百货公司
卡斯·吉尔伯特(Gilbert, Cass, 1850～1934)，美国建筑师[1288][1583]
卡斯巴老城区(kasbahs)[661]
卡斯蒂利奥内府邸，米兰(Palazzo Castiglione, Milan)[1413]
卡斯帕·胖特烈·哈斯多夫(Harsdorff, Caspar Fredrik, 1735～1799)，丹麦建筑师[1134]
卡斯帕·莫斯布鲁戈尔(Mosbrugger, Caspar, 1656～1723)，德国建筑师[1037]
卡斯泰尔斯和罗杰斯事务所(Carstairs and Rogers)，南非建筑师事务所[1250]
卡斯特尔·贝朗热公寓，巴黎(Castel Béranger, Paris)[1400]
卡斯特罗城(castro town)[916]
卡斯温清真寺(Qasvin mosque)[610]
卡塔尔大学(Qatar University)[*1546*][1547]
卡塔赫纳(Cartagena，哥伦比亚)
  巴尔迪霍约斯侯爵宅，卡塔赫纳，哥伦比亚(House of the Merqués de Valdehoyos)[1265]
  卡塔赫纳大教堂(Cathedral)[1266]
  早期筑垒建筑(early fortifications)[1266]
卡图哈隐修院圣器室，格拉纳达(Sacristry of La Cartuja, Granada)[1018][*1020*]
卡瓦，东宫(Eastern Palace, Kawa)[699]
卡瓦(Kawa，苏丹)
  东宫(Eastern Palace)[699]
  寺庙(temple)[699][700]
卡瓦·伊斯兰清真寺，德里(Qawat al- Islam Mosque, Delhi)[*635*][636]
卡瓦里府邸，威尼斯(Palazzi Cavalli, Venice)[572]
卡瓦利宅，韦尔肖(Casa Cavalli, Verscio)[1486]
卡瓦纳大楼，布宜诺斯艾利斯(Kavanagh Building, Buenos Aires)[1634]
卡西奥伯里府邸，赫特福德郡(Cassiobury, Herfordshire)[1084]
卡亚里德勒(Kayalidere，土耳其)
  陵墓(tombs)[*95*][96]
  神庙(Temple)[96]
卡伊利贝府邸，开罗(Khayry Bey Palace, Cairo)[1239]

卡伊特·巴伊经学院，开罗(Qaitbay Madrassa, Cairo)[624][*626*][*628*]
卡泽伦，比沙普尔(Kazerun, Bishapur)[*575*]
卡纸板工厂，福什(Cardboard Factory, Fors)[1482]
卡兹尼宝库，佩特拉(Khasneh/ Treasury, Petra)[275][*276*]
开地学校，松本(Kaichi School, Matsumoto)[1310][*1312*]
"开放的城市"，瓦尔帕莱索('Ciudad Abierta´, Valparaiso)[1646]
开罗(al- Khaira/ Cairo，埃及)[620][623]
  阿布斯芬堂(Abu S´fein)[609]
  阿德拉堂(Al Adra)[609]
  阿克马清真寺(al- Aqmar Mosque)[621]
  阿拉伯装饰风格的复苏(use of Arab details)[1239]
  阿慕尔清真寺(Amr Mosque)[620]
  埃米尔萨拉与桑贾尔·贾瓦里墓(Emirs Salar and Sanjar al- Jawali tomb)[624]
  爱资哈尔清真寺(al- Azhar Mosque)[621][627]
  巴尔库克修道院与陵墓(Barkuk Khanaqah and Tomb)[624]
  拜巴尔清真寺(Baybar Mosque)[623]
  代尔卜-吉尔米兹地段再利用(Darb Qirmiz rehabilitation)[1571]
  富突哈门(Bab Futah)[621]
  古余希清真寺(al- Guyushi Mosque)[621]
  哈基姆清真寺(al- Hakim Mosque)[623]
  哈桑苏丹清真寺和经学院(Sultan Hassan Mosque and Madrassa)[623][*625*]
  基赫马·伊沙基清真寺(Quijmas al- Ishaqi Mosque)[624]
  卡拉温苏丹墓和经学院(Sultan Qalun Tomb and Madrassa)[*622*][623]
  卡伊特·巴伊经学院(Qaitbay Madrassa)[624][*626*][*628*]
  开罗防御城堡(Fatimid Fortifications)[621]
  坎苏·古里苏丹清真寺与墓(Sultan Qansuh al- Ghuari Mosque and Tomb)[624]
  里亚德宅(Riad house)[*1572*][1573]
  美国大学(American University)[1562]
  米斯尔银行(Bank Misr)[1562]
  穆阿迪叶清真寺(Muaddiye Mosque)[624]
  纳斯尔门(Bab an Nasr)[621]
  纳绥尔·穆罕默德经学院(an- Nasir Mohammed Madrassa)[623]
  纳绥尔·穆罕默德清真寺(an- Nasir Mohammed Mosque)[623]
  尼罗尺/尼罗河水位测量标尺(Nilometer)[621][*622*]
  萨利赫·塔莱清真寺(as- Salih Talai Mosque)[621]
  瓦克夫斯部大楼(Waqfs Ministry Building)[1562]
  万圣大教堂(All Saints Cathedral)[1241]
  伊本·图伦清真寺(Ibn Tulun Mosque)[621][*622*][*625*]
  祖瓦亚迈门(Bab Zuwelya)[621][*622*]
开姆尼茨(Chemnitz，德国)

埃舍宅(Esche house)[1407]
网球俱乐部(tennis club)[1407]
开普敦(Cape Town，南非)
  BP 中心(BP Centre)[1570]
  标准银行(Standard Bank)[1254]
  伯特伦宅(Bertram House)[1246]
  城堡(castle)[*1238*][1239]
  大都会循道会教堂(Metropolitan Methodist Church)[1250]
  大饭店(Grand Hotel)[1254]
  格林波因特别墅(Green Point villa)[1249]
  国家共同生命协会大楼(National Mutual Life Association Building)[1255]
  国家美术馆(National Gallery)[1559]
  哈灵顿大街(Harrington Street)[1571]
  海关大楼(Customs House)[1246]
  好望堡总督住宅(Governor´s Residence)[1246][*1248*]
  好望旅馆(Lodge de Goede Hoop)[1246]
  皇家天文台(Royal Observatory)[1249][*1251*]
  教堂(churches)[1246][*1248*][1249]
  开普敦大教堂(Groote Kerk)[1249][*1251*]
  开普敦大学(University)[1559]
    教育建筑(Education Building)[1567]
  开普敦旧港区(old harbour area)[1571]
  开普敦市政厅(City Hall)[1250]
  开普荷兰复兴(Cape Dutch Revival)[1254]
  科普曼斯·德·维特宅(Koopmans de Wet House)[1246]
  路德教堂(Lutheran Church)[1245][*1248*]
  罗得斯大厦(Rhodes Building)[1255]
  马丁·梅尔克宅(Martin Melck House)[1246][*1247*]
  马克斯大楼(Marks Building)[1255]
  南非博物馆(South African Museum)[1250]
  南非储蓄银行(South African Reserve Bank)[1559]
  南非图书馆(South African Library)[1250]
  南非学院(South African College)[1249]
  森丁盖斯蒂格教堂(Sendinggestig)[1246][*1248*]
  商品交易所(Commercial Exchange)[1246]
  圣安德烈教堂(S.Andrew´s Church)[1249]
  圣乔治教堂(S.George´s Church)[1249]
  斯塔尔广场入口门道(Stal Plein gateway)[1246]
  特雷斯大楼(The Terraces)[*1568*][1570]
  土地银行(Land Bank)[1564]
  威尔逊和米勒大楼(Wilson and Miller Building)[1255]
  新大教堂(new Cathedral)[1255]
  怡乐宫(Rust- en- Vreud)[1246][*1251*][1255]
  议会大厦(Parliament Building)[*1251*][1254]

犹太教教堂(synagogue)[1249]
邮政总局(General Post Office)[1254]
原最高法院(Old Supreme Court)[1246]
政府大厦(Government House)[1246]
自由民哨所(Burgher Watch House)[1246][*1247*]
开普敦大教堂(Groote Kerk, Cape Town)[1249][*1251*]
开普荷兰复兴(Cape Dutch Revival, Cape Town)[1254]
开普殖民地(Cape Colony，南非)
　达奇霍姆斯特德角(Dutch homesteads)[1245]
　典型山墙做法(typical gables)[1242][*1247*][*1248*]
　历史(history)[1238]
开塞利(Kayseri，土耳其)
　德内尔陵墓(Doner Kumbet)[631]
　马赫贝里·哈腾墓(Mahperi Khatun Tomb)[631]
开心寺，瑞山(Kaeshima Temple, Sosan)[754]
开元寺料敌塔，定县(Dingxian, Kaiyuan Temple Pagoda)[*736*][738]
开元寺塔，泉州(Kaiyuan Temple Pagoda, Quanzhou)[*736*][738]
凯不泽佐(Kerzeżów)见吕旦
凯茨防御工事，贾夫纳(Kayts, Jaffna)[*1257*]
凯德尔斯顿府邸，德比郡(Kedleston Hall, Derbyshire)[1107][*1108*]
凯尔斯住宅区，盖尔德斯通，诺福克郡(Kells Acres, Geldeston, Norfolk)[1464]
凯尔文宅，布林格利附近，新南威尔士州(Kelvin, near Bringelley, New South Wales)[1363]
凯夫卡勒斯堡(Kefkalesi, Citadel)[*95*][96]
凯拉萨神庙，埃洛拉(Kailsa Temple, Ellora)[794][804][*807*]
凯勒府邸，圣查尔斯帕里什，路易斯安那州(Keller Mansion, Saint Charles Parish, Louisiana)[*1263*][1264]
凯鲁万(Qairouan, Qairwan，突尼斯)
　大清真寺(Great Mosque)[*619*][620]
　三门清真寺(Mosque of the Three Doors)[621]
凯罗堡，果阿(Fortalice of Cairo, Goa)[1328]
凯末尔丁·贝(Kemalettin Bey, 1870～1927)，土耳其建筑师[1536]
凯默(Kemmer, J.)，印度尼西亚建筑师[1322]
凯尼尔沃思堡，沃里克郡(Kenilworth Castle, Warwickshire)[*443*][508]
凯尼尔沃思饭店，阿什维尔，北卡罗来纳州(Kenilworth Hotel, Asheville, North Carolina)[1295]
凯撒广场，罗马(Forum of Caesar, Rome)[*252*][254]
凯撒广场和生育之母维纳斯神庙，罗马(Temple of Venus Genatrix, Rome)[254]
凯文·罗奇(Roche, Kevin, 1922～)，爱尔兰裔美国建筑师，1982年获普里茨克建筑奖[1616]
凯旋门(triumphal arches)[275]
　罗马(Roman)[257]
　罗马帝国(Imperial Roman)[288][*289*][293]
凯亚·希伦(Sirén, Kaija, 1920～2001)，芬兰建筑师[1452]

堪培拉(Canberra，澳大利亚)
　埃德蒙·巴顿办公楼(Edmund Barton Offices)[1754]
　澳大利亚高等法院(High Court of Australia)[*1755*][1757]
　澳大利亚国家美术馆(Australian National Gallery)[*1755*][1757]
　澳大利亚议会大厦(Parliament House of Australia)[1757]
　贝德瓦莱宅，布雷德伍德(Bedervale, Braidwood)[1363]
　麦克劳克兰办公楼(Mc Clauglan Offices)[1754]
堪萨斯城的乡镇俱乐部区(Kansas City, Countury Club District)[1590][*1591*]
坎比亚索别墅，热那亚(Villa/ Palazzo Cambiaso, Genoa)[931]
坎伯兰大厦，摄政王公园，伦敦(Cumberland Terrace, Regent's Park, London)[*1119*][1120]
坎伯诺尔德新城(Cumbernauld New Town)[1467]
坎布雷圣母教堂，拉科鲁尼亚省(S.Maria de Cambre, La Coruña)[408]
坎布里郡(Cumbria，英国)
　布罗德利住宅(Broadleys)[*1215*][1216]
　长腿梅格及其女儿屋(Long Meg and her Daughters)[233]
坎代拉利亚站，墨西哥城(Candelaria Station, Mexico City)[1634]
坎宁堡，新加坡(Fort Canning, Sigapore)[1321]
坎帕拉(Kampala，乌干达)
　国家剧院和文化中心(National Theatre and Cultural Centre)[1566]
　住宅区(houses)[1566]
坎彭(Kampen，荷兰)
　伯爵堡(Château des Comtes)[544]
　城门(gateways)[544]
　圣尼古拉教堂(S.Nicholas)[543]
坎彭的吕扎(Rutza of Kampen)，比利时中世纪建筑师[543]
坎皮多利奥博物馆，罗马(Capitoline Museum)，见新宫
坎皮多利尼宫殿建筑群，罗马(Capitoline Palaces, Rome)[932][*935*]
坎皮泰利圣母教堂，罗马(S.Maria in Campitelli, Rome)[953][*958*]
坎皮托利尼神庙，罗马(Capitoline Temple, Rome)[246]
坎苏·古里苏丹清真寺与墓，开罗(Sultan Qansuh al- Ghuari Mosque and Tomb, Cairo)[624]
坎塔库济诺宫，布加勒斯特(Cantacuzino Palace, Bucharest)[1513]
坎塔萨拉神庙(Ghantasala, shrine)[782]
坎特伯雷大教堂(Canterbury Cathedral)[*420*][423][485][*492*]
　歌坛重建(choir rebuilding)[204]
　平面图(plan)[*487*]
　线脚(moulding)[*443*]
坎特伯雷大学，新西兰(Canterbury University, New Zealand)[1381]
坎特伯雷省议会厅，克赖斯特彻奇，新西兰(Canterbury Provincial Council Chamber, Christchurch)[*1361*][1362]
看守所，累西腓，巴西(Casa de Detención,

Recife, Brazil)[1286]
康迪利斯、若西克和伍兹(Candilis, Josic and Woods)，法国建筑师事务所[1462]
康格尔顿市政厅，柴郡(Congleton Town Hall, Cheshire)[1179][*1182*]
康格里夫宅，奥克兰(Congreve House, Auckland)[1771]
康拉德·弗尔斯特(Förster, Conrad)，德国16世纪匠师[1032]
康拉德·克雷布斯(Krebs, Konrad, 1492～1540)，德国建筑师[1029]
康乐小区，上海(Kang- le Residential Quarter, Shanghai)[1669]
康奈利塔弗恩宅，纳奇兹，密西西比州(Connelly's Tavern, Natchez, Mississippi)[*1263*][1264]
康涅狄格州(Connecticut，美国)
　波尼马磨粉厂，塔夫脱维尔(Ponemah Mills, Taftville)[1295]
　惠特曼宅，法明顿(Whitman House, Farmington)[1261]
　基督堂，纽黑文(Christ Church, New Haven)[1282]
　六号住宅，康韦尔(House VI, Cornwell)[1625]
　塞缪尔·克莱门斯(马克·吐温)宅，哈特福德(Samuel Clemens House, Hartford)[1279]
　圣三一教堂，纽黑文(Trinity Church, New Haven)[1282]
　史密斯宅，达里恩(Smith House, Darien)[1625]
　新迦南(New Canaan)[*1602*][1603]
　耶鲁大学(Yale University)[1580][1612]
　耶鲁大学康涅狄格礼堂，纽黑文(Connecticut Hall, Yale University)[1278]
康诺利(Connolly, H.)，澳大利亚建筑师[1377]
康诺特广场，德里(Connaught Place, Delhi)[1720][*1723*]
康普顿·温耶特斯堡，沃里克郡(Compton Wynyates, Warwickshire)[509]
康斯坦蒂亚纪念碑，勒克瑙(Constantia, Lucknow)[*1336*][1337]
康斯坦丁·布朗库西(Brancusi, Constantin, 1876～1957)，罗马尼亚雕塑家[1513]
康斯坦丁·斯捷潘诺维奇·梅尔尼科夫(Melnikov, Konstantin, 1890～1974)，俄国建筑师[1394][1521][1524]
康提王国时期(Kandyan period)[680]
康韦堡(Conway Castle)[*504*][508]
康沃利斯堡，乔治市，槟城(Fort Cornwallis, Georgetown, Penang)[1321]
抗震建筑(earthquake precautions)[1309]
　发展现状(current development)[1571][*1572*]
　墨西哥城(Mexico City)[1634]
　日本(Japan)[688][1670][1674]
　中国(China)[724]
考德威尔联排式住宅，新加坡(H.C.Caldwell/ house, Singapore)[1321]
考克斯宅，佩托尼，惠灵顿(Cox House, Petone, Wellington)[1768][*1769*]
考文垂大教堂，考文垂(Coventry Cathedral)[1475]
考伊米西斯教堂，达夫尼(Church of the

[1900]

中文版索引

Koimisis, Daphni)[325][*328*]
柯比府邸，北安普敦郡(Kirby Hall, Northamptonshire)[1069][*1070*]
柯达大楼，国王大道，伦敦(Kodak Building, Kingsway, London)[875][1417][*1419*]
柯德石料(Coade stone)[872]
柯恩拉达斯堡，西非(Coenraadsburg fort, West Africa)[1235]
柯尼斯堡屋，阿尔萨斯(Haut- Koenigsbourg, Alsace)[1404]
柯瑞(Cory, J.M.)，英国建筑师[1299]
科比埃克，帐篷(Corbiac, tent structure)[228]
柯布尔宅，悉尼(Cobbles, Sydney)[1759]
科德贝克昂考克斯教堂(Caudebec- en- Caux)[*458*][467]
科德灵顿学院，圣雅各教区，巴巴多斯岛(Codrington College, S.James's Parish, Barbados)[1278]
科尔布鲁克代尔铁桥，什罗普郡(Iron Bridge, Coalbrookdale)[874]
科尔多瓦(Cordoba，西班牙)
　阿马斯广场(Plaza de Armas)[1646]
　麦地那·宰赫拉城(Medinat al- Zahra)[664]
　清真寺(Mosque)[627][*628*]
　圣多明戈综合楼(Santo Domingo Complex)[1646]
科尔纳罗别墅，皮翁比诺·德瑟(Villa Cornaro, Piombino Dese)[926]
科尔纳罗敞廊和音乐亭，帕多瓦(Loggia and Odeo Cornaro, Padua)[919]
科尔纳罗府邸，威尼斯(Palazzo Cornaro, Venice)[*885*][924]
科尔切斯特(Colchester，英国)
　城堡(Castle)[424][431]
　市政厅(Town Hall)[1201][*1204*]
科尔特斯宅，库埃纳瓦卡(House of Cortés, Cuernavaca)[1261]
科尔希尔宅，伯克郡(Coleshill House, Berkshire)[*1080*][1216]
科夫堡，多塞特郡(Corfe Castle)[431]
科卡城堡，塞哥维亚(Coca, castle- palace)[563]
科科伦艺术馆，华盛顿(Corcoran Gallery of Art, Washington)[1288]
科克堡，卡迪夫附近(Castell Coch, near Cardiff)[1192][*1193*]
科克利诺夫(Kokorinov, A.F.)，俄罗斯建筑师[1127]
科克斯塔德的共济会圣堂(Kokstad, Masonic Temple)[1254]
科莱奥尼礼拜堂，贝加莫(Colleoni Chapel, Bergamo)[901][*903*]
科勒(Kohler, W.H.)，南非建筑师[1250]
科雷尔博物馆，威尼斯(Museo Correr, Venice)[1480]
科利纳府邸，提洛岛(Maison de la Colline, Delos)[*171*]
科利纳教堂(Collina, church)[1477]
科林·圣约翰·威尔逊(Wilson, Colin St John, 1922~)，英国建筑师[1468][1471]
科林斯海峡的海神庙(Poseidon, Temple of)[28]
科林斯柱式(Corinthian Order)[*126*][128]
科隆(Cologne，德国)
　德意志制造联盟展捷克馆(Deutscher Werkbund exhibition/ Czech Pavillion)[1494]

科隆大教堂(Cathedral)[529][*530*][532]
科隆大剧院(Stadttheater)[1201][*1205*]
联盟展览会剧场(Werkbund Theatre)[1407]
塞韦林大桥(Severin Bridge)[1464]
圣马丁教堂(S.Martin)[*397*][398]
圣母教堂，卡比托尔(S.Maria im Capitol)[398]
圣乔治教堂(S.George)[525]
使徒教堂(Church of the Apostles)[*395*][398]
市政厅门廊(道克塞尔)(Rathaus Portico/ Doxal)[1033]
科隆大剧院(Stadttheater, Cologne)[1201][*1205*]
科隆剧院，布宜诺斯艾利斯(Teatro Colón, Buenos Aires)[1289]
科隆·尼珀斯，住宅区(Cologne- Nippes, housing)[1462]
科隆·塞堡，住宅区(Cologne- Seeberg, housing)[1462]
科伦·坎贝尔(Campbell, Colen, 1676~1729)，苏格兰律师和地主，英国帕拉弟奥主义建筑的领导人物[1067][1101]
科伦坡(Colombo，斯里兰卡)
　博物馆(Museum)[1345][*1346*]
　仓库(warehouses)[1332]
　东方大饭店(Grand Orient Hotel)[1345][*1347*]
　卡吉尔百货公司(Cargill's Department Store)[*1347*][1349]
　科伦坡堡(Fort of Colombo)[1328][*1329*][*1331*]
　联排住宅(town houses)[1345][*1346*]
　舍夫龙兵营(Chevron Barracks)[1345][*1346*]
　圣保罗教堂(Church of S.Paul)[1330]
　瓦弗恩达尔(Wolfendahl)[1332]
科伦坡堡，斯里兰卡(Fort of Colombo, Sri Lanka)[1328][*1329*][1331]
科罗拉瑞卡，新西兰(Kororareka, New Zealand)[1367]
科罗曼德尔饭店，马德拉斯(Coromandel Hotel, Madras)[1345]
科罗纳多大饭店，科罗纳多海滩，加里福尼亚(Hotel del Coronado, Coronado Beach, California)[1295]
科洛米希切纳，长屋(Kolomiishchina, longhouses)[229]
科洛姆纳的基督升天教堂(Kolomenskoye, Church of the Ascension)[*350*][*359*][360]
科马克礼拜堂，卡舍尔(Cormac's Chaple, Cashél)[424][*426*]
科曼达堡，西非(Commenda fort, West Africa)[1235]
科莫(Como，意大利)
　法西斯宫(Casa del Fascio)[1415][*1416*]
　圣阿邦迪奥教堂(S.Abbondio)[216][*365*][367]
科莫匠师行会(Comacene masters)[367]
科内尔留斯·范特拉(van Traa, Cornelius)，荷兰规划师[1480]
科内利·弗洛里(Floris, Cornelius)[1033][1053][1055]
科纳·斯皮内利府邸，威尼斯(Palazzo Corner Spinelli, Venice)[907]
科尼利厄斯·拉普和乔治·拉普建筑师事务所

(Rapp, Cornelius and George)
　科尼利厄斯·拉普(Rapp, Cornelius, 1861~1927)，美国建筑师[1583]
　乔治·拉普(Rapp, George, 1878~1942)，美国建筑师[1583]
科尼斯伯勒堡，约克郡(Conisborough Castle, Yorkshire)[*428*][431][505]
科帕卡瓦纳神庙，玻利维亚(Shrine of Copacabana, Bolivia)[1269]
科潘，球场(Copan, Ball Court)[716][*717*]
科普曼斯·德·维特宅，开普敦(Koopmans de Wet House, Cape Town)[1246]
科普特风格(Coptic style)[592][593][594][609]
科斯特(Coste, E.)，神父[1315]
科苏修斯(Cossutius Carchitect)，古罗马建筑师[163]
科索沃国家和大学图书馆，普里什蒂纳(Kosovo Nationaland University Library, Pristina)[1516]
科塔的宫殿，拉贾斯坦邦(Kota palace, Rajasthan)[818]
科特，科伦坡(Kotte, Colombo)，见斯里贾亚瓦德纳普拉
科瓦拉姆海滩胜地，喀拉拉邦(Kovalam Beach Resort, Kerala)[1741]
科威特(Kuwait，亚洲)
　国家清真寺(National Mosque)[1542]
　加尼姆府邸(Bayt al- Ghanim)[661]
　议会大楼(Parliament House)[1544]
科希策公寓(Kosice Apartments)[1494]
科学院大厦，圣彼得堡(Academy of Sciences, S.Peterburg)[1129][*1131*]
科学中心办公楼，西柏林(Science Centre Offices, West Berlin)[1462]
科英布拉大学图书馆(University Library of Coimbra)[1011]
科英布拉老教堂/塞维尔哈(Old Cathedral of Coimbra/ Sé Velha)[408]
科兹普珀，卡巴(Codz- poop, Kabah)[691][*715*][716]
壳牌石油公司大楼，伦敦(Shell Building, London)[1471]
壳式要塞(shell- keep)[424][505]
克达勒湿婆神庙，贝尔伽夫(Kedareshvara temple, Belgave)[809][*810*]
克尔白天房，麦加(Kaaba, Mecca)[610][611]
克尔卡伊宛，苏塞(Iwan- i- Kherkha, Susa)[605]
克久拉霍(Khajuraho，印度)
　吉祥天女神庙(Lakshmana temple)[798]
　摩诃提婆神庙(Kandariya Mahadeva temple)[802][*803*]
　寺庙布局(Temple layouts)[794][*802*]
　宇主庙(Vishvanatha temple)[*792*][*802*][803]
克拉多克荷兰改革教堂，开普敦(Cradock church, Cape Town)[1249]
克拉夫·威廉斯-埃利斯爵士(Williams- Ellis, Clough, 1883~1978)，英国建筑师[1431]
克拉科夫(Cracow/ Krakow，波兰)
　弟兄复活神学院(Seminary of the Resurrection Brothers)[*1509*][1511]
　广场酒店(Forum Hotel)[1507][1511]
　国家博物馆(Naradowa Museum)[1507]
　教堂(church)[1510]

[1901]

弗莱彻建筑史

瓦威尔城堡(Wawel Castle)[1028][1032]
星光剧院(The Stary Theatre)[1507]
克拉克(Clark, J.J.),澳大利亚19世纪建筑师[1355]
克拉克大学图书馆,伍斯特,马萨诸塞州(Clark University Library, Worcester, Massachusetts)[1612]
克拉伦登宅,埃文代尔,塔斯马尼亚岛(Clarendon homestead, near Evandale, Tasmania)[1364]
克拉伦斯·斯坦(Stein, Clarence, 1883~1975),美国建筑师、规划师[1590]
克拉伦斯宅,安提瓜(Clarence House, Antigua)[1264]
克拉塞的圣阿波利纳尔教堂,拉韦纳(S.Apollinare in Classe, Ravenna)[308][310][313][362]
克拉斯·范赖伊斯(van Rijsse, Klaas),南非建筑师[1250]
克拉韦里亚庄园,卡塞雷斯(Finca Clavería, Caceres)[1443]
克拉伊奇别墅,萨格勒布(Villa Klaic, Zagreb)[1515]
克尔教堂,萨福克郡(Clare, church)[439]
克莱门斯·霍尔兹梅斯特(Holzmeister, Clemens, 1886~1983),奥地利建筑师[1448][1537]
克莱蒙大教堂(Clermont Cathedral)[467]
"克莱斯卡蒂"拱券(kreshcaty vault)[349]
克莱斯勒半吨卡车组装厂,靠近底特律(Chrysler Half- Ton Truck assembly plant, near Detroit)[1596][*1597*]
克莱斯勒大楼,纽约(Chrysler Building, New York)[1593][*1594*]
克莱斯勒宅,约翰内斯堡(Chrysler House, Johannesburg)[1564]
克赖顿堡(Crichton Castle)[1074]
克赖斯特彻奇(Christchurch,新西兰)
　　阿冯·泰雷尔(Avon Tyrell)[1207]
　　大教堂(Cathedral)[1378][*1382*]
　　坎特伯雷省议会厅(Canterbury Provincial Council Chamber)[*1361*][1362]
克赖斯特彻奇,多塞特郡,诺曼庄园(Christchurch, Dorset, Norman House)[*430*][431]
克郎克山庄,什罗普郡(Cronkhill, Shorpshire)[1116][*1118*]
克朗楼,芝加哥(Crown Hall, Chicago)[1605]
克朗-伊格尔磨粉厂,北阿克斯布里奇,马萨诸塞州(Crown and Eagle Mill, North Uxbridge, Massachusetts)[1295]
克劳德·弗朗索瓦·布吕内德贝纳(Brunet-Debaines, Claude Francois)[1260][1289]
克劳德·马丁(Martin, Claude, ?~1800),英国建筑师[1337]
克劳狄安输水道,罗马(Aqua Claudia, Rome)[*282*][283]
克劳迪奥·德阿西涅加斯(Arciniega, Claudio de,约1520~1593),西班牙建筑师、雕塑家[1266]
克劳迪奥·卡弗里(Caveri, Claudio, 1928~),阿根廷建筑师、理论家[1635]
克雷格·埃尔伍德(Ellwood, Craig, 1922~1992),美国建筑师[1603][1610]
克雷格塞德府邸,诺森伯兰郡(Cragside, Northumberland)[1192]
克雷莫纳(Cremona,意大利)
　　市政厅(Palazzo Pubblico)[572]
　　斯坦加府邸(Palazzo Stanga)[957][*962*]
　　托拉佐塔(Torrazzo)[572]
　　洗礼堂(Baptistery)[*372*][379]
克雷斯吉会堂,马萨诸塞理工学院(Kresge Auditorium, Massachusetts Institute of Technology)[1612]
克雷乌塔(Torre de la Creu)
　　内格雷别墅(Can Negre)[1444]
　　圣胡安德斯皮(San Juan Despí)[1444]
克雷乌塔,圣阿德斯皮(San Juan Despú, Torre de la Creu)[1444]
克里·希尔(Hill, Kerry),在新加坡从事设计的澳大利亚建筑师[1701][1704]
克里德兰德(Cridland, H.C.),新西兰建筑师[1369]
克里克希敏,设得兰群岛(Clickhimin, Shetland Islands)[*236*][237][238]
"克里姆林宫的"伊万大帝钟塔,莫斯科(Ivan the Great Bell Tower, Moscow)[*357*]
克里姆林宫圣母领报大教堂,莫斯科(Annunciation Cathedral, Moscow)[349][*350*][356][*357*]
克里斯蒂安·弗雷德里克·汉森(Hansen, Christian Frederik, 1756~1845),丹麦建筑师[880][1134][1143]
克里斯蒂安·亨利克·格罗施(Grosch, Christian Henrik, 1801~1865),丹麦新古典主义建筑师[864][1134]
克里斯蒂安堡,西非(Christiansborg, West Africa)[1235]
克里斯蒂安堡城堡,阿克拉(Christiansborg Castle housing, Accra)[1566][*1565*]
克里斯蒂安斯塔德(Kristianstaad)[864]
克里斯汀·弗里德里希·路德维希·冯·弗斯特(von Förster, Christian Friedrich Ludwig, 1797~1863),德国建筑师[*1454*]
克里斯托夫·丁岑霍费尔(Dientzenhofer, Christoph, 1655~1722),德国建筑师[1038]
克里斯托弗·雷恩爵士(Wren, Sir Christopher, 1632~1723),英国建筑师、设计师、天文学家和几何学家[858][1065][*1087*][1274]
　　城市教堂(City churches)[1090][*1091*]
克里索斯托圣约翰教堂,威尼斯(S.Giovanni Crisostomo, Venice)[907]
克里索维罗尼银行,布加勒斯特(the Chrissoveloni Bank, Bucharest)[1513]
克里特岛(Crete,希腊)
　　概述(description)[5]
　　古代史(ancient history)[14]
　　历史(history)[14][15]
　　史前时期建筑(prehistoric architecture)[31]
　　宗教实践(religious practices)[685]
克利夫顿悬索桥,布里斯托尔(Clifton Suspension Bridge, Bristol)[*1165*]
克利夫兰宅,新南威尔士(Cleveland, New South Wales)[1363]
克利福德·霍利迪(Holliday, Clifford, 1897~1960),英国建筑师[1551]
克龙堡宫,赫尔辛格(Kronborg Castle, Helsingor)[1134][*1135*]
克吕尼(Cluny,加拿大)
　　石头住宅(stone houses)[391]
　　隐修院(Abbey)[390]
克吕尼府邸,巴黎(Hôtel de Cluny, Paris)[*473*][*474*][475]
克吕尼修会(Cluniac Order)[201][203]
　　对斯堪的纳维亚地区的影响(influence in Scandinavia)[431][432]
克吕泰墨斯特拉墓,迈锡尼(Tomb of Clytemnestra, Mycenae)[117]
克罗地亚20世纪的发展(Croatia, Twentieth Century developments)[1515][1516]
克罗勒-穆勒博物馆,奥特罗(Museum Kröller- Müller, Otterlo)[1432]
克罗嫩门,茨温格尔宫(Kronentov, Zwinger)[1042]
克罗斯河独石柱(Cross River Monoliths)[701]
克洛德·沙蒂永(Chastillon, Claude),法国建筑师[983][*987*]
克洛德-尼古拉·勒杜(Ledoux, Claude- Nicolas, 1736~1806),法国建筑师,新古典主义建筑的代表人物[971][1002]
克洛林多·特斯塔(Testa.Clorindo, 1923~),意大利裔阿根廷建筑师[1642][1643]
克尼斯纳(Knysna,南非)
　　美景教堂(Belvidere church)[1250]
　　圣乔治大教堂(S.George's Church)[1250]
克尼斯纳的美景教堂(Belvidere Church, Knysna)[1250]
克诺索斯(Knossos,希腊)[14][15]
　　克诺索斯宫(Palace)[112][*114*]
克什米尔国家体育场,斯里那加(Sher- e- Kashmir Stadium, Srinagar)[1732]
克特勒学院,美因茨(Ketteler College, Mainz)[1459]
克雅乌库寺,蒲甘附近(Kyaukku Temple, near Pagan)[*829*][830]
肯达吉里岩凿寺院,奥里萨邦(Khandagiri monastery, Orissa)[786]
肯尼迪机场(John F.Kennedy Airport),见艾德怀尔德机场
肯尼斯·斯科特(Scott, Kenneth),南非建筑师[1567]
肯尼亚(Kenya,非洲)
　　阿迦汗白金大庆医院(Aga Khan Platinum Jubilee Hospital)[1563]
　　高等法院办公楼(Crown Law Office)[1563][1566]
　　古代住宅(ancient houses)[696]
　　立法会议大楼(Legislative Council Building)[1254][1563]
　　蒙巴萨罗马天主教堂(Mombasa Roman Catholic Cathedral)[1240]
　　蒙巴萨圣公会大教堂(Mombasa Anglican Cathedral)[1240]
　　伊曼纽尔教堂,弗里尔敦(Emmanuel Church.Freretont)[1240]
　　见内罗毕
肯普宅,新西兰(Kemp House, New Zealand)[1367]
肯塔基(Kentucky,美国)
　　巴特曼宅,弗恩克里克(Bartman House, Fern Creek)[1599]
　　休曼那大厦,路易斯维尔(Humana

[1902]

Building, Louisville)[1624]
肯特郡(Kent，英国)
　　埃尔特姆府邸(Eltham Lodge)[1084]
　　　[*1085*]
　　皇家海军造船所(船坞) (Royal Naval
　　　Dockyard/ Boatstore)[1183][*1188*]
　　罗马时期的建筑(Roman architecture)
　　　[415]
　　梅里沃思府邸(Mereworth Castle)[1101]
　　　[*1103*]
　　圣奥古斯丁教堂，拉姆斯盖特
　　　(S.Augustine Church, Ramsgate)
　　　[1174]
　　斯科特尼堡，兰伯赫斯特(Scotney
　　　Castle, Lamberhurst)[1174]
　　庄园，拉姆斯盖特(Grange, Ramsgate)
　　　[1174][*1176*]
肯亚塔会议中心，内罗毕(Kenyatta
　　Conference Centre, Nairobi)[1576]
空间城市规划(Space City Project)[*1679*]
　　[1680]
空间规划，罗马人(spatial planning, Roman)
　　[242]
空调系统(plenum heating system)[875]
孔波斯特拉的圣地亚哥(Santiago de
　　Compostela)[202]
　　大教堂(Cathedral)[401][*405*][407]
　　皇家医院(Royal Hospital)[1011]
孔达瑞尼法桑府邸，威尼斯(Palazzi
　　Contarini Fasan, Venice)[572]
孔恩斯内多尔弗，哥本哈根(Kongens Nytorv,
　　Copenhagen)[*1142*][*1145*]
孔戈尼亚斯-杜坎普，巴西(Congonhas do
　　Campo, Brazil)[1269][*1271*]
孔利宅，里弗赛德，伊利诺州(Coonley House,
　　Riverside, Illinois)[*1584*]
孔帕尼亚教堂，库斯科(Church of La
　　Compañía, Cuzco)[*1270*]
孔雀帝国(Mauryan Empire)[676][677][678]
　　[779]
孔塞尔瓦托里宫，罗马(Palazzo dei
　　Conservatori, Rome)[932][*935*][936]
库比姆路，莫伦贝克区(Rue du Cubisme,
　　Molenbeek)[1437]
库尔蒂利耶住宅区，庞坦(Les Courtillières
　　housing estate, Pantin)[1455]
库尔哈，城市遗迹(Khurha, City)[604]
库尔善姆清真寺，索非亚(Koursham Mosque,
　　Sofia)[1512]
库费(Kufa，伊拉克)
　　大清真寺(Great Mosque)[610]
　　拉菲丹银行大楼(Rafidain Bank
　　　Building)[1542][*1543*]
　　伊马拉隐修院(Dayr al- lmara)[610]
库赫那堡清真寺，德里(Kila- i- Kuhna Masjid
　　mosque, Delhi)[659]
库克街16号住宅，利物浦(Cook Street No.
　　16 Liverpool)[1187]
库克里贾(Kukreja, C.P., 1938~　)，印度建
　　筑师[1729][1740]
库克住宅，塞纳河畔布洛涅(Maison Cook,
　　Boulogne- sur- Seine)[1403]
库库特寺，南奔(Wat Kukut Temple, Lampun)
　　[835]
库拉索岛(Curaçao，荷属安的列斯)
　　阿姆斯特丹堡教堂，威廉斯塔德(Fort
　　　Amsterdam Church, Willemstad)
　　　[1273]

米克文以色列犹太教教堂(Mikve Israel
　　Synagogue)[1273]
　　住宅(houses)[*1263*]
库马西(Kumasi，加纳)
　　传教所(mission house)[1241][*1242*]
　　工业研究所(Technical Institute)[1567]
　　宫殿建筑(palaces)[*697*]
　　库马西工业学院(College of Technology)
　　　[1567]
　　石堡(阿班宫) (Stone Palace)[1239]
　　　[*1243*]
库诺宅，埃彭豪森(Cuno house, Eppenhausen)
　　[1407]
库珀·罗萨(Llosa, Cooper)，秘鲁建筑师
　　[1642]
库斯伯特·布罗德里克(Brodrick, Cuthbert,
　　1822 ~ 1905)，英国建筑师[1153][1178]
库斯蒂因基，住宅遗址(Kostienski, houses)
　　[228]
库斯科(Cuzco，秘鲁)
　　大教堂(Cathedral)[1265]
　　海军司令府邸(House of the Admiral)
　　　[1265]
　　卡萨·孔查侯爵宅(House of the
　　　Marqueses de Casa Concha)[1265]
　　孔帕尼亚教堂(耶稣教堂) (Church of La
　　　Compañía/ Jesuit Church)[1268]
　　　[*1270*]
库唐斯大教堂(Coutances Cathedral)[465]
　　[466]
库特维克广播电台(Kootwijk Radio Station,
　　Kootwijk)[1432]
库图比亚清真寺，马拉喀什(Quttubiyya
　　Mosque, Marrakesh)[629]
夸拉泰宫府邸，佛罗伦萨(Palazzo Quaratesi,
　　Florence)[*883*]
跨撒哈拉贸易路线(trans- Saharan trade
　　routes)[667][672]
快乐山，多西特(Mount Pleasant, Dorest)
　　[233]
快乐山住宅，费城(Mount Pleasant,
　　Philadelphia)[1264]
快乐山住宅，塔斯马尼亚(Mount Pleasant,
　　Tasmania)[1378]
快乐山住宅，新南威尔士(Mount Pleasant/
　　Abercrombie House, New South Wales)
　　[1378]
匡溪学校和博物馆，布卢姆菲尔德·希尔斯，
　　密歇根(Cranbrook School and Museum,
　　Bloomfield Hills, Michigan)[1593]
矿泉客舍，广州(Kuangquan Hotel,
　　Guangzhou)[1661][*1664*]
矿业学院，圣彼得堡(Academy of Mines,
　　S.Petersburg)[*1132*][1133]
奎巴清真寺，麦地那(Quba Mosque, Medina)
　　[1547]
奎布拉坦，麦加(Quilblatain, Mecca)[610]
　　[1547]
奎布拉坦清真寺，麦地那(Mosque of the Two
　　Directions/ Quiblatain Mosque, Medina)
　　[1547]
奎达山谷(Quetta Valley)[105]
奎德奥查亚，多曼迪朗(Qued Ouchaia,
　　Domain Durand)[1563]
奎拉潘隐修院，墨西哥(Monastery of
　　Cuilapan, Mexico)[1269]
奎里纳尔宫旁的圣安德烈教堂，罗马
　　(S.Andrea al Quirinale, Rome)[949][*951*]

奎里尼印刷艺术馆，威尼斯(Galleria Querini
　　Stampalia, Venice)[1480]
魁北克(Quebec，加拿大)
　　教区教堂，桑泰角(Parish Church of Cap
　　　Santé)[1273]
　　拉卡特教堂(Parish Church of Lacadie)
　　　[1273]
　　钱布利要塞(Fort Chambly)[1266]
　　维尔纳夫宅，查尔斯堡(Villeneuve
　　　House, Charlesbourg)[1264]
昆比萨累，住宅(Kumbi Saleh, houses)[696]
昆明湖，北京(Kunming Lake, Beijing)[728]
　　[730]
昆士兰州(Queensland，澳大利亚)
　　昆士兰文化中心，布里斯班(Cultural
　　　Centre, Brisbane)[1759]
　　昆士兰州议会大厦，布里斯班
　　　(Parliament House, Brisbane)[1377]
　　塔姆茹库姆教堂，博德瑟特
　　　(Tamrookum Church, Beaudesert)
　　　[1757][*1758*]
昆托菲奥伦蒂诺，坟墓(Quinto Fiorentino,
　　tomb)[246]
昆西市场，波士顿，马萨诸塞州(Quincy
　　Market, Boston, Massachusetts)[1289]

L

拉昂大教堂(Laon Cathedral)[449][*452*]
拉巴特(Rabat，摩洛哥)
　　哈桑苏丹清真寺(Sultan Hassan mosque)
　　　[623][*625*]
　　清真寺(mosque)[1574]
　　市民中心(Civic Centre)[1566]
　　邮政局(Post Office)[1562]
　　住宅区(house)[*1561*][1566]
拉宾德拉馆，德里(Rabindra Bhavan, Delhi)
　　[1728][*1730*]
拉伯特城堡，根特(Rabot Fort, Ghent)[540]
　　[544]
拉布拉纳寺，佛塔(Wat Rat Burana, stupa)
　　[838]
拉德方斯拱门，巴黎(Arche de la Défense,
　　Paris)[1458]
拉德汗寺，艾霍莱(Lad Khan temple, Aihole)
　　[809]
拉德克利夫·卡梅拉图书馆，牛津(Radcliffe
　　Camera, Oxford)[1096][*1102*]
拉德克利夫天文台，牛津郡(Radcliffe
　　Observatory, Oxford)[1114][*1115*]
拉德洛堡(Ludlow, bastide)[508]
拉丁大道，陵墓(Via Latina, cemetery)[293]
拉丁美洲(Latin America)
　　1900~1929年的建筑实例(buildings
　　　examples)[1628]~[1630]
　　1930~1969年的建筑实例(buildings
　　　examples)[1630]~[1642]
　　1970~1995年的建筑实例(buildings
　　　examples)[1642]~[1646]
　　1900~1945年的发展(developments)
　　　[1389]~[1391]
　　20世纪的发展过程(Twentieth Century
　　　development)[1628]
　　后殖民时代的居住建筑(post- Colonial
　　　domestic architecture)[1282]
　　历史(history)[1227]
拉丁美洲纪念碑，圣保罗(Latin American
　　Memorial, São Paulo)[1643]

[1903]

拉丁美洲塔楼，墨西哥城(Torre Latino Americano, Mexico City)[1631]
拉尔代里亚别墅，巴盖里亚(Villa Larderia, Bagheria)[965]
拉尔夫·厄斯金(Erskine, Ralph, 1914～2005)，英国建筑师[1466][1482]
拉尔夫·斯莫尔宅，梅肯，佐治亚州(Ralph Small House, Macon, Georgia)[1279]
拉尔夫·塔布斯(Tubbs, Ralph)，英国建筑师[1468]
拉尔夫·亚当斯·克拉姆(Cram, Ralph Adams, 1863～1942)，美国建筑师[1282]
拉尔斯·埃列尔·松克(Sonck, Lars, 1870～1956)，芬兰建筑师[1156][1212][1437]
拉菲丹银行大楼，库费(Rafidain Bank Building, Kufa)[1542][*1543*]
拉斐尔(Raphael/ Raffaelo Sanzio, 1483～1520)，意大利画家、建筑师[881][914][915]
拉斐尔·乌尔达雷塔将军住宅区，加拉加斯(General Rafael Urdareta Settlement)[1637]
拉斐尔·伊斯拉埃良(Israelian, Rafael, 1908～1973)，亚美尼亚建筑师[1534]
拉斐尔广场小学，特伦托(Elementary School, Piazza Raftaello, Trento)[1415]
拉斐特百货公司，巴黎(Galeries Lafayette, Paris)[1400]
拉戈堡，果阿(Fort Largo, Goa)[1328]
拉格伦堡，蒙茅斯郡(Raglan Castle, Monmouthshire)[*506*][508]
拉各斯(Lagos, 尼日利亚)
　拉各斯大学理学院大楼(University Science buildings)[1566]
　学校(schools)[1566]
　英国石油办公楼(British Petroleum Office)[1566]
拉合尔(Lahore, 巴基斯坦)
　阿克巴城堡(Fort)[652]
　哈姆拉艺术委员会大楼(Al Hamra Arts Council Building)[1729]
　贾汗季墓(Jehangir Tomb)[653]
　里瓦兹花园公寓(Rivaz Garden Flats)[1729]
　帕德沙清真寺(Badshai Mosque)[660]
　沙·贾汗乳娘墓(Tomb of the nurse to Shah Jehan)[653]
　莎吉尔会堂(Shakir Ali Auditorium)[1729]
　瓦济尔汗清真寺(Wazir Khan Mosque)[659]
　夏利马尔花园(Shalimar Gardens)[653][*663*][664]
拉合尔城堡(Fort of Lahore)[653]
拉赫利阿德(La Halliade)[*230*][231]
拉赫曼德瑞(哈拉帕城址)(Rahman Dheri)[105]
拉赫纳尔·奥斯特伯格(Östberg, Ragnar, 1866～1945)，瑞典建筑师[1440]
拉吉·里瓦尔(Rewal, Raj, 1934～　)，印度建筑师[1732][1736][1741]
拉贾·布鲁克住宅，阿斯塔纳，古晋(Sarawak, Astana, Kuching)[1318][*1319*]
拉贾·基尔提·辛格宫，瓜廖尔，中央邦(Raja Kirtti Singh, Gwalior, Madhya Pradesh)[818]
拉贾斯坦邦(Rajasthan)

阿底那陀神庙(Adinatha Temple)[*793*][795]
安巴姆马特神庙(Ambamatha temple)[799][*802*]
奥西扬(Osian)[798]
巴多里(伽泰湿婆庙)(Badoli)[*797*][798]
迪勒瓦拉(耆那教神庙)(Dilwara temple)[*793*][794]
宫殿(palaces)[817][818]
贾格宫(Jag Niwas palace)[818]
杰伊瑟尔梅尔(Jaisalmer)[818]
拉那克普太阳神庙(Ranakpur temple)[*805*][809]
门达瓦的旅游村(Tourist Village, Mandava)[1741]
莫汉宫(Mohan Mandir palace)[818]
恰尔勒巴登神庙(Jhalrapatan temple)[809]
湿婆神庙(Shiva Temple)[*796*][798]
拉杰普特宫堡(Rajput palaces)[818]
拉金公司大楼，布法罗，纽约州(Larkin Buildin, Buffalo, New York)[*1582*][1585]
拉卡杜哈教堂，米拉弗洛雷斯(La Cartuja de Miraflores)[552]
拉卡特教堂，魁北克(Lacadie Parish Church, Quebec)[1273]
拉克伦·麦夸里(Macquarie, Lachlan)，澳大利亚建筑师[1350]
拉莱里清真寺，伊斯坦布尔(Laleli Mosque, Istanbul)[651]
拉雷亚尔·弗尔泽城堡，哈瓦那，古巴(Castillo de la Real Fuerza, Havana, Cuba)[1265]
拉里萨宫，迈索尔(Lalitha Mahal Palace, Mysore)[1725]
拉利贝拉(Lalibela, 埃塞俄比亚)
　加尼塔马瑞阿姆教堂(Ganeta Mariam)[*697*][701]
　圣乔治教堂(Biet Giorgis)[700]
拉卢加雷赫教堂，阿雷瓦洛(La Lugareja, Arévalo)[*405*][407]
拉马德圆丘(Tell Ramad)[35]
拉马奈(Lamanai)
　N 10-9 金字塔庙(Structure N 10-9)[710][*712*]
　N 10-43 金字塔庙，拉马奈(Structure N 10-43)[*708*][710]
拉马泰拉住宅区，马泰拉(La Martella housing, Matera)[*1746*]
"拉梅湿婆"窟，埃洛拉(Rameshvara, Ellora)[791][*792*]
拉梅斯沃勒姆，泰米尔纳德邦(Rameshwaram, Tamil Nadu)[795]
拉美国家"住房运动"('Movimiento Viviendista')[1642]
拉美西斯祭庙，底比斯(Ramesseum, Thebes)[65]
拉蒙塔城堡，巴利亚多利德(Castillo de La Mota, Valladolid)[*558*][563]
拉米埃特城，德兰西(Drancy, Citéde la Muette)[1404]
拉莫特住宅区(housing in Ramot)[1552][*1554*]
拉姆·卡尔米(Karmi, Ram, 1931～　)，以色列建筑师[1552][1557]
拉姆斯·维萨·瓦塞夫(Wassef, Ramses Wissa)，非洲建筑师[1573]
拉姆斯盖特庄园，肯特(Grange, Ramsgate,

Kent)[*1244*]
拉穆(Lamu, 肯尼亚)
　拉穆堡(fort)[1240]
　历史地段保护和再利用(rehabilitation)[1571]
　珊瑚石屋(coral- stone houses)[1240][*1242*]
　住宅/博物馆(house/ museum)[1241][*1242*][*1244*]
拉那斯多夫区，维也纳(Rannersdorf, Vienna)[1399]
拉纳·昆巴宫，奇图尔(Chittor, the palale of Rana Kumbha)[818]
拉纳克普(Ranakpur, 印度)
　阿底那陀神庙(Adinatha Temple)[*793*][795]
　太阳神庙(Surya temple)[*805*][809]
拉潘帕"界墙"('Travesia´a la Pampa)[1646]
拉潘帕政府办公大楼，阿根廷(La Pampa Government Offices, Argentina)[1642]
拉蓬塔角的圣萨尔瓦多要塞，哈瓦那，古巴(Fortaleza de San Salvador de la Punta, Havana, Cuba)[1265]
拉普里西马教堂，蒙特雷，墨西哥(Church of La Purisma, Monterry, Mexico)[1634]
拉钦斯基奇图书馆，波兹南(Biblioteka Raczyńskich, Poznań)[1157][*1158*]
拉撒轮胎工厂，伊兹米特(Lassa Tyre Factory, Izmit)[*1541*][1542]
拉萨(Lhasa, 中国)
　布达拉宫(Potala Palace)[739][*740*]
　拉萨饭店(Hotel)[1662][*1665*]
拉萨尔塞勒住宅区，巴黎(La Sarcelle housing estate, Paris)[1453]
拉塞尔·沃伦(Warren, Russell)，美国建筑师[1279][1289]
拉塞姆·巴德兰(Badran, Rasem, 1941～　)，约旦建筑师[1547]
拉绍德封(La Chaux de Fonds)[1412]
"拉什卡学派"(Rascian school)[338]
拉什特拉帕蒂宫(Rashirapati Bhavan)，见总督府，德里
拉斯康迪斯礼拜堂，圣地亚哥(Chapel of Las Condes, Santiago)[1642]
拉斯洛·梅斯特尔·德帕拉伊德(Parajd, L.M.de)，尼日利亚建筑师[1573]
拉斯夏马拉宫(Ras Shamra, Palace of)[91]
拉塔大街圣母教堂，罗马(S.Maria in Via Lata, Rome)[953]
拉特兰巴西利卡，圣约翰拉特兰教堂，罗马(Lateran Basilica, Rome)[302][*303*][304]
拉特兰府邸，罗马(Lateran Palace, Rome)[943]
拉特兰洗礼堂，罗马(Lateran Baptistery, Rome)[*307*][1798][314]
拉特纳普勒教堂，斯里兰卡(Ratnapura church, Sri Lanka)[*1382*]
拉提那式(Latina mode)
　那伽罗式纪念性丰碑(Nagara monuments)[798]
　线脚(mouldings)[798]
拉提那式寺庙，罗达(Roda, Latina temple)[798][799]
拉瓦拉法蒂石窟，艾霍莱(Ravalaphadi cave, Aihole)[791]
拉韦洛大教堂(Ravello Cathedral)[*366*]
拉韦纳(Ravenna, 意大利)

[1904]

中文版索引

狄奥多里克陵墓(Tomb of Theodoric)[314]
东正教洗礼堂(Orthodox Baptistery)[314][322]
加拉·普拉西狄亚陵墓(Galla Placidia tomb)[*324*]
克拉塞的圣阿波利纳尔教堂(S.Apollinare in Classe)[308][310][313][362]
圣阿波利纳尔新教堂(S.Apollinare Nuovo)[313]
圣十字教堂(S.Croce)[309]
圣维塔尔教堂(S.Vitale)[322][*323*][362]
拉伊蒙多·达龙科(d'Aronco, Raimondo, 1857~1932), 意大利建筑师[1156][1413]
拉兹洛·莫霍伊-纳吉(Moholy- Nagy, Laszlo, 1895~1946), 匈牙利裔美国建筑师[1502]
来苏寺, 扶安(Naesosa Temple, Puan)[754]
来自亚历山大的帕普斯(Pappus of Alexandria), 最后一位伟大的希腊几何学家, 活动时期320年前后[206]
莱安德罗·罗新(Locsin, Leandro V.), 菲律宾建筑师[1707]
莱昂(Léon, 西班牙)
　大教堂(Cathedral)[*546*][549]
　古斯曼宫(Casa de los Guzmanes)[1018]
　教堂建筑(churches)[*420*]
　圣伊西多罗教堂(S.Isodoro)[407]
莱昂·巴蒂斯塔·阿尔贝蒂(Alberti, Leon Battista, 1404~1472), 意大利人文主义者、学者、建筑师和文艺复兴时期艺术理论的主要创始人, 著有《论建筑》[568][848][869][876][881][889]
莱昂·迪富尔尼(Dufourny, Leon, 1754~1818), 法国建筑师[967]
莱奥·冯·克伦茨(von Klenze, Leo, 1784~1864), 德国古典主义建筑师[1027][1047]
莱比锡(Leipzig, 德国)
　德国大饭店(Hotel Deutschland)[1464]
　歌剧院(Opera House)[1179][*1185*][1197][1240][1290][1359][1464]
　火车站(Railway Station)[1409]
　机场餐厅(Airport Restaurant)[1410]
　市场大厅(Market Hall)[1409]
莱比锡战役纪念碑(Monument to the Battle of Leipzig)[1404]
莱布吕埃住宅区, 克雷泰伊(Les Bluets housing, Creteil)[1455]
莱布奈(城市) (Labbaneth)[604]
莱城客舍, 巴布亚新几内亚(Lae Lodge, Papua New Giunea)[1773]
莱迪史密斯市政厅(Ladysmith Town Hall)[1250]
莱佛士城, 新加坡(Raffles City, Singapore)[1697]
莱佛士旅馆, 新加坡(Raffles Hotel, Singapore)[1321][*1324*]
莱夫·雷尼亚斯(Reinius, Leif, 1907~1995), 瑞典建筑师[1482]
莱弗灵顿教堂, 剑桥郡(Leverington, Cambridgeshire)[*443*]
莱赫托-乌同别墅群, 布达佩斯(Lejto Uton/vil- las, Budapest)[*1501*][1505]
莱基地区(Lachish)[91]

莱里达大教堂(Lerida Cathedral)[549][*550*]
莱丽·皮蒂拉(Pietilä, Raili, 1926~), 芬兰建筑师[1452]
莱奇沃思田园城市(Letchworth garden city)[1156]
　坦里乌德宅, 西索勒绍特(Tanglewood, Sollershott West)[1421]
莱斯布鲁耶(手工业综合体), 塞夫尔(Les Bruyères Artisan Complex, Sèvres)[1458]
莱斯利·威尔金森(Wilkinson, Leslie, 1882~1973), 澳大利亚建筑师[1748][1759]
莱斯利·约翰·马丁爵士(Martin, Leslie, 1908~2000), 英国建筑师[1468]
莱维敦镇住宅项目, 靠近费城(Levittown, near Philadephia)[*1600*][1603]
莱维尼亚圣母教堂, 桑坦德附近(S.Maria de Lebeña, near Santander)[407]
莱耶尔·马尔塔, 艾塞克斯郡(Layer Marney Towers, Essex)[509]
莱因哈德和霍夫迈斯特事务所(Reinhard and Hofmeister), 美国建筑师事务所[1596]
莱茵河大桥, 本多夫, 德国(Rhine Bridge, Bendorf)[1464]
莱茵河旅馆, 鹿特丹(Rijnhotel, Rotterdam)[1481]
莱英商场, 纽约(Laing Stores, New York)[1290]
赖兰图书馆, 曼彻斯特(Rylands Library, Deansgate, Manchester)[1201][*1202*]
赖希宅, 布加勒斯特, 罗马尼亚(Reich House, Bucharest)[1513]
赖辛堡, 诺福克郡(Castle Rising, Norfolk)[431]
兰贝特·范哈文(van Haven, Lambert, 1630~1695), 丹麦建筑师[1137]
兰贝特·隆巴尔(Lombard, Lambert), 比利时建筑师[1055]
兰彻斯特和里卡德斯事务所(Lanchester and Rickards), 英国建筑师事务所[1201]
兰茨胡特(Landshut, 德国)
　兰茨胡特宫(Stadtresidenz)[1029][*1030*]
　圣马丁教堂(S.Martin's Church)[*520*][521]
　养老院教堂(Spitalkirche)[521]
兰茨胡特宫, 兰茨胡特(Stadtresidenz, Landshut)[1029][*1030*]
兰达夫大教堂(Llandaff Cathedral)[496]
　平面图(plan)[*489*]
兰德军团纪念碑, 约翰内斯堡(Rand Regiments'Memorial, Johannesburg)[1559]
兰厄姆顿万灵教堂, 伦敦(All Souls Church, Langham Place, London)[1095]
兰格纳塔神庙, 斯里兰格姆, 泰米尔纳德邦(Ranganatha Temple, Srirangam, Tamil Nadu)[795]
兰齐敞廊, 佛罗伦萨(Loggia dei Lanzi, Florence)[*584*]
兰斯(Rheims/ Reims, 法国)
　大教堂(Cathedral)[453][*461*][*462*]
　皇家广场(Place Royale)[858]
　市场大厅(Market Hall)[1402]
兰斯洛特·布朗(Brown, Lancelot/ Capability, 1716~1783), 俗称凯普比利傍(万能大师之意), 英国景观建筑师[1068]
兰塔, 佛塔(Wat Phra Ram, stupa)[835]

兰特别墅, 巴尼阿亚, 维泰博近郊(Bagnaia, Villa Lante)[940]
兰特非洲大学, 约翰内斯堡(Rand Afrikaan University, Johannesburg)[1567]
兰州火车站(Lanzhou Railway Station)[1661]
蓝天组建筑师集团(Coop Himmelblau group/ Wolf Prix; Helmut Swiczinsky; Rainer Holzer), 由奥地利建筑师沃尔夫·普莱克斯、赫尔穆特·斯维茨辛斯基和赖纳霍尔策组成[1450]
郎世宁(Castiglione, F.Giuseppe, 1688~1766), 天主教耶稣会修士, 画家、建筑师[1298]
莨苕叶饰/爵床叶饰/卷叶饰(acanthus moulding)[122]
朗贝尔银行, 布鲁塞尔(Banque Lambert, Brussels)[1451]
朗布里奇德弗里尔居住建筑, 威尔特郡(Longbridge Deverill, Wiltshire)[237]
朗费罗、奥尔登和哈洛事务所(Longfellow, Aldenand Harlow), 美国建筑师事务所[1283][1288]
朗福德府邸, 威尔特郡(Longford Castle, Wiltshire)[*1071*][1073]
朗格勒大教堂(Langres Cathedral)[466]
朗格里特府邸, 威尔特郡(Longleat House, Wiltshire)[1069][*1070*][*1071*]
朗宫, 德里(Rang Mahal, Delhi)[659]
朗斯顿堡, 康沃尔(Launceston Castle, Cornwell)[431]
朗吉奥拉教堂(Rangiora Church)[1381]
劳埃德大楼, 伦敦(Lloyd's Building, London)[*1473*][1475]
劳埃德·泰勒(Taylor, Lloyd, 1830~1900), 澳大利亚建筑师[1358][1378]
劳动宫, 圣彼得堡(The Palace of labour, S.Petersburg)[1521][*1522*]
劳恩劳恩剧院, 戈罗卡(Raun Raun Theater, Goroka, Papua New Guinea)[*1770*][1771]
劳赫街住宅, 柏林(Rauchstrasse, housing)[1462]
劳里·贝克(Baker, Laurie, 1917~2007), 印度建筑师[1733][1741][1744]
劳里茨·德图拉(Thurah, Lauritz de, 1706~1759), 丹麦建筑师[880]
劳里医院, 伯尔尼(Lory Hospital, Berne)[1412]
劳仑齐阿纳图书馆(Laurentian Library, Florence)[932][*934*]
劳伦斯磨粉厂, 马萨诸塞州(Lawrence Mill, Massachusetts)[1295]
劳瑟庄园, 肯星顿三角, 伦敦(Lowther Lodge, Kensington Gore, London)[1212][*1214*]
劳索斯宫, 君士坦丁堡(Palace of Lausos, Constantinople)[334]
劳塔塔洛办公楼, 赫尔辛基(Rautatalo Office Building, Helsinki)[1451]
劳文街和克格尔街公寓, 维也纳(Lowengasse and Kegelgasse Apartments, Vienna)[1450]
劳西茨地区定居点, 德国(Lausitz, Germany)[235][*236*]
劳作圣母教堂, 巴黎(Notre Dame du Travail, Paris)[1187][1399]
老安东尼奥·达·桑迦洛(da Sangallo, Antonio, the Elder, 约1460~1534), 意大利文艺复兴盛期建筑师[915]

[1905]

老博物馆，柏林(Altes Museum, Berlin)[*1049*][1051][1152]
老宫，佛罗伦萨(Palazzo Vecchio, Florence)[*584*][587][***842***]
老海关大楼，费城(Old Customs House, Philadelphia)，见美国第二银行大厦，费城
老海军医院，罗亚尔港，牙买加(Old Naval Hospital, Port Royal, Jamaica)[1278]
老教堂，阿姆斯特丹(Oude Kerk/ steeple, Amsterdam)[1059]
老教堂，赫尔辛基(Old Church, Helsinki)[***1147***][1150]
老教堂，萨拉曼卡(Old Cathedral, Salamanca)[408][***554***]
老科学院大厦，图尔库(Old Academy, Turku)[***1148***][1150]
老立法院大楼，温哥华，英属哥伦比亚(Old Legislative Building, Vancouver, British Columbia)[1288]
老尼科迪默斯·特辛(Tessin, Nicodemus The Elder, 1615~1681)，瑞典建筑师[1134][1136]
老桥，佛罗伦萨(Ponte Vecchio, Florence)[***586***][587]
老萨默塞特府邸，伦敦(Old Somerset House, London)[1069]
老圣保罗教堂，惠灵顿(Old S.Paul's Church, Wellington)[***1368***][1369]
老雅各布·沃尔夫(Wolff, Jakob, the Elder, 约1546~1612)，德国建筑师和匠师[1033]
老约翰·伍德(Wood, John, the Elder, 1704~1754)，英国建筑师和城市规划师[1104]
乐浪郡(汉帝国的殖民国) (Nangnang colony)[673]
勒·柯布西耶(Le Corbusier, 1887~1965)，瑞士裔法国建筑师
　　阿尔及尔(Algiers)[1563]
　　俄罗斯(Russia)[1524]
　　法国(France)[1394]
　　国际现代建筑协会(CIAM)[1395]
　　拉丁美洲(Latin America)[1631]
　　南非(South Africa)[1563]
　　日本(Japan)[1674][1675]
　　瑞士(Switzerland)[1412]
　　印度(India)[1725]
勒阿弗尔(Le Havre，法国)
　　圣约翰教堂(S.Jean Church)[1402]
　　文化博物馆(Musée- Maison de la Culture)[1455]
　　战后重建(post- War reconstruction)[1453]
勒夫甘迪祠(Heroon, Lefkandi)[117]
勒格梅什沃拉(Lakshmeshvara，印度)
　　阿难达那陀神庙(Anantanatha temple)[814]
　　索摩湿婆神庙(Someshvara temple)[809]
勒克瑙(Lucknow，印度)
　　邦议会大厦(Council Chamber)[1725]
　　康斯坦蒂亚纪念碑(Constantia)[***1336***][1337]
　　邮电大楼(Post and Telegraph Building)[1725]
勒拉萨雷，尼斯(Le Lazaret, Nice)[226]
勒雷西府邸(Château Le Raincy)[992]

勒芒大教堂，法国(Le Mans Cathedral)[***456***][***458***][459]
勒米莱的先期城市化地带，图卢兹(Le Marail, Toulouse)[1455]
勒内·萨热(Sarger, René, 1917~1988)，法国建筑师[1458]
勒皮大教堂(Le Puy Cathedral)[383]
勒斯科姆城堡，德文郡(Luscombe Castle, Devon)[1116]
雷阿尔城，马特乌斯宫(Vila Real, Palácio de Mateus)[1025]
雷贝洛(Rebelo, J.M.J.)[1282]
雷德和巴恩斯事务所(Reed and Barnes)，澳大利亚建筑师事务所[1369][1377]
雷德克利夫圣母教堂，布里斯托尔(S.Mary Radcliffe, Bristol)[503][***504***]
雷德米尔葡萄园(Rydalmere, Vineyard)[1364]
雷德伍德宅，巴港，缅因州(Redwoood, Bar Harbour, Maine)[1281]
雷恩(Rennes，法国)
　　法院(Law Courts)[1000]
　　法院(Palais de Justice)[986][***989***]
　　市政厅(Town Hall)[1000]
雷戈利尼·加拉西之墓，切尔韦泰里(Regolini Galassi tomb, Cerveteri)[246]
雷根斯堡(Regensburg，德国)
　　多明我会大教堂(Church of the Dominicans)[517]
　　雷根斯堡大教堂(Cathedral)[517][***519***]
　　圣乌尔里希教区教堂(S.Ulrich)[517][***519***]
　　新教区教堂(Neupfarrkirche)[1029]
　　英灵纪念堂(Walhalla)[1047]
雷根斯堡(石匠行业)条规(Regensburg articles/ masons profession)[223]
雷加塔体育场，拉齐斯，朗德奈斯(Regatta Stadium, Racice, Roudnice)[1498]
雷金纳德·布洛姆菲尔德爵士(Blomfield, Sir Reginald, 1856~1942)，英国建筑师[1417][1422]
雷克斯·艾迪生(Addison, Rex)，英国建筑师[1771]
雷马·皮蒂拉(Pietilä, Reima, 1923~　)，芬兰建筑师[1452][1740]
雷蒙·迪尚-维永(Duchamp- Villon, Raymond, 1876~1918)，法国雕塑家[1494]
雷蒙德·昂温爵士(Unwin, Sir Raymond, 1863~1940)，英国城市规划师[1396][1422]
雷蒙德·胡德(Hood, Raymond, 1881~1934)，美国建筑师[1593][1596]
雷蒙德建筑师自宅，东京(Raymond's House, Tokyo)[1674]
雷米式通道(Rémois passage)[449]
雷默宅，莫尔考湖，勃兰登堡(Remer House, Molchow See, Brandenburg)[1407]
雷姆·库尔哈斯(Koolhaas, Rem, 1944~　)，荷兰建筑师，2000年获普里茨克建筑奖[1481]
雷纳尔，奥克兰(Raynor House, Auckland)[1768]
雷尼岩洞(Grotte du Renne)[226]
雷诺汽车厂，戈麦斯大楼，杜兰戈(Renault Factory, Gomez Palacio, Durango)[1643][***1644***]

雷亚利学校，海法(Reali School, Haifa)[1548]
雷约·拉赫蒂宁(Lahtinen, Reijo, 1939~　)，芬兰建筑师[1452]
镭电华城音乐厅，纽约(Radio City Music Hall, New York)[***1595***][1596]
肋拱(rib- vault)，见拱、肋
类神社建筑，卡约努(shrine, Cayonu)[35][37]
棱恩殿，昌平(Lingen Memorial Hall, Changping)[731][***734***][***735***]
冷水浴室(frigidarium/ cold bath)[256]
离宫，赤坂(Imperial Palace, Akasaka)[1309]
离宫，东山殿(Higashiyama dono)[773]
离宫，拉格兰哈，塞哥维亚近郊(La Granja, Royal Palace)[1019][***1021***]
莉娜·波巴蒂(Bo Bardi, Lina, 1914~1992)，巴西建筑师[1642][1643]
骊州(Yoju，朝鲜)
　　高达寺浮屠(Kodalsa Temple)[754]
　　神勒寺塔(Shilluksa Temple)[754]
黎凡特(Levant，南欧、西亚)
　　居住建筑实例(residential buildings examples)[33][35]
　　神庙实例(shrines examples)[35]
黎塞留府邸，黎塞留(Château de Richelieu, Richelieu)[986][***990***]
礼宾室，佛罗伦萨(Tribuna, Florence)[936]
礼仪中心，拉本塔(La Venta, Ceremonial centre)[707]
李卜克内西与卢森堡纪念碑，柏林(Liebknecht and Luxemburg Monument, Berlin)[1409]
李大厦，阿林顿，弗吉尼亚州(Lee Mansion, Arlington, Virginia)[1279]
李鸿章宅，上海(Li Hong- zhang House, Shanghai)[***1305***][1307]
李锦沛(Poy, Gum Lee, 1900~　)，中国近代建筑师[1652][1660]
李希特宅，靠近克里斯蒂安堡，西非(Richter House, near Christiansborg, West Africa)[1235][***1238***]
李宗侃，字叔陶(Li Zhong- kan, 1901~1972)，陶记工程事务所建筑师[1653]
里昂(Lyon，法国)
　　城市规划(city planning)[1402]
　　格朗日布朗什医院(Grange Blanche hospital)[1402]
　　里昂大教堂(Cathedral)[466]
　　里昂法院(Palais de Justice)[1157]
　　穆谢市场(Les Mouches)[1402]
　　主宫医院(Hôtle- Dieu)[1001]
里巴特堡，苏萨(Ribat of Susa)[620]
里茨酒店(Ritz Hotel)[1399]
　　巴黎(Paris)[1399]
　　伦敦(London)[1399]
　　马德里(Madrid)[1399]
里法特·沙迪希(Chadiriji, Rifat, 1926~　)，伊拉克建筑师[1542]
里弗赛德中心，布里斯班(Riverside Centre, Brisbane)[1754]
里迦达小学，马尼拉(Legarda Elementary School, Manila)[1707]
里卡尔迪府邸(Palazzo Riccardi)，见梅迪契宫，佛罗伦萨
里卡尔多·博菲尔(Bofill, Ricardo,

1939~)，西班牙建筑师[1455][1484]
里卡尔多·莱戈雷塔(Legoretta, Ricardo, 1931~)，墨西哥建筑师[1643]
里卡尔多·莫兰迪(Morandi, Ricardo, 1902~1989), 意大利工程师、建筑师[1480]
里卡尔多·塞韦罗(Severo, Ricardo)，巴西建筑师[1628][1630]
里卡尔弗教堂，肯特郡(Reculver, Kent)[*418*][419]
里卡塞门特城，杰南哈桑(Citéde Recasement, Djennanel-Hassan)[1566]
里迈圆丘，寺庙-宫殿(Tell Rimah.temple-palace)[*81*][82]
里米尼(Rimini，意大利)
    奥古斯都桥(Bridge of Augustus)[261][*262*]
    圣方济各教堂(S.Francesco)[889][*897*]
里彭大教堂，英国(Ripon Minster)[*437*][496][*498*]
    平面图(plan)[*489*]
里奇菲尔德大楼，纽约(Richfield Building, Los Angeles)[*1594*][1596]
里士满别墅，悉尼(Richmond Villa, Sydney)[1364]
里士满滨河开发项目，伦敦(Richmond Riverside development, London)[1475]
里斯本(Lisbon，葡萄牙)
    城市规划(city planning)[1001]
    法蒂玛圣母教堂(Church of Our Lady of Fatima)[1447]
    高等技术学院(Higher Technical Institute)[1447]
    里斯本与亚速尔银行(Banco Lisboa e Açores)[1444]
    圣母神圣意志教堂(S.Maria da Divina Providencia)[1019]
    维多利亚旅馆(Hotel Victória)[1447]
    伊甸园影院(Eden Cinema)[1447]
    自由大街(Avenida da Liberdade)[1444]
里斯托默尔堡，康沃尔(Restormel Castle, Cornwell)[*427*][431]
里瓦蒂·卡马特(Kamath, Revathi, 1955~)，印度建筑师[1744]
里瓦兹花园公寓，拉合尔(Rivaz Garden Flats, Lahore)[1729]
里温普莱斯白葡萄酿酒厂，巴塞罗那(Reventos Blanc Winery, Barcelona)[1485]
里沃利大街，巴黎(Rue de Rivoli, Paris)[1009][1174][*1177*]
里沃隐修院教堂(Rievaulx Abbey)[505]
里亚布辛斯基别墅，莫斯科(Riabushinsky villa, Moscow)[1517][*1518*]
里亚德宅，开罗(Riad House, Cairo)[*1572*][1573]
里亚尔托桥/丽都桥，威尼斯(Rialto Bridge, Venice)[*885*]
里约热内卢(Rio de Janerio，巴西)
    海关大楼(Customs House)[1289]
    教育和卫生部大楼(今文化宫) (Ministry of Education and Health)[1631]~[*1632*]
    蒙蒂尼宅(Montigny House)[1282]
    佩德雷古柳小学和健身房(Pedregulho Primary School and Gymnasium)[1634]
    汽车城(Motor City)[1637]

桑托斯·杜蒙特机场(Santos Dumont Airport)[1631][*1632*]
桑托斯侯爵夫人府邸(House of the Marquesa de Santos)[1282]
市场大楼(Market Buildings)[1289]
伊塔马拉蒂宫(Itamarati Palace)[1282]
艺术学院(Academy of Art)[1289]
理查德·巴克明斯特·富勒(Backminster Fuller, Richard)[1606][1614]
理查德·巴里·帕克(Parker, Barry, 1867~1941)，英国建筑师、规划师[1422]
理查德·戴利中心(Richard Daley Center)[1616]
理查德·福斯特(Foster, Richard)，美国20世纪建筑师[1614]
理查德·考夫曼(Kauffman, Richard, 1887~1958)，德国出生的以色列建筑师[1551]
理查德·柯罗姆威尔·卡蓬特(Carpenter, Richard Cromwell, 1812~1855)，英国建筑师[1173]
理查德·罗杰斯爵士(Rogers, Sir Richard, 1933~)，英国建筑师，2007年获普里茨克建筑奖[1475]
理查德·罗奇·朱厄尔(Jewell, Richard Roach, 1810~1896)，英国建筑师[1375]
理查德·迈耶(Meier, Richard, 1934~)，美国建筑师[1624][1625][1716]
理查德·米歇尔·厄普约翰(Upjohn, Richard, 1828~1903)，英国出生的美国建筑师[1260][1282]
理查德·莫里斯·亨特(Hunt, Richard Morris, 1827~1895)，美国建筑师[1279][1281][1288][1290]
理查德·诺曼·肖(Shaw, Richard Norman, 1831~1912)，英国建筑师[1154][1192][1197][1212][1216][1415]
理查德·塞弗特(Seifert, Richard, 1910~2001)，英国建筑师[1471]
理查德·透纳(Turner, Richard, 1798~1881)，英国建筑师[1167]
理查德·约瑟夫·诺伊特拉(Neutra, Richard Josef, 1892~1970)，奥地利裔美国建筑师[1599]
理查德医药实验室，费城(A.N.Richards Medical Laboratories, Philadelphia)[1614][1616]
理查森宅，墨尔本(Richardson House, Melbourne)[1765]
理科中学，佩萨罗(Liceo Scientifico, Pesaro)[1480]
理性主义(Rationalism)[1487][1492]
    意大利(Italy)[1476]
理性主义者(Rationalists)，见新建筑师协会
力宝中心，香港(Lippo Centre, Hong Kong)[*1715*][1716]
历史保护街区，普罗耶什蒂(Ploiesti, preservation)[1513]
历史街区保护，巴纳特(Banat, preservation)[1513]
历史街区保护，蒂米什瓦拉(Timisoara, preservation)[1513]
历史主义，1945年之后(Historicism, post-1945)[1448]
立法会议大楼(后来的新议会大楼)，彼得马里茨堡(Legislative Council Building,

Pietermaritzburg)[1253][1254]
立法议会大楼，彼得马里茨堡(Legislative Assembly Building, Pietermaritzburg)[1740]
立石清茂(Tateishi, Kiyoshige)，日本建筑师[1310]
立体主义，捷克斯洛伐克(Cubism, Czechoslovakia)[1492][1494]
立柱(laths/ free-standing stone pillars)[788]
利奥波德·艾德利茨(Eidlitz, Leopold, 1823~1908)，捷克裔美国建筑师[1279]
利奥波德·波拉克(Pollack, Leopold, 1751~1806)，在意大利从事设计的维也纳建筑师[967]
利奥三世的餐室，罗马(Triclinium of Leo III, Rome)[*884*]
利贝拉尔·布吕昂(Bruant, Libéral，约1635~1697)，法国建筑师[996]
利达尔宫，斯德哥尔摩(Riddarhus, Stockholm)[874][1134][1136][*1138*]
利芬·德凯(Key, Lieven de，约1560~1627)，比利时建筑师[1053][1059]
利拉·梅农宅(Leela Menon House)[1744]
利林顿花园，伦敦(Lillington Gardens, London)[1466]
利马(Lima，秘鲁)
    杰齐宅(Gezzi House)[*1645*][1646]
    利马大教堂(Cathedral)[1266]
    纳扎雷纳斯大楼(Nazarenas Building)[1631]
    圣亚纳医院(Hospital de Santa Ana)[1274]
    托雷·塔格莱宅(House of Torre Tagle)[1265]
    燕麦加工厂(Crushed Oats Factory)[1642]
利米扎尼遗址，撒丁岛(Li Mizzani, Sardinia)[*230*][231]
利匹特磨粉厂，罗得岛(Lippitt Mill, Rhode Island)[1295]
利奇菲尔德大教堂(Lichfield Cathedral)[491]
    跨间布置(bay layout)[*438*]
    平面图(plan)[*489*]
利斯特县法院(Lister County Courthouse)[1440]
利斯伍德府邸，格鲁姆布里奇，苏塞克斯郡(Leys Wood, Groombridge, Sussex)[1192][*1196*]
利特尔顿公路隧道管理局大楼，克赖斯特彻奇(Lyttelton Road Tunnel Authority Administration Building, Christchurch)[1766]
    公理会圣三一教堂(Trinity Congregational Charge)[1381]
    圣安德烈长老会教堂(S.Andrew's Presbyterian Church)[1369]
    市政厅和市政中心(Town Hall and Civic Centre)[1766]
利托米什尔堡(Litomysl Castle)[1032]
利韦特(Livett, R.A.H.)，英国建筑师[1431]
利维亚屋，罗马(House of Livia, Rome)[261]
利物浦(Liverpool，英国)
    皇家利弗大楼(Royal Liver Building)[1246]
    库克街16号住宅(Cook Street No. 16)[1187]
    罗马天主教大教堂(Roman Catholic

Cathedral)[1475]
　　默西船坞与博德港(Mersey Docks and Harbour Board)[1426]
　　丘纳德大楼(Cunard Building)[1426]
　　圣公会主教堂(Anglican Cathedral)[1421][*1425*]
　　圣乔治大厦(S.George´s Hall)[1152][1157][*1158*][1178]
　　圣乔治教堂,埃弗顿(S.George, Everton)[1167][*1169*]
　　斯皮克厅(Speke Hall)[1074]
　　凸窗大楼(Oriel Chambers)[1187][*1190*]
　　英格兰银行(Bank of England)[*1164*][1166]
利物浦及伦敦保险公司,悉尼(Liverpool and London Insurance Co.Sydney)[1378]
利雪大教堂(Lisieux Cathedral)[459]
利雅得(Riyadh,沙特阿拉伯)
　　金迪广场和清真寺(Al-Kindi Plaza and Mosque)[1547]
　　沙特发展基金大楼(Saudi Fund for Development)[*1543*][1544]
　　社会保险总局(General Organisation for Social Insurance)[1547]
　　图韦格宫(Tuwaiq Palace)[1544][*1545*]
　　外交部大楼(Ministry of Foreign Affairs)[1544]
　　外交官俱乐部(现为"图韦格宫")(Diplomatic Club)[1544]
　　伊玛目土耳其清真寺(Imam al-Turki Mosque)[1547]
利兹(Leeds,英国)
　　谷物交易所(Corn Exchange)[1178]
　　利兹市政厅(Town Hall)[1153][1178][*1180*]
　　利兹医院(Infirmary)[1183]
　　米尔神庙(Temple Mill)[*1165*][1166]
沥青的早期应用(bitumen, early use)[22]
荔枝山,寺庙山(Phnom Kulen, temple mountain)[823]
联邦代表团大楼,马德里(Union Delegation Building, Madrid)[1484]
联邦谷仓,阿尔特多夫(Federal Grain Store, Altdorf)[1412]
联合车站,圣路易斯,密苏里州(Union Station, St.Louis, Missouri)[1288]
联合大街,波尔图(Avenida dos Aliados, Oporto)[1447]
联合国(United Nations)
　　联合国大厦,圣地亚哥(Santiago Building)[1642]
　　联合国秘书处大楼,纽约(Secretariat, New York)[1607][*1608*]
联合国教科文大楼,巴黎(UNESCO Building, Paris)[1458]
联合利华大楼,悉尼(Unilever House, Sydney)[1750]
联合酿酒公司总部,班加罗尔(United Breweries Headquarters, Bangalore)[1732]
联盟展览会剧场,科隆(Werkbund Theatre, Cologne)[1407]
联盟大厦,比勒陀利亚(Union Buildings, Pretoria)[*1257*][1258]
联盟合作大楼,约翰内斯堡(Union Corporation Building, Johannesburg)[1559]
联盟咖啡馆,鹿特丹(Caféde Unie, Rotterdam)[1436]
联排式住宅(步行拱廊)(Rows/ pedestrian galleries)[1074]
联排式住宅,美国(speculative housing, America)[1278]
廉价商场,巴黎(Bon Marchéstore, Paris)[1206]
镰仓(Kamakura,日本)
　　建长寺(Kenchoji temple)[769]
　　现代美术馆(Museum of Modern Art)[*1673*][1675]
　　圆觉寺舍利殿(Shariden at Enkakuji)[768]
　　练马区东京住宅(Nerima house, Tokyo)[1684]
梁思成(Si-cheng, Prof.Liang, 1901～1972),中国建筑师、建筑史学家,教授,中国科学院学部委员[1648][1652][1653][1660]
疗养院,佩斯图赫里(Pestujhely, Sanatorium)[*1503*][1505]
疗养院,普雷迪尔(Predeal, Sanatorium)[1513]
瞭望塔,爱奥戈(Wächterturm, Torgau)[1029]
列夫·基里洛维奇·纳雷什金亲王(Naryshkin, Prince Lev Kirillovich),彼得大帝的叔父[*1215*]
列宁格勒(圣彼得堡)(Leningrad,俄罗斯)
　　基洛夫区公共食堂与商店综合楼(Kirovsky district Factory kitchen complex)[*1526*][1528]
　　维堡区公共食堂(Viborg district factory-kitchen complex)[1528]
　　见圣彼得堡
列宁格勒市苏维埃,员工住宅综合楼(Leningrad City Soviet, housing complex)[*1523*][1524]
列宁国家图书馆,莫斯科(Lenin State Library, Moscow)[*1527*][1528]
列宁墓,莫斯科(Lenin Mausoleum, Moscow)[1528][*1529*]
列潘斯基维尔,住宅(Lepenski Vir, houses)[*227*][228]
列日(Liège,比利时)
　　大学诊所,索尔特·蒂尔曼(University Clinic, Sort Tilman)[1451]
　　哈瓦特宅(Maison Havart)[544]
　　教育研究所,索尔特·蒂尔曼(Educational Institute, Sort Tilman)[1451]
　　圣雅各教堂(S.Jacques)[*535*][543][1055]
　　主教府(Bishop´s Palace)[1055]
列日大街,巴黎(Rue de Liège, flats, Paris)[1174][*1176*]
列柱围廊式(peristyle/ court)[242][*295*]
烈士陵园,波皮纳(Warrior´s Mausoleum, Popina)[1516]
林班购物中心,鹿特丹(Lijnbaan shopping center, Rotterdam)[1481]
林德赫斯特宅,塔里敦,纽约州(Lyndhurst, Tarrytown, New York)[1279]
林德霍夫府邸,上阿默高(Oberammergau, Schloss Linderhof)[1212][*1219*]
林迪斯法内城堡,诺森伯兰郡(Lindisfarne Castle, Northumberland)[1222]
林地公墓,斯德哥尔摩(Woodland Cemetery)
　　复活小礼拜堂(Resurrection Chapel)[*1441*][1443]
　　林地公墓小礼拜堂(Woodland Chapel)[1440]
林地火葬场,斯德哥尔摩(Woodland Crematorium, Stockholm)[1443][*1445*]
林伽罗阁神庙,布巴内斯瓦尔(Lingaraja temple, Bhubaneshwar)[*798*][799]
林肯表演艺术中心,纽约(Lincoln Centre for the Performing Arts, New York)[*1613*][1614]
林肯纪念堂,华盛顿(Lincoln Memorial, Washington)[1578][*1579*]
林肯郡(Lincoln,英国)
　　林肯大教堂(Cathedral)[486][491][493]
　　圣马利亚行会庄园(S.Mary´s Guild)[*430*][431]
　　重要性(importance)[476]
林肯律师协会广场13号,伦敦(Lincoln´s Inn Fields No.13 London)[1116][*1117*]
林肯州议会大楼,内布拉斯加(Lincoln State Capitol, Nebraska)[*1592*][1593]
林木线条(史密斯宅),费城附近(Timberline/Smith House near Philadelphia)[1585][*1586*]
林少伟(Lim, William, 1932～　),中国香港出生的新加坡建筑师[1699]
林约的干砌石屋,奥克尼群岛(Rinyo, Orkney Islands, drystone houses)[229]
林卓生(Lim, Jimmy, 1944～　),马来西亚建筑师[1701]
灵安堂,蒙得维的亚(Columbarium, Montevideo)[1642]
灵岩寺,山东长清(Lingyan Temple, Shangdong province)[738]
陵墓(mausolea)[157]
　　拜占庭(Byzantine)[314]
　　摩索拉斯陵墓(Helicarnassus)[157]
　　伊斯兰(Muslim)[618]
陵墓(tombs)
　　埃及人(Egyptian)[46]～[56]
　　埃特鲁里亚(Etruscan)[246]
　　东非支柱陵墓(East African pillar)[701]
　　古典时期(classical)[155][*156*][157]
　　罗马(Roman)[246][250][257][*258*][260]
　　罗马帝国(Imperial Roman)[275][*276*][280][293]
　　马其顿(Macedonian)[157][160]
　　乌拉尔图陵墓(Urartian)[96]
　　新石器时代(Neolithic)[229]
　　早期基督教(early Christian)[298][299]
　　见相关条目
陵墓,贝勒维(Belevi, Mausoleum)[157]
陵墓,霍华德堡(Mausoleum, Castle Howard)[1096]
陵墓,契希梅·阿尤布(Chesme Ayub, tomb)[641]
陵墓建筑(funerary architeture)
　　实例(examples)[40]
　　铁器时代(Iron Age)[237]
　　希腊(Hellenistic)[172]
　　见陵墓
羚羊咖啡馆,东京(Caffé Bongo, Tokyo)[1688]
刘太格(Liu Thai Ker, 1938～　),新加坡建筑师[1699]
刘易斯·丘比特(Cubitt, Lewis, 1799～1883),英国建筑师[1166]
刘易斯上校(Lewis, Col.G.G.),南非建筑师[1249]
流水别墅,宾夕法尼亚州(Falling Water,

中文版索引

Pennsylvania)[*1598*][1599]
六号住宅,康韦尔,康涅狄格州(House VI, Cornwell, Connecticut)[1625]
六甲集合住宅方案,兵库(Rokko Housing Project, Hyogo)[1683][*1686*]
六里屯居住小区,北京(Liulitun Residential area, Beijing)[1669]
龙柏饭店,上海(Longbai Hotel, Shanghai)[1661]
龙德堡,勒斯滕堡(Rustenburg, Rondebosch)[1246][1249]
龙门石窟,洛阳(Longmen Grottoes, Luoyang)[739]
龙山文化(Longshan culture)[4]
龙树城,安得拉邦(Nagarjunakonda monastery, Andhra)[786]
隆德(Lund,瑞典)
　大教堂(Cathedral)[432][*434*][*435*]
　美术馆(Art Gallery)[1482]
　圣马利亚小教堂(Sancta Maria Minor)[432]
隆兴寺,河北正定(Longxing Monastery, Zhengding)[739][*740*]
露天学校,阿姆斯特丹(Open Air School, Amsterdam)[1436]
露天学校,沃utton内(Volyne, Outdoor School)[1498]
卢埃林戴维斯、威克斯、福雷斯蒂尔沃克和邦事务所(Llewelyn- Davies, Weeks, Forestier- Walker & Bor),英国建筑师事务所[1467]
卢班化工厂,波森(即波兹南,现卢班)(Chemical Factory, Posen/ Luban)[1409]
卢博斯特雷府邸(Lubostron Palace)[1046]
卢布尔雅那(Ljubljana,斯洛文尼亚)
　弗赖特铸铁大厦(Fiat Iron Building)[1514]
　国家和大学图书馆(National and University Library)[1514]
　三联桥(Three Bridges)[1397]
　商业、工艺和工业协会(Chamber of Commerce, Crafts and Industry)[1514]
　圣方济各教堂,西斯卡(S.Francis church, Siska)[1514]
　乌拉苏拉修女会修女学校(School of the Ursuline Nuns)[1514]
　扎勒公墓(亡灵之城)(Zale Cemetery/ City of the Dead)[1514]
卢布尔雅尼察河,河岸台地(Lubljanica, river terraces)[1514]
卢彻莱府邸,佛罗伦萨(Palazzo Rucellai, Florence)[889][*891*]
卢多维科·夸罗尼(Quaroni, Ludovico, 1911 ~ 1987),意大利建筑师、大学教授、规划师)[1476]
卢多维科·图利奥·约阿基姆·维斯孔蒂(Visconti, Ludovico Tulio Joachim, 1791 ~ 1853),意大利裔法国建筑师[1178]
卢多维西府邸(Palazzo Ludovisi),见蒙特西托里奥府邸
卢尔德,庇护十世巴西利卡(Lourdes, Basilica of Pius X)[1455]
卢浮宫,巴黎(Louvre/ Palais du Louvre, Paris)[78][*981*][*982*][992][*994*]
卢浮宫玻璃金字塔,巴黎(Louvre glass pyramid, Paris)[*1457*][1458]
卢戈大教堂(Lugo Cathedral)[408]

卢卡(Lucca,意大利)
　城墙(City Walls)[937]
　圣马蒂诺大教堂(S.Martino)[370]
　圣米迦勒教堂(S.Michele)[370]
　圣亚历山德罗教堂(S.Alessandro)[*883*]
卢卡斯(Lucas, W.),南非建筑师[1250]
卢克利住宅,沃金厄姆(Luckley house, Wokingham)[1421]
卢克-鲁克幼儿园,曼谷(Ruk- Look Kindergarten, Bangkok)[1706]
卢克索神庙,底比斯(Luxor, Thebes, Temple)[61]
卢肯瓦尔德制帽厂(Luckenwalde Hat Factory)[1409]
卢萨卡(Lusaka,赞比亚)
　圣十字大教堂(Cathedral of the Holy Cross)[1566]
　赞比亚大学(University of Zambia)[1567]
卢森堡宫,巴黎(Palais du Luxembourg, Paris)[986][988][*991*]
"卢梭"木嵌板(´Rousseau´wood panels)[1453]
卢特富拉舍赫清真寺,伊斯法罕(Sheikh Lutfullah Mosque, Ispahan)[642]
卢万(Louvain,比利时)
　贝居安会大隐修院(Croot Begjinhof)[1056]
　卢万天主教大学(University)[1451]
　圣米迦勒教堂(S.Michael)[1055][*1060*]
　市政厅(town hall)[*541*][544]
卢万天主教大学学生宿舍,沃吕沃-圣朗贝尔(Université Catholique de Louvain/ Students´Residence, Woluvé Saint- Lambert)[1451]
卢西奥·科斯塔(Costa, Lúcio, 1902 ~ 1998),巴西建筑师[1631][1637]
卢西恩·克罗尔(Kroll, Lucien, 1927 ~),比利时建筑师[1451]
芦苇,早期使用(reeds, early use)[21][22][25]
鲁埃勒街学校,巴黎(Rue Rouelle school, Paris)[1400]
鲁昂(Rouen,法国)
　布特鲁尔德府邸(Hôtel de Bourgtheroulde)[475]
　大教堂(Cathedral)[*455*][459]
　鲁昂法院(Palais de Justice)[*186*][*473*]
　圣马克卢教堂(S.Maclou)[467]
鲁巴加大教堂,坎帕拉,乌干达(Rubaga Cathedral, Kampala, Uganda)[1240]
鲁本斯宅,安特卫普(Rubens´s House, Antwerp)[1054][1056]
鲁宾逊(Robinson, C.K., ? ~ 1850),英国建筑师[1339][1404]
鲁宾逊宅,威廉斯敦,马萨诸塞州,美国(Robinson House, Williamstown, Massachusetts)[1603]
鲁道夫·迈克尔·申德勒(Schindler, Rudolph Michael, 1887 ~ 1953),奥地利出生的美国建筑师[1599]
鲁道夫·万蒂尼(Vantini, Rodolfo),意大利19世纪建筑师[967]
鲁道夫·朱斯蒂·德马勒(Marle, Rodulfo Giusti de),印度尼西亚建筑师[1704]
鲁迪·莱齐教堂(Rudi Rysie, church)[1511]
鲁尔蒙德教堂(Roermond, church)[398]

鲁法恩·唐金爵士(Donkin, Sir Rufane)[1249]
鲁梵伐利窣堵坡(Ruwanveliseya stupa)[782]
鲁菲诺博物馆,墨西哥(Rufino Museum, Mexico)[1643]
鲁杰里别墅,佩萨罗(Villa Ruggeri, Pesaro)[1414]
鲁克·阿兰陵,木尔坦,巴基斯坦(Multan, Rukn- i- Alam)[*635*][637]
鲁克里大楼,芝加哥(Rookery Building, Chicago)[1290]
鲁莱的圣腓力教堂,巴黎(S.Philippe du Roule, Paris)[*1003*][1006]
鲁梅里堡,伊斯坦布尔(Rumeli Hisar fortress, Istanbul)[644]
鲁珀茨伍德宅,维多利亚,澳大利亚(Rupertswood, Victoria)[1378]
鲁斯蒂奇公寓,森皮奥讷大街,米兰(Casa Rustici, Corso Sempione Milan)[1415]
鲁索(Rousseau, A.),法国建筑师[1006]
鲁特姆公园,南米姆斯,米德尔塞克斯郡(Wrotham Park South Mimms Middlesex)[1104]
鲁沃教堂(Ruvo, church)[379]
鹿特丹(Rotterdam,荷兰)
　贝格波德公寓(Bergpolder Flats)[1436]
　范内尔卷烟厂(Van Nelle factory)[1436][*1438*]
　和平花园社区(Vreecwijk Garden Village)[1436]
　荷兰建筑学会(National Architecture Institute)[1482]
　基辅霍克住宅区(Kiefhoek Estate)[1436]
　旧市政厅(Oud Raadhuis)[1063]
　莱茵河旅馆(Rijnhotel)[1481]
　联盟咖啡馆(Café de Unie)[1436]
　林班购物中心(Lijnbaan shopping centre)[1481]
　斯潘根住宅区(Spangen Estate)[1436]
路德教堂,达累斯萨拉姆(Lutheran Church, Dar- es- Salaam)[1245]
路德教堂,开普敦(Lutheran Church, Cape Town)[1246][*1248*]
路德领导的宗教改革运动(Lutheran Reformation),见宗教改革运动
路德维希·基塞拉(Kysela, Ludvig, 1883 ~ 1960),捷克建筑师[1498]
路德维希·鲁夫(Ruff, Ludwig),德国建筑师[1404]
路德维希·密斯·凡德罗(Van der Rohe, Mies, 1886 ~ 1969),德国建筑师[1596]
路德维希·佩尔苏斯(Persius, Ludwig, 1803 ~ 1845),德国建筑师[1152][1173]
路德维希教堂,慕尼黑(Ludwigskirche, Munich)[1173]
路德宗教会教堂,希奥佛克,匈牙利(Lutheran Church, Siofok)[*1504*][1505]
路易·埃尔曼·德科宁克(Koninck, Louis Herman de, 1886 ~ 1984),比利时建筑师[1437]
路易·博尼耶(Bonnier, Louis, 1856 ~ 1946),法国建筑师[1400]
路易·多梅内奇-蒙塔内尔(y Móntaner, Lluis Domènech, 1850 ~ 1923),西班牙建筑师[1443]
路易·康(Kahn, Louis, 1901 ~ 1974),美国建筑师[1566][1616][1675][1719][1729][1733]

[1909]

弗莱彻建筑史

（续前页）[1740]
路易·勒沃(Le Vau, Louis, 1612~1670), 法国巴洛克建筑师[870][969][970][992]
路易·沙利文(Sullivan, Louis, 1856~1924), 美国建筑师[1260][1261][1290][1358]
路易·西蒙(Simon, Louis, 1901~1965), 法国建筑师[1458]
路易奥古斯特·布瓦洛(Boileau, Louis-Auguste, 1812~1896), 法国建筑师[1187]
路易·卡尼奥拉(Cagnola, Luigi, 1762~1833), 意大利新古典主义建筑师[967]
路易吉·斯诺兹(Snozzi, Luigi, 1932~), 瑞士建筑师[1486]
路易吉·万维泰利(Vanvitelli, Luigi, 1700~1773), 意大利建筑师[966]
路易斯·巴拉甘(Barragán, Luis, 1902~1987), 墨西哥建筑师, 1980年获普利茨克建筑奖[1616][1635]
路易斯·沃捷(Vauthier, Luis), 巴西建筑师[1289]
路易斯安那州(Louisiana, 美国)
　　柏兰吉庄园, 帕里什库普角(Parlange, Pointe Coupée Parish)[*1263*][1264]
　　贝尔格罗夫庄园, 怀特堡附近(Belle Grove, near White Castle)[*1277*][1279]
　　凯勒府邸, 圣查尔斯帕里什(Keller Mansion, Saint Charles Parish)[*1263*][1264]
　　萨姆叔种植园, 圣雅各教区(Uncle Sam Plantation, S.James's Parish)[1279]
　　市政厅, 新奥尔良(Cabildo/ Town Hall, New Orleans)[1274][*1275*]
　　橡树径庄园, 圣雅各教区(Oak Alley, S.James's Parish)[1279]
路易斯安娜博物馆, 胡姆里贝克, 哥本哈根(Louisiana Museum, Humlebaek, Copenhagen)[1483]
路易斯皮埃尔·巴勒达尔(Baltard, Louis Pierre, 1764~1846), 法国建筑师[1157]
路易-伊波利特·勒巴(Lebas, L.H., 1782~1867), 法国建筑师[1009]
路易依波利特·布瓦洛(Boileau, Louis-Hippolyte, 1878~1948), 法国建筑师[1403]
吕贝克(Lübeck, 德国)
　　大教堂(Cathedral)[527]
　　圣彼得教堂(S.Peter's Church)[527]
　　圣母教堂(S.Mary's Church)[527]
吕德尔·冯·本特海姆(von Bentheim, Luder), 德国17世纪建筑师[1035]
吕底亚萨迪斯, 阿尔忒弥斯神庙(Lydian Sardis, Temple of Artemis)[163]
吕内维尔(Luneville, 法国)
　　吕内维尔府邸(Château de Luneville)[992][999]
　　圣雅各教堂(S.Jacques)[999]
吕斯泰姆帕夏清真寺, 伊斯坦布尔(Rustem Pasha Mosque, Istanbul)[648]
吕西安·安布鲁瓦兹·埃诺(Hénault, Lucien Ambroise), 法国建筑师[1282]
吕彦直, 字仲宜、古愚(Lü Yan-zhi, 1894~1929), 中国建筑师[1647][1652]
旅行者俱乐部, 帕马街, 伦敦(Travellers'Club, Pall Mall, London)[1161][*1163*]
旅游村, 门达, 拉贾斯坦(Mandava Tourist Village, Rajasthan)[1741]
绿宫一号楼, 肯辛顿, 伦敦(Palace Green No.1 Kensington, London)[1192]
绿树林住宅和村庄, 比勒陀利亚, 南非(Greenwood House and Village, Pretoria)[1571]
"绿色青蛙"露天游泳池, 布拉迪斯拉发(Green Frog pool, Bratislava)[1498]
绿巷, 槟榔屿(Green Lane, Penang)[1318][*1319*]
伦巴第地区建筑特征(Lombardy, architectural character)[367][374][391]
伦敦(London, 英国)
　　AM电视台总部大楼(TV-AM Headquarters)[1475]
　　阿德尔斐联排住宅(Adelphi)[*1049*]
　　阿尔伯特纪念碑(Albert Memorial)[1179][*1180*]
　　阿尔福特府邸(Alford House)[1197][*1198*]
　　阿克兰·伯利学校(Acland Burghley School)[1467]
　　奥斯特列庄园(Osterley Park)[1107]
　　白厅(Whitehall Palace)[1079][*1082*]
　　白屋, 切尔西(White House, Chelsea)[1212]
　　百老汇55号大楼(55Broadway)[1426][*1430*]
　　鲍巷圣马利亚教堂(S.Mary-le-Bow)[1090][*1091*][*1094*]
　　贝德福德广场联排住宅(Bedford Square)[1104]
　　波特曼广场20号(Portman Square No.20)[*1109*][1110]
　　不列颠大厦, 芬斯堡广场(Britannic House, Finsbury)[1422][*1427*]
　　不伦瑞克中心, 布卢姆斯伯里区(Brunswick Centre, Bloomsbury)[*1465*][1466]
　　布拉肯大楼(Bracken House)[1471]
　　布里奇沃特府邸(Bridgewater House)[*1164*][1166]
　　布罗德盖特开发项目(Broadgate development)[1475]
　　步行街新规划(Mall improvements)[1415]
　　达利奇学院美术馆(Dulwich Art Gallery)[1116][*1118*]
　　大理石拱门(Marble Arch)[1120]
　　大英博物馆(British Museum)[*1338*][*1418*][*1119*][1064]
　　大英图书馆(British Library)[1471]
　　地铁车站(Underground stations)[1426]
　　帝国游泳池, 文布利(Empire Pool, Wembley)[1426][1431]
　　定都(emergence as national capital)[476]
　　东方圣乔治教堂(S.George-in-the-East)[1095]
　　多弗宫新立面(Dover House)[1114]
　　法官巷法律协会(Law Society, Chancery Lane)[1417][*1419*]
　　菲茨罗伊广场联排住宅(Fitzroy Square)[1107]
　　芬斯堡健康中心(Finsbury Health Centre)[*1218*][1431]
　　改革俱乐部(Reform Club)[1161][*1163*]
　　高点公寓, 海格特(High Point flats, Highgate)[1431][*1434*]
　　格罗夫纳广场(Grosvenor Square)[1104]
　　宫门公寓, 肯辛顿(Palace Gates Flats, Kensington)[1431]
　　广场上的圣马丁教堂(S.Martin-in-the-Fields)[1096][*1102*]
　　国家剧院(National Theatre)[1471]
　　国王大道奥尔德维奇街改进项目(Kingsway-Aldwych improvements)[1415]
　　国王十字车站(King's Cross Station)[1166][*1168*]
　　哈姆公共公寓(Ham Common flats)[1466]
　　海沃德美术馆(Hayward Gallery)[1468]
　　汉普顿宫(Hampton Court Palace)[*511*][*1089*][1090]
　　汉普斯特德花园城郊(Hampstead Garden Suburb)[1156]
　　豪尼曼博物馆, 弗利斯特山(Horniman Museum, Forest Hill)[1201]
　　荷兰大厦, 布里大街(Holland House, Bury Street)[1432]
　　亨格福德悬索桥(Hungerford Suspension Bridge)[1166]
　　胡佛大楼, 西大道(Hoover Building, Western Avenue)[1431]
　　滑铁卢大桥(Waterloo Bridge)[1426]
　　怀特查普尔画廊(Whitechapel Art Gallery)[1201][*1203*]
　　皇家保险公司大楼, 皮卡迪利(Royal Insurance Building, Piccadilly)[1417]
　　皇家法院(Royal Courts of Justice)[1179][*1184*]
　　皇家节日音乐厅(Royal Festival Hall)[1468][*1470*]
　　皇家医院, 切尔西(Royal Hospital Chelsea)[1090][*1097*]
　　皇家园艺馆(Royal Horticultural Hall)[1426][*1430*]
　　基督教堂, 斯皮特尔场(Christ Church, Spitalfields)[1095][*1098*]
　　基尤植物园(Kew Gardens)[1110][1167][*1170*]
　　　　帕姆温室, 基尤植物园(Palm House)[1167][*1170*]
　　吉列工厂, 大西路(Gillette factory, Great West Road)[1431]
　　教会大楼, 威斯敏斯特(Church House, Westminster)[1422]
　　金丝雀码头(China Wharf)[1475]
　　金巷住宅区(Golden Lane Estate)[1466]
　　近卫军骑兵旅司令部, 白厅(Horse Guards, Whitehall)[1104][*1106*]
　　经济学家大楼(Economist Building)[1471]
　　救世主教堂, 埃尔特姆(S.Saviour Church, Eltham)[1426]
　　卡尔顿府邸(Carlton House)[874][1114][112]
　　　　卡尔顿府邸温室(Conservatory)[1167][*1169*]
　　卡尔顿俱乐部, 帕米市场(Carlton Club, Pall Mall)[1422][*1427*]
　　柯达大楼, 国王大道(Kodak Building, Kingsway)[875][1417][*1419*]
　　壳牌石油公司大楼(Shell Building)

[1910]

中文版索引

（续前页）[1471]
劳埃德大楼，伦敦(Lloyd´s Building)[*1473*][1475]
劳瑟庄园，肯星顿三角地(Lowther Lodge, Kensington Gore)[1212][*1214*]
老萨默塞特府邸(Old Somerset House)[1069]
里茨酒店(Ritz Hotel)[1399]
里士满滨河开发项目(Richmond Riverside development)[1475]
利林顿花园(Lillington Gardens)[1466]
林肯律师协会广场13号(Lincoln´s Inn Fields No. 13)[1116][*1117*]
旅行者俱乐部(Travellers´ Club)[1161][*1163*]
绿宫一号楼,肯星顿(Palace Green No. 1 Kensington)[1192]
伦敦大学学院(University College)[*1119*][1120]
伦敦动物园, 企鹅馆(Zoo, Penguin Pool)[1431][*1435*]
伦敦国家画廊(National Gallery)[1120]
伦敦郡议事厅(County Hall)[1417][*1419*]
罗宾花园(Robin Hood Gardens)[1466]
洛德板球场(芒德看台) (Lord´s Cricket Ground/ Mound Stand)[1471][*1472*]
每日快报大楼, 弗利特大街(Daily Express Building, Fleet Street)[*1430*][1431]
米德尔教堂大厅(Middle Temple Hall)[1074][*1078*]
米德兰银行，普尔特利(Midland Bank, Poultry)[1422][*1427*]
南非大楼, 特拉法尔加广场(South Africa House, Trafalgar Square)[1422]
南街住宅, 布莱克希思(South Row, Blackheath)[1466]
"女王克娄巴特拉之针"（方尖碑）(Cleopatra´s Needle)[72]
"女王之门" 170号(Queen´s Gale No. 170)[1212][*1214*]
欧洲之星铁路车站, 滑铁卢车站(Waterloo Station/ Eurostar Railway Terminal)[1475]
帕丁顿车站(Paddington Station)[1183]
皮卡迪利广场(Piccadilly Circus improvements)[1417]
皮卡迪利旅馆(Piccadilly Hotel)[1417][*1418*]
皮卡迪利圣雅各教堂(S.James´s.Piccadilly)[1090][*1093*]
皮姆利科综合学校(Pimlico Comprehensive School)[1467]
评议会大楼(Senate House)[1426][*1428*]
奇斯韦克庄园(Chiswick House)[1101][*1103*]
邱吉尔花园住宅区(Churchill Gardens housing)[1466]
萨默塞特大厦(Somerset House)[1110][*1111*]
塞尔弗里奇商场, 牛津街(Selfridge´s Store, Oxford Street)[1417][*1418*]
摄政王大街(Regent Street)[*1119*][1120]
摄政王大街环形路(Regent Street Quadrant)[1417]
摄政王公园(Regent´s Park)[*1119*][1120]

神圣救世主教堂, 克拉肯韦尔区(Holy Redeemer church, Clerkenwell)[1207]
圣阿尔班教堂, 霍尔本(S.Alban, Holborn)[1187]
圣奥古斯丁教堂, 吉尔本(S.Augustine, Kilburn)[1207][*1210*]
圣奥拉夫屋, 海斯码头(S.Olaf´s House, Hays Wharf)[1426]
圣保罗大教堂(S.Paul´s Cathedral)[*1085*][*1086*][*1087*][*1088*][1090]
圣保罗大教堂, 科文特加登(S.Paul Covent Garden)[1079][*1083*]
圣保罗教堂, 德特福德(S.Paul, Deptford)[1095]
圣彼得教堂, 沃尔沃思(S.Peter, Walworth)[1116]
圣布赖德教堂, 弗利特街(S.Bride.Fleet Street)[1090][*1093*][*1094*]
圣吉尔教堂, 坎伯韦尔(S.Giles, Camberwell)[1173][*1175*]
圣凯瑟琳码头仓库(S.Katharine´s Dock)[1123]
圣路加教堂, 切尔西(S.Luke, Chelsea)[*1272*][1273]
圣潘克拉斯饭店和车站(S.Pancras Hotel and Station Block)[1179][*1186*]
圣潘克拉斯教堂(S.Pancras)[1069][*1122*][1123][1249]
圣三一教堂, 贝斯伯勒花园(Holy Trinity, Bessborough Gardens)[1173]
圣三一教堂, 切尔西(Holy Trinity, Chelsea)[1207][*1210*]
圣十字架教堂, 沃特福德(Holy Rood church, Watford)[1207]
圣司提反·沃尔布鲁克教堂(S.Stephen Walbrook)[1090][*1092*]
圣斯提凡教堂, 罗切斯特街(S.Stephen, Rochester Row)[1173]
圣维达斯特教堂(S.Vedast)[1090]
圣约翰教堂, 史密斯广场(S.John, Smith Square)[1095]
圣詹姆斯宫(S.James´s Palace)[1079]
圣詹姆斯广场20号(S.James´s Square No. 20)[1110]
水晶宫(Crystal Palace)[875][1167][*1172*]
苏格兰场新楼(New Scotland Yard)[1197][*1204*]
塔楼区(tower blocks)[1466] ~ [1467]
塔特美术馆(克洛尔陈列馆) (Tate Gallery(Clore Wing)[1471]
太阳住宅, 弗罗格纳尔路, 汉普斯特德(Sun House, Frognal Way, Hampstead)[1431]
特雷里克塔楼(Trellick Tower)[1466]
特威克纳姆大理石大厦(Marble Hill, Twickenham)[1101]
天鹅府邸, 切尔西(Swan House, Chelsea)[1212]
外交部大厦(Foreign Office)[1178][*1181*]
万灵教堂, 兰厄姆广场(All Souls, Langham Place)[1095][1120]
万圣教堂, 玛格丽特街(All Saints, Margaret Street)[1153][1187][*1191*]
万斯泰德府邸(Wanstead House)[1101]
威斯敏斯特罗马天主教堂(Westminster Roman Catholic Cathedral)[1207][*1211*]
威斯敏斯特生命与大英火灾保险公司办公楼[1166]
威斯敏斯特新宫(国会大厦) (New Palace of Westminster)[1152][*1159*][1161]
围柳路住宅, 汉普斯特德(Willow Road, Hampstead)[1431][*1433*]
伟人祠(Pantheon)[1114]
沃克斯霍尔桥路圣幼雅各教堂(S.James- the- Less church, Vauxhall Bridge Road)[1153][1192]
伍尔诺思圣马利亚教堂(S.Mary Woolnoth)[1095][*1098*]
西翁府邸(Syon House)[1107]
下泰晤士街煤炭交易所(Coal Exchange)[1167][*1171*]
新门监狱(Newgate Prison)[1114][*1117*]
新月花园(Park Crescent)[*1118*][*1119*][1120]
雅典娜俱乐部(Athenaeum)[1123]
亚历山德拉路住宅区(Alexandra Road housing)[*1465*][1466]
宴会楼(Banqueting House)[1079][*1082*]
伊丽莎白女王大厦(Queen Elizabeth Hall)[1468]
伊索孔公寓, 劳恩路, 汉普斯特德(Isokon Flats, Kensington)[1431]
印度大楼, 奥尔德维奇(India House, Aldwych)[1422]
英格兰银行(Bank of England)[1116][*1117*]
英国皇家建筑师学会, 波特兰广场(Royal Institute of British Architects, Portland Place)[873]
尤斯顿车站入口大门(Euston Station/ Entrance Screen)[*1165*][1166]
尤斯顿消防站(Euston Fire Station)[1422]
邮政总局, 圣马丁勒格兰德(General Post Office, S.Martin- le- Grand)[1417]
珍妮特街住宅(Janet Street Porter house)[1475]
中点塔楼(Centrepoint)[1471]
自然历史博物馆(Natural History Museum)[1179]
综合大楼, 奥尔德维奇(General Buildings, Aldwych)[1417]
见威斯敏斯特
伦敦大学学院, 伦敦(University College, London)[*1119*][1120]
伦敦皇家法院, 伦敦(Royal Courts of Justice, London)[1179][*1184*]
伦敦郡议事厅, 伦敦(County Hall, London)[1417][*1419*]
伦敦郡议会, 市政村舍住宅(London County Council, municipal housing)[1422]
伦敦塔(Tower of London)[*429*][431][*441*]
伦敦银行, 布宜诺斯艾利斯(Bank of London, Buenos Aires)[1642]
伦纳德·特里(Terry, Leonard), 新西兰建筑师[1362][1381]
伦克斯·坎宁(Canning, Lennox), 南非建筑师[1254]
伦诺克斯图书馆, 纽约(Lenox Library, New York)[1288]
伦佐·皮亚诺(Piano, Renzo, 1937~   ), 意大

利建筑师，1998 年获普里茨克奖[1458][1480][1688]

论坛报大楼，纽约(Tribune Building, New York)[1290]

罗比永(Robillion, J.B., 卒于 1768)，法国 18 世纪建筑师[1025]

罗比宅，芝加哥(Robie House, Chicago)[1585][*1588*][*1589*]

罗宾·博伊德(Boyd, Robin, 1919～1971)，澳大利亚建筑师[1765]

罗宾·多兹(Dods, Robin, 1868～1920)，澳大利亚建筑师[1757]

罗宾汉花园，伦敦(Robin Hood Gardens, London)[1466]

罗宾汉之球，威尔特郡(Robin Hood´s Ball, Wiltshire)[233]

罗波那伽凯石窟，埃洛拉(Ravana- ki- khai- cave, Ellora)[*789*][791]

罗伯特·奥泽勒(Auzelle, Robert, 1913～1984)，法国建筑师[1455]

罗伯特·德科特(Cotte, Robert de, 1656～1735)，法国建筑师[999]

罗伯特·胡克(Hooke, Robert, 1635～1703)，英国物理家、建筑师，曾发现弹性定律(胡克定律)[1067]

罗伯特·吉鲁(Giroud, Robert)，法国建筑师[1402]

罗伯特·劳森(Lawson, Robert A.)，澳大利亚建筑师[1362][1381]

罗伯特·里德(Reid, Robert, 1774～1856)，19 世纪上半叶苏格兰官方建筑师[1107]

罗伯特·利明戈(Lyming, Robert, ?～1628)，木匠出身的英国建筑师[1073]

罗伯特·罗林森爵士(Rawlinson, Sir Robert, 1810～1898)，英国土木工程师[1157]

罗伯特·马莱-斯蒂文(Mallet- Stevens, Robert, 1886～1945)，法国建筑师[1403]

罗伯特·马修(Robert Matthew, Johnson- Marshall, 1908～1975)，英国建筑师[1464][1467][1468]

罗伯特·马亚尔(Maillart, Robert, 1872～1904)，瑞士工程师[1395][1412]

罗伯特·米尔斯(Mills, Robert, 1781～1855)，美国建筑师[1286]

罗伯特·莫里斯(Morris, Robert, 约 1702～1754)，英国建筑理论家[1101]

罗伯特·内申(Nation, Robert)，澳大利亚建筑师[1707]

罗伯特·帕默(Palmer, Robert)，贝德福德地产公司的测量师[1104]

罗伯特·史密斯(Smith, Robert)，英国建筑师[1321][1334]

罗伯特·斯迈森(Smythson, Robert, 约 1535～1614)，伊丽莎白时代杰出的英国建筑师[872][1064][1069][1073]

罗伯特·斯默克爵士(Smirke, Sir Robert, 1780～1867)，英国建筑师[1069][1120]

罗伯特·托尔·拉塞尔(Russell, Robert Tor, 1888～1972)，印度政府的首席建筑师[1720]

罗伯特·韦尔·舒尔茨(Schulz, Robert Weir)，苏丹建筑师[1241]

罗伯特·文丘里(Venturi, Robert, 1925～)，美国建筑师，1991 年获普里茨克建筑

[1622][1749]

罗伯特·亚当(Adam, Robert, 1728～1792)，18 世纪英国著名的建筑师和设计师[1068][1101][1107][1114][1120][1124]

罗伯托·布勒·马克斯(Marx, Roberto Burle, 1909～1993)，巴西景观建筑师[1631]

罗布林桥，辛辛那提，俄亥俄州(Roebling Bridge, Cincinnati, Ohio)[1296]

罗得斯大厦，开普敦(Rhodes Building, Cape Town)[1255]

罗得斯纪念碑，桌山(Rhodes Memorial, Table Mountain)[1255][*1256*]

罗德岛(Rhode Island, 美国)
　埃尔姆赫斯特大楼，纽波特(Elmhyrst, Newport)[1279]
　布朗大学礼堂，普罗维登斯(Brown University Hall, Providence)[1278]
　第一施洗会堂，普罗维登斯(First Baptist Meeting House, Providence)[1273]
　格里斯沃尔德宅，纽波特(Griswold House, New port)[1279]
　利匹特磨粉厂(Lippitt Mill)[1295]
　"农舍"，纽波特(The Chalet, Newport)[1279]
　普罗维登斯拱廊，普罗维登斯(Providence Arcade, Providence)[1289]
　图罗犹太会堂，纽波特(Touro Synagogue, Newport)[1273]
　威廉·洛宅，布里斯托尔(William Low House, Bristol)[1281]
　沃茨·舍曼宅，纽波特(Watts Sherman House, Newport)[1281]

罗德里戈·希尔·德翁塔侬(Hontañón, Rodrigo Gil de, 1500～1577)，西班牙晚期哥特风格建筑师，属翁塔侬建筑师家族[1012]

罗德里戈城大教堂，萨拉曼卡(Ciudad Rodrigo Cathedral, Salamanca)[408]

罗德兹主教堂(Rodez Cathedral)[983]

罗尔夫·凯勒(Keller, Rolf)，瑞士建筑师[1486]

罗汉普顿(Roehampton, 英国)
　东奥尔顿住宅区(Alton East Estate)[1464]
　西奥尔顿住宅区(Alton West Estate)[1466]

罗杰·莫里斯(Morris, Roger, 1695～1749)，英国建筑师[1101]

罗杰·普拉特爵士(Pratt, Roger, 1620～1685)，建筑师，英国 17 世纪古典主义建筑的先驱[1064][1079]

罗杰·沃克(Walker, Roger, 1942～)，新西兰建筑师[1749][1768]

罗布吕讷住宅，尼斯附近(Roquebrunne houses, near Nice)[1403]

罗兰·安东尼·万克(Wank, Roland, 1898～1970)，奥地利裔美国建筑师[1596]

罗兰·赖纳(Rainer, Roland, 1910～2004)，奥地利建筑师、规划师[1448]

罗兰·梅森·奥迪许(Ordish, R.M., 1824～1886)，英国土木工程师[1183]

罗联合公司大楼，仰光(Rowe & Co.building, Rangoon)[1323]

罗章格朗湿婆庙，普兰巴南(Shiva Temple of Loro Djongrang, Pranbanam)[*837*][838]

罗洛(Roluos，柬埔寨)
　巴空寺(Bakong Temple)[830][*831*]
　吴哥(Angkor)[823]

罗马(Rome/ oma, 意大利)
　阿尔巴尼别墅(小神殿群) (Villa Albani(Tempietti)[966]
　阿尔代亚洞穴纪念碑(Monument of the Adreatine Caves)[1476]
　阿格里帕浴场(Baths of Agrippa)[257]
　阿皮亚大道的陵墓(Via Appia cemetery)[293]
　埃利乌斯桥(Pons Aelius)[*270*][283]
　埃米利安巴西利卡(Basilica Aemilia)[256]
　埃塞俄比亚林荫大道公寓(Viale Etiopia apartments)[1476]
　安东尼与福斯蒂纳神庙(Temple of Antoninus and Faustina)[*251*]
　奥古斯都广场(Forum of Augustus)[*252*][254][263][268]
　奥古斯都陵墓(Mausoleum of Augustus)[260]
　奥古斯都演讲台(Rostra Augusti)[254]
　奥勒利安壁垒(Aurelianic Walls)[296]
　奥斯蒂亚门(Porta Ostiensis)[*258*][296]
　巴尔贝里尼府邸(Palazzo Barberini)[943][*945*]
　巴尔达西尼府邸(Palazzo Baldassini)[916]
　巴尔迪宅(Casa Baldi)[1477]
　保拉泉(Fontana Paola)[*884*]
　博盖塞别墅(Villa Borghese)[946]
　布兰科尼奥·德·阿奎拉府邸(Palazzo Braneonio dell´Aquila)[915][919]
　城外的圣保罗大教堂(S.Paolo fuori le Mura)[*365*][367][370]
　城外的圣塞巴斯蒂安教堂(S.Sebastiano fuori le Mura)[946]
　传信会学院(Collegio di Propaganda Fide)[948][949]
　大斗兽场(Colosseum)[*271*][272][273]
　大竞技场(Circus Maximus)[*255*][257]
　戴克里先浴场(Baths of Diocletian)[289]
　蒂布尔迪诺居住区(Tiburtino quarter)[1476]
　法尔科涅里府邸(Palazzo Falconieri)[946]
　法尔内塞府邸(Palazzo Farnese)[*884*][916][*917*]
　法尔内西纳别墅(Villa Farnesina)[916][*938*]
　法夫里西奥桥(Pons Fabricius)[261][*262*]
　梵蒂冈宫教皇大台阶(Scala Regia)[*951*][952]
　佛罗伦萨的圣约翰教堂(S.Giovanni dei Florentini)[936]
　弗拉维宫(奥古斯都宅邸) (Flavian Palace/ Domus Augustana)[*277*][*278*][280]
　福尔图纳·维里利斯神庙(Temple of Fortuna Virilis)[*244*][254]
　复仇者战神庙(Temple of Mars Ultor)[*253*][254]
　观景楼庭院(Cortile del Belvedere)[*909*][911][966]

[1912]

中文版索引

国家档案室(Tabularium)[256]
哈德良陵墓(Mausoleum of Hadrian)[270][276][280]
和解大道(Via della Conciliazione)[1414]
和平圣母教堂(S.Maria della Pace)[898][902][953][959]
会议宫(Palazzo dei Congressi)[1414][1416]
基吉·奥代斯卡尔基府邸(Palazzo Chigi-Odescalchi)[952][955]
教皇庇护四世乡间别墅(Casino of Pius IV)[934][940]
教皇造币所(Papal Mint)[916]
金屋(Domus Aurea/ Golden House)[277][278]
君士坦丁巴西利卡(Basilica of Constantine)[269]
君士坦丁拱门(Arch of Constantine)[289][291]
卡埃塔尼家族墓(Tomb of the Caetennii)[293]
卡拉卡拉大浴场(Thermae/ Baths of Caracalla)[289][290]
卡普里尼府邸(Palazzo Caprini)[911][924][952][986]
凯撒广场(Forum of Caesar)[252][254]
坎皮多利尼宫殿建筑群(Capitoline Palaces)[932][935]
坎皮托利尼神庙(Capitoline Temple)[232]
克劳狄安输水道(Aqua Claudia)[282][283]
孔塞尔瓦托里宫(Palazzo dei Conservatori)[932][935][936]
奎里纳尔宫旁的圣安德烈教堂(S.Andrea al Quirinale)[949][951][952]
拉丁大道的陵墓(Via Latina cemetery)[293]
拉泰拉诺圣约翰隐修院(S.Giovanni in Laterano)[367][370][948][949][965]
拉特兰巴西利卡(Lateran Basilica)[302][303][304]
拉特兰府邸(Lateran Palace)[943]
拉特兰洗礼堂(Lateran Baptistery)[307][314]
利奥三世的餐室(Triclinium of Leo III)[884]
利维亚屋(House of Livia)[261]
罗马学院(Collegio Romano)[937]
马克森提竞技场(Circus of Maxentius)[255][289][292]
马克森提陵墓(Mausoleum of Maxentius)[293]
马库斯·奥勒利乌斯记功柱(Column of Marcus Aurelius)[289]
马塞勒斯剧场(Theatre of Marcellus)[253][255][257]
马太府邸(Palazzo Mattei)[943]
马西莫圆柱府邸(Palazzo Massimi´alle Colonne´)[916][918]
玛达玛别墅(Villa Madama)[915][938]
梅迪契别墅(Villa Medici)[940][942]
蒙特西托里奥府邸(Palazzo di Montecitorio)[952]
米尔维奥桥拱门(Ponte Milvio)[967]

密涅瓦·梅迪卡神庙(Temple of Minerva Medici)[286][292][293]
密涅瓦上的圣母教堂(S.Maria sopra Minerva)[581][583]
民众圣母教堂(S.Maria del Popolo(Chigi Chapel)[902][915]
帕拉弗莱尼埃利圣安娜教堂(S.Anna dei Palafrenieri)[937]
皮奥·克雷芒博物馆(Museo Pio Clementino)[902]
皮涅托庄园(Vigna del Pigneto)[953]
皮亚门(Porta Pia)[936]
平乔花园(Giardino del Pincio)[967]
切斯蒂奥金字塔(Pyramid of Cestius)[258][260]
切斯蒂奥桥(Pons Cestius)[261]
人民广场(Piazza del Popolo)[953]
萨布利休斯桥,罗马(Pons Sublicius)[250]
萨西亚圣灵教堂(S.Spirito in Sassia)[916]
塞普蒂默斯·塞维鲁拱门(Arch of Septimius Severus)[222][274][289]
塞西利亚·梅特拉之墓(Tomb of Caecilia Metella)[258][260]
生育之母维纳斯神庙(Temple of Venus Genatrix)[254]
胜利圣母教堂(科尔纳罗礼拜堂)(S.Maria della Vittoria/ Cappella Cornaro)[951][952]
圣阿涅塞陵墓(S.Agnese)[949][951]
圣安德烈教堂(S.Andrea)[909][937]
圣奥古斯丁教堂(S.Agostino)[902]
圣巴西利奥居住区(San Basilio quarter)[1476]
圣彼得巴西利卡(Basilica of S.Peter)[303][304]
圣彼得大教堂(S.Peter)[910][911][912][913][947][950]
 祈福敞廊(Benediction Loggia)[902]
 圣彼得大教堂广场(Piazza)[947][950][952]
圣彼得大教堂隐修院小神殿,蒙托里奥(S.Pietro in Montorio(Tempietto)[908][909]
圣腓力·内里教堂礼拜堂(Oratory of S.Philip Neri)[945][949]
圣康斯坦萨陵墓(S.Costanza)[304][307][314][316]
圣克雷芒教堂(S.Clemente)[311][313]
圣灵门(Porta S.Spirito)[916]
圣灵医院(Ospedale di S.Spirito)[902]
圣路加学院(Academy of S.Luke)[868]
圣洛伦索教堂(S.Lorenzo)[304][305][313]
圣洛伦索教堂,达马索(S.Lorenzo in Damaso)[902]
圣马丁和路加教堂(SS.Manina e Luca)[953][954]
圣马可教堂(S.Marco)[902]
圣马利亚大教堂(保利娜礼拜堂)(S.Maria Maggiore/ Cappella Paolina)[946]
圣马利亚大教堂(斯福尔扎祭坛)(S.Maria Maggiore/ Cappella Sforza)[936]

圣马利亚大教堂(西克斯图斯礼拜堂)(S.Maria Maggiore/ Cappella Sistina)[943]
圣母教堂,坎皮泰利(S.Maria in Campitelli)[953][958]
圣母教堂,拉塔大街(S.Maria in Via Lata)[953]
圣母神迹教堂(S.Maria dei Miracoli)[953][955]
圣母殉难教堂(万神庙 610 年改建)(S.Maria ad Martyres)[313]
圣萨比那教堂(S.Sabina)[306][309]
圣塞巴斯蒂安教堂(S.Sebastiano)[304]
圣山圣母教堂(S.Maria di Monte Santo)[953][955]
圣司提反圆厅教堂(S.Stephano Rotondo)[299][307][308]
圣苏珊娜教堂(S.Susanna)[943][944]
圣味增爵和阿纳斯塔修教堂(SS.Vincenzo ed Anastasio)[953]
圣依纳爵广场(Piazza S.Ignazio)[957]
枢密院大厦(Palazzo della Cancellaria)[902][904]
四泉圣卡洛教堂(S.Carlo alle Quattro Fontane)[946][948]
太阳神庙(Temple of the Sun)[288]
坍塌的小神殿(Tempietto Diruto)[966]
特雷维喷泉(Trevi Fountain)[963][965]
提图斯拱门(Arch of Titus)[274][275]
体育馆(Palazzo dello Sport)[1480]
图拉真巴西利卡(Basilica of Trajan)[268][269]
图拉真广场(Forum of Trajan)[268][270]
图拉真纪功柱(Trajan´s Column)[275][276]
图拉真神庙(Temple of Trajan)[263]
图拉真市场(Market of Trajan)[270][272]
瓦勒圣安德烈教堂(S.Andrea della Valle)[940]
万神庙(Pantheon)[242][243][257][263][264][265][266][313]
维克多·伊曼纽尔二世纪念堂(Victor Emmanuel II Monument)[1197][1200]
维纳斯神庙,巴勒贝克(Temple of Vesta)[285][286][288]
维纳斯与罗马神庙(Temple of Venus and Rome)[251][285][288]
乌尔皮安巴西利卡(Basilica Ulpia)[270][272]
希腊十字大厅(Sala a Croce Greca)[966]
夏拉府邸(Palazzo Sciarra)[884]
"向日葵"住宅(Casa del Girasole)[1476]
小体育宫(Palazzetto dello Sport)[1480]
新宫(Palazzo Nuovo)[932]
修道院圣母教堂(S.Maria del Priorato)[965]
耶稣教堂(Gesù)[937][939]
伊斯兰中心和清真寺(Islamic Centre and Mosque)[1477][1478]
意大利航空公司飞机库,菲乌米奇诺机场(Alitalia hangars, Fiumicino)[1480]
意大利文明宫(Palazzo della Civiltà Italiana)[1417]
尤利亚巴西利卡(Basilica Julia)[256]
元老院(Palazzo del Senatore)[932]

圆形大厅(Sala Rotonda)[965]
圆形神庙(Round Temple)[244][254]
朱利娅别墅(Villa Giulia)[937][*938*]
诸天使之圣母教堂(S.Maria degli Angeli)[243][936]
主街上的圣马尔切洛教堂(S.Marcello al Corso)[956][*958*]
主街影剧院(Corso Cinema- Theatre)[1414]
祖卡里府邸(Palazzo Zuccari)[940]
见梵蒂冈
罗马城居住区, 法兰克福(Römerstadt Siedlung, Frankfurt)[1410]
罗马帝国的发展过程(Roman empire development)[178]
 共和政体的兴起(rise of repubicanism)[193][194]
 后期(later period)[195][196]
 建筑技术(building techniques)[213][214]
 罗马帝国的统治(Imperial rule)[181][182]
 衰落(decline)[181]~[183]
 行省建筑(provincial architecture)[245]
罗马帝国统治下的和平时期(Pax Romana)[181]
罗马风城堡, 洛阿雷(Loarre, Romanesque castle)[402][*406*]
罗马风时期(Romanesque period)
 概述(introduction)[362]~[364]
 建筑材料(building resources)[205]~[208]
 建筑技术及发展(building techniques and processes)[203][210][212][213][215]
 斯堪的纳维亚地区(Scandinavia)[191][192]
 西西里岛(Sicily)[367][379]
 线脚(mouldings)[*158*][*159*]
 意大利南部(Southern Italy)[367][370][379]
罗马竞技场(circuses, Romam)[302]
罗马尼亚, 20 世纪的发展(Romania, Twentieth Century developments)[1512][1513]
罗马尼亚馆, 纽约世界博览会(the Romanian Pavilion, New York World Fair)[1513]
罗马时期(Roman style period)
 帝国早期(early Imperial)[241]~[243]
 共和晚期(late republican)[240]~[242]
 建筑实例(buildings examples)[243][245]
 早期(early)[239]
罗马世界博览会(EUR/ Esposizione Universale di Roma)[1414][*1416*]
罗马天主教堂, 威斯敏斯特, 伦敦(Westminster Roman Catholic Cathedral, London)[1207][*1211*]
罗马天主教堂, 宰贝根尼(Zebegeny, Roman Catholic Church)[1502]
罗马学院, 罗马(Collegio Romano, Rome)[937]
罗马艺术博物馆, 梅里达(Museum of Roman Art, Merida)[1484]
罗马银行, 的黎波里(Bank of Rome, Tripoli)[*1560*][1562]
罗马浴场, 夏洛滕宫(Roman Bath, Charlottenhof)[1051]
"罗密欧与朱丽叶"公寓, 斯图加特(´Romeo and Juliet´apartment blocks, Stuttgart)[1480]
罗摩旃陀罗寺, 胜利城(Ramachandra temple, Vijanagara)[815]
罗纳德·麦克弗森上校(Macpherson, Col.Ronald, 1817~1869), 英国建筑师[1231]
罗普德大饭店, 杜布罗夫尼克(Grand Hotel Lopud, Dubrovnik)[1515]
罗奇大教堂, 约克郡(Roche Abbey, Yorkshire)[503][505]
罗奇宅, 新贝德福德, 马萨诸赛州(Rotch House, New Bedford, Massachusetts)[1279]
罗切斯特(Rochester, 英国)
 城堡(Castle)[431]
 大教堂(Cathedral)[424][*488*][496]
  墩柱(piers)[*442*]
  平面图(plan)[*488*]
 修道院(monastery)[423]
罗热里奥·萨尔莫纳(Salmona, Rogelio, 1929~2007), 法国建筑师[1646]
罗萨里奥·加利亚尔迪(Gagliardi, Rosario), 意大利 18 世纪建筑师[965]
罗塞蒂宅, 费拉拉(Casa Rossetti, Ferrara)[908]
罗瑟拉姆宅, 德文波特(Rotherham House, Devonport)[1768]
罗森岛府邸, 日德兰半岛(Rosenholm Castle, Jutland)[1134]
罗斯·塞德勒宅, 悉尼(Rose Seidler House, Sydney)[1759][*1760*]
罗斯府邸, 蒙特哥海湾附近, 牙买加(Rose Hall, Montego Bay, Jamaica)[1265]
罗斯山宅, 新南威尔士(Rouse Hill, New South Wales)[1363]
罗斯塔住宅区, 厄勒布鲁(Rosta housing estate, Orebro)[1482]
罗斯宅, 悉尼(Rose House, Sydney)[1765]
罗素尔城(Lothal, town)[104]
罗塔林蒂宅, 贝林佐纳(Casa Rotalinti, Bellinzona)[1486]
罗塔斯堡, 杰赫勒姆(Fort of Rohtas, Jhelum)[651]
罗滕堡, 城市布局(Rothenburg, town layout)[517]
罗滕堡, 卡彭角(Kappenzipfel, Rothenburg)[*515*][517]
罗滕堡伯爵城堡(Castle of the Counts of Rothenburg)[517]
罗歇·埃克斯佩(Expert, Roger, 1882~1955), 法国建筑师[1403]
罗伊特林根, 格明德尔多夫工人村(Reutlingen, Gmindersdorf workers village)[1404]
罗约拉法律学校, 洛杉矶(Loyola Law School, Los Angeles)[1627]
罗兹, 波兹南斯基工厂和居住综合体(Lódz, Poznánski Factoryand Housing Complex)[*1221*][1222]
螺旋体城市(Helix City/ project)[1680]
洛埃卡里、劳里和安娜洛卡里事务所, 芬兰建筑师事务所(Louekari, Lauri and Anna)[1453]
洛宾根巨冢, 德国(Leubingen, Germany)[230][234]

洛德板球场(芒德看台), 伦敦(Lord´s Cricket Ground/ Mound Stand, London)[1471][*1472*]
洛登地产项目, 靠近诺里奇(Loddon housing, Norwich)[1464]
洛厄尔地区的磨粉厂, 马萨诸塞州(Lowell Mill, Massachusetts)[1295]
 为外来工人建造的联排屋(workers housing)[*1211*]
洛尔希学校, 符腾堡(Wurttemburg, schools at Lorch)[1462]
洛弗尔宅, 洛杉矶(Lovell House, Los Angeles)[*1597*][1599]
洛戈林-布里耶赫聚居区, 萨格勒布(Glogoljin Brijeg colony/ housing, Zagreb)[1516]
洛迦诺, 比安凯蒂宅(Locarno, Casa Bianchetti)[1486]
洛可可风格, 概述(Rococo style, introduction)[846][886][1027]
洛克菲勒博物馆, 耶路撒冷(Rockefeller Museum, Jerusalem)[*1549*][1551]
洛克菲勒中心, 纽约(Rockefeller Center, New York)[*1595*][1596]
洛克伍德和毛森事务所, 英国建筑师事务所(Lockwood and Mawson)[1197]
洛朗·伯努瓦·德韦(Dewez, Laurent Benoit, 1731~1812), 比利时建筑师[1056]
洛雷当府邸, 威尼斯(Palazzo Loredan, Venice)[379]
洛雷寺, 吴哥附近(Lolei temple, near Angkor)[830]
洛伦斯·范斯滕韦克尔(van Steenwinkel, Louvens, 约 1585~1619), 荷兰建筑师[1134]
洛热公馆, 巴黎(Hôtel de Lorge, Paris)[996]
洛山寺塔, 襄阳郡(Naksansa Temple pagoda, Yang- yang)[754]
洛杉矶(Los Angles, 美国)
 道奇宅(Dodge House)[1590]
 迪斯尼音乐厅(Disney Concert Hall)[*1626*][1627]
 格雷夫斯宅(Graves House)[1599]
 罗约拉法律学校(Loyola Law School)[1627]
 洛弗尔宅(Lovell House)[*1597*][1599]
 恰特·戴广告公司大楼(Chiat Day advertising agency office building)[1625]
 伍兹大道 1635 号(1635 Woods Drive)[1610]
 约翰逊住宅(Johnson House)[1603]
洛斯米拉雷斯(Los Millares)[*230*][231][235]
洛提王朝(Lodi dynasty)[637]
洛伊米银行(Bank Leumi)
 海法的洛伊米银行(Haifa)[1548][*1549*]
 耶路撒冷的洛伊米银行(Jerusalem)[1552]

M

麻痹症患儿学校, 德里(School for Spastic Children, Delhi)[1736]
马·塔马兹格德殉道堂, 基尔库克(Martyrium of Mar Tamazgerd, Kirkuk)[605]
马德拉斯(Madras, 印度)[1231][1337]
 大兵工厂(Grand Arsenal)[1337]
 法院大楼(Law Courts)[1339]
 国家美术馆(National Art Gallery)[1345]

中文版索引

国税部办公大楼(offices of the Board of Revenue)[1337]
卡拉克什特拉剧院(Kalakshetra Theatre)[1741]
科罗曼德尔饭店(Coromandel Hotel)[1345]
马德拉斯大学建筑(University buildings)[1337]
马德拉斯俱乐部(Madras Club)[1337][*1338*]
马德拉斯政府办公楼,德里布利加内府邸改建(Government House, Triplicane)[*1336*][1337]
圣安德烈长老会教堂(S.Andrew's Presbyterian Church)[*1333*][1334]
圣母玛利亚教堂,圣乔治堡(S.Mary's Church, Fort S.George)[*1333*][1334]
圣乔治堡(Fort S.George)[*1333*][1334]
圣乔治大教堂(S.George's Cathedral)[1334][*1335*]
邮政电报大楼(Post and Telegraph building)[1337][*1338*]
马德莱娜教堂,巴黎(Madeleine, Paris)[1006][*1007*]
马德里(Madrid,西班牙)
　阿瑞巴报社大楼(Arriba newspaper building)[1484]
　埃斯科里亚尔隐修院(Escorial)[*852*][855][966][*1017*][*1020*]
　奥马格罗街别墅(Calle Almagro)[1443]
　白塔公寓(Torres Blancas apartments)[1484]
　离宫(Royal Palace)[1019][*1022*]
　里茨酒店(Ritz Hotel)[1399]
　联邦代表团大楼(Union Delegation Building)[1484]
　普拉多博物馆(Prado)[1019]
　萨尔苏埃拉跑马场(Zarzuela Hippodrome)[1444]
　圣方济各大教堂(S.Francisco el Grande)[1019]
　圣费尔南多医院(S.Fernando Hospital)[1018]
　圣塞巴斯蒂安国王学校(San Sebasian de los Reys School)[1485]
　亚德里亚海大楼(Adriatica Building)[1484]
　议会大厦(Palace of the Congress)[1161]
马德里府邸,巴黎(Château de Madrid, Paris)[977]
马德普拉塔的住宅,阿根廷(Mar del Plata house, Argentina)[1642]
马登,威尔特郡(Marden, Wiltshire)[233]
马丁·弗朗茨(Frantz, Martin),波兰18世纪建筑师[1042]
马丁·梅尔克宅,开普敦(Martin Melck House, Cape Town)[1246][*1247*]
马丁·尼洛普(Nyrop, Martin, 1849~1921),丹麦建筑师[1155][1201]
马丁·诺尔(Noel, Martin, 1888~1963),阿根廷建筑师[1628]
马丁·瓦格纳(Wagner, Martin, 1885~1957),德国建筑师、规划师[1393]
马丁代尔府邸,南澳大利亚(Martindale Hall, South Australia)[1378]
　马丁医生宅(Dr.Martin's House, Caracas)[1646]

马丁努斯·洛伊塞康(Leusekam, Martinus),荷兰建筑师[1332]
马杜赖(Madurai,印度)
　马杜赖大寺(Great Temple)[795][*816*]
　马杜赖俱乐部(Madura Club)[1744]
　纳雅卡宫(Nayaka palaces)[817]
马杜赖大寺,泰米尔纳德邦(Minakshi/ Great Temple, Madurai, Tamil Nadu)[795][*816*]
马顿门清真寺,托莱多(Bab Mardun Mosque, Toledo)[627]
马而冈堡,果阿(Fort Marmagoa, Goa)[1328][*1329*]
马尔代夫,自然特征(Maldives, physical characteristics)[670]
马尔基翁蒂·斯帕利亚蒂智障儿童研究所,米兰(Marchiondi Spagliardi Institute for Difficult Children, Milan)[1477]
马尔加特堡,巴尼亚斯(Margat Castle, Baniyas)[409][413]
马尔加滕霍伊住宅区,埃森(Margaretenhöhe garden suburb, Essen)[1404]
马尔科夫公寓街区,圣彼得堡(Markov Apartment Blocks, S.Petersburg)[1519][*1520*]
马尔齐亚门,佩鲁贾(Porta Marzia, Perugia)[250]
马尔切洛·皮亚琴蒂尼(Piacentini, Marcello, 1881~1960),意大利建筑师[1396][1414]
马尔维雅大清真寺,萨迈拉(Malwiya, Samarra)[615][616][*617*]
马尔学校(Marl, school)[1460]
马格里布,伊斯兰建筑(Mahgreb, Muslim architecture)[627]~[629]
马格洛瓦输水道(Maglova Aqueduct)[648]
马格尼宅,宾盖宾盖(Magney House, Bingie Bingie)[1765]
马哈拉施特拉邦(Maharashtra,印度)
　阿旃陀石窟寺(Ajanta caves)[*784*][787][788]
　奥兰加巴德石窟寺(Aurangabad caves)[787]
　加尔利支提窟大厅(Karli chaitya hall)[*783*][786][788]
　"木匠窟",埃洛拉(Vishvakarma, Ellora)[*785*][786]
　乔达弥普陀拉(Gautamiputra)[*784*][787]
　泰尔(Ter)[804]
　院落建筑(courtyard houses)[818]
马哈茂德墓,德里(Mahmood's Tomb, Delhi)[636]
马赫贝里·哈腾墓,开塞利(Mahperi Khatun Tomb, Kayseri)[631]
马赫纳奇疗养院,特伦钦斯克·特普利采(Machnác Sanatorium, Trenčianské Teplice)[1497]
马凯斯·达席尔瓦(da Silva, Marques, 1869~1947),葡萄牙建筑师[1444]
马克森提陵墓,罗马(Mausoleum of Maxentius, Rome)[293]
马克斯·阿布拉莫维茨(Abramovitz, Max, 1908~2004),美国建筑师[1614]
马克斯·贝格(Berg, Max, 1870~1947),德国建筑师[1507]
马克斯·博尔赫斯(Borges, Max, 1918~2009),古巴建筑师[1634]
马克斯·法比亚尼(Fabiani, Max,

1865~1962),斯洛文尼亚建筑师[1397]
马克斯·普朗克教育研究所,柏林(Max Planck Institute for Educational Research, Berlin)[1462]
马克斯阿莱旅馆,布鲁塞尔(Hotel Max Hallet, Brussels)[1437]
马克斯大楼,开普敦(Marks Building, Cape Town)[1255]
马克斯托克堡,沃里克郡(Maxstoke, Warwickshire)[509]
马克斯韦尔·伯里(Bury, Maxwell),新西兰建筑师[1369]
马克斯韦尔·弗赖伊(Fry, Maxwell, 1899~1987),英国建筑师[1431][1567][1725]
马克西米安乡村离宫(皇家离宫),皮亚扎-阿尔梅里纳(Piazza Armerina, Palace of Maximian/ mperial Villa)[*294*][296]
马克西玛下水道,罗马(Cloaca Maxima, Rome)[210][240]
马库斯·奥勒利乌斯记功柱,罗马(Column of Marcus Aurelius, Rome)[1289]
马库斯·塞德勒宅,悉尼(Marcus Seidler House, Sydney)[1765]
马库斯·维特鲁威·波利奥(Vitruvius Pollio, Marcus,活动年代为公元前46~30年),古罗马建筑师、工程师和建筑理论家,著有《建筑十书》[206][239][245][246][848][875][876]
　比例(proportions)[241][245]
马拉喀什(Marrakesh,摩洛哥)
　阿布坦宅(Abtan House)[1574]
　阿希弗的住宅(Assif housing)[1574]
　富瓦萨克宅(Foissac House)[1574]
　库图比亚清真寺(Quttubiyya Mosque)[629]
　医院(hospital)[1574]
马拉帕尔泰宅,卡普里岛(Casa Malaparte, Capri)[1415]
马拉泰斯塔家庙(Tempio Malatestiano),见圣方济各教堂,里米尼
马来群岛(Malay Archipelago,东南亚)
　前殖民时代(pre- Colonial period)
　　建筑特征(architectural character)[824]~[825]
　　建筑实例(buildings examples)[835]~[838]
　　文化(culture)[687]
　自然特征(physical characteristics)[671]
马来土著银行,吉隆坡(Bumiputra Bank, Kuala Lumpur)[1701]
马来西亚(Malaysia,东南亚)
　20世纪建筑(Twentieth Century architecture)[1699]~[*1702*]
　"城市个性"市政条例(urban identity ordinance)[1321]
　大学,吉隆坡(University, Kuala Lumpur)[1701]
　典型建筑形式(吊脚楼) (typical house)[1693][*1694*]
　马来西亚国会大厦,吉隆坡(Parliament Building, Kuala Lumpur)[1701]
　住房形式(house- forms)[1316][1318]
马来西亚微电子系统研究所,吉隆坡(MIMOS, Kuala Lumpur)[1703]
马莱-斯特温路住宅组群,巴黎(Rue Mallet-

[1915]

Stevens, Paris)[1403]
马勒宫, 蒂卡尔(Maler's Palace, Tikal)[691][702][707][716][717]
马勒宅, 上海(Muller House, Shanghai)[1657][1660]
马礼逊(Morrison, G.J.), 美国建筑师, 19世纪中后期活跃于上海[1297][1299]
马里(Mali, 非洲)[672]
　　巴马科行政大楼(Bamako Administrative Building)[1560][1562]
　　马里医疗中心(Medical Centre)[1576]
　　纽诺大清真寺(Great Mosque of Niono)[1572][1573]
　　塞古法院(Segou Law Courts)[1562]
马里奥·博塔(Botta, Mario, 1943~), 瑞士建筑师[1486]
马里奥·里多尔菲(Ridolfi, Mario, 1904~1984), 意大利建筑师[1476]
马里奥·帕尼(Pani, Mario, 1911~1993), 墨西哥建筑师[1635]
马里奥乔达农庄(Mario Gioda agricultural village)[1562]
马里达别墅, 西哥特兰省(Villa Mariedal, Västergötland)[1136]
马里兰州, 巴尔的摩, 天主教主教堂(Maryland, Baltimore Catholic Cathedral)[1282]
马里诺别墅, 都柏林附近(Casina, Marino, near Dublin)[1110][1113]
马里诺府邸, 米兰(Palazzo Marino, Milan)[931][934]
马里亚诺·桑斯·德圣玛丽亚(Santamaria, Mariano Sanz de), 哥伦比亚建筑师[1289]
马里遗址(Mari), 见梅尔夫
马里约瑟夫·佩尔(Peyre, M.J., 1730~1785), 法国建筑师[1006]
马利亚拉赫隐修院, 科隆南部(Maria Laach Abbey, south of Cologne)[394][398]
马林(Malines, 比利时)
　　圣罗姆布尔大教堂(S.Rombout Cathedral)[534]
　　住宅(houses)[537][541]
马林堡, 波兰(Marienburg Castle, Poland)[520][521]
马林堡, 约翰内斯堡(Marienburg, Johannesburg)[1255]
马林县市民中心, 圣拉斐尔, 加利福尼亚州(Marin County Civic Centre, San Rafael, Califonia)[1612]
马六甲(Malacca, 东南亚)
　　基督教堂(Christ Church)[1321]
　　圣保罗教堂(S.Paul's Church)[1321]
　　圣保罗山城堡(S.Paul's Hill fort)[1321]
　　圣彼得教堂(S.Peter's Church)[1321]
　　市政厅(Town Hall)[1321]
马略卡(Majorca, 西班牙)
　　贝尔韦尔要塞(El Castillo del Bellver)[562]
　　松卫达宅(Son Vida house)[1487]
马略卡岛帕尔马(Palma de Majorca, 西班牙)
　　大教堂(Cathedral)[555][556]
　　海洋交易所(Lonja del Mar)[557][562]
马马亚, 国际酒店(Mamaia, International Hotel)[1513]
马摩拉布勒姆(Mamallapuram), 见默哈伯利布勒姆

马姆里, 传教士教堂(Mamre, mission church)[1246]
马木路克(又称为马穆鲁克, 奴隶出身的军人)王朝(Mamluk dynasty)[597][621][623][624]
马内斯卡尔科(Manescalco, A.), 埃及建筑师[1239]
马那尔(Mannar, 斯里兰卡)
　　城堡(fort)[1330]
　　教堂(church)[1332]
马尼拉(Manila, 菲律宾)
　　奥古斯丁·卡尔萨多斯的圣保罗大教堂(Church of S.Pablo de los Agustinos Calzados)[1322][1324]
　　贝海那巴托, 邦板牙省(Bahay-na-bato, Sta Rita)[1318]
　　城市规划(city planning)[1706]
　　大都会剧院(Metropolitan Theatre)[1707]
　　菲律宾国际会议中心(Philippine International Convention Centre of Philippines)[1707]
　　菲律宾总医院(Philippine General Hospital)[1707]
　　里迦达小学(Legarda Elementary School)[1707]
　　立法大楼(Legislative Building)[1707]
　　马尼拉圣多明我大教堂(Church of Santo Domingo de Manila)[1322]
　　圣米古尔大楼(San Miguel Building)[1708][1709]
　　新圣伊纳爵教堂(New San Ignacio Church)[1322]
　　演艺剧院, 菲律宾文化中心(Theatre for the Performing Arts, Cultural Centre)[1707][1708]
　　邮政办公楼(Post Office)[1707]
马尼拉的内城, 菲律宾(Intramuros, Philippines)[1322]
马诺尔府邸, 马达赫滕(Maddachten, Manor House)[1063]
马其顿时期(Macedonian period)[5][16][163]
　　教堂(church)[329]
马其顿王前宫殿, 维伊纳(Vergina, Palace of the Macedonian Kings)[170]
马钱德(Marchand, J.O.), 加拿大建筑师[1288]
马丘比丘(Machu Picchu)[722][723]
马若雷勒别墅, 南锡(Villa Majorelle, Nancy)[1400]
马萨诸塞理工学院(麻省理工学院), 克雷斯吉会堂(Massachusetts Institute of Technology, Kresge Auditorium)[1612]
马萨诸塞州(Massachusetts, 美国)
　　埃姆斯门小屋, 北伊斯顿(Ames Gate Lodge, North Easton)[1281]
　　鲍尔斯大楼, 北安普敦(Bowers House, Northampton)[1279]
　　费尔班克斯宅, 戴德姆(Fairbanks House, Dedham)[1261]
　　弗雷明汉姆南站(South Framingham Station)[1278]
　　福尔河沿岸的磨粉厂(Fall River mills)[1295]
　　哈佛大学, 剑桥(Harvard University, Cambridge)[1278]
　　　哈佛大学纪念堂, 剑桥(Memorial Hall)[1286]

惠普尔宅, 伊普斯威奇(Whipple House, Ipswich)[1261]
基督堂, 剑桥(Christ Church, Cambridge)[1273]
加得纳平格里大楼, 塞勒姆(Gardner-Pingree House, Salem)[1279]
剑桥市政厅(Cambridge City Hall)[1288]
卡彭宅, 托普斯菲尔德(Capen House, Topsfield)[1261][1262]
克拉克大学图书馆, 伍斯特(Clark University Library, Worcester)[1612]
克朗伊格尔磨粉厂, 北阿克斯布里奇(Crown and Eagle Mill, North Uxbridge)[1295]
劳伦斯地区的磨粉厂(Lawrence Mill)[1295]
鲁宾逊住宅, 威廉斯敦(Robinson House, Williamstown)[1603]
罗奇宅, 新贝德福德(Rotch House, New Bedford)[1279]
洛厄尔地区的磨粉厂(Lowell Mill)[1295]
七片山墙住宅, 塞勒姆(House of the Seven Gables, Salem)[1264]
斯科奇-博德曼宅, 索格(Scotch-Boardman House, Saugus)[1261]
斯托顿宅, 剑桥(Stoughton House, Cambridge)[1277][1281]
温纪念图书馆, 沃本(Winn Memorial Library, Woburn)[1288]
沃德宅, 奥克伍德(Ward House, Oakswood)[1281]
约翰·沃德宅, 塞勒姆(John Ward House, Salem)[1261]
见波士顿
马塞尔·布罗伊尔(Breuer, Marcel, 1902~1981), 最有影响的匈牙利现代建筑师之一[1502][1603]
马塞勒斯剧场, 罗马(Theatre of Marcellus, Rome)[253][255][257]
马赛公寓, 马赛(Unité d'Habitation, Marseilles)[1453][1454]
马赛克(mosaics)
　　传统的应用(traditional use)[203]
　　基督教(Christian)[297]
　　罗马风时期(Romanesque period)[207]
马赛里兹教堂(Maseritz Church), 见缅济热奇教堂
马沙德清真寺, 阿奈(Mashad Mosque Anah, Balkh)[631]
马什庭院, 斯托克布里奇附近, 汉普郡(Marsh Court, near Stockbridge, Hampshire)[1421][1423]
马斯阿贝罗宅(Mas Abello housing)[1484]
马斯格雷夫宅, 布里斯班(Musgrave House, Brisbane)[1765]
马太府邸, 罗马(Palazzo Mattei, Rome)[943]
马太教堂, 普福尔茨海姆(Mattheaus Kirche, Pforzheim)[1460]
马泰奥蒂村, 特尔尼(Matteotti Village, Terni)[1477]
马特勒设防城镇, 斯里兰卡(Matara, Sri Lanka)[1332]
马特维·费奥多罗维奇·卡扎科夫(Kazakov, Matvei Feodorovich, 1733~1812), 俄罗斯建筑师[1129]

中文版索引

马特乌斯·文森特·德奥利韦拉(Oliveira, Mateus Vicente de, 1710~1768), 葡萄牙洛可可建筑师[1025]
马特乌斯宫, 雷阿尔城(Palácio de Mateus, Vila Real)[1025]
马提翁公馆, 巴黎(Hôtel de Matignon, Paris)[995][999]
马托拉纳教堂, 巴勒莫(La Martorana, Palermo)[382]
马托伊斯·博布林格(Böblinger, Matthäus, ?~1505), 德国南部匠师[525]
马托伊斯·达尼埃尔·珀佩尔曼(Pöpplemann, M.D., 1662~1736)[1027][1042]
马西莫圆柱府邸, 罗马(Palazzo Pietro Massimi/ Palazzo Massimi´alle Colonne´, Rome)[916][*918*]
马戏场, 巴黎(Circus, Bath)[1104][*1105*]
马歇尔场百货公司辅楼, 芝加哥(Marshall Field Retail Store Annexe, Chicago)[1295]
马歇尔场批发仓库, 芝加哥(Marshall Field Wholesale Warehouse, Chicago)[1290][*1291*]
马修·博尔顿(Boulton, Matthew, 1728~1809), 英国制造商和工程师[1123]
马修·布雷廷厄姆(Brettingham, Matthew, 1699~1769), 英国建筑师、营造商兼测量师[1101]
马修·迪格拜·怀亚特爵士(Wyatt, Sir Matthew Digby, 1820~1877)[1183][1197]
马自达服务中心, 布尔诺(Mazda Service Centre, Brno)[1502]
马佐博住宅区, 威尼斯(Mazzorbo housing, Venice)[1477]
玛达玛别墅, 罗马(Villa Madama, Rome)[915][*938*]
玛达玛宫, 都灵(Palazzo Madama, Turin)[957]
玛蒂尔德·克舍辛斯卡亚别墅, 圣彼得堡(Mathilde Kshesinkaia villa, S.Petersburg)[1517]
玛格纳斯大教堂, 柯克沃尔(S.Magnus Cathedral, Kirkwali)[436]
玛焦利卡住宅(Majolica House), 见维也纳左街40号
玛丽卡·奥尔德顿宅, 纽兰拜(Marika-Alderton House, Nhulunbuy)[1765]
玛丽女王大教堂, 蒙特利尔(Cathedral of Mary Queen of the World, Montreal)[1283]
玛雅潘, 奇琴伊察地区(Mayapan, Chichen Itza)[705]
玛雅文明(Mayan civilisation)[669][672][688]
　拱顶(vaults)[691][*704*]
　神庙(temples)[702][703][*704*][705]
　神庙建筑平面(temple building plans)[*709*]
　数字象征的意义(numbers significance)[705]
迈迪格度假村, 得土安省, 摩洛哥(M´Dig Holiday Village Resort, Tetouan Province, Morocco)[1574]
迈尔斯·布鲁顿宅, 查尔斯顿, 南卡罗来纳州(Miles Brewton House, Charleston, South Carolina)[1265]
迈尔斯·沃伦(Warren, Miles, 1929~), 新西兰建筑师[1749]
迈夫杰尔宫遗址(Khirbat al-Mafjar, palace)[614][*615*]

迈克尔·格雷夫斯(Graves, Michael, 1934~), 美国建筑师[1624]
迈克尔·霍普金斯(Hopkins, Sir Michael, 1935~), 英国建筑师[1471][*1472*]
迈克尔·斯科尔斯(Scholes, Michael), 南非建筑师[1576]
迈克尔·威尔福德(Wilford, Michael, 1938~), 英国建筑师[1462]
迈克斯纳别墅, 萨格勒布(Villa Meixner, Zagreb)[1515]
迈松府邸, 巴黎(Château de Maisons, nr Paris)[854][988][*991*]
迈索尔(Mysore, 印度)
　拉里萨宫(Lalitha Mahal Palace)[1725]
　政府大楼(Government House)[1339][*1342*]
迈锡尼(Mycenae, 希腊)
　阿特柔斯宝库(Treasury of Alreus)[*116*][117]
　克吕泰墨斯特拉墓(Tomb of Clytemnestra)[117]
　迈锡尼宫(Palace)[117]
　狮子门(Lion Gate)[*115*][*116*][117]
迈因哈德·冯·格尔康(von Gerkan, Meinhard, 1935~), 德国建筑师[1462]
麦德俱乐部, 巴里(Club Meb, Bali)[1704]
麦地那(Medina, 突尼斯)
　奎巴清真寺(Quba Mosque)[1547]
　奎布拉坦清真寺(Quiblatain Mosque)[1547]
　先知清真寺(Mosque of the Prophet)[611]
麦地那·宰赫拉清真寺(Medinat al-Zahra)[627]
　科尔多瓦(Cordoba)[664]
麦豪遗址, 奥克尼群岛(Maes Howe, Orkney Islands)[229][*230*]
麦吉奥赫百货公司, 格拉斯哥(Mc Geoch´s Store, West Campbell Street, Glasgow)[1417]
麦加(Mecca, 沙特阿拉伯)
　克尔白天房(Kaaba)[610]
　奎布拉旦小清真寺(Quilblatain)[610]
　先知堂(House of the Prophet)[610]
麦金姆、米德和怀特事务所(Mc Kim, Mead and White/ Ma Kim, Charles Follen, 1847~1909; William Rutherford Mead, 1846~1928; Stanford White, 1853~1906)
　美国建筑师查尔斯·福林·麦金姆, 威廉·拉瑟福德·米德和斯坦福·怀特组成[1279][1281][1288]
麦凯·休·贝利斯科特(Baillie-Scott, M.H., 1865~1945), 英国建筑师[1421]
麦克卡鲁门大街长老会教堂, 匹兹堡(Mc Clure Avenue Presbyterian Church, Pittsburgh)[1283]
麦克劳克兰办公楼, 堪培拉(Mc Claughan Offices, Canberra)[1754]
麦克马伦(Mc Mullen, M.), 澳大利亚建筑师[1359]
麦克唐纳公寓, 新加坡(Mac Donald House, Singapore)[1695]
麦林克车站, 圣保罗(Mairinque Station, São Paulo)[1628]
麦罗埃(Meroe, 埃及)
　阿庇斯庙(Shrine of Apsis)[700]

阿蒙神庙(Amun Temple)[699]
国王墓地(Royal Cemetery)[701]
狮神庙(Lion Temple)[700]
太阳神庙(Sun Temple)[*697*][700]
伊希斯神庙(Temple of Isis)[700]
麦罗埃地区的金字塔, 杰贝勒博尔戈尔地区(Jebel Barkal, Meroitic pyramid)[701]
麦罗埃地区的金字塔, 努里(Nuri, Meroitic pyramid)[701]
麦罗埃建筑(Meroitic architecture)[667][696]
麦罗埃人住宅, 加米纳尔迪岛(Gaminarti, Meroitic houses)[696]
麦罗埃西宫, 法拉斯(Faras, Meroitic Western Palace)[698]
曼·辛格·托马宫(Man Singh Tomar palace), 见曼宫
曼·辛格宫, 贝拿勒斯, 北方邦(Man Singh palace, Benares, Uttar Pradesh)[818]
曼彻斯特(Manchester, 英国)
　阿尔伯特纪念碑(Albert Memorial)[1179]
　大教堂(Cathedral)[*488*]
　基督教科学教堂, 维多利亚公园(Christian Science Church, Victoria Park)[1421]
　旧市政厅(Old Town Hall)[*1121*][1123]
　赖兰图书馆, 迪恩斯格特(Rylands Library, Deansgate)[1201][*1202*]
　曼彻斯特纺织厂(Cotton Mill)[1123]
　圣威尔弗里德教堂, 休姆(S.Wilfrid´s Church)[1152][*1171*]
　市政厅(Town Hail)[1179][*1181*][*1184*]
　市政厅扩建(Town Hall Extension)[1426][*1428*]
　巡回审判庭(Assize Courts)[1179]
　雅典娜俱乐部(Athenaeum)[1166]
　英格兰银行(Bank of England)[1166]
　中心图书馆(Central Library)[1426]
　自由交易大厅(Free Trade Hall)[1178][*1181*]
曼彻斯特纺织厂, 曼彻斯特(Cotton Mill, Manchester)[1123]
曼彻斯特和索尔福德地区银行, 莫塞利街(Manchesterand Salford District Bank, Moseley Street)[1178]
曼彻斯特旧市政厅, 曼彻斯特(Old Town Hall, Manchester)[*1121*][1123]
曼彻斯特磨粉厂, 新罕布什尔州(Manchester Mill, New Hampshire)[1295]
曼德勒(Mandalay, 缅甸)[830]
曼戈苏索工艺学校, 乌姆旺兹(Mangosuthu Technikon, Umlazi)[1570]
曼宫, 瓜廖尔, 中央邦(Man Mandir, Gwalior)[818][*821*]
曼谷(Bangkok, 泰国)
　班费查奴罗克(Ban Phitsanuloke)[1706]
　班唐塞克综合体(Baan Ton Sak Complex)[1706]
　国民大楼(Nation Building)[1706]
　皇宫的觐见厅(Royal Palace Throne Room)[*834*][838]
　科学博物馆(Science Museum)[*1705*][1706]
　盲人学校(School for the Blind)[1706]
婆罗马披曼大厦(Boromaphinan Palace)[1323]

[1917]

弗莱彻建筑史

普拉西特宅(Prasit House)[1706]
普里蒂-班诺姆永研究所(Pridi Banomyong Institute)[1706]
却克里·玛哈宫(大王宫)(Chakri Maha Prasat/ Grand Palace)[1323]*[1326]*
泰普塔斯住宅(Tiptus House)[1706]
英国大使馆(British Embassy)[1706]
政府大楼(Government House)[1706]
住宅街区(apartment block)[1706]
曼谷风格(Bangkok style)[825]
曼雷萨大教堂(Manresa Cathedral)[556][559]
曼内斯曼办公大楼,杜塞尔多夫(Mannesmann office building, Dusseldorf)[1459]
曼尼卡达瓦拉,防御工事(Menikkadawara, fortification)[1328]
曼尼亚斯环境保护中心(Maneus, Centre for the Protection of the Enviorment)[1643]
曼纽埃尔·费雷拉·雅科梅(Jácome, Manuel Ferreira, 1728~1782),巴西建筑师[1269]
曼努埃尔·阿马比里斯(Amabilis, Manuel, 1883~1966),墨西哥建筑师[1630]
　葡萄牙曼努埃尔式建筑(Portugal)[1011]
曼苏拉清真寺,特莱姆森(Mansura Mosque, Tlemcen)[629]
曼荼罗(方格网规划)(mandala/ city grid plan)[815]
曼荼罗(宇宙图形)(vastupurushamandala/ cosmic diagram)[790]
曼托瓦(旧译曼图亚)(Mantua,意大利)
　波河畔圣本笃隐修院教堂(S.Bendeuo Po)[919]
　大教堂(Cathedral)[919]
　圣安德烈教堂(S.Andrea)[890][895]
　圣塞巴斯蒂安教堂(S.Sebastiano)[895]
　泰宫(Palazzo del Te)[919]
　朱利奥·罗马诺住宅(Giulio Romano´s house)[919]*[920]*
芒克威尔茅斯隐修院教堂,达勒姆郡(Monkwearmouth, Country Durham)[419]
芒松泰尼,曼谷(Muang Thong Thani, Bangkok)[1707]
盲人学校,曼谷(School for the Blind, Bangkok)[1706]
毛利建筑(Maori architecture)*[1354]*[1355]
毛利住宅,马克图(Maketu, Maori house)[1355]
毛罗·杜奇(Coducci 或 Codussi, Mauro, 1440~1504),15世纪意大利最伟大的建筑师[907][908]
毛托佛诺(立法机构),阿皮亚,西萨摩亚(Maoto Fono, Apia, Western Samoa)[1771]*[1772]*
毛主席纪念堂,北京(Memorial Hall of Chairman Mao, Beijing)*[1659]*[1660]
茅草屋,约翰内斯堡(Thatched House, Johannesburg)[1255]
茂物宫,茂物(Istana Bogor/ Summer Palace, Bogor, Jakarta)[1322]*[1325]*
贸易博览会大楼,布拉格(Trade Fair Building, Prague)[1494]*[1495]*
贸易协会办公与展览大楼,莫斯科(Moscow Trading Society offices and showrooms, Moscow)*[1520]*[1521]
玫瑰窗(rose windows)
　巴黎圣母院(Cathedral of Notre Dame)

[457]
　沙特尔大教堂(Chartres Cathedral)[449]
　圣乌昂教堂(S.Ouen)*[457]*
玫瑰园圣母教堂,果阿(Church of Our Lady of the Rosary, Goa)[1330]
梅丹(伊斯兰的礼仪、节庆广场)(meydan)[642]
梅登城堡,山中要塞(Maiden Castle, hillfort)[238]
梅迪契别墅,波吉奥·阿·卡亚诺,托斯卡纳(Medici Villa, Poggio a Caiano)[894][895]
梅迪契别墅,菲埃索莱(Fiesole, Villa Medici)[889]
梅迪契别墅,罗马(Villa Medici, Rome)[940]*[942]*
梅迪契宫,佛罗伦萨(Medici Palace, Florence)[889]*[892]*
梅多斯(Meadows, F.D.),新加坡建筑师[1693]
梅尔堡,西顿(Château de Mer, Sidon)[411]*[412]*
梅尔顿公园,诺森伯兰郡(Meldon Park, Northumberland)[1161]
梅尔夫(塞琉西城市)(Merv)[604]
　马里宫殿(Palace)[78]
　桑贾尔苏丹墓(Sultan Sanjar Tomb)[633]
梅尔基施住宅区,柏林(Markisches Viertel, Berlin)[1464]
梅尔卡利切亚墓,切尔韦泰里(Mercareccia Tomb, Cerveteri)[246]
梅尔克本笃会隐修院,梅尔克(Benedictine Monastery, Melk)[1035]*[1036]*
梅尔克圣母教堂,托莱多附近(S.Maria de Melque, near Toledo)[407]
梅尔拉斯特宅,开普殖民地(Meerlust, Cape Colony)[1245]
梅尔尼科夫宅和工作室,莫斯科(Melnikov house and studio, Moscow)[1524]
梅尔赛特宅,奥克尼(Melsetter House, Hoy, Orkney)[1207]
梅尔辛(Mersin)[34][36]
梅尔辛,房屋(Mersin, houses)[34][36]
梅赫加尔,村落(Mehrgarh, settlements)[105]
梅济,帐幕遗址(Mezin, tent site)[228]
梅拉提学校,赫尔辛基(Meilahtl School, Helsinki)[1452]
梅雷亚别墅,诺尔马库(Villa Mairea, Noormarkku)[1443]*[1445]*
梅里达(Mérida,西班牙)
　罗马艺术博物馆(Museum of Roman Art)[1484]
　蒙特霍宅(House of Montejo)[1261]
梅里姆德,村落(Merimde, village)[33]
梅里沃思府邸,肯特郡(Mereworth Castle, Kent)[1101]*[1103]*
梅尼耶巧克力厂,马恩河畔努瓦西尔,法国(Menier Chocolate Factory, Noisel- sur- Marne)[1206]*[1209]*
梅珀姆教堂,窗的形式(Meopham, window shape)*[440]*
梅西大楼,惠灵顿(Massey House, Wellington)[1766]
煤气灯照明(gas lighting)*[837]*
每日快报大楼,弗利特街,伦敦(Daily Express Building, Fleet Street, London)*[1430]*[1431]
每日新闻大楼,纽约(Daily News Building, New York)[1593]

美国(United States,北美洲)
　1967年蒙特利尔世界博览会美国馆(Expo 67 Pavilion)*[1613]*[1614]
　德里大使馆(Delhi Embassy)[1740]
　国会大厦,华盛顿特区(Capitol, Washington)[1283]*[1285]*
　历史(history)[1228]
　美国大使馆(Havana Embassy)[1631]
　如画式/花园式别墅风格(picturesque/ gardenesque villa style)[1260]
　西点军事学院(Military Academy, West Point)*[1579]*[1580]
美国大学,开罗(American University, Cario)[1562]
美国第二银行大厦,费城,宾夕法尼亚州(Second Bank of the US, Philadelphia, Pennsylvania)[1289]
美国电话电报公司总部大楼,纽约(AT & T Telephone Companyheadquarters, New York)*[1623]*[1624]
美国东部监狱,费城(Eastern State Penetentiary, Philadelphia)[1286]
美国国际保险大楼,吉隆坡(American International Assurance Building, Kuala Lumpur)*[1700]*[1701]
美国国家橄榄球名人堂(National Football Hall of Fame)[1622]
美国捷运公司塔楼,悉尼(American Express Tower, Sydney)*[1752]*[1754]
美国人寿保险公司办公楼,悉尼(Life Assurance Company of the Unite States, Sydney)[1359]
美国校园的典型形式(campus layouts, American)[1580]
美吉多,城市遗址(Megiddo, site)[91]
美琪大戏院,上海(Majestic Theatre, Shanghai)[1653]
美术宫,墨西哥城(Palace of Fine Arts, Mexico City)[1628]*[1629]*
美术学院,哥本哈根(Academy of Fine Arts, Copenhagen)[874]
美术学院,圣彼得堡(Academy of Fine Arts, S.Petersburg)[873][1124][1127]*[1128]*
美术学院,威尼斯(Accademia, Venice)[1480]
美术学院,维也纳(Academy of Fine Arts, Vienna)[874]
美索不达米亚(地区)(Mesopotamia)
　建筑技术及发展(building techniques and processes)[24]
　历史(history)[9]~[10]
　寺庙实例(temples examples)[39]
　早期建筑(early architecture)[75][77]~[78]
　早期建筑特征(early building features)[594]~[595]
　住宅建筑实例(residential buildings examples)[37][39]
　自然特征(physical characteristics)[5]~[6]
美西尼亚格塔楼,吉隆坡(Menara Mesiniaga Tower, Kuala Lumpur)*[1700]*[1701]
美因茨(Mainz,德国)
　比绍夫斯海姆教堂(Bischofsheim church)[1409]
　克特勒学院(Ketteler College)[1459]
　美茵茨大教堂(Cathedral)*[397]*[398]
美因河畔法兰克福(Frankfurt am, Main,

[1918]

中文版索引

德国)
  摩天大楼(Skyscraper)[1462]
  内克曼出口公司大楼(Neckermann Export Company Building)[1460]
美洲(Americas)
  后殖民时代,建筑案例(post-Colonial period, buildings examples)[1278]~[1296]
  前殖民时期(pre-Colonial period)[668]
    建筑材料(building resources)[687][688]
    建筑技术(building techniques)[690]
    建筑特征(architectural character)[702]~[707]
    历史(history)[672]
    文化(culture)[683]
  殖民时代,建筑案例(Colonial period, buildings examples)[1261]~*1277*
  殖民时代与后殖民时代(Colonial and post-Colonial period)
    建筑特征(architectural character)[1259]~[1261]
    历史(history)[1226]~[1229]
    自然特征(physical characteristics)[669]
  见美国,北美,南美
美洲大饭店,阿姆斯特丹(American Hotel, Amsterdam)[1432]
门窗洞,伊斯兰风格(openings, Muslim style)[594]
门廊式别墅(portico villa)[242]
门廊式房屋,起源(porched house, origin)[92]
门楣中心(tympana)[321]
门农巨像(Colossi of Memnon)[65]
门塔,瞿布罗(towered gopura, gateway)[795][808]*813*
门图荷太普神庙,达尔巴赫里(Mentuhetep, Dêr el Bahari, Temple)[61]
猛犸象骨棚屋,梅日里奇(Mezhirich, mammothbone hut)[226]
蒙巴萨(Mombasa,肯尼亚)
  大洋旅馆,蒙巴萨(Oceanic hotel)[1563]
  罗马天主教堂(Roman Catholic Cathedral)[1240]
  圣公会大教堂(Anglican Cathedral)[1240]
蒙彼利埃,佩鲁台(Montpelier, Peyrou Terraces)[1001]
蒙得维的亚(Montevideo,乌拉圭)
  阿特兰蒂达教堂(Atlantida Church)[1634]*1636*
  共和国大学工学院(University of the Republic Faculty of Engineering)[1631]
  灵安堂(Columbarium)[1642]
  塔耶雷斯电气公司仓库(Talleres Electricos warehouse)[1634]
蒙迪加克,村落(Mundigak, village)[105]
蒙蒂尼宅,里约热内卢(Montigny House, Rio de Janeiro)[1282]
蒙蒂塞洛,夏洛茨维尔附近,弗吉尼亚州(Monticello, near Charlottesville, Virginia)*1275*[1278]
蒙哥马利·梅格斯(Meigs, Montgomery, 1816~1892),美国建筑师[1288]
蒙古王朝(Mongol dynasties)[188][597][638]

蒙哈塔,房屋群落(Munhata, houses)[33][35]
蒙霍克山庄,新帕尔兹,纽约(Mohonk Mountain House, New Paltz, New York)[1295]
蒙居克里小丘(居住建筑) (Monjukli Depe)[37]
蒙克嘎德学校,索伯格,哥本哈根(Munkegard School, Soborg, Copenhagen)[1483]
蒙克雷府邸,弗朗什孔泰(Château Moncley, Franche-Comté)[1006]*1007*
蒙雷阿莱大教堂(Monreale, Cathedral)*330*[332][366][370]*376*[379]
蒙罗(Munro, A.),荷兰18世纪建筑师[1063]
蒙马特尔圣约翰教堂,巴黎(S.Jean-de-Montmartre, Paris)[1212]*1213*[1400]
蒙茅斯市政厅(Monmouth Town Hall)*860*
蒙莫朗西府邸,巴黎(Hôtel de Montmorency, Paris)[1002]
蒙塔兰(Montaland, C.),阿尔及利亚建筑师[1563]
蒙塔纳街公寓,巴塞罗那(Calle Muntaner apartment, Barcelona)[1444]
蒙塔丘特府邸,萨默塞特郡(Montacute House, Somerset)*1071*[1073]*1075*
蒙台梭利教育学院,代尔夫特(Montessori School, Delft)[1481]
蒙特堡,阿普利亚(Castel del Monte, Apulia)*586*[587]
蒙特霍宅,梅里达,墨西哥(House of Montejo, Mérida, Mexico)[1261]
蒙特利尔(Montreal,加拿大)
  玛丽女王大教堂(Cathedral of Mary Queen of the World)[1283]
  圣母教堂(Notre-Dame church)[1283]
蒙特普尔恰诺(Montepulciano,意大利)
  加涅蒂府邸(Palazzo Gagnati)*884*
  圣布莱斯圣母教堂(Madonna di S.Biagio)*910*[915]
  锡耶纳市政厅(Palazzo Publico)*585*[587]
蒙特普尔恰诺市政厅(Palazzo Pubblico, Montepulciano)*585*[587]
蒙特西托里奥府邸,罗马(Palazzo di Montecitorio, Rome)[952]
蒙托克大楼,芝加哥(Montauk Building, Chicago)[1290]
孟福特和勒克(Mountfort and Luck)[1381]
孟-高棉时期(Mon-Khmer period)[825]
孟加拉顶(晚期印度庙宇建筑中屋脊与屋檐呈曲线的屋顶)(bangaldar roof)[815]
孟加拉国(Bangladesh,亚洲)
  前殖民时期(pre-Colonial period)[667][668]
  议会堡,达卡(Citadel of the Assembly, Dhaka)[1733]
  自然特征(physical characteristics)[669]
孟加拉国首都综合体,达卡(Sher-e-Bangla Nagar, Dhaka)[1740]
孟买(Mumbai/Bombay,印度)
  埃尔芬斯通圈(Eliphinstone Circle)*1344*[1345]
  邦政府大楼(Secretariat)*1344*[1345]
  城堡(fortified town)[1328][1339]
  城市开发(urban development)[1339]
  电报大楼(Telegraph Office)[1345]
  法院大楼(Law Courts)*1344*[1345]

干城章嘉公寓(Kanchanjunga Apartments)[1740]*1743*
公共工程部大楼(Public Works Office)[1345]
孟买大学礼堂(University Convocation Hall)[1345]
孟买大学图书馆(University Library)*1344*[1345]
尼赫鲁科学中心(Nehru Science Centre)[1729]
全印度战争纪念门(印度门)(Gateway of India)[1720]*1723*
萨尔瓦卡奥教堂(Salvacao Church)[1729]
圣约翰福音教堂(Church of S.John the Evangelist)[1337]
市政厅(Town Hall)[1339]*1342*
泰姬陵饭店(Taj Mahal Hotel)[1274][1625]
威尔士亲王博物馆(Prince of Wales Museum)[1620]
维多利亚火车站(Victoria Railway Terminus)*1270*[1348]
象岛大湿婆石窟(Elephanta/cave)[791]*792*
英迪拉·甘地发展研究所(Indira Gandhi Institute of Development Research)[1736]
邮政大楼(Post Office)*1344*[1345]
早期殖民地点(early settlement)[1231][1339]
弥勒寺,益山郡(Miruksa pagoda, Iksan)[747]
弥生时代(Yayoi period)[674]
米达斯城,弗里吉亚(Midas City, Phrygia)[97]
米德尔堡(Middleburg,荷兰)
  教堂(church)[543]
  圣彼得大厦(S.Peter's House)[544]
  市政厅(town hall)[544]
米德尔教堂大厅,伦敦(Middle Temple Hall, London)[1074]*1078*
米德尔塞克斯(Middlesex,英国)
  格里姆爵府邸,哈罗(Grim's Dyke, Harrow)[1192]
  鲁特姆公园,南米姆斯(Wrotham Park, South Mimms)[1104]
  斯特罗伯里山庄,特威克纳姆(Strawberry Hill, Twickenham)[1114]*1115*
米德兰银行,普尔特利,伦敦(Midland Bank, Poultry, London)[1422]*1427*
米底建筑(Median architecture)[97]
米尔顿凯恩斯新城(Milton Keynes New Town)[1467]
米尔桑大厦,第戎(Maison Milsand, Dijon)[983]
米尔神庙,利兹(Temple Mill, Leeds)*1165*[1166]
米尔斯公寓,布利克街,纽约(Mills House(The Atrium), Bleecker Street, New York)[1281]
米尔维奥桥,罗马(Ponte Milvio, Rome)[967]
米尔约住宅,约翰内斯堡(Casa Miljo, Johannesburg)[1564]
米尔詹商栈,巴格达(Khan Mirjan, building)[638]
米格尔·阿尔杜纳特(Aldunate, Miguel),智利建筑师[1296]

[1919]

米格尔·安赫尔·罗卡(Roca, Miguel Angel, 1936~), 阿根廷建筑师[1646]
米哈拉布, 壁龛(miharab/ prayer niche)[599][610]
米哈伊尔·波索金(Posokhin, Mikhail, 1910~1989), 莫斯科首席建筑师[1534]
米赫里马清真寺, 托普卡珀, 伊斯坦布尔(Mihrimar Mosque, Topkapi, Istanbul)[648]
米开罗佐·迪·巴尔托洛梅奥(Michelozzo di Bartolommeo, 1396~1472), 佛罗伦萨早期文艺复兴建筑师和雕塑家[888]
米凯莱·桑米凯利(Sanmicheli, Michele, 1484~1559), 意大利风格主义建筑师, 军事工程师[868][924]
米凯兰杰洛·西莫内蒂(Simonetti, Michaelangelo, 1724~1781), 意大利建筑师[966]
米凯里诺斯(门卡乌拉)金字塔(Pyramid of Mykerinos)[56]
米凯特清真寺, 吉达(Miqat Mosque, Jeddah)[1547]
米科角休闲中心, 洛恩佩斯托(Mikonkari Recreation Centre, Lohenpyrsto)[1453]
米克尔门城口, 约克(Micklegate Bar, York)[508]
米克文以色列犹太教堂, 威廉姆塔德(Mikve Israel Synagogue, Willemsted, Curaçao)[1273]
米克希和涅杰尔斯基, 捷克建筑师(Miksch and Niedzielski)[1206]
米拉德罗路 1129 号, 贝弗利山(1129Miradero Road, Beverley Hills)[1610]
米拉公寓大楼, 巴塞罗那(Casa Milá, Barcelona)[1444][*1446*]
米拉姆比卡学校, 德里(Mirambika School, Delhi)[1736]
米兰(Milan, 意大利)
    1948 年米兰三年展第八展区/ QT 8(QT 8 project)[1476]
    阿米亚塔山加拉拉泰塞 2 号住宅区(Monte Amiata housing, Gallaratese 2)[1480]
    埃尔韦蒂科学院(瑞士学院) (Collegio Elvetico/ Swiss Seminary)[943]
    布鲁塔大厦, 图拉蒂大街(Cà Brutta, Via Turati)[1414]
    第一蒙泰卡蒂尼办公楼, 莫斯科大街(First Montecatini Building, Via Moseova)[1415]
    福帕大街公寓大楼(Via Foppa apartment blocks)[1414]
    哈拉尔街(Via Harar)[1476]
    皇家贝尔焦约索离宫(Villa Reale Belgioioso)[967]
    火车站(Railway Station)[1413]
    集中营受难者纪念碑(Monument to the victims of concentration camps)[1476]
    加拉拉泰塞住宅区(Gallaratese housing block)[1477]
    卡尔拿西纳门(Porta Carnasina)[967]
    卡斯蒂利奥内府邸(Palazzo Castiglione)[1413]
    鲁斯蒂奇公寓, 森皮奥讷大街(Casa Rustici, Corso Sempione)[1415]
    马尔基翁蒂·斯帕利亚蒂智障儿童研究所(Marchiondi Spagliardi Institute for Difficult Children)[1477]
    马里诺府邸(Palazzo Marino)[931][*934*]
    米兰大教堂(Cathedral)[*565*][*566*][*567*][568]
    米兰大教堂洗礼堂(Cathedral the Baptistery)[*307*][314]
    米兰总医院(Ospedale Maggiore)[*899*][900]
    帕维亚卡尔特修隐修院(Certosa di Pavia)[*898*][901]
    皮雷利大楼(Pirelli Building)[1477][*1478*]
    塞尔贝洛尼府邸(Palazzo Serbelloni)[966]
    圣安布罗斯教堂(S.Ambrogio)[207][*366*][367][*371*][374][901]
    圣保罗与巴拿巴教堂(SS.Paolo e Barnaba)[932]
    圣费代莱教堂(S.Fedele)[932]
    圣洛伦索教堂(S.Lorenzo)[299][304][*307*]
    圣母恩泽教堂(S.Maria delle Grazie)[*899*][901]
    圣母礼拜堂, 圣萨蒂罗教堂(S.Maria presso S.Satiro)[901]
    圣欧斯托希奥教堂(波尔蒂纳里礼拜堂)(S.Eustorgio/ Portinari Chapel)[900]
    圣塞巴斯蒂安教堂(S.Sebastiano)[932]
    圣约瑟教堂(S.Giuseppe)[943][*944*]
    斯卡拉歌剧院(La Scala)[*964*][966]
    提契诺门(Porta Ticinese)[967]
    天主教大学(Catholic University)[1414]
    威尼斯门(Porta Venczia)[967]
    维拉斯卡塔楼(Torre Velasca)[1477]
    维托里奥·伊曼纽尔拱廊(Galleria Vittorio Emanuele)[1153][1183][*1186*]
米兰·兹罗科维奇(Zlokovic, Milan, 1898~1965), 南斯拉夫建筑师[1515]
米兰大教堂洗礼堂(Cathedral of Baptistery, Milan)[*307*][314]
米兰街 11 号, 巴黎(Rue de Milan No. 11 Paris)[1197][*1198*]
米兰总医院, 米兰(Ospedale Maggiore, Milan)[*899*][900]
米勒宅, 布拉格(Müller House, Prague)[1498][*1500*]
米利都(Miletus, 土耳其)
    广场(agora)[166]
    米利都柱廊(stoa)[163]
    议事堂(Bouleutcrion/ council house)[*165*][168]
米利都的伊西多勒斯(Isodorus of Miletus, 活动期为 6 世纪), 希腊建筑师、工程师[315]
米卢廷(Milutin, King, 1282~1321), 塞尔维亚王国国王[338]
米洛什·佩罗维奇(Perovic, Milos, 1898~1965), 南斯拉夫建筑师、规划师[1515]
米马尔·维达特(Vedad, Mimar, 1873~1942), 土耳其第一个专业建筑师[1536]
米那穆赫台塔, 库费(Minar Mujdeh, Kerbala)[616]
米纳卡包文献中心, 巴当班让, 苏门答腊(Minangkabau Document Centre, Padang Panjang, Sumatra)[1316][*1317*]
米尼亚斯宝库, 奥科美那斯(Orchomenos, Treasury of Minyas)[117]
米诺斯文明(Minoan civilisation)[14]
    克诺索斯宫(Knossos)[112]
    住宅建筑(domestic architecture)[113]
米切尔/斯托特宅, 奥克兰(Mitchell/ Stout House, Auckland)[*1770*][1771]
米斯尔银行, 开罗(Bank Misr, Cairo)[1562]
米斯特拉宫(Palace at Mistra)[334]
米特拉(Mitla, 墨西哥)
    米特拉宫(palaces)[691][*720*]
    柱殿(Palace of the Columns)[707][716][*720*]
米特宅(Mit Rehan)[1573]
米夏埃尔·戈特利布·比克纳·宾德斯伯尔(Bindesbøll, Michael Gottlieb Birkner, 1800~1856), 丹麦建筑师[1157]
米夏埃尔·希斯科维茨(Szyszkowitz, Michael, 1944~), 奥地利建筑师[1450]
米歇尔·德克勒克(Klerk, Michel de, 1884~1923), 荷兰建筑师[1432]
米歇尔·卡甘(Kagan, Michel, 1953~), 法国建筑师[1459]
米歇尔·鲁-施皮茨(Roux- Spitz, Michel, 1888~1957), 法国建筑师[1403]
米歇尔斯丝织厂, 新韦斯, 波茨坦(Michel's Silk- Weaving Mill, Nowawes, Potsdam)[1407]
米亚内, 佐哈克堡(Mianeh, Qala- i- Zohak)[605]
密涅瓦·梅迪卡神庙(医药女神庙), 罗马(Temple of Minerva Medica, Rome)[*286*][*292*][293]
密涅瓦上的圣母教堂, 罗马(S.Maria sopra Minerva, Rome)[*581*][583]
密苏里州(Missouri, 美国)
    联合车站, 圣路易斯(Union Station, St.Louis)[1288]
    温赖特大楼, 圣路易斯(Wainwright Building, St.Louis)[*1293*][*1294*][1295]
    伊兹桥, 圣路易斯(Eads Bridge, St.Louis)[1296]
密歇根州(Michigan, 美国)
    匡溪学校和博物馆, 布卢姆菲尔德希尔斯(Cranbrook Schooland Museum, Bloomfield Hills)[1593]
    通用汽车技术中心, 沃伦(General Motors Technical Centre, Warren)[1610]
    威尔逊法官大楼, 安阿伯(Judge Wilson House, Ann Arbor)[1279]
缅甸(Burma, 亚洲)
    勃固(Pegu)[1318][*1319*]
    材料(resources)[688]
    建筑实例(buildings examples)[826]~[830]
    建筑特征(architectural character)[823]
    历史(history)[681]
    前殖民时期(pre- Colonial period)[669]
    文化(culture)[686][687]
    自然特征(physical characteristics)[670]
缅济热奇教堂(Miedzyrzecz Church)[1051]
妙喜庵茶室, 京都(Myokaian tea ceremony room)[774][*775*]
妙应寺白塔, 北京(White Pagoda in the Temple of Miaoying.Beijing)[*736*][738]
庙宇(三叶草形平面, 冈提亚(Ggantija,

中文版索引

庙宇,哈尔塔克西恩(Hal Tarxien, temple)[*230*][231][*232*]
庙宇遗址挖掘,希思罗(Heathrow, temple excavation)[237]
民间剧院,三宝垄(Folk Theatre, Semarang)[1704]
民众圣母教堂,罗马(S.Maria del Popolo, Rome)[902][915]
民族大厦,德里(Hall of Nations, Delhi)[1732]
民族宫,克卢什(Queluz, Palácio Nacional)[*1024*][1025]
民族文化宫,北京(Cultural Palace of the Nationalities, Beijing)[*1658*][1660]
民族形式,中国(National Style, China)[1551][*1560*]
明朝(Ming dynasty)[673][724]
明登大教堂(Minden Cathedral)[527]
明洞大教堂,首尔(Myong-dong Cathedral, Seoul)[*1314*][1315]
明噶拉窣堵坡,蒲甘(Mingalazedi Stupa, Pagan)[826]
明内蒂·德席尔瓦(Silva, Minnette de), 印度建筑师[1729]
明神鸟居(Myojin torii,日本)[*755*][756]
明十三陵,昌平(Shisanling Tombs, Changping)[731][*734*]
明辛根,工厂(Munsingen, Factory)[1485]
明亚宫(al-Minya, Palace)[614]
明政殿,昌庆宫,首尔(Myongjongjon, Ch'anggyonggung palace, Seoul)[*753*][754]
鸣沙山石窟,敦煌(Mingshashan Grottoes, Dunhuang)[739]
铭功路(Ming Kung Su)[108]
模板,鹰架(centering)[213]
模板,用于混凝土浇注(formwork, for concrete)[213]
模范农庄运动,英国(model village movement, Britain)[1156]
模数系统(kiwari/ modular system)[769]
模型的应用(models, use of)[28][869][873]
摩尔布里庄园,伯克利县,南卡罗来纳州(Mulberry, Berkeley County, South Carolina)[1264]
摩尔达瓦学派(Moldavian school)[339]
　穹隆/拱券(dome/ vaulting)[216][339][*340*]
摩根、沃尔斯和克莱门茨事务所(Morgan, Walls and Clements), 美国建筑师事务所[1596]
摩根斯特宅,开普殖民地(Morgenster, Cape Colony)[1245]
摩诃纳尔湿婆神庙,梅纳尔(Mahanaleshvara temple, Menal)[803]
摩诃提婆神庙(Mahadeva temple)
　贝纳(Behna)[814]
　伊塔吉(Ittagi)[809][*810*]
　佐德伽(Jhodga)[803][*805*]
摩诃提婆神庙,克久拉霍(Kandariya Mahadeva, Khajuraho)[*802*][803]
摩诃提婆神庙,佐德伽(Jhodga, Mahadeva temple)[803][*805*]
摩亨约达罗(Mohenjodaro, 巴基斯坦)[26][28][104][*106*][107]~[108]
　摩亨约达罗大谷仓(Granary)[108]
　摩亨约达罗大浴场(Great Bath)[108]

院落式建筑(courtyard houses)[818]
摩柯提婆神庙,喜马偕尔邦,贝纳(Behna, Himachal Pradesh, Mahadeva temple)[814]
摩拉瓦旅馆,布拉迪斯拉发(Hotel Morava, Bratislava)[1498]
摩拉瓦学派(Morava school)[339]
摩洛多瓦1号(Molodova I)[226][*227*]
摩洛多瓦5号(Molodova V)[228]
摩洛哥(Morocco, 非洲)
　阿伊特本哈杜(Ait Ben Haddon)[662]
　布梅安杜达代斯旅馆,布梅安(Hotel Bourmaine du Dades)[1574]
　卡斯巴老城区(kasbahs)[661]
　拉巴特清真寺(Rabat mosque)[1574]
　迈迪格度假村,得土安省(M'Dig Holiday Village Resort, Tetouan Province)[1574]
　造纸厂(paper factory)[1566]
摩门大学,耶路撒冷(Mormon University, Jerusalem),见耶路撒冷近东研究中心
摩尼殿,隆兴寺(Mo-ni Hall, Longxing Monastery)[739][*740*]
摩哂陀跛摩湿婆神龛,甘吉布勒姆(Mahendravarmeshvara shrine, Kanchipuram)[804]
摩索拉斯陵墓,哈利卡纳苏斯(Helicarnassus, Mausoleum)[157]
摩天大楼,阿姆斯特丹(De Wolkenkrabber, Amsterdam)[1436]
摩天楼(skyscrapers)
　发展(development)[1260][1604][1616]
　美因河畔法兰克福(Frankfurt am Main)[1462]
　装饰艺术派(Art Deco)[1593]
摩西·赛弗迪(Safdie, Moshe, 1938~),以色列裔加拿大建筑师[1614][1697]
磨粉厂,新罕布什尔州(Amoskeag Mill, New Hampshire)[1295]
魔鬼宫殿(Casa del Diavolo),见波尔托·布雷甘泽府邸
莫伯日,战后重建(Maubeuge, post-War reconstruction)[1453]
莫达勒府邸,迪南附近(Château Modare, near Dinant)[1056]
莫蒂默·刘易斯(Lewis, Mortimer), 澳大利亚建筑师[1367]
莫蒂耶(Mortier, A.F.),法国建筑师[1197]
莫高窟,敦煌(Mogao Grottoes, Dunhuang)[739]
莫汉宫,乌代布尔(Mohan Mandir palace, Udaipur)[818]
莫莱姆圣朱利安教堂,卡波里奥(S.Julián de Moraime, Carboerio)[408]
莫里广场,爱丁堡(Moray Place, Edinburgh)[1107]
莫里斯·德萨利主教(Sully, Bishop Maurice de)[449][453]
莫里斯·勒鲁(Leroux, Môrice, 1896~1963),法国建筑师[1402]
莫里斯宫,海牙(Mauritshuis, The Hague)[*1058*][1059]
莫律兰(Leth-Moller, V.),丹麦建筑师[1652]
莫罗城堡,哈瓦那,古巴(Castillo del Morro, Havana, Cuba)[1266]
莫洛佐夫儿童医院,莫斯科(Morosov Children's Hospital, Moscow)[1521]
莫纳德诺克大楼,芝加哥(Monadnock Building, Chicago)[1290][*1291*]

莫纳谷住宅,塔斯马尼亚(Mona Vale, Tasmania)[1378]
梅奈悬索桥(Menai Suspension Bridge)[1166]
莫切尼戈别墅,布伦塔山(Villa Mocenigo, Brenta)[926][*928*]
莫萨·皮亚德工人培训中心,萨格勒布(Mosa Pijade Workers' Education Centre, Zagreb)[1516]
莫斯科(Moscow, 俄国)
　1935年莫斯科规划(1935 Plan)[1531]
　狄纳摩综合大楼(Dinamo complex)[1528][*1529*]
　多面宫(Faceted Palace)[*343*][349]
　儿童音乐剧院(Children's Musical Theatre)[*1533*][1535]
　高耸建筑方案(High Buildings scheme)[1531]
　国家贸易部大楼(Gostorog State Trading building)[*1527*][1528]
　合作总社大楼(Centrosoyuz Building)[1403]
　加夫里尔·塔拉索夫府邸和办公大楼(Gavril Tarasov Mansion and offices)[1519][*1520*]
　加里宁大街(Kalinin Prospect)[*1532*][1534]
　交通部大厦,红门(Ministry of Communications Building, Red Gates)[1531]
　救世主大教堂(Cathedral of the Saviour)[*354*][355]
　克里姆林宫圣母升天大教堂(Cathedral of the Assumption)[*354*][355]
　列宁国家图书馆(Lenin State Library)[*1527*][1528]
　列宁墓(Lenin Mausoleum)[*1527*][1529]
　梅尔尼科夫宅和工作室(Melnikov house and studio)[1524]
　莫洛佐夫儿童医院(Morosov Children's Hospital)[1521]
　乔治圣母三位一体教堂(Church of the Trinity and of the Georgian Virgin)[1125]
　全俄联盟电器技术研究所,VEI(All-Union Electro-Technical Institute, VEI)[*1527*][1528]
　圣安娜受孕教堂(Church of the Conception of S.Anne)[*359*][360]
　圣巴西尔大教堂(Cathedral of S.Basil)[1124]
　圣灵教堂(Church of the Holy Spirit)[*354*][355]
　圣母代祷大教堂(Cathedral of the Virgin of the Intercession)[*359*][361]
　圣母代祷教堂,费里(Church of the Intercesion of the Virgin, Fili)[1125][*1126*]
　圣母领报大教堂(Annunciation Cathedral)[*350*][356][*357*]
　天使长大教堂(Church of the Archangel Gabriel)[1125]
　天使长米迦勒大教堂(Cathedral of the Archangel Michael)[356][*357*]
　"伊万大帝"钟塔('Ivan the Great' Bell Tower)[*357*][360]
莫斯科贸易协会办公与展示大楼(Moscow Trading Society offices and showrooms)[*1520*][1521]

[1921]

弗莱彻建筑史

巴什科夫大厦(Pashkov Palace)[1129][*1131*]
彼得罗夫斯基宫(Petrovsky Palace)[1129][*1131*]
顿河圣母隐修院老教堂(Old Cathedral, Monastery of the Virgin of the Don)[1125]
革命广场地铁站(Revolution Square Metro Station)[1531]
合作总社办公楼(Tsentrosoyuz office)[1524]
尖顶和帐篷顶教堂(spire- and tent-churches)[351]
崛起(rise of)[347][349]
里亚布辛斯基别墅(Riabushinsky villa)[1517][*1518*]
莫斯科大学建筑群(University complex)[1531]
莫斯科市政府员工卢萨科夫俱乐部(Rusakov club)[1524]
纳考姆芬财政人民委员会员工的集体住宅综合体(Narkomfin Building)[*1523*][1524][*1525*]
普拉涅尔纳亚俱乐部(Planemaia country club)[1535]
普洛列塔尔区文化宫(Palace of Culture, Proletarsky district)[1524]
沃罗诺沃俱乐部(Voronovo country club)[1535]
乌克兰饭店(Ukraina Hotel)[1534]
雅罗斯拉夫尔火车站(Yaroslavl Railway Station)[1519][*1520*]
莫斯科市苏维埃扩建(Moscow City Soviet extension)[1528][*1529*]
莫斯科市政府员工卢萨科夫俱乐部,莫斯科(Rusakov Club for Municipal employees, Moscow)[1524]
莫斯塔尔(Mostar,塞尔维亚)
　"高墓地"(acro- necropolis)[1516]
　旧城(Old Town)[1516]
莫斯特(旧称布吕克斯)教堂,波希米亚(Most/ Brux church, Bohemia)[521]
莫卧儿宫殿(Moghul palaces)[817]
莫卧儿王朝(Moghul dynasty)[597][636][680]
　建筑特征(building examples)[651]~[659]
莫卧儿喜来登酒店,阿格拉(Mughal Sheraton Hotel, Agra)[1741]
莫希文化中心(Moshi Cultural Centre)[1566]
莫夏夫,纳哈拉勒(Nahalal moshav)[1551]
莫夏夫合作居民点(moshavim/ collective settlements)[1551]
莫伊赛·雅可夫列维奇·金茨堡(Ginzburg Moisei Yakovlevich, 1892~1946),俄国建筑师、工程师[1524]
莫扎拉布建筑(Mozarabic architecture)[400][402]
莫扎特大街住宅,巴黎(Avenue Mozart, Paris)[1400]
墨尔本(Melbourne,澳大利亚)
　ICI 大楼(ICI Building)[1750][*1751*]
　奥林匹克游泳池(Olympic Swimming Pool)[1757]
　奥蒙德学院(Ormond College)[1369]
　澳大利亚大厦,伊丽莎白大街(Australia Building)[1359]
　博伊德宅(Boyd House)[1765]
　财政部大楼(Treasury)[*1373*][1375][*1376*]
　慈善医院(Mercy Hospital)[*1752*][1754]
　德拉蒙德大街办公楼(Drummond Street Office)[*1753*][1754]
　法院大楼(Law Courts)[1375]
　费瑟斯通宅(Featherston House)[1765]
　格朗茨宅(Grounds House)[1765]
　公共图书馆(Public Library)[*1374*][1377][1754]
　海关大楼(Customs Office)[1375]
　科林斯大街1号办公楼(1Collins Street)[*1753*][1754]
　理查森宅(Richardson House)[1765]
　墨尔本大学纽曼学院(Newman College of University)[1757][*1758*]
　墨尔本大学威尔逊楼(Wilson Hall of University)[1369]
　墨尔本展览馆(Exhibition Building)[1377]
　纽伯恩公寓(Newburn Flats)[1759]
　圣保罗教堂(S.Paul's Cathedral)[1369]
　圣方济各天主教堂(S.Francis' Catholic Church)[1367]
　圣帕特里克大教堂(S.Patrick's Roman Catholic Cathedral)[1369][*1370*]
　市政厅(Town Hall)[1375]
　首都剧院(Capital Theatre)[1757]
　苏格兰教堂(Scots Church)[1369]
　王妃剧院(Princess Theatre)[1359]
　威斯利教堂(Wesley Church)[1369]
　维多利亚艺术中心(Victorian Art Centre)[1759]
　文理学校(Grammar School)[1375]
　悉尼迈尔圆形音乐厅(Sidney Myer Music Bowl)[1759]
　耶稣复活教堂,基斯波卢(Church of Resurrection, Keysborough)[1757]
　邮政局(Post Office)[1375]
　政府大楼(Government House/ Office)[1375]
墨尔本大学,纽曼学院(Newman College, University of Melbourne)[1757][*1758*]
墨丘利神庙,巴亚(Temple of Mercury, Baia)[257]
墨西哥(Mexico,北美洲)
　20世纪的发展(Twentieth Century developments)[1630]
　埃卡拉宫,克雷塔罗(Ecala Palace, Querétaro)[*1263*][1265]
　奥科特兰圣堂,特拉斯卡拉(Sanctuary, Ocotlán, Tlaxcala)[1269][*1271*]
　奥林匹克体育场(Olympic Stadium)[*1638*]
　大学城(University City)[1635]
　瓜达拉哈拉大教堂(Guadalajara Cathedral)[1266]
　华雷斯剧院,瓜纳华托(Teatro Juárez, Guanajuato)[1289]
　俱乐部住宅项目(Ios Clubes housing scheme)[1635]
　奎拉潘隐修院(Monastery of Cuilapan)[1269]
　拉普里西马教堂,蒙特雷(Church of La Purisma, Monterry)[1634]
　历史(history)[1227]
　鲁菲诺博物馆(Rufino Museum)[1643]
　墨西哥大学宇宙射线馆(Cosmic Ray Pavilion of University)[1634][*1636*]
　墨西哥国立大学中心图书馆(University Central Library)[*1632*][1635]
　佩德雷加尔景观建筑项目(El Pedregal housing scheme)[1635]
　乔卢拉(Chohula)[1269]
　萨卡特卡斯大教堂(Zacatecas Cathedral)[*1268*][1269]
　萨莫拉大教堂(Zamora Cathedral)[1282]
　圣米迦勒教堂,阿连德(Church of San Miguel Allende)[1282]
　圣塞巴斯蒂安-圣普里斯卡教堂,塔斯科(SS.Sebastiany Santa Prisca, Taxco)[1269][*1270*]
　塔尔曼纳克罗隐修院(Monastery of Talmanalco)[1269]
　特波斯科卢拉隐修院(Monastery of Teposcolula)[1269]
　特佩阿卡隐修院(Monastery of Tepeaca)[1266]
　政府大厦,瓜达拉哈拉(Governmental Palace, Guadalajara)[1274]
墨西哥城(Mexico City,墨西哥)
　奥林匹克体育场(Olympic Stadium)[1635][*1638*]
　巴列·德奥里萨瓦伯爵宅(House of the Conde del Valle de Orizba)[1265]
　德肖波博物馆(De Chopo Museum)[1628][*1629*]
　迪诺苏亚雷斯市场(Dino Suarez market building)[1643]
　地震预防(earthquake precautions)[1634]
　弗里达·卡罗宅(Frida Khalo house)[1630]
　国家人类学和历史博物馆,查普特佩克公园(National Museum of Anthropology and History)[1635][*1639*]
　皇家矿业大学(Royal School of Mining)[1274]
　"卡米诺·雷阿尔"旅馆(Hotel'Camino Real')[1643]
　坎代拉利亚站(Candelaria Station)[1634]
　拉丁美洲塔楼(Torre Latino Americano)[1631]
　美术宫(Palace of Fine Arts)[1628][*1629*]
　墨西哥城大教堂(Cathedral)[1266][*1267*]
　墨西哥国立大学中心图书馆(National University of Mexico/ Central Library)[*1632*][1635]
　尼扎街办公楼(Calle de Niza office building)[1631]
　圣安东尼奥-阿布德市场(San Antonio Abud market buildings)[1643]
　圣安赫尔电影制片厂(San Angel Film Studios)[1643]
　圣巴托洛梅·德哈拉伯爵宅(House of the Conde de San Bartoloméde Xala)[1265]
　圣迹教堂(Medallia Milagrosa)[1634][*1636*]
　圣马特奥·德瓦尔帕雷索伯爵宅(House of the Condes de San Mateo de

中文版索引

Valparaiso)[1265]
塔拉·德贝里奥侯爵宅(House of the Marqués de Jaral de Betrrio)[1265]
体育宫(Palace of Sport)[*1633*][1634]
维斯卡伊纳学校(Vizcáinas)[1274]
卫星城塔雕群(Torres de Ciudad Satelite)[1635][*1636*]
耶稣医院(Hospital de Jésus)[1274]
总督宫(Palace of the Viceroys)[1274]
墨西哥大使馆,巴西利亚(Mexican Embassy, Brasilia)[1643]
默顿胡特墓塔(Tjandi Medhut)[*837*][838]
默顿学院,布莱克希尔思(Morden College, Blackheath)[*859*][*860*]
默顿学院,牛津(Merton College, Oxford)[*439*][1074][*1078*]
默哈伯利布勒姆(Mahabalipuram,印度)
　达摩罗阁战车神庙(Dharmaraja ratha)[*689*][693]
　浮雕阿周那苦修图(Arjuna's Penance relief)[*789*][808]
　海岸神庙(Shore Temple)[*689*][693][804]
　默哈伯利布勒姆石窟(caves)[*789*][791]
　毗诃罗(精舍)(Vihara Cave)[*784*]
　"五战车神庙"(Five Rathas)[804][*810*]
默克(Mocke, J.G.),南非建筑师[1246]
默西船坞与博德港,利物浦(Mersey Docks and Harbour Board, Liverpool)[1426]
默伊登堡,阿姆斯特丹附近(Castle of Muiden)[*542*][544]
"母屋"(内部核心,相当于殿身部分)(moya)[763]
母婴看护中心,巴格纳姆村,西孟加拉(Mother and Child Care Centre, Bagnam Village, West Bengal)[1744]
姆莱尼,住宅(Mvuleni, houses)[698]
木板式风格,美国('Shingle Style', United States)[1260][1281]
木构房屋,普兰顿平原(Plumpton Plain, timber huts)[234]
木构架风格,美国('Stick Style', United States)[1260][1279]
木构架住宅,奥察基-马古拉(Otzaki- Magula, timber- framed houses)[229]
木构架住宅,昌藜(Tsangli, timber- framed houses)[229]
木构教堂,豪尔泰伦(Hoaltålen, stave church)[432]
木匠窟,埃洛拉,马哈拉斯特拉邦(Vishvakarma, Ellora, Maharashtra)[*785*][786]
木结构(timber construction)[508][509][513]
　法国哥特式(French Gothic houses)[*473*][475]
　桁椽(trussed rafter)[1684][*1687*]
　框架式房屋(framed houses)[481][*512*]
　木结构教堂屋顶式样(alternative church roof styles)[*480*]
　伊斯兰(Muslim)[601]
　青铜时代(Bronze Age)[233]～[374]
　日本(Japan)[688][692]
　日本节点(Japanese joints)[*761*][762][763][769]
　史前(prehistoric)[*227*]
　斯堪的纳维亚(Scandinavia)[873]
　铁器时代(Iron Age)[235][237]

新石器时代(Neolithic)[228]～[229]
　早期使用(early uses)[21]
　中国(China)[*689*][691]
　中世纪时期(Mediaeval period)[481]
木栏,威尔特郡(Woodhenge, Wiltshire)[233]
木棚屋,索尔兹伯里,索尼高地(Thorny Down, Salisbury, timber huts)[234]
木屋结构,美国(log- cabin construction, American)[1260]
木质桩基础(pile foundations, wooden)[214]
牧师会教堂,托罗(Collegiate Church, Toro)[*404*][408]
墓地(cemeteries/ tombs)
　埃特鲁里亚(Etruscan)[246]
　覆顶的公墓(covered)[302]
　早期罗马(early Roman)[246]
墓塔(tjandi/ monuments)[*836*]
墓塔,波斯(Tomb towers, Persia)[631]
幕墙技术的发展(curtain wall development)[1261][1460]
　石墙(stone)[424]
慕尼黑(Munich,德国)
　奥林匹克公园体育建筑(Olympic Park/ sports buildings)[1462]
　奥斯拉姆办公楼(Osram offices)[1459]
　巴伐利亚国家博物馆(Bavarian National Museum)[1206]
　"德国屋"公共住宅('Deutschcs Haus' Public House)[1201]
　德国艺术之家(House of German Art)[1410]
　洞室院(Grottenhof)[1032]
　古代雕刻展览馆(Glyptothek)[1047]
　国王府邸(Konigsbau Residenz)[1047]
　路德维希教堂(Ludwigskirche)[1173]
　慕尼黑大门(Propylaea)[1047]
　慕尼黑大学解剖学院(University School of Anatomy)[1409]
　慕尼黑宫(Residenz)[1032]
　内波穆克圣约翰教堂(S.Johannes Nepomuk)[1042][*1045*]
　欧洲南方气象台,加尔兴(European Southern Observatory, Garching)[1462]
　圣米迦勒教堂(Church of S, Michael)[1033][*1034*]
慕尼黑大门,慕尼黑(Propylaes, Munich)[1047]
慕尼黑大学解剖学院(School of Anatomy, Munich University)[1409]
穆阿迪叶清真寺,开罗(Muaddiye Mosque, Cairo)[624]
穆阿拉加教堂,巴布伦修道院(Al Muallaka, Deir Bablun)[609]
"穆宾体系"('Mopin system'/ clading)[1431]
穆达尔·沙阿经学院,伊斯法罕(Madar- i- Shah Madrassa, Ispahan)[*643*][644]
穆迪扎尔建筑风格,西班牙伊斯兰风格(Mudéjar architecture)[1010]
穆罕默德·阿迭尔·沙赫苏丹墓,比贾布尔(Sultan Muhammed Adil Tomb, Bijapur)[653]
穆罕默德·马基亚(Makiya, Mohammed, 1914～　　),伊拉克建筑师[1542]
穆拉比特人(Almoravids)[627]
穆拉德清真寺,布尔萨(Murad Mosque, Bursa)[644]
穆萨瓦宫,埃斯索夫拉(Musawwarat es Sofra, Great Enclosure)[*697*][700]
伊斯兰建筑,北非(东部和中部)(North Africa/ Eastern and Central, Muslim architecture)[620]
伊斯兰建筑,北非(西部)(North Africa/ Western, Muslim architecture)[624]
穆斯坦绥尔经学院,巴格达(Mustansiriyeh Madrassa, Baghdad)[618][*619*]
穆特基清真寺,德里(Mothki Masjid mosque, Delhi)[637]
穆滕茨郊区的自由村(Freidorf, Muttenz suburb)[1412]
　堂区中心(Parish Centre)[1486]
穆提清真寺,阿格拉(Moti Masjid, Agra)[659]
穆提清真寺,德里(Moti Masjid, Delhi)[660]
穆瓦克韦尔神庙,戈杜穆鲁,泰米尔纳德邦(Muvarkovil, Kodumbalur, Tamil Nadu)[804]
穆谢市场,里昂(Les Mouches, Lyons)[1402]

N

拿破仑·勒布伦(Le Brun, Napoléon, 1821～1901),美国建筑师[1295]
那不勒斯(Naples,意大利)
　阿拉贡拱门,新城堡(Aragonese Arch, Castel Nuovo)[908]
　但丁广场(Piazza Dante)[966]
　皇家波焦离宫(Villa of Poggio Reale)[908]
　卡普阿纳门(Porta Capuana)[908]
　圣费利切府邸(Palazzo Sanfelice)[965]
　圣基亚拉教堂(S.Chiara)[583]
　圣洛伦索教堂(San Lorenzo)[583]
　圣母女王教堂(S.Maria Donna Regina)[583]
　翁贝托一世拱廊(Galleria Umberto I)[1183]
　新城堡(Castello Nuovo)[583]
那伽罗传统,印度寺庙建筑(Nagara tradition, Hindu temple architecture)[791][*796*]
那伽罗式的色诃里风格(Shekari mode, Nagara monuments)[799]
那烂陀,比哈尔(Nalanda, Bihar)[779]
那烂陀学院,特里凡得琅(Nalanda Institute, Trivandrum)[1741][*1745*]
那吒罗阁神庙,吉登伯勒姆,泰米尔纳德邦(Nataraja Temple, Chidamabaram, Tamil Nadu)[795]
纳博讷大教堂(Narbonne Cathedral)[467]
纳迪尔·阿达兰(Ardalan, Nader),伊朗建筑师[1548]
纳尔逊(Nelson,新西兰)
　基督堂(Christ Church)[1369]
　纳尔逊学院(College)[1369]
　省议会厅(Provincial Council chambers)[1369]
纳卡拉斯塔姆(Naksh- i- Rustam,伊朗)
　拜火庙(Fire Temple)[96][*99*][102]
　大流士墓(Tomb of Darius)[*99*][101]
纳考姆芬大楼,莫斯科(Narkomfin Buliding, Moscow)[*1523*][1524][*1525*]
纳拉亚南府邸(Narayanan residence)[1744]
纳兰戈的圣母教堂(S.Maria de Naranco)[*401*][402][*403*]

[1923]

纳尼的瓦尔马拉纳别墅,维琴察(Villa Valmarana ai Nani, near Vicenza)[967]
纳尼纳尼大楼,东京(Nani Nani Building, Tokyo)[1688][*1691*]
纳什詹土丘,建筑物废墟(Tepe Nush-i-Jan, buildings ruins)[97][*99*]
纳斯尔门,又名伊兹门,开罗(Bab an Nasr, Cairo)[621]
纳斯尔宅,开罗(Nasr House)[1573]
纳绥尔·穆罕默德经学院,开罗(an-Nasir Mohammed Madrassa, Cairo)[623]
纳绥尔·穆罕默德清真寺(an-Nasir Mohammed Mosque, Cairo)[623]
纳索·魏尔堡宫(Nassau Weilberg Palace),见皇家剧院,海牙
纳塔尔俱乐部(Natal Club)[1254]
纳西克(Nasik,印度)
　　3号毗诃罗(精舍)(Vichari III)[*784*]
　　"般度莱亚"僧伽蓝(Pandulenya)[*785*][788]
纳西索·帕斯夸尔·科洛梅尔(y Colomer, Narciso Pascual, 1803～1870),西班牙建筑师[1161]
纳西索·托梅(Tome, Narciso,约1694～1742),西班牙建筑师、雕塑家[1018]
纳扎雷纳斯大楼,利马(Nazarenas Building, Lima)[1631]
娜·波巴蒂(Bo Bardi, Lina),巴西建筑师[1642][1643]
奈杰尔·科茨(Coates, Nigel, 1949～　),英国建筑师[1688]
奈良(Nara,日本)
　　春日神社(Kasuga shrine)[*755*][756]
　　中山邸(Nakayama House)[1683]
奈维特(Knevitt, F.H.),近代在上海工作的英国建筑师[1299]
男爵山住宅区,厄勒布鲁(Baronbackarna housing, örebro)[1482]
南芭雅寺,蒲甘附近(Nan-Paya Temple, near Pagan)[826][*829*]
南大门,东大寺(Nandaimon/ Great South Gate, Todaiji)[*761*][*767*][768]
南大门,首尔(Namdaemun/ South Gate, Seoul)[*753*][754]
南非(South Africa,非洲)
　　开普敦城堡(Cape Town castle)[*1177*][*1238*]
　　殖民与后殖民时期(Colonial and post-Colonial period)
　　　　建筑实例(buildings examples)[1241][1245][1246][1249][1254][1255]
　　　　历史(history)[1239]
南非博物馆,开普敦(South African Museum, Cape Town)[1250]
南非储蓄银行(South African Reserve Bank)
　　开普敦(Cape Town)[1559]
　　约翰内斯堡(Johannesbug)[1559]
南非大楼,特拉法尔加广场,伦敦(South Africa House, Trafalgar Square)[1422]
南非大学,比勒陀利(University of South Africa, Pretoria)[1567]
南非图书馆,开普敦(South African Library, Cape Town)[1250]
南非学院,开普敦(South African College, Cape Town)[1249]

南非医学研究院,约翰内斯堡(South African Institutefor Medical Research, Johannesbuger)[1559][*1560*]
南弗朗教堂,居德布兰河谷(Gudbrandsal, Sør-Fron Church)[1150]
南哥德海尔顿住宅区,哥德堡(Södra Guldhelden housing, Gothenburg)[1482]
南公园大街公墓,加尔各答(South Park Street Cemetery, Calcutta)[*1335*]
南教堂,阿姆斯特丹(Zuiderkerk, Amsterdam)[1059]
南街住宅,布莱克海迪,伦敦(South Row, Blackheath, London)[1466]
南京(Nanjing,中国)
　　夫子庙商业街(Fuzimiao Shopping Street)[1669]
　　馥记大厦(Voh Kee Building)[1653]
　　国民大会堂(National Hall)[1653][*1655*]
　　金陵大学(Nanking University)[1652]
　　金陵饭店(Jinling Hotel)[1661]
　　金陵女子文理学院(Jinling College for Girls)[1652]
　　日军侵华南京大屠杀遇难同胞纪念馆(Memorial Museumtothe Big Massacre Victims)[1662]
　　外交部大楼(Ministry of Foreign Affairs)[1653]
　　五台山体育馆(Wutaishan Gymnasium)[1661][*1663*]
　　中山陵(Sun Yet-sen's Mausoleum)[1652][*1654*]
　　中央博物院(Central Museum)[1652][*1654*]
　　中央体育场(Central Athletic Stadiums)[1653]
　　中央医院(Central Hospital)[1653]
南卡罗来纳州(South Carolina,美国)
　　德雷顿府邸(Draylon Hall)[*1263*][1265]
　　迈尔斯·布鲁顿宅,查尔斯顿(Miles Brewton House, Charleston)[1265]
　　摩尔布里庄园,伯克利县(Mulberry, Berkeley County)[1264]
　　圣米迦勒教堂,查尔斯顿(S.Michael's Church, Charleston)[*1272*][1273]
　　县档案馆,查尔斯顿(County Record Office, Charleston)[1286]
南美洲(South America)
　　前殖民时期(pre-Colonial period)
　　　　地图(map)[703]
　　　　建筑实例(buildings examples)[716]
　　　　建筑特征(architectural character)[705]
南太平洋经济合作组织(SPEC)论坛秘书处,苏瓦,斐济(South Pacific Bureau for Economic Cooperation Forum Secretariat, Suva, Fiji)[1771]
南太平洋群岛(South Pacific islands)[1750]
南太平洋委员会总部,努美阿,新喀里多尼亚(South Pacific Commission Headquarters, Noumea, New Caledonia)[1771]
南沃克郡大教堂(Southwark Cathedral)[220][*472*]
南锡(Nancy,法国)
　　卡里埃广场(Place de la Carrière)[1001]
　　马若雷勒别墅(Villa Majorelle)[1400]
　　南锡大剧院(Grand Théâtre)[1400]
　　首席主教教堂(Church of the Primatiale)

[999]
　　斯坦尼斯拉斯广场(Place Stanislas/ Royale)[1001]
南亚(South Asia, pre-Colonial period)[667]～[668]
南洋技术研究院(Nanyang Institute of Technology)[1697]
难近母神庙,艾霍莱(Durga temple, Aihole)[809]
楠萨奇宫,萨里郡(Nonsuch Palace, Surrey)[1069]
讷格尔久尼山地,比哈尔(Nagarjuni Hills/ caves, Bilhar)[782]
"内凹砖"技术(recessed brick technique)[215]
内波穆克圣约翰教堂,慕尼黑(S.Johannes Nepomuk, Munich)[1042][*1045*]
内波穆克圣约翰朝圣礼拜堂,日贾尔(S.Johannes Nepomuk, Zdar, pilgrimage chapel)[1038]
内地钢铁大楼,芝加哥(Inland Steel Building, Chicago)[1610]
内尔松·巴亚尔多(Bayardo, Nelson),乌拉圭建筑师[1642]
内法斯莫乌恰墓地,阿克苏姆(Nefas Mawcha, Axum)[701]
内弗朗普拉建筑学院,艾哈迈达巴德(Navrangpura School of Architecture, Ahmedabad)[1729]
内阁办公大楼,吉隆坡(Secretariat Building, Kuala Lumpur)[1318][*1320*]
内华达法院,约翰内斯堡(Nevada Court, Johannesburg)[1563]
内觐见殿,法塔赫布尔西格里(Hall of Private Audience, Fatehpur Sikri)[653]
内克兰大街公寓,布拉格(Neklan Street apartment house, Prague)[*1491*][1492]
内克曼出口公司大楼,美因河畔法兰克福(Neckermann Export Company Building, Frankfurt am Main)[1460]
内罗毕(Nairobi,肯尼亚)
　　德拉梅尔大街开发(Delamere Avenue development)[1563]
　　法院(Law Courts)[1559]
　　高等法院办公楼(Crown Law Offices)[1566]
　　公寓街区规划(apartment blocks)[1563]
　　加米亚清真寺(Jamia Mosque)[1562]
　　肯尼亚塔会议中心(Kenyatta Conference Centre)[1576]
　　铁路总局(Railway Headquarters)[1559]
　　万圣大教堂(All Saints Cathedral)[1241]
　　政府大楼(Government House)[1559]
内穆尔,新城提案(Nemours, new town proposal)[1563]
内塞巴尔的教堂(Nessebâr)[338]
　　阿莱托尔基多斯圣约翰教堂(S.John Aleiturgetos)[338][*340*]
内廷,海牙(Binnenhof, The Hague)[544]
内维尔院,圣三一学院,剑桥(Nevile's Court, Trinity College, Cambridge)[1074]
内维格斯,教堂(Neviges, church)[*1376*]
"内阵"(祭坛)(naijin/ inner sanctuary)[765]
尼奥诺克萨,三位一体教堂(Nenoska, Church of the Trinity)[1127]
尼泊尔(Nepal,亚洲)
　　前殖民时代(pre-Colonial period)[667]～[668]

中文版索引

窣堵坡(stupas)[780]
自然特征(physical characteristics)[678]
尼德兰文艺复兴建筑(Netherlandish Renaissance style)[1053]
尼尔伯库拉尼戈·伯契齐亚教堂，帕拉费阿·杰可伯教区，华沙(Kósciól Niepokolanego NMP, Parafia S.W.Jakuba, Warsaw)[1508]
尼尔宫堡，开罗(Kasr el Nil Palace, Cairo)[1239]
尼古拉·埃格特维(Eigtved, Nicolai, 1701~1754)，丹麦建筑师[1137]
尼古拉·巴舍利耶(Bachelier, Nicholas，卒于1556)，法国建筑师[983]
尼古拉·杜布罗维奇(Dubrovic, Nikola, 1897~1967)，南斯拉夫建筑师[1514]
尼古拉教堂，汉堡(Nikolaikirche, Hamburg)[1173][*1175*]
尼古拉斯·恩里克斯·德尔·卡斯蒂略(del Castillo, Nicholas Enriquez)，墨西哥建筑师[1274]
尼古拉斯·格里姆肖(Grimshaw, Nicholas, 1939~)，英国建筑师[1475]
尼古拉斯·霍克斯穆尔(Hawksmoor, Nicholas，约1611~1736)，英国建筑师[873][1067][1090][1095][1096]
尼古拉斯-亨利·雅尔丹(Jardin, Nicolas-Henri, 1720~1799)，法国建筑师[1137]
尼赫鲁科学中心，孟买(Nehru Science Centre, Bombay)[1729]
尼赫鲁展览馆，普拉贾蒂广场，德里(Nehru Pavilion, Pragati Maidan, Dehli)[*1731*][1732]
尼赫鲁中心，德里(Nehru Place District Centre, Dehli)[1732]
尼加拉瓜街公寓，巴塞罗那(Calle Nicaragua/ apartments, Barcelona)[1484]
尼科尔斯(Nichols, J.C., 1880~1950)，美国地产家[1590]
尼科利尼(Nicolini, E.)，秘鲁建筑师[1642]
尼科洛·纳索尼(Nasoni, Niccolo, 卒于1773)，在葡萄牙工作的意大利建筑师、画家和雕塑家[1011][1025]
尼科洛·萨尔维(Salvi, Niccolo, 1696~1751)，意大利建筑师[965]
尼拉曼卡拉神庙，内姆(Niramankara temple, Nemam)[814]
尼罗尺，开罗(Nilometer, Cairo)[621][*622*]
尼罗河谷(Nile Valley，埃及)
　概述(description)[3]
　历史(history)[10]
　自然特征(physical characteristics)[5][6]
尼姆(Nîmes，法国)
　狄安娜神庙(Temple of Diana)[*267*][268]
　加尔桥(Pont du Card)[261]
　卡雷尔神庙(Maison Carrée)[245][*251*]
　图书馆和美术馆(Library and Art Gallery)[1458]
　圆形剧场(amphitheatre)[272]
尼姆鲁德城(卡拉城)(Nimrud, city)[*80*][*81*][82][*83*]
尼尼安·康珀爵士(Comper, Sir Ninian, 1864~1960)，英国建筑师[1421]
尼尼微城(Ninevah)[89]

尼日利亚传统艺术博物馆，乔斯(Jos, Museum of Traditional Nigerian Art)[1571]
尼尚塔希宅，伊斯坦布尔(House Nisantasi, Istanbul)[1536][*1539*]
尼斯(Nice，法国)
　罗克布吕讷住宅(Roquebrunne houses)[1403]
　圣贞德教堂(S.Jeanne d'Arc)[1403]
尼亚拉罗的平房，上格德(Nyaralo/ bungalow, Felsogod)[1505]
尼亚美(Niamey，尼日尔)
　法院(Court of Justice)[1573]
　太阳能研究中心(Solar Energy Research Centre/ ONERSOL)[1576]
尼亚姆考罗教堂，赞比亚(Niamkolo church, Zambia)[1240]
尼扎街办公楼，墨西哥城(Calle de Niza office building, Mexico City)[1631]
黏土，早期应用(clay, early use)[22][24]
黏土砖建造技术(earth construction)[1573]
鸟居(torii/ entrance gate，日本)[756]
涅盘宫，吴哥(Neak Pean shrine, Angkor)[835][*832*]
涅瑞伊得神庙，桑索斯(Xanthos, Nereid Monument)[*154*][157]
凝灰(建筑材料)(tufa/ building material)[212][868]
牛窗国际艺术节日中心(Ushimado International Arts Festival Centre)[1681]
牛顿墓(方案)(Tomb of Newton design)[1002]
牛街清真寺，北京(Niujie Mosque, Beijing)[*742*][745]
牛津(Oxford，英国)
　阿斯莫尔博物馆(Ashmolean Museum)[1157]
　大教堂(Cathedral)[496]
　大学博物馆(University Museum)[875][*1182*]
　大学画廊(University Galleries)[1157]
　基布尔学院(Keble College)[1187]
　拉德克利夫·卡梅拉图书馆(Radcliffe Camera)[1096][*1102*]
　拉德克利夫天文台(Radcliffe Observatory)[1114][*1115*]
　马格达伦学院(Magdalen College)[*443*]
　默顿学院(Merton College)[*439*][1074][*1078*]
　牛津郡圣玛丽玛格达伦教堂(S.Mary Magdalen Church)[*440*]
　女王学院(副校长宿舍)(Queen's College/ Provost's Lodgings)[1468]
　圣凯瑟琳学院(S.Catherine's College)[1468]
　圣希尔达学院(S.Hilda's College)
　　加登楼(Garden Building)[1468]
　　沃尔夫森楼(Wolfson Building)[1468]
　特洛林学院(Taylorian Institution)[1157]
　万灵学院(All Souls College)[1096]
　沃德姆学院(Wadham College)[1074][*1078*]
　伍斯特学院(塞恩斯伯里楼)(Worcester College/ Sainsbury Building)[*1470*]
　谢尔登剧院(Sheldonian Theatre)[1084][*1085*]

　新藏书楼(博德利图书馆)(Schools Building/ Bodleian Tower)[1074][*1078*]
　遵循奥古斯丁教义建造的隐修院(Augustinian priory)[423]
牛津大教堂(Oxford Cathedral)[1090]
牛津大学博物馆，牛津(University Museum, Oxford)[875][1178][*1182*]
牛津郡(Oxfordshire，英国)
　布莱尼姆宫(Blenheim Palace)[*1100*][*1102*]
　纽纳姆科特尼庄园(Nuneham Courtenay)[1110]
　圣马利亚教堂(S.Mary's, Baubury)[1120]
牛津郡圣母教堂(Magdalen College, Oxford)[*443*]
"牛眼"(一种顶楼的装饰窗)(gavashka motif)[799]
纽伯恩公寓，墨尔本(Newburn Flats, Melbourne)[1759]
纽博尔德宅，费城(Newbold House, near Philadelphia)[1585][*1587*]
纽伦堡(Nuremberg，德国)[*515*][522][*524*]
　纽伦堡城堡(Castle)[522]
　纽伦堡阅兵场(Parade Ground)[1410]
　佩勒府邸(Pellerhaus)[*1030*][1033]
　圣洛伦索大教堂(S.Lawrence)[*518*][522]
　圣母教堂(Frauenkirche)[522][*524*]
　圣塞尔巴德教堂(S.Sebald)[522]
　维尔德劳住宅区(Werderau garden suburb)[1404]
　自由城市(free city)[857]
纽纳姆科特尼庄园，牛津郡(Nuneham Courtenay, Oxfordshire)[1110]
纽纳姆学院，剑桥(Newnham College, Cambridge)[1201]
纽瑟姆兄弟(即塞缪尔·纽瑟姆和约瑟夫·纽瑟姆)(Newsom brothers/ Samuel Newsom, 1854~1908; Joseph Newsom, 1858~1930)，美国建筑师[1279]
纽约(New York，美国)
　TWA航站楼，艾德怀尔德机场(TWA Terminal, ldlewild Airport)[1612]
　爱乐音乐厅(今埃弗里·费希尔音乐厅)(Avery Fisher Hall)[1614]
　奥拉纳宅，哈得孙附近(Olana, near Hudson)[1279]
　巴西馆(Brazilian Pavilion)[1631]
　保障局大楼，布法罗(Guaranty Building, Buffalo)[1295]
　宾夕法尼亚火车站(Pennsylvania Station)[1580][*1582*]
　布鲁克林桥(Brooklyn Bridge)[1296]
　达科他公寓，中央公园西(The Dakota, Central Park West)[1281]
　大都会歌剧院(Metropolitan Opera House)[1614]
　大都会人寿保险公司塔楼(Metropolitan Life Tower)[1583]
　大都会艺术博物馆(Metropolitan Museum of Art)[1580]
　戴克曼宅(Dyckman House)[1264]
　帝国大厦(Empire State Building)[[*1594*][1596]
　蒂法尼宅(Tiffany House)[1281]

[1925]

弗莱彻建筑史

弗里德曼宅,普莱森特维尔(Friedman House, Pleasantville)[1603]
福特基金会办公大楼(Ford Foundation office building)[1616][*1617*]
富勒(富拉特隆)大楼(Fuller/ Flatiron Building)[1583]
感恩教堂(Grace Church)[1282]
古根海姆博物馆(Guggenheim Museum)[1610][*1611*]
国家设计学院(National Academy of Design)[1286]
哈珀兄弟印刷厂(Harper Brothers Printing Works)[1290]
汉诺威制造商信托银行(Manufacturers Hanover Trust Company building)[1607]
华盛顿广场(Washington Square)[1278]
简·迪特马斯宅,布鲁克林(Jan Dnmars House, Brooklyn)[1264]
捷克馆(Czech Pavilion)[1492]
克莱斯勒大楼(Chrysler Building)[1593][*1594*]
拉金大厦,布法罗(Larkin Building, Buffalo)[*1582*]
莱英商场(Laing Stores)[1290]
镭电华城音乐厅(Radio City Music Hall)[*1595*][1596]
里奇菲尔德大楼,洛杉矶(Richfield Building)[*1594*][1596]
利华大楼(Lever House)[1604][1607][*1608*]
联合国秘书处大楼(United Nations Secretariat)[1607][*1608*]
联排式住宅的设计(town house design)[1281]
林德赫斯特宅,塔里敦(Lyndhurst, Tarrytown)[1279]
林肯表演艺术中心(Lincoln Centre for the Performing Arts)[*1613*][1614]
伦诺克斯图书馆(Lenox Library)[1288]
论坛报大楼(Tribune Building)[1290]
罗马尼亚馆(Romanian Pavilion)[1513]
洛克菲勒中心(Rockefeller Center)[*1595*][1596]
每日新闻大楼(Daily News Building)[1593]
美国电话电报公司总部大厦(AT & T Telephone Company headquarters)[*1623*][1624]
蒙霍克山庄,新帕尔兹(Mohonk Mountain House, New Pallz)[1295]
米尔斯公寓,布利克街(Mills House/ The Atrium, Bleecker Street)[1281]
纽约产品交易所(Produce Exchange)[1290]
纽约公共图书馆(Public Library)[1288]
纽约世博会展览馆(方案) (Exhibition Building/ proposal)[1290]
纽约市法院大楼(City Halls of Justice)[*1280*]
纽约市拘留所(House of Detention)[1286]
纽约州剧院(New York State Theatre)[1614]
皮埃尔·洛里亚尔宅,塔克西多帕克(Pierre Lorillard House, Tuxedo Park)[1281]
胜家大楼(Singer Building)[1583]

圣保罗礼拜堂(S.Paul's Chapel)[1273]
圣帕特里克大教堂(S.Patrick's Cathedral)[1282]
圣三一教堂(Trinity Church)[1282]
世界贸易中心(World Trade Centre)[1614]
斯图尔特百货公司(A.T.Stewart Store)[1290]
威廉·范德比尔特府邸,第五大道(William K.Vanderbilt Mansion, Fifth Avenue)[1281]
沃特弗利特军火库(Watervliet Arsenal Store house)[1286]
西部联合电报大楼(Western Union Telegraph Building)[1290]
西点美国军事学院(礼拜堂和邮政总局)(US Military Academy/ Chapel and Post Headquarters, West Point)[*1579*][1580]
西格拉姆大楼(Seagram Building)[1604][1605]
锡拉丘兹储蓄银行,锡拉丘兹(New York State, Syracuse Savings Bank, Syracuse)[1290]
中央铁路总站(Grand Central Rail Terminal)[1580][*1581*]
中央犹太大教堂(Central Synagogue)[1283]
柱廊式联排住宅(Colonnade Row)[1278]
总站城(Terminal City)[1580]
纽约中央铁路总站,纽约(Grand Central Rail Terminal, New York)[1580][*1581*][*1582*]
农民与机械师银行,波茨维尔,宾夕法尼亚州(Farmers' and Mechanics' Bank, Pottsville, Pensylvania)[1289]
"农舍",纽波特,罗得岛(Chalet, Newport, Rhode Island)[1279]
农业村庄,利比亚(Libya, agricultural villages)[1562]
农业村庄,索马里(Somalia, agricultural villages)[1562]
农业大楼,阿尔及尔(Maison de l'Agriculture, Algiers)[1562]
农业综合技术科学院大楼,亚涅达(Agricultural Polytechnic Academic Building, Jäneda)[*1532*][1534]
奴库阿罗法俱乐部,汤加(Nuku'alofa Club, Tonga)[*1770*][1771]
奴拉尔-伊曼宫,布鲁奈(Istana Nural Iman, Brunai)[1707]
努比亚麦罗埃人住宅(Nubia Meroitic houses)[696]
努里亚·库布拉经学院,大马士革(Madrassa al- Nuriya al- Kubra, Damascus)[620]
努鲁奥斯曼清真寺,伊斯坦布尔(Nuru- osmaniye Mosque, Istanbul)[651]
努斯拉蒂耶建筑群,伊斯坦布尔(Nusretiye Complex, Istanbul)[651]
努瓦永大教堂(Noyon Cathedral)[466]
女神庙,哈托尔,丹达拉(Hathor, Dendera, Temple)[*68*][71]
"女王"祭坛庙,塔尔奎尼亚('Ara della Regina'Temple, Tarquinia)[245]
女王宫,吴哥,柬埔寨(Banteay Srei, temple)[830]
"女王克娄巴特拉之针"(方尖碑),伦敦泰晤士河畔('Cleopatra's Needle', Thames Embankment, London)[72]

女像柱(caryatids)[*136*][137]
女隐修院,卡昂(Abbaye- aux- Homames, Caen)[*389*][391]
女隐修院,乌斯马尔(Nunnery Complex, Uxmal)[691][707][716][*718*]
女子监狱,维尔茨堡(Women's Prison, Würzburg)[1051]
女子职业学校,安卡拉(Vocational School for Girls, Ankara)[1537]
挪威(Norway,欧洲)
　巴洛克风格,建筑实例(Baroque style, buildings examples)[1143]
　洛可可风格,建筑实例(Rococo style, buildings examples)[1143]
　文艺复兴风格,建筑特征(Renaissance style, architectural character)[1133]
　新古典主义风格,建筑实例(neo- Classical style, buildings examples)[1150]
挪威银行,奥斯陆(Norwegian Bank, Oslo)[*1147*][1150]
诺夫哥罗德(Novgorod,俄国)[347]
　妇女运送涂油仪式用油教堂(Church of the Women carrying Anointing Oil)[*358*][360]
　救世主堂(Church of the Saviour)[*341*][347]
　圣狄奥多尔·斯特拉特莱茨教堂(Church of S.Theodore Stratelates)[*346*][355]
　圣乔治教堂(Cathedral of S.George)[*346*][352]
　圣索非亚大教堂(Cathedral of S.Sophia)[*343*][351]
　尤里耶夫隐修院(Yur'yev Monastery)[*346*][352]
　钟塔,格鲁济诺(Bell Tower, Gruzino)[1133]
诺福克郡(Norfolk,英国)
　霍顿大厦(Houghton Hall)[1101]
　霍克汉姆大厦(Holkham Hall)[1101][*1106*]
　霍姆宅,霍尔特(Home Place, Holt)[1216]
　凯尔斯住宅区,盖尔德斯通(Kells Acres, Geldeston)[1464]
　斯米瑟顿中学,亨斯坦顿(Smythdon Secondary School, Hunstanton)[1467]
诺克斯教堂,达尼丁(Knox Church, Dunedin)[1381]
诺里奇(Norwich,英国)
　大教堂(Cathedral)[424][*471*][491]
　　平面图(plan)[*487*]
　东英吉利亚大学(University of East Anglia)[1467]
　市政大楼(Municipal Buildings)[1426][*1429*]
诺曼(Norman, A.C.A.),英国建筑师[*1248*][1318]
诺曼·福斯特爵士(Foster, Sir Norman, 1935~　　　),英国建筑师,1999年获普里茨克建筑奖[1458][1471][1716]
诺曼·伊顿(Eaton, Norman),南非建筑师[1564][1571]
诺曼底(地区)(Normandy,法国)
　阿内府邸(Château d'Anet)[978][*984*]
　哥特风格,建筑实例(Gothic style, examples)[459]

[1926]

中文版索引

诺曼风格(Norman Style)
    窗(windows)[440]
    墩柱,柱头和柱础(piers, caps and bases)[442]
    跨间(bays)[437]
    入口(doorways)[439]
    线脚(mouldings)[443]
    柱头(carved capitals)[441]
诺曼式和早期英格兰式处理手法的比较(Transitional style, comparative treatmentofbays)[437]
诺曼庄园,克赖斯特彻奇(Norman House, Christchurch)[430][431]
诺墓塔清真寺,巴尔赫(No Gunbad Mosque, Balkh)[631]
诺森伯兰郡(Northumberland,英国)
    鲍弗朗特堡(Beaufront Castle)[1161]
    克雷格塞德府邸(Cragside)[1192]
    林迪斯法内城堡(Lindisfarne Castle)[1222]
    梅尔顿公园(Meldon Park)[1161]
    诺尼教堂(Nunnykirk)[1161]
    切斯特斯宅(Chesters)[1216][1218]
    锡顿德勒沃尔府邸(Seaton Delaval)[1096][1103]
诺森伯兰郡的罗马建筑(Northumbrian Roman architecture)[415]
诺斯特维克(Nostvik, K.H.),肯尼亚建筑师[1576]
诺瓦别墅,圣约翰,巴巴多斯(Villa Nova, S.John, Barbados)[1265]
诺瓦拉(Novara,意大利)
    圣高登齐奥教堂(S.Guadenzio(cupola)[1192]
    洗礼堂(Baptistery)[367]
诺瓦耶公馆,圣日尔曼(Hôtel de Noailles, S.Germain)[996]
诺亚方舟大楼,札幌(L´Arcadi Noé building, Sapporo)[1688][1691]
诺伊多夫花园郊区,斯特拉斯堡(Neudorf garden suburb, Strasbourg)[1404]
诺伊马克别墅,布尔诺-皮萨基(Villa Neumark, Brno- Pisarky)[1498]

O

欧登塞大学,欧登塞(Odense University)[1483]
欧鲁普雷图,巴西(Ouro Preto Penitentiary, Brazil)[1274]
欧迈尔清真寺,博斯拉(Umar Mosque, Basra)[614]
欧内斯特·奥本海默生命科学综合楼,约翰内斯堡(Ernest Oppenheimer Life Sciences Complex, Johannesburg)[1567]
欧内斯特·弗拉格(Flagg, Ernest, 1857~1947),美国建筑师[1281][1288]
欧内斯特·牛顿(Newton, Ernest, 1856~1922),英国建筑师[1421]
欧内斯特·普利施克(Plischke, Ernest, 1903~1993),奥地利裔新西兰建筑师[1766]
欧内斯托·本赫(Bunge, Ernesto),阿根廷建筑师[1282]
欧奈-欧普朗谢,马恩河畔(Aulnay- aux- Planches, Marne)[238]
欧佩尔大楼,贝尔格莱德(Opel Building, Belgrade)[1515]
欧仁·埃马纽埃尔·维奥莱-勒-杜克(Viollet- le- Duc, Eugène Emmanuel, 1814~1879),法国建筑师[1152][1154][1155][1174][1192][1197]
欧仁·弗雷西内(Freyssinet, Eugène, 1879~1962),法国工程师,钢筋混凝土结构的创始人[1402][1455]
欧塞尔大教堂(Auxerre Cathedral)[466]
欧坦(Autun,法国)
    城门(city gates)[274]
    欧坦大教堂(Cathedral)[384][390]
    圣安德雷门(Porte S.André)[260][274]
    雅努斯神庙(Temple of Janus)[266][268]
欧文·乔恩斯(Jones, Owen, 1809~1874),英国建筑师[1173]
欧文·威廉姆斯爵士(Williams, Sir Owen, 1890~1969),英国工程师[1426]
欧洲(Europe)
    1900~1945年发展(developments)[1389][1393]~[1396]
    建筑实例(buildings examples)
        1830~1850年[1157][1161][1166][1167][1173]
        1850~1870年[1174][1179][1183][1187][1192]
        1870~1900年[1197][1201][1206][1207][1212][1216]
    建筑特征(architectural character)
        1830~1850年[1151]~[1153]
        1850~1870年[1153]~[1154]
        1870~1900年[1154]~[1155]
    史前时期(prehistory)[177]~[181][194]
    地图(map)[225]
    文艺复兴时期的历史(Renaissance period history)[846][848]
    文艺复兴以后(post- Renaissance period)
        建筑特征(architectural character)[1151]
        历史(history)[864]~[866]
欧洲南方气象台,加尔兴,靠近慕尼黑(European Southern Observatory, Garching, near Munich)[1462]

P

帕埃斯图姆(Paestum,意大利)
    巴西利卡(Basilica)[140]
    波塞冬神庙(Temple of Poseidon)[119][125]
    刻瑞斯(丰收女神)神庙(Temple of Ceres)[119][140][148]
    尼普顿神庙(Temple of Neptune)[119][143][144][148]
帕德博恩大教堂(Paderborn Cathedral)[527]
帕德萨韦宅,南澳大利亚(Padthaway, South Australia)[1378]
帕德沙清真寺,拉合尔(Badshai Mosque, Lahore)[660]
帕蒂达尔公寓,约翰内斯堡(Patidar Mansions, Johannesburg)[1563]
帕蒂森宅,怀帕瓦(Pattison House, Waipawa)[1768]
帕丁顿车站,伦敦(Paddington Station, London)[1183]
帕多瓦(Padua, Padova,意大利)
    仓库(warehouse)[1477]
    科尔纳罗敞廊和音乐亭(Loggia and Odeo Cornaro)[919]
    佩德罗奇二号(Il Pedrochino)[1161]
    佩德罗奇咖啡馆(Caffè Pedrocchi)[967][1163]
    圣安东尼奥教堂(S.Antonio)[570][571]
    韦斯科维别墅,卢韦利亚诺(Villa dei Vescovi)[919]
帕多瓦的圣安东尼奥教堂,贝尔格莱德(S.Anthony of Padua, Belgrade)[1514]
帕尔马(Parma,西班牙)
    法尔内塞剧场(Teatro Farnese)[944][946]
    洗礼堂(Baptistery)[366][379]
帕尔体操学校,帕尔(Gymnasium School, Paarl)[1249]
帕加马(Pergamon,意大利)
    阿斯克勒庇俄斯·索特尔神庙(Temple of Asklepios Soter)[268]
    萨拉贝姆神庙(Serapeum)[288]
帕加马(Pergamum,土耳其)[173]
    雅典娜神庙(Temple of Athena Polias)[162]
帕卡斯多普教区教堂(Pacaltsdorp Mission Church)[1249]
帕拉奥洛基复兴(Paleologan Renaissance)[338][339]
帕拉弟奥复兴风格(Palladian revival style)[846][862][873]
    拱门和底座(arches and pedestals)[1113]
帕拉蒂纳门,都灵(Porta Palatina, Turin)[275]
帕拉丁礼拜堂,巴勒莫(Capella Palatina, Palermo)[376][382]
帕拉费阿尔耐·兹巴维契亚教堂,华沙(Kósciól Parafialny Zbawiciela, Warsaw)[1508]
帕拉弗莱尼埃圣安娜教堂,罗马(S.Anna dei Palafrenieri, Rome)[937]
帕拉戈尼亚别墅,巴盖里亚(Villa Palagonia, Bagheria)[965]
帕拉马塔(Parramatta,澳大利亚)
    卡姆登圣约翰教堂(S.John´s)[1367]
    骑兵兵营(Lancer Barracks)[1363][1365]
    伊丽莎白农场(Elizabeth Farm)[1352][1363]
    政府大楼(Government House)[1363]
帕拉斯科娃-皮亚特尼卡教堂,切尔尼戈夫市场(Paraskeva- Pjatnica Churchinthe Market, Chernigov)[352]
帕拉瓦伊宅,泰晤士附近(Parawai, near Thames)[1384][1385]
帕雷高原(Plateau- Parrain)[226][227]
帕利奥门,维罗纳(Porta Palio, Verona)[920][925]
帕玛市场改革俱乐部,伦敦(Reform Club, Pall Mall, London)[1161][1163]
帕米勒圣母教堂,奥德纳尔德(Notre Dame de la Pamele, Oudenarde)[534][543]
帕姆温室,基尤植物园,伦敦(Palm House, Kew Gardens)[1167][1170]
帕纳塔兰(Pranbanam,印度尼西亚)
    罗罗章格朗湿婆庙(Shiva Temple of Loro Djongrang)[837][838]
    神殿(shrines)[838]
帕萨迪纳的甘布尔宅(Pasadena, Gamble House)[1590]
帕萨尔加德(Pasargadae,伊朗)[8][18][28]

（续前页）[101]

帕思中心女子宿舍，寂乡(Path Bhavan Girls'Hostel, Santiniketan)[1744][*1746*]

帕斯夸莱·波钱蒂(Poccianti, Pasquale, 1774~1858)，意大利建筑师[968]

帕塔达卡尔(Pattadakal，印度)
　卡纳塔克高原(Karnataka)[791]
　维卢帕克萨神庙(Virupaksha temple)[*806*][808]
　希诃罗(shikara)[*797*][798]

帕台农神庙，雅典，希腊(Parthenon, Athens)[121][*118*][*119*][*120*][129][*131*][*132*][242]

帕特里克·罗斯(Ross, Patrick)，英国军人，建筑师[1337]

帕维尔·亚纳克(Janak, Pavel, 1882~1956)，捷克建筑师[1492][1497]

帕维亚(Pavia，意大利)
　大教堂(Cathedral)[900]
　圣卡洛·博罗梅(Collegio Borromeo)[931]
　隐修院(La Certosa)[571][*579*]

帕维亚，隐修院(La Certosa, Pavia)[571][*579*]

帕西菲克·帕利塞兹，加利福尼亚州(Pacific Palisades, California)[*1600*][1603]

帕伊米奥疗养院(Paimio Sanatorium)[1443][*1445*]

排云殿，北京(Cloud Dispelling Hall, Beijing)[*728*][730]

潘地亚王朝(Pandyan kingdom)[678]

潘吉姆，堡垒城镇(Panaji, Goa, fortified town)[1328]

潘克拉茨公寓，布拉格(Pankrac Apartments, Prague)[1494]

潘普拉(Pampulha，巴西)
　卡西诺(Casino)[1634]
　圣方济各礼拜堂(S.Franciso Chapel)[*1633*][1634]

潘普洛纳大教堂(Pamplona Cathedral)[549][1019]

潘恰蒂基-希梅内斯府邸，佛罗伦萨(Palazzo Panciatichi- Ximenes, Florence)[895]

潘萨府邸，庞贝(House of Pansa, Pompeii)[*259*][260]

潘尚格宅，朗福德附近，塔斯马尼亚(Panshanger homestead, near Longford, Tasmania)[1364][*1366*]

潘塔内里，开罗(Pantanelli, C.)[1239]

潘西奥住宅，图尔库附近(Pansio, near Turku)[1451]

盘龙城，商代宫室建筑(Banlongzheng, palace)[110]

庞贝(Pompeii，意大利)
　巴西利卡(Basilica)[256]
　大剧场(Large Theatre)[257]
　法翁府邸(House of the Faun)[261]
　广场浴场(Forum Baths)[242]
　潘萨府邸(House of Pansa)[*259*][260]
　斯塔比亚澡堂(Stabian Baths)[256]
　外科医生府邸(House of the Surgeon)[246]
　圆形剧场(Amphitheatre)[257]

庞贝宫，维罗纳(Palazzo Pompei, Verona)[*923*][924]

庞斯德利昂饭店，圣奥古斯丁，佛罗里达州(Ponce de Leon Hotel, S.Augustine, Florida)[1295]

旁遮普大学昌迪加尔(Punjab University, Chandigarh)[1728]

旁遮普大学美术馆(Fine Arts Museum)[1728]

旁遮普工学院，昌迪加尔(Punjab Engineering College, Chandigarh)[1728]

培根城堡，萨里县，弗吉尼亚州(Bacon's Castle, Surry County, Virginia)[*1262*][1264]

佩昂村，住宅(Peon village, housing)[1725]

佩得罗·巴塞纳，智利建筑师(Vasena, Pedro)[1296]

佩德·维尔海姆·詹森·克林特(Klint, Peder Vilhelm Jensen, 1853~1930)，丹麦建筑师[1155]

佩德雷古柳小学和健身房，里约热内卢(Pcdregulho school and gymnasium, Rio de Janeiro)[1634]

佩德雷加尔景观建筑项目，墨西哥(El Pedregal housing scheme, Mexico)[1635]

佩德罗·布埃诺(Bueno, Pedro)，墨西哥建筑师[1274]

佩德罗·拉米雷斯·巴斯克斯(Vazquez, Ramirez, 1919~)，墨西哥建筑师[1635]

佩德罗·里韦拉(Ribera, Pedro, 约1683~1742)，西班牙建筑师[1018]

佩德罗·马丘卡(Machuca, Pedro，约1485~1550)，西班牙建筑师[1012]

佩德罗奇二号，帕多瓦(II Pedrocchino, Padua)[1161]

佩德罗奇咖啡馆，帕多瓦(Caffè Pedrocchi, Padua)[*920*][1161][*1163*]

佩卡·海林(Helin, Pekka)，芬兰现代建筑师[1453]

佩莱格里尼礼拜堂，维罗纳(Cappella Pellegrini, Verona)[925]

佩莱格里诺/佩莱格里尼·蒂巴尔迪(Tibaldi, Pellegrino/ Pellegrini, 1527~1596)，意大利博洛尼亚建筑师和画家[931]

佩勒代尼亚大学，斯里兰卡(Peradeniya University, Sri Lanka)[1729]

佩勒府邸，纽伦堡(Pellerhaus, Nuremberg)[*1030*][1033]

佩朝林堡(朝圣堡)，阿特利特(Chastel Pélérin, Atilit)[411]

佩里斯宅，斯里兰卡(Peiris House, Sri Lanka)[1729]

佩鲁贾(Perugia，意大利)
　奥古斯都凯旋门(Arch of Augustus)[250]
　马尔齐亚门(Porta Marzia)[250]
　佩鲁贾市政厅(Palazzo del Municipio)[587]

佩鲁台，蒙彼利埃(Peyrou Terraces, Montpellier)[1001]

佩奇·布朗(Brown, A.Page, 1859~1896)，美国建筑师[1281]

佩奇和科尔多建筑师事务所(Page and Cordeaux)，南非建筑师事务所[1254]

佩奇集团(Pécs Group)，匈牙利建筑师组合[1505]

佩萨克并联住宅，波尔多(Pessac double houses, Bordeaux)[1403]

佩萨罗(Pesaro，意大利)
　皇家离宫(Villa Imperialc)[919]
　理科中学(Liceo Scientifico)[1480]
　鲁杰里别墅(Villa Ruggeri)[1414]

佩萨罗府邸，威尼斯(Palazzo Pesaro, Venice)[956]

佩塞吉克神社(Pessejik, shrines)[37]

佩思县(苏格兰)，乡村建筑(Perth, Scotland, Country Buildings)[1123]

佩斯利货栈，格拉斯哥(Paisley's Warehouse, Glasgow)[1183]

佩特尔·哈里森(Harrison, Peyter, 1716~1775)，英裔美国建筑师[1273]

佩特拉(拜特拉)(Petra/ Batrā)[608]
　代尔隐修院(Deir Monsatery)[275]
　卡兹尼宝库(Khasneh Treasury)[275][*276*]
　隐修院(El- Deir)[607][609]

佩特拉，隐修院(El- Deir, Petra)[*607*][609]

佩泽拉(Pézérat, P.J.)，巴西建筑师[1282]

喷多坡(开敞的柱厅)(pendopo/ open pillared hall)[1704]

彭布罗克堡(Pembroke Castle)[505]

彭布罗克学院，剑桥(Pembroke College Chapel, Cambridge)[*859*][1084]

彭斯赫斯特宫，肯特郡(Penshurst Place, Kent)[509][*510*]

棚屋(Huts)
　旧石器时代(Paleolithic)[226][*227*]
　中石器时代(Mesolithic)[228]

棚屋围圈，哈马米亚(Hammamiya, hut circle)[33]

蓬迪斯福德公园的花园住宅，萨默塞特郡(Poundisford Park, Somerset)[*860*]

蓬蒂涅隐修院(Pontigny Abbey)[466]

皮埃尔·博尔德大厦，阿尔及尔(Salle Pierre Bordes, Algiers)[1562]

皮埃尔·德默龙(Meuron, Pierre de, 1950~)，瑞士建筑师，2001年获普里茨克建筑奖[1486]

皮埃尔·弗莱(Flaix, Pierre)，法国建筑师[1403]

皮埃尔·凯尼格(Koenig, Pierre, 1925~2004)，美国建筑师[1610]

皮埃尔·孔塔克·迪夫里(d'Ivry, Pierre Contact, 1698~1777)，法国建筑师[1001][1006]

皮埃尔·莱斯科(Lescot, Pierre, 1500~1578)，法国建筑师[969][978]

皮埃尔·勒米埃(Le Muet, Pierre, 1591~1669)，法国手法主义建筑师[969]

皮埃尔·洛里亚尔宅，塔克西多帕克，纽约(Pierre Lorillard House, Tuxedo Park, New York)[1281]

皮埃尔·让纳雷(Jeanneret, Pierre, 1896~1967)，瑞士建筑师[1403]

皮埃尔·瓦戈(Vago, Pierre, 1910~2002)，匈牙利建筑师[1455]

皮埃尔·维尼翁(Vignon, Pierre, 1762~1828)，法国建筑师[971][1006]

皮埃尔·夏尔·朗方(L'Enfant, Pierre Charles, 1754~1825)，活跃在美国的法国规划师、建筑师[1260][1578]

皮埃尔·夏洛(Chareau, Pierre, 1883~1950)，法国建筑师、家具设计师[1404]

皮埃尔-弗朗索瓦-亨利·拉布鲁斯特(Labrouste, Pierre- François- Henri, 1801~1875)，法国建筑师[1152][1167][1183]

皮埃尔-弗朗索瓦-莱昂纳尔·方丹(Fontaine,

中文版索引

Pierre- François- Léonard, 1762~1853),法国建筑师和室内设计师[971][1009][1152][1174]
皮奥·克雷芒博物馆，罗马(Museo Pio Clementino, Rome)[966]
皮奥神父朝圣教堂，圣乔瓦尼·罗通达，福贾(Padre Pio Pilgrimage Church, S.Giovanni Rotondo, Foggia)[*1479*][1480]
皮德尔冈砖砌寺庙，北方邦(Bhitargaon temple, Uttar Predesh)[795]
皮蒂宫，佛罗伦萨(Palazzo Pitti, Florence)[883][*891*][894]
皮尔戈斯，住宅(Pyrgos, house)[113]
皮尔斯·高夫(Gough, Piers)，英国建筑师[1475]
皮尔逊(Pearson, J.A.)，加拿大建筑师[1288]
皮卡迪利广场，伦敦(Piccadilly Circus improvements, London)[1417]
皮卡迪利旅馆(Piccadilly Hotel, London)[1417][*1418*]
皮卡迪利圣雅各教堂，伦敦(S.James, Piccadilly, London)[1090][*1093*]
皮科罗米尼府邸，比恩察(Palazzo Piccolomini, Pienza)[895][*897*]
皮雷利大楼，米兰(Pirelli Building, Milan)[1477][*1478*]
皮罗·利戈里奥(Ligorio, Pirro，约1510~1583)，意大利建筑师、考古学家和画家[940][949]
皮罗特山住宅区，加拉加斯(Cerro Piloto Housing Development, Carcaras)[1637]
皮姆利科综合中学，伦敦(Pimlico Comprehensive School, London)[1467]
皮涅托庄园，罗马(Vigna del Pigneto, Rome)[953]
皮齐戈尼别墅，贝加莫(Villa Pizzigoni, Bergamo)[1414]
皮萨尼别墅，巴尼奥洛(Villa Pisani, Bagnolo)[926]
皮萨尼别墅，蒙塔尼亚纳(Villa Pisani, Montagnana)[926]
皮萨尼城堡，洛尼戈(Rocca Pisani, Lonigo)[931]
皮萨尼府邸，威尼斯(Palazzi Pisani, Venice)[572][*585*]
皮斯托亚(Pistoia，意大利)
　大教堂(Cathedral)[370][*371*]
　圣安德烈教堂(S.Andrea)[370]
　圣约翰市民教堂(S.Giovanni fuor Civitas)[370]
皮亚门，罗马(Porta Pia, Rome)[936]
皮亚琴察(Piacenza，意大利)
　法尔内塞府邸(Palazzo Farnese)[937]
　市政厅(Palazzo Pubblico)[572]
皮耶·路易吉·奈尔维(Nervi, Pier Luigi, 1891~1979)，意大利土木工程师[1415][1458][1477][1480]
"毗诃罗"石窟(Vihara Caves)[787][*789*]
"毗诃罗"石窟，默哈伯利布勒姆(Vihara Cave, Mahabalipuram)[*789*]
"毗诃罗"庭院(vihara court)[787]
"毗玛那"塔庙(vimana, temple shrine)[794]
匹兹堡(Pittsburgh，美国)
　阿勒格尼县法院和监狱(Allegheny County Courthouse and Gaol)[1288]
　查特曼村(Chatham Village)[1590][*1591*]

麦克卡鲁厄大街长老会教堂(Mc Clure Avenue Presbyterian Church)[1283]
片山东熊(Katayama, Tokuma, 1853~1917)，日本建筑师[1309][1670]
平安时代(Heian period，日本)[674]
"平板"技术('flatslab'construction)[1412]
平等院凤凰堂(Phoenix Hall, Byodo´in)[763][766]
平房(bungalow development)
　北美洲(North American)[*1490*]
　"黑与白"风格('Black and White'style)[1318][*1319*]
　印度(India)[*1347*][1349]
　殖民建筑(colonial)[1318]
平房(bungalow)[*1347*][1349]
平房，旁遮普(Punjab, bungalow)[*1347*][1349]
平面图(plan)[488]
　隐修院(monastery)[423]
平珀恩，多西特(Pimperne, Dorst，英国)[237]
平乔花园，罗马(Giardino del Pincio, Rome)[967]
平台住宅，胜浦(Platform Houses, Katsura)[1684]
评议会大楼，伦敦(Senate House, London)[1426][*1428*]
苹果教堂，戈雷梅，卡帕多西亚(Elmali Kilise, Goreme, Cappodocia)[*328*][329]
婆罗浮屠(Barabudur, The Stupa)[*837*][838]
婆罗马披曼大厦，曼谷(Boromaphinan Palace, Bangkok)[1323]
婆苏提婆神庙，本斯贝里亚，西孟加拉邦(Bansberia, West Bengal, Vasudeva temple)[814]
珀斯(Perth，澳大利亚)
　艾伦代尔广场(Allendale Square)[*1752*][1754]
　财政部大楼(Treasury Buildings)[1375]
　国土局大楼(Lands Department)[1377][*1380*]
　旧财政部大楼(Old Treasury)[1378]
　珀斯的圣乔治大教堂(Cathedral Church of S.George)[1369]
　神学院(Collegiate School)[1375]
　市政厅(Town Hall)[1375]
　邮政总局(General Post Office)[1377]
　政府大楼(Government House)[1375]
菩萨(装饰浮雕)(Bodhisattvas/ decorative reliefs)[752]
菩斯理普佩寺，佛塔(Wat Phra Sri Sarapet, stupa)[*836*][838]
菩提伽耶(Bodh Gaya, shirne)[782]
菩提树大街，住宅(Lindenstrasse, housing)[1462]
葡萄牙(Portugal，欧洲)
　1900~1945年的发展(developments)[1444]
　巴洛克式(Baroque style)[1012]
　哥特时期，建筑实例(Gothic period, buildings examples)[560][562]
　建筑材料(building resources)[207]
　洛可可式(Rococo style)[1011]
　曼努埃尔式(Manueline style)[1011]
　文艺复兴时期(Renaissance period)[1009]~[1012]
　地图(map)[1009]

建筑材料及技术(building resources and techniques)[870]
建筑实例(building examples)[1018]
　历史(history)[854]~[856]
　中世纪地图(Middle Ages map)[399]
　中世纪早期(early Mediaeval period)[190][202]
葡萄牙人犹太教堂，阿姆斯特丹(Portuguese Synagogue, Amsterdam)[1063]
葡萄牙殖民建筑(Portuguese Colonial Architecture)
　建筑实例(buildings examples)[1327][1330]
　建筑特征(architectural character)[1327]
葡萄园，雷德米尔(Vineyard, Rydalmere)[1364]
蒲甘(Pagan，缅甸)
　阿伯哈亚达纳(Abhayadana Temple)[826][*827*]
　阿难陀寺(Ananda Temple)[*828*][830]
　比尔宰堵坡(Bir- Paya stupa)[826]
　达宾纽寺(Thatpyinnyu Temple)[830]
　克雅乌库寺(Kyaukku Temple)[*829*][830]
　明噶拉宰堵坡(Mingalazedi Stupa)[826]
　南芭雅寺(Nan- Paya Temple)[826][*829*]
　蒲甘藏经阁(sacred library)[790][830]
　苏拉玛尼寺(Tsulamani Temple)[*829*][830]
　窣堵坡和塔(stupas and temptes)[827]
　提萨瓦达寺(Thitsawada Temple)[830][*831*]
普埃布拉(Puebla，墨西哥)
　德阿尔费尼克大楼(Casa de Alfeñique)[*1263*][1265]
　宅邸(grand houses)[1265]
普尔曼，伊利诺伊州(Pullman, Illinois)[1295]
普赫斯鲍姆广场教堂，维也纳(Puchsbaumplatz Church, Vienna)[1448]
普克斯多夫疗养院，维也纳(Purkersdorf Sanatorium, Vienna)[1397]
普拉蒂普·萨奇德瓦(Sachdeva, Pradeep)，印度建筑师[1747]
普拉多博物馆，马德里(Prado, Madrid)[1019]
普拉多圣朱利安教堂/桑图拉诺，图拉诺，奥维耶多附近(S.Julián de los Prados/Santullano, near Oviedo)[402]
普拉涅尔纳亚俱乐部，莫斯科(Planernaia country club, Moscow)[1535]
普拉托里诺，别墅(Pratolino, villas)[937]
普拉西特宅，曼谷(Prasit House, Bangkok)[1706]
普莱西-鲁宾逊公寓，巴黎(Le Plessis-Robinson, Paris)[1404]
普赖斯塔，巴特尔斯维尔，俄克拉何马州(H.C.Price Tower, Bartlesville, Oklahoma)[1612]
普赖斯宅，俄克拉何马(Price House, Oklahoma，美国)[*1586*][1599][*1600*]
普勒哈吉桥，伊斯法罕(Pul- i- Khaj bridge, Ispahan)[642]
普雷迪格教堂，爱尔福特(Predigcr church, Erfurt)[517]
普雷蒙特雷修会(Premonstratensian Canons)[201]
普里蒂·班诺姆永研究所，曼谷(Pridi

[1929]

Banomyong Institute, Bangkok)[1706]
普里恩(Priene, 希腊)[166]
　阿塔罗斯拱廊(stoas)[168]
　得墨忒耳神庙(Temple to Demeter)[162]
　集会大厅(Assembly Hall)[*167*][168]
　剧场(theatre)[168]
　普里恩城平面(town plan)[*165*]
　体育馆(gymnasium)[170]
　雅典娜·波利亚斯神庙(Temple of Athena Polias)[*124*][152]
普里马布海大厦, 提恩-达瓦扎, 艾哈迈达巴德(Premabhai Hall, Teen Darwaza, Ahmedabad)[*1731*][1732]
普林塞普大院公寓, 新加坡(Prinsep Court Flats, Singapore)[1695]
普林森斯滕堡, 凯塔, 西非(Fort Prinsensten, Keta, West Africa)[1235]
普林斯顿大学宿舍建筑, 新泽西州(Princeton University dormitory buildings, New Jersey)[1580]
普鲁顿教区教堂, 威廉斯堡(Bruton Parish Church, Williamsburg Virginia)[*1272*][1273]
普鲁里亚宅, 悉尼(Purulia, Sydney)[1759]
普鲁士图书馆, 柏林(Prussian State Library, Berlin)[1460]
普鲁伊特·艾戈住宅区, 圣路易斯(Pruitt Igoe housing project, St.Louis)[1620]
普罗斯贝·梅里美(Mérimée, Prosper, 1803～1870), 法国作家, 历史建筑保护者[1152]
普罗斯佩罗·卡尔特林(Cartelín, Próspero), 阿根廷建筑师[1282]
普罗旺斯宅, 开普殖民地(La Provence, Cape Colony)[*1145*]
普罗维登斯拱廊, 罗得岛(Providence Arcade, Providence, Rhode Island)[1289]
普洛列塔尔区文化宫, 莫斯科(Palace of Culture, Proletarsky district, Moscow)[1524]
普宁寺, 承德(Puning Monastery, Chengde)[739][*741*]
普切瑙住宅, 林茨附近(Puchenau housing, near Linz)[1448]
普斯科夫(Pskov, 俄国)
　卫城(Kremlin)[1125]
　主显教堂(Church of the Epiphany)[*358*][360]
普瓦捷(Poitiers, 法国)
　大教堂(Cathedral)[466]
　圣母大教堂(Notre Dame la Grande)[*385*][390]

Q

"七偶像"金字塔庙, 齐比查尔通(Temple of the Seven Dolls, Dzibilchaltun)[*709*][710]
七片山墙住宅, 塞勒姆, 马萨诸塞州(House of the Seven Gables, Salem, Massachusetts)[1264]
妻木赖黄(Tsumaki, Yorinaka, 1859～1916), 日本建筑师[1310]
齐萨府邸, 巴勒莫(La Zisa, Palermo)[*376*][382]
齐塔德勒堡, 于利希(Zitadelle at Jülich)[1032]
齐兹尼斯(Zieze- nis, B.W.H.), 荷兰18世纪建筑师[1063]

奇迹宫, 桑给巴尔(House of Wonders, Zanzibar)[1241][*1244*]
奇勒姆堡(Chilham Castle)[431]
奇洛埃岛, 智利(Chiloe projects, Chile)[1643]
奇切斯特教堂(Chichester Cathedral)[423][485]
　平面图(plan)[*488*]
奇琴伊察(Chichen Itza, 墨西哥)
　玛雅潘(Mayapan)[705]
　武士神庙(Temple of the Warriors)[719][*721*]
奇斯韦克庄园, 伦敦(Chiswick House, London)[872][1101][*1103*]
奇索斯特, 康沃尔郡(Chysauster, Cornwall)[*227*][237]
奇特拉里卡电影制片厂, 特里凡得琅(Chitralekha Film Studios, Trivandrum)[1741][*1745*]
奇异风格(grotesques)[367][846]
祈祷门, 佛罗伦萨(Porta delle Suppliche, Florence)[936]
祈年殿, 北京(Qiniandian, Beijing)[731]
耆那教(公元前6世纪在印度兴起) (Jainism)[686][693]
　寺庙建筑(temple architecture)[788]
耆那教阿难达那陀神庙, 勒格梅什沃拉(Anantanatha temple, Lakshmeshvara)[814]
埼玉县立美术馆(Saitama Prefectural Museum of Art)[1681][*1682*]
骑士堡, 阿拉维山(Krak des Chevaliers castle, Gebel Alawi)[*412*][413][414]
骑士宫, 孔雀岛, 柏林(Kavalierhaus, Pfaueninsel, Berlin)[1051]
旗帜宫, 德里(Flagstaff House, Delhi)[1720][*1724*]
企业家研修学院, 艾哈迈达巴德(Entrepreneurship Development Institute, Ahmedabad)[*1735*][1736]
气象学会大楼, 柏林(Meteorological Institute, Berlin)[1462]
汽车城, 里约热内卢(Motor City, Rio de Janeiro)[1637]
砌筑的地道(开敞通道) (dromos/ open passage)[117]
恰恩哈桑, 房屋(Can Hasan, houses)[*34*][36]
恰克马克里小丘(Chakmakli Depe)[37]
恰特·戴广告公司大楼, 洛杉矶(Chiat Day advertisingagency officebuilding, Los Angeles)[1625]
恰武什特普要塞(Cavustepe)[96]
前川国男(Maekawa, Kunio, 1905～1986), 日本建筑师[1674][1675]
前罗马风时期(Pre- Romanesque period, introduction)[362]
前南斯拉夫, 20世纪的建筑发展(Yugoslavia/ former, Twentieth Century developments)[1513]～[1514]
前英国总领事馆, 上海(British Consulate- General, Shanghai)[1299][*1302*]
前殖民时代地图, 安第斯地区(Andean region, pre- Colonial map)[703]
钱伯斯(Chambers, M.J.), 英国建筑师[1299]
钱布利要塞, 魁北克(Fort Chambly, Quebec)[1266]
钱布林·鲍威尔和邦事务所(Chamberlin Powell & Bon/ Peter Hugh Girard Chamberlin, 1919～1985; Geoffrey C.Hamilton Powell, 1920～　; Christopher

Bon, 1921～　)由彼得·休·吉拉德·钱布林、杰弗里·C.汉密尔顿·鲍威尔和克里斯托夫·邦1952年在伦敦始创[1466]
钱瑟里公寓别墅, 新加坡(Villa Chancery Condominium, Singapore)[1699]
枪骑兵兵营, 帕拉马塔(Lancer Barracks, Parramatta)[1363][1365]
墙面雕饰, 埃及(wall sculptures, Egypt)[*44*][*45*]
墙上的面板, 罗马时期(wall facings, Roman)[212]
墙体构造(wall construction)
　哥特(Gothic)[*217*]
　希腊大夏(Graeco- Bactrian)[668][*694*]
　早期罗马(early Roman)[209][*211*][217]
墙体通道, 概述(wall passages, introduction)[362]
乔达弥普德拉3号窟, 纳西克(Gautamiputra Cave 3 Nasik)[*784*][787]
乔杜里(Chowdhury, J.K., 1918～　), 印度建筑师[1728]
乔尔吉奥·瓦萨里(Vasari, Giorgio, 1511～1574), 意大利风格主义画家、建筑师和理论家[936]
乔拉隐修院, 君士坦丁堡(Chora Monastery, Constantinople)[329]
乔卢拉, 墨西哥(Cholula, Mexico)[1269]
乔其奥·马萨里(Massari, Giorgio, 1687～1766), 意大利威尼斯建筑师[886]
乔赛亚·康德尔(Conder, Josiah, 1852～1920), 英国建筑师[1308][1310][1670]
乔瓦尼·安东尼奥·塞尔瓦(Selva, Giovanni Antonio, 1753～1819), 意大利威尼斯建筑师[967]
乔瓦尼·安东尼奥·斯卡尔法罗托(Scalfarotto, Giovanni Antonio, 1690～1764), 意大利建筑师[886][965]
乔瓦尼·巴蒂斯塔·阿雷奥蒂(Aleotti, Giovanni Battista, 1546～1636), 意大利建筑师[946]
乔瓦尼·巴蒂斯塔·奥斯塔里(Aostalli, Giovanni Battista), 捷克16世纪建筑师[1032]
乔瓦尼·巴蒂斯塔·夸德罗(Quadro, Giovanni Battista, ?～1590/ 91), 波兰建筑师[1029]
乔瓦尼·巴蒂斯塔·皮拉内西(Piranesi, Giovanni Battista, 1720～1778), 意大利素描画家、蚀刻画家、建筑师和美术理论家[876][965]
乔瓦尼·巴蒂斯塔·提埃坡罗(Tiepolo, G.B., 1696～1770), 18世纪最优秀的意大利画家[1042]
乔瓦尼·多梅尼科·提埃坡罗(Tiepolo, G.D., 1727～1804), 乔瓦尼·巴蒂斯塔·提埃坡罗之子, 威尼斯画派风俗画家[967]
乔瓦尼·加斯帕雷·巴尼亚托(Bagnato, Giovanni Gaspare), 在瑞士工作的意大利18世纪建筑师[1043]
乔瓦尼·卢凯塞(Lucchese, Giovanni), 意大利16世纪建筑师[1032]
乔瓦尼·洛伦佐·贝尔尼尼(Bernini, Giaanni Lorenzo, 1598～1680), 意大利巴洛克时期最伟大的雕塑家, 又是一位建筑师、画家

中文版索引

和戏剧家[882][914][943][949]
乔瓦尼·马里亚·德尔潘比奥(del Pambio, Giovanni Marie)[1032]
乔瓦尼·马里亚·法尔科内托(Falconetto, Giovanni Mari, 1468～1535), 意大利建筑师、画家[919]
乔瓦尼·米凯卢奇(Michelucci, Giovanni, 1891～1990), 意大利建筑师[1477]
乔瓦尼·穆齐奥(Muzio, Giovanni, 1893～1982), 意大利建筑师[1414]
乔瓦尼·旺桑齐奥(Vansanzio, Giovanni), 佛兰德斯建筑师[946]
乔文利路联排住宅, 加尔各答(Chowringhee Road, Calcutta)[1339][*1341*]
乔治·佩格勒姆(Pegram, George H.), 美国建筑师[1288]
乔治·埃德蒙德·斯特里特(Street, Geogre Edmund, 1824～1881), 英国建筑师[1153][1179][1192]
乔治·埃斯尔蒙特·戈登·利思(Leith, Gordon, 1885～1965), 南非建筑师[1559]
乔治·巴尼(Barney, George), 英国军人, 工程师[1350]
乔治·巴塞维(Basevi, George, 1794～1845), 英国建筑师[1157]
乔治·布朗·波斯特(Post, George B., 1837～1913), 美国建筑师[1290]
乔治·德拉姆古勒·科尔曼(Coleman, George Drumgoole, 1795～1844), 新加坡建筑师[1321]
乔治·哈德菲尔德(Hadfield, George, 1763～1826), 英国建筑师[1279]
乔治·吉尔伯特·斯科特爵士(Scott, Sir George Gilbert, 1811～1878), 英国哥特复兴建筑师[1153][1173][1178][1179][1197]
　　新西兰(New Zealand)[1378]
　　印度(India)[1339]
　　中国(China)[1297]
乔治·莱尔米特(Lhermite, Georges), 法国建筑师[1322]
乔治·欧仁·奥斯曼(Haussmann, Baron Eugène Georges, 1809～1891), 法国行政官员, 改建巴黎的主要负责人[1154][1197]
乔治·蓬皮杜国家文化艺术中心, 巴黎(Centre National d'Art et de Culture Georges Pompidou, Paris)[*1457*][1458]
乔治·斯图尔特(Steuart, George, 1730～1806), 18世纪英国建筑师[1123]
乔治·斯托依洛夫(Stoilov, George, 1929～　), 保加利亚建筑师[1512]
乔治·坦普尔·普尔(Temple Poore, George), 澳大利亚建筑师[1378]
乔治·特鲁普(Troup, George, 1863～1914), 新西兰建筑师[1766]
乔治·威特(Wittet, George), 印度建筑师[1720]
乔治敦特区(Georgetown, 美国)
　　都铎广场(Tudor Place)[1279]
　　海关大楼(Customs House)[1286]
乔治圣母三位一体教堂, 莫斯科(Church of the Trinity and of the Georgian Virgin, Moscow)[1125]
乔治五世国王纪念堂, 德里(King George V Memorial, Delhi)[1720]

桥梁(bridges)
　布鲁克林桥(Brooklyn)[1296]
　钢缆悬索桥的早期实例(early wire- cable suspension)[1296]
　格拉达茨卡河上的三联桥, 卢布尔雅那(Trnovo)[1514]
　豪拉大桥, 加尔各答(Howrah Bridge, Calcutta)[1725]
　混凝土桥(concrete)[1412]
　克利夫顿悬索桥, 布利斯托尔(Clifton Suspension Bridge)[*1165*][1166]
　罗布林桥, 辛辛那提, 俄亥俄州(Roebling)[1296]
　罗马帝国(Imperial Roman)[261][283][297]
　罗马早期(Early Roman)[241][245][250]
　美国(United States)[1295][1297]
　伊兹桥, 圣路易斯(Eads, S.Louis)[1296]
　意大利(Italy)[1477]
　战后德国(Germany post-War)[1460]
　中国前殖民时期(Chinese pre-colonial)[745][746]
切尔伽昂神庙, 昌巴, 喜马偕尔邦(Chergaon temple, Chamba, Himachal Pradesh)[*813*][814]
切尔尼戈夫(Chernigov, 乌克兰)
　基督变容大教堂(Transfiguration Cathedral)[345]
　帕拉斯科娃-皮亚特尼卡教堂, 切尔尼戈夫市场(Paraskeva- Pjatnica Church in the Market)[352]
切尔宁府邸, 布拉格(Cernin Palace, Prague)[1038]
切尔韦泰里(Cerveteri, 意大利)
　班迪塔齐亚墓地(Banditaccia Cemetery)[246][*247*]
　飞檐之墓(Tomb of the Cornice)[246][248]
　浮雕之墓(Tomb of the Reliefs)[246][248]
　雷戈利尼·加拉西墓(Regolini Galassi tomb)[246]
　梅尔卡利切亚墓(Mercareccia Tomb)[246]
切尔西圣路加教堂, 伦敦(S.Luke, Chelsea, London)[*1122*][1123]
切法卢大教堂(Cefalù Cathedral)[377][*378*][379]
切罗基县海厄沃西大坝, 北卡罗来纳(Hiawassee Dam, North Carolina)[*1592*]
切米达宅, 霹雳角, 瓜拉江沙(Perak, Che Midah, Kuala Kangsar)[1318]
切普斯托堡(Chepstow Castle)[505][508]
切斯蒂奥金字塔, 罗马(Pyramid of Ceslius, Rome)[*258*][260]
切斯蒂奥桥, 罗马(Pons Ccstius, Rome)[261]
切斯特(Chester, 英国)
　切斯特大教堂(Cathedral)[485]
　城墙(town walls)[508]
　平面图(plan)[*489*]
切斯特斯宅, 诺森伯兰郡(Chesters, Northumberland)[1216][*1218*]
亲王府邸, 瓜达拉哈拉(El Palacio del Infantado, Guadalajara)[560]
钦博特总体规划, 秘鲁(Chimbote masterplan, Peru)[1637]
钦利阁, 伊斯坦布尔(Chinli Kiosk, Istanbul)[644][*645*]
秦朝(Qin period)[4][13][19][105]
秦始皇陵寝, 骊山(Lishan, tomb of Emperor)[111]
秦王宫, 咸阳(Ch'in palace, Xianyang)[*109*]
琴纳腊里夫花园(天堂花园), 格拉纳达(Generalife, Granada)[664]
寝殿造风格(Shinden Style)[772]
青岛(Qingdao, 中国)
　德国官员宅(German official's house)[*1306*][1307]
　德国总督府(German Governor's Office)[1299][*1303*]
　交通银行大楼(Bank of Communications)[1649]
青年风格派(Jugendstil movement, 德国)[1395][1397][1407]
青铜时代(Bronze Age period)
　防御工事(fortifications)[235]
　防御性构筑物(defensive structures)[235][238]
　建筑材料(building resources)[205]
　建筑技术及发展(building techniques and processes)[209]
　建筑特征(architectural character)[224]
　居住建筑(dwellings)[233]
　庙宇和仪典建筑(temples and ritual structures)[234]
　欧洲(Europe)[189][193][208]
　石塔(stone towers)[235]
　土冢(burial mounds)[234]
　希腊世界(Greek world)[14][15][170]
青西加图书馆, 昌庆宫, 首尔(Chongsogak Library, Seoul)[1315]
轻型木构架(balloon- framing)[1260]
清朝(Qing dynasty)[673][724]
清华大学图书馆新馆, 北京(New Library Building of Tsinghua University, Beijing)[1667]
清华学堂, 北京(Tsinghua College, Beijing)[*1651*][1652]
清凉殿, 京都(Seiryoden, Imperial Palace, Kyoto)[773]
清迈(Chiengmai, 泰国)
　界遥寺(Wat Jet Yot Temple)[835]
　四方寺(Cetiya Si Liem)[835]
清水寺, 本堂(Kiyomizudera, hondo)[*770*][772]
清水喜助(Shimizu, Kisuke, 1815～1881), 日本匠师[1309][1310]
清真寺(mosques)
　传统功能(traditional role)[599]
　叙利亚和巴勒斯坦(Syria and Palestine)[614]
清真寺, 杰内(Jenne, mosque)[700]
清政府大理院(即最高法院), 北京(Da Li Yuan, Beijing)[1307]
清政府海军部, 北京(Naval Ministry, Beijing)[1307]
清政府陆军部, 北京(Ministry of the Land Forces, Beijing)[1307]
庆尚道, 瞻星台(Ch'omsongdae, Observatory)[748][*749*]
庆熙宫, 首尔(Toksugung palace, Seoul)[754]
穹顶建筑(domed construction)
　拜占庭(Byzantine)[214][*324*]

[1931]

大地测量学(geodesic)[1614][*1615*]
基督教建筑(Christian churches)[299][300]
罗马时期(Roman period)[*211*][212]~[214]
十字结构(cross structures)[*324*]
土耳其三角托(Ottoman style supports)[*649*]
文艺复兴时期(Renaissance period)[*909*][*910*]
叙利亚南部村庄(villages in southern Syria)[661][*663*]
伊斯兰的发展(Islamic development)[592][594][*600*][601]
丘比特和普绪喀府邸，奥斯蒂亚(House of Cupid and Psyche, Ostia)[*295*][296]
丘里格拉风格，西班牙(Churrigueresque style, Spain)[1018]
丘纳德大楼，伦敦(Cunard Building, Liverpool)[1426]
邱吉尔花园住宅区，伦敦(Churchill Gardens housing, London)[1466]
邱吉尔学院，剑桥(Churchill College, Cambridge)[1468]
求礼(Kurye，韩国)
　华严寺塔(Hwaomsa Temple pagoda)[752]
　燕谷寺塔(Yon-goksa Temple pagoda)[752]
球场，科潘(Ball Court, Copan)[716][*717*]
屈奇克长官清真寺，伊斯坦布尔(Kochuk Effendi Mosque, Istanbul)[651]
曲木(即用一对曲线形的木料支撑房屋或谷仓的墙体和屋顶)(crucks)[*512*][513]
全俄联盟电器-技术研究所，莫斯科(All-Union Electro-Technical Institute, VEL, Moscow)[*1527*][1528]
全罗南道，澈鉴禅师，和顺双峰寺(Chollanam-do, Ssangbongsa Ch'olgam stupa, Temple of Hwa-sun)[*751*][752]
全石建筑，沙拜(Shabba, lithic architecture)[608]
全新纪(约公元前12000~前10000)(Holocene period)[177]
全印度战争纪念门(印度门)，德里(All-India War Memorial, Delhi)[1720][*1723*]
泉舍(fountain houses)[155]
泉州(Quanzhou，中国)
　开元寺塔(Kaiyuan Temple Pagoda)[*736*][738]
　万安桥(Wanan Bridge)[745]
却克里·玛哈宫，大王宫，曼谷(Chakri Maha Prasat, Bangkok)[1323][*1326*]
阙里宾舍，曲阜，山东(Queli Hotel, Qufu, Shandong Province)[1661][*1665*]
群马县立美术博物馆，群马县(Gunma Prefectural Museum of Fine Arts)[1681][*1682*]

R

让·安德鲁埃·迪塞尔索(du Cerceau, Jean Androuet，约1585~1649)，小迪塞尔索，法国建筑师，路易十三的御用建筑师[969][*987*]
让·巴蒂斯特·卡尔波(Carpeaux, Jean Baptiste，1827~1875)，法国雕塑家[1179]
让·巴蒂斯特·马太(Mathey, Jean Baptiste，约1630~1695)，法国出生的建筑师，作品大多在布拉格[1035]
让·巴蒂斯特-亚历山大·勒布隆(Le Blond, J.B.A.，1679~1719)，法国建筑师[1126]
让·比朗(Bullant, Jean，约1515/20~1578)，法国文艺复兴建筑师[969][978]
让·德拉瓦莱(de la Vallée, Jean)，法国建筑师[1136]
让·科桑(Cosyn, Jean)，比利时17世纪建筑师[1056]
让·库尔托纳(Courtonne, Jean，1671~1739)，法国建筑师和建筑理论家[999]
让·路易-夏尔·加尼耶(Garnier, Jean-Louis-Charles，1825~1898)，法国建筑师[*1093*][1179]
让·蒙塔里奥尔(Montariol, Jean)，法国建筑师[1402]
让·尼古拉·塞尔万多尼(Servandoni, Jean Nicolas，1695~1766)，法国画家、舞台设计师、建筑师[1000]
让·普鲁韦(Prouvé, Jean，1901~1984)，法国工程师，预制装配式建筑和工业化建筑的先驱[1453][*1454*]
让·巴蒂斯特·勒拜尔(Lepère, Jean-Baptiste，1761~1844)，法国埃及学学者[1173]
让·巴蒂斯特·隆德莱(Rondelet, Jean-Baptiste，1734~1829)，法国建筑理论家[1153]
让·弗朗索瓦·泰雷兹·沙尔格兰(Chalgrin, J.F.T.，1739~1811)，法国建筑师[971][1006]
让·路易·德普雷(Deprez, Jean-Louis，1743~1804)，法国建筑师[1143]
让·尼古拉·雅多·德维莱伊塞(Issey, J.N.Jadot de Ville)[1046]
让·尼古拉-路易·迪朗(Durand, Jean-Nicolas-Louis，1760~1834)，法国建筑师，19世纪初最重要的理论家和建筑教育家之一[971][1152]
热尔曼·博夫朗(Boffrand, Germain，1667~1754)，法国建筑师[970][999]
热罗尼莫·路易斯(Luis, Jeronimo)，葡萄牙16世纪建筑师[1019]
热那亚(Genoa, Genova，意大利)
　贝尔纳博·布利亚别墅(Villa Bernabo Brea)[1476]
　波尔切维拉高速公路引桥(Polcevera autostrada viaduct)[1480]
　多里亚-图尔西府邸(Palazzo Doria-Tursi)[931]
　卡里尼亚诺圣母教堂(S.Maria di Carignano)[*929*][931]
　坎比亚索别墅(Villa Cambiaso)[931]
　坎比亚索府邸(Palazzo Cambiaso)[931]
　热那亚新大街(Strada Nuova)[931]
　绍利别墅(Villa Sauli)[931]
　圣洛伦索教堂珍宝博物馆(Museum of the Treasure of San Lorenzo)[1477]
　总督府(Palazzo Ducale)[966]
热那亚大学大厦，热那亚(Palazzo dell'Università, Genoa)[946][*947*]
热那亚总督府，热那亚(Palazzo Ducale, Genoa)[966]
人口增长，后文艺复兴时期(population growth, post-Renaissance)[866]
人民大会堂，北京(Great Hall of the People, Beijing)[*1659*][1660]
人民宫，布鲁塞尔(Maison du Peuple, Brussels)[875][1206][*1208*]
人民宫，克利希(Maison du Peuple, Clichy)[1404]
人民广场，罗马(Piazza del Popolo, Rome)[953]
人民文化宫，华沙(People's Palace of Cullure, Warsaw)[1510]
人造住宅区土地计划(Artificial-Housing Land Program)[1680]
人字形斜向砖砌法(herring-bone brickwork)[886]
仁立公司，北平(Jen Li Company, Beiping)[1653]
日本(Japan，亚洲)
　1868~1945年的建筑特征(architectural character)[1670]~[1975]
　1945~1975年的建筑特征(architectural character)[1675]~[*1679*]
　1975~1985年的建筑特征(architectural character)[1680]~[1684]
　1985~1996年的建筑特征(architectural character)[1684]~[1688]
　茶室(tea ceremony rooms)[774]
　城堡城镇(castle towns)[774]
　飞鸟时代(Asuka period)[762][772]
　江户时代(Edo period)[772][774]
　镰仓时代(Kamakura period)[765][769]
　奈良时代(Nara period)[762]~[763][772]
　南北朝时期(Nambokucho period)[769]
　平安时代(Heian period)[763][765][772]
　前现代时期(pre-modern period)[774]
　前殖民时期(pre-Colonial period)[668]
　　建筑材料(building resources)[688]
　　建筑技术(building techniques)[692]~[693]
　　历史(history)[674]~[676]
　　文化(culture)[685]
　神道建筑(Shinto architecture)[754]~[757]
　神社(shrines)[*755*]756]
　室町时代(Muromachi period)[769][*776*]
　寺庙建筑(temple architecture)[*761*][762]
　桃山时代(Momoyama period)[769][774]
　早期城市化地区(early urban areas)[772]
　早期年代(early period map)[747]
　殖民时代和后殖民时代(Colonial and post-Colonial period)
　　建筑实例(buildings examples)[1310]
　　建筑特征(architectrural character)[1308]~[1310]
　　历史(history)[1229]
　　日本建筑师的作品(Japanese architects'work)[1308][1309]
　　外国建筑师在日本的作品(foreign architects'work)[1308][1310]
　　西式建筑(western-style architecture)[1308]~[1310]
　中世纪(Medieval period)[773]
　自然特征(physical characteristics)[670]
日本劝业银行总部办公楼，内幸町，东京

中文版索引

(Nippon Kangyo Bank Head Office, Uchisaiwaicho, Tokyo)[1310][*1313*]
日本文化中心,曼谷(Japanese Culture Centre, Bangkok)[1675]
日本银行总部办公楼,日本桥,东京(Bank of Japan, Nihonbashi, Tokyo)[1310][*1313*]
日察旅馆,马塔鲁盖矿泉村(Zica Hotel, Mataruska Banja)[1515]
日光城(Nikko,日本)
 东照宫(Toshogo mausoleum)[757][*760*]
 阳明门(Yomei Gate)[757][*760*]
日贾尔(Zdar,捷克)
 黑死病公墓(plague cemetery)[1038]
 金斯基城堡(Castle Kinsky)[1038]
 内波穆克圣约翰朝圣礼拜堂(S.Johannes Nepomuk/pilgrimage chapel)[1038]
日军侵华南京大屠杀遇难同胞纪念馆,南京(Memorial Museum to the Big Massacre Victims, Nanjing)[1662]
日内瓦(Geneva,瑞士)
 阿弗桥,弗西(Arve Bridge, Vessy)[1412]
 国际劳工办事处(Bureau International du Travail)[1412]
 万国宫(Palais des Nations)[1412]
日惹(Yogyakarta,印度尼西亚)
 卡蓬卡里楚德宅(Kampung Kali Chode)[1704]
 索挪布多约博物馆(Sonobudoyo Museum)[1704]
日升石油公司总部,东京(Rising Sun Petroleum Company Headquarters, Tokyo)[1674]
日中文化中心(Japanese- Chinese Culture Centre)[1675]
荣军医院教堂,巴黎(Church of the Val- de- Grâce, Paris)[988][*989*]
荣军院,巴黎(Les Invalides, Paris)[996][*997*][*1008*]
荣誉门,冈维尔和凯厄斯学院,剑桥(Gate of Honour, Gonville and Caius College, Cambridge)[1074][*1078*]
容克尔大街办公楼,布雷斯劳(Junkernstrasse office building, Breslau)[1409]
柔佛巴鲁(Johore Bahru,马来西亚)
 高尔夫俱乐部(Golf Club)[1703]
 海关移民和检疫综合楼(Customs Immigration and Quarantine Complex)[1703]
 柔佛州政府大楼(Johore State Government Building)[1699][*1700*]
茹韦纳尔·巴拉科(Baracco, Juvenal, 1940~),秘鲁建筑师[1646]
儒家学说(Confucianism)[684]
瑞典(Sweden,欧洲)
 1900~1945年的发展(developments)[*1439*][*1442*]
 巴洛克风格,建筑实例(Baroque style, buildings examples)[1136][1137]
 洛可可风格,建筑实例(Rococo style, buildings examples)[1136][1137]
 文艺复兴风格(Renaissance style)[1133]
  建筑实例(buildings examples)[1134]
 新古典主义风格,建筑实例(neo- Classical style, buildings examples)[1143]
瑞典迈奇大楼,斯德哥尔摩(Swedish Match Building, Stockholm)[1440]
"瑞典式优雅"学派('Swedish Grace'school)[1440]
瑞光大金塔,仰光(Shwe Dagon Pagoda, Rangoon)[826][*827*]
瑞节埃特教堂,奥太基,新西兰(Rangiate Church, Otaki, New Zealand)[1355]
瑞兰德宅,恩格尔伍德,新泽西州(Vreeland House, Englewood, New Jersy)[1264]
瑞米耶目隐修院(Jumièges Abbey)[390]
瑞士(Switzerland,欧洲)
 1900~1945年的发展(developments)[1412][1413]
 沃韦住宅(Vevey house)[1403]
 战后的发展(post-1945 developments)[1485][1486]
瑞士学生会馆,巴黎(Pavillon Suisse, Paris)[1403][*1405*]
若昂·巴蒂斯塔·凯尔哈托(Cairato, Joao Batista),意大利工程师[1235]
若昂·菲尔盖拉斯·利马(Lima, Joao Filgueras, 1932~),巴西建筑师[1643]
若昂·弗雷德里科·卢多维塞(Johann Friedrich Ludwig/ Ludovice, João Frederico,约1670~1752),原名约翰·弗里德里希·路德维希,德国出生的葡萄牙建筑师[1025]
若昂·洛佩斯(Lopes, João),葡萄牙16世纪建筑师[1019]
若昂·维拉诺瓦·阿蒂加斯(Artigas, Joáo Vilanova, 1915~1985),巴西建筑师[1642]
若斯兰府邸,布列塔尼(Château de Josselin/ Joslin, Brittany)[*472*][475]
若苏埃·布瓦伯特罗·德博库尔(Beaucourt, Josué Boisberthelot de)[1266]
若泽·曼诺萨(Monosa, José),菲律宾建筑师[1709]

S

撒公墓,卢布尔雅那(Žale Cemetery, Ljubljana)[1397]
撒哈拉以南的非洲,自然特征(sub- Saharan Africa, physical characteristics)[669]
撒哈拉沙漠,提米蒙新城(new town, Timimoun Sahara Desert)[1573]
撒马尔罕,乌兹别克(Samarkand,乌兹别克)
 比比·哈努清真寺(Bibikanum Mosque)[638]
 沙阿-津德公墓(Shahi- Zindeh burial ground)[638][*639*]
 兀鲁伯经学院(Madrassa of Ulughbeg)[638]
 兀鲁伯天文台(Observatory of Ulughbeg)[638]
撒马利亚,建筑遗址(Samaria, buildings ruins)[91]
撒缦以色宫(Fort Shalmaneser)[*81*][86][*87*]
萨包迪亚新城(Sabaudia new town)[1415]
萨布利休斯桥,罗马(Pons Sublicius, Rome)[250]
萨丹·齐列伯尔斯基住宅区(Sady Zoliborskie housing estate)[1510]
萨朵夫法院大厦,华沙(Gmnach Sadow, Warsaw)[1507]
萨尔茨堡(Salzburg,奥地利)
 奥地利国家电台(Austria State Radio buildings)[1450]
 大教堂(Cathedral)[*1305*]
 圣方济各会大教堂(Franciscan Church)[521]
 圣三一教堂(Church of the Holy Trinity)[1035]
 小阿尔堂区教堂(Kleinarl Parish Church)[1450]
萨尔茨堡-帕什(Salzburg- Parsch,奥地利)
 教区教堂(Parish Church)[1448]
 圣约瑟夫学院(S.Josef's College)[1448]
萨尔达尼亚宅,巴伊亚,巴西(Saldanha House, Bahía, Brazil)[1261]
萨尔贡王宫(Palace of Sargon, Khorsabad)[*84*][*85*][*87*]
萨尔金纳托贝尔桥(Salginatobel Bridge)[1412]
萨尔姆府邸,巴黎(Hôtel de Salm, Paris)[1006]
萨尔纳特,狮子柱(Sarneth, Lion Capital)[788]
萨尔嫩,罗马天主教学院(Sarnen, Roman Catholic College)[1486]
萨尔苏埃拉跑马场,马德里(Zarzuela Hippodrome, Madrid)[1444]
萨尔塔里(工人住宅区),约克郡(Saltaire, workers'houses, Yorkshire)[*1196*][1197]
萨尔廷宅,海灵岛(Saltings, Hayling Island)[1431]
萨尔瓦卡奥教堂,孟买(Salvacao Church, Bombay)[1729]
萨尔韦斯坦宫殿(Palace at Sarvistan)[*100*][102][605][*607*]
萨非王朝(Safavid, dynasty)[597]
 花园(gardens)[664]
萨菲诺大楼,布宜诺斯艾利斯(Safino Building, Buenos Aires)[1634]
萨夫马林氏,开普敦(Safmarine Hosue, Cape Town)[1570]
萨福克(Suffolk,美国)
萨格勒布(Zagreb,克罗地亚)[1515]
萨拉曼卡(Salamanca,西班牙)
 巴纳德城堡牛油市场(Bungay Buttermarket)[*860*]
 "贝壳之家"(Las Casa de las Conchas)[*558*][560]
 城市规划(city planning)[1516]
 大学中心和校园(University Centre and Campus)[1516]
 丹宁顿教堂(Dennington Church)[*479*]
 丁香塔(Torre del Clavero)[563]
 多伊奇别墅(Villa Deutsch)[1515]
 格洛戈林·布里耶赫聚居区(Glogoljin Brijeg colony, housing)[1516]
 公寓(apartment block)[1515][1516]
 克拉伊奇别墅(Villa Klaic)[1515]
 老教堂(Old Cathedral)[408][*554*]
 迈克斯纳别墅(Villa Meixner)[1515]
 莫萨·皮亚德工人培训中心(Mosa Pijade Workers' Education Centre)[1516]
 萨拉曼卡大学(University)[562][*1013*]
 萨拉曼卡大学立面(University facade)[1011]
 圣司提反教堂(S.Esteban)[1011]
 市政厅(Town Hall)[1516]
 特尔科城郊(Trngko suburb)[1516]
 新教堂(New Cathedral)[*554*][555]
 音乐厅(Concert Hall)[1516]

[1933]

弗莱彻建筑史

萨胡拉金字塔，阿布西尔(Sahura Pyramid, Abusîr)[56]
萨卡拉，提氏玛斯塔巴(Sakkâra, Mastaba of Thi)[47]
萨卡特卡斯大教堂，墨西哥(Zacatecas Cathedral, Mexico)[*1268*][1269]
萨科菲利戈萨(Sa Coa Filigosa)[235][*236*]
萨克拉蒂府邸，费拉拉(Palazzo Sacrati, Ferrata)[*884*]
萨克桑那基尔(Saksanakhyr)[604]
萨克森堡，好望角(Saxenburg, Cape colony)[1245]
萨克森的弗赖贝格，大厅式教堂(Freiberg in Sachsen, hall church)[521]
萨拉·拉贾卡伦迦纪念博物馆，拉赫恩山，达㧕(Sala Rajakarunja Memorial Museum, Khao Lahn, Trat)[1706]
萨拉贝姆神庙，帕加马(Serapeum, Pergamon)[288]
萨拉布赫别墅(Sarabhai Villa)[1728]
萨拉赫浴室(Hammam as- Sarakh, bath house)[614]
萨拉切纳门，塞尼，罗马(Porta Saracena, Segni)[*249*][250]
萨拉切诺别墅，菲纳莱·迪·阿古利亚诺(Villa Saraceno, Finale di Agugliaro)[926]
萨兰(Salins, N.)，法国18世纪建筑师[1006]
萨里(Surrey，英国)
　奥丁宅(新农场)，格雷斯伍德(Alding/ New Farm, Grayswood)[1431]
　迪蓬豪尔开发，法纳姆，萨里郡(Dippenhall development, Farnham)[1431]
　提格布尔内庭院，维特利(Tigbourne Court, Witley)[1222]
萨里姆·奇斯蒂教长墓，法塔赫布尔西格里城(Sheikh Salim Chisti Tomb, Fatehpur Sikri)[652][*655*][656]
萨利赫·塔莱清真寺，开罗(as- Salih Talai Mosque, Cairo)[621]
萨龙诺，圣堂(Saronno, sanctuary)[931]
萨洛蒙·德布雷(Bray, Salomon de, 1597~1664)，荷兰建筑师、圣经和寓言故事画家)[1059]
萨洛蒙·德布罗斯(Brosse, Salomon de, 1571~1626)，法国建筑师，从手法主义向古典主义过渡时期的代表人物[969][986]
萨洛尼卡(Salonika, 希腊)
　加莱里乌斯宫(Palace of Galerius)[313]
　圣德米特里教堂(S.Demetrius)[313]
　圣索非亚大教堂(Hagia Sophia)[325][*326*]
　圣徒教堂(Holy Apostles)[325]
萨马利泰纳百货商场，巴黎(La Samaritaine store, Paris)[1400][*1401*][1402]
萨马萨特大学，朗西特(Thammasat University, Rangsit)[1706]
萨迈拉(Samarra, 俄罗斯)[616]
　阿希克宫(Qasr al- Ashik)[618]
　巴尔卡瓦拉尔宫(Bulkwara Palace)[616]
　大清真寺(Great Mosque)[616][*617*]
　马尔维雅大清真寺(Malwiya)[615][*617*]
　迈迪阿布·杜莱福清真寺，伊拉克萨(Mosque of Abu Dulaf)[616][*617*]
　苏莱比雅墓(Kubat as- Sulaibiya)[618]

伊玛目杜尔清真寺和陵墓(Imam Dur Mosque and Tomb)[618]
萨曼图里堡，斯里兰卡(Samanthurai, Sri Lanka)[1330]
萨米·西萨(Sisu, Sami, 1928~)，土耳其建筑师[1542]
萨米宅(Samy House/ Villa)[573]
萨莫拉大教堂(Zamora Cathedral)[408]
墨西哥(Mexico)[1282]
萨莫色雷斯岛，神庙(Kabeiroi, sanctuary)[140]
萨默塞特大厦，伦敦(Somerset House, London)[1110][*1111*]
萨默塞特郡(Somerset，英国)
　蒙塔丘特府邸(Montacute House)[*1071*][1073][*1075*]
　蓬迪斯福德公园(Poundisford Park)[*860*]
萨默斯伍德学校，博勒姆伍德(Summerswood School, Boreham wood)[1467]
萨姆布大楼，比勒陀利亚(Sambou Building, Pretoria)[1570]
萨姆叔种植园，圣雅各教区，路易斯安那州(Uncle Sain Plantation, S.James's Parish, Louisiana)[1279]
萨穆拉玛特运河(Semirarnis Canal/ Shamiram Su)[96]
萨塞克斯(Sussex, 英国)
　格伦安德烈庄屋，格鲁姆布里奇(Glen Andred, Groombridge)[1192][*1196*]
　利斯伍德府邸，格鲁姆布里奇(Leys Wood, Groombridge)[1192][*1196*]
萨塞克斯大学，布莱顿(Sussex University, Brighton)[1467]
萨珊王朝(Sassanian dynasty)[593]
萨珊王朝建筑(Sassanian architecture)[102]
萨塔瓦哈纳王朝(Satavahana dynasty)[678]
萨瓦金(Suakin，非洲)
塞尔维亚(Serbia，欧洲)
塞尼(Segni, 意大利)
塞维利亚(Sevile，西班牙)
　20世纪的发展(Twentieth Century developments)[1513][1514]
　阿尔卡萨(Alcazar)[629]
　阿方索十三世饭店(Hotel Alfonso XIII)[1443]
　巴夏住宅(Bayt al- Basha)[664]
　大教堂(Cathedral)[552][*554*]
　大清真寺(Great Mosque)[629]
　格拉查尼察教堂(Gra canica church)[*328*][329]
　谷物交易所(Casa Lonja)[1018]
　机场(Airport)[1484]
　墙体(Wall)[250]
　萨拉切纳门(Porta Saracena)[*249*][250]
　市政厅(Casa de Ayuntamiento)[1012][*1013*]
　谢里法·米里亚姆住宅(Sherrifa Miriam's house)[661]
萨万土兵，房屋(Tell- es- Sawwan, houses)[*34*][39]
萨韦尔纳府邸，萨韦尔纳(Château Saverne)[1006]
萨沃伊别墅，普瓦西(Villa Savoye, Poissy)[*1401*][1403][*1405*]

萨乌拉施特拉(Saurashtra，印度)[814]
萨西亚圣灵教堂，罗马(S.Spirito in Sassia, Rome)[916]
塞巴斯蒂安·勒舍尔(Loscher, Sebastian, ?~1548)，德国16世纪雕塑家、建筑师[1028]
塞巴斯蒂亚诺·塞里奥(Serlio, Sebastiano, 1475~1554)，意大利手法主义建筑师、建筑理论家和画家，著有《建筑全书》[876][969][977]
塞贝克和哈罗利斯，神庙(Sebek and Haroeris, Temple)[*58*][71]
塞城大教堂(Sées Cathedral)[467][*470*]
塞蒂什·古吉拉尔(Gujral, Satish)，印度建筑师[1740]
塞尔贝洛尼府邸，米兰(Palazzo Serbelloni, Milan)[966]
塞尔比大教堂(Selby Abbey)[496][*501*]
塞尔弗里奇商场，牛津街，伦敦(Selfridge's Store, Oxford Street, London)[1417][*1418*]
塞尔苏斯图书馆，以弗所(Library of Celsus, Ephesus)[*266*][272]
塞尔维亚浪漫主义(Serbian Romanticism)[1515]
塞尔维亚王国(Serbian Kingdom/ Empire)[187][338][339]
塞尔温(Selwyn, C.)，南非建筑师[1249]
塞尔温风格教堂，新西兰(Selwyn- style churches, New Zealand)[1353]
塞尔柱王朝建筑(Seljuk architecture)[618][631][633][636]
塞夫尔，莱斯布鲁耶(手工业综合体)(Sèvres, Les Bruyères/ Artisan Complex)[1458]
塞古法院，马里(Segou Law Courts, Mali)[1562]
塞拉努斯大门，巴伦西亚(La Puerta de Serranos, Valencia)[*561*][562]
塞拉皮德府邸/多层住宅，奥斯蒂亚(House of the Serapide/ Insula del Serapide, Ostia)[*259*][296]
塞雷菲诺·古铁雷斯，墨西哥建筑师(Gutiérrez, Cerefino)[1282]
塞里奥母题(Serliana openings)[882]
塞里纳海滨旅馆，琼巴拉姆图瓦纳，肯尼亚(Serena Beach Hotel, Jumba la Mtwana, Kenya)[1574]
塞利格松(Seligson, A.)，波兰建筑师[1222]
塞林杰宅，班孩(Salinger House, Bangai)[1701][*1702*]
塞琉西(Seleucia，土耳其)[107][591][604]
塞缪尔·拉塞尔(Russell, Samuel)，英国军人、建筑师[1339]
塞缪尔·麦金蒂尔(Mc Intire, Samuel, 1757~1811)，美国建筑师和营造商[1279]
塞缪尔·佩皮斯·科克雷尔(Cockerell, S.P., 1753~1827)，英国建筑师[1120]
塞穆尔·克莱门斯(马克·吐温)宅，哈特福德(Samuel Clemens House/ Mark Twain House, Hartford, Connecticut)[1279]
塞纳河畔，贝尔尼府邸(Seine, Château de Berny)[988]
塞纳河畔伊夫里，市镇中心(Ivry- sur- Seine, Town Centre)[1458]
塞纳讷耶凯公寓，斯里兰卡(Senanayake Flats, Sri Lanka)[1729]
塞纳-瓦兹的圣欧仁教堂，维森奈(Seine- et- Oise, S.Eugène, Le Vésinet)[1187]

中文版索引

塞南卡隐修院，圣吉尔(Senanque, S.Gilles)[*380*]
塞内特广场，赫尔辛基(Senate Square, Helsinki)[1150]
塞斯·格里尔(Greer, Seth)，美国建筑师[1278]
塞提一世神庙(Seti, Temple of)[*62*][65]
塞瓦斯托波尔，重建规划(Sebastopol, rebuilding project)[1531]
塞瓦斯托波尔大街，巴黎(Boulevard de Sébastopol, Paris)[1197]
塞韦里亚诺·波尔图(Porto, Severiano, 1930～)，巴西建筑师[1643]
塞韦林大桥，科隆(Severin Bridge, Cologne)[1464]
塞维尔哈(Sé Velha)，见科英布拉老教堂
塞维利亚市政厅(Casa de Ayuntamiento, Seville)[1012][*1013*]
塞维鲁拱门，罗马(Arch of Septimus Severus, Rome)[274][289]
塞西利亚·梅特拉之墓，罗马(Tomb of Caecilia Metella, Rome)[*258*][260]
塞伊菲·阿尔坎(Arkan, Seyfi, 1902～1966)，土耳其建筑师[1537]
塞因科特府邸，格洛斯特郡(Sezincote, Gloucestershire)[*1118*][1120]
赛瓦墓塔(Tjandi Sewa)[838]
赛伊达方案(Saida project)[1583]
赛伊德·瑙姆清真寺，雅加达(Said Naum Mosque, Jakarta)[1704][*1705*]
赛义斯·阿塔斯宅，乔治市，槟城(Syed Alattas Mansion, Georgetown, Penang)[*1319*]
赛义德宅(Said House)[1573]
三瓣式平面教堂(triconch church plan)[339]
三井家族俱乐部，三田，东京(Mitsui Family Club, Mita, Tokyo)[1670][*1672*]
三里河办公楼，北京(San Li He Office Building, Beijing)[1660]
三联桥，卢布尔雅那(Three Bridges, Ljubljana)[1397]
三菱大厦(1号馆)，丸内地区，东京(Mitsubishi Building/ first, Marunouchi, Tokyo)[1310][*1311*]
三陇板，三陇板浅槽饰(triglyphs)[117]
三门清真寺，凯鲁万(Mosque of the Three Doors, Quairouan)[621]
三叶花式的曲线形屋顶轮廓(trefoil roofline)[347]
三叶形平面教堂，诺伊斯(Neuss, church)[398]
三座十字架旅馆，花之广场，瓦雷泽(Hotel Tre Croci, Campo di Fiore, Varese)[1413]
桑给巴尔(Zanzibar，坦桑尼亚)
　历史建筑保护(rehabilitation)[*1591*]
　奇迹宫(Houses of Wonders)[1241][*1244*]
　珊瑚石屋(coral- stone houses)[1240]
　圣公会大教堂(Anglican Cathedral)[1240]
　圣约瑟教堂(S.Joseph´s)[1240][*1243*]
　苏丹宫(Sultan´s Palace)[1240]
　住宅(houses)[698]
桑给巴尔苏丹宫殿(Sultan of Zanzibar´s palace)[1240]
桑海王国(Songhay state)[672]
桑吉(Sanchi，印度)
　大窣堵坡(Great Stupa)[779][*781*][782]
　[787]
　支提窟大厅(chaitya hail)[787]
桑加地，艾哈迈达巴德(Sangath, Ahmedabad)[1736][*1737*]
桑贾尔·贾瓦里墓，梅尔夫(Sultan Sanjar Tomb, Merv)[623]
桑贾尔苏丹墓，梅尔夫(Sanjar´s Mausoleum, Merv)[633]
桑科雷清真寺，廷巴克图(Sanskore Mosque, Timbuktu)[700]
桑斯大教堂(Sens Cathedral)[449][*450*]
桑泰角，教区教堂，魁北克(Cap Santé Parish Church, Quebec)[1273]
桑图拉诺(Santullano)，见普拉多圣朱利安教堂
桑托斯·杜蒙特机场，里约热内卢(Santos Dumont Airport, Rio de Janeiro)[1631][*1632*]
桑托斯侯爵夫人府邸，里约热内卢(House of the Marquesa de Santos, Rio de Janerio)[1282]
瑟拉恰，俄罗斯(Salacea, Russia)[234]
森丁盖斯蒂格教堂，开普敦(Sendinggestig, Cape town)[1246][*1248*]
森纳普和住宅，安卡拉(Cenap and Residence, Ankara)[1537]
森讷马克火葬场(Søndermark Crematorium)[1440]
森尼赛德精神病医院，达尼丁(Sunnyside Mental Hospital)[1381]
森普林汉姆教堂，林肯郡(Sempringham, Lincolnshire)[*443*]
森普罗尼昂·苏比萨蒂(Sabisati, Sempronion, 1680～1758)，意大利建筑师[1019]
僧侣土丘，卡霍基亚(Monks Mound, Cahokia)[707]
沙·贾汗乳娘墓，拉合尔(Tomb of the nurse to Shah Jehan, Lahore)[653]
沙阿-津德公墓，撒马尔罕(Shahi- Zindeh burial ground, Samarkand)[638][*639*]
沙阿清真寺，伊斯法罕(Masjidi- Shah, Isaphan)[642][*643*]
沙尔尼·巴西特住宅，伯克郡(Charney Basset Manor House, Berkshire)[*430*][509]
沙拉夫堡商栈(Ribat- i- Sharaf caravanserai)[633]
沙勒瓦勒府邸(Charleval, château)[983]
沙伦礼拜堂，霍兰兰丁，安大略省(Sharon Temple, Holland Landing, Ontario)[1283]
沙罗什保陶克，文化中心(Sárospatak, Cultural Centre)[1505]
沙普尔一世，王宫(Shapur I, Palace)[102]
沙丘，开普敦(Sandhills, Cape Town)[1255]
沙塞里奥(Chassériau)，在阿尔及利亚工作的法国建筑师[1240]
沙特尔大教堂(Chartres Cathedral)[445][447][449][454][456][*457*][458]
沙特发展基金大楼，利雅得(Saudi Fund for Development Building, Riyadh)[*1543*][1544]
沙特里-马拉布里公寓，巴黎(Chateray- Malabry, Paris)[1404]
沙田新城，香港(Sha Tin New Town, Hong Kong)[1712]
沙托丹(Châteaudun，法国)[475]
沙托丹堡/沙托丹府邸(Châteaux de Châteaudun)[391][475]
沙希库米斯，达姆甘(Shahir- i- Qumis, Damghan)[604]
沙逊别墅，上海(Sassoon Villa, Shanghai)[*1656*][1660]
沙逊大厦，上海(Sassoon House, Shanghai)[1653][*1655*]
砂浆技术，罗马时期(mortar, Roman)[212]
莎吉尔会堂，拉合尔(Shakir Ali Auditorium, Lahore)[1729]
山边平台住宅，东京(Hillside Terrace Housing, Tokyo)[*1679*][1680]
山顶凌霄阁，香港(Upper Peak Tram Terminus, Hong Kong)[*1717*][1718]
山东省(Shandong province，中国)
　灵岩寺(Lingyan Temple)[738]
　阙里宾舍，曲阜(Queli Hotel, Qufu)[*1661*][1665]
　五马祠商业街，曲阜(Wumaci Shopping Street, Qufu)[1669]
山谷遗址，津巴布韦(Valley Ruins, Zimbabwe)[*98*]
山梨文化会馆(Yamanashi Communications Centre)[*1678*][1680]
山崎实(Yamasaki, Minoru, 1912～1986)，日裔美国建筑师[1614][1616][1620]
山上的邦热苏斯朝圣教堂，布拉加(Bom Jesus do Monte, near Braga)[*1024*][1025]
山田寺，遗迹(Yamadadera, remains)[*62*]
山中要塞，铁器时代(hillforts, Iron Age)[238]
珊瑚石屋，拉穆和桑给巴尔(coral- stone houses, Lamu and Zanzibar)[1240][*1242*]
珊尼达尔岩洞(Shanidar Cave)[36]
陕西历史博物馆，西安(Shaanxi Historical Museum, Xi´an)[*1662*][1666]
商场，博洛尼亚(Mercanzia, Bologna)[572][*575*]
商朝(Shang period)[4][7][13][19][*109*][110]
　材料(materials)[21][22]
　住宅(house)[*109*]
商队清真寺，盖布泽，土耳其(Gebze, caravan mosque)[648]
商品交易所，费城(Merchants´Exchange, Philadelphia)[*1284*][1289]
商品交易所，开普敦(Commercial Exchange, Cape Town)[1246]
商人哈吉吉的住宅，伊斯法罕(Haqiqi merchant´s house, Ispahan)[661]
上城剧院，芝加哥(Uptown Theatre, Chicago)[1583][*1584*]
上帝基督教堂，特纳斯克罗斯，科克郡(Church of Christ the King, Turner´s Cross, Cork)[1432]
上海(Shanghai，中国)
　百老汇大厦(Broadway Mansions)[1653][*1656*]
　百乐门舞厅(Paramount Ballroom)[1653]
　毕卡第公寓(Picardie Apartments)[1653]
　大光明大戏院(Grand Theatre)[1653][*1655*]
　大上海大戏院(Metropol Theatre)[1653]
　大上海市政府大楼(Office Building of Municipality of Greater Shanghai)[1652]
　大新公司大楼(Sun Company building)[*1560*]
　德国总会(Club Concordia)[1552]
　东方汇理银行(Banque de L´Indo- Chine)[1649]
　法公董局董事宅(French concession

[1935]

弗莱彻建筑史

house)[*1306*][1307]
法国总领事馆(French Consulate-General)[1299]
法租界公董局(Hotel de Ville)[1299][*1302*]
方塔园，松江(Fangta Yuan/ Square Pagoda Park, Songjiang County)[1667][*1668*]
国际饭店(Park Hotel)[1653]
横滨正金银行(Yokohama Specie Bank)[1649]
华东电力大楼(East China Electric Power Building)[1669]
华俄道胜银行(Russo- Chinese Bank)[1299][*1303*]
华懋公寓(Cathay Mansions)[1653][*1656*]
华亭宾馆(Huating Sheraton Hotel)[1662][*1665*]
汇丰银行大楼(Hongkong and Shanghai Banking Corporation Building)[1299][*1303*][1649][*1650*]
汇中饭店(Palace Hotel)[1653][*1655*]
基督教青年会大楼(Young Men's Christian Association, YMCA)[1653]
静安希尔顿大酒店(Jing'an Hilton Hotel)[1662]
康乐小区(Kangle Residential Quarter)[1669]
李鸿章宅(Li Hongzhang House)[*1305*][1307]
龙柏饭店(Longbai Hotel)[1661]
马勒宅(Muller House)[*1657*][1660]
美琪大戏院(Majestic Theatre)[1653]
沙逊别墅(Sassoon Villa)[*1656*][1660]
沙逊大厦(Sassoon House)[1653][*1655*]
上海博物馆(Museum)[1652]
上海东正教总会教堂(Orthodox Eastern Church)[1299][*1301*]
上海江海关(Customs House)[1649][*1650*]
上海江海关关署(Imperial Maritime Customs House)[1299][*1304*]
上海交通大学闵行校区教学楼(Jiaotong University Minhang Branch)「1669]
上海商城(Shanghai Centre)[1662]
上海市体育场运动场(Jiangwan Stadiums)[1653]
上海市图书馆(Library)[1652]
上海体育馆(Gymnasium, 1975)[1661]
上海银行公会大楼(Shanghai Bankers' Association Building)[1649]
上海邮政局大楼(Post Office Building)[1649]
上海游泳馆(Swimming Pool, 1983)[1661]
上海总会(Shanghai Club)[*1303*][1307][*1651*][1652]
圣三一教堂(Holy Trinity Church)[1298][*1300*]
圣沙勿略天主堂(Church of S.Francis Xavier)[1298][*1300*]
盛宣怀宅(Sheng Xuanhuai House)[*1306*][1307]
同济大学科学苑(Science Building of Tongji University)[1669]

文远楼,同济大学(Wen Yuan Lou block, Tongji University)[1660]
吴同文宅(Wu House)[1660]
新锦江大酒店(Jinjiang Tower)[1662]
怡和洋行旧楼(Jardine Matheson and Co.Ltd)[*1305*][1307]
英国总领事馆(British Consulate-General)[1299][*1302*]
有利银行(Mercantile Bank of India)[1649]
中国通商银行(Commercial Bank of China)[1299][*1303*]
周宅(Zhou House)[*1657*][1660]
上海东正教总会教堂，上海(Orthodox Eastern Church, Shanghai)[1299][*1301*]
上海徐家汇天主堂(Xu Jia Hui Catholic Church, Shanghai),见圣依纳爵教堂
上拿撒勒，山坡住宅(Upper Nazareth, housing schemes)[1552]
上圣母院朝觐教堂，朗香(Ronchamp, Pilgrimage Church of Notre Dame- du-Haut)[*1455*][*1456*]
上湿婆神庙，巴达米(Malegitti- Sivalaya Temple, Badami)[*792*]
上塔斯特鲁普学校，靠近哥本哈根(Høje Taastrup School, near Copenhagen)[1483]
上野博物馆，东京(Ueno Museum, Tokyo)[1310][*1311*]
上原邸，东京(Uehara House, Tokyo)[1683][*1685*]
上泽蒙，新居住区(Upper Zemun, new settlement)[1515]
尚博尔府邸(Château de Chambord)[*973*][*975*][*976*][977]
尚迪曼诺沃斯公立中学，阿尔及尔(Lycée du Champ de Manoeuvers, Algiers)[1562]
尚蒂伊小府邸，尚蒂伊(Petit Château, Chantilly)[*978*][*984*]
少林寺，河南省(Shaolin Temple, Henan province)[738]
邵禄(Chollot, M.J.J.),法国建筑师[1299]
绍村，城市设计(Chaux, city design)[1002]
绍肯家族府邸和图书室，耶路撒冷(Schocken family house, Jerusalem)[1552][*1553*]
绍肯商店，斯图加特(Schocken Store, Stuttgart)[1409]
绍利别墅，热那亚(Villa Sauli, Genoa)[931]
绍纳王国(Shona kingdom)[667][672]
绍斯伊斯教堂，萨塞克斯郡(Southease Church, Sussex)[*479*]
蛇形住宅，赫尔辛基(Serpent House, Helsinki)[1452]
舍伯恩隐修院教堂，多塞特郡(Sherborne Abbey, Dorset)[505]
舍尔沙墓，瑟瑟拉姆(Shershah Tomb, Sasaram)[651]
舍尔沙苏丹(Shershah, Sultan)[651]
舍夫龙兵营，科伦坡，斯里兰卡(Chevron Barracks, Colombo, Sri Lanka)[1345][*1346*]
舍利殿，圆觉寺(Enkakuji, Shariden)[769]
舍利塔(pagoda/ reliquary)[731][738][782]
舍农索府邸(Château de Chenonceaux)[971][*973*][*974*]
设得兰群岛，穆萨岛(Mousa, Shetland Islands)[238]
设防高地(小型的石头建造的圆形堡垒)(dun/ small forts)[238]

社会变革，英国哥特时期(Social changes, English Gothic period)[481]
社会主义现实主义，苏联(Social Realism, Soviet Union)[1489][1505][1528]
社区(pols/ enclaves)[817]
社区中心，埃斯勒夫(Eslov, Community Hall)[1482]
社区中心，莫黑什沃尔(Maheshwar Community Centre)[1741]
射手街学校，希尔弗瑟姆(Schuttersweg School, Hilversum)[1436]
摄政王大街，伦敦(Regent Street, London)[*1119*][1120]
摄政王公园，伦敦(Regent's Park, London)[*1119*][1120]
深圳(Shenzhen,中国)
　国际贸易中心(International Centre)[1662]
　华夏艺术中心(Huaxia Arts Centre)[*1666*][1667]
　深圳大学演会中心(Shenzhen University Performance and Conference Centre)[1667]
　深圳体育馆(Gymnasium)[1667]
什穆埃尔·哈纳吉德大街公寓，耶路撒冷(Schmuei Hanagid Street, Jerusalem)[1552][*1554*]
神安池，槟城(Seri Mutiara/ Residency, Penang)[1321][*1324*]
神祠(prachedi),见钟形穿堵坡
神道建筑，日本(Shinto architecture, Japan)[754]~[757]
神道教(Shintoism)[685]
神殿山，耶路撒冷(Temple Mount, Jerusalem)[610][611]
神恩教堂，希尔施贝格(Hirschberg, Gnadenkirche)[1042]
神勒寺佛塔，骊州(Shilluksa Temple pagoda, Yoju)[754]
神庙(temples)[21]
　埃及人(Egyptian)[47][56][60][65][71]
　埃特鲁里亚时期(Etruscan)[239]
　布局(layout)[*38*][*39*][*58*]
　多立克(Doric)[239]
　罗马帝国(Imperial Roman)[240][261][263][268]
　罗马帝国早期(Early Imperial Roman)[250][254]
　罗马共和国时期(Republican Roman)[240]
　罗马共和晚期(late Roman Republican)[250][254]
　罗马早期(early Roman)[245][246]
　青铜时代(Bronze Age)[234]
　乌拉尔图(Urartu)[92][96]
　希腊(Greek)[125]~[129][133][137][239]
　　平面比较(comparative plans)[*147*]
　希腊化时期(Hellenistic)[161]
　新石器时代(Neolithic)[231]
　见相关神庙词条
神庙群,伊夏里(Temple Complex.Ischali)[77][79]
神明鸟居(Shimmei torii)[*755*][756]
神牛寺(Preah Ko Temple)[830][*831*]
神社(shrines)
　布局(layout)[37][*38*]

中文版索引

低地国家(Low Countries)[533]
日本(Japan)[*755*][756]
忒修斯神殿(Shrine of Theseus)[155]
神圣教会教堂, 索非亚(Church of the Holy synod, Sofia)[1511]
神圣经院教堂, 苏比亚科(S.Scolastica, Subiaco)[966]
神圣救世主教堂, 克拉肯韦尔区, 伦敦(Holy Redeemer Church, Clerkenwell, London)[1207]
神圣罗马帝国(Holy Roman Empire)[183][856]
神职人员大厦, 维琴察(Palazzo Chiericati, Vicenza)[925]
审计官办公楼, 哈瓦那(Comptroller's Office, Havana)[1631][*1633*]
升州松广寺国师殿, 全罗南道(Sungju, Songgwangsa Temple)[754]
生混凝土墙(墙的结构)(namakokabe/ wall construction)[1309]
省议会大厦, 新斯科舍省, 哈利法克斯(Nova Scotta, Province House, Halifax)[1278]
省议会厅, 纳尔逊(Provincial Council Chambers, Nelson)[1369]
圣阿邦迪奥教堂, 科莫(S.Abbondio, Como)[216][*365*][367]
圣阿波利纳尔新教堂, 拉韦纳(S.Apollinare Nuovo, Ravenna)[313]
圣阿尔班大教堂, 比勒陀利亚(S.Alban's Cathedral, Pretoria)[1255]
圣阿尔班教堂, 豪尔伯恩, 伦敦(S.Alban, Holborn, London)[1187]
圣阿纳斯塔西亚教堂, 维罗纳(S.Anastasia, Verona)[*569*][571]
圣阿涅塞陵墓, 罗马(S.Agnese, Rome)[949][*951*]
圣阿萨夫教堂(平面) (S.Asaph/ plan[*488*]
圣埃利亚幼儿园(Asilo Sant'Elia nursery school)[1414]
圣艾蒂安杜蒙特教堂, 巴黎(S.Etienne du Mont, Paris)[467]
圣安布罗斯教堂, 米兰(S.Ambrogio, Milan)[207][*366*][*367*][*371*][374][901]
圣安德雷门, 欧坦(Porte S.André, Autun)[260][*274*]
圣安德烈大教堂, 悉尼(S.Andrew's Cathedral, Sydney)[1364][*1370*]
圣安德烈大教堂, 新加坡(S.Andrew's Cathedral, Singapore)[1321]
圣安德烈大楼, 爱丁堡(S.Andrew's House, Edinburgh)[1426]
圣安德烈教堂, 赫金顿(S.Andrew, Heckington)[*479*]
圣安德烈教堂, 基辅(Cathedral of S.Andrew, Kiev)[*1126*][1227]
圣安德烈教堂, 开普敦(S.Andrew, Cape Town)[1249]
圣安德烈教堂, 罗克, 森德兰(S.Andrew, Roker, Sunderland)[1422][*1425*]
圣安德烈教堂, 罗马(S.Andrea, Rome)[*909*][937]
圣安德烈教堂, 曼托瓦(S.Andrea, Mantua)[*890*][895]
圣安德烈教堂, 派里斯泰拉岛(Peristerai, S.Andrew)[*323*][285]
圣安德烈教堂, 皮斯托亚(S.Andrea, Piatoia)[370]
圣安德烈教堂, 韦尔切利(S.Andrea, Vercelli)[572]

圣安德烈长老会教堂, 布里斯班(S.Andrew's Presbyterian Church, Brisbane)[1757]
圣安德烈长老会教堂, 加尔各答(Presbyterian Church of S.Andrew, Calcutta)[1334][*1335*]
圣安德烈长老会教堂, 克赖斯特彻奇(S.Andrew's Presbyterian Church, Christchurch)[1369]
圣安德烈长老会教堂, 马德拉斯(S.Andrew's Presbyterian Church, Madras)[*1333*][1334]
圣安德鲁居住区, 巴塞罗那(Sant'Andreu housing estate, Barcelona)[1444]
圣安蒂讷塔楼(Sant'Antine)[235][*236*]
圣安东尼奥-阿布destin市场, 墨西哥城(San Antonio Abud market buildings, Mexico City)[1643]
圣安东尼奥达巴拉要塞群, 巴伊亚(Santo Antônio da Barra, Bahía)[1266]
圣安东尼奥教堂, 帕多瓦(S.Antonio, Padua)[*570*][571][*843*]
圣安东尼教堂, 巴塞尔(S.Antonius, Basle)[1412]
圣安东尼医院(S.Antonio Hospital)[1011]
圣安娜教堂, 奥格斯堡(S.Anna, Augsburg)[1028]
圣安娜教堂, 耶路撒冷(S.Anna, Jerusalem)[*412*][414]
圣安娜受孕教堂, 莫斯科(Church of the Conception of S.Anne, Moscow)[*359*][360]
圣奥尔本斯隐修院(S.Albans Abbey)[424][*488*][496]
圣奥古斯丁教堂, 巴黎(S.Augustin, Paris)[1187]
圣奥古斯丁教堂, 布鲁塞尔(Augustinian Church, Brussels)[1055]
圣奥古斯丁教堂, 拉姆斯盖特(S.Augustine, Ramsgate, Kent)[1174]
圣奥古斯丁教堂, 伦敦(S.Augustine, Kilburn, London)[1207][*1210*]
圣奥古斯丁教堂, 罗马(S.Agostino, Rome)[902]
圣奥拉夫教堂, 塞兰布尔(Church of S.Olav, Serampore)[1349]
圣奥拉夫宅, 海斯码头, 伦敦(S.Olaf's House, Hays Wharf, London)[1426]
圣奥斯特莱姆昂教堂, 伊苏瓦尔(S.Austremoine, Issoire)[383]
圣巴巴拉堂, 巴布伦修道院(Sitt Barbara, Deir Bablun)[609]
圣巴蒂尔德隐修院, 旺沃(Prieuré Sainte-Bathilde, Vanves)[1403]
圣巴多罗买教堂, 凯厄波依(S.Bartholomew, Kaiapoi)[1369]
圣巴封教堂, 根特(S.Bavon, Ghent)[543]
圣巴拿巴教堂, 奥克兰(S.Barnabas, Auckland)[1369]
圣巴托洛梅·德哈拉伯爵宅, 墨西哥城(House of the Conde de San Bartoloméde Xala, Mexico City)[1265]
圣巴西尔大教堂, 莫斯科(Cathedral of S.Basil, Moscow)[1124]
圣巴西利奥居住区, 罗马(San Basilio quarter, Rome)[1476]
圣芭芭拉教堂, 库特纳霍拉(S.Barbara, Kutna Hora)[526][*531*]
圣保罗(São Paulo, 巴西)
　拉丁美洲纪念碑(Latin American Memorial)[1643]
　麦林克车站(Mairinque Station)[1628]
　庞培亚工厂(体育中心)(Pompeia Factory/ Sports Complex)[1643]
　艺术博物馆(Museum of Art)[1642]
圣保罗大教堂, 加尔各答(S.Paul's Cathedral, Calcutta)[1334][*1335*]
圣保罗大教堂, 科文特加登, 伦敦(S.Paul, Convent Garden, London)[1079][*1083*]
圣保罗大教堂, 伦敦(S.Paul's Cathedral, London)[1084][*1085*][*1086*][*1087*][*1088*]
圣保罗大教堂, 罗马(S.Paolo fuori le Mura, Rome)[*365*][370]
圣保罗大教堂, 墨尔本(S.Paul's Cathedral, Melbourne)[1369]
圣保罗教堂, 巴利亚多利德(S.Pablo, Valladolid)[549][*553*]
圣保罗教堂, 巴塞尔(S.Paul, Basle)[1403]
圣保罗教堂, 布赖顿(S.Paul, Brighton)[1173]
圣保罗教堂, 德特福德, 伦敦(S.Paul, Deptford, London)[1095]
圣保罗教堂, 科伦坡, 斯里兰卡(Church of S.Paul, Colombo, Sri Lanka)[1330]
圣保罗教堂, 克鲁(S.Paul, Crewe)[1475]
圣保罗教堂, 雷蛋登西山顶, 马六甲(S.Paul's Hill fort, Malacca)[1321]
圣保罗教堂, 龙德堡(S.Paul, Rondebosch)[1249]
圣保罗教堂, 马六甲(S.Paul, Malacca)[1321]
圣保罗礼拜堂, 纽约(S.Paul's Chapel, New York)[1273]
圣保罗学院, 果阿(College of S.Paul, Goa)[1330]
圣保罗医院, 巴塞罗那(Hospital of S.Paul, Barcelona)[1444][*1446*]
圣保罗与巴拿巴教堂, 米兰(SS.Paolo e Barnaba, Milan)[932]
圣本笃教堂, 德拉姆恰佩尔(S.Benedict, Drumchapel)[1467]
圣本笃教堂, 费拉拉(S.Benedetto, Ferrara)[908]
圣彼得巴西利卡教堂, 罗马(Basilica of S.Peter, Rome)[299][*304*][*303*]
圣彼得堡(S.Petersburg, 俄罗斯)
　爱尔米塔什剧院(Hermitage Theatre)[1129][*1130*]
　彼得大帝医院(Peter the Great Clinical Hospital)[1521]
　布比尔公寓住宅(Bubyr apartment house)[1519]
　参政院和正教院大厦(Senate and Synod)[1133]
　城市规划(city planning)[864]
　达尔马提亚圣伊萨克大教堂(Cathedral of S.Isaac of Dalmalia)[1133]
　大理石宫(Marble Palace)[1127][*1130*]
　德国大使馆(German Embassy)[1407]
　第三共产国际纪念碑(Monument to the Third Communist International)[1521][*1522*]
　冬宫(Winter Palace)[1127][*1128*]
　弗罗斯托夫斯基府邸与事务所大楼(P.P.Forostovsky's mansion)[1519]
　观察经济协会(百货大楼)(Guards'Economic Society/ department store)[1521]
　花园城市运动(Garden City Movement)[1521]
　喀山圣母大教堂(Cathedral of the Virgin of Kazan)[1129]
　科学院大厦(Academy of Sciences)[1129]

[1937]

（续前页）[1131]
矿业学院(Academy of Mines)[1132][1133]
劳动宫(Palace of Labour)[1521][1522]
罗西百货商场(Ulitsa Zodchevo Rossi)[1133]
马尔科夫公寓街区(Markov Apartment Blocks)[1519][1520]
玛蒂尔德·克舍埃恩斯卡亚别墅(Mathilde Kshesinkaia villa)[1517]
圣彼得堡波洛夫佐夫府邸(Polovtsov House, S.Petersburg)[1518][1519]
圣彼得堡美术学院(Academy of Fine Arts)[1124][1127][1128]
圣彼得和圣保罗大教堂(Cathedral of SS.Peter and Paul in the Fortress)[1125]
斯摩尔尼大教堂(Smolny Cathedral)[1127]
陶里德大厦(Tauride Palace)[1129][1130]
特拉克托尔大街(Tractor Street housing)[1524]
维捷布斯克火车站(Vitebsk Railway Station)[1519]
新海军部大厦(New Admiralty)[1132][1133]
证券交易所(The Exchange)[1134]
总参谋部大厦(General Staff Headquarters)[1132][1133]
圣彼得堡理工学院，圣彼得堡(Polytechnical Institute, S.Petersburg)[1521]
圣彼得大教堂，彼得马里茨堡(S.Peter's Cathedral, Pietermaritzburg)[1249]
圣彼得大教堂，罗马(S.Peter, Rome)[910][911][912][913][947][950]
圣彼得大教堂的祈福敞廊，罗马(Benediction Loggia, Rome)[902]
圣彼得大教堂隐修院小神殿，蒙托里奥，罗马(S.Pietro in Montorio, Rome)[909][911]
圣彼得大厦，米德尔堡(S.Peter's House, Middleburg)[544]
圣彼得和圣保罗大教堂，圣彼得堡(Cathedral of SS.Peter and Paul in the Fortress, S.Petersburg)[1125]
圣彼得教堂，阿德莱德(S.Peter's Cathedral, Adelaide)[1369]
圣彼得教堂，阿里亚特(S.Pietro, Agliate)[371][374]
圣彼得教堂，北安普敦(S.Peter, Northampton)[441]
圣彼得教堂，波尼诺沃(Bonivino, S.Peter)[1516]
圣彼得教堂，蒂阿罗(S.Peter, Te Aro)[1369]
圣彼得教堂，根特(S.Pieter, Ghent)[1055]
圣彼得教堂，卡昂(S.Pierre, Caen)[466]
圣彼得教堂，库克河畔，悉尼(S.Peter, Cook's River, Sydney)[1364]
圣彼得教堂，利雪(S.Pierre, Lisicux)[466]
圣彼得教堂，吕贝克(S.Peter, Lübeck)[527]
圣彼得教堂，马六甲(S.Peter, Malacca)[1321]
圣彼得教堂，图斯卡尼亚(S.Pietro, Tuscania)[366]
圣彼得教堂，威廉堡，加尔各答(S.Peter, Fort William, Calcutta)[1334]
圣彼得教堂，沃尔沃思，伦敦(S.Peter, Walworth, London)[1116]
圣彼得教堂，沃森湾，悉尼(Church of S.Peter,

Watson's Bay, Sydney)[1369]
圣彼得教堂，锡格蒂纳(S.Peter, Sigtuna)[435][436]
圣彼得教堂和堂区中心，克利潘(Klippan, S.Peter's Church and Parish Centre)[1482]
圣彼得联合教堂，卢万(S.Peter Collegiate Church, Louvain)[534][537]
圣彼得罗尼奥教堂，博洛尼亚(S.Petronio, Bologna)[570][572]
圣彼得新别墅，葡萄牙(Villa Nova de Sao Pedro, Portugal)[235]
圣波利乌科托斯教堂，君士坦丁堡(S.Polyeuktos, Constantinople)[312][314]
圣伯尔纳教堂，维罗纳(S.Bernardino/Capella Pellegrini, Verona)[925]
圣伯尔纳教堂，乌尔比诺(S.Bernardino, Urbino)[900]
圣卜尼法斯教堂，法兰克福(S.Boniface, Frankfurt)[1409]
圣布莱斯圣母教堂，蒙特普尔恰诺(Madonna di S.Biagio, Montepulciano)[910][915]
圣布赖德教堂，弗利特街，伦敦(S.Bride, Fleet Street, London)[1090][1093][1094]
圣布里吉特的蒙台梭利学校，斯里兰卡(S.Bridget's Montessori School, Sri Lanka)[1744]
圣查德教堂，什鲁斯伯里(Shrewsbury, S.Chad)[1123]
圣查尔斯·博罗梅奥教堂，卡梅尔，加利福尼亚州(San Carlos Borromeo, Carmel, California)[1273]
圣大卫大教堂(S.David's Cathedral)[489][496]
圣但尼门，巴黎(Porte S.Denis, Paris)[999]
圣但尼隐修院，巴黎附近(S.Denis Abbey, near Paris)[389][391][445][448][450]
圣但尼战后重建工作(Saint-Denis, post-War reconstruction)[1453]
圣德米特里大教堂，弗拉基米尔(Cathedral of S.Demetrius, Vladimir)[350][352][353]
圣德米特里教堂，萨洛尼卡(S.Demetrius, Salonika)[313]
圣狄奥多尔·斯特拉特莱茨教堂，诺夫哥罗德(Church of S.Theodore Stratelates, Novgorod)[346][355]
圣地(Holy Land)
    建筑材料(building resources)[207]
    罗马风时期(Romanesque period)
        建筑特征(architectural character)[408]～[411]
        军事建筑(military buildings)[410]～[415]
        宗教建筑(religious buildings)[411][415]
    十字军圣地地图(Crusader period map)[410]
    中世纪早期(early Mediaeval period)[191][204]
圣地亚哥(Santiago, 智利)
    拉斯康迪斯礼拜堂(Chapel of Las Condcs)[1642]
    联合国大厦(United Nations Building)[1642]
    圣雅各(S.James)[202]
    市场(Market)[1296]
    住宅(houses)[1281]
圣地亚哥·卡拉特拉瓦(Calatrava, Santiago, 1951～   )，西班牙建筑师、工程师[1485]

圣地亚哥堡，马尼拉湾，菲律宾(Fort Santiago, Manila Bay, Philippines)[1321]
圣地亚哥-德孔孔斯特拉皇家医院，圣地亚哥-德孔波斯特拉(Royal Hospital, Santiago de Compos-tela)[1011]
圣地亚哥"界墙"('Travesia'a Santiago)[1646]
圣地亚哥市剧院，圣地亚哥，智利(Teatro Municipal, Santiago, Chile)[1289]
圣蒂尔索教堂，萨阿贡(S.Tirso, Sahagún)[407]
圣蒂诺·索拉里(Solari, Santino)，意大利17世纪建筑师[1035]
圣殿骑士团(Knights Templar)[202]
圣殿遗址，利本尼斯(Libenice, sanctuary site)[238]
圣多米，住家和商业居所(San Thome, settlement)[1328]
圣多明戈综合楼，科尔多瓦(Santo Domingo Complex, Cordoba)[1646]
圣多明各大教堂，多米尼加共和国(Santo Domingo Cathedral, Dominican Republic)[1266]
圣多明各教堂，马尼拉(Church of Santo Domingo de Manila)[1322]
圣方济各·沙勿略陵墓，果阿(Mausoleum of S.Francis Xavier, Goa)[1330]
圣方济各大教堂，马德里(S.Francisco el Grande, Madrid)[1019]
圣方济各会大教堂，萨尔兹堡(Franciscan Church, Salzburg)[521]
圣方济各教堂，阿西西(S.Francesco, Assisi)[531][567][571]
圣方济各教堂，波尔图(Church of S.Francisco, Oporto)[1023][1025]
圣方济各教堂，费拉拉(S.Francesco, Ferrara)[908][910]
圣方济各教堂，拉巴斯，玻利维亚(San Francisco, La Paz, Bolivia)[1273]
圣方济各教堂，兰乔斯-德陶斯，新墨西哥州(San Francisco, Ranchosde Taos, New Mexico)[1273]
圣方济各教堂，里米尼(S.Francesco, Rimini)[856][889][897]
圣方济各教堂，西斯卡，卢布尔雅那(S.Francis, Siska, Ljubljana)[1514]
圣方济各礼拜堂，潘普拉(S.Francisco Chapel, Pampulha)[1633][1634]
圣方济各天主教堂，墨尔本(S.Francis, Melbourne)[1367]
圣方济各隐修院和教堂，基多，厄瓜多尔(Monastery and Church of San Francisco, Quito, Ecuador)[1269]
圣腓力·内里教堂礼拜堂，罗马(Oratory of S.Philip Neri, Rome)[945][949]
圣腓力堡，巴拉哈斯，哥伦比亚(Castillo de San Felipe de Barajas, Colombia)[1266][1270]
圣腓力堡，巴伊亚(São Felipe, Bahía)[1266]
圣腓力和圣雅各教堂，牛津(Church of S.Philip and S.James, Oxford)[1192][1193]
圣腓力教堂，伯明翰(S.Philip, Birmingham)[1095][1097]
圣腓力教堂，图尔尼(S.Philibert, Tournus)[382][384]
圣腓力殉难教堂，耶拉波利斯(Martyrium of S.Philip, Hierapolis)[308][309]
圣斐代莱教堂，米兰(S.Fedele, Milan)[365][932]
圣费尔南多医院，马德里(S.Fernando

中文版索引

Hospital, Madrid)[1018]
圣费奥利切府邸，那不勒斯(Palazzo Sanfelice, Naples)[965]
圣弗朗西斯科(旧金山)，加利福尼亚州，美国(San Francisco, California)
 阿尔沃德湖桥(Alvord Lake Bridge)[1296]
 北极石油公司大楼(Arctic Oil Company Building)[1295]
 皇宫大饭店(Palace Hotel)[1295]
 市政厅(City Hall)[1580]
 住宅建筑(domestic architecture)[1281]
圣福斯卡教堂，托切罗岛(S.Fosca, Torcello)[314][322]***331***
圣富瓦教堂，孔克(Conques, S.Foi)[202]
圣高登齐奥教堂，诺瓦拉(S.Gaudenzio, cupola, Novara)[1192]
圣格列高利教堂，墨西拿(S.Gregorio, Messina)[965]
圣格列高利教堂，兹瓦尔特诺茨(S.Gregory, Zvart´nots)***323***
圣格列高利学院，巴利亚多利德(College of San Gregorio, Valladolid)[552]***553***
圣公会大教堂，纳米伦贝，坎帕拉，乌干达(Namirembe Anglican Cathedral, Kampala, Uganda)[1240]
圣基亚拉教堂，那不勒斯(S.Chiara, Naples)[583]
圣吉尔，塞南卡隐修院(S.Giles, Senanque)***380***[391]
圣吉尔教堂，坎伯韦尔，伦敦(S.Giles, Camberwell, London)[1173]***1175***
圣吉尔教堂，斯塔福德郡(S.Giles, Cheadle, Staffordshire)***1171***[1173]
圣吉米尼亚诺(San Gimignano，意大利)***186***[587]
圣吉米尼亚诺(镇) (S.Gimignano/ town)***186***
圣迹教堂，墨西哥城(Medallia Milagrosa, Mexico City)[1634]***1636***
圣加百列教堂，芝加哥(S.Gabriel, Chicago)[1283]
圣加尔加诺教堂，卡萨马瑞(Casamari, church)[571]
圣加尔加诺教堂，锡耶纳附近(San Galgano, near Siena)[571]
圣加仑高等商学院，瑞士(S.Gallen, Switzerland, Commercial High School)[1485]
圣加仑隐修院(S.Gallen, monastery)***199***[200][202]
圣加仑隐修院的理想平面(Ideal Plan of S.Gallen)***199***[200][398]
圣加伦大修道院教堂(S.Gall, Abbey Church)[1043]
圣家族教堂，巴塞罗那(Church of the Sagrada Familia, Barcelona)[1155][1207]***1211***
圣家族赎罪教堂，巴塞罗那(Templo Expiatorio de la Sagrada Familia, Barcelona)[1443]
圣居迪尔教堂，布鲁塞尔(S.Gudule, Brussels)[534]***536***
圣卡罗勒斯·博罗梅乌斯教堂，安特卫普(S.Carolus Borromeus, Antwerp)[1055]
圣卡塔尔多教堂，巴勒莫(S.Cataldo, Palermo)[382]
圣卡特加教堂，果阿(Church of S.Catejan, Goa)[1330]
圣凯瑟琳礼拜堂，果阿(S.Catherine, Goa)[1330]
圣凯瑟琳码头仓库，伦敦(S.Katharine´s Dock, London)[1123]
圣凯瑟琳学院，牛津(S.Catherine´s College, Oxford)[1468]
圣凯瑟琳隐修院，西奈山(S.Catherine´s Monastery, Mount Sinai)***312***[313]
圣康斯坦萨教堂，罗马(S.Costanza, Rome)[304]***307***[314]***316***
圣克莱门教堂，保斯康布，多塞特郡(S.Clement, Boscombe, Dorset)[1207]
圣克雷芒教堂，罗马(S.Clemente, Rome)***311***[313]
圣克里斯蒂娜教堂，莱纳(S.Cristina de Lena)[402]
圣克里斯托福罗，卢卡(S.Cristoforo, Lucca)***365***
圣克里斯托福罗教堂，费拉拉(S.Cristoforo, Ferrara)[908]
圣克洛蒂尔德教堂，巴黎(S.Clotilde, Paris)[1173]
圣拉撒路教堂，米兰(S.Nazaro, Milan)，见圣使徒教堂
圣莱奥(城堡)[898][900]
圣雷米，朱利家族墓(S.Rémy, Tomb of the Julii)[260]***276***
圣雷米隐修院教堂，兰斯(S.Rémi Abbey Church, Reims)[449]***454***
圣礼大教堂(Cathedral of the Blessed Sacrament)[1385]
圣礼大教堂，克赖斯特彻奇(Cathedral of the Blessed Sacrament, Christchurch)[1385]
圣里基耶教堂修道院(S.Riquier Abbey)[392]
圣里普西默教堂，瓦尔尔沙帕特(S.Hrip´sime, Vagharshapat)***323***[329]***331***
圣链寺，耶路撒冷(Dome of the Chain, Jerusalem)[611]
圣灵教堂，佛罗伦萨(S.Spirito, Florence)[883][888]***890***[894]
圣灵教堂，莫斯科(Church of the Holy Spirit, Moscow)***354***[355]
圣灵教堂，维也纳(Church of the Holy Spirit, Vienna)[1397]
圣灵门，罗马(Porta S.Spirito, Rome)[916]
圣灵医院，罗马(Ospedale di S.Spirito, Rome)[902]
圣路加教堂，史密斯菲尔德，弗吉尼亚州(S.Luke, Smithfield, Virginia)[1269]***1272***[1273]
圣路加圣母教堂，博洛尼亚(Madonna di S.Luca, Bologna)[957]***962***
圣路加学院，罗马(Academy of S.Luke, Rome)[868]
圣路加隐修院，希腊(Hosios Lukas)
 大教堂(Katholikon)[325]
 圣母教堂(Theotokos)[325]***326***
圣路加隐修院圣母教堂(Katholikon, Hosios Lukas)[325]
圣路易教堂，凡尔赛(S.Louis, Versailles)[1000]
圣路易教堂，樊尚(S.Louis, Vincennes)[1403]
圣路易斯(普鲁伊特·艾戈住宅区) (S.Louis, Pruitt Igoe housing project)[1620]
圣罗克教堂，巴黎(Church of S.Roche, Paris)[1000]
圣罗克学校，威尼斯(Scuola di S.Rocco, Venice)[885]
圣罗姆布尔教堂，马林(S.Rombout Cathedral, Malines)[534]
圣洛伦索教堂，都灵(S.Lorenzo, Turin)[956]***961***
圣洛伦佐教堂，佛罗伦萨(S.Lorenzo, Florence)[887]***888***
 劳仑齐阿纳图书馆(Laurentian Library)[932]***934***
 新圣器室(New Sacristy)[888][932]***933***
圣洛伦索教堂，罗马(S.Lorenzo, Rome)[304]***305***[309][313]
圣洛伦佐教堂，米兰(S.Lorenzo, Milan)[299][309]***307***
圣洛伦索教堂，那不勒斯(San Lorenzo, Naples)[583]
圣洛伦索教堂，纽伦堡(S.Lawrence, Nuremberg)***518***[522]
圣洛伦索教堂，耶什捷德山麓亚布隆(Jablonne v Podjestedi, S.Laurence)[1037]
圣洛伦索教堂珍宝博物馆，热那亚(Museum of the Treasure of San Lorenzo, Genoa)[477]
圣马蒂尼大教堂，卢卡(S.Martino, Lucca)[370]
圣马丁大教堂(S.Martin, Utrecht)，见乌德勒支大教堂
圣马丁和路加教堂，罗马(SS.Martina e Luca, Rome)[952]***954***
圣马丁教堂，弗罗米斯塔(S.Martin de Frómista)***401***[404][407]
圣马丁教堂，科隆(S.Martín, Cologne)***397***[398]
圣马丁教堂，兰茨胡特(S.Martin, Landshut)***520***[521]
圣马丁教堂，伦敦(S.Martin- in- the- Fields, London)[1096]***1102***
圣马丁教堂，诺亚(S.Martín de Noya)[408]
圣马丁教堂，图尔(S.Martin, Tours)[202][453]
圣马丁教堂，伊普尔(S.Martin, Ypres)[534]
圣马丁要塞教堂，新德里(S.Martin´s Garrison Church, New Delhi)[1720]***1724***
圣马丁隐修院，卡尼古(Monastery of S.Martin du Canigou)***404***[407]
圣马丁隐修院教堂，卡斯塔内达(S.Martin de Castaneda)[408]
圣马尔塞洛堡，巴伊亚(São Marcello, Bahía)[1266]
圣马可堡，圣奥古斯丁，佛罗里达州(Castillo de San Marcos, S.Augustine, Florida)[1266]
圣马可广场，威尼斯(Piazza of S.Mark, Venice)[843]
圣马可广场的钟楼，威尼斯(Torre dell´Orologio, Venice)[908]
圣马可教堂，达令角，悉尼(S.Mark, Darling Point, Sydney)[1364]***1370***
圣马可教堂，佛罗伦萨(S.Marco, Florence)[888]
圣马可教堂，罗马(S.Marco, Rome)[902]
圣马可教堂，庞特威尔，塔斯马尼亚(S.Mark, Pontville, Tasmania)[1367]
圣马可教堂，乔治城(S.Mark, George)[1249]
圣马可教堂，斯卡克(S.Mark, Skarck)[1482]
圣马可图书馆，威尼斯(S.Mark, Venice)***324***[329][332][919]***921***[924]
圣马可学校，威尼斯(Scuola di S.Marco, Venice)***905***[907]
圣马可钟楼，威尼斯(Campanile of S.Mark, Venice)[572]
圣马克卢教堂，鲁昂(S.Maclou, Rouen)[467]

[1939]

圣马利亚·德尔皮诺教堂，巴塞罗那(S.Maria del Pino, Barcelona)[552]
圣马利亚堡，巴伊亚(Santa Maria, Bahía)[1266]
圣马利亚大教堂，罗马(S.Maria Maggiore, Rome)[309][*310*][365][*936*][943][946]
圣马利亚大教堂，图斯卡尼亚(S.Maria Maggiore, Tuscania)[*366*]
圣马利亚大教堂保利娜礼拜堂，罗马(Cappella Paolina, Rome)[946]
圣马利亚大教堂斯福尔扎祭坛，罗马(Cappella Sforza, Rome)[936]
圣马利亚行会诺曼式庄园住宅，林肯郡(S.Mary´s Guild, Lincoln)[*430*][431]
圣马利亚和万圣大教堂，索尔兹伯里，津巴布韦(Cathedral of S.Mary and All Saints, Salisbury, Zimbabwe)[1559]
圣马利亚教堂，阿比亚太格拉索(S.Maria, Abbiategrasso)[901]
圣马利亚教堂，班伯里，牛津郡(S.Mary, Banbury, Oxfordshire)[1120]
圣马利亚教堂，韦灵伯勒(S.Mary, Wellingborough)[1421]
圣马利亚门，布尔戈斯(Gateway of S.Maria, Burgos)[563]
圣马利亚小教堂，隆德(Sancta Maria Minor, Lund)[432]
圣马利亚庄园，奥尔德伯里，威尔特郡(S.Marie´s Grange, Alderbury, Wiltshire)[1174]
圣马太教堂，格莱诺契，塔斯马尼亚(S.Matthew´s, Glenorchy, Tasmania)[1367]
圣马太教堂，温莎，悉尼(S.Matthew´s, Windsor, Sydney)[1363][1365]
圣马特奥·德瓦尔帕雷索伯爵宅，墨西哥城(House of the Condes de San Mateo de Valparaiso, Mexico City)[1265]
圣玛格丽特教堂，布雷夫诺夫(S.Margaret, Brevnov)[1038][*1044*]
圣玛丽玛格达伦教堂，牛津郡(S.Mary Magdalen Church, Oxford)[*440*][*443*]
圣美圣母教堂，威尼斯(S.Maria Formosa, Venice)[907]
圣米古尔大楼，马尼拉(San Miguel Building, Manila)[*1708*][1709]
圣米迦勒和圣安德烈教堂，布隆方丹(S.Michael and S.Andrew, Bloemfontein)[1249]
圣米迦勒和圣乔治大教堂，格雷厄姆斯敦(Cathedral of S.Michael and S.George, Grahamstown)[1250][*1252*]
圣米迦勒和众天使教堂，布克斯堡(S.Michael and All Angels, Boksburg)[1255]
圣米迦勒教堂，阿连德，墨西哥(Church of San Miguel, Allende, Mexico)[1282]
圣米迦勒教堂，贝辛斯托克(S.Michael, Basingstoke)[*440*]
圣米迦勒教堂，查尔斯顿，南卡罗来纳州(S.Michael, Charleston, South Carolina)[*1272*][1273]
圣米迦勒教堂，第戎(S.Michel, Dijon)[977]
圣米迦勒教堂，莱昂附近(S.Miguel de la Escalada, near León)[402][*403*]
圣米迦勒教堂，卢卡(S.Michele, Lucca)[370]
圣米迦勒教堂，卢万(S.Michael, Louvain)[1055][*1060*]
圣米迦勒教堂，蒙特圣安杰罗(S.Michele, Monte, S.Angelo)[*366*]
圣米迦勒教堂，慕尼黑(Church of S.Michael, Munich)[1033][*1034*]
圣米迦勒教堂，帕维亚(S.Michele, Pavia)[*373*][374]
圣米迦勒教堂，伍伦贡，新南威尔士(Church of S.Michael, Wollongong, New South Wales)[1369]
圣米迦勒教堂，希尔德斯海姆(S.Michael, Hildesheim)[*394*][398]
圣米迦勒教堂，兹沃勒(S.Michael, Zwolle)[543]
圣米迦勒山隐修院(Mont S.Michel, Abbey)[391][467][*469*]
圣米尼阿托教堂，佛罗伦萨(S.Miniato, Florence)[207]
圣米尼阿托教堂，佛罗伦萨山上(S.Miniato al Monte, Florence)[*372*][374]
圣抹大拉教堂，韦兹莱(S.Madeleine, Vézelay)[*385*][*386*][390][*458*][466]
圣莫里斯别墅，开罗(Villa S.Maurice, Cairo)[1239]
圣母安康教堂，威尼斯(S.Maria della Salute, Venice)[956][*958*]
圣母贝弗利教堂(S.Mary, Beverley)[442]
圣母大教堂，安特卫普(Notre Dame Cathedral, Antwerp)[538][543]
圣母大教堂，胡志明市(Notre Dame Cathedral, Saigon)[1322]
圣母大教堂，普瓦捷(Notre Dame la Grande, Poitiers)[*385*][390]
圣母代祷大教堂，莫斯科(Cathedral of the Virgin of the Intercession, Moscow)[*359*][361]
圣母恩泽教堂，米兰(S.Maria delle Grazie, Milan)[*899*][901]
圣母教堂(Frauenkirche)
    德累斯顿(Dresden)[*1040*][1042]
    纽伦堡(Nuremberg)[522][*524*]
    英戈尔施塔特(Ingolstadt)[516][*520*]
圣母教堂，阿维尼翁(Notre Dame, Avignion)[*365*]
圣母教堂，贝伦(S.Maria, Belém)[*557*][559]
圣母教堂，布鲁日(Notre Dame, Bruges)[543]
圣母教堂，第戎(Notre Dame, Dijon)[466]
圣母教堂，哥本哈根(Vor Frue Kirke, Church of Our Lady, Copenhagen)[1143][*1146*]
圣母教堂，勒雷西(Church of Notre Dame, Le Rainey)[1402][*1405*][*1406*]
圣母教堂，里波尔(S.Maria, Ripoll)[*401*][*404*][407]
圣母教堂，卢维耶(Notre Dame, Louviers)[467][*470*]
圣母教堂，吕贝克(S.Mary, Lübeck)[527]
圣母教堂，蒙多维堆维科堡(Vicoforte di Mondovi, S.Maria)[932]
圣母教堂，蒙特利尔(Notre Dame, Montreal)[1283]
圣母教堂，米尔豪森(Marienkirche, Muhlhausen)[517]
圣母教堂，瑟米尔昂诺克西奥(Notre Dame, Semuren-Auxois)[*465*][466]
圣母教堂，圣路加隐修院(Theotokos, Hosios Lukas)[325][*326*]
圣母教堂，斯图德尼查(Church of the Virgin, Studenica)[215]
圣母教堂，西奈山(Church of the Virgin, Mount Sinai)[313]
圣母教堂，约克郡(S.Mary, York)[505]
圣母教堂巴西利卡，通格尔(Basilica of Notre Dame, Tongres)[534][*537*]
圣母礼拜堂，圣萨蒂罗教堂，米兰(S.Maria presso S.Satiro, Milan)[901]
圣母联合教堂，于伊(Notre Dame Collegiate Church, Huy)[*539*][543]
圣母领报广场，佛罗伦萨(Piazza S.Annunziata, Florence)[915]
圣母领报教堂，佛罗伦萨(S.Annuziata, Florence)[889]
圣母马利亚大教堂，瓦拉纳西(S.Mary´s Cathedral, Varanasi)[1733]
圣母马利亚大教堂，悉尼(S.Mary´s Roman Catholic Cathedral, Sydney)[*1361*][1367][1369][*1371*]
圣母马利亚代主教堂，奥克兰(S.Mary´s pro-Cathedral, Auckland)[1369][1381]
圣母马利亚教堂，圣乔治堡，马德拉斯(S.Mary, Fort S.George, Madras)[*1333*][1334]
圣母马利亚教堂，特里尔(Liebfrauenkirche, Trier)[*531*][532]
圣母马利亚教堂，伊丽莎白港(S.Mary, Port Elizabeth)[1249]
圣母马利亚街，佛罗伦萨(Por Santa Maria, Florence)[1476]
圣母女王教堂，那不勒斯(S.Maria Donna Regina, Naples)[583]
圣母神迹教堂，杜布罗维齐(Church of the Virgin of the Sign, Dubrovitsy)[1125]
圣母神迹教堂，罗马(S.Maria dei Miracoli, Rome)[953][*955*]
圣母神迹教堂，威尼斯(S.Maria dei Miracoli, Venice)[*906*][907]
圣母神圣意志教堂，里斯本(S.Maria da Divina Providencia, Lisbon)[1019]
圣母升天教堂(圣母安息大教堂)，莫斯科(Cathedral of the Assumption/ Dormition, Moscow)[342][*354*]
圣母升天教堂，阿里恰(Ariccia, S.Maria Assunta)[952][*954*]
圣母升天教堂，阿里恰(S.Maria Assunta, Ariccia)[952][*954*]
圣母圣花大教堂(S.Maria del Fiore)，见佛罗伦萨大教堂
圣母十字教堂，克雷马(S.Maria della Croce, Crema)[901]
圣母殉难教堂，罗马(S.Maria ad Martyres, Rome)[313]
圣母院，斯海彭赫弗尔(Onze Lieve Vrouwekerk, Scherpenheuvel)[1055][*1057*]
圣母瞻礼教堂，巴黎(S.Marie de la Visitation, Paris)[988]
圣墓教堂，耶路撒冷(Church of the Holy Sepulchre, Jerusalem)[302][411]
圣拿撒勒教堂，卡尔卡松(S.Nazaire, Carcassonne)[467]
圣尼古拉·达·托伦蒂诺教堂，威尼斯(S.Nicolò da Tolentino, Venice)[966]
圣尼古拉大隐修院，巴巴多斯(S.Nicholas Abbey, Barbados)[1264]
圣尼古拉教堂，埃雷芒斯(S.Nicholas, Heremence)[1486]
圣尼古拉教堂，巴里(S.Nicola, Bari)[*377*][*378*]379]
圣尼古拉教堂，布拉格(S.Nicholas on the Lesser Side, Prague)[1038][*1040*][1041]
圣尼古拉教堂，哥本哈根(S.Nikolaj, Copenhagen)[1483]
圣尼古拉教堂，哈尔滨(S.Nicholas Russian Orthodox Church, Harbin)[1298]
圣尼古拉教堂，坎彭(S.Nicholas, Kampen)

中文版索引

（续前页）[543]

圣尼古拉教堂，库桑里札(S.Nicholas, Kursumlija)[215]

圣尼古拉教堂，利普纳(Church of S.Nicholas, Lipna)[*341*][347]

圣尼古拉教堂赫尔辛基(S.Nicolai, Helsinki)，见信义会大教堂

圣尼古拉体育场，巴里(San Nicola Stadium, Bari)[1480]

圣欧仁教堂，巴黎(S.Eugène, Paris)[1187]

圣欧仁教堂，维森奈，塞纳-瓦兹(S.Eugène, le Vésinet, Seine- et- Oise)[1187]

圣帕特里克大教堂，纽约(S.Patrick´s Cathedral, New York)[1282]

圣帕特里克教堂，格雷厄姆斯敦(S.Patrick, Grahamstown)[1249]

圣帕特里克教堂，墨尔本(S.Patrick´s Roman Catholic Cathedral, Melbourne)[1369][*1370*]

圣潘克拉斯车站，伦敦(S.Pancras Station, London)[1183][*1186*]

圣潘克拉斯饭店和车站，伦敦(S.Pancras Hotel and Station Block, London)[1179][*1186*]

圣潘克拉斯教堂，伦敦(S.Pancras, London)[*1122*][1123]

圣普拉奇多教堂，卡塔尼亚(S.Placido, Catania)[965]

圣乔贝尔教堂，威尼斯(S.Giobbe, Venice)[907]

圣乔治·达·米纳堡，西非(São Jorge da Mina, West Africa)[1235]

圣乔治堡，埃尔米纳堡，西非(São Jorge, Elmina, West Africa)[1235][*1237*]

圣乔治堡，马德拉斯(Fort S.George, Madras)[1322][*1333*]

圣乔治大教堂，开普敦(S.George, Cape Town)[1249]

圣乔治大教堂，克尼斯纳(S.George, Knysna)[1249]

圣乔治大教堂，马德拉斯(S.George´s Cathedral, Madras)[1332][*1335*]

圣乔治教堂，珀斯(Cathedral Church of S.George, Perth, WA)[1369]

圣乔治大教堂，威尼斯(S.Giorgio Maggiore, Venice)[926][*929*][*930*]

圣乔治大厦，利物浦(S.George´s Hall, Liverpool)[1152][1157][*1158*]

圣乔治的詹姆斯(Master James of S.George)，皇家匠师[505]

圣乔治广场，斯坦福(Stamford, S.George´s Square)[*859*]

圣乔治教堂，埃弗顿，利物浦(S.George, Everton, Liverpool)[1167][*1169*]

圣乔治教堂，巴特里角，霍巴特(S.George, Battery Point, Hobart) (1365)[1364]

圣乔治教堂，槟城(S.George, Penang)[*1320*][1321]

圣乔治教堂，科隆(S.George, Cologne)[525]

圣乔治教堂，库里南(S.George, Cullinan)[1255]

圣乔治教堂，拉古萨·伊卜拉(S.Giorgio, Ragusa Ibla)[965]

圣乔治教堂，拉利贝拉(Biet Giorgis, Lalibela)[700]

圣乔治教堂，莫迪卡(S.Giorgio, Modica)[965]

圣乔治教堂，诺夫哥罗德(Cathedral of S.George, Novgorod)[*346*][352]

圣乔治教堂，苏恰瓦(S.George, Suceava)[*340*][342]

圣乔治教堂，伊兹拉(S.George, Ezra´a)[608]

圣乔治牧师会教堂，兰姆畔林堡(S.George, Limburg an der Lahn)[*393*][525]

圣乔治小礼拜堂，温莎堡(S.George´s Chapel, Windsor Castle)[*222*][*440*][502]

圣热尔曼府邸，巴黎(Château de S.Germain)[977]

圣热尔曼猎舍(La Muette de Saint- Germain)[977]

圣热尔韦教堂，巴黎(S.Gervais, Paris)[*984*][986]

圣热纳维耶芙教堂，巴黎(S.Geneviève, Paris)，见先贤祠

圣热内维埃夫图书馆(Library of S.Geneviève, Paris)[875][1167][*1169*]

圣人洛摩斯支提窟，巴拉巴尔丘陵(Barabar Hills, Lomas Rishi cave)[782][*784*]

圣人洛摩斯支提窟，比哈尔(Lomas Rishi cave, Bihar)[782][*784*]

圣撒迦利亚教堂，威尼斯(S.Zaccaria, Venice)[*885*][*905*][907]

圣萨比那教堂，罗马(S.Sabina, Rome)[309][*306*]

圣萨尔瓦多圣骨盒，佛罗伦萨(S.Salvadore d´Ognissanti, Florence)[*842*]

圣萨尔瓦托雷教堂，威尼斯(S.Salvatore, Venice)[907]

圣塞巴斯蒂安国王学校，马德里(San Scbastian de los Reys School, Madrid)[1485]

圣塞巴斯蒂安教堂，罗马(S.Sebastiano, Rome)[304]

圣塞巴斯蒂安教堂，曼托瓦(S.Sebastiano, Mantua)[895]

圣塞巴斯蒂安教堂，米兰(S.Sebastiano, Milan)[932]

圣塞巴斯蒂安-圣普里斯卡教堂，塔斯科，墨西哥(SS.Sebastian y Santa Prisca, Taxco, Mexico)[*1269*][*1270*]

圣塞尔巴德教堂，纽伦堡(S.Sebald, Nuremberg)[522]

圣塞尔吉乌斯教堂，旧开罗(Old Cairo, S.Sergius)[*312*][314]

圣塞尔吉乌斯隐修院圣灵教堂，谢尔盖耶夫斯基(S.Sergius Monastery, Sergejevsk)[*354*]355]

圣塞尔吉乌斯隐修院圣三一教堂，谢尔盖耶夫斯基(Trinity Cathedral, Sergejevsk)[*350*][*354*][355]

圣塞尔吉乌斯与巴克乌斯教堂，君士坦丁堡(SS.Sergiusand Bacchus, Constantinople)[315][*323*]

圣塞尔南教堂，图卢兹(S.Sernin, Toulouse)[202][383][*384*]

圣塞尔日大教堂，昂热(S.Serge, Angers)[466]

圣塞维鲁教堂(S.Severus, Erfurt)，见爱尔福特主教堂

圣三一教堂，阿克拉，加纳(Holy Trinity Church, Accra, Ghana)[1241]

圣三一教堂，贝斯伯勒花园，伦敦(Holy Trinity Church, Bessborough Gardens, London)[1173]

圣三一教堂，波士顿(Trinity Church, Boston)[1283]

圣三一教堂，布莱堡，萨福克郡(Holy Trinity Church, Blythburgh, Suffolk)[*479*]

圣三一教堂，霍巴特(Holy Trinity Church, Hobart)[1367]

圣三一教堂，米勒斯角，悉尼(Holy Trinity Church, Millers Point, Sydney)[1367]

圣三一教堂，尼奥诺克萨(Church of the Trinity, Nenoska)[1127]

圣三一教堂，纽黑文，康涅狄格州(Trinity Church, New Haven, Connecticut)[1282]

圣三一教堂，纽约(Trinity Church, New York City)[1282]

圣三一教堂，切尔西，伦敦(Holy Trinity Church, Chelsea, London)[1207][*1210*]

圣三一教堂，上海(Holy Trinity Church, Shanghai)[1298][*1300*]

圣三一教堂，旺多姆(La Trinité, Vendôme)[467]

圣三一女隐修院，卡昂(La Trinité, Caen)，见女隐修院

圣三一堂，布鲁塞尔(Church of the Trinity, Brussels)[1055]

圣三一堂，萨尔茨堡(Church of the Holy Trinity, Salzburg)[1035]

圣三一学院，剑桥(Trinity College, Cambridge)[1074]

新图书馆(雷恩设计) (Wren´s Library)[1084][*1089*]

圣三一学院新图书馆，剑桥(Wren´s Library, Trinity College, Cambridge)[1084][*1089*]

圣三一隐修院，扎戈尔斯克(Monastery of the Holy Trinity, Zagorsk)[1127]

圣沙佩尔教堂，巴黎(S.Chapelle, Paris)[*463*][467][*469*]

圣沙勿略天主堂，上海(Church of S.Francis Xavier, Shanghai)[1298][*1300*]

圣山圣母教堂，罗马(S.Maria di Monte Santo, Rome)[953][*955*]

圣山式教堂带有三个半圆形凹室的平面(Athonite triconch plan)[338]

圣施洗约翰代主教座堂，布拉瓦约，津巴布韦(S.John Baptist´s Procathedral, Bulawayo, Zimbabwe)[1559]

圣施洗约翰郊外医院，托莱多(Afuera Hospital of San Juan Bautista, Toledo)[*1014*][1012]

圣十字大教堂，卢萨卡(Holy Cross Cathedral, Lusaka)[1566]

圣十字架教堂，沃特福德，伦敦(Holy Rood Church, Watford, near London)[1207]

圣十字教堂，阿特阿马尔(Church of the Holy Cross, Aght´amar)[329][*330*]

圣十字教堂，佛罗伦萨(S.Croce, Florence)[*842*][*883*]

布鲁尼墓(Bruni Tomb)[895]

圣十字教堂，拉韦纳(S.Croce, Ravenna)[309]

圣十字教堂，莱切(S.Croce, Lecce)[957]

圣十字教堂，施瓦本格明德(Heiligenkrenzkirche, Schwäbisch- Gmund)[521][*524*]

圣十字教堂，温切斯特(S.Cross, Winchester)[505]

圣使徒教堂，君士坦丁堡(Church of the Holy Apostles, Constantinople)[304]

圣使徒教堂，米兰(Church of the Holy Apostles, Milan)[*307*][309]

圣司提反·沃尔布鲁克教堂，伦敦(S.Stephen Walbrook, London)[1090][*1092*]

圣司提反府邸，塔尔米那(Palazzo S.Stefano, Taormina)[*582*][583]

圣司提反教堂，艾可玛，新墨西哥州(San

[1941]

Estevan, Accoma, New Mexico)[1273]

圣司提反教堂，萨拉曼卡(S.Esteban, Salamanca)[1011]

圣司提反教堂，维也纳(S.Stephen, Vienna)[522][*523*]

圣司提反礼拜堂，威斯敏斯特(S.Stephen's Chapel, Westminster)[*463*][502]

圣司提反隐修院(S.Etienne, Caen)，见隐修院，卡昂

圣司提反圆厅教堂，罗马(S.Stephano Rotondo, Rome)[299][*307*][*308*][309]

圣斯提凡教堂，罗切斯特街，伦敦(S.Stephen, Rochester Row, London)[1173]

圣斯提反教堂，纽敦，悉尼(Church of S.Stephen, Newton, Sydney)[1369]

圣斯韦辛大教堂，斯塔万格(S.Swithin Cathedral, Stavanger)[436]

圣苏珊娜教堂，罗马(S.Susanna, Rome)[*944*][956]

圣所(Sanctuaries)，见神庙

圣索菲亚大教堂，基辅(Cathedral of S.Sophia, Kiev)[215][342][*343*][*344*][*350*][351]

圣索菲亚大教堂，君士坦丁堡(Hagia Sophia, Constantinople)[207][300][314][*316*][*317*][*318*][*319*][*320*][321][322]

圣索菲亚大教堂，诺夫哥罗德(Cathedral of S.Sophia, Novgorod)[*343*][352]

圣索菲亚大教堂，萨洛尼卡(Hagia Sophia, Salonika)[325][*326*]

圣坛屏(rood screens)[851]

圣特罗菲姆教堂，阿尔勒(S.Trophîme, Arles)[*380*][390]

圣提多教堂，戈提那(Hagia Titos, Gortyna)[325][*326*][*327*]

圣天使桥(Ponte S.Angelo)，见埃利乌斯桥

圣徒教堂，君士坦丁堡(Holy Apostles church, Constantinople)[325]

圣徒教堂，萨洛尼卡(Holy Apostles church, Salonika)[329]

圣托马斯教堂，坎特伯雷，威尔特郡(S.Thomas of Canterbury, Salisbury)[*478*]

圣托马斯教堂，纽卡斯尔(S.Thomas, Newcastle)[1161]

圣瓦茨拉夫教堂，布拉格(S.Wenceslas'Church, Prague)[*1493*][1494]

圣瓦斯特教堂，阿拉斯(Saint-Vaast, Arras)[1001][*1003*]

圣威尔弗里德教堂，哈罗盖特(S.Wilfrid, Harrogate)[1421]

圣威尔弗里德教堂，休姆(S.Wilfrid, Hulme, Manchester)[*1171*][1173]

圣维达斯特教堂，伦敦(S.Vedast, London)[1090]

圣维塔尔教堂，拉韦纳(S.Vitale, Ravenna)[322][*323*][362]

圣味增爵和阿纳斯塔西亚教堂，罗马(SS.Vincenzo ed Anastasio, Rome)[953]

圣味增爵教堂，阿维拉(S.Vicente, Avila)[*405*][408]

圣味增爵教堂，卡尔多纳(S.Vincente de Cardona)[*404*][407]

圣味增爵街教堂，格拉斯哥(S.Vincent Street church, Glasgow)[1187]

圣沃德卢联合教堂，蒙斯(S.Waudru Collegiate Church, Mons)[534][537]

圣沃尔夫勒姆教堂，阿布维利(S.Wulfram, Abbeville)[*467*][*469*]

圣乌昂教堂，鲁昂(S.Ouen, Rouen)[*455*][*457*][*467*][*470*]

圣乌尔班教堂，特鲁瓦(S.Urbain Troyes)[*458*][466][467]

圣乌尔里希教区教堂，雷根斯堡(S.Ulrich, Regensburg)[517][*519*]

圣西门隐修院，阿斯旺(Monastery of S.Simon, Aswan)[*308*][313]

圣西门与犹太教堂，威尼斯(SS.Simeone e Giuda, Venice)[*963*][965]

圣西门柱头修士殉难教堂，锡曼堡(Martyrium of S.Simeon Stylites, Kalat Siman)[*307*][309]

圣希尔达学院，牛津(S.Hilda's College, Oxford)

　加登楼(Garden Building)[1468]

　沃尔夫森楼(Wolfson Building)[1468]

圣像的使用(icons, use of)[197]

圣像屏(iconstasis/ screen)[301][349]

圣心教堂，巴黎(Church of the Sacre Coeur, Paris)[1207][*1211*]

圣心书院，元玄罗，首尔(Sacred Heart Seminary, Wonhyro, Seoul)[1315]

圣雄甘地纪念馆，拉杰卡德，德里(Mahatma Gandhi Smarak, Rajghat, Delhi)[1732]

圣雄甘地纪念馆，萨巴尔马蒂静修斋，艾哈迈达巴德(Gandhi Smarak Sangrahalaya, Sabarmati Ashram, Ahmedabad)[1728]

圣叙尔皮斯教堂，巴黎(S.Sulpice, Paris)[1000][*1003*]

圣雅各堡(Fort S.Jago)[*1237*][*1238*]

圣雅各大教堂，圣地亚哥(S.James, Santiago)[202]

圣雅各代主教座堂，马塞卢，莱索托(S.James's Pro- cathedral, Maseru, Lesotho)[1559]

圣雅各教区教堂，罗滕堡(S.James, Rothenburg)[517]

圣雅各教堂，大帕金顿庄园，西米德兰兹郡(West Midlands, S.James Church, Great Packington)[1123]

圣雅各教堂，德里(S.James, Delhi)[1334][*1335*]

圣雅各教堂，科登贝尔格山，布鲁塞尔(S.Jacques sur Coudenberg, Brussels)[1056]

圣雅各教堂，列日(S.Jacques, Liège)[*535*][543][1055]

圣雅各教堂，吕内维尔(S.Jacques, Luneville)[999]

圣雅各教堂，悉尼(S.James, Sydney)[1363]

圣雅各山要塞，西非(S.Jago Hill fort, West Africa)[1235][*1237*][*1238*]

圣亚历山大·内伏斯基大教堂，索非亚(Cathedral of S.Alexander Nevsky, Sofia)[1511]

圣亚历山德罗教堂，卢卡(S.Alessandro, Lucca)[*883*]

圣亚纳医院，利马，秘鲁(Hospital de Santa Ana, Lima, Peru)[1274]

圣岩寺(rockcut temples)[690]

圣岩寺，耶路撒冷(Dome of the Rock, Jerusalem)[611][*612*]

圣伊丽莎白教堂，马尔堡(Church of S.Elizabeth, Marburg)[527][*528*]

圣伊林娜教堂，君士坦丁堡(Hagia Irene, Constantinople)[322]

圣伊西多尔教堂，莱昂(S.Isodoro, León)[407]

圣依纳爵广场，罗马(Piazza S.Ignazio, Rome)[957]

圣依纳爵天主堂，徐家汇天主堂，上海(S.Ignace Cathedral, Shanghai)[1298][*1301*]

圣以利沙伯剧院，累西腓，巴西(Teatro Santa Isabel, Recife, Brazil)[1289]

圣尤斯塔修斯教堂，巴黎(S.Eustache, Paris)[448][977][*980*]

圣尤斯塔修斯教堂，米兰(S.Eustorgio, Milan)[900]

圣幼雅各教堂，沃克斯霍尔桥路，伦敦(S.Jamesthe- Less, Vauxhall Bridge Road, London)[1153][1192]

圣于贝尔猎庄，霍恩德罗(S.Hubertus Hunting Lodge, Hoenderlo)[1432]

圣园，博马佐(Sacro Bosco, Bomarzo)[940]

圣园，维泰博(Sacro Bosco, Viterbo)[940]

圣约翰大教堂，蒂鲁维拉(S.John's Cathedral, Tiruvella)[1733][*1734*]

圣约翰都市福音大教堂，布里斯班(S.John the Evangelist Metropolitan and Cathedral Church, Brisbane)[*1373*][1375]

圣约翰福音教堂，卡姆登，悉尼(Church of S.John the Evanglistat Camden, Sydney)[1364]

圣约翰福音教堂，孟买(Church of S.John the Evanglist, Bombay)[1337]

圣约翰-赫里索斯托姆教堂，德拉菲尔德，威斯康星州(S.John Chrysostom, Delafield, Wisconsin)[1282]

圣约翰教堂，阿莱托尔基多斯，内塞巴尔(S.John Aleitourgetos, Nessebār)[338][*340*]

圣约翰教堂，巴尼奥斯德塞拉拖(S.Juan de Baños de Cerrato)[401][402][403]

圣约翰教堂，巴瑟斯特，开普敦(S.John, Bathurst, Cape Town)[1249]

圣约翰教堂，加尔各答(S.John, Calcutta)[1334][*1335*]

圣约翰教堂，勒阿弗尔(S.Jean, Le Havre)[1402]

圣约翰教堂，纽敦，霍巴特(S.John, Newtown, Hobart)[1367]

圣约翰教堂，圣埃尔托根布斯(S.Janskerk.s'Hertogenbosch)[*539*][543]

圣约翰教堂，史密斯广场，伦敦(S.John, Smith Square, London)[1095]

圣约翰教堂，太阳高速公路旁，佛罗伦萨(S.Giovanni, Autostrada del Sole, Florence)[1477]

圣约翰教堂，以弗所(S.John, Ephesus)[309][*324*][325]

圣约翰克雷教堂，诺福克郡(S.John's Cley, Norfolk)[*439*]

圣约翰拉特兰教堂(S.Giovanni in Laterano)[302][*948*][949][965]

圣约翰神圣教堂，兰德方丹(S.John the Divine, Randfontein)[1255]

圣约翰市民教堂，皮斯托亚(S.Giovanni fuor Civitas, Pistoia)[370]

圣约翰学院，剑桥(S.John's College, Cambridge)[509]

　克里普斯楼(Cripps Building)[1468][*1470*]

圣约翰学院礼拜堂，奥克兰(S.John's College Chapel, Auckland)[1367][*1368*]

圣约翰与保罗教堂，威尼斯(SS.Giovanni e Paolo, Venice)[571][*573*]

圣约瑟大教堂，达尼丁(S.Joseph's Cathedral, Dunedin)[1381]

圣约瑟教堂，德班(S.Joseph, Durban)[1250]

圣约瑟教堂，旧拉古纳普韦布洛，新墨西哥

中文版索引

州(San José, old Laguna Pueblo, New Mexico)[1273]
圣约瑟教堂，米兰(S.Giuseppe, Milan)[943][***944***]
圣约瑟教堂，桑给巴尔(S.Joseph, Zanzibar)[1240][***1243***]
圣约瑟教堂，圣安东尼奥，得克萨斯州(San José, San Antonio, Texas)[1273]
圣约瑟罗马天主教教堂，达累斯萨拉姆(S.Joseph's Roman Catholic Cathedral, Dares-Salaam)[***1243***][1245]
圣约瑟夫天主堂(八面槽天主堂)，北京(Church of S.Joseph, Beijing)[1298][***1301***]
圣约瑟学院，萨尔茨堡-帕什(S.Josef's College, Salzburg-Parsch)[1448]
圣泽诺大教堂，维罗纳(S.Zeno Maggiore, Verona)[365][374][***375***][379]
圣詹姆斯宫，伦敦(S.James's Palace, London)[1079]
圣詹姆斯广场 20 号，伦敦(S.James's Square No. 20 London)[1110]
圣杰罗姆教堂，孔波斯特拉(S.Jerónimo, Compostela)[408]
圣贞德教堂，尼斯(S.Jeanne d'Arc, Nice)[1403]
圣朱斯特-帕斯托教堂，巴塞罗那(SS.Justoy Pas-tor, Barcelona)[552]
圣朱斯托教堂，卢卡(S.Giusto, Lucca)[***366***]
胜家公司大楼，纽约(Singer Building, New York)[1583]
胜利广场，布雷西亚(Piazza della Vittoria, Brescia)[1414]
胜利圣母教堂，罗马(S.Maria della Vittoria, Rome)[***951***][952]
胜利圣母教堂科尔纳罗礼拜堂，罗马(Cappella Cornaro, Rome)[***951***][952]
胜利之圣母玛利亚教堂，维也纳(Maria vom Siege church, Vienna)[1187]
盛饰风格(Decorated style)[446][477]
    窗(windows)[***440***]
    雕花柱头(carved capitals)[***441***]
    跨间(bays)[438]
    命名(naming)[879]
    入口(doorways)[***439***]
    线脚(mouldings)[***443***]
    柱墩、柱头和柱础(piers, caps and bases)[***442***]
盛宣怀宅，上海(Sheng Xuanhuai House, Shanghai)[***1306***][1307]
尸衣礼拜堂，都灵(Cappella della S.Sindone, Turin)[956][***959***][960]
师范学院，贝雷库姆(Berekum, Teachers Training College)[1567]
师范学院，贾西坎(Jasikan, Teachers Training College)[1567]
师范学院，瑟孔蒂(Secondi, Teachers Training College)[1567]
诗人比亚利克宅，特拉维夫(house for the poet H.N.Bialik, Tel Aviv)[1551]
狮神庙，麦罗埃(Lion Temple, Meroe)[700]
狮神庙，纳加(Lion Temple, Naqa)[700]
狮子酒店，霍普街，格拉斯哥(Lion Chambers, Hope Street, Glasgow)[1417][***1420***]
狮子墓，尼多斯(Cnidus, Lion Tomb)[***156***][157]
狮子柱，劳里亚嫩登格尔(Lion Column, Lauriya Nandangarh)[788][***820***]
施蒂夫特庄园，特隆赫姆(Stiftsgarden, Trondheim)[1143][***1144***]

施莱斯海姆，府邸(Schleissheim, château)[999]
施莱辛格-迈耶百货公司，芝加哥(Schlesinger Mayer Store, Chicago)[***1293***][1295]
施罗德住宅，乌特勒支(Schröder House, Utrecht)[1436]
施敏克宅，勒包(Schminke house, Löbau)[1410]
施派尔大教堂(Speyer, Cathedral)[***394***][398]
施舒恩布尔公寓，卢塞恩(Schonbuhl apartments, Lucerne)[1485]
施泰尔马克，卫星传输站(Steiermark, Satllite Transmission Station)[1450]
施泰因豪森(Steinhausen，瑞士)
    朝圣教堂(Pilgrimage Church)[1043]
    维斯教堂(Wieskirche)[1043][***1048***]
施泰因霍夫教堂，维也纳(Church Am Steinhof, Vienna)[1397]
施图默尔巧克力厂，布达佩斯(Stummer Chocolate Factory, Budapest)[1505]
施维特大楼公寓，巴塞尔(Schwitter Building apartments, Basle)[1486]
施沃布别墅，拉绍德封(Villa Schwob, La Chaux du Fonds)[1412]
施洗约翰教堂，季亚科沃村(Church of the Decapitation of S.John the Baptist, Dyakovo)[1125]
施洗者圣约翰教堂，扎戈尔斯克(S.John the Baptist, Zagorsk)[1125]
湿婆神庙，贝卢尔(Keshava Temple, Belur)[808][***811***]
湿婆神庙，本德拉坦(Shiva Temple, Pandrethan)[814][***819***]
湿婆神庙，吉拉杜(Shiva Temple, Kiradu)[796][798]
湿婆神庙，索姆纳特普尔(Keshava temple, Somnathpur)[809][***812***]
湿婆神庙 2 号，波隆纳鲁沃(Shiva Devale No. 2 Polonnaruwa)[678][***679***]
湿婆寺，巴戎山(Phnom Bayang, Shiva Temple)[830]
十三行商馆，广州(Thirteen Factories', Guangzhou)[1297][***1300***]
十字军(Crusades)[201][204][597]
    城堡(castles)[424]~[431][414]
    教堂(churches)[411][414]
十字军教堂，凯撒里亚(Caesarea, Crusader church)[414]
十字军教堂，拉姆雷(Ramleh, Crusader church)[414]
十字军教堂，拿撒勒(Nazareth, Crusader church)[414]
十字军教堂，塞巴斯蒂(Sebastieh, Crusader church)[414]
十字军条顿骑士团(Teutonic Knights)[514]
石堡，库马西(Stone Palace, Kumasi)[1240][***1243***]
石材(stone)
    扒钉固定(cramp fixing)[212]
    莫卧儿(Moghul joinery)[651]
    早期使用(early use)[21][22][***23***][24][27][205]
    琢石(cutting)[212]
    资源(availability)[208]
石材的销子固定法(cramp fixing, stone)[***23***][28][29][210]
石灰岩，早期应用(limestone, early use)[22]

石家庄实验性小康住宅，河北省(Shijiazhuang Experimental housing, Hebei Province)[1669]
石匠(stonemason)，见石匠技艺
石匠技艺(masoncraft)[208][218][445][476][514][564]
石窟庵(Sokkuram)[748]
石窟墓，埃及(rockhewn tombs, Egypt)[56]~[60]
石窟墓群，贝尼哈桑(Beni-Hasan, tombs)[***52***][***53***][56]
石窟寺(cave temples)，见支提窟大厅
石窟寺(temple halls)[731]
石窟寺，中国佛教(grottoes, Chinese Buddhist)[739]
石栏(henges)
    青铜时代(Bronze Age)[234]
    新石器时代(Neolithic)[233]
石栏，威尔特郡(Stonehenge, Wiltshire)[***230***][234]
石墓室(mastaba tombs, Egypt)[46]~[47][48]
石砌的城堡主垒(keeps, stone)[424]
石砌工艺，早期应用(block work, early use)[***23***][25][28][29]
石砌小屋，贝达(Beidha, houses)[32][***34***][35]
石器时代，非洲(Stone Age, Africa)[671]
石山寺，多宝塔(Ishiyamadera, tahoto)[765]
石山修武(Ishiyama, Osamu, 1944~，日本建筑师)[1681]
石塔，巴莱斯特拉(Balestra, Stone tower)[235]
石塔，菲利戈萨(Filitosa, stone tower)[235]
石塔，福斯(Foce, stone tower)[235][***236***]
石塔，卡拉皮(Cala Pi, stone tower)[235][***236***]
石塔，普拉纳-德阿尔瓦卡(Plana d'Albarca, stone tower)[235][***236***]
石塔，青铜时代(stone towers, Bronze Age)[235][***236***]
石塔，圣奥古斯丁维尔(San Agusti Vell, stone tower)[235][***236***]
石塔，索柳奇(Son Lluch, stone tower)[235]
石头圆阵，斯考希尔(Scorhill, stone circle)[233]
石屋，约翰内斯堡(Stonehouse, Johannesburg)[1255]
石油与矿业大学，宰赫兰(University of Petroleum and Minerals, Dhahran)[1545][1547]
石凿大厅(支提窟)(rock-cut halls)[693]
石柱，通迪达洛(standing stones, Tondidaro)[701]
实验农场，新南威尔士(Experiment Farm, New South Wales)[1363]
实用艺术博物馆，布达佩斯(Museum of Applied Arts, Budapest)[1502]
史密瑟(Smithers, J.G.)，英国建筑师[1345]
史密森大楼，华盛顿(Smithsonian Building, Washington)[1286]
史密斯宅，达里恩(Smith house, Darien, Connecticut)[1625]
史前时期(prehistoric period)
    建筑材料(building resources)[205]
    建筑技术及发展(building techniques and processes)[209]
使徒教堂，科隆(Church of the Apostles, Cologne)[***395***][398]
世界贸易中心，纽约(World Trade Centre,

[1943]

弗莱彻建筑史

New York)[1614]
市场,卡尔斯鲁厄(Marktplatz, Karlsruhe)[1046]
市立孤儿院,阿姆斯特丹(Municipal Orphanage, Amsterdam)[1481]
市立医院,悉尼(Civil Hospital, Sydney)[1363]
市议会大厦,波尔图(Câmara Municipal, Oporto)[1447]
市政大厦,乌迪内(Palazzo Communale, Udine)[1413]
市政工程局,吉隆坡(Public Works Department, Kuala Lumpur)[1321]
市政建筑群,达累斯萨拉姆(Civil Service residences, Dares- Salaam)[1245]
市政厅(City Halls),见相关条目
市政厅(Rathaus,德国)
 海尔布隆市政厅(Heilbronn)[1029]**[1030]**
 罗滕堡市政厅(Rothenburg)[517]**[519]**
市政厅(道克塞尔)门廊,科隆(Rathaus Portico/ Doxal, Cologne)[1033]
市政厅,阿尔及尔(Hôtel de Ville, Algiers)[1562]
市政厅,阿拉斯(Hôtel de Ville, Arras)[**474**][475]
市政厅,巴塞罗那(Casa del Ayuntamiento, Barcelona)[563]
市政厅,巴特亚姆(Bat Yam, City Hall)[1552]
市政厅,北安普敦郡(Northampton, Town Hall)[1179]
市政厅,比恩察(Palazzo Communale, Pienza)[895]
市政厅,比勒陀利亚(Raadsaal, Pretoria)[1254][**1256**][1570]
市政厅,不来梅(Bremen, Town Hall)[1035]
市政厅,布尔日(Hôtel de Ville, Bourges)[**473**][475]
市政厅,布隆方丹(Raadsaal, Bloemfontein)[1254]
市政厅,德勒(Dreux, Hôtel de Ville)[**474**][475]
市政厅,恩克赫伊曾(Enkhuizen Town Hall)[**1062**][1063]
市政厅,贡比埃涅(Hôtel de Ville, Campiègne)[**474**][475]
市政厅,海尔布隆(Heilbronn, Rathaus)[1029][**1030**]
市政厅,吉尔福德(Guildford, Town Hall)[**859**]
市政厅,剑桥,马萨诸塞州(Cambridge City Hall, Massachusetts)[1288]
市政厅,金伯利(Kimberley, town hall)[1250]
市政厅,莱顿(Leiden, Town Hall)[1059][**1061**]
市政厅,利尔(Lier, Town Hall)[1056][**1058**]
市政厅,纽卡斯尔,开普敦(Newcastle, Cape Town, Town Hall)[1250]
市政厅,赛于奈察洛(Säynätsalo, Town Hall)[**1449**][1451]
市政厅,斯旺西(Swansea, City Hall)[1426][**1429**]
市政厅,新奥尔良,路易斯安那州(Cabildo, New Orleans, Louisiana)[1274][**1275**]
市政厅钟楼,维罗纳(Torre del Comune, Verona)[572][**574**]
市政银行,安卡拉(Bank of Municipalities, Ankara)[1537]
市政中心,克鲁格斯多普(civic centre, Krugersdrop)[1570]
饰面,早期实例(finishes, early examples)[29][30]
试验型住宅,默东(Meudo, experimental houses)[1453]
视觉校正,古典建筑(optical corrections, classical architecture)[117][**120**]
室利佛逝帝国(Srivijaya dynasty)[683]
室亚马拉伊神庙,比什努布尔,西孟加拉邦(Shyama Rama temple, Bishnupur, West Bengal)[814]
释迦塔,佛国寺(Sokkat´ap Pagoda, Pulguksa)[**750**][752]
释迦塔,山西省(Shijia Pagoda, Shanxi Province)[**737**][738]
释王寺应真殿(Sogwangsa, Ungjinjon)[752]
收分(用于墙体建造),早期应用(battering/ wall construction, early use)[**23**][25]
收分(柱子的轮廓)(entasiscolumn profile)[**120**][121]
手法主义,概述(Mannerist style, introduction)[841][846]
手工艺博物馆,普拉贾蒂广场展览中心(Pragati Maidan Exhibition Complex, Crafts Museum)[1747]
首都剧场,北京(Capital Theatre, Beijing)[1660]
首尔(Seoul,韩国)
 奥林匹克村(Olympic Village)[1692]
 奥林匹克体育场(Gymnasic Stadium)[1692]
 奥运会建筑(Olympic Games buildings)[1692]
 昌德宫(Ch´angdokkung palace)[754]
 昌庆宫(Ch´anggyonggung palace)[**753**][754]
 大都会机场(Metropolitan Airport)[1692]
 东大门(Tongdaemun/ East Gate)[754]
 歌剧院(Opera House)[1692]
 桧岩寺塔(Hoeamsa Temple stupa)[754]
 国立大学医学院,永同(National University School of Medicine, Yongondong)[**1314**][1315]
 国立现代艺术博物馆(National Museum of Modern Art)[1692]
 韩国银行,南大门(Bank of Korea, Namdaemunno)[**1314**][1315]
 火车站(Railway Station)[**1314**][1315]
 基督教循道宗教堂(Methodist Church)[1315]
 金焕基博物馆(Kim Whanki Museum)[1692]
 景福宫(Kyongbokkung palace)[754]
 明洞大教堂(Myongdong Cathedral)[**1314**][1315]
 南大门(Namdaemun/South Gate)[**753**][754]
 青西加图书馆(Chongsogak Library)[1315]
 庆熙宫(Toksugung)[754]
 圣心书院,元玄罗(Sacred Heart Seminary, Wonhyro)[1315]
 天主教医学院学生楼,明洞(Catholic Medical School Student Hall, Myongdong)[1315]
 英国大使馆,明洞(British Embassy, Myongdong)[1315]
 圆觉寺塔(Wongaksa Temple pagoda)[754]
首席主教教堂,南锡(Church of the Primatiale, Nancy)[999]
受人尊敬的圣徒比德(Venerable Bede)[419]
枢密殿(Diwani- Khas)
 阿格拉(Agra)[659]
 法塔赫布尔西格里(Fatehpur Sikri)[652][**654**]
枢密院,罗马(Palazzo della Cancelleria, Rome)[900][**904**]
淑女院,奥格斯堡(Damenhof, Augsburg)[1029]
舒卜拉宫,埃及(Shubra palace, Egypt)[1239]
舒丹别墅(Shodan Villa)[1728]
舒格布勒公园,斯塔福德郡(Shugborough, Staffordshire)[1110]
舒林珠宝店,维也纳(Schullin jewellery store, Vienna)[1450]
舒什塔尔,桥(Shushtar, bridge)[605]
舒什塔尔新城,胡齐斯坦(Shushtar New Town, Khuzestan)[1548]
输水道(aqueducts)
 阿斯彭多斯输水道(Aspendos)[296]
 巴萨廷输水道(Basatin)[621]
 罗马输水道(Roman)[242][261][283][296]
输水道,巴萨廷(Basatin, Aqueduct)[621]
输水道,波斯(water tunnel, Persian)[664]
赎罪礼拜堂,巴黎(Chapelle Expiatoire, Paris)[1009]
术语(Glossary)[1828]
束带饰(taenia/ column decoration)[121]
束柱(en délit/ face- bedded shafting)[449]
束柱(墩柱)(piliers cantonnés/ piers)[453]
"树林和城墙"的土方工程(motte and bailey earthworks)[424]
竖穴式住宅,布尔扎霍姆(Burzahom, pit- houses)[107]
竖穴屋,阿夫杰耶沃(Avdeevo, pit- houses)[228]
竖穴屋,巴尔卡(Barca, pit- houses)[228]
竖穴屋,法纳姆(Farnham, pit- houses)[228]
竖穴屋,普什卡里(Pushkari, pit- houses)[228]
竖穴屋,塔索维奇(Tasovice, pit- houses)[228]
竖穴屋,唐斯多克(Tannstock, pit- houses)[228]
竖穴屋,肖茨(Schotz, pit- houses)[228]
竖穴屋,尤恩斯多夫高速公路(Juhnsdorf- Autobahn, pit- houses)[228]
竖穴屋(pit- houses)
 旧石器时代(Paleolithic)[228]
 中石器时代(Mesolithic)[228]
数学(mathematics)[218]
数学,石工(mathematics, masonic)[218]
数字的象征意义,玛雅文明(numbers significance, Mayan civilisation)[705]
摔跤柔道馆,唐山,河北省(Gymnasium for Wrestling and Judo, Tangshan, Hebei Province)[1667]
双耳堂(double transepts)[485]
双曲线脚(sima/ column top)[121]
"双头鹰神殿",锡尔卡普(Shirne of the doubleheaded Eagle, Sirkap)[787]
双子塔,吉隆坡(Petronas Towers, Kuala Lumpur)[**1702**][1703]

中文版索引

水晶大厅，海德堡(Gläserner Saalbau, Heidelberg Castle)[1032]
水晶宫，伦敦(Crystal Palace, London)[875][1167][*1172*]
水晶光大楼，东京(Crystal Light Building, Tokyo)[1688]
水晶屋，巴黎(Maison de Verre, Paris)[*1406*][1404]
水井，里窝那(Cisternone, Livorno)[968]
水上教堂，北海道(Church on the Water, Hokkaido)[1684][*1690*]
水塔，科威特(Water Towers, Kuwait)[*1543*][1544]
"水硬性"砂浆(hydraulic mortar)[212]
水寨，文莱(Kampong Ayer, Brunei)[1316][*1317*]
水钟寺佛塔，杨州郡(Yangju, Sujonsa Temple)[*753*][754]
朔伊住宅，维也纳(Scheu House, Vienna)[1399]
丝织品交易所，巴伦西亚(Lonja de la Seda, Valencia)[*561*][562]
私人房间或"阳光室"(private chamber or'solar')[431]
思九生洋行，建筑设计事务所(Stewardson and Spence)[1649]
斯大林格勒(伏尔加格勒)，重建规划(Stalingrad, rebuilding project)[1531]
斯大林格勒广场，巴黎(Place Stalingrade, Paris)[1459]
斯德哥尔摩(Stockholm, 瑞典)
　奥加里德教堂(Högalid Church)[*1439*][1440]
　伯爵府(City Palace)[1136][*1139*]
　城市规划(city planning)[864]
　德罗特宁岛府邸(Drottningholm Palace)[1136][*1140*]
　恩格尔布雷克教堂(Engelbrekt Church)[*1439*][1440]
　赫德维格·埃莱奥诺拉教堂(Hedvig Eleonora Church)[1136]
　皇宫(Royal Palace)[1137][*1140*]
　卡罗琳陵墓(Caroline Mausoleum)[1136]
　利达尔宫(Riddarhus)[874][1134][1136][*1138*]
　林地火葬场(Woodland Crematorium)[1440][1443][*1445*]
　瑞典迈奇大楼(Swedish Match Building)[1440]
　市政厅(City Hall)[*1439*][1440]
　斯坎地亚电影院(Skandia Cinema)[1440]
　特辛府邸(Tessin Palace)[1137]
　图书馆(City Library)[1440][*1442*]
　谢普斯岛许克教堂(Skeppsholmskyrkan)[1143]
　音乐厅(Concert Hall)[1440]
　证券交易所(Exchange)[1137][*1139*]
斯德哥尔摩皇宫，斯德哥尔摩(Royal Palace, Stockholm)[1137][*1140*]
斯蒂芬·阿伦茨(Ahrends, Steffen)，德裔南非建筑师[1563]
斯蒂芬·杜香(Stephen Dušan, King)，14世纪塞尔维亚国王[338]
斯蒂芬·内马尼奇(Nemanja, Stephen)，塞尔维亚国王[215]

斯法克斯，大清真寺(Sfax, Great Mosque)[620]
斯海彭赫弗尔，圣母院(Scherpenheuvel, Onze Lieve Vrouwekerk)[1055][*1057*]
斯基德莫尔、奥因斯和梅里尔事务所(SOM/Skidmore Owings and Merrill)，美国建筑师事务所[1475][1512]
斯佳斯尼别墅，布尔诺-皮萨基(Villa Stiassney, Brno - Pisarky)[1498]
斯卡伯勒大饭店(Scarborough, Grand Hotel)[1178]
斯卡拉布雷地下村社，奥克尼群岛(Skara Brae, Orkney Islands)[227][229][232]
斯卡拉歌剧院，米兰(La Scala, Milan)[*964*][966]
斯卡拉公馆，佛罗伦萨(Palazzetto Scale, Florence)[895]
斯卡利杰罗桥，维罗纳(Ponte di Castel Vecchio, Verona)[572][*573*]
斯堪的纳维亚(Scandinavia, 北欧)
　1900~1945年的发展(developments)[1437]~[1443]
　巴洛克风格，建筑特征(Baroque style, architectural character)[1134]
　罗马风时期(Romanesque peroid)
　　建筑特征(architectural character)[431]~[432]
　　世俗建筑(secular buildings)[436]
　　宗教建筑(religious buildings)[432]
　民族浪漫主义(National Romanticism)[1155]
　文艺复兴风格(Renaissance style)
　　建筑材料及技术(building resources and techniques)[873]
　　建筑特征(architectural character)[1133]~[1134]
　　历史(history)[863]
　文艺复兴时期建筑出版物(architectural publications, Renaissance period)[879]
　新古典主义风格，建筑特征(neo-Classical style, architectural character)[1134]
　战后的发展(post-1945 developments)[1482]~[1483]
　中世纪地图(Middle Ages map)[432]
　中世纪早期(early Mediaeval period)[191][204]
　见各国家词条
斯堪的纳维亚航空公司总部(SAS Headquarters)[1482]
斯坎地亚电影院，斯德哥尔摩(Skandia Cinema, Stockholm)[1440]
斯科帕斯山上的哈达萨医院，耶路撒冷(Hadassah hospital, Mount Scopus, Jerusalem)[1552][*1554*]
斯科奇-博德曼宅，索格斯，马萨诸塞州(Scotch - Boardman House, Saugus, Massachusetts)[1261]
斯科特(Scott, W.A., 1871~1921)，爱尔兰建筑师[1432]
斯科特、伍勒科特和赫德森建筑师事务所(Scott, Woolocott and Hudson)，南非建筑师事务所[1254]
斯科特尼堡，兰伯赫斯特，肯特郡(Scotney Castle, Lamberhurst, Kent)[1174]
斯科特上校(Scott, Col.H.M.)，南非建筑师[1250]

斯克勒公园住宅区，格莱萨克瑟(Skoleparken housing, Gladsaxe)[1483]
斯拉夫领土(Slav territories)[185]
斯拉扬斯卡·贝斯达酒店，索非亚(Slayanska Beseda Hotel, Sofia)[1512]
斯莱丁山，奥拉宁鲍姆(Sliding Hill, Oranienbaum)[1129]
斯里兰卡(Sri Lanka, 亚洲)
　阿拜甘纳沃登瓦勒瓦，加勒(Abeygunawardcne Walauwa, Galle)[1332]
　阿库雷瑟(Akuressa)[1330]
　安伯朗戈德教堂(Ambalagonda church)[1332]
　拜蒂克洛(Batticaloa)[1330]
　本托特海滨旅馆(Bentota Beach Hotel)[1744]
　波因特佩德罗(Point Pedro)[1330]
　城市规划(city planning)[1332]
　蒂鲁戈维尔堡(Tirukovil)[1330]
　独立纪念堂(Independence Commemoration Monument)[1729]
　佛塔(stupas)[782]
　甘迪(Kandy)[817]
　　错层住宅(Split Level House)[1729]
　　旁遮普的平房(bungalow)[*1347*][1349]
　哈克默纳(Hakmana)[1330]
　哈门希尔(Hammenhiel)[1330]
　汉韦勒农场学校(Hanwella Farm School)[1744]
　加勒堡(Fort Galle)[*1331*][1332]
　加勒仓库(Galle warehouses)[1332]
　加勒荷兰教堂(Galle Dutch church)[1332]
　贾夫那堡(Fort of Jaffna)[1330]
　贾夫那城荷兰教堂(Jaffna Dutch church)[*1331*][1332]
　卡尔穆奈堡(Kalmunai)[1330]
　卡尔皮蒂耶(Kalpitya)[1330]
　　教堂(church)[1332]
　拉特纳普勒教堂(Ratnapura church)[1328]
　马那尔(Mannar)[1330][1332]
　马特勒(Matara)[1332]
　佩勒代尼亚大学(Peradeniya University)[1729]
　佩里斯宅(Peiris House)[1729]
　前殖民时期(pre - Colonial period)[668]~[669]
　　建筑材料(building resources)[690]
　　建筑技术(building techniques)[692]
　萨曼图里堡(Samanthurai)[1330]
　塞纳讷耶凯公寓(Senanayake Flats)[1729]
　圣布里吉特的蒙台梭利学校，汉韦勒(S.Bridget's Montessori School, Hanwella)[1744]
　苏拉特工厂(Surat factory)[1332]
　亭可马里(Trincomalee)[1332]
　托林顿府邸(Torrington House)[1729]
　锡吉里耶宫堡(Sigiriya fortress - palace)[817]
　锡吉里耶旅游综合楼(The Sigiriya

[1945]

Tourist Complex)[1729]
新市政厅(New Town Hall)[1729]
耶波诃伐要塞(Yapahuwa fort)[817]***[820]***
主教学院扩建(Bishop's College Extension)[1744]
自然特征(physical characteristics)[669]
见科伦坡
斯洛伐克(Slovakia),见捷克斯洛伐克
斯洛瓦兹基住宅区,卢布林(Slovacki housing estates, Lublin)[1510]
斯洛文尼亚,20世纪的发展(Slovenia, Twentieth Century developments)[1514]
斯米瑟顿中学,亨斯坦顿,诺福克郡(Smithdon Secondary School, Hunstanton)[1467]
斯摩尔尼大教堂,圣彼得堡(Smolny Cathedral, S.Petersburg)[1127]
斯帕达达莫布特街区,阿姆斯特丹(Spaarndammerbuurt blocks, Amsterdam)[1436]
斯帕诺基府邸,锡耶纳(Palazzo Spannocchi Siena)[894]
斯潘根住宅区,鹿特丹(Spangen Estate, Rotterdam)[1436]
斯皮德尔教堂,戈尔韦郡(Spiddal Church, Co.Galway)[1432]
斯皮克厅,利物浦附近(Speke Hall, near Liverpool)[1074]
斯普利特(Spilit),见斯帕拉托
斯塔比奥学校(Stabio School)[1486]
斯塔比亚浴场,庞贝(Stabian Baths, Pompeii)[256]
斯塔尔大门,开普敦(Stal Plein gateway, Cape Town)[1246]
斯塔福德公寓,怀梅阿韦斯特(Stafford Place, Waimea West)***[1384]***[1385]
斯塔福德郡(Staffordshire),英国
圣吉尔教堂,奇德尔(S.Giled, Cheadle)***[1171]***[1173]
舒格布勒公园(Shugborough)[1110]
特伦特姆府邸(Trentham Hall)[1174]
斯泰伦堡,好望角(Stellenberg, Cape Colony)[1245]
斯坦别墅,加尔什(Villa Stein, Garches)[1403]
斯坦顿德鲁(Stanton Drew)[233]
斯坦福大学,帕洛阿尔托,加利福尼亚州(Stanford University, Palo Alto, California)[1288]
斯坦福德·拉弗尔斯爵士(Raffles, Stamford),新加坡建筑师[1321]
斯坦加府邸,克雷莫纳(Palazzo Stanga, Cremona)[957]***[962]***
斯坦利,F.D.G.,澳大利亚建筑师[1377]
斯坦纳父子公司大楼(Steiner and Son office bulding, Wroclaw)[1507]
斯坦尼斯拉斯广场,南锡(Place Stanislas, Nancy)[1001]
斯坦尼斯劳·维基维克兹(Witkiewicz, Stanislaw, 1851~1915),波兰建筑师[1216]
斯坦斯特德机场,埃塞克斯(Stansted Airport, Essex)[1471]***[1474]***
斯坦希尔公寓,南墨尔本(Stanhill Flats, South Melbourne)[1759]***[1762]***
斯陶尔布里奇教堂(Stourbridge)[442]

[1946]

斯特恩宅,南非(House Stern, South Africa)[1563]
斯特拉顿公园,汉普郡(Stratton Park, Hampshire)***[1112]***[1114]
斯特拉斯堡(Strasbourg,法国)[522][525]
大教堂(Cathedral)[444]***[468]***[496]
诺伊多夫花园郊区(Neudorf garden suburb)[1404]
学校(school)[1404]
斯特里特威尔逊和巴尔事务所(Street-Wilson and Barr),南非建筑师事务所[1254]
斯特林·威尔福德(Stirling Wilford),英国建筑师[1699]
斯特罗伯里山庄,特威克纳姆,米德尔塞克斯郡(Strawberry Hill, Twickenham, Middlesex)[1114]***[1115]***
斯特罗奇府邸,佛罗伦萨(Palazzo Strozzi, Florence)[895]***[896]***
斯通韦斯宅,奥克兰(Stoneways, Auckland)[1768]***[1769]***
斯图尔特百货公司(华纳梅克百货公司),纽约(A.T.Stewart Store, New York)[1290]
斯图加特(Stuttgart,德国)
国家美术馆(Staatsgalerie)[1462]***[1463]***
火车站(Railway Station)[1409]***[1411]***
机场航站楼(Air Terminal)[1462]
"罗密欧与朱丽叶"公寓('Romeo and Juliet'apartment blocks)[1460]
绍肯商店(Schocken Store)[1409]
大学太阳能研究所(University Hysolar Research Institute)[1462]
音乐厅(Liederhalle)[1460]
魏森霍夫住宅区(Weissenh of Siedlung)[1410]
斯图加特大学太阳能研究所(Hysolar Research Institute, University of Stuttgart)[1462]
斯图加特-卢锦兰幼儿园(Stuttgart-Luginsland, Kindergarten)[1462]
斯图肯布罗克(Stuck-enbrock, J.A.),挪威18世纪建筑师[1143]
斯图皮尼吉府邸,都灵(Palazzina di Stupinigi, Turin)[957]
斯托顿宅,剑桥,马萨诸塞州(Stoughton House, Cambridge, Massachusetts)[1277][1281]
斯托宫,白金汉郡(Stowe House, Buckinghamshire)[1110]
斯托克莱宫,布鲁塞尔(Palais Stoclet, Brussels)[1397]***[1398]***
斯托克赛堡,什罗浦郡(Stokesay Castle, Shropshire)[507]***[509]***
斯托蒙特,贝尔法斯特(Stormont, Belfast)[1432]
斯托佩里尔宅(Stoppleare House)[1573]
斯瓦希里宫,盖迪(Swahili Palace, Gedi)***[697]***[699]
斯瓦希里清真寺,盖迪(Swahili mosque, Gedi)[700]
斯瓦希里住宅(Swahili houses)
盖迪(Gedi,肯尼亚)[696]
松戈马拉(Songo Mnara,非洲)[698]
斯瓦希里住宅,松戈马拉(Songo Mnara, Swahili houses)[696]
斯瓦扬布窣堵坡,加德满都(Swayambhu stupa, Kathmandu)***[781]***[782]

斯旺和麦克拉伦事务所(Swan and Maclaren),新加坡建筑师事务所[1321][1693]
斯威特·布里亚尔学院,弗吉尼亚州(Sweet Briar College, Virginia)***[1579]***[1580]
斯文·阿斯帕司(Aspaas, Svend),挪威18世纪建筑师[1150]
斯文·贝克斯特罗姆(Backström, Sven, 1903~1992),瑞典建筑师[1482]
斯文·马克琉斯(Markelius, Sven, 1889~1972),瑞典建筑师[1482]
斯沃博达霍夫大院,维也纳(Svoboda-Hof, Vienna)[1399]
斯伍契维兹住宅区,华沙(Sluzewiec development, Warsaw)[1510]
"死城",叙利亚北部('Dead Cities', northern Syria)[593]
死海盐碱厂住宅(Dead Sea Potash Works, housing)[1551]
四方寺,清迈(Cetiya Si Liem, Chiengmai)[835]
四国学院,巴黎(Collège des Quatre Nations, Paris)[996]
四合院(siheyuan/ compounds)[745]
四泉圣卡洛教堂,罗马(S.Carlo alle Quattro Fontane)[946]***[948]***
四人设计组(Arbeits gruppe 4),奥地利建筑师组合[1448]
四头统治制度(Tetrarchy system)[182]
四英亩宅,哈特利温特尼(Fouracre, Hartley Wintney)[1421]
寺庙,欧贝德(Ubaid, temples)[31][39]
寺庙建筑,日本(temple architecture, Japan)***[761]***[762]
寺庙群,帕纳塔兰(Panataram, temple group)[838]
寺庙山,巴肯山(Phnom Bakeng, temple mountain)[823]
松恩峡湾(Sogne Fjord,挪威)
博尔贡教堂(Borgund Church)***[433]***[435][436]
于尔内斯教堂(Urnes Church)***[433]***[436]
松恩峡湾教堂,卑尔根附近(Sogne, churches, near Bergen)[436]
松广寺国师殿(Songgwangsa Temple, Kuksajon hall)[754]
松内博恩电影工作室,兰德公园岭,德兰士瓦省(Sonneblom Film Studios, Randpark Ridge, Transvaal)[1576]
松卫达宅,马略卡(Son Vida house, Majorca)[1484]
嵩岳寺,河南省(Songyue Temple, Henan Province)***[735]***[738]
宋朝(Song dynasty)[673][724]
苏贝德,住宅(Suberde, houses)[36]
苏丹商栈(Sultanhan caravanserai)[636]
苏迪(水池),卡纳塔克邦(Sudi/ tank, Karnataka)[795]
苏格兰场新楼,伦敦(New Scotland Yard, London)[1197]***[1204]***
苏格兰城堡(Scottish castles)[1074]
苏格兰的圣安德烈教堂,耶路撒冷(S.Andrew's Cathedral of Scotland, Jerusalem)***[1550]***[1551]
苏格兰国家画廊,爱丁堡(National Gallery of Scotland, Edinburgh)***[1160]***[1161]
苏格兰济贫院,耶路撒冷(Scottish Hospice, Jerusalem)[1551]

中文版索引

苏格兰教区教堂，布兰太尔(Church of Scotland Mission Church, Blantyre)[1241][1243]
苏格兰教堂，墨尔本(Scots Church, Melbourne)[1369]
苏格兰街学校，格拉斯哥(Scotland Street School, Glasgow)[1421]
苏格兰科学院，爱丁堡(Scottish Academy, Edinburgh)[1120][1161]
苏格兰商人宅(House of the Scottish Merchants)，见"羊羔宅"
苏克雷大教堂，玻利维亚(Sucre Cathedral, Bolivia)[1266]
苏拉玛尼寺，蒲甘(Tsulamani Temple, Pagan)[829][830]
苏拉特(Surat，印度)[1328][1329][1332]
　工厂(factory)[1332]
苏莱比雅塞，萨迈拉(Kubat as- Sulaibiya, Samarra)[618]
苏莱曼清真大寺，伊斯坦布尔(Suleymaniye Mosque, Istanbul)[646][647][649]
苏黎世(Zurich，瑞士)
　埃莱娜·德芒德罗夫人宅(Hélène de Mandrot House)[1413]
　苏黎世高等理工大学(Technische Hochschule)[1412]
　现代主义住宅(Modernist housing)[1412]
苏黎世高等理工大学(Technische Hochschule, Zurich)[1412]
苏利公馆，巴黎(Hôtel de Sully, Paris)[986][987]
苏联建筑师联盟(Union of Architects of the USSR)[1528]
苏门答腊(Sumatra，印度尼西亚)
　巴塔克卡罗(Batak Karo)[1316]
　米纳卡包文献中心，巴当班让(Minangkabau Document Centre, Padang Panjang)[1316][1317]
　锡马隆古(Simalungan)[1316]
　住宅(houses)[1704]
苏密特·君塞(Jumsai, Sumet)，泰国建筑师[1706]
苏佩尔卡寺院，都灵(Superga, Turin)[959][957]
苏萨(Susa，伊朗)
　城市(city)[97]
　克尔卡伊宛(Iwani- Khcrkha)[605]
　里巴特堡(Ribat)[620]
苏瓦(Suva，斐济)
　斐济会议中心(Fiji Conference Centre)[1770][1771]
　斐济议会(Fiji Parliament)[1772][1773]
苏瓦松大教堂(Soissons Cathedral)[453][454]
苏维埃宫，地铁站(Palace of Soviets, Metro Station)[1528]
苏维埃宫，莫斯科(Palace of Soviets, Moscow)[1528][1529]
苏维埃建筑师联盟(Union of Soviet Architecs)[1528]
苏维埃现代主义(Soviet Modernism)，见俄罗斯，现代主义
苏维库普公寓大楼，塔皮奥拉(Suvikumpu apartment building, Tapiola)[1452]
苏玉蒂(Suyudi)，印度尼西亚最著名的第一代主流现代主义者[1704]
苏州(Suzhou，中国)

报恩寺塔(Bao'en Temple Pagoda)[736][738]
沧浪亭(Canglangting)[745]
留园(Liuyuan)[745]
狮子林(Shiziiin)[745]
网师园(Wangshiyuan)[744][745]
拙政园(Zhuozhengyuan)[745]
苏州报恩寺塔(Bao'en Temple Pagoda, Suzhou)[736][738]
苏州沧浪亭(Pavilion of the Surging Waves/ Canglangting, Suzhou)[745]
苏州留园(Liuyuan, Suzhou)[745]
苏州狮子林(Shizilin/ Lion Grove, Suzhou)[745]
苏州网师园 (Fishermen's Garden/ Wangshi, Suzhou)[744][745]
苏州拙政园(Zhuozhengyuan, Suzhou/ Humble Administrator's Garden)[745]
苏兹达尔的影响(Suzdal influence)[187]
苏兹曼宅(Suzman House)[1563]
窣堵坡(stupas，印度)[677]
　发展(development)[738][779]~[782]
　缅甸(Burma)[823][826][827]
　新罗(Shilla)[748]
窣堵坡，犍陀罗风格(Gandhara, stupas)[780][787]
隋朝(Sui dynasty)[673]
碎瓷瓦贴面砌体(opus testaceum)[212]
所罗门(Solomon, J.M.)，南非建筑师[1555]
所罗门群岛，霍尼亚拉广播电台(Solomon Islands, Honiara Radio Station)[1771][1772]
索邦教堂，巴黎(Church of the Sorbonne, Paris)[986][989]
索别斯基酒店，华沙(Sobieski Hotel, Warsaw)[1511]
索勃岛，亭可马里(Sober Island, Trincomalee)[1328]
索恩堡，阿拉维山(Saone castle, Gebel Alawi)[412][413]
索恩博物馆(Soane Museum)，见林肯律师协会广场 13 号
索尔克生物研究所，拉霍亚，加利福尼亚州(Salk Institute, La Jolla, California)[1615][1616]
索尔兹伯里(Salisbury，英国)
　大教堂(Cathedral)[496][497]
　克洛斯某府邸(house in close)[859]
　平面(plan)[463][486]
　柱头(capitals)[441]
索非亚(Sofia，保加利亚)
　奥德翁酒店(Odeon Hotel)[1511]
　办公大楼，莫斯科大街(Moskovska Street office building)[1512]
　保加利亚国家银行(Bulgarian National Bank)[1512]
　保加利亚酒店(Bulgaria Hotel)[1512]
　公共矿泉浴室(Public Mineral Baths)[1511]
　公寓街区(flats)[1512]
　纪念性建筑(apartment blocks)[1511]
　库尔善姆清真寺(Koursham Mosque)[1512]
　内务部大楼(Ministry of Internal Affairs)[1512]
　神圣教会教堂(Church of the Holy Synod)[1511]
　圣亚历山大·内伏斯基大教堂(Cathedral of S.Alexander Nevsky)[1511]
　室内市场(covered Market)[1511]
　斯拉扬斯卡·贝斯达酒店(Slayanska Beseda Hotel)[1512]
　维托沙酒店(Vitosha hotel)[1512]
　新市政厅(new city hall)[1512]
索菲娅·格雷(Gray, Sophia)，南非开普敦圣公会第一任主教的妻子，业余建筑师[1249]
索霍尔姆住宅区，克拉姆本堡(Soholum housing, Klampenborg)[1483]
索科尔斯基中心，贝尔格莱德(Sokolski Dommatica, Belgrade)[1515]
索科拉纳教堂，库马诺沃(Sokolana, Kumanova)[1515]
索克诺派奥斯-奈索斯(Soknopaiou Nesos, 希腊)[166]
索库尔卢·穆罕默德帕夏清真寺(Sokullu Mehmet Pasha Mosque)[646][647]
　吕莱布尔加兹(Luleburgaz)[646][647]
　伊斯坦布尔(Istanbul)[646][647]
索库尔卢·穆罕默德帕夏清真寺，吕莱布尔加兹(Luleburgaz, Sokullu Mehmet Pasha Mosque)[646][647]
索里亚(Soria)，见戈尔马斯
索利斯剧院，蒙特维的亚，乌拉圭(Teatro Solís, Montevideo, Uruguay)[1289]
索伦·斯潘塞·贝曼(Beman, S.S., 1853~1914)，美国建筑师[1225]
索摩湿婆神庙，勒格梅什沃拉(Someshvara temple, Lakshmeshvara)[809]
索姆丁，萨塞克斯郡(Sompting, Sussex，英国)[417][423]
索姆河战役失踪者纪念拱门，蒂普河谷，法国(Memorial Arch Thiepval, France)[1422]
索挪布多约博物馆，日惹(Sonobudoyo Museum, Yogyakarta)[1704]
索斯韦尔(Southwell Minster，英国)[424][496]
　平面(plan)[488]
　柱头(capital)[441]
索维公馆，布鲁塞尔(Hotel Sovay, No. 224 Avenue Louise, Brussels)[1216]

T

他叻瓦滴(堕罗钵底)时期(Dvaravati period，泰国)[825]
塔(zedi)，见窣堵坡
塔阿哈马瑞阿姆宫，阿克苏姆(Ta'akha Mariam, Axum)[698]
塔巴茨尼克(Tabatchnik, Y.Z.)，以色列建筑师[1551]
塔布卡(Tabuca，墨西哥)
　结核病疗养院(Tuberculosis Sanatorium)[1630]
　卫生研究所(Hygiene Institute)[1630]
塔尔巴赫(Tulbagh，南非)
　传教教堂(mission church)[1246]
　塔尔巴赫法院(Drostdy)[1246]
塔尔巴赫法院(Drostdy, Tulbagh)[1246]
塔尔奎尼亚(Tarquinia，意大利)
　大公墓(necropolis)[246]
　"女王"祭坛庙('Ara della Regina'Temple)[245]

[1947]

塔尔曼纳克罗隐修院，墨西哥(Monastery of Talmanalco, Mexico)[1269]
塔尔-伊布利斯(Tali- Iblis, houses)[*34*][37]
塔哈南·菲利波诺住宅(Tahanang Pilipono)[1709]
塔赫特巴希(Takhti- Bahi, 巴基斯坦)
　"毗诃罗"中央庭院(vihara Court)[*784*][786]
　寺庙(monastery)[787]
塔赫特苏莱曼(Takhti- Sulaiman)[608]
塔卡哈尤疗养院(Takaharju Sanatorium)[1440]
塔克西拉(Taxila, 巴基斯坦)
　达摩拉吉卡寺(Dharmarajika monastery)[786]
　聚居土堆(settlement mounds)[107]
　锡尔卡普"双头鹰神殿"(Shrine of the doubleheaded Eagle)[787]
塔拉·德贝里奥侯爵宅，墨西哥城(House of the Marques de Jaralde Berrio, Mexico City)[1265]
塔拉戈纳大教堂(Tarragona Cathedral)[*546*][547]
塔勒尔(前伊斯兰时期波斯原有的一种有柱门廊)(talar, open- fronted space)[594]
塔里克商栈清真寺, 达姆甘(Tarik- Han Mosque, Damghan)[631]
塔里辛宅, 斯普林格林, 威斯康星州(Taliesin, Spring Green, Wisconsin)[1585][*1587*]
塔楼, 也门(towered structures, Yemen)[661]
塔楼奇观, 低地国家(prodigy towers, Low Countries)[533]
塔迈兹穆特堡, 黏土住宅修复(Tamezmoutc Fortress, rebuilt housing)[1573]
塔庙/庙塔, 山岳台(ziggurat)[74][*76*][77]
　萨马拉城(Samarra)[616]
塔姆茹库姆教堂, 博德瑟特, 昆士兰(Tamrookum Church, Beaudesert, Queensland)[1757][*1758*]
塔帕侬, 佛教建筑(Sambor/ Tat Panom, Buddhist building)[830]
塔皮奥拉(Tapiola, 芬兰)
　奥特松皮萨住宅区(Otsonpcsa'housing)[1452]
　花园城(Garden City)[1452]
　花园旅馆(Garden Hotel)[1452]
　苏维库普公寓大楼(Suvikumpu apartment building)[1452]
塔普罗班酒店(Taprobane Hotel)，见东方大饭店, 科伦坡
塔塞尔公馆, 布鲁塞尔(Hôtel Tassel, No. 6Rue Paul- Emile Janson, Brussels)[*1204*][1216]
塔式住宅, 伦敦(tower blocks, London)[1466]
塔司干柱式(Tuscan order)[239]
塔斯马尼亚(Tasmania, 澳大利亚)
　快乐山住宅(Mount Pleasant)[1378]
　莫纳谷住宅(Mona Vale)[1378]
　潘尚格宅, 朗福德附近(Panshanger homestead, near Longford)[1364][*1366*]
　圣马太教堂, 格莱诺基(S.Matthew's Church, Glenorchy)[1363]
塔斯丘勒姆宅, 波茨角, 悉尼(Tusculum, Potts Point, Sydney)[1363]
塔特美术馆(克洛尔陈列馆), 伦敦(Tate Gallery, Clore Wing, London)[1471]

塔特舍尔堡, 林肯郡(Tattershall Castle, Lincolnshire)[509]
塔图帕拉塔, 巴西(Tower of Tatuapara, Brazil)[1261]
塔耶雷斯电气公司仓库, 蒙得维的亚(Talleres Electricos warehouse, Montevideo)[1634]
榻榻米(可用于度量长度)(tatami, measure of length)[773]
台阶式公寓, 菲利普(Visp, Terrace apartments)[1485]
抬梁式(beam- in- tiers technique)[724]
抬梁式构架(post- and- lintel construction)[*512*][513]
　日本(Japan)[692]
太恩殿, 修德寺, 礼山郡(Taeungjon, Sudoksa Temple, Yesan)[752]
太和殿, 北京(Hall of the Taihedian, Beijing)[*726*][730]
太平尼斯社区中心, 新加坡(Tampines Community Centre, Singapore)[*1698*][1699]
太平洋海岸硼砂公司大楼(Pacific Coast Borax Company Building)[1296]
　阿尔梅达, 加州(Alameda, California)[1296]
　贝永新泽西州(Bayonne, New Jersey)[1296]
太平洋建筑事务所(设计师)(Pacific Architecture, designers)[1773]
太山寺, 本堂(Taisanji, hondo)[768]
太田宗太郎(Sotaro Oda), 日本建筑师[1653]
太阳门, 蒂亚瓦纳科(Gate of the Sun, Tiahuanaco)[719][*721*]
太阳门, 托莱多(Puerta del Sol, Toledo)[*561*][562][563]
太阳能研究中心, 尼亚美, 尼日尔(Solar Energy Research Centre, ONERSOL, Niamey, Niger)[1576]
太阳神金字塔庙, 特奥蒂瓦坎(Pyramid of the Sun, Teotihuacan)[*709*][710]
太阳神庙, 罗马(Temple of the Sun, Rome)[288]
太阳神庙, 马尔坦德(Surya Temple, Martand)[814]
太阳神庙, 麦罗埃(Sun Temple, Meroe)[*697*][700]
太阳神庙, 莫切(Temple of the Sun, Moche)[719]
太阳神庙, 苏利耶神庙, 莫德赫拉(Surya Temple, Modhera)[795]
太阳神庙, 原称黑塔, 戈纳勒克(Surya/ Sun Temple, Konarak)[795]
太阳住宅, 弗罗格纳尔路, 汉普斯特德, 伦敦(Sun House, Frognal Way, Hampstead, London)[1431]
泰奥巴尔茨府邸(Theobalds, mansion)[1073]
泰奥多尔·巴吕(Ballu, Théodore, 1817~1885), 法国建筑师[1173]
泰奥利苏斯克司库斯旅馆和办公楼, 赫尔辛基(Teollisuuskeskus Hotel and Offices, Helsinki)[1452]
泰恩河畔纽卡斯尔(Newcastle- on- Tync, 英国)[1466]
　拜尔住宅区(Byker Estale)[1466]
皇家拱廊(Royal Arcade)[1161][*1162*]
圣托马斯教堂(S.Thomas's Church)[*1162*]

中央车站(Central Station)[1161][*1162*]
泰宫, 曼托瓦(Palazzo del Te, Mantua)[919]
泰国(Thailand, 亚洲)
　房屋形式(house forms)[1316]
　加姆森宅(Kamthieng House)[1316][*1317*]
　建筑材料(building resources)[690]
　建筑实例(buildings examples)[835]
　建筑特征(architectural character)[825]
　前殖民时期(pre- Colonial period)[668][682]
　泰蓝那塞住宅(lanna- thai houses)[1316]
　文化(culture)[687]
　钟塔('bell'stupa)[838]
　自然特征(physical characteristics)[671]
泰姬陵(Taj Mahal)[659]
　花园(garden)[664]
　陵墓(mausoleum)[*656*][*657*][*658*][659]
泰姬陵饭店, 孟买(Taj Mahal Hotel, Bombay)[1345][1725]
泰姬-孟加拉旅馆, 加尔各答(Taj Bengal Hotel, Calcutta)[1741]
泰克芙尔宫(Tekfur Saray), 见波菲罗格尼图斯宫
泰蓝那塞住宅, 泰国(Lanna- thai houses, Thailand)[*1361*]
泰勒约瑟夫集体农场(Kibbutz Tel Yosef)[1551]
泰里卡神庙, 瓜廖尔(Telika Mandir, Gwalior)[799]
泰洛林学院, 牛津(Taylorian Institution, Oxford)[1157]
泰马塞克工艺专科学校(Temasek Polytechnic)[1699]
泰茅斯城堡, 泰赛德区(Taymouth Castle, Tayside)[1114]
泰米尔的达罗毗荼传统(Tamil- Dravida tradition)[804]
泰米尔纳德邦(Tamil Nadu, 印度)
　埃甘巴勒湿婆神庙(Ekambareshvara Temple)[795][*813*]
　布里哈德湿婆神庙(Brihadeshvara temple)[808][*811*]
　大凯拉萨纳特神庙(Kailasanatha Temple)[*792*]
　海岸神庙(Shore Temple)[804]
　拉梅斯沃勒姆(Rameshwaram)[795]
　兰格纳塔神庙(Ranganatha Temple)[795]
　马杜赖(Madurai)[817]
　马杜赖大寺(Great Temple)[795][*816*]
　穆瓦克韦尔神庙(Muvarkovil)[804]
　那吒罗阇神庙(Nataraja Temple)[795]
　石窟(caves)[*789*][791]
坦焦尔(Tanjore)[808]
泰普塔斯住宅, 曼谷(Tiptus House, Bangkok)[1706]
泰斯里克咖啡馆, 伊斯坦布尔(Taslik Coffee House, Istanbul)[1542]
泰西封(Ctesiphon)[*26*][82]
　泰西封宫殿(Palace)[*100*]103]
坍塌的小神殿, 罗马(Tempietto Diruto, Rome)[966]
坦东萨里度假村, 巴厘岛(Tandung Sari Resort, Bali)[1704]
坦焦尔(Tanjore, 印度)[817]

[1948]

中文版索引

布里哈德湿婆神庙(Brihadeshvara temple)[808][*811*]
纳雅卡宫(Nyaka palace)[817]
坦里乌德住宅，西索勒绍特，莱奇沃思(Tanglewood, Sollershott West, Letchworth)[1421]
坦佩雷(Tampere, 芬兰)
　大教堂(Cathedral)[1212][1437]
　卡勒瓦教堂(Kaleva Church)[1452]
坦普尔·穆尔(Moore, Temple, 1856~1920), 英国建筑师[1241][1421]
坦普尔教堂，伦敦(Temple Church, London)[*443*][505]
坦桑尼亚(Tanzania, 非洲)
　巴加莫约教堂(Bagamoyo church)[1240][*1243*]
　达累斯萨拉姆政府大楼(Dares-Salaam Government House)[1559][*1560*]
　古代住宅(ancient houses)[698]
汤丁新月形住宅，波士顿，马萨诸塞州(Tontine Crescent, Boston, Massachusetts)[1278]
汤和戴维斯(Town and Davis), 19世纪美国建筑师事务所，设计了纽约的华盛顿广场[1278]
汤姆叔叔的小屋住宅区，柏林(Onkel-Toms Hütte, Berlin)[1410]
唐·赫罗尼莫·达旺塞杜(d'Avesedo, Don Jeronimo), 葡萄牙军人[1328]
唐朝(Tang dynasty)[673][724][731]
唐华宾馆，西安(Tanghua Hotel, Xi'an)[1661][*1665*]
唐宁学院，剑桥(Downing College, Cambridge)[1120]
堂区教堂，巴兰扎特(Baranzate, parish church)[1477]
塘路，萨拉曼卡(Toro, 西班牙)[674]
　牧师会教堂(Collegiate Church)[*404*][408]
桃树中心广场，亚特兰大(Peachtree Center, Atlanta)[1622]
陶里德大厦，圣彼得堡(Tauride Palace, S.Petersburg)[1129][*1130*]
忒修斯神庙，维也纳(Theseus Temple, Vienna)[1051]
特奥蒂瓦坎(Teotihuacan, 墨西哥)
　城堡金字塔庙(Ciudadela)[*709*][710]
　太阳神金字塔庙(Pyramid of the Sun)[*709*][710]
特奥多尔·菲舍尔(Fischer, Theodor, 1862~1938), 德国建筑师[1404]
特奥多罗·阿尔代曼斯(Ardemans, Teodoro), 西班牙建筑师[1019]
特奥多罗·冈萨雷斯·德莱昂(Leon, Teodoro Gonzalez de, 1926~　), 墨西哥建筑师[1643]
特奥菲尔·汉森(Hansen, Theophil, 1813~1891), 丹麦建筑师[1153][1154][1157][1197]
特波斯科卢拉隐修院，墨西哥(Monastery of Teposcolula, Mexico)[1269]
特布里教堂，格洛斯特郡(Tetbury Church, Gloucestershire)[*1122*][1223]
特尔科城郊，萨格勒布(Trngko suburb, Zagreb)[1516]
特克拉科达，木结构住宅(Tekkalakota, houses)[107]

特克清真寺，大马士革(Tekke Mosque, Damascus)[647]
特拉阿马塔，尼斯(Terra Amata, Nice)[226][*227*]
特拉华高架桥，拉克瓦克森，宾夕法尼亚州(Delaware Aqueduct, Lackawaxen, Pennsylvania)[1296]
特拉吉耶台地(Terazije Terrace, Belgrade)[1514]
特拉克托尔大街，圣彼得堡(Tractor Street, S.Petersburg)[1524]
特拉普纳尔别墅，索镇(Villa Trappenard, Sceaux)[1403]
特拉维夫(Tel Aviv, 以色列)
　奥尔大楼(El Al Building)[1552]
　巴格达宅(Pagoda House)[1551]
　恩格尔住宅(Engle House)[1552][*1554*]
　帕尔姆宅(Palm House)[1551]
　诗人比亚利克宅(H.N.Bialik(house))[1551]
　特拉维夫新城(new city)[1551]
　希尔顿酒店(Hilton Hotel)[1552]
特拉住宅组团，阿拉克南达，德里(Tara Group Housing, Alaknanda, Delhi)[1740]
特莱梅逊堡，康沃尔(Trematon Castle, Cornwall)[431]
特赖登旅馆，阿洪加勒(Triton Hotel, Ahungalla)[1744]
特兰尼教堂(Trani, church)[*366*][379]
特兰斯瓦尔组团，南非现代建筑师团体(Le Groupe Transvaal)[1563]
特勒比奥，乡村建筑改造成的别墅(Trebbio, Villa)[889]
特雷里克塔楼，伦敦(Trellick Tower, London)[1466]
特雷维喷泉，罗马(Trevi Fountain, Rome)[*963*][965]
特里(Therry, J.J.), 爱尔兰神父[1367]
特里尔(Trier, 德国)
　城门(city gates)[*274*]
　大教堂(Cathedral)[*397*][398]
　黑门(Porta Nigra)[*274*][296]
　皇家浴场(Imperial Baths)[289]
　君士坦丁巴西利卡(Basilica of Constantine)[*269*][288]
　圣母教堂(Liebfrauenkirche)[*531*][533]
特里凡得琅(Trivandrum, 印度)
　发展研究中心(Centre for Development Studies, CDS)[1744][*1745*]
　那烂陀学院(Nalanda Institute)[1741][*1745*]
　奇特拉里卡电影制片厂(Chitralekha Film Studios)[1741][*1745*]
特里梅因宅，圣巴巴拉附近(Tremaine house, near Santa Barbara)[*1588*][*1598*][1599]
特里彭宫，阿姆斯特丹(Trippenhuis, Amsterdam)[*1062*][1063]
特里斯坦·查拉住宅，巴黎(Tristan Tzara House, Paris)[1399]
特留-朱依(Tirju-Jui, 罗马尼亚)
　雕塑(sculptures)[1513]
　建筑雕塑(architectural sculptures)[1513]
特鲁罗大教堂，康沃尔(Truro Cathedral, Cornwall)[1207][*1211*]
特鲁瓦(Troyes, 法国)
　圣乌尔班教堂(S.Urbain)[467]
　特鲁瓦大教堂(Cathedral)[*465*][466]

[467]
特伦讷拉格，艾于斯特罗宅，奥兰(Trøndelag, Austrat, Orland)[1137][*1144*]
特伦特姆府邸，斯坦福德郡(Trentham Hall, Staffordshire)[1174]
特罗皮卡纳咖啡馆，哈瓦那(Cabaret Tropicana, Havana)[1634]
特洛亚宫，布拉格(Troja Palace, Prague)[*1039*][*1135*]
特洛伊(Troy, 土耳其)
　特洛伊城(citadel)[112]
　雅典娜神庙(Temple to Athena)[162]
特纳尤卡和特诺奇蒂特兰的双神庙，阿兹台克时期(double temples, Aztec period)[707]
特佩阿卡修道院，墨西哥(Monastery of Tepeaca, Mexico)[1266]
特佩特府邸，华沙(Teppet Palace, Warsaw)[1046]
特瑞·法雷尔(Farrell, Terry, 1938~　), 英国建筑师[1475][1716][1718]
特索德城堡(Thetford, castle)[424]
特辛府邸，斯德哥尔摩(Tessin Palace, Stockholm)[1137]
特休恩宅，哈肯萨克，新泽西州(Terheun House, Hackensack, New Jersey)[1264]
藤井博巳(Fuji, Hiromi, 1935~　), 日本建筑师[1681]
梯林斯，宫殿(Tiryns, Palace)[113][117][*115*]
提比略凯旋门，奥朗日(Arch of Tiberius, Orange)[*253*][257]
提尔(Tyre, 黎巴嫩)
　大教堂(Cathedral)[302]
　十字军教堂(Crusader church)[414]
提格布尔内庭院，维特利(Tigbourne Court, Witley, Surrey)[1222]
提洛岛(Delos, 希腊)
　阿波罗神庙(Temple of Apollo)[*119*][149]
　住宅(houses)[*171*][172]
提契诺门，米兰(Porta Ticinese, Milan)[967]
提萨瓦达寺，蒲甘附近(Thitsawada Temple, near Pagan)[830][*831*]
提塞尔门堡，黏土住宅修复(Tissergate Fortress, restoration)[1573]
提氏玛斯塔巴，萨卡拉(Mastaba of Thi, Sakkâra)[47][*48*]
提特迈利勒，学院建筑(Tit-Mellil, college)[*1565*][1567]
提图斯拱门，罗马(Arch of Titus, Rome)[*274*][275]
体育场(田径比赛)(stadia/ athletic contests)[170]
体育宫，墨西哥城(Palace of Sport, Mexico City)[*1633*][1634]
体育馆(gymnasia)[170]
体育馆，巴勒莫(Il Ginnasio, Palermo)[967]
体育馆，罗马(Palazzo dello Sport, Rome)[1480]
体育中心，庞培亚工厂，圣保罗(Sports Complex, Pompela Factory, São Paulo)[1643]
天安门，北京(Tiananmen, Beijing)[*726*][730]
天鹅府邸，切尔西，伦敦(Swan House, Chelsea, London)[1212]
天盖(baldachino/ canopy)[298]
天河体育中心，广州(Tianhe Sports Centre, Guangzhou)[1667]

[1949]

弗莱彻建筑史

天宁寺塔，北京(Tianning Temple Pagoda, Beijing)[*735*][738]
天石洞道观，灌县(Tianshidong Daoist Temple, Guanxian)[*742*][745]
天使圣母教堂祈祷室，佛罗伦萨(Oratory of S.Maria degli Angeli, Florence)[888]
天使长大教堂，莫斯科(Church of the Archangel Gabriel, Moscow)[1125]
天使长米迦勒大教堂，莫斯科(Cathedral of the Archangel Michael, Moscow)[356][*357*]
天坛，北京(Tiantan Shrine, Beijing)[730]
天堂之门(Paraíso)，见奥伦塞大教堂
天文学和天体物理学跨校交流中心，浦那(Inter- University Centre for Astronomy and Astrophysics/ IUCAA, Pune)[1740]
天园，伊斯兰风格(paradise gardens, Muslim style)[664]
天主教改革派(Counter- Reformation influences)[848][850]
天主教堂，卢尔捷(Catholic church, Lourthier)[1412]
天主教堂，梅根(Meggen, Catholic Church)[1485]
天主教医学院(学生楼)，明洞，首尔(Student Hall, Catholic Medical School, Myongdong, Seoul)[1315]
天柱，1951年不列颠节(Skylon, Festival of Britain 1951)[1468]
田产(homesteads)
　　澳大利亚(Australia)[1358]
　　新西兰(New Zealand)[1353]
田纳西河谷流域管理局(Tennessee Valley Authority, TVA)[1596]
田园城市/城郊(garden cities/ suburbs)
　　德国(Germany)[1404][1409]
　　发展过程(development)[1396]
　　英国(Britain)[1155][1422]
　　兹林"花园城"，摩拉维亚(Zlin, Moravia)[1498]
田园路公寓，新加坡(Grange Road Condominium, Singapore)[1697][*1698*]
帖木儿王朝风格(Timurid style)[597][636]~[638]
铁路城，吉德伦金(Chittaranjan, railway town)[1719]
铁路的发展(railways, development)[866]
铁器的使用，前殖民时代(ironworking, pre- colonial)[671]
铁器时代(Iron Age period)[177][180][195]
　　大津巴布韦城(Great Zimbabwe)[*697*][698]
　　防御构筑物(defensive sructures)[235]
　　非洲(Africa)[671]
　　干砌石屋(drystone houses)[237]
　　建筑材料(building resources)[205]
　　建筑技艺和过程(buildingtechniquesand processes)[209]
　　建筑特征(architectural character)[225]
　　居住建筑(dwellings)[237]
　　墓葬遗址(funerary monuments)[237]
　　印度(India)[104]
铁器时代基址，雅加达(Jakhera, Iron Age site)[107]
铁器时代遗迹，大津巴布韦城(Great Zimbabwe, Iron Age ruins)[*697*][698]
铁销(clamp- irons)，见石材的销子固定法

铁制品展览馆，特日内茨(Ironworks Pavilion, Trinec)[1502]
廷讷尔瑟，住宅(Tynnelsö, house)[*435*][444]
廷特恩隐修院教堂，蒙茅斯郡(Tintern Abbey, Monmouthshire)[505]
亭可马里(Trincomalee)[1328][1332]
町屋(日本的村镇联排住宅) (Furui house/ machiya, townhouses)[774][778]
通道墓穴，诺斯(Knowth, passage- graves)[231]
通道式墓穴，纽格兰奇(New Grange, passage graves)[231]
通格尔，圣母教堂巴西利卡(Tongres, Basilica of Notre Dame)[534][*537*]
通和洋行，英国建筑师事务所(Atkinson and Dallas)[1297]
通讯中心(今电讯大楼)，新加坡(Comcentre(Telecoms), Singapore)[1697]
通用电气公司涡轮机车间，柏林(AEG Turbine Hall)[1407][*1408*]
通用汽车技术中心，沃伦，密歇根(General Motors Technical Centre, Warren, Michigan)[1610]
同济大学科学苑，上海(Science Building of Tongji University, Shanghai)[1669]
同济医科大学附属医院，武汉(Hospital of Tongji Medical University, Wuhan)[1660][*1663*]
筒拱(barrel- vault)[210][213]
　　筒拱在伊斯兰建筑中的应用(Islamic)[592][594]
筒拱(wagon vault)[*219*]
凸窗大楼，利物浦(Oriel Chambers, Liverpool)[1187][*1190*]
突角拱，抹角拱(squinch)[216]
　　伊斯兰式(Muslim style)[594]
突尼斯(Tunis, 非洲)
　　哈弗西亚区复原(Hafsia Quarter rehabilitation)[1571]
　　西迪阿卢伊小学(Sidi el- Aloui Primary School)[1574][*1575*]
　　榨橄清真大寺(Zaytuna Mosque)[620]
图奥莫·西托宁(Siitonen, Tuomo)，芬兰建筑师[1453]
图巴堡，约旦(Qasr al- Tuba, Jordan)[614]
图尔库(Turku, 芬兰)
　　公墓复活小礼拜堂(Cemetery Resurrection Chapel)[1443]
　　老科学院大厦(Old Academy)[*1148*][1150]
　　潘西奥住宅(Pansio houses)[1451]
　　图伦·萨诺马特报社大厦(Turun Sanomat Newspaper Building)[1443]
　　新科学院大厦(New Academy)[1150]
图尔奈大教堂(Tournai Cathedral)[534][*535*]
图根德哈特宅，布尔诺(Tugendhat House, Brno)[1498][*1499*]
图拉真巴西利卡，罗马(Basilica of Trajan, Rome)[269][*269*]
图拉真大桥，阿尔坎塔拉(Trajan´s Bridge, Alcantara)[283][*282*]
图拉真多瑙河大桥，塞维林堡(Trajan´s Danube Bridge, Tumu Severin)[283]
图拉真拱门，贝内文托(Arch of Trajan, Beneventum)[273][275]
图拉真广场，罗马(Forum of Trajan, Rome)[268][*270*]
图拉真记功柱，罗马(Trajan´s Column, Rome)

[275][*276*]
图拉真神庙，罗马(Temple of Trajan, Rome)[263]
图拉真市场，罗马(Market of Trajan, Rome)[268]
图拉真统治下的罗马帝国(Trajan Empire)[182]
图雷特圣母隐修院，阿布莱斯勒山上的埃弗(Eveux- sur- l´Arbrêsle, S.Marie- de- la- Tourette Monastery)[1455][*1456*]
图卢兹(Toulouse，法国)
　　阿塞扎公馆(Hôtel d´Assézat)[983]
　　巴吉公馆(Hôtel de Bagis)[983]
　　勒米莱(先期城市化地带) (Le Marail)[1455]
　　圣塞尔南教堂(S.Sernin)[383][*384*]
　　圣塞南教堂(S.Semin)[202]
　　市图书馆(City Library)[1402]
　　图卢兹大教堂(Cathedral)[466]
　　雅各布教会教堂(Church of the Jacobins)[466][*468*]
图伦·萨诺马特报社大厦，图尔库(Turun Sanomat Newspaper Building, Turku)[1443]
图伦王朝(Tulunid dynasty)[597]
图罗犹太会堂，纽波特，罗得岛(Touro Synagogue, Newport, Rhode Island)[1273]
图申斯基电影院，阿姆斯特丹(Tuschinski Cinema, Amsterdam)[1432]
图书馆，土库曼共和国(Turkmenian Republic, Library)[*1532*][1534]
图书馆和市政办公楼，桑顿，约翰内斯堡(Santon Libraryand Civic Offices, Johannesburg)[1567]
图斯楚普，丹麦(Tustrup, Denmark)[234]
图塔贝克·哈努姆墓，乌尔根奇(Tugtabeg Khartum tomb, Urgench)[641]
图廷(伦敦郡议会市政村舍住宅) (Tooting/ LCC estate)[1422]
图韦格宫，利雅得(Tuwaiq Palace, Riyadh)[1544][*1545*]
图伊大教堂(Tuy Cathedral)[408]
图纸(drawings)
　　哥特时期(Gothic period)[223]
　　文艺复兴(Renaissance)[869]
　　早期应用(early use)[28]
茶胶寺(Ta Keo Temple)[824][830]
屠夫养老院(同业会所)，安特卫普(Vieille Boucherie/ Guild House, Antwerp)[544]
土地银行(Land Bank)
　　彼得马里茨堡土地银行(Pietermaritzburg)[1564]
　　波切夫斯特鲁姆土地银行(Potchcfstroom)[1564]
　　开普顿土地银行(Cape Town)[1559]
　　克龙斯塔德土地银行(Kroonstad)[1564]
土地银行，克龙斯塔德(Kroonstad, Land Bank)[1564]
土耳其(Turkey，亚洲)
　　20世纪发展(Twentieth Century development)[1536]~[1542]
　　第一次建筑民族运动(First National Movement in Architecture)[1536]
　　现代主义(Modernism)[1537]
土耳其货栈，威尼斯(Fondaco dei Turchi, Venice)[*375*][379]
土耳其嫔妃宫，法塔赫布尔西格里(House of

[1950]

the Turkish Consort, Fatehpur Sikri)[653]
土耳其语言学会大楼，安卡拉(Turkish Language Society Building, Ankara)[*1541*][1542]
土木工程师学会，英国(Society of Civil Engineers, Britain)[874]
土丘(tells)，见聚居土堆
土伊勒里宫，巴黎(Palais des Tuilcrics, Paris)[978][*981*]
土冢，青铜时代(burial mounds, Bronze Age)[234]
团结教堂，橡树园，伊利诺伊州(Unity Temple in Oak Park, Illinois)[1585][*1587*]
团结运动(Solidamosc movement)[1510]
托钵修会教堂(friary churches)[202]
托尔高(Torgau，德国)
　　哈滕费尔斯堡(Schloss Hartenfels)[1029]
　　瞭望塔(Wächterturm)[1029]
托尔托萨大教堂(Tortosa Cathedral)[414]
托拉查屋，苏拉威西岛，印度尼西亚(Torajaan, Sulawesi, Indonesia)[1316]
托拉佐塔，克雷莫纳(Torrazzo, Cremona)[572]
托莱多(Toledo，西班牙)
　　阿尔卡萨宫(Alcázar)[*1016*]
　　皇家圣约翰教堂(San Juan de los Reyes)[551][552][*553*]
　　贾弗里亚宫(al- Jaferiya palace)[627]
　　马顿门清真寺(Bab Mardun Mosque)[627]
　　圣母教堂，纳兰戈(S.Maria de Naranco)[402]
　　圣施洗约翰郊外医院(Afuera Hospital of San Juan Bautista)[1012][*1014*]
　　太阳门(Puera del Sol)[*561*][563]
　　托莱多大教堂(Cathedral)[*546*][549][*550*][*551*]
　　引水桥(Puente de Alcantara)[563]
托莱多堡，托莱多(Alcázar, Toledo)[1012][*1016*]
托勒密时期(Ptolemaic period)[591]
托雷·塔格莱宅，利马，秘鲁(House of Torre Tagle, Lima, Peru)[1265]
托林顿府邸，科伦坡，斯里兰卡(Torrington House, Colombo, Sri Lanka)[1729]
托鲁尔·德夫雷斯(Devres, Togrul, 1920～1994)，土耳其建筑师[1542]
托马·德托蒙(Thomon, Thomas de, 1754～1813)，瑞士出生的新古典主义建筑师[1133]
托马尔基督会女隐修会修道院大回廊，托马尔(Great Cloister of the Convent of Christ Tomar)[1019][*1022*]
托马斯·阿彻(Archer, Thomas，约1668～1743)，英国建筑师[1067][1095]
托马斯·爱迪生宅(Thomas Edison's House)，见格莱蒙迈，卢埃林帕克
托马斯·安伯利(Anbury, Thomas, 1760～1840)，英国军人，建筑师[1339]
托马斯·博德利(Bodley, Thomas)，英国建筑师[1074]
托马斯·法诺尔斯·普里查德(Pritchard, Thomas Farnolls, 1723～1777)，英国建筑师[874]
托马斯·菲奥特·德哈维兰(Havilland, Thomas

Fiott de, 1775～1866)，英国建筑师[1334]
托马斯·富勒(Fuller, Thomas, 1823～1898)，英国建筑师[1286]
托马斯·汉密尔顿(Hamilton, Thomas, 1784～1858)，苏格兰新古典主义建筑师[1069][1120][1161]
托马斯·霍珀(Hopper, Thomas, 1776～1856)，英国建筑师[1167]
托马斯·杰斐逊(Jefferson, Thomas, 1743～1826)，美国建筑师，1801～1809年任美国总统[1278][1283][1286]
托马斯·卡斯顿(Karsten, Thomas)，印度尼西亚建筑师[1704]
托马斯·考珀(Cowper, Thomas, 1781～1825)，英国军人，建筑师[1339]
托马斯·雷德(Reed, Thomas)，哥伦比亚建筑师[1286][1289]
托马斯·雷恩(Rein, Toomas, 1940～　)，爱沙尼亚建筑师[1534]
托马斯·里克曼(Rickman, Thomas, 1776～1841)，英国建筑师[477][880][1152][1167]
托马斯·马普阿(Mapua, Thomas)，菲律宾建筑师[1707]
托马斯·丘比特(Cubitt, Thomas, 1788～1855)，英国建筑师[1174]
托马斯·史密斯·泰特(Tait, T.S, 1882～1954)，英国建筑师[1431]
托马斯·索普(Thorpe, Thomas)，英国16世纪建筑师，约翰·索普之父[1073]
托马斯·特恩布尔(Turnbull, Thomas)，苏格兰裔新西兰建筑师[1381]
托马斯·特尔福德(Telford, Thomas, 1757～1834)，英国匠师、测量师、建筑师、工程师[1166]
托马斯·威尔逊(Wilson, Thomas)，南非建筑师[1249]
托马斯·沃辛顿(Worthington, Thomas, 1826～1909)，英国建筑师[1179]
托马斯·尤斯蒂克·瓦尔特(Walter, Thomas Ustick, 1807～1887)，德裔美国建筑师[1279][1283]
托马索·纳波利(Napoli, Tommaso)，意大利18世纪建筑师[965]
托姆塔，基督教堂，牛津(Tom Tower, Christ Church, Oxford)[1090]
托尼·加尼耶(Garnier, Tony, 1869～1948)，法国建筑师[1402]
托尼尼宅，托里切拉(Casa Tonini, Torricella)[1486]
托帕，西哥得兰省(Torpa, Västergötland)[444]
托普考普宫，伊斯坦布尔(Topkaup Serai, Istanbul)[648]
托普拉卡莱神庙(Toprakkale Temple)[96]
托特纳姆(伦敦郡议会市政住宅)(Tottenham/ LCC estate)[1422]
托特唐菲尔德(伦敦郡议会市政住宅)(Totterdown Fields/ LCC estate)[1422]
托尔瓦尔森博物馆，哥本哈根(Thorwaldsen Museum, Copenhagen)[1157][*1158*]
托檐石，檐底托板(mutules, roof decoration)[121]
陀兰那(大门)(torana/ archway)[787]

椭圆形神庙，海法吉(Temple Oval, Khafaje)[77][*79*]

W

瓦茨大教堂(Vác Cathedral)[1046]
瓦德斯丹那城堡(Vadstena Castle)[1136]
瓦迪法拉小屋(Wadi Fallah, settlement)[32]
瓦尔瓜内拉别墅，巴盖里亚(Villa Valguarnera, Bagheria)[965]
瓦尔马拉纳府邸，维琴察(Palazzo Valmarana, Vicenza)[925][*928*]
瓦尔帕莱索"开放的城市"(Valparaiso, ´Ciudad Abierta´)[1646]
瓦尔帕莱索集团(Valparaiso group)[1635][1646]
瓦尔特·贝当古(Betancourt, Walter, 1932～1978)，古巴建筑师[1643]
瓦尔特·格罗皮乌斯(Gropius, Walter, 1883～1969)，德裔美国建筑师[1394][1407][1410][1497][1606]
瓦尔韦·波梅斯特(Pormeister, Valve, 1922～2002)，爱沙尼亚建筑师[1534]
瓦夫日尼亚克·古切维奇(Gucewicz, Wawrzyniec, 1753～1798)，波兰新古典主义建筑师[1052]
瓦弗恩达尔荷兰教堂，科伦坡，斯里兰卡(Wolfendahl, Colombo, Sri Lanka)[1332]
瓦济尔汗清真寺，拉合尔(Wazir Khan Mosque, Lahore)[659]
瓦加杜古大教堂，上沃尔特(Ouagudougou Cathedral, Upper Volta)[1240]
瓦克夫斯部大楼，开罗(Waqfs Ministry Building, Cairo)[1562]
瓦克富(信托机构)(wakf/ trusts)[661]
瓦兰·德拉莫特/让·巴蒂斯特·米歇尔·瓦兰·德拉莫特(Delamot, Vallen/ de la Mothe, Jean Baptiste Michel Vallin)，法国建筑师[1127]
瓦勒圣安德烈教堂，罗马(S.Andrea della Valle, Rome)[940]
瓦利德清真寺与瓦利德宫，库特(al- Walid Mosque and Palace, Kut)[610]
瓦利诺托礼拜堂，都灵(Vallinotto Sanctuary, Turin)[957]
瓦灵白，靠近斯德哥尔摩(Vállingby, near Stockholm)[1482]
瓦桑特·卡马特(Kamath, Vasant, 1946～　)，印度建筑师[1741]
瓦桑特·维哈尔现代学校，德里(Vasant Vihar Modern School, Delhi)[1736][*1738*]
瓦瑟堡，房屋(Wasserburg, houses)[227][233]
瓦塔达格窣堵坡，波隆那鲁沃(Watadage, Polonnaruwa)[782][*783*]
瓦万路公寓，巴黎(Rue Vavin flats, Paris)[1402]
瓦威尔(Wawel，波兰)
　　城堡，克拉科夫(Castle, Cracow)[1028]
　　大教堂，克拉科夫(Cathedral, Cracow)[1028]
瓦西里·彼得罗维奇·斯塔索夫(Stasov, V.P., 1769～1848)，俄罗斯建筑师[1133]
瓦西里·布拉仁教堂，莫斯科(Basil the Blessed)[361]
瓦西里·伊凡诺维奇·巴热诺夫(Bazhenov, Vasily Ivanovich, 1737～1799)，俄罗斯建筑师[1129]
瓦西塔尼门，巴格达(Bab al- Wasitani,

[1951]

弗莱彻建筑史

Baghdad)[618]
瓦伊塔尔塔庙(Vaital Deul)[799]
瓦伊塔尔塔庙，布巴内斯瓦尔，奥里萨邦(Vaitai Deul, Bhubaneshwar, Orissa)[799]
外部体量(external massing concept)[362]
外高加索地区建筑实例(Transcaucasian region, examples)[36]~[37]
外赫布里底群岛，克莱特拉夫尔(Clettravel, Outer Hebrides)[227][237]
外交部大厦，伦敦(Foreign Office, London)[1178][1181]
外科大礼堂，哥本哈根(Surgical Auditorium, Copenhagen)[1143]
外科医生府邸，庞贝(House of the Surgeon, Pompeii)[246]
外里海地区建筑实例(Transcaspian region, examples)[36]~[37]
"外阵"，室外圣所(gejin, outer area)[765]
完者都墓，苏丹尼厄，波斯(Oljeitu Tomb, Sultaniyeh)[638][*640*]
晚期哥特风格(late Gothic style)[445]
万安桥，泉州(Wanan Bridge, Quanzhou)[745]
万国宫，日内瓦(Palais des Nations, Geneva)[1412]
万灵学院，牛津(All Souls College, Oxford)[*443*][1096]
万隆理工学院(Bandung, Institute of Technology)[1703][*1705*]
万娜·文丘里宅，费城(Vanna Venturi House, Philadelphia)[*1621*][1622]
万塞讷(Vincennes，法国)
　1931年殖民地博览会(Colonial Exposition 1931)[1563]
　内塔(keep)[*471*][475]
　圣路易教堂(S.Louis)[1403]
万塞讷城堡(Château de Vincennes)[*471*][475]
万神庙，罗马(Pantheon, Rome)[243][263][264][*265*][*266*][313]
万圣大教堂，喀土穆，苏丹(Sudan, All Saints Cathedral, Khartoum)[1241]
万圣大教堂，开罗(All Saints Cathedral, Cairo)[1241]
万圣大教堂，内罗毕，肯尼亚(All Saints Cathedral, Nairobi, Kenya)[1241]
万圣教堂，阿什蒙特，波士顿(All Saints Church, Ashmont, Boston)[1282]
万圣教堂，布罗克汉普顿(All Saints Church, Brockhampton)[1207][*1420*]
万圣教堂，达尼丁(All Saints Church, Dunedin)[1381]
万圣教堂，豪伊克(All Saints Church, Howick)[1367]
万圣教堂，玛格丽特街，伦敦(All Saints Church, Margaret Street, London)[1153][1187][*1191*]
万圣教堂，庞森比，奥克兰(All Saints Church, Ponsonby, Auckland)[1768]
万圣教堂、教区牧师宿舍和学校，博纳山，梅登海德(All Saints Church and Vicarage, Boyne Hill, Maidenhead)[1192]
万斯泰德府邸，伦敦(Wanstead House, London)[1101]
王宫教堂，兹瓦尔特诺茨(Palacechurch, Zvart'nots)[*323*][329]
王后公园教堂，格拉斯哥(Queen's Park Church, Glasgow)[1192]
王后广场，巴斯(Queen Square, Bath)[1104]
王后礼拜堂，圣詹姆斯宫，伦敦(Queen's

Chapel, S.James's Palace, London)[1079]
"王后之门"170号，伦敦(Queen's Gate No. 170 London)[1212][*1214*]
王室金字塔(Royal Pyramids, Gizeh)，见大金字塔群
王室墓地，乌尔(Royal Cemetery, Ur)[22]
网格平面布局，奥林索斯镇(Olynthus, grid plan town)[157]
网格平面布局城市，阿里哈努姆(Ali Khanoum, grid plan city)[172]
网状拱顶(net vault)[514]
旺多姆广场，巴黎(Place Vendôme, Paris)[*998*][999]
望景楼庭院，罗马(Cortile del Belvedere, Rome)[908][*909*][911][966]
危地马拉(Guatemala，北美洲)
　安提瓜大教堂(Antigua Cathedral)[1269]
　安提瓜岛大学(Antigua University)[1274]
　皇家市政厅，安提瓜岛(Real Gibaldo/Town Hall, Antigua)[1274]
威尔科克斯-卡茨府邸，奥韦尔，佛蒙特(Wilcox-Cutts House, Orwell, Vermont)[1279]
威尔森百货商店，柏林(Wertheim Department Store, Berlin)[1206]
威士(Wales，英国)
　波特梅里恩度假村，波特马多克(Portmeirion.Portmadoc)[1431]
　城堡建筑(castlebuilding)[481]
　登比堡(Denbigh Castle)[505]
　中世纪的地图(Middle Ages map)[415]
　见英国
威尔士国家博物馆，卡迪夫(National Museum of Wales, Cardiff)[1417][*1418*]
威尔士亲王博物馆，孟买(Prince of Wales Museum, Bombay)[1720]
威尔特郡(Wiltshire，英国)
　方特希尔教堂式府邸(Fonthill Abbey)[1114]
　朗福德府邸(Longford Castle)[*1071*][1073]
　朗格里特府邸(Longleat House)[1069][*1070*][*1071*]
　圣马利亚庄园，奥尔德伯里(S.Marie's Grange, Alderbury)[1174]
　沃德府邸(Wardour Castle)[1104]
威尔逊·艾尔(Eyre, Wilson, 1858~1944)，美国建筑师[1281]
威尔逊法官大楼，安阿伯，密歇根州(Judge Wilson House, Ann Arbor, Michigan)[1279]
威尔逊和米勒大楼，开普敦(Wilson and Miller Building, Cape Town)[1255]
威夫尔斯菲尔得教堂，萨塞克斯郡(Wivelsfield, Sussex)[*440*]
威利，威尔特郡(Wiley, Wiltshire)[*440*]
威利茨宅，海兰帕克，伊利诺伊州(Willits House, Highland Park, Illinois)[1585][*1587*]
威利斯、费伯和杜马大楼，伊普斯威奇(Willis, Faber and Dumas offices, Ipswich)[1471][*1472*]
威利斯·波尔克(Polk, Willis, 1867~1924)，美国建筑师[1281]
威廉·E.帕森斯(Parsons, William E.)，美国建筑师[1707]

威廉·H.克莱顿(Clayton, William H.)，澳大利亚建筑师[1381]
威廉·阿诺德·帕布斯特(Pabst, Wilhelm Arnold)，德裔南非建筑师[1563]
威廉·埃格克尔(Egckl, Wilhelm, ?~1588)，德国16世纪建筑师[1032]
威廉·奥古斯塔斯·富勒(Fuller, William Augustus, 1828~1902)，英国军人、建筑师[1345]
威廉·巴特菲尔德(Butterfield, William, 1814~1900)，英国建筑师[1152][1153][1174][1187][1356]
威廉·比特森(Beatson, William)，新西兰建筑师[1369]
威廉·伯恩(Burn, William, 1789~1870)，英国建筑师[1174]
威廉·伯吉斯(Burges, William, 1827~1881)，英国建筑师[1154][1192]
威廉·博克曼(Böckmann, Wilhelm, 1832~1902)，在日本工作的德国建筑师[1308]
威廉·博奈森·莫法特(Moffatt, W.B., 1812~1887)，英国建筑师[1173]
威廉·范艾伦(Van Alen, Willian, 1883~1954)，美国建筑师[1593]
威廉·范德比尔特府邸，纽约(William K.Vanderbilt Mansion, Fifth Avenue, New York)[1281]
威廉·费奴肯(Vernukken, Wilhelm, ?~1607)，德国16世纪建筑师[1033]
威廉·赫西乌斯(Hesius, Wilhelm)[1055]
威廉·亨利·巴罗(Barlow, William Henry, 1812~1902)，英国工程师[1183]
威廉·亨利·邓利维·麦考密克(Mac Cormack, R., 1916~1996)，爱尔兰建筑师[1467][*1470*]
威廉·亨利·尼科尔斯(Nicholls, W.H., 1865~1949)，英国建筑师[1720]
威廉·亨利·普莱费尔(Playfair, William Henry, 1790~1857)，苏格兰建筑师，詹姆斯·普莱费尔之子[1069][1120][1161]
威廉·华莱士(Wallace, William, ?~1631)，苏格兰建筑师[1079]
威廉·基德纳(Kidner, William)，近代上海英国建筑师，一译地纳[1298][1299]
威廉·卡森宅，尤里卡，加利福尼亚州(William Carson House, Eureka, California)[1279]
威廉·克罗姆胡特(Kromhaut, Willem, 1864~1940)，荷兰建筑师[1432]
威廉·肯特(Kent, William, 约1685~1748)，英国画家、设计师、景观建筑师、建筑师[1067][1101]
威廉·拉尔夫·埃默森(Emerson, Sir.William Ralph, 1833~1917)，美国建筑师[1260][1318][1349][1719]
威廉·拉姆西(Ramsey, William，活动期自1323年，卒于1349年)，英国中世纪匠师[477]
威廉·勒巴伦·詹尼(Jenny, William Le Baron, 1832~1907)，美国建筑师[1261][1290]
威廉·理查德·莱瑟比(Lethaby, William Richard, 1857~1931)，英国建筑师、建筑

中文版索引

教育家、建筑理论家[1156][1207][1417]
威廉·罗伯特·韦尔(Ware, W.R, 1832～1915)，美国建筑师[1260]
威廉·洛宅，布里斯托尔，罗得岛(William Low House, Bristol, Rhode Island)[1281]
威廉·马里纳斯·杜多克(Dudok, Willem Marinus, 1884～1974)，荷兰军事工程师[1436]
威廉·麦克唐奈·米切尔·道达尔(Dowdall, William Macdonnell Mitchell)，在近代上海活动的英国建筑师[1298]
威廉·梅森(Mason, William, 1810～1897)，新西兰建筑师[1367][1381]
威廉·奈恩·福布斯(Forbes, William Nairn, 1796～1855)，英国军事工程师[1334][1339]
威廉·皮特(Pitt, William)，澳大利亚建筑师[1359]
威廉·钱伯斯爵士(Chambers, Sir William, 1726～1796)，英国乔治时期折中主义风格建筑师[1068][1725]
威廉·萨韦(Salway, William)，英国建筑师，公和洋行的创始人[1710]
威廉·桑顿(Thornton, William, 1759～1828)，美国业余建筑师[1279][1283]
威廉·斯彭斯(Spence, William，约1806～1883)，英国建筑师[1183]
威廉·斯特科兰(Strickland, William, 1787～1854)，美国建筑师[1289]
威廉·斯特拉特(Strutt, William, 1756～1830)，英国工程师[874]
威廉·塔尔曼(Talman, William, 1659～1719)，英国绅士建筑师[1095]
威廉·威尔金森·沃德尔(Wardell, William Wilkinson, 1823～1899)，英国建筑师、工程师[1356][1357][1369]
威廉·威尔金斯(Wilkins, William, 1751～1815)，英国粉刷匠、建筑师[1069][1120]
威廉·维恩·古(Gough, William Venn, 1842～1918)，英国建筑师[1187]
威廉·沃斯特(Wurster, William, 1895～1972)，美国建筑师[1599]
威廉·亚当(Adam, William, 1689～1748)，苏格兰建筑师[1104]
威廉·伊顿·奈斯菲尔德(Nesfield, William Eden, 1835～1888)，英国建筑师[1155][1212]
威廉·因伍德(Inwood, William，约1771～1843)，英国测量师、建筑师[1123][1249]
威廉堡，加尔各答(Fort William, Calcutta)[1332][*1333*]
威廉和玛丽学院，威廉斯堡，弗吉尼亚州(William and Mary College, Williamsburg, Virginia)[*1272*][1274]
威廉斯堡，弗吉尼亚州(Williamsburg, Virginia)[*1591*][1593]
威尼斯(Venice)，意大利)
　传福音者圣约翰学校(Scuola di S.Giovanni Evangelista)[907]
　达里奥府邸(Ca Dario)[907]
　岛上的圣米迦勒教堂(S.Michele in Isola)[907]

法尔塞蒂府邸(Palazzo Farsetti)[379]
弗拉瑞圣母荣耀教堂(S.Maria Gloriosa dei Fra-ri)[571][*574*]
福斯卡里府邸(Palazzo Foscari)[572]
格里马尼府邸(Palazzo Grimani)[*922*][924]
公爵府邸(Ca´del Duca)[902]
皇宫(Palazzo Regio)[*885*]
黄金府邸(Ca d´Oro)[572][*585*]
旧行政长官官邸(Procuratie Vecchie)[908]
科尔纳罗府邸(Palazzo Cornaro)[*885*][924]
科雷尔博物馆(Museo Correr)[1480]
科纳·斯皮内利府邸(Palazzo Corner Spinelli)[907]
克里索斯托圣约翰教堂(S, Giovanni Crisostomo)[907]
孔达瑞尼-法桑府邸(Palazzo Contarini-Fasan)[572]
奎里尼印刷艺术馆(Gaileria Querini Stampaiia)[1480]
里亚尔托桥(Riallo Bridge)[*885*]
洛雷当府邸(Palazzo Loredan)[379]
马佐painting住宅区(Mazzorbo housing)[1477]
美术学院(Accademia)[1480]
佩萨罗府邸(Palazzo Pesaro)[956]
皮萨尼府邸(Palazzo Pisani)[572][*585*]
圣罗克学校(Scuola di S.Rocco)[*885*]
圣马可广场(Piazza of S.Mark)[*843*]
圣马可教堂(S.Mark´s)[324][329][332]
圣马可学校(Scuola di S.Marco)[*905*][907]
圣马可钟楼(Campanile of S.Mark)[572]
圣马克图书馆(Library)[*921*][924]
圣美圣母教堂(S.Maria Formosa)[907]
圣母安康大教堂(S.Maria della Salute)[956][*958*]
圣母神迹教堂(S.Maria dei Miracoli)[*906*]
圣尼古拉·达·托伦蒂诺教堂(S.Nicolòda Tolentino)[966]
圣乔贝尔教堂高坛礼拜堂(S.Giobbe/Chancel Chapel)[907]
圣乔治大教堂(S.Giorgio Maggiore)[926][*929*][*930*]
圣撒迦利亚教堂(S.Zaccaria)[*885*][*905*][907]
圣萨尔瓦托雷教堂(S.Salvatore)[907]
圣约翰与保罗教堂(SS.Giovanni e Paolo)[571][*573*]
土耳其货栈(Fondaco dei Turchi)[*375*][379]
文德拉明·卡莱尔吉府邸(Palazzo Vendramin-Calergi)[907]
西门与犹太教堂(SS.Simeone e Giuda)[*963*][965]
造币厂(Papal Mint)[924]
造船厂拱门(Porta dell´Arsenale)[902]
扎泰勒住宅(Zattere, house)[1477]
钟楼(Torre dell´Orologio)[908]
钟楼平台(Loggetta)[*885*][924]
总督府(Doge´s Palace)[572][*576*]
威尼斯宫，罗马(Palazzo Venezia, Rome)[*897*]

[902]
威尼斯门，米兰(Porta Venezia, Milan)[967]
威尼斯造币厂，威尼斯(Zecca(Mint), Venice)[924]
威斯康星州(Wisconsin，美国)
　圣约翰·赫里索斯托姆教堂，德拉菲尔德(S.John Chrysostom, Delafield)[1282]
　塔里辛宅，斯普林格林(Taliesin, Spring Green)[1585][*1587*]
　约翰逊制蜡公司大楼，拉辛(Johnson Wax Administration Building, Racine)[1603]
威斯利教堂，墨尔本(Wesley Church, Melbourne)[1369]
威斯敏斯特(Westminster，英国)
　圣司提反教堂(S.Stephen´s Chapel)[*463*][502]
　重要性(importance)[476]
威斯敏斯特大教堂(Westminster Abbey)[496][*498*]
　墩柱(piers)[*442*]
　平面和图(plan and drawings)[*499*]
　威斯敏斯特教堂亨利七世陵墓(Tomb of Henry VII)[1069][*1070*]
威斯敏斯特教堂亨利七世陵墓，伦敦(Tomb of Henry VII, Westminster Abbey)[1069][*1070*]
威斯敏斯特生命与大英火灾保险公司办公楼，伦敦(Westminster Life and British Fire Office, London)[1166]
威斯敏斯特王宫大厅，伦敦(Westminster Hall)[484][502][*504*]
威斯特伐利亚厅式教堂(Westphalian hall churches)[527]
威特舍姆教堂，肯特郡(Wittersham, Kent)[*443*]
威特沃特斯兰德大学，约翰内斯堡(University of the Witwatersrand, Johannesburg)[1559]
威悉河上的科魏堡隐修院(Corvey-on-the-Weser, Abbey)[392]
韦布和泰勒，澳大利亚建筑师事务所(Webb and Taylor)[1375]
韦恩·约内斯(Jones, Wynn)，斯里兰卡建筑师[1631]
韦尔和范布伦特(Ware and van Brunt/ William Robert Ware, 1832～1915; Henry Van Brunt, 1832～1903)美国建筑师事务所，由威廉·罗伯特·韦尔和亨利·范布伦特组成[1286]
韦尔讷伊，府邸(Verneuil, château)[983]
韦尔内克宫(Werneck, Schloss)[1043]
韦尔斯·科茨(Coates, Wells, 1895～1958)，英国建筑师、工程师[1431]
韦尔斯大教堂(Wells Cathedral)[*500*][502]
　平面(plan)[*488*]
韦尔特弗雷登，巴达维亚(今雅加达)(Weltevreden, Batavia)[1322]
韦弗利修道院(英国第一座西多会修院)(Waverley, Cistercian house)[204]
韦克斯纳视觉艺术中心，俄亥俄州立大学(Wexner Center for the Visual Arts, Ohio State University)[1625]
韦拉斯科文化中心，古巴(Velasco Cultural Centre, Cuba)[1643]
韦里比公园宅，维多利亚(Werribee Park, Victoria)[1378]

[1953]

韦里纳格，花园(Verinag, gardens)[644]
韦林花园城(Welwyn Garden City)[1422]
"韦萨拉"式(Vesara form)[808]
韦斯科比精神病院(Weskoppies, Mental Hospital)[1254]
韦斯科维别墅，卢韦利亚诺，帕多瓦(Villa dei Vescovi, Luvigliano, near Padua)[919]
韦斯利恩传教站，霍基昂阿河畔，新西兰(Wesleyan mission, Hokianga River, New Zealand)[1367]
韦斯滕德，旅馆(Westende, hotel)[1437]
韦斯托弗庄园，查尔斯城县，弗吉尼亚州(Westover, Charles City County, Virginia)[*1262*][1264]
围场，宝鸡市，陕西省(Wo- kuo, enclosures)[110]
围场，新石器时代(enclosures, Neolithic)[233]
围柳路住宅，汉普斯特德，伦敦(Willow Road, Hampstead, London)[1431][*1433*]
维堡区公共食堂综合楼，列宁格勒(Viborg district factory- kitchen complex, Leningrad)[1528]
维查耶那加尔(胜城)，迈索尔中部(Vijayanagara, Central Mysore)[680]
维查耶那加尔，卡纳塔克邦(Vijayanagara, Karnataka)[815]
维达特·达洛卡伊(Dalokay, Vedad, 1927～1991)，土耳其建筑师[1542]
维蒂亚建筑事务所(Vitia Architects)[1773]
维阇耶科里湿婆神庙，纳尔塔马赖(Vijaya Cholishvara temple, Narttamalai)[804][*810*]
维多利亚(Victoria，澳大利亚)
    恩斯伯里宅(Eynesbury)[1378]
    弗兰克斯顿宅(Frankston)[1765]
    杰克逊宅和马厩，肖勒姆(Jackson House and Stables, Shoreham)[1765]
    鲁珀茨伍德宅(Rupertswood)[1378]
    韦里比公园宅(Werribee Park)[1378]
    州议会大厦(Houses of Parliament)[*1375*][*1376*]
维多利亚兵营，帕丁顿，悉尼(Victoria Barracks, Paddington, Sydney)[1363]
维多利亚和艾尔弗雷德旅馆(Victoria and Alfred Hotel)[1571]
维多利亚火车站，孟买(Victoria Railway Terminus, Bombay)[1345][*1348*]
维多利亚纪念馆，加尔各答(Victoria Memorial, Calcutta)[1349]
维多利亚剧院和纪念堂，新加坡(Victoria Theatre and Memorial Hall, Singapore)[1321]
维多利亚旅馆，里斯本(Hotel Victória, Lisbon)[1447]
维多利亚码头滨水区购物中心，开普敦(Victoria Wharf, Cape Town)[1571]
维多利亚诺·维加诺(Vigano, Vittoriano, 1919～1996)，意大利建筑师[1477]
维多利亚女王纪念堂，加尔各答(Queen Victoria Memorial, Calcutta)[1719][*1721*]
维多利亚艺术中心，墨尔本(Victorian Art Centre, Melbourne)[*1755*][1759]
维尔茨堡(Wurzburg，德国)
    女子监狱(Women's Prison)[1051]
    维尔茨堡宫(Residenz)[1042][*1045*]
    维尔茨堡新教堂，斯特里夫兹大教堂(Neumunster Striftskirche)[1038]

新宫教堂(Neubaukirche)[1033]
尤里乌斯大学(Julius Universität)[1033]
维尔德劳住宅区，纽伦堡(Werderau garden suburb, Nuremberg)[1404]
维尔纳夫宅，查尔斯堡，魁北克(Villeneuve House, Charlesbourg, Quebec)[1264]
维尔诺主教堂(Wilno Cathedral)[1052]
维尔约·加布里埃尔·雷维尔(Revell, Viljo, 1910～1964)，芬兰建筑师[1452]
维贾瓦沃兰图(Runtu, Wija Wawo)，建筑师[1704]
维杰瓦诺公爵广场，维杰瓦诺(Piazza Ducale, Vigevano)[901]
维捷布斯克车站，圣彼得堡(Vitebsk Railway Station, S.Petersburg)[1519]
维科圣母教堂，蒙多维埃维科堡(Madonna di Vico/ S.Maria, Vicoforte di Mondovi)[932]
维多·巴尔塔(Baltard, Victor, 1805～1874)，法国建筑师和学者[1183][1187]
维多·霍塔(Horta, Victor, 1861～1947)，比利时建筑师[1156][1206][1216]
维多·梅亚尼奥(Meano, Victor)，阿根廷建筑师[1289]
维多·伊曼纽尔二世纪念堂，罗马(Victor Emmanuel II Monument, Rome)[1197][*1200*]
维克托·布尔若(Bourgeau, Victor, 1809～1888)，法国-加拿大建筑师[1283]
维克托·布儒瓦(Bourgeois, Victor, 1897～1962)，比利时建筑师[1437]
维克托·格林(Gruen, Victor)[1620]
维克托·格林鲍姆(Gruenbaum, Victor David, 1903～1980)，即维克托·戴维·格林，奥地利裔美国建筑师[1604]
维克托·孔塔曼(Contamin, Victor, 1840～1893)，法国工程师，1889年巴黎世博会机械馆的设计者[1206]
维克托亚历山大·布雷德里克·拉卢(Laloux, Victor, 1850～1937)，法国建筑师[1399]
维拉德宅，纽约(Villard Houses, New York)[1281]
维拉科查神庙，拉克基(Wiraqocha Temple, Raqchi)[723]
维拉斯卡塔楼，米兰(Torre Velasca, Milan)[1477]
维莱特城关，巴黎(Barrière de la Villette, Paris)[1002]
维莱特公园(Parc de la Villette)[1458]
维莱隐修院教堂(Villers, Abbey Church)[543]
维勒班，格拉塔-希尔(Villeurbane, Les Gratte- Ciels)[1402]
维勒瑞夫(Villejuif，法国)
    卡尔·马克思学校(Karl Marx School)[1404]
    装配式学校(demountable school)[1453]
维卢帕克萨神庙，帕塔达卡尔，卡纳塔克邦(Virupaksha temple, Pattadakal, Karnataka)[*806*][808]
维罗纳(Verona，意大利)
    贝维拉夸府邸(Palazzo Bevilacqua)[*923*][924]
    博尔萨里门(Porta dei Borsari)[275]
    迪亚曼蒂府邸(Palazzo dei Diamanti)[908][*923*]

    独立的钟楼(detached tower)[367][*375*]
    弗兰基尼府邸(Palazzo Franchini)[*885*]
    古堡博物馆(Museo Castelvecchio)[*1478*][1480]
    古堡桥(Ponte di Castel Vecchio)[572][*573*]
    禁卫军宫(Palazzo della Gran Guardia)[*923*][925]
    帕利奥门(Porta Palio)[*920*][925]
    庞贝宫(Palazzo Pompei)[*923*][924]
    圣阿纳斯塔西亚教堂(S.Anastasia)[*569*][571]
    圣伯尔纳教堂(佩莱格里尼礼拜堂)(S.Bernardino, Capella Pellegrini)[925]
    圣泽诺大教堂(S.Zeno Maggiore)[374][*375*][379]
    市政厅钟楼(Torre del Comune)[572][*574*]
    乡间圣母教堂(Madonna di Campagna)[925]
    议会大厦(Palazzo del Consiglio)[908][*923*]
    圆形剧场(amphitheatre)[289]
维玛迈克宫，曼谷，泰国(Vimanmek, Bangkok, Thailand)[1318]
维姆·奎斯特(Quist, Wim, 1930～)，荷兰建筑师[1481]
维纳斯神庙，巴勒贝克(Temple of Venus, Baalbek)[*285*][*286*][288]
维纳斯与罗马神庙，罗马(Temple of Venus and Rome, Rome)[*249*][*251*][*285*][288]
维诺堡圣心教堂，布拉格(Church of the Sacred Heart, Vinohrady, Prague)[1397][*1491*][1492]
维普里(维堡)图书馆(Viipuri Library)[1443]
维琴察(Vicenza，意大利)
    奥林匹克剧场(Teatro Olimpico)[926]
    巴尔巴拉诺府邸(Palazzo Barbarano)[926]
    巴西利卡(Basilica)[925][*927*]
    波尔托·布雷岗泽府邸(Palazzo Porto Breganze)[926][*928*]
    蒂内府邸(Palazzo Thiene)[925][*929*]
    卡皮塔尼阿托敞廊(Loggia del Capitaniato)[926]
    神职人员大厦(Palazzo Chiericati)[925]
    瓦尔马拉纳别墅，纳尼(Villa Valmarana ai Nani)[967]
    瓦尔马拉纳府邸(Palazzo Valmarana)[925][*928*]
    圆厅别墅(Rotonda/ Villa Almerico- Capra)[926][*928*]
维萨·瓦塞夫设计的艺术中心(Wissa Wassef Arts Centre)[*1572*][1573]
维瑟沃德尔神庙，古吉拉特邦(Visavada temple, Gujarat)[814]
维森教堂，索斯特(Wiesenkirche, Soest)[526]
维森斯宅，巴塞罗那(Casa Vicens, Barcelona)[1212]
维舍拉德别墅，布拉格(Vysenrad, villa, Prague)[1494]
维斯教堂，施泰因豪森(Weiskirche, Steinhausen)[1043][*1048*]
维斯卡伊纳学校，墨西哥城(Vizcáinas, Mexico City)[1274]
维斯宁兄弟(Vesnin brothers/ Leonid

[1954]

中文版索引

Aleksandrovich Vesnin, 1880~1933;
Viktor Aleksandrovich Vesnin, 1882~1950;
Aleksander Aleksandrovich Vesnin,
1883~1959)列昂尼德·亚历山大洛维
奇·维斯宁、克托·亚历山大洛维奇·维斯
宁、亚历山大·亚历山大洛维奇·维斯宁,
俄罗斯建筑师[1521][1524]
维斯太神庙,罗马(Temple of Vesta, Rome)
[288][*286*]
维斯太圆形神庙,蒂沃利(Temple of Vesta, Tivoli)[254]
维泰博(Viterbo,意大利)
 兰特别墅(Villa Lante)[940]
 圣园(Sacro Bosco)[940]
 中世纪住宅(Mediaeval House)[*585*]
  [587]
维特布朗巷住宅,维也纳(Wittbrangasse house, Vienna)[1399]
维特拉斯克社区(Hvitträsk community)[1437]
《维特鲁威在不列颠》(Vitruvius Britannicus, book)[1067][1101]
维托里奥·伊曼纽尔拱廊,米兰(Galleria Vittorio Emanuele, Milan)[1153][1183][*1186*]
维托沙中央旅馆,索非亚(Vitosha hotel, Sofia)[1512]
维也纳(Vienna,奥地利)
 奥地利国家旅游局(Austrian Stale Travel Bureau)[1450]
 波托依斯(Portois)[1397]
 城市规划(city planning)[1154]
 大学老校舍(Old University)[1046]
 道尼·金斯基府邸(Daun Kinsky Palace)[1037][*1039*]
 帝国图书馆(Imperial Library)[1037]
 菲克斯货栈(Fix Store)[1397]
 费尔滕和纪尧姆馆(Felten & Guillaume Pavilion)[1448]
 分离派展览馆(Secession Building)[1397]
 戈尔德曼和萨拉契商店与公寓(Goldmann and Salatsch Shop and Apartments)[1399]
 海因里希住宅区(Heinrichshof)[1153][1197][*1198*]
 环城大街(Ringstrasse)[1154]
 还愿教堂(Votivkirche)[1153][1187][*1191*]
 卡尔教堂(Karlskirche)[*1036*][1037]
 卡尔·马克思·霍夫住宅区(Karl-Marx-Hof)[1399][*1401*]
 拉那斯多夫区(Rannersdorf)[1399]
 劳文街和克格尔街公寓(Lowengasse and Kegelgasse Apartments)[1450]
 普赫斯鲍姆广场教堂(Puchsbaumplatz Church)[1448]
 普克斯多夫疗养院(Purkersdorf Sanatorium)[1397]
 圣灵教堂(Church of the Holy Spirit)[1397]
 圣司提反教堂(S.Stephen's Church)[522][*523*]
 胜利圣母玛利亚教堂(Maria vom Siege church)[1187]
 施泰因霍夫教堂(Church Am Steinhof)[1397]
 市政厅(Municipal Hall)[1448]
 舒林珠宝店(Schullin jewellery store)[1450]
 朔伊宅(Scheu House)[1399]
 斯沃博达·霍夫大院(Svoboda-Hof)[1399]
 忒修斯神庙(Theseus Temple)[1051]
 维特布朗巷住宅(Wittbrangasse house)[1399]
 维也纳制造联盟住宅区(Werkbund Estate)[1399]
 维也纳左街(Linke Wienzeile)[*1221*][1222]
 魏特曼宅(Widtmann House)[1450]
 乌拉尼亚剧院(Urania Theatre)[1397]
 屋顶办公室(蓝天组)(office roof conversion, Coop Himmelbau)[1450]
 夏顿住宅大院(Schottenhof)[1174]
 小观景楼(Lower Belvedere)[1037]
 小学(Primary School)[1450]
 耶德勒村教堂和聚会大厅(Jedlersdorf Church and Assembly Hall)[1450]
 耶稣教堂(Jesuit church)[1035]
 艺术学院(Akademie)[1488]
 影响的重要性(importance of influence)[1487]
 邮政储蓄银行(Post Office Savings Bank)[875][1397][*1398*]
 扎赫尔大楼(Zacherlhaus)[1397]
 中央储蓄银行(Central Savings Bank)[1450]
 中央储蓄银行菲沃利滕分行(Zentralsparkasse der Gemeinde, Favoriten branch)[1450]
维也纳大学老校舍,今科学院大楼,维也纳(Old University, Vienna)[1046]
维也纳帝国图书馆,维也纳(Imperial Library, Vienna)[1037]
维也纳邮政储蓄银行,维也纳,奥地利(Post Office Savings Bank, Vienna)[875][1155][*1398*]
维也纳左街40号住宅,维也纳(Linke Wienzeile, No. 40 Vienna)[*1221*][1222]
伟人祠,伦敦(Pantheon, London)[1114]
委内瑞拉城市大学,加拉加斯(Venezuela, City University, Caracas)[1637]
委内瑞拉工人银行(Banco Obrero de Venezuela)[1637]
卫城(Acropolis)[*127*][128][129]
 阿尔忒弥斯神殿(Sanctuary of Artemis)[137]
 军械库(Chalkotheke)[137]
 雅典娜胜利女神庙(Temple of Athena Nikè)[133][*153*]
 见厄瑞克忒翁神庙、帕台农神庙、雅典卫城山门
卫城,罗斯托夫(Kremlin, Rostov)[1125]
卫城山门,雅典(Propylaea, Athens)[129][*130*]
卫星城标志塔,墨西哥城(Torres de Ciudad Satelite, Mexico City)[1635][*1636*]
卫星传输站,施泰尔马克(Satellite Transmission Station, Steiermark)[1450]
魏玛艺术学校(Weimar Art School)[1407]
魏森霍夫住宅区,斯图加特(Weissenhof Siedlung, Stuttgart)[1410]
魏斯贝格住宅区,福尔巴克(Weisberg Estate, Forbach)[1455]
魏斯娜女子学校,布尔诺(Vesna Girls' School, Brno)[*1496*][1497]
魏特曼宅,维也纳(Widtmann House, Vienna)[1450]
温德米尔山,威尔特郡(Windmill Hill, Wiltshire)[233]
温菲尔德堡,德比郡(Wingfield, Derbyshire)[509]
温纪念图书馆,沃本,马萨诸塞州(Winn Memorial Library, Woburn, Massachusetts)[1288]
温教堂,白金汉郡(Wing, Buckinghamshire)[*418*][419]
温赖特大楼,圣路易斯,密苏里州(Wainwright Building, St.Louis, Missouri)[*1293*][*1294*][1295]
温切斯特(Winchester,英国)
 城堡大厅(Castle Hall)[*440*]
 教堂(Cathedral)[424][*486*][*500*][502]
 墩柱(piers)[*442*]
 平面(plan)[*486*]
 中堂的跨间内观(internal bays)[*438*]
 圣十字教堂(S.Cross)[505]
温琴佐·斯卡莫齐(Scamozzi, Vincenzo, 1552~1616),意大利文艺复兴后期建筑师、建筑理论家[931]
温莎堡(Windsor Castle)[424][*428*]
 圣乔治小礼拜堂(S.George's Chapel)[*222*][502]
温斯洛宅,里弗福里斯特区,伊利诺伊州(Winslow House, River Forest, Illinois)[1282]
温特沃思猎庄,约克郡(Wentworth Woodhouse, Yorkshire)[1101][*1105*]
温突(地下通气)供热方式(Ondol/ under floor heating)[670]
文德拉明·卡莱尔吉府邸,威尼斯(Palazzo Vendramin-Calergi, Venice)[907]
文化(culture)[687]
文化博物馆,勒阿弗尔(Musée-Maison de la Culture, Le Havre)[1455]
文化宫,里约热内卢(Palace of Culture, Rio de Janeiro),见教育和卫生部大楼
文化中心,白斯拉蒂纳(Byala Slatina, Cultural Centre)[1512]
文莱(Brunei,亚洲)
 达鲁萨兰国(Darussalam)[1316]
 水寨(Kampong Ayer)[1316][*1317*]
"文明开化"(Bumei Kaika/Civilisation and Enlightenment)[1670]
文森特·杰罗姆·埃施(Esch, Vincent Jerome, 1876~1950),英国建筑师[1345]
文图拉·罗德里格斯(Rodríguez, Ventura, 1717~1785),西班牙晚期巴洛克建筑师[1019]
文图拉·特拉(Terra, Ventura, 1866~1919),葡萄牙建筑师[1444]
文物室,慕尼黑(Antiquarium, Residenz, Munich)[1032]
文艺复兴风格(Renaissance style)
 概述(introduction)[841][846]
 建筑材料(building resources)[867]
 建筑技术(building techniques)[867]
 历史影响(historical influences)[846][848]

[1955]

弗莱彻建筑史

欧洲复兴(European revival)[1153]
穹隆的建造(domed construction)[867]
意大利母题的运用(use of Italianate motifs)[842]~[844][845]
文艺复兴盛期，命名(High Renaissance Period, naming)[841]
文艺复兴时期的历史(Renaissance period history)[846][848]
文艺复兴银匠式(Renaissance Plateresque style)[1010]
文艺复兴早期，风格术语(Early Renaissance Period, naming)[841]
文远楼，同济大学，上海(Wen Yuan Lou, Tongji University, Shanghai)[1660]
闻庆，凤岩寺塔(Mungyong, Pongamsa Temple stupa)[754]
翁阿(Ard, Ong)，泰国建筑师[1706]
翁贝托一世拱廊，那不勒斯(Galleria Umberto I, Naples)[1183]
瓮达瓦利，安得拉邦(Undavalli, Andhra Pradesh)[791]
沃茨·舍曼宅，纽波特，罗得岛(Watts Sherman House, Newport, Rhode Island)[1281]
沃德府邸，威尔特郡(Wardour Castle, Wiltshire)[1104]
沃德姆学院，牛津(Wadham College, Oxford)[1074][1078]
沃德宅，奥克伍德，马萨诸塞州(Ward House, Oakswood, Massachusetts)[1281]
沃恩教堂，约克郡(Wawne, Yorkshire)[440][443]
沃尔德帕肯斯学校，胡苏姆(Voldparkens school, Husum)[1483]
沃尔卡，苏美尔城市(Warka, city)[75][76]
沃尔默堡，肯特郡(Walmer Castle, Kent)[508]
沃尔姆门，约克(Walmgate, York)[508]
沃尔姆斯大教堂(Worms Cathedral)，莱茵兰-普法尔茨州沃尔姆斯[396][398]
沃尔萨姆和洛厄尔事务所(Waltham and Lowell)，美国规划师事务所[1295]
沃尔瑟姆隐修院(Waltham Abbey)[440]
　墩柱(piers)[442]
　线脚(mouldings)[443]
沃尔泰拉(Volterra，意大利)
　阿尔戈门(Porta all'Archo)[247][250]
　城堡(Castle)[586][587]
　城墙(Defence Wall)[250]
　隐修院院长宅邸(Palazzo dei Priori)[585][587]
沃尔泰拉的大拱门(Porta all'Archo, Volterra)[210][247][250]
沃尔特·伯利·格里芬(Griffin, Walter Burley, 1876~1937)，美国建筑师[1748][1757]
沃尔特·迪斯尼世界(旅馆)，佛罗里达(Walt Disney World/ hotels, Florida)[1624]
沃尔特·多温·蒂格(Teague, Walter Dorwin, 1883~1960)，美国工业设计师[1604]
沃尔特·罗伯逊(Robertson, Walter)，英国建筑师[1174][1367]
沃尔特·乔治(George, Walter, 1881~1962)，英国建筑师[1728]
沃尔特·司各特(Scott, Walter)，英国建筑师[1653]
沃尔特 L.B.格兰维尔(Granville, Walter L.B., 1819~1874)，英国建筑师[1339]
沃克(Walker, R.)，南非建筑师[1250]

沃克(Wocke, A.W.)，南非建筑师[1250]
沃拉顿府邸，诺丁汉(Wollaton Hall, Nottingham)[1069][1071][1072]
沃里克郡(Warwickshire，英国)
　村舍，主教的伊琴顿(The Cottage, Bishop's Itchington)[1216][1217]
　凯尼尔沃思堡(Kenilworth Castle)[443][508]
沃利斯、吉尔波特及合伙人事务所(Wallis, Gilbert and Partners)，英国建筑师事务所[1431]
沃伦·黑斯廷斯府邸，阿里布尔(Warren Hastings's House, Alipur)[1339]
沃罗涅茨隐修院教堂(Voronet, monastery church)[339][341]
沃罗诺沃乡村俱乐部(Voronovo, country club)[1532][1535]
沃吕沃-圣朗贝尔(Woluvé S.Lambert，比利时)
　卡珀尔维尔德花园城郊(Kappeleveld Garden Suburb)[1437]
　卢万天主教大学学生宿舍(Université Catholique de Louvain, Students'Residence)[1451]
沃思教堂，萨塞克斯郡(Worth, Sussex)[418][419][420]
沃特弗利特军火库，纽约州(Watervliet Arsenal Storehouse, New York)[1286]
沃韦住宅，瑞士(Vevey house, Switzerland)[1403]
乌代布尔(Udaipur，印度)
　城市宫殿(City palace)[818][821]
　贾格宫(Jag Niwas palace)[818]
　莫汉宫(Mohan Mandir palace)[818]
乌代湿婆神庙，乌代布尔，中央邦(Udayaour, Madhya Pradesh, Udayeshvara temple)[803][805]
乌得勒支(Utrecht，荷兰)
　大教堂(Cathedral)[539][543]
　施罗德住宅(Schröder House)[1436]
　左登巴赫宅(Zoudenbalch House)[544]
乌德耶吉里的寺院(Udayagiri monasteries)[786][791]
乌迪内市政大厦(Udine, Palazzo Communale)[1413]
乌尔(Ur，伊拉克)
　国王陵墓(mausoleum)[77]
　皇家墓地(Royal Cemetery)[25][78]
乌尔比诺(Urbino，意大利)
　圣伯尔纳教堂(S.Bernardino)[900]
　乌尔比诺公爵府(Palazzo Ducale)[893][895][897]
　学生公寓(Students'Residence)[1477]
乌尔比诺公爵府，乌尔比诺(Palazzo Ducale, Urbino)[893][895][897]
乌尔里希·冯·恩辛格(Ensinger, Ulrich von，约1350~1419)，德国中世纪匠师[525]
乌尔姆(Ulm，德国)
　教区教堂(parish church)[522]
　乌尔姆大教堂(Cathedral)[522][524]
乌尔皮安巴西利卡，罗马(Basilica Ulpia, Rome)[269][270][272]
乌菲齐宫，佛罗伦萨(Uffizi, Florence)[933][936]
乌干达(Uganda，非洲)
　鲁巴加大教堂，坎帕拉(Rubaga

Cathedral, Kampala)[1240]
　圣公会大教堂，纳米伦贝，坎帕拉(Namirembe Anglican Cathedral, Kampala)[1241]
乌戈·冈萨雷斯·希门尼斯(Jimenez, Hugo Gonzalez, 1957~   )，墨西哥建筑师[1643]
乌海迪堡，卡尔巴拉(Ukhaidir, Kerbala)[615][616][618]
乌克兰饭店，莫斯科(Ukrana Hotel, Moscow)[1534]
乌克兰共和国部长会议大楼，基辅(Ukrainian Council of Ministers building, Kiev)[1531]
乌克勒公寓，阿亚兹帕萨，伊斯坦布尔(Ucler Apartment Ayazpasa, Istanbul)[1537]
乌拉尔图建筑(Urartian architecture)[92][96]
乌拉圭(Uruguay，南美洲)
　贝林杰里宅，巴莱那(Berlingieri house, Punta Balena)[1641][1642]
　索利斯剧院，蒙特维的亚(Teatro Solis, Montevideo)[1289]
乌拉圭中心，拉巴斯，玻利维亚(Uruguay Centre, La Paz, Bolivia)[1645][1646]
乌拉尼亚剧院，维也纳(Urania Theatre, Vienna)[1397]
乌拉苏拉修女会修女学校，卢布尔雅那(School of the Ursuline Nuns, Ljubljana)[1514]
乌奥斯塔里(Aostalli, Ulrico)，捷克16世纪建筑师[1032]
乌卢清真寺，布尔萨(Ulu Mosque, Bursa)[644]
乌鲁木齐(Urumqi，中国)
　机场候机楼(Airport Terminal Building)[1661]
　新疆迎宾馆(Xinjiang Guesthouse)[1661]
乌迈德宫，焦特布尔(Umaid Bhawan Palace, Jodhpur)[1725]
乌米肯台阶式住宅，靠近布鲁格(Umiken Terrace housing, near Brugg)[1485]
乌姆达巴吉耶，居住建筑(Umm Dabaghiya.houses)[34][37]
乌姆吉马勒，奥斯蒂亚(Umm el Jemal, Ostia)[259][296]
乌斯马尔(Uxmal，墨西哥)
　女隐修院(Nunnery)[691][707][716][718]
　长老宫(Governor's Palace)[705][716][718]
乌索尼亚住宅，广亩城市(Broadacre City project, Usonian Houses)[1603]
乌希达·芬德来(苏格兰裔日本建筑师)的建筑实践(Ushida Findiay practice)[1684]
乌兹德罗维斯科瓦街5号别墅，康斯坦辛(Konstancin, 5Uzdrowikowa Street)[1508]
乌宗卡堡，坟墓(Uzuncaburg, tombs)[258][260]
屋顶的建造(roof construction)
　朝鲜(Korea)[691]
　日本(Japan)[692][694][761][764][770][771]
　伊斯兰风格(Muslim style)[594]
　早期(early)[29]
　中国(China)[691]
屋顶结构(roof construction)，见木结构
无为寺，康津郡(Muwisa Temple, Kangjin)

[1956]

（续前页）[754]
无锡太湖新疆石油工人疗养院，无锡(Lake Tai Sanatorium Wuxi, Jiangsu Province)[*1668*][1669]
"无限制结构"('tensegrity structures')[1614]
无忧宫(El Aziza)，见齐萨府邸，巴勒莫
无忧宫，波茨坦(Sanssouci, Potsdam)[1046]
无沾成胎教堂，潘吉姆，果阿(the Church of the Immaculate Conception, Panjim, Goa)[1330]
吾妻桥大楼，东京(Flamme d'Or building, Tokyo)[1688]
吴哥(Angkor, 柬埔寨)
  巴肯寺(Bakheng temple)[830]
  巴云寺(Baksei Chamkrong)[824]
  贡开(Koh Ker)[824]
  罗洛河(Stung Roluos)[823]
  洛雷寺(Lolei temple)[830]
  涅盘宫(Neak Pean shrine)[*832*][835]
吴哥窟，吴哥(Angkor Wat)[824][830][*833*]
吴哥窟天宫，皇宫(Phimeanakas, royal palace)[830][*832*]
吴哥王城(Angkor Thom)[824][835]
  巴戎寺(The Bayon)[*833*][*834*][835]
吴良镛(Wu Liangyong, Professor, 1922~   )，中国规划师、建筑师、城市规划理论家，中国科学院院士、中国工程院院士[1669]
吴同文宅，上海(Wu House, Shanghai)[1660]
吴享洪(Ng, Anthony)，中国香港建筑师[1718]
五层金字塔，埃德兹纳(Five- Storey Pyramid/ Temple, Edzna)[691][711][*713*]
五岛美术馆，东京(Gotoh Museum, Tokyo)[1683]
五马祠商业街，曲阜(Wumaci Shopping Street, Qufu)[1669]
五人工作室，瑞士建筑师组合(Atelier 5)[1485]
五台山体育馆，南京(Wutaishan Gymnasium, Nanjing)[1661][*1663*]
"五行学说" (five elements theory)[684]
五月广场，布宜诺斯艾利斯(Plaza de Mayo, Buenos Aires)[1289]
五洲大酒店，北京(Wuzhou Hotel/ The International Hotel, Beijing)[1662]
午门，北京(Meridian Gate/ Wumen Gate, Beijing)[*726*][730]
伍茨大道 1635 号，洛杉矶(1635Woods Drive, Los Angles)[1610]
伍德和塞勒斯事务所，英国建筑师事务所(Wood and Sellers)[1421]
伍尔诺思圣马利亚教堂，伦敦(S.Mary Woolnuth, London)[1095][*1098*]
伍尔沃斯大楼，纽约(Woolworth Building, New York)[*1582*][1583]
伍利宅，帕丁顿，悉尼(Woolley House[1981] Paddington, Sydney)[*1762*][1765]
伍利宅，悉尼(Woolley House[1962] Sydney)[1765]
伍麦叶王朝（又译为倭马亚王朝）风格(Umayyad style)[610][614][616][627]
伍斯特法院，伍斯特(Worcester, Drostdy)[1249][*1251*]
伍斯特教堂(Worcester Cathedral)[424][*487*]
  平面(plan)[487]
伍斯特学院(塞恩斯伯里楼)，牛津(Worcester College, Sainsbury Building, Oxford)[1468][*1470*]
武奥克森尼斯卡教堂，伊马特拉(Vuoksenniska Church, Imatra)[1452]
武汉(Wuhan，中国)
  同济医科大学附属医院(Hospital of Tongji Medical University)[1660][*1663*]
  武汉大学(University)[1652]
武吉巴督清真寺，新加坡(Bukit Batok Mosque, Singapore)[1699]
武科瓦尔陵墓(Vukovar Mausoleum)[1516]
武士道(Bushido)[675]
武士神庙，奇琴伊察(Temple of the Warriors, Chichen Itza)[719][*721*]
武田五一(Goichi Takeda, 1872~1938)，日本建筑师[1310]
武夷山庄，崇安福建省(Wuyi Mountain Villa, Chong'an, Fujian Province)[1662]
兀鲁伯经学院，撒马尔罕(Madrassa of Ulughbeg, Samarkand)[638]
兀鲁伯天文台，撒马尔罕(Observatory of Ulughbeg, Samarkand)[638]

X

西安(Xi'an，中国)
  阿房宫恺悦饭店(Epanggong Hotel, The Hyatt)[1662]
  大雁塔(Greater Wild Goose Pagoda)[738]
  陕西历史博物馆(Shanxi Historical Museum)[1662][*1666*]
  唐华宾馆(Tanghua Hotel)[1661][*1665*]
  小雁塔(Lesser Wild Goose Pagoda)[*735*][738]
西安人民剧院，西安(People's Theatre, Xi'an)[1660]
西奥多·林克(Link, Theodore C., 1850~1923)，美国建筑师[1288]
西奥尔顿住宅区，罗汉普顿(Alton West Estate, Roehampton)[1466]
西柏林(West Berlin，德国)
  城市规划(city planning)[1460]
  和平教堂教区大厅(Friedenskirche Parish Hall)[1459]
  纪念教堂(Memorial Church)[1460]
  科学中心办公楼(Science Centre Offices)[1462]
西班牙(Spain，欧洲)
  1900~1945 年的发展(developments)[1443]~[1444]
  巴洛克风格(Baroque style)[1010]
  二战后的发展(post-1945 developments)[1483]~[1484]
  哥特时期(Gothic period)
    城堡(castles)[562]~[563]
    建筑特征(architectural character)[544][*546*]
    世俗建筑(secular buildings)[560]~[563]
    宗教建筑(religious buildings)[545][547]
    古典主义风格(Classical style)[1009]
    建筑材料(resources)[207]
  罗马风时期(Romanesque peroid)
    建筑特征(architectural character)[398]~[399]
    军事建筑(military buildings)[408]
    宗教建筑(religious buildings)[402]
  洛可可(Rococo)[1010]
  丘里格拉建筑风格(Churrigueresque style)[1010]
  文艺复兴时期(Renaissance period)[1011]
    地图(map)[1009]
    建筑材料与技术(buildings resources and techniques)[870]
    建筑实例(building examples)[1011]
    历史(history)[854]~[855]
  新古典主义风格(Neo- Classical styles)[1010]
  伊斯兰建筑(Muslim architecture)[624]
  银匠式风格(Plateresque style)[1009]
中世纪地图(Middle Ages map)[382]
中世纪早期时期(early Mediaeval period)[190][203]
西班牙大台阶，罗马(Spanish Steps, Rome)[886][957][*963*]
西北岗，王室墓葬(Hsi- pei- kang Xibeigang, cemetery)[109][110]
西部联合电报大楼，纽约(Western Union Telegraph Building)[1290]
西茨·维尔达(Wierda, Sytze W.)，德兰士瓦建筑师[1254]
西迪阿卢伊小学，突尼斯(Sidi el- Aloui Primary School, Tunis)[1574][*1575*]
西迪贝勒阿巴斯省奥兰市方案(Oran Sidibel- Abbes project)[1563]
西顿(Sidon，希腊)
  哀伤女子石棺(Sarcophagus of the Mourning Women)[156][157]
  梅尔堡(Château de Mer)[411][*412*]
  亚历山大石棺(Alexander sarcophagus)[*156*]
西多会(Cistercian Order)[201]
  西班牙和葡萄牙(Spain and Portugal)[544][547][559]
  意大利(Italy)[563]
西多会教堂，福萨诺瓦(Fossanova, Cistercian church)[*569*][571]
西尔切斯特，教堂(Silchester, church)[414]
西尔斯大厦，芝加哥(Sears Tower, Chicago)[*1618*][1620]
西尔斯罗巴克大厦(Sears Roebuck Building)，见第二莱特大楼
西非(West Africa)
  传教士教堂(mission churches)[1240]
  前殖民社会历史(pre- Colonial history)[671]~[672]
  沿海炮台(coastal forts)[1235]~[1239]
  殖民和后殖民时期，建筑实例(Colonial and post- Colonialperiod, buildingsexamples)[1240][1241]
西哥得兰省(Västergötland，瑞典)
  哈布教堂(Habo Church)[1137][*1141*][1142]
  皇家大法官马格努斯·加布里埃尔·德拉加尔迪别墅，马里达(Villa, Mariedal)[1136]
  托帕(Torpa)[444]
西哥特艺术的影响(Visigothic influence)

[1957]

（续前页）[399]~[400]
西格拉姆大楼，纽约(Seagram Building, New York)[1604][1605][1607][*1609*]
西格蒙德礼拜堂，瓦威尔大教堂(Sigismund Chapel, Wawel Cathedral)[1028]
西贡(Saigon，越南)
　城市规划(city-planning)[1323]
　大剧院(Theatre)[1322]
　圣母大教堂(Notre Dame Cathedral)[1322]
　王宫(Palace)[1322]
西古德·莱韦伦茨(Lewerentz, Sigurd, 1885~1975)，瑞典建筑师[1440]
西汉南越王墓博物馆，广州(Museum of Nanyue King's Tomb, Guangzhou)[1662]
西教堂，阿姆斯特丹(Westerkerk, Amsterdam)[1059]
西开普省大学(Western Cape University)[1567]
　图书馆(library)[1567][*1568*]
西克斯图斯礼拜堂，罗马(Cappella Sistina, Rome)[943]
西蒙·德拉瓦莱(de la Vallée, Simon)，法国建筑师[1134]
西孟加拉邦(West Bengal，印度)
　母婴看护中心，巴格纳姆村(Bagnam Village Mother and Child Care Centre)[1744]
　婆苏提婆神庙(Vasudeva temple)[814]
　室亚马拉伊神庙(Shyama Rama temple)[814]
西明寺塔(Saimyoji, pagoda)[768]
西奈山(Mount Sinai，埃及)
　圣凯瑟琳隐修院(S.Catherine's Monastery)[*312*][313]
　圣母教堂(Church of the Virgin)[313]
西尼日利亚合作银行，伊巴丹(Cooperative Bank of Western Nigeria, Ibadan)[1566]
西普莱恩，苏格兰，居住建筑遗迹(West Plean, Scotland, houses)[237]
西萨摩亚，毛托佛诺(Western Samoa, Maoto Fono)[1771][*1772*]
西什库天主堂(Xi Shi Ku Catholic Church)，见救世堂，北京
西塔拉拉·巴蒂亚科学研究所(Sitaram Bhartia Institute for Science and Research)[1736]
西特·梅里克基塔，迪夫里伊(Sitte Melik Gunbad, Divrigi)[631]
西特·祖贝达墓，巴格达(Sitt Zubeida Tomb, Baghdad)[618]
西特拉-尼亚格拉城市开发，三马林达(Citra Niagra Urban Development, Samarinda)[1704]
西团山，箱型石冢(Hsit'uan-shan-tzu, cist graves)[110]
西翁府邸，伦敦(Syon House, London)[1107]
西沃顿教堂，诺福克郡(West Walton, Norfolk)[*443*]
西西里岛(Sicily，意大利)[564]
　罗马风时期(Romanesque period)
　　建筑实例(examples)[382]
　　建筑特征(architectural character)[370]
希巴姆，塔楼城，阿拉伯南部(Shibam, towered city, southern Arabia)[661][*662*]
希伯来联合学院，耶路撒冷(Hebrew Union College)[1552]
希德尔清真寺，博斯拉(al-Khidr Mosque, Bosra)[614]
希尔顿酒店(Hilton Hotel)
　希尔顿酒店，布达佩斯(Budapest)[1507]
　希尔顿酒店，特拉维夫(Tel Aviv)[1552]
希尔弗瑟姆(Hilversum，荷兰)
　射手街学校(Schuttersweg School)[1436]
　市政厅(Town Hall)[1436][*1438*]
　阳光疗养院(Zonnestraal Sanatorium)[1436]
希尔福德教堂(Hereford Cathedral)
　平面图(plan)[*489*]
希尔施·库泊住宅，德国(Hirsch copper house)[1410]
希尔住宅，海伦斯堡(Hill House, Helensburg)[1421][*1424*]
希夫特·米纳雷经学院，埃尔祖鲁姆(Chifte Madrassa, Erzerum)[*632*][636]
希夫特·米纳雷经学院，锡瓦斯(Chifte Minare, Sivas)[636]
希拉克略(Heraclius, Emperor, 约575~641)，东罗马帝国皇帝, 610~641年在位[184]
希拉孔波利斯(Hierakonpolis, houses)，住宅[40]
希拉里·马朱斯基(Majewski, Hilary, 1837~1897)，波兰建筑师[1222]
希腊(Greece，欧洲)[4]~[5]
　爱奥尼柱式(Ionic Order)[121][*123*][*124*]
　查士丁尼之后的拜占庭宗教建筑(post-Justinian religious)[325]
　多立克柱式(Doric Order)[117][*118*][*119*]
　古代历史(ancient history)[13]~[17]
　"黑暗时期"(Dark Age)[117]
　建筑材料(building resources)[22]
　建筑技术及发展(building techniques and processes)[28]
　科林斯柱式(Corinthian Order)[122][*126*]
　圣殿与庙宇(sanctuaries and temples)[125][128][137][140]
　史前建筑(prehistoric architecture)[112]~[117]
　线脚之比较(comparative mouldings)[*158*][*159*]
　早期城市建筑(early urban architecture)[152][155][157]
　早期地图(early period map)[113]
　早期文明(early culture)[19][20]
　自然特征(physical characteristics)[7][9]
　宗教实践(religious practices)[20]
希腊-大夏风格，砖石建筑(Graeco-Bactrian style, masonry)[693][*694*]
希腊复兴(Greek Revival)
　美国(United States)[1259][1279]
　欧洲(Europe)[1151]
希腊广场(agora)[21]
　米利都城(Miletus)[166]
　普里恩城(Priene)[*165*]
　雅典(Athens)[152][*154*][155]
希腊化时期(Hellenistic period)
　皇家建筑(royal buildings)[172]
建筑特征(architectural character)[161]
希腊青铜时代(Helladic period)[14]
希腊十字大厅，罗马(Sala a Croce Greca, Rome)[966]
希腊堡，宫殿(Qasr-i-Shirin, palace)[608]
希罗基蒂亚，村庄(Khirokitia, village)[32][*34*]
希蒙·博古米特(西蒙·戈特利布)·楚格(Zug, Szymon Bogumit/ Simon Gottlieb, 1733~1807)，德累斯顿出生的萨克森建筑师[1046]
希斯村舍，伊尔克利，约克郡(Heathcote, Ilkley, Yorkshire)[*1420*][1421]
希瓦(Khiva，乌兹别克)[641]
　巴列凡·马哈茂德陵墓(Pahlavan Mahmud Mausoleum)[641]
　谢尔·加沙汗经学院(Sher Gaza Khan Madrassa)[641]
　伊斯兰赫瓦贾经学院(Islam Khawaja Madrassa)[641]
希普克塔兰墓，达姆甘(Chihilpuktaran tomb, Damghan)[631]
希兹，城市(Shiz, city)，见塔赫特苏莱曼
奚福泉(Xi Fu quan/ F.G.Ede, 1903~1983)，字世明，中国近代建筑师[1653]
悉尼(Sydney，澳大利亚)
　AMP 大楼(AMP Building)[1748]
　MLC 中心(MLC Centre)[1754]
　奥新军团战争纪念馆(Anzac War Memorial)[1754]
　澳大利亚广场(Australia Square)[*1751*][*1752*][1754]
　财政部大楼(Treasury)[1364]
　城市联合人寿保险协会大楼(City Mutual Life Assurance Society Building)[1750][*1751*]
　达令赫斯特法院大楼(Darling-hurst Courthouse)[1364]
　大学(物理楼)(University(Physics Building)[1759][*1761*]
　厄尔德尼宅(Eryldene)[1759][*1760*]
　菲利普总督塔楼(Governor Phillip Tower)[*1753*][1754]
　福布斯大街住宅，伍卢姆鲁(Forbes Street Houses, Woolloomooloo)[*1762*][1765]
　格林维宅(Greenway)[1759][*1761*]
　公理会教堂，皮特大街(Congregational Church, Pitt Street)[1364]
　观景楼(Belvedere)[1759]
　国土局大楼(Lands Department)[*1376*][1377][*1379*]
　哈里·塞德勒宅(Harry Seidler House)[1765]
　哈米尔宅(Hamill House)[1765]
　海德公园兵营(Hyde Park Barracks)[1363][1365]
　基督教循道宗圣三一教堂，米勒斯角(Holy Trinity Church, Millers Point)[1367]
　军队医院(Military Hospital)[1363]
　卡尔瓦拉大楼(Culwalla House)[1748]
　科布尔宅(The Cobbles)[1759]
　里士满别墅(Richmond Villa)[1364]
　利物浦及伦敦保险公司(Liverpool and London Insurance Co.offices)[1378]

中文版索引

联合利华大楼(Unilever House)[1750]
罗斯·塞德勒宅(Rose Seidler House)[1759][*1760*]
罗斯宅(Rose House)[1765]
马库斯·塞德勒宅(Marcus Seidler House)[1765]
美国捷运公司塔楼(American Express Tower)[*1752*][1754]
美国人寿保险公司办公楼(Life Assurance Company of the United States)[1359]
帕拉马塔的枪骑兵兵营,帕丁顿(Victoria Barracks, Paddington)[1363]
普鲁里亚宅(Purulia)[1759]
商业银行(Commercial Bank)[1378]
圣安德烈大教堂(S.Andrews Cathedral)[1364][*1370*]
圣彼得教堂,库克河畔(S.Peter's Church, Cook's River)[1364]
圣彼得教堂,沃森湾(Church of S.Peter, Waston's Bay)[1369]
圣马可教堂,达令角(S.Mark's Church, Darling Point)[1364][*1370*]
圣马太教堂,温莎镇(S.Matthew's Church, Windsor)[1365][1369]
圣母玛利亚大教堂(S.Mary's Cathedral)[*1361*][1369][*1371*]
圣斯提反教堂,纽敦(Church of S.Stephen, Newtown)[1369]
圣雅各教堂(S.James's Church)[1363]
圣约翰福音教堂,卡姆登(Church of S.John the Evangelist, Camden)[1364]
圣约翰教堂,卡姆登(S.John's Church, Camden)[1367]
市立医院(Civil Hospital)[1363]
水警法庭(Water Police court)[1378]
水上运动中心(Aquatic Centre)[1757]
塔斯丘勒姆宅,波茨角(Tusculum, Potts Point)[1363]
台地式住宅(terrace housing)[1360][1378][*1380*]
伍利宅,帕丁顿(Woolley House, Paddington)[*1762*][1765]
悉尼大学(University)[*1361*][1369][*1371*]
悉尼歌剧院(Opera House)[*1758*][1759]
悉尼警察局(Police Office)[1364]
悉尼文理学校(Grammar School)[1378]
伊莉莎白海湾住宅(Elizabeth Bay House)[1351][*1366*]
邮政总局(General Post Office)[1377][*1379*]
约翰逊宅(Johnson House)[1765]
长老会教堂(Woolloomooloo Presbyterian Church)[1378]
政府大楼马厩(Stables for Government House)[1363]
政府大厦(Government House)[1351][*1352*][1362][1375]
州立剧院(State Theatre)[*1755*][1757]
足球场(Football Stadium)[*1756*][1757]
悉尼·安克(Ancher, Sydney, 1904~1979),澳大利亚建筑师[1765]
悉尼迈尔圆形音乐厅,墨尔本(Sydney Myer Music Bowl, Melbourne)[1759]
悉尼学派(Sydney School)[1749]

锡顿德勒沃尔府邸,诺森伯兰郡(Seaton Delaval, Northumberland)[1096][*1103*]
锡吉里耶宫堡,斯里兰卡(Sigiriya fortress-palace, Sri Lanka)[817]
锡吉里耶旅游综合楼(The Sigiriya Tourist Com-plex, Sri Lanka)[1729]
锡克教寺庙(gurudwaras/ Sikh temples)[790]
锡拉丘兹储蓄银行,锡拉丘兹,纽约州(Syracuse Savings Bank, Syracuse, New Yorkstate)[1290]
锡里纳格大清真寺(Sirinager, Great Mosque)[637]
锡马隆古,北苏门答腊高地(Simalungan, Sumatra)[1316]
锡曼堡,圣西门柱头修士教堂(Kalat Siman, Martyrium of S.Simeon Stylites)[299][*307*][309]
锡南(Sinan, 1489~1588),奥斯曼帝国建筑师[648]
锡瓦斯(Sivas,土耳其)
　格克经学院(Gök Madrassa)[636]
　希夫特·米纳雷经学院(Chifte Minare)[*632*][636]
锡亚利克,建筑(Siyalik, houses)[37]
锡耶纳(Siena, 意大利)
　大教堂(Cathedral)[577][*579*][*580*][583][*842*]
　圣加尔加诺教堂(San Galgano)[571]
　市政厅(Palazzo Pubblico)[*585*][587]
　斯帕诺基府邸(Palazzo Spannocchi)[894]
席勒剧院,芝加哥(Schiller Theater, Chicago)[1290]
洗礼堂(Bapistery)
　阿斯蒂洗礼堂(Asti)[379]
　比萨洗礼堂(Pisa)[365][368][*369*][370]
　佛罗伦萨洗礼堂(Florence)[577]
　克雷莫纳洗礼堂(Cremona)[*372*][379]
　诺瓦拉洗礼堂(Novara)[349]
　帕尔玛洗礼堂(Parma)[356][*366*]
　圣马利亚大教堂,诺切拉(S.Maria Maggiore, Nocera)[*307*][314]
洗礼堂(baptisteries)[314]
　拜占庭时期(Byzantine)[314]
　意大利(Italian)[367][374]
洗礼堂,诺切拉(Nocera, Baptistery of S.Maria Maggiore)[*307*][314]
喜来登酒店(Sheraton Hotel)
　阿格拉(Agra)[1741]
　上海(Shanghai)[1662][*1665*]
喜马偕尔邦(Himachal Pradesh, 印度)
　摩柯提婆神庙(Mahadeva temple)[814]
　切尔伽昂神庙(Chergaon temple)[*813*][814]
下阿伯,德比郡(Arbor Low, Derbyshire)[233]
下莫尔比奥学校(Morbio Inferiore, school)[1486]
下泰晤士街煤炭交易所,伦敦(Coal Exchange, London)[1167][*1171*]
下维斯托尼斯(Dolni Vestonice,捷克)[226]
夏朝(Xia dynasty)[4][7][13][19][104]
夏顿住宅大院,维也纳(Schottenhof, Vienna)[1174]
夏尔·勒普拉特尼埃(L´Eplattenier, Charles, 1874~1946),瑞士建筑师[1412]

夏尔·路易·费迪南·杜特(Dutert, Charles-Louis- Ferdinand, 1845~1906),法国建筑师[1206]
夏尔·梅韦斯(Mewès, Charles, 1860~1914),法国建筑师[1399]
夏尔·佩西耶(Percier, Charles, 1764~1838),法国新古典主义时期建筑师[971][1009][1152][1174]
夏尔路易·吉罗(Girault, Charles- Louis, 1951~1932),法国建筑师[1155][1206]
夏拉府邸,罗马(Palazzo Sciarra, Rome)[*884*]
夏利马尔花园,拉合尔(Shalimar Gardens, Lahore)[653][*663*][664]
夏洛特广场,爱丁堡(Charlotte Square, Edinburgh)[1107]
夏洛滕堡,柏林,腓特烈·威廉三世暖阁(Charlottenburg, Berlin, Pavilion of Friedrich Wilhelm III)[1051]
夏洛滕宫王室园艺师住宅,波茨坦(Court Gardener's House, Charlottenhof, Potsdam)[*1050*][1051]
夏穆洛克饭店,本迪戈(Shamrock Hotel, Bendigo)[1359]
夏日住宅,穆拉察洛(Muuratsalo, summer house)[1452]
夏约宫,特罗卡德罗,巴黎(Palais de Chaillot, Trocadéro, Paris)[1403]
仙纳杜公寓,卡尔佩湾(Xanadu apartments, Calpe Bay)[1484]
先贤祠,巴黎,即圣热纳维耶芙教堂(Panthéon, Paris)[*997*][1002][*1005*]
先知穆罕默德(Mohammed, Prophet, 约570~632),伊斯兰教和阿拉伯帝国的创立者[594][595][596][599]
先知清真寺,麦地那(Mosque of the Prophet, Medina)[611]
先知堂,麦加(House of the Prophet, Mecca)[610]
咸阳(Hsienyang Xianyang, 中国)[110]
　咸阳秦宫(Qin Palace)[*109*][110]
县档案馆,查尔斯顿,南卡罗来纳州(County Record Office, Chaleston, South Carolina)[1286]
现代城,贝尔赫姆-圣阿加特区(Cité Moderne, Berchem- Ste- Agathe)[1437]
现代建筑(专有名词) (Modern Architecture)[1487]
现代美术馆,镰仓(Museum of Modern Art, Kamakura)[*1673*][1675]
现代主义(加泰罗尼亚的新艺术运动) (Modernisimo, Catalonia)[1443]
现代主义运动(Modernist Movement/ Modernism)[1391][1395]~[1397][1488]~[1492]
　阿拉伯半岛(Arabic peninsula)[1544]
　澳大利亚(Australia)[1748]
　贝尔格莱德(Belgrade)[1514]
　德国(Germany)[1409]
　俄罗斯(Russia)[1517][1521]~[*1530*]
　非洲(Africa)[1562]
　捷克斯洛伐克(Czechoslovakia)[1492][1494]
　马来西亚(Malaysia)[1699]
　美国(United States)[1577][1603][1616]
　墨西哥(Mexico)[1643]
　日本(Japan)[1670]

[1959]

土耳其(Turkey)[1536]
现代主义的死亡(end)[1622]
新西兰(New Zealand)[1748]
匈牙利(Hungary)[1502]
雅典宪章(CIAM Charter of Athens) [1395][1725]
印度次大陆(Indian Subcontinent)[1719] [1725]~[1729]
英国(Britain)[1426][1467]
线脚(mouldings)
 罗马(Roman)[*158*][*159*]
 希腊(Greek)[*158*][*159*]
线脚,惠特比隐修院(Whitby Abbey, moulding)[*443*]
乡村住宅(country houses)
 法国哥特式(French Gothic)[476]
 英国(Britain)[862]
乡间圣母教堂,维罗纳(Madonna di Campagna, Verona)[925]
乡土建筑的发展(vernacular architecture, development)[484]
乡镇俱乐部区,堪萨斯城,密苏里州(Country Club District, Kansas City)[1590][*1591*]
香槟式通道(Champenois passage)[449]
香川县厅舍,高松(Kagawa Prefectural Office Building, Takamatsu)[1675][*1676*]
香港(Hong Kong),中国
 20世纪的发展过程(Twentieth Century developments)[1710]
  建筑实例(buildingexamples) [1710]~[1716]
 宝晶苑公寓,浅水湾(Belleview Place development, Repulse Bay)[1718]
 比康斯菲尔德拱廊(Beaconsfield Arcade)[1710]
 彩虹村(Choi Hung Estate)[*1711*][1712]
 城市规划(city planning)[1720]
 大规模居住区开发(mass housing projects)[1712]
 地利根德阁C座,太平山顶(Tregunter Tower C, The Peak)[1718]
 汇丰银行(Hongkong and Shanghai Bank) [1712][*1713*][*1714*][1716]
 沙田新城(Sha Tin New Town)[1712]
 山顶凌霄阁(Upper Peak Tram Terminus) [*1717*][1718]
 香港科技大学(University of Science and Technology)[1716]
 香港科学博物馆(Science Museum, Tsimshatsui)[1716][*1717*]
 香港希尔顿酒店(Hilton Hotel)[1712] [*1715*]
 香港新机场航站楼,赤鱲角(Chek Lap Kok Passenger Terminal)[1716]
 香港艺术中心,湾仔(Arts Centre, Wanchai)[1716]
 香港总会(Club)[1710][*1711*]
 新界(New Territories)[1712]
 渣打银行(Chartered Bank)[1710][1712]
 中国银行(Bank of China)[1712][*1715*] [1716]
 中环广场,湾仔(Wanchai Central Plaza) [1716]
 最高法院(Supreme court)[1710][*1711*]
香港科学博物馆,尖沙嘴(Tsimshatsui, Hong Kong Science Museum)[1716][*1717*]

香山饭店,北京(Xiangshan Hotel(the Fragrance Hill Hotel, Beijing))[1661] [*1664*]
香榭丽舍剧院,巴黎(Théâtre des Champs Elysées, Paris)[1400][*1406*]
香栈,卡尔巴拉(乌海迪堡)(Khan at´Shan, Kerbala)[616]
湘南台文化中心,藤泽(Shonandai Cultural Centre, Fujisawa)[1684]
向日葵住宅,罗马(Casa del Girasole, Rome) [1476]
象牙海岸SCIAM财政部大楼,阿比让 (Abidjan, SCIAM Ministry of Finance) [1566]
橡树径庄园,圣雅各教区,路易斯安那州 (Oak Alley, S.James´s Parish, Louisiana) [1279]
橡树园,伊利诺伊州(Oak Park, Illinois) [1282]
肖特宅,肯普西,新南威尔士(Short House, Kempsey, New South Wales)[1765]
小阿尔堂区教堂,萨尔茨堡(Kleinarl Parish Church, Salzburg)[1450]
小安巴姆马特神庙,杰格特(Jagat, Ambamatha temple)[799][*802*]
小安东尼奥·达·桑迦洛(da Sangallo, Antonio, the Younger, 1484~1546),意大利文艺复兴盛期建筑师[868][881][914][916][943]
小弗朗西斯科·德埃雷拉(Herrera, Francisco de, the younger, 1622~1683),西班牙建筑师[1019]
小弗雷德里克·劳·奥姆斯特德(Olmsted, Frederick Law, 1822~1903),英国景观建筑师[1578]
小府邸,尚蒂伊(Chantilly, Petit Château)[978] [*984*]
小宫,巴黎(Petit Palais, Paris)[875][*1205*] [1206]
小观景楼,维也纳(Lower Belvedere, Vienna) [1037]
小教堂,君士坦丁堡(Parekklesion, Constantinople)[325]
小剧场,比勒陀利亚(Little Theatre, Pretoria) [1564]
小林良治(Yashiharu Kobayashi),日本建筑师,大连火车站的设计者[1653]
小楼阁,巴黎(Bagatelle, Paris)[1006]
小吕策尔,金属结构商店(Kleinluzel, Metal Construction Shop)[1485]
小马尔蒂诺·隆吉(Longhi, Martino, The Younger, 1602~1660),意大利建筑师[953]
小莫尔顿厅,柴郡(Little Moreton Hall, Cheshire)[1074]
小尼科迪默斯·特辛(Tessin.Nicodemus The Younger, 1654~1728),瑞典建筑师[1173]
小乔治·丹斯(Dance, George, the Younger, 1741~1825),英国建筑师,是伦敦雕塑家、营造家和建筑师乔治·丹斯之子[1068] [1114]
小特里阿农宫,凡尔赛(Petit Trianon, Versailles)[1001][*1008*]
小体育宫,罗马(Palazzetto dello Sport, Rome) [1480]
小屯,遗址(Xiaotun, settlement)[110]
小温翰姆宅,萨福克郡(Little Wenham Hall, Suffolk)[*430*][509]
小伍德伯里,塞利斯伯里(Little Woodbury,

Salisbury)[227]
小篠邸,大阪(Koshino House, Osaka)[1683]
小亚细亚,历史(Asia Minor, history) [16]~[17]
小约翰·伍德(Wood, John, the Younger, 1728~1781),英国测量师和建筑师[1104]
小约瑟夫·伯诺米(Bonomi Joseph/ Junior, 1796~1878),英国建筑师,埃及学家[1166]
篠原一男(Shinohara, Kazuo, 1925~2006), 日本建筑师[1681]
篠原一男学派(´Shinohara School´)[1684]
校园建筑,战后英国(school- building, Britain post War)[1467]
楔形石拱(voussoir arches, stone)[210][212] [564]
协和广场,巴黎(Place de la Concorde, Paris) [1000][*1004*]
协和建筑师事务所(The Architects Collaborative/ TAC),美国建筑师事务所 [1544]
斜脊屋顶(庄园住宅)(säteri/ manor- house roof)[874][1175]
斜坡壁,玛雅神庙(tablero- talude profile, Maya temple)[703][*704*]
谢尔·加沙汗经学院,希瓦城(Sher Gaza Khan Madrassa, Khiva)[607][641]
谢尔登剧院,牛津(Sheldonian Theatre, Oxford)[1084][*1085*]
谢菲尔德(Sheffield,英国)
 公园山住宅区(Park Hill)[1466]
 海德公园住宅区(Hyde Park)[1466]
谢赫尔·西敦阁,伊斯法罕(Chehel Situn pavilion, Ispahan)[642]
谢里法·米里亚姆宅,萨瓦金(Sherrifa Miriam´s house, Suakin)[661]
谢里夫白色清真寺,菲索科,波斯尼亚 (Sherefudin´s White Mosque, Fisoko, Bosnia)[1516]
谢里姆清真寺,埃迪尔内(Selimiye Mosque, Edirne)[645][648][*649*]
谢普利·鲁坦和库利奇事务所(Shepley, Rutan and Coolidge)[1283][1288]
谢普斯岛什克教堂,斯德哥尔摩 (Skeppsholmskyrkan, Stockholm)[1143]
谢扎德清真寺,伊斯坦布尔(Shezade Mosque, Istanbul)[647]
心源寺,普光殿(Shimwonsa, Pogwangjon) [752]
辛德林根社区中心(Sindlingen Community Centre)[1459]
辛克莱(Sinclair, J.H.),肯尼亚建筑师[1240]
欣加普宫,森美兰(Negeri Sembilam, Istana Hinggap)[1316]
欣怡花园,将军澳(Environmental Friendly Housing Development, Tseung Kwan) [1718]
欣怡花园,荃湾(Tseung Kwan, Environmental Friendly Housing Development)[*1717*][1718]
新奥尔良的意大利广场(New Orleans, Piazza Italia)[*1621*][1624]
新奥廷,教堂(Neuötting, church)[*520*][521]
新巴比伦建筑(Neo- Babylonian architecture) [89]
新巴里兹,村落(New Bariz, village)[1573]
新巴西利卡(Basilica Nova),见君士坦丁巴西利卡

[1960]

中文版索引

新堡,那不勒斯(Castello Nuovo, Naples)[583]
[908]
新贝尔格莱德,新居住区(New Belgrade, new settlement)[1515]
新布列颠住宅,巴布亚新几内亚(New Britain housing, Papua New Guinea)[1773]
新粗野主义(New Brutalism)[1466]
新布鲁克特住宅区,桑德维肯,耶夫勒(Gavie, Nya Bruket estate, Sandviken)[1482]
新藏书楼(博德利图书馆),牛津(Bodleian Tower, Oxford)[1074][*1078*]
新陈代谢派(日本)(Metabolists/ Japan)[1680][1681]
新城构想(Città Nuova/ proposal)[1414]
新城图书馆,明斯特(Münster, New City Library)[*1463*][1464]
新城镇,英国(New Towns, Britain)[1467]
新大街,热那亚(Strada Nuova, Genoa)[943]
新大门,米兰(Porta Nuova, Milan)[967]
新大学,英国(New Universities, Britain)[1467]
新德里(New Delhi,印度)
    DLF 中心(DLF Centre)[1732]
    LIC 中心(LIC Centre)[1732]
    费罗扎哈路中型住房(middle- category housing in Ferozshah Road)[1720]
    [*1724*]
    圣马丁要塞教堂(S.Martin's Garrison Church)[1720][*1724*]
    新德里市政中心,桑萨德大道(Sansad Marg Civic Centre)[1732]
新蒂黑,教堂(Nowe Tychy, church)[1511]
新厄尔斯维克模范村,约克郡(New Earswick Model Village, York)[1422][*1425*]
新法国风格,加拿大('New France'style, Canada)[1264]
新宫,波茨坦(Neues Palais, Potsdam)[1046]
新宫,坎皮多利奥博物馆,罗马(Palazzo Nuovo, Rome)[932]
新宫教堂,维尔茨堡(Neubaukirche, Würzburg)[1033]
新构成主义(New Constructivism)[1502]
新古典主义风格,概述(Neo- Classical style, introduction)[841][846][851][1027]
新古尔纳,村庄(New Gourna, village)[1573]
新国际贸易中心,布达佩斯(International Trade Centre, Budapest)[1507]
新汉普顿郡(New Hampshire,英国)
    阿莫思基磨粉厂(Amoskeag Mill)[1295]
    曼彻斯特磨粉厂(Manchester Mill)[1295]
新胡塔-比恩吉希,教堂(Nowa Huta-Bienczyce, church)[1511]
新加坡(Singapore,亚洲)
    20 世纪建筑(Twentieth Century architecture)[1693]~[1699]
    OUB 中心(OUB Centre)[1697]
    阿贝利亚公寓(Abelia Condominium)[1697]
    阿德默公寓(Ardmore Condominium)[*1696*][1697]
    爱德华七世医学院(Edward Ⅶ School of Medicine)[1693]
    巴西里夫新城(Pasir Rif New Town)[1695][*1696*]
    城市规划(city planning)[1321]
    初级法院(Subordinate Courts)[1697]
    高层住宅(high- rise housing)[1695]
    高等法院(Supreme Court)[1695]
    国际会展大酒店(Pavilion International Hotel)[1697]
    海洋广场旅馆综合体(Marina Square hotel complexes)[1697]
    和合大厦(Woh Hup Complex)[*1696*][1697]
    华懋大楼(Cathay Building)[1695]
    华侨银行大厦(OCBC Centre)[*1696*][1697]
    汇丰银行(Hong Kong and Shanghai Bank)[1693][1695]
    火车站(Railway Terminus)[1695]
    坎宁堡(Fort Canning)[1321]
    考德威尔设计的联排式住宅(H.C.Caldwell(house))[1321]
    莱佛士城(Raffles City)[1697]
    莱佛士旅馆(Raffles Hotel)[1321][*1324*]
    麦克唐纳公寓(Mac Donald House)[1695]
    普林塞普大院公寓(Prinsep Court Flats)[1695]
    钱瑟里公寓别墅(Villa Chancery Condominium)[1699]
    商住楼(shop- houses)[1322][*1324*]
    圣安德烈大教堂(S.Andrews Cathedral)[1321]
    市政大楼,巴东(Padang Municipal Building)[1693][*1694*]
    室内体育场(Indoor Stadium)[1697]
    太平尼斯社区中心(Tampines Community Centre)[*1698*][1699]
    田园路公寓(Grange Road Condominium)[1697][*1698*]
    通信中心(Comcentre)[1697]
    维多利亚剧院和纪念堂(Victoria Theatre and Memorial Hall)[1321]
    武吉巴督清真寺(Bukit Batok Mosque)[1699]
    新加坡国立大学,肯特山(National University, Kent Ridge)[1697]
    新加坡橡胶公司大楼(Singapore Rubber House)[1695]
    新加坡艺术中心(Arts Centre)[1699]
    新门广场(Gateway Project)[1697]
    新月女子学校(Crescent Girls' School)
    亚美尼亚教堂(Armenian Church)[*1320*][1321]
    亚洲保险大楼(Asia Insurance Building)[1695]
    邮政总局(General Post Office)[1693]
    犹太教教堂(Chassed El Synagogue)[1321]
    裕廊市政厅(Jurong Town Hall)[1697]
    政府宫(Government House)[1321][*1324*]
    中国银行大楼(Bank of China)[1695]
新迦南的住宅,康涅狄格州(New Canaan, Connecticut)[1603][*1602*]
新建筑师协会,俄罗斯(Association of New Architects/ ASNOVA, Russia)[*1522*][1524]
新建筑实验(Neues Bauen)[1409][1410][1412]
新建筑运动(Nieuwe Bouwen),见荷兰理性主义
新疆迎宾馆,乌鲁木齐(Xinjiang Guesthouse, Urumqi)[1661]
新教区教堂,雷根斯堡(Neupfarrkirche, Regensburg)[1029]
新教堂,哈勒姆(Nieuwe Kerk, Haarlem)[*1060*][*1061*][1059]
新教堂,斯特里夫兹大教堂,维尔茨堡(Neumunster Striftskirche, Würzburg)[1038]
新锦江大酒店,上海(Jinjiang Tower, Shanghai)[1662]
新科学院大厦,图尔库(New Academy, Turku)[1150]
新卢浮宫,巴黎(New Louvre, Paris)[1154][1174][*1177*]
新路德教堂,阿姆斯特丹(Nieuwe Lutherse Kerk, Amsterdam)[1063]
新罗时期(Shilla period)[747]
新门监狱,伦敦(Newgate Prison, London)[1114][*1117*]
新墨西哥州(New Mexico,美国)
    圣方济各教堂,兰乔斯-德陶斯(San Francisco, Ranchos de Taos)[1273]
    圣司提反教堂,艾可玛(San Estevan, Accoma)[1273]
    总督府,圣菲(Governor's Palace, Santa Fé)[1274]
新南威尔士(New South Wales,澳大利亚)
    安德鲁斯宅,尤高拉(Andrews House, Eugowra)[*1763*][1765]
    布罗明巴宅(Booloominbah)[1378]
    法院和政府大楼,巴瑟斯特(Court House and Government Buildings, Bathurs)[1377][*1379*]
    芬希尔宅,马尔果阿附近(Femhill homestead, near Mulgoa)[1364][*1366*]
    古尔本法院大楼(Goulburn Court House)[1378][*1380*]
    家宅建筑(homesteads)[1362]
    卡姆登公园宅,默南格尔(Camden Park, Menangle)[1363][*1366*]
    快乐山住宅(Mount Pleasant/Abercrombie House)[1378]
    圣米迦勒教堂,伍伦贡(Church of S.Michael, Wollongong)[1369]
    肖特宅,肯普西(Short House, Kempsey)[1765]
新南威尔士银行,达尼丁(Bank of New South Wales, Dunedin)[1381]
新尼科米底亚(新石器时代定居点)(Nea Nikomedeia)[*227*][228]
新侨饭店,北京(Xinqiao Hotel, Beijing)[1660]
新人文主义(New Humanism)[1464]
"新日本风格"('New Japanese Style')[1675]
新哨所,柏林(Neue Wache, Berlin)[1051]
新圣母教堂,佛罗伦萨(S.Maria Novella, Florence)[583][*584*][*842*][889]
新圣母教堂火车站,佛罗伦萨(Santa Maria Novella Railway Station, Florence)[1415][*1416*]
新圣器室,佛罗伦萨(New Sacristy, Florence)[888][932][*933*]
新石器时代(Neolithic period)[3][9][17][177][179][194]
    建筑材料(building resources)[205]

[1961]

弗莱彻建筑史

建筑技术及发展(building techniques and processes)[209]
建筑特征(architectural character)[224]
居住建筑(dwellings)[31][228]
庙宇和仪典建筑(temples and ritual structures)[231][234]
新石器时代早期实例(Early Neolithic period, examples)[31]~[37]
新天鹅堡,慕尼黑(Neuschwanstein castle)[1212]
新西兰(New Zealand,大洋洲)
 1860~1900年时期
  建筑实例(building examples)[1378]~[1381]
  建筑特征(architectural character)[1362]
 1860年以前(before 1860)
  建筑材料与技术(building materials and techniques)[1234]
  建筑实例(building examples)[1364][1367]
  建筑特征(architectural character)[1353]
 20世纪的发展(Twenieth Century developments)
  建筑实例(Buildings examples)[1768]
  建筑特征(architectural character)[1748]~[1749]
 地图(map)[1351]
 家宅(homesteads)[1353]
 科罗拉瑞卡(Kororareka)[1367]
 肯普宅(Kemp House)[1367]
 塞尔温风格教堂(Selwynstyle churches)[1353]
 韦斯利恩传教站,霍基昂阿河畔(Wesleyan mission, Hokianga River)[1367]
 文化(culture)[1233]
 英国传教站凯里凯里教堂(Kerikeri Church of England mission station)[1367]
 游廊式站舍,坎特伯雷(Terrace Station homestead, Canterbury)[1353][*1354*]
 殖民时期和后殖民时期,历史(Colonial and post- Colonial period, history)[1232]
 资源(resources)[1234]
 自然特征(physical characteristics)[1232]
新西兰银行(Bank of New Zealand)
 新西兰银行,奥克兰(Auckland)[1381][*1382*]
 新西兰银行,达尼丁(Dunedin)[1362]
新现实主义,意大利(Neo- Realism, Italy)[1476]
新耶路撒冷修道院,伊斯特拉(Monastery of the New Jerusalem, Istra)[863]
新艺术运动(Art Nouveau movement)[1156][1207][1216]
 法国(France)[1395][1399][1404]
新议会综合楼,斯里贾亚瓦德纳普拉(Sri Jayawardenepura, New Parliamentary Complex)[1740]
新月公园,伦敦(Park Crescent, London)[*1118*][*1119*]
新月女子学校,新加坡(Crescent Girls´School, Singapore)[1699]

新泽西州(New Jersey,美国)
 格莱蒙宅,卢埃林帕克(Glenmont, Llewellyn Park)[1281]
 普林斯顿大学宿舍建筑(Princeton University dormitory buildings)[1580]
 瑞兰德宅,恩格尔伍德(Vreeland House, Englewood)[1264]
 太平洋海岸硼砂公司大楼,阿尔梅达(Pacific Coast Borax Company Building, Bayonne)[1296]
 特休恩宅,哈肯萨克(Terheun House, Hackensack)[1264]
 亚伯拉罕·阿克曼宅,哈肯萨克(Abraham Ackerman House, Hackensack)[1264]
"新住宅",布尔诺(´Nový dûm´/ new house, Brno)[1494]
信义会大教堂,赫尔辛基(Lutheran Cahedral, Helsinki)[*1148*][1150]
信用大楼,芝加哥(Reliance Building, Chicago)[1290][*1293*]
星光剧院,克拉科夫(Stary Theatre, Krakow)[1507]
星形广场凯旋门,巴黎(Arc de Triomphe de l'Etoile, Paris)[1006][*1007*]
行政办公大楼,华盛顿(Executive Office Building, Washington)[1288]
行政官邸,博洛尼亚(Palazzo del Podcsta, Bologna)[908]
行政和社区中心,讷沙泰勒昂布赖(Neufchâtel- en- Bray, Administration and Community Centre)[1455]
行走城市(Walking Cities)[1680]
兄弟隐修院,巴加莫约(Brothers´House, Bagamoyo)[1241]
匈牙利(Hungary,欧洲)
 20世纪的发展过程(Twentieth Century developments)[1505]
 文艺复兴风格(Renaissance style)[1026]
匈牙利馆(Hungarian Pavilion)
 1935年布鲁塞尔博览会(Brussels 1935)[1502]
 都灵国际博览会匈牙利馆(都灵)(International Expo 1911 Turin)[1502]
 塞维利亚世界博览会,塞维利亚(Expo [1992] Seville)[*1504*][1505]
匈牙利禁卫军宫(Palace of the Hungarian Guard)[1037][*1039*]
匈牙利艺术家聚集地,格德勒(Gödöllő, Hungarian Artists' Colony)[1502]
休·费里斯(Ferris, Hugh, 1889~1962),美国建筑师[1593]
休·梅(May, Hugh, 1622~1684),英国建筑师[1084]
休·威尔逊(Wilson, Hugh),英国规划师[1467]
休曼那大厦,路易斯维尔,肯塔基州(Humana Building, Louisville, Kentucky)[1624]
修道院,迪勒港(Dyrehaven, Hermitage)[1137]
修道院/寺院(monastic communities/ monasteries)[198][203]
 佛教(Buddhist)[786]
 中欧(Centural Europe)[391]~[392]
 中世纪平面(mediaeval plans)[199][*200*][202]
修道院教堂(Abbey Church)
 埃恩西德尔修道院教堂,埃恩西德尔(Einsiedeln)[1037]
 班茨修道院教堂(Banz)[1037]
 本笃会隐修院教堂,奥托布伦(Ottobeuren)[1043]
 格吕绍修道院教堂(Grüssau)[1038]
 圣弗洛里安修道院教堂(S.Florian)[1035]
 圣加仑修道院教堂(S.Gall)[992]
 因河畔罗特修道院教堂(Rott am Inn)[1043]
修道院教堂,格吕绍(Grüssau, Abbey Church)[1038]
修道院圣母教堂,罗马(S.Maria del Priorato, Rome)[965]
修德寺,礼山郡(Sudoksa Temple, Yesan)[752]
绣衣坊商业街,萧山,浙江省(Xiuyifang Shopping Street, Xiaoshan, Zhejiang Province)[1669]
许尔斯特,教堂(Hulst, church)[543]
许勒尔塔教堂,塞特河谷(Setesdalen, Hyllestad Church)[*433*][436]
许萨比教堂,斯卡拉堡(Skaraborg, Husaby Church)[*433*][436]
叙利亚(Syria,亚洲)
 哈伊尔伽比堡(Qasr al- Hair al- Garbi)[614]
 哈伊尔沙基堡(Qasr al- Hair al- Sharki)[614]
 早期建筑特征(early building features)[595]
 自然特征(physical characteristics)[5]
叙利亚北部的圆顶村落(Southern Syria, domed villages 此处原书有误,阿勒颇位于叙利亚北部—译者注)[661][*663*]
叙利亚-赫梯时期建筑(Syro- Hittite architecture)[92]
絮热苏格(Abbé, Suger, 1081~1151),法国隐修院院长[391][445][448]
宣礼塔(minarets)[623][631][*632*][*634*]
宣武门天主教堂,北京(Xuan Wu Men Catholic Church, Beijing)[1298][*1300*]
选择性开发中心,设计团队(The Development Alternatives, design group)[1741]
学校,姆扎卜地区(M´Zab region, schools)[1574]
学校,叙雷讷(Suresenes, school)[1404]
学校建筑,夸尔扎扎提(Quarzazate, schools)[1567]
学校组团,阿加迪尔(Groupe Scolaires, Agadir)[1567]
学院派风格(Beaux- Arts style)
 法国(France)[1399]
 利物浦(Liverpool)[1426]
 美国(United States)[1179][1260][1288]
雪莉宅,查尔斯城县,弗吉尼亚州(Shirley, Charles City Country, Virginia)[1265]
雪铁龙商店,巴黎(Citroën Store, Paris)[1403]
殉难巴西利卡,耶路撒冷(Martyrium Basilica, Jerusalem)[*303*][304]

Y

牙买加(Jamaica,北美洲)
 老海军医院,罗亚尔港(Old Naval Hospital, Port Royal)[1278]
 罗斯府邸,蒙特哥海湾附近(Rose

中文版索引

Hall.Montego Bay)[1265]
牙医诊所，哈瓦那(Retiro Odontologico, Havana)[1631]
雅典(Athens, 希腊)
    阿瑞斯神庙(Temple of Ares)[149]
    阿塔罗斯拱廊(Stoa of Attalus)[*165*]
    厄瑞克忒翁神庙(Erectheion)[*124*][*127*][133][*134*][*135*][*136*][*159*]
    风之塔(Towers of the Winds)[*164*]
    广场(Agora)[152][*154*][155]
    国家图书馆(National Library)[1157]
    国王柱廊(Stoa of the King)[152]
    赫菲斯托斯("忒修斯")神庙，雅典(Temple of Hephaestus)[*119*][*136*][*145*][155]
    画廊(Painted Stoa)[152]
    酒神剧场(Theatre of Dionysos)[*127*][168]
    科学院大厦(Academy)[1157]
    利西格拉泰纪念亭(Choragic Monument of Lysi-crates)[*164*]
    帕台农神庙(Parthenon)[*118*][*119*][*120*][121][*123*][129][*131*][*132*]
    雅典大学(University)[1157]
    雅典旧宫(Old Palace)[1157][*1159*]
    伊利索斯神庙(Temple on the Ilissus)[*124*][152][*153*]
    议事厅(Bouleuterion)[155][*154*]
    圆厅(Tholos)[155]
    宙斯柱廊(Stoa of Zeus)[155]
雅典旧宫，雅典(Old Palace, Athens)[1157][*1159*]
雅典娜·阿里亚神庙，泰耶阿(Tegea, Temple of Athena Alea)[150]
雅典娜·波利亚斯神庙，普里恩(Temple of Athena Polias, Priene)[*124*]
雅典娜俱乐部，费城(Athenaeum, Philadelphia)[1362]
雅典娜俱乐部，伦敦(Athenaeum, London)[1123]
雅典娜俱乐部，曼彻斯特(Athenaeum, Manchester)[1166]
雅典娜神庙，锡拉库萨(Syracuse, Temple of Athena)[313]
雅典娜中心，新哈莫尼，印第安纳州(Atheneum, New Harmony, Indiana)[1625]
雅尔府邸，巴黎(Hôtel du Jars, Paris)[988]
雅尔穆克大学，伊尔比德(Yarmouk University, Irbid)[1547]
雅尔斯霍夫，轮式石屋(Jarlshof, houses)[237]
雅各博·达·安东尼奥·塔蒂·桑索维诺(Sansovino, Jacopo, 1486～1570), 意大利建筑师和雕塑家[924]
雅各布·奥滕·许斯利(Husby/ Husly, Huslij, Jacob Otten, 1738～1796), 荷兰建筑师、教师[1063]
雅各布·贝伦德·巴克马(Bakema, Jacob Berend, 1914～1981), 荷兰建筑师[1460][1481]
雅各布·德拉·斯特拉达(della Strada, Jacopo)[1032]
雅各布·范坎彭(van Campen, Jacob, 1595～1657), 荷兰建筑师, 荷兰古典主义建筑的代表人物[858][871][1053][1059][1063]

雅各布·弗兰卡尔(Francart, Jacob, 1583～1651), 荷兰画家[1055]
雅各布·普兰德托尔(Prandtauer, Jakob, 1660～1726), 奥地利巴洛克建筑师[1026][1035]
雅各布·约尔丹斯(Jordens, Jacob, 1593～1678), 佛兰德斯画家[1056]
雅各布·约尔丹斯宅，安特卫普(Jacob Jordens House, Antwerp)[1056]
雅各布教会教堂，图卢兹(Church of the Jacobins, Toulouse)[466][*468*]
雅各布斯·约翰内斯·彼得·奥德(Oud, J.J.P., 1890～1963), 荷兰建筑师[1410][1481][1502]
雅加达(Jakarata, 印度尼西亚), 见巴塔维亚
雅克·安德鲁埃·迪塞尔索(du Cerceau, Jacques Androuet the Elder, 约1520～1584), 老迪塞尔索, 法国建筑师、雕版画家[969][983]
雅克·布朗森(Brownson, Jaques), 美国建筑师[1616]
雅克·德罗兹(Droz, Jacques), 法国建筑师[1403]
雅克·赫尔佐格(Herzog, Jacques, 1950～　　　), 瑞士建筑师, 2001年获普里茨克建筑奖[1486]
雅克·克尔府邸, 布尔日(Hôtel de Jacques Coeur, Bourges)[*471*][475]
雅克·勒梅西埃(Lemercier, Jacques, 1585～1654), 法国建筑师[969][986]
雅克·伊格纳司·伊道夫(Hittorff, Jacques Ignace, 1792～1867), 德裔法国建筑师[1173][1183]
雅克德尼·安托万(Antoine, Jacques-Denis, 1733～1801), 法国建筑师[1001]
雅克·纪尧姆·勒格朗(Legrand, J.G., 1743～1808), 法国建筑师[1006]
雅克·热尔曼·苏夫洛(Soufflot, Jacques-Germain, 1713～1780), 法国建筑师, 18世纪新古典主义的创导人[1001]
雅朗加什小丘, 住宅(Yalangach Depe, settlement)[37]
雅里姆小丘, 住宅(Yarim Tepe, houses)[39]
雅罗斯拉夫尔火车站, 莫斯科(Yaroslavl Railway Station, Moscow)[1519][*1520*]
雅罗斯拉夫一世(Yaroslav the Wise, Grand Prince, 1019～1054 年在位), 基辅大公, 绰号智者[342]
雅努斯神庙, 欧坦(Temple of Janus, Autun)[*266*][268]
雅乌尔宅, 塞纳河上的讷伊(Maisons Jaoul, Neuilly/sur-Seine)[1453][*1454*]
雅西文化宫(Palace of Culture, Iasi)[1513]
亚伯拉罕·阿克曼宅, 哈肯萨克, 新泽西州(Abraham Ackerman House, Hackensack, New Jersey)[1264]
亚伯拉罕·扎布鲁多夫斯基(Zabludovsky, Abraham, 1924～2003), 墨西哥建筑师[1643]
亚当·索罗古德宅, 安妮公主县, 弗吉尼亚比奇(Adam Thoroughgood House, Virginia Beach, Virginia)[1264]
亚德里亚保险业联盟大楼, 布拉格(Riunione Adriatica di Sicurita, Prague)[1484][*1491*]
亚德里亚海大楼, 马德里(Adriatica Building, Madrid)[1484]

达罗毗荼式(Dravida, 印度)[804][808]
佛龛、壁龛(aedicules, 梵文)[787][791]
立面(facade)[943]
那伽罗式(Nagara)[*796*][*801*]
元素(components)[*800*][*801*]
亚非学生疗养院, 北京(Sanitorium of Asian-African Students, Beijing)[1660]
亚历杭德罗·拉维札(Ravizza, Alejandro), 巴拉圭建筑师[1289]
亚历杭德罗·曼里克(Manriques, alejandro), 哥伦比亚建筑师[1296]
亚历杭德罗·佐恩(Alejandro, Zohn, 1939～2000), 墨西哥建筑师[1643]
亚历山大"希腊人"汤姆森(Thomson, Alexander'Greek', 1817～1875), 苏格兰新古典主义建筑师[1069][1123][1187]
亚历山大·阿尔布开克(Albuquerque, Alexandre), 巴西建筑师[1630]
亚历山大·贝瓦尔德(Baerwald, Alexander, 1877～1930), 德国建筑师[1548]
亚历山大·弗里德曼(Friedman, Alexander), 以色列建筑师[1552]
亚历山大·杰克逊·戴维斯(Davis, A.J., 1803～1892), 美国建筑师[1260][1278]
亚历山大·科林(Colin, Alexander, 约1528～1612), 荷兰雕塑家[1032]
亚历山大·帕里斯(Parris, Alexander, 1780～1850), 美国建筑师[1289]
亚历山大·泰奥多尔·布罗尼亚尔(Brogniart, A.T., 1739～1813), 法国新古典主义最重要的建筑师之一[1006]
亚历山大大帝(Alexander the Great, 公元前356～前323)[13][668][676]
亚历山大广场, 柏林(Alexanderplatz, Berlin)[1464]
亚历山大三世桥, 巴黎(Pont Alexandre III, Paris)[1399]
亚历山德拉路住宅区, 伦敦(Alexandra Road housing, London)[1466]
亚历山德拉旅馆, 德班(Alexandra Hotel, Durban)[1254]
亚历山德里亚(Alexandria)
    萨拉皮姆神庙(Temple to Serapis)[166]
    早期发展(early development)[593][594]
亚历山德里亚·奥克西尼亚(Alexandria Oxiana)[604]
亚历山德罗·安东内利(Antonelli, Alessandro, 1798～1888), 意大利建筑师, 教授[1192]
亚历山德罗·加利莱伊(Galilei, Alessandro, 1691～1737), 意大利建筑师[886][965]
亚历山德罗·帕斯夸列尼(Pasqualini, Alessandro, 1485～1558), 意大利建筑师[1026][1032][1053][1056]
亚利桑那州, 岩滩城市, 斯科茨代尔(Arizona, Arcosanti project, Scottsdale)[1614]
亚罗米尔·克赖察尔(Krejcar, Jaromir, 1895～1949), 捷克斯洛伐克建筑师[1489]
亚马孙剧院, 马瑙斯, 巴西(Teatro Amazonas, Manaos, Brazil)[1289]
亚美尼亚, 教堂建筑(Armenia, churches)[329]
亚美尼亚教堂, 新加坡(Armenian Church, Singapore)[*1320*][1321]
亚美尼亚政府大楼, 埃里温(Erevan,

[1963]

弗莱彻建筑史

Armenian House of Government)[1530][1531]
亚眠大教堂(Amiens Cathedral)[453][457][458][464][466]
　　平面图(plan)[463]
亚穆那公寓，德里(Yamuna Apartments, Delhi)[1740][1743]
亚诺什·帕克(Pack, J.S.)，匈牙利建筑师[1052]
亚萨小丘，神社(Yasa Depe, shrine)[37][38]
亚述城，亚述国家中心(Ashur, Assyrian state centre)[82]
亚述王国时期(Assyrian period)[11]
　　建筑(architecture)[82][86][89]
亚特兰大(Altanta，美国)
　　海伊艺术博物馆(High Museum of Art)[1625][1626]
　　桃树中心广场(Peachtree Center)[1622]
亚细亚维村二期，莱城(Asiawe Village Stage II, Lae)[1773]
亚运村，德里(Asia Games Village, Delhi)[1741][1743]
亚泽勒卡亚(Yasilikaya)[88][90]
亚洲保险大楼，新加坡(Asia Insurance Building, Singapore)[1695]
亚洲规划与建筑合作组织(Asian Planning and Architectural Collaboration/ APAC)[1716]
亚洲早期文明(Early Asian cultures)[104]~[110]
亚兹德杰德堡(Qalai- Yazdegird)[605]
严岛神社(Itsukushima Shrine)[756]
严迅奇(Yim, Rocco, 1952~)，中国香港建筑师[1716]
岩窟教堂，提格雷(rock- cut churches, Tigre province)[332]
岩崎家高轮邸，东京(Iwasaki Family Villa, Takanawa, Tokyo)[1670][1671]
岩滩城市规划，斯科茨代尔，亚利桑那州(Arcosanti project, Scottsdale, Arizona)[1614]
岩凿神庙，杰尔夫胡森(Gerf Hosein, Temple)[71]
岩凿石窟寺(rock- cut temples)，见支提窟大厅
炎黄艺术馆，北京(Yan- Huang Art Gallery, Bei-jing)[1667]
研究实验室和图书馆，克尔斯滕堡(Kirstenbosch, Research Laboratories and Library)[1570]
盐业银行大楼，天津(Yien Yieh Commercial Bank, Tianjin)[1649]
檐壁(frieze)
　　爱奥尼柱式(Ionic Order)[121]
　　多立克柱式(Doric Order)[117]
檐部、柱顶盘、柱上楣构(entablature)
　　爱奥尼式(Ionic)[121]
　　多立克式(Doric)[117][118]
　　科林斯柱式(Corinthian)[122]
檐口，多立克柱式(cornice/ geison, Doric Order)[121]
演艺剧院，菲律宾文化中心，马尼拉(Theatre for the Performing Arts, Cultural Centre of the Philippines, Manila)[1707][1708]
宴会楼，白厅，伦敦(Banqueting House, Whitehall, London)[1079][1082]
燕谷寺，求礼(Yongoksa Temple, Kurye)[752]
燕京大学，北京(Yenching University, Beijing)[1652]

燕麦加工厂，利马，秘鲁(Crushed Oats Factory, Lima)[1642]
"羊羔宅"，费勒(Het Lammetje, Veere)[544]
扬·彼得·小范鲍尔夏特(van Bauerscheit, Jan Pieter, The Younger, 1699~1768)，德裔荷兰建筑师[1054][1056]
扬·科特拉(Kotera, Jan, 1871~1923)，捷克建筑师[1488][1489]
扬·施滕茨出版公司办公楼，布拉格(Jan Stenc Publishing Offices, Prague)[1494]
扬基小丘，住宅(Yanki Tepe, houses)[37]
阳光疗养院，希尔弗瑟姆(Zonnestraal Sanatorium, Hilversum)[1436]
阳光治疗室，艾克斯莱班诊所(Aixles- Bains, solarium)[1403]
阳明门，日光城(Yomei Gate, Nikko)[757][760]
仰光(Rangoon，缅甸)
　　城市规划(city planning)[1323]
　　罗联合公司(Rowe & Co.)[1323]
　　瑞光大金塔(窣堵坡) (Shwe Dagon Pagoda)[826][827]
仰韶文化(Yangshao culture)[4]
养老院教堂(Spitalkirche)
　　兰茨胡特(Landshut)[521]
　　罗滕堡(Rothenburg)[517]
药师寺(Yakushiji)
　　塔(pagoda)[760][762]
耶波诃伐要塞，斯里兰卡(Yapahuwa, Sri Lanka)[817][820]
"耶德拉米屋"，扎科帕内('Pod Jedlami', Zakopane)[1216]
耶德勒村教堂和聚会大厅，维也纳(Jedlersdof Church and Assembly Hall, Vienna)[1450]
耶尔德勒姆·贝亚泽特清真寺，布尔萨(Yilderim Beyazit Mossque, Bursa)[644]
耶胡达·梅基多维奇(Megidovitch, Yehuda, 1886~1961)，以色列建筑师[1551]
耶鲁大学(Yale University)
　　大卫·英戈尔斯冰球场(David Ingalls Ice Hockey Rink)[1612]
　　多个学院(colleges)[1580]
　　建筑学院(Architecture School)[1612][1613]
　　康涅狄格礼堂(Connecticut Hall)[1278]
　　耶鲁大学美术馆(Art Gallery)[1616]
耶鲁大学建筑学院，纽黑文(Architecture School, Yale University)[1612][1613]
耶路撒冷(Jerusalem，巴勒斯坦·以色列)
　　阿克萨清真寺(al- Aqsa Mosque/ Masjid al- Aqsa)[610][1536]
　　阿纳斯塔修斯圆形大厅(Anastasis Rotunda)[302][303]
　　大卫王旅馆(King David Hotel)[1550][1551]
　　基督教青年会大楼(Young Men's Christian Association building)[1551]
　　吉洛的新耶路撒冷城郊(Gilo suburb)[1552]
　　洛克菲勒博物馆(Rockefeller Museum)[1549][1551]
　　洛伊米银行(Bank Leumi)[1552]
　　绍肯家族府邸(Schocken family house)[1552][1553]
　　什穆埃尔·哈纳吉德大街公寓(Shmuel Hanagid Street)[1552][1554]
　　神殿山(Temple Mount)[610][611]
　　圣链寺(Dome of the Chain)[611]
　　圣墓教堂(Church of the Holy Sepulchre)[302]
　　圣岩寺(Dome of the Rock)[611][612]
　　斯科帕斯山上的哈达萨医院(Hadassah hospital, Mount Scopus)[1552][1554]
　　苏格兰的圣安德烈教堂(S.Andrew's Church of Scotland)[1550][1551]
　　苏格兰济贫院(Scottish Hospice)[1551]
　　殉难巴西利卡(Martyrium Basilica)[303][304]
　　耶路撒冷近东研究中心(Jerusalem Centre for Near Eastern Studies)[1555][1557]
　　以色列博物馆(Israel Museum)[1552]
　　早期遗址(early ruins)[92]
　　总督府(Governor General's House)[1551]
　　最高法院大楼(Supreme Court Building)[1555][1556][1557]
耶路撒冷近东研究中心，耶路撒冷(Jerusalem Centre for Near Eastern Studies, Jerusalem)[1555][1557]
耶斯佩森公司办公楼，哥本哈根(Jesperson office building, Copenhagen)[1483]
耶稣诞生教堂，伯利恒(Church of the Nativity, Bethlehem)[303][304]
耶稣堡，东非(Fort Jesus, East Africa)[1235][1238]
耶稣复活教堂，基斯波卢，墨尔本(Church of Resurrection, Keysborough, Melbourne)[1757]
耶稣会堂，基多(Church of La Compañía, Quito)[1269]
耶稣教堂，迪林根(Dillingen, Jesuit church)[1035]
耶稣教堂，库斯科(Jesuit Church, Cuzco)[1269]
耶稣教堂，罗马(Il Gesu/ Gesù, Rome)[937][939]
耶稣教堂，明德尔海姆(Mindlheim, Jesuit church)[1035]
耶稣升天教堂，博戈吉纳(Bogojina, Church of the Ascension)[1514]
耶稣医院，墨西哥城(Hospital de Jésus, Mexico City)[1274]
叶夫根尼·莱温松(Levinson, Evgueny, 1894~1947)，俄国建筑师[1524]
叶哈，前阿克苏姆王国神庙(Yeha, the pre- Axumite temple)[697][700]
叶海亚土丘，房屋(Tepe Yahya, houses)[37]
叶卡捷琳娜宫，皇村(Catherine Palace, Tsarskoe Selo)[1126][1127]
叶涅斯特·维尔克(Virrikh, Ernest, 1866~1949年后)，俄国建筑师[1521]
叶希尔清真寺，布尔萨(Yeshil Mosque, Bursa)[644]
叶希尔清真寺，伊兹尼克(Yeshil Mosque, Iznik)[643][644]
伊巴丹(Ibadan，加纳)
　　大学学院礼拜堂(University College Chapel)[1565][1566]
　　西尼日利亚合作银行(Cooperative Bank of Western Nigeria)[1566]
　　伊巴丹大学(University)[1566]
伊本·库莱希(ibn Kureish)，见伊玛目杜尔清真

中文版索引

寺和陵墓
伊本·图伦清真寺，开罗(Ibn Tulun Mosque, Cario)[621][*622*][*625*]
伊波利托·罗维拉·博康德尔(Bocandel, Hipólito Rovira)，西班牙画家、建筑师[1018]
伊博乌库，坟墓(Igbo- Ukwu, tomb)[701]
伊蒂马德-乌德-道拉墓，阿格拉(Itimad ud-Daula mausoleum, Agra)[653]
伊甸园影院，里斯本(Eden Cinema, Lisbon)[1447]
伊东丰雄(Ito, Toyo, 1941 ~　　)，日本建筑师[1683]
伊顿学院，规划布局(Eton College, planned layout)[*482*]
伊顿中心，多伦多(Eaton Center, Toronto)[1622]
伊比德，雅尔穆克大学(Irbid, Yarmouk University)[1547]
伊德冯·塞尔达(Cerdà, Ildefons, 1815 ~ 1876)，西班牙加泰罗尼亚建筑师，巴塞罗那扩建规划的设计者[1154]
伊杜德米什墓，德里(Iltutmish tomb, Delhi)[*635*][636]
伊彭丹，住宅(Ilpendam, house)[1481]
伊凡·瑟奇·舍梅耶夫(Chermayeff, Serge Ivan, 1900 ~ 1996)，俄裔英国建筑师[1431]
伊凡·叶戈洛维奇·斯塔罗夫(Starov, Ivan Yegorovich, 1744 ~ 1808)，俄罗斯建筑师[1124][1129]
伊夫雷亚(Ivrea，意大利)
　奥里韦蒂办公楼(Olivetti offices)[1415]
　幼儿园(nursery school)[1415]
伊夫利教堂，牛津郡(Iffley, Oxfordshire)[*442*]
伊格纳西奥·贝尔加拉(Vergara, Ignacio)，西班牙18世纪建筑师[1018]
伊基利恩设计组合(Igirien group)，奥地利建筑师设计组合[1450]
伊凯贾，住宅(Ikeja, houses)[1566]
伊拉克利亚，城墙(Herakleia, walls)[172]
伊拉斯诺斯城郊住宅区，加拉加斯(Barrio' Los Erasnos' project)[1646]
伊朗，20世纪的发展(Iran, Twentieth Century developments)[1548]
伊朗管理研究中心，德黑兰(Iran Centre for Management Studies, Tehran)[1548]
伊丽莎白城，加丹加省，住宅(Elizabethville, Katanga Province, houses)[1566]
伊丽莎白大桥，布达佩斯(Elizabeth Bridge, Budapest)[1505]
伊丽莎白港(Port Elizabeth)
　费瑟市场大厅(Feather Market Hall)[1570]
　市政厅(Town Hall)[1250][*1253*]
伊丽莎白农场，帕拉玛塔附近(Elizabeth Farm, near Parramatta)[*1352*][1363]
伊丽莎白女王大厦，伦敦(Queen Elizabeth Hall, London)[1468]
伊丽莎白湾住宅，悉尼(Elizabeth Bay House, Sydney)[1363][*1366*]
伊利大教堂(Ely Cathedral)[423][*486*][491][*492*][*494*]
　歌坛的跨间(choir bays)[*438*]
　平面(plan)[*486*]
　司祭席(Presbytery)[*437*]
　柱头(capital)[*441*]
　柱头之比较(capitals)[*441*]
伊利诺工学院(Illinois Institute of Technology/ IIT buildings)[1605]
伊利诺伊州(Illinois，美国)
　法恩斯沃思宅，普莱诺(Farnsworth House)[*1601*][1603]
　亨特宅，拉格兰奇(Hunt House, La Grange)[1585]
　孔利宅，里弗赛德(Coonley House, Riverside)[1585]
　普尔曼厂区城镇规划(Pullman)[1295]
　团结教堂，橡树园(Unity Temple, Oak Park)[1585][*1587*]
　威利茨宅，海兰帕克(Willits House, Highland Park)[1585][*1587*]
　温斯洛宅，里弗福里斯特特区(Winslow House, River Forest)[1282]
　橡树园(Oak park)[1282]
伊利索斯神庙，雅典(Temple on the Ilissus, Athens)[*124*][*152*][*153*]
伊利亚·切尔尼亚夫斯基(Cherniavsky, Ilya, 1917 ~ 1994)，俄罗斯建筑师[1535]
伊马拉隐修院，库费(Dayr al Imara, Kufa)[610]
伊玛目杜尔清真寺和陵墓，萨迈拉(Imam Dur Mosque and Tomb, Samarra)[618]
伊玛目雷沙神庙，麦什德(Imam Resa Shrine, Meshed)[642]
伊玛目土耳其清真寺，利雅得(Imam al-Turki Mosque, Riyadh)[1547]
伊玛目叶海亚墓，摩苏尔(Imam Yahya Tomb, Mosul)[618]
伊曼纽尔·罗克(Rocco, Emanuele, 1852 ~ ?)，意大利建筑师[1183]
伊曼纽尔·文森特·哈里斯(Harris, Emanuel Vincent, 1879 ~ 1971)，英国建筑师[1426]
伊曼纽尔教堂，弗里尔敦，肯尼亚(Emmanuel Church, Frereton, Kenya)[1240]
伊曼纽尔教堂，雅加达(Immanuel Church, Jakarta)[1322][*1325*]
伊曼纽尔学院，剑桥(Emmanuel College Chapel, Cambridge)[1084]
伊米里斯戈拉，房屋(Imiris Gora, houses)[33][34]
伊尼戈·琼斯(Jones, Inigo, 1573 ~ 1652)，英国画家、建筑师和设计师，古典主义建筑的奠基人[872][879][1064][1074]
伊尼扬加，建筑遗迹(Inyanga, houses)[698]
伊萨多·卡内瓦勒(Canevale, Isadore, 1730 ~ 1786)，匈牙利建筑师[1046]
伊萨哈尔(Isakhr，伊朗)
　宫殿(Palace)[97][*98*][*99*]
　列柱式清真寺(hypostyle halls mosque)[623]
伊莎贝拉式建筑(Isabelline architecture)[545][552][560]
伊莎贝拉银匠式风格(Isabelline style)，见哥特银匠式风格
伊什塔尔神庙，尼姆鲁德(Ezida, Temple)[*80*][82][86]
伊势神宫(Grand Shrine of Isi)[1674]
伊势神社(Ise Shrine)[756][*758*]
伊斯顿·内斯顿府邸，北安普顿郡(Easton Neston, Northamptonshire)[1095][*1098*]
伊斯法罕(Ispahan/ Isfahan，伊朗)
　阿拉·韦尔迪汗桥(Allah Verdi Khan bridge)[642]
　阿里·考普楼阁(Ali Kapu pavilion)[642]
　大清真寺(Great Mosque)[633]
　哈尔卡墓塔清真寺(Gunbadikharka mosque)[633]
　卢特富拉舍赫清真寺(Sheikh Lutfullah Mosque)[642]
　穆达尔沙阿经学院(Madari- Shah Madrassa)[*643*][644]
　普勒哈吉桥(Puli- Khaj bridge)[642]
　沙阿清真寺(王家清真寺) (Masjidi-Shah/ Royal Mosque)[642][*643*]
　商人哈吉吉的住宅(Haqiqi merchant's house)[661]
　谢赫尔·西敦阁(Chehel Situn pavilion)[642]
　新城(new town)[642]
伊斯兰风格(Muslim style)
　地域建筑(vernacular architecture)[661]
　建筑(architecture)[591][594]
　建筑材料(building resources)[601]
　建筑技术(building techniques)[601][603]
　天园(paradise garden)[664]
　哲学和生活方式(philosophy and lifestyle)[598] ~ [599]
　宗教的影响(religious influence)[191]
伊斯兰赫瓦贾经学院，希瓦(Islam Khawaja Madrassa, Khiva)[641]
伊斯兰花园，尼沙特(nishat, gardens)[664]
伊斯兰建筑(Islam)
　非洲(Africa)[683]
　建筑特征(architectural character)[*569*] ~ [603]
　历史(history)[595] ~ [598]
　伊斯兰地域设计(regional design)[1548]
　伊斯兰世界版图(regional maps)[592]
　哲学和生活方式(philosophy and lifestyle)[591][598] ~ [599]
　中国建筑(Chinese architecture)[747]
　见伊斯兰风格
伊斯兰中心和清真寺，罗马(Islamic Centre and Mosque, Rome)[1477][*1478*]
伊斯梅蒂·阿比丁(Abidin, Ismeth)，印度尼西亚建筑师[1704]
伊斯梅尔·萨曼陵墓，布哈拉(Ismael the Samanid Tomb, Bokhara)[631][*632*]
伊斯坦布尔(Istanbul，土耳其)
　艾哈迈德苏丹清真寺(Sultan Ahmed Mosque)[648][*649*][*650*]
　贝亚泽特清真寺(Beyazit Mosque)[*645*][647]
　比比克清真寺(Bebek Mosque)[1536][*1539*]
　晨报工厂和办公楼(Sabah Newspaper Plant and Offices)[1542]
　帝国土地注册局(Imperial Office of Land Registry)[1536][*1539*]
　法提赫清真寺(Fatih Mosque)[644]
　哈赛基·许雷姆浴室(Hasseki Hurrem Baths)[648]
　火难受害者公寓(Fire Victims Apartments)[1536][*1538*]
　拉莱里清真寺(Laleli Mosque)[651]
　鲁梅里堡(Rumeli Hisar fortress)[644]
　吕斯泰姆帕夏清真寺(Rustem Pasha

[1965]

Mosque)[648]
米赫里马清真寺,托普卡珀(Mihrimar Mosque, Topkapi)[648]
尼尚塔希宅(House Nisontazi)[1536][*1539*]
努鲁奥斯曼清真寺(Nuruosmaniye Mosque)[651]
努斯拉蒂耶建筑群(Nusretiyc Complex)[651]
钦利阁(Chinli Kiosk)[644]*[645]*
屈奇克长官清真寺(Kochuk Effendi Mosque)[651]
苏莱曼清真大寺(Suleymaniye Mosque)[646][647]*[649]*
索库尔卢·穆罕默德帕夏清真寺和经学院(Sokullu Mehmet Pasha Mosque and Medrese)*[646]*[648]
泰斯里克咖啡馆(Taslik Coffee House)[1542]
乌克勒公寓, 阿亚兹帕萨(Ucler Apartment, Ayazpasa)[1537]
锡尔克西邮政总局(Sirkeci Main Post Office)[1536]*[1538]*
谢扎德清真寺(Shezade Mosque)[647]
伊斯坦布尔大学文学院大楼(University Faculty of Arts and Letters)[1537]
扎尔·马哈茂德帕夏清真寺, 埃尤普(Zal Mahmut Pasha Mosque, Eyup)[648]
伊斯特拉(Istra, 俄国)
  重建方案(re-building project)[1531]
  新耶路撒冷隐修院(Monastery of the New Jerusalem)[1125]
伊索孔公寓, 劳恩路, 汉普斯特德, 伦敦(Isokon Flats, Lawn Road, Hampstead, London)[1431]
伊索拉圣基地, 奥斯蒂亚(Isola Sacra Cemetery, Ostia)[293]
伊塔马拉蒂宫, 巴西利亚(Itamarati Palace, Brasilia)*[1640]*[1642]
伊塔马拉蒂宫, 里约热内卢(Itamarati Palace, Rio de Janeiro)[1282]
伊瓦尔·滕布姆(Tengbom, Ivar, 1878~1968), 瑞典建筑师[1440]
伊宛(穹顶门廊)(iwan/open-fronted space), 见筒形拱在伊斯兰建筑中的应用
伊万诺夫-沃兹涅先斯克理工学院校园(Ivanovo-Voznesensk, Polytechnical Institute Campus)*[1527]*[1528]
伊维亚, 布列塔尼(Yvias, Brittany)*[230]*[231]
伊希斯神庙, 菲莱岛(Philae, Temple of Isis)[65]*[66]*[67]
伊希斯神庙, 麦罗埃(Isis Temple, Meroe)[699]
伊锡尔·汤(Town, Ithiel, 1784~1844), 美国建筑师[1279][1282]
伊兹拉(Ezra´a, 叙利亚)
  全石建筑(lithic town architecture)[608]
  圣乔治教堂(Church of S.George)[608]
伊兹米特, 拉撒轮胎工厂(Izmit, Lassa Tyre Factory)*[1541]*[1542]
伊兹桥, 圣路易斯, 密苏里州(Eads Bridge, St.Louis, Moussuri)[1296]
医科大学儿童诊所, 贝尔格莱德(Children´s University Clinic, Belgrade)[1515]
医学史博物馆, 哥本哈根(Museum of Medical History, Copenhagen), 见外科大礼堂

医院, 卡埃迪(hospital, Kaedi)[1573]
医院骑士团(Knights Hospitallers)[202]
依特福特山, 青铜时代的圆形住宅(Itford Hill, houses)[227][234]
怡和洋行, 上海(Jardine Matheson and Co.Ltd., Shanghai)*[1305]*[1307]
怡和洋行大楼, 上海(Jardine Matheson Company Buildings, Shanghai)[1649]*[1651]*
怡乐宫, 开普敦(Rust-en-Vreud, Cape Town)[1246]*[1251]*[1255]
颐和园, 北京(the Summer Palace, Beijing)[727]*[728]*[730]*[732]*[744][745]
遗址, 史前时期(monuments, prehistoric)*[230]*
以弗所(Ephesus, 土耳其)
  阿尔忒弥斯神殿(Sanctuary/Temple of Artmis)*[124]*[137][150]*[151]*
  哈德良神庙(Temple of Hadrian)[263]*[270]*
  塞尔苏斯图书馆(Library of Celsus)[266]*[272]*
  圣约翰教堂(S.John)[309]
以色列, 20 世纪的发展(Isreal, Twentieth Century developments)[1548]~[1557]
以色列博物馆, 耶路撒冷(Israel Museum, Jerusalem)[1552]
以色列建筑(Israelite architecture)[90]~[91]
以旬迦别, 今塔勒哈利发赫(Ezion-Geber, 约旦)[91]
艺匠之家方案, 马蒂普尔, 德里(Artisans´ Housing project, Madhipur, Delhi)[1741]
艺术博物馆, 圣保罗(Museum of Art, Sǎ Paulo)[1642]
艺术家之家, 达姆施塔特(Artists´Colony, Darmstadt)[1404]
艺术学校, 格拉斯哥(School of Art, Glasgow)*[876]*[1201]*[1203]*
艺术学院, 里约热内卢(Academy of Art, Rio de Janeiro)[1289]
议会堡, 达卡(Citadel of the Assembly, Dhaka)[1733][1740]*[1742]*
议会大厦(Houses of Parliament), 见威斯敏斯特新宫, 伦敦
议会大厦, 波帕尔(Vidhan Bhavan, Bbopal)[1736]
议会大厦, 都柏林(Parliament House, Dublin)[1104]
议会大厦, 马德里(Palace of the Congress, Madrid)[1161]
议会大厦, 维罗纳(Palazzo del Consiglio, Verona)[908]*[923]*
议会清真寺, 安卡拉(Parliament Mosque, Ankara)*[1541]*[1542]
议事堂, 米利都(Bouleuterion, Miletus)*[165]*[168]
议事厅(assembly hall), 见国民大会议事堂, 普里恩
益山郡, 弥勒寺塔(Iksan, Miruksa)[747]
意大利(Italy, 欧洲)
  16 世纪地图(sixteenth century map)[882]
  1900~1945 年的发展(developments)[1413]~[1415]
  1945 年以后的发展(post-1945 developments)[1475]~[1480]

巴洛克风格(Baroque style)[882]
  建筑材料(building resources)[207]
  建筑实例(buildings examples)[943]
拜占庭教堂(Byzantine churches)[326][332]
哥特时期(Gothic period)
  建筑实例(buildings examples)[568]
  建筑特征(architectural character)[564]~[568]
罗马风时期(Romanesque period)
  北部实例(Northern examples)[374][379]
  建筑特征(architectural character)[364]~[370]
  南部(Southern examples)[379]
  西西里(Sicilian examples)[379]
  意大利中部实例(Central Italy examples)[370]
洛可可风格(Rococo style)[882][886]
  建筑实例(examples)[957]
手法主义(Mannerism)[881][882][908]
文艺复兴盛期(High Renaissance period)[881]
  建筑实例(buildings examples)[908]
文艺复兴时期(Renaissance period)
  建筑材料与技术(building resources and techniques)[868]~[870]
  历史(history)[848][850]~[854]
文艺复兴时期建筑出版物(architectural publications, Renaissance period)[876]
文艺复兴早期(Early Renaissance period)[881]
  建筑实例(buildings examples)[886]
新古典风格(Neo-Classical style)[886]
  建筑实例(buildings examples)[965]
中世纪, 地图(Middle Ages, map)[364]
中世纪早期(Early Mediaeval period)[188]~[190][203]
见罗马时期、意大利南部
意大利北部(northern Italy)
  罗马风时期(Romanesque period)
    建筑特征(architectural character)[367]
    实例(examples)[374][379]
意大利大街 35 号公寓, 巴黎(Boulevard des Italiens No. 35 Paris)[1404]
意大利广场, 新奥尔良(Piazza Italia, New Orleans)*[1621]*[1624]
意大利南部(Southern Italy)
  罗马风时期(Romanesque peroid)
    建筑实例(examples)[379]
    建筑特征(architectural character)[367][370]
意大利未来主义(Futurism, Italy)[1413]
意大利文明宫, 罗马(Palazzo della Civiltà Italiana, Rome)[1414]
意大利中部(Central Italy)
  罗马风风格(Romanesque style)
    建筑实例(buildings examples)[370][374]
    建筑特征(architectural character)[364][367]
因弗内斯郡, 阿里塞格(Invernessshire, Arisaig)[1192]

中文版索引

因戈尔施塔特(Ingolstadt，德国)
　　圣母教堂(Frauenkirche)[*520*][522]
　　因戈尔施塔特剧院(City Theatre)[1459]
因杰·米纳雷经学院，科尼亚(Inje Minare Madrassa, Konya)[*635*][636]
因佩费克塔斯小教堂，巴塔利亚(Capillas Imperfectas, Batalha)[*557*][560]
因平顿乡村学院，剑桥郡(Cambridgeshire, Impington Village College)[1431][*1433*]
因桥，楚奥兹(Inn Bridge, Zuoz)[1412]
因斯布鲁克，耶稣教堂(Innsbruck, Jesuit church)[1035]
"因陀罗大厅"窟，埃洛拉(Indrasabha cave, Ellora)[794]
阴阳哲学(Ying- Yang philosophy)[684]
音乐厅，不伦瑞克(Gewandhaus, Brunswick/ Braunschweig)[1033]
银币铸造厂，加尔各答(Silver Mint, Calcutta)[1339]
银匠式风格建筑，西班牙(Plateresque architecture, Spain)[545][1009]
银色陋屋，中岛，东京(Silver Hut, Nakano, Tokyo)[1684]
银杏住宅，赫尔辛格(Kingo houses, Helsingor)[1483]
尹排纳度假村，彭亨(Impiana Resort, Pahang)[1701]
尹平顿乡村学院，剑桥郡(Impington Village College, Cambridgeshire)[1431][*1433*]
饮公宫，博洛尼亚(Palazzo Bevilacqua, Bologna)[908]
引水桥，托莱多(Puente de Alcantara, Toledo)[563]
隐藏的屋顶(两套椽子的独创系统) (noyane/ roof construction)[692]
隐修院教堂，埃恩西德尔(Einsiedeln, Abbey Church)[1037]
隐修院教堂，奥托布伦(Benedictine Ottobeuren, Abbey Church)[1043]
隐修院教堂，班茨(Banz, Abbey Church)[1038]
隐修院教堂，费康(Fécamp, Abbey Church)[*464*][459]
隐修院教堂，因河畔罗特，德国(Rott am Inn, Abbey Church)[1043]
印地斯的卡塔赫纳贵宾园区(Cartegena de Indies, Residence for Distinguished Guests)[1646]
印第安纳州(Indiana，美国)
　　哥伦布城消防站(Columbus Fire Station)[1622]
　　基督犹太神教堂，哥伦布city(Tabernacle Church of God, Columbus)[1593]
　　雅典纳中心，新哈莫尼(Athencum, New Harmony)[1625]
印度(India，亚洲)
　　表现性的建筑(representational architecture)[787]
　　城市规划(city planning)[815]
　　宫殿与城堡(forts/ fortress palaces)[817][818]
　　纪念性建筑语言(sacred architectural language)[787]
　　建筑特征(architectural character)[104]
　　莫卧儿王朝(Moghul period)[680]
　　　　建筑实例(buildings examples)[651]~[660]
　　南部的印度教王国(southern Hindu Kingdoms)[678][680]
　　前殖民时期(pre- Colonial period)[668][779][818]
　　铁器时代遗址(Iron Age sites)[104]
　　伊斯兰时代(Musilim period)[680]
　　早期纪念性建筑(early monumental buildings)[107][108]
　　早期居住建筑(early residential architecture)[105][107]
　　见印度文明、印度次大陆
印度次大陆(Indian subcontinent，亚洲)
　　20世纪发展过程(Twentieth Century developments)[1719]
　　　　建筑实例(buildings examples)[1720]
　　　　工业建筑(industrial building)[1732]
　　　　居住建筑(housing)[1740]~[*1743*]
　　　　民族性的表现(national expression)[1740]
　　前殖民时期(pre- colonial period)
　　　　历史(history)[676]
　　　　文化(culture)[685][686]
　　新地域主义(new regionalism)[1741]~[1744]
　　殖民时期和后殖民时期，历史(Colonial and post- Colonial period, history)[1230][1232]
　　资源(resources)[690]
　　　　前殖民时代地图(precolonial map)[780]
　　　　宗教象征主义(religious symbolism)[1733]
　　自然特征(physical characteristics)[669]
印度大楼，奥尔德维奇，伦敦(India House, Aldwych, London)[1422]
印度管理学院(Indian Institute of Management/ IIM)
　　艾哈迈达巴德(Ahmedabad)[1733][*1735*]
　　班加罗尔(Bangalore)[*1735*][1736]
印度国际中心，德里(India International Centre, Delhi)[1736][*1738*]
印度教，印度次大陆(Hinduism, Indian subcontinent)[676][678][680][685]
印度教寺庙(Hindu temple architecture)[677][693][788][791]
　　那伽罗式寺庙(Nagara temples)[795]
　　石窟寺(rock- out temples)[791][794]
　　水池与阶梯形水井(tank and step wells)[795]
　　寺庙布局(layouts)[794][795]
印度门(India Gate)，见全印度战争纪念门
印度门，孟买(Gateway of India, Bombay)[1720]
印度尼西亚(Indonesia，亚洲)
　　20世纪的建筑(Twentieth Century architecture)[1703]~[1706]
　　前殖民时代(pre- Colonial period)[668]
　　　　建筑材料(resources)[690]
　　　　建筑实例(buildings examples)[835]~[838]
　　　　建筑特征(architectural character)[825][826]
　　　　历史(history)[683][684]
　　　　文化(culture)[687]
　　托拉查屋，苏拉威西岛(Torajaan, Sulawesi)[1316]
　　自然特征(physical characteristics)[669]
印度森林管理学院，波帕尔，印度(Indian Institute of Forest Management, Bhopal)[1733]
印度斯坦汽车厂，霍苏尔，泰米尔纳德邦(Hindustan Motors Factory, Hosur, Tamil Nadu)[*1731*][1732]
印度统计学院，德里(Indian Statistical Institute, Delhi)[1736]
印度文明(Indus civilisation)
　　概述(description)[4]
　　古代历史(ancient history)[13][14]
　　建筑材料(building resources)[22]
　　建筑技术及发展(building techniques and processes)[28]
　　早期文明(early culture)[19]
　　自然特征(physical characteristics)[7]
印袤里，离宫和宫殿(Imgur- Enlil, residence and palace)[86]
印加帝国(Inca empire)[707]
英迪拉·甘地发展研究所，孟买(Indira Gandhi Institute of Development Research, Bombay)[1736]
英迪拉·甘地室内体育场，因德普拉扎，德里(Indira Gandhi Indoor Stadium, Inderprastha, Delhi)[*1730*][1732]
英格兰(England)，见英国
英格兰的哥特式大教堂的盛饰风格时期(曲线形)，跨间内观和外观比较(Curvilinear style, comparative treatment of bays)[*438*]
英格兰的哥特式大教堂入口之比较(doorways, style comparisons)[*439*]
英格兰银行(Bank of England)
　　布利斯托尔支行(Bristol Branch)[*1164*][1166]
　　利物浦支行(Liverpool Branch)[*1164*][1166]
　　伦敦总部(London)[1114][*1117*]
　　曼彻斯特支行(Manchester Branch)[1166]
　　普利茅斯支行(Plymouth Branch)[1166]
英格兰银行普利茅斯支行(Plymouth, Bank of England)[1166]
英格雷斯·贝尔(Bell, E.Ingress)，英国建筑师[1710]
英国(Britain，欧洲)
　　1900~1945年的发展(developments)[1415]~[*1435*]
　　盎格鲁-撒克逊时期(Anglo- Saxon period)
　　　　风格比较(comparative styles)[*417*]
　　　　建筑实例(examples)[419]~[423]
　　　　建筑特征(architectural charcacter)[414][415]
　　　　教堂平面(church plans)[*418*]
　　都铎王朝，伊丽莎白一世和詹姆斯一世王朝时期(Tutor, Elizabethan and Jacobean periods)[1064]
　　　　建筑实例(buildingexamples)[1068]~[1074]
　　二战之后的发展(post-1945 developments)[1464]~[1476]
　　风景如画式风格(Picturesque style)[1068]
　　哥特风格(Gothic style)

[1967]

城堡(castles)[503]~[509]
建筑特征(architectural character)[475]~[484]
教堂(churches)[485]~[505]
哥特复兴风格(Gothic Revival style)[1067][1068]
建筑材料(building resources)[208]
罗马时期，建筑特征(Roman period, architectural character)[414]
诺曼时期(Norman period)
 建筑特征(architectural character)[415]~[419]
 建筑实例(examples)[423]~*[430]*
帕拉弟奥复兴时期(Palladian period)[1067]
 建筑实例(buildings examples)[1096]~[1107]
其他居住建筑(lesser domestic architecture)[509]~[514]
乔治风格时期(Georgian period)[1067][1068]
斯图亚特王朝，共和国和王政复辟时期的风格(Stuart, Commonwealth and Restoration periods)[1064]~[1067]
 建筑实例(buildings examples)[1074]~[1095]
文艺复兴时期(Renaissance period)
 地图(map)[1064]
 建筑材料及其技术(building resources and techniques)[872]~[874]
 历史(history)[858]~[862]
文艺复兴时期建筑出版物(architectural publications, Renaissance period)[877][879]
文艺复兴早期的建筑平面(Early Renaissance house plans)*[1071]*
新古典主义时期(neo-Classical period)[1067][1068]
 建筑实例(buildings examples)[1104]~[1123]
英国巴洛克时期(English Baroque period)[1067]
 建筑实例(buildings examples)[1090]~[1096]
中世纪的英格兰和威尔士地图(Middles Ages map)[416]
中世纪早期(Early Mediaeval period)[190][191][204]
庄园(manor houses)[509]
英国巴洛克风格(English Baroque style)[873]
英国传教站凯里凯里教堂，新西兰(Kerikeri Church of England mission station, New Zealand)[1367]
英国大使馆，曼谷(British Embassy, Bangkok)[1706]
英国大使馆，首尔(British Embassy Myongdong, Seoul)[1315]
英国高技术风格(British High Tech style)[1475]
英国宫，彼得霍夫(English Palace, Peterhof)[1129]
英国宫，海德堡宫堡(Englischer Bau, Heidelberg Castle)[1033]
英国国教会财产管理委员会管辖下的教堂(Commissioners'schurches, Britain)[863][1069]
英国皇家建筑师学会，波特兰广场，伦敦(Royal Institute of British Architects, Portland Place)[873][1426]*[1429]*
英国教会建筑艺术协会(Ecclesiological Society)[1152][1187]
英国教堂，卡利登(Caledon, English Church)[1249]
"英国老式"风格('Old English'style)[1154][1192]
英国石油公司办公楼，拉各斯(British Pentroleum Office, Lagos)[1566]
英国式砌合，丁砖层与顺砖层交错砌合(English bond/ brickwork)[872]
英国文化协会办公室和图书馆，卡诺(British Council officesand library, Kano)*[1572]*[1573]
英国议会大厦，德里(British Council Building, Delhi)[1740]
英国议会大厦，吉隆坡(British Council, Kuala Lumpur)[1699]
英国殖民地建筑(British Colonial Architecture)
 东南亚(Southeast Asia)[1318][1321][1322]
 建筑实例(buildings examples)
  城堡及商埠(forts and trading posts)[1332]
  教堂(churches)[1332]~[1337]
  世俗建筑(secular buidings)[1337][1349]
 建筑特征(architectural character)[1327][1328]
英灵纪念堂，雷根斯堡(Walhalla, Regensburg)[1047]
英-美大楼，约翰内斯堡(Anglo- American Building, Johannesburg)*[1561]*[1564]
英-中大楼，吉隆坡(Anglo- Oriental Building, Kuala Lumpur)[1699]
鹰徽保险公司大楼，伯明翰(Eagle Insurance Building, Birmingham)[1207]*[1210]*[1417]
应真殿，成佛寺(Ungjinjon of Songbulsa Temple)[752]
应真殿，释王寺(Ungjinjon of Sogwansa)[752]
永保寺开山堂，歧阜(Eihoji kaisando, Gifu)[768]
永乐宫，永济县(Yongle Palace, Yongi)[745]
优素福-比利亚尔塔·芒翁维贾亚(Mangunwijaya, Yousef.B., 1929~   )，印度尼西亚建筑师[1704]
尤戈-奥托大楼，贝尔格莱德(Jugo- auto Building, Belgrade)[1515]
尤拉拉旅游城(Yulara township)*[1764]*[1765]
尤里乌斯大学，维尔茨堡(Julius Universität, Würzburg)[1033]
尤里耶夫隐修院，诺夫哥罗德(Yur'yev Monastery, Novgorod)*[346]*[352]
尤利乌斯·拉士多夫(Raschdorff, Julius, 1823~1914)，德国建筑师[1201]
尤利亚巴西利卡，罗马(Basilica Julia, Rome)[256]
尤斯顿车站入口大门，伦敦(Euston Station Entrance Screen, London)*[1165]*[1166]
尤斯顿消防站，伦敦(Euston Fire Station, London)[1422]
邮政电报大楼，马德拉斯(Post and Telegraph building, Madras)[1337]*[1338]*
邮政总局，阿尔及尔(Grande Poste, Algiers)[1559]
邮政总局，吉隆坡(General Post Office, Kuala Lumpur)[1321]
邮政总局，开普敦(General Post Office, Cape Town)[1254]
邮政总局，圣马丁-勒-格兰德，伦敦(General Post Office, S.Martin- le- Grand, London)[1417]
邮政总局，锡尔克西，伊斯坦布尔(Sirkeci Main Post Office, Istanbul)[1536]*[1538]*
犹太教教堂，新加坡(Chassed El Synagogue, Singapore)[1321]
犹太教堂(Synagogue)[297][298]
游廊式站舍，坎特伯雷，新西兰(Terrace Station homestead, Canterbury, New Zealand)[1353]*[1354]*
游乐场，约翰内斯堡(Colosseum, Johannesburg)[1570]
游泳池，泽莱纳扎巴(Zelana Zaba, Swimming Pool)[1492]
游泳馆，托卡托拉(Talkatora, Swimming Stadium)[1732]
友谊宾馆，北京(Friendship Guesthouse, Beijing)*[1658]*[1660]
有顶市场，鲁瓦扬，法国(Royan, covered market)[1458]
有利银行，上海(Mercantile Bank of India, Shanghai)[1649]
幼发拉底河(Euphrates river，西亚)[6]
于尔内斯教堂，松恩峡湾(Urnes Church, Sogne Fjord)*[433]*[436]
于盖坦公馆(Hôtel Huguetan)，见皇家图书馆，海牙
于格·桑班(Sambin, Hugues, 约1520~约1602)，法国建筑师、雕刻家、工程师[983]
于奇·谢雷夫利清真寺，埃迪尔内(Uch Sherefeli Mosque, Edime)*[643]*[644]
于斯特斯·温布恩斯(Vingboons, Justus, 活动期为1650~1670)，荷兰建筑师[1063]
于韦斯屈莱工人俱乐部(Jyväskylä Working Men's Club)[1443]
于伊，圣母联合教堂(Huy, Collegiate Church of Notre Dame)*[539]*[543]
余希清真寺，开罗(al- Guyushi Mosque, Cairo)[621]
宇宙电影院，柏林(Universum Cinema, Berlin)[1409]
宇宙射线馆，墨西哥大学(Cosmic Ray Pavilion, University of Mexico)[1634]*[1636]*
宇土庙，克久拉霍(Vishvanatha Temple, Khajuraho, Madhya Pradesh)*[792]*[802][803]
宇佐神宫，大分县(Usa Shrine, Kyushu)*[755]*[756]
禹圭昇(Woo, K.S.)，韩国建筑师[1692]
禹圭昇和威廉斯建筑师事务所(Woo and Williams)[1692]
玉佛寺(Wat Phra Keo)[838]
育婴院，佛罗伦萨(Foundling Hospital, Florence)[886]*[893]*
浴场，阿尼亚诺(Baths, Agnano)[1413]
浴场和体育馆，萨迪斯(Sardis, Baths and Gymnasium)*[287]*[289]
浴室(balneae)[196][256]
预备役军官学校，波茨坦(Non- Commissioned Officers'School, Potsdam)[1051]

中文版索引

预制结构(prefabricated structures)
  巴伊亚(Bahia)[1646]
  德肖波博物馆(De Chopo Musueum)[1628][*1629*]
  地方当局特别项目体系(schools CLASP system)[1467]
  法国的发展(French developments)[1453]~[*1454*]
  工厂化为基础的技术(factory- based techniques)[1610]
  马来住宅(Malay house)[1693][*1694*]
  铁建筑(iron buildings)[875]
  希尔施·库泊住宅(Hirsh copper house)[1410]
  以殖民地出口(exports to Colonies)[1241][1274]
  预制体系建造技术(Techbuild)[1603]
  早期使用状况(early uses)[1259]
预制体系建造技术，预制结构(Techbuild.prefabricated structures)[1603]
裕廊市政厅，新加坡(Jurong Town Hall, Singapore)[1697]
元朝(Yuan Dynasty)[673]
元老院(council house)，见议事堂
元老院，罗马(Palazzo del Senatore, Rome)[932]
元老院议事厅，雅典(Bouleuterion, Athens)[155]
园林(gardens)
  凡尔赛宫(Versailles)[854]
  前殖民时代的中国(Chinese pre-colonial)[745]
  伊斯兰(Islamic)[664]
  伊斯兰风格(Islamic style)[664]
  中国(China)[684]
原广司(Hara, Hiroshi, 1936~   )，日本建筑师[1683]
原始保加利亚人(proto- Bulgarians)[336]
原子塔，布鲁塞尔('Atomium'structure, 1958World Fair)[1451]
原最高法院，开普敦(Old Supreme Court, Cape Town)[1246]
圆城(Round City)，见巴格达
圆觉寺，首尔(Wongaksa Temple, Seoul)[754]
圆觉寺舍利殿，镰仓(Shariden at Enkakuji, kamakura)[768]
圆明园，北京(Yuan Ming Yuan, Beijing)[1298]
圆明园西洋楼，北京(Xi Yang Lou in Yuan Ming Yuan, Beijing)[1298]
圆塔，哥本哈根(Round Tower, Copenhagen)[1136]
圆厅，雅典(Tholos, Athens)[155]
圆厅别墅(又名阿尔梅里科-卡普拉别墅)，维琴察附近(Rotonda, near Vicenza)[926][*928*]
圆形大厅，罗马(Sala Rotonda, Rome)[965]
圆形教堂，加亚新城(Church of the Serra do Pilar, Vila Nova de Gaia)[1019]
圆形教堂，斯堪的纳维亚(round churches, Scandinavia)[431]
圆形剧场(amphitheatres)
  庞贝大剧场(Pompeii)[257]
  罗马帝国(Imperial Roman)[257][272][289]
圆形塔楼，爱尔兰(round towers, Ireland)[424][*426*]
圆形塔楼，德文尼什(Devonish, round tower)[424][*426*]
圆柱大教堂，萨拉戈萨(El Pilar Cathedral, Saragossa)[1019][*1020*]
圆锥石塔，穆拉图(Muratu, stone towers)[235]
圆锥塔(石塔) (Nuraghi/ stone tower)[235]
圆锥形帐篷遗址，帕夫洛夫(Pavlov, tent site)[226]
圆丘坛，北京(Huanqiutan, Beijing)[*728*][*729*][730][731]
院落式建筑，巴罗达(havelis/ courtyard houses, Baroda)[818]
瑷卡嫩，城市(Ai Khanum, city)[604]
约·克嫩(Coenen, Jo, 1949~   )，荷兰建筑师[1482]
约阿希姆·巴尔杰林(Bulgerin, Joachim)，瑞典16世纪军事建筑师[1136]
约旦(Jordan，亚洲)
  海拉奈堡(Qasr Karaneh)[*607*][608]
  姆沙塔堡(Qasr M´Shatta)[614]
  图巴堡(Qasr al- Tuba)[614]
约旦，姆沙塔堡(Qasr M´Shatta, Jordan)[614]
约蒂-沙布尔大学(Jondi- shapour University)
  大学清真寺(Mosque)[1548]
  教师住宅(Faculty Housing)[1548]
约恩·伍重(Utzon, Jørn, 1918~2008)，丹麦建筑师，2003年获普里茨克建筑奖[1544][1566][1759]
约尔德温茨宅，霍姆伯里圣马利亚(Joldwynds, Holmbury S.Mary)[1431]
约翰(约阿希姆)·温克尔曼(Winckelmann, J.J., 1717~1768)，德国考古学家、艺术史家，著有《希腊绘画雕塑沉思录》和《古代艺术史》966)
约翰·阿道弗斯·麦克奈尔(Mc- Nair, John Adolphus)，新加坡建筑师[1321]
约翰·阿尔布雷赫特·埃伦斯特伦(Ehrenström, Johan Albrekt, 1762~1847)，瑞典建筑师[1150]
约翰·阿克罗伊德(Akroyd, John)，英国建筑师[1074]
约翰·安德鲁斯(Andrews, John, 1933~   )，澳大利亚裔加拿大建筑师[1754]
约翰·奥尔伯利·亨特(Hunt, John Horbury, 1838~1904)，美裔澳大利亚建筑师[1356][1358]
约翰·奥尔德里德·斯科特(Scott, John Oldrid, 1841~1913)，英国建筑师[1250]
约翰·奥古斯图斯·罗布林(Roebling, John Augustus, 1806~1869)，德国出生的美国土木工程师，设计钢悬索桥的先驱者[1296]
约翰·奥斯特尔(Ostell, John, 1813~1892)，加拿大建筑师[1283]
约翰·奥托·冯·施普雷克尔森(Spreckelsen, Johan Otto von, 1929~1987)，丹麦建筑师[1458]
约翰·拜尔德(Baird I, John, 1798~1859)，苏格兰建筑师[1183]
约翰·贝尔彻(Belcher, John, 1841~1913)，英国晚期维多利亚时期的杰出建筑师[1154][1201]
约翰·比布(Bibb, John)，澳大利亚建筑师[1364]
约翰·波特曼(Portman, John, 1924~   )，美国建筑师、开发商[1622]
约翰·伯恩哈德·菲舍尔·冯·埃尔拉赫(Fischervon Erlach, Johann Bernhard, 1656~1723)，奥地利建筑师、雕塑家和建筑史学家[871][1026][1035]
约翰·博曼(Boumann, J., 1704~1776)，阿姆斯特丹出生的德国建筑师[1046]
约翰·布莱修斯·圣蒂尼·艾歇尔(Aichel, Johann Blasius Santini, 1667~1723)，波希米亚建筑师[1027][1038]
约翰·丹多·塞丁(Sedding, John Dando, 1838~1891)，英国建筑师[1155][1207]
约翰·丁岑霍费尔(Dientzenhofer, Johann, 1663~1726)，德国建筑师[1026][1038]
约翰·杜布森(Dobson, John, 1785~1865)，英国建筑师[1161]
约翰·范布勒爵士(Vanbrugh, Sir John, 1664~1726)，英国建筑师、喜剧作家[1067][1096]
约翰·弗朗西斯·本特利(Bentley, John Francis, 1839~1902)，英国建筑师[1074][1155][1207]
约翰·戈尔丁汉姆(Goldingham, John, 1765~1849)，英国建筑师[1377]
约翰·戈特弗里德·伯林(Büring, J.G.)，德国建筑师[1046]
约翰·哈维兰(Haviland, John, 1792~1852)，英国建筑师[1286][1289]
约翰·汉考克大厦(John Hancock Center, Chicago)，芝加哥[*1618*][1620]
约翰·加斯廷(Garstin, John, 1758~1820)，英国军人，建筑师[1339]
约翰·卡尔(Carr, John, 1723~1807)，约克郡，英国建筑师[1011]
约翰·凯厄斯(Caius, John, 1510~1573)，英国建筑师[1074]
约翰·凯勒姆(Kellum, John, 1809~1971)，美国建筑师[1290]
约翰·坎宁安(Cunningham, John)，英国19世纪建筑师[1367]
约翰·克拉格(Cragg, John)，英国19世纪铁艺师[1167]
约翰·克卢尼斯(Clunies, John)，英国建筑师[1323]
约翰·肯尼迪中心，华盛顿特区(John F.Kennedy Centre, Washington, DC)[1614]
约翰·昆兰·特里(Terry, Quinlan, 1937~   )，英国建筑师[1475]
约翰·拉夫伯勒·皮尔逊(Pearson, John Loughborough, 1817~1897)，英国哥特复兴建筑师[1155][1173][1207][1356][1375]
约翰·李·阿彻(Archer, John Lee, 1791~1852)，爱尔兰裔澳大利亚建筑师[1351][1364]
约翰·卢卡斯·冯·希尔德布兰特(von Hildebrandt, Johann Lukas, 1668~1745)，奥地利巴洛克风格建筑师、军事工程师[1026][1037]
约翰·伦尼(Rennie, Sir John, 1761~1821)，苏格兰建筑师和工程师[1249]
约翰·麦克阿瑟(Mc Arthur, John,

[1969]

1823~1890），美国建筑师[1288]
约翰·麦克莱恩·约翰森(Johansen, John Mac Lane, 1916~   )，美国建筑师[1612]
约翰·梅里克(Merrick, John)，美国建筑师[1278]
约翰·米夏埃尔·菲舍尔(Fischer, Johann Michael, 1692~1766)，德国建筑师[1043]
约翰·纳什(Nash, John, 1752~1835)，英国建筑师、城市规划师、营造商[1068][1116]
约翰·诺特曼(Notman, John, 1810~1865)，英国建筑师[1286]
约翰·乔治·奈特(Knight, John George, 1826~1892)，澳大利亚建筑师[1375]
约翰·斯基尔罗(Skirrow, John)，英国建筑师[1249]
约翰·斯迈森(Smythson, John, ?~1634)，罗伯特·斯迈森之子，英国17世纪建筑师[1073]
约翰·索恩爵士(Soane, Sir John, 1753~1837)，英国建筑师[1068][1114][1116]
约翰·索普(Thorpe, John, 约1565~约1655)，英国土地和房屋测量师[873]
约翰·瓦尔迪(Vardy, John, 1718~1765)，英国建筑师[1104]
约翰·韦布(Webb, John, 1611~1672)，英国建筑师，伊尼戈·琼斯的学生和助手[872][1064][1079]
约翰·韦尔伯恩·鲁特(Root, John Wellborn, 1850~1891)，美国建筑师[1290]
约翰·韦尔热(Verge, John, 1782~1861)，英裔澳大利亚建筑师[1278]~[1351][1363]
约翰·沃茨(Watt, John)[1350][1363]
约翰·沃德宅，塞勤姆，马萨诸塞州(John Ward House, Salem, Massachusetts)[1261]
约翰·锡恩爵士(Thynne, John, ?~1580)，英国16世纪建筑师[1069]
约翰·伊尔达戈·莫亚(Moya, John Hildago, 1920~1994)，英国建筑师[1466]
约翰·詹姆斯·伯内特爵士(Burnet, Sir John James, 1857~1938)，英国建筑师[1155][1417][1564]
约翰·詹姆斯·乔阿斯(Joass, John James, 1868~1952)，苏格兰建筑师[1417]
约翰内斯·亨德里克·范登布罗克(Van den Broek, Johannes, 1898~1978)，荷兰建筑师[1481]
约翰内斯·肖赫(Schoch, Johannes, 约1550~1631)，德国建筑师[1032]
约翰内斯堡(Johannesburg, 南非)[1254][1255]
    20世纪剧院(Twentieth Century Theatre)[1563]
    埃斯科姆宅(Escom House)[1564]
    贝多宅(Casa Bedo)[1564]
    彼得宅(Peter House)[1563]
    标准银行中心(Standard Bank Centre)[1570]
    城市艺术馆(Civic Art Gallery)[1559][*1569*][1570]
    大学图书馆(University Library)[1559]
    第一国家银行大楼(First National Bank Building)[*1569*][1570]
    电话大楼(Telephone Tower)[1254]
    恩斯特和扬住宅(Ernst and Young House)[1570]
    范埃克宅(Van Eck House)[1564]
    戈登住宅(House Gordon)[1564]
    公共图书馆(Public Library)[*1561*]
    火车站(Railway Station)[1559]
    霍特波因特宅(Hotpoint House)[1563]
    教堂大街大清真寺(Kerk Street Jami Masjid)[1574]
    卡尔顿中心(Carlton Centre)[1570]
    克莱斯勒宅(Chrysler house)[1564]
    兰德军团纪念碑(Rand Regiments´Memorial)[1559]
    兰特非洲人大学(Rank Afrikaan University)[1567]
    联盟合作大楼(Union Corporation Building)[1559]
    米尔约住宅(Casa Miljo)[1564]
    南非储蓄银行(South African Reserve Bank)[1559]
    南非医学研究院(South African Institute for Medical Research)[1559][*1560*]
    内华达法院(Nevada Court)[1563]
    欧内斯特·奥本海默生命科学综合楼(Ernest Oppenheimer Life Sciences Complex)[1567]
    帕蒂达尔公寓(Patidar Mansiom)[1563]
    市场剧院(Market Theatre)[1570]
    图书馆和市政办公楼，桑顿(Sandton Library and Civic Offices)[1567]
    威特沃特斯兰德大学(University of the Witwatersrand)[1559]
    斜街11号楼(11 Diagonal Sireci)[*1568*][1570]
    英-美大楼(Anglo-American Building)[*1561*][1564]
    邮局，约翰内斯堡(Post Office)[1254]
    游乐场(Colosseum)[1570]
    中国俱乐部(Chinese Club)[1563]
约翰逊宅，洛杉矶(Johnson House, Los Angeles)[1603]
约翰逊宅，悉尼(Johnson House, Sydney)[1765]
约翰逊制腊公司(Johnson Wax offices)
    公司办公楼，迈德雷赫特 (Mijdrecht)[1481]
    公司办公楼，拉辛，威斯康星州(Racine, Wisconsin)[1596]
约翰逊制腊公司办公楼，迈德雷赫特(Mijdrecht, Johnson Wax Offices)[1481]
约克(York，英国)
    城墙(town walls)[508]
    大教堂(Minster)[*501*][502]
        平面图(plan)[*486*]
    圣母教堂(S.Mary´s)[503]
    新厄尔斯维奇模范村(New Earswick Model Village)[1422][*1425*]
    议会堂(Assembly Rooms)[1101][*1105*]
    约克大学(University)[1467]
约克郡(Yorkshire，英国)
    阿克劳伊顿(工人住宅)(Akroydon(workers´houses))[1197]
    霍华德堡(Castle Howard)[1096][*1099*]
    萨尔塔里(工人住宅区) (Saltaire/workers´houses)[*1196*][1197]
    温特沃思猎庄(Wentworth Woodhouse)[1101][*1105*]
    希斯村舍，伊尔克利(Heathcote, Ilkley)[*1420*][1421]
    约克谢的干砌石屋，设得兰群岛(Yoxie, shetland, drystone houses)[229]
约鲁巴王国(Yoruba kingdom)[667][672]
    约鲁巴宫(palaces)[699]
约热·普里契尼克(Plečnik, Jože, 1872~1957)，斯洛文尼亚建筑师[1397][1488][1492][1514]
约瑟夫·阿洛伊修斯·汉森(Hanson, Joseph Aloysius, 1803~1882)，英国建筑师[1123]
约瑟夫·埃斯泰夫(Esteve, Joseph)，毛里塔尼亚建筑师[1573]
约瑟夫·波拉尔特(Poelaert, Joseph, 1817~1879)，比利时建筑师[1178]
约瑟夫·博诺米(Bonomi, J., 1739~1808)，英国建筑师[1123]
约瑟夫·恩伯顿(Emberton, Joseph, 1889~1956)，英国建筑师[1432]
约瑟夫·菲舍尔(Fischer, József, 1901~1995)，匈牙利建筑师[1505]
约瑟夫·弗兰克(Frank, Josef, 1885~1967)，奥地利建筑师[1399]
约瑟夫·弗朗茨·马利亚·霍夫曼(Hoffman, Josef Franz Maria, 1870~1956)，奥地利匈牙利设计师、建筑师[1397]
约瑟夫·戈恰尔(Gár, Josef, 1880~1945)，捷克建筑师[1488][1492]
约瑟夫·霍霍尔(Chochol, Josef, 1880~1956)，捷克建筑师[1488]
约瑟夫·霍内克尔(Hornecker, Joseph, 1873~1942)，法国建筑师[1400]
约瑟夫·科恩豪塞尔(Kornhäusel, Joseph, 1782~1860)，奥地利建筑师[1174]
约瑟夫·莱曼·西尔斯比(Silsbec, J.L., 1848~1913)，美国建筑师[1281]
约瑟夫·兰卡斯特·保尔(Ball, Joseph Lancaster)，英国19世纪建筑师[1207]
约瑟夫·雷德(Reed, Joseph, 1822~1890)，澳大利亚建筑师[1356][1375]
约瑟夫·马利亚·奥尔布里奇(Olbrich, Josef Maria, 1867~1908)，奥匈帝国建筑师[1397]
约瑟夫·莫尼埃(Monier, Joseph, 1823~1906)，法国园艺工，钢筋混凝土的主要发明者之一[875]
约瑟夫·帕克斯顿爵士(Paxton, Sir Joseph, 1803~1865)，英国园艺师[1167]
约瑟夫·齐代克(Zítek, Josef, 1832~1909)，波希米亚建筑师[1153]
约瑟夫·托拉克画室，巴尔德哈姆(Josef Thorak studio, Baldham)[1410]
约瑟夫欧仁·阿纳托瓦·德博多(Baudot, Joseph-Eugène-Anatole de, 1834~1915)，法国建筑师[1155][*1209*]
约瑟夫-维克托·吉夏尔(Guichard, Joseph-Victor)，法国建筑师[1322]
约斯特·温布恩斯(Vingboons, Joost，活动期为1650~1670)，荷兰建筑师[1134][1136]
约斯特·扬斯(Jansz, Joost)，荷兰16世纪建筑师[1059]

中文版索引

约维尔(Gjörwell, C.)，瑞典建筑师[1150]
约西普·马利亚·尤约尔(Jujol, Josip Maria, 1879~1949)，西班牙建筑师[1443][1444]
月城郡(Wolsong，韩国)
　　感恩寺(Kamunsa Temple)[752]
　　净惠寺(Chonghyesa Temple)[752]
月精寺，平昌(Wolchongsa Temple pagoda, P'yongch'ang)[751][752]
月神庙，卡尔纳克(Khons, Karnak, Temple)[57][60]
云冈石窟，大同(Yungang Grottoes, Datong)[739][741]
运河，网状发展(canals, development)[865]

Z

赞比亚大学，卢萨卡(Zambia University, Lusaka)[1567]
赞布雅尔，葡萄牙(Zambujal, Portugal)[235]
赞吉王朝建筑(Zengid architecture)[618][620]
赞助，教士(patronage, clergy)[445]
葬墓，唐山(T'angshan, graves)[110]
早期储藏功用建筑(storage buildings, early)[31]
早期俄罗斯(Early Russia)
　　地图(map)[337]
　　建筑材料(building resources)[207]
　　建筑技术及进展(building techniques and processes)[215][216]
　　建筑实例(building examples)[351]~[361]
　　建筑特征(architectural character)[336]~[351]
　　教堂平面比较(comparative church plans)[350]
早期基督教时期(Early Christian period)[206][207]
　　建筑技术及发展(building techniques and processes)[215]
　　平面变体(alternative plans)[307]
　　见教堂建筑
早期罗马时代(Early Roman period)
　　建筑技术及发展(building techniques and processes)[209]
　　建筑特征(architectural character)[239][240]
早期英国式哥特建筑(Early English style)[477]
　　窗(windows)[440]
　　雕花柱头(carved capitals)[441]
　　墩柱，柱头和柱础(piers, caps and bases)[442]
　　风格术语(naming)[879]
　　跨间(bays)[437]
　　入口(doorways)[439]
　　线脚(mouldings)[443]
造币厂(Mint/Zecca)
　　巴黎(Paris)[1001][1003]
　　罗马(Rome)[915]
　　威尼斯(Venice)[924]
造币厂，波托西，玻利维亚(La Moneda, Potosí, Bolivia)[1274]
造币厂，圣地亚哥，智利(La Moneda, Santiago, Chile)[1274]
造船厂拱门，威尼斯(Porta dell'Arsenale, Venice)[902]

泽埃夫·雷什特(Rechter, Ze'ev, 1899~1960)，乌克兰出生的以色列建筑师[1552]
泽瓦罗斯庄园，瓜德罗普岛(Zevalos, Guadeloupe)[1265]
泽伊德布鲁克教堂(church, Zuidbroek)[544]
扎尔·马哈茂德帕夏清真寺，埃尤普，伊斯坦布尔(Zal Mahmut Pasha Mosque, Eyup, Istanbul)[648]
扎尔加兰市场，布哈拉(Taqi-Zargaran, Bokhara)[641]
扎戈尔斯克(Zagorsk，俄罗斯)
　　圣三一隐修院(Monastery of the Holy Trinity)[1127]
　　施洗者圣约翰教堂(S.John the Baptist)[1125]
扎格罗斯地区建筑实例(Zagros region, examples)[36]
扎格纳特神庙，布里(Jagannatha temple, Puri)[798]
扎赫尔大楼，维也纳(Zacherlhaus, Vienna)[1397]
扎克帕内，奥罗扎教堂(Zakopane, Oloza church)[1511]
扎鲁德内(Zarudny, I.P)，俄罗斯18世纪建筑师[1125]
扎莫希奇新城规划(Zamosc', city planning)[1033]
扎努西公司总部，波代诺内(Zanussi Headquarters, Pordenone)[1477]
扎泰勒岛住宅，威尼斯(Zattere house, Venice)[1477]
扎瓦雷清真寺(Zavareh mosque)[633]
扎瓦兹基(Zawadzki, S.)，波兰18世纪建筑师[1046]
扎维克米，史前遗址(Zawi Chemi, settlement)[36]
扎夏里·阿斯特吕克(Astruc, Zacharie, 1835~1907)，法国建筑师[1187][1399]
渣打银行，香港(Chartered Bank, Hong Kong)[1710][1712]
栅栏(tamagaki/ fence)[756]
斋宫(Zhaigong)，见天坛
斋浦尔(Jaipur，印度)
　　城市规划(city planning)[815]
　　宫殿(风之宫)(palace)[817]
　　贾瓦哈·卡拉博物馆(Jawahar Kala Kendra)[1736]
詹克恩(Jenkyn, C.H.)，南非建筑师[1254]
詹姆斯·阿格(Agg, James，约1758~1828)，印度建筑师[1334]
詹姆斯·奥唐奈(O'Donnell, James)，美国建筑师[1283]
詹姆斯·巴尼特(Barnet, James J., 1827~1904)，苏格兰出生的澳大利亚建筑师[1356][1357][1377]
詹姆斯·邦斯东·邦宁(Bunning, James Bunstone, 1802~1863)，英国建筑师[1167]
詹姆斯·博加德斯(Bogardus, James, 1800~1874)，美国发明家、设计师、工程师和实业家[1290]
詹姆斯·布坎南·伊兹(Eads, James Buchanan, 1820~1887)，美国工程师[1296]
詹姆斯·布拉兹沃思(Bloodsworth, James)，澳大利亚砖瓦匠[1362]
詹姆斯·布莱克本(Blackburn, James, 1803~1854)，英裔澳大利亚建筑师[1351]
詹姆斯·蒂贝特(Tibbet, James)，南非建筑师[1254]
詹姆斯·甘顿(Gandon, James, 1743~1823)，英国建筑师[1068][1110]
詹姆斯·怀亚特(Wyatt, James, 1746~1813)，英国建筑师[1068][1114]
詹姆斯·霍本(Hoban, James, 1758~1831)，爱尔兰裔美国建筑师[1278]
詹姆斯·吉布斯(Gibbs, James, 1682~1754)，英国建筑师[1067][1096]
詹姆斯·吉莱斯皮·格雷厄姆(Graham, James Gillespie, 1776~1855)，苏格兰建筑师[1107]
詹姆斯·考德威尔(Caldwell, James, 1770~1863)，英国军人，建筑师[1334]
詹姆斯·克雷格(Craig, James, 1744~1795)，英国建筑师[1104]
詹姆斯·库姆(Combe, James)，英国工程师[1166]
詹姆斯·伦威克(Renwick, James, 1818~1895)，美国建筑师[1260][1282][1286]
詹姆斯·佩因(Paine, James, 1717~1789)，英国建筑师[1104][1107]
詹姆斯·普莱费尔(Playfair, James, 1755~1794)，苏格兰建筑师[1107]
詹姆斯·钱普林·巴克林(Bucklin, James Champlin, 1801~1890)，美国建筑师[1289]
詹姆斯·丘比特(Cubitt, James)，南非建筑师[1567][1571]
詹姆斯·萨维奇(Savage, James, 1779~1852)，英国建筑师[1123]
詹姆斯·斯特林(Stirling, James, 1926~1992)，英国建筑师，1981年获普里茨克建筑奖[1462][1466][1468]
詹姆斯·斯图尔特(Stuart, James, 1713~1788)，英国建筑师[1110]
詹姆斯·特鲁伯沙威(Trubshawe, James, 1777~1853)，印度建筑师[1345]
詹姆斯·韦尔(Ware, James E.)，美国建筑师[1295]
詹姆斯·瓦特(Watt, James)[1123]
詹姆斯·亚当松教授(Adamson, Prof.James)，南非建筑师[1249]
詹姆斯和梅里特·里德事务所(James and Merritt Reid)，美国建筑师事务所[1295]
战后的发展，东德(East Germany, post-War developments)[1464]
战时航空运输部大楼，贝尔格莱德(Ministry of War Air Traffic, Belgrade)[1515]
战争伤残康复中心，利佩里(Rehabilitation Centre for War Invalids, Liperi)[1452]
战争胜利纪念碑，博尔扎诺(Victory War Memorial, Bolzano)[1414]
张伯伦府邸，第戎(Hôtel Chambellan, Dijon)[475]
长官礼拜堂，布尔戈斯大教堂(La Capilla del Consdestable, Burgos Cathedral)[545][548][553]
长老宫，乌斯马尔(Governor's Palace, Uxmal)[705][716][718]

[1971]

弗莱彻建筑史

长老会第一教堂，达尼丁(Presbyterian First Church, Dunedin)[1381]
长老会教堂，伍卢穆卢，悉尼(Woolloomooloo Presbyterian Church, Sydney)[1378]
帐篷，旧石器时代(tents, Paleolithic)[226][228]
帐篷住宅，尤蒙蒂(Tent House, Eumundi)[*1764*][1765]
爪哇(Java，印度尼西亚)
　泊萨朗天主教堂(Catholic Church, Pohsarang)[1703]
　前殖民时期(pre- Colonial period)[838]
遮阳花格栅(brisesoleil/mushrabiye screens)[624]
折中主义，美洲建筑(eclectic traditionalism, American architecture)[1577][1578]
哲尔吉·切泰(Csete, György, 1937～　　)，匈牙利建筑师[1505]
珍妮特街宅，伦敦(Janet Street Porter house, London)[1475]
桢文彦(Maki, Fumihiko, 1928～　　)，日本建筑师，1993年获普里茨克建筑奖[1680]
斟郚，住宅(Tzu- Ching, houses)[108]
正仓院，东大寺(Shoso´in, Todaiji)[763]
正觉寺，北京(Zheng- jue temple, Beijing)[738]
正觉寺金刚宝座塔，北京(Jin Gang Bao Zuo Pagoda in the Zheng- jue Temple)[*737*][738]
证券交易所，巴黎(Bourse, Paris)[1006]
政府大楼，比勒陀利亚(Government House, Pretoria)[1255]
政府大楼，布宜诺斯艾利斯(Government House/ Casa Rosada, Buenos Aires)[1289]
政府大楼，加尔各答(Government House, Calcutta)[1339][*1340*]
政府大楼，开普敦(Government House, Cape Town)[1246]
政府大楼，浦那(Poona, Government House)[1345][*1346*]
政府大楼，新加坡(Government House, Singapore)[1321][*1324*]
政府大楼，瓜达拉哈拉，墨西哥(Governmental Palace, Guadalajara, Mexico)[1274]
政府大楼，好望角(Government House, Cape of Good Hope)[1245]
政府接待厅，基多，厄瓜多尔(Audiencia, Quito, Ecuador)[1274]
政府员工住宅区，安卡拉(Saraçoglu Mahallesi, Ankara)[1537]
支提窟，贡旦(Kondane, chaitya hall)[786]
支提窟大厅(chaitya halls)[780]～[786][790][794]
　阿旃陀(Ajanta)[787]
　　立面(facades)[785]
支柱陵墓，卡奥莱(Kaole, pilar tomb)[701]
支柱陵墓，马林迪(Malindi, pillar tomb)[701]
支柱陵墓，曼布鲁伊(Mambrui, pillar tomb)[701]
支柱陵墓，姆纳拉尼(Mnarani, pillar tomb)[701]
芝加哥(Chicago，美国)
　1871年芝加哥大火(fire of 1871)[1290]
　查恩里宅，阿斯特街(Charnley House, Astor Street)[1282]
　第二莱特大楼(Second Leiter Building)[1290][*1292*]
　第一莱特大楼(First Leiter Building)[1290]
　盖奇大楼(Gage Building)[*1292*][1295]
　哥伦布世界博览会荣耀广场(World´s Columbian Exposition Court of Honor)[1578]
　格莱斯纳宅(Glessner House)[1281]
　赫勒宅(Heller House)[1282]
　胡塞尔宅(Husser House)[1282]
　湖滨大道公寓(Lake Shore Drive Apartments)[1607][*1608*]
　家庭保险大楼(Home Insurance Company Building)[1290]
　克朗楼(Crown Hall)[1605]
　鲁克里大楼(Rookery Building)[1290]
　罗比宅(Robie House)[1585][*1588*][*1589*]
　马歇尔场百货公司辅楼(Marshall Field Retail Store Annexe)[1295]
　马歇尔场批发仓库(Marshall Field Wholesale Warehouse)[1290][*1291*]
　蒙托克大楼(Montauk Building)[1290]
　莫纳德诺克大楼(Monadnock Building)[1290][*1291*]
　内地钢铁大楼(Inland Steel Building)[1610]
　商会大楼(Board of Trade Building)[1596]
　上城剧院(Uptown Theatre)[1583][*1584*]
　圣加百列教堂(S.Gabriel Church)[1283]
　施莱辛格-迈耶百货公司(Schlesinger- Mayer Store)[1293][1295]
　市政厅(理查德·戴利中心)(City Hall/ Richard Daley Center)[1616]
　西尔斯大厦(Sears Tower)[1618][1620]
　席勒剧院(Schiller Theatre)[1290]
　信用大楼(Reliance Building)[1290][*1293*]
　伊利诺工学院(Illinois Institute of Technology)[1605]
　约翰·汉考克大厦(John Hancock Center)[*1618*][1620]
　芝加哥大会堂(Auditorium Building)[1290][*1291*]
　芝加哥艺术学院(Art Institute)[1288]
　芝加哥大会堂，芝加哥(Auditorium Building, Chicago)[1290][*1291*]
　芝加哥商会大楼(Board of Trade Building, Chicago)[1596]
　"芝加哥"式三角窗('Chicago'triple window)[1290]
祇园窣堵坡(Jetavana stupa)[782]
直立的石头，梅里韦尔(Merrivale, upright stones)[233]
直立的石头，斯塔尔敦高地(Stalldon Down, upright stones)[233]
职业培训中心，布哈里堡(Vocational Training Centre, Ksar- el- Boukhari)[1567]
职业学校，伯尔尼(Gewerbeschule/ Industrial School, Berne)[1413]
植物学博物馆，乌普萨拉，瑞典(Botanicum, Uppsala)[1143][*1145*]
植物园，巴勒莫(Orto Botanico, Palermo)[967]
植物园饭店，阿德莱德(Botanic Hotel, Adelaide)[1359][*1360*]
殖民地博物馆(今非洲和大洋洲艺术博物馆)，巴黎(Museum of the Colonies, Paris)[1403]
只有中堂的教堂(nef unique/ nave only)[466]
纸板工厂，福什(Fors, Cardboard Factory)[1482]
制衣行业会所，伊普尔(Ypres, Cloth Halls)[*542*][544]
制造联盟(Werkbund)，见德意志制造联盟运动
制造联盟住宅区，维也纳(Werkbund Estate, Vienna)[1399]
制砖技术(brickmaking)
　古代近东地区(Ancient Near East)[21]
　机制砖(machine- made)[875]
　近东地区(Near East)[21]
　罗马风时期(Romanesque period)[207][208]
　伊斯兰时期(Muslim period)[601]
　烧制(firing)[205]
智慧圣母玛丽亚教堂，丹尼斯顿(Our Lady of Good Counsel, Dennistoun)[1476]
智慧之星圣伊夫教堂，罗马(S.Ivo della Sapienza, Rome)[*948*][949]
智利(Chile，南美洲)
　德尔孔基斯塔伯爵宅，圣地亚哥(House of the Conde del Conquista)[1265]
　国民会议大厦，圣地亚哥(National Congress Building)[1289]
　奇洛埃岛(Chiloe chile)[1643]
　圣地亚哥市剧院(Teatro Municipal)[1289]
　造币厂(La Moneda)[1274]
　见圣地亚哥
中点塔楼，伦敦(Centrepoint, London)[1471]
中东工业大学校园，安卡拉(Middle East Technical University Campus, Ankara)[1542]
中国(China，亚洲)
　1900～1950年
　　建筑实例(buildings examples)[1649]～[1660]
　　建筑特征(architectural character)[1647][1648]
　1950年至今
　　建筑实例(buildings examples)[1660]～[1669]
　　建筑特征(architectural character)[1647][1648]
　佛教(Buddhism)[684]
　复兴固有建筑艺术(National Rejuvenation movement)[1647]
　概述(description)[3]
　宫室建筑(palaces)[110]
　古代史(ancient history)[13]
　建筑材料(building resources)[22]
　建筑技术及发展(building techniques and processes)[28]
　建筑特征(architectural character)[104][105]
　旅馆建筑的发展(hotel developments)[1661]～[1662]
　民族形式(National Style)[1648][1660]
　墓葬(tombs)[110]
　前殖民时代，伊斯兰建筑(pre- Colonial period, Islamic architecture)[739]

中文版索引

前殖民时期(pre- Colonial period)[668]
　道教宫观(Daoist Temples and Palaces)[745]
　地图(map)[725]
　殿堂与楼阁(halls and pavilions)[739]
　佛教寺院(Buddhist Temples)[731]~[731]
　宫殿(palaces)[725]~[730]
　建筑材料(buildings resources)[673][688]
　建筑技术(building techniques)[691][692]
　建筑特征(architectural character)[724]
　离宫(villas)[725]~[730]
　历史(history)[672][673]
　民居与私家园林(houses and private gardens)[743][745]
　桥(bridges)[745][746]
　神庙(shrines)[730][731]
　石窟(grottoes)[739]
　石窟寺(mausolea)[731]
　寺院(monasteries)[739][745]
　文化(culture)[683][684]
　屋顶形式(roof forms)[691][*694*]
　园林建筑(garden architecture)[684]
　早期居住建筑(early residential architecture)[108][110]
　早期文明(early culture)[19]
　殖民和后殖民时代(Colonial and post- Colonial period)
　　建筑实例(buildings examples)[1298]
　　建筑特征(architectural character)[1297][1298]
　　历史(history)[1229]
　自然特征(physical characteristics)[7][669][670]
中国长城，秦朝(Qin dynasty, Great Wall of China)[746]
中国宫殿，德罗特宁岛府邸(Kina Slott, Drottningholm Palace)[1136]
中国古典式样(Chinese Classical)[1647]
中国国家美术馆，北京(National Art Gallery, Beijing)[1660]
中国国家图书馆，北京(National Library of China, Beijing)[*1666*][1667]
中国画研究院，北京(Chinese Painting Research Institute, Beijing)[*1666*][1667]
中国俱乐部，约翰内斯堡(Chinese Club, Johannesburg)[1563]
中国历史博物馆，北京(Museum of Chinese History, Beijing)[1660]
中国民航大楼，北京(CAAC Building, Beijing)[1661]
中国通商银行，上海(Commercial Bank of China, Shanghai)[1299][*1303*]
中国小楼，巴勒莫(Palazzina Cinese, Palermo)[967]
中国银行大楼(Bank of China Building)
　中国上海(Shanghai)[1653][*1656*]
　中国香港(Hong Kong)[1710][1712][*1715*]
　新加坡(Singapore)[1693]
中国营造学社(Society for Research in Chinese Architecture)[1648]
中华圣公会教堂，北京(Chines Episcopal Church, Beijing)[1298]
中美洲(Mesoamerica，美洲)[668][687]
　后殖民时期(pre- Colonial period)
　　地图(map)[703]
　　建筑特征(architectural character)[702]~[707]
中美洲，前古典时代(Central America, pre- Classic)[707]
中门(chumon/ middle gate)[762]
中欧(Central Europe)
　巴洛克风格实例(Baroque style, examples)[1033]
　建筑材料(building resources)[207]
　罗马风风格(Romanesque period)
　　建筑实例(examples)[392]~[398]
　　建筑特征(architectural character)[390][391]
　洛可可风格实例(Rococo style, examples)[1033]
　文艺复兴风格(Renaissance style)
　　地图(map)[1027]
　　建筑材料及技术(building resources and techniques)[874][875]
　　建筑特征(architectural character)[1026][1027]
　　建筑实例(examples)[1028]
　　历史(history)[856][857]
　新古典风格实例(Neo- Classical style, examples)[1033]
中世纪地图(Middle Ages map)[392]
中世纪早期(early Mediaeval period)[189][190]
中山邸，奈良(Nakayama House, Nara)[1683]
中山纪念堂，广州(Sun Yet- sen´s Memorial Hall, Guangzhou)[1652]
中山陵，南京(Sun Yet- sen´s Mausoleum, Nanjing)[1652][*1654*]
中石器时代(Mesolithic period)[9][31]~[40][177]~[178][179][194]
　非洲(Africa)[667]
　建筑技术及发展(building techniques and processes)[209]
　建筑特征(architectural character)[224]
　居住建筑(dwellings)[228]
中世纪农舍，日本(farmhouses, Japenese Mediaeval)[774]
中世纪晚期住宅，刘易斯(late mediaeval houses, Lewes)[*512*]
中世纪早期(Early Mediavel period)[188]~[191]
　建筑技术及发展(building techniques and processes)[209]
　文化(culture)[197]~[198][201]
"中堂和侧堂"结构(nave- and- aisles church structure)[431]
"中庭"办公建筑(atrium office building concept)[1616]
中心广场，华沙(Centre Plaza, Warsaw)[1511]
中央邦(Madhya Pradesh，印度)
　巴胡胡特(Bharhut)[782]
　达什瓦塔拉神庙(Dashavatara)[794]
　宫殿(palaces)[817]
　吉祥天女神庙(Lakshmana temple)[803]
　克久拉霍(Khajuraho)[794][*802*]
　拉贾·基尔提·辛格宫(Raja Kirtti Singh)[818]
　泰里卡神庙(Telika Mandir)[799]
　乌代湿婆神庙(Udayeshvara temple)[803][*805*]
　乌德耶吉里(Udayagiri)[791]
　乌德耶吉里岩凿寺院(Udayagiri monastery)[786]
　宇主庙(Vishvanatha temple)[*792*][*802*][803]
中央邦，巴尔胡特(Bharhut, Madhya Pradesh)[779]
中央保险大厦，阿珀尔多伦，荷兰(Centraal Beheer Offices, Apeldoorn)[*1479*][1481]
中央储蓄银行，维也纳(Central Savings Bank, Vienna)[1450]
中央储蓄银行菲沃利滕分行，维也纳(Zentral- sparkasse der Gemeinde Favoriten branch, Vienna)[1450]
中央大殿(hondo/ chudo/ central hall/ main hall)[763][765]
中央大厅的布置(希腊神庙中)(megaron room arrangement)[170]
中央市场，巴黎(Halles Centrales, Paris)[875][1183][*1188*]
中央体育教育研究院，华沙(Central Institute of Physical Education, Warsaw)[1508]
中央犹太大教堂，纽约市(Central Synagogue, New York City)[1283]
中银舱体楼，东京(Nagakin Capsule Tower, Tokyo)[1680][*1679*]
忠烈祠(martyrium)，见纪念性建筑
钟楼，佛罗伦萨(Campanile, Florence)[577][*578*][*580*]
钟楼平台，威尼斯(Loggetta, Venice)[885][924]
钟乳拱饰，蜂窝拱(muqarnas)[*600*][601][*602*][603]
钟塔，比萨斜塔(Campanile, Pisa)[368][*369*][370]
钟塔，格鲁济诺，诺夫哥罗德(Bell Tower, Gruzino, Novgorod)[1133]
钟塔，海德堡(Glockenthurm, Heidelberg Castle)[1032]
钟塔，意大利(bell- towers/ campanili, Italian)[374]
种植园庄园，加勒比岛(plantation houses, Caribbean)[1265]
州府大厦，波士顿(State House, Boston)[1283]
州议会大楼(Seri Carcosa Negara)，见喀考沙
州议会大厦，里士满，弗吉尼亚州(State Capital, Richmond, Virginia)[1283][*1284*]
州议会大厦，圣保罗，明尼苏达州(State Capitol, S.Paul.Minnesota)[1288]
州政府广场和秘书处办公楼，姆马巴托(Mmabatho, Government Squareand Secretariat)[1576]
周朝(Zhou period)[4][7][13][19][105]
周朝晚期的陵墓，固围村(Ku Wei Ts´un/ Guweicun, Zhou grave)[*109*][110]
周代都城，洛阳(Louyang, Zhou capital)[110]
周末住宅，巴耶德布拉沃(Weekend House, Valle de Bravo)[1643]
周宅，上海(Zhou House, Shanghai)[*1657*][1660]
宙斯神庙，多多纳(Dodona, Sanctuary of Zeus)[140]

[1973]

弗莱彻建筑史

宙斯神庙，莱巴蒂亚(Temple to Zeus, Lebadeia)[162]
宙斯神庙，涅墨亚(Nemea, Temple of Zeus)[150][170]
朱庇特·赫利奥波利塔努斯圣殿，巴勒贝克(Sanctuary of Jupiter Heliopolitanus, Baalbek)[267][283][**285**]
朱庇特神庙(Temple of Jupiter Optimus Maximus)，见坎皮多利奥神庙
朱庇特神庙，巴勒贝克(Temple of Jupiter, Baalbik)[261][**267**]
朱尔·阿杜安·芒萨尔(Mansart, Jules Hardouin，约1646~1708)，法兰西国王路易十四的建筑师和城市规划师，凡尔赛宫的设计师[970][996]
朱尔·布尔纳德(Bournard, Jules)，法国建筑师[1322]
朱尔·索利耶(Saulnier, Jules, 1828~1900)，法国建筑师[1206]
朱里奥·罗马诺(Romano, Giulio, 1492/1499~1546)，意大利画家、建筑师，意大利手法主义建筑的代表人物之一[894]
朱利安·埃利奥特(Elliott, Julian, 1928~)，刚果建筑师[1566]
朱利家族墓，圣雷米(Tomb of the Julii, S.Rémy)[260][**276**]
朱利亚诺·达·马亚诺(da Maiano, Giuliano, 1432~1490)，文艺复兴时期佛罗伦萨建筑师[894][908]
朱利亚诺·达·桑迦洛(da Sangallo, Giuliano, 1445~1516)，佛罗伦萨建筑师、军事工程师、雕塑家[894][914]
朱利娅别墅，罗马(Villa Giulia, Rome)[937][**938**]
朱罗王朝(Chola kingdom)[678]
朱诺·索斯皮塔神庙，拉努韦姆(Lanuvium, Temple of Sospita)[**244**]
朱塞佩·马尔武利亚(Marvuglia, Giuseppe, 1729~1814)，意大利建筑师[967]
朱塞佩·门贡尼(Mengoni, Giuseppe, 1827~1877)，意大利建筑师[1153][1183]
朱塞佩·帕特里科拉(Patricola, Giuseppe)，意大利建筑师[967]
朱塞佩·皮尔马里尼(Piermarini, Giuseppe, 1734~1808)，意大利米兰建筑师[966]
朱塞佩·萨康尼(Sacconi, Giuseppe, 1854~1905)，意大利建筑师[1197]
朱塞佩·索马鲁加(Sommaruga, Giuseppe, 1867~1917)，意大利建筑师[1413]
朱塞佩·泰拉尼(Terragni, Giuseppe, 1904~1943)，意大利建筑师[1394][1415]
朱塞佩·瓦拉迪耶(Valadier, Giuseppe, 1762~1839)，意大利建筑师、城市设计师和考古学家[967]
朱塞佩·亚佩利(Jappelli, Giuseppe, 1783~1852)，意大利建筑师[967][1161]
朱塞佩·扎诺亚(Zanoia, Giuseppe)，意大利19世纪建筑师[967]
朱斯蒂宅，萨奴尔，巴厘(Giusti House, Sanur, Bali)[1704]
朱斯特·奥雷勒·梅索尼耶(Meissonier, J.A., 1695~1750)，意大利出生的法国建筑师，室内设计师[970]
诸天使之圣母教堂，罗马(S.Maria degli Angeli, Rome)[243][936]
竹辉饭店，苏州(Bamboo Grove Hotel, Suzhou)[1662]
竹楼宾馆，景洪，西双版纳(Bamboo Hotel, Jinghong, Xishuangbanna Dai)[1662]
竹山实(Takeyama, Minoru)[1681]
主殿(mulaprasada/ temple shrine)[794]
主殿(金堂) (Kando/ image hall)[762]
主宫医院，里昂(Hôtel- Dieu, Lyon)[1001]
主教府邸，比恩察(Palazzo Vescovile, Pienza)[895]
主街上的圣马尔切洛教堂，罗马(S.Marcello al Corso, Rome)[956][**958**]
主街影剧院，罗马(Corso Cinema- Theatre, Rome)[1414]
主显教堂，普斯科夫(Church of the Epiphany, Pskov)[360][**358**]
住吉大社，大阪(Sumiyoshi Shrines, Osaka)[756][757][**759**]
住宅(houses)
　　埃及(Egyptian)[71][72]
　　旧石器时代(Paleolithic)[226][**227**]
　　罗马(Roman)[241][246][296]
　　伊斯兰风格(Muslim style)[661][664]
　　前殖民时代的中国(China pre- Colonial)[745]
　　史前时代(prehistoric)[**34**][226][**227**][228][233][235]
　　新石器时代(Neolithic)[31]
　　英国(Britain)
　　　　哥特时期(Gothic period)[509][513]
　　　　中世纪晚期(Late Mediaeval)[509][**512**]
　　早期发展过程(early development)[31]
　　中石器时代(Mesolithic)[228]
　　见棚屋、木构架房屋
住宅研究案16号，贝莱尔(Case Study House No. 16 Bel Air)[1603]
柱殿，米特拉(Palace of the Columns, Mitla)[707][716][**720**]
柱环饰(annulets/ column decoration)[121]
柱颈，古希腊(hypotrachelion)[121]
柱颈，柱颈饰(trachelion)[121]
柱廊(colonnades)[293]
柱廊/拱廊，古希腊(stoas)[152][166]
　　阿塔罗斯拱廊(Stoa of Attalus)[**165**][168]
柱廊式联排住宅，纽约(Colonnade Row, New York)[1278]
柱帽(echinus, column decoration)[**119**][121]
柱厅(mandapa/ temple hall)[**793**][794]
柱厅，沃尔卡(Pillar Temple, Warka)[77]
柱头，伯利德林顿小隐修院，约克郡(Bridlington Priory, Yorks, capital)[441]
柱头，皮德尔顿教堂(Piddleton, capital)[**441**]
柱头，沃尔博罗教堂(Wolborough, capital)[**441**]
柱头部分(Abacus, part of capital)[121]
柱头托架，朝鲜(columnhead bracketing, Korea)[692]
柱头之比较(comparative, capitals)[441]
柱子(columns)
　　起源(origins)[27][28]
　　威廉·钱伯斯的各种柱式比例(comparative proportions)[**878**]
　　见纪功柱

柱子形式，罗马风时期的发展(pier forms, Romanesque development)[362]
铸铁结构(castiron construction)
　　立面运用(facade use)[1289][**1292**]
　　美国(United States)[1259][1278][1289]
　　早期结构应用(early structural use)[871][874]
铸铁结构建筑(iron- framed construction)
　　皇家海军造船所(Royal Naval Dockyard Boatslorc)[1183]
　　曼彻斯特棉纺织厂(cotton mill, Manchester)[1123]
　　梅尼耶巧克力厂(Menier Chocolate Factory)[1206]
　　沃特弗利特军火库，纽约(Watervliet Arsenal Storehouse.New York)[1286]
筑波中心，茨城(Tsukuba Centre, Ibaraki)[1681][**1685**]
筑地宾馆，东京(Tsukiji Hotel, Tokyo)[1310][**1312**]
专利局大楼，华盛顿特区(Patent Office, Washington)[1286]
专为防御而建的城镇(bastides/ charter right settlements)[508]
砖工技术(brickwork)
　　彩饰(polychrome)[78][1153][1187]
　　罗马时期的应用(Roman use)[206]
　　人字形斜向砖(herring- bone)[886]
　　砖砌拱券(vaults, brick)，见砖拱
砖构住宅，聚特芬(brick houses, Zutfen)[544]
砖面坯工墙(opus mixtum)[212][215][336]
庄园住宅(manor houses)
　　英国庄园住宅(Britain)
　　　　哥特式庄园住宅(Gothic)[509]
　　　　中世纪庄园住宅(Mediaevel)[**430**][431]
庄园住宅(manorial halls)[509]
装饰词汇，伊斯兰风格(decorative elements, Muslim style)[594]~[**595**][601]
装饰墙面的薄方石、石板，琢石镶面(opus quadratum/ ashlar, squared)[210][213]
"装饰艺术博览会"，巴黎(Exposition des Arts Décoratifs 1925 Paris)[1402]
装饰艺术运动(Art Deco movement)
　　法国(France)[1395][1402]
　　中国香港(Hong Kong)[1710]
咨询大楼(Prudential Building)，见保障局大楼，布法罗
兹比格涅夫·卡尔平斯基(Karpinski, Zbigniew, 1906~1983)，波兰建筑师[1510]
兹林"花园城"，摩拉维亚(Zlin garden city, Moravia)[1498]
兹维·黑克尔(Hecker, Zvi, 1931~)，波兰裔以色列建筑师[1552]
兹维考，大厅式教堂(Zwickau, hall church)[521]
紫宸殿，皇宫，京都(Shishinden, Imperial Palace, Kyoto)[**771**][773]
紫禁城，北京(Forbbiden City, Beijing)[724][**726**][**727**][**732**]
榨橄清真大寺，突尼斯(Zaytuna Mosque, Tunis)[620]
自贡恐龙博物馆，四川(Dinosaur Museum in Zigong, Sichuan Province)[1662]
自然历史博物馆，伦敦(Natural History Museum, London)[1179]

[1974]

自由城市，德意志帝国(free cities, German Empire)[514]
自由纪念碑，伊万格勒(liberty memorial, Ivangrad)[1516]
自由交易大厅，曼彻斯特(Free Trade Hall, Manchester)[1178][*1181*]
自由民哨所，开普敦(Burgher Watch House, Cape Town)[1246][*1247*]
自由学园，东京(Jiyu Gakuen School, Tokyo)[1674]
《字林西报》馆，上海(North China Daily News, Shanghai)[1652][*1651*]
宗教改革运动(对教堂建筑)的影响(Reformation influences)[848]
    低地国家(Low Countries)[857]
    法国(France)[853]~[854]
    斯堪的纳维亚(Scandinavia)[858]
    英国(Britain)[858]
    中欧(Central Europe)[856]
宗林寺塔，扶余(Chongnimsa Temple pagoda, Puyo)[747][*749*]
综合大楼，奥尔德维奇，伦敦(General Buildings, Aldwych, London)[1417]
总参谋部大厦，圣彼得堡(General Staff Headquarters, S.Petersburg)[*1132*][1133]
总督府(今拉什特拉帕蒂宫)，德里(Viceroy's House/ now the Rashtrapati Bhavan, Delhi)[1720][*1721*][*1722*]
总督府，圣安东尼奥，得克萨斯州(Governor's Palace, San Antonio, Texas)[1274]
总督府，圣菲，新墨西哥州(Governor's Palace, Santa Fé, New Mexico)[1274]
总督府，威尼斯(Doge's Palace, Venice)[572][*576*]
总督宫，阿尔及尔(Palais du Gouvernement Général, Algiers)[1562]
总督宫，墨西哥城(Palace of the Viceroys, Mexico City)[1274]

总督拱门，果阿(Arch of the Viceroy, Goa)[1330]
总理衙门，外务部，北京(Zhong Li Yamen, the Ministry of Foreign Affairs)[1307]
总统夏日官邸，拉尼(President's Summer Residence, Lány)[1492]
总站城，纽约(Terminal City, New York)[1580]
足利家族(Ashikaga shogunates)[675]
祖卡里府邸，罗马(Palazzo Zuccari, Rome)[940]
祖瓦拉门，开罗(Bab Zuwelya, Cairo)[621][*622*]
钻石工人联盟大厦，阿姆斯特丹(Diamond Workers'Union Building, Amsterdam)[1206][*1210*]
左登巴赫宅，乌德勒支(Zoudenbalch House, Utrecht)[544]
左塞台阶式金字塔，萨卡拉(Step Pyramid of Zoser, Sakkâra)[*49*][*50*][51]
佐格布别墅，开罗(Villa Zogheb, Cairo)[1239]
佐哈克堡，米亚内(Qalai- Zohak, Mianeh)[605]
佐利波兹WSM住宅区(Zoliborz WSM estate)[1508]
佐治亚州(Georgia，美国)
    教堂建筑(churches)[329]
    拉尔夫·斯莫尔宅，梅肯(Ralph Small House, Macon)[1279]
佐兹，因桥(Zuoz, Inn Bridge)[1412]

1937年巴黎博览会(Paris Exposition)
    巴西馆(Brazilian Pavilion)[1631]
    捷克馆(Czech Pavilion)[1492][*1496*][1497]
    罗马尼亚馆(Romanian Pavilion)[1513]

    日本馆(Japanese Pavilion)[*1673*][1674]
1967年蒙特利尔世界博览会(Expo 67 Montreal)
    美国馆(US Pavillion)[*1613*][1614]
20世纪发展(Twentieth Century developments)
    1900~1920年背景(background)[1389]~[1390]
    1920~1945年背景(background)[1390]~[1391]
    1945年以后背景(post-1945 background)[1391]~[1392]
3号毗诃罗(精舍)，纳西克(Vichari Ⅲ, Nasik)[*784*]
5D-22,1号金字塔庙(Structure 5D-22)，见北卫城，蒂卡尔
B-4单体，阿尔通哈(Altun Ha, Structure B-4)[710][*712*][713]
E-Ⅶ金字塔庙底座，瓦哈克通(Uaxactun, Structure E- ⅤⅡ sub)[*708*][710]
INA住宅局(INA- Casa housing authority)[1476]
K.1玛斯塔巴，拜特哈拉夫(Mastaba K. 1 Beit Khallaf)[47]
M.和M.贝尔(Bell M. & M.)[1576]
N10-43金字塔庙，拉马奈(Structure N 10-43 La- manai)[705][*708*][710]
N10-9金字塔庙，拉马奈(Structure N 10-9 Lamanai)[710][711][*712*]
S.勒特雷尔和A.勒特雷尔(S. Luttrell and A. Luttrell)，新西兰建筑师[1749]
Soft and Hairy邸，筑波(Soft and Hairy House, Tsukuba)[1688]

编 后 记

欧剑

《弗莱彻建筑史》(原书第20版，中文版)即将付梓，望着厚达2000页的最终校样，我总觉得应该为这部译著的出版再留下些记忆。

从事编辑职业以来，我一直遵循前辈们的教诲：编辑要有"为人作嫁衣裳"的工作理念。然而，这部译著的出版经历了太多的艰辛与曲折，倾注了许多人的心血与智慧，因此确有必要将此过程记录下来，为今后的修订和再版提供一些线索与信息。

关于《弗莱彻建筑史》在世界建筑、艺术领域的学术地位、历史意义以及对建筑教育等的影响，只要看看它100多年间20次修订再版的历史和我国著名的建筑史学家罗小未教授的中文版序言就十分清楚了；关于该书的翻译质量，只要看到有郑时龄院士主持，有全国多所著名建筑院系的知名教授参与也就心中有数了。

将《弗莱彻建筑史》中文版介绍给我国读者是几代建筑出版人的愿望。最初知道这部巨著还是在十几年前，当时我在中国建筑工业出版社当编辑，曾先后任副总编辑的杨永生先生和总编辑的朱象清先生多次提到要引进、翻译此书却未能如愿，一方面是由于版权的问题，更主要的原因是该书篇幅巨大、年代久远、知识面广，单词和术语涉及多种文字，翻译难度实在太大。

2000年，我到知识产权出版社任总编辑后即着手联系购买此书的中文版版权。那段时期是我国建筑图书出版的黄金时期，也是引进国外作品"最疯狂"的时期。当时知识产权出版社与国外出版商尚无业务往来，而国外出版商面对初次进行版权贸易的合作伙伴时，往往会考察对方曾经与哪些欧美出版商有过版权贸易，出版过哪些引进版图书，以及报价是否具有吸引力等因素，因此我们的版权引进事宜面临极大的困难。在此，十分感谢我的一位老朋友，美籍华人版权经纪人王鸿远 (Joanne Wang) 女士，她曾因在版权贸易方面的杰出表现而获得美国总统奖；正是通过她，我们才得以将《弗莱彻建筑史》等一批经久不衰的优秀建筑理论著作引进到国内。

2001年，《弗莱彻建筑史》(第20版，英文)由英国建筑出版社 (ARCHITECTURAL PRESS) 委托给印度印刷商重印时，我找到时任科学出版社社长的汪继祥先生，委托科学出版社图书进出口公司进口已装订成册的毛页；知识产权出版社和中国水利水电出版社派出各自的出版处处长杨宝林和贺立明，共同考察、选取了北京最好的装订厂，将进口的毛页装订成册，当年年底由两社共同将《弗莱彻建筑史》(第20版，英文)引进中国出版、发行。两社合资的北京城市节奏科技发展有限公司时任总经理阳淼和总编辑张宝林为此书撰写了《出版者的话》，并设计了封面、扉页和版权页。如今，1000册《弗莱彻建筑史》(第20版，英文)已售罄。

英文版在国内出版的同时，我们即着手联系译者，为该书中文版的出版做准备。我们首先想到了郑时龄院士，不但因为他"学为人师，行为世范"，还因为在一次全国建筑学专业教学指导委员会会议上，时任教学指导委员会副主任的清华大学高亦兰教授对郑先生翻译的《建筑学的理论和历史》的翻译质量予以高度评价。2002年，阳淼、张宝林和我一同去拜谒时任中国建筑学会副理事长的郑时龄院士，希望他主持翻译这部巨著。了解我们的想法后，郑院士接受了这份需耗费大量时间和精力的沉重委托。他亲自出面邀请其他几位建筑学界著名教授共同翻译此书，并承担了相当部分书稿的翻译以及全书的统稿、审校工作。

2010年8月，阳淼将整理好的电子版译稿交给我后，遂请张冰打印译稿，并撰写《弗莱彻建筑史》

编 后 记

(原书第20版,中文版)的编辑加工规范、编辑加工样章。在知识产权出版社各编辑室主任的支持下,抽调编辑部建筑学、土木工程、中文、法律、历史、英语等专业二十多名新老编辑共同加工此译稿。由于全书规模浩大,各部分之间的相互引用和检索相当复杂,编辑和校核的过程中不断地遇到新问题,想出新办法,该书能够以现在的形式展示给读者,实要感谢社里这些年轻的编辑们。编辑工作的具体分工也在文后的附表中一一列出。正文部分的组织加工工作和编辑加工规范的修改主要由刘爽和张冰负责,索引部分的组织加工工作和编辑加工规范的修改主要由陆彩云负责,封面和版式设计由刘爽负责,刘译文、卢运霞承担了图版的剪裁及部分索引工作。参加编辑加工的编辑们以认真细致的工作精神,夜以继日地完成了初审和初加工。11月,有16位编辑到烟台养马岛的天马宾馆完成了第一次统稿和交叉审稿工作。从养马岛回来后,由刘爽、陆彩云、罗慧、文茜复审和组织复审。2011年2月下旬,又组织了十几名编辑参与第二次统稿和交叉审稿、看样、核红工作。特别要说明的是索引的校核和图版的编排,由于正文部分和索引部分是分别由不同的译者、编辑翻译和加工的,涉及了多种文字,再加上英文版原书是按英文首字母排序,中文版译本是按汉语拼音排序,原英文版索引又存在一些疏漏与重复等,所以索引工作的难度和工作量是超乎想象的,这里凝聚着知识产权出版社全体参与此项工作的编辑们的创造性劳动。韩秀天、董志英承担了全书的组织校对、核红工作。

特别感谢阳淼、张宝林,他们在前期的选题策划、联系版权、联系译者、分配稿件、协调进度、整理原稿等方面做了大量辛苦的工作,他们的前期工作是本书得以出版的基础;还要感谢我的前辈朱象清、杨永生先生,他们的鼎力推荐加上张冰认真细致的工作,使本书得到国家出版基金众专家、学者评委的肯定,获得了国家出版基金的资助。贺天先生是我认识的图像处理的世界级专家,他用一个月的时间日夜兼程地完成了全部1800多张照片图的修复、处理工作,使得本书的图片质量至少不逊于英文原书,此外,索引的排版工作也由贺天完成。

在本书即将出版之际,我特别怀念南京工业大学的吴骥良教授。20多年前我读大学时,吴教授是我房屋建筑学课程的辅导老师,这次有幸请到他主持翻译本书的部分章节。在翻译工作尚未完成时,吴教授查出身患癌症,他是在病中坚持完成了他负责翻译的部分。可惜他没能看到本书的出版。

林林总总,想说的、想记录的、想感谢的实在太多,难免挂一漏万。衷心地感谢所有关注、支持本书的人们。限于我们的工作水平、作品的复杂程度和出版周期,书中错漏和翻译不准确之处在所难免,望读者和译者们提出宝贵意见,以便重印时补正。

附：《弗莱彻建筑史》编辑及分工

内容	初审	复审	审读	内容	初审	复审	审读
出版者的话	张冰	刘爽	罗慧	第32章	罗慧	刘爽	刘爽
著译者简介				第33章	雷春丽		吴倩楠
中文版序				第34章	崔玲	陆彩云	崔玲
译者序				第35章	牛洁颖		雷春丽
前言				第36章			
引言				第37章			
编辑说明				第38章	胡文彬	李琳	吴倩楠
第1章			夏青	第39章			
第2章				第40章	徐施峰	黄清明	徐施峰
第3章			雷春丽	第41章			
第4章				第42章			
第5章			吴倩楠	第43章	文茜	段红梅	张冰
第6章				第44章			
第7章				第45章		刘爽	崔玲
第8章	罗慧		徐施峰	第46章		罗慧	
第9章				第47章	雷春丽	刘爽	倪江云
第10章			胡文彬	第48章	夏青		
第11章	章乐		崔玲	第49章	牛洁颖	罗慧	
第12章	雷春丽			第50章	殷亚敏		徐施峰
第13章	章乐		文茜	第51章			
第14章	倪江云	李琳	章乐 罗慧	第52章	夏青	黄清明	
				第53章	吴倩楠		夏青
第15章	雷春丽	刘爽	雷春丽	第54章	罗慧		
第16章				第55章	吴倩楠		
第17章				第56章	夏青		雷春丽
第18章				第57章	吴倩楠		
第19章				第58章			
第20章				参考文献	倪江云	刘爽	张冰
第21章	熊莉	文茜	吴倩楠	图版来源		刘爽	
第22章	王金之			名词术语	刘爽	张冰	刘爽
第23章	胡文彬	李琳	胡文彬	中文版索引	陆彩云 崔玲 谷银波 胡文彬 罗慧 石陇辉 毋利娜 夏青 章乐	张冰 段红梅 韩帅 雷春丽 马忠荣 王伟男 吴密 徐施峰	刘爽 甘军萍 黄清明 刘译文 倪江云 文茜 吴倩楠 张冰
第24章			
第25章			
第26章	徐施峰	刘爽	徐施峰
第27章			
第28章	倪江云	李琳	刘爽
第29章			夏青
第30章	夏青	刘爽	倪江云
第31章				编后记	张冰	刘爽	黄清明